HISTOIRE UNIVERSELLE

DE

L'ÉGLISE CATHOLIQUE

XII

HISTOIRE UNIVERSELLE

DE

L'ÉGLISE CATHOLIQUE

PAR

ROHRBACHER

CONTINUÉE JUSQU'A NOS JOURS PAR M. L'ABBÉ GUILLAUME

PROFESSEUR AU GRAND SÉMINAIRE DE VERDUN

NOUVELLE ÉDITION

AVEC DES NOTES ET ÉCLAIRCISSEMENTS D'APRÈS LES DERNIERS TRAVAUX

TOME DOUZIÈME

PARIS

LETOUZEY ET ANÉ, ÉDITEURS

RUE DU VIEUX-COLOMBIER, 17

HISTOIRE UNIVERSELLE

DE

L'ÉGLISE CATHOLIQUE.

LIVRE QUATRE-VINGT-ONZIÈME.

Ensemble et dénouement de l'histoire humaine.

(De l'an 1802 à l'an 1848).

Un des premiers écrivains de l'histoire universelle de l'Église catholique, le prophète Daniel, expliquait ainsi à Nabuchodonosor, roi de Babylone, la suite et l'ensemble des empires de l'homme avec l'empire de Dieu. *Vous donc, ô roi, vous regardiez, et voilà une grande statue; cette statue immense, d'une taille et d'un éclat extraordinaires, se tenait debout devant vous, et son aspect était formidable. De cette statue, la tête était d'or très-pur; la poitrine et les bras, d'argent; le ventre et les cuisses, d'airain; les jambes, de fer; une partie des pieds, de fer, et l'autre d'argile. Vous regardiez, lorsqu'une pierre se détacha de la montagne, sans aucune main, frappa la statue dans ses pieds de fer et d'argile, et les mit en pièces. Alors furent réduits en poudre, fer, argile, airain, argent, or; ils devinrent comme la menue paille que le vent emporte de l'aire pendant l'été; et ils disparurent sans trouver plus aucun lieu, mais la pierre qui avait frappé la statue devint une grande montagne qui remplit toute la terre. Tel est le songe; maintenant nous en dirons le sens devant le roi. Vous, ô roi! vous êtes un roi des rois : le Dieu du ciel vous a donné le royaume, la force, l'empire et la gloire; et tous les lieux où demeurent les enfants des hommes, les bêtes des champs, les oiseaux du ciel, il les a donnés en votre main; il vous a rendu le maître de tous : vous donc, vous êtes la tête d'or. Après vous s'élèvera un autre royaume d'argent, moindre que vous; ensuite un troisième royaume d'airain, qui commandera à toute la terre. Le quatrième royaume sera fort comme le fer : de même que le fer brise et broie tout,* de même cet empire de fer brisera et broiera tout cela. *Mais comme vous avez vu que les pieds de la statue et les doigts des pieds étaient en partie d'argile et en partie de fer, ce royaume, quoique prenant son origine du fer, sera divisé, selon que vous avez vu le fer mêlé à l'argile. Et comme les pieds étaient en partie de fer et en partie d'argile, ce royaume aussi sera ferme en partie et en partie fragile. Et comme vous avez vu le fer mêlé à l'argile pétrie de boue, ils se mêleront aussi par des alliances humaines; mais ils ne demeureront point unis, comme le fer ne peut s'unir avec l'argile. Or, dans les jours de ces rois, le Dieu du ciel suscitera un royaume qui ne sera jamais détruit; et son royaume ne passera point à un autre peuple, mais il brisera et consumera tous ces royaumes, et subsistera, lui, éternellement, selon que vous avez vu la pierre, détachée de la montagne sans aucune main, briser et argile, et fer, et airain, et argent, et or. Le grand Dieu a montré au roi ce qui doit arriver dans l'avenir; le songe est véritable et l'interprétation très-certaine* (Daniel, 2, l. 17° de cette Histoire).

En effet, nous y voyons d'avance l'unité, l'ensemble, le développement et le dénouement de l'histoire du monde; l'éternelle pensée de Dieu se réalisant à travers les temps, les lieux et les nations. Les quatre grandes monarchies qui doivent dominer sur toute la terre ne sont au fond que le même colosse, le même empire universel : le métal y succède au métal, le peuple au peuple; mais c'est la même statue. C'est vous, dit le prophète à Nabucho-

Tome XII. — 1

donosor, *c'est vous la tête d'or*. L'empire assyrio-babylonien était le plus ancien de toute la terre dont nous sachions quelque chose : il était certainement le premier après le déluge. Avec lui commence l'histoire politique. Sa puissance, son éclat sont comparés au plus ancien métal. Le premier fondateur de cet empire, Nemrod, rayonna d'une telle gloire, que l'Ecriture nous montre sa puissance devenue proverbiale, et que, dans la suite, il paraît avoir été adoré sous le nom de Bel ou Seigneur. Quant à Nabuchodonosor lui-même, les auteurs profanes sont d'accord avec les prophètes sur sa puissance. Mégasthènes, contemporain d'Alexandre, dans un fragment conservé par Strabon, dit que Nabuchodonosor, célèbre parmi les Chaldéens, surpassa les travaux d'Hercule; qu'il poussa ses conquêtes jusqu'au delà des Colonnes, que de l'Espagne il ramena son armée par la Thrace et le Pont (Strab., l. 15, c. 1; Jos., *Contr. app.*, l. 1). *Après vous s'élèvera un royaume d'argent, moindre que vous*. C'est l'empire des Mèdes et des Perses, fondé par Cyrus. Vaste, puissant et riche, il devait le céder néanmoins pour l'étendue et la durée à l'empire assyrio-babylonien. Celui-ci, à commencer par Nemrod, avait duré plus de quinze cents ans; celui-là n'en dura que deux cent dix. Le grand Macédonien fonda le troisième empire. Il était d'airain, comme les épées du temps de Daniel. Moins précieux que l'argent, moins apparent, moins riche, l'airain, métal de la guerre, est aussi le métal des arts. Bel emblème du génie grec. Le fer qui broie tout, qui se durcit en acier, qui écrase tout, qui tranche tout, est la sanglante et toute broyante Rome. Mais l'homicide métal est en même temps le métal de la paisible et noble agriculture qui nourrit le genre humain et forme les hommes. Rome la savait honorer; dans sa jeunesse, Rome chercha plus d'une fois ses généraux à la charrue; l'agriculture était l'occupation des nobles du pays. Au sortir des assemblées du sénat où après avoir concilié les procès des clients, les Fabius et les Valérius retournaient à leurs métairies, et des hommes à qui des royaumes conquis avaient donné leur surnom, labouraient leur petit champ à la sueur de leur front. Le caractère de Rome était de fer, ses vertus d'acier.

Quand la démoralisation l'eut emporté à Rome, cet immense empire devient en lui-même toujours plus faible. Il se divise sous les triumvirs. Ceux-ci veulent plus d'une fois se mêler d'une manière humaine, c'est-à-dire par des mariages. Plus tard, des guerriers de peuples étrangers parviennent à la dignité de césars. Depuis longtemps l'extension du droit de cité avait égalé les nations étrangères aux Romains pour les droits; mais le fer et l'argile ne peuvent tenir ensemble, et des débris de la puissance romaine se forment les empires d'Europe, figurés par les dix doigts des pieds.

Pendant que Daniel exposait ainsi la future histoire de l'univers, Babylone était au plus haut point de sa gloire, les Mèdes et les Perses grandissaient sous les ancêtres de Cyrus, la Grèce voyait fleurir le premier des sages, le Phénicien Thalès; Rome, sous ses derniers rois, bâtissait des édifices qui subsistent encore. Lorsque cette histoire eut été réalisée par les nations conquérantes, et écrite avec des fleuves de sang sur les trois pages de l'ancien monde,

l'Asie, l'Afrique et l'Europe; lorsque cet empire universel, concentré dans la sanglante Rome, ayant brisé tout ce qui tenait encore, commence à chanceler sur ses pieds mal affermis, et cherche à se soutenir par des alliances humaines, la pierre, détachée de la montagne sans aucune main, vient frapper ses pieds de fer et d'argile; l'empire divin du Christ, détaché de la montagne de Sion sans aucune assistance humaine, vient à frapper les pieds de cet empire de la force, incarné dans un Tibère, un Caligula, un Néron; au mensonge, à la violence, à la haine doivent succéder pour fondements la vérité, l'équité, la charité. Le choc dure des siècles. Mais enfin ces nations frémissantes, ces rois et ces princes ligués ensemble, *le Christ de Jéhova les châtie avec une verge de fer, et les brise comme un vase d'argile*; cet empire universel de la force et de l'arbitraire, commencé par Nemrod, continué par Nabuchodonosor, Tibère, Néron, Domitien, Galérius, disparaît. L'empire spirituel du Christ, sorti pierre de Sion, devient montagne qui remplit toute la terre. Depuis dix-neuf siècles, le trône de son roi pasteur s'élève, pacifique et immuable, là même où la statue de Nabuchodonosor broyait tout sous ses pieds de fer. Cet empire de Dieu n'a jamais passé, ne passera jamais en d'autres mains; le Christ lui-même a dit au fils de Jona : *Tu es la pierre, et sur cette pierre je bâtirai mon Eglise, et les portes de l'enfer ne prévaudront point contre elle.*

Daniel voit la succession des quatre grands empires sous deux images différentes : d'abord une statue à quatre métaux, dont les jambes de fer se terminent par dix doigts, partie de fer, partie d'argile; ensuite quatre bêtes, dont la dernière a dix cornes, comme la statue a dix doigts. Dans l'*Apocalypse* de saint Jean reparaît la même bête, l'empire romain, avec ses dix cornes ou puissances, dans lesquelles il doit se démembrer finalement. On lui voit de plus sept têtes : ce sont les sept empereurs persécuteurs qu'elle eut à la fois : Dioclétien, Maximien, Constantius-Chlorus, Galérius, Maxence, Maximin et Licinius. Ces têtes avaient des noms de blasphèmes : Dioclétien s'appelait *Jupiter*; Maximien, *Hercule*; Galérius, *Mars*. Cette bête, cet empire idolâtre, paraît enfin avec une seule tête, qui encore est blessée à mort : par la défaite de Maximin et de Licinius, l'idolâtrie romaine reçut une blessure mortelle; mais elle en guérit sous l'empereur Julien, dont l'inséparable surnom d'*apostat* donne précisément en grec le nombre mystérieux de six cent soixante-six : α (1) π (80) o (70) ς (6) α (1) τ (300) η (8) ς (200), total, 666 (Apocalyse, 13; livre 25ᵉ de cette Histoire). Il fut dit expressément à Daniel : *La quatrième bête sera le quatrième royaume sur la terre, il la foulera aux pieds et la broiera. Les dix cornes signifient dix rois qui s'élèveront de ce royaume; un autre s'élèvera après eux, qui sera différent des premiers, et il humiliera trois rois. Il proférera contre* (sur ou touchant) *le Très-Haut des paroles, il écrasera les saints du Très-Haut; et il s'imaginera qu'il pourra changer les temps et les lois, et ils seront livrés entre ses mains jusqu'à un temps, deux temps et la moitié d'un temps. Ensuite se tiendra le jugement, où la puissance lui sera ôtée, en sorte qu'il soit détruit et qu'il périsse à jamais. Et l'empire, et la puissance, et la grandeur des royaumes qu'il y a sous tout le ciel sera donnée au peuple des saints du Très-Haut : et son empire est un empire éternel, et toutes les souverainetés le serviront et lui obéiront* (Dan., 7).

Dans le dix-huitième livre de cette Histoire, nous avons vu que cette nouvelle corne ou puissance, qui en devait humilier trois autres, et faire la guerre aux saints du Très-Haut, jusqu'à un temps, deux temps et la moitié d'un temps, autrement, comme saint Jean traduit, quarante-deux mois, ou douze cent soixante jours (Apocal., c. 11, 12 et 13) : c'est la puissance antichrétienne de Mahomet, qui a humilié le royaume des Perses en Asie, l'empire des Grecs à Byzance, le royaume des Visigoths en Espagne; qu'elle doit durer en tout douze cent soixante ans, et disparaître vers la fin du XIXe siècle, du moins comme puissance antichrétienne. Ce qui commence dès maintenant à s'accomplir. En 1800, nous avons vu les Turcs aider les Russes et les Autrichiens à chasser les Français d'Ancône et d'Italie, afin que les cardinaux de la sainte Eglise romaine pussent procéder tranquillement à l'élection du pape Pie VII. Et tout récemment, à l'élection de Pie IX, nous avons vu un ambassadeur turc venir le complimenter sur son exaltation et solliciter l'envoi d'un nonce apostolique pour régler les chrétientés d'Orient; démarche qui est plus d'un chrétien que d'un mahométan.

Daniel a dit de la statue prophétique des quatre empires successifs : *Alors furent réduits en poudre, fer, argile, airain, argent, or; ils devinrent comme la menue paille que le vent emporte de l'aire pendant l'été, et ils disparurent sans plus trouver aucun lieu.* Cette prédiction, nous la voyons se réaliser de plus en plus, dans la période de 1802 à 1848; sur les dix royaumes issus de l'empire romain, notamment sur ceux qui récemment avaient fait plus ou moins la guerre à l'Eglise de Dieu. Joseph II, empereur d'Allemagne, et même, quant au nom, empereur romain, avait fait cette guerre avec plus de persistance : il n'y aura plus d'empereur romain, ni même d'empereur d'Allemagne, mais un empereur d'Autriche, avec une douzaine de rois ou de princes allemands, indépendants les uns des autres, pour aider le protestantisme à individualiser les peuples allemands comme de la menue paille. Le roi d'Espagne sur la monarchie duquel le soleil ne se couchait pas, s'était fait un devoir de contrister l'Eglise en la privant de sa plus vaillante milice; récemment encore, il s'apprêtait à partager, avec la République française, les domaines du Saint-Siège. Le roi d'Espagne, sur l'ordre d'un général français, cessera d'être roi, et sera remplacé par un citoyen français; l'Espagne perdra ses immenses possessions du Nouveau-Monde, qui se transformeront en une demi-douzaine de républiques; l'Espagne d'Europe se divisera contre elle-même, jusqu'à ne savoir plus quelle tête se donner. Le Portugal, complice de l'Espagne dans la guerre contre l'Eglise, perdra également ses possessions d'Amérique, et verra sa dynastie divisée contre elle-même. Le gouvernement de Naples, satellite obséquieux de l'Espagne, quelquefois pire encore, sera expulsé de chez lui, remplacé par un gouvernement français, ne trouvera de refuge que dans la Sicile, qu'il traitera ensuite en pays conquis, ce qui provoquera de nouvelles révolutions. La France gouvernementale, qui se posa toujours volontiers en gouvernante de l'Eglise romaine, et plus d'une fois se permit de mettre la main sur elle, la France gouvernementale, après avoir déjà subi tant de métamorphoses de 1789 à 1804, s'est culbutée elle-même, avec ses chartes et ses chambres, jusqu'à six fois, de 1813 à 1848, espace de trente-quatre ans : *en avril 1813, d'empire en royauté restaurée;* en avril 1814, de restauration en empire; en juillet 1814, d'empire en restauration *bis;* en juillet 1830, de royauté restaurée en royauté constitutionnelle; en février 1848, de royauté constitutionnelle et héréditaire en république provisoire. Tout cela paraît un commentaire assez intelligible de ces paroles de Daniel : *Alors furent réduits en poudre, fer, argile, airain, argent, or; ils devinrent comme la menue paille que le vent emporte de l'aire pendant l'été, et ils disparurent sans trouver plus aucun lieu; mais la pierre qui avait frappé la statue devint une grande montagne qui remplit toute la terre.*

Dans le demi-siècle que nous avons à considérer en ce livre, nous voyons passer :

Sur le Siége de saint Pierre, Pie VII, de 1800 à 1823; Léon XII, de 1823 à 1829; Pie VIII, de 1829 à 1830; Grégoire XVI, de 1831 à 1846, et enfin Pie IX;

Sur le trône de France, Napoléon, consul de 1800 à 1804; empereur de 1804 à 1814; Louis XVIII, roi de 1814 à 1815; Napoléon, empereur pendant trois mois; Louis XVIII, roi de 1815 à 1824; Charles X, de 1824 jusqu'à son expulsion en 1830; Louis-Philippe, de 1830 à son expulsion en 1848 par la République provisoire;

Sur le trône d'Espagne, Charles IV ou plutôt sa femme, de 1788 à 1808; Ferdinand VII, pendant trois mois; Joseph Bonaparte, de 1808 à 1813; Ferdinand VII, de 1813 à 1833; sa fille Isabelle avec la guerre civile;

Sur le trône de Portugal et du Brésil, Marie Ire, de 1777 à 1816; Jean VI, de 1816 à 1826; Pedro ou Pierre Ier, empereur du Brésil, de 1822 à 1831; et remplacé par son fils Pierre II; Miguel, roi de Portugal, de 1826 à 1834, puis Marie II;

Sur le trône de Naples et de Sicile, Ferdinand IV ou plutôt sa femme Caroline, de 1759 à 1825; Joseph Bonaparte, roi de Naples, de 1805 à 1808; Joachim Murat, roi de Naples, de 1808 à 1815; François Ier, roi de Naples et de Sicile, de 1815 à 1830, puis son fils Ferdinand V;

Sur le trône de Stamboul, Sélim III, de 1789 à 1807, où il fut déposé, ensuite étranglé; Mustapha IV, de 1807 à 1808, où il fut déposé et étranglé comme il avait fait étrangler son cousin Sélim; Mahmoud II, de 1818 à 1838, puis son fils Abdul-Medjid;

Sur le trône du nouvel empire d'Annam, Tonquin et Cochinchine, Djia-Laong, de 1787 à 1820; Minh-Menh, de 1820 à 1841; son fils Thieu-Tri, de 1841 à 1847;

Sur le trône de Chine, Kia-Khing, de 1796 à 1820, ensuite son fils Toa-Kouang;

Sur le trône de Russie, l'empereur Alexandre, par la déposition et l'assassinat de son père, de 1801 à 1825; son frère Constantin un moment, puis Nicolas;

Sur le trône de Suède, après l'assassinat de Gustave III, son fils Gustave IV, de 1792 à 1809, où il fut détrôné au profit de son oncle Charles XIII, roi de 1809 à 1818, qui adopta pour son fils et successeur le soldat français Bernadotte, au préjudice de son petit-neveu;

Sur le trône d'Angleterre, les Hanovriens Georges III, de 1760 à 1820; Georges IV, de 1820 à 1830; Guillaume IV, de 1830 à 1837, puis sa nièce la reine Victoria;

Sur le trône de Sardaigne, Charles-Emmanuel, de 1796 à 1802; Victor-Emmanuel, de 1802 à 1821; Charles-Félix, de 1821 à 1831, puis Charles-Albert;

Sur le trône de Danemarck, Christian VII, de 1766 à 1808; Frédéric VI, de 1808 à 1848, puis Christian VIII, deux fois marié et deux fois divorcé;

Sur le trône de Prusse, Frédéric-Guillaume III, de 1797 à 1840; son fils Frédéric-Guillaume IV;

Sur le trône impérial d'Allemagne, puis d'Autriche, François II, puis Ier, de 1792 à 1835, ensuite son fils Ferdinand II;

Sur les débris de l'empire germanique, les trônes secondaires de Bavière, de Wurtemberg, de Saxe, de Hanovre, de Westphalie, de Belgique, de Hollande : trônes et royaumes qui risquent beaucoup en ce moment (août 1848), de s'amoindrir et de s'annuler dans la refonte constitutionnelle de l'unité allemande;

Sur les débris des colonies anglaises et espagnoles du Nouveau-Monde, une dizaine de républiques indépendantes, dont la principale, les États-Unis, marche de pair avec les premières puissances de l'univers.

Par son concordat avec le pape Pie VII, conclu en 1801, publié en 1802, Napoléon Bonaparte avait réconcilié la France avec le centre de l'humanité chrétienne et avec elle-même. C'était raffermir l'humanité entière sur les bases du christianisme. Car un ancien a dit : *Ce que savent deux Français, tout le monde le sait, tant les Français sont communicatifs.* Aujourd'hui, ce que font les Français, tout le monde veut le faire. Napoléon Bonaparte comptait bien profiter de cela pour son compte : mais la Providence y pourvoira.

La France de 1802 était plus grande que celle de Louis XIV : elle allait de l'Océan aux Alpes et au Rhin dans toute sa longueur : la république ligurienne, capitale Gênes, la république cisalpine, capitale Milan, et d'autres républiques ou principautés italiennes en étaient des appendices. Napoléon eut l'idée d'étendre la France du côté de l'Est, comme au temps du grand roi Dagobert, sous lequel l'Austrasie, l'*ost-ric* ou la France de l'Est, capitale Metz, allait de l'Auvergne jusqu'aux frontières de l'empire grec, y compris Vienne en Autriche, *ost-ric*, c'est-à-dire en la France de l'Est, par distinction d'avec Vienne en la France du Sud. Il comptait, du côté de l'Ouest, l'étendre par l'Océan et par l'île Saint-Domingue jusqu'en Amérique. L'Angleterre, qui dominait sur les eaux, s'aperçut de ce projet, et y mit obstacle.

Napoléon était premier consul, lorsqu'un émissaire secret du ministre anglais Pitt se présenta d'abord à son oncle, le cardinal Fesch, puis à lui-même. L'émissaire était Corse de nation, nommé Marseria, et capitaine au service de l'Angleterre. Il dit à Napoléon : « Vous vous faites une idée exagérée, injuste, des prétentions de l'Angleterre à votre égard; l'Angleterre n'a rien contre vous personnellement. Elle ne tient pas à la guerre qui la fatigue et lui coûte ses richesses. Elle en achètera même volontiers la fin au prix de maintes concessions que sans doute vous n'espérez pas; mais, pour vous donner la paix, elle vous impose une seule condition; c'est que vous l'aidiez à l'établir chez elle. — Moi, répliqua Napoléon, eh ! qu'ai-je à faire en Angleterre? Ce n'est pas mon rôle, je suppose, d'y mettre la concorde; d'ailleurs je ne vois pas comment j'y serais propre. — Plus propre que vous ne pensez, continua Marseria en pesant ses paroles : l'Angleterre est déchirée de discordes intestines. Ses institutions se minent peu à peu, une sourde lutte la menace et jamais elle n'aura de tranquillité durable tant qu'elle sera divisée entre deux cultes. Il faut que l'un des deux périsse; il faut que ce soit le catholicisme. Et pour aider à le vaincre, il n'y a que vous. Établissez le protestantisme en France, et le catholicisme est détruit en Angleterre. Établissez le protestantisme en France, et, à ce prix, vous avez une paix telle assurément que vous la pouvez souhaiter. — Marseria, répliqua Napoléon, rappelez-vous ce que je vais vous dire, et que ce soit votre réponse : Je suis catholique et je maintiendrai le catholicisme en France, parce que c'est la vraie religion, parce que c'est la religion de l'Église, parce que c'est la religion de la France, parce que c'est celle de mon père, parce que c'est la mienne enfin; et, loin de rien faire pour l'abattre ailleurs, je ferai tout pour la raffermir ici. — Mais, remarquez donc, reprit vivement Marseria, qu'en agissant ainsi, en restant dans cette ligne, vous vous donnez des chaînes invincibles, vous vous créez mille entraves. Tant que vous reconnaîtrez Rome, Rome vous dominera; les prêtres décideront au-dessus de vous; leur action pénétrera jusque dans votre volonté; avec eux, vous n'aurez jamais raison à votre guise; le cercle de votre autorité ne s'étendra jamais jusqu'à sa limite absolue, et subira au contraire de continuels empiétements. — Marseria, il y a ici deux autorités en présence : pour les choses du temps, j'ai mon épée, et elle suffit à mon pouvoir; pour les choses du ciel, il y a Rome, et Rome en décidera sans me consulter; et elle aura raison ! c'est son droit. — Mais, reprit de nouveau Marseria, vous ne serez jamais complètement souverain, même temporellement, tant que vous ne serez pas chef de l'Église, et c'est là ce que je vous propose; c'est de créer une réforme en France, c'est-à-dire une religion à vous. — Créer une religion ! répliqua Napoléon en souriant; pour créer une religion, il faut monter sur le Calvaire, et le Calvaire n'est pas dans mes desseins. Si une telle fin convient à Pitt, qu'il la cherche lui-même; mais pour moi je n'en ai pas le goût (*Vie du cardinal Fesch*, par l'abbé Lyonnet, t. II, p. 760 et seqq.). »

On le voit, ce qui fait peur à l'anglican Pitt, c'est la force et l'influence prodigieuse que donne à la France l'unité du catholicisme. S'il pouvait la diviser par le protestantisme contre l'Angleterre, il n'en aurait plus peur. Napoléon n'eut garde de donner dans ce piège. Le ministère anglais lui en tendit un autre : ce fut de le faire assassiner. Certains royalistes de Bretagne acceptèrent d'être les séides de l'Angleterre. C'est un écrivain royaliste qui nous garantit le fait. Michaud, fondateur et principal rédacteur de la *Biographie universelle*, nous dit en parlant de Pierre Robinaut Saint-Rejant, (*Supplément*, tome LXXX, p. 399) : « Ce fut Georges Cadoudal qui, vers la fin de l'année 1801, se chargea d'une mission aussi difficile que périlleuse : ce fut d'aller secrètement à Paris pour y tenter par tous les moyens de faire périr le consul Bonaparte, récemment arrivé au pouvoir souverain, et dont les succès et les ambitieux projets, dès lors compris par le ministère britannique, l'inquiétaient vivement sur l'avenir de la puissance anglaise. Cette étonnante mais incontestable prévision du célèbre Pitt eut une grande influence sur les événements de cette époque, on ne peut en douter ; et c'est surtout cette profonde et prévoyante pensée qui décida la terrible entreprise de la machine infernale. Il n'est que trop vrai que, dans cette occasion comme dans beaucoup d'autres, les royalistes français, croyant servir leur noble cause, ne furent que les aveugles instruments des vengeances et de la cupidité britanniques. Témoin de cet événement et bien placé pour en observer les causes et les conséquences, nous pouvons affirmer que c'est ainsi que nous le comprîmes dès le premier jour. Tout ce qui s'est passé depuis n'a fait que nous confirmer dans cette opinion. Ce fut dans le mois d'octobre 1801 que Saint-Rejant partit de Londres avec Georges Cadoudal et son ami Limolan. Ce dernier le suivit dans la capitale. Georges resta en Bretagne, où il fut l'intermédiaire des conjurés avec l'Angleterre. » Voilà ce que dit l'écrivain royaliste. Le résultat fut un effroyable instrument de destruction, que l'on a très-bien nommé la *machine infernale*, placé sur une charrette au milieu de la rue. Le 24 décembre 1801, Saint-Rejant y mit le feu, au moment où le Premier-Consul passait dans une voiture. L'explosion se fait avec un horrible fracas. Les maisons voisines en sont ébranlées, renversées. Beaucoup de passants furent atteints. Il y en eut douze de tués sur place, et une trentaine de grièvement blessés. La charrette et le cheval furent mis en pièces, ainsi que la petite fille de douze ans à qui Saint-Rejant avait donné dix sous pour tenir le cheval, la vouant ainsi à une mort inévitable. Le Premier-Consul échappa comme par miracle, son cocher, qui était ivre, ayant forcé le passage et gagné quelques secondes sur l'explosion. Dans la nuit du 23 au 24 mars de la même année, un ami de Napoléon, l'empereur Paul de Russie, avait été étranglé par ses officiers, avec la connivence de son fils Alexandre. Le coup contre Napoléon, manqué en 1801, fut repris en 1803. Le même écrivain royaliste nous dit en la *biographie* de Napoléon, tome LXXV, p. 142 : « Pressés et sollicités par les ministres anglais, les deux personnages alors les plus remarquables de ce parti (le parti royaliste), Pichegru et Georges Cadoudal, ne craignirent pas de venir clandestinement à Paris, avec une cinquantaine d'anciens Vendéens ou émigrés, comme eux dévoués à la cause des Bourbons, pour renverser le gouvernement existant. Ils y bravèrent pendant plusieurs mois les plus grands périls, décidés à attaquer ouvertement, à immoler sous leurs coups la personne du Premier-Consul, persuadés qu'ils étaient que les conséquences de ce meurtre seraient le rétablissement de l'ancienne monarchie, et que, pour cela, ils se verraient secondés par le ministère anglais. » Les conjurés s'associèrent le général Moreau ; mais ils furent découverts et arrêtés tous les trois. Pour mettre fin à ces complots royalistes contre sa vie, Napoléon usa de terribles représailles. Il fit arrêter le duc d'Enghien dans le pays de Bade, transférer à Paris, juger par une commission militaire, qui le fit fusiller dans les fossés de Vincennes, la nuit du 20 au 21 mars 1804. Napoléon dit à ce sujet dans son testament de mort : « J'ai fait arrêter et juger le duc d'Enghien, parce que cela était nécessaire à la sûreté, à l'intérêt et à l'honneur du peuple français, lorsque le comte d'Artois, entretenait, de son aveu, soixante assassins dans Paris. » Le royaliste Michaud cite cette accusation contre le comte d'Artois, depuis Charles X, sans la démentir. L'exécution du duc d'Enghien mit fin aux complots homicides des royalistes. L'empereur Alexandre de Russie ayant fait de grandes plaintes de ce que le gouvernement français avait violé le territoire de Bade, le gouvernement français lui fit cette demande : « Lorsque, à l'instiga- » tion de l'Angleterre, certains individus complo- » taient le meurtre de l'empereur Paul, ne se serait- » on pas efforcé en Russie de saisir les auteurs du » complot, si on les avait sus à une lieue de la » frontière (Menzel, *Histoire des Allemands*, t. XII, » 2ᵉ sect., p. 415)? » Cette demande était un terrible argument pour Alexandre, complice du meurtre de son père.

Napoléon, en disciplinant l'énergie révolutionnaire de la France, la tournait à de grandes choses, se rendre lui et elle souverains de l'Europe, et par là même du monde. Car, avec l'unité politique et militaire de la France et de l'Europe, jointe à l'unité intellectuelle et religieuse de l'Eglise universelle, rien ne pouvait plus résister. La France, devenue l'Europe, pouvait saisir, d'un bras, l'Afrique et l'Amérique ; de l'autre, l'Asie jusqu'à la Chine et au Japon, et former l'univers entier à son image et à sa ressemblance.

Donc, Napoléon Bonaparte, nommé d'abord troisième consul, puis premier consul, puis consul pour dix ans, puis consul à vie, fut enfin nommé empereur l'an 1804. Tous les citoyens furent invités à voter, *pour* ou *contre*, dans chaque mairie. Trois millions cinq cent mille citoyens répondirent à cet appel. Sur ce nombre, deux mille sept cents votèrent *non*, trois millions quatre cent quatre-vingt-dix-sept mille trois cents *oui*. Sur cette immense majorité, le Tribunat, le Corps législatif, et le Sénat décernèrent à la France le titre d'*Empire*, et à Napoléon celui d'*Empereur des Français*, avec hérédité dans sa famille. Napoléon, empereur, nomma ses deux collègues du consulat, l'un archichancelier, l'autre architrésorier, créa dix-huit maréchaux de l'empire, la Légion-d'honneur, une cour brillante, une nouvelle noblesse, en même temps qu'il attirait et favorisait l'ancienne. Enfin, pour donner au nouvel empire, issu de la nation, la sanction morale de l'Eglise catholique, de l'humanité chrétienne, Napoléon envoya à Rome son oncle, le cardinal Fesch, et obtint du pape Pie VII qu'il vînt le sacrer empereur : ce qui eut lieu le 2 décembre 1804 dans l'antique cathédrale de Paris, en présence de toutes les notabilités de la France militaire, civile et religieuse.

Dans tout ce voyage, Pie VII fut émerveillé de la piété des populations françaises. A son retour, il dit publiquement aux cardinaux, dans le consistoire du 26 juin 1805 : « Les peuples des Gaules ont vénéré en nous le pasteur suprême de l'Eglise catholique ; *il n'y a pas de paroles pour exprimer combien les Français ont montré de zèle et d'amour pour la religion*. Que dirons-nous de l'illustre clergé de France, qui a manifesté tant de tendresse pour notre personne et qui a si bien mérité de nous ? Il n'y a pas encore de paroles qui puissent faire connaître l'empressement, la vigilance, l'assiduité, le zèle avec lesquels les évêques surtout paissent leurs troupeaux, honorent et font honorer la religion. » Dans ses conversations particulières, le bon Pape ne tarissait point sur les éloges du peuple français. Il racontait avec amour à M. Artaud, chargé d'affaires de France, le fait suivant : « A Châlon-sur-Saône, nous allions sortir d'une maison que nous avions habitée pendant plusieurs jours : nous partions pour Lyon ; il nous fut impossible de traverser la foule ; plus de deux mille femmes, enfants, vieillards, garçons, nous séparaient de la voiture, qu'on n'avait pas pu faire avancer; deux dragons (le Pape appelait ainsi les gendarmes français), chargés de nous escorter, nous conduisirent à pied jusqu'à notre voiture, en nous faisant marcher entre leurs chevaux bien serrés. Ces dragons paraissaient se féliciter de leur manœuvre, et fiers d'avoir plus d'invention que le peuple. Arrivé à la voiture, à moitié étouffé, nous allions nous y élancer avec le plus d'adresse et de dextérité possible, car c'était une bataille où il fallait employer la malice, lorsqu'une jeune fille, qui à elle seule eut plus d'esprit que nous et les deux dragons, se glissa sous les jambes des chevaux, saisit notre pied pour le baiser, et ne voulait pas le rendre, parce qu'elle devait le passer à sa mère qui arrivait par le même chemin. Prêt à perdre l'équilibre, nous appuyâmes nos deux mains sur un des dragons, celui dont la figure n'était pas la plus sainte, en le priant de nous soutenir ; nous lui disions : *Signor* dragon, ayez pitié de nous ! Voilà que le bon soldat (fions-nous donc à la mine) s'empara à son tour de nos mains pour les baiser à plusieurs reprises. Ainsi, entre la jeune fille et votre soldat, nous fûmes comme suspendu pendant plus d'un demi-quart de minute, nous redemandant nous-même et attendri jusqu'aux larmes : Ah ! que nous avons été content de votre peuple (Artaud, *Vie de Pie VII*, et *Biogr. univ.*, art. PIE VII, t. LXXVII). »

Napoléon, de son côté, couronné par le Pape empereur des Français le 2 décembre 1804 à Paris, se fit couronner roi d'Italie à Milan, par le cardinal Caprara, archevêque de cette ville, le 26 mai 1805. La république cisalpine se trouvait métamorphosée en royaume : Napoléon lui donna pour vice-roi son beau-fils, Eugène de Beauharnais. La république ligurienne ou le pays de Gênes, ainsi que les Etats de Parme, furent réunis à l'empire français et métamorphosés en départements. Une armée formidable campait à Boulogne, sur les bords de l'Océan, menaçant l'Angleterre d'une invasion prochaine. Heureusement pour la Grande-Bretagne, on ne connaissait pas encore les bateaux à vapeur. Autrement, l'Angleterre, l'Ecosse et l'Irlande auraient probablement eu l'honneur de devenir départements français. Faute de vapeur, l'orage tombera sur l'Allemagne.

Voici, d'après les faits de l'histoire et les observations du protestant Menzel, quelle était alors dans ce pays la situation des esprits et des choses. Depuis trois siècles, grâce à l'hérésie, l'Allemagne n'était plus une ni unie, mais divisée, mais morcelée en une infinité de fractions incohérentes. Les deux fractions principales, le Nord et le Sud, la Prusse et l'Autriche, toujours ennemies l'une de l'autre : la Prusse, qui doit son nom même à l'improbité d'un moine apostat de Brandebourg ; la Prusse, qui profite des embarras de la jeune Marie-Thérèse pour lui enlever la Silésie ; la Prusse, qui ne s'accorde avec l'Autriche et la Russie que pour décapiter et démembrer la Pologne ; la Prusse, qui tenait à honneur et à devoir d'armer l'Allemagne contre l'Allemagne au profit de la Turquie (Menzel, t. XII, 2e part., p. 29); la Prusse et l'Autriche, qui ne regardent les Allemands que comme une matière imposable en argent et en soldats, pour faire équilibre à la France ou à la Russie, comme des bœufs et des moutons font équilibre à des quintaux dans un abattoir; Prusse et Autriche qui ne croyaient pas les Allemands capables d'avoir une âme de peuple, un esprit national, enfin une patrie : Allemands alors en effet si indifférents, comme des moutons, sous quel bâton ou quelle houlette ils seraient parqués, tondus, écorchés, que, pendant bien des années, l'Anglais Pitt fut obligé d'acheter des Allemands en Allemagne pour défendre l'Allemagne contre les Français (P. 120 et 122). Voilà quelle idée avaient des Allemands les principaux ministres de Prusse et d'Autriche : à Berlin, le Hanovrien Hardenberg et autres ; à Vienne, le baron Thugut, fils annobli d'un batelier du Danube. Ni les uns ni les autres ne daignaient connaître l'histoire antérieure d'Allemagne, pour y rattacher ses intérêts actuels, améliorer son état intellectuel et moral : borné à quelques idées vagues, à quelques phrases banales sur l'équilibre européen, prises dans un écrivain français, le fils du batelier Thugut se donnait rarement la peine de répondre aux ambassadeurs, aux généraux d'armée, aux gouverneurs de provinces ; quand il quitta le ministère, on trouva cent soixante-dix dépêches et plus de deux mille lettres, qu'il n'avait pas même ouvertes (P. 128). Et c'est cet homme qui, après Kaunitz, gouverna l'empereur et l'empire d'Autriche.

Cependant une autre Allemagne se formait, l'Allemagne littéraire, à laquelle se rattachaient les classes moyennes, et dans laquelle on respirait quelque chose de plus doux, de plus national, de plus humain : on y aspirait à une patrie, à l'unité. Le chef de cette nouvelle Allemagne était Klopstok, auteur du poème de la *Messiade*. Autour de lui se groupait une constellation de beaux esprits, poètes et littérateurs : Stolberg, Wieland, Herder, Voss, Schiller, Novalis, Forster, Campe, Gœthe, Salzmann, Schlégel, Cramer et plusieurs autres. Cette Allemagne intellectuelle déplorait en prose et en vers l'asservissement de l'Allemagne nationale sous le joug de l'Allemagne nobiliaire et gouvernementale. Klopstok exhale ces sentiments dans plusieurs odes. Dès 1773, il chantait ainsi l'avenir de l'Allemagne : « Ton joug, ô Allemagne, tombera un jour ! Encore un siècle seulement, et ce sera fait, et alors régnera le droit de la raison et par-dessus le droit du glaive ! » Le comte de Stolberg chantait la même année : « Liberté ! le courtisan ne connaît point cette pensée, lui l'esclave ! Pour lui, le son le plus doux est celui des chaînes. Ployant le genou, ployant l'âme, il tend au joug son cou énervé. En la main d'Allemands esclaves, l'acier se rouille, la harpe se relâche ! La harpe seule de la liberté est harpe de la patrie ! Le glaive seul de la liberté est glaive pour la patrie ! Qui brandit l'épée de la liberté, s'élance à travers les batailles comme l'éclair de la nocturne tempête ! Tombe de ton trône, ô tyran, tombe devant l'exterminateur de Dieu ! » Et en 1775 il saluait ainsi d'avance un siècle futur : « Grand siècle, bientôt retentissent autour de ton berceau le bruit des armes et le chant des vainqueurs ! Les trônes s'écroulent, les tyrans s'écroulent au milieu des débris dorés ! Tu nous montras d'une main sanglante le fleuve de la liberté ! Il se répand sur l'Allemagne, la bénédiction fleurit sur ses rives, comme des fleurs près de la fontaine de la prairie (Menzel, t. XII, c. 2). » Schiller rendit ces sentiments populaires, dans ses trois premiers drames en prose et son *Don Carlos*. En 1788, Goëthe faisait ainsi parler la monarchie et le républicanisme dans sa tragédie d'*Egmont*. « Liberté ! belle parole pour qui l'entendrait bien. Qu'est-ce que la liberté de l'homme le plus libre ? De bien faire ! — En quoi nul monarque ne les empêchera. Il est bon, pour les circonscrire, de les tenir pour des enfants, afin qu'on puisse les diriger comme des enfants à ce qu'il y a de mieux. Croyez-moi, un peuple n'avance pas en âge, ni en sagesse ; un peuple demeure toujours enfant. » A quoi le partisan de la liberté du peuple répond : « Combien rarement un roi arrive-t-il à jouir pleinement de la raison ? Le grand nombre n'aimera-t-il pas mieux se confier au grand nombre qu'à un seul ? et pas seulement au seul, mais au petit nombre du seul, mais au peuple qui vieillit sous les regards de son maître. Ce peuple-là a-t-il seul le droit de devenir sage ? » Vers la même époque, dans un roman dévoré par toute l'Allemagne, Salzmann faisait subir à la société une transformation complète. Paris et les autres capitales, comme l'ancienne Babylone, devenaient des solitudes habitées par les oiseaux de nuit. Les déserts étaient changés en vignobles et jardins de plaisance. « Mais, Seigneur, dis-je, je ne vois pas de noblesse, au contraire tout travaille, comme si tout était bourgeois. Et la voix répondit : La noblesse a été engendrée dans la nuit, elle cesse aussitôt que le jour paraît. Désormais chacun rougira de l'oisiveté et nul ne se glorifiera plus de ce que son père était noble, mais chacun se glorifiera de ce qu'il est noble lui-même. — A la demande pourquoi le salut du Seigneur a tardé si longtemps, la voix répondit : Tous les enfants des hommes sont devant Dieu comme un arbre. Il a planté et arrosé cet arbre, et il a crû et il est devenu très-grand, mais il n'a pas atteint la maturité et n'a porté jusqu'à présent que des feuilles. Quand il aura atteint sa maturité, il produira des fruits savoureux. Et tout s'en réjouira et chacun reconnaîtra pourquoi Dieu a planté cet arbre, pourquoi il l'a arrosé, et pourquoi souvent il en a retranché de grands rameaux (Menzel, t. XII). »

Dans ces dispositions, l'Allemagne littéraire et nationale vit avec transport l'affranchissement de l'Amérique septentrionale, mais surtout les commencements de la Révolution française. Klopstok, déjà vieux, la salua par des odes pleines d'enthousiasme. Campe, littérateur si aimé du peuple et de la jeunesse, la préconisa dans une série de lettres. Il fallut toutes les énormités révolutionnaires pour tempérer cette admiration excessive et prématurée des littérateurs allemands. Sans aucun doute, si la France de 1789 avait pu se garantir de certains excès, comme paraît vouloir le faire la France de 1848, elle eût entraîné après elle toute l'Allemagne, et par suite toute l'Europe. Enfin, lorsque la Révolution française s'attaqua corps à corps à l'Eglise catholique, la dépouilla de ses biens, jeta ses membres les plus fidèles dans les prisons, dans les bagnes, sur les échafauds, les plus beaux esprits de l'Allemagne protestante tournèrent leur attention et leur admiration vers cette Eglise dépouillée, persécutée, anéantie, et saluèrent avec amour sa prochaine résurrection.

L'Allemagne princière et gouvernementale n'avait pas cette tendance. L'Autriche, la Prusse et la Russie avaient trouvé bon de révolutionner et de démembrer la Pologne. Par suite de la paix de Lunéville, en 1801, l'empereur, le roi de Prusse, les princes de Bavière, de Wurtemberg, de Bade et autres durent céder certains territoires à la République française : ils reçurent et acceptèrent en dédommagement des principautés ecclésiastiques, des évêchés, des couvents, enlevés à l'Eglise, qui ne reçut aucun dédommagement de personne. Mais l'appétit vient en mangeant, aux princes comme aux autres hommes. Or, dans les domaines ecclésiastiques enlevés à leur ancien propriétaire, se trouvaient des comtes, des barons séculiers, dits *noblesse immédiate*, qui relevaient directement de l'empereur, et qui, sauf l'étendue de territoire, étaient souverains au même titre que les électeurs de Bavière, de Wurtemberg et de Brandebourg. Mais ceux-ci, étant les plus forts, argumentèrent de cette façon. Nous avons dépouillé les princes ecclésiastiques, non-seulement de la souveraineté, mais encore de la propriété de leurs antiques domaines : pourquoi n'aurions-nous pas le droit de dépouiller les petits barons du siècle, seulement de leur souveraineté, leur laissant la propriété comme à de simples bourgeois ? Et de suite, à l'exemple du roi de Prusse et de l'électeur de Bavière, les autres princes mirent la chose à exécution. Les barons immédiats se plaignirent de cette violence, et en public, et au chef de l'empire, qui rendit une ordonnance pour la conservation de leurs droits et assembla des troupes pour y tenir la main. Le roi de Prusse, l'électeur de Bavière et les autres princes n'en tenaient compte, et une guerre civile allait éclater. Tout à coup cependant les princes récalcitrants se soumettent. C'est que le Premier-Consul de la République française, Napoléon Bonaparte, averti par l'empereur de Russie, était intervenu dans l'affaire, comme garant des traités. En même temps, il notifia à l'empereur d'Allemagne qu'il eût à retirer ses troupes : sinon, quarante mille Français passaient le Rhin. On entendait la voix du maître (Menzel, t. XII, c. 19).

Ce fut alors et pour cela que l'Anglais Pitt ourdit contre Napoléon des complots de meurtre et des coalitions de guerre, et enfin lui déclara la guerre le 18 mai 1803. Napoléon, devenu bientôt empereur des Français, roi d'Italie, médiateur de la Confédération suisse, occupa l'électorat de Hanovre, qui appartenait au roi d'Angleterre : par là il coupait à l'Angleterre toute communication avec l'Allemagne, et fermait aux vaisseaux les bouches de l'Elbe, de l'Ems et du Véser. Il occupa successivement de même les villes anséatiques de Brême, de Hambourg et de Lubeck, de manière à tenir sous sa main toute l'Allemagne septentrionale. Dans l'Allemagne sud, l'Anglais Pitt avait négocié une coalition entre l'Autriche et la Russie : il recommanda pour général en chef l'Autrichien Mack, qui s'était distingué dans la guerre d'Italie, en se retirant avec quarante mille Napolitains devant onze mille Français. L'Autriche fit avancer des troupes en Bavière, pour forcer l'électeur à se joindre à la coalition contre la France. Mack, qui les commande au nombre de quatre-vingt mille hommes, pénètre jusqu'en Souabe, afin de gagner encore à la coalition les électeurs de Wurtemberg et de Bade, et opérer une contre-révolution en France, comme ses émissaires l'en avaient flatté. Tout à coup, dans une belle position près d'Ulm, il apprend qu'il va être entouré de toutes parts, que le 1ᵉʳ octobre 1805, Napoléon a passé le Rhin suivi d'une armée formidable, que les princes de Bade, de Wurtemberg et de Bavière se sont déclarés pour lui et ont mis leurs troupes sous ses ordres, que les troupes françaises du Hanovre et des villes anséatiques marchent sur le Danube pour lui couper la retraite. A ces nouvelles, Mack ne sait à quoi se résoudre, il n'ose présenter la bataille, ni se retirer par où il est encore possible, il partage son armée en petits corps qui, découragés, se rendent sans combat : Mack lui-même, qui s'était jeté dans Ulm, y capitule dès le 17 octobre, avec une armée de trente-trois mille Autrichiens, qui se rendent prisonniers de guerre et mettent bas leurs armes aux pieds de Napoléon, lequel n'avait encore auprès de lui que vingt-deux mille hommes de Bavière, de Wurtemberg et de Bade. Les généraux et les officiers prisonniers furent renvoyés sur parole. En les congédiant, Napoléon leur adressa ces paroles : « Dites à votre maître qu'il me fait une guerre injuste. Je vous le dis franchement, je ne sais pourquoi je me bats. Je ne sais ce qu'on veut de moi. Ce n'est pas dans cette seule armée que consistent mes ressources. J'en appelle aux rapports de vos propres prisonniers qui vont bientôt traverser la France : ils verront quel esprit anime mon peuple, et avec quel empressement il viendra se ranger sous mes drapeaux. Voilà l'avantage de ma nation et de ma position : avec un mot, deux cent mille hommes de bonne volonté accourront près de moi, en six semaines feront de bons soldats, au lieu que vos recrues ne marchent que par force et ne pourront faire des soldats qu'après plusieurs années. Je donne encore un conseil à mon frère l'empereur d'Allemagne : qu'il se hâte de faire la paix. C'est le moment de se rappeler que tous les empires ont un terme ; l'idée que la fin de la dynastie de la maison de Lorraine serait arrivée doit l'effrayer. Je ne veux rien sur le continent : ce sont des vaisseaux, des colonies, du commerce que je veux ; et cela vous est avantageux comme à nous. » Le général Mack ayant répondu que l'empereur François répugnait à la guerre, mais qu'il avait été contraint à la faire par l'empereur de Russie. « vous n'êtes donc plus une puissance, » repartit Napoléon.

Cela se passait à Ulm le 20 octobre 1805. Le 12 novembre suivant, Napoléon recevrait à Schœnbrunn les clés de Vienne. Le 2 décembre, au village d'Austerlitz en Moravie, avec soixante-dix mille hommes, il bat les empereurs François d'Autriche et Alexandre de Russie, qui en avaient quatre-vingt-dix mille. Le 4, l'empereur François vint de sa personne demander la paix à Napoléon, qui le reçut dans son bivouac, en lui disant : « Je vous reçois dans le seul palais que j'habite depuis deux mois. » François répondit : « Vous tirez un si bon parti de cette habitation, qu'elle doit vous plaire. » Un armistice fut conclu aussitôt. Les premières félicitations que Napoléon reçut à Schœnbrunn furent celles du ministre prussien Haugwitz. Napoléon lui répondit : « Voilà un compliment qui a changé d'adresse. » En effet, le 15 décembre, Haugwitz devait lui déclarer la guerre, s'il n'accédait aux conditions du roi de Prusse. Le 15 décembre, le même Haugwitz signait un traité par lequel le roi de Prusse acceptait de Napoléon le pays de Hanovre, avec la guerre contre l'Angleterre, et cédait les pays de Berg, de Clèves et plusieurs autres, que Napoléon donna à son beau-frère Murat avec le titre de grand-duc de Berg. Le 26 du même mois se conclut la paix de Presbourg. L'Autriche cédait au royaume d'Italie toutes les positions vénitiennes ; à la Bavière, Burgau, Eichstædt, le Tyrol, Brixen, Trente, le Voralberg ; au Wurtemberg et à Bade, toutes ses possessions de la Souabe, y compris le Brisgau. L'empereur François quitta le titre d'*empereur romain*, pour prendre celui d'*empereur d'Allemagne* : les électeurs de Bavière et de Wurtemberg reçurent de Napoléon le titre de *rois*, ceux de Bade et de Hesse-Darmstadt le titre de *grands-ducs*. Dalberg, archevêque de Ratisbonne, et archichancelier de l'empire, déclare à la diète qu'il a choisi pour son successeur et coadjuteur le cardinal Fesch, oncle de Napoléon. Napoléon lui-même, le jour où fut signé la paix de Presbourg, avait annoncé que les Bourbons de Naples avaient cessé de régner et faisaient place à son frère Joseph Bonaparte, attendu qu'ils avaient reçu en ami les Anglais et les Russes au commencement de cette guerre. Son frère Louis fut établi roi de Hollande. Ainsi, du détroit de Messine à l'embouchure de l'Elbe et du Rhin, tout ployait sous la main de Napoléon.

Enfin, le 1ᵉʳ août 1806, à la diète de Ratisbonne, l'envoyé de France déclara, de la part de l'empereur des Français, que les rois de Bavière et de Wurtemberg, les princes souverains de Ratisbonne, de Bade, de Berg, de Hesse-Darmstadt, et plusieurs autres ne compteraient plus désormais parmi les États de l'empire germanique, attendu qu'ils avaient résolu de former entre eux une confédération du Rhin, sous la protection de l'empereur Napoléon : ce qui avait été conclu à Paris dès le 12 juillet. A cette nouvelle, l'empereur François déclara dissous les liens du corps germanique, et ne prit plus que le titre d'empereur d'Autriche. Avec la constitution de l'empire périrent aussi les droits et les franchises des villes libres, ainsi que la Noblesse immédiate. Tout fut nivelé et asservi sous le joug despotique des princes favorisés de Napoléon. Plus encore qu'après la paix de Lunéville, les populations allemandes se virent sécularisées, troquées, vendues, comme des troupeaux de bétail, pour satisfaire la cupidité ou les convenances de leurs anciens et de leurs nouveaux maîtres. Un écrivain fort connu en Allemagne, Arndt, disait à ceux-ci : « Vous vous tenez là comme des marchands, non comme des princes, comme les Juifs avec la bourse, non comme les juges avec la balance ni comme les capitaines avec l'épée. Vous avez acheté du pays injustement, injustement vous l'avez gagné; vous le perdrez, peut-être plus tôt que vous ne pensez. Vous vous êtes tenus à côté du prince étranger comme des valets et des esclaves; comme des esclaves, vous avez livré et déshonoré votre nation devant l'Europe. Où avez-vous montré pour elle quelque estime, quelque sentiment national, quelque compassion ? Et vous voulez de l'enthousiasme, vous voulez de l'esprit public dans le péril ? Vous parlez de devoirs des peuples envers leurs chefs et leurs princes, vous qui, de prime abord, avez vendu au grand Mogol, avec vos personnes, et le sang allemand et l'honneur allemand, et avez marché avec le kan des Tartares pour exterminer des Allemands, dès que par beaucoup de sang et encore plus de déshonneur, il y avait à gagner quelques lieues carrées de territoire ? Recourez donc à vos petites ressources, à vos petits artifices, portez votre or aux ennemis de l'Allemagne, et aiguisez pour eux vos épées sur des crânes allemands. Le jour de la vengeance viendra prompt et inévitable, et le peuple verra sans larmes disparaître les indignes descendants d'ancêtres meilleurs (Menzel, t. XII, p. 468). »

Cependant le roi de Prusse ne voulut point ratifier le traité que son ministre Haugwitz avait signé à Schœnbrunn, et par lequel il cédait à Napoléon plusieurs provinces contre la Monarchie, ce qui le mettait en guerre avec l'Angleterre. Haugwitz fut envoyé à Paris pour obtenir des modifications au traité. A Berlin, on comptait si bien les obtenir, que le roi mit son armée sur le pied de paix, tandis que les troupes françaises occupaient encore l'Allemagne. Napoléon se montra fort irrité et déclara que, puisque le traité n'avait pas été ratifié en temps convenable, il fallait en négocier un autre. Ce dernier, conclu le 15 février 1806, fut encore bien plus dur, et le roi de Prusse dut le ratifier sans retard; autrement les troupes françaises avaient ordre d'entrer dans son royaume (*Ibid.*, l. 6, c. 23). Alors s'éteignit l'éclat de cette couronne qui, sur le front de Frédéric II, avait jeté de si vifs rayons. Le prince qui la portait descendit à la position modeste d'un électeur de Brandebourg.

Au mois d'avril de la même année 1806, l'Angleterre déclare la guerre à la Prusse, au sujet du Hanovre : en même temps elle traite la paix avec Napoléon, qui offre de lui rendre le Hanovre, mais contre un dédommagement à la Prusse. Il propose même une confédération de l'Allemagne septentrionale, dont le monarque prussien serait le chef. Celui-ci est tout charmé de cette bienveillance de Napoléon. Tout à coup le ministre prussien à Paris mande à Berlin que Napoléon offrait de rendre le Hanovre, sans ajouter que l'on songeait à une indemnité pour la Prusse. A cette nouvelle incomplète, les têtes de Berlin se montent à la guerre. L'empereur de Russie, dont l'ambassadeur avait conclu un traité avec la France, refusa de le ratifier ; il promit ses secours au roi de Prusse, travailla même à le réconcilier avec l'Angleterre. Frédéric-Guillaume déclare formellement la guerre par son manifeste du 9 octobre 1806. Mais dès le 14, les Français battent les Prussiens à Auerstædt et à Iéna, puis s'emparent de Magdebourg et d'autres forteresses, entrent à Berlin abandonné de son roi. Le 8 février 1807 a lieu la bataille d'Eylau, entre les Français d'un côté, les Prussiens et les Russes de l'autre, bataille terrible qui dura deux jours. Le 14 juin, bataille de Friedland, précédée de plusieurs autres, et suivie de la paix de Tilsitt, conclue le 7 juillet, entre Napoléon et l'empereur Alexandre de Russie ; le 9, entre Napoléon et Frédéric de Prusse. Ce dernier dut céder la moitié de son territoire et de sa population pour former le nouveau royaume de Westphalie, donné à Jérôme Bonaparte, le plus jeune frère de Napoléon, qui lui fit épouser en secondes noces une fille du roi de Wurtemberg. L'électeur de Saxe, s'étant retiré à temps de la coalition contre la France, reçut de Napoléon le titre de roi, avec la Pologne prussienne sous le nom de duché de Varsovie. L'électeur de Hesse-Cassel fut dépouillé de tout son pays. Il avait amassé beaucoup d'argent en trafiquant de ses soldats : cet argent allait tomber aux mains des Français, lorsque le Juif Amschel, son commis de finance, le déclara sa propriété particulière, et le fit si bien valoir, que non-seulement il le conserva son maître, mais s'enrichit lui-même au point de devenir, sous le nom de *Rothschild*, une des grandes puissances européennes — par la bourse (Menzel, t. XII, l. 6, c. 25). Et on pourra peut-être même dire un jour que l'Europe est une agglomération de gouvernements variés et variables, sous la monarchie financière d'une dynastie juive.

Dans les conférences de Tilsitt, qui durèrent vingt jours et de la manière la plus intime, les deux empereurs Alexandre et Napoléon se partagèrent secrètement l'univers. Alexandre, avec le Nord de l'Europe, devait avoir l'Orient, et éventuellement la Turquie; Napoléon, l'Occident, avec la Sicile, l'Espagne et le Nouveau-Monde (*Biogr. univ.*, art. NAPOLÉON).

Dans ces conférences de Tilsitt, l'empereur Alexandre et le roi de Prusse sollicitèrent Napoléon sur un autre point, le même sur lequel nous l'avons vu sollicité par l'Anglais Pitt lors de son consulat. Alexandre lui faisait compliments sur compliments. « Vous êtes un grand homme ! Vous êtes un héros ! un homme providentiel pour cette époque de révolution ! et il dépend de vous de rassurer tous les rois sur leur trône ; mais pour cela il faut que vous-même soyez assis sur le vôtre avec toute la puissance nécessaire, et c'est où vous n'arriverez pas si vous n'êtes ce que je suis moi-même, le chef religieux de votre Etat. » Et, durant les huit jours que Napoléon passa avec le roi de Prusse, ce fut encore là le perpétuel sujet des discours et le plus ardent conseil de celui-ci : se faire tout à la fois chef politique et religieux aux dépens du catholicisme. Napoléon se refusa aux instances de l'empereur et du roi, comme il s'était refusé aux instances de Pitt (*Vie du card. Fesch.*, t. II, p. 764). Il demeura catholique-romain. Toutefois, s'il n'imita pas l'empereur-pape des Russes schismatiques, ni le roi-pape des Prussiens hérétiques, il se flatta d'être encore plus fin qu'eux. Tout en conservant et en reconnaissant le Pontife romain, le vicaire de Jésus-Christ, il se promettait d'en faire un instrument docile de sa politique, et de gagner ainsi adroitement tous les catholiques de l'univers. Nous verrons ce qu'il lui en coûtera pour avoir voulu prévaloir contre cette Eglise dont il est dit : *Et les portes de l'enfer ne prévaudront point contre elle.*

Voici maintenant, d'après le protestant Menzel, comme un de ces rois allemands par la grâce de l'empereur des Français, le nouveau roi de Wurtemberg, Frédéric, gouvernait ses peuples, en particulier les nobles, jusqu'alors ses égaux. Ses quatre prédécesseurs, pendant soixante-dix ans, avaient été catholiques comme leurs ancêtres. Frédéric renia l'ancienne religion sur laquelle avait été fondé l'empire germanique, et se déclare pour la religion du moine allemand qui a dit : « Les princes sont communément les plus grands fous et les plus fieffés coquins qu'il y a sur la terre. » Ainsi devenu roi luthérien, il supprima tout d'abord, par un ordre du cabinet du 30 décembre 1805, les Etats généraux qui existaient dans le Wurtemberg, de temps immémorial, et gouverna en despote. Ceux de la noblesse, jusqu'alors ses égaux, il les réduisit bien au-dessous de la condition de citoyens libres, les soumit à toutes les charges, leur enleva tous leurs droits, même la liberté commune d'aller ailleurs, et les obligea, sous peine de perdre le quart de leurs revenus, de passer une partie de l'année à sa cour et en sa résidence. Il assujétit de même à son caprice tous les princes de sa famille, sans égard à toutes les lois et conventions antérieures. Ni droit ni justice ne pouvait protéger contre sa volonté. Aux communautés ou églises protestantes, qui s'étaient félicitées de son apostasie, il ôta leur indépendance et leurs propriétés ; à l'Université de Tubingue, son droit de patronage et l'administration de ses revenus. Le protestant Menzel remarque même ceci. Dans les guerres de 1806 et 1807, les soldats protestants de Wurtemberg et de Bade, au service de Napoléon, se montrèrent si cruels envers les protestants de Silésie, que plus d'une fois ces derniers appelèrent à leur secours les soldats catholiques de Bavière et de France, lesquels, en comparaison des soldats protestants, étaient toujours accueillis comme des hôtes bienvenus (Menzel, t. XII, l. 6, c. 26, p. 548). Ce qui occupait le plus le roi luthérien de Wurtemberg, c'était le faste et la domination. Sa plus sérieuse affaire était de multiplier les offices de cour, les titres, les ordres. Jusqu'aux serrures des appartements, aux ustensiles de cuisine, aux pelles et râteaux de la métairie, étaient estampillés de couronnes royales. Si dédaigneux qu'il fût pour la noblesse, il la comblait des faveurs de cour, et attirait de temps en temps des bandes entières de nobles appauvris du Mecklenbourg. En jardins, bâtiments, théâtres, il dépensait des sommes immenses, qui épuisaient les peuples d'impôts. Il aimait la chasse ; mais, d'une épaisseur énorme, il ne pouvait suivre le gibier comme les autres chasseurs : il fallait le lui amener de tout le pays sur un point ou deux. Bien des fois les gardes forestiers venaient de trois journées, restaient trois jours ensemble, sans qu'il plût au maître de réaliser la chasse ; avec cela ils étaient obligés de se nourrir, de défendre leur pauvre vie contre les bêtes sauvages et de transir de froid, tandis que la cour se divertissait dans l'abondance et la débauche, et avec leurs sueurs payait ses fêtes de Diane. Et pendant que le sultan paraissait dominer sur des esclaves, il était lui-même dominé, abusé par ses favoris, et porté par eux à des actes pires encore que les inclinations. De plus, lorsqu'il se présentait pour entrer chez son créateur Napoléon, il lui arriva plus d'une fois d'ouïr ces paroles : Qu'il attende !

Après la paix de Tilsitt, l'Autriche regretta de n'avoir pas pris une part décidée à la guerre en Pologne et en Prusse, et donna à cette lutte terrible une autre issue. Les embarras de Napoléon avec l'Espagne et avec le Pape réveillèrent l'espoir de réparer cette négligence. Les troupes de ligne furent renforcées ; on ordonna une landwehr, levée en masse ou garde nationale pour la défense du pays. Napoléon s'étant formalisé de ces armements, on lui dit que cela se faisait pour épargner les finances et parce que la Turquie remuait. Cependant au mois de février 1809, l'armée fut mise sur le pied de guerre et placée sur la frontière. Le 27 mars parut à Vienne un appel de l'empereur d'Autriche à tous ses peuples, dans lequel la guerre était présentée comme un acte de propre conservation. Des proclamations semblables furent adressées aux autres populations allemandes, qui n'en parurent pas fort émues. Dès janvier 1809, Napoléon, survenu subitement d'Espagne à Paris, avait mandé à ses généraux en Allemagne et aux princes de la confédération du Rhin sur quels points ils devaient diriger leurs troupes et leurs contingents militaires. Du 19 au 23 avril, Napoléon battait les Autrichiens à Than, Landshut, Eckmühl et Ratisbonne. Il leur porta les premiers coups avec les troupes allemandes de la confédération rhénane, auxquelles il disait : « Je suis au milieu de vous, non comme empereur des Français, mais comme protecteur de votre pays et de la confédération germanique. Il n'y a pas un Français parmi vous. C'est vous seuls qui battrez les Autrichiens. » Et ils les battirent. Suivit le 21 et 22 la terrible bataille du village d'Essling, qui demeura indécise, quoiqu'on se fût battu jusqu'à la nuit. Le village d'Aspern, fut pris et repris quatre fois, Essling jusqu'à huit fois. Quinze à vingt mille hommes restèrent des deux côtés sur le champ de bataille. Les 4 et 5 juillet, bataille non moins terrible de Wagram ; les Autrichiens y tiennent tête aux Français jusqu'au milieu du second jour, ils vont même remporter la victoire, lorsqu'elle leur échappe par la valeur du général français Macdonald, que Napoléon embrasse et nomme maréchal sur le champ de bataille. Dans cette campagne, l'Autriche fut encore vaincue, mais elle rétablit complètement l'honneur de ses armes, sous le commandement de l'archiduc Charles. La paix se fit à Vienne le 14 octobre 1809, aux dépens de l'Autriche. Elle dut céder plusieurs belles provinces au royaume français d'Italie, d'autres princes allemands de la confédération française du Rhin, l'empereur de Russie lui-même eut un lambeau de la Galicie; parce qu'il avait envoyé une troupe auxiliaire à son ami Napoléon. L'Autriche dut encore entrer dans le système continental ou la grande coalition de l'Europe française contre l'Angleterre. Enfin elle dut céder une de ses princesses. Après avoir fait déclarer la nullité de son mariage avec Joséphine de la Pagerie, veuve Beauharnais, Napoléon épousa, le 1er avril 1810, l'archiduchesse Marie-Louise de Lorraine-Autriche, qui lui donna un fils le 20 mars 1811.

Les Autrichiens se flattaient que ce mariage adoucirait Napoléon à leur égard. Effectivement, il les aimera comme il aimait ses propres frères. Il avait établi son frère Louis roi de Hollande. Comme la richesse de ce peuple est le commerce, Louis n'observait pas très à la rigueur le système continental de son impérial et impérieux frère, qui défendait tout commerce avec les Anglais, et l'introduction de toutes les marchandises anglaises. En punition, Louis est privé de la moitié de son royaume; il résigne l'autre moitié en faveur de son fils; mais, le 9 juillet 1810, Napoléon supprime le royaume tout entier, le dépèce par départements, et les réunit à l'empire français. Il en fit autant du Hanovre, ainsi que des villes anséatiques de Lubeck, de Brême et de Hambourg : et ces lointains Allemands apprirent un beau matin, à leur réveil, qu'ils étaient Français et citoyens du grand empire. Le prince royal de Hollande, au lieu du royaume de son père, reçut le grand-duché de Berg, à la place de Murat, qui passa roi de Naples, en remplacement de Joseph Bonaparte, passé roi d'Espagne. Un prince de la famille d'Autriche, précédemment grand-duc de Toscane, puis créé par Napoléon duc de Wurtzbourg, en reçut une augmentation de territoire aux dépens de l'Autriche et de la Bavière. En attendant, la police et la douane française brûlaient des monceaux d'excellentes marchandises anglaises, en France, en Hollande et en Allemagne (Menzel, c. 28). Car Napoléon en voulait tellement aux Anglais, qu'il ne supportait pas qu'on s'habillât d'étoffes anglaises, ni même qu'on mangeât du sucre qui eût passé par leurs mains. Il fit tant qu'on trouva moyen de faire du sucre de betterave, même du sucre de vieux linge. Et telle est la mémorable, mais unique victoire qu'il ait remportée sur les Anglais, en vertu de son système continental; car les Anglais se permirent de battre les Français sur mer, et plus d'une fois; mais ils échouèrent contre la betterave. Et si la vapeur était venue s'y joindre, c'était fait d'eux.

Nous avons vu les Bourbons de Naples et d'Espagne s'entendre avec la Révolution française, pour tromper le pape Pie VI, le dépouiller de ses domaines temporels, et se les partager entre eux. Cette conduite des deux descendants de saint Louis méritait une correction de la part de la Providence. La Révolution française, faite homme, en sera chargée. Dans les conférences de Tilsitt, nous avons vu les empereurs Alexandre et Napoléon se partager l'univers : Napoléon eut l'Occident, y compris Naples, l'Espagne et le Nouveau-Monde.

Le roi d'Espagne, Charles IV, et le roi de Naples, Ferdinand IV, étaient tous deux fils de Charles III, d'abord roi de Naples, puis d'Espagne, d'où il expulsa les Jésuites. Les deux princes avaient un frère aîné, Philippe, mais qui vécut et mourut imbécile à l'âge de trente ans. Charles et Ferdinand parurent se sentir un peu de la même infirmité. Charles fut d'un caractère d'abord brutal, puis faible, dominé toute sa vie par sa femme, tous deux par un favori qui leur fera haïr et déshériter leur fils Ferdinand VII, au profit de Napoléon et de sa dynastie (*Biogr. univ.*, art. CHARLES IV). Ferdinand IV de Naples monta sur le trône en 1759, à l'âge de huit ans, lorsque son père Charles III quitta Naples pour l'Espagne. Il eut pour gouverneur un seigneur des plus illustres, mais qui était, ou peu s'en faut, le plus inepte des hommes. Le jeune roi apprit la chasse, la pêche, le jardinage, la taille des arbres, le jeu de paume. Quant aux lettres, aux beaux-arts, aux sciences, il n'en sut jamais les premiers éléments. Son gouverneur évita toujours avec soin de l'appliquer aux travaux de l'intelligence. De là, beaucoup de répugnance pour les affaires et le besoin de laisser flotter les rênes en d'autres mains, tout en paraissant les serrer vigoureusement de la sienne; aussi l'histoire de son règne est-elle celle des favoris et des femmes influentes plutôt que sa propre histoire. Le 12 mai 1768, il épousa une sœur de la reine de France, Marie-Caroline d'Autriche, dont le caractère beaucoup plus ferme que le sien prit dès ce moment un ascendant marqué sur lui. Lorsqu'elle eut mis au monde un fils, en 1774, elle eut entrée et voix délibérative au conseil : le sceptre tomba en quenouille. D'un mot, elle faisait et défaisait les ministres : le roi ne savait pas dire : Je le veux, je le défends. De peur que ce débile mari ne s'émancipât de sa tutelle, la reine l'environna d'un réseau d'espions intimes : elle lui procura même, comme chose sans conséquence, un sérail de concubines de bas étage, qui donna naissance au village de San-Leucio. Le favori de la reine était l'Irlandais Acton. Depuis la paix de Lunéville, la reine avait à cœur de vivre dans une paix profonde avec la France : le roi se fût à merveille accommodé de ce parti, et Naples n'eût pas été plus dominée par le protectorat français qu'au fond elle ne l'était par l'influence anglo-autrichienne depuis vingt-cinq ans. Mais ce n'était pas le bon plaisir de la reine. En 1805, en dépit d'un traité spécial de neutralité, douze mille Anglo-Russes débarquèrent à Naples, et la reine montra de nouveau sa haine contre la France. C'était détrôner son mari, du moins à moitié. De son côté, vainqueur aux plaines d'Austerlitz, Napoléon déclara que les Bourbons de Naples avaient cessé de régner : ce qui était vrai depuis longtemps; car depuis longtemps ils ne gouvernaient plus, mais étaient gouvernés. Peu de mois suffirent pour les expulser du royaume de Naples, et les reléguer en Sicile, où l'Anglais Bentink s'empara si bien du roi, qu'il régna à sa place, exila la reine, donna une constitution aux Siciliens ; ce qui fit dire aux plus avisés : « Autant subir Bonaparte (*Biogr. univ.*, t. LXIV, art. FERDINAND IV, roi de Naples). »

La cour de Madrid ne montra pas plus d'ensemble et de maturité dans ses actes et ses conseils que la cour de Naples. L'Espagne était en paix avec la France, elle était même son alliée, leurs flottes avaient été battues ensemble par les Anglais à Trafalgar le 21 novembre 1804. Mais vers la fin de 1806, un ambassadeur de Russie, venant à Madrid par l'Angleterre et le Portugal, annonce au favori du roi et de la reine qu'une formidable coalition était près de se former entre la Russie, la Prusse et l'Angleterre ; que le Portugal y avait accédé, et que déjà cette puissance faisait des préparatifs de guerre, en apparence contre l'Espagne, mais réellement contre la France ; et que l'Espagne elle-même était vivement sollicitée de prendre part à cette nouvelle croisade contre Napoléon. Le favori, et par suite le roi et la reine, qui lui avaient fait épouser une princesse de leur famille, furent enchantés de la chose : on fit aussitôt d'immenses préparatifs pour envahir le Midi de la France, tandis que les armées françaises seraient occupées dans le Nord de l'Europe. On se promit bien de garder le secret, jusqu'à ce qu'on sût la tournure que prendrait la guerre de Prusse ; mais le favori ne put y tenir : dès le 14 octobre 1806, il fit publier à Madrid une proclamation contre l'empereur des Français. Or, c'était ce jour même que Napoléon remportait la victoire d'Iéna contre les Prussiens. C'est à Berlin même qu'il reçut le manifeste espagnol : il en fit des risées. Mais à Madrid on ne riait plus : on envoya bien vite un ambassadeur protester au vainqueur d'Iéna que ce n'était pas contre lui qu'on avait rassemblé des troupes, mais contre l'empereur de Maroc. Napoléon, qui trouvait, suivant son expression familière, que la poire n'était pas encore mûre, voulut bien paraître presque persuadé de ce qu'on lui disait. Seulement, de tant de soldats *destinés contre le Maroc*, il demanda vingt mille hommes pour renforcer sa grande armée, et ils vinrent aussitôt du fond de l'Espagne aux rives de la Baltique, pour y combattre les Prussiens et les Russes dont naguère ils devaient être les alliés. Ces troupes concoururent ainsi au dénouement de cette guerre, au traité de Tilsitt où fut arrêté par les deux empereurs le sort de la Péninsule. La poire leur semblait mûre.

De fait, Napoléon avait en Espagne de puissants auxiliaires pour en faire la conquête : ces auxiliaires étaient le roi, la reine et leur favori Godoï, dit prince de la Paix. Voici comment la *Biographie universelle* nous dépeint l'intérieur de cette famille. La reine, dans son aveuglement, avait conçu contre son fils aîné une haine si profonde, si monstrueuse, que son plus grand désespoir fut longtemps de ne pouvoir la faire partager par le bon Charles IV. Mais elle revint tant de fois à la charge, elle fut si bien secondée par Godoï, qu'à la fin le facile monarque ne crut plus à l'attachement du jeune prince ; il le soupçonna même de former des complots, d'entretenir des correspondances contre sa personne, et un procès terrible contre l'héritier du trône fut la suite de cette royale intrigue (*Biog. univ.*, art. CHARLES IV, t. LX).

En 1802, à l'âge de dix-huit ans, le prince des Asturies, depuis Ferdinand VII, avait épousé une fille du roi de Naples, sa cousine. Les deux époux s'aimaient tendrement ; la princesse charmait tout le monde par sa grâce et son esprit : les appartements de la reine comme ceux de Godoï restèrent abandonnés. De là des jalousies furieuses. Les jeunes époux, forcés de vivre isolés, n'eurent plus qu'à se défendre des pièges qu'on leur tendait sans cesse. Enfin, après quatre ans d'union, la jeune princesse des Asturies mourut victime d'un crime odieux et que personne aujourd'hui, dit la *Biographie universelle*, ne peut mettre en doute. A l'âge de vingt-deux ans et avec toutes les apparences de la santé et de la force, elle expira dans d'horribles souffrances quelques jours après avoir pris une tasse de chocolat. On s'empara de tous ses papiers, et il ne fut pas même permis à son époux de l'assister dans ses derniers moments. L'apothicaire de la cour, qui fut généralement soupçonné d'avoir fourni les moyens de consommer ce crime, fut trouvé étranglé chez lui, quelques jours après la mort de la princesse, et la police prit grand soin de faire disparaître une lettre qu'il avait écrite quelques minutes avant de mourir.

Le jeune prince, privé de son épouse, privé de son gouverneur, environné d'embûches, tourna ses regards vers la France, et écrivit à Napoléon pour lui demander son appui et la main d'une de ses parentes. Le favori Godoï, ayant intercepté cette correspondance, la transforma en crime capital. Le crédule Charles IV se laissa persuader qu'il ne s'était agi de rien moins que de lui arracher la couronne et même d'attenter à ses jours comme à ceux de la reine. S'étant mis à la tête de ses gardes, il arrêta lui-même son fils et plusieurs de ses confidents ; puis il écrivit à Napoléon : « Mon fils aîné, l'héritier présomptif de ma couronne, avait formé le complot horrible de me détrôner ; il s'était porté jusqu'à l'excès d'attenter à la vie de sa mère. Un attentat si affreux doit être puni avec la rigueur la plus exemplaire. La loi qui l'appelait à la succession doit être révoquée. Je ne veux pas perdre un instant pour instruire Votre Majesté de la plus noire scélératesse, et je la prie de m'aider de ses lumières et de ses conseils. » Enfin le père, à l'instigation de la mère, établit un tribunal pour condamner leur fils. Mais les juges étaient gens de bien : Ferdinand et ses coaccusés furent acquittés à l'unanimité. Ce qui augmenta beaucoup l'affection du peuple pour le prince, et sa haine pour le favori. Ce dernier cependant, à l'insu du roi même, venait de conclure un traité avec Napoléon pour laisser traverser l'Espagne aux armées françaises, sous prétexte de conquérir le Portugal et d'en donner une partie au favori Godoï. Mais quand les Français approchèrent de Madrid, on vint dire au favori qu'il fallait céder à la France toutes les provinces situées entre l'Èbre et les Pyrénées. Le roi et la reine, épouvantés, consentirent à tout, et se disposèrent même à partir pour le Mexique avec leur favori Godoï. Le peuple, s'en étant aperçu, s'opposa au départ : Godoï faillit être tué, le prince des Asturies lui sauva la vie ; Charles IV abdiqua finalement en faveur de son fils Ferdinand VII, et le calme se rétablit.

Cela ne faisait pas le compte de Napoléon. Il attira donc à Bayonne le père, la mère et le fils pour les réconcilier ensemble. Charles IV et sa femme y étant arrivés le 1ᵉʳ mai 1808, après une longue conférence avec Napoléon, ils firent venir Ferdinand devant eux, et là, en présence de l'empereur des Français, le vieux monarque espagnol se livra à de longues récriminations contre son fils, et finit par lui signifier que si, le lendemain avant six heures du matin, il ne lui avait pas rendu la couronne par un acte signé de sa main, lui, son frère don Carlos et leur suite seraient emprisonnés et traité comme émigrés, c'est-à-dire passés par les armes. Le jeune prince voulut répondre; mais son père, élevant la voix, lui imposa silence; puis, revenant sur les calomnies de Godoï, il l'accusa encore d'avoir voulu le détrôner, l'assassiner, et il se leva de son siège pour le frapper. La reine alla plus loin encore, et Napoléon lui-même en fut consterné. Il s'éloigna de cette scène monstrueuse, et, revenu chez lui, il s'écria à plusieurs reprises : « Quelle femme! quelle mère! elle m'a fait horreur; elle m'a demandé de le faire monter sur l'échafaud; elle m'a intéressé pour lui! » Napoléon, toutefois, trouva moyen de concilier tout et de faire en sorte que le père et le fils n'eurent plus à se disputer pour le trône. Le père lui avait déjà cédé tous ses droits; le fils enfin consentit à la même cession, pour éviter la mort que réclamait contre lui sa propre mère. Sur quoi il les interna tous en France, les deux fils au château de Valençay en Berry, le père et la mère à Fontainebleau. Quant à ce malheureux trône, objet de tant de querelles, Napoléon voulut bien le prendre pour lui-même et le donner à son frère Joseph, transféré de celui de Naples.

Le peuple espagnol ne fut pas du même avis. Le peuple espagnol se montra plus noble que le roi d'Espagne, plus noble que les rois d'Europe : lorsque toute l'Europe pliait sous la main de Napoléon, l'Espagne seule ne plia point; seul, sans roi, privé de vingt mille de ses soldats, envahi par les légions innombrables de Français, d'Allemands, de Sarmates, seul, le peuple espagnol leur résiste, seul il fait à Napoléon une guerre que Napoléon lui-même qualifie de *guerre de géants*; seul il maintient son indépendance au milieu de l'Europe tremblante et asservie.

Une armée française assiégeait une ville d'Aragon : les assauts, les bombes y jetaient la mort et l'incendie; un parlementaire se présente, qui invite les habitants à capituler : on le conduit, les yeux bandés, sur la grande place, devant la cathédrale; là il voit la place tendue de noir, ainsi que l'église, où l'on chantait l'office des morts : les habitants remplissent l'église et la place; ils célèbrent leurs propres obsèques, et vont de là, hommes, femmes, enfants, se battre contre les Français, et mourir pour la religion et la patrie. Le parlementaire stupéfait est reconduit avec cette muette réponse.

Cette ville est Sarragosse, où commandait Palafox, nommé capitaine général par le peuple. Il n'y trouva d'abord que deux cent vingt hommes de troupes régulières. Dès lors néanmoins il déclara la guerre aux Français par la proclamation suivante : « Je déclare 1° que l'empereur des Français, tous les individus de sa famille, tous les généraux et officiers français sont personnellement responsables de la sûreté du roi Ferdinand VII, de celle de son frère et de son oncle; 2° que, dans le cas où quelque violence serait commise contre ces têtes précieuses, la nation, afin que l'Espagne ne soit pas sans roi, fera un usage de son droit d'élection en faveur de l'archiduc Charles, comme neveu de Charles III, en cas que le prince de Sicile ou l'infant don Pédro et les autres héritiers ne puissent pas accéder; 3° que si les troupes françaises commettent quelques dévastations, soit à Madrid, soit dans toute autre ville, elles seront considérées comme coupables de haute trahison, et il ne leur sera point accordé de quartier; 4° que tout ce qui a été fait jusqu'à présent sera considéré comme illégal, nul et extorqué par la violence que l'on sait être exercée partout, etc. » Les Français investirent la ville, et même y pénétrèrent; mais les habitants se défendaient non-seulement dans chaque rue, mais dans chaque maison. Le 8 août 1808, Palafox assembla un conseil de guerre qui adopta les résolutions suivantes : 1° que les quartiers de la ville dans lesquels on se maintenait encore, continueraient à être défendus avec la même fermeté; 2° que, si l'ennemi l'emportait à la fin, il fallait que le peuple se retirât par le pont de l'Ebre dans les faubourgs, et qu'après avoir détruit le pont, on défendît les faubourgs jusqu'au dernier homme. Cette décision du conseil de guerre fut accueillie avec les plus vives acclamations. On continua de se battre pendant onze jours de suite. La populace furieuse gagnait tous les jours du terrain sur les troupes disciplinées des Français, jusqu'à ce que l'espace occupé par ceux-ci se réduisit à un huitième de la ville. Enfin, le 14 août, après soixante et un jours du siège le plus meurtrier, les Français abandonnèrent leurs positions et se retirèrent par la plaine dans la direction de Pampelune. Mais ils reparurent au mois de novembre. La ville fut assiégée de nouveau : le bombardement redoubla le 9 janvier 1809; l'assaut fut donné le 27 : les Français s'établirent sur la brèche. La défense des assiégés fut opiniâtre, les progrès des assaillants chèrement achetés. Les Espagnols résistaient jusque dans l'intérieur des maisons. Les vieillards, les enfants, tout était devenu soldat; les femmes secouraient les blessés et animaient les combattants. Le passage de chaque porte ou de chaque escalier était disputé corps à corps; une chambre était un poste important, et chaque officier croyait son honneur intéressé à défendre la moindre position. Les Français auraient peut-être échoué encore, sans l'intervention d'un redoutable auxiliaire. Au milieu des boulets et des bombes, la peste faisait d'affreux ravages : il n'y avait point d'hôpitaux, point de remèdes pour les malades; il succombaient chaque jour en plus grand nombre; Palafox lui-même fut atteint, et résigna le commandement. Le lendemain, 21 février 1809, la ville capitula. Le même jour, douze mille hommes environ, faibles, livides, mourants, sortirent du milieu des cendres, des ruines, et furent conduits dans le camp français. Palafox, gravement malade, guérit néanmoins, et fut conduit prisonnier en France et enfermé dans le donjon de Vincennes (*Biog. univ.*, art. PALAFOX, t. LXXVI).

Comme les Français étaient entrés en Espagne par fraude, par trahison, sous prétexte d'aller en Portugal, bien des Espagnols se crurent autorisés à en user de même envers les Français, et à les tuer en détail par tous les moyens possibles. Ce qui répandit une si grande terreur, que plus d'un conscrit français expira de saisissement en apercevant l'Espagne du haut des Pyrénées.

Cependant les Espagnols n'étaient pas entièrement abandonnés à eux seuls : ils se virent soutenus par l'argent et enfin par les troubles de l'Angleterre. Ce qu'il y a eu de plus merveilleux à cette époque, c'est un seul homme délaissé de tous les peuples et de tous les rois; un homme doux, modeste, sans armes; un homme captif, dépouillé de tout, et qui en cet état résiste dix ans à Napoléon maître de l'Europe, et finit par en triompher sans perdre son estime et son affection. Cet homme unique, c'est un moine, c'est un prêtre, c'est un évêque, c'est le pape Pie VII. Napoléon était sincèrement catholique : nous l'avons vu résister aux sollicitations schismatiques des chefs de l'Angleterre, de la Prusse et de la Russie, qui le pressaient de se déclarer chef de la religion et de l'Eglise dans l'Europe catholique, comme eux dans l'Europe protestante. Napoléon sentait peut-être la différence, mais sans bien se l'expliquer. Dans les doctrines du catholicisme, l'homme est une créature libre, qui aspire au ciel par la grâce divine et le libre arbitre : comme tel, l'Eglise catholique le dirige par l'autorité, non par la force. Dans les doctrines du protestantisme anglais, allemand, russo, l'homme n'est pas une créature libre, mais une machine, tout au moins une brute, qu'il est naturel de conduire à coups de bâton, de cravache et de knout. Napoléon sentit que cela pouvait aller aux protestants anglais, prussiens et russes, mais non aux catholiques de France, d'Italie et d'Espagne : il respecta donc l'Eglise catholique et son chef. Mais il crut pouvoir dominer ce chef par la ruse et la force, et le faire servir d'outil à ses projets d'agrandissement. Il ne pensait pas imiter les Grecs du Bas-Empire et s'y briser comme eux.

Ce plan paraît dès le commencement. Par le concordat de 1801 avec Pie VII, il reconnaît l'autorité souveraine du Pape dans les affaires ecclésiastiques. Par ses *Articles organiques* purement civils concernant l'exercice du culte, il se prépare les moyens de dominer, du moins d'entraver cette autorité souveraine. Le 22 mai 1802, Napoléon fait rendre au Saint-Siége les principautés de Bénévent et de Ponte-Corvo, que voulait retenir le roi de Naples, Ferdinand IV. La même année, il fait présent à Pie VII de deux bricks de guerre pour protéger son commerce. Au mois de juillet 1803, le cardinal Fesch arrive ambassadeur à Rome, précédé de M. de Châteaubriand, son secrétaire d'ambassade, qui est ensuite envoyé chargé d'affaires près de la république du Valais. La grande négociation du cardinal Fesch était d'obtenir de Pie VII qu'il vînt à Paris sacrer empereur son neveu Napoléon. Le Pape, après avoir consulté les cardinaux, fit ses conditions : elles furent discutées, un peu modifiées, et enfin acceptées. Alors Napoléon lui écrivit de sa main la lettre suivante :

« Très-Saint-Père, l'heureux effet qu'éprouvent la morale et le caractère de mon peuple par le rétablissement de la religion chrétienne me porte à prier Votre Sainteté de me donner une nouvelle preuve de l'intérêt qu'Elle prend à ma destinée et à celle de cette grande nation, dans une des circonstances les plus importantes qu'offrent les annales du monde. Je la prie de venir donner, au plus éminent degré, le caractère de la religion à la cérémonie du sacre et du couronnement du premier empereur des Français. Cette cérémonie acquerra un nouveau lustre lorsqu'elle sera faite par Votre Sainteté elle-même. Elle attirera sur nous et sur nos peuples la bénédiction de Dieu, dont les décrets règlent à sa volonté le sort des empires et des familles. Votre Sainteté connaît les sentiments affectueux que je lui porte depuis longtemps, et par là elle peut juger du plaisir que m'offrira cette circonstance de lui en donner de nouvelles preuves. Sur ce, nous prions Dieu qu'il vous conserve, Très-Saint-Père, longues années au régime et gouvernement de notre mère la sainte Eglise. — Votre dévot fils, NAPOLÉON. — Ecrit à Cologne, le 14 septembre 1804. »

Le 29 octobre, Pie VII assembla un consistoire, et il adressa une allocution aux cardinaux. « Dieu nous en est témoin ; Dieu, devant lequel nous avons humblement ouvert notre cœur; Dieu, vers qui nous avons souvent élevé nos mains dans son saint temple, afin qu'il exauçât la voix de notre prière et qu'il daignât nous assister, nous ne nous sommes proposé que ce que nous devons rechercher dans toutes nos actions, rien autre que la plus grande gloire de Dieu, l'avantage de la religion catholique, le salut des âmes et l'accomplissement du devoir apostolique qui nous a été confié, à nous quoique indigne. Vous en êtes aussi témoins, vénérables frères, vous à qui, pour obtenir le secours de vos conseils, nous avons tout fait connaître, tout expliqué, et à qui nous avons complètement communiqué les plus secrets sentiments de notre cœur. C'est pourquoi une si importante affaire ayant été ainsi terminée par l'aide divine, aujourd'hui livrée à toute notre confiance en Dieu notre Sauveur, nous entreprenons avec un esprit joyeux le voyage auquel des causes si graves nous ont incité. Le Père des miséricordes, Dieu, comme nous espérons, bénira nos pas et illustrera cette époque par l'agrandissement de la religion et de sa gloire. » Le Pape cite le voyage à Vienne de Pie VI, et dit qu'il a tout disposé, comme le veut la prudence, pour que les tribunaux, l'administration des affaires et les intérêts du Saint-Siège n'éprouvent aucun embarras. Le Pape assure que l'empereur lui a fait connaître que son cœur était enclin à augmenter les avantages de la religion.

Napoléon lui écrivit encore le 1er novembre la lettre suivante :

« Très-Saint-Père, j'ai nommé M. le cardinal Cambacérès, le sénateur d'Abboville et mon maître des cérémonies Salmatoris pour aller au devant de Votre Sainteté et lui porter l'hommage de mon dévouement filial, en reconnaissance du témoignage d'affection qu'Elle m'a donné dans cette circonstance. J'ai fait choix en eux de trois personnes que je considère et qui connaissent particulièrement mes sentiments pour votre personne. J'ai le plus grand empressement de voir Votre Sainteté heureusement arrivée après un si pénible voyage, de lui exprimer la haute idée que j'ai de ses vertus, et de me féliciter avec Elle du bien que nous avons eu le bonheur de faire ensemble pour la religion. »

Le Saint-Père arriva à Florence. La pieuse reine d'Étrurie lui fit l'accueil le plus respectueux. Elle avait fait préparer des logements somptueux, et elle fut la première à demander la bénédiction du Saint-Père. Là s'agita une question importante. On proposa au Pape de ne pas passer outre, et de différer son départ d'un jour, pour qu'on eût le temps d'établir des cordons sanitaires qui couperaient la communication entre la Toscane et Bologne, à cause d'une maladie épidémique qui s'était manifestée à Livourne. Mais Pie VII ne voulut pas suivre ce conseil d'un agent anglais, et le trouva indigne du caractère d'un Pontife, puisqu'il avait promis de se rendre en France le plus promptement possible. Il continua son voyage. Cette circonstance est peu connue ; elle met dans tout son jour la loyauté du Saint-Père, qui dans ce moment se décida certainement de lui-même.

Le 19 novembre, Pie VII fut reçu magnifiquement à Lyon, où le cardinal Fesch l'avait précédé de quelques heures. Il eut le chagrin d'y perdre un de ses compagnons de voyage, le cardinal Borgia, protecteur éclairé et généreux des lettres et des arts. Ici revient une observation du cardinal Pacca dans ses *Mémoires sur le pontificat de Pie VII*. « De nos temps même, les hommes habiles et vertueux n'ont pas manqué parmi les cardinaux et les prélats romains. Par quelle fatalité cette haute opinion s'est-elle donc affaiblie ? Je l'attribue au voyage de Pie VI à Vienne en 1782, et à celui de Pie VII en 1804. Il est en effet inconcevable que ces deux Papes aient choisi, pour paraître à la cour de deux puissants monarques et y traiter d'affaires capitales, des cardinaux dont les talents ne répondaient ni aux circonstances ni à la réputation de la cour de Rome. Le choix de Pie VII, quoique un peu plus concevable, ne fut pas plus heureux. On sembla même oublier qu'on allait voyager au cœur de l'hiver, traverser les Alpes et se transporter dans un climat rigoureux. On choisit des cardinaux âgés, dont plusieurs n'avaient jamais franchi les confins des États de l'Église, et qui, bien loin de pouvoir assister le Saint-Père, ne pouvaient au contraire qu'augmenter les difficultés du voyage. La plupart n'entendaient pas le français. Les cardinaux Antonelli, Borgia, di Pietro, hommes d'ailleurs d'un grand mérite, et le prélat Dévoti, comprenaient cette langue, mais ne la parlaient pas. Cependant il fallait paraître sur un grand théâtre, aux yeux de toute l'Europe, en présence des personnages les plus illustres des nations alors en paix avec la France, et Pie VII apparaissait entouré de prélats qui n'avaient rien de distingué dans leur extérieur, ni de prévenant dans leurs personnes ; qui, loin de pouvoir offrir aux Français ce qu'ils appellent le *bon ton*, n'avaient pas même cet usage, cette aménité de manières que l'on exige rigoureusement dans la bonne compagnie. Et c'était au milieu du peuple parisien, que sa vivacité et sa légèreté rendent naturellement moqueur et satirique, qu'ils allaient se donner en spectacle. Quelle dût être la pensée des Français, qui, à une époque aussi solennelle que celle du couronnement de l'empereur, crurent voir dans le cortège du souverain Pontife l'élite des prélats romains ? On doit concevoir que dès ce jour la cour de Rome dut, aux yeux de la France, perdre l'éclat de sa réputation. Napoléon en fut frappé, et c'est peut-être à cette idée défavorable qu'il faut attribuer son sacrilége projet d'usurper les domaines de l'Église, ou du moins la prompte exécution de ce projet. La présence de plusieurs cardinaux et prélats italiens distingués par leur mérite redressa plus tard en partie cette fausse opinion des Français, et réveilla leur ancienne estime pour le clergé d'Italie et le sacré collége (*Œuvres compl. du cardinal Pacca*, 1846, t. I, p. 383). »

Le 25 novembre, Pie VII arriva près de Fontainebleau ; Napoléon était allé à sa rencontre ; ils s'embrassèrent affectueusement et entrèrent en ville dans la même voiture. Le même jour, le Pape reçut les ministres. Celui de la police lui ayant demandé comment il avait trouvé la France, il répondit : « Béni soit le ciel ! nous l'avons traversée au milieu d'un peuple à genoux ! Que nous étions loin de la croire dans cet état ! »

Arrivé à Paris le 28 novembre, il reçut le 30 les députations du Sénat, du Corps législatif et du Tribunat. C'était comme une réparation nationale des outrages faits au successeur de saint Pierre par la Révolution. François de Neufchâteau, président du Sénat, lui dit ces paroles :

« Très-Saint-Père, le sacre des princes chrétiens a commencé dans notre Europe par les monarques de la France, à l'imitation de l'usage suivi jadis chez les Hébreux. Dans l'ancienne loi, cette cérémonie fut d'institution divine ; sous la nouvelle loi, elle n'est pas précisément une obligation des princes, mais les Français y ont toujours attaché beaucoup d'importance ; ils ont toujours aimé que leurs simples actes civils fussent sanctifiés par la religion, pour ajouter encore au frein public des lois le frein secret des consciences. A plus forte raison devaient-ils désirer que leurs grands contrats politiques fussent revêtus avec pompe de cette garantie qui grave dans le ciel ce qui est écrit sur la terre. Dans cette époque remarquable où Votre Sainteté a bien voulu venir sacrer elle-même le chef de la nouvelle dynastie, cette démarche leur rendra plus vénérable la majesté impériale, comme elle leur rendra plus chère l'autorité religieuse du souverain Pontife. La France méritait sans doute cette faveur particulière ; son Église est la fille aînée de l'Église romaine. »

M. de Fontanes, président du Corps législatif, parla ainsi :

« Très-Saint-Père, quand le vainqueur de Marengo conçut au milieu du champ de bataille le dessein de rétablir l'*unité religieuse* et de rendre aux Français leur culte antique, il préserva d'une ruine entière les principes de la civilisation ; cette grande pensée survenue dans un jour de victoire enfanta le concordat, et le Corps législatif, dont j'ai l'honneur d'être l'organe auprès de Votre Sainteté, convertit le concordat en loi nationale. Jour mémorable, également cher à la sagesse de l'homme d'État et à la foi du chrétien ! C'est alors que la France, abjurant de trop grandes erreurs, donna les plus utiles leçons au genre humain. Elle sembla reconnaître devant lui que toutes les pensées irréligieuses sont des pensées impolitiques, et que tout attentat contre le christianisme est un attentat contre la société. Le retour de l'ancien culte prépara bientôt celui d'un gouvernement plus naturel aux grands Etats et plus conforme aux habitudes de la France. Tout le système social, ébranlé par les opinions inconstantes de l'homme, s'appuya de nouveau sur une doctrine immuable comme Dieu même. C'est la religion qui policait autrefois les contrées sauvages; mais il était plus difficile aujourd'hui de réparer leurs ruines, que de fonder leur berceau. Nous devons ce bienfait à un double prodige. La France a vu naître un de ces hommes extraordinaires qui sont envoyés de loin en loin au secours des empires prêts à tomber, tandis que Rome a vu briller sur le trône de saint Pierre les vertus apostoliques du premier âge. Leur douce autorité se fait sentir à tous les cœurs. Des hommages universels doivent suivre un Pontife aussi sage que pieux, qui sait à la fois tout ce qu'il faut laisser au cours des affaires humaines, et tout ce qu'exigent les intérêts de la religion. Cette religion auguste vient consacrer avec lui les nouvelles destinées de l'empire français, et prend le même appareil qu'au temps des Clovis et des Pépin.

» *Tout a changé autour d'elle; seule, elle n'a pas changé.*

» Elle voit finir les familles des rois comme celles des sujets; mais, sur les débris des trônes qui s'écroulent, et sur les degrés des trônes qui s'élèvent, elle admire toujours la manifestation des desseins éternels, et leur obéit toujours. Jamais l'univers n'eut un plus imposant spectacle. Jamais les peuples n'ont reçu de plus grandes instructions. Ce n'est plus le temps où le sacerdoce et l'empire étaient rivaux. Tous les deux se donnent la main pour repousser les doctrines funestes qui ont menacé l'Europe d'une subversion totale : puissent-elles céder pour jamais à la double influence de la religion et de la politique réunies ! Ce vœu sans doute ne sera pas trompé. Jamais en France la politique n'eut tant de génie, et jamais le trône pontifical n'offrit au monde chrétien un modèle plus respectable et plus touchant. »

Le président du Tribunat, M. Fabre (de l'Aude), prononça un discours qui devait produire et qui produisit sur l'esprit du Saint-Père une impression singulièrement-agréable. Le voici tout entier :

« Très-Saint-Père, le Tribunat vous regarde depuis longtemps comme l'un des amis et des alliés les plus fidèles de la France. Il se rappelle avec les sentiments de la plus vive reconnaissance les services que vous avez rendus à ce pays, avant même d'être élevé sur le trône pontifical. Il n'oubliera jamais que dans votre dernier épiscopat d'Imola, vous sûtes apaiser, par une conduite sage, éclairée et paternelle, les insurrections organisées contre l'armée française, et prévenir celles qui la menaçaient. Mais ce n'est pas sous ce seul rapport que Votre Sainteté a acquis des droits à la vénération et à l'amour des Français. Ils étaient agités par des troubles religieux; le concordat les a éteints; nous nous félicitons d'avoir concouru de tous nos moyens à seconder à cet égard votre sollicitude paternelle et celle du chef suprême de cet empire.

» Si nous examinons la conduite de Votre Sainteté dans le gouvernement intérieur de ses Etats, que de nouveaux sujets d'éloges et d'admiration ! Votre Sainteté a réduit les dépenses de tous les palais apostoliques. Sa table, son entretien, ses dépenses personnelles ont été réglés comme ceux du plus simple particulier. Elle a pensé avec raison que sa véritable grandeur consiste moins dans le faste et la pompe de sa cour, que dans l'éclat de ses vertus et dans son administration économique et sage. L'agriculture, le commerce et les beaux-arts reprennent dans l'Etat romain leur ancienne splendeur. Les contributions qu'on y prélevait étaient arbitraires, multipliées, mal réparties. Votre Sainteté les a remplacées par un système uniforme et modéré de contributions foncière et personnelle, toujours suffisant dans un pays auquel sa situation n'impose pas la nécessité d'un grand état militaire, et où une sévère économie règne dans les dépenses. Les privilèges et les exemptions ont été abolis : depuis le prince jusqu'au dernier sujet, chacun paie en proportion de son revenu. Le cadastre des provinces ecclésiastiques, commencé en 1775, et celui de l'*agro romano*, commencé par Pie VI, votre auguste prédécesseur, sont terminés, et ils ont reçu la perfection dont ils étaient susceptibles. Un bureau des hypothèques a été organisé, et la bourse des capitalistes est ouverte aux propriétaires mal aisés. Des primes ont été accordées à ceux qui formeront des établissements d'agriculture et des plantations. La campagne de Rome, depuis longtemps inculte et stérile, sera bientôt couverte de bois, comme dans le temps de la splendeur romaine. Une loi oblige les grands propriétaires à mettre leurs terres en culture, ou à abandonner, pour une modique redevance, celles qu'ils ne pourraient pas faire travailler. Enfin le dessèchement des marais Pontins, en rendant à l'agriculture de vastes terrains, contribuera à la salubrité de l'air et à l'accroissement de la population de cette partie de l'Etat-Romain. Le commerce a besoin, pour prospérer, d'être dégagé de toutes les entraves de la fiscalité, et de ce système destructeur, de gènes et de prohibitions; il veut être libre comme l'air : Votre Sainteté a proclamé hautement la liberté du commerce. Les monnaies de faux et bas aloi, sources de discrédit et d'immoralité, ont été remplacées par une monnaie réelle. Des manufactures de laine, des filatures de coton sont établies à Rome et à Civita-Vecchia, pour les indigents des hospices caméraux. En poussant jusqu'à l'excès sa charité envers les pauvres, en ne réservant rien pour Elle, ni pour sa famille, Votre Sainteté veille cependant avec un soin particulier à ce que ses libéralités aient un emploi toujours utile. La ville de Rome, malgré ses pertes, continuera à être la patrie des beaux-arts. Votre Sainteté a ordonné de fouiller à Ostie et sur le lac Trajan. Tous les chefs-d'œuvre dispersés et rachetables sont rachetés par Elle. L'arc de Septime-Sévère est décombré et la voie capitoline retrouvée.

» Tels sont les bienfaits qui ont distingué le règne paternel de Votre Sainteté, jusqu'à ce jour mémorable où Elle vient au milieu de nous (à l'invitation du héros que la Providence et nos constitutions ont placé au rang suprême) fixer la bénédiction du Ciel sur un trône devenu la plus ferme garantie de la paix de l'Etat, et commencer les destinées qui doivent assurer à la France l'éclat de sa gloire, à ses armées la victoire, à tous les Français la paix et le bonheur. Quelle circonstance majestueuse ! Dix siècles à peine ont suffi pour la reproduire. Vos vertus personnelles Très-Saint-Père, méritaient bien cette récompense, d'avoir été choisi par la Divinité pour consommer l'œuvre la plus utile à l'humanité et à la religion. »

La physionomie de Pie VII était devenue riante, et une émotion de joie s'était peinte sur tous ses traits. Il répondit avec modestie que ces mesures avaient été ordonnées par le zèle de ses ministres, et que ses projets avaient toujours été dirigés vers le bien et le bonheur de ses sujets, pour donner un sage exemple à tous. Son historien ajoute : « Il y avait un peu d'exagération dans ce tableau de la campagne romaine qui allait se couvrir de bois. Les vertus de Numa pouvaient avoir disparu, mais ses forêts sacrées ne pouvaient pas revenir. Un prodige semblable à celui qui est annoncé ici n'est pas nécessaire, et ainsi probablement ne s'opérera jamais. Ces terres réputées si incultes offrent, dans plusieurs parties, des pâturages qu'il serait imprudent de remplacer par des bois propres à servir de repaire à des brigands. Les repaires des voleurs pouvaient devenir autrefois le berceau des nations ; aujourd'hui les voleurs ne savent que ruiner la civilisation des nations toutes formées (Artaud, *Hist. de Pie VII*).

Certains individus d'entre le clergé ne montrèrent point envers le Pape le même respect que les chefs des trois corps politiques. Nous parlons des évêques constitutionnels replacés après le concordat, et qui n'avaient pas encore fait leur soumission canonique au vicaire de Jésus-Christ. Ils étaient au nombre de quatre : Lecoz (de Besançon), Lacombe (d'Angoulème), Saurine (de Strasbourg), Raymond (de Dijon). Ils n'étaient ni aimés, ni estimés de personne, et cherchaient cependant quelques moyens d'approcher du Premier-Consul ; ils voulaient à tout prix se trouver présents au sacre, sans avoir souscrit aux conditions que le Pape avait stipulées à leur égard. Le soir même du 30 novembre, l'empereur remit directement au Saint-Père, après lui en avoir fait rapidement la lecture, une déclaration de Lecoz. A peine seul, le Pape lut attentivement la déclaration, et le lendemain matin écrivit à Napoléon la lettre suivante : « Hier soir, aussitôt que nous fûmes en liberté, nous prîmes en considération la déclaration de l'évêque Lecoz, que Votre Majesté, dans sa bonté, daigna nous apporter elle-même. En la parcourant, nous remarquâmes une chose qui nous avait échappé, dans *la rapide lecture que nous en fit Votre Majesté*. Le susdit évêque, aux mots conservés dans la formule minutée par M. le cardinal et M. Portalis, « *et soumission à ses jugements sur les affaires ecclésiastiques de France* », a substitué ceux-ci : *Sur les affaires canoniques de France.* » Nous connaissons suffisamment la malice de ce changement, et nous ne pouvons l'admettre. Nous nous sommes cru obligé d'en prévenir sur-le-champ Votre Majesté puisque nous sommes pressé et qu'on n'a encore rien obtenu d'un petit nombre de réfractaires obstinés. Nous connaissons assez la piété et la haute sagesse de Votre Majesté, pour être assuré qu'Elle daignera prendre les mesures nécessaires afin que nous ne nous trouvions pas compromis et que rien ne puisse *troubler* ou *souiller* l'auguste et sainte fonction de demain matin. » La victoire de Pie VII sur Napoléon fut rapide et complète ; l'empereur se vit forcé d'abandonner les constitutionnels, et ceux-ci de se soumettre. Saurine est le seul évêque qui eût fait quelque difficulté. Lecoz, qui avait refusé la veille, demanda le lendemain à se jeter aux pieds du Pontife, et protesta devant lui de sa parfaite obéissance. Ces détails sont authentiques, dit Picot dans ses *Mémoires*. Quoi que ces évêques aient pu dire depuis, il est certain qu'ils se soumirent alors, et ces faits ont eu trop de témoins pour être ignorés (*Mémoires*, année 1804, et Artaud).

Pie VII triompha de Napoléon sur un article plus délicat encore. On disait de toutes parts et assez haut que le mariage du général Bonaparte avec Joséphine de la Pagerie, veuve du vicomte de Beauharnais, n'avait pas été fait selon les règles canoniques. C'était le directeur Barras qui l'avait préparé en 1796, époque où les prêtres catholiques étaient encore proscrits et persécutés. Après le concordat, Joséphine avait même engagé son époux à faire bénir leur mariage. Le Premier-Consul, pour tel ou tel motif, avait toujours résisté. Le Pape alla donc aux informations ; il apprit qu'en effet l'alliance de Bonaparte et de Joséphine avait été purement et simplement célébrée par l'officier municipal. Dès lors il déclara que, s'il avait fait toute sorte de concessions pour les choses qui tenaient à l'ordre civil, il ne pouvait pas transiger avec les doctrines de l'Eglise sur les unions qui n'avaient pas été bénies par elle. En conséquence, il exigea que le mariage de Napoléon avec Joséphine fût célébré ecclésiastiquement, à moins qu'on ne constatât qu'il l'avait été précédemment. La colère de Napoléon fut extrême. Quel scandale ! lui qui avait exigé la bénédiction nuptiale pour Murat, pour Hortense, il fallait avouer qu'il n'était marié que civilement, et tout le monde allait le savoir ! Le Pape persista, mais concilia tout pour le mode. « Je suis loin de vouloir un scandale, dit-il ; point de publicité ; que le cardinal Fesch me certifie la célébration du mariage, et cela me suffira : Rome ne tient pas aux formes civiles ; le consentement de deux âmes fait le mariage. » Enfin le Pape, qui est propre pasteur ou curé dans toute l'Eglise, donna pleins pouvoirs au cardinal Fesch, qui d'ailleurs était grand-aumônier ou propre pasteur de la cour. En conséquence, la veille du couronnement, à onze heures du soir, on dressa une chapelle dans les appartements secrets de l'empereur, et à minuit le cardinal Fesch donna la bénédiction nuptiale à l'empereur et à l'impératrice : les témoins furent MM. Portalis, ministre des cultes, et Duroc, grand-maréchal du palais. Rien ne transpira au dehors. Lorsque le cardinal Fesch arriva près du Pape, celui-ci se borna à lui demander : « Mon cher fils, le mariage est-il célébré ? — Oui, Très-Saint-Père. — Eh bien ! alors nous ne nous opposons plus au couronnement de l'auguste impératrice. » Ces détails ont été écrits par l'historien Capefigue, sur les notes de M. Portalis même, témoin de la chose (Capefigue, *L'Europe pendant le Consulat et l'Empire*, t. V, p. 124 et 125 ; Lyonnet, *Hist. du card. Fesch*, c. 19).

Le sacre eut lieu le 2 décembre à Notre-Dame de Paris. Le Pape y demanda à Napoléon : « Promettez-vous de maintenir la paix dans l'Eglise de Dieu ? » Napoléon répondit d'une voix assurée : « *Profiteor :*

Je le promets. » Au moment de la cérémonie du sacre, Napoléon et Joséphine se mirent à genoux au pied de l'autel, sur des carreaux. Le sacre fini, le Pape récita l'oraison dans laquelle il est demandé que l'empereur soit le protecteur des veuves et des orphelins, et qu'il détruise l'infidélité qui se cache et celle qui se montre en haine du nom chrétien. Après l'oraison où il est dit : *Le sceptre de votre empire est un sceptre de droiture et d'équité*, Napoléon monta à l'autel, prit la couronne et la plaça sur sa tête. Il prit ensuite celle de l'impératrice, revint auprès d'elle et la couronna. L'impératrice reçut à genoux la couronne. Le *Moniteur* du 3 décembre promit une description du sacre, mais il ne la donna jamais. Dans le numéro du 4 décembre, page quatrième, se trouvait un article sur un voyage à Moka. Son rapport parle de *Gentoux*, peuples qui professent la doctrine de Pythagore. Chez eux, sous un gouvernement despotique et absolu, l'Iman est à la fois prince religieux et prince militaire. Quelle bizarre rencontre, quand on cherche les détails du sacre d'un empereur par un Pape! Le 17, à propos d'une *Histoire de Charlemagne*, on y lut cette citation : « *Imperator Romanorum gubernans imperium* : Empereur gouvernant l'empire Romain. » Enfin une *Notice sur le sacre*, publiée plus tard à l'Imprimerie royale, traduisait ainsi le *Profiteor* de Napoléon à la demande du Pape : « Je maintiendrai la paix dans l'Eglise de Dieu *de la manière que je jugerai la plus convenable* (Artaud, *Pie VII*, t. II, c. 16). »

En attendant, Pie VII s'occupait du bien de la religion, qui était le principal objet de son voyage. Il présenta une série de demandes, toutes relatives aux besoins de l'Eglise, à la liberté du ministère pastoral, à la suppression de plusieurs des *articles organiques*. Quelques cardinaux auraient voulu que l'on profitât de cette circonstance pour réclamer la restitution des trois légations; mais le Pontife désintéressé ne voulait point mêler des intérêts temporels à des nécessités plus pressantes ; uniquement attentif à l'avantage de la religion, il sollicita de vive voix et par écrit des mesures qui réparassent les maux passés et rendissent à l'Eglise gallicane son lustre ancien et des établissements que la Révolution avait dévorés. La juridiction spirituelle, les séminaires et leur dotation, les missions, l'éducation chrétienne des enfants, une protection plus franche de la religion, et la suppression des entraves qu'on y avait apportées, furent tour à tour l'objet de ses instances. Il visita plusieurs des églises de la capitale, où sa présence attirait toujours une multitude considérable. On ne se lassait point de voir et d'admirer ce vieillard vénérable, en qui la dignité s'alliait si bien avec la douceur, et qui augmentait le respect dû à son caractère par celui qu'inspirait sa piété. Non content de se montrer dans différentes églises, il permit encore qu'un assez grand nombre de fidèles se trouvassent à l'entrée de ses appartements lorsqu'il en sortait lui-même ou qu'il y rentrait, et l'on a vu leur foule embarrasser son passage sans qu'il se montrât blessé d'un empressement quelquefois extrême. Accessible à tous, il aimait à satisfaire chacun et à réitérer même ses bénédictions. Il les répandait surtout sur les enfants, et, imitant Celui dont il est le vicaire, il semblait prendre plaisir à se laisser approcher de cet âge plein d'innocence et de charmes. Enfin il n'omettait rien de ce qui pouvait fortifier la piété des fidèles ; et en effet, la présence, les vertus et la charité du chef suprême de l'Eglise ranimèrent la ferveur de ceux-ci, diminuèrent les préventions de ceux-là, et excitèrent l'admiration de tous. Les ennemis mêmes de la foi ne pouvaient s'empêcher d'être touchés de tant de qualités attrayantes réunies dans un si haut rang ; et ils étaient en état d'apprécier les outrages lancés contre la cour de Rome et contre ses Pontifes, en voyant ce pasteur auguste se montrer sous des traits si honorables, et forcer tous les suffrages par une conduite pleine de religion et de piété, comme de modération et de sagesse.

Le 1er février 1805, le Pape tint un consistoire à Paris. Il se rendit pour cet effet des Tuileries à l'Archevêché, qui avait été choisi comme offrant un local plus commode. Là, s'étant assis sur son trône, les sept anciens cardinaux qui se trouvaient à Paris vinrent lui faire obédience ; c'étaient les cardinaux Antonelli, Braschi, Caprara, de Piétro, Caselli, Fesch et de Bayane. Deux d'entre eux allèrent chercher à la chapelle les cardinaux de Belloy et Cambacérès, qui n'avaient pas encore reçu le chapeau. Arrivés au trône du Pape, ils lui baisèrent les pieds et la main, et furent ensuite embrassés par Sa Sainteté et par leurs collègues. Ils prirent leur place suivant leur rang de promotion, s'assirent et mirent la barrette en signe de possession. De là ils retournèrent au trône du souverain Pontife, qui leur mit le chapeau rouge sur la tête, en récitant la prière d'usage, et qui se leva ensuite et passa dans une salle voisine pour quitter ses habits pontificaux. Là, le cardinal de Belloy lui adressa, en son nom et en celui du cardinal Cambacérès, un discours latin, auquel le Saint-Père répondit dans la même langue. On chanta le *Te Deum* à la chapelle. Cette cérémonie terminée, tous les cardinaux se rendirent dans une salle où était le Pape, qui y tint un consistoire secret. Il y érigea l'église de Ratisbonne en métropole pour l'Allemagne, et nomma le siège Charles-Théodore de Dalberg, électeur archi-chancelier de l'empire germanique et ancien archevêque de Mayence, qui administrait déjà le diocèse de Ratisbonne depuis 1803, en vertu d'une commission du Saint-Siège. Le Pape mettait la nouvelle métropole au lieu et place de celles de Mayence, de Trèves, Cologne et de Salzbourg, et lui donnait pour suffragants les évêques qui l'étaient précédemment de ces quatre archevêchés. Cette opération ne devait être que le prélude d'autres arrangements relatifs à l'Eglise d'Allemagne, mais qui n'eurent pas lieu. Le Pape nomma aussi dans le consistoire à quelques évêchés de France ; en le commençant, il fit la cérémonie de fermer la bouche aux deux cardinaux qui y assistaient pour la première fois, et de la leur ouvrir en le finissant. M. Kolborn, ancien doyen à Mayence et conseiller de l'électeur, fut introduit, et fit à genoux la demande du *pallium* : un archevêque de France fit aussi la même demande. Sa Sainteté donna l'anneau et un titre aux deux cardinaux, imposa les rochets à deux ecclésiastiques qu'Elle venait de faire évêques de Poitiers et de la Rochelle, admit d'autres évêques au baisement des pieds, et se retira. Après son départ, il fut dit une messe, à l'issue de laquelle les archevêques de Bordeaux et de Tours reçurent le *pallium* des mains du cardinal Braschi. Le lendemain, 2 février, le souverain Pontife sacra lui-même les nouveaux évêques de Poitiers et de la Rochelle. Cette cérémonie se fit dans l'église de Saint-Sulpice, et attira un concours nombreux de spectateurs. Tous les évêques de France qui étaient encore à Paris y étaient présents. Le Saint-Père était assisté, en cette occasion, de quatre prélats de sa cour; et les témoins de cette cérémonie ne pouvaient voir sans un nouvel intérêt et sans une joie religieuse, le successeur du prince des apôtres imposer lui-même les mains aux nouveaux prélats, qui, après avoir puisé immédiatement à leur source les grâces et l'autorité de l'épiscopat, allaient conduire dans les sentiers de la foi les peuples confiés à leurs soins, et aux yeux desquels cette circonstance ne pouvait que les rendre plus respectables. Le 3 février, Sa Sainteté donna, dans sa chapelle, le *pallium* au nouvel archevêque de Ratisbonne. Elle continua de visiter des églises de la capitale, des hôpitaux et différents établissements. Le 22 mars, il y eut un second consistoire, pour nommer à des églises vacantes (Picot, *Mém.*, an 1804 et 1805).

A Rome, on eut indirectement des nouvelles du Pape et du sacre par un courrier extraordinaire, qui fit le trajet de Paris à Rome, trois cents lieues, en vingt-deux heures. Le 17 décembre, à cinq heures du soir, un ballon aérostatique d'une grandeur démesurée s'abattit, non loin de Rome, sur le lac Bracciano. On y trouva l'avis suivant écrit en français : « Le ballon porteur de cette lettre a été lancé à Paris, le 25 frimaire (16 décembre) au soir, par M. Garnerin, aéronaute privilégié de Sa Majesté l'Empereur de Russie, et ordinaire du Gouvernement français, à l'occasion de la fête donnée par la ville de Paris à Sa Majesté l'empereur Napoléon. Les personnes qui trouveront ce ballon sont priées d'en avoir soin et d'informer M. Garnerin du lieu où il descendra. » Le ballon avait été lancé effectivement à Paris le dimanche 16 décembre, à sept heures du soir, par un ouragan d'hiver qui l'emporta jusque près de Rome, et y fit ainsi connaître le sacre de Napoléon par le Pape.

Dans la nuit du 31 janvier au 1ᵉʳ février, Rome fut inondée par une crue soudaine du Tibre. Le fleuve charriait des arbres, des meubles, des chevaux et des bestiaux qui avaient été surpris dans la campagne. La rue de l'*Orso* était tout entière submergée. Les femmes, les enfants, les vieillards n'avaient pas eu le temps de s'enfuir; ceux qui demeuraient dans les étages inférieurs avaient pu seulement gagner les toits que l'eau respectait encore. Ces malheureux poussaient des cris de douleur : ils manquaient de pain et de toute sorte de provisions. On n'entendait que ces mots : *Batelier, à nous, ayez compassion, du pain!* Le cardinal Consalvi, que le Pape avait déclaré chef de gouvernement à Rome, venait d'accourir un des premiers, après avoir ordonné à tous les boulangers de faire une cuisson extraordinaire. Tout à coup on vit un spectacle admirable. Consalvi ne craignit pas de confier sa vie à la fragilité d'une barque. Il alla lui-même, en habits de cardinal, porter du pain aux habitants de la rue de l'Orso, et cet exemple ne tarda pas à être imité par d'autres Romains. L'envoyé français félicita Son Eminence sur cette action si courageuse. Le cardinal répondit : « Ah ! j'ai été richement récompensé en entendant les bénédictions des femmes, des enfants; ils baisaient mes mains, ma robe, mes pans; ils n'en voulaient que pour un jour, afin que personne ne fût oublié : et puis ne dois-je pas agir ainsi pour consoler le Pape quand il apprendra ce malheur ? » Le Pape fut en effet très-affligé quand il apprit le débordement du Tibre. Il regrettait de n'être pas présent et de n'avoir pu lui-même se montrer pour consoler le peuple et diminuer encore plus ses souffrances. Mais sa douleur fut adoucie quand il sut avec quelle prévoyance, quel courage et quel bonheur son ministre l'avait suppléé.

Pie VII, d'un autre côté, faisait son possible pour apporter des remèdes aux maux de l'Eglise universelle. Napoléon lui avait dit plusieurs fois de lui remettre un mémoire sur les demandes qui pouvaient intéresser le Saint-Siège. Une série de demandes ecclésiastiques fut rédigée un peu à la hâte et sans toute la modération désirable dans les circonstances. Le Pape donna cet exposé à l'empereur, l'empereur à Portalis, ministre des cultes, qui lui en fit un rapport. Dans ce rapport, on confondait deux lettres de Louis XIV, l'une du 14 septembre 1693 à Innocent XII, sous le Père Lachaise, l'autre du 7 juillet 1713, sous le pontificat de Clément XI, au cardinal de la Trémoille, chargé des affaires de France à Rome, pendant que le confesseur du roi était le Père Letellier. Napoléon, embrouillé dans cette confusion d'époques et préoccupé d'une historiette bâtie par d'Alembert là-dessus, venait argumenter avec Pie VII, et répétait volontiers : *Votre Clément XI*. Le bon Pie VII s'aperçut bientôt de la méprise; cependant il ne voulut point la faire remarquer à Napoléon lui-même, mais seulement à son ministre : voici par quels motifs délicats. « Nous avions remarqué, racontait plus tard Pie VII, que l'empereur disait toujours la même chose. Il ne sortait pas de 1713 et du Père Letellier, et cependant il ne s'agissait, dans ce qu'il disait, que de 1693 et du Père Lachaise. A tous ses *Votre Clément XI*, nous avions bien envie de répondre : « *Votre Louis XIV* a cependant écrit cela dans un autre temps; » mais nous ne pouvions pas le trop enivrer, Napoléon, ce que doit éviter un ministre de la religion, ni le mortifier, ce que défend la charité. Avec la perspicacité que nous lui connaissions, si nous avions dit ces deux mots, il aurait saisi les dates, la vérité, l'*imbroglio* des faits; et alors il serait parti en colère. M. Portalis avait dit verbalement toutes ces raisons au cardinal Antonelli. M. Portalis était celui qui fournissait à l'empereur de telles informations. L'empereur, mieux instruit, se serait indigné, il aurait tout renversé sur son passage, mandé M. Portalis, il l'aurait maltraité; et nous, nous aimions M. Portalis, il accueillait honorablement les évêques; M. Portalis disait : *L'évêque qui vit bien dans l'unité est pour son diocèse le chef de la parole et de la conduite*; nous faisions grand cas d'un homme qui parle ainsi des évêques, et nous nous sommes borné à dire avec quelque fermeté : « Vous vous trompez, ce n'est pas cela; » mais jamais l'empereur n'a voulu comprendre ces ménagements. » Cependant Napoléon, sans se rendre compte de la résistance du Pape, fut frappé de la dignité, de la douceur de ses paroles, de cette sorte de conseil tendre qui était peint dans ses yeux, de l'obstination polie de ses réponses; il lut, en rentrant dans son cabinet, le mémoire joint au rapport de M. Portalis, en date du 10 février, et qui devait être remis au Pape, fit à ce mémoire des corrections, ordonna une autre rédaction plus mitigée. En conséquence, M. Portalis vint présenter à l'empereur, le 19 février, un nouveau travail qui fut approuvé, et où l'on accordait au Pape plusieurs de ses demandes.

Dans l'article 10, les Lazaristes étaient recommandés à l'empereur. Un décret les a rétablis; une maison avec une dotation de quinze mille francs leur a été assurée : ils sont sous la juridiction de l'archevêque de Paris. Le séminaire des *Missions étrangères* est rétabli : il ne demande aucune dotation; les tiers acquéreurs de leurs biens ne les ont acquis que pour les leur conserver. Bel exemple donné au milieu de tant de cupidités impies. Le séminaire du *Saint-Esprit* est rétabli; il a la faculté de recevoir des legs et des fondations. Dans cette réponse de Portalis, on voit qu'il y avait eu intention d'être agréable, de ne présenter pour les refus que des raisons obligeantes, et de faire valoir les vrais services rendus à la religion. Le Pape témoigna sa gratitude; il reparla encore une fois des établissements irlandais, quoiqu'il n'eût alors aucune correspondance avec l'Irlande; et comme on vit qu'il attachait une importance particulière à se voir satisfait sur ce genre de demandes, Portalis ordonna de faire pour le rétablissement de cette institution encore plus qu'on n'avait promis. A la fin de cette négociation, le Pape s'applaudit en secret de n'avoir pas donné précédemment une occasion de mortifier Portalis, qui venait d'avoir directement avec Sa Sainteté une conduite si convenable (Artaud, t. II, c. 18).

Napoléon lui-même disait au Pape avec insistance qu'il fallait encore s'occuper de la question relative aux domaines enlevés au Saint-Siège, et la discuter. Ces domaines étaient retenus les uns par l'empire français, les autres par la république italienne. Pie VII remit donc à l'empereur un mémoire. On y expose d'abord les charges de l'Eglise romaine; la majesté du culte qui convient au premier siège de l'Eglise catholique; l'entretien de tant d'évêques et de tant de missionnaires répandus dans presque toutes les parties du monde; l'éducation des jeunes gens de toutes les nations dans le collège de la Propagande à Rome, établissement qui restait alors fermé faute de revenus, ainsi que l'étaient les collèges particuliers de telle ou telle nation; le maintien de tant de congrégations et de ministres nécessaires à l'expédition des affaires de l'Eglise universelle; le traitement des cardinaux sur lesquels repose l'administration de cette même Eglise; l'expédition, les honoraires, les correspondances des légats, nonces, vicaires apostoliques auprès de toutes les cours et de toutes les nations étrangères. Pour le soutien de ces charges et d'autres, la divine Providence avait doté le Saint-Siège, même depuis les temps les plus reculés et antérieurs à la souveraineté temporelle, de très-grands revenus et patrimoines dont ils jouissaient non-seulement à Rome, mais encore dans des contrées éloignées. Nous l'avons vu effectivement en détail, à la fin du VIe siècle, sous saint Grégoire le Grand. Or, ces charges et d'autres inhérentes à la dignité du souverain Pontife sont encore les mêmes, et peut-être se sont-elles accrues, tandis que les moyens de les soutenir ont diminué et diminuent de jour en jour. Les duchés de Parme et de Plaisance étaient dévolus au Saint-Siège par la mort du dernier duc Farnèse : on l'en a frustré jusqu'à présent. L'Assemblée nationale incorpora à la France Avignon et le comtat. Le Directoire de Paris fit occuper les trois plus belles provinces de l'Etat pontifical, la Romagne, le Bolonais et le Ferrarais, ainsi que d'autres possessions considérables. La cessation des *annates* et des expéditions de la France et de l'Allemagne, après le nouvel ordre de choses qui est venu s'établir dans l'un et l'autre empire; expéditions et annates qui étaient un cens ou revenu arrêté avec toutes les nations, par des pactes solennels et réciproques, en compensation des contributions que doivent toutes les églises catholiques au premier Siège; enfin la grandeur des pertes incalculables et sans ressource, causées à la Chambre apostolique, à ses finances et à ses sujets par la révolution qui vient d'avoir lieu. Sur la foi et le solide établissement des anciens pactes avec toutes les nations concernant les expéditions et les annates, les Pontifes romains ont grevé leur trésor d'une charge très-lourde qui subsiste encore aujourd'hui tout entière, et qui a été pourtant contractée, en grande partie, *afin de donner des secours aux princes catholiques dans les guerres qu'ils avaient à soutenir contre les infidèles qui les attaquaient de toutes parts.*

Artaud dit à ce sujet : « Il est certain que les Papes ont reçu bien souvent divers bienfaits des puissances catholiques; il est certain aussi que bien souvent les Papes ont ouvert leur trésor pour les aider. Les empereurs d'Allemagne, les rois de France et d'Espagne y ont plus d'une fois puisé des secours considérables. » Artaud observe encore que, lors du traité de Tolentino, les agents du gouvernement français firent payer, ou plutôt volèrent à Pie VI, dix millions de plus qu'il ne devait.

Le mémoire conclut : « Comme il est de l'intérêt général de la chrétienté que les moyens ne manquent point à son chef, afin qu'il remplisse les devoirs qui lui sont imposés pour sa propre conservation, conséquemment pour celle de la primauté que lui a donnée Jésus-Christ, et dont l'utilité est généralement reconnue, le Pape ne peut être indifférent à la perte de ces moyens, ni négliger aucune démarche dépendante de ses soins pour réparer cette perte autant qu'il est en lui. C'est même l'obligation précise et positive d'un *tuteur*, d'un *administrateur* tel qu'il est du patrimoine de saint Pierre; devoir d'autant plus obligatoire pour lui, que vient s'y joindre la force du serment prêté par lui à l'époque de son élévation au pontificat. Il est encore obligé, par les devoirs de la plus stricte justice, de payer aux créanciers du trésor pontifical les intérêts de capitaux immenses, et de subvenir en même temps aux besoins des sujets de l'Eglise romaine, réduits à la plus grande détresse par les calamités passées. Pour tous ces motifs, le Pape conjure l'empereur de réparer, autant que possible, tant de pertes éprouvées par le Saint-Siège, et d'imiter Charlemagne, qui non-seulement rendit à l'Église romaine tout ce que les Lombards lui avaient enlevé, mais y ajouta d'autres domaines encore, notamment le duché de Spolète et de Bénévent.

Ce mémoire fut examiné avec une grande attention. Napoléon lui-même sentit si bien l'importance des raisons alléguées, qu'il ordonna de faire une réponse où il était aisé de reconnaître, dit Artaud, qu'il refusait parce qu'il n'avait pas la puissance de rendre. Dans le projet de réponse, il y avait un témoignage obligeant de tendresse pour le Saint-Père, qu'on savait n'être excité par aucun motif d'intérêt; on était convaincu que son âme pure n'était remplie que de *saints désirs* et de sentiments élevés au-dessus de toute considération humaine. On espérait que Sa Sainteté serait persuadée du regret sensible avec lequel on se voyait dans l'impossibilité de seconder ses vœux pour l'agrandissement actuel de sa puissance temporelle. L'empereur trouva que ces paroles n'exprimaient qu'une partie de ses sentiments, et qu'il fallait en dire davantage. Il dicta lui-même le paragraphe suivant : « Si Dieu nous accorde la durée de la vie commune des hommes, nous espérons trouver des circonstances où il nous sera permis de consolider et d'étendre le domaine du Saint-Père, et déjà aujourd'hui nous pouvons et voulons lui prêter une main secourable, l'aider à sortir du chaos et des embarras où l'ont entraîné les crises de la guerre passée, et par là donner au monde une preuve de notre vénération pour le Saint-Père, de notre protection pour la capitale de la chrétienté, et enfin du désir constant qui nous anime de voir *notre religion* ne le céder à aucune autre pour la pompe de ses cérémonies, l'éclat de ses temples et tout ce qui peut imposer aux nations; nous avons chargé notre oncle, le cardinal grand-aumônier, d'expliquer au Saint-Père nos intentions et ce que nous voulons faire. » Le mémoire, après avoir reçu cette intercalation, finit ainsi : « Toujours fidèle au plan qu'il s'est fait dès le principe, l'empereur mettra sa gloire et son bonheur à être un des plus fermes soutiens du Saint-Siège et un des plus sincères défenseurs de la prospérité des nations chrétiennes. Il veut qu'on place au premier rang des actions qui ont jeté de l'éclat sur sa vie le respect qu'il a toujours montré pour l'Église de Rome, et le succès des efforts qu'il a faits pour lui réconcilier le cœur et la foi de la première nation de l'univers (Artaud, t. II, c. 19). »

Cependant les Romains redemandaient leur Pontife, et leur Pontife ne revenait pas. On commençait à avoir des inquiétudes. Les cardinaux demeurés à Rome parlaient confidentiellement de Paris et de Palerme. Voici comme l'historien de Pie VII, alors ambassadeur français à Rome, nous donne la clé de ce mystère. « Le Pape continuait de visiter les églises, de bénir ceux qui s'agenouillaient devant lui, et ceux qui croyaient devoir lui refuser cet hommage; il voyait à ses pieds, du même œil de bonté, l'astronome Lalande, que l'on n'entendait plus se glorifier du nom d'athée, et ces matrones pieuses qui avaient secouru la religion et ses ministres dans les malheurs de l'Église. En même temps, une semaine ne succédait pas à une autre qu'il ne sollicitât la faculté de retourner à Rome. Cette permission ne devait lui être accordée que lorsqu'il aurait encore résisté à la demande la plus amère, sans doute, qu'il pût entendre de la bouche d'un Français. Le Pape n'a jamais voulu dire quel fut le grand-officier qui un jour lui parla d'habiter Avignon, d'accepter un palais papal à l'archevêché de Paris, et de laisser établir un quartier privilégié, comme à Constantinople, où le corps diplomatique accrédité près l'autorité pontificale aurait le droit exclusif de résider : les premiers mots insinués plutôt qu'adressés directement, puis répétés à des confidents, à des Français amis du Saint-Siège donnèrent à supposer que l'on voulait retenir le Pape en France. Ces mots funestes n'étaient pas prononcés par Napoléon; mais il avait à Paris une telle puissance sur la pensée et sur la parole, qu'il n'était pas possible qu'on les eût hasardés sans sa permission. Le corps diplomatique, à Rome, s'en entretenait; j'avais l'innocence de n'y pas croire. Cependant on les répétait avec une telle assurance, que le Pape crut devoir faire une réponse devant le même grand-officier : « On a répandu qu'on pourrait bien nous retenir en France; eh bien ! qu'on nous enlève la liberté : tout est prévu. Avant de partir de Rome, nous avons signé une abdication régulière, valable, si nous sommes jeté en prison ; l'acte est hors de la portée du pouvoir des Français; le cardinal Pignatelli en est dépositaire à Palerme, et quand on aura signifié les projets qu'on médite, il ne vous restera plus entre les mains qu'un moine misérable qui s'appellera Barnabé Chiaramonti. »

Le soir même de cette réponse sublime et qui valait plus que la victoire de Marengo, les ordres de départ furent mis sous les yeux de l'empereur, et l'on n'attendit plus que les convenances raisonnables de la saison et du temps nécessaire pour commander les relais avec plus d'intelligence qu'on ne l'avait fait lors de l'arrivée du Pape (Artaud, t. II, c. 20).

Pie VII rentra dans Rome le 16 mai 1805. Le dernier des Stuarts, le cardinal d'York, malgré ses quatre-vingts ans, le reçut à la porte de la basilique de Saint-Pierre. La bénédiction terminée, le Pontife s'approcha encore une fois de l'autel pour faire sa dernière prière avant de sortir. Il paraît que, lorsqu'il fut à genoux, alors comme une sorte d'extase s'empara de lui. L'idée de se retrouver dans sa capitale cent quatre-vingt-cinq jours après un départ si douloureux; le souvenir des dangers qu'il avait courus, ou qu'il croyait avoir pu courir pendant un aussi long trajet, le préoccupaient tellement, qu'il restait comme immobile au pied de l'autel. Cette extase se prolongeait; l'église où l'on était entré vers la fin du jour, et que l'on n'avait pas pensé à éclairer pour une cérémonie de nuit, commençait à s'assombrir. Plus de trente mille personnes, indécises au milieu de ce silence et de l'approche de l'obscurité, ne concevaient pas la cause de cet événement. Le cardinal Consalvi se leva doucement, s'approcha du Pape, lui toucha doucement le bras, et lui demanda s'il éprouvait quelque faiblesse. Le Pape serra la main du cardinal, le remercia et lui expliqua que cette prolongation de sa prière était un effet de joie et de bonheur. On ramena le Pape dans sa chaise à porteurs. Il était très-fatigué, et l'on exigea de lui qu'il se retirât en n'accordant aucune audience. Le soir, il y eut illumination générale dans les palais de Rome, et le sénat donna une réception magnifique au Capitole, où se réunirent toute la noblesse romaine et le corps diplomatique (Artaud, t. II, c. 21).

Au moment où l'on avait échangé à Paris les divers mémoires relatifs aux affaires ecclésiastiques et aux réclamations en restitution de provinces, on s'était remis des présents. Le Pape avait offert un magnifique camée représentant *la continence de Scipion*, et divers objets de prix. L'empereur avait ordonné que les meilleurs orfévres de Paris, sur des dessins venus de Rome, fussent chargés de ciseler une tiare, qui serait plus tard envoyée au Pape. Le travail ayant été hâté à force d'argent et de zèle, la tiare ne tarda pas à être apportée à Rome. Le Saint-Père remercia sur-le-champ l'empereur, par une lettre affectueuse du 23 juin 1805. Restait à remplir un devoir austère. Napoléon lui avait demandé de déclarer nul le mariage que son frère Jérôme, encore mineur, avait contracté aux Etats-Unis d'Amérique avec une fille protestante. Il fallait répondre sur cette question avec toute la franchise sacerdotale; il fallait expliquer les règles, les usages constants de Rome, bien spécifier jusqu'où pouvaient aller ses concessions, et quel était le point précis où elles s'arrêtaient; enfin, dans une question où l'empereur n'apportait que les calculs de sa vanité privée et de ses ambitieux projets pour l'avenir, ne pas s'écarter de ce calme de discussion et de ce respect pour les usages qui sont la base éternelle des décisions de Rome.

Le Pape adressa à l'empereur une lettre qui restera comme une explication raisonnée des doctrines du Saint-Siège sur l'indissolubilité du mariage, contracté même entre un catholique et une protestante. On peut aussi considérer cette lettre comme l'ouvrage particulier du Pape, parce qu'on y reconnaît sa dialectique puissante, son urbanité douce, son système habituel de rédaction, et que d'ailleurs il s'en déclare lui-même l'auteur.

« **Majesté Royale et Impériale.** Que Votre Majesté n'attribue pas le retard du renvoi du courrier à une autre cause qu'au désir d'employer tous les moyens qui sont en notre pouvoir pour satisfaire aux demandes qu'elle nous a communiquées par la lettre qu'avec les mémoires y joints, nous a remise le même courrier. — Pour ce qui dépendait de nous, savoir, pour garder un secret impénétrable, nous nous sommes fait un honneur de satisfaire avec la plus grande exactitude aux sollicitations de Votre Majesté ; c'est pourquoi nous avons évoqué entièrement à nous-même l'examen de la pétition touchant le jugement sur le mariage en question. — Au milieu d'une foule d'affaires qui nous accablent, nous avons pris tous les soins et nous nous sommes donné toutes les peines pour puiser nous-même à toutes les sources, pour faire les plus soigneuses recherches, et voir si notre autorité apostolique pourrait nous fournir quelque moyen de satisfaire les désirs de Votre Majesté, que, vu leur but, il nous aurait été fort agréable de seconder. Mais, de quelque manière que nous ayons considéré la chose, il est résulté de notre application que de tous les motifs qui ont été proposés ou que nous puissions imaginer, il n'y en a pas un qui nous permette de contenter Votre Majesté, ainsi que nous le désirerions, **pour déclarer la nullité dudit mariage.**

» Les trois mémoires que Votre Majesté nous a transmis étant basés sur des principes opposés les uns aux autres, se détruisent réciproquement. — Le premier, mettant de côté tous les autres empêchements dirimants, prétend qu'il n'y en a que deux qui puissent s'appliquer au cas dont il s'agit, savoir, la disparité du culte des contractants, et la non-intervention du curé à la célébration du mariage. — Le second, rejetant ces deux empêchements, en déduit deux autres, du défaut de consentement de la mère et des parents du jeune homme mineur, et du *rapt*, qu'on désigne sous le nom de *séduction*. — Le troisième ne s'accorde pas avec le second, et propose comme seul motif de nullité le défaut de consentement du curé de l'époux qu'on prétend être nécessaire, vu qu'il n'a pas changé son domicile, parce que, selon la disposition du concile de Trente, la permission du curé de la paroisse serait absolument nécessaire dans les mariages.

» De l'analyse de ces opinions contraires, il résulte que les empêchements proposés sont au nombre de quatre ; mais en les examinant, il ne nous a pas été possible d'en trouver aucun qui, dans le cas en question et d'après les principes de l'Eglise, puisse nous autoriser à déclarer la nullité d'un mariage contracté et déjà consommé. D'abord la disparité du culte, considéré par l'Eglise comme un empêchement dirimant, ne se vérifie pas entre *deux personnes baptisées*, bien que l'une d'elles ne soit pas dans la communion catholique. Cet empêchement n'a lieu que dans les mariages contractés entre un chrétien et un infidèle. Les mariages entre protestants et catholiques, quoiqu'ils soient abhorrés par l'Eglise, cependant sont reconnus valides. — Il n'est pas exact de dire que la loi de France, relative aux mariages des enfants non émancipés et des mineurs, contractés sans le consentement des parents et des tuteurs, les rende nuls quant au sacrement. Le pouvoir même législatif laïque a déclaré, sur des représentations du clergé assemblé l'an 1629, qu'en établissant la nullité de ces mariages, les législateurs n'avaient entendu parler que de ce qui regarde les effets civils du mariage, et que les juges laïques ne pouvaient donner aucun autre sens ou interprétation à la loi ; car Louis XIII, auteur de cette déclaration, sentait bien que le pouvoir séculier n'a pas le droit d'établir des empêchements dirimants au mariage comme sacrement. En effet, l'Eglise, bien loin de déclarer nuls, quant au lien, les mariages faits sans le consentement des parents et des tuteurs, les a, même en les blâmant, déclarés valides dans tous les temps, et surtout dans le concile de Trente.

» En troisième lieu, il est également contraire aux maximes de l'Eglise de détruire la nullité du mariage, du *rapt* ou de la *séduction* : l'empêchement du rapt n'a lieu que lorsque le mariage est contracté entre le ravisseur et la personne enlevée, avant que celle-ci soit remise en sa pleine liberté. Or, comme il n'y a pas d'enlèvement dans le cas dont il s'agit, ce qu'on désigne dans le mémoire par le mot de *rapt*, de *séduction*, signifie la même chose que le défaut de consentement des parents duquel on déduit la *séduction* du mineur, et ne peut en conséquence former un empêchement dirimant, quant au lien du mariage.

» C'est donc sur le quatrième empêchement, colui de la clandestinité, ou l'absence du curé, que nous avons dirigé nos méditations. Cet empêchement vient du concile de Trente; mais la disposition du même concile n'a lieu que dans les pays où son fameux décret, chapitre 1er, section 24, de la *Réformation du mariage*, a été publié, et même dans ce cas il n'a lieu qu'à l'égard des personnes pour lesquelles on l'a publié.

» Désirant vivement chercher tous les moyens qui pourraient nous conduire au but que nous souhaitions d'atteindre, nous avons d'abord donné tous nos soins à connaître si le susdit décret du concile de Trente a été publié à Baltimore. Pour cela nous avons fait examiner de la manière la plus secrète les archives de la Propagande et de l'Inquisition, où l'on aurait dû avoir les nouvelles d'une telle publication. Nous n'en avons cependant rencontré aucune trace; au contraire, par d'autres renseignements, et surtout par la lecture du décret d'un synode convoqué par l'évêque actuel de Baltimore, nous avons jugé que la susdite publication n'a pas été faite. D'ailleurs, il n'est pas à présumer qu'elle ait eu lieu dans un pays qui a toujours été sujet aux hérétiques.

» A la suite de cette recherche des faits, nous avons considéré sous tous les points de vue, si l'absence du curé pourrait, selon les principes du droit ecclésiastique, fournir un titre de nullité; mais nous sommes resté convaincu que ce motif de nullité n'existe pas. En effet, il n'existe point au sujet du domicile de l'époux. Car, supposons même qu'il retint son propre domicile dans le lieu où l'on suit la forme établie par le concile de Trente pour les mariages, c'est une maxime incontestable que, pour la validité du mariage, il suffit d'observer les lois du domicile d'un des époux, surtout lorsqu'aucun des deux n'a abandonné son domicile frauduleusement; d'où il suit que, si on a observé les lois du domicile de la femme où le mariage s'est fait, il n'était pas nécessaire de se conformer à celles du domicile de l'homme où le mariage n'a pas été contracté.

» Il ne peut non plus exister un motif de nullité par cause du domicile de la femme, par la raison déjà alléguée, savoir, que le décret du concile de Trente n'y ayant pas été publié, sa disposition de la nécessité de la présence du curé ne peut y avoir lieu, et aussi par une autre raison qui est que, quand même cette publication y eût été faite, on ne l'aurait faite que dans les paroisses catholiques, s'agissant d'un pays originairement catholique, de sorte qu'on ne pourrait jamais en déduire la nullité d'un mariage *mixte*, c'est-à-dire entre un catholique et une hérétique à l'égard de laquelle la publication n'est pas censée être faite. Ce principe a été établi par un décret de notre prédécesseur Benoît XIV, au sujet des mariages *mixtes* contractés en Hollande et dans la Belgique confédérée. Le décret n'établissant pas un nouveau *droit*, mais étant seulement une déclaration, comme porte son titre (c'est-à-dire un développement de ce que ces mariages sont en réalité), on comprend aisément que le même principe doit être appliqué aux mariages contractés entre un catholique et une hérétique, dans un pays sujet à des hérétiques, quand même parmi les catholiques y existants on aurait publié le susdit décret.

» Nous avons entretenu Votre Majesté de cette analyse, pour lui faire connaître sous combien de rapports nous avons tâché d'examiner l'affaire, et pour lui témoigner combien il nous peine de ne trouver aucune raison qui puisse nous autoriser à porter notre jugement pour la nullité du mariage. La circonstance même d'avoir été célébré devant un évêque (ou prêtre comme Votre Majesté le dit) espagnol très-attaché, comme le sont tous ceux de cette nation, à l'observance du concile de Trente, est une raison de plus pour croire que ce mariage a été contracté avec les formalités suivant lesquelles on contracte validement les mariages dans ce pays. En effet, ayant eu occasion de voir un synode de catholiques célébré à Baltimore, nous en avons encore mieux reconnu la vérité.

» Votre Majesté doit comprendre que, sur les renseignements que nous avons jusqu'ici de ce fait, il est hors de notre pouvoir de porter le jugement de nullité. Si, outre les circonstances déjà alléguées, il en existait d'autres d'où l'on pût relever la preuve de quelque fait qui constituât un empêchement capable d'induire la nullité, nous pourrions alors appuyer notre jugement sur cette preuve, et prononcer un décret qui fût conforme aux règles de l'Eglise, desquelles nous ne pouvons nous écarter en prononçant sur l'invalidité d'un mariage que, selon la déclaration de Dieu, aucun pouvoir humain ne peut dissoudre.

» Si nous usurpions une autorité que nous n'avons pas, nous nous rendrions coupable d'un abus le plus abominable de notre ministère sacré devant le tribunal de Dieu et devant l'Eglise entière. Votre Majesté même dans sa justice n'aimerait pas que nous prononçassions un jugement contraire au témoignage de notre conscience et aux principes invariables de l'Eglise. C'est pourquoi nous espérons vivement que Votre Majesté sera persuadée que le désir qui nous anime de seconder, autant que cela dépend de nous, ses désirs, surtout vu les rapports intimes qu'ils ont avec son auguste personne et sa famille, est, dans ce cas, rendu inefficace faute de pouvoirs, et qu'elle voudra accepter cette même déclaration comme un témoignage sincère de notre affection paternelle (Artaud, t. II, c. 22). »

Cette lettre devait partir le 26 juin; elle ne fut expédiée que le jour suivant. Le cardinal Fesch, retourné à son ambassade de Rome, était venu faire de nouvelles observations au Pape, qui n'y trouva aucun motif de rien changer à sa réponse. Napoléon ne fit pas paraître trop de colère en recevant ces explications. Le contre-coup cependant se fit ressentir dans les opérations du cabinet de Milan. On rendit encore des décrets qui furent désagréables au Pape. Le 31 juillet, il en porta des plaintes à Napoléon, qui répondit aussitôt par une lettre où il proteste de ses bonnes intentions dans ce qu'il a réglé, et charge le cardinal Fesch de concerter avec le Saint-Père les modifications convenables. Le 6 septembre 1805, Pie VII le remercia de ses bonnes dispositions, mais en lui faisant observer avec douceur que plusieurs de ces ordonnances étaient en opposition avec le concordat d'Italie.

L'Autriche ne donnait au Pape aucun sujet de plainte, et de temps en temps même elle lui adressait des consolations : il existait entre les deux gouvernements un esprit de concorde qui ne pouvait que disposer favorablement Pie VII à écouter avec bienveillance les moindres vœux de l'empereur François II. Celui-ci désirait que son frère Rodolphe fût nommé coadjuteur, avec future succession, du cardinal Collorédo, archevêque d'Olmutz. Le Pape assembla un consistoire le 9 septembre, et attribua cette dignité à l'archiduc.

Nous avons vu un ambassadeur séculier de France à Rome, le sieur Cacault, révolutionnaire corrigé, Breton de naissance, déployer une dextérité pleine de franchise, qui lui mérita l'amitié du Pape et de son ministre, et lui donna moyen d'aplanir les plus grandes difficultés. Son successeur, le cardinal Fesch, n'eut pas la même adresse. Il se brouilla de bonne heure avec le cardinal Consalvi, auquel cependant il devait d'avoir obtenu que Pie VII vînt sacrer son neveu Napoléon à Paris. Il se montra souvent cardinal-oncle, plus que cardinal-prêtre. Comme prêtre et théologien, il devait savoir que son neveu Jérôme, marié avec la demoiselle Patterson, par l'évêque catholique de Baltimore, monseigneur Carroll, et ayant déjà un fils, était vraiment et indissolublement marié, et qu'il ne lui convenait point, à lui cardinal de la sainte Église romaine, de vouloir séparer ce que Dieu avait ainsi conjoint. Au surplus, sa position à Rome était hérissée d'embarras, de peines et de difficultés sans nombre. Le sénateur Lucien, frère de Napoléon, et neveu du cardinal, était réfugié dans les États du Saint-Père, et ne vivait pas en bonne intelligence avec l'empereur. Le cardinal Consalvi traitait Lucien avec bienveillance. Pie VII avait jugé convenable de ne pas refuser un asile à ce frère persécuté par un souverain puissant. « Rome, disait-il, le refuge ordinaire des princes légitimes, peut l'être aussi d'une victime de ces récentes fortunes impériales qui font trembler le monde. » Le cardinal Consalvi avait un frère qu'il chérissait tendrement : ce frère, admis dans la société intime du sénateur Lucien, éprouvait un sentiment de reconnaissance tel, qu'il ambitionnait d'entrer dans cette famille par une alliance. Or, il advint que, dans le moins de septembre 1805, sur la place Navone, quatre jeunes gens de Rome se prirent de querelle avec deux marchands qui refusaient de leur vendre des concombres, et les tuèrent. Ces jeunes gens passaient pour avoir été, et peut-être pour être encore au service du sénateur Lucien ; pour en imposer aux gardes, ils portaient la cocarde française. Le cardinal Consalvi alla au palais du cardinal Fesch pour l'informer de ces faits, mais ne l'y trouva point. La justice recherchait les coupables. Le lendemain, le cardinal Fesch adressa au cardinal Consalvi une lettre incroyable, où il se plaint amèrement de n'avoir pas encore été informé de la chose, et accuse outrageusement le cardinal Consalvi de tramer un troisième meurtre après celui de Basseville et de Duphot : calomnie atroce dont Consalvi se plaignit vivement et à Fesch lui-même et à Talleyrand, ministre des affaires étrangères de France (Artaud, t. II, c. 25 et 26).

Comme nous avons déjà vu, le 19 octobre 1805, les Autrichiens, qui avaient commencé la guerre et que diverses attaques des Français avaient fait refluer dans Ulm, se rendirent prisonniers et défilèrent devant Napoléon. Avant de marcher sur Vienne, il ordonna d'occuper Ancône. A cette nouvelle, le Pape dit au cardinal Consalvi : « Nous vous soutiendrons ; votre lettre n'a produit aucune impression, nous allons écrire nous-même. » Et il écrivit à Napoléon : « Nous dirons franchement à Votre Majesté, avec toute l'ingénuité de notre caractère, que l'ordre qu'elle a donné au général Saint-Cyr d'occuper Ancône avec les troupes françaises et de la faire approvisionner, nous a causé non moins de surprise que de douleur, tant pour la chose en elle-même, que pour la manière dont elle a été exécutée, Votre Majesté ne nous ayant en aucune façon prévenu. Véritablement, nous ne pouvons dissimuler que c'est avec une vive sensibilité que nous nous voyons traité d'une manière qu'à aucun titre nous ne croyons avoir méritée. Notre *neutralité*, reconnue par Votre Majesté comme par toutes les autres puissances, et pleinement respectée par elles, nous donnait un motif particulier de croire que les sentiments d'amitié qu'elle professait à notre égard nous auraient préservé de cet amer déplaisir : nous nous apercevons que nous nous sommes trompé. Nous le dirons franchement, de l'époque de notre retour de Paris, nous n'avons éprouvé qu'amertume et déplaisirs, quand au contraire, la connaissance personnelle que nous avons faite de Votre Majesté, et notre conduite invariable, nous promettaient tout autre chose. En un mot, nous ne trouvons pas dans Votre Majesté la correspondance de sentiments que nous étions en droit d'attendre. Nous le sentons vivement, et, à l'égard de l'invasion présente, nous disons avec sincérité que ce que nous nous devons à nous-même, et les obligations que nous avons contractées envers nos sujets, nous forcent de demander à Votre Majesté l'évacuation d'Ancône, au refus de laquelle nous ne verrions pas comment pourrait se concilier la continuation des rapports avec le ministre de Votre Majesté à Rome, ces rapports étant en opposition avec le traitement que nous continuerions à recevoir de Votre Majesté dans Ancône. Que Votre Majesté se persuade que cette lettre est un devoir pénible pour notre cœur, mais nous ne pouvons dissimuler la vérité, ni manquer en outre aux obligations que nous avons contractées. Nous voulons donc espérer qu'au milieu de toutes les amertumes qui nous accablent, Votre Majesté voudra bien nous délivrer du poids de celles-ci, qu'il dépend de sa seule volonté de nous épargner. »

Le Pape expliqua lui-même au cardinal Fesch que, quand il écrit qu'il ne pourrait conserver des rapports avec lui comme ministre de France, s'il n'obtenait l'évacuation d'Ancône, il n'entendait rien autre que la nécessité d'ôter aux Russes, en quelque circonstance, afin qu'ils ne traitassent pas son pays en ennemi, l'opinion que cette occupation avait été consommée avec son intelligence. N'obtenant pas l'évacuation, il donnait une preuve de son déplaisir de ce refus, en suspendant la continuation des rapports publics avec le ministre français ; mais il ne devait pas interrompre les rapports confidentiels : il était bien éloigné de l'idée de le renvoyer.

Napoléon ne répondit que le 7 janvier 1806 à la lettre que lui avait écrite Pie VII le 13 novembre 1805. On lit dans cette réponse : « L'occupation d'Ancône est une suite immédiate et nécessaire de la mauvaise organisation de l'état militaire du Saint-Siège. Votre Sainteté avait intérêt à voir cette forteresse plutôt dans mes mains que dans celles des Anglais et des Turcs.... Je me suis considéré comme le protecteur du Saint-Siège, et à ce titre j'ai occupé Ancône. Je me suis considéré, ainsi que *mes prédécesseurs de la deuxième et de la troisième race*, comme fils aîné de l'Eglise, comme ayant seul l'épée pour la protéger et la mettre à l'abri d'être souillée par les Grecs et les Musulmans. » Le 29 janvier, Pie VII répondit aux plaintes, ou plutôt aux moqueries de Napoléon, une lettre pleine de calme, terminée par ces mots : « Cette liberté de langage sera pour Votre Majesté une arrhe de notre confiance en vous. Si l'état de tribulation auquel Dieu nous a réservé dans notre douloureux pontificat, devait arriver à son comble; si nous devions nous voir ravir une chose si précieuse pour nous, l'amitié et la bienveillance de Votre Majesté, le prêtre de Jésus-Christ, qui a la vérité dans le cœur et sur les lèvres, supportera tout avec résignation et sans crainte; de la tribulation elle-même il recevra le *reconfort* de sa constance. Il espère que la récompense que ne lui offre pas le monde, lui est réservée plus solide, éternelle dans le ciel, et, ne cessant pas de prier Dieu pour la longue et prospère conservation de Votre Majesté Impériale et Royale, nous lui accordons de tout cœur la paternelle bénédiction apostolique. »

Il paraît que les expressions courageuses du Saint-Père produisirent une impression vive sur Napoléon. Quinze jours après, il répondit lui-même. Voici comme, à travers mille incohérences, on peut résumer cette impériale et royale impertinence au saint Pontife : « Je prends plus soin de la religion que vous-même; vous la laissez en souffrance, regardez-moi faire : je serai plus sage, plus habile, plus pieux même que vous. Je ne suis pas seulement le guerrier du siècle; si j'étais encore davantage le maître, je me déclarerais le Pontife suprême, et moi je ne laisserais pas *périr des âmes.* » Conséquemment à une telle lettre du neveu, le cardinal-oncle demanda officiellement que l'on expulsât les Russes, les Suédois, les Anglais et les Sardes, de Rome et de l'Etat pontifical. Le cardinal Consalvi déclara que Sa Sainteté s'entendrait sur ce point directement avec l'empereur.

Pie VII, après avoir consulté les cardinaux, adressa effectivement à Napoléon, le 21 mars 1806, une longue lettre où il redresse solidement les faux principes, les erreurs de fait et les prétentions insoutenables, accumulés dans la récrimination impériale. Après un préambule digne, calme et affectueux, le Pape dit :

« Nous commençons par ce que Votre Majesté demande de nous : Elle veut que nous chassions de nos Etats tous les Russes, Anglais et Suédois, et tout agent du roi de Sardaigne, et que nous fermions nos ports aux bâtiments des trois nations susdites; Elle veut que nous abandonnions notre Etat pacifique, et que nous entrions avec ces puissances dans un état ouvert de guerre et d'hostilité. Que Votre Majesté nous permette de lui répondre avec une netteté précise que, non pas à cause de nos intérêts temporels, mais à cause des devoirs essentiels inséparables de notre caractère, nous nous trouvons dans l'impossibilité d'adhérer à cette demande. Veuillez bien la considérer sous tous les rapports qui nous regardent, et jugez vous-même s'il est de votre religion, de votre grandeur, de votre humanité de nous contraindre à des pas de cette nature. — Nous, vicaire de ce Verbe éternel, qui n'est pas le Dieu de la dissension, mais le Dieu de la concorde, qui est venu au monde pour en chasser les inimitiés et pour évangéliser la paix tant à ceux qui sont éloignés qu'à ceux qui sont voisins, ce sont les expressions de l'Apôtre, en quelle manière pouvons-nous dévier de l'enseignement de notre divin instituteur? comment contredire la mission à laquelle nous avons été destiné? — Ce n'est pas notre volonté, c'est celle de Dieu, dont nous occupons la place sur la terre, qui nous prescrit le devoir de la paix envers tous, *sans distinction de catholiques et d'hérétiques, de voisins ou d'éloignés, de ceux dont nous attendons le bien, de ceux dont nous attendons le mal.* Il ne nous est pas permis de trahir l'office commis par le Tout-Puissant, et nous le trahirions, si, pour les motifs déduits par Votre Majesté, c'est-à-dire lorsqu'il s'agit de puissances hérétiques qui ne peuvent nous faire que du mal (c'est ainsi que parle Votre Majesté), nous accédions à des demandes qui nous porteraient à prendre part contre elles dans la guerre.

» Si nous ne devons pas, comme dit Votre Majesté, entrer dans le *dédale de la politique*, dont nous nous sommes tenu et dont nous nous tiendrons toujours éloigné, nous devons d'autant plus nous abstenir de prendre parti dans les mesures d'une guerre qui a des objets politiques, d'une guerre dans laquelle on n'attaque pas la religion, d'une guerre dans laquelle se trouve d'ailleurs mêlée une puissance catholique. — La nécessité seule de repousser une agression hostile ou de défendre la religion mise en péril, a pu donner à nos prédécesseurs un juste motif de sortir de leur état pacifique. Si quelqu'un d'eux, par faiblesse humaine, s'est écarté de ces maximes, sa conduite, nous le dirons franchement, ne pourrait jamais servir d'exemple à la nôtre. — Ce pacifique maintien que nous devons garder à cause du caractère sacré dont Dieu nous a investi, nous le devons également garder dans les intérêts de la religion qu'il nous a confiés, dans les intérêts du troupeau qu'il a remis à notre ministère pastoral. Chasser les sujets des puissances en guerre avec Votre Majesté, leur fermer les ports, serait le même que s'attirer la sûre conséquence de la rupture de toute communication entre nous et les catholiques qui vivent dans leurs domaines.

» Pouvons-nous laisser dans l'abandon tant d'âmes de fidèles, tandis que l'Evangile nous défend de négliger la recherche même d'une seule? Pouvons-nous être indifférent aux maux infinis que le catholicisme souffrirait dans ces pays, s'il y restait privé de toute communication avec le centre de l'unité qui est le fondement et la base de la religion catholique? Si une irrésistible force des événements humains nous privait de cette libre communication, nous gémirions profondément sur une telle calamité, mais nous ne souffririons pas le continuel remords d'en être nous-même la cause. Au contraire, si nous intimions aux sujets de ces souverains de sortir de nos Etats, de ne pas approcher de nos ports, ne serait-ce pas une infortune irréparable, et par un fait qui serait absolument nôtre, que toute communication resterait interrompue entre nous et les catholiques de ces contrées. Comment pourrions-nous résister à la voix intérieure de notre conscience, qui nous reprocherait continuellement les funestes conséquences de ce fait? comment pourrions-nous cacher à nous-même notre faute? Les catholiques qui existent dans ces domaines ne sont pas en petit nombre; il y en a des millions dans l'empire russe, il y en a des millions et des millions dans les pays soumis au royaume d'Angleterre; ils jouissent du libre exercice de leur culte, ils sont protégés. Nous ne pouvons prévoir ce qui arriverait, si les souverains de ces États se voyaient provoqués par nous et par un acte d'hostilité si décidé, tel que serait l'expulsion de leurs sujets et la fermeture de nos ports. Le ressentiment contre nous serait d'autant plus fort qu'il serait en apparence plus juste, puisque nous n'aurions reçu d'eux aucune injure. Si cette indignation ne se tournait pas contre les personnes des catholiques, nous pourrions craindre à bon droit qu'on ne ruinât l'exercice de la religion catholique, permis avec tant de liberté dans ces domaines.

» Quand cela n'arriverait pas, il arriverait certainement que l'on prononcerait l'interdiction de toute communication directe et indirecte entre les catholiques et nous, l'empêchement des missions, l'interruption de toutes les affaires spirituelles, et cela serait un mal incalculable pour la religion et le catholicisme, mal dont nous devrions nous accuser nous-même, et dont il faudrait rendre le compte le plus sévère devant le tribunal de Dieu... Nous terminerons ici les réponses aux premières demandes faites par Votre Majesté, avec la confiance qu'après des observations d'un si grand poids, elle abandonnera ces demandes, et qu'elle nous délivrera de la désolation dans laquelle elles nous ont plongé. Mais les principes sur lesquels Votre Majesté les a appuyées ne nous permettent pas de nous taire...

» Sire, levons le voile! Vous dites que vous ne toucherez pas à l'indépendance de l'Église, vous dites que nous sommes le souverain de Rome; vous dites dans le même moment que *toute l'Italie sera soumise sous votre loi* : vous nous annoncez que, si nous faisons ce que vous voulez, vous ne changerez pas les apparences. Mais si vous entendez que Rome, comme faisant partie de l'Italie, soit sous votre loi, si vous ne voulez conserver que les apparences, le domaine temporel de l'Église sera réduit à une condition absolument lige et servile, la souveraineté et l'indépendance du Saint-Siége seront détruites... Votre Majesté établit en principe qu'elle est *empereur de Rome*. Nous répondons, avec la franchise apostolique, que le souverain Pontife qui est tel, depuis un si grand nombre de siècles, qu'aucun prince régnant ne compte une ancienneté semblable à la sienne, le Pontife, devenu encore souverain de Rome, ne reconnaît et n'a jamais reconnu dans ses États une puissance supérieure à la sienne; qu'aucun empereur n'a aucun droit sur Rome. Vous êtes immensément grand; mais vous avez été élu, sacré, couronné, reconnu empereur des Français et non de Rome. Il n'existe pas d'empereur de Rome; il n'en peut pas exister, si l'on ne dépouille le souverain Pontife du domaine absolu et de l'empire qu'il exerce seul à Rome. Il existe bien un empereur des Romains; mais ce titre est reconnu par toute l'Europe, et par Votre Majesté elle-même, dans l'empereur d'Allemagne. Ce n'est qu'un titre de dignité et d'honneur, lequel ne diminue en rien l'indépendance réelle et apparente du Saint-Siége... Votre Majesté dit que nos relations avec Elle sont les mêmes que celles de nos prédécesseurs avec Charlemagne. Charlemagne a trouvé Rome dans les mains des Papes; il a reconnu, il a confirmé sans réserve leurs domaines, il les a augmentés par de nouvelles donations, il n'a prétendu aucun droit de domaine ni de supériorité sur les Pontifes considérés comme souverains temporels, il n'a prétendu d'eux ni dépendance ni sujétion...

» Nous ne pouvons admettre la proposition suivante : que nous devons avoir pour Votre Majesté, dans le temporel, les mêmes égards qu'elle a pour nous dans le spirituel. Cette proposition a une extension qui détruit et altère les notions de nos deux puissances... Un souverain catholique n'est tel que parce qu'il professe reconnaître les définitions du chef visible de l'Église, et le regarde comme le maître de la vérité et le seul vicaire de Dieu sur la terre : il n'y a donc pas d'identité ni d'égalité entre les relations spirituelles d'un souverain catholique avec le suprême hiérarque, et les relations temporelles d'un souverain avec un autre souverain... Vous dites encore que vos ennemis doivent être les nôtres; cela répugne au caractère de notre divine mission qui ne connaît pas d'inimitiés, même avec *ceux qui sont éloignés du centre de notre union.* Ainsi donc, toutes les fois que Votre Majesté serait en guerre avec une puissance catholique, nous devrions nous trouver en guerre avec cette puissance? Charlemagne et tous les princes *avoués* ou défenseurs de l'Église ont fait profession de la défendre de la guerre, et non de l'entraîner à la guerre... Cette proposition tend à faire du souverain pontifical un feudataire, un vassal-lige de l'empire français. »

Pie VII termine ainsi sa lettre : « Voilà les sentiments candides que la voix de notre conscience nous a dictés... Si nous étions assez malheureux pour que le cœur de Votre Majesté ne fût pas ému par nos paroles, nous souffririons avec une résignation évangélique tous les désastres, nous nous soumettrions à toutes les douleurs, en les recevant de la main du Seigneur. Oui, la vérité triomphera toujours sur nos lèvres; la constance à maintenir intacts les droits de notre siège régnera dans notre cœur; nous affronterons toutes les adversités de cette vie plutôt que de nous rendre indigne de notre ministère : et vous, nous ne vous éloignerez pas de cet esprit de sagesse et de prévoyance qui vous distingue; il vous a fait connaître que la prospérité des gouvernements et la tranquillité des peuples sont inséparablement attachées au bien de la religion... Vous n'oublierez pas enfin que nous nous trouvons à Rome exposé à beaucoup de tribulations, et qu'il y a à peine une année que nous sommes parti de Paris (Artaud, t. II, c. 28). »

Mais pendant que Pie VII écrivait cette lettre, Napoléon, à Paris même, disait à M. de Fontanes : « Moi, je ne suis pas né à temps, monsieur de Fontanes; voyez Alexandre le Grand, il a pu se dire le fils de Jupiter, sans être contredit. Moi, je trouve dans mon siècle un prêtre plus puissant que moi : car il règne sur les esprits, et je ne règne que sur la matière. » Napoléon s'était écrié précédemment : « Les prêtres gardent l'âme et me jettent le cadavre. » Pour les affaires de religion, il y avait deux hommes en Napoléon, le sage et l'orgueilleux. Ici l'orgueilleux sort de toute mesure. Que les scènes de guerre, après l'avoir fait proclamer Charlemagne, l'aient entraîné jusqu'à se croire le conquérant Alexandre, on le conçoit; mais qu'il envie les adorations que la présomption d'Alexandre exigea dans un accès de démence, il faut le plaindre, il faut d'avance pleurer sur les malheurs qui vont frapper le prêtre plus puissant que lui. Ce n'est pas assez d'avoir confié tout bas de pareilles ambitions à un conseiller sûr, elles vont devenir tout haut dans l'Europe la règle politique d'une conduite obstinée à l'égard du Pape.

Napoléon rappela le cardinal-oncle de son ambassade de Rome, et le remplaça par le sieur Alquier, protestant et régicide, jusqu'alors ministre français à Naples. Le 17 mai 1806, le cardinal présenta son successeur et dit à Pie VII : « Je pars pour Paris, et je prie Votre Sainteté de me donner ses commissions. — Nous n'en avons pas à vous donner, reprit le Pape; nous vous chargeons seulement de dire à l'empereur que, quoiqu'il nous maltraite beaucoup, nous lui sommes fort attaché, ainsi qu'à la nation française. Répétez-lui que nous ne voulons entrer dans aucune confédération; que nous voulons être indépendants, parce que nous sommes souverain; que, s'il nous fait violence, nous protesterons à la face de l'Europe, et que nous ferons usage des moyens temporels et spirituels que Dieu a mis entre nos mains. — Votre Sainteté, reprit le cardinal-oncle, devrait se rappeler qu'elle n'a pas le droit de faire usage de l'autorité spirituelle dans les affaires présentes de la France avec Rome. » Le Pape demanda, d'un ton très-élevé, au cardinal-oncle, où il prenait cette opinion.

Le nouvel ambassadeur reçut ordre de recommander M. de Clermont-Tonnerre, ancien évêque de Châlons; le Pape répondit : « Nous ignorons si nous sommes parents des Clermont de France; nous tiendrions à honneur d'appartenir à une si illustre famille, qu'ici l'on dit avoir été alliée même aux rois très-chrétiens : mais nous avons promis de laisser éloignés de Rome nos parents de Césène; nous ne pourrions, dans aucun cas, appeler à Rome des parents étrangers (Artaud, t. II, c. 29). »

Sur les entrefaites, Joseph Bonaparte, étant devenu roi de Naples par la volonté de son frère Napoléon, lui demanda la permission de s'emparer des principautés pontificales de Bénévent et de Ponte-Corvo, enclavées dans son royaume. Napoléon donna Bénévent à son ministre des relations extérieures, l'ex-évêque Talleyrand, qui s'était marié, et Ponte-Corvo au général protestant Bernadotte. La raison qu'il donna pour ôter au Pape ces domaines qu'il lui avait fait restituer, est des plus curieuses. Napoléon avait souvent remarqué que Bénévent et Ponte-Corvo étaient un sujet de dispute entre Rome et Naples : or, Napoléon avait souverainement à cœur la bonne harmonie entre Naples et Rome ; en conséquence, il a cru leur rendre un éminent service en leur ôtant ce sujet de querelle, tout comme le juge de la fable, qui gruge l'huître pour mettre d'accord les deux plaideurs qui se la disputaient.

Vers le même temps, Napoléon ordonna au général Lemarrois d'occuper Pesaro, Fano, Sinigaglia, tout le littoral de l'Adriatique dépendant de l'Etat pontifical : et c'était le trésor pontifical, déjà si obéré, qui devait payer l'entretien des troupes d'occupation. Un corps de troupes françaises part du royaume de Naples, annonce son passage pour la Toscane, puis tout à coup marche sur Civita-Vecchia, s'empare du fort et de la forteresse. Le 6 juillet, le général Lemarrois fit signifier aux fermiers des droits sur le sel et les céréales, ainsi qu'aux douaniers l'ordre de verser dans ses mains toutes les sommes destinées au trésor pontifical. Un des employés ayant demandé à l'officier français de quel droit il faisait cela, l'officier répondit froidement : « Vous servez un petit prince, et moi un grand monarque, voilà mon droit. » Le général Duchesne fit arrêter le gouverneur pontifical de Civita-Vecchia, et le conduire hors de la ville. Tout cela pour réduire le Pape à quelque concession honteuse ou le peuple à la révolte (Pacca, *Mémoires sur le pontificat de Pie VII*, 1re partie, édit. 1846).

Le Pape dit en cette occasion à l'ambassadeur Alquier : « Tous les points importants de nos Etats sont successivement occupés par les troupes de l'empereur, que nous ne pouvons plus faire subsister, même en mettant de nouveaux impôts. Nous vous prévenons que, si l'on veut s'emparer de Rome, nous refuserons l'entrée du château Saint-Ange. Nous ne ferons aucune résistance, mais vos soldats devront briser les portes à coups de canon. L'Europe verra comme on nous traite; et nous aurons du moins prouvé que nous avons agi conformément à notre honneur et à notre conscience. Si l'on nous ôte la vie, la tombe nous honorera, et nous serons justifié aux yeux de Dieu et dans la mémoire des hommes. »

Le 17 juin 1806, le cardinal Consalvi donna sa démission, et fut remplacé par le cardinal Casoni, ancien vice-légat à Avignon, puis nonce en Espagne, et alors âgé de soixante-quatorze ans. Le nouveau gouvernement pontifical, vivement blessé de l'inféodation de Bénévent et de Ponte-Corvo, n'adressait plus d'instructions au cardinal Caprara, légat à Paris, et voulait régler toutes les affaires du Saint-Siége à Rome. Le légat avait deux assesseurs capables et fidèles, les prélats Sala et Mazio, qui l'empêchèrent plus d'une fois d'outre-passer ses pouvoirs par faiblesse ou connivence. Le gouvernement français les fit éloigner et remplacer par d'autres; mais le légat n'eut encore moins la confiance du Pape. Dans ce même temps, l'ambassadeur Alquier notifia au saint Pontife, comme une grâce dernière de Napoléon, que, s'il voulait conserver ses Etats, il devait déclarer : 1° que tous les ports de l'Etat pontifical seraient fermés à l'Angleterre toutes les fois que celle-ci serait en guerre avec la France ; 2° que les forteresses de l'Etat-Romain seraient occupées par des troupes françaises toutes les fois qu'une armée de terre aura débarqué ou aura menacé de débarquer sur un des points de l'Italie.

Pie VII répondit avec calme et résignation : « Sa Majesté peut, quand elle voudra, exécuter ses menaces et nous enlever ce que nous possédons. Nous sommes résigné à tout, et prêt, si elle veut, à nous retirer dans un couvent ou dans les catacombes de Rome, à l'exemple des premiers successeurs de saint Pierre. » L'ambassadeur protestant et régicide écrivit alors à l'ex-évêque Talleyrand : « Votre Altesse ne peut avoir oublié ce que j'ai dit constamment de la résistance *opiniâtre* du Pape, et de l'impossibilité que je trouvais à la vaincre. On s'est étrangement trompé sur le caractère de ce souverain, si l'on a pensé que sa flexibilité apparente cédait à tous les mouvements qu'on voulait lui imprimer : cette manière de le juger n'est vraie que sur les objets d'administration et de détails du gouvernement, où le Pape s'en remet à la volonté de ceux qui en sont chargés; mais dans tout ce qui tient à l'autorité du chef de l'Eglise, il ne s'en rapporte qu'à lui seul... Le Pape a un caractère doux, mais très-irritable et susceptible de déployer une fermeté à toute épreuve. C'est un fait constant qu'il ne verra pas sans une satisfaction très-vive que sa résistance produise des changements politiques qu'il appellera *persécutions*. Comme tous les ultramontains, il pense que *les malheurs de l'Eglise*, suivant leur expression, doivent amener des temps plus prospères et des jours de triomphe, et déjà ils disent hautement : *Si l'empereur nous renverse, son successeur nous relèvera.* » Ce témoignage de l'ambassadeur est remarquable; nous verrons comment la Providence justifiera cette confiance des ultramontains.

Pie VII disait au commencement de 1807 : « Nous sommes encore Pontife libre, peut-être pour quelques mois; qui sait si de nouvelles victoires au Nord de l'Europe ne deviendront pas le signal de notre ruine? Hâtons la célébration d'une fête où la tiare, la même tiare qu'un fils devenu ingrat nous a offerte en présent, peut encore se poser sur notre tête. » Il y avait quarante ans qu'il n'y avait eu de canonisation, et Rome n'avait point vu cette cérémonie depuis le règne de Clément XIII, en 1767. Or, Pie VII canonisa cinq bienheureux, le 24 mai 1807, savoir : François Caracciolo, fondateur des Clercs réguliers mineurs; Benoit de Saint-Philadelphe, Franciscain; Angèle de Méricie, fondatrice des Ursulines; Colette Boilet, réformatrice des Clarisses; Hyacinthe Marescotti, sœur du tiers-ordre de Saint-François. Nous avons vu leur histoire en son temps. Leur canonisation se fit avec pompe le dimanche de la Trinité. Le protestant Alquier en parle de la manière suivante : « La canonisation de cinq bienheureux avait attiré une foule prodigieuse. Notre nation n'a point été étrangère à ce grand événement. Colette Boilet, née Française et placée au nombre des saintes, est une nouvelle protection pour l'empire. On est accouru de toutes parts à cette solennité, qui n'avait pas eu lieu depuis près d'un siècle, et l'on y a vu paraître des catholiques fervents venus du fond de la Bohème et de la Hongrie. Tout s'est passé avec le plus grand ordre, et l'allégresse publique n'a pas été troublée : la seule inconvenance qui ait été remarquée, c'est nous qui l'avons commise. L'adjudant-commandant Ramel, qui, d'après les ordres de Son Altesse Impériale le vice-roi, n'aurait pas dû se trouver à Rome, se permit de se rendre à Saint-Pierre avec un détachement de vingt chasseurs à cheval, le sabre à la main, autour de sa voiture. Les spectateurs ne virent pas sans une peine assez vive l'appareil menaçant de ce cortége, et le Pape, justement blessé de ce qu'un particulier paraissait dans sa capitale avec une garde, me fit écrire à ce sujet une lettre très-forte; mais j'accommodai très-facilement cette affaire (Artaud). »

Vers la fin de la même année 1807, Napoléon rendit plusieurs décrets favorables au clergé. Les évêques furent autorisés à faire des visites pastorales dans les maisons d'éducation. On rendit aux fabriques les biens non vendus, on autorisa les legs pour les hospices. Plusieurs établissements ecclésiastiques sortirent de leurs ruines. Par le concordat, le gouvernement ne s'était obligé qu'à payer les cures principales. Depuis, il assura un traitement pour vingt-quatre mille succursales, et un décret du 30 septembre porta ce nombre à trente mille. Un autre décret, plus important encore, accorda des bourses à chaque séminaire diocésain. On avait précédemment créé un séminaire pour chaque métropole; mais il fut aisé de s'apercevoir que cet établissement était insuffisant, et presque tous les évêques s'empressèrent de former des séminaires particuliers pour leurs diocèses. Ils firent un appel à la charité des fidèles pour subvenir aux dépenses, et parvinrent presque partout à réunir quelques élèves. Il y eut même des villes où les dons des zélés catholiques mirent en état d'avoir, en peu de temps, des établissements nombreux. Toutefois, le gouvernement sentit le besoin de prendre une mesure générale, et il créa vingt-quatre mille bourses réparties entre les divers diocèses. Il donna des maisons, il accorda des exemptions de la conscription. Les séminaires reçurent un plus grand nombre de sujets; de plus, on créa des petits séminaires pour les humanités et la philosophie, et l'Eglise put espérer de voir se réparer par la suite les pertes du sanctuaire. Un troisième décret, du 30 septembre, était relatif aux sœurs de la Charité et aux congrégations de filles vouées à l'instruction et au service des malades, et déjà autorisées par des décrets partiels. Il ordonnait qu'elles se réuniraient en chapitre pour exposer leurs besoins. Ce chapitre eut lieu en effet, du 27 novembre suivant au 2 décembre. Elles remirent leurs mémoires, et un décret du 3 février 1808 leur accorda des maisons et des secours, tant pour un premier établissement que pour chaque année. On vit alors combien, après tant de traverses, le zèle pour ces pieuses institutions s'était soutenu et augmenté. Trente et une congrégations d'hospitalières, de sœurs pour les écoles gratuites ou de sœurs du refuge, obtinrent des fonds, sans compter trente-quatre autres, moins nombreuses et également autorisées, qui n'avaient point été appelées au chapitre. Toutes ces associations réunies possédaient un assez grand nombre de maisons établies en différentes provinces. Quelques-unes même étaient d'institution récente. La charité et le zèle avaient favorisé et propagé des réunions si utiles, et Napoléon ne s'y était pas montré trop contraire. Il voulait seulement que les corporations religieuses eussent pour objet l'instruction des enfants, ou le soin des malades, et il n'autorisa la réunion des Ursulines, des dames de la Visitation, des Carmélites et des autres de ce genre, qu'à condition qu'elles s'appliqueraient à l'instruction; ce qui même ne fut pas rigoureusement observé. Dans

LIVRE XCI. — ENSEMBLE ET DÉNOUEMENT DE L'HISTOIRE HUMAINE.

toutes les villes, les anciennes religieuses purent donc se réunir en communauté, et même recevoir des novices. Un autre rétablissement, non moins précieux, fut celui des frères des écoles chrétiennes pour l'instruction gratuite des enfants de la classe indigente. Cette classe était abandonnée depuis la Révolution, et redemandait les maîtres humbles et désintéressés qui s'étaient voués à l'enseigner. Quelques frères, restes d'un corps si utile, se trouvaient à Lyon. Ils furent approuvés, rallièrent à eux leurs frères dispersés, et ouvrirent un noviciat. Ils se sont multipliés depuis, et ont fourni des instituteurs dans les principales villes. Ces congrégations d'hommes blessaient encore plus les soi-disant philosophes que celles des femmes. Toutefois quelques-unes furent autorisées. Les missionnaires furent rétablis sur la demande du Pape. Les Lazaristes durent être chargés du Levant et des Indes; les prêtres des missions étrangères et ceux du Saint-Esprit, de l'Amérique. On leur accorda des maisons et des revenus. La congrégation des prêtres de Saint-Sulpice s'était aussi réformée et avait pris la direction de plusieurs séminaires, sans que le gouvernement y mît obstacle. Enfin Napoléon avait consenti même au rétablissement des Trappistes, qui avaient déjà deux maisons aux portes de la capitale (Picot, *Mém.*, an 1807).

Cette bienveillance extérieure de Napoléon envers le clergé de France, ne l'empêchait pas de poursuivre son plan contre le Pape; elle devait peut-être y servir de manteau. Vers la fin du mois de décembre 1806, arriva d'Allemagne à Rome monseigneur Arezzo, archevêque de Séleucie, précédemment ministre du Saint-Siège près la cour impériale de Russie. Il rapporta au Saint-Père que Napoléon l'avait fait venir de Dresde à Berlin et avait éclaté devant lui en plaintes violentes contre le Pape et le sacré collège, à cause du refus constant d'adhérer à ses demandes. Le Pape, disait-il, refuse de faire alliance avec moi, de reconnaître pour ennemis les ennemis de la France, d'éloigner les Anglais de ses domaines, de leur fermer ses ports et de consigner ses forteresses à mes troupes dans les cas de guerre entre la France et l'Angleterre. Toute l'Italie est à moi par droit de conquête; Si le Pape n'adhère pas à mes demandes, je lui enleverai son domaine temporel, je ferai un roi de Rome, ou j'y enverrai un sénateur, ou je diviserai l'État en duchés, et je pourrai me souvenir de l'exemple de Charles-Quint (qui tenait le Pape prisonnier dans le château de Saint-Ange, et faisait faire des prières publiques pour sa délivrance). » Il finit par demander que le Pape donnât au cardinal Caprara ou au cardinal Spina pleins pouvoirs de traiter et de conclure, ou qu'il envoyât un cardinal de Rome, ajoutant que tout devait être définitivement arrangé pour le 1er février suivant.

D'un autre côté, le jeune Beauharnais, beau-fils de Napoléon et vice-roi d'Italie, se permettait de tracasser le Pape, avec le ton insultant de l'ironie et du sarcasme, au sujet du concordat italien. Dans sa correspondance avec le Saint-Père, il lui envoya copie de la lettre suivante de Napoléon : « Dresde, 22 juillet (1807). Mon fils, j'ai vu dans la lettre que Sa Sainteté vous a adressée, et que certainement elle n'a pas écrite, j'ai vu qu'elle me menace. Croi-rait-Elle donc que les droits du trône sont moins sacrés aux yeux de Dieu que ceux de la tiare? Il y avait des rois avant qu'il y eût des Papes. Ils veulent, disent-ils, publier tout le mal que j'ai fait à la religion : les insensés! ils ne savent pas qu'il n'y a pas un coin du monde en Allemagne, en Italie, en Pologne, où je n'aie fait encore plus de bien à la religion que le Pape n'y a fait de mal, non par de mauvaises intentions, mais par les conseils irascibles de quelques hommes bornés qui l'entourent. Ils veulent me dénoncer à la chrétienté; cette ridicule pensée ne peut appartenir qu'à une profonde ignorance du siècle où nous sommes. Il y a une erreur de mille ans de date. Le Pape qui se porterait à une telle démarche cesserait d'être Pape à mes yeux; je ne le considérerais que comme l'*antechrist* envoyé pour bouleverser le monde et faire du mal aux hommes, et je remercierais Dieu de son impuissance. Si cela était ainsi, je séparerais mes peuples de toute communication avec Rome, et j'établirais une *telle police* qu'on ne verrait plus circuler ces pièces mystérieuses, ni provoquer ces réunions souterraines qui ont affligé quelques parties de l'Italie, et qui n'avaient été imaginées que pour alarmer les âmes timorées... Que veut faire Pie VII en me dénonçant à la chrétienté? Mettre mon trône en interdit, m'excommunier? *Pense-t-il alors que les armes tomberont des mains de mes soldats?* Pense-t-il mettre le poignard aux mains de mes peuples pour m'égorger? Il ne lui resterait plus alors qu'à essayer de me faire couper les cheveux et de m'enfermer dans un monastère... Le Pape actuel *s'est donné la peine* de venir à mon couronnement à Paris. J'ai reconnu à cette démarche un saint prélat; mais il voulait que je lui cédasse les légations; je n'ai pu ni n'ai voulu le faire. Le Pape actuel est *trop puissant*; les prêtres ne sont pas faits pour gouverner... Pourquoi le Pape ne veut-il pas rendre à César ce qui est à César ? Est-il sur la terre plus que Jésus-Christ ? Peut-être le temps n'est pas loin, si l'on veut continuer à troubler les affaires de mes Etats, où je ne reconnaîtrai le Pape que comme évêque de Rome, comme égal et au même rang que les évêques de mes Etats. Je ne craindrai pas de réunir les Églises gallicane, italienne, allemande, polonaise, dans un concile, pour *faire mes affaires sans Pape*. Dans le fait, ce qui peut sauver dans un pays peut sauver dans un autre : les droits de la tiare ne sont au fond que des devoirs, s'humilier et prier. Je tiens ma couronne de Dieu et de mes peuples. Je serai toujours Charlemagne pour la cour de Rome, et jamais Louis le Débonnaire. Jésus-Christ n'a pas institué son pèlerinage à Rome, comme Mahomet à la Mecque. Tels sont mes sentiments, mon fils. Je n'autorise plus qu'une seule lettre de vous à Sa Sainteté, pour lui faire connaître que je ne puis consentir à ce que les évêques italiens aillent chercher leurs institutions à Rome. »

Le bon Pie VII ne voulut point communiquer cette lettre au sacré collège, uniquement par égard pour Napoléon, tant elle lui fait peu d'honneur. En effet, qu'est-ce que Napoléon lui-même dut en penser, lorsqu'il vit, dans les plaines de Moscou, *les armes tomber des mains de ses soldats*; lorsqu'il vit toute sa puissance mise en pièces dans les champs de Waterloo; lorsqu'il se vit excommunié de la société humaine par les peuples et les rois; lorsqu'il se vit enfermé comme un moine dans une île de l'Océan; lorsqu'il se vit planté comme un stylite sur le rocher de Sainte-Hélène, et qu'il n'y trouva de consolation à la mort que dans le cœur du prêtre envoyé par son ami Pie VII?

Il eût été même à souhaiter pour certains cardinaux qu'ils pussent lire ces événements quatre ou cinq ans d'avance. Ils n'auraient eu garde d'imprimer une tache à leur mémoire, en faisant des choses qui conviennent, moins qu'à personne, à des cardinaux de la sainte Eglise romaine. Les cardinaux Fesch, Caprara et Bayane n'auraient eu garde, en 1807, de proposer, de conseiller à Pie VII l'acceptation d'un traité qui faisait du Pape un homme-lige de Napoléon, le dépouillait de sa puissance temporelle, faisait de l'Etat pontifical une colonie de l'empire français, limitait la divine juridiction du chef de l'Eglise, la soumettait au pouvoir séculier, et, quant à la Déclaration gallicane de 1682, mettait le Pape présent et ses successeurs en opposition avec ses prédécesseurs (Pacca, *Mém. sur Pie VII*, t. I, p. 50 et seqq.). Nous avons vu, Napoléon faisant demander au Pape un cardinal avec pleins pouvoirs pour terminer les affaires à Paris. C'était un piège. Le Pape ayant proposé le cardinal Litta, homme capable, et dont on avait même jeté le nom en avant, on le refusa et l'on demanda le cardinal Bayane, français d'origine, homme faible et d'ailleurs d'une surdité extrême. Pie VII, qui avait fini par consentir, voyant jusqu'à quel point on abusait de sa condescendance, mit fin à cette légation illusoire, et, de toutes les violences et menaces de Napoléon, *il appela au jugement de Dieu* (Ibid., p. 33). Et, quelque temps après, Dieu prononça sur cet appel, et dans les plaines de Moscou, et dans les champs de Waterloo, et sur le rocher de Sainte-Hélène.

On avait tendu un autre piège au Saint-Père. Jérôme Bonaparte avait épousé une princesse de Wurtemberg. Une communication est faite au Pape. Dans sa réponse, il doit parler de l'ancien mariage, ou n'en pas parler. S'il n'en parle pas, il approuve le nouveau. Pie VII aborde franchement la question du mariage américain. « Nous espérons encore qu'après l'examen fait par nous des raisons qui nous ont été déduites relativement à la nullité du premier mariage contracté par le prince, il peut s'être présenté de nouveaux et justes motifs qui ne nous ont point été exposés et qui nous sont inconnus, à la suite desquels sera venue la célébration dont Votre Majesté nous a fait part. Cette espérance nous soutient dans l'amertume et l'inquiétude dont nous ne pouvons nous défendre, en nous rappelant ce que, sur une pareille question, et après la plus mûre délibération, nous avons autrefois écrit à Votre Majesté. » Le bon Pape évitait ainsi le piège tendu : sans approuver le nouveau mariage, il ne choque personne. Mais un homme se prenait lui-même dans le piège qu'il tendait à autrui : c'était Napoléon. Il avait reproché à Pie VII de favoriser les mariages protestants, d'aider le protestantisme à lever la tête en France, parce qu'il ne voulait ni le déclarer nul le mariage de Jérôme avec une protestante américaine. Et voilà ce même Napoléon qui remarie ce même Jérôme à une protestante wurtembergeoise; mariage qui, chrétiennement, n'est que bigamie et adultère.

Le bruit s'étant répandu que Napoléon devait se rendre en Italie, et aller à Rome, Pie VII envoya l'inviter à descendre dans son palais du Vatican, ne voulant, disait-il, céder à personne l'honneur de recevoir un hôte si illustre (Pacca, p. 44). Nonobstant cette invitation touchante, la guerre d'argumentation continuait à Paris, et l'ambassadeur Alquier envoyait au cardinal Casoni, contre la puissance temporelle des Papes, les plaidoyers de M. de Champagny, nouveau ministre des affaires étrangères de France. Le 28 janvier 1808, le cardinal répondit par ce passage de Bossuet : « Dieu voulut que cette Eglise, la mère commune de tous les royaumes, ensuite ne fût dépendante d'aucun royaume dans le temporel, et que le Siége où tous les fidèles devaient garder l'unité de la foi, fût mis au-dessus des partialités que les divers intérêts et les jalousies d'Etat pourraient causer. L'Eglise, indépendante dans son chef, de toutes les puissances temporelles, se voit en état d'exercer plus librement, pour le bien commun et sous la protection des rois chrétiens, cette puissance céleste de régir les âmes, et tenant en main la *balance droite* au milieu de tant d'empires *souvent ennemis*, elle entretient l'*unité* dans tout le corps, tantôt par d'*inflexibles* décrets, et tantôt par de *sages* tempéraments. — On ne pouvait pas exprimer, ajoute le cardinal, ni plus solidement, ni plus clairement, la nécessité où se trouve l'Eglise romaine de conserver sa neutralité et l'indépendance de son domaine temporel. »

Quelques jours après cette réponse, le bruit vint de loin qu'un corps de troupes marchait sur Rome; et en effet le général Miollis, frère de l'évêque de Digne, qui le commandait, annonça son passage pour se *rendre dans le royaume de Naples*. Le 1er février, on apprit que l'avant-garde de l'armée française approchait de Rome, annonçant qu'*elle avait l'ordre d'entrer dans la capitale*. Le même jour le Pape réunit le sacré collège, qui rédigea une notification pour être affichée dans Rome à l'entrée de l'armée française, ce qui eut lieu le lendemain matin 2 février 1808.

Notification et protestation du pape Pie VII.

« Sa Sainteté notre seigneur le pape Pie VII, n'ayant pu adhérer à toutes les demandes qui lui ont été faites de la part du gouvernement français, parce que la voix de sa conscience et ses devoirs sacrés le lui défendaient, a cru devoir subir les désastreuses conséquences dont on l'avait menacé par suite de son refus, et même l'occupation militaire de la capitale où il siége. Résigné dans l'humilité de son cœur devant les impénétrables jugements du ciel, il remet sa cause aux mains de Dieu; mais, ne voulant pas d'ailleurs manquer à l'essentielle obligation de garantir les droits de sa souveraineté, il nous a ordonné de protester, comme il proteste formellement, en son nom, en celui de ses successeurs, contre toute usurpation de ses domaines, sa volonté étant que les droits du Saint-Siége soient et demeurent tout à fait intacts.

» Vicaire sur la terre de ce Dieu de paix qui nous a enseigné par son exemple la douceur et la patience, il ne doute point que ses sujets bien-aimés, qui lui ont toujours donné tant de preuves d'obéissance et d'attachement, ne mettent tous leurs soins à conserver la tranquillité privée et publique; Sa Sainteté les y exhorte et le leur ordonne expressément; elle espère que, loin de faire aucun tort, aucune offense à qui que ce soit, ils respecteront même les individus d'une nation dont elle a reçu tant de témoignages de respect et d'affection dans son voyage en France ou son séjour à Paris. »

Cette protestation était signée du cardinal Casoni, secrétaire d'Etat.

Suivant l'avis du sacré collège, Pie VII avait donné l'ordre que les portes de la ville fussent ouvertes à l'heure ordinaire; que les gardes pontificales, au lieu de faire aucune résistance, restassent immobiles dans leurs quartiers et laissassent les Français entrer librement dans Rome.

Le 2 février, vers les huit heures du matin, l'armée française entra dans Rome, désarma la garde pontificale, occupa le château Saint-Ange, et, tandis que le Pape et le sacré collège célébraient dans la chapelle du Quirinal l'office solennel de la fête de la Purification, un gros corps de cavalerie et d'infanterie fut porté sur la grande place du palais pontifical, et dix pièces d'artillerie furent braquées en face des fenêtres de l'appartement du Pape. Les officiers français et quelques sujets rebelles avaient espéré qu'à la vue de cet appareil terrible, le Pape et le sacré collège, effrayés, auraient fini par accepter les conditions de l'empereur. Leur étonnement fut grand de voir la cérémonie continuer avec la plus grande tranquillité, et les cardinaux se retirer ensuite sans montrer aucun signe d'émotion (Pacca).

Le 3 février, Pie VII reçut l'ambassadeur Alquier et le général Miollis. Il leur déclara que, tant que les troupes françaises seraient à Rome, il se considérerait comme prisonnier, et qu'aucune négociation n'était possible. Le 8, il consentit à voir les officiers d'état-major. « Nous aimons toujours les Français, dit-il; quelque douloureuses que soient les circonstances dans lesquelles nous nous trouvons, nous sommes sensible à la démarche que vous faites auprès de nous. Vous êtes célèbres dans toute l'Europe par votre courage, et nous devons rendre justice aux soins que vous mettez à faire observer une discipline exacte par les soldats que vous commandez. » — Pie VII ayant cessé toutes ses promenades au dehors, le corps diplomatique chercha à lui faire adopter un autre genre de vie. Le Pape répondit avec obligeance qu'il remerciait de cet intérêt, mais qu'il ne sortirait plus du palais de Monte-Cavallo tant qu'il y aurait une armée étrangère dans Rome. — La santé du cardinal Casoni ayant donné de vives inquiétudes, le Pape nomma prosecrétaire d'Etat le cardinal Joseph Doria. Un des premiers actes du nouveau ministre fut d'annoncer que le Pape n'autorisait pas les fêtes du carnaval dans l'état de deuil où était la ville de Rome, et même dans l'intérêt des Français qu'on pourrait insulter à l'abri du masque (Artaud).

Le général Miollis distribua ses troupes dans différents quartiers de Rome et leur fit toujours observer une exacte discipline. On n'opéra pas alors le changement de gouvernement, parce que les instructions du général portaient qu'il devait le faire *lentement et sans secousse*. Mais bientôt, par l'ordre formel du gouvernement français, commença une série de violences et d'attentats incroyables. A la fin de février, les cardinaux napolitains reçurent ordre de partir pour Naples dans les vingt-quatre heures: c'était Caraffa, Trajetto, Pignatelli, Saluzzo, Caracciolo et Ruffo Scilla. Ils répondirent que, leur qualité de cardinal leur faisant un devoir de résider à Rome, ils ne pouvaient partir sans l'ordre du Pape qui le leur avait défendu. Ils furent obligés de céder à la force. Un mois après, le même ordre de quitter Rome fut signifié aux cardinaux nés dans le royaume d'Italie ou dans les pays italiens réunis à l'empire français; on leur accordait trois jours pour se préparer au départ. Le Pape leur fit adresser à chacun, par la secrétairerie d'Etat, une lettre qui leur défendait d'obéir, et dans laquelle on remarquait ce passage : « Dans le cas où la force, après avoir indignement arraché Votre Eminence du sein du chef de l'Eglise, vous laisserait libre à quelque distance de Rome, la volonté de Sa Sainteté est que vous ne poursuiviez pas le voyage, si la force ne vous conduit pas jusqu'au lieu de votre destination, afin de constater que la violence seule a pu vous éloigner du Saint-Siége. » Les cardinaux obéirent, et la force les conduisit jusque dans leur patrie. On força les troupes pontificales à s'incorporer aux troupes françaises. Les officiers qui voulurent rester fidèles à leur souverain légitime, furent arrêtés et conduits dans la forteresse de Mantoue. Au contraire, les traîtres furent récompensés. Un officier corse, nommé Frias, fut nommé colonel par Miollis; le vice-roi Eugène lui écrivit pour le féliciter de sa trahison, et lui annoncer la décoration de la couronne de fer. Mais Dieu permit bientôt que ceux qui encourageaient ainsi la trahison et la perfidie contre un gouvernement étranger fussent eux-mêmes victimes de la même trahison et de la même perfidie dans leurs propres Etats; et cette leçon salutaire de la Providence, les souverains ne devraient pas l'oublier.

Le 27 mars, le cardinal Joseph Doria, qui avait remplacé le cardinal Casoni avec le titre de prosecrétaire d'Etat, fut arraché de Rome par la force, et obligé de se retirer à Gênes. Il fut remplacé par le cardinal Gabrielli. Le 22 avril, monseigneur Cavalchini, gouverneur de Rome, fut arrêté par un piquet de soldats français, enlevé militairement de Rome et conduit dans la forteresse de Fénestrelle. C'était un prélat d'un caractère grave, mais juste, impartial, vigilant et très-zélé. Avant de consentir à partir, il se retira dans son cabinet, et il fit publier la lettre suivante qu'il écrivait au Pape:

« Il n'y a jamais eu de moment de ma vie où mon âme ait éprouvé autant de consolation et de paix qu'en ce moment où j'adresse à Votre Sainteté cette lettre respectueuse. Heureuse lettre à qui il sera permis au moins d'approcher du trône, si l'on refuse cette permission à celui qui l'a écrite! Lettre, témoin éternel des sentiments avec lesquels, aujourd'hui, arraché par la violence, je me sépare de mon souverain et de mon père! Serein d'âme, tranquille d'esprit, avec une conscience qui ne me reproche aucun délit, je vais quitter Rome. Votre fermeté invincible, Très-Saint-Père, et l'exemple illustre de tant de personnages éminents revêtus de la pourpre, et qui souffrent la même injuste tribulation, m'animent et m'encouragent. Honorable est mon délit, et j'en dois être orgueilleux devant toute adversité et tout supplice; mon délit est de vous avoir conservé une fidélité comme je le devais. Et qui, à mon exemple, ne conservera pas la fidélité à un héros de patience à la fois et de force, tel que vous vous montrez, Très-Saint-Père, et tel que vous êtes; au chef de l'Église, au successeur de saint Pierre? J'ai frémi pour votre auguste personne aux propositions qui m'ont été faites de grandeurs, de richesses et d'honneurs, si je m'étais déclaré rebelle à votre trône et à vous; j'en ai frémi, j'en frémis encore en y pensant.

» De telles récompenses auraient été semblables à ces monnaies que reçut le disciple traître à Jésus-Christ. J'aurais cru accepter un salaire d'iniquité, et le vil prix du sang et de l'impiété. Menacé, je ne me suis pas senti abattu; gardé à vue maintenant, je ne me laisse pas abattre; arraché de Rome, je serai le même. Et quel ministre fidèle à vous pourrait s'humilier? Que ce soit là le plus amer reproche qu'auront à se faire vos ennemis et les miens! Je serai privé de tout, mais rien ne m'enlèvera la belle joie d'une conscience pure qui souffre, sans l'avoir mérité, et de son dévouement au Saint-Siège et de son amour pour votre personne sacrée. On me refuse la faculté de retourner à ma maison paternelle, et l'on me prescrit le misérable séjour d'une forteresse éloignée (Fénestrelle); mais en contemplant les murailles étroites qui m'environneront, les liens et les chaînes dont je serai peut-être chargé, rien ne m'empêchera de penser continuellement à vos conseils et à vos exemples, qui furent pour moi les commandements les plus légitimes. L'emploi que pendant peu d'années j'ai eu l'honneur d'exercer dans la capitale auprès de Votre Sainteté, avec tous les sentiments de fidélité et de justice que j'ai pu y apporter, je demande qu'il me soit permis de n'y pas renoncer, quoique j'en sois éloigné. Ce souvenir me sera d'une quotidienne consolation dans les traverses de mon douloureux exil. Dieu prendra soin de la justice de ma cause, et j'en suis sûr, car elle marche du même pas que la Vôtre. Voilà les sentiments avec lesquels je pars, ô Très-Saint-Père! et avec les plus fervents sentiments de religion et de tendresse filiale, j'implore, à présent et pour toujours, la paternelle bénédiction apostolique. — CAVALCHINI, *gouverneur de Rome.* »

Par un décret en date du 2 avril, Napoléon avait pris possession des provinces d'Urbin, d'Ancône et de Macerata, les déclarant *à perpétuité et irrévocablement réunies au royaume d'Italie*, ce que la divine Providence se chargea de démentir quelques années après. Parmi les motifs de cette usurpation sacrilège, on remarque celui-ci : Parce que « la donation de Charlemagne, notre illustre prédécesseur, des pays formant l'État pontifical, fut faite au profit de la chrétienté, et non pas à l'avantage des ennemis de notre sainte religion. » Ces ennemis de la sainte religion étaient les Anglais (Pacca). Du reste, Napoléon ressemblait à Charlemagne, comme celui qui prend ressemble à celui qui donne.

Au milieu de ces persécutions, Pie VII étendait sa sollicitude pastorale aux églises les plus lointaines. Le 8 avril 1808, il érige l'évêché de Baltimore en métropole, et crée quatre évêques suffragants dans les États-Unis. Les progrès de la religion dans cette partie du Nouveau-Monde réclamaient cette mesure, sollicitée vivement par le clergé catholique. Baltimore avait pris de grands accroissements, et le nombre des catholiques y était fort augmenté. On le croyait de douze à quinze mille. Les nouveaux évêchés établis pour les États-Unis étaient New-York, Philadelphie, Boston et Bardstown, dans le Kentucky. Le Pape y nomma, le même jour, le Père Luc Concanen, Dominicain irlandais, établi depuis longtemps à Rome; le Père Michel Egan, Franciscain irlandais, missionnaire à Philadelphie; Jean Cheverus et Joseph-Benoît Flaget, prêtre de la congrégation de Saint-Sulpice; ces deux derniers, Français, et résidant depuis longtemps aux États-Unis. Le Père Concanen fut sacré à Rome, le 24 avril, par le cardinal Antonelli, préfet de la Propagande, et se disposa à partir pour son évêché. Il devait en outre porter le *pallium* à M. Caroll, nommé archevêque. Mais les troubles de l'Italie empêchèrent son départ, et il mourut à Naples sans avoir pu se rendre dans son diocèse; les trois autres évêques furent sacrés aux États-Unis mêmes par le nouvel archevêque, assisté de M. Neale, évêque de Gortyne, son suffragant depuis 1800. Cette cérémonie eut lieu aux mois d'octobre et de novembre 1810. On profita de cette réunion de prélats pour dresser, en dix-huit articles, des règlements datés du 13 novembre 1810, et qui statuaient sur plusieurs points relatifs à l'administration de ces églises. Les nouveaux évêques se rendirent ensuite dans leurs diocèses, qui avaient bien peu de prêtres; il n'y en avait guère plus de quatre-vingts dans tous les États-Unis. L'évêque de Bardstown réussit le premier à créer un petit séminaire. Il visita le Kentucky et administra le sacrement de confirmation. Il y avait dans cet État une maison de Dominicains; celle des Trappistes qui s'y était établie n'a pas subsisté. En 1814, Pie VII nomma à l'évêché de New-York Jean Cunelly, religieux dominicain, qui fut sacré à Rome, en cette qualité, le 6 novembre. La Nouvelle-Orléans avait été précédemment érigée en évêché, par Pie VI, dans le temps que la contrée appartenait aux Espagnols. Mais l'évêque espagnol étant mort, M. Caroll fut encore chargé de l'administration du diocèse. Il la confia à un prêtre français, M. Dubourg, qui, étant venu en Europe en 1815, fut promu par le Pape à cet évêché, et sacré le 24 septembre de cette année. Ainsi l'épiscopat s'établissait d'une manière solide dans ces contrées lointaines, qui comptaient très-peu de catholiques il y avait quarante ans.

Le 10 avril de la même année 1808, décret de la congrégation des Rites, qui déclare *vénérable* Marie-Clotilde de France, reine de Sardaigne. Il semble que la Providence voulût honorer d'une manière éclatante, même aux yeux des hommes, ceux qu'elle éprouvait par les plus grandes tribulations. Elle faisait paraître de grands exemples de vertus dans une famille proscrite et frappée des plus terribles catastrophes. Louis XVI avait montré dans sa prison et à sa mort ce que peut le courage inspiré par une piété vraie et profonde. Madame Élisabeth avait fait admirer le dévouement, la patience et la résignation la plus héroïque. Madame Clotilde, sœur de l'un et de l'autre, ne sembla leur survivre que pour donner dans de longues traverses le spectacle d'une vertu supérieure au malheur. Cette princesse, née à Versailles en 1759, avait été mariée en 1775 au prince de Piémont, fils d'Amédée III, roi de Sardaigne. Elle porta dans cette cour, avec la bonté de son caractère, les inclinations pieuses et les qualités estimables dont elle avait hérité du sage dauphin et de son excellente épouse. Elle ressentit vivement les désastres de sa famille, l'exil de ses frères, la fin horrible du chef de sa maison, et le supplice criant de sa sœur, de cet ange de paix à qui le crime même n'eut rien à reprocher. Bientôt la Révolution vint l'atteindre elle-même, et elle ne sembla monter sur le trône que pour en être précipitée. Les ennemis des Bourbons ne voulurent pas laisser régner la sœur de Louis XVI. Chassée de sa capitale, elle erra en Italie pendant quelques années avec le roi son époux, donnant partout l'exemple d'une piété fervente, d'une charité, d'une patience, d'un détachement, d'une abnégation qui paraissaient encore plus admirables dans un si haut rang. Elle mourut à Naples, le 7 mars 1802, dans les plus grands sentiments d'amour pour Dieu. Pie VII, qui avait été lui-même témoin de ses vertus, céda autant à sa propre opinion qu'aux vœux de toute l'Italie, en ordonnant d'introduire la cause de sa béatification, et en la déclarant *vénérable*. — Le 19 mars précédent, un autre décret avait déclaré qu'il est constant que la sœur Agnès de Jésus, religieuse dominicaine, morte à Saint-Flour le 19 octobre 1634, a pratiqué les vertus dans un degré héroïque, et qu'on peut procéder à la discussion de quatre miracles. On a sa vie, qui a été réimprimée en 1815 (Picot, *Mém.*, an 1808).

Cependant à Rome, sous l'influence secrète et la protection du général français Miollis, quelques nobles déchus et ruinés, et un banquier failli, formaient une prétendue *garde civique* et y enrôlaient l'écume de la populace des villes, instrument fort utile pour le renversement du gouvernement pontifical. Contre toute cette série de violences, d'attentats, de violations du droit des gens, d'énergiques et trop justes réclamations furent faites au nom du Pape, mais elles restèrent même sans réponse. Enfin, le 16 juin 1808, un attentat inouï met le comble à tous les précédents : la force armée pénètre dans le palais pontifical, et, près de l'appartement du Pape, arrête le cardinal Gabrielli, prosecrétaire d'État, met le scellé sur ses papiers et lui ordonne de partir. Le Pape le remplaça le 18 par le cardinal Pacca, de qui nous avons d'excellents *Mémoires sur le Pontificat de Pie VII*.

Le 26 juin, le général français Miollis craignit une insurrection dans Rome. Par hasard, des pêcheurs transtévérins trouvèrent dans leurs filets, jetés à travers le Tigre, un énorme esturgeon. Aussitôt il s'éleva de toutes parts un cri : « Nous allons le porter au Saint-Père. » Mais l'ordre public ne fut point troublé, et l'on n'entendit que des protestations de respect, qui ne pouvaient pas être regardées comme le mouvement d'une sédition populaire.

Le 23 du même mois commença en Espagne le premier siège de Saragosse, tel que nous l'avons vu, et il arriva à Rome des députés espagnols chargés de féliciter secrètement le Pape sur sa résistance. Dans les derniers jours du mois d'août, un homme déguisé vint avertir le Pape qu'une frégate anglaise, envoyée de Palerme par le roi de Sicile, à la prière du cardinal Gabrielli, louvoyait depuis plusieurs jours sur les hauteurs de Fiumicino, pour recevoir le Saint-Père et le conduire en Sicile. Pie VII, qui s'était toujours refusé à ce projet du cardinal, s'y refusa encore, et ajouta : « Je ne quitterai le Saint-Siège que lorsque la force viendra m'en arracher. »

Le cardinal Pacca gouvernait avec calme, en attendant que la violence impériale portât le coup qu'elle méditait, lorsque le 6 septembre 1808, il se présenta, dans la secrétairerie même de Monte-Cavallo, un major nommé Muzio, qui signifia au cardinal un ordre de départ, sous prétexte qu'il avait publié une notification du Pape pouvant entraver des enrôlements faits par les Français. Le cardinal Pacca déclara qu'il ne partirait pas sans les ordres du Saint-Père, et lui annonça par un billet ce qui venait d'arriver. A l'instant même le Pape accourut dans les appartements de Son Éminence, qui rapporte ainsi le fait : « Je m'avançai à sa rencontre, et je remarquai alors une chose dont j'avais entendu parler, mais que je n'avais pas encore observée, l'horripilation. Lorsqu'on est en colère, les cheveux se hérissent et la vue est offusquée. Il était dans cet état, l'excellent Pontife, et il ne me reconnut pas, quoique je fusse habillé en cardinal. Il cria à haute voix : *Qui êtes-vous ? qui êtes-vous ?* Je répondis : « Je suis le cardinal, » et je lui baisai la main. « Où est l'officier ? » reprit le Pape. Je lui montrai ; il était là tout près, dans une attitude respectueuse. Alors le Pape, se tournant vers l'officier, lui ordonna de déclarer au général qu'il était las de souffrir tant d'outrages et d'insultes d'un homme qui se disait encore catholique ; qu'on voulait lui ôter, un à un, tous ses ministres, pour empêcher l'exercice de son devoir apostolique et des droits de la souveraineté temporelle ; qu'il me commandait à moi, cardinal présent, de ne pas obéir aux prétendus ordres du général ; qu'il me prescrivait de le suivre dans ses appartements, pour que je fusse le compagnon de sa prison ; il ajouta que, si on voulait exécuter le projet de m'arracher de ses côtés, le général devait briser violemment les portes et faire pénétrer la force jusqu'à lui, et qu'on imputerait au général les conséquences de cet excès inouï. Alors le Pape me prit par la main et me dit : « Monsieur le cardinal, allons ! » Et par le grand escalier, au milieu des serviteurs pontificaux qui l'applaudissaient, il retourna dans ses appartements. »

Les ministres étrangers furent instruits de cette violence par ordre du Saint-Père. Dans les mois de mars et de juillet, l'ensemble de cette persécution avait été exposé aux cardinaux en consistoire. La fin de l'année 1808 fut une longue suite de violations du droit des gens, de protestations et d'annonces de nouvelles colères.

Dans le mois de mai 1809, le général français Miollis avait comme disparu de Rome pour aller à Mantoue, dont la défense lui avait été particulièrement confiée. De cette ville il demanda les ordres de Napoléon, qui s'était emparé de Vienne le 13 du même mois. Le 17, Napoléon rendit un décret qui réunissait tous les États du Pape à l'empire français. La ville de Rome était déclarée ville impériale et libre. Les terres et domaines du Pape étaient augmentés jusqu'à concurrence d'un revenu net de deux millions. Une consulte devait prendre possession des États pontificaux pour que le régime *constitutionnel* pût y être organisé le 1er janvier 1810. Cette consulte était placée sous la dépendance du ministre des finances.

Miollis revint à Rome avec ce décret de spoliation, et se disposait à le publier : on en parlait publiquement. Pie VII pensa qu'il devait faire préparer un document pour annoncer à l'Europe catholique les nouveaux événements que l'on pouvait prévoir, le changement de gouvernement, et pour déclarer que les usurpateurs renonçaient à toute communion avec Rome. Déjà, l'an 1806, sur le bruit des menaces faites à Paris au cardinal Caprara, le cardinal Consalvi prescrivait de rédiger une sorte de notification, et le Pape avait chargé le Père Fontana, depuis cardinal, de donner à ce document une forme convenable, et de se trouver prêt à le remettre à Sa Sainteté aussitôt qu'Elle le demanderait. A la fin de 1808, le Pape parla de cette bulle au même religieux, qui déclara avoir terminé le travail. Sa Sainteté l'examina, le communiqua au cardinal Pecca, l'approuva, et l'on en fit faire de nombreuses copies par les employés les plus discrets de la secrétairerie d'État. Toutes les copies de cette bulle étaient uniformes, sans cependant contenir ce qui concernait le motif de la notification. La cour romaine ignorait si le changement de gouvernement précéderait l'enlèvement du Pape, ou si l'enlèvement précéderait le changement. On pensa donc qu'il fallait que les bulles fussent disposées en double, de manière qu'il y en eût de prêtes pour chacune des circonstances différentes : le Pape les signa, les scella du sceau pontifical, et les mit en réserve.

Dans le commencement de la matinée du 10 juin 1809, un billet annonça au cardinal Pacca que le gouvernement allait être changé et qu'on s'attendait au plus à une simple protestation du Pape, sans bulle d'excommunication, protestation à laquelle on n'attacherait pas plus d'importance qu'aux notes des cardinaux Consalvi, Casoni, Doria, Gabrielli et Pacca, et que dans cette assurance, le général allait publier un décret de l'empereur. Effectivement, à dix heures du matin, au bruit de l'artillerie du château Saint-Ange, le pavillon pontifical fut descendu et on éleva le pavillon français. En même temps on publia à son de trompe, dans tous les quartiers de la ville, le décret qui ordonnait la réunion à l'empire de ce qui restait des États-Romains.

Le cardinal Pacca courut sur-le-champ auprès du Saint-Père. En cet instant, tous deux se rencontrant dans la même pensée, se dirent à la fois l'un et l'autre ces paroles de Jésus-Christ : *Consummatum est*. Le Pape ne paraissait pas avoir perdu son courage ; il chercha même à soutenir celui de son ministre. Après s'être consulté quelque temps et avoir imploré les lumières du ciel, Pie VII donna ordre de publier la bulle. Cette publication eut lieu peu d'heures après, d'une manière si extraordinaire, qu'elle plongea dans la stupeur le général français et toute la ville de Rome. Le matin du 11 juin, on la trouva affichée dans tous les lieux ordinaires, sans que la police pût découvrir par qui.

Dans cette bulle, qui commence par ces mots : *Quum memorandâ illâ die*, Pie VII rappelle la suite et l'ensemble des usurpations du gouvernement français sur la puissance tant spirituelle que temporelle du Saint-Siège ; usurpations qui ont pour but évident d'accomplir le vœu de l'impiété, d'anéantir l'autorité du chef de l'Église, et par là l'Église et la religion elle-même. Pie VII déplore avec amertume d'avoir à souffrir ces violences de la part de gens qu'il a tant aimés et qu'il aime encore. « Nous nous souvenions avec saint Ambroise *que le saint homme Naboth, possesseur d'une vigne, interpellé par une demande royale de donner sa vigne, où le roi, après avoir fait arracher les ceps, ordonnerait de planter des légumes, avait répondu : Dieu me garde de livrer l'héritage de mes pères !* De là nous avons jugé qu'il nous était bien moins permis de livrer notre héritage antique et sacré, ou de consentir facilement à ce que qui que ce fût s'emparât de la capitale du monde catholique, pour y troubler et y détruire la forme du régime sacré qui a été laissée par Jésus-Christ à sa sainte Église et réglée par les canons sacrés qu'a établis l'Esprit de Dieu ; pour substituer à sa place un code non-seulement contraire aux saints canons, mais encore incompatible avec les préceptes évangéliques, et pour introduire enfin, comme il est d'ordinaire, un autre ordre de choses qui tend manifestement à associer et à confondre les sectes de toutes les superstitions avec l'Église catholique. *Naboth défendit sa vigne même au prix de son sang*, remarque saint Ambroise. Alors pouvions-nous, quelque événement qui dût arriver, ne pas défendre nos droits et les possessions de la sainte Église romaine, que nous nous sommes engagé par la religion d'un serment solennel à conserver autant qu'il est en nous ? Pouvions-nous ne pas revendiquer la liberté du Siège apostolique, si étroitement unie à la liberté et aux intérêts de l'Église universelle ?...

» Plût à Dieu que nous puissions, à quelque prix que ce fût, et même au prix de notre vie, détourner la perdition éternelle, assurer le salut de nos persécuteurs que nous avons toujours aimés, et que nous ne cessons pas d'aimer de cœur ! Plût à Dieu qu'il nous fût permis de ne jamais nous départir de cette charité, *de cet esprit de mansuétude* que la nature nous a donné, et que notre volonté a mis en pratique, et de laisser dans le repos cette verge qui nous a été attribuée dans la personne du bienheureux Pierre, prince des apôtres, avec la garde du troupeau universel du Seigneur, pour la correction et la punition des brebis égarées et obstinées dans leur égarement, et pour l'exemple et la terreur salutaire des autres ! Mais le temps de la douceur est passé... Si nous ne voulons pas encourir le reproche de négligence, de lâcheté, que nous reste-t-il, sinon de mépriser toute raison terrestre, de repousser toute prudence de la chair, et d'exécuter ce précepte évangélique : *Si quelqu'un n'écoute pas l'Église, qu'il vous soit comme un païen et un publicain*. Qu'ils apprennent une fois (comme dit Grégoire de Nazianze), *qu'ils sont soumis par la loi du Christ à notre empire et à notre trône*. Car nous aussi nous exerçons un commandement, et même une puissance supérieure, à moins qu'il ne soit *juste que l'esprit le cède à la chair; et les choses du ciel à celles de la terre.* Autrefois tant de souverains Pontifes, recommandables par leur doctrine et leur sainteté, en sont venus à ces extrémités contre des rois et des princes endurcis, parce que la cause de l'Eglise l'exigeait ainsi, pour l'un ou pour l'autre de ces crimes que les saints canons frappent d'anathème : craindrons-nous de suivre enfin leur exemple, après tant d'attentats, si méchants, si atroces, si sacrilèges, si connus et si manifestes à tous?...

» A CES CAUSES, par l'autorité du Dieu tout-puissant, par celle des saints apôtres Pierre et Paul, et par la nôtre, nous déclarons que tous ceux qui, après l'invasion de cette illustre ville et du territoire ecclésiastique, après la violation sacrilège du patrimoine de saint Pierre, prince des apôtres, entreprise et consommée par les troupes françaises, ont commis dans Rome et dans les possessions de l'Eglise, contre l'immunité ecclésiastique, contre les droits temporels de l'Eglise et du Saint-Siège, les excès ou quelques-uns des excès que nous avons dénoncés dans les deux allocutions consistoriales susdites (16 mars et 11 juillet 1808), et dans plusieurs protestations et réclamations publiées par notre ordre, tous leurs commettants, fauteurs, conseillers ou adhérents; tous ceux enfin qui ont facilité l'exécution de ces violences, ou les ont exécutées par eux-mêmes, ont encouru l'EXCOMMUNICATION MAJEURE et autres censures et peines ecclésiastiques portées par les saints canons et constitutions apostoliques, par les décrets des conciles généraux, et notamment du saint concile de Trente; et au besoin nous les EXCOMMUNIONS ET ANATHÉMATISONS de nouveau.....

» Mais, dans la nécessité où nous nous trouvons d'employer le glaive de la sévérité que l'Eglise nous a remis, nous ne pouvons néanmoins oublier que nous tenons sur la terre, malgré notre indignité, la place de Celui qui, en exerçant sa justice, ne cesse pas d'être le Dieu des miséricordes. C'est pourquoi nous défendons expressément, en vertu de la sainte obéissance, à tous les peuples chrétiens, et surtout à nos sujets, de causer, à l'occasion de ces présentes lettres, ou sous quelque prétexte que ce soit, le moindre tort, le moindre préjudice, le moindre dommage à ceux que regardent les présentes censures, soit dans leurs biens, soit dans leurs droits ou prérogatives. Car, en leur infligeant le genre de punition que Dieu a mis en notre pouvoir, en vengeant ainsi les nombreux et sanglants outrages faits à Dieu et à son Eglise sainte, notre unique but est de ramener à nous *ceux qui nous affligent aujourd'hui, afin qu'ils partagent nos afflictions, si Dieu leur accorde peut-être la grâce de la pénitence pour connaître la vérité.* Ainsi donc levant nos mains vers le ciel, dans l'humilité de notre cœur, nous recommandons à Dieu la juste cause pour laquelle nous combattons, puisqu'elle est la sienne plutôt que la nôtre; nous protestons de nouveau que, par le secours de sa grâce, nous sommes prêt à boire jusqu'à la lie, pour le bien de son Eglise, ce calice que lui-même a voulu boire le premier pour elle; en même temps, nous le prions, nous le conjurons par les entrailles de sa miséricorde, de ne pas mépriser les oraisons et les prières que nous adressons jour et nuit pour leur repentir et leur salut. Certainement, il ne brillera pas pour nous de jour plus fortuné et plus consolant que celui où nous verrons la Miséricorde divine nous exaucer, et nos fils, qui nous envoient aujourd'hui tant de tribulations et de causes de douleur, se réfugier dans notre sein paternel et s'empresser de rentrer dans le bercail du Seigneur. »

Nous verrons la Providence exaucer les vœux du saint Pontife, affliger à leur tour ceux qui l'affligeaient, et les ramener à des sentiments plus chrétiens.

Dans la bulle d'excommunication, Napoléon n'était pas nommé directement, mais il y était compris comme un des auteurs et fauteurs de toutes les spoliations qu'avait éprouvées le Saint-Siége. Dès ce moment, des deux côtés, on continua de s'observer avec anxiété. Dans le palais, on craignait à tout instant qu'on ne vînt arrêter le Pape : le général Miollis craignait que le Pape ne sortît revêtu de ses habits pontificaux, pour tenter une révolution en sa faveur. Enfin, la nuit du 5 au 6 juillet 1809, les mécontents romains furent réunis; on prépara un assaut pour s'emparer du palais habité par le Pape. Le principal guide qu'on enrôla fut un nommé Bossola, ancien portefaix du palais, et qui en avait été chassé pour vol. Déjà le premier traître Judas fut un voleur et un larron.

Dirigés par ce guide et commandés par le général de gendarmerie Radet, une troupe de sbires, de galériens, de gendarmes et de traîtres romains, le 6 juillet 1809, une heure avant l'aurore, entourèrent l'habitation de Pie VII, comme la retraite d'un insigne malfaiteur. Ils en escaladèrent les murs, brisèrent à coups de hache les portes de l'appartement pontifical, et s'avancèrent jusqu'à la pièce où le Saint-Père les attendait. Eveillé au premier bruit de cette invasion, il s'était revêtu de ses habits ordinaires, et les attendait avec l'air le plus calme, entouré des cardinaux Pacca et Despuig, et de plusieurs prélats et ecclésiastiques. Le général Radet entra le premier, suivi de quelques officiers et de deux ou trois rebelles romains. Le général se mit en face du Saint-Père. Pendant quelques minutes, il régna un profond silence. On se regardait les uns les autres, tout étourdis, sans proférer une parole et sans quitter la situation où l'on était placé. Finalement, le général Radet, la figure toute pâle et la voix tremblante, peinant à trouver ses paroles, dit au Pape qu'il avait une commission désagréable et pénible, mais qu'ayant fait serment de fidélité et d'obéissance à l'empereur, il ne pouvait se dispenser d'exécuter son ordre; qu'en conséquence, au nom de l'empereur, il devait lui intimer de renoncer à la souveraineté temporelle de Rome et de l'Etat romain, et que, si Sa Sainteté refusait, il avait ordre de le conduire au général Miollis, qui indiquerait le lieu de sa destination.

Le Pape, sans se troubler, répondit au général : « Si vous avez cru devoir exécuter de tels ordres de l'empereur, parce que vous lui avez fait serment de fidélité et d'obéissance, pensez de quelle manière nous devons, nous, soutenir les droits du Saint-Siège auquel nous sommes lié par tant de serments! Nous ne pouvons pas, nous ne devons pas, nous ne voulons pas céder ni abandonner ce qui n'est pas à nous. Le domaine temporel appartient à l'Eglise, et nous n'en sommes que l'administrateur. L'empereur pourra nous mettre en pièces, mais il n'obtiendra jamais cela de nous. Après tout ce que nous avions fait pour lui, nous ne nous attendions pas à ce traitement. »

« — Saint-Père, dit alors le général Radet, je sais que l'empereur vous a beaucoup d'obligations. »

« — *Plus que vous ne savez,* » repartit le Pape d'un ton très-animé. Puis il demanda au général s'il devait aller seul. Celui-ci répondit que Sa Sainteté pouvait emmener son ministre, le cardinal Pacca. Le cardinal, après avoir pris les ordres du Pape, passa dans une pièce voisine pour s'y revêtir des habits de cérémonie des cardinaux, parce qu'il croyait n'aller que chez le général en chef.

Dans l'intervalle, le Pape désira entrer dans sa chambre; Radet le suivit. Entre les deux portes qui séparaient la salle d'audience de la chambre du Pape, il y avait un espace de peu de longueur, où Radet, sûr de ne pas être vu de sa troupe, saisit spontanément la main du Pape et la baisa. Tandis que le Pape arrangeait quelques objets dans sa chambre, Radet lui dit : « Que Votre Sainteté ne craigne pas! on ne touchera à rien. » Le Pape lui répondit : « Celui qui ne fait aucun cas de sa propre vie attache encore moins de prix aux choses de ce monde. » Enfin Pie VII, vivement ému, eut besoin de s'asseoir. Radet lui soutint la tête d'un air respectueux et empressé.

Lorsque le cardinal rentra, il trouva qu'on avait déjà fait partir le Pape sans lui laisser le temps de faire aucune disposition. Il se hâta de le rejoindre, et le trouva escorté de gendarmes et de quelques traîtres romains, et marchant difficilement au milieu des débris des portes renversées. A la porte du palais, on fit monter le Pape et le cardinal dans une voiture qu'un gendarme ferma à clé; mais au lieu de prendre la route du palais Doria, où demeurait le général Miollis, on sortit de la ville par la porte Salara, et on arriva par un long circuit à la porte del Popolo, où des relais étaient préparés. Ce fut alors que le Saint-Père reprocha doucement à Radet son artifice, et se plaignit qu'on l'eût fait partir sans suite et sans aucune provision pour le voyage. On lui répondit que ceux dont il avait désiré d'être accompagné le rejoindraient incessamment avec tout ce qui lui était nécessaire, et l'on partit (Pacca, Artaud, Picot).

Peu après, le Pape demanda au cardinal s'il avait emporté avec lui quelque argent. Le cardinal répondit qu'on ne lui avait pas même permis de rentrer dans son appartement. Alors ils tirèrent leurs bourses, et, malgré l'affliction et la douleur où ils étaient plongés de se voir arrachés de Rome et de son bon peuple, ils ne purent s'empêcher de rire quand ils trouvèrent dans la bourse du Pape vingt-deux sous de France, et dans celle du cardinal un peu plus de seize. Ainsi le souverain Pontife et son ministre entreprenaient le voyage à l'*apostolique*, et suivant les paroles de Notre Seigneur aux apôtres : Vous ne porterez rien en chemin, *neque panem* (ils n'avaient aucune provision), *neque duas tunicas* (ils n'avaient point d'autres habits que ceux dont ils étaient vêtus), *neque pecuniam* (avec seulement trente-huit sous). Le Pape fit voir ses vingt-deux sous au général Radet, et lui dit : « De toute notre principauté, voilà donc tout ce que nous possédons. » Le cardinal était cependant tourmenté de l'inquiétude que Pie VII ne se repentît de la vigueur qu'il avait déployée, et qu'il ne l'accusât intérieurement de l'y avoir encouragé. Tout à coup le bon Pape lui dit avec un air de vraie complaisance : « Cardinal, nous avons bien fait de publier la bulle d'excommunication le 10 juin; autrement, comment ferions-nous aujourd'hui ? »

Le cardinal Pacca fait à cette occasion les réflexions suivantes : « Au nombre des événements les plus extraordinaires de ces persécutions (de l'Eglise), nous devons comprendre la sacrilége usurpation du patrimoine de saint Pierre et l'enlèvement violent des souverains pontifes Pie VI et Pie VII, événements jusqu'alors inouïs et que les hommes les plus éclairés avaient même regardés comme impossibles. L'auteur de la fameuse Défense du clergé gallican, attribuée à Bossuet, qui cherche par ses raisonnements à affaiblir et à restreindre la suprême juridiction des Papes, déclare néanmoins hautement que les possessions de l'Eglise *étant consacrées à Dieu, ne peuvent, sans sacrilége, être envahies, usurpées et rendues à un usage séculier* (Defens., l. 1, c. 16). Nous pouvons citer les paroles d'un écrivain plus moderne, du célèbre Muratori, accusé par un journal romain d'avoir parlé avec une sorte de complaisance de la souveraineté des empereurs de Constantinople sur Rome, de quelques actes d'autorité exercés par les empereurs de Germanie dans les domaines de l'Eglise, comme pour exciter leurs successeurs à revendiquer de prétendus droits sur ces mêmes domaines. Muratori repousse avec indignation cette accusation des journalistes romains, et se plaint amèrement qu'ils mettent ses *Annales d'Italie* au nombre des livres les plus funestes à l'autorité temporelle des papes. Voici les paroles les plus remarquables de sa réponse : « Si jamais, par malheur, il se rencontrait un empereur assez pervers pour vouloir troubler la principauté romaine, dont la possession est si légitimement acquise, si ancienne, marquée du sceau de tant de siècles, il n'aurait pas besoin de ces *Annales* pour faire le mal; ses passions impies et désordonnées, voilà quels seraient ses conseillers; mais il faut espérer qu'un semblable empereur ne se rencontrera jamais (*Annali d'Italia*, t. XII). » Ainsi pensait Muratori; et cependant, de nos jours, dans l'intervalle de quelques années, le grand sacrilége a été deux fois commis, et l'empereur *persécuteur* ne s'est que trop rencontré.

» Elle fut bien plus étonnante encore la froide indifférence des gouvernements catholiques à la nouvelle de ces exécrables attentats. Jadis le monde apprit avec horreur l'arrestation de Boniface VIII par Guillaume de Nogaret, gentilhomme français, chargé par Philippe le Bel d'intimer au Pontife l'appel de ses bulles au futur concile. Notre Dante Alighieri, quoique gibelin et l'ennemi particulier de Boniface, raconte avec horreur ce fait, qu'il compare à la scène impie et douloureuse du jardin des Oliviers : « Serait-ce pour voiler une scène d'horreurs que je vois l'étendard des lis s'avancer vers Anagni? Le Christ, dans la personne de son vicaire, est fait prisonnier par une soldatesque impie. Je le vois de nouveau bafoué, abreuvé de fiel et de vinaigre, immolé entre les larrons. Je vois un nouveau Pilate, non moins cruel qu'avide, porter dans le temple ses mains sacriléges. » L'année suivante, Nogaret, bien moins coupable que Miollis et Radet, fut obligé de comparaître en présence de Clément V à Vienne en France, où se tenait un concile œcuménique, pour faire l'humble aveu de sa faute, et le Pape, quoique Français et peu favorable à la mémoire de Boniface VIII, lui pardonna, mais sous la condition qu'il irait en terre sainte et qu'il y passerait cinq ans. (Lorsque les Bourbons remontèrent sur le trône de France, le général Miollis eut une audience particulière du roi Louis XVIII, fut décoré de l'ordre de Saint-Louis et obtint le gouvernement de Marseille.)

» Plus tard l'Europe s'émut encore à la nouvelle de la détention du pape Clément VII dans le château Saint-Ange, investi par l'armée hispanico-germaine de Charles-Quint. Aussitôt les cours catholiques ouvrirent des négociations dont l'objet principal devait être la délivrance du Pontife; et cet astucieux et politique empereur, pour éloigner de lui l'odieux de cette sacrilège opération et en imposer aux peuples, ordonna dans toutes les Espagnes des prières publiques et des processions pour la liberté du Pape que ses troupes tenaient en captivité. Les nations frémirent aussi, n'en doutons pas, à la nouvelle de la déportation violente de Pie VI et de Pie VII; et cependant aucune réclamation ne se fit entendre, pas une voix protectrice ne descendit des trônes catholiques en faveur de ces illustres captifs. Dieu l'a permis pour faire comme toucher du doigt aux incrédules que la conservation et la prospérité de l'Eglise sont uniquement l'ouvrage de sa providence, et pour rendre à jamais mémorable la leçon que les Papes lisent si souvent dans les saintes Ecritures, de ne point mettre leur confiance dans les princes de la terre. Mais jetons un voile sur des événements déjà bien loin de nous; il suffit de nous rappeler l'histoire du pontificat de Pie VII. Chaque demande, chaque désir de Napoléon Bonaparte devint longtemps une loi pour Rome. Le meilleur des Pontifes s'était laissé persuader qu'il avait trouvé en cet homme un protecteur et un ami; mais lorsque, renfermés sous clé dans une voiture, nous étions conduits en France comme deux malfaiteurs, il nous tint un langage bien différent (Pacca, *Mém.*, 3ᵉ partie, p. 153). »

Vers quatre heures du matin, on fit partir de Rome les deux prisonniers apostoliques, en prenant la direction de la Toscane. « Aux premiers relais, dans la Campagne de Rome, dit le cardinal Pacca, nous pûmes remarquer, sur la figure du peu de personnes que nous rencontrions, la tristesse, la stupeur que leur causait ce spectacle. A Monterosi, plusieurs femmes, sur les portes des maisons, reconnurent le Saint-Père, que les gendarmes escortaient le sabre nu, comme un criminel, et nous vîmes, imitant la tendre compassion des femmes de Jérusalem, se frapper la poitrine, pleurer, crier, en tendant les bras vers la voiture : Ils nous enlèvent le Saint-Père! ils nous enlèvent le Saint-Père! Nous fûmes profondément émus à ce spectacle, qui, du reste, nous coûta cher; car Radet, craignant que la vue du Pape, *enlevé de cette façon*, n'excitât quelque tumulte, quelque soulèvement dans les lieux populeux, pria Sa Sainteté de faire baisser les stores de la voiture. Le Saint-Père y consentit avec beaucoup de résignation, et nous continuâmes ainsi le voyage, renfermés dans la voiture, presque sans air, dans les heures les plus brûlantes de la journée, sous le soleil d'Italie, au mois de juillet. Vers midi, le Pape témoigna le désir de prendre quelque nourriture, et Radet fit faire halte à la maison de poste, dans un lieu presque désert, sur la montagne de Viterbe. Là, dans une chambre sale, espèce de bouge, où se trouvait à peine une chaise disjointe, la seule peut-être qui fût dans la maison, le Pape s'assit à une table recouverte d'une nappe dégoûtante, y mangea un œuf et une tranche de jambon. Sur-le-champ on se remit en route : la chaleur était excessive, suffocante. Vers le soir, le Pape eut soif, et, comme on ne voyait aucune maison près de la route, un maréchal-des-logis de gendarmes recueillit dans une bouteille de l'eau de source qui coulait sur le chemin, et la présenta au Saint-Père, qui la but avec plaisir. *Il but ainsi de l'eau du torrent sur le chemin*, comme il est dit dans le psaume. Nulle part, depuis Monterosi, on ne put voir quel était le prisonnier enfermé dans la voiture : ce qui donna lieu à une anecdote curieuse. Tandis qu'on relayait à Bolséna, un Père Franciscain, qui était loin de croire que le Pape allait tout entendre, accosta Radet près de la voiture, et lui déclara son nom, en lui rappelant qu'il avait été avec lui en correspondance épistolaire, et qu'il lui avait recommandé un certain avocat de Rome. Radet se trouva fort embarrassé pour lui répondre, et le Pape, se tournant vers le cardinal, lui dit : Oh! quel coquin de moine!

» Après dix-neuf heures d'une marche forcée, si fatigante pour le Saint-Père, à cause d'une cruelle infirmité à laquelle était contraire toute espèce de fatigue et surtout celle du voyage, nous arrivâmes vers une heure avant minuit à Radicofani, premier endroit de la Toscane, et nous descendîmes dans la mesquine auberge, où rien n'était préparé. N'ayant pas d'habits à changer, il nous fallut garder ceux que nous avions, tout baignés de transpiration, et à l'air froid qui domine là, même au cœur de l'été, ils se séchèrent sur nous. On nous assigna, au Saint-Père et à moi, deux petites chambres contiguës, et des gendarmes furent placés aux portes de devant. Dans mon habit de cardinal, j'aidai la servante à faire le lit du Pape et à préparer la table pour le souper. Le repas fut extrêmement frugal. Pendant tout ce temps, je tâchai de soutenir l'esprit du Saint-Père. Ce jour-là même, octave de saint Pierre, toutes les prières de l'Eglise annonçaient ce dont nous étions témoins, et toutes étaient faites pour inspirer la confiance et le courage. On lisait dans l'Evangile que la nacelle qui portait les apôtres sur le lac de Génésareth fut assaillie d'une violente tempête et tourmentée par les flots, parce que le vent était contraire, mais que bientôt Jésus-Christ apparut sur les ondes agitées et fit taire la tempête. Dans l'office, on récitait au second nocturne les belles et éloquentes leçons de saint Chrysostome, dans lesquelles il félicite les apôtres Pierre et Paul de leurs travaux, et se réjouit des souffrances qu'ils ont endurées pour nous, en s'écriant : « Que dirai-je maintenant? que puis-je dire désormais en considérant ces souffrances? Que de prisons n'avez-vous pas sanctifiées! que de chaînes n'avez-vous pas honorées! que de tourments n'avez-vous pas illustrés! Réjouissez-vous, ô Pierre! Divin Paul, réjouissez-vous! » A cette consolation que l'Église offrait ce jour aux fidèles, s'en joignait une particulière pour moi : c'est que le Pape, loin de donner aucun signe, de proférer aucune parole qui indiquât un repentir des pas courageux faits contre Napoléon, développait au contraire une énergie, une force d'âme qui m'émerveillaient. Il parlait toujours à Radet avec une dignité de souverain, quelquefois même sur un ton d'indignation si dur et si sévère, que je dus le prier modestement de se calmer et de reprendre son caractère de mansuétude et de douceur.

» Après avoir été rejoints par les serviteurs du Pape, nous partîmes de Radicofani, vers sept heures du soir, le 7 juillet, et nous trouvâmes à quelque distance une foule nombreuse que l'on avait repoussée de l'auberge. Radet fit arrêter la voiture et permit à tous de s'approcher pour recevoir la bénédiction du Saint-Père, et quelques-uns même lui baisèrent la main. Il serait difficile de peindre la ferveur, la piété de ce bon peuple et de toutes les populations de la Toscane. Nous voyageâmes toute la nuit, et le 8 juillet, vers la pointe du jour, nous arrivâmes aux portes de Sienne. Des chevaux de poste et une forte escorte de gendarmerie nous attendaient hors de la ville. Radet ne dissimula pas au Pape qu'il avait pris toutes ces précautions dans la crainte que le peuple siennois ne se soulevât à son passage; et il lui dit que peu de jours auparavant on avait remarqué quelque fermentation dans cette ville à l'arrivée du vice-gérant de Rome, monseigneur Fenaia, patriarche de Constantinople, qui était lui-même conduit par des gendarmes. Radet voulut nous faire reposer à Poggibonzi pendant les heures les plus brûlantes de la journée. Arrivés à l'auberge, le Pape et moi nous restâmes plus de vingt minutes sans pouvoir descendre, parce que l'officier de gendarmerie, porteur de la clé de la voiture, était resté derrière avec l'équipage. Radet permit à quelques personnes d'entrer dans l'auberge pour se jeter aux pieds du souverain Pontife. Après quelques heures de repos, nous reprîmes la route de Florence au milieu d'un peuple immense qui demandait, avec des signes extraordinaires de ferveur, la bénédiction apostolique; mais à quelque distance de l'auberge, les postillons, qui nous menaient très-vite, n'aperçurent pas une petite élévation sur laquelle se porta une des roues; la voiture versa avec violence, l'essieu cassa, la caisse roula au milieu du chemin, le Pape engagé dessous, et moi sur lui. Le peuple, qui pleurait et criait *Sancto Padre!* Saint-Père! releva en un instant la caisse; un gendarme ouvrit la portière, qui était toujours fermée à clé, tandis que ses camarades, pâles et défigurés, s'efforçaient d'éloigner le peuple, qui, devenu furieux, leur criait : *Cani! Cani!* Chiens! chiens! Cependant le Saint-Père descendit, porté sur les bras du peuple qui se pressait aussitôt autour de lui; les uns se prosternaient la face contre terre, les autres lui baisaient les pieds, d'autres touchaient respectueusement ses habits, comme s'ils eussent été des reliques, et tous lui demandaient avec empressement s'il n'avait point souffert dans sa chute. Le Saint-Père, le sourire sur les lèvres, les remerciait de leur intérêt et ne leur répondait qu'en plaisantant sur cette chute. Pour moi, qui craignais que cette multitude en fureur n'en vînt aux mains avec les gendarmes et ne se portât à quelques excès dont elle aurait été la victime, je m'élançai au milieu d'elle en criant que le ciel nous avait préservés de tout mal, et que je les conjurais de se calmer et de se tranquilliser. Après cette scène, qui avait fait trembler Radet et ses gendarmes, le Saint-Père monta avec le cardinal dans la voiture de monseigneur Doria, et ils repartirent. C'était un spectacle atendrissant de voir sur tout notre passage ces bons Toscans demander la bénédiction du Saint-Père, et, malgré les menaces des gendarmes, s'approcher de la voiture pour lui baiser la main et lui témoigner toute leur douleur de le voir dans cette cruelle position.

» Vers une heure de nuit, continue le cardinal Pacca, nous arrivâmes à la Chartreuse de Florence. Le Saint-Père fut reçu sur la porte par un colonel de gendarmerie et par un commissaire de police. Le prieur seul eut la permission d'approcher et de complimenter le Saint-Père; toutes les autres personnes furent repoussées, même les religieux du couvent, qui en furent profondément affligés. Nous nous trouvions environnés de gendarmes et d'officiers de police, qui, sous prétexte de nous être utiles, ne nous perdaient pas un instant de vue. On conduisit le Saint-Père dans l'appartement où, dix ans auparavant, l'immortel Pie VI avait été retenu en otage. Lorsque Pie VII y arriva en 1809, la Toscane était gouvernée par une sœur de Napoléon, Catherine, mais alors Elisa Bonaparte, sous le nom de grande-duchesse. Elle envoya complimenter Pie VII à la Chartreuse, et lui faire les offres d'usage. Mais à peine le Pape et le cardinal étaient-ils couchés depuis deux heures, qu'on les fit lever par ordre de la princesse Elisa, et partir sur-le-champ, le Pape pour Alexandrie, le cardinal pour Bologne. Le Saint-Père eut à peine le temps de demander un bréviaire au prieur de la Chartreuse (Pacca et Artaud). »

Cependant à Rome, le général Miollis, après avoir fait arrêter un des sbires qui avaient commis des vols dans le palais pontifical, voyant que son entreprise réussissait complètement, avait dit en français à ses officiers, qui étaient entourés des galériens et des sbires complices de cet attentat : « Maintenant, messieurs, renvoyez cette canaille (Artaud, t. II, p. 369). » Puis, le même jour, 6 juillet, il écrivit à Napoléon : « Votre Majesté m'a confié le soin de maintenir la tranquillité dans ses Etats de Rome : j'ai atteint l'unique moyen d'y parvenir; j'ai ordonné l'arrestation du cardinal Pacca. Le Pape s'y est opposé par des *barricades* et une *défense* qui l'ont entraîné lui-même avec le cardinal. Le général Radet, qui en était chargé, n'a pu pénétrer qu'en abattant les portes et les murs du Quirinal, que l'ancien gouvernement avait transformé en forteresse, d'où il bravait les ordres de Votre Majesté. Tous les obstacles ont été renversés par les bonnes dispositions du général qui *les* conduit sous escorte à la Chartreuse de Florence, où il prendra les ordres de Son Altesse Impériale madame la grande-duchesse, que j'ai eu l'honneur de prévenir quelques heures auparavant. Le Pape s'est environné, dans sa dernière chambre, de *tous* ses cardinaux, prélats, qu'il a rendus solidaires de son système d'opposition. » Or, nous voyons par deux relations détaillées, l'une du général Radet, l'autre du cardinal Pacca, que les principales assertions du général Miollis sont d'impudents mensonges qui déshonorent tout homme, en particulier un militaire français (1). Lorsque dans sa lettre du 7 juillet, Miollis ajoute : « Le Saint-Père n'a pas voulu quitter ses habits pontificaux, » c'est un double mensonge. Le Pape et le cardinal mirent leurs habits de cérémonie, parce que le général Radet leur dit *mensongèrement* qu'ils avaient à voir le général Miollis (Artaud, t. II, p. 370 et 371). Nous laissons aux gens d'honneur, surtout aux militaires, à décider si un homme qui se permet de pareilles menteries ne mérite pas le nom qu'il donne aux sbires et aux galériens ses aides et ses complices.

Mais revenons à Florence. Le voyage du Pape jusqu'à Alexandrie dura sept jours, du 9 au 15 juillet. Un matin, dans les premières journées, des paysans s'étaient rassemblés autour de la voiture et demandaient la bénédiction : le commandant se vit obligé de s'arrêter et de permettre au Saint-Père de les bénir. Immédiatement après cette courte et touchante action, le Pape supplia l'un de ceux qui étaient encore à genoux de lui apporter un peu d'eau fraîche : la foule se leva à la fois ; les uns coururent aux chevaux pour les arrêter, les autres se mirent en avant des gendarmes, un grand nombre se précipita dans les cabanes, proférant des cris d'empressement et de joie. On offrit à Sa Sainteté toutes sortes de rafraîchissements. Il fallut en prendre de toutes les mains qui se présentèrent, ou au moins toucher à ce qu'on n'acceptait pas. Les femmes forçaient les hommes à leur céder la place. Chacun criait : « Moi, moi, Très-Saint-Père, encore moi ! » — « De tous, » répondait notre pieux Pontife, le visage baigné de larmes. En jetant dans la voiture les plus beaux fruits, un des paysans, par ces deux seuls mots énergiques et terribles : *Voulez-vous? dites?* proposa au Pape de repousser les soldats et de le délivrer; le Pape, avec un véritable accent de tendresse, de supplications et de prière, demanda qu'on ne fît aucun acte de résistance, et il se livra de nouveau à son gardien, qui se remit en route dans la direction de Gênes. Un peu plus loin, le Pape se trouva séparé de ses bagages et accablé par la chaleur; il demanda à emprunter une chemise quelconque. Un paysan lui en offrit une sur-le-champ; puis, en baisant avec transport la main qui le bénissait, il détacha de la manche du Pape une épingle, qu'il emporta comme un riche gage de ce prêt.

A Mondovi, l'empressement du peuple prit un caractère plus prononcé : des ordres religieux vinrent processionnellement au devant du Pontife et l'escortèrent. Les Piémontais comptaient les gendarmes d'un coup d'œil, puis semblaient proposer, sous toutes les formes de signes et de langage, d'opérer la délivrance de Sa Sainteté. « Plus nous approchions de la France, dit dans sa relation un des serviteurs du Pape, plus l'enthousiasme augmentait. Au premier village français, les autorités voisines, sous prétexte de veiller au bon ordre, cher-

(1) La relation de Radet se trouve dans le premier volume du cardinal, édit. 1846.

chaient à s'approcher plus près du Saint-Père, et c'était pour couvrir sa main de baisers, le consoler et le plaindre. Pie VII disait : Dieu pourrait-il nous ordonner de paraître insensible à ces marques d'affection ? Et il les agréait avec dignité et modestie. A l'approche de Grenoble, plusieurs milliers de militaires, mais sans armes, à la vue du Pape, tombent à genoux comme un seul homme. C'était l'héroïque garnison de Saragosse, prisonnière de guerre à Grenoble, qui avait demandé à se porter tout entière au devant du Pontife, qu'elle avait envoyé féliciter secrètement sur sa résistance. Pie VII pencha presque tout son corps en avant, et d'un air de joie, de bonheur et de vive tendresse, il étendit sur ces héros basanés par les fatigues une immense bénédiction (Artaud). »

Le 21 juillet, à Saint-Jean-de-Maurienne, le cardinal Pacca avait rejoint le Pape, et en partit dans la même voiture pour Grenoble. La route était couverte de monde accouru des pays voisins, dit-il, et la foule allait croissant à mesure que nous approchions de Grenoble. C'était un spectacle touchant de voir ce bon peuple se mettre à genoux d'aussi loin qu'il apercevait la voiture, et attendre ainsi le passage du Pape pour recevoir sa bénédiction. Plusieurs nous accompagnaient en courant, et de jeunes personnes jetaient des fleurs dans la voiture pour que le Saint-Père daignât les bénir. Elles lui témoignaient hautement leurs sentiments de respect et de vénération, et je me souviens qu'une d'elles criait en pleurant : « Que vous avez l'air maigri, Saint-Père! Ah! ce sont les grandes afflictions que l'on vous donne... » Et, lorsque le Pape étendait la main pour les bénir, elles s'élançaient pour la baiser, quoique la voiture courût très-vite, au risque d'être écrasées par les roues ou foulées par les chevaux des gendarmes. En entrant dans la ville, nous vîmes les fenêtres garnies de spectateurs, et la rue encombrée de peuple qui s'agenouillait en demandant la bénédiction. On peut dire ici de Pie VII ce que quelques années auparavant on avait dit de son prédécesseur, que son entrée à Grenoble n'était pas celle d'un prisonnier conduit par la force au lieu de sa destination, mais celle du meilleur des pères qui, après une longue absence, revient au sein d'une famille chérie lui prodiguant les marques les plus touchantes de son amour et de son respect.

Ce concours extraordinaire des peuples, ajoute le cardinal, ces témoignages unanimes de vénération que le Pape recevait sur son passage ont toujours été pour moi un spectacle, je ne dirai pas seulement prodigieux, mais même surnaturel. Depuis plusieurs siècles, non-seulement les pays hétérodoxes où les préjugés contre le Saint-Siège se sucent avec le lait, mais encore quelques pays catholiques, et la France plus particulièrement, retentissent de déclamations furibondes contre Rome. Là des écrivains sont sans cesse occupés à montrer aux peuples cette métropole du christianisme comme le siège de la tyrannie du monde ; ils répandent les plus atroces calomnies contre le clergé romain, et peignent les actions des souverains Pontifes sous les couleurs les plus noires et les plus hideuses. Il semble donc, par la manière dont se forment ordinairement les jugements humains, qu'ils auraient dû parvenir à allumer une haine universelle contre les Papes; il semble que les peuples égarés auraient dû fuir la présence d'un Pape comme on fuit à l'aspect d'un monstre, ou du moins vomir sur son passage toutes sortes d'injures ou d'imprécations. Cependant le contraire est arrivé. Soit que Pie VII et son prédécesseur aient voyagé en souverains dans les pays étrangers, soit qu'ils y aient paru escortés par les gendarmes comme des criminels, partout les villes et les provinces se sont précipitées sur leur passage pour les saluer de leurs acclamations et les environner d'innombrables témoignages de leur amour et de leur vénération. Il est donc permis de voir dans ces événements extraordinaires quelque chose de surhumain.

Le clergé de Grenoble ne put obtenir la permission d'aller au devant du Pape et de le complimenter; on défendit aussi de sonner les cloches. Le Pape fut logé à l'hôtel de la préfecture, le cardinal dans une maison voisine. Le but du gouvernement était d'isoler le Pape de ses conseillers les plus fidèles et les plus capables. Le cardinal Pacca crut devoir communiquer à Pie VII ses réflexions à cet égard, dans une lettre du 29 juillet. « Dans cette lettre, dit-il, je me permettais d'abord quelques observations sur la conduite des domestiques, qui, dans les cours en général, font peu d'honneur à leur maître; passant ensuite à l'objet que j'avais principalement en vue, je lui représentais que tous les yeux de l'Europe étaient fixés sur sa personne; que, se trouvant sans ministres, sans conseillers, tout ce qu'il dirait, tout ce qu'il ferait ne pourrait être attribué qu'à lui-même. Je le prévenais que le gouvernement ne manquerait pas de l'entourer de cardinaux qui ne seraient pas *de la race de ces hommes par lesquels s'opère le salut d'Israël :* paroles prophétiques qui ne se vérifièrent que trop à Savone. » Le 1er août, le cardinal Pacca fut conduit à Fénestrelle, forteresse sur un des points élevés des Alpes, entre le Piémont et le Dauphiné : il y expia par trois ans et demi de captivité le tort d'avoir été fidèle à son souverain.

Quant au Pape, on le fit partir pour Valence : il n'eut pas la permission d'y visiter le monument élevé à Pie VI. Avignon se montra digne d'avoir été la résidence des Pontifes romains. On peut dire que la ville tout entière, sans distinction d'âge et de sexe, accourut autour de la voiture arrêtée sur une place. Cette multitude saluait avec des cris de joie; quelques dames et quelques personnes du premier rang achetèrent à prix d'or la faculté de parvenir jusqu'auprès des portières. Le colonel Boissard, qui escortait la voiture, commanda aux soldats d'écarter ces importuns. Les soldats, en trop petit nombre, ne pouvaient faire usage de leurs armes. Le commandant, apprenant que la population accourait par la route de Carpentras, et que de tous les rivages du Rhône languedocien les villages se précipitaient en torrents comme à une croisade, ordonna de fermer les portes de la ville. Déjà il s'était établi des pourparlers entre la suite du Pape et la multitude. Un homme, d'un aspect noble et vêtu élégamment, s'approcha d'un camérier, et lui dit : « Monsieur, est-il vrai que le Pape a excommunié Napoléon ? — Monsieur, reprit le camérier, je ne puis vous répondre. — C'est assez, ajouta l'interlocuteur, c'est assez pour moi. »

Le colonel Boissard parvint enfin à rompre la foule : il tenait à la main des pistolets chargés, dont il se serait bien gardé de faire usage. Il enjoignit aux postillons de partir, et il fit sortir le Pape de la ville. A Aix, il y eut des scènes semblables. La Provence entière donna les mêmes signes de piété. On approchait de Nice, et l'on disait que le Saint-Père allait être conduit à Savone. La ville de Nice fit des préparatifs de fête pour accueillir le Pape. Quand il fut près du pont du Var, il descendit de voiture pour le traverser à pied. De l'autre côté, un spectacle extraordinaire frappa ses regards; ce n'était plus comme en France la confusion des états, le forgeron avec son marteau sur les épaules; le vigneron avec sa pioche, tous les rangs jetés çà et là, pêle-mêle. Ici tout avait été prévu : les situations se trouvaient distinctes, chaque condition prenait son rang; les ecclésiastiques, à part, étaient vêtus de leurs habits sacerdotaux, les nobles portaient leurs décorations; dix mille personnes attendaient à genoux sans proférer une parole. Le Pontife, devenu si fort devant un si éclatant hommage, avança seul, en retenant d'un signe ses gardes en arrière. En face du pont, il vit la religieuse reine d'Etrurie agenouillée entre ses deux enfants. « Quel temps différent ! dit la reine. — Tout n'est pas amertume, répondit le Saint-Père; nous ne sommes, ô ma fille, ni à Florence ni à Rome ; mais voyez ce peuple, écoutez actuellement ses transports. » Le Pape remonta en voiture. Les rues de la ville de Nice avaient été semées de fleurs. Pendant le séjour du Pape, elle fut illuminée tous les soirs. Boissard, comprenant bien qu'il ne conduisait pas en ce moment un prisonnier d'État obscur, lui laissa la liberté de voir les ecclésiastiques et les habitants qui se présentèrent. La nuit, on chantait en musique des hymnes sacrés autour de la maison du Pape. Le commandant se préparait à suivre une route moins fréquentée à travers les montagnes : une dame eut l'ingénieuse idée d'envoyer illuminer la route pour le soir, et de faire attacher des lampions à tous les arbres. Cet exemple fut suivi le long de la route par ordre de toutes les personnes pieuses et même des autorités municipales (Artaud).

A Savone, le Pape logea d'abord chez le maire, puis à l'évêché, puis à la préfecture. Il était gardé par une compagnie de gendarmes, et l'on ne pouvait lui parler sans témoins. L'évêque de Savone même n'avait pas cette liberté. Les cardinaux Doria, qui passaient en se rendant à Paris, ne purent être admis à saluer le chef de l'Église. On s'efforça vers le même temps de le séduire par une apparence d'égard. Un chambellan de Napoléon fut envoyé à Savone, et offrit à Sa Sainteté cent mille francs par mois pour sa dépense. On lui forma une maison, on lui prépara une vaisselle, une livrée; on voulait l'engager à une représentation digne de son rang. Il refusa tout, se tint confiné dans ses appartements, et se contentait de se montrer de temps en temps au peuple et de donner sa bénédiction. Mais on ne le laissait ni parler ni écrire qu'en présence de ses surveillants. Cet état de choses s'aggrava encore par la suite, comme nous le verrons.

Il ne convenait pas que les cardinaux échappassent à la persécution suscitée contre leur chef. Nous avons vu que la plupart avaient été forcés de quitter Rome. Ceux qui y restaient encore lors de l'enlèvement de Pie VII en furent successivement éloignés. Lors de la première invasion de Rome en 1798, on avait fait la faute de laisser les cardinaux se disperser, et on leur avait ainsi ménagé la possibilité de se réunir à Venise après la mort de Pie VI. Le nouveau persécuteur de l'Église crut être plus adroit et plus avisé en rassemblant tous les cardinaux sous ses yeux. Il les fit tous venir à Paris, afin d'en être plus aisément maître, et de n'avoir point à redouter leur conduite dans un cas de vacance du Saint-Siège. On ne laissa en Italie que ceux à qui leur âge ou leurs infirmités rendaient une si longue route impossible. Le cardinal Antonelli, doyen du sacré collège, qui, l'année précédente, avait été enlevé de Rome et envoyé à Spolette, fut depuis transféré à Sinigaglia, et mourut dans cet exil. Le cardinal Casoni n'obtint de rester à Rome que parce qu'il était malade. On crut faire une faveur au cardinal Carafa, infirme et octogénaire, en lui permettant de demeurer à Tolentino. Le cardinal Braschi ne fut laissé à Césène que parce qu'il était tourmenté de la goutte. Le cardinal Della Porta tomba malade à Turin, en venant en France, et il y mourut depuis. Le cardinal Crivelli fut envoyé à Milan, et le cardinal Carandini à Modène. Les cardinaux Caracciolo et Firrao, Napolitains, échappèrent à la déportation, le premier par son état de maladie, le second en acceptant une place d'aumônier du nouveau roi de Naples. Le cardinal Locatelli, évêque de Spolette, acheta sa tranquillité par quelques complaisances qu'excusèrent ses infirmités habituelles, qui avaient affaibli son moral non moins que son physique. Tous les autres cardinaux italiens furent amenés en France, et le perturbateur de l'Église semblait prendre plaisir à les donner en spectacle à Paris et à les forcer de paraître à sa cour. Il s'amusait à les apostropher publiquement et à leur reprocher soit la conduite du Pape, soit la leur propre. Il les plaisantait sur l'excommunication lancée contre lui, et ne négligeait aucune occasion de les mortifier (Picot, *Mém.*, an 1809).

Napoléon, après la victoire de Wagram et la paix de Vienne, était revenu à Fontainebleau le 26 octobre 1809. En novembre, il fit venir un des chefs les plus habiles des relations extérieures, et il lui dicta lui-même une foule de données sur lesquelles il fallait composer un mémoire explicatif de l'état des affaires du Saint-Siège. Cette dictée très-imparfaite, observe Artaud, manifeste assez quelle était à cet égard l'épouvante de son esprit. Après la dictée, on recommanda de faire une liste de toutes les excommunications prononcées par le Saint-Siège.

Vers ce temps eut lieu un entretien important entre Napoléon et l'abbé Emery, supérieur général de Saint-Sulpice. Ce dernier avait publié les *Nouveaux opuscules de l'abbé Fleury*. Il y avait ajouté plusieurs pieux écrits de la main de cet auteur, et entre autres une pièce très-intéressante sur ce qui s'était passé dans l'assemblée de 1682, et sur le sens qu'on devait attacher, d'après Bossuet lui-même, au quatrième article de la Déclaration concernant l'infaillibilité du Pape. Ce petit ouvrage plut beaucoup aux étrangers, et fut très-recherché à Rome; mais ce livre, qui attirait à l'abbé Emery tant d'éloges hors de sa patrie, lui suscita de grandes persécutions en France. On l'accusa auprès de l'ex-oratorien et régicide Fouché d'être ultramontain. L'empereur ne tarda pas à être informé de ces accusations. On en parla dans le conseil d'État. M. de Fontanes prit hautement la défense du théologien, et soutint que l'abbé Emery était un homme sage et très-modéré, et qu'il s'applaudissait d'avoir un pareil homme dans l'Université. Néanmoins les préventions de l'empereur subsistaient toujours. Il ne fallait pas avoir un défenseur du Pape à Paris, quand le protestant et régicide Alquier avait été chargé de l'attaquer à Rome. Napoléon parla de cet incident au cardinal Fesch, qui, ne pouvant dissiper toutes ces préventions, conseilla de faire venir l'abbé Emery à Fontainebleau, où la cour devait encore rester, afin que l'empereur pût avoir avec lui quelques explications. L'empereur y consentit. L'abbé Emery fut surpris d'une invitation dont on ne lui avait pas indiqué l'objet. Il assemble son conseil et lui dit : L'empereur me mande à Fontainebleau : je ne sais pas ce qu'il veut me dire. Peut-être désire-t-il me consulter sur les démêlés avec le Pape? peut-être va-t-il supprimer la compagnie ? Ainsi il faut beaucoup prier pour moi, afin que Dieu m'inspire des réponses convenables.

L'abbé Emery attendit trois jours avant d'avoir une audience. Il passa une grande partie de ce temps dans la chapelle du château, priant pour les princes de la branche de Valois, qui l'avaient fait bâtir, et pour lesquels, disait-il, il y avait bien longtemps qu'on ne faisait de prières. Il se proposait aussi de dire la vérité à Bonaparte sur ses querelles avec le Pape, et il préparait ainsi son petit discours : « Je suis sur le bord de ma tombe; aucun intérêt humain ne peut agir sur moi; mais le seul intérêt de Votre Majesté m'oblige à lui déclarer qu'il est très-important pour elle de se réconcilier avec le Pape, et qu'autrement elle est exposée à de grands malheurs. »

Le moment de l'audience étant enfin arrivé, le cardinal Fesch alla prendre l'abbé Emery, l'introduisit dans le cabinet de l'empereur, puis se retira. Napoléon commença par parler des *Opuscules* : « J'ai lu votre livre, le voilà sur ma table. Il est vrai qu'il y a dans la préface quelque point qui n'est pas franc du collier, mais, en somme, il n'y a pas de quoi fouetter un chat. » Et il prit l'abbé Emery par l'oreille : c'était une gentillesse qu'il se permettait quelquefois vis-à-vis de ceux dont il était content. Il se l'était permis avec le prince-primat; ce dernier s'en plaignit plus tard à l'abbé Emery, qui lui répondit : « Monseigneur, j'ai reçu la même faveur que Votre Altesse ; je n'osais pas m'en vanter, mais à présent que je la partage avec un si grand seigneur que vous, je vais le dire à tout le monde. »

Napoléon ne cessa ensuite de parler de ses démêlés avec le Pape, et déclara qu'il respectait sa puissance spirituelle, mais que, quant à sa puissance temporelle, elle ne venait pas de Jésus-Christ, mais de Charlemagne, et que lui, qui était empereur comme Charles, voulait ôter au Pape cette puissance temporelle, pour qu'il lui restât plus de temps à donner aux affaires spirituelles. L'abbé Emery, attaqué sur un autre terrain, objecta que Charlemagne d'abord n'avait pas donné au Pape toutes les possessions temporelles, qui étaient très-considérables dans le Ve siècle, et qu'au moins l'empereur ne devait pas toucher à ces premiers biens temporels. L'abbé Emery allait continuer. Napoléon, qui n'était pas très-instruit sur l'histoire ecclésiastique, et qui paraissait ignorer ce point, ne répondit rien à cet égard; mais, adoucissant la voix, il s'empressa d'ajouter, sans suivre sa première idée, que le Pape était un très-brave homme, malheureusement environné de cardinaux encroûtés d'ultramontanisme, qui lui donnaient de mauvais conseils. Le protestant Alquier avait accusé les moines, Napoléon accusait les cardinaux. « Voyez-vous, reprit Napoléon, si je pouvais m'entretenir un quart-d'heure avec le Pape, j'accommoderais tous nos différends! — Eh bien! puisque Votre Majesté veut tout accommoder, pourquoi ne laisse-t-elle pas venir le Pape à Fontainebleau? — C'est ce que j'ai dessein de faire. — Mais dans quel état le feriez-vous venir? S'il traverse la France comme un captif, un tel voyage fera beaucoup de tort à Votre Majesté; car vous pouvez compter qu'il sera environné de la vénération des fidèles. — Je n'entends pas le faire arriver comme un captif; je veux qu'on lui rende les mêmes honneurs que quand il est venu me sacrer. Avec cela, il est bien surprenant que vous, qui avez appris toute votre vie la théologie, vous et tous les évêques de France, vous ne trouviez aucun moyen canonique pour *m'arranger* avec le Pape. Quant à moi, si j'avais seulement étudié la théologie pendant six mois, j'aurais bientôt débrouillé toutes choses, parce que (il porta le doigt sur son front) Dieu m'a donné l'intelligence; je ne parlerais pas latin si bien que le Pape : mon latin serait un latin de cuisine, mais bientôt j'aurais éclairci toutes les difficultés. » En ce moment l'abbé Emery fit un signe qui voulait dire : « Vous êtes bien heureux de vous croire en état de savoir toute la théologie en six mois, tandis que je ne la sais pas, moi qui l'ai étudiée toute ma vie. »

L'entretien durait encore, quand trois rois, le roi de Bavière, le roi de Wurtemberg et le roi de Hollande, se présentèrent à l'audience. On les annonçait à haute voix et avec beaucoup de solennité; l'empereur répondit sèchement : « Qu'ils attendent! » Il est tout naturel de se croire le droit de faire attendre des rois qu'on a nommés soi-même. L'abbé Emery, voyant qu'il n'était pas congédié, reprit la parole et dit : « Sire, puisque vous avez daigné lire les opuscules de Fleury, je vous prie d'accepter quelques additions que j'y ai faites, et qui sont le complément de l'ouvrage. » L'empereur les reçut et les mit sur sa table. Le but de l'abbé Emery, en les lui offrant, était d'obtenir qu'il lût deux beaux témoignages de Bossuet et de Fénelon en faveur de l'Église romaine, témoignages qui formaient une partie de ce supplément, et qu'ainsi il apprît à la respecter davantage. La conversation finit dans de très-bons termes. Quelques jours après, les *additions* furent saisies par la police, et mises au pilon. Cependant il parut, dès ce moment, qu'il était entré dans l'esprit de l'empereur un sentiment d'estime et de vénération pour l'abbé Emery (Artaud, t. II).

Au fond, celui qui avait fait enlever le Pape, disperser les cardinaux, et emprisonner tant d'ecclésiastiques et de prélats fidèles, savait assez qui mettait le trouble dans l'Église, et de qui il dépendait d'y ramener la paix. Les moyens de conciliation qu'il avait l'air de chercher n'étaient donc qu'un jeu pour en imposer aux simples et couvrir son ambition. Qu'il laissât l'Église tranquille; qu'il rendît à leurs fonctions le souverain Pontife, les cardinaux, les évêques; qu'il renonçât à des demandes exorbitantes, on se fût aisément entendu sur le reste. Mais loin d'abandonner son système, il l'étendait de plus en plus, et il lui semblait qu'à mesure qu'il allait en avant, le Pape n'avait pas autre chose à faire qu'à céder. Son but final était, non pas précisément de détruire l'Église catholique, mais de l'assouplir à ses volontés, afin de dominer par elle sur les esprits, comme il dominait sur les corps par son armée, et se montrer ainsi plus habile encore que l'empereur de Russie, le roi de Prusse et le roi d'Angleterre, qui l'avaient sollicité de se déclarer, comme eux, pape de sa religion. Pie VII ayant refusé de donner des bulles aux évêques nommés en France, Napoléon assembla une commission ecclésiastique chargée de chercher les moyens de pourvoir aux besoins des églises, surtout de se passer du Pape dans l'institution des évêques. La commission était composée de deux cardinaux, d'un archevêque, de quatre évêques, du Père Fontana, général des Barnabites, et de l'abbé Emery. C'était d'abord le cardinal-archevêque de Lyon, Fesch, cardinal-oncle plus que cardinal-prêtre; puis le cardinal Maury, archevêque déserteur de Monte-Fiascone et Corneto.

Jean-Sifrein Maury, fils d'un cordonnier, né dans le comtat venaissin, l'an 1746, devenu ecclésiastique, vint à Paris pour se faire connaître. Il y réussit par un éloge de Fénelon, un panégyrique de saint Louis, un autre de saint Augustin, et surtout par son adresse à se faire bien venir dans les sociétés littéraires. En 1789, il avait un bénéfice de vingt mille livres de revenu. Membre des États généraux et de l'Assemblée constituante, il se fit une réputation immense comme orateur, comme défenseur éloquent et intrépide des droits de l'Église et de la Monarchie. Aussi, quand il sortit de France, fut-il accueilli avec la plus flatteuse distinction par les princes et par le Pape. Pie VI le créa archevêque de Nicée l'an 1792, puis nonce à la diète de Francfort, où il ne réussit guère. De retour à Rome en 1794, il fut fait cardinal et évêque des sièges réunis de Monte-Fiascone et Corneto. A l'invasion des armées françaises, il se retira à Venise, et même en Russie. En 1799, il assista au conclave où fut élu Pie VII. Louis XVIII, réfugié à Mittau, le nomma son ambassadeur auprès du Saint-Siége. Pendant quelques années il montra un zèle très-vif de royalisme. Il finit par s'en lasser. En 1805, il oublia ses devoirs, son honneur de cardinal, d'évêque et d'ambassadeur, écrivit une lettre d'adulation à Bonaparte, fit le voyage de Gênes en 1805 pour lui être présenté, et quitta son évêché de Monte-Fiascone en 1806, pour revenir faire le courtisan à Paris, où l'on ne fut tout étonné de le revoir. Les napoléonistes eux-mêmes ne le regardaient que comme un transfuge. L'opinion publique se manifesta par des plaisanteries, puis par un abandon absolu. Maury s'en consola, lorsqu'il reçut le traitement de cardinal français et le titre de premier aumônier de Jérôme Bonaparte. Tel était le deuxième conseiller de Napoléon dans ses démêlés avec le Pape.

Le troisième fut Louis-Mathias de Barral, évêque

de Troyes avant la Révolution, de Meaux après, archevêque de Tours en 1805, sénateur en 1806, et premier aumônier de madame Murat, puis de l'impératrice Joséphine. Le 28 décembre 1808, il écrivit au Pape, qui était encore à Rome, et le pressa fortement de proroger les pouvoirs extraordinaires que le souverain Pontife avait coutume, depuis le concordat, d'accorder chaque année aux évêques, et qu'il refusait depuis quelque temps de leur continuer. Le 4 août 1809, il lui adressa des instances non moins vives au sujet des bulles, pour les évêques nommés, mais on sait que le Pape était alors errant. Enlevé de Rome le mois précédent, on le trainait captif dans le Midi de la France, et on ne lui laissait aucune communication avec les cardinaux et les prélats. Ce n'était pas trop le moment de solliciter de lui des bulles qu'il ne pouvait alors revêtir des formes ordinaires (*Biogr. univ.*; t. LVII, et *Ami de la Religion*, t. XV).

Les quatre évêques de la commission étaient Canaveri de Verceil, Bourlier d'Evreux, Mannay de Trèves, et Duvoisin de Nantes. Ce dernier, né à Langres en 1744, auteur de quelques ouvrages utiles en faveur de la religion et de l'ordre social, évêque de Nantes depuis 1802, était le confident de Napoléon le plus rusé pour circonvenir le Pape, le vaincre par la fatigue, et l'amener à quelque faiblesse qui le déconsidérât à ses propres yeux et aux yeux des autres.

Pie VII, laissé à lui-même, voyait fort juste dans les affaires, prenait le bon parti et y tenait ferme. Mais lorsqu'ensuite il se voyait entouré, obsédé par des évêques, par des cardinaux, qui se succédaient avec un astucieux concert pour lui persuader que ce parti-là entraînerait la ruine de la religion et la perte des âmes, le bon Pape, privé des conseillers fidèles qui auraient pu le soutenir, finissait, de lassitude, par se défier de lui-même et par accéder plus ou moins à des partis qui lui répugnaient et qui, un instant après, lui causaient de cruels remords. Tel sera le ministère de tentation et de séduction que rempliront auprès du saint vieillard certains évêques et certains cardinaux plus ou moins français.

Le cardinal Caprara, qui mourut l'an 1810 dans sa légation de France, était un peu de ce nombre. On le voit par la réponse suivante que Pie VII lui adressa de Savone, le 26 août 1809 : « Nous avons reçu ici, le 19 août, votre lettre datée du 20 juillet, par laquelle, comme archevêque de Milan, vous nous dites que Sa Majesté l'empereur des Français désire que nous accordions l'institution canonique aux évêques désignés pour remplir les sièges vacants dans ses Etats. Vous ajoutez que Sa Majesté consent à ce que dans nos bulles nous ne fassions aucune mention de sa nomination, pourvu que de notre part nous supprimions la clause *proprio motu*, où toute autre équivalente. — Pour peu, monsieur le cardinal, que vous réfléchissiez sur cette proposition, il est impossible que vous ne voyiez pas que nous ne pouvons y acquiescer sans reconnaître le droit de nomination à l'empereur et la faculté de l'exercer. Vous dites que nos bulles seront accordées, non à ses instances, mais à celles du conseil et du ministre des cultes. — D'abord l'Eglise catholique ne reconnaît pas de ministre des cultes, dont l'autorité dérive de la puissance laïque; et puis, ce conseil, ce ministre, ne sont-ils pas l'empereur lui-même? sont-ils autre chose que l'organe de ses ordres et l'instrument de ses volontés? Or, après tant d'innovations funestes à la religion, que l'empereur s'est permises et contre lesquelles nous avons si souvent et si inutilement réclamé; après les vexations exercées contre tant d'ecclésiastiques de nos Etats; après la déportation de tant d'évêques et de la majeure partie de nos cardinaux; après l'emprisonnement du cardinal Pacca à Fénestrelle; après l'usurpation du patrimoine de saint Pierre; après nous être vu nous-même assailli à main armée dans notre palais, traîné de ville en ville, gardé si étroitement que les évêques de plusieurs diocèses que nous avons traversés n'avaient pas la liberté de nous approcher et ne pouvaient nous parler sans témoins; après tous ces attentats sacrilèges et une infinité d'autres qu'il serait trop long de rapporter, et que les conciles généraux et les constitutions apostoliques ont frappés d'anathème, avons-nous fait autre chose qu'obéir à ces conciles et à ces mêmes constitutions, ainsi que l'exigeait notre devoir? Comment donc aujourd'hui pourrions-nous reconnaître dans l'auteur de toutes ces violences le droit en question et consentir à ce qu'il l'exerçât? Le pourrions-nous, sans nous rendre coupable de prévarication, sans nous mettre en contradiction avec nous-même, et sans donner lieu de croire, au grand scandale des fidèles, qu'abattu par les maux que nous avons soufferts, et par la crainte de plus grands encore, nous sommes assez lâche pour trahir notre conscience et approuver ce qu'elle nous force de proscrire? Pesez ces raisons, monsieur le cardinal, non au poids de la sagesse humaine, mais à celui du sanctuaire, et vous en sentirez la force.

» Malgré un tel état des choses, Dieu sait si nous désirons ardemment donner des pasteurs aux sièges vacants de cette Eglise de France que nous avons toujours chérie de prédilection, et si nous désirons trouver un expédient pour le faire d'une manière convenable aux circonstances, à notre ministère et à notre devoir! Mais devons-nous agir, dans une affaire de si haute importance, sans consulter nos conseillers-nés? Or, comment pourrions-nous les consulter, quand, séparé d'eux par la violence, on nous a ôté toute communication avec eux, et, en outre, tous les moyens nécessaires pour l'expédition de pareilles affaires, n'ayant pu même jusqu'à présent obtenir d'avoir auprès de nous un seul de nos secrétaires? Mais si l'empereur aime véritablement la paix de l'Eglise catholique, qu'il commence par se réconcilier avec son chef; qu'il renonce à ses funestes innovations religieuses, contre lesquelles nous n'avons cessé de réclamer; qu'il nous rende la liberté, notre siège et nos officiers; qu'il restitue les propriétés qui formaient, non notre patrimoine, mais celui de saint Pierre; qu'il replace sur la chaire de saint Pierre son chef suprême, dont elle est veuve depuis sa captivité; qu'il ramène auprès de nous quarante cardinaux que ses ordres en ont arrachés; qu'il rende à leurs diocèses tous les évêques exilés, et sur-le-champ l'harmonie sera rétablie.

» Au milieu de toutes nos tribulations, nous ne cessons d'adresser les plus ferventes prières au Dieu qui tient tous les cœurs en sa main, et de l'invoquer pour l'auteur de tous ces maux : nous croirions nos peines abondamment récompensées, s'il plaisait au Tout-Puissant de le ramener à de meilleurs sentiments; mais si, par un secret jugement de Dieu, il en est autrement, nous gémirons au fond de notre cœur sur les maux déplorables qui pourront arriver, et l'on ne pourra sans injustice nous les imputer. Nous ne négligerons rien de ce qui sera en notre pouvoir pour les détourner, et nous y apporterons toute l'attention et tous les ménagements possibles.

» Quant au bruit qu'on affecte de répandre, que nous compromettons les choses spirituelles pour des intérêts purement temporels, c'est une calomnie qu'il vous est aisé de confondre, monsieur le cardinal, vous qui, jour par jour, avez su tout ce qui s'est passé. D'ailleurs, vous savez très-bien que, quand il ne serait question que de l'usurpation du patrimoine de saint Pierre, nous ne pourrions en abandonner la défense sans manquer à un devoir essentiel et sans nous rendre parjure. — A votre lettre en était jointe une de M. le cardinal Maury, et on m'en a remis en même temps une troisième de M. l'évêque de Casal, toutes trois pour le même objet. Nous accusons à ce dernier réception de sa lettre, et l'engageons à se faire communiquer cette réponse. Nous nous réservons d'écrire plus amplement à M. le cardinal Maury, dès que nous en aurons le loisir; en attendant, communiquez-lui nos sentiments, et recevez notre bénédiction paternelle et apostolique (Pacca). »

L'énergie des réponses du Pape, la fermeté qu'il montra au préfet du département, comte de Chabrol, n'embarrassèrent pas peu l'empereur, qui voyait tous ses calculs en défaut. Il chercha alors à se former un parti parmi les cardinaux qui étaient à Paris, espérant maîtriser par ce moyen la volonté du Pape, et le faire condescendre enfin à ses désirs. Cette seconde tentative resta sans succès. Il forma donc une commission de quelques prélats français plus souples. Ils tenaient leurs séances dans le palais du cardinal Fesch à Paris. On leur présenta trois séries de questions : la première concernant le gouvernement de l'Eglise en général; la seconde sur le concordat; la troisième touchant les Eglises d'Allemagne et d'Italie, et la bulle d'excommunication. On dit que la rédaction des réponses fut confiée, pour la première série, à l'évêque Mannay de Trèves; pour la seconde, à l'évêque Duvoisin de Nantes, et pour la troisième à l'archevêque de Barral, de Tours. Le Père Fontana ne parut qu'aux premières séances, et s'abstint ensuite de s'y trouver. L'abbé Emery y fut fort assidu, et y parla comme il convenait à un théologien exact et à un ami courageux de l'autorité pontificale. Il n'est pas douteux qu'il n'approuvât pas toutes les réponses de la commission, et il refusa positivement de les signer.

Quant aux réponses de cette commission, voici le jugement qu'en porte le cardinal Pacca : « Au mois de janvier 1810, la commission présenta ses réponses à l'empereur, et il faut avouer qu'elles sont loin de faire honneur aux prélats distingués qui la composaient. On n'y découvre pas, il est vrai, la criminelle et schismatique perfidie des Acace, des Photius et des Cranmer; mais combien leur langage est différent de celui que tinrent à leurs souverains, je ne dirai pas les Athanase, les Hilaire, les Basile, les Ambroise, mais, dans des temps plus rapprochés de nous, les Tencin, les Beaumont et autres illustres évêques français! Les éloges prodigués à la religion, à la justice, au zèle catholique d'un souverain qui venait d'usurper le patrimoine de saint Pierre, et qui tenait le Chef de l'Eglise dans les fers; l'accusation calomnieuse, adressée au Pape, de sacrifier les intérêts de la religion à des intérêts purement temporels; la censure peu respectueuse et même injuste, soit des maximes de l'Eglise romaine, soit de la conduite des Papes; les moyens enfin si perfides suggérés à l'empereur pour parvenir à ses fins : tous ces monuments de honte ne souilleront-ils pas plus d'une page des annales de l'illustre Eglise gallicane? »

Picot, et dans ses *Mémoires* et dans son *Ami de la Religion*, tome III, juge de la même manière les réponses de ces prélats courtisans. Il en cite entre autres cette apologie de la persécution contre le Pape, et même de son enlèvement : « On ne trouve aucune matière de spiritualité parmi les réquisitions indiquées dans la bulle. En effet, c'était un souverain tout-puissant et toujours couronné par la victoire, qui, dominant dans toute l'Italie, pour en fermer les ports à l'Angleterre, ne voyait dans la Péninsule aucun autre point ouvert à ses ennemis que l'Etat-Romain ouvert à ses ennemis. Dans cet état de choses, les contestations, les marches militaires, et *même les moyens de rigueur qu'amenaient les circonstances*, tendaient uniquement au but politique de fermer entièrement l'Italie aux ennemis de la France. L'invasion de Rome n'en était pas encore un résultat nécessaire. Mais la cour de Rome, entraînée par les circonstances à des démarches hostiles, s'est constituée en état de guerre avec la France. Dès lors cette position a dû la soumettre *à toutes les chances inséparables des événements*, *et l'invasion de Rome n'a plus été qu'une conquête ordinaire* à laquelle on ne peut appliquer les armes spirituelles (*Ami de la Religion*, t. III, p. 374). »

« On est fâché, dit le même auteur, que des évêques se soient montrés assez craintifs ou assez complaisants pour donner en quelque sorte gain de cause à un homme en qui ils ne pouvaient se dispenser de voir un ennemi de l'Eglise et un persécuteur violent. Leurs raisons contre la bulle sont faibles. On ne saurait la ranger au nombre des entreprises de quelques papes contre le temporel des rois. C'est une mesure purement spirituelle; et le Saint-Père, dans la bulle même, déclare qu'il ne prétend nuire en rien aux droits temporels de ceux qu'il frappe de censures. Il n'a fait qu'user de ses armes naturelles. Que des gens sans religion se moquent de ses foudres, on le conçoit; mais des prélats doivent en parler autrement, et on ne voit pas ce que *la saine critique et le progrès des lumières* ont à faire ici. S'il y a eu au monde une sentence juste, c'est celle du 10 juin 1809. Le Pape s'y est renfermé dans ses attributions, et n'a prononcé que des peines spirituelles. Son décret est non-seulement valide, mais très-légitime, et assurément le délit méritait bien une telle peine (Picot, *Mém.*, an 1810).

Sur un autre point, les mêmes évêques donnèrent encore un avis qui ne leur fait pas plus d'honneur. Nous avons vu que, sur l'exigence expresse du Pape, la veille même du couronnement, le cardinal grand-aumônier maria ecclésiastiquement Napoléon et Joséphine, en présence de deux témoins, et avec tous les pouvoirs et dispenses du Pape, qui certainement est le pasteur ordinaire, le propre pasteur de tous les fidèles, en vertu de ces paroles dites proprement à lui seul : *Pais mes agneaux, pais mes brebis*. Mais Napoléon n'avait point d'enfant, et il voulait en avoir. Donc, en 1809, il entreprit de faire casser son mariage avec Joséphine, célébré par le cardinal-oncle, avec les pouvoirs du souverain Pontife, afin d'épouser une princesse d'Autriche qu'il avait contraint son père de lui accorder après la bataille de Wagram. Mais casser le mariage d'un souverain célébré par un cardinal avec tous les pouvoirs du Pape, est certainement de ces affaires majeures qui appartiennent directement au Saint-Siége. La commission épiscopale, consultée à cet égard, répondit que, le recours au Pape étant impossible, la cause était dévolue à l'officialité diocésaine, avec appel à l'officialité métropolitaine, et enfin à l'officialité primatiale de Lyon. Aucune de ces officialités n'existait; on les créa vite toutes les trois. Et comme le siége de Paris était vacant et que le cardinal Fesch y avait été nommé, il se trouvait heureusement que le cardinal-oncle devait juger l'affaire dans les trois degrés, et comme évêque de Paris, et comme métropolitain de cette province, et comme archevêque de Lyon en qualité de primat des Gaules. Certes, on ne pouvait guère prendre de meilleures précautions pour se passer du Pape; d'autant plus que le mari intéressé avait encore l'intention de retenir le Pape prisonnier à Savone, afin que les évêques de cour pussent dire avec plus de vérité que le recours au Pape était impossible. En conséquence, le 8 janvier 1810, le sieur Rudemare, promoteur diocésain de Paris, estima, et le sieur Boilesve, official, déclara que le mariage de Napoléon et de Joséphine devait être regardé comme nul et non valablement contracté, faute de la présence des témoins et de celle du propre pasteur, quoiqu'il y eût eu deux témoins, et que le célébrant fût délégué du Pape, le propre pasteur de tous les fidèles. Il paraîtrait qu'il y avait une cause réelle de nullité, mais dont on ne voulut pas faire mention : l'impuissance relative entre les deux époux, empêchement dont Napoléon lui-même parla un jour au conseil d'Etat et que l'on connaissait à la cour de Vienne. Ce qui n'empêche pas que les motifs allégués par l'officialité parisienne ne soient controuvés. Ce qui étonne encore plus, c'est qu'on appuya la compétence de l'officialité à juger cette affaire, sur ce que le mariage de Philippe-Auguste avec Ingeburge de Danemarck fut cassé en France sans recourir à Rome : exemple bien mal choisi, puisque cette entreprise, favorisée par un oncle du roi, archevêque de Reims, fut condamnée par le Pape, et le roi obligé de reprendre sa première épouse (Lyonnet, *Vie du card. Fesch*, t. II, c. 12, et *Pièces just.*, n. 4).

Le 2 avril 1810, Napoléon épousa donc l'archiduchesse Marie-Louise. Les cardinaux résidant à Paris, où ils avaient tous été appelés, et auxquels leur santé permettait de sortir, se trouvaient au nombre de vingt-six; ils assistèrent tous à la cérémonie du mariage civil à Saint-Cloud, le 1er avril.

Mais il n'en fut pas ainsi à la cérémonie religieuse dans la salle du Louvre. Treize n'y parurent point, par ce seul motif, déclarèrent-ils, que le Pape n'était pas intervenu à la dissolution du premier mariage. Le nouveau marié, en prit une si mauvaise humeur, qu'il ne leur permit plus de s'habiller de rouge, mais seulement de noir. D'où la distinction de cardinaux *noirs* et de cardinaux *rouges*. On exila même les noirs dans cet ordre : Mattéi et Pignatelli à Rhetel; la Somaglia et Scotti à Mézières; Saluzzo et Galeffi à Sedan, puis à Charleville; Brancadoro et Consalvi à Reims; Louis Ruffo et Litta à Saint-Quentin; di Piétro, Opizzoni et Gabrielli à Semur.

Napoléon comptait ainsi déconsidérer les cardinaux noirs. Malheureusement pour lui, c'étaient les cardinaux les plus capables et les plus dignes. Privés de leur traitement, ils trouvèrent des secours dans la charité des fidèles. Vus de plus près, ils donnèrent une haute idée du sacré collége par leur science et leur vertu.

Le cardinal MATTÉI naquit à Rome l'an 1744, de la famille des princes de ce nom. Dès sa jeunesse, il prit le goût et l'habitude des exercices de piété, entra dans la prélature, et devint chanoine de Saint-Pierre. Il se plaisait dès lors à catéchiser les enfants dans les paroisses, à visiter les malades dans les hôpitaux, et à prêcher dans les oratoires et les couvents. Il remplit avec exactitude plusieurs charges publiques, fut nommé archevêque de Ferrare en 1777, et déclaré cardinal en 1782. Son zèle, sa prudence et sa charité dans l'exercice des fonctions épiscopales lui concilièrent le respect et l'attachement de ses diocésains. Il tint des synodes, établit des retraites et des conférences ecclésiastiques, et donna l'exemple de la régularité et de la piété. La Révolution française ayant obligé beaucoup de prêtres à se retirer en Italie, le cardinal Mattéi les accueillit en grand nombre, et excita, en leur faveur, la générosité de son clergé et des habitants. Il défrayait, à lui seul, plus de trois cents de ces honorables proscrits, et tout prêtre français qui arrivait à Ferrare devenait l'objet de sa sollicitude. Il écrivit à plusieurs évêques pour leur offrir un asile. En 1797, lorsque Bonaparte, maître de la Haute-Italie, marchait sur Rome, le cardinal Mattéi fut chargé de négocier avec lui, et il eut part au traité de Tolentino, qui ne sauva Rome que pour bien peu de temps. Cette capitale ayant été envahie l'année suivante, le cardinal Mattéi se vit banni et privé de ses biens. De retour à Rome, après la délivrance de l'Italie, il passa dans l'ordre des cardinaux-évêques, et devint évêque de Palestrine, en conservant jusqu'en 1807 l'administration de Ferrare. En 1804, il tint à Palestrine un synode dont les actes ont été imprimés; il renouvela les anciens statuts du diocèse, et en fit de nouveaux : ce recueil forme un volume in-quarto, qui parut la même année à Rome. En 1809, le cardinal fut transféré à Porto, siége auquel est attaché le titre de sous-doyen du sacré collége. La même année, on le força de venir en France avec ses collègues; il fut un des treize exilés à l'occasion du mariage. On le priva même de ses bénéfices et de ses revenus. Il était continuellement appliqué aux exercices de religion. Le fruit de sa retraite fut un livre de dévotion intitulé : *Méditation des vérités éternelles pour faire les exercices spiri-*

tuels suivant la méthode de saint Ignace, distribuées en huit jours, qu'il fit depuis imprimer à Rome, mais sans y mettre son nom. Sa vie tout entière sera une vie de piété et de bonnes œuvres (*Biogr. univ.*, t. XXVII).

Parmi ces cardinaux exilés pour la cause du Saint-Siège, un des plus illustres est le cardinal LITTA, né à Milan, le 25 février 1756, d'une famille noble. Il fit avec distinction ses études au collège Clémentin à Rome. Après avoir occupé diverses places dans la prélature, il fut nommé, par Pie VI, archevêque de Thèbes et nonce en Pologne, où il arriva l'an 1794. Au milieu de la révolution qui agita ce malheureux pays vers cette époque, il sut se concilier l'estime générale, et eut le bonheur de sauver la vie à l'évêque de Chelm, condamné à mort par suite de réactions politiques, et dont il plaida dignement la cause devant le général Kosciusko. En 1797, Pie VI l'envoya, en qualité d'ambassadeur extraordinaire, au couronnement de l'empereur Paul, à Moscou. L'archevêque de Thèbes passa en la même qualité d'ambassadeur à Pétersbourg, où il pourvut aux besoins des catholiques de Russie, en obtenant le maintien de six vastes diocèses du rite latin, et de trois du rite grec. A la mort de Pie VI, il se rendit à Venise, où il se trouva pendant le conclave. Pie VII le nomma d'abord trésorier général, et en 1801 cardinal-prêtre. En 1808, lors de la persécution contre le souverain Pontife et le sacré collège, il fut conduit par la force armée à Milan, puis appelé en France, où Napoléon l'interpella plus d'une fois dans des audiences publiques avec cette brusque véhémence dont il s'était fait une habitude. Exilé à Saint-Quentin, il utilisa ses loisirs en composant un excellent ouvrage, un ouvrage des plus utiles et peut-être des plus nécessaires en ces derniers temps : ce sont vingt-neuf *Lettres sur les quatre articles dits du Clergé de France*.

Outre les violences principales contre l'Eglise et son chef, que nous avons déjà vues, Napoléon s'en permit encore beaucoup d'autres. En 1809, il supprime toute espèce de mission en France, s'empare à Rome de toutes les archives pontificales et les fait transporter à Paris; fait décréter par le sénat que tout nouveau Pape jurerait à son exaltation de ne jamais rien faire contre la Déclaration gallicane de 1682, et que cette Déclaration serait commune à toutes les Eglises de l'empire. Le cardinal Litta écrivit donc à ce propos une suite de lettres dont la première expose ainsi le sujet et l'ensemble :

« Vous me demandez ce que je pense de la fameuse Déclaration du clergé de France de 1682 : je ne crois pas que vous attendiez de moi une discussion théologique, puisque vous savez que je ne suis pas professeur de cette faculté; et quand même je le serais, j'aimerais mieux vous répondre avec la simplicité de la foi qu'avec toute l'érudition et la subtilité d'un théologien. L'objet de votre demande, comme celui de ma réponse, n'est pas de rassembler tout ce qu'on peut dire pour blâmer ou pour défendre cette fameuse Déclaration, mais seulement de voir si l'on peut y adhérer.

» Sous ce point de vue, il faut que je commence par vous dire quelle est ma manière de penser et d'agir par rapport aux différentes questions qui peuvent intéresser la religion. Si je trouve sur ces questions une décision de l'Eglise, je m'y tiens strictement attaché, et alors je n'entreprends pas un examen qui me vient inutile. Si au contraire je ne trouve pas de semblable décision, et que je voie deux opinions tolérées par l'Eglise, je ne me presse pas de me déclarer ni pour l'une ni pour l'autre.

» Mais s'il arrive quelquefois que le devoir de la conscience m'oblige à sortir de cette espèce de neutralité; par exemple, si je vois qu'on fait beaucoup d'efforts pour étendre une des deux opinions; si je prévois bien des maux qui peuvent en résulter pour l'Eglise, et que d'ailleurs l'opinion contraire me paraisse plus pieuse, plus sûre dans la pratique, plus favorable à la religion et même plus conforme aux vérités révélées, alors le zèle que je dois avoir pour l'Eglise m'oblige à sortir de la neutralité.

» Voilà le cas où je me trouve à présent. Si l'on me demandait mon adhésion à la doctrine soutenue dans la Déclaration de l'assemblée de 1682, je ne croirais pas, dans l'état actuel des choses, satisfaire à mes obligations par un simple refus, en réclamant la liberté de me tenir neutre, mais je regarderais comme un devoir pour moi d'avouer franchement que j'ai les motifs les plus forts qui m'obligent à ce refus.

» Et comme vous me demandez mon opinion, je me crois de même obligé de vous écrire ce que j'en pense. Je vous dirai donc que je n'approuve pas cette Déclaration, et que je ne pourrais lui donner mon adhésion. Je suis bien aise que votre demande m'engage à entrer dans l'examen que je vais faire avec vous, tant de la Déclaration en général que de chacun des articles qu'elle contient; ce sera la meilleure manière de vous rendre raison de mon sentiment : c'est ce que je me propose de faire avec quelque détail, dans les lettres que je vous écrirai successivement. »

Le cardinal complète sa correspondance avec ce même calme, cette même urbanité, ce même style français qu'on ne dirait pas d'un étranger. Sur le deuxième article : *Le Pape n'est tenu d'obéir aux conciles généraux*, il cite en sa lettre quatorzième certaines autorités qui en modifient singulièrement le sens, et que des gallicans ne sauraient récuser. Bossuet dit, par exemple : *Quant aux conciles tenus à l'exclusion du Pontife romain, les Parisiens confessent d'eux-mêmes que, d'après les plus anciennes règles, les conciles sans le Pontife romain sont nuls et de nul effet.* Et encore : *Nous avouons que, dans le droit ecclésiastique, il n'y a rien que le Pape ne puisse lorsque la nécessité le demande.* Le concile de Bâle lui-même dit : *Les décrets d'un concile ne dérogent en rien à la puissance du Pape, que, suivant les temps, les lieux, les causes et les personnes, quand l'utilité ou la nécessité le conseille, il ne puisse modérer et dispenser, et user du pouvoir discrétionnaire de souverain Pontife, qui ne peut lui être enlevé.* Dans sa quinzième lettre, Litta cite fort à propos, aux évêques français de 1810, ces paroles de leurs prédécesseurs en 800 sous Charlemagne : *Nous n'osons pas juger le Siége apostolique; car c'est par ce Siége et son vicaire que tous nous sommes jugés. Mais lui-même n'est jugé par personne, et cela d'après l'usage même de l'antiquité : en conséquence, comme le souverain Pontife aura décidé, nous obéirons canoniquement.*

Cependant Napoléon ne prit aucune détermination à la suite des réponses de sa commission d'évêques. Il laissa ceux-ci assiéger le Pape d'instances, pour le déterminer à expédier des bulles de confirmation aux sujets nommés par l'empereur. Le 25 mars de la même année 1810, dix-neuf évêques français écrivirent une lettre commune au Saint-Père pour solliciter des pouvoirs extraordinaires relativement aux dispenses de mariage, et ils le supplièrent en même temps de ne pas refuser à l'Eglise de France les évêques qu'elle réclamait, de ne pas la réduire à la triste nécessité de pourvoir à sa propre conservation : paroles qui équivalaient à une menace. Le Saint-Père, toujours guidé par ce tact exquis qui lui était propre, accorda volontiers les pouvoirs extraordinaires pour les dispenses, mais il persista dans le refus des bulles pontificales.

De tous les moyens que les Papes avaient jadis en leur pouvoir pour ramener à l'obéissance les gouvernements ou les nations indociles, un seul reste à leur disposition dans le cours ordinaire des choses : c'est le droit d'institution canonique. C'est en suspendant cette institution, lorsque de graves raisons l'exigent, que le Siége apostolique manifeste sa juste indignation, et fait pour ainsi dire une sainte violence aux gouvernements qu'il veut arrêter dans leurs entreprises sacriléges. Toutefois on a vu des gouvernements, en mésintelligence avec le Saint-Siége, s'efforcer d'éluder les mesures énergiques des Papes, en insinuant ou plutôt en ordonnant aux chapitres cathédraux de conférer leurs pouvoirs, pendant la vacance des siéges, aux évêques nommés. Mais, comme nous avons vu dans le soixante-quinzième livre de cette Histoire, t. VIII, p. 238, cela est contraire au quatrième canon du deuxième concile œcuménique de Lyon, tenu en 1274. *Ce quatrième canon défend aux élus de s'ingérer dans l'administration de la dignité ecclésiastique, sous quelque couleur que ce puisse être, soit à titre d'économat ou autre, avant que leur élection soit confirmée. Tous ceux qui feront autrement sont privés par là même du droit que l'élection aurait pu leur conférer.* Cet article est devenu très-important dans les temps modernes. Il en résulte que les évêques élus ou nommés ne peuvent, sans perdre tous leurs droits, recevoir des chapitres le pouvoir d'administrer le diocèse ni comme vicaire capitulaire, ni sous aucun titre quelconque.

Napoléon entreprit de faire ce que défendait et annulait d'avance le concile œcuménique de Lyon, et l'usage constant de l'Eglise. Par ses *Articles organiques*, il avait décrété, contrairement au concile de Trente, que les vicaires généraux de l'évêque défunt continueraient à gouverner le diocèse pendant la vacance du siége. En 1810, il ordonna que, conformément au concile de Trente, les chapitres nommeraient les grands-vicaires pendant la vacance, mais cela pour faire donner le titre et la juridiction de vicaires capitulaires à ses évêques nommés, contrairement au concile œcuménique de Lyon, et en dépit du Pape. Le cardinal Maury, qui s'est vanté d'avoir suggéré ce moyen, fut nommé archevêque de Paris. Napoléon fit plusieurs nominations semblables, et, par l'organe du ministre des cultes, il engagea les chapitres à choisir pour grands-vicaires les évêques nommés; ce qui fut généralement exécuté. A la nouvelle de l'intrusion de ces prélats dans les siéges vacants, Pie VII, justement alarmé des dangers qui menaçaient la discipline ecclésiastique, l'autorité du Saint-Siége et le salut des âmes, s'efforça, autant qu'il le pouvait, de réparer le mal et d'en arrêter les progrès. Il écrivit trois brefs vers la fin de 1810, l'un au cardinal Maury, l'autre à l'archidiacre de l'église métropolitaine de Florence, à laquelle Napoléon avait nommé M. d'Osmond, évêque de Nancy, et le troisième à l'abbé d'Astros, vicaire capitulaire de la métropole de Paris ; il déclarait hautement dans ses brefs que la prétendue institution des évêques nommés par le pouvoir laïque, avant la confirmation pontificale, était contraire aux lois de l'Eglise et à la discipline en vigueur, destructive de l'autorité du Saint-Siége et des principes de la mission légitime des évêques. Ces brefs firent grand bruit et produisirent les plus heureux effets : les fidèles se trouvèrent avertis de l'illégitimité des vicaires capitulaires, et les chapitres des cathédrales refusèrent, malgré les ordres sévères du gouvernement, de reconnaître les ecclésiastiques présentés par lui.

Voici la lettre de Pie VII, adressée au cardinal Maury, le 5 novembre 1810 :

« Vénérable Frère, salut et bénédiction apostolique.

» Il y a cinq jours que nous avons reçu la lettre par laquelle vous nous apprenez votre nomination à l'archevêché de Paris, et votre installation dans le gouvernement de ce diocèse. Cette nouvelle a mis le comble à nos afflictions, et nous pénètre d'un sentiment de douleur que nous avons peine à contenir et qu'il est impossible de vous exprimer. Vous étiez parfaitement instruit de notre lettre au cardinal Caprara, pour lors archevêque de Milan, dans laquelle nous avons exposé les motifs puissants qui nous faisaient un devoir, dans l'état présent des choses, de refuser l'institution canonique aux évêques nommés par l'empereur. Vous n'ignorez pas que non-seulement les circonstances sont les mêmes, mais qu'elles sont devenues et deviennent de jour en jour plus alarmantes par le souverain mépris qu'on affecte pour l'autorité de l'Eglise, puisqu'en Italie on a porté l'audace et la témérité jusqu'à détruire généralement toutes les communautés religieuses de l'un et de l'autre sexe; supprimer des paroisses, des évêchés, les réunir, les amalgamer, leur donner de nouvelles démarcations, sans excepter les siéges suburbicaires ; et tout cela s'est fait en vertu de la seule autorité impériale et civile. Car nous ne parlons pas de ce qu'a éprouvé le clergé de l'Eglise romaine, la mère et la maîtresse des autres églises, ni de tant d'autres attentats. Vous connaissez dans le plus grand détail tous ces événements; et d'après cela, nous n'aurions jamais cru que vous eussiez pu recevoir de l'empereur la nomination dont nous avons parlé, et que votre joie, en nous l'annonçant, fût telle, que si c'était la chose la plus agréable pour vous et la plus conforme à nos vœux.

» Est-ce donc ainsi qu'après avoir si courageusement et si éloquemment plaidé la cause de l'Eglise dans les temps les plus orageux de la Révolution française, vous abandonnez cette même Eglise, aujourd'hui que vous êtes comblé de ses dignités et de ses bienfaits, et lié si étroitement à elle par la religion du serment? Vous ne rougissez pas de prendre parti contre nous dans un procès que nous ne soutenons que pour défendre la dignité de l'Eglise! Est-ce ainsi que vous faites si peu de cas de notre autorité, pour oser en quelque sorte, par acte public, prononcer sentence contre nous, à qui vous deviez obéissance et fidélité? Mais ce qui nous afflige encore davantage, c'est de voir qu'après avoir *mendié* près d'un chapitre l'administration d'un archevêché, vous vous soyez, de votre propre autorité et sans nous consulter, chargé du gouvernement d'une autre église, bien loin d'imiter le bel exemple du cardinal Joseph Fesch, archevêque de Lyon, lequel, ayant été nommé avant vous au même archevêché de Paris, a cru si sagement devoir s'interdire toute administration spirituelle de cette église, malgré l'invitation du chapitre.

» Nous ne rappelons pas qu'il est inouï dans les annales ecclésiastiques qu'un prêtre nommé à un évêché quelconque ait été engagé par les vœux du chapitre à prendre le gouvernement du diocèse avant d'avoir reçu l'institution canonique. Nous n'examinerons pas (et personne ne sait mieux que vous ce qu'il en est) si le vicaire capitulaire a donné librement et de plein gré la démission de ses fonctions, et s'il n'a pas cédé aux promesses, à la crainte ou aux menaces, et par conséquent si votre élection a été libre, unanime et régulière. Nous ne voulons pas non plus nous informer s'il y avait dans le sein du chapitre quelqu'un en état de remplir des fonctions si importantes; car enfin où veut-on en venir? On veut introduire dans l'Eglise un usage aussi nouveau que dangereux, au moyen duquel la puissance civile parviendrait insensiblement à n'établir, pour l'administration des sièges vacants, que des personnes qui lui seraient entièrement vendues. Qui ne voit évidemment que c'est non-seulement nuire à la liberté de l'Eglise, mais encore ouvrir la porte au schisme et aux élections invalides? Mais, d'ailleurs, qui vous a dégagé de ce lien qui vous unit à l'église de Monte-Fiascone? qui vous a donné des dispenses pour être élu par un chapitre, et vous charger de l'administration d'un autre diocèse? Quittez donc sur-le-champ cette administration. Non-seulement nous vous l'ordonnons, mais nous vous en prions, nous vous en conjurons, pressé par la charité personnelle que nous avons pour vous, afin que nous ne soyons pas forcé de procéder, malgré nous et avec le plus grand regret, conformément aux statuts des saints canons; et personne n'ignore les peines qu'ils prononcent contre ceux qui, préposés à une église, prennent en main le gouvernement d'une autre église avant d'être dégagés des premiers liens. Nous espérons que vous vous rendrez volontiers à nos vœux, si vous faites bien attention au tort qu'un tel exemple de votre part ferait à l'Eglise et à la dignité dont vous êtes revêtu. Nous vous écrivons avec toute la liberté qu'exige notre ministère; et, si vous recevez notre lettre avec les mêmes sentiments qui l'ont dictée, vous verrez qu'elle est un témoignage éclatant de notre tendresse pour vous.

» En attendant, nous ne cesserons d'adresser au Dieu bon, au Dieu tout-puissant de ferventes prières, pour qu'il daigne apaiser par une seule parole les vents et les tempêtes déchaînés avec fureur contre la barque de Pierre, et qu'il nous conduise enfin à ce port si désiré, où nous pourrons librement exercer les fonctions de notre ministère. Nous vous donnons de tout notre cœur notre bénédiction apostolique.

» Donné à Savone, le 5 novembre 1810, la 11ᵉ année de notre pontificat. *Signé* Pie VII, *pape.* »

Napoléon, irrité de cette fermeté apostolique, en vint à des mesures de rigueur contre le Pape et tous ceux qu'il soupçonnait d'avoir pris part à la rédaction et à la promulgation de ces brefs. Les cardinaux Gabrielli, di Piétro et Opizzoni furent enlevés de Semur, résidence de leur exil, et renfermés au donjon de Vincennes. Le prélat de Gregorio et le Père Fontana, général des Barnabites, élevés tous deux plus tard au cardinalat, subirent le même sort. Le prélat Doria fut violemment séparé du Pape et relégué à Naples; quelques serviteurs du Saint-Père furent conduits à Fénestrelle. Il ne fut plus permis d'approcher de Sa Sainteté si ce n'est à quelques personnes désignées par le gouvernement. Le 7 janvier 1811, tandis que le Pape se promenait dans le petit jardin de sa prison, pensant à autre chose qu'à un assaut dans son appartement, ses chambres furent envahies et examinées avec le soin le plus scrupuleux. On prit connaissance du contenu de toutes les dépêches, on s'empara même de ses bréviaires et de l'office de Notre-Dame, et tous ces objets furent emportés. Lorsque Pie VII apprit cette vigoureuse visite, il écouta ce récit avec sa douceur ordinaire et ne fit aucune observation. Il dit seulement : « Et le service de la Vierge aussi? et nos bréviaires? C'est juste! » Enfin le comte de Chabrol, préfet du département, adressa au vicaire de Jésus-Christ la lettre suivante, qui rappelle les procédés les plus tyranniques et les plus ignobles des souverains et des ministres du Bas-Empire. « Le soussigné, d'après les ordres émanés de son souverain, Sa Majesté impériale et royale, Napoléon, empereur des Français, roi d'Italie, protecteur de la confédération du Rhin, médiateur de la Suisse, est chargé de notifier au pape Pie VII que *défense lui est faite* de communiquer avec aucune église de l'empire, ni aucun sujet de l'empereur, *sous peine de désobéissance de sa part et de la leur;* qu'il cesse d'être l'organe de l'Eglise catholique, *celui qui prêche la rébellion*, et dont *l'âme est toute de fiel;* que, puisque rien ne peut *le rendre sage*, il verra que Sa Majesté est assez *puissante pour faire ce qu'ont fait ses prédécesseurs*, *et déposer un Pape*. — Notification à Savone, le 14 janvier 1811. *Signé* Chabrol. » Pie VII n'opposa à ces grossières violences que la patience la plus héroïque, et ne donna jamais aucun signe de découragement et de faiblesse.

Napoléon étendit ses rigueurs jusque sur les ecclésiastiques qui avaient refusé de reconnaître les vicaires capitulaires intrus, ou qui ne se montraient pas dociles à ses innovations religieuses; les prisons d'Etat furent remplies des victimes de sa tyrannie : l'abbé d'Astros, grand-vicaire du diocèse de Paris, depuis archevêque de Toulouse, fut emprisonné au donjon de Vincennes.

Quelques jours après, on parla d'une adresse du chapitre de Paris, dont la rédaction était attribuée au cardinal Maury. L'abbé Emery, obligé de se trouver au conseil où elle se délibérait, s'opposa fortement à deux assertions entièrement fausses que contenait cette adresse : 1° que c'était l'usage antique des églises de France de déférer tous les pouvoirs capitulaires aux évêques nommés; 2° que c'était en vertu d'un avis de Bossuet que tous les évêques nommés par Louis XIV, dans le temps de ses démêlés avec Innocent XII, avaient pris l'administration des églises auxquelles ils avaient été nommés. L'abbé Emery s'éleva surtout avec beaucoup de chaleur contre ce dernier point, et prouva qu'il n'y avait aucune preuve dans l'histoire de ces temps, que Bossuet fût l'auteur d'un tel conseil. L'adresse fut changée, mais l'abbé Emery ne voulut pas la signer, et l'on présenta à Napoléon, destiné à être toujours trompé, le premier projet qui renfermait ces erreurs. Fort de cette pièce mensongère, Napoléon en fit trophée; on l'envoya à tous les évêques de France et d'Italie, et tous les journaux retentirent, pendant quelque temps, des adhésions de plusieurs des évêques et des chapitres d'Italie; adhésions qui parurent si fortes et si peu mesurées, soit pour le fond des choses, soit pour les expressions, que l'on s'aperçut aisément d'où elles partaient. Il paraît, en effet, que la plupart avaient été rédigées à Milan, par un abbé Ferloni, chargé de ce soin par les agents du persécuteur de l'Eglise en ce pays; et on les envoyait toutes faites aux évêques que l'on croyait les plus disposés à les adopter (Artaud, Picot, an 1810).

Au mois de janvier 1811, Napoléon convoqua de nouveau la commission ecclésiastique, à laquelle il adjoignit deux nouveaux membres, le cardinal Caselli, évêque de Parme, et M. de Pradt, archevêque de Malines. Il leur proposa deux questions, dont la première était ainsi conçue : « Toute communication entre le Pape et les sujets de l'empereur étant interrompue, quant à présent, à qui faut-il s'adresser pour obtenir les dispenses qu'accordait le Saint-Siège? » Demande vraiment étrange dans la bouche de celui qui était l'auteur de cet état de choses. Dans la seconde, on demandait : « Quel serait le moyen légitime de donner l'institution canonique, si le Pape refusait persévéramment d'accorder des bulles aux évêques nommés par l'empereur pour remplir les sièges vacants! La commission répondit « que le Pape refusait les bulles sans alléguer aucune raison canonique; » assertion qui, sauf respect, contient au moins un petit mensonge; car dans le bref même à l'archidiacre de Florence, dont se plaint la commission, le Pape allègue précisément le quatrième canon du second concile de Lyon, que nous avons vu plus haut. La commission finit par proposer la marche suivante : « Envoyer une députation au Pape pour l'éclairer sur le véritable état des choses, convoquer ensuite un concile général ou une assemblée nombreuse d'évêques, si l'Eglise de France était obligée de pourvoir à sa propre conservation. » La commission observait qu'au reste l'essentiel dans cette affaire, était de ménager l'opinion publique, qui n'est pas très-favorable aux changements, et qu'il importait d'y préparer doucement les esprits. Voici les paroles de ces bons évêques de cour : « Des circonstances
» impérieuses peuvent obliger quelquefois d'apporter certaines modifications à l'exercice de la juri-
» diction du chef de l'Eglise, sans en altérer la subs-
» tance. Mais ces changements, même dans la disci-
» pline, s'ils étaient annoncés trop précipitamment,
» seraient suspects au peuple, toujours léger et in-
» considéré dans ses jugements. Il nous semble que
» les esprits doivent être préparés à toute variation;
» il faut qu'ils y soient doucement amenés (*Ami de
» la religion*, t. III, p. 376)... » C'est comme si des pasteurs disaient à un loup : Si vous voulez entrer dans la bergerie, il ne faut pas vous annoncer par des hurlements, mais contrefaire le renard, le berger même, s'il est possible ; autrement les brebis, effrayées et bêlantes, nous obligeront, malgré nous, de les défendre contre vos griffes.

Napoléon, ayant reçu l'avis de ses complaisants bergers, leur voulut donner audience. D'abord son ministre des cultes, Bigot de Préameneu, essaya de leur faire adopter des propositions entièrement subversives de l'autorité du Saint-Siège. L'abbé Emery écrivit au cardinal-oncle que ce serait anéantir l'Eglise. L'oncle alla donc trouver le neveu, lui fit entendre que c'était vouloir trop agir en loup, et dit : « Tous les évêques résisteront, et vous allez faire des martyrs. » A ces mots, Napoléon s'arrêta, porta vivement la main à son front, médita et parut disposé à se montrer plus modéré. Mais les flatteurs, les moqueurs survinrent, et il ne tint pas sa parole.

Dans une matinée de la fin de mars 1811, non-seulement tous les membres du comité ecclésiastique, mais encore les conseillers et les grands dignitaires de l'empire, furent inopinément convoqués à une audience impériale. L'empereur se fit attendre pendant deux heures. Il disait que les hommes qui avaient attendu étaient plus *hébétés*. Il parut dans un appareil extraordinaire, regarda si tout le monde était arrivé, et ouvrit la séance par un discours très-long et très-véhément contre le Pape : il l'accablait d'accusations pour sa résistance obstinée, et montrait une disposition à prendre les résolutions les plus extrêmes. Ce discours était un tissu de principes erronés, de faits absolument faux, et arrachés sans judiciaire à tous les siècles, de calomnies atroces et de maximes très-opposées à celles de l'Eglise ; cependant aucun des cardinaux ni des évêques présents ne parut chercher à faire valoir la vérité contre la force et la puissance. Heureusement il s'y trouva un prêtre.

Après avoir parlé avec la violence de la colère, Napoléon regarda tous les assistants, puis il dit à l'abbé Emery : « Monsieur, que pensez-vous de l'autorité du Pape ? » L'abbé Emery, directement interpellé, jeta les yeux avec déférence sur les évêques, comme pour demander une permission d'opiner le premier, et il répondit : « Sire, je ne puis avoir d'autre sentiment sur ce point que celui qui est contenu dans le catéchisme enseigné *par vos ordres* dans toutes les églises ; et à la demande : *Qu'est-ce que le Pape?* on répond qu'*il est le chef de l'Eglise, le vicaire de Jésus-Christ, à qui tous les chrétiens doivent l'obéissance* ; or, un corps peut-il se passer de son chef, de celui à qui, de droit divin, il doit l'obéissance? » Napoléon fut surpris de cette réponse, il paraissait attendre encore que l'abbé Emery continuât de parler. Le prêtre octogénaire ne redoutait rien, et il reprit : « On nous oblige, en France, de soutenir *les quatre articles de la Déclaration du clergé*, mais il faut en recevoir la *doctrine* dans son entier; or, il est dit aussi dans le préambule de cette *Déclaration*, que le Pape est le chef de l'Église, à qui tous les chrétiens doivent l'obéissance, et de plus on ajoute que ces quatre articles, décrétés par l'Assemblée, ne le sont pas tant pour limiter la puissance du Pape, que pour empêcher qu'on ne lui accorde pas ce qui est essentiel. » Ici l'abbé Emery entra dans un assez long développement des quatre articles, montrant que, quoiqu'ils parussent limiter la puissance du Pape en quelques points, cependant ils lui reconnaissaient une autorité si grande et si universelle, qu'on ne pouvait pas s'en passer dans l'Église. L'abbé Emery déclara ensuite que si, comme on le disait, on assemblait un concile, il n'aurait aucune valeur, s'il était *disjoint* du Pape.

Napoléon, vaincu sur ce point, murmura le mot *catéchisme*, et reprit : « Eh bien ! je ne vous conteste pas la puissance spirituelle du Pape, puisqu'il l'a reçue de Jésus-Christ; mais Jésus-Christ, je l'ai déjà dit, ne lui a pas donné la puissance temporelle; c'est Charlemagne qui la lui a donnée, et moi, successeur de Charlemagne, je veux la lui ôter, parce qu'il ne sait pas en user, et qu'elle l'empêche d'exercer ses fonctions spirituelles. Monsieur Emery, que pensez-vous de cela ? » L'abbé Emery était bien mieux préparé depuis l'entretien à Fontainebleau : « Sire, Votre Majesté honore le grand Bossuet, et se plaît à le citer souvent; je ne puis avoir d'autre sentiment que celui de Bossuet dans sa *Défense de la Déclaration du clergé*, qui soutient expressément que l'indépendance et la pleine liberté du chef de la religion sont nécessaires pour le libre exercice de la suprématie spirituelle dans l'ordre qui se trouve établi de la multiplicité des royaumes et des empires. Je citerai textuellement le passage que j'ai très-présent à la mémoire. Sire, Bossuet parle ainsi : « Nous savons bien que les Pontifes
» romains et l'ordre sacerdotal ont reçu de la con-
» cession des rois, et possèdent légitimement des
» biens, des droits, des principautés (*imperia*),
» comme en possèdent les autres hommes, à très-
» bon droit. Nous savons que ces possessions, en
» tant que dédiées à Dieu, doivent être sacrées, et
» qu'on ne peut, sans commettre un sacrilège, les
» envahir, les ravir et les donner à des séculiers.
» On a concédé au Siège apostolique la souveraineté
» de la ville de Rome et d'autres possessions, afin
» que le Saint-Siège, plus libre et plus assuré,
» exerçât sa puissance dans tout l'univers. Nous en
» félicitons non-seulement le Siège apostolique,
» mais encore l'Église universelle, et nous prions,
» de tous nos vœux, que, de toutes manières, ce
» *principal sacré* demeure sain et sauf (L. 1, sect.
» 10, c. 16). »

Napoléon, après avoir écouté avec patience, prit doucement la parole, comme il faisait toujours quand il était hautement contredit, et parla ainsi : « Je ne récuse pas l'autorité de Bossuet; tout cela était vrai de son temps, où l'Europe reconnaissait plusieurs maîtres; *il n'était pas convenable que le Pape fût assujéti à un souverain particulier*; mais quel inconvénient y a-t-il que le Pape me soit assujéti à moi, maintenant que l'Europe ne connaît d'autre maître que moi seul ? » L'abbé Emery fut un peu embarrassé, parce qu'il ne voulait pas donner des réponses qui blessassent l'orgueil individuel. Il se contenta de dire qu'il pouvait se faire que les inconvénients prévus par Bossuet n'eussent pas lieu sous le règne de Napoléon et sous celui de son successeur; puis il ajouta : « Mais, Sire, vous connaissez aussi bien que moi l'histoire des révolutions : *ce qui existe maintenant peut ne pas toujours exister*; à leur tour, les inconvénients prévus par Bossuet pourraient reparaître. Il ne faut donc pas changer un ordre si sagement établi. »

Comme les évêques de la commission voulaient que l'empereur envoyât un message au Pape pour lui proposer que, dans le cas où il ne donnerait pas l'institution canonique dans les six mois de la nomination, le métropolitain fût autorisé à la donner en son nom, Napoléon interrogea l'abbé Emery sur ce point, désirant savoir s'il croyait que le Pape ferait cette concession. L'abbé Emery ayant déclaré qu'il croyait que le Pape ne la ferait pas, parce que ce serait anéantir son droit d'institution, Napoléon se tourna vers les évêques en disant : « Vous vouliez me faire faire un *pas de clerc*, en m'engageant à demander au Pape une chose qu'il ne doit pas m'accorder. »

Avant que la séance finît, Napoléon dit à l'un des évêques : « Ce que M. Emery m'a répondu sur la définition du *catéchisme* est-il vrai ? » Après avoir entendu la réponse affirmative, Napoléon se disposa à se retirer. Quelques prélats ayant voulu lui dire que l'abbé Emery, accablé d'un grand âge, lui avait peut-être déplu : « Vous vous trompez, reprit l'empereur, je ne suis pas irrité contre l'abbé Emery; il a parlé comme un homme qui sait et qui possède son sujet : c'est ainsi que j'aime qu'on me parle. M. Emery ne pense pas comme moi; mais chacun doit avoir ici son opinion libre. » Lorsqu'il sortit, Napoléon, en passant devant l'abbé Emery, le salua avec un sentiment mêlé d'estime et de respect. Depuis, lorsque le cardinal Fesch voulait parler affaires ecclésiastiques à Napoléon, celui-ci lui disait : « Taisez-vous, vous êtes un ignorant. Où avez-vous appris la théologie ? C'est avec M. Emery, qui la sait, que je dois m'en entretenir. » L'empereur disait aussi : « Un homme tel que M. Emery me ferait faire tout ce qu'il voudrait, et peut-être plus que je ne devrais. »

Telle fut la séance mémorable où Napoléon se montra grand et maître de lui, et prouva que, s'il avait été entouré d'hommes tels que M. Emery, d'évêques qui sussent bien leur catéchisme et qui eussent le courage de le professer, il eût souvent modifié ses opinions. Malheureusement l'abbé Emery tomba malade peu après, et mourut le 28 avril de cette même année 1811, soit que ce fût une suite de l'agitation qu'il avait éprouvée, soit que ce fût une nécessité de ses quatre-vingts ans. À la nouvelle de sa mort, Napoléon dit tout haut : « J'en suis fâché, c'était un homme sage, c'était un ecclésiastique d'un mérite distingué : il faut lui faire des obsèques extraordinaires : je veux qu'il soit enterré au Panthéon. » Cependant, sur l'observation du cardinal Fesch, il consentit à ce qu'il fût enterré à la maison de campagne du séminaire à Issy, au milieu de ses enfants (Artaud, *Hist. de Pie VII*, t. III, c. 1). Puisse la congrégation de Saint-Sulpice se montrer toujours digne de ce vénérable supérieur, et former beaucoup de prêtres qui lui ressemblent ! C'est ce que nous pouvons lui souhaiter de plus utile et de plus glorieux, non-seulement pour elle, mais pour l'Eglise entière.

Le cardinal Pacca, après avoir parlé de cette controverse mémorable entre Napoléon et l'abbé Emery, ajoute ces réflexions : « L'anecdote que je viens de raconter m'a confirmé dans l'opinion que Bonaparte ne serait jamais devenu persécuteur de l'Eglise, si, dès le principe, il eût trouvé plus de fermeté et de courage dans les évêques français, moins de facilité et de condescendance dans la cour de Rome. »

Cependant la réponse de la commission ecclésiastique favorisait trop les vues de Napoléon pour qu'il ne s'empressât pas de l'approuver et d'en suivre les suggestions. Le 25 avril, il annonça l'ouverture d'un concile national, et une lettre-circulaire d'un style soldatesque convoqua à Paris, pour le 9 juin, les évêques de France et plusieurs évêques d'Italie. L'espérance de Napoléon était d'intimider par là le Pape et de le forcer à condescendre à ses désirs. Il eut l'air de consentir à ce que les cardinaux et les évêques assemblés envoyassent une députation à Savone; mais il nomma lui-même les prélats qui devaient la composer, leur fixa l'époque de leur retour à Paris, et leur dicta les bases du nouveau traité qu'ils devaient conclure, s'ils trouvaient le Pape disposé à un accommodement. Trois prélats composèrent cette députation : monseigneur de Barral, archevêque de Tours; Duvoisin, évêque de Nantes, qui avait mérité la confiance de l'empereur, et monseigneur Mannay, évêque de Trèves : prélats instruits et versés dans les affaires, observe le cardinal Pacca, mais d'une complaisance servile envers le pouvoir laïque, cette maladie épidémique parmi les évêques qui hantent les cours, et dont l'origine date du règne du grand Constantin, sous lequel nous voyons les deux Eusèbe, ses favoris, jouer un rôle si honteux dans l'affaire de l'arianisme.

Ce jugement peut paraître sévère; les trois évêques le justifient par leur correspondance, publiée en 1815 par le neveu de l'archevêque de Tours, l'abbé de Barral, sous le titre de *Fragments relatifs à l'histoire ecclésiastique des premières années du XIXᵉ siècle*. Par leurs dépêches datées de Savone, on voit qu'ils faisaient auprès du Pape une espèce d'espionnage, qu'ils le harcelaient, qu'ils le circonvenaient pour l'amener au but de celui qui les avait envoyés, et leurs lettres au ministre des cultes de ce temps-là sont la preuve d'une adresse merveilleuse pour faire tomber dans le piège un Pontife seul, privé de ses conseils, et à qui on cachait tout avec de scrupuleuses précautions. Il y a surtout une lettre du 6 juin, où ils parlent du chef de l'Eglise, alors captif, avec assez peu de mesure. Malgré quelques formules de révérences, ils le peignent au fond comme un homme faible et scrupuleux, qui tient à des *opinions exagérées*, et qu'on pourra amener, *par lassitude*, à ce que l'on voudra (Picot, *Ami de la religion*, t. III, p. 371). Ce conseil, *amener par lassitude*, suggéré à Napoléon par les trois évêques contre le Pape, rappelle cet ordre : *Désolez leur patience*, donné par le Directoire à ses agents contre les prêtres fidèles.

Les instructions des trois évêques portaient qu'ils devaient notifier au Pape la convocation du concile national, lui déclarer que le concordat de 1801 était abrogé par le fait, puisque le Saint-Père, une des parties contractantes, avait refusé de l'exécuter; qu'à l'avenir les évêques recevraient l'institution canonique, comme avant le concordat de François Iᵉʳ, et selon le mode qui serait adopté par le concile et approuvé par l'empereur. La députation était en outre autorisée à entamer deux traités : l'un sur l'institution des évêques, l'autre sur les affaires générales de l'Eglise.

Voici quelles devaient être les bases du premier traité : l'empereur consentait à remettre en vigueur le concordat de 1801, mais sous deux conditions, savoir : 1º que le Pape accorderait les bulles d'institution aux évêques déjà présentés, 2º qu'à l'avenir il expédierait les bulles trois mois après la présentation, et que, ce délai expiré, le métropolitain conférerait l'institution au suffragant, et réciproquement. Pour ce qui regarde les bases du second traité relatif aux affaires générales de l'Eglise, on offrait au Pape ou de retourner à Rome s'il prêtait le serment de fidélité et d'obéissance prescrit aux évêques par le concordat, ou de siéger à Avignon, avec les honneurs dus à un souverain et une pension de deux millions de francs, s'il promettait de ne rien faire de contraire aux quatre propositions du clergé de France. On ajoutait que, si le Pape consentait à la conclusion de ces deux traités, l'empereur consentirait à traiter avec lui pour l'érection de nouveaux évêchés en Hollande, en Allemagne, pour le rétablissement de la daterie, et de tous les autres objets qui pourraient être nécessaires pour le libre exercice de la juridiction pontificale. Enfin les évêques avaient l'ordre formel de signifier au Saint-Père que la souveraineté temporelle de Rome ne lui serait jamais rendue. Le retour était fixé pour le 9 juin, jour destiné à l'ouverture du concile. Comme ils devaient se présenter au nom de la commission ecclésiastique, les évêques réunis à Paris leur remirent une lettre de créance, qu'ils signèrent tous, et dans laquelle ils engageaient le Pape à accepter les propositions de l'empereur, comme le seul moyen possible de réconciliation.

Les trois évêques partirent de Paris au commencement de mai, et arrivèrent à Savone le 9 du même mois. Le lendemain même, ils furent présentés par le préfet, au Saint-Père qui les reçut avec sa douceur et sa bonté ordinaires. Les trois députés, auxquels s'adjoignit l'évêque de Faënza, conférèrent presque tous les jours avec le Pape et les négociations durèrent jusqu'au 19. Ces prélats y mirent en pratique toutes les ruses qu'ils avaient conseillées dans leurs réponses à l'empereur, et que l'on voit par leurs dépêches. Pie VII soutint d'abord courageusement leurs assauts, il rejeta surtout avec dignité la proposition de ne rien faire contre les quatre articles, déclarant que cette promesse était contraire aux maximes de l'Eglise romaine, et en contradiction manifeste avec les écrits et les actes de ses prédécesseurs. Comme il répétait sans cesse que, dans une affaire aussi importante, il ne devait prendre aucune détermination sans être assisté de son conseil, les trois évêques de cour osèrent bien lui offrir de suppléer eux-mêmes à l'absence du sacré collége. Pie VII les remercia. Il déploya enfin tant d'énergie et de science dans ses réponses, que les négociateurs furent sur le point de voir s'évanouir toutes leurs espérances. Le jour fixé pour leur retour approchait. Ils tentèrent un dernier effort sur le Pape, lui représentèrent tous les maux de l'Eglise, auxquels il pouvait remédier par quelques *légères concessions.* « Encore quelques heures, disaient-ils, et il n'est plus temps... Des ordres formels de l'empereur nous rappellent à Paris. » Le pauvre Pape finit par céder, et les prélats, profitant de ce moment de faiblesse, rédigèrent aussitôt sous ses yeux la note ou promesse suivante, et firent en sorte qu'il ne pût la désavouer, quoiqu'elle ne fût pas revêtue de sa signature.

« Sa Sainteté, prenant en considération les besoins et les vœux des Eglises de France et d'Italie, qui lui ont été représentés par l'archevêque de Tours, et par les évêques de Trèves, de Nantes et de Faënza, et voulant donner à ces églises une nouvelle preuve de sa paternelle affection, a déclaré à l'archevêque et aux évêques susdits ce qui suit : 1° Sa Sainteté accordera l'institution canonique aux évêques nommés par S. M. I et R., dans les formes convenues par les concordats de France et d'Italie. 2° Sa Sainteté consentira à étendre les mêmes dispositions aux églises de Toscane, de Parme et de Plaisance, au moyen d'un nouveau concordat. 3° Sa Sainteté consent qu'il soit inséré dans les concordats une clause portant qu'elle donnera les bulles de confirmation dans un temps déterminé, terme que Sa Sainteté juge devoir être de six mois au moins; et dans le cas où elle ne les donnerait pas dans ce délai pour d'autres causes que l'indignité des sujets, elle investirait du pouvoir de les conférer le métropolitain ou le plus ancien évêque de la province ecclésiastique. 4° Sa Sainteté ne s'est déterminée à ces concessions que dans l'espérance que lui ont fait concevoir les évêques députés, qu'elles prépareraient les voies à des accommodements qui rétabliraient l'ordre et la paix dans l'Eglise, et qui rendraient au Saint-Siége la liberté, l'indépendance et la dignité convenables. — Savone, 19 mai 1811. »

Tel fut, dit le cardinal Pacca dans ses *Mémoires,* le résultat de la mission des quatre prélats, et le premier pas rétrograde que fit Pie VII depuis son enlèvement, et dont tous les autres ne furent que la conséquence. Les députés eurent à peine pris congé, que le Pape, sentant la gravité de la promesse qu'on lui avait arrachée par surprise, tomba dans la plus profonde affliction, et rentré en lui-même pleura amèrement. Il ne put fermer l'œil de toute la nuit suivante; il jetait de profonds soupirs et s'accusait lui-même à haute voix dans les termes du plus vif repentir. Le lendemain, il demanda de bonne heure si les députés étaient encore à Savone, et, sur la réponse qu'ils étaient partis, il tomba dans l'abattement le plus profond. Les évêques, à leur retour en France, rendirent compte au gouvernement de leur mission; mais on garda pour le moment le silence sur les concessions faites par le Pape.

Le concile impérial ou l'assemblée des évêques français et italiens convoqués par l'empereur Napoléon, devait commencer le 9 juin 1811; il ne se réunit que le 17. On y compta quatre-vingt-quinze prélats, dont six cardinaux, neuf archevêques et quatre-vingts évêques, non compris neuf ecclésiastiques nommés à des évêchés. Dans ce nombre, il y avait quarante-neuf évêques de France; trois seulement y manquaient, savoir, les évêques du Mans, de la Rochelle et de Séez. Ce dernier avait eu défense de venir au concile, et fut obligé vers le même temps de donner sa démission. Sur dix-sept évêques du Piémont et de l'Etat de Gênes, il en vint dix. Deux évêques d'Allemagne, l'évêque de Paros, suffragant d'Osnabruck, et l'évêque de Jéricho, suffragant de Munster, furent aussi appelés, ainsi que l'évêque de Trente, comme appartenant sans doute au royaume d'Italie, et l'évêque de Sion, qui était censé être de la France depuis le décret de réunion du Valais. Le royaume d'Italie, tel qu'il existait en 1803, comprenait vingt-six évêchés; il ne fournit que dix-sept membres à l'assemblée. L'archevêque de Bologne ni aucun de ses suffragants n'y parut, et cette métropole ne s'y trouva point représentée. L'archevêque était le cardinal Opizzoni, alors renfermé au donjon de Vincennes. Le reste de l'Etat de Venise, et qui comprenait, avec la Dalmatie, plus de trente évêchés, n'envoya que quatre députés. La Toscane en fournit onze, sur dix-neuf sièges. Dans l'Etat de l'Eglise, sur cinquante-cinq sièges, il ne vint que Becchetti, évêque de Citta della Pieve; car le cardinal Maury, évêque de Monte-Fiascone, fut admis à un autre titre. Les cinquante-trois autres ou ne furent pas convoqués, ou n'eurent pas la liberté de venir. Plusieurs d'entre eux étaient exilés ou emprisonnés pour refus de serment. Le cardinal de Brancadoro, archevêque de Fermo, avait été exilé à l'occasion du mariage, et le cardinal Gabrielli, évêque de Sinigaglia, était au donjon de Vincennes. Au total, la partie de l'Italie dont Bonaparte s'était emparé comprenait cent cinquante-deux sièges épiscopaux, sur lesquels il n'y eut que quarante-deux évêques à l'assemblée. Il en manquait donc cent dix : tandis que pour l'empire français tout entier, il n'y en a que quatre-vingts de présents. Il s'en manquait donc plus des deux tiers pour l'Italie, et plus de la moitié pour l'empire, à ce que ce fût un concile vraiment national. Il s'en manquait même que ce fût un concile. La première condition est que les évêques soient canoniquement appelés, et y puissent venir librement. Or, Napoléon y appelait arbitrairement ceux qui lui étaient favorables, à l'exclusion des autres, dont il tenait plusieurs en exil ou en prison. Becchetti, continuateur de l'*Histoire ecclésiastique* d'Orsi, et évêque de Citta della Pieve, lors de l'enlèvement de Pie VII, écrivit une lettre tellement servile au nouveau gouvernement, que le général Radet crut devoir l'en féliciter (Artaud, t. II, p. 387); aussi fut-il le seul évêque des Etats-Romains appelé par l'empereur à son prétendu concile.

Vers le milieu du IVe siècle, nous avons vu des évêques de cour tenir un concile à Antioche contre saint Athanase; nous avons vu dès lors Socrate, auteur grec du même siècle, prouver l'irrégularité de ce concile, *en ce que Jules, évêque de la grande Rome n'y assista point ni n'envoya personne à sa place, bien qu'il y eût une règle ecclésiastique qui* défendait aux églises de rien régler sans le consentement de l'évêque de Rome (Socrate, l. 2, c. 8; T. III, l. 32, p. 115 de cette Histoire). Nous avons vu le pape saint Jules dire à ces évêques de cour : *Ne savez-vous pas que c'était la coutume de nous écrire d'abord, et que d'ici devait venir la décision de ce qui est juste? Il fallait donc écrire à l'Eglise d'ici.* Ce que deux historiens grecs, Sozomène et Nicéphore, résument en ces termes : *Il y avait une loi sacerdotale ou ecclésiastique qui déclarait nul tout ce qui se faisait sans le consentement de l'évêque de Rome* (Soz., l. 3, c. 10; Niceph., l. 9, c. 10; T. III, p. 118 de cette Histoire). D'après ces anciennes règles de l'Eglise, proclamées et enregistrées par les Grecs eux-mêmes, le concile convoqué à Paris, non-seulement sans le Pape, mais contre le Pape, n'est pas un concile, une assemblée canonique d'évêques, mais un conciliabule, frappé de nullité depuis quinze siècles.

Au commencement du VIe siècle (501), nous avons vu les évêques d'Italie convoqués à un concile de Rome, par Théodoric, roi des Ostrogoths, Les évêques, en passant par Ravenne, demandèrent au roi le sujet de cette assemblée. Il répondit que c'était pour examiner les crimes dont Symmaque était accusé par ses ennemis. Les évêques dirent que c'était au Pape lui-même à convoquer ce concile ; que le Saint-Siège avait ce droit, d'abord par le mérite et la principauté de saint Pierre, ensuite par l'autorité des conciles, et que l'on ne trouvait aucun exemple qu'il eût été soumis au jugement de ses inférieurs. Le roi dit que le Pape lui-même avait manifesté, par ses lettres, sa volonté pour la convocation du concile : Les évêques demandèrent à lire ces lettres, et le roi les leur fit donner, ainsi que toutes les pièces du procès. Malgré cela, quand on apprit dans les Gaules qu'un concile d'Italie avait entrepris de juger le Pape, *tous les évêques* en furent alarmés, et chargèrent saint Avit, évêque de Vienne, d'en écrire *au nom de tous.* Dans sa lettre aux principaux sénateurs romains, il dit entre autres : « Si vous y pensez avec la profondeur qui vous est propre, vous n'y verrez pas uniquement l'affaire actuelle de Rome. Dans les autres pontifes, si quelque chose vient à branler, on peut le réformer; mais si le Pape de Rome est mis en doute, ce n'est plus un évêque, c'est l'épiscopat même qu'on verra vaciller. Vous n'ignorez point parmi quelles tempêtes les hérésies nous conduisons le vaisseau de la foi ; si vous craignez avec nous ces dangers, il faut que vous travailliez avec nous à défendre votre pilote. Quand les nautonniers se révoltent contre celui qui tient le gouvernail, serait-il de la prudence de céder à leur fureur, en les exposant eux-mêmes au danger pour les punir? Celui qui est à la tête du troupeau du Seigneur rendra compte de la manière dont il le conduit ; mais ce n'est pas au troupeau à demander ce compte, c'est au juge (T. IV, l. 43, p. 98 de cette Histoire). »

Au commencement du XIXe siècle, il eût été bien à souhaiter que Napoléon, empereur des Français et roi d'Italie, eût eu envers le chef de l'Eglise catholique l'urbanité et la civilisation de son prédécesseur ostrogoth dans le royaume d'Italie, l'arien Théodoric : au commencement du XIXe siècle, il eût été bien à souhaiter que les évêques de France eussent eu, pour l'honneur de leur chef et pour leur propre honneur, le même zèle que leurs prédécesseurs au commencement du VIe. Il n'y eut guère pour s'en souvenir que le successeur direct de saint Avit, monseigneur d'Aviau, archevêque de Vienne jusqu'au concordat, archevêque de Bordeaux depuis. On peut lui adjoindre un évêque d'Allemagne, monseigneur Droste de Vischering, alors coadjuteur de Munster et qui de nos jours, archevêque de Cologne, a ressuscité à la vie, par son exemple et son courage, l'épiscopat et le clergé de l'Allemagne entière.

Mais revenons à Paris en 1811. Avant l'ouverture du concile, plusieurs assemblées furent tenues chez le cardinal Fesch, pour régler le cérémonial et préparer les matières. Ce cardinal devait naturellement être président : mais au lieu d'être redevable de cette qualité au choix des évêques, il prétendit qu'elle était due à son siège, quoique Lyon n'eût en effet aucune prééminence depuis le concordat. Il fit donc insérer dans le cérémonial que la présidence *appartenait à l'archevêque de l'Eglise la plus ancienne et la plus qualifiée,* et sur ce titre il prit les fonctions de président, quoique le concile n'ait jamais rien statué à cet égard. La première session, qui fut la seule, se tint le 17 juin. Ce jour-là, à huit heures du matin, les prélats se réunirent au palais de l'archevêché, d'où ils se rendirent, au nombre de quatre-vingt-quinze, en chape et en mitre, à l'église métropolitaine. C'était un spectacle imposant. On n'avait pas vu tant d'évêques rassemblés depuis le concile de Trente ; et les amis de la religion se seraient félicités de cette convocation, si les circonstances n'eussent pas inspiré quelque inquiétude, et si on n'eût pas craint avec raison les sinistres projets d'un homme qui n'avait, en effet, provoqué cette réunion que pour satisfaire ses caprices et son ambition. Quoi qu'il en soit, la cérémonie du 17 juin fut à la fois pompeuse et touchante. Le cardinal Fesch officia pontificalement.

Après l'évangile, l'évêque de Troyes, M. de Boulogne, prononça un discours où il traita de *l'influence de la religion catholique sur l'ordre social et sur le bonheur des empires :* par les maximes qu'elle établit, d'où naît la durée des Etats ; par la nature de son culte, d'où naît la gloire des Etats ; par le ministère de ses pasteurs, d'où naît le bonheur des Etats. Dans cette troisième partie, après avoir exposé les immenses difficultés que les évêques avaient à résoudre, il ajoute ces paroles, alors surtout bien remarquables et bien courageuses :

« Mais quelle que soit l'issue de vos délibérations, quel que soit le parti que la sagesse et l'intérêt de nos églises pourront nous suggérer, jamais nous n'abandonnerons ces principes immuables qui nous attachent à l'unité, à cette pierre angulaire, à cette clé de voûte sans laquelle tout l'édifice s'écroulerait sur lui-même : jamais nous ne nous détacherons de ce premier anneau sans lequel tous les autres se dérouleraient et ne laisseraient plus voir que confusion, anarchie et ruine : jamais nous n'oublierons tout ce que nous devons de respect et d'amour à cette Eglise romaine qui nous a engendrés à Jésus-Christ, et qui nous a nourris du lait de la doctrine ; à cette chaire auguste que les Pères appellent la citadelle de la vérité, et à ce chef suprême de l'épiscopat, sans lequel tout l'épiscopat se détruirait lui-même et ne ferait plus que languir comme une branche détachée du tronc, ou s'agiter au gré des flots comme un vaisseau sans gouvernail et sans pilote. Oui, quelques vicissitudes qu'éprouve le Siège de Pierre, quels que soient l'état et la condition de son auguste successeur, toujours nous tiendrons à lui par les liens du respect et de la révérence filiale. Ce Siége pourra être déplacé, il ne pourra pas être détruit; on pourra lui ôter de sa splendeur, on ne pourra pas lui ôter de sa force; partout où ce Siége sera, là tous les autres se réuniront; partout où ce Siége se transportera, là tous les catholiques le suivront, parce que partout où il se fixera, partout sera la tige de la succession, le centre du gouvernement et le dépôt sacré des traditions apostoliques.

» Tels sont nos sentiments invariables, que nous proclamons aujourd'hui à la face de l'univers, à la face de toutes nos églises dont nous portons en ce moment les vœux, et dont nous attestons la foi; à la face des saints autels, et au milieu de cette basilique où nos pères assemblés vinrent plus d'une fois cimenter la paix de l'Eglise, et apaiser par leur sagesse des troubles et des différends, hélas! trop ressemblants à ceux qui nous occupent aujourd'hui. Il me semble en ce moment les entendre, il me semble voir leurs ombres vénérables apparaître au milieu de nous, comme pour nous dire de ne rien faire qui ne soit digne d'eux, qui ne soit digne de nous, et de ne jamais dévier de l'antique chemin qu'ont tenu nos ancêtres (*Sermons et discours inédits de M. de Boulogne*, évêque de Troyes. Paris, 1826, t. III, p. 427). »

Ces paroles firent une profonde impression. La cérémonie de la paix et la communion furent également touchantes. Après la messe, on ouvrit le concile. Les évêques de Nantes, de Quimper, d'Albenga et de Brescia firent les fonctions de secrétaires provisoires. L'évêque de Nantes publia en chaire le décret d'ouverture, et celui sur la manière de vivre en concile. Les suffrages pour les décrets furent recueillis dans la forme indiquée par le cérémonial, et l'on observa tout ce qui avait coutume d'être pratiqué dans ces saintes assemblées. On lut la profession de foi de Pie VII. Le cardinal Fesch, président du concile, à genoux, prononça d'abord à haute voix le serment prescrit en ces termes : *La sainte Eglise catholique et apostolique romaine, je la reconnais pour la mère et maîtresse de toutes les églises, et au Pontife romain, successeur du bienheureux Pierre, prince des apôtres et vicaire de Jésus-Christ, je promets et jure une véritable obéissance*. Les autres prélats firent le même serment entre les mains du président. Ainsi, le premier acte d'une Assemblée convoquée par le persécuteur du Saint-Siège, fut une reconnaissance des droits de ce même Siège; et une promesse d'obéir au Pontife qui y était assis. On chanta les litanies, le *Te Deum* et toutes les prières d'usage.

Après cette première session, qui fut aussi la dernière, il n'y eut plus que des congrégations générales ou particulières, qui se tinrent à l'archevêché. La première eut lieu le 20 juin. Après la messe, le ministre des cultes entra dans être attendu. Son arrivée surprit tous les membres, excepté ceux qui, vendus à la cour, étaient dans le secret. Le ministre lut un décret de son maître, portant 1° qu'il agréait le cardinal Fesch pour président, quoiqu'on ne le lui eût point demandé; et 2° qu'il serait formé un bureau chargé de la police de l'assemblée. Cette dernière mesure parut insolite et excita des réclamations. Il était assez clair que Bonaparte voulait par là dominer le concile; il avait spécifié que les deux ministres des cultes, pour la France et l'Italie, feraient partie de ce bureau. Dans la discussion qui eut lieu à ce sujet, le président, se montrant plus cardinal-oncle que cardinal-prêtre, se déclara pour le décret oppressif de son neveu, et son avis entraîna l'assemblée. Il fut nommé membre du bureau, avec les archevêques de Bordeaux et de Ravenne, et l'évêque de Nantes, l'âme damnée de l'empereur. Cette première discussion amena une discussion incidente, et on agita si les ecclésiastiques nommés à des évêchés auraient voix délibérative. On la leur accorda pour cet objet seulement, sans tirer à conséquence pour l'avenir. Au milieu de cette discussion, le ministre des cultes voulut aussi dire son avis. On eut beaucoup de peine à lui faire entendre qu'il n'avait aucune voix à émettre, que c'était déjà beaucoup de souffrir sa présence dans une assemblée d'évêques, et qu'il devait être passif dans toutes les délibérations. On élut quatre secrétaires et deux promoteurs. Les premiers furent les évêques d'Albenga, de Brescia, de Montpellier et de Troyes; les seconds, les évêques de Como et de Bayeux.

Le ministre des cultes lut un message de l'empereur au concile. C'était un véritable manifeste contre le Pape, conçu dans les termes les plus aigres et les plus offensants. Suivant ce message, c'était Pie VII qui était cause de tous les maux de l'Eglise. C'étaient ses prétentions exagérées et son attachement au temporel qui avaient tout troublé, tandis que les sollicitudes religieuses de l'empereur étaient dignes de tous les éloges. Celui-ci avait tout tenté pour ramener la paix; mais le refus que faisait le Pape de donner des bulles, en Italie depuis 1805, et en France depuis 1808, les brefs adressés à Paris et à Florence, les pouvoirs extraordinaires donnés au cardinal di Pietro, avaient forcé l'empereur de déployer sa puissance et de reprendre Rome et les Etats de l'Eglise. Il déclamait contre la doctrine des Grégoire et des Boniface, contre la bulle *In cœnâ Domini*, et déclarait qu'il ne souffrirait point en France de vicaires apostoliques; que le concordat avait été violé par le Pape et n'existait plus; qu'il fallait par conséquent recourir à un autre mode pour les institutions canoniques, et que c'était au concile à indiquer celui qu'il jugerait le plus convenable. Lorsque le ministre eut lu ce message en français, Codronchi, archevêque de Ravenne, eut la complaisance de le lire en italien pour ses compatriotes. Il n'est pas besoin de dire l'effet que fit ce message, où chacun ne vit qu'une diatribe aussi peu digne d'un souverain qu'insultante pour le Chef de l'Eglise. Mais les évêques réunis à Paris l'an 1811 auraient pu se rappeler ce que firent leurs prédécesseurs de France et d'Italie à Rome, plus de mille ans auparavant, savoir, l'an 800, dans la basilique de Saint-Pierre. Charlemagne ayant ouvert l'assemblée par un discours sur le sujet de son voyage, on proposa d'examiner les accusations intentées contre le pape Léon III. Mais tous les archevêques, les évêques et les abbés de France et d'Italie s'écrièrent d'une voix unanime : *Nous n'osons juger le Siége apostolique, qui est le chef de toutes les Eglises de Dieu; car nous sommes tous jugés par ce Siége et par son vicaire; mais ce Siége n'est jugé par personne : c'est là l'ancienne coutume. Mais comme le souverain Pontife jugera lui-même, nous obéirons canoniquement.* Quelle gloire pour l'épiscopat de France et d'Italie, si les contemporains de Napoléon avaient répondu comme les contemporains de Charlemagne!

La seconde congrégation générale fut tenue le 21 juin 1811. On y nomma pour la rédaction de l'adresse à l'empereur, une commission composée du cardinal Caselli et de six évêques, et une autre commission chargée de présenter un règlement qui n'eut jamais lieu. On arrêta aussi que M. Dalbert, archevêque de Ratisbonne, qui se trouvait à Paris, serait invité à assister aux congrégations, ainsi que son suffragant, l'évêque de Capharnaüm. Dans la troisième congrégation générale, le 25 juin, il y eut une discussion qui remplit presque toute la séance. Il s'agissait de déterminer si les ecclésiastiques nommés à des évêchés auraient voix délibérative. Le gouvernement leur était favorable, les traitait déjà comme évêques, et aurait voulu qu'ils fussent dans le concile sur le même pied que les autres membres. La question fut fortement agitée, et on prévoyait que la décision du concile allait repousser les prétentions des évêques nommés, lorsqu'on suggéra à l'un d'eux de déclarer que, puisque ce qu'ils demandaient éprouvait des difficultés, ils aimaient mieux y renoncer que d'être un sujet de dispute, et en conséquence il n'en fut plus question. Dans cette même séance, on nomma une commission chargée de répondre au message, et qui fut composée des cardinaux Spina et Caselli, des archevêques de Tours et de Bordeaux, et des évêques de Nantes, de Trèves, de Tournay, de Gand, de Commachio, d'Yvrée et de Troyes. L'archevêque de Ratisbonne fut introduit avec son suffragant. On lut un projet de mandement du concile, et l'on trouva quelques changements à faire dans la rédaction.

Le 26 juin, quatrième congrégation générale, où il fut question de l'adresse. Une lettre du grand-maître des cérémonies prévint que Bonaparte recevrait le concile le dimanche suivant, et qu'il désirait qu'on lui communiquât l'adresse d'avance. On en lut le projet, qui occasionna de longs débats. Les prélats italiens se plaignaient qu'on y eût suivi les quatres articles de 1682, qu'ils ne reconnaissent point. On vit alors quel fond on pouvait faire sur les adresses que le gouvernement avait publiées et répandues avec affectation peu de mois auparavant, et ces évêques, à qui on avait fait tenir un langage si peu favorable aux prérogatives de l'Eglise romaine, furent les premiers à réclamer pour elle. L'évêque de Brescia lut et déposa sur le bureau, tant en son nom qu'en celui de plusieurs de ses collègues italiens, une protestation contre cette partie de l'adresse.

Ce fut au milieu de cette discussion que l'évêque de Chambéry, Dessoles, proposa d'aller se jeter au pied du trône pour réclamer la liberté du Saint-Père. L'évêque de Jéricho, Droste de Vischering, suffragant de Munster, et l'évêque de Namur, Zoepfel, parlèrent dans le même sens. C'était sans doute le moins que le concile dût faire en faveur du chef de l'Eglise, et la démarche proposée par ces prélats eût été une honorable protestation contre la violence et l'injustice. Des évêques ne devaient pas voir tranquillement le premier des pasteurs dans les fers. Toutefois on objecta qu'il valait mieux s'abstenir d'une réclamation publique, et qu'on réussirait plus sûrement en agissant en secret, et en attendant un moment plus favorable. Ce fut l'avis du président, le cardinal-oncle; et ces calculs d'une prudence humaine, où sans doute il entrait un peu de crainte et de pusillanimité, l'emportèrent sur des considérations si dignes d'une assemblée d'évêques. Si le cardinal-oncle avait pu prévoir que dans trois ans il serait lui-même banni de France, et son impérial neveu cloué sur un rocher de l'Océan, comme le Prométhée de la fable, il aurait probablement eu le courage de se montrer évêque et prêtre pour le chef de l'Eglise, pour le successeur de saint Pierre, pour le vicaire de Jésus-Christ, tenu dans les fers par son neveu.

Dans la cinquième congrégation générale du 27 juin, on lut de nouveau l'adresse, qui avait été rédigée par l'évêque de Nantes, et qui essuya de fortes contradictions, quoiqu'elle eût déjà été retouchée par la commission chargée de cet objet. L'auteur la défendit avec chaleur, et dans la discussion il lui échappa de dire qu'il était obligé de la lire telle qu'elle était, et qu'elle avait eu l'approbation de l'empereur. L'assemblée tout entière manifesta son indignation contre cet aveu servile; et cet évêque, que l'on savait être un des instruments les plus dociles et les plus actifs de la cour, fut humilié et réduit au silence. Il y eut surtout des débats sur l'article où il était parlé de l'excommunication. L'évêque de Soissons, ancien constitutionnel, se fit honneur par la manière dont il témoigna son attachement au Pape. Enfin on adopta l'adresse, après en avoir retranché ce qui concernait l'excommunication, et il fut seulement convenu qu'elle ne serait signée que du bureau.

Cependant le persécuteur de l'Eglise ne négligeait rien pour parvenir à ses fins. Il avait dans le concile des émissaires soigneux de l'instruire de tout ce qui se passait. On cherchait à séduire quelques évêques, à en intimider d'autres. Napoléon, mécontent des changements faits à l'adresse, ne voulut plus la recevoir, et fit contremander la députation qui devait lui être présentée. Il ordonna qu'on s'occupât sur-le-champ de l'objet de la convocation du concile, et en conséquence la commission formée précédemment, à l'occasion du message, tint des séances fréquentes, pendant lesquelles le concile resta comme suspendu et ne tint plus de congrégation générale. Cette commission ou congrégation particulière se réunissait chez le cardinal Fesch. La première séance eut lieu le 28 juin, et la deuxième le lendemain; mais on n'y fit en quelque sorte que préluder à la discussion. Le lundi, 1er juillet, l'évêque de Nantes lut le rapport de ce qui avait été fait dans la commission d'évêques de 1810, et les évêques de Gand et de Tournay, Broglie et Hirn, communiquèrent un travail que chacun d'eux avait fait sur la même matière, mais dans un sens différent de celui de Nantes. On entra enfin alors dans quelques détails sur ce qui s'était passé à Savone. L'évêque de Nantes en avait fait un rapport très-sommaire dans une des assemblées tenues chez le cardinal Fesch avant l'ouverture du concile; mais depuis il n'en avait pas été question, et on était étonné qu'on tardât si longtemps à communiquer aux évêques un acte qui devait les intéresser si fort. L'archevêque de Tours, un des députés de Savone, lut donc la note qu'on disait avoir été approuvée par le Pape. Cette pièce, dépourvue de tout caractère d'authenticité, ne parut pas faire beaucoup d'impression sur la commission.

Le 3 juillet, on commença à traiter sérieusement la question de la compétence du concile, pour chercher les moyens de suppléer aux bulles pontificales, ce qui était proprement le but du message. L'évêque de Nantes demanda si, dans le cas d'extrême nécessité, on ne pouvait pas se passer de bulles. Mais la commission ne voulut pas poser ainsi la question, et se réduisit à demander si, dans les circonstances où l'on se trouvait, le concile était compétent pour ordonner un autre moyen d'instituer les évêques. Les trois députés de Savone votèrent pour l'affirmative, comme on devait s'y attendre; les huit autres membres furent d'un avis contraire, et le cardinal Fesch ne donna point de voix.

Après plusieurs incidents et propositions diverses, la congrégation déclara, le 5 juillet, qu'elle estimait que « avant de prononcer sur les questions qui lui étaient proposées, le concile, pour se conformer aux règles canoniques, devait solliciter la permission d'envoyer au Pape une députation qui lui exposât l'état déplorable des églises, et qui conférât avec lui sur les moyens d'y remédier. » Le président fut chargé de présenter cette réponse à son neveu, qui s'en montra très-irrité, et qui menaça de dissoudre le concile et de forcer les métropolitains d'instituer les évêques. Les prélats qui l'approchaient assuraient qu'ils avaient eu beaucoup de peine à le calmer, et qu'ils n'y étaient parvenus qu'en concertant un projet de décret capable seul d'arrêter les maux dont on était menacé. Ce projet était ainsi conçu : « 1º Les évêchés ne peuvent rester vacants plus d'un an pour tout délai, et dans cet espace de temps, la nomination, l'institution et la consécration doivent avoir lieu. — 2º L'empereur nommera à tous les sièges vacants, conformément aux concordats. — 3º Six mois après la nomination faite par l'empereur pour tout délai, le Pape donnera l'institution canonique. — 4º Les six mois expirés, le métropolitain se trouvera investi par la concession même faite par le Pape, et devra procéder à l'institution canonique et à la consécration. — 5º Le présent décret sera soumis à l'approbation de l'empereur. — 6º Sa Majesté sera suppliée par le concile de permettre à une députation d'évêques de se rendre auprès du Pape pour le remercier d'avoir, par ces concessions, mis un terme aux maux de l'Église. » Les évêques vendus à la cour présentèrent ce décret comme une extrême condescendance de l'empereur, et comme un bienfait dont il fallait se hâter de profiter; ils vantèrent même la peine qu'ils s'étaient donnée pour obtenir des articles si favorables. Leurs démonstrations affectées n'en imposèrent que pour quelques moments, et l'on sentit bientôt tout ce que ce décret avait d'artificieux; car si le Pape avait fait les concessions du 19 mai, il n'était pas nécessaire que le concile les adoptât, et s'il ne les avait pas faites, le concile ne devait pas les supposer et les prévenir. Dans la séance de la congrégation, du 7 juillet, le projet ne fut rejeté que par l'archevêque de Bordeaux et l'évêque de Gand, d'Aviau et de Broglie; mais le lendemain, six autres membres rétractèrent l'approbation qu'ils avaient donnée, et quatre voix seulement furent pour l'acceptation pure et simple.

On examina de nouveau dans cette séance et le projet et les concessions du 19 mai; et la commission fut d'avis, à la majorité des voix, que le décret susdit, « avant d'avoir force de loi, devait être soumis à l'approbation de Sa Sainteté, et que cette clause devait y être insérée, attendu, 1º que la concession de Sa Sainteté n'était pas dans les formes; 2º que l'addition qui en dérivait relativement à l'institution des métropolitains n'était pas textuellement comprise dans les concessions faites par le Pape. » L'évêque de Tournay, Hirn, fut chargé de faire un rapport dans ce sens au concile. Ce rapport, que Boulogne, évêque de Troyes, fut invité à retoucher, fut lu dans la congrégation générale du concile du 10 juillet. Il portait que la question de savoir si le concile national est compétent pour prononcer sur l'institution canonique des évêques, sans l'intervention préalable du Pape, dans le cas où le concordat serait déclaré abrogé par Sa Majesté, avait été mis aux voix, et que la pluralité des suffrages avait été pour l'incompétence du concile en cas de nécessité. La commission proposait donc un message au Pape pour lui soumettre le projet de décret; la délibération fut remise au lendemain.

Mais le soir même, Napoléon, irrité de voir que le projet qu'il avait fait présenter eût échoué, rendit un décret pour dissoudre le concile. Ce décret fut notifié, le 10 au soir, au cardinal Fesch, et le lendemain à tous les membres. Le ressentiment du despote se porta aussi sur les évêques qu'il jugea lui avoir été le plus contraires dans la commission. L'évêque de Gand, Broglie, avait déjà encouru sa disgrâce pour avoir refusé le serment de la légion-d'honneur. L'évêque de Tournay, Hirn, avait rédigé le rapport de la commission, et l'évêque de Troyes, Boulogne, avait été chargé de le revoir. Ces trois prélats furent arrêtés dans leur domicile, la nuit du 12 juillet, et conduits au donjon de Vincennes, où on les mit au secret le plus rigoureux, sans plumes, livres, encre et papier. L'archevêque de Bordeaux, d'Aviau, aussi coupable aux yeux de Bonaparte que les trois prélats, et qui, en toute occasion, avait montré son attachement aux règles, fut menacé du même sort; mais on ne voulut pas étendre plus loin la vengeance, et l'on crut apparemment avoir assez répandu la terreur parmi les évêques par ce coup d'autorité. Quelques-uns repartirent sur-le-champ pour leurs diocèses. Les autres durent se regarder comme frappés dans la personne de leurs collègues, et l'on se crut, non sans raison, reporté aux temps où les Constance, les Valens et les Justinien n'assemblaient des conciles que pour faire triompher l'erreur, et contraignaient les évêques à souscrire à leurs caprices.

Mais du moins jusque-là les évêques réunis à Paris avaient conservé l'honneur de leur caractère, et avaient montré, en tout ce qui était essentiel, du courage pour résister à l'oppresseur de l'Eglise. On avait voulu les séparer du Saint-Siège; ils s'y étaient tenus fermement attachés, et les menaces de Napoléon, comme les artifices de ses agents, avaient échoué devant l'unanimité de leurs résolutions. Leur dissolution subite et l'emprisonnement de trois de leurs collègues, en attestant la violence qu'on voulait exercer sur eux, fermaient donc leurs délibérations d'une manière honorable. La tyrannie avait manqué son but, les espérances des fauteurs du schisme et de la discorde étaient déjouées, et les amis de l'Eglise applaudissaient à cette conclusion d'un concile dont la formation, vu le plan de son auteur, avait pu leur inspirer quelque alarme (Picot, *Mém.*, an 1811).

Il y a plus d'une ressemblance entre le concile de Paris (1811), et le concile de Rimini (359). L'un et l'autre s'assemblent au mois de juin. La convocation de l'un et l'autre est également irrégulière. Nous avons vu, par le témoignage des historiens Socrate et Sozomène, et par les lettres du pape saint Jules, que dès lors c'était une ancienne règle dans l'Eglise qu'on n'y fît ni concile ni canon sans le consentement de l'évêque de Rome. Or, les conciles de Rimini et de Paris sont convoqués, non par le pape Libère ou le pape Pie VII, mais par l'empereur Constance ou l'empereur Napoléon, qui prescrivent à chacun de quoi il s'occupera ou non, et qui y envoient leurs préfets ou ministres pour y faire exécuter leurs volontés de force. Le pape Libère n'a aucune part ni à la convocation ni à la célébration du concile de Rimini; Pie VII n'a aucune part ni à la convocation ni à la célébration du concile de Paris. Le successeur de Libère, le pape saint Damase, dira : « Le nombre de ceux qui se sont trouvés à Rimini ne peut faire aucun préjudice à la bonne doctrine, parce qu'ils s'y sont assemblés sans la participation de l'évêque de Rome, qu'il fallait plutôt consulter que nul autre; sans la participation de Vincent (de Capoue), qui a joui de la dignité épiscopale durant tant d'années, et sans celle de plusieurs autres qui étaient du même sentiment que ceux-ci (Damas, *epist.* 3, n. 1). » On pourra dire de même : Le nombre de ceux qui se sont trouvés à Paris ne peut faire aucun préjudice à la bonne doctrine, parce qu'ils s'y sont assemblés sans la participation de l'évêque de Rome, qu'il fallait plutôt consulter que nul autre; sans la participation de tant de cardinaux et évêques illustres par leur science et leur vertu, et plongés dans les fers pour leur fidélité au vicaire de Jésus-Christ et à la bonne doctrine. Parmi les évêques de Rimini, il y en avait particulièrement deux, Valens de Murse, Ursace de Singidon, vendus à la cour et traîtres à l'Eglise, qui servaient d'instruments à l'empereur Constance et à son préfet, pour tromper, séduire et terrifier les autres. Parmi les évêques de Paris, il y en avait particulièrement deux, de Barral, archevêque de Tours, Duvoisin, évêque de Nantes, qui servaient d'instruments à Napoléon et à son ministre, pour tromper, séduire, intimider, terrifier les autres évêques, y compris leur chef. Malgré tout cela, tant que le concile de Rimini fut libre, c'est-à-dire tant qu'il fut concile, car la liberté en est une condition essentielle, il soutint hautement la vraie foi. De même, tant que le concile de Paris fut quelque peu libre, c'est-à-dire tant qu'il fut quelque peu concile, il soutint la bonne doctrine. Mais lorsqu'ils furent terrifiés l'un et l'autre par la violence, ils se laissèrent aller l'un et l'autre à des choses répréhensibles.

Napoléon ayant brisé le concile de Paris dans un accès de colère, et jeté dans les cachots trois évêques des plus recommandables, on s'attendait qu'il finirait par quelque mesure terrible, comme de se déclarer chef de la religion, suivant les conseils du czar et pape des Russes schismatiques, du roi et pape des Prussiens hérétiques, du roi et pape de l'Angleterre protestante. On se trompait. Ainsi que nous avons vu, Napoléon était trop catholique pour se jouer aussi crûment de Dieu et de sa religion; il connaissait la répugnance invincible de l'Europe catholique pour une papauté à la russe ou à la prussienne, dont les paternelles bénédictions seraient des coups de bâton et de khout. Il voulait donc conserver le Pape et les évêques, mais les subordonner aux vues de sa politique et aux intérêts de sa dynastie, qu'il croyait perpétuelle, et qui allait disparaître dans trois ans. Il croyait cela une idée bien neuve de son génie; il n'était que le centième répétiteur des plus pitoyables empereurs du Bas-Empire. Comme eux, il s'arrêtait en présence d'une résistance énergique, et cherchait des voies détournées pour arriver à ses fins : c'est ce qu'il fit après la dissolution de son concile. Il ordonna aux ministres des cultes de France et d'Italie d'appeler auprès d'eux, l'un après l'autre, les évêques de leur nation qui se trouvaient à Paris, pour les forcer, dans le tête-à-tête du cabinet, à signer la promesse d'approuver le décret relatif à la clause additionnelle du concordat, que l'on proposerait au concile lorsqu'il serait de nouveau assemblé. A force de caresses, de promesses ou de menaces, les ministres obtinrent les signatures de la majorité des évêques; quatorze ou quinze seulement demeurèrent inébranlables. Les évêques vendus à la cour, les évêques intrus et constitutionnels, toujours empressés à se faire un mérite de leur soumission, se hâtèrent de donner l'exemple. Pour vaincre la résistance de ceux qui craignent de contrarier les intentions du Pape, les ministres leur firent entrevoir, d'un côté, l'indignation de Bonaparte et les excès auxquels il pourrait se livrer; de l'autre, les résultats heureux de sa satisfaction, s'ils consentaient à donner leur signature, qui, disaient-ils, ne ferait que confirmer les intentions bien connues du Pape; puis c'était Sa Sainteté elle-même qui avait proposé cet arrangement aux évêques députés à Savone. Ils les assurèrent enfin que ce décret serait soumis à l'approbation du Pape. Cette dernière assurance surtout ne pouvait que plaire aux prélats, qui, dans les congrégations de l'assemblée, s'étaient trouvés comme suspendus entre le désir de ne pas offenser un monarque de qui dépendait l'état de la religion dans l'empire français, et la crainte douloureuse de scandaliser le monde catholique par leurs attaques contre le Saint-Siège, dans un temps surtout où le Pape gémissait dans les fers, où les membres du sacré collège étaient déportés, emprisonnés, le clergé romain traîné de ville en ville, jeté sur des parages lointains, en butte enfin à la plus cruelle oppression. Ces prélats, tranquillisés par les déclarations des ministres, signèrent avec diverses modifications et des réserves dont on ne tint aucun compte.

Sûr de la majorité des suffrages, l'empereur convoqua de nouveau le concile; la congrégation générale eut lieu le 5 août 1811, et après le rapport de l'archevêque de Tours sur les négociations de Savone et la lecture de la promesse du Pape d'ajouter la clause au concordat de 1811, le concile rendit le décret suivant :

« Article 1er. Conformément à l'esprit des canons, les archevêchés et évêchés ne pourront rester vacants plus d'un an pour tout délai; dans cet espace de temps, la nomination, l'institution et la consécration devront être effectuées.

» Art. 2. L'empereur sera supplié de continuer à nommer aux sièges vacants, conformément aux concordats, et les nommés par l'empereur s'adresseront à notre Saint-Père le Pape pour l'institution canonique.

» Art. 3. Dans les six mois qui suivront la notification faite au Pape, par les voies d'usage, de ladite nomination, le Pape donnera l'institution canonique conformément aux concordats.

» Art. 4. Les six mois expirés sans que le Pape ait accordé l'institution, le métropolitain, ou, à son défaut, le plus ancien évêque de la province ecclésiastique, procédera à l'institution de l'évêque nommé; et s'il s'agissait d'instituer le métropolitain, le plus ancien évêque de la province conférerait l'institution.

» Art. 5. Le présent décret sera soumis à l'approbation de notre Saint-Père le Pape, et, à cet effet, Sa Majesté sera suppliée de permettre qu'une députation de six évêques se rende auprès de Sa Sainteté pour la prier de confirmer un décret qui seul peut mettre un terme aux maux des églises de France et d'Italie. »

Tel fut le premier effet de la promesse arrachée à Pie VII, observe le cardinal Pacca; et l'on peut conjecturer que, sans cet acte de faiblesse, les évêques n'eussent jamais consenti à donner leur approbation à un décret aussi préjudiciable aux droits du Saint-Siège. Une commission fut chargée de présenter le décret au Saint-Père; elle fut composée des archevêques de Tours, de Pavie et de Malines, des évêques de Faënza, de Plaisance, d'Evreux, de Trèves, de Nantes, et de celui de Feltre, qui mourut subitement avant le départ de la députation.

Les évêques du concile leur remirent une lettre de créance pour le Pape, sous la date du 19 août, dans laquelle ils le conjuraient de confirmer un décret qui seul pouvait remédier aux maux qui affligeaient l'Eglise. Voici quelques paroles remarquables de cette lettre : « Héritiers (les évêques de France) de la doctrine et des sentiments qui ont toujours distingué nos églises, nous chérissons les liens qui nous unissent au Siège apostolique, et nous espérons que Votre Sainteté regardera comme une nouvelle preuve de ces sentiments le décret que nous avons rendu, puisqu'il est basé sur les dispositions que Votre Sainteté elle-même manifesta aux évêques qui eurent l'honneur, il y a trois mois, de se rendre auprès d'Elle : dispositions consignées dans une note écrite sous ses yeux, et dont Elle a permis qu'on lui laissât une copie... Tout nous inspire l'espoir et la confiance que Votre Sainteté ne refusera pas de confirmer, d'une manière authentique, un décret qui contient cette même mesure qu'Elle a déjà approuvée, et qui, dans les circonstances actuelles, est le seul remède à nos maux, comme elle est l'unique moyen de transmettre intacte à ses successeurs une prérogative non moins utile au Saint-Siège que précieuse aux yeux de nos églises. » A cette lettre en était jointe une autre du cardinal Fesch, qui joignait ses instances à celles des évêques, en ajoutant que les membres du concile avaient l'espoir fondé que Sa Sainteté approuverait les décisions qu'Elle-même leur avait suggérées. C'est ainsi qu'on cherchait à justifier aux yeux du monde l'atteinte portée aux droits du Saint-Siège, et à placer le Pape dans la cruelle alternative ou d'approuver le décret ou de manquer à sa parole.

On ne s'en tint pas là. Comme on n'ignorait pas les signes de repentir et de douleur que le Pape avait donnés depuis le départ de la première députation, on craignit qu'il ne se retranchât dans le refus formel de prendre aucune détermination sans l'assistance de ses *conseillers-nés*, et on voulut lui ôter jusqu'à cette dernière ressource. Cinq cardinaux accompagnèrent les évêques, avec mission de former le conseil du Saint-Père. Les cinq cardinaux choisis furent Joseph Doria, Dugnani, Roverella, Ruffo et de Bayane. Avant de partir, ils laissèrent à l'empereur, sur ses instances, la honteuse promesse, écrite et revêtue de leur signature individuelle, d'employer tout leur crédit auprès du Pape pour le faire condescendre à ses désirs, et concilier ainsi les affaires de l'Eglise selon les vues de son persécuteur. Le cardinal Roverella passe pour être l'auteur de cette supplique à l'Iscariote.

Aurèle Roverella, issu d'une illustre famille de Césène, était venu à Rome, encore jeune, pour étudier le droit. Après l'avénement du cardinal Braschi, son compatriote, à la papauté, il entreprit le cours de la prélature romaine, la parcourut rapidement sous la protection de Pie VI, qui le promut au cardinalat en 1794, et le nomma peu de temps après prodataire. Roverella assista au conclave de Venise, qui élut pour souverain Pontife le cardinal Chiaramonti, également son compatriote. Il exerçait à cette époque une grande influence dans les affaires, et jouissait à Rome d'une bonne réputation. En 1808, chassé de la capitale comme tous les cardinaux natifs du royaume d'Italie, il se retira à Ferrare, et, vers la fin de 1809, il reçut l'ordre de se rendre à Paris comme tous ses collègues. Là, soit qu'il fût effrayé des rigueurs exercées contre le Pape, les cardinaux et le clergé romain, soit qu'il se fût laissé séduire par les caresses et les démonstrations d'estime que lui prodiguaient les ministres de l'empereur, il subit quelque chose de la faiblesse humaine. Il professa dès lors les maximes de soumission et de condescendance aux ordres du gouvernement, et l'on ne peut dissimuler, dit le cardinal Pacca, que c'est à lui qu'on doit principalement attribuer les actes inconsidérés des autres cardinaux pendant leur séjour à Paris.

Dans le cours de sa députation à Savone, il trompa ou plutôt il trahit la confiance de Pie VII, et arracha à ce Pontife les concessions qui plus tard lui coûtèrent tant de larmes. Les cardinaux Joseph Doria et Dugnani, hommes pieux, mais d'un caractère faible et modeste, étaient soumis à Roverella, qui leur dictait ses ordres d'un ton de maître. De Bayane, déjà octogénaire, influencé par les évêques courtisans de son pays, était à la dévotion du gouvernement, et Fabrice Ruffo, qui s'était acquis un nom par sa science économique et par sa bravoure à la tête d'un corps d'insurgés, avouaient ingénument qu'il n'était ni théologien ni canoniste. Pie VII, déjà enchaîné par la promesse faite à la première députation, entouré de cardinaux qui avait solennellement promis de favoriser les desseins de son persécuteur, effrayé des maux innombrables qui allaient, lui disait-on, fondre sur l'Eglise à la suite de son refus, Pie VII finit par succomber aux instances dont on l'assiégeait, consentit à l'expédition des bulles des évêques nommés, approuva et confirma le décret du *concile*, par un bref rapporté dans les *Fragments* de l'archevêque de Tours.

Dans ce bref, dont Roverella fut le rédacteur, non-seulement le Pape ratifie le décret du prétendu concile, mais il s'en réjouit comme d'un heureux événement, le reconnaît comme l'expression de sa volonté et de ses intentions, l'approuve et le reçoit comme un nouveau gage du dévouement filial de l'Eglise gallicane à la Chaire de Pierre. Le bref fait mention particulière de la clause additionnelle du concordat, que le Pape avait constamment rejetée jusqu'alors. « Si je n'avais pas moi-même la minute de ce bref parmi les papiers que le Pape me remit à Fontainebleau, dit le cardinal Pacca que nous ne faisons que citer, jamais je n'aurais pu croire à son existence. Comment supposer en effet que Roverella eût osé formuler un bref dans lequel le Pape déclarait signer avec joie la destruction d'une des plus belles prérogatives du Saint-Siége, et donnait aux évêques, conseillers de cette mesure, des éloges plus magnifiques que ceux donnés par l'immortel Pie VI aux illustres évêques de France qui, par leur courage dans les assemblées nationales, avaient mérité le titre de confesseurs de la foi ? Comment Roverella n'avait-il pas senti qu'il mettait le Pape en contradiction avec lui-même, dans la transmission du droit de *confirmer* aux métropolitains, six mois après son refus d'expédier les bulles d'institution ? Car, ou le sujet présenté était digne d'être confirmé, ou il en était indigne; dans le premier cas, le Pape n'aurait jamais refusé une bulle d'institution en temps de paix, lorsque la bonne harmonie aurait régné entre les deux puissances; et, dans le second cas, le Saint-Père pouvait-il, contre le cri de sa conscience, permettre aux métropolitains d'accorder l'institution en son nom? Car, ce qu'on fait par un autre, on est censé le faire par soi-même. Quelle différence entre ce bref absurde et la lettre si belle, si énergique, que Pie VII, livré à sa propre sagesse, écrivit au cardinal Caprara le 26 août 1809 ! »

Les députés envoyèrent aussitôt à Paris, par voie télégraphique, la nouvelle du triomphe qu'ils venaient de remporter sur l'Eglise romaine; et comme ils nourrissaient l'espoir de retourner bientôt en France pour jouir des fruits de leur victoire, tout à coup ils apprirent que l'empereur refusait d'accepter le bref, et, quelque temps après, ils durent revenir. Quatre d'entre eux, partis de Savone, aussitôt après la signature du bref, reçurent à Turin l'ordre de retourner auprès du Pape, pour lui faire de nouvelles demandes, qui furent rejetées. — Mais pourquoi Napoléon refusa-t-il d'accepter le bref? Le cardinal Pacca conclut que c'est pour la cause suivante. Il venait sans doute de faire un pas immense vers l'accomplissement de ses desseins; mais il avait encore plusieurs degrés à franchir et de grandes difficultés à vaincre. La plus grande, sans contredit, était d'obtenir de Pie VII et du sacré collége leur consentement au nouvel ordre de choses, et de faire du Pape un citoyen français. Or, l'acceptation du bref pouvait l'éloigner au lieu de le rapprocher de ce but important; parce qu'elle l'aurait obligé, en vertu des promesses solennelles faites par la députation, de rendre la liberté au Pape, ou au moins d'adoucir les rigueurs de sa prison, de rappeler auprès de sa personne les membres dispersés du sacré collége, et de le laisser librement communiquer avec l'univers catholique : toutes choses qui devaient rendre les négociations plus difficiles à l'avenir, et donner au Pape le temps et les moyens de se fortifier contre de nouvelles attaques. Napoléon crut donc qu'il valait mieux prolonger le système d'oppression qu'il suivait vis-à-vis du Pape, bien sûr de triompher un jour de toutes ses résistances, en l'entourant des évêques et cardinaux qui lui avaient déjà livré avec tant de succès de si terribles assauts. Voilà, pense le cardinal Pacca, quel fut le motif qui détermina Napoléon à refuser le bref du Pape. Pendant l'hiver et le printemps de 1812, Napoléon, occupé des préparatifs de la mémorable expédition de Russie, laissa le Saint-Père respirer tranquillement dans sa prison (Pacca, *Mémoires*, 4e partie).

Pie VII en avait appelé au jugement de Dieu, des injustices et des violences de Napoléon. Nous allons assister à ce jugement.

Le 9 mai 1812, Napoléon, jusque-là toujours triomphant, sort d'un palais où il ne devait plus rentrer que vaincu. Il est à la tête de six cent cinquante mille hommes; il a sous ses ordres jusqu'à huit monarques, qui viennent lui faire leur cour en son séjour à Dresde. Il va faire la guerre à son ami Alexandre de Russie; Alexandre avec lequel, et à Tilsitt et à Erfurt, il s'est partagé l'Orient et l'Occident, et auquel il a livré la Turquie et la Suède, la Turquie et la Suède qui, en 1812, font alliance avec la Russie contre la France, quoique la Suède ait pour prince royal un soldat français, Bernadotte. Napoléon va faire la guerre à son ami Alexandre de Russie, pour se venger de l'Angleterre, qui, malgré le blocus continental, se permet d'occuper les îles françaises, de capturer les vaisseaux français, de venir les brûler jusque dans la Charente, et puis d'aider les Espagnols à maintenir leur liberté contre la France. C'est une lutte gigantesque comme autrefois lorsque l'Europe chrétienne se jeta sur l'Asie mahométane. Mais ce ne sont pas des multitudes confuses, comme parfois dans les croisades. Les six cent cinquante mille hommes, la Grande-Armée de Napoléon, sont des troupes bien disciplinées, bien aguerries, toujours victorieuses : d'immenses approvisionnements les précèdent, les accompagnent, les suivent : elles ont déjà battu les Russes, elles les battront encore. Le 9 juin, pendant que Napoléon traverse la Prusse, le pape Pie VII, par ses ordres, est enlevé brusquement de Savone et transporté comme un prisonnier d'Etat à Fontainebleau. Le 23 juin, Napoléon arrive sur le Niémen, extrême frontière entre la Prusse et la Russie. Comme il paraissait sur cette rive à deux heures du matin, son cheval s'abattit tout à coup et le précipita sur le sable. Une voix s'écria : « Ceci est un mauvais présage; un Romain reculerait! » On ignore si ce fut lui ou quelqu'un de sa suite qui prononça ces mots (Ségur, *Hist. de Napoléon et de la Grande-Armée pendant l'année* 1812, l. 4, c. 2). « Le lendemain, dit un témoin oculaire, le général comte de Ségur, à peine l'empereur avait-il passé le fleuve qu'un bruit sourd avait agité l'air. Bientôt le jour s'obscurcit, le vent s'éleva et nous apporta les sinistres roulements du tonnerre. Ce ciel menaçant, cette terre sans abri nous attrista. Quelques-uns même, naguère enthousiastes, en furent effrayés comme d'un funeste présage. Ils crurent que ces nuées enflammées s'amoncelaient sur nos têtes et s'abaissaient sur cette terre pour nous en défendre l'entrée. Il est vrai que cet orage fut grand comme l'entreprise. Pendant plusieurs heures, ces lourds et noirs nuages s'épaississent et pesèrent sur toute l'armée; de la droite à la gauche et sur cinquante lieues d'espace, elle fut tout entière menacée de ses feux et accablée de ses torrents : les routes et les champs furent inondés; la chaleur insupportable de l'atmosphère fut changée subitement en un froid désagréable. Dix mille chevaux périrent dans la marche, et surtout dans les bivouacs qui suivirent. Une grande quantité d'équipages restèrent abandonnés dans les sables; beaucoup d'hommes succombèrent ensuite (*Ibid.*). » A Vilna, capitale de la Lithuanie, les habitants demandent à Napoléon le rétablissement du royaume de Pologne; il répond d'une manière évasive. Bientôt les magasins ne peuvent suivre l'armée centrale de quatre cent mille hommes, qui avance toujours, sur une route dépouillée par l'armée russe, qui la précède : la faim se fait sentir aux soldats et aux officiers; il faut y remédier par la maraude et le pillage; de là des désordres sans fin. Un des chefs apprend à Napoléon même : « Du Niémen à la Vilna, il n'a vu que des maisons dévastées; que charriots et caissons abandonnés; on les trouve dispersés sur les chemins et dans les champs; ils sont renversés, ouverts et leurs effets répandus çà et là et pillés comme s'ils avaient été pris sur l'ennemi. Il a cru suivre une déroute. Dix mille chevaux ont été tués par les froides pluies du grand orage, et par les seigles verts, leur nouvelle et seule nourriture. Ils gisent sur la route, qu'ils embarrassent; leurs cadavres exhalent une odeur méphitique, insupportable à respirer; c'est un nouveau fléau que plusieurs comparent à la famine; mais celle-ci est bien plus terrible : déjà plusieurs soldats de la jeune garde sont morts de faim (C. 4). »

Napoléon avait dit du Pape : « Que prétend-il avec son excommunication? pense-t-il faire tomber les armes des mains de mes soldats? » Dès Vilna, on vit tomber quelque chose de plus fort, lui-même. Ceux qui l'approchaient se disaient entre eux « que ce génie si vaste, et toujours de plus en plus actif et audacieux, n'était plus secondé, comme autrefois, par une vigoureuse constitution. Ils s'étonnaient de ne plus trouver leur chef insensible aux ardeurs d'une température brûlante. Ils se montraient l'un à l'autre avec regret le nouvel embonpoint dont son corps était surchargé, signe précurseur d'un affaiblissement prématuré. » Quelques-uns s'en prenaient à des bains dont il faisait un fréquent usage. Ils ignoraient que, bien loin d'être une habitude de mollesse, ils lui étaient d'un secours indispensable contre une souffrance d'une nature grave et inquiétante, la difficulté d'uriner, que sa politique cachait avec soin, pour ne pas donner à ses ennemis un cruel espoir (C. 6). Une infirmité de bas étage fera manquer la plus vaste entreprise.

Napoléon cherchait une grande bataille, les Russes l'évitaient, ne laissant après eux que des villes et des campagnes désertes. Maître de la Lithuanie, Napoléon, à la fin de juillet, s'arrête à Vitepsk sur le Borysthène, comme ayant terminé la campagne de 1812. Il y passera les chaleurs de l'été et les rigueurs excessives de l'hiver à organiser ses nouvelles conquêtes, constituer le royaume de Pologne, écrire ses propres commentaires comme César, des acteurs de Paris viendront le désennuyer par leurs jeux, au printemps, avec une armée bien reposée et acclimatée, il ira de Moscou à Pétersbourg terminer la guerre continentale.

Il n'a pas la patience d'attendre au printemps; dès le 13 août 1813, il se met en marche pour Moscou. Le 17, bataille manquée de Smolensk, les Russes ayant quitté la ville après y avoir mis le feu. Misère de l'armée française : les soldats se demandaient dans quel but on leur avait fait faire huit cents lieues pour ne trouver que de l'eau marécageuse, la famine et des bivouacs sous des cendres. Car c'étaient là toutes leurs conquêtes : ils n'avaient de biens que ce qu'ils avaient apporté. S'il fallait traîner tout avec soi, porter la France en Russie, pourquoi donc leur avait-on fait quitter la France (L. VI, c. 5). Officiers et généraux pensaient comme les soldats, et désiraient qu'on prît des cantonnements. En effet, de ces peines physiques et morales, de ces privations, de ces bivouacs continuels, aussi dangereux près du pôle que sous l'équateur, et de l'infection de l'air par les corps putréfiés des hommes et des chevaux qui jonchaient les routes, étaient nées deux affreuses épidémies : la dyssenterie et le typhus. Les Allemands y succombèrent les premiers; ils sont moins nerveux que les Français, moins sobres; ils étaient moins intéressés dans une cause qui leur paraissait étrangère. De vingt-deux mille Bavarois qui avaient passé l'Oder, onze mille seulement étaient arrivés sur la Duna, et cependant ils n'avaient pas encore combattu. Cette marche militaire coûtait aux Français un quart, aux alliés la moitié de leur armée (C. 16). Napoléon n'ignorait pas les choses, mais il crut que le remède le plus prompt était Moscou. Cependant il envisage toute l'énormité de son entreprise; plus il s'avance, et plus elle s'agrandit devant lui. Tant qu'il n'a rencontré que des rois, plus grand qu'eux tous, pour lui, leurs défaites n'ont été que des jeux; mais les rois sont vaincus, il en est aux peuples; et c'est une autre Espagne, mais lointaine, stérile, infinie, qu'il retrouve encore à l'autre bout de l'Europe. Il s'étonne, hésite et s'arrête sur l'embranchement les routes de Moscou et de Pétersbourg. Enfin, il suit la première.

Le 7 septembre 1812 et jours suivants, bataille terrible de la Moscowa, mais victoire incomplète, quoiqu'elle eût coûté quarante généraux tués ou blessés, et quarante mille soldats. Tous les militaires disaient : « Qu'ils avaient vu le combat, gagné dès le matin à la droite, s'arrêter où il nous était favorable, pour se continuer successivement de front et à force d'hommes, comme dans l'enfance de l'art! Que c'était une bataille sans ensemble, une victoire de soldats plutôt que de général! Pourquoi donc tant de précipitation pour joindre l'ennemi, avec une armée haletante, épuisée, affaiblie; et quand enfin on l'avait atteint, négliger d'achever, pour rester tout sanglant et mutilé, au milieu d'un peuple furieux, dans d'immenses déserts, et à huit cents lieues de ses ressources? » On entendit alors Murat s'écrier : « Que, dans cette grande journée, il n'avait pas reconnu le génie de Napoléon. » Le vice-roi d'Italie, Eugène Beauharnais, avoua qu'il ne concevait point l'indécision qu'avait montrée son père adoptif. Ceux qui ne l'avaient pas quitté virent seuls que ce vainqueur de tant de nations avait été vaincu par une fièvre brûlante, et surtout par un fatal retour de cette douloureuse maladie; que renouvelaient en lui chaque mouvement trop violent et toute longue et vive émotion (L. 7, c. 12).

On se remit en marche après la terrible bataille. Le 14 septembre, les éclaireurs de l'armée montaient une dernière hauteur. Il était deux heures après midi; le soleil faisait étinceler de mille couleurs une grande ville où l'on comptait deux cent quatre-vingt-quinze églises et quinze cents châteaux, avec leurs jardins et leurs dépendances. Tous les toits étaient couverts d'un fer poli et coloré; les églises étaient chacune surmontée d'une terrasse et de plusieurs clochers que terminaient des globes d'or, puis le croissant, enfin la croix. Un seul rayon du soleil faisait donc étinceler cette ville superbe de mille couleurs variées. A ce spectacle, frappés d'étonnement, les premiers soldats français s'arrêtent; ils crient : « Moscou! Moscou! » Chacun alors presse sa marche, on accourt en désordre, et l'armée entière, battant des mains, répète avec transport : « Moscou! Moscou! » comme les marins crient : « Terre! terre! » à la fin d'une longue et pénible navigation. Dès cet instant, dangers, souffrances, tout fut oublié. Pouvait-on acheter trop cher le suprême bonheur de pouvoir dire toute sa vie : « J'étais de l'armée de Moscou! » Napoléon lui-même était accouru. Il s'arrêta transporté; une exclamation de bonheur lui échappa. Depuis la grande bataille, les maréchaux mécontents s'étaient éloignés de lui; mais à la vue de Moscou prisonnière, à la nouvelle de l'arrivée d'un parlementaire, frappés d'un si grand résultat, enivrés de tout l'enthousiasme de la gloire, ils oublièrent leurs griefs. On les vit tous se presser autour de l'empereur, rendant hommage à sa fortune, et déjà tentés d'attribuer à la prévoyance de son génie le peu de soin qu'il s'était donné le 7 pour compléter sa victoire. Pour lui, son premier cri avait été : « La voilà donc enfin cette ville fameuse! » et le second fut : « Il était temps! »

Napoléon attend qu'on lui présente les clés de la ville : personne ne se présente. Ses soldats pénètrent dans les rues, et les trouvent désertes. C'est qu'en effet toute la population, armée, noblesse, bourgeoisie, marchands, hommes, femmes, enfants, tous ont quitté Moscou. Sur trois cent mille habitants, il n'y reste que des journaliers, et les employés secrets de la police, pour mettre le feu au palais et aux maisons quand les Français y seront entrés. Dès le 16 septembre, Napoléon lui-même, logé dans le Kremlin, antique palais des souverains moscovites, se voit entouré d'une ville en feu, dans un palais en feu; il est obligé de se sauver par une poterne, à travers les flammes.

L'incendie ayant été comprimé par l'armée française, Napoléon rentre dans le Kremlin : il attend, comme à chaque station, comme après chaque bataille, que son ami Alexandre lui envoie demander la paix. Mais Alexandre ne lui adresse pas une parole; au contraire, il appelle aux armes toute la Russie, pour exterminer les Français et leur chef. Le mois de septembre se passait : octobre s'annonçait avec les frimas du Nord. Les Russes eux-mêmes en avertissent les Français. « Ils s'étonnaient, dit un témoin oculaire, ils s'étonnaient surtout de notre sécurité à l'approche de leur puissant hiver; c'était leur allié naturel et le plus terrible; ils l'attendaient de moment en moment; ils nous plaignaient, ils nous pressaient de fuir. Dans quinze jours, s'écriaient-ils, vos ongles tomberont, vos armes échapperont de vos mains engourdies et demi-mortes (L. 8, c. 10). »

Enfin, le 12 octobre 1812, Napoléon, entré dans Moscou avec quatre-vingt-dix mille combattants et vingt mille malades et blessés, en sort avec plus de cent mille combattants. Mais ce nombre allait diminuant par les fatigues de la route et des combats continuels, pendant que les Russes recevaient continuellement des renforts. Le 25 octobre, Napoléon faillit être pris par les Cosaques. Obligé de prononcer le mot de *retraite* et d'en donner l'ordre, il en éprouve une si grande peine, qu'il en perd l'usage des sens.

Napoléon avait dit à son beau-fils : « Que prétend le Pape avec son excommunication? Pense-t-il faire tomber les armes des mains de mes soldats? » Voici la réponse qu'y fit l'hiver de Russie, d'après la déposition de plusieurs témoins oculaires :

« Le 6 novembre, le ciel se déclare. Son azur disparaît. L'armée marche enveloppée de vapeurs froides. Ces vapeurs s'épaississent : bientôt c'est un nuage immense qui s'abaisse et fond sur elle en gros flocons de neige. Il semble que le ciel descende et se joigne à cette terre et à ces peuples ennemis, pour achever notre perte. Tout alors est confondu et méconnaissable : les objets changent d'aspect; on marche sans savoir où l'on est, sans apercevoir son but; tout devient obstacle. Pendant que le soldat s'efforce pour se faire jour au travers de ces tourbillons de vents et de frimas, les flocons de neige, poussés par la tempête, s'amoncellent et s'arrêtent dans toutes les cavités; leur surface cache des profondeurs inconnues, qui s'ouvrent perfidement sous nos pas. Là, le soldat s'engouffre, et les plus faibles s'abandonnant, y restent ensevelis.

» Ceux qui suivent se détournent, mais la tourmente leur fouette au visage la neige du ciel et celle qu'elle enlève à la terre; elle semble vouloir avec acharnement s'opposer à leur marche. L'hiver moscovite, sous cette nouvelle forme, les attaque de toutes parts : il pénètre au travers de leurs légers vêtements et de leur chaussure déchirée. Leurs habits mouillés se gèlent sur eux; cette enveloppe de glace saisit leurs corps et raidit tous leurs membres. Un vent âpre et violent coupe leur respiration; il s'en empare au moment où ils l'exhalent et en forme des glaçons qui pendent par leur barbe autour de leur bouche. Les malheureux se traînent encore, en grelottant, jusqu'à ce que la neige, qui s'attache sous leurs pieds en forme de pierre, quelques débris, une branche, ou le corps d'un de leurs compagnons, les fasse trébucher et tomber. Là ils gémissent en vain; bientôt la neige les couvre; de légères éminences les font reconnaître : voilà leur sépulture! La route est toute parsemée de ces ondulations, comme un champ funéraire : les plus intrépides ou les plus indifférents s'affectent; ils passent rapidement en détournant leurs regards.

» Tout, jusqu'à leurs armes, encore offensives à Malo-Iaroslavetz, mais depuis seulement défensives, se tourna alors contre eux-mêmes. Elles parurent à leurs bras engourdis un poids insupportable. Dans les chutes fréquentes qu'ils faisaient, *elles s'échappaient de leurs mains*, elles se brisaient ou se perdaient dans la neige. S'ils se relevaient, c'était sans elles; car *ils ne les jetèrent point, la faim et le froid les leur arrachèrent*. Les doigts de beaucoup d'autres gelèrent sur le fusil qu'ils tenaient encore, et qui leur ôtait le mouvement nécessaire pour y entretenir un reste de chaleur et de vie (Ségur, l. 9, c. 11). »

A l'approche de Smolensk, on vit abandonnés le long de la route, des vêtements brodés, des tableaux, des ornements de toute espèce et des bronzes dorés; les richesses de Paris et de Moscou, le luxe des deux plus grandes villes du monde, gisant épars et dédaigné sur une neige sauvage et déserte. Au passage d'un ruisseau grossi par la neige et à moitié glacé, comme on ne pouvait emporter tout le butin, on préféra un peu de farine et de vivres à toutes les magnificences des salons (C. 13).

L'historien et témoin oculaire de cette terrible campagne rapporte que pendant le moment de repos qu'on eut à Smolensk, on se demandait : « Comment il se pouvait qu'à Moscou tout eût été oublié; pourquoi tant de bagages inutiles; pourquoi tant de soldats déjà morts de faim et de froid sous le poids de leurs sacs, chargés d'or au lieu de vivres et de vêtements, et surtout si trente-trois journées de repos n'avaient pas suffi pour préparer aux chevaux de cavalerie, de l'artillerie et à ceux des voitures, des fers à crampons qui eussent rendu leur marche plus sûre et plus rapide? Alors, nous n'eussions pas perdu l'élite des hommes à Viazma, au Wop, au Dniéper et sur toute la route; enfin aujourd'hui, Kutusof, Wittgenstein, et peut-être Tchitchakof, n'auraient pas le temps de nous préparer de plus funestes journées.

» Mais pourquoi, à défaut d'ordre de Napoléon, cette précaution n'avait-elle pas été prise par des chefs, tous rois, princes et maréchaux? L'hiver n'avait-il donc pas été prévu en Russie? Napoléon, habitué à l'industrieuse intelligence de ses soldats, avait-il trop compté sur leur prévoyance? Le souvenir de la campagne de Pologne, pendant un hiver aussi peu rigoureux que celui de nos climats, l'avait-il abusé, ainsi qu'un soleil brillant dont la persévérance, pendant tout le mois d'octobre, avait frappé d'étonnement jusqu'aux Russes eux-mêmes? De quel esprit de vertige l'armée, comme son chef, a-t-elle donc été frappée? Sur quoi chacun a-t-il compté? Car, en supposant qu'à Moscou l'espoir de la paix eût ébloui tout le monde, il eût toujours fallu revenir, et rien n'avait été préparé, même pour un retour pacifique! »

« La plupart ne pouvaient s'expliquer cet aveuglement de tous que par leur propre incurie, et parce que dans les armées, comme dans les états despotiques, c'est à un seul à penser pour tous : aussi celui-là seul était-il responsable, et le malheur, qui autorise la défiance, poussait chacun à le juger. On remarquait déjà que, dans cette faute si grave, dans cet oubli invraisemblable pour un génie si actif, pendant un séjour si long et si désœuvré, il y avait quelque chose

. . . . de cet esprit d'erreur,
De la chute des rois funeste avant-coureur (L. 10, c. 2). »

Ces réflexions du général de Ségur et de ses compagnons sont infiniment remarquables. On y voit que, même aux yeux de ces rudes guerriers, la conduite de Napoléon et de ses entours pendant cette campagne, n'était plus la même qu'autrefois, n'était plus naturelle ni humainement explicable, mais une punition mystérieuse de la Providence.

L'armée était sortie de Moscou forte de cent mille combattants : en vingt-cinq jours, elle était réduite à trente-six mille hommes, avec soixante mille traîneurs sans armes. On continua de faire des fautes sans nombre; heureusement les Russes en firent aussi : car, plus d'une fois, avec un peu d'accord et d'intelligence, ils auraient pu anéantir l'armée française avec son chef, particulièrement au passage de la Bérésina, rivière sans pont, bordée de Russes et environnée d'immenses marais, à travers lesquels il n'y avait que des routes en bois qu'il était facile de détruire. Les Russes n'y pensèrent pas. A Smolensk, les Français avaient encore trente mille combattants, cent cinquante canons, le trésor, l'espoir de vivre et de respirer derrière la Bérésina; en approchant de ce terme, à peine leur restait-il dix mille soldats presque sans vêtements, sans chaussure, embarrassés dans une foule de mourants, quelques canons et un trésor pillé. Heureusement les maréchaux Oudinot et Victor, qui avaient occupé des provinces latérales, rejoignirent avec quelques troupes entières. Dans la nuit du 25 au 26 novembre, on commence à jeter un pont sur la rivière, vis-à-vis d'une armée russe campée sur l'autre bord; le lendemain, l'armée russe décampe sans s'être aperçue de rien : on achève le pont, et le passage commence. Pendant deux jours et deux nuits on n'est point inquiété par les Russes : beaucoup de traîneurs ne profitent pas de ce moment favorable; lorsqu'ils se présentent en masse le troisième jour, le pont est encombré, ils marchent les uns sur les autres, se poussent parmi les glaçons de la rivière, au bruit d'un épouvantable ouragan et des boulets des Russes revenus sur leurs pas.

Au milieu de cet horrible désordre, le pont de l'artillerie crève et se rompt. La colonne engagée sur cet étroit passage veut en vain rétrograder. Le flot d'hommes qui vient derrière, ignorant ce malheur, n'écoutant pas les cris des premiers, poussent devant eux, et les jettent dans le gouffre, où ils sont précipités à leur tour. On vit des actes atroces, on entendait des jurements effroyables.

On vit aussi des actions touchantes, héroïques : des femmes au milieu des glaçons, avec leurs enfants dans leurs bras; les élevant à mesure qu'elles enfonçaient; déjà submergées, leurs bras raidis les tenaient encore au-dessus d'elles. On vit un canonnier, s'élancer du pont, sauver un de ces enfants et lui dire qu'il ne pleurât point, qu'il ne l'avait pas sauvé de l'eau pour l'abandonner sur le rivage, qu'il ne le laisserait manquer de rien, qu'il serait son père et sa famille. On vit encore des soldats, des officiers mêmes, s'atteler à des traîneaux pour arracher à cette rive funeste leurs compagnons malades ou blessés. Plus loin, hors de la foule, quelques soldats sont immobiles, ils veillent sur les corps de leurs officiers mourants, qui se sont confiés à leurs soins; ceux-ci les conjurent en vain de ne plus songer qu'à leur propre salut : ils s'y refusent, et plutôt que d'abandonner leurs chefs, ils attendent la mort ou l'esclavage (L. 11).

Un commandant des lanciers de la garde, que nous avons particulièrement connu, nommé VAUDEVILLE, né à Saint-Nicolas-de-Port en Lorraine, était resté un des derniers sur la rive ennemie pour protéger le passage. Quand il n'y eut plus moyen et qu'on eût même mis le feu au pont, il se jette dans la rivière avec son cheval, la traverse parmi les glaçons; mais arrivé à l'autre bord, il le voit tellement escarpé, qu'il désespère de le franchir. Alors il s'incline sur le cou de son cheval, pour faire son acte de contrition et se recommander à Dieu pour la dernière fois. A l'instant même, un boulet de canon frise la tête du cheval, lequel fait un tel effort, qu'ils se trouvent tous deux à terre sans savoir comment. M. Vaudeville étudiait pour être prêtre, lorsque la Révolution en fit un militaire. Plein de foi et de courage, il n'oublia jamais ses devoirs de chrétien, même au plus fort de la Révolution et de la guerre. Devenu officier de la Légion-d'honneur, il prit sa retraite, vint au séminaire de Nancy, reçut la prêtrise, fut procureur du séminaire de Pont-à-Mousson, où on l'a vu plusieurs années avec son vieux cheval qui l'avait sauvé de la Bérésina.

Un autre compatriote, l'honneur de l'armée française, le général DROUOT, né à Nancy même, était de cette fameuse campagne. Sous la tente même de Napoléon, qui l'appelait *le Sage*, au milieu des généraux de l'empire, Drouot, retiré dans un coin, lisait attentivement son évangile. Aux vertus d'un général et d'un brave il joignait les vertus d'un chrétien, les vertus d'un religieux austère. Et dans les camps et dans sa ville natale, il a vécu pieux, chaste, humble, charitable. Mort à Nancy le 24 mars 1847, ses dernières volontés ont été pour les pauvres. Il eut pour panégyriste, le célèbre orateur dominicain, le P. Henri-Dominique Lacordaire.

Quelques jours après le passage de la Bérésina, Napoléon partit en poste pour Paris, où une conspiration avait failli renverser son gouvernement. Après son départ, la désorganisation des restes de l'armée augmenta avec le froid. On vit, dans les derniers jours, mais surtout dans les dernières nuits de la Grande-Armée, des calamités inconnues à l'histoire. « On vit, sous les vastes hangars qui bordent quelques points de la route, des horreurs plus grandes » qu'au siége de Jérusalem. « Soldats et officiers, tous s'y précipitaient, s'y entassaient en foule. Là, comme des bestiaux, ils se serraient les uns contre les autres autour de quelques feux; les vivants ne pouvant écarter les morts du foyer, se plaçaient sur eux pour y expirer à leur tour, et servir de lit de mort à de nouvelles victimes. Bientôt d'autres foules de traîneurs se présentaient encore, et ne pouvant pas pénétrer dans ces asiles de douleur, ils les assiégeaient. Il arriva souvent qu'ils en démolirent les murs de bois sec pour en alimenter leurs feux; d'autres fois, repoussés et découragés, ils se contentaient d'en abriter leurs bivouacs. Bientôt les flammes se communiquaient à ces habitations, et les soldats qu'elles renfermaient, à demi-morts de froid, y étaient achevés par le feu. Ceux de nous que ces abris sauvèrent, trouvèrent le lendemain leurs compagnons glacés et par tas autour de leurs feux éteints. Pour sortir de ces catacombes, il fallut que, par un horrible effort, ils gravissent par-dessus les monceaux de ces infortunés, dont quelques-uns respiraient encore (L. 12, c. 2). »

Tout cela est extrême pour le malheur, voici qui l'est pour l'inhumanité. Vingt mille Français étaient restés à Vilna, malades, blessés, épuisés de fatigue. « A la vérité, dit le général Ségur, les Lithuaniens, que nous abandonnions après les avoir tant compromis, en recueillirent et en secoururent quelques-uns; mais les Juifs, que nous avions protégés, repoussèrent les autres. Ils firent bien plus : la vue de tant de douleurs irrita leur cupidité. Toutefois, si leur infâme avarice, spéculant sur nos misères, se fût contentée de vendre au poids de l'or de faibles secours, l'histoire dédaignerait de salir ses pages de ce détail dégoûtant; mais qu'ils aient attiré nos malheureux blessés dans leurs demeures pour les dépouiller, et qu'ensuite, à la vue des Russes, ils aient précipité par les portes et par les fenêtres de leurs maisons ces victimes nues et mourantes, que là ils les aient laissées impitoyablement périr de froid, que même ces vils barbares se soient fait un mérite aux yeux des Russes de les y torturer, des crimes si horribles doivent être dénoncés aux siècles présents et à venir. Aujourd'hui que nos mains sont impuissantes, il se peut que notre indignation contre ces monstres soit leur seule punition sur cette terre; mais enfin les assassins rejoindront un jour leurs victimes, et là sans doute, dans la justice du ciel, nous trouverons notre vengeance (C. 3). »

On voit ici l'armée française, en appeler au jugement de Dieu contre les Juifs de Lithuanie, de même que Pie VII contre Napoléon. Comme l'armée française est un témoin fidèle et même une preuve monumentale de la terrible exactitude avec laquelle le premier appel a été entendu, jugé et exécuté, elle peut compter qu'il en sera de même pour le second.

Lorsque, le 9 mai 1812, Napoléon partit de Paris pour Moscou, il laissait Pie VII en sa prison de

Savone. A peine se voit-il à Dresde entouré des rois de l'Europe, Napoléon se plaît à tourmenter le père des rois et des peuples. Donc, le 9 juin 1812, vers sept heures du soir, on signifie au pape Pie VII, prisonnier à Savone, l'ordre de partir pour la France, et on l'enlève à dix heures, après l'avoir contraint de quitter ses habits, qui auraient pu le faire reconnaître et lui attirer le respect des peuples. Il voyagea seul jusqu'à Stupini, près de Turin, où l'on fit entrer dans sa voiture le prélat Bertazzoli, qui ne le quitta plus. Après une course aussi longue que rapide, dans les heures les plus brûlantes de la journée, le Pape arriva au Mont-Cenis vers minuit. Il y tomba si dangereusement malade, que les officiers qui l'escortaient crurent devoir en informer le gouvernement de Turin, et demander s'ils devaient suspendre ou poursuivre le voyage. On leur répondit qu'ils n'avaient qu'à suivre leurs instructions. Le 14, on administra le saint viatique au Pape; la maladie avait pris un caractère plus grave. Le soir même, le Saint-Père fut jeté dans sa voiture, et on le traîna jour et nuit jusqu'à Fontainebleau, où il arriva le 20 juin. Pendant les quatre jours et les quatre nuits de ce voyage, Pie VII ne put jamais obtenir la permission de descendre de voiture; lorsqu'il avait besoin de prendre quelque nourriture, on s'arrêtait dans les lieux les moins populeux, et on faisait entrer la voiture dans la remise de la poste. A son arrivée à Fontainebleau, le concierge ne voulut point lui ouvrir les appartements, parce qu'il n'avait encore reçu aucun ordre de Paris, et il le conduisit dans son propre logement, à quelque distance du château. Peu d'heures après, l'ordre arriva de disposer des appartements pour Sa Sainteté, qui reçut presque en même temps la visite de quelques ministres de l'empereur. Le gouvernement allégua, pour prétexte de la translation subite du Pape, la crainte que les Anglais, qui croisaient dans la Méditerranée, ne voulussent tenter une descente soudaine sur Savone pour s'emparer du Saint-Père et lui rendre la liberté; mais le but véritable de Bonaparte était de rapprocher Pie VII de Paris, pour d'entourer de ses agents et le faire consentir, à tout prix, aux demandes qu'il se proposait de lui faire.

Ce qui est plus difficile à expliquer, c'est la manière rapide et violente avec laquelle on fit voyager le Pape, qui ne dut la vie qu'à une protection toute spéciale du ciel. On ne peut supposer que celui qui avait déjà obtenu tant de concessions de Pie VII, et qui se voyait sur le point d'en obtenir de plus grandes encore, pût être intéressé à une mort qui, au fait, serait venue déconcerter tous ses projets. Ces violences n'avaient donc d'autre but que d'exténuer ce vénérable vieillard, d'affaiblir son esprit, éteindre le reste de son énergie, et parvenir ainsi à lasser son héroïque patience. Pie VII arriva effectivement à Fontainebleau dans un état à faire craindre pour ses jours, et pendant plusieurs semaines on le vit gisant sur un lit de douleurs. Les cardinaux *rouges* et les évêques français qui avaient la confiance de l'empereur vinrent aussitôt le visiter; quelques appartements furent même réservés à ceux qui venaient coucher de Paris à Fontainebleau. Ces cardinaux et ces prélats de cour, qui seuls avaient la permission d'approcher du Pape captif, travaillaient à le disposer à de nouvelles négociations et à de nouveaux sacrifices. Ils lui représentaient la situation déplorable de la religion et de l'Eglise. Leurs discours faisaient une impression profonde sur l'esprit du Saint-Père, abattu par tant de violences. Toutefois ils n'obtenaient encore rien. Pendant que des cardinaux et des évêques trahissaient ainsi leurs devoirs envers le chef de l'Eglise et ambitionnaient de le faire succomber, beaucoup de personnes laïques de Paris, éminemment religieuses, entre autres la famille de Montmorency-Laval et la marquise de la Riandrie, lui faisaient parvenir des témoignages de leur inaltérable dévouement (Pacca et Artaud).

Il y avait cinq mois que le Saint-Père était détenu à Fontainebleau, lorsque Napoléon apporta lui-même à Paris la nouvelle de sa défaite. Occupé à réparer, avec son incroyable activité, ce désastre épouvantable, obligé de donner une nouvelle et dernière impulsion à la France, il sentit combien lui serait favorable une réconciliation vraie ou du moins apparente avec le Saint-Siège; car il n'ignorait point que sa conduite envers le Saint-Père lui avait aliéné l'esprit des bons catholiques, bien plus nombreux en France qu'on ne le pense communément. D'un autre côté, les princes d'Allemagne, impatients de sa domination, quoique peu soucieux en général des droits du Saint-Siège, que quelques-uns foulaient aux pieds d'une manière plus indigne que le gouvernement français, cherchaient néanmoins à profiter des bruits répandus sur la persécution du Pape, pour allumer dans le cœur de leurs sujets catholiques l'indignation et la haine la plus violente contre Bonaparte. Celui-ci se hâta donc de renouer les négociations avec le Saint-Père, pour obtenir son adhésion aux demandes que lui avaient déjà présentées les évêques de la première députation à Savone. Il profita du renouvellement de l'année (1813) pour envoyer à Fontainebleau un chambellan complimenter Pie VII et lui demander des nouvelles de sa santé. Cet acte de courtoisie obligea le Saint-Père d'envoyer une personne de sa cour à Paris pour remercier l'empereur. Le choix tomba sur le cardinal Joseph Doria, ancien nonce près la cour de France, et dont la personne était agréable à Napoléon. Il fut convenu que les négociations seraient incessamment reprises, et l'empereur choisit pour son négociateur principal l'évêque de Nantes. Pie VII, privé des cardinaux les plus capables et les plus fermes, nomma ceux qui l'avaient déjà trompé ou trahi à Savone. L'évêque courtisan de Nantes présenta, de la part de l'empereur, une suite de propositions dont voici quelques-unes. « 1º Le Pape et les futurs Pontifes, avant d'être élevés au pontificat, devront promettre de ne rien ordonner, de ne rien exécuter qui soit contraire aux quatre propositions gallicanes. 2º Le Pape et ses successeurs n'auront à l'avenir que le tiers des nominations du sacré collége. La nomination des deux autres tiers appartiendra aux princes catholiques. 3º Le Pape, par un bref public, désapprouvera et condamnera la conduite des cardinaux qui n'ont pas voulu assister à la fonction sacrée du mariage de Napoléon avec l'impératrice Marie-Louise. Dans ce cas, l'empereur leur rendra ses bonnes grâces et leur permettra de se réunir au Saint-Père, pourvu qu'ils acceptent et qu'ils signent

LIVRE XCI. — ENSEMBLE ET DÉNOUEMENT DE L'HISTOIRE HUMAINE.

ledit bref pontifical. Finalement, seront exclus de ce pardon les cardinaux di Piétro et Pacca, auxquels il ne sera jamais permis de se rapprocher du Pape. »

C'est ainsi qu'un évêque français n'eut pas honte de proposer à Pie VII, prisonnier pour la cause de Jésus-Christ et de son Eglise, de se démentir et de se déshonorer lui-même en abandonnant l'Eglise aux mains de ses ennemis, les princes de ce siècle! Et ce terrible jugement de Dieu sur Napoléon et son armée dans la campagne de Russie, jugement qui épouvanta les plus incrédules, cet évêque y ferme ses yeux et son cœur!

Après ces préliminaires, on commença les conférences. Quand ceux qui réglaient ce manége virent que le Pape était absolument anéanti, et paraissait hors d'état de résister à leurs demandes multipliées et à leurs instances, ils calculèrent l'effet d'une de ces fièvres lentes qui dispose à la prostration des forces et à une sorte d'apathie mêlée du désir de la mort. Enfin, quand ils n'eurent plus affaire qu'à un corps débile, sans ressorts, qui ne pouvait presque plus recevoir de nourriture, ils voulurent laisser à l'empereur la gloire de conclure le traité. Dans la soirée du 19 janvier, accompagné de l'impératrice Marie-Louise, il se rendit donc à Fontainebleau et se présenta directement chez le Pape, le prit dans ses bras, le baisa au visage, et lui fit mille démonstrations de cordialité et d'amitié. La première soirée, on ne parla pas d'affaires. Le Pape, qui avait toujours aimé quelque chose des qualités de Napoléon, et qui, dans l'inépuisable bonté de son cœur, avait toujours attribué tant de mauvais traitements à des subalternes iniques, parut satisfait de ces démonstrations extérieures. Il raconta aux personnes qu'il voyait habituellement, et n'oublia pas la circonstance de l'embrassement et du baiser. Mais dans l'état d'affaiblissement où il était, il ne savait pas bien précisément ce que présageait cette visite, où il n'avait été question que de simples compliments d'un souverain pour un hôte sacré qu'il reçoit dans un de ses châteaux.

Le jour suivant, il y eut d'autres entrevues entre le Pape et Napoléon. On a dit que, dans un de ces entretiens, l'empereur prit le Saint-Père par les cheveux et l'injuria vilainement; mais le Pape, plusieurs fois interrogé sur ce fait, a toujours assuré qu'il n'était pas vrai : « Non, disait-il, il ne s'est pas porté à une telle indignité, et Dieu permet qu'à cette occasion nous n'ayons pas à proférer un mensonge. » On a pu cependant comprendre, par les discours de l'empereur, qu'il prit avec le Pape un ton d'autorité, même de mépris, et qu'il alla jusqu'à lui dire : « Vous n'êtes pas assez versé dans la connaissance des sciences ecclésiastiques, » ce qui n'offensait pas moins la vérité que la politesse. Enfin nous tenons d'un ecclésiastique, qui l'apprit directement d'un des cardinaux alors à Paris, que, dans une de ces entrevues, l'empereur et le Pape étant assis à une table vis-à-vis l'un de l'autre, Napoléon se leva dans un mouvement de colère pour donner un soufflet au Pape; mais que, dans ce moment même, le maréchal Duroc, son confident intime, le prit à bras-le-corps pour le retenir, et lui dit : « Sire, vous vous oubliez! »

Cependant les cardinaux complaisants qui avaient promis leur appui au gouvernement français inquiétaient le vénérable Pontife, lui répétaient les mêmes arguments, et lui disaient qu'à sa place ils signeraient un concordat dont on proposait les bases; que les cardinaux étaient les conseillers naturels d'un Pape, et qu'ils persistaient à voir la fin des maux de la religion dans une dernière complaisance dont le résultat serait de rendre à la liberté ceux de leurs collègues qui, dans les fers, et par cette raison seule, ne pouvaient pas venir conseiller la même conduite; que d'ailleurs, à leur arrivée, sans doute, ils approuveraient tout ce qui aurait été fait dans l'extrémité déplorable où l'on était réduit. Le pape Pie VII était âgé de soixante et onze ans. Sa vie desséchée par les douleurs, les infirmités, le dégoût des aliments, sa sensibilité excitée par le désir de revoir les cardinaux qu'on retenait prisonniers; l'insistance importune du prélat Bertazzoli, qui le pressait de tout accorder; les supplications de ceux des cardinaux italiens qui traitaient cette importante affaire, et qui le fatiguaient quelquefois de prévisions menaçantes, ou accompagnées d'une sorte de mépris; le silence absolu de toute voix sage, noble, qui vînt relever cette âme flétrie par la souffrance; enfin, les approches de la mort, tout contribuait à décourager le Pontife : il ne restait plus en ce moment à Pie VII que la faculté de mouvement de la main qui peut encore machinalement tracer un nom. Ce nom fut apposé le 25 janvier sur un papier, que l'empereur signa sur-le-champ après lui.

Les circonstances positives qui ont précédé cette signature ne sont pas bien connues. On sait seulement que, pour engager le Pape à recevoir la plume des mains du cardinal Joseph Doria, ses propres conseillers eux-mêmes lui firent croire que c'étaient de simples préliminaires qui devaient être secrets, jusqu'à ce que, *dans le conseil de tous les cardinaux réunis*, on fût convenu de la manière de mettre à exécution ces articles provisoires. Alors le Pape, comme pris à partie par les cardinaux et les évêques qui le poussaient à tout accommodement quelconque, et violenté par la présence de l'empereur, qui le contemplait fixément, mais d'un air assez bienveillant, se retourna cependant vers quelques assistants de sa suite en leur demandant, avec le regard, un conseil. Ils baissèrent la tête, pour dire qu'il fallait se résigner. Finalement le Pape, au moment même où il signa, laissa clairement connaître qu'il ne signait pas d'après le vœu de son cœur.

Cette pièce une fois signée par le Pape et par l'empereur, on parla sur-le-champ du rappel des cardinaux déportés, et de la délivrance de ceux qui étaient en prison. Il y eut de grandes difficultés pour la personne du cardinal Pacca; et ce fut alors, a dit depuis le Pape, une vraie bataille pour obtenir cette délivrance; l'empereur la refusait en s'écriant : « Pacca est mon ennemi. » A la fin, Napoléon céda et dit qu'il ne faisait jamais les choses à demi. Alors il donna ordre d'expédier un courrier à Turin, avec l'injonction de mettre en liberté cette Eminence.

Quant à ce concordat arraché par surprise au Pape, en voici le texte :

« Sa Majesté l'Empereur et Roi et Sa Sainteté, voulant mettre un terme aux différends qui se sont élevés entre eux et pourvoir aux difficultés survenues sur plusieurs affaires de l'Eglise, sont convenus des articles suivants comme devant servir de base à un arrangement définitif : 1° Sa Sainteté exercera le pontificat en France et dans le royaume d'Italie de la même manière et avec les mêmes formes que ses prédécesseurs. 2° Les ambassadeurs, ministres, chargés d'affaires des puissances près le Saint-Père, et les ambassadeurs, ministres, chargés d'affaires que le Pape pourrait avoir près des puissances étrangères, jouiront des immunités et priviléges dont jouissent les membres du corps diplomatique. 3° Les domaines que le Saint-Père possédait, et qui ne sont pas aliénés, seront exempts de toute espèce d'impôts. Ils seront administrés par des agents ou chargés d'affaires. Ceux qui seront aliénés seront remplacés jusqu'à la concurrence de deux millions de francs de revenu. 4° Dans les six mois qui suivront la notification d'usage de la nomination par l'empereur aux archevêchés et évêchés de l'empire et du royaume d'Italie, le Pape donnera l'institution canonique, conformément aux concordats, et en vertu du présent indult. L'information préalable sera faite par le métropolitain. Les six mois expirés sans que le Pape ait accordé l'institution, le métropolitain, et à son défaut, ou s'il s'agit du métropolitain, l'évêque le plus ancien de la province procédera à l'institution de l'évêque nommé, de manière qu'un siège ne soit jamais vacant plus d'une année. 5° Le Pape nommera, soit en France, soit dans le royaume d'Italie, à des évêchés qui seront ultérieurement désignés de concert. 6° Les six évêchés suburbicaires seront rétablis. Ils seront à la nomination du Pape. Les biens actuellement existants seront restitués, et il sera pris des mesures pour les biens vendus. A la mort des évêques d'Anagni et de Riéti, leurs diocèses seront réunis auxdits évêchés, conformément au concert qui aura lieu entre Sa Majesté et le Saint-Père. 7° A l'égard des évêques des Etats-Romains absents de leur diocèse par les circonstances, le Saint-Père pourra exercer en leur faveur son droit de donner des évêchés *in partibus*. Il leur sera fait une pension égale aux revenus dont ils jouissaient, et ils pourront être replacés aux sièges vacants, soit de l'empire, soit du royaume d'Italie. 8° Sa Majesté et Sa Sainteté se concerteront, en temps opportun, sur la réduction à faire, s'il y a lieu, aux évêchés de la Toscane et du pays de Gênes, ainsi que pour les évêchés à établir en Hollande et dans les départements anséatiques. 9° La Propagande, la Pénitencerie, les archives seront rétablies dans le lieu du séjour du Saint-Père. 10° Sa Majesté rend ses bonnes grâces aux cardinaux, évêques, prêtres, laïques qui ont encouru sa disgrâce par suite des événements actuels. 11° Le Saint-Père se porte aux dispositions ci-dessus par considération de l'état actuel de l'Eglise et dans la confiance que lui a inspirée Sa Majesté, qu'elle accordera sa puissante protection aux besoins si nombreux qu'a la religion dans les temps où nous vivons. »

Par ce traité, le Pape ne retenait que six mois le droit effectif d'instituer les évêques. Il abandonnait la souveraineté de Rome, dont il n'a que l'administration comme souverain élu. Il devait à peu près rester toujours en France, où il plairait à l'empereur de l'envoyer. On voit d'ailleurs dans cette entreprise révolutionnaire, la pierre d'attente pour appuyer une révolution nouvelle, et effectuer les propositions pires encore transmises par l'évêque de Nantes.

Napoléon ordonna qu'on annonçât à l'empire la conclusion du concordat, et voulut qu'on chantât un *Te Deum* dans toutes les églises. Tant que l'empereur resta à Fontainebleau, le Pape tint caché, autant qu'il put, ses sentiments sur tout ce qui était arrivé. Mais à peine Napoléon fut-il parti, que le Saint-Père tomba dans une profonde mélancolie, et fut tourmenté de nouveaux redoublements de fièvre. A l'arrivée de quelques cardinaux qui revinrent de l'exil où ils avaient été relégués, et surtout à l'arrivée du cardinal di Piétro, il s'entretint avec eux des articles qu'il avait signés, et ne tarda pas à voir sous leur véritable aspect les conséquences qui pouvaient naître de cette funeste signature. Rempli d'amertume et de douleur, il s'abstint pendant plusieurs jours de célébrer la messe, et ce ne fut que sur les instances d'un cardinal savant et pieux, qu'il consentit à s'approcher de nouveau de l'autel ; et, comme on le vit plongé dans le plus vif désespoir, il n'en cacha pas la cause aux évêques français et aux cardinaux qui logeaient dans le palais. Ce fut alors que Napoléon, craignant que le Pape ne se rétractât et ne révoquât ce qu'il avait accordé, rendit publics, contre la parole qu'il avait donnée, les articles du concordat, et les fit solennellement annoncer au Sénat conservateur par l'archichancelier Cambacérès.

Bientôt arrivèrent les évêques de France et d'Italie, appelés par l'empereur pour se concerter avec le Pape et les cardinaux sur l'exécution du nouveau Concordat. « A part quelques-uns qui jouissaient d'une bonne réputation et passaient pour être attachés au Saint-Siège, dit le cardinal Pacca, qui les examina de près, tous les autres justifiaient pleinement la confiance de l'empereur, soit par leur servilité, soit par leur antipathie pour le Pape et la cour de Rome. Voici les noms de ceux que je vis ou dont j'entendis parler : Lecoz, archevêque de Besançon, ancien évêque intrus de Rennes; Perrier, évêque d'Avignon, ancien évêque intrus constitutionnel de Grenoble; della Torre, archevêque de Turin; l'évêque de Pavie; Buonsignori, évêque de Faënza, nommé au patriarcat de l'Église de Venise, qu'il administrait déjà sous le titre de vicaire capitulaire; d'Osmond, évêque de Nancy, archevêque nommé de Florence, qui, par son intrusion violente dans ce dernier siège, au mépris de la défense faite par le Pape au chapitre métropolitain de le reconnaître, avait été cause de l'exil et de l'emprisonnement de plusieurs chanoines vénérables; Fallot de Beaumont, évêque de Plaisance, nommé à la métropole de Bourges; Dania, évêque d'Albenga; Selvi, évêque de Grossetto en Toscane, et un certain Vancamp, curé d'Anvers, nommé au nouvel évêché de Bois-le-Duc en Brabant. Ils vinrent tous successivement complimenter le Saint-Père à Fontainebleau, et les prétendus patriarche de Venise, archevêque de Florence, évêque de Bois-le-Duc osèrent se faire annoncer sous ces nouveaux titres. On ne sait, en vérité, ajoute le cardinal Pacca, ce qu'on doit le plus admirer, ou l'effronterie de ceux qui se faisaient ainsi présenter, ou l'imbécillité des personnes qui les introduisaient sous ces titres insultants. La réception que leur fit le Pape fut un nouveau sujet de douleur pour les catholiques, et pour quelques-uns même une occasion de scandale. Naturellement porté à la mansuétude, plongé dans la plus profonde tristesse, exténué, éteint, pour ainsi dire, par les maladies et les souffrances, Pie VII accueillait tout le monde avec la même cordialité, sans distinction de personnes, sans même témoigner aux prélats réfractaires, par l'air de son visage, les justes motifs qu'il avait d'être mécontent de leur conduite. Aussi ces évêques ne manquaient-ils pas, au sortir de leur audience, de publier partout l'accueil qu'ils avaient reçu, et d'écrire à leurs adhérents dans les provinces que le Pape n'avait jamais désapprouvé leur conduite (Pacca, 4e partie). »

Mais si le pasteur suprême était entouré d'espions et de mercenaires, qui ne cherchaient qu'à le faire tomber dans le piège, Dieu lui envoya aussi des amis, des conseillers fidèles, qui lui aidèrent à briser le piège tendu. Tel fut entre autres le cardinal Pacca, qui raconte ainsi son arrivée de Fénestrelle à Fontainebleau :

« Je m'étais figuré qu'un château impérial, habité quelquefois par des ministres de Napoléon, et alors par des évêques, des cardinaux, et par le souverain Pontife, avec lequel on pouvait communiquer pour la première fois depuis cinq ans, m'offrirait le spectacle d'un grand mouvement. Je ne rencontrai que quelques personnes vulgaires. Une d'entre elles courut appeler le portier, qui vint aussitôt ouvrir la grille, et j'entrai dans une vaste cour, terminée par un escalier découvert. Toutes les portes et toutes les fenêtres étaient fermées. Une sentinelle se promenait silencieusement au haut de l'escalier. Je doutai un instant si j'entrais dans un palais impérial ou dans une nouvelle prison d'État. Ne trouvant personne à qui je puisse m'adresser pour demander audience, j'envoyai mon camérier, qui, quelques minutes après, revint accompagné d'Hilaire Palmiéri, un des domestiques italiens restés au service du Pape. Palmiéri me dit que je pouvais venir tel que j'étais en habits de voyage, et que le Pape me recevrait sur-le-champ. Dans l'antichambre, le cardinal Doria vint au-devant de moi, m'embrassa en pleurant, et témoigna de la manière la plus affectueuse la joie que lui causait ma délivrance. Dans les autres salles, je rencontrai quelques prélats français; et comme j'entrais dans l'appartement du Pape, je trouvai le Saint-Père debout, faisant même quelques pas pour venir au devant de moi. Quelle fut mon affliction de le voir courbé, pâle, amaigri, les yeux enfoncés, presque éteints et immobiles! Il m'embrassa, et me dit avec beaucoup de froideur : Je ne vous attendais pas si tôt. Je lui répondis que j'avais pressé mon arrivée pour avoir la consolation de me jeter à ses pieds et lui témoigner mon admiration pour le courage héroïque avec lequel il avait souffert une si longue et si dure captivité. Il me répondit avec l'accent de la plus vive douleur : « Et cependant nous avons fini par nous rouler dans la fange... Ces cardinaux nous ont traîné devant la table, et nous ont fait signer! » Et alors me prenant par la main, il me fit asseoir à son côté, et, après avoir fait quelques questions sur mon voyage, il me dit : « Vous pouvez à présent vous retirer, parce que c'est l'heure où je reçois les évêques français; on a préparé pour vous un logement au palais. »

» Quelque temps après, monseigneur Bertazzoli, aumônier de Sa Sainteté, vint m'assurer que le Pape avait voulu se débarrasser de l'audience des évêques français, et qu'il m'attendait avant dîner. Il me recommanda en même temps de parler avec réserve et prudence devant les personnes de la maison du Pape, et je compris sur-le-champ à qui il voulait faire allusion. Je retournai donc auprès du Saint-Père et je le trouvai dans un état vraiment déplorable et inquiétant pour ses jours. Les cardinaux di Pietro, Gabrielli et Litta, les premiers arrivés à Fontainebleau, lui avaient fait sentir la gravité de la faute dans laquelle on l'avait entraîné par surprise; il en avait conçu une juste horreur, et il ne pouvait mesurer la hauteur de la gloire d'où on l'avait précipité par de mauvais conseils, sans tomber dans la plus profonde mélancolie. Dans l'épanchement de son excessive douleur, il me dit : « Qu'il ne pouvait chasser de son esprit cette pensée cruelle; qu'il passait des nuits sans dormir; que, le jour, il prenait à peine la nourriture nécessaire pour ne pas défaillir, et qu'il était obsédé de la crainte de devenir fou et de finir comme Clément XIV. » Je fis tous mes efforts pour le consoler; je le conjurai de se calmer, d'envisager que, de tous les maux qui pouvaient affliger l'Église, le plus funeste serait celui de perdre son chef suprême. J'ajoutai que bientôt il se verrait entouré de tous les cardinaux qui étaient en France, dont quelques-uns lui avaient donné des preuves non équivoques de leur zèle pour les intérêts du Saint-Siège et de leur dévouement pour sa personne sacrée; qu'il pouvait mettre en eux toute sa confiance, et qu'aidé de leurs conseils, il pourrait remédier au mal qui avait été fait. À ces mots, il parut reprendre ses sens; sa physionomie s'anima un peu, et m'interrompant : « Vous croyez, me dit-il, qu'on puisse y remédier? — Oui, Très-Saint-Père, lui dis-je; à tous les maux, lorsqu'on le veut bien, on trouve quelque remède. »

» Vers quatre ou cinq heures après midi, je retournai auprès du Pape, qui, dans la conversation, revenait toujours sur le même sujet, sans qu'il me fût possible de l'en détourner. Pendant cet entretien, le Saint-Père, pour diminuer peut-être l'horreur que devaient m'inspirer les concessions anticanoniques de Fontainebleau, me parla d'autres articles encore plus détestables que lui avait fait présenter l'empereur et qu'il avait rejetés; il ouvrit en même temps son secrétaire, qu'il tenait fermé sous clé, et me présenta un papier à lire. C'étaient les quatre propositions de l'évêque de Nantes. » Jurer de ne rien faire contre le gallicanisme, livrer les deux tiers du sacré collège aux princes séculiers, condamner la conduite des cardinaux les plus fidèles, etc. « À la lecture de cet écrit, continue le cardinal Pacca, mon âme était comme suspendue entre la commisération et l'indignation la plus profonde. Qui n'aurait pas compati au sort d'un Pontife insulté, outragé d'une manière si brutale? Qui n'aurait pas frémi d'indignation en songeant à celui qui avait eu l'impudence de servir de négociateur dans cette affaire, et aux conseillers imbéciles du Saint-Père, qui ne lui avaient pas fait rompre sur-le-champ toute négociation avec un souverain dont le but manifeste était d'avilir les Papes, de leur imposer le joug de la plus honteuse servitude, de renverser, bouleverser tout ordre de hiérarchie, et de ternir enfin l'éclat de la réputation que Pie VII avait si justement acquise par tant de souffrances et de sacrifices personnels..... Mais je me gardai bien de faire sentir au Pape combien était outrageuse pour sa personne la seule proposition de ces articles : l'affliction dans laquelle il était plongé me faisait au contraire un devoir de calmer son esprit et de relever son courage abattu (Pacca, *Mém. sur Pie VII*, 4e partie, c. 1). »

Le soir du même jour, 18 février, arriva le cardinal Consalvi. Il alla à l'audience du Pape, qui l'attendait avec impatience et l'avait nommé son ministre pour entamer un nouveau traité avec le gouvernement impérial. Le Pape pria tous les cardinaux de mettre par écrit leur sentiment sur les articles du dernier concordat, avec les conseils qu'ils croiraient les plus convenables, et de remettre ces vœux dans ses propres mains. Il y eut deux opinions principales. Ceux qui s'étaient trouvés à Fontainebleau, et qui avaient en part à ces pratiques et à ces conférences, et quelques cardinaux *noirs*, d'un caractère trop timide ou trop courtisan, étaient d'avis que l'on devait maintenir ladite convention; mais, pour donner une satisfaction aux cris et aux représentations de leurs collègues, ils proposaient d'ouvrir, avec les députés de l'empereur une négociation dans laquelle on tâcherait d'améliorer l'état des choses, et de faire insérer quelque article plus favorable au Pape et au Saint-Siége. Un seul cardinal pensait qu'il fallait commencer par de nouvelles conférences, non pour arriver à la conclusion du concordat, mais pour gagner du temps, et rejeter finalement tous les articles, comme inadmissibles : ce parti fut abandonné, comme peu loyal et peu convenable. Plusieurs autres cardinaux, au moment de leur arrivée à Fontainebleau, avaient déclaré qu'il n'y avait pas d'autre remède au scandale donné devant toute la catholicité, et aux maux graves qu'aurait entraînés l'exécution de ce concordat, qu'une rétractation prompte et une annulation générale de la part du Pape. Ils alléguaient l'exemple très-connu dans l'histoire ecclésiastique sous Pascal II, ainsi que Chiaramonti, bénédictin et Pape. Ces deux opinions, les seules que l'on pût admettre, furent mises en discussion par les cardinaux quand ils purent se rencontrer, ou à la promenade, ou sous le prétexte de quelques visites à un collègue malade, afin de ne pas éveiller les soupçons de ceux qui épiaient leurs démarches. Tout bien considéré, on conclut que le meilleur parti serait une rétractation très-prompte du nouveau concordat. Consalvi soutint cette opinion avec une vivacité franche et animée. Il fallait y décider le Pape. Consalvi et Pacca, plus que jamais unis, admirant l'un dans l'autre de si nobles services rendus au Saint-Siége, y travaillèrent de concert. Il paraissait que l'acte si éclatant d'une rétractation devait coûter au Pontife, surtout peu de jours après la signature du traité. Mais Pie VII, rempli de véritable vertu, ranimé par des consolations, dégagé des symptômes de fièvre qui l'avaient accablé, maintenant armé de son ancien courage, écouta ces voix amies de sa gloire. Non-seulement il ne se troubla point en entendant une semblable résolution, en apparence si humiliante et si amère, mais il l'accueillit avec joie et en bénissant Dieu.

Les cardinaux, examinant ensuite les moyens d'exécution, trouvèrent que la forme la plus noble et la plus franche, serait une lettre du Pape à l'empereur, dont il serait donné communication au sacré collège. De cette manière on sauvait les convenances et on se réservait les moyens de publicité. Le cardinal Consalvi fût désigné d'un commun accord pour soumettre cette mesure au Pape, qui l'adopta sur-le-champ. Après la composition de la minute, que l'on voulut conserver comme document authentique, le Pape écrivit de sa main la copie destinée à l'empereur. Il était si faible, si abattu, qu'il pouvait à peine tracer quelques lignes par jour. Il est bon de savoir comment il parvint à terminer ce travail, pour donner une idée de la rigoureuse surveillance à laquelle il était soumis. Pendant qu'il célébrait ou entendait la messe, un agent du gouvernement français visitait ses appartements, ouvrait son bureau et les armoires avec d'autres clés, et inspectait tous les papiers du Saint-Père. Le Pape, qui s'en était aperçu lui-même, ne pouvait donc laisser aucun écrit dans son appartement. Ainsi, chaque matin, à son retour de la messe, les cardinaux di Pietro et Consalvi lui apportaient le papier sur lequel il avait écrit la veille; Pie VII y ajoutait quelques lignes. Vers quatre heures après midi, le cardinal Pacca entrait dans l'appartement, et la même opération se renouvelait. Le cardinal cachait ensuite la minute et la copie sous ses habits, et les portait en ville dans la maison qu'habitait le cardinal Pignatelli. Le lendemain, une personne sûre les reportait au château. Le Saint-Père fut souvent obligé de recommencer ce travail, soit à cause de quelque changement apporté à la minute, soit à cause de quelque accident provenu de son chef.

Pie VII ayant terminé sa lettre le 24 mars, l'envoya le même jour à l'empereur par le colonel Lagorse, commis à sa garde. Le Pape y disait à Napoléon :

« Quelque pénible que soit à notre cœur l'aveu que nous allons faire à Votre Majesté, quelque peine que cet aveu puisse lui causer à elle-même, la crainte des jugements de Dieu, dont notre grand âge et le dépérissement de notre santé nous rapprochent tous les jours davantage, doit nous rendre supérieur à toute considération humaine, et nous faire mépriser les terribles angoisses auxquelles nous sommes en proie dans ce moment. Commandé par nos devoirs, avec cette sincérité, cette franchise qui convient à notre dignité et à notre caractère, nous déclarons à Votre Majesté que, depuis le 25 janvier, jour où nous apposâmes notre signature aux articles qui devaient servir de base au traité définitif dont il y est fait mention, les plus grands remords et le plus vif repentir n'ont cessé de déchirer notre âme, qui ne peut plus trouver ni paix ni repos. Nous reconnûmes aussitôt, et une continuelle et profonde méditation nous fait sentir chaque jour davantage l'erreur dans laquelle nous nous sommes laissé entraîner, soit par l'espérance de terminer les différends survenus dans les affaires de l'Église, soit aussi par le désir de complaire à Votre Majesté.

» Une seule pensée modérait un peu notre affliction : c'était l'espoir de remédier, par l'acte de l'accommodement définitif, au mal que nous venions de faire à l'Eglise en souscrivant ces articles. Mais quelle ne fut pas notre profonde douleur, lorsque, à notre grande surprise et malgré ce dont nous étions convenu avec Votre Majesté, nous vîmes publier, sous le titre de concordat, ces mêmes articles qui n'étaient que la base d'un arrangement futur! Gémissant amèrement et du fond de notre cœur sur l'occasion de scandale donnée à l'Eglise par la publication desdits articles; pleinement convaincu de la nécessité de le réparer, si nous pûmes nous abstenir pour le moment de manifester nos sentiments et de faire entendre nos réclamations, ce ne fut uniquement que par prudence, pour éviter toute précipitation dans une affaire aussi capitale.

» Sachant que, sous peu de jours, nous aurions la consolation de voir le sacré collège, notre conseil naturel, réuni auprès de nous, nous voulûmes l'attendre pour nous aider de ses lumières, et prendre ensuite une détermination, non sur ce que nous reconnaissions obligé de faire en réparation de ce que nous avions fait, car Dieu nous est témoin de la résolution que nous avions prise dès le premier moment, mais bien sur le choix du meilleur mode à adopter pour l'exécution de cette même résolution. Nous n'avons pas cru pouvoir en trouver un plus conciliable avec le respect que nous portons à Votre Majesté, que celui de nous adresser à Votre Majesté elle-même et de lui écrire cette lettre.

» C'est en présence de Dieu, auquel nous serons bientôt obligé de rendre compte de l'usage de la puissance à nous confiée, comme vicaire de Jésus-Christ, pour le gouvernement de l'Eglise, que nous déclarons, dans toute la sincérité apostolique, que notre conscience s'oppose invinciblement à l'exécution de divers articles contenus dans l'écrit du 25 janvier. Nous reconnaissons avec douleur et confusion que ce ne serait pas pour *édifier*, mais pour *détruire*, que nous ferions usage de notre autorité; si nous avions le malheur d'exécuter ce que nous avons imprudemment promis, non par aucune mauvaise intention, comme Dieu nous en est témoin, mais par pure faiblesse, et comme cendre et poussière. Nous adresserons à Votre Majesté, par rapport à cet écrit signé de notre main, les mêmes paroles que notre prédécesseur Pascal II adressa, dans un bref à Henri V, en faveur duquel il avait fait aussi une concession qui excitait à juste titre les remords de sa conscience; nous vous dirons avec lui : *Notre conscience reconnaissant notre écrit mauvais, nous le confessons mauvais, et, avec l'aide du Seigneur, nous désirons qu'il soit cassé tout à fait, afin qu'il n'en résulte aucun dommage pour l'Eglise, ni aucun préjudice pour notre âme.* »

Pie VII reconnaît que, parmi les articles, il y en a quelques-uns susceptibles d'être modifiés en un bon sens, mais que d'autres sont essentiellement mauvais, comme celui qui transférait le Pape à chaque métropolitain la primauté du Saint-Siège quant à l'institution des évêques. « Dans quel gouvernement bien réglé est-il concédé à une autorité inférieure de pouvoir faire ce que le chef du gouvernement a cru devoir ne pas faire? » La lettre se termine, non par la bénédiction apostolique, Napoléon étant excommunié, mais par une prière pour que Dieu le bénisse.

Après le départ du colonel Lagorse, porteur de la lettre, le Pape fit venir tous les cardinaux, l'un après l'autre, et leur dit qu'en se décidant à envoyer à l'empereur la lettre par laquelle il rétractait toutes les concessions du 25 janvier, son plus vif désir aurait été de réunir auprès de lui tous les cardinaux, pour prononcer une allocution préparée, leur retracer brièvement les motifs de sa conduite dans cette affaire; mais qu'afin d'éviter toute accusation d'intrigues secrètes ou de conventicule, il avait préféré communiquer à chaque cardinal en particulier cette allocution et la copie de la lettre adressée à l'empereur. Ces communications durèrent jusqu'au lendemain.

A peine le Saint-Père eut-il communiqué aux membres du sacré collège qui étaient à Fontainebleau la démarche hardie qu'il venait de faire, qu'un changement subit se fit remarquer dans toute sa personne. La douleur qui le minait insensiblement, et qui était empreinte sur sa figure, s'évanouit entièrement. Son visage commença à s'épanouir, il retrouva sa douce gaîté, un sourire agréable reparut sur ses lèvres, ses yeux recouvrèrent leur grâce et leur tendresse; enfin il reprit l'appétit, et son sommeil ne fut plus troublé par de cruelles insomnies. Il avoua à un cardinal qu'il se sentait soulagé d'un poids énorme qui l'oppressait jour et nuit (Pacca, *Mém.*, 4e partie, c. 4).

Cependant les cardinaux attendaient, palpitants d'anxiété, la nouvelle de l'effet qu'aurait produit sur l'esprit de l'empereur la révocation inattendue du concordat, révocation qui venait renverser tous ses projets, et même imprimait une sorte de ridicule au grand triomphe qu'il affectait à l'occasion de ce funeste événement. Beaucoup de choses se dirent alors. On écrivit de Paris que Napoléon, en communiquant cette nouvelle au conseil d'État, s'emporta dans ses menaces jusqu'à dire : « Si je ne fais sauter la tête de dessus le buste à quelques-uns de ces prêtres de Fontainebleau, les affaires ne s'arrangeront jamais. » On ajoutait qu'un conseiller d'État, bien connu par ses principes antireligieux, ayant dit, nouveau Thomas Cromwel, que, pour terminer ces controverses, il était temps qu'un nouvel Henri VIII se déclarât lui-même chef absolu de la religion dans l'empire français, Napoléon répondit en termes familiers : *Non, ce serait casser les vitres.* Ce qu'il y a de certain, c'est qu'il prit très-artificieusement le parti de garder le silence sur cette lettre, et de paraître n'en rien savoir. Cependant le cardinal Maury se présenta à l'audience du Pape, et lui parla en termes si peu mesurés, en l'engageant à retirer sa rétractation, que le Saint-Père montra le plus grave mécontentement d'une telle conduite.

Quelques temps après, les évêques français eurent ordre de se retirer du château. On n'accorda plus aux habitants de la ville, ni aux étrangers de rang, la permission de venir, comme auparavant, entendre la messe du Saint-Père ou celle de son aumônier. Le Pape ne pouvait réunir personne autour de lui, excepté les cardinaux. Il y a plus : l'homme qui voulait passer pour ne pas savoir ce que lui avait écrit le Saint-Père, finit par prouver qu'il ne le savait que trop. La nuit du 5 avril 1813, on éveilla brusquement le cardinal di Piétro : on l'obligea de s'habiller sans aucun des insignes cardinalices, et il fut forcé violemment de partir avec un officier de police qui le conduisit à Auxonne. Le jour suivant, le cardinal Pacca étant encore au lit, le colonel Lagorse vint lui dire que l'empereur chargeait Son Eminence et le cardinal Consalvi de faire savoir au Saint-Père qu'on avait renvoyé du château et relégué dans une ville de France le cardinal di Piétro, parce qu'il avait été convaincu d'être ennemi de l'Etat. Le colonel lut ensuite une autre commission, qui regardait tous les cardinaux : on leur faisait savoir « que l'empereur était irrité contre eux, parce qu'ils avaient tenu le Pape dans *l'inaction* depuis leur arrivée à Fontainebleau; que, s'ils voulaient demeurer en cette ville, ils devaient *s'abstenir d'entretenir le Pape d'affaires*, n'écrire aucune lettre, soit en France, soit en Italie, se tenir *dans l'inaction la plus complète*, et se borner à faire au Saint-Père les visites de pure convenance ; que, s'ils agissaient autrement, ils compromettraient leur liberté. » C'est avec cette inconséquence rare que, dans le même temps, on leur reproche de tenir le Pape dans l'inaction, et on leur défend de lui parler d'affaires.

Bientôt on publia deux décrets impériaux sous la date du 13 février et du 25 mars. Par le premier, le concordat avorté de Fontainebleau était déclaré loi de l'empire; par le second, il était déclaré obligatoire pour tous les archevêques, évêques et chapitres de l'empire et du royaume d'Italie. La publication de ces décrets fit craindre un instant que l'empereur ne poussât vivement l'affaire de son concordat; mais il ne crut pas le moment favorable pour exciter un schisme dans l'Eglise et augmenter les mécontentements du peuple. Seulement il avait l'air de préparer ses projets pour l'époque de son retour de la nouvelle campagne, qui allait être la suite et le complément de la terrible campagne de Russie. Dans l'incertitude des événements, les cardinaux conseillèrent au Pape de faire quelque acte qui servit à l'avenir de protestation contre ces décrets, afin de n'être jamais accusé d'indécision ni d'un consentement tacite. Pie VII approuva encore ce conseil. Il rédigea une allocution au sacré collège, en date du 9 mai, et la communiqua à tous les cardinaux, comme il avait fait pour la précédente. Chaque cardinal la copia de sa propre main, et dut la garder pour posséder à l'avenir un document irréfragable des déterminations pontificales. Le Pape y rappelle sa lettre du 24 mars à l'empereur, l'allocution au sacré collège du même jour; il annonce ensuite l'exil du cardinal di Piétro, la publication des deux décrets ci-dessus indiqués; il avertit les métropolitains de n'avoir aucun égard à un acte non consommé et révoqué, et il adresse à Sa Majesté l'empereur et roi une nouvelle prière de faire un traité appuyé sur des bases conciliables avec les devoirs du Saint-Siège. Les cardinaux entreprirent alors, par ordre du Pape, un travail bien plus épineux ; ce fut la rédaction d'une bulle pour le règlement du futur conclave, si aux calamités du temps se joignait encore le malheur de la mort du Saint-Père. Une minute de cette bulle fut ensuite rédigée de la propre main de Pie VII. Cette précaution devint tout à fait superflue, mais il avait été sage d'y penser.

Après la campagne de Russie en 1812, il en restait encore deux à Napoléon : celle d'Allemagne en 1813, celle de France en 1814. Après avoir laissé la régence à l'impératrice Marie-Louise, il partit de Paris le 15 avril 1813, à la tête d'une nouvelle armée de plus de cent mille hommes, mais qui n'avaient pas encore vu le feu et savaient à peine manier le fusil. Il avait improvisé quatre beaux régiments de cavalerie, par la création de gardes d'honneur, tirés des familles les plus riches, qui jusqu'alors étaient parvenues à se soustraire au service militaire par des exemptions ou des remplacements. Les débris de la Grande Armée, réorganisés en Allemagne, formaient encore plus de cent mille hommes, sans compter les garnisons françaises dans les villes fortes. Murat, qu'il avait mis à la tête de cette réorganisation, s'était enfui à Naples, et avait été suppléé par le prince Eugène, qui, pressé par les Russes, avait reculé de la Vistule jusqu'à l'Elbe. Aussi les grands coups de cette guerre se portèrent-ils en Saxe, à Lutzen le 2 mai, à Bautzen le 19, à Dresde le 28 août, à Leipsick le 18 octobre. Les Français se battirent avec leur valeur accoutumée, les jeunes conscrits comme les vieux soldats ; ils remportèrent presque toujours la victoire, mais chèrement : le maréchal Bessières, commandant de la garde impériale, fut tué d'un boulet à la bataille de Lutzen, le maréchal Duroc à celle de Bautzen, le maréchal Poniatowski périt à la suite de celle de Leipsick. A la bataille de Dresde, un canon braqué par Napoléon lui-même emporta les deux jambes au général Moreau, qui était venu d'Amérique au service des Russes contre la France. Mais ce qui accabla le plus les Français, c'est qu'ils se virent abandonnés successivement par tous leurs alliés, les Prussiens, les Autrichiens, les Bavarois, les Saxons même. De là une retraite difficile, désastreuse sur le Rhin et sur la France.

Prêtre depuis un an, vicaire de la paroisse de Lunéville, nous y vîmes, dans les fêtes de la Toussaint, arriver chaque jour plusieurs centaines de soldats couchés sur des chariots, malades, mourants, morts. Comme on ne s'y attendait pas, rien n'était préparé : la charité des habitants y suppléa, et il en fut de même dans les autres villes. Non-seulement on apporta les choses nécessaires, mais plusieurs personnes se dévouèrent au service de ces malheureux. Ce qu'il y avait de plus édifiant, c'était la piété de ces soldats mourants pour recevoir les secours de l'Eglise. Jamais les prêtres n'exercèrent leur ministère avec plus de consolation. Comme la maladie était contagieuse, presque tous en furent attaqués ; quelques-uns succombèrent, ainsi que de pieux fidèles qui s'étaient dévoués à servir ces pauvres malades. Au IIe siècle de l'ère chrétienne, on admira les chrétiens d'Alexandrie qui s'exposèrent à la mort pour secourir les pestiférés : nous rendons témoignage à ce que nous avons vu de semblable en France dans les premières années du XIXe siècle.

A mesure que Napoléon se vit abandonné par ses alliés, il tâchait de se rapprocher du Pape. Quant il eut gagné la bataille de Lutzen le 2 mai 1813, l'impératrice Marie-Louise en envoya porter la nouvelle au Pape comme d'un événement qui devait lui être agréable. C'était de plus une tentative pour renouer les négociations. La réponse était délicate. On la composa d'un style froid, bref, en se bornant au remerciment pour la communication de la nouvelle ; et afin que de telles expressions, bien qu'innocentes, ne fussent pas rendues publiques, on s'empressa d'y coudre de bien près une plainte très-animée du Pape à l'impératrice, sur la conduite que le gouvernement tenait envers la cour romaine, et particulièrement sur la manière indigne dont on avait arraché dernièrement un cardinal de Fontainebleau. Cette réponse trancha, dès le commencement, une correspondance qu'on voulait continuer à Paris, pour faire croire au peuple français et aux étrangers que des négociations allaient être renouées avec le Pape.

Dans le courant de l'été, après la victoire de Bautzen, on sut à Fontainebleau qu'il avait été conclu un armistice entre l'armée française et celle des alliés, et que, sous la médiation de l'empereur d'Autriche, il se tiendrait à Prague un congrès où l'on traiterait de la paix générale. Alors on conseilla au Pape de ne pas rester inactif dans cette circonstance, et d'en profiter pour réclamer, en face de l'Europe, ses droits et ceux du Saint-Siège sur l'Etat Romain. En conséquence, le Saint-Père écrivit de sa propre main, à l'empereur François Ier, une lettre dans ce sens, où il rappelait les marques d'intérêt qu'il avait reçues de ce prince, par son ministre le comte de Metternich, pendant sa détention à Savone.

Cependant on ne se lassait pas à Paris de tenter un accommodement. La première personne qui parut en scène pour ce traité de conciliation entre le sacerdoce et la France, fut un ambassadeur vraiment *extraordinaire* : ce fut une femme ! une dame de cour de l'impératrice Marie-Louise ; elle venait de la part du prince de Bénévent, l'ex-évêque Talleyrand d'Autun, pour faire savoir que l'on voulait de nouveau s'accommoder avec le Saint-Siège, et qu'à cet effet il serait à propos que Sa Sainteté expédiât à Paris un cardinal qui résiderait auprès de l'empereur. Il fut répondu qu'il n'était plus temps, et que Paris n'était pas le lieu où l'on pût nouvellement traiter des affaires de l'Eglise.

A l'ambassadrice congédiée succéda un négociateur ecclésiastique, Mgr Fallot de Beaumont, évêque de Plaisance. Ce prélat, né à Avignon en 1750, nommé par Pie VI à l'évêché de Vaison, dans le comtat Venaissin, avait été forcé d'émigrer pendant la Révolution ; c'est alors qu'il passa en Italie, et trouva un asile honorable dans les Etats de son souverain. A son retour en France, il fut du nombre des évêques qui résignèrent leur évêché pour l'exécution du concordat de 1801. Le Premier-Consul le nomma au bel évêché de Gand en Flandre. En 1807, il fut transféré au siège de Plaisance par nomination de l'empereur, qui voulait placer des évêques français sur les sièges de Lombardie et de Toscane, afin de *galliicaniser* les églises italiennes. A Plaisance, il déploya tout ce qu'il avait d'énergie pour déterminer les prêtres romains qui s'y trouvaient exilés à prêter le serment exigé par Napoléon et déclaré illicite par le Pape. Cette conduite lui mérita la faveur de Napoléon. Aussi fut-il un de ses plus ardents champions dans l'assemblée des évêques en 1811, et dans les négociations subséquentes avec le Pape. Pour de tels mérites, cet évêque de Plaisance et de complaisance fut nommé à l'archevêché de Bourges. C'était sa troisième translation ; nouvelle preuve du zèle de quelques évêques français pour l'ancienne discipline de l'Eglise, qui regarde l'abandon d'une église pour une autre comme un adultère spirituel. Ce prélat vint donc une première fois à Fontainebleau, et fit demander une audience. Le Saint-Père lui répondit qu'elle ne pouvait rien changer à ses sentiments (Pacca).

Le 18 janvier 1814, il eut ordre de revenir offrir à Pie VII Rome et les provinces jusqu'à Pérouse, qui n'étaient plus occupées par les Français, mais par les troupes napolitaines. Le Pape répondit qu'il n'écouterait aucune négociation, parce que la restitution de ses Etats était un acte de justice, et ne pouvait devenir l'objet d'un traité ; qu'en outre, tout ce qu'il ferait hors de Rome paraîtrait l'effet de la violence, et serait un scandale pour le monde chrétien. Dans la suite de la conversation, le Saint-Père dit qu'il ne demandait rien autre chose que de retourner à Rome, et le plus tôt possible ; qu'il n'avait besoin de rien, et que la Providence l'y conduirait. A quelques observations, particulièrement sur la rigueur de la saison, il répondit qu'aucun obstacle ne l'arrêterait. Ce fut dans cette audience que Pie VII dit encore ces paroles : « Il est possible que nos péchés ne nous rendent pas digne de revoir Rome ; mais nos successeurs recouvreront les Etats qui leur appartiennent. Au surplus, assurez l'empereur que je ne suis pas son ennemi ; la religion ne me le permettrait pas. J'aime la France, et, lorsque je serai à Rome, on verra que je ferai tout ce qui sera convenable. »

Entre la première et la seconde mission de l'évêque de Plaisance, il y eut une tentative indirecte. On essaya d'obtenir un succès par le moyen d'un colonel de gendarmerie. Le cardinal Pacca causait avec le cardinal Consalvi dans l'appartement de ce dernier. Survint, sans être annoncé, le colonel Lagorse ; il dit qu'il était satisfait de trouver ensemble les deux Eminences, voulant leur parler à toutes deux ; et alors il fit des instances réitérées pour qu'on s'occupât de nouveau d'un accommodement avec le Pape. Le cardinal Consalvi lui répondit avec la plus grande franchise, et surtout lui demanda comment les cardinaux, qui avaient ordre de ne pas parler d'affaires au Pape, pourraient être employés à cette négociation. C'était le colonel lui-même qui avait fait l'injonction aux deux cardinaux de ne pas parler d'affaires au Pape.

Nous avons vu les trois évêques de Gand, de Tournay et de Troyes, messeigneurs Broglie, Hirn et Boulogne, pour s'être montrés vraiment évêques au prétendu concile de Paris, jetés en prison, conduits en exil, d'où ils ne pouvaient entretenir de communication avec leurs diocèses. On les obligea de donner leurs démissions ; ils les datèrent des prisons où ils étaient détenus. Ces démissions, données sous les verrous, et non acceptées par le Pape, étaient évidemment nulles. Bonaparte n'en nomma pas moins à ces trois sièges, quoique non vacants. Le ministre des cultes, en notifiant le décret aux chapitres respectifs, leur recommandait de donner sur-le-champ des pouvoirs aux sujets nommés. Le 25 avril 1813, le chapitre de Troyes proposa ses difficultés, et demanda entre autres si le Pape avait agréé la démission de M. de Boulogne ; mais le ministre insista par sa lettre du 30 avril, et prétendit que le chapitre n'avait pas le droit de demander si la démission de l'évêque était agréée. Le chapitre délibéra pendant plusieurs jours, et enfin, sur huit chanoines, cinq furent d'avis d'accorder des pouvoirs à l'évêque nommé, l'abbé de Cussy. Le 11 mai, le chapitre écrivit à cet ecclésiastique, qui vint résider à l'évêché. L'inquiétude se répandit dans le diocèse. Un curé fit le voyage de Fontainebleau pour consulter le Pape et les cardinaux ; la réponse fut que les droits de M. de Boulogne étaient entiers, et que le chapitre n'avait aucune juridiction ; que la démission de M. de Boulogne n'ayant pas été acceptée par le souverain Pontife, et n'ayant pas été donnée spontanément, devait être regardée comme non avenue, et restait absolument nulle ; que M. de Cussy était un intrus, un schismatique. L'abbé de Bourdeille alla pour le même sujet à Fontainebleau, et obtint une réponse semblable. Un troisième ecclésiastique fut envoyé à Falaise pour consulter l'évêque qui y était détenu, et qui déclara simplement que *dans la situation rigoureuse où il se trouvait, il ne pouvait rien répondre*. Il était clair que le prélat ne voulait pas se compromettre par une réponse qui serait bientôt devenue publique, et qui aurait appelé sur lui de nouvelles rigueurs. On ne pouvait donc plus douter de ses droits. Aussi, le 6 août 1813, l'abbé Arvisenet, connu par le *Memoriale vitæ sacerdotalis* et par d'autres écrits de piété, chanoine et grand-vicaire, qui jusque-là avait cru pouvoir exercer la juridiction au nom du chapitre, publia une rétractation très-précise, et déclara qu'il reconnaissait M. de Boulogne pour son évêque. Cette démarche d'un homme si pieux et si révéré fit une grande impression dans le diocèse ; une forte conviction avait pu seule porter l'abbé Arvisenet à un acte qui allait attirer sur lui l'animadversion du gouvernement. Le chapitre de Troyes se trouvait partagé par égale portion : quatre chanoines croyaient pouvoir exercer la juridiction ; les autres ne reconnaissaient que la juridiction de l'évêque. Les premiers publièrent des circulaires le 4 octobre et le 10 novembre, pour soutenir leurs prétentions ; mais la majorité du diocèse se déclara pour l'évêque, le séminaire resta vide ; les jeunes gens n'ayant pas voulu se soumettre au chapitre. Les grands-vicaires du prélat gouvernaient en son nom, et trouvaient moyen d'entretenir avec lui quelque correspondance (*Notice hist. sur M. de Boulogne*, t. I de ses œuvres. Paris, 1826).

A Tournay, une partie du chapitre fléchit aussi ; mais ce diocèse fut un des moins agités, grâce, à ce qu'il paraît, à la modération de l'ecclésiastique nommé à l'évêché, l'abbé de Saint-Médard. On s'y borna à des menaces, et personne ne fut exilé. Gand fut moins heureux. L'abbé de la Brue, qui y arriva le 9 juillet 1813, porteur d'une nomination à l'évêché, aurait peut-être été, dit-on, porté par caractère à ne point se mêler de l'administration ; mais il fut poussé par un homme fort ardent, dont les imprudences et l'impétuosité achevèrent de mettre le feu dans ce diocèse. On avait envoyé à Gand un acte souscrit à Dijon par M. de Broglie, acte par lequel il renonçait de nouveau à l'administration de son diocèse. Cet écrit servit de prétexte à une délibération du chapitre du 22 juillet, qui nomma M. de la Brue vicaire capitulaire. Cette élection fut faite par cinq chanoines, dont un même ne paraissait pas avoir un titre bien solide. Deux grands-vicaires de M. de Broglie protestèrent, et la majorité du clergé ne reconnut point l'élection. Les séminaristes ayant suivi cet exemple, le supérieur fut envoyé à Vincennes ; deux professeurs furent déportés, et les séminaristes enrôlés dans les troupes. Une partie furent conduits à Wesel, et enfermés dans la citadelle, où quarante-huit périrent successivement, victimes d'une maladie contagieuse. Les autres ne revinrent qu'après la délivrance des Pays-Bas. Ce traitement barbare ne servit pas peu à rendre odieux le nouveau grand-vicariat de Gand et celui qui en dirigeait les démarches. Un second éclat acheva de les ruiner dans l'opinion. Le 15 août, jour de l'Assomption, l'abbé de la Brue fit, pour la fête de l'empereur, une procession par toute la ville. Sept curés refusèrent d'y assister pour ne pas communiquer avec lui, et firent la procession et les prières d'usage dans leurs églises. Le lendemain, on afficha contre eux un interdit conçu dans les termes les plus offensants, et où l'on semblait se jouer des règles tout en les invoquant. Les sept curés se cachèrent, et l'auteur de ces coups d'autorité crut avoir terrassé par cet éclat ceux qui lui étaient le plus opposés. Il ne fit, au contraire, que gâter sa cause par de telles violences, et il fut blâmé par ceux mêmes de son parti. Sur douze cents ecclésiastiques qui composaient le clergé du diocèse, à peine une trentaine reconnurent les nouveaux grands-vicaires ; c'étaient à peu près les mêmes qui avaient déjà donné des preuves de complaisance à d'autres époques. Les choses restèrent en cet état jusqu'à la fin de janvier suivant, que l'abbé de la Brue et son conseil quittèrent la ville, abandonnée par les Français dans la nuit du 1er au 2 février. Alors le schisme s'éteignit ; les prêtres reparurent, les grands-vicaires de l'évêque rentrèrent en fonction, et ceux qui avaient coopéré aux derniers troubles firent quelque satisfaction (Picot, *Mém.*, an 1813).

En France, les affaires approchaient aussi d'un dénouement. Dans la matinée du 22 janvier 1814, deux voitures de voyage arrivèrent de Paris à Fontainebleau, et s'arrêtèrent dans la cour du château où était détenu le Pape. Le colonel Lagorse, son geôlier, qui la veille avait été mandé dans la capitale, les suivit presque immédiatement. Tout présageait quelque événement nouveau dans le courant de la journée ; cependant, à l'heure du dîner, rien n'avait encore transpiré. Après le repas, le colonel Lagorse, s'adressant aux cardinaux et au cardinal-doyen en particulier, leur dit d'un air mystérieux qu'il avait une grande nouvelle à leur annoncer. « J'ai reçu l'ordre, reprit-il, de faire partir demain le Pape et de le ramener à Rome. » Les cardinaux pensèrent sur-le-champ qu'on voulait éloigner le Saint-Père d'un lieu qui pouvait tous les jours être envahi par les armées alliées ; mais ils n'osaient espérer qu'on le ramènerait à Rome, dont les Français n'étaient plus maîtres. Le cardinal Pacca courut aussitôt, accompagné de quelques-uns de ses collègues, prévenir le Saint-Père de cette nouvelle. Ils lui conseillèrent de faire de vives instances pour être accompagné de trois ou deux cardinaux, ou d'un seul au moins. Peu après, Lagorse se rendit

LIVRE XCI. — ENSEMBLE ET DÉNOUEMENT DE L'HISTOIRE HUMAINE.

auprès du Saint-Père, et lui notifia l'ordre de son départ pour la matinée suivante. Le Pape suivit les conseils des cardinaux; mais Lagorse lui répondit que les instructions du gouvernement s'y opposaient; qu'il aurait dans sa voiture monseigneur Bertazzoli, et que lui-même le suivrait avec le médecin et deux camériers. Le lendemain matin, 23 janvier 1814, Pie VII, après avoir entendu la messe, se retira dans sa chambre, réunit autour de sa personne tous les cardinaux, puis, avec une douce expression de sérénité et le sourire sur les lèvres, il leur adressa ces paroles : « Sur le point d'être séparé de vous, sans connaître le lieu de notre destination, sans savoir même si nous aurons la consolation de vous voir une seconde fois réunis autour de nous, nous avons voulu vous rassembler ici pour vous manifester nos sentiments et nos intentions. Nous avons la ferme persuasion (et pourrions-nous penser autrement!) que votre conduite, soit que vous restiez réunis, soit que vous soyez de nouveau frappés de dispersion, sera conforme à votre dignité et à votre caractère. Toutefois, nous vous recommandons, quelque part que nous soyons transféré, de faire en sorte que votre attitude, que toutes vos actions expriment la juste douleur que vous causent tous les maux de l'Église et la captivité de son chef. Nous laissons au cardinal-doyen du sacré collège, pour vous être communiquées, des instructions écrites de notre main, qui vous serviront de règle dans les circonstances où vous vous trouverez. Nous ne doutons pas que vous ne demeuriez fidèles aux serments que vous avez prêtés à votre exaltation au cardinalat, et que vous ne montriez le plus grand zèle à défendre les droits sacrés de l'Église. Nous vous *commandons expressément* de fermer l'oreille à toute proposition relative à un traité sur les affaires spirituelles ou temporelles; car telle est notre absolue et ferme volonté. »

Les cardinaux furent vivement émus par ces paroles; plusieurs versèrent des larmes, et tous lui promirent fidélité et obéissance. Ensuite, dans cette même chambre, le Pape prit un peu de nourriture, en continuant de s'entretenir avec eux, toujours avec la même sérénité, avec son ancienne jovialité que Dieu avait daigné lui rendre, et une douce joie, née d'un juste espoir de retourner à Rome. Bientôt, accompagné du même cortège, il se rendit à la chapelle, y fit une courte prière, bénit les personnes qui s'y trouvaient, puis se rendit dans la cour. Là, au milieu des larmes et des sanglots de tant de personnes qui se demandaient à quel sort il était réservé, il monta dans la voiture de voyage avec le prélat Bertazzoli, et, en quittant les cardinaux, sa main s'étendait encore vers eux pour les bénir. Dans les quatre jours suivants, les cardinaux eux-mêmes, au nombre de seize, furent emmenés en différentes villes (Pacca, Artaud).

Fontainebleau, vacant du Pape, attendait qu'un autre personnage y vînt donner en sa personne, à l'univers étonné, le spectacle de la fragilité, du néant des choses humaines. Le 25 janvier 1814, Napoléon partit de Paris pour commencer la campagne, non plus de Russie, non plus d'Allemagne, mais de France; ce ne seront plus des batailles de Smolensk, d'Austerlitz, de Dresde, mais les combats de Brienne, de Montereau, d'Arcis-sur-Aube; il apprendra que Murat même, son beau-frère, qu'il a fait roi de Naples, a tourné ses armes contre lui; refoulé à Fontainebleau, longue prison du Pape, il y apprendra que Paris est occupé par l'Europe en armes; que sa déchéance y a été prononcée le 1er avril par le Sénat, à l'instigation de l'ex-évêque d'Autun, qu'il avait fait prince, et auquel il avait donné le duché de Bénévent, volé au Saint-Siège, comme il avait donné la principauté pareillement volée de Ponte-Corvo au maréchal Bernadotte, le premier de ses amis qui l'abandonna; il y apprendra le rappel des Bourbons sur le trône de France. Ensuite, le 4 avril, il se verra pressé, contraint, par ses confidents les plus intimes, les maréchaux Ney et Berthier, qu'il avait faits princes de la Moscowa et de Neufchâtel, à signer sa propre abdication, pour satisfaire aux exigences de son beau-père François d'Autriche et de son ami Alexandre de Russie, lequel, dit-on, leur avait même fait insinuer de le tuer (*Biogr. univ.*, t. LXXV, art. NAPOLÉON). Enfin, toujours à Fontainebleau, on le voit pour jamais séparé de sa femme et de son fils, et confiné dans l'île d'Elbe, comme un excommunié de l'Europe.

Pendant que ces choses se passaient à Fontainebleau, le pape Pie VII, qui en était parti le 23 janvier, traversait la France, au milieu du respect des peuples. Lorsqu'il passa le Rhône sur le pont de bateaux, de Beaucaire à Tarascon, les habitants des deux villes se réunirent pour lui offrir les témoignages de la vénération la plus tendre. On n'entendait qu'acclamations de joie, applaudissements, félicitations. Le colonel Lagorse dit alors à tout ce peuple : « Que feriez-vous donc si l'empereur passait? » A ces mots, le peuple répondit : « Nous le ferions boire. » Le colonel s'étant mis en colère, un des plus violents de la troupe lui cria : « Colonel, est-ce que vous auriez soif? » Telles étaient les dispositions ardentes des peuples de la France méridionale. Le Pape répondait toujours qu'il ne fallait pas s'abandonner à des exaspérations, et il répéta encore là une fois ce qu'il avait dit précédemment : *Courage et prière!*

Le vice-roi d'Italie, Eugène de Beauharnais, beau-fils de Napoléon, traita le Pape avec un grand respect, et lui facilita les moyens de se rendre à Parme, d'où il passa à Césène. Dans cette ville, le roi de Naples, Joachim Murat, beau-frère de Napoléon, demandait à présenter ses hommages au pape Pie VII, et il fut admis sur-le-champ à son audience. Après les premiers compliments, Joachim fit entendre qu'il ignorait le but du voyage du Pape. — « Mais nous allons à Rome, répondit Pie VII; pouvez-vous l'ignorer? — Comment Votre Sainteté se détermine-t-elle ainsi à partir pour Rome? — Il me semble que rien n'est plus naturel. — Mais Votre Sainteté veut-elle y aller malgré les Romains? — Nous ne vous comprenons pas. — Des principaux seigneurs de Rome et de riches particuliers de la ville m'ont prié de faire passer aux puissances alliées un mémoire signé d'eux, dans lequel ils demandent à n'être gouvernés désormais que par un prince séculier. Voici ce mémoire, j'en ai envoyé à Vienne une copie; j'ai gardé l'original, et je le mets sous les yeux de Votre Sainteté pour qu'Elle voie les signatures. » A ces mots, le Pape prit des mains de Joachim le mémoire qu'il lui présentait, et sans le lire, même sans le regarder, il le jeta dans un brasier qui se trouvait là, et qui le consuma à l'instant; puis il ajouta : « Actuellement, n'est-ce pas, rien ne s'oppose à ce que nous allions à Rome? » Ensuite, sans humeur, sans colère, sans un ton d'insulte, il congédia celui qui avait envoyé de Naples, en 1809, des troupes pour assurer l'enlèvement. Ce trait d'un chrétien, d'un souverain clément, d'un politique, si l'on veut; ce trait sans aucune préparation, sans aucun sentiment d'ostentation orgueilleuse, que l'on a su par Joachim lui-même; ce pardon si promptement accordé aux plus dangereux de ses sujets et la naïveté des conséquences que le Pontife en tire pour un prompt retour à Rome, effrayèrent Joachim, qui n'était pas désintéressé dans cette affaire, s'il avait, comme on le dit, sollicité les signatures apposées au bas de ce mémoire, et il n'osa pas apporter d'obstacles à la continuation du voyage triomphal du Pape.

Le 11 avril, Lucien Bonaparte, frère de Napoléon, écrivit d'Angleterre à Sa Sainteté une lettre où l'on remarque ces passages : « Permettez-moi de féliciter du fond du cœur Votre Sainteté sur son heureuse et tardive délivrance, pour laquelle nous n'avons cessé de faire des vœux ardents, depuis que la persécution nous a éloigné de l'asile dont nous jouissions sous votre protection paternelle.... Quoique injustement persécuté par l'empereur Napoléon, le coup du ciel qui vient de le frapper ne peut pas m'être indifférent. Voici depuis dix ans le seul moment où je me sens encore son frère. Je lui pardonne, je le plains, et je fais des vœux pour qu'il *rentre enfin dans le giron de l'Église, et qu'il acquière des droits à l'indulgence du Père des miséricordes et aux prières de son vicaire....* Sur le point de partir de cette heureuse Angleterre, où j'ai eu une captivité longue, mais douce et honorable, je prie Votre Sainteté de m'accorder, à ma femme et à nos enfants, ses bénédictions, en attendant que nous puissions les recevoir en personne prosternés à ses pieds. »

Pie VII arriva le 12 mai à Ancône, et fut reçu avec des transports indicibles de joie. Une foule de marins, habillés uniformément, dételèrent les chevaux de la voiture, y attachèrent des cordes de soie rouges et jaunes, et la traînèrent au milieu des cris d'allégresse. On entendait l'artillerie des remparts et le son des cloches de toutes les églises. Le 13, il couronna, dans la cathédrale, l'image de la Vierge sous le titre de *Regina sanctorum omnium*. Le 14, il partit pour Osimo; une garde d'honneur, vêtue de rouge, l'escorta jusqu'à Lorette. Dans son voyage, il ordonna d'accueillir avec bienveillance madame Lætitia, mère de Napoléon, qui venait demander un asile à Rome, et le cardinal Fesch, qu'il traita avec une bonté particulière. Au moment où il apprit que le cardinal Fesch approchait, le Pape dit : « Qu'il vienne, qu'il vienne; nous voyons encore ses grands-vicaires accourir à Grenoble au devant de nous; Pie VII ne peut pas oublier le ton de courage avec lequel on a prêté le serment prescrit par Pie IV. »

Le 24 mai, le Pape fit son entrée solennelle à Rome, ayant sur le devant de sa voiture le cardinal Mattéi, doyen du sacré collége, et le même cardinal Pacca, qu'on avait enlevé de Monte-Cavallo. Dans Rome, quelques dispositions étaient incertaines; des hommes associés à la cause des Français, ou compromis par d'autres motifs, hésitaient. Un prélat raconta en détail l'événement de Césène, et tous les esprits furent bientôt unanimes pour assurer au Pape une réception d'affection, de tendresse et de reconnaissance. Il ne manqua personne à cet appel, pas même les signataires du mémoire de Joachim. Le lendemain, on sut qu'un des seigneurs qui avaient apposé leur consentement à ce mémoire venait d'en demander pardon au Pape, et que le Saint-Père lui avait répondu : « Et nous, croyez-vous que nous n'ayons pas quelque faute à nous reprocher? Oublions de concert tout, tout ce qui s'est passé. » Ce qu'on a dit de saint Vincent de Paul, on peut le dire de Pie VII : lorsqu'il était à son aise avec les personnes qu'il entretenait, il leur ôtait leur âme pour leur donner la sienne. Bientôt l'allégresse dans l'État-Romain fut universelle (Artaud).

Le voyage de Napoléon, de Fontainebleau à l'île d'Elbe, ne fut pas si paisible ni si triomphal. Il était accompagné des quatre commissaires d'Angleterre, d'Autriche, de Prusse et de Russie. De Fontainebleau à Valence, on criait encore : *Vive l'empereur!* A Orange, où il arriva le 25 avril, on criait : *Vive le roi! vive Louis XVIII!* Plus loin, on ajoutait : *A bas Nicolas! à bas le tyran!* On prétendait alors que son nom véritable était Nicolas, et non pas Napoléon. A Orgon, petit village où l'on changea de chevaux, la fureur du peuple était à son comble. Devant l'auberge même où il devait s'arrêter, on avait élevé une potence à laquelle était suspendu un mannequin en uniforme français, couvert de sang, avec une inscription placée sur la poitrine et ainsi conçue : *Tel sera tôt ou tard le sort du tyran!* Le peuple se cramponnait après la voiture de Napoléon et cherchait à le voir pour lui adresser les plus fortes injures. L'empereur se cachait derrière son compagnon de voyage le plus qu'il pouvait; il était pâle et défait, ne disant pas un mot. A force de haranguer le peuple, les commissaires parvinrent à le faire sortir de ce mauvais pas. Plus loin, il se déguise en courrier, portant cocarde blanche, et court devant sa propre voiture. Les commissaires le trouvèrent plus d'une fois le visage baigné de larmes. Sa vie était réellement en danger; et il est sûr qu'à cette époque il y eut plusieurs projets formés contre sa personne, notamment par le royaliste Maubreuil, qui, pour cela, avait reçu, avant l'abdication, des ordres et des pouvoirs dont plus tard il se servit pour une escroquerie (Michaud jeune, *Biogr. univ.* t. LXXV, art. NAPOLÉON).

Il arriva le 4 mai à l'île d'Elbe, dont on lui avait laissé la souveraineté, avec le titre d'empereur, et un revenu de deux millions de francs que devait lui payer la France. Il sort de cette île le 26 février 1815, débarque le 1er mars dans le port de Cannes avec onze cents hommes, il passe à Grenoble, à Lyon, et arrive le 20 mars à Paris, après avoir gagné toutes les troupes qu'on avait envoyées pour le combattre. Cependant la première tentative de Napoléon, après son débarquement, n'avait point été heureuse. De Cannes, il envoya vingt-cinq hommes de sa garde pour prendre possession d'Antibes au

LIVRE XCI. — ENSEMBLE ET DÉNOUEMENT DE L'HISTOIRE HUMAINE.

nom de l'empereur; mais le commandant de cette petite place les fit prisonniers, et ferma les portes de la ville sur eux. Napoléon, au lieu de perdre le temps à prendre cette place de vive force, comme quelques-uns de ses officiers voulaient, leur dit : « C'est à Paris que nous prendrons Antibes ! » A quelques lieues de Grenoble, il rencontre un bataillon d'infanterie qui va tirer sur les siens. Aussitôt il s'avance tout seul, vêtu de sa capote grise; puis, s'approchant du bataillon, il découvre sa poitrine et s'écrie : « Qu'il tire, celui qui veut tuer son empereur; le voilà ! » Tous aussitôt abaissent leurs armes et l'entourent en criant : *Vive l'empereur !*

Les écrivains royalistes eux-mêmes conviennent que les Bourbons donnèrent lieu à ce retour de Napoléon, par leur faiblesse, leur aveuglement, leur négligence. Ils n'avaient pas un navire dans la Méditerranée pour veiller autour de l'île d'Elbe, sur les côtes de Provence, et empêcher un débarquement; ils n'étaient informés de rien, leurs ministres n'ouvrant pas même les lettres qu'on leur adressait à cet égard; tandis que Napoléon savait tout, même ce qui se passait dans le conseil de Louis XVIII. Ce dernier lui donna même sujet de tenter une entreprise, en négligeant ou refusant de lui payer les deux millions auxquels cependant le gouvernement français s'était engagé. Enfin, le jour même que Napoléon rentra dans Paris, Louis XVIII s'était sauvé jusqu'à Gand en Flandre.

Avec une armée aussi dévouée que brave, Napoléon avait des chances. Son beau-frère Murat, roi de Naples, s'étant réconcilié avec lui, devait, à un signal donné de Paris, commencer la guerre en Italie. Murat n'a pas la patience d'attendre le signal, commence la guerre trop tôt, se fait battre en Lombardie, puis chasser de son royaume. De plus, il se forme des insurrections royalistes dans le Midi et dans l'Ouest de la France. Enfin, le 18 juin 1815, a lieu la bataille de Waterloo, entre l'armée française commandée par Napoléon, et les armées de l'Europe commandées par l'Anglais ou plutôt l'Irlandais Wellington. A la suite de cette bataille mémorable, Napoléon abdique une seconde fois, et puis, le 15 juillet, dans la rade de Rochefort, se livre à la générosité de l'Angleterre, qui, sur la décision de l'Europe politique, le confina dans l'île de Sainte-Hélène, où il arriva le 15 octobre 1815, et mourut chrétiennement le 5 mai 1821, réconcilié avec Dieu, avec son Eglise, avec le pape Pie VII, et avec le genre humain. En 1840, son corps a été transporté à Paris et déposé dans l'église des Invalides; en 1848, Jérôme Bonaparte, ex-roi de Westphalie, seul frère survivant de Napoléon, a été constitué gardien de son tombeau par le gouvernement provisoire de la République française, improvisée au mois de février de cette année. Leçon parlante de Dieu aux rois et aux peuples, et qui résume assez bien l'état présent de la société humaine.

Lorsqu'au mois de mars 1815, on apprit à Rome que Napoléon avait quitté l'île d'Elbe et qu'il avait débarqué en France, ce fut une sorte de désolation universelle. A cette époque, on rapporta que madame Elisa, précédemment gouvernante générale de la Toscane, avait dit à Bologne : « Bonaparte est en France; si on l'arrête, nous chercherons à faire arrêter le Pape comme otage. » En ce moment, le roi Joachim Murat de Naples demande officiellement le passage pour douze mille hommes. Le Pape refuse toute autorisation, et se décide à quitter Rome. Il part le 22 mars, quand il apprend que les Napolitains sont entrés à Terracine. Il dit à l'ambassadeur français de Louis XVIII : « Monsieur l'ambassadeur, ne craignez rien; ceci est un orage qui durera trois mois. » Il dura effectivement cent jours. Le Pape se retira à Gênes, d'où il retourna à Rome, lorsque Murat, qui avait attaqué les Autrichiens en Lombardie, eut été battu par eux et même chassé de son royaume. Le 8 octobre de la même année 1815, Murat, ayant débarqué en Calabre dans l'espoir de remonter sur le trône, fut arrêté par des paysans, livré à une commission militaire et fusillé le 13 du même mois.

Après tant de secousses et de bouleversements, l'Europe avait besoin d'un arrangement définitif pour concilier les intérêts divers, redresser les torts, régler le sort des peuples, et prévenir de nouveaux différends. Ce fut l'objet d'un congrès qui s'ouvrit à Vienne le 1ᵉʳ novembre 1814. Il s'y trouva des ministres de toutes les puissances européennes, et des souverains mêmes s'y rendirent en personne. L'empereur de Russie, les rois de Prusse, de Danemarck, de Bavière et de Wurtemberg passèrent l'hiver dans la capitale de l'Autriche. Le Pape y envoya, en qualité de légat, le cardinal Consalvi, chargé de défendre les droits de l'Eglise. Les négociations durèrent plus de six mois par la complication des intérêts divers et la multiplicité des affaires. Survint la rentrée de Napoléon en France et son empire de cent jours. Dès le 13 mars, à l'instigation du plénipotentiaire français Talleyrand, tous les membres du congrès de Vienne signèrent un manifeste dans lequel il était déclaré « qu'il ne pouvait y avoir ni paix ni trêve avec Napoléon; qu'en détruisant le seul titre légal auquel l'exécution du traité de Fontainebleau se trouvait attachée, il s'était placé hors des lois civiles et sociales; qu'il s'était livré à la vindicte publique, etc. » Et le 25 du même mois, le jour où ses conseillers le proclamaient *l'élu du peuple*, ses plus redoutables ennemis, les quatre grandes puissances, prenaient l'engagement de ne déposer les armes qu'après l'avoir forcé à se désister de ses projets, « qu'après l'avoir mis hors d'état de troubler l'avenir la paix de l'Europe. » Cependant un des émissaires de Naléon lui apporta, de la part du cabinet autrichien, l'offre d'une principauté dans les pays héréditaires, soit en Bohême, soit en Hongrie, s'il consentait sur-le-champ et avant qu'il y eût un coup de canon de tiré, à la régence de Marie-Louise. A cette condition, l'Autriche promettait de se séparer immédiatement de ses alliés; elle déniait à l'instant même tous les engagements, tous les traités qu'elle venait de signer... En vérité, dit le biographe Michaud le jeune (Art. NAPOLÉON), nous n'y croirions pas, si nous n'en avions la preuve écrite et signée par le principal acteur lui-même, homme fort honorable, dont le témoignage ne peut être mis en doute, et si d'ailleurs tous les antécédents et subséquents de la politique autrichienne ne tendaient pas à appuyer ce fait. Beaucoup d'autres circonstances de la même époque prouvent encore assez clairement que les liens de cette coalition, en apparence si bien d'accord, si redoutable, n'étaient rien moins qu'indissolubles, et qu'il n'y avait guère plus de loyauté et de franchise dans les rapports de ces cabinets entre eux que dans ceux qu'ils avaient secrètement avec Bonaparte, qui, dans ce temps-là, surprit en flagrant délit son ministre Fouché, correspondant secrètement avec le prince de Metternich. On a vu comment l'Angleterre avait su garder Napoléon à l'île d'Elbe; on sait assez de quels avantages furent pour ses alliés, et surtout pour elle, les conséquences de cette évasion. Le czar lui-même, qu'en 1814 on avait vu si généreux, semblait alors fort mécontent de Louis XVIII, qui avait cependant suivi ses conseils. Mais au congrès de Vienne, il s'était permis de faire quelques efforts pour soustraire la Saxe, cette ancienne alliée de la France, à l'ambition et à la rapacité des Prussiens et des Russes (*Biogr. univ.*, art. NAPOLÉON).

Enfin, après de longues conférences entre les divers ministres, ils signèrent, le 9 juin 1815, un grand traité en cent vingt articles. On rendit au Saint-Siège non-seulement les Marches et leurs dépendances qui avaient été usurpées par Bonaparte en 1808, non-seulement le duché de Bénévent et la principauté de Ponte-Corvo dont il s'était également emparé sans prétexte, mais encore les trois légations de Bologne, de Ravenne et de Ferrare, que Pie VII avait été forcé de céder par le traité de Tolentino. Ainsi l'Europe réunie renversait l'ouvrage de la violence, et proclamait les droits du souverain Pontife. Ainsi étaient dissipés les rêves de l'ambition, et les espérances du philosophisme, qui s'étaient donné le mot pour abattre la puissance temporelle des Papes, et la cour de Rome se trouvait rentrer à peu près dans tous ses domaines. Elle n'avait plus à regretter qu'Avignon, qui restait à la France, et la partie du Ferrarais, située au nord du Pô, territoire fort circonscrit et peu important. De plus, l'empereur d'Autriche stipula qu'il aurait droit de garnison dans Ferrare et dans Commachio. Ces dernières dispositions furent l'objet d'une protestation que fit le cardinal Consalvi pour le maintien des droits du Saint-Siège. D'ailleurs l'acte du 9 juin fut promptement exécuté à cet égard, et, le 18 juillet suivant, les trois légations furent remises par les commandants autrichiens aux commissaires du Pape, dont l'autorité fut ainsi rétablie au bout de dix-huit ans de spoliation. Enfin l'Europe entière, au congrès de Vienne, accorda au Saint-Siège, pour ses nonces, le droit de précéder dans les cérémonies, tous les ambassadeurs, même protestants ou séparés par un schisme, et de haranguer les souverains au nom du corps diplomatique. La Prusse seule souleva un moment quelques difficultés (Picot et Artaud).

Quant au reste, les princes d'Allemagne les plus puissants établirent entre eux une confédération qui devait remplacer le corps germanique, et dont la diète devait siéger à Francfort. Le duché de Varsovie, qu'avait eu en dernier lieu le roi de Saxe, était réuni à la Russie, dont l'empereur prenait le titre de roi de Pologne; seulement Cracovie était déclarée ville libre et indépendante, et avait un territoire. Le roi de Prusse conservait une partie de la grande Pologne, et acquérait de plus dans le Nord-Ouest de l'Allemagne, et sur la rive gauche du Rhin, une étendue considérable du pays jusqu'aux frontières de France. Les évêchés catholiques du Nord de l'Allemagne, qui autrefois étaient autant de principautés indépendantes, se trouvaient dépendre tous de souverains protestants. L'archevêque de Ratisbonne perdait sa souveraineté, et l'évêché de Bâle était réuni à la Suisse. On formait de la Hollande et des Pays-Bas un royaume en faveur de la maison protestante d'Orange. Le roi de Sardaigne cédait au canton de Genève la partie de la Savoie contiguë à ce canton. L'Autriche rentrait en possession de tout l'État de Venise, du Milanais, du Mantouan, du Tyrol. Les archiducs Ferdinand et François étaient maintenus à Florence et à Modène. Ferdinand IV était reconnu sans difficulté comme roi de Naples, et sa domination s'affermit peu après par le supplice de Murat. Parme et Plaisance étaient données à l'ex-impératrice Marie-Louise, qui renonça à toute autre prétention. La reine d'Étrurie sollicitait des indemnités pour cet État; on lui assigna la principauté de Lucques, et en outre une rente de cinq cent mille francs : disposition contre laquelle cette princesse réclama comme étant une compensation disproportionnée avec ses droits. Mais les deux articles qui excitèrent le plus de plaintes, furent ceux qui donnèrent près de la moitié de la Saxe à la Prusse, et réunirent Gênes aux États du roi de Sardaigne. On n'avait à reprocher au roi de Saxe que d'être resté un peu plus tard que les autres princes d'Allemagne dans l'alliance de Bonaparte; quant à Gênes, elle n'avait pas moins souffert que les autres pays de son ambition et avait été envahie.

Le roi d'Espagne, Ferdinand VII, était rentré dans son royaume dès le mois de mars 1814, par suite d'un traité conclu le 11 décembre 1813 avec Napoléon, qui l'y reconnut roi d'Espagne et des Indes. Quant au roi de France, Louis XVIII, il était revenu de Gand aux portes de Paris dès le 6 juillet 1814; mais les alliés ne lui permirent d'entrer dans sa capitale que le 8, après qu'il eût renvoyé ceux de ses ministres qui l'avaient suivi dans l'exil, et qu'il les eût remplacés par des hommes de la révolution et de l'empire, sous la direction du régicide Fouché, ministre de la police. Ce ministère, imposé à Louis XVIII par les alliés, lui fit proscrire plusieurs militaires des plus braves de l'armée française, non parce qu'ils étaient plus coupables que d'autres, mais parce qu'ils avaient mieux combattu pour la France contre l'étranger.

Ce n'est pas tout : le 20 mars, en quittant les Tuileries, Louis XVIII avait déclaré dans une proclamation, qu'il considérerait comme rebelles tous ceux qui serviraient *l'usurpateur en son absence*, et qu'il n'acquitterait aucune dette qui serait contractée sans son intervention. Or, une des premières choses qu'il s'empressa de faire après son retour, ce fut de tout reconnaître et de payer tout ce qui avait été fait au nom et pour le service de l'empereur. Il y a bien plus : au lieu de déclarer rebelles et d'amnistier par indulgence royale ceux qui avaient servi l'usurpateur en son absence, il amnistia et déclara ainsi rebelles ceux qui l'avaient suivi lui-même à Gand : ce qui constituait évidemment ce prince usurpateur et Bonaparte souverain légitime (*Biog. univ.*, t. LXXII). Tels étaient le génie et le caractère politique de Louis XVIII et de ceux, souverains ou ministres, dont il suivait les conseils.

Enfin, le 20 novembre 1815, les souverains alliés dictèrent à la France, au congrès d'Aix-la-Chapelle, un traité onéreux, par lequel elle était condamnée à payer sept cent millions d'indemnité ; plus quatre cent millions pour dédommagement à des particuliers des différents pays où les Français avaient porté la guerre; enfin à sustenter et solder, pendant cinq ans, une armée d'occupation de cent cinquante mille hommes; à perdre quatre places fortes, et, ce qui est plus humiliant, à démolir les fortifications d'Huningue, avec *défense de les rétablir*. A ces conditions, dit un écrivain royaliste, il nous fut encore permis de nous appeler Français, et l'on voulut bien déchirer les cartes de partage qui déjà étaient dressées et convenues par nos libérateurs (Michaud jeune, *Biogr. univ.*, art. Louis XVIII).

Au reste, l'Allemagne elle-même ne fut guère mieux traitée que la France. Dans son ancienne constitution, comme empire germanique, elle comptait plusieurs centaines de souverains ou de seigneurs qui relevaient immédiatement de l'empire et de son chef : dans ce nombre il y avait beaucoup d'églises cathédrales, de chapitres, d'abbayes et de villes libres. Les sujets eux-mêmes avaient certains droits, garantis par la constitution, et pour lesquels ils avaient recours au chef de l'empire. En 1803, lorsque Napoléon se déclara protecteur de la confédération du Rhin, l'empire germanique se trouvait aboli, ses deux ou trois cents souverains ou princes immédiats furent réduits à vingt ou trente, tous les autres réduits au rang de sujets, les sujets privés de leurs anciens droits, à l'égal des églises et des chapitres, qui furent dépouillés non-seulement de leur souveraineté, mais encore de leurs propriétés. En 1814, époque de restauration, les princes et les corporations lésés par Bonaparte espéraient que le congrès des souverains, qui se disaient la *sainte-alliance*, rendrait à chacun ce qui lui avait été ravi par la violence. Les peuples surtout, qui, sous le nom de *landwehr* ou de garde nationale et de *landsturm* ou de levée en masse, avaient fait des efforts héroïques pour la délivrance de l'Allemagne, ces peuples comptaient que leurs princes accompliraient les promesses qu'ils leur avaient faites. De tout cela, il n'en fut rien. L'empire germanique ne fut point rétabli. Les trente-huit princes indépendants, ayant formé une confédération entre eux, refusèrent de rendre aux autres princes leur antique souveraineté, aux églises et aux chapitres leurs anciens droits et domaines. Ces trente-huit princes ratifièrent, à leur profit, la spoliation de tous les autres. Ils se montraient surtout dédaigneux et ingrats envers leurs peuples. C'est tout au plus s'ils promirent vaguement que chaque prince donnerait à son pays, en temps et lieu, une représentation nationale (Menzel, t. XII, 2ᵉ partie, c. 29). Et c'est ce manque de parole et de justice de la part de leurs princes, qui a implanté le mécontentement dans les populations de l'Allemagne, et qui a provoqué contre eux la réaction universelle de 1848.

Quant aux suites de la spoliation des églises d'Allemagne, voici ce qu'en disait l'an 1843 le cardinal Pacca :

« Quand j'arrivai en Allemagne, l'an 1786, on pouvait dire que les églises et le clergé de ce pays étaient au comble des grandeurs humaines. Deux siéges archiépiscopaux étaient occupés l'un par un frère de l'empereur alors régnant, l'autre par le fils d'un roi de Pologne, électeur de Saxe. A la tête de toutes les autres églises archiépiscopales étaient placés des prélats issus des plus anciennes et des plus illustres familles. De vastes portions du sol de l'Allemagne, les plus belles et les plus fertiles, appartenaient au clergé avec un droit de souveraineté temporelle qui s'étendait sur plusieurs millions de sujets. Grandes étaient aussi dans l'empire l'autorité et l'influence du clergé. Dans le collège électoral, sur huit électeurs, trois étaient ecclésiastiques : les archevêques de Mayence, de Trèves et de Cologne; le collège des princes était présidé par l'archevêque de Saltzbourg, et tous les évêques, ainsi qu'un grand nombre d'abbés, apportaient leur vote à la diète. Tant d'opulence, de splendeur et de puissance ont disparu devant la domination injuste et la rapacité sacrilége du XVIIIᵉ et du XIXᵉ siècle, et le clergé d'Allemagne est aujourd'hui réduit à l'état de dépendance et de médiocrité où se trouve placé presque tout le reste du clergé catholique.

» Or, faut-il voir ici un malheur pour l'Eglise? Je n'ose le dire. Je considère que les évêques, privés d'un domaine temporel qui pouvait être très-utile au soutien de l'autorité ecclésiastique spirituelle, quand il était appliqué à cet objet, et dépouillés d'une partie de leurs richesses et de leur puissance, seront plus dociles à la voix du Pontife suprême, et qu'on n'en verra aucun marcher sur les traces des superbes et ambitieux patriarches de Constantinople, ni prétendre à une indépendance presque schismatique. Maintenant aussi les populations catholiques de tous ces diocèses pourront contempler dans les visites pastorales, le visage de leur propre évêque, et les brebis entendront au moins quelquefois la voix de leur pasteur. Dans la nomination des chanoines et des dignitaires des chapitres des cathédrales, on aura peut-être plus d'égard au mérite qu'à l'illustration de la naissance; il ne sera plus nécessaire de secouer la poussière des archives pour établir, entre autres qualités des candidats, seize quartiers de noblesse; et les titres ecclésiastiques n'étant plus, comme ils l'étaient, environnés d'opulence, on ne verra plus ce qui s'est vu plus d'une fois, lorsque quelque haute dignité ou un riche bénéfice était vacant, des nobles, qui jusqu'alors n'avaient eu de poste que dans l'armée, déposer tout à coup l'uniforme et les décorations militaires pour se revêtir des insignes de chanoines, et orner d'une riche et brillante mitre épiscopale une tête qui, peu d'années auparavant, avait porté le casque. Les graves idées du sanctuaire ne dominaient pas toujours celles de la milice. On peut donc espérer de voir désormais un clergé moins riche, il est vrai, mais plus instruit et plus édifiant.

» Quant aux différentes sectes qui se trouvent en Allemagne, les obstacles qui s'opposaient au retour de leurs membres au catholicisme sont également diminués. Il y a des Etats, des gouvernements qui se nomment encore protestants, mais où le protestantisme n'existe plus. Ce qu'avaient prédit, au XVIᵉ siècle, les apologistes de la religion catholique, s'est pleinement accompli. Le principe du jugement privé triomphant, et chaque protestant pouvant s'attribuer le droit d'expliquer le sens des Ecritures, peu à peu disparurent tous les dogmes qu'avait d'abord conservés la prétendue réforme, et il fallut tomber dans un pur déisme... Mais cet abîme affreux où sont tombées les sectes hétérodoxes offre, à mon avis, au grand nombre des protestants, une heureuse facilité pour rentrer dans le sein de l'Eglise catholique. Le cœur de l'homme ne saurait se passer de religion, et quand son intelligence secoue le joug des erreurs qu'elle avait reçues dès l'enfance et puisées dans les principes d'une fausse éducation, il lui devient facile de découvrir la lumière de la vérité. Les nombreuses conversions qui se font de l'hérésie au catholicisme viennent à l'appui de mon opinion (*Œuvres compl. du cardinal Pacca*, t. II, p. 444). »

Le protestant Menzel fait des observations semblables à celles du cardinal Pacca. Lorsque les anciennes institutions ecclésiastiques paraissaient à un grand nombre près de leur fin ; lorsque la Bavière, jusqu'alors l'asile de l'orthodoxie catholique, ouvrait les portes au protestantisme le plus novateur ; lorsque dans l'Allemagne protestante, en la plupart des universités, les critiques et les exégètes commençaient à détruire méthodiquement la foi des églises *évangéliques* ; lorsque à Weimar et à Iéna la philosophie païenne était regardée comme le point culminant de la civilisation allemande, en Saxe et dans le Brandebourg, plusieurs jeunes poètes et beaux esprits, d'origine et de culture protestante, s'annoncèrent comme amis enthousiastes de l'Eglise catholique. Le plus sentimental, Frédéric de Hardenberg, plus connu sous son nom littéraire de Novalis, fit paraître dans tous ses écrits la plus vive conviction, que, pour s'être détaché de l'unité de l'Eglise universelle, on avait réduit à l'inaction les organes supérieurs de la vie spirituelle dans l'humanité européenne, et que, pour rendre le christianisme de nouveau vivant et efficace, il se formerait de nouveau une église visible et que les anciennes bénédictions se répandraient de nouveau sur les peuples. Il écrivait entre autres choses l'an 1799, dans un parallèle entre le protestantisme et le catholicisme :

« Où est cette antique bien-aimée et seule précieuse croyance au gouvernement de Dieu sur la terre ? où, cette céleste confiance des hommes les uns dans les autres ? où, cette douce piété qu'exhale une âme inspirée de Dieu ? où, cet esprit de la chrétienté, embrassant tout ? le christianisme a trois formes. L'une est l'élément générateur de la religion comme plaisir à tout ce qui est religieux. Une seconde, la médiation en général, comme croyance que tout ce qu'il y a de terrestre peut devenir pain et vin de l'éternelle vie. Une troisième, la croyance en Jésus-Christ, à sa mère et aux saints. Choisissez celle que vous voulez, choisissez toutes les trois, c'est tout un, par là vous deviendrez chrétiens et membres d'une communauté unique, éternelle, ineffablement heureuse. Christianisme appliqué, vivant, voilà ce qu'était la vieille foi catholique, la dernière de ces formes. Son omniprésence dans la vie, son amour pour l'art, sa profonde humanité, l'inviolabilité de ses mariages, son affectueuse communicabilité, son plaisir à la pauvreté, à l'obéissance et à la fidélité ne permettent pas de méconnaître en elle la religion véritable et renferment les traits fondamentaux de sa constitution. — De l'enceinte sacrée d'un vénérable concile d'Europe ressuscitera la chrétienté, et l'affaire de la résurrection religieuse se poursuivra d'après un plan divin, qui embrasse tout. Nul ne protestera plus contre une contrainte chrétienne et séculière, car l'essence de l'Eglise sera vraie liberté, et toutes les réformes nécessaires s'exécuteront sous sa direction comme des procédures pacifiques. A quelle époque, et à quelle époque plus rapprochée ? Il ne faut pas s'en inquiéter. Seulement de la patience, il viendra, il viendra nécessairement le saint temps de l'éternelle Paix, où la nouvelle Jérusalem sera la capitale de l'univers. Et jusque-là, soyez sereins et courageux parmi les périls du temps ; vous qui partagez ma croyance, annoncez par la parole et par les œuvres le divin Evangile, et demeurez fidèles jusqu'à la mort à la foi véritable, intime. » Ainsi s'exprimait Novalis en 1799. Mais il mourut trop tôt pour que la constellation de jeunes littérateurs dont il était le centre réalisât complètement cette tendance vers le catholicisme (Menzel, t. XII, c. 18). Malgré cela, l'Allemagne vit un grand nombre de conversions.

Avant d'entrer dans ce détail, le catholique peut faire encore, sur la masse des protestants de nos jours, une observation qui ne sera pas peu consolante. D'abord, il est certain que tous les enfants qui ont reçu le baptême et qui n'ont pas encore embrassé l'erreur avec connaissance de cause et opiniâtreté, appartiennent à l'Eglise catholique et non point à l'hérésie. Ce qui donne déjà à l'Eglise plus de la moitié de la population protestante.

Ensuite, ce qui est vrai des enfants, l'est aussi des personnes adultes qui en conserveraient la simplicité, l'humilité et la bonne foi, sans jamais embrasser l'erreur avec opiniâtreté et connaissance de cause. Dieu seul peut savoir combien il y a de ces personnes, et qui elles sont. Mais il y a lieu de croire que le nombre n'en est pas petit. Les protestants de nos jours ne sont plus les protestants du XVIe siècle. Sauf quelques sectes nouvelles, la masse des populations protestantes est revenue de bien des préjugés. Par exemple, quel honnête protestant voudrait soutenir aujourd'hui que les bonnes œuvres sont des crimes ? Rien que de le penser lui ferait horreur. Et cependant c'est un dogme capital de Luther et de Calvin. De plus, depuis que dans leurs prêches on ne crie plus tant contre l'Eglise romaine, les populations reviennent naturellement à plusieurs de ses usages, d'ailleurs si pieux et si consolants, comme d'invoquer les saints, de prier pour les morts. Il y a plus d'un exemple en Allemagne. Nous avons eu occasion de recevoir au sein de l'Eglise un luthérien de Saxe, qui était catholique sans le savoir, croyant en détail tout ce que l'Eglise catholique croit et enseigne, se persuadant même que son superintendant de Bautzen était en communion avec l'évêque de Rome. Aussi n'avons-nous pas été étonné d'apprendre que, dans certaines contrées, il y a bon nombre de personnes, extérieurement protestantes, qui sont secrètement catholiques, à la connaissance toutefois du curé et de l'évêque, et avec l'autorisation du Pape, en attendant une occasion favorable pour se déclarer ouvertement. On nous a même cité une ville où, de temps à autre, une voiture vient prendre un prêtre catholique à l'entrée de la nuit, le conduit à une maison de campagne habitée par une famille protestante : là, il passe les nuits à confesser les personnes de la famille, à leur dire la messe et à les communier. On pourrait donc dire, croyons-nous, sans se tromper beaucoup, que les protestants de nos jours sont généralement plus catholiques qu'ils ne le pensent, et que, pour bon nombre d'entre eux, il n'y a peut-être qu'à changer de nom. Prions Dieu qu'il leur fasse à tous la grâce de suivre l'exemple de ceux dont nous allons parler.

L'Allemagne qui a vu naître, il y a trois siècles, la révolution religieuse de Luther, est aussi le pays qui depuis une trentaine d'années voit les plus éclatantes conversions, surtout parmi les membres de familles souveraines. En 1817, le duc de Saxe-Gotha, proche parent du roi d'Angleterre, édifiait à la fois, par sa tendre piété, et les protestants et les catholiques. En 1822, le prince Henri-Edouard de Schœnbourg, veuf de la princesse Pauline de Schwartzenberg. En 1826, le comte d'Ingenheim, frère du roi de Prusse.

Le duc Adolphe-Frédéric de Mecklenbourg-Schwerin né le 18 décembre 1785, et 4e fils de Frédéric-François, grand-duc de Mecklenbourg, et de Louise de Saxe-Gotha. Dès sa jeunesse, il montra beaucoup de penchant pour la religion catholique, et ce penchant se fortifia par le soin qu'il prit de lire de bons ouvrages. Le jeune prince en vint au point de demander à son père la permission de changer de religion : elle lui fut refusée ; et, pour lui faire perdre son envie, on lui ordonna de voyager, et on le mit sous la conduite d'un gouverneur qui devait le conduire dans les diverses universités protestantes d'Allemagne, et à qui il était recommandé surtout d'empêcher que son élève ne fréquentât les catholiques ou ne lût leurs ouvrages. Mais cette défense ne changea point les dispositions du jeune prince, qui trouvait, dans les livres protestants mêmes, des motifs d'éloignement pour leur doctrine. Il exposait ses doutes à son gouverneur, qui tâchait de les résoudre de son mieux, mais qui, d'ailleurs, en homme sage et modéré, s'abstenait de ces imputations de fanatisme et d'imposture que tant de protestants se permettent encore contre les catholiques. Charmé lui-même de la solidité d'esprit du prince, et voyant l'inutilité des précautions prises pour le détourner de son projet, il finit par lui permettre de lire les livres catholiques, et se contenta de rendre au père de son élève compte des sentiments de cet intéressant jeune homme. C'est alors que le prince Adolphe lut *l'Exposition de la doctrine de l'Eglise catholique*, de Bossuet, lecture qui fit sur lui une profonde impression et le décida tout à fait. On a vu un exemplaire de l'ouvrage sur lequel il avait exposé en abrégé les principaux motifs de sa conversion. Enfin, après bien des instances, il obtint du prince son père la liberté de suivre les mouvements de sa conscience, mais à condition qu'il ferait son abjuration loin de sa famille, et qu'il resterait en pays étranger. On lui assigna seulement une certaine somme par an. Le prince Adolphe fit son abjuration à Genève. Il alla ensuite à Fribourg en Suisse, où il menait la vie la plus édifiante. Sa piété, son assiduité aux pratiques de la religion, ses entretiens, qui annonçaient assez la vivacité de sa foi, tout chez lui était d'un grand exemple. On était touché en outre de la simplicité de ses manières, de la franchise de son caractère et de la solidité de son esprit. Le prince se rendit ensuite à Rome, où il ne se fit pas moins estimer. Ce fut pendant son séjour dans cette capitale qu'il perdit successivement son père et son frère aîné. Celui-ci s'était toujours montré très-opposé à la conversion du prince. Ces événements rappelèrent le prince Adolphe dans sa famille ; mais il ne devait pas jouir longtemps du plaisir de la revoir : une maladie l'emporta à l'âge de trente-sept ans.

Le prince Frédéric-Auguste-Charles, troisième fils du grand-duc de Hesse-Darmstadt, né le 4 mai 1788. Pour le féliciter de son retour à l'Eglise catholique, et répondre en même temps aux lettres qu'il en avait reçues, notre Saint-Père le pape Pie VII lui adressa, le 6 janvier 1818, un bref plein d'une tendresse paternelle.

Le duc d'Anhalt-Coethen, et son épouse, sœur du roi de Prusse. Le duc et la duchesse passèrent une partie de l'année 1825 à Paris, et y assistèrent l'un et l'autre à différentes cérémonies religieuses. Il paraît que le duc méditait depuis longtemps la démarche qu'il a faite : il voulut avoir des entretiens sur la religion avec des ecclésiastiques et des laïques instruits. Déjà un gentilhomme de sa maison, Albert de Haza, secrétaire du cabinet et conseiller de légation, avait fait son abjuration à Paris, le 5 juillet 1825, et donnait depuis l'exemple d'une piété aussi éclairée que soutenue. Le prince lui-même fit sa profession de foi à Paris, le 24 octobre même année, entre les mains de M. l'archevêque ; la duchesse imita son mari. Etant de retour dans ses Etats, il annonça publiquement à ses sujets son retour dans le sein de l'Eglise catholique par une proclamation du 13 janvier 1826.

La comtesse Frédérique-Wuillermine-Louise Solms-Bareuth, veuve du comte Burgheven de Silésie, se rendit à Rome en 1789, après son veuvage, et y resta plusieurs années. Elle se fixa à Tivoli en 1812. Depuis ce temps, elle réfléchissait sérieusement sur la religion et comparait l'Eglise catholique et les Eglises protestantes. Elle eut à cette occasion de rudes combats à souffrir ; mais les motifs humains ne purent l'arrêter, et, docile à la grâce, elle fit abjuration le jour du Sacré-Cœur en 1821, et embrassa la religion catholique. Toute sa vie et son testament témoignent hautement de la sincérité de cette démarche. Elle fit construire à Tivoli un hôpital où les convalescents des deux sexes sont reçus pendant trois jours. Elle fit réparer le conservatoire de Sainte-Gésule, et le dota d'une rente annuelle pour l'entretien de six orphelins. Elle appela dans la même ville les frères des écoles chrétiennes, et leur acheta une maison qui était autrefois celle des Carmes, et qu'elle fit réparer pour eux. Elle leur assura des fonds pour ouvrir des écoles publiques et pour entretenir six orphelins. Elle donnait à pleines mains aux pauvres, dotait des filles, fournissait des lits et des vêtements aux indigents, payait les dettes de gens dans l'embarras, enrichissait les églises de vases sacrés et d'ornements. Par son testament, elle ordonna que l'ancien couvent des Capucins, qu'elle avait acheté et qu'elle habitait, fût consacré à une œuvre pie, qui parut de trop difficile exécution. Aussi son exécuteur testamentaire a-t-il cru remplir ses intentions en rendant le couvent aux Capucins. Toute la ville applaudit à cette mesure, et donna des regrets à la vertueuse comtesse, qui mourut le 27 décembre 1832, et qui a été enterrée, suivant ses désirs, dans l'église de Saint-Jean-des-Florentins, à Rome.

Au mois de février 1830, une princesse protestante donna un grand exemple de foi et de courage; c'est la princesse Charlotte-Frédérique, fille du grand-duc de Mecklembourg-Schwerin, et première femme du prince royal, depuis roi de Danemarck. Née le 4 décembre 1784, elle était sœur du prince Adolphe-Frédéric, dont la conversion fut aussi éclatante, et qui mourut à Magdebourg, à l'âge de trente-sept ans. Elle avait toujours eu de l'inclination pour la religion catholique, et en défendait même la cause, encore enfant, contre le docteur luthérien qui l'instruisait. Elle était fort attachée au prince Adolphe, et ressentit vivement sa perte. Ils s'écrivaient souvent, et l'on peut croire qu'ils se fortifiaient mutuellement. La princesse Charlotte eut à souffrir des peines cruelles. Mariée au prince royal de Danemarck, pour y devint mère d'un fils, elle fut séparée de son époux au bout de quelques années. Reléguée à Altona, puis dans le Jutland, sa seule consolation dans sa disgrâce fut d'implorer le secours de Dieu pour accomplir le dessein qu'elle avait formé depuis longtemps. La Providence lui en fournit les moyens en la conduisant dans les Etats de l'empereur d'Autriche, en Italie. Elle se fixa à Vicence, et y fut éprouvée par de douloureuses infirmités. Elle voulut visiter le pèlerinage de Notre-Dame du Mont-Bérice, pour y implorer l'assistance de la Mère du Sauveur. Elle s'adressa ensuite à l'évêque, M. Péruzzi, et lui fit part de sa résolution de renoncer au luthéranisme. Le sage et pieux prélat la loua de ce généreux dessein, et l'exhorta à s'instruire et à s'appliquer aux bonnes œuvres. La princesse reçut ses avis comme venant du ciel. Elle eut à soutenir de grands combats. Ses affections de fille, d'épouse et de mère, les suites qu'aurait sa démarche, le mécontentement de deux cours, les réflexions qu'on lui suggéra, les menaces mêmes qu'on lui fit, tout cela était pour elle autant de pénibles assauts; mais elle s'éleva au-dessus de toute considération humaine, et se jeta dans les bras de la Providence. Elle commença par défendre sévèrement dans sa maison que personne y parlât mal de la religion catholique. Le rigoureux hiver de 1829 à 1830 lui donna lieu de montrer son bon cœur et sa piété. Elle répandit beaucoup de largesses dans le sein des pauvres, accompagnant ses bonnes œuvres de ferventes prières. Enfin, ses vœux furent couronnés, et son abjuration eut lieu le 27 février 1830, dans la chapelle épiscopale. Sa fermeté à répondre aux demandes du vénérable prélat, son émotion et ses larmes touchèrent tous les assistants, et M. Péruzzi fut obligé de se faire violence pour achever la cérémonie. Le 3 mars, la princesse reçut les sacrements de pénitence, de confirmation et d'eucharistie. Ses sentiments à la réception de chaque sacrement, se manifestèrent de la manière la plus touchante. Elle voulut s'inscrire dans la confrérie du Saint-Sacrement de sa paroisse, et elle suivit la procession des Quarante-Heures. Elle supportait avec résignation les suites de sa démarche, et sa joie semblait augmenter avec les contradictions, les pertes et les privations. La pieuse princesse de Danemarck se retira depuis à Rome, où elle est morte le 13 juillet 1840, après une longue maladie, à l'âge de 56 ans.

Après les familles souveraines, viennent des personnages également distingués par la noblesse de leur caractère et l'éclat de leurs talents. A leur tête paraît FRÉDÉRIC-LÉOPOLD, comte DE STOLBERG, né à Bramstæd, dans le Holstein, le 7 novembre 1750. Son père, ministre du roi de Danemarck, ne négligea rien pour l'éducation de son fils; il l'envoya faire ses études à Gœttingue, puis à Halle. Le jeune comte se distingua par ses progrès dans les lettres; il apprit non-seulement le latin et le grec, mais encore le français, l'anglais et l'italien; il s'appliqua aussi à l'étude de la philosophie et de la jurisprudence, et montra dès ce temps un amour ardent pour la vérité. A peine eut-il terminé ses cours, qu'il se fit remarquer, comme écrivain et comme poëte, par une traduction en vers de l'Iliade, ainsi que par plusieurs autres ouvrages en prose et en vers. Il devint bientôt l'ami intime de tous les savants et beaux esprits de l'Allemagne, tels que Klopstock, Cramer, Gleim, Voss, Gœthe, Lavater. Il fit, en la compagnie de ces deux derniers, un voyage dans la Suisse, le Milanais, le Piémont et la Savoie, avec son frère Christian, qui partageait tous ses goûts littéraires. En 1782, il épousa Agnès, baronne de Witzlében, femme d'un rare mérite, qui lui donna quatre enfants et mourut en 1788. Cette dame faisait, ainsi que son mari, profession de la religion luthérienne. Le comte de Stolberg occupa plusieurs emplois honorables; il fut successivement gentilhomme de la chambre du roi de Danemarck, ministre plénipotentiaire de Lubeck à Copenhague, ambassadeur de Danemarck à Berlin, président du gouvernement à Eutin, envoyé extraordinaire du duc d'Oldenbourg en Russie, où il fut décoré des ordres de Sainte-Anne et de Saint-Alexandre Newski.

Pendant l'année 1789, Stolberg épousa, en secondes noces, Sophie, comtesse de Rœdern, dont il eut neuf enfants. Il fit avec elle un voyage en Italie et en Sicile, de 1790 à 1793, parcourant cette belle contrée en observateur, et rédigea même une relation de ce voyage, où l'on admire tour à tour la pureté de son goût, le brillant de son imagination, la variété et l'étendue de ses connaissances, la rectitude de son jugement.

Le comte de Stolberg avait puisé, dans sa première éducation, des sentiments religieux qu'on trouve dans tous ses écrits, et qui allaient se fortifiant avec l'âge. Aux premières lueurs de la Révolution française, il la salua avec enthousiasme, comme une époque de délivrance pour les peuples; mais il combattit ce qu'elle amenait d'irréligion et d'anarchie. Dans cette vue, il publia en trois volumes une traduction des derniers discours de Socrate et des plus sublimes dialogues de Platon, avec des notes et une épître dédicatoire à ses fils. Ces notes, et surtout la dédicace, excitèrent contre lui les amis de la Révolution, beaucoup plus répandus alors qu'on ne le suppose dans les Universités germaniques. Frédéric-Léopold avait hautement et publiquement manifesté son zèle pour la religion; on osa publiquement lui reprocher d'être chrétien.

L'esprit révolutionnaire avait même pénétré dans les sciences morales et théologiques. Une grande partie des ministres protestants, se laissant aller au courant des nouvelles doctrines, en proclamaient les principes, soit dans des ouvrages exégétiques, soit dans les chaires des temples et des écoles, et livrait le texte des saintes Écritures aux interprétations les plus hardies et les plus révoltantes. Au même temps, le clergé de France, pour être resté fidèle aux règles de l'Église, était dispersé dans toutes les contrées de l'Europe. Le Nord de l'Allemagne avait reçu un assez grand nombre de ces honorables proscrits, et leur courage était un témoignage de plus en faveur de l'Église à laquelle ils appartenaient. Le comte de Stolberg se joignit aux âmes généreuses qui accueillirent ces fugitifs et qui s'empressèrent d'adoucir les rigueurs de leur exil. Ce fut dans ces circonstances qu'il commença de s'occuper plus particulièrement de religion, et de chercher la vérité de bonne foi. Il eut occasion de connaître la princesse de Gallitzin, née comtesse de Schmettau, qui, après avoir résidé à La Haye, où son mari était ambassadeur, s'était retirée à Munster et y avait embrassé la religion catholique. Cette dame, d'un esprit élevé et d'une piété solide, avait de fréquents entretiens avec le comte, tantôt sur la religion, tantôt sur des matières de littérature et de philosophie. Elle contribua beaucoup à le fortifier dans ses recherches, et à dissiper les préventions qu'il avait conservées de son éducation. Stolberg étudia l'Écriture, les Pères de l'Église et les controversistes. D'abord il n'avait cherché dans les Pères que le mérite de l'éloquence et la force du raisonnement; mais leurs ouvrages lui découvrirent l'antiquité de la doctrine catholique et la nouveauté du protestantisme. Toutefois il ne se pressa point; et, mettant dans ses recherches toute la candeur et la maturité d'une âme droite, il travailla, pendant plusieurs années, à s'environner de toutes les lumières. A cet effet, il noua une correspondance avec M. Asseline, évêque de Boulogne, réfugié alors en Allemagne. Il exposa ses doutes au prélat, qui y répondit par des réflexions insérées dans le tome VI de ses *Œuvres choisies*, et que le comte reçut avec la plus vive reconnaissance.

Toutefois il lui restait bien des obstacles à vaincre : le respect humain, la perte des titres honorifiques et peut-être de la fortune, les railleries d'une famille entière, de nombreux amis et compatriotes trop prévenus, l'éclat qu'allait faire une démarche extraordinaire, tout cela aurait arrêté peut-être une âme moins généreuse; mais le comte de Stolberg se mit au-dessus de toute considération humaine; après sept ans d'examen et de recherches, il rendit hommage à la vérité connue. S'étant démis de toutes les places que le duc d'Oldenbourg lui avait confiées, il se rendit à Munster, ainsi que sa femme, et tous deux y abjurèrent le protestantisme en mai 1800. Deux fragments de lettres montrent quelle était la ferveur de leurs sentiments.

« *Munster*, 16 *mai* 1800. Mon cœur et ma chair ont tressailli de joie dans le Dieu vivant; le passereau trouve sa demeure, et la tourterelle se fait un nid pour y déposer ses petits : vos autels, Dieu des vertus, vos autels, ô mon Roi et mon Dieu, sont l'asile où maintenant je repose en paix et dans l'allégresse. — Voilà, madame, voilà les sentiments dont mon âme devrait être pénétrée. Inondé d'un torrent de sainte joie, mon cœur devrait être un temple où la louange du Dieu d'Abraham, d'Isaac et de Jacob, la louange du Dieu et du Père de Notre Seigneur Jésus-Christ se fît entendre sans cesse; car il a fait miséricorde à moi et à Sophie, et il la fera à mes enfants. Il a regardé avec une complaisance indulgente le désir de connaître la vérité, désir que lui-même avait fait naître. Il a exaucé les prières ferventes que plusieurs saintes personnes lui adressaient pour moi. Il est tombé de mes yeux comme des écailles dans le moment où mon cœur opposait une disposition d'amertume et de dégoût à la douceur d'une manne céleste que Dieu me faisait offrir. »

« *Eutin*, 16 *août* 1800. Je ne saurais vous exprimer combien je suis pénétré de la grande idée, que Dieu a bien voulu nous faire, à Sophie et à moi, la grâce de nous faire entrer dans son Église : c'est un bonheur toujours nouveau pour nous. Que notre louange de son nom ne tarisse pas, jusqu'à ce que nous entonnions le nouveau cantique ! Il est bien juste que ce bonheur soit mêlé de quelque amertume ; la situation dans laquelle nous nous trouvons dans ce moment n'en manque pas. On nous fuit, on nous abandonne… Je voudrais déjà être à Munster, car notre situation d'ici est au delà de ce que je pourrais vous dire. Je sens cependant qu'il ne tient qu'à moi de cueillir des roses immortelles de ces épines; que celui qui a bien voulu se faire couronner d'épines m'en donne la grâce ! qu'il veuille dompter ma nature rebelle, et lui faire subir volontiers le saint joug de la croix !… Quelle grâce Dieu nous a faite ! que son saint nom en soit béni éternellement ! »

Voici le portrait que trace de cet illustre écrivain la *Biographie universelle* : « Plein d'ardeur pour tout ce qui est noble, honnête, juste, le comte de Stolberg était simple et doux comme un enfant; il apportait dans le commerce de la vie une grâce, un charme de bonté qu'on ne croyait pouvoir trouver qu'en lui. Aussi était-il respecté et chéri de tout ce qui l'entourait. L'offense personnelle ne l'irritait point et n'arrêtait point son obligeance; le mensonge lui était odieux, et jamais la plus légère atteinte à la vérité ne souilla sa bouche. On n'aurait point osé, en sa présence, tenir un discours qui portât un préjudice quelconque à la réputation du prochain; son intégrité, sa patience et sa générosité dans l'exercice de ses fonctions lui avaient mérité l'affection des habitants de son bailliage d'Oldenbourg, qui tous le regardaient comme un père. Ayant peu de besoins, il n'exigeait rien pour lui-même, et présentait toujours un front serein et un visage satisfait.

Il semble qu'un homme de ce caractère, qui, à cinquante ans, renonçait aux honneurs pour suivre les mouvements de sa conscience, eût dû rencontrer parmi les protestants des témoignages d'estime, ou au moins des marques de tolérance. Cependant sa démarche excita l'étonnement des uns et la haine des autres. Le comte de Schmettau, frère de la princesse de Gallitzin, lui écrivit pour lui témoigner sa surprise. Stolberg, dans sa réponse, lui dit nettement qu'il avait vu crouler le protestantisme, et qu'il n'avait pu fermer les yeux à l'éclat que l'Eglise catholique répand par son ancienneté et sa doctrine. Lavater, qui était en relation avec le comte, et qui n'était pas lui-même fort éloigné de la religion catholique, comme on peut le voir par une prose latine pleine d'onction et de piété qu'il a composée en l'honneur de la sainte Vierge, et qui a été citée dans le *Catholique de Mayence*, Lavater fut de tous les protestants celui qui rendit le plus de justice à Stolberg; il paraît même qu'il finit par applaudir à une démarche qu'il n'eut pas le courage d'imiter. Mais parmi les autres protestants éclata un déchaînement inconcevable. Celui qui l'attaqua avec le plus de violence, et pendant sa vie et après sa mort, fut un ami de son enfance, un homme dont il avait assuré jusqu'à l'existence physique, en lui procurant un emploi honorable, le conseiller Voss. Le nouveau converti montra dans cette occasion autant de modération que de sagesse, et ne parla de son pétulant adversaire qu'avec une générosité toute chrétienne.

Après sa conversion, le comte quitta Eutin, et se fixa pendant onze ans à Munster ou dans les environs; il habita ensuite le comté de Ravensberg, et enfin le château de Sondermuhlen, dans le pays d'Osnabruck. Il eut la satisfaction de voir tous ses enfants suivre son exemple; ceux qui étaient en âge de raison embrassèrent la religion catholique, les autres furent élevés dans les principes de cette religion. Il n'y eut qu'une fille du premier lit, qui, ayant épousé le comte de Stolberg-Wernigerode, persévéra dans le protestantisme. On n'a pas besoin de dire que Stolberg honora sa démarche par tout le reste de sa conduite. Il était fidèle aux pratiques de piété. Dès lors ses travaux prirent un caractère plus grave, et il s'occupa principalement de sujets de religion. Il traduisit en allemand deux écrits de saint Augustin : *De la vraie Religion*, et *Des Mœurs de l'Eglise chrétienne*. Mais son ouvrage le plus important est l'*Histoire de la religion de Jésus-Christ*, qui parut pour la première fois à Hambourg, en 1808, et eut successivement quinze volumes. Cet ouvrage commence à la création du monde, et va jusqu'à l'an 430 de l'ère chrétienne; il suppose beaucoup de recherches et un grand zèle pour la religion. L'histoire profane y est souvent mêlée avec l'histoire sainte; car, dans la réalité, les deux n'en font qu'une. Le style en est agréable et varié, la critique saine; les réflexions courtes et justes. Les traditions des peuples, les égarements de la mythologie, les anciens usages de l'Eglise, la réfutation des erreurs et de l'incrédulité, tout cela jette dans le récit un vif intérêt : aussi cet ouvrage, que nous avons amplement mis à profit dans les premières parties de cette Histoire, a confirmé beaucoup de catholiques dans leur croyance et ramené plusieurs protestants. On dit que c'est à cette lecture que le prince Adolphe de Mecklenbourg a dû sa conversion. En 1841, on imprimait à Rome, sous les presses de la Propagande, une traduction de cet ouvrage en italien.

Quoique l'*Histoire de la religion chrétienne* demandât beaucoup de recherches, et que les volumes se succédassent rapidement, cependant l'auteur trouva encore le temps de composer d'autres ouvrages, tels qu'une traduction d'un *Discours de sainte Catherine de Sienne sur la perfection*, une *Vie d'Alfred le Grand*, la *Vie de saint Vincent de Paul*, un opuscule de l'*Esprit du siècle*, etc., des *Réflexions sur la sainte Ecriture*, et enfin le *Livre de la Charité*, plein de piété et d'onction, qui parut quelques jours après sa mort, et peut être regardé comme son testament.

La dernière année de sa vie, se voyant attaqué par le conseiller Voss, plus furieusement que jamais, et jusque dans son honneur, le comte de Stolberg ne crut pas pouvoir se dispenser de lui répondre; mais il le fit avec une modération rare. Il regrettait, disait-il à ses amis, d'être obligé de montrer la fausseté des imputations de son adversaire, et il craignait qu'on ne le soupçonnât de quelque ressentiment. La maladie dont il fut atteint, et qui était provoquée, en grande partie, par la peine qu'il éprouvait de se voir aussi outrageusement calomnié par un homme qu'alors même il appelait encore son ami, l'empêcha d'achever cet écrit, qui fut terminé et publié par son frère, sous le titre de *Courte réfutation du conseiller Voss*.

La mort du comte de Stolberg fut digne de sa vie. L'abbé Kellermann, ecclésiastique estimable, qui avait été gouverneur de ses enfants, et qui occupait alors une cure à Munster, étant venu passer quelques jours à Sondermuhlen à la fin de novembre 1819, parut avoir été envoyé par la Providence pour donner au comte les dernières consolations. Dès le lendemain de son arrivée, Stolberg tomba malade. Un médecin des environs d'Osnabruck ayant jugé la maladie mortelle, le comte témoigna aussitôt le désir de recevoir les sacrements, qui lui furent administrés dans la nuit du 3 au 4 décembre. Il voulut se lever pour adorer à genoux le Saint-Sacrement, et il édifia tous les assistants par la vivacité de sa foi. Six heures avant sa mort, il fit venir tous ses enfants, et leur adressa la parole à tous, puis à chacun en particulier; il leur recommanda de prier pour les morts, de demeurer fermes dans la religion catholique et de conserver l'union entre eux. Souvent, avant sa maladie, il les avait exhortés à pardonner au conseiller Voss ses procédés, et il répéta cette invitation avant de recevoir le viatique et l'extrême-onction. « Il ne nous est pas permis, dit-il, de nous dispenser de l'obligation de prier pour lui. » Depuis, il ne nomma plus cet adversaire, et il ne s'occupa plus que de l'éternité. Sentant ses forces diminuer, il demanda lui-même les prières des agonisants, que sa fille Julie et son confesseur commencèrent auprès de lui. Leurs larmes les empêchant de continuer, le mourant continua lui-même les prières. Ses dernières paroles furent : *Loué soit Jésus-Christ!* Il mourut quelques instants après les avoir proférées, le 5 décembre 1819, vers sept heures du soir, étant âgé de soixante-neuf ans.

Il avait composé lui-même son épitaphe, ainsi conçue : *Ci-gît Frédéric-Léopold de Stolberg, né le 7 novembre 1750, mort le..... Dieu a tellement aimé le monde, qu'il a donné son fils unique afin que quiconque croit en lui ne périsse point, mais ait la vie éternelle.* Il défendit à sa famille de rien ajouter à cette épitaphe : car, disait-il, lorsqu'il est question de l'éternité, il faut taire les choses qui passent avec le temps. Il fut enterré, sur sa demande, à Stockampen, en Prusse, auprès d'un de ses enfants, François de Stolberg, qui y était mort le 29 mars 1815, à l'âge de treize ans, ayant montré, dans un âge si tendre, une innocence de mœurs, une disposition à la piété et une résignation touchantes.

La conversion de M. WERNER n'a pas été moins éclatante, et sa réputation n'a servi qu'à rehausser le mérite de sa démarche. Frédéric-Louis-Zacharie Werner, conseiller aulique de Hesse-Darmstadt, chanoine honoraire de Kaminiek, et membre de la société royale de Kœnigsberg, naquit dans cette dernière ville le 18 novembre 1768. Son père y était professeur d'éloquence et d'histoire, et devint dans la suite recteur de l'Université. Le jeune Werner étudia le droit, fit sa philosophie sous le fameux Kant, et donna le premier essor à son talent dans un exercice qu'il soutint en pleine Université, et où il prononça deux discours latins aux applaudissements d'un nombreux auditoire. Son mérite lui procura de bonne heure un emploi honorable. En 1793, il fut nommé secrétaire de la guerre et des domaines, et, en 1809, il fut appelé à Berlin comme secrétaire intime au nouveau département de la Prusse orientale. Son goût pour s'instruire le porta aux voyages, qui étaient pour lui un moyen d'étendre ses connaissances avec les hommes les plus distingués de chaque pays. Son premier voyage littéraire fut en 1790, où il visita Berlin et la Saxe. Après la mort de sa mère, en 1807, il alla successivement à Vienne, à Munich, à Francfort, à Cologne, à Iéna; en 1808, en Suisse et à Paris; en 1809, en Italie. Il se lia, dans ses courses, avec les littérateurs de ce temps, Schelling, Gœthe, Jacobi, Guillaume de Schlégel. Mais si ces voyages furent utiles à Werner sous le rapport des connaissances et du goût, ils lui procurèrent un avantage encore plus précieux. C'est à Rome qu'il eut le bonheur de connaître la foi catholique et le courage de l'embrasser. La persécution sous laquelle l'Eglise romaine gémissait alors ne l'empêcha point de reconnaître en elle les marques de l'assistance divine. On dit que ce fut l'abbé, depuis cardinal, Ostini, professeur de théologie au collége Romain, qui acheva, dans des conférences particulières avec Werner, ce que la grâce avait commencé. Le nouveau catholique prouva par sa conduite la sincérité de sa conversion. Il étudia la théologie, et finit par ne plus s'occuper que des matières de religion. En 1813, il retourna en Allemagne et témoigna à l'archevêque de Ratisbonne, M. de Dalberg, son désir de se préparer plus prochainement à l'état ecclésiastique. Le prélat le plaça dans son séminaire d'Aschaffenbourg, où M. Werner reçut l'ordination sacerdotale en 1814. Etant allé à Vienne, pendant le congrès des souverains, il se livra au ministère de la chaire, prêchant l'hiver dans la capitale, et l'été dans les provinces environnantes. Un grand concours se portait à ses sermons. La Hongrie, la Styrie, Venise même, furent le théâtre de son zèle. Il passa une partie de l'année 1817 chez le comte Nicolas de Grobalski, vice-gouverneur de Kaminiek, dans la partie de la Pologne russe, et il y connut l'évêque de Makiewicz, qui le nomma chanoine honoraire de son église. C'est à son retour de Vienne que Werner entra dans la congrégation du Saint-Rédempteur, fondée en Italie par saint Liguori. On a de Werner quinze différents ouvrages qui l'ont placé au rang des littérateurs distingués, et qui, pour la plupart, sont antérieurs à sa conversion. Un des plus connus est son poème dramatique des *Fils de la Vallée*, 1803, deux volumes. Ses tragédies ont eu du succès. En 1807, il publia son *Martin Luther*, qu'il a réfuté lui-même en 1814. Il n'y avait encore d'imprimés, en 1822, que deux de ses sermons. Depuis 1814, cet homme estimable a été continuellement en butte aux calomnies et aux sarcasmes des protestants ; on ne peut lui pardonner son changement et son zèle, tandis qu'il est visible que son ancien attachement au protestantisme prouve la droiture de son cœur ; il était de bonne foi, il cherchait la vérité, et s'est déclaré pour elle dès qu'il l'eut trouvée.

Aux hommes qui précèdent, on peut joindre Jean-AUGUSTE STARK, fils du président du consistoire luthérien de Schwerin. Il fut de bonne heure professeur de langues orientales à Pétersbourg. La lecture de l'*Histoire des Variations* le détermina à quitter sa chaire pour venir faire son abjuration à Paris, dans l'église de Saint-Sulpice, le 8 février 1766. On conserve à Paris l'acte de son abjuration, signé de lui, de l'abbé Bausset, de l'abbé Toubert, savant orientaliste, et d'un vicaire de Saint-Sulpice. Dans le dessein de travailler à la réunion des églises chrétiennes, il accepta la charge de surintendant général des églises réformées de la Prusse, il publia son fameux ouvrage du *Banquet de Théodule*. Ce livre célèbre, qui a pour but la réunion des églises chrétiennes, eut cinq éditions en huit années. On peut le regarder comme le testament religieux de l'auteur, qui mourut en 1816, après avoir abandonné ses fonctions. On lui doit encore un autre ouvrage, *Triomphe de la philosophie*, où il montre que la Révolution française, même dans ce qu'elle a de plus horrible, n'est que l'enfant naturel du philosophisme, comme celui-ci l'est du protestantisme.

C'est sans doute une chose merveilleuse de voir, à la même époque, les plus grands esprits de l'Allemagne quitter la religion de Luther et de Calvin pour se réunir à l'Eglise universelle. Un génie plus grand encore et qui suivit la même route fut FRÉDÉRIC DE SCHLÉGEL. Il était né à Hanovre en 1772. Comme Stark et Zoega, comme Hamann, il devait le jour à un pasteur de la confession d'Augsbourg. Son père, surintendant consistorial, auteur de cantiques estimés et rédacteur du nouveau catéchisme hanovrien, le nourrit de la plus pure sève du luthéranisme. Il n'avait rien négligé d'ailleurs pour l'éducation de ses fils. L'aîné, Auguste-Guillaume, par ses liaisons avec madame de Staël, est devenu l'un des noms les plus européens de l'Allemagne. Le second, Frédéric, se montra bientôt digne du droit d'aînesse, même avec un tel frère; et tous deux devaient encore faire oublier la triple illustration de leur famille, celle de leur père comme littérateur et poète, celle d'un de leurs oncles comme auteur dramatique, et de l'autre comme historien du Danemarck.

Destiné d'abord au commerce, Frédéric était entraîné vers les lettres par une vocation irrésistible et supérieure. Un morceau de lui sur les *Ecoles des poètes grecs*, des travaux philologiques d'une richesse et d'une nouveauté remarquables, des aperçus critiques d'un ordre éminent confiés à un journal de Berlin (*l'Allemagne*), éveillèrent l'attention générale. C'était pour la littérature allemande une période d'effervescence, de richesse et de vigueur. Goëte venait d'écrire coup sur coup ses plus merveilleuses poésies. Schiller préparait déjà sa tragédie de *Wallenstein*. Herder, Wieland, Klopstock vieillissaient, mais brillaient encore. Voss publiait ses prodigieuses traductions d'Homère, vers pour vers, dans le même rhythme qu'en grec. En présence de toutes ces gloires, les Dioscures (c'est le nom que reçurent les deux Schlégel) surent fixer les regards et commander les sympathies de la jeune Allemagne. Quand Frédéric fit paraître, en 1797, son livre *Des Grecs et des Romains*, l'originalité de pensée, la profondeur d'érudition firent jeter un long cri d'admiration, et le vieux Heyne lui-même, le roi littéraire de Goettingue, combla d'éloges le jeune homme qui venait de saisir le sceptre de l'esthétique ou de l'art de sentir et de juger le beau, et qui devait le garder jusqu'à la fin.

En 1799 parut *Lucinde*, roman épistolaire dont le succès fut grand, mais dont la tendance épicurienne ne saurait être excusée que par l'âge de l'auteur. *Hercule Massagètes*, imprimé en 1801, vint ajouter le laurier du poète à ceux qui paraient déjà son front. A dater de cette époque, chacun de ses essais lyriques fut un argument de plus en l'honneur de cette école que la puissante critique des deux frères avait fondée, et qui puisait ses inspirations dans les souvenirs chevaleresques et les sentiments chrétiens. Une grande et austère étude dramatique, *Alarcos*, sujet moderne traité par Frédéric dans l'esprit d'Eschyle, ne démentit point l'éclat de son début poétique.

L'étonnante activité de Schlégel n'abdiquait point toutefois la direction de l'*Athenœum*, car il paraît qu'il faut lui attribuer la principale part dans l'action immense de ce recueil périodique, où sa collaboration se confondait avec celle de son frère. Ce dernier, a dit Heyne, ne subissait que des idées de Frédéric qu'il s'entendait à élaborer artistement. Mais en Allemagne, où la littérature n'est pas ce je ne sais quoi de bavard et d'étriqué qui a usurpé ce nom en France depuis un siècle, quiconque aspire à l'influence littéraire doit être juge compétent des grandes questions philosophiques et historiques à l'ordre du jour. Frédéric l'ignorait moins que personne. Entre les écoles publiques de sa patrie, l'Université d'Iéna était alors la première : il osa y professer la philosophie à côté de Fichte et de Schelling, et il ne fut point éclipsé.

Cependant son amour d'artiste pour le moyen-âge avait singulièrement modifié ses préventions d'enfance contre la foi catholique. Son puissant génie entrevit bientôt que Luther et Calvin, avec leur littérature superficielle, pédantesque, avaient méconnu la grandeur et la beauté du christianisme, en méconnaissant sa totalité. Il sentit bien vite et profondément que si l'œuvre de la création et de la rédemption ne devait aboutir qu'à l'infâme réforme du moine défroqué de Wittemberg, la Providence divine et l'histoire humaine ne seraient au fond qu'une ignoble caricature, qu'une moquerie sacrilège de Dieu et des hommes. Il y avait donc chez Frédéric une lutte profonde de lui-même à lui-même. Sa femme Dorothée Mendelssohn, fille du célèbre philosophe juif de ce nom, se trouvait dans un état semblable. Femme d'un grand mérite, auteur elle-même de plusieurs ouvrages distingués en littérature, capable de seconder son mari dans tous ses travaux, le judaïsme actuel fut loin de répondre à l'étendue de son esprit et de son cœur. Elle vit sans peine que, depuis dix-huit siècles, ce n'est qu'un corps sans âme, une lettre morte; et que, depuis dix-huit siècles, son âme et sa vie ont passé dans le christianisme. Elle eut donc la pensée d'embrasser le christianisme protestant. Mais son mari lui fit l'observation que, pour rester à moitié chemin, il ne valait pas la peine de changer. Ce fut dans cette situation d'esprit qu'ils vinrent l'un et l'autre à Paris. C'était en 1802, lorsque les temples se rouvraient au milieu d'une affluence croissante, et que dix-huit siècles après la mort de son divin Fondateur, l'Eglise sortait du tombeau invaincue et glorieuse de ses blessures. Frédéric Schlégel assista à ce grand spectacle. Il fut dégoûté du matérialisme qui trônait à l'Institut et pérorait sans rival dans les chaires publiques. Il essaya des leçons de philosophie; mais Cabanis et Fourcroy avaient plus d'autorité que les enseignements spiritualistes d'outre-Rhin. Frédéric put écrire avec une sanglante, mais juste réprobation, qu'il n'y avait plus en France ni philosophie ni poésie, et que la chimie et l'art oratoire étaient les seules principales branches de la littérature française.

C'est dans ces dispositions qu'il quitta la France en 1803. Peu de mois après, il embrassait le catholicisme avec sa femme, dans cette incomparable cathédrale de Cologne, qui est le plus sublime chef-d'œuvre de l'art chrétien, comme Saint-Pierre de Rome est la plus admirable transfiguration de l'art grec. La sincérité de cette conversion n'a point été mise en doute. Je crois, dit Heyne lui-même, son ennemi, qu'il en agit sérieusement avec le catholicisme. En effet, il supprima la seconde partie de sa *Lucinde*, et n'épargna rien pour effacer le souvenir de la première, jusqu'à en retirer tous les exemplaires qui se trouvaient encore en librairie.

Bientôt l'*Europe* succéda à l'*Athenœum* et continua la haute et éclatante protestation de Frédéric Schlégel contre le rationalisme de Paris et de Berlin. Sans avoir la force d'esprit et de cœur pour imiter le catholicisme complet de son frère, A.-G. Schlégel s'associait à ces protestations comme par le passé. Celui qui fut plus tard le plus grand poète et le plus grand critique de l'Allemagne, Tieck, s'unit à ce mouvement avec un abandon si intime qu'on le crut tout à fait catholique. L'homme que l'opinion désignait comme le légitime et définitif successeur de Kant, Schelling, fut gravement soupçonné dans le même sens. Un troisième, Frédéric de Hardenberg, si connu sous le nom de Novalis, se mourait de la poitrine en composant des chants religieux dont la véritable Eglise ne désavouerait point l'inspiration virginale et sainte. Ces hommes supérieurs auraient pu s'appeler les amis d'Iéna, comme ceux qui se pressaient autour de Stolberg adolescent s'étaient appelés les amis de Goettingue.

En dehors de ce cercle d'hommes choisis, d'autres, dignes d'être nommés à côté d'eux, cédaient entièrement à la tendance dont Frédéric Schlégel était l'expression culminante. Ce fut bientôt quelque chose de semblable à ce que le *Génie du christianisme* opérait en France : un réveil de l'imagination et une réaction salutaire du sens poétique contre l'incrédulité; et comme aux premiers siècles de l'ère chrétienne, des philosophes, des platoniciens étaient devenus chrétiens, de même ceux-ci de romantiques devinrent catholiques. — De ce nombre furent le grand poète Werner, dont il a été parlé, Clément Brentano, le baron d'Eckstein, et le célèbre Goerrès; enfin, le conseiller aulique Adam Muller, le disciple, mais non le copiste de M. de Bonald, qui a tenté d'asseoir l'économie politique sur une base religieuse. On n'a cité ici que des écrivains; le nombre des peintres et des hauts personnages qui abjurèrent le protestantisme fut beaucoup plus grand.

En 1808, Frédéric Schlégel vint à Vienne pour y recueillir des documents pour son drame historique de *Charles-Quint*, qu'il n'a point publié. Il y trouva un tel accueil, que cette capitale devint pour lui une patrie. Attaché en 1809 au quartier-général de l'archiduc Charles, il réchauffa le patriotisme autrichien par des proclamations éloquentes, et l'empereur ne fut que juste en lui conférant la noblesse.

La paix le rendit aux lettres, et c'est alors qu'il fit à Vienne deux cours admirables : l'un sur l'*histoire moderne*, l'autre sur la *littérature ancienne et moderne*; ils ont été imprimés en 1812. Ce sont deux ouvrages d'une richesse et d'une plénitude incomparables : ils inspirent et sont inspirés. Antérieurement déjà il avait publié son livre *De la sagesse et de la langue des Indiens*, par lequel il a inauguré en Europe la plus capitale des études orientales. Il est le premier Européen qui ait su le sanscrit sans avoir visité l'Asie. Il l'avait appris, dit Heyne, de la manière la plus originale, et le petit nombre de fragments qu'il donne dans son livre sont traduits admirablement. Il n'a pas seulement introduit parmi nous l'étude du sanscrit, mais encore il l'a fondée.

Tous ces ouvrages rayonnent en quelque sorte de catholicisme. Le point de départ historique et philosophique de l'auteur, c'est la préexistence d'une civilisation primordiale, antérieure à la dernière dispersion des peuples, et dont l'Asie centrale aurait été le théâtre. Il couronne d'évidence ce fait fondamental, qu'après une grande catastrophe générale, trois grandes familles ont reconstitué le genre humain. Il considère cette donnée comme la base de toute vérité historique, et les deux parties de notre révélation, la tradition de Moïse et l'annonciation du Christ, comme le centre de toute histoire de l'esprit humain.

Schlégel, d'ailleurs, était le vrai centre du mouvement catholique en Allemagne. Il avait l'œil sur tous ceux qui, n'étant pas encore en pleine possession de la vérité, servaient pourtant de loin à la cause de Dieu. Non content de savoir presque toutes les langues de l'Europe, d'avoir plongé un œil d'aigle dans les profondeurs du kantisme et sondé le premier l'inanité de l'idéalisme de Fichte, son activité ne se reposait point; il publiait le *Musée al-*

lemand et plusieurs autres écrits contre la politique napoléonienne, qui furent remarqués du prince de Metternich. Envoyé à Francfort en 1818, comme conseiller de la légation autrichienne auprès de la diète, il revint bientôt à Vienne, où il fut attaché à la chancellerie.

Alors il reprit ses cours, sorte de conférences où se pressait la meilleure compagnie. En même temps, il commença un recueil périodique, la *Concordia*, de concert avec des savants revenus comme lui dans le sein de l'Eglise. Son but était de contribuer à une véritable restauration sociale par la subordination de la politique à l'autorité directive du Pontife romain. On l'empêcha de continuer. Il publia successivement deux cours : la *Philosophie de l'histoire* et la *Philosophie de la vie*. Dans ces deux ouvrages, comme dans tous les autres, il pose en principe que la parole est le caractère distinctif de l'homme, qu'avec elle toutes les vérités religieuses, morales et sociales ont été primitivement révélées à l'homme. Mais ce verbe divin a été altéré dans l'individu, et par suite dans l'humanité entière : c'est un fait clair comme le jour. La philosophie et l'histoire ne doivent pas s'arrêter à le prouver; il est en dehors de leur domaine : ces deux sciences n'ont qu'à le poser, puis à en procéder avec confiance comme de leur principe. Rétablir la pureté de la parole primitive, la ressemblance divine, dans la conscience, dont l'unité a été rompue, et où la raison et l'imagination, l'entendement et la volonté sont dans un antagonisme perpétuel : tel est le devoir de chaque individu et l'objet de la philosophie pure. Montrer la marche de cette restauration dans l'humanité, c'est faire la philosophie de l'histoire. F. Schlégel a rempli ces deux tâches dans sa *Philosophie de la vie* et dans sa *Philosophie de l'histoire*, de laquelle il y a une bonne traduction. Ce dernier travail de Schlégel résume tous ses travaux. C'est son ouvrage le plus beau, le plus complet, le plus utile en soi par le grand nombre de lecteurs auxquels il s'adresse. Dans sa *Philosophie de l'histoire*, Frédéric de Schlégel s'est placé immédiatement à côté de Bossuet dans son *Discours sur l'histoire universelle*. L'un et l'autre embrassent d'un coup d'œil tous les grands événements de l'histoire humaine, pour y découvrir la pensée de Dieu, qui les fait servir à la régénération graduelle de l'humanité. Schlégel fait même ce que Bossuet n'a pas fait, il embrasse tous les peuples et tous les siècles, car il arrive jusqu'à notre temps, et prédit dans sa dernière leçon une restauration universelle, où l'état sera chrétien et la science chrétienne.

Vers la fin de 1827, F. de Schlégel fit un voyage à Dresde, et il venait d'y terminer de nouvelles conférences philosophiques, lorsque, dans la nuit du 12 janvier 1828, il fut frappé d'apoplexie entre les bras de sa nièce, la baronne de Butlar. La nouvelle de cette mort produisit une telle impression sur Adam Muller, qu'il mourut lui-même subitement de serrement de cœur d'une telle perte. Quelle oraison funèbre pouvait être plus éloquente?

Ici nous pourrions ajouter une infinité d'autres protestants distingués de l'Allemagne, littérateurs, artistes, magistrats, diplomates, militaires, nobles et autres, qui ont suivi l'exemple de Schlégel et de

Stolberg. Nous en avons fait connaître un bon nombre dans un ouvrage exprès : *Tableau général des principales conversions qui ont eu lieu parmi les protestants et autres religionnaires depuis le commencement du XIXe siècle*. Ici, à cause de la multitude, nous ne pouvons signaler que les sommités du mouvement intellectuel qui incline vers l'Eglise catholique les esprits les plus solides et les plus beaux caractères.

La Suisse, qui a exercé envers les prêtres français une si religieuse hospitalité, en a recueilli les fruits ; car sans doute ces vertueux proscrits ont contribué au grand nombre de conversions que l'on remarque depuis le commencement du XIXe siècle dans ce pays. On y distingue trois écrivains de grand mérite, Charles de Haller, Esslinger et Hurter : tous les trois ont été ramenés au catholicisme par la solidité de leurs études.

CHARLES-LOUIS DE HALLER, patricien de Berne et membre du conseil souverain, descend d'un des principaux réformateurs de la Suisse. Son aïeul, Albert de Haller, né en 1708 et mort en 1777, est connu dans le monde littéraire comme un prodige de science, qui respectait les vérités religieuses et les défendait contre l'incrédulité. Son père, Théophile-Emmanuel, auteur de la *Bibliothèque de l'histoire suisse*, mort en 1786, parlait souvent des catholiques, et avec beaucoup d'équité, au sein de sa famille ; il les connaissait par nombre de relations littéraires, il les aimait et en justifiait même les croyances sur divers points. Ce germe s'est développé dans le fils, qui ajoute dans la touchante lettre qu'il écrivit en 1821 à sa famille sur sa conversion : « La beauté des temples catholiques éleva toujours mon âme vers des objets religieux ; la nudité des nôtres, dont on a fait disparaître jusqu'au dernier emblème du christianisme, la sécheresse de notre culte me déplurent ; il me semblait souvent qu'il nous manquait quelque chose, que nous étions étrangers au milieu des chrétiens. » Charles de Haller manifesta ces dispositions dès l'an 1801, à Weimar, dans un éloge qu'il y fit de Lavater, accusé d'une tendance semblable. « Pendant mon émigration, continue-t-il dans sa lettre, j'appris à connaître beaucoup de prélats et de prêtres catholiques, et, quoiqu'ils ne me parlassent jamais de religion, ou du moins qu'ils ne cherchassent pas à ébranler ma croyance, je ne pus qu'admirer leur esprit de charité, leur résignation au milieu de tous les outrages, et, j'ose le dire, même leurs lumières et leurs profondes connaissances. Je ne sais quelle secrète sympathie m'attira vers eux, et comment ils m'inspirèrent toujours tant de confiance. L'étude des livres sur les sociétés secrètes et révolutionnaires de l'Allemagne me montra l'exemple d'une association spirituelle répandue par tout le globe pour enseigner, maintenir et propager des principes impies et détestables, mais néanmoins devenue puissante par son organisation, l'union de ses membres et les divers moyens qu'ils ont employés pour arriver à leur but ; et bien que ces sociétés m'inspirassent de l'horreur, elles me firent cependant sentir la nécessité d'une société religieuse contraire, d'une autorité enseignante et gardienne de la vérité, afin de mettre un frein aux écarts de la raison individuelle, de réunir les bons, et d'empêcher que les hommes ne fussent livrés à tout vent de doctrine ; mais je ne me doutais pas encore, et je ne m'aperçus que beaucoup plus tard que cette société existe dans l'Eglise chrétienne, universelle ou catholique, et que c'est là la raison de la haine que tous les impies ont contre cette Eglise, tandis que toutes les âmes honnêtes et religieuses, même dans les confessions séparées, se rapprochent d'elle, du moins par sentiment. »

Pendant un séjour à Vienne, passant devant une librairie, M. de Haller vit un petit livre destiné au peuple, et où sont expliqués tous les rites et cérémonies de l'Eglise catholique ; il l'acheta par pure curiosité. Quelle ne fut pas sa surprise en y apprenant tant de choses instructives, le sens, le but et l'utilité de tant d'usages que les protestants prennent pour des superstitions !

« Mais, dit-il, ce furent surtout mes réflexions et mes études politiques qui me conduisirent peu à peu à reconnaître des vérités que j'étais loin de prévoir. Dégoûté des fausses doctrines dominantes, et y voyant la cause de tous les maux, la pureté de mon cœur me fit toujours rechercher d'autres principes sur l'origine légitime et la nature des rapports sociaux. Une seule idée, simple et féconde, véritablement inspirée par la grâce de Dieu, celle de partir d'en haut, de placer, dans l'ordre du temps et dans la science comme dans la nature, le père avant les enfants, le maître avant les serviteurs, le prince avant les sujets, le docteur avant les disciples, amena, de conséquences en conséquences, le plan de ce livre ou de ce corps de doctrine (*Restauration de la science politique*) qui fait aujourd'hui tant de bruit en Europe, et qui, j'ose le dire, est destiné peut-être à rétablir les vrais principes de la justice sociale, et à réparer beaucoup de maux sur la terre. Je me représentai donc aussi une puissance ou une autorité spirituelle préexistante, le fondateur d'une doctrine religieuse s'agrégeant des disciples, les réunissant en société pour maintenir et propager cette doctrine, leur donnant des lois et des institutions, acquérant peu à peu des propriétés territoriales pour satisfaire aux divers besoins de cette société religieuse, pouvant même parvenir à une indépendance extérieure ou temporelle, etc. Consultant ensuite l'histoire et l'expérience, je vis que tout cela s'était ainsi réalisé dans l'Eglise catholique ; et cette seule observation m'en fit reconnaître la nécessité, la vérité, la légitimité. Des personnes pénétrantes parmi les catholiques remarquèrent déjà cette propension dans l'*Abrégé de la science politique*, que je fis imprimer en 1808, et me dirent que je partageais leur foi sans le savoir. »

Les dispositions catholiques de M. de Haller se fortifièrent encore beaucoup par la lecture de la Bible, dans ce qu'elle dit du royaume de Dieu sur la terre ou de l'Eglise, que saint Paul appelle le corps de Jésus-Christ, ayant son chef et ses membres, etc., passages que les ministres protestants ne citent jamais. Haller en fit un recueil sur les rapports et les devoirs sociaux, et le publia l'an 1811 sous le titre de *Religion politique* ou de *Politique religieuse*. Il convient que dès 1808 il était catholique dans l'âme et protestant seulement de nom.

« Ce sentiment, dit-il, prit un nouveau degré de force en 1815, époque où la Providence, dans sa miséricorde, semble avoir réuni l'évêché de Bâle à notre canton pour nous instruire et nous familiariser avec les véritables notions de l'Eglise universelle, et pour détruire tant de fatales préventions. Envoyé dans cette nouvelle partie de notre territoire, rédigeant les instructions pour l'acte de réunion et cet acte lui-même, j'appris à connaître des hommes distingués et des ouvrages plus célèbres encore, qui m'étaient nécessaires ou utiles pour enrichir et perfectionner le quatrième volume de mon ouvrage, traitant des sociétés religieuses ou des empires ecclésiastiques. Leur lecture nourrissait mon esprit et mon âme ; peu à peu les derniers doutes disparurent, même sur le dogme, dont je m'étais jusqu'alors peu occupé : le bandeau tomba de mes yeux ; mon esprit se trouva d'accord avec mon cœur ; il me semblait avoir trouvé *la voie, la vérité et la vie*, et mon âme, ayant faim et soif de vérités, me parut enfin satisfaite. D'un autre côté, je lisais aussi des auteurs protestants, principalement ceux qui traitent de ce qu'on appelle droit ecclésiastique, et, le croiriez-vous ce furent eux, plus encore que les écrivains catholiques qui me confirmèrent dans mes sentiments. Leurs incertitudes et leurs variations éternelles, leurs contradictions, leurs réticences, et les concessions qui leur échappent parfois dans des moments de sincérité ; enfin ce ton de sécheresse, d'aigreur et de dédain, si peu conforme soit à la religion, soit à la charité chrétienne, soit aux égards dus à des frères aînés et à une Eglise encore si nombreuse et si respectable, me prouvèrent que nous n'étions pas dans la vérité, parce que la vérité ne varie point et ne se sert point d'armes de cette espèce. »

Dans l'automne de 1818, des affaires particulières appelèrent M. de Haller à Naples. Faisant le voyage de Reggio à Rome avec une famille anglaise et un abbé français, il fut souvent question de matières ecclésiastiques, parce que l'aspect de l'Italie et de ses nombreux monuments en fournit l'occasion à chaque pas. « L'abbé, dit M. de Haller, se trouvant un moment seul avec moi, me fit l'éloge des sentiments équitables de ces Anglais pour la religion catholique ; et sur ma réponse que cela ne m'étonnait pas, que la révolution avait ouvert les yeux à beaucoup de monde, et que j'étais aussi protestant il ne voulut pas le croire. Il m'appliqua même ces paroles que notre Sauveur dit au centenier de Capharnaüm : *Pareille foi, je ne l'ai pas trouvée parmi les nôtres*. Voyant mes dispositions, il insista fortement pour m'engager à retourner dans le sein de l'Eglise que je reconnaissais pour véritable et légitime. J'y répugnais encore, soit par respect humain ou pour ne pas faire de peine à ma famille, soit pour renvoyer cette démarche jusqu'à la fin de mes jours, soit parce que j'espérais peut-être que mon quatrième volume ferait plus d'effet en sortant en apparence de la plume d'un protestant. Sur cela il cessa ses instances, mais il m'écrivit encore une lettre de Rome, où il me rappela seulement quelques passages de l'Ecriture sainte, et entre autres celui-ci : *Aujourd'hui que vous entendez sa voix, n'endurcissez pas vos cœurs.* »

Les choses en restèrent sur ce pied pendant toute l'année 1819, époque où M. de Haller travaillait principalement au quatrième volume de la *Restau*-*ration*, dont chaque chapitre le confirma dans sa foi, et lui prouva la nécessité, la vérité, la sainteté et les immenses bienfaits de l'Eglise catholique. Son âme en fut émue au delà de toute expression. En automne, le duc Adolphe de Mecklenbourg-Schwerin, passant quelques jours à Berne, vint le voir. Egalement rentré dans le sein de l'Eglise, et néanmoins réconcilié alors avec toute sa famille protestante, ce prince aimable, voyant les dispositions de M. de Haller d'une part et ses inquiétudes de l'autre, l'informa qu'il pourrait être catholique en secret, obtenir dispense pour les actes extérieurs, et que grand nombre de protestants se trouvaient dans le même cas. Cette idée calma M. de Haller, parce qu'elle lui offrait le moyen de satisfaire sa conscience sans aucun éclat public, qu'il désirait éviter. Toutefois il ne prit encore aucune résolution.

Quelques dimanches avant Noël 1819, il versait un matin des larmes dans son cabinet par une émotion religieuse, réfléchissant sur le passage de l'Ecriture que l'abbé français lui avait rappelé, inquiet sur l'éducation de ses enfants, et priant Dieu pour eux, quand sa femme vint lui proposer d'aller au sermon, parce qu'un savant professeur prêchait. Il s'y rendit. Quels furent son étonnement et son émotion en l'entendant prendre pour texte ces paroles : *Aujourd'hui que vous entendez sa voix, n'endurcissez pas votre cœur!* Ce sermon, dit M. de Haller, semblait inspiré par la Providence même pour être appliqué à ma situation particulière. L'orateur ne développa point son texte de la manière ordinaire : il parla de l'établissement du christianisme et de l'Eglise chrétienne, de saint Pierre convertissant en un seul jour cinq mille infidèles, etc. Le soir, M. de Haller eut une longue conversation avec le prédicateur, qui, entre autres, convint que la séparation d'avec l'Eglise universelle était un malheur.

Dès le lendemain, Charles de Haller écrivit à un ami, qui seul connaissait ses dispositions et sa longue perplexité : « Je n'ai pu dormir cette nuit, et de douces larmes ont coulé de mes yeux. Le Seigneur paraît avoir exaucé les prières de tant de chrétiens en ma faveur. Sa grâce opère si puissamment en moi, que je ne peux ni ne veux plus y résister. Il m'est impossible de vivre désormais dans cette éternelle révolte contre Dieu et contre ma propre conviction. Allez donc à Fribourg, mon respectable ami, dire à monseigneur l'évêque ce dont nous sommes convenus. Implorez la miséricorde de l'Eglise en faveur d'une brebis née dans l'erreur, entourée de ses partisans, mais qui jette un regard de tendresse vers la mère commune, et qui n'attend que le moment propice pour se réunir publiquement au troupeau de Jésus-Christ, gouverné par ses légitimes pasteurs. »

La démarche fut faite, non pas tout de suite, mais après un intervalle de plusieurs jours de réflexion, pendant lesquels j'insistai encore. L'évêque, à qui mes ouvrages politiques m'avaient déjà fait connaître, me répondit par une lettre pleine de bonté et de charité qui me fit fondre en larmes, et qui seule m'aurait fait reconnaître la divinité de cette Eglise, si je n'en avais pas été persuadé d'avance. Il me dit que depuis longtemps il m'avait envisagé comme un enfant de l'Eglise catholique et qu'il n'était pas surpris de ma résolution, qu'il s'y attendait, qu'il m'en félicitait. Il entra dans toute ma position, dans la délicatesse de mes rapports de famille et de société; il m'annonça que l'Eglise se contenterait de la profession de foi, et que, pour éviter un plus grand mal ou pour faire un plus grand bien, je pourrais être dispensé des actes extérieurs pour un temps indéterminé; enfin il m'indiqua le petit nombre de préparations et de formalités à remplir. Néanmoins plus de huit mois s'écoulèrent encore, pendant lesquels je composai le petit ouvrage sur la constitution d'Espagne, et j'achevai le quatrième volume de la *Restauration de la science politique*, qui parut à la fin d'août 1820. Ce dernier ouvrage, bien qu'il ne traite que des sociétés spirituelles ou religieuses en général, et moins des dogmes que de la nature et de l'organisation de l'Eglise, est néanmoins écrit d'un bout à l'autre dans des principes catholiques, et renferme pour ainsi dire une profession de foi faite devant l'univers entier.

Enfin, le 17 octobre 1820, dans une maison de campagne, Charles-Louis de Haller fit sa profession de foi à l'évêque de Fribourg, Mgr Yenni, puis sa confession générale. Le lendemain, il reçut le sacrement de confirmation et celui de la communion, qui lui donnèrent une force, un calme et une satisfaction inexprimables, et dont aucun protestant, dit-il, ne peut se faire une idée.

Cependant le quatrième volume de la *Restauration de la science politique* excita une attention générale et produisit une grande sensation tant en Suisse qu'à l'étranger. Les catholiques en étaient ravis de joie, ils en louaient le Seigneur; grand nombre de protestants mêmes l'approuvaient et faisaient de sérieuses réflexions. Mais chacun était curieux de savoir si l'auteur était effectivement catholique. Des bruits couraient à cet égard. M. de Haller esquivait de donner une réponse précise : jamais il ne disait qu'il était protestant, mais que *publiquement* il n'avait pas changé, etc. A son épouse, il confia dans l'intimité qu'il était catholique de conviction, sans pourtant lui dire qu'il en avait fait profession formelle. Mais au commencement de 1821, pendant qu'il était à Paris, deux journaux suisses annoncèrent son changement, en désignant le lieu et l'époque avec assez de vérité. Alors il déclara la vérité tout entière dans une lettre à sa famille, où il dit vers la fin : « N'en doutez pas, nous vivons dans une des plus grandes crises du monde, et des événements incroyables vont se préparer. Du milieu de ruines apparentes, et purifiée par le malheur, l'Eglise antique et universelle se relève plus sainte et plus majestueuse que jamais, après une longue et terrible persécution. Partout elle gagne des âmes, même sans aucune protection des puissances temporelles. Une espèce de jugement général s'approche, et qui sait si ce n'est pas le dernier ? Le monde est partagé entre des chrétiens unis au centre commun du siège de saint Pierre d'un côté, et les impies ou les ligues antichrétiennes de l'autre. Ces deux partis seuls se combattent, parce que seuls ils sont organisés; mais tout ce qu'il y a encore d'âmes honnêtes et religieuses parmi les protestants se rattachent déjà, et doivent se rattacher plus ou moins à leurs frères catholiques, sous peine que, vu leur dispersion et le défaut d'une croyance commune, on ne les confonde avec les ennemis du christianisme, et qu'on ne leur dise : D'où venez-vous ? à qui tenez-vous ? je ne vous connais pas. Aussi des millions m'ont précédé, des millions me suivront. Jamais les conversions n'ont été si fréquentes et si éclatantes que de nos jours. Vous en verrez des exemples encore bien plus remarquables que le mien, et je pourrais vous en citer déjà de bien frappants dans toutes les classes, depuis les princes souverains et les savants de ce monde jusqu'aux ouvriers et aux ministres protestants eux-mêmes, tant en Angleterre qu'en Allemagne et en Suisse. Qui sait même si j'ai fait autre chose que vous montrer le chemin ? »

Ces dernières paroles ont été une heureuse prédiction. L'exemple du père a été suivi successivement par la fille, les deux fils et enfin la mère. Albert de Haller, le plus jeune des fils, ayant été faire sa théologie à Rome, est entré dans l'état ecclésiastique et fut nommé curé d'une paroisse en Suisse. Le père a eu les honneurs de la persécution de la part de ses collègues de Berne, qui le déclarèrent déchu de toutes ses places pour être retourné à l'ancienne religion de Berne et de toute l'Europe.

En 1831, un autre homme distingué de Suisse, M. ESSLINGER, que nous avons eu l'honneur de connaître particulièrement, rentra au sein de l'Eglise et embrassa même l'état ecclésiastique. Né à Zurich en 1790, pasteur protestant d'un village en 1813, aumônier protestant d'un régiment suisse au service de France en 1817, il ne cessait d'éprouver cette inquiétude religieuse qui le portait vers les vérités catholiques. Toujours il étudiait et comparait. Ce qui le frappait surtout, c'était l'unité et l'incommutabilité de cette Eglise qui a traversé les siècles sans souffrir d'altération dans ses dogmes, tandis que les contradictions du protestantisme devenaient pour lui de jour en jour plus palpables. La conversion de M. de Haller fit sur lui une grande impression, et dès que celui-ci se fut fixé à Paris en 1822, M. Esslinger forma des relations avec lui. En 1826, il en forma d'autres avec les principaux rédacteurs du *Mémorial catholique*, qui, la plupart, étaient prêtres. Il leur disait dans l'intimité : Je suis des vôtres; et se consultait avec eux sur les moyens de servir mieux la cause du catholicisme. C'est dans ces dispositions qu'il fournit à ce journal plusieurs articles remarquables qui parurent successivement depuis 1827, et dont voici la liste : *De l'amour de la vérité comme principe de salut*, 1827. — *Quelques réflexions sur la maxime chrétienne :* Hors de l'Eglise il n'y a point de salut, 1827. — *Eclaircissement sur ces paroles de saint Paul :* Rationabile obsequium vestrum. — *Réflexions d'un ministre protestant sur le système de l'Eglise anglicane*, 1828. — *Quelques fragments de la seconde partie de l'ouvrage de M. Mœhler, sur l'unité de l'Eglise*, 1828. — *La théorie sociale de l'Evangile*. — *Paroles de paix aux gallicans et aux ultramontains*, 1829. — *Examen d'un mémoire pour l'abolition du célibat prescrit au clergé catholique*, 1830. — *Le procès de Galilée, d'après le* Staatsmann (journal allemand), 1830. — *Synode d'Ulster, en Irlande*, 1830. — *Le rationalisme récompensé et protégé par des gouvernements protestants*, 1830. Dans tous ces articles, écrits avec beaucoup de mesure et d'adresse, il n'y avait pas la moindre trace du protestantisme de l'auteur. De plus, il recueillait dans les journaux étrangers, sous le titre de *Nouvelles et Variétés*, les faits les plus curieux, toujours choisis avec discernement et dans l'intérêt de la religion catholique. On voit qu'il aimait à défendre notre foi sans lui appartenir encore autrement que par ses convictions; mais il avait dès longtemps formé la résolution de l'embrasser un jour, et même de se dévouer à l'état ecclésiastique. Une dame catholique lui ayant demandé à celte époque s'il était marié : Non, madame, répondit-il brusquement; vous me verrez plutôt prêtre catholique que mari.

Pour mettre ce projet à exécution, il partit en 1828 pour sa ville natale, avec l'intention d'aller à Rome y faire son abjuration et entrer dans le collège de la Propagande. A sa famille, il ne parla que d'un voyage dans le Nord de l'Italie. Un singulier incident vint déconcerter tous ses projets. Un jour qu'il était allé voir les Bénédictins de Notre-Dame-des-Ermites, un passeport et des lettres de Paris, renfermant des recommandations pour quelques prélats romains, arrivèrent à Zurich, tombèrent entre les mains de son père, et lui firent pressentir les intentions de son fils. Il en résulta une scène vive et pénible entre M. Esslinger et son père, sa mère, son frère et sa sœur. Sa mère surtout fut consternée. Mais, malgré une certaine irrésolution de caractère, il resta ferme et déclara franchement sa résolution d'embrasser la religion catholique. Grâce à d'autres parents, la paix se rétablit à ces conditions : le fils renonçait à son voyage de Rome, il différait l'exécution de son projet pendant une année ; si, au bout de ce temps, il persistait dans sa résolution, ses parents lui promirent de ne plus s'y opposer et de lui conserver leur tendresse. Au bout de l'année, M. Esslinger, qui était retourné à son régiment, ne s'était pas encore décidé à faire son abjuration. Alors arrive à Paris la Révolution de Juillet, qui secoue toute l'Europe comme un tremblement de terre, et renvoie de France les Bourbons avec les régiments suisses. M. Esslinger, après quelques autres incidents, adresse, en février 1831, une lettre au conseil ecclésiastique de Zurich pour lui annoncer sa réunion prochaine à l'Eglise catholique. Il y disait entre autres : « Toutes les sociétés humaines, monarchies et républiques, sont ébranlées dans leurs fondements au moment où je trace ces lignes; c'est une raison de plus pour s'attacher à cette société immortelle que Jésus-Christ a fondée en disant : *Vous êtes Pierre, et sur cette pierre je bâtirai mon Eglise, et les portes de l'enfer ne prévaudront pas contre elle.*

M. Esslinger fit ensuite sa profession de foi entre les mains de Mgr Yenni, évêque de Lausanne et de Genève, entra au séminaire de Fribourg, fut ordonné prêtre le 6 mai 1832, nommé premier aumônier d'un régiment suisse au service du Saint-Siège, en garnison à Forli. Dans un voyage à Rome, en 1834, le souverain Pontife le reçut avec distinction et lui conféra l'ordre de Saint-Grégoire. L'année suivante, il revint dans sa patrie, et, le jour de l'Assomption, prêcha à Zurich en l'honneur de la sainte Vierge. Il était encore au milieu de sa famille, lorsqu'il apprend que le choléra approche de Forli. Aussitôt il y retourne par le chemin le plus court, pour se dévouer au salut des âmes que Dieu lui a confiées. Il convertit une trentaine de soldats protestants. Il servait en même temps l'Eglise par des travaux littéraires, et fournit des articles écrits en italien aux *Annales des Sciences religieuses*, qui se publiaient à Rome, et qu'il avait puissamment contribué à fonder. Il se chargea principalement d'y rendre compte de la littérature religieuse de l'Allemagne. Entre autres morceaux remarquables, on peut citer l'analyse du célèbre ouvrage de son compatriote, M. Hurter, sur l'*Histoire du pape Innocent III* et de ses contemporains. Il composa aussi les *Entretiens*, sur les points controversés entre les catholiques et les protestants : entretiens publiés l'an 1840, trois ans après la mort de l'auteur, arrivée à Forli le 18 août 1837.

Vers l'an 1803 ou 1804, un jeune homme né à Schaffhouse le 19 mars 1787, suivait dans cette ville un cours d'histoire pour se préparer à terminer ses études dans quelque université d'Allemagne. Le professeur avait une bibliothèque remarquable ; le jeune homme aimait les livres, et consacrait tout son argent à s'en procurer. Le professeur parlait beaucoup contre l'ignorance et la superstition du moyen-âge, autrement des dix siècles écoulés depuis le VIe jusqu'au XVIe. Le jeune homme ne pensa pas comme le professeur. Il aimait passionnément les auteurs de la belle latinité, qu'on nomme les *classiques*. Or, se disait-il, ce sont les siècles et les couvents du moyen-âge qui nous ont conservé et transmis ces précieux monuments, en les copiant avec un soin si patient et si admirable. Ces siècles et ces couvents n'étaient donc pas si ignorants ni si grossiers qu'on le suppose. De là chez le jeune homme, qui s'appelait Frédéric Hurter, une inclination vers l'étude du moyen-âge. Il s'arrêta, dès cette époque, devant la grande figure de Grégoire VII, et soupçonna que les jugements portés par les historiens contre ce pontife n'étaient que des calomnies. Un autre protestant, le professeur Voigt, rendit bientôt la chose manifeste, par son *Histoire du pape Grégoire VII*, que nous n'avons eu qu'à résumer pour justifier ce grand Pontife sur tous les points.

Le jeune Hurter, arrivé à l'Université de Goettingue, suivait régulièrement toutes les ventes de livres; et tandis que les étudiants ne recherchent ordinairement que les livres nouveaux, lui, au contraire, n'achetait que les vieux, et à très-bas prix, faute de concurrents. C'est parmi ces ouvrages que se rencontra un jour un exemplaire de la collection des lettres d'Innocent III, publiée par Baluze; il en fit l'acquisition en simple amateur, nullement pour s'en servir. Il ne se doutait pas que cette acquisition devait devenir le fondement de sa gloire, et contribuer à changer toute son existence morale et sociale.

Comme les cours de l'Université prenaient peu de temps, Hurter employa ses loisirs à composer une *Histoire de Théodoric, roi des Ostrogoths*; il la publia en deux volumes, à l'âge de vingt ans. Une place de bibliothécaire dans une grande bibliothèque, telle était l'ambition du jeune Hurter. Tous ses efforts pour l'obtenir furent inutiles. A peine avait-il subi son examen de théologie, que, bon gré mal gré lui, il fut nommé pasteur protestant de la commune la plus éloignée de Schaffhouse, à l'âge de vingt ans et demi. Placé dans une autre trois ans après, il y reprit ses études historiques. Il pensa d'abord écrire l'histoire des Hohenstauffen, qui a été traitée par Raumer, puis celle de Grégoire VII, qui l'a été par Voigt. Enfin il se décida pour l'histoire du pape Innocent III, dont il avait acheté les lettres à Goettingue. La première ébauche fut écrite dès 1818. Les deux volumes parurent en 1833 et en 1834; en 1838, il publia la suite et le complément de cette histoire, le *Tableau des Institutions et des Mœurs de l'Eglise au moyen-âge*. Ces deux ouvrages obtinrent un immense succès en Allemagne, et arrivèrent promptement à une seconde édition. Le succès fut le même en France, où deux traductions parurent presque à la fois. Dans l'automne de 1839, Hurter visita l'Autriche, Vienne, Munich, et communiqua au public le résultat de ses observations dans un ouvrage intitulé: *Excursion à Vienne et à Presbourg*. Hurter reçut partout des catholiques un accueil favorable, surtout quand ils surent qu'il était l'auteur d'un écrit anonyme sur la vie et les souffrances de Pie VII. Mais les protestants lui en voulaient d'autant plus, que, depuis 1835, il était président du consistoire, chef du clergé protestant de Zurich. Le grand nombre de ses collègues l'attaquèrent de vive voix et par des libelles; il y répondit par un écrit intitulé: *Hurter et ses collègues*, et finit par donner la démission de toutes ses places, le 19 mars 1841. Il publia l'année suivante un livre: *Persécution de l'Eglise catholique en Suisse*. En 1844, il se rendit à Rome, et y fit sa profession de foi le 16 juin, ayant pour parrain le célèbre Overbeck, lui-même converti du protestantisme. De retour en Suisse, il y publia l'exposé des motifs qui l'avaient ramené au sein de l'Eglise universelle. Il y dit entre autres:

« Les études que j'ai été obligé de faire pour la composition de mon *Histoire du pape Innocent III* avaient fixé mon attention sur la structure merveilleuse qui distingue l'édifice de l'Eglise catholique. Je fus ravi en observant la direction vigoureuse imprimée par cette longue suite de souverains Pontifes, tous dignes d'une si haute position; j'admirai la vigilance avec laquelle ils surent maintenir l'unité et la pureté de la doctrine. En regard de ces faits se présenta la mobilité des sectes protestantes, leur pitoyable dépendance des autorités gouvernementales, leurs divisions intérieures et cet esprit d'individualisme qui soumet la doctrine aux analyses sans mesure des critiques, au rationalisme des théologiens, à la libre interprétation des prédicateurs...

» Dans mes travaux, j'avais eu à consulter de nombreux ouvrages sur l'origine de la soi disant Réforme, sur ses causes, sur les moyens tentés pour fixer ses dogmes, sur son influence politique, particulièrement en Angleterre. Les preuves ne me manquaient pas, même autour de moi, lesquelles démontraient la fureur qui anime le rationalisme contre l'Eglise catholique, tandis qu'il abandonne à sa libre action le protestantisme, et se rallie même à lui, parce qu'il poursuit un but semblable, la destruction du catholicisme. Cet autre fait se présentait à moi au milieu de mes études: les peuples catholiques, lancés en avant dans la voie des révolutions politiques, ont le pouvoir de s'arrêter et de se reconstituer, tandis que les peuples protestants ne peuvent plus se fixer au milieu de leurs mouvements précipités; les nations catholiques, agitées par le délire révolutionnaire, se guérissent beaucoup plus vite de cette maladie sociale que les nations protestantes, et celles-ci seulement en proportion de l'affaiblissement de leurs sentiments hostiles contre les catholiques.

» Le spectacle des luttes que l'Eglise catholique subit, dans notre siècle et dans le monde entier, exerça surtout une influence décisive sur mon esprit. J'examinai la valeur morale des partis divers et les moyens de combat employés par les uns et par les autres. Ici, je voyais à la tête des ennemis de l'Eglise cet autocrate qui réunit dans sa personne la cruauté d'un Domitien et l'astuce d'un Julien; là, ces Pharisiens politiques qui émancipent les noirs pour accabler les blancs, parce que ceux-ci sont catholiques, sous un joug plus dur et sous le poids d'une horrible misère (l'Irlande); qui traversent toutes les mers pour propager, d'une main, la stérilité d'un enseignement évangélique, et fournir, de l'autre, des poignards à toutes les révoltes (les missionnaires anglais). Voici un pays protestant, la Prusse, où l'on a employé toutes les ruses d'une diplomatie perfide, afin d'opérer entre les luthériens et les calvinistes des essais de fusion pour mieux écraser l'Eglise catholique, dans d'autres pays allemands, le despotisme ministériel, inspiré par les doctrines audacieuses et impudentes de Hégel, se sert d'espions, de juges d'instruction, de l'amende et de la prison contre des prêtres fidèles à leur croyance. En France, des députés usent de tous les artifices d'une faconde intarissable pour entraver les droits de l'Eglise; le gouvernement s'acharne à maintenir une législation des plus mauvaises passions révolutionnaires; nous voyons régner une civilisation superficielle, fille du journalisme, l'idolâtrie des intérêts matériels, une philosophie dirigée contre Dieu même, une jeunesse élevée dans des principes destructifs de tout ordre social... Ensemble monstrueux d'hommes et de choses qui se heurtent dans la confusion pour ruiner l'édifice éternel de la Providence.

» Malgré tant de contrariétés et d'attaques, le souffle d'un meilleur esprit se fait sentir. On ne peut dire de quel point de l'horizon il descend; mais il est impossible de nier que l'Eglise gagne du terrain, là même où ont lieu les plus violents efforts pour la faire reculer. Les coups dirigés contre elle ne servent qu'à la fortifier, et les tentatives organisées par les hommes les plus puissants avortent, contre toute attente. — Il est vrai qu'il se rencontre même des prêtres dont l'esprit est assez borné pour ne pouvoir apprécier toute la valeur des institutions catholiques; des prêtres qui prétendent réduire le colossal édifice de l'Eglise à la propre mesure de leur intelligence infime; mais, par bonheur, nous en voyons d'autres qui agissent avec plus d'esprit et de vigueur; qui ne se laissent pas intimider par ce mot d'*ultramontanisme*, à l'usage de tous ceux qui veulent entraver la libre et inviolable action de l'Eglise. — Voilà tous les faits qui me firent sérieusement réfléchir sur l'existence d'une institution qui sort, renouvelée et fortifiée, de la lutte contre tant d'ennemis franchement déclarés ou hypocritement déguisés...

» Tels sont donc les moyens visibles et palpables dont Dieu s'est servi pour ma conversion; ces moyens se trouvent à la portée de tout le monde. Les motifs cachés, ceux qui viennent d'en haut et ne sont connus que du ciel, ceux-là resteront un secret devant les hommes. Ce n'est qu'après mon retour dans le sein de l'Église, que j'ai su combien de prières avaient été adressées au Père éternel dans divers couvents, par des prêtres, par des laïques, à Rome, dans le reste de l'Italie, dans le Tyrol, en Bavière, en Suisse, peut-être aussi dans d'autres pays; prières adressées depuis plusieurs années à la sainte Vierge, pour obtenir son intercession auprès du Père de toute grâce; après ma conversion seulement, j'ai appris combien de messes avaient été célébrées pour obtenir la miséricorde de Dieu en ma faveur. Le jour de mon départ pour Rome, un de mes amis de Paris me recommanda à l'archiconfrérie du très-saint et immaculé Cœur de Marie (*La vie, les travaux et la conversion de Frédéric Hurter*, par Al. de Saint-Chéron. Paris, 1844).

Tels sont les principaux faits du mouvement religieux en Suisse, pour revenir à l'unité. A Genève, métropole du calvinisme, il s'est opéré des choses peut-être plus étonnantes encore.

D'un côté, la compagnie des pasteurs calvinistes de Genève, poussant le protestantisme à une de ses dernières conséquences, a défendu, le 3 mai 1817, de prêcher la divinité de Jésus-Christ, et a exclu du ministère pastoral ceux des aspirants qui ne voulaient pas souscrire à cette formule d'apostasie. Il y en eut deux ou trois qui résistèrent, et qui, avec quelques adhérents, voulurent conserver l'ancienne croyance à la divinité du Christ. Ils furent excommuniés et bannis. Les pasteurs de Genève leur donnèrent le sobriquet de *momiers*, comme qui dirait partisans d'une croyance surannée, d'une croyance *momie*.

D'un autre côté, après avoir été proscrit à Genève pendant près de trois siècles, l'ancien culte y a été légalement rétabli. Une église a été accordée à ses habitants catholiques, dont le nombre approchait, en 1840, de sept mille. En 1819, le conseil d'État reçut *avec reconnaissance* le bref de Pie VII, qui plaçait le canton de Genève sous la juridiction de l'évêque de Lausanne, résidant à Fribourg. L'année suivante, ce prélat y fit solennellement sa première visite pastorale. Partout il fut accueilli avec distinction. Arrivé à la première paroisse catholique du canton, il fut complimenté par deux députés du gouvernement et par le curé. Le conseil d'État lui avait fait préparer à Genève un logement convenable. Deux fois le prélat se rendit processionnellement à l'église catholique, en rochet et en camail, et précédé de plusieurs ecclésiastiques en surplis, il y prêcha. C'était pour la première fois depuis la Réforme qu'on entendait un évêque dans cette ville et qu'il y paraissait avec les marques de sa dignité. Enfin, plus tard, le jubilé y a été prêché en français par un religieux de la Compagnie de Jésus, et en allemand par un autre de la Compagnie de saint Liguori.

Une des conversions les plus remarquables de ce pays est celle de Pierre de Joux, ancien pasteur de Genève, puis président du consistoire protestant de Nantes. Il ne se déclara ouvertement catholique qu'en 1825, quelque temps avant sa mort, mais il l'était de cœur depuis longtemps. Un des grands motifs qui le ramenèrent à l'ancienne Église, était la confusion où il voyait tomber la réforme protestante : plus de croyance certaine sur rien. A Genève même, les pasteurs évitaient de parler du péché originel et de la divinité de Jésus-Christ. Pour s'opposer à ce torrent de l'indifférence, Pierre de Joux, publia, l'an 1803, un ouvrage en quatre volumes (*Prédication du christianisme*), où il soutenait avec force les vérités de la foi que les premiers protestants croyaient comme les catholiques, mais que leurs descendants abandonnaient successivement pour aller se perdre dans le déisme et l'incrédulité. Dans cet ouvrage il disait déjà : « C'est l'orthodoxie pure et simple qui a aligné toutes mes opinions et régularisé toute ma croyance; c'est l'Évangile, en un mot, tel que l'a entendu jusqu'à ce jour l'UNIVERSALITÉ des chrétiens. » Son zèle pour l'ancienne croyance et contre les erreurs nouvelles était si connu, que ses confrères les pasteurs de Genève lui offrirent trente louis par année, tant qu'il n'occuperait point de place ni ne prêcherait dans leur canton, dans la crainte qu'il ne prêchât avec trop d'ardeur la divinité de Jésus-Christ. En 1813, dans une circonstance où il s'agissait de conversion, il dit encore : *Pour moi, je blâmerais un catholique qui se ferait protestant, parce qu'il n'est pas permis à celui qui a le plus de chercher le moins; mais je ne saurais blâmer un protestant qui se ferait catholique, parce qu'il est bien permis à celui qui a le moins de chercher le plus.*

Un autre motif qui le ramenait vers l'ancienne foi était de voir que le protestantisme ne tendait pas moins à renverser les royaumes et les empires que l'Église. « J'ai reconnu, dit-il, dans la *préface* d'un autre de ses ouvrages, que la révolution religieuse du XVIᵉ siècle est la cause principale du bouleversement politique qui a éclaté en 1789. Je suis convaincu, en un mot, que l'esprit du protestantisme, essentiellement ami des nouveautés, de l'indépendance et de la liberté des opinions en matière de foi et de gouvernement, a produit la Révolution française, le plus vaste système de destruction qui ait été offert au m   épouvante, et dont un concours inouï de   stances sur lequel a fait empreint le doigt de Dieu, a pu seul nous sauver. »

Surpris de la fatale désunion qui sépare les catholiques et les protestants, bien plus affligé encore de rencontrer une multitude de personnes qui ne tenaient à aucune religion, Pierre de Joux crut en trouver une cause dans les libelles impies que les sophistes du XVIIIᵉ siècle avaient répandus contre le clergé, surtout contre le successeur de saint Pierre, contre le culte romain, les cénobites d'Italie et l'ordre sacerdotal. « C'est par le centre même de la catholicité, dit-il, que ces esprits menteurs commencèrent leur œuvre de ténèbres. D'infidèles voyageurs travestissaient les ministres des autels : les Pontifes les plus dignes de vénération, Pie VI et Pie VII, ne furent point à l'abri de leurs calomnies. Ils n'ignoraient pas, ces hommes pervers, qu'en infectant de leur venin contagieux les sources d'où la religion se répand dans les âmes, ils inspiraient pour elle de l'indifférence ou de l'aversion. La plupart des relations de voyages d'Italie, qu'ils publièrent, fourmillent de mensonges; elles ne furent faites que pour avilir les prêtres, pour tourner les ordres monastiques en dérision, pour représenter comme des habitudes puériles et superstitieuses les saintes pratiques qui alimentent la dévotion. » Pour être plus en état de réfuter ces mensonges et ces calomnies, et hâter par là le retour des protestants à l'ancienne Eglise ce qui était l'objet de tous ses vœux, il fit en la société d'un jeune lord anglais un second voyage en Italie. Ils partirent vers le commencement de 1816. De Joux observait soigneusement les usages et la discipline du clergé, visitait les églises et les couvents, assistait aux cérémonies, étudiait les dogmes et s'informait de tout ce qui pouvait éclaircir ses doutes. A son retour d'Italie, il se retira en Ecosse et y rédigea ses observations en forme de lettres. Enfin, toujours pressé par une voix intérieure qui l'appelait dans le sein de l'Eglise véritable, il revint sur le continent et se décida à franchir un pas difficile. Il fit son abjuration le 11 octobre 1825, entre les mains de l'archevêque de Paris, tomba malade peu après, et mourut le 29 octobre dans les sentiments les plus édifiants.

Ses *Lettres sur l'Italie* s'imprimaient quand la mort est venue le surprendre. Il est curieux d'y voir un président de consistoire protestant, un ancien pasteur de Genève, justifier l'Eglise romaine de tous les reproches qu'on lui a faits, et l'en justifier, non-seulement par son propre témoignage, mais encore par le témoignage d'un grand nombre de protestants célèbres, la plupart ministres.

Dans tout ceci on ne peut assez admirer les voies secrètes de la divine Providence. Lorsqu'à la fin du XVIIIe siècle, la Révolution française égorgeait les évêques et les prêtres fidèles ou qu'elle les bannissait sur la terre étrangère, elle ne s'attendait guère à réveiller le catholicisme en France et à l'étendre ailleurs. Tel est pourtant le résultat final de ses persécutions. Tertullien disait dans le IIIe siècle : « Le sang des chrétiens est une semence de chrétiens nouveaux. » Il en est encore de même dans ces derniers temps : le sang et les souffrances du clergé français ont été pour l'Eglise catholique une semence féconde de nouveaux enfants, et même de nouveaux apôtres. A la vue de tant de foi et de tant de patience, le schisme, l'hérésie, l'incrédulité même se sont senti des entrailles. Chassés de leur patrie, les prêtres français ont trouvé chez l'étranger une hospitalité généreuse. La compassion pour leurs maux a donné lieu aux protestants de déposer bien des préventions haineuses et de s'attirer bien des grâces divines. Cela est particulièrement vrai de l'Angleterre, qui s'est montrée plus généreuse qu'aucune autre nation. En voyant de plus près les évêques et les prêtres catholiques, en leur entendant expliquer à eux-mêmes la foi pour laquelle ils souffraient, les Anglais sont revenus de bien des préjugés.

Ces préjugés étaient quelquefois étranges, surtout dans le peuple. Ainsi, la femme d'un artisan de Londres, touchée de compassion, donnait l'hospitalité à un ecclésiastique émigré de la France. Après quelques jours, deux petits enfants de la maison s'approchèrent familièrement du prêtre, qui leur fit beaucoup de caresses. Leur mère, cependant, qui était à quelques pas, regardait avec une anxiété inexprimable, et faisait signe aux enfants de s'éloigner. Le lendemain, elle découvrit naïvement au prêtre français la cause secrète de ses transes. Depuis que vous êtes chez nous, lui dit-elle, je vois bien que vous êtes un brave homme; mais on nous a dit tant de choses contre les catholiques ! On nous a dit, entre autres, que les prêtres catholiques avaient le secret d'attirer les petits enfants, et cela pour les manger ! Aussi, hier, quand j'ai vu mes deux petits s'approcher de vous, j'étais dans un état qu'on ne saurait dire. Je tremblais pour eux, et cependant je n'osais vous faire de la peine. Je vois bien que c'est encore une calomnie.

Qu'il pût y avoir de ces préjugés de cette force dans le peuple anglais, nous l'apprîmes encore en 1829, d'un jeune Anglais qui n'était pas du peuple, et qui venait d'arriver en France. Il nous dit que, quand il communiqua à sa famille son projet de voyage, son père, sa mère, sa sœur lui témoignèrent les plus vives appréhensions, lui répétant que les prêtres papistes, qu'il ne manquerait pas de rencontrer, avaient l'art d'ensorceler les gens et de les attirer au papisme malgré eux. Il leur promit bien d'être sur ses gardes et de revenir aussi bon protestant qu'il allait partir. Et de fait, débarqué à Lorient, sa principale attention fut d'éviter la rencontre d'un prêtre. Mais le hasard voulut que dans l'hôtel où il s'adressa, il n'y eût plus de disponible qu'une chambre à deux lits, dont l'un était justement occupé par un prêtre catholique. L'embarras du jeune homme fut extrême. Toutefois il s'arma de courage. En se couchant, il mit deux pistolets chargés sous son chevet, passa la nuit sans fermer l'œil, résolu de tirer sur le prêtre s'il s'avisait de venir de son côté. Cependant le prêtre dormit profondément toute la nuit, et le jeune homme eut le temps de s'apercevoir que ses craintes étaient mal fondées. Au bout de quelques mois, ces craintes étaient tellement diminuées, qu'il alla demeurer chez un ecclésiastique de notre connaissance, qui l'instruisit dans la foi catholique et reçut son abjuration. C'est de la bouche même du jeune homme que nous tenons ce récit.

Le royaume de la Grande-Bretagne comprend l'Angleterre proprement dite, l'Ecosse et l'Irlande. Sa population totale est entre vingt et trente millions d'âmes. Un tiers est catholique, un tiers dissident, un tiers anglican ou déclaré pour l'église gouvernementale. En Irlande, sur une population de huit millions cinq cent mille, il n'y a qu'un million de protestants, tout le reste est catholique. En Angleterre et en Ecosse, au commencement du règne de Georges III, soixante mille catholiques étaient tout ce que l'on comptait de sujets restés fidèles au culte de leurs pères. Leur nombre, en 1821, d'après le recensement officiel, s'élevait à cinq cent mille. Il était, en 1842, de deux millions à deux millions cinq cent mille. Dans l'Angleterre seule, non compris l'Ecosse, sur une population de quatorze millions d'habitants, les catholiques figurent pour deux millions. A Londres seulement, il y en a trois cent mille (*Du mouvement religieux en Angleterre*, par Gondon).

Cet accroissement considérable des catholiques en Angleterre est dû à plusieurs causes, outre celle que nous avons déjà indiquée. Les lois pénales décrétées contre eux par la prétendue Réforme furent graduellement révoquées depuis 1780, grâce à la révolution américaine. On mit les catholiques sur le même pied que les protestants relativement au droit de propriété territoriale. Un serment leur fut prescrit, qui inspira d'abord de la défiance, mais qu'on crut finalement pouvoir prêter. En 1793, le gouvernement accorda aux catholiques irlandais le droit de voter dans les élections, mais sans pouvoir être élus pour le parlement ni occuper les plus grandes charges. La guerre contre la Révolution française retarda un instant les réparations que le parlement avait commencées en faveur des catholiques. Il y eut en Irlande des insurrections fomentées par le gouvernement français : insurrections plus politiques et républicaines que religieuses; plusieurs des chefs étaient protestants. En 1798, lorsqu'on ne savait encore quelle suite aurait l'insurrection, les principaux catholiques d'Irlande manifestèrent avec éclat leur attachement à l'ordre établi. Les quatre archevêques et les vingt-deux évêques de cette communion, les lords, les baronnets et autres membres distingués de la même croyance signèrent une adresse à ceux de leurs compatriotes et de leurs coreligionnaires qui avaient pris part à la révolte, et s'efforcèrent de les ramener à leur devoir (Picot, *Mém.*, an 1778). En Angleterre, il y eut, de 1787 à 1791, des contestations entre les catholiques eux-mêmes au sujet du serment. Un comité de catholiques séculiers présenta au ministre Pitt une déclaration où ils s'exprimaient sur les droits du Pape d'une manière peu respectueuse et peu exacte. Au lieu de consulter le Saint-Siège, ils avaient consulté les Universités joséphistes et jansénistes de Louvain, de Douai, d'Alcala, de Salamanque et de Valladolid. Cette déclaration fut souscrite par la plupart des catholiques anglais; mais un des évêques refusa de signer, un autre évêque rétracta sa signature. Le comité laïque alla toujours en avant et offrit au gouvernement un serment tout à fait téméraire. Le 19 octobre 1789, les vicaires apostoliques condamnèrent la nouvelle formule de serment; condamnation qui fut confirmée par le Saint-Siège et approuvée par les évêques d'Irlande et d'Ecosse. Le comité laïque fut assez peu sage de se mettre en opposition avec les évêques. Ceux-ci trouvèrent des défenseurs. M. Milner, depuis évêque lui-même, et connu dès lors par son zèle et ses talents, montra dans un écrit très-court les sujets de plaintes des évêques. Le 7 mars 1791, il adressa au comité de la chambre des communes de nouvelles considérations sur ce serment. Là, agissant au nom de trois évêques et de leurs troupeaux, il demandait qu'on eût égard à leurs scrupules, et qu'on se contentât des garanties qu'ils offraient, sans entrer dans des questions inutiles. Il proposa le serment déjà adopté en Irlande. Cette réclamation eut son effet. Le parlement fut plus sage et plus réservé que le comité catholique même. On montra dans les deux chambres les intentions les plus libérales. Un bill assez favorable fut sanctionné le 10 juin de la même année 1791 (*Ibid.*, an 1779). En 1808, il y eut de nouvelles contestations touchant le *veto* que des catholiques séculiers voulaient accorder au gouvernement sur la nomination des évêques. Les évêques d'Irlande se prononcèrent contre : des quatre vicaires apostoliques d'Angleterre, un était contre, et trois pour. L'affaire fut portée au Pape, qui déclara qu'on n'innoverait rien avant l'émancipation accordée (Picot, *Mém.*, an 1810).

Ce ne fut qu'au rétablissement de la paix que l'opinion publique s'empara de nouveau de ces questions, qui, de 1819 à 1829, furent annuellement agitées au sein du parlement. En 1819, la chambre des communes débattit la question de savoir s'il était prudent d'abolir le *test* et les autres incapacités prononcées contre les catholiques. On appelle serment du *test* ou serment de suprématie, un acte qui n'est rien moins que l'abjuration du catholicisme. Celui qui le nie prête serment contre la suprématie du Pape, le dogme de la transsubstantiation, le culte de la Vierge et des saints, et jure d'abhorrer le papisme. La motion fut repoussée à deux voix de majorité. Plus tard, en 1821, un bill sur le même sujet obtint une majorité favorable de six voix. Les communes adoptèrent, l'année suivante, un bill réglant l'admission des pairs catholiques dans la chambre des lords. Ces deux résolutions échouèrent dans l'autre chambre, qui les repoussa à une grande majorité, malgré les efforts des membres influents du ministère. En 1825, sous l'influence de l'agitation irlandaise, la chambre des communes adopta de nouveau une résolution favorable aux catholiques à une majorité de vingt-sept voix. En 1827, la même chambre rejeta la mesure. En 1828, six voix de majorité décidèrent « qu'il était urgent de relever les catholiques romains des incapacités qui pesaient sur eux, en vue d'un arrangement conciliateur et définitif pour la paix et la force du royaume-uni, la stabilité de l'église établie, la concorde et la satisfaction de toutes les classes des sujets de Sa Majesté. » La chambre des lords n'était pas animée de dispositions si conciliantes. On vit toutefois, en 1829, sir Robert Peel et le duc de Wellington, les deux hommes qui, en 1828, avaient si vivement combattu dans le parlement l'émancipation des catholiques, présenter le bill qui concédait cette grande mesure, et gagner à cette cause une majorité de cent soixante-dix-huit voix dans la chambre des communes, et de deux cent cinq dans celle des lords.

Le bill d'émancipation renfermait cependant des clauses restrictives, mais elles importaient peu; le point essentiel était l'admission du principe : or, ce principe, le parlement venait de le proclamer; on confia à l'avenir le soin d'en déduire les conséquences. Les catholiques sujets de la Grande-Bretagne étaient affranchis, et ils devaient ce bien à l'Irlande, et dans l'Irlande à un homme, Daniel O'Connell. Né en Irlande en l'année 1775, Daniel O'Connell est mort en Italie en l'année 1847, dans son pèlerinage de Rome, au moment qu'il allait recevoir la bénédiction du souverain pontife Pie IX. Sa vie, sa gloire est d'avoir été le perpétuel avocat, l'indomptable athlète du catholicisme et de l'humanité contre les lois oppressives de l'Angleterre protestante, et d'en avoir triomphé par une lutte d'un demi-siècle. Il commença cette œuvre de rédemption à l'âge de vingt-cinq ans. L'Angleterre protestante venait d'accorder à l'Angleterre catholique le droit de défendre les intérêts privés devant les tribunaux de la juridiction ordinaire. La parole devenue libre en Irlande, O'Connell s'en servira pour conquérir à sa patrie, à ce peuple-martyr, toutes les autres libertés, à commencer par la liberté de l'âme, la liberté de conscience. L'émancipation des catholiques d'Irlande et d'Angleterre devient la préoccupation de tous ses jours. En 1823, au bout de vingt ans d'essais, O'Connell se trouve roi d'Irlande par la parole. Il établit en cette année-là, par toute l'île, une association qu'il appelle *l'association catholique*; et comme aucune association n'a de puissance sans un revenu constant, O'Connell fonde la rente de l'émancipation, et la fixe à deux sous par mois, afin de la rendre accessible à toute l'Irlande pauvre. L'association catholique et la rente de l'émancipation eurent un succès inouï et élevèrent l'action d'O'Connell à la puissance et à la dignité d'un gouvernement. Trois ans après, en 1826, lors des élections générales de l'empire britannique, les Irlandais mirent dans l'urne des noms significatifs. O'Connell lui-même fut élu, se présenta au parlement avec son décret d'élection, refusa de prêter le serment du *test*, fut repoussé pour le moment du parlement anglais; mais l'opinion publique était ébranlée jusque dans ses fondements : toute l'Irlande était debout, fière et obéissante, agitée et pacifique ; des vœux des acclamations, des secours lui venaient de tous les points de l'Europe, des rivages de l'Amérique et de l'Angleterre elle-même. Ni le ministère anglais, ni la chambre des pairs, ni le roi de la Grande-Bretagne ne voulaient l'émancipation des catholiques; mais il y avait danger à refuser davantage : Peel et Wellington cédèrent. L'émancipation des catholiques fut proclamée le 13 avril 1829 ; et le 15 mai, Daniel O'Connell, et, en sa personne, l'Angleterre et l'Irlande catholique, vint siéger dans le parlement, sans prêter le serment de suprématie protestante. Ce fut le signal de la renaissance religieuse dont nous avons été témoins depuis 1830.

L'oppression sous laquelle les catholiques anglais gémissaient depuis trois siècles leur avait imprimé une physionomie toute particulière de réserve et de timidité. Craintifs et défiants, ils avaient contracté l'habitude de s'envelopper de mystère, évitant avec soin toute sorte d'éclat; car ils avaient appris qu'attirer les regards et l'attention publique, c'était attirer la persécution. Aussi, tout ce qui concernait leur foi et les pratiques de la religion, ils le dissimulaient avec tout le soin possible. Les chapelles, outre qu'elles étaient bien rares encore, ils les cachaient dans le fond des campagnes ou dans quelque rue ignorée des faubourgs, leur donnant l'apparence ou d'un bâtiment de ferme ou d'une habitation ordinaire. Pour se rendre à l'assemblée sainte, on prenait des voies détournées; ainsi le malfaiteur cherche à donner le change et à dissimuler le but de ses démarches. Le prêtre avait-il à remplir au dehors quelques fonctions de son ministère, ce n'était que déguisé sous le costume de l'homme du monde qu'il pouvait se hasarder à descendre dans la rue et à traverser la place publique. Entouré d'ennemis ou du moins de terreurs, le catholique, plein de défiance, renfermait sa foi dans son cœur, sans oser s'en ouvrir même à ses plus intimes amis protestants, au point qu'il arrivait quelquefois que l'époux ignorait la religion de sa femme et de ses filles, et que l'épouse ne savait pas à quelle société religieuse appartenaient son mari et ses fils : Bien des faits sont là qui prouveraient au besoin cette situation extraordinaire ; nous nous contenterons de citer cette réponse d'un vice-roi d'Irlande, à qui un seigneur exprimait le soupçon que la vice-reine fût catholique : « Je n'en sais rien, milord; elle ne me l'a pas dit, et je n'ai jamais eu l'indiscrétion de le lui demander. »

Or, depuis ces temps, les choses ont bien changé. Le catholique, à qui la loi a rendu enfin son titre et ses droits de sujet britannique, a senti renaître la confiance dans son cœur, et le sentiment de la sécurité que l'émancipation de 1829 lui assure n'a pas tardé à se manifester au dehors par une conduite pleine de dignité. N'ayant plus rien à craindre pour sa foi, il a peu à peu écarté les voiles sous lesquels une longue tyrannie l'avait forcé d'abriter sa religion et son culte. Il a quitté l'ombre, il a voulu vivre au soleil, marcher sans crainte et la tête haute au milieu de ses concitoyens, comme leur égal. Loin de fuir les regards, il s'est présenté aux assemblées publiques, il a sollicité, et souvent obtenu de la confiance de ses concitoyens protestants, l'honorable mission de défendre, de protéger leurs intérêts, soit dans le parlement national, soit dans les conseils municipaux.

Il en fut pour le culte comme pour les personnes. On érigea de tous côtés des églises, non plus à l'ombre, mais au grand jour; on y établit des orgues, on y forma des chœurs de chanteurs. Plusieurs fois même, en des circonstances solennelles, il y eut des processions au dehors, avec croix et bannières déployées. Ce fut une chose bien étrange pour les protestants que cette apparition presque subite des catholiques au milieu d'eux ; et, à la vue de ce culte inconnu et oublié depuis si longtemps, ils se demandèrent avec une curiosité inquiète : Que signifie cette religion nouvelle? Or, les réponses ne manquèrent pas. Instructions presque innombrables qui se font publiquement chaque dimanche dans les églises, conférences publiques ou privées pour lesquelles les prêtres catholiques sont toujours prêts. On publie par *la presse* une foule de sermons, de petites brochures, de traités populaires, afin d'éclairer l'opinion. De plus, des écrits périodiques sont fondés avec mission spéciale de combattre et de réfuter, sans paix ni trêve, les erreurs de tout genre que l'ignorance ou la mauvaise foi opposent chaque jour à la vérité. Enfin une vaste société s'est organisée, composée de tout ce que la Grande-Bretagne renferme de catholiques distingués à quelque titre que ce puisse être, dans le but de travailler, par tous les moyens que la charité et la religion avouent, à la défense et à la propagation de la vérité catholique. Ce n'est pas tout : Georges Spencer, second fils de lord Spencer et frère de lord Althorp, devenu en 1830 prêtre catholique de ministre anglican, forme par toute l'Église, avec l'approbation du souverain Pontife, une association de prières pour la conversion de son pays. Un des nouveaux convertis, l'architecte Pugin, élève de toutes parts des chapelles, des églises, des couvents, des cathédrales même, dans le meilleur goût de l'art chrétien; Les chefs catholiques de la noblesse, les Norfolk, les Talbot, les Stafford et autres, donnent l'exemple de la générosité et de la munificence : ils se voient néanmoins surpasser en quelque sorte par un homme du peuple. A Birmingham, l'orfèvre Hardman contribue pour plus de cinquante mille francs à la construction d'une magnifique cathédrale ; dans les environs de la ville, il bâtit à lui seul un beau couvent, où l'une de ses filles se consacre à la vie religieuse : il ne s'élève pas une église, une chapelle, un monastère ; il ne se fait pas une bonne œuvre, que le même artisan ne contribue pour sa part aux charges. Des sociétés pieuses, aussi multipliées qu'il y a d'infortunés à soulager, viennent dans toutes les villes en aide au zèle des missionnaires. A Londres, par exemple, il existe, sous le nom de *Société des dames catholiques*, une association établie dans le but spécial de pourvoir aux besoins des chapelles pauvres. La marquise de Wellesley, belle-sœur du duc de Wellington, la duchesse de Leeds, la comtesse de Stafford sont membres de la société.

A partir de 1837, les principaux catholiques d'Angleterre et d'Irlande, avec le concours des évêques et l'approbation du pape Grégoire XVI, fondent l'*Institut catholique de la Grande-Bretagne* : association dont le but est de propager les vérités de la foi catholique par toute la terre, de les défendre contre les calomnies des hétérodoxes, tout en s'occupant de protéger les pauvres que pouvaient intimider, dans la pratique de leur religion, des maîtres protestants, des supérieurs hostiles au catholicisme. Dans la séance solennelle de 1842, le secrétaire apprit aux assistants que l'Institut avait distribué, dans l'année, cent soixante-deux mille traités religieux dans les diverses parties du monde.

La Grande-Bretagne comptait en l'année 1844 neuf colléges exclusivement catholiques ; quelques-uns, comme les petits séminaires de France, entièrement soumis aux évêques des districts où ils se trouvent, sont gouvernés par des prêtres séculiers ; les autres appartiennent à des congrégations religieuses, et sont dirigés par des Bénédictins, des Dominicains et des Jésuites. Mais quel que soit le régime de ces colléges, qu'ils soient la propriété des vicaires apostoliques ou le domaine de quelque congrégation religieuse, l'Etat ni l'Université n'exercent aucune autorité dans l'intérieur de ces maisons. L'Etat ne demande qu'une chose, l'obéissance aux lois ; et l'Université, pour conférer aux élèves les grades scientifiques ou littéraires, n'exige rien des aspirants, sinon qu'ils satisfassent aux conditions d'un examen dont le programme est publié une année à l'avance. Tout est laissé à la sagesse et à la religion des évêques ou des supérieurs ; point de visites, ni d'inspection, ni d'examen des études. Les catholiques anglais n'ont pas à craindre que l'on ferme leurs établissements pour quelque vice dans le plan ou la construction des édifices, ou parce que quelqu'un des maîtres n'est pas pourvu d'un brevet de capacité ou d'un grade littéraire. Les agents du fisc ne comptent pas leurs élèves et ne font pas payer tant par tête au profit d'une institution rivale.

Quand nous disons que l'Université confère des grades aux élèves, nous parlons de l'Université de Londres, à laquelle les colléges catholiques ont été incorporés. C'est depuis 1840 que ces établissements jouissent de cet avantage. Le collège de Sainte-Marie d'Oscott a été le premier à obtenir une charte de corporation. La reine Victoria y dit aux supérieurs et aux professeurs de ce collège catholique : « Votre science, votre habileté et votre discrétion m'inspirent toute confiance. Vous pouvez instruire la jeunesse. » Cette première mesure de la part du gouvernement anglais prépare les esprits à voir plus tard les étudiants catholiques admis dans les universités exclusivement anglicanes d'Oxford et de Cambridge.

L'importance acquise par les catholiques fut une des premières questions dont se préoccupèrent les hommes d'Etat que les élections de 1841 avaient appelés aux affaires. Au bruit des conversions nombreuses qui s'opéraient dans les rangs inférieurs de la société, en voyant s'organiser partout des confréries pieuses d'hommes et de femmes, le gouvernement voulut connaître le véritable objet de ces associations et s'assurer que cet accroissement considérable des enfants de l'Eglise romaine ne présentait aucun danger pour l'avenir de la société britannique. Une enquête secrète fut faite par les ordres du gouvernement, et le ministère apprit que, partout, dans les manufactures et dans les champs, les catholiques formaient une société d'élite, se distinguant par son instruction, sa moralité, son amour de l'ordre. D'après les rapports des manufacturiers, les catholiques sont les ouvriers les plus laborieux et les mieux disciplinés ; on les voit toujours à l'écart des meneurs qui fomentent les dissensions et cherchent le désordre. Il n'en fallut pas davantage pour que le gouvernement laissât les choses suivre leur cours, sans chercher à entraver en aucune manière l'élan général qui se manifeste pour un culte que les lois de l'état ont jadis condamné. Ainsi commence à se faire sentir, au point de vue social, l'action régénératrice du catholicisme (Jules Gondon, *Du Mouvement en Angleterre*, p. 125).

Parmi les œuvres que le catholicisme renaissant a fécondées dans la Grande-Bretagne, figurent en première ligne les associations dites *de tempérance* ou *d'abstinence*. La grande plaie des populations britanniques, surtout en Irlande, c'est l'ivrognerie. On dirait que la perfide tyrannie du gouvernement anglais, après avoir vu échouer toutes ses persécutions contre l'Irlande, ait cherché jadis à l'anéantir en lui ouvrant la voie des vices ; car on le vit tout occupé d'accorder des primes à la consommation des liqueurs fortes. Grâce à ces coupables encouragements, l'usage de ces boissons devint bientôt considérable, et surtout celui du wisky, distillation d'orge à laquelle on mêle de l'eau-forte ou du vitriol. Un rapport présenté au gouvernement anglais constate que, dans une seule rue de Dublin, composée de cent quatre-vingt-dix maisons, il y avait cinquante boutiques où se débitait cette liqueur malfaisante. Quand le mal devint tel que le gouvernement dut adopter quelques mesures répressives, ces mesures furent presque toujours infructueuses par la connivence des percepteurs, qui, pour accroître leurs faibles appointements, se liguaient avec les particuliers pour permettre chez eux des distillations frauduleuses. Ainsi favorisé, le vice déplorable de l'ivrognerie étendait ses ravages en Irlande. L'Angleterre et l'Ecosse offraient un tableau aussi affligeant. A la vue de cette calamité publique, la philanthropie s'émut : de nombreuses sociétés, dites *de tempérance*, furent établies dans le but d'arracher le peuple à un vice qui enfantait des maux incalculables. Les tentatives faites par les protestants furent impuissantes. A la fin, quelques-uns d'entre eux, les quakers, s'adressèrent à un pauvre moine qui vivait à Cork dans une retraite absolue. Ce moine était un capucin, et se nommait le Père Mathew. Humble et modeste, il hésita longtemps à suivre le conseil qu'on lui donnait de se mettre à la tête d'une société d'abstinence ; il s'y décida enfin, sans prévoir certainement les merveilles dont il allait devenir l'instrument.

C'est en 1838 qu'eut lieu la première assemblée publique de tempérance, convoquée par le Père Mathew. L'association comptait alors quelques centaines de personnes. Mais bientôt on vit arriver à Cork, de toutes les parties de l'Irlande, des milliers d'hommes qui venaient prendre l'engagement de pratiquer la tempérance. Les prodiges qui s'opéraient à Cork retentirent bientôt dans tout le pays, et il fallut se décider à commencer des tournées de tempérance. Le pauvre Père Capucin parcourt l'Irlande et renouvelle de nos jours les merveilles produites au moyen-âge par saint Dominique, saint Antoine de Padoue et saint François d'Assise. A sa voix, des milliers d'hommes se relèvent de leur abrutissement pour venir se ranger sous la bannière du nouvel apôtre. On voit les femmes, les enfants, les vieillards accourir pour recueillir ses saintes paroles. Partout où il se montre, l'air retentit des pieuses acclamations de la foule qui l'accompagne. Sa réputation de sainteté fait qu'on lui apporte des malades et des infirmes qui sollicitent l'honneur de toucher le pan de sa robe. On a entendu des moribonds, gisant sur leur lit de douleur, supplier en grâce qu'on les transportât sur sa route, afin que leurs yeux, avant de se fermer à la lumière, pussent contempler les traits de cet envoyé du ciel.

L'humble Capucin a fondé une grande association qui doit compter cinq millions de membres. Il enrôle, dans les localités où il passe, les personnes qui se présentent à lui, et qui sont fermement résolues à vivre dans la sobriété, engagement qu'il fait prendre à chacun dans les termes suivants : « Je promets, avec l'assistance divine, que, aussi longtemps que je serai membre de la société de tempérance, je m'abstiendrai de toute liqueur enivrante, excepté dans les cas prescrits par un médecin, et j'empêcherai, autant que possible, par mes avis et mon exemple, les autres de s'enivrer. » Après ces paroles, le Père Mathew, imposant les mains sur chacun d'eux, s'écrie : « Que Dieu vous bénisse et vous accorde la grâce de tenir votre promesse! » Il leur distribue aussi une petite médaille dont l'objet est de rappeler cette promesse à tout moment. Ce n'est point à l'éloquence de l'homme que l'on peut attribuer les merveilleux effets qu'opèrent ses paroles ; elles sont simples, mais inspirées par la foi. « Mes chers amis, disait-il un jour à la foule, j'éprouve un grand plaisir à vous rencontrer aujourd'hui ici. J'espère que vous mettrez autant de zèle à remplir votre engagement que vous en mettez à le prendre. Il n'est point nécessaire que j'énumère les nombreux avantages que vous trouverez à vous abstenir de liqueurs fortes ; elles sont la cause des maux, des crimes, des outrages qui ont dégradé ce pays. L'ivrogne commet des crimes dont il aurait horreur dans ses moments de sobriété. En devenant membres de la société, j'espère que vous deviendrez respectueux envers les lois de Dieu et des hommes. Je suis sûr que, depuis l'origine de cette œuvre, pas un membre dans Cork, Limerick, Waterford, Clare et Kerry, n'a commis un crime qui l'ait conduit devant un juge, un greffier ou un avoué. En vous abstenant du péché d'ivrognerie, vous devez secouer aussi toutes les autres habitudes vicieuses : promenades nocturnes, outrages, insultes. Vous ne devez appartenir à aucune société secrète, ni nourrir d'animosité religieuse ou politique contre vos frères. »

L'arrivée du Père Mathew dans une ville est toujours un véritable triomphe. Les prodiges qui suivirent ses premières prédications sont vraiment incroyables. Le changement opéré dans les habitudes de la population est tel, pour certaines localités, que des brasseries ont été mises en vente, les fabricants ne trouvant plus à écouler leurs produits. Un bon nombre de cabarets, véritables cloaques où les pauvres irlandais se livraient à l'orgie, se sont fermés faute de chalands.

La première visite que l'humble Capucin fit à la capitale de l'Irlande fut l'occasion d'une fête nationale. On fit une procession solennelle, à laquelle on voyait les diverses sociétés de tempérance, déjà formées à Dublin et dans ses environs. On remarquait à cette solennité des milliers d'individus, renommés par leurs débauches et leurs ivrogneries, qui marchaient à la procession avec un calme, une tranquillité et un ordre qui témoignaient de leur changement. Ce spectacle était vraiment fait pour consoler les amis de l'humanité, et surtout le clergé, qui avait travaillé avec un zèle infatigable pour arracher le peuple à sa passion la plus dégradante. Les rues étaient ornées de draperies ; de riches étoffes tapissaient la façade des maisons ; tout témoignait de la joie dont cette fête remplissait les habitants. Quatorze mille personnes, appartenant à diverses sociétés de tempérance, faisaient partie de la procession. Chaque société portait son étendard et sa bannière, sur lesquels étaient inscrites différentes devises. On lisait sur l'une : *Soyez fidèles jusqu'à la mort* ; l'autre représentait le tableau d'un ivrogne entouré de sa femme et de ses enfants, tous plongés dans la plus affreuse misère et le plus horrible désespoir, avec l'inscription : *Effets de l'ivrognerie*. Un étendard portait : *L'honnêteté est la richesse du pauvre* ; un autre : *Les ivrognes n'entreront pas dans le royaume des cieux*.

Les tentatives faites en Angleterre et dans les autres parties du royaume-uni pour régénérer les masses étaient presque sans succès. La misère du peuple ne le rendait pas plus docile aux leçons qu'il recevait des sociétés protestantes, et l'intempérance étendait partout ses funestes ravages. Mais depuis que l'Irlande s'est placée à la tête de ce mouvement, l'Angleterre, l'Ecosse, l'Amérique l'ont prise pour modèle. Le comte de Stanhope présidait un jour à Londres un nombreux meeting de la société protestante de tempérance, où il proclamait les qualités du Révérend Père Mathew et le succès de sa mission. Il résulte du rapport qui fut présenté à la séance, que l'Ecosse a cent cinquante mille habitants faisant partie des associations de tempérance, et que l'Irlande doit à l'humble Capucin d'en compter plus de cinq millions. Encore ces derniers ont-ils toujours pris l'engagement de ne jamais boire que de l'eau, tandis que les autres ont seulement promis de vivre sobrement.

Les succès obtenus en Irlande par le P. Mathew inspirèrent à quelques amis de l'humanité le désir de lui voir faire en Angleterre des tournées semblables. De pressantes sollicitations lui furent adressées de Londres par l'évêque anglican de Norwich et plusieurs membres de l'aristocratie, au nom des sociétés protestantes de tempérance. Le modeste missionnaire hésita longtemps, mais enfin se décida au mois d'août 1843. Il visita quelques villes de l'Angleterre septentrionale avant de se rendre à Londres, recevant partout sur son passage des témoignages d'un profond respect et d'une vive admiration. Dans le parlement, les ministres faisaient l'éloge de son caractère et applaudissaient à sa mission. Le lord-maire de Londres encourageait en public ses prédications. Les membres de l'aristocratie se disputaient l'honneur de l'avoir à leur table. Il était accompagné dans les meetings par lord Stanhope et autres nobles qui étaient fiers de se poser comme ses patrons. Tout se passait à Londres comme en Irlande. Le Père Mathew commençait par une allocution. Alors les personnes disposées à s'engager à l'abstinence absolue de liqueur enivrante s'avançaient et s'agenouillaient devant le Père, qui les bénissait, recevait leur engagement, et leur donnait la médaille destinée à rappeler cette cérémonie. C'était un spectacle touchant, que de voir agenouillés aux pieds d'un prêtre catholique, sans aucune distinction de classe ou de religion, le noble, le riche, à côté de l'ouvrier et souvent de l'indigent. Cette admirable fusion, tableau symbolique de l'unité religieuse à laquelle marche l'Angleterre, était d'autant plus remarquable qu'elle est sans précédents sur cette terre où les préjugés de la naissance et du rang sont encore si fortement enracinés. Le Père Mathew ne quitta Londres qu'après y avoir enrôlé environ cent mille Anglais dans sa société de tempérance parfaite. Peu avant ce voyage, le pape Grégoire XVI lui avait témoigné sa satisfaction, et l'avait nommé commissaire apostolique.

Jusqu'en 1840, la juridiction ecclésiastique de l'Angleterre se partageait en quatre districts : celui de Londres, celui du Centre, celui du Nord et celui de l'Ouest. Le 11 mai 1840, la congrégation de la Propagande doubla le nombre des vicariats apostoliques, et les porta à huit : Nord, Lancastre, York, Centre, Est, Ouest, pays de Galles et Londres. Depuis, ce nombre a été encore augmenté, et même le Saint-Siège songe à rétablir en Angleterre des évêchés et des évêques en titre. Le plus connu des évêques actuels est monseigneur Wiseman, vicaire apostolique du Centre, autrefois recteur du collège Anglais à Rome, et distingué par plusieurs bons ouvrages. C'est dans son district que se trouve l'Université d'Oxford. Il vient d'être nommé coadjuteur de Londres.

En 1843, les huit districts comptaient six cent quarante-huit missionnaires, quatre cent quatre- vingt-dix-neuf églises ou chapelles, neuf colléges, vingt-sept monastères et couvents. Parmi les monastères se distinguent les Trappistes anglais, qui, forcés en 1831 de quitter l'abbaye de Meilleray près de Nantes, trouvèrent au comté de Leicester, dans la charité de M. Philipps, protestant converti, une résidence des plus belles sur le mont Saint-Bernard. Jusqu'en 1835, où ce monastère y fut construit, c'était une montagne stérile, couverte de ronces et d'épines. Aujourd'hui, ce lieu, aride depuis tant de siècles, est couvert de productions diverses et de riches moissons, grâce aux travaux des moines, qui en partagent les fruits avec les pauvres du pays. Aussi le mont Saint-Bernard est-il devenu un lieu de pèlerinage et d'édification pour les protestants eux-mêmes.

Dans Londres ou ses environs, en l'espace de quatre ans, ont été fondées quatre communautés de religieuses. Une des sœurs de la Miséricorde, une des sœurs du Bon-Pasteur, une des dames du Sacré-Cœur, une des sœurs de Charité. Le diocèse de Londres est le premier de l'Angleterre où ces divers ordres se soient établis. En 1843, la ville de Londres comptait trois cent mille catholiques; les conversions qui s'y opèrent sont annuellement de quatre à cinq mille.

Parmi les six cent quarante-huit missionnaires qui évangélisaient l'Angleterre en 1844, figurent deux congrégations nouvelles, les Passionistes et les Frères de la Charité, venus les uns et les autres de l'Italie et de Rome. Les Passionistes furent fondés, vers la fin du XVIII⁰ siècle, par le vénérable serviteur de Dieu, Paul de la Croix. Ce saint homme pria pour la conversion de l'Angleterre pendant l'espace de trente ans. Il le fit tous les jours. En instituant son ordre, il prescrivit par une des règles, que tous ses religieux prieraient Dieu pour la conversion des nations du Nord, sorties de l'unité catholique au XVI⁰ siècle, et surtout pour l'Angleterre.

On raconte qu'un jour Paul de la Croix faisant sa retraite dans un de ses couvents, au moment où il montait à l'autel pour offrir le sacrifice adorable, ses disciples virent tout à coup son visage illuminé d'une lumière surnaturelle; le saint homme versait des torrents de larmes, et au moment de la communion il tomba en extase. La messe finie, ses religieux lui demandèrent quelles grâces il avait reçues du Seigneur. Il leur répondit : Oh ! mes enfants, j'ai vu ce matin de si belles choses en Angleterre ! Oui ! oui ! de si belles choses ! J'ai vu mes enfants en Angleterre ! Et, en prononçant ces mots, il tomba une seconde fois en extase.

Or, à cette époque, le catholicisme était encore persécuté en Angleterre de la manière la plus sanglante. Pour avoir dit la messe, la loi prononçait contre le prêtre la peine de mort. Et cependant aujourd'hui les enfants du vénérable Père de la Croix sont établis dans ce pays. Leur maison a été fondée à Aston-Hall, dans le comté de Stafford, en 1842. Les religieux de cet ordre sont vêtus d'un habit monastique tout noir ; ils ont les pieds nus, leur chapelet à la ceinture, et un cœur blanc sur la poitrine, avec ces paroles : *Jesu Christi Passio*. Le supérieur est un italien, né près de Rome : il s'appelle le Père Dominique de la Mère de Dieu. C'est un très-saint homme, dit l'auteur du *Mouvement religieux en Angleterre.* Il a été longtemps à Rome, dans le couvent de Saint-Jean et Saint-Paul. Certes, il y a quelque chose de frappant dans l'accomplissement de cette prophétie et dans cette jeune colonie de saints. Autour d'eux tout respire le ciel; tout rappelle les temps de la primitive Église, tout exhale l'esprit des saints et des martyrs. Ces bons religieux chantent nuit et jour les louanges de Dieu. Ils se dévouent à la prédication de la parole sainte. Depuis l'été de 1842, le bon Père Dominique a fondé une nouvelle mission à deux milles de son couvent, dans la ville de Stone, et en 1844 il avait déjà converti plus de soixante-dix personnes.

L'ordre des *Frères de la Charité* a été fondé par le révérend abbé Rosmini, autrefois le comte Rosmini. M. l'abbé Rosmini, qui a été nommé, par le Pape, général de son ordre, était déjà connu en Europe par de savants écrits. Quelques membres de son institut sont entrés en Angleterre vers l'an 1838. A leur arrivée, ils ont rempli une mission dans le collége de l'évêque catholique du district de l'Ouest, qui comprend les comtés de Glocester, Wilts, Cornwall, Devon, Somerset et Dorset. Depuis, ils se sont fixés dans le diocèse du Centre, qui comprend les comtés de Derby, Nottingham, Stafford, Worcester, Warwick, Salop, Leicester, Oxford. Trois des professeurs du collége de Sainte-Marie (Oscott) sont membres de l'ordre; trois autres prêtres et trois frères convers sont placés à Lougboro, d'où ils servent deux autres missions. L'abbé Gentili, supérieur de la maison de Lougboro, est né à Rome, d'une famille distinguée: il a abandonné sa patrie et ses souvenirs pour se dévouer à la conversion de l'Angleterre. Il a déjà ramené un nombre considérable de protestants, dans les villages de Belton, Osgathorpe et Sépeshed. En 1843, il en a converti, dans ce dernier, soixante-quinze, et soixante et un à Lougboro. L'abbé Rivolis lui sert de coadjuteur dans ses travaux apostoliques. Les Frères de la Charité se dévouent aussi à l'éducation des enfants pauvres. En 1843, ils avaient déjà deux écoles, où ils élèvent plusieurs centaines d'enfants, et d'une manière admirable.

Les Frères de la Charité sont les premiers qui ont porté publiquement, par toute l'Angleterre, l'habit ecclésiastique; ils le portent dehors comme chez eux, et partout ils le rencontrent en voyage le plus grand respect. Ils ont établi un couvent de religieuses de leur ordre à Lougboro. La pieuse baronne d'Arundell, sœur du dernier duc de Buckingham, et fille du duc de Buckingham, qui se distinguait par son hospitalité envers la famille royale de France pendant son premier exil en Angleterre, a contribué, par des sommes considérables, aux frais de cet établissement. Ces religieux ont encore une autre œuvre en main, c'est la fondation d'un collége et d'un noviciat de l'ordre. Leur provincial est l'abbé Pagani, prêtre du diocèse de Novarre, dans le Nord de l'Italie, où il était supérieur du séminaire. Auteur de plusieurs excellents ouvrages, il a renoncé à sa patrie pour se dévouer à la régénération spirituelle de l'Angleterre (*Du mouvement religieux en Angleterre*, c. 3).

Enfin, l'Angleterre catholique reçoit un puissant secours du sein même des Universités exclusivement protestantes d'Oxford et de Cambridge. Nous avons vu que, sur la population totale de la Grande-Bretagne, les catholiques comptent pour un tiers, les sectes dissidentes pour un tiers, les anglicans pour un tiers. Mais les anglicans ou partisans de l'Eglise gouvernementale se divisent encore en trois partis : ceux qui penchent vers les sectes dissidentes, ceux qui tiennent directement à l'église légale, ceux qui aspirent à l'unité catholique et la regrettent. Ce dernier parti a toujours eu plus ou moins d'adhérents depuis la Réforme. Mais depuis 1820, il a pris une influence prépondérante dans l'Université d'Oxford. L'occasion en fut un retour à l'estime et à l'étude de la Tradition, et un certain désir de voir l'Eglise indépendante du gouvernement temporel. Des réformes sérieuses furent proposées pour modifier la liturgie et la constitution de l'Eglise anglicane. En 1832, fut fondé un journal, *Magasin britannique*, pour discuter toutes ces questions et établir un lien de communication entre les membres du clergé. Peu de temps après, en décembre 1833, parut le premier numéro des *Traités pour le temps actuel*, série de publications traitant des questions de doctrine et de discipline ecclésiastique. Vers la même époque, le docteur Newman publia le premier volume de ses sermons, qui produisirent une vive impression dans le clergé, et fournirent un nouvel aliment à la controverse. Le même entreprit encore, dans le même sens de rénovation religieuse, une revue trimestrielle, sous le nom de *Critique britannique*. Les chefs de ce retour de l'esprit et du cœur vers le catholicisme, étaient ce même Newman et le docteur Pusey, professeur d'hébreu à la même Université d'Oxford. Le nom de ce dernier fut donné à tout le parti par les adversaires, pour faire croire que cela ne tenait qu'à un homme, tandis que c'était une tendance de plus en plus générale. De 1841 à 1846, il y eut jusqu'à soixante ministres anglicans ou membres des Universités anglaises qui se convertirent à l'Eglise catholique. Un des premiers fut M. Sibthorp, de l'Université d'Oxford, qui publia deux lettres pour exposer les motifs de sa conversion. MM. Ward, Oakeley, Faber, Morris, de la même Université, sont auteurs de plusieurs ouvrages. M. Newman lui-même, l'homme le plus recommandable et le plus estimé du clergé anglican, et pour ses lumières et pour sa vertu, fit son abjuration le 9 octobre 1845. Longtemps curé de Sainte-Marie d'Oxford, il avait donné sa démission, et vivait dans une maison de campagne, comme dans un monastère, avec plusieurs doctes amis, qui le précédèrent, l'accompagnèrent ou le suivirent dans son retour à l'Eglise. Il avait fait prier le provincial des Passionistes de venir le voir, avant de se rendre en Belgique. A son arrivée, M. Newman se prosterne à ses pieds, lui demande sa bénédiction, le prie de le confesser et de le recevoir dans l'Eglise de Jésus-Christ. A ce spectacle, des larmes de joie inondent le visage du saint religieux : il le reçoit parmi les enfants de l'Eglise, passe la nuit à entendre sa confession générale, le baptise sous condition, lui et deux de ses amis, et le lendemain, 10 octobre, les communie à sa messe. On les conduit de là dans une maison du voisinage, où le père, la mère et leurs deux filles demandent également à se confesser, et à être reçus dans l'Eglise : ce qui leur fut accordé sur-le-champ.

Les ouvrages de M. Newman sont : *L'Eglise des Pères* ; les *Ariens du quatrième siècle* ; la *Mission prophétique de l'Eglise* ; *De la justification* ; huit volumes de *Sermons* ; *Essai sur les miracles ecclésiastiques* ; une traduction des *Traités choisis de saint Athanase* ; le *Traité quatre-vingt-dixième* des *Traités pour le temps* ; l'*Histoire du développement de la doctrine chrétienne* ; plusieurs *Vies de saints*, faisant partie de la collection des *Vies des saints d'Angleterre*, et un grand nombre d'articles de revues et de brochures.

Plusieurs de ces doctes néophytes, n'étant pas mariés, sont devenus prêtres ou même religieux. De leur nombre est l'abbé Brown, qui s'occupe à traduire en anglais l'histoire que nous écrivons. M. Newman lui-même étant allé à Rome, est entré dans l'ordre des Passionistes, y a reçu la prêtrise, puis est retourné en Angleterre, pour en être l'apôtre à son tour. Telle était la vénération dont il jouissait parmi les anglicans, que tous l'ont regretté, et que pas un n'en a dit du mal. L'anglicanisme tout entier en a été profondément ému.

A ces renseignements sur l'Angleterre, nous n'ajouterons plus que deux faits. Nous avons vu le gouvernement anglais accorder à plusieurs colléges catholiques les privilèges des Universités de l'Etat, ce qui n'existe pour aucun établissement catholique en France. D'un autre côté, il est des îles de la mer qui, tant qu'elles ont appartenu à la France, n'ont pu avoir d'évêques, et qui en ont de catholiques depuis qu'elles appartiennent à l'Angleterre. D'après ces faits et d'autres, nous ne serions pas étonnés de voir, dans vingt ou trente ans, la nation anglaise devenir la première et la plus fervente des nations catholiques, et ravir cette antique gloire à la nation française.

Quant à la cause efficace et directe de ce mouvement religieux en Angleterre, écoutons l'évêque Wiseman, disant aux évêques de France, dans une lettre du mois d'octobre 1845 :

« L'Eglise catholique tout entière a appris avec allégresse qu'il se manifeste en Angleterre un nouvel esprit religieux ; que l'on ne peut s'empêcher de regarder comme une manifestation de ce même Esprit-Saint qui agita les eaux du chaos pour produire l'ordre et la lumière, et qui semble agiter aujourd'hui le sombre océan des erreurs humaines dans le but d'en tirer l'unité, la vérité et un monde nouveau de foi religieuse. Ce n'est pas seulement qu'il s'opère au milieu de nous des conversions plus nombreuses qu'autrefois, et parmi des personnes occupant dans la société des positions plus éminentes ; mais les vieux préjugés s'effacent ; on nous exprime des sentiments affectueux, et les esprits, en nombre plus considérable que jamais, se préoccupent du retour à l'unité et le désirent. Dans ce changement, le Tout-Puissant a eu soin de nous prémunir contre le danger de la présomption, en nous plaçant dans l'impossibilité de nous attribuer même la plus faible part du bien qui s'opère.

» Ce qui se passe en Angleterre ne saurait s'expliquer, ni par l'activité des catholiques, ni par les prédications de notre clergé, ni par les ouvrages de nos écrivains, ni par le zèle et la piété des fidèles. Ce n'est ni l'habileté, ni la prudence, ni la puissance, ni l'adresse, ni la sagesse de l'homme, qui ont, même d'une manière éloignée, concouru au développement de ce qui se fait autour de nous. Bien au contraire, il semble que toute intervention de notre part, ayant pour objet de hâter le dénouement désiré de ce grand mouvement, en aidant à venir à nous ceux qui se rapprochent de nos doctrines, ait eu pour résultat de retarder, plutôt que de seconder, les effets qui se produisent. Une impulsion spontanée de la grâce et une succession providentielle de circonstances sont les deux seuls moyens auxquels le maître des hommes et des choses ait eu recours pour produire les glorieux résultats dont nous sommes témoins (*Du mouvement religieux en Angleterre*). »

Il en est de la France comme de l'Angleterre. Depuis 1800 à 1848, l'Esprit de Dieu s'y est manifesté par bien des grâces, par bien des œuvres saintes. La principale de ces œuvres est l'association de prières et d'aumônes pour la Propagation de la foi chrétienne pour toute la terre ; association commencée vers l'an 1822 par d'humbles et pieuses ouvrières à Lyon, cité de saint Irénée et de sainte Blandine, et qui, de là, bénie par le chef de l'Eglise, étend ses ramifications chez toutes les nations catholiques, et ses fruits de salut chez toutes les nations infidèles. Dans les premiers siècles, nous avons vu la nation des Ibères convertie par une pieuse captive dont on ne sait pas le nom. Dans ces derniers siècles, des millions de païens et de sauvages devront à des ouvrières inconnues la civilisation chrétienne en ce monde, le bonheur éternel dans l'autre.

Mgr de Forbin-Janson, ancien évêque de Nancy, et forcé par une émeute de se retirer à Paris, y donna, en 1843, une sœur à l'*œuvre de la Propagation de la foi* : cette association nouvelle a pour objet d'arracher les enfants de la Chine au sort cruel que leur fait souvent la barbarie des familles. Tout enfant baptisé peut en faire partie ; mais une fois arrivé à l'âge de 21 ans, on ne peut continuer de lui appartenir qu'à la condition d'être en même temps membre de la Propagation de la foi. Les obligations se réduisent à l'aumône d'un sou par mois, et à la récitation d'un *Ave, Maria*, tous les jours ; l'œuvre a des *Annales* qui attestent ses immenses et consolants résultats : elle abrite les enfants infidèles pour les délivrer de la mort, et leur procure, après le baptême, les bienfaits d'une éducation chrétienne. Le souverain Pontife recommanda cette œuvre par un bref et lui donna un cardinal pour protecteur. Une œuvre de même esprit divin, c'est l'archiconfrérie en l'honneur du cœur de Marie, établie à Paris, dans l'église de Notre-Dame-des-Victoires, pour la conversion des pécheurs, avec des affiliations sans nombre : association de prières à laquelle Dieu ne cesse d'accorder des grâces infinies, souvent des conversions miraculeuses. Joignez-y la dévotion du mois de Marie, et l'adoration successivement perpétuelle dans toutes les paroisses d'un diocèse ; exercices de piété qui attirent merveilleusement les populations fidèles, surtout quand le prêtre sait leur parler le langage vivant de la foi et les initier à la vie surnaturelle de la grâce.

Généralement, parmi les fidèles de France, il y a une foi plus vive en Dieu et à son Eglise. Outre la grâce intérieure qui en est la cause principale, des grâces extérieures y ont aussi contribué. Ce sont les révolutions politiques dont nous avons été témoins depuis 1802, la chute de Napoléon, la chute des Bourbons, la chute des Orléans, et cela au moment où les uns et les autres paraissaient le mieux établis; tandis que l'Eglise de Dieu, que les uns et les autres voulaient rendre plus ou moins leur servante, est demeurée après eux, toujours la même, toujours ancienne et toujours nouvelle, régnant comme une bonne mère dans les esprits et dans les cœurs. Cette foi plus vive en Dieu et à son Eglise produit dans les fidèles de France, comme ailleurs, une vénération plus aimante, une soumission plus filiale envers le chef de cette Eglise, le vicaire de Jésus-Christ, notre Saint-Père le Pape. Nous avons vu Pie VI et Pie VII tracassés, persécutés par les gouvernements de France et d'Allemagne, mais vénérés, chéris par les populations de la France et d'Allemagne. Nous voyons le culte religieux des peuples envers le vicaire du Christ passer insensiblement dans le clergé des deux pays, depuis qu'il a le courage de ne plus s'asservir à certaines doctrines antiromaines des gouvernants temporels. Quelques écrivains catholiques y contribuèrent.

Nous avons vu l'empereur Napoléon cherchant tous les moyens de se passer du Pape pour avoir des évêques catholiques. En 1814, parut un ouvrage en trois volumes, où il est démontré que cela est impossible. L'ouvrage a pour titre : *Tradition de l'Eglise sur l'institution des évêques*. Il fut commencé en 1808 et terminé sur la fin de 1813, par deux frères, l'un prêtre, l'autre encore laïque. Voici comment, dans la préface, ils prouvent que la juridiction ecclésiastique a été donnée *immédiatement* à Pierre *seul*, pour la communiquer aux autres pasteurs.

« Considérons en premier lieu le passage de l'Evangile où se trouve, de l'aveu de tous les catholiques, l'institution de l'épiscopat. Pierre vient de confesser la divinité du Christ, et, pour récompense de sa foi, Jésus lui annonce qu'il sera le fondement de son Eglise : *Tu es heureux, Simon, fils de Jona, car la chair et le sang ne t'ont point révélé ces choses, mais mon Père qui est dans le ciel. Et moi je te dis : Tu es Pierre, et sur cette pierre je bâtirai mon Eglise.... Et je te donnerai les clés du royaume des cieux; et tout ce que tu lieras sur la terre sera lié dans le ciel, et tout ce que tu délieras sur la terre sera délié dans le ciel.* Remarquez la force singulière de ces paroles, *Et ego dico tibi : Je te dis à toi*, à toi seul, *je te donnerai les clés du royaume du ciel*. Le Sauveur fait manifestement allusion à un passage d'Isaïe (22, 22) où Dieu parle ainsi du personnage figuratif de son Fils : *Je mettrai sur son épaule la clé de la maison de David; il ouvrira, et nul ne pourra fermer ; il fermera, et nul ne pourra ouvrir*. Les clés, dans l'Ecriture, sont l'image et le symbole de la souveraineté. C'est donc toute sa puissance que Jésus-Christ remet à Pierre, sans exception ni limites. Il l'établit à sa place pour lier et délier; il le substitue, si on peut le dire, à tous ses droits; et celui qui disait de lui-même : *Tout pouvoir m'a été donné au ciel et sur la terre*, confie au prince des apôtres ce pouvoir infini, qui doit être, jusqu'à la fin des temps, la force et le salut de l'Eglise.

» Or, toute juridiction est une participation des clés qui n'ont été données qu'à Pierre seul; il est donc l'unique source de la juridiction. De la plénitude de sa puissance émane toute autorité spirituelle, comme nous l'apprenons des Pères, des Papes et des conciles.

» Tertullien, si près de la tradition apostolique, et, avant sa chute, si soigneux de la recueillir, écrivait dès le IIe siècle : « Le Seigneur a donné les clés à Pierre, et par lui à l'Eglise (*Scorpiac.*, c. 10). » Dira-t-on que c'est une exagération de Tertullien ? Convenez donc que toute l'Afrique exagère également, car voilà saint Optat qui répète : « Saint Pierre a reçu seul les clés du royaume des cieux pour les communiquer aux autres pasteurs (*Cont. Parm.*, l. 7, n. 3). » Et saint Cyprien avant lui, et après lui saint Augustin, ne s'expriment pas avec moins de force : « Notre Seigneur, dit le premier, en établissant l'honneur de l'épiscopat, dit à saint Pierre dans l'Evangile : *Vous êtes Pierre*, et *je vous donnerai les clés du royaume des cieux*, etc. C'est de là que, par suite des temps et des successions, découle l'ordination des évêques et la forme de l'Eglise, afin qu'elle soit établie sur les évêques (*Epist.* 33, vel. 27). » Saint Cyprien ignorait-il la dignité de l'épiscopat ? L'évêque d'Hippone en trahissait-il les droits, lorsqu'instruisant son peuple, et avec lui toute l'Eglise qui lit avec tant de vénération ses admirables discours, il disait : « Le Seigneur nous a confié ses brebis, parce qu'il les a confiées à Pierre (*Serm.* 296, n. 11). »

» Si de l'Afrique nous passons en Syrie, nous entendons saint Ephrem louer saint Basile « de ce qu'occupant la place de Pierre et participant également à son autorité et à sa liberté, il reprit avec une sainte hardiesse l'empereur Valens (*Opera S. Ephr.*, p. 725). » On le voit, l'autorité de cet illustre évêque n'était qu'une participation de celle de Pierre; il le représentait; *il tenait sa place*, dit saint Ephrem, au même sens que saint Gaudence de Bresce appelle saint Ambroise *le successeur de Pierre*, et que Gildas, surnommé le Sage, dit « que les mauvais évêques usurpent le Siège de Pierre avec des pieds immondes; » au même sens enfin que les évêques d'un concile de Paris déclarent n'être que les vicaires du prince des apôtres, *cujus vicem indigni gerimus*, et que Pierre de Blois écrit à un évêque : « Père, rappelez-vous que vous êtes le vicaire du bienheureux Pierre. »

» Saint Grégoire de Nysse, un si grand docteur, confesse en présence de tout l'Orient la même doctrine, sans qu'aucune réclamation s'élève : « Jésus-Christ, dit-il, a donné par Pierre aux évêques les clés du royaume céleste (*Op. S. Greg. Nyss.*, t. III, p. 314, édit. Paris). » Et il ne fait en cela que professer la foi du Saint-Siège, qui, par la bouche de saint Léon, prononce « que tout ce que Jésus-Christ a donné aux autres évêques, il le leur a donné par Pierre. » Et encore : « Le Seigneur a voulu que le ministère de la prédication appartînt à tous les apôtres; mais il l'a néanmoins principalement confié à saint Pierre, le prince des apôtres, afin que de lui, comme du chef, ses dons se répandissent dans tout le corps (*Opera S. Leonis*, édit. Ballerini, t. II, col. 16; *Serm. IV, in an. Assumpt.*; *Ibid.*, col. 633, *Epist. ad Episc. prov. Vien.*, c. 1). »

» Avant saint Léon, Innocent Ier écrivait aux évêques d'Afrique : « Vous n'ignorez pas ce qui est dû au Siége apostolique, d'où découle l'épiscopat et toute son autorité. » Et un peu plus loin : « Quand on agite des matières qui intéressent la foi, je pense que nos frères et coévêques ne doivent se référer qu'à Pierre, c'est-à-dire à l'auteur de leur nom et de leur dignité (Coustant, col. 888 et 896). » Et dans une autre lettre adressée à Victrice de Rouen : « Je commencerai avec le secours de l'apôtre saint Pierre, par qui l'apostolat et l'épiscopat ont pris leur commencement en Jésus-Christ (*Ibid.*, col. 747). »

» De siècle en siècle on entend la même voix sortir de toutes les églises. « Le Seigneur, en disant pour la troisième fois : *M'aimez-vous? paissez mes brebis*, a donné cette charge à vous premièrement, et ensuite par vous à toutes les églises répandues dans l'univers (Labbe, *Concil.*, t. IV, c. 1692). » Ainsi s'exprime Etienne de Larisse dans une requête à Boniface II. « Comment oserais-je, écrivait à saint Grégoire, Jean, évêque de Ravenne, comment oserais-je résister à ce Siége qui transmet ses droits à toute l'Eglise (*Opera S. Gregorii*, t. II, col. 668; *Inter epistol.*, l. 3, epist. 56)? » Citons encore saint Césaire d'Arles, qui écrivit au pape Symmaque : « Puisque l'épiscopat prend son origine dans la personne de l'apôtre saint Pierre, il faut que Votre Sainteté, par ses sages décisions, apprenne clairement aux Eglises particulières les règles qu'elles doivent observer (Labbe, t. IV, col. 1294). »

» Jusqu'au schisme d'Occident, on ne connut point d'autre doctrine en France ; mais, pour ne pas nous étendre à l'infini, nous ajouterons seulement aux passages qui précèdent les paroles d'un concile de Reims, dans la sentence qu'il porta contre les assassins de Foulques, archevêque de Reims : « Au nom de Dieu et par la vertu du Saint-Esprit, ainsi que par l'autorité divinement conférée aux évêques par le bienheureux Pierre, prince des apôtres, nous les séparons de la sainte Eglise (*Ibid.*, t. IX, col. 481, et *Trad. de l'Eglise sur l'instit. des évêques*, préface, p. 33-40). »

C'est ainsi que les deux frères auteurs établissent, dans leur préface, par l'autorité de l'Evangile et de la Tradition, que la juridiction spirituelle a été donnée immédiatement à Pierre seul, pour la communiquer aux autres pasteurs. Quant à la distribution des matières et au plan général de l'ouvrage, voici l'ordre qu'ils ont suivi.

La première partie commence par une histoire abrégée de l'établissement des patriarches. On fait voir qu'ils ont été tous institués par l'autorité de saint Pierre, et que leurs priviléges, parmi lesquels il faut compter le pouvoir de confirmer les évêques, n'étaient qu'une émanation de la primauté du Siége apostolique. On montre ensuite que les patriarches eux-mêmes ont toujours été confirmés par les Pontifes romains, à qui l'Eglise grecque, depuis son origine jusqu'au schisme qui la sépara de l'unité catholique, n'a pas cessé d'attribuer un droit suprême et inaliénable sur les ordinations.

La seconde et la troisième partie sont consacrées à prouver que la doctrine de l'Eglise d'Occident n'était pas différente en ce point de l'Eglise orientale. On explique en quel sens le Pape peut être appelé patriarche d'Occident, expression dont quelques-uns ont abusé pour tâcher d'ébranler les droits du souverain Pontife sur l'Eglise universelle. Après avoir répondu aux objections qu'on tire du sixième canon de Nicée et fixé le vrai sens de ce canon, on démontre que les métropolitains n'avaient d'autre autorité que celle qu'ils tenaient du Saint-Siége qui les avait établis, et dont ils étaient, à proprement parler, les vicaires : d'où il suit que, plus on relève et plus on étend leurs droits, plus aussi on étend et on relève ceux de la Chaire suréminente qui les leur avait conférés. Si on nie cette origine du pouvoir des métropolitains, on est accablé sous une multitude presque infinie de témoignages qui se succèdent sans interruption de siècle en siècle : si on l'avoue, il faut reconnaître que les Papes possédaient essentiellement les droits qu'ils communiquaient à d'autres évêques. A moins qu'affectant de ne voir dans cet acte qu'une prétention abusive, on ne se laisse emporter jusqu'à cet excès d'en nier la légitimité ; ce qui forcerait de soutenir que l'Eglise d'Occident, depuis le IVe siècle, n'a eu que de faux pasteurs : proposition si évidemment impie, qu'elle se détruit de soi-même ; l'énoncer c'est la réfuter.

L'histoire des conciles de Constance et de Bâle, de la Pragmatique sanction et du concile de Trente, prouve qu'en France même on n'a jamais mis en question le droit des Pontifes romains sur la confirmation des évêques ; droit que l'Eglise gallicane, fidèle aux principes dont elle avait hérités de ses saints fondateurs, s'est plu à proclamer jusque dans ces derniers temps, avec une fermeté et une constance aussi honorables pour elle que désespérantes pour les novateurs.

C'est ainsi que les auteurs eux-mêmes résument leur travail. Ils y réfutent vigoureusement tous les novateurs modernes, l'apostat Antoine de Dominis, les jansénistes Richer, Van Espen, Ellies Dupin, Tabaraud et autres.

Les deux frères, auteur du livre, sont nés à Saint-Malo, d'une famille de négociants et d'armateurs, anoblie sous Louis XV pour avoir nourri les pauvres du pays dans un temps de famine. L'aîné s'appelle Jean-Marie-Robert de Lamennais, le plus jeune porte le nom de Félicité. Ils avaient un ecclésiastique pour précepteur, lorsque la Révolution éclata ; l'ecclésiastique eut peur, et se réfugia en Angleterre. Les deux frères n'ayant ni précepteur ni collége pour continuer leurs études, entreprirent de les continuer eux-mêmes. L'aîné, qui avait treize ans, servit de professeur au plus jeune. Ils commencèrent le latin par Tacite, et le français par Malebranche : circonstance qui a pu influer beaucoup sur la tournure d'esprit du plus jeune. La guerre ayant éclaté subitement entre l'Angleterre et la France, leur père, en un seul jour, perdit onze vaisseaux marchands : il abandonna tous ses biens à ses créanciers. Ceux-ci s'en rapportèrent, pour la liquidation, au fils aîné, en lui disant que, s'il pouvait leur rendre la moitié ou seulement le tiers, ils lui feraient don du reste. Le fils paya intégralement les petits créanciers, et rendit quatre-vingt-cinq pour cent aux autres : il avait alors quinze ans. Ayant embrassé l'état ecclésiastique, il reçut les ordres mineurs et le sous-diaconat à Paris vers la fin de la Révolution et avant le rétablissement du culte, à peu près dans le même temps que son ami et compatriote Hyacinthe de Quélen, depuis archevêque de la capitale. Après le concordat, l'abbé Jean-Marie de Lamennais fut grand-vicaire de Saint-Brieuc, sous l'évêque Cafarelli. C'est là qu'il fit, en commun avec son frère, la *Tradition de l'Eglise sur l'institution des évêques*. Tous les deux étaient tombés malades de langueur, les médecins les déclaraient incurables. Alors les deux frères, sur la proposition de l'aîné, suivirent un régime de leur façon : se reposer, manger et boire ce qui pouvait leur donner des forces, prendre de l'exercice à cheval ; et de fait ils se rétablirent tous deux. Pendant leurs promenades de convalescence, ils s'entretenaient des maux de l'Eglise, des efforts que faisaient Napoléon et ses évêques de cour pour affaiblir l'autorité du Pape. Le plus jeune disait, comme d'inspiration : « Telle ne peut pas être la tradition de l'Eglise, il faut chercher dans les conciles et dans les Pères. » De retour à la maison, ils cherchaient dans les livres, et ils trouvaient qu'ils avaient bien deviné, et que depuis deux siècles les jansénistes et autres sectaires avaient prodigieusement altéré les faits et les doctrines. Et ils rédigeaient leurs découvertes, et ils en cachaient soigneusement les feuillets, de peur que la police de Bonaparte ne vînt mettre la main dessus. Depuis, le plus jeune des frères reçut la prêtrise, par déférence pour les conseils de son aîné et de l'excellent abbé Carron, auteur de beaucoup de bonnes œuvres et de bons livres. Les deux frères n'avaient qu'un cœur et qu'une âme, servir Dieu et son Eglise. Cette union a duré cinquante ans : alors le plus jeune s'est divisé d'avec son frère et d'avec lui-même ; mais espérons que Dieu le rendra à lui-même et à son frère.

L'abbé Jean-Marie de Lamennais a fondé en Bretagne la congrégation des *Frères de l'instruction chrétienne*, qui vont dans les plus petites paroisses, à deux ou même isolés, mais alors sous la condition de loger chez un ecclésiastique, qui devient leur supérieur local. Quand ils sont trois ou davantage, ils forment une communauté à part, et tiennent souvent des pensionnats pour les enfants de la classe moyenne, qui veulent se perfectionner dans leur état d'artisans ou d'artistes. Ces frères desservent presque toutes les petites écoles en Bretagne, ils en ont même en Afrique et dans les îles du Nouveau-Monde.

La Bretagne est une des provinces les mieux partagées pour l'éducation et l'édification chrétienne. Les petits enfants y sont élevés par des frères et des sœurs d'écoles : les jeunes gens de la classe moyenne peuvent apprendre un état dans les pensionnats des frères, et y rester jusqu'à l'âge de dix-huit ou vingt ans, à l'abri de la corruption du monde ; les jeunes gens d'une classe plus élevée peuvent faire leurs études dans des collèges tenus par des prêtres ; les personnes plus avancées en âge, peuvent faire des retraites spirituelles, plusieurs fois par an, dans une vingtaine de maisons établies à cet effet, comme nous l'avons déjà vu. Le clergé, comme le peuple, y est plein de foi. Nulle part on ne trouve une vénération plus générale ni plus religieuse pour le Saint-Siège. Tous les diocèses de Bretagne ont repris ou doivent reprendre l'office romain.

Mais nul écrivain n'a contribué plus puissamment à rendre cette tendance commune à toute la France, à toute l'Europe, à tout l'univers, qu'un homme du monde, le comte Joseph de Maistre, dans ses deux ouvrages *Du Pape* et *De l'Eglise gallicane*, qui en un sens n'en font qu'un. Le premier se partage en quatre livres : 1° Du Pape dans ses rapports avec l'Eglise catholique ; 2° Du Pape dans ses rapports avec les souverainetés temporelles ; 3° Du Pape dans ses rapports avec la civilisation et le bonheur des peuples ; 4° Du Pape dans ses rapports avec les églises nommées *schismatiques*. Dans le premier livre, il parle de l'infaillibilité ou de la suprématie doctrinale.

« L'*infaillibilité* dans l'ordre spirituel, dit-il, et la *souveraineté* dans l'ordre temporel, sont deux mots parfaitement synonymes. L'un et l'autre expriment cette haute puissance qui les domine toutes, dont toutes les autres dérivent; qui gouverne et n'est pas gouvernée, qui juge et n'est pas jugée. — Quand nous disons que l'*Eglise est infaillible*, nous ne demandons pour elle, il est essentiel de l'observer, aucun privilège particulier ; nous demandons seulement qu'elle jouisse du droit commun à toutes les souverainetés possibles, qui toutes agissent nécessairement comme infaillibles : car tout gouvernement est absolu ; et du moment où l'on peut lui résister sous prétexte d'erreur ou d'injustice, il n'existe plus. — La souveraineté a des formes différentes, sans doute. Elle ne parle pas à Constantinople comme à Londres ; mais quand elle a parlé de part et d'autre à sa manière, le *bill* est sans appel comme le *fetfa*. — Il en est de même de l'Eglise : d'une manière ou d'une autre, il faut qu'elle soit gouvernée comme toute autre association quelconque ; autrement, il n'y aurait plus d'agrégation, plus d'ensemble, plus d'unité. Ce gouvernement est donc de sa nature infaillible, c'est-à-dire *absolu*, autrement il ne gouvernera plus. — Il s'agit donc que de savoir où est la souveraineté dans l'Eglise ; car dès qu'elle sera reconnue, il ne sera plus permis d'appeler de ses décisions.

» Or, s'il y a quelque chose d'évident pour la raison autant que pour la foi, c'est que l'Eglise universelle est une monarchie. L'idée seule de l'*universalité* suppose cette forme de gouvernement, dont l'absolue nécessité repose sur la double raison du nombre des sujets et de l'étendue géographique de l'empire. — Aussi tous les écrivains catholiques et dignes de ce nom conviennent unanimement que le régime de l'Eglise est monarchique mais suffisamment tempéré d'aristocratie, pour qu'il soit le meilleur et le plus parfait des gouvernements. — Bellarmin l'entend ainsi, et il convient avec une candeur parfaite que le gouvernement monarchique tempéré vaut mieux que la monarchie pure. »

De Maistre fait à ce propos ces réflexions sur la forme républicaine : « Qu'est-ce qu'une république, dès qu'elle excède certaines dimensions ? C'est un pays plus ou moins vaste commandé par un certain nombre d'hommes qui se nomment la *république*. Mais toujours le gouvernement est UN ; car il n'y a pas et même il ne peut y avoir de république disséminée. — Ainsi, dans le temps de la république romaine, la souveraineté républicaine était dans le *forum* ; et les pays soumis, c'est-à-dire les deux tiers à peu près du monde connu, étaient une monarchie, dont le *forum* était l'absolu et impitoyable souverain. — Que si vous ôtez cet état dominateur, il ne reste plus de lien ni de gouvernement commun, et toute unité disparaît (*Du Pape*, c. 1). »

Quant à la définition et l'autorité des conciles, l'auteur conclut ainsi : « Les conciles œcuméniques ne sont et ne peuvent être que le *parlement ou les Etats généraux du christianisme rassemblés par l'autorité et sous la présidence du souverain*. — Partout où il y a un souverain, et dans le système catholique le souverain est incontestable, il ne peut y avoir d'assemblées nationales et légitimes sans lui. Dès qu'il a dit *veto*, l'assemblée est dissoute, ou sa force colégislatrice est suspendue; si elle s'obtine, il y a révolution. — Cette notion si simple, si incontestable, et qu'on n'ébranlera jamais, expose dans tout son jour l'immense ridicule de la question si débattue, *si le Pape est au-dessus du concile, ou le concile au-dessus?* Car c'est demander, en d'autres termes, *si le Pape est au-dessus du Pape, ou le concile au-dessus du concile?* — On peut dire néanmoins, dans un sens très-vrai, *que le concile universel est au-dessus du Pape*; car, comme il ne saurait y avoir de concile de ce genre sans Pape, si l'on veut dire que le Pape et l'épiscopat entier sont au-dessus du Pape, ou, en d'autres termes, que le Pape *seul* ne peut revenir sur un dogme décidé par lui et par les évêques réunis en concile général, le Pape et le bon sens en demeureront d'accord. — Mais que les évêques séparés de lui et en contradiction avec lui soient au-dessus de lui, c'est une proposition à laquelle on fait tout l'honneur possible en la traitant seulement d'extravagante. — Aussi un théologien français, le Père Thomassin, dit-il excellemment : « Ne nous battons plus pour savoir si le concile œcuménique et au-dessus ou au-dessous du Pape. Contentons-nous de savoir que le Pape au milieu du concile est au-dessus de lui-même, et que le concile *décapité de son chef* est au-dessous de lui-même (*Ibid.*, l. 1, c. 3). »

Joseph de Maistre fait voir par les témoignages catholiques des églises d'Occident et d'Orient, que la suprématie du souverain Pontife a été reconnue dans tous les temps. Parmi les témoignages qu'il cite, il y a plusieurs de ceux que nous avons vus plus haut dans la préface de la *Tradition de l'Eglise sur l'institution des évêques*. Il y ajoute les suivants :

Au IVe siècle, le pape Athanase appelle tous les peuples chrétiens *mes peuples*, et toutes les églises chrétiennes *des membres de mon propre corps* (Coustant, col. 739). Et quelques années après, le pape saint Célestin appelait ces mêmes églises *nos membres*. Le pape saint Jules écrit aux partisans d'Eusèbe : *Ignorez-vous que l'usage est qu'on nous écrive d'abord, et qu'on décide ici ce qui est juste* (*Ibid.*)? Et quelques évêques orientaux, injustement dépossédés, ayant recours à ce Pape qui les rétablit dans leurs sièges, ainsi que saint Athanase, l'historien (grec) qui rapporte ce fait observe *que le soin de toute l'Eglise appartient au Pape à cause de la dignité de son siége* (Sozomène, l. 3, c. 8). Vers le milieu du Ve siècle, saint Léon dit au concile de Chalcédoine, en lui rappelant sa lettre à Flavien : *Il ne s'agit plus de discuter audacieusement, mais de croire, ma lettre à Flavien, d'heureuse mémoire,* *ayant pleinement et très-clairement décidé tout ce qui est de foi sur le mystère de l'incarnation* (Coustant). Et Dioscore, patriarche d'Alexandrie, ayant été précédemment condamné par le Saint-Siége, les légats ne voulant point permettre que son siége au rang des évêques, en attendant le jugement du concile, déclarent aux commissaires de l'empereur que si *Dioscore ne sort pas de l'assemblée, ils en sortiront eux-mêmes* (Labbe). Parmi les six cents évêques qui entendirent la lecture de cette lettre, aucune voix ne réclama; et c'est de ce concile même que partent ces fameuses acclamations qui ont retenti dès lors dans toute l'Eglise : *Pierre a parlé par la bouche de Léon, Pierre est toujours vivant dans son siége*. Et dans ce même concile, Lucentius, légat du même Pape, disait : *On a osé tenir un concile sans l'autorité du Saint-Siége, ce qui* NE S'EST JAMAIS FAIT *et n'est pas permis*. C'est la répétition de ce que le pape Célestin disait peu de temps auparavant à ses légats partant pour le concile général d'Ephèse : « Si les opinions sont divisées, souvenez-vous que vous êtes là pour juger et non pour disputer : *Ad disputationem si ventum fuerit, vos de eorum sententiis judicare debetis, non subire certamen*. »

» Le Pape, comme on le sait, avait convoqué lui-même le concile de Chalcédoine au milieu du Ve siècle; et cependant le canon vingt-huitième ayant accordé la seconde place au siége patriarcal de Constantinople, saint Léon le rejeta. En vain l'empereur Marcien, l'impératrice Pulchérie et le patriarche Anatolius lui adressent sur ce point les plus vives instances; le Pape demeure inflexible. Il dit que le troisième canon du premier concile de Constantinople, qui avait attribué précédemment cette place au patriarche de Constantinople, n'avait jamais été envoyé au Saint-Siége. Il casse et déclare nul, *par l'autorité apostolique*, le vingt-huitième canon de Chalcédoine. Le patriarche se soumet et convient que le Pape était le maître. Le Pape lui-même avait convoqué précédemment le deuxième concile d'Ephèse, et cependant il l'annula en lui refusant son approbation.

» Au commencement du VIe siècle, l'évêque de Patare, en Lycie, disait à l'empereur Justinien : *Il peut y avoir plusieurs souverains sur la terre, mais il n'y a qu'un Pape sur toutes les églises de l'univers* (Liberat, *In breviar. de causâ Nestor. et Eutychet.* Paris, 1675, in-8°, c. 22, p. 775). Dans le VIIe siècle, saint Maxime écrit, dans un ouvrage contre les Monothélites : « Si Pyrrhus prétend n'être pas hérétique, qu'il ne perde point son temps à se disculper auprès d'une foule de gens : qu'il prouve son innocence au bienheureux Pape de la sainte Eglise romaine, c'est-à-dire au Siége apostolique, à qui appartient l'empire, l'autorité et la puissance de lier et de délier sur toutes les églises qui sont dans le monde EN TOUTES CHOSES ET EN TOUTES MANIÈRES (*Bibliotheca Patrum*, t. XI, p. 76). » Au milieu du même siècle, les évêques d'Afrique, réunis en concile, disaient au pape Théodore, dans une lettre synodale : « Nos lois antiques ont décidé que tout ce qui se fait, même dans les pays les plus éloignés, rien ne doit être examiné ni admis, avant que votre Siége illustre en ait pris connaissance : *Antiquis regulis sancitum est ut quidquid, quamvis in remotis vel in longinquis agatur provinciis, non priùs tractandum vel accipiendum sit, nisi ad notitiam almæ Sedis vestræ fuisset deductum.* » A la fin du même siècle, les Pères du sixième concile général (troisième de Constantinople) reçoivent, dans la quatrième session, la lettre du pape Agathon, qui dit au concile : « Jamais l'Eglise apostolique ne s'est écartée en rien du chemin de la vérité. Toute l'Eglise catholique, tous les conciles œcuméniques ont toujours embrassé sa doctrine comme celle du *prince des apôtres*. « Et les Pères répondent : *Oui, telle est la véritable règle de la foi; la religion est toujours demeurée inaltérable dans le Siége apostolique. Nous promettons de séparer à l'avenir de la communion catholique tous ceux qui ne seront pas d'accord avec cette Eglise.* — Le patriarche de Constantinople ajoute : *J'ai souscrit cette profession de foi de ma propre main.* Saint Théodore Studite disait au pape Léon III, au commencement du IXᵉ siècle : *Ils n'ont pas craint de tenir un concile hérétique de leur autorité, sans votre permission, tandis qu'ils ne pouvaient en tenir un, même orthodoxe, à votre insu,* SUIVANT L'ANCIENNE COUTUME (*Du Pape*, c. 6).

Après ces témoignages catholiques des Eglises d'Occident et d'Orient, Joseph de Maistre cite les témoignages particuliers de l'Eglise gallicane, même ceux des jansénistes, puis ceux des protestants, enfin ceux de l'Eglise russe, et par elle les témoignages de l'Eglise grecque dissidente. Quant à ceux des Russes, nous les avons déjà vus au livre 88ᵉ, § 10, t. XI de cette Histoire. Pour les témoignages des protestants, il ne sera pas inutile d'en représenter les principaux. Commençons, comme il est de toute justice, par Luther, qui a laissé tomber de sa plume ces paroles mémorables : « Je rends grâces à Jésus-Christ, de ce qu'il conserve sur la terre une Eglise unique par un grand miracle,... en sorte que jamais elle ne s'est éloignée de la vraie foi par aucun décret. — Il faut à l'Eglise, dit Mélanchthon, des conducteurs pour maintenir l'ordre, pour avoir l'œil sur ceux qui sont appelés au ministère ecclésiastique et sur la doctrine des prêtres, et pour exercer les jugements ecclésiastiques; de sorte que, s'il n'y avait point de tels évêques, IL EN FAUDRAIT FAIRE. LA MONARCHIE DU PAPE servirait aussi beaucoup à conserver entre plusieurs nations le consentement dans la doctrine. » Calvin lui succède : « Dieu, dit-il, a placé le trône de sa religion au centre du monde, et il y a placé un Pontife unique, vers lequel tous sont obligés de tourner les yeux pour se maintenir plus fortement dans l'unité. » Le docte Grotius prononce sans détour, « que, sans la primauté du Pape, il n'y aurait plus moyen de terminer les disputes et de fixer la foi. » Casaubon n'a pas fait difficulté d'avouer « qu'aux yeux de tout homme instruit dans l'histoire ecclésiastique, le Pape était l'instrument dont Dieu s'est servi pour conserver le dépôt de la foi dans toute son intégrité, pendant les siècles. » Suivant la remarque de Puffendorf, « il n'est pas permis de douter que l'Eglise ne soit monarchique et nécessairement monarchique, la démocratie et l'aristocratie se trouvant exclues par la nature même des choses, comme absolument incapables de maintenir l'ordre et l'unité au milieu de l'agitation des esprits et de la fureur des partis. » Il ajoute avec une sagesse remarquable : « La suppression de l'autorité du Pape a jeté dans le monde des germes infinis de discorde; car n'y ayant plus d'autorité souveraine pour terminer les disputes qui s'élevaient de toutes parts, on a vu les protestants se diviser entre eux, *et de leurs propres mains déchirer leurs entrailles* (*Du Pape*, c. 9).

Dans le livre second, *Du Pape dans son rapport avec les souverainetés temporelles*, Joseph de Maistre observe que, si l'on examine la conduite des Papes pendant la longue lutte qu'ils ont soutenue contre la puissance temporelle, on trouvera qu'ils se sont proposé trois buts, invariablement suivis avec toutes les forces dont ils ont pu disposer : 1º Inébranlable maintien des lois du mariage contre toutes les atteintes du libertinage tout-puissant; 2º Conservation des droits de l'Eglise et des mœurs sacerdotales; 3º Liberté de l'Italie. Après quoi l'auteur justifie ce pouvoir du Pape, en discutant les principaux faits qui s'y rapportent, et les principales objections que l'on fait.

Dans le troisième livre, *Du Pape dans son rapport avec la civilisation et le bonheur des peuples*, l'auteur traite les articles suivants : 1º Missions; 2º Liberté civile des hommes; 3º Institution du sacerdoce; célibat des prêtres; 4º Institution de la monarchie européenne; 5º Vie commune des princes; alliance secrète de la religion et de la souveraineté; 6º Observations particulières sur la Russie; 7º Autres observations particulières sur l'empire d'Orient. L'auteur s'exprime ainsi dans le résumé qu'il fait de ce livre : « La conscience éclairée et la bonne foi n'en sauraient plus douter; c'est le christianisme qui a formé la monarchie européenne, merveille trop peu admirée. Mais sans le Pape, il n'y a point de véritable christianisme; sans le Pape, l'institution divine perd sa puissance, son caractère divin et sa force convertissante; sans le Pape, ce n'est plus qu'un système, une croyance humaine, incapable d'entrer dans les cœurs et de les modifier pour rendre l'homme susceptible d'un plus haut degré de science, de morale et de civilisation. Toute souveraineté dont le doigt efficace du grand Pontife n'a pas touché le front demeurera toujours inférieure aux autres, tant dans la durée de ses règnes que dans le caractère de sa dignité et les formes de son gouvernement. Toute nation, même chrétienne, qui n'a pas assez senti l'action constituante (de ce Pontife), demeurera de même éternellement au-dessous des autres, toutes choses égales d'ailleurs; et toute nation séparée, après avoir reçu l'impression du sceau universel, sentira enfin qu'il lui manque quelque chose et sera ramenée tôt ou tard par la raison ou par le malheur (L. 3: Résumé et conclusion). »

Le livre quatrième, *Du Pape dans son rapport avec les églises nommées schismatiques*, est suivi d'une conclusion générale de tout l'ouvrage, dans laquelle se lisent ces paroles : « Tout semble démontrer que les Anglais sont destinés à donner le branle au grand mouvement religieux qui se prépare et qui sera une époque sacrée dans les fastes du genre humain. Pour arriver les premiers à la lumière parmi tous ceux qui l'ont abjurée, ils ont deux avantages inappréciables et dont ils se doutent peu; c'est que, par la plus heureuse des contradictions, leur système religieux se trouve à la fois, en le plus évidemment faux, et le plus évidemment près de la vérité. — Pour savoir que la religion anglicane est fausse, il n'est besoin ni de recherches, ni d'argumentation. Elle est jugée par intuition ; elle est fausse comme le soleil est lumineux. Il suffit de regarder. *La hiérarchie anglicane est isolée dans le christianisme ; elle est donc nulle.* Il n'y a rien de sensé à répliquer à cette simple observation. Son épiscopat est également rejeté par l'Eglise catholique et par la protestante; mais s'il n'est ni catholique ni protestant, qu'est-il donc? Rien. C'est un établissement civil et local, diamétralement opposé à l'universalité, signe exclusif de la vérité. Ou cette religion est fausse, ou Dieu s'est incarné pour les Anglais ; entre ces deux propositions, il n'y a point de milieu. — Mais si, dans tout ce qu'il renferme de faux, il n'y a rien de si évidemment faux que le système anglican, en revanche, et par combien de côtés ne se recommande-t-il pas à nous comme le plus voisin de la vérité? Retenus par les mains de trois souverains terribles qui goûtaient peu les exagérations populaires, et retenus aussi, c'est un devoir de l'observer, par un bon sens supérieur, les Anglais purent, dans le XVIe siècle, résister jusqu'à un point remarquable au torrent qui entraînait les autres nations, et conserver plusieurs éléments catholiques. De là, cette physionomie ambiguë qui distingue l'Eglise anglicane, et que tant d'écrivains ont fait observer. « Elle n'est pas sans doute l'épouse légitime, disait le poète Dryden, mais c'est la maîtresse d'un roi ; et, quoique fille évidente de Calvin, elle n'a point la mine effrontée de ses sœurs. Levant la tête d'un air majestueux, elle prononce assez distinctement les noms de *Pères*, de *conciles*, de *chef de l'Eglise* : sa main porte la crosse avec aisance ; elle parle sérieusement de sa noblesse ; et sous le masque d'une mitre isolée et rebelle, elle a su conserver on ne sait quel reste de grâce antique, vénérable débris d'une dignité qui n'est plus. »

Après cette citation du poète, le comte de Maistre s'écrie : « Nobles Anglais! vous fûtes jadis les premiers ennemis de l'unité; c'est à vous aujourd'hui qu'est dévolu l'honneur de la ramener en Europe. L'erreur n'y lève la tête que parce que nos deux langues sont ennemies; si elles viennent à s'allier sur le premier des objets, rien ne leur résistera. Il ne s'agit que de saisir l'heureuse occasion que la politique vous présente dans ce moment. Un seul acte de justice, et le temps se chargera du reste. »

Comme nous avons vu, les nobles Anglais ont entendu l'invitation du noble comte de Maistre. Puisse une autre classe d'hommes entendre de même l'invitation que lui adresse le même auteur, dans son ouvrage *De l'Eglise gallicane*, qui fait suite au précédent, et en formait d'abord le cinquième livre.

Dès la préface de l'ouvrage *Du Pape*, l'auteur avait dit : « Quoique dans le cours entier de mon ouvrage je me sois attaché, autant qu'il m'a été possible, aux idées générales, néanmoins on s'apercevra aisément que je me suis particulièrement occupé de la France. Avant qu'elle ait bien connu ses erreurs, il n'y a pas de salut pour elle ; mais si elle est encore aveugle sur ce point, l'Europe l'est peut-être davantage sur ce qu'elle doit attendre de la France. — Il y a des nations privilégiées qui ont une mission dans ce monde. J'ai tâché déjà d'expliquer celle de la France, qui me paraît aussi visible que le soleil. Il y a dans le gouvernement naturel et dans les idées nationales du peuple français, je ne sais quel élément théocratique et religieux qui se retrouve toujours. Le Français a besoin de la religion plus que tout autre homme; s'il en manque, il n'est pas seulement affaibli, il est mutilé. »

Dans la préface *De l'Eglise gallicane*, on lit ces autres paroles : « L'auteur a dit au clergé de France : *On a besoin de vous pour ce qui se prépare.* Jamais on ne lui adressa un compliment plus flatteur : c'est à lui d'y réfléchir. — Mais comme c'est une loi générale que l'homme n'arrive à rien de grand sans peines et sans sacrifices, et comme cette loi se déploie, surtout dans le cercle religieux, avec une magnifique sévérité, le sacerdoce français ne doit pas se flatter d'être mis à la tête de l'œuvre qui s'avance, sans qu'il lui en coûte rien. Le sacrifice de certains préjugés favoris, sucés avec le lait et devenus nature, est difficile sans doute et même douloureux; cependant il n'y a pas à balancer : une grande récompense appelle un grand courage. »

L'ouvrage *De l'Eglise gallicane* est en deux livres. Dans le premier on traite de l'esprit d'opposition nourri en France contre le Saint-Siège, et de ses causes. Ces causes sont le calvinisme des parlements, puis le jansénisme, qui n'est qu'un calvinisme déguisé. Dans le second livre, l'auteur expose et discute le système gallican, la Déclaration de 1682, l'affaire de la régale, les libertés de l'Eglise gallicane et les questions accessoires, avec l'érudition, la sagacité, la profondeur d'un véritable homme de génie. Ces deux ouvrages ont fait une immense impression sur les lecteurs français, et changé bien des idées. Nous en avons fondu la substance dans cette Histoire. Dans le dernier chapitre, le comte de Maistre s'adresse au clergé français, et lui dit entre autres choses :

« Le clergé de France, qui a donné au monde, pendant la tempête révolutionnaire, un spectacle si admirable, ne peut ajouter à sa gloire qu'en renonçant hautement à des erreurs fatales qui l'avaient placé si fort au-dessous de lui-même. Dispersé par une tourmente affreuse sur tous les points du globe, partout il a conquis l'estime et souvent l'admiration des peuples. Aucune gloire ne lui a manqué, pas même la palme des martyrs. L'histoire de l'Eglise n'a rien d'aussi magnifique que le massacre des Carmes, et combien d'autres victimes se sont placées à côté de celles de ce jour horriblement fameux? Supérieur aux insultes, à la pauvreté, à l'exil, aux tourments et aux échafauds, il courut le dernier danger lorsque, sous la main du plus habile persécuteur, il se vit *exposé aux antichambres*; supplice à peu près semblable à celui dont les barbares proconsuls, du haut de leurs tribunaux, menaçaient quelquefois les vierges chrétiennes. — Mais alors Dieu nous apparut, et le sauva.

» Que manque-t-il à tant de gloire? Une victoire sur le préjugé. Pendant longtemps peut-être, le clergé français sera privé de cet éclat extérieur qu'il tenait de quelques circonstances heureuses, et qui le trompait sur lui-même. Aujourd'hui il ne peut maintenir son rang que par la pureté et par l'austérité des maximes. Tant que la grande pierre d'achoppement subsistera dans l'Eglise, il n'aura rien fait, et bientôt il sentira que la sève nourricière n'arrive plus du tronc jusqu'à lui. Que si quelque autorité, aveugle héritière d'un aveuglement ancien, osait encore lui demander un serment à la fois ridicule et coupable, qu'il réponde par les paroles que lui dictait Bossuet vivant : *Non possumus, non possumus* (Sermon sur l'*Unité*, 1er point, vers la fin)! Et le clergé peut être sûr qu'à l'aspect de son attitude intrépide, personne n'osera le pousser à bout. Alors de nouveaux rayons environneront sa tête, et le grand œuvre commencera par lui. »

Ces dispositions que le comte de Maistre souhaitait au clergé de France, en 1820, nous croyons qu'il les a aujourd'hui, 1848; mais alors il s'en fallait encore de beaucoup; car après les paroles citées, l'auteur ajoute :

« Mais pendant que je trace ces lignes, une idée importune m'assiége et me tourmente. Je lis ces mots dans l'*Histoire de Bossuet* : *L'assemblée de 1682 est l'époque la plus mémorable de l'histoire de l'Eglise gallicane, c'est celle où elle a jeté le plus grand éclat; les principes qu'elle a consacrés ont mis le sceau à cette longue suite de services que l'Eglise de France a rendus à la France.* Et cette même époque, reprend le comte de Maistre, est à mes yeux le plus grand anathème qui pesait sur le sacerdoce français, l'acte le plus coupable après le schisme formel, la source féconde des plus grands maux de l'Eglise, la cause de l'affaiblissement visible et graduel de ce grand corps, un mélange fatal et inique peut-être d'orgueil et d'inconsidération, d'audace et de faiblesse; enfin, l'exemple le plus funeste qui ait été donné dans le monde catholique aux peuples et aux rois. »

L'auteur de l'*Histoire de Bossuet*, ainsi que celle de Fénelon, est Louis-François DE BAUSSET, né à Pondichéry en 1748, évêque d'Alais en Languedoc au commencement de la Révolution française, démissionnaire de ce siége en 1801, à la demande de Pie VII; nommé cardinal en 1817, à la demande de Louis XVIII, enfin mort en 1824. Ce qui le distingue comme écrivain, c'est une heureuse facilité de style.

Son contemporain et collègue, CÉSAR-GUILLAUME DE LA LUZERNE, né à Paris en 1738, évêque de Langres en 1770, démissionnaire en 1801, nommé au même siége en 1817, cardinal en la même année, mort en 1821, est auteur d'un grand nombre de dissertations, dont le caractère le plus saillant est d'être en grand nombre. Ses *Instructions sur le rituel* ont donné lieu à des critiques assez graves sur la doctrine. *L'Ami de la religion*, 17 et 31 janvier 1818, y signale plusieurs décisions ou propositions contraires à la doctrine de l'Eglise romaine. « A la page 582, dit-il, le prélat expose les diverses opinions sur le ministre, sur la forme et la matière du sacrement de mariage; et, après avoir fait connaître les deux sentiments entre lesquels se partage l'école, il ajoute : *Il s'est formé un troisième sentiment qui acquiert, depuis quelque temps, beaucoup de partisans dans les écoles. Selon les théologiens qui le soutiennent, le sacrement est essentiellement distingué du contrat civil : c'est un rite sacré qui sanctifie, qui bénit le contrat, mais qui en est différent. La matière de ce rite sacramentel est l'imposition des mains, et la forme est la bénédiction du prêtre.* M. le cardinal de la Luzerne, reprend le rédacteur du journal, fait trop d'honneur à ce système, qui n'a été imaginé que par les ennemis de l'Eglise pour lui refuser le pouvoir d'établir des empêchements dirimants. Le premier qui l'ait développé est l'avocat Léridant, dans son *Examen de deux questions sur le mariage*; il a été suivi par (le janséniste) Maultrot, et dernièrement par (le janséniste) Tabaraud, qui n'ont pas manqué de vanter cette explication comme un principe lumineux, capable de dissiper les ténèbres répandues par les scholastiques sur cette matière. Le savant et pieux cardinal Gerdil, après avoir exposé ce système, s'exprime ainsi : *A ce système monstrueux et hérétique, nous nous proposons d'opposer l'enseignement constant de l'Eglise, tel qu'il se tire de l'Ecriture et de la Tradition, et tel que l'adoptent d'un commun consentement toutes les écoles catholiques.* L'autorité et la réputation du cardinal Gerdil nous dispensent de recourir à d'autres témoignages. »

C'est ainsi que M. Picot, un laïque, avertit un évêque et cardinal français de ne pas favoriser *un système monstrueux et hérétique*, opposé à l'enseignement constant de l'Eglise. Et cet avertissement pouvait s'adresser à d'autres Français, qui ne tenaient pas plus à cœur que M. de la Luzerne de connaître et de suivre les doctrines de l'Eglise romaine.

Le journaliste continue : « Dans la même page 582, M. le cardinal dit : *La bénédiction nuptiale est essentielle à la validité du mariage.* Le concile de Trente ordonne la bénédiction, il est vrai, mais non sous peine de nullité, son décret sur la réformation du mariage n'exige que la présence du propre prêtre. Les lois civiles de France avaient suivi la décision du concile, mais n'allaient pas plus loin, et il a été décidé plusieurs fois à Rome que la bénédiction n'était pas essentielle à la validité.

» Le pouvoir de l'Eglise, par rapport aux empêchements, n'est pas expliqué dans les *Instructions* d'une manière bien exacte et bien claire. L'auteur semble, page 586, n'attribuer à l'Eglise que le pouvoir sur le sacrement, ce qui serait contraire au concile de Trente, qui annule le contrat même, et à la bulle *Auctorem fidei*, prop. 59. Il est vrai que le prélat, page 615, accorde à l'Eglise le pouvoir d'établir les empêchements dirimants, et par la manière dont il explique, page 613, la nature de l'empêchement dirimant, on voit qu'il annule même le contrat. Néanmoins il semble le nier ailleurs, ou du moins faire dépendre le pouvoir de l'Eglise sur le contrat, de l'admission du prince, du moins si on s'en tient à ce qu'il dit page 589 (*Ami de la religion*, t. XIV, p. 309). »

Dans son numéro du 31 janvier 1818, le journaliste signale un autre point bien grave, où le cardinal de la Luzerne, s'écarte de la doctrine de saint Paul, de l'enseignement formel et de la pratique constante de l'Eglise romaine, pour embrasser le sentiment nouveau du parlement de Paris et des jansénistes : il s'agit de la dissolubilité du mariage d'un infidèle converti. « D'après un passage de saint Paul, on a cru que si la partie infidèle voulait se séparer, la partie chrétienne devenait libre, et qu'elles pouvaient l'une et l'autre convoler à d'autres mariages. Le grand nombre des théologiens a cru, pendant longtemps, que saint Paul autorisait un véritable divorce. Ils ont été entraînés dans ce sentiment par une décrétale du pape Innocent III, lequel avait été engagé lui-même par un canon du décret de Gratien. Cette question a été éclaircie assez récemment dans une cause célèbre (celle du juif Borach Lévi, de Metz). Le principe de l'erreur dans laquelle sont tombés beaucoup de théologiens ayant été développé, un arrêt (du parlement de Paris) du 2 janvier 1758, a jugé que la conversion d'un infidèle et le refus fait par sa femme de se réunir à lui ne rompaient point le nœud conjugal, et ne pouvaient opérer qu'une séparation d'habitation.

« Ainsi, reprend le journaliste, dans une question où se trouvent, d'un côté saint Paul, Innocent III et le grand nombre de théologiens, et de l'autre côté le parlement de Paris, c'est celui-ci qui a raison, et son *jugement*, appuyé de l'autorité de quelques avocats, l'emporte sur les autorités contraires. J'avoue que cette décision m'étonne sous la plume d'un évêque si judicieux et si éclairé, et dans des *Instructions sur le rituel*. M. de la Luzerne ne peut ignorer quel était le sentiment de Benoît XIV sur la même question. Ce Pape si savant l'a traitée en plusieurs endroits de son Bullaire. Nous y trouvons un bref, du 16 janvier 1745, adressé à son nonce à Venise, dans lequel il l'autorise à remarier les Juifs, Turcs et autres infidèles reçus dans l'hospice des catéchumènes à Venise, lorsqu'ils se seraient convertis, si l'épouse infidèle ne pouvait se réunir à eux. Dans un autre bref, du 28 février 1747, adressé à l'archevêque de Tarse, vice-gérant de Rome, le même Pontife déclare, comme une chose notoire, que si la femme d'un juif refuse le baptême, le mariage contracté pendant le judaïsme est tout à fait dissous. Il cite à ce sujet saint Paul et les décrétales, et dit que la dissolution du mariage se fait au moment où le juif converti passe à d'autres noces, comme il l'a prouvé par une longue dissertation, dans une cause proposée le 27 juillet 1726, lorsqu'il était secrétaire de la congrégation du concile. Dans une bulle du 16 septembre 1747, qui commence par ses mots : *Apostolici muneris*, le même Pape trace la marche que doit suivre un juif converti dont la femme ne veut pas habiter avec lui ; ce n'est qu'après l'avoir interpellée de revenir qu'il pourra contracter un nouveau mariage, et il déclare que ce qu'il vient de dire d'un juif à l'égard d'une juive, est applicable à la femme à l'égard de son mari. Enfin, dans un bref du 9 février 1749, adressé au cardinal-duc d'York, le savant Pontife ordonne de remarier un juif converti dont la femme, née protestante, allait faire abjuration, et dit que l'empêchement de la disparité de culte, quoiqu'il n'ait pas été proprement établi par un canon exprès, est regardé néanmoins comme tel par l'usage et la pratique constante de l'Eglise, qui a force de loi. Tel était donc le sentiment de Benoît XIV, et les connaissances du théologien et du canoniste ne laissaient pas que d'ajouter, dans cette occasion, à l'autorité du Pontife (*Ami de la religion*, t. XIV, p. 371). » Ainsi parle le journaliste catholique Picot.

Au surplus, depuis l'année 1682, où trente-six évêques de cour, pour se venger du Pape qui les avait rappelés à leurs devoirs, s'assemblèrent *par ordre du roi* et mirent en latin quatre propositions *odieuses* du ministre Colbert, afin de rabaisser l'autorité du Pontife romain dans le sens des parlements et des jansénistes ; depuis cette époque, on voit en France plus d'un évêque, plus d'un prêtre, plus d'un théologien, se faisant comme une gloire de laisser de côté, d'ignorer même les doctrines du Saint-Siège, et de leur préférer les hétérodoxies du jansénisme, non-seulement sur des questions particulières, mais sur les fondements de la philosophie et de la théologie, de la raison et de la révélation. Le fond du jansénisme, nous l'avons vu, se réduit à confondre, dans le premier homme, la nature et la grâce, la raison et la révélation ; en sorte que, dans le premier homme, il n'y avait point de fin proprement surnaturelle nommée la *gloire*, ni de moyen proprement surnaturel nommé la *grâce* ; mais une fin et des moyens purement naturels à l'homme primitif ; et que dans l'homme déchu et réparé, la grâce n'est que la restauration de la nature, et la révélation que la restauration de la raison naturelle. Or, à plusieurs reprises, l'Eglise de Dieu a condamné cette confusion hérétique, et dans Baïus, et dans Jansénius, et dans Quesnel ; à plusieurs reprises, l'Eglise a rappelé et confirmé la distinction essentielle entre la nature et la grâce, si clairement enseignée par saint Thomas, et d'ailleurs conséquence évidente de la distance infinie qu'il y a entre Dieu et l'homme. La *gloire* consiste à voir Dieu en lui-même, chose naturellement impossible à l'homme et même à toute créature possible : donc la gloire est une fin essentiellement surnaturelle à l'homme ; donc la grâce proprement dite, qui est le moyen pour arriver à cette fin, est un moyen, un don essentiellement surnaturel à l'homme dans tout état de nature. Cependant, il y a très-peu d'auteurs modernes, même parmi les apologistes du christianisme, qui rappellent et exposent nettement cette distinction fondamentale ; plusieurs ramènent plus ou moins la confusion janséniste, sans peut-être s'en douter : ce qui répand du vague, du louche, de l'incohérence dans le fond même de leurs apologies, ce qui rend à peu près impossible qu'on parvienne à bien s'entendre de part et d'autre. Cet inconvénient se trouve entre autres dans les dissertations apologétiques de M. de la Luzerne. Nulle part on n'y trouve nettement exposée cette distinction fondamentale de l'Eglise entre la nature et la grâce, et par suite entre la raison et la révélation proprement dite, qui est la manifestation de l'ordre surnaturel. Il y a même tel de ses ouvrages, *Eclaircissements sur l'amour pur de Dieu*, où il semble admettre formellement la confusion janséniste de la nature et de la grâce. Cet inconvénient se trouve même, jusqu'à un certain point, dans les conférences, d'ailleurs fort utiles, de l'abbé Frayssinous, depuis évêque *in partibus infidelium*, et ministre du roi Charles X. Un autre inconvénient, commun aux deux écrivains, c'est que parmi leurs nombreuses conférences ou dissertations contre les incrédules, les athées, les matérialistes, les protestants, ils en ont aussi contre ce qu'ils appellent les prétentions de la cour romaine : la Luzerne, sa *Dissertation sur la Déclaration du clergé de France en 1682* ; Frayssinous, son *Essai sur les vrais princi-*

pes de l'Eglise gallicane. Tout cela fait que l'ensemble de leurs ouvrages n'est pas tout à fait propre ni à donner aux esprits une idée nette et complète de la religion véritable, ni à inspirer aux cœurs un grand amour de Dieu et de son Eglise.

Ces nouveautés gallicanes, plus ou moins antiromaines, ne se concentraient point dans les livres; elles avaient une influence plus ou moins fâcheuse sur la marche du gouvernement français vis-à-vis de l'Eglise et de son chef. Nous avons vu des évêques de cour aider Napoléon à circonvenir le pape Pie VII, à lui tendre des pièges, à lasser sa patience de manière à lui faire commettre quelque faiblesse déshonorante. Les évêques courtisans des Bourbons suivirent les mêmes errements. Louis XVIII, qui comptait les années de son exil comme des années de règne, persistait à voir dans le concordat une brèche faite à ses droits. Les évêques qui, en 1801, avaient refusé leur démission au Pape, dans l'intérêt du roi pensaient de même. Une commission d'évêques et d'ecclésiastiques fut établie en 1814, pour aviser aux moyens de replacer l'Eglise de France sur ses anciennes bases. Cortois de Pressigny, ancien évêque de Saint-Malo, fut envoyé à Rome pour négocier cette affaire. Pie VII demanda que Louis XVIII indiquât les sièges dont il désirait le rétablissement. Mais le point essentiel pour le roi et ses évêques de cour, était d'amener le Pape à déclarer nul le concordat de 1801. Une commission plus nombreuse d'évêques et de prêtres travaillait à Paris dans ce sens, lorsque Napoléon revint de l'île d'Elbe et força les Bourbons à émigrer de nouveau.

A la suite de l'interrègne, l'ambassadeur français à Rome, Cortois de Pressigny, écrivait au vénérable d'Aviau, archevêque de Bordeaux, que, dans la principale affaire, on était encore au premier pas. L'archevêque lui répondit dans une lettre du 28 octobre 1815 : « Vous me dites, avec un excès de modestie, que vous aimeriez à vous aider de mes conseils... Et qui suis-je, pour en donner à un prélat connu depuis longtemps par des lumières que l'expérience a nécessairement accrues? Mais si le chef suprême hiérarchique, dont le moindre droit est celui de nous en donner à tous, nous en donne en effet; s'il vient même à commander, se montre-t-on chez nous assez docile? Convenons de bonne foi : en général, nous avons là-dessus des reproches à nous faire. N'y eût-il que cette trop fameuse Déclaration de 1682! Depuis plus de cent trente ans, douze Papes consécutifs ne cessent de l'improuver, et depuis cent trente ans on oppose à l'autorité pontificale des déclarations, des réquisitoires et des arrêts. A la vérité, on avertit et répète, de temps en temps, qu'il ne faut pas confondre le Pape avec la cour de Rome. De même, quand les autres nations catholiques se montrent étonnées de nos prétentions et s'élèvent contre, le reproche d'ultramontain répond à tout. Où en sommes-nous, si, avec quelques phrases, on peut rendre à peu près nulle l'action des successeurs de saint Pierre, sur qui Jésus-Christ a bâti son Eglise, le chargeant d'enseigner et de gouverner? Je me désole avec vous, monseigneur, de ce que *dans la principale affaire nous en sommes encore au premier pas.* Mais les obstacles, qui vous arrêtent et vous fatiguent à Rome, ne viennent-ils point la plupart de Paris? On vous en renvoyait des *instructions*, lorsque tout a été arrêté par les malheureux événements... Hélas! que n'envoyait-on plutôt un *acquiescement filial* à ce qui serait décidé par celui à qui appartiennent, et de droit divin, ces hautes décisions? On eût été moins distrait sur l'île d'Elbe et sur la trame infernale des malheureux événements. Les prélats italiens, dites-vous, jettent au travers de leurs longues circonlocutions des attaques sur les *opinions gallicanes.* Je présume qu'ils étendent et allongent leurs circonlocutions dans l'espoir qu'on abandonnera des systèmes dont une grande partie me semble peu digne d'être comptée désormais parmi les *opinions.* Et fallût-il des sacrifices de ce genre, devrions-nous calculer et les trouver coûteux, dès lors qu'il s'agit d'arrêter l'effroyable dépérissement de nos églises? Dès à présent, combien ce rapprochement marqué et cordial donnerait de consolation aux vrais fidèles! Sans être prophète ni enfant de prophète, j'oserais même en attendre des bénédictions spéciales pour l'ordre civil et politique, qu'on ne voit pas sans inquiétude se rétablir lentement et péniblement sous un si bon roi. »

Ainsi parlait le saint archevêque de Bordeaux; mais tous les évêques ne lui ressemblaient pas. L'abbé de Salamon, évêque d'Orthosie *in partibus*, nommé auditeur de rote par Louis XVIII, mais non agréé par le Pape, mort enfin évêque de Saint-Flour en 1829, écrivait de Rome même, sur un tout autre ton, le 8 mars 1815, au grand-aumônier de France, Talleyrand-Périgord, archevêque non démissionnaire de Reims. Cette lettre, publiée par le *Journal de Paris* le 29 mars 1815, reproduite en novembre de la même année par *la Politique chrétienne* qui la donne comme authentique et vraie dans toutes ses parties, fut insérée le 10 janvier 1816 dans l'*Ami de la religion*, qui en suspecte l'authenticité, par la raison qu'elle est plus digne d'un ministre de Bonaparte que d'un évêque. Mais comme cet évêque, quoique provoqué par cet article du journal, n'a point désavoué la lettre durant les treize ans qu'il vécut encore, on est bien en droit, avec *la Politique chrétienne*, de la regarder comme authentique et vraie dans toutes ses parties. L'évêque d'Orthosie, plus tard de Saint-Flour, dit donc dans cette missive que le premier principe de la négociation avec Rome doit être de regarder comme non avenu le concordat de 1801 et de rétablir l'ancienne circonscription des diocèses. « *Il s'agit que le roi conserve les droits de sa couronne...* Si on était inébranlable sur le projet que j'avais indiqué, et dans lequel je persiste, on obtiendrait. Avec cette cour, il faut avoir de la ténacité, de la fermeté. On n'a jamais mis en avant une chose qui les ferait trembler : c'est que le concordat de 1801 ayant été fait sans le roi, il ne peut le lier en aucune manière; car pour qu'un acte lie, il faut qu'il ait été consenti par toutes les parties intéressées : or, le roi est furieusement intéressé à ce que son ancienne église, si renommée, si belle, si illustre, ne fût pas bouleversée. Le roi a beau jeu à s'en tenir à son avis : son droit est incontestable. Le Pape a accordé tout au dernier gouvernement, tout ce qu'il a demandé, parce qu'il a dit : *Je veux*, et a été invariable dans ses demandes. Nous avons négocié, voilà notre tort. Il fallait dire au Pape : *Je ne veux que le concordat* fait avec mes ancêtres et vos prédécesseurs ; et je n'en veux pas d'autre, je n'en reconnais point d'autre, ou il n'y en aura point comme auparavant, et je vais assembler le clergé de mon royaume pour aviser aux moyens à prendre. Une pareille détermination ferme les aurait fait trembler ; ils seraient à vos genoux, et vous êtes aux leurs..... Je connais cette cour, je connais les Romains ; il faut parler ainsi ; mais plusieurs me l'ont dit, vous ne finissez rien, parce que vous ne voulez pas ; vous ne demandez pas avec énergie. Voilà ce que des gens bien pensants m'ont dit. Oui, monseigneur, l'insouciance, l'irréligion ont gagné ce pays-ci. On ne pense qu'au temporel. » Tels étaient les conseils violents que l'évêque d'Orthosie envoyait de Rome à Paris le 8 mars 1815. A Paris, on n'eut pas le temps de les suivre, peut-être grâce à Bonaparte, qui revint alors de l'île d'Elbe.

On peut croire cependant que la bonne volonté n'eût pas manqué, si la chose eût été possible. Jusqu'alors, les évêques de cour avaient refusé au Pape la démission de leurs sièges. Le 12 novembre 1815, Louis XVIII leur manda que, ce refus paraissait s'opposer à l'heureuse issue des négociations, il les engageait à lever cet obstacle. Sept d'entre eux, qui se trouvaient à Paris, lui adressèrent, le 15 novembre, une formule de décision où il était marqué que cet acte devait rester entre les mains du roi jusqu'au résultat de la négociation. Ceux de leurs collègues qui étaient demeurés à Londres envoyèrent une formule commune qui portait en substance que les évêques, « désirant entrer, autant qu'il leur était possible, dans les vues pieuses du roi, remettaient, comme dépôt, entre ses mains, les actes portant le titre de démission, mais qui ne pourraient en avoir réellement l'effet que quand ils verraient et jugeraient les principes en sûreté. » Béthisy, évêque d'Uzès, ne trouvant point encore cette précaution suffisante, joignit à sa formule la condition de juger par lui-même de l'utilité de sa démission. Ces évêques adressèrent en même temps à Louis XVIII une lettre commune où ils disaient que leurs démissions, qu'ils ne donnaient que par déférence, seraient certainement dédaignées à Rome. La forme dans laquelle on les avait rédigées pouvait en effet faire prévoir qu'elles ne seraient point admises.

L'ancien évêque de Saint-Malo, rappelé sur ces entrefaites, eut pour successeur dans l'ambassade de Rome le comte de Blacas, qui venait de conclure le mariage du duc de Berry avec une princesse de Naples. Le duc de Richelieu, principal ministre du roi, s'exprimait ainsi dans ses instructions au nouvel envoyé : « L'ambassadeur aura soin de ne faire aucune mention du concordat, et de ne pas laisser supposer à la cour de Rome que le gouvernement lui en demande la révocation. » Ces paroles laissent assez entendre qu'on le lui demandait précédemment. Le 22 août 1816, sept évêques de cour non démissionnaires, MM. de Périgord, de Bonnac, de Caux, du Chilleau, de la Fare, de Coucy et de la Tour, signèrent à Paris une lettre où ils s'élevaient fortement contre l'abus qu'on avait fait de leurs réclamations au sujet du concordat de 1801, et contre des récits d'*hommes inquiets, sans mission et sans autorité*. Ces paroles faisaient allusion au parti schismatique, dit la *petite église*, né en Angleterre,

du refus plus politique que religieux que ces évêques firent au Pape de donner leur démission. Ce schisme, transplanté en France, avait pour coryphée un certain Blanchard, prêtre, dont le vicaire apostolique de Londres venait de condamner les écrits. D'autres prêtres schismatiques, Vinson et Fleury, répandaient la désunion parmi les fidèles, en particulier dans le diocèse de Poitiers.

Le 25 août 1816, le comte de Blacas signa un concordat à Rome même ; le but principal était l'augmentation des évêchés en France ; le troisième des quatorze articles abrogeait les *articles organiques*, sans y ajouter par limitation : « En ce qu'ils ont de contraire à la doctrine de l'Église. » Pie VII annonça cette convention à Louis XVIII par une lettre du 6 septembre, où il dit entre autres : « Les évêques qui vont être nommés aux églises de France, s'ils ne rivalisent pas de zèle avec les apôtres, ne sont pas aptes à réparer les dommages de la vie mystique, à déraciner, à planter, à détruire, à édifier. Et ici nous ne pouvons nous empêcher de manifester à Votre Majesté la douleur qui nous tourmente. — Quelques-uns des évêques actuels qui avaient appartenu à la classe des constitutionnels, après avoir exécuté ce qu'on était en droit d'exiger d'eux, après avoir obtenu de nous l'institution canonique pour les sièges où ils sont aujourd'hui, ont reproduit les erreurs auxquelles ils avaient paru renoncer, et ils se sont rendus indignes du poste qu'ils occupent dans l'Église. Si les difficiles circonstances des temps passés nous ont empêché d'obtenir un remède proportionné à un si grand désordre, l'heureux changement des choses nous ouvre une voie pour exécuter sans retard ultérieur ce que réclame de nous le devoir de notre apostolat. — Une autre cause de notre douleur vient des évêques autrefois titulaires des églises existantes en France avant 1801, et qui n'ont pas donné la démission de leurs sièges. Il en coûte beaucoup à notre cœur de vous exposer nos justes doléances contre des prélats d'ailleurs respectables à beaucoup de titres, et qui ont mérité les éloges de Pie VI, de sainte mémoire, et les nôtres aussi ; et nous aurions vivement désiré qu'ils ne nous eussent pas mis dans cette déplaisante nécessité. Quoique lié par le serment avec lequel ils ont promis, dans l'acte de consécration, obéissance au souverain Pontife, cependant, non-seulement ils se sont refusés à nos demandes, mais encore la plus grande partie d'entre eux, par des faits, par des écrits, se sont attiré une grave censure, et ils ont offensé grandement notre personne non moins que notre dignité. Nous oublions volontiers les offenses qui nous sont personnelles ; nous ne pouvons oublier également celles qui sont faites à l'autorité et à la dignité de l'Église et de son chef. Or, dans le cas où quelques-uns de ces évêques seraient nommés à des sièges, ils ne pourraient obtenir de nous l'institution canonique, si auparavant ils ne donnaient à l'Église et au Saint-Siége la satisfaction convenable. »

Au moment même où le Pape adressait au roi les paroles qu'on vient de lire, ce prince, qui ratifia la convention du 25 août, faisait écrire, les 5 et 7 septembre, non pas aux prélats anticoncordataires, mais aux archevêques et évêques qui gouvernaient les diocèses en vertu du concordat de 1801, qu'il verrait avec plaisir ces prélats donner la démission de leurs siéges; de telle sorte qu'après avoir reçu la démission de tous, on pût faire une nomination générale et nouvelle. Et la raison de cette exigence suggérée par les évêques non démissionnaires à Louis XVIII, c'est que, « après tant et de si violentes secousses qui ont déplacé les bornes anciennes, après une nécessité si extrême qui a fait qu'on s'est élevé au-dessus des règles ordinaires, il est du devoir des souverains d'user de circonspection et de vigilance, afin d'empêcher que ce qui a été toléré dans les temps difficiles ne puisse à la fin passer pour loi, et devenir un dangereux exemple pour la postérité. » C'est-à-dire : un petit nombre de prélats, plus courtisans qu'évêques, brebis rebelles au Pasteur suprême, n'ayant pu amener directement celui-ci à condamner ce qu'il a fait pour le salut de tout le troupeau, essaient de l'y amener par des voies indirectes, en insinuant la doctrine du Bas-Empire, que le roi est au-dessus du Pape.

Parmi les évêques institués en vertu du concordat de 1801, la conduite fut diverse en cette circonstance. On n'avait point écrit aux quatre anciens constitutionnels qui occupaient les siéges d'Angoulême, d'Avignon, de Cambrai et de Dijon. Parmi les autres, plusieurs évitèrent de répondre directement, ou même firent un refus positif, mais il y en eut très-peu dans cette classe : quelques-uns offrirent leur démission sans hésiter; les autres, et c'était le plus grand nombre, déclarèrent qu'ils étaient disposés à faire tout ce que le Pape et le roi leur demanderaient de concert. L'archevêque de Bordeaux se montra évêque sous les Bourbons comme sous Bonaparte. Le 23 septembre 1816, il écrivit à Louis XVIII en ces termes : « Sire, M. le grand-aumônier m'annonçait, dans une lettre du 14 de ce mois, que Votre Majesté verrait avec satisfaction que, *pour l'honneur de sa couronne*, comme pour l'amour de la paix, je consentisse d'une volonté parfaitement libre à donner ma démission, et qu'en même temps j'écrivisse à Sa Sainteté pour motiver ma démarche. De si hauts intérêts détermineraient sans doute à renouveler aujourd'hui, et sans balancer, ce que je fis il y a quinze ans. Mais *cette démission*, que je donnerais avec tant d'empressement, *ne saurait avoir lieu qu'entre les mains de Sa Sainteté elle-même* : en toute autre forme, elle serait irrégulière et de nul effet. *Que le Saint-Père me la demande encore, je la donnerai sur-le-champ*. Selon les assurances consignées dans les papiers publics, postérieurement à cette lettre de M. le grand-aumônier, d'heureux accommodements rendraient à peu près inutiles ces mesures si extraordinaires. Sire, qu'il était pénible pour vos fidèles sujets de les voir se prolonger sans fin ces négociations entre un monarque si religieux et un si vertueux Pontife, entre le Père commun et le fils aîné de l'Eglise! Oserai-je le dire à Votre Majesté? j'ai craint qu'on n'éloignât de plus en plus le terme désiré, lorsque j'ai vu qu'en ces circonstances délicates on semblait affecter à Paris de faire valoir sur les thèses théologiques cette Déclaration de 1682, contre laquelle ont réclamé sans cesse douze Papes depuis cette époque. Votre Majesté sait à merveille ce qui fut promis à cet égard en 1693 par Louis XIV, et comment cela fut observé jusqu'à la mort de ce grand roi. Il n'est pas surprenant que les parlements, oppresseurs constants du clergé, et Bonaparte ensuite, aient présenté cette Déclaration comme le *palladium* de nos libertés gallicanes. »

Cependant les évêques non démissionnaires qui poussaient le roi à demander aux titulaires actuels le sacrifice de leurs siéges, différaient toujours eux-mêmes de faire au Pape le sacrifice de leurs anciens titres, et même de témoigner par un acte d'obédience qu'ils étaient dans la communion du Saint-Siége. La lettre du 22 août précédent n'ayant pas été agréée à Rome, il fut question d'en écrire une autre à laquelle on apporta successivement diverses modifications. Le 15 octobre, le grand-aumônier Talleyrand-Périgord, ayant réuni ses collègues, leur lut une déclaration de ses sentiments, où il ne se nommait plus qu'*ancien* archevêque de Reims : les cinq autres récalcitrants y adhérèrent. Enfin, le 8 novembre, ils adressèrent au Pape une lettre commune, où, sans donner précisément leur démission, ils ne se qualifient plus que d'anciens évêques, protestent de leur obéissance et s'excusent de leur résistance passée. C'était quelque chose; mais ce n'était pas la foi vive, ni la franchise apostolique de l'archevêque de Bordeaux.

Cependant le concordat du 25 août 1816 ne fut point mis à exécution. En récompense, M. Lainé, ministre de l'intérieur, s'érigeant en pape civil du clergé français, voulut obliger les professeurs de théologie dans les séminaires à souscrire une promesse de croire et de professer les quatre articles de la Déclaration gallicane de 1682. L'archevêque de Bordeaux lui répondit par la lettre suivante, du 5 février 1817 : « J'ai reçu la lettre que vous m'avez fait l'honneur de m'adresser en date du 28 janvier, avec des exemplaires imprimés de la Déclaration de 1682. J'avais espéré et j'aime à espérer encore que le gouvernement aura égard aux raisons qui m'empêchent de faire observer cette Déclaration. — Après de longs et tristes débats, Louis XIV écrivit de sa main au Pape, le 14 septembre 1693 : « Je suis bien aise de faire savoir à Votre Sainteté que j'ai donné les ordres nécessaires pour que les choses contenues dans mon édit du 2 mars 1682 touchant la Déclaration faite par le clergé de France, à quoi les conjonctures passées m'avaient obligé, ne soient pas observées. » — Cette lettre du roi Louis XIV au pape Innocent XII, dit M. d'Aguesseau, qui la rapporte, fut le sceau de l'accomodement entre la cour de Rome et le clergé de France (lequel, comme l'on sait, satisfit de son côté); et, conformément à l'engagement qu'elle contenait, ajoute le célèbre chancelier, Sa Majesté ne fit plus observer l'édit du mois de mars. » — Dans ma réponse à la précédente lettre de Votre Excellence, je disais comment on avait voulu depuis oublier tout cela en France, sans égard aux plaintes de douze Papes consécutifs. On a observé, et non sans fondement, que ces plaintes et blâmes du Saint-Siège concernent moins les opinions, les propositions en elles-mêmes, que la Déclaration qui, appuyée de l'édit, en fait la règle d'enseignement. Or, c'est précisément cette *Déclaration du clergé gallican sur la puissance ecclésiastique*, que j'aurais à maintenir par mon autorité épiscopale. Je dois incessamment rendre compte de l'usage que j'en aurai fait devant un tribunal, où tant les libertés que les servitudes de l'Eglise gallicane seraient de bien faibles moyens pour ma justification. »

Le 11 juin 1817, nouveau concordat, qui rétablit celui de Léon X et de François I*er* : le concordat de 1801 cesse d'avoir son effet : les *articles organiques* sont abrogés, en ce qu'ils ont de contraire à la doctrine et aux lois de l'Eglise. Les siéges supprimés en 1801 seront rétablis en tel nombre qui sera convenu d'un commun accord, comme étant le plus avantageux pour le bien de la religion. Toutes les églises archiépiscopales et épiscopales érigées en 1801 seront conservées, ainsi que leurs titulaires actuels. Les diocèses, après qu'on aura demandé le consentement des titulaires actuels et des chapitres des siéges vacants, seront circonscrits de la manière la plus adaptée à leur meilleure administration, etc. Tels sont les principaux articles du concordat de 1817. Tous les évêques et chapitres donnent leur consentement pour une nouvelle circonscription. Le 16 juillet, les ratifications du Pape et du roi sont échangées à Rome. Le 19, Pie VII confirme le concordat par des lettres apostoliques. Le 27, une seconde bulle règle la distribution des métropoles et la circonscription des diocèses. Le 28, il nomme cardinaux MM. de Périgord, de la Luzerne et de Bausset. Le 8 août, Louis XVIII nomme aux siéges récemment créés. Le 1*er* octobre, Pie VII institue trente et un évêques. Le concordat est présenté aux Chambres par le ministre Lainé, avec un projet où il y avait des principes plus mauvais qu'on n'en avait affiché sous Bonaparte. Il était dit, par exemple, dans le premier article, que le roi nommait aux évêchés, en vertu du droit inhérent à sa couronne ; tandis que Fleury lui-même reconnaît, dans son *Discours* sur les libertés de l'Eglise gallicane, que *la nomination du roi n'a d'autre fondement légitime que la concession du Pape, autorisée par le consentement tacite de toute l'Eglise.* Le projet de loi, qui anéantissait le concordat qu'il devait appuyer, et le concordat lui-même, éprouvent de l'opposition de toutes parts; on écrit pour, on écrit contre ; le Pape lui-même se plaint du projet de loi et répond dans ce sens à un député recommandable, le comte de Marcellus, qui l'avait consulté. Les ministres Lainé et Richelieu, qui, dans cette affaire, avaient agi sans assez de prévoyance ni de maturité, se découragent ; ils demandent au Pape la suppression de quatorze nouveaux évêchés ; Pie VII veut savoir ce que pensent là-dessus les évêques ; les évêques répondent qu'ils s'en rapportent à ce que le Pape et le roi feront de concert ; les ministres abandonnent le concordat de 1817. Alors on se trouve entre deux concordats, l'un aboli, l'autre créé et non exécuté. Des évêques avaient donné la démission de leurs anciens siéges, et ne pouvaient prendre possession des nouveaux ; des bulles restaient, comme suspendues, entre les mains des ministres ; les *pallium* envoyés aux nouveaux archevêques ne servaient plus qu'à attester l'empressement du souverain Pontife à pourvoir aux besoins de l'Eglise de France ; enfin les ecclésiastiques nommés à des évêchés, qu'on avait arrachés à leurs occupations et appelés en toute hâte à Paris, se trouvaient dans une position embarrassante et précaire. Cette confusion et incohérence dans les affaires, montrent quelle confusion et quelle incohérence régnaient dans des têtes qui prétendaient pourtant régenter l'Eglise romaine.

Les ministres du roi demandaient au Pape l'anéantissement du concordat de 1817, comme étant inexécutable, et comme ayant été fait *par une erreur mutuelle* et sans qu'on sût de part et d'autre ce qu'on faisait. Les évêques demandaient au Pape le maintien du même concordat, disant que rien ne s'opposait à son exécution. Bref, dans toutes ces affaires, le gouvernement français paraît composé de gens qui perdent la tête, qui ne savent ni ce qu'ils disent ni ce qu'ils font. Les schismatiques de la petite église en profitaient pour brouiller dans bien des diocèses vacants, quoiqu'ils eussent des évêques. Après de nouvelles négociations, où intervint Portalis fils, Pie VII, sur les supplications des évêques, remédia provisoirement aux Eglises de France en 1819, en autorisant les prélats anciens et nouveaux à reprendre ou à prendre temporairement le gouvernement de leurs diocèses, mais dans la circonscription de 1801, en attendant qu'il y eût un règlement définitif. Ce règlement se fit en 1822 par la bulle du 6 octobre, commençant par ces mots *Paternæ caritatis*. Au lieu de cinquante évêchés, comme au concordat de 1801, ou de quatre-vingt-douze, comme au concordat de 1817, il y en eut quatre-vingts distribués sous les quatorze métropoles de Paris, Lyon, Rouen, Sens, Reims, Tours, Bourges, Albi, Bordeaux, Auch, Toulouse, Aix, Besançon, Avignon. Tel est encore, en 1848, l'état présent de la France ecclésiastique, si ce n'est que l'évêché de Cambrai a été rétabli archevêché, principalement en mémoire de Fénelon.

Pendant qu'on écrivait pour et contre les concordats, l'abbé Frayssinous publia ses *Vrais principes de l'Eglise gallicane*. Voici les réflexions que lui fit à cet égard le respectable archevêque de Bordeaux, dans sa lettre du 11 avril 1818 : « Je suis tout confus, monsieur l'abbé, d'être encore à vous offrir des remerciments pour le gracieux envoi des *Vrais principes*. Je n'eus garde d'en différer la lecture ; mais elle fut rapide ; et comme je l'écrivais alors à M. Duclaux, je voulais la reprendre, ayant remarqué, parmi tant d'excellentes choses, certains traits qui me semblaient peu dignes du célèbre et respectable auteur.... Oui, monsieur l'abbé, et tout vieux évêque français que je suis, je souhaiterais beaucoup qu'une réputation si bien méritée ne contribuât point à étayer le déplorable système gallican. Vous avez montré j'en conviens, une modération assez peu commune chez nous. Vous n'avez pas dit, avec l'illustre historien de Bossuet, « que l'assemblée de 1682 est la plus mémorable de l'histoire de l'Eglise gallicane ; que c'est celle où elle a jeté son plus grand éclat ; que les principes qu'elle a consacrés ont mis le sceau à cette longue suite de services que l'Eglise de France, etc. » Et ailleurs : « Que la célèbre Déclaration du 29 mars 1682 est l'un des plus beaux titres de la gloire de Bossuet et de cette même Eglise, etc. »

» Sans aller si loin, n'est-ce pas se trop avancer, que de mettre d'un côté les *gallicans*, et de l'autre ceux qu'il a plu de nommer *ultramontains* ; puis dire avec confiance, comme à l'abri de tout reproche en excès : « Soyons gallicans, mais soyons catholiques. » Car, quels sont-ils ces ultramontains ? Hélas ! le chef de l'Eglise universelle entouré de toutes les églises particulières, hormis la gallicane; puisque « ses maximes et ce qu'elle appelle ses libertés la distinguent de toutes les autres. » J'avoue que cette solitude m'effraie; car enfin ces maximes ne sont nullement des opinions indifférentes en elles-mêmes. (Ne fût-ce que cela, on ne devrait pas, selon la remarque d'un théologien anglais, bon catholique, parlant de la Déclaration, on n'en devait pas faire une sorte de formulaire pour l'enseignement et la croyance); mais on convient de bonne foi « qu'elles ont dû amener des conséquences pratiques, influer sur la conduite de l'Eglise de France, soit dans les démêlés de nos rois avec les Papes, soit à l'égard de la primauté du Saint-Siège, de l'acceptation de ses décrets et de ses jugements. »

» Ainsi aucune bulle ne devra être reçue chez nous sans être examinée, et examinée pour qu'on y juge ce qu'elle contient. En vain Clément XI se sera-t-il exprimé en ces termes pressants (1706) : *Qui vous a établis nos juges?... Vénérables frères, c'est une chose tout à fait intolérable, que quelques évêques, particulièrement des églises dont les priviléges et les honneurs ne subsistent que par la faveur et le bienfait de l'Eglise romaine, lèvent la tête contre celle dont ils ont tout reçu, et morcellent les droits du premier Siége, qui reposent, non pas sur une autorité humaine, mais sur l'autorité divine*, et renvoyant les prélats français à leurs plus illustres prédécesseurs, dont il cite les textes : *Interrogez vos ancêtres, et ils vous diront qu'il n'appartient pas à des pontifes particuliers de discuter les décrets du Siége apostolique, auquel ils doivent obéissance.* Ce qu'il leur dit ensuite ne se vérifie-t-il pas de plus en plus? *Prenez garde, vénérables frères, que ce ne soit pour cette raison que, depuis un si grand nombre d'années, vos églises n'ont jamais joui d'une vraie paix, et n'en jouiront jamais, à moins que, comme vous le disiez vous-mêmes il n'y a pas longtemps, l'autorité du Saint-Siége ne prévale pour abattre l'erreur.* Ah! monsieur, après cela il me serait *permis* d'écrire « que le Pape peut se tromper dans ses jugements sur la foi, même les plus solennels, » lui laissant néanmoins pour privilège « que ce ne serait pas avec cet esprit d'*opiniâtreté* qui est le caractère de l'hérésie; » et à tous pour ressource, que, « s'il enseignait formellement, nos réclamations le ramèneraient dans les sentiers de la vérité. » Mais alors, et en attendant, où serait-elle assez apparente? Mais alors que devient, demandera-t-on encore, le *Confirma fratres tuos?* Le successeur de saint Pierre aurait, au contraire, besoin d'être relevé lui-même, raffermi par quelques-uns d'entre ses frères, qui jamais n'en eurent, ni n'en peuvent avoir la divine mission. Non, non, je ne saurais croire que cela me soit *permis.* Et cependant on prétendra davantage; on prétendra que j'y suis strictement obligé. Le ministre me notifie, à moi, évêque par la grâce de Dieu et l'autorité du Saint-Siége, que si je ne m'engage pas à faire enseigner la Déclaration dans mon séminaire, etc... Comment me résoudre, contre les vrais reproches de ma conscience, à obtempérer! J'ose vous réclamer désormais pour auxiliaire... »

En 1818, le supérieur du séminaire de Bordeaux consulta M. Duclaux, supérieur général de la congrégation de Saint-Sulpice, sur la conduite qu'il devait tenir, dans le cas où le ministre de l'intérieur exigerait que les professeurs de son séminaire enseignassent les quatre articles de 1682. M. Duclaux fut d'avis qu'ils pouvaient souscrire la déclaration suivante, pourvu qu'elle fût approuvée par monseigneur l'archevêque. « Nous soussignés, professeurs de théologie au séminaire de Bordeaux, déclarons que nous enseignerons les quatre articles adoptés par l'assemblée du clergé de 1682, et que nous les expliquerons et les développerons d'après les instructions données par M. Bossuet dans ses divers ouvrages. » L'avis de M. Duclaux ne fut pas approuvé par monseigneur l'archevêque, qui lui écrivit une longue lettre dans laquelle il lui dit entre autres : « Je vois bien que vous prétendez écarter certains abus plus marquants au moyen de cette espèce de restriction, *d'après les instructions données par M. Bossuet dans ses divers ouvrages.* La meilleure, pour ne pas dire l'unique bonne, c'est son *Abeat quo libuerit* (qu'elle aille se promener)... Mais ceux qui voudront appuyer de l'autorité du grand Bossuet leurs dispositions hostiles, ne se diront-ils pas renvoyés principalement à l'ouvrage où la Déclaration est défendue *ex professo*, quoiqu'il soit demeuré si longtemps à la discrétion du neveu, l'évêque de Troyes, et de ses cojansénistes?... S'il s'agissait d'opinions laissées à la liberté des écoles, les Papes useraient-ils, depuis plus de cent trente années, de si fortes improbations accompagnées de reproches, de plaintes, de menaces? J'ai vu essayer de la soustraire à la censure de Pie VI, en sa bulle *Auctorem fidei*, et pour cela on disait que, contre nos principes, le synode de Pistoie rangeait nos quatre articles parmi les articles de foi. Mais qu'on lise la censure, on verra si elle ne tombe pas directement sur l'adoption téméraire et scandaleuse de la Déclaration française, adoption qui est *surtout*, ajoute le souverain Pontife, *souverainement injurieuse au Siége apostolique après la publication de tant de décrets de nos prédécesseurs.* »

M. de la Luzerne ayant été nommé cardinal, publia son livre en faveur des quatre articles, comme pour témoigner sa reconnaissance à Pie VII. Il en envoya un exemplaire à l'archevêque de Bordeaux, qui, le 5 février 1821, écrivit à l'abbé de Trévern, mort depuis évêque de Strasbourg : « Vous êtes plus à portée de monseigneur le cardinal de la Luzerne; mettez-moi donc aux pieds de Son Eminence, ah! profondément à ses pieds; et puissé-je ne m'en relever qu'après avoir obtenu d'elle la généreuse abjuration des principes qui l'ont guidée dans le nouvel et érudit ouvrage dont elle a daigné me faire cadeau, hélas! conduite à le terminer par ces effrayantes lignes : « Que, par conséquent, et ces décrets, et la doctrine gallicane qu'ils définissent, sont fondés sur l'irréfragable autorité, et munis de la plus grande certitude qui puisse exister. » Et cependant, mon cher abbé, qu'en ont jugé, qu'en jugent depuis cent quarante années douze Papes consécutifs, reconnus par l'Eglise comme successeurs et héritiers de celui à qui Jésus-Christ disait, pour jusqu'à la fin des temps : *Confirma fratres tuos*. — Non, dussé-je, avec les catholiques d'au delà des Alpes, avec ceux d'au delà des Pyrénées, ou plutôt avec ceux de l'univers entier, notre France, exceptée, mériter l'insignifiante injure d'*ultramontain*, non, encore une fois, je ne me relèverai point, ni ne cesserai de gémir, de crier que je n'aie obtenu quelque chose... »

Voilà comme, en 1821, le saint archevêque de Bordeaux parlait au cardinal de la Luzerne. Il se gêna un peu moins, en 1824, avec le nouveau ministre de l'intérieur, l'avocat Corbière, qui, à l'exemple de l'avocat Lainé, voulut ceindre la tiare ministérielle. Il se contenta de lui écrire, le 11 juin, ce petit mot : « Vous témoignez être surpris de ce que, malgré votre demande, déjà ancienne, je ne vous ai point envoyé la célèbre Déclaration de 1682, souscrite par les directeurs et professeurs de mon séminaire. Je ne le pouvais faire, ni même tenter, sans transgresser d'essentielles obligations. Si, avec bien d'autres, je me suis trop aisément persuadé qu'en pareilles conjonctures ne point répondre était le plus convenable, la droiture d'intention sera mon excuse auprès de Son Excellence, à laquelle j'ai l'honneur d'offrir l'hommage de mes sentiments respectueux. D'AVIAU (Voir ces lettres et d'autres dans le *Mémorial catholique*, t. VII, an 1827, Nos de mai et juin). »

CHARLES-FRANÇOIS D'AVIAU DU BOIS-DE-SANZAY naquit le 7 août 1736, au château du Bois-de-Sanzay, diocèse de Poitiers. Étant l'aîné de sa famille, il renonça à cet avantage pour embrasser l'état ecclésiastique, fit ses études chez les Jésuites à la Flèche, puis au séminaire Saint-Sulpice à Paris. Reçu docteur à la Faculté de théologie d'Angers, il fut nommé chanoine à la collégiale de Saint-Hilaire, ensuite au chapitre de la cathédrale, et grand-vicaire du diocèse. C'est alors qu'il fut chargé de prononcer l'oraison funèbre de Louis XV. Il remplissait depuis plusieurs années ces fonctions de grand-vicaire, lorsque Lefranc de Pompignan, ayant donné sa démission en 1789, proposa à Louis XVI l'abbé d'Aviau pour lui succéder dans l'archevêché de Vienne. Mandé à Paris, il s'y rendit à pied; et lorsqu'on lui eut fait connaître le choix que le roi avait fait, il s'en déclara modestement indigne. Ce ne fut que sur des ordres formels qu'il accepta. En prenant possession de son siège, le nouvel archevêque y porta les vertus qui l'ont distingué jusqu'à la fin de sa longue carrière, un grand zèle pour le bien de la religion, une simplicité vraiment évangélique, et surtout une charité dont les pauvres du diocèse de Vienne ont longtemps conservé le souvenir. Au temps de la persécution révolutionnaire, il quitta sa patrie en 1792 ; et, pénétré d'une profonde vénération pour saint François de Sales, il se rendit à Annecy, où l'on conserve les restes de cet évêque. Là, il dirigeait les consciences, édifiait les jeunes ecclésiastiques par ses exemples, ses entretiens et sa charité. La Savoie ayant été envahie par les armées françaises, il alla demander l'hospitalité dans la célèbre abbaye d'Einsiedlen ou de Notre-Dame des Ermites. Quoiqu'il se fût annoncé comme un pauvre prêtre, on le reconnut, et il fut accueilli avec tous les honneurs dus à son rang. Ensuite il se rendit à Rome, où il fut reçu avec une bonté touchante par le pape Pie VI. C'est là que lui fut donné par ce Pontife le nom de *saint archevêque*, que confirma plus tard Pie VII. Tourmenté par le désir de servir son église, l'archevêque de Vienne rentra secrètement en France en 1797 : il fit encore ce voyage à pied, un bâton à la main, et ce fut ainsi qu'il parcourut son diocèse, se résignant aux privations, et vivant comme un pauvre missionnaire, exposé sans cesse à être arrêté et mis à mort. Il administrait aussi les diocèses de Die et de Viviers, qui étaient vacants, l'un par la mort du titulaire, l'autre par l'apostasie de son premier pasteur. Déguisé en paysan, d'Aviau parcourait les montagnes du Dauphiné, du Vivarais et du Forez, portant de village en village les consolations et les secours de la religion. Il avait établi le centre de son périlleux apostolat dans les montagnes du Vivarais ; et souvent il disait la messe sur le tombeau de saint François Régis, qui, placé sur une haute montagne, était protégé par les difficultés du lieu et par la piété des habitants de la Lozère. Quand le missionnaire était poursuivi par les persécuteurs de ce temps-là, il se réfugiait dans le château de madame de Lestranges, près d'Annonay.

Le concordat ayant rendu la paix à l'Église de France, il donna sa démission. Appelé au siège archiépiscopal de Bordeaux, il y fut installé le 9 avril 1802. Il serait difficile de dire tout le bien qu'il fit alors au milieu de son nouveau troupeau. Ne trouvant que des débris, sa première pensée fut de relever toutes les institutions réellement utiles, et il anima du même zèle tous les pasteurs de son diocèse. Après avoir rétabli son grand séminaire, il acheta l'ancien séminaire de Bazas pour y fonder une école ecclésiastique. Il acquit ensuite l'ancienne abbaye de Verdelay, afin d'y établir un lieu de retraite pour les prêtres infirmes ou âgés. Il fallait des missionnaires pour ranimer la piété des fidèles, il acheta pour eux une maison. Il appela à Bordeaux les frères des écoles chrétiennes, les sœurs Ursulines, celles de la Réunion et du Sacré-Cœur, afin que les enfants des deux sexes fussent instruits dans la religion et dans les premières connaissances humaines ; enfin il procura des établissements aux Jésuites et aux Trappistes. La première guerre d'Espagne, en 1809, lui fournit de nouvelles occasions de manifester son zèle et de pratiquer la charité. On dirigeait sur Bordeaux les prisonniers espagnols ainsi que les ecclésiastiques et les laïques condamnés à l'exil : le prélat allait visiter et consoler ces malheureux. Père des pauvres, il leur donnait non-seulement son superflu, mais généralement tout ce qui était en sa puissance, au point qu'il fallait employer de pieux artifices pour lui procurer à lui-même ce qui lui était nécessaire. Ainsi, une sœur de la Charité vint un jour lui demander de l'argent pour un pauvre gentilhomme qui n'avait plus de linge ; il donne aussitôt la somme qu'elle désire : elle achète des chemises pour le pauvre gentilhomme qui n'en avait plus, et qui était monseigneur l'archevêque de Bordeaux lui-même. Comme saint Augustin, il mourut sans faire de testament, parce qu'il ne laissa pas de quoi en faire. Il fallut payer ses funérailles.

Cette bonté de cœur s'unissait en lui à la force de caractère et à la grandeur d'âme ; nous en avons vu la preuve au concile de 1811. Jamais, ni alors ni depuis, il ne participa à rien de ce qui pût contrister le chef de l'Église. Il mourut le 11 juillet 1826, à l'âge de 90 ans, après avoir souffert pendant quatre mois du feu qui avait pris aux rideaux de son lit le 9 mars, et dont il avait été atteint. D'après ses dernières volontés, son cœur fut porté à l'église de Saint-Hilaire à Poitiers, où il avait commencé par être chanoine. Le 11 janvier 1827, M. Lambert, vicaire général du diocèse, y prononça son oraison funèbre. Après avoir exposé la vie que Monseigneur d'Aviau menait à Rome, l'orateur ajoute : « Sa vertu jeta un si grand éclat dans la capitale du monde, que c'est là qu'on lui donne un nom qui est au-dessus de tous les noms pour un être immortel, le nom de *saint archevêque*. Il a porté ce nom jusqu'à son dernier soupir; et les miracles qui s'opèrent sur son tombeau, et que nous soumettons avec respect au jugement de l'Eglise, nous font concevoir la douce espérance de le lui accorder un jour dans nos temples. »

Vers la fin de la même année 1826, même diocèse de Poitiers, apparut une croix dans la paroisse de Migné, à la clôture d'une mission jubilaire. Dans le temps même nous en avons résumé l'histoire, d'après une relation officielle, et d'après les journaux de l'époque.

Cette relation comprend, 1º un rapport adressé le 22 décembre 1826 à M. l'évêque de Poitiers, et signé du curé, du maire, de l'adjoint et de deux fabriciens de Migné, du curé de Saint-Porchaire et de l'aumônier du collège royal de Poitiers, qui avaient prêché les exercices du jubilé, du maréchal-des-logis de la gendarmerie, d'un ancien adjudant-sous-officier et de quarante et un autres témoins oculaires; 2º un rapport officiel de la commission d'enquête envoyée sur les lieux par l'évêque de Poitiers, et composée de MM. l'abbé de Roche-Monteix, son vicaire général; Taury, professeur de théologie au grand séminaire; de Curzon, maire de la commune, témoin oculaire du fait; Boisgiraud, professeur de physique au collège royal de Poitiers, et de plus protestant; J. Barbier, avocat, conservateur-adjoint de la bibliothèque de la ville, et Victor de Larnay, désigné pour remplir les fonctions de secrétaire.

Par ces deux rapports il est constaté que le dimanche 17 décembre, jour de clôture des exercices de la mission jubilaire, au moment de la plantation solennelle d'une croix, et tandis qu'un ecclésiastique rappelait à un auditoire d'environ trois mille âmes l'apparition qui eut lieu autrefois en présence de l'armée de Constantin, tout le monde aperçut dans les airs une croix lumineuse, d'un blanc argentin, longue d'environ cent pieds, parfaitement régulière, et élevée horizontalement de cent à deux cents pieds au-dessus d'une place qui est devant l'église. A cet aspect, tous les assistants sont saisis d'une émotion religieuse; les uns tombent à genoux, les autres lèvent les mains au ciel; ceux qui avaient résisté jusque-là aux instructions se convertissent. Enfin, cette croix conserve sa position, ses formes et sa couleur, pendant une demi-heure, et à la vue de trois mille personnes, jusqu'au moment où les fidèles sont rentrés à l'église pour recevoir la bénédiction du Saint-Sacrement.

Maintenant nous laissons au sens commun des personnes sages à juger si le fait est bien avéré; ensuite si c'est là un accident purement naturel, ou bien s'il y a quelque chose de plus.

Quant à nous, il nous semble que la manière seule dont certaines feuilles libérales en ont parlé, a résolu l'une et l'autre question. D'abord, aucune d'entre elles n'a contesté le fait en lui-même, ce qui, en effet, était impossible; car si devant les tribunaux de la justice, la déposition de deux ou trois témoins forme une preuve complète, lors même qu'il s'agirait du fait le plus contraire à l'ordre moral, comment, au tribunal du sens commun ou de la raison, la déposition unanime de deux ou trois mille témoins oculaires ne suffirait-elle pas pour nous assurer d'un fait extraordinaire dans l'ordre physique? Si le témoignage de trois mille personnes, qui ont vu pendant une demi-heure, ne prouve rien dans le dernier cas, le témoignage de trois prouvera mille fois moins encore dans l'autre, et la justice et la raison doivent également, et pour toujours, renoncer à toute certitude.

Pour ce qui est du *Constitutionnel* (25 février 1827) en particulier, non-seulement il ne conteste pas l'événement de Migné, il ajoute encore que *cette apparition lumineuse est assez commune après le coucher du soleil*; c'est-à-dire que si, cent fois dans notre vie, nous n'avons pas vu, comme les habitants de Migné, des croix lumineuses d'une centaine de pieds de long, de formes bien nettes, paraître au haut des airs pendant une demi-heure, et à la vue de trois mille personnes, c'est bien, notre faute, car c'est une chose qui arrive presque tous les soirs; et si le *Constitutionnel* n'en cite pas un seul exemple, qui ne voit que c'est parce qu'il y en a trop et qu'il était embarrassé du choix ? Il nous semble que quand un pareil journal est réduit à s'en tirer de cette manière, on peut croire qu'il a trouvé le fait bien avéré, et qu'il y a vu quelque chose de plus qu'une *apparition assez commune*.

Ce qui confirme dans cette pensée, c'est le soin qu'ont eus ces messieurs de passer sous silence la partie la plus importante de cette relation. Ne pouvant s'empêcher d'en parler d'une manière ou d'une autre, ils se bornent à rappeler que le *procès-verbal rédigé et signé le 22 décembre par deux curés, un aumônier, un maire, un adjoint, quelques fabriciens, un ancien militaire, un gendarme et quarante et un témoins, a été imprimé par l'ordre de M. l'évêque de Poitiers*. Mais ils se sont bien gardés de dire le plus petit mot de la commission nommée par le même prélat, de l'enquête qu'elle fit sur les lieux, et du rapport circonstancié qu'elle en a dressé et qui est signé, entre autres, d'un vicaire général, d'un professeur de théologie, d'un professeur de physique et protestant, et d'un avocat. Ils se sont bien gardés de mentionner le jugement que la commission exprime à la fin de son rapport en ces termes : « Lorsqu'on sait que le hasard n'est qu'un nom, que rien ici-bas n'arrive sans dessein et sans une cause bien déterminée, on ne peut qu'être vivement frappé de voir apparaître tout à coup, au milieu des airs, une croix si manifeste et si régulière, dans le lieu et l'instant précis où un peuple nombreux est rassemblé pour célébrer le triomphe de la croix par une solennité imposante, et immédiatement après qu'on vient de l'entretenir d'une apparition miraculeuse qui fut autrefois si glorieuse au christianisme; de voir que ce phénomène étonnant conserve toute son intégrité et la même situation, tandis que l'assemblée reste à le considérer; qu'il s'affaiblit à mesure que celle-ci se retire, et qu'il disparaît à l'instant où l'un des actes les plus sacrés de la religion appelle toute l'attention des fidèles. » Les journaux philosophiques ont craint sans doute que si leurs dévots lecteurs pouvaient prendre une idée exacte de la relation, ils ne fussent tentés de partager les sentiments des commissaires. Ils ont donc cru devoir prudemment leur dérober la connaissance de la partie la plus essentielle, sauf à crier plus tard contre les fraudes pieuses, les restrictions mentales de ceux qui ne font pas comme eux.

Quant aux honnêtetés libérales *d'ignorance, de fanatisme, d'idées superstitieuses, de notions monacales, de folies, d'abrutissements religieux*, etc., que ces messieurs prodiguent en cette occasion, elles prouvent à merveille que cette croix est venue là fort inconstitutionnellement; que s'il avait été possible de nier le fait, on en aurait eu la meilleure volonté du monde, et qu'enfin si ces messieurs avaient été consultés et écoutés à Migné, comme à Rouen et à Lyon, on n'y aurait pas plus aperçu de croix dans les airs qu'on n'en a vu élever ailleurs sur la terre (*Mémorial catholique*, mars 1827).

Cette apparition de croix à la clôture d'une mission catholique contrariait singulièrement les prêtres schismatiques de la *petite église*. Ils crièrent donc contre, mais avec moins de succès encore que les journaux incrédules. L'évêque de Poitiers, M. de Bouillé, rendit compte des faits au Pontife romain, qui lui répondit le 18 avril 1827 : « Considérant toutes les circonstances qui environnent cet événement, il paraît qu'on ne peut l'attribuer à aucune cause naturelle. » Dans un bref du 18 août suivant, Léon XII ajoute que, « personnellement et d'après son jugement particulier, il était persuadé de la vérité du miracle. » Il donna même à l'église de Migné une croix d'or renfermant un morceau de la vraie croix, et accorda une indulgence plénière au troisième dimanche d'Avent, jour fixé par l'évêque du diocèse pour célébrer la mémoire de cet événement.

Depuis que ce prélat avait pris possession de son siége, il n'avait rien omis pour engager les prêtres anticoncordataires à se soumettre. Voyant ses soins inutiles pour la plupart d'entre eux, il interdit nommément, le 21 juillet 1820, onze d'entre eux, infligea la même peine aux autres qui se trouvaient dans le même cas, et, par une lettre du 8 août, soumit au Pontife romain la sentence qu'il avait portée et les règles qu'il suivait, tant à l'égard des prêtres dissidents que des fidèles de leur parti. Pie VII, par un bref du 26 septembre, approuva et la sentence et les règles de l'évêque, et traita les nouveaux sectaires de schisme manifeste. L'évêque publia la réponse du Pape dans un mandement du 26 octobre, où il exhorta les dissidents de son diocèse à ouvrir les yeux. Mais, le 2 décembre, les ministres de Louis XVIII suppriment et le mandement de l'évêque et le bref du Pape, et cela en vertu des libertés de l'Eglise gallicane. L'apparition de la croix en 1826 peut donc être regardée comme une leçon providentielle à plus d'une espèce d'aveugles.

Nous avons vu le saint archevêque de Bordeaux combattre jusqu'au dernier soupir pour les droits du Saint-Siége contre les innovations gallicanes. Il le faisait par des lettres secrètes au roi, à ses ministres, aux écrivains gallicans, l'abbé Frayssinous, le cardinal de Bausset, le cardinal de la Luzerne. Dans le même temps, un illustre écrivain, l'abbé Félicité de Lamennais, devenu prêtre, combattait pour la même cause et contre les mêmes personnes, mais publiquement et avec une indomptable énergie. L'an 1826, il publia son livre *De la religion considérée dans ses rapports avec l'ordre politique et civil*. Dans les quatre premiers chapitres, qui parurent d'abord séparément, il exposait l'état de la société en France; selon lui, l'Etat en France est athée, et la religion n'y est, aux yeux de la loi, qu'une chose qu'on administre. Dans les six chapitres suivants, il tire les conséquences de ce qui précède par rapport au gouvernement de l'Eglise et aux relations des évêques avec le Pape, centre et lien de l'unité catholique. Dans le chapitre *Du souverain Pontife*, il développe les propositions suivantes : Point de Pape, point d'Eglise, point d'Eglise, point de christianisme; point de christianisme, point de religion, au moins pour un peuple qui fut chrétien, et par conséquent point de société. Dans le chapitre *Des libertés gallicanes*, il examine ces deux propositions : 1° la souveraineté temporelle, suivant l'institution divine, est complètement indépendante de la puissance spirituelle; 2° le concile est supérieur au Pape. Il traite ensuite *des églises nationales*, fait des réflexions sur quelques actes du gouvernement relatifs à la religion. Enfin il conclut et dit : « Il n'existe aujourd'hui dans la société que deux forces; une force de conservation dont le christianisme est le principe, et dont l'Eglise est le centre; une force de destruction qui pénètre tout pour tout dissoudre, les doctrines, les institutions, le pouvoir même. — La plupart des gouvernements se sont placés entre ces deux forces, pour les combattre toutes deux. Ils combattent l'Eglise, parce qu'ils tiennent obstinément à un système d'indépendance absolue, qui, en abolissant la notion du droit, ébranle partout la souveraineté dans ses fondements. Ils se défendent comme ils peuvent, avec la police et des baïonnettes, contre la force révolutionnaire, qui tourne contre eux leurs propres maximes. — S'ils ne sortent pas, et bien vite, de cette position, leur ruine est certaine; car il est évident qu'aucun pouvoir ne saurait subsister qu'en s'appuyant sur les forces de la société. On ne règne pas longtemps lorsqu'on ne veut régner que par soi; jamais l'homme ne subit volontairement le joug de l'homme. Il faut que la puissance descende de plus haut, de Celui qui a dit : *Per me reges regnant*. On peut donc le prédire avec assurance, si les gouvernements ne s'unissent pas étroitement à l'Eglise, il ne restera pas en Europe un seul trône debout : quand viendra *le souffle des tempêtes* (Ps. 10, 7), dont parle l'Esprit de Dieu, ils seront emportés *comme la paille sèche et comme la poussière*. La révolution annonce ouvertement leur chute, et à cet égard elle ne se trompe point ; ses prévoyances sont justes. — Mais en quoi elle se trompe stupidement, c'est de penser qu'elle établira d'autres gouvernements à la place de ceux qu'elle aura renversés, et qu'avec des doctrines toutes destructives elle créera quelque chose de stable, un ordre social nouveau. Son unique création sera l'anarchie, et le fruit de ses œuvres des pleurs et du sang. »

C'est ainsi que l'abbé F. de Lamennais parlait en 1826. Ces paroles, remarquables dès lors, le sont encore plus en 1848. Cet ouvrage appréciait les actes de deux ministres de Charles X, l'avocat Corbière et l'abbé Frayssinous, évêque d'Hermopolis, ministre des affaires ecclésiastiques. Le saint archevêque de Bordeaux leur avait écrit l'équivalent. Mais se voir censurés publiquement, et par un simple prêtre, leur parut trop fort. L'ouvrage fut déféré aux tribunaux ; non pas au tribunal du Pape, quoiqu'il s'agît de matière religieuse et ecclésiastique, mais au tribunal de police correctionnelle de Paris, tribunal qui juge les affaires des prostituées, des vagabonds et des escrocs de la capitale. L'auteur y comparut le 20 avril. L'avocat du roi signala son livre comme renfermant deux délits : celui d'attaque contre la dignité et les droits du roi, et celui de provocation à la désobéissance à la Déclaration gallicane de 1682. M. Berryer, avocat de l'auteur, s'étonna de voir une telle affaire à un tel tribunal ; détruisit les deux chefs d'accusation, montra que les passages incriminés n'étaient guère que des extraits de Fénelon ou de Bossuet, établit la distinction des deux pouvoirs, et prouva que la Déclaration de 1682 n'était plus loi de l'Etat. Après quoi, le président ayant demandé à l'auteur s'il avait quelque chose à ajouter à sa défense, l'abbé F. de Lamennais prit la parole en ces termes : « Messieurs, je n'ai rien à ajouter au discours que vous venez d'entendre. Seulement je dirai deux mots touchant les questions dogmatiques traitées dans mon écrit. Bien que la cour n'en soit pas juge, comme elles ont servi néanmoins de prétexte au procès qui m'est intenté, je dois à ma conscience et au caractère sacré dont je suis revêtu, de déclarer devant le tribunal que je demeure inébranlablement attaché à tous les principes que j'ai soutenus, c'est-à-dire à l'enseignement invariable du chef de l'Eglise ; que sa foi est ma foi, que sa doctrine ma doctrine, et que jusqu'à mon dernier soupir je continuerai de la professer et de la défendre. » Le tribunal n'admit point le premier chef d'accusation, celui d'attaque contre l'autorité du roi, mais seulement celui de provocation à la désobéissance à la Déclaration de 1682, qu'il décida *correctionnellement* être une loi de l'Etat, malgré la charte qui reconnaissait la liberté de tous les cultes.

Pendant que l'avocat Corbière, ministre de la justice, faisait condamner par la police correctionnelle un prêtre qui s'était permis de critiquer quelques actes de son administration, l'abbé Frayssinous, ministre des affaires ecclésiastiques, eut soin de faire condamner ce même prêtre par un autre tribunal. C'est que ce même prêtre pensait, comme le saint archevêque de Bordeaux, que les doctrines de l'abbé Frayssinous, touchant le vicaire de Jésus-Christ, n'étaient point assez catholiques. L'abbé Frayssinous, au lieu de justifier lui-même sa propre doctrine, comme eût fait Bossuet en pareil cas, aima mieux chercher dans les suffrages extérieurs un supplément quelconque à cette justification. Quatorze évêques se trouvant donc à la cour, on leur proposa de signer une déclaration touchant la Déclaration de 1682. Les opinions se divisèrent. Adhérerait-on à toute la doctrine des quatre articles, ou seulement à celle du premier ? D'un côté, on ne pouvait ressusciter la Déclaration de 1682 après tous les jugements des souverains Pontifes relativement à cet acte, sans se placer, à l'égard du Saint-Siège et de l'Eglise catholique, dans une position bien plus grave encore que celle des prélats qui en furent les auteurs ; de l'autre côté, les trois derniers articles ayant été attaqués plus fortement encore que le premier, se borner à soutenir celui-là, c'était avouer que les autres étaient insoutenables. On prit un parti mitoyen : ce fut de renouveler, d'une manière spéciale, la doctrine du premier article, et d'une manière générale celle des trois autres.

Les quatorze évêques de cour signèrent donc cette déclaration mitoyenne le 3 avril, et la firent présenter le 10 du même mois à Charles X. On demanda dès lors : Pourquoi une déclaration *doctrinale* faite au roi, et non au Pape? Si les prélats se sont adressés au chef *de l'Etat*, parce que la doctrine, opposée à leurs opinions, leur a paru pouvoir amener de *nouveaux périls pour l'Etat*, pourquoi ne pas s'adresser au chef de la religion, puisque la même doctrine leur a paru aussi pouvoir amener de *nouveaux périls pour la religion?*

Ce n'est pas tout. Voici les principales propositions de cette déclaration de 1826. « Des maximes reçues dans l'Eglise de France sont dénoncées hautement comme un attentat contre la divine constitution de l'Eglise catholique, comme une œuvre souillée de schisme et d'hérésie, comme une profession d'athéisme politique. Combien ces censures prononcées sans mission, sans autorité, ne paraissent-elles pas étranges, quand on se rappelle les sentiments d'estime, de confiance et d'affection que les successeurs de Pierre, chargés comme lui de confirmer leurs frères dans la foi, n'ont cessé de manifester pour une église qui leur a toujours été si fidèle ! Mais ce qui étonne et afflige le plus, c'est la témérité avec laquelle on cherche à faire revivre une opinion née autrefois du sein de l'anarchie et de la confusion où se trouvait l'Europe, constamment repoussée par le clergé de France et tombée dans un oubli presque universel, opinion qui rendrait les souverains dépendants de la puissance spirituelle même dans l'ordre politique, au point qu'elle pourrait, dans certains cas, délier leurs sujets du serment de fidélité....; doctrine qui n'a aucun fondement, ni dans l'Evangile, ni dans les traditions apostoliques, ni dans les écrits des docteurs et les exemples des saints personnages qui ont illustré les plus beaux siècles de l'antiquité chrétienne. »

Nous avons vu, livre 88e, § 3e de cette Histoire, que, d'après Bossuet, le principe fondamental du premier article de la Déclaration de 1682, c'est que l'ordre politique est distinct de l'ordre moral ; par conséquent, que, de soi, l'ordre politique est sans morale et sans religion ; que, de soi, l'ordre politique est athée, et même qu'il doit l'être, s'il veut éviter la subordination à la puissance religieuse et sacerdotale. Plus tard, nous avons vu Robespierre, de ce principe fondamental de Bossuet, tirer cette conclusion pratique : « Si le jugement de Louis XVI était un acte ordinaire de morale et de justice, au lieu de le condamner, nous devrions lui demander pardon, car, selon toutes les règles de la justice et de la morale, il est innocent. Mais comme ce jugement est un acte politique, et que l'ordre politique est distinct de l'ordre moral, la condamnation de Louis XVI est une nécessité de bien public. » Nous avons vu Bonaparte justifier par le même principe le meurtre du duc d'Enghien. En 1830, on justifiera de même l'expulsion de Charles X et de sa dynastie. Enfin, ce principe justifie, autorise et canonise d'avance toutes les révolutions possibles, comme étant des actes de l'ordre politique, et par là indépendants de la morale et de la religion. Sans doute les quatorze évêques ne pensaient point à tout cela. Cela fait voir qu'il est bon, même quand on est évêque, de savoir ce que l'on signe.

Les quatorze de 1826 n'y regardaient pas de si près; autrement ils n'auraient pas signé que la doctrine opposée à l'athéisme politique, la doctrine qui subordonne l'ordre politique à l'ordre moral, est née du sein de l'anarchie, qu'elle a été constamment repoussée par le clergé de France, et qu'elle n'a aucun fondement ni dans l'Evangile, ni dans la Tradition, ni dans les saints Docteurs. Car un respectable laïque, M. Henrion, dans sa continuation de Béraut-Bercastel, leur dira en toutes lettres : « On ne peut dissimuler que cette opinion est consacrée par des décrets du Siège apostolique, supposée au moins dans les actes de plusieurs conciles, professée par de saints docteurs, et qu'elle a régné sans contestation jusqu'à l'époque du protestantisme. Divers écrivains protestants et philosophes admirent, comme défenseurs de la loi de justice, base de la société, les Papes qui, d'après la déclaration de 1826, se seraient laissé égarer, touchant les droits de leur divine autorité, par ces préjugés *nés du sein de l'anarchie*. Le cardinal du Perron, député de la chambre ecclésiastique vers celles de la noblesse et du tiers, aux Etats généraux de 1614, dans le siècle même qui vit paraître la Déclaration de 1682, maintint précisément, dans son discours, au sujet des rapports de l'autorité spirituelle avec la souveraineté politique, la doctrine que repousse la déclaration de 1826, il avança même, au nom du clergé de France, qu'elle avait été la doctrine *constante* de ce clergé en particulier, tandis que l'opinion contraire n'était soutenue que depuis Calvin (Henrion, *Hist. gén. de l'Eglise*, l. 102, t. XIII, p. 367, notes 2 et 3). » Il est fâcheux pour quatorze évêques, qui veulent remontrer au Pape, de se voir ainsi redressés par un bon laïque.

Ce n'est pas la seule méprise qui leur soit échappée dans leur déclaration au roi. Ils s'appuient des sentiments d'estime que les Papes témoignent au clergé de France; mais ils dissimulent les paroles du saint archevêque de Bordeaux, dans sa lettre du 19 avril 1818 à l'abbé Duclaux, supérieur de Saint-Sulpice : « On n'a pas manqué de dire : *Soyons gallicans, mais soyons catholiques.* Mieux eût valu écouter le Pape, qui ne cessait de dire : *Vous en viendrez à n'être plus catholiques, si vous vous obstinez à être gallicans.* C'est ce que le souverain Pontife régnant (Pie VII), nous répète après ses onze prédécesseurs immédiats (*Mémorial catholique*, t. VII, p. 407). »

Le ministre des affaires ecclésiastiques, l'abbé Frayssinous, ayant fait rédiger cette déclaration par les quatorze évêques, l'envoya aux autres évêques de France pour y donner leur adhésion. Sur quoi, les uns adhérèrent purement et simplement. Les autres, sans faire mention de l'acte du 3 avril, renouvellent en termes plus ou moins clairs l'opinion énoncée dans le premier article de 1682. D'autres se bornent à reconnaître l'indépendance du pouvoir temporel dans les matières purement civiles. Aucun catholique ne ferait difficulté de souscrire à une semblable déclaration. Cependant ces signataires figuraient dans le journal officiel comme ayant adhéré à la déclaration des quatorze. C'est, comme nous en avons déjà eu plus d'une preuve, que parmi les libertés gallicanes il y a celle de supprimer la vérité, et d'y substituer le contraire. D'autres évêques firent observer que, s'il s'agissait d'établir un point de doctrine, il fallait nécessairement recourir au chef de l'Eglise, sans lequel on ne peut rien définir. Les autres, enfin, ne voulurent point s'expliquer. Voici ce que disait un de ces évêques dans une lettre qui nous fut communiquée dans le temps : « Je m'empresserai de répondre à un appel *canonique* quand les évêques seront invités à s'assembler *in Spiritu Sancto*. Mais un appel *ministériel*, dans le temps où nous sommes, m'inspire trop de méfiance. En vérité, si l'on avait osé, on nous aurait demandé une réponse par le télégraphe. Je m'applaudis beaucoup de n'avoir pas agi avec précipitation, et de m'être ressouvenu du temps où l'on mettait sur les listes des jureurs des prêtres qui pourtant s'étaient convenablement expliqués : ce qu'à la vérité je n'oserais pas tout à fait appliquer au temps présent. Il n'en est pas moins vrai que ce souvenir m'a retenu, et a peut-être empêché un acte que je n'aurais pas supporté, et contre lequel *j'aurais réclamé avec éclat*... J'étais loin de m'attendre, quoique notre situation permette que l'on s'attende à tout, à la déclaration des quatorze évêques. Elle est venue me fendre le cœur : elle y reste comme le poids le plus lourd que j'aie eu de ma vie à porter (*Mémorial catholique*, t. V, p. 264). »

Le ministre des affaires ecclésiastiques, M. Frayssinous, ayant fait condamner le propagateur des doctrines ultramontaines, et par les quatorze évêques et par le tribunal de police correctionnelle, crut devoir encore l'attaquer à la tribune parlementaire. De plus, quatre de ses parents, les trois frères Clausel et l'abbé Boyer, vinrent au secours du ministre, par des lettres et d'autres écrits. A quoi il parut deux réponses : *Lettres d'un anglican à un anglican; Lettre d'un membre du jeune clergé à monseigneur l'évêque de Chartres.* Ces lettres, réimprimées plus tard dans un recueil périodique, sont demeurées sans réponse.

Pour empêcher les doctrines ultramontaines, autrement papistiques de gagner parmi le jeune clergé comme la gangrène, M. Frayssinous entreprit de créer une nouvelle Sorbonne, qui serait, disait-il, la *gardienne des maximes françaises*, et aurait pour mission de rallier tous les esprits aux opinions gallicanes. C'est ce qu'il annonça lui-même à la chambre des députés dans les séances des 25 et 26 mai 1826. Mais au nom de qui cette nouvelle école enseignera-t-elle? Sera-ce au nom du Pape, comme l'ancienne Sorbonne, et comme toutes les Universités catholiques? Mais c'est contre le Pape même qu'est dirigée la nouvelle école : comment exiger de lui qu'il l'approuve ? Enseignera-t-elle au nom de l'archevêque de Paris ? Ce sera une école purement diocésaine. Deux membres de la commission, M. de Bovet, ancien archevêque de Toulouse, et l'abbé de la Chapelle, secrétaire du ministre des affaires ecclésiastiques, proposèrent un moyen terme : c'est que la nouvelle école de théologie fût instituée, non par le Pape ni par l'archevêque, mais par le roi, comme sont les écoles anglicanes. L'archevêque ayant menacé d'interdire les professeurs qu'il n'aurait pas nommés lui-même, la nouvelle Sorbonne se trouva morte avant de naître.

Dans la France d'autrefois, il y avait un grand nombre de facultés de théologie, autorisées et favorisées par le Pontife romain, où les catholiques pouvaient aller prendre des degrés en théologie et en droit canon, valables par toute l'Eglise. Dans la France d'aujourd'hui, il n'y en a pas une seule. Nous espérions, dans le temps, qu'il y en aurait une à Besançon, par suite d'un legs du cardinal-archevêque de Rohan. Depuis, il paraît qu'on n'y pense pas même. Nous aurions bien voulu trouver une réunion de docteurs, reconnus tels par le Pontife romain, afin de les consulter sur l'ensemble et les principales parties de cette histoire. Pour cela, nous avons été obligé de chercher hors de France.

M. Frayssinous réussit mieux dans une autre affaire, mais sans le vouloir. Ce fut d'ôter aux évêques la liberté de confier l'enseignement des écoles ecclésiastiques aux hommes qu'ils jugeraient le plus à propos. M. Frayssinous donna l'éveil à cet égard aux ennemis de la religion ; son successeur, M. Feutrier, évêque de Beauvais, leur donna aide et conseil pour parvenir à leurs fins. Voici en deux mots la chose. Sept ou huit évêques avaient confié l'enseignement de leurs écoles ecclésiastiques aux religieux de saint Ignace, les mêmes qui avaient présidé à l'éducation du siècle de Louis XIV. Beaucoup de familles en profitaient, pour y faire donner une éducation chrétienne à leurs enfants, et les préserver de la corruption qui, d'après la renommée publique, régnait dans les institutions de l'Université gouvernementale fondée par Bonaparte. Pour y mettre obstacle, il y eut, le 16 juin 1828, deux ordonnances du roi Charles X, l'une contre-signée Portalis, l'autre Feutrier, qui défendaient aux évêques d'employer dans leurs écoles les religieux de leur confiance, d'y recevoir aucun externe, et même des pensionnaires au delà d'un nombre fixé. Ce qui mettait beaucoup de familles chrétiennes dans la fâcheuse alternative, ou d'exposer leurs enfants aux écoles légitimement suspectes du gouvernement, ou de les envoyer à l'étranger, comme les catholiques d'Angleterre, d'Ecosse et d'Irlande, pour leur conserver la foi et les mœurs, au risque de perdre plusieurs avantages de citoyens français. Voilà comme le bon, mais faible Charles X, commença une persécution contre les évêques, contre les religieux et contre les familles qui lui étaient le plus dévouées, et cela sur les instances de l'évêque Feutrier, ministre des affaires ecclésiastiques. Ces ordonnances de Charles X sont le digne pendant de celles de son frère Louis XVIII, amnistiant les Français qui l'avaient suivi dans l'émigration, les déclarant ainsi des rebelles, soi-même un usurpateur, et Bonaparte seul souverain légitime.

Les évêques de France protestèrent contre la persécution de leur collègue Feutrier. Dans un mémoire adressé à Charles X, ils relèvent l'usurpation de la puissance séculière sur les droits de l'Eglise. « L'une et l'autre ordonnance, disent-ils, semblent reposer sur ce principe bien contraire aux droits de l'épiscopat dans une matière évidemment spirituelle, puisqu'il regarde la perpétuité même du sacerdoce, savoir : que les écoles secondaires ecclésiastiques, autrement appelées petits séminaires, seraient tellement du ressort et sous la dépendance de l'autorité civile, qu'elle seule peut les instituer et y introduire la forme et les modifications qu'elle jugerait à propos, les créer, les détruire, les confier à son gré à des supérieurs de son choix, en transporter la direction, en changer le régime comme elle le voudra, sans le concours des évêques, même contre leur volonté, et cela sous prétexte que, les lettres humaines étant enseignées dans ces écoles, cet enseignement est du ressort exclusif de la puissance séculière. C'est en vertu de ce principe que huit écoles secondaires ecclésiastiques ont été tout d'un coup, sans avertissement, sans ces admonitions préalables qui conviennent si bien à une administration paternelle, arrachées au gouvernement des évêques sous lequel elles prospéraient, pour être soumises au régime de l'Université. C'est encore par une conséquence immédiate de ce principe qu'il est ordonné qu'*à l'avenir*, sans avoir égard à l'institution de l'évêque, non plus qu'à sa responsabilité devant Dieu et devant les hommes, *nul ne pourra demeurer chargé soit de la direction, soit de l'enseignement dans une des écoles secondaires ecclésiastiques, s'il n'a affirmé par écrit qu'il n'appartient à aucune congrégation religieuse non légalement établie en France*. C'est toujours de ce principe que découlent les autres dispositions qui limitent au gré de l'autorité laïque le nombre des élèves qui doivent recevoir dans ces écoles l'éducation ecclésiastique, qui déterminent les conditions sans lesquelles ils ne peuvent la recevoir, et qui enfin statuent que désormais cette éducation ne sera donnée, que la vocation au sacerdoce ne pourra être reconnue et dirigée dès son commencement sans l'intervention de l'autorité laïque ; car les supérieurs ou directeurs doivent obtenir l'agrément du roi avant de s'ingérer, après la mission des évêques, dans la connaissance et la direction de cette vocation. »

Les évêques de France concluent qu'ils ne peuvent, *non possumus*, concourir d'une manière active à l'exécution de ces ordonnances. On consulta de part et d'autre le pape Léon XII, qui, dit-on, ne jugea point à propos de répondre aux évêques, mais seulement au ministre du roi, lequel ne jugea point à propos de faire connaître la réponse. On sait toutefois d'ailleurs comment ce Pontife jugeait les prétentions du gouvernement français. Une circulaire, rédigée par l'archevêque de Paris de concert avec quelques évêques, pour être adressée à M. Feutrier, reconnaissait au gouvernement des *droits de surveillance*. Le Pape souligna ces mots ; et y joignit les observations suivantes : « Cette note tombe sur cette expression qui, dans le sens si large qu'elle peut présenter ici, *ne doit certainement pas être soufferte dans l'Eglise du Christ, et a été rejetée d'une voix unanime dans plus d'un con-

cile. La même expression ne peut être admise et employée maintenant par un illustre corps d'évêques; car *elle ne peut l'être sans un grave scandale, et qu'au détriment de l'Eglise* (*Mémorial catholique*, t. XI, p. 130, et Henrion, t. XIII; p. 457). » Enfin, après toutes leurs doléances, presque tous les évêques finirent par ployer sous la main impérieuse de leur collègue Feutrier. Pour leur adoucir la soumission, on alloua un certain secours à leurs petits séminaires : le secours a été retiré depuis, mais la servitude est restée. L'auteur de cette persécution, l'évêque Feutrier, fut trouvé mort dans son lit, le 27 juin 1830, à l'âge de quarante-cinq ans.

Il régnait à cette époque, parmi les sommités du clergé et des royalistes, une étrange superstition de légitimisme. Des évêques, des aumôniers du roi, des nobles illustres regardaient Charles X comme un usurpateur. Tel de ses chapelains, que nous avons connu, ne le nommait plus dans le canon de la messe. L'évêque Tharin, précepteur du duc de Bordeaux, passait pour être dans les mêmes sentiments. Tel évêque, de ses amis, qui, dans tel arrondissement de son diocèse, disait aux magistrats civils et judiciaires : « Souvenez-vous bien, messieurs, Charles X et moi c'est tout un; » cet évêque regarda Charles X comme un usurpateur, et porta jusqu'en pays étranger le roi légitime dans sa poche : c'était une petite statue de Louis XVII, duc de Normandie. Un Montmorency devait aller au devant de ce Louis XVII, à Bénévent. Telles étaient les espérances et les préoccupations de ce parti, lorsque la révolution de juillet 1830 vint congédier Charles X, son fils le dauphin, duc d'Angoulême, le duc de Bordeaux, sa mère la duchesse de Berry, et sa tante, la fille de Louis XVI et de Marie-Antoinette d'Autriche-Lorraine. Le prétendu Louis XVII, duc de Normandie, se trouva un aventurier tudesque.

Le 5 juillet 1830, les troupes françaises, sous le commandement du général de Bourmont, entrèrent dans la capitale de la Barbarie, dans la ville d'Alger, et en firent la capitale de la civilisation chrétienne pour toute l'Afrique. Charles X profita de cette victoire pour ordonner en France des mesures de pouvoir absolu, dont sa juste appréhension lui avait aliéné la France électorale, et dont l'ordonnance effective provoqua une révolution. Le 26 juillet, il suspendit la liberté de la presse, cassa la nouvelle chambre des députés, et prescrivit un nouveau mode d'élection. Le 27, il y eut des rassemblements dans les rues. Le 28, Paris est déclaré en état de siège, mais l'insurrection l'emporte, le palais des Tuileries est envahi, celui de l'archevêque est pillé, un gouvernement provisoire se forme, le duc d'Orléans est déclaré lieutenant général du royaume, Charles X et le dauphin abdiquent en faveur du duc de Bordeaux; le 7 août, la chambre des députés modifie la charte, révoque les pairs nommés par Charles X, et appelle au trône le duc d'Orléans, sous le titre de *roi des Français;* il prête serment en cette qualité le 10 du même mois. Le 17, Charles X et sa famille s'embarquent à Cherbourg pour l'Angleterre, où il demeura au château de Lullworth, appartenant au cardinal Weld, en attendant d'aller mourir au fond de l'Allemagne.

L'archevêque de Paris fut sollicité, dans une entrevue avec le roi des Français, de prendre l'initiative du serment à la chambre des pairs, parce que l'exemple de l'évêque de la capitale déterminerait tout le clergé à l'imiter. « Ce serait une erreur de le croire, répondit le prélat; le gouvernement qui aurait reçu mon serment aurait M. de Quélen déshonoré, il n'aurait pas l'Eglise de France. Le Pape seul peut trancher la question. S'il autorise le serment et les prières pour le chef actuel de l'Etat, le serment sera prêté et les prières seront dites partout : s'il les défend, je serai le premier à lui obéir, et ces prières publiques, que j'ai cru devoir permettre, je les interdirai aussitôt que sa volonté me sera connue. » Sur l'invitation du prince, l'archevêque envoya un homme de confiance consulter le pape Pie VIII, qui autorisa le serment et les prières pour le gouvernement dans la même forme que pour l'ancien (Henrion, t. XIII, p. 575). Ailleurs, on suivit une marche semblable. Le magistrat chrétien consultait son pasteur, celui-ci son évêque, et l'évêque le chef de l'Eglise : *Rome ayant parlé, la cause était finie.* Et voilà comme, en 1830, et pasteurs et ouailles de France suivaient ce qu'on y appelle *les maximes ultramontaines :* dans les doutes sur l'obéissance envers le gouvernement temporel, ils consultaient le pasteur suprême, à qui le Sauveur a dit : *Pais mes agneaux, pais mes brebis.* L'ultramontanisme n'est pas autre chose.

Le passage de la famille d'Orléans sur le trône de saint Louis, de 1830 à 1848, n'y laissera pas les fâcheux souvenirs qu'on aurait pu craindre. Louis-Philippe a paru plus capable de régner que plusieurs de ses prédécesseurs. L'immorale renommée de son père Philippe-Egalité et de son bisaïeul le régent, il l'a couverte par une renommée contraire. Sa nombreuse famille s'est montrée généralement unie et chrétienne. Deux mariages mixtes attristèrent les catholiques de France. La Providence s'est prononcée d'une manière qui peut servir de leçon. Le 2 janvier 1839, la princesse Marie meurt à Pise, moins encore de maladie que de douleur, de se voir trompée dans ses espérances, de se voir épouse et mère, non pas d'un fils de saint Louis, mais d'un protestant wurtembergeois. Voici comme l'abbé della Fanteria, vicaire général de Pise, rend compte des derniers moments de la princesse :

« Le 12 décembre, après son arrivée de Gênes, une des premières pensées de madame la duchesse fut de me faire inviter par sa dame d'honneur, la baronne de Spitt, à dire une messe pour elle, dans la cathédrale, à une heure déterminée, pour s'y associer par ses prières. Je me conformai à ce désir. Quelques jours après, la baronne me fit une visite et m'avertit de me tenir prêt, attendu que la princesse faisait des préparatifs pour ses exercices de dévotion. Le 1er janvier, à sept heures du matin, je fus mandé auprès de la duchesse; elle essaya de se lever et de se mettre sur son sopha. Cet effort, et notamment le zèle de Son Altesse Royale, qui avait le sentiment profond de l'acte important qu'elle allait faire, occasionnèrent un évanouissement au commencement de la confession. Revenue à elle, la princesse se confessa et communia.

» La nuit suivante, je veillai à côté de sa chambre. Elle ne me fit pas appeler, mais parla de sa confession en termes qui dénotaient combien cet acte lui avait donné de satisfaction. Le lendemain matin, elle voulut me voir; elle se confessa encore une fois, et me dit qu'elle connaissait très-bien son état, qu'elle n'était attachée à la vie que par son amour pour son époux, son fils et sa famille, et surtout sa bonne mère, et enfin par l'amour de Dieu, notamment pour son époux, qu'elle espérait voir passer dans le sein de la religion catholique, après quoi elle mourrait contente.

» Son Altesse Royale s'entretint longtemps avec moi de la religion, de la piété, de la bonté et de l'amour de Dieu, du néant des choses terrestres et de la béatitude de l'éternité. Je lui proposai alors de recevoir le sacrement de l'extrême-onction et l'absolution pontificale; elle accepta avec empressement, et dans la journée elle reçut, avec une piété touchante, l'extrême-onction et l'absolution pontificale; puis elle me pria de lui parler encore d'objets ayant rapport à la religion et à son état. Environ une demi-heure après, il y eut un mouvement dans la chambre de la princesse. Je courus au lit de Son Altesse Royale, que je trouvai calme, tandis que toutes les femmes présentes étaient vivement émues. Elle me dit qu'elle priait son époux de se faire catholique.

» Je me retirai et priai; depuis ce moment jusqu'à sa mort, le visage de la princesse parut entouré d'une auréole divine, et tous les assistants étaient livrés à une pieuse admiration. Elle leur adressa les paroles les plus justes, les plus vraies et les plus religieuses, et répéta plusieurs fois à son époux, dans les termes les plus aimables et les plus pressants, qu'il fallait qu'il lui promît de se faire catholique et de faire élever parfaitement son fils. Elle dit au duc de Nemours, et le pria de répéter à ses frères, que hors de la religion il n'y a point de bonheur, et que sans elle tout est néant. — Vous qui ne connaissez point la piété, dit-elle en jetant un coup d'œil sur tous les assistants, voyez ce qu'est la religion! J'étais heureuse; j'ai vingt-cinq ans, mais je sais mourir et je meurs contente. Dieu m'aura pardonné mes péchés et m'accordera la béatitude éternelle, parce que je l'ai toujours aimé. — Elle resta dans cet état trois heures environ. Les assistants étaient profondément émus; la princesse était calme et souriait quelquefois; elle exigeait que je ne quittasse pas son chevet. Lorsque son époux lui adressait la parole, elle refusait avec douceur de lui répondre et se signait avec la croix.

» Elle imprima ses derniers baisers sur le crucifix et tourna ses derniers regards vers le ciel. Elle me demanda si elle pouvait avoir la certitude de se rendre dans le sein de Dieu, et sur ma réponse que, dans ma conviction, le ciel s'ouvrait pour la recevoir, elle leva les yeux avec ravissement, et resta dans cette attitude jusqu'à sa mort, qui arriva à huit heures un quart. Jamais je n'avais été témoin d'une mort aussi édifiante. Le calme, la force d'âme, le sourire angélique de la duchesse ne pouvaient émaner que d'un profond sentiment religieux, et d'une grâce particulière de Dieu pour une âme dont la place était marquée parmi les bienheureux (*Ami de la religion*, 29 janvier 1839.) »

Le frère aîné de la princesse Marie, le duc d'Orléans, héritier présomptif du trône, avait épousé une princesse protestante de Mecklenbourg, dont assez récemment un oncle et une tante avaient embrassé le catholicisme au prix des plus grands sacrifices. On espérait que la nièce suivrait leur exemple, du moins en entrant dans la postérité de saint Louis. On se flattait qu'elle aurait assez de bon sens pour préférer le Dieu de saint Louis, Dieu *si bon que meilleur ne peut être*, au dieu de l'apostat Luther, Dieu si méchant que pire ne peut être, puisqu'il punit ses créatures du mal que lui-même opère en elles et qu'elles ne sauraient éviter. On croyait que la nouvelle duchesse d'Orléans comprendrait une chose aussi simple, ainsi que beaucoup d'autres. Peu à peu on s'aperçut du contraire. La France catholique, qui empêcha Henri IV, tant qu'il fût huguenot, de monter sur le trône de saint Louis, quoiqu'il fût de sa race; la France catholique voyait avec dégoût s'approcher du même trône une huguenote étrangère, venue d'Allemagne. Et voilà ce qui détourna les cœurs de s'attacher à une famille vers laquelle les attiraient cependant bien des vertus et de bons exemples. En revanche, la coterie protestante s'insinuait partout avec des airs de triomphe. Dans bien des localités où les protestants ne sont pas en nombre légal pour avoir un seul ministre, ils en obtiennent facilement plusieurs. Vers la mi-juillet 1842, ceux de Strasbourg paraissaient rayonnants de joie. La protestante duchesse d'Orléans devait y venir sous peu, des eaux de Plombières, accompagnée de son époux, pour présider à l'installation des diaconesses protestantes. On parlait de lui donner le palais bâti par les anciens évêques de Strasbourg; le bruit courait même qu'on ôterait la cathédrale aux catholiques pour la livrer aux protestants. Ces derniers triomphaient. Un homme catholique du peuple leur dit : « Ne vous y fiez pas trop; tôt ou tard, vous verrez que le Bon Dieu est catholique. » Effectivement, dès le 13 juillet au soir, une nouvelle du télégraphe, comme un coup de foudre, changea le triomphe des protestants en deuil, et consterna les catholiques eux-mêmes : le duc d'Orléans, allant de Paris à Neuilly, faire ses adieux à ses parents, s'est tué sur le chemin de la *Révolte*, en sautant de sa voiture, dont les chevaux s'emportaient. Et le jour fixé pour son entrée triomphale à Strasbourg, fut le jour de son service funèbre dans la cathédrale.

Plus d'une fois, et avant et depuis cette catastrophe, la Providence préserva, d'une manière presque miraculeuse, Louis-Philippe et ses fils de la mort dont ils étaient menacés soit par des assassins, soit par des accidents; notamment le 28 juillet 1835, où, pendant une revue de la garde nationale, une machine infernale tue onze personnes et en blesse vingt-deux à côté du roi, sans l'atteindre, ni lui ni ses fils, que l'assassin avait pourtant seuls en vue. Et le 13 juillet 1842, sans aucune cause apparente, des chevaux s'emportent un instant, s'arrêtent à quelques pas de l'endroit où le prince, sautant de la voiture, s'était luxé l'épine dorsale et gisait mourant. Le père, la mère, les frères, les sœurs accourent dans une désolation inexprimable; un prêtre est appelé et arrive : le prince paraît tout voir et tout entendre, mais ne peut répondre un mot : il reçoit les derniers sacrements, et meurt après quatre heures d'agonie. Nulle âme chrétienne ne fut insensible aux douleurs de cette famille, surtout aux sentiments chrétiens qu'elle manifesta dans ces moments terribles.

De pareils événements pouvaient être regardés comme un avertissement du ciel. On n'y fit pas toute l'attention qu'on aurait pu croire. Lors de la réception des autorités de la capitale pour la fête du roi en 1846, l'archevêque de Paris ayant osé dire dans son discours que *l'Eglise réclamait la liberté et non la protection*, Louis-Philippe, choqué de cette liberté épiscopale, empêcha que ce discours ne fût imprimé au *Moniteur* avec tous les autres. Quand il fut question d'une nouvelle présentation au jour de l'an 1847, l'archevêque prévint la reine qu'il viendrait bien offrir ses vœux au roi, mais qu'il était dans l'intention de ne pas faire de discours, et cela pour ne pas s'exposer de nouveau à l'affront comme à la Saint-Philippe. La reine, dans l'espoir de tout concilier, ménagea une entrevue entre le roi et l'archevêque; entrevue que l'archevêque rapporta en ces termes à un de ses amis : « Le roi me reçut dans son salon, et, comme c'était son habitude, il me tira à part dans l'embrasure d'une fenêtre où il me fit asseoir et s'assit lui-même. Là, nous fûmes quelque temps à nous regarder en silence. A la fin je pris la parole et je lui dis : Ayant su que le roi désirait me parler, je me suis rendu avec empressement à son invitation... — Moi, dit le roi, je n'ai rien à vous dire, c'est vous, m'a-t-on dit, qui voulez me parler, et je suis prêt à vous écouter. — Eh bien ! le roi doit savoir le sujet de ma visite; comme je ne veux pas m'exposer encore à l'affront qui m'a été fait lors de la dernière présentation, je me propose de venir offrir mes vœux pour la santé du roi à la tête de mon clergé, mais je ne ferai pas de discours. — Ah ! je vois, c'est une nouvelle attaque que vous dirigez contre moi; je croyais que toutes nos discussions étaient finies, et il paraît que vous voulez encore recommencer. Si j'ai empêché que votre discours fût publié, c'est que vous vous étiez permis des conseils inconvenants. — J'en demande bien pardon au roi, mais ni mes intentions, ni mes paroles ne pouvaient avoir ce sens; demander la liberté et non la protection, est peut-être la demande la plus modérée que puisse faire l'Eglise. — Et moi je ne l'entends pas ainsi.... avec vos demandes et vos journaux, vous jetez le trouble partout... » Et passant tout de suite à une autre question : « Ainsi, par exemple, je sais qu'il y a peu de temps vous avez rassemblé un concile à Saint-Germain. — Ce n'est point un concile que nous avons assemblé, mais quelques évêques, mes suffragants et mes amis, sont venus me voir, et nous avons traité différents points de discipline ecclésiastique. — Ah ! je le disais bien que vous aviez formé un concile; sachez que vous n'en avez pas le droit. » Jusqu'à ce moment, racontait l'archevêque, j'avais répondu au roi avec beaucoup de déférence, et évitant presque de le regarder; mais à ce mot j'élevai les yeux, et, les fixant sur les siens, je lui dis avec fermeté : « Pardon, Sire, nous en avons le droit, car toujours l'Eglise a eu le droit d'assembler ses évêques pour régler ce qui pouvait être utile à leurs diocèses.... — Ce sont là vos prétentions, mais je m'y opposerai; d'ailleurs on m'a dit aussi que vous aviez envoyé un ambassadeur au Pape; je sais même que c'était pour lui demander la permission de faire gras le samedi. — C'est vrai, Sire, nous avons envoyé un ecclésiastique faire quelques demandes au Pape; mais cela même est dans les droits de tous les fidèles et à plus forte raison des évêques. — Et qu'est-ce que vous lui avez demandé encore? je veux le savoir. — Si c'était mon secret, je le dirais tout de suite au roi; mais ce n'est pas seulement le mien, mais encore celui de mes collègues, et je ne puis le dire au roi... » A ces mots, le roi, rouge de colère, se leva brusquement, me prit par le bras et me dit : « Archevêque, souvenez-vous que l'on a brisé plus d'une mitre... » — Je me levai à mon tour en disant : « Cela est vrai, Sire; mais que Dieu conserve la couronne du roi, car on a vu briser aussi bien des couronnes. » Telle a été ma dernière audience avec Louis-Philippe. Le surlendemain je me présentai avec mon clergé à l'audience, je souhaitai verbalement au roi mes vœux pour sa santé; puis l'on fit un discours assez long avec mes paroles, et on l'inséra au *Moniteur* comme si je l'avais prononcé. »

D'après ce récit de l'archevêque Affre, publié dans les *Annales de philosophie chrétienne* (n. 103, juillet 1848), on voit une fois de plus que la politique des Orléans, comme celle des Bourbons et de Bonaparte, et généralement de tous les gouvernements modernes, vis-à-vis de l'Eglise de Dieu, c'est de la tenir dans la servitude, pour l'avantage de leur dynastie. Nous avons vu tomber Bonaparte, nous avons vu tomber les Bourbons, nous allons voir tomber les Orléans.

En février 1848, cette famille est au comble de la prospérité : Louis-Philippe admis au rang des premiers souverains de l'Europe, tous ses enfants convenablement établis, la guerre d'Afrique terminée par la soumission du chef des Arabes, des armées nombreuses et fidèles, la majorité des deux chambres sincèrement dévouée, une année abondante succédant à une année de cherté; on ne craignait qu'une chose, la mort du roi, suivie d'une régence. Le roi ne meurt point; mais, à propos d'un banquet, il y a, sans que personne l'ait préméditée, une révolution complète, et la dynastie d'Orléans est congédiée tellement à l'improviste, qu'elle n'a pas même le temps de prendre des habits et des provisions de voyage. Le seul écho de cette révolution ébranle tous les rois et tous les peuples de l'Europe. Ils s'aperçoivent avec effroi que les bases de tous les empires, de tous les royaumes, de toutes les républiques, de toutes les familles, de toutes les propriétés, sont minées, vermoulues, calcinées, réduites en poudre, et remplacées par un volcan, qui menace d'un moment à l'autre d'engouffrer toutes les sociétés humaines dans un commun incendie. Peuples et rois se troublent, s'assemblent, se heurtent, et s'efforcent de soutenir le monde croulant avec des constitutions et des lois en papier. La seule Eglise de Dieu, bâtie sur le roc, apparaît tranquille et confiante, avec sa sainte hiérarchie de peuples unis et soumis à leurs prêtres, de prêtres unis et soumis à leurs évêques, d'évêques unis et soumis au vicaire de Jésus-Christ, de Jésus-Christ qui est avec elle tous les jours jusqu'à la consommation des siècles, et qui a donné sa parole : *Les portes de l'enfer ne prévaudront point contre elle.*

C'est ici que se termine en quelque sorte cette *Histoire universelle de l'Eglise catholique*, à partir de l'origine du monde. Pour que l'on en comprenne bien l'esprit, l'ensemble et le but, qu'il nous soit permis d'exposer par quelles voies la Providence nous a amené à concevoir, entreprendre et finir ce long travail.

Né le 27 septembre 1789, à Langatte près de Sarrebourg, alors du diocèse de Metz, maintenant du diocèse de Nancy, j'ai eu pour parrain mon curé même, René-François de Frimont, grand ami de mon père, qu'il avait attiré dans la paroisse, pour être chantre de l'église et tenir les écoles, après qu'il fût revenu de Brest, où il avait servi quelque temps dans la marine. Mon parrain s'était fait représenter au baptême par un de ses frères, officier de hussards : un autre de ses frères, le plus jeune, a été le baron de Frimont, général en chef des armées d'Autriche. Né à Fénétrange, mon parrain et curé y eut lui-même pour curé un excellent prêtre, mais imbu d'idées jansénistes, importées dans le diocèse de Metz par quelques-uns de ses évêques. L'abbé de Frimont s'en ressentit et dans son esprit et dans sa bibliothèque. Lors de la constitution civile du clergé, il quitta sa paroisse pour être vicaire épiscopal de l'évêque intrus de la Meurthe, Lalande : il revint dans sa paroisse après la Terreur, et y resta au concordat de 1801, après lequel je fis ma première communion. Cette adhésion de mon curé et parrain au schisme a été plus tard pour moi un motif pressant d'étudier et de démasquer à fond les erreurs et opinions jansénistes, gallicanes et autres, qui ont fait tant de mal à l'Église et fourvoyé tant de personnes d'ailleurs recommandables. Le premier livre de l'histoire que je me souvienne d'avoir lu, à l'âge de sept ou huit ans, c'est un petit catéchisme historique de l'Ancien et du Nouveau Testament ; j'y prenais un si grand plaisir, que je réunissais à deux ou trois camarades dans un coin du cimetière, pour le lire ensemble par manière de conférence ; nous promettions même et donnions de petits prix à celui qui racontait bien une histoire quelconque. Quelque temps après mon grand-père paternel vint demeurer avec nous : il passait tout son temps à lire, en français, en allemand, tout ce qu'il trouvait de livres à la maison, tout ce que lui prêtait le curé, Histoire de l'Ancien et du Nouveau Testament, Histoire romaine, Vies des Saints ; il me racontait volontiers ce qu'il avait lu. Cette circonstance me facilita singulièrement les premières études du latin : quand il fallut traduire l'*Epitome de l'Histoire sainte*, et les *Hommes illustres de la ville de Rome*, je retrouvais presque partout des histoires de mon grand-père, et les savais par cœur. Ce qui éveilla chez moi un désir extrême d'étudier, ce fut un décret de Bonaparte, qui promettait à chaque famille de sept fils d'en mettre un dans un lycée ou dans une école d'arts et métiers. Trois familles se trouvaient dans ce cas à Langatte : je transcrivis les actes qu'il fallait à mes camarades qui devaient jouir de ce privilège; je regrettais vivement de n'avoir pas le même bonheur. A la fin, mon père, qui était veuf, dit à mon curé et parrain qu'il fallait absolument trouver moyen de me faire étudier, autrement je mourrais de chagrin. C'était en 1804 : il n'y avait encore ni petit séminaire ni école ecclésiastique.

Cependant grâce à la divine Providence, je pus étudier cinq mois à un petit collège à Sarrebourg, puis huit ou neuf mois au collège de Phalsbourg, et j'avais fini ce qu'on appelle les classes d'humanités à l'âge de dix-sept ans. Je restai encore trois ans au collège, comme professeur ou maître d'études, quelquefois l'un et l'autre, continuant à lire et à étudier. Il s'y trouvait un fort savant homme de Suède, M. Rosen, réfugié politique, qui enseignait à qui voulait les éléments de beaucoup de sciences, entre autres, la botanique, le grec et l'hébreu : je profitai de sa bonne volonté. Comme j'aspirais à être prêtre, je lisais des cours de philosophie et de théologie, avec d'autres écrits en faveur des bonnes doctrines. Je parcourus toute l'*Année littéraire* de Fréron, pour bien connaître la littérature de son époque, et aussi parce qu'on m'avait dit que c'était la meilleure école pour se former le goût. Mais je lus avec ravissement le *Génie du christianisme* de Châteaubriand, qui venait de paraître, puis ses *Martyrs*. Pendant les vacances, à la tendue, au milieu des bois, je lisais encore, assis au pied d'un chêne, dont les racines, contournant le tronc, formaient un siège tapissé de mousse : c'est là que je fis connaissance avec l'*Histoire des empereurs* de Tillemont, et son *Histoire de l'Eglise*. Non-seulement le curé de Langatte, mon parrain, me prêtait des livres, mais encore le curé de Sarrebourg, M. Georgel, et le curé de Hoff, M. Uhrich, deux prêtres savants et exemplaires, qui avaient montré une fidélité à toute épreuve pendant la Révolution. Non contents de me prêter leurs livres, ils y ajoutaient d'excellents conseils pour bien diriger mes lectures et mes études. L'abbé Uhrich fut le premier à me signaler les altérations que les préjugés gallicans ont fait commettre dans l'histoire : dès lors je me trouvais dans le cas de contredire mon parrain en plusieurs choses.

Cependant, j'approchais de l'âge de vingt ans, Napoléon se brouillait avec le Pape, la conscription enlevait à peu près tous les jeunes gens : dans cette position, je m'appliquai un peu à l'algèbre et à la géométrie, pour le cas où je dusse faire le métier des armes. Tout à coup, à la promenade, on m'apprit qu'un décret impérial exemptait ceux qui se destinaient à l'état ecclésiastique. J'allai à Nancy, recevoir la tonsure des mains de monseigneur d'Osmond, le vendredi saint 1809. J'entrai en théologie au grand séminaire en 1810, et en sortis prêtre vers la fin de septembre 1812. Comme le diocèse de Nancy comprenait trois départements, et que les prêtres y étaient rares, on nous ordonnait le plus vite qu'on pouvait. Un de mes condisciples, au sortir du séminaire, eut jusqu'à onze clochers à desservir.

Pendant ma première année de théologie, il y eut parmi les élèves de philosophie une discussion sur les moyens de concilier la bonté de Dieu avec l'éternité des peines. Comme ils en parlaient à la récréation et à la promenade, il me vint une série de considérations, qu'ils trouvèrent concluantes. La voici. — Dieu, étant infiniment bon, a pu vouloir procurer à l'homme son plus grand bonheur possible, et le lui procurer par les moyens les plus efficaces. Or, quel est le plus grand bonheur possible de l'homme? N'est-ce pas un bonheur mérité? Et pour mériter, ne faut-il pas être libre? Donc, pour procurer à l'homme son plus grand bonheur possible, Dieu a dû le créer libre. Maintenant, quels sont les plus puissants motifs, et par là même les moyens les plus efficaces, que Dieu pouvait employer pour porter l'homme à faire un bon usage de son libre arbitre? N'est-ce pas de lui proposer, d'une part, un bonheur éternel à gagner, et, de l'autre, un malheur éternel à éviter? De là cette conclusion finale : Dieu est bon, donc il y a un enfer; Dieu est infiniment bon, donc il y a un enfer éternel.

Au séminaire, je m'attachai particulièrement à M. Michel, professeur de dogme, supérieur du séminaire, ancien déporté de Rochefort, et qui est mort en 1843 curé de la cathédrale. Pour commencer, nous vîmes le traité de l'Eglise ; c'était en 1810 et 1811, au plus fort de la persécution de Bonaparte contre Pie VII et l'Eglise romaine. On étudiait à fond ce Traité capital, d'autant plus que d'un moment à l'autre on pouvait s'attendre à donner sa vie pour les vérités qu'on enseignait et qu'on étudiait. Nous avions pour directeur des exercices spirituels, d'abord l'abbé Donzey, ancien Jésuite, chanoine de Strasbourg, mais comme exilé à Nancy, par suite des tracasseries de l'évêque Saurine, vieux constitutionnel incorrigible, qui ne pouvait supporter les bons prêtres. Nous eûmes ensuite un moment l'abbé Recorbet, supérieur d'un petit séminaire de Lyon, exilé par Bonaparte dans le département de la Meurthe : la police impériale ne lui permit point de demeurer au séminaire. L'évêché ne savait trop par qui le remplacer, lorsque la congrégation de Saint-Sulpice lui demanda, pour elle-même, l'abbé Mansuy, vicaire à Verdun, ancien chirurgien militaire et médecin habile, mais devenu prêtre à Saint-Sulpice. Au lieu de l'envoyer à Paris, l'administration diocésaine le fit venir à Nancy. C'est lui qui me fit faire connaissance avec les ouvrages de MM. de Bonald, de Maistre, Marchetti, et autres semblables, tels que les premiers ouvrages anonymes de M. de Lamennais. Ces deux hommes, Michel et Mansuy, ont été pour moi des amis et des conseillers, non-seulement au séminaire, mais encore après. Je demandai un jour au premier si je devais m'efforcer de devenir plus souple et plus facile; il me répondit : non, car ce qui nous manque le plus souvent, c'est la fermeté dans le caractère. Je suivis son conseil, plus tard contre lui-même; car je me suis trouvé dans le cas de le contredire, comme avant cela mon parrain, en particulier sur les changements qu'il se permit dans le Bréviaire et le Missel, contrairement aux règles de l'Eglise romaine. Quand nous nous étions disputés, je retournais dîner chez lui le lendemain, je le consultais sur un point d'histoire ou de doctrine, et il me faisait part de ses conseils et même de ses livres, ce qui était chez lui une marque extraordinaire de confiance et d'amitié.

Au sortir du séminaire, je fus placé comme vicaire dans la paroisse d'Insming, pour diriger une école ecclésiastique, succursale du petit séminaire pour la partie allemande du diocèse : je desservais en même temps, les dimanches, une paroisse mixte du voisinage. Au bout de six mois, je fus envoyé comme vicaire à Lunéville, où je restai neuf ans et demi, chargé en outre de l'hôpital civil et militaire.

Malgré tant d'occupations, il me restait encore du temps pour lire et étudier. Ce qui me manquait, c'était un but précis, un plan d'ensemble, pour y rapporter mes lectures et mes réflexions. Je cherchais bien, mais vaguement, à mettre plus d'ensemble, une unité plus nette, dans mes connaissances, et entre les ouvrages que je lisais le plus, Châteaubriand, Bonald, de Maistre, Bossuet, Fénelon, Fleury, Bercastel. Témoin, depuis 1789, de tant de révolutions en France, je considérais quelles pouvaient être les vues de la Providence en ceci. J'exposai quelques-unes de ces considérations dans un prône qui fut imprimé à Lunéville, et réimprimé à Metz.

Ce qui me plaisait surtout à Lunéville, c'est que curé et vicaires nous demeurions ensemble et avions la même table. Pendant les repas, on lisait les journaux, *l'Ami de la religion*, *la Quotidienne*, *le Conservateur*, *le Défenseur*, etc. Tout à coup, en son numéro du 21 janvier 1818, *l'Ami de la religion* annonce, avec les éloges les plus magnifiques, justifiés par des citations, l'*Essai sur l'indifférence en matière de religion*. A la fin de son *Introduction*, disait-il, l'auteur annonce son plan en général. Il se propose de prouver que l'indifférence en matière de religion est aussi absurde dans ses principes que funeste dans ses effets; absurde, parce qu'outre qu'elle n'est ordinairement qu'un prétexte pour ne pas croire afin de ne point pratiquer, elle ne pourrait raisonnablement reposer que sur ces deux principes, que nous n'avons aucun intérêt à nous assurer de la vérité de la religion, ou que, posé cet intérêt, il est impossible de découvrir la vérité qu'il nous importe de connaître. L'auteur combat ces deux principes, et montre de plus qu'il existe pour tous les hommes en général, et pour chaque homme en particulier, un moyen infaillible de se convaincre de la nécessité de la religion, et de discerner la véritable. » Sur les deux ou trois passages que citait le journal, nous jugeâmes aussitôt, curé et vicaires, que l'auteur de cet ouvrage devait être le même que celui des *Réflexions sur l'état de l'Eglise en France, pendant le XVIIIe siècle, et sur sa situation actuelle*, et de la *Tradition de l'Eglise sur l'institution des évêques* : et, sans délai, nous fîmes venir vingt-cinq exemplaires, que nous distribuâmes dans la paroisse et à des confrères du voisinage. Bientôt le nom de M. F. de Lamennais, à peine connu, fut célèbre comme ceux de Châteaubriand, Bonald et de Maistre. Comme tout le monde l'applaudissait, il ne me vint pas même dans la pensée de lui écrire. En 1820 parut le second volume de l'*Essai*. A Paris, à Nancy, on ne savait qu'en penser : que veut-il dire? ne va-t-il pas trop loin? Prévenu de ces incertitudes, je lus ce volume avec un de mes confrères, devenu depuis curé de la cathédrale de Saint-Dié : nous nous trouvâmes d'accord sur la manière d'entendre le fond du livre. Peu de jours après parut dans *la Quotidienne* un premier article de M. Laurentie sur le volume. Je lui adressai quelques réflexions, dont je fis part à M. F. Lamennais par une lettre du 24 août :

« Il y a deux jours que j'ai lu dans *la Quotidienne* un article de M. L., où j'ai vu clairement, à ce qu'il me semble, qu'il ne vous comprenait pas. J'ai pris la liberté de lui adresser par une lettre les réflexions suivantes, que je m'empresse de vous soumettre pour apprendre de vous-même si je vous comprends bien.

» Un moyen infaillible de certitude est celui qui ne peut pas tromper. — Or, le rapport des sens, le sens intime ou ce qu'on prend pour tel, le raisonnement ou la raison particulière de l'homme, le trompent souvent. — Donc, ni les sens, ni le sens intime, ni la raison particulière de l'homme ne sont des moyens infaillibles de certitude.

» Ce n'est pas à dire que les sens, le sentiment intime, la raison particulière de l'homme le trompent toujours ; mais c'est-à-dire que l'homme ne trouve en lui-même aucun moyen infaillible de reconnaître si ses sens, son sentiment intime, sa raison particulière ne le trompent pas. — Ce n'est pas à dire non plus que l'homme puisse ni doive toujours rejeter le rapport de ses sens, son sentiment intime ou le jugement de sa raison particulière. Non. Le rapport des sens, le sentiment intime, la raison particulière de l'homme sont, chacun dans son ressort, une autorité privée, à laquelle, quoiqu'elle puisse le tromper et qu'elle le trompe souvent, en effet, il est forcé de s'en rapporter faute de mieux, en mille et mille circonstances.

» Mais aussi le rapport des sens, le sentiment intime, la raison de plusieurs hommes sont une autorité plus grande, et qui, toutes choses égales d'ailleurs, doit l'emporter sur l'autorité particulière d'un seul. — Enfin, le rapport des sens, le sentiment intime, la raison générale de l'universalité des hommes, voilà l'autorité la plus grande possible sur la terre, et par conséquent le moyen le plus sûr de parvenir à la certitude. Car cette autorité n'est autre chose que le rapport des sens, le sentiment intime, la raison humaine élevés à leur plus haute puissance.

» Voilà ce que j'ai vu jusqu'à présent dans le deuxième volume de M. de Lamennais. Et je n'y trouve de nouveau que l'heureuse inspiration d'avoir réuni dans un bel ensemble des vérités jusque-là éparses, et qu'une dialectique si terrible lorsqu'elle combat ses adversaires, qu'au premier coup d'œil, elle paraît porter ses coups trop loin. »

M. F. de Lamennais me répondit de La Chenaie, le 28 août : « Oui, vous m'avez parfaitement compris, et je trouve tant de clarté dans l'exposé que vous faites de ma doctrine, que je vais le faire insérer dans le *Défenseur*, comme l'explication la plus nette que je puisse donner de mes sentiments. » Quant à M. Laurentie, il modifia son opinion dans un second article, et finit par s'accorder avec nous. Il en fut à peu près de même de tous les hommes qui s'attachèrent alors à l'auteur de l'*Essai* ; la plupart avaient commencé par combattre ses idées. Nous en faisons la remarque, parce qu'on a supposé plus tard que tous les avaient embrassées par enthousiasme.

J'envoyai la même année au *Défenseur* quelques observations respectueuses aux adversaires de M. de Lamennais, dont voici le début : « L'opposition momentanée qu'éprouve le deuxième volume de l'*Essai* de la part de quelques personnes, provient, à ce qu'il paraît, de la persuasion où elles sont que l'auteur va trop loin ; qu'il renverse toutes les thèses de logique sur la relation des sens, le sens intime, le raisonnement ; qu'il détruit la preuve des miracles et de l'inspiration des prophètes, etc. Il me semble au contraire que, si on veut bien s'attacher moins aux mots qu'à la chose, on se convaincra que M. de Lamennais ne va qu'au but, qu'il ne renverse que l'erreur et l'orgueil, qu'il établit la certitude sur le seul fondement inébranlable, et qu'au fond l'école est d'accord avec lui. » Ce que je prouvai entre autres par la *Philosophie de Lyon*, employée alors dans les principaux diocèses de France (*Défens.*, t. III, p. 219).

Ce qui nous manquait de part et d'autre, pour bien nous entendre, c'était une connaissance exacte de la vraie doctrine de Descartes sur ces matières. De part et d'autre, nous nous imaginions que, d'après Descartes, chaque individu devait, au moins une fois dans sa vie, soumettre au doute et à l'examen toutes ses idées quelconques, même les premiers principes de la raison humaine, puis se tirer de là par son évidence individuelle. Or, en 1847 seulement nous avons découvert, dans les explications authentiques de Descartes lui-même, que c'était là une erreur mutuelle. D'après divers passages que nous avons cités, livre quatre-vingt-septième, paragraphe cinquième de cette Histoire, il est certain que Descartes ne prétendait nullement révoquer en doute, ne fût-ce que momentanément, les premiers principes qu'il croyait même innés dans l'homme, ni les conséquences pratiques et morales qui en découlent naturellement, mais uniquement les jugements et conclusions métaphysiques qui constituent la science proprement dite. En quoi il est d'accord avec Aristote, qui dit que la science n'est pas des premiers principes, mais des conclusions, et qui appelle premiers principes les propositions qui obtiennent créance, qui persuadent par elles-mêmes et non par d'autres. Car, dans les principes scientifiques, dit-il, il ne faut pas chercher le pourquoi ; mais chacun des principes doit être cru, doit être de foi par lui-même (Top. 1). Il tire de là cette conséquence, que c'est une nécessité de croire aux principes et aux prémisses plus qu'à la conclusion (*Analyt. post.*, l. 1, c. 2, *sub fine*). J'appelle principes démonstratifs, dit-il encore, les opinions communes par lesquelles tous les hommes démontrent, par exemple, ces principes : Qu'il n'y a pas de milieu entre le oui et le non ; qu'il est impossible qu'une chose soit tout à la fois et ne soit pas, et autres propositions semblables (*Métaph.*, l. 2, c. 2). Ainsi donc, quant à la nature des premiers principes, Aristote et Descartes ne se combattent pas. Si maintenant on restreint la signification du *sens commun* à l'ensemble de ces premiers principes de la raison naturelle et de leurs principales conséquences les divers systèmes de philosophie sur la certitude scientifique pourront aisément se concilier et même se fondre en un.

Descartes ne prétend donc soumettre au doute et à l'examen que les conclusions éloignées et métaphysiques constituant la science proprement dite, et dans lesquelles seules il peut y avoir erreur. Encore soumet-il ces conclusions au doute et à l'examen, non pas de tout esprit, mais seulement des esprits solides et exercés, qu'il reconnaît être en fort petit nombre. Enfin il excepte formellement et à plusieurs reprises, même du doute et de l'examen des esprits les plus capables, toutes les vérités surnaturelles, toutes les vérités de la foi chrétienne; attendu que, de leur nature, elles sont au-dessus des lumières naturelles de la raison, et que pour les saisir et les bien entendre, il faut la lumière surnaturelle de la grâce et de la foi, qui se manifeste par l'enseignement de l'Eglise catholique.

Certainement, si en 1820 on avait connu ces explications authentiques de Descartes, on se serait entendu facilement de part et d'autre; on serait même allé plus avant, par la distinction plus nette de la grâce et de la nature, que l'on ne faisait point ou que l'on ne faisait point assez. Telle est notre intime conviction, d'après la connaissance que nous avons des personnes.

L'auteur de l'*Essai* en publia une *Défense* où il discute la doctrine de Descartes, mais uniquement d'après le texte de ses *Méditations*, et non d'après les explications authentiques qu'il en a données lui-même, mais que tout le monde ignorait alors. Cette *Défense* fut traduite en italien et imprimée à Rome en 1822, avec l'approbation de trois docteurs, approbation que nous avons sous les yeux. D'un autre côté, nous commençâmes le *Catéchisme du sens commun*, pour nous instruire nous-même, et nous prouver, de la manière la plus claire, que la règle de la foi catholique, *de tenir pour certain ce qui a été cru en tous lieux, en tous temps et par tous*, est vraiment catholique ou universelle, et s'applique non-seulement à la religion, mais encore à toutes les connaissances humaines. Dans cette vue, nous en fîmes d'abord une édition privée, tirée à un petit nombre d'exemplaires, pour consulter plus facilement les personnes capables de nous donner de bons conseils. De ce nombre fut un estimable magistrat, M. Adam, procureur impérial à Lunéville, puis conseiller à la cour royale de Nancy, homme intelligent et chrétien courageux, qui communiqua le petit écrit aux membres les plus capables de sa compagnie, sans faire connaître l'auteur. Ce qui nous y fit mettre la dernière main et nous décida même à le publier, ce fut une lettre écrite, le 7 mai 1825, à M. de Lamennais, par monseigneur Flaget, évêque de Bardstown, dans le Kentucky, Etats-Unis d'Amérique. Dans cette lettre, qui nous a été communiquée, le vénérable évêque missionnaire, après avoir fait l'éloge le plus complet de l'*Essai sur l'indifférence*, témoignait un grand désir d'en voir la doctrine développée par demandes et par réponses en forme de *catéchisme*. Le *Catéchisme du sens commun* eut deux éditions en France. L'an 1826, il fut traduit en italien et inséré, avec beaucoup d'éloges, dans les *Mémoires de Modène*. Cependant l'*Amico d'Italia*, recueil périodique qui se publiait à Turin, observa que ce qu'on y disait sur Aristote était fort incomplet, et par là même inexact. En France, d'autres personnes y trouvèrent d'autres défauts; du nombre de ces personnes est l'auteur lui-même. Aussi lorsque, dans les commencements de 1842, on lui demanda de réimprimer cet opuscule, il déclara qu'on ne le pouvait sans y faire des modifications et des additions considérables. Ces modifications et ces additions, l'auteur les a faites lui-même. Aujourd'hui (1848), par suite de la découverte sur la vraie doctrine de Descartes, il faudrait y faire des modifications nouvelles.

J'étais encore à Lunéville, lorsqu'un curé du diocèse vint me proposer de faire une mission dans sa paroisse avec quelques autres confrères. Jamais nous n'avions vu ni fait de missions. Nous ne les connaissions que par ouï-dire et par des lectures. Grâce à Dieu, notre premier essai réussit : c'était en 1821, dans la paroisse de Flavigny, où vécut le savant Bénédictin dom Ceillier. Monseigneur d'Osmond vint y prêcher et donner la bénédiction. Par suite, on forma une réunion de missionnaires ou prêtres auxiliaires à Nancy. Ils faisaient des missions à la campagne et dans les petites villes, aux époques les plus commodes pour les habitants. Ce ministère me fit mieux comprendre bien des faits de l'histoire de l'Eglise et des saints. Jamais il n'était question de politique. Aux personnes qui nous conseillaient le contraire, nous répondîmes : « Notre but est de faire de bons chrétiens; avec cela ils seront assez bons Français et assez bons royalistes. » Aussi n'éprouvâmes-nous jamais de difficulté à ce sujet. Suivant la méthode de M. Moye, ancien missionnaire en Lorraine et en Chine, outre les instructions publiques à l'église, communes à tout le monde, nous en faisions de particulières aux diverses classes d'habitants, hommes, femmes, filles, garçons, en des salles ou chapelles et à des heures convenables. Là on apprenait les cantiques, on répétait les instructions faites à l'église, on entrait dans les détails particuliers à chaque âge, à chaque état, on leur donnait permission d'exposer leurs doutes. Ces conférences particulières leur inspiraient une merveilleuse confiance, et donnaient lieu de leur suggérer quelquefois des raisons assez familières, mais efficaces, pour faire le bien et éviter le mal. Ainsi, pour déshabituer les hommes de jurer le nom de Dieu, leur proposions-nous de le remplacer par le nôtre, comme plus propre à faire peur. D'autres fois, ils nous fournissaient eux-mêmes des raisons nouvelles, surtout à la campagne, où nous avons trouvé généralement l'esprit du peuple plus développé que dans les villes.

Dans l'intervalle de ces missions, je me tenais au courant de ce qu'on publiait de bons ouvrages en France et en Allemagne. Je lisais le *Catholique* de Mayence ou de Spire, l'*Histoire de la religion de Jésus-Christ*, par Stolberg; la *Restauration de la science politique*, par de Haller. Ce dernier ouvrage n'étant pas encore traduit en français, comme il l'a été depuis, j'écrivis à l'auteur pour savoir si je le comprenais bien. Il me répondit de Paris, le 14 mars 1823 : « De toutes les lettres qui m'ont été adressées au sujet de mon ouvrage de la *Restauration*, aucune ne m'a fait autant de plaisir que la vôtre, monsieur, parce qu'elle me prouve que vous en avez parfaitement bien saisi le principe et l'ensemble, chose assez rare même chez des lecteurs instruits. Dieu seul a fait tout ce que j'ai faiblement esquissé : aussi ce n'est pas l'imparfait tableau qu'il faut louer, mais l'objet seulement qu'il représente. J'espère, monsieur, que vous serez encore plus content du quatrième volume, et que vous y reconnaîtrez que ces idées ont dû forcément me conduire au catholicisme, car je n'y pensais pas en le commençant. Je voulais tracer d'une manière philosophique la nature et l'organisation d'un empire spirituel. Le magnifique exemple s'est trouvé sous mes yeux, et la réalité a surpassé de beaucoup le modèle idéal de mon imagination. »

Cette lettre de M. de Haller me fit désirer de plus en plus qu'on pût présenter avec netteté, suite et ensemble la substance de tout ce qu'on avait publié de bon, soit de nos jours, soit antérieurement. La publication du 3e et du 4e volume de l'*Essai* augmenta ce désir. J'y voyais d'immenses et utiles matériaux, plutôt qu'une science bien digérée. Cependant M. F. de Lamennais était tracassé par le gouvernement, non pour ses idées philosophiques, mais parce qu'il défendait avec courage les doctrines et les prérogatives du Saint-Siège. Je le voyais seul, ou à peu près. La nouvelle qu'il était traduit en police correctionnelle me détermina tout à fait à me réunir à lui, pour le soutenir dans ses combats pour l'Eglise. Le nouvel évêque de Nancy, monseigneur de Janson, y donna son consentement. J'étais encore déterminé par un motif secondaire que je ne lui disais pas. Je voyais avec peine s'établir dans le diocèse un certain antagonisme entre le clergé étranger amené par le nouvel évêque, et le clergé indigène. Comme j'aimais bien les uns et les autres, particulièrement l'évêque, je ne voulus pas être témoin de l'éclat que je prévoyais immanquable.

J'arrivai à Paris le jour même que M. F. de Lamennais parut devant le tribunal séculier pour avoir défendu la cause de l'Eglise. La suite de cette controverse me donna lieu d'écrire les *Lettres d'un anglican à un gallican*, et la *Lettre d'un membre du jeune clergé à monseigneur l'évêque de Chartres*. A cette occasion, je parcourus la collection des conciles et quelques saints Pères. Je découvris bientôt qu'il y avait comme une infinité de choses omises, tronquées, mal représentées dans les histoires, au sujet des Papes et de l'Eglise romaine; qu'en rectifier quelques-unes, isolément, dans des brochures détachées, était un remède insuffisant; que pour faire triompher la cause de Dieu et de son Eglise de toutes les erreurs, et mettre les hommes de bonne volonté à même de s'entendre, il fallait présenter courageusement cette cause dans tout son ensemble, appréciant les faits et les doctrines particulières d'après la doctrine du Saint-Siège, règle une, connue et toujours la même. Le but précis et final de mes études m'apparut alors clairement : je résolus de le poursuivre. J'en parlai aux abbés F. de Lamennais et Gerbet, avec lesquels je demeurais en commun; ils furent du même avis. Quelque temps après, le premier reçut une lettre d'un ecclésiastique lyonnais, lui mandant que depuis plusieurs années il travaillait à une histoire ecclésiastique, dans un sens meilleur que celle de Fleury, et lui demandant la permission de lui en envoyer le commencement, pour savoir si elle pouvait être imprimée. Tous les trois nous fûmes d'avis de voir le travail; car, s'il était bon, il était inutile qu'un autre le recommençât. Mais on trouva que c'était moins une histoire proprement dite qu'un recueil de dissertations. Je m'appliquai donc définitivement à mon entreprise. En même temps je compilai, pour la *Société catholique des bons livres*, deux petits ouvrages qui ont été réimprimés depuis : *Tableau des principales conversions qui ont eu lieu parmi les protestants depuis le commencement du XIXe siècle*, et *Motifs* de ces conversions.

Vers l'automne 1827, je suivis l'abbé Jean de Lamennais en Bretagne, où je restai jusqu'en 1835, dirigeant les études philosophiques et théologiques des jeunes ecclésiastiques qui se dévouaient à le seconder dans ses bonnes œuvres. En 1828, comme j'étais à Rennes, y remplissant ces fonctions, M. F. de Lamennais y vint pour m'exposer de vive voix et me dicter un plan combiné de philosophie et de théologie. Comme j'y aperçus dès lors la tendance qui depuis a été réprouvée par le Saint-Siège, je refusai de l'écrire. Un ami, qui était présent, l'écrivit à ma place : je refusai de m'en servir. Ayant été laissé libre, je le modifiai dans le sens qui s'est trouvé celui des deux encycliques de Grégoire XVI. Voici comment. Dans son plan de théologie, M. F. de Lamennais distinguait trois Eglises : l'Eglise primitive, l'Eglise judaïque, l'Eglise chrétienne. La première y apparaissait comme la source et la règle des deux autres. On y assignait pour monuments de cette Eglise primitive les traditions des anciens peuples, sans dire nettement si, à la tête de ces peuples ou du moins dans leur nombre, on devait compter les Juifs et les chrétiens. Il me parut que c'était là subordonner implicitement le christianisme et le judaïsme au chaos du paganisme; qu'il y avait d'ailleurs une erreur grave à supposer d'une manière quelconque que les monuments écrits de la gentilité étaient antérieurs à la Bible, car tous les monuments en sont postérieurs aux livres de Moïse, plusieurs même le sont à l'Evangile. De là, pour moi, une répugnance invincible à adopter ce plan. Ayant été laissé libre, je le changeai, sur cet article fondamental, du tout au tout. Je posai en principe, avec le commun des théologiens, avec Bailly, entre autres, que l'Eglise catholique, dans son état actuel, remonte de nous jusqu'à Jésus-Christ; et que de Jésus-Christ, dans un état différent, elle remonte, par les prophètes et les patriarches, jusqu'au premier homme qui fut de Dieu; que hors de l'Eglise catholique, ainsi entendue, on peut bien trouver quelques débris de vérités, qui encore viennent originairement d'elle, mais nul ensemble, ni même nulle vérité complète. Voilà bien, je crois, le sens qui depuis a été indiqué comme le seul véritable par les encycliques de Grégoire XVI.

Non content de donner cette direction aux études théologiques que je dirigeais, j'entrepris quelque chose de plus. Depuis 1826, je travaillais à l'histoire de l'Eglise, la prenant seulement depuis Jésus-Christ, avec le dessein d'y joindre une simple introduction pour faire sentir que, dans le fond, cette histoire remontait jusqu'à l'origine du monde. Mais quand j'eus remarqué dans les idées de M. F. de Lamennais cette tendance, quoique flottante encore, et par laquelle il abusait déjà du terme vague d'*Eglise primitive*, dès lors ce qui n'avait été pour moi qu'une idée d'introduction me parut devoir être l'objet capital. Comme l'Eglise catholique elle-même, je crus devoir embrasser tous les siècles dans son histoire, à partir de la création du monde. Le titre qui m'a paru exprimer le mieux l'ensemble et le but de ce travail est : *Histoire universelle de l'Eglise catholique*, avec cette épigraphe tirée de saint Epiphane : *Le commencement de toutes choses est la sainte Eglise catholique.*

En 1829, à l'occasion de certains écrits où l'on attaquait la conduite des Papes et de l'Eglise dans les siècles passés, je composerai l'ouvrage *Des rapports naturels entre les deux puissances d'après la tradition universelle*. Il a pour but une des questions les plus importantes du passé, du présent et de l'avenir : du passé, où elle a été soit méconnue, soit mal envisagée par la plupart des historiens modernes ; du présent, où, n'étant pas éclaircie, elle est une cause incessante de méprises et de perturbations sociales ; de l'avenir, où, si l'on n'en accepte la solution historique et naturelle avec franchise et bonne foi, elle amènera tôt ou tard la fin des sociétés purement humaines. L'ouvrage a été publié en 1838, d'après le conseil de savants étrangers qui en avait eu connaissance.

Pendant ce même temps, M. F. de Lamennais travaillait de son côté à son *Essai de philosophie catholique* ; car tels ont été, pendant plusieurs années, le titre et la pensée première de ce qui a paru plus tard sous le nom d'*Esquisse d'une philosophie*. Vers la fin de 1829, il vint de La Chenaie à Malestroit, où j'étais alors, quelques jeunes gens auxquels il avait développé de vive voix ses idées, et qui les avaient ensuite rédigées. Je remarquai dans le nombre des idées peu exactes sur la nature et la grâce : la grâce n'y apparaissait que comme une simple restauration de la nature ; quelquefois l'une y semblait confondue avec l'autre. Je crus y reconnaître la même tendance que dans son *Eglise primitive*. Toutefois, comme la rédaction n'était pas de lui, mais des jeunes gens, je pensai que c'était à eux qu'il fallait s'en prendre, et je ne lui en fis rien connaître à lui-même. Seulement, j'étudiai la matière à fond dans saint Thomas, afin de n'émettre que des idées nettes et catholiques sur l'état du premier homme avant et après sa chute, dont j'écrivais alors l'histoire. Vers la fin de 1832, il nous vint à Malestroit d'autres jeunes gens auxquels il avait dicté ses propres cahiers de Philosophie. J'y trouvai les mêmes inexactitudes et la même confusion sur la nature et la grâce. Comme c'était un point capital dans l'ouvrage, j'écrivis à M. F. de Lamennais, qui était alors à Rome avec MM. Lacordaire et Montalembert. Je lui exposai ce qui me semblait inexact sur la grâce et la nature dans son *Essai de philosophie catholique* ; je transcrivis du premier livre de mon *Histoire* ce que je dis là-dessus en parlant de l'état du premier homme avant et après sa chute ; enfin je le priai, pendant qu'il était à Rome, de consulter sur cette matière les théologiens en qui il aurait le plus de confiance, afin de savoir à quoi nous en tenir. Ma lettre ne le trouva plus à Rome et ne lui revint qu'à Paris. Aussitôt il fit retirer, autant qu'il le put, tous les exemplaires manuscrits de sa Philosophie. Ce fut son excellent frère, l'abbé Jean, qui m'apprit cette nouvelle avec beaucoup de joie ; car je lui avais fait confidence de ma démarche, et il l'avait fort approuvée.

Dans l'intervalle, le même abbé Jean m'avait engagé à prêcher la retraite annuelle des ecclésiastiques attachés à ses différentes œuvres. Comme je n'ignorais dans le nombre qui avaient eu ses cahiers en question, et qui pouvaient en avoir retenu quelques idées peu exactes sur la nature et la grâce, je résolus de prêcher sur cette matière. Pour m'y préparer mieux, je passais une quinzaine de jours, tout seul, à La Chenaie, où, avec le secours de saint Thomas, de saint Bonaventure et de Louis de Blois, j'écrivis, dans la chambre même de M. F. de Lamennais, les *Réflexions sur la grâce et la nature*, telles qu'elles ont été imprimées depuis, sauf quelques paragraphes que j'y ai ajoutés. Le jour même que je sortais de là pour aller prêcher ces réflexions à la retraite qui commençait le lendemain ou le surlendemain, on eut connaissance de la première encyclique. J'en éprouvai pour ma part une joie sincère ; et on le comprendra sans peine d'après ce qui précède. Mais alors il n'y avait que l'abbé Jean qui sût bien pourquoi. Les *Réflexions sur la grâce et la nature* furent trouvées assez bonnes pour que quelques-uns des auditeurs exprimassent le désir de les transcrire.

On demandera peut-être, à propos de ce que je viens de dire, pourquoi mon nom se trouve joint à certains actes du journal *l'Avenir* ? Voici pourquoi et comment. J'étais à cent lieues de la capitale, lorsque ceux de mes amis qui y fondèrent le journal jugèrent à propos, sans m'en donner d'autre connaissance que par le journal même, de joindre mon nom aux leurs. Je ne m'en plains ni ne m'en félicite : je rapporte seulement le fait. Toute ma coopération réelle à *l'Avenir*, à la grande distance où j'habitais tout le temps qu'il dura, se borna à l'envoi de quelques articles détachés, par exemple : deux sur le célibat ecclésiastique ; un sur cette question : *Que signifie une croix ?* et quelques autres de cette nature.

La même année 1832, notre Saint-Père le Pape ayant fait témoigner à M. F. de Lamennais qu'il était satisfait de sa soumission, j'allai le voir au mois de décembre à La Chenaie, où il était revenu. Je lui apportai le manuscrit des *Réflexions* dont il a été parlé, et lui dis : Voilà comme j'ai développé mes idées sur la grâce et la nature, dont je vous ai envoyé la substance à Rome : je serais bien aise de savoir ce que vous en pensez. Il les prit, les lut, et deux heures après vint me dire : « Mais ce que vous avez fait là est très-bien. J'adopte toutes ces idées pour ma Philosophie, et je m'en vais les faire transcrire pour mon usage. » Ce qui fut fait. Ce n'est pas tout. Quinze jours après, il me lut un endroit capital de sa Philosophie, qu'il avait entièrement refondu pour y faire entrer les idées complètement catholiques ; ce qui l'obligeait à recommencer une très-grande partie de tout son travail. J'avoue que, dans ce moment-là, je remerciai Dieu de tout mon cœur, et que je conçus le bon espoir qu'un homme qui se montrait de si bonne façon avec un de ses amis n'irait jamais envers l'Église de Dieu à une résistance opiniâtre. J'allai plus loin. Le voyant si bien disposé, je lui fis connaître amicalement plusieurs choses que je trouvais à reprendre en lui. Il me remercia, et me dit : « Vous me connaissez ; je suis quelquefois un peu difficile à vivre. Mais voilà comme il faut se dire les choses entre amis. » Et nous nous embrassâmes.

Ces bonnes dispositions me touchèrent d'autant plus que je n'ignorais pas combien il avait eu à souffrir de certains amis. Lorsque fut publié le premier volume de l'*Essai*, il lui en revint une somme assez considérable. Des amis de circonstances l'engagèrent à la faire valoir, et s'offrirent même à lui rendre ce service. Au bout de peu d'années, ils lui apprirent qu'au lieu d'avoir cent cinquante mille francs, il en devait soixante mille. Il consentit bien à tout avoir perdu, mais devoir encore lui parut excéder la mesure. De là procès devant les tribunaux, où ses anciens amis cherchaient à faire déclarer la chose dette commerciale, afin de pouvoir le faire emprisonner à son retour de Rome, après la première encyclique. Voilà ce qui l'obligea de séjourner en Allemagne jusqu'à ce que les tribunaux eussent prononcé le contraire de ce qu'on demandait.

Dans la même visite à M. F. de Lamennais, je lui communiquai des observations sur une censure de treize évêques. Il m'engagea et m'aida, ainsi que M. Gerbet, à compléter ce travail, dont l'esprit se verra dans la préface suivante :

« Des journaux annoncèrent, il y a bientôt un an, qu'une censure avait été envoyée à Rome, par quelques évêques de France, contre les doctrines de M. de Lamennais et de ses amis. Je suis du nombre de ces derniers : cette nouvelle dut naturellement me faire impression. J'eus un grand désir de connaître cette censure, d'autant plus qu'on la disait répandue dans les séminaires et dans les retraites ecclésiastiques. Longtemps je trouvai des personnes qui l'avaient lue, mais pas une qui pût me la faire lire. Enfin, il y a six semaines, m'arrivèrent des feuilles manuscrites contenant une lettre de treize évêques à notre Très-Saint Père le Pape, une censure de cinquante-six propositions, avec un appendice de textes latins des Pères sur la question du paganisme. Dans la lettre, il est parlé du jeune clergé comme plus exposé à la séduction : il est dit que les disciples de M. de Lamennais reçoivent aveuglément tout ce qu'il trouve bon d'enseigner. Membre du jeune clergé, cette accusation qu'on portait contre nous devant le Saint-Père me fut très-sensible. J'entrepris l'examen des propositions censurées, avec la ferme résolution de condamner, avant même que le Saint-Siége eût parlé, tout ce qui me paraîtrait condamnable, à commencer par mes propres opinions. J'examinai d'abord la question principale, la question du paganisme ; je communiquai le résultat de mes recherches à quelques ecclésiastiques, qui m'engagèrent et m'aidèrent à faire le même travail sur tout le reste. Le résultat général est devenu cet écrit.

» Si maintenant le lecteur demande ce que je pense, en deux mots le voici : 1° De part et d'autre il y a les meilleures intentions, de part et d'autre il y a le zèle pour la gloire de Dieu et de son Eglise. 2° Les auteurs des propositions censurées se sont trompés quelquefois en des choses accessoires ; l'auteur de la censure s'est trompé ou mépris plus souvent en des choses plus graves. 3° De part et d'autre il est facile de s'entendre : il est facile non-seulement de rétablir la paix au dedans, si tant est qu'elle y ait été troublée, mais encore de marcher ensemble à des conquêtes au dehors. — C'est dans cette vue que nous livrons au public ce premier jet de nos observations, protestant du reste que, quand dans le cours de la discussion nous parlons de l'auteur de la censure ou que nous lui parlons, ce n'est que par manière de controverse et sans penser faire d'application personnelle à qui que ce soit.

» La ville de Lacédémone fut surprise un jour : un brave Spartiate repoussa l'ennemi, mais en violant quelques règles de la discipline militaire. On le punit de son infraction à la discipline, mais on le récompensa de son dévouement. — Il y a deux ans, le camp de Dieu se vit assailli par une irruption soudaine. Les plus déterminés s'élancèrent aussitôt sur la brèche. Dans le tumulte du combat, ils ont pu manquer à quelques règles, blesser quelques-uns des leurs. Le chef visible des armées de l'Eternel a fait entendre sa voix, il a blâmé ce qu'il y avait d'indiscret dans leur ardeur. A l'instant ils ont remis l'épée dans le fourreau et se sont retirés sous la tente. Et le chef des armées de l'Eternel a bien voulu dire qu'il n'avait jamais éprouvé de plus grande consolation.

» Donnons-lui une consolation plus grande encore. On dit qu'il n'est pas disposé à prononcer de jugement sur les propositions qu'on lui a déférées. Eh bien ! nous-mêmes, éclaircissons pacifiquement les points en litige. Revenons chacun, dans le calme de la réflexion, sur ce qu'on a, de part et d'autre, avancé dans la chaleur de la dispute. Les uns et les autres, n'ayons qu'un cœur et qu'une âme pour demander à Dieu qu'il nous éclaire lui-même. Que les anciens obtiennent aux plus jeunes, comme Elie à Elisée, une double portion de l'esprit qui est en eux, pour leur faire surmonter le double péril qu'ils ont à craindre, l'inexpérience de leur âge et la malice toujours croissante du monde. Que les plus jeunes, s'ils se trouvent en dissidence avec des anciens, ne leur opposent que de plus anciens encore, de telle sorte que les anciens seuls soient toujours la règle. Enfin, jeunes et anciens, rivalisons de zèle et de soumission pour celui qui, par un privilège divin, résume en lui toute l'antiquité : pour celui qu'un saint docteur des Gaules appelle *le Prince des évêques, l'héritier des apôtres, Abel par la primauté, Noé par le gouvernement, Abraham par le patriarcat, Melchisédech par l'ordre, Aaron par la dignité, Moïse par l'autorité, Samuel par la judicature, Pierre par la puissance, Christ par l'onction* (S. Bernard, *De Consid.*, l. 2, c. 8).

» Pour ce qui me regarde, voici ma parole. « J'ai promis et je promets à Dieu la soumission la » plus entière à tous les décrets du Saint-Siége. — » J'ai promis et je promets à Dieu de défendre tou- » tes les doctrines du Saint-Siége envers et contre » tous. »

» *Gloire à Dieu au plus haut des cieux, et paix sur la terre aux hommes de bonne volonté !* Ainsi chantaient, il y a dix-huit cent trente-deux ans, à l'heure même où j'écris ces paroles, les bienheureuses phalanges de la milice céleste. *Gloire à Dieu au plus haut des cieux, et paix sur la terre aux hommes de bonne volonté !* répètent en ce moment tous les fidèles sur la terre. Puisse cet écrit n'être qu'une voix de plus dans ce concert de la terre et du ciel! C'est du moins le vœu le plus ardent de l'auteur. — La nuit de Noël, l'an de grâce 1832. »

M. F. de Lamennais fit faire une copie de ce travail pour le livrer à l'impression ; des amis de Paris, MM. de Montalembert et de Coux, furent d'avis que, les esprits commençant à se calmer et à se réconcilier, il valait mieux ne pas recommencer la controverse : l'impression n'eut pas lieu. Nous signalons ces diverses circonstances, pour montrer les dispositions pacifiques où l'on était.

Plus tard, 24 janvier 1835, j'adressai à monseigneur l'archevêque de Toulouse la partie principale de ce travail, celle sur le degré de connaissance que les Gentils avaient du vrai Dieu, d'après les Pères et les Théologiens. Ma lettre se terminait par cette prière : « Pour l'amour de ce Dieu si bon, veuillez, mon cher seigneur et père, me dire ou me faire dire si vous trouvez cette solution satisfaisante. Tout mon désir est d'éclaircir les choses, pour concilier les esprits. Si votre charité veut bien me le permettre, je vous communiquerai plus tard mes idées sur un autre point, ou même sur tel point qu'il vous plaira m'indiquer. » Le 24 novembre de la même année, j'adressai une lettre et une prière à peu près semblables à monseigneur de Quélen, archevêque de Paris. Je n'ai eu de réponse ni de Paris ni de Toulouse.

Quant aux méprises que nous avons remarquées dans *la Censure*, en voici une ou deux. Sur la question principale, celle dont dépendent la plupart des autres, la question du paganisme, l'auteur de *la Censure* anathématise, comme contraire à l'enseignement des Pères et des Théologiens, l'enseignement même des Théologiens et des Pères. Nous avons vu en particulier les théologiens de France les plus célèbres, Huet, Pétau, Thomassin, Hooke, Tournély, Bergier, Bailly, enseigner d'un commun accord que les païens connaissaient le vrai Dieu, quoiqu'ils ne l'adorassent pas ; nous les avons vus l'enseigner d'après les principaux Pères et Apologistes de la religion chrétienne, saint Justin, saint Irénée, Origène, Clément d'Alexandrie, Minutius Félix, Tertullien, saint Cyprien, Lactance, Arnobe, Athénagore, saint Augustin, etc. Et voilà ce que l'auteur de *la Censure* anathématise comme contraire à l'enseignement des Pères et des Théologiens. D'où il reste à conclure de deux choses l'une, ou qu'il ne connaissait pas l'enseignement des principaux théologiens français, ni celui des Pères, ou bien que, le connaissant, il a voulu mettre le clergé de France en contradiction avec lui-même et le convaincre d'ignorer sa propre doctrine.

Une méprise plus étonnante encore se trouve dans la citation que l'auteur de *la Censure* fait de Minutius Félix, un des premiers Pères latins. « Cécilius, dit *la Censure*, reproche aux chrétiens d'adorer un Dieu que ne connaissait que la seule nation des Juifs. » Il est vrai que le païen Cécilius fait aux chrétiens ce reproche. Mais il aurait fallu ne pas omettre, ce semble, la réponse qu'y fait le chrétien Octavius. La voici : « Ne cherchez pas un nom à Dieu ; Dieu, voilà son nom. Là il faut des vocables, où il faut distinguer une multitude d'individus chacun par son appellation propre. A Dieu seul est, le nom de Dieu est tout entier. Mais quoi ! n'ai-je pas, quant à lui, le consentement de tous ? J'entends le vulgaire, lorsqu'il élève ses mains vers le ciel, ne dire autre chose, sinon *Dieu*, *Dieu est grand, Dieu est vrai, si Dieu nous en fait la grâce*. Est-ce là le discours naturel du vulgaire, ou bien la prière du chrétien confessant la foi ? Et ceux qui font de Jovis le souverain, se trompent pour le nom, mais ils s'accordent pour la puissance même (Minut. Fél., n. 18). » Du peuple il passe aux poètes : « J'entends les poètes aussi proclamer un seul père des dieux et des hommes. Si nous passons aux philosophes, vous les trouverez, différant sur les noms, d'accord sur la chose même. » Et après avoir cité les plus célèbres, il conclut : « Chacun croira d'après cela, ou que les chrétiens sont philosophes, ou que les philosophes étaient dès lors chrétiens. (N. 20). » Telle est la réponse du chrétien Octavius ; et le païen Cécilius la trouve si bonne, qu'il finit par se faire chrétien lui-même. Certainement, tout le monde conviendra que c'est une singulière méprise pour l'auteur de *la Censure*, d'avoir cité pour lui un Père de l'Eglise qui est si formellement contre lui, et d'avoir pris une objection pour la réponse.

Dès l'année précédente, 1834, on me rapporta sur les dispositions de M. F. de Lamennais des bruits inquiétants. Je savais qu'une des idées fausses qui lui revenaient assez souvent, et qu'il appuyait uniquement sur quelques faits particuliers dont il tirait des conséquences générales et extrêmes, c'est que l'Eglise, de nos jours, était dans une complète décadence. Je lisais alors les principaux Pères de l'Eglise, où je trouvais une foule d'excellentes choses que je ne pouvais faire entrer dans mon *Histoire*. Je résolus d'en profiter pour faire, sous le nom de *Religion méditée*, une suite de méditations sur toute l'histoire de la Religion et de l'Eglise, depuis la création du monde jusqu'au jugement dernier, afin de montrer par les faits que, dans ces derniers temps comme dans les autres, l'Eglise catholique a toujours été digne de Dieu, et que, de nos jours mêmes, elle ne cesse d'enfanter de saints personnages et des œuvres saintes. En faisant cet ouvrage, qui a été imprimé depuis, j'avais donc l'intention formelle, non-seulement d'être utile aux frères d'école de l'excellent abbé Jean de Lamennais, mais encore de neutraliser le scandale que je recommençais à craindre de la part de son malheureux frère.

Ce dernier ayant publié ses *Paroles d'un Croyant* et ses *Troisièmes Mélanges*, je lui écrivis, le 23 mars 1835, la lettre suivante : « Mon très-cher Monsieur, Ayant à ma disposition pour quelques jours vos deux derniers ouvrages, je les transcris presqu'en entier, afin de les avoir à moi et de les comprendre mieux : j'entends les *Paroles d'un Croyant* et la préface des *Troisièmes Mélanges*. Me permettriez-vous de vous communiquer l'ensemble actuel de mes idées sur ces matières, afin de bien voir en quoi nous sommes d'accord et en quoi nous différons ? — J'y distingue deux points principaux : les systèmes sur la certitude, et les rapports entre les deux puissances. — Mes principes pour coordonner le tout se trouvent dans les deux derniers chapitres des *Paroles d'un Croyant : l'Exil* et *la Patrie*, notamment dans les paroles et les idées suivantes : « La patrie n'est point ici-bas ; l'homme vainement l'y cherche ; ce qu'il prend pour elle n'est qu'un gîte d'une nuit. Cette vie est la région des ombres, un monde de fantômes ; ce que l'on y voit, ce que l'on y entend, n'est que comme un songe vague de la nuit en comparaison de ce qu'on verra, de ce qu'on entendra dans la patrie. » Ce sont là, ce me semble, des vérités incontestables et incontestées ; elles se trouvent dans les livres saints et dans les livres des saints. Je les prendrai donc pour règle. Et voici les conséquences que j'en tire, et qui me paraissent nécessaires.

» Premièrement, dans toutes les connaissances humaines, mais surtout dans l'ensemble de ces connaissances, il y a nécessairement des endroits obscurs : vouloir tout éclaircir ici-bas, c'est tenter l'impossible; ce n'est que dans la patrie que le tout se verra, et encore n'y aura-t-il que Dieu qui verra ce tout parfaitement. Il me suffira donc, pendant le voyage, d'y voir assez clair pour arriver au terme.

» Pour me conduire dans la route, Dieu m'a donné comme trois lumières : l'autorité de son Eglise, l'expérience de mes compagnons de voyage, et enfin ma propre raison. L'Eglise m'enseigne ce que Dieu lui a révélé de la patrie où j'aspire, elle m'en montre le chemin, me fait connaître les périls à éviter, et me donne les moyens d'aller jusqu'au bout. Mais, pour le gîte de la nuit, elle ne me dit rien, sinon qu'il ne faut m'en occuper qu'en passant. Je m'en rapporterai donc volontiers là-dessus à l'expérience de mes compagnons de voyage. Comme enfin je me trouve bien des fois seul, je suivrai ma propre raison, formée d'ailleurs depuis son enfance sur l'enseignement de l'Eglise et l'expérience d'autrui. Lors donc que je verrai clairement une chose, je la croirai, dans la confiance que mon évidence individuelle n'est point contraire à l'évidence commune de mes semblables, comme je crois à l'évidence commune de mes semblables, dans la confiance qu'elle n'est point contraire à l'évidence de Dieu, qui voit les choses non plus dans leurs ombres, mais dans leur réalité, et qui me fait connaître par son Eglise ce qu'il veut que j'en connaisse. De cette manière, je réunis en un les trois systèmes de philosophie, moyennant leur naturelle subordination. Et il me semble que j'arrive naturellement de l'un à l'autre. Ma raison particulière se trouve en contact perpétuel avec la raison commune de mes semblables et en a reçu son éducation : de même la raison commune des hommes se trouve en contact perpétuel avec la raison divine, se manifestant par l'Eglise, et en a reçu son éducation dans ce qui regarde la patrie. Cela m'est historiquement démontré.

» J'entends par l'Eglise cette société des fidèles qui remonte de nous jusqu'à Jésus-Christ, et de Jésus-Christ, par les prophètes et les patriarches, jusqu'au premier homme, qui fut de Dieu. C'est par elle seule qu'on trouve et qu'on a toujours trouvé sur la terre, certitude de connaissances et unité de croyances en ce qui regarde la patrie céleste. Hors d'elle il y a bien quelques débris de vérités, qui encore viennent originairement d'elle; mais ces débris sont flottants parmi des erreurs et ne présentent nulle part un ensemble qui ait de la consistance. Telle est ma conviction expérimentale et historique, après avoir lu et médité, dans l'ordre des temps, et Moïse, et les prophètes, et les philosophes, et l'Evangile, et les premiers Pères de l'Eglise. Les philosophes, qui tous ont écrit postérieurement à Moïse et aux prophètes, et à qui cette circonstance a profité plus ou moins, ont quelques beaux détails; mais nul n'a su réunir en un abrégé exempt d'erreurs, les vérités éparses dans le genre humain. Les premiers qui ont fait ce discernement furent les Pères de l'Eglise; ils avaient en elle la règle vivante pour le faire bien. Sous le rapport des doctrines religieuses et morales, je ne vois pas qu'on puisse mettre en opposition l'Eglise et le genre humain. D'abord l'Eglise est sous ce rapport et a toujours été la portion intelligente du genre humain, la tête. Le genre humain moins l'Eglise est à peu près sous ce rapport ce que serait, pour l'intelligence, un individu humain moins la tête. Aujourd'hui, par exemple, ôtez du monde l'Europe, l'Amérique et les portions chrétiennes de l'Asie qui doivent tout à l'Eglise, que trouverons-nous dans le reste? Que trouverons-nous chez les peuples intérieurs de l'Afrique? Peut-on donner sérieusement le nom de genre humain à ce qui n'en est que la partie infime? — Tel est à peu près l'ensemble de mes idées en ce qui concerne l'ensemble des doctrines.

» Quant aux rapports entre les deux puissances, voici comme je les conçois, toujours d'après les idées et les paroles rappelées plus haut.

» La puissance spirituelle ou l'Eglise sur la terre conduit la grande caravane qui s'avance vers le ciel; la puissance ou plutôt les puissances temporelles président aux différents caravansérails ou gîtes qui se trouvent sur la route. C'est le devoir de ces dernières d'après la nature même des choses, de disposer leurs caravansérails de manière que les pèlerins, au lieu d'obstacles, y trouvent toutes les facilités pour continuer leur chemin; c'est, par conséquent, leur devoir de se consulter avec la première, pour savoir ce qui sera le plus utile suivant les temps et les lieux. Si le préposé d'un gîte devient par trop mauvais, et qu'il n'y ait pas grande difficulté à le remplacer par un autre qui vaudra mieux, la puissance qui préside à toute caravane, non-seulement peut provoquer son remplacement, mais le doit. Si les difficultés sont trop grandes ou les inconvénients trop graves, elle ne doit pas même le tenter. Après tout, il n'est question que d'un gîte, et elle ne doit pas exposer la caravane entière pour réformer le gîte d'une nuit. Si une bande de pèlerins réussit toute seule dans cette entreprise hasardeuse, tant mieux. Que si elle ne réussit pas, il faut tâcher de remédier à sa mésaventure le mieux que l'on pourra. Tel est à peu près le fond de mes idées sur cette matière.

» Maintenant, il y a dans les *Paroles d'un Croyant* plusieurs choses que je ne comprends pas bien. D'abord, si *la patrie n'est point ici*, si *ce n'est ici qu'un gîte d'une nuit*, pourquoi vouloir tout y bouleverser, au risque de ne s'y trouver pas mieux après qu'avant? Il me semble que les deux derniers chapitres contredisent un peu la tendance générale des chapitres précédents. — « Je vais combattre pour Dieu et les autels de la patrie. » Telle est la première réponse du jeune soldat. Ne voilà-t-il pas le glaive du bras séculier tiré pour la défense de la religion? Ne voilà-t-il pas précisément ce que l'Eglise recommandait aux puissances chrétiennes de faire pour l'extirpation des hérétiques? N'est-ce pas ce que Dieu lui-même dit au chapitre treizième du *Deutéronome*, où il commande d'exterminer sans pitié les Israélites qui solliciteraient leurs frères à l'idolâtrie? Mais alors le chapitre vingt-septième des *Paroles d'un Croyant* n'est-il pas en contradiction et avec le jeune soldat, et avec l'Eglise, et avec Dieu? Il me paraît surtout en contradiction avec la philosophie du sens commun. Car, s'il est une autorité à laquelle l'individu doive se soumettre, il peut arriver tel cas où son insoumission mérite les peines les plus graves, au jugement de cette autorité souveraine. Il me semble que l'unique moyen pour soutenir sans inconséquence la liberté illimitée de l'individu, c'est de professer dans tous ses excès la philosophie individuelle, ou bien le scepticisme absolu. — Le chapitre dix-neuvième et certains passages d'autres chapitres me semblent proclamer cette liberté illimitée de l'individu, comme l'état normal. Et cependant le chapitre vingtième y met des limites par ces mots : « Les frères se lient entre eux par des conventions mutuelles, et ces conventions c'est la loi, et la loi doit être respectée, et tous doivent s'unir pour empêcher qu'on ne la viole. »

« Je ne vois pas bien non plus comment concilier entre eux le chapitre troisième et le dix-huitième sur l'origine des rois. Dans celui-ci se trouve cette proposition : *C'est le péché qui a fait les princes.* Je crois, d'après le conteste, que le sens est : C'est le péché qui les a rendus nécessaires. C'est comme la maladie fait les remèdes. Le fond de la pensée est très-vrai, mais l'expression me paraît fausse. Dans ce même chapitre, la royauté commence par des rois justes et légitimes; leur pouvoir était le pouvoir de Dieu. Dans le chapitre troisième, au contraire, la royauté commence par des tyrans, et c'est Satan qui en est l'auteur. Il est aussi question ici et là d'un temps où tous les hommes vivaient en frères; je ne vois pas trop à quelle époque de l'histoire placer cet âge d'or. Comme c'est le péché qui a rendu nécessaires les princes, j'en conclus qu'il y aura des princes, sous un nom ou sous un autre, jusqu'à la fin du monde. Je tire la même conséquence d'un mot du chapitre trente-sixième : *Où Dieu ne règne pas, il est nécessaire qu'un homme domine.* Or, Dieu ne régnera complétement qu'au ciel, donc il y aura toujours des hommes pour dominer plus ou moins sur la terre.

» Enfin, dans le chapitre premier, il y a deux passages qui me paraissent étranges : l'un semble dire que l'Esprit consolateur, promis par le Fils, n'est pas encore venu, mais qu'il viendra. Je pense que le fond de la pensée n'est pas de contredire les Actes des Apôtres, mais simplement d'espérer, vers la fin des temps, comme une nouvelle effusion de lumières et de grâces. Le second passage est celui-ci : *A présent, la terre est redevenue ténébreuse et froide.* Pour moi, occupé depuis neuf ans, de l'histoire de l'Eglise, je pense différemment. Bien que l'état actuel de l'Eglise catholique laisse beaucoup à désirer, ce qui, au reste, sera toujours, parce que la perfection où elle aspire est infinie, je ne vois cependant aucun siècle passé avec lequel le nôtre ne puisse soutenir avantageusement la comparaison.

» Telles sont les réflexions que m'a fait naître la lecture de vos deux derniers ouvrages, en particulier les *Paroles d'un Croyant*; car, pour la préface des *Mélanges*, je n'ai pas encore fini de la transcrire. Ça été un besoin pour mon cœur de vous en faire part, afin que vous voyiez si j'ai bien compris. Mon très-cher M. de Lamennais, voilà bientôt quinze ans que j'ai eu l'honneur de vous écrire pour la première fois. Depuis cette époque, mon attachement pour vous a été inaltérable; il se confondait d'ailleurs avec le dévouement pour la cause de Dieu et de son Eglise. J'ai la confiance qu'il en sera ainsi toute ma vie. »

M. F. de Lamennais me répondit que, pour répondre aux questions que j'avais soulevées, il faudrait des volumes; que nous différions sur bien des points; qu'après tout, le principal était la charité. Là-dessus je terminai notre correspondance et nos relations par une lettre d'adieu. Nous ajouterons seulement une particularité. Les *Paroles d'un Croyant* s'imprimaient à Paris. L'abbé Jean alla trouver une dernière fois son frère à La Chenaie, le suppliant de supprimer cet ouvrage : l'auteur finit par le laisser maître. L'abbé Jean courut à Dinan pour mander à l'imprimeur de Paris, par la poste, d'arrêter tout : c'était trop tard; les journaux annonçaient que l'ouvrage venait de paraître.

Le pape Grégoire XVI se prononça sur ces matières dans deux encycliques, l'une du 15 août 1832, l'autre du 25 juin 1834. La première, relative au journal l'*Avenir*, fut adressée à M. de Lamennais par le cardinal Pacca, qui l'accompagna d'une lettre confidentielle, pour lui expliquer l'objet, le sens et le but de l'encyclique. « Comme vous aimez la vérité, lui dit l'excellent cardinal, et désirez la connaître pour la suivre, je vais vous exposer franchement et en peu de mots les points principaux qui, après l'examen de *l'Avenir*, ont déplu davantage à Sa Sainteté. Les voici : — D'abord elle a été beaucoup affligée de voir que les rédacteurs aient pris sur eux de discuter en présence du public, et de décider les questions les plus délicates, qui appartiennent au gouvernement de l'Eglise et à son chef suprême... — Le Saint-Père désapprouve aussi et réprouve même les doctrines relatives à la liberté *civile* et politique, lesquelles, contre vos intentions sans doute, tendent de leur nature à exciter et propager partout l'esprit de sédition et de révolte de la part des sujets contre leurs souverains. Or, cet esprit est en ouverte opposition avec les principes de l'Evangile et de notre sainte Eglise, laquelle, comme vous le savez bien, prêche également aux peuples l'obéissance et aux souverains la justice (1). — Les doctrines de *l'Avenir* sur la *liberté des cultes* et la *liberté de la presse*, qui ont été traitées avec tant d'exagération et poussées si loin par MM. les rédacteurs, sont également très-répréhensibles et en opposition avec l'enseignement, les maximes et la pratique de l'Eglise. Elles ont beaucoup étonné et affligé le Saint-Père; car si, dans certaines circonstances, la prudence exige de les tolérer comme un moindre mal, de telles doctrines ne peuvent jamais être présentées par un catholique comme un bien ou comme une chose désirable. — Enfin, ce qui a mis le comble à l'amertume du Saint-Père, est l'*acte d'union proposé à tous ceux qui, malgré le meurtre de la Pologne, le démembrement de la Belgique, et la conduite des gouvernements qui se disent libéraux, espèrent encore en la liberté du monde et veulent y travailler.* Cet acte, annoncé par un tel titre, fut publié par *l'Avenir*, quand vous aviez déjà manifesté solennellement dans le même journal la résolution de venir à Rome avec quel-

(1) M. de Lamennais a supposé plus tard, dans certains écrits, que Grégoire XVI s'était mis avec les rois contre les peuples, qu'il avait condamné la conduite de ses prédécesseurs envers les souverains du moyen-âge, etc. Il est évident que c'est là une nouvelle exagération de sa part.

ques-uns de vos collaborateurs pour connaître le jugement du Saint-Siége sur vos doctrines, c'est-à-dire dans une circonstance où bien des raisons auraient dû conseiller de l'arrêter. Cette observation n'a pas pu échapper à la profonde pénétration de Sa Sainteté ; elle réprouve un tel acte pour le *fond* et pour la *forme*... »

M. F. de Lamennais, connaissant ainsi les vraies intentions de Grégoire XVI, se soumit à son encyclique, et le Pape l'en félicita. Un peu plus tard, son esprit s'étant irrité, il parut se repentir de sa soumission. Cependant l'archevêque de Paris, M. de Quélen, et l'évêque de Rennes, M. de Lesquen, tous deux ses amis et ses compatriotes, secondés par son frère, parvinrent à l'adoucir : il souscrivit un acte de soumission dans les termes indiqués par le Saint-Père. Tout le monde s'en réjouissait, et le Pape témoigna que jamais il n'avait éprouvé une joie plus grande. Peu après parurent les *Paroles d'un Croyant*, dont nous avons vu plus haut l'incohérence et la contradiction. Grégoire XVI, par son encyclique du 25 juin 1834, condamna *ce livre, d'un petit volume, mais d'une grande perversité*. Le Pape ajouta ces paroles : « Au reste, il est déplorable de voir jusqu'à quel excès se précipitent les délires de la raison humaine, quand quelqu'un se jette dans les nouveautés; qu'il veut, contre l'avis de l'Apôtre, être plus sage qu'il ne faut l'être, et, par une extrême présomption, prétend qu'il faut chercher la vérité hors de l'Eglise catholique, dans laquelle elle se trouve sans le plus léger mélange d'erreur et qui pour cela est appelée et est en effet *la colonne et le fondement de la vérité*. Vous comprenez bien, vénérables frères, qu'ici nous parlons aussi de ce système trompeur de philosophie introduit récemment et tout à fait blâmable, dans lequel, par un désir effréné de nouveautés, on ne cherche pas la vérité là où elle se trouve certainement ; et, négligeant les traditions saintes et apostoliques, on admet d'autres doctrines vaines, futiles, incertaines et non approuvées par l'Eglise, doctrines que les hommes légers croient faussement propres à soutenir et appuyer la vérité. »

Ces paroles de Grégoire XVI s'appliquent évidemment au système combiné de philosophie et de théologie que M. F. de Lamennais voulut me dicter à Rennes en 1828, que je refusai d'écrire et dont je refusai de me servir : système dans lequel il subordonnait l'*Eglise chrétienne* et l'*Eglise judaïque*, comme leur règle, à ce qu'il appelait l'*Eglise primitive*, qui, en son sens, n'était que le chaos du paganisme : système pour la réfutation complète duquel j'entrepris dès lors l'*Histoire universelle de l'Eglise catholique* dans toute son étendue, à partir de l'origine du monde jusqu'à nos jours, afin de faire voir, par l'histoire même, que hors de l'Eglise catholique, remontant de nous jusqu'au premier homme, qui fut de Dieu, il n'y a pas une vérité entière, mais seulement quelques débris de vérités, qui encore viennent originairement d'elle ; que par conséquent cette Eglise catholique, bien loin d'être subordonnée à une autre règle quelconque, est elle-même la règle souveraine de tout le reste. Tels sont les vrais causes et motifs, dès lors très-explicites, de ce long travail. Nous avons cru devoir les faire connaître, afin qu'on puisse juger le tout équitablement.

L'encyclique du 26 juin 1834 ayant été connue, tous les anciens amis de M. F. de Lamennais, au moins ceux que je connais, s'y soumirent sincèrement. Quant à notre conduite personnelle en ces circonstances, on la verra par la lettre suivante, que nous adressâmes de Malestroit, le 7 septembre 1834, au journal *l'Univers*, et qui a été reproduite par *l'Ami de la religion*, 16 septembre de la même année.

« Monsieur, permettez-moi de communiquer encore à vos lecteurs un mot d'explication touchant ma déclaration du 26 août, que je viens de lire dans votre numéro du 4 septembre. Quelques-uns d'entre eux se seront peut-être demandé pourquoi je n'ai pas fait cette déclaration plus tôt ; c'est que j'appris seulement ce jour-là que quelques personnes avaient des doutes sur ma soumission pleine et entière aux deux encycliques. Entre beaucoup de circonstances qui pourraient leur faire concevoir ma sécurité, en voici quelques-unes :

» Dès que le Saint-Père eut fait connaître dans quels termes il désirait que fût conçu l'acte de soumission à la première encyclique, j'adressai à M. l'évêque de Rennes une déclaration conçue dans les termes indiqués. Ayant appris plus tard que quelques personnes s'étonnaient de ne pas la voir paraître dans les journaux, je l'adressai jusqu'à deux fois à une tierce personne domiciliée à Paris, pour la remettre à votre journal. Par des circonstances que je ne pouvais prévoir, et que je ne connus que longtemps après, mes deux lettres ne parvinrent point à leur adresse. Comme il s'était passé beaucoup de temps dans l'intervalle et que cette affaire paraissait terminée, on me conseilla d'en rester là.

» Quant à la seconde encyclique, j'en ai prévenu les intentions mêmes par ma docilité ; je n'ai ni vu ni lu les *Paroles d'un Croyant* (1). — Sous le rapport de la philosophie, je crois être en règle, au moins depuis plusieurs années. Ayant lu en 1828 la Philosophie de M. Bouvier, actuellement évêque du Mans, je restai convaincu qu'au fond je pensais comme lui. Pour m'en assurer, j'eus avec lui une correspondance qui a été imprimée dans le *Mémorial catholique* (novembre 1828, p. 310 ; décembre 1828, p. 502 ; avril 1829, p. 226 ; mai 1829, p. 318 ; juin 1829, p. 362), et qui se termina par cette conclusion : « J'ai lu avec un sensible plaisir la réponse de M. Bouvier *sur la certitude*. D'après la manière dont il s'exprime, je suis persuadé que nous sommes parfaitement d'accord. J'en remercie Dieu de tout mon cœur. » Il est donc certain que dès 1829 je me trouvai explicitement d'accord avec M. Bouvier, et qu'auparavant j'étais déjà implicitement, puisqu'il n'a fallu que quelques mots pour nous entendre parfaitement. Or, il ne paraît pas que la philosophie de M. l'évêque du Mans soit improuvée par la dernière encyclique, M. Bouvier ne le donne pas à entendre dans ce que vous avez cité de son dernier mandement. M. l'évêque de Rennes ne le pense pas non plus, puisqu'il a ordonné qu'on enseignerait cette Philosophie dans son diocèse. On concevra sans peine pourquoi j'étais moi-même si rassuré. — Que si, dans ce que j'ai écrit antérieurement à cette correspondance, il se trouve quelque

(1) Je n'ai eu occasion de les lire que l'année suivante, et pour les réfuter.

chose qui ne s'y accorde pas, on doit le regarder naturellement comme modifié ou désavoué par cette correspondance même.

» Enfin je m'occupe depuis huit ans d'un ouvrage dont le but est de démontrer historiquement que toutes les vérités se trouvent dans l'Eglise catholique, et que hors de là il n'y en a pas une seule de complète; et mon intention formelle a toujours été d'y combattre tout système de philosophie qui supposerait le contraire. — En deux mots, je crois de tout mon cœur et de toute mon âme à l'infaillibilité de l'Eglise catholique; je ne crois nullement, du moins sous les mêmes rapports, à l'infaillibilité du reste des hommes, et je vois moins que jamais des motifs de croire à la mienne. Aussi ai-je peur que quelqu'un ne trouve quelque chose d'inexact dans cela même que je viens de dire. »

Pour ce qui est de M. F. de Lamennais, il n'a fait jusqu'à présent aucun acte de soumission à la seconde encyclique. Une des dernières paroles qu'il me dit lorsque je le quittai en Bretagne, l'an 1835, fut celle-ci : « Quant à mes dispositions présentes, mes convictions d'aujourd'hui ne sont plus celles de ma vie passée, et je ne suis pas sûr que, dans quelques mois, elles seront encore les mêmes qu'aujourd'hui. Il n'y a point de loi pour l'esprit. Il n'y a qu'une loi pour le cœur : l'amour de Dieu et du prochain. »

D'après tout cela, le fond de son caractère et la cause de ses égarements nous paraissent assez bien appréciés dans un article de *l'Ami de la religion*, au sujet d'un nouvel écrit de sa part, *Affaires de Rome*, publié en 1836. L'auteur de l'article pense qu'il y aurait de l'exagération à conclure que M. de Lamennais n'a aimé la Religion et l'Eglise qu'à cause de lui-même.

« Il y a eu, dit-il, quelque chose de plus noble dans cette âme ardente. Il a déclaré une guerre à mort au philosophisme impie, parce qu'il aimait passionnément le christianisme; il a combattu à outrance le protestantisme, parce qu'il aimait d'un amour non moins impétueux l'Eglise catholique. Son antigallicanisme n'était qu'un dévouement sans bornes au Saint-Siège. Aujourd'hui qu'il veut venger la cause du peuple, dont il s'est fait le patron et l'ami dévoué, il s'attaque au clergé, au Pape, à l'Eglise, parce qu'il croit qu'ils n'aiment pas ce qu'il aime, ou qu'ils ne l'aiment pas comme lui. Après avoir appelé le sacerdoce à une croisade contre les rois, il menace le sacerdoce qui n'a pas voulu approuver, et encore moins seconder, cette téméraire insurrection. Il dénonce le Pape, l'épiscopat, les Jésuites, qui se sont montrés fort peu disposés à suivre en aveugles le belliqueux écrivain. C'est assurément la manière la plus favorable d'interpréter les mille contradictions qui frappent les moins prévenus, quand ils observent avec quelque attention les actes, les doctrines, les sentiments d'un homme aussi distingué, mais qui aujourd'hui excite à un plus haut degré la pitié que l'admiration. Oui, il a aimé les choses généreuses; il a voulu les réaliser avec toute l'ardeur d'un courage indomptable, mais il s'est aimé aussi beaucoup lui-même; et quand il s'est trouvé arrêté tout à coup, cette résistance imprévue a irrité son orgueil non moins grand que son dévouement. Il a aimé de grandes choses, mais avec trop peu de connaissance de la société qu'il prétend si bien connaître, et qu'il reproche si amèrement à ses adversaires d'ignorer. Il a aimé, mais non avec cette patience qui est un des caractères de la charité chrétienne. Il a aimé, mais son amour, au lieu d'être éclairé par la rectitude d'un jugement sain, n'a connu d'autre guide que l'obstination d'un esprit qui veut triompher, quels que soient les moyens d'obtenir la victoire (*Ami de la religion*, 10 nov. 1836, p. 274). »

Son contemporain, le vicomte DE BONALD (Louis-Gabriel-Ambroise), né à Milhau en Rouergue, le 2 octobre 1754, mourut le 23 novembre 1840, dans son antique manoir de Monna. De Milhau, Louis de Bonald fut envoyé par sa mère, restée veuve de bonne heure, dans une pension de Paris, puis au collège de Juilly, célèbre établissement de l'Oratoire. Il en sortit pour devenir mousquetaire; et, comme il avait eu la petite vérole, ses chefs le désignaient le plus souvent pour aller *prendre l'ordre* sous les rideaux du lit de Louis XV, alors attaqué de la terrible maladie qui entraîna sa mort. Le corps des mousquetaires ayant été supprimé en 1776, Louis de Bonald se maria. Le 6 juin 1785, il devint maire de Milhau, qu'il sut préserver longtemps de l'orage révolutionnaire. En 1790, ses concitoyens le nommèrent, à Rhodez, membre de l'assemblée du département, et bientôt après président de l'administration départementale de l'Aveyron. Résigné à toutes les croix, ce parfait chrétien ne demandait à Dieu que d'écarter de lui l'esprit d'orgueil et d'amour-propre : telle était la disposition qu'il apportait à l'exercice des fonctions publiques. Quand l'Assemblée nationale eut imposé à la faiblesse de Louis XVI l'acceptation de la constitution civile du clergé, lorsque l'autorité des lois, l'influence de la religion et l'ascendant des gens de bien eurent péri avec le Pouvoir dans un naufrage commun, le vicomte de Bonald adressa à ses collègues la lettre suivante :

« Dispensé par ma place d'assister aux délibérations du *directoire*, j'aurais pu prolonger mon séjour loin de vous, messieurs, et éviter ainsi de concourir personnellement à l'exécution des nouveaux décrets; mais je dois à la foi que je professe un autre hommage qu'une absence équivoque ou un timide silence....

» J'ai donné, je donnerai toujours l'exemple de la soumission la plus profonde à l'autorité légitime, et les dispositions les plus sévères ne m'arracheront ni un regret ni un murmure; mais sur des objets d'un ordre supérieur, et qui me paraissent intéresser ma religion, je n'irai pas, en me séparant de cette AUTORITÉ VISIBLE de l'Eglise, que les éléments les plus familiers de ma croyance m'ont appris à reconnaître dans le corps des pasteurs unis à leur chef, *m'exposer à des doutes cruels, à des remords déchirants pour celui qui a confié à ces consolantes vérités le bonheur de son existence*. L'Assemblée nationale a décrété des changements dans la discipline ecclésiastique et la constitution du clergé; elle a imposé aux pasteurs le serment de s'y conformer et de le maintenir. Le roi, sur des instances réitérées, a donné sa sanction à ces décrets; mais le chef de l'Eglise garde le silence; mais les premiers pasteurs rejettent unanimement ces innovations; mais les pasteurs secondaires, unis à leurs évêques, annoncent partout la plus invincible résistance; mais plusieurs mêmes de ceux qui y avaient adhéré rétractent leur adhésion comme une faiblesse ou une surprise.... Et moi, *à qui il est commandé de croire, et non de décider ;* moi qui sais que le mépris du Saint-Siège et de l'autorité des premiers pasteurs a été le principe de toutes les dissensions religieuses qui ont désolé l'Eglise et l'Etat : moi qui ne puis séparer le respect que je dois à ma religion du respect qu'elle me commande pour ses ministres, *j'irais prévenir la décision du chef de l'Eglise*, braver l'opinion unanime de mes pasteurs, déshonorer ma religion en plaçant les prêtres entre la conscience et l'intérêt, le parjure et l'avilissement; je leur dirais : Jure, ou renonce à tes fonctions, à ta subsistance, comme en d'autres temps on disait à des hommes : *Crois, ou meurs !* Non, non, messieurs, non, l'humanité autant que la religion se révoltent à cette pensée. Ce n'est pas là sans doute le prix que mes concitoyens mettaient à la confiance dont ils m'ont honoré; ils me reprocheraient un jour de l'avoir usurpée, et je renonce aux témoignages flatteurs qu'ils m'ont donnés, si je ne puis en jouir sans trahir ma conscience et leurs plus grands intérêts. »

Après cette démission éclatante, la famille de M. de Bonald le pressa de pourvoir à sa sûreté. Il se retira quelque temps dans ses terres, puis il émigra, emmenant avec lui ses deux fils, Henri et Victor, qu'il plaça au collège de Saint-Charles, de l'Université de Heidelberg. La première fois qu'il entra avec eux dans l'église du Saint-Esprit de cette ville, ayant remarqué l'inscription placée au haut du maître-autel : *Solatori Deo ; Au Dieu consolateur*, « Mes enfants, leur dit-il, ces mots semblent s'appliquer particulièrement aux émigrés. » A la suite du licenciement de l'armée des princes, il retira ses enfants du collége, et s'occupa lui-même de leur éducation.

Ce fut au milieu de ces soins, au milieu des cruels tourments que lui causaient les maux toujours plus grands de sa patrie, son éloignement du reste de sa famille, et plusieurs fois le dénuement absolu de toutes ressources et la terrible crainte du besoin, qu'il commença à s'occuper de son premier ouvrage, la *Théorie du pouvoir politique et religieux dans la société civile, démontrée par le raisonnement, par l'histoire*, sans qu'il eût à sa disposition, sur ce sol étranger, tous les documents et tous les ouvrages dont le secours lui était si nécessaire. Voici le fond de cet écrit, qui plaça l'auteur, dès son début, à côté des penseurs et des écrivains les plus distingués. Définissant le pouvoir politique une application exacte et raisonnée des préceptes de Dieu même à la société civile, il démontre l'intime affinité qui existe entre le principe religieux et la bonne administration des Etats. A l'appui de ses raisonnements, il invoque le témoignage de tous les âges historiques qui ont langui dans un état de législation incomplet et souvent barbare, tant que le principe chrétien, principe de vie et d'affranchissement, n'est pas venu féconder la société humaine et la civilisation. Il applique cette doctrine à l'ordre politique qui régnait en France en 1796, et y trouve la condamnation des théories que l'on essayait alors de mettre en pratique, et qui, privées des conditions de vitalité que la consécration du principe religieux pouvait seule leur communiquer, lui semblent destinées à prouver encore une fois l'impuissance absolue de l'homme qui se sépare de Dieu. Enfin il entrevit dès lors le rétablissement des Bourbons comme l'inévitable conséquence et l'unique remède de l'anarchie et de l'athéisme, qui avaient tout envahi (*Nouv. Biog. univ.*, art. BONALD).

Pendant que l'auteur s'occupait de ce travail, il en lisait quelquefois à ses enfants les passages les plus à leur portée, pour en essayer l'effet sur leur raison et leur intelligence naissante; et ceux-ci se permettaient quelquefois de petits raisonnements et des objections, qui sans doute ne l'arrêtaient guère... Il fit copier une grande partie de cet ouvrage à son fils Henri; et celui-ci lui fit une fois l'observation que son explication de la *volonté générale* dans la société lui semblait manquer un peu de clarté. Depuis, l'auteur, qui songeait souvent à la réimpression de cet ouvrage, avouait qu'il y avait quelques pages qui avaient besoin d'être éclaircies.

Nous avons la plus profonde conviction que, si un esprit aussi distingué que Louis de Bonald n'a pas toujours la clarté désirable, cela tient principalement à la confusion d'idées que le luthéranisme, le calvinisme, mais surtout le jansénisme, ont répandue sur certaines questions fondamentales de la raison et de la foi, de la philosophie et de la théologie; confusion d'idées sur la nature et la grâce, sur la fin naturelle et la fin surnaturelle de l'homme, sur le degré de libre arbitre qui lui reste, sur la raison naturelle et la révélation proprement dite : questions fondamentales qui, une fois bien éclaircies, en éclaircissent beaucoup d'autres; mais qui, méconnues, ignorées, mal comprises, laissées dans le vague et l'obscurité, embrouillent et obscurcissent nécessairement tout le reste, et c'est le cas de presque tous les ouvrages modernes : questions fondamentales sur lesquelles cependant, à l'occasion du jansénisme, l'Eglise a porté des décisions multipliées et précises, mais que les écrivains modernes, même catholiques et bien intentionnés, négligent de connaître, d'étudier, de combiner dans leur ensemble, afin d'avoir une règle sûre pour bien apprécier les idées de l'homme et les faits de l'histoire. Ces considérations s'appliquent à Louis de Bonald, mais bien moins qu'à beaucoup d'autres écrivains.

Sa *Théorie du pouvoir politique et religieux dans la société civile, démontrée par le raisonnement et par l'histoire*, suppose *le raisonnement* toujours appuyé sur des principes incontestables, et *l'histoire* toujours appréciée dans ses faits avec une entière exactitude. C'est peut-être parce que cela n'est pas toujours que, l'auteur lui-même et ses fils ne trouvaient point à l'ouvrage toute la clarté désirable.

Lorsque la composition en eut été achevée, Bonald, s'étant déterminé à quitter Heidelberg pour se rapprocher un peu du midi de la France, se rendit à pied à Constance, emportant avec lui son manuscrit dans son havresac. Il était suivi de ses deux fils. Tous les trois allèrent occuper, dans un village, une de ces petites maisons de paysan, entourée d'un joli verger, d'où la vue s'étendait sur le lac de Constance. Louis de Bonald y revit son manuscrit, y fit des corrections et des changements importants, et le communiqua à des hommes de mérite qui habitaient Constance, où il se décida à le faire imprimer par des prêtres émigrés qui avaient établi une imprimerie française. Lorsque l'impression fut terminée, l'auteur distribua à ses amis quelques exemplaires de cet ouvrage, dont il ne pouvait apprécier lui-même encore la juste valeur; il en fit parvenir aussi plusieurs exemplaires dans les cours étrangères, et envoya le reste de l'édition de Constance à Paris, où il fut saisi par la police du Directoire et mis au pilon.

Au printemps de 1797, l'auteur rentra en France avec ses deux fils. Madame de Bonald était venue à Montpellier amener à leur père ses deux plus jeunes enfants, sa fille et son fils Maurice, depuis cardinal et archevêque de Lyon. Les événements du 18 fructidor ayant fait renouveler les poursuites contre les émigrés, Bonald trouva moyen de se cacher à Paris. Enfin le Directoire tomba. Le Premier-Consul, auquel l'auteur avait adressé à l'armée d'Italie un exemplaire de sa *Théorie du pouvoir*, ayant fait rayer les émigrés de la liste de proscription, M. de Bonald put aller se fixer dans la petite terre du Monna, faible débris de son patrimoine vendu comme bien national, et que madame de Bonald avait rachetée pour une partie de sa dot, englobée dans les biens de son mari.

Pendant sa retraite dans la capitale, l'auteur composa d'autres ouvrages. En 1800, sous le pseudonyme du citoyen Séverin, il publia son *Essai analytique sur les lois naturelles de l'ordre social ou du pouvoir, du ministre et du sujet dans la société*. En 1802, parut la *Législation primitive considérée dans les derniers temps par les seules lumières de la raison*, dans lequel il est entièrement refondu. En 1801, *Le divorce considéré au XIXᵉ siècle relativement à l'état domestique et à l'état public de la société*. En 1815, *Réflexions sur l'intérêt général de l'Europe, suivies de quelques considérations sur la noblesse*. En 1818, *Recherches philosophiques sur les premiers objets des connaissances morales*. En 1830, *Démonstration philosophique du principe constitutif de la société, suivie de Méditations politiques tirées de l'Evangile*. Dans ce dernier ouvrage, Bonald résume le fond de tous ses autres, sans excepter une foule de brochures, d'articles de journaux, de discours prononcés à la chambre des députés ou des pairs. Le fond, le but, c'est de tout ramener à l'unité, mais unité trine. Par exemple : dans la famille, dont le peuple et même le genre humain ne sont que le développement, il y a trois personnes : le *père*, la *mère* et l'*enfant*, avec une subordination naturelle. Tel est, sur la terre, le type originel de toute société, de tout gouvernement : partout il y a *pouvoir*, *ministre* ou intermédiaire, et *sujet*; dans la société religieuse, *pontife*, *prêtre*, *fidèle*; et, dans un ordre d'idées plus général, *cause*, *moyen*, *effet*. Cette proportion trinitaire embrasse toutes choses, le ciel et la terre, Dieu et l'homme. Dieu est Père, Fils et Saint-Esprit : du Père procède le Fils, du Père et du Fils procède le Saint-Esprit, trois personnes en un seul Dieu, un seul Dieu en trois personnes. Il y a égalité entre les personnes, il y a même circumincession d'une personne dans l'autre, en sorte que le Père est dans le Fils et le Fils dans le Père, le Saint-Esprit dans tous les deux, et réciproquement, mais toujours avec subordination d'origine. Entre Dieu et l'homme, il y a le médiateur par excellence, l'homme-Dieu, le Dieu-homme, qui réunit dans l'unité de sa personne et la divinité et l'humanité : gloire ineffable que l'humanité n'aurait jamais pu ni mériter ni même concevoir, mais que Dieu lui accorde par un excès de bonté incompréhensible; tel est le fond de la grâce proprement dite, don inconcevable que Dieu lui-même fait de soi à l'homme. Oui, par la nature, Dieu nous donne nous-mêmes à nous-mêmes; mais, par la grâce, Dieu lui-même se donne à nous. Ainsi, de la nature à la grâce, il y a toute la distance qu'il y a de nous à Dieu.

M. de Bonald, peut-être par suite de sa première éducation chez les Oratoriens de Juilly, paraît n'avoir pas connu cette distinction fondamentale de la grâce et de la nature : ce qui l'empêche de suivre dans tout son développement l'idée féconde de la proportion trinitaire. Par exemple, on lit dans le discours préliminaire de sa *Législation primitive :* « Ici revenait l'équivoque de ce mot *nature* et *naturel*, qui a produit de si grandes erreurs, et, par une suite inévitable, de si grands désordres. La religion, sans doute, est *surnaturelle*, si l'on appelle la *nature* de l'homme son ignorance et sa corruption natives, dont il ne peut se tirer par ses seules forces; et, dans ce sens, toute connaissance de vérité morale lui est surnaturelle; mais la religion est ce qu'il y a de plus naturel à l'homme pour former sa raison et régler ses actions, si l'on voit la nature de l'être là où elle est, c'est-à-dire dans la plénitude de l'être, dans l'état de l'être accompli et parfait; état de virilité de l'homme physique, opposé à l'état d'enfance; état de lumière pour l'homme moral, opposé à l'état d'ignorance; état de civilisation pour la société, opposé à l'état de barbarie. La religion est ce qu'il y a de plus naturel, parce qu'elle est ce qu'il y a de plus parfait, et même on peut dire qu'elle n'est surnaturelle à l'homme ignorant et corrompu, que parce qu'elle est naturelle à l'homme éclairé et perfectionné (*Législat. primit.: Disc. prélim.*, p. 48 et 49, édit. 1817). »

Evidemment M. de Bonald est à côté de la question et se méprend dans un accessoire. Quand on parle de *nature* et de *grâce* par rapport à l'homme, il s'agit de la *nature* même de l'homme et de la *grâce* de Dieu, grâce divine qui remplit l'intervalle infini entre Dieu et l'homme, pour unir immédiatement l'un à l'autre, comme moyen terme. La grâce est un don surnaturel que Dieu accorde à l'homme pour mériter la vie éternelle. Telle est, sous des termes plus ou moins divers, la définition commune de tous les catéchismes et de toutes les théologies, en particulier de saint Thomas. Le mot important est *surnaturel*, ou qui est au-dessus de la nature. D'après l'explication de saint Thomas, qui est l'explication catholique, la grâce est un don *surnaturel*, non-seulement à l'homme déchu de la perfection de sa nature, mais à l'homme en sa nature entière : *surnaturel*, non-seulement à l'homme, mais à toute créature; non-seulement à toute créature actuellement existante, mais encore à toute créature possible. Saint Thomas ne se borne point à l'expliquer ainsi, mais, comme nous l'avons déjà remarqué, il en donne une raison si claire et si simple qu'il suffit de l'entendre pour en être convaincu.

La vie éternelle consiste à connaître Dieu, à voir Dieu, non plus à travers le voile des créatures, ce que fait la théologie naturelle, la religion naturelle; non plus comme dans un miroir, en énigme et en des similitudes, ce que fait la foi; mais à le voir tel qu'il est, à le connaître tel qu'il se connaît. *Nous le verrons comme il est,* dit le disciple bien-aimé. Et saint Paul : *Maintenant nous le voyons par un miroir en énigme; mais alors ce sera face à face. Maintenant je le connais en partie; mais alors je le connaîtrai comme j'en suis connu.* Or, tout le monde sait, tout le monde convient, que de Dieu à une créature quelconque il y a l'infini de distance. Il est donc naturellement impossible à une créature, quelle qu'elle soit, de voir Dieu tel qu'il est, tel que lui-même il se voit. Il lui faudrait pour cela une faculté de voir infinie, une faculté que naturellement elle n'a pas, et que naturellement elle ne peut avoir. Il y a plus : la vision intuitive de Dieu, qui constitue la vie éternelle, est tellement au-dessus de toute créature, que nulle ne saurait par ses propres forces en concevoir seulement l'idée. *Oui,* dit saint Paul après le prophète Isaïe, *ce que l'œil n'a point vu, ce que l'oreille n'a point entendu, ce qui n'est point monté dans le cœur de l'homme, voilà ce que Dieu a préparé à ceux qui l'aiment* (1. Cor., 2, 9). Pour donc que l'homme puisse mériter la vie éternelle, et même en concevoir la pensée, il lui faut, en tout état de nature, un secours surnaturel, une certaine participation de la nature divine. L'homme ne pouvant s'élever en ce sens jusqu'à Dieu, il faut que Dieu descende jusqu'à l'homme, pour le déifier en quelque sorte. Or, cette ineffable condescendance de la part de Dieu, cette participation à la nature divine, cette déification de l'homme, c'est la grâce.

Baïus et les jansénistes supposaient avec les pélagiens, que, dans le premier homme, la grâce n'était autre chose que la nature; que le premier homme pouvait ainsi, par ses seules forces naturelles, s'élever au-dessus de lui-même, franchir l'intervalle infini qui sépare la créature du Créateur, et voir Dieu immédiatement en son essence. D'où ils concluaient nécessairement, que, si l'homme déchu a besoin de la grâce proprement dite, ce n'est que pour guérir et restaurer la nature. Aussi l'Église a-t-elle condamné, et avec beaucoup de justice, cette proposition du janséniste Quesnel : *La grâce du premier homme est une suite de la création, et elle est due à la nature saine et entière;* et cette autre de Baïus : *L'élévation de la nature humaine à la participation de la nature divine était due à l'intégrité de la première création; et par conséquent on doit l'appeler naturelle, et non pas surnaturelle.*

Quant à la différence de besoin que l'homme a de la grâce avant et après son péché, saint Thomas dit : « L'homme, après le péché, n'a pas plus besoin de la grâce de Dieu qu'auparavant, mais pour plus de choses : pour guérir et pour mériter. Auparavant, il n'en avait besoin que pour l'une des deux, la dernière. Avant, il pouvait, sans le don surnaturel de la grâce, connaître les vérités naturelles, faire tout le bien naturel, aimer Dieu naturellement par-dessus toutes choses, éviter tous les péchés; mais il ne pouvait, sans elle, mériter la vie éternelle, qui est chose au-dessus de la force naturelle de l'homme. Depuis, il ne peut plus, sans la grâce ou du moins sans une grâce, connaître que quelques vérités naturelles, faire que quelques biens particuliers du même ordre, éviter que quelques péchés. Pour qu'il puisse tout cela dans son entier, comme auparavant, il faut que la grâce guérisse l'infirmité ou la corruption de la nature. Enfin, après comme avant, il a besoin de la grâce pour mériter la vie éternelle, pour croire en Dieu, espérer en Dieu, aimer Dieu surnaturellement, comme l'objet de la vision intuitive (*Summ.*, p. 1, q. 95, art. 4, ad. 4; 1.2, q. 109, art. 2; *Ibid.*, art. 3 et 4). »

M. de Bonald paraît avoir ignoré cette partie de la doctrine catholique, puisque, sans y penser, il professe les doctrines condamnées de Quesnel et de Baïus. De là vient encore ce qu'on lit un peu plus loin dans le même discours préliminaire : « La distinction de religion *naturelle* et de religion *révélée* ne contribuait pas peu à éloigner les esprits de ces recherches (sur l'origine du langage). On regardait la religion naturelle comme une religion *innée*, et cette opinion se liait à celle des *idées innées....* Mais la religion même naturelle, la connaissance de Dieu, de notre âme et de ses rapports avec Dieu, nous a été apprise ou révélée, comme la religion appelée *révélée*, *fides ex auditu*; et la religion révélée est aussi *naturelle* que la religion dite naturelle; mais l'une a été *révélée* par la parole, et elle est *naturelle* aux hommes en société de famille primitive, isolée de toute autre société; et l'autre est révélée par l'Ecriture, et elle est *naturelle* aux hommes réunis en corps de nation (P. 65). »

M. de Bonald se trompe ici de toutes manières. La religion naturelle, la théologie naturelle consiste à connaître Dieu comme auteur de la nature, par les lumières de la raison naturelle, et comme objet de la vision abstractive, à travers le voile des créatures. La théologie surnaturelle, la religion surnaturelle à l'homme, la révélation proprement dite, consiste à connaître Dieu, par les lumières surnaturelles de la foi, comme auteur de la gloire, comme objet de la vision intuitive et béatifique; vision et gloire à laquelle l'homme n'a naturellement aucun droit, mais à laquelle Dieu l'appelle surnaturellement par pure grâce. Cette première fin de l'homme lui est essentiellement naturelle et il n'aurait pu être créé sans cela; la seconde lui est essentiellement surnaturelle, et il aurait pu être créé sans elle. Ces deux fins ont toujours coexisté dans l'humanité; mais il ne faut pas les confondre pour cela, ni méconnaître l'une pour l'autre.

Quant à l'origine du langage, l'auteur a pour axiome : « Il est nécessaire que l'homme pense sa parole avant de parler sa pensée, » et de là il infère que la parole n'a pas été inventée par l'homme, mais qu'elle lui a été révélée. Il dit à ce sujet : « Cette impossibilité physique et morale que l'homme ait inventé sa parole peut être rigoureusement démontrée par la considération des opérations de notre esprit, combinée avec le jeu de nos organes; et le mystère même de cette parole intérieure, dont la parole extérieure n'est que la répétition, et, pour ainsi dire, l'*écho*, certain aux yeux de la raison, se montre dans la doctrine religieuse, et l'on y lit ces paroles qui le prouvent : *Si orem linguâ spiritus meus orat* : « Mon esprit parle quand ma langue prononce. » (1re Epître aux Corinth., c. 14). »

Les paroles de saint Paul n'ont pas du tout le sens que leur attribue M. de Bonald. L'Apôtre parle ici du don des langues, communiqué fréquemment par l'Esprit-Saint aux fidèles de Corinthe. Quelquefois ce don était accompagné de celui d'interpréter ou de traduire la langue inconnue que l'on était inspiré de parler, quelquefois non. Saint Paul dit de ce dernier cas : « Celui qui parle une langue inconnue, ne parle pas aux hommes, mais à Dieu, puisque personne ne l'entend, et qu'il parle en esprit des choses cachées. — Il y a tant de diverses langues dans le monde, et il n'y a point de peuple qui n'ait sa langue particulière. Si donc je n'entends pas la force des mots, je serai barbare à celui qui parle, et celui qui parle me sera barbare. C'est pourquoi celui qui parle une langue, qu'il demande à Dieu le don de l'interpréter. Car si je prie en une langue étrangère, mon esprit, à la vérité, prie, mais mon intelligence est sans fruit. *Nam si orem linguâ, spiritus meus orat ; mens autem mea sine fructu est.* » C'est donc un contre-sens de traduire ainsi ces derniers mots : *Mon esprit parle quand ma langue prononce.* On voit au contraire, par la doctrine de l'Apôtre, qu'une langue peut être inspirée à l'homme, du moins surnaturellement, sans qu'il en ait une intelligence assez distincte pour la parler ou la traduire aux autres.

Cette méprise sur le sens d'une parole de saint Paul est excusable dans un laïque. Nous en avons lu une semblable dans un prédicateur célèbre, dans un traducteur moderne de la Bible, et même dans une circulaire pastorale. Ils citent ces mots de saint Paul aux Romains : *Rationabile obsequium vestrum*, comme formant à eux seuls une phrase complète avec le verbe sous-entendu *sit*, et ils traduisent : *Que votre obéissance, que votre foi soit raisonnable.* Sans doute, la foi, l'obéissance du chrétien est et doit être raisonnable. Mais il s'agit de savoir si tel est le sens des paroles de saint Paul. Ces trois mots, *rationabile obsequium vestrum*, ne sont pas au nominatif, mais à l'accusatif, et forment le complément d'une phrase dont voici la traduction la plus littérale qu'il nous a semblé possible d'en faire en français : *Je vous conjure, mes frères, par les miséricordes de Dieu, de rendre vos corps une victime vivante, sainte, agréable à Dieu, comme votre culte raisonnable et spirituel* (Rom., 12, 1). Les interprètes donnent l'explication suivante. Saint Paul fait entendre aux chrétiens de Rome que, si les Juifs ont offert à Dieu d'autres victimes qu'eux-mêmes, des animaux mis à mort et privés de raison, eux, au contraire, doivent lui offrir leurs propres corps, comme une victime vivante, sainte, agréable, et animée par l'esprit et la raison. Estius, après avoir remarqué que le sens de ces mots : *rationabile obsequium vestrum*, devient plus clair quand on leur substitue, d'après le grec, ces autres : *rationalem cultum vestrum*, ajoute : « On applique ordinairement ces paroles à la discrétion qu'il faut garder dans les exercices de piété, comme les prières, les jeûnes, les veilles, de peur qu'en s'y livrant sans mesure on ne nuise à la santé du corps ou de l'âme. Mais, quoique ce sens présente en soi une bonne doctrine, il n'est cependant pas conforme au texte; car l'Apôtre appelle *obsequium* ou *culte raisonnable*, celui qui consiste dans la raison et l'esprit, c'est-à-dire le culte spirituel, par opposition au culte extérieur et corporel, tel que celui des juifs, qui consistait dans l'immolation des victimes charnelles. — La victime donc qu'il nous est ordonné d'offrir à Dieu, ce sont nos corps : l'acte par lequel nous lui offrons cette victime, voilà le culte raisonnable et spirituel. »

Nous avons déjà signalé dans le 25e livre de cette Histoire, cette méprise ou erreur sur le texte de saint Paul : nous avons cru devoir y revenir, tant la chose nous paraît grave. Les prêtres, les pontifes sont les gardiens de la science. Leur négligence à bien connaître ce trésor, à bien connaître la doctrine de l'Eglise et le sens de l'Ecriture, et à bien les exprimer, occasionne plus de mal et empêche plus de bien qu'on ne pense. De là vient, nous en avons l'intime conviction, cette multitude d'idées fausses, incomplètes sur Dieu, sur l'homme, sur la nature, la grâce, le libre arbitre, la rédemption, etc., qui circulent dans le monde, favorisent l'incrédulité des uns, l'égarement des autres, et entravent dans leur marche les défenseurs les plus dévoués de la religion. Par exemple, si M. de Bonald, homme d'un vrai génie et d'ailleurs si bon catholique, avait eu une connaissance exacte de la doctrine de l'Eglise sur les matières qu'il a traitées dans ses ouvrages, il eût pu faire un bien beaucoup plus considérable. Il a contribué puissamment à ramener l'unité dans la société domestique des familles par l'abolition du divorce; il aurait pu contribuer non moins puissamment à ramener l'unité et l'harmonie dans les sociétés publiques des nations. Napoléon avait lu avec attention sa *Théorie du pouvoir*. En septembre 1808, il le nomma conseiller titulaire de l'Université, place à laquelle était attaché un revenu de dix mille francs. Bonald n'accepta qu'après deux ans de refus et sur les vives instances de Fontanes, qui pouvait être compromis pour l'avoir compris à son insu sur la liste des présentations. Plus tard, le roi de Hollande, Louis Bonaparte, lui écrivit la lettre suivante de sa main : « Après avoir réfléchi beaucoup, je me suis convaincu, monsieur, que, sans vous connaître autrement, vous êtes un des hommes que j'estime le plus ; j'ai reconnu que vos principes étaient conformes aux miens. Vous me pardonnerez donc si, ayant à choisir quelqu'un à qui je désire confier plus que ma vie, je m'adresse à vous. C'est le cas de bien choisir, etc. » Le roi lui offrait la place de gouverneur de son fils, Louis-Napoléon Bonaparte. M. de Bonald n'accepta point.

La même année 1808, au moment où son frère Joseph allait essayer du trône d'Espagne, Napoléon fit insérer dans les journaux le passage suivant de la *Théorie du pouvoir* : « Le Français est un grand peuple : il est grand par son intelligence, par ses sentiments, par ses actions. Hélas ! il est grand... jusque dans ses crimes... Mais le souverain ramènera son peuple à la raison par la religion, et au bonheur par la vertu ; il versera sur ses plaies longtemps douloureuses le baume de l'indulgence et de l'oubli. Qu'à sa voix l'homme égaré revienne, que le faible se rassure, que le coupable même, qui ne le fut que par erreur, trouve dans sa bonté un refuge contre sa justice !.... Les Français pardonneront aussi ! *Qui oserait se venger quand le roi pardonne?* »

En 1830, après quinze ans de rudes travaux et de luttes glorieuses, de Bonald vit encore s'accomplir une révolution plus d'une fois annoncée par sa prévoyance. Celui qui avait écrit *qu'il n'y avait rien de pire que les mesures fortes prises par des hommes faibles*, ne pouvait pas se tromper sur l'issue du combat. Résigné aux événements, mais fidèle à ses doctrines comme à ses affections, il renonça sans regret à tous les honneurs, abdiqua la pairie et ne quitta plus son antique manoir de Monna, où, jusqu'à son dernier jour, il écrivit des pages remarquables sur les grandes questions religieuses et morales qui avaient fait l'étude de sa vie. Il y termina paisiblement sa carrière, après une courte maladie, le 23 novembre 1840. De tous les hommes qui ont marqué dans la politique et la littérature depuis cinquante ans, Bonald est un de ceux qui ont laissé la renommée la plus haute et la plus pure. Sa vie fut celle d'un patriarche.

Voulant caractériser sa propre manière et celle d'un autre grand écrivain qui fut dans le même temps un des vaillants défenseurs de l'Eglise, Bonald s'est comparé lui-même à un guerrier revêtu de son armure et qui combat, tandis que chez Châteaubriand la religion est plutôt comme une reine qui apparaît un jour de fête, revêtue de tous ses joyaux et de toutes ses pompes.

François-René de Chateaubriand que notre siècle, jeune encore, salua, dit un critique (Sainte-Beuve), et eut raison de saluer comme son Homère, naquit à Saint-Malo le 4 septembre 1768, dans une maison voisine de celle où naquirent les frères Lamennais. Son père, René de Châteaubriand, et sa mère, Pauline de Bedée, appartenaient tous deux à l'ancienne noblesse de la Bretagne : il était le cadet de leurs dix enfants, et par conséquent se trouvait destiné à la marine royale. Les premières impressions de son enfance et de sa jeunesse furent de nature à déposer dans son âme ardente et poétique, les germes puissants de l'honneur et de la foi chrétienne, en même temps qu'à favoriser le développement de son génie indépendant, énergique et rêveur. Les antiques et belles vertus vivaient dans cette famille où les biographes nous signalent la figure du père, silencieux et froid; de la mère, bonne mais grondeuse; d'un vieil oncle, curé de campagne; de la plus jeune des filles, Lucile, que Châteaubriand aimait avec prédilection; et d'une autre sœur, de Julie, à qui l'abbé Caron a consacré une de ses *Vies des justes*. Le sang de Malesherbes vint ajouter sa noblesse à celle des Châteaubriand par le mariage de la petite-fille du généreux défenseur de Louis XVI avec le comte Jean-Baptiste, qui était le frère aîné et le parrain du poète.

Au foyer domestique, le jeune Châteaubriand trouvait une vie austère, mais assez de liberté pour errer à son gré au milieu des rochers de Saint-Malo, et plus tard sous les grands ombrages du château de Combourg, où ses parents avaient transporté leur résidence. Après avoir fait ses études au collége de Dol et de Rennes, il était parti à Brest pour y chercher son brevet d'aspirant; on ne sait quel mouvement le fit revenir à Combourg. Son humeur rêveuse, inquiète et sombre commençait à l'agiter. Il était, comme la plupart des hommes de son temps, sous l'influence des idées de J.-J. Rousseau. Lui-même raconte qu'un jour, dégoûté de la vie, il s'enfonça dans un bois avec un fusil, et ne fut arrêté dans son projet que par la rencontre d'un garde. Vers 1788, il vivait à Paris et à Versailles, en qualité de sous-lieutenant au régiment de Navarre, s'exerçant à de petites compositions qui étaient loin d'être en harmonie avec les aspirations et la force exubérante de son talent, se liant avec Fontanes, son ami de toute la vie, consultant La Harpe, et fréquentant aussi certains personnages plus ou moins célèbres, qui n'étaient pas de caractère à lui rendre des convictions sages et chrétiennes.

La Révolution étant venue interrompre sa carrière et réveiller son humeur aventureuse, au printemps de 1791 il s'embarqua pour les Etats-Unis. Il devait rapporter d'Amérique son manuscrit des *Natchez*, production étrange d'une imagination sans règle mais brillante, et d'un esprit hardi mais incohérent. De cette forêt vierge il tira plus tard pour le public le *Voyage en Amérique*, et le poème des *Natchez*, tel que nous le trouvons dans ses œuvres. Au milieu de ses excursions à travers les forêts et les déserts américains, un journal anglais lui apporta la nouvelle des graves événements qui se passaient à Paris. L'émigration formait une armée pour voler au secours du roi. Le gentilhomme breton accourut en toute hâte; à peine arrivé en France, au commencement de 1792, il épousa mademoiselle Céleste de Lavigne, et partit peu après pour l'armée des Princes. Etant tombé malade, il fut laissé pour mort pendant la retraite des Prussiens : il réussit cependant à se traîner jusqu'à Namur, et alla se réfugier à Londres. C'est là qu'il écrivit son *Essai sur les révolutions anciennes et modernes considérées dans leur rapport avec la Révolution française*, dont le premier volume parut en 1797. L'idée fondamentale de cet ouvrage, c'est que l'humanité tourne dans un cercle fatal : ce qui est trop absolu. Au milieu des considérations historiques et morales, l'imagination de l'auteur se livre à sa fougue comme dans les descriptions du Nouveau-Monde. Le disciple de Rousseau s'y montre souvent par l'espoir chimérique d'un retour vers la nature, dans le sens du philosophe de Genève, et par d'autres idées que Châteaubriand rétracta depuis dans une série de notes ajoutées à l'*Essai*. Cependant il reconnaissait dès lors la nécessité sociale du christianisme.

Il en était là quand une lettre de sa sœur, Mme de Farcy, lui apprit la mort de sa mère en 1798. Cette sœur prévoyait déjà que bientôt elle descendrait aussi dans la tombe : elle succombait comme sa mère aux mauvais traitements qu'elle avait endurés dans les cachots de la Révolution; elles rejoignaient ensemble deux victimes que l'échafaud avait prises dans la famille, le comte Jean-Baptiste de Châteaubriand et sa femme, la petite-fille de Malesherbes. De tels coups étaient propres à inspirer de salutaires réflexions : « Si tu savais, écrivait Mme de Farcy à son frère, combien de pleurs tes erreurs ont fait répandre à notre respectable mère, combien elles paraissent déplorables à tout ce qui pense et fait profession, non-seulement de piété, mais de raison; si tu le savais, peut-être cela contribuerait-il à t'ouvrir les yeux, à te faire renoncer à écrire... » Il ne renonça pas à écrire, mais il entra dans une vie nouvelle : il revint à la foi, dit-il lui-même, par la piété filiale. Rentré en France au printemps de 1800, encouragé par l'admiration et les conseils de ses dignes amis, Fontanes et Joubert, il se posa non-seulement comme le défenseur de la religion, mais comme l'initiateur d'un mouvement de restauration chrétienne; et, en 1802, après avoir été longtemps annoncé, après même s'être fait précéder d'*Atala*, roman religieux détaché du poëme des Natchez, parut l'ouvrage qui a fait la grande renommée de Châteaubriand, le *Génie du Christianisme*. L'auteur déclare son but dans le premier chapitre : il veut prouver non pas que le christianisme est excellent, parce qu'il vient de Dieu; mais qu'il vient de Dieu, parce qu'il est excellent. Et dans quatre livres, comme dans autant de séries de magnifiques tableaux, il examine et décrit les *Dogmes et la doctrine*, la *Poétique du christianisme*, les *Beaux-Arts et la Littérature* dans leur rapport avec la Religion, et enfin les splendeurs et les bienfaits du *Culte*. La science théologique et la critique littéraire trouvent certainement des faiblesses et des défauts dans cet ouvrage, mais il n'a pas moins pris sa place en tête des productions de notre temps, parmi les plus beaux monuments des lettres françaises; et si trop souvent il a contribué à former des amateurs de christianisme plutôt que des chrétiens de conviction et de pratique, c'est justice de dire, que venant à propos pour seconder l'impulsion donnée par le Concordat, il n'obtint pas seulement un succès de retentissement et d'enthousiasme, mais il exerça sur l'opinion une influence réelle et profonde. L'auteur publia ensuite *René*, ouvrage du même genre qu'Atala et qui sortait encore du manuscrit des Natchez. C'est le roman de la mélancolie dans une âme énergique et religieuse. Les sentiments qui dominent dans René ne sont pas chrétiens, et les graves leçons des dernières pages ne suffisent pas pour empêcher le livre ne soit dangereux. Aussi Châteaubriand lui-même se plaignait avec amertume de l'entraînement de beaucoup d'âmes faibles et passionnées à vouloir être les imitateurs de son héros.

Le Premier-Consul avait accepté en 1803 la dédicace de la seconde édition du *Génie du Christianisme*. Il voulut donner à l'auteur un témoignage de son estime en le nommant secrétaire d'ambassade à Rome, auprès du cardinal Fesch : mais le secrétaire ne put vivre longtemps en bonne intelligence avec l'ambassadeur; il revint à Paris en 1804 : on l'avait nommé ministre dans le Valais, lorsque l'affaire du duc d'Enghien le sépara définitivement de Napoléon. Outre les *Lettres sur l'Italie* adressées à Joubert, et la *Lettre sur Rome* adressée à Fontanes, Châteaubriand avait rapporté de la ville du Colysée la première idée du poëme des *Martyrs*. C'était le complément de ce qu'il avait dit sur la Poétique du christianisme : il voulait montrer par un exemple, que les croyances chrétiennes sont une source de poésie supérieure à la mythologie païenne. Pour se préparer à l'exécution de ce grand dessein, il entreprit au mois de juillet 1806, un voyage qui devait le conduire en Grèce, en Orient, à Jérusalem, sur les ruines de Memphis, et le ramener par l'Espagne et l'Alhambra. Les *Martyrs* parurent en 1809. Ils renfermaient des pages parfaites, des beautés de premier ordre, mais des défauts étaient nombreux et du genre le plus redoutable : ils prêtaient à la plaisanterie. Le succès fut médiocre : Fontanes consolait son illustre ami en lui disant : Ils y reviendront, et cette prédiction ne fut pas entièrement vaine. La démonstration n'était pas moins complète ou plutôt surabondante : le génie de Châteaubriand n'avait pu se tenir à la hauteur de la poésie du christianisme. En 1811 parut l'*Itinéraire de Paris à Jérusalem*, qui raconte le voyage du poëte, et ensuite le *Dernier Abencérage*, un roman de chevalerie né dans la visite à l'Alhambra.

Jusqu'à la chute de Napoléon, Châteaubriand demeura en dehors de la vie politique, se contentant de faire quelquefois dans les journaux ou ailleurs, des allusions aux excès du despotisme et aux bienfaits de la liberté absente. Mais dès les premiers temps de la Restauration, il prit un rôle extrêmement actif et fit son entrée dans la carrière par la publication de plusieurs écrits très-ardents : *De Bonaparte et des Bourbons*; *Réflexions politiques*; *Monarchie selon la charte*. Dans le même ordre d'idées, un crime trop fameux lui donna l'occasion d'écrire les *Mémoires sur la vie et la mort du duc de Berry*. Devenu ministre des affaires étrangères, il tint à honneur d'avoir décidé, en 1823, l'intervention de la France dans les affaires d'Espagne. Bientôt il quitta le ministère et crut devoir s'associer à la défense des idées libérales dans les livres et surtout dans la polémique des journaux, aussi bien qu'à la tribune de la chambre des Pairs. Il avait toujours été partisan de la liberté de la presse, et croyait que c'était la meilleure arme au service de la vérité. Vers la fin de sa vie, en 1846, il eut l'occasion de se montrer désabusé sur ce point. Il faut ajouter à tous ses ouvrages dont nous avons parlé, les *Études historiques*, publiées en 1831, l'*Analyse raisonnée de l'Histoire de France*, l'*Essai sur la Littérature anglaise*, les *Quatre Stuarts*, la *Vie de Rancé*, quantité d'œuvres polémiques, oratoires, de mélanges littéraires, et enfin ses *Mémoires d'Outre-tombe*, où il raconte avec les plus grands détails sa vie intime et sa vie publique. Malgré ses illusions, qui furent toujours celles d'une âme noble et droite, Châteaubriand vit jusqu'à la fin ce qu'il avait entrevu dès le commencement, la puissance divine du christianisme dans la société, et il résuma toutes ses convictions à cet égard dans la conclusion de ses *Mémoires* : L'idée chrétienne est l'avenir du monde. Châteaubriand est mort le 4 juillet 1848. Il laissait de sa piété et de celle de sa femme, morte un an avant lui, un souvenir plus précieux devant Dieu que tous les chefs-d'œuvre littéraires, « l'infirmerie Marie-Thérèse, » destinée à recueillir les prêtres vieux et infirmes. » Ce fut là qu'il rendit le dernier soupir; il avait voulu une tombe grandiose et poétique, et il en avait désigné l'emplacement aux lieux de sa naissance, sur un rocher du golfe de Saint-Malo.

Pendant que l'Église continuait à s'illustrer par le génie de ses défenseurs, la philosophie séparée de la foi se perdait de plus en plus dans les abîmes creusés par la révolution cartésienne. En Allemagne, le rationalisme de Kant, de Fichte et de Schelling, trouvait son dernier terme dans le système d'Hégel, ami et contemporain de Schelling. L'esprit philosophique ne manquait pas plus à Hégel qu'à ses devanciers, mais il s'égara comme eux pour avoir méconnu les véritables bases de la raison. L'ambition d'Hégel, qui vécut de 1770 à 1831, était de réunir dans un système solide l'idéalisme de Fichte et le réalisme de Schelling. Il imagina, en conséquence, une idée pure, dégagée de toute forme déterminée; déclara que cette idée était l'être absolu, infini, hors duquel il n'est rien; puis expliqua que, dans des phases et des évolutions successives, cette idée produisait tour à tour le monde physique, par la négation d'elle-même, et le monde spirituel avec la conscience de soi et la personnalité par la négation de cette négation. De pareilles imaginations n'ont rien de commun avec ce qu'on peut encore appeler philosophie et raison. C'est le panthéisme, mais arrivé à un tel excès qu'il se confond avec un matérialisme aveugle et sourd, et qu'au lieu d'un système, il offre le spectacle d'un chaos sans nom où les choses les plus contradictoires, l'esprit et la matière, le oui et le non, ne s'harmonisent pas, comme l'a cru Hégel, mais se mêlent et se brouillent dans une effroyable confusion. Un philosophe français a vivement stigmatisé toutes ces inventions germaniques dans un dialogue entre Socrate et Mercure : « Jamais, dit Mercure, on ne vit un pareil amas de rêveries, de folies et de contradictions. Il me parut d'abord que du monde entier il ne restait que moi, ou plutôt ma pensée, réduite à se considérer et à se penser toute seule. Fatiguée sans doute de son isolement et de sa quiétude, elle en vint peu à peu à penser, mais toujours sans sortir d'elle-même, des choses qui étaient, mais à la condition qu'elle les pensât; de sorte que leur être dépendait du sien, et qu'au fond elle seule était ou devenait successivement tout ce qu'elle pensait. Je l'avoue; l'effroi me prit de voir sortir de moi tant de choses différentes, ou plutôt toutes les choses du monde, les dieux et les hommes, les animaux et les plantes, le ciel et les enfers, le bien et le mal, tout ce qui a été, est, ou sera (Fichte?). Ma frayeur s'accrut quand on me parla d'un double courant qui allait traverser mon être, comme il traversait aussi l'univers; courant mêlé à parties égales, différentes mais confondues, de corps et de pensées, d'idées et de réalités. Je tremblai que, dans sa marche aveugle et violente, il n'entraînât ce peu qui restait de ma personne; de ce Mercure à demi-noyé déjà dans cette pensée universelle... (Schelling?). Mais quand mon dernier maître (Hégel?) (chacun d'eux ne m'a guère donné qu'une leçon) essaya de me prouver que les contraires sont identiques, que les contradictions se confondent, qu'il n'y a pas la plus légère différence entre le bien et le mal, le Tartare et l'Elysée, les dieux et les hommes, les marchands et les voleurs, le jour et la nuit, les condamnés et leurs juges, moi qui sais bien ce qui en est, je ne pus me contenir et j'essayai de le confondre. Il me répondit froidement qu'étant lui et moi une même personne, par la seule raison qu'il se distinguait de moi et ne pouvait s'en distinguer sans s'y réunir, il était inutile d'argumenter contre soi-même; qu'au surplus je n'étais point, mais que je devenais, et que devenant l'un et l'autre, et toutes choses avec nous, toutes choses seraient successivement vraies et fausses, et nous serions successivement toutes choses. D'où une paix et une conciliation universelle qu'il était inutile de troubler par une vaine discussion, qui d'ailleurs n'en était pas une, puisqu'à le bien prendre, elle était ou devenait entre nous un parfait accord d'idées et d'aspirations. J'eus l'air de le croire ne pouvant mieux faire, et quittai son école pour ne rentrer de longtemps, je l'espère, à celle d'aucun philosophe (1). »

Il se trouva pourtant un théologien pour essayer d'appliquer à l'ensemble des dogmes catholiques un système analogue à celui que Kant avait inauguré, et qui aboutissait en philosophie à de si beaux résultats. Ce fut Georges Hermès, né en Westphalie en 1775, professeur de théologie à Bonn et chanoine de Cologne, mort en 1831. Doué d'une aptitude et d'un zèle remarquables pour l'étude et pour l'enseignement, il avait le malheur de joindre à ces qualités un attachement invincible et exclusif à ses propres idées. Il avoue lui-même que cet orgueil lui avait fait perdre le sentiment de la piété avant de porter atteinte à sa foi. Les plus touchantes cérémonies le laissaient froid et indifférent, et il ne songeait pas à sortir de ce triste état, si ce n'est quand il en aurait fini, suivant ses propres paroles, avec toutes les preuves et démonstrations des vérités de la religion et de la morale, et n'aurait plus à considérer que les résultats. Il posa donc en principe que le point de départ de la science est nécessairement le doute positif et universel, et qu'il est impossible de sortir du doute pour arriver à la certitude autrement que par le moyen de cette inclination que tout homme éprouve à admettre certaines choses pour vraies dans la conduite de la vie. Il donne à cette inclination un nom emprunté à Kant, le nom de raison pratique. C'est sur cette base qu'il entreprit de reconstruire, par une démonstration rigoureuse, tout l'édifice de la doctrine catholique, et ce fut dans cette entreprise qu'il lui arriva trop souvent de substituer ses propres idées à l'enseignement orthodoxe, et d'altérer la foi par un mélange plus ou moins apparent d'erreurs rationalistes ou pélagiennes. Des plaintes nombreuses s'élevèrent; Rome fut avertie, et condamna les opinions d'Hermès par un bref du 26 septembre 1835, quatre ans après la mort de l'auteur. Le long examen de ses ouvrages y avait fait découvrir, d'après le bref, beaucoup de choses absurdes et étrangères à la doctrine de l'Eglise catholique, particulièrement en ce qui regarde la nature et la règle de la foi; touchant les arguments qu'on emploie d'ordinaire pour prouver l'existence de Dieu; touchant l'existence de Dieu même, sa sainteté, sa justice, sa liberté, et la fin qu'il se propose dans ces œuvres que les théologiens appellent *ad extra*; touchant la nécessité et la distribution de la grâce et des dons, les récompenses et les peines; touchant l'état de nos premiers parents, le péché originel et les forces de l'homme déchu. Les propositions contenues dans ces livres sont condamnées comme respectivement fausses, témé-

___
(1) Il faut lire ce dialogue tout entier et ceux qui l'accompagnent, pour apprécier la situation de certain camp philosophique (*Dialogues de Philosophie socratique*, par Charles Charaux, docteur ès-lettres, professeur de philosophie).

raires, captieuses, menant au scepticisme et à l'indifférentisme, erronées, scandaleuses, injurieuses pour les écoles catholiques, destructives de la foi divine, sentant l'hérésie, et déjà condamnées par l'Eglise en d'autres circonstances.

Peu de temps auparavant, le 20 décembre 1834, le souverain Pontife avait ratifié la condamnation portée par l'évêque de Strasbourg, contre le directeur de son petit séminaire. M. Bautain était un prêtre éminent, il n'avait pas, comme Hermès, invoqué le doute de propos délibéré; jeune homme, il avait trouvé le déisme au collège; plus tard, professeur de philosophie à la Faculté de Strasbourg, il avait inutilement cherché la certitude au fond des doctrines rationalistes de l'Allemagne. C'est alors qu'il se tourna vers l'Evangile, et qu'ayant rencontré la lumière dans l'Eglise, il ne se contenta pas de s'en montrer le fils soumis et voulut la servir dans les rangs du sacerdoce. Malheureusement il outra la nécessité de la foi, à laquelle il devait le repos que sa raison n'avait pu acquérir par elle-même. Il prétendit que la croyance en la parole de Dieu est le seul fondement certain de la vérité, ce qui n'allait à rien moins qu'à ruiner les bases de la foi en renversant et en rendant impossibles les preuves de la révélation. M. Bautain se soumit avec la promptitude et la simplicité d'un nouveau Fénelon, et alla même porter à Rome, aux pieds de Grégoire XVI, l'hommage de sa fidélité et de son obéissance. Mais les disciples d'Hermès, loin d'imiter un si bel exemple, se prévalurent de la condamnation du traditionalisme dans la personne de M. Bautain, pour prétendre que leur rationalisme ne pouvait être atteint par le bref de 1835, et que leur enseignement était conforme à celui du Saint-Siège. Les professeurs Elvenich, de Breslau, et Braun, de Bonn, proposaient de soutenir ce moyen de défense à Rome : ils ne furent pas écoutés; la condamnation fut simplement maintenue. La plupart de leurs partisans n'en continuèrent pas moins de propager leurs erreurs dans les chaires des Universités comme dans leurs livres et dans leurs revues, et d'entretenir une fâcheuse division dans le clergé du Rhin et de la Westphalie. Un des principaux disciples d'Hermès est le professeur Baltzer, dont les ouvrages sont manifestement entachés des principes du semi-pélagianisme et du semi-rationalisme.

La foi catholique défendait victorieusement sa pureté contre l'influence des erreurs philosophiques : il n'en était pas de même de la théologie protestante. La critique de Kant fut appliquée à la base même du dogme par une exégèse d'un nouveau genre, dont le docteur Paulus, professeur à Iéna, et plus tard à Heidelberg, fut le principal organe. Dans ses *Commentaires sur les trois premiers Evangiles*, publiés à Leipzig en 1804, et dans sa *Vie de Jésus*, publiée à Heidelberg en 1828, Paulus réduisait tous les faits de l'histoire de Jésus-Christ aux proportions d'événements purement naturels. Celui que dix-huit siècles avaient adoré comme le Messie n'était plus qu'un grand homme, et par des interprétations qui torturaient violemment le récit évangélique, on s'efforçait d'ôter aux actions et à la vie du Sauveur tout caractère miraculeux et surnaturel. Il est vrai que cette nouvelle exégèse suscita un mouvement de résistance, principalement dans l'école de Tubingue : mais, le principe du protestantisme une fois admis, la résistance ne pouvait être triomphante. Aussi le résultat le plus positif qu'elle produisit, fut une tentative de conciliation de la part de quelques théologiens. Inutiles efforts! le dogme fut condamné à suivre les variations et la décadence de la philosophie, et quand Hégel mourut, ses disciples vinrent franchement dans le domaine de la théologie, de la morale et du droit public, proclamer l'établissement de sa doctrine sur les ruines du christianisme.

Le nom de Strauss doit à ce dernier excès d'impiété sa triste réputation. On trouvait que le système de Paulus ne pouvait se soutenir : il était impossible d'accorder toutes ces prétendues explications du naturalisme avec le texte des Evangiles. Quelques-uns, tels que Eichorn, Herder, etc., avaient déjà insinué un mode d'attaque plus radical, qui consistait à nier l'authenticité de ces livres et à n'y voir qu'une suite de légendes populaires, dans le genre des allégories et des fables du paganisme. Strauss, répétiteur au séminaire évangélique de Tubingue, développa complètement cette théorie dans une *Vie de Jésus*, publiée en 1835. Suivant le disciple d'Hégel, le Christ ne serait qu'un mythe, une abstraction, un symbole des idées contemporaines. Toute la vérité historique sur son compte, si l'on admet qu'il ait eu une existence réelle, se bornerait au fait de son baptême par saint Jean, de ses prédications contre les Pharisiens, et de la vengeance que ceux-ci en tirèrent en lui faisant subir le supplice de la croix. Tout le reste n'est qu'un produit de l'imagination populaire, un assemblage de fictions répondant parfaitement aux opinions courantes et aux passions du moment. Strauss en donne pour preuve la présence dans ses évangiles de faits miraculeux, dont il proclame l'absolue impossibilité, et d'un grand nombre de méprises et de contradictions. Quant au temps nécessaire pour la formation de toutes ces légendes, il le trouve en niant l'authenticité des Evangiles et en reculant leur composition jusque vers l'an 150 de notre ère. La source même et, pour ainsi dire, les modèles, les types de ces légendes, viennent des souvenirs de l'histoire sacrée et profane, des poésies prophétiques, et des mythologies de tous les peuples. Ainsi la multiplication des pains correspond à la chute de la manne dans le désert. Les psaumes de David et les lamentations de Jérémie ont fourni les scènes de la Passion. L'ascension de Jésus rappelle l'apothéose de Romulus ainsi que l'enlèvement d'Elie sur un char de feu. C'est avec de semblables explications et à l'aide d'une lourde érudition que Strauss remplit quatre énormes volumes, aussi chargés d'ennui que de blasphèmes. La réfutation en était toute faite d'avance par la Tradition, qui rend un témoignage éclatant et d'une valeur incontestable à l'authenticité des Evangiles, comme par les doctes travaux qui ont établi l'unité et l'harmonie des quatre récits canoniques de la vie du Sauveur. La nouvelle méthode d'exégèse est tellement en l'air que son auteur ne sait pas bien à quoi s'en tenir, même sur l'existence historique de la personne de Jésus. Après l'avoir d'abord reconnue, il prétend qu'on ne doit pas y voir autre chose qu'un symbole de l'humanité, dans le sens des panthéistes. « Tout ce que les auteurs sacrés, dit-il, racontent du Christ, doit être entendu de l'humanité. Le Dieu devenu homme qu'annoncent les Evangiles, c'est l'humanité, car elle est l'union du principe divin et du principe humain, l'identité de la nature et de la divinité, suivant la doctrine du panthéisme; cet enfant de la mère visible et du père invisible, c'est l'humanité, produit de l'esprit et de la matière; c'est l'humanité qui est l'être doué d'un pouvoir miraculeux : car, dans le développement de son histoire, on voit se manifester toujours davantage l'empire de l'esprit sur la matière; c'est l'humanité qui meurt, ressuscite, monte au ciel, en tant que se dépouillant, par la mort, de son enveloppe grossière, elle atteint à une vie spirituelle plus noble, plus digne d'elle, et se dégageant des entraves qui l'attachent à la terre, s'absorbe, se perd dans le grand tout, s'unit à l'Esprit infini qui règne dans les cieux... (Strauss, t. II, p. 767 de la trad. franç.). » Du reste, Strauss ne se piquait pas absolument d'innover : il convient que Philon avait déjà exprimé formellement la même idée : Philon l'avait exprimée en effet, et s'était servi de la même argumentation. L'hérésie est condamnée à tourner dans un cercle fatal et à se perdre toujours dans le même labyrinthe.

L'apparition du livre de Strauss causa un immense scandale, et souleva dans l'Allemagne protestante comme dans le monde catholique l'indignation universelle. Strauss était à Zurich et venait d'être nommé à la chaire de dogmatique chrétienne dans cette ville. Le soulèvement de l'opinion l'obligea de partir sans avoir pu prendre possession de sa chaire. Cependant son œuvre ne s'arrêta pas là : tout en affectant de signaler les faiblesses et les lacunes de la nouvelle *Vie de Jésus*, Bruno Bauer et Feuerbach en propagèrent la doctrine et l'esprit. Bauer, auteur de la *Critique de l'Histoire évangélique des synopticiens*, publiée à Leipzig en 1841, reproche à Strauss de n'avoir pas compris la formation des Evangiles. Quant à lui, il l'explique par la rivalité qui exista, au sein de l'Église primitive, entre Pierre, Jacques et Jean, qui voulaient conserver les observances judaïques, et Paul, qui demandait et prêchait un christianisme indépendant. Suivant le système de Bauer, les Evangiles ne furent dans l'origine que des armes au service des opinions contraires, et portèrent la trace de ces divisions. Mais la réconciliation se fit au second siècle, et sous l'influence des idées nouvelles, les Evangiles reçurent leur forme définitive. La nouvelle école de Tubingue se pose sur ce terrain, et prétend discerner dans le Nouveau Testament les éléments primitifs de ceux que le temps et le progrès y ont ajoutés. Elle a pour rivale et pour antagoniste l'école de Gœttingue.

En France, la philosophie était généralement plus discrète dans ses théories; l'absurdité y était moins palpable, le blasphème moins grossier, mais les résultats n'étaient pas meilleurs pour la conservation ou la restauration des vérités de la raison et de la foi. Le commencement du XIXe siècle était encore un des tenants du matérialisme d'Helvétius. Le médecin Cabanis, né en 1757, avait eu de fréquentes relations avec Turgot, d'Holbach, Franklin, Jefferson, Thomas, d'Alembert et Diderot. En 1802, il publia un ouvrage intitulé : *Rapport du physique et du moral de l'homme*, dans lequel il expliquait les inclinations morales, la naissance et la variété de la pensée par le système nerveux et la différence des tempéraments, des âges, des sexes, ou des climats. On accusa l'auteur de tomber dans le matérialisme; et la manière dont il présenta sa défense fit trop voir quelle était son opinion sur la spiritualité de l'âme. M. Barante a jugé Cabanis en le comparant à Helvétius (*De la littérature française pendant le XVIIIe siècle*) : « Le premier, dit-il, a approfondi ce que son prédécesseur avait à peine soupçonné. Il était trop savant pour voir dans tous les rouages de l'organisation physique les facultés morales qui distinguent l'homme. Il a poussé les recherches plus avant et a voulu reconnaître ces facultés dans les ressorts les plus fins, et, pour ainsi dire, les plus mystérieux de la nature physique. Son habileté n'a servi qu'à faire voir qu'il est impossible d'atteindre la nature morale par cette route. Quelque vif que fût son désir de rattacher le moral au physique, il n'a pu approcher du but auquel il tendait; et il a eu assez peu de philosophie pour se montrer amoureux de cette opinion, qu'il ne pouvait pas parvenir à démontrer. » La mort surprit Cabanis, âgé de cinquante-deux ans, le 5 mai 1808, au retour d'une promenade. Un autre médecin, Broussais, qui vécut de 1772 à 1838, attaqua la spiritualité de l'âme d'une façon plus insolente et plus grossière dans son *Traité de l'irritation et de la folie*. Suivant son système, on ne pouvait pas entendre par l'âme humaine autre chose que l'organisme du corps humain. Il s'appuyait sur ces deux raisons, depuis longtemps réfutées, qu'une substance incorporelle ne peut avoir d'action sur le corps, et que les phénomènes de la sensibilité, de l'intelligence et de la volonté, répondant parfaitement aux différentes dispositions du cerveau, il faut bien se résoudre à voir dans celles-ci la cause unique de tous ces phénomènes. Une telle doctrine fait descendre l'humanité au dernier degré de l'abaissement, et Broussais n'essaie pas de le dissimuler, quand il attribue les plus importantes déterminations de la volonté à la prédominance d'une partie quelconque de l'organisation physique : « L'ivrogne et le gourmand, dit-il, sont ceux dont le cerveau obéit aux irradiations des appareils digestifs ; les hommes sobres doivent leur vertu à un encéphale dont les stimulations propres sont supérieures à celles de ces appareils. » Que faut-il flétrir le plus dans un tel langage, du galimatias de la phrase, ou de l'abjection de la pensée? Ailleurs il veut montrer que son système n'anéantit pas la loi morale : « La vertu n'est pas un vain mot; elle est empreinte dans votre cerveau avec la justice et la raison : écoutez les inspirations de ces facultés; elles vous commandent le bien, le juste... Si vous éludez ces lois sacrées, tout le monde portera ses regards sur votre tête, et si l'on y trouve l'accord d'une conduite perverse avec une organisation malheureuse, vous serez à jamais perdus; chacun vous reprochera de n'avoir rien fait pour procurer aux germes de votre vertu tout l'avantage qu'ils doivent acquérir sur ceux des vices. Vous serez condamnés par la voix publique à l'expiation..... Le prêtre ajoute : Vous ne croyez pas à l'enfer! Oh! je ne me fierai pas à vous; vous allez me voler et m'assassiner, si vous pouvez le faire sans craindre la justice des hommes. Voilà certes une impertinence des plus complètes, une injure atroce! C'est ma conscience qui m'empêche de te spolier, de te meurtrir, malgré la grossièreté de ton insulte, et ma conscience est en moi et non pas dans ce monde fantasmagorique dont on veut me vendre l'entrée..... Or, c'est se rendre l'écho de ces choquantés absurdités que de répéter, comme le font encore quelques freluquets de salon : « Si vous ne croyez pas à une autre vie, vous êtes capables de tous les forfaits. » Ici le galimatias se trouve joint au pathos, à la contradiction des idées et à l'injure.

A la suite des noms de Cabanis et de Broussais, on met souvent et non sans raison, ceux des célèbres physiognomonistes Lavater et Gall. Le premier, né à Zurich en 1741, devint ministre protestant. Il demeura longtemps à Berlin, au milieu des philosophes, dont les idées étaient alors à la mode. S'il n'y perdit pas ses principes, il en apporta du moins à Zurich un esprit agité, une imagination échauffée qui le jeta dans l'étude de la physiognomonie. Après un grand nombre d'observations sur la figure des animaux, et sur la physionomie de portraits historiques ou d'hommes vivants, il prétendit avoir créé une science à l'aide de laquelle on pourrait découvrir les secrètes inclinations et les aptitudes intellectuelles de chacun, par la conformation de son corps et les traits de son visage. Le docteur Gall, originaire de Wurtemberg, imagina aussi un système du même genre, mais en bornant ses recherches à la configuration du crâne. De telles fantaisies ne seraient que puériles et ridicules, si elles n'avaient pas l'inconvénient de s'appuyer tout à la fois sur le matérialisme et sur le fatalisme, et d'y conduire, sans qu'ils s'en doutent, cette multitude d'esprits frivoles que la vérité rebute et que le charlatanisme séduit.

Le comte Destutt de Tracy, mort en 1846, dans ses *Éléments d'idéologie*, expliquait la pensée à peu près de la même manière que Broussais, et quant aux lois morales, admettait les mêmes conclusions que le baron d'Holbach. L'incrédulité du XVIIIe siècle était aussi représentée par Dupuis, qui avait publié en 1794, et réédité en 1798, en l'abrégeant, son fameux livre de l'*Origine de tous les cultes et de la religion universelle*; et par Volney, qui vécut jusqu'en 1820, et qui, comme Dupuis, avait attaqué, dans son *Voyage en Orient*, les bases de nos croyances. Tous ces noms étaient mêlés à ceux de Voltaire et des autres philosophes dans la propagande impie à laquelle se livraient les partisans et les admirateurs du siècle passé.

Cependant l'Ecosse assistait aux efforts de deux hommes célèbres, Thomas Reid et Dugald-Stewart, dont la philosophie spiritualiste, mais très-incomplète, devait exercer sur le mouvement de la philosophie en France une influence qu'il est assez difficile de qualifier. Thomas Reid, de Strachan, près d'Aberdeen, mourut en 1796. On a de lui les *Recherches sur l'entendement humain*, et les *Essais sur les facultés de l'esprit humain*. Pour combattre le matérialisme, Reid entreprit d'étudier l'esprit humain à la lumière des vérités de sens commun, et en prenant pour guide la méthode expérimentale dont il trouvait les formules dans le *Novum organum* de Bacon, et dans les *Regulæ philosophandi* de Newton. « La philosophie écossaise, dit un éclectique français, Jouffroy, explique ainsi pourquoi la science des esprits n'a pas fait les mêmes progrès que la science des corps : 1º La méthode suivie par l'antiquité dans l'étude de la nature (l'analogie et l'hypothèse), a continué jusqu'à nos jours de régner en philosophie. 2º Les philosophes n'ont pas reconnu les bornes posées à l'intelligence humaine dans la science de l'esprit comme dans celle de la matière. Nous ne connaissons de la réalité que les phénomènes qui en émanent, et les attributs dont elle est douée; les causes et les substances nous échappent, et tout ce que nous pouvons en dire est et sera toujours hypothétique. 3º Les philosophes sont tombés dans la confusion en mettant en question, et en considérant comme devant être établies par la philosophie les vérités premières qu'elle présuppose, et sans lesquelles il ne pourrait faire un pas. » Le disciple de Reid, Dugald-Stewart, d'Edimbourg, né en 1753 et mort en 1828, n'ajouta rien d'essentiel à cette doctrine, par ses *Essais philosophiques*, ses *Éléments de la philosophie de l'esprit humain*, et ses *Esquisses de la philosophie morale*. Il se contenta de donner le résultat de ses observations et de ses analyses sur l'abstraction et la généralisation des idées, dont Reid ne s'était pas occupé. L'exposé sommaire de cette philosophie suffit pour en voir les lacunes et les faiblesses que Riambourg a parfaitement démontrées dans la seconde partie de son remarquable ouvrage sur l'*Ecole de Paris*. Reid n'espérait pas que l'on pût arriver à la science parfaite du *moi;* à plus forte raison était-il obligé de convenir que sa philosophie ne pouvait donner la connaissance de Dieu. Du *moi* lui-même, il n'atteint que les phénomènes : l'essence, la cause demeure inconnue, inexplicable. Nos facultés, dit Reid, ne pénètrent pas jusqu'à l'essence, et la portée de l'entendement humain ne s'étend pas jusque-là. Stewart va jusqu'à dire que la psychologie s'arrange également du matérialisme et de l'idéalisme de Berkeley. Cependant il y avait là une impulsion qui fut salutaire à quelques grands esprits, et les tira des épaisses ténèbres du XVIIIe siècle pour les amener à la possession complète de la vérité. Tels furent Maine de Biran et Joseph Droz qui, après avoir passé par les tourments du doute et demandé le repos de l'intelligence à diverses écoles, moururent entre les bras de la religion, le premier en 1824, le second en 1850.

Maine de Biran et Joseph Droz n'avaient pas la prétention de soutenir un système ni de fonder une doctrine : c'étaient de simples chercheurs de la vérité. Royer-Collard voulut au contraire arborer et faire prévaloir son drapeau philosophique, qu'il avait emprunté à l'Ecosse, pour engager la lutte contre l'idéologie de Condillac. Il réussit complètement, et son cours, qui dura seulement du mois de décembre 1811 au mois de mars 1814, fut un véritable triomphe. Mais quoique Royer-Collard fût une intelligence vigoureuse et un catholique, on ne peut dire que son triomphe était celui de la vérité. Le résultat de son enseignement et de son influence, d'ailleurs très-considérable, fut de créer sur le théâtre de la politique, où il parut en 1815, comme ministre de l'instruction publique, l'école doctrinaire, qui ne se piquait pas, à proprement parler, d'avoir une doctrine, mais de concilier, de modérer tous les systèmes, et de les faire tous vivre en paix à l'ombre de la constitution établie. Les noms les plus illustres, sous la Restauration, et sous le gouvernement de 1830, ont appartenu à cette école. Mais en s'étendant et en vieillissant, elle avait de plus en plus suivi la pente de tout ce qui n'est pas la vérité intègre, comme le prouve ce jugement qu'en portait un de nos publicistes, et qui, pour être sévèrement exprimé, n'est pas moins, pour le fonds, conforme à la justice : « Il s'était formé, sous la Restauration, une secte de métaphysiciens politiques et sophistes, qu'on n'avait vue à aucune autre époque et qui a dominé celle-là. Son caractère particulier était de nier les principes et les lois éternelles comme règle obligatoire des actions humaines, et de donner pour mobile légitime à ces actions l'impression des sens, la passion du moment, l'intérêt actuel, celui qui résulte du fait accompli, quel qu'il soit. Sa règle, dans la polémique, était de ne pas souffrir qu'on déduisît une idée d'une autre idée, qu'on raisonnât et qu'on agît d'après une maxime vraie ou fausse. Elle ne permettait aucun rapport entre les convictions et les volontés. Son travail était de matérialiser les faits en les isolant des principes, et, par conséquent, de détruire, autant qu'il était en elle, l'intelligence humaine, qui consiste précisément dans la vue de ces rapports, de ces générations de causes morales produisant des faits matériels. Cette secte n'avait pas, à vrai dire, la haine des idées, mais elle semblait avoir horreur de leurs relations et de leurs développements. Elle n'interdisait pas les maximes générales; seulement elle ne voulait pas que ces maximes eussent la moindre action sur les choses d'ici-bas. Ce système de polémique, qui abaisse l'esprit humain en le faisant tomber du monde des causes dans le monde des effets, n'empêchait pas les docteurs de cette secte de combiner eux-mêmes profondément des idées vivantes avec des faits accomplis et des débris de systèmes, et d'établir ces combinaisons arbitraires sur leur table rase, comme les oasis composées de palmiers et de ruines au milieu des déserts de la Nubie. Tantôt on les voyait, téméraires ou outrecuidants, évoquant le mal pour qu'il leur ouvrît l'accès du pouvoir, et jouant avec les révolutions comme les enfants avec le feu; puis, dans le pouvoir, politiques profonds formés à l'école des roués d'État de l'Angleterre, tordant les faits pour en exprimer la force, et employant cette force là où le sophisme était en défaut. Cherchant l'unité religieuse dans le christianisme philosophique, leur déisme reconnaissait volontiers, dans les affaires humaines, le gouvernement direct de Dieu sous le nom de Providence, ce qui ne les empêchait pas de lutter orgueilleusement avec cette Providence quand elle déjouait leur vaine sagesse par des coups inattendus, employant contre elle leur souveraineté législative et opposant leurs lois à celles de Dieu. » Le véritable héritier de Royer-Collard dans l'enseignement philosophique, ce fut l'éclectisme, si tant est que Royer-Collard lui-même ne fût pas déjà l'éclectisme. Depuis 1818, ce nouveau système trôna tour à tour et quelquefois simultanément dans les chaires de l'Université, dans la presse périodique où, dès l'origine, il eut pour principal organe *le Globe*, et même dans les hautes sphères du pouvoir. Que voulait dire le mot *éclectisme?* Il n'éveille à l'esprit aucune idée précise : il ne peut pas s'appliquer à telle doctrine philosophique plutôt qu'à telle autre; « tout au plus, dit Riambourg, indiquerait-il la méthode que se propose de suivre le philosophe qui s'en pare, et cela d'après la conviction qu'il aurait antérieurement acquise de l'inutilité de recherches ultérieures sur une matière qui lui semble entièrement épuisée. » Cependant l'histoire nous aide à trouver la véritable signification de ce mot. C'est à son ombre que Plotin, Jamblique, Porphyre et Proclus, travaillèrent à unir ensemble toutes les écoles, et formèrent cette monstrueuse fusion de toutes les doctrines mensongères du paganisme, qui est connue sous le nom de *syncrétisme*, et qui avait pour but d'engager contre l'Église un suprême et décisif combat. Voilà l'essai que renouvelait le moderne éclectisme. Il ne tarda pas à convier tous les systèmes, toutes les sectes philosophiques et religieuses, à ce pacte d'alliance universelle. Aussi rien ne peut égaler l'inconsistance ni la mobilité qu'on remarqua dans cette école. Elle va fatalement d'une erreur à une autre, ou plutôt c'est l'amalgame de toutes les erreurs, et l'on ne craignait pas de revêtir souvent toutes ces théories absurdes et chimériques des formules et des noms empruntés au symbole de notre foi. On se flattait de fixer définitivement la philosophie : en réalité on ne faisait qu'établir, en logique, la confusion de toutes les idées, et que préparer, en métaphysique, l'avènement du panthéisme.

M. Cousin fut le chef de l'*école éclectique*. Il avait commencé en 1815 à enseigner la philosophie écossaise dans la chaire de la Faculté des lettres de Paris, où il succédait à Royer-Collard. Dès 1817, s'étant mis à traduire Kant et Fichte comme il pouvait, il conçut le désir d'aller en Allemagne s'enquérir de la vérité. Il vit tour à tour Hégel et Schelling, et revint à Paris développer, avec sa brillante éloquence, les systèmes qu'il rapportait de la Germanie. En même temps il faisait des excursions peu honorables sur le terrain de la politique : son cours fut fermé en 1820.

Il consacra ses loisirs à des travaux de pure érudition. En 1824, un nouveau voyage en Allemagne, où il fut arrêté comme *carbonaro* et conduit à Berlin, le mit en commerce avec l'école de Hégel, dont il adopta les idées et en particulier les maximes conciliantes en matière politique. Aussi, à son retour, ce fut un scandale de le voir donner des marques de réconciliation au Pouvoir, et déclarer dans l'argument d'un dialogue de Platon, qu'il y a des tromperies innocentes, qu'il y en a même d'obligatoires. Le fait est que s'étant mis, en 1826, à développer ses idées, dans une suite d'articles donnés au *Journal des Savants* et aux *Archives philosophiques*, on put croire qu'il s'appliquait à déguiser le panthéisme sous les formes du dogme chrétien. Il disait : « Que le Dieu de la conscience est à la fois Dieu, nature et humanité, que la raison est impersonnelle, qu'elle est à la lettre une révélation, mais une révélation qui n'a manqué à aucun homme, qui éclaire tout homme à sa venue en ce monde, et qui est le Verbe fait chair, homme à la fois et Dieu tout

LIVRE XCI. — ENSEMBLE ET DÉNOUEMENT DE L'HISTOIRE HUMAINE.

ensemble. » On cria au panthéisme! M. Cousin déclara qu'il était incompris.

Le Globe avait été fondé en 1824 par quelques proscrits de l'Université. M. Cousin désavouait les attaques de ce journal contre la Restauration ; néanmoins ne pouvant rompre avec ses disciples et ses admirateurs qui en composaient la rédaction, ne pouvant non plus contenir leur ardeur par ses conseils d'habileté et de prudence, il se mit résolûment à leur tête et arbora le drapeau de l'éclectisme. Nous avons dit ce qu'il faut penser de ce mot et de la chose qu'il pouvait désigner. Rendu à sa chaire en 1828, M. Cousin y développa les différents aspects du système hégélien, comme s'il eût été question de ses découvertes personnelles. Mêlant tout, il s'imaginait sans doute avoir tout créé. La révolution de 1830 porta M. Cousin au Pouvoir; et sa philosophie passa des livres, des chaires, des journaux et des revues, dans les discours, les programmes et les circulaires ministériels. Au travers de toutes ces variations, tour à tour condillacien, écossais, kantiste, éclectique, hégélien, puis derechef éclectique, M. Cousin n'a donné aucune preuve qu'il fût véritablement philosophe. Jusqu'en 1848, on n'avait de lui que des fragments historiques et philosophiques, des traductions et des éditions de Platon, de Descartes, de Pascal, etc.

Le plus célèbre de ses disciples est Jouffroy, âme ardente qui s'éteignit victime du doute, et que la mort enleva en 1842, à l'âge de quarante-six ans. M. Cousin a dit, en parlant d'un autre infortuné, qui avait attendu de sa parole les révélations dont il avait besoin : « Santa-Rosa aurait désiré que je visse aussi clair que lui dans les ténèbres de cette redoutable question (l'immortalité de l'âme). Sa foi allait plus loin que celle de Socrate et de Platon ; les nuages que j'apercevais encore sur les *détails de la destinée de l'âme* après la dissolution du corps, pesaient douloureusement sur son cœur. » Jouffroy était accablé du même fardeau. Il avait appelé la philosophie écossaise un trou où l'on manquait d'air. Il eut le malheur d'écrire dans *le Globe* deux articles d'un retentissement scandaleux, *La Sorbonne et les Philosophes* et *Comment les dogmes finissent*. Mais il ne se faisait pas illusion sur la valeur des résultats acquis : « Nous n'en sommes, disait-il, qu'aux préfaces; ce n'est pas la peine de nous vanter pour si peu. » Il sentait la cruelle nécessité de convenir que la philosophie ne lui avait pas donné la certitude qu'auparavant il trouvait dans la foi. « Tout ce que j'avais cru sur moi-même, sur Dieu, sur ma destinée en cette vie et en l'autre, je l'avais cru sur la foi du fait (la révélation), que maintenant ma raison ne pouvait plus admettre, et par conséquent je ne le croyais plus. » Dans sa chair, il professe le scepticisme avec un calme apparent : « La philosophie comprend un très-grand nombre de problèmes différents qui ont été agités dans les temps anciens comme dans les temps modernes. Or, prenez un quelconque de ces problèmes : vous trouverez que ce problème est aussi peu résolu de nos jours qu'il l'était du temps de Platon et d'Aristote. » Mais d'autres fois le cri du cœur lui échappe : « L'humanité, assise sur les débris qu'elle a accumulés, ressemble au maître d'une maison le lendemain de l'incendie; la veille il avait un foyer, un abri, un avenir, un plan de vie ; il a tout perdu. » Monseigneur Cart, évêque de Nîmes, alla le voir, quand il était déjà malade : « Monseigneur, lui dit-il, je ne suis pas de ceux qui pensent que les sociétés modernes peuvent se passer du christianisme ; je ne l'écrirais plus aujourd'hui. Vous avez, Monseigneur, une belle mission. Ah! continuez de bien enseigner l'Évangile. » Et à son curé il disait : « Monsieur le curé, tous ces systèmes ne servent à rien; bien mieux vaut un bon acte de foi chrétienne. »

La doctrine éclectique penchait, par un côté, vers le système de la perfectibilité indéfinie de l'homme. Un certain nombre d'imaginations ardentes abandonnèrent M. Cousin pour se lancer dans cette théorie, et formèrent l'école progressive. Là, nous rencontrons d'abord le socialisme saint-simonien, dans lequel M. Th. Foisset distingue plusieurs phases.

La première phase est purement économique. Un homme singulier, Claude-Henri de Saint-Simon, dit M. Th. Foisset, parent de l'auteur des *Mémoires*, était mort le 13 mai 1825, après une vie d'aventures, de voyages, d'expériences commerciales et scientifiques plus ou moins heureuses, laissant un assez grand nombre d'écrits, oubliés en naissant, et une petite école de philosophie industrielle, à laquelle avait un instant appartenu l'historien de la *Conquête de l'Angleterre par les Normands*. Le surlendemain, *le Globe* annonçait un dernier écrit de Henri de Saint-Simon : *Le nouveau christianisme*, brochure de cent pages, où l'auteur exprimait l'idée qu'après avoir rendu à l'humanité de services éminents, le catholicisme avait manqué à sa mission en négligeant l'amélioration des classes les plus pauvres par l'instruction et par l'industrie ; que le protestantisme à son tour avait manqué à cette mission, et que le vrai christianisme consistait à la reprendre; d'où la nécessité d'une rénovation qui imprimât aux sociétés humaines le mouvement d'ascension scientifique et industrielle pour lequel elles étaient faites. Le 1er octobre suivant, parut un journal, *le Producteur*, destiné à propager ces idées, et qui présentait l'humanité comme une ruche immense où, par la loi du progrès, les frelons devaient enfin céder la place aux abeilles. On remarquait parmi ses rédacteurs Armand Carrel, Adolphe Blanqui et Auguste Comte, qui ne devaient pas s'y tenir longtemps. M. Comte partit de là pour se faire l'apôtre du matérialisme pur, sous le nom de *Philosophie positive*. Ceux qui restaient, Bazard, Enfantin, Rodrigues et Buchez, convaincus qu'ils avaient besoin d'un dogme pour remplacer le christianisme, travaillèrent à le former pendant un silence de deux années, et, en 1828, commença la phase semi-philosophique et semi-religieuse du saint-simonisme. Enfantin et Bazard enseignèrent publiquement que jusque-là le progrès de l'humanité s'était fait par des religions successivement plus parfaites, le fétichisme, le polythéisme, le monothéisme juif, le monothéisme chrétien ; à quoi correspondait le progrès dans l'ordre social, anthropophagie, esclavage, servage, salaire. Le dernier progrès social à réaliser, c'était la cessation du salaire, ou, en d'autres termes, l'abolition du prolétariat, par la destruction du dernier privilège de la naissance (l'hérédité de la propriété) et par la constitution de l'association hiérarchique. L'affinité de cette doctrine avec les idées révolutionnaires lui conquit des partisans dans les rangs des *carbonari*, entre autres MM. Pierre Leroux et Hippolyte Carnot, depuis ministre de l'instruction publique. Sur la question de la nature de Dieu, on adopta le panthéisme, malgré les longues objections de M. Buchez, qui tenait pour la spiritualité absolue de l'Etre divin. On organisa la société. Claude Rodrigues, *premier disciple de Saint-Simon*, installa Bazard et Enfantin comme chefs de la nouvelle religion. Il y eut un collège de douze apôtres, qui avaient le titre de Pères, avec un second et un troisième degré au-dessous, et plus tard, un degré préparatoire pour les novices. On profita de la révolution de 1830 pour ajouter à *l'Organisateur*, qui était le nouveau journal de la secte, *le Globe, la Revue encyclopédique*, des milliers de brochures, un cours régulier de prédications hebdomadaires dans une salle de la rue Taitbout. On remarquait parmi les adeptes MM. Lerminies, Jean Reynaud, Michel Chevalier, Abel Transon, Charles Duveyrier, Jules Lechevalier, Emile Barrault, Edouard Charton. Des missionnaires partirent pour annoncer la *bonne nouvelle* en province et à l'étranger; les principales villes du Midi eurent chacune leur *église*: des centres de prolétaires se formèrent sur des points nombreux. Il y avait lieu de craindre une explosion menaçante quand ce fut un schisme qui éclata. Enfantin, tirant les conclusions du panthéisme, soutint opiniâtrément, sur les relations des sexes entre eux, un système dont la destruction du mariage et partant de la famille est la conséquence la moins honteuse. Bazard se retira et fut suivi du plus grand nombre des principaux sectaires. Ceux mêmes qui restaient avec Enfantin étaient loin d'entrer complètement dans ses monstrueuses idées. Ensuite survinrent des disputes d'intérêt. Par ordre de Rodrigues, les scellés furent mis sur la caisse, l'argenterie, les meubles et la bibliothèque d'Enfantin. Le Père suprême dut se retirer dans sa maison de campagne de Ménilmontant, et le 27 août 1837, il fut condamné avec deux de ses disciples à un an d'emprisonnement pour outrages par paroles à la morale publique et aux bonnes mœurs. Le saint-simonisme périt alors comme association, mais non comme doctrine. M. Barrault partit à la recherche de la femme-Messie. Enfantin et Claude Rodrigues rentrèrent dans l'industrie. Quelques adeptes eurent le bonheur de venir chercher dans la foi catholique la satisfaction de ce qu'il y avait de légitime et de noble dans leurs aspirations. Bazard était dans cette voie quand la mort le surprit.

Pierre Leroux n'était pas resté longtemps dans les rangs de la secte: il aspirait à être lui-même chef d'école, et après avoir indiqué les grands linéaments d'un nouveau système progressif, dans une brochure intitulée: *De la doctrine du progrès continu*, il le développa dans un autre ouvrage, publié en 1840: *De l'humanité, de son principe et de son avenir*. Sans se donner la peine d'entreprendre aucune démonstration, Pierre Leroux part de l'idée saint-simonienne que le christianisme est une des formes usées du progrès, pour reconstruire la théologie et la métaphysique à sa fantaisie. Il n'y a pas de distinction entre le monde et Dieu: on donne seulement le nom de Dieu à ce qui ne se voit pas. Il faut supprimer également l'antique dualité du ciel et de la terre. L'individu ne se distingue pas de l'humanité, qui, depuis six mille ans, poursuit sa course et la poursuivra sans fin, après l'avoir commencée sous le nom mythique d'Adam. L'homme n'est donc qu'un animal transformé par la raison et uni à l'humanité, qui doit trouver son bonheur en cette vie, parce qu'il ne peut pas plus y avoir deux vies qu'il n'y a deux mondes. Le paradis, l'enfer, le purgatoire n'existent pas. La destination de l'homme est de vivre en communion avec ses semblables et avec l'univers par le moyen de la famille, de la patrie et de la propriété. Dans cette triple voie, il est arrêté par le despotisme, qui doit tomber et laisser la place libre à la charité, c'est-à-dire à la diffusion de la communion entre les hommes. Panthéisme et matérialisme, voilà donc, pour Pierre Leroux, comme pour Enfantin, la base de la philosophie, de la religion et du progrès.

En dehors de toute influence, un homme doué d'une vigueur de conception assez remarquable, produisit sa théorie personnelle du progrès. François-Charles-Marie Fourier était né à Besançon le 7 avril 1768. Son père en avait fait un employé de commerce, mais un penchant inné portait Fourier à des méditations solitaires au milieu desquelles se consuma sa vie. En 1808, il publia le plus original et le plus hardi de ses ouvrages, la *Théorie des quatre mouvements*. Comme les autres philosophes de l'école progressive, Fourier niait la déchéance primitive de l'homme et prétendait que tout le mal qui est dans le monde vient de l'organisation actuelle de la société. Comme eux il limitait la destination de l'homme au domaine des jouissances matérielles; mais il n'allait pas aussi loin que ceux dont nous venons de parler dans la négation d'un Dieu personnel, de l'âme, et de la propriété individuelle. Ce n'était pas à un bouleversement complet et à une suppression radicale des principes admis qu'il demandait la régénération de l'humanité: il en appelait tout simplement au développement de l'association et de l'industrie. L'attraction, dit-il, qui est la loi du monde matériel, est aussi celle du monde spirituel. L'attraction fera passer le monde du chaos subversif, qui est l'état présent de la société, à l'harmonie sociétaire. Le mal actuel vient de ce que les passions, qui sont bonnes en elles-mêmes, ne peuvent pas fonctionner régulièrement dans un mécanisme social où l'antagonisme et le paupérisme, nos deux vices principaux, viennent continuellement empêcher leur jeu et leur développement. Fourier propose donc de supprimer ces entraves par la création du ménage sociétaire, autrement dit *la phalange*, qui se composerait de trois cents familles environ, hommes, femmes et enfants, habitant en commun un édifice appelé *phalanstère*, soumis à une gestion commune, associés sous le triple rapport du capital, du travail et du talent, ayant droit chacun à une part proportionnelle des bénéfices de la société, et gardant d'ailleurs la liberté de se livrer à leur vocation et à leurs goûts, et de varier à leur gré leurs travaux. L'attraction donnerait bientôt des imitateurs à la phalange, et la nouvelle découverte ferait en peu d'années le tour du monde. Tel est le pitoyable roman que Fourier éleva sur les ignobles bases que nous avons vues tout à l'heure : les détails ne sont pas moins odieux et ridicules que l'ensemble de cette conception n'est impie et chimérique. Plus tard, Fourier s'attaqua directement au monde religieux et moral, à la vie future : il voulut même réformer, d'après ses principes, les systèmes astronomiques. La révolution de Juillet amena un trouble au milieu duquel les idées de Fourier commencèrent à se répandre : lors de la condamnation du saint-simonisme, il recueillit quelques-uns de ses partisans, et fonda un journal intitulé : *la Phalange*. Il entreprit même de réaliser le plan du phalanstère, mais les fonds ne vinrent pas. Fourier mourut donc sans avoir pu pratiquer son système, et néanmoins sans avoir perdu la moindre de ses illusions, le 10 octobre 1837.

Au milieu de ces générations, dont les guides s'étaient séparés de la foi dans la recherche de la vérité comme dans la direction des affaires politiques, il y avait une effervescence malsaine et déréglée qui, tous les jours, se manifestait par de nouvelles folies et de nouvelles laideurs. C'est ainsi qu'en 1831, un ancien aumônier de régiment, Châtel, entreprit la formation d'une église dite *catholique-française*. Il n'est pas certain que ce prêtre sacrilége ait été sacré évêque par Fabré-Palaprat, prélat constitutionnel. Châtel enseignait que tout pouvoir vient du peuple, que l'Eglise n'est pas infaillible, que les souverains temporels n'ont aucune autorité en matière de religion et de culte, mais qu'ils peuvent contrôler les bulles des Papes et en arrêter la publication, et que les prêtres ne sont pas tenus d'obéir aux règles de discipline ecclésiastique en opposition avec les lois de leur pays. Il prétendait que la raison et l'Evangile sont les seuls fondements de nos croyances, niait le précepte divin de la confession, rejetait l'abstinence, abandonnait la pratique du jeûne à la discrétion des fidèles, attaquait le célibat des prêtres, bornait le culte des saints à l'action de grâces, et substituait la langue vulgaire à la langue latine dans la célébration de la messe et l'administration des sacrements. Ce qu'il y avait de plus déplorable, c'était la profanation à laquelle cette inepte hérésie livrait nos mystères et les cérémonies du culte. On ne peut penser qu'avec une profonde douleur aux premières communions faites par Châtel, et il ne donnait pas seulement les sacrements d'eucharistie et de mariage, il administrait la confirmation et conférait les saints ordres. Il est trop facile de s'imaginer quelle parodie de l'enseignement divin se trouvait dans ses extravagantes prédications. Un jour il annonça « qu'il parlerait de la dignité des femmes, et qu'après le sermon il distribuerait des bouquets à toutes les dames. »

La police ferma cette église, théâtre de folie et de scandale, en 1842. Châtel avait eu pour vicaire primatial Auzou, que l'on avait chassé du séminaire de Versailles, et à qui Poulard, évêque constitutionnel, donna tous les ordres en un jour. Le vicaire voulut être fondateur à son tour, et le 9 août 1832, il inaugura l'*église apostolique* française, qui reçut dans la suite le nom d'*église catholique réformée*. Auzou eut le bonheur de se reconnaître et de renoncer à ses erreurs.

Le siècle qui se flatte de ne relever que de la raison et de méconnaître complètement l'ordre surnaturel, avait la honte de fournir des adeptes aux doctrines les plus superstitieuses comme aux systèmes les plus éhontés de l'athéisme et du matérialisme. Un simple ouvrier du diocèse de Bayeux, Pierre-Michel Vintras, réunit autour de lui des disciples en renouvelant l'hérésie de Montan. Il annonçait qu'après un grand bouleversement, le règne du Saint-Esprit allait remplacer sur la terre épurée le règne du Fils et du Père. Le premier règne était celui de la crainte, le second celui de la conciliation, le troisième devait être celui de l'amour. Vintras en est le prédicateur et le prophète; c'est la voix de Dieu, sa parole, son héraut. Il mêle à ses rêveries plusieurs de nos mystères. Il parle du sang de Jésus-Christ sorti de son cœur sacré, des visions de l'archange saint Michel, de saint Joseph, de la sainte Vierge. Il glorifie l'Immaculée Conception et déclare que Marie, comme son divin Fils, a été conçue du Saint-Esprit. Il enseigne que parmi les anges tombés, beaucoup ont été envoyés dans des corps humains pour faire pénitence, et que de là ils remonteront au ciel. Vintras faisait aussi des prédictions politiques de nature à flatter les espérances de certains partis, et les journaux du moment nous apprennent que tout cela faisait des dupes, qui, en l'honneur des dons du Saint-Esprit, étaient divisés en un certain nombre de *Septaines*, et dont le prophète alimentait la ferveur et s'efforçait de grossir les rangs par la publication de petits opuscules portant un titre commun : *La voix de la Septaine*. Monseigneur l'évêque de Bayeux fut obligé d'appeler, sur les progrès de la secte, l'attention de ses fidèles et de ses prêtres; la police même intervint en 1842, et le tribunal correctionnel de Caen condamna Vintras comme escroc et comme perturbateur du repos public.

Les catholiques et surtout les évêques remontaient au principe du désordre qui se manifestait dans les intelligences et de la fermentation qui préparait des adeptes aux doctrines les plus subversives. Ils indiquaient la source du mal dans le monopole de cette Université qui, dirigée par les éclectiques, semait partout l'éclectisme et ses conséquences. Dans le haut clergé, Monseigneur Affre, archevêque de Paris, Monseigneur Parisis, évêque de Langres, Monseigneur Clausel de Montals, évêque de Chartres; à la tribune, M. de Montalembert; dans la presse, M. l'abbé Dupanloup, M. Louis Veuillot, M. l'abbé Combalot, pour ne nommer que les principaux et les plus illustres, revendiquaient, avec autant de raison que d'éloquence, les droits les plus sacrés de la foi, de la conscience et de la famille; mais ni la raison, ni l'éloquence, ni le courage et la persévérance dans la lutte, ni la promesse inscrite dans la Charte et toujours éludée, ne devaient triompher des résistances du gouvernement et de l'aveuglement de la classe dirigeante. Il fallait de terribles expériences, qui encore n'ont pas porté tous leurs fruits.

La révolution de 1830 se fit sentir hors de France. Depuis les traités de 1815, il y avait en Italie de profonds mécontentements que le parti révolutionnaire exploitait. Une intervention de l'Autriche avait été nécessaire en 1821, pour rétablir la puissance de Ferdinand Ier à Naples et dans la Sicile, et pour délivrer le roi de Sardaigne, Charles-Félix, de l'oppression des *carbonari*, secondés par le jeune prince de Savoie-Carignan, Charles-Albert. Ce fut alors que le Spielberg devint célèbre comme prison d'État, et reçut plusieurs captifs illustres, tels que le poète Silvio Pellico. Tous les souverains, à l'exemple des successeurs de Pie VII sur le trône pontifical, Léon XII et Pie VIII, s'efforçaient de rendre leurs peuples heureux et de guérir les maux causés par la révolution. Mais les sociétés secrètes travaillaient constamment à ébranler tous les trônes dans la Péninsule, et surtout le trône du Saint-Père. Après la mort de Pie VIII, qui arriva le 30 novembre 1830, l'élection de Grégoire XVI se fit attendre jusqu'au 2 février suivant. Les carbonari soulevèrent les Romagnes en même temps qu'ils réduisaient à la fuite la duchesse de Parme et le duc de Modène. Dans les Légations, ils prirent pour chefs deux neveux de Napoléon, le prince Napoléon-Louis, fils aîné de l'ancien roi de Hollande, et son frère, le prince Louis-Napoléon. Ce dernier venait d'être expulsé de Rome, où il avait pris une attitude peut-être plus étrange que dangereuse. On l'avait vu, pendant la réunion du conclave, orner son cheval d'une chabraque tricolore. Il alla rejoindre son frère à Florence, où celui-ci s'occupait d'études scientifiques et littéraires, et s'engagea au service de ce qu'on appelait la cause italienne. Les deux princes firent d'abord sommer le Saint-Père de renoncer au pouvoir temporel, afin de se consacrer tout entier au royaume qui n'est pas de ce monde. N'ayant pas même obtenu de réponse, ils se mirent à la tête des révoltés de l'Ombrie; mais le délégat de Macerata, Monseigneur Jacques Antonelli, déploya une activité et une énergie qui firent complètement échouer cette folle entreprise, au moins de ce côté. Quant aux villes de Ferrare, de Bologne, de Rimini et d'Ancône, elles furent soumises, comme Parme et Modène, par les armes de l'Autriche, qui intervint une seconde fois, pendant le mois de mars, malgré les protestations du gouvernement de Louis-Philippe. L'aîné des princes révolutionnaires mourut, épuisé de fatigue, et Louis-Napoléon eut un passeport pour l'étranger. A la suite de ces événements, les représentants de la France, de l'Autriche, de l'Angleterre, de la Prusse et de la Russie demandèrent à Grégoire XVI, par le fameux *memorandum* du 21 mai 1831, de réformer la justice et l'administration, de rétablir l'élection pour les municipalités, d'organiser des conseils provinciaux, de créer un contrôle pour les finances, une cour des comptes et une consulte administrative, et d'admettre les laïques aux fonctions administratives et judiciaires. Grégoire XVI, par l'organe de son ministre, le cardinal Bernetti, refusa de faire acte de dépendance en se soumettant à de telles injonctions, ce qui ne l'empêcha pas de poursuivre, dans la mesure du possible, les améliorations commencées par ses prédécesseurs. Les édits du 3 juillet, des 5 et 31 octobre, des 4 et 5 novembre de l'année 1831, vinrent réformer les municipalités et la justice. Des conseils provinciaux s'établirent, et l'ordre de Saint-Grégoire-le-Grand fut créé pour honorer les hommes de mérite. Les sociétés secrètes, un moment intimidées par leur défaite, ne tardèrent pas à recommencer l'agitation, et l'Autriche ayant immédiatement pris les armes pour protéger l'autorité du Pape, le chef du cabinet français, Casimir Périer, ne put résister plus longtemps aux plaintes de ceux qui voyaient avec peine l'influence autrichienne s'accroître sans cesse en Italie et n'y laisser aucune place à l'action de la France. Un vaisseau et deux frégates, le 23 février 1832, s'emparèrent d'Ancône, qui ne s'attendait nullement à cette attaque. « Depuis les Sarrasins, s'écria Grégoire XVI dans un premier mouvement d'indignation, rien de semblable n'a été tenté contre le Saint-Siège. » En même temps, le général Cubières arrivait à Rome, pour expliquer au Pape que la France n'avait pas d'autre but, dans cette soudaine occupation, que de contre-balancer l'influence de l'Autriche et de s'opposer, pour sa part, aux mouvements révolutionnaires. Quoique ce fût là une justification très-incomplète, Grégoire XVI ne réclama pas davantage, et Ancône demeura occupé par les Français jusqu'au mois d'octobre 1838. Le Pape employa les loisirs de la paix aux œuvres les plus fécondes pour ses États et pour l'Église. Il avait alors pour ministre le savant Lambruschini, créé par lui cardinal. Il donna une nouvelle vie aux études, une plus grande vigueur à la discipline, une plus grande activité aux missions. La réforme des institutions administratives aurait dû le faire bénir par tous ses sujets : mais il était impitoyable contre l'erreur et les perverses doctrines, qu'il savait partout découvrir et condamner. Dans la célèbre encyclique *Mirari vos* du 15 août 1832, il flétrit les desseins mauvais de ceux qui voulaient bouleverser la discipline ecclésiastique, abolir le célibat des prêtres, et détruire l'indissolubilité du mariage; il dénonça, comme erroné et funeste, ce malheureux système de l'indifférentisme, qui accorde à la vérité et à l'erreur, au bien et au mal, les mêmes droits et la même liberté : il proclama le droit dont l'Église est armée de proscrire les livres dangereux, rappela l'obligation de respecter toute autorité légitime, et renouvela les avertissements bien des fois donnés aux princes sur les malheurs qui menaçaient la société. Les révolutionnaires ne lui pardonnèrent pas ce grand acte, et s'appliquèrent par tous les moyens à rendre son nom odieux. Ce fut alors que la société secrète des carbonari se transforma, comme nous le verrons au livre suivant, et devint la *Jeune Europe*.

Le parti libéral ou constitutionnel produisit aussi de grands bouleversements en Espagne et en Portugal. Dans ce dernier pays, il était appuyé par l'influence anglaise, ce qui le rendait souverainement odieux à la population. L'armée française, sous le commandement du duc d'Angoulême, avait dompté l'insurrection espagnole en 1823, et rétabli le pouvoir absolu de Ferdinand VII. Mais ce prince eut le tort de créer de nouveaux éléments de trouble en excluant du trône son frère don Carlos, pour y appeler sa fille Isabelle. A sa mort, qui arriva le 25 septembre 1833, commencèrent, entre les partisans d'Isabelle et les carlistes, des luttes qui se compliquèrent de l'alliance du roi de Portugal, don Miguel, avec les carlistes. Louis-Philippe appuyait la régente Marie-Christine, mère d'Isabelle, contre don Carlos, dont le parti avait à ses yeux le double tort de soutenir la branche aînée des Bourbons et les intérêts catholiques. Don Carlos fut obligé de se réfugier en France, où on le retint prisonnier jusqu'en 1845. Le triomphe du parti contraire, en Espagne et en Portugal, fut loin d'être heureux pour l'Eglise. Espartero, nommé régent par les Cortès de 1841 à 1843, persécuta tellement le clergé, que Grégoire XVI protesta publiquement et demanda des prières, sous forme de jubilé, pour les catholiques d'Espagne. Après sa chute et l'avènement de la reine Isabelle II, il y eut encore bien des crises, mais on arriva peu à peu à une tranquillité relative, dont nous verrons Pie IX profiter.

La révolution de 1830 se fit sentir hors de France. L'empereur Joseph II persécute l'Eglise, particulièrement dans les Pays-Bas; l'empereur Joseph II perd les Pays-Bas par la révolution de 1789. — L'empereur Napoléon persécute l'Eglise dans tout son empire, particulièrement dans les Pays-Bas, où deux évêques, celui de Gand et celui de Tournay, expient dans les cachots leur fidélité courageuse envers le vicaire de Jésus-Christ; l'empereur Napoléon perd tout son empire, notamment les Pays-Bas, par la révolution de 1814. — Guillaume de Nassau, fait roi des Pays-Bas par la grâce des souverains alliés, y persécute l'Eglise catholique, à l'exemple de Joseph II et de Napoléon; Guillaume de Nassau, par la révolution de 1830, perd la partie catholique des Pays-Bas, autrement dit la Belgique, qui forme un royaume à part. Guillaume de Nassau et son fils profitent de la leçon : ils traitent plus équitablement les catholiques de leur royaume de Hollande, ainsi que Léopold de Cobourg ceux de la Belgique; et à la révolution de 1848, qui ébranle tous les trônes et tous les peuples de l'Europe, ces deux royaumes demeurent tranquilles.

Le 7 mars 1814, Guillaume de Nassau avait publié un arrêté, sanctionné par les commissaires des puissances alliées, où il était dit *qu'on maintiendrait inviolablement la puissance spirituelle et la puissance civile dans leurs bornes respectives, ainsi qu'elles sont fixées dans les lois canoniques et les anciennes lois constitutionnelles du pays.* L'universalité des Belges est catholique. Le 18 juillet 1815, Guillaume de Nassau annonce aux Belges une constitution qui dépouille leur religion de tous ses privilèges, pour les transporter à la religion protestante. Les évêques de Gand, de Namur et de Tournay, avec les vicaires capitulaires de Liège et de Malines, adressèrent, le 28 juillet, des représentations au roi, et publièrent ce sujet des instructions pastorales. Les notables de la Belgique, appelés à voter sur la constitution proposée, la rejettent par sept cent quatre-vingt-seize votes contre cinq cent vingt-sept : deux cent quatre-vingts notables s'étaient abstenus. Néanmoins Guillaume de Nassau, par une ordonnance du 24 août, sanctionna cette loi même qui venait d'être rejetée, et ordonna de la regarder comme fondamentale et obligatoire pour tous les sujets, quoique, suivant l'un des articles arrêtés à Londres en juin 1814, par les plénipotentiaires des puissances alliées, la constitution hollandaise de 1814, qui servit de base à la nouvelle loi fondamentale, dût être *modifiée d'un commun accord d'après les nouvelles circonstances.* Les évêques crurent devoir s'expliquer en cette rencontre, et dans un *Jugement doctrinal,* signé de trois prélats, sur la fin du mois d'août, et auquel les deux grands-vicaires adhérèrent, ils présentèrent des observations sur huit articles de la nouvelle constitution, et déclarèrent qu'on ne pouvait s'engager par serment à les observer. Des députés belges mirent à leur serment la restriction : *sauf les articles qui peuvent être contraires à la religion catholique.* Guillaume de Nassau fit déclarer par son ministre que *tous* avaient prêté le serment *sans la plus légère altération.* Un des principaux membres de la noblesse, le comte de Robiano, adressa au roi et fit imprimer une réclamation très-forte. Les évêques avaient adressé au Pape leur *Jugement doctrinal.* Le 1er mai 1816, Pie VII envoya au prince Maurice de Broglie, évêque de Gand, un bref où il donnait des éloges à la conduite des évêques, et les invitait à se joindre à lui près du gouvernement pour aplanir les difficultés. Le 10 du même mois, le protestant Guillaume de Nassau prescrit l'observation des *Articles organiques* de Bonaparte, et fait poursuivre criminellement le prince-évêque de Gand devant les tribunaux séculiers, qui le condamnent à la déportation. L'arrêt fut affiché, par le bourreau, sur un échafaud où deux voleurs étaient exposés. Le protestant Guillaume de Nassau prétend que, par suite de cette sentence séculière, l'évêque de Gand a perdu sa juridiction spirituelle, et qu'elle est dévolue au chapitre de la cathédrale. De là des troubles, des persécutions dans le diocèse de Gand, comme sous les dernières années de Bonaparte. L'évêque du diocèse, le prince Maurice de Broglie, mourut à Paris le 20 juillet 1821, à l'âge de cinquante-quatre ans, fils du maréchal-duc de Broglie, célèbre par ses talents militaires. François-Joseph Hirn, évêque de Tournay, né à Strasbourg, était mort dès le 17 août 1819. Le prince de Méan, né à Liège en 1756, évêque démissionnaire de cette ville en 1801, promu archevêque de Malines en 1817, était âgé et infirme. En 1821, il était le seul évêque du pays avec celui de Namur, Monseigneur Pisani de la Gaude, également infirme et âgé. La position des catholiques du royaume des Pays-Bas était très-fâcheuse, quoiqu'ils formassent les quatre cinquièmes de la population totale. Leur position devint plus fâcheuse encore. Le 14 juin 1825, Guillaume de Nassau, marchant sur les traces de Joseph II, supprime tous les petits séminaires, tant de la Hollande que de la Belgique, et érige un collège philosophique où devaient étudier deux ans tous ceux qui voulaient entrer dans les grands séminaires, avec déclaration d'incapacité contre tous ceux qui auraient étudié ailleurs. Les écoles des frères sont pareillement supprimées. L'évêque de Namur meurt en 1826, il ne reste plus que le vieil archevêque de Malines. Mais les députés catholiques réclament, dans les deux chambres, contre la tendance gouvernementale à opprimer le catholicisme : le gouvernement n'ayant pas redressé les griefs, les Etats généraux rejettent le budget des dépenses, en la séance du 22 décembre 1826, par soixante-dix-sept voix contre vingt-quatre. Le 17 août de l'année suivante, concordat avec le Saint-Siège, qui divise tout le royaume des Pays-Bas en huit diocèses, y compris la métropole de Malines ; les sept sièges suffragants sont : Liège, Namur, Gand, Tournay, qui existaient déjà, et trois autres que le Pape se proposait de créer, Bruges, Amsterdam et Bois-le-Duc. Le gouvernement exécute le concordat, mais lentement et de mauvaise grâce. Le 16 mai 1829, la seconde chambre des Etats généraux rejette le budget à une majorité de quatre-vingts voix contre vingt. Le 20 juin, Guillaume de Nassau modifie son collège philosophique de Louvain, de manière à le rendre simplement facultatif, et non plus obligatoire pour ceux qui veulent entrer dans les grands séminaires; mais il y met encore tant de restrictions, qu'il retire d'une main ce qu'il semble accorder de l'autre. Cependant de nouveaux évêques remplissent les sièges vacants. Le 28 octobre 1828, M. Ondenard, ancien curé à Bruxelles, est sacré évêque de Namur. Les 25 octobre, 8 et 15 novembre 1829, furent sacrés Messeigneurs Delplancq, Van de Velde et Van Bommel, évêques de Tournay, de Gand et de Liége. Le 9 janvier 1830, Guillaume de Nassau est réduit à supprimer son collège philosophique. Tout ce qu'il avait gagné par cette mesure vexatoire et d'autres semblables dans l'ordre temporel, comme de vouloir imposer aux Belges la langue hollandaise, fut de soulever contre son gouvernement une opposition formidable dans toute la Belgique. Aussi, la révolution ayant éclaté à Paris vers la fin de juillet 1830, il y eut vers la fin d'août une révolution semblable à Bruxelles, dont le résultat fut la séparation de la Belgique d'avec la Hollande, l'expulsion de la dynastie de Guillaume de Nassau, l'élection du prince Léopold de Saxe-Cobourg comme roi des Belges, l'exécution franche du concordat, le rétablissement de l'évêché de Bruges, enfin l'érection d'une Université catholique à Louvain. Le prince de Méan, archevêque de Malines, étant mort le 15 janvier 1831, il eut pour successeur, le 8 avril de l'année suivante, Monseigneur Engelbert Sterckx, précédemment curé d'Anvers, qui depuis a été nommé cardinal.

Une institution particulière à la Flandre et aux pays voisins, ce sont les béguinages. Un béguinage, ou, selon l'expression flamande, une *Cour de béguines*, est une réunion de plusieurs maisons où des femmes se retirent en promettant de vivre selon les règles de l'institut. Chaque maison a une supérieure à qui elles doivent obéir, mais elles peuvent quitter l'association. Les règles varient suivant les lieux. La ville de Gand, qui se distingue par le nombre des communautés religieuses, a deux béguinages fondés en 1234 par la comtesse de Flandre et sa sœur. En 1834, le grand béguinage comptait six cent quatre-vingt-six Béguines et l'autre deux cent soixante-seize. En 1812, ils desservirent les hôpitaux militaires, et beaucoup de sœurs furent victimes de leur dévouement. On les a vues de même s'exposer lors du choléra. Outre ces œuvres extraordinaires, les Béguines ont une école gratuite de pauvres filles, elles assistent les pauvres et prennent part à toutes les quêtes. Le grand béguinage de Gand, dit de Sainte-Elisabeth, est en quelque sorte une ville au milieu de cette grande cité; il a un curé et deux vicaires, une belle église et un cimetière, dont toutefois on ne se sert plus actuellement. Séparé des habitations voisines par un haut mur et des fossés, il a, pour ainsi dire, une législation à part: les portes s'ouvrent et se ferment à une heure fixe, une police exacte s'y fait nuit et jour. La supérieure générale préside à tout, on l'appelle *grande-dame*; elle a une assistante et deux conseillères. La cour est divisée en dix-huit couvents, à la tête desquels se trouve une supérieure choisie à la pluralité des suffrages. Le choix peut tomber sur des sœurs d'un autre couvent. L'élue est tenue d'accepter ce service, et elle le conserve toute sa vie. Elle peut néanmoins demander sa démission pour de légitimes motifs; la grande-dame seule a le droit de l'accorder. Celle-ci est choisie par les dix-huit dames des couvents et par celles qui ont pu quitter cet emploi. Pour être reçue, une fille doit être d'une bonne réputation et avoir un petit revenu; autrefois la taxe était d'environ soixante francs, aujourd'hui l'administration des hospices en exige cent. Cette fille s'adresse à la grande-dame, qui, après les examens d'usage, la renvoie à un des dix-huit couvents. On lui en laisse presque toujours le choix. Elle prend en entrant un habit simple et uniforme, et ne reçoit l'habit de l'ordre qu'après un an de probation. Il faut une seconde année pour être reçue membre de l'association, après avoir promis d'observer les règles. Ces règles sont d'obéir, d'être toujours occupée. Quand on n'est pas à l'église, on s'applique à quelque travail manuel. La plus grande régularité règne parmi les Béguines, et, quoique libres de sortir, elles persévèrent dans leur vocation. Après la profession et l'admission définitive, il faut cinq ans de vie irréprochable pour avoir droit aux faveurs de l'institut, par exemple d'être, en cas de maladie, reçue et entretenue à l'infirmerie aux frais de la maison. Ce n'est même qu'après ce laps de cinq ans qu'on peut obtenir d'habiter une maison séparée. Plusieurs n'en profitent pas et préfèrent l'obéissance du couvent. Dans les couvents il y a autant de ménages que de personnes; c'est une vie commune et toutefois séparée. Chaque sœur a soin de sa nourriture et de ses vêtements. Elles ne peuvent sortir du couvent ou faire quelque chose d'extraordinaire sans la permission de la grande-dame. Les bâtiments dans l'enclos du béguinage ne peuvent se louer qu'à des Béguines; mais celles-ci pèuvent recevoir chez elles des filles exemplaires, des veuves, des orphelines qui veulent fuir le monde. Le grand béguinage compte ainsi trois cents personnes retirées dans ses murs et qui y trouvent le silence et la paix. C'est un des services que rend cet établissement si précieux sous tant de rapports.

Les Hollandais ne furent pas très-fâchés de leur séparation d'avec les Belges; souverain des deux peuples, Guillaume les traitait plus en roi absolu qu'en roi constitutionnel: roi constitutionnel des Hollandais seuls, on espérait qu'il les ménagerait davantage. On n'y fut pas trompé. Les catholiques de la Hollande eurent particulièrement à se féliciter. Depuis trois siècles, ils avaient conservé la foi au milieu des persécutions. On ignorait quel était leur nombre. Le gouvernement publia le tableau de la population hollandaise au 1er janvier 1835, en distinguant les diverses communions. Ce tableau offre en tout un million quatre cent quatre-vingt-neuf mille cinq cent cinq calvinistes, mais divisés par une nouvelle secte, huit cent cinquante-sept mille neuf cent cinquante et un catholiques, cinquante-trois mille neuf cent vingt et un luthériens, quarante-six mille six cent cinquante-cinq israélites, trente et un mille six cent trente anabaptistes, douze mille dix luthériens *du culte restauré*, cinq mille sept jansénistes, quatre mille neuf cent soixante-dix remontrants et mille neuf cent soixante-quinze membres de différentes petites sectes. Le total est de deux millions cinq cent trois mille six cent vingt-quatre, sur lesquels les catholiques formaient, en 1835, plus du tiers. En 1840, les catholiques se trouvèrent augmentés de plus de deux cent mille, dépassant ainsi un million, et approchant de la moitié de la population totale. L'*Annuaire* de cette année-là donnait la statistique suivante :

« Il y a en Hollande huit cent soixante-onze paroisses, savoir : Brabant septentrional, deux cent vingt-quatre; Gueldre, cent cinq; Hollande septentrionale, cent neuf; Hollande méridionale, quatre-vingt-cinq; Zélande, quarante; Utrecht, trente-huit; Frise, trente et une; Overissel, cinquante-trois; Groningue, onze; Drenthe, quatre, et Limbourg, cent quatre-vingt-trois. La mission hollandaise comprend quatre cent trois stations, et elle a quatre cent un curés, deux cent trente chapelains, quatre cent quatre-vingt-dix mille fidèles, quatre cent trente-neuf églises et succursales, deux grands séminaires, un petit séminaire et quatorze professeurs et précepteurs. Le vicariat apostolique général de Bois-le-Duc est composé de cent trente-sept paroisses, parmi lesquelles six rectorats; et il compte cent trente et un curés, six recteurs, quatre-vingt-quatorze chapelains et assistants, deux cent six mille âmes, cent trente-quatre églises, succursales et chapelles, deux séminaires, un grand et un petit, et treize professeurs. Le vicariat apostolique général des districts néerlandais de l'ancien diocèse de Ruremonde a soixante-quatre paroisses, soixante-quatre curés, quarante-quatre chapelains, soixante-sept mille âmes, soixante-onze églises, succursales et chapelles. Le vicariat apostolique de la partie néerlandaise de l'ancien évêché d'Anvers a cinquante et une paroisses, cinquante et un curés, quarante-cinq chapelains, quatre-vingt-sept mille âmes, cinquante-trois églises, succursales et chapelles, un séminaire, trois professeurs, un béguinage avec un curé et quarante Béguines, un couvent avec deux ecclésiastiques et trois institutions religieuses pour l'enseignement des jeunes filles avec quatre ecclésiastiques. Le vicariat apostolique du pays de Ravenstein et Megen a dix-huit paroisses, quinze chapelains, dix-huit mille cinq cents âmes, trente églises succursales et chapelles, un séminaire et trois professeurs. Le commissariat épiscopal de la partie zélandaise du diocèse de Gand a un curé de première classe et cinq de seconde, quinze succursales, une chapelle ou annexe, six curés, quinze desservants, six vicaires et plus de trente mille âmes. La partie néerlandaise du diocèse de Liège a six curés de première classe, six de seconde, cent vingt-quatre succursales, quarante une chapelles ou annexes, douze curés, cent vingt-quatre desservants, trente et un chapelains ou vicaires desservants, cent quatorze vicaires et cent soixante-dix-huit mille âmes; vingt-deux places de vicaires sont vacantes. — Le total de la population catholique en Néerlande, suivant ce relevé, était de un million soixante-seize mille huit cents âmes. »

Au 1ᵉʳ janvier 1841, la population totale du royaume de Hollande était de deux millions huit cent soixante mille quatre cent cinquante âmes, dont un million sept cent quatre mille deux cent soixante-quinze protestants de toute secte, et un million cent mille six cent seize catholiques; le reste de la population se partageant entre juifs et dissidents de toute nature. D'où il résulte que dès lors les catholiques étaient aux protestants en Hollande comme onze à dix-sept.

La mission de Hollande était gouvernée par le prélat Antonucci, ayant le titre de chargé d'affaires à La Haye, et de vice-supérieur des missions de la Hollande. Il avait succédé à M. Capaccini, et plus anciennement à M. Ciamberlani, qui résidait à Munster. Le prélat Antonucci résidait à La Haye : il avait sous lui des archiprêtres qui sont chacun à la tête d'un archiprêtré. L'archiprêtré de Hollande et de Zélande est le plus considérable; il renferme cent soixante-dix-huit stations ou cures, et se divise en huit doyennés. Il a un séminaire à Warmond, un petit séminaire près de Harlem et un pensionnat catholique à Katwik sur le Rhin. Plusieurs villes ont un grand nombre de prêtres. A Amsterdam, il y a dix-huit curés, six à Harlem, six à Leyde, quatre à La Haye, quatre à Alkmar, trois à Rotterdam, trois à Hoorn, deux à Delft et à Gouda. L'archiprêtré d'Utrecht a soixante-quatre stations ou cures; Utrecht a huit curés et Amesfort deux. Il y a un séminaire à Saint-Héeremberg pour cet archiprêtré et les suivants : l'archiprêtré de la Gueldre a quarante-six stations ou cures; celui de Frise, trente et une; celui de Salland et Drenthe, vingt-deux; celui de Twente, vingt-sept, et celui de Groningue, quinze. Depuis quelques années, un évêque a été établi pour visiter les différentes parties de la mission; M. le baron de Wykerslooth, autrefois professeur au séminaire de Warmond, a été sacré évêque de Curium *in partibus*, et visite les catholiques de la Hollande, donnant la confirmation, consacrant des églises, ordonnant des prêtres. On ne saurait dire avec quel empressement et quelle joie il fut reçu par tous les catholiques, quelquefois même par les protestants : depuis trois siècles, ni les uns ni les autres n'avaient vu d'évêques. Les catholiques de Hollande présentent un spectacle unique dans l'histoire. Après trois siècles d'oppression, on les croyait en très-petit nombre, et encore plus animés de l'esprit mercantile que de l'esprit chrétien. Et tout à coup ils étonnent l'Europe, non-seulement par leur multitude, mais par leur zèle pour la gloire de Dieu et de son Église. Honneur à eux !

Guillaume Iᵉʳ ayant abdiqué en 1840, pour se retirer à Berlin, après avoir épousé une femme catholique en secondes noces, son fils et successeur, Guillaume II, témoigna aux catholiques plus de bienveillance encore. Il s'entendit avec le Saint-Siège pour l'exécution du concordat de 1827, relativement à la Hollande. En attendant l'érection de quelques évêchés en titre, tout le royaume devait être partagé en vicariats apostoliques : deux des prélats qui les administrent, outre l'évêque de Curium, ont reçu la consécration épiscopale. Guillaume II a autorisé plusieurs congrégations religieuses, notamment les Jésuites et les Ligoriens, à s'établir dans son royaume. Aussi, à la terrible commotion de 1848, est-il demeuré tranquille au milieu de son peuple, ainsi que Léopold au milieu des Belges (*Ami de la religion*, de 1815 à 1848).

Le roi de Hanovre, alors roi d'Angleterre, fut le premier prince d'Allemagne qui rendit justice entière à ses sujets catholiques. Dès 1814, il restitua au clergé d'Osnabruck et d'Hildesheim les droits qui leur avaient été garantis par le recez de l'empire, en 1803, et dont les avait dépouillés le gouvernement westphalien. Le 28 septembre 1824, le même gouvernement rendit une ordonnance pour faire jouir les catholiques de Hanovre de toute la plénitude de leurs droits civils et religieux. Aussi la révolution de 1848 ne s'y fait-elle pas plus sentir qu'en Belgique et en Hollande.

Le roi de Prusse et d'autres princes protestants d'Allemagne ayant agi différemment envers la vraie Eglise, la Providence les traitera différemment. Tous se montrèrent fort empressés à s'approprier les biens enlevés de force aux évêchés, chapitres, monastères, églises et hospices catholiques, et à donner aux communistes l'exemple et le droit de dépouiller de même, en temps et lieu, les princes, les nobles, les banquiers et les bourgeois. Car s'il est permis à des princes de ravir le bien consacré à Dieu et à son Eglise, comment ne serait-il pas permis à de pauvres prolétaires de partager le bien profane accumulé par des princes ? La conséquence est palpable. Avec un peu de réflexion, les princes auraient pu la prévoir en 1815 pour 1848. Ils ne s'en doutèrent pas même. Ce qui les occupait, ce n'était pas seulement d'envahir les fondations religieuses des catholiques, mais encore d'asservir leur religion et leurs âmes, comme celles des protestants, afin de ne faire de toute l'Allemagne qu'un troupeau de bétail, parqué sous différents sceptres ou bâtons. Mais les catholiques avaient, dans le Pape, un représentant, un père, un chef, avec lequel il fallait absolument traiter, au sujet des promesses qu'on avait été obligé de leur faire. On cherchera donc à circonvenir le Pape, on traînera les négociations en longueur, et quand on n'aura pu s'empêcher de conclure, on ne fera pas ce qu'on a promis, on fera même tout le contraire, s'il est possible.

Ainsi, on négociait depuis plusieurs années sans pouvoir rien conclure, lorsqu'en 1821, le prince de Hardenberg, ministre du roi de Prusse, se rendit lui-même à Rome, exposa au Saint-Père les intentions de son maître, et conclut toute cette affaire dans l'espace de quatre jours. En revenant par Ratisbonne, le prince de Taxis lui demanda comment il avait pu terminer en si peu de temps une négociation aussi importante. Voici la réponse mémorable que fit le prince de Hardenberg, et qui a été publiée dans le temps par quelques journaux, notamment par *le Catholique* de Mayence : « QUAND ON Y VA LOYALEMENT ET QU'ON A BONNE VOLONTÉ, IL EST FACILE DE TRAITER AVEC ROME, et on termine dans quatre jours ce que d'autres n'ont pu tirer au clair dans quatre ans. J'allai trouver le Pape, et je lui dis avec franchise et cordialité : Très-Saint-Père, mon roi m'a envoyé pour traiter des affaires ecclésiastiques de ses sujets catholiques avec leur chef. Mon roi veut traiter ses sujets catholiques de telle manière qu'ils ne s'aperçoivent pas qu'ils ont un souverain protestant. Voici la dotation des nouveaux archevêchés, évêchés, chapitres et séminaires : vingt-deux mille florins sont assignés à un archevêque, seize mille à un évêque, le tout en fonds de terre. Ces biens-fonds sont désignés dans le tableau ci-joint. Voilà ce que donne l'Etat. Pour ce qui regarde l'Eglise et le spirituel, mon roi l'abandonne à Votre Sainteté, sans exception. »

D'après cette confidence, il est permis de supposer que, quand on ne peut rien conclure avec le Saint-Siège, c'est qu'on n'y va pas loyalement et qu'on n'a pas bonne volonté. Pour couronner dignement une pareille politique, il ne manque plus que de rejeter sur la cour de Rome la mauvaise foi dont on use avec elle. Le prince de Hardenberg mourut trop tôt pour la franche exécution de ce qu'il avait si bien négocié.

Le concordat avec la Prusse établit dans le royaume deux métropoles, Cologne et Gnésen, ayant pour suffragants, la première, Trèves, Munster et Paderborn ; la seconde, Culm seul, les évêchés de Warmie et de Breslau restant soumis immédiatement au Pape, huit sièges en tout. Ce concordat fut publié à Berlin au mois d'août 1821. Une bulle du pape Pie VII fixe la circonscription des nouveaux diocèses, et charge de l'exécution le prince Joseph de Hohenzollern, évêque de Warmie ou d'Ermeland. On a réuni aux anciens sièges des parties dépendant de diocèses étrangers, ou de sièges supprimés. Ainsi Gnésen, auquel Posen est réuni, Breslau, Culm et Warmie, comprennent toute la partie orientale de la monarchie ; l'évêché de Breslau s'étend même sur les catholiques de Berlin et des environs de cette capitale. Dans l'ouest, Cologne, Munster, Paderborn et Trèves sont aussi un peu agrandis, de manière à renfermer tous les pays appartenant, de ce côté, à la Prusse. Le revenu des deux archevêchés, Gnésen et Cologne, et de l'évêché de Breslau, est fixé à douze mille écus, et celui des autres sièges à huit mille écus. Le roi a déclaré qu'il voulait que la dotation des évêques et des chapitres se fît sans superflu, mais aussi sans mesquinerie ; et il accorde un traitement pour les évêques suffragants, les vicaires généraux et les autres personnes attachées à l'administration épiscopale. Les séminaires sont aussi maintenus et dotés. Les chapitres des cathédrales sont composés de deux dignitaires, huit ou dix vicaires. Les chapitres conserveront le droit d'élire leurs évêques, mais ils sont invités, par un bref spécial du Pape, à ne choisir que des personnes agréables au gouvernement. Conformément à l'usage d'Allemagne, le Pape nommera, pendant six mois de l'année, aux prébendes des chapitres, dans les six autres mois, ce sera l'évêque.

Les sièges établis par le nouveau concordat se remplirent très-lentement. Le comte de Spiegel, archevêque de Cologne, ne prit possession qu'en juin 1825 : il était conseiller d'Etat ; nous avons même vu son nom parmi les illuminés d'Allemagne : son épiscopat ne fera pas oublier ces fâcheux antécédents. Joseph de Hommer, institué évêque de Trèves le 3 mai 1824, se montrera un peu plus courtisan qu'évêque. Autant pourra-t-on dire du nouvel évêque de Breslau, Sedlnicki. Mais Dieu en suscitera d'autres pour sauver l'Allemagne.

Le roi de Prusse Frédéric-Guillaume III ayant épousé en secondes noces une dame catholique, la contraignit de se faire luthérienne; son fils ayant épousé une princesse catholique de Bavière, on l'obligea également de se faire prostestante. Au contraire, le frère et la sœur du roi, le comte d'Ingenheim et la duchesse d'Anhalt-Coethen, s'étant faits catholiques, il les blâma comme d'une prévarication et d'un scandale. Un conseiller d'Etat, Beckendorf, ayant fait connaître au roi son intention de se faire catholique, il perdit sa place. On fit éprouver le même sort à trois professeurs protestants de l'Université de Bonn, Freudenfeld, Jarke et Philipps, qui revinrent au catholicisme, à l'ancienne religion de tous les peuples chrétiens. Tous les trois furent obligés de s'expatrier : Freudenfeld entra chez les Jésuites de Fribourg, Jarke accepta une place en Autriche, Philipps chercha un asile en Bavière. Au contraire, quelque mauvais catholique se faisait-il protestant? le roi de Prusse le félicitait, lui donnait de l'argent et des places. Et cependant le roi de Prusse avait promis égalité de droits aux catholiques avec les protestants. Il ne pensait pas que, manquer ainsi de parole aux autres, c'était les autoriser à lui rendre la pareille; il ne voyait pas que favoriser ainsi le protestantisme, c'était favoriser l'anarchie intellectuelle; il ne prévoyait pas qu'en 1848 cette anarchie ferait une éruption politique qui ébranlerait non-seulement tous les trônes, mais encore toutes les propriétés de l'Allemagne.

Un des moyens les plus perfides pour pervertir les catholiques, leur faire apostasier la règle invariable de la foi ancienne, et les entraîner dans l'irrémédiable anarchie du protestantisme, c'étaient les mariages mixtes. Le roi séducteur envoyait dans les provinces catholiques des fonctionnaires protestants, avec ordre de s'insinuer dans les meilleures familles et d'y prendre une épouse : étaient-ils mariés? on les transférait au loin, dans un poste plus avantageux, mais où la pauvre femme ne trouvait ni église ni prêtre catholique pour la soutenir; elle se voyait contrainte à l'apostasie, comme la femme du roi, comme la femme du prince royal.

En 1828, l'archevêque de Cologne, Ferdinand de Spiegel, et les évêques de Trèves, de Paderborn et de Munster, Joseph de Hommer, Frédéric-Clément de Lédebuhr, Gaspard-Maximilien de Droste-Vischering, consultèrent le pape Léon XII sur la conduite à tenir relativement à ces mariages mixtes. Le ministre prussien à Rome appuya leurs demandes. Pie VIII, successeur de Léon XII, leur répondit par un bref du 25 mars 1830. Le Pape y dit entre autres : « Dans la lettre que vous avez écrite, il y a deux ans, à Léon XII, notre prédécesseur de glorieuse mémoire, vous avez exposé avec soin la position difficile et critique où vous vous trouvez placés par une disposition de la loi civile publiée en Prusse depuis peu d'années, laquelle veut, au sujet des mariages mixtes, que les enfants de l'un et de l'autre sexe soient élevés dans la religion du père ou du moins de la manière qu'il le veut, défendant en même temps aux prêtres d'imposer aux personnes qui contracteraient cette espèce de mariage aucune condition relativement à l'éducation religieuse des enfants qui naîtraient de cette union. — Le Saint-Siège ne peut absolument point permettre tout ce qui est exigé dans vos contrées pour l'exécution de la loi civile.

» Venant donc à la question, nous croyons qu'il est inutile de vous apprendre, versés comme vous l'êtes dans toutes les sciences sacrées, quelle est la règle et la conduite de l'Église à l'égard des mariages mixtes dont il s'agit. Vous n'ignorez pas, par conséquent, qu'elle a horreur de ces unions, qui présentent tant de difformités et de dangers spirituels, et que, par cette raison, elle a toujours veillé avec le plus grand soin à l'exécution des lois religieuses canoniques qui les défendent. On trouve à la vérité que les Pontifes romains ont quelquefois levé cette défense et dispensé de l'observation des saints canons; mais ils ne l'ont fait que pour des raisons graves, et qu'avec beaucoup de répugnance. Encore leur constance habituelle était-elle d'ajouter à la dispense qu'ils accordaient une clause expresse, et les conditions préalables auxquelles ils permettaient ces mariages, savoir, que l'époux catholique ne pourrait être perverti par le conjoint non catholique, et qu'au contraire le premier devait savoir qu'il était tenu d'employer les moyens à sa disposition pour retirer l'autre de l'erreur; qu'en outre les enfants des deux sexes qui devaient sortir de cette union seraient exclusivement élevés dans la sainteté de la religion catholique. Vous savez, vénérables frères, que ces précautions ont pour but de faire respecter en ce point les lois naturelles et divines. Il est reconnu en effet que les catholiques, soit hommes, soit femmes, qui se marient avec des non catholiques, de manière à s'exposer témérairement, eux et leurs futurs enfants, au danger d'être pervertis, ne violent pas seulement les saints canons, mais pèchent en outre directement et grièvement contre la loi naturelle et divine. Vous comprenez donc aussi que nous-mêmes nous nous rendrions coupable d'un grand crime devant Dieu et devant l'Eglise, si, relativement aux mariages mixtes à célébrer dans vos contrées, nous autorisions chez vous ou chez les curés de vos diocèses une conduite de laquelle on pourrait conclure que, si on n'approuve pas ces unions formellement et de parole, on les approuve du moins indirectement de fait et en réalité.

» D'après ces instructions donc, chaque fois qu'une personne catholique, une femme surtout, voudra se marier avec un homme non catholique, il faudra que l'évêque ou le curé l'instruise avec soin des dispositions canoniques sur ces mariages, et l'avertisse sérieusement du forfait dont elle va se rendre coupable auprès de Dieu si elle a la hardiesse de les violer. Il conviendra surtout de l'engager à se rappeler que le dogme le plus ferme de notre religion, c'est que, *hors de la foi catholique, personne ne peut être sauvé*; et que, par conséquent, elle doit reconnaître que sa conduite sera cruelle et atroce envers les fils qu'elle attend de Dieu, si elle s'engage dans un mariage où elle sait que leur éducation dépendra entièrement de la volonté d'un père non catholique. Ces avis salutaires devront même, selon que la prudence le conseillera, être répétés, particulièrement à l'approche du jour du mariage et à l'époque où se font les proclamations d'usage et où l'on recherche s'il n'y a pas d'autres empêchements canoniques qui s'opposent à la célébration. Que si, dans certains cas, les avis paternels des pasteurs ne sont pas écoutés, il faudra, à la vérité, pour prévenir tous troubles et préserver la religion de maux plus grands, s'abstenir de censurer nommément ces personnes; mais, d'un autre côté, le pasteur catholique devra s'abstenir aussi d'honorer de quelque cérémonie religieuse que ce soit le mariage qui va suivre; il devra s'abstenir de tout acte par lequel il pourrait paraître y donner son consentement. Tout ce qui a été toléré à cet égard dans certains endroits, c'est que les curés qui, pour éviter de plus grands maux à la religion, se voyaient forcés d'assister à la cérémonie, souffrissent qu'elle eût lieu en leur présence (pourvu qu'il n'y eût point d'autre empêchement canonique), afin qu'ayant entendu le consentement des deux parties, ils consignassent ensuite d'après leur devoir, dans le registre des mariages, l'acte validement accompli, mais en se gardant toujours d'approuver ces unions illicites par quelque acte que ce fût, et surtout en s'abstenant d'y mêler aucune prière, aucun rite quelconque de l'Eglise (*Ami de la religion*, 2 avril 1835, n. 2, p. 346). »

Par cette réponse de Pie VIII aux évêques de la Prusse rhénane, nous voyons que l'Eglise abhorre tous les mariages mixtes, et qu'elle ne les permet que par dispense et à deux conditions : 1° que la partie catholique ne court aucun risque de perversion de la part de l'autre; 2° que tous les enfants seront élevés dans la religion catholique.

A ce bref était jointe une instruction du cardinal Albani aux évêques prussiens, en date du 27 mars 1830. Cette instruction, qui devait être secrète, portait que le Saint-Père ne s'était décidé à faire des concessions que pour éviter de plus grands maux; il n'accordait aux évêques le pouvoir d'accorder des dispenses que pour cinq ans.

La réponse du Pape aux évêques devait leur être communiquée par le gouvernement. Le gouvernement prussien la garda pour lui seul; il espérait obtenir davantage. On négocia donc de nouveau à Rome, mais sans résultat; et au commencement de 1834, Grégoire XVI fit annoncer à l'ambassadeur prussien; le sieur Bunsen, qu'il ne pouvait aller au delà du bref de Pie VIII, et demanda que ce bref fût enfin remis aux évêques et exécuté. Ne pouvant rien obtenir de Rome, le gouvernement prussien agit auprès des évêques. L'archevêque Spiegel de Cologne, ancien illuminé, ne passait pas pour être fort difficile. Le sieur Bunsen, revenu exprès de Rome, se chargea de l'amener à ce qu'on voulait, et, le 19 juin 1834, tous deux arrêtèrent une convention qui annulait le bref du Pape en y faisant les modifications que Rome avait refusées. On y disait : « Une instruction sera adressée aux vicaires généraux sur les bases suivantes : Les canons ne sont pas abolis, mais la discipline est *adoucie* de manière à satisfaire à l'ordre du cabinet de 1825. Le contenu de divers passages du bref doit être expliqué dans un sens *adouci*, et spécialement les évêques peuvent accorder tout ce qui n'est pas expressément interdit. L'action des curés consiste à instruire et à exhorter. Il doit être fait abstraction de toute garantie ou promesse quant à l'éducation des enfants dans la religion de l'un ou de l'autre des deux époux. Les cas de l'assistance passive du curé doivent être extrêmement restreints. Tout ce qui ne fait pas présumer la légèreté, ou tout ce qui l'atténue sous le rapport moral, écarte le cas de l'assistance passive. Dans tous les cas où elle n'a pas lieu, on accomplit les rites ordinaires de l'Eglise. » La convention finissait par reconnaître la convenance de la législation prussienne quant aux divorces (*Ami de la religion*, 22 mars 1838, n. 2, p. 944). Cette convention ayant été conclue et signée le 19 juin 1834 par l'archevêque et le sieur Bunsen, l'évêque de Paderborn y adhéra le 5 juillet, celui de Munster le 10, et celui de Trèves le 19. C'est ainsi que ces pasteurs infidèles ou endormis aidèrent le loup à s'insinuer dans la bergerie.

Grégoire XVI ayant connu indirectement cette convention clandestine, en parla confidentiellement au gouvernement prussien. Celui-ci en nia impudemment l'existence et même la possibilité, et cela par le sieur Bunsen, ambassadeur à Rome, qui l'avait négociée et signée. Quelques mois après, un des signataires, l'évêque de Trèves, adressa au Pape une lettre qui établissait quatre faits très graves les uns que les autres et entièrement connexes : 1° une convention relative à l'exécution du bref pontifical déjà relaté, conclue entre Sa Majesté prussienne, le défunt archevêque de Cologne et le chevalier Bunsen, qui, en 1834, avait fait un voyage à Berlin; 2° une communication qu'à la demande du roi, le même archevêque et son secrétaire, le chanoine Munchen, avaient faite séparément aux trois évêques suffragants de Cologne, pour les amener à accepter la susdite convention; 3° l'assentiment de ces trois prélats et une instruction adressée par eux en conséquence à leurs vicariats respectifs; 4° enfin, la rétractation faite de plein gré, et avec parfaite connaissance de cause, par lui, évêque de Trèves, aux approches de la mort. Dans cette rétractation, l'évêque reconnaissait que l'acte émané de lui, à l'exemple de ses collègues et par suite de la communication que lui avait faite son métropolitain, était entièrement préjudiciable à l'Eglise catholique, contraire à ses canons, destructive de ses principes (*Ami de la religion*, 27 mars, p. 581).

Le 3 février 1837, Grégoire XVI communiqua confidentiellement cette lettre à l'ambassadeur Bunsen. Celui-ci observa que, quelle que pût être l'importance de ce fait personnel à l'évêque défunt de Trèves, certainement dans l'esprit élevé et bienveillant de Sa Sainteté, il serait plus que balancé par un autre fait de l'archevêque vivant de Cologne, qui crut pouvoir suivre en conscience l'instruction que regrette d'avoir suivie le défunt évêque de Trèves. — Or, cette assertion de l'ambassadeur était encore un gros mensonge.

Cet archevêque vivant de Cologne n'était plus l'ancien illuminé Spiegel, mort au mois de juillet 1835, mais son successeur, Clément-Auguste de Droste-Vischering, évêque de Calamata, frère et suffragant de l'évêque de Munster. On lui avait bien demandé s'il promettait d'exécuter la convention du 19 juin 1834, et il avait promis de l'exécuter *conformément au bref*. Et il tint parole. Il observait la convention dans ce qu'elle avait de conforme au bref pontifical, mais non dans ce qu'il avait de contraire. Le gouvernement lui en ayant fait des reproches au mois de septembre 1837, il répondit le jour même : « Ma conduite est dirigée par deux règles générales. La première est le bref; la seconde, la convention de 1834, et l'instruction qui en est partie intégrante. Je ne parle pas de la pratique, qui doit précisément être basée sur ces deux règles. La convention et l'instruction ont eu pour but de faciliter l'exécution du bref, mais non pas d'en paralyser les effets. Je suis donc autant que possible les deux règles; mais là où je ne puis mettre le bref d'accord avec l'instruction, je me dirige d'après le bref. Voilà exactement, et non autre chose, ce que je comprends par ces mots : *Conformément au bref et à l'instruction*. Si cette déclaration est trouvée suffisante, je me déclare satisfait et prêt à la signer, sinon je prie instamment qu'on s'abstienne de toute transaction ultérieure, verbale ou écrite sur ce point; car je ne puis pas me départir de cette décision. Je ne veux pas courir le risque de me trouver dans la position où l'un de mes confrères s'est trouvé à l'occasion de cette affaire : c'est de rétracter sur son lit de mort ce qu'il avait fait pendant sa vie. »

Le gouvernement prussien n'ayant pu réussir par la ruse et le mensonge, eut recours à la violence et à la brutalité. Le 20 novembre 1837, l'archevêque de Cologne est enlevé, comme un criminel, par la force armée, et emprisonné dans une forteresse; sa captivité dure tout le règne de Frédéric-Guillaume III, qui meurt de maladie pédiculaire le 11 juin 1840. L'archevêque de Gnésen et de Posen, Martin de Dunin, ayant suivi le courageux exemple de l'archevêque de Cologne, eut le même sort, fut emprisonné, traduit devant les tribunaux et condamné, tout comme les anciens évêques sous la persécution des Julien et des Valens, ou, plus tard, des Vandales, dont les Prussiens se disent les descendants. Le nouveau roi, Guillaume IV, ne demandait pas mieux que de couronner le système de son père. Ce système consistait à profiter de tous les moyens, des prêtres, des évêques, du Pape, pour amener les catholiques de Prusse dans le protestantisme; à réunir toutes les sectes protestantes en une religion officielle dont le roi serait le pape, l'évangile et le dieu. Certains prêtres catholiques abondaient assez dans ce sens. C'étaient les hermésiens, qui, méconnaissant ou niant la distinction entre la nature et la grâce, la raison et la foi, l'ordre naturel et l'ordre surnaturel, le royaume de Prusse et l'Eglise catholique, ne reconnaissaient que la nature, la raison naturelle, l'ordre naturel et politique, le roi de Prusse, au nom duquel ils prétendaient enseigner indépendamment des évêques et du Pape, et même malgré eux. Le Pape condamna leur doctrine, et défendit de lire les écrits d'Hermès. Le nouvel archevêque de Cologne, Clément-Auguste, exigea qu'on se soumît au jugement du Pape. Par la connivence coupable de son prédécesseur, les hermésiens dominaient dans le chapitre de Cologne et dans l'Université de Bonn. Ce furent eux qui provoquèrent et secondèrent les rigueurs du gouvernement prussien envers l'archevêque fidèle. Comme ils ne voyaient en tout que la force brutale, ils ne doutaient pas du succès, non plus que le roi et ses ministres. Ils y furent trompés les uns et les autres.

La persécution contre l'archevêque de Cologne et l'archevêque de Posen a été le salut de la foi et de l'Eglise catholique en Allemagne. Les évêques de Munster et de Paderborn rétractèrent publiquement l'adhésion qu'ils avaient donnée à la convention ministérielle de Prusse, et proclamèrent hautement leur obéissance aux règles du Saint-Siége sur les mariages mixtes. Les chanoines du chapitre de Trèves se prononcèrent dans le même sens. Un des plus vaillants défenseurs du catholicisme en Allemagne, l'abbé Bintérim, curé à Dusseldorf, auteur d'un grand nombre d'ouvrages, souffrit avec joie la prison pour la même cause. Goerrès, le premier génie de l'Allemagne, publia successivement trois écrits, *Athanase*, *les Triariens*, *l'Eglise et l'Etat à la suite de l'affaire de Cologne*, qui furent comme l'étendard d'une croisade intellectuelle; autour de lui se rangèrent tous les hommes de bien. A mesure que les faits venaient à être connus, l'Europe chrétienne se mettait à vénérer, glorifier, chérir, comme des confesseurs de la foi, les deux archevêques persécutés et captifs. Le gouvernement prussien publia des manifestes, pour se disculper lui-même et rejeter la faute sur les victimes. Mais une voix plus haute et plus croyable se fit entendre, la voix du pape Grégoire XVI, dans des allocutions solennelles au conseil général de la chrétienté, le sacré collège. Ces allocutions, publiées dans toutes les langues, étaient accompagnées de documents authentiques, desquels tout le monde était à portée de conclure que la politique prussienne n'était qu'un tissu de ruses, de mensonges et de violences.

Après la mort du vieux roi en 1840, son fils et successeur tint un langage plus conciliant. Son gouvernement abandonna peu à peu les hermésiens, qui se virent réduits l'un après l'autre à se soumettre aux décisions du Pape. L'archevêque de Gnésen et de Posen, capitales de la Pologne prussienne, fut rendu à la liberté et traité avec honneur. Mais la captivité de l'archevêque de Cologne, quoique fort adoucie, durait toujours. Enfin, aux Etats de la province rhénane, tenus à Dusseldorf, des voix courageuses se firent entendre et demandèrent hautement justice : la noblesse de Westphalie, dont l'archevêque était membre, y joignit ses réclamations. Les défenseurs de l'archevêque furent blâmés par le gouvernement, mais le peuple les accueillit partout en triomphe. Un mouvement populaire était à craindre. Le gouvernement prussien se décida donc à conclure. Clément-Auguste demeura archevêque de Cologne; mais, de concert avec le roi et le Pape, il choisit pour coadjuteur, avec future succession, un des prélats les plus recommandables et les plus conciliants de l'Allemagne, monseigneur de Geissel, évêque de Spire, qui a justifié jusqu'à présent la haute idée qu'on avait de son mérite. D'un autre côté, les chanoines du chapitre de Trèves, après avoir maintenu avec courage la liberté des suffrages dans l'élection épiscopale, ont choisi pour évêque l'un d'entre eux, monseigneur Arnoldi, qui se montre le restaurateur de son diocèse.

Le roi de Prusse et son fils croyaient sans doute être plus heureux, dans leurs efforts pour réunir les luthériens et les calvinistes dans une seule religion officielle. Rien ne fut négligé pour cet effet. Plusieurs fois, les personnages influents des deux partis furent assemblés en concile protestant, sous la présidence d'un officier de cour ou de police. Le vieux roi, en qualité de leur commun pape, les exhortait à l'union et à l'unité. Il y travaillait avec une ardeur extrême. Il avait rédigé jusqu'à des *agenda*, ou rituels pour les offices et cérémonies du nouveau culte. Trouvant les temples protestants trop nus pour attirer des chrétiens, il y fit mettre un crucifix et des chandeliers. Il créa même des évêques de sa façon, avec des souliers et des bas violets; si bien que, pour être tout à fait évêques, il ne leur manquait plus que l'épiscopat, comme à lui-même la papauté pour être pape. Ses efforts ne furent pas entièrement stériles. On vit les soldats de Berlin et de Postdam, luthériens et calvinistes, fraterniser ensemble dans un temple du nouveau culte et aux offices de cette religion mixte. Mais vers les commencements de 1848, lorsque son fils Frédéric-Guillaume IV voulut mettre la dernière main à cette œuvre d'union protestante, tout vint à manquer; plusieurs pasteurs luthériens résistèrent en face, et entraînèrent des populations considérables, qui ne voulurent ni d'un pape prussien, ni de ses évêques de police, ni de ses rituels, ni de son culte.

La position du roi était fâcheuse. Elle devint plus fâcheuse encore lorsqu'on apprit la révolution française de Paris. Les catholiques de Prusse demeuraient paisibles, mais les protestants de Berlin s'insurgèrent, ne voulant pas plus de roi que de pape, pas plus de soldats que d'évêques. Guillaume fit tirer sur eux; mais ils répondirent par des barricades, battirent ses soldats, et le forcèrent lui-même à capituler. Il n'est pas encore dit (20 novembre 1848) quel sort on lui réserve.

Dès l'an 1843 parut en Allemagne le livre d'un protestant, avec ce titre : *Le protestantisme se dissolvant lui-même.* « Protestant de naissance, dit l'auteur dans sa préface, je choisis de bonne heure la vocation d'un ecclésiastique de mon église. Ma carrière académique tomba dans la période où, à la place de la vieille orthodoxie et du plat rationalisme du dernier siècle, commençait à se poser une nouvelle sagesse, qui, n'écoutant jamais qu'elle-même, recélait, sous une apparence de profondeur mystico-religieuse, le germe de la plus grossière incrédulité. Du haut de la chaire doctorale on ne niait pas encore crûment la divinité du Christ, mais on l'attaquait avec toutes les armes que la position de professeur pouvait permettre; on renvoyait au paganisme un dogme chrétien après l'autre; on rejetait l'un après l'autre, comme apocryphes, et les évangiles et les autres documents de la foi; on attaqua même en général l'autorité de l'Ecriture. Cela s'appelait *la haute critique.* L'effet en fut, sur les étudiants de la théologie protestante, de les diviser en trois fractions. Les uns croyaient *quelque chose,* sans bien savoir *quoi,* ou, si quelques-uns le savaient à peu près, cette connaissance était bientôt étouffée sous l'amas de la terminologie hégélienne, comme autrefois la semence par les épines. D'autres, conservant le fond de croyance qu'ils avaient apporté de chez eux, et abhorrant l'enseignement de leurs professeurs, passaient à un autre extrême et devenaient piétistes. Un troisième parti, admirant la forme du nouvel enseignement, mais en trouvant le fond insoutenable, se sentait en contradiction continuelle avec soi-même, et finissait généralement par ne rien croire du tout. » L'auteur du livre fut près d'appartenir à ce dernier parti. Cependant, trop honnête homme pour être ministre d'une religion à laquelle il ne croyait plus, et pour devenir ainsi un menteur privilégié, il renonça à la carrière de prédicant. Treize années d'autres études et d'expérience du monde le ramenèrent au Dieu de sa jeunesse et à sa parole révélée. Il voulut sérieusement connaître la vérité, mais dans l'Eglise, et se mit à étudier de plus près l'essence et les doctrines fondamentales de son église protestante. Il se vit trompé dans son espérance. L'espèce de lacune qu'il avait remarquée jusqu'alors avec douleur dans ses idées religieuses devint un béant abîme. Les doctrines susdites, qu'il avait regardées comme de fausses conséquences du protestantisme, lui en parurent des conséquences naturelles. Il vit, clair comme le jour, que les principes posés par les premiers réformateurs justifiaient tout ce qui s'est produit dans les temps modernes, et que Strauss et les autres renégats des vérités chrétiennes étaient les meilleurs et les plus honnêtes protestants. Il vit, avec non moins d'évidence, que le catholicisme seul satisfaisait tous les besoins des fidèles; que ce qu'on appelait de bons chrétiens parmi les protestants n'étaient, plus ou moins, que de bons catholiques sans le savoir; qu'enfin l'église protestante, fille apostate, n'avait de salut que dans la mesure où elle retournait à sa mère.

L'auteur développe et prouve la suite de ces propositions dans une série de lettres entre deux amis d'études, l'un protestant, l'autre catholique. Leur professeur de philosophie ne pouvait les satisfaire : ce n'était qu'un fade éclectique. Le bon homme s'était fait un certain nombre de tiroirs, qu'il appelait paragraphes, et les remplissait de lieux communs pris à des philosophes; avait-il pillé ceux-ci, il levait son impuissante main pour les tuer. Les deux amis abandonnèrent son école, s'appliquèrent à lire les modernes, depuis Kant jusqu'à Hégel, et à conférer ensemble sur le résultat de leurs lectures. Entrés en théologie chacun de son côté, ils se communiquent réciproquement le résultat de leurs études; c'est un parallèle raisonné entre le protestantisme et le catholicisme. On y lit cette citation de Goerrès sur l'unité désirable de l'Allemagne : « Nous devons être réunis comme les chevaux qui pâturent dans les steppes, lorsqu'ils sont attaqués par les loups. Ils mettent les têtes ensemble en cercle, et montrent à l'ennemi la corne bien garnie de fer. Mais comment se postent les divers partis de votre église protestante? Ils avancent les têtes en dehors en autant de directions qu'il y a de rayons dans le cercle, mais leurs pieds de derrière, ferrés d'arguments philosophiques, ils les tournent en dedans et se donnent des ruades les uns aux autres. Comment un groupe ainsi disposé à l'envers pourrait-il résister longtemps à une sérieuse attaque ? Il se tuerait infailliblement lui-même, si les seigneurs du siècle ne venaient mettre un licou aux dociles et pieuses cavales, et leur sauter en croupe, pour les mener chacun où il lui plaît. La phalange de l'Eglise catholique est disposée tout autrement. Là aussi il y a diversité de têtes, diversité d'opinions dans les choses indifférentes; mais au dedans elles se réunissent dans un même centre, sont d'accord sur tous les points capitaux, et au dehors, dans la circonférence, elles ne montrent la corne qu'à l'ennemi. De quelque côté que celui-ci attaque, il trouve toujours un cercle compact de défenseurs bien ferrés. »

Cette différence entre le protestantisme et le ca-

LIVRE XCI. — ENSEMBLE ET DENOUEMENT DE L'HISTOIRE HUMAINE.

tholicisme est une conséquence de leur nature même. Le principe fondamental des réformateurs, surtout de Luther, c'est que l'esprit divin pénètre dans le chrétien véritable sans aucune coopération humaine, et que le chrétien est en cela complètement passif. De là ils conclurent à rejeter l'autorité de l'Eglise, comme règle de foi. Interrogés sur quoi ils fondaient cette croyance à l'Ecriture, et de la Tradition, et à ne prendre que l'Ecriture, ils répondaient : Ce n'est pas *notre* esprit qui nous certifie la vérité de l'Ecriture, mais le même esprit qui l'a inspirée en atteste l'origine dans le nôtre. Lors donc qu'il parle dans notre cœur, nous ne croyons plus à une autorité étrangère ni à celle, également incertaine, de notre propre intelligence et sentiment, mais nous soumettons notre jugement et nos pensées à la voix infaillible de Dieu en nous. Tel est le point où s'arrêtèrent les premiers réformateurs; mais de là le protestantisme se divisa inévitablement en deux lignes opposées : la première, du spiritualisme et mysticisme, suivie par les anabaptistes, les schwenckfeldiens, les mennonites, les quakers et les piétistes modernes; la seconde ligne, celle du rationalisme, suivie par les sociniens et les rationalistes de tout degré.

Les premiers ou les fanatiques disaient : Si ce n'est qu'une révélation intérieure de l'esprit divin qui fait reconnaître l'Ecriture comme divine, l'Ecriture n'est donc pas ce qu'il y a de supérieur, mais c'est cette opération du Saint-Esprit en nous. De là on concluait que, indépendamment de l'Ecriture et de toute espèce de communication humaine, Dieu se manifeste, ainsi que ses volontés, par des révélations immédiates et intérieures; par conséquent la sainte Ecriture elle-même ne doit être regardée que comme un moyen secondaire de connaître les desseins de Dieu, et même on peut s'en passer. Cette conséquence découle naturellement du principe posé par les réformateurs. Aussi les piétistes ont-ils en aversion toutes les sciences et tous les arts, jusqu'à regarder les bateaux à vapeur et les chemins de fer comme des inventions de l'antechrist, et comme des signes avant-coureurs de sa prochaine arrivée.

Du même principe de la réforme, les rationalistes déduisent une série de conséquences tout opposées. Ils demandaient : Si c'est le témoignage intérieur de l'esprit qui nous convainc de la divinité de l'Ecriture sainte, qui est-ce qui nous assure que ce témoignage procède réellement en nous de l'Esprit saint, et non pas de notre esprit propre, ou même d'un esprit malin et trompeur? Car, qui est-ce qui nous atteste la divinité de ce témoignage, sur lequel vous vous appuyez ? ou bien c'est ce témoignage même, c'est-à-dire personne, ou bien c'est quelque chose, soit sentiment, soit pensée, dans l'esprit de l'homme (*Le protestantisme se dissolvant lui-même*. Lettres 17 et 35). D'où il suit que c'est finalement l'esprit de l'homme, de l'individu, qui juge en dernier ressort. Ceux donc qui jugent que l'Ecriture n'est pas divine, que Jésus-Christ n'est pas Dieu, ou que Dieu même n'existe pas personnellement, tous ceux-là sont aussi bons protestants que Luther et Calvin, autant que les piétistes et les protestants orthodoxes, lesquels prétendent tenir le juste milieu entre les piétistes et les rationalistes, en conservant le principe de la réforme, sans en tirer conclusions divergentes, quoique naturelles. Finalement, le protestantisme porte, dans son principe même, le germe de sa propre dissolution.

Ces observations de l'auteur protestant sont infiniment remarquables. Celles qu'il fait sur la nature de l'Eglise catholique ne le sont pas moins. Dans sa lettre quinzième, il rappelle cette objection des protestants : Les catholiques tournent dans un cercle, ils prouvent l'autorité de la Tradition et de l'Eglise par l'Ecriture, puis sanctionnent l'Ecriture par la Tradition et l'Eglise. Il y répond dans les lettres seizième, dix-septième et dix-huitième, par ces considérations : Dieu a dit de lui-même : *Je suis celui qui suis*. Pareillement, l'Eglise catholique, qui est Dieu avec nous, Dieu fait homme, l'Incarnation continuée, se démontre elle-même, car elle n'est rien autre que l'ensemble de ses membres. On demande le passeport à un étranger, à un inconnu qui arrive ou qui passe; on ne le demande point au père dans sa famille, au propriétaire dans son domaine; on ne le demande point à une armée rangée en bataille, ni à un grand peuple tel que la France : à plus forte raison ne le demandera-t-on pas à l'humanité chrétienne, à l'univers catholique, qui remplit tous les lieux par son *omniprésence*, et même tous les temps par son éternelle durée ; car, comme dit saint Epiphane, *la sainte Eglise catholique est le commencement de toutes choses*. Cette Eglise est le corps de Jésus-Christ, mais corps vivant, avec l'esprit vivifiant, la mémoire et la parole vivante, rendant perpétuellement témoignage de ce qu'elle a vu et entendu. Pour elle, les écrits de l'Ancien et du Nouveau Testament sont des papiers de famille, dictés par le même esprit qui l'anime elle-même : elle a existé avant ces papiers, et pourrait exister sans eux : elle seule en peut garantir la lettre et le sens, ayant toujours avec elle l'esprit même qui les a dictés. Aussi saint Augustin a-t-il dit : *Je ne croirais pas même à l'Evangile, si l'autorité de l'Eglise catholique ne me le persuadait*. Et de fait, l'Eglise catholique est la première Ecriture de Dieu, Ecriture vivante et parlante, Ecriture connue de tout le monde et que tout le monde peut lire, Ecriture qui répond à qui l'interroge et se défend contre qui l'attaque ; différente en cela de l'écriture morte, qui, comme l'observe Platon, garde le silence quand on l'interroge, ne peut se défendre quand on l'attaque, et a toujours besoin de la protection de son père. Dans le corps humain, le plus petit membre participe à la vie du corps entier. Dans l'Eglise catholique, le plus petit enfant participe à l'esprit, à la vie, à la doctrine de l'Eglise entière, par le baptême, par son père, par sa mère, par son curé, par tout ce qui l'entoure. Dans tout cela, il n'y a point de cercle vicieux, point d'interruption. C'est un corps organique et vivant, où tout se lie, tout se tient, tout se fortifie, tradition vivante et papiers de famille. Comme dans les membres du corps, chacun y vit de la vie des autres. Si quelqu'un vient à souffrir, tous les autres souffrent avec lui. Le monde le vit avec étonnement dans l'affaire de Cologne. Les catholiques d'Allemagne et d'Europe paraissaient endormis et indifférents ; à peine le Prussien a-t-il mis la main sur l'archevêque, que tous se réveillent et se lèvent comme un seul homme pour un seul homme. Cette merveilleuse communion d'esprit, de sentiment et de vie dans les catholiques, fit une profonde impression sur l'auteur protestant et anonyme du livre, qui finit par se déclarer catholique à son tour. Nous croyons que c'est le docteur Binder.

Où il y a des cercles vicieux, des incohérences, des contradictions, c'est dans le protestantisme. Bon gré mal gré lui, c'est uniquement de l'Eglise catholique, dont il est sorti comme l'enfant prodigue, que le protestantisme tient la Bible. Lors donc qu'il se met à décrier l'Eglise catholique, comme une dépositaire infidèle, il ôte par là même tout crédit à la Bible qu'il en a emportée, et dont il fait l'unique règle de sa foi. Du protestantisme collectif au protestantisme individuel, c'est la même incohérence. L'enfant du protestant, comme l'enfant catholique, apprend d'abord de son père, de sa mère, puis il rompt avec cet enseignement comme n'étant pas infaillible, et il s'en fait un autre qui l'est encore moins. Cette désunion et cette incohérence de l'Allemagne d'avec elle-même la condamnent à une faiblesse incurable vis-à-vis de trois nations plus homogènes, la Russie, l'Angleterre et la France. Ces observations furent renouvelées aux princes et aux peuples d'Allemagne, lors de l'affaire de Cologne : les princes y parurent faire moins attention que les peuples.

A toutes les divisions du protestantisme se joignit, en 1845, le schisme de deux prêtres catholiques, Rouge et Czerski, dont les égarements avaient pour principes les vices du cœur plutôt que les hardiesses de l'intelligence. « L'humanité, disait Rouge, est la véritable église de Dieu, et ce qu'on a jusqu'à présent appelé de ce nom, n'est qu'une affreuse monstruosité. » — « On vous ravit votre liberté, disait-il au jeune clergé, votre dignité, tout, jusqu'à votre raison, et on vous corrompt le cœur par la loi du célibat. » Czerski tira les conséquences de cette ignominieuse doctrine à laquelle ne craignaient pas d'applaudir les feuilles protestantes. Il poussa l'impudeur jusqu'à se marier publiquement avec sa servante, dans un temple protestant. Cette secte, condamnée par l'Eglise, fit d'inutiles efforts pour vivre. On vit le nombre des adeptes, qui prenaient part à ses assemblées, diminuer de plus en plus : elle s'éteignit dans l'opprobre.

Le 16 août 1821, époque du concordat de Prusse, le pape Pie VII rendit encore une bulle, *Provida solersque*, pour organiser la province ecclésiastique du Haut-Rhin. Il y parle des démarches faites auprès de lui par le roi de Wurtemberg, le grand-duc de Bade, l'électeur et le grand-duc de Hesse, le duc de Nassau et la ville de Francfort-sur-le-Mein, auxquels se sont joints le grand-duc de Mecklenbourg, les ducs de Hesse, le duc d'Oldenbourg, le prince de Waldeck, les villes de Lubeck et de Brême. Tous ont envoyé en commun des députés à Rome, et le Saint-Siège a réglé, de concert avec eux, l'état futur des églises catholiques dans cette partie de l'Allemagne. D'abord, il supprime l'évêché de Constance et la prévôté d'Elwang, maintient les sièges de Mayence et de Fulde, et érige en outre l'archevêché de Fribourg et les évêchés de Rotenbourg et de Limbourg. La ville de Fribourg en Brisgau, qui compte environ neuf mille habitants et qui possède une célèbre Université, a paru convenablement située pour devenir la métropole de la nouvelle province ecclésiastique; l'église de l'Assomption sera l'église métropolitaine. Rotenbourg-sur-le-Necker, au milieu du royaume de Wurtemberg, a cinq mille cinq cents habitants et une belle église dédiée à saint Martin. Limbourg-sur-la-Lahn, au centre du duché de Nassau, a deux mille cinq cents habitants et une église dédiée à saint Georges. Les quatre sièges de Mayence, de Fulde, de Rotenbourg et de Limbourg seront suffragants de Fribourg. L'archevêché de Fribourg aura pour territoire tous les Etats du grand-duché de Bade; l'évêché de Mayence, tous les Etats du grand-duc de Hesse; l'évêché de Fulde, tout l'électorat de Hesse, avec neuf paroisses du duché de Saxe-Weimar; l'évêché de Rotenbourg, tout le royaume de Wurtemberg; l'évêché de Limbourg, tout le duché de Nassau et le territoire de Francfort-sur-le-Mein. Les chapitres de Fribourg, de Mayence, et de Rotenbourg auront un doyen et six chanoines; celui de Fulde, un doyen et quatre chanoines; celui de Limbourg, un doyen et cinq chanoines. Il y aura en outre des prébendes pour les vicaires, savoir : six à Fribourg et à Rotenbourg, quatre à Mayence et à Fulde, deux à Limbourg. Ces chapitres dresseront leurs statuts sous l'approbation de l'évêque, qui nommera un de ces chanoines pour exercer les fonctions de pénitencier. Quatre des nouveaux diocèses ont déjà des séminaires : il en sera établi un dans celui de Limbourg.

Pie VII comptait sur l'exécution de cette bulle. Mais ces princes allemands avaient été les favoris et les serviteurs de Napoléon : ils marchèrent sur ses traces. Au concordat officiel, ils opposèrent une *Pragmatique* clandestine, copiée sur les *Articles organiques* de Bonaparte, et qui asservissait l'Eglise catholique au gouvernement arbitraire de chacun d'eux. Ils proposèrent pour les sièges épiscopaux des sujets qui n'étaient point acceptables. Ces sièges se remplirent bien lentement. Encore les nouveaux évêques eurent-ils, en 1830, la faiblesse de souscrire aux usurpations des gouvernements; ces prélats étaient Boll, archevêque de Fribourg; Keller, évêque de Rotenbourg; Brand, de Limbourg; Rieger, de Fulde, et Burg, de Mayence (*Ami de la religion*, 19 juin 1830, n. 1655). Le mal était encore plus profond. On ne saurait dire jusqu'à quel point les innovations de Joseph II avaient corrompu l'enseignement des Universités allemandes, notamment à Fribourg et à Bonn. De là un clergé plus propre à scandaliser les peuples qu'à les édifier. Le chef de ces prêtres infidèles était l'abbé de Wessenberg, ancien illuminé. Il y eut des apostasies publiques. En 1821, le prêtre Koch, ami de Wessenberg et directeur des affaires catholiques dans le duché de Nassau, se maria devant un ministre protestant, et fut nommé conseiller d'Etat. Plus tard, le prêtre Reichlin-Meldegg, doyen de la Faculté de théologie à l'Université de Fribourg, se déclara de même protestant et se maria. En 1830, une pétition fut présentée aux Etats de Hesse-Darmstadt pour l'abolition du célibat ecclésiastique; une autre fut présentée dans le même but à ceux de Bade, par les professeurs de l'Université de Fribourg. En 1831, dans le royaume de Wurtemberg, on parlait d'une association de deux cents prêtres pour provoquer l'abolition du célibat par tous les moyens possibles, notamment par les brochures qu'ils publiaient. On les disait conseillés par le gouvernement. La religion était perdue dans ce royaume, sans le peuple. Les fidèles catholiques, indignés d'un pareil scandale, ne voulurent plus se confesser à ces misérables, et ne souffrirent pas qu'ils portassent le Saint-Sacrement aux processions, et cela dans l'endroit même où cette scandaleuse association avait été formée. On adressa des pétitions au roi de Wurtemberg, et dans un voyage de ce prince, les députés de plus de quarante communes vinrent à lui se plaindre, et déclarèrent qu'on aimerait mieux se passer de prêtres que d'avoir des prêtres mariés. Les signes de mécontentement furent tels, que le gouvernement recula. Il réprimanda les membres de la société. Les fondateurs étaient les prêtres mêmes que le gouvernement avait placés comme professeurs dans l'école ecclésiastique d'Ehing. De là, les élèves passaient dans un collège supérieur, et enfin dans l'Université de Tubingue, où ils ne recevaient guère de meilleures leçons ni de meilleurs exemples (*Ami de la religion*, 22 septembre 1831).

Les anciens prêtres de Bade ne se montrèrent pas mieux : eux aussi n'eurent pas honte de faire des sociétés et des pétitions pour l'abolition du célibat ecclésiastique. Les fidèles catholiques du pays, qui forment au moins les deux tiers de la population totale, se mirent alors à traverser le Rhin par centaines, pour venir en Alsace trouver des prêtres qui eussent la charité de les instruire et de les confesser, puis s'en retourner chez eux la paix et la joie dans le cœur. Ces pérégrinations n'ont pas discontinué jusqu'à nos jours. Avec le temps, le zèle et la fermeté des peuples en donnèrent aux premiers pasteurs. Plusieurs de ceux-ci, notamment l'archevêque de Fribourg, parlèrent aux princes et au public contre les impures tendances des mauvais prêtres, et réformèrent l'éducation du clergé. On vit bientôt quelques jeunes prêtres, animés d'un meilleur esprit, et qui eurent l'estime et la confiance des peuples. On en voit qui passent le Rhin avec leurs ouailles, pour faire leur retraite ou leur mission dans quelques paroisses exemplaires de l'Alsace, et apprendre à se sanctifier les uns les autres. C'est ainsi que la divine miséricorde sauva la religion dans ces pays par la courageuse dévotion du peuple. Que Dieu bénisse ce bon peuple de plus en plus ! La Révolution générale de 1848 ne lui a pas été nuisible. Les princes, chancelants sur leurs trônes, ont pu voir que l'anarchie qui les menace et les déborde, ne leur vient pas de ceux qu'ils ont tant molestés, ne leur vient pas des pieux catholiques ni de leurs pasteurs fidèles.

La confédération suisse, placée au milieu de l'Europe et divisée par l'hérésie d'avec elle-même comme l'Allemagne, présente en petit les mêmes vicissitudes. Elle se compose actuellement de vingt-deux cantons, que, sous le rapport de la religion, on peut partager en trois classes. Les uns sont tout à fait catholiques, et aucun protestant n'y a droit de citoyen : ce sont les cinq cantons primitifs, Lucerne, Uri, Schwitz, Underwald, Zug, et les deux cantons du Valais et du Tessin. Dans quatre cantons, les habitants sont presque tous protestants; ce sont Zurich, Schaffhouse, Vaud et Neufchâtel. Berne et Genève pourraient être rangés dans cette catégorie, mais ils comptent un bon nombre de catholiques depuis qu'on a donné à Berne l'ancien évêché de Bâle, et à Genève plusieurs paroisses de Savoie. Dans les autres cantons, la population est mixte; les catholiques sont beaucoup plus nombreux dans les cantons de Fribourg, de Soleure, de Saint-Gall et de Thurgovie; les protestants sont plus nombreux dans les cantons d'Argovie, de Bâle, des Grisons, d'Appenzell et de Glaris. Il y a même dans quelques-uns de ces derniers cantons à peu près égalité de nombre entre les catholiques et les protestants. En général, il n'y a point de cantons où il n'y ait des catholiques.

Il y a présentement en Suisse cinq diocèses : Bâle, dont l'évêque réside depuis 1825 à Soleure, et qui s'étend sur les cantons de Lucerne, Zug, Soleure, Argovie, Thurgovie, Berne, Bâle et Zurich; Lausanne, dont l'évêque réside depuis des siècles à Fribourg, et qui a sous sa juridiction Fribourg et les catholiques des cantons de Vaud, de Neufchâtel et de Genève, dont le titre épiscopal a été réuni à celui de Lausanne, Coire et Saint-Gall, qui avaient été unis en 1822, mais qui ont été séparés depuis ; Coire comprend les cantons d'Uri, Schwitz, Underwald et la partie catholique de Glaris et des Grisons; Saint-Gall s'étend sur les catholiques de ce canton et d'Appenzell, et sur le peu de catholiques de Schaffhouse; enfin Sion, qui est pour tout le canton du Valais. Le canton italien du Tessin est soumis à la juridiction d'évêques placés hors de la Suisse, savoir, à l'évêque de Como et à l'archevêque de Milan. De plus, d'après un décret du Saint-Siège, l'abbé de Saint-Maurice en Valais, célèbre monastère bâti à l'endroit même où la légion thébaine a souffert le martyre, aura toujours le caractère épiscopal avec le titre d'évêque de Bethléem.

Les évêques de Suisse ne dépendent d'aucune métropole; ils ne relèvent que du Saint-Siège, toujours représenté par un nonce. Ce prélat réside habituellement à Lucerne; mais de nos jours il s'est retiré plusieurs années à Schwitz, par suite des désagréments que le parti dominant à Lucerne lui avait fait éprouver.

Lucerne est regardé comme le premier des cantons catholiques. Il resta fidèle à la foi de ses pères lors de l'apostasie protestante, et se mit à la tête des cantons catholiques dans les guerres pour la liberté religieuse. La plus grande partie du peuple est encore attachée à l'Eglise catholique, mais la majorité de la haute bourgeoisie qui gouverne est devenue hostile à l'Eglise et favorable aux nouveautés révolutionnaires de Pombal, d'Aranda et de Joseph II. C'est Lucerne qui, en 1834, a provoqué la conférence de Baden, autre congrès d'Ems, autre synode de Pistoie, où l'on fabriqua des articles organiques, comme Bonaparte, pour asservir l'Eglise de Dieu aux caprices de chaque canton gouvernemental. Et avant et après cette entreprise schismatique, les bourgeois gouvernants de Lucerne se firent une gloire de favoriser les mauvais prêtres, de persécuter les bons, de pousser à la destruction des monastères, comme on peut le voir dans l'écrit du protestant Hurter : *Hostilités contre l'Eglise catholique en Suisse, depuis* 1831 (Schaffhouse, 1842, notamment, p. 407 et seqq.). Plus tard, la bourgeoisie lucernoise est revenue sur ses pas, mais sans assez d'intelligence, de suite et de courage, pour réparer le mal qu'elle a causé par son imprudence. En 1837, la population totale de ce canton était de cent vingt-quatre mille cinq cents âmes.

Uri est le plus petit des cantons suisses, il n'a que treize mille cinq cents âmes; le chef-lieu est un bourg, Artorf, où l'on voit quatre églises et deux couvents, l'un de Capucins, et l'autre de religieuses. Il y a un couvent de Capucins sur le sommet du Saint-Gothard, pour exercer l'hospitalité envers les voyageurs, et un couvent de filles à Seedorf.

Le canton de Schwitz a pour chef-lieu le bourg de ce nom, où l'on distingue la paroisse de Saint-Martin, deux couvents de Capucins et un de religieuses. Les Jésuites y ouvrirent un collége en 1836. L'abbaye d'Einsiedlen, ou Notre-Dame des Ermites, est occupée par les Bénédictins; c'est un pèlerinage célèbre. L'église est belle et le monastère nombreux. La population totale de ce canton est de quarante mille âmes.

Underwald est divisé en deux parties, l'inférieure et la supérieure, dont les chefs-lieux sont les bourgs de Stanz et de Sarnen. Chacun de ces bourgs a des communautés religieuses. Près de Sarnen, on montre l'ermitage du bienheureux Nicolas de Flue, mort en 1487, et en grande vénération dans toute la Suisse; on y conserve ses reliques. Non loin de là est l'abbaye d'Engelberg, de l'ordre de Saint-Benoit. La population totale de l'Underwald est de vingt-deux mille cinq cents âmes.

Le canton de Zug est contigu aux précédents. Zug, sa capitale, a une collégiale, Saint-Oswald; une église paroissiale, Saint-Michel; un couvent de Capucins et un de religieuses qui se livrent à l'éducation. L'abbaye de Frauenthal ou Val de Notre-Dame est dans ce canton, qui a quinze mille âmes.

Les cinq cantons précédents sont tous catholiques. Glaris, d'une population de vingt-neuf mille âmes, est un canton mixte. D'après Hurter, les catholiques forment à peu près le quart. Dans l'origine, il y eut quelques difficultés entre les deux partis : en 1683, on conclut un accord d'après lequel les catholiques entrèrent pour un cinquième dans toutes les administrations. Protestants et catholiques vécurent paisiblement à côté les uns des autres, durant un siècle et demi. En 1836, les protestants, entraînés par quelques gros manufacturiers qui voulaient faire les Joseph II, les Guillaume de Nassau, les Bonaparte, abusèrent de leur supériorité numérique pour briser le pacte de 1683, et priver les catholiques de leur liberté religieuse. Comme les prêtres fidèles refusaient un serment coupable, ils furent ouvertement persécutés. Il y a dans ce canton un couvent de Capucins à Næfels.

Le canton de Fribourg a une population de quatre-vingt-onze mille âmes, dont un très-petit nombre de protestants. La ville de Fribourg est toute catholique; c'est là que résident les évêques de Lausanne, depuis qu'ils ont été expulsés de chez eux par le protestantisme. Il y a à Fribourg une collégiale, Saint-Nicolas, qui est en même temps paroisse; une église de Notre-Dame, un couvent de Cordeliers et un de Capucins. Les Jésuites, persécutés en France l'an 1828, établirent à Fribourg un collége qui devint bientôt très-florissant. En 1830, les dames du Sacré-Cœur y établirent également un pensionnat. Parmi les quinze maisons religieuses du canton, il y a le couvent de la Val-Sainte, occupé quelque temps par les Trappistes venus de France, et qui a été érigé en abbaye. Depuis le commencement du XIX⁰ siècle, l'esprit d'anarchie révolutionnaire a fait aussi effort pour pénétrer à Fribourg ; le bon sens du peuple et la sagesse du clergé y ont mis obstacle jusqu'à présent. Un bon séminaire y a été établi par les deux derniers évêques.

La ville de Soleure, chef-lieu du canton de ce nom, est depuis 1825 la résidence de l'évêque de Bâle, dont la juridiction s'étend, comme on l'a vu, sur plusieurs cantons. La collégiale de Saint-Urse et de Saint-Victor est devenue cathédrale, et les chanoines sont nommés par les divers cantons qui dépendent de l'évêché. La population de ce canton est de soixante-trois mille âmes, dont six mille protestants. Le clergé séculier se composait, en 1837, de deux cent vingt-deux prêtres. La ville avait autrefois un beau couvent de Jésuites. Il y a de plus à Soleure des Cordeliers, des Capucins et des religieuses. Dans le canton, il y a en tout cinq couvents d'hommes et trois de femmes. L'aristocratie gouvernementale de ce canton est aussi entrée dans la voie des innovations et des violences contre le clergé catholique. A l'occasion de la nomination d'un prévôt, en 1834, elle a montré son mauvais vouloir. Elle a fait choix pour cette place d'un professeur de théologie étranger au chapitre, et mal noté pour ses principes religieux et politiques. La commune, de son côté, présenta un autre professeur, homme fort estimé. Le chapitre refusa d'admettre le premier, et le Pape approuva ce refus. Le gouvernement, agissant en despote, s'empara de la caisse et des archives du chapitre. Le nonce apostolique réclama vivement; on n'a eu aucun égard à ses représentations. On s'est emparé de l'administration des biens du chapitre. On a bouleversé le collége, renvoyé la plupart des anciens professeurs, et mis à leur place des professeurs protestants ou de principes fort suspects. Un seul trait suffira pour caractériser l'esprit de ces gouvernants de Soleure. Autour de la cathédrale il y avait des pierres tumulaires qui recouvraient d'anciennes tombes; les magistrats les firent enlever, pour construire en place un abattoir ou boucherie. D'un autre côté, ce qui manquait au clergé de ce diocèse, c'était l'unité et la fermeté de la doctrine catholique, c'était un bon séminaire : on eût souhaité à l'évêque Salzman plus de zèle et de courage pour ces deux objets (*Ami de la religion*, et Hurter).

Bâle est un canton protestant; on compte dans la ville plus de trois mille catholiques, et ils y ont une église. Ce canton a été divisé en deux depuis 1830. La campagne se plaignait de la suprématie de la ville. Alors que plusieurs cantons ont changé leur constitution dans le sens de la révolution française, la campagne a demandé et obtenu d'avoir un gouvernement particulier. Il y a eu à ce sujet beaucoup d'agitation, et même des combats et du sang répandu. Il y a des catholiques dans la campagne, surtout à Liesthal, où l'on a établi une église. Bâle-Ville a vingt-quatre mille âmes et la campagne quarante et un mille.

La ville et le canton de Schaffhouse sont presque tout à fait protestants. C'est un petit canton ; sa population est de trente et un mille âmes. Nous avons vu le président de son consistoire, le docteur Hurter, le célèbre historien du pape Innocent III, se déclarer catholique avec sa famille. Hurter est une des gloires de la Suisse moderne, et même de l'Europe.

Appenzell est le dernier des treize cantons suisses, dans l'ordre de sa réception dans la ligue. Le pays est très-montueux et entouré par le canton de Saint-Gall. Il est divisé en deux parties, dont chacune a une demi-voix à la diète, les Rhodes intérieures qui sont catholiques, les Rhodes extérieures qui sont protestantes. Dans la première est le bourg d'Appenzell (*Abbatis cella*), parce que l'abbé de Saint-Gall y avait bâti un hospice ; il y a là une église paroissiale, un couvent de Capucins et un de religieuses. La population totale est de cinquante et un mille âmes.

Les Grisons étaient autrefois alliés des Suisses ; ils forment aujourd'hui un canton. Le pays a beaucoup d'étendue, mais il est très-montueux ; il se partage en trois ligues. La population est mixte, mais les protestants sont plus nombreux. L'évêché de Coire est fort ancien ; l'évêque réside dans un château. A côté est la cathédrale. Le chapitre est composé de vingt-quatre chanoines qui élisent l'évêque. Celui-ci avait le titre de prince de l'empire. Il y avait autrefois à Coire deux couvents, les Dominicains et les Prémontrés ; mais ils ont été supprimés. L'abbaye de Dissentir, de l'ordre de Saint-Benoit, a de beaux bâtiments ; l'abbé avait une juridiction étendue ; il battait monnaie. Il y a dans tout le pays six autres couvents d'hommes ou de femmes. La ligue haute est celle où il y a le plus de catholiques. La population totale de ce canton est de quatre-vingt-huit mille âmes. Quelques paroisses dépendent de l'évêché de Côme.

L'abbaye de Saint-Gall, de l'ordre de Saint-Benoit, était autrefois alliée des Suisses. L'abbé était seigneur de la ville et des environs, et prince du Saint-Empire. Une ville s'était formée autour de l'abbaye. Cette ville embrassa l'hérésie protestante au XVIe siècle. De là des dissensions et des guerres. L'abbé comptait environ cent mille sujets. La révolution a renversé cet ordre de choses. Le pays est devenu un canton, et l'abbaye a été supprimée. A sa place on a érigé un chapitre. En 1823, le Pape établit un évêché pour Saint-Gall, mais uni à celui de Coire. Le gouvernement du canton y donna son assentiment. Mais en 1833, à la mort de l'évêque, ce même gouvernement n'a plus voulu reconnaître l'union qu'il avait consentie neuf ans auparavant, il a dissous le chapitre et s'est emparé des biens de l'évêché. Cet acte de despotisme, cette violation arbitraire d'un traité solennel, avaient été sollicités par quelques mauvais prêtres, contempteurs de l'autorité épiscopale, mais serviles adulateurs de l'autorité séculière, comme ces prêtres libertins que nous avons vus en solliciter l'abolition du célibat ecclésiastique. Les chefs de la cabale schismatique du canton étaient les sieurs Elbling et Aloys Fuchs, ce dernier professeur à Rapperschwil, et interdit pour un sermon hérétique prêché en 1832. C'est ce club de prêtres révolutionnaires qui fit adopter au gouvernement les articles schismatiques de Baden. Le salut de la religion vint du peuple, éclairé par les bons prêtres. La population du canton est de cent cinquante-huit mille âmes : la plus grande partie est catholique, mais les protestants sont assez nombreux. Le peuple dut être consulté sur l'adoption définitive des articles. C'était en 1834. Toutes les populations catholiques les rejetèrent et même beaucoup d'honnêtes protestants. A Rapperschwil, où avait été prononcé le scandaleux discours, sur cent soixante-dix-sept votants, il y en eut cent soixante-seize qui se prononcèrent contre la loi proposée. Dans une autre paroisse, un chapelain ou vicaire ayant dit qu'il ne trouvait rien de dangereux dans la loi ou les trente-trois articles de Baden, le peuple se souleva contre lui, et menaça de le mettre à la porte de l'église. Cette opposition du peuple ayant forcé le gouvernement révolutionnaire à plus de modération, un décret pontifical du 23 mars 1836 prononça la séparation des diocèses de Coire et de Saint-Gall.

Le canton d'Argovie a été composé d'un démembrement du canton de Berne, du comté de Bade et autres territoires. C'est un canton assez étendu, moitié catholique, moitié protestant. La population est de cent quatre-vingt-deux mille âmes. Les villes principales sont Arau, Baden et Zurzach. Il y a des collégiales dans ces deux dernières villes. Les abbayes de Muri, ordre des Bénédictins, et de Vetting, ordre des Bernardins, sont de ce canton. Il y a aussi des couvents de Capucins et d'autres religieuses. Mais depuis 1830, les catholiques d'Argovie souffrent une véritable persécution. L'aristocratie révolutionnaire, qui forme le gouvernement cantonal, reproduit dans ce pays le despotisme de Joseph II, de Guillaume de Nassau, et des terroristes français. Au mépris de la constitution, qui garantit la liberté des cultes, les catholiques sont privés même du droit de pétition, leurs meilleurs prêtres emprisonnés ou bannis, les couvents de Muri, Vetting et autres, confisqués ou volés, etc. (Voir les détails en Hurter, p. 597-720). Et jusqu'à présent la confédération helvétique n'a rien fait pour réprimer cette tyrannie du fort sur le faible. « C'est dire à tous les voleurs grands et petits : Il n'y a d'autre droit que la force ; si vous êtes les plus forts, vous avez le droit de voler la Suisse entière. »

Le canton de Thurgovie est aussi un nouveau canton ; il se compose du Thurgau, qui dépendait autrefois des cantons suisses en commun. La population est de quatre-vingt mille âmes, dont le cinquième de catholiques. Frauenfeld, la capitale, a deux églises, une catholique, une protestante. Il y a dix monastères dans ce canton, mais ils sont exposés au même sort que ceux d'Argovie. Comme les quatre cinquièmes de la population sont protestants, ils continuent l'œuvre de leurs ancêtres, qui est de voler les monastères. Il est vrai que la constitution avait garanti l'existence des couvents ; mais les catholiques ont le tort d'être les plus faibles.

Le Tessin est encore un nouveau canton, formé de sept bailliages d'Italie qui appartenaient à divers cantons. Ce pays est tout italien et tout catholique. Il dépend de l'évêché de Côme. Les villes principales sont Bellinzona, Lugano, Lucarno. Ce canton a dix-neuf maisons religieuses des deux sexes et une population totale de cent neuf mille âmes. C'est sur les confins des cantons de Tessin et d'Uri que se trouve le mont Saint-Gothard, qui a six mille six cent cinquante pieds au-dessus de la mer. Dès le moyen-âge, la charité chrétienne y avait établi un hospice, desservi par des ecclésiastiques, pour les voyageurs pauvres ou fatigués. Cette fondation étant venue à tomber, saint Charles Borromée entreprit de la rétablir. Il en fut empêché par la mort; mais son neveu et successeur Frédéric exécuta son projet, fit bâtir une maison avec une chapelle, et y mit quelques religieux de l'ordre des Humiliés. Ceux-ci n'y restèrent pas longtemps. Enfin, dans l'année 1683, l'archevêque Visconti de Milan y établit des Capucins, avec obligation d'héberger gratuitement chaque voyageur pendant vingt-quatre heures. L'hospice, ruiné par les armées de la France révolutionnaire, a été rebâti en 1837 et confié de nouveau aux Capucins. Ces bons Pères en furent expulsés l'an 1841 par le gouvernement révolutionnaire, soi-disant libéral, du canton.

Le canton de Vaud dépendait autrefois de Berne; il forme aujourd'hui un canton indépendant. Ce pays est tout protestant; cependant les catholiques ont bâti récemment des églises à Lausanne, à Vevey, à Yverdun, à Noyon et ailleurs. L'évêque de Lausanne, qui réside à Fribourg, a visité Lausanne il y a quelques années, et y a été bien reçu. Il n'y a point de couvent dans ce canton. La population totale y est de cent quatre-vingt-trois mille âmes.

Le Valais, autrefois allié des Suisses, forme aujourd'hui un canton. Ce pays est tout catholique, peuplé de soixante-quinze mille huit cents âmes, sous la juridiction de l'évêque de Sion, qui prend le titre de prince du Saint-Empire. La cathédrale est dédiée à Notre-Dame. Les Jésuites avaient en 1837 des maisons à Sion et à Brigg. L'abbaye de Saint-Maurice, dans le Bas-Valais, est ancienne et célèbre; l'abbé a maintenant le titre d'évêque de Bethléhem. Il y a sur le sommet du Saint-Bernard un hospice desservi par des religieux qui rendent de grands services aux voyageurs. Ce canton se divise en deux parties, le Haut et le Bas-Valais : les habitants du premier sont d'origine allemande, et répandus dans une multitude de vallées sises bien haut, peu accessibles et encore moins visitées; c'est un peuple éminemment catholique, pieux, hospitalier, libéral, complaisant, simple, plein de vigueur, et peu en rapport avec le monde extérieur; aussi y eut-il un village reculé où, à la fin de l'année 1795, on n'avait encore rien appris de la mort de Louis XVI; dans un autre, à la fin du dernier siècle, on ne trouvait pas un seul cabaret; dans plusieurs règne encore la coutume de suspendre à la croix du cimetière les choses qu'on a trouvées, et de les y laisser pendant quinze jours, afin que le propriétaire puisse les reprendre à toute heure. Ces montagnards ont déployé un courage indomptable pour ne pas subir l'effet de la Révolution française. Les habitants du Bas-Valais, mélange de Français et d'Italiens, sont également tous catholiques, mais plus accessibles aux innovations du siècle. C'est par eux que les révolutions de France et de Suisse ont pu pénétrer dans le pays et persécuter en 1847 les religieux du mont Saint-Bernard.

Neufchâtel est une principauté autrefois alliée des Suisses, et appartenant aujourd'hui au roi de Prusse; c'est en même temps un canton. Les habitants, au nombre de cinquante-huit mille six cents, sont presque tous protestants. Il y a une église catholique à Neufchâtel, et un hospice fondé par M. Pourtalès, qui y a appelé quatre religieuses hospitalières.

La ville de Genève, autrefois alliée des Suisses, forme actuellement un canton qu'on a agrandi par l'adjonction de paroisses détachées de la Savoie. La ville est protestante; cependant les catholiques y sont au nombre de plus de six mille, et ils ont obtenu une église, Saint-Germain. Le curé Vuarin y a établi des sœurs de la Charité, qui font l'école et visitent les malades. On trouve encore dans ce canton les sœurs du grand Sacconex, fondées en 1725 par M. Fremin, ministre genevois, qui s'était fait catholique et était devenu prêtre et curé de Pregny. Les paroisses détachées de la Savoie sont toutes catholiques : le gouvernement a essayé de les protestantiser; mais le clergé catholique a rendu ses efforts inutiles par son zèle et son courage. Depuis, le même gouvernement persécuta le nouveau curé de Genève, M. Marilley, et le força de quitter le pays. L'évêque de Genève et de Lausanne, monseigneur Yenni, étant mort sur les entrefaites, le Pape lui donna pour successeur M. Marilley. Expulsé de Genève comme curé, il y rentra processionnellement comme évêque, et fut reconnu comme tel par le gouvernement. La population totale du canton est la même que dans celui de Neufchâtel.

Zurich, un des cantons les plus florissants et qui a deux cent trente et un mille âmes, est le premier qui embrassa la révolution religieuse du XVIe siècle; c'est à Zurich que l'hérésiarque Zwingle commença à prêcher. Sous la *médiation* de Bonaparte, le canton protestant de Zurich reçut deux petites communes catholiques, les seules qu'il ait dans toute son étendue : Diéticon, appartenant au monastère cistercien de Wetting, et Rheinau, autrefois petite ville, remarquable par une abbaye de Bénédictins, fondée en 777 par un pèlerin d'Irlande, nommé Fintan, et dotée par l'ancienne maison des Guelfes. Le douzième article de la constitution fédérale garantissait la continuation des monastères. Zurich est un des cantons directeurs qui président alternativement la diète, et qui doivent veiller d'une manière spéciale au respect de la constitution, au maintien inviolable de la propriété, de la liberté et de l'égalité. On pouvait donc croire que les gouvernants protestants de Zurich n'abuseraient pas de leur force pour opprimer un petit nombre de catholiques. On se trompait. Les gouvernants de Zurich n'ont pu résister à la tentation; comme les gouvernants d'Argovie, ils ont violé les droits de la propriété, de la liberté et de l'égalité envers les moines de Rheinau, parce que c'étaient des moines, des hommes sans défense. Ils perfectionnèrent même la façon. Après avoir volé aux moines leurs domaines, ils les obligèrent de signer que c'était de leur plein gré (Hurter, p. 361 et seqq.). Les catholiques ont cependant une petite église à Zurich. Nous avons vu un savant homme de cette ville, M. Esslinger, de ministre protestant se faire catholique et même prêtre.

Berne est le canton le plus fort, il y a quatre cent mille âmes. Les catholiques ont une église à Berne, où ils sont au nombre de deux à trois mille. Nous

LIVRE XCI. — ENSEMBLE ET DÉNOUEMENT DE L'HISTOIRE HUMAINE.

avons vu un des patriciens de cette ville, Charles-Louis de Haller, devenir une des plus glorieuses conquêtes et un des plus vaillants défenseurs du catholicisme. De plus, il y a une population catholique de quarante mille âmes dans le Jura, qui a été incorporé à Berne en 1815 par le congrès de Vienne, mais avec la clause que la religion catholique y serait maintenue dans tous ses droits, comme par le passé. Tout fut paisible jusqu'en 1830 sous le gouvernement modéré des patriciens de Berne. Mais en 1830, le canton de Berne subit, comme les autres, une révolution qui, sous le nom de liberté, tendait au despotisme. Dès le commencement de 1832, le nouveau gouvernement exigea du clergé catholique un nouveau serment : l'évêque Salzman de Bâle, l'autorisa; mais le clergé du Jura, capitale Porentrui, y vit du danger, et en appela au Pape. Grégoire XVI permit de le prêter, mais avec cette addition : *Je prête ce serment pour tout ce qui n'est pas contraire à la religion catholique et aux lois de l'Eglise*. Tout se trouva ainsi concilié. Mais dans l'intervalle, et avant la réponse du Pape, l'évêque Salzman, par complaisance pour les gouvernants de Berne, avait ordonné de prêter le serment, avec menace de déposition et de perte de traitement. Les ecclésiastiques du Jura, ayant à leur tête le curé-doyen de Porentrui, l'abbé Cuttat, répondirent que ce n'était pas un refus, mais un délai, pour avoir la réponse de l'autorité supérieure à laquelle on avait appelé. La réponse du Saint-Père ayant tout concilié, l'évêque Salzman destitua le curé-doyen de Porentrui de sa place de provicaire épiscopal, parce qu'il avait déplu aux gouvernants de Berne.

Un révolutionnaire du Jura, marchand de vins, n'ayant pas été élu en 1835 par ses compatriotes, entreprit de se venger d'eux en leur faisant imposer les articles schismatiques de Baden, condamnés par le Saint-Siége, et à l'adoption desquels l'aristocratie révolutionnaire de Lucerne poussait alors avec une insistance qui sera la principale cause des récents malheurs de la Suisse et peut-être de sa ruine. Le gouvernement de Berne, quoique protestant, répugnait à cette mesure de despotisme : le gouvernement de Lucerne, quoique catholique, l'y poussait d'autant plus vivement et à plus de reprises. Enfin l'affaire dut être mise en délibération, au grand-conseil, en février 1836. Le clergé catholique du Jura, composé de cent seize membres, publia une protestation où l'on démontrait que les articles de Baden étaient directement contraires à la religion catholique, et de plus au traité qui réunissait le pays au canton de Berne. L'évêque Salzman gardait le silence. Mais le bon évêque du Jura éleva la voix, malgré les menaces des révolutionnaires; il présenta une pétition contre l'invasion du schisme : la pétition était signée de huit mille citoyens; c'était à peu près tout ce qu'il y avait d'hommes ayant droit de suffrage. Malgré cette opposition unanime du clergé et du peuple, le grand-conseil déclara loi cantonale les articles schismatiques de Baden. Le peuple ne se révolta point, mais il voulut donner un témoignage solennel de son inviolable attachement à la religion catholique et au Pape : ce fut de planter des mais ou des arbres de liberté devant les églises. La plantation devait avoir lieu à Porentrui le 1ᵉʳ mars. Le préfet Choffat, grand instigateur d'oppression et de despotisme, voulut s'opposer avec ses gendarmes. Les hommes voulaient bien céder; mais les femmes perdirent patience, saisirent les instruments, et, sous les yeux des gendarmes, creusèrent un trou pour l'arbre, tandis que des jeunes gens s'en allèrent avec vingt-quatre chevaux l'amener en ville. Des hommes prudents en détournaient encore, lorsque sous une nombreuse escorte arrivèrent deux arbres dans le faubourg. Choffat marcha au devant avec ses gendarmes, pour les empêcher d'entrer. Mais pendant qu'il arrêtait un des sapins avec sa harangue, l'autre gagna les devants, arriva près de l'église, et fut dressé en un clin d'œil. L'autre venait après, escorté de plusieurs centaines de femmes, qui forcèrent le passage aux cris de Vive la religion ! Vive la croix ! Malgré la voix tremblante du préfet, malgré les efforts des gendarmes, cet arbre aussi s'éleva rapidement dans les airs. Sur quoi tout le peuple se rendit à l'église paroissiale pour implorer la protection de Dieu sur l'Eglise et la Patrie. Pendant qu'un chœur de jeunes filles entonnait les litanies de la sainte Vierge, une troupe monta dans la tour pour unir au chant le son des cloches. Il n'y eut pas une provocation, pas une insulte à personne. Pour terminer, on érigea sur le cimetière une croix, pour laquelle tout le monde avait contribué ; après cela, chacun retournait tranquillement dans sa maison. Les choses se passèrent de même dans toutes les localités, car dans peu de jours on dressa de ces arbres partout. D'après le témoignage unanime des préfets de Delmont, Munster, Seigneléguier, nulle part il n'y eut de désordre ni rien de politique, mais une pure manifestation religieuse d'attachement à l'Eglise catholique et à son chef. Le préfet de Munster mandait en particulier que, dans son district, c'étaient les femmes qui plantaient tranquillement les arbres, et qui ensuite se réunissaient à l'église pour prier. Le maire d'une commune disait au gendarme : Cela se fait uniquement en l'honneur de l'Eglise et de la Religion catholique ; ce n'est nullement un signe de rébellion envers le gouvernement, à qui nous restons soumis après comme devant ; le percepteur peut venir quand il voudra, les habitants paieront sans faute. La tranquillité publique ne sera troublée d'aucune façon. Un fonctionnaire écrivait le 3 mars au préfet de Freiberg, qu'il avait rencontré une troupe d'hommes, de femmes et d'enfants qui traînaient un arbre fraîchement coupé. Il leur demanda ce qu'ils voulaient en faire. La troupe répondit tout d'une voix : « Nous voulons, par la plantation de cet arbre, manifester notre juste mécontentement à la décision du grand-conseil relativement aux articles de Baden. Notre ferme résolution est de conserver notre religion intacte, et c'est pour cela que nous faisons ceci. L'inscription attachée à l'arbre vous le dira encore mieux. En même temps, nous protestons de notre attachement et de notre soumission au gouvernement, et donnons l'assurance que nous voulons maintenir l'ordre public. » L'arbre avait pour inscription : *Triomphe de la religion !* Quand il eut été dressé et la prière terminée à l'Eglise, chacun s'en alla tranquillement son chemin.

Choffat lui-même, le préfet radical ou révolutionnaire de Porentrui, mandait d'abord que tout était demeuré tranquille, que ce n'était qu'une scène de carnaval. Et à sa demande sur ce qu'il devait faire relativement à ces arbres, le gouvernement lui répondit, le 2 mars, que c'était un usage immémorial du pays, et qu'il n'existait aucune loi pour le défendre. Mais ce n'était pas le compte de Choffat ni des autres révolutionnaires : bientôt ces arbres de liberté furent présentés dans leurs dépêches comme des arbres de révolte. On ne s'en tint pas là : un faussaire publia, sous le nom du curé de Porentrui, une sorte de manifeste provocateur. Aussitôt, sans aucune information quelconque, le préfet l'imputa comme un acte de haute trahison à l'abbé Cuttat, obtint du gouvernement ordre de l'arrêter avec ses vicaires, et enfin un corps de plus de six mille hommes pour soumettre le petit peuple du Jura, qui était fort tranquille. Le fort de la persécution tomba sur le curé de Porentrui et ses deux vicaires, Spahr et Belet. Le gouvernement de Berne demanda à l'évêque Salzman de déclarer la cure vacante. A l'instant même, l'évêque prononce suspense contre le curé et ses vicaires, sans les avoir vus ni entendus. Comme le gouvernement ne se montrait pas encore satisfait, l'évêque déclare la cure vacante, les vicaires révoqués, le tout sans preuve canonique, sans entendre les accusés, sans consulter son chapitre, sans autres témoins que les accusateurs. Cette faiblesse de l'évêque consterna les catholiques, étonna les protestants, enthousiasma les révolutionnaires, qui dès lors exaltèrent le prélat ou plutôt le flétrirent par leurs éloges. Dès le 29 mars, le curé-doyen Cuttat fit protester devant le chapitre, comme il venait de faire devant l'évêque, contre les mesures prises, et déclara que si l'évêque ne révoquait la suspense et la destitution, il en appellerait au Saint-Siége par le nonce; car, 1° il n'avait pas, comme on l'accusait, abandonné la paroisse de Porentrui sans y laisser quelqu'un pour l'administrer en son nom, le supérieur même du séminaire; 2° ayant été institué canoniquement, il ne pouvait pas être destitué sans enquête ni sentence juridique; 3° il était innocent. La chose était si manifeste, que des protestants de Zurich et de Genève reconnurent dans les journaux, que les troubles du Jura n'étaient qu'une persécution du radicalisme ou du parti anarchique. Le gouvernement de Berne et l'évêque de Bâle ou de Soleure reconnurent eux-mêmes leurs torts, mais n'eurent pas le courage de les réparer; car, après bien des informations pour le trouver coupable, le gouvernement proposa de le nommer chanoine de Soleure, et l'évêque curé d'une autre paroisse. Cependant le chef de l'Eglise, en date du 25 mai, adressa une lettre de consolation à son cher fils Bernard Cuttat, curé de Porentrui. Mais, avant même qu'il y eût aucun jugement porté contre celui-ci, l'évêque nomma pour administrateur de sa paroisse un prêtre qui passait pour l'avoir convoitée et sollicitée, et qui pour cela fut très-mal vu des paroissiens. Quant à M. Cuttat, le curé légitime et reconnu pour tel par le Saint-Siége, il passa le reste de sa vie en exil dans la ville de Colmar, et y mourut inopinément le 6 novembre 1838. Toute la ville lui rendit les honneurs funèbres comme à un confesseur de la foi. Le nonce apostolique, l'archevêque de Besançon, les évêques de Bâle et de Strasbourg, ainsi que la municipalité de Porentrui, en remercièrent la ville de Colmar. Celle-ci répondit à la ville de Porentrui le 4 décembre : « Les années d'exil que ce digne confesseur de la foi a vécu parmi nous seront toujours dans notre mémoire; nous nous estimons heureux de posséder les précieux restes de cet homme vraiment apostolique, qui nous a donné des exemples si instructifs et si édifiants, que jamais nous ne pourrons les oublier. Une pensée nous console, c'est que M. Cuttat a terminé glorieusement sa vie et que maintenant il prie auprès de Dieu pour nous. Nous faisons des vœux sincères pour que le Dieu de bonté veuille vous donner un pasteur digne d'une ville que nous connaissons, ayant appartenu au diocèse de Strasbourg, et qui dès lors se distinguait par ses principes et sa piété. » Après la mort de M. Cuttat, l'évêque lui donna pour successeur, toujours par complaisance pour le gouvernement de Berne, le même administrateur Varé, qui n'eut garde de faire un service pour son vénérable prédécesseur, quoiqu'on en fît un dans plusieurs villes de France, et même à Vienne. Dans toute cette affaire, le petit canton de Schwitz éleva la voix en faveur de la justice; le canton plus puissant de Lucerne l'éleva, en faveur de la persécution.

D'après ces faits et d'autres, consignés par le savant Hurter dans son *Mémoire sur la persécution de l'Eglise catholique en Suisse*, on voit que les troubles et les malheurs qui ont affligé la confédération helvétique dans ces derniers temps et qui peuvent en amener la ruine, ont des causes de deux sortes. Les unes viennent des catholiques, les autres des protestants. De la part des premiers : 1° La bourgeoisie ou aristocratie gouvernementale de Lucerne, bourgeoisie moins catholique qu'autre chose, qui a implanté en Suisse les articles de Baden comme un levain funeste de schisme et de révolution, qui a poussé Berne à les imposer à un peuple catholique par l'injustice et la violence. 2° La négligence ou la connivence de certains évêques. L'*Ami de la religion* cite un rescrit de Rome où l'on reproche à l'ancien évêque de Coire de n'avoir point visité son diocèse. Nous avons vu l'évêque de Bâle se montrer plutôt fonctionnaire obséquieux du gouvernement protestant de Berne, que véritable évêque de l'Eglise catholique. 3° Le mauvais esprit et les mauvaises doctrines dans une partie du clergé séculier. On a vu plus d'un prêtre dogmatisant contre la hiérarchie de l'Eglise, et l'asservissant au pouvoir temporel de chaque canton (Hurter, p. 325 et seqq.). 4° La dégénération de beaucoup de maisons et de congrégations religieuses. Le 9 janvier 1838, l'abbé de Pfefers, ancien monastère du canton de Saint-Gall, délibérait avec ses moines sur cette alternative : Voulons-nous sérieusement perpétuer notre monastère, et pour cela y rétablir l'ordre et la discipline; ou bien, reconnaissant par expérience que nous n'avons ni la volonté ni la force d'une vie meilleure, demanderons-nous notre sécularisation ? — La minorité, cinq en tout, demanda le rétablissement de la règle, et par-là même la conservation du monastère, qui subsistait depuis mille ans. La majorité, le doyen à la tête, vota pour la sécularisation. Ils en firent la demande au gouvernement cantonal, et aussi, mais pour la forme, au Saint-Siége, qui la repoussa avec horreur. Mais bien avant que la réponse pût arriver de

Rome, le gouvernement avait décrété la sécularisation. A cette nouvelle, les moines témoignèrent une joie extrême, tirèrent des pétards par les fenêtres, organisèrent une danse, se mirent à boire et à manger, et finirent par se quereller et s'injurier les uns les autres. Les protestants eux-mêmes en furent scandalisés (Hurter, p. 587). — Dans une des villes catholiques de Suisse, on dit, par manière de proverbe, qu'il y a trois mouvements perpétuels : la cloche des Jésuites, le tourne-broche de tels moines, le robinet de tels autres. — En 1837, un Capucin du canton de Saint-Gall, d'une certaine renommée, mais d'une tête plus ardente que solide, qui avait été gardien dans sept couvents, jeta le froc aux orties, et se mit à publier plusieurs libelles contre les religieux en général, mais en particulier contre les Bénédictins et les Capucins, qu'il accusait de monstrueux désordres, nommant les lieux et les personnes. Il reçut de nombreux démentis, il en reçut de son propre père, qui approchait des quatre-vingts ans. On sent de soi-même combien le protestantisme et l'incrédulité durent profiter de tout cela pour avilir et persécuter le catholicisme.

De la part des protestants, les causes spéciales d'anarchie qui minent la Suisse, sont : 1° le protestantisme lui-même. Zwingle, Calvin et Luther enseignent d'accord que l'homme n'a point de libre arbitre, que c'est une brute, une machine; que Dieu lui-même opère le mal en nous, et toutefois nous en punit justement, en sorte que le dieu de ces trois hérésiarques n'a d'autre loi que le caprice et la force. Donc le magistrat, étant le ministre de Dieu, doit regarder ses subordonnés comme des brutes, et les punir du mal qu'il leur fait faire lui-même. 2° D'après le protestantisme, ce n'est point à l'Eglise universelle et à son chef, mais à chaque individu, d'interpréter la loi religieuse et morale. Lors donc qu'un individu quelconque, fût-ce Clara Wendell, la commandante d'une troupe d'assassins, interprète cette loi de manière à tuer et à voler en conscience, nul protestant ne peut, sans inconséquence, lui en faire de reproche. 3° Depuis leur origine, toutes les fois qu'ils ont été les plus forts, les protestants n'ont pas manqué de piller les églises et les monastères. Si donc les communistes deviennent les plus forts, ils auront le même droit de piller les patriciens, les riches bourgeois de Berne, de Zurich et d'ailleurs : ceux-ci ne peuvent pas trouver mauvais qu'on suive enfin leur exemple, et qu'on fasse de la société entière ce qu'ils ont fait de tant de monastères et d'églises, une ruine.

En Suisse, comme ailleurs, l'ordre social, les principes de la vraie liberté, égalité et fraternité, ne se conservent que par le peuple catholique, ses pasteurs fidèles, principalement notre Saint-Père le Pape. Eux seuls croient et enseignent que Dieu n'est pas un tyran cruel, mais un bon père; que l'homme n'est pas une brute, mais une créature intelligente et libre; que la loi, ce n'est pas le caprice du plus fort, mais les commandements de Dieu, interprétés par son Eglise : ce qui constitue, règle et maintient la liberté, l'égalité et la fraternité chrétienne, sous l'empire souverain de Dieu; liberté, égalité, fraternité, que les catholiques de Suisse, comme ceux des autres pays, auraient perdues bien des fois, même par le fait de leurs gouvernants temporels, sans l'intervention incessante de leur Pontife universel, le vicaire de Jésus-Christ.

Ces lignes allaient s'imprimer, lorsque les journaux publièrent une nouvelle et un document qui annoncent pour la Suisse catholique une ère nouvelle, une ère de régénération. Nous avons vu de nos jours l'Eglise universelle se rajeunir par les souffrances et la captivité des papes Pie VI et Pie VII; l'Eglise de France, par les souffrances et le martyre de ses prêtres et de ses pontifes; l'Eglise d'Allemagne, par l'emprisonnement des archevêques de Cologne et de Posen. L'Eglise de l'Helvétie devra sa régénération à la même cause. Le plus digne et le plus zélé de ses pontifes, Mgr Marilley, évêque de Lausanne et de Genève, vient d'être arrêté comme un malfaiteur et jeté en prison par le gouvernement révolutionnaire de Fribourg, et cela pour avoir fait son devoir d'évêque, pour avoir, comme autrefois saint Basile et saint Ambroise, résisté aux usurpations de l'homme sur l'Eglise de Dieu.

Voici la série des événements qui ont amené cette crise salutaire.

Nous avons vu la bourgeoisie de Lucerne, en cela aussi peu avisée que peu catholique, implanter en Suisse, par les articles de Baden, le germe funeste du schisme et de l'anarchie. Plus tard elle reconnut son imprudence, et appela les Jésuites pour donner à la jeunesse une éducation meilleure. Deux fois, en 1844, une minorité factieuse prit les armes pour s'y opposer; deux fois elle fut battue. Cette minorité faisait partie de ce qu'on appelait les *radicaux*, ou révolutionnaires qui en veulent non plus seulement à la forme des sociétés humaines, mais au fond, à la base, à la racine même. En 1845, ils prirent de nouveau les armes contre leur patrie, pour enlever à la majorité la liberté civile et religieuse; ils furent encore battus. Les vainqueurs usèrent noblement de la victoire, et ne poursuivirent point leurs avantages, comme ils auraient pu. Les radicaux vaincus répondirent à cette générosité par l'assassinat : ils tuèrent dans son lit un des magistrats les plus recommandables et les plus catholiques de Lucerne, M. Leu d'Ebersol; ils tirèrent deux coups de feu sur le général Sonnenberg, qui avait commandé l'armée catholique; ils se virent approuvés et encouragés par presque tous les gouvernements de la Suisse protestante, et par les révolutionnaires de l'étranger. Les cantons catholiques, au nombre de sept, se voyant ainsi menacés dans leur indépendance et leur religion, se liguèrent entre eux pour leur défense mutuelle. Les révolutionnaires de Suisse et d'ailleurs le trouvèrent fort mauvais, et menacèrent les catholiques d'une guerre d'invasion. Ceux-ci se flattèrent d'être soutenus par la France et l'Autriche, et y comptèrent bien trop. Au moment du péril, ceux de Fribourg se virent abandonnés de leurs propres chefs, ils succombèrent dans la lutte, et hâtèrent ainsi l'oppression de toute la Suisse catholique. Les révolutionnaires abusèrent tellement de leur victoire, qu'un des généraux protestants donna sa démission, à la vue des excès commis par ses troupes. Du reste, comme ils avaient prélude par l'assassinat nocturne d'un magistrat catholique, il n'est pas étonnant qu'ils aient fini par le vol et le sacrilège.

A Fribourg, un petit nombre de traîtres à leur patrie et à leur religion, appuyés des baïonnettes étrangères, se sont imposés comme gouvernement révolutionnaire à tout le canton, lui ont imposé une constitution de leur fabrique, sans la soumettre à la sanction du peuple, qui cependant est le souverain. Dans cette constitution inconstitutionnelle, ils proclament la liberté religieuse, mais asservissent la religion catholique à leur despotisme. Comme l'évêque, avec son clergé et son peuple fidèle, ne veut pas subir ce joug de l'apostasie; de là les colères de ces tyrans de bas étage.

Cependant l'évêque et son clergé ne négligèrent aucun moyen de conciliation. Une commission de quelques prêtres des cinq cantons qui composent le diocèse de Genève et de Lausanne, se réunit, même avec l'agrément du gouvernement de Fribourg, pour aviser aux moyens d'une entente amiable. Cette commission demanda au conseil d'Etat : « Que les relations entre le gouvernement et l'autorité ecclésiastique fussent réglées par un concordat entre le gouvernement et l'autorité ecclésiastique compétente. En second lieu, 1° tous les élèves de théologie rentreraient au séminaire; 2° le traitement de trois professeurs de théologie au moins serait prélevé sur les revenus de la caisse cantonale des écoles; 3° les revenus des biens du séminaire seraient remis par l'administration civile à la commission ecclésiastique chargée du régime intérieur du séminaire. » Le conseil d'Etat répondit avec aigreur que tous ces points avaient été réglés par la constitution et par la loi sur l'instruction publique. C'était précisément cette constitution inconstitutionnelle et cette loi illégale dont on se plaint; l'une et l'autre ayant été imposées au peuple souverain et catholique par un petit nombre de despotes révolutionnaires, et blessant tout ensemble la souveraineté du peuple et les droits essentiels de sa religion. Le conseil d'Etat fit plus : le 14 octobre 1848, il adresse à l'évêque une longue note, dont le style est aussi grossier que les prétentions en sont tyranniques. En voici quelques traits :

« Révérendissime! Le canton de Fribourg désire ardemment la paix, la tranquillité. Vous la lui refusez. *Vous avez juré* que les esprits ne se calmeraient pas; qu'au lieu de rétablir la paix, vous travailleriez de tous vos moyens à entasser ruines sur ruines, à multiplier la division dans les familles, les communes, les paroisses, à semer le trouble et l'effroi dans les consciences, à substituer la haine et la désolation à la fraternité et au bonheur, à vouer au malheur notre beau pays. Dans votre circulaire du 11 février, vous avez ordonné au clergé du canton une désobéissance flagrante à la loi du 22 janvier, *dans le seul but de multiplier les embarras, d'imposer une volonté tyrannique au clergé et de perpétuer l'anarchie dans les esprits*. Vous venez de protester encore contre une loi destinée à répandre sur le canton de Fribourg les *bienfaits* de la raison *éclairée* et de l'instruction, en l'accusant d'empiéter sur vos droits et sur ceux de l'Eglise, tandis que ces dispositions sont *analogues* à celles de plusieurs Etats catholiques de l'Europe, à celles de plusieurs cantons catholiques de la Suisse. Vous parlez et vous prêchez d'une religion en danger. En vérité, depuis l'existence du canton de Fribourg, *la religion n'a pas eu d'ennemis plus ardents que deux évêques ambitieux, feu Strambino, votre prédécesseur d'odieuse mémoire, et vous*. Dans vos mains, *elle a été abaissée à un vil instrument de politique, de passions haineuses, de fanatisme et de persécution*. C'EN EST ASSEZ. EN NOTRE QUALITÉ DE PROTECTEURS NÉS DE LA RELIGION DE NOS PÈRES, appelés *à la conserver intacte* dans le peuple fribourgeois et à garantir la liberté du culte catholique, nous venons encore solliciter la fin de tous ces *attentats* à la tranquillité publique.

» En vertu des dispositions de la constitution, loi suprême du pays, nous vous sommons : — De vous soumettre sans restriction à cette constitution et aux lois du canton; d'ordonner cette soumission à tous les membres du clergé, en les invitant à y conformer leurs actes publics et privés, et à prêcher ainsi d'exemple à la population; — *de soumettre à l'approbation préalable de l'Etat* tout mandement pastoral, circulaire et publication *quelconque* adressée au clergé et aux fidèles du canton, et de mettre la constitution synodale en harmonie avec les lois et les droits de l'Etat. Nous ne souffrirons pas *qu'on insulte impunément* le peuple fribourgeois dans ses institutions; que par *un travail souterrain* et incessant on cherche *à le ruiner*, et *à perpétuer la méfiance, l'inquiétude et le désordre*.

» Veuillez nous adresser une réponse que nous attendons d'ici au 23 courant, en vous prévenant que le silence sera envisagé comme un refus de soumission (*Ami de la religion*, n. 4687, 28 oct. 1848, p. 271-273). »

A ces invectives du gouvernement révolutionnaire, à cette insolente sommation de renier sa foi et son caractère, l'évêque répondit par la lettre suivante, où il expose avec calme sa conduite et celle de ses persécuteurs.

« Monsieur le président, messsieurs,

» Nous reconnaissons avec vous qu'il y a une très-grande irritation dans le canton de Fribourg, et nous en sommes profondément affligé. Qu'il nous soit permis à cet égard de vous faire entendre encore une fois le langage de la vérité en vous signalant les vraies causes de cette irritation et en vous déclarant qu'elle est la conséquence des mesures législatives ou administratives que vous avez adoptées.

» Après les commotions violentes dont ce canton a été le théâtre, commotions dont l'histoire appréciera les causes réelles, la tâche du gouvernement était difficile; tout le monde en convient. Mais ces difficultés n'étaient pas insurmontables; nos malheurs pouvaient être réparés avec l'aide de Dieu, le temps et le concours d'un peuple bon et généreux comme le peuple fribourgeois. Il fallait donc, pour arriver au but désiré, ne pas froisser inutilement ce peuple par des mesures qu'il nous paraît impossible de concilier avec les vraies notions de la religion catholique, de la justice et de la liberté bien entendue.

» Or, vous ne pouvez pas l'ignorer, messieurs, le peuple fribourgeois a été froissé profondément par vos actes. Nous laissons à d'autres le soin de vous dire comment vous l'avez froissé sous le point de vue civil et matériel, par la manière dont le gouvernement provisoire, à la formation duquel une minime fraction de citoyens a concouru, s'est imposé à tout le canton, contrairement aux principes de la démocratie qu'il proclamait; par les mesures qui ont gêné le libre et consciencieux exercice du droit électoral à l'époque des élections pour le grand-conseil; sous l'empire et en présence des troupes fédérales; par le refus de soumettre à la votation du peuple (dont cependant vous aviez reconnu le droit de souveraineté) la constitution cantonale et le nouveau pacte fédéral; par le décret qui, sous le titre spécieux de *décret d'amnistie*, révolte en ce moment l'Europe entière.

» Mais, s'il ne nous convient pas de nous arrêter aux causes de l'irritation du peuple sous le point de vue civil et matériel, nous devons vous signaler aussi brièvement que possible ce qui a froissé et alarmé les catholiques, c'est-à-dire la presque totalité de la population de ce canton, sous le rapport des sentiments et des intérêts religieux.

» Vous avez froissé et alarmé la population catholique, et en même temps méconnu la constitution, les droits et les lois de l'Eglise catholique, d'abord par les décrets de suppression de tous nos établissements religieux et par la réunion de leurs biens au domaine de l'Etat.

» Vous l'avez froissée et alarmée par la destitution et l'expulsion illégale de plusieurs curés, sans jugement préalable, sans avoir entendu les accusés, sans tenir compte des réclamations de l'immense majorité de leurs paroissiens qui ont protesté contre les accusations calomnieuses dont leurs pasteurs étaient victimes.

» Vous l'avez froissée et alarmée par la mise sous administration civile (contrairement à la volonté formelle des pieux fondateurs ou bienfaiteurs) de tous les biens ecclésiastiques, de toutes les fondations de piété ou de charité, et cela, malgré l'offre que nous vous avions faite de régler cette administration au moyen d'une entente amiable entre les deux autorités.

» Vous l'avez froissée et alarmée, en permettant que le clergé catholique fût impunément calomnié, outragé dans les journaux, dans les réunions publiques, dans vos proclamations, dans les considérants de vos décrets, et dans presque tous les débats de l'assemblée législative.

» Vous l'avez froissée et alarmée, en autorisant la profanation des jours consacrés au service de Dieu, par les nouvelles lois sur la danse et la fréquentation des auberges.

» Vous l'avez froissée et alarmée, en ne bornant pas l'exercice du droit de souveraineté de l'Etat aux matières civiles; mais en prétendant l'étendre aux matières *religieuses et ecclésiastiques*; prétention qui, vous ne devriez pas l'ignorer, messieurs, a été souvent condamnée par l'Eglise, et toujours repoussée avec horreur par le Saint-Siége apostolique, dont le jugement pour la discipline ecclésiastique comme pour les questions dogmatiques et morales, doit être la règle de tous les catholiques dignes de ce nom, à plus forte raison des évêques et des prêtres.

» Vous avez froissé et alarmé la population catholique, en bouleversant les rapports établis entre l'Eglise et l'Etat dans ce canton, par l'insertion dans la constitution, de plusieurs articles à la rédaction desquels l'autorité ecclésiastique n'a eu aucune part; articles par conséquent auxquels le clergé catholique ne peut se soumettre qu'après un accord préalable avec le Saint-Siége. L'article deuxième en particulier ne garantit l'exercice de la religion catholique que *dans les limites de l'ordre public et des lois*, ce qui permettrait aux agents de la police, ou bien à une majorité dans le grand-conseil, suivant la nature de leurs dispositions religieuses, de mutiler d'abord, puis de proscrire tout à fait l'exercice du culte catholique. Si vous trouviez ces craintes exagérées, il nous suffirait pour les justifier de rappeler ici ce qui s'est passé au XVIe siècle en Angleterre, en Allemagne et dans plusieurs cantons de la Suisse, autrefois catholiques, aujourd'hui protestants.

» Vous avez froissé et alarmé la population catholique en faisant intervenir dans ses affaires religieuses cantonales les gouvernements des Etats de Berne, Neufchâtel, Vaud et Genève, qui n'avaient aucune mission pour s'en occuper. Nos relations d'ailleurs avec ces gouvernements pour les intérêts religieux des catholiques qui leur sont soumis n'avaient pas cessé, comme elles ne cesseront pas, nous l'espérons, d'être pleines de bienveillance et de confiance réciproque. Dans cette circonstance, disons-nous, vous avez froissé la population catholique, non-seulement en appelant à Fribourg des délégués laïques des autres cantons du diocèse pour s'occuper de nos intérêts religieux, mais encore et surtout en proposant à ces délégués, comme base des rapports entre l'Eglise et l'Etat, des principes inouïs dans l'histoire ecclésiastique avant la prétendue réforme du XVIe siècle; des principes dont plusieurs sont diamétralement opposés à la constitution de l'Eglise, aux décisions des conciles, aux premières notions de la liberté religieuse garantie par le pacte fédéral comme par le droit naturel; principes qui n'ont été invoqués et défendus que par des gouvernements hostiles à l'Eglise catholique comme celui de Joseph II; principes enfin contre lesquels, après une douloureuse expérience, l'Allemagne entière se lève aujourd'hui en les flétrissant comme contraires à la liberté religieuse et civile.

» Vous avez froissé et alarmé la population catholique par les instructions données aux députés fribourgeois à la dernière diète. La députation était chargée de demander, entre autres choses : « Une
» plus grande centralisation *en matière de culte*,
» notamment par le *droit* donné à la confédération
» *de suspendre de leurs fonctions* et de traduire devant les tribunaux *tels dignitaires ecclésiastiques*
» dont les fonctions s'étendent à plusieurs cantons,
» sans préjudice du *même pouvoir* exercé par chaque canton pour les abus commis dans son ressort; *l'abolition de la nonciature comme telle*; la
» *défense* d'établissement de nouveaux ordres ou
» sociétés religieuses en Suisse; *garantie des mariages mixtes*. » (Voyez *Bulletin des séances*, 1848, page 143, list. F.).

» Enfin, messieurs, car il faut abréger ces tristes détails, vous avez froissé et alarmé la population catholique, en manifestant l'intention d'imposer au clergé de ce canton, par l'intimidation et la violence, une soumission absolue et illimitée à tout ce qu'il a plu au grand-conseil d'insérer dans le texte de la constitution et des lois, sans égard pour les droits de Dieu sur ses créatures intelligentes et libres, pour ceux de l'Eglise sur ses ministres et ses enfants, pour ceux de la conscience sur toute âme honnête.

» Telles sont, messieurs, les causes réelles de l'irritation et des alarmes du peuple fribourgeois. Plus équitable envers vous que vous ne l'avez été à notre égard, nous n'avons pas incriminé vos intentions, car il n'appartient qu'à Dieu de les juger; nous avons laissé parler les faits présentés par une raison calme et impartiale. En pesant sans passion nos paroles, vous comprendrez combien il vous serait difficile de faire prendre le change à l'opinion publique dans ce canton. Vous signalez mal à propos le peuple fribourgeois comme ayant été *conservé dans un état d'ignorance, d'esclavage et d'abrutissement*; avec une intelligence éclairée par la foi, foyer des vraies lumières, avec un cœur droit et sincère, ce peuple connaît vos actes, il en comprend toute la portée, et il vous juge d'après cette maxime de l'Evangile : *On connaît l'arbre à ses fruits.*

» D'après cet exposé, il sera facile de comprendre combien il est injuste de nous rendre responsable de l'irritation du peuple fribourgeois, et partant combien peu nous méritons les accusations dirigées contre notre personne.

» Nous avons protesté, il est vrai, contre le décret du 19 novembre 1847, concernant les Jésuites et leurs prétendus affiliés, mais c'est après avoir employé inutilement toutes les supplications et tous les raisonnements pour engager le gouvernement provisoire à ne pas se jeter dans la voie périlleuse des mesures violentes contre nos établissements religieux, à ne pas aller au delà des exigences de la diète; la diète, en effet, n'avait encore voté que l'*invitation* de renvoyer les Jésuites; elle n'avait ni invoqué le principe arbitraire de l'*affiliation*, ni demandé la dissolution des autres communautés. Cette protestation, d'ailleurs, n'a reçu aucune publicité; elle n'a été faite que verbalement, c'est-à-dire de la manière la plus modérée, dans la vue de concilier l'accomplissement d'un devoir avec notre désir de la paix et de la bonne harmonie.

» Nous avons refusé de sanctionner la destitution et le renvoi des dix prêtres, curés ou chapelains, que vous avez éloignés de leurs postes. Mais ce refus était pour nous un devoir, parce que, comme nous l'avons dit dans toutes nos lettres, ces ecclésiastiques étaient condamnés sans jugement préalable et malgré les preuves de leur innocence fournies par la très-grande majorité de leurs paroissiens. Les lois de l'Eglise, dès lors, et les principes de la justice, loin de nous permettre de les sacrifier à d'injustes exigences, nous obligeaient à prendre la défense de leur honneur, de leur innocence et de leurs droits. Nous avons, d'ailleurs, pourvu aux besoins religieux des paroisses que vous avez privées de leurs pasteurs. Bien plus, nous avons fait des avances pour terminer ces difficultés à l'amiable, en finissant notre lettre du 17 décembre par l'offre suivante : « Si le gouvernement provisoire, en délé- » guant un de ses membres pour s'entendre avec » nous, voulait terminer amiablement les difficultés » concernant MM. les curés de Romont, Vuadens, » Echarlens, etc., nous nous empresserions de ré- » pondre à une invitation dans ce but. » Cette offre conciliante n'a pas même obtenu l'honneur d'une réponse.

« Sous la date du 11 février, nous avons adressé une circulaire en latin au vénérable clergé de ce canton. Mais cette circulaire, par sa nature, et par son but religieux, entrait entièrement dans nos attributions. Nous avions même l'obligation, en présence des circonstances difficiles où nous nous trouvions, de la donner, pour faire entendre à nos dignes collaborateurs quelques paroles de consolation, d'encouragement et de direction. Pour s'en faire une arme contre nous, on n'a pas craint de la dénaturer par une traduction infidèle et par des commentaires odieux. Loin d'ordonner la désobéissance au décret du 20 janvier, sous le rapport civil, elle portait expressément que les prêtres étrangers à ce canton *pouvaient* et *devaient présenter à l'autorité civile* tous les papiers que devaient exhiber d'autres citoyens non engagés dans les saints ordres. Il n'y était pas question, comme vous le prétendez, *de menace du ban, etc.*, *contre les membres de l'autorité civile*; il y était dit simplement : « Pour les cas particuliers qui pourraient se pré- » senter dans les circonstances actuelles, *nous exhor-* » *tons* les confesseurs à ne pas les décider tout de » suite, mais, autant qu'il sera possible, *à différer* » l'absolution pour un temps.* » Cette direction n'avait donc pas pour but, comme vous l'affirmez, *de multiplier les embarras, d'imposer notre volonté tyrannique au clergé, de perpétuer l'anarchie dans les esprits...* Nous ignorons, du reste, si le délégué du Saint-Siége improuva notre conduite dans cette circonstance; mais nous pouvons affirmer qu'il ne nous a point manifesté cette improbation. Au contraire, lorsqu'il nous écrivit au sujet d'un prétendu manifeste que nous aurions eu l'intention de publier pour notre justification, et auquel nous n'avions pas même pensé, il nous dit expressément que nous n'avions nullement besoin de nous justifier.

» Nous avons réclamé auprès du grand-conseil pour signaler les dangers du nouveau projet de loi sur l'instruction publique; mais nous y avons été contraint par le devoir de notre charge, puisque dans ce projet on avait prétendu organiser tout le système et tous les moyens d'éducation, même l'instruction religieuse et théologique, sans notre concours et en dehors des principes catholiques. Ces réclamations ne renfermaient aucune *protestation*, mais seulement un examen raisonné des principales dispositions de la loi sous le triple rapport des maximes chrétiennes, des droits de la famille et de la vraie liberté. Loin de nous opposer, comme vous l'insinuez gratuitement, aux progrès de l'instruction publique, nous les favoriserons toujours, et par tous les moyens en notre pouvoir. Mais nous ne pensons pas, comme les rédacteurs et les défenseurs du susdit projet de loi, que, pour améliorer et étendre l'instruction publique, il soit utile de la soustraire à l'action du ministère ecclésiastique et pastoral. Nous estimons, au contraire, que toutes ces améliorations doivent avoir, avant tout, les principes de la religion pour base et pour règles. Ce sont ces principes, bien plus que ceux d'une *raison* soi-disant *éclairée*, qui ont arraché les nations à un état *d'ignorance, d'esclavage, d'abrutissement et de misère*. Ce sont encore ces principes qui seuls peuvent empêcher le monde d'y retomber. Aussi est-ce sur ces principes que les États catholiques vraiment dignes de ce nom ont fondé leurs constitutions et leurs systèmes d'éducation. Pourquoi donc, si l'on n'a aucune pensée hostile à la religion, craindre de voir ces principes continuer à exercer leur influence salutaire dans ce canton?

» Nous opposons, dites-vous, une résistance manifeste au droit de collation dévolu à l'État. Mais cette résistance est encore pour nous un devoir. Comme nous vous l'avons dit plus d'une fois, messieurs, le droit de collation est essentiellement ecclésiastique, et il ne peut être exercé légitimement par un État quelconque qu'en vertu d'une concession libre et spontanée de l'autorité de l'Église. Vouloir donc se l'attribuer par une décision législative, sans un accord préalable avec le Saint-Siége, ce serait ériger en droit un fait contraire à la justice et aux bases essentielles de la hiérarchie catholique. Or, messieurs, telle a été la conduite de l'assemblée constituante, en donnant au pouvoir civil, pour la nomination à un grand nombre de bénéfices, un droit qu'il n'avait pas. Cette conduite, l'évêque et le clergé ne peuvent la sanctionner ni par leurs paroles, ni par leurs actes; et lorsqu'ils y opposent leurs réclamations et une résistance passive, ce n'est point une rébellion, puisqu'ils usent d'un droit antérieur et accomplissent un devoir rigoureux. Quant aux conditions nécessaires pour aspirer à un bénéfice, vous êtes dans l'erreur, messieurs, en supposant qu'elles sont exclusivement renfermées dans le fait de l'ordination sacerdotale. Outre cette consécration, il faut que le prêtre soit jugé capable d'occuper tel poste en particulier, et c'est à l'évêque à apprécier cette capacité, comme c'est à l'évêque seul à lui donner la mission et la juridiction sans lesquelles il ne peut remplir aucune fonction du saint ministère.

» Nous avons déclaré, dites-vous encore, que nous étions *au-dessus des pouvoirs civils en matière civile*. D'abord, où et quand avons-nous fait une pareille déclaration? Veuillez relire nos lettres, et vous y trouverez des preuves multipliées de notre volonté constante de respecter les droits du pouvoir civil, de régler notre conduite sur cette maxime de l'Évangile: *Rendez à Dieu ce qui est à Dieu, à César ce qui est à César*. Nous avons refusé, il est vrai, de vous reconnaître le droit de surveiller ou d'approuver nos mandements et nos lettres pastorales. Mais nous vous demandons, messieurs, depuis quand et en vertu de quel droit l'enseignement de l'Église catholique donné par un évêque de vive voix ou par écrit, peut être envisagé comme *matière civile?* C'est de Dieu même qu'émane cet enseignement; c'est en vertu d'une mission divine qu'il est donné; il n'a jamais appartenu aux autorités civiles depuis dix-huit siècles, il ne leur appartiendra jamais de l'entraver ni de le contrôler ou de le modifier; lorsque, à cet égard, les puissances de la terre voudront s'arroger un droit quelconque, les évêques devront toujours leur dire, comme autrefois les apôtres aux chefs de la Synagogue: *Il faut obéir à Dieu plutôt qu'aux hommes*. Cet enseignement, du reste, s'adresse non à une classe de citoyens, mais à tous les chrétiens, sans distinction de rang, d'âge ou de position, tous obligés de le recevoir des légitimes pasteurs de l'Église et d'y conformer leur conduite. Si, dans la forme de cet enseignement, il se glissait des abus, ce serait à l'autorité ecclésiastique, seule compétente en cette matière, à les réprimer; ce serait à elle, par conséquent, en suivant les degrés de la hiérarchie, que le pouvoir civil devrait adresser ses plaintes, s'il en avait de légitimes à formuler.

» Un autre grief que vous mettez à notre charge, messieurs, c'est que nous aurions insinué au clergé d'éluder la loi du 5 juillet 1848, par la remise des titres et créances des bénéfices aux communes et paroisses. Or, *ce fait est supposé*, car nous n'avons rien ordonné et rien insinué à cet égard. La seule direction donnée au clergé sur cette matière, consistait dans la recommandation de dresser un double inventaire de tous ces titres et de ne les livrer qu'après dues protestations. Déjà antérieurement d'ailleurs, les titres d'un grand nombre de bénéfices se trouvaient dans les mains des administrations paroissiales ou communales. Nous ne sommes donc responsable ni des faits isolés de quelques prêtres qui auraient remis à leurs paroisses respectives les titres de leur bénéfice, ce qu'ils avaient du reste le droit de faire, ni de la résistance de quelques communes aux injonctions de l'autorité publique, ni des suites fâcheuses que cette résistance a pu ou pourrait encore entraîner.

» Enfin, messieurs, vous avez aussi exploité contre nous les difficultés occasionnées par la prestation du serment. Mais ici encore nous nous permettrons de croire et de dire que la responsabilité de ces embarras vous appartient tout entière. Il ne tenait qu'à vous de les éviter, ou en n'exigeant aucun serment, comme on l'a sagement fait en France, ou du moins en acceptant la réserve que la voix de la conscience suggérait à un grand nombre de catholiques. De deux choses l'une: ou la constitution ne renfermait rien que de conforme à la religion, comme vous le prétendez, ou bien elle contenait des articles qui lui sont contraires, comme nous en avons l'intime conviction. Dans le premier cas, la réserve était inutile à vos yeux, et vous pouviez l'accepter sans le moindre inconvénient. Dans la seconde hypothèse, au contraire, elle était nécessaire et vous ne pouviez pas la refuser sans attenter aux droits inviolables de la conscience. Veuillez relire, messieurs, avec le calme de la raison, notre circulaire publique sur le serment, et les directions données aux confesseurs, et le dernier avis à MM. les doyens sur la même question; vous ne tarderez pas à reconnaître qu'il y a eu de votre part une déplorable méprise; que nous avons obéi au sentiment du devoir, en cette occasion, avec tous les ménagements commandés par la gravité des circonstances. La première circulaire, en effet, n'était ni *prohibitive*, ni *restrictive*, mais elle se bornait à énoncer les règles de la morale catholique sur la question religieuse du serment, laissant à chacun la liberté d'agir ensuite d'après sa conscience. Les directions données aux confesseurs ne renfermaient aucune *intrigue politique* ou autre, mais elles indiquaient la marche à suivre pour diriger avec sagesse et charité les pénitents qui se présenteraient au saint tribunal. Enfin, le dernier avis envoyé à MM. les doyens n'indiquait nullement que le serment pût être prêté sans condition, mais il exprimait la formule la plus douce de la réserve à employer pour épargner à de pauvres campagnards consciencieux, et l'offense de Dieu, et les amendes auxquelles ils étaient exposés. D'après ces observations, ce serait à vous, messieurs, à regretter d'avoir donné à une affaire si naturelle et si simple, des proportions immenses, un caractère d'excessive irritation qui ont ému profondément toute la population.

» Tout ce que nous venons de dire messieurs, suffit abondamment pour faire apprécier le reproche que vous nous adressez de proclamer la religion en péril, tandis que le danger, selon vous, viendrait de nous-même. A cet égard nous osons vous dire que nous ne craignons ni le jugement de Dieu, ni celui de nos diocésains, ni celui de la postérité. En effet, comme premier pasteur du diocèse, nous n'avons jamais eu en vue que le maintien dans ce canton de la religion catholique, apostolique et romaine, telle que Notre Seigneur Jésus-Christ l'a établie, telle que les apôtres l'ont enseignée, telle que l'ont comprise et pratiquée les grands modèles des vertus chrétiennes que l'Eglise honore. Veuillez, messieurs, de votre côté, ne pas entraver l'autorité des pasteurs de l'Eglise dans l'exercice de leur sainte mission, et alors la religion de nos pères prospérera au milieu du peuple fribourgeois. Plus que personne aussi nous désirons la fin des troubles qui agitent notre canton, et nous appelons à cet effet de tous nos vœux les relations de bonne harmonie entre les deux autorités. Nous avons prouvé ce désir par tous les détails de notre correspondance officielle depuis onze mois, en nous montrant disposé à faire tous les efforts et tous les sacrifices compatibles avec nos devoirs d'évêque. Nous l'avons prouvé par l'offre que monseigneur Luquet vous a faite de notre part d'une conférence pour examiner, de concert et devant ce prélat, les conflits existants, et pour en procurer la solution pacifique, offre qui, à notre grand regret, a été repoussée. Nous l'avons prouvé enfin par les nouvelles tentatives de conciliation tout récemment faites auprès de vous par des prêtres respectables que nous avions délégués à cette fin; tentatives que vous avez encore rendues inutiles.

» Maintenant, messieurs, avant de répondre à vos sommations, il ne nous reste qu'à dire un mot du principe sur lequel vous les appuyez. La *constitution*, dites-vous, *est la loi suprême du pays*. Cela est vrai tant qu'il ne s'agit que *des devoirs civils*. Mais, outre la constitution, avant elle et au-dessus d'elle, il y a la loi de Dieu, l'Evangile, c'est-à-dire la doctrine de Jésus-Christ avec sa morale, loi suprême qui lie toutes les sciences, trace la ligne de tous les devoirs et règle l'usage de tous les pouvoirs comme de tous les droits. C'est cette loi, messieurs, qui est la loi vraiment immuable, au milieu de toutes les vicissitudes humaines, la charte souveraine à laquelle toutes les autres doivent être subordonnées. C'est de cette loi sainte que toutes les lois d'ici-bas tirent leur force et leur sanction; c'est d'après ses principes que toutes les constitutions doivent être jugées, interprétées et appliquées; c'est dans les limites fixées par elle que les pouvoirs humains peuvent exiger l'obéissance et le respect. Dès lors, messieurs, si, en vertu de la constitution de ce canton, il y a pour le clergé comme pour les fidèles des devoirs civils communs à tous les citoyens, il y a aussi pour eux et avant tout des obligations rigoureuses imposées par la loi de Dieu; obligations que l'Eglise, dépositaire et légitime interprète de l'évangile, a seule la mission de déterminer, et dont aucun pouvoir humain n'a le droit de dispenser.

» En conséquence, messieurs, voici notre réponse à vos sommations :

» 1° Dans tous les points où la constitution et les lois n'imposent que des devoirs civils compatibles avec la conscience, nous nous soumettons avec notre clergé à cette constitution et à ces lois, et nous remplirons ces devoirs, auxquels d'ailleurs nous ne croyons pas avoir manqué jusqu'à ce jour.

» Dans les points au contraire où la constitution et les lois violent les principes de la justice, les droits et la constitution divine de l'Eglise, nous ne devons ni ne pouvons nous y soumettre.

» 2° Nous ne pouvons nous soumettre à la seconde sommation que dans le sens de la réponse précédente, et en particulier pour le *placet*, dans les limites tracées par les lois de l'Eglise, qui déterminent les droits et les devoirs de l'épiscopat.

» 3° Il nous est impossible de soumettre à l'approbation de l'Etat nos mandements et nos lettres pastorales, parce que, comme évêque, nous devons maintenir la liberté de la prédication évangélique, et que, comme citoyen, nous pouvons invoquer la constitution qui garantit la liberté de la presse.

» Quant aux constitutions synodales, c'est uniquement dans le sens des deux premières réponses que nous pourrons les mettre en harmonie avec les lois civiles.

» Pour tout ce qui précède, au reste, en dehors des devoirs purement civils, nous devons consulter le Saint-Siége apostolique et attendre ses décisions, auxquelles nous serons heureux de nous conformer.

» En finissant, monsieur le président et messieurs, nous vous déclarons avec assurance que nous croyons avoir rempli consciencieusement notre devoir. Quelles que puissent être les conséquences de notre conduite, quel que soit le sort qui nous attend, le calme, la confiance en Dieu, la vue de la croix, les espérances de la vie future et par-dessus tout la grâce divine nous soutiendront. Nous ne cesserons pas de bénir le Seigneur et de le conjurer de faire servir tout ce qui nous arrivera, à sa gloire et au triomphe de son Eglise.

» Agréez, monsieur le président et messieurs, une nouvelle assurance de notre haute considération.
» *Signé* : † ETIENNE,
« *évêque de Lausanne et Genève* (1). »

Les membres du gouvernement révolutionnaire ayant reçu cette mémorable réponse, où l'on voit si bien la série de leurs persécutions, achevèrent d'y mettre le comble. Le 25 octobre, à deux heures de nuit, ils envoyèrent des gendarmes arrêter l'évêque, l'enlever de sa demeure, le conduire à Lausanne, et l'emprisonner au château de Chillon, antique prison féodale sur un îlot près de la rive vaudoise du lac de Genève. Ils ne permirent à personne de l'accompagner, et ne lui laissèrent pas même le temps

(1) *Ami de la religion*, n. 4688, 31 octobre 1848, p. 297-304.

de prendre quelques effets. Le lendemain, dans toute la Suisse catholique, circulait, avec la triste et glorieuse nouvelle, une note contenant le noble appel qu'on va lire :

« Catholiques de toute la chrétienté, après les illustres archevêques de Cologne et de Posen, ces nobles victimes du despotisme, contemplez aujourd'hui celui qui a su les imiter par ses vertus, son courage et ses malheurs ! — Catholiques de la Suisse, avait-on tort de vous prédire que c'était à votre religion qu'on s'attaquerait de jour en jour davantage ? — Catholiques de Genève, c'est l'ancien, c'est le pieux et bien-aimé pasteur de vos âmes qu'on couvre de chaînes pour la sainte cause de l'indépendance de l'Eglise. — Mais que les larmes ne coulent point de vos yeux, que votre douleur soit pleine de foi et d'espérance ! Dieu n'envoie l'épreuve qu'aux grandes âmes; et le triomphe de la sainte Eglise de Jésus-Christ est d'autant plus certain, que les victimes qu'il se choisit sont plus élevées et plus pures. — Prions pour notre évêque, prions pour ceux qui l'arrachent à la liberté, mais qui ne l'arracheront pas à notre obéissance, à notre amour, plus vifs et plus inaltérables que jamais. »

Ce n'est pas la première fois que monseigneur Marilley connaît l'adversité. Il y a quatre ans, les protestants de Genève l'expulsaient brutalement de sa cure, et un commissaire de police le jetait à la frontière. L'année suivante il revint, non plus curé, mais évêque de Genève. Espérons que Dieu lui réserve, ainsi qu'aux catholiques de Suisse, quelques consolations semblables.

Dans une autre partie de l'Allemagne, en Saxe, comme la maison régnante est catholique, son principal aumônier, qui est évêque, reçoit du Pape la juridiction sur les catholiques de ce royaume.

Le pays d'Allemagne où les affaires ecclésiastiques éprouvèrent le moins de difficultés, c'est le royaume de Bavière. Dès le 5 juin 1817, un concordat est conclu entre le pape Pie VII et le roi Maximilien-Joseph, par l'entremise du cardinal Consalvi et de l'évêque, puis cardinal de Hœffelin. Tous les Etats du roi de Bavière sont réunis sous deux métropoles et six évêchés. La métropole de Frisingue est transférée à Munich, dont l'évêque prendra le titre d'archevêque de Munich et de Frisingue. Cette métropole a pour suffragants les évêchés d'Augsbourg, de Passau et de Ratisbonne, dont le titre métropolitain est supprimé. L'Eglise de Bamberg est érigée en métropole, et a pour suffragants les évêchés de Wurtzbourg, d'Eichstædt et de Spire. Le Pape unit au diocèse de Wurtzbourg le territoire d'Aschaffenbourg, dépendant autrefois de Mayence, et la partie bavaroise du diocèse de Fulde; au diocèse d'Augsbourg, la partie bavaroise du diocèse de Constance avec le territoire de Kempten; au diocèse de Passau, la partie bavaroise du diocèse de Salzbourg et le territoire de la prévôté de Berchtolgaden; au diocèse de Munich, le diocèse de Chiemsée dont le siège est supprimé.

Les chapitres des métropoles auront deux dignités, un prévôt et un doyen et dix chanoines; les chapitres des cathédrales auront un prévôt, un doyen et huit chanoines. Chaque chapitre aura en outre au moins dix prébendés ou vicaires. On augmentera par la suite le nombre des chanoines et des vicaires, si l'augmentation des revenus ou des nouvelles fondations permet d'établir de nouvelles prébendes. Les archevêques et évêques nommeront dans chaque chapitre, suivant la règle du concile de Trente, deux chanoines pour remplir les fonctions de théologal et de pénitencier. Tous les dignitaires et chanoines, outre le service du chœur, serviront de conseils aux archevêques et évêques pour l'administration de leurs diocèses. Il sera cependant parfaitement libre aux archevêques et évêques de les appliquer, suivant leur bon plaisir, aux fonctions propres de leur place. Les évêques assigneront de même les offices des vicaires. Les menses archiépiscopales et épiscopales sont établies en biens-fonds stables, qui seront laissés à l'administration libre des prélats. Les chapitres et les vicaires jouiront de la même nature de biens et du même droit d'administrer. Le Pape nommera le prévôt de chacun des huit chapitres. Le roi nomme aux dignités et aux canonicats pendant six mois de l'année, les archevêques et évêques pendant trois mois, et le chapitre pendant les trois autres mois. Les archevêques et évêques nommeront aux cures, excepté à celles qui étaient de collation royale.

On conservera à chaque diocèse ses séminaires épiscopaux, et on les pourvoira d'une dotation convenable en biens-fonds stables; dans les diocèses où il n'y en a pas, on en fondera sans délai. On admettra dans les séminaires, et on formera, suivant les dispositions du concile de Trente, les jeunes gens que les archevêques et évêques jugeront à propos d'y recevoir pour la nécessité et l'utilité des diocèses. L'ordre, la doctrine, le gouvernement et l'administration de ces séminaires seront soumis de plein droit, suivant les formes canoniques, à l'autorité des archevêques et évêques, qui nommeront aussi les recteurs et professeurs des séminaires, et les éloigneront lorsqu'ils le jugeront nécessaire ou utile. Comme le devoir des évêques est de veiller sur la foi et sur la doctrine des mœurs, ils ne seront point gênés dans l'exercice de ce devoir même à l'égard des écoles publiques. Le roi prendra également les conseils des archevêques et évêques pour assigner une dotation suffisante et une maison où les ecclésiastiques âgés et infirmes trouvent un soulagement et un asile pour prix de leurs services. Le roi, considérant de plus quels avantages l'Eglise et l'Etat ont retiré et peuvent retirer à l'avenir des ordres religieux, et voulant montrer sa bonne volonté envers le Saint-Siège, aura soin de faire établir avec une dotation suffisante et de concert avec le Saint-Siège, quelques monastères des ordres religieux des deux sexes pour former la jeunesse dans la religion et les lettres, aider les pasteurs et soigner les malades. Les biens des séminaires, des paroisses, des bénéfices, des fabriques et de toutes les autres fondations ecclésiastiques seront toujours conservés en entier, et ne pourront être détournés ni changés en pensions. L'Eglise aura de plus le droit d'acquérir de nouvelles possessions, et tout ce qu'elle acquerra de nouveau sera à elle et jouira des mêmes droits que les anciennes fondations ecclésiastiques ; et on ne pourra faire aucune suppression ou union, ni de celles-ci, ni des nouvelles, sans l'intervention de l'autorité du Saint-Siège, sauf les pouvoirs accordés par le saint concile de Trente aux évêques.

Le Saint-Père, en considération des avantages qui résultent de ce concordat pour les intérêts de la religion et de l'Eglise, accorde, à perpétuité, au roi Maximilien-Joseph et à ses successeurs catholiques, un indult pour nommer aux Eglises archipiscopales et épiscopales vacantes du royaume de Bavière, des ecclésiastiques dignes, capables et doués des qualités que les saints canons demandent. Sa Sainteté donnera à de tels sujets l'institution suivant les formes accoutumées. Avant de l'obtenir, ils ne pourront s'immiscer en rien dans le régime ou l'administration des Eglises respectives pour lesquelles ils seront désignés.

Toutes les fois que les archevêques et évêques indiqueront au gouvernement des livres imprimés ou introduits dans le royaume, qui contiendront quelque chose de contraire à la foi, aux bonnes mœurs ou à la discipline de l'Eglise, le gouvernement aura soin que la publication de ces livres soit arrêtée par les moyens convenables. Sa Majesté empêchera que la religion catholique, ses rites ou sa liturgie ne soient livrés au mépris par des paroles, des faits ou des écrits, ou que les évêques et les pasteurs ne rencontrent des obstacles dans l'exercice de leur devoir pour la conservation surtout de la doctrine de la foi ou des mœurs, et de la discipline de l'Eglise. Désirant de plus que l'on rende aux ministres des autels l'honneur qui leur est dû suivant les divins commandements, le roi ne souffrira pas qu'il se fasse rien qui les expose au mépris, et il ordonnera que, dans toute occasion, tous les magistrats du royaume en usent envers eux avec les égards et le respect dus à leur caractère.

Tels sont les principaux articles du concordat de Bavière. Il y eut quelques obstacles pour l'exécution, entre autres les intrigues d'un abbé de Wessemberg, précédemment grand-vicaire à Ratisbonne de M. de Dalberg, nommés l'un et l'autre parmi les illuminés de Weisshaupt; Wessemberg, d'une doctrine suspecte, avait été élu grand-vicaire par le chapitre de Constance; le Saint-Siège, et pour cause, n'avait point approuvé sa nomination : il ne s'en porta pas moins pour grand-vicaire, attendu que tel était le bon plaisir du duc protestant de Bade. Malgré les intrigues de ce novateur et de sa cabale, le concordat de Bavière se trouva complètement exécuté en 1821, les huit sièges remplis d'évêques recommandables, et les chapitres installés. Parmi les chanoines de Bamberg, on remarquait le prince Alexandre de Hohenlohe, célèbre dès lors par les guérisons miraculeuses qu'il obtenait de Dieu.

En 1818 avait été publiée la nouvelle constitution du royaume de Bavière. Quelques articles inspirent des inquiétudes aux évêques par rapport au serment. Le 27 septembre de la même année, le roi fit présenter au Pape la déclaration suivante, par le cardinal Hæffelin, son ministre plénipotentiaire.

« Le roi de Bavière a appris, avec un regret inexprimable, que quelques articles de la constitution promulguée pour ses peuples, et particulièrement l'édit qui est joint et qui concerne la religion, ont été jugés par Sa Sainteté contraires, en quelque manière, aux lois de l'Eglise. Extrêmement sensible au déplaisir et à la surprise que cette interprétation a excités en lui, et désirant ôter tout doute et toute difficulté sur ce sujet, ce prince a chargé le soussigné (plénipotentiaire) d'expliquer ses sentiments à Sa Sainteté, et de protester, en son nom, que son intention a toujours été et sera toujours que le concordat conclu le 5 juin 1817 avec le Saint-Siège soit fidèlement et religieusement exécuté dans toutes ses parties; que ce concordat, promulgué comme loi du royaume, sera toujours considéré et respecté sous ce rapport; que l'édit joint à la constitution, et dont le principal objet est de conserver l'ordre, la tranquillité et la bonne harmonie entre tous les sujets du royaume, doit servir et servira de règle seulement à ceux qui ne professent pas la religion catholique, comme le concordat sert et servira de règle à tous les catholiques; que le serment à prêter aux constitutions ne peut, en aucune manière, attaquer les dogmes et les lois de l'Eglise, la volonté absolue et l'intention formelle du roi ayant toujours été, en faisant publier la Constitution, que le serment à prêter ne fût relatif qu'à ce qui concerne l'ordre civil, et ne pût jamais obliger ceux qui le prêteront à aucun acte qui pourrait être contraire aux lois de Dieu et de l'Eglise. »

Louis Ier qui, en 1825, monta sur le trône, suivit les conseils et les exemples de son prédécesseur et de son père. Il rétablit plusieurs maisons religieuses dans ses Etats. Il créa surtout à Munich une Université, devenue célèbre par les artistes et les savants distingués qu'il sut y attirer : par exemple, les peintres catholiques Overbeck et Cornélius, et, parmi les savants, Gœrrès père et fils, l'abbé Dœllinger, auteur d'une histoire ecclésiastique des premiers siècles et d'autres écrits; l'abbé Mœhler, auteur de la *Symbolique*, où il compare et discute les croyances des catholiques et des protestants sur chaque point de controverse; M. de Moy, professeur de droit canon. Ces savants de Munich furent comme un bataillon sacré pour le catholicisme dans l'affaire de Cologne. Tout cela faisait beaucoup d'honneur au roi Louis Ier; on parlait de lui comme d'un autre Salomon; mais comme le Salomon des Juifs, il a terni sa gloire, en s'amourachant dans sa vieillesse d'une danseuse espagnole, jusqu'à se brouiller avec sa famille et avec son peuple, soulevé en masse, non pas contre son autorité, mais contre son indigne scandale.

Dans l'empire d'Autriche, les choses se passent d'une manière assez uniforme de 1802 à 1848. La famille impériale d'Autriche-Lorraine continue à y donner personnellement l'exemple de la piété et des bonnes mœurs; mais l'esprit du ministère gouvernemental n'a guère changé depuis Joseph II et Kaunitz. On lui reproche de ne nommer aux évêchés que des hommes faibles et peu capables; de là peu de zèle, peu de discipline dans le clergé séculier et régulier. C'est le gouvernement qui dirige l'éducation publique; il en a recueilli les fruits en 1848. A Vienne, comme à Berlin, ce sont les étudiants qui se sont mis à la tête de l'insurrection populaire; qui ont attaqué les troupes impériales, fait partir l'empereur, et ouvert pour l'Autriche la carrière des révolutions; et les bourgeois sybarites de Vienne entrent dans cette carrière sur les pas des étudiants, ils chassent pour la seconde fois leur empereur malade et infirme; ils tuent, étranglent et pendent, à la façon des cannibales, ses ministres les plus dévoués; toutes les parties de l'empire, Italiens, Allemands, Croates, Hongrois, Bohèmes, sont armés les uns contre les autres. Il en est de l'Allemagne entière comme de l'Autriche; chaque principauté, petite ou grande, est divisée contre elle-même. Et cette anarchie universelle aspire à l'unité. Le parlement unitaire de l'Allemagne, réuni à Francfort, a choisi un vicaire général ou chef provisoire de l'empire futur, qui déjà notifie au roi de Prusse et aux autres princes, qu'ils aient à retirer leurs ambassadeurs d'auprès des cours étrangères, attendu que l'empire germanique est un et que son vicaire seul est chargé de ses intérêts généraux au dedans et au dehors. Mais ce parlement lui-même est menacé par une opposition formidable, qui demande un parlement plus révolutionnaire.

Cependant un principe d'unité et de paix se manifeste au milieu de cette confusion : c'est l'antique foi de saint Boniface de Mayence, de saint Sturme de Fulde, de saint Népomucène de Prague, de saint Etienne de Hongrie, de saint Udalric d'Augsbourg, de saint Henri d'Allemagne; qui se réveille dans bien des cœurs, comme le feu sous la cendre. Les catholiques de toutes les contrées allemandes se concertent entre eux pour le maintien et la liberté de leur foi héréditaire et par là même pour la véritable unification et résurrection de leur empire. Les évêques de Germanie, d'accord avec le chef de l'Eglise universelle, avec le vicaire du Christ, commencent à se réunir en conciles de province et de nation, et à préparer ainsi le salut spirituel et temporel de leur noble patrie.

Mais dans tout l'univers il n'y a peut-être pas de pays et de peuple plus à plaindre, plus digne de pitié, quant à son état religieux et moral, que la Russie. La très-grande majorité est schismatique, il n'y a de catholique qu'une faible minorité. La population entière est de plus de cinquante millions d'habitants : sur ce nombre, il y a quarante millions d'esclaves; quatre esclaves sur un homme libre ou noble. Et ces esclaves le sont dans toute la force du terme : un serf ou esclave russe n'est pas une personne, mais une chose qu'on achète et qu'on vend. Et pour conserver cet esclavage dans toute sa vigueur, les derniers empereurs et papes russes, Alexandre en 1818 et Nicolas en 1831, ont défendu par ukases de rendre jamais la liberté aux serfs par testament. Et cette dégradation de quarante millions d'hommes, au profit d'un million de nobles, non-seulement est sanctionnée par la loi civile, mais plusieurs fois elle a été formellement approuvée par le clergé schismatique ou photien de Russie. Et jusqu'à présent, pas un écrivain russe n'a osé dire un seul mot contre. Cela suffit pour apprécier un gouvernement, une église, une nation (*L'église schismatique russe, d'après les relations récentes du prétendu saint synode*, par Theiner. Paris, 1846, p. 165 et seqq.).

Nous avons vu, dans le IXe siècle, les Slaves ou Esclavons, dont les Moraves, les Polonais, les Russes sont des branches, demander à Constantinople, sous l'épiscopat de saint Ignace, des missionnaires pour se convertir au christianisme et recevoir le baptême. L'impératrice sainte Théodora, de concert avec le saint patriarche, leur envoya les deux frères saint Cyrille et saint Méthodius, qui non-seulement leur apportèrent le christianisme, mais encore inventèrent l'alphabet slavon, ces peuples n'ayant point encore d'écriture alphabétique, et traduisirent l'Evangile et les autres parties de l'Ecriture qu'ils crurent les plus utiles à leur instruction. Nous avons vu en 880 ces deux apôtres faire le voyage de Rome, pour obtenir du pape Jean VIII l'organisation complète de la nouvelle église de Moravie et en être eux-mêmes sacrés les premiers évêques.

Dans ce temps eurent lieu les manœuvres de Photius pour supplanter le patriarche saint Ignace. Mais, comme nous l'avons remarqué, il y a peu d'événements où la suprématie du Pontife romain sur tous les patriarches et évêques d'Orient se montre avec plus d'éclat. Amis et ennemis la reconnaissent. Quels que fussent les sentiments personnels de Photius, c'est au Pape qu'il recourt pour autoriser son intrusion dans le siège de Constantinople et la prétendue abdication de saint Ignace; ce sont les légats du Pape qu'il cherche à corrompre par tous les moyens de la ruse et de la violence, afin de faire croire aux populations d'Orient que le Pape le reconnaît pour évêque. Et après la première expulsion de Photius, c'est au Pape que le patriarche Ignace et l'empereur Basile s'adressent, comme à l'unique médecin établi de Dieu pour guérir les maux de l'Eglise. Et après la mort d'Ignace, c'est au Pape que les empereurs, que les patriarches, que les évêques d'Orient, que Photius lui-même s'adressent pour le supplier de vouloir bien, par dispense, consentir à ce que Photius occupât le siège vacant de Constantinople. Et après la dernière expulsion de Photius, c'est au Pape que l'empereur Léon et les évêques catholiques d'Orient s'adressent pour le prier de vouloir bien ratifier, par dispense, l'ordination du nouveau patriarche et user de miséricorde envers ceux qui s'étaient laissé entraîner dans le schisme. Enfin, c'est au Pape que le même empereur, le même Photius, les mêmes évêques d'Orient envoient des députés pour l'informer exactement de l'état présent de cette affaire.

Nous avons vu, en 1075, le fils de Démétrius, roi des Russes, venir à Rome visiter les tombeaux des apôtres et demander au pape saint Grégoire VII à tenir de sa main le royaume paternel, comme un fief de l'Eglise romaine; ce qui fait bien voir que le prince et le peuple russes étaient en communion avec le Pape et avaient une haute idée de sa puissance. Nous avons vu les témoignages incroyables de l'Eglise russe, même schismatique, en faveur de l'autorité suprême des Pontifes romains; témoignages que cette église ne cesse de chanter dans son office. Dans sa lettre pastorale du 10 mars 1841, l'archevêque des Ruthènes-unis ou Russes catholiques, monseigneur Michel Lewichi, métropolitain de Léopold et de Halicz, leur rappelle une foule de témoignages semblables.

« L'Eglise d'Orient, dit-il, honore la mémoire des liens de l'apôtre Pierre le 16 janvier, et dans ses *Stichires* et *Tropaires* (antiennes et répons), constituant l'office pour ce jour, elle loue itérativement et célèbre cet apôtre, comme *le fondement de l'Eglise, le roc de la foi, le porte-clés du royaume des cieux, le possesseur du premier trône apostolique, le pre-*

mier de tous les apôtres, la lumière secondaire illuminant les âmes, l'immobile fondement des dogmes, auquel l'auteur de toutes les créatures lui-même a fait don des clés divines et du pouvoir de lier et de délier, le désignant pour paître les brebis, pour paître les élus, pour paître les agneaux. — L'Eglise orientale proclame les mêmes choses du bienheureux Pierre, le 29 juin, dans ses *Tropaires*, les *Stichires* et les hymnes composés pour ce jour. En ce même jour et dans le même office, l'Eglise d'Orient chante à la vérité les louanges de l'apôtre Paul, mais elle vénère expressément Pierre comme *le primat et le plus grand des apôtres*, et elle confesse itérativement que *l'Eternel a établi cet apôtre comme préposé et assis sur le premier trône; que le Christ notre Dieu l'a déclaré le ferme trésor du royaume; que c'est à lui que le Christ a spécialement confié le gouvernail de sa divine Eglise, et qu'il lui a donné le pouvoir de lier et de délier; que c'est à lui comme au glorieux évêque des apôtres, qu'après sa résurrection il a premièrement apparu ; que c'est à lui enfin que, pour prix de sa triple manifestation d'amour, il a confié son troupeau bien-aimé*.

« Mais l'Eglise orientale professe de même, et enseigne que la primauté, conférée par Jésus-Christ Notre Seigneur au bienheureux apôtre Pierre a passé à ses successeurs, les évêques de Rome, comme il est prouvé par les passages suivants.

» A la fin du Ier siècle de l'ère chrétienne, saint Clément gouvernait l'Eglise romaine. Sa mémoire est vénérée dans l'Eglise d'Orient le 25 novembre, et dans son office, compris aux *Ménées*, pour ce jour, elle déclare que saint Clément a été *disciple du premier d'entre les apôtres, et qu'il s'est édifié lui-même sur ce roc comme une pierre honorable; que de l'Occident à lui comme un soleil rayonnant; que de sa doctrine il a illuminé le monde, se répandant jusqu'aux régions orientales; qu'il a annoncé les préceptes divins jusqu'aux extrémités de la terre; que, semblable à l'aurore, il a répandu sa lumière sur le globe entier; qu'il a expliqué à tous la loi divine, et parfait les doctrines de l'Eglise; que, par ses prédications, tous ont été amenés à la foi du Christ; qu'il a reçu du Christ, sauveur du monde, le pouvoir de lier et de délier les péchés; que, en qualité de disciple et de sectateur de Pierre, il est véritablement devenu l'héritier de son Siége; et qu'enfin cette Eglise considère les préceptes qu'elle a reçus de lui comme son principal ornement*, etc.

» Au temps de l'empereur Constantin, vers l'an 314, saint Sylvestre occupait le Siége de Rome. L'Eglise orientale, célébrant le 2 janvier sa mémoire, s'exprime ainsi sur ce saint Pontife : Il a été la colonne de feu dirigeant le sacré collége (le corps des évêques); le fleuve de sa doctrine a arrosé toute la terre; ses discours avaient la douceur du miel en quelque lieu qu'ils se répandissent, et la lumière de sa doctrine a éclairé l'univers; il a été le primat du sacré collége et l'ornement du premier trône apostolique; chef divin des Pères consacrés, il a confirmé la sainte doctrine, et il a fermé les bouches impies des hérétiques, etc.

» Vers le milieu du Ve siècle, le Siége de Rome était occupé par saint Léon. L'Eglise d'Orient célèbre sa mémoire le 18 février, et, dans l'office composé en son honneur, elle l'appelle *le chef de l'orthodoxe Eglise du Christ, l'œil et le ferme fondement de la foi, l'union du suprême collége* (des évêques), *la règle certaine de la doctrine, le possesseur du Siége primatial de Pierre, resplendissant des vertus et du zèle de cet apôtre, la colonne de l'Eglise orthodoxe du Christ, le vainqueur de toutes les hérésies, l'aurore et le soleil resplendissant de l'Occident, le vénérable successeur de Pierre, doué de sa primauté et de la ferveur de son zèle*.

» Au milieu du VIIe siècle, saint Martin gouvernait l'Eglise romaine. L'Eglise d'Orient honore sa mémoire le 14 avril, et dans l'office prescrit pour ce jour dans les *Ménées*, elle rappelle, parmi d'autres louanges, *qu'il a été le glorieux instructeur de la doctrine orthodoxe et le chef sincère des sacrés principes divins*. Elle l'appelle encore *un fleuve rempli des eaux spirituelles, un candélabre brillant de la lumière de l'orthodoxie, venant à la vérité de l'Occident, mais brillant aussi dans l'Orient; rempli de zèle et consolidant la doctrine de l'Eglise; injustement précipité du Siége de Rome, et affligé par des hommes d'iniquité, et néanmoins s'avançant comme la lumière du soleil et éclairant tous les orthodoxes*. Elle ajoute enfin que *saint Martin a été l'ornement du Siége de Pierre, et que sur cette pierre il a conservé l'immuable Eglise; que, comme un brillant soleil tourné vers l'Orient, il l'a éclairé de l'Occident, et que des rayons de l'orthodoxie il a illuminé la terre tout entière*.

» De semblables éloges se trouvent encore dans d'autres livres liturgiques de l'Eglise d'Orient et dans les œuvres de ses plus célèbres écrivains. Il suffira pour cette fois de citer les suivants. — A la louange du pape Célestin, revêtu du pontificat de 423 à 432, il est rappelé dans les synaxaires de l'Eglise orientale, pour le 8 avril, *qu'il a étouffé l'hérésie impie de Nestorius; qu'il a,* FAIT DÉPOSER DU SIÉGE DE CONSTANTINOPLE *le patriarche coupable de blasphême envers la Vierge, mère de Dieu*. — A la louange de saint Agapet, pape romain qui florissait au VIe siècle, il est dit : *Qu'il a* PRIVÉ DU SIÈGE PATRIARCAL DE CONSTANTINOPLE *Anthime, infecté de l'hérésie eutychienne, et qu'il y a élevé à sa place le patriarche Mennas*. — A la mémoire du saint pape Grégoire II, parvenu à la chaire romaine en 715, les *Ménées* du 12 mars disent : *Dieu t'a appelé pour être le suprême évêque de son Eglise et le successeur de Pierre, le prince des apôtres*.

» Saint Théodore Studite, demandant au pape Léon III, qui occupait le Siége de Rome à la fin du VIIIe et au commencement du IXe siècle, la suppression de la pernicieuse doctrine des hérétiques, s'exprime ainsi dès le commencement de la lettre qu'à ce sujet il adressait au Pape, qu'il appelait le *Père des Pères* et le *Pape apostolique* : « Puisqu'après avoir donné au grand Pierre les clés du royaume des cieux, le Christ, notre Dieu, lui conféra encore la dignité de la principauté pastorale, il est nécessaire que tout ce qui, dans l'Eglise catholique, est innové par ceux qui s'écartent de la vérité, soit rapporté à Pierre ou à ses successeurs. C'est ce que, nous aussi, humbles et les derniers de tous, mais enseignés par nos Pères saints et anciens, croyons devoir faire, depuis que dans notre église une nouveauté s'est élevée, en en référant par notre simple lettre à l'ange de votre béatitude. » Dans le cours de cette lettre, il appelle le même Pontife : « Le très-divin Chef de tous les chefs, l'Archipasteur de l'Eglise qui est sous le ciel; » il l'appelle à plusieurs reprises : « Revêtu de la divine principauté pastorale. » Le même saint Théodore Studite, demandant recours contre les iconoclastes, appelle le pape Pascal, dans la lettre qu'il adresse à ce sujet à ce Pontife, « le Chef apostolique, le Pasteur préposé par Dieu aux brebis de Jésus-Christ; le Portier du royaume des cieux; la Roche de la foi sur laquelle est bâtie l'Eglise catholique; Pierre en ce qu'il orne et gouverne la chaire de Pierre, etc. » Ecrivant enfin aux frères dispersés, détenus pour Jésus-Christ dans les cachots et les exils, il les exhorte « à fuir la communion des hérétiques et à rester unis à l'Eglise catholique; car, ajoute-t-il, cette Eglise byzantine en est une branche hérétique et séparée qui se laisse fréquemment retrancher des autres. »

» Il est évident, conclut l'archevêque de Léopold, que toute l'Eglise d'Orient pense de même que saint Théodore Studite; car cette Eglise, célébrant la mémoire de ce saint le 11 novembre, dans l'office destiné à ce jour, le loue d'avoir été le défenseur de l'orthodoxie, le prédicateur ardent de la vérité, la colonne de la forteresse de la foi orthodoxe; ou de ce qu'il a éclairé tout le monde par sa doctrine, et réprimé le dogme impie des hérétiques, etc. De plus, il existe dans l'Eglise orientale une ordonnance qui prescrit de faire lecture des discours du même saint, dans les monastères, après la *Litie*, en commençant au dimanche du pharisien et du publicain. Cette lecture doit être faite par l'hégumène en personne, ou en son absence par l'ecclésiarque, et tous les frères doivent y prêter attention. Toutes ces choses et beaucoup d'autres encore montrent jusqu'à l'évidence que l'antique Eglise orientale était fermement persuadée et enseignait ouvertement que la primauté de Pierre a été divinement instituée par Notre Seigneur Jésus-Christ lui-même; que de cet apôtre elle a passé à ses successeurs, les évêques de Rome, et qu'ils ont à plusieurs reprises exercé cette même primauté en Orient (*Vicissitudes de l'Eglise catholique des deux rites en Pologne et en Russie*, Paris, 1843, t. II, p. 179-184). »

L'archevêque des Ruthènes-unis ou Russes catholiques conclut de là que Photius et Michel Cérulaire, qui les premiers osèrent nier la primauté du Pontife romain, sont absolument inexcusables d'avoir voulu renverser une vérité établie par Notre Seigneur Jésus-Christ lui-même, connue par la tradition continue de l'Eglise universelle, et saintement gardée en Orient aussi bien que dans l'Occident, non-seulement dans les anciennes éditions des *Ménées*, mais encore dans les éditions les plus récentes et les versions slaves, illyriennes, valaques, etc. « Ça donc été une résolution bien fondée et pleine de sagesse que celle qui a été prise par les Grecs, au temps du concile de Florence, d'abjurer l'erreur de Photius et de Cérulaire, et d'embrasser l'ancienne union avec l'Eglise d'Occident. Et nos aïeux de la nation ruthène n'ont pas agi avec moins de sagesse et de bonheur, à la fin du XVIᵉ siècle, lorsque, à l'aide de la grâce divine, ils ont reconnu la même erreur, et rendu la soumission et l'obéissance au Pontife romain, Clément VIII, qui alors occupait la chaire de Pierre. Depuis, les Ruthènes-unis demeurent comme le cep dans la vigne véritable; et ce que, comme nous, ils chantent dans leurs *Ménées* du bienheureux apôtre Pierre et de ses saints successeurs Clément, Sylvestre, Léon, Martin, ils ne le professent pas seulement de bouche, mais aussi de cœur, comme il appartient à de fidèles sectateurs du Christ (*Vicissitudes*, etc., t. II, p. 186). »

Voilà comme l'archevêque des Ruthènes-unis ou des Russes catholiques montre leur conformité avec la constante tradition de l'Orient et de l'Occident.

Jusque vers la seconde moitié du XIVᵉ siècle, il n'y avait qu'une métropole en Russie, celle de Kiow. Alors elle fut transférée à Moscou, puis démembrée en deux, Moscou, capitale de la Moscovie, et Kiow, capitale de la Lithuanie. Le Grec Photias, métropolitain de Moscou, s'étant déclaré contre l'union avec l'Eglise romaine, fut déposé à Kiow en 1414, et remplacé par Grégoire Zamblack, qui souscrivit en 1418 à l'union faite par les Grecs au concile de Constance sous le pape Martin V. Cette union fut souscrite de nouveau l'an 1439, au concile de Florence, par l'empereur et le patriarche de Constantinople, et par Isidore, métropolitain de toute la Russie, comme archevêque simultané de Moscou et de Kiow, et qui fut même nommé cardinal par le pape Eugène IV. Cette union fut bien reçue à Kiow, mais repoussée à Moscou. Kiow et les évêchés de sa dépendance, Bransk, Smolensk, Premysl, Turow, Wladimir en Volhynie, Polock, Chelm et Halitz, étaient sous la protection des rois de Pologne et des grands-ducs de Lithuanie. Ils persévérèrent tous dans l'union avec l'Eglise romaine jusqu'en 1520, où il y eut quelques nuages; mais qui se dissipèrent en 1595 par une ambassade de deux évêques au pape Clément VIII.

A Moscou, au contraire, le schisme s'enracinait de plus en plus. Les grands-ducs de Moscou avaient pris le nom de czar ou de roi; le dernier de la race de Rurik avait pour ministre un Tartare, Boris Godunow, qui aspirait à se mettre à sa place, et qui y parvint par bien des meurtres et des empoisonnements. En 1581, Jérémie II, un des patriarches intérimaires de Constantinople, ayant besoin d'argent, vendit à Godunow la dignité de patriarche pour le métropolitain de Moscou. Godunow en donna lui-même les insignes à une de ses créatures, nommée Job, qu'il avait fait élire (*Vicissitudes*, etc., t. I, p. 47 et seqq.). Ce patriarcat moscovite ne dura qu'un siècle. Le Tartare Godunow, pour s'affermir sur le trône, avait forcé le chef de la famille Romanow, Fédor ou Théodore, à se faire moine, et sa femme à se faire religieuse. Leur fils Michel fut élu czar en 1613, et devint la tige des czars actuels de Russie. Ces czars ne veulent de religion que pour asservir tous les Russes au despotisme. Comme le nom seul de patriarche donnait au métropolitain de Moscou une ombre d'indépendance, le czar Pierre Romanow, dit le Grand, le supprima vers la fin du XVIIᵉ siècle, et établit en place du patriarche un comité ecclésiastique de plusieurs membres, qui font serment de reconnaître le czar pour leur juge suprême ou leur pape. On a vu ce comité, nommé en Russie le *saint synode*, présidé au nom du czar, par un colonel de hussards, nommé Protasoff.

Nous avons vu les Russes schismatiques eux-mêmes reconnaître dans leur liturgie que l'Eglise catholique a été fondée, il y a dix-neuf siècles, par Jésus-Christ sur Simon-Pierre, fils de Jona, premier pape de Rome, où il a eu un grand nombre de saints pour successeurs. Quant à l'église schismatique de Russie, elle a été fondée, il y a un siècle, par Pierre Romanow et sur Pierre Romanow, premier pape de Pétersbourg, où il a eu jusqu'à présent des successeurs qui lui ressemblent. Jeune encore, le fondateur et premier pape de l'église russe épousa Eudoxie Lapouchin, dont il eut un fils légitime, Alexis : bientôt il renvoie Eudoxie et prend à sa place la fille d'un brasseur de Moscou, qu'il renvoie à son tour; enfin, du vivant de ces deux, il en épouse une troisième, prisonnière de Livonie, femme et non pas veuve d'un soldat suédois, laquelle, depuis sa captivité, avait été prostituée à trois généraux. Pierre en a trois bâtards doublement adultérins : deux filles, Anne et Elisabeth, et un garçon. Pour préparer à celui-ci la voie du trône, il fait couper la tête ou la coupe lui-même à son fils aîné et légitime, après l'avoir fait condamner à mort par son comité ecclésiastique, soi-disant *saint synode*; crime inutile, car le jeune bâtard mourut peu après. Sa mère, femme du soldat suédois, nommée d'abord Marthe, puis Catherine, ne fut pas toujours fidèle au czar et pape russe: celui-ci la surprit avec un jeune homme auquel il fit couper la tête; il comptait également punir la czarine, lorsqu'il mourut lui-même fort à propos, à l'âge de cinquante-trois ans : toute la Russie crut que sa fin avait été accélérée. Telles furent la vie et la mort du fondateur et premier pape de l'église russe (*Biograph. univ.*, art. PIERRE Ier; Castéra, *Histoire de Catherine II*, l. 1).

Le légitime héritier du trône et de la papauté russe était le fils de l'infortuné Alexis, décapité par son père : il fut écarté. Menzikof, fils d'un pâtissier, l'un des généraux à qui Catherine avait servi de concubine avant de devenir celle de l'empereur et pape, força le sénat russe de la déclarer impératrice et papesse. Menzikof et Catherine ne savaient ni lire ni écrire. Après la mort de Pierre, la papesse Catherine vécut en concubinage avec deux hommes simultanément. Elle maria l'une de ses filles, Anne, au duc d'Holstein. Comme ce prince passait pour impuissant, sa femme, d'après le conseil de sa mère, dit-on, eut recours à l'adultère pour avoir un fils, qui fut depuis l'empereur et pape Pierre III. Telle fut la vie du second pape ou de la première papesse de Russie.

A la mort de la papesse Catherine en 1727, Menzikof fit proclamer empereur et pape de Russie le fils de l'infortuné Alexis, sous le nom de Pierre II, qui mourut de la petite vérole en 1730. Alors on écarta de l'empire et de la papauté russe les deux filles de Pierre Ier, Elisabeth et Anne, avec son fils, attendu qu'étant issus d'un double adultère, ils devaient rester à jamais exclus du trône et de la papauté y annexée. On observa que, quand Pierre Ier épousa Catherine, le premier mari de cette femme et l'impératrice Eudoxie Lapouchin étaient encore vivants (Castéra, l. 1, p. 79). On appela donc au trône et à la papauté russe la princesse Anne, fille aînée d'Ivan, frère aîné de Pierre Ier, laquelle était veuve et duchesse de Courlande. Elle se prostituait au petit-fils d'un palefrenier, nommé Birin, qui fit mourir dans les supplices plus de onze mille Russes et en exila deux fois autant. Elle appela auprès d'elle sa nièce, fille de la duchesse de Mecklenbourg, la reconnut pour son héritière et la maria au duc de Brunswick. De ce mariage naquit, en 1740, un prince nommé Ivan, qui fut déclaré grand-duc de Russie. A la mort de l'impératrice-papesse Anne Ivanowna, l'an 1740, son neveu Ivan fut élu empereur-pape à l'âge de deux mois, sous la régence de sa mère, la duchesse de Brunswick. Celle-ci s'étant, par suite de ses débauches, brouillée avec son mari, une conspiration mit sur le trône impérial et papal Elisabeth, seconde fille de Pierre Ier, et jeta en prison le jeune pape Ivan avec sa mère.

L'impératrice et papesse Elisabeth, ne voulant pas de mari officiel, épousa secrètement un grenadier des gardes. Elle avait, en outre, des maris supplémentaires et de rechange, l'un desquels fut en correspondance avec Voltaire. Souvent elle buvait avec excès, et ses femmes étaient obligées de la porter au lit, où elle se prostituait chaque jour à un autre débauché (Castéra, l. 1, page 151). A sa mort, en 1762, on reconnut empereur et pape le fils de sa sœur, Anne Pétrowna, sous le nom de Pierre III : il avait épousé une princesse d'Anhalt, qui fut Catherine II. Nonobstant l'impuissance de son mari, elle eut plusieurs enfants; et d'abord, du chambellan Toltikaf, elle eut un fils qui fut plus tard l'empereur et pape Paul, père d'Alexandre, de Constantin et de Nicolas, dont deux furent empereurs et papes de Russie. Et avant et après qu'elle fût montée sur le trône, Catherine II ne discontinuait point ses adultères. Son époux, l'empereur et pape Pierre III, résolut de la répudier, de déclarer bâtard son fils Paul, et de reconnaître pour son héritier le prince Ivan, détrôné par Elisabeth et plongé dans un cachot, où il alla secrètement lui rendre visite. Mais Catherine II, qui venait d'accoucher clandestinement d'un enfant adultérin, sut prévenir son époux. Le 6 juillet 1762, elle se fit proclamer seule impératrice et papesse à Pétersbourg, et couronner dans la grande église; sept jours après, elle envoie empoisonner et étrangler son époux, l'empereur et pape Pierre III; en juillet 1764, elle fait assassiner l'empereur et pape Ivan, puis elle continue jusqu'à sa mort, en 1796, de se prostituer à ses courtisans. Son fils, l'empereur et pape Paul, est étranglé à son tour, le 12 mars 1801, du consentement, dit-on, de ses propres enfants. Telle est la dynastie adultère et régicide qui règne en Russie. Tels sont les souverains pontifes, mâles et femelles, des Russes schismatiques.

Par la tête, on peut juger du corps. Lorsque le czar et pape Pierre Romanow voulut se défaire de son fils Alexis, il le fit condamner à mort par un comité d'archevêques et d'évêques; il leur fit, pour la même cause, déposer Dosithée, métropolitain recommandable de Rostow, qui fut roué publiquement sur la place de Moscou, par ordre du czar, en présence d'une foule innombrable de peuple. Nicon, dernier patriarche de Moscou, ayant montré quelque velléité d'indépendance, le czar ne lui donna point de successeur, et érigea son comité ecclésiastique, en un soi-disant saint synode. Les évêques ayant

LIVRE XCI. — ENSEMBLE ET DÉNOUEMENT DE L'HISTOIRE HUMAINE.

toutefois demandé le rétablissement d'un patriarche, Pierre leur répondit : « Je ne reconnais d'autre légitime patriarche que l'évêque de Rome. Et, ajouta-t-il, en appuyant une main sur la poignée de son épée et l'autre sur un évangile, puisque vous ne voulez pas lui obéir, vous n'obéirez qu'à moi seul. Voilà votre patriarche. » Cependant, pour donner à cet acte de despotisme une apparence de légitimité aux yeux du clergé russe, il notifia au patriarche grec de Constantinople l'établissement de son comité ecclésiastique, qu'il appelle un synode *égal au patriarche*, et lui insinua de l'approuver, et même de le faire approuver aux patriarches schismatiques d'Alexandrie, d'Antioche et de Jérusalem. Ceux de Constantinople et d'Antioche finirent par reconnaître le synode russe comme leur frère en patriarcat. Or, ce synode *égal au patriarche* n'est qu'une commission administrative, composée d'archevêques, d'évêques et d'ecclésiastiques, mais soumis à la cravache d'un colonel de hussards, procureur suprême du synode, pour notifier et exécuter les volontés de l'empereur et pape, seule loi dans l'Eglise et dans l'empire. Ainsi le colonel Protasoff dit dans sa relation synodale de 1839 : « Les affaires réglées par ordre impérial suprême l'ont été sous mon inspection spéciale. On les a mises en exécution dans le plus bref délai possible, par suite d'ordres particuliers adressés à tous les consistoires d'éparchies (ou diocèses) (*L'Eglise schismatique russe, d'après les relations récentes du prétendu saint synode*. Paris, 1846, page 53).

Il n'y a que quarante-sept diocèses dans l'immense étendue de la Russie. Ils sont divisés en trois classes : quatre métropoles, seize archevêchés, vingt-six évêchés. Mais le rang des sièges et de ceux qui les occupent dépend du caprice de l'empereur et pape russe : il peut transformer une métropole en simple archevêché, un archevêché en simple évêché, et réciproquement. S'il nomme un évêque à un archevêché, un archevêque à une métropole, ils n'auront pas pour cela le titre d'archevêque ou de métropolite, mais garderont le titre inférieur tant qu'il plaira à l'empereur et pape. Cette distinction des sièges épiscopaux en trois classes ne vient nullement d'une juridiction plus ou moins étendue exercée par les titulaires. Ils sont tous également soumis au comité impérial, dirigé par le colonel Protasoff. Il ne leur est pas toujours permis de prêcher l'Evangile. Le métropolite actuel de Moscou, prêchant à la seconde fête de Noël 1824, en présence de l'empereur et pape Alexandre, prit pour texte de son sermon ces paroles de saint Matthieu : *Le roi Hérode ayant entendu ces choses, se troubla, et tout Jérusalem avec lui*. Ce sermon, où il se trouvait quelques allusions aux mœurs de la cour, n'avait cependant rien qui pût blesser les auditeurs ; il fut même généralement applaudi. Toutefois, l'impératrice et papesse mère, Marie Fédorowna, le trouva inconvenant et injurieux à la dignité de l'empereur-pape son fils. Il n'en fallut pas davantage pour abolir les sermons à la cour (*L'Eglise schismatique russe*, etc., c. 4 : *Les évêques*).

Les évêques, devant être célibataires, sont toujours pris d'entre les moines, lesquels font profession de célibat, et, pour cette cause, jouissent de quelque considération parmi le peuple. Les simples prêtres ou popes, devant toujours être mariés avant de recevoir la prêtrise, ne peuvent jamais devenir évêques et vivent dans un état de dégradation dont il est impossible de se faire une idée hors de Russie. En voici une des causes. Pendant deux siècles, la Russie moscovite fut sous la domination des Tartares. Dans cette période, les églises et les monastères conservèrent leurs biens, et les administraient par eux-mêmes. Les czars et czarines de Russie, plus voleurs que les Tartares, ont tout confisqué, sauf à promettre une indemnité convenable. Cette indemnité impériale est de quarante francs par année pour chaque moine officiel ou reconnu par l'Etat. Quant à la position financière du clergé séculier, voici ce qu'en dit l'auteur de *L'Eglise schismatique russe, d'après les relations récentes du prétendu saint synode*. « Dans le monde entier il n'existe pas de clergé aussi chétivement doté, aussi mal subventionné que le clergé russe. Tout ce qu'il possédait lui a été enlevé ; on l'a privé, de plus, des secours nécessaires pour mener une vie tant soit peu convenable à son état. En un mot, le gouvernement l'a réduit à la plus parfaite misère. — Et afin de convaincre tout le monde de cette vérité, il suffit d'examiner les sources uniques des revenus ecclésiastiques ; ce sont : 1° les offrandes volontaires ; 2° les quêtes faites dans les églises pendant les offices ; 3° les rentes des biens-fonds non séquestrés. La dernière de ces ressources est si peu de chose, qu'il est inutile même de la mentionner. Plus abondantes sont les deux autres, qui, en résumé toutefois, se réduisent à une seule, la bienveillance des fidèles. Rien ne sort du trésor pour la dotation des églises et l'entretien du clergé. Voyons donc, d'après les résultats obtenus, ce que les autres sources d'abondance peuvent produire à chaque prêtre en particulier. — Le clergé russe, en 1837, comptait cent six mille cent deux personnes en service actif ; je veux dire trente-deux mille deux cent deux protopopes et popes, quinze mille deux cent deux diacres et cinquante-huit mille huit cent trente-six clercs inférieurs. Le produit total des trois branches de revenus s'élevait à une valeur de huit millions cent soixante-quinze mille cinquante-deux francs, laquelle somme, divisée par le nombre des ecclésiastiques, donne soixante-dix-sept francs par tête. — Mais le résultat de ce calcul est encore plus frappant, si nous entrons dans le détail particulier des diocèses. Dans celui de Kaougla et Woronesch, le revenu de chaque ecclésiastique était de quarante-neuf francs ; dans celui d'Orel, quarante-huit ; de Kasan, trente et un ; de Kursk, vingt-neuf ; de Smolensk, vingt-huit ; de Novoscherkask, quatorze ; et enfin de Catherinoslaw, de onze francs seulement. Et cependant tous ces diocèses sont situés dans des contrées abondantes et fertiles (Pages 120 et 121). »

Voilà donc le pope russe, lui, sa femme et ses enfants, réduits à vivre toute l'année avec quarante francs ou même onze. L'auteur du livre doute même que la charité des fidèles ait pu atteindre la somme de huit millions de francs pour le seul entretien du clergé. « On sait en effet, dit-il, que, sur quarante millions d'habitants qui forment le chiffre total de la population schismatique en Russie, près de trente-sept millions appartiennent à la classe des serfs ; on sait de plus que, grâce aux charges imposées à cette masse par les amîtres du sol et par la très-pieuse couronne du maître des maîtres, ces malheureux esclaves de la glèbe ont à peine de quoi vivre pour eux, loin de pouvoir donner à d'autres (Page 123). La misérable condition du prêtre russe, ajoute l'auteur, nous fait comprendre comment nous le voyons se mêler à la plus infime classe de la société pour y chercher ses moyens d'existence, comment parfois on le trouve souillé des plus énormes crimes et abandonné aux plus honteuses habitudes de désordre. Sa vie matérielle est si souvent remplie de privations forcées, qu'il doit nécessairement y chercher une compensation dans les circonstances de baptêmes, mariages, bénédictions et enterrements, qui lui permettent au moins de satisfaire son vorace appétit. Aussi l'y voit-on ordinairement demander sans honte et sans retenue, manger et boire avec excès, et, s'il reste encore quelque chose, l'emporter avec lui pour le jeter en pâture à toute une famille affamée. On connaît également les excès que ces prêtres commettent dans ce qu'on appelle les sacrifices en mémoire des morts, dans les repas du temps pascal où le peuple russe mange avec les prêtres l'agneau et les œufs bénits. Aussi le vice de l'ivrognerie est-il si commun parmi eux, qu'on n'y fait aucune attention (Pages 135 et 136); plus d'une fois le commandant d'une flotte ou d'un régiment est obligé de mettre le pope aux arrêts le samedi, afin qu'il ne soit pas ivre le dimanche et qu'il puisse dire la messe. L'état moral du clergé, loin de s'améliorer, a toujours été en empirant, comme les relations synodales en font foi. En 1837, 1838 et 1839, le nombre des ecclésiastiques condamnés par le synode ou par l'autorité diocésaine s'élève à quatre mille deux cent deux, quatre mille trois cent quatorze et quatre mille neuf cent trente-deux. Si nous comparons le nombre des condamnés au chiffre total du clergé, nous trouvons qu'en 1837 il y a un condamné sur vingt-quatre individus; en 1838, un sur vingt-trois; et en 1839, un sur vingt. Si nous voulons ensuite calculer le nombre total des condamnés dans le cours de quatre années, de 1836 à 1839, nous en trouvons quinze mille quatre cent quarante-trois, c'est-à-dire le sixième des cent deux mille quatre cent cinquante-six ecclésiastiques de Russie. Mais si le nombre des condamnés ecclésiastiques en Russie est considérable comparativement à la somme totale du clergé, il devient effrayant si nous le considérons en particulier pour certains diocèses. Ainsi, chacune des années 1837, 1838 et 1839 présente, de mis en jugement dans les diocèses d'Orel et de Kan, un ecclésiastique sur dix, et dans celui de Wiatka, un sur neuf, mis en jugement pour des fautes graves, et, comme le dit le colonel Protasoff pour des *crimes infamants* (Pages 137 et 138). »

L'auteur fait voir dans un chapitre spécial que le proverbe russe, *tel pasteur, tel troupeau*, se vérifie spécialement en Russie, surtout parmi les quarante millions d'esclaves, dont un tiers ou plus de douze millions ont rompu avec l'église impériale, et forment des sectes à part, sous le nom de rascolnics et autres (C. 7, 8 et seqq.).

Voici une autre particularité. De temps en temps, les czars et papes de Russie publient de magnifiques proclamations sur l'instruction du clergé et du peuple, donnent des ordres retentissants pour fonder des écoles, des Universités même; ordres et proclamations qui sont répétés par les journaux de l'Europe. Or, tout cela n'est qu'une comédie pour amuser les nations étrangères et s'en attirer les éloges. Catherine II écrivait là-dessus au gouverneur de Moscou, l'un de ses anciens maris supplémentaires : « Mon cher prince, ne vous affligez point si nos Russes n'ont aucun désir de s'instruire, et si l'ordre d'ériger des écoles dans mon empire *n'est pas fait pour nous, mais pour l'Europe*, et pour soutenir près des étrangers la bonne opinion qu'on a de nous. Car dès le moment où le peuple russe aura vraiment commencé à s'instruire, je ne resterai pas impératrice et vous ne resterez pas gouverneur (Pages 269 et 270). » Tel est donc le mystère de tant de proclamations russes. Aussi l'auteur du livre cite-t-il plusieurs Universités fondées et organisées successivement par quatre ou cinq empereurs, et qui n'existent pas plus après qu'avant. Il y a quelques années, les journaux s'extasiaient sur la prodigieuse libéralité de l'empereur et pape russe, qui, moyennant les presses de son *saint synode*, établissait des bibliothèques instructives dans toutes les paroisses de son empire. Cette munificence impériale se réduit à un catéchisme de quarante-huit pages, et à une explication du symbole, envoyée aux popes, pour instruire leurs ouailles dans les rares prédications qu'on leur permet de faire. Encore n'est-il pas sûr que ce fût un don gratuit. Les presses du comité ecclésiastique, soi-disant *saint synode*, publient des missels, des évangiles, bréviaires, livres liturgiques, registres paroissiaux pour les baptêmes, mariages et enterrements, les patentes des prêtres et des diacres, les billets de mariage, les prières pour les indulgences et les billets connus sous le nom de passeports des défunts, ainsi que les certificats pour l'accomplissement du devoir pascal. Le procureur ou président réel du synode, colonel Protasoff, expédie ces pièces aux évêques, et les évêques aux popes. Ceux-ci en reçoivent le prix des fidèles, en rendent compte aux évêques, qui le déposent entre les mains du colonel Protasoff. Sous ce rapport, le *saint synode* n'est qu'une spéculation impériale de librairie, qui en 1839 rapporta un bénéfice de cent soixante-quinze mille quatre cent quinze francs. Telle est, en dernière analyse, la générosité pontificale du pape russe.

En somme, la Russie schismatique est un corps malade, gangréné de la tête aux pieds, depuis le trône, où le meurtre et l'adultère se sont assis avec ses premiers papes et papesses laïques, jusqu'à la cabane des popes, qui vivent dans la crapule, et que le Russe lui-même qualifie de brutes. Et cette immense corruption, recouverte au dehors d'un vernis de politesse, comme le cadavre infect l'est d'un masque, paraît humainement sans remède. Ne désespérons pourtant pas. Nous avons vu l'Angleterre protestante, durant trois siècles, persécuter, éventrer, brûler l'Angleterre catholique; et au bout de ces trois siècles, nous voyons l'Angleterre protestante réparer ses torts envers la vieille Angleterre toujours fidèle, et aspirer à se réunir avec elle dans le catholicisme.

Avant 1768, la Pologne était un peuple entière-

LIVRE XCI. — ENSEMBLE ET DÉNOUEMENT DE L'HISTOIRE HUMAINE.

ment libre. Les pays qui la composaient alors comptent aujourd'hui plus de vingt et un millions d'habitants ; alors, sur treize millions de catholiques, elle avait trois millions de dissidents ou de ruthéniens *non-unis*, par opposition avec les ruthéniens-*unis* ou *catholiques*, ayant leur rite particulier distinct du rite *latin*. La religion catholique était la religion de l'Etat, et la constitution accordait aux catholiques seuls tous les droits de religion. Les ruthéniens non-unis que frappait entre autres cette exception n'étaient pas, sous ce rapport, plus mal partagés qu'ils ne l'étaient et ne le sont aujourd'hui même en Russie ou dans tout autre Etat. Tout à coup la Russie schismatique saisit ce prétexte pour intervenir dans les affaires de la Pologne catholique, y allumer la guerre civile et briser sa constitution nationale. Le résultat de cette violence fut qu'en 1773, 1793, 1795 et 1815, la Russie, la Prusse et l'Autriche démembrèrent la Pologne, et que la Russie s'en attribua une part toujours plus grande. Toutefois, à chacune de ces occasions, les Polonais reçurent les promesses les plus solennelles de respect pour les droits de leur religion. Ainsi l'article cinq du premier traité de partage qui eut lieu le 18 septembre 1773, article reproduit dans les traités suivants, dit en toutes lettres :

« Les catholiques romains jouiront dans les provinces cédées par le présent traité, de toutes leurs propriétés, quant au civil ; et par rapport à la religion, ils seront entièrement conservés *in statu quo*, c'est-à-dire dans le même libre exercice de leur culte et discipline, avec toutes et telles églises et biens ecclésiastiques qu'ils possédaient au moment de leur passage sous la domination de Sa Majesté Impériale au mois de septembre 1772 ; et Ladite Majesté et ses successeurs ne se serviront point des droits de souverain au préjudice du *statu quo* de la religion catholique romaine dans les pays sus mentionnés. »

La Russie confirma et renouvela ces promesses dans les traités conclus directement avec le Saint-Siège en 1784, 1798, 1815 ; elle reconnut et garantit solennellement aux Papes les droits de l'Eglise catholique de l'un et de l'autre rite. Il y a plus : le droit reçut encore la sanction de fait lorsque, dans des cas qui furent nombreux, ces traités reçurent une pleine et entière exécution.

En 1783, le Saint-Siége confirma, par son nonce Archetti, la création de l'archevêché de Mohilow, qui eut lieu en vertu d'un traité, et il émit à cet effet la bulle *Onerosa pastoralis officii*, datée du 15 avril de cette année. En 1798, à l'occasion de la nouvelle circonscription des six diocèses latins et des trois ruthéniens-unis situés dans les anciennes provinces de la Pologne, un concordat fut conclu entre le nonce, depuis cardinal Litta, et l'empereur Paul Ier, confirmé par Pie VI, dans la bulle *Maximè undique pressi*, à la date du 15 novembre de la même année. Enfin Pie VII conclut avec Alexandre Ier le célèbre concordat relatif à la circonscription des diocèses du royaume de Pologne, érigés par suite du congrès de Vienne et mis sous la protection de la Russie, et il le confirma par la bulle *Ex impositâ nobis*, du 28 juin 1818 (*Vicissitudes*, etc., Préface, pages xix-xxii, p. 162, 310). Le Saint-Siége s'appuie donc sur des traités et des concordats, lorsqu'il demande au gouvernement russe de respecter dans toute leur étendue, en Russie comme en Pologne, les droits sacrés des catholiques de l'un et l'autre rite. Il possède un droit rigoureux, lui et les catholiques dont il est le père et le défenseur. Supposé donc que la Russie viole ces traités vis-à-vis d'une nation où, du Saint-Siège, elle autoriserait par là même les autres à lui rendre la pareille.

Catherine II avait juré à son époux, Pierre III, de lui être fidèle épouse ; ce qui ne l'empêcha pas de le faire empoisonner et étrangler, pour s'abandonner plus librement à ses adultères. Catherine II fut fidèle à ses traités avec les catholiques et avec le Saint-Siège, comme elle avait été fidèle à son époux. Elle travailla toute sa vie à étrangler et empoisonner la religion catholique dans ses Etats, afin d'en transformer le clergé et les fidèles en brutes et en esclaves, comme ses popes schismatiques et ses quarante millions de serfs. D'abord, au mépris de ses promesses et de ses serments, elle vola le bien des églises et des monastères catholiques. Le Saint-Siège avait ordonné aux catholiques de Russie de garder chacun leur rite, soit grec, soit latin, avec défense de passer de l'un à l'autre. Catherine II avait promis solennellement de laisser les choses en l'état où elle les avait trouvées. Catherine II ordonna aux catholiques russes ou ruthéniens du rite grec de passer au rite latin, ou bien d'embrasser le schisme. Bien des Ruthéniens, habitués au rite grec, prirent ce dernier parti. Un homme qui devait prévenir cette défection, y contribua par son ambition et sa connivence.

Stanislas Bohusz Siestrzencewicz, né d'une famille pauvre mais noble, fut élevé à Kœnigsberg, par des parents calvinistes, dans l'hérésie de Genève. Dans sa jeunesse, il servit comme hussard, reçut une blessure dans un duel et perdit un doigt de la main gauche. Peu de temps après, il fit la connaissance de Nassalki, évêque de Vilna, qui lui persuada d'embrasser la foi catholique. Résolu de suivre la profession cléricale, il sut si bien se mettre dans les bonnes grâces de son protecteur, que celui-ci l'ordonna prêtre, le fit chanoine de la cathédrale de Vilna, et enfin le choisit pour son successeur dans le siège épiscopal. Bien que Polonais, il combattit toujours contre sa patrie, et, dans ses intrigues avec le déplorable Podoski, primat de l'Eglise polonaise, il favorisa toujours les intérêts des Russes. Catherine l'en récompensa de toutes les manières, le nomma à l'évêché de Mohilow, qu'elle venait de fonder dans la Russie-Blanche, fit de ce siège un archevêché en sa faveur, et lui confia enfin la dignité de métropolitain sur toutes les églises latines de ses Etats. Ce prélat avait une profonde répugnance pour le Saint-Siège, et le contrariait dans tous les efforts qu'il faisait en faveur des églises des deux rites, à peine rétablies dans la Russie-Blanche. Catherine sut distinguer cet homme et s'en servit dans ses projets contre l'Eglise catholique. Ambitieux de pouvoir, il prenait le titre de métropolitain des églises catholiques des deux rites, se faisait appeler dans les actes publics légat *à latere* du Saint-Siège, et fit demander pour lui, par Catherine et Paul Ier, le chapeau de cardinal ; mais Pie VI et Pie VII se refusèrent à cette prétention. Pour ce qui regardait l'église ruthénienne-unie, il n'eut rien tant à cœur que de favoriser les vues de l'impératrice. Il força les prêtres à embrasser le rite latin, et il le fit de telle manière que les Latins s'en indignaient autant que les Ruthéniens. Le résultat fut que bien des populations ruthéniennes-unies passèrent au schisme.

Pour augmenter encore la défection, Catherine II organisa, l'an 1794, une bande de popes et de soldats qui parcouraient les diocèses et convertissaient à coups de fouet et de knout. Un prêtre uni refusait-il d'embrasser le schisme, on le chassait de sa paroisse avec sa femme et ses enfants, ou bien encore, dépouillé de ses biens, il croupissait en prison. Quant aux simples fidèles, on les déchirait de coups, on leur enlevait jusqu'à leurs troupeaux, qui faisaient toute leur fortune; on alla même quelquefois jusqu'à leur couper le nez et les oreilles, à leur arracher, à leur briser les dents avec les crosses de fusil. Le digne évêque de Kaminiec, Pierre Bielawski, adressa des réclamations au gouvernement russe, des mémoires au pape Pie VI, qui écrivit plusieurs lettres à l'empereur Léopold II pour le supplier d'obtenir que Catherine mît un terme à cette cruelle persécution. Pour toute réponse, Catherine II supprima tous les évêchés ruthéniens-unis de ses Etats, ainsi que presque tous les monastères Basiliens. Voilà comme cette autre Jézabel se moquait de Dieu et de son Eglise, ainsi que des serments qu'elle leur avait jurés, quand elle mourut en novembre 1796 (*Vicissitudes*, etc., Préface, pages XIX-XXII, page 187 et seqq.).

Sous les règnes de Paul Ier et de son fils Alexandre, l'église ruthénienne-unie put revenir quelque peu à la vie. L'empereur Paul aimait le pape Pie VI, dont il avait apprécié le mérite dans son voyage d'Italie en 1769. Il le pria d'envoyer un nonce apostolique à son couronnement en 1797. Ce fut le prélat, depuis cardinal, Litta, qui fut reçu non-seulement avec honneur, mais avec amitié, et qui présenta un mémoire pour le rétablissement des monastères et évêchés ruthéniens-unis, y compris la métropole de Kiow, avec le libre exercice de la religion, suivant les traités solennels de 1768, 1773 et 1793. Les bonnes intentions de l'empereur et les efforts du nonce furent traversés par les intrigues du comité soi-disant saint synode, et même par l'archevêque latin de Mohilow, qui s'opposa autant que le comité au rétablissement de la métropole de l'église ruthénienne-unie. Cependant la persécution cessa dans toute l'étendue de l'empire, et bientôt, par une nouvelle organisation, plusieurs sièges unis furent rétablis; chacun de ces nouveaux diocèses recouvra un certain nombre de monastères ou de paroisses qui lui avaient été arrachés ou qu'on avait supprimés, principalement dans les endroits où, en dépit des persécutions de Catherine, un certain nombre d'habitants étaient restés fidèles à la foi de leurs pères. Une partie de leurs biens fut restituée aux églises et aux monastères; l'empereur donna un traitement fixe aux évêques. Pie VI confirma cet accord par sa bulle du 18 octobre 1798, datée de sa prison de la Grande-Chartreuse, à Florence. Elle rétablissait, pour l'église ruthénienne-unie, les trois sièges suivants : 1° Le siége archiépiscopal de Polocsk : il comprenait les palatinats de Polocsk, Smolensk, Mecislaw et Witepsk; sa juridiction s'étendait sur tous les fidèles ruthéniens-unis habitant ces provinces. Héraclius Lisowski, prélat recommandable, qui s'était opposé avec courage aux innovations désastreuses de Catherine et de l'archevêque latin de Mohilow, resta sur le siége de Polocsk, et eut un évêque suffragant. 2° Le siége épiscopal de Luck ou Lucéorie : il comprenait les palatinats de Volhynie, de Podolie et de Kiow; sa juridiction s'étendait sur tous les ruthéniens-unis de son ressort. Etienne Lewinski, qui avait été chassé de son siége par Catherine II, reprit son titre d'éparque de l'église ruthénienne-unie, et eut également un évêque suffragant. 3° Le siége épiscopal de Brest : il comprenait les palatinats de Vilna, Troki, Nowogrodek, Brest, Minsk et le duché de Courlande; la juridiction était la même que celle des autres évêques. Josaphat Bulhak, suffragant depuis 1787, et coadjuteur de l'évêché supprimé de Pinsk et Turow, obtint ce siége. On lui donna aussi un évêque suffragant. Les religieux de Saint-Basile recouvrèrent également une partie de leurs monastères, et durent aux efforts de Litta le rétablissement de leur ordre. Sous le règne d'Alexandre, la position de l'église ruthénienne-unie fut encore améliorée quelque peu. On rétablit la métropole, mais à Vilna; la chose ne put toutefois être parfaitement régularisée, grâce aux intrigues du prétendu saint synode et de l'archevêque latin de Mohilow. Le métropolitain ruthénien-uni de Vilna fut l'évêque Bulhak, qui gouverna paisiblement l'église-unie jusqu'à la mort d'Alexandre.

Jusqu'à la même époque, voici quel fut le sort de l'Eglise catholique, tant latine que ruthénienne-unie, dans la Pologne demeurée telle. Pendant que Catherine II et Frédéric II travaillaient à révolutionner la Pologne, afin de se la partager, vint à mourir le digne primat du royaume, l'archevêque de Gnésen, Ladislas Lubienski. Le roi de Pologne était Stanislas Poniatowski, l'un de ces courtisans auxquels Catherine II s'était prostituée. D'après les insistances de Catherine et du général russe, il nomma au siége primatial de Gnésen Jean Podoski, homme d'une foi douteuse et de mœurs dissolues. Les évêques de Cracovie, de Kaminiec et de Kiow adressèrent au Saint-Siége les représentations les plus énergiques contre l'indignité et les malheurs irréparables d'une pareille nomination. Malgré les remontrances des trois évêques, Clément XIII écouta plus le roi et l'impératrice, et commit la faute d'instituer en 1767 l'indigne Podoski archevêque de Gnésen. C'était donner le coup de mort à l'Eglise de Pologne; car ce furent les intrigues de ce malheureux qui achevèrent la ruine de la nation au profit de la Russie et de la Prusse (*Vicissitudes*, etc., t. I, p. 104-107). Les trois évêques courageux et fidèles le furent jusqu'au bout; ils se nommaient Soltyk, Krasinski et Zaluski. Le premier et le troisième eurent la gloire de souffrir l'exil et la prison pour la cause de la religion et de la patrie.

L'église ruthénienne-unie eut aussi à souffrir en Pologne par suite de l'influence russe. Les prêtres séculiers de ce rite déployèrent une héroïque fermeté pour résister à la séduction étrangère et rester fidèles à l'Eglise romaine. Les moines de Saint-Basile ne se montrèrent pas si bien. Les uns embrassèrent le schisme pour conserver leurs monastères et leurs possessions ; les autres, demeurés catholiques, accaparaient volontiers les principales places des diocèses, et en excluaient les prêtres séculiers. Les principaux d'entre les Basiliens étaient de nobles Polonais, qui, de latins, se faisaient ruthéniens-unis, afin d'occuper les évêchés et les prélatures de ce rite ; ce qui en affaiblit singulièrement l'union et la force, et le livra comme sans défense à l'ennemi, lorsque plusieurs de ces diocèses passèrent au pouvoir des Russes. Cependant cette pauvre Eglise ne succomba point à l'épreuve. Après le premier partage de la Pologne, le métropolitain des ruthéniens-unis, Léon Szeptycki, qui administrait en même temps les diocèses de Léopol et la partie polonaise du diocèse de Kaminiec, rendit les plus grands services à la cause de l'Eglise. Comme son digne prédécesseur et parent, Athanase Szeptycki, il dirigea avec la plus grande habileté les affaires de l'église-unie, veilla à la pureté du rite, prit à tâche de répandre l'instruction parmi le clergé, épura les mœurs dans les monastères basiliens, fit plusieurs tournées d'inspection dans sa métropole, et s'efforça de guérir toutes les blessures faites à l'église-unie depuis 1769. Il eut le mérite, encore qu'il fût basilien lui-même, de savoir choisir parmi le clergé séculier des hommes instruits, sortis des collèges de Vilna et de Léopol, pour les élever, à l'égal des Basiliens, aux principales dignités de son diocèse. Comme évêque de Léopol, il demanda au pape Clément XIV, pour le saint prêtre Alexis Piasecki, protonotaire apostolique, la faveur de porter la croix et une chaine d'or. Le Pape y consentit par un bref du 5 mai 1770. La persécution, qui depuis la moitié de ce siècle accablait l'église-unie, réveilla dans le clergé et dans le peuple un nouveau zèle pour la religion ; ils unirent leurs forces pour résister avec plus d'avantage. Tout le monde sentait la nécessité de perfectionner l'éducation du clergé. Le pieux évêque de Chelm, Maximilien Rylo, l'un des hommes les plus distingués de l'Eglise, fonda à ses frais un séminaire pour les jeunes ecclésiastiques de son diocèse, lui assigna de riches dépendances et lui donna la somme de cent mille florins de Pologne. Il en confia la direction aux Basiliens, et choisit à cet effet les hommes les plus instruits de l'ordre dans la congrégation lithuanienne de la Sainte-Trinité. Sur un décret de la congrégation de la Propagande, le pape Pie VI autorisa cet établissement par un bref du 19 janvier 1780. Une parente de cet évêque fonda un monastère qui fut confirmé par Clément XIV.

Quant aux diocèses du rite latin enlevés à la Pologne par le dernier partage, Catherine II venait de les bouleverser de fond en comble, quand elle mourut. Le pape Pie VI, de concert avec l'empereur Paul, réorganisa ces diocèses, de la manière suivante, par sa bulle du 15 novembre 1798 : 1° La métropole de Mohilow. La juridiction de ce siége, juridiction partie réelle et partie déléguée, s'étendait sur les gouvernements de Mohilow, de Witepsk en Russie-Blanche, de Kiow en Ukraine, de Pétersbourg, de Moscou, de Livonie, de Saratow et d'Astrakan, et enfin sur celui de la Crimée ; le siége avait deux suffragants et autant de coadjuteurs avec titre épiscopal *in partibus*. 2° L'évêché de Samogitie avait un suffragant et un coadjuteur. 3° L'évêché de Vilna embrassait presque toute la Lithuanie, la Courlande et le diocèse supprimé de Livonie. Cet évêché avait quatre évêques suffragants, Vilna, Brest, Troki et Courlande. 4° L'évêché de Luck et de Zytomir s'étendait sur toute la Volhynie et sur le diocèse de Kiow. L'évêque avait deux suffragants et deux cathédrales, celle de Luck et celle de Zytomir, capitale de la Volhynie. L'évêché réuni de Luck et de Zytomir fut, le 16 décembre 1798, donné au digne prélat César Colonne, ci-devant évêque de Kiow, mais expulsé de cet évêché par Catherine II. Il fut appelé par ses contemporains l'ornement de l'épiscopat, l'apôtre et l'étoile de l'Eglise de Pologne. 5° L'évêché de Kaminiec. Sa juridiction s'étend sur toute la Podolie, dont Kaminiec est la capitale. L'évêque a un suffragant. 6° L'évêché de Minsk, fondé par suite de la séparation du gouvernement de ce nom d'avec le diocèse de Vilna. Le nombre des fidèles des deux sexes ayant atteint leur majorité, dans la province ecclésiastique de Mohilow, du rite latin, s'élevait en 1804 à un million six cent trente-cinq mille quatre cent quatre-vingt-dix âmes.

Le malheur de ces églises fut d'avoir pour métropolitain un protestant bien ou mal converti, Stanislas Bohusz, que déjà nous avons appris à connaître par le mal qu'il a fait aux ruthéniens-unis. Pour restreindre à son profit le pouvoir des évêques latins de sa province, il suggéra au gouvernement l'érection d'une commission ecclésiastique pour juger les affaires des six diocèses latins et des trois de Ruthéniens-unis, sans aucun recours à Rome. Nommé président de la commission, il la composa d'hommes sans conscience, sans religion et sans mœurs, et en éloigna tous ceux qui témoignaient un véritable intérêt pour l'Eglise, tels que son propre suffragant, le digne évêque de Gadora, Jean Benilawski, ancien jésuite, que Catherine II avait envoyé en 1783 comme plénipotentiaire à Rome ; le pieux Joseph Byskowski, abbé mitré de Mohilow, et Henri Szerniewski, chanoine de Luck, qu'il éloigna sous le prétexte qu'ils étaient en correspondance secrète avec Rome et cherchaient à éluder les lois de l'empereur. A leur place, il nomma deux moines de mœurs dissolues, dont il voulait faire des évêques suffragants, et dont l'un, pour se venger du refus que Rome avait fait de l'élever à cette dignité, abjura publiquement la religion catholique, et se maria à Pétersbourg, au grand scandale des fidèles de toutes les confessions. Il ne craignit pas non plus de nommer conseiller et secrétaire de la commission ecclésiastique son propre frère, quoique protestant et de réputation équivoque. Les empiétements de ce prélat sur toutes les branches de la discipline et de la hiérarchie de l'Eglise étaient à peine croyables. Les abus les plus monstrueux furent commis en matière de divorces ; il les accordait sans cause légitime, sans avoir les pouvoirs nécessaires, et pour de grosses sommes d'argent. Ennemi de toute institution monastique, il accordait la sécularisation à tous ceux qui la demandaient, et surtout aux hommes perdus, dont il comptait faire, par la suite, des instruments de ses intrigues ; il récompensait leurs indignités par de gros bénéfices ; il portait toujours aux places et aux dignités ecclésiastiques les plus corrompus. Il se déclara le protecteur de la Société biblique venue d'Angleterre, fit un mandement en sa faveur, où il ne craignit pas d'altérer le texte du concile de Trente et d'un bref du pape Pie VI à l'archevêque de Florence. Pie VII lui interdit, par une lettre du 3 septembre 1816, toute participation à la Société biblique; lui reprocha, en termes modérés, mais fermes, les mutilations arbitraires qu'il s'était permises aux décrets du concile de Trente et au bref de Pie VI; lui ordonnant de désavouer sa lettre pastorale par une autre dans laquelle seraient exposées les doctrines de l'Eglise catholique et les constitutions des Papes concernant la lecture des Ecritures saintes, et de fortifier la foi des fidèles dans les deux sources de la révélation divine, savoir, les saintes Ecritures et la Tradition. Tel était ce loup devenu pasteur dans la Russie polonaise (*Vicissitudes*, etc., t. I, p. 299 et seqq.).

En 1815, dans le nouveau royaume de Pologne, le pape Pie VII, de concert avec l'empereur Alexandre, établit une nouvelle organisation ecclésiastique, qu'il confirma par des bulles en 1818. Le siège primatial de Gnésen passait, avec le duché de Posen, sous la domination de la Prusse. Varsovie n'avait été jusqu'alors qu'une suffragante de Gnésen : le Pape en fit un archevêché et une métropole. Il y soumit les sept évêchés du royaume de Pologne, savoir : Cracovie, Kalisz, Hock, Augustow, Sandomir, Lublin et Podlachie. Par un bref du 3 octobre 1818, l'Université de Varsovie fut rétablie dans ses anciens droits. La discipline de l'Eglise relativement au mariage avait été fort relâchée dans le cours du dernier siècle. Dans aucun autre pays, si ce n'est en Angleterre, à la même époque, il n'y avait eu autant de divorces. L'empereur Alexandre en parla lui-même à la diète de 1825. La faute en fut à la négligence des évêques et à l'immoralité de la noblesse; voilà à quoi la Pologne doit imputer ses malheurs.

Nous consignerons ici un dernier fait sur l'empereur Alexandre, en citant celui de qui nous le tenons. L'abbé prince Alexandre de Hohenlohe était en relations particulières avec l'empereur Alexandre de Russie : il fit même le voyage de Saint-Pétersbourg à la demande de l'empereur, et eut avec lui plusieurs entretiens. Or, le prince de Hohenlohe a positivement assuré à un seigneur polonais, de qui nous le tenons, que l'empereur Alexandre est mort catholique, ainsi que sa femme l'impératrice Elisabeth, et qu'ils étaient catholiques l'un et l'autre assez longtemps avant leur mort, qui, du reste, parut bien inattendue dans le monde.

On sait que le successeur d'Alexandre ne lui ressemblait guère sous ce rapport, et que les catholiques ont rencontré peu de persécuteurs plus astucieux et plus violents. La persécution commence avec son règne, mais pire que sous Catherine II. Il fait exécuter plus sévèrement la défense faite aux évêques et aux fidèles catholiques de communiquer avec le Saint-Siège pour les affaires spirituelles. Il entretient un ambassadeur à Rome, mais n'en reçoit point de Rome en Russie, afin de pouvoir mieux tromper le chef de l'Eglise et lui enlever plus facilement ses ouailles. Dès le 9 février 1826, peu après son avénement au trône, il défend à tous les marchands polonais ou russes, appartenant à l'église-unie, de vendre dans les foires ou toutes autres réunions du peuple, dans la Petite-Russie, la Russie-Blanche ou ailleurs, aucun livre à l'usage des fidèles de cette Eglise, imprimé par des imprimeurs de cette religion et dans la langue slave. L'Eglise ruthénienne-unie et la congrégation des Basiliens avaient été organisées canoniquement par Pie VI et Pie VII, de concert avec les empereurs Paul et Alexandre : le 22 avril et le 3 mai 1828, Nicolas bouleverse despotiquement toute cette organisation, supprime l'évêché de Luck, établit deux métropoles au lieu d'une, soustrait les religieux basiliens à leurs supérieurs, les soumet aux évêques, mais tous les évêques à un comité siégeant à Pétersbourg, et docile instrument de toutes les volontés du czar. C'était tout un système d'astuce et de violence pour entraîner cette pauvre Eglise dans le schisme; mais c'était violer aussi les conditions du traité de 1773 et autres, les conditions auxquelles ces provinces avaient passé au pouvoir de la Russie.

L'Eglise catholique du rite latin ne se vit pas moins menacée en Russie et en Pologne. Dès le printemps 1828, Nicolas ordonna que, pour entrer dans un ordre monastique, il fallait solliciter par l'intermédiaire du gouverneur général de la province et obtenir l'autorisation du ministre des cultes, autorisation qui ne s'accordait que très-difficilement. C'était une première mesure pour parvenir à la destruction entière de l'état religieux. Dès la même année 1828, Nicolas ordonna que quiconque voudrait entrer dans un séminaire pour s'y faire prêtre, devait présenter ses titres de noblesse, avoir fait ses études dans une des Universités de l'empire, être âgé de vingt-cinq ans au moins, fournir un remplaçant pour le service militaire, obtenir la permission du ministre des cultes, enfin verser une somme de six cents francs dans la caisse de leur province au profit du clergé schismatique. Un autre décret de 1829 ferma les noviciats dans tous les monastères, et un autre limita le nombre des séminaristes dans chaque diocèse. Dans la diète polonaise de 1830, la connaissance et le jugement des causes de nullité dans le mariage ecclésiastique et chrétien furent enlevés aux tribunaux de l'Eglise et attribués aux juges civils. L'évêque de Podlachie, Guthowski, et Skorkowski, évêque de Cracovie, s'étant opposés à cette usurpation des droits de l'Eglise, reçurent ordre de quitter Varsovie avant la clôture de la diète (*Vicissitudes*, etc., t. I, p. 316-319). Ainsi, en juillet 1830, Nicolas avait tout préparé en Russie et en Pologne pour une persécution générale contre l'Eglise catholique de l'un et l'autre rite.

Mais, à la fin de juillet 1830, éclate à Paris une révolution qui expulse une dynastie et en élève une autre. Peu après, et par contre-coup, éclate dans les Pays-Bas une autre révolution qui enlève à Guillaume de Nassau plus de la moitié de son royaume, et en fait un royaume à part sous le nom de Belgique. Par contre-coup de ces deux révolutions, une troisième éclate le 29 novembre à Varsovie. Les Polonais prennent les armes pour maintenir leur antique nationalité, dont ils voient qu'on veut leur arracher les derniers restes par la destruction du catholicisme : ils prennent les armes pour maintenir leur ancienne et glorieuse nationalité contre les Russes, comme ils ont sauvé la liberté et l'indépendance de l'Europe contre les Turcs, ou plutôt, c'est toujours la même cause qu'ils défendent. D'abord contre les Turcs, ensuite contre les Russes, toujours ils défendent, avec leur personnalité nationale et au prix de leur sang, la liberté et l'indépendance de l'Europe chrétienne et catholique, liberté et indépendance menacées de nos jours par l'astucieux despotisme, ecclésiastique et séculier, du czar de Pétersbourg, plus peut-être qu'elle ne l'était autrefois par le despotisme simplement brutal du sultan de Stamboul.

Un journal français, les *Débats*, disait en octobre 1842 : « C'est une papauté qui se fonde en Russie, et c'est surtout de l'épée de cette papauté qu'il sera juste de dire que la pointe est partout et que la poignée est à Saint-Pétersbourg. Ce nouveau Saint-Siège a partout en Orient des agents et des satellites... Partout, dans l'Europe orientale, depuis la Baltique jusqu'à l'embouchure du Danube, du golfe de Venise, partout le plan se poursuit de substituer l'église russe à l'Eglise romaine, le czar au Pape, ou plutôt, pour dire les choses en langage de notre temps, le despotisme du pouvoir temporel à l'indépendance du pouvoir spirituel. La liberté de l'esprit humain ne gagnera assurément pas en passant du joug bénin de l'inquisition romaine sous le joug sévère et ombrageux de la police moscovite (*Ami de la religion*, 27 oct. 1842). »

La Pologne prit donc les armes contre la Russie pour la cause de l'Europe et de l'humanité entière. La lutte dura du 29 novembre 1830 en septembre 1831. La Pologne, délaissée de l'Europe, succomba pour le moment : sa noblesse n'était plus assez chrétienne ni son clergé assez exemplaire pour mériter si tôt le triomphe. Il lui faudra d'autres épreuves pour se purifier, comme l'or dans la fournaise. Cette lutte suspendit la persécution dont Nicolas avait jeté le plan et les bases dès 1826, quatre ans auparavant. Il la reprit avec d'autant plus d'astuce et de violence en 1832.

Son système fut de séduire d'abord les évêques du rite uni, de schismatiser l'enseignement des séminaires et des écoles ecclésiastiques, de violenter plus ou moins le simple peuple, de tromper le Pape sur tout ce manège, d'obtenir même de lui des concessions ou des complaisances qui pussent être présentées comme une approbation de sa conduite. Telle fut la tactique du czar Nicolas avec le pape Grégoire XVI, jusqu'au moment où celui-ci crut devoir la dévoiler à tout l'univers par son allocution ou manifeste du 22 juillet 1842, manifeste qui fut imprimé avec des documents authentiques qui en justifient tous les points.

Le cinquième de ces documents est une lettre du 9 juin 1832, adressée par le Pape, sur la demande du czar, aux évêques de Pologne, pour inculquer la maxime de l'Eglise catholique touchant la soumission au pouvoir temporel dans l'ordre civil. Grégoire XVI y parle contre l'esprit de rébellion qui agitait les peuples; il rappelle le précepte général d'obéir à l'autorité légitime dans ce qui n'est pas contraire aux lois de Dieu et de l'Eglise, il cite pour modèle la conduite des premiers chrétiens. Cependant on pourrait dire que cet exemple n'était pas rigoureusement applicable au cas présent. Les premiers fidèles étaient des individus plus ou moins nombreux, mais sans forme de corps politique, tandis que la Pologne est une nation ancienne, ayant une constitution reconnue, dont le catholicisme est un article fondamental, constitution et article que le czar a juré d'observer comme roi de Pologne. Ce n'est pas précisément le cas d'un maître et d'un esclave, mais de deux parties contractantes dont les engagements sont réciproques. La force seule ne fait pas la justice. Un exemple plus applicable à la Pologne, c'est celui des Machabées. Ceux-ci prennent les armes pour défendre leur nationalité et leur religion contre les rois de Syrie, qui voulaient exterminer l'une et l'autre, et toujours les Machabées ont été proposés pour modèles. Les premiers chrétiens s'enfuyaient ou se laissaient égorger comme individus, mais ils se défendaient comme nation. Nous en avons vu un exemple dès la fin du IIIe siècle de l'ère chrétienne. La nation des Arméniens avait, tout entière, embrassé le christianisme; ses princes étaient habitués à recevoir le diadème des empereurs romains; elle se trouvait ainsi à peu près dans la même position que les Juifs à l'égard des rois de Syrie, que les Polonais à l'égard des czars de Russie. L'empereur Maximin voulut la forcer de revenir au paganisme; elle prit les armes et le battit honteusement. D'après le même droit, nous avons vu les nations chrétiennes de l'Occident, dès que nations chrétiennes il y a eu, rejeter les princes hérétiques et apostats, et cela pendant plus de dix siècles et avec l'approbation expresse des Papes, des conciles et des autres rois eux-mêmes. En 1831, la Pologne se trouvait dans le même cas que la France et la Belgique; la seule différence, c'est le succès d'un côté, la défaite de l'autre. Les Machabées eux-mêmes n'ont pas toujours été victorieux.

Avec sa lettre aux évêques de Pologne, le Pape fit remettre à l'ambassadeur russe un exposé des maux que souffrait l'Eglise catholique en Russie par suite des innovations du gouvernement dans les matières ecclésiastiques, innovations qui étaient les causes de cette décadence de mœurs dont parlait l'ambassadeur. C'était : 1° La défense de communiquer librement avec le Saint-Siège dans les matières spirituelles, défense faite aux évêques, aux ecclésiastiques et généralement à tous les catholiques sujets de la Russie, sous les peines les plus sévères et capitales. Cette défense, qui continue à être rigoureusement maintenue, met les sujets catholiques dans l'impossibilité d'exposer leurs besoins spirituels au Père commun des fidèles, qui, de son côté, ne peut leur prêter aucun secours, ne peut même exercer aucun contrôle sur l'enseignement de la saine doctrine, sur l'observance des sacrés canons, la discipline de l'Eglise et la bonne direction des choses ecclésiastiques. 2° La trop grande étendue des diocèses empêche que la surveillance pastorale ne s'exerce sur tous les points. 3° La gêne imposée par le gouvernement aux évêques dans l'exercice de leur juridiction et l'accomplissement canonique de leur ministère pastoral. 4° L'appauvrissement du clergé dépouillé des biens appartenant à l'Eglise, la suppression de tant de bénéfices, monastères. 5° L'enseignement du clergé séculier et régulier est enlevé aux évêques et à leurs supérieurs respectifs; il est confié à une direction étrangère : cette direction est composée fréquemment de personnes d'une autre communion, ignorantes en matière ecclésiastique, imbues de principes erronés, faisant usage pour l'enseignement, de doctrines et de livres condamnés ; et cela dans les Universités, les lycées, qui offrent aux séminaristes, tant séculiers que réguliers, d'innombrables occasions de corruption, de séduction et de dissipation. Ce système est d'autant plus funeste à la religion catholique, que les sujets élevés de cette manière sont destinés aux plus hauts emplois. 6° Le peu de capacité et de zèle montré quelquefois par les individus élevés à la dignité épiscopale ; mais surtout l'abus commis par plusieurs d'entre eux des pouvoirs ordinaires attachés à leur dignité ; et plus souvent encore, l'abus des pouvoirs extraordinaires qu'ils n'avaient point reçus ou qui étaient expirés, ou enfin qui leur avaient été conférés dans un but autre que celui pour lequel ils les employaient. 7° Scandale des couvents qu'on a soustraits aux supérieurs de leur ordre, et bouleversés par des règlements nouveaux. 8° Renversement de la discipline ecclésiastique, surtout par la facilité avec laquelle on autorise les divorces. Ces innovations étaient contraires aux traités en vertu desquels les provinces polonaises et la Pologne avaient passé sous la domination de la Russie. Le Saint-Siège demandait un remède à tant de maux ; il demandait surtout la présence d'un nonce apostolique à Pétersbourg.

Voici comme le czar Nicolas répondit aux demandes du Pape. La même année 1832, il ordonne d'élever dans le schisme tous les enfants nés de mariages mixtes. Les catholiques des deux rites, latin et grec-uni, en cas d'urgence, assistaient au service divin et recevaient les sacrements des églises les uns des autres. En 1832, Nicolas le défend sous les peines les plus sévères. Il ferme toutes les écoles religieuses et les séminaires du rite uni, même l'Université de Polocsk, et force les jeunes lévites d'aller poursuivre leurs études dans une école schismatique de Pétersbourg. Le conseil ou comité du rite uni est incorporé au comité schismatique, présidé par le colonel Protasoff, et en fait une section. Le président de la section est un prélat ambitieux, Joseph Siémaszko, que le métropolitain Bulhak de Lithuanie est forcé de prendre pour suffragant. Le métropolitain, qui était vieux, lui fait jurer qu'il demanderait à Rome même son institution canonique. Siémaszko prête le serment, et aussitôt le viole. Un provincial apostat de Basiliens lui est associé, avec quelques autres, pour préparer la défection de l'église ruthénienne-unie. Des évêchés, des paroisses catholiques-unies sont transformés en évêchés, en paroisses schismatiques. Des missels, des eucologes schismatiques sont substitués aux livres catholiques. Trois évêques, vendus à la cour, travaillaient ainsi à l'apostasie de leur clergé et de leur peuple. Cependant le plus grand nombre des fidèles et des prêtres demeuraient dévoués au Saint-Siège. Ils suppliaient avec courage et respect leurs prélats de demeurer fidèles au culte de leurs ancêtres ; ils leur démontraient toute l'injustice des innovations religieuses qu'on voulait leur imposer ; ils soutenaient, avec justice, que ni les évêques ni le gouvernement n'avaient le droit de les forcer à reconnaître ces innovations ; les évêques, parce que de pareils procédés étaient incompatibles avec leur qualité de pasteurs ; le gouvernement, à cause des serments solennels par lesquels les souverains de Russie, depuis Catherine II, leur avaient garanti le libre exercice de leur culte. L'honneur d'une si belle résistance appartient surtout aux prêtres du district de Nowogrodek, qui, le 2 avril 1834, au nombre de cinquante-quatre, adressèrent à l'évêque Siémaszko une protestation ferme contre les innovations schismatiques. Il en gagna par ses menaces et ses violences ; mais le grand nombre ayant persévéré, il les fit déporter en Sibérie.

Son complice Lusinski, évêque de Polocsk, enivra ses prêtres avec des liqueurs fortes, et leur fit signer dans cet état un acte de schisme. Les prêtres des districts de Drisna et de Lepel ayant résisté courageusement, ils furent chassés de vive force, et leurs églises livrées aux schismatiques. A la suggestion de ces deux évêques, le czar déclarait schismatique telle ou telle paroisse, ou même telle ou telle famille, sous prétexte qu'elle l'avait été deux siècles auparavant, avec peine de mort contre ceux qui ne se conformeraient point à la déclaration du czar. Il y a plus : depuis Catherine II, les paysans de bien des villages, pour sauver leur culte, avaient embrassé le rite latin. En 1833, Nicolas déclare que tous ceux-là sont censés appartenir à son culte impérial, qu'il appelle orthodoxe. Des popes et des soldats sont envoyés pour exécuter l'édit du persécuteur. Ceux qui ne s'y conforment pas sont dépouillés de leurs biens, et leurs prêtres chassés de force. Les paysans des terres de Witepsk avaient appartenu jusqu'en 1832 aux missionnaires de saint Vincent de Paul. En 1835, peu après Pâques, une commission, accompagnée d'une troupe de soldats, s'empare de l'église, convoque les habitants, et leur annonce que, suivant la volonté suprême de l'empereur, ils devaient embrasser sa religion, c'est-à-dire le schisme. Comme ils résistent aux moyens de séduction, les soldats fondent sur eux et les maltraitent d'une manière cruelle. Il y en eut qui expirèrent sous les coups ; un grand nombre prit la fuite et se sauva sur un étang recouvert d'une glace peu épaisse. Les soldats les sommèrent de se rendre. Tous les paysans s'écrièrent : « Nous aimons mieux mourir que d'abandonner la religion de nos pères ! » Les soldats ayant rompu la glace autour d'eux, vingt-deux consommèrent leur martyre dans les eaux ; un petit nombre se sauva à la nage. Dans la commune de Ieziorkowice, du gouvernement de Witepsk, plusieurs paysans perdirent la vie pour n'avoir voulu ni livrer leurs églises aux schismatiques, ni embrasser la religion russe. A Starosiel, colonie militaire du même gouvernement, le commandant rassemble un jour tous ses soldats et leur déclare que la volonté immuable de l'empereur est qu'ils reconnaissent le même Dieu que lui. Le plus grand nombre résiste et déclare aimer mieux mourir que de trahir leur religion. Aussitôt les soldats schismatiques tombent sur eux à coups de bâton et de sabre, et en blessent beaucoup à mort. La noblesse du même gouvernement adresse à l'empereur, sur ces atrocités, un mémoire signé par ceux mêmes qui n'étaient pas catholiques. Toute la réponse fut que la noblesse ne devait pas s'occuper d'affaires religieuses.

Au mois d'août de l'an 1835, les habitants de la paroisse d'Uszarz, vassaux du comte Plater, envoyèrent une supplique au ministre des cultes à Pétersbourg, implorant sa grâce et sa miséricorde, parce que, privés de leur église, ils se voyaient forcés de professer une religion qu'ils n'avaient pas voulu embrasser; mais ils ne reçurent aucune réponse. Seulement l'évêque Bulhak les prévint que bientôt arriverait une commission avec le prêtre qui leur était destiné. En effet, disent les habitants dans une seconde pétition à l'empereur même, la commission s'est présentée le 2 décembre, et ayant convoqué le peuple, elle l'a invité à embrasser la religion grecque. Nous nous sommes tous écriés d'une voix, *que nous voulions mourir dans notre foi, que jamais nous n'avions voulu ni ne voulions d'autre religion.* Alors la commission, laissant les paroles, en vint aux faits, c'est-à-dire qu'on se mit à nous arracher les cheveux, à nous frapper les dents jusqu'à effusion de sang, à nous donner des coups à la tête, mettre les uns en prison, et transporter les autres dans la ville de Lepel. Enfin la commission, voyant que ce moyen ne lui réussissait pas non plus, défendit à tous les prêtres grecs-unis d'entendre nos confessions, ou de nous administrer quelque autre secours spirituel. Mais nous avons dit : « Nous demeurerons sans prêtres, nous ferons nos prières à la maison : nous mourrons sans prêtres, nous confessant les uns aux autres; mais nous n'embrasserons point votre foi. Qu'on nous réserve plutôt le sort du bienheureux Josaphat : c'est ce que nous désirons ! » Mais la commission s'en est allée, en se moquant de nos larmes et de nos prières. Et nous sommes demeurés comme des brebis errantes, et nous n'avons plus d'asile (*Vicissitudes, etc.*, t. II, p. 303). » Le 10 juillet 1836, les habitants du village de Lubowiez, gouvernement de Mohilow, disaient à l'empereur dans une pétition semblable : « Nos ancêtres, nés dans la foi grecque-unie, toujours fidèles au trône et à la patrie, ont passé paisiblement leur vie dans leur religion ; et nous, nés dans la même foi, nous la professions librement depuis longtemps. Mais les prêtres de la religion dominante, alléguant pour prétexte que quelques-uns d'entre nous, ce qui n'a point eu lieu, ont été dans la communion de la religion grecque-russe, nous forcent d'abjurer notre foi, non par des peines corporelles, mais par des moyens beaucoup plus atroces, c'est-à-dire en nous privant de tous les secours spirituels, en défendant à nos propres prêtres de baptiser nos enfants, d'entendre nos confessions et de bénir nos mariages. C'est de cette manière qu'ils nous arrachent à nos pasteurs. Dans une si cruelle persécution, il ne nous reste de refuge que dans la clémence de Votre Majesté Impériale. — Monarque, défendez ceux qui souffrent pour la foi (*Ibid.*, p. 304). »

A des prières si touchantes, Nicolas Romanow, ne répondit que par le mépris joint à la violence. Défense fut faite aux paysans d'en adresser de nouvelles à l'empereur; on leur ordonna de les remettre à leurs seigneurs, qui avaient reçu l'ordre le plus sévère de ne plus s'occuper d'affaires religieuses. Les deux indignes prélats Siémaszko et Lusinski défendirent même à leur clergé de recevoir désormais de ces pétitions. Enfin, l'an 1837, dans les provinces de Russie-Blanche et de Lithuanie, on avait enlevé jusqu'à huit cent quatre-vingt-six églises paroissiales aux catholiques du rite-uni, pour les livrer au schisme. Les traîtres Siémaszko et Lusinski entreprirent alors de faire signer à leur clergé un acte d'apostasie sous le titre d'*Acte d'union avec l'Eglise russe.* Cet acte ayant été envoyé dans la province de Mohilow, tous les prêtres s'y refusèrent. Plus de cent soixante expièrent leur fidélité par des traitements indignes et par la Sibérie, où le plus grand nombre trouva la mort. Parmi les confesseurs de la foi se trouva l'infortuné père de l'apostat Siémaszko. L'indulgence et la générosité de l'empereur et de l'évêque consistèrent à ne pas le faire traîner en Sibérie, vu son grand âge. Ces violences exercées sur les prêtres valurent de grandes récompenses aux deux évêques. L'empereur leur envoya des décorations accompagnées de lettres écrites de sa main, et dans lesquelles il les remercie du zèle qu'ils ont mis à ramener l'église-unie au schisme.

Les deux Judas, s'associant alors un troisième, l'évêque de Brest, résolurent de consommer leur trahison. Ils s'assemblèrent à Polocsk dans l'automne 1838, pour signer définitivement et envoyer à l'empereur leur acte d'adhésion à l'église russe, au schisme. Mais l'affaire allait échouer, si l'on n'y gagnait le vieux métropolitain Bulhak. Pour le séduire, l'empereur lui envoie le cordon de Saint-André, décoration qui ne se donne qu'aux princes du sang. Le traître Siémaszko, son futur successeur, va aussitôt le féliciter, et lui fait entrevoir des faveurs plus grandes, dès qu'il aura signé, comme les trois autres, l'acte d'union avec l'église russe. « Si vous consentez, dit-il, il ne vous reste plus à demander à l'empereur que la métropole de Saint-Pétersbourg, c'est-à-dire la souveraineté sur toute l'église russe; l'empereur est prêt à vous l'accorder. » Le vieillard indigné répondit au traître : « Sortez, vous outragez Dieu et votre conscience. » Puis il rédigea une protestation solennelle contre l'acte impie des évêques. Siémaszko rend compte à l'empereur de la résistance du métropolitain, et conseille la violence pour le forcer à signer. Cette nuit-là même, le sieur Bloudow, ministre de l'intérieur, force le palais du métropolitain à minuit, et lui ordonne, au nom de l'empereur, de signer l'acte de schisme. Le vénérable Bulhak lui répond sans s'émouvoir : « Excellence, aucune force humaine ne saura m'obliger à signer cet acte ; si d'autres évêques le signent, et que le gouvernement le publie, je publierai aussitôt ma protestation solennelle. » Comme le métropolitain était aimé et respecté de tout le monde, on n'osa pas aller plus loin ; on aima mieux attendre sa mort, qui arriva sur la fin de l'année. L'empereur lui fit faire des funérailles magnifiques, pour faire croire qu'il était entré dans ses vues.

Dès le 24 février 1839, les trois évêques apostats publièrent leur acte de séparation d'avec l'Eglise romaine et d'adhésion à l'église schismatique de Russie, l'adressèrent à l'empereur, qui daigna l'agréer et par lui-même, et par le comité ecclésiastique que présidait le colonel Protasoff. Dans toutes ces pièces gouvernementales on dit et on répète que les ruthéniens jusqu'alors unis à l'Eglise romaine, ont passé à l'église russe avec une telle unanimité et un tel empressement, clergé et peuple, qu'il n'est pas demeuré un seul ecclésiastique en arrière. Nous avons déjà vu, nous verrons encore, combien le gouvernement russe sait mentir (*Vicissitudes, etc.*, t. I, partie 1re, § 3).

L'année 1832 fut pour l'église du rite latin tout aussi fâcheuse que pour l'église rhuténienne-unie; on l'ébranla jusque dans ses fondements. La suppression de tous les instituts religieux, résolue en 1828, fut accomplie en 1832. L'évêque Paulowski, alors président de la commission administrative du culte latin, marchait sur les traces funestes de Stanislas Bohusz, qui, pendant plus d'un demi-siècle, avait scandalisé les fidèles sur le siége métropolitain de Mohilow. Ce dernier y était remplacé par un prélat recommandable, mais très-vieux, qui refusa toute approbation aux innovations subversives. L'administrateur du diocèse de Mohilow, l'évêque Szyt, ayant montré la même opposition, fut enlevé secrètement et déporté aux extrémités de l'empire. Le siége métropolitain de Mohilow étant devenu vacant, le czar y nomma l'évêque Paulowski, pour le récompenser de sa complaisance à souscrire et à imposer à son clergé de Kaminiec, dont il était suffragant, l'ukase impérial du 28 mars 1836, qui défendait aux prêtres catholiques d'admettre aux sacrements des fidèles d'un autre rite, d'une autre paroisse, ou inconnus. En 1841, sur les instances du gouvernement russe, le pape Grégoire XVI eut la condescendance d'instituer cet évêque prévaricateur pour la métropole de Mohilow, sans avoir exigé une rétractation préalable. D'un autre côté, l'évêque de Podlachie en Pologne, monseigneur Guthowski, défendit courageusement la cause de Dieu et de son Eglise; il fut arrêté, exilé, emprisonné; le gouvernement l'accusa près du Saint-Père; il fut reconnu innocent. Et toutefois, en 1841, sur les instances du gouvernement russe et pour lui complaire, le pape Grégoire XVI engage le courageux athlète à donner sa démission. C'est le Pape lui-même qui nous révèle ces deux faits dans sa fameuse allocution de 1842. Si tout autre nous en avait donné l'assurance, nous l'aurions soupçonné de calomnie.

Le Pape eut bientôt la preuve que ses condescendances ne faisaient qu'enhardir les ruses et les violences du czar. Si Grégoire XVI avait manifesté un peu plus du courage apostolique de son prédécesseur saint Grégoire VII, il eût probablement fait plus de bien et d'honneur à l'Eglise. Car les prêtres et les fidèles du rite latin, en Russie et en Pologne, combattaient pour la défense de leur religion avec le même zèle que ceux du rite-uni; ils enduraient les mêmes souffrances. On sait, par exemple, l'héroïque courage déployé par huit cents catholiques de Podolie, lorsque, en 1834, on voulut leur faire embrasser le schisme, sous le prétexte que leurs ancêtres avaient été ruthéniens-unis. Tous allèrent gaîment en prison, résistèrent à toutes les exhortations comme à toutes les menaces, et déclarèrent qu'ils préféraient mourir dans les fers plutôt que d'abandonner leur religion. Après plusieurs semaines, on fut obligé de les rendre à la liberté, parce qu'ils avaient obtenu une enquête sur les mauvais traitements auxquels ils étaient en butte (*Vicissitudes, etc.*, t. I, p. 331).

En Pologne, tous les ruthéniens-unis de l'évêché de Chelm, l'évêque Szumborski, à leur tête, donnèrent un aussi bel exemple. Pour se soustraire au schisme, ils résolurent d'embrasser en masse le rite latin. L'évêque fut inaccessible à toutes les caresses, les promesses et les menaces. Le gouvernement russe, voyant cette détermination du pasteur et du troupeau, revint sur ses pas. Il fit même écrire à l'évêque, par le prince Paskewitch, le 21 mars 1838, que le gouvernement russe ayant garanti aux Polonais la liberté religieuse, il ne pouvait songer à l'entraver dans son diocèse. Grâce à leur fermeté unanime, les ruthéniens-unis de Chelm furent laissés libres et gardèrent leur rite.

Ce que le gouvernement avait le plus à cœur, c'était de cacher à l'Europe les atrocités de sa persécution contre les catholiques; pour cela il y mettait un peu moins de violence en Pologne. La Providence a su déjouer cette politique, et dévoiler à tout l'univers la honte du gouvernement russe, par une pauvre religieuse.

A Minsk, en Lithuanie, trente-quatre religieuses de saint Basile, connues dans cette province sous le nom de filles de la Sainte-Trinité, vivaient en communauté sous la discipline de Macrine Mieczyslawska, leur supérieure ou abbesse depuis trente ans. Le service de Dieu, le soin des pauvres et l'éducation des enfants partageaient leur vie. Elles avaient à Minsk une si haute réputation de sainteté, que, malgré la violence des persécutions, le peuple espérait qu'elles seraient épargnées. Mais plus leur vie était sainte et leur crédit considérable, plus l'apostat Siémaszko, leur évêque, tenait à cœur de les gagner au schisme, persuadé de gagner par elles la ville entière. Il vint donc à Minsk, fut d'abord doux et caressant, employa toute son éloquence pour persuader à ces bonnes religieuses que le passage à l'église russe n'était d'aucune importance pour la foi. Quand il vit qu'il ne gagnait rien sur elles, il mêla les emportements aux caresses, les menaces aux promesses brillantes qu'il leur faisait au nom de l'empereur, et leur montra, pour les intimider davantage, le pouvoir qui lui avait été donné, et sur lequel elles virent en effet la signature impériale. L'empereur y disait : « J'approuve tout ce que le saint archevêque a pu faire et fera pour le rétablissement de la religion *orthodoxe* dans les provinces qui ont eu le malheur d'en être éloignées pendant un temps plus ou moins long; je tiens toutes ses entreprises pour saintes, saintes, trois fois saintes. J'ordonne, en cas de résistance à ses ordres, aux autorités militaires de se mettre à toute heure et partout à sa disposition, et de lui fournir autant de force armée qu'il en demandera; et cet ukase, je le signe de ma propre main. NICOLAS. » L'abbesse Macrine regarda tristement ses sœurs après la lecture de l'ukase; c'était l'arrêt de leur mort en ce monde ou dans l'autre qu'elles venaient d'entendre. Elle leur dit : « La mort ici-bas, dans les persécutions et les larmes, et la gloire éternelle au ciel, chères filles, ou la vie en ce monde, et la mort dans l'autre : choisissez ! » Le choix ne fut pas long; toutes s'embrassèrent en se promettant de se soutenir mutuellement; Siémaszko les quitta après leur avoir prodigué les injures et les menaces.

Cependant, avant que le combat ne fût engagé,

Macrine crut devoir employer tous les moyens qui pouvaient s'offrir à elle d'éloigner de ses sœurs le danger qui les menaçait. Elle leur proposa d'abord de profiter des offres que des amis fidèles leur faisaient tous les jours, et de se disperser dans des retraites sûres où elles pourraient attendre des temps meilleurs. « Nous suivrez-vous, ma Mère? lui demanda-t-on. — Je dois mourir au poste où Dieu m'a placée, si la violence ne m'en arrache. — Alors, lui répondirent ses filles, ne parlez de fuite pour personne; car notre devoir, à nous, est de mourir à vos côtés. »

Ce moyen ne lui ayant pas réussi, elle adressa une supplique à l'empereur, où elle sollicitait la grâce, pour elle et pour ses sœurs, de se retirer dans leurs familles, si on les expulsait de leur couvent. Dans les premiers jours de juillet 1837, Siémaszko vint annoncer à Macrine qu'il n'accordait plus que trois mois de délai, à elle et à ses compagnes, pour choisir entre le schisme ou l'expulsion du couvent. Il essaya encore de la tenter par le tableau des honneurs et des dignités que l'empereur se plairait à lui accorder, si elle mettait fin à sa résistance. Il détacha même un des ordres dont il était couvert, et il voulut l'en revêtir : « Gardez, gardez cet ordre, lui dit la sœur, il figurerait mal à côté de ma modeste croix, et sur vous, il aide à cacher la poitrine où bat le cœur d'un apostat. »

Trois jours après, à cinq heures du matin, pendant que toutes les sœurs étaient réunies à la chapelle, Siémaszko fit entourer le couvent, et, suivi d'un détachement russe, y pénétra lui-même avec le gouverneur civil de Minsk. Il tenait à la main la supplique de Macrine, et, la lui montrant, il lui reprocha, avec les plus grossières injures, d'avoir osé écrire à l'empereur. « Ignores-tu, lui dit-il, que l'empereur et moi, c'est la même chose? Tiens, lis sa réponse; elle est en marge : *Renvoyé au saint archevêque qui fera droit à cette demande, si elles changent de religion.* Ce délai de trois mois que j'avais accordé, je le retire; c'est aujourd'hui, ce matin même, qu'il faut quitter cette maison, à moins que vous ne vous décidiez à faire entre mes mains la rétractation de vos criminelles erreurs. — Nous partons, dit Macrine. — Nous partons, répétèrent toutes les sœurs. Pour la dernière fois elles se prosternèrent sur le pavé de la chapelle, et dirent : « Seigneur, nous voulons ce que vous voulez; fortifiez-nous. Apprenez-nous les mystères de votre passion, pour que nous ayons le courage de mourir pour vous! » Une d'entre elles ne se releva point pour partir; elle était morte.

L'apostat Siémaszko s'était, dans la chapelle, emparé d'un crucifix qui contenait des reliques de saint Basile, non certainement pour les reliques du saint, mais pour l'or et les pierres précieuses qu'il y avait vus. Macrine le supplia de permettre qu'elle emportât à son tour le crucifix de bois qui servait à la communauté dans les processions; il s'y refusa tout d'abord, mais le gouverneur touché de la douleur de Macrine, le contraignit à céder; et c'est portant la croix sur l'épaule droite, cette croix bien-aimée, que Macrine quitta le couvent, entourée de ses sœurs et escortée par le détachement russe. Les enfants élevées par les religieuses, et qui étaient au nombre de plus de cent, éveillées brusquement par le bruit inaccoutumé qui se faisait dans la maison, s'étaient répandues dans la ville, s'écriant tout en larmes : « On nous enlève nos bonnes mères! des soldats viennent les chercher! »

Tout Minsk se précipita sur la trace des sœurs, et les rejoignit à une lieue de la ville, à une auberge où l'évêque apostat avait résolu de s'arrêter pour faire mettre à ses prisonnières les fers aux pieds et aux mains. On repoussa brutalement tous ceux qui voulurent s'approcher d'elles pour les consoler ou leur faire quelques aumônes. Ces bonnes gens que la vertu des sœurs avait édifiés si longtemps s'agenouillaient sur la route pour recevoir leur bénédiction, malgré les coups de crosse dont ils étaient frappés.

Le premier jour de leur voyage, on leur fit faire quinze lieues; la plupart tombaient d'épuisement et de fatigue; on les relevait, comme on avait chassé les habitants de Minsk, à coups de crosse et de bâton. Macrine marchait toujours, chargée du crucifix de bois, sans laisser échapper une plainte; elle n'ouvrait la bouche que pour consoler ses compagnes ou chanter les louanges de Dieu. Après sept jours d'une marche forcée, la sainte troupe arriva à Witepsk, où elle fut conduite dans un couvent dont on venait de déposséder les filles de la Sainte-Trinité, pour établir à leur place des Czernices ou *filles-noires*, ainsi nommées du costume qu'elles portent. Ces communautés de *filles-noires* sont pour l'ordinaire recrutées parmi les veuves de soldats russes et les filles de mœurs déréglées. C'est une manière d'assurer la subsistance des unes, et de mettre fin au scandale que donnent les autres. Les *filles-noires* de Witepsk passaient la plus grande partie de leur temps à s'injurier, à se battre, à s'enivrer avec de l'eau-de-vie, et à pousser, quand elles avaient bu, des hurrahs en l'honneur de l'empereur-pape Nicolas.

On jeta les sœurs dans une salle basse et humide qui ouvrait sur la cour des animaux; elles y trouvèrent des sœurs chassées par les Czernices, les autres avaient déjà succombé à la fatigue et aux souffrances. Elles venaient de perdre leur abbesse, elles se jetèrent aux pieds de Macrine et la supplièrent de les prendre sous sa direction. Macrine les bénit, en les nommant ses filles. Elles portaient des fers aux pieds la nuit et le jour; on en revêtit aussi Macrine et ses compagnes. Enchaînées deux à deux, elles étaient livrées tout le jour à des travaux qui excédaient leurs forces; elles recevaient une nourriture grossière et en quantité à peine suffisante pour les soutenir, et n'avaient, pendant les quelques heures de repos qu'on leur permettait la nuit, d'autre couche que la terre nue. Le crucifix de bois faisait la joie et l'ornement de leur demeure; c'était à ses pieds qu'elles venaient oublier toutes les douleurs de la journée; c'était à ses pieds qu'elles reprenaient la force de supporter celles du jour suivant. Elles priaient, elles chantaient des cantiques, dès qu'on les avait enfermées pour la nuit dans leur prison; elles s'acquittaient des offices d'obligation dont elles ne pouvaient s'occuper le jour, et Dieu leur envoyait de si puissantes, de si ravissantes consolations, que dans le froid et l'humidité de leur prison, sous les lambeaux de toile qu'on leur jetait pour vêtements, avec les meurtrissures qui couvraient leurs corps, la fatigue qui accablait leurs membres, elles se trouvaient les épouses les plus heureuses de Jésus-Christ.

La seule privation qu'elles ressentissent sans cesse, c'était celle de la sainte communion. Quelle ne fut pas leur joie, quand un jour elles virent paraître devant elles Michalewicz, leur ancien confesseur. « O mon Père! s'écrièrent-elles en tombant à ses genoux, soyez le bienvenu, vous qui nous avez enseigné si longtemps comment il faut vivre et mourir pour Jésus-Christ! » Et elles arrosaient ses mains de larmes de joie, en répétant toujours ce nom sacré de Père. Elles remarquaient cependant qu'il avait laissé croître sa barbe, et qu'il ne leur parlait plus dans leur chère langue polonaise. C'est qu'effectivement, au lieu d'un pasteur et d'un apôtre, il était devenu un loup et un apostat, qui venait pour les pervertir et les exhorter, dans un discours plein d'apprêt, à cesser ce qu'il appelait une folle résistance. — « Est-ce vous qui parlez? s'écria Macrine tout en pleurs; vous qui avez si saintement travaillé au salut de nos âmes, vous voulez les perdre aujourd'hui! Oh! non, non, mon Père! c'est impossible : dites que c'est impossible! que nous nous trompons! — Quand je vous recommandais, dit-il, la fidélité à l'Eglise romaine, j'étais un insensé. Ouvrez les yeux comme moi... — Apostat! interrompit Macrine avec un accent indicible de douleur, apostat! — Apostat! répétèrent les sœurs. » Et elles se jetèrent toutes au pied du crucifix pour implorer de Dieu le retour de cet homme. Mais il n'était pas venu chercher des prières; il leur déclara nettement qu'elles suivraient son exemple ou qu'elles seraient traitées plus durement que jamais. Elles le regardèrent avec compassion et ne lui dirent plus un mot.

Il se montra le plus violent de leurs persécuteurs; elles avaient été condamnées par l'évêque apostat au supplice de la flagellation; ce fut le confesseur apostat qui décida qu'elles recevraient chaque fois cinquante coups de verge, et que la flagellation aurait lieu deux fois la semaine. Elles entendirent dans leur silence accoutumé la sentence prononcée sur elles, et se préparèrent par la méditation de la passion du Sauveur à ce nouveau supplice. Le mercredi et le samedi, chaque sœur était, en présence d'un clergé russe nombreux, présidé par le confesseur apostat, frappée de cinquante coups de verge, et, le regard attaché sur ses victimes, il épiait une plainte, un gémissement qui pût lui donner l'espoir d'avoir vaincu une de ces généreuses résistances. Mais il n'entendait jamais que cette prière : « Par votre croix et vos souffrances, ô Jésus! sauvez mon âme! » Ou s'il cessait quelquefois de l'entendre, c'est que le ciel comptait une martyre de plus.

A cet endroit du récit, les personnes qui ont écrit cette histoire à mesure que sœur Macrine la racontait, l'interrompirent pour lui demander : « Eh quoi! nulle d'entre vous ne criait pendant ces horribles exécutions? — Non, répondit Macrine, puisque nous priions; seulement nous priions d'abord bien haut, puis plus bas, et enfin, ajouta-t-elle avec des larmes, quelques-unes de nous ne priaient plus du tout; nous étions averties par là qu'on ne frappait plus qu'un cadavre. » — Interrogée par les mêmes personnes, si la nature n'opposait pas souvent de grandes résistances à l'héroïsme de sa foi, Macrine leur répondit : « Avec l'aide de Dieu, on s'habitue à tout; dans les commencements, les coups nous paraissaient durs; plus tard, nous nous présentâmes chacune à notre tour, sans qu'il fût besoin de nous appeler. » — Et pourtant des lambeaux de chair restaient souvent attachés aux verges, et ce supplice se prolongea des mois entiers.

La première qui périt des suites de la flagellation fut Colombe Gorska : elle avait d'abord perdu connaissance, le confesseur apostat la fit revenir à elle par de nouveaux coups, et lui enjoignit aussitôt de reprendre son travail; elle obéit, se traîna jusqu'à une brouette qu'elle devait charger de toute sorte d'immondices amoncelées dans la cour. Avant d'avoir accompli sa tâche, elle tomba morte. La seconde fut Susanne Rypinska, qui resta sous les coups. La troisième, Sielawa, qui expira la nuit suivante, le regard attaché sur le crucifix et la tête appuyée sur les genoux de Macrine. Ce ne furent pas les seules pertes que firent les saintes martyres pendant leur séjour à Witepsk. Les *filles-noires*, dans un jour d'ivresse peut-être, en enfermèrent une, Baptiste Downar, dans un grand poêle où elle fut brûlée vive. Une autre, Népomucène Grathowska, ayant osé, sans permission, se servir d'un couteau pour gratter sur le plancher une tache de goudron, excita la colère de la supérieure des *filles-noires*, qui lui fendit la tête d'un coup de bûche.

Le confesseur apostat fit distribuer les sœurs en quatre cachots différents, dans l'espoir qu'ainsi séparées on les vaincrait plus aisément. Le lieu où fut enfermée Macrine avec huit de ses sœurs était une cave d'une humidité si grande, qu'on n'y pouvait conserver aucune provision. Elles étaient obligées de livrer des combats continuels aux vers, qui se remuaient de tous côtés dans cette cave, pour n'en être point dévorées vivantes. Pendant neuf jours qu'elles passèrent dans cette affreuse prison, elles furent réduites à manger des restes de légumes pourris, échappés à l'avidité des vers. Chaque jour le confesseur apostat se présentait à elles, un papier à la main, contenant, disait-il, une formule de rénonciation qu'avaient déjà signée presque toutes les sœurs. « Il ment, disait Macrine, le malheureux, il ment; aucune n'a signé, j'en suis sûre. »

Dès qu'il était parti, et souvent même malgré sa présence, elles reprenaient les prières et le chant des cantiques. Elles improvisèrent même quelques cantiques conformes à leur situation; en voici un entre autres qu'elles chantaient souvent : « Mon Dieu, c'est par ta volonté que nous portons ces fers; agrée nos souffrances et soutiens-nous toujours. — Chassées de ta maison où le travail nous fut si doux, vers qui porterons-nous nos plaintes contre les crimes de ces traîtres? — Mon Dieu, change en joie notre tristesse; éloigne le schisme de notre patrie; c'est là notre unique prière. — Souffrons, esclaves du Seigneur! Ah! si nous combattons pour lui, un jour il tarira nos larmes en faisant triompher la foi. — Alors nous briserons nos chaînes, nous franchirons toute barrière. Que ta volonté soit bénie; tu nous couronneras dans le ciel. » Quand les portes de leurs cachots respectifs s'ouvrirent, elles entonnèrent un *Te Deum* d'actions de grâces en se retrouvant toutes aussi fidèles qu'avant cette dernière épreuve.

Le confesseur apostat avait représenté à l'évêque apostat la résistance des sœurs comme devant incessamment être vaincue. Sur cette parole, Siémaszko se transporte à Witepsk, et fait donner aux sœurs l'ordre de se rendre au temple russe, à une heure qu'il fixa, pour y faire leur abjuration. Il fait remettre à Macrine une magnifique crosse avec le titre de mère ou abbesse générale des couvents en Lithuanie. Mais quand on lui eut dit que tous ses présents étaient méprisés et que Macrine se montrait toujours invincible, il s'écria qu'il en finirait avec elle de quelque manière que ce fût. A l'heure qu'il a fixée pour l'apostasie, des popes et des soldats russes viennent sommer les saintes filles de marcher. Elles refusent; ils font alors leur office accoutumé, et, tout ensanglantées des coups qu'elles reçoivent, elles sont traînées jusque sur la place qui précède le temple.

Tout Witepsk, surmontant enfin la peur, les y avait précédées sur le bruit qui s'était répandu des violences dont elles devaient être l'objet. L'évêque apostat fut un peu déconcerté de cette foule inattendue. Il fit quelques pas au devant des sœurs, affecta de leur parler avec bonté, et, ordonnant aux soldats de leur rendre la liberté, il voulut prendre la main de Macrine pour la conduire au temple, comme s'il ne se fût agi que de l'exécution d'une chose arrêtée à l'avance entre les deux parties. Macrine s'éloigne de lui, ordonne à la sœur Wawrzecka de placer devant la porte du temple une espèce de billot dont se servaient des charpentiers employés à la réparation du temple, fait signe à toutes les sœurs de s'agenouiller, saisit la hache d'un des ouvriers, et, la présentant à l'évêque apostat, lui dit : « Prenez cette hache; faites-vous notre bourreau, après avoir été notre pasteur. Nos têtes rouleront peut-être dans votre église; mais pour nos pieds, tant que Dieu nous prêtera un souffle de vie, ils n'en franchiront pas le seuil. » Siémaszko jette loin de lui la hache, qui va blesser au pied une des sœurs, et donne à Macrine, qu'il repousse, un coup de poing si furieux, que les dents de la sainte en sont brisées. Macrine, toute sanglante, lui en présente une en disant : « C'est un trophée digne de vous, gardez-le précieusement; peut-être vous vaudra-t-il quelque nouvelle distinction. » A ces mots, l'apostat Siémaszko tombe dans un si violent accès de rage, que des convulsions le saisissent et qu'il est emporté dans les bras de ses diacres. Les sœurs, toutes meurtries et ensanglantées qu'elles sont, retournent deux par deux à leur prison, escortées de tout un peuple, et chantant en actions de grâces un Te Deum, que ce peuple accompagne en chœur.

Michalewicz, le confesseur apostat, ne tarda pas à porter devant Dieu le compte des deux dernières années de sa vie. Ce prêtre, qui, avant son apostasie, ne connaissait que le nom des liqueurs fortes, était tous les jours ivre d'eau-de-vie. Un jour qu'il avait encore plus que de coutume tourmenté les martyres, parce qu'il était dans un état complet d'ivresse, il tomba, en traversant la cour du couvent, dans une mare, où il fut étouffé.

Les sœurs avaient passé deux années à Witepsk, quand un matin on vint les prendre avec un fort détachement de soldats, en leur annonçant qu'elles allaient être dirigées sur Polocsk. Ce crucifix qui avait été si souvent arrosé de leurs larmes, ce confident de toutes leurs douleurs, et qu'elles espéraient voir encore au milieu d'elles pendant ce nouveau voyage, on le leur arracha brutalement. Ce coup leur fut si sensible, qu'elles marchèrent deux jours pleurant sans cesse leur cher crucifix. A Polocsk, on les renferma d'abord dans un ancien couvent de leur ordre, occupé, comme celui de Witepsk, par des *filles-noires*. Transférées peu de jours après à Spas, petit endroit voisin de Polocsk, elles s'y rencontrèrent avec dix sœurs amenées de Vilna, et qui ayant, comme les Basiliennes de Witepsk, perdu leur abbesse, se placèrent aussi sous la direction de Macrine.

On voulut construire à Spas un palais pour l'apostat Siémaszko; Macrine et ses compagnes y furent employées comme manœuvres. Leur inexpérience de ces sortes de travaux coûta la vie à bon nombre d'entre elles. Dans un éboulement des terres qu'elles ne surent ni prévoir ni arrêter, cinq sœurs furent ensevelies vivantes, sans qu'on permît à celles qui avaient été témoins de cet horrible événement de travailler à les délivrer. Ce sont les sœurs Euphémie Gurzynska, Clémentine Zebrowska, Catherine Corycka, Elisabeth Tysenhauz, Irène Krainto. La construction du palais continua à éclaircir les rangs des sœurs. Neuf furent écrasées par un pan de mur qui s'écroula; une dixième fut tuée par une machine à monter les pierres, qu'elle ne sut pas diriger. Ce sont : Rosalie, princesse Medunieka, Geneviève Kulesza, Onuphre Sielawa, Josaphate Grotkowka, Calixte Babianska, Joséphine Gurzynska, Casimire Baniewicz, Clotilde Tarnowska, Cléophe Krystalewicz. Les habitants de Polocsk vinrent enlever pendant la nuit les corps de ces nouvelles martyres; et quoi qu'aient fait les autorités russes pour découvrir où ils ont été déposés, les corps des saintes sont restés en sûreté.

Des gentilshommes du voisinage, émus de compassion, ne purent dissimuler complètement ce qu'ils ressentaient. L'un d'eux s'oublia, dit-on, jusqu'à s'écrier sur le passage des sœurs : « Saintes créatures! souffrirez-vous encore longtemps? » Vingt-quatre heures s'étaient à peine écoulées, que leurs familles et leurs amis pleuraient en silence leur disparition.

Quelques religieux de Saint-Basile furent vers ce même temps amenés à Spas : héroïques débris d'une armée de martyrs, ils portaient tous sur leurs personnes les marques de leurs glorieux travaux. Macrine et ses compagnes, si fortes contre leurs propres maux, étaient saisies de douleur à la vue des outrages dont on accablait ces dignes serviteurs de Dieu. Elles virent quatre d'entre eux, vieillards plus que septuagénaires, placés successivement sous une pompe dont l'eau qu'on lâcha sur eux, se congelant au contact de l'air, les enveloppa comme d'un manteau de glace sous lequel ils trouvèrent la mort. Les noms de ces généreux confesseurs sont : Zawscki, Buczynski, Zilewicz et Komar, tous quatre, comme presque tous les Basiliens, d'une naissance relevée, et supérieurs de communauté. Un cinquième Basilien, aussi fort âgé, l'abbé Laudanski, qu'on employait chez les *filles-noires* aux travaux les plus rudes, succombant un jour sous une charge de bois, fut, en présence de tous, frappé si violemment à la tête par un diacre, que son martyre en fut consommé.

Dans un de ces jours si nombreux où popes et *filles-noires* s'enivrent de compagnie, les plus jeunes d'entre les prêtres basiliens qui restaient encore parvinrent à s'échapper. Sur la nouvelle de leur fuite, l'apostat Siémaszko annonça qu'il se rendrait incessamment à Spas. Ce fut un signal pour le protopope Iwan, à qui avait été confiée la garde des sœurs, de redoubler de rigueur envers elles. Il s'avisa de ne leur donner plus, pour toute nourriture, que du hareng salé, en leur refusant impitoyablement à boire. Et dès qu'elles suppliaient qu'on leur permît de prendre un peu d'eau, la condition de passer au schisme était aussitôt posée. Elles se préparèrent à mourir de cette nouvelle torture, qui leur parut la plus difficile de toutes à supporter. Mais on l'abandonna pour s'arrêter au parti de ne les nourrir que de deux jours l'un avec un peu de pain et d'eau. Elles remercièrent Dieu de ce changement : cependant, comme on les obligeait à de très-rudes travaux, elles souffraient quelquefois si cruellement de la faim, qu'elles mangèrent à la dérobée des orties hachées, et partagèrent la nourriture des animaux domestiques dont elles avaient soin.

Siémaszko arriva, et fit voir par un seul fait quel esprit animait le gouvernement russe et le clergé russe sous Nicolas Romanow. Il fit enivrer des diacres et des paysans russes, puis il leur jeta les saintes religieuses en leur disant qu'ils étaient les maîtres d'en faire ce qu'ils voudraient. Dieu, qui veillait sur elles, les préserva de tout outrage ; mais il permit, pour couronner plus vite quelques-unes d'entre elles, que ces hommes, dans la fureur dont ils furent saisis, se portassent à des excès inouïs de cruauté. Ce fut bientôt une scène de sang et de larmes. Les blasphèmes des bourreaux se mêlaient à la prière des victimes. Frappées, mordues, déchirées, foulées aux pieds, elles ne présentèrent bientôt plus que des masses informes toutes souillées de sang et de boue. Quand ces hommes furent las de frapper, et que Macrine et quelques autres moins maltraitées purent parcourir ce nouveau champ de bataille, elles eurent à offrir à Dieu un douloureux sacrifice. Deux sœurs n'étaient plus : l'une avait eu la tête écrasée sous le fer d'une botte, l'autre était si défigurée qu'on ne put reconnaître quel coup avait terminé sa vie. Huit autres respiraient encore, mais les unes avaient les yeux arrachés, les autres avaient les jambes brisées en différents endroits. Macrine supplia qu'on lui permît de donner quelques soins à ses sœurs ; on ne craignit pas d'en faire une condition d'apostasie, et, sur son refus, on l'éloigna de ses compagnes mutilées et mourantes.

Un gentilhomme nommé Walenkienowicz, ayant osé ordonner un service funèbre pour les sœurs qui avaient succombé dans cette horrible scène, fut pris chez lui sans autre forme de procès, garrotté et envoyé en Sibérie. Un couvent de Dominicains, qu'on avait encore laissé subsister dans la contrée, accusé d'avoir dit des prières pour les sœurs martyrisées, fut immédiatement dispersé. Malgré cela, les habitants de Polocsk, révoltés de tant d'horreurs, ne gardaient plus le silence ; l'agitation croissait d'un jour à l'autre. Les autorités russes décidèrent que les sœurs prendraient la route de Miedzioly, petite ville entourée de lacs, dans la province de Minsk, et où se trouve un couvent de *filles-noires*. Elles durent partir de nuit. On fit marcher à pied, comme les autres, celles qui étaient devenues aveugles et dont les blessures, rendues plus affreuses encore par l'absence de tout soin, défiguraient complètement le visage. Quant aux sœurs qui avaient perdu l'usage des jambes, les cosaques les transportèrent dans des chariots découverts.

A Miedzioly, on les partagea encore, comme on l'avait fait à Witepsk, en quatre troupes, qui furent chacune soumise à des persécuteurs différents. Quand on se rendait à leurs cachots, on ne manquait pas de leur annoncer la nouvelle menteuse du renoncement de quelques-unes de leurs compagnes, on leur citait des paroles qu'elles avaient dites, pour les engager à suivre leur exemple. Mais comme ce grossier subterfuge ne réussit pas, qu'elles ne témoignèrent pas même la crainte qu'on eût dit vrai pour aucune d'entre elles, on imagina une nouvelle torture dont la proximité des eaux du lac avait dû donner l'idée.

On les faisait entrer dans des sacs qu'on leur liait autour du cou ; des diacres montaient en bateau, et, tirant après eux ces malheureuses filles, les plongeaient dans le lac, en ayant soin de leur tenir la tête hors de l'eau. Puis commençait une atroce promenade, que, pendant deux ou trois heures on n'interrompait que pour leur demander si elles persistaient dans leur résistance, ou pour ramener au sentiment de leurs maux celles à qui la rigueur de la torture faisait perdre connaissance. Trois sœurs moururent de cette torture ; on les enterra sur le bord du lac. Mais la piété des habitants de Miedzioly les porta, comme ceux de Polocsk, à dérober les corps pour leur donner une plus digne sépulture.

Après deux ans de séjour à Miedzioly, il ne resta plus que quatorze sœurs, des trente-quatre sœurs de Minsk, auxquelles avaient été jointes les quatorze de Witepsk et les dix de Polosck. Nous connaissons l'état de huit d'entre elles. Les six autres n'étaient pas mutilées, mais elles étaient si fatiguées par leurs longues souffrances, qu'elles pouvaient à peine se soutenir. Macrine était en proie à d'horribles douleurs, des suites d'un coup de bâton qu'elle avait reçu à la tête. Des os s'étaient cariés ; elle les avait extraits comme elle avait pu ; mais la plaie toujours béante avait engendré des vers, et la présence de ces vers occasionnait des douleurs si vives et si permanentes, que Macrine craignait quelquefois d'en perdre la raison.

Malgré l'état pitoyable des quatorze victimes, on décida qu'elles finiraient en Sibérie cette vie qu'on n'était point parvenu à leur ravir entièrement, et qu'on profiterait, pour les faire partir, du passage à Miedzioly d'un convoi de Frères basiliens qu'on expédiait aussi pour la Sibérie.

Mais Dieu, qui avait décidé qu'il resterait quelques-unes de ces saintes héroïnes pour témoigner, à la face de l'Europe catholique, de la politique oppressive et barbare de Nicolas Romanow, Dieu favorisa l'évasion de Macrine et de trois de ses compagnes. Il permit d'abord qu'elle fût délivrée du mal qui l'obsédait par un paysan qui l'approcha au péril de sa vie, parce qu'il croyait en avoir reçu l'ordre de Dieu même. Dès que la plaie fut fermée, Macrine retrouva le libre exercice de son esprit, et Dieu disposa cet esprit à une prompte fuite.

La fête du protopope fut l'occasion, au couvent des *filles-noires* d'une orgie plus grande encore que toutes celles dont les sœurs avaient pu être témoins. Popes, *filles-noires*, gardes, tout s'enivra. Dans la soirée, l'ivresse monta au comble, et chacun s'endormit à la place où il se trouvait. Macrine, après une prière ardente à Dieu, se mit en devoir de profiter, pour s'enfuir, du sommeil pesant qui tenait tous ceux qui devaient veiller sur elle. Mais il lui en coûtait de partir seule : elle se hasarda à se mettre à la recherche de ses compagnes; et fut assez heureuse pour découvrir ses sœurs Wawrzecha, Pomernacka et Konarska, à qui elle fit part de son dessein. Elles s'y associèrent aussitôt et la suivirent dans une des cours du couvent, qui est plantée de grands arbres avoisinant le mur d'enceinte.

Là, Macrine et ses sœurs, après s'être recommandées à Dieu, gravirent ces arbres jusqu'à la hauteur du mur, sur lequel elles passèrent ensuite. L'élévation en était effrayante à mesurer de l'œil, et les compagnes de Macrine crurent que c'était la mort, au lieu de la liberté, qu'elles allaient trouver de l'autre côté de la muraille. Mais depuis quelques jours, Dieu n'avait cessé d'envoyer une neige si abondante, que la terre en était couverte à une hauteur de plus de deux pieds. « Courage! mes sœurs, dit Macrine, vous voyez bien que Dieu a étendu un matelas au pied de ces murs, laissons-nous tomber. » Étourdies de leur chute, elles restèrent un moment ensevelies sous la neige. Mais quand elles se retrouvèrent toutes quatre sans aucune contusion, transportées de reconnaissance, elles s'agenouillèrent dans cette neige dont Dieu s'était servi pour les préserver de tout mal, et récitèrent un *Te Deum* en actions de grâces.

Elles comprirent la nécessité de se séparer, si elles voulaient échapper aux recherches, et après s'être donné rendez-vous dans une ville voisine des frontières, elles s'embrassèrent tendrement et partirent chacune par une route différente. Nous suivrons Macrine dans son voyage. Le lendemain même de sa fuite, comme elle marchait avec peine dans un chemin de traverse, elle rencontra des paysans qu'on avait mis à la recherche des fugitives. Dieu permit qu'elle échappât à tout soupçon; mais ce premier danger la rendant plus timide, elle s'enfonça dans les bois, où pendant quatre jours elle ne vécut que de l'eau des sources qu'elle rencontrait. Le cinquième jour, comme ses forces l'abandonnaient, elle prit sur elle de se diriger vers une cabane de bûcheron, après s'être assurée qu'une femme seule était dans l'intérieur. Elle demanda un peu de pain, que cette femme lui donna de bonne grâce. Enhardie, Macrine lui dit où elle voulait se rendre, en lui demandant le chemin qu'elle devait suivre pour y arriver. La femme du bûcheron sourit en lui disant que c'était une entreprise folle qu'un si long voyage; mais que, du reste, elle était sur la route qui conduisait à la ville dont elle parlait. Macrine l'ignorait; mais Dieu s'était fait lui-même son guide.

Elle ne tarda pas à souffrir de nouveau les angoisses de la faim; et les nuits passées sur la terre, par un temps froid ou pluvieux, lui causaient dans les membres des douleurs qui retardaient sa marche. Heureusement, dit-elle, je rencontrai un troupeau de moutons; à l'insu du berger, je me glissai sous quelques moutons, et j'y passai une nuit si bonne, j'y eus si chaud, que cela me rétablit presque entièrement.

Mais il survint, dans le cours de ce laborieux voyage, un temps si froid, si dur, que Macrine en fut abattue. Arrivée dans un endroit assez considérable, qu'elle ne voulait que traverser, ses forces la trahirent; elle sentit l'impossibilité d'aller plus loin. « Mon Dieu, dit-elle, si vous avez décidé que j'arriverais au terme de mon voyage, la démarche que je vais tenter ne m'en empêchera pas; sinon, que votre sainte volonté soit faite! » Et pour la première fois, depuis qu'elle était en route, elle alla frapper à la porte d'une habitation de bonne apparence. Elle y trouva une femme seule. « Je vais succomber au froid et à la faim, dit-elle, si vous n'avez pitié de moi. » Cette femme lui fit une place auprès du feu. Qui êtes-vous? lui demanda-t-elle. Je suis une des quatre religieuses de Saint-Basile qui sont parvenues à s'évader du couvent schismatique de Miedzioly. — O mon Dieu! s'écria cette femme, comment ai-je mérité que Dieu daigne m'adresser une de ces saintes martyres? et elle lui témoigna aussitôt un si profond respect, que l'humilité de Macrine en fut toute troublée. Macrine passa près d'une semaine chez cette digne femme, et quand elle la quitta, elle était munie d'une bonne mante, elle avait un havre-sac chargé de provisions, quelques kopecks dans sa poche, et un sûr itinéraire de la route qu'elle devait suivre, avec le nom de quelques personnes chez lesquelles elle pourrait en toute sûreté demander l'hospitalité.

Les noms de ces personnes qui ont en effet exercé envers elle la plus touchante hospitalité, le nom de cette femme qui a fait auprès d'elle l'office d'un bon ange, Macrine les a prononcés devant les rédacteurs de son histoire; mais, ajoutent ceux-ci, il ne nous est pas permis de les répéter : on punirait ceux qui les portent, comme d'un crime de haute trahison, pour n'avoir pas livré aux agents de l'empereur une pauvre femme de soixante ans, brisée par sept années de souffrances et de misères. — Arrivée à la ville où Macrine avait donné rendez-vous à ses sœurs, elle n'y rencontra que sœur Wawrzecka; mais elle sut plus tard que les deux autres sœurs avaient gagné la Galicie. Elle passa huit jours dans cette ville, que l'on n'ose pas désigner, parce qu'elle y reçut les marques d'un si vif intérêt, que l'on craindrait de désigner en même temps aux autorités russes de nouvelles victimes à frapper.

On profita, pour lui faire traverser la frontière, du passage de nombreux troupeaux. Mêlée aux bergers dont elle avait revêtu l'habit, elle échappa à la vigilance des employés russes, et atteignit enfin Posen, après un voyage si long, qu'elle ne peut même en fixer la durée. Elle alla loger chez les filles de la Charité, et là, remerciant Dieu de la manière miraculeuse dont il l'avait tirée de la persécution, heureuse d'avoir eu sa croix à porter comme son divin Maître, elle ne pensait plus qu'à le servir dans une vie humble et cachée, quand elle fut mandée par l'archevêque de Posen, qui lui ordonna de faire un récit circonstancié de tout ce qui s'était passé pendant le long martyre des filles de son ordre. Elle obéit, et à mesure qu'elle parlait, un secrétaire de l'archevêque inscrivait ses paroles. On lui lut ensuite ce qu'on avait écrit, on lui demanda si elle reconnaissait s'être expliquée d'une manière conforme à ce qu'elle entendait, et sur sa réponse affirmative, après lui avoir fait jurer sur les saints Évangiles qu'elle avait dit toute la vérité et rien que la vérité, on lui fit signer sa déposition écrite. L'archevêque signa ensuite, ainsi que les personnes qui avaient assisté au récit de l'abbesse Macrine, et cette déposition, scellée des armes de l'archevêque, fut envoyée à notre Saint-Père le pape Grégoire XVI.

On crut que les deux premières villes de l'Europe catholique, Paris et Rome, devaient voir l'abbesse de Minsk, devaient entendre de ses lèvres la relation de son martyre et de celui de sa communauté; et l'abbesse de Minsk fut envoyée à Paris et ensuite à Rome. Le jeudi 6 novembre 1845, elle fut admise en présence du pape Grégoire XVI; elle avait passé dans le jeûne et la prière les jours qui avaient précédé cette solennité. Elle fit au Pontife le récit que nous connaissons. « Est-ce possible, s'écria douloureusement le Pontife étonné, est-ce possible que tant d'atrocités se soient commises et que nous n'en ayons rien su ? » Il voulut douter un moment que l'empereur fût instruit de toutes les violences qui se commettaient en son nom; mais quand l'abbesse de Minsk lui eut dit que la supplique qu'elle avait envoyée à Pétersbourg avait été remise à Siémaszko avec ces mots tracés en marge par la main impériale : « Saint et vénérable archevêque, ce que vous avez fait est vénérable et saint ; j'approuve ce que vous avez fait et ce que vous ferez, » le doute ne fut plus possible (*Martyre de sœur Irena-Macrina Mieczyslaska et de ses compagnes en Pologne*, 4ᵉ édit., Paris, Gaume frères, 1846). Nicolas Paulowitch ou fils de Paul, souverain pontife des Russes schismatiques, marchera donc, dans l'histoire de l'Église de Dieu, à la suite de Néron, fils et meurtrier d'Agrippine, souverain pontife des Romains idolâtres.

Espérons que la Pologne, corrigée par tant d'épreuves, purifiée, régénérée par l'exil et le martyre, ressuscitera digne de ses plus beaux jours, qu'elle réunira ses membres épars entre l'Autriche, la Prusse et la Russie, et qu'elle deviendra un germe de bénédiction pour la Russie elle-même, comme l'Église de Dieu ne cesse de l'être pour le monde, qui ne cesse de la persécuter depuis dix-neuf siècles.

Quant aux Grecs de Constantinople, nés dans le schisme de Photius ou de Michel Cérulaire, voici les nouvelles les plus récentes et les plus authentiques sur leurs dispositions. Ces renseignements se lisent dans une lettre du 20 novembre 1840, écrite à la *Propagation de la foi*, par M. Étienne, procureur général, et depuis supérieur de Saint-Lazare. « L'ignorance presque seule les retient éloignés du centre de l'unité. Ils ne savent même pas quels points de foi les séparent de la véritable Église. Ces frères égarés font consister toute leur religion dans quelques pratiques extérieures, qui leur servent de symbole et même de prières. Malgré leur antipathie pour les catholiques, ils aiment nos cérémonies et assistent volontiers à nos sermons. Bon nombre d'entre eux viennent puiser à nos écoles l'instruction qu'il leur est impossible de se procurer ailleurs. Ceux-là ne tardent pas à se défaire de leurs préjugés, à sentir que leur foi ne repose que sur des fondements ruineux : et à concevoir de la nôtre une idée plus favorable. Si l'on joint à ces premières impressions l'influence que des maîtres et maîtresses exercent nécessairement sur des enfants, la confiance qu'ils leur inspirent par une vie de dévouement et de vertu, les explications souvent répétées du catéchisme, il est facile de comprendre, et l'expérience ne permet pas d'en douter, que bientôt le retour des hérétiques consolera l'Église de leur défection. »

Pour ce qui est des Grecs répandus dans la Syrie, la Palestine et l'Égypte, on s'imagine vulgairement qu'ils sont à peu près tous séparés de l'Église romaine. C'est une erreur. Voici ce qu'on lit dans un document authentique, publié en 1840 sous le nom de *Mémoire sur l'état actuel de l'Église grecque catholique dans le Levant* : « Les trois patriarches grecs schismatiques d'Antioche, d'Alexandrie et de Jérusalem, ainsi que tous leurs coreligionnaires, dans toute la Syrie et dans toute l'Égypte, peuvent à peine former le tiers de la nation grecque-catholique, et cependant ils persécutent celle-ci avec force ! »

Les Arméniens, que nous avons vus les premiers de tous les peuples embrasser le christianisme en corps de nation, dès la fin du IIIᵉ siècle, le conservèrent dans sa pureté deux siècles durant. Ils se laissent ensuite infecter des hérésies de Nestorius et d'Eutychès. Ils sont écrasés par les Perses, par les Sarrasins, et cessent de former un corps de nation. Depuis bien des années, une partie considérable d'entre eux se sont réunis à l'Église romaine, et puisent dans son sein une nouvelle vie. Les études commencent à refleurir parmi eux, principalement par les soins des religieux méquitaristes : ils ont des écoles célèbres à Vienne et à Venise, où se forment des docteurs pleins de zèle et de science. De nos jours, les arméniens catholiques ont montré en masse un héroïsme peut-être unique dans l'histoire. En 1829, on les a vus sortir de Constantinople au nombre de trente mille, et partir pour l'exil avec leurs femmes et leurs enfants, en abandonnant leurs biens, leurs maisons et leur commerce, plutôt que de communiquer avec le patriarche schismatique, qui avait provoqué contre eux, à cet effet, cette violence du sultan. Dieu a récompensé leur fidélité. Depuis cette époque, ils ont à Constantinople même un archevêque catholique à eux. Ils ont un archevêque catholique à Léopol, dans la Galicie ou la Pologne autrichienne. Ils ont de plus un patriarche catholique au Mont-Liban. Unis par eux à la source de vie, à la Chaire de saint Pierre, ils semblent destinés à servir d'instrument à la Providence dans la régénération de l'Orient, à commencer par leur nation même chez laquelle les conversions ne sont pas rares.

Entre toutes ces conversions, la plus éclatante est sans contredit celle de monseigneur Artin, archevêque hérétique de Van en Arménie. L'éminence de ses talents, jointe à l'autorité d'une vie exemplaire, le faisait considérer comme une des plus fermes colonnes de sa secte, dont il occupait un des sièges principaux. Souvent le patriarche schismatique de Constantinople l'avait appelé dans cette capitale pour faire servir son éloquence au triomphe de l'erreur. L'année dernière, écrivait en 1840 le supérieur des Lazaristes dans la lettre déjà citée, il l'avait encore chargé d'adresser à ses coreligionnaires une suite d'instructions, dans le but de le prémunir contre le prosélytisme protestant, auquel plusieurs d'entre eux s'étaient laissé surprendre. Grâce à l'élévation de son esprit, à la droiture de son cœur, et surtout à une secrète inspiration d'en haut, monseigneur Artin n'avait pour notre Eglise aucune antipathie. La notable différence qu'il avait eu mille occasions de remarquer entre la conduite des sectaires et celle des catholiques, différence toute à l'avantage des derniers, lui avait inspiré pour nous et pour nos doctrines une certaine affection. Plus d'une fois il lui arriva de proposer, du haut de la chaire, nos chrétiens pour modèles aux hérétiques, en les exhortant à honorer comme eux leur foi par leurs vertus. Un jour même, il déclara qu'il aimerait mieux voir ses frères entrer dans le sein de l'Eglise romaine que de les voir passer dans les rangs du protestantisme. C'en fut assez pour déchaîner contre lui la haine du patriarche schismatique et de tout son clergé. On le renvoya brusquement dans son diocèse, et défense lui fut faite de remettre jamais les pieds à Constantinople. La Providence avait ménagé cette disgrâce pour achever de lui ouvrir les yeux. Il comprit que l'Esprit de Dieu ne peut être avec un parti où l'on proscrit avec tant d'acharnement un simple hommage rendu à la vérité, une légitime inclination vers ce qui paraît digne de tout respect. Bientôt sa résolution fut prise : il alla se jeter dans les bras de M. Leleu, notre préfet apostolique à Constantinople, et le pria de mettre la dernière main à une conversion que la grâce avait commencée depuis si longtemps dans son cœur. Cette démarche fit une sensation profonde. Le patriarche schismatique, effrayé des suites qu'elle ne manquerait pas d'avoir, à cause de la réputation du prélat, mit tout en œuvre pour obtenir du gouvernement turc qu'il lui fût livré comme un transfuge. Le clergé schismatique seconda de tout son pouvoir les intrigues du chef. Il fallut toute l'influence de l'ambassadeur français pour résister à leurs efforts réunis et conserver à la religion sa glorieuse conquête.

Les résultats qu'avait voulu prévenir l'hérésie ne se firent pas longtemps attendre. En apprenant la conversion de leur premier pasteur, sept cents personnes de la ville de Van résolurent de suivre son exemple, et vinrent à Constantinople pour recevoir ses instructions. Leurs sentiments se furent bientôt communiqués à leurs coreligionnaires de la capitale : à toute heure ils assiégeaient la maison des missionnaires pour conférer avec le prélat arménien sur l'abjuration qu'ils méditaient. Enfin, le 6 août 1840, monseigneur Artin fut réconcilié à l'Eglise en présence d'une foule d'hérétiques, qu'il exhorta à rentrer avec lui dans la voie du salut.

Peu de temps après ce discours, où respirait toute l'onction d'une âme heureuse enfin de posséder la vérité, on compta douze cents imitateurs de cette mémorable conversion. Le vénérable archevêque a vu plusieurs fois, depuis cette époque, sa vie menacée : on a même essayé d'incendier la maison des missionnaires, dans l'espoir qu'il périrait dans les flammes. C'est pour le soustraire à ces dangers qu'on lui conseilla de faire un voyage en France. Par là se trouvera aussi réalisé son grand désir de se préparer dans la retraite à travailler un jour à la conversion de ses anciens diocésains. Il se proposait de passer, à cet effet, deux années dans la communauté des missionnaires de Paris, d'où il repartirait ensuite pour l'Arménie plein de courage et d'espérance.

Les Syriens catholiques sont de deux sortes : les Melchites, qui suivent le rite grec; les Syriens, qui suivent le rite syriaque. Les premiers ont un patriarche avec neuf évêchés; les seconds, un patriarche avec cinq évêchés. On a vu l'archevêque schismatique de Damas, monseigneur Hiliani, rentrer dans le sein de l'unité, y ramener plusieurs évêques et presque tous ses diocésains.

Les Maronites sont ceux des Syriens qui, à la chute de la puissance byzantine en Syrie, et à l'invasion des Sarrasins, se réfugièrent dans les montagnes du Liban, où ils ont maintenu jusqu'à ce jour leur foi et leur liberté. S'ils se sont laissé quelque temps infecter par l'hérésie, ils s'en sont purifiés depuis des siècles et se sont réconciliés sincèrement à l'Eglise romaine. Aujourd'hui, inviolable dans son orthodoxie comme dans son indépendance, la nation maronite descend du Mont-Liban, son berceau et son asile, pour se répandre sur les côtes de Syrie, où elle donne partout le consolant spectacle de sa foi, de son intelligence et de son courage. Elle est soumise à un patriarche qui prend le titre d'Antioche, et qui a sous sa juridiction neuf diocèses. Le clergé se compose de cinq cents prêtres séculiers et de seize cents moines, dont six cents revêtus du sacerdoce, divisés en trois ordres distincts, sous la règle diversement modifiée de saint Antoine. — Cinq cent mille catholiques, tous fidèles aux observances extérieures de la religion, tous remplissant le devoir pascal. — Trois cent vingt églises, cent neuf couvents, dont plusieurs renferment des presses typographiques pour la multiplication des bons livres. — Cinq séminaires patriarcaux, gratuitement ouverts à la jeunesse de toutes les nations; une maison de noviciat pour les missions; un collège par diocèse; dans chaque village, une école où l'on enseigne la lecture, l'écriture, le calcul et les éléments de la doctrine chrétienne. Les Maronites sont la nation modèle de l'Orient.

A côté d'eux, dans les mêmes montagnes, est une nation très-différente, dont jamais personne n'avait su pénétrer la mystérieuse origine, et la religion plus mystérieuse encore : ce sont les Druses. De nos jours, un savant français, Sylvestre de Sacy, a percé et éclairé ces profondes ténèbres. Au XIXe siècle, quelques Français, qu'on pourrait nommer enfantiniens, ont prétendu concentrer la divinité dans un homme assez médiocre, nommé Enfantin. Cette prétention, une fois connue en France, est tombée dans le ridicule. Au commencement du XIe siècle, un successeur de Mahomet, le calife Hakem, despote capricieux et féroce, finit par prétendre qu'il était la divinité devenue visible, et qu'après sa mort il reviendrait un jour pour régner sur toute la terre. Cette prétention extravagante d'un monstre, trouva de la créance parmi les Musulmans de l'Egypte et de la Syrie. Hamza, un des ministres de Hakem, en fit le dogme fondamental d'une nouvelle religion, ou plutôt d'une nouvelle idolâtrie. C'est la religion des Druses. Elle a été enveloppée de ténèbres à dessein, pour assurer à une aristocratie franc-maçonnique le despotisme politique et moral sur un peuple ignorant. Eh bien! ce pauvre peuple, enseveli depuis tant de siècles, par ses chefs, dans une ignorance et une barbarie savamment calculées, il commençait en 1838 à ouvrir son esprit à la lumière, et son cœur à l'amour du catholicisme, comme on peut le voir dans le TABLEAU GÉNÉRAL DES PRINCIPALES CONVERSIONS *depuis le commencement du XIX° siècle* (T. II, p. 240, 2° édlt.). Ces commencements de conversion parmi les Druses ont été arrêtés par la guerre qui s'est rallumée depuis, entre les Druses et les Maronites.

Plus loin, les Chaldéens, ce peuple primitif duquel sortit le patriarche Abraham, et dont les Babyloniens, les Assyriens et les Syriens ou Araméens ne sont que des branches qui s'étendirent dans les plaines, subsistent encore dans leurs âpres montagnes et dans les contrées voisines : ils conservent la même langue qu'au temps du patriarche, langue qui leur est commune avec les Hébreux, sauf les différences de dialecte. Une partie de cette antique nation est catholique, l'autre infectée des hérésies de Nestorius et d'Eutychès, ce Luther et ce Calvin du V° siècle, qui *protestèrent*, l'un contre l'unité de personne, l'autre contre la distinction des natures en Jésus-Christ. Les Chaldéens catholiques, au nombre d'environ cent cinquante mille, ont un patriarche, quatre archevêques et cinq évêchés. Leur patriarche, Jean d'Hormès, vient de mourir à l'âge de plus de cent ans. Né d'une famille nestorienne hérétique, qui est en possession du patriarcat depuis trois cent dix-neuf ans (car chez les nestoriens cette dignité se transmet de l'oncle au neveu), il fut sacré, en 1776, archevêque de Mossul par son oncle, pour lui succéder dans le patriarcat de Babylone. Cet oncle étant mort, Mgr Jean d'Hormès embrassa la foi catholique en 1780, et Rome, en 1783, lui confirma tous ses titres, l'engageant à mériter, par ses travaux et sa fidélité, d'être revêtu du sacré *pallium*. Cet honneur lui a été accordé depuis, en 1834. A l'époque de sa conversion, les diocèses de Mossul, de la Médie et de Kerkouk étaient presque en entier au pouvoir des nestoriens. Mgr Jean d'Hormès réussit à ramener à l'unité le plus grand nombre de leurs prêtres, et chassa ceux qui ne voulurent point se réunir à la sainte Eglise romaine. C'est de ce moment que date l'accroissement du catholicisme dans ces contrées. Le respectable vieillard a souffert pendant sa vie d'innombrables persécutions; mais il est toujours demeuré ferme dans la foi. Son austérité était telle, qu'il n'a jamais mangé de viande, et qu'il ne se nourrissait que de légumes. Depuis la ruine d'Alcoche, sa patrie, il était réduit à la plus extrême misère. Heureusement que la société de la Propagation est venue à son secours dans les derniers jours de sa vie.

Voici des faits curieux, que nous apprend Eugène Boré, sur la manière dont le catholicisme se conserve et se propage parmi les Chaldéens; et d'abord, comment la foi catholique fut apportée au pays de Selmas, l'ancienne Médie.

Il y a un siècle, vivait un jeune Chaldéen de Diarbekre, converti par le zèle des Dominicains, qui évangélisaient cette partie de l'Asie occidentale. Après avoir franchi les hautes montagnes du Curdistan, il vint au village de Khosrova exercer sa profession de teinturier. Il était très-ignorant selon le monde; mais la grâce lui avait départi une science préférable à celle qui, malgré ses ténèbres et son insufflsance, nous pousse à l'orgueil. Il savait aimer Dieu et son prochain, pratiquant ainsi toute la loi, qui se résume dans ce double précepte. La nature de la vérité, rayon de la lumière incréée, est de se répandre et de briller au dehors, en communiquant à tout ce qui l'entoure ses ardeurs secrètes. Aussi le jeune artisan devint-il bientôt l'apôtre des jeunes apprentis qui l'avaient choisi pour maître. Ses instructions, et plus encore ses bons exemples, opérèrent leur conversion. A ces prosélytes se joignit un homme veuf, doué de quelque instruction, et qui fut jugé capable d'être le père spirituel de cette société naissante. Il l'envoya près du patriarche de Mossul pour être ordonné. Lorsqu'il revint, sa maison servit de chapelle aux catholiques. L'intolérance des nestoriens, au milieu desquels ils vivaient, les obligeait au secret; et ils le gardèrent si religieusement, que, durant vingt années consécutives, leur église put se consolider et s'étendre à l'insu de tous les profanes. Enfin l'évêque nestorien, Mar-Isaïe, découvrit le mystère; et l'heureux changement opéré dans son village lui ouvrant les yeux, il va dans la Géorgie, à Akaltriké, faire son abjuration entre les mains des missionnaires catholiques, puis s'en retourne à Khosrova convertir le reste de ses ouailles. Le patriarche de Mossul, apprenant cette joyeuse nouvelle, lui envoya quelques Dominicains dont les instructions éclairèrent et affermirent ces nouveaux frères. Le successeur de Mar-Isaïe, Jean Guriel, élevé au collège de la Propagande, rapporta de ce centre glorieux du catholicisme la science de la foi qu'il avait recouvrée, et vint à son tour la propager dans les villages environnants. Pataura, peu distant de Khosrova, fut reconquis par son zèle, et cette société s'agrandit encore journellement, grâce à l'activité pastorale de monseigneur Mar-Michaël, disciple, comme lui, de la Propagande, qui vient d'être promu tout récemment à l'importante dignité de patriarche des Chaldéens.

De Khosrova, le catholicisme s'étendit dans le pays adjacent d'Ourmi. La secte nestorienne, effrayée de son apparition, en appela lâchement au fanatisme turc pour le faire bannir. Il y a vingt ans encore, un catholique aurait exposé sa vie en en donnant des marques extérieures de sa foi. Les nestoriens leur imputaient les plus grossières erreurs, entre autres d'être idolâtres, mot tout-puissant pour effaroucher une conscience musulmane. Ils voulaient dire par là qu'ils reconnaissaient la divinité de Notre Seigneur Jésus-Christ.

On rapporte à ce sujet que les mollahs, obsédés par les faux témoignages des nestoriens, et voulant s'assurer de la justesse de leurs dépositions, citèrent un jour devant eux les ministres des deux communions. Cet étrange concile s'ouvrit par le mémoire d'un évêque, qui concluait en engageant les juges à proscrire les catholiques, ces *idolâtres* repoussés par chaque verset de l'Alcoran. Quand il eut ainsi charitablement parlé, un des trois pauvres prêtres catholiques qui composaient tout le parti des orthodoxes parla en ces termes, avec son simple bon sens : « Respectables mollahs, puisqu'on invoque l'autorité du livre de votre prophète, je vais vous prouver que nous sommes plus observateurs de sa lettre que nos adversaires. En effet, n'est-il pas dit que la *torah* (ou les livres de Moïse), les *psaumes* et *l'évangile sont les trois autres livres révélés?* — Assurément, répondirent les mollahs. — Eh bien! s'il en est ainsi, il faut croire aux vérités qu'ils enseignent. Or, l'Évangile affirme dans cent endroits que Notre Seigneur Jésus-Christ est le Fils incarné de Dieu. » En disant ces mots, il lut et interpréta quelques-uns des passages les plus frappants. Les mollahs, qui ne s'attendaient aucunement à un raisonnement aussi adroit, demandèrent aux nestoriens si les textes avaient été fidèlement expliqués; et, sur leur réponse affirmative, ils ajoutèrent : « Ces gens ont raison; c'est vous qui êtes coupables de n'être pas déjà convertis à l'islamisme, puisque vous prétendiez penser comme nous; et, pour votre punition, vous recevrez la bastonnade. » Sentence qui fut exécutée sur-le-champ.

Le chef des théologiens catholiques était un bon prêtre, converti par l'évêque de Diarbekre. Il s'appelait Jehou, transcription chaldéenne du mot Jésus, que l'on donne au baptême, sans crainte de le profaner, comme chez nous le nom d'Emmanuel. Il avait gagné, depuis quelques années, le prêtre Nebbia, qui, en renonçant au nestorianisme, était devenu un pasteur zélé. Nebbia était marié, suivant l'usage des nestoriens, lorsqu'il fut revêtu de la dignité sacerdotale, et il était devenu le père d'une nombreuse famille. Comme ses vertus et sa bonté lui conciliaient l'estime de ceux mêmes dont il avait quitté les erreurs, un prêtre d'entre eux lui demander sa fille en mariage. Nebbia la lui accorda; et ce fut seulement après la conclusion du contrat, qu'il reconnut sa précipitation à autoriser une alliance semblable sans le consentement de son évêque. Effrayé par sa conscience, il partit aussitôt pour Khosrova, où résidait alors monseigneur Jean Guriel. Le prélat, déjà instruit de cet acte, le reçoit comme un coupable. Nebbia essuie ses reproches avec le silence et l'attitude d'un repentant. Il demande seulement à son évêque qu'il lui soit permis, comme grâce et pénitence, d'aller remplir les devoirs de son ministère près des chrétiens du village de Nuilli, que la peste désolait. Il y court; et, après avoir opéré de touchantes conversions, il succombe, au bout de quelques semaines, martyr de la charité. Ce sacrifice expiatoire attira les bénédictions du ciel sur sa fille, qui en avait été l'occasion. En effet, persistant avec une fermeté admirable dans l'orthodoxie, elle empêchait son mari de célébrer selon le rite nestorien, en lui disant : « A quoi bon dire la messe? La messe est-elle possible sans la foi à la divinité de notre Sauveur? » Comme les habitants de son village voulaient la contraindre à venir prier dans leur église, elle répondit : « Je n'y mettrai le pied que lorsque mon mari célébrera véritablement le divin sacrifice : d'ailleurs, c'est une règle établie parmi nous que, si l'un des membres de la famille est catholique, tous les autres doivent l'imiter. » Elle justifia la vérité de cette maxime; car ses onze enfants sont devenus successivement les chefs de onze familles catholiques, et elle a eu la consolation de voir son époux partager ses convictions. Ce prêtre, connu sous le nom de Youssoup, ou Joseph, était le troisième membre du concile. Sa foi fut plusieurs fois mise à de rudes épreuves par les nestoriens, qui voulaient se venger de sa défection. Ils recouraient à l'intervention des Musulmans pour ces lâches satisfactions; et les deux prêtres, Youssoup et Nebbia, furent souvent condamnés à d'injustes amendes. Ils subirent aussi en commun la peine de la bastonnade, qui leur fut infligée avec tant de barbarie, qu'ils perdirent les ongles des pieds. Ces dignes confesseurs s'estimaient heureux de souffrir persécution pour la justice, et le nombre croissant de leurs ouailles les en dédommageait amplement.

Un jour que Youssoup cheminait vers Ourmi pour visiter un malade, il rencontre un prêtre nestorien, accompagné de deux Musulmans, sur le grand pont de briques rouges qui avoisine les jardins de la ville. Celui-ci l'arrête et dit aux Turcs : Voilà un de ces hommes qui croit et qui fait croire que Jésus-Christ est Dieu. Punissons-le de son idolâtrie. » Alors ils le saisissent et le poussent sur le parapet, en le menaçant de le jeter à la rivière s'il confesse la divinité du Sauveur. On était au printemps, et le lit du Naslou, grossi par les neiges des montagnes, roulait ses flots avec impétuosité. Youssoup affirme courageusement la vérité, et il est précipité dans la rivière. Bien qu'il ne sache pas nager, il se débat si heureusement que le courant l'entraîne vers la rive. Chaque fois qu'il reparaissait sur l'eau, il élevait la voix et la main, comme dans une déposition juridique, et répétait : « Oui! il est Dieu. Oui! il est Dieu. » Paroles qu'il prononçait encore pendant que le flot le portait sur le rivage. Les deux Turcs, arrêtés sur le pont, le considéraient, curieux de savoir ce qu'il allait devenir. Tout surpris de son salut, ils frappèrent rudement le prêtre nestorien qui les avait engagés à cet acte inhumain, et lui dirent : « Chien de mécréant, le *Seigneur Jésus* est vraiment Dieu, car c'est lui qui l'a sauvé. »

Parmi les simples fidèles, ajoute Eugène Boré, nous avons à raconter des traits d'une piété et d'un zèle aussi édifiants. Telle est l'histoire du père de Serkis, qui nous servait de surudji ou de guide dans ce voyage. Le brave homme était venu au bourg de Babari, voisin du lac. La majorité des habitants était catholique. Frappé de leurs bons exemples, il s'unit à leur communion. Peu de temps après, il retourne à Mavana, son village, situé dans la montagne, à l'ouest d'Ourmi. Enflammé de l'esprit de prosélytisme, il expose les principes de sa foi épurée à l'un de ses parents, qui se décide à abjurer le nestorianisme. La prudence les obligeait à un strict secret; ils trouvèrent le moyen d'exécuter si habilement leur pieux complot d'amener à eux leurs autres frères, que la moitié du village était gagnée avant que le ministre nestorien et les néophytes mêmes connussent l'innocent conspirateur qui les avait séduits. Lorsque leur majorité fut en état de déconcerter tous les plans d'une opposition intolérante, ils levèrent le front et réclamèrent hautement un pasteur catholique. Les prospérités temporelles ne récompensèrent pas le dévouement du Père de Serkis. Il fut, comme Job, mis à de rudes épreuves que Dieu réserve sur cette terre à ses favoris. Il avait quatre cents moutons paissant sur la colline. Les Curdes tombèrent sur le troupeau et en enlevèrent une partie; la maladie fit périr le reste. Comme ses proches cherchaient à le consoler : « Je m'en réjouis avec Dieu, leur répondait-il; car il y avait dans ce nombre du bien injustement acquis, et la tribulation purifie la faute. » Atteint bientôt d'une maladie mortelle, il disait à ceux qui l'entouraient à son heure suprême : « Le ciel s'est servi de moi pour vous rendre catholiques; jurez ici, sur la croix de Dieu, qui va me juger, qu'il n'y aura jamais parmi vous un apostat. Je ne demande pas d'autre consolation. Pourquoi ces larmes? La mort est le commencement de la vie dont nous vivrons tous, je l'espère, réunis dans le sein de Celui qui vous a fait connaître sa divinité. »

En la ville d'Ourmi, est une famille catholique qu'on peut appeler le soutien et l'exemple des fidèles de tout le canton. Le chef de la maison, Polonais anciennement émigré, après avoir épousé Rachel, fille chaldéenne, entra au service du roi de Perse, parvint au grade de major, et mourut bravement au champ de bataille. Il laissait trois garçons, dont les deux aînés remplacent déjà honorablement leur père dans l'armée. L'un d'eux, nommé Sukan, fit, à dix-sept ans, une noble réponse au feu roi Fet-Ali-Shah, qui le pressait de se faire musulman, en lui promettant toutes ses faveurs. « Roi, lui dit-il avec une assurance digne des premiers martyrs chrétiens, mon père est mort pour vous; moi, je suis prêt au même sacrifice; mais, si vous me parlez de quitter ma religion, reprenez cette épée et tournez-la contre votre serviteur; » et il portait la main à son ceinturon pour la détacher.

Le shah, émerveillé de tant de magnanimité, le récompensa en l'élevant à un plus haut grade. Le courage de sa bouillante jeunesse le portait, à cet âge, à se servir de la même épée pour redresser tous les torts faits aux catholiques. Ayant appris que les seigneurs nestoriens tenaient une sorte de conciliabule contre les prêtres orthodoxes, il entre armé dans l'assemblée et les menace de sa colère s'ils ne cessent leurs intrigues. Sa famille étant la seule d'entre les Chaldéens-Persans qui se soit élevée du rang de raïa à la dignité de khan, les évêques, par crainte de son influence, usèrent ensuite de modération.

A Ardischer, nous avons trouvé la veuve des saintes Écritures, la femme forte, active, vigilante, résignée dans la misère, et élevant sa jeune famille dans la crainte de Dieu. Longtemps seule au milieu des nestoriens, avant que le catholicisme se fût propagé dans le village, elle résista courageusement aux persécutions et aux attaques de ceux qui voulaient l'entraîner dans le schisme. Elle leur disait : « Je suis pauvre; mais j'ai la foi, trésor préférable à toute richesse. Je suis faible, mais ma volonté est forte, et jamais elle ne cédera. » Avec quel contentement de cœur, elle nous offrait un pain blanc et ses raisins! Comme ses enfants étaient propres, modestes et respectueux, en baisant la main du missionnaire! Les bénédictions du Seigneur sont véritablement sur cette maison.

Les ministres protestants ont établi à Ourmi et dans les villages voisins des écoles, fréquentées par quelques enfants nestoriens. Comme la compagnie a la générosité de donner une rétribution mensuelle à ses disciples, il serait difficile de décider si c'est l'amour de l'instruction ou un autre intérêt qui les attire. Les Arméniens et les Juifs se sont contentés des Bibles qu'on leur a distribuées, sans vouloir de ce libéral enseignement. Trois évêques et quelques ministres nestoriens leur prêtent, moyennant une pension, le concours de leurs services; mais de conversions, il ne s'en est pas opéré une seule, ainsi que nous l'avons vérifié nous-même sur les lieux, dit Eugène Boré. Nous le comprenons facilement. Quel culte pourraient leur donner ces messieurs, qui ont aboli même celui de leurs pères? Quelles croyances substitueraient-ils à leur symbole, eux dont la foi est de ne pas croire tout ce qui la constitue?

L'été dernier, un prêtre de nos vieux chaldéens, attiré par la renommée que des Francs étaient venus se dévouer à l'enseignement de la nation, descend de ses montagnes et vient à la ville d'Ourmi. Mais quand on lui explique que, pour embrasser la nouvelle doctrine, il faut abjurer tout ce qu'il croit et pratique, il secoue la tête et remonte vers ses montagnes en disant à un de nos frères : « J'étais venu chercher des apôtres et je n'ai pas trouvé de chrétiens. » — « Ah! monsieur, me disait dans sa naïveté une vieille femme chaldéenne, dites-nous, je vous prie, ce qu'est le *Nouveau-Monde*, puisque les gens qui en viennent prêchent une religion si nouvelle. »

Les missionnaires catholiques ont déjà à eux, outre les villages orthodoxes, plus de trente autres villages, formant le diocèse d'un évêque, dont nous tenons entre les mains un acte, dit Eugène Boré, écrit de son qualem et revêtu de son sceau pastoral, par lequel nous sommes autorisés, soit à former des écoles, soit à instruire ses ouailles. De plus, il a juré de devenir le premier catholique de son troupeau. Si l'argent que ronge la rouille lui avait paru préférable au trésor de la vérité, il aurait été enchaîné depuis longtemps par la reconnaissance, à la cause de ces missionnaires américains, qui l'ont comblé de largesses et qui ont pris la peine de faire construire à grands frais, dans sa maison, une salle d'école, encore vide, qu'il nous a livrée, à nous, ses hôtes, comme chambre de réception. Nous avons su que le chef de la mission protestante, alarmé de cette bienveillante hospitalité, est revenu depuis solliciter le prélat, avec des arguments autres que ceux de la théologie et de la logique, mais sans résultat satisfaisant. Tous les hommes n'ont pas la force de vendre leur conscience. Il veut, lui et ses fidèles, rentrer dans l'unité. Quoi de commun son église a-t-elle avec l'honorable compagnie de Boston? Il veut imiter l'exemple de ces catholiques qui remplissent déjà la moitié de son village, et dont il envoie nos prêtres confesser les moribonds, en disant : « Allez donc prendre à l'article de la mort ceux qui vous ont échappé de leur vivant. » Nous appelons pour témoins ces hommes, ces femmes et leurs petits enfants, qui, encore nestoriens, venaient saisir la bride de notre cheval et nous arrêtaient en disant : « Restez : nos maisons sont à vous; et vous aurez aussi nos âmes, car c'est le Seigneur qui vous a envoyés pour notre salut. » Nous avons promis de revenir; ils nous attendent l'automne prochain. Voilà ce qu'écrivait en 1839 Eugène Boré, faisant un voyage scientifique et religieux en Orient, dans la compagnie d'un missionnaire catholique (*Corresp. et Mém. d'un voyageur en Orient*, par Eug. Boré, t. II, p. 255 et seqq.)

On trouve dans leur *Correspondance* plusieurs autres faits qui caractérisent l'état présent de ces populations lointaines, grecques, arméniennes, chaldéennes, sous le rapport religieux et moral. « En rentrant à la ville (d'Héraclée dans le Pont), nous passâmes par le quartier grec, composé d'une quarantaine de maisons toutes fort pauvres. La veille nous avions reçu la visite d'un jeune prêtre, accueilli avec d'autant plus de joie qu'il semblait envoyé providentiellement pour résoudre nos doutes sur les lacunes d'une inscription que nous étudiions en ce moment. Mais il nous déconcerta fort, en disant qu'il était élevé depuis peu au sacerdoce; que son premier état était l'orfèvrerie; que sa connaissance de la langue de ses pères se bornait à la lire sans en comprendre le sens. L'autre desservant à qui nous fûmes présentés, était un vieillard court et replet, dont la barbe extrêmement blanche rehaussait l'éclat rubicond de sa figure. Il était préoccupé d'une grave affaire. Un baril d'eau-de-vie venait d'arriver de Constantinople, et il le débitait avec profit à ses ouailles, sur le parvis de l'église. Son premier salut fut de m'en présenter un large verre; car tous les chrétiens et les Turcs, pervertis par leur exemple, boivent fort peu de vin, qu'ils jugent fade et trop faible, mais ils usent à la place des liqueurs les plus alcooliques. Ce vice de l'ivrognerie, général et invétéré chez la race grecque, l'a frappée d'un signe visible de dégénération, que nous attribuâmes d'abord faussement à son état d'esclavage (*Ibid.*, t. I, p. 211 et 212). » On le voit, les papas grecs sont au même niveau d'abrutissement que les popes russes.

Au delà de Comane, où mourut saint Chrysostome, les voyageurs rencontrèrent une population d'un caractère tout différent. « Depuis deux mois que nous avions quitté Constantinople, nous errions par les provinces septentrionales de l'Asie Mineure, sans avoir la consolation de rencontrer aucun frère en religion; et cependant ces contrées se distinguèrent dès l'origine du christianisme par leur foi précoce, le nombre de leurs martyrs et le savoir des pasteurs qui les administraient. A peine pouvons-nous honorer du nom de chrétien les restes du peuple grec; et, lors même qu'ils auraient conservé plus intègre la religion de leurs pères, nous ne pouvions attendre d'eux cette charité et cet épanchement, que le schisme, qui a toujours pour principe l'égoïsme de l'orgueil, a desséchés comme un vent pernicieux au fond des âmes. Il fallait arriver jusqu'à Tokat, pour être dédommagé de cette privation extrême.

Cette ville, qui portait autrefois le nom d'*Eudoxia*, et qui a été reconstruite en partie avec les ruines de Comane, compte environ douze mille Arméniens; les catholiques en forment tout au plus la dixième partie. Mais unis par les liens d'une douce charité, que l'unité de la foi fortifie encore, ceux-ci composent une petite nation compacte et pleine de vie, ayant ses lois et ses mœurs particulières, qu'ils respectent et suivent avec le scrupule de l'amour-propre. Ils ne contractent jamais de mésalliance, c'est-à-dire qu'un père ne donnera jamais un de ses enfants à un autre qu'à un catholique. Ils se considèrent comme l'aristocratie de la nation; et cela avec justice, de l'aveu des Turcs et des autres Arméniens. En effet, ils vivent tous dans l'aisance, et ne s'adonnent qu'aux professions les plus honorables. Les meilleures fortunes, relativement au pays, sont entre leurs mains; cependant cet avantage de position et cette supériorité de richesses n'est point la cause de leur prééminence sociale, mais, chose remarquable! un simple effet de leur orthodoxie. Voici comment : ils savent, comme catholiques, que le centre de la vaste Église dont ils sont les membres se trouve à Rome, au pays des Francs, et que le caractère distinctif de leur foi est de vivre en commun avec le chef qui y réside. Parmi leurs prêtres, ceux qui ont les moyens de fortune suffisants vont étudier dans la capitale du monde chrétien la théologie et les autres sciences ecclésiastiques. Ils apprennent généralement le latin, et parlent le plus souvent la langue italienne. Les ouvrages de droit canon, de dogme, de morale et de controverse, écrits par les meilleurs auteurs, leur sont familiers; et ils ne sont pas étrangers à la science historique, soit de l'Église, soit des monarchies chrétiennes de l'Europe. Ces connaissances éveillent naturellement en eux l'amour de l'étude et le goût de notre civilisation et de notre industrie. Ils initient à cette science leurs frères, et les élèvent insensiblement à leur hauteur intellectuelle.

Le caractère des catholiques de Tokat ressemble à celui que les premiers écrivains chrétiens nous tracent de la petite société dont ils faisaient partie, et qui naissait sous les auspices de l'Évangile : même piété, même concorde, même droiture de cœur, et surtout même amour de leurs frères étrangers. Lorsque le bruit se fut répandu parmi eux que deux catholiques venaient du *Frenkistan*, pour les visiter, et que l'un d'eux était prêtre missionnaire, leur vertu naturelle d'hospitalité excita parmi eux une sorte de conflit généreux : c'était à qui pourrait nous recevoir; et, lorsque nous eûmes fixé au hasard notre choix, nous reçûmes des autres mille reproches aimables, suggérés par une louable jalousie. Ce sentiment s'accrut en eux par l'effet du franc aveu que nous leur fîmes du but principal de notre voyage, lequel était de visiter les catholiques d'Orient, de les connaître, de les encourager, et d'instruire ensuite les catholiques d'Occident de leur situation actuelle. Ils ne pouvaient trouver d'expressions assez fortes pour exprimer leur gratitude, et ils ne cessaient de nous dire : « Dieu vous a envoyés vers nous pour le bien et la gloire de son Église. »

En effet, le catholicisme renaît avec un éclat nouveau dans ces contrées, où Dieu l'avait voilé momentanément, pour l'exécution de ses impénétrables desseins. Les choses que nous avons vues et que nous dirons, remplissent l'âme d'un consolant espoir. Ici, comme en Occident, il se prépare, dans le ténébreux chaos des événements politiques, une régénération sociale. La force intrinsèque que perdent l'islamisme et les sectes chrétiennes réduites à l'état de décrépitude, passe tout entière au corps de l'Eglise orthodoxe, qui se montre à la fois sur plusieurs points, avec un élément de vie, de vigueur et d'unité que la vérité seule possède (*Correspondance, etc.*, Boré, t. II, p. 378 et seqq.).

Il n'y a dans Sébaste même, aujourd'hui *Siwas*, que quelques maisons catholiques. Il faut aller à une lieue de là pour trouver les autres. Le village de Perkniok, composé de cent soixante maisons, présente le singulier phénomène de ne renfermer que des catholiques, au milieu d'un pays infidèle ou schismatique. L'époque de sa conversion à la vraie foi remonte au commencement du dernier siècle, alors qu'on suscitait à Tokat et à Angora de violentes persécutions contre les orthodoxes, et que le bienheureux Goumidas mourait en martyr à Constantinople. Un catholique arménien, nommé Michel, vint se fixer dans ce village. Sa vie régulière et pleine de bonnes œuvres lui gagna l'estime et la confiance des habitants. Comme il était instruit et lettré, il profita de cet avantage pour diriger l'éducation des enfants, auxquels il insinua peu à peu les principes de l'orthodoxie. Le desservant de l'église étant mort, on jeta unanimement les yeux sur lui pour le remplacer. Michel, qui croyait devoir accomplir la mission dont le Seigneur le chargeait visiblement, accepta cette dignité, et bientôt eut gagné à l'Eglise tout le troupeau. Perknick devint ouvertement catholique.

Dans ces jours, il y avait parmi la nation arménienne un mouvement général de retour; et c'est ce qui occasionna les persécutions dont nous avons parlé. Les chefs du clergé arménien de Sébaste, effrayés de la glorieuse conquête de Michel, le dénoncèrent charitablement au *muphti* ou chef de la religion musulmane, ainsi qu'au pacha, en l'accusant d'infidélité envers le grand-seigneur et de complot avec les Francs, ennemis de la Porte. Ces accusations injustes furent écoutées; et Michel fut cité en jugement, puis exécuté à la porte de l'église de Sébaste, mise sous la protection de la Vierge Marie. Les dernières exhortations faites à son troupeau et l'holocauste de son sang, précieux devant le Seigneur, ont répandu sur Perknick une bénédiction efficace. Nous avons trouvé ce village inébranlable dans sa foi. Il est habilement dirigé par trois jeunes prêtres sortis du *Mont-Liban*, et d'une instruction fort remarquable. Nous les avons trouvés dirigeant la construction d'une église qui surpassera par sa solidité et son goût celles des Arméniens. Ils ont fait de ce village comme une petite cité chrétienne, dont les excellentes lois ont imprimé aux habitants un caractère de probité qui les fait distinguer jusqu'à Constantinople.

D'après des conjectures historiques, dont monseigneur Michaël, archevêque de Césarée, qui est originaire de Perknick, mais réside à Toka, a cité à Eugène Boré les preuves, fondées sur une vieille tradition, ils descendraient tous de la famille des *Pagratides*, race royale qui les a gouvernés à plusieurs reprises. Toutefois ils n'ont pas l'orgueil aristocratique, qui paraîtrait du moins tolérable chez

eux. Nous avons trouvé le frère de l'archevêque paissant lui-même les innombrables troupeaux de moutons qui font leur unique richesse. Tous sont élevés dans le respect et la plus humble soumission pour le Saint-Siège, signe caractéristique du vrai catholique. Je n'oublierai jamais, ajoute le savant voyageur, l'impression que produisit sur moi une vieille femme, plus que centenaire et entourée des quatre générations de ses fils et petits-fils. Lorsque monseigneur Scafi, missionnaire de la congrégation des Lazaristes, résidant à Constantinople, et mon très-honorable compagnon de voyage, se fut nommé à elle comme prêtre romain, élevé à Rome, la vieille femme, en entendant ce nom, vénéré parmi eux, éleva les yeux et les bras au ciel, en le bénissant d'avoir vu avant sa mort un envoyé du souverain Pontife (*Correspondance, etc.*, t. II, p. 390 et seqq.).

Ce qui entrave les progrès du catholicisme en Turquie et en Perse, ce n'est plus tant l'opposition des gouvernements turc ou persan, que l'influence schismatique de la Russie (*Ibid.*, t. II, p. 84).

Le mahométisme, ce protestantisme armé contre la divinité du Christ, confesse lui-même sa décadence. Il commence à effacer de son front son caractère originel d'empire antichrétien : il voudrait compter parmi les nations chrétiennes et catholiques, parmi les familles vivantes de l'humanité régénérée. Depuis plusieurs années déjà, les ambassadeurs du vicaire de Mahomet viennent d'eux-mêmes présenter leurs hommages au vicaire du Christ. Le 3 novembre 1839, une constitution impériale du sultan proclame l'émancipation des chrétiens sur tous les points de l'empire. Et cette constitution s'exécute avec une franchise qu'on souhaiterait quelquefois à certaines puissances chrétiennes. Le catholicisme y est moins gêné que dans bien des villes et des pays d'Europe. La hiérarchie ecclésiastique s'y développe librement avec toute la discipline et l'efficacité de ses censures; la charité y ouvre ses écoles et ses hôpitaux, sans qu'une police ombrageuse y descende; et, chaque année, nos processions triomphantes, nos chants sacrés, notre encens, nos fleurs et notre divine Eucharistie, parcourent, sans rencontrer un front qui ne soit incliné, les faubourgs de Constantinople.

Il en est de la Perse comme de la Turquie. Le mahométisme s'y meurt et tend les mains à la chrétienté. Plus encore qu'en Turquie, où les patriarches grecs et arméniens schismatiques de Constantinople, effrayés des progrès du catholicisme, ont acheté un firman, qui commande, de par l'autorité musulmane, de rester dans le schisme, quand même la conscience solliciterait d'en sortir, les chrétiens, dans le royaume de Perse, jouissent d'une liberté spirituelle inconnue même dans nos états chrétiens. Cette liberté de conscience a plutôt son principe dans les mœurs et le bon sens de la nation que dans une loi formelle. Il n'y a d'une exception pour les catholiques. Au mois d'avril 1840, le roi ou shah de Perse, à la demande de l'ambassadeur français, a rendu une ordonnance portant « que tous les catholiques suivront les lois et les commandements de leur religion avec la liberté de conscience que Notre Majesté garantit aux serviteurs de sa cour; qu'ils auront la faculté de bâtir des églises destinées à leur culte, de les réparer, d'enterrer les morts, de fonder des collèges scientifiques pour l'éducation de leurs enfants, de contracter des mariages entre eux et d'exercer le commerce; qu'ils posséderont en sûreté leurs biens, soit de patrimoine, soit d'acquêt, toujours en se conformant aux lois et à l'autorité du pays; que tout individu qui empêchera le libre exercice de leur culte et les molestera par de mauvais traitements, sera passible de châtiments exemplaires. » En vertu de cette ordonnance, Eugène Boré établit une école française-persane à Tauris.

Les seigneurs persans paraissent avoir plus que de la tolérance pour le catholicisme; car voici ce qu'écrit d'Ispahan un autre Français, le comte de Guiche, au même Eugène Boré : « Si monseigneur Giovanni (le prélat catholique d'Ispahan) s'occupe des choses de ce monde, il ne néglige pas pour cela sa mission. Lorsqu'il est arrivé dans ce pays, notre foi y était peu répandue. En prêchant de parole et d'exemple, il a su y ramener quelques-uns. La petite église des Dominicains n'est plus déserte le dimanche. Un grand nombre sont déjà catholiques au fond du cœur, mais ne pratiquent pas encore ouvertement. La pieuse audace du missionnaire n'a craint aucun obstacle : Dieu a récompensé ses efforts. Je vous étonnerais si je vous nommais les personnages haut placés qui se sont vantés à moi d'être catholiques au fond de l'âme (*Correspondance*, etc., t. II, p. 479). »

Le même voyageur écrivait encore de Perse, au mois de décembre 1839 : « Peu à peu je m'étais lié avec quelques mollahs (docteurs de la loi musulmane). Ils venaient s'asseoir à côté de moi; nous nous faisions mutuellement les plus belles protestations d'amitié. Toutefois, vous comprenez que nos conversations étaient extrêmement limitées : le turc était notre seul moyen de communication, et ils n'en savaient pas plus que moi. Aussi la pantomime jouait-elle le plus grand rôle dans nos discours. Un de ces mollahs surtout m'aimait beaucoup. Nous passions ensemble de longues soirées sur la terrasse à fumer le chibouk. Un jour que j'étais seul avec lui, et que, par suite d'un silence forcé, il me voyait réduit à analyser de haut en bas tous les passants, quel ne fut pas mon étonnement de l'entendre me dire en turc : JE SUIS CATHOLIQUE! Dans le premier moment, je regardai autour de moi pour voir qui venait de prononcer ces paroles et à qui elles s'adressaient, tant était grande ma surprise. Comment, en effet, pouvais-je croire que cet homme, l'un des chefs de la secte d'Ali, eût renoncé à sa religion pour embrasser une religion étrangère qu'il pouvait à peine connaître, et dans le mépris de laquelle il avait été élevé? Il en était pourtant ainsi. Cet excellent mollah est réellement catholique; mais il ne peut pratiquer entièrement sa religion, les Musulmans ne pouvant en changer sous peine de mort. Du reste, j'ai appris que plusieurs autres étaient dans le même cas. La foi mahométane est dans une telle décadence dans ce pays, que les hommes sincères et qui ont le cœur cherchent à se rattacher à autre chose. Quant aux autres, ils restent musulmans extérieurement; mais au fond ils ne sont rien. Le déisme et même l'athéisme sont connus ici comme en France; seulement le peuple a conservé quelque chose de son ancien fanatisme (*Ibid.*, p. 480).

L'abbé Etienne, procureur général de Saint-Lazare, écrit le 20 novembre 1840, dans la lettre que nous avons déjà citée : « A mon avis, la question d'Orient, qui occupe tous les esprits, qui absorbe l'activité des hommes d'Etat, et fait craindre au sein de l'Europe une conflagration générale, ne peut être résolue que par le catholicisme. Voyez l'empire turc, ce colosse qui inspira tant d'effroi à nos pères, il est ébranlé jusque dans ses fondements; de toutes parts, il s'affaisse sous son propre poids et menace d'une chute prochaine. Les immenses lambeaux qui s'en détachent attestent assez que ce grand corps se dissout. Or, cette dissolution, dans les desseins présumables de la Providence, a pour but de mettre fin au châtiment qui pèse depuis des siècles sur les nations orientales, de briser les chaînes expiatrices qui les ont tenues si longtemps sous le joug de l'infidélité, et de leur rendre, avec la religion qui fit jadis leur gloire et leur bonheur, la vie sociale qu'elles ont perdue avec la foi. Aussi sont-ils dans une grande erreur ceux qui pensent qu'il leur est donné de fixer les destinées de ce peuple, de s'approprier ou de se partager à leur gré ses dépouilles. De même qu'ils étaient loin de prévoir, il y a quelques années, l'état où se trouve aujourd'hui la Turquie, ainsi sont-ils impuissants à déterminer de quel côté elle doit tomber, et à qui appartiendront ses ruines. Dieu laissera les hommes s'agiter et les gouvernements rivaux tirailler en tous sens cet empire agonisant : tous leurs efforts n'auront d'autres résultats que de donner à l'Evangile le temps de s'établir partout, de rallier les esprits et de s'enraciner dans les cœurs. La dernière heure de la puissance ottomane ne sonnera que quand son patrimoine sera irrévocablement acquis à l'Eglise de Jésus-Christ.

» Telle est la conviction que remportera de l'Orient tout homme attentif aux progrès qu'y fait notre foi à mesure que l'empire s'affaiblit. Cette conviction, les Turcs eux-mêmes la partagent. Ils ont compris que leur règne est passé, qu'ils ne forment plus qu'une ombre de nation prête à s'évanouir, et qu'il leur est désormais impossible de lutter contre le principe de mort qui mine leur constitution. Et, ce qui est plus remarquable, ce peuple, dont le caractère simple, loyal et noble commande encore l'estime au sein de ses malheurs, a l'intime persuasion que c'est à nous de recueillir ses débris. Autant il a de mépris pour les sectaires, qu'il confond avec les juifs dans une égale aversion, autant manifeste-t-il d'affection pour les catholiques. Est-ce là un indice de la prochaine réunion des enfants de Mahomet à la grande famille de Jésus-Christ? Nous avons tout lieu de le croire, quand nous voyons partout l'islamisme s'éteindre au profit de la vraie foi.

» Désormais la Syrie ne sera plus gouvernée à la turque. C'est un rameau détaché du tronc, auquel il n'est plus possible de communiquer la sève musulmane. L'affranchissement de cette province date de son envahissement par le pacha d'Egypte. Depuis cette époque, on vit baisser d'une manière sensible le fanatisme des infidèles. Les églises, qu'auparavant on ne pouvait même réparer sans un firman de grand-seigneur, furent dès lors agrandies et multipliées sans obstacle. Bientôt s'ouvrirent sur plusieurs points des écoles chrétiennes pour les enfants des deux sexes; un collége, qui compte habituellement de quarante à cinquante pensionnaires, fut même élevé à Antoura par les prêtres de notre congrégation. Damas, la ville *sainte* aux yeux des Musulmans, dans laquelle nul chrétien ne pouvait naguère entrer que tête nue et en payant une capitation, Damas non-seulement cessa d'exercer cette odieuse tyrannie, mais souffrit encore que nos cérémonies eussent lieu dans ses murs. De la tolérance, les Turcs passèrent bientôt à l'affection pour notre culte. Aussi vit-on, il y a dix ans (1838), un village entier de ces infidèles embrasser l'Evangile. On a même la preuve que les Mahométans les plus capables d'apprécier les questions religieuses s'occupent en secret de l'étude du christianisme. Tout récemment, un Turc de Damas fit appeler à son lit de mort un prêtre catholique, et lui demanda le baptême. La surprise du missionnaire fut à son comble en le trouvant aussi instruit des vérités du salut qu'impatient de recevoir le sacrement de la régénération. Peu d'instants après lui avoir conféré cette grâce, il vit son heureux néophyte expirer dans les sentiments de la piété la plus édifiante. Avec l'islamisme tomberont aussi les sectes dissidentes. Jusqu'à présent, elles n'ont subsisté que par lui; c'est en soudoyant le fanatisme des Turcs qu'elles achetaient le droit de nous vexer impunément. Désormais cette voie leur est fermée. L'Eglise, libre de toute entrave, doit donc s'attendre à recueillir ici une riche moisson; d'abondantes consolations lui feront bientôt oublier ses douleurs passées.

» Constantinople et Smyrne sont les deux points que je tenais particulièrement à étudier, non-seulement parce qu'ils sont le siège de deux florissantes missions, mais parce qu'ils exercent sur le reste de l'empire turc une action puissante.

» En Turquie, il ne s'agit pas d'annoncer l'Evangile à des peuples ensevelis dans les ténèbres d'une idolâtrie grossière, ni de soutenir des discussions suivies avec des prédicants de sectes dissidentes. Là, le principal obstacle que l'erreur oppose aux progrès de l'Evangile, la base sur laquelle reposent également l'hérésie et l'islamisme, c'est une commune et profonde ignorance; seulement, chez les hérétiques elle se joint à la superstition, tandis que chez les Musulmans elle s'allie au fanatisme. Un premier moyen de favoriser le triomphe de la foi sera donc d'instruire la jeunesse. Le Coran ne conserve encore des disciples que parce qu'il proscrit l'instruction. Mais aujourd'hui cette défense n'est déjà plus respectée par les grands, dont le mépris pour la loi de Mahomet est à peine dissimulé par quelques pratiques qu'ils affichent aux yeux du peuple. Leur tendance à se mettre en rapport avec les missionnaires catholiques est une heureuse disposition que j'ai été à même de constater. Deux pachas m'ont fait l'honneur de dîner avec moi dans la maison et en la compagnie de nos confrères de Constantinople; ils ne m'ont pas moins surpris par la franchise et la cordialité de leurs manières, par l'étendue de leurs connaissances, que par leur estime pour nos doctrines. A son tour, le peuple ne tardera pas à passer sur la loi qui le condamne à l'ignorance, et tout porte à croire que chez lui, comme chez les grands, l'instruction tournera au profit de la foi. Qu'il lui soit donc permis d'entrer dans nos écoles : l'Evangile et la science le trouveront également docile à leurs enseignements. Quand déjà ses prédilections ne seraient pas acquises aux missionnaires, la gravité de notre culte, qui va si bien à la noblesse de son caractère, suffirait pour les prévenir en notre faveur. Je le répète, du moment que les Turcs auront le libre choix de leur religion, et la permission de s'instruire, l'Eglise sera à la veille de les compter au nombre de ses enfants.

» Or, à Constantinople, nos confrères dirigent un collége où sont élevés les enfants des premières familles de la ville, et une école qui ne compte pas moins de cent cinquante externes. De ces deux établissements est déjà sorti un nombre considérable d'excellents sujets aussi utiles à la société que sincèrement attachés à la religion. Ce n'est pas sans me sentir ému jusqu'aux larmes que j'ai été à même d'apprécier leurs progrès dans les sciences et surtout les vertueux sentiments que des mains habiles ont pris soin de développer dans ces jeunes cœurs. Et quand je faisais réflexion qu'il n'y a pas d'autre école ouverte à Constantinople, j'étais heureux de conclure que la religion seule est appelée à posséder la génération naissante. Il n'était pas moins consolant pour moi de voir ces jeunes gens que nos missionnaires ont élevés, se faire gloire des principes qu'ils ont puisés aux sources de la foi. On les rencontre partout, chez les banquiers, chez les négociants, dans les diverses administrations, dans les chancelleries, et partout ils se montrent dignes des maîtres qui les ont formés.

» Pour compléter l'œuvre de l'instruction de la jeunesse à Constantinople, nos missionnaires ont établi dans leur maison, une imprimerie, dont les presses, constamment employées à reproduire, dans les diverses langues de l'Orient, des ouvrages d'étude et de piété, fournissent à peu de frais aux écoliers et aux pauvres les livres dont ils ont besoin.

» Ce n'est pas tout : Constantinople a déjà son bureau de charité; dans ce moment s'élève un hôpital destiné à fournir des secours aux malades et un asile à soixante familles indigentes. Non-seulement les chefs des premières maisons de la ville ont voulu concourir à sa fondation, mais le grand-seigneur a daigné s'y associer par une souscription de deux mille cinq cents francs. Avant un an, cet hospice sera en état de réaliser le bien qu'il promet. Les sœurs de la Charité seront encore appelées à en prendre la direction.

» Ce n'est pas seulement par les soins que nos sœurs donnent à la jeunesse dans leurs écoles de Smyrne et de Constantinople qu'elles ont su rendre leurs établissements chers à ces contrées et utiles à la religion : un autre avantage, dont il faut tenir compte à leur dévouement, est de faire briller sur cette terre infidèle et au sein des peuples hérétiques les inimitables œuvres de la charité chrétienne. Il est aisé de reconnaître, en visitant le Levant, que, pour frapper l'esprit des Orientaux et les incliner vers la foi, ce n'est pas assez du zèle apostolique, des vertus et des prédications, il faut des œuvres. Les Turcs ne discutent point, mais ils voient; sourds à un raisonnement, ils sont sensibles à un bienfait; la reconnaissance est la voie la plus sûre pour les conduire à la vérité. Cette observation, fondée sur leur caractère bien connu, vient encore d'être justifiée par l'expérience. Vous le savez, chez les Turcs, un chrétien est un être méprisé, à qui ils n'accordent jamais l'entrée de leur maison ; une chrétienne même n'est jamais admise dans l'intérieur de la famille. Eh bien ! à Smyrne, où nous avons établi pour les malades un service de secours à domicile, la sœur de charité est tout autrement traitée. Non-seulement les portes s'ouvrent devant elles, mais encore sa visite, désirée, sollicitée même, est regardée comme une marque d'honneur à laquelle on attache le plus grand prix, dont on conserve un religieux souvenir. On regarde comme le plus heureux augure les innocentes caresses qu'elle fait aux enfants : c'est à qui pourra les lui présenter, comme pour les bénir. Pourquoi cette touchante exception en sa faveur ? Ah ! c'est que la charité l'inspire et que les bienfaits l'accompagnent. Le Mahométan voit quelque chose de surnaturel dans une fille qui a traversé les mers et tout sacrifié pour venir panser ses plaies et soulager ses douleurs. Il est même arrivé à quelques-uns de demander ingénument à ces religieuses *si elles étaient ainsi descendues du ciel*. La cour de leur maison se remplit chaque jour de malades turcs qui viennent les consulter. Quel est l'étonnement de ces infidèles, lorsqu'offrant aux sœurs le prix des remèdes qu'elles préparent, ils les entendent répondre *qu'elles ne veulent et ne peuvent rien recevoir*. Ils restent comme stupéfaits en présence d'un dévoûment si pur, de sentiments si désintéressés. Enfin, chose bien remarquable, les imans turcs et les prêtres hérétiques réclament aussi les secours des filles de saint Vincent de Paul, et professent pour elles la plus profonde vénération.

» A tous ces détails, je n'ajouterai plus qu'un mot sur le spectacle édifiant qu'offrait en l'année 1840 la procession de la Fête-Dieu dans les deux villes de Constantinople et de Smyrne. Plus de quatre-vingts jeunes filles, conduites par les sœurs, y assistaient vêtues de blanc. La nouveauté du fait, et plus encore la modestie et la piété de ces enfants, firent la plus heureuse impression sur la foule immense des spectateurs, dont un bon nombre fut attendri jusqu'aux larmes. Un pacha voulut aussi concourir à rehausser l'éclat de cette solennité, et, comme témoignage de sa prédilection pour notre culte, il envoya ses musiciens à la procession de Constantinople. Daigne le Seigneur favoriser de si beaux commencements, et hâter les jours de consolation que l'Orient semble promettre à l'Eglise. »

Voilà ce qu'écrivait en 1840, sur l'état du mahométisme en Turquie, le supérieur actuel des missionnaires et des sœurs de saint Vincent de Paul.

Le brahmanisme et le bouddhisme, qui règnent depuis l'Inde jusqu'au Japon, peuvent être regardés comme deux religions philosophiques, dans ce sens que ce sont les philosophes de l'Inde et d'au delà, les brahmes, les samanéens et autres qui les soutiennent et les exploitent. Ce qu'elles ont de commun, c'est l'unité de l'Etre suprême, c'est une idée informe de trinité divine, qui va se reproduisant, sans fin et sans terme, jusque dans les moindres créatures, en sorte que tout est Dieu et que tout doit être adoré par la plus grossière des idolâtries. C'est l'incarnation de la seconde personne divine, répétée déjà jusqu'à dix fois, à la dernière desquelles cette personne incarnée fut Bouddha.

Ce que le brahmanisme a de particulier, c'est de poser, comme un point fondamental de dogme, de morale et de politique, la distinction de quatre castes : les brahmes ou savants, parmi lesquels les prêtres se nomment *gourous*; les guerriers, les marchands, les artisans. Ceux qui sont excommuniés, et qui dès lors ne peuvent appartenir à aucune caste, sont appelés *parias*. Il y a des provinces où ils forment la plus grande partie de la population.

Le bouddhisme repousse les castes, et il paraît même que c'est pour cela qu'il a rompu avec le brahmanisme. Au gouvernement civil et religieux des castes, qui continue dans l'Inde, le bouddhisme a substitué pour la religion une hiérarchie de personnes. Il suppose que Bouddha, la divinité incarnée, renaît par la métempsycose dans chacun des pontifes qui lui succèdent. Ces pontifes, qui se fixèrent au Tibet dans le XIII° siècle, empruntèrent alors tout l'extérieur de l'Eglise romaine : la subordination des patriarches au Pape, des archevêques aux patriarches, des évêques aux archevêques, etc. ; les monastères, les processions, et jusqu'à la tonsure cléricale. Ils apprirent tout cela, non-seulement des diverses sectes chrétiennes répandues dans l'Asie, mais des missionnaires catholiques que le Pape et le roi saint Louis envoyaient à l'empereur des Mogols, alors maître de toute l'Asie occidentale ; ils purent l'apprendre en particulier de l'archevêque catholique qui résidait alors à Péking et qui exerçait publiquement son culte. Voilà des choses que le savant Abel Rémusat a mises hors de doute.

Or, ce que le bouddhisme a fait dans le XIII° siècle, il a pu le faire, aussi bien que le brahmanisme, dans les siècles antérieurs, emprunter aux juifs et aux chrétiens quelques vérités et quelques pratiques, pour s'en glorifier ensuite comme de son invention. On suppose volontiers que dans les plus anciens temps il n'y avait point de communication de l'Occident avec l'Inde et la Chine. Nous voyons le contraire par l'Ecriture sainte et par les auteurs profanes. Le livre d'Esther nous montre l'Inde, faisant une des provinces de l'empire persan, à une époque où la religion des juifs était connue et célébrée partout. Hérodote, de son côté, indique la route terrestre et les stations que suivaient les marchands pour aller du Pont-Euxin à la Chine ; et le savant Heeren a prouvé que ces indications sont exactes, et que cette route par terre et ces stations sont encore les mêmes aujourd'hui. Klaproth a trouvé que, dans le siècle qui précéda et dans le siècle qui suivit la naissance du Christ, l'empire chinois et l'empire romain se touchaient sur les bords de la mer Caspienne, et qu'ils se connaissaient bien l'un l'autre. Vers le milieu du IV° siècle, Ammien Marcellin, qui accompagnait Julien l'Apostat dans son expédition contre les Perses, dit positivement que l'empire des Perses comptait alors la Chine parmi ses provinces. Rien n'a donc été plus facile au brahmanisme et au bouddhisme que d'emprunter aux juifs et aux chrétiens, comme il a été facile aux protestants modernes d'emprunter au catholicisme. Mais comme, dans le brahmanisme et dans le bouddhisme, non plus que dans les protestantismes d'Europe, il n'y a aucune autorité divinement assistée pour discerner le vrai du faux et fixer le langage avec la doctrine, les idées y sont dans un irrémédiable chaos. On y reconnaît cet empire où il n'y a nul ordre, mais une confusion éternelle. Sous ce rapport, le brahmanisme ressemble au protestantisme allemand, et le bouddhisme au protestantisme anglican. Dans le premier, il n'y a de hiérarchie que les savants ou les brahmes; dans le second, il y a une hiérarchie, mais qui n'est qu'une contrefaçon morte de la hiérarchie vivante de l'Eglise de Dieu. Nous avons vu les protestantismes d'Allemagne et d'Angleterre commencer à tourner leurs regards vers l'Eglise catholique, d'où ils se sont détachés. On croirait que la Providence divine prépare quelque chose de semblable pour le brahmanisme de l'Inde et le bouddhisme de la Chine.

Dans le Tibet et l'Indoustan, il y a deux évêques catholiques, un évêque et son coadjuteur, résidant tour à tour dans les villes d'Agra ou de Delhy, avec douze missionnaires. Un séminaire y a été fondé par une princesse indienne convertie au catholicisme, en même temps que le royaume de Lahore, par l'estime qu'y ont inspirée des généraux français, ouvre aux conquêtes évangéliques une nouvelle carrière. En 1844, le vicaire apostolique d'Agra comptait vingt prêtres; de plus, une colonie de sœurs lui était arrivée de Lyon et avait établi un pensionnat.

Dans le Bengale, un évêque catholique à Calcutta; un à Bombay, avec un coadjuteur; un à Madras, avec un coadjuteur; un à Pondichéry; un dans le Malabar, avec un coadjuteur; un dans l'île de Ceylan, avec deux cent mille catholiques. Il y a quarante ans, sous la domination hollandaise, le catholicisme était persécuté dans l'île de Ceylan, et le bouddhisme favorisé. Depuis que cette île appartient aux Anglais, le catholicisme y fait des progrès merveilleux.

En 1820, sur son lit de mort, le roi Gia-Long, d'Annam, empire qui comprend le Tong-King et la Cochinchine, défendait étroitement à Minh-Menh, son fils et son successeur, de jamais persécuter la religion chrétienne. Or ce fils, qui, dans la personne de son père, doit le trône aux chrétiens de France et aux chrétiens de son empire, se montrera, une grande partie de son gouvernement, le persécuteur cruel des uns et des autres, et cela sans autre motif que sa haine contre la religion chrétienne. Cette haine perça dès les premières années de son règne : son capitaine des gardes, qui était chrétien, fut une de ses premières victimes. Elle éclata surtout le 6 janvier 1833, par un sanglant édit de persécution. Tous les chrétiens, dont le nombre s'élève dans ce royaume à plus de cinq cent mille, devaient fouler aux pieds la croix pour marque de leur apostasie, ou bien mourir dans les plus cruels tourments. Et depuis sept ans, cet édit s'exécute par la prison, par la torture, par la mort. Les principaux martyrs sont deux évêques, Ignace Delgado et Dominique Hénarès, un grand nombre de prêtres, tant européens qu'indigènes, parmi eux cinq prêtres français, MM. Gagelin, Jaccard, Marchant, Cornay, Dumoulin-Borie. Quant aux fidèles de tout âge et de tout sexe qui ont souffert pour Jésus-Christ, le nombre n'en est pas connu.

L'âge le plus tendre a ses héros. « Mandarins, dit un enfant de dix ans, donnez-moi un coup de sabre au cou, afin que je m'en aille dans ma patrie. — Où est-elle, ta patrie? — Elle est au ciel. — Où sont tes parents? — Ils sont au ciel; je veux aller auprès d'eux : donnez-moi un coup de sabre pour me faire partir. » Les mandarins eurent pitié de sa jeunesse, et lui refusèrent le coup de sabre qu'il appelait de tous ses désirs.

Ce ne fut pas le seul fait de ce genre. En la même année, 1838, on arrêta trois chrétiens : Jacques Nam, prêtre annamite, Antoine Dich, riche propriétaire, chez qui le prêtre était caché, et Michel Mi, maire de la commune et gendre d'Antoine. Comme ce dernier était un vieillard de soixante-neuf ans, fort sensible à la douleur, son gendre demanda et obtint de souffrir la torture et pour lui-même et pour son vieux père. Michel reçut ainsi, dans l'espace de quarante jours, cinq cents coups de verges, qui chaque fois mettaient sa chair en lambeaux, sans que jamais il poussât un soupir. Antoine Dich reçut encore de sa famille les plus pressantes exhortations à persévérer jusqu'à la mort dans la fidélité au Seigneur. L'un de ses huit enfants alla se présenter au grand-mandarin, lui promettant huit barres d'argent, s'il consentait à le laisser souffrir et mourir à la place de son père. Le mandarin donna des éloges à son dévouement, mais n'osa pas souscrire à sa demande. Michel Mi éprouva aussi de bien douces consolations de la part des siens : sa femme l'alla voir plusieurs fois avec son dernier enfant encore à la mamelle, l'exhorta à ne point s'inquiéter d'elle, à se tenir tranquille sur le sort de ses quatre petits enfants, ajoutant qu'avec la grâce de Dieu, elle espérait pouvoir les nourrir et les élever, quoique seule. La fille de Michel Mi, âgée de onze ans, s'échappa un jour furtivement de la maison paternelle pour aller voir le saint confesseur dans la prison. Elle fit toute seule une demi-journée de chemin, traversa sans crainte les soldats et les gardes, et pénétra jusqu'à son père, qu'elle encouragea à mourir plutôt que de fouler la croix aux pieds. Un de ses petits garçons, nommé Thang-Tuong, à peine âgé de neuf ans, lui fit dire aussi, par ceux qui allaient le voir, de ne point abandonner la religion, de souffrir plutôt le martyre, afin d'aller tout droit au ciel; de ne pas être en peine de ses enfants, que le Bon Dieu, qui les avait fait naître, saurait bien en prendre soin.

Enfin les persécuteurs, las de lutter contre une constance qui s'affermissait dans les épreuves, rendirent un arrêt de mort contre les saints confesseurs. Peu de jours après, un décret royal confirma la sentence, et le lendemain ils furent conduits au supplice. Cette fois les mandarins redoublèrent de précaution pour contenir la foule avide de recueillir le sang des martyrs; car leur amour-propre était piqué de voir qu'on respectât comme des saints ceux qu'ils frappaient comme des malfaiteurs. Mais plus ils voulaient inspirer de crainte, plus la foule se pressait sur le passage des condamnés, afin d'applaudir à leur dernier combat. Les éloges qu'on donnait à leur courage, les larmes d'attendrissement qui mouillaient tous les yeux, les vengeaient assez du mépris et de la haine des officiers du roi. Nos généreux athlètes, chargés de leurs cangues et de leurs chaînes, marchaient au supplice d'un air aussi serein que s'ils fussent allés à une fête. Ils s'entretenaient familièrement de leur bonheur, faisaient des signes d'adieu à la foule des chrétiens qui les saluaient profondément, et se recommandaient à leurs prières. Michel Mi, surtout, allait à la mort avec une intrépidité étonnante. Le bourreau lui avait dit : « Donne-moi cinq ligatures, et je te couperai la tête d'un seul coup de sabre, pour ne pas te faire souffrir. — Coupe-la en cent coups si tu veux, lui répondit-il; pourvu que tu me la coupes, cela me suffit. Pour des ligatures, quoique je n'en manque pas chez moi, je ne t'en donnerai point : j'aime mieux les donner aux pauvres. »

Arrivés au lieu du supplice, les mandarins environnèrent nos martyrs d'une double haie de soldats, afin de dérober à la vénération du peuple les reliques qu'il se préparait à enlever. Mais à peine le sang eut-il coulé, que chrétiens et païens se précipitèrent en masse pour le recueillir. En vain les soldats, dont les rangs furent rompus, frappaient-ils sur la foule à coups de plat de sabre, on n'y faisait même pas attention. Ce jour-là s'établit un commerce dont l'histoire des martyrs offre seule des exemples. On vit les bourreaux exploitant les dépouilles de leurs victimes, mettre à prix le sang qui s'attachait à leurs sabres, vendre en détail la barbe des suppliciés, trafiquer de leurs cangues, de leurs cages et de tout ce qui fut pour eux un instrument de douleur; la foule se battait pour en avoir à quelque prix que ce fût. Dans ces circonstances, les acheteurs, même idolâtres, sont si nombreux, que la vente est bientôt épuisée. Alors on arrache les herbes, on ramasse précieusement la terre du lieu où le sang des martyrs a coulé. Les païens font boire de ce sang à leurs enfants malades, et on assure qu'ils guérissent. Les bourreaux disent qu'au moment où ils frappent les martyrs, il s'exhale comme un parfum; avant de leur trancher la tête, ils les prient ordinairement de leur pardonner, et leur demandent la permission de les faire mourir. Les mandarins eux-mêmes cédèrent quelquefois à l'ascendant de la vertu chrétienne. Au martyre du Père Vien, on les vit rendre un public hommage à l'innocence de ce saint martyr. Arrivés au lieu de l'exécution, ils firent pompeusement asseoir sur cinq beaux tapis rouges; il fut permis aux chrétiens de lui présenter une table chargée de mets et de lui faire leurs derniers adieux. L'heure de se séparer étant venue, le mandarin exécuteur de la haute justice éleva la voix et dit au martyr : « Nous savons que vous ne méritez pas la mort, et nous voudrions pouvoir vous sauver, mais les ordres du roi ne nous permettent pas de le faire : pardonnez-nous donc, si nous sommes obligés de vous ôter la vie, et ne nous imputez pas ce crime. »

Aussitôt que les soldats se furent retirés, nos chrétiens, munis d'une permission du mandarin général, enlevèrent les corps des trois martyrs, et les transportèrent à Vinh-Tri, environ à cinq lieues de la ville de Vi-Hoang. Cette translation, qui se fit la nuit suivante, fut un véritable triomphe pour la religion. Nos chrétiens étaient réunis au nombre de plusieurs centaines pour accompagner le convoi. En tête du cortège, ils portaient les trois écriteaux sur lesquels on lisait la condamnation des confesseurs. Ces sentences, qui devaient flétrir leurs noms et répandre la terreur parmi le peuple, servaient au contraire à relever leur gloire, et portaient la joie dans le cœur de leurs frères en Jésus-Christ. Les trois convois s'avançaient à la lueur d'un grand nombre de torches. Les chrétiens des environs accouraient en foule sur la route, et dressaient des tables couvertes de rafraîchissements pour les porteurs. L'enthousiasme des chrétiens était tel, que les païens eux-mêmes en furent émus. Après avoir honorablement inhumé les trois corps à Vinh-Tri, on fit le repas des funérailles. Celui qu'avaient préparé les huit enfants d'Antoine Dich fut très-splendide pour le pays : il y avait environ quatre cents tables, ce qui suppose seize cents convives, car ici une table n'est que pour quatre personnes. Voilà donc où aboutit toute la fureur de nos ennemis; le châtiment qu'ils ont infligé comblait de joie ceux qu'ils avaient prétendu punir; les païens témoins de leur supplice ont proclamé leur innocence; leurs funérailles ont été célébrées comme des fêtes, et maintenant nos chrétiens, plus familiarisés avec la mort, s'habituent à la voir sans effroi.

La persécution redoubla en l'année 1839. Le 25 novembre, deux prêtres indigènes du pays remportèrent la couronne du martyre : Dominique Xuyen et Thomas Du. Tous deux furent mis aux plus cruelles tortures : le prêtre Xuyen surtout fut traité avec un raffinement de barbarie. On lui brûla les jambes avec des plaques de fer rouge, on lui perça les chairs avec des aiguilles, on lui déchira le corps à coups de verges, on lui enfonça des pointes aiguës sous les ongles. Nous ne parlons pas de la cangue, des chaînes, du cachot et de ce cortège de vexations et de misères qui éprouvent le courage de tous les prisonniers. Au milieu de si horribles tentations, les deux vénérables prêtres n'ont pas montré un instant de faiblesse, tant la grâce est puissante à soutenir ceux qui cherchent en Dieu leur consolation et leur appui. Enfin ils consommèrent leur martyre le 25 novembre, par le dernier supplice. Le 19 décembre suivant, le Tong-King oriental compta cinq nouveaux martyrs : François-Xavier Mau et Dominique Uy, catéchistes ; Thomas Dé, tailleur ; Etienne Vinh et Augustin Moï, laboureurs. Ils étaient dans les fers depuis le milieu de l'année 1838. Le pape Grégoire XVI célébra la vertu des martyrs du Tong-King dans son allocution du 27 avril 1840, devant les cardinaux.

Les persécutions et les exécutions ne cessèrent pas même par la mort de Minh-Menh, arrivée le 20 janvier 1840, et continuèrent sous son fils et successeur Thieu-Tri. Ainsi que nous l'avons vu, tous deux devaient le trône aux chrétiens de leur pays et à ceux de France. Mais l'un et l'autre paraissent avoir eu un cœur de Néron. La conduite de Minh-Menh offre des traits horribles. Pour cacher un trésor en terre, il fit creuser la fosse par une jeune fille de sa cour, à laquelle il eut soin de prodiguer quelques faveurs signalées. Le trésor enfoui, il fait poignarder la jeune fille, et s'en fait apporter la langue sur un plat, afin d'être plus sûr du secret. Près de son palais habitait une autre jeune fille d'une famille riche : le tyran la demande pour épouse, on n'ose la refuser ; à peine l'a-t-il reçue, qu'il la fait attacher à un poteau dans son écurie : les parents, pour le déterminer à la traiter mieux, lui sacrifient en présent toute leur fortune : alors le tyran la délie du poteau et la renvoie à ses parents, qui n'ont plus de quoi vivre. Tel était Minh-Menh, le Néron annamite. Son fils et successeur Thieu-Tri ne valait pas mieux. Ce prince, disait-on, a tous les vices de son père, mais il lui manque sa capacité. Ivre du matin au soir, il laisse à son premier ministre tout le poids des affaires et du gouvernement (*Annales de la Propagation de la foi*, mars 1843, n. 87, p. 122). La persécution continuait donc sous Thieu-Tri, lorsque des navires de la même nation chrétienne à qui sa famille devait le trône, parurent sur les côtes, et réclamèrent la liberté des missionnaires français mis en prison et à la torture. La crainte des navires français et de leurs canons firent ce que la reconnaissance, la justice et l'humanité n'avaient pu faire. La persécution se ralentit. Depuis la mort de Thieu-Tri, 4 novembre 1847, on s'attend à plus de calme sous le règne de son second fils, Tu-Duc, qu'on dit d'un caractère pacifique.

Dans le dernier volume de cette Histoire, nous avons laissé les députés de l'Église coréenne, se mettant à genoux et saluant de loin le missionnaire que l'évêque de Péking leur annonçait venir du fond de l'Europe. En 1833, un missionnaire chinois, Pacifique Ly, pénètre heureusement dans la Corée, et s'établit à Seoul, la capitale. Un vicaire apostolique, monseigneur Bruguière, de France, s'acheminait vers le même pays à travers la Chine et la Tartarie, lorsqu'il mourut le 20 octobre 1835. Il avait pour catéchiste et pour domestique volontaire un prince de la famille impériale de Chine, qui a souffert l'exil pour la foi chrétienne.

Deux missionnaires français, MM. Maubant et Chastan, pénétrèrent en Corée l'an 1836. Un nouveau vicaire apostolique, Mgr Imbert, évêque de Capse, était arrivé heureusement le 17 décembre 1837 sur la frontière de Corée, et se préparait à la franchir dans la nuit suivante, avec trois chrétiens qui étaient venus à sa rencontre. Un évêque et deux prêtres français avec un prêtre chinois, tel était le clergé de la nouvelle église de Corée. Mgr Imbert, ayant pénétré heureusement dans la Péninsule, écrit du 24 novembre 1838, que ses chers chrétiens sont fréquemment exposés à des persécutions publiques, à des vexations particulières, ce qui les oblige souvent de s'enfuir dans les montagnes, où un grand nombre périssent de faim et de misère. « Mais ici, comme partout, dit l'évêque de Corée, l'Eglise est un arbre qui se féconde sous le fer qui taille ses rameaux. En 1836, au moment où M. Maubant pénétra dans la Corée, elle comptait tout au plus quatre mille chrétiens; aujourd'hui nous en avons plus de neuf mille : en sorte que trois ans d'apostolat ont doublé le nombre des fidèles. » Depuis l'arrivée de Mgr Imbert jusqu'au départ de sa dernière lettre, en moins d'un an, on avait baptisé dix-neuf cent quatre-vingt-quatorze, c'est-à-dire près de deux mille adultes. L'évêque Imbert et ses deux prêtres de France souffrirent généreusement le martyre pour leur peuple, le 21 septembre 1839. Ils auraient pu se dérober encore aux persécuteurs; mais leurs têtes ayant été mises à prix, ils se livrèrent d'eux-mêmes, pour épargner d'autant leur bien-aimé troupeau. Une centaine de leurs ouailles les avait précédés ou les suivit dans le ciel avec la couronne des martyrs; parmi eux plusieurs vierges, dont quelques-unes d'une dizaine d'années (*Annales*, mars 1844, n. 93, p. 146 et seqq.). L'évêque martyrisé eut assez promptement un successeur, Mgr Ferréol, sacré par Mgr Verrolles, évêque de la Mandchourie; mais il ne put pénétrer en Corée que le 12 octobre 1845, après six ans de tentatives. Il y vint de la Chine par mer, dans une barque montée par douze hommes, fils, frères ou parents de martyrs. Le conducteur de la barque était André Kim, premier prêtre coréen, nouvellement ordonné en Chine par l'évêque Ferréol, qu'il cherchait depuis longtemps à introduire dans sa patrie. Il fut secondé dans ses affaires par les officiers de la marine anglaise. On portait alors le nombre des chrétiens de Corée à vingt mille. Pour pratiquer plus facilement leur religion, ils ont presque tous quitté les villes, et se sont retirés dans les montagnes, où il forment des groupes de deux, trois, et jusqu'à vingt cabanes isolées des habitations païennes. « C'est ici, en vérité, dit l'évêque Ferréol, que l'Evangile est annoncé aux pauvres : car la terre ingrate de ces déserts n'offre presque aucune ressource; cependant ils y vivent contents. Quelques-uns font les plus beaux sacrifices pour conserver leur foi; avant de connaître la vérité, ils coulaient des jours heureux au milieu de l'abondance; devenus chrétiens, ils ont abandonné leurs proches, qui leur étaient une occasion de chute, et se sont retirés dans la solitude pour suivre Jésus-Christ indigent et persécuté. Pour le moment, les circonstances sont telles en Corée, qu'un grand nombre de néophytes sont forcés de quitter leur profession en embrassant le christianisme, et voici pourquoi. Les uns sont ouvriers en argent, en cuivre, etc.; les autres sont menuisiers; tous les jours on leur offre des ouvrages de superstition à faire; s'ils refusent, ils sont reconnus comme chrétiens et livrés aux magistrats; s'ils acceptent, ils agissent contre leur conscience; il n'y a pour eux aucun terme moyen entre ces deux alternatives. Aussi bien des païens qui connaissent la divinité de notre religion sont retenus dans leur infidélité, et renvoient leur conversion à la mort. Quels beaux fruits de vertus chrétiennes produirait cette terre de Corée, si la liberté nous était accordée (*Annales*, t. XIX, n. 110, p. 92)! »

André Kim, premier prêtre indigène de l'Eglise coréenne, en a été le premier prêtre martyr. Il était né au mois d'août de l'année 1821. D'après la tradition du pays, sa famille descend d'un ancien roi qui régnait dans le midi de la Corée. La famille Kim a un autre mérite aux yeux de la postérité, celui d'avoir donné beaucoup de martyrs à l'Eglise. André fut formé à la piété dès l'enfance. Le missionnaire et martyr Maubant, à son arrivée en Corée, trouvant en lui une intelligence précoce, le prit à sa suite, et, en 1838, l'envoya à Macao avec deux autres jeunes gens pour y étudier le latin. Là, placé sous la conduite d'excellents maîtres, il fit des progrès également rapides dans la science et la vertu. En 1842 et sur la fin de la guerre anglo-chinoise, le missionnaire Libois, acquiesçant au désir de l'amiral français Cécile, qui avait manifesté l'intention de visiter les côtes de la Corée, lui céda le jeune André pour lui servir d'interprète dans ses rapports avec la Chine. Dans cette position, ses idées grandirent, son caractère prit de l'assurance; peu à peu une grande intrépidité se développa dans son âme, et le disposa à remplir les vues que la Providence avait sur son avenir. Dès lors les expéditions hasardeuses, loin de l'effrayer, ranimaient son courage. C'est lui, comme nous avons vu, qui introduisit le dernier évêque en Corée. Il venait de remplir une commission du prélat, pour le bien de la mission, lorsqu'il fut arrêté, traduit devant le gouverneur de la province, mené dans la capitale, et, après bien des tortures, décapité le 16 septembre 1846.

Après lui furent martyrisés huit autres. Charles Hiem, né dans la capitale, d'une famille honorable. Son père avait été martyrisé dans la persécution de 1801; dans celle de 1809, son épouse et son fils étaient morts en prison, et sa sœur Benoite avait expiré sous la hache du bourreau. Charles fut, pendant de longues années, à la tête des affaires de la mission: il alla chercher Mgr Imbert à la frontière de Chine, et accompagna toujours M. Chastan dans l'administration des chrétiens. Son âge, sa vertu l'avaient rendu cher et vénérable à tous les fidèles. — Pierre Nam était un soldat attaché au service d'un grand-mandarin militaire. Dans la persécution de 1839, il fut pris, et, sans passer par l'apostasie, relâché par l'entremise de ses frères païens. S'il donna depuis des scandales aux fidèles, il les répara par un généreux repentir, et enfin par le martyre à l'âge de cinquante-trois ans. — Le catéchiste Laurent Han remplissait avec zèle ses fonctions à Ogni, village qui a été complètement saccagé par la persécution. C'était un chrétien instruit, fervent et animé d'un grand désir du martyre. — Joseph Im était encore païen, quoique son épouse et ses enfants eussent embrassé la foi; pour les protéger, il se fit satellite ou gendarme en 1839. L'arrestation de son fils, pilote de la barque d'André Kim, le fit aussi jeter en prison; mais ce malheureux jeune homme ayant refusé par l'apostasie la grâce du martyre, Dieu la transféra au père. Dès qu'il se vit dans les chaînes, il s'enflamma du désir de mourir pour l'Evangile, qu'il avait très-peu étudié. Devant le tribunal, le juge, qui le savait païen, lui dit: « Connaissez-vous les commandements de Dieu? — Non, je ne les connais pas. — Si vous les ignorez, vous n'êtes donc pas chrétien. — Parmi les enfants d'une famille il en est de grands et de petits, il y en a qui ont de l'intelligence, il y en a a qui n'en ont pas, il y en a même qui sont encore à la mamelle; les grands connaissent mieux leur père, les petits le connaissent moins, tous cependant l'aiment: je suis dans la religion comme un petit enfant, je nais à peine; quoique je ne connaisse pas Dieu, je sais qu'il est mon Père, c'est pourquoi je l'aime et je veux mourir pour lui. » Joseph Im fut instruit et baptisé par André Kim dans sa prison; on l'étrangla à l'âge de cinquante ans. — Quatre femmes remportèrent aussi la palme du martyre: la vierge Thérèse Kim, les veuves Agathe et Susanne Y, et Catherine Toki, née d'une famille esclave (*Annales*, t. XIX, n. 115, p. 433 et seqq.).

Telles sont les dernières nouvelles que donne l'évêque de Corée sur son Église, dans une lettre du 3 novembre 1846.

Les chrétiens de la Chine étaient assez tranquilles, lorsque dans l'automne 1839 éclata une nouvelle persécution. Le 15 septembre, dans la chrétienté de Kout-Chen, plusieurs mandarins, à la tête d'une centaine de soldats, cernèrent tout à coup la demeure des missionnaires. MM. Perboyre, Baldus, Lazaristes, et un Franciscain, qui venaient de dire la messe, n'eurent que le temps de s'évader, sans pouvoir emporter autre chose que les habits dont ils étaient vêtus. Leur habitation, aussitôt envahie, fut pillée par les soldats, puis entièrement consumée par les flammes. Le troisième jour, M. Perboyre fut trahi par le catéchumène qui lui servait de guide, et livré aux persécuteurs pour trente taëls, comme son divin maître pour trente deniers. Il endura, pendant près d'un an, d'horribles tortures avec un courage héroïque, et fut martyrisé par strangulation le 11 septembre 1840. Jean-Gabriel Perboyre, né dans le diocèse de Cahors le jour de l'Epiphanie 1802, engagé dans la congrégation de saint Vincent de Paul le 28 décembre 1820, envoyé en Chine l'an 1835, marcha sur les traces de son confrère de Saint-Lazare, M. Clet, martyrisé en 1820. Les chrétiens du pays ont enseveli leurs corps à côté l'un de l'autre. Plusieurs chrétiens de la Chine souffrirent la mort, la prison, l'exil. Beaucoup d'autres se montrèrent prêts à les suivre. Dans le district de Ping-iao-Sien, le juge vint arrêter le fils unique d'une famille. Il interrogea aussi les femmes qui étaient présentes. Elles répondirent toutes qu'elles étaient chrétiennes. Dépité de les voir en si grand nombre, il se borne à décrire un cercle autour d'une jeune fille qui était à genoux: « Si tu sors de ce cercle, lui dit-il, ce sera une preuve que tu as apostasié, » et il partit. Après lui, chacun se retira, excepté la jeune fille, que la crainte d'abjurer sa foi retenait à genoux, immobile dans l'étroit espace où la canne du mandarin venait de l'enfermer. Un secrétaire du magistrat, curieux de voir quel parti aura pris l'innocente captive, revint sur ses pas, et, la trouvant encore à la même place, dans la même attitude, il l'invite à se lever et à sortir. « Non, répondit-elle, je mourrai plutôt que de faire un pas. — Ce n'est pas sérieusement que le mandarin a parlé. — N'importe; j'ai entendu ses paroles et je ne connais pas ses intentions. » Le secrétaire insista longtemps, sans obtenir d'autre réponse: alors il effaça lui-même la ligne que son maître avait tracée, et en tira la jeune fille.

Dans un autre district, celui de Fai-iuen-Sien, notre foi reçut aussi un éclatant témoignage. Le mandarin voulant se donner des titres à la faveur par l'arrestation des chrétiens, envoya toute une armée pour saisir ceux de nos néophytes qu'on lui avait désignés comme les plus fervents. Au bruit de la prochaine arrivée des troupes, dont les ordres étaient connus, tous nos disciples, hommes, femmes, enfants et vieillards, se rendirent au tribunal du mandarin, demandant qu'on leur ouvrît à tous les portes de la prison, parce qu'ils étaient tous également coupables, si la fidélité à l'Evangile était réputée un crime. Le juge, que cette multitude d'accusés embarrassait fort, les engagea à se retirer et protesta de ses bonnes dispositions à leur égard; mais, comme les faits donnaient un démenti à ses paroles, on lui répondit qu'il n'y avait pas de choix à faire entre les chrétiens, que tous préféraient la loi de Dieu aux décrets de l'empereur, il fallait les frapper tous d'une condamnation commune, si on ne voulait leur accorder une absolution générale. — « Mais, dit le mandarin, l'empereur ne veut pas tant de prisonniers, il se contente de quelques-uns. — Eh bien! ce sera moi, disait l'un; qu'on m'enchaîne, s'écriait un autre; qu'on m'envoie en exil, ajoutait un troisième; voyez si je crains la question, disait celui-ci en se frappant sans pitié; voilà ma tête, qu'on me soufflette, qu'on me décapite, répétaient les plus résolus. » A toutes ces voix, qui exprimaient, non des menaces, mais le désir de souffrir pour Jésus-Christ, se mêlaient les gémissements des enfants; bientôt se firent entendre les murmures des païens eux-mêmes, qui ne purent voir sans en être profondément touchés le dévouement de nos frères pour leur religion. Le mandarin comprit enfin qu'il avait commis une imprudence; il se hâta de mettre fin aux reproches qui s'élevaient des rangs mêmes de ses gardes, en renvoyant tous les chrétiens avec l'assurance d'une parfaite sécurité. Avant de se retirer, nos néophytes se prosternèrent devant lui pour le remercier de sa clémence, et chacun retourna paisiblement à ses affaires (*Annales*, t. XIV, n. 83, p. 304 et 306).

Maintenant, que deviendra la Chine, soi-disant empire du ciel? Va-t-elle s'écrouler comme les autres empires de la terre? Voici ce qu'en écrivait un missionnaire, le 13 octobre 1844 : « Vous avez déjà beaucoup entendu parler de la funeste passion qu'ont les Chinois de fumer l'opium (suc du pavot blanc); elle sera la ruine du Céleste Empire. D'abord, elle finira par épuiser son numéraire. On ne peut apprécier les sommes qu'elle fait passer dans les coffres anglais. La maison Mathesson occupe, à elle seule, trente navires à ce commerce; et une caisse d'opium, qui peut avoir deux pieds carrés, se vend maintenant deux mille piastres (la piastre vaut cinq francs). Mais cette perte d'argent est bien peu de chose, si on la compare à celle que fait éprouver au moral de l'homme l'usage de ce poison. Le fumeur d'opium insère sa pipe une petite boule de cette drogue, grosse comme une tête d'épingle; puis, couché sur sa natte, il approche sa pipe, ainsi préparée, d'une lampe allumée près de lui; il en tire deux ou trois bouffées et en savoure la douceur. Une sorte de langueur s'insinue dans ses membres, et voilà toute sa félicité. Mais bientôt les sens s'émoussent; on ne sent plus rien, sinon le besoin physique comme d'une faim qu'il faut rassasier. C'est une prostration de forces qui s'étend jusque sur le moral, au point qu'au bout de quatre ans au plus, un fumeur habituel devient inhabile à remplir toute charge, à continuer même son négoce. Il ne tarde pas à faire des pertes, il se ruine, devient crapuleux, brigand, et meurt d'une manière digne de ces titres. L'usage de l'opium abrutit dans toute la force du mot; aussi les marchands eux-mêmes regardent-ils ce commerce comme infâme, mais l'immense gain qu'il procure fait passer par-dessus toutes ces considérations (*Annales*, t. XVIII, n. 106, p. 253).

Cette branche de commerce étant donc si lucrative, les Anglais s'empressaient de vendre du suc de pavot blanc aux fumeurs de la Chine. Le gouvernement chinois voulut s'y opposer. De là une guerre entre l'Angleterre et la Chine, qui se termina dans l'automne 1842 par un traité de paix, dont voici les stipulations principales : La Chine paiera vingt et un millions de dollars, ou plus de cent millions de francs; les ports de Canton, Amoy, Ning-Po et deux autres sont ouverts au commerce anglais; l'île de Hong-Kong, qui domine l'embouchure des deux grands fleuves de la Chine, est cédée à perpétuité à Sa Majesté Britannique. Il fut encore stipulé que les villes et ports de l'intérieur de la Chine seraient ouverts à toutes les puissances européennes, qui auront le droit de se faire représenter par des consuls de leur nation. Par suite de ces événements, l'ambassadeur de France obtint du gouvernement chinois des conditions de plus en plus meilleures pour les chrétiens de l'empire. Il ne faudrait qu'une chose, c'est que ces conditions fussent toujours bien respectées par les mandarins. En attendant, les autorités anglaises montrent beaucoup de bienveillance aux missionnaires catholiques; elles leur ont offert le choix d'un emplacement dans l'île de Hong-Kong, pour une église, un séminaire, etc., suivant les recommandations du Saint-Siège. Il y a d'ailleurs beaucoup de soldats catholiques dans l'armée anglaise. De l'île de Hong-Kong on pourra peut-être pénétrer plus facilement dans le Japon et la Corée, ou du moins en avoir des nouvelles.

La moisson paraît grande et près d'être mûre. Voici deux faits qui sont arrivés en 1845 dans la province chinoise de Hou-Kouang. Un chrétien avait perdu sur la voie publique un exemplaire du catéchisme. Ce livre, ramassé d'abord par un païen de Xam-sin-sien, parcourut, l'une après l'autre, les familles les plus distinguées de la ville. On le lut, on le relut; une doctrine si nouvelle et si raisonnable fit naître à ces païens, si égarés sur notre compte, une tout autre idée de l'Evangile. Tous voulaient voir le catéchisme des chrétiens; il n'était bruit dans toutes les boutiques de thé que des vérités qu'il renferme, et chacun en restait émerveillé. Le pauvre néophyte qui l'avait perdu craignait une poursuite des mandarins et voulait racheter son livre, fût-ce au prix de sa fortune. Il ne put en venir à bout. Les païens l'appréciaient trop pour s'en priver aussi vite. Ennemis du christianisme avant d'en connaître sommairement les maximes, ils en eurent à peine entrevu l'esprit, qu'ils devinrent ses plus chauds défenseurs. Pour satisfaire à tous les désirs, un docteur idolâtre se fit comme apôtre de ses concitoyens, et se chargea d'expliquer ce catéchisme à toute la ville et jusqu'au mandarin.

L'autre fait, arrivé à Sum-si-sien, a quelque analogie avec le premier. Le mandarin du lieu s'imagina, sur un faux rapport, que les chrétiens d'un hameau soumis à sa surveillance étaient membres d'une société secrète dont les principes tendaient directement à renverser le trône impérial, ou plutôt la dynastie tartare. Il s'y transporta par deux fois en personne, et, pour mieux s'assurer de leur doctrine, leur prit un catéchisme et un abrégé des preuves de notre sainte religion. Après les avoir lus pendant trois jours, il les renvoya par un satellite. Cet homme, accoutumé au vol, retint en secret le catéchisme. Mais, contre toute espérance, ce fut pour Dieu le moyen d'appeler à la foi ce fripon. La curiosité lui fait ouvrir le livre dérobé; ses yeux se dessillent au flambeau de la vérité catholique, et c'est maintenant, avec un autre employé du tribunal, un fervent catéchumène (*Annales*, t. XVIII, n. 107, p. 354).

La vraie foi opère ailleurs d'autres merveilles. Nous l'avons vue au fond de l'Inde communiquer au peuple naturellement doux et craintif des Annamites le courage surhumain des martyrs : dans les îles du grand Océan, elle communique aux sauvages les plus féroces, aux cannibales et aux anthropophages, la douceur et la docilité de l'agneau.

Depuis une dizaine d'années, le chef de l'Eglise universelle a divisé le grand Océan en trois immenses diocèses ou provinces : l'Australie, l'Océanie occidentale, l'Océanie orientale.

L'Australie, qui, en 1820, était encore sans autel et sans prêtre, est devenue depuis, sous la direction de monseigneur Polding, une province ecclésiastique où l'on comptait en 1846 l'archevêché de Sidney, les évêchés d'Adélaïde, d'Hobartown et de Perth, une église métropolitaine, vingt-cinq chapelles, trente et une écoles, cinquante-six missionnaires, partagés entre le soin de la population civile et des colonies pénales, et le ministère de la prédication parmi les sauvages de la Nouvelle-Hollande et de la terre de Van-Diemen. Ce qui s'y trouve de plus effrayant, ce sont les colonies pénales de l'Angleterre, peuplées de cinquante mille condamnés, tant pour délits que pour crimes : population la plus gangrénée de l'univers, et qui s'augmente chaque année de six mille individus, que l'Angleterre y déporte; population qui allait se corrompant de plus en plus. Les plus criminels, les plus indomptables sont confinés dans l'île de Norfolk. Ils paraissaient tellement incorrigibles, que jamais ministre hérétique n'avait pensé mettre le pied dans cette île. Depuis dix ou onze ans, un prêtre catholique, par quelques visites temporaires, y produit des changements miraculeux : des criminels, qui depuis bien des années ne connaissaient que le blasphème, le crime, la débauche, pleurent leur vie passée, s'en confessent, et sont trouvés dignes de s'asseoir à la table sainte. Ces prodiges étonnent la population protestante de l'Australie, et ébranlent dans son sein les hommes de bonne foi. Dieu se sert de la conversion des plus mauvais pour toucher et convertir ceux qui le sont moins.

C'est le 8 janvier 1846 que monseigneur Brady, premier évêque de Perth, dans la Nouvelle-Hollande, prit possession de son diocèse. A sa suite, trente personnes, parmi lesquelles on aime à compter des enfants de Saint-Benoît, des religieux du Saint-Cœur de Marie et des sœurs de la Merci, sont descendues sur ce lointain rivage au chant des hymnes sacrées. La pieuse colonie ne pensait s'adresser qu'au ciel, et déjà sur la côte sa voix avait été entendue; quelques sauvages accouraient à la nouveauté de ce spectacle; des blancs quittaient leurs travaux aux accents de cette prière inaccoutumée, et, réunis sous les bénédictions de leur commun père, semblaient présager l'heureux jour où ces diverses nations seront confondues dans l'unité d'une famille chrétienne (*Annales*, t. XVIII, n. 109, p. 527). — La Nouvelle-Hollande passe pour être sept à huit fois plus étendue que la France.

Le premier évêque de l'Océanie occidentale, monseigneur Pompallier, partit de France le 24 décembre 1836, avec quatre prêtres de la société de Marie et trois frères coadjuteurs. Un de ces premiers missionnaires, le Père Bret, mourut pendant la traversée. Le 1er novembre 1837, le navire s'arrêtait à Wallis et y déposait le Père Bataillon, sans autres armes que la croix, contre l'hérésie qui avait ses ministres installés dans tous les archipels voisins, et contre l'idolâtrie qui avait pour protecteurs tous les rois infidèles. L'île de Futuna, à une journée de distance de Wallis, recevait quelques jours après le Père Chanel. Premier apôtre de cette île, il en devint trois ans après le premier martyr : il avait préparé une abondante moisson qu'il arrosa de son sang, et que les missionnaires recueillent aujourd'hui dans la joie. Enfin, le 10 janvier 1838, monseigneur Pompallier débarquait à Hokianga, dans la Nouvelle-Zélande. Il rencontra sur cette grande terre quelques colons catholiques d'Angleterre et d'Irlande, plusieurs tribus déjà gagnées au protestantisme, et l'immense majorité de la population encore infidèle. L'évêque fixa son siège dans la partie du nord, et son église fut dès lors constituée.

Les nombreux archipels de l'Océanie occidentale étant séparés par de vastes étendues de mer et peu fréquentés des navires, le Saint-Siège voulut y multiplier les vicariats apostoliques. Monseigneur Bataillon fut nommé à celui de l'Océanie centrale, et sacré à Wallis le 3 décembre 1843. Sa juridiction comprenait, entre autres archipels, celui de Fidgi, qui reçut en 1844 deux prêtres et un frère coadjuteur, et celui des Navigateurs, où furent inaugurées, un an plus tard, deux nouvelles missions. Ce vicariat comptait, en janvier 1846, vingt et un religieux de la société de Marie. On ne parle pas, dans ce nombre, de monseigneur d'Amata, coadjuteur de monseigneur Bataillon, qui fut envoyé dans la Nouvelle-Calédonie, à l'autre extrémité de l'Océanie centrale, et qui commença, le 29 décembre 1843, avec deux prêtres et deux frères, cette mission si longtemps éprouvée. Elle forme aujourd'hui un troisième vicariat, qui comprend la Nouvelle-Calédonie et les Nouvelles-Hébrides. Monseigneur d'Amata la dirige avec cinq religieux, prêtres ou catéchistes, pour tous collaborateurs. Un quatrième vicariat, celui de la Milanésie et de la Micronésie, fut établi en 1844. Monseigneur Epalle, évêque de Sion, qui en était le titulaire, avait amené avec lui douze prêtres ou frères de la société de Marie. Il arrosa de son sang cet archipel, ayant été tué par les sauvages de son diocèse le 19 décembre 1845. La mission s'y est établie depuis, en 1846. Monseigneur Colomb, son coadjuteur nommé, le remplace aujourd'hui avec le titre de vicaire apostolique. La difficulté des communications et les dangers encourus par les missionnaires firent sentir à la société de Marie l'urgente nécessité d'avoir des correspondants à Sidney, dans la Nouvelle-Hollande, pour secourir les apôtres de l'Océanie occidentale : deux prêtres et un frère s'y arrêtèrent en 1845. Telle a été, jusqu'en 1847, la marche des événements et la suite des fondations, depuis 1837, époque où ces missions ont repris naissance.

Dans la Nouvelle-Zélande, où réside habituellement le premier évêque de l'Océanie orientale, la religion semble devoir se propager avec rapidité parmi des peuples considérés naguère comme les plus féroces de l'hémisphère austral. Car voici que l'évêque Pompallier écrivait le 28 août 1839 à un de ses amis de France :

« Lorsque vous m'écriviez, il y a trois ans, ces chers peuples, au bonheur desquels j'ai tant de joie de travailler, n'avaient nulle idée de notre sainte religion, ou du moins de l'Eglise catholique, notre mère. Maintenant, grâce aux infinies miséricordes du Seigneur, de nombreuses tribus, si longtemps assises à l'ombre de la mort, ont vu la lumière du salut; une multitude de sauvages adorent en esprit et en vérité le Dieu qui les a rachetés au prix de tout son sang. A la vue du changement qui s'opère en eux, dès qu'ils sont assez instruits des principales vérités de la foi, on est tenté de croire que les horreurs dont ils se rendaient coupables doivent être attribuées aux ténèbres de leur ignorance plutôt qu'à la malice de leur cœur. Quelle consolation, quelle joie pour le missionnaire qui est le témoin et l'instrument de ces merveilles de la grâce! Un Nouveau-Zélandais, sans la lumière de l'Evangile, est, par son hideux tatouage, par ses yeux vifs et son air féroce, l'image d'un démon; mais, devenu catéchumène et surtout néophyte, il n'est plus reconnaissable, malgré son tatouage qui ne s'efface pas : son regard est bon, son air affable, ses paroles sensées, ses procédés officieux et ses manières inspirent la confiance. Je suis quelquefois touché jusqu'aux larmes, lorsque je vois quelque chef de tribu faire plusieurs lieues à travers les forêts pour venir me consulter sur des points qui embarrassent la délicatesse de sa conscience. A peine commencent-ils à être éclairés sur la loi de Dieu, qu'on les voit tout occupés d'y conformer leur conduite, afin de plaire au Grand-Esprit, créateur et souverain bienfaiteur des hommes. Avec quelle simplicité et quel naïf abandon ils découvrent leurs pensées au ministre des autels! comme ils savent apprécier notre affection et notre dévouement pour eux! Aussi nous aiment-ils cordialement. Ce sont eux et leurs chefs les plus distingués qui s'offrent à m'accompagner dans mes courses lointaines. L'un se charge de l'autel portatif, l'autre de la caisse des ornements ou des vivres nécessaires à quinze ou vingt compagnons de voyage. Quelquefois je suis tenté de rire en me voyant seul dans les déserts avec cette troupe d'anciens cannibales, tatoués, mal vêtus et toujours munis de leur bâton ou de quelque arme européenne. On les prendrait pour une compagnie de brigands, et ce sont d'innofensives brebis qui se pressent sur les pas de celui que Jésus leur a donné pour pasteur. Il n'est point de bons offices qu'ils ne me rendent, point d'égards qu'ils n'aient pour le caractère dont je suis revêtu. Eux-mêmes préparent mes repas, que par respect ils ont l'attention de me servir à part. Se rencontre-t-il une rivière, un bourbier à traverser, c'est à qui me portera sur ses épaules; le plus grand chef dispute aux autres ce fardeau, et, en ce point, comme sur tout le reste, il est ordinairement obéi. Lorsque la nuit arrive, s'il ne se trouve pas de cases pour dormir, on en fait promptement avec des branches d'arbres et de l'herbe; puis on se repose un instant et l'on cause à la lueur d'un grand feu allumé au milieu de la cabane; la prière du soir, une courte instruction, un cantique qu'ils chantent d'une voix forte et d'un grand cœur dans la solitude et le silence des forêts, enfin un signe de croix que je fais faire solennellement à tous en même temps, terminent notre journée. Souvent il arrive qu'au lieu de s'endormir, l'un me fait une question, l'autre me propose un doute, et ainsi la conversation s'engage et se prolonge bien avant dans la nuit sur des sujets religieux; voilà un léger aperçu de ma vie en ce pays.

» Et ne pensez pas qu'on s'ennuie de ces courses parmi les sauvages : il n'est point de plaisir qui puisse leur être comparé. Je ne crois pas qu'il y ait, excepté au ciel, un bonheur aussi grand que celui de travailler au salut de mon cher troupeau. Sans doute, il se rencontre sous nos pas des tribulations, des combats à soutenir contre le démon et les ennemis de l'Eglise. Mais Dieu est si bon, qu'il change les croix les plus lourdes en sources d'ineffables consolations. Tout ce qu'on a fait jusqu'ici pour nuire à notre ministère lui a profité. Maintenant, dans toute la Nouvelle-Zélande, les peuples ne veulent que l'Eglise catholique, l'Eglise *tronc*, comme ils l'appellent; ils refusent d'écouter les ministres des églises *branches coupées*. »

Un missionnaire écrit de la Nouvelle-Zélande, le 15 octobre de la même année 1839 : « Comment vous décrire l'heureuse influence que la religion exerce sur les naturels! Vous en jugerez par quelques traits que je cite au hasard. Une tribu délibérait sur la guerre; déjà l'indignation se peignait sur tous les visages; le grand chef haranguait le peuple et ne lui faisait entendre que des paroles de sang : on allait peut-être vouer la peuplade ennemie à l'extermination. Alors un des principaux guerriers vint à moi et me dit à l'oreille : Vrai missionnaire, nous sommes méchants; parle, parle pour la paix. Je parlai, en effet, et une complète réconciliation suivit mon discours. »

Le même missionnaire écrit le 5 mars 1840 : « A peine avions-nous quitté la tribu de Mototapu, que l'hérésie accourut y semer la discorde. Un ministre protestant et quelques-uns de ses adeptes pensèrent avilir notre vénérable évêque en donnant son nom à des animaux immondes. Pareille insulte faite à un chef eût autrefois provoqué une guerre d'extermination. Tous les naturels en furent indignés; plusieurs mêmes conclurent que la Réforme n'est pas forte en preuves, puisqu'elle est si prodigue d'injures. Au reste, ces procédés ne doivent pas nous surprendre; ils ont leur source dans le chagrin que leur causent les progrès de notre sainte religion. En effet, de tous côtés les sauvages nous tendent les bras; nous n'avons presque qu'à passer au milieu d'une tribu pour qu'elle se convertisse. *Il nous faut un prêtre*, c'est le cri qu'on nous adresse de toutes les parties de l'île; c'est celui que me répétait naguère le grand chef d'Ahiparu en me faisant ses adieux. Il m'avait accompagné pendant plus d'une demi-heure, et à chaque instant il s'arrêtait, me forçait de revenir sur mes pas, à m'asseoir à ses côtés pour me redire qu'il lui fallait un missionnaire, que sa tribu ne pouvait s'en passer, que monseigneur ne pouvait pas rejeter une si juste demande. — Mais nulle part la foi de ces peuples n'éclate plus vive et plus touchante que lorsque l'Eglise les appelle à la célébration des saints mystères. Dès le samedi, on les voit accourir par tribus, fussent-ils à six milles de distance : jusqu'au lundi matin, leurs villages restent déserts; car le dimanche est, à leurs yeux, un jour trop saint pour en perdre une partie en voyage. C'est un spectacle qui toujours m'émeut et m'édifie, que celui de nos Zélandais groupés autour des feux qu'ils ont allumés sur les bords de la mer, et préparant leur modeste repas, sans paraître s'apercevoir de ce qu'ils endurent de privations dans l'accomplissement d'un devoir religieux. La nuit, ils n'ont pour reposer d'autre lit que le sable du rivage, d'autre toit que la voûte des cieux : souvent la pluie les surprend au milieu de leur sommeil. Plusieurs fois, des barques chargées de fidèles ont chaviré en traversant la grande baie qui sépare leurs habitations de notre résidence; mais ces accidents n'ont pu intimider le courage ni ralentir le zèle de nos chers néophytes. »

Un autre missionnaire, dans une lettre du 6 janvier 1840, nous montre une tribu en armes, déposant ses haches et ses fusils à la vue de l'évêque, restituant les objets qu'elle avait volés à un étranger, et s'écriant : *Epicopo* est avec nous, il nous rend tous heureux! *Epicopo* est le nom qu'ils donnent à l'évêque. La même lettre parle de plusieurs malades guéris miraculeusement, surtout en recevant le baptême. Le missionnaire ajoute : « Demain, le Père compte se rendre au milieu de la tribu de Winilak. Une députation des membres les plus distingués de cette peuplade vint, il y a peu de jours, souhaiter la bonne année à notre évêque, en lui demandant pour étrennes un missionnaire. Le prélat eut beau leur dire qu'il n'y avait pas de prêtre qui connût encore le maoris : « Qu'importe! répondirent-ils; nous le lui apprendrons. Il y a assez longtemps que vous nous faites des promesses; si vous ne voulez pas les tenir, nous ne vous quitterons pas. » Mgr se rendit à l'ardeur de leurs désirs, et les voilà maintenant comblés de joie. »

Enfin, l'évêque écrit lui-même le 14 mai 1840 : « Les combats du Seigneur sont continuels pour moi en ce pays. J'arrive d'un voyage de deux mois, que j'ai fait par mer, à près de cent lieues de la Baie-des-Iles, ma résidence habituelle. J'ai parcouru de nouvelles tribus dont les chefs sollicitaient depuis longtemps ma visite. Le résultat de cette longue course a été de faire *tourner à la foi catholique* une quarantaine de peuplades. Mais il faut d'abord vous expliquer ce qu'on entend ici par *tourner à la foi catholique*. C'est reconnaître que notre Eglise est la société ancienne, l'Eglise-mère fondée par le Sauveur. Ordinairement c'est aussi comprendre qu'elle est la seule vraie, et que hors de son sein on ne peut avoir Dieu pour père; c'est savoir que le Pape a succédé à saint Pierre, les évêques aux autres apôtres, pour régir; au nom de Jésus-Christ et d'accord avec le souverain Pontife, la société des chrétiens, jusqu'à ce que le Seigneur vienne, à la fin des siècles, juger tous les peuples et rendre à chacun selon ses œuvres. *Tourner à la foi catholique*, c'est reconnaître l'unité de Dieu et la trinité des personnes, la création de l'univers, l'origine, la chute et la rédemption de l'homme, la virginité et la mater-nité divine de Marie; c'est réciter matin et soir le *Pater*, l'*Ave* et le *Credo*, chanter le cantique sur la Divinité, sur ses perfections, ses bienfaits, et observer le saint jour du dimanche; c'est enfin savoir qu'il faut aimer Dieu par-dessus toutes choses et le prochain comme nous-mêmes. Néanmoins *tourner à la foi catholique*, ce n'est pas encore avoir participé au baptême, c'est le désirer et se préparer à le recevoir. J'estime à plus de quinze mille le nombre des naturels que j'ai laissés dans ces favorables dispositions.

» Pendant ce dernier voyage, je n'ai pu m'arrêter que fort peu de jours dans chaque tribu. Ce temps était employé, soit à instruire la peuplade des plus importantes vérités de la religion, soit à réfuter les calomnies que l'hérésie fait circuler contre moi et contre la sainte Eglise. Les méthodistes m'ont si souvent prodigué l'épithète d'*antechrist*, que mes bons sauvages, sans connaître la signification de ce terme, me saluaient de ce nom à mon arrivée pour me faire honneur. Afin d'inspirer aux Zélandais de l'éloignement pour ma personne et pour mon ministère, on veut bien supposer, dans mille brochures qui circulent partout, que je suis venu sur ces plages pour m'emparer des terres et assujétir le pays; qu'après avoir pris les femmes, je ferai égorger les époux, je les jetterai dans le feu, etc. Daignent les associés de la Propagation de la foi conjurer le Dieu des miséricordes de pardonner à ces infortunés aveugles tant d'injures, que nous pardonnons nous-même du plus grand cœur, car ils ne savent ce qu'ils font. »

Wallis, appelée Ouvéa par les naturels, est une île plate, quelque peu montagneuse, environnée de quelques îlots, dont deux seulement sont habités. Depuis quatre ans, deux missionnaires travaillaient dans cette île, mais sans beaucoup de succès. Il y eut même un moment où tout parut désespéré. La foi des néophytes se refroidissait, le plus distingué d'entre eux se vit plusieurs fois menacé de mort par les infidèles, il était question d'expulser les missionnaires, même de les tuer. On les traitait d'imposteurs : « Où sont vos parents? leur disait-on, où est votre évêque qui devait arriver dans six lunes? Voilà quatre ans écoulés, et il n'arrive pas; on vous a abandonnés. » Enfin, après plus de quatre ans d'attente, l'évêque Pompallier arrive. « A sa présence les préventions tombent, écrit le 12 mai 1842 le Père Bataillon, l'un des missionnaires; les calomniateurs restent confondus, et pendant son séjour au milieu de nous, qui a été de quatre mois, plus de deux mille deux cents personnes ont été baptisées. Il reste encore à peu près trois cents catéchumènes; sous peu nous les admettrons aussi au sacrement de la régénération, et dans quinze jours Sa Grandeur nous quittera, après avoir baptisé et confirmé tous les habitants de l'île (*Annales*, t. XV, n. 90, p. 400). Quel changement en quatre mois! s'écrie l'autre missionnaire dans une lettre du 9 mai. L'île est maintenant renouvelée de manière à ne plus la reconnaître. Ces pauvres naturels comprennent enfin le prix de la foi qu'ils ont embrassée. Le roi se trouvait, il y a quelques jours, à bord de la goëlette de la mission avec un certain nombre des principaux indigènes. Après avoir tout examiné dans le plus grand détail, il dit aux chefs qui l'escortaient : « Toutes les richesses des blancs sont pour moi peu de chose; le seul bien cher à mon cœur, c'est la religion chrétienne, c'est la connaissance du Dieu qui nous a aimés jusqu'à mourir pour nous. » Puis se retournant vers le Père Bataillon : « Je te remercie, lui dit-il, de ton affection pour moi; j'étais ignorant, je te repoussais, je voulais te chasser; mais tu nous aimais, tu as pris patience; tu as beaucoup souffert; merci! » Et comme il disait ces paroles, de grosses larmes roulaient dans ses yeux.

» Cette île est, pour le moment, l'image de la primitive Eglise. Foi vive, charité ardente, grande délicatesse de conscience, avidité insatiable pour la parole de Dieu, telles sont les vertus que nous y voyons fleurir. Après les premiers baptêmes, quelques chefs puissants, fatigués de l'empressement de la foule à solliciter la même grâce, exerçaient mille avanies contre les nouveaux néophytes, mais sans pouvoir les intimider : « Ils sont les maîtres de nos biens, me disait un de ces bons naturels; qu'ils en fassent ce qu'ils voudront : libre à eux de nous ôter même la vie, si bon leur semble; mais qu'ils nous laissent notre religion; et nous sommes contents. » Un jour, je vis dans une case une femme occupée à remplir une tâche vraiment accablante; je ne pus m'empêcher d'en marquer hautement mon indignation : « Sois donc tranquille, me dit-elle en souriant, tous les objets qu'on nous ravit ne sont que des bagatelles; notre richesse n'est-elle pas aux cieux? » Cette pensée du ciel leur fait désirer la mort avec une ardeur incroyable. J'avais baptisé un jeune malade, que j'allai voir au bout de quelque temps; il pleurait : je crus que ses larmes étaient arrachées par la douleur : « Non, non, me dit-il, je pleure du désir d'aller au ciel. »

» Oui, la grâce a vraiment opéré de grands prodiges dans cette île. Aux jours mauvais où la foi semblait presque s'éteindre, un néophyte très-puissant à Wallis, accompagné d'un bon nombre de ses gens armés, se trouva face à face avec un grand chef infidèle, qui à diverses reprises avait tenté de le faire périr. Le chef infidèle, assis à terre et la tête tristement baissée, attendait le coup de hache qu'il savait n'avoir que trop bien mérité. Que fera le catéchumène? Il s'approche, va s'asseoir devant son ennemi : « Tu as cherché plusieurs fois à m'assassiner, lui dit-il; tu n'as pour moi que de la haine, mais sache que la religion dont tu es persécuteur m'ordonne de te pardonner; c'est à elle que tu dois la vie. » Puis il l'embrasse avec une effusion qui arrache des larmes à l'infidèle. Quelques instants après ce dernier se faisait inscrire, avec sa famille, au nombre des catéchumènes (*Annales*, t. XV, n. 90, p. 403). »

Un autre missionnaire, M. Verne, écrivait le 10 décembre 1846 : « Tout le temps que nous avons passé à Wallis, a été un temps de fête pour nous et pour ses habitants. Nous y sommes restés un mois et demi. Combien on est édifié et confus en voyant la piété de ces bons insulaires! A toutes les heures du jour et de la nuit, on est sûr de trouver des adorateurs devant le Saint-Sacrement. Chaque matin, prière en commun et concours à la sainte messe, pendant laquelle le chant des cantiques ne discontinue pas. A la nuit tombante, ou, pour parler comme les naturels, *lorsque la cigale a chanté*, on se réunit de nouveau au pied des autels pour la prière du soir. Alors les fidèles rentrent chez eux. Mais à peine la famille est-elle réunie, que dans toutes les cases sans exception, commence la récitation du chapelet, suivie du chant des cantiques et de la répétition du catéchisme. En ce moment, on n'entend plus dans l'île entière qu'un concert de louanges, durant lequel il est impossible de ne pas se sentir ému et attendri jusqu'aux larmes. Tous les samedis de l'année, on pare les autels de fleurs odoriférantes et de guirlandes de verdure. Le dimanche, dans la soirée, on se livre à d'innocentes récréations : deux fois j'ai assisté à la représentation de combats simulés; les champions étaient au nombre de quatre cents, et armés de lances. Le refrain de leur chanson patriotique, pendant la lutte, était celui-ci : « Sainte Vierge, faites que nous mourions comme des saints. » Je ne saurais mieux comparer les deux paroisses de Wallis qu'à deux ferventes communautés où règnent en même temps la paix, la gaîté et l'innocence. La religion est tout à Wallis : on ne vit, on ne respire que pour elle.

» Le samedi qui suivit notre arrivée a été marqué par un événement bien touchant. Une île appelée Toquélaï ou Clarence, éloignée de Wallis de deux ou trois cents lieues, ayant été dévastée par un ouragan qui détruisit les cocotiers, les arbres à pain et autres plantations, la disette commença à s'y faire sentir. Un certain nombre de naturels s'embarquèrent pour une île voisine, où ils espéraient trouver des vivres en abondance; mais leurs pirogues furent assaillies en pleine mer par une violente tempête qui les dispersa ou les engloutit dans les flots : deux de ces pirogues, après avoir erré un mois et demi au gré des vents, furent jetées sur les côtes de Wallis. Ces pauvres naufragés n'ont eu pendant tout ce temps, pour nourriture, que quelques cocos et les poissons qu'ils venaient à bout de prendre; aussi rien n'égale l'état de maigreur et de misère où ils se trouvaient. A peine les aperçut-on de Wallis, qu'on s'empressa d'aller à leurs pirogues pour les engager à descendre sur le rivage; mais ils n'osaient s'y fier, craignant de tomber entre les mains de cannibales qui ne manqueraient pas de les manger. Par une coïncidence des plus providentielles, il se trouvait à Wallis une jeune femme de l'île Clarence, établie là, je ne sais comment, depuis quelques années. La curiosité l'ayant conduite comme les autres sur le rivage, elle est toute surprise d'entendre le langage de ces infortunés; mais son étonnement fait place à la joie, lorsque tout à coup, en les considérant avec attention, elle reconnaît parmi eux son vieil oncle, chef de l'île Clarence. Elle vole dans ses bras, le serre contre son cœur, l'arrose de ses larmes en l'invitant à descendre à terre, et l'assurant que non-seulement on ne les fera pas mourir, mais qu'on les comblera de bienfaits. En effet, à peine ont-ils mis pied à terre à Sainte-Marie, que de toutes parts on leur donne des vêtements pour les couvrir, et qu'on les conduit en triomphe vers l'église. En un instant, douze à quinze cents naturels les environnent et leur prodiguent tous les soins de la plus touchante hospitalité. C'est monseigneur l'évêque, ce sont tous les prêtres, c'est le vieux roi, c'est la population entière qui les sert et les console. Pendant qu'on organise un grand *cava* ou festin en leur honneur, les hommes saluent les nouveaux hôtes par une décharge de cinquante coups de fusils. Au bruit de cette détonation, les pauvres naufragés tombent à terre et croient toucher à leur dernier instant; le vieux chef de l'île Clarence se jette au cou du roi de Wallis, et le tient longtemps embrassé, en le conjurant d'épargner ses jours. On leur fait mille caresses pour dissiper leurs craintes; on les assure qu'ils sont chez des amis et des frères qui ne leur feront que du bien. Enfin, ils reviennent de leur stupeur.

» Le lendemain dimanche, monseigneur devait officier pontificalement à l'occasion de notre arrivée. On décore l'église de ses plus beaux ornements; nous étalons toutes les richesses de la mission; nous dressons le trône épiscopal. Les naturels, de leur côté, couvrent le sanctuaire de guirlandes de verdure et de vases de fleurs. A huit heures, on chante la messe avec toute la solennité possible. A la vue de ce temple fraîchement paré et tout resplendissant de lumières, à la vue des officiants qui assistent le saint évêque, en entendant ces milliers de voix que l'ophicléide accompagne, les naufragés, que le roi avait fait placer à côté de son trône, restent immobiles d'étonnement. Mais au moment de l'élévation; lorsque dans le silence de la foule recueillie et prosternée, retentit tout à coup la salve redoublée des canons de l'*Arche d'alliance*, ils sont glacés d'épouvante, ils se jettent aussitôt le visage contre terre, et ne veulent plus se relever. Pauvres infidèles, ils nous ont fait verser des larmes d'attendrissement. Aujourd'hui ils rient de leurs naïves terreurs, et bénissent mille fois la Providence qui les a appelés d'une manière si extraordinaire à la connaissance de l'Evangile. Quant ils seront instruits et baptisés, monseigneur les renverra dans leur île, dont ils seront les apôtres en attendant qu'on puisse leur donner des missionnaires (*Annales*, t. XX, n. 120, sept. 1848, p. 346 et seqq.). »

A une journée d'Ouvéa ou de Wallis, se trouve l'île de Futuna, où fut assassiné le Père Chanel, premier missionnaire. L'évêque Pompallier fit réclamer les restes du martyr par un navire français, mais à condition qu'on ne ferait point de mal aux meurtriers. Or, voici le résultat, d'après le récit d'un témoin oculaire, le second missionnaire de Wallis. « Il paraît certain que la mort du Père Chanel avait consterné la majeure partie des indigènes; mais les meurtriers étaient puissants, et on se contenta de murmurer contre eux en secret. Les coups de la Providence parlèrent plus haut que l'indignation populaire. Le roi tomba bientôt dans un état de langueur qui fit désespérer de ses jours; il était d'un embonpoint extraordinaire, et il devint en peu de temps d'une maigreur effrayante. Son principal complice ne tarda pas à le suivre dans la tombe. Des douleurs intolérables donnèrent à son agonie tous les caractères d'une vengeance divine. Peu après leurs funérailles, (parut le navire français qui remporta le corps du martyr et) arriva dans l'île le jeune Sam-Kélétoni, ce fervent catéchiste qui avait quitté Futuna après le martyre de notre confrère. Son zèle et sa prudence achevèrent ce que la mort des deux principaux coupables avaient commencé : il se fit en notre faveur un prompt changement dans les esprits; le parti des vainqueurs et celui des vaincus rivalisèrent d'empressement à se faire instruire par les catéchumènes du Père Chanel; les *Tapus* furent abolis, les idoles brûlées, et, pour exprimer par un acte public la reconnaissance du pays envers l'auteur de leur conversion, la moitié de l'île décerna l'autorité royale au jeune catéchiste Sam-Kélétoni. Ce jeune chef joint à un excellent caractère et à une bravoure éprouvée une expérience peu commune, qu'il doit à ses voyages sur des navires européens. On trouverait difficilement dans tous les archipels un homme plus capable de rendre un peuple heureux. Une autre fraction de la population indigène resta sous le commandement de Muru-Muru; mais, pour former deux camps, les naturels n'en vivaient pas moins amis, en attendant l'arrivée de l'évêque qui désignerait, disaient-ils, celui qui devait régner. Monseigneur Pompallier leur a fait observer que l'île était bien petite pour avoir deux rois, que l'unité de gouvernement préviendrait le retour des guerres intestines qui les avaient rendus jusque-là si malheureux, et qu'ils feraient bien de porter leurs suffrages sur un même chef. On suivit son conseil, et Sam-Kélétoni, fut élu à l'unanimité.

» Pendant notre séjour à Futuna, le roi Sam-Kélétoni fut baptisé avec sa femme et sa petite fille. Toute la population ayant demandé avec larmes qu'on lui accordât la même faveur, nous nous mîmes aussitôt en devoir d'achever leur instruction, avec l'aide des catéchistes d'Ouvéa; et, après dix jours de préparation, Mgr donna le baptême et la confirmation à cent quatorze insulaires. La messe fut célébrée dans la maison de ces rois à qui l'on servait naguère, pour déjeûner, jusqu'à quatorze hommes rôtis : elle avait bien besoin d'être purifiée par l'immolation du Dieu qui est venu abolir les sacrifices humains (*Annales*, t. XV, n. 90, p. 427-429). »

Le missionnaire Verne dit encore de cette île, dans sa lettre citée plus haut : « Je ne crois pas qu'il y ait sur la terre une paroisse qui, mieux que Futuna, retrace les mœurs de la primitive Eglise. Au lieu d'exciter les néophytes à la piété, nos confrères, les Pères Favier et Servant, ont plutôt à les retenir et à modérer leur zèle. Qu'il est beau de voir tous ces vieux mangeurs d'hommes, devenus maintenant plus doux que des agneaux, se livrer d'eux-mêmes à des pénitences publiques et conjurer les missionnaires de ne pas mettre des bornes à leurs austérités; et ces guerriers féroces qui buvaient dans des crânes humains, disposés aujourd'hui à verser mille fois leur sang pour Dieu et pour les missionnaires ! »

Le même Père Verne, de la société de Marie, parle ainsi d'une autre île de ces parages : « Le 16 septembre 1846, nous sommes en face d'Opoulou. Cette île a dix-sept lieues de long et soixante-dix à quatre-vingts lieues de tour; sa population est évaluée à quarante mille habitants. Par la beauté de ses sites, par son inconcevable fertilité, elle est au moins l'égale de Taïti. A dix heures, nous embrassons notre confrère le Père Roudaire, seul missionnaire catholique de l'île au milieu de ministres protestants. Il y a juste un an que la première messe a été dite à Opoulou, et que la mission a été érigée sous le titre de Notre-Dame-des-Victoires, et déjà sont bien grands les fruits du salut opérés par l'intercession de Marie. A peine l'*Arche d'alliance* a mouillé dans la rade, que les insulaires nous assiégent de toute part; plus de vingt pirogues arrivent à la file; les sauvages nous serrent la main avec la plus vive sympathie, et n'ont rien de plus pressé que de nous apprendre, en faisant le signe de la croix, qu'ils sont catéchumènes ou néophytes, puis ils veulent savoir comment on nous appelle et combien nous sommes. Ils ont la plupart leur croix, leur chapelet, leur médaille de la sainte Vierge, pendus au cou. Parmi eux se trouvent un jeune catéchiste et un chef de Wallis, qui ont suivi le Père par attachement à sa personne et pour le seconder dans ses travaux apostoliques. Plusieurs chefs d'Opoulou joignent leurs instances à celles des chrétiens pour obtenir des missionnaires. Pendant toute la soirée, le navire ne suffit pas à contenir tous les naturels. Tout excite leur admiration; mais il n'est pas à craindre qu'ils portent la main sur aucun objet, ou s'ils y touchent, ils le remettent aussitôt à sa place. A la nuit, ils nous font leurs adieux, puis ils sautent dans leurs pirogues et regagnent leurs pénates, en improvisant des chansons en notre honneur tout le long de la traversée. Le lendemain, nous descendons à terre. Devant la case du Père Roudaire est une très-jolie place, ombragée par des cocotiers. Une réunion nombreuse nous y attendait. Tout le monde est venu se grouper autour de nous, hommes, femmes, enfants; ils ont répété au moins cent fois nos noms, et maintenant, partout où ils nous rencontrent, ils nous abordent en nous prenant la main et nous appelant par notre nom de baptême. Cette journée délicieuse s'est terminée par des cantiques sur les mêmes airs qu'on les chante en France. J'ai cru me retrouver encore dans la patrie, en entendant cette multitude de voix redire par cœur nos hymnes pieuses avec l'accord le plus parfait.

» Le lendemain matin, j'ai donné la sépulture ecclésiastique à un petit ange, que le Père Roudaire avait baptisé trois jours auparavant. Pendant toute la nuit, suivant l'usage, les catéchumènes ont chanté et prié auprès du petit mort. Après l'enterrement, un des chefs ayant envoyé au missionnaire un porc tout rôti, avec des fruits d'arbres à pain et un panier de taros, j'ai su du Père Roudaire que depuis un an, il n'avait jamais rien demandé à aucun insulaire, qu'il vivait au jour le jour, n'ayant ni farine ni aucune espèce de provisions, et que cependant le soleil ne s'était jamais couché sans que lui, le frère et les catéchistes eussent reçu leur nourriture, preuve évidente de la sollicitude divine sur ceux qui s'abandonnent entièrement à la Providence.

» Il nous en a coûté à tous de nous séparer de ces bons insulaires d'Opoulou, qui nous ont donné tant de marques d'intérêt, qui ont été si empressés à nous rendre toutes sortes de petits services, à nous apporter leurs présents de cocos, de bananes, d'ananas et autres fruits. On a bien tort de qualifier du nom de sauvages des hommes qui le sont bien moins que certaines populations des pays civilisés. L'archipel de Samoa, si peu connu et si maltraité par les géographes, est, de toute l'Océanie, un de ceux qui méritent le plus d'intérêt. Il est très-probable que monseigneur Bataillon y transférera avant peu son siège épiscopal, Wallis étant trop petite et offrant peu de ressources pour les divers établissements qu'il a dessein de créer. Je vous l'ai dit, rien n'égale la beauté de l'île et la fertilité de son sol. Elle est toute bordée de récifs, de sorte que la mer brisant au loin la fureur de ses flots, ne ressemble qu'à un lac paisible autour d'Opoulou. La plage sablonneuse, qui touche immédiatement au rivage, est toute couverte de cocotiers et d'arbres à pain; on dirait tantôt d'immenses promenades tracées au cordeau, tantôt des salles de verdure. C'est sous leurs frais ombrages que sont parsemées les cases. Rien de plus simple que leur architecture; une palissade de roseaux ou de bambous remplace les murailles; les nattes qui couvrent la terre tiennent lieu de plancher, et servent à la fois de lits, de chaises et de tables. Le vent souffle à son gré à travers le grillage d'enceinte, sans qu'il soit besoin de lui opposer des croisées. Il y a cependant dans chaque habitation une ou deux portes, de deux pieds et demi d'élévation. Ce genre de construction convient à merveille dans un pays où règne un éternel printemps, où jamais les arbres ne se dépouillent de leur feuillage, où l'on dort en plein air, bien mieux qu'on ne le fait dans les plus somptueuses demeures. On ne sait pas ici ce que c'est que verroux ni serrures; toutes les cabanes sont ouvertes, sans exception, et jamais il ne s'y commet le moindre vol; la *case* qui tient lieu d'église est ouverte comme les autres jour et nuit; le calice, les ornements et autres objets sacrés sont exposés à la vue de tout le monde; il en est de même de l'habitation du missionnaire, qui renferme mille petites choses propres à exciter la curiosité et la convoitise des naturels, et jamais il n'y a eu l'ombre d'un larcin.

» Derrière les cases sont des massifs de papayers, de bananiers et autres arbres, qui forment des jardins traversés par une foule de petits sentiers; après ces plantations viennent les champs d'ignames, de cannes à sucre, de taros, de patates, d'ananas, arrosés par de jolies rivières; et telle est leur fertilité, qu'un insulaire ne travaille pas une heure par semaine pour se nourrir avec toute sa famille; enfin, au-dessus des plaines s'échelonnent des montagnes ou plutôt de hautes collines, couvertes de pamplemousses, de châtaigniers, de frênes, d'hibiscus, et d'autres arbres que je ne connais pas, entremêlés de lianes qui flottent au gré des vents ou grimpent sur leur sommet en les tapissant de fleurs et de verdure. Ces forêts foisonnent de merles, de pigeons, de rossignols, de perruches, d'oiseaux-mouches et de martins-pêcheurs. C'est un ramage perpétuel (*Annales*, t. XX, p. 340). »

L'évêque de l'Océanie orientale réunit sous sa juridiction les archipels situés à l'ouest du cent soixantième degré de longitude occidentale, tels que les îles Gambier, les îles Marquises, O'Taïti, Sandwich. Jusqu'en 1834, les habitants des îles Gambier, dont la taille est généralement de six pieds, étaient sauvages et féroces, au point de manger leurs prisonniers de guerre.

Le 7 août 1834, y abordèrent deux missionnaires catholiques, en récitant le *Salve regina*. La première chose qu'ils firent fut de tracer la figure de la croix sur le sable, comme pour prendre possession de ces îles au nom du Christ. Les enfants furent les pre-

LIVRE XCI. — ENSEMBLE ET DÉNOUEMENT DE L'HISTOIRE HUMAINE.

miers à s'approcher d'eux. Voyant que les deux étrangers témoignaient à leurs enfants de la bienveillance, les hommes et les femmes s'approchèrent à leur tour et les invitèrent à une de leurs fêtes. C'était une orgie des plus infâmes. Les deux étrangers en ayant témoigné de l'horreur, les insulaires se crurent offensés et méditaient une vengeance. C'était vers le soir. Les deux missionnaires s'esquivèrent prudemment et se cachèrent parmi les roseaux sur le bord de la mer. Au milieu des ténèbres, les sauvages vinrent y mettre le feu. Les deux missionnaires allaient être brûlés et tomber entre leurs mains, lorsqu'ils trouvèrent moyen de se glisser, sans être aperçus, au bas d'une montagne voisine et de la gravir jusqu'au sommet. Les sauvages, qui regardaient ces roseaux et cette montagne comme la demeure des démons, furent bien émerveillés le lendemain d'en voir sortir sains et saufs les deux étrangers. Dès lors ils commencèrent à les regarder comme plus puissants que leurs dieux.

Peu à peu les deux missionnaires, MM. Caret et Laval, apprirent la langue des sauvages et leur parlèrent de Dieu et de son culte. Le mot de Dieu, en leur langue, paraissait faire sur eux une impression de terreur plutôt que de confiance. Ils furent bien surpris et bien aises d'apprendre que le vrai Dieu était bon ; ils le furent encore plus d'apprendre qu'ils pouvaient l'aimer de tout leur cœur et de toute leur âme. Bientôt le désir de s'instruire devint général parmi les chefs comme parmi le peuple. Les deux îles d'Akena et d'Akamaru firent le plus de progrès. On n'y fut pas longtemps sans remarquer la différence entre les missionnaires catholiques et les missionnaires protestants ; car ils savaient qu'il s'en trouvait dans l'île de Taïti. Ils comprennent parfaitement, écrivait M. Laval le 26 mars 1835, que Jésus-Christ s'est choisi douze apôtres, dont ils savent les noms ; que saint Pierre est le chef de tous et de l'Eglise ; que Jésus-Christ donna tous les pouvoirs à Pierre ; que Pierre les donna aux autres. Ils savent également la chaîne : Mgr Etienne (le vicaire apostolique de l'Océanie orientale) nous les a donnés, le pape Grégoire les lui a donnés, saint Pierre les a donnés à ce grand missionnaire, et Jésus-Christ les a donnés à Pierre, dont il est le successeur. « Alors, nous dit un jour le chef d'Akamaru, votre pouvoir vient de Dieu. Quand il viendra ici un missionnaire, je lui demanderai qui l'a envoyé. S'il me dit que ce n'est pas Grégoire, je lui dirai : Va-t-en, tu n'es pas missionnaire de Jésus-Christ. Je lui demanderai ensuite à qui sont ces enfants et cette femme ; il me dira : C'est à moi. Eh bien! va-t-en, car tu n'es pas missionnaire! Dieu n'a point de femme, Jésus-Christ n'avait point de femme, Tareta (Caret) n'a point de femme, Tarava (Laval) n'en a pas non plus. Nous autres sommes de Pierre, et toi tu n'es qu'un homme comme nous. »

Au mois d'avril 1835, les deux missionnaires avaient disposé environ deux cents catéchumènes à recevoir le baptême. Ils souhaitaient réserver ces prémices de la nouvelle Eglise à leur évêque, Mgr de Nilopolis, vicaire apostolique de l'Océanie orientale. Comme l'évêque tardait à venir et que les sauvages demandaient à grands cris le baptême, les missionnaires étaient sur le point d'accéder à leur demande, lorsque parut un navire où se trouvait le pontife si longtemps attendu. Ce fut une joie indicible dans les quatre îles, surtout dans celles d'Akena et d'Akamaru, déjà toutes chrétiennes. Les insulaires n'avaient point assez d'yeux pour regarder le pontife et ses ornements, particulièrement sa crosse et sa mitre. Ils le conduisirent en procession de la cabane des missionnaires à l'église, et de l'église à la cabane. L'église elle-même était en bois et en feuillage. Après la messe solennelle, ils firent à l'évêque un honneur inconnu en Europe. Quand ces peuples aiment quelqu'un et qu'ils l'estiment, ils le proclament roi, sans prétendre déroger aux droits de celui qui les gouverne, et viennent lui payer tribut. Nous vîmes donc, écrit M. Laval, nous vîmes bientôt le chef de l'île donner des ordres à tous les pères de famille, et un instant après toute l'île arriva, les uns chargés de cocos, les autres de cannes à sucre, d'autres de fruits à pain et de *tioho*. On éleva un siège à Sa Grandeur, c'est-à-dire qu'on plaça une auge sur deux grosses pierres ; le tout fut couvert de plusieurs nattes du pays. Le beau trône achevé, Mgr s'y plaça, environné de ses quatre prêtres et de ses catéchistes : alors le peuple vint le saluer roi, et jeta à ses pieds tous les tributs. Quand la cérémonie fut achevée, Mgr bénit devant le monde tout ce qu'on venait de lui offrir et ordonna que la plus grande partie de ces offrandes serait mise en réserve, afin que quand viendra la disette des vivres, on puisse en distribuer à ceux qui en auront besoin. Sa Grandeur promit ensuite, en qualité de roi, de faire bientôt une petite distribution de calicot pour cacher leur nudité ; il prit aussi occasion de les exciter au travail : les promesses et les avis, donnés par interprète, furent reçus avec la joie d'un jour de fête.

Voici quelques autres détails qu'on tient de la bouche de M. Caret, que nous avons eu l'honneur de connaître à Rennes. Un jour que ce missionnaire baptisa plusieurs de ces bons sauvages, les enfants et les jeunes gens lui dirent, au sortir du baptême : Désormais tu es mon père! Les hommes et les femmes d'un âge moyen : Désormais tu es mon frère! Les hommes et les femmes d'un âge avancé : Désormais tu es mon fils! Et tous ajoutaient : Désormais tout ce qui est à moi est à toi!

Quelque temps après, il fut résolu par les missionnaires que M. Caret ferait un voyage en Europe. Cette nouvelle attrista singulièrement tous les insulaires. Ils craignaient tous qu'il ne revint plus ; tous venaient lui en témoigner leur peine. Un des chefs vint entre autres, accompagné de son fils encore enfant et de son père déjà vieux, et lui dit : Tu reviendras, dis-tu ; oui, mais quand ce petit aura les cheveux blancs comme ce vieillard. Pour les rassurer, il fallut qu'il leur dit tous les pays et toutes les villes où il passerait, combien de temps il y resterait, à quelle époque il reviendrait. Et les bons sauvages récapitulaient soigneusement les noms et les temps.

M. Caret fit en effet le voyage d'Europe ; il vint à Paris et à Rome. Le 20 décembre 1838, il était de retour à l'île d'Akamaru sur une goëlette anglaise. Ce fut une fête universelle dans toutes ces îles. Il fut reçu avec toutes les démonstrations de la joie la plus sincère. Il se rendit sur-le-champ à l'église pour y prier tous ensemble. Il adressa aux fidèles quelques courtes paroles sur son voyage; pas un mot ne fut oublié; ils allèrent jusqu'à réciter tout son itinéraire, depuis Mangaréva jusqu'à Rome, en nommant les ports des villes où il avait passé. Le 22 décembre ajoute M. Caret, nous fîmes notre première visite à Mangaréva, la grande île, la résidence du roi et de tous les chefs. Que d'acclamations saluèrent notre arrivée! Il fallut, malgré moi, me laisser porter par ce bon peuple jusque devant la maison du roi. Là, je montai sur une grosse pierre pour adresser quelques paroles à la foule assise à l'entour. Le roi et son oncle, autrefois grand-prêtre des idoles, s'assirent à mes côtés, et je racontai mon voyage. A ce récit, bien des larmes coulèrent des yeux de nos chrétiens. Le capitaine du navire qui nous avait amenés ne put retenir les siennes en voyant la touchante réception qui nous était faite. M. Caret apportait au roi Maputéo, de la part du Pape, un vêtement royal, et, de la part du roi des Français, une épée magnifique. Au baptême, Maputéo avait pris du Pape le nom de Grégoire. A la vue de ces deux présents, l'excès de sa joie le mettait hors de lui-même. Ses sujets reçurent eux-mêmes des vêtements. C'était près de la fête de Noël. Cinq cents personnes communièrent à la messe de minuit dans une seule église. Ces peuples sont tout changés. Habitués, depuis des siècles, à la plus complète paresse, ils s'affectionnent au travail, et se sanctifient par la prière et de pieux cantiques. D'elles-mêmes, de bonnes filles formèrent deux communautés pour mieux prier et travailler ensemble. Voilà ce que Dieu a opéré dans l'espace de trois ou quatre ans, par deux ou trois prêtres, sur trois ou quatre mille anthropophages.

Des îles Gambier, le Père François Caret, avec quelques-uns de ses confrères, est allé aux îles Marquises commencer la même œuvre; d'autres à l'île d'O'Taïti; d'autres étaient déjà aux îles Sandwich. En 1844, le bon Père Caret revint aux îles Gambier pour se reposer et mourir au milieu de ses bien-aimés enfants, qui eux-mêmes avaient vu leur archipel ravagé par un ouragan terrible et une mortelle épidémie, sans que leur ferveur en fût diminuée. « Tout ce que les navigateurs nous disent de ces îles, écrit un missionnaire, le 28 décembre 1844, fait notre admiration et notre joie. Les naturels sont si doux, si affables, si gracieux, qu'on peut les proposer pour modèles à l'univers entier. Dernièrement, j'en ai vu huit qui s'étaient embarqués comme matelots à bord d'une goélette; ils vinrent à moi avec une confiance filiale, en me saluant du nom de père. Ils avaient tous assisté aux derniers moments du Révérend Père Caret, et ils ne pouvaient me parler de lui que les larmes aux yeux (*Annales*, t. XIX, n. 110, p. 27). »

Dans les îles Marquises, comme ailleurs, il y eut d'abord des croix, des peines, suivies de consolations. Le 25 décembre 1844, fête de Noël, on y baptisa Mahéono, roi de Tauata, et la reine sa femme. Dans les îles de Taïti et de Sandwich, les missionnaires catholiques souffrent la plus violente opposition, non pas des naturels du pays, qui les aiment et les désirent, mais de la part des émissaires méthodistes ou wesleyens, qui les ont fait bannir jusqu'à deux fois. Aux îles de Sandwich en particulier, les néophytes catholiques ont souffert, depuis 1830, une cruelle persécution de la part des émissaires du protestantisme, qui gouvernaient les chefs du pays. Hommes, femmes, enfants, étaient jetés en prison, mis aux fers, condamnés aux travaux publics et à la torture. En voici un échantillon qu'on lit dans la *Gazette protestante* des îles de Sandwich, 29 juin 1839 :

« Lundi matin, deux femmes, l'une âgée de cinquante ans, l'autre de trente, furent traînées devant les chefs du palais de la régente, accusées du crime de catholicisme. Elles demeurèrent tout le jour dans la cour de la maison, où elles furent interrogées sur la foi par un petit nombre de subalternes; et le soir venu, ordre fut donné qu'on les mît à la torture jusqu'à ce qu'elles eussent renié leur croyance. Alors commença une scène de cruautés que nulle description ne saurait reproduire, et dont nous garantissons toutefois l'effroyable réalité, défiant qui que ce soit de démentir nos paroles. Conduites au fort à cinq heures après midi, les deux pauvres prisonnières furent itérativement sommées de renoncer à la religion catholique et d'embrasser la religion de Bingham (c'est le ministre calviniste); elles répondirent par un refus, préférant les tourments et la mort à l'apostasie. Alors la plus âgée des deux fut traînée sous un arbre mort; ses bras furent attachés à l'une des branches avec des menottes de fer; en sorte que la malheureuse était suspendue par les poignets, l'extrémité des pieds pouvant à peine effleurer la terre. L'autre femme fut conduite vers une maison dont le toit descendait assez bas vers le sol; ses bras, froissés autour d'une poutre en saillie, y furent assujétis par des menottes de fer, à une hauteur de six pieds. Dans cette position, on lui attacha les pieds avec une chaîne, et sa face tournée du côté de la toiture, s'en trouvait tellement rapprochée, que les épines mêlées parmi le chaume la mettaient tout en sang. Pendant la nuit, une pluie violente tomba par torrents sur les deux femmes; et le lendemain, quand le soleil se leva dans tout son éclat, quand il versa du haut du ciel ses plus vives ardeurs, ses rayons frappèrent d'aplomb sur la tête nue des patientes, dont les forces s'épuisaient au milieu des horreurs prolongées de tant de tortures. Elles furent trouvées dans cette effroyable situation par une société nombreuse de résidents étrangers qui visitèrent le fort vers onze heures du matin, et qui prirent sur eux de les délivrer. Détachées du bois du supplice, les mains déchirées, la tête brûlante, elles tombèrent évanouies. Leur tourment avait duré dix-huit heures, et probablement que sans l'opportune intervention des étrangers, peu d'heures après elles auraient expiré sur la place. — Un de ces hommes charitables, entré au fort avant les autres, et touché du triste spectacle qui s'offrait à ses yeux, avait couru en prévenir M. Bingham, dans la pensée qu'il serait assez puissant pour secourir les deux prisonnières. M. le ministre montait en voiture; et, prié au nom de l'humanité de se rendre sur les lieux, il répliqua : « Que sans doute ces femmes étaient punies pour quelque autre motif, et que d'ailleurs il ne pouvait ni n'entendait intervenir dans l'exécution des lois du pays. » En disant ces mots, il lança son équipage au trot et partit. Tel est le témoignage que la *Gazette protestante* de Sandwich rend aux missionnaires du protestantisme.

Depuis, les choses se sont améliorées dans les îles Sandwich. Une frégate française alla faire respecter sur ces plages lointaines les droits du catholicisme et de l'humanité, outragés pendant dix ans. Une ère nouvelle s'est ouverte, et la foi, sans autre privilége que la liberté de parler et d'agir, opère de nombreuses conquêtes parmi des populations favorablement préparées par le spectacle même de l'injustice et de la brutalité protestantes. On écrit d'Oahu que le Père Walsh, l'un des prêtres naguère bannis par la persécution, compte depuis son retour plus de mille conversions. Pour empêcher les néophytes de se pervertir dans les écoles protestantes, les missionnaires catholiques se sont faits maîtres d'école eux-mêmes. Le succès en est prodigieux. En novembre 1841, dans l'île Honolulu, ils présentèrent six cents enfants à l'examen public, en présence des consuls anglais et français, et des autres résidents étrangers. Tout le monde vit que les élèves catholiques avaient acquis plus de connaissances en six mois que ceux des méthodistes en dix ans. Un missionnaire écrit du 1er novembre de la même année : « Je passe sous silence les vexations de tout genre dont j'ai été l'objet ou le témoin de la part des méthodistes ; car tout cela est bien peu de chose, comparé aux peines que souffrent nos confrères dans les autres missions, et surtout à ce que le divin Sauveur a enduré pour nous. Nous sommes heureux malgré cela, et il n'en est pas de même de ceux qui nous persécutent. Ils vivent dans un tourment perpétuel, en voyant la confiance des chrétiens s'accroître avec leur nombre ; aussi font-ils les derniers efforts pour retarder du moins les progrès de l'Evangile. Mais ils ne peuvent y réussir, la bénédiction du ciel ne cessse point de se répandre sur nos travaux ; nous ne faisons que commencer, et déjà les progrès de nos enfants sont surprenants. Le Père Maigret a un grand nombre d'élèves qui pourront faire un jour de bons maîtres d'école ; il a composé en vers et dans la langue du pays, plusieurs abrégés d'histoire. L'un de ces traités, que nous appelons *les Siècles*, renferme les principaux faits accomplis depuis Jésus-Christ jusqu'à nous : nos petits sauvages le savent tous par cœur, et le chantent à tout propos sur différents airs qu'ils varient à volonté. Les enfants des écoles calvinistes en ayant saisi quelques tirades à force de les entendre, se plaisent aussi à les redire aux oreilles de leurs maîtres, ce qui sans doute ne plaît pas beaucoup à ces sectaires, surtout quand on leur débite la strophe de Luther et de Calvin : or c'est précisément celle que nos disciples ont apprise de préférence aux jeunes protestants. Quoique élevés par les méthodistes, ces enfants nous aiment et ne craignent pas de nous le témoigner, lorque nous passons par leurs peuplades : plusieurs fois il nous est arrivé de les voir sortir subitement de leur école, et courir après nous pour nous dire bonjour, malgré tout ce que pouvait faire le maître pour les retenir. Lorsque nous quittons une tribu, après y avoir séjourné quelque temps, ils ne manquent jamais de nous accompagner avec les jeunes catholiques ; c'est à qui nous fera plus de caresses ; tous sont dans la joie de se trouver auprès de nous, et répètent de grand cœur les cantiques que nous leur enseignons. Nous avons l'espoir que Dieu aura pitié de ces pauvres petits, qui nous paraissent si aimables, et que l'heure des miséricordes ne se fera pas longtemps attendre. En effet, la foi fait ici tous les jours des progrès bien capables d'encourager les fidèles d'Europe qui s'intéressent aux missions de l'Océanie. Dans cette seule île, plus de cinq mille personnes, depuis un an seulement, ont abandonné les voies de l'erreur pour suivre celles de la vérité, où elles goûtent maintenant cette joie pure et ces délices qui leur étaient auparavant inconnues (*Annales*, t. XV, n. 90, p. 378). » Enfin, le nombre des catholiques, qui n'était dans cet archipel que de quelques centaines au commencement de 1841, dépassait quinze mille en 1847 (*Ibid.*, t. XIX, n. 110, p. 21, note). Les conversions eussent été beaucoup plus nombreuses encore, si l'évêque de Nilopolis, qu'on attendait dans ces parages à son retour d'Europe, n'eût fait naufrage avec ses vingt-six compagnons, en doublant le cap Horn l'année 1842 ; car, comme saint Paul, les hommes apostoliques sont exposés aux périls sur mer. Pour diminuer ces périls, il s'est formé en France, dans l'année 1844, une société maritime dont le but est d'aider, par son influence, ses ressources et ses moyens de transport, les missionnaires dans leur œuvre de foi et de civilisation. On acheta, l'an 1845, un beau et grand navire, qui fut béni par l'évêque de Nantes, reçut le nom d'*Arche d'alliance* (*Fœderis arca*), et n'a cessé depuis de parcourir l'Océan. Ceux qui veulent se former une idée vivante de ce que Dieu fait et prépare continuellement dans le monde, doivent lire habituellement les *Annales de la Propagation de la foi*, qui sont comme une continuation des *Actes des Apôtres*.

L'Amérique a subi, de 1800 à 1848, de nouvelles transformations politiques. Le Brésil s'est séparé du Portugal et forme un empire à part. D'autres colonies portugaises du Nouveau-Monde ont pris une autre forme de gouvernement. Les empires du Mexique, du Pérou, les provinces du Paraguay, du Chili et d'autres se sont détachés de l'Espagne et transformés en républiques ; transformations qui, pour le Mexique, ne sont pas encore à leur terme. Quant au gouvernement ecclésiastique, il n'a point changé au Brésil : le Saint-Siége l'a régularisé dans les nouveaux Etats de l'Amérique méridionale. Il faut excepter le Mexique, où des révolutions continuelles n'ont pas encore permis à l'Eglise de rétablir l'ordre : aussi le Mexique continue-t-il à perdre des provinces, les Florides, le Texas, et récemment d'autres, qui vont grossir la grande confédération de l'Amérique septentrionale, connue sous le nom d'*Etats-Unis*, où nous voyons, depuis un demi-siècle, se former une église pleine de vie et d'activité, et qui, seule dans l'univers, tient régulièrement ses conciles dans la métropole de Baltimore. Dans l'Amérique septentrionale et mexicaine, on compte encore plus de quatre millions de sauvages : dans le nombre, il y en a de catholiques, tels que les Iroquois, qui de nos jours ont donné un exemple de persévérance chrétienne et même de zèle apostolique qu'on ne saurait assez admirer.

Le 20 octobre 1839, l'évêque de Saint-Louis au Canada écrivait au supérieur général des Jésuites : « Il y a vingt-trois ans, deux sauvages de la mission iroquoise partirent du Canada, leur patrie, avec vingt-deux autres guerriers, leurs compatriotes, et allèrent s'établir dans un pays situé entre les montagnes qu'on appelle *Pierreuses*, et la mer Pacifique. Ce pays est habité par des nations infidèles, et en particulier par celle que les Français connaissent sous le nom de *Têtes-Plates*. Là ils se marièrent, et furent incorporés à la nation indienne. Comme ils étaient bien instruits de la religion catholique que professent les Iroquois convertis par les anciens Pères de votre Compagnie, ils ont continué à la pratiquer autant qu'il était en eux, et l'ont enseignée à leurs femmes et à leurs enfants. Leur zèle est même allé au delà : devenus apôtres, ils ont jeté les premières semences du catholicisme au milieu des nations infidèles avec lesquelles ils vivent. Ces germes précieux commencent déjà à porter leurs fruits ; car ils ont fait naître dans le cœur de ces sauvages le désir d'avoir des missionnaires, pour apprendre d'eux la loi divine.

» Il y a huit ou neuf ans, quelques individus de la nation des *Têtes-Plates* vinrent à Saint-Louis. Le but de leur voyage était de voir si la religion, dont les vingt-quatre guerriers iroquois parlaient avec tant d'éloges, était en réalité telle qu'ils la dépeignaient, et si, surtout, les nations qui ont la peau blanche (c'est le nom qu'ils donnent aux Européens) l'avaient adoptée et la professaient. Arrivés à Saint-Louis, ils tombèrent malades, firent appeler les prêtres, et demandèrent instamment par des signes à être baptisés. On s'empressa d'accueillir la demande, et ils reçurent le saint baptême avec la plus grande dévotion ; puis, prenant le crucifix, ils le couvrirent de baisers affectueux, et expirèrent. — Quelques années après, la nation des *Têtes-Plates* envoya encore à Saint-Louis un Iroquois. Il s'y présenta avec deux de ses enfants, qui furent instruits et baptisés par les Pères du collège. Il demanda des missionnaires pour ses compatriotes, et partit avec l'espérance qu'un jour le désir de cette nation serait enfin satisfait ; mais, dans le voyage, il fut tué par des sauvages infidèles de la nation des Sioux. — Enfin une troisième députation est arrivée à Saint-Louis, après un long voyage de trois mois. Elle se compose de deux Iroquois chrétiens : ces sauvages, qui savent parler français, nous ont édifiés par leur conduite vraiment exemplaire, et intéressés par leurs discours. Les Pères du collège ont entendu leurs confessions, et aujourd'hui ils se sont approchés de la sainte table, à ma messe, dans l'église cathédrale. Ensuite je leur ai administré le sacrement de confirmation ; et, dans une allocution qui a précédé et suivi la cérémonie, je me suis réjoui avec eux de leur bonheur, et leur ai donné l'espérance d'avoir bientôt un prêtre.

» Ils repartiront demain : l'un d'eux ira promptement porter cette bonne nouvelle aux *Têtes-Plates* ; l'autre passera l'hiver à l'embouchure de la rivière des Ours, et au printemps il continuera son voyage avec le missionnaire que nous leur enverrons. Des vingt-quatre Iroquois qui émigrèrent autrefois du Canada, quatre seulement vivent encore. Non contents de planter la foi dans ces contrées sauvages, ils l'ont encore défendue contre les entreprises des ministres protestants. Quand ces prétendus missionnaires se sont présentés, nos bons catholiques ont refusé de les accueillir : « Ce ne sont pas les prêtres dont nous avons parlé, disaient-ils aux *Têtes-Plates* ; ce ne sont pas les prêtres aux longues robes noires, qui n'ont point de femme, qui disent la messe, qui portent avec eux le crucifix, etc. » Pour l'amour de Dieu, mon très-révérend Père, n'abandonnez pas ces âmes (*Annales*, t. XIV, n. 70, p. 275) ! » Voilà ce que l'évêque de Saint-Louis du Canada écrivit en 1839 au général des Jésuites. Voici maintenant quelles ont été les suites ultérieures de ce zèle apostolique des guerriers iroquois.

Au printemps 1839, un Jésuite belge, le Père de Smet, fut chargé par l'évêque de Saint-Louis et son provincial de faire un voyage dans les *Montagnes pierreuses* ou *rocheuses*, afin de sonder les dispositions des Indiens et de voir quels succès on pourrait se promettre de l'établissement d'une mission au sein de leur tribu. « Le 30 juin, dit-il, je rencontrai l'escorte que les *Têtes-Plates* m'envoyaient pour me servir de guide et de défense. Notre entrevue fut celle d'enfants qui revoient un père après avoir longtemps appelé son retour. Au même lieu se trouvaient réunis une foule d'Indiens de toutes nations, venus à ce commun rendez-vous pour échanger les produits de leur grossière industrie. J'eus le bonheur de célébrer, à la grande joie de tous, une messe que le caractère des assistants et la majesté du désert concouraient à rendre solennelle. L'autel s'élevait sur un tertre environné de branches d'arbres et de guirlandes de fleurs. C'était un spectacle bien émouvant pour le cœur d'un missionnaire, que cette famille immense composée de tant de tribus diverses et se prosternant avec un égal anéantissement devant la divine hostie. Les Canadiens entonnaient des hymnes en français et en latin, les Indiens chantaient des cantiques dans leur langue maternelle ; toutes les distinctions, toutes les rivalités de peuplades s'effaçaient devant un sentiment unanime, celui de la piété chrétienne. Oh ! vraiment, c'était là une cérémonie catholique. Ce lieu a été appelé depuis *la Prairie de la Messe*.

» Une trentaine d'Indiens *Serpents* avaient assisté, quoique idolâtres, à nos saints mystères. Ils voulurent avoir avec moi une conférence, et m'invitèrent à prendre place à leur conseil. Je leur donnai une rapide explication des vérités et des devoirs qu'enseigne l'Évangile. Tous m'écoutèrent avec la plus grande attention, et se retirèrent ensuite pour délibérer entre eux. Au bout d'une demi-heure, un des principaux chefs revint au nom de tous me communiquer leurs résolutions : « *Robe noire*, me dit-il, les paroles de ta bouche ont trouvé le chemin de nos cœurs ; nous ne les oublierons jamais. Notre pays est ouvert à ton zèle ; viens nous apprendre comment on plaît au Grand-Esprit, et tu verras si notre conduite répond à tes leçons. » Je leur conseillai de choisir parmi eux un homme sage et prudent, qui, chaque jour, matin et soir, les réunirait pour offrir ensemble leurs vœux au Seigneur ; dès le soir même, la réunion eut lieu et la prière se fit en commun.

» Peu de jours après, nous arrivâmes au camp des *Têtes-Plates* et des *Pandéras* ou *Pendants-d'oreilles*. Je n'essaierai pas de décrire la réception que ces bons Indiens avaient préparée à leur *père* : mon entrée dans leur village fut un véritable triomphe, auquel hommes, femmes, enfants voulurent concourir. Le grand chef, vénérable vieillard qui rappelle les anciens patriarches, m'attendait au milieu de ses principaux guerriers, et dès l'abord il eût abdiqué en ma faveur son autorité souveraine, si je ne lui avais fait observer qu'il se méprenait sur le but de ma visite, et que le salut de sa peuplade suffisait à mon ambition. Nous délibérâmes ensuite sur le temps qu'il conviendrait de consacrer aux exercices religieux. Un des chefs m'apporta une cloche qui devait me servir à convoquer la tribu.

» A la chute du jour, environ deux mille sauvages s'étaient réunis devant ma tente pour réciter en commun la prière du soir. Que ne puis-je vous peindre l'émotion dont je fus saisi en entendant ces enfants des montagnes chanter à la louange du Créateur un cantique solennel qu'ils avaient eux-mêmes composé. Ces deux mille voix s'élevant en chœur du sein du désert et demandant à Dieu la grâce de mieux le connaître, afin de lui témoigner plus d'amour, formaient pour moi le plus sublime concert. Chaque matin, au point du jour, le vieux chef à cheval fait le tour du camp, et s'arrêtant auprès de chaque cabane : « Allons, mes enfants, disait-il, il est temps de se lever. Que votre première pensée soit pour le Grand-Esprit ! Debout, le Père va bientôt sonner la prière. » S'était-il aperçu de quelques désordres, les chefs lui avaient-ils fait un rapport défavorable, il adressait au coupable une paternelle remontrance, et, tout en se hâtant vers le lieu de l'assemblée, on s'empressait de promettre repentir et amendement.

» Souvent les forces du missionnaire s'épuisent ; mais l'attention de ce bon peuple ne se lasse jamais. Quatre fois par jour je les réunis pour leur expliquer la doctrine du divin Maître ; et néanmoins, dans l'intervalle, ma loge est toujours remplie d'une foule avide d'instruction. « Père, me disent-ils, si nous ne craignions pas de te fatiguer, nous passerions ici la nuit entière ? on oublie le sommeil lorsque tu parles du Grand-Esprit. » — Le Seigneur a béni leur religieux empressement. Dès la seconde réunion, je traduisis, à l'aide d'un interprète, le *Pater*, le Symbole des apôtres et les Commandements de Dieu. Après les avoir récités pendant quelques jours, matin et soir, je promis une belle médaille d'argent à celui qui les saurait le premier. Aussitôt un des chefs se leva en souriant : « Père, me dit-il, elle est à moi. » Et sans hésiter, sans se tromper d'un seul mot il gagna sa médaille. Je l'embrassai et sur-le-champ je le nommai mon catéchiste ; il se mit aussitôt à l'œuvre, et avec tant de zèle, qu'avant quinze jours toutes les *Têtes-Plates* surent leur prière.

» Reçue avec tant d'avidité, la divine semence devait produire une abondante moisson : six cents Indiens furent admis au baptême. On voyait à leur tête le grand chef des *Têtes-Plates* et celui des *Pandéras*. Un jour que j'exhortais les catéchumènes au repentir de leurs fautes : « Père, me dit le dernier chef, j'ai vécu longtemps dans une profonde ignorance, je faisais alors le mal que je ne connaissais pas, et j'ai pu déplaire au Grand-Esprit ; mais lorsque, mieux instruit, j'ai su qu'une chose était mauvaise, j'y ai renoncé ; et depuis, je ne me souviens pas d'avoir offensé Dieu volontairement (*Annales*, t. XIII, n. 79, p. 488). »

Témoin de ces merveilleuses dispositions, le Père de Smet revient à Saint-Louis et en amène plusieurs de ses confrères pour évangéliser les peuples des Montagnes rocheuses. D'autres missionnaires pénètrent dans les vastes régions de l'Orégon, vers l'Océan pacifique. Les Oblats de Marie, congrégation de missionnaires fondée récemment à Marseille par l'évêque actuel de cette ville, s'établissent sur différents points du Canada, prêts à s'étendre jusque dans les Montagnes rocheuses et au delà. Les missionnaires de saint Vincent de Paul sont chargés du nouvel évêché du Texas, dont le siège est à Galveston, pour de là se répandre dans toutes les directions. La mission de l'Orégon ou de la Colombie présente une moisson si abondante et si mûre, que le Saint-Siège y érige un évêché, et bientôt une métropole et sept évêchés, avec un des missionnaires, monseigneur Blanchet, pour archevêque. Tels sont, en peu d'années, les résultats merveilleux du zèle apostolique de quelques Iroquois, secondé par les aumônes de quelques pieuses femmes de Lyon, qui ont fondé l'*Association pour la Propagation de la foi*. Dans le même temps, monseigneur Fléming, vicaire apostolique de Terre Neuve, où depuis longtemps on n'avait vu de prêtre, y bâtissait une grande église en pierre, avec le secours de ses bras et de ceux de son peuple (*Annales*, t. XIV, n. 85, p. 441).

Chose remarquable : les Antilles françaises n'ont point d'évêque ; les Antilles anglaises et danoises ont un évêque catholique. En 1828, il ne s'y trouvait que douze prêtres ; en 1845, on y comptait soixante-dix missionnaires pleins de zèle et de courage. Pendant ce temps, le nombre des catholiques a suivi la même proportion ; car, de cent vingt-cinq mille qu'il était d'abord, il s'est élevé jusqu'à cent soixante-dix mille. Dans une lettre du 7 février 1846, l'évêque de ces îles, vicaire apostolique de la Trinidad, rapporte des exemples merveilleux de zèle et de piété de la part de ses fidèles, notamment des nègres affranchis. En 1842, il fut appelé dans l'île de la Dominique pour calmer les divisions qui régnaient dans cette colonie. Le gouverneur lui dit : « Si dans l'espace de dix ans vous réussissez à obtenir un peu de calme, je croirai que vous avez fait un miracle. »

« Pendant plusieurs jours, écrit l'évêque, je mis en œuvre tout ce que la prudence put me suggérer pour rétablir l'union ; mais ce fut sans succès. Alors j'eus recours à mes moyens ordinaires, je proposai aux respectables missionnaires qui m'accompagnaient, de faire une retraite et une neuvaine pour obtenir de l'infinie miséricorde de Dieu, par l'intercession de la très-sainte Vierge, cette paix inconnue depuis trop longtemps à la Dominique. Nous commençâmes aussitôt les pieux exercices. Grâce de mon Dieu, que vous êtes douce et puissante ! un changement s'opère aussitôt, l'agitation se calme d'une manière sensible, la haine et la vengeance s'éloignent des cœurs, les confessionnaux sont assiégés, le peuple se presse dans le temple du Seigneur et va au pied des saints autels répandre des larmes de repentir et de joie. La ferveur augmente avec les instants de la retraite ; les dissensions font place aux élans de la charité, le bienfait de la paix se répand partout. Oh ! que notre âme a été grandement consolée en voyant ceux mêmes qui avaient nourri dans leurs cœurs une haine implacable les uns contre les autres, venir en foule entourer l'autel, se presser à la table sainte et y recevoir leur Dieu avec les marques de la piété la plus vive ! Quel touchant et consolant spectacle offrait alors la Dominique ! Toutes les bouches répétaient les doux noms de frères et d'amis. Au milieu des rues, sur les places publiques, ceux qui naguère étaient ennemis irréconciliables, tombaient à genoux en se rencontrant, se demandaient mutuellement pardon, et s'embrassaient ensuite comme des membres d'une même famille, heureux de se consoler d'une longue absence en se promettant une affection sincère et durable. Dans la visite d'adieu que je fis au gouverneur de l'île, il me dit, quoique protestant : « Je ne croyais pas qu'il y eût des miracles depuis le temps du Sauveur ; mais comment pourrais-je les nier maintenant, ayant sous les yeux un aussi grand miracle de la grâce? Aucun pouvoir humain n'aurait pu obtenir un semblable résultat. »

» Je me plais à le constater ici, ajoute l'évêque, les progrès que les noirs ont faits dans l'accomplissement des devoirs religieux sont aussi réels qu'importants. Il y a peu de temps encore, les habitants de Sainte-Lucie n'avaient que trois prêtres et quelques églises presque en ruine. Aujourd'hui, onze missionnaires y travaillent avec fruit au salut de leurs frères ; neuf églises en bon état, dont plusieurs sont neuves, vastes, solides et très-propres, s'élèvent sur différents points. Tous les jours notre sainte religion s'étend et s'affermit dans ce beau pays.

» Il en est de même à la Grenade. En 1841, lors de ma visite pastorale dans cette île, les habitants de Saint-Georges n'avaient encore qu'une chapelle délabrée ; mais leur foi et leur piété étaient telles, que rien ne pouvait les empêcher d'assister aux saints mystères. Ainsi, tous les dimanches et les jours de fêtes, on voyait deux ou trois mille fidèles demeurer dans un profond recueillement jusqu'à la fin des offices, quoiqu'ils fussent exposés aux ardeurs du soleil brûlant des tropiques, ou aux torrents de pluie qui y tombaient fréquemment. Cependant, désirant voir s'élever au milieu de leur ville une grande et belle église, plus digne de la majesté de Dieu, ils firent de nombreux sacrifices et de prodigieux efforts pour construire le beau monument qu'on y admire aujourd'hui. Tous, sans distinction, ont voulu y travailler de leurs mains. Ce n'est pas sans admiration que l'on voyait les riches et les pauvres, les maîtres et les domestiques, transporter à l'emplacement du nouveau sanctuaire les pierres, le sable et la chaux. Des noirs de bonne volonté, éloignés de trois lieues, arrivaient avant l'aube, apportant leur nourriture pour toute la journée ; ils travaillaient dans la carrière avec un courage et une force que la religion seule peut donner.

« Tout pour le bon Dieu, disaient-ils, tout pour le bon Dieu qui nous a accordé la liberté ! » L'endroit où il fallait aller chercher la pierre et la chaux était une montagne si escarpée, que ceux mêmes qui n'avaient aucun fardeau n'y montaient et n'en descendaient qu'avec de très-grandes difficultés ; cependant on vit de jeunes personnes, vêtues de soie, y porter des matériaux comme leurs servantes. Une chose m'a singulièrement frappé ; c'était une pauvre femme, aveugle et âgée de plus de soixante-dix ans, qui, conduite par la main d'une de ses petites-filles, travaillait comme les autres et portait aussi sa pierre sur sa tête ; le sourire était sur ses lèvres et la joie éclatait sur son visage. » Dans une autre paroisse de l'île, comme il n'y avait pas de pierres dans les environs, les nègres affranchis s'offrirent d'eux-mêmes et réussirent à tirer du fond de la mer les pierres nécessaires pour bâtir une belle église ; et ils exécutèrent leur dangereuse entreprise en chantant les louanges de Dieu (*Annales*, t. XIX, n. 110, p. 65).

Quant à la conversion des protestants, les évêques américains ont trouvé que la méthode la plus efficace, c'est d'avoir un clergé exemplaire et des paroisses édifiantes. Ces deux livres, toujours ouverts, en disent plus que tous les autres, et mieux, et plus haut, et dans toutes les langues, et à toutes les heures. Les protestants d'Amérique y lisent volontiers, aussi bien que les sauvages qui ne savent pas lire.

Depuis quelques années, la terre de Cham, l'Afrique même, semble vouloir sortir de son long sommeil de mort. Depuis que Dieu en a ouvert le Nord aux Français et le Midi aux Anglais, on a vu s'élever à ces deux extrémités deux évêchés catholiques, celui d'Alger et celui du cap de Bonne-Espérance. Le diocèse d'Alger, l'ancienne *Icosium*, comptait, en 1840, une population catholique de soixante-quatorze mille âmes, dont quatorze mille dans la ville d'Alger. Ce nombre n'a fait qu'augmenter depuis. Au mois de juin de la même année, le nouvel évêque Dupuch avait déjà reçu cent trente abjurations de protestants, sans compter les musulmans et les juifs. Dans le mois suivant, il en reçut un nombre proportionné. A Constantine, l'ancienne Cirthe, les Mahométans eux-mêmes ont transporté la chaire de leur mosquée dans l'église catholique. Les Arabes du désert y sont venus demander, à plusieurs reprises, un prêtre et des sœurs de Charité qui aient soin de leurs âmes et de leurs corps. Près d'Alger, à Staouéli, où campa l'armée française lorsqu'elle débarqua pour faire la conquête de l'Afrique, il y a un monastère considérable de Trappistes, qui apprennent aux Arabes à cultiver la terre et à mériter le ciel. Des sœurs de la Doctrine chrétienne partent de Nancy pour l'Algérie, y tenir des écoles, visiter les malades. L'Arabe, le Bédouin les révère comme des anges descendus du ciel. Les femmes arabes surtout, prisonnières et esclaves chez elles, leur demandent avec admiration : Comment, chez vous, on vous permet de sortir de la maison ? — Sans doute, puisque même on m'a permis de quitter ma famille et mon pays, pour venir ici vous rendre service. — Oh ! s'écrie alors la femme arabe, que je voudrais bien être catholique aussi, puisqu'une femme catholique peut sortir de la maison. — Pour convertir les Arabes d'Afrique, comme pour convertir les protestants de l'Amérique septentrionale, le clergé catholique n'a qu'à être exemplaire, fonder des paroisses édifiantes. L'Arabe, le musulman, argumente peu, mais il observe beaucoup.

D'Alger au Cap, le long de l'Océan atlantique, la miséricorde divine n'a pas tout à fait abandonné les Africains, comme on pourrait le croire. Il y a un évêché catholique à Ceuta ; il y en a un autre à

Tanger, capitale de l'empire du Maroc. De plus, l'évêché de Christophe de Lagune, dans l'île de Ténériffe; l'évêché de Canaries, dans l'île de Palmas; l'évêché de San-Yago, pour l'archipel du Cap-Vert; l'évêché de San-Thomé, dans l'île de ce nom; l'évêché d'Angola, sur la côte de Tongo. Au Sénégal, colonie française, il y a des prêtres, des églises et des écoles tenues par des frères avec une population indigène qui paraît désirer l'instruction chrétienne : il n'y manque qu'un évêque missionnaire, pour y produire les merveilles que nous avons vues dans l'Océanie.

Des missionnaires du Saint-Cœur-de-Marie se sont établis depuis 1843 dans la Guinée. Voici les renseignements que l'un d'eux nous donne le 29 novembre 1847, sur la Nigritie ou le Pays des Noirs, après trois ans de séjour.

« Je voudrais, avant tout, pouvoir vous donner le chiffre exact de la population de la Nigritie; mais je dois avouer que nous manquons encore des données nécessaires pour faire ce calcul, même approximatif. Ce vaste territoire comprend une surface de neuf cents lieues, de l'Est à l'Ouest, sur sept cents lieues du Nord au Sud. On compte plus de onze cents lieues de côtes, à cause des sinuosités du littoral. Tout ce que j'ai vu me porte à croire le pays très-peuplé; partout où j'ai pu pénétrer, j'ai trouvé de nombreux habitants. Si l'on en croit la renommée, l'intérieur des terres possède plusieurs villes de vingt à trente mille âmes; quelques-unes même, m'a-t-on assuré, dépassent soixante mille. Vous savez, du reste, que les meilleurs auteurs évaluent à quatorze millions le nombre des Noirs importés en Amérique, depuis le commencement de la traite jusqu'en 1826; une si grande quantité de malheureux, enlevés par l'injustice et la soif de l'or à leur patrie et à leurs familles, suppose un nombre bien considérable d'indigènes restés libres, dans leurs demeures inaccessibles aux cupides négriers.

» A l'exception d'une partie de la Sénégambie qui suit la loi du Coran, la presque totalité des peuples guinéens est abandonnée à l'idolâtrie et au fétichisme. Les sacrifices humains sont très-communs parmi eux. Quelques tribus sont de plus anthropophages. Le plus grand vice qu'on puisse reprocher aux Nègres, c'est la polygamie. Du reste, il y a une bien grande différence, sous le rapport des mœurs et de la probité, entre les Noirs de l'intérieur et ceux qui, sur les bords de la mer, sont en relations fréquentes avec les Européens; ces derniers n'ont malheureusement appris à nos compatriotes, jusqu'à ce jour, qu'à boire de l'eau-de-vie, à fumer, et à commettre toute sorte d'excès. Le commerce avec les étrangers sera toujours un obstacle au succès de la mission. Nous désirons avec ardeur le moment où nous pourrons faire des établissements loin des côtes et du scandale. Ici, comme partout où l'on ne vénère pas la très-sainte Vierge, la femme est l'esclave du mari; c'est elle qui fait tout l'ouvrage dans la maison et dans les champs; qui porte les fardeaux, qui est chargée des corvées les plus fatigantes, et cependant elle est méprisée; il n'y a pas même place pour elle à la table de son époux. Cette loi d'exclusion ne trouve d'exception que parmi les plus pauvres.

» Généreux, reconnaissant, hospitalier et naturellement religieux, tel m'a paru être le caractère général de nos chers Noirs. Le plus souvent d'une taille élevée, d'un tempérament robuste, ils sont durs à la peine, se plaignent rarement, souffrent avec courage. S'agit-il de leur faire une opération douloureuse, il n'est pas nécessaire de les endormir avec de l'éther, ils se laissent couper un bras ou une jambe sans broncher. Ce qu'ils ont le plus en horreur est la servitude, quoique dans beaucoup de ces contrées ils vendent leurs prisonniers. Un capitaine demandait devant moi à un Noir s'il voulait être esclave, ajoutant qu'il lui donnerait beaucoup d'argent. « Ton navire, fût-il plein d'or, répondit le Noir, vaudrait-il ma liberté ? »

» La sensibilité paraît être un des traits les plus marqués du Guinéen, sensibilité excessive qui dégénère aisément en susceptibilité, mais qui devient aussi reconnaissance affectueuse et dévouement sans bornes envers un bienfaiteur. Je ne pourrais vous dire combien ces bonnes gens s'attachent à ceux qui leur témoignent de l'intérêt. Quant au caractère hospitalier des Noirs, nous en avons des preuves quotidiennes dans les courses que nous faisons dans leurs villages : partout nous sommes bien reçus; partout la table et le lit sont offerts au voyageur avec la plus aimable cordialité.

» Je crois pouvoir l'affirmer sans illusion, continue le missionnaire, dès que les Noirs connaîtront l'Evangile, et se seront décidés à l'embrasser, ils le pratiqueront avec ferveur et feront d'excellents néophytes. L'empressement qu'ils montrent à écouter nos conférences religieuses, le désir qu'ils témoignent d'avoir parmi eux des missionnaires pour leur parler de Dieu, nous font augurer que, lorsqu'on possédera bien leur langue, et qu'on sera parvenu à convertir quelques-uns de leurs chefs, ils se rendront en foule aux charmes de la divine parole et à la puissance de la grâce. Notre principal espoir est dans nos enfants, germe précieux du clergé indigène. Par eux, leurs pères seront initiés à notre sainte religion, et il y a lieu de croire qu'une fois chrétiens, ceux-ci persévéreront avec courage dans la fidélité à leur croyance : car, sur quelques points de notre mission qui furent jadis évangélisés, les débris de ces anciennes chrétientés se tiennent séparés des idolâtres, ne se marient qu'entre eux, font baptiser leurs enfants, construisent des chapelles où ils se réunissent pour prier en commun, élèvent des croix; en un mot, défendent leur foi avec énergie et contre l'abandon où ils sont voués, et contre les scandales dont ils sont témoins. Telles sont les dispositions qui nous font bien augurer de l'avenir.

» Partout j'ai vu les Guinéens désireux de s'instruire. « Venez avec nous, me disaient-ils, lorsque je passais devant leurs villages, il ne vous manquera rien, aucun soin ne nous coûtera, pourvu que vous nous tiriez de notre ignorance. » Pour ce qui regarde les enfants, je ne crains pas de dire que leurs moyens intellectuels égalent ceux de nos jeunes Européens. On en voit même qui ont un jugement et une pénétration plus qu'ordinaires. Le Noir a généralement une mémoire très-heureuse : c'est un grand livre où tout ce qu'on inscrit reste gravé pour toujours. Il a surtout une facilité prodigieuse pour apprendre les langues. J'ai été fort surpris, en voyant des jeunes gens de dix-huit à vingt ans parler déjà quatre ou cinq dialectes différents. »

Le missionnaire Briot de la Maillerie donne ensuite quelques détails sur les deux pays où la mission a ses principaux établissements, le Gabon et Ndakar. Le Gabon est un fleuve sur la rive droite duquel, à vingt et quelques minutes de la ligne, s'élève la demeure des missionnaires. C'est l'un des points les plus salubres de cette côte d'Afrique. Dans le fleuve du Gabon, à huit ou neuf lieues de son embouchure, on voit l'île Koniket, de trois à quatre lieues de circuit. Déjà, sur l'une des quatre montagnes qui y élèvent leurs cimes, nous avons un petit établissement destiné à recevoir les prémices du clergé indigène. Au pied de ces montagnes est un village d'environ cinquante âmes. Son roi, nommé François, est le Gabonnais qui parle le mieux la langue française ; il sait également l'anglais et le boulou. C'est un homme doux, poli, d'une humeur toujours égale et aux manières européennes. Il ne boit jamais de liqueur enivrante, et défend à ses enfants de toucher à l'eau-de-vie. Chéri de ses sujets, respecté de tous les peuples voisins, qui ont avec lui des relations suivies de commerce et d'amitié, il affectionne les missionnaires et se plaît à leur rendre service.

A Ndakar, notre résidence, les missionnaires possèdent une maison en pierres, bâtie par l'un d'eux, sur le bord de la mer, et au centre de plusieurs villages, dont la population réunie peut s'élever à huit mille âmes. Là est notre petit séminaire, composé d'une douzaine de pieux lévites, dont la docilité et la bonne conduite m'ont singulièrement édifié. Ils font de grands progrès dans leurs études. Gais et bruyants pendant la récréation, ils sont graves pendant les temps de silence, et partout charitables les uns envers les autres. Mais c'est à l'église surtout qu'il faut voir comme ils sont recueillis. Après la célébration des saints mystères, on chante un cantique wolof à la louange de Marie. Quelle joie pour le missionnaire d'entendre bénir sa mère dans l'idiome des Noirs ! Oh ! quand arrivera cette époque heureuse, où, dans les milliers de langues africaines, retentiront les louanges de Jésus et de Marie !

« A Ndakar le souvenir de monseigneur Truffet est gravé dans tous les cœurs. Pour moi, je regarde comme une grande grâce de Dieu d'avoir été envoyé dans cette station pour connaître un si saint évêque. Tous ses prêtres l'admiraient, tous lui étaient dévoués. Et les Noirs, comme il les aimait, comme il en était chéri ! Affligé de la manière révoltante avec laquelle on a jusqu'ici traité leur race, il n'oubliait rien pour leur témoigner toute la tendresse dont son cœur était rempli pour eux. Il ne pouvait souffrir d'être servi par des Nègres : « Car, disait-il, trop longtemps ils ont été esclaves ; c'est à leur tour d'être servis, et c'est à nous d'être leurs serviteurs. » Tous les soirs, après la récitation du bréviaire, il dirigeait sa promenade vers un des villages voisins. Aussitôt qu'il y entrait, les enfants accouraient à lui, le cernaient de toutes parts, et tendaient leurs petites mains pour recevoir des médailles. Monseigneur paraissait heureux de leur empressement ; il les caressait, leur faisait réciter en wolof une courte prière ; on eût dit le bon Maître répétant ces douces paroles : *Laissez venir à moi ces petits*. Quand le prélat venait voir ses missionnaires alités, il les consolait en leur disant : « Courage, mes enfants, Dieu a pour agréables vos peines ; je remarque que, depuis que vous êtes malades, la grâce agit plus fortement sur le cœur de nos pauvres Noirs ; c'est une prédication à laquelle ils ne peuvent résister. Parler peu, prier et souffrir, voilà pour le moment ce que le Seigneur demande de nous. » Hélas ! nous ne nous attendions pas à perdre si tôt ce bon père (*Annales*, t. XX, p. 314).

Dans une autre lettre, le même missionnaire parle de son arrivée sur cette terre, de la première ordination qui y fut célébrée, et où il reçut lui-même le diaconat et enfin la prêtrise. « Ce fut au mois consacré à la bonne Mère et sous ses auspices, que le charmant petit navire, au nom bien plus charmant encore, *la Marie*, nous déposa sur le territoire wolof. Le 5 mai, nous nous mettions à genoux pour la première fois sur le rivage de notre nouvelle patrie ; le 8, Monseigneur prenait possession de son immense vicariat apostolique, au milieu de l'appareil le plus pittoresque. Nous le reçûmes en procession sur le rivage, et une multitude innombrable l'y attendait aussi dans une impatience extraordinaire. A peine fut-il débarqué, qu'il disparut dans la foule ; tout le monde se pressait et voulait le voir, et nous qui l'attendions avec le dais, la croix et la bannière, nous ne savions plus où le trouver. Tout le rivage retentissait des plus bruyantes clameurs. Ce n'était que détonations d'armes à feu annonçant la joie de ce bon peuple wolof, et, depuis quatre heures jusqu'à sept heures du soir, la côte ne cessa point de répéter ces roulements continus qui alarmèrent une tribu voisine. Elle croyait tout bonnement que c'était la guerre, et le lendemain ses ambassadeurs, agréablement surpris, prenaient part à la fête générale. »

L'ordination eut lieu le 29 mai et le 18 septembre. L'un des missionnaires y reçut le sous-diaconat et le diaconat ; l'auteur de la lettre, le diaconat et la prêtrise. Les Noirs étaient accourus dès la veille, et remplissaient l'église. Les ornements pontificaux de l'évêque, et surtout l'air angélique qui brillait sur son visage, les plongeaient dans une admiration extatique dont ils ne pouvaient revenir ; le plus profond silence régnait dans l'assemblée. Mais la cérémonie à peine terminée, éclatent des transports impossibles à dépeindre : *Dieu, Dieu, Dieu seul est Dieu, Dieu seul est grand, puissant, miséricordieux. Dieu seul est Dieu, ô prodige ! Dieu est là !* On vit surtout une pauvre femme qui en était hors d'elle-même. Jamais, disait-elle, elle n'avait rien contemplé de si beau, et elle commandait impérieusement qu'on la menât au ciel, et sur-le-champ. Les enfants du petit séminaire étaient dans une jubilation qui ne se peut traduire. On leur dit que pour la première ordination des prêtres noirs, ce serait une fête bien autrement solennelle ; alors ce fut le comble de la joie ; rien, ce semble, ne manquait plus à leur bonheur.

Le missionnaire ajoute à la fin de sa lettre : « Je ne vous parle pas de nos intéressants Noirs ; seulement, qu'on se le persuade bien, ils ne sont pas tels que la calomnie s'est plu si souvent à les peindre. Figurez-vous les temps antiques où les princes et les rois allaient bonnement, sans appareil et sans pompe. Imaginez-vous les chefs des peuples menant eux-mêmes leurs bœufs boire au ruisseau, et conduisant leurs chameaux aux pâturages, servant eux-mêmes leurs hôtes et leur apprêtant le kous-kous et le poisson. Représentez-vous surtout les princesses se levant avant l'aurore pour piler dans un tronc d'arbre assez artistement creusé, le dougoup qui fera la fête de la famille et des étrangers, et vous commencerez d'avoir une juste idée de nos chefs Wolofs. Pour ce qui est du climat, je ne sais que vous en dire; mais il paraît que sur ce point on a encore beaucoup calomnié cette pauvre Afrique. Voici déjà cinq mois que nous sommes arrivés, et, sur sept que nous étions, il n'en est aucun qui soit malade : la plupart se portent tout aussi bien, et les autres mieux qu'en France (*Annales*, t. XX, p. 332). »

Telles sont les nouvelles qu'on a reçues jusqu'à présent (novembre 1848), sur la mission des Noirs d'Afrique ou de la Guinée.

Le cap de Bonne-Espérance, depuis qu'il a passé des Hollandais aux Anglais, a vu s'établir un évêque catholique, avec quatre prêtres, une église, trois chapelles et une école. Il en est de même de l'Ile-de-France, actuellement l'île Maurice : depuis qu'elle a passé des Français aux Anglais, le Chef de l'Eglise y a établi un évêque, qui n'avait encore, en 1840, que six prêtres pour une population catholique de quatre-vingt-cinq mille âmes. L'île de Bourbon, qui reste aux Français, avec une population aussi forte que celle de l'Ile-de-France, n'a point d'évêque, mais seulement des prêtres. On dirait que la France attend à céder ses îles et ses colonies à l'Angleterre, pour y établir quelque chose de définitif. Une mission s'est établie, l'an 1845, dans l'île de Madagascar.

En Abyssinie ou Ethiopie, nation chrétienne, mais peu instruite, d'environ deux millions d'âmes, deux pieux et courageux voyageurs français, MM. d'Abbadie, ont préparé les voies à trois missionnaires de Saint-Vincent de Paul, qui sont arrivés dans la capitale et ont commencé la réconciliation avec l'antique chrétienté avec l'Eglise romaine. Un de ces missionnaires, M. de Jacobis, pour augmenter les bonnes dispositions des Abyssins, fit un voyage à Rome avec quelques-uns d'entre eux. De retour dans leur pays, voici ce qu'il en écrivait le 31 mai 1842 :

« Partout commencent à se révéler des dispositions heureuses pour le catholicisme. Les princes sont bienveillants; Ubié lui-même (l'un des rois), malgré sa cruauté, nous estime et nous aime; il reconnaît de quelle utilité notre ministère peut-être à son pays, et nous assure qu'il aura bien du plaisir à nous voir, quand une fois il sera rentré dans la libre possession de ses Etats. Balagada gouverneur de plusieurs provinces, nous porte encore plus d'intérêt : « Venez, nous a-t-il dit, venez dans le pays que j'administre, et vous aurez toute liberté de prêcher la religion dont vous êtes les apôtres. » Des sentiments analogues se trouvent dans le cœur de Sala-Sallassié, le plus sage des rois éthiopiens. A Gondar, *Rast* (roi du pays) nous protége; l'*Iecchè*, qui est à la tête des moines, montre aujourd'hui un tel attachement pour notre culte, qu'il voulait, il y a peu de temps, faire avec un catholique, le double pèlerinage de Rome et de Jérusalem. Il n'est pas jusqu'à l'*Abouna* (l'évêque copte venu d'Alexandrie) qui ne se soit rapproché de nous depuis ses revers, et je ne doute pas qu'avec des présents de quelque valeur, on ne fit tomber en lui tous les restes de la haine qu'il nous porte. Enfin, si des grands vous descendez aux peuples, vous les trouvez également inclinés vers le catholicisme; la cause en est sans doute d'un côté dans les exemples que leur donnent à cet égard les puissances auxquelles ils sont soumis; mais elle est aussi dans les récits merveilleux que font à leurs compatriotes les Abyssins conduits par nous à Rome. Encore sous l'impression des souvenirs qu'ils ont rapportés de leur voyage, ces bons néophytes s'en vont répétant partout ce qu'ils savent et ce qu'ils ont vu du Pape, des églises d'Italie et de la cour de Naples avec ses magnificences et sa foi. A ces tableaux, les populations se sentent transportées d'un religieux enthousiasme; leurs préjugés s'évanouissent devant leur admiration, et, grâce à ces sentiments, le catholicisme, autrefois répudié comme le plus criminelle des hérésies, jouit maintenant de la même liberté que les autres religions établies dans le pays (*Annales*, t. XVI, p. 11). »

Dans l'intervalle, un des frères Abbadie entendait dire par des Musulmans et des païens que la majorité de la Haute-Ethiopie est chrétienne, mais privée de prêtres depuis deux cents ans. Il voulut s'en assurer. « Je me mis en route au mois d'avril dernier, dit-il dans une lettre du 19 octobre 1843 au comte de Montalembert, et traversai deux déserts effrayants par les meurtres qui s'y commettent journellement, mais qu'il est facile d'éviter quand on connaît d'avance le pays. Dans le Goudron, premier pays galla que nous foulâmes, se trouve une nombreuse population chrétienne. Choumi-Metcha, l'homme le plus riche du pays, et *omoro*, c'est-à-dire païen, me retint quinze jours chez lui, et, malgré l'éloignement de nos mœurs, nous devînmes amis. Je lui demandai plus d'une fois ce que ses compatriotes feraient à un homme de mon pays qui viendrait les bénir et leur enseigner la foi du Gogam, (pays chrétien de l'Abyssinie). « Nous le ferions asseoir à notre foyer, me dit-il, nous le défendrions de notre lance. Pour moi, le Ciel m'a fait riche, je lui donnerais une jolie terre, une maison et des esclaves. » — Un autre Goudron me disait : Notre pays est devenu si riche et si peuplé, que nous ne tarderons pas à nous choisir un roi; nous aurons aussi à opter entre l'islamisme et l'évangile, car la religion oromo (païenne) ne nous suffit pas. Nous penchons pour votre foi, car les Musulmans d'Essarya sont nos ennemis. » En quittant le Goudron, nous entrâmes dans Djomma, pays oromo où il y a aussi des chrétiens. Il en est de même de Lofe et de Leka. Dans ce dernier pays, un guerrier vint un jour déposer sa lance et son bouclier à mes pieds, puis me montrant son *matet* (collier porté par les chrétiens seulement), il me dit : « Mon nom est Walda Mikael (fils de Michel); j'ai un fils déjà grand qui n'a pas encore été baptisé; je voudrais l'envoyer avec vous au Gogam pour apprendre vos livres et la manière de trouver le jour de Pâques, car nous n'avons pas de prêtre chez nous. » En admirant son heureuse physionomie, je ne pus m'empêcher de dire tout bas ces paroles d'un saint Pontife qui voyait pour la première fois des enfants anglais, encore païens, dans le marché aux esclaves de Rome : « Faut-il que des créatures aussi belles soient sous la puissance du démon !... »

» Deux journées de marche nous menèrent jusqu'à Saka, demeure d'Abba-Bagibo, musulman et roi d'Essarya. Malgré les primes offertes pour l'apostasie, il y a encore ici une quarantaine de familles chrétiennes. Abba-Bagibo n'a pu attirer à lui que vingt familles les plus pauvres et les plus faibles. Les cent soixante ou cent quatre-vingts chrétiens qui restent, vivent à part comme des proscrits : voici venir la quatrième génération qui n'a pas vu de prêtres, et les gens riches sont obligés d'envoyer leurs enfants au Gogam pour les faire baptiser ; car les Ethiopiens, comme vous savez, croient à tort que le baptême ne peut être administré par un laïque. C'est un vrai miracle, que la touchante persévérance de ces malheureux. Mais ce n'est pas tout : à côté d'Essarya est Nona, où les chrétiens sont fort nombreux (près de trois cents feux). L'un d'entre eux, guerrier heureux, a acquis une grande prédominance dans Nona ; il est assez instruit pour calculer le jour de Pâques. On le voit célébrer avec ses coreligionnaires toutes les fêtes de l'église abyssine ; mais depuis plus de cent ans Nona n'a pas de prêtre, et pas un de ces chrétiens n'a été baptisé. Je n'ai pas de renseignements sur les fidèles de Gouma et de Djomma, pays limitrophes de celui-ci. Gera, près Djomma, est un petit royaume indépendant ; il renferme beaucoup de chrétiens et un prêtre. Non loin de là est Motcha, pays à langue sodoma, vaste, froid, populeux, rempli d'églises et de chrétiens. Ces infortunés, qui n'ont pas un seul ministre de Dieu, mènent tous les dimanches leurs enfants et leurs troupeaux autour de leurs églises, et crient à tue-tête : « Nous t'invoquons, ô Marie ! » A l'est de Kafa, on rencontre huit à dix petits royaumes indépendants, dont les principaux sont Walama et Koulla. Ils ont une langue et une écriture à part, et se disent aussi chrétiens ; mais on les visite peu, et les Musulmans qui m'ont renseigné savent peu de chose sur leur religion.

» A cinq petites journées d'ici (Saka), au delà du fleuve Godjab, est Kafa, royaume si grand, qu'on met trois semaines à le traverser. C'est là que se réfugièrent, à l'approche des Gallas, les populations chrétiennes de race sidama qui occupaient tout le pays compris entre le septième et le dixième degré de latitude. Ce royaume est tout entier chrétien. Il y a deux ou trois ans, des envoyés de Kafa parvinrent jusqu'à Gondar, et engagèrent fortement l'un des prêtres de la mission apostolique à les accompagner chez eux. Mais la distance à parcourir était considérable ; la mission était envoyée en Abyssinie, et non au Kafa, la prudence et le devoir dictèrent un refus positif. »

Le voyageur français Antoine d'Abbadie se proposait de passer dans le royaume de Kafa, pour y préparer les voies aux missionnaires ; mais le roi musulman d'Essarya le retenait sous divers prétextes. Déjà précédemment, ce Musulman avait vendu fort cher, en une autre rencontre, le passage d'un prêtre abyssin ; aujourd'hui, il espérait échanger la personne du voyageur à des conditions beaucoup plus avantageuses. Les chrétiens de Kafa raisonnent ainsi : « Cet étranger n'a pas de femme, donc il est un saint ; il sait lire, donc il est prêtre ; il est blanc, donc il est évêque, et pourra sacrer les prêtres dont nous avons tant besoin. » — Le rusé roi d'Essarya accréditait cette singulière opinion, car elle tendait à faire emplir ses trésors (*Annales*, t. XVII, n. 101, p. 279).

Ces heureuses nouvelles sont confirmées par une lettre du missionnaire de Jacobis, 18 juin 1843. On y lit : « Nous sommes restés quatre jours au camp du roi Oubié, nous avons été parfaitement accueillis et par lui et par son armée ; notre arrivée a même excité une grande joie ; les cadeaux que le souverain Pontife a envoyés à ce prince, ceux qui lui sont venus de la part du roi de Naples, les récits qu'il a entendus de la bouche de vingt-trois Abyssins qui revenaient de Rome, sur le caractère divin du successeur de saint Pierre, le tenaient dans une espèce d'extase qui partageait son cœur entre l'admiration et l'amitié. — Après ce bon accueil, je me suis mis en course avec l'intention de chercher dans les environs de Massowah un endroit propice à l'établissement d'un collège. J'aurais des nouvelles pleines d'intérêt à vous communiquer, mais les chaleurs excessives du mois de juillet dans ces contrées me rendent comme impossible un travail de longue haleine. Je veux seulement vous dire en toute hâte que le Bon Dieu nous a amenés dans l'endroit le plus beau peut-être de l'Abyssinie. Là, nous avons trouvé dans le désert du *Samhas* deux ermites qui avaient la direction spirituelle de trois chrétientés inconnues et très vastes. Ces ermites, que la grâce a amenés à la foi catholique, nous cèdent le poste qu'ils occupent actuellement, avec leurs immenses terrains presque tous déserts, mais charmants et fertiles ; ils nous abandonnent en outre la direction spirituelle de leurs chrétientés. Ce pays est complètement indépendant, et le plus convenable peut-être de toute l'Abyssinie pour l'éducation des jeunes gens (*Annales*, t. XVII, n. 101, p. 276-278). »

D'un autre côté, nous avons vu le chef arabe de l'Egypte recevoir avec de grands honneurs l'envoyé du Saint-Siége, le légat apostolique, l'archevêque Auvergne d'Icone, faisant la visite de l'Egypte et de la Syrie. Grégoire XVI vient d'établir un évêque catholique à Alexandrie ; ce qui facilite aux Ethiopiens la communion avec le centre de l'unité, par suite de leurs anciennes relations avec le patriarche d'Alexandrie. L'évêque catholique du Caire, avec trente prêtres, gouvernait en 1840 un troupeau d'environ vingt mille Coptes ou vieux Egyptiens, troupeau fidèle qui s'augmente de jour en jour par la réunion d'autres Coptes engagés dans l'hérésie d'Eutychès, mais souvent plus par ignorance qu'autrement. Nous avons vu récemment le chef arabe de l'Egypte offrir au chef de l'Eglise catholique plusieurs colonnes de marbre pour la restauration de la basilique de Saint-Paul de Rome, et bâtir aux missionnaires et aux sœurs de Saint-Vincent de Paul un collège, des écoles et un hôpital dans Alexandrie même. A Tunis et à Tripoli, sept mille catholiques sont administrés par neuf religieux de Saint-François. A la fin de 1840, des sœurs de charité partaient de France pour aller

LIVRE XCI. — ENSEMBLE ET DÉNOUEMENT DE L'HISTOIRE HUMAINE. 223

s'établir à Tunis, avec l'agrément du gouvernement musulman de la régence. Il semblerait que la divine Providence veuille entourer la pauvre Afrique d'une enceinte de grâces et de miséricordes, pour lui inspirer de toutes parts la vie chrétienne.

Quant aux brebis perdues de la maison d'Israël, il y en a plusieurs qui sont revenues au vrai pasteur de leurs âmes, et adorent celui que leurs pères ont crucifié. Nous pourrions en citer un bon nombre. Mais comme la plupart vivent encore, nous croyons devoir nous en abstenir, pour ne pas les exposer à la persécution de leurs anciens coreligionnaires; car nous avons vu, au soixante-dixième livre de cette Histoire, que, d'après les principes de leur Talmud et l'enseignement y conforme de leurs docteurs, les juifs ne peuvent et ne doivent pas plus se faire un scrupule de tromper et de tuer les chrétiens, surtout les chrétiens convertis du judaïsme, qu'ils n'ont de remords et de repentir d'avoir tué le Christ. Dans les principes talmudiques de leur morale, il n'y a que la prudence qui puisse les obliger de s'en abstenir.

Que tel soit encore le secret enseignement de la Synagogue, un fait épouvantable est venu nous le révéler de nos jours : l'assassinat du Père Thomas, Capucin, par les principaux juifs de Damas, par ceux qui passaient pour les plus hommes de bien, et qui, depuis beaucoup d'années, témoignaient à ce religieux toutes sortes de politesse et de prévenances. Le 5 février 1840, il est appelé dans une maison juive sous prétexte de vacciner un enfant, opération dans laquelle il était fort habile. Le Père, trouvant l'enfant trop malade, veut se retirer : on l'invite à entrer dans la maison voisine, qui était celle de Daoud Harrari, le plus pieux des juifs de Damas, et que les chrétiens mêmes regardaient comme un honnête homme. Le Père Thomas, qui le comptait au nombre de ses amis, y entre sans aucune défiance, et y est reçu avec les amitiés ordinaires. C'était le soir. Bientôt s'y trouvent deux frères de Daoud, un de leurs oncles et deux autres juifs des plus notables de la ville. Tout à coup ils se jettent sur le Père Thomas, lui mettent un bâillon dans la bouche, lui lient les pieds et les mains, et le transportent dans un appartement éloigné de la rue, en attendant que la nuit fût tombée et que tous les préparatifs fussent faits. Un rabbin étant survenu, on appelle un barbier israélite nommé Soliman : Viens, lui dit-on, égorger ce frère. Lui prétexte qu'il n'aura pas le courage de commettre ce meurtre, et s'y refuse. Alors on étend le Père Thomas : le plus pieux et le plus honnête des juifs de Damas, Daoud Harrari, lui scie la gorge avec un couteau; cependant la main lui tremble, il est remplacé par son frère Aaron. Le sang de la victime, dont Soliman tenait la barbe, est reçu dans un vase, mis dans une bouteille et envoyé au grand-rabbin. Pour faire disparaître les traces du meurtre, on brûle les habits du Père, ses chairs sont hachées en mille pièces, ses os brisés sous le pilon, et le tout jeté dans un égout qui passe sous la maison.

Cependant le domestique du Père Thomas, ne le voyant pas revenir, s'informait de ce qu'il était devenu. On lui apprit qu'il était allé dans le quartier des juifs. Il y alla lui-même en demander des nouvelles dans une maison connue. Là, sept juifs des plus notables, et parmi eux trois rabbins, lui firent subir tout à fait le même sort qu'à son maître.

La disparition subite du Père Thomas et de son domestique éveilla bientôt l'attention générale. La voix publique des indigènes, chrétiens et musulmans, en accusa aussitôt les juifs, leur imputant de faire des sacrifices humains. On citait telle et telle personne qui, avant l'arrivée des troupes égyptiennes en Syrie, avaient disparu dans leur quartier; telle et telle autre qui avaient failli devenir victimes du fanatisme de cette secte. Plusieurs de ces divers attentats, quoique connus et prouvés, étaient restés sans poursuite de la part de la justice, à cause de la prépondérance qu'avaient certains juifs dans le gouvernement. Cependant la justice du pays, informée par le consul de France, interroge d'abord le barbier Soliman, qui, après quelques dénégations, révèle les circonstances et les complices de l'assassinat. Ceux-ci, interrogés à leur tour, suivant les procédures ordinaires et légales du pays, font les mêmes aveux. On trouve dans l'égout indiqué par les coupables les débris du Père Thomas, entre autres une partie de son crâne et un morceau de sa calotte. Toutes les pièces du procès sont envoyées à la cour de France.

A cette nouvelle, les juifs d'Europe jettent de hauts cris, non contre les coupables, mais contre la victime, mais contre le consul français, mais contre la justice. Ce vieillard vénérable, aimé et estimé des chrétiens et des Musulmans, ils s'efforcent de le faire passer pour un mauvais homme, comme pour le tuer deux fois. Le consul français, qui a fait courageusement son devoir en dépit de leurs offres, de leurs promesses et de leurs menaces, ils en demandent la flétrissure et la destitution à son gouvernement. La justice de Damas, qui, suivant les formes ordinaires et légales du pays, met les assassins à la question, ils la traitent d'injustice. En même temps, ils offrent des sommes énormes aux employés des consulats français pour supprimer les pièces de la procédure. Ils envoient des négociateurs sur les lieux, qui finissent par obtenir des lettres du vice-roi d'Egypte, où il accorde la grâce des coupables, et défend de poursuivre le procès (1).

Il y a surtout un point de vue qui mérite d'être relevé. Les Juifs d'Europe ont voulu représenter cette affaire comme une calomnie pareille à celles qu'on débitait contre les premiers chrétiens. Mais il s'y trouve une différence qui n'est pas médiocre. Malgré toutes les calomnies, les premiers chrétiens étaient poursuivis comme chrétiens, non pas comme assassins ni voleurs, tandis que les juifs de Damas ont été poursuivis, non pas comme juifs, mais comme assassins. Et puis, ce qui n'est pas moins capital, les avocats des premiers chrétiens, tel que saint Justin et Tertullien dans leurs célèbres Apologies, demandaient publiquement aux empereurs et aux magistrats, s'il se trouvait un chrétien coupable de vol ou d'homicide, de ne pas l'épargner, mais de le punir dans toute la rigueur des lois, comme ayant violé et les lois de l'État et plus encore la loi du Christ. On aurait souhaité que les juifs d'Europe

(1) Voir les détails de cette affaire dans l'*Ami de la religion*, t. CV, comprenant les mois d'avril, mai et juin 1840, et t. CVI, comprenant les mois qui suivent. On peut voir encore les mêmes pièces et quelques autres dans le journal *l'Univers* des mêmes mois.

eussent tenu le même langage et la même conduite; car alors on aurait pu croire qu'ils repoussent sincèrement les principes inhumains de leur Talmud : alors, au lieu de l'aversion pour eux que leur conduite et leur langage n'ont fait qu'augmenter dans bien des âmes, on aurait pu leur accorder l'estime et la considération qu'ils ambitionnent.

Vers le même temps, on vit arriver à Jérusalem, avec femme et enfants, un évêque luthéro-calviniste, envoyé par la papesse civile de l'église anglicane et le pape civil de l'église prussienne, pour donner à leurs églises bâtardes une apparence d'origine apostolique. Et cet évêque prussien, de fabrique anglaise, était un juif-protestant. Car protestant et juif ne s'excluent pas : de nos jours, la plupart des rabbins, comme la plupart des ministres protestants, ne croient pas plus les uns que les autres à la divinité du Messie, à la divinité de l'Ecriture ou du baptême. Cette tentative de l'hérésie a provoqué un bien. Le 10 octobre 1847, notre Saint-Père le pape Pie IX donna la consécration épiscopale et conféra le *pallium* à monseigneur Joseph Valerga, nommé patriarche résident de Jérusalem, et qui, l'année précédente, avait souffert pour la foi à Mossul.

En revenant de Jérusalem à Rome, nous saluerons en passant les saintes églises dont nous n'avons encore rien dit. L'évêché de Chio, où les Pères Capucins ont un hospice, et les missionnaires de Saint-Vincent de Paul une résidence. L'évêché de Famagouste, dans l'île de Chypre. L'archevêché de Sophia, vicariat apostolique de Philippolis, dans la Romélie; mission desservie par les Liguoriens de Vienne. L'évêché de Nicopolis, dans la Bulgarie, desservi par les Clercs réguliers de la Passion. L'évêché ou vicariat apostolique de Bosnie, qui compte environ cent trente mille catholiques administrés par les religieux de Saint-François, connus sous le nom de Frères-Mineurs de l'Observance. L'archevêché d'Antivari, sur la côte d'Albanie. L'évêché de Scutari et celui de Pulati, desquels plusieurs paroisses desservies par les religieux de Saint-François, connus sous le nom de Frères-Mineurs réformés. L'archevêché de Durazzo, les évêchés d'Alessio et de Scappa : tout cela dans l'Albanie moderne, principauté de Scanderbeg, l'ancienne Epire. L'archevêché de Scopia, vicariat apostolique de Servie, ainsi que l'évêché de Belgrade. Le vicariat apostolique de Valachie, dont l'évêque réside à Bucharest. La préfecture apostolique de Moldavie, desservie par les religieux de Saint-François, connus sous le nom de Mineurs-Conventuels, dont le supérieur réside à Yassi. Dans les îles Ioniennes, l'archevêché de Corfou et l'évêché de Zante.

Dans le royaume de Grèce, la délégation apostolique de la Grèce continentale. Le titulaire actuel est Mgr l'évêque de Syra. Ses infatigables démarches ont régularisé l'administration religieuse du pays. Six missionnaires desservent l'église d'Athènes, celles du Pirée, de Nauplie et de Patras, et les deux chapelles de Navarin et d'Argos. Deux aumôniers sont attachés au service de la cour et des troupes allemandes : l'un d'eux visita la colonie d'Héraclée. — L'archevêché de Naxos. Les catholiques y ont eu beaucoup à souffrir, dans les dernières guerres, de la part des Russes et des Grecs schismatiques. Ils continuent d'environner de leurs respects le vénérable archevêque qui ne les a pas voulu quitter. Quelques chanoines le secondent. Les Jésuites ont à Naxos une résidence, et les Lazaristes une école de garçons; celle des filles est tenue par les religieuses ursulines. Ainsi la foi ressaisira, par le bienfait de l'éducation, l'avenir qu'on pensait lui arracher. Paros, où quelques familles demeurent attachées à l'unité, fait partie de ce diocèse. — L'évêché de Syra. Cette île, où la foi s'est merveilleusement conservée à travers tous les orages et toutes les menaces, est pour ainsi dire le catéchuménat du Levant; on y recueille les renégats repentants et les Musulmans convertis des contrées environnantes. C'est aussi le foyer naturel du prosélytisme; un séminaire général pour la Grèce y est ouvert. — L'évêché de Tine et de Mycone, où il y a une résidence des Jésuites, un hospice des Franciscains réformés, un couvent d'Ursulines et un petit séminaire. L'évêque est en même temps administrateur du diocèse d'Andros, à peu près anéanti au siècle passé. — L'évêché de Santorin, où il y a une école tenue par les Lazaristes, autrement les missionnaires de Saint-Vincent de Paul.

Nous avons entendu l'Eternel, dans le quinzième livre de cette Histoire, nous dire par un de ses historiens de l'avenir, par le prophète Isaïe : *Je viens, dit Jéhova, pour assembler toutes les nations et toutes les langues; et ils viendront et ils verront ma gloire. J'élèverai un signe au milieu d'eux; j'en choisirai quelques-uns qui auront été sauvés, pour les envoyer vers les nations de Tharsis* (de la mer), *en Phul* (Afrique), *en Lud* (Ludie), *peuples armés de flèches, en Thubal* (Italie, Espagne), *en Javan* (Ionie, Grèce), *dans les îles les plus reculées, vers des hommes qui n'ont point entendu parler de moi et qui n'ont point vu ma gloire, et ils annonceront ma gloire aux nations. Et ils amèneront vos frères du milieu de tous les peuples comme une offrande à Jéhova; ils les amèneront sur des chevaux, dans des litières, sur des chars, sur des mules, sur des dromadaires, à ma montagne sainte, à Jérusalem, dit Jéhova, comme lorsque les enfants d'Israël portent un présent au temple de l'Eternel dans un vase pur. Et je choisirai parmi eux pour en faire des prêtres et des lévites, dit Jéhova; car, comme les nouveaux cieux et la terre nouvelle que je veux faire subsisteront toujours devant moi, ainsi votre postérité et votre nom subsisteront toujours. De mois en mois, de sabbat en sabbat, toute chair viendra et m'adorera, dit* CELUI QUI EST. *On sortira et l'on verra les cadavres des violateurs de ma loi. Leur ver ne mourra point, et leur feu ne s'éteindra point, et ils seront en horreur à toute chair* (Isaïe, 66, 7-24).

Il y a dix-neuf siècles, un de ces hommes de salut, choisis par l'Eternel pour annoncer sa gloire aux nations les plus lointaines, Paul, sur le point d'aller en Italie et en Espagne, écrivait du pays de Javan, de la Grèce, à l'Eglise naissante de Rome, dont alors déjà la foi était publiée par tout l'univers : « Il n'y a point de distinction entre le Juif et le Gentil, parce que tous n'ont qu'un même Seigneur, qui répand ses richesses sur tous ceux qui l'invoquent; *car tous ceux qui invoqueront le nom du Seigneur seront sauvés* (Joel, 2-32). Mais comment l'invoqueront-ils, s'ils ne croient point en lui?

LIVRE XCI. — ENSEMBLE ET DÉNOUEMENT DE L'HISTOIRE HUMAINE.

et comment croiront-ils en lui, s'ils n'en ont point entendu parler? et comment en entendront-ils parler, si personne ne leur prêche? et comment y aura-t-il des prédicateurs, s'ils ne sont envoyés? Selon ce qui est écrit : *Qu'ils sont beaux les pieds de ceux qui annoncent l'Evangile de paix, qui annoncent les biens!* Mais tous n'obéissent pas à l'Evangile. C'est ce qui a fait dire à Isaïe : *Seigneur, qui est-ce qui a cru à ce que nous avons fait entendre?* La foi vient donc de l'ouïe, et l'ouïe, par la parole de Dieu, le Christ. Mais ne l'ont-ils pas déjà ouïe? Sans doute; leur voix a retenti par toute la terre, et leur parole jusqu'aux extrémités du monde. Et Israël n'en a-t-il pas eu connaissance? Moïse lui-même a dit le premier : *Je vous exciterai à jalousie par un* NON-PEUPLE, *je vous irriterai par une nation insensée.* Isaïe dit encore plus hardiment : *J'ai été trouvé par ceux qui ne me cherchaient pas, et je me suis fait voir à ceux qui ne me demandaient point à me connaître.* Et il dit contre Israël : *J'ai tendu les bras durant tout le jour à ce peuple incrédule et rebelle à mes paroles* (Rom., 10, 12-21).

Aujourd'hui encore, à Rome, on lit ces dernières paroles d'Isaïe sur un grand crucifix qui est à l'entrée du quartier des Juifs. Aujourd'hui encore, ce que saint Paul disait à Rome aux Juifs de son temps, peut s'appliquer à leurs descendants : *L'Esprit-Saint a bien dit à nos pères par le prophète Isaïe : Va vers ce peuple et dis-leur : Vous entendrez de vos oreilles, et vous ne comprendrez point; vous regarderez de vos yeux, et vous ne verrez point; car le cœur de ce peuple s'est appesanti, leurs oreilles se sont fermées ainsi que leurs yeux, de peur que leurs yeux ne voient, que leurs oreilles n'entendent, que leur cœur ne comprenne, qu'ils ne se convertissent et que je ne les guérisse* (Act., 28, 25-27).

Vers la fin de 1841, un juif de Strasbourg passant à Rome, lisait avec colère cette inscription sur le crucifix du quartier de ses coreligionnaires : *J'ai tendu les bras durant tout le jour à ce peuple incrédule et rebelle à mes paroles.* Quelques jours après, le 20 janvier 1842, ce juif se trouve par hasard dans une église de Rome, il tombe involontairement à genoux dans une chapelle, il est rencontré dans cette attitude par un compatriote, il se relève comme Saul sur le chemin de Damas, les yeux baignés de larmes, il se confesse chrétien et catholique. Ce compatriote est le baron de Bussière, catholique fervent, qui lui avait fait promettre bon gré mal gré de porter sur lui une médaille de la sainte Vierge et la prière *Memorare*. Jusqu'au 20 janvier, le juif n'avait répondu que par des risées et des blasphèmes. Le compatriote l'avait recommandé aux prières d'un autre catholique fervent, le comte de Laferronnays, ancien ambassadeur de France en Russie, qui mourut presque subitement le 17 du même mois. Le 20, on préparait son service funèbre pour le lendemain dans l'église de Saint-André *delle Fratte*, lorsque le juif s'y trouve changé miraculeusement. Les premiers mots du nouveau Saul à son compatriote furent : « Oh! comme ce monsieur a prié pour moi! — Ah! que je suis heureux! Que Dieu est bon! Quelle plénitude de grâces et de bonheur! Que ceux qui ne savent pas sont à plaindre! — J'étais depuis un instant dans l'église, lorsque tout d'un coup je me suis senti saisi d'un trouble inexprimable. J'ai levé les yeux; tout l'édifice avait disparu à mes regards; une seule chapelle avait, pour ainsi dire, concentré toute la lumière, et, au milieu de ce rayonnement, a paru debout, sur l'autel, grande, brillante, pleine de majesté et de douceur, la vierge Marie, telle qu'elle est sur ma médaille; une force irrésistible m'a poussé vers elle. La Vierge m'a fait signe de la main de m'agenouiller, elle a semblé me dire : C'est bien! Elle ne m'a point parlé; mais j'ai tout compris. — O mon Dieu! s'écriait-il encore, moi qui, une demi-heure auparavant, blasphémais encore! moi qui éprouvais une haine si violente contre la religion catholique! »

Ce juif de Strasbourg, Alphonse Ratisbonne, jeune encore, d'une fortune considérable, voyageait en Orient pour sa santé et son plaisir : à son retour, il devait épouser une de ses parentes, occuper une des positions les plus brillantes dans le monde. Devenu catholique d'une manière si extraordinaire, il a renoncé à tout et embrassé la vie religieuse.

Saint Paul, après avoir reproché leur endurcissement aux Juifs de Rome, ajoutait : *Apprenez donc que ce salut, qui vient de Dieu, est envoyé aux nations et qu'elles le recevront.* Ce second prodige, prédit par Isaïe et les autres prophètes en tant de manières, non-seulement nous le voyons de nos yeux, mais nous le sommes. En un mot, pour voir deux miracles toujours subsistant, et deux prophéties toujours s'accomplissant, nous n'avons qu'à jeter les yeux sur les Juifs et sur nous, sur la Synagogue d'Israël réprouvée, aveuglée depuis dix-neuf siècles, et sur l'Église des nations, devenue depuis dix-neuf siècles la lumière du monde. Rome présente et résume ces deux miracles sous toutes leurs faces : l'un dans le quartier des Juifs, l'autre dans le collège de la Propagande.

Ce dernier établissement, fondé par le pape Urbain VIII en 1627, est destiné aux jeunes gens des nations étrangères, et surtout des nations orientales, qui se disposent à l'état ecclésiastique. Par ordre d'Alexandre VII, tous les élèves de la Propagande s'obligent par serment à n'embrasser aucun ordre régulier sans la permission du Saint-Siège, à entrer dans les ordres sacrés sur l'avis de la congrégation de la Propagande, et à prêcher l'Evangile dans leur pays. Ces jeunes gens, envoyés la plupart par les missionnaires, ne dépensent rien ni pour leur voyage, ni pour leur entretien, ni pour leur éducation, ni pour leur retour : la charité apostolique se charge de tous les frais. L'étude des sciences sacrées et profanes, enseignées par des maîtres habiles, occupe tous leurs moments : une vaste bibliothèque et un riche musée sont à leur disposition. Le collège de la Propagande possède aussi une imprimerie composée de toutes sortes de caractères étrangers, pour éditer les missels, bibles, catéchismes et autres livres à l'usage des peuples nouvellement convertis. Ses nombreux appartements servent d'hôtellerie aux nouveaux chrétiens et aux pauvres évêques qui se rendent à Rome. Depuis sa fondation, la Propagande a été une pépinière de missionnaires zélés, de vicaires apostoliques, d'évêques, d'archevêques et de martyrs.

La fête patronale de la maison, c'est l'Epiphanie, première manifestation du Sauveur aux nations étrangères. Ce jour-là les prêtres des différents rites

Tome XII. — 15

de l'Orient et de l'Occident, qui se trouvent à Rome, viennent offrir le saint sacrifice dans le cénacle d'où partent incessamment les apôtres de toutes les nations. Vous voyez successivement à l'autel un prêtre ou évêque grec, arménien, copte, maronite, syriaque, avec leurs ornements et leurs cérémonies variées, mais dont le fond est le même. L'office achevé, ils se réunissent dans une même salle pour célébrer ensemble les agapes ou repas de charité. Autour d'une vaste table, on voit ces prêtres de toutes les parties du monde qui viennent de consommer la même victime sur le même autel, on les voit rompre le même pain et offrir le spectacle de cette grande fraternité que le christianisme seul a pu réaliser sur la terre. Occidentaux et Orientaux, Grecs, Arméniens, Coptes, Maronites, frères qui ne s'étaient jamais vus et qui probablement ne doivent plus se revoir, tous mangent le même pain, parlent la même langue, éprouvent les mêmes sentiments.

Pour compléter le spectacle de l'unité vivante du catholicisme, aux agapes succède la *fête des langues*. En présence des cardinaux et d'une docte assistance, les jeunes élèves de la Propagande viennent célébrer les mystères de l'Epiphanie dans les langues de tous les peuples. On entend tour à tour l'hébreu, le syriaque, le samaritain, le chaldéen, l'arabe, le turc, l'arménien, le persan, le sabéen, le grec, le péguan, le tamoul, le kurde, le géorgien, l'irlandais, l'écossais, l'illyrien, le bulgare, le polonais, l'allemand, l'anglais, le hollandais, l'indien, l'espagnol, le portugais, le français, l'albanais, le copte, l'éthiopien et le chinois de toutes les espèces. Chaque partie de l'univers a là ses représentants et ses organes, proclamant, chacun dans son idiome, la grande unité catholique. C'est vraiment comme au jour de la Pentecôte à Jérusalem, où se trouvaient *des hommes de toutes les nations qui sont sous le ciel, proclamant en leurs langues la grandeur de Dieu.* Les assistants voient avec attendrissement ces enfants des diverses parties du monde, venus de cinq à six mille lieues de leur berceau, pour se préparer à l'apostolat et au martyre, à prêcher par toute la terre l'unité de foi, d'espérance et de charité dans la diversité des langues, et à sceller cette prédication de leur sang.

A Rome, cette grande unité catholique se voit sans cesse en action. Là, comme dans leur centre vivant, se rencontrent l'évêque, le missionnaire de la Scandinavie, de l'Angleterre, de l'Ecosse, de l'Irlande, de l'Afrique, de l'Amérique, de l'Océanie, avec l'évêque, avec le missionnaire de l'Egypte, du Liban, de la Chaldée, de l'Inde, du Tibet, de la Mandchourie, de la Chine, de la Corée, du Japon. Tous y viennent à leur chef, au vicaire du Christ, demander pouvoir, aide et conseil, pour fonder de nouvelles églises, de nouveaux évêchés, et dans les forêts du Nouveau-Monde, et dans les îles de l'Océan, et dans les provinces populeuses de la Chine, et dans toutes les régions de l'univers. Là, toutes les nations civilisées sont continuellement présentes par leurs ambassadeurs.

Dans le volume précédent, dans le siècle passé, nous avons vu le Portugal et l'Espagne, autrefois si dévoués à l'Eglise de Dieu et si magnifiquement récompensés en puissance et en gloire, nous les avons vus tracassant le vicaire du Christ, persécutant les religieux les plus zélés et les plus exemplaires. L'Espagne et le Portugal ont été punis de leur dégénération. L'Espagne et le Portugal ont été privés de leurs grandes colonies, où trop souvent ils envoyaient le rebut de leurs familles pour évêques et pasteurs des âmes, ou plutôt collecteurs et dissipateurs des revenus ecclésiastiques. L'Espagne et le Portugal, plus ou moins brouillés avec le centre de l'unité catholique, se sont brouillés chacun avec soi-même; l'Espagne et le Portugal se sont déchirés par des guerres civiles, par des révolutions incessantes, guerres et révolutions émanées du trône et de la noblesse, du trône divisé contre lui-même, de la noblesse gangrénée plus ou moins d'irréligion. Aujourd'hui, l'Espagne et le Portugal paraissent vouloir sincèrement se réconcilier avec le centre de l'unité catholique. Dans l'un et l'autre pays on a pris des arrangements avec le Saint-Siége, pour arrêter la déprédation des biens ecclésiastiques, remplir les siéges épiscopaux de bons pasteurs, restaurer les séminaires et l'éducation cléricale. Puissent les clergés d'Espagne et de Portugal, qui, eux aussi, s'étaient laissé infecter plus ou moins par le venin du jansénisme, puissent-ils, régénérés par la tribulation et les épreuves, revenir pour jamais aux saines doctrines et aux saintes vertus de leurs ancêtres, saint Thomas de Villeneuve, saint Turibe de Lima, Barthélémi des Martyrs, saint François Xavier, saint Ignace de Loyola, saint Pierre d'Alcantara, saint François de Borgia, saint Jean de la Croix et sainte Thérèse! Puisse en particulier le clergé portugais réparer, par le zèle de nouveaux apôtres, les maux et les scandales que le clergé dégénéré de l'Inde portugaise y a causés par le schisme! C'est le moyen de ranimer la gloire éclipsée de leur patrie déchue.

Dans un consistoire du 3 juillet 1848, notre Saint-Père le pape Pie IX institua des évêques pour les diocèses suivants : Ségovie et Calahorra dans la Vieille-Castille, Tortose et Vich en Catalogne, Porto-Ricco dans l'Amérique du Nord, Cuença et Saint-Charles d'Ancud de Chiloé dans l'Amérique méridionale, ce dernier siége de nouvelle création.

Nous avons vu combien l'Eglise catholique est persécutée en Russie. Il paraîtrait qu'on peut espérer des jours meilleurs. Dans le même consistoire du 3 juillet, Pie IX a institué des évêques pour plusieurs églises de l'empire russe : l'église métropolitaine de Mohilow, les diocèses unis de Lucéoria et Zitomeritz en Volhynie, le diocèse de Vilna en Pologne, et enfin un coadjuteur, avec future succession, de l'archevêché de Mohilow. Le Pape fit connaître en même temps aux cardinaux la conclusion d'un concordat avec la Russie, non pas sur tous les points en litige, mais sur ceux-là seulement où les négociateurs étaient tombés d'accord. Ce concordat, signé à Rome le 3 août 1847 entre le cardinal Lambruschini et les comtes Bloudoff et Boutenieff, est en trente et un articles.

Article 1er. Sept diocèses catholiques romains sont établis dans l'empire des Russies : un archevêché et six évêchés, savoir : l'archidiocèse de Mohilow, embrassant toutes les parties de l'empire qui ne sont point contenues dans les diocèses ci-dessous nommés. Le grand-duché de Finlande est également compris dans cet archidiocèse. — Le diocèse de Vilna, embrassant les gouvernements de Vilna et de Grodno dans leurs limites actuelles. — Le diocèse de Telsca ou Samogitie, embrassant les gouvernements de Courlande et de Krowno. — Le diocèse de Minsk, embrassant le gouvernement de Minsk dans ses limites d'aujourd'hui. — Le diocèse de Lucéoria et de Zytomeritz, composé des gouvernements de Kiovie et de Volhynie. — Le diocèse de Kaminiec, embrassant le gouvernement de Podolie. — Le nouveau diocèse de Kherson, qui se compose de la province de Bessarabie, des gouvernements de Khersonèse, d'Ecatherinoslaw, de Tauride, de Saratow et d'Astrakan, et des régions placées sous le gouvernement général du Caucase.

Art. 2 et 3. Des lettres apostoliques, sous le sceau de Plomb, établiront l'étendue et les limites des diocèses comme il est indiqué dans l'article précédent. Les décrets d'exécution comprendront le nombre, le nom des paroisses de chaque diocèse, et seront soumis à la sanction du Saint-Siège. — Le nombre des suffragances qui ont été établies par lettres apostoliques de Pie VI en 1789, est conservé dans les six diocèses anciens.

Art. 4-10. La suffragance du diocèse nouveau de Kherson sera dans la ville de Saratow. — L'évêque de Kerson aura un traitement annuel de quatre mille quatre cent quatre-vingts roubles d'argent. Son suffragant jouira du même traitement que les autres évêques suffragants de l'empire, c'est-à-dire de deux mille roubles d'argent. — Le chapitre de l'église cathédrale de Kherson se composera de neuf membres, savoir : deux prélats ou dignités, le président et l'archidiacre ; quatre chanoines, dont trois rempliront les fonctions de théologal, de pénitencier et de curé ; et trois mansionnaires ou bénéficiers. — Dans le nouvel évêché de Kherson, il y aura un séminaire diocésain ; des élèves, au nombre de quinze à vingt-cinq, y seront entretenus aux frais du gouvernement, comme ceux qui jouissent de la pension dans les autres séminaires. — Jusqu'à ce qu'un évêque catholique du rite arménien soit nommé, il sera pourvu à tous besoins spirituels des arméniens catholiques vivant dans le diocèse de Kherson et de Kaminiec, en leur appliquant les règles du chapitre neuvième du concile de Latran, en 1215. — Les évêques de Kaminiec et de Kherson fixeront le nombre des clercs arméniens catholiques qui devront être élevés dans leurs séminaires aux frais du gouvernement. Dans chacun desdits séminaires il y aura un prêtre arménien catholique pour instruire les élèves arméniens des cérémonies de leur propre rite. — Toutes les fois que les besoins spirituels des catholiques romains et arméniens du nouvel évêché de Kherson le demanderont, l'évêque pourra, outre les moyens employés jusqu'ici pour subvenir à de tels besoins, envoyer des prêtres en qualité de missionnaires, et le gouvernement fournira les fonds qui seront nécessaires à leur voyage et à leur nourriture.

Art. 11 et 12. Le nombre des diocèses dans le royaume de Pologne reste tel qu'il a été fixé dans les lettres apostoliques de Pie VII, en date du 30 juin 1818. Rien n'est changé quant au nombre et à la dénomination des suffragances de ces diocèses. — La désignation des évêques pour les diocèses et pour les suffragances de l'empire de Russie et du royaume de Pologne n'aura lieu qu'à la suite d'un concert préalable entre l'empereur et le Saint-Siège pour chaque nomination. L'institution canonique leur sera donnée par le Pontife romain selon la forme accoutumée.

Article 13-20. L'évêque est seul juge et administrateur des affaires ecclésiastiques de son diocèse, sauf la soumission canonique due au Saint-Siège apostolique. — Les affaires qui doivent être soumises préalablement aux délibérations du consistoire diocésain, sont, etc. — Les affaires sus-indiquées sont décidées par l'évêque après qu'elles ont été examinées par le Consistoire, qui n'a cependant que voix consultative. L'évêque n'est nullement tenu d'apporter les raisons de sa décision, même dans le cas où son opinion différerait de celle du consistoire. — Les autres affaires du diocèse, qualifiées d'*administratives*, et parmi lesquelles sont compris les cas de conscience, de for intérieur, et, comme il a été dit plus haut, les cas de discipline soumis à des peines légères et à des admonitions pastorales, dépendent uniquement de l'autorité et de la décision spontanée de l'évêque. — Toutes les personnes du consistoire sont ecclésiastiques ; leur nomination et leur révocation appartiennent à l'évêque ; les nominations sont faites de manière à ne pas déplaire au gouvernement. — Le personnel de la chancellerie du consistoire sera confirmé par l'évêque, sur la présentation du secrétaire du consistoire. — Le secrétaire de l'évêque chargé de la correspondance officielle et de la correspondance privée est nommé directement et immédiatement par l'évêque ; il peut être pris, selon le plaisir du même évêque, parmi les ecclésiastiques. — Les fonctions des membres du consistoire cessent dès que l'évêque meurt ou se démet de l'épiscopat, et aussi dès que l'administration du siège vacant finit.

Art. 21-29. L'évêque a la direction suprême de l'enseignement, de la doctrine et de la discipline de tous les séminaires de son diocèse, suivant les prescriptions du concile de Trente, chapitre dix-huitième, session vingt-troisième. — Le choix des recteurs, inspecteurs, professeurs pour les séminaires diocésains est réservé à l'évêque. Avant de les nommer, il doit s'assurer que, sous le rapport de la conduite civile, ses élus ne donneront lieu à aucune objection de la part du gouvernement. — L'archevêque métropolitain de Mohilow exercera, dans l'académie ecclésiastique de Saint-Pétersbourg, la même autorité que chaque évêque dans son séminaire diocésain. Il est l'unique chef de cette académie, il en est le suprême directeur. Le conseil ou la direction de cette académie n'a que voix consultative. — Le choix du recteur, de l'inspecteur et des professeurs de l'académie sera fait par l'archevêque, sur le rapport du conseil académique. — Les professeurs et professeurs-adjoints des sciences théologiques seront toujours choisis parmi les ecclésiastiques. Les autres maîtres pourront être choisis parmi les laïques professant la religion catholique romaine. — Les confesseurs des élèves de chaque séminaire et de l'académie ne prendront aucune part dans la direction disciplinaire de l'établissement. Ils seront choisis et nommés par l'évêque ou archevêque. Après la nouvelle circonscription des diocèses, l'archevêque, assisté du conseil des ordinaires, arrêtera une fois pour toutes le nombre d'élèves que chaque diocèse pourra envoyer à l'académie. — Le programme des études pour les séminaires sera réglé par les évêques. L'archevêque rédigera celui de l'académie, après en avoir conféré avec le conseil académique. — Lorsque le règlement de l'académie ecclésiastique de Saint-Pétersbourg aura subi les modifications conformes aux principes dont il a été convenu dans les précédents articles, l'archevêque de Mohilow enverra au Saint-Siège un rapport sur l'académie, comme celui qu'a fait l'archevêque Koromansky, lorsque l'académie ecclésiastique de cette ville fut rétablie.

Art. 30 et 31. Partout où le droit de patronat n'existe pas, ou a été interrompu pendant un certain temps, les curés des paroisses sont nommés par l'évêque; ils ne doivent point déplaire au gouvernement, et avoir subi un examen et un concours selon les règles prescrites par le concile de Trente. — Les églises catholiques romaines sont librement réparées aux frais des communautés ou des particuliers qui veulent bien se charger de ce soin. Toutes les fois que leurs propres ressources ne suffiront pas, ils pourront s'adresser au gouvernement impérial pour en obtenir des secours. Il sera procédé à la construction de nouvelles églises, à l'augmentation du nombre des paroisses, lorsque l'exigeront l'accroissement de la population, l'étendue trop vaste des paroisses existantes ou la difficulté des communications.

Tels sont les articles arrêtés par ce concordat avec la Russie. « Mais, dit le Pape dans son allocution aux cardinaux, beaucoup d'autres choses, et de la plus grande importance, restent encore, que dans le traité, les plénipotentiaires n'ont pu mener à fin, et qui cependant excitent nos plus vives sollicitudes et nous remplissent d'angoisse; car elles touchent au plus haut degré à la liberté de l'Eglise, à ses droits, à ses fondements et au salut des fidèles de ces contrées. Nous voulons parler de la véritable et entière liberté à assurer aux fidèles, de pouvoir, dans les choses relatives à la religion, communiquer sans aucun obstacle avec ce Siège apostolique, centre de l'unité et de la vérité catholique, père et maître de tous les fidèles; sur ce point quelle n'est pas notre douleur! Chacun peut aisément le comprendre, en se rappelant les réclamations multipliées que ce Siège apostolique n'a cessé de faire entendre dans la diversité des temps, pour obtenir cette libre communication des fidèles, non-seulement en Russie, mais encore en d'autres contrées où, en certaines affaires de religion, elle est empêchée, au grand détriment des âmes. Nous voulons parler des biens à restituer au clergé; nous voulons parler de la personne laïque, choisie par le gouvernement, à faire éloigner des consistoires des évêques, afin que dans ces assemblées les évêques aient toute leur liberté; nous voulons parler de la loi d'après laquelle, dans cet empire, les mariages mixtes ne sont reconnus valides qu'après avoir été bénis par le prêtre catholique gréco-russe; nous voulons parler de la liberté que les catholiques devraient avoir, de faire examiner et juger leurs causes matrimoniales, en matière de mariages mixtes, par un tribunal ecclésiastique catholique; nous voulons parler de diverses lois, en vigueur dans ce pays, qui fixent l'âge requis pour la profession religieuse, qui détruisent entièrement les écoles dans les familles d'ordres religieux, qui écartent absolument les supérieurs provinciaux, qui défendent et interdisent la conversion à la religion catholique.

» Une immense sollicitude nous presse encore pour tous ces fils bien-aimés de l'illustre nation ruthénienne, qui, ô douleur! par la malheureuse et à jamais déplorable défection de quelques évêques, sont misérablement dispersés dans ces vastes régions, dans l'état le plus lamentable, et exposés pour leur salut aux plus grands périls; car ils n'ont pas d'évêques pour les gouverner, pour les conduire aux pâturages salutaires et dans les voies de la justice; pour les fortifier par les secours spirituels, pour les défendre des pièges trompeurs que leur tendent des ennemis pleins d'astuce.... Les prêtres latins, nous en avons la confiance, emploieront tous leurs soins et toutes les ressources de leur sagesse pour donner les secours spirituels à ces très-chers fils; mais, du fond intime de notre cœur, nous exhortons avec ardeur, avec amour dans le Seigneur, et nous avertissons les Ruthéniens eux-mêmes de demeurer fidèles et inébranlables dans l'unité de l'Eglise catholique, ou, s'ils ont eu le malheur de s'en éloigner, de revenir au sein de la plus aimante des mères, de recourir à nous qui, avec l'aide de Dieu, sommes prêt à faire tout ce qui peut assurer leur salut éternel (*Ami de la rel.*, t. CXXXVIII, p. 217, 229 et 913; 22 et 23 juillet, 29 sept. 1848). »

Depuis la conclusion du concordat, l'empereur de Russie a donné son consentement à ce que le nouvel évêque de Kherson eût un second suffragant, et de plus à ce que dorénavant les causes matrimoniales et les autres causes ecclésiastiques, soit dans l'empire de Russie, soit dans le royaume de Pologne, après la première sentence rendue par l'ordinaire propre, soient portées en second degré de juridiction au tribunal du métropolitain, ou à l'évêque le plus voisin, si c'est le métropolitain qui a jugé en première instance; et enfin à ce que, pour les appels en dernier ressort, toutes ces causes soient portées à Rome, au tribunal même du Siège apostolique. Ces nouvelles font espérer au Pape que l'empereur sera assez juste pour accéder aux autres demandes. Dieu veuille exaucer les vœux du Saint-Père!

L'Angleterre gouvernementale travaille à légaliser ses relations officielles avec le chef de la catholicité. L'Angleterre catholique s'attend à être régie prochainement, non plus comme pays de mission, par des vicaires apostoliques, mais comme une église rendue à la plénitude de la santé par une hiérarchie complète d'archevêques et d'évêques titulaires, comme au temps de ses grands et saints pontifes Augustin, Dunstan, Thomas de Cantorbéry, Paulin, Wilfrid, Oswald d'York. Combien l'Irlande est unie, dévouée à l'Eglise romaine, on le voit depuis des siècles, on l'a vu de nos jours : un homme, l'incarnation de l'Irlande catholique, Daniel O'Connell, pour couronner dignement sa glorieuse carrière, souhaite la terminer à Rome, en baisant les pieds du Pape, en vénérant le tombeau de saint Pierre : la mort ne lui permettra pas d'arriver de corps jusqu'au but de son pèlerinage, mais son cœur y sera. Là, comme à leur centre, nous voyons se tourner l'esprit et le cœur de tous ceux qui honorent le plus notre siècle : Stolberg, Schlégel, de Haller, Bonald, de Maistre, enfin Châteaubriand, le dernier représentant de la littérature française, en tant qu'elle mérite d'être représentée.

Nous avons vu un homme qui, dans l'histoire du monde, marche à la suite de Nemrod, de Nabuchodonosor, de Cyrus, d'Alexandre, de César et de Charlemagne, nous avons vu Napoléon, l'incarnation moderne du génie militaire et politique, nous l'avons vu tourner ses derniers regards vers Rome, qu'il avait cependant persécutée; nous l'avons vu demander à Rome un prêtre catholique, pour recevoir ses dernières confidences et sanctifier ses derniers moments sur le rocher de Saint-Hélène. Le 27 avril 1821, il se reconnut irrémédiablement attaqué de la maladie dont était mort son père. Depuis ce moment, dit la *Biographie universelle*, il ne s'occupa plus que de ses devoirs de piété, et le prêtre Vignali ne dut plus s'éloigner un seul instant. « Je suis né dans la religion catholique, lui dit-il à plusieurs reprises; je veux remplir tous les devoirs qu'elle impose, et recevoir toutes les consolations, tous les secours que je dois en attendre. » Un des compagnons de sa captivité, le comte de Montholon, ajoute : « Le 29 avril, j'avais déjà passé trente-neuf nuits au chevet de l'empereur, sans qu'il eût permis de me remplacer ces pieux et filial service, lorsque, dans la nuit du 29 au 30 avril, il affecta d'être effrayé de ma fatigue, et m'engagea à faire venir à ma place l'abbé Vignali. Son insistance me prouva qu'il parlait sous l'empire d'une préoccupation étrangère à la pensée qu'il m'exprimait. Il me permettait de lui parler comme à un père; j'osais lui dire ce que je comprenais; il me répondit sans hésiter : *Oui, c'est le prêtre que je demande; veillez à ce qu'on me laisse seul avec lui, et ne dites rien.* J'obéis, et lui amenai immédiatement l'abbé Vignali, que je prévins du saint ministère qu'il allait remplir. »

Ainsi introduit près de Napoléon, et resté seul avec lui, le prêtre y remplit tous les devoirs de son ministère. Après s'être humblement confessé, cet empereur, naguère si superbe, reçut le viatique, l'extrême-onction, et il passa toute la nuit en prières, en actes de piété aussi touchants que sincères. Le lendemain, dès le matin, quand le général Montholon parut, il lui dit d'un ton de voix affectueux et plein de satisfaction : « Général, je suis heureux; j'ai rempli tous mes devoirs; je vous souhaite, à votre mort, le même bonheur. J'en avais besoin, voyez-vous; je suis Italien, enfant de la Corse. Le son des cloches m'émeut, la vue d'un prêtre me fait plaisir. Je voulais faire un mystère de tout ceci; mais cela ne me convient pas; je dois, je veux rendre gloire à Dieu. Je doute qu'il lui plaise de me rendre la santé. N'importe; donnez vos ordres, général, faites dresser un autel dans la chambre voisine; qu'on y expose le Saint-Sacrement, et qu'on dise les prières des Quarante-Heures. » Le comte de Montholon se disposant à sortir pour exécuter cet ordre, Napoléon le retint : « Non, lui dit-il, vous avez assez d'ennemis; comme noble, on vous imputerait d'avoir arrangé tout cela d'après votre tête, la mienne étant perdue; je vais donner les ordres moi-même. » Et d'après les ordres mêmes de Napoléon, un autel fut dressé dans la chambre voisine, on y exposa le Saint-Sacrement et on dit les prières des Quarante-Heures. L'empereur eut encore quelques moments lucides, et se rappela ce qu'il avait fait de bien en sa vie pour la religion. « J'avais le projet de réunir toutes les sectes du christianisme, dit-il; nous en étions convenus avec Alexandre à Tilsitt; mais les revers sont venus trop tôt... Du moins, j'ai rétabli la religion. C'est un service dont on ne peut calculer les suites; que deviendraient les hommes sans la religion? » Puis il ajouta : « Il n'y a rien de terrible dans la mort; elle a été la compagne de mon oreiller pendant ces trois semaines, et à présent elle est sur le point de s'emparer de moi pour jamais. J'aurais désiré revoir ma femme et mon fils; mais que la volonté de Dieu soit faite ! » Le 3 mai, il reçut une seconde fois le saint viatique, et, après avoir dit adieu à ses généraux, il prononça ces mots : « *Je suis en paix avec le genre humain;* » et il joignit les mains en disant : « *Mon Dieu!* » Il expira le 5 mai, à six heures du soir.

En 1840, les restes de Napoléon furent transportés à Paris, dans l'église des Invalides, au milieu des débris vivants et mourants des armées françaises; non loin de l'obélisque égyptien, débris de l'antique empire des Pharaons; non loin du musée, où l'on rassemble les débris fossiles de Ninive et de son empire. Aujourd'hui, août 1848, la femme et le fils de Napoléon sont morts, les frères de Napoléon sont morts, excepté le plus jeune, qui sert de gardien à sa tombe; l'empire et les royaumes napoléoniens sont morts et enterrés; les monarchies bourboniennes menacent de vouloir les suivre; toutes les sociétés purement humaines sont mourantes; la France, l'Allemagne, l'Italie même éprouvent des convulsions politiques qui annoncent la fin de ce qui existe; la République française, à peine née, est obligée de défendre sa vie contre elle-même; Paris est un champ de bataille où des hommes et des femmes tuent les soldats français avec des balles empoisonnées; plus de vaillants capitaines succombent dans une seule bataille contre l'anarchie parisienne, que pendant toute la guerre contre les Bédouins d'Afrique.

Et cette guerre de la France contre la France, cette guerre parisienne contre l'ordre, contre la propriété, contre la famille même, contre tout lien social, ce n'est pas une maladie passagère comme la fièvre : c'est un venin mortel, infiltré dans le sang par principes et entretenu avec une attention suivie. Déjà, dans le volume précédent, nous avons vu la décomposition sociale de la France et de l'Europe par les nobles, les magistrats, les hommes de lettres soi-disant philosophes. Nous avons entendu Jean-Jacques Rousseau nous dire des philosophes ses confrères : « Chacun sait bien que son système n'est pas mieux fondé que les autres; mais il le soutient parce qu'il est à lui. Il n'y en a pas un seul qui, venant à connaître le vrai et le faux, ne préférât le mensonge qu'il a trouvé à la vérité découverte par un autre. Où est le philosophe qui, pour sa gloire, ne tromperait pas volontiers tout le genre humain? Où est celui qui, dans le secret de son cœur, se propose un autre but que de se distinguer? Pourvu qu'il s'élève au-dessus du vulgaire, pourvu qu'il efface l'éclat de ses concurrents, que demande-t-il de plus? — Qu'est-ce que la philosophie? Que contiennent les écrits des philosophes les plus connus? Quelles sont les leçons de ces amis de la sagesse? A les entendre, ne les prendrait-on pas pour une troupe de charlatans criant chacun de son côté sur une place publique : Venez à moi, c'est moi seul qui ne trompe point? L'un prétend qu'il n'y a point de corps et que tout est en représentation; l'autre qu'il n'y a d'autre substance que la matière, ni d'autre Dieu que le monde. Celui-ci avance qu'il n'y a ni vices ni vertus, et que le bien et le mal moral sont des chimères; celui-là, que les hommes sont des loups et peuvent se dévorer en sûreté de conscience. »

Or, ces disciples de Jean-Jacques Rousseau, depuis un demi-siècle, la France gouvernementale les a organisés en corporation enseignante, sous le nom d'Université. La France gouvernementale n'a ni religion ni morale certaine, son université n'en a pas plus; et pourtant c'est cette université qu'elle charge exclusivement de tout enseigner aux Français, depuis l'A, B, C jusqu'à la théologie sous le nom de philosophie ou de théodicée. Et l'on s'étonne qu'un pareil enseignement, caractérisé d'avance par Jean-Jacques Rousseau, produise ses effets naturels, l'anarchie dans les idées et dans les choses? Et l'on s'étonne qu'un pareil enseignement achève ce que nous lui avons vu commencer, la décomposition sociale de la France et de l'Europe? Et l'on s'étonne qu'avec un enseignement pareil, la nation jusqu'alors la plus polie, les Français, deviennent des loups prêts à se dévorer les uns les autres, et qu'il faille braquer le canon dans les rues de Paris pour les empêcher de s'entre-détruire par le fer, le feu et le poison? Il faudrait s'étonner, au contraire, si tout cela n'arrivait pas; car un arbre si bien planté, si bien arrosé, doit porter son fruit. Et ce qui est vrai de la France l'est aussi de l'Allemagne : il faudra bien que la société purement humaine y périsse, puisque tout le monde, gouvernements, académies, littératures, y travaille depuis plus d'un siècle. Il faudra bien que ces paroles du prophète s'accomplissent : « Alors furent réduits en poudre fer, argile, airain, argent, or; ils devinrent comme la menue paille que le vent emporte de l'aire pendant l'été, et ils disparurent sans trouver plus aucun lien. »

Faut-il donc nous attendre à retomber dans le chaos? Non pas. Le prophète ajoute : « Mais la pierre qui avait frappé la statue devint une grande montagne qui remplit toute la terre. » L'Eglise catholique est de l'éternité, est pour l'éternité; la sainte Eglise catholique est le commencement de toutes choses, elle en est aussi la fin, mais fin, perfection vivante et éternelle. Voyez-en la preuve sous vos yeux. Au milieu des trônes qui s'écroulent, des dynasties qui s'en vont, des sociétés politiques qui se renversent, l'Eglise vit en paix, toujours ancienne et toujours nouvelle. Les tempêtes qui pensaient l'anéantir n'ont fait que la rajeunir et la purifier, comme l'or dans la fournaise. A un saint Pontife en succède un plus saint encore. Jamais on ne vit les évêques plus unis et plus soumis au Pape, les prêtres plus unis et plus soumis à leurs évêques; jamais, dans le clergé séculier et régulier, plus de zèle pour prêcher l'Evangile jusqu'aux extrémités de la terre, et aller au devant du martyre. Parmi les anciennes congrégations religieuses, les incurables succombent au remède providentiel des révolutions, les autres en profitent pour devenir meilleures. Il se forme de nouvelles congrégations qui rivalisent de zèle avec les meilleures des anciennes; tels les Maristes de Lyon, tels les Oblats de Marie fondés à Marseille, tels les missionnaires du Saint-Cœur-de-Marie établis à Amiens : trois congrégations d'hommes apostoliques, qui ne demandent à vivre et à se recruter en France que pour aller porter et implanter, avec l'amour du nom français, la foi de l'Eglise catholique, apostolique et romaine jusqu'aux extrémités de l'univers, et en Angleterre et à la Chine, et dans l'Inde et dans l'Océanie, et dans les déserts de l'Afrique et dans les déserts du Nouveau-Monde. Il règne dans le peuple un esprit de foi et de piété qui le porte à toute sorte de bonnes œuvres. C'est parmi d'humbles femmes de Lyon, l'*association pour la Propagation de la foi* par tout l'univers; c'est à Paris l'*archiconfrérie pour la conversion des pécheurs*, et qui, par l'intercession de la sainte Vierge, obtient de vrais miracles. Et cet esprit de foi s'étend plus loin qu'on ne pense. Ainsi, dans une ville que nous connaissons bien, des négociants, des fabricants et d'autres personnes influentes, sans distinction d'opinion politique, s'appliquent depuis plusieurs années, avec une bénédiction visible de Dieu, à cette œuvre particulière : amasser, même dans la rue, des adolescents délaissés, pauvres, quelquefois indisciplinables; les loger dans une même maison, pour leur donner une éducation morale et chrétienne; les faire aller le jour chez des maîtres pour apprendre un état de vie; les surveiller jour et nuit avec une sollicitude de mère; les examiner publiquement tous les dimanches sur leur conduite pendant la semaine, leur adresser les louanges qu'ils méritent, quelquefois aussi des réprimandes, mais si sages et si paternelles, que les caractères les plus rétifs, les natures les plus mal tournées finissent par se rendre; leur fournir les moyens d'avoir un petit pécule au sortir de la maison; préparer de cette manière à la société humaine une génération d'ouvriers honnêtes, actifs, réglés et affectionnés aux classes supérieures, dont ils sont devenus la famille adoptive. Ainsi encore les vaillants capitaines, qui, dans la bataille de Paris, se sont sacrifiés pour la patrie et le bon ordre, en si grand nombre, ont témoigné à la mort les sentiments de héros chrétiens. Et lorsque le premier pasteur de la capitale est venu sur les barricades donner sa vie pour ses ouailles et demander à Dieu que son sang fût le dernier versé, amis et ennemis ont trouvé cela beau, amis et ennemis ont été pénétrés d'admiration.

Et l'Allemagne catholique ne reste pas en arrière de la France. Une sainte union, d'ecclésiastiques et de séculiers, s'est formée à Mayence pour honorer le catholicisme par une profession courageuse, et le défendre par tous les moyens légitimes; et déjà cette *Union catholique* embrasse toute la Germanie. Un fait plus merveilleux encore, c'est un concile de cinq archevêques et de seize évêques, assemblés à Wurtzbourg en Franconie, avec l'approbation du souverain Pontife, pour aviser au salut de l'Allemagne catholique au milieu de la tempête qui bouleverse les trônes et les nations. Les cinq archevêques sont : le cardinal-prince de Schwartzemberg, archevêque de Salzbourg ; Jean de Geissel, archevêque de Cologne ; Hermann de Vicari, archevêque de Fribourg en Brisgau ; Charles-Auguste de Reisach, archevêque de Munich et Frising unis ; Boniface d'Urban, archevêque de Bamberg. Les seize évêques : Antoine Sedlag, de Culm ; Jean-Georges Muller, de Munster ; Charles-Antoine Lupke, d'Osnabruck ; Jacques-Joseph Wandt, d'Hildesheim ; François Drepper, de Paterborn ; Pierre-Joseph Blum, de Limbourg ; Joseph Lippe, de Rotembourg ; Georges-Antoine Stahl, de Wurtzbourg ; Georges de Oettl, d'Eichstædt ; Pierre Richard, d'Augsbourg ; Nicolas Weiss, de Spire ; Valentin Rield, de Ratisbonne ; Joseph Ditricth, vicaire apostolique de Dresde ; Guillaume Arnoldi, évêque de Trèves ; François Grossmann, évêque suffragant de Warmie ; Henri Hofstetter, évêque de Passau. A ces vingt et un prélats, il faut joindre les trois représentants des évêques de Breslau, de Mayence et d'Olmutz. De plus, le cardinal-archevêque de Salzbourg, qui préside le concile national de Wurtzbourg, avait tenu auparavant celui de sa province, à Salzbourg même, avec les évêques de Trente, de Bixen, de Gurk, de Lavant, et les administrateurs de Seckau et de Léoben. Certes, voilà les indices non équivoques d'une régénération prochaine.

Sans doute, ici et là, les serviteurs de Dieu les plus fidèles éprouvent des vexations, des persécutions même. Enfants de saint Ignace, enfants de saint Liguori ont eu en Allemagne et en Italie même le privilège de la persécution, par-dessus tous les autres. Pie IX, dont la nomination excita un *hosanna* universel par tout le monde, s'est vu sur le point d'entendre parmi son troupeau cet autre cri : *Tolle !* à bas cet homme! On assassine son principal ministre, parce qu'il est dévoué et fidèle ! on tire à balles dans les fenêtres du Pontife, on tue à ses côtés un de ses intimes. On ajoute qu'un fils de Lucien Bonaparte, créé prince italien par l'amitié des papes, s'est montré comme un autre Judas le chef de cette bande de traîtres et d'assassins, qui ont obligé Pie IX à se réfugier dans une autre ville et chez un autre peuple. Mais tout cela n'est ni une nouveauté, ni un malheur pour l'Eglise. Le disciple n'est pas au-dessus du Maître, ni le vicaire au-dessus du propre Pasteur. Jésus-Christ a aimé l'Eglise jusqu'à se livrer pour elle, afin de la rendre sainte et sans tache. Il en est de même de son vicaire. Pierre, le premier de tous, a été crucifié à Rome, comme son Maître à Jérusalem. Paul, le plus laborieux des missionnaires, a dit aux chrétiens de Colosses : *Je me réjouis dans mes souffrances pour vous, et j'achève dans ma chair ce qui manque aux souffrances de Jésus-Christ pour son corps, c'est-à-dire pour son Eglise* (1). Ainsi Pie VI et Pie VII ont plus glorifié l'Eglise par leurs tribulations que par tout le reste. Ainsi voyons-nous les apôtres de l'Océanie gagner à Dieu les sauvages, par la croix et le martyre plus que par la prédication. Heureux donc ceux que le Seigneur juge dignes de souffrir pour son nom !

En attendant, vous, peuple de Rome, peuple de la nouvelle Jérusalem ; et vous, peuples de l'Italie, peuples de la Judée chrétienne, puissiez-vous ne pas mériter le sort de vos ancêtres figuratifs, ni servir comme eux de leçon aux nations ingrates et impénitentes ! Et vous, France, puissiez-vous avoir un gouvernement qui ne se joue plus de vos nobles et généreux instincts, mais qui les seconde pour la gloire de Dieu et le salut de l'humanité !

Si l'on parle aujourd'hui contre la propriété temporelle, ce mal n'est pas sans quelque bien ni sans remède. Ceux qui possèdent viagèrement les biens de ce monde oublient trop souvent que c'est au Seigneur la terre et tout ce qu'elle renferme ; que c'est d'après les commandements du Seigneur qu'ils doivent en user et en faire part à leurs frères pauvres, de manière à rétablir entre eux une certaine égalité. Comme ils ne vont plus guère dans les temples de Dieu pour entendre cette doctrine de la bouche de ses ministres, sa Providence la leur rappelle par le cri du peuple dans les rues. Qu'ils soient dociles à ces avertissements, et le Seigneur, le vrai propriétaire, saura bien vite changer les murmures en bénédictions.

Autant en est-il de la souveraineté temporelle. Les peuples de France et d'Allemagne penchent à supprimer les titres de *Majesté*, d'*Altesse*, de *domination*, de *seigneurie*. C'est que trop souvent ceux qui les portent oublient que Dieu seul est grand et Seigneur. Sa Providence le leur rappelle par la voix formidable des nations soulevées comme les vagues de la mer. Puissent-ils conjurer à temps l'ouragan qui les menace et déjà les emporte, en reconnaissant de bouche et de cœur la souveraineté absolue de l'Eternel et de son Christ, et en chantant de cœur et de bouche avec le peuple chrétien : *Tu solus Dominus, tu solus altissimus, Jesu Christe, cum Sancto Spiritu, in gloriâ Dei Patris. Amen* (2) !

---

(1) *Gaudeo in passionibus pro vobis et adimpleo ea, quæ desunt passionum Christi in carne meâ, pro corpore ejus, quod est Ecclesia* (Coloss., 1, 24).
(2) La première édition de cet ouvrage se termine ainsi : *Fini d'imprimer à Nancy, le 15 décembre* 1848.

LIVRE QUATRE-VINGT-DOUZIÈME.

En venant apporter notre humble pierre pour la continuation du monument élevé par Rohrbacher à la gloire de l'Eglise catholique, nous reconnaissons parfaitement combien nous sommes incapable d'aspirer, après lui, au titre d'historien de l'Eglise, soit que l'on envisage les difficultés et la grandeur d'une pareille tâche, soit que l'on considère l'immense érudition, la science ferme et profonde, la haute intelligence déployées dans l'accomplissement de sa mission par l'auteur dont nous publions l'ouvrage. Cependant nous nous sommes facilement déterminé à joindre ce modeste appendice à la grande Histoire de Rohrbacher, parce qu'il est doux à un enfant de l'Eglise de parler des travaux, des gloires et des malheurs de sa mère, et que les événements qui se sont accomplis depuis le jour où s'arrête le récit de l'historien, ont eu trop d'importance et d'éclat pour ne pas réclamer l'attention de tous ceux qui s'occupent des questions morales et religieuses, les grandes questions de l'humanité. La multiplicité et la grandeur des faits sont propres sans doute à épouvanter notre faiblesse; mais, d'un autre côté, elles suppléeront, pour intéresser le lecteur, à ce qui nous manque de savoir et d'habileté. Quand notre travail n'aurait pas d'autre résultat que d'inspirer à quelqu'un le dessein de faire mieux, nous aurions lieu de nous en réjouir. Nous intitulons cet appendice *Livre quatre-vingt-douzième*, non pour mettre notre œuvre sur le même rang que les livres écrits par Rohrbacher, mais parce que l'Eglise ayant toujours la même vie et la même activité, nous aimons à voir son histoire marcher dans les âges contemporains comme dans le passé, sans autre point d'arrêt que la limite de l'heure présente.

Le *tableau général du monde*, qui termine le livre quatre-vingt-onzième, nous a montré l'Eglise continuant sa mission au milieu de l'ébranlement et de la fermentation universelle. La figure de Pie IX s'élève au-dessus de tous les bouleversements, de toutes les commotions, de tous les antagonismes d'idées et d'intérêts. Durant son règne, plus que jamais, il est devenu évident pour tous que la Papauté est dans l'Eglise, et par conséquent, dans le monde entier, le centre et le foyer de la lumière et de la force. C'est donc l'histoire de Pie IX que nous avons à tracer. Trois grands actes en marquent les époques dominantes : la proclamation du dogme de l'Immaculée-Conception, la publication du *Syllabus* portant condamnation de toutes les principales erreurs modernes, et le concile du Vatican. Nommer ces actes, c'est indiquer le caractère et l'esprit de ce glorieux et pénible règne, qui a été une suite continuelle de luttes et de protestations courageuses contre la Révolution, ennemie de tout pouvoir et de tout ordre social, contre le Rationalisme, ennemi de tous nos mystères et de toutes nos croyances surnaturelles, contre le Libéralisme, complice hypocrite ou malavisé du Rationalisme et de la Révolution.

Nous diviserons cette histoire en quatre périodes : dans la première, de 1846 à 1850, nous verrons Pie IX aux prises avec la Révolution italienne; dans la seconde, de 1850 à 1859, nous le verrons travailler, au sein d'une paix relative et passagère, à extirper partout les erreurs modernes et à étendre le règne de la vraie foi : le fait culminant de cette période est la proclamation du dogme de l'Immaculée-Conception; la troisième, de 1859 à 1868, nous le montrera engagé dans une nouvelle lutte contre la Révolution, résistant avec un courage invincible aux usurpations de la violence, et foudroyant toutes les erreurs modernes dans son immortel *Syllabus*; enfin la quatrième période s'ouvre à la convocation du concile du Vatican, dont l'acte principal, la définition de l'infaillibilité du Pape, est l'anéantissement radical de toutes les fausses doctrines qui ébranlent aujourd'hui la société et divisent le monde.

PREMIÈRE PÉRIODE.

Pie IX et la Révolution italienne (1846-1850).

Le savant et courageux pontife Grégoire XVI était mort le 1er juin 1846. Le 16, après le dépouillement d'un quatrième scrutin, le sacré collège acclamait le nouveau Pape, élu par trente-six voix; et le lendemain, pendant que le canon du château Saint-Ange tonnait, le cardinal Riario Sforza disait au peuple romain : « Je vous annonce une grande joie. Nous avons pour Pape l'Eminentissime et Révérendissime seigneur Jean Mastaï-Ferretti, cardinal-prêtre de la sainte Eglise romaine, qui a pris le nom de PIE IX. » Le couronnement eut lieu le 21 juin, en présence de quarante-huit cardinaux.

JEAN-MARIE, de la famille des comtes MASTAÏ-FERRETTI, était né à Sinigaglia, dans la Marche d'Ancône, le 13 mai 1792. Enfant, il avait appris de sa pieuse mère à prier matin et soir pour Pie VI, abreuvé d'amertume, persécuté et captif. Dans sa jeunesse, il souffrit d'une maladie qui l'empêcha d'entrer, comme il l'aurait voulu, dans la garde noble du pape Pie VII, et dont il obtint la guérison par l'intercession de la sainte Vierge. Alors il se destina au service des autels, et fit ses études théologiques sous la direction de l'abbé Graniari, qui ne tarissait pas en éloges sur sa charité et sa piété, et se plaisait à dire, comme par une sorte de pressentiment prophétique, qu'il voyait en lui le cœur d'un pape. Un pauvre maçon qui vivait à Rome de son travail, Giovanni Borgi, avait établi dans sa maison un refuge pour les orphelins abandonnés, et l'orphelinat s'appelait Tata-Giovanni. L'abbé Mastaï alla voir le généreux ouvrier, et conçut tant d'amour pour son œuvre que, dès ce moment, il lui consacra toutes ses heures de loisir. Comme l'auguste Pontife le racontait un jour avec une grâce charmante à un jeune prêtre, ce fut dans la chapelle des orphelins qu'il célébra sa première messe, la seconde, la troisième, et encore les autres. A peine élevé au sacerdoce, il prit une part active à la direction de l'établissement, et le mit dans les meilleures conditions pour atteindre le but qu'on s'y proposait. Grâce à lui et au concours des hommes charitables, prêtres et laïques, qui se firent ses collaborateurs, les orphelins trouvèrent là tout ce qui était nécessaire pour les préparer à mener une vie honnête et tranquille. Lui-même était parmi eux comme un père au milieu de ses enfants. Un jour une grande désolation se répandit à la Tata-Giovanni. Le pape Pie VII, qui n'avait pas oublié l'abbé Mastaï, l'arrachait, au bout de sept ans, à ses chers orphelins, pour l'envoyer au Chili, en compagnie de Monseigneur Muzi. Le soin des affaires de l'Eglise le retint pendant deux ans sur ces lointains rivages, et là, comme à Rome, les œuvres de la charité remplirent tous ses instants. Le vaisseau qui le ramenait en Europe fut assailli par une forte tempête, qui le jeta sur l'une des îles Baléares. Comme l'Espagne voyait avec déplaisir que le Saint-Siége eût envoyé un nonce dans une colonie révoltée contre elle, les fonctionnaires de l'île retinrent en prison pendant un mois Monseigneur Muzi et son jeune secrétaire. Léon XII était monté sur le trône pontifical. Au retour de l'abbé Mastaï, il le nomma chanoine de l'église Sainte-Marie *in Via-Lata* avec le titre de prélat. Mais l'ami des pauvres et des orphelins languissait dans une position où les trésors de sa charité ne trouvaient pas à se répandre. Ceux qui le connaissaient s'en aperçurent : Léon XII lui-même le reconnut et bientôt le nomma directeur-président de l'administration de l'hospice de Saint-Michel à Ripa-Grande. Ce vaste établissement dut aux mesures prises par son éminent directeur une grande prospérité. Nommé, en 1827, archevêque de Spolète, et transféré, en 1832, au siège d'Imola, Monseigneur Mastaï donna dans ces deux villes l'exemple de toutes les vertus épiscopales et continua de se dévouer, au milieu de son troupeau, à toutes les œuvres de la charité et du zèle. Il y avait cinq ans que la pourpre cardinalice était venue récompenser tant de mérites, quand s'ouvrit le conclave qui devait le porter au sommet de la hiérarchie.

L'Italie était alors le foyer d'une agitation fébrile, qui prenait pour prétexte la nécessité des améliorations à introduire dans la situation générale de la Péninsule, et en particulier dans le gouvernement des Etats de l'Eglise, mais qui avait sa source véritable dans les principes dissolvants de la Révolution. Il ne manquait pas sans doute d'esprits sages qui, tout en aspirant à l'indépendance de leur pays, comprenaient qu'on ne pouvait pas y marcher par le renversement des institutions nationales. Ceux-là formaient le parti conservateur, dont le plus illustre représentant fut le comte Solar della Margarita, homme d'Etat doublement remarquable par la solidité de ses vues sur l'affranchissement de l'Italie et par la droiture de sa conscience. Les sentiments de la masse populaire étaient sympathiques à ce parti, parce qu'elle y trouvait le respect des traditions, la foi chrétienne, la modération et la justice. Des idées plus libérales s'étaient répandues au sein de la noblesse et de la bourgeoisie : c'est dans ces deux classes que se recrutait le parti constitutionnel qui, sans vouloir aucun bouleversement, prétendait réaliser de profondes innovations, et donner une plus grande part à la liberté dans le gouvernement des différents Etats de l'Italie, notamment du royaume Lombard-Vénitien, soumis à l'impopulaire domination de l'Autriche. Le centre et le point d'appui des constitutionnels se trouvaient dans le Piémont. Il y avait dans ce parti des aspirations honnêtes et généreuses, qui étaient bien capables de séduire de nobles cœurs, et l'on n'est pas étonné d'y rencontrer des hommes tels que l'historien César Cantù, les poètes Manzoni et Silvio Pellico, le comte César Balbo. Malheureusement, il est rare que les théories qui ont pour principe l'ardeur d'innover et pour base la confiance de l'esprit humain dans ses combinaisons, ne soient pas fécondes en illusions décevantes et en erreurs coupables ou dangereuses.

On n'est que trop convaincu des torts que se donna le parti constitutionnel en Italie et des périls dans lesquels il lançait son pays, quand on voit quelle était la doctrine du fameux abbé Vincent Gioberti. Né en 1801, ce malheureux prêtre avait reçu des talents dont son orgueil fit le plus triste abus. Il ne craignit pas de se poser en réformateur politique et religieux : en réalité, il ne réussit qu'à devenir l'âme et l'organe du parti constitutionnel et périt misérablement avec lui. Quoique Gioberti ait donné une bonne réfutation du système éclectique de M. Cousin, il embrassa lui-même en philosophie des idées qui aboutissaient à la glorification du rationalisme et du panthéisme. Sa *Restauration des sciences philosophiques*, et son *Introduction à l'étude de la philosophie* renouvellent l'erreur de Malebranche (1) en attribuant l'origine de nos connaissances à l'intuition directe. Avec un semblable point de départ et un esprit indépendant, on arrive facilement à ériger la raison humaine en divinité. C'est ce que fait Gioberti. Il proclame que Dieu est une idée, que le christianisme ne peut vivre et triompher qu'à la condition de rester ou de redevenir l'idéal, que la morale de l'Évangile se résume dans l'amour de l'idée, qu'à ce point de vue les philosophes et les grands hommes de l'antiquité ont été plus véritablement chrétiens que beaucoup de chrétiens des temps modernes, et que pour réformer le catholicisme actuel conformément au vrai type, il est nécessaire d'opérer un mouvement de retour vers la civilisation païenne. Ces folles divagations étaient précédées d'une préface dans laquelle l'auteur fait la guerre aux évêques français, et leur reproche de perdre la vraie foi et la vraie science en ne suivant pas la voie où il voudrait les engager. *Le Jésuite moderne*, et les ouvrages *Du renouvellement civil de l'Italie* et *De la primauté civile des Italiens*, complètent dignement l'exposé des imaginations de Gioberti. A ses yeux, le jésuitisme a perverti le catholicisme, et, si on l'en croit, depuis le Pape jusqu'au dernier des fidèles, il n'y a plus de vrais catholiques, mais seulement des jésuites. Le jésuitisme est une forme vieillie et usée de la religion, qu'il faut briser ou rajeunir. La chair ne doit pas être mortifiée. La félicité de l'homme ne doit pas être ajournée à la vie future; c'est principalement sur la terre qu'il faut la chercher. On y atteindra, parce que l'humanité suit un mouvement de perfectibilité indéfinie. La rédemption doit produire ses effets principalement dans la sphère de la vie politique, et c'est par de nouvelles combinaisons politiques que les peuples pourront remédier aux maux présents et assurer leur bonheur dans l'avenir. L'autorité et le gouvernement viennent du peuple,

(1) Les œuvres de Gioberti ont été mises à l'index avec celles de Malebranche.

et la règle souveraine de la vérité et de la justice, c'est la royauté de l'opinion. Voilà quelques-unes des propositions impies et révolutionnaires par lesquelles Gioberti attaquait, non pas le vain fantôme du jésuitisme, qui n'existait que dans ses rêves, mais bien le saint Évangile de Notre Seigneur Jésus-Christ, la foi de dix-huit siècles, les croyances de sa patrie, les maximes des vrais philosophes et des publicistes dignes de ce nom, et les leçons mêmes de l'histoire. Le prêtre égaré déplore l'abaissement et la décadence de son pays. Sur ce point, il aurait eu entièrement raison, s'il avait exhorté ses compatriotes à conquérir l'indépendance et la prospérité par la pratique de toutes les vertus de l'homme et du citoyen. Mais loin de là, il travaille à produire en eux une funeste exaltation en les attirant à deux chimères : l'unité et la primauté de l'Italie. Ce qui a créé depuis longtemps l'unité en Italie, comme dans tous les pays catholiques, c'est la foi de Jésus-Christ : Gioberti, absorbé par ses conceptions personnelles, ne voit pas les grandes œuvres de Dieu. A l'unité des âmes, si belle d'harmonie et de liberté, il substitue l'unité matérielle d'un peuple enchaîné sous un même joug par la même puissance brutale. Le Christ, qui a donné au monde l'unité morale, a aussi donné la primauté à l'Italie en faisant de Rome la capitale de l'univers religieux, et voilà pourquoi la Rome nouvelle a des splendeurs qui effacent les monuments et les souvenirs de la ville des consuls et des empereurs. Gioberti et la plupart des constitutionnels fermaient les yeux au spectacle de cette gloire, et pensaient qu'il serait beau de la remplacer par la suprématie de la force. Tout ce qu'il y avait d'hommes honnêtes et réfléchis dans le parti se gardaient bien de suivre Gioberti dans ses aberrations ; aussi lui-même reniait ceux qui, comme Silvio Pellico et Manzoni, avaient eu le bonheur de reconnaître hautement l'excellence et les bienfaits de la foi catholique. De même que, dans le passé, il prenait pour objet de son admiration Mahomet, Luther et Socin, dans le présent, il réservait sa sympathie à Strauss, à Saint-Simon et aux disciples de ce dernier.

L'œuvre de ruine et de mensonge que Gioberti voulait entreprendre, sous le nom d'affranchissement et de régénération, était poursuivie depuis longtemps dans toute l'Europe par la société des Francs-Maçons, et particulièrement en Italie par la société des Carbonari, dont le but apparent était d'expulser les Autrichiens du sol de la patrie. Les Francs-Maçons et les Carbonari étaient les héritiers de Voltaire et les continuateurs de la Révolution française. En 1832, Joseph Mazzini, fils d'un professeur de médecine à l'Université de Gênes, né en 1808, réforma le programme et l'organisation de cette dernière secte. Elle prit alors le nom de *Jeune-Italie*. Quelques années plus tard, elle eut pour sœurs la *Jeune-Allemagne*, la *Jeune-Pologne*, la *Jeune-Suisse*, et fit partie d'une grande famille, la *Jeune-Europe*, qui devait envelopper de son réseau le monde civilisé. L'impiété de la *Jeune-Italie* ne s'affichait plus avec le cynisme de Voltaire. Elle prenait les formes dissimulées et perfides de la philosophie de Hégel, des rationalistes français et de Gioberti. « Dieu, dit Mazzini dans les *Devoirs de l'homme*, existe parce que nous existons. Il est dans notre conscience, dans la conscience de l'humanité, dans l'univers qui nous entoure...... Vous l'adorez, même sans le nommer, toutes les fois que vous sentez votre vie et la vie des personnes qui sont autour de vous... L'humanité est le Verbe vivant de Dieu... Dieu s'incarne successivement dans l'humanité (*Guerres et révolutions d'Italie en* 1848 *et* 1849, par le comte Édouard Lubienski). »

Le but que se propose le nouveau carbonarisme est clairement indiqué dans les premiers articles de sa constitution :

« Article 1er. La société est instituée pour la destruction indispensable de tous les gouvernements de la Péninsule et pour former un seul État de toute l'Italie, sous la forme républicaine.

» Article 2. En raison des maux dérivant du régime absolu et de ceux plus grands encore des monarchies constitutionnelles, nous devons réunir tous nos efforts pour constituer une république une et indivisible (Balleydier, *Hist. de la Rév. de Rome*, Introduction). »

Les moyens employés par la secte pour accomplir son entreprise sont la violence, le meurtre et la perfidie. Des serments affreux lient les membres à la société, et le poignard fait justice de ceux que la conscience rappelle à l'amour de l'ordre et de la vertu. Du fond de son asile, qu'il sait toujours choisir à propos, Mazzini fait jouer tranquillement les fils et les ressorts de la conspiration la plus étendue, la plus homicide, et la plus rusée qui se soit jamais vue. Nous rapporterons seulement ici une de ses instructions : elle suffira pour faire connaître son plan et ses manœuvres : « Dans les grands pays, c'est par le peuple qu'il faut aller à la régénération ; dans le vôtre, c'est par les princes ; il faut absolument qu'on les mette de la partie ; c'est facile. Le Pape marchera dans les réformes par principes et par nécessité ; le roi du Piémont, par l'idée de la couronne d'Italie ; le grand-duc de Toscane, par inclination et incitation ; le roi de Naples, par force ; et les petits princes auront à penser à d'autres choses qu'aux réformes...... Profitez de la moindre concession pour réunir les masses, ne fût-ce que pour témoigner de la reconnaissance. Des fêtes, des chants, des rassemblements, des rapports nombreux établis entre les hommes de toute opinion, suffisent pour faire jaillir les idées, donner au peuple le sentiment de sa force et le rendre exigeant. Le concours des grands est d'une indispensable nécessité pour faire naître le réformisme dans un pays de féodalité. Si vous n'avez que le peuple, la défiance naîtra du premier coup ; on l'écrasera. S'il est conduit par quelques grands, les grands serviront de passeport au peuple. L'Italie est encore ce qu'était la France avant la Révolution ; il lui faut donc ses Mirabeau, ses Lafayette et tant d'autres. Un grand seigneur peut être retenu par des intérêts matériels ; mais on peut le prendre par la vanité ; laissez-lui le premier rôle tant qu'il voudra marcher avec vous. Il en est peu qui veuillent aller jusqu'au bout. L'essentiel est que le terme de la grande Révolution leur soit inconnu. Ne laissons jamais voir que le premier pas à faire. — En Italie, le clergé est riche de l'argent et de la foi du peuple. Il faut le ménager dans ces deux intérêts, et autant que possible, utiliser son influence. Si vous pouviez, dans chaque capitale, créer un Savonarole, nous ferions des pas de géants. Le clergé n'est pas ennemi des institutions libérales ; cherchez donc à l'associer à ce premier travail que l'on doit considérer comme le vestibule obligé du temple de l'Égalité ; sans lui le vestibule, le sanctuaire reste fermé. N'attaquez le clergé ni dans sa fortune ni dans son orthodoxie ; promettez-lui la liberté et vous le verrez marcher avec vous. — Il y a bientôt deux mille ans qu'un grand philosophe, le Christ, a prêché la fraternité que cherche encore le monde. — Le clergé n'a que la moitié de la doctrine sociale, il veut comme nous la fraternité qu'il appelle charité. Mais sa hiérarchie et ses habitudes en font un suppôt de l'autorité, c'est-à-dire du despotisme ; il faut prendre ce qu'ils ont de bon et couper le mal. Tâchez de faire pénétrer l'égalité dans l'Église et tout marchera. La puissance cléricale est personnifiée dans les Jésuites. L'odieux de ce nom est déjà une puissance pour les socialistes, servez-vous-en (Balleydier, etc.). »

La jeunesse, gâtée par les passions, victime d'une éducation molle et d'un enseignement incrédule, emportée par un amour inconsidéré des nouveautés et des aventures, facile d'ailleurs à endoctriner, fournissait, souvent au grand désespoir de familles très-honnêtes, les plus nombreux adhérents de la secte mazzinienne. La fermentation était partout, une inquiétude et un malaise universels se faisaient sentir. Quoique poursuivant un but différent, les partisans de Gioberti et ceux de Mazzini étaient également les ennemis de l'Église et du pouvoir temporel des Papes. Le danger était d'autant plus réel et plus grand que la présence de la domination étrangère en Italie et l'état de souffrance qui en résultait pour la Péninsule semblaient autoriser le désir des innovations. On cachait les projets les plus subversifs et les systèmes les plus révolutionnaires sous le voile de cette vraie liberté et de cette fraternité, que l'Évangile a introduites dans le monde, comme le remarque le fondateur de la *Jeune-Europe*, et que l'Église propage et défend. Beaucoup d'honnêtes gens s'y laissaient prendre et, par des aspirations au moins imprudentes, favorisaient l'œuvre satanique qui se préparait dans les antres des sociétés secrètes.

Tel était le théâtre sur lequel Pie IX venait d'apparaître pour continuer la mission de lumière et d'amour donnée à Pierre par le divin Maître. Il y avait de grandes œuvres à accomplir, de grandes difficultés à vaincre, de grands périls à écarter. Le Saint-Père pouvait s'appuyer sur le concours du collège des cardinaux, qui renfermait autant de capacité intellectuelle que de vertu. Le cardinal Joseph Mezzofanti, né à Bologne le 19 septembre 1774, et mort à Rome le 4 mars 1848, a été surnommé la *Pentecôte vivante*. Il comprenait et parlait toutes les langues, tous les dialectes des peuples connus, et il joignait à cette science prodigieuse celle de l'histoire et de la littérature de tous les pays du monde. Il allait souvent, dit Mgr Gaume, passer la soirée à la Propagande. Bon, affable, modeste, il se mêlait parmi les élèves, et parlait tour à tour l'arabe, le turc, l'arménien, le chinois et vingt autres langues avec une facilité qui tient du prodige. Un jour il demandait à un Français de quelle province il était. — De la Bourgogne. — Ah ! vous avez deux patois bourguignons ; lequel parlez-vous ? — Je connais le patois de la basse Bourgogne. — Et le cardinal se met à lui parler le bas bourguignon avec une facilité qui aurait rendu jaloux tous les vignerons de Nuits ou de Beaune.

Le célèbre poète lord Byron, qui savait plusieurs langues, se croyait un phénix. Arrivé à Bologne, où Mezzofanti demeurait encore comme simple prêtre, Byron voulut le voir, afin de le mettre à l'épreuve : « Je ne me rappelle pas, disait-il plus tard, un seul des littérateurs étrangers que j'eusse souhaité revoir, excepté peut-être Mezzofanti, qui est un prodige de langage, Briarée des parties du discours, polyglotte ambulant, qui aurait dû vivre au temps de la tour de Babel, comme interprète universel ; véritable merveille, et sans prétention encore ! Je l'ai tâté sur toutes les langues desquelles je savais seulement un juron ou adjuration des dieux contre postillons, sauvages, forbans, bateliers, matelots, pilotes, gondoliers, muletiers, conducteurs de chameaux, vetturini, maîtres de poste, maisons de poste, toute chose de poste ! et... il m'a confondu dans mon propre idiome. » Le cardinal trouva dans cette connaissance presque miraculeuse de la linguistique, le moyen de confirmer d'une manière incontestable deux faits bibliques d'une haute importance, que la prétendue science des incrédules a plus d'une fois attaqués. Le premier est l'unité fondamentale de toutes les langues. Cette unité se reconnaît surtout aux parties du discours, qui sont les mêmes ou à peu près dans tous les idiomes. Le second est la trinité des dialectes dans la langue primitive : trinité qui correspond aux trois races de l'espèce humaine. Pour l'éminent philologue, il était démontré qu'il n'y a que trois races sorties d'une souche commune, comme il n'y a que trois langues ou dialectes principaux d'une langue primitive : la langue et la race japhétique ; la langue et la race sémitique ; la langue et la race de Cham. Ainsi l'unité de l'espèce humaine et la trinité des races, établies par tous les monuments de l'histoire, se trouvent encore appuyées de l'autorité du philologue le plus extraordinaire qu'on ait jamais connu. Les assertions de Mezzofanti ont autrement de solidité et de poids que toutes les inventions du rationalisme germanique, italien ou français. Le cardinal Angelo Maï, prêtre de Milan, qui devint préfet de la congrégation de l'Index, travaillait sur un autre terrain à la défense et à la gloire de l'Église, en complétant par les collections vaticanes les immenses matériaux que la science des siècles antérieurs avait accumulés. Il publia trois collections comprenant chacune dix volumes grand in-4°, de plus de mille pages, et formées d'ouvrages inédits, chrétiens et profanes, que lui-même avait déterrés et déchiffrés. La première porte le titre d'*Auteurs classiques* ; la seconde de *Nouvelle collection d'anciens auteurs ;* la troisième de *Spicilège romain.* C'est par de tels labeurs que l'Église est armée contre toutes les calomnies de la haine et de la mauvaise foi. Mgr Gaume raconte une partie de la longue conversation qu'il eut avec l'illustre cardinal : « Je mis la main sur un volume de la *Nova collectio :* Ah ! me dit Son Eminence, vous tenez les *Questions* de Photius à Amphiloque, c'est un des plus curieux ouvrages que j'ai retrouvés. Puis, prenant lui-même le volume, il me fit lire différents passages où le schismatique Photius parle en termes très honorables des Pontifes romains et de la suprématie de leur pouvoir : *C'est le bienheureux Damase qui confirme le deuxième concile général dont les décrets sont suivis par l'univers entier ; c'est Agathon qui, quoique non présent de corps au sixième concile, l'assembla pourtant, et en fut l'ornement par son esprit, sa doctrine et son zèle.* Photius parle ensuite longuement et avec beaucoup d'éloges de Jean VIII à qui il donne par trois fois l'épithète de *viril.* Ce n'est pas sans motif, me dit le docte cardinal, que Photius se sert par trois fois de cette expression. Evidemment il veut répondre à l'accusation d'esprit faible, que dès lors on portait contre ce Pape, parce qu'il avait souffert qu'on replaçât sur le siège de Constantinople Photius, si opposé au Saint-Siège et frappé auparavant de tant d'anathèmes. C'est de là sans nul doute qu'est née la fable de la *papesse Jeanne,* dont l'origine, objet de tant d'opinions absurdes, me paraît avoir été indiquée avec précision par Baronius, lorsqu'il a dit que ce pape a été appelé *une femme* parce que, vu la trop grande facilité de son esprit, il ne sut montrer aucune constance sacerdotale. De telle sorte qu'on l'appelait non point *pape,* comme ses courageux prédécesseurs, mais *papesse,* pour lui reprocher de n'avoir pas même résisté à Photius (*Les trois Rome,* par Mgr Gaume, t. II). »

Parmi les collègues de Mezzofanti et de Maï, le souverain Pontife devait rencontrer, aux différentes époques de son règne, non-seulement des émules de leur science, mais aussi de grands hommes d'Etat, des administrateurs habiles et vigilants, des diplomates expérimentés et fermes.

Grégoire XVI, qui était monté sur le trône pontifical au milieu des orages et des tentatives révolutionnaires, n'avait pu introduire beaucoup de réformes politiques dans le gouvernement des Etats de l'Église ni donner pleinement satisfaction au *Memorandum* du 21 mai 1831, par lequel les représentants de la France, de l'Autriche, de l'Angleterre, de la Prusse et de la Russie lui demandaient d'améliorer l'administration dans toutes les provinces soumises au Saint-Siège, et d'accorder une part aux laïques dans les diverses fonctions civiles. Pie IX, à peine couronné, s'occupa d'ôter ce prétexte aux invectives des révolutionnaires, et se montra l'initiateur de la vraie liberté et du légitime progrès. Tout d'abord pour étudier les graves et difficiles questions qui se rattachaient au bien-être des provinces, il avait formé une congrégation extraordinaire, espèce de conseil des ministres, composée des cardinaux Macchi, Lambruschini, Mattei, Bernetti, Gizzi et Amat, sous la présidence du cardinal Macchi. Immédiatement la question des chemins de fer destinés à relier les différentes provinces pontificales entre elles ou avec les Etats voisins, fut résolue en principe. Le 16 juillet parut un décret d'amnistie que le peuple attendait et qui avait été préparé avec une sage lenteur pour satisfaire à la fois la bonté du père et la prudence du souverain. Nous ne pouvons mieux faire que de rapporter textuellement cet acte mémorable, qui est conçu de manière à se justifier par lui-même et à inspirer un sentiment d'amour et d'admiration.

« PIE IX,

» A ses très-fidèles sujets, salut et bénédiction apostolique.

» Dans ces jours où notre cœur était si profondément ému de voir la joie publique s'associer à notre exaltation au pontificat, nous ne pouvions nous défendre d'un sentiment de douleur, en pensant qu'un certain nombre de familles ne pouvait participer à la joie commune, parce que, privées des consolations domestiques, elles portaient la peine de quelques offenses faites par l'un de leurs fils à la société et aux droits sacrés du prince légitime.

» Nous jetions d'un autre côté un regard de compassion sur cette jeunesse inexpérimentée qui, entraînée par de trompeuses espérances au milieu des discordes politiques, a été plutôt séduite que séductrice.

» C'est pour cela que dès ce moment nous résolûmes d'étendre la main et d'offrir la paix du cœur à ces enfants égarés qui voudraient nous montrer un repentir sincère. Maintenant que notre bon peuple nous a fait voir son affection et sa constante vénération pour le Saint-Siège en notre personne, nous sommes persuadé que nous pouvons pardonner sans danger. Nous prescrivons donc et ordonnons que les premiers jours de notre pontificat soient solennisés par l'acte suivant de grâce souveraine :

» 1° Il est fait à tous nos sujets qui se trouvent actuellement en lieu de punition, pour délits politiques, remise de leur peine, pourvu qu'ils fassent, par écrit, une déclaration solennelle, sur leur honneur, de ne vouloir, en aucune manière ni en aucun temps, abuser de cette grâce, et de remplir à l'avenir tous les devoirs de bons et fidèles sujets.

» 2° Sous la même condition, seront admis de nouveau dans nos États tous ceux de nos sujets qui sont en pays étrangers pour délits politiques et qui, dans le délai d'une année, feront connaître à nos nonces apostoliques ou aux autres représentants du Saint-Siège, leur désir de profiter de cet acte de notre clémence.

» 3° Nous absolvons également ceux qui, pour avoir pris part à quelques machinations contre l'État, se trouvent soumis à la surveillance de la police ou déclarés incapables d'offices municipaux.

» 4° Nous entendons que soient interrompues et supprimées les procédures criminelles pour délits purement politiques, qui ne seraient pas encore terminées par un jugement en forme; que les prévenus soient remis en liberté, à moins que quelqu'un d'entre eux ne demande la continuation du procès, dans l'espoir de mettre au jour son innocence et d'en reconquérir les droits.

» 5° Nous n'entendons pas cependant que, dans les dispositions des articles qui précèdent, soient compris ceux, en très-petit nombre, parmi les ecclésiastiques, officiers, militaires et employés du gouvernement, qui, pour cause de délits politiques, ont déjà été condamnés ou qui ont pris la fuite, ou dont le procès est encore pendant. En ce qui les concerne, nous nous réservons de prendre d'autres déterminations, selon que la connaissance des documents qui les regardent nous mettra en mesure de le faire.

» 6° Nous ne voulons pas non plus que, dans cette grâce, soient compris les délits ordinaires dont seraient d'ailleurs coupables les condamnés, ou prévenus ou exilés politiques; nous entendons que pour ceux-ci les lois en vigueur aient leur pleine exécution.

» Nous nous plaisons à espérer que ceux qui useront de notre clémence sauront, en tout temps, respecter et nos droits et leur propre honneur. Nous avons encore la confiance que les esprits gagnés et adoucis par notre pardon aimeront à déposer ces haines civiles qui sont toujours ou la cause ou l'effet des passions politiques, et qu'ainsi se formera vraiment de nouveau le lien de la paix par lequel Dieu veut que tous les enfants d'un même père soient ensemble étroitement unis. Si pourtant nous venions à être trompé dans quelques-unes de ces espérances, malgré la douleur amère qu'en ressentirait notre cœur, néanmoins nous nous rappellerions toujours que si la clémence est le plus doux attribut de la souveraineté, la justice en est le premier devoir (*Ami de la religion*, 28 juillet 1846). »

Parmi les coupables de délits politiques qui étaient exclus du décret d'amnistie, parce que leur faute renfermait la violation d'un serment antérieur, se trouvaient en tout quatre ecclésiastiques, vingt-deux officiers et trois employés subalternes. Le jour même, ayant été informés qu'ils pouvaient adresser individuellement un recours en grâce au Saint-Père, ils s'empressèrent tous de profiter de cette faveur.

Pie IX, comme il le disait, s'était vu entouré dès les premiers jours de son pontificat des témoignages ardents de la confiance et de l'affection populaires. Chaque fois qu'il paraissait en public, il était l'objet d'une ovation. A l'occasion de l'amnistie, l'enthousiasme redoubla. Aussitôt que la nouvelle fut connue, une foule toujours croissante se porta sous les fenêtres du Quirinal, acclamant le Pape et lui demandant sa bénédiction. Le jour de la fête de saint Vincent de Paul, Pie IX s'était rendu à l'église des Lazaristes. Sur son passage, il trouva toutes les maisons ornées de tentures. Comme il revenait et que sa voiture débouchait sur la place Colonne, des jeunes gens se précipitèrent sur elle, en détachèrent les chevaux, et se mirent, malgré la résistance du Saint-Père, à la traîner eux-mêmes, au milieu des acclamations et des fleurs. Cependant il y avait des indices qui ne permettaient pas aux catholiques les plus fervents et les plus réfléchis de rester sans inquiétude. Ces démonstrations multipliées et bruyantes paraissaient venir d'un mot d'ordre et avoir pour but d'entraîner le Pape à des concessions imprudentes. Dans les différents pays de l'Europe, les journaux de l'impiété et de la révolution paraissaient conspirer ensemble pour atténuer la reconnaissance que méritaient les actes du nouveau Pontife, et l'obliger, par l'intermédiaire de l'opinion, à marcher toujours en avant dans la voie qu'il avait adoptée. Les restrictions nécessaires ajoutées au décret d'amnistie étaient, dans cette presse hostile, commentées d'une manière odieuse. Si la nonciature, avant de délivrer des passeports, demandait un délai afin de vérifier la situation des réfugiés politiques qui voulaient quitter la France pour retourner à Rome, et d'examiner s'ils n'étaient pas dans la catégorie des criminels ordinaires, on se hâtait de travestir cette simple mesure de bon ordre en un mouvement perfide de réaction.

Au milieu des mensonges et des hypocrisies, le Pape continuait de suivre les voies de la loyauté et de la justice, ne se laissant pas plus arrêter qu'il ne se laissait entraîner. Le 1er août, il nomma le cardinal Gizzi secrétaire d'Etat et lui confia les affaires étrangères en même temps que l'intérieur. Le cardinal était admirablement préparé pour ce poste éminent par une carrière administrative et diplomatique glorieusement remplie. L'Italie entière applaudit à ce choix; on savait qu'il tombait sur un homme de grande intelligence et de noble cœur, fort instruit de toutes les choses du moment, et non moins ferme que droit et généreux. En qualité de nonce, il avait montré en Suisse, en Belgique et en Sardaigne, combien il était capable de soutenir les intérêts de l'Eglise et de gagner la sympathie. On lui avait confié plusieurs négociations, dont il s'était acquitté avec le plus grand succès. C'était l'homme qu'il fallait pour seconder un pontife tel que Pie IX, dont le dévouement au bien ne connaissait pas de bornes, et qui cherchait partout l'occasion d'exercer son zèle et son immense charité. Une circulaire adressée aux gouverneurs des provinces pontificales en date du 24 août, donna la preuve de la haute sagesse du souverain et du ministre. Il s'agissait de remédier aux maux que produisait à Rome et dans les provinces l'oisiveté d'une partie de la jeunesse pauvre. « Pour atteindre ce but si désiré, dit la circulaire, il paraîtrait opportun de réunir à Rome, dans un local approprié, un certain nombre de jeunes gens de la classe ouvrière, dans le double dessein de leur faire apprendre un métier de l'exercice duquel ils pussent retirer les choses nécessaires à la vie, et en même temps de les former au service militaire. Cette mesure aurait deux grands avantages : 1° leur éloignement des lieux où ils contractent de mauvaises habitudes et de l'occasion prochaine de nuire à la société et à la tranquillité des populations; 2° on aurait un noyau de bons soldats, et spécialement d'habiles sous-officiers, capables de former une armée instruite et suffisant aux besoins de l'Etat. » Les moyens d'exécution devaient être puisés dans l'intervention de l'autorité épiscopale, des magistrats municipaux et du conseil de la province, et complétés par le trésor public. La circulaire finissait par une importante déclaration de principes qui prouvait que le Saint-Père ne se faisait aucune illusion et qu'en travaillant pour l'établissement de la vraie liberté, il était loin de donner sa confiance au libéralisme révolutionnaire. Qu'on lise ces nobles paroles : « Ce n'est ni en adoptant certaines théories qui, par leur nature, sont inapplicables à la situation et aux mœurs des Etats de l'Eglise, ni en s'associant à certaines tendances dont il est tout à fait éloigné, que le Saint-Père croit pouvoir faire le bonheur de ses peuples. Ces théories et ces tendances sont condamnées par beaucoup d'hommes sages, et compromettraient manifestement la tranquillité intérieure et extérieure dont tout gouvernement a besoin s'il tient à assurer le bien-être de ses sujets. »

La vigilance du Pontife égalait celle du roi. Un décret de la congrégation de l'Index, portant la même date que la circulaire dont nous venons de citer les termes, condamnait plusieurs ouvrages favorables aux idées démagogiques, entre autres la traduction des Evangiles, accompagnée de notes et de réflexions, par l'infortuné Lamennais.

L'univers catholique, à l'exemple de l'Italie, avait salué l'avénement de Pie IX avec un sentiment de joie et d'espérance. On put voir combien cette espérance était fondée, quand l'auguste Pontife s'adressa pour la première fois à l'Eglise tout entière dans l'encyclique à tous les patriarches, primats, archevêques et évêques, à la date du 9 novembre. Après avoir rendu hommage à la mémoire de son illustre prédécesseur, il commençait par déclarer qu'une seule chose pouvait le rassurer à la vue de l'immense fardeau qui allait peser sur ses épaules : c'était la certitude de rencontrer, en toute circonstance, le concours vigilant et zélé des évêques, du milieu desquels Dieu l'avait pris pour lui imposer la charge du suprême pontificat. Puis, jetant un regard sur le monde, il en esquissait à grands traits la déplorable situation. Il signalait cette « guerre violente et formidable entreprise contre tout ce qui tient au catholicisme par ces hommes, unis dans une criminelle association, incapables de supporter la saine doctrine, qui ferment l'oreille à la vérité pour exhumer du sein des ténèbres les opinions les plus monstrueuses, qu'ils s'efforcent de publier et de répandre. » Les véritables rapports de la raison et de la foi étaient exposés avec une admirable netteté. La foi est au-dessus de la raison, mais elles ne peuvent se contredire, elles se prêtent un mutuel secours. « C'est la droite raison qui démontre, soutient, défend la vérité de la foi; c'est la foi, à son tour, qui affranchit la raison de toute erreur, et, par la merveilleuse révélation des choses divines, l'éclaire, l'affermit et la perfectionne. » Ainsi était solennellement condamné ce rationalisme, qui prétend établir le désaccord et l'antagonisme entre la raison et la foi, où les faire vivre, loin l'une de l'autre, dans des sphères absolument indépendantes. Ainsi encore se trouvaient repoussés une fois de plus les différents systèmes qui n'admettent aucune source de certitude naturelle en dehors des lumières de la révélation. L'orgueil philosophique, qui prétend soumettre à son interprétation et aux lois du progrès, le sens des mystères révélés, est flétri avec la même vigueur. « Ce n'est pas une moindre fausseté d'exalter, par des éloges pompeux, le progrès de l'humanité, et de vouloir, avec une audace téméraire et sacrilège, y soumettre la religion catholique elle-même, comme si elle n'était pas l'œuvre de Dieu, mais des hommes, ou qu'il fût question de quelque découverte rationnelle, susceptible d'être perfectionnée par des moyens humains. »

Aux funestes rêveries de l'incrédulité, l'encyclique oppose un magnifique sommaire des preuves de la religion et de l'infaillible autorité donnée à l'Eglise. « Cette autorité vivante et infaillible ne subsiste que dans cette Eglise que le Christ a établie sur Pierre, chef de toute l'Eglise, auquel il a promis qu'on ne verrait jamais sa foi défaillir. » Pie IX dénonce ensuite à la vigilance des pasteurs les sociétés secrètes et les sociétés bibliques, déjà condamnées par ses prédécesseurs; la doctrine de l'indifférence en matière de religion, qui supprime toute distinction entre le vice et la vertu, entre la vérité et l'erreur, entre l'honneur et la honte; la conspiration, favorisée par de misérables prêtres, contre le célibat ecclésiastique; la perversité de l'enseignement public, surtout en philosophie; le communisme, qui porte ses coups jusque sur les racines du droit naturel et qui bientôt entraînerait, dans un naufrage immense, les droits, les biens, les propriétés, et la société tout entière; le faux mysticisme qui, sous prétexte d'élever les âmes à une piété plus haute et plus pure, les détourne de toutes les pratiques extérieures du culte religieux, et les livre, ainsi désarmées, à tous les mensonges et à toutes les passions; la licence de la presse, dont les productions, élaborées avec un art infernal, appropriées à toutes les conditions et répandues à l'infini, sèment partout la corruption et la mort. « Par suite de ce déluge d'erreurs qui se glissent de toutes parts, s'écrie Pie IX, et de cette licence effrénée de la presse, de la parole et des écrits, les mœurs sont tombées dans la dépravation, la sainte religion du Christ est méprisée, la majesté du culte divin blâmée, la puissance de ce Siège apostolique entravée, l'autorité de l'Eglise combattue et réduite à une honteuse servitude, les droits des évêques foulés aux pieds, la sainteté du mariage violée, tout gouvernement ébranlé, et la société civile, comme la société chrétienne, affligée de tous les maux que nous avons à déplorer. »

Le Pape promet d'être le premier à la peine et au combat : il demande aux évêques de le seconder, et de s'armer d'autant plus de courage que les dangers et les ennemis sont plus nombreux et plus pressants. Il leur rappelle qu'avant tout ils doivent maintenir la pureté et l'intégrité de la foi par l'enseignement et la prédication, par l'union avec la Chaire apostolique, par l'empressement à découvrir et à signaler les erreurs et les manœuvres des impies, et par un zèle charitable à reprendre ceux qui s'égarent. La seconde obligation qu'ils doivent s'attacher à remplir, c'est d'établir entre les hommes la charité et la concorde, en répandant l'esprit de fraternité et de soumission au pouvoir légitime. Pour arriver à ces grands résultats, le Pape déclare qu'il faut d'abord avoir soin de former des prêtres capables et vertueux, et il s'étend longuement sur la nécessité d'éprouver sérieusement les candidats du sacerdoce dans tout ce qui regarde la sainteté de la vie, la science, l'administration des sacrements et la dispensation de la parole de Dieu. C'est par l'institution et la bonne direction des séminaires, déjà recommandées par le concile de Trente, qu'on pourra réussir à préparer de saints ministres des autels et de vaillants champions de l'Evangile. C'est par l'usage des retraites ecclésiastiques qu'on entretiendra et qu'on développera la grâce de l'ordination dans ceux qui l'ont reçue. A l'emploi de tous ces moyens, les évêques devront joindre celui qui est le principal et le plus efficace : l'exemple de leurs vertus et l'accomplissement exact de tous les devoirs de leur charge pastorale. Le Saint-Père termine en exhortant les pasteurs à travailler avec courage, à ne se laisser abattre par aucune difficulté ni par aucun péril. Il les engage à mettre leur confiance dans la puissance divine; il les prie et les supplie, au nom de la charité qui l'anime pour le salut des âmes, de s'approcher du centre de la foi catholique, et de recourir à son aide, à ses conseils et à son appui, toutes les fois qu'ils en éprouveront la nécessité. Il espère que les souverains temporels comprendront que le pouvoir leur a été accordé, non-seulement pour le gouvernement des affaires du monde, mais surtout pour la défense de l'Eglise, et qu'ils verront que la prospérité de l'Eglise, en retour, assure la conservation et le paisible exercice de leurs droits. Il en appelle enfin à la force de la prière et notamment à l'intercession de la très-sainte et très-immaculée Mère de Dieu, du Prince des apôtres, de saint Paul, le compagnon de son apostolat, et de tous les saints qui triomphent dans le ciel.

L'encyclique fut suivie, le 22 novembre, d'une lettre apostolique qui annonçait le jubilé, à l'occasion du nouveau pontificat. L'effet de cette publication fut ce qu'on devait attendre. Le cœur des vrais catholiques s'ouvrit entièrement à l'espérance et au courage. Les révolutionnaires et les partisans de la fausse philosophie furent quelque peu désappointés. Ils s'étaient flattés qu'avec le nom de *liberté* et les ovations populaires, on entraînerait Pie IX ; c'était pour eux une foudroyante déception de voir le Pape indiquer d'une main si sûre et si ferme les voies de l'erreur et celles de la vérité. Les illuminés d'Allemagne, entre autres, n'avaient pas craint de compter Pie IX au nombre des leurs ; à l'apparition de l'encyclique, ils se virent obligés de modifier leur langage, et, pour ne pas avouer leur confusion, le journal de Francfort répétait que ce n'était point là les pensées et les sentiments du Pape, mais une élucubration des Jésuites. Le langage et l'attitude de la mauvaise presse furent à peu près les mêmes partout. Autant l'encyclique avait rassuré et réjoui les catholiques, autant elle jetait le trouble et l'inquiétude parmi les ennemis de l'Eglise et de la vérité.

Dans un consistoire secret, tenu le 21 décembre, Pie IX créa cardinaux Monseigneur Baluffi, archevêque-évêque d'Imola, et Monseigneur Pierre Marini, gouverneur de Rome, vice-camerlingue et directeur général de la police. Il y avait à peine deux ans que la nomination de Monseigneur Marini au poste de gouverneur de Rome avait été accueillie par les applaudissements de toute la population. Les révolutionnaires, déçus dans leurs folles et criminelles espérances, manifestèrent des sentiments tout opposés, quand le Pape, pour récompenser les services de ce personnage, lui conféra la dignité de cardinal. De violentes scènes passaient de main en main ; des placards injurieux étaient affichés jusqu'aux portes du gouverneur; des lettres menaçantes, dont les auteurs se cachaient vaillamment sous le voile de l'anonyme, défendaient aux dames romaines de porter à Monseigneur Marini les félicitations d'usage. On craignait pour la soirée des manifestations qui, heureusement, furent empêchées par les sages conseils de quelques hommes influents et par le bon esprit du peuple de Rome, autant que par une pluie froide, peu favorable aux rassemblements. Cependant la popularité de Pie IX se manifesta encore d'une manière éclatante à l'occasion des fêtes de Noël et de la fête de saint Jean, dont il avait reçu le nom au baptême.

Les commissions, nommées dès le début du nouveau règne, s'occupaient des questions qui leur avaient été confiées. L'une d'elles était chargée d'examiner les lois et les formes de la procédure. Un ordre émané de la secrétairerie d'Etat, le 1er janvier 1847, inaugura sur ce point d'utiles réformes. Les deux tribunaux du Capitole et de l'Auditorat de la chambre furent réunis en un seul, qu'on appela le tribunal *del Governo*. Les tribunaux des provinces furent placés sous la surveillance de la S. Consulte, et celle-ci dut se mettre en mesure d'établir périodiquement une statistique criminelle, indiquant la cause des délits ainsi que leur nombre, et destinée à fournir les bases des améliorations futures. Pour remplir ces tribunaux, on fit choix des personnes les plus recommandables par leurs lumières et par leur probité, et les règlements pour l'admission des nouveaux candidats furent conçus de manière à donner toujours la préférence au plus méritant. La question économique ne fut pas oubliée dans cette nouvelle organisation judiciaire, et l'on augmenta le nombre des juges dans chaque tribunal, tout en diminuant les charges du trésor. La charité eut aussi son profit dans ces réformes : on délivra l'archiconfrérie de l'Assomption de l'obligation de pourvoir aux dépenses du tribunal du Capitole, et par là elle se vit dans la possibilité d'étendre ses bienfaits, en accordant annuellement un plus grand nombre de dots pour les jeunes filles pauvres. En même temps, le nouveau gouverneur de Rome, Monseigneur Grassellini, faisait recueillir environ deux cents mendiants sur les places et dans les rues de la ville. Les étrangers étaient reconduits dans leur pays, et quant aux autres, on prenait les mesures nécessaires pour subvenir à leurs besoins dans les établissements charitables, et supprimer le scandale de leur publique oisiveté. Dans les provinces, les intentions du Pape étaient activement secondées par les légats auxquels il avait ordonné, en les choisissant, de travailler au bonheur de ses sujets et de développer l'agriculture, le commerce et l'industrie. La misère et la cherté des vivres, pendant l'hiver de 1847, avaient occasionné des troubles à Jési et à Fiume Esino. Une amnistie fut annoncée, le 9 février, par Monseigneur Rusconi, délégat extraordinaire d'Ancône, en faveur des détenus et des contumaces que la justice avait frappés pour avoir pris part à ces troubles. Et le prélat était en droit de terminer sa proclamation par ces mots : « Ancône déclaré de nouveau port franc, les subsistances assurées, le calme et la pacification obtenus, des actes de justice énergiquement rendus, des actes de clémence largement accordés, un échange sans borne d'amour et de confiance entre nous et nos administrés, tels ont été en peu de jours les gages bien chers de notre sollicitude et de la bonne intelligence commune. »

Des journaux étrangers que l'on ne peut soupçonner de flatterie à l'égard de la Papauté, confirmaient ce langage de Mgr Rusconi, non-seulement pour la province d'Ancône, mais pour tous les Etats pontificaux. C'est ainsi qu'une feuille française bien connue, *le Siècle*, tout en professant une fois de plus ses préjugés favoris contre le gouvernement des Papes et leur entourage, élevait son ton jusqu'à l'enthousiasme pour rendre justice à Pie IX dans un article dont nous extrayons les passages suivants : « Le mouvement civilisateur commencé il y a huit mois sous les auspices de Pie IX continue, malgré tous les obstacles que lui opposent l'ignorance, les intérêts et les passions, appuyés de l'intrigue étrangère. Bien que la marche du gouvernement pontifical puisse sembler un peu lente aux imaginations habituées aux changements à vue et aux théories radicales, il est incontestable que ce gouvernement a déjà déployé une activité rare dans les fastes de l'Italie et surtout de l'Eglise. Il n'a pu s'empêcher de consulter des commissions spéciales au sujet de certaines réformes ou mesures capitales, et l'on sait par expérience, même dans notre pays de *furia francese*, combien traînent les études législatives ou administratives confiées aux commissions les mieux choisies. Mais dans nombre de cas, Pie IX s'est décidé en vertu du *Motu proprio*, et ses actes ont prouvé qu'il pouvait, en toute sécurité, s'abandonner aux inspirations de ses lumières et de sa conscience...... Le véritable esprit d'un gouvernement se manifeste surtout par le choix de ses employés... Eh bien ! sous ce rapport, Pie IX n'a pas été moins sage ni moins heureux. Les magistratures communales sont généralement composées d'hommes connus pour un libéralisme éclairé. Les commissions, notamment celle pour l'extinction de la mendicité et la réforme du code pénal, s'enorgueillissent de réunir les économistes et les jurisconsultes les plus distingués. Au sommet de l'administration, on s'applaudit de voir briller le cardinal Gizzi, secrétaire d'Etat, MM. Amat, Ferretti, Bofondi, Rusconi, Grassellini, préposés au gouvernement de Bologne, d'Urbin, de Ravenne, d'Ancône et de Rome..... Tout annonce d'ailleurs que la grande majorité des populations s'associe de cœur et d'esprit aux intentions paternelles du Saint-Père.... Le peuple romain paraît comprendre le prix d'un pareil avenir, car déjà il travaille à s'en rendre digne. Voici de ce fait des preuves irréfragables. Les corps judiciaires de la ville et du territoire de Rome ont dernièrement publié le résultat de leurs investigations statistiques sur les derniers mois de l'année 1846. Il ressort de ce tableau que dans le mois de juin 500 délits de toute nature furent poursuivis; dans le mois de juillet, 340; en août, 230; en septembre, 200, et en octobre seulement 112. Une diminution si rapide de criminalité n'est-elle pas une sorte de prodige ? De tels chiffres ne sont-ils pas la plus satisfaisante démonstration de ce que peuvent sur la moralité d'un peuple les mesures et surtout les exemples d'un bon gouvernement? Comparez à cela les statistiques criminelles des pays les plus fiers de leur civilisation, de l'Angleterre et de la France : de quel côté est l'avantage? Ne semble-t-il pas que sur les deux rivages de la Manche, la civilisation véritable rétrograde, et que sur les bords naguère si décriés du Tibre, la dignité, la liberté humaines, relevées par un pouvoir magnanime, seront bientôt mieux fondées que chez nous à revendiquer la jouissance de tous leurs droits? » Voilà comment, sans faire autre chose que de constater des faits certains, *le Siècle* était obligé, au commencement de 1847, de glorifier le gouvernement de Pie IX. Après cela, quand la même feuille et les autres de son école, entreprendront de donner des leçons au Pape et

LIVRE XCII. — RÈGNE DE PIE IX. — PREMIÈRE PÉRIODE (1846-1850).

proclameront l'incompatibilité de son pouvoir avec la liberté et le progrès, tout le monde pourra deviner de quelle liberté il s'agit et ce que signifie le progrès en question.

Par l'influence qu'elle exerce sur l'opinion et sur les sentiments de la masse populaire, la presse est devenue à notre époque une institution dont tout gouvernement, qui n'est pas aveugle ou impuissant, doit nécessairement s'occuper. L'expérience apprend tous les jours que c'est là un écueil dangereux et fertile en naufrages, tant il est difficile de ne pas excéder dans un sens ou dans l'autre les bornes de la sagesse. Il était impossible que l'impulsion donnée par Pie IX dans ses Etats ne produisît pas un mouvement dans les publications périodiques, et que ce mouvement ne demandât pas à être réglé. Un édit fut publié le 15 mars par le cardinal Gizzi pour organiser un conseil de censure. Nous rapportons le préambule de cet édit pour montrer ce que le Saint-Siège pense de la presse et de l'usage qui peut en être fait.

« La presse étant l'une des inventions modernes qui devait le plus accroître la puissance de la parole et multiplier les biens et les maux, les vérités et les erreurs, fut dès le commencement l'objet des plus graves sollicitudes de la part des souverains Pontifes, soit pour en favoriser les progrès utiles, soit pour en arrêter les dangers. Comme glorieux monument de cette double vigilance, il faut citer d'une part les imprimeries qui ont acquis une si haute célébrité, à Rome, sous la protection des souverains Pontifes, au dehors, sous celle des évêques; de l'autre les sages lois établies pour mettre un frein aux abus de cet art précieux, et pour empêcher que tandis qu'il offrait de nouveaux secours et de nouvelles richesses à l'esprit humain, il ne pût servir à altérer la foi ou à corrompre les mœurs des peuples. La forme de ces lois dut toutefois subir de temps en temps des modifications successives, à mesure que le nombre croissant des auteurs et des livres imprimés rendait trop lent ou trop incomplet l'examen que devaient en faire les seuls censeurs à qui ce soin avait d'abord été confié. Ce fut pour écarter cet inconvénient et rendre la censure plus efficace et plus prompte, que le pape Léon XII, d'heureuse mémoire, fit publier par son cardinal-vicaire l'édit du 18 août 1825. L'intention de son auguste successeur, le Pape heureusement régnant, est de maintenir cet édit en vigueur pour ce qui touche la censure scientifique, morale et religieuse. En ce qui regarde la censure politique, ce même édit ordonnait que tout écrit destiné à l'impression, qui serait de nature à exciter des plaintes de la part des gouvernements étrangers, ou à soulever dans l'Etat des controverses dangereuses, ne pût être publié sans l'autorisation préalable de la secrétairerie d'Etat. Or, aujourd'hui, telle est la quantité des productions que font naître les besoins de l'époque, et dans lesquelles il est traité directement ou indirectement, en tout ou en partie, de matières qui se rapportent à la politique, qu'il est devenu impossible à la secrétairerie d'Etat de satisfaire à toutes les demandes avec la promptitude naturellement désirée par les auteurs. En conséquence, Sa Sainteté voulant tout à la fois que cette difficulté ne puisse ni entraver une honnête liberté de la presse, ni la faire dégénérer en funeste licence, après avoir entendu l'avis des autorités compétentes, nous a ordonné d'établir de la manière suivante, à Rome comme dans les provinces, un conseil de censure auquel les examinateurs ecclésiastiques ordinaires devront désormais renvoyer tous les écrits politiques, après les avoir examinés d'abord pour s'assurer qu'ils ne contiennent rien de contraire à la religion, à la saine morale et aux lois de l'Eglise. »

L'édit renferme deux titres. Dans le premier, il est ordonné qu'il y aura un conseil de censure à Rome et dans tous les chefs-lieux de provinces. Les censeurs seront choisis parmi les hommes lettrés. Le conseil de Rome sera présidé par le maître du Palais et ne pourra compter plus de cinq membres : c'est le Pape qui les choisira. Dans les provinces, le conseil aura pour président le gouverneur qui s'adjoindra deux membres proposés par lui au choix de Sa Sainteté. Les conseils seront renouvelés pour moitié tous les cinq ans; mais les membres sortants pourront être maintenus par la volonté du Pape. Les matières scientifiques ou politiques des écrits à examiner seront distribuées entre les membres du conseil, d'après la méthode que le président aura fixée. Si un conseiller veut supprimer totalement un écrit, on pourra appeler de son vote à la décision du conseil tout entier. Dans tous les cas, chaque membre aura le loisir de demander à ses collègues la confirmation de son jugement. Le conseil de Rome prononcera sans appel, et sera responsable vis-à-vis du gouvernement. Le jugement des conseils de province ne sera sans appel qu'au sujet des articles de journaux ou des opuscules. Quand il s'agira de grands ouvrages, le président lui-même en appellera de son conseil à celui de Rome. Jamais un ouvrage réprouvé par le conseil de Rome ne pourra être présenté à l'approbation d'un conseil provincial.

Le second titre trace les règles que les censeurs doivent suivre dans l'exercice de leur pouvoir. Quant à l'autorisation des journaux ou de toute autre publication nouvelle, il faudra d'abord prendre connaissance des matières qui y seront traitées, de ses principaux collaborateurs, de son mode de publicité, de ses moyens d'existence, demander un éditeur responsable avec un cautionnement, puis s'adresser à la direction générale de la police pour en obtenir la permission préalable. Quant aux matières permises ou interdites, on pourra traiter tout sujet de science, de lettres et d'art, et les questions d'histoire contemporaine, d'administration publique, sauf certaines garanties, d'agriculture, d'industrie, de commerce, de navigation, de travaux publics. On peut aussi reproduire les actes du Gouvernement déjà publiés dans le journal officiel, et insérer toutes sortes d'annonces, excepté les annonces judiciaires. Mais on défend tout écrit qui verserait le mépris sur la religion, sur l'Eglise, ses dignités et ses ministres; tout ce qui offenserait l'honneur des magistrats, de l'armée, des familles et des citoyens, des gouvernements et des puissances étrangères, des familles régnantes et de leurs représentants publics; tout ce qui pourrait directement ou indirectement exciter à la haine contre les actes, les formes, les institutions du gouvernement pontifical, alimenter les factions ou produire des mouvements populaires contre les lois. On défend aussi de reproduire les discours prononcés dans des assemblées dépourvues de l'autorisation légale. Quand l'écrit publié ne sera pas conforme au manuscrit approuvé, le ministère public, sur le rapport du conseil et après la défense des accusés, procédera à l'application de la peine, soit contre l'éditeur responsable, s'il s'agit de journaux autorisés, soit, dans les autres cas, contre les imprimeurs et distributeurs de l'écrit. La peine consistera dans la confiscation des exemplaires, et dans une amende qui pourra varier de dix à cent écus (50 à 500 fr.); la récidive amènera la suspension temporaire du journal. Les parties offensées conserveront d'ailleurs la faculté de poursuivre la réparation devant les tribunaux compétents (Voir *l'Ami de la religion*, 27 mars 1847).

Nous ne voulons pas comparer ces dispositions à celles qui ont été prises ailleurs et à différentes époques. Mais nous pensons que cette législation réunit toutes les qualités désirables : elle est courte, simple, sage, équitable. Elle donne à la presse tout ce qu'il faut pour prendre un légitime essor et pour exercer une salutaire influence; elle ne lui ôte rien, sinon la liberté de se déshonorer et de faire le mal. Les hommes qui voudraient se servir de la presse comme d'une épée pour tuer tout ce qui leur fait ombrage, comme d'une torche pour incendier tout ce qui est respectable et sacré, comme d'une hache pour abattre tout ce qui résiste à leurs criminels desseins, comme d'un torrent pour répandre partout la dévastation, la ruine et la fange, ces hommes ne furent pas contents de l'édit du 15 mars. Ils essayèrent de provoquer une manifestation contre cet acte en le présentant comme un premier pas rétrograde; la lecture attentive de l'édit suffit pour les démentir et faire tomber leurs déclamations; le peuple romain comprit que son souverain avait acquis un titre de plus à sa reconnaissance en conciliant parfaitement les intérêts de la presse avec les intérêts supérieurs de la vérité, de l'honneur, de la morale, de l'ordre public; les imprimeurs et les éditeurs virent aussi qu'on leur accordait tout ce qu'ils pouvaient raisonnablement espérer et prétendre, et les tentatives d'agitation demeurèrent impuissantes.

Dans son ardent désir de réaliser toutes les améliorations possibles, Pie IX voulait s'entourer des lumières de tous les hommes sages et expérimentés. Par une circulaire du 19 avril, le cardinal secrétaire d'Etat fit savoir aux chefs des légations que le Pape allait appeler à Rome, auprès de lui, pour deux ans au moins, un représentant de chaque province. Le Pape se réservait de le choisir lui-même sur une liste de deux ou trois personnes désignées par le gouverneur. Ces représentants devaient être invités à prêter leur concours au souverain Pontife, dans la manière qui serait déterminée plus tard, soit pour seconder l'administration publique, soit pour s'occuper d'une organisation mieux entendue des conseils provinciaux et d'autres matières analogues. Il fallait les prendre parmi les hommes à qui leur position sociale, leur fortune, leurs connaissances, leur caractère, avaient acquis l'estime et la confiance de leurs concitoyens, et qui étaient connus par leur affection pour le gouvernement pontifical. Le peuple eut un transport de reconnaissance à ce nouveau signe des magnanimes intentions de Pie IX. Le parti constitutionnel excita l'enthousiasme populaire. Cette réunion des représentants de la province devait être peu nombreuse, puisqu'il n'y avait que six légations et treize délégations dans les Etats pontificaux : elle devait aussi apparemment garder le rôle d'un simple comité consultatif; mais le parti ne tenait pas moins, en Italie et ailleurs, à voir dans la nouvelle mesure un acheminement vers des transformations radicales. Une manifestation eut lieu dans la soirée du 22 avril. Une procession de 5,000 personnes avec des torches allumées, musique en tête, partit de la place du Peuple, suivit le Corso, et se rendit devant le Quirinal, où l'attendait une foule énorme. Elle portait la circulaire du 19 avril, imprimée en gros caractères sur un drapeau blanc. Dans toutes les rues brillaient de splendides illuminations; partout les acclamations retentissaient. Quand Pie IX parut au balcon, appelé par les vivats de la foule, la place fut éclairée tout à coup par des milliers de feux de Bengale, et tous les fronts se courbèrent pour recevoir la bénédiction apostolique.

Le Pape n'oubliait rien de ce qui fait l'honneur d'un peuple. Comme Docteur universel de l'Eglise, il favorisait les études ecclésiastiques : on l'avait vu assister aux thèses des jeunes aspirants au doctorat. Comme pontife et comme souverain tout ensemble, il savait, au milieu de ses préoccupations et de ses travaux, trouver des heures pour encourager les arts, si bien étudiés dans la Rome chrétienne. Il combla de faveurs l'Académie romaine d'archéologie, daigna inscrire son nom sur la liste de ses membres, lui ouvrit la porte du Capitole, et permit que la réunion annuelle, en 1847, eût lieu dans les jardins du Vatican.

Mais si les arts, les lettres et les sciences illustrent un peuple, c'est la bonne éducation des classes inférieures qui le rend fort. Avant d'être élevé sur le trône, Pie IX avait aimé d'instruire les jeunes gens : depuis son élévation, il avait appelé sur ce point, par la circulaire du cardinal Gizzi, l'attention et le zèle des magistrats et des évêques. Cet appel avait été entendu : aussitôt plusieurs villes conçurent la pensée de fonder, soit des écoles du soir ou du dimanche pour la jeunesse de la classe ouvrière, soit des asiles de charité pour les enfants en bas âge. Dans plusieurs endroits, de riches citoyens formèrent des associations en faveur de cette œuvre. Restait à l'autorité le devoir de diriger le mouvement qu'elle avait produit, pour qu'il fût véritablement utile. Dans cette vue, une circulaire du cardinal Mezzofanti, préfet de la congrégation des Etudes, fut adressée à tous les évêques des Etats pontificaux pour leur enjoindre de concourir à la fondation des établissements de ce genre et d'en prendre en main la direction. Il leur était recommandé de réclamer à cet effet la coopération des ecclésiastiques les plus distingués, des citoyens honorables et bienfaisants, et de ne rien négliger pour atteindre le but essentiel qu'on devait se proposer, « qui était de former l'esprit et le cœur de la jeunesse et de l'enfance aux principes divins de notre sainte religion. »

Un consistoire secret fut tenu le 11 juin. Quatre cardinaux y furent proclamés. Deux étaient français;

Mgr Giraud, d'abord évêque de Rodez, puis archevêque de Cambrai, et digne, par son éloquence pénétrante, par son zèle, par ses généreuses et aimables vertus, de s'asseoir sur le siège de Fénelon; puis, Mgr Dupont qui avait passé de l'église d'Avignon sur le siège de Bourges. Les deux autres étaient italiens : le premier réservé *in petto* depuis un an était Mgr Bofondi, doyen de la Rote romaine, et délégat extraordinaire de Ravenne. Le second s'était déjà fait remarquer par une grande fermeté d'esprit et de caractère, et l'avenir lui réservait un rôle considérable : c'était Mgr Jacques Antonelli, alors trésorier-général de Saint-Pierre.

Pie IX annonça dans ce consistoire qu'il venait de prendre une décision de la plus haute importance. Par un *Motu proprio* destiné à une prochaine publicité, il avait institué un conseil de ministres. Ce *Motu proprio* fut effectivement publié dans les jours suivants. Le conseil se composait de sept ministres, savoir : 1° le cardinal secrétaire d'État, 2° le cardinal camerlingue; 3° le cardinal préfet des eaux et routes; 4° l'auditeur de la chambre; 5° le gouverneur de Rome; 6° le trésorier-général; 7° le président des armes. Toutes les affaires les plus graves devaient être traitées et décidées en conseil. « Si nous disons seulement les plus graves, lit-on dans le préambule du décret, ce n'est pas certainement que nous mettions dans notre cœur aucune différence entre les plaintes du plus humble paysan et les intérêts les plus hauts de l'État. Mais devant accepter la loi qui impose aux hommes la brièveté du temps, nous estimerons toujours la gravité des affaires d'après la qualité des choses plutôt que d'après celle des personnes. » Il est dit que les séances ordinaires du conseil se tiendront une fois par semaine, et qu'il y aura des séances extraordinaires, quand besoin sera, sur l'invitation du cardinal président ou sur l'ordre du souverain. Les délibérations du conseil seront purement consultatives tant que le souverain ne les aura pas approuvées.

Cependant on approchait de l'anniversaire du jour mémorable où Pie IX avait été choisi pour succéder à Grégoire XVI. Les Romains préparaient à cette occasion une fête qui devait surpasser, en splendeur et en allégresse, toutes les manifestations antérieures. Tous les États pontificaux y prirent part. Bologne envoya une riche bannière. Dès le matin, pendant que retentissaient les salves d'artillerie du château Saint-Ange, la population de chacun des douze quartiers de Rome remplissait l'église qui lui avait été assignée. A dix heures, le Pape assistait avec les cardinaux et les prélats à la messe solennelle chantée au palais du Quirinal par le cardinal Patrizzi. Les quatorze quartiers de la ville se réunirent au Forum et montèrent au Capitole où la garde civique les attendait avec la bannière offerte par Bologne. Puis l'immense et brillant cortège se mit en marche vers le Quirinal. Chaque quartier avait sa musique, qui jetait dans l'air ses joyeuses fanfares, et son drapeau qui flottait au vent, et beaucoup de villes, comme Frosinone, Alatri, Agnani, Subiaco, Tivoli, Palestrina, etc., formaient aussi un groupe et comme un bataillon distinct. Sur la place du Quirinal, un hymne chanté par 3,000 voix exprimait l'enthousiasme d'une foule de plus de 40,000 personnes; et quand Pie IX apparut au balcon, les regards et les bras levés au ciel, le silence fut universel, tous se prosternèrent pour recevoir la bénédiction du suprême Pasteur. Le cortège retourna au Capitole en parcourant le Corso, au milieu des applaudissements et des acclamations, au bruit des fanfares et des hymnes et sous une pluie de fleurs. Dans la soirée, la foule se porta vers l'église de Sainte-Marie-des-Anges dont la vaste enceinte ne put la recevoir tout entière, pour assister au salut du Saint-Sacrement, et entendre un éloquent discours du P. Gavazzi.

Pie IX choisit ce beau jour pour renouveler une institution de Pie IV en établissant un ordre équestre qui s'appellerait : *Ordo Pianus*, ou l'Ordre de Pie IX. La lettre apostolique donnée à ce sujet dit que le but de cette fondation est d'exciter le cœur des hommes à un amour plus ardent et à la pratique plus parfaite de tous les devoirs et de toutes les vertus. « Comme cet ordre n'a nullement pour objet de flatter la vanité ou d'exciter l'ambition, disait encore le Pape, mais qu'il a pour unique but de récompenser les vertus et les mérites éminents, nous avons pleinement confiance que ceux qui seront décorés de ces insignes, répondant chaque jour davantage à cette marque de bienveillance pontificale ainsi qu'au suffrage de tous les gens de bien, augmenteront la splendeur de l'ordre dans lequel ils auront été reçus. » L'ordre comprend deux degrés : les chevaliers de première classe peuvent seuls transférer leur titre de noblesse à leurs descendants. La décoration consiste dans une étoile avec un écusson portant d'un côté : Pie IX, et de l'autre : *Virtuti et Merito*.

Pie IX persistait dans la voie des améliorations et du progrès; il persistait aussi à s'éloigner des funestes tendances qui menaçaient de dénaturer son œuvre et à leur opposer une invincible résistance. Il en donna la preuve éclatante dans une notification que le cardinal Gizzi fut chargé de publier le 22 juin. Après avoir rappelé sommairement le bien accompli ou commencé depuis la nomination de Pie IX, le secrétaire d'État continue en ces termes : « Sa Sainteté est fermement résolue à poursuivre cette marche dans la voie des améliorations pour toutes les branches de l'administration publique qui peuvent en avoir besoin; mais elle n'est pas moins fermement décidée à ne le faire qu'avec une sage gradation mûrement réfléchie, et dans les limites déterminées par les conditions mêmes qui sont de l'essence de la souveraineté et du gouvernement temporel du chef de l'Église catholique, auxquels ne peuvent convenir certaines formes qui ruineraient l'existence de cette même souveraineté ou diminueraient pour le moins cette liberté extérieure et cette indépendance dans l'exercice du souverain pontificat, pour le maintien desquelles Dieu disposa dans ses propres desseins, que le Saint-Siège posséderait une principauté temporelle. Le Saint-Père ne peut pas oublier les devoirs sacrés qui l'obligent à maintenir dans son intégrité le dépôt qui lui a été confié. » Ensuite mettant hors de cause la majorité de la population dont il reconnaît le bon sens et la droiture, le cardinal, au nom du Pape, condamna cette minorité d'esprits turbulents qui abusent de la situation pour répandre des maximes dangereuses. Il flétrit aussi quelques attentats qui avaient été inspirés, dans certaines provinces, par des passions politiques, non moins que les rassemblements tumultueux dont il a déjà été question, et qui avaient été causés, dans la province d'Ancône notamment, par la cherté des subsistances. Ces réflexions amènent le cardinal à traiter une autre question plus difficile et plus délicate. Il s'agissait des rassemblements et des manifestations qui avaient pour objet de témoigner au Pape la reconnaissance et l'amour de son peuple. Ces démonstrations étaient sincères et sans arrière-pensée du côté de la foule ; Pie IX était, comme il l'est encore, un souverain aimé, adoré de ses sujets. Mais les manifestations du genre de celles dont nous avons parlé se renouvelaient à chaque instant, trop souvent même pour qu'il convienne à l'histoire de les mentionner toutes. Elles étaient trop nombreuses et trop bien organisées pour qu'il n'y eût pas là autre chose que la spontanéité de la multitude et qu'on n'y sentît pas l'effet d'une impulsion occulte qui se proposait certainement un tout autre but que le bonheur des Romains et la gloire du Pape. Le Pape voulait déclarer hautement qu'il avait compris, et que ces manœuvres ne réussiraient pas à le tromper ni à l'aveugler sur les biens réels compromis par tout cet éclat. Le cardinal, au nom du Saint-Père, rend justice au caractère de son peuple qui a toujours su garder la dignité et le respect de lui-même dans les témoignages les plus vifs de son enthousiasme, et assure que l'affection du souverain répond à l'affection des sujets. « Mais, ajoute-t-il, le cœur paternel de Sa Sainteté souffre vivement de voir les populations et les particuliers entraînés dans des dépenses continuelles par des collectes gênantes, pour concourir à ces démonstrations publiques ; de voir des ouvriers abandonner leur travail, au détriment de leur famille ; de voir la jeunesse destinée aux études perdre un temps précieux pour elle ; de voir enfin la dissipation que l'on cherche à entretenir dans le peuple. » Le cardinal termine en insistant pour que le peuple se contente des manifestations qui ont signalé la première année du nouveau pontificat, et que désormais il ne donne pas à son souverain d'autre preuve de son amour que celle qu'il demande, c'est-à-dire le calme, l'ordre et la concorde (1).

Le Gouvernement ne pouvait assurément s'exprimer, dans une telle circonstance, d'une manière plus digne, plus sage et plus persuasive. Mais ce que nous voulons particulièrement remarquer dans cette pièce importante, c'est qu'elle est nettement son fait au parti révolutionnaire, et trace une ligne profonde de séparation entre le libéralisme catholique de Pie IX et le faux libéralisme qui avait compté se servir du Pape comme d'un instrument. Du même coup, le cardinal Gizzi avait dépeint à grands traits la première année du nouveau règne et fait présager le caractère des années qui allaient suivre.

Les carbonari ne cherchèrent pas à dissimuler leur mécontentement et leur irritation. Ils ne pouvaient attaquer directement le Saint-Père ; ils employèrent tous les moyens pour noircir aux yeux du peuple les principaux personnages du gouvernement. On répéta que les intentions libérales de Pie IX avaient toujours rencontré, dans les hautes régions de son entourage et de la diplomatie, une sourde opposition. On désignait adroitement à la fureur et à la vengeance populaires, tantôt les Jésuites, tantôt tel ou tel cardinal, tantôt l'ambassadeur d'Autriche ou de France. A l'étranger, un grand nombre de journaux faisaient écho à toutes les plaintes de la *Jeune-Italie*. Pour en nommer quelques-uns, la *Gazette d'Augsbourg*, en Allemagne, et en France, *le Siècle*, *le Constitutionnel*, *le National*, *la Réforme*, s'en allaient disant que Pie IX n'était pas libre, qu'il était dominé tantôt par les représentants de l'Autriche et de la France, tantôt par les Jésuites. Un jour, on racontait que le peuple romain s'était rué contre la porte du palais de Venise, et voulait mettre en pièces quelques cardinaux qui avaient dîné chez l'ambassadeur autrichien : une autre fois, que le Pape, lassé et découragé de la résistance qu'il rencontrait, allait déposer le fardeau du pouvoir. On voyait même certains organes de la presse religieuse se laisser prendre à ces fables et leur donner l'hospitalité dans leurs colonnes. La vérité était que les révolutionnaires de Rome, secondés par des émissaires étrangers, avaient échoué aussi complètement que possible : l'intervention de quelques bons citoyens avait suffi pour comprimer les premières tentatives d'agitation : tout se réduisait à quelques cris isolés, à quelques petits rassemblements presque aussitôt dispersés que formés autour du palais de l'ambassadeur d'Autriche et près de la villa Borghèse.

Les meneurs qui, pour la plupart, étaient d'anciens bannis rappelés à Rome par la généreuse amnistie de Pie IX, n'abandonnèrent pas leurs desseins subversifs. Le peuple se préparait à célébrer l'anniversaire de cette amnistie et l'inauguration d'une statue colossale du Pape sur la place du Peuple. Tout à coup le bruit se répandit que cette fête serait changée en un jour de deuil et de sang, par le complot du parti rétrograde qui se proposait de tourner contre la foule les sabres et les baïonnettes des gardes pontificales. On désignait comme chef de cette effroyable conspiration l'illustre et vénérable cardinal Lambruschini : on nommait aussi tout haut d'autres conspirateurs, on affichait leurs noms au coin des rues, on dénonçait l'heure, le lieu de leurs réunions. Grâce à la crédulité populaire et à l'audace des agitateurs, cet infernal mensonge faisait des dupes en foule : l'agitation était au comble. Le Cercle romain et d'honorables citoyens demandèrent au Pape d'empêcher, par prudence, la célébration de la fête du 17 juillet. Elle n'eut pas lieu, mais le trouble ne cessa pas immédiatement. Le parti continuait d'agiter le peuple par des placards et des discours. Cependant le cardinal Lambruschini, si lâchement calomnié, prenait possession de son nouveau siège de Civita-Vecchia au milieu des transports des habitants qui illuminaient leurs maisons, et surtout au milieu des bénédictions des pauvres, dont il avait voulu, dès son arrivée, secourir largement la misère. Quelques-uns des prétendus conspirateurs eurent assez de confiance dans un prochain

---

(1) Pour les citations, nous nous sommes servi de la traduction donnée par l'*Ami de la religion*. Il en est de même pour plusieurs documents de ce genre que nous avons déjà cités ou que nous citerons dans la suite.

retour du peuple à son bon sens ordinaire pour se réfugier dans les rangs de la garde civique. D'autres voulurent fuir et furent arrêtés par la multitude. Le cardinal Gizzi et Mgr Grassellini donnèrent leur démission qui fut acceptée. Pour les remplacer, dans une pareille situation, il fallait des hommes aussi habiles que fermes. Le nouveau gouverneur de Rome fut Mgr Morandi, et le nouveau secrétaire d'État fut le cardinal Ferretti, légat d'Urbino et de Pesaro. Comme ce dernier arrivait à Rome, vers onze heures du soir, on l'acclama, on illumina le *Corso*, on voulut dételer les chevaux de la voiture, mais le cardinal s'y opposa en déclarant que, si on le faisait, il mettrait pied à terre. Tous ces troubles et toutes ces terreurs du peuple étaient si bien l'effet des menées et des calomnies, que le 18 au matin, Pie IX, s'étant rendu au séminaire de la Mission, fut salué par les acclamations enthousiastes de la population. La noblesse romaine, ou du moins une partie de ses membres, se donnait, dès ce moment, le tort de flatter un sentiment populaire bien différent de celui qui exaltait le Pape. Des princes romains offrirent un banquet à un marchand de vin, Cicervacchio, qui était l'idole d'une certaine classe, et qui avait contribué, comme commandant de la garde civique, à maintenir l'ordre, au moins à ce que l'on disait. Il est inutile de remarquer que, dans la presse italienne et étrangère, il se trouva des journaux, quoique en petit nombre, pour accueillir la fable du complot réactionnaire, malgré l'invraisemblance de cette odieuse et ridicule invention.

Monseigneur Morandi, le 20 juillet, et le cardinal Ferretti, le 21, lancèrent leur première proclamation. Ils remerciaient toutes les classes, la garde civique et les troupes, de l'esprit d'ordre et de discipline dont elles se montraient animées, et recommandaient à tous de demeurer dans le calme, en laissant au gouvernement sa liberté d'appréciation et d'action que, de son côté, lui-même entendait maintenir fermement contre tous les attentats. Le 24, on apprenait que la réunion des représentants des provinces était fixée au 5 novembre prochain, et que le règlement pour la garde civique ne tarderait pas à être publié. Il s'agissait d'une réorganisation de cette troupe sur des bases plus larges. Cette institution, comme chacun sait, est un des ressorts du mécanisme constitutionnel, et les partis révolutionnaires ne manquent jamais d'en faire un des articles essentiels de leur programme. Pie IX déclara plus tard, à Gaëte, dans son allocution consistoriale du 20 avril 1849, que l'on avait profité de l'effervescence et des troubles de juillet 1847, pour précipiter la nouvelle organisation, de sorte qu'il ne fût pas possible de donner à la garde civique une forme et une discipline régulières. C'est ainsi que les mauvaises passions tournaient au détriment du bien et de l'ordre les témoignages de confiance que le Pape donnait à son peuple.

Il y eut cependant un règlement qui parut quelques semaines après et qui était empreint d'un haut caractère de sagesse. Il était dit que la garde civique avait pour but « de défendre son légitime souverain, de maintenir l'obéissance aux lois, de conserver ou de rétablir l'ordre et la tranquillité publique, en prêtant secours, le cas échéant, aux milices actives de l'État; que toute délibération de la garde civique sur les affaires de l'État, des provinces ou des municipes, tout acte illégal et toute réunion et pétition non autorisées par les autorités constituées, seraient considérés comme attentat à la chose publique; que le Saint-Père, en accordant d'une manière permanente et générale cette institution à ses sujets, se réservait la faculté d'en suspendre l'exercice ou de dissoudre même cette garde à Rome et dans les endroits où il le jugera nécessaire; que dans le cas où la garde civique ne se soumettrait pas aux ordres des autorités légales ou se mêlerait des affaires administratives, judiciaires, municipales, et délibérerait ou se réunirait illégalement pour faire des adresses ou autre chose semblable, le chef de la province pourrait la suspendre provisoirement; que la nomination aux grades, jusqu'à celui de lieutenant, serait faite par les compagnies : celle des capitaines et des officiers d'état-major par le Pape. » Ces dispositions du décret prouve que le Pape avait prévu les difficultés et les périls, et que si on lui avait laissé le temps, il aurait su peut-être faire de la garde civique un élément d'ordre et de sécurité à Rome. Mais la Révolution voulait au contraire y trouver un de ses meilleurs instruments, et en exagérant l'importance des services rendus par la milice citoyenne au mois de juillet, on lui conférait un rôle et une puissance politiques que le Pape, avec raison, aurait voulu empêcher. Les mêmes princes qui avaient offert un banquet à Cicervacchio, continuaient de courtiser la garde civique. Ils en avaient le commandement général et les principaux commandements de chaque quartier. Ils livraient le rez-de-chaussée de leurs palais aux grands corps-de-garde. La villa Borghèse voyait les bataillons faire l'exercice et s'asseoir à de splendides déjeûners, où présidaient les princes Borghèse et Aldobrandini, où l'on récitait des sonnets et l'on portait des toasts. Ce n'était pas là précisément remplir le but assigné par le Saint-Père à la garde civique : c'était augmenter une surexcitation qui n'était déjà que trop grande et trop aveugle. Les princes étaient probablement animés des intentions les plus généreuses : on ne doit même pas en douter; mais il eût mieux valu imiter la prudence de leur souverain, et, pour éviter de futurs mécomptes ou de fatals entrainements, s'en tenir à ses ordres et à ses recommandations.

Après les jours de troubles, les agitateurs essayèrent encore d'irriter et de soulever le peuple contre diverses personnes, malgré les sages proclamations du gouverneur, qui rappelaient aux citoyens le devoir de laisser le gouvernement surveiller et poursuivre les coupables de toute espèce. Ce fut dans une de ces occasions que se manifesta la grande popularité dont jouissait le Père Ventura de Raulica, né à Palerme le 8 décembre 1752, qui avait acquis une éminente réputation dans toute l'Europe par l'élévation de son esprit, par son érudition et par son éloquence. Il appartenait, depuis 1817, à la congrégation des Clercs réguliers, connus sous le nom de Théatins, et, pendant trois ans, son ordre l'avait eu pour général. Un jour, la foule s'était ameutée dans le voisinage de l'église de Saint-André *della Fratti*. Le bruit s'était répandu qu'un agent de police, dénoncé à la haine et aux vengeances du peuple, était caché dans une maison voisine. Les sifflets se mêlaient aux clameurs, toutes les demeures étaient envahies et fouillées. La confusion était inexprimable, quand le Père Ventura parut vers onze heures du soir. Il fit ouvrir les portes de l'église et monta en chaire; sa puissante parole s'empara de la multitude : le tumulte fut apaisé.

Pendant que l'agitation était à Rome et répandait l'inquiétude au dehors, un grave incident s'était produit dans l'une des provinces pontificales. Le 17 juillet, un bataillon de Croates, de huit à neuf cents hommes, et soixante cavaliers hongrois, avec trois pièces d'artillerie, étaient entrés à Ferrare, drapeaux déployés, mèches allumées, carabines chargées, et avaient pris possession de la forteresse et des quartiers militaires. Nous ne pouvons mieux faire connaître la nature et la portée de cette occupation, ainsi que l'impression qu'elle produisit à Rome, qu'en rapportant, au moins en partie, un article qui parut dans le *Journal de Rome* le 17 août.

« L'article 103 du congrès de Vienne avait réservé à Sa Majesté l'empereur d'Autriche le droit de garnison dans les places de Ferrare et de Comacchio. Néanmoins, cette réserve étant entièrement contraire à la souveraineté libre et indépendante du Saint-Siège et à sa neutralité, et portant en même temps un grave préjudice à l'exercice de ses droits, le cardinal Consalvi se vit obligé de protester formellement, tant contre cet article que contre plusieurs autres dispositions analogues maintenues dans ce traité, et toutes également contraires aux intérêts de la souveraineté temporelle des Papes. Le cardinal Consalvi demanda en outre que cette protestation, faite au nom de Sa Sainteté le Pape VII et du Siège apostolique, en date du 12 juin 1815, fût insérée dans le protocole des actes du congrès.

» Mais quoique cette réserve, qui lésait si ouvertement les droits de souveraineté du Saint-Père, fût relative précisément aux seules places, et par conséquent impliquât l'exclusion de l'intérieur des villes et de tout autre lieu, les commandants de ces places ont souvent voulu l'étendre à l'occupation de certains postes entièrement séparés et éloignés des deux forteresses, et qui, par conséquent, ne se trouvaient pas compris dans les limites déterminées ci-dessus. Néanmoins le Saint-Siège, n'ayant jamais abandonné l'espoir de voir éloigner de ces deux forteresses les garnisons autrichiennes qui les occupaient, a toujours insisté pour que ces troupes étrangères s'abstinssent au moins de dépasser les limites de la réserve stipulée, dans le congrès de Vienne, en faveur de l'Autriche. Les justes réclamations, présentées ce sujet par le Saint-Siège, n'ayant produit aucun résultat, il a cru de son devoir de les renouveler toutes les fois que l'occasion lui a été fournie par ses adversaires, afin que l'on ne pût au moins interpréter son silence dans le sens d'un consentement tacite. En agissant ainsi, le Saint-Siège s'appuyait sur la signification naturelle du mot *place*, qui restreint à la citadelle et n'étend pas à la *ville* le séjour et le service de la garnison autrichienne, ainsi que sur l'explication parfaitement conforme au sens restrictif sus-indiqué, qui fut donné à Vienne au cardinal Consalvi, par un personnage dont la position pouvait faire considérer les paroles comme revêtues de toute l'autorité désirable. Nous possédons encore la pièce autographe du cardinal, qui n'hésita pas à faire valoir cette explication dans une note adressée par lui, en 1817, au chevalier Gennotte, qui était alors chargé d'affaires de la cour de Vienne auprès du Saint-Siège.

« Depuis plusieurs années, les Autrichiens n'avaient fourni aucune occasion de renouveler ces réclamations, et on devait se féliciter que leur conduite vînt confirmer le sens restrictif donné aux expressions de l'article 103. Mais par cela même il est aisé de comprendre quelle désagréable surprise a causée au Saint-Père la nouvelle tout à fait inattendue de l'expédition, à Ferrare, d'un corps de troupes autrichiennes, qui y est entré le 17 du mois passé, sous un aspect tout à fait hostile. Et le Saint-Père en fut d'autant plus affligé, que cette entrée des troupes autrichiennes, dont le cardinal-légat de Ferrare ne fut prévenu que la veille par le commandant de la garnison de la citadelle, pouvait produire les résultats les plus fâcheux et les plus compromettants. Bien qu'à la première apparition de troupes étrangères la tranquillité n'ait pas été troublée, le gouvernement ne pouvait se défendre de graves appréhensions pour l'avenir. En conséquence, Son Eminence le cardinal Ferretti, secrétaire d'État, fit prier le feld-maréchal comte Radetzky (gouverneur du royaume lombard-vénitien), de donner les ordres nécessaires pour que la garnison se tînt au moins renfermée dans la forteresse. Mais malheureusement ses réclamations demeurèrent sans résultat. En effet, sur le simple rapport d'un capitaine autrichien, des patrouilles circulèrent dans l'intérieur de la ville. Cet acte arbitraire et illégal eut lieu malgré les assurances données par Son Eminence le cardinal-gouverneur Ciacchi, qu'il ferait procéder à une enquête pour vérifier les faits relatés, et punir les coupables conformément à la loi, afin d'empêcher le renouvellement de semblables désordres. Ce fut alors que le cardinal-gouverneur formula une première protestation, et Sa Sainteté, après l'avoir entièrement approuvée, ordonna au cardinal-secrétaire d'État de la confirmer et de la faire publier.

» Après cela on devait croire que le commandant aurait fait droit à des remontrances aussi justes; mais bien au contraire, de nouveaux empiétements vinrent accabler de douleur le cœur de Sa Sainteté, et mettre son gouvernement dans l'obligation de réclamer de nouveau avec plus de raison encore que la première fois. En effet, Son Eminence le cardinal-gouverneur reçut, en date du 8 du courant, une lettre par laquelle le commandant autrichien, M. le maréchal Auersperg, lui manifestait la surprise qu'il avait éprouvée de voir confié à la garde nationale le poste des prisons, et exprimait en même temps à Son Eminence, non-seulement l'intention de protester contre ce fait, mais encore celle de faire occuper par les troupes autrichiennes la grand'-garde (état-major de la place) et les portes de la ville, si ces postes venaient à être confiés à la garde nationale. Dans sa réponse, Son Eminence ne manqua pas de rappeler au maréchal Auersperg les droits incontestables du Saint-Siège, et de lui faire observer qu'en faisant une pareille menace, il venait entraver le libre exercice de la souveraineté temporelle du Saint-Père. Son Eminence ajouta qu'elle avait, en effet, donné l'ordre en question, relativement au service des prisons, et conclut en déclarant que, quand bien même elle ferait occuper les autres postes par la garde nationale, elle ne voyait là aucun motif de protestation de la part de M. le maréchal Auersperg, et encore bien moins une raison d'exécuter les menaces qu'il lui avait adressées. Malgré les observations de Son Eminence, M. le maréchal Auersperg fit occuper militairement les postes de l'état-major et des quatre portes de la ville, conformément aux ordres du comte Radetzky. La nouvelle de cette décision arbitraire fut apportée quelque temps avant son exécution, à Son Eminence, par le major commandant le bataillon des chasseurs tyroliens, accompagné de l'aide-de-camp du commandant de la forteresse. Avant même que cet avis fût donné à Son Eminence, l'infanterie, la cavalerie et l'artillerie autrichiennes étaient déjà rangées en bataille sur les glacis de la citadelle. L'illustre cardinal fit de vains efforts pour que cette occupation n'eût lieu que le lendemain matin, au point du jour, afin de ne pas augmenter l'excitation des citoyens, déjà fortement émus par les faits antérieurs. L'occupation eut lieu à une heure après midi, en présence d'une foule immense, dont la contenance calme et digne donnait bien plus d'assurance pour la conservation de l'ordre et de la paix, que tout cet appareil militaire..... Son Eminence s'empressa d'émettre une seconde protestation contre ces faits, et le gouvernement supérieur, de son côté, adressa aussi des réclamations à qui de droit. »

Dans un autre sens, la cour de Vienne faisait dire, dans *l'Observateur autrichien*, que l'on n'avait pas dépassé les facultés accordées à l'Autriche par l'article 103 du congrès de Vienne, et que la circulation des patrouilles était suffisamment motivée par les attaques dont un officier avait été l'objet dans les rues de Ferrare. Mais tout le monde était obligé de convenir, comme le faisait observer la *Gazette d'Augsbourg*, que de l'aveu de l'Autriche et de la France, le Pape était déterminé à chercher la tranquillité dans l'accomplissement des améliorations légitimes et non pas dans l'intervention d'une puissance étrangère.

A Rome, la population sensée avait d'abord compris qu'il fallait abandonner au gouvernement le soin de cette affaire, et la proposition émise par quelques têtes ardentes de dresser des listes d'enrôlement volontaire et de marcher contre les Autrichiens n'avait rencontré aucun accueil. Mais l'effervescence augmentait à mesure que se prolongeait l'occupation autrichienne. Toute l'Italie était en émoi. Des manifestations éclataient à Livourne, à Florence, à Turin. Le Pape et le cardinal Ferretti à Rome, ainsi que les légats dans les provinces, prirent à tâche de diriger et de régulariser le mouvement pour l'organisation des gardes nationales et des volontaires. L'Autriche persistant à occuper Ferrare, il était devenu nécessaire d'appuyer les protestations de quelques préparatifs de défense. Les négociations n'avançaient pas beaucoup. Le cabinet de Vienne voulait obtenir du Pape qu'il licenciât la garde nationale, qu'il restreignît la liberté de la presse, et qu'il accordât un passage dans ses Etats aux troupes autrichiennes, si l'on était obligé d'en envoyer à Naples ou en Toscane. Le Pape avait répondu en revendiquant les droits de sa souveraineté et de son indépendance. Le 21 août, le comte Auersperg notifia au cardinal Ciacchi la défense de laisser sortir de Ferrare les troupes pontificales, et le cardinal fit une troisième protestation. Ce qui augmentait l'assurance de l'Autriche, c'est que les réclamations de la cour romaine n'étaient d'abord appuyées par aucune puissance ni aucune force militaire. Mais bientôt la France et l'Angleterre parurent montrer de la sympathie pour l'indépendance du Saint-Siège. Le roi de Sardaigne, Charles-Albert, déclara officiellement qu'il mettait son épée au service de cette cause. A la fin du mois d'août, pendant que deux grandes lignes ferrées, de Rome à la frontière de Naples et à la frontière de Modène, étaient concédées à la compagnie Altieri et Rossetti et à la compagnie de Bologne, le gouvernement pontifical recevait du cabinet de Vienne une réponse à la protestation du cardinal Ciacchi. L'Autriche exprimait son regret de l'occupation de Ferrare, tout en maintenant son droit d'y mettre garnison, et donnait au Pape l'assurance qu'on lui accorderait contre la révolution tout l'appui qu'il pourrait désirer. Or ce n'était pas du secours que Pie IX demandait, mais le respect de sa souveraineté et de ses droits violés par l'article 103 du congrès de Vienne, et plus encore par l'occupation arbitraire de la ville de Ferrare. En même temps, une des demandes de l'Autriche recevait en partie satisfaction : sur un ordre formel de Sa Sainteté, le gouverneur de Rome rendait une ordonnance très-sévère contre l'impression et la propagation des journaux et des pamphlets non autorisés.

Au mois de septembre, l'émotion était plus grande que jamais dans toute l'Italie. Le roi Ferdinand II était vainqueur d'une insurrection qui avait éclaté en Sicile et dans la Calabre, mais les insurgés, réfugiés dans les montagnes, étaient encore une menace permanente. A Florence et à Lucques, il y avait des réjouissances pour la création de la garde civique. Arezzo et Sienne furent troublées par des émeutiers le 4 et le 5 septembre : la garde nationale rétablit l'ordre. A Milan, le 8, une troupe de 5 à 600 hommes, aux cris de Vive Romilli (c'était le nom de l'archevêque)! Vive Pie IX! Vive l'Italie! mêlaient ceux-ci : A bas la police! A bas l'Autriche! et malgré l'intervention, un moment efficace, de l'archevêque, ne craignait pas d'attaquer les patrouilles et de les désarmer. Le lendemain les soldats tombèrent avec leurs armes sur les rassemblements et firent de nombreuses victimes. Le chef du cabinet britannique pensa que le moment était venu de donner une marque effective de sympathie à la cause du Pape. Comme la loi anglaise défendait toute communication entre le gouvernement et le Saint-Siège, lord Palmerston envoya près du Pape lord Minto, qui, à la vérité, n'était pourvu d'aucune mission officielle, mais dont la responsabilité se trouvait garantie par sa parenté avec lord John Russell, chef du ministère. Lord Minto était beau-père de lord Russell. Peu de temps après, une escadre anglaise arrivait à Ancône. Le Pape était toujours maître de la situation dans ses Etats.

Le prince de Canino, fils aîné de Lucien Bonaparte, qui avait reçu de la Papauté non-seulement l'hospitalité, mais encore le titre de prince romain, esprit faux et inquiet, cherchant la popularité et l'influence tantôt dans les salles du Quirinal tantôt dans les comités révolutionnaires, avait essayé des démonstrations à Rome et à Bologne, aux cris de *Vive l'indépendance italienne!* Ces tentatives n'aboutirent à rien, et le cardinal Ferretti annonça que les auteurs en seraient punis. Les révolutionnaires accusaient de plus en plus les Jésuites d'entraver les intentions libérales dans lesquelles le Saint-Père déclarait vouloir persister. Ces accusations ne manquaient pas d'être répétées par tous les organes du faux libéralisme. Le 14 septembre, une lettre fut adressée au *Courrier français* par le P. Roothaan, général de la Compagnie de Jésus, pour protester vigoureusement contre ces inculpations et en démontrer tout à la fois l'odieuse iniquité et la frivole incohérence. L'affaire de Ferrare, qui avait malheureusement fourni une occasion aux agitateurs, finit par s'arranger. Le Pape écrivit une lettre à l'empereur d'Autriche et une autre à l'impératrice dans le dessein de terminer ce différend à l'amiable. La cour de Vienne partageait ces vues. On convint donc de maintenir le *statu quo*, en remplaçant les postes autrichiens, non par la garde bourgeoise, mais par des soldats suisses de l'armée pontificale. La remise des postes aux pontificaux eut lieu le 21 décembre.

Un *Motu proprio* du 15 octobre créa la Consulte d'Etat, qui devait se réunir un mois plus tard. Un autre, du 29 décembre, organisa le conseil des ministres, à peu près de la même façon que dans tous nos gouvernements modernes. Il y avait neuf ministères : les affaires étrangères; l'intérieur; l'instruction publique; la justice; les finances; le commerce avec beaux-arts, l'industrie et l'agriculture; les travaux publics, l'armée et la police. Le secrétaire d'Etat, ministre des affaires étrangères, avait la présidence du conseil, et devait être cardinal. Mais tous les pas que faisait Pie IX dans la voie des concessions libérales répondaient à de tristes progrès que faisait le parti révolutionnaire dans sa voie honteuse. Les manifestations étaient aussi nombreuses que par le passé; elles avaient perdu leur caractère de dignité. Le 27 décembre, une vile populace était venue, sous les fenêtres du Quirinal, pousser des cris qui ne ressemblaient plus aux acclamations d'autrefois : Vive Pie IX seul! Vive la liberté! Saint-Père, la liberté à Paradisi! Ce Paradisi était un employé que l'on avait incarcéré pour cause de malversation. Un déluge de pluie avait dispersé cette multitude ramassée dans les quartiers les plus misérables; mais il demeurait évident que la Révolution voulait essayer de tous les moyens pour exercer une pression sur Pie IX.

Le Pape avait déjà montré qu'il ne fléchirait pas. Dans l'allocution consistoriale du 4 octobre, il avait rappelé les enseignements de sa première encyclique sur l'obéissance due aux souverains temporels : il avait énergiquement protesté contre ceux qui osaient faire à sa personne et à sa dignité l'injure d'abuser de son nom pour soulever le peuple contre l'autorité légitime. « Tous nos soins, disait-il, toutes nos pensées et tous nos efforts, complètement étrangers à toutes les vues d'une politique humaine, ne tendent qu'à une seule chose, à savoir que la très-sainte religion de Jésus-Christ et sa doctrine brillent de plus en plus par toute la terre aux yeux de tous les peuples. » Parmi les actes qui avaient le plus affligé Pie IX, il faut compter la lettre que Mazzini osa lui écrire le 8 septembre 1847, pour lui proposer de renoncer à l'Eglise et de se faire le chef de la Révolution universelle; puis les manifestations qui avaient éclaté à Rome en faveur des radicaux suisses si honteusement victorieux de la Suisse catholique. Dans l'allocution du 17 décembre, le Pape flétrit ces démonstrations, dit Montalembert, avec les expressions les plus fortes que le langage humain puisse fournir. Puis, répondant à la lettre de Mazzini que les journaux de Paris avaient publiée le 25 novembre, et à diverses interprétations calomnieuses de ses actes, il leur oppose la déclaration d'un attachement inviolable et exclusif pour la doctrine catholique et d'une horreur sans bornes pour tous les systèmes d'indifférence religieuse.

La Consulte d'Etat se réunit et fut inaugurée le 15 novembre de l'année 1847. Dans le discours d'inauguration, le Pape montra qu'en donnant à cette assemblée la mission d'étudier et de proposer des réformes utiles, il n'avait pas entendu abdiquer entre ses mains, ni réaliser en aucun sens cette fameuse maxime : *Le roi règne et ne gouverne pas.* « Celui-là se tromperait grandement, dit Pie IX, qui verrait dans la consulte d'Etat la réalisation de ses propres utopies et le germe d'une institution incompatible avec la souveraineté pontificale. » Ces paroles irritaient le parti des exaltés. Le cardinal Antonelli, qui était président de la nouvelle assemblée, jouissait alors d'une assez grande popularité. Dans le même temps fut installée aussi la municipalité romaine. Un des trois candidats qu'elle avait désignés, le prince Corsini, fut nommé sénateur de Rome.

Les agitateurs, poursuivant l'exécution de leur système, avaient préparé une nouvelle manifestation en l'honneur du Pape à l'occasion du 1er janvier. Pour en finir avec ces rassemblements et aussi parce que le Saint-Père était souffrant, l'autorité donna des ordres dans le but d'empêcher l'accomplissement de ce projet. Alors on prétendit que les réactionnaires voulaient établir une barrière entre le souverain et son peuple. Afin de répondre à ce mensonge, le Pape sortit le 2 janvier et se rendit au Vatican. Partout, sur son passage, il recueillit les témoignages de l'affection universelle. Mais quelques personnes répandues dans la foule osèrent mêler aux acclamations ce cri des révolutionnaires : A bas les Jésuites! Le cri : Mort aux Jésuites! fut aussi proféré au grand théâtre dans la même soirée : le prince Corsini fit emprisonner le coupable.

Les démonstrations continuaient à se produire dans diverses parties de l'Italie, et l'Autriche, pour y maintenir sa domination, était obligée de faire des mouvements de troupes qui augmentaient encore l'effervescence. Le 8 janvier, une collision sanglante eut lieu à Pavie entre les étudiants et les soldats. Une grande insurrection éclata en Sicile, le 12 du même mois : les insurgés obtinrent l'avantage à Palerme, à Trapane, à Messine, à Catane, à Syracuse, à Melazza. L'opinion accusait hautement le cabinet britannique, dirigé par lord Palmerston, de fomenter tous ces troubles pour obliger le gouvernement de Naples à subir vis-à-vis de l'Angleterre un vasselage semblable à celui du Portugal, et pour établir le protectorat de la Grande-Bretagne sur l'Italie. L'escadre anglaise se tenait dans les eaux de Naples et semblait guetter sa proie. C'est ainsi que la politique intéressée et cupide de la moderne Carthage venait compliquer les difficultés et les périls du mouvement généreux dont Pie IX avait été l'initiateur : il importe que cela soit constaté. De son côté, la France envoya devant Naples un de ses plus forts bâtiments à vapeur. Par des ordonnances du 18 et du 19 janvier, le roi Ferdinand II fit, dans le sens du libéralisme modéré, des concessions qui ne satisfirent pas le peuple de Palerme. La guerre continua entre les troupes royales envoyées en Sicile et les insurgés. Le 26, à Naples, une grande manifestation fut faite par une réunion de trente mille personnes, que la cavalerie essaya inutilement de disperser. Enfin, le roi céda : un décret organique du 28 janvier traça les grandes lignes d'une constitution qui octroyait deux chambres législatives, dont l'une éligible par le suffrage restreint, des ministres responsables et la liberté de la presse. L'insurrection triomphait à Palerme.

L'Autriche, qui avait donné des pouvoirs illimités à Radetzki et opéré de nombreuses arrestations, pour étouffer le mouvement en Lombardie, prétendit que le roi de Naples avait violé les traités, en accordant de nouvelles institutions à son peuple. Mais le mouvement éclatait partout. Florence et Turin demandaient aussi des constitutions. Le 8 février, les bases d'une charte semblable à celle de Naples furent publiées à Turin. Le 4, le roi de Naples avait prononcé amnistie pleine et entière pour tous les délits politiques commis depuis 1830 ; la capitale était tranquille ; cependant le représentant anglais, lord Minto, jugeait à propos de s'y rendre pour donner des conseils. La constitution fut publiée le 12 février, au milieu de l'enthousiasme populaire. Le grand-duc de Toscane se déclara prêt à adopter aussi le gouvernement représentatif, et tint cette promesse le 15 du même mois. Quant à la Sicile, complètement victorieuse des troupes napolitaines, elle repoussa toutes les avances qui lui furent faites à diverses reprises, par Ferdinand II, se sépara du royaume de Naples, et se donna un gouvernement.

Tous ces événements avaient réagi à Rome. Les jeunes gens de l'Université romaine avaient fait célébrer un service en l'honneur des victimes de Pavie, et à cette occasion, le Père Gavazzi, dépassant toute mesure dans le discours qu'il était chargé de prononcer avait troublé la paix du sanctuaire par une sorte d'appel aux armes contre l'Autriche, et provoqué des acclamations inconvenantes dans le lieu saint. Le Pape ordonna que ce religieux irait expier sa faute, pendant trois mois, dans un monastère de Capucins. Quand Naples eut triomphé de la résistance de Ferdinand II, la municipalité de Rome invita le peuple à fêter cette victoire des idées libérales. Cette invitation n'était pas nécessaire. Il n'y eut que trop de manifestations et d'un caractère qui n'était plus douteux. On criait : A bas les ministres ! Le cabinet offrit sa démission qui ne fut pas acceptée. Pie IX répondit lui-même à son peuple, toujours fidèle, quoique agité et inquiet, par une proclamation du 10 février. Il lui rappelait toutes les preuves de son dévouement à la cause de la liberté : « Ecoutez donc, disait-il, la voix paternelle qui cherche à vous rassurer ; ne vous laissez pas émouvoir par les bruits que répandent des bouches inconnues, pour agiter les peuples de l'Italie par l'épouvantail d'une guerre étrangère préparée et fomentée par des conspirations intérieures ou par l'inertie malveillante des gouvernants. Ce n'est qu'un leurre. On veut vous forcer par la terreur à chercher le salut public dans le désordre ; on veut par le tumulte troubler les conseils de ceux qui vous gouvernent, et par la confusion, créer des prétextes pour une guerre que l'on ne saurait nous susciter par aucun autre motif..... C'est un grand don du Ciel, parmi tous les dons qu'il a prodigués à l'Italie, que nos trois millions de sujets aient deux cent millions de frères de toute langue et de toute nation. C'est là ce qui, dans d'autres temps et au milieu de la confusion de tout le monde romain, a fait le salut de Rome ; c'est ce qui a empêché que jamais la ruine de l'Italie fût complète. Ce sera toujours sa protection tant que ce Siège apostolique sera debout au centre de la Péninsule. » Cet admirable langage si supérieur aux conceptions de Gioberti, de Mazzini, et de tous les partisans de l'unité italienne, alla droit au cœur du peuple. Le lendemain une foule immense, enthousiaste, se pressait sur la place du Quirinal, saluant le Pape de ses joyeuses acclamations : « Mes bien-aimés sujets, dit le Saint-Père, avant de vous donner ma bénédiction, à vous, à l'Etat pontifical, et je dirai encore à l'Italie tout entière, je veux que vous promettiez que vos cœurs seront unanimes, que vos demandes n'auront rien de contraire à la sainteté de cet Etat et de l'Eglise. » Toute la foule s'écria : Oui, nous le jurons. « C'est pour cela, continua le Saint-Père, que tous les cris qui ne sont pas de mon peuple, mais d'un petit nombre d'hommes, je ne puis, je ne dois, je ne veux pas les admettre. Je prie donc Dieu de vous bénir, sous la condition expresse que vous serez fidèles au Pontife, fidèles à l'Eglise. Et sur ces promesses, je vous bénis, je vous bénis de toute mon âme. Gardez fidèlement la promesse que vous faites à Dieu et à la sainte foi. » Une nouvelle acclamation unanime attesta la fidélité du peuple, et vous s'inclinèrent sous la main qui les bénissait.

Le 12, trois ministres ecclésiastiques donnèrent leur démission et furent remplacés par trois laïques : l'avocat Sturbinetti à la justice ; Passolini, député de Ravenne, au commerce, et le prince Gaëtani de Teano à la police. Le ministère des armes avait déjà été confié à un laïque. Dans les jours suivants, la province partagea l'enthousiasme que la proclamation de Pie IX avait causé à Rome. Une commission était nommée pour préparer une constitution, puisque partout c'était une constitution qu'on réclamait. A partir du 23 février, cette commission tint chaque jour une séance. Mais nous devons suspendre ici l'histoire de la lutte libérale de Pie IX contre les plans et les passions révolutionnaires ; par suite des changements survenus en France, et de la commotion qui avait ébranlé toute l'Europe, les événements allaient lui échapper et prendre une marche tout à fait contraire à ses magnanimes et sages desseins.

Avant d'aborder le récit de cette nouvelle phase, nous avons à exposer les premiers actes du gouvernement spirituel du nouveau pontife.

A ce point d'arrêt, nous croyons faire plaisir aux lecteurs en leur soumettant, sur la politique suivie jusque-là par Pie IX, l'appréciation de trois hommes célèbres, placés à des points de vue bien différents. Ecoutons d'abord un poète, homme d'Etat, qui rend à Pie IX un hommage d'autant plus beau qu'il l'honore même par les restrictions mises à son éloge : « Le Pape, disait Lamartine, à la Chambre des députés, le 29 janvier 1848, a voulu deux choses, il a voulu être pape guelfe, passez-moi l'expression ; il a voulu maintenir la souveraineté pontificale dans les Etats de l'Eglise, et en même temps déraciner les abus administratifs qui avaient signalé le règne de ses prédécesseurs. Bien qu'elle fût loin de satisfaire toutes les aspirations de l'Italie, cette politique nouvelle a été accueillie avec de vives espérances. Cette papauté guelfe, cette papauté conservatrice du pouvoir pontifical, mais décidée à extirper les abus, a été accueillie comme un bienfait. Il lui a suffi de ce double caractère pour gagner une grande popularité. Rome, pendant six mois, et cela s'est prolongé encore, n'a été qu'une acclamation unanime. Pie IX a été intronisé, non pas sur les bras des cardinaux, mais sur les bras de tout un peuple. Le mouvement s'est fait sentir au delà de Rome ; l'Italie entière en a tressailli. » Après le poète révolutionnaire, voici l'orateur libéral et catholique : « Le Pape, disait Montalembert, à la Chambre des pairs, le 11 janvier 1848, avait à choisir entre deux papautés (dans le sens de la domination temporelle du Saint-Siége) : une papauté autrichienne, c'est-à-dire impuissante et discréditée, une papauté italienne, c'est-à-dire une papauté orageuse et difficile. Il a bien fait de choisir la papauté italienne, quels que soient les dangers auxquels il sera exposé, quelles que soient les épreuves que peuvent lui susciter son courage et sa résolution sublime..... Comme prince, il a montré, dans son discours d'inauguration de la Consulte, qu'il n'entendait pas renoncer aux conditions essentielles de son autorité temporelle ; tandis que, d'un autre côté, il a, en dix-huit mois de temps, accordé à son peuple, l'amnistie, la garde civique, l'organisation municipale, la Consulte, c'est-à-dire des réformes si considérables et si fécondes, qu'il serait peut-être impossible de trouver dans les annales d'aucun pays, d'aucun règne, l'exemple d'une générosité si spontanée et si complète. S'il échoue, savez-vous ce que cela prouvera ? Cela ne prouvera pas qu'il ait été imprudent, qu'il ait été fasciné ; mais je le dis à regret, cela ne prouvera qu'une chose, c'est que l'Italie est indigne de lui, et qu'elle est incapable de posséder une liberté régulière, pure et généreuse comme celle qu'il veut lui donner..... Il y a malheureusement en Italie une minorité non pas libérale, mais radicale ; non pas nationale, mais au contraire imbue de toutes sortes de préjugés et de haines étrangères qu'elle a puisés, il faut le dire, dans l'émigration. Vous savez que le coryphée de cette émigration italienne, le chef et le fondateur de la Jeune-Italie, a déclaré que la Papauté était incompatible avec la cause du progrès italien. On ne dit pas ces choses en Italie, mais quelquefois on agit comme si on le pensait, et, tout en criant : *Vive Pie IX !* on demande à la Papauté des sacrifices qui la déshonoreraient..... Il faut que le Pape soit libre, non-seulement du joug étranger, mais encore du joug des factions et des émeutes. » Il nous reste à entendre le témoignage d'un grand ministre, libéral et conservateur, historien et philosophe, étranger au catholicisme ; M. Guizot écrivait à M. Rossi, représentant de la France à Rome, le 1er décembre 1847 : « Si je comprends bien ce qui se passe à Rome, le Pape touche et nous touchons nous-mêmes, dans nos relations avec le Pape, à un moment critique et décisif, à l'un de ces moments où il faut absolument voir clair et prendre son parti, sous peine de ne plus marcher qu'au hasard et de n'arriver à rien. Je me félicite avec vous de l'ordre qui a régné dans l'installation de la *Consulta*, et de l'attitude que le gouvernement a prise pour assurer l'ordre. Je comprends qu'au milieu de ce qui se passe en Italie, il faille faire une large part à la vivacité des impressions populaires et au besoin que ressentent les populations de s'y livrer et de les faire éclater. C'est pour elles le premier élan de vie publique, le premier acte de liberté ? Les gouvernements doivent se montrer faciles et sympathiques pour ces jeunes sentiments nationaux, en prenant garde cependant à deux choses : l'une, qu'il ne s'établisse pas, dans ces manifestations populaires, des pratiques et des habitudes incompatibles avec l'ordre et l'état régulier du pays ; l'autre, que le gouvernement lui-même ne disparaisse pas au milieu de ce mouvement public, et que ses droits, ses fonctions, son action ne soient pas supprimés ou usurpés par des pouvoirs irréguliers... Le Pape et le cardinal Ferretti ont fait à leur pays et se sont fait à eux-mêmes un grand bien... en déployant au moment de l'installation de la *Consulta*, la prévoyance et la fermeté que vous me signalez. Cette installation complète, à ce qu'il paraît, les principales réformes que le Pape s'est proposé d'apporter dans les conditions et les formes générales de son gouvernement : la garde civique, le municipe de Rome, la *Consulta* ; il y a certainement encore dans les Etats-Romains, dans la législation, l'administration, l'ordre judiciaire, les finances, bien des réformes et des progrès à faire, et le Pape y pourvoira sans doute ; mais il a créé les institutions à l'aide desquelles s'accompliront ces progrès. Il en a déterminé la nature et la limite. C'est là ce que donne à penser le spectacle des faits. C'est aussi ce qu'indique l'allocution du Pape à la *Consulta*..... On dit que cette allocution n'a pas produit une impression nette et satisfaisante ; on croit surtout y voir un dessein arrêté de ne point admettre les laïques dans le gouvernement romain. Je ne saurais découvrir dans le langage du Pape rien de semblable... Qu'est-ce que la *Consulta* elle-même, sinon une assemblée de laïques appelés à prendre part au gouvernement ? Le Pape leur annonce, il est vrai, qu'il ne partagera pas avec eux la souveraineté, mais il n'entend pas davantage la partager avec les ecclésiastiques. » Répondant au discours de Lamartine, dont nous citions tout à l'heure un passage, le même ministre avait dit :

« On veut s'emparer du Pape pour en faire un instrument de guerre contre l'Autriche. On veut qu'il devienne l'instrument de ce fait-là, et, en même temps on pèse sur lui pour qu'il devienne, dans l'organisation des sociétés italiennes, l'instrument d'idées, de théories que j'appellerai... que je n'appellerai pas si on ne veut pas, *radicales* ou *révolutionnaires*, mais qui ne conviennent pas à l'ordre, qui ne conviennent pas à l'organisation régulière et pacifique des sociétés..... Le Pape ne peut être qu'un instrument d'ordre et de paix. Et quand je dis un instrument, je lui en demande pardon à lui-même, ce n'est pas le mot dont je dois me servir; le Pape ne peut soutenir que la cause de l'ordre, de la paix et de l'amélioration régulière, pacifique des sociétés..... Comptez sur la nature de l'institution autant que sur le caractère de l'homme; le Pape, le pontife, le prêtre, s'il le fallait, sauverait le souverain qui, je l'espère, n'est pas compromis. »

Ces témoignages et l'exposé des faits prouvent que le Pape avait admirablement rempli, pendant les dix-huit premiers mois de son règne, le noble programme qu'il s'était donné comme souverain temporel. A un autre point de vue plus élevé encore, au point de vue des grandes espérances qu'avaient fait naître les deux encycliques de 1846, nous devons répéter les belles paroles de Montalembert : « Je ne puis, moi catholique, avoir la témérité de juger Pie IX comme Pape, comme Chef de l'Eglise; mais, si je le pouvais, je dirais qu'en cette qualité même il a été irréprochable, qu'il l'a été surtout en ce qu'il ne s'est jamais écarté d'aucune des traditions glorieuses de ses prédécesseurs; par son intervention dans toutes les affaires des églises particulières, par le langage qu'il a tenu dans toutes ses allocutions, il a montré qu'il n'entendait interrompre en rien la chaîne immortelle qui descend de saint Pierre jusqu'à lui. » Pie IX était le digne vicaire de Jésus-Christ, même dans l'administration politique de ses Etats; il l'était davantage encore dans le gouvernement spirituel de l'Eglise et dans ses relations avec tous les pays du monde.

Les ordres religieux forment dans l'Eglise une armée d'élite dont elle s'est toujours glorifiée. Pie IX s'empressa de leur donner une preuve du haut intérêt qu'il attachait à leur mission en envoyant, le 17 juin 1847, une encyclique à tous les généraux, abbés, provinciaux et autres chefs des ordres réguliers, pour leur exprimer l'espoir qu'il fondait sur eux, et les exhorter à extirper les abus qui avaient pu se glisser dans leurs monastères et à y faire fleurir de plus en plus toutes les vertus de leur état. Il communiqua cette encyclique à tous les archevêques et évêques en les invitant à concourir à son exécution et à entretenir la bonne harmonie entre le clergé séculier et le clergé régulier. Un décret de la congrégation des ordres réguliers, à la date du 25 janvier 1848, établit dans le même but les prescriptions les plus sages et les plus sévères pour l'examen des candidats qui sollicitaient l'habit religieux et des novices qu'il s'agit d'admettre à faire profession.

Pie IX montra aussi dès son début le zèle et la sollicitude apostoliques avec lesquels il voulait s'occuper de la conversion des infidèles. Ecrivant aux directeurs du séminaire des Missions étrangères, à Paris, le 1er janvier 1847, il les exhortait ardemment à persévérer dans l'accomplissement de leur sainte et salutaire entreprise avec tout le dévouement possible. Il appelait principalement leur attention sur la nécessité de former dans les pays de missions un clergé indigène, capable, par sa piété et sa science, d'exercer convenablement les fonctions ecclésiastiques. « C'était, disait-il, le moyen d'assurer de plus en plus, dans ces contrées, la propagation et la durée de la religion catholique. » Dans une nouvelle lettre du 3 juillet, en remerciant l'un des professeurs de ce même séminaire de l'offrande d'un ouvrage qu'il venait de publier, il revient encore sur l'application que les directeurs de cette maison mettent à préparer la formation d'un clergé indigène dans les pays infidèles, conformément aux fréquentes recommandations du Siège apostolique. Grégoire XVI s'était déjà prononcé dans le même sens en s'adressant à tous les supérieurs de Missions. C'est aussi la doctrine contenue dans un décret de la Propagande, qui répond aux faibles raisons apportées, dans le sens contraire, par les missionnaires de la Chine et du Japon au XVIIe siècle. Le séminaire des Missions étrangères avait même été fondé en vue de réparer l'omission qui avait existé jusque-là sur ce point, et qui avait laissé dans un fatal isolement, au milieu des pays nouvellement évangélisés, les vicaires apostoliques et les missionnaires européens. Pie IX ne donna pas de moindres témoignages de sympathie au célèbre collège romain de la Propagande. Il écrivit aussi à la société de la Propagation de la foi de Lyon et de Paris, dans les termes les plus capables de faire sentir l'importance de cette œuvre et les hautes espérances qu'il y attachait.

Le total des offrandes recueillies par cette société, s'éleva en 1846 au chiffre de 3,885,387 francs, dans un moment où l'Europe était universellement agitée. Les sociétés rivales, instituées par le protestantisme, disposaient de sommes plus considérables et de moyens puissants. Pour la même année, la société méthodiste des Wesleyens avait une recette totale de 2,894,550 francs ; celles des Episcopaux, 2,920,675 francs ; la société pour la Conversion des Juifs, 726,150 francs; et celle des Traités, 1,260,400 francs. On lisait dans le rapport de la société des Missions épiscopales : « L'Eglise catholique romaine déploie une activité toute nouvelle en faveur des missions, et elle réunit des sommes extraordinaires. Elle inonde les pays de l'Orient de ses missionnaires, ils se répandent dans les Indes, en Cochinchine, en Afrique et en Amérique, où ils opposent les plus incroyables efforts aux ministres protestants. » Ce rapport annonçait que, depuis 43 ans, les sociétés bibliques avaient distribué à peu près vingt millions de Bibles, imprimées en 150 langues ou idiomes, dans les cinq parties du monde. Voilà tout ce qu'il pouvait annoncer : des fruits de conversion et de salut, il n'en est pas dit mot. L'activité de l'Eglise romaine, non pas nouvelle, comme le prétendait le rapport protestant, mais toujours ancienne et toujours renaissante sous mille formes nouvelles, aboutissait, grâce à la bénédiction de Dieu, à d'autres résultats.

Dans les régions du Levant, un inspecteur général de l'Université de France, constatait, par son rapport du 2 juillet 1846, les grands travaux accomplis par les Lazaristes pour substituer la vitalité catholique à l'engourdissement du schisme grec et à la décrépitude mahométane. Le collége de Smyrne, confié par l'évêque, Mgr Musabini, aux religieux français de Saint-Vincent de Paul, comptait alors quatre-vingts pensionnaires et soixante-dix externes, et attendait un agrandissement nécessaire pour en recevoir davantage. La plupart de ces élèves, appartenant à des familles aisées de Smyrne, de Chio et des îles voisines, étaient ou français, ou italiens ou grecs catholiques. Il y avait aussi des Arméniens réunis, mais pas de schismatiques. Dans ce collége, comme dans l'école primaire, tenue par les frères des Ecoles chrétiennes et chez les sœurs de la Charité, l'envoyé du Gouvernement français trouva des enfants et des jeunes gens, que leurs familles avaient laissés jusque-là sans ombre d'instruction, et qui, après avoir acquis les connaissances élémentaires, promettaient de continuer leurs progrès. Notons les réflexions suivantes consignées dans le rapport : « En Orient, les Lazaristes sont avant tout et par-dessus tout missionnaires : l'enseignement n'est pour eux qu'un moyen, non pas de multiplier les conversions particulières, malheureusement très-difficiles et très-rares dans ces contrées, mais de conserver le troupeau confié à leurs soins, et, en même temps, de préparer pour l'avenir un rapprochement des esprits par la douce et lente infiltration des idées catholiques.... L'important est que les jeunes personnes, tout en cultivant leur esprit, aient acquis par l'éducation de l'habitude et de l'exemple, par l'empire de la religion, si puissant à cet âge, les goûts sages et vertueux, qui, plus tard, contribueront à leur bonheur, et leur feront exercer autour d'elles une douce et salutaire influence. Un des plus grands obstacles à la civilisation de l'Orient a toujours été, comme on sait, l'absence presque complète de moyens d'instruction pour les femmes. »

A Constantinople, conduit par le préfet apostolique, M. Leleu, l'envoyé français vit au faubourg de Galata le magnifique établissement de Saint-Benoît, comprenant l'église et la demeure des missionnaires avec ses dépendances, entre autres une imprimerie ; l'école des frères, composée de quatre classes pour trois cent cinquante externes ; l'école des sœurs avec cent pensionnaires et deux cent cinquante externes. A l'école des sœurs se trouvaient joints « un dispensaire en pleine activité, où tous les ans plus de quatre mille malades de tout pays et de toute religion venaient chercher des consolations et des secours ; une pharmacie des pauvres, et un laboratoire pour alimenter les pharmacies de toutes les missions du Levant ; un hôpital pour une vingtaine de malades ; un ouvroir pour de pauvres filles, et jusqu'à une crèche pour dix ou douze petits orphelins. » On visita aussi le collége de Bebek où était appliqué à peu près le même programme que dans nos établissements européens, et où tout annonçait une direction intelligente et faisait espérer un succès florissant. D'autres colléges de Lazaristes, tels que ceux d'Antura, dans le Liban, de Salonique, de Tripoli, de Syrie, de Santorin, de Naxie, sont seulement nommés dans le rapport (1).

(1) Voir le *Rapport adressé à M. le Ministre de l'instruction*

L'ordre des Capucins secondait en Orient les efforts des Lazaristes. Dans le temps même que se publiait le document dont nous venons de donner un extrait, trois membres de cette famille religieuse arrivaient à Constantinople et deux à Philippopolis ; la Syrie en recevait deux, et trois autres allaient évangéliser la Mésopotamie. Mgr Hiliani, archevêque de Damas, était alors en Europe. Une lettre d'Alep, du 17 juillet 1846, lui apprit la conversion de l'évêque schismatique d'Ouria et de son secrétaire. Le prélat converti avait fait une abjuration éclatante ; et se proposait de retourner dans son diocèse pour y répandre la vraie foi. Cent cinquante familles de Mossoul avaient suivi son exemple.

Cependant le nom de Pie IX, symbole d'espérance et de paix, était porté par les voix de la renommée jusqu'au palais du sultan de Constantinople. Abdul-Medji-Kan, chargea son ambassadeur à Vienne, Chekib-Effendi, de passer à Rome pour exprimer au Pape la profonde estime de son maître. Ce fut un spectacle tout à fait nouveau de voir, le 20 février 1847, un ambassadeur ottoman venir complimenter un pontife romain. Chekib-Effendi se présenta devant le trône du Saint-Père avec les marques d'un grand respect. Son discours, traduit d'avance en italien, fut lu par dom Arsène Angiarakan, procureur général des moines Arméniens de Saint-Antoine, qui remplissait les fonctions d'interprète. En voici le sens : « De même qu'anciennement la reine de Saba avait salué le roi Salomon, de même l'envoyé de la Sublime-Porte venait saluer le pape Pie IX au nom de son monarque. Les merveilleuses actions de Sa Sainteté ayant non-seulement rempli l'Europe de ses louanges, mais étendu sa réputation au loin, le puissant monarque de Constantinople avait voulu lui faire présenter les plus cordiales félicitations pour son exaltation sur le Siége de Pierre. Quoique depuis des siècles il n'eût existé entre Constantinople et Rome aucune relation amicale, le puissant empereur désirait vivre en amitié avec Sa Sainteté. Il professait pour la personne de Sa Sainteté une haute estime, et il saurait protéger les chrétiens qui habitent ses vastes Etats. » Pie IX répondit qu'il ne cesserait d'appeler la bénédiction divine sur les fils de l'Orient, ajoutant qu'il désirait aussi avoir de bonnes relations avec le sultan, et qu'il s'en expliquerait plus au long dans l'audience secrète qui allait être accordée à l'ambassadeur.

Pendant que la Papauté recevait cet hommage inattendu, le patriarcat schismatique de Constantinople était à la veille de se voir infliger une grave humiliation. Depuis longtemps les Grecs supportaient impatiemment l'abus simoniaque que l'avarice de leur clergé faisait des fonds confiés à ses soins pour l'entretien du culte et des écoles. Le scandale d'une révolte qui éclata dans un séminaire nouvellement fondé, détermina l'explosion de tous les mécontentements. Malgré l'influence de la Russie, les laïques les plus considérés de l'Eglise grecque obtinrent, en 1847, un firman de la Porte qui prive le patriarche des attributions civiles dont il était investi, et le renferme absolument dans le cercle de ses fonctions spirituelles. Une sorte de

publique, par *M. Alexandre, inspecteur général de l'Université* (Ami de la religion, 4274 et 4273).

synode laïque fut institué pour régler les affaires civiles et défendre les droits du peuple contre les empiétements du clergé.

Les Lazaristes, en 1847, fondèrent une nouvelle école et agrandirent celles qu'ils avaient déjà, de sorte que, par eux, près de mille enfants des deux sexes participaient au bienfait de l'instruction primaire. Dans le même temps, Rome voyait naître la *Société orientale pour l'union de tous les chrétiens d'Orient*, qui se proposait d'accomplir son dessein par les forces réunies de la science et de la prière. Elle comprenait parmi ses membres des prêtres et des laïques. Le cardinal-préfet de la Propagande en était le président de droit, et dans la commission centrale on distinguait les personnages les plus illustres du clergé oriental et de tous les clergés européens.

L'Angleterre et la Prusse s'étaient mises d'accord, malgré les réclamations d'une grande partie du clergé anglican, pour établir un évêque protestant à Jérusalem. Pie IX répondit à cet acte de l'hérésie, comme Rohrbacher le dit dans son dernier livre, en envoyant un patriarche-résidant, Mgr Joseph Valerga, dans la ville sainte : cette décision fut annoncée dans l'allocution consistoriale du 4 octobre 1847. Jamais prosélytisme ne fut plus manifestement convaincu de stérilité et d'inconséquence que celui de l'évêque Gobat, délégué par l'Angleterre et la Prusse, pour représenter le luthéranisme à Jérusalem. N'ayant aucun espoir de gagner les Juifs; il essaya, contrairement aux ordres qu'il avait reçus, d'exercer la propagande parmi les membres des communions orientales. Aussitôt un grand nombre de dignitaires de l'Eglise anglicane publièrent cette protestation : « Nous protestons contre les actes de l'évêque docteur Gobat, comme émanant de lui seul, et n'ayant point reçu la sanction de notre Eglise : nous repoussons et nous condamnons en particulier son prosélytisme comme une violation des instructions qu'il a reçues et des canons ecclésiastiques eux-mêmes. » Après bien des efforts, M. Gobat réussit à se faire une cinquantaine de disciples, mêlés de Juifs, de Grecs et de quelques Européens. Généralement, les Juifs en acceptant l'évangile de M. Gobat, n'avaient pas eu d'autre intention que de profiter d'une partie de l'argent dont le prélat anglo-prussien était fort bien pourvu. Avant de mourir, il n'était pas rare qu'ils retournassent au mosaïsme. Si l'on joint à ce succès la distribution des Bibles dans tout le pays, on connaîtra le fruit de cet apostolat. Mais cet évêque était là aussi pour blasphémer, pour appeler les lieux saints « des amas de pierres consacrés par des traditions incertaines. » Il fallait donc un vrai ministre de Jésus-Christ, pour représenter à Jérusalem l'efficacité de la parole divine et la piété catholique.

Le 19 janvier 1848, Mgr Valerga écrivait au préfet de la Propagande, pour lui rendre compte de son entrée à Jérusalem : « Arrivé dans la rade de Jaffa, je trouvai les agents consulaires avec toute la population qui m'attendait au môle. Outre cette démonstration de la population et des consuls, le pacha m'envoya de Jérusalem des personnes pour me complimenter, des chevaux et un piquet de soldats. Une procession précédée de la croix me conduisit de la porte de la ville à l'église du Saint-Sauveur. Par ordre du pacha, plusieurs coups de canon saluèrent mon entrée, à laquelle assistèrent, dans le plus grand calme, une immense foule de Turcs, d'Hétérodoxes et même de Juifs. Tout se passa dans une tranquillité et un ordre parfaits. C'était pour la première fois que l'on voyait à Jérusalem une procession religieuse parcourir librement les rues de la ville, escortée et protégée par la milice turque. » Le 13 janvier, une dépêche de la Sublime-Porte avait donné au pacha de Jérusalem l'ordre d'accorder au patriarche tout le respect et toute la protection qu'il avait droit d'attendre.

Pie IX voulait, pour le bien de l'Eglise en Orient, tirer tout le parti possible des relations qui avaient commencé à se former entre le Saint-Siège et la cour de Constantinople. Malgré l'opposition de la France et de l'Autriche, qui prétendaient avoir seules le droit de protéger les catholiques dans ces parages, une légation extraordinaire, ayant à sa tête Mgr Ferrieri, nonce apostolique, partit de Rome et arriva à Constantinople, le 21 janvier. Dans les rues de la ville, comme au palais du sultan, l'envoyé du Saint-Siège fut l'objet d'un accueil respectueux. Le patriarche arménien non-uni envoya une nombreuse députation pour le féliciter : le patriarche grec suivit cet exemple, et le chef de la communauté israélite fit une visite en personne à Mgr Ferrieri. Dans l'audience officielle qui eut lieu quelques jours plus tard, le nonce exprima au sultan le désir qu'avait le souverain Pontife d'entretenir avec son gouvernement des relations amicales, et l'espoir que les catholiques de l'Orient trouveraient toujours la paix et la sécurité à l'abri de la protection impériale.

En même temps que cette légation s'éloignait des côtes de l'Italie, le Pape adressait à tous les chrétiens de l'Orient une encyclique datée du 6 janvier 1848. La première partie de ce remarquable document regardait spécialement les catholiques de ces contrées. Après avoir rappelé le souvenir des saints et des docteurs, ainsi que des conciles qui avaient autrefois illustré leur pays, le Pape les félicite d'être demeurés fidèles à l'unité. « C'est donc à vous, continue-t-il, que s'adressent d'abord nos paroles, vénérables frères et fils bien-aimés, évêques catholiques, et vous, clercs de tout ordre, et vous laïques, qui avez persévéré inébranlables, dans la foi de ce Saint-Siège, ou qui, non moins dignes de louange, lui êtes revenus après avoir reconnu l'erreur. Bien que nous nous soyons déjà empressé de répondre à plusieurs d'entre vous, dont nous avons reçu les lettres de félicitation pour notre élévation au souverain pontificat, et bien que, par notre lettre encyclique du 5 novembre 1846, nous ayons parlé à tous les évêques de l'univers catholique, nous tenons à vous donner une assurance plus particulière de l'ardent amour que nous vous portons et de notre sollicitude pour tout ce qui vous regarde. Nous trouvons une occasion favorable de vous témoigner ces sentiments, au moment où notre vénérable frère Innocent, archevêque de Saïda (Mgr Ferrieri), est envoyé par nous, en qualité d'ambassadeur, près la Sublime-Porte, afin de complimenter de notre part le très-puissant empereur des Turcs, et de le remercier de la gracieuse ambassade qu'il nous a envoyée le premier. Nous avons enjoint de la manière la plus pressante à ce vénérable frère de recommander instamment à cet empereur et vos personnes et vos intérêts, et les intérêts de l'Église catholique dans toute l'étendue du vaste empire ottoman. Nous ne doutons point que cet empereur, qui a déjà donné des preuves de sa bienveillance envers vous, ne vous soit de plus en plus favorable et n'empêche que, parmi ses sujets, personne n'ait à souffrir pour la cause de la religion chrétienne. L'archevêque de Saïda fera encore mieux connaître les mouvements de notre amour pour vous aux évêques et primats de vos nations respectives, qu'il pourra entretenir à Constantinople; avant de revenir vers nous, il parcourra, selon que les temps et les circonstances le lui permettront, certains lieux de l'Orient, afin de visiter de notre part, comme nous le lui avons ordonné, les églises catholiques de tout rit établies dans ces contrées, et de porter les témoignages de notre affection et des paroles de consolation au milieu de leurs peines, à ceux de nos vénérables frères et de nos fils bien-aimés qu'il y rencontrera. »

Le Saint-Père donnait ensuite à tous les Orientaux l'assurance qu'il maintiendrait intactes leurs liturgies particulières, comme l'Église romaine l'a toujours fait. Il cite pour preuve les décrets des Papes, nommément de Benoît XIV; la liberté laissée aux prêtres orientaux de célébrer, selon leur rit, quand ils se trouvent en Occident; les églises spécialement dédiées à ce rit dans l'Europe occidentale et surtout à Rome; les monastères et les collèges, qui ont pour but de leur préparer des ecclésiastiques capables; la congrégation de la Propagande et cette nouvelle association de prières dont nous avons parlé. Cette première partie se termine par une exhortation au zèle sacerdotal, à la vigilance, et à une ferme persévérance dans la vraie foi.

La seconde partie s'adresse aux schismatiques. Elle n'est pas, pour cela, empreinte d'un moindre caractère de bonté paternelle et de dévouement pastoral. Avec une sainte éloquence, Pie IX invoquait les mots du Symbole qui nous est commun avec les Grecs, pour les rappeler à l'*Église une, sainte, catholique et apostolique*. Pour tracer le portrait de cette Église, et la faire distinguer entre toutes, il empruntait les expressions et l'autorité de l'Évangile d'abord, puis des hommes et des conciles dont les noms étaient les plus capables de flatter l'orgueil national des Orientaux séparés et de produire sur leur esprit une impression salutaire. Il citait saint Irénée, saint Athanase, saint Chrysostome, les conciles d'Éphèse et de Chalcédoine; il finissait en pressant de chercher dans la communion avec le Siége de Pierre le seul moyen d'appartenir à l'unité de la vérité et de la vie; l'Église une, sainte, catholique, apostolique, ne pouvant être en dehors de cette communion. : « Nous vous recevrons, disait-il, avec une bienveillance toute paternelle et avec le plus tendre amour, selon la coutume constante du Saint-Siége. Nous ne vous demandons que les choses absolument nécessaires : revenez à l'unité; accordez-vous avec nous dans la profession de la vraie foi, que l'Église catholique retient et enseigne; avec l'Église même, gardez la communion du Siége suprême de Pierre. Pour ce qui est de vos rites sacrés, il n'y aura à rejeter que les choses qui se trouveraient contraires à la foi et à l'unité catholique. »

Au delà du Gange, les missionnaires continuaient leurs travaux, plus souvent au milieu des dangers de la persécution que dans la sécurité. En 1844, l'ambassadeur français, M. de Lagrenée, avait commencé avec la Chine des négociations qui furent seulement terminées deux ans plus tard et qui aboutirent aux résultats les plus honorables pour la France et les plus utiles pour l'extension de la foi dans ces vastes contrées. Deux premiers édits du *Fils du ciel* avaient paru : l'un permettait à tous les Chinois d'embrasser la religion chrétienne, et la déclarait digne non-seulement de tolérance mais d'honneur; l'autre approuvait le culte de la croix et des images comme signe distinctif des chrétiens. Un troisième édit fut publié le 18 mars 1846, d'abord pour confirmer les précédents, puis pour rendre au christianisme les églises construites du temps de Kang-Hi, au XVIIe siècle, à l'exception de celles qui avaient été changées en pagodes ou en maisons particulières, et pour réprimer les magistrats qui, malgré les ordonnances antérieures, osaient encore poursuivre les chrétiens sans autre motif que celui de leur croyance. Cet édit rappelait qu'on pourrait toujours punir ceux qui se couvriraient d'un prétexte religieux pour causer du trouble ou faire le mal. Il maintenait aussi la défense faite à tous les étrangers de pénétrer dans l'intérieur du pays pour y répandre un nouveau culte. La publication de cet édit fut le signal remarquable d'un mouvement de conversion. Les quatre-vingts missionnaires, soixante français et vingt italiens, qui parcouraient alors le Céleste-Empire ne pouvaient suffire qu'avec beaucoup de peine aux prosélytes nombreux qui réclamaient leur ministère. La province de Kiang-Nan vit des foules de païens abandonner les temples de Bouddha et demander le baptême. Mais la persécution ne tarda pas à se rallumer dans l'intérieur de la Chine. A la fin de 1847, quatre ou cinq missionnaires français, sans compter un espagnol, le Père Navarro, s'étaient vus expulsés par la violence. Dans la province de Yun-Nan, des mandarins avaient arrêté bon nombre de chrétiens, et après avoir inutilement essayé de leur faire fouler la croix aux pieds, les avaient cruellement frappés et jetés dans d'horribles cachots. Un pays tributaire de l'empire chinois, la Mantchourie, fut parcouru en grande partie en 1846 par Mgr de la Brunière. Il avait rencontré quelques chrétiens à A-je-ho, et prêché l'Évangile avec succès dans la ville de Sou-Sou. D'un autre côté, MM. Huc et Gabet, de l'ordre des Lazaristes, avaient pénétré dans le Tibet jusqu'à L'Hassa, résidence du Dalaï-lama, mais un envoyé extraordinaire de la Chine les obligea de rentrer dans ce dernier empire, après un voyage de quatre mois pendant lequel ils avaient fait six cents lieues. Ils purent traverser toute la Chine, grâce au traité conclu par M. de Lagrenée, et arriver enfin à Macao. Cet épisode de l'Histoire des Missions en Chine remonte à 1842, mais à cause de son importance nous avons cru devoir le signaler ici : MM. Huc et Gabet avaient indiqué la route aux courageux missionnaires qui ont essayé après eux de planter la croix dans l'empire des Lamas. Dans la Corée, d'après ce que M. Daveluy, des Missions étrangères, écrivait en juillet 1846, les missionnaires étaient obligés de voyager sous des habits de deuil et sous des noms empruntés à la langue nobiliaire du pays, parce qu'il y est d'usage de ne pas interroger les nobles et de ne pas questionner non plus ni de chercher à voir les personnes qui sont dans le deuil. Les forêts de la Birmanie étaient explorées en 1847 par MM. Lacrampe et Plaisant. Les tribus y donnaient une hospitalité bienveillante et simple aux missionnaires, et les entouraient d'égards. Elles avaient conservé des traditions et des croyances qui gardaient un étonnant caractère de conformité avec le langage et les enseignements bibliques. Les tribus, beaucoup moins sociables, de la presqu'île de Malacca, étaient visitées par M. Bigandet.

La mission des îles Malaises fut attristée, à cette époque, par l'exil de Mgr Groof, vicaire apostolique, dont le gouverneur général des possessions hollandaises dans ces parages avait ordonné l'expulsion. L'évêque banni se rendit à La Haye, où le roi lui fit un accueil assez bienveillant, pendant que des prêtres, frappés de suspense et soutenus par le gouverneur, profanaient publiquement le saint ministère et donnaient tous les scandales à Batavia. Des négociations s'ouvrirent avec Rome pour l'arrangement de cette affaire, et durèrent assez longtemps. Le Saint-Siège obtint enfin, du gouvernement hollandais, des concessions relatives à la liberté religieuse, et, en retour, il décida que Mgr Groof ne retournerait pas à Batavia, non plus que les prêtres qui l'avaient suivi dans son exil. Ce prélat fut envoyé, en qualité de vicaire apostolique, dans les Indes occidentales. Il eut pour remplaçant, dans son ancienne mission, Mgr Vranken, qui prit les titres de coadjuteur de Mgr Groof, d'évêque de Colophon, de vicaire apostolique des Indes orientales et de curé de Batavia. La colonie Hollandaise ne comptait pas alors plus de dix mille catholiques; c'était en 1847. Le seul prêtre édifiant et orthodoxe qui y restât venait d'être cruellement assassiné par un domestique.

Les îles de Banka et de Billiton, voisines de Batavia, étaient le théâtre d'événements plus heureux. Le chef des Chinois établis à Banka, sous la domination hollandaise, se rendit à Singapour et reçut les sacrements de baptême, de confirmation et d'eucharistie. Un missionnaire, M. Beurie, le suivit à son retour dans son île pour baptiser également toute sa famille et une quinzaine d'autres personnes, et leur bénir une petite chapelle construite à l'avance. L'influence de ce chef converti sur la population de Banka et de Billiton, composée presque entièrement de Chinois émigrés, ouvrait là un nouveau champ au zèle apostolique. M. Beurie reçut les pouvoirs nécessaires pour cultiver cette moisson.

Dans la Nouvelle-Calédonie, les progrès étaient lents mais réels. Malgré la difficulté d'adoucir et de gagner des peuples cruels, sauvages, inhospitaliers et superstitieux, chez lesquels l'anthropophagie était en usage, et où l'on enterrait, en temps de peste, les malades encore vivants, le Père Bougeyron, mariste, annonçait, au commencement de 1847, qu'il disposait au baptême près de six cents adultes. Le principal soin des missionnaires était de baptiser bon nombre de petits enfants et même d'adultes au moment de la mort. A la Balade et à Poebo, les missionnaires furent obligés de partir, laissant un frère qui fut assommé. Quelques sauvages revenus à la Balade, après un voyage, prétendaient avoir appris des Anglais que les Français étaient des sorciers, et cette accusation avait suffi pour produire un soulèvement général. Mais la vertu et la fidélité, déployées à cette occasion par plusieurs néophytes et catéchumènes, faisaient espérer un meilleur avenir. Aux îles Sandwich, la congrégation de Picpus avait à lutter contre les efforts de nombreux prédicants hérétiques. Néanmoins le Père Favens écrivait que, de 1846 au milieu de 1847, lui et ses compagnons d'apostolat avaient à certain jour, dans l'île de Manouï, conféré le baptême à plus de deux cents adultes. A Honolulu seize cents indigènes avaient déjà été incorporés à l'Eglise, et tous les dimanches voyaient de nouveaux baptêmes. A San-Christoval, les Maristes avaient été obligés de se retirer au bout de quatre mois, mais en y laissant la semence des chrétiens. Un des partis de l'île, les Toros, avait massacré le Père Paget, le Père Jacquet et le frère Hyacinthe. Les missionnaires allèrent de là s'établir à Woodlarck, où ils avaient à braver les plus grandes souffrances et les fièvres.

Rohrbacher a parlé, dans son dernier livre, de la position que le catholicisme avait acquise, à l'époque dont nous parlons, dans les différentes parties de l'Afrique, notamment dans les possessions françaises de l'Algérie. Le premier évêque d'Alger, Mgr Dupuch, eut la douleur de voir son admirable zèle échouer contre des difficultés financières. Il offrit sa démission au Saint-Siège qui l'accepta, et il se retira d'abord au couvent de Staoüéli, puis rentra en Europe, après avoir donné à ses créanciers l'assurance bien fondée qu'il s'acquitterait de toutes ses dettes, contractées uniquement pour doter son Eglise naissante des institutions dont elle avait besoin. Il eut pour successeur Mgr Pavy, également recommandable par ses vertus apostoliques et par son éloquence. Le nouveau prélat inaugura la cathédrale d'Alger en y célébrant la fête de Noël en 1846. Le cabinet des Tuileries, dirigé alors par M. Guizot, était loin de satisfaire les catholiques par les ressources qu'il mettait à la disposition du clergé algérien : ce clergé même était insuffisant : aux plaintes d'un député croyant, M. de Quatrebarbes, le chef du ministère répondait que la France ne voulait pas recommencer les croisades ; et pourtant, une croisade pacifique eût été le meilleur moyen d'attacher à la France les populations qu'elle venait de soumettre. Mgr Dupuch s'était imposé des sacrifices au-dessus de ses forces pour avoir beaucoup moins d'églises et d'écoles qu'il n'en aurait fallu, et l'on consacrait des fonds publics à la construction d'un théâtre dans la ville d'Alger. Mgr Pavy, néanmoins, fit tout ce qu'il pouvait : il organisa des maîtrises ; il se multiplia pour répandre partout l'amour et le respect de la religion catholique ; il gagna le cœur des chrétiens et des mahométans. L'Algérie était entièrement soumise à la fin de 1847. Le célèbre émir Abd-el-Kader, souvent vaincu par le maréchal Bugeaud, avait été pris le 23 décembre 1847 par le général La Moricière et remis entre les mains du duc d'Aumale, fils de Louis-Philippe. Après la conquête militaire, on ne pouvait plus désirer que l'heureuse conquête qui s'opère par l'influence religieuse et civilisatrice de l'Eglise catholique.

Si nous portons nos regards sur le Nouveau-Monde, nous voyons qu'un peu avant l'élection de Pie IX, le 14 mai 1846, un concile de Baltimore venait de célébrer sa clôture. Vingt-trois prélats en avaient signé les actes; trois autres n'avaient pu y assister. Au mois de juillet 1846, une colonie de Bénédictins partit de Munich pour la Pensylvanie, où l'attirait le désir de procurer des secours spirituels et temporels aux nombreux Allemands qui émigraient dans les Etats-Unis. Monseigneur de Pittsbourg lui concéda trois cents acres de terres, pour l'élévation d'un monastère, et lui confia l'éducation de soixante jeunes gens destinés à l'état ecclésiastique. Le principal dessein du Père Boniface Widmer, chef de cette colonie, était de former un clergé allemand indigène. Comme il manquait de bras pour la culture des terrains que lui avait abandonnés son évêque, les maisons bénédictines de la Bavière lui envoyèrent dix-huit frères, outre vingt-cinq qu'il avait déjà, sous la conduite du Père Lechner. Un peu plus tard, Brême vit partir une colonie des *Pauvres Sœurs des écoles*, qui allaient fonder aux Etats-Unis une maison-mère de leur congrégation. L'heureuse influence de Pie IX se faisait sentir jusque dans la conduite du gouvernement de l'Union américaine. On pensait que bientôt le cabinet de Washington, brisant avec les traditions de son protestantisme officiel, aurait un représentant à Rome. Le 12 décembre 1847, un fait significatif et singulier, comme on n'en voit guère que dans l'Amérique du Nord, se passa au milieu de la Chambre des députés. Sur l'invitation des représentants, monseigneur Hugues, évêque de New-York, vint leur adresser un sermon.

A ce moment, sur dix-sept millions d'habitants, on comptait aux Etats-Unis un million deux cent mille catholiques. On y trouvait, en comprenant l'Orégon et le Texas, trois archevêques, vingt-quatre évêques, huit cent quatre-vingt-dix prêtres, neuf cent sept églises et cinq cent soixante-deux stations ou chapelles. En 1847, Pie IX, pour répondre au vœu du dernier concile de Baltimore, fonda les diocèses de Cleveland, d'Albany et de Buffalo.

Le territoire de l'Orégon, comprenant tout à la fois la partie qui appartient aux Etats-Unis, et celle qui est soumise à la domination anglaise, fut divisé en huit diocèses, et monseigneur Blanchet reçut le titre d'archevêque. Le nouveau métropolitain, qui était alors en France, retourna dans sa mission en septembre 1846, emmenant avec lui douze missionnaires et huit religieuses. Dans le Canada civilisé, les évêques, en 1846 et en 1847, soutinrent courageusement les intérêts des Jésuites dont l'Etat voulait usurper les biens. Parmi les Sauvages, la religion faisait les progrès les plus consolants.

La triste situation de l'Eglise, dans la Russie et en Pologne, telle que Rohrbacher l'a dépeinte jusqu'en 1845, n'avait pas beaucoup changé. A la suite de troubles qui eurent lieu en Galicie et de manifestations contre la domination autrichienne, l'Etat libre de Cracovie fut occupé par les troupes réunies de la Russie, de l'Autriche et de la Prusse. Ensuite ces trois puissances convinrent que l'Autriche resterait seule à Cracovie, et que cette ville serait incorporée à l'empire. La confédération germanique approuva cette violation des traités de Vienne, dans la séance de la diète du 17 juin 1847, sous prétexte que les habitants de Cracovie y avaient manqué les premiers. La France ne réclama pas, malgré toute l'éloquence de Montalembert. Il ne restait plus rien de l'indépendance polonaise.

Le schisme employait les moyens les plus honteux pour pervertir la foi dans le royaume de Pologne. Le pope, arrivé dans une commune, commençait par séduire quelques âmes faibles et ignorantes, puis il s'emparait, pour la célébration des offices, d'une partie de l'église paroissiale. Alors, il se livrait à toutes sortes d'importunités tyranniques pour entraîner les familles, et à toutes sortes de vexations pour éloigner le prêtre catholique et rester seul maître de l'église. Une fois parvenu à ce résultat, il considérait comme converti, avec toute sa famille, quiconque franchissait le seuil du temple. Les noms étaient envoyés au synode de Saint-Pétersbourg, et si l'on refusait de professer le schisme, on tombait sous le coup des lois les plus rigoureuses portées contre l'apostasie. Le czar avait bien envoyé à Pie IX l'ambassadeur qui était primitivement destiné à Grégoire XVI, mais le choix seul de ce personnage trahissait des intentions peu bienveillantes. C'était le comte Bloudoff, défenseur zélé de l'Eglise gréco-russe, qui, en qualité de ministre de l'intérieur, avait eu à se reprocher bien des mesures odieuses prises contre l'Eglise latine. Les négociations n'aboutirent pas à une entente complète sur tous les points qui devaient être débattus. L'accord se fit néanmoins sur les points essentiels, et produisit le concordat qui fut signé le 3 août 1847, et publié dans le consistoire du 3 juillet 1848. Rohrbacher a parlé de ce concordat et de l'organisation des évêchés qu'il instituait, à la fin de son dernier livre, et il en a reproduit toutes les dispositions importantes. C'était encore un acte considérable et qui pouvait produire d'heureuses conséquences.

En Suède, le catholicisme était toujours opprimé par des lois intolérantes. Des familles revenues à la vraie foi, étaient frappées des peines les plus dures. Le parti catholique réclama l'abrogation de ces lois cruelles : cette demande fut repoussée par la majorité de la Chambre, mais elle émut l'opinion.

En Prusse, le roi Frédéric-Guillaume IV essayait inutilement d'empêcher la dissolution du protestantisme. Ni le synode général ni le synode national, convoqués à Berlin, ne pouvaient suffire à cette tâche. Les étudiants de philosophie et de théologie quittaient les facultés de la capitale, plutôt que de se soumettre aux entraves par lesquelles on voulait arrêter la diffusion du rationalisme, déjà cher à ces jeunes et ardentes intelligences. Dans la ville de Halle, il s'était formé une association qui comptait des femmes parmi ses adhérents, et qui voulait être une communauté simplement *humaine*, en dehors de toute religion. Elle abolit le baptême, comme incompatible avec son plan et son idée fondamentale. Le clergé protestant de la Poméranie s'alarma et déclara qu'il allait se séparer de l'Eglise évangélique, c'est-à-dire de l'Eglise officielle, si bientôt celle-ci ne publiait la profession de foi obligatoire, que la minorité du concile national avait demandée en 1846. Mais le synode avait bien reconnu les difficultés insurmontables qui s'opposaient à cette mesure. Une patente de tolérance avait été accordée le 30 mars 1847, pour les cultes reconnus par l'Etat. L'Eglise indépendante de Magdebourg, dont le fondateur Uhlich avait nié formellement la divinité, la mort et la résurrection du Christ, demanda la jouissance des droits conférés par cette patente. Elle l'obtint; c'était reconnaître implicitement toutes les églises libres du même genre; le torrent débordait. En même temps, le puséysme était introduit en Allemagne, par l'Anglais Irwing. Cet insuccès des synodes protestants n'empêcha pas le roi de Prusse de convoquer aussi à Berlin un synode judaïque, qui ne fut pas plus heureux. La secte des rongistes continuait à s'agiter dans le scandale et dans l'impuissance. En certains endroits, les réunions devenaient impossibles, faute d'un nombre suffisant de membres. Czersky voulut avoir un synode général à Schneidemühl : ce fut une comédie. Les disciples de Ronge, séparés de l'Eglise catholique, étaient arrivés à ne plus former autre chose qu'une secte rationaliste au sein du protestantisme. La société Gustave-Adolphienne n'avait pas plus de cohésion.

Le gouvernement prussien qui avait tant à cœur la régénération du protestantisme, ne devait pas manquer de restreindre le plus possible les moyens d'action de l'Eglise catholique. A Berlin, une population de vingt-cinq mille catholiques, dont cinq mille soldats, n'avait son service que cinq prêtres, un prévôt et quatre chapelains; et ce clergé si peu nombreux donnait encore son ministère à des localités assez éloignées. A Potsdam, deux prêtres pour deux mille cinq cents catholiques, un à Spandau pour mille âmes, le reste à l'avenant; et dans les pays où les catholiques sont plus nombreux, ils n'étaient pas pour cela exempts de mille exigences et de mille tracasseries de la part du Pouvoir, qui profitait de toutes les occasions pour s'insinuer dans les affaires religieuses et les entraver. Malgré cette espèce d'infériorité, c'était un contraste frappant de voir l'Eglise catholique donner le spectacle de sa vie à côté des convulsions de l'erreur. A Munster, l'évêque, Mgr de Droste, frère de l'illustre archevêque de Cologne, soutenait les droits et la liberté de l'Eglise dans la question de l'enseignement, contre le gouvernement prussien, qui prétendait imposer aux communes, les instituteurs de son choix. Avant de mourir, en 1846, il eut la consolation de terminer ce conflit à l'avantage de la justice et de la vérité. Il fut convenu qu'avant de nommer à un emploi d'instituteur primaire, le gouvernement aurait à demander l'assentiment de l'autorité épiscopale; cet assentiment obtenu, le ministère nommerait et investirait son candidat, auquel l'évêque aurait à conférer ensuite les pouvoirs nécessaires pour ce qui concerne l'instruction religieuse. Il était d'ailleurs expressément réservé que les instituteurs nommés par Mgr Droste, pendant le conflit, et qui avaient été violemment expulsés de leur poste, y seraient rétablis, et qu'on n'inquiéterait en aucune manière les instituteurs qui, par principe de conscience, avaient généreusement refusé ces emplois du gouvernement. Les sœurs de Charité venaient de s'établir récemment à Berlin : déjà toute la méfiance du protestantisme à leur égard avait disparu, elles avaient gagné la sympathie universelle. Les catholiques multipliaient les revues, les journaux et les apologies en faveur de leur religion. Ce mouvement était si remarquable, que Pie IX chargea spécialement Mgr Randalini de se tenir au courant de tout ce qui regardait la situation en Allemagne, et pour cela, non-seulement de lire les journaux, mais de se mettre en correspondance avec les littérateurs les plus distingués de ce pays. L'attention du Saint-Père se porta spécialement sur l'hermésianisme qui, déjà condamné par Grégoire XVI, cherchait à conserver un semblant de vie et à se réfugier dans de misérables subtilités. Une nouvelle condamnation de cette erreur fut prononcée par Pie IX, le 23 juillet 1847.

Les autres Etats de l'Allemagne n'étaient pas, au point de vue religieux, dans une meilleure situation que la Prusse. Partout vains efforts pour sauver l'orthodoxie protestante, déplorable faiblesse contre le rationalisme, haine et préventions contre le catholicisme. A la suite des erreurs philosophiques, venaient les doctrines révolutionnaires et subversives. Le grand-duc de Bade avouait hautement qu'il était incapable d'empêcher le développement et l'action des sociétés secrètes sur son territoire. Le roi de Wurtemberg, Guillaume Ier, était obligé de publier une ordonnance, le 1er mai 1847, pour interdire à ses sujets toute communication avec les sociétés communistes et avec la *Jeune-Allemagne*.

Ce roi de Wurtemberg, placé sous l'influence de la cour de Russie, avait la prétention d'appliquer au clergé de ses Etats le système des czars. Il avait déclaré l'évêque de Rottenbourg évêque national, et lui avait imposé, pour tous les actes de son administration, un conseil d'ecclésiastiques choisis par le ministère de l'intérieur. Le prélat, Mgr Keller, avait eu la faiblesse de se contenter de gémir sous une telle oppression. A sa mort, le chapitre, entièrement asservi, confia les fonctions de vicaire capitulaire à M. de Jaumann, premier membre du conseil, homme complaisant et dévoué au ministre qui l'avait nommé. Le chapitre alla plus loin, et nomma évêque un chanoine, M. de Stræbelé, malgré les réclamations de tous les catholiques. Grégoire XVI repoussa cette élection; et le gouvernement dut entrer en négociations avec le Saint-Siège. Pie IX, dans la suite de cette affaire, ne se montra pas moins ferme que son prédécesseur. On réclamait pour le chapitre le droit de procéder à une seconde élection, et pour cela, on se fondait sur un passage de la bulle d'érection de l'évêché de Rottenbourg. Pie IX consentit que les chanoines fissent un second choix, mais à condition qu'ils prendraient un des trois candidats désignés par lui-même. Le Saint-Père se réservait, de plus, la faculté de choisir lui-même, dans le cas où cette condition serait violée, et aussi dans le cas où la détermination du chapitre se ferait trop longtemps attendre ou dépasserait le terme indiqué. Grâce à cette déclaration, l'évêché de Rottenbourg fut bientôt dévolu à M. Lipp, candidat désigné par Pie IX. « Si je dois accepter l'épiscopat, dit aux députés du chapitre ce digne ecclésiastique, ce ne sera qu'à la condition de pouvoir être et demeurer un évêque catholique étroitement uni à la

Chaire apostolique, car il est impossible que ma conscience ni celle de mes futures ouailles se tranquillisent avant la fin des dissentiments qui se sont établis entre le gouvernement et le Saint-Siége. A moins d'une situation indépendante de l'évêque en matière spirituelle, il lui est impossible d'exercer avec fruit son saint ministère. » Cette profession de foi prouvait que le Pape ne s'était pas trompé en désignant le candidat; le gouvernement ne la repoussa pas, l'affaire était donc terminée au profit de l'Eglise et des âmes.

En Espagne, l'Eglise continuait à souffrir de l'esprit révolutionnaire qui agitait ce malheureux pays. Pour amener la paix, Pie IX se montrait disposé à des concessions, mais, comme Grégoire XVI, il exigeait une dotation stable et assurée en faveur du clergé espagnol, avant d'approuver la vente des biens ecclésiastiques, décrétée par le gouvernement. Cette fermeté était nécessaire. Trente-neuf siéges épiscopaux étaient vacants. Le clergé languissait dans la misère. On exagérait l'estimation des biens ecclésiastiques non vendus, pour faire croire qu'on laissait de véritables richesses aux prêtres, quand, en réalité, le nécessaire leur manquait. Un nouveau ministère ayant montré des dispositions plus favorables au commencement de 1847, il fut décidé que Mgr Brunelli, secrétaire de la Propagande, nommé par le pape Grégoire XVI délégat apostolique près du gouvernement de Madrid, se rendrait à son poste, et renouerait les négociations interrompues. L'arrivée de Mgr Brunelli rendit l'espoir au clergé régulier et séculier. De bons résultats furent obtenus. Le tribunal de la Rote fut rétabli, afin d'accélérer l'expédition des affaires qui étaient arrêtées depuis sa suppression. Le ministre de la justice demanda une renonciation respectueuse aux candidats qui avaient été présentés pour les évêchés vacants. D'autres sujets furent agréés par le Pape, et le deuil de plusieurs églises cessa. Le Saint-Père le déclarait au commencement de l'allocution consistoriale du 17 décembre 1847. Il exprimait aussi l'espérance de parvenir bientôt à remplir les siéges qui vaquaient encore, et de mettre fin à tous les autres embarras et aux douleurs de l'Espagne catholique.

Aucun fait saillant n'est à signaler ni en Belgique ni en Hollande. Les catholiques belges continuaient à user de la liberté conquise pour l'honneur et la conservation de la foi : en Hollande, des églises s'élevaient, et les fidèles se montraient de plus en plus zélés pour tous les devoirs de la religion, et pour les actes de la charité chrétienne.

En Angleterre, le magnifique mouvement dont Rohrbacher a constaté l'existence et le progrès, se développait de plus en plus. A chaque instant, on apprenait que le catholicisme venait d'ajouter à ses conquêtes quelque membre de la haute aristocratie, souvent des familles entières, ou bien quelque personnage distingué du clergé anglican et de l'Université d'Oxford. Le zèle des vicaires apostoliques avait les plus heureux succès. Les églises, les écoles catholiques, les monastères même se multipliaient. En 1847, un journal anglais, *Britannia*, remarquait avec une sorte d'effroi que les catholiques romains possédaient dans ce grand pays six cent vingt-deux églises ou chapelles, onze colléges, quarante-deux monastères d'hommes et de femmes, huit cent dix-huit prêtres livrés aux travaux des missions. Le célèbre docteur Newman, devenu prêtre catholique, ayant conçu la pensée d'entrer à l'Oratoire de Saint-Philippe de Néri avec quelques-uns de ses compatriotes, pour transplanter ensuite cet institut sur le sol anglais, Pie IX favorisa l'accomplissement de cette généreuse résolution en les faisant admettre pour leur noviciat au monastère de Sainte-Croix de Jérusalem. C'est aussi dans la même année que l'illustre Wiseman fut nommé coadjuteur de Londres. On put croire un moment que le gouvernement allait faire tomber les vieilles barrières qui séparaient l'Angleterre de la Papauté. Un membre de la Chambre des communes fit une interpellation, dans le dessein de savoir si le ministère, en considération des idées libérales adoptées par le nouveau Pape, avait songé à prendre des mesures pour former des relations avec Rome. Lord John Russell répondit qu'il voyait avec plaisir la marche suivie par Pie IX, et que, tout en jugeant inopportune la présentation d'un bill à ce sujet, il croyait désirable que, dans l'avenir, la loi qui interdisait l'envoi d'un représentant officiel à Rome fût changée, et que des relations diplomatiques plus amicales s'établissent entre l'Angleterre et le Saint-Siége. Le bill pour autoriser la reine à entrer en relations diplomatiques avec la cour de Rome fut présenté au commencement de 1848. La Chambre des lords autorisa la première lecture. Mais quand il fut question de la seconde lecture, les préjugés reparurent sur les lèvres des lords et des évêques anglicans, appuyés d'ailleurs par les démonstrations fanatiques qui avaient lieu au dehors, notamment à Manchester. Le ministère ne put empêcher l'adoption d'un amendement qui défendait d'accepter comme ambassadeur du Saint-Siége en Angleterre aucune personne appartenant aux ordres sacrés. Cette condition dénaturait le bill et le rendait illusoire. Nous avons dit que John Russell, faute d'ambassadeur officiel, avait envoyé depuis quelques mois un représentant officieux à Rome, dans la personne de lord Minto.

Si le Pape ne négligeait aucun moyen de travailler à la régénération et à la conversion de l'Angleterre, il perdait encore moins de vue la malheureuse et fidèle Irlande. La disette du blé et la cherté des vivres rendirent l'hiver de 1847 cruel pour les pauvres. L'Irlande, dont les moissons nourrissaient et enrichissaient ses oppresseurs, se tordait dans les angoisses de la famine, et ce n'était qu'avec d'insolents reproches que le parlement lui accordait quelque misérable secours. Les privations amenaient des maladies épidémiques : les journaux annonçaient, tous les jours, des morts par suite d'inanition. Le clergé catholique accomplit des prodiges de dévouement, mais que pouvait-il, non moins pauvre que le peuple? On avait demandé au ministère anglais au moins la semence nécessaire pour préparer une prochaine récolte. John Russell ne craignit pas de répondre par la calomnie, et prétendit qu'il y avait un complot des Irlandais pour ne s'occuper ni de la culture ni de l'ensemencement des terres. Les Irlandais tombaient d'épuisement : ils étaient condamnés à vivre, au jour le jour, de ce qu'ils gagnaient dans les travaux publics; ils manquaient de grain pour se nourrir, et le chef du gouvernement d'un grand pays, qui s'engraissait de la substance arrachée à ce pauvre pays catholique, l'accusait de ne vouloir, par suite d'un parti pris, ni labourer, ni semer! Pie IX publia, le 25 mars 1847, une encyclique qui ordonnait des prières et demandait des secours pour une telle infortune, si durement traitée. Les catholiques répondirent généreusement à cet appel, et le souverain Pontife exprima la consolation et la reconnaissance qu'il en éprouvait, dans le consistoire du 17 décembre suivant.

Au milieu des troubles sanglants et des malheurs dont Rohrbacher a fait le récit, la Suisse fut aussi l'objet de la compassion et de l'active sollicitude de Pie IX. Un de ses premiers actes fut l'érection de l'évêché de Saint-Gall. Le Saint-Père y avait nommé M. Mirer, jusque-là vicaire apostolique, mais sans ratifier le concordat pour l'institution du diocèse, parce que le conseil avait joint à ce concordat des conditions inacceptables. Le conseil résolut d'envoyer à Rome le président Gmür, pour éclaircir toutes les difficultés. Le Saint-Père maintint fermement sa première opposition contre les articles par lesquels la partie protestante du conseil avait voulu s'assurer une influence sur la nomination du grand-vicaire et du supérieur du séminaire ; il fallut les abandonner, et le 16 avril 1847, M. Gmür partit de Rome, emportant les ratifications pontificales du concordat accepté par les autorités du canton.

Quand les radicaux suisses eurent remporté leur désastreux triomphe, Pie IX ne se contenta pas de manifester hautement à la pensée de tant de deuil et de ruines : il voulut porter secours aux institutions catholiques, au clergé séculier et régulier, attaqué de toutes les manières et opprimé par les vainqueurs, qu'inspiraient les passions du protestantisme ou de l'incrédulité rationaliste. Le nonce apostolique fut chargé de protester contre ces attentats par une note qui fut remise au vorort, et à laquelle la diète refusa de répondre, sous le prétexte que le nonce n'avait pas d'attributions pour les affaires spirituelles qui étaient seules en cause. Peu de temps après le nonce quitta la Suisse, laissant un auditeur pour l'expédition des affaires courantes, et annonçant au Directoire la prochaine arrivée de Mgr Luquet, évêque d'Héséhon, envoyé extraordinaire du Saint-Siège, Mgr Luquet, dans ses relations avec les autorités des différents cantons, montra la plus parfaite bienveillance, et fit toutes les concessions possibles. Mais il rencontra des obstacles insurmontables, dans le mauvais esprit et le mauvais vouloir des gouvernants. La cour de Rome trouva d'ailleurs qu'il était disposé à trop accorder, et le rappela au mois de juin 1848.

En France, le gouvernement paraissait ne pas connaître les grandes traditions du pays. Vainement les évêques et les plus grands orateurs des deux Chambres, notamment l'illustre comte Charles de Montalembert, pair de France, ancien disciple et ami de Lamennais, lui rappelait que sa gloire et son intérêt étaient de soutenir la liberté de l'Église, de favoriser son développement et son triomphe en Italie, en Suisse, en Espagne, dans l'Orient. Si l'on excepte quelques actes et quelques démarches en faveur des chrétiens de la Chine et du Liban, la conduite de la monarchie de Juillet, à l'extérieur, fut constamment dictée par une politique timide, quand ce n'était pas une politique inspirée par les doctrines incrédules et abaissées du XVIIIe siècle. Ce n'était pas la vraie politique de la France, c'était celle de l'Angleterre et de la Révolution soi-disant modérée. Ce pouvoir, issu d'une bataille dans les rues et des intrigues d'un parti, se voyait condamné à des abandons de principes, à des ménagements, à des demi-mesures d'une fausse sagesse, qui, en réalité, brisaient tout l'équilibre, brouillaient la situation, et préparaient une catastrophe. Sous un tel gouvernement, l'Église était obligée de combattre pour sa liberté. En même temps elle continuait de lutter contre le torrent des systèmes rationalistes et des théories antisociales. Après Fourier et son invention du phalanstère, était venu Cabet, né à Dijon en 1788, qui, dans son *Voyage en Icarie*, abolissait complètement la propriété pour y substituer le communisme. « Il faut, disait-il, opter entre tout et rien : vous tous qui ne voulez pas de la communauté, renoncez à l'association, au suffrage, à l'éducation, à l'aisance, à toute amélioration, à tout progrès. » Il ne conservait de la religion qu'un système de philosophie et de morale, sans culte, sans pratiques de pénitence, sans prêtres proprement dits. D'autres successeurs de Saint-Simon et de Fourier défendaient toujours le principe de l'association et se flattaient d'y trouver, à l'aide de diverses combinaisons, le remède efficace à tous les maux de l'humanité. De là naissaient les différentes théories socialistes qui se piquaient toutes de ne pas porter atteinte au droit de propriété, mais qui, en réalité, l'ébranlaient profondément, et ne pouvaient se soutenir, sans être poussées de conséquence en conséquence, jusque dans les négations radicales du communisme. Le socialisme avait pour organe un journal, *l'Atelier*, qui se donnait, avec trop de modestie sans doute, pour l'œuvre de simples ouvriers. Le plus populaire des socialistes était Louis Blanc, qui séduisait la multitude en proposant une nouvelle forme de société où les inégalités disparaîtraient absolument, et où chacun, n'étant obligé de donner que selon ses facultés, recevrait cependant selon ses besoins. Louis Blanc, d'une origine française, était né à Madrid, en 1811. Le terme de toutes ces erreurs était démasqué par un célèbre écrivain communiste né à Besançon en 1809. Proudhon avait poussé la logique de la déraison et l'audace de l'impiété jusqu'à écrire ces mots : *La propriété, c'est le vol! Dieu, c'est le mal!* Les rationalistes de l'école de M. Cousin occupaient les hautes positions de l'Université. M. Vacherot, directeur de l'École normale supérieure, consacrait un volume entier de son *Histoire critique de l'École d'Alexandrie* à soutenir ce sophisme, que les livres saints de l'Ancien et du Nouveau Testament, les conciles et les travaux des Pères de l'Église ne sont rien autre chose qu'une compilation et une reproduction de la philosophie persane et de la philosophie grecque.

Aux attaques du rationalisme l'Église en France répondait par le déploiement de la vraie science. Le clergé, privé de toutes les ressources qu'il possédait avant la Révolution et que ses ennemis avaient accaparées, ne laissait pas de joindre l'étude aux labeurs incessants du ministère des âmes. M. Migne mettait à la portée de tous les presbytères les trésors de la théologie et de la tradition, dont les monuments parurent bientôt, en grand nombre, dans la bibliothèque de tous les curés de campagne. Les évêques, qui ne laissaient aucune erreur sans réfutation, s'efforçaient de faire progresser les études ecclésiastiques. Mgr Affre, archevêque de Paris, avait particulièrement à cœur d'élever le prestige littéraire et scientifique du clergé. Grâce à lui, on vit s'ouvrir en 1846, dans l'ancien couvent des Carmes, une école où les jeunes ecclésiastiques pouvaient se préparer à conquérir les plus hauts grades de l'Université et qui obtint des succès. Quant aux jeunes gens et aux hommes du monde qui avaient besoin d'être prémunis contre les séductions de l'enseignement incrédule, devenu l'enseignement officiel, ils trouvaient l'instruction la plus élevée et la plus attrayante dans les célèbres conférences de Notre-Dame de Paris. Mgr Fraissynous s'était livré, sous le premier Empire, à ce genre de prédication dans la chapelle des Carmes, puis à l'église de Saint-Sulpice. Sous le règne de Louis-Philippe, un grand orateur fut suscité de Dieu pour transporter la conférence sous les voûtes de Notre-Dame, au sein d'un immense auditoire d'élite, et l'ériger en une véritable institution.

Lacordaire était né à Recey, dans les montagnes de la Bourgogne, le 12 mai 1802. Il nous dit lui-même dans son *Testament*, publié par le comte de Montalembert, qu'aucun succès ne signala le cours de ses premières études. « Mon intelligence, continue-t-il, s'était abaissée en même temps que mes mœurs, et je marchais dans cette voie de dégradation qui est le châtiment de l'incroyance et le grand revers de la raison. Mais tout à coup, en rhétorique, les germes littéraires déposés dans mon esprit se prirent à éclore, et des couronnes sans nombre vinrent à la fin de l'année éveiller mon orgueil bien plus que récompenser mon travail. Un cours de philosophie pauvre, sans étendue et sans profondeur, termina le cours de mes études classiques. Je sortis du collège à l'âge de dix-sept ans, avec une religion détruite et des mœurs qui n'avaient plus de frein; mais honnête, ouvert, impétueux, sensible à l'honneur, ami des belles-lettres et des belles choses, ayant devant moi, comme le flambeau de ma vie, l'idéal humain de la gloire. » Lacordaire fit son droit à l'école de Dijon, et alla passer au barreau de Paris le temps de son stage. Aucun changement n'était survenu dans ses idées, si ce n'est qu'au premier contact des affaires publiques, il s'était trouvé libéral.

« Il m'est impossible, dit-il, de dire à quel jour, à quelle heure et comment ma foi perdue depuis dix années reparut dans mon cœur comme un flambeau qui n'était pas éteint. Une fois chrétien, le monde ne s'évanouit point à mes yeux, il s'agrandit avec moi-même. Je ne vis plus rien de comparable au bonheur de le servir sous l'œil de Dieu avec l'Évangile et la croix de son Fils. Le désir du sacerdoce m'envahit comme une conséquence naturelle de mon propre salut. » Encouragé par Mgr de Quélen, archevêque de Paris, Lacordaire entra au séminaire de Saint-Sulpice, le 12 mai 1824 : c'était offrir à Dieu le sacrifice d'un avenir brillant selon le monde, mais pour trouver un avenir autrement glorieux. Après son ordination, il fut nommé chapelain d'un couvent de la Visitation, puis aumônier-adjoint au collège Henri IV. Libéral et catholique tout ensemble, il montrait des idées peu goûtées du temps de la Restauration. Aussi songeait-il à porter son zèle et son éloquence aux États-Unis d'Amérique, quand la Révolution de 1830 éclata et que des amis communs le mirent en relation avec Lamennais. Il prit alors une part active à la rédaction du journal l'*Avenir*, et quand cette feuille cessa de paraître, il fit le voyage de Rome avec Lamennais et Montalembert. La condamnation et la révolte du nouveau chef d'école ayant éclaté, Lacordaire revint trouver Mgr de Quélen qui le rendit au couvent de la Visitation. Peu après, Montalembert le présenta à Madame Swetchine, grande dame du faubourg Saint-Germain, qui était d'origine russe, et que Dieu avait ramenée, par de pénibles sentiers, du schisme grec aux splendeurs de l'unité romaine. Joseph de Maistre avait eu pour elle de la sympathie et de l'admiration : dans son salon de Paris, elle réunissait les plus hautes notabilités du parti catholique. Elle avait une profonde connaissance du monde, l'habitude de l'analyse, un jugement exquis, beaucoup de culture littéraire, et surtout une ardente piété et une charité inépuisable. Elle était appelée à devenir l'amie intime et souvent la conseillère du fondateur des conférences de Notre-Dame.

En 1833, Lacordaire fut invité à donner des conférences aux élèves du collège Stanislas. Le succès qu'il obtint lui révéla sa vocation et du même coup le fit éclater à tous les yeux. Mgr de Quélen lui offrit la chaire de Notre-Dame. Il débuta au carême de 1835 : « Notre-Dame se remplit d'une multitude qu'elle n'avait point encore vue. La jeunesse libérale et la jeunesse royaliste, les amis et les ennemis, et cette foule curieuse qu'une grande capitale tient toujours prête pour tout ce qui est nouveau, s'étaient rendus à flots pressés dans la vieille basilique. » La parole vive, imagée, ardente, sympathique de l'orateur électrisa cet auditoire. Son éloquence prenait le siècle où il en était, avec ses idées, ses mœurs, ses aspirations, pour lui faire contempler le catholicisme par les côtés qui lui étaient accessibles. Dévoilés par cette main puissante et fraternelle, tous les aspects étaient lumineux et beaux; toutes les vérités, en passant par ses lèvres, avaient un charme qui ravissait. La doctrine n'était peut-être pas toujours aussi solide et aussi profonde qu'on eût pu l'attendre d'un tel esprit, mais elle était couronnée reine par la poésie et par l'éloquence. Lacordaire prêcha encore le carême en 1836 : puis sentant le besoin du repos, il se rendit à Rome et y demeura dix-huit mois.

La première idée de rétablir en France l'ordre de Saint-Dominique lui vint pendant ce voyage. Aussi, après une courte apparition en France, pendant laquelle il prêcha une station à Metz, il courut de nouveau à Rome, et après avoir obtenu l'approbation du général des Frères-Prêcheurs, commença l'exécution de son entreprise par la publication du *Mémoire pour le rétablissement en France de l'Ordre des Frères-Prêcheurs*. En compagnie d'un jeune homme de Paris, Réquédat, il prit l'habit, à Rome, dans l'église de la Minerve, le 9 avril 1839; passa l'année de noviciat au couvent de la Quercia, près de

Viterbe, et fit profession le 12 avril 1840. Réquédat succomba bientôt à une phthisie pulmonaire. D'autres vinrent le remplacer. Ils étaient établis au couvent de Sainte-Sabine sur le mont Aventin. Avant de rentrer en France, Lacordaire y fit paraître la *Vie de saint Dominique*, destinée à présenter, sous son véritable jour, la physionomie du prétendu fondateur de l'Inquisition. Mgr Affre, en 1841, avait succédé à Mgr de Quélen. Il ne craignit pas de produire dans la chaire de Notre-Dame le nouveau Dominicain, revêtu de son froc blanc, le P. Henri-Dominique Lacordaire. L'orateur prononça un admirable discours sur la *Vocation de la nation française*, et l'auditoire captivé, oubliant tous les préjugés hostiles contre les moines, n'éprouva que l'enthousiasme de l'admiration. Retourné à Rome, Lacordaire vit autour de lui, dans le vieux cloître de Saint-Clément, où on l'avait transféré, douze Français prêts à revêtir l'habit des Frères-Prêcheurs. Quelque temps après, sur un ordre de la secrétairerie d'Etat, la moitié de ses compagnons dut se rendre à la Quercia, et l'autre moitié au couvent de Bosco, dans le Piémont, pendant que lui-même resterait. En 1841, il revint en France, et pendant cinq mois donna des prédications qui eurent le plus grand succès à Bordeaux. L'année suivante, il prêchait à Nancy. Un de ses auditeurs, M. Thierry de Saint-Beaussant, conçut et, grâce à l'approbation de l'évêque Mgr Menjaud, réalisa le projet de donner à l'ordre rétabli une maison dans cette même ville. Dieu récompensa ce chrétien généreux; il mourut Dominicain.

Lacordaire reprit enfin ses conférences de Notre-Dame pendant l'Avent de 1843, au moment où les controverses sur la liberté d'enseignement étaient le plus ardentes, et les continua pendant l'Avent de 1844, de 1845 et de 1846. En 1844, il avait aussi prêché à Grenoble et s'y était fait des amis qui le déterminèrent à établir une seconde maison de Dominicains, près de la Grande-Chartreuse, dans le couvent de Chalais qui avait autrefois appartenu à l'ordre de Saint-Benoit.

De 1837 à 1846, Lacordaire eut pour remplaçant dans les conférences du Carême, le Père Gustave-Xavier de Ravignan, né à Bayonne le 1er octobre 1795, qui avait quitté, malgré les plus séduisantes sollicitations, la carrière de la magistrature pour entrer d'abord au séminaire d'Issy, puis au noviciat des Jésuites. Esprit élevé, grand orateur, le Père de Ravignan était avant tout un saint religieux. La succession de Lacordaire ne se trouva pas au-dessus de ses forces; l'œuvre des conférences, entre ses mains, continua de prospérer. On a dit de lui : C'était la vertu qui prêchait la vérité. Il souffrait d'être obligé d'accorder quelque chose à la situation d'esprit et aux dispositions de son brillant auditoire : il aurait voulu se livrer à la simple prédication de l'Evangile, et parler pour le cœur plus encore que pour la raison. Dans cette vue, il avait tout d'abord songé à terminer chaque station par une retraite : c'est ce qu'il commença de faire en 1841, et cette nouvelle œuvre demeura comme le couronnement de la première. Il y eut de nombreuses conversions, et une communion générale pour les hommes seuls, à Notre-Dame. Ses conférences, qui ont été publiées dans un ordre un peu différent de leur chronologie, forment un enseignement complet sur les dogmes catholiques, sous les titres suivants : *La lutte religieuse; Les vérités générales; La raison et la foi; Le fait divin; L'Eglise catholique; Les préjugés légitimes; Le dogme*. Pour le carême de 1847, il avait préparé des conférences sur le Décalogue, que l'on a conservées et que la maladie l'empêcha de prononcer. Cette station fut prêchée par l'abbé Plantier, devenu plus tard évêque de Nîmes, avec un tel succès que Mgr Affre lui confia encore l'Avent de cette même année et celui de 1848. M. l'abbé Bautain prit aussi parmi les conférenciers de Notre-Dame une place distinguée.

Aux armes de la science et de la parole, les défenseurs de l'Eglise joignaient la puissance de la charité. En dehors du clergé et des ordres religieux, qui étendaient leur action bienfaisante autant que le permettait l'espace circonscrit par des lois restrictives, il s'était formé une association laïque, que sa rapide et prodigieuse extension et les approbations du Saint-Siège ont élevée, en quelque sorte, à la hauteur d'une institution catholique. La *société des conférences de Saint-Vincent de Paul* fut fondée à Paris, en 1833, par huit jeunes gens, qui avaient à leur tête Frédéric Ozanam, un littérateur et un savant de premier ordre, alors âgé de vingt ans, dont le dévouement honora l'Eglise dans sa chaire de professeur et dans ses écrits, notamment dans ses études sur le moyen-âge, aussi bien que par ses aimables et généreuses vertus. Les conférences de Saint-Vincent de Paul avaient pour objet de mettre la foi sous la sauvegarde de la charité : les membres devaient s'aider mutuellement à remplir leurs devoirs de chrétiens, et secourir les pauvres, non-seulement par l'aumône matérielle sous toutes les formes, mais par des visites à domicile, des consolations, de bonnes causeries, des avis doux ou sévères, mais toujours charitables. Le nombre des conférences s'accrut rapidement en France et à l'étranger. La parole de Lacordaire, qui aimait tant les jeunes gens et que les jeunes gens aimaient, contribuait à grossir les rangs de cette noble milice de la foi et de la charité. Le principe fécond, d'où était née la société de Saint-Vincent de Paul, ne tarda pas à produire à côté d'elle ou dans son propre sein une foule d'œuvres particulières d'une grande importance : le Patronage des apprentis et des écoliers, la société de Saint-François Xavier pour la moralisation des ouvriers, les Bibliothèques à l'usage des pauvres, et beaucoup d'autres semées dans toutes les villes. La *société de Saint-François Régis*, établie en 1826, pour la réhabilitation des unions illicites, trouva aussi un puissant moyen de développement et d'influence dans la nouvelle institution. Ce fut principalement pendant la cherté des vivres, en 1846 et 1847, que la charité catholique eut occasion de faire apprécier ses ressources et de faire bénir son zèle.

Ce qui manquait le plus aux Eglises de France pour soutenir efficacement la cause de la vérité et du bien, c'était toujours la liberté d'enseignement que l'on avait réclamée en vain, depuis 1830, au nom des promesses de la charte. Les évêques, par leurs écrits publics et par des mémoires adressés au gouvernement; les catholiques, soit par leurs discours à la tribune des deux Chambres, soit par des pétitions collectives, n'en persistaient pas moins à revendiquer, contre l'usurpation de l'État, les droits inaltérables de la religion et de la famille. Mgr Parisis, évêque de Langres, dirigeait ces efforts avec autant d'énergie que de prudence. Mais on n'avançait pas; et la question, immobilisée par cette politique impassible et presque inerte dont se glorifiait M. Guizot, depuis longtemps chef du ministère, restait pendante depuis 1844. Un nouveau projet de loi devait être porté devant la nouvelle Chambre élue en 1846. Mgr Parisis publia un écrit intitulé : *Des gouvernements rationalistes et de la religion révélée, à propos de l'enseignement.* Les titres des chapitres suffisent pour montrer les sujets de plainte qu'avaient les catholiques et l'objet de leurs demandes. « I. Le gouvernement constitué en 1830 est forcément rationaliste. — II. Un gouvernement rationaliste ne peut avoir aucun droit légitime, ni de direction, ni d'action sur un enseignement que l'on veut maintenir dans les principes de la religion révélée. — III. Le gouvernement, quoique rationaliste, prétend diriger souverainement, même l'éducation d'un peuple dont la religion, reconnue par la loi, repousse essentiellement le système du rationalisme. — IV. Enfin, le monopole de l'enseignement tend à remplacer l'Église par l'Université rationaliste. » Le vénérable auteur concluait en réclamant pour l'Église la faculté d'ouvrir des écoles entièrement libres, en concurrence avec celles de l'État. Un projet de loi fut publié et livré à l'examen d'une commission de députés. M. l'abbé Dupanloup, qui devait être l'évêque d'Orléans, et qui avait déjà une grande réputation de zèle et d'éloquence, en même temps qu'une grande expérience de la matière, posa l'*État de la question,* dans une brochure. Appuyé sur les raisonnements les plus pressants et sur les autorités les plus diverses, il terminait ainsi : « Tous les hommes les plus graves conviennent : 1° Qu'il faut enfin, en conservant à l'Université son existence et ses priviléges, à l'État son intervention tutélaire, donner aux pères de famille, pour l'éducation de leurs enfants, une liberté véritable; 2° que la liberté d'enseignement n'est véritable, sincère, que si elle est, entre les divers instituteurs, une libre et loyale concurrence; 3° qu'il n'y a pas de libre et loyale concurrence, ni même de concurrence en aucun sens possible, si l'Université demeure l'arbitre de ses concurrents, si elle est juge et partie. » Quelques mois plus tard, M. l'abbé Dupanloup publia un nouvel ouvrage : *Du nouveau projet de loi sur la liberté d'enseignement.* Il démasquait tous les vices et toutes les perfidies de ce projet, en établissant les cinq points suivants : « 1° Le nouveau projet de loi est incomparablement moins libéral que le projet de M. Guizot, voté par la Chambre des députés en 1837. 2° Le nouveau projet de loi anéantit toutes les libertés d'enseignement dont on jouissait sous le règne du monopole. 3° Le nouveau projet de loi conserve les restrictions et les entraves les plus exorbitantes de l'ancien monopole. 4° Le nouveau projet de loi prépare l'anéantissement des institutions de plein exercice actuellement existantes, et rend, pour l'avenir, l'existence de tous les établissements libres absolument impossible. 5° Enfin, le nouveau projet de loi blesse au cœur le principe même de la liberté d'enseignement, en instituant l'Université juge et arbitre de ses concurrents. » Effectivement, le projet était conçu de manière à justifier toutes ces propositions, mais on n'eut pas même le temps de le discuter. Dans ce même temps, en 1847, Mgr Parisis publia ses *Cas de conscience; à propos des libertés exercées ou réclamées par les catholiques, ou accord de la doctrine catholique avec la forme des gouvernements modernes.* Le savant prélat y montrait dans quelle mesure la conscience, éclairée par la saine théologie et par les constitutions des Papes, permet de revendiquer les diverses libertés dont il était question, telles que la liberté des cultes, la liberté de la presse, etc., et comment les catholiques doivent user de ces libertés pour l'honneur et la défense de la religion.

Au milieu de ces travaux et de ces combats, les Églises de France avaient senti de plus en plus le besoin de se rapprocher du centre de l'unité catholique. Une des plus déplorables conséquences des prétendues libertés gallicanes, exploitées par le jansénisme, c'était la diversité des liturgies. L'esprit d'innovation s'était donné si beau jeu que, dans plusieurs diocèses, on trouvait à la fois un certain nombre de liturgies en exercice. En 1839, Mgr Parisis donna le premier exemple de retour au droit et rétablit le rit romain dans son diocèse de Langres. La même année, le Père dom Guéranger, Bénédictin de l'abbaye de Solesmes, livrait au public le premier volume des *Institutions liturgiques,* destiné à ouvrir les yeux les plus obstinés sur les vices essentiels ou secondaires de toutes les liturgies particulières introduites depuis le XVIe siècle, et à disposer les esprits en faveur du rit légitime. Dans un bref adressé à l'archevêque de Reims, le pape Grégoire XVI loua l'acte de Mgr Parisis. Une controverse s'engagea en France. La question, dans les termes étendus où l'avait posée dom Guéranger, était fort complexe : il y eut une foule de discussions incidentes sur la supériorité de telle ou telle liturgie, au point de vue de l'ordre, de la richesse doctrinale, du mérite littéraire et même grammatical. On incidenta aussi sur la question historique; on fouilla dans la vie de certains auteurs de liturgies nouvelles, de certains compositeurs d'hymnes et de proses, pour faire rejaillir sur leurs œuvres le mépris ou le peu d'estime que devait inspirer leur conduite. Sur ce terrain, on conçoit que la passion, des deux côtés, ne pouvait manquer de se donner carrière, et, par des querelles accessoires, de prolonger indéfiniment le débat. Le principal contradicteur de dom Guéranger était Mgr Fayet, évêque d'Orléans. Le journal *l'Univers* appuyait le savant Bénédictin.

En 1846, l'évêque de Langres publia un opuscule : *De la question liturgique,* pour réduire la thèse des partisans de la liturgie romaine à quelques points incontestables. Après avoir touché, par forme de prétermission, mais avec beaucoup de justesse, les arguments que l'on opposait en faveur du rit parisien, savoir, qu'il était composé presque entièrement d'Écriture sainte, qu'il était plus varié, plus court, d'une latinité plus élégante, qu'il était enrichi d'hymnes plus poétiques et de proses plus chantantes, après avoir mis de côté toutes ces considérations qui, à ses yeux, n'offraient qu'un intérêt accessoire, l'illustre prélat se plaçait au point de vue, seul important et décisif, par lequel cette question touchait à la doctrine et à la constitution de l'Eglise. Et il établissait brièvement mais solidement que, parmi toutes les liturgies entre lesquelles on avait à choisir en France, la liturgie romaine était la plus ancienne, la plus universelle, la plus immuable et la plus sûre. Il y avait des liturgies particulières qui remontaient seulement à quelques années : on ne pouvait pas reculer au delà de deux siècles l'origine du rit parisien. Au contraire, la dernière édition de la liturgie romaine remontait à plus de deux cent soixante ans, et sa première origine ne se trouvait que dans les temps les plus anciens, à cette époque organisatrice mais mystérieuse des premiers siècles. Le rit parisien n'était en usage que dans les diocèses de France, et avec d'incroyables variations : la liturgie romaine était répandue partout, et cette universalité, la dérobant aux atteintes du pouvoir de l'ordinaire, lui communiquait, par-là même, un caractère d'immutabilité. Elle était aussi la plus complète, en ce sens qu'elle était soumise à un code complet de législation : elle seule avait des règles authentiques émanées de la congrégation des Rites, expliquées par les hommes les plus instruits, par les Gavantus et les Merati, et formant une science : condition dont se trouvait absolument dépourvue la liturgie parisienne, qui avait tout au plus été l'objet de réflexions pieuses et ascétiques, à l'usage des fidèles. Sur la question de légitimité ou de droit, Mgr Parisis se contentait de dire que la liturgie romaine est la plus sûre, à cause des doutes fondés que les plus modérés étaient obligés d'avoir sur les bornes du pouvoir des évêques en fait de liturgie, sur les effets de la bulle de saint Pie V en France, et par-là même sur la légitimité des rits nouveaux introduits dans nos églises. Cette bulle, publiée en 1558, avait prescrit l'usage universel de l'office romain, et aboli toutes les liturgies particulières, excepté pour les églises qui possédaient des liturgies dont l'institution avait été approuvée par le Saint-Siége, ou dont l'existence remontait alors à deux cents ans de date. On voit donc que, dans l'application de cette bulle, Mgr Parisis s'en tenait à une modération qui ne permettait de lui faire aucune réplique. Il signalait en finissant les avantages de la liturgie commune par rapport à l'unité et au Symbole de la foi, et les dangers d'une liturgie particulière que les mauvais journaux défendaient comme par instinct et que le trente-neuvième article organique, ajouté au concordat de 1801, avait sans doute considéré comme un acheminement à la formation d'une église nationale ; quand il avait établi qu'il n'y aurait qu'une liturgie pour toutes les églises catholiques de France.

Quand Pie IX monta sur le trône, l'impulsion donnée par Mgr Parisis avait produit un mouvement général. Déjà plusieurs diocèses avaient suivi l'exemple de celui de Langres. D'autres en firent autant dès le début du nouveau pontificat. Le Saint-Siége, avec sa prudence accoutumée, encourageait ce mouvement et savait en même temps témoigner de l'indulgence à ceux qui demandaient un délai.

L'avénement et les premiers actes de Pie IX furent salués par tous les évêques français et par tout le clergé, avec une joie et un enthousiasme dont les témoignages se retrouvent dans les mandements qui publiaient l'encyclique de 1846, et qui invitaient les prêtres et les fidèles à la célébration du jubilé. Les catholiques eurent encore l'occasion de montrer leur attachement et leur obéissance absolue au Saint-Siége, à propos de la loi qui fut discutée en 1847, et qui avait pour objet de fournir les moyens d'exécuter une bulle pontificale, datée de 1843, relative à l'institution canonique du chapitre de Saint-Denys. La bulle plaçait ce chapitre, dont les chanoines de premier ordre devaient être des évêques en retraite, sous la juridiction immédiate du Pape. Beaucoup de personnes auraient préféré le voir soumis à l'administration de l'archevêque de Paris ; et pour justifier ce sentiment, les raisons plausibles ne manquaient pas : on craignait surtout de voir se former là un clergé dévoué à la cour et une pépinière d'évêques complaisants pour le Pouvoir. Le comte de Montalembert et Mgr Parisis s'accordèrent à penser que ces craintes n'étaient pas sérieuses ; et qu'en tout cas l'exemption concédée au chapitre de Saint-Denys ne créait ni n'aggravait le péril ; et qu'il fallait voter la loi, parce qu'elle consacrait l'abandon du gallicanisme. Le gouvernement fut moins respectueux envers la Papauté, quand il s'agit de l'encyclique par laquelle le Pape demandait des prières et des secours pour l'Irlande. Une circulaire du ministre des cultes, Hébert, se fondant sur le premier des articles organiques, infligea un blâme aux évêques qui avaient publié cette lettre sans l'autorisation préalable du gouvernement : les évêques n'en continuèrent pas moins de publier l'encyclique et de recueillir les offrandes de la charité.

Les doctrines gallicanes disparaissaient avec les liturgies particulières. Ce n'est pas que les maximes de 1682 n'eussent encore des partisans. Un évêque français osa publier, le 14 août 1847, un mandement dans lequel il attaquait avec violence les défenseurs de la supériorité du Pape sur le concile, et se flattait que jamais Pie IX ne voudrait encourager la condamnation du gallicanisme. Dans l'allocution consistoriale du 17 décembre suivant, le souverain Pontife protesta hautement contre cet écrit. Des opinions du même genre ayant été émises dans un ouvrage d'un vicaire général, sur la question liturgique, en réponse au Père Guéranger, ce livre fut mis à l'*index* au mois de juin 1850.

Après dix-huit ans de cette politique abaissée et fausse, qui abandonnait ou même entravait l'Eglise dans sa lutte contre la révolution, la monarchie de Juillet allait, comme tant d'autres qui l'avaient précédée, recevoir une de ces grandes et terribles leçons que Dieu donne aux rois et aux peuples dans les jours de sa colère.

Des symptômes précurseurs avaient annoncé en 1847 cette catastrophe de 1848, dont Rohrbacher a parlé. Des scandales inouïs avaient prouvé au monde que la corruption régnait dans les régions du Pouvoir. Le cadavre de M. Martin (du Nord), ministre de la justice et des cultes, avait été relevé dans une maison de jeu, où une attaque d'apoplexie était venue foudroyer ce personnage. Un procès fut intenté aux administrateurs du port de Rochefort, pour cause de dilapidations : l'accusation fut justifiée et la condamnation prononcée. La Chambre des pairs eut à se constituer en haute-cour de justice pour juger deux pairs de France, le général Despans-Cubières, ancien ministre de la guerre, et M. Teste, ancien ministre des travaux publics, accusés, le premier, d'avoir trempé dans des manœuvres d'escroquerie, et contribué à séduire à prix d'argent les hauts dignitaires de l'État ; le second, d'avoir, à la même époque, étant ministre des travaux publics, agréé des offres et reçu des dons et présents pour faire un acte de ses fonctions non sujet à salaire. La culpabilité de tous les deux fut reconnue. Ils avaient pour séducteurs ou pour complices également reconnus et condamnés, un nommé Parmentier, avocat, et un sieur Pellapra, ancien receveur général. La haute-cour fut encore constituée au mois d'août à l'occasion d'un crime épouvantable. Sous l'empire d'une passion terrible qu'il avait conçue pour une espèce d'aventurière, institutrice de ses filles, le duc de Choiseul-Praslin, nommé pair de France depuis deux ans, abreuvait sa femme d'amertume. C'était la fille du maréchal Sébastiani. Après avoir longtemps souffert, elle avait exigé, depuis six semaines, le renvoi de l'institutrice, quand, un matin, elle fut trouvée couverte d'horribles blessures et noyée dans son sang. La voix publique désignait le meurtrier : sur lui aussi on trouva des taches de sang, et le procès était commencé quand il s'empoisonna dans sa prison. Un peu plus tard, c'était le comte Bresson, ambassadeur de France à Naples, qui se coupait la gorge avec un rasoir. Et ces scandales des grands, qui avaient un retentissement universel, se reproduisaient avec moins de bruit et d'éclat, à tous les degrés de la hiérarchie administrative. La presse en était continuellement occupée. Louis-Philippe voyait ainsi le déshonneur cerner en quelque sorte le trône que lui avaient donné les fameuses journées de 1830 et la comédie de quinze ans. Rohrbacher a dit comment, plusieurs années auparavant, la mort avait creusé un vide affreux à ses côtés en frappant l'aîné de ses fils, le duc d'Orléans. Une fidèle compagne de toute vie lui restait, si précieuse par ses conseils et si écoutée qu'on l'appelait son *Egérie* : c'était sa sœur cadette, madame Adélaïde : la mort la lui ravit à la fin de 1847.

Quand on ne rend pas justice à l'Église, elle ne cesse pas pour cela d'obéir et de respecter, elle sait attendre et souffrir. Mais les fautes commises contre elle ouvrent immanquablement des abîmes où l'on périt tôt ou tard : elle le sait aussi, et voilà pourquoi elle est si pressante dans les avertissements qu'elle adresse au Pouvoir. En reniant presque complètement les traditions catholiques du pays, en venant dire à la tribune, par l'organe de M. Guizot, que l'on n'entendait plus se conduire comme au temps des Croisades, le gouvernement de Juillet avait adopté, surtout vis-à-vis de l'Angleterre, une politique d'effacement et de complaisance qui soulevait dans le royaume des murmures toujours grossissants. Les mauvaises doctrines, répandues à pleines mains par cette Université dont on avait défendu le monopole comme si c'eût été l'arche d'alliance ou le palladium de l'État, ces doctrines portaient, dans toutes les classes, leurs fruits de corruption et de révolte. La jeunesse des écoles, celle au moins que la parole des Lacordaire et des Ravignan n'avait pu atteindre et protéger, s'ouvrait aux idées les plus dangereuses. Une grande partie du peuple se laissait gagner par les théories socialistes et perdait tout sentiment de subordination et de respect. De grands troubles s'étaient produits à l'occasion de la cherté des subsistances. Pendant que de vils spéculateurs, oubliant les devoirs de l'humanité, cherchaient à s'enrichir par l'accaparement des blés, les populations affamées grondaient. Les agglomérations ouvrières des bassins houillers de la Loire et de Valenciennes se soulevèrent. Le faubourg Saint-Antoine fut agité. Il y eut dans beaucoup d'endroits des pillages de magasins, dans certaines villes des prises d'armes, à Buzançais et à Bélabre des massacres, et l'on dut recourir à la force et faire couler le sang pour mettre un terme au brigandage.

Depuis 1842, l'Opposition, cette partie indispensable du mécanisme parlementaire, s'agitait sans repos sous la conduite de M. Thiers, et cherchait à renverser le ministère éternel de M. Guizot. M. Thiers qui, en 1830, avait, comme journaliste, protesté en faveur de la liberté de la presse, était de plus un historien de talent. C'était aussi un orateur à la parole facile, souple et lumineuse. Dans tout ce qui concerne les rapports de la France avec les autres peuples, sous le double point de vue de l'équilibre européen et de la légitime influence de notre pays, il avait généralement des idées conservatrices et patriotiques. Mais on regrettait qu'à une confiance exagérée dans le régime parlementaire, il joignît peu de goût pour la liberté de l'Église, et une grande partialité en faveur de la Révolution. Dès le commencement de la discussion sur la liberté d'enseignement, en 1843, il avait proposé contre les Jésuites et le clergé en général des mesures restrictives qui avaient été repoussées. En 1848, quand la Chambre des députés s'occupa des affaires de la Suisse, M. Thiers prit parti pour les radicaux contre les catholiques cruellement tyrannisés et dépouillés, et prononça cette parole : La révolution, c'est nous. Un avocat, M. Odilon Barrot, venait, dans l'Opposition, à la suite de M. Thiers. C'était ce personnage qui avait dit : La loi est athée et doit l'être ! et qui, plus tard, devenu ministre, s'écriait en répondant à quelqu'un qui la lui avait rappelée : « Je n'ai pas dit cela : j'ai dit que la loi protège également toutes les religions, parce qu'elle les domine également toutes. » L'Opposition avait pris pour drapeau la réforme électorale, et à force de l'agiter, elle avait fini par faire croire aux masses, que c'était là le signe de la régénération et du salut. En 1847, deux interpellations très-nettes furent déposées à ce sujet, à la Chambre des députés. M. Duvergier de Hauranne voulait augmenter le nombre des électeurs qui était à peine de deux cent mille, en abaissant le cens électoral de deux cents à cent francs ; M. de Rémusat voulait assurer l'indépendance de la Chambre et la libre expression des vœux du pays, en excluant tous les fonctionnaires du droit d'éligibilité. Ces deux propositions essuyèrent un échec complet. Alors les manifestations populaires succédèrent aux débats du parlement, et l'on vit commencer, dans un grand nombre de villes, la série de ce qu'on appela *les banquets réformistes*. Dans une de ces réunions, à Mâcon, M. de Lamartine menaça le gouvernement « de la Révolution du mépris. » L'Opposition dynastique n'était pas seule dans ce mouvement : les républicains et les socialistes excitaient les classes ouvrières. A l'ouverture de la session de 1848, au mois de janvier, le roi ayant dit, dans le discours du Trône, que l'agitation était fomentée par des passions ennemies ou aveugles, la réponse à ce passage, dans la discussion de l'Adresse, occasionna de violentes tempêtes. Des paroles extrêmes furent prononcées. Pour la dernière fois, le gouvernement obtint une faible majorité.

L'Opposition, vaincue mais grandissante, organisa un banquet aux Champs-Elysées. Le cortége devait se former à la Madeleine et renfermer cent députés, des pairs de France, des officiers supérieurs de la garde nationale, des gardes nationaux, des étudiants, des ouvriers. La veille du jour fixé, le 21 février, une interdiction fut lancée par le ministère. L'Opposition dynastique résolut de céder, mais, nous l'avons dit, elle était loin d'être seule dans le mouvement : elle avait favorisé le déchaînement de passions et l'explosion de doctrines qui s'embarrassaient fort peu du jeu des institutions parlementaires. Le jour même, un comité électoral du deuxième arrondissement invitait les députés qui reculaient à donner leur démission. Le 22, des masses se portaient vers la Madeleine et les Champs-Elysées. On se dirigeait sur la Chambre des députés en chantant la *Marseillaise*, en criant : Vive la réforme ! A bas Guizot ! La salle des séances et les tribunes étaient envahies; il fallut déployer des troupes pour disperser les attroupements. Les mêmes scènes se passaient à l'hôtel du ministère des affaires étrangères. Dans diverses rues, des barricades furent élevées. M. Odilon Barrot avait déposé à la Chambre un acte d'accusation contre le ministère. Mais toute cette agitation demeurait encore impuissante. Quelques démonstrations militaires suffirent pour rétablir l'ordre. Le lendemain les événements prirent une tournure plus alarmante. Des barricades plus nombreuses et plus fortes furent construites. Des fusillades s'engagèrent entre les insurgés et les gardes municipaux. Le ministère commit la faute de convoquer la garde nationale qui se mit à pousser les mêmes cris que l'insurrection et à s'opposer partout aux mouvements de la ligne et de la cavalerie. A trois heures, le roi fit appeler, non les chefs de l'Opposition, mais M. Molé, qui avait déjà été le chef d'un ministère, pour le charger de la formation d'un nouveau cabinet. Cette nouvelle se répandit. Dans la soirée, Paris illuminé offrait partout l'image de la tranquillité et de la concorde, si ce n'est que les agents du parti républicain et d'autres continuaient à exciter la méfiance dans les groupes, et que des bandes suspectes parcouraient les rues en faisant entendre des chants soi-disant patriotiques. D'où venaient ces bandes? Quelqu'un les poussait-il ? Comme l'une d'elles arrivait auprès du poste qui gardait le ministère des affaires étrangères, un coup de feu retentit. C'est un soldat qui est frappé. La troupe fait une décharge qui renverse des morts et des blessés. Des tombereaux se trouvent tout prêts pour promener les cadavres dans les quartiers populeux. Un cri s'élève : Nous sommes trahis! Aux armes! La cour était dans le désarroi : les propositions de toute nature se croisaient, sans que l'on prît aucune résolution. Le roi offrit le ministère à MM. Thiers et Odilon Barrot;

qui acceptèrent de bonne foi, croyant qu'enfin leur moment était venu et qu'ils allaient tout apaiser, rien que par leur avènement au pouvoir. M. Odilon Barrot se rendit aux barricades : il fut accueilli par des huées. Le nouveau cabinet afficha une proclamation, on la déchira. Elle fut suivie d'une autre ainsi conçue : « Abdication du roi ; Régence de Madame la duchesse d'Orléans; Dissolution de la Chambre; Amnistie générale. » La Révolution marchait toujours. Après avoir fait mine un instant de vouloir défendre sa couronne, le roi voyant le froid accueil que lui faisaient les troupes et la garde nationale sur la place du Carrousel, s'était échappé des Tuileries. Madame la duchesse d'Orléans, accompagnée de ses deux fils, tout jeunes encore, le comte de Paris et le duc de Chartres, avec ses beaux-frères, le duc de Nemours et le duc de Montpensier, se rendit à la Chambre des députés. Elle ne fit qu'y courir inutilement des dangers. L'insurrection la poursuivit dans ce dernier asile. Elle fut obligée de fuir avec le comte de Paris dans une petite voiture : au milieu du tumulte, le duc de Chartres avait été séparé d'elle. Louis-Philippe, avec la reine et les princesses, traversa la Normandie en fugitif, et gagna l'Angleterre.

Cependant deux hommes étaient acclamés par la foule qui avait envahi le Palais-Bourbon : c'était le poète Lamartine, et l'avocat socialiste Ledru-Rollin. Dès le début, il était facile de voir que le second se mettrait à l'égard du premier dans un état d'antagonisme plus ou moins déclaré et formerait, dans la Révolution qui venait de s'accomplir, un nouveau parti de la Montagne contre un nouveau parti des Girondins. Un gouvernement provisoire fut proclamé; il se composait de MM. Dupont (de l'Eure), Lamartine, Crémieux, François Arago, Ledru-Rollin, Garnier-Pagès, Marie. Mais l'Hôtel-de-Ville avait aussi son gouvernement; il fallut en accepter quatre membres : Armand Marrast, Louis Blanc, Ferdinand Flocon, et Albert, qui prenait le titre d'ouvrier. Le soir même, eut lieu la proclamation suivante : « Le gouvernement provisoire adopte et veut la forme démocratique et le gouvernement républicain, sauf ratification du peuple réuni en assemblées primaires. »

A la suite de ces événements, dont personne ne pouvait méconnaître la grandeur et la soudaineté providentielles, qu'allait devenir l'Eglise en France? L'Eglise fut respectée et profita de la liberté que le gouvernement provisoire accordait à tous les cultes. Des prières furent demandées et ordonnées en faveur du nouvel ordre de choses et du peuple victorieux. Dès le 24, Mgr Affre, avait adressé une circulaire au clergé de Paris, pour prescrire un service funèbre en l'honneur des victimes de la lutte, et des quêtes destinées au soulagement de leurs familles. Un fait remarquable s'était produit au moment où la foule, dans l'ivresse de la colère, avait envahi les Tuileries et dévasté l'ameublement royal. La chapelle où l'on avait dit la messe le matin n'avait pas été entièrement respectée; mais l'autel n'était l'objet d'aucune profanation. Un jeune homme, membre de la Société de Saint-Vincent de Paul, accompagné de quelques gardes nationaux et de deux élèves de l'Ecole polytechnique, transporta jusqu'à l'église Saint-Roch le crucifix et les vases sacrés.

Quelques spectateurs essayèrent une insulte, mais la foule protesta par les plus vifs témoignages de respect, et aux paroles que lui adressa M. le curé de Saint-Roch, répondit par ces acclamations : Vive la liberté ! Vive la religion et Pie IX ! Trois jours après Lacordaire inaugurait à Notre-Dame la station du Carême. La suite de son enseignement l'amenait à parler de l'existence d'un Dieu personnel. « Tout en traitant cette question, dit-il, j'ai voulu le faire d'une manière qui protestât que ce n'était pas pour satisfaire à un besoin de vos âmes ni de la société dans laquelle nous vivons. Si je voulais entreprendre cette démonstration comme une nécessité, vous me repousseriez du milieu de vous, en me disant que je vous accuse de sacrilège. Les portes de ce temple s'ouvriraient pour me laisser voir ce peuple, si grand dans sa colère, qui, ces jours encore, a porté dans ses mains puissantes, par les rues de la capitale, ce Dieu reconnu, respecté et triomphant. » Et le *Journal des Débats*, peu favorable à l'influence de la religion, après avoir rapporté ces belles paroles, ajoutait : « Une émotion irrésistible a entraîné tout l'auditoire et a éclaté en applaudissements, que la sainteté du lieu n'a pu contenir. Les sages ont pu la regretter; mais ils l'ont partagée; c'était unanime. »

Dans cette révolution, la masse du peuple paraissait d'accord avec l'Eglise qui avait si longtemps demandé au gouvernement déchu la liberté sans pouvoir l'obtenir. Les évêques s'empressèrent de donner leur adhésion à la victoire populaire, les uns avec d'enthousiastes espérances, les autres avec un peu plus de réserve. Le cardinal de Bonald, fils du philosophe et archevêque de Lyon, écrivait à ses prêtres : « Les citoyens qui ont succombé à Paris dans les journées de Février sont tombés glorieusement en défendant les principes de liberté civile et religieuse, qui seront désormais en France une vérité; nous n'aurons plus rien à envier à l'Amérique septentrionale. » Le cardinal Giraud, archevêque de Cambrai, s'appliquait surtout à faire ressortir l'immutabilité de l'Eglise au milieu du changement des choses de ce monde, et louait le peuple « magnanime, qui, par sa modération dans la force, s'était montré plus grand que la victoire elle-même. » Mgr Sibour, alors évêque de Digne, exprimait l'espoir que l'Eglise verrait « toutes les lois d'exception et de servitude des régimes précédents; » et ne voulait pas que l'on redoutât une persécution : « Le gouvernement, quel qu'il soit, disait-il, auquel la France va confier ses destinées, ne sera pas assez imprudent pour renouveler d'anciennes fautes et recommencer avec la conscience catholique le plus inique comme le plus inutile des combats. » Cette phrase, outre un acte de confiance, renfermait aussi un avertissement à l'adresse du Pouvoir futur. Il est certain que l'élément religieux était pour sa part dans cette brusque explosion de liberté : les insurgés le sentaient : ils attaquaient la Monarchie et respectaient la Religion : en mourant, ils avaient réclamé la grâce des sacrements. Mais l'élément religieux tout seul n'aurait amené aucune ruine ni aucune confusion. L'élément révolutionnaire, à tous ses degrés de développement, allait se déchaîner, et l'on avait besoin de se tenir en garde contre lui. Une lutte commençait entre les principes les plus opposés : lutte d'autant plus ardente et confuse que les clubs avaient toute liberté, que les journaux étaient affranchis du timbre, et que l'on venait d'instituer le suffrage universel : dans ce tourbillon, l'Eglise ne se laissa pas entraîner un seul instant à quoi que ce soit de contraire à la justice, à la vérité et à la modération.

Dès les premiers jours, certains meneurs poussèrent le peuple à demander l'établissement définitif de la République avant les élections et l'adoption du drapeau rouge. Lamartine eut assez d'énergie et d'ascendant pour faire tomber cette double demande. Le socialiste Louis Blanc ne parvint pas non plus à se faire nommer comme il l'aurait voulu, *ministre du progrès*; mais il obtint qu'une *commission de gouvernement pour les travailleurs* siègerait au palais du Luxembourg, et l'on vit les délégués des corporations ouvrières, dans la salle occupée peu auparavant par les pairs de France, exposer, sous prétexte de l'organisation du travail, ces théories anarchistes et ruineuses qui font de l'Etat le dépositaire unique du capital et le banquier universel. Un des premiers décrets du gouvernement provisoire consacra le *droit au travail*, en promettant que l'Etat garantirait à l'ouvrier les moyens de gagner sa vie. La crise commerciale et financière, qui suivit la révolution politique, obligea le gouvernement, pour tenir sa parole, à créer *les ateliers nationaux*, c'est-à-dire, à employer à des travaux publics les bras que l'industrie privée laissait sans ouvrage. Il y eut là d'abord huit mille hommes, puis quarante mille, puis plus de cent mille, placés sous la direction d'un bureau central, et nommant eux-mêmes leur chef d'escouade et de brigade. Cette création renfermait l'acceptation du socialisme de Louis Blanc. De plus, elle mettait une véritable armée permanente et organisée au service des agitateurs, et par là même prolongeait indéfiniment ce malaise de l'industrie dont la classe ouvrière souffrait. On vit en même temps s'organiser à Belleville une communauté de jeunes ouvrières qui, sous le nom de *Vésuviennes*, se réunissaient pour améliorer leur existence. Toutes sortes de folles démonstrations annonçaient que les têtes étaient en ébullition, que l'on songeait à tout autre chose qu'à une révolution politique, et qu'on serait longtemps avant de trouver l'ordre et la stabilité. Le 2 avril, qui était un dimanche, les écoles se réunirent pour aller au Champ-de-Mars, où travaillaient les ouvriers des ateliers nationaux. Cent mille hommes les suivaient. Le cortège était précédé d'un sapeur du génie, symbole du travail et de l'intelligence; à sa gauche, un élève de l'Ecole normale portait le *Contrat social* couronné d'immortelles; à sa droite, un ouvrier portait une pioche couronnée des mêmes fleurs, et qu'on déposa comme un souvenir à l'Hôtel-de-Ville. Au Champ-de-Mars, les étudiants travaillèrent un moment aux terrassements, puis, donnant le bras aux ouvriers, se mirent à chanter tous ensemble la *Marseillaise*. Ailleurs, se donnaient des banquets fraternels, où tous les rangs et tous les costumes étaient mêlés. Des troupes de cent femmes et plus, faisaient aussi leur manifestation contre Lamartine qui représentait l'ordre et la modération.

Les fouriéristes paraissaient satisfaits du succès

obtenu par Louis Blanc, et surtout des promesses qu'il donnait à l'avenir l'union de la religion et de la liberté. Mais le communisme se plaignait encore par l'organe de M. Cabet : « On nous insulte partout, on nous outrage, on nous calomnie, on nous persécute, on nous menace de proscription ! Et le gouvernement ne fait rien pour nous justifier et nous défendre ? C'est de l'iniquité nationale ; ce sera une honte pour la République ! » Le chef du communisme ajoutait qu'il voulait se borner à une protestation pacifique, mais il venait de se glorifier d'avoir amené dans Paris deux cent mille intimidateurs. Bientôt, voyant les idées de Louis Blanc se développer, Cabet, dans le Populaire, et Proudhon, dans le Représentant du Peuple, convinrent que le communisme ne demandait pas davantage. Il demandait même moins, car Louis Blanc alla jusqu'à dire au Luxembourg, que l'Etat devait assurer à tous, par l'éducation commune, les moyens de développement intellectuel, et, par la réunion fraternelle des forces et des ressources, les instruments de travail. Tout était mis en commun, capital, aptitude et travail. Proudhon alla pourtant plus loin encore : voici la déclaration qu'il soutenait dans les clubs et dans son journal : « Quant à nous, nous avons un moyen, le seul réellement efficace, d'éviter tous les dangers et toutes les absurdités du Pouvoir, c'est de ne pas avoir de pouvoir du tout ! Cette recette est bien plus simple et beaucoup plus rassurante encore pour la liberté que la vôtre, convenez-en. Eh bien ! c'est elle que nous réaliserons, dans peu de temps, nous le jurons devant le Dieu de la liberté et de l'égalité humaine ! » Un peu plus tard, au mois de mai, le même sophiste s'écriait dans le Représentant du peuple, à propos du projet de constitution : « Notre principe, à nous, est la négation de tout dogme ; notre première donnée, le néant. Nier, toujours nier, voilà notre méthode de construction en philosophie. C'est en suite de cette méthode négative que nous avons été conduit à poser comme principes, en religion, l'athéisme ; en politique, l'anarchie ; en économie politique, la non-propriété ? » Voilà où en était arrivé le cynisme des doctrines dans les journaux et dans les clubs, et si l'on veut savoir à quel point ces doctrines tyrannisaient l'individu, tout en lui promettant la liberté, il suffit de lire ces lignes d'une pièce saisie au club de la société des Droits de l'homme : « Ne doit être enrôlé dans la société des Droits de l'homme que tout citoyen qui présente les garanties suivantes :
1° Il faut qu'il ait fait abnégation de son individualité, d'une manière absolue, pour le service de la société. La société, en retour, s'engage vis-à-vis de lui, à se mettre tout entière sur pied, s'il en est temps, pour le défendre, s'il ne l'est plus, pour le venger. »

Quand de telles idées et de tels plans avaient pour se propager toutes les facilités que procurent au mal la liberté illimitée de la presse et la liberté illimitée de l'association ; c'est-à-dire des clubs, on comprend que le désordre n'était pas seulement dans quelques intelligences isolées, et qu'il descendait bruyamment sur tous les théâtres de la vie publique. A Paris et dans les provinces, on le rencontrait tous les jours dans la rue. Aussitôt après la révolution de Février, des bandes se répandirent à Lyon et dans les environs, saccageant les usines et les manufactures, brisant les métiers et pillant les maisons. Les mêmes scènes se produisirent, au même moment, dans les Hautes-Pyrénées et dans la Haute-Garonne. Les ouvriers de Lyon s'emparèrent des forts et en exigèrent la démolition : le commissaire du Gouvernement provisoire dut y consentir.

Ces commissaires, choisis par M. Ledru-Rollin, qui avait pour son attribution le département de l'intérieur, recevaient du maître des instructions qui n'étaient que trop en harmonie, généralement, avec leurs propres désirs. « Vous demandez quels sont vos pouvoirs, leur écrivait-il ? Ils sont illimités. Agent d'une autorité révolutionnaire, vous êtes révolutionnaire aussi... Partout, les préfets et sous-préfets doivent être changés ;... vous pourvoirez aussi au remplacement des maires et des adjoints. Vous les désignerez provisoirement, en les investissant du pouvoir ordinaire. Si les conseils municipaux sont hostiles, vous les dissoudrez, et, de concert avec les maires, vous constituerez une municipalité provisoire. Vous exigerez des parquets, un concours dévoué : partout où vous ne le rencontrerez pas, vous m'en avertirez, en m'indiquant le nom de ceux que recommandent leur droiture et leur fermeté. J'en ferai immédiatement part au ministre de la justice. Quant à la magistrature inamovible, vous la surveillerez, et si quelqu'un de ses membres se montrait publiquement hostile, vous pourriez user du droit de suspension que vous confère votre autorité souveraine. » Cet avocat, à la pose de tribun, traitait la noble France comme un esclave, la déconronnait de toutes ses franchises, démolissait même les garanties qui protègent le sanctuaire de la justice, et envoyait à nos départements des tyranneaux de la pire espèce. La France eut un mouvement d'indignation, mais l'ordre nouveau était si fragile que l'on craignait de l'ébranler en expulsant le téméraire avocat. Lamartine avait des vues plus sincères, plus équitables, et plus généreuses ; malheureusement, il faut dire tout de suite qu'il montra toujours, à l'égard de Ledru-Rollin, cette condescendance humiliée que Dieu inflige pour premier châtiment, aux hommes qui avaient reçu la grandeur en partage et qui, sans vouloir se porter jusqu'aux extrémités du mal, ont abandonné les principes immuables de la vérité. Les troubles recommencèrent à Lyon : pour obtenir soit une réduction de travail soit une augmentation de salaire, les ouvriers se mirent en grève, et menacèrent ceux qui essaieraient de travailler. Des bandes de pillards et d'incendiaires parcouraient le département. Dans le Doubs, on voulait se soustraire à la loi du recrutement, et rompre les lignes de la douane.

Pour discipliner une masse de jeunes hommes qui étaient oisifs, le gouvernement avait eu l'heureuse idée d'en former à Paris un nouveau corps destiné à défendre l'ordre. Ce corps prit le nom de garde mobile, et, grâce à l'esprit d'organisation du général Duvivier, devint une troupe d'élite qui rendit plus tard d'éminents services. Mais on avait aussi ouvert indistinctement à tous les citoyens les rangs de la garde nationale. Cette mesure donnait des armes à une foule d'émeutiers, avides de trouble et de pillage. Une partie des légions de Paris et de la banlieue essaya d'en empêcher l'exécution, et se rendit en uniforme, sans armes, sur la place de l'Hôtel-de-Ville, pour protester. On leur répondit que le décret rendu ne pouvait être modifié. Cela se passait le 16 mars, et fut appelé la manifestation des *bonnets à poil*. Le lendemain, sur une simple invitation affichée dès le matin, 100,000 ouvriers des ateliers nationaux, accompagnés des délégués du Luxembourg et conduits par les chefs des clubs communistes, tels que Barbès, Cabet, Blanqui, allèrent faire une contre-manifestation aux cris de : Vive la République! Vive Ledru-Rollin !

Lille et Roubaix furent aussi affligés, vers le milieu du mois de mars, de scènes déplorables. Le 23, à Lyon, trois cents ouvriers forcèrent la municipalité de la Croix-Rousse à leur livrer les poudres et les canons qui s'y trouvaient. Cependant le commissaire du gouvernement, M. Emmanuel Arago, réussit à leur persuader de retourner à leur travail. A Rouen, il y eut un combat entre les émeutiers et les soldats, et dans les environs le pillage des bois et des propriétés s'organisait. L'armée elle-même se montra infectée de l'esprit de révolte. L'artillerie de marine, en garnison à Lorient, déposa ses officiers, leur substitua les sous-officiers, et força les habitants de leur donner des subsistances. Des faits du même genre étaient commis à Dôle, par un régiment de chasseurs. Les agents de M. Ledru-Rollin tenaient en plusieurs endroits une conduite inqualifiable. Dans l'Indre, l'un d'eux ordonnait aux banques particulières de refuser le remboursement de leurs dépôts. Ailleurs, c'était un ancien journaliste qui, pour se venger d'une brochure publiée en 1847, obligeait un fonctionnaire à donner sa démission. Ailleurs encore, un maire imposé à une commune de la Haute-Vienne montait en chaire pour lire la circulaire de Ledru-Rollin. Nouvelle révolte militaire à Tarbes, grève à Marseille, scènes des plus mauvais temps à Toulouse, troubles dans la garnison de Lyon, capture d'un bateau chargé de blé à Mézières, dans plusieurs localités demande du renvoi des ouvriers de nationalité étrangère et voies de fait contre eux : on ne finirait pas, si l'on voulait tout mentionner. A Lyon, il y avait une secte plus ignoble encore que les *carbonari* : c'étaient les *voraces*; les uns et les autres firent, au nom de M. Emmanuel Arago, une perquisition à la cure et à l'église de la Croix-Rousse.

Dans une nouvelle circulaire, Ledru-Rollin indiquait à ses commissaires, pour les élections, une ligne de conduite qui n'était rien autre chose que l'oppression et l'arbitraire. En voici la base : « Nous sommes assez forts pour être vrais. Le gouvernement doit-il agir sur les élections ou se borner à en surveiller la régularité? Je n'hésite pas à répondre que, sous peine d'abdiquer ou même de trahir, le gouvernement ne peut se réduire à enregistrer des procès-verbaux et à compter des voix; il doit éclairer la France et travailler ouvertement à déjouer les intrigues de la contre-révolution. » Après un tel langage, on n'est nullement étonné de voir quantité de villes et de départements bouleversés par des révocations de commissaires dont le ministre n'était pas content et que les populations estimaient, ou par des actes violents de commissaires aussi désagréables aux populations qu'ils étaient agréables au ministre. On n'est pas étonné de voir au Havre, à Troyes, à Béziers, dans les Landes, à Toulouse, à Auxerre, à Lyon, une recrudescence d'agitation révolutionnaire; tandis qu'à Bordeaux, à Beauvais, au Quesnoy, les citoyens honnêtes et paisibles protestaient contre la tyrannie des commissaires et sous-commissaires, les expulsaient ou s'opposaient à leur arrivée. Lyon surtout et Saint-Etienne étaient en proie aux émeutiers qui envahissaient sans pudeur des communautés de femmes pour les piller et les dévaster.

Pour le 16 avril, Blanqui, assisté de Cabet, avait organisé une manifestation semblable à celle du 17 mars, dans le but de se substituer au gouvernement provisoire et d'ajourner jusqu'au 31 mai les élections qui devaient avoir lieu le jour de Pâques, 23 avril, et le lendemain. Un bulletin du ministère de l'intérieur, écrit dans le même sens que tout ce qui sortait de la plume de Ledru-Rollin, était venu à l'appui de ce mouvement. Le gouvernement averti convoqua la garde nationale et la garde mobile, qui se montrèrent fort résolues à défendre la cause de l'ordre, et tout se termina par un discours chaleureux, où Lamartine affirma l'union du gouvernement provisoire et par les applaudissements et les vivats de la foule. Les mêmes acclamations et la même sécurité caractérisèrent une fête assez insignifiante qui eut lieu la veille des élections, et dans laquelle on distribua les drapeaux à l'armée et à la garde nationale. Toujours de vives démonstrations, les apparences de la concorde, et au fond le désaccord et rien de solide. Les élections ne furent pas sans amener quelques attentats contre la liberté du vote, notamment à Lyon. Lamartine, exclu des bulletins de Ledru-Rollin, avait cependant admis celui-ci sur les siens.

Comme nous l'avons dit, les élections devaient se faire désormais par le suffrage universel : c'était la principale conquête de Février. Le décret qui la sanctionnait conférait les droits d'électeur à tout citoyen âgé de vingt et un ans, et l'éligibilité à tout électeur. Les comices populaires étaient convoqués pour nommer des *représentants du peuple* qui formeraient l'Assemblée constituante. La France tout entière devait avoir 900 représentants, un par 40,000 habitants. Enfin l'élection se faisait au scrutin de liste et au scrutin secret : toutes les communes d'un même canton se réunissaient pour voter au chef-lieu. Le résultat de l'élection fut une majorité modérée et conservatrice, mais avec les éléments les plus turbulents et les plus bizarres qu'il fût possible d'imaginer. Lamartine, nommé par plusieurs collèges, réunissait sur sa tête plus d'un million de suffrages. Beaucoup de commissaires de Ledru-Rollin s'étaient fait nommer.

Les sectes révolutionnaires de Lyon, les carbonari, les voraces et les ventres-creux, continuaient leurs exploits. Des barricades, à Rouen, durent être enlevées à la pointe de la baïonnette : c'était la suite des élections. De même des troubles sanglants éclatèrent à Nîmes, à Elbeuf, à Castel-Sarrazin, à Amiens. A Limoges, la garde nationale fut désarmée par les ouvriers. Les journaux révolutionnaires de Paris, irrités du résultat des élections, répandaient l'agitation dans le peuple. Un colonel de la garde nationale, qui venait d'être nommé représentant, et qui, en 1839, avait été condamné à mort pour meurtre sur la personne d'un officier, Barbès, avait publié, ainsi que le club Blanqui, une proclamation incendiaire.

En présence de ces menaces et de cette agitation, la majorité de l'Assemblée et Lamartine, dès le début, manquèrent d'énergie ou pensèrent que la modération et la conciliation étaient indispensables. Un débat s'était ouvert sur la question de savoir si la Chambre nommerait directement les ministres ou si l'on garderait une commission exécutive. Sous l'impulsion de Lamartine, on choisit ce dernier parti qui maintint Ledru-Rollin au pouvoir avec Lamartine lui-même, et MM. Arago, Garnier-Pagès et Marie. Dès sa première séance, au milieu des acclamations et des applaudissements, l'Assemblée avait proclamé le maintien de la République avec cette devise : LIBERTÉ, ÉGALITÉ, FRATERNITÉ.

Maintenant que nous avons fait suffisamment connaître la situation politique et sociale depuis février, nous pouvons dire et prouver que l'Église, au milieu de ce chaos, sut démêler le bien et le mal et se garder de toute condamnation imméritée ou inopportune, comme de toute faiblesse et de tout entraînement. Les catholiques acceptèrent tout de suite la forme républicaine, par l'organe de leurs principales feuilles périodiques : l'*Univers*, dont M. Louis Veuillot venait d'être constitué le seul rédacteur en chef, et l'*Ère nouvelle*, fondée alors par M. de Coux, avec l'assistance du P. Lacordaire, de M. l'abbé Maret et de Frédéric Ozanam. La religion déploya toutes ses magnificences dans les funérailles qui eurent lieu en l'honneur des victimes des journées de Février, à l'église de la Madeleine. Mgr Affre alla se présenter au gouvernement provisoire pour l'assurer du loyal concours de tout le clergé de Paris. Dans leurs mandements pour le Carême, les évêques firent entendre les plus graves enseignements sur l'instabilité des pouvoirs humains et sur la perturbation profonde produite dans la société par le débordement des mauvaises doctrines. Tous, en rappelant qu'il fallait demander aux vérités de la foi une base solide, acceptaient hautement la mission d'aider le pays à sortir de l'abîme, et pour cela demandaient la liberté de parler et d'agir. Le 11 mars 1848, le ministre de l'instruction publique et des cultes, Carnot, disait dans une circulaire adressée aux archevêques et aux évêques : « Ne laissez pas oublier aux prêtres de votre diocèse que, citoyens par la participation à l'exercice de tous les droits politiques, ils sont les enfants de la grande famille française, et que, dans les assemblées électorales, sur les bancs de l'Assemblée nationale, où la confiance de leurs concitoyens pourrait les appeler, ils n'ont plus qu'un seul intérêt à défendre, celui de la Patrie intimement uni à celui de la Religion. » De tels sentiments n'avaient pas besoin d'être inculqués au clergé : il avait déjà prouvé qu'il les possédait. Les finances de la République étaient en mauvais état, malgré un impôt de 45 centimes que M. Garnier-Pagès établit sur les quatre contributions directes et qui fut très-impopulaire. On vit l'évêque et le clergé de Digne venir au secours de cette détresse en payant d'avance le montant intégral de leurs contributions pour l'année 1848. La Chartreuse du Dauphiné offrit 500 francs pour une souscription ouverte dans le but de procurer du travail aux ouvriers. Mgr Affre envoya au trésor les quelques couverts d'argent qui lui appartenaient. Cet exemple fut suivi par le chapitre métropolitain qui envoya 600 francs, par la congrégation de Notre-Dame, par celle du Sacré-Cœur, par la fabrique de Saint-Pierre de Chaillot, par M. le curé de Saint-Sulpice, par la fabrique et le clergé de la paroisse de Saint-Laurent, par les écoles chrétiennes de Paris, et par beaucoup d'autres qu'il serait trop long d'énumérer. On avait nommé une commission des dons et offrandes à la Patrie qui avait pour président, hélas! M. de Lamennais, et pour vice-président, le fameux chansonnier Béranger. Elle n'oublia pas de s'adresser aux curés de toute la France. Les blessés de Février étaient logés aux Tuileries : ils demandèrent et obtinrent un service religieux dans une salle du palais.

Il est juste aussi de dire que quelques citoyens ayant proposé de s'emparer d'une église de Paris pour y tenir des assemblées populaires, le maire de Paris, Armand Marrast, déclara que, sous aucun prétexte, les églises ne pourraient être détournées de leur destination, et M. Carnot écrivit aux commissaires des départements pour leur recommander de prendre, en ce qui les concernait, une mesure semblable. A toutes les démonstrations qui se faisaient en l'honneur de la République, s'était jointe la plantation d'arbres de la liberté. Partout le peuple demanda que ces arbres fussent bénits et que la cérémonie de leur plantation fût consacrée par la présence du clergé. Presque partout le plus grand respect environna les ministres du culte en cette circonstance, et ce fut encore une occasion pour les évêques et pour les curés de dire le sens chrétien qu'ils attachaient aux changements accomplis, aux devises adoptées, et aux espérances proclamées. Ce langage apostolique et sincère allait au cœur du peuple et en recevait l'approbation et les applaudissements.

Mais autant l'élément bon de la nouvelle République avait de sympathie pour le clergé, autant l'anarchie et le désordre l'avaient en horreur. Dans les derniers jours de février, les établissements religieux de Bourg furent insultés et menacés. Le grand séminaire de Lyon fut occupé par des ouvriers. Un nommé Leprieur, de Lagny, demanda, par l'organe de *la Presse*, au nom de la *liberté des cultes*, la prohibition de toute cérémonie extérieure du culte catholique et des autres. Avec la même logique, à Lyon encore, le maire de la Guillotière signifia aux Capucins qui desservaient le monument expiatoire des Brotteaux, l'ordre de s'en aller, attendu que la loi ne reconnaît d'autres congrégations que celles qui ont été autorisées par elle. A Mâcon, des religieuses avec leurs pensionnaires obligées, par prudence, d'évacuer leur couvent.

Ce qu'il y eut de plus grave et de plus odieux en ce genre, ce fut un attentat officiel contre la liberté d'association, émanant de M. Arago, commissaire dans le département du Rhône. L'arrêté qu'il publia portait ceci : « Les congrégations et corporations religieuses non autorisées, et spécialement la congrégation des Jésuites, sont et demeurent dissoutes; » et s'appuyait sur les anciennes lois de restriction et d'exception trouvées dans l'arsenal des gouvernements antérieurs, notamment de celui qu'on venait de renverser. Le cardinal-archevêque de Lyon écrivit au ministre des cultes pour réclamer contre cet arrêté, et protesta dans les journaux en exprimant la déception que de tels actes causaient à l'Eglise : « Nous nous croyions déjà en possession de cette liberté entière que l'on comprend si bien aux États-Unis, et dont tous les cultes jouissent sans crainte d'en être dépouillés. L'arrêté récent sur les communautés religieuses nous a dévoilé toute notre illusion. Les phalanstériens se réunissent et discutent; les habitants forment des clubs et traitent des affaires politiques; les femmes, à Paris, ont formé une assemblée délibérante et se concertent pour défendre leurs droits; des banquets s'organisent de toute part... Mais n'y aurait-il pas l'association de la prière et de la charité qui serait interdite?... Si, comme évêque, j'ai le droit de me plaindre, comme citoyen le devoir m'est imposé de protester de toutes mes forces contre la violation d'un principe que le peuple a conquis. » Mgr l'évêque de Châlons appuya énergiquement cette protestation auprès du ministre des cultes. Mgr l'évêque de Digne en fit autant. Le ministre, M. Carnot, ne donna pas moins son adhésion à l'acte tyrannique de M. Emmanuel Arago, en déclarant que le gouvernement n'hésitait pas à reconnaître la liberté des associations religieuses, mais « sous la réserve que ces associations, purement privées, n'affecteraient pas le caractère de corps constitués ayant une existence propre. » Ce qu'on pouvait comprendre à ce langage, c'est que sous le régime nouveau, l'Eglise continuerait d'avoir à souffrir et à condamner l'oppression.

Dans le diocèse de Carcassonne, dont le siège épiscopal était vacant, on vit seize curés chassés de leurs paroisses par des émeutiers. Des sectaires de Lyon essayèrent d'abattre une croix sur la place de la Croix-Rousse. Le commissaire du département de Vaucluse expulsa les Jésuites d'Avignon. Une communauté de la Visitation fut assaillie par une bande furieuse à Saint-Etienne. Un commissaire du diocèse d'Arras entreprit de révoquer les curés qui lui déplaisaient. Dans le Vaunage, à Bescampe, une croix fut horriblement profanée, et le curé eut besoin de tout son ascendant et de toute sa prudence pour calmer l'irritation des catholiques. Un commissaire du gouvernement, dans le département de l'Aisne, crut qu'il pouvait suspendre de leurs fonctions deux desservants, l'un pour avoir refusé la sépulture à un suicidé, et l'autre, parce que sa présence compromettait la tranquillité publique. Plusieurs prélats protestèrent contre cette ridicule ingérence dans l'administration des affaires religieuses. Mais M. Carnot poussa le ridicule plus loin en faisant insérer au *Moniteur*, par punition, la lettre que Mgr l'évêque de Châlons lui avait écrite à ce sujet. Ce ministre lui-même menaçait le peu de liberté d'enseignement laissé à l'Eglise, par ses réformes continuelles, qui tendaient à pousser jusqu'à l'absurde le système de l'éducation commune et publique.

Il y avait un autre péril pour le clergé que celui qui résulte des attaques violentes auxquelles il résistait avec tant de patience et de fermeté; c'étaient les séductions des idées de liberté et de réorganisation, qui lui étaient offertes comme à tous. Nous ne parlons pas de l'Eglise française que Châtel essaya de relever à ce moment, et dont le *Charivari* et d'autres journaux du même genre furent presque seuls à s'occuper. Mais le gouvernement même laissait voir des aspirations à l'établissement d'une église nationale. M. Carnot affectait dans ses circulaires de mettre Mgr l'archevêque de Paris à part de ses collègues. On avait nommé deux préfets apostoliques dans les colonies, sans avertir le Pape, et le nonce avait eu besoin de toute sa modération pour empêcher que cet oubli ou cette ignorance des règles ne produisît un embarras. Des journaux, qui passaient pour les organes des hommes placés au pouvoir, annonçaient, avec force injures contre les évêques, que l'on aurait à s'occuper d'une nouvelle constitution du clergé. On lançait des publications qui avaient pour but de répandre l'insubordination parmi les membres inférieurs du corps ecclésiastique. Ces tentatives ne provoquèrent que l'indignation de ceux à qui elles s'adressaient.

Quant au désir, qui agitait une partie des catholiques, de voir modifier les rapports de l'Eglise avec l'Etat dans un sens plus libéral, désir dont certains journaux se faisaient les organes, il ne rencontra pas non plus l'appui d'un grand nombre d'adhérents. Les sages dispositions de la masse du clergé furent d'ailleurs confirmées, à cet égard, par un bref que le Pape adressa au nonce de Paris, le 18 mars, et que celui-ci transmit aux évêques. Pie IX commençait par exprimer la sollicitude dont il était rempli pour les intérêts de l'Eglise en France. « Du reste, disait-il, la discipline canonique qui est actuellement en vigueur, ainsi que l'organisation des choses ecclésiastiques dans ce pays, ne peuvent être changées par qui que ce soit, si ce n'est par le souverain Pontife... Quant à ce qui regarde les revenus destinés au culte divin et aux ministres sacrés, personne n'ignore que cette espèce de dotation n'est qu'une compensation bien faible des immenses biens de l'Eglise qui furent aliénés dans ce pays au temps malheureux de l'ancienne Révolution. Renoncer à cette dotation, ce serait jeter la religion elle-même dans un grand danger, car ce serait enlever au clergé les ressources qui lui sont indispensables pour exister et se nourrir, attendu que dans plusieurs villes et dans la plupart des petites localités de France, la pauvreté des populations est telle qu'il leur serait à peu près impossible de venir au secours de l'Eglise et de ses ministres. C'est pour cela que plusieurs évêques ont déjà tant de peine à conserver leurs petits séminaires, ou qu'ils se trouvent dans l'impuissance d'en fonder de nouveaux, malgré le désir et l'extrême besoin qu'ils en auraient pour étendre l'éducation de leur jeune clergé et augmenter le nombre de leurs prêtres. Il serait donc extrêmement à craindre que la pauvreté du clergé, dont les églises de France ont déjà trop à souffrir, ne fît que s'accroître encore au grand détriment de la religion et des âmes. Quoique dans les Etats-Unis d'Amérique, la foi catholique, avec l'aide de Dieu, fasse chaque jour de nouveaux progrès, elle y eût toutefois produit des fruits bien plus abondants, s'il avait existé dans ces contrées un clergé indigène en rapport avec la multitude des populations et leurs besoins spirituels: or, ce qui empêche le clergé d'y être aussi nombreux qu'il le faudrait, c'est précisément le manque de ressources suffisantes... Que les ecclésiastiques, ajoutait le Pape en finissant, considèrent sérieusement que l'Eglise ne change pas selon la mobilité des choses humaines, et qu'ils prennent bien garde de se laisser entraîner par un zèle trop ardent à des démarches précipitées qui pourraient être un malheur pour l'Église et pour nous un sujet d'affliction. »

Dans l'exercice de ses nouveaux droits d'électeur, le clergé français montra qu'il était digne et de la confiance du Pape et de celle de tous les citoyens honnêtes, amis de l'ordre et de la vraie liberté. L'élément anarchique du gouvernement provisoire aurait volontiers retardé le plus possible les élections, parce qu'il y redoutait une manifestation hostile à ses tendances. Mais, enfin, pour ne pas braver l'opinion, il avait fallu les fixer au jour que nous avons dit, qui était le 23 avril, fête de Pâques. Ce choix déplut aux catholiques : les évêques firent des observations. On pouvait croire que les ministres avaient voulu éloigner du scrutin les populations religieuses des campagnes, en les plaçant dans l'alternative de ne pas célébrer la plus grande fête de l'Église ou de ne pas faire le voyage électoral au chef-lieu de canton. Les évêques parèrent à cet inconvénient en recommandant aux curés de célébrer leur office de très-grand matin, et de donner eux-mêmes l'exemple à leurs paroissiens en allant voter. Ils les exhortaient aussi à prier pour l'heureux succès de cette première épreuve du suffrage universel, et à user de leur légitime influence pour aider le peuple dans l'accomplissement de ce nouveau devoir. Cela était nécessaire : M. Carnot faisait donner aux instituteurs primaires des instructions que le bon sens de ceux-ci repoussa généralement, et les commissaires de Ledru-Rollin prétendaient, par des voies d'intimidation et avec le concours des maires de leur choix, faire marcher le vote selon leur bon plaisir. Le clergé ne se contenta pas de voter, ni, quand il le trouva bon, de prendre part aux réunions qui devaient éclairer les électeurs sur les conditions à exiger des candidats : plusieurs de ses membres, évêques ou simples prêtres, vicaires généraux et curés, sollicitèrent le mandat de représentant : c'est qu'il y avait là une occasion de soutenir toutes les grandes et nobles causes et de braver toutes les fatigues, tous les dégoûts et tous les dangers. L'intolérance révolutionnaire ne s'accommodait pas de ce dévouement à la République; dans le diocèse de Digne, elle employa des manœuvres qui déterminèrent Mgr Sibour à retirer sa candidature. « Sept ou huit colléges électoraux, dit Lacordaire, me portèrent sans que j'eusse sollicité leurs suffrages. A Paris même, le comité de mon arrondissement électoral me fit demander de paraître dans deux réunions publiques pour y répondre aux questions qui me seraient adressées au sujet de ma candidature, admise par les uns, rejetée par les autres. Je parus en effet au grand amphithéâtre de l'École de médecine, et dans la grande salle de la Sorbonne, et dans l'une et l'autre de ces assemblées, je déclarai franchement que je n'étais pas républicain de la veille, selon le langage du temps, mais un simple républicain du lendemain. Mon succès fut très-grand à l'École de médecine, on l'empêcha de se renouveler à la Sorbonne, par des cris et un tumulte venus du dehors. » Malgré ces oppositions, le clergé fut représenté à l'Assemblée nationale par NN. SS. Parisis, Fayet, Graveran, évêque de Quimper; par le P. Lacordaire; par MM. Abbal, vicaire général de Rodez; de l'Épinay, grand-vicaire de Luçon; de Cazalès, supérieur du grand séminaire d'Agen; Mouton, directeur au petit séminaire d'Alby; Fournier, curé de Saint-Nicolas, à Nantes; Sibour, professeur à la Faculté de théologie d'Aix; Stæcle, curé du diocèse de Strasbourg; Danielo, curé de Guer, diocèse de Vannes; Leblanc, du même diocèse; Frechon, du diocèse d'Arras.

A l'occasion de l'ouverture des séances de l'Assemblée, Mgr Affre, par un mandement du 4 mai, invita les fidèles à une messe du Saint-Esprit, qui serait célébrée dans l'église métropolitaine, et quelques jours après il en avertit le Président de l'Assemblée. Celui-ci ne fit pas connaître en séance la lettre qu'il avait reçue : cependant, le 8 mai, l'église Notre-Dame fut remplie d'une religieuse assistance dans laquelle on distinguait un grand nombre de représentants. Quand les divers membres du gouvernement provisoire présentèrent le Rapport sur les affaires du département ministériel dont chacun d'eux était chargé, on remarqua que M. Carnot, tout en s'avouant obligé de professer à l'égard du corps ecclésiastique le respect dont la masse du peuple lui donnait l'exemple, ne laissait pas d'émettre des vues qui tendaient directement à faire abolir la première éducation cléricale et à supprimer les petits séminaires, sous prétexte que les jeunes gens, à quelque service qu'ils fussent appelés devaient « puiser, dans une éducation générale et commune, les sentiments inaltérables de piété filiale pour la France et de fraternité civile. »

Nous avons dit que les fauteurs de l'anarchie et du communisme n'étaient pas contents du résultat des élections, et qu'ils fomentaient le trouble et l'irritation parmi les classes ouvrières. L'orage éclata le 15 mai. M. Wolowski était à la tribune pour soutenir une interpellation en faveur de la Pologne, lorsqu'une multitude sans armes, mais agitée et menaçante, force le passage du pont de la Concorde, défendu par quelques bataillons de la garde nationale, pénètre dans la salle des séances, soi-disant pour y présenter une pétition à l'appui de la cause polonaise, envahit d'abord les tribunes, puis l'enceinte même réservée aux représentants. Les meneurs sont Raspail, Blanqui, Sobrier, Barbès. Vainement Louis Blanc et Ledru-Rollin demandent à la foule de laisser l'Assemblée délibérer librement. Le tumulte redouble, la tribune est assiégée, le président ne peut dominer le bruit. Barbès réclame un impôt d'un milliard sur les riches en vue de la guerre; il déclare traître à la Patrie quiconque fera battre le rappel ou convoquera la garde nationale. Le président, M Buchez, croit alors qu'il est de la prudence de donner à la garde nationale un contre-ordre, qu'il comptait bien ne pouvoir plus être exécuté. Enfin, un agitateur, nommé Hubert, proclame un nouveau gouvernement provisoire, composé de MM. Barbès, Blanqui, Cabet, Hubert, Sobrier, Louis Blanc, Albert et Raspail, et prononce la dissolution de la Chambre. On crie : A l'Hôtel-de-Ville! on y court; on envahit les salles, on procède à l'installation du nouveau gouvernement. Mais, pendant ce temps, la garde nationale et la garde mobile étaient arrivées; l'Assemblée avait repris sa séance. Lamartine et Ledru-Rollin montent à cheval et se rendent à leur tour à l'Hôtel-de-Ville, en expulsent l'émeute, et portent un décret d'arrestation contre ses chefs. Barbès fut mis à Vincennes : Blanqui et Hubert parvinrent à s'échapper. Le préfet de police, Caussidière, fortement soupçonné de connivence avec les coupables, donna sa démission. Dans cette triste journée, il y eut des menaces particulières à l'adresse des ecclésiastiques, qui figuraient parmi les représentants du peuple. Un ouvrier breton prit l'évêque de Quimper sous sa garde : « Je n'éprouve, lui dit l'évêque, aucun sentiment de frayeur; c'est de l'indignation que je ressens au fond de mon cœur, pour l'injure que l'on fait à la France dans la personne de ses représentants. » Lacordaire, qui avait apporté à l'Assemblée la candeur de son âme et de son génie, qui, pour montrer sa ferme résolution d'accepter toutes les mesures régénératrices, avait été s'asseoir à l'extrême gauche, qui avait refusé la démission de l'impie et malhonnête chansonnier Béranger, qui, enfin, avait parlé en faveur du projet d'établir une commission exécutive, c'est-à-dire, pour le maintien de Ledru-Rollin au pouvoir, Lacordaire fut profondément blessé du spectacle que le 15 mai lui avait mis sous les yeux. Il donna sa démission de représentant, comme pour faire entendre que cette courte expérience de la vie politique avait arraché de son cœur bien des illusions généreuses.

Le 21 mai, on célébra, en l'honneur de la République, une fête, qui porta le nom de *fête de la Concorde*. Le clergé avait annoncé qu'il n'y pourrait prendre part, à cause du caractère païen que ses organisateurs, serviles copistes de la grande Révolution, lui avaient donné.

Les événements du 15 mai, à mesure qu'on les étudiait, devenaient une cause de suspicion et d'inquiétude universelle : au sein même de la commission exécutive, on se renvoyait la responsabilité de certaines fournitures d'armes et de munitions qui avaient été préparées pour les insurgés. Les arrestations continuaient : on finit par prendre Blanqui. Une proposition tendant à autoriser des poursuites contre M. Louis Blanc, représentant, fut repoussée après une vive discussion, dans laquelle le ministère et la chambre se déjugèrent. Le pays devait être inquiet, d'autant plus que certaines villes de province, notamment Lyon, voyaient continuellement des tentatives de désordre. Aussi des élections complémentaires, qui se firent le 5 juin, amenèrent parmi les représentants, avec l'ancien préfet de police Caussidière et les communistes Proudhon et Pierre Leroux, des hommes dont le nom et les antécédents n'avaient rien de républicain, par exemple, M. Thiers et le général Changarnier.

La candidature du prince Louis-Napoléon, fils de Louis, roi de Hollande, qui s'était posé comme prétendant sous Louis-Philippe, dans deux échauffourées, à Boulogne et à Strasbourg, et qui, condamné alors à une détention perpétuelle, s'était évadé du fort de Ham, triompha simultanément à Paris et dans trois départements. L'Assemblée, contre le vœu de la commission exécutive, ne tint pas compte de la loi de bannissement qui frappait la famille Bonaparte, et permit au prince de venir siéger dans ses rangs. Mais, le lendemain de son admission, une lettre, qu'il adressait au président de l'Assemblée pour lui exprimer le regret de voir son nom, « symbole d'ordre, de nationalité, de gloire, servir à augmenter les troubles et les déchirements de la patrie, » excita un violent orage, par cette phrase qu'elle renfermait : « Si le peuple m'imposait des devoirs, je saurais les remplir. » Le prince donna sa démission et s'éloigna de la France. Déjà plusieurs manifestations napoléoniennes, mais sans importance, avaient éclaté.

Cependant M. Crémieux, ministre de la justice, avait proposé à l'Assemblée, au nom de la commission exécutive, le rétablissement de la loi du divorce. Les journaux honnêtes et la majorité se trouvèrent d'accord avec les évêques pour blâmer cette proposition. La province réclama contre elle par des pétitions, et les ouvriers de Paris par des affiches. Le projet de M. Crémieux tomba sous les coups de la risée et du mépris. Un comité des cultes avait été nommé. Mgr Parisis et Mgr Fayet y défendaient avec succès le maintien de la dotation du clergé, et en même temps, rappelaient que cette dotation, non plus que le concordat, ne pouvait nuire à la liberté de l'Église. Les meilleurs esprits sentaient la nécessité d'appuyer l'ordre social sur la religion, et l'on voyait, en ce sens, des retours remarquables. Ainsi M. Thiers écrivait à un ami : « Je regarde le curé comme une indispensable rectification des idées du peuple.... Quant à la liberté d'enseignement, je suis changé ! Je le suis, non par une révolution dans mes convictions, mais par une révolution dans l'état social... Telle est ma façon de penser sur tout cela. Je suis tout ce que j'étais ; mais je ne porte mes haines et ma chaleur de résistance que là où est aujourd'hui l'ennemi. Cet ennemi, c'est la démagogie ; et je ne lui livrerai pas le dernier débris de l'ordre social, c'est-à-dire l'Etablissement catholique. » Le comité de l'instruction publique, à la Chambre, se montrait favorable aussi à la liberté d'enseignement. La municipalité de Toulouse avait d'autres idées. Elle avait voulu empêcher la procession annuelle de la Pentecôte ; mais la population avait si formellement exprimé son désir qu'il avait fallu donner l'autorisation. Seulement, comme on craignait une attaque des clubs, quelques gardes nationaux accompagnèrent la procession avec un drapeau tricolore, portant cette inscription : *Liberté des cultes*. Les municipaux prirent de là occasion de troubler la procession, en envoyant un commissaire enlever le drapeau. Le commissaire fut repoussé, et la procession continua. La liberté des cultes, qui s'était trouvée dans le cas de légitime défense, fut néanmoins condamnée par cet arrêté du préfet de Toulouse : « Les processions sont interdites jusqu'à nouvel ordre. »

Depuis le 15 mai, plus encore qu'auparavant, Paris et la France vivaient dans l'anxiété. Les ateliers nationaux étaient une mine qui pouvait à chaque instant faire sauter l'édifice social, et si l'on connaissait bon nombre de personnages capables de mettre le feu aux poudres, on n'en voyait guère qui fussent capables de l'éteindre ou d'écarter le péril. On avait cependant une épée dans le ministère : le portefeuille de la guerre avait été donné au général Cavaignac. Des troubles avaient déjà eu lieu à Guéret et à Nîmes, pour ne parler que des plus considérables, et le parti de l'ordre était de plus en plus désireux d'ôter aux mains des agitateurs l'arme terrible qu'ils s'étaient façonnée. Une commission spéciale, ayant pour rapporteur M. de Falloux, demanda la dissolution des ateliers nationaux. L'Assemblée vota ce projet. La commission exécutive rendit un décret, le 21 juin, et donna des ordres pour que les ouvriers de dix-sept à vingt ans se fissent immédiatement enrôler dans l'armée ou partissent pour la province, où on devait leur procurer de l'ouvrage, notamment en les employant au défrichement et à l'assainissement de la Sologne.

Mais le gouvernement avait trop attendu, et de plus, soit faute de prévoyance, soit faute d'accord, il y eut, dans les mesures prises pour l'exécution de ce décret, de tels oublis et de telles négligences volontaires ou non, que beaucoup d'ouvriers déterminés à partir, voyant qu'on les laissait sans ressource et même sans feuille de route, qu'on ne tenait aucune promesse, que rien n'était organisé, se décidèrent à rester. Dès le 22, une formidable insurrection, soutenue par un renfort des *voraces* de Lyon et de révolutionnaires italiens, combattait à Marseille derrière de fortes barricades, et ne fut vaincue que le 24. A Paris les ouvriers se rassemblaient, parcouraient les rues en nombreuses colonnes, et semblaient se concerter et agir seuls au milieu de la stupeur universelle. Dès le matin du 23, des bandes réunies aux environs du Luxembourg, se répandirent dans la plupart des quartiers compris entre la rue Saint-Denys, les boulevards, la rive droite de la Seine et une partie du faubourg Saint-Antoine, et construisirent des barricades sur plusieurs points. Pour se procurer des armes, elles pillèrent les boutiques des armuriers. La guerre sociale était déclarée. Pendant qu'à la Chambre, M. de Falloux proposait un décret portant que les ateliers nationaux seraient dissous dans le délai de trois jours, à l'exception des ateliers de femmes, mais que les ouvriers sans travail recevraient pendant trois mois la moitié du salaire qu'ils avaient dans les ateliers nationaux, et que pour cela un crédit de trois millions serait ouvert, le rappel battait dans toutes les rues, des forces imposantes se massaient aux abords du palais de l'Assemblée, et la bataille s'engageait entre les insurgés d'une part, et la garde nationale et les troupes de l'autre. Le commandement de la force armée était concentré entre les mains du général Cavaignac. Pour le soir, lui et ses lieutenants, le général de La Moricière et le général Damesme, avaient emporté plusieurs barricades après une lutte acharnée et sanglante, et l'insurrection était concentrée du côté de la Bastille. L'Assemblée se déclara en permanence.

Le 24, dès trois heures du matin, on battait le rappel et la canonnade recommençait. L'Assemblée remit les pouvoirs au général Cavaignac, et la commission exécutive essaya de se dérober à la honte de sa chute par un simulacre de démission volontaire. On avait mandé par le télégraphe les gardes nationales de province. Les insurgés faisaient une guerre furieuse, sauvage : ils employaient le pillage, l'incendie, l'assassinat, et les représentants essayèrent vainement de leur faire entendre des paroles de conciliation. L'état de siège fut proclamé. Le général La Moricière, avec sa colonne, eut de terribles difficultés à vaincre et de grands dangers à affronter dans les faubourgs Saint-Denys, Poissonnière et du Temple. L'arrivée de la garde nationale de Rouen mit les insurgés entre deux feux : il ne resta plus qu'une barricade dans la rue du Temple. Beaucoup de gardes nationales des environs de Paris et des villes du Nord étaient accourues. Il avait fallu faire une brèche dans les portes du Panthéon, pour en expulser les insurgés. A l'attaque de l'église Saint-Séverin, le général Damesme fut mortellement blessé et remplacé par le général Bréa. Le lendemain encore vit le combat recommencer avec le jour. La veille, le général Cavaignac avait sommé les rebelles de se rendre, en les menaçant, s'ils persistaient, de les livrer aux troupes et à la garde nationale. Le faubourg Saint-Antoine n'en fut pas ému. L'illustre La Moricière déploya sur ce triste champ de bataille tout son brillant courage et toutes les ressources de son génie. Le général Bréa et son aide-de-camp furent indignement massacrés dans un guet-apens, à la barrière de Fontainebleau. Dans la rue Saint-Antoine, deux brillants officiers d'Afrique, le général Duvivier et le général Négrier, tombèrent mortellement frappés.

Ce fut alors que la charité pastorale inspira au digne archevêque de Paris, une résolution qui en fit le héros et le martyr de ces sanglantes journées. Vers six heures du soir, Mgr Affre alla trouver le général Cavaignac et lui offrit de porter des paroles de paix aux défenseurs des barricades. Le chef du pouvoir exécutif accepta cette offre avec autant d'admiration que de reconnaissance. Dans le parcours des rues, les fidèles alarmés suppliaient le prélat de renoncer à sa périlleuse démarche. « Le bon pasteur, répond-il, donne sa vie pour ses brebis. » Arrivé au faubourg Saint-Antoine, il obtient une suspension d'armes, et pénètre dans l'intérieur des barricades. Pendant qu'il exhortait les insurgés, au nom de leurs vrais intérêts, à déposer les armes, un coup de feu retentit : Nous sommes trahis, s'écrie-t-on ; la fusillade recommence, et l'archevêque tombe, frappé d'une balle. Les insurgés eux-mêmes le recueillirent dans leurs bras et l'entourèrent de soins respectueux. On le ramena ensuite à l'archevêché. Il vécut encore jusqu'au 27, gardant au milieu d'atroces souffrances une inaltérable douceur : « Faites, ô mon Dieu, répétait-il, que mon sang soit le dernier versé. » A partir de cet incident fatal et glorieux, la lutte perdit beaucoup de son énergie, du côté de l'insurrection. Le 26, à onze heures du matin, le faubourg Saint-Antoine, attaqué par La Moricière et le général Perrot, se rendait sans conditions, dans les termes exigés par le général Cavaignac.

Cette lutte de quatre jours avait coûté à la France cinq mille morts de chaque parti, parmi lesquels deux représentants et cinq généraux. On avait à juger douze mille prisonniers. La plupart furent envoyés en Algérie. Quand le général Cavaignac voulut rendre les pouvoirs extraordinaires qui lui avaient été confiés, l'Assemblée lui répondit en déclarant qu'il avait bien mérité de la Patrie, et lui conféra de nouveau le titre de Chef du pouvoir exécutif. Elle rendit aussi un solennel hommage au dévouement de Mgr Affre. Sur les différents théâtres de la bataille, le clergé s'était prodigué pour le soin des blessés et pour l'assistance des mourants.

Mgr Sibour, évêque de Digne, fut choisi pour monter sur le siège ensanglanté de Paris. Il fut préconisé dans le consistoire du 11 septembre. Le souverain Pontife fit un magnifique éloge des vertus déployées par Mgr Affre dans les circonstances qui avaient amené sa mort, et rappela que non content de prier pour l'illustre défunt, il avait voulu assister avec les cardinaux à un service solennel, célébré en son honneur dans une basilique de Rome. Le peuple de Paris, que les doctrines irréligieuses avaient précipité dans de si grands malheurs, accueillit son nouvel archevêque avec d'autant plus d'honneur et de confiance, qu'il exprimait l'intention de recueillir surtout l'héritage de charité laissé par son prédécesseur. Mgr Sibour intronisé le 18 octobre, célébra, le 25, un service solennel pour le martyr du dévouement pastoral, et fit ensuite un pieux pèlerinage aux lieux que Mgr Affre, avant et après sa blessure, avait consacrés par sa présence, dans les derniers jours de sa vie. Dans ce pèlerinage, comme dans les visites qu'il entreprit ensuite dans les ateliers et dans les réunions d'ouvriers, le prélat put voir combien l'âme du peuple, rendue à elle-même, a de foi et d'enthousiasme religieux. Il visita même à Sainte-Pélagie les blessés de l'insurrection, et sut leur faire accepter des paroles chrétiennes.

La tourmente de juin avait interrompu les travaux de l'Assemblée sur la constitution qu'elle devait donner à la France. Cette constitution comprenait cent seize articles. Rédigée sous l'influence des passions républicaines qui tenaient surtout à empêcher le retour de la Monarchie, après avoir proclamé la république une et indivisible avec cette devise équivoque : *Liberté, Égalité, Fraternité*, elle établissait un antagonisme redoutable entre le pouvoir exécutif confié à un président, élu pour quatre ans et non rééligible, et le pouvoir législatif, confié à une assemblée unique et souveraine. On maintenait l'organisation administrative qui date du Consulat et de l'Empire. L'Assemblée législative était composée de sept cent cinquante membres et portée à trois cents en cas de révision de la constitution. Le président était élu par le suffrage universel, comme les représentants, et touchait un traitement annuel de six cent mille francs. L'élection se faisait toujours par le suffrage direct, au chef-lieu de canton et au scrutin de liste. Le président était responsable, partageait l'initiative des projets de loi avec l'Assemblée, promulguait les lois et en assurait l'exécution, disposait des troupes, mais sans pouvoir les commander en personne. Les autres articles les plus importants pouvaient se résumer ainsi : Conseil d'État pour l'élaboration des lois, sous la présidence du vice-président de la République, qui était choisi par l'Assemblée sur une liste de trois candidats dressée par le chef du pouvoir exécutif. Haute-Cour de justice, composée de cinq juges et d'un jury composé de vingt-quatre membres pris dans les conseils généraux, pour statuer sur les causes politiques. Droit de pétition et de réunion. Liberté de la presse. Liberté des cultes sous la protection de l'État. Budget pour les cultes reconnus. Cette constitution avait besoin d'être complétée par des lois organiques, et de plus, il était dit qu'une majorité des deux tiers à la Chambre pourrait en obtenir la révision. C'est ce qui détermina, malgré de fortes répugnances, un certain nombre d'esprits à l'accepter en attendant. Le gouvernement désira que la promulgation en fût marquée par une cérémonie religieuse qui eut lieu au mois de novembre sur la place de la Concorde. Après le chant du *Veni Creator*, le président de l'Assemblée lut la constitution : ensuite Mgr Sibour célébra une messe basse et donna la bénédiction pontificale.

La révolution de Février causa un ébranlement général en Europe. Jusqu'en Russie, il y eut comme le retentissement d'une commotion lointaine. En Angleterre, où le communisme était représenté par Robert Owen, les chartistes, c'est-à-dire les agitateurs qui réclamaient une charte spéciale pour le peuple, réussirent à produire des troubles à Londres, à Manchester, et surtout à Glasgow : mais la police en triompha. Le roi de Hollande, Guillaume II, conjura la tempête en faisant des concessions libérales à propos. Les tentatives de la démagogie n'eurent pas de gravité ni de consistance en Belgique. L'Autriche se vit à deux doigts de sa ruine. Rohrbacher a parlé de la révolution qui ensanglanta les rues de Vienne au mois de mai, et qui, après avoir obtenu de Ferdinand Ier l'expulsion immédiate des Rédemptoristes et des Jésuites, força l'empereur même à se retirer dans le Tyrol. Il ne put revenir qu'en octroyant une assemblée constituante, élue par le suffrage universel. La Bohème se souleva, et les Autrichiens, chassés de Prague, ne purent s'en emparer qu'après un bombardement et une lutte acharnée. La Hongrie, sous la direction de Kossuth, de l'archiduc Étienne, et du comte Batthyany, commença une guerre d'indépendance, qui ne fut terminée qu'au mois de septembre 1849, après des alternatives de succès et de revers. Tous les privilèges des Hongrois furent abolis, mais l'Autriche, pour triompher, avait dû invoquer le secours de la Russie. La première victoire des Hongrois, à Pakosd, avait suscité à Vienne une nouvelle révolution au commencement d'octobre. Le ministre de la guerre fut tué, et son cadavre indignement outragé par la multitude, pendant que l'empereur, une seconde fois, était contraint de quitter sa capitale et se retirait à Olmutz. Vienne fut bombardé, et les Hongrois, qui approchaient, repoussés. Mais Ferdinand Ier abdiqua, le 2 décembre 1848, en faveur de son neveu François-Joseph, qui n'était âgé que de dix-huit ans.

Les petits États de l'Allemagne n'étaient pas moins troublés. Le grand-duc de Bade, Léopold, malgré les concessions qu'il avait faites, fut remplacé par un gouvernement provisoire, et ne dut son rétablissement qu'à l'intervention militaire de la Prusse. Dans le grand-duché de Hesse-Darmstadt, Louis II n'apaisa les libéraux qu'en s'associant son fils qui lui succéda bientôt avec le nom de Louis III. A Cassel, à Stuttgard, en Saxe, à Francfort, à Cologne, dans la Prusse rhénane, dans le duché de Nassau, le Pouvoir fut obligé d'accorder quelque chose aux passions démocratiques. Le roi de Bavière, Louis Ier, qui avait appris au peuple à ne pas le respecter, vit son palais forcé, et céda la couronne à son fils, Maximilien II, qui dut adopter un système libéral. A Berlin, où l'émeute fut sanglante, la royauté essuya une double humiliation dans la personne de Guillaume, frère du roi, qui fut obligé de s'enfuir, et dans la personne de Frédéric-Guillaume IV lui-même, qui fut contraint de poser les armes, de changer son ministère, d'accorder une amnistie complète, de promettre une constitution très-libérale, et de saluer enfin, du balcon de son palais, les victimes de la lutte engagée contre lui. Cela se passait le 21 mars.

Mais la royauté prussienne avait reçu, en compensation de ces outrages, une espérance qui flattait son ambition et sa cupidité. La démocratie allemande s'empara des tendances unitaires du pays, pour grouper les États constitutionnels autour de la Prusse, en haine de l'Autriche qui, sous l'influence du prince de Metternich, tenait aux traités de 1815, et pour réunir à Francfort, en face de la diète des princes, ce qu'on appelait la diète des peuples ou le parlement germanique, composé de tous les membres anciens et nouveaux des Chambres constitutionnelles de l'Allemagne. Ce premier parlement fut en quelque sorte une assemblée des notables qui s'ouvrit le 31 mars et se sépara le 4 avril, après avoir décidé l'adoption du suffrage universel et de la liberté des cultes, spécialement en faveur des Juifs, et institué un comité permanent de cinquante membres, chargé provisoirement de la direction des affaires. Le véritable parlement national, issu du suffrage universel, se réunit le 18 mai, et son président, le baron de Gagern, annonça qu'il avait pour objet de constituer l'unité de l'Allemagne, sous la forme d'un grand empire régi par la volonté nationale, avec le concours de toutes les classes de citoyens et de tous les gouvernements. Après une discussion de deux mois, la première pierre de cet édifice fut posée par la nomination d'un *vicaire de l'empire*, l'archiduc autrichien Jean, frère de l'empereur, qui supprima immédiatement la fameuse diète de Francfort, créée en 1815, et prit pour principal ministre, M. de Schmerling, l'antagoniste du prince de Metternich. Tous les princes laissaient faire et attendaient. Mais bientôt les plans envahisseurs de la démocratie se démasquèrent et s'affichèrent de plus en plus, et s'ils étaient de nature à sourire à la Prusse, ils étaient encore plus propres à causer une division fatale. On prétendait d'abord ramener à l'unité germanique tout ce qui était allemand : le Limbourg attaché à la Hollande en 1839 ; les duchés de Sleswig, de Holstein et de Lauenbourg, attachés au Danemarck; l'Alsace et la Lorraine ; ces convoitises n'avaient rien d'exclusif, car on autorisait parfaitement l'Autriche dans la revendication de ses droits sur l'Italie. On prétendait encore qu'aucun pays non allemand ne pouvait être uni sous un seul gouvernement avec une portion quelconque des territoires germaniques : c'était condamner l'Autriche à se dissoudre, et de là naquirent deux partis, celui de la *grande Allemagne*, favorable à l'empire autrichien, et celui de la *petite Allemagne*, qui n'admettait que le germanisme pur et s'appuyait sur la Prusse.

Cette dernière avait tenté un commencement d'exécution de ces plans, par l'appui qu'elle avait donné au soulèvement du Holstein contre le roi de Danemarck, Frédéric VII. L'Angleterre, la Russie et la France finirent par interdire à la Prusse toute participation dans cette guerre qui, à part l'intervalle de deux armistices, dura depuis le mois d'avril 1848 jusqu'au commencement de l'année 1851, et fut plus glorieuse pour les Danois que pour les Prussiens. Frédéric VII donna une constitution libérale, dont les duchés étaient exclus, et les conférences ouvertes à Londres entre les plénipotentiaires de l'Autriche, de la Prusse, de la Russie, de la France, de l'Angleterre et de la Suède, sauvegardèrent l'intégrité de la monarchie danoise. Elles réglèrent qu'à la mort de Frédéric VII, privé d'héritier direct, la couronne de Danemarck, qui, jusque-là, pouvait être transmise aux femmes, suivrait l'ordre de la succession masculine, et que le Holstein et le Lauenbourg, tout en demeurant dans la confédération germanique, seraient soumis comme duchés au roi de Danemarck.

Pendant que la Prusse essayait vainement de réaliser sur ce point ses vues ambitieuses, le comité du parlement national élaborait péniblement un projet de constitution, et des troubles sanglants éclataient dans Francfort. Les tendances de la démagogie effrayèrent tout le monde, en particulier le roi de Prusse qui mit Berlin en état de siége, renvoya l'Assemblée constituante, et la remplaça par deux Chambres, l'une des seigneurs, l'autre des députés de la bourgeoisie, qu'il entendait bien mener à son gré. L'empereur était victorieux à Vienne. Tout avait changé de face. Aussi le projet de constitution, si longuement discuté, arriva trop tard. Quand au mois d'avril on offrit la couronne impériale à Frédéric-Guillaume IV, il déclina cet honneur qu'il avait convoité l'année précédente, et le parlement national, condamné par l'Autriche, après avoir essayé de ressusciter sa puissance par une émeute qui chassa de Stuttgard le roi de Wurtemberg, par des associations révolutionnaires à Munich, à Nuremberg, à Wurtzbourg, et par une formidable insurrection qui, du 3 au 9 mai, inonda de sang les rues de Dresde, le parlement national, dis-je, qui avait eu de si hautes prétentions, tombé au rang d'un simple club, alla mourir d'un arrêté de la police wurtembergeoise.

La tentative que fit la Prusse pour relever les tendances unitaires à son profit, en concluant avec vingt-sept États, ce qu'on appelle l'*Union restreinte*, ne réussit pas mieux. L'Union restreinte, pourvue d'une constitution semblable à celle de Francfort, fut d'abord régie par un parlement qui siégeait à Erfurt, puis par un collège des princes. Ce changement trahissait des tergiversations et des mécontentements dont l'Autriche profita. Elle était prête d'ailleurs à soutenir la guerre. Le gouvernement prussien recula. Au mois de novembre 1850, la convention d'Olmutz, et au mois suivant, les conférences de Dresde, rétablirent la prééminence de l'Autriche et l'ancienne constitution de l'Allemagne.

Voilà le résultat qu'avait produit en Allemagne l'esprit révolutionnaire : une impuissante et funeste agitation qui oscillait entre l'unité dans le chaos démagogique et l'unité sous la verge d'un despote. L'Église catholique avait usé des libertés octroyées pour étendre l'empire d'une autre unité, de l'unité volontaire des âmes dans la foi et dans l'amour du bien.

En mars 1848, le besoin de réaliser les espérances que l'on pouvait concevoir et d'écarter les périls, détermina les catholiques à se réunir en associations diocésaines pour la défense de leurs intérêts. La première réunion eut lieu à Mayence, sous le nom d'*Association de Pie IX*. Lors de la fête qui eut lieu à Cologne, au sujet de la reconstruction de la cathédrale, on résolut de former, dans la même ville de Mayence, une seule assemblée de toutes les associations particulières. Cette Assemblée se tint du 3 au 5 octobre, sous la présidence du docteur Buss, conseiller aulique du grand-duc de Bade, qui avait fait partie de l'Assemblée nationale de Francfort, et qui s'était convaincu que le grand mal de l'Allemagne, c'était l'hérésie. Tout dans cette réunion fut digne, paisible, élevé. On déclara que l'association avait pour but d'obtenir et de défendre la liberté de l'Eglise et de l'enseignement catholique, de contribuer à répandre l'éducation religieuse et morale, suivant le sens catholique; enfin, d'adoucir les souffrances de l'humanité par les œuvres de la miséricorde chrétienne.

On devait en outre, veiller à ce que les fondations en faveur de l'Eglise, des écoles ou des œuvres charitables ne fussent pas détournées de leur objet : les moyens consistaient dans l'exercice du droit de libre réunion, du droit de pétition, de la liberté de la parole et de la presse; dans la propagation des bons livres, et dans la pratique de toutes les œuvres de la charité chrétienne. L'association se soumettait entièrement au Pape, aux évêques et au clergé; acceptait tout gouvernement protecteur de la liberté, du droit et de la morale; respectait les droits de toute autre société religieuse, et prenait part à toutes les joies comme à toutes les tristesses du monde catholique. Elle écrivit à Pie IX pour lui demander de l'approuver et de le bénir, et à l'épiscopat pour lui exprimer sa soumission et son attachement. Elle adressa au parlement de Francfort une protestation contre ceux de ses actes qui menaçaient la liberté de l'Eglise, et donna le signal d'un grand nombre de pétitions dans le même sens. Enfin elle envoya un témoignage de sympathie et d'union fraternelle aux sociétés du même genre qui existaient à Paris et à Londres, et recommanda vivement la multiplication des conférences de Saint-Vincent de Paul et de toutes les associations de charité. Une seconde réunion fut tenue, en mai 1849, à Breslau, qui venait d'être mis en état de siège, à la suite d'une émeute sanglante. On y lut deux lettres de Pie IX, qui envoyait son approbation et sa bénédiction. Dans la troisième assemblée, à Ratisbonne, on s'occupa surtout des œuvres charitables, et le professeur Dœllinger prononça un vigoureux discours sur la liberté de l'Eglise. Durant l'automne de 1850, la réunion se tint pour la première fois en Autriche, à Linz; l'association de Saint-Boniface fut définitivement constituée, et l'on s'occupa de la fondation d'une société pour l'application de l'art chrétien aux églises.

Au-dessus de ces assemblées, mais travaillant dans le même but, se placent les conciles tenus alors par les évêques de l'Allemagne. Un concile national, autorisé par le Pape, réunit à Wurtzbourg, en Franconie, cinq archevêques et seize évêques, du 22 octobre au 16 novembre 1848. Auparavant les prélats de la province de Saltzbourg s'étaient assemblés le 31 août, et Vienne eut aussi son concile en 1849. Le 5 décembre 1848, les évêques prussiens adressèrent au gouvernement un mémoire sur les projets d'organisation ecclésiastique : ils réclamaient surtout la réforme des séminaires et de l'enseignement des Universités. En effet, les écoles soumises au gouvernement n'avaient produit que ce que l'on avait vu dans la Révolution de cette année, l'insubordination et l'émeute. Des demandes du même genre furent exprimées en 1850 par les évêques de Bavière, et par ceux de la province ecclésiastique du Haut-Rhin.

C'est surtout dans l'Italie, qui avait devancé le mouvement de Février, que nous avons à examiner le contre-coup de la Révolution de 1848. Au commencement du mois de mars, les Jésuites furent expulsés de Naples; c'était un nouveau triomphe du libéralisme dans ce royaume. L'hostilité contre la religion était visible dans le Piémont. L'évêque de Pignerol, Mgr Charvaz, avait donné sa démission le 22 décembre 1847, à la suite de la détermination qu'avait manifestée le gouvernement de maintenir contre toutes les réclamations une loi nouvelle qui soumettait tous les écrits émanés des évêques, mandements, lettres pastorales, livres d'église, catéchismes, etc., à la censure laïque. On arracha aussi au roi Charles-Albert, contre les Jésuites, un ordre d'expulsion qui fut exécuté avec une indigne violence. Les maisons des religieux furent livrées au pillage, et leur vie courut de grands dangers.

Le parti représenté par Gioberti et Balbo avait renversé le comte Solar della Margarita, depuis le début du mouvement libéral en Italie. Les évènements de Février accélérèrent la promulgation de la nouvelle constitution, qui était modelée sur la charte française de 1830. Le 16 mars, une résolution souveraine de Charles-Albert constitua définitivement le ministère sous la présidence de Balbo; Mgr Fransoni, archevêque de Turin, fut envoyé en exil pour avoir énergiquement défendu la liberté des Jésuites et de toutes les associations religieuses, et refusé son approbation à des livres infectés des doctrines de Gioberti. Cependant le 18 mars la population de Milan, soutenue par un grand nombre d'auxiliaires suisses bien armés, se souleva contre les Autrichiens. Toute la campagne aux environs prit les armes. Radetzki, renfermé dans la citadelle, fut obligé de capituler, et se retira sous Mantoue, Vérone et Plaisance. En même temps on apprenait que Daniel Manin et Nicolo Tommaso avaient délivré Venise et proclamé la République dans cette ville. Les duchés de Parme et de Modène se réunirent à la Lombardie et au Piémont. Le 23 mars, Charles-Albert, qui voyait sa capitale en fermentation, lança une proclamation aux peuples de la Lombardie et de la Vénétie. Il leur annonçait le secours de ses armes et promettait, non-seulement la délivrance, mais l'union de l'Italie, accomplie par elle-même. « Les destins de l'Italie se mûriront... Nous seconderons vos justes désirs, nous confiant dans le secours de ce Dieu qui est visiblement avec nous, de ce Dieu qui a donné à l'Italie Pie IX, de ce Dieu qui, par une miraculeuse impulsion, a mis l'Italie en état d'agir par elle-même. Et pour mieux vous montrer par des signes extérieurs notre sentiment d'union italienne, nous voulons que nos troupes, entrant sur le territoire de la Lombardie et sur celui de Venise, portent notre écu de Savoie sur le drapeau tricolore italien. » A côté de cette proclamation, le parti républicain en faisait d'autres. Il repoussait Charles-Albert, auquel on reprochait de n'avoir pas combattu plus tôt Radetzki, et demandait une République italienne, sous la présidence provisoire de Pie IX.

L'agitation à Rome était grande. Les jeunes gens s'enrôlaient comme volontaires; le P. Gavazzi les excitait par des discours véhéments. Le commandement des troupes pontificales, chargées d'opérer sur la frontière, était confié au général piémontais Durando. Pie IX reçut des Milanais une adresse dans laquelle ils se glorifiaient de s'être préparés au combat et d'avoir combattu en son nom. Cependant le Pape témoignait peu de goût pour toutes les démonstrations guerrières qui se faisaient autour de lui. Il avait donné des preuves suffisantes de son dévouement à l'indépendance italienne, et de son désir de voir l'Autriche renoncer à sa domination sur la Péninsule; mais s'il jugeait opportun, au moment où une grande conflagration commençait, de rassembler des troupes sur les frontières de ses Etats, il n'entendait pas concourir à des projets de conquête et de bouleversement. « Rappelez-vous, dit-il à une députation d'officiers qui venaient, avant leur départ, lui offrir l'hommage des troupes, rappelez-vous que je ne suis point un conquérant, mais bien un roi pacifique qui ne demande qu'à voir régner la paix et l'union dans toute l'Italie. » Ces troupes devaient donc rester à Ferrare et à Bologne.

Les Autrichiens furent obligés d'évacuer Comachio. Le gouvernement provisoire de Plaisance offrit six canons à l'armée de Pie IX. Déjà l'Italie tout entière s'était levée aux cris de *Fuor i Barbari*; l'armée de Charles-Albert avait passé le Tessin, et se voyait renforcée par une partie des troupes napolitaines. L'opinion populaire avait aussi contraint le grand-duc de Toscane d'envoyer des régiments qu'il désirait joindre à l'armée pontificale. Un grand nombre de volontaires romains se trouvaient dans les rangs piémontais. Le ministre des affaires étrangères en France, Lamartine, avait exprimé la résolution de soutenir le droit qu'avaient les différents peuples de la Péninsule de s'armer entre eux pour consolider la patrie italienne; et pour prouver que ce n'était pas là une vaine parole, on établit un corps d'observation près des Alpes; mais Charles-Albert, qui voulait la monarchie et que les républicains italiens n'aimaient pas, refusa le secours des républicains français, et répondit à leurs offres par le mot hardi et fameux qu'il semblait avoir pris pour devise : *Italia farà da se*.

Dans cette situation, au milieu de l'effervescence qui régnait à Rome, le Saint-Père jugea d'autant plus nécessaire de proclamer ses intentions, que le Cercle romain lui avait présenté, le 24 mars, une adresse signée par un grand nombre de notabilités, entre autres par le P. Ventura, où l'on remarquait les phrases suivantes : « Les soussignés demandent à Votre Sainteté d'agir pour que, sans perdre de temps, la représentation de tous les Etats de l'Italie, suscitée par vous, se réunisse à Rome en parlement national, ou diète italienne. Votre Sainteté a prononcé la parole sacrée, initiation de l'ère nouvelle pour l'Italie et pour l'Europe; à Votre Sainteté appartient également la gloire de donner une nouvelle splendeur à la Papauté et à la religion, en s'élevant à la dignité suprême de modérateur de tous les peuples italiens et en faisant recouvrer à Rome sa primatie morale et civile, non-seulement en Italie, mais dans l'Europe et dans tout l'univers. Tous les Italiens attendent avec anxiété le son de la voix toute-puissante, de la parole religieuse et civilisatrice de Votre Sainteté. Ils veulent consacrer le triomphe de leur cause autour de vous, autour du drapeau de la religion, de la liberté, de la fraternité, au pied de la croix, sur l'autel impérissable de leur nationalité, au Capitole. » A ces sollicitations, qui n'étaient que l'écho des idées de Gioberti, Pie IX répondit par cette proclamation du 30 mars, adressée aux peuples d'Italie :

« Les événements que ces deux mois ont vus se succéder et s'enchaîner avec tant de rapidité, ne sont pas une œuvre humaine. Malheur à qui n'entend pas la voix du Seigneur dans ce vent qui agite, renverse et brise les cèdres et les chênes! Malheur à l'orgueil humain, s'il attribue aux fautes ou au mérite de quelque homme que ce soit ces merveilleuses révolutions, au lieu d'y adorer les secrets desseins de la Providence, soit qu'ils se manifestent par les voies de la justice ou par celles de la miséricorde; de cette Providence qui tient dans ses mains tous les empires de la terre! Et nous, à qui la parole a été donnée pour interpréter la muette éloquence des œuvres de Dieu, nous ne pouvons pas nous taire au milieu des regrets, des craintes et des espérances qui agitent les cœurs de nos enfants. Et d'abord nous devons vous dire que si notre âme fut émue en apprenant de quelle manière, dans une partie de l'Italie, l'intervention de la religion sut prévenir les dangers de ces changements, et comment la charité, par ses actes, fit éclater la noblesse des cœurs, nous ne pûmes cependant ni ne pouvons ne pas être profondément affligé des insultes qu'en d'autres lieux les ministres de cette même religion eurent à souffrir. Quand même, oubliant notre devoir, nous passerions ces insultes sous silence, ce silence pourrait-il les empêcher de diminuer l'efficacité de nos bénédictions? Nous ne pouvons nous empêcher de vous dire encore que le bon usage de la victoire est chose plus grande et plus difficile que la victoire même. Si le temps présent rappelle une autre époque de votre histoire, que les enfants profitent des erreurs de leurs pères? Souvenez-vous que toute stabilité et toute prospérité ont pour première raison civile la concorde, que Dieu seul est Celui qui unit les habitants d'une même demeure; que Dieu n'accorde ce bienfait qu'aux hommes d'humilité et de mansuétude, à ceux qui respectent ses lois dans la liberté de son Eglise, dans l'ordre de la société, dans la charité envers tous. Rappelez-vous que la justice seule édifie, que les passions détruisent, et que celui qui prend le nom de Roi des rois s'appelle aussi le Dominateur des peuples. Puissent nos prières monter devant le Seigneur et faire descendre sur vous cet esprit de prudence, de force et de sagesse dont la crainte de Dieu est le principe, afin que nos yeux voient la paix régner dans toute l'étendue de cette Italie, que dans notre charité universelle pour le monde catholique, nous ne pouvons pas appeler la plus chère, mais que Dieu, dans sa bonté, a voulu du moins placer plus près de nous. »

Cette proclamation dévoilait le mensonge du général Durando, qui assurait aux troupes dont il avait le commandement, que le Saint-Père, en les bénissant, les envoyait contre l'armée autrichienne. Pie IX se proposait un but digne du vicaire de Jésus-Christ et d'un souverain éminemment honnête et prudent. Il voulait la vraie liberté des populations, non pas l'unité despotique ni l'anarchie révolutionnaire, et son programme politique à l'égard des puissances étrangères se résumait dans ces mots : *Justice et charité!* Heureuse l'Italie, si elle avait compris ce langage d'un Pontife qui ne pouvait sans doute lier les destinées de l'Eglise au sort de la Péninsule, mais qui avait pour cette patrie italienne une affection spéciale et en comprenait les vrais intérêts et la véritable grandeur !

La conduite du Pape était empreinte du même caractère de sagesse et de loyauté dans l'administration intérieure de ses Etats. Au commencement de 1848, des attentats avaient été commis dans plusieurs villes de la Romagne contre des instituts religieux et particulièrement contre les Jésuites et les Frères des écoles chrétiennes. Le cardinal Bofondi, secrétaire d'Etat, adressa une circulaire aux gouverneurs des provinces pour la répression de ces désordres. Le 5 mars, on apprit à Rome la révolution de Février. Aussitôt il se forma des attroupements dans plusieurs quartiers pour acclamer la République française et demander une constitution. Le Sénat se fit l'interprète de ce vœu, et en porta l'expression, avec une certaine insistance, devant le Saint-Père. Pie IX répondit avec un calme plein de dignité qu'il comprenait les nécessités du moment et qu'il travaillait à y satisfaire, mais qu'il avait encore besoin d'un peu de temps, pour terminer une œuvre aussi difficile qu'une constitution qui devait respecter la ligne de démarcation du pouvoir temporel et du pouvoir spirituel. « Que Dieu, ajouta-t-il, bénisse mes désirs et mes fatigues, et s'il en naît un résultat utile à la religion, je m'agenouillerai devant le Crucifix, pour lui rendre des actions de grâces de tous les événements qu'il a permis, et plus encore comme chef de l'Eglise que comme prince temporel, je me réjouirai si ces événements tournent à la plus grande gloire de Dieu. »

Le 10 mars, après un consistoire secret, eut lieu un changement de ministère. Cinq laïques étaient nommés ministres : M. Recchi, à l'intérieur; M. Sturbinetti, avocat, à la justice ; M. Minghetti, aux travaux publics; le prince Aldobrandini, à la guerre ; M. Galetti, avocat, à la police; le comte Pasolini gardait le ministère du commerce. Le personnage le plus considérable parmi les nouveaux élus, était le cardinal Antonelli, nommé secrétaire d'Etat, ministre des affaires étrangères et président du conseil. Dans un rapport publié le lendemain, ce ministère annonça que la constitution serait bientôt promulguée et qu'elle créerait la solidarité et la responsabilité des ministres. Il exposait ensuite la nécessité de pourvoir, par l'amélioration des finances, à l'armement que les circonstances rendaient indispensable. Voici comment il caractérisait le but de ses efforts : « Le ministère, procédant franchement dans la voie qui lui est tracée, a la ferme espérance de calmer l'agitation qui règne dans les âmes et de garantir l'ordre nécessaire pour fonder les nouvelles institutions et assurer l'indépendance nationale. » Le 14 mars, une proclamation du Pape fut publiée contre des agitateurs qui, les jours précédents, avaient menacé le couvent des Jésuites, sous prétexte qu'un de leurs prédicateurs avait condamné le mouvement révolutionnaire. La vérité était que les Jésuites se contentaient de servir Pie IX, et ne cherchaient pas, comme d'autres, à le pousser ou à le devancer.

On ne continuait pas moins à préparer la constitution qui, après avoir été discutée dans deux consistoires, fut publiée le 15 mars. Cette détermination fut due principalement aux conseils de Pellegrino Rossi, esprit élevé, doctrinaire de l'école de Guizot, mais revenu à des idées plus solides et plus chrétiennes. Il était d'origine italienne : né en 1787, il avait d'abord été avocat à Bologne; puis les événements politiques l'ayant obligé de se réfugier à Genève, il s'était acquis un renom considérable par ses travaux sur l'Economie politique. S'étant fait naturaliser en France, il avait fini par siéger parmi les pairs, et par être envoyé à Rome en qualité d'ambassadeur sous le ministère de M. Guizot. Le gouvernement provisoire de Février l'avait destitué et rendu à la vie privée. La constitution ou le statut fondamental, qu'il fit adopter à Pie IX, instituait deux conseils délibérants, le haut Conseil, dont les membres étaient nommés à vie par le souverain Pontife, et le Conseil des députés, qui devaient être élus par le suffrage restreint. Les capacités étaient admises au nombre des électeurs et des personnes éligibles. Les séances des deux Conseils étaient publiques : les députés choisissaient leur président, et leurs vice-présidents. La proposition des lois appartenait simultanément au Pape et aux deux Conseils, si ce n'est que ceux-ci ne pouvaient proposer aucune loi qui concernât les affaires ecclésiastiques, qui fût contraire aux règles de l'Eglise, ou qui attaquât la constitution. Les deux Conseils avaient aussi le droit de discuter et de voter les lois, aussi bien que l'impôt. Tout citoyen majeur pouvait adresser des pétitions à la Chambre des députés.

Les sommes nécessaires pour le traitement du souverain Pontife et du collège des cardinaux, pour les congrégations ecclésiastiques, pour le ministère des affaires étrangères, pour le corps diplomatique, pour les gardes pontificales, pour les cérémonies religieuses, pour les réparations ordinaires et l'entretien des palais apostoliques, des musées et des bibliothèques, et enfin pour les employés de la cour pontificale, étaient fixées à six cent mille écus qui devaient être portés chaque année au budget. Le Pape donnait ou refusait sa sanction aux projets de loi adoptés par les deux Conseils, après avoir entendu l'avis des cardinaux dans un consistoire secret. Les lois et tous les actes du gouvernement devaient être signés par le ministre du département auquel ils avaient rapport, et ce ministre en avait la responsabilité. Les ministres pouvaient être membres des conseils, et, qu'ils le fussent ou non, intervenir dans les délibérations. Un conseil d'Etat, composé de dix conseillers et de vingt-quatre auditeurs au plus, rédigeait les projets de loi, les règlements d'administration publique, et donnait son avis sur les difficultés en matière de gouvernement. Il était réglé que, pendant la vacance du Saint-Siège, les sessions des deux Conseils demeureraient suspendues, et que tous les droits de la souveraineté temporelle résideraient alors dans le Sacré-Collège. On défendait aussi aux deux Conseils d'accepter, avant de se séparer, aucune pétition relative à la vacance du Saint-Siège ou adressée aux membres du conclave. Deux lois organiques étaient annoncées sur l'exercice des droits électoraux et sur la répression des délits de presse. D'ailleurs, la liberté individuelle était garantie, la censure préventive abolie, les libertés provinciales et municipales assurées, les commissions et les tribunaux extraordinaires supprimés. L'article premier déclarait que le Sacré-Collège des cardinaux, électeurs du souverain Pontife, est le sénat indispensable de celui-ci.

Pour faire ressortir les vues élevées et généreuses qui avaient inspiré cette constitution, il nous suffira de citer quelques phrases de son préambule. En ce qui regarde les intérêts politiques et l'amour du peuple, voici ce que nous lisons : « Nous avons établi une représentation consultative de toutes les provinces, et nous attendions que les résultats eussent justifié l'expérience que nous faisions les premiers en Italie. Mais puisque les princes, nos voisins, ont jugé que leurs peuples étaient mûrs pour recevoir le bienfait d'une représentation, nous ne voulons pas tenir nos peuples en moindre estime ni compter moins sur leur reconnaissance, non pas envers notre humble personne, pour laquelle nous ne demandons rien, mais à l'égard de l'Eglise et de ce Siége apostolique dont le Seigneur nous a commis les droits suprêmes et inviolables, et dont la présence fut et sera toujours pour nos populations la source de tant de biens. » Et quant aux dispositions nécessaires pour sauvegarder l'indépendance absolue du pouvoir spirituel et les intérêts de l'Eglise catholique : « Non-seulement, dit Pie IX, nous réservons à nous et à nos successeurs la sanction suprême et la promulgation de toutes les lois qui seront délibérées par les deux Conseils et le plein exercice de l'autorité souveraine sur les points à l'égard desquels il n'est pas disposé par le présent acte; mais nous entendons encore maintenir notre autorité entière dans les choses qui sont naturellement liées à la religion et à la morale catholique. Nous le devons à la sécurité de la chrétienté tout entière, afin que, dans les Etats de l'Eglise constitués sous cette nouvelle forme, la liberté et les droits de cette même Eglise et du Saint-Siège ne souffrent aucun amoindrissement, et que nul exemple ne viole jamais la sainteté de cette religion que nous avons obligation et mandat de prêcher à tout l'univers comme l'unique symbole d'alliance de Dieu avec les hommes, comme l'unique gage de cette bénédiction céleste par laquelle vivent les Etats et fleurissent les nations. » Le lendemain de la promulgation du statut fondamental, le prince Corsini, sénateur de Rome, alla remercier le Pape à la tête d'une députation. Dans sa réponse, Pie IX dit qu'il avait fait tout ce qu'il pouvait faire, et que les cardinaux y avaient accédé unanimement et de plein gré ; il réclama de nouveau contre les manifestations qui troublaient l'ordre dont la liberté ne peut pas être séparée.

L'armée de Charles-Albert avançait toujours dans le royaume Lombard-Vénitien, et l'Autriche en paraissait définitivement expulsée. Les intrigues de la Révolution commencèrent à se démasquer. Mazzini et ses amis arrivèrent à Milan, et se mirent à imprimer le mouvement aux idées républicaines, pendant que Gioberti, nommé sénateur piémontais, s'agitait en faveur du roi de Sardaigne, son maître, et que Charles-Albert lui-même engageait les Milanais et les Vénitiens à prendre bientôt une détermination qui étouffât les espérances des sociétés secrètes. Les mazziniens ne cachaient pas leurs vues sur les Etats-Romains : c'était faire l'éloge de la prudente réserve du Pape. Cependant les avertissements et l'exemple du souverain Pontife ne portaient pas leurs fruits. L'ambassadeur d'Angleterre, lord Minto, essayait inutilement d'arrêter les hostilités en allant de Rome à Florence, et de Florence à Naples. Les troupes napolitaines demandèrent un passage, qui ne put leur être refusé, sur le territoire pontifical pour rejoindre l'armée piémontaise. Au Cercle romain, on tentait de réaliser, avec quelques envoyés de Naples, de la Sicile et de la Lombardie, le projet d'une diète italienne. Les manifestations continuaient en vue d'engager le Pape dans la guerre contre l'Autriche, et de le présenter comme le promoteur de tout le mouvement qui se faisait en Italie. Au consistoire secret du 29 avril, Pie IX prononça une allocution dans laquelle il faisait ressortir l'énorme distance qui séparait ses actes des plans de la démagogie, et protestait qu'il ne consentirait pas à déclarer la guerre à l'Autriche. Il expliquait d'abord le motif et l'esprit des réformes dont il avait donné l'impulsion depuis le commencement de son règne. « Déjà vers la fin du pontificat de Pie VII, notre prédécesseur, disait-il, les principaux souverains d'Europe conseillèrent au Siège apostolique d'adopter pour le gouvernement civil un mode d'administration plus facile et conforme aux désirs des laïques. Plus tard, en 1831, les conseils et les vœux des souverains furent plus solennellement exprimés dans le célèbre *Memorandum* que les empereurs d'Autriche et de Russie, le roi des Français, la reine de la Grande-Bretagne et le roi de Prusse crurent devoir envoyer à Rome par leurs ambassadeurs. Dans cet écrit, il fut question, entre autres choses, de la convocation à Rome d'une Consulte d'Etat formée par le concours de l'Etat pontifical tout entier, d'une nouvelle et large organisation des municipalités, de l'établissement des conseils provinciaux, d'autres institutions également favorables à la prospérité commune, de l'admission des laïques à toutes les fonctions de l'administration publique et de l'ordre judiciaire. Ces deux derniers points étaient présentés comme des principes *vitaux* de gouvernement. D'autres notes des mêmes ambassadeurs faisaient mention d'un plus ample pardon à accorder à tous ou à presque tous les sujets pontificaux qui avaient trahi la foi due à leur souverain. »

L'auguste Pontife rappelait que Grégoire XVI avait donné satisfaction à quelques-unes de ces demandes, dans la mesure du possible, et que lui-même, dès son avénement, avait octroyé une large amnistie et qu'il avait entrepris une série de réformes calquées sur le plan indiqué par les puissances européennes, qui avaient excité, dans les États pontificaux, et chez les peuples voisins, un enthousiasme populaire dont il avait fallu modérer et contenir l'expression. Mais il ajoutait « qu'il n'avait jamais rien fait ni rien dit qui pût autoriser la révolte des sujets contre leurs souverains, et que toujours, au contraire, notamment dans l'allocution du 4 octobre 1847, il avait recommandé aux uns l'obéissance et le respect, aux autres la bienveillance et le dévouement. » C'était donc malgré ses vœux et malgré ses efforts que des commotions profondes ébranlaient l'Italie : personne n'avait le droit de lui en attribuer la responsabilité, et il en conjurait les auteurs de revenir à des pensées plus saines et à de meilleurs sentiments. Il parlait ensuite de son attitude vis-à-vis de l'Autriche dans la guerre actuelle, et déclarait que s'il n'avait pas pu contenir l'ardeur de ses sujets, au milieu de cet entraînement qui avait fait fléchir bien des princes appuyés sur des forces autrement considérables que les siennes, du moins il n'avait pas donné d'autre ordre aux troupes envoyées aux frontières que de défendre l'intégrité et l'inviolabilité du territoire pontifical. « Toutefois, disait-il, comme plusieurs demandent que, réuni aux peuples et aux autres princes de l'Italie, nous déclarions la guerre à l'Autriche, nous avons cru qu'il était de notre devoir de protester formellement et hautement dans cette solennelle assemblée, contre une telle résolution entièrement contraire à nos pensées, attendu que, malgré notre indignité, nous tenons sur la terre la place de Celui qui est l'auteur de la paix, l'ami de la charité, et que, fidèle aux divines obligations de notre suprême apostolat, nous embrassons tous les pays, tous les peuples, toutes les nations, dans un égal sentiment de paternel amour. Que si parmi nos sujets, il en est que l'exemple des autres Italiens entraîne, par quel moyen veut-on que nous puissions enchaîner leur ardeur ? » Pie IX protestait avec la même énergie contre l'idée de placer le Pontife de Rome à la tête d'une république qui embrasserait tout le sol de l'Italie : « Bien plus, à cette occasion, nous exhortons vivement ces mêmes peuples, par l'amour que nous avons pour eux, à se tenir soigneusement en garde contre ces conseils perfides et si funestes à l'Italie, à s'attacher fortement à leurs princes dont ils ont éprouvé l'affection et à ne jamais se laisser détourner de l'obéissance qu'ils leur doivent. Agir autrement, ce serait non-seulement manquer à devoir, mais exposer l'Italie au danger d'être déchirée par des discordes chaque jour plus vives et par des factions intestines. » Enfin le Vicaire de Jésus-Christ terminait en disant que tous les efforts de son zèle se tourneraient plutôt à l'agrandissement du royaume de Dieu sur la terre qu'à celui de son pouvoir temporel, et déplorait amèrement tous les scandales et toutes les funestes excitations de la presse irréligieuse et révolutionnaire.

Cette grande et magnifique déclaration du Pape portait un coup terrible aux manœuvres insidieuses et aux espérances déguisées de la secte mazzinienne et de tous les partisans de l'unité. Aussi elle souleva dans Rome un véritable orage. Les clubs faisaient circuler des pétitions qui demandaient immédiatement une déclaration de guerre contre l'Autriche, l'établissement d'un service d'estafettes pour avoir plus promptement les nouvelles du théâtre de la guerre, et la formation d'une armée de réserve. Le second objet de ces pétitions fut accordé, mais le premier, qui était aussi le principal, venait d'être hautement refusé. Les comités des clubs redoublèrent d'activité, et des adresses en grand nombre furent signées. Les agitateurs demandaient le renvoi du secrétaire d'État, cardinal Antonelli, et du cardinal Vizzardelli, ministre de l'instruction publique, et réclamaient à leur place le comte Mamiani, un des révoltés de la Romagne du temps de Grégoire XVI, et le professeur Orioli. Tous les ministres donnèrent leur démission. Mais le duc de Rignano, chef d'état-major de la garde civique, ayant été chargé par le Pape de former un nouveau cabinet, il ne put y réussir, et l'ancien ministère, obligé de continuer ses fonctions, annonça qu'il s'occuperait de toutes les questions actuelles dans un esprit favorable aux tendances et aux intérêts de l'Italie.

Les troubles n'en continuèrent pas moins pendant plusieurs jours. De graves attentats contre les personnes furent commis le 15 mai : la garde civique fut convoquée pour la défense de l'ordre, et sur les murs on afficha une proclamation où Pie IX, résumant à la fois les marques d'amour qu'il avait données à son peuple et le sens de l'allocution récente qui occasionnait ce soulèvement, reprochait avec fermeté aux Romains leur aveuglement et leur ingratitude, menaçait de censures les fauteurs de troubles, et priait Dieu de sauver la Ville éternelle. Le 2 mai, en face de la bonne tenue de la garde civique, l'agitation cessa. Les ministres, après des demandes réitérées, firent accepter leur démission et se retirèrent. Le 3, le comte Mamiani fut chargé de former un cabinet, où il entra comme ministre de l'intérieur, avec le cardinal Ciucchi, et le cardinal Orioli, président du conseil par intérim. Mais cette concession était due à une généreuse bienveillance qui voulait épuiser tous les moyens acceptables, non à la faiblesse. Aussi, le 4 mai, quand le Sénat et le Conseil municipal vinrent présenter à l'auguste Pontife une adresse en faveur de la guerre, Pie IX leur répondit, dans un langage vraiment royal, qu'ils sortaient de leurs attributions et commettaient un empiétement sur le droit de la souveraineté ; que les désordres actuels venaient de causes semblables ; qu'il savait bien démêler l'intention qu'on avait de faire de lui un instrument pour le dépouiller ensuite de son domaine temporel, et que tout en résistant à d'injustes demandes, il protestait contre les fausses interprétations que donnaient à ses paroles ceux qui prétendaient y faire voir une condamnation de l'indépendance italienne.

Dans ce même temps, en effet, le Pape donnait les meilleures preuves de son amour pour l'Italie. Pendant qu'il envoyait Mgr Corboli-Bussi en mission auprès de Charles-Albert, il députait auprès de l'empereur d'Autriche Mgr Morichini, ancien nonce à Munich ; et déjà précédemment il avait adressé la lettre suivante à ce dernier souverain, pour amener la paix et la conciliation par la délivrance complète de l'Italie. « Au milieu des guerres qui ensanglantaient le sol chrétien, on vit toujours le Saint-Siége faire entendre des paroles de paix, et dans notre allocution du 29 avril dernier, quand nous avons dit que notre cœur paternel a horreur de déclarer la guerre, nous avons expressément manifesté notre ardent désir de contribuer à la paix. Que Votre Majesté ne trouve donc pas mauvais que nous nous adressions à sa piété et à sa religion, l'exhortant, avec une affection toute paternelle, à retirer ses armes d'une guerre qui, sans pouvoir reconquérir à l'empire les cœurs des Lombards et des Vénitiens, amène à sa suite la funeste série de calamités qui sont le cortége habituel de la guerre, et que très-certainement abhorre et déteste Votre Majesté. Que la généreuse nation allemande ne trouve pas mauvais que nous l'invitions à étouffer tout sentiment de haine, et à changer en utiles relations d'amical voisinage une domination sans grandeur, sans résultats heureux, puisqu'elle reposerait uniquement sur le fer. » Ceux qui accusent le Pape d'avoir sacrifié l'indépendance de l'Italie, ne l'ont jamais défendue avec autant de dignité, de convenance et de force.

Gioberti, qui voyageait et discourait sans relâche en faveur de ses utopies, vint à Rome, et fut accueilli avec bienveillance par le Pape. On le laissa même prononcer des discours dans diverses assemblées, et provoquer des manifestations où son nom était acclamé avec celui du Saint-Père. Mais ces triomphes bruyants, décernés par les révolutionnaires au vaniteux théoricien, ne servirent qu'à montrer combien Pie IX était au-dessus de toute influence quand il s'agissait de soutenir le droit, la vérité et la vraie liberté !

Les événements punirent bientôt Charles-Albert de n'avoir pas adopté une ligne de conduite semblable à celle du souverain Pontife. Aussitôt que le roi de Naples vit que la Lombardie et la Vénétie, aussi bien que d'autres parties de la Péninsule et la Sicile même, hésitaient entre l'annexion au royaume de Sardaigne et la proclamation de la République, il ne put s'empêcher de réprouver un mouvement qui aboutissait à la dépossession de plusieurs souverains légitimes, et de retirer son concours d'une guerre, qui aurait eu pour résultat de placer à ses côtés une monarchie prépondérante ou des républiques ennemies, en attendant la révolution et la république universelle. Il rappela donc ses troupes, et tous les efforts du général Guillaume Pepe furent impuissants pour les retenir. Cependant, le 30 mai, une division piémontaise prit la forteresse de Peschiera, et le roi de Sardaigne remporta une victoire considérable à Goïto.

Le vainqueur eut le double tort de ne pas accepter les offres de l'Autriche, qui consentait à se retirer derrière l'Adige, et de ne pas profiter de sa victoire. Pendant qu'il restait dans l'inaction, des renforts arrivèrent à Radetzki, et bientôt Vienne, Padoue, Trévise, retombèrent au pouvoir des Autrichiens. Vicence était occupée, contre la volonté formelle du Pape, par les troupes romaines, confiées au général Durando. La nouvelle de cette défaite produisit à Rome une pénible impression, qui était toute favorable à la politique de Pie IX, et que les agitateurs essayèrent vainement de transformer par de faux messages de victoire. Radetzki marchait de succès en succès : à la suite de la bataille de Custozza, livrée le 25 juillet, il rejeta Charles-Albert sur Villafranca, puis au delà du Mincio, de l'Oglio et de l'Adda. L'infortuné roi de Sardaigne essuya une nouvelle défaite sous les murs de Milan, et plutôt que d'exposer cette ville, qui naguère l'acclamait et qui maintenant le recevait avec froideur, aux souffrances et aux périls d'un siége, il capitula le 6 août. Gioberti était à Paris, pour implorer le secours de cette France dont on avait d'abord dédaigné ou redouté l'intervention. Mais l'Angleterre, dont l'officieux représentant, lord Minto, s'agitait toujours en Italie, pour empêcher une solution contraire aux aspirations britanniques et favorable à la cause du catholicisme, trouva opportun d'offrir sa médiation pacifique. Le général Cavaignac l'accepta. En vertu d'un armistice conclu le 9 août, les portes de Milan furent ouvertes à Radetzki, et le Piémont perdit toutes les conquêtes qu'il avait faites depuis le commencement de la guerre. L'armistice expirait au bout de quarante-cinq jours : on en conclut un nouveau pour un temps indéfini, à condition qu'on ne pourrait reprendre les hostilités qu'après l'avoir dénoncé huit jours auparavant.

L'implacable génie de la Révolution ne laissait pas de repos à Charles-Albert, et Gioberti qui, à partir du 16 décembre 1848, eut pendant quelques mois la présidence du conseil et le portefeuille des affaires étrangères, ne cessait pas de propager ses vues politiques. Il fallut donc, au mois de mars 1849, dénoncer l'armistice. Les Autrichiens attendaient Charles-Albert au delà du Tessin : ils le repoussèrent victorieusement, et malgré la valeur de ses troupes et l'héroïsme qu'il déploya dans le commandement, ils lui infligèrent, sous les murs de Novare, une défaite qui le réduisit au désespoir, et le força d'abdiquer en faveur de son fils aîné, Victor-Emmanuel II. La paix fut signée le 6 août. Venise, qui, depuis l'armistice de l'année précédente avait proclamé de nouveau la République, subit un siége d'un an, et les généraux Pepe et Ulloa, qui la défendaient avec Daniel Manin, ne se rendirent que le 25 août. Les Autrichiens recouvrèrent toutes leurs possessions en Italie. C'est ainsi que le Piémont fut puni, et l'Italie avec lui, d'avoir prêté l'oreille aux conseils de la Révolution plutôt qu'aux sages avertissements du Pape. Les essais de République à Gênes, à Florence, en Sicile, furent également réprimés : le pouvoir légitime reprit dans ces pays l'exercice de ses droits; mais le sang avait coulé, bien des passions avaient été soulevées et bien des intérêts compromis. Quant à l'Autriche elle-même, la Providence se réservait de lui apprendre, à son tour, qu'elle eût mieux fait d'accueillir favorablement les avis du Père commun de tous les catholiques, et de renoncer à l'odieuse domination que les traités de 1815 lui avaient donnée en Italie.

La Révolution, cause principale de tous ces bouleversements et de tous ces maux, devait achever de se déshonorer et de se perdre en portant sur la Papauté une main cruelle et sacrilége. Elle pressait de plus en plus Pie IX pour le circonvenir de tous côtés et de l'environner d'ennemis. Par des attaques et des injures incessantes, elle avait réduit les Jésuites à prendre, sur le conseil du souverain Pontife, le parti de quitter Rome. Aucun cardinal ne pouvait rester au ministère : et pourtant tous ceux qui s'y succédaient étaient parfaitement capables par leurs lumières et leur talent, de faire fleurir l'État sous le régime de la nouvelle constitution, si la Révolution ne leur avait pas suscité des entraves continuelles. Quand le peuple était laissé à lui-même, il avait encore pour son souverain des acclamations inspirées par la confiance et par l'amour, mais trop souvent il obéissait à des meneurs qui lui dictaient des cris séditieux contre les institutions et les personnes les plus respectables ou bien en faveur des anarchistes et des utopistes. L'ouverture solennelle des deux Conseils eut lieu, avec un grand éclat, le 5 juin. Dans le message, lu au nom du Saint-Père par le cardinal Altieri, toutes les paroles étaient de nature à inspirer la concorde et l'amour du bien public. Un *Motu proprio* du 3 juin venait de régler, conformément à une promesse du statut fondamental, la liberté de la presse politique : par une encyclique du 2, il était annoncé que dorénavant, aucun livre ou écrit ne serait soumis à la censure ecclésiastique instituée par le concile de Latran et par les règles de l'Index, excepté ceux qui intéressent la religion ou les mœurs. L'encyclique donnait pour raison que le grand nombre des petits écrits ne permettant pas à la censure de les juger tous, il arrivait que beaucoup de productions mauvaises demeuraient dans la circulation et passaient par-là même pour avoir reçu une approbation dont elles étaient indignes.

Les délibérations des deux Conseils ne firent qu'accroître les troubles et l'agitation, par les motions que faisaient les députés. On remarquait parmi ces derniers le prince de Canino dont la violence ne connaissait pas de bornes. Ce qu'il y avait de plus déplorable, c'est que des personnages remarquables du clergé se laissaient entraîner par la séduction des nouveautés. Nous avons déjà parlé du Père Ventura. Accrédité comme ministre plénipotentiaire près du Saint-Siége par le gouvernement insurrectionnel de la Sicile, il avait éprouvé un sentiment amer en voyant sa mission repoussée, et il accusait les hommes en qui Pie IX avait confiance de tenir le Pape dans les voies de l'obscurantisme. Le célèbre Rosmini Serbati affichait des tendances non moins périlleuses. Du reste, la noblesse et la bourgeoisie paraissaient être frappées d'immobilité ou ne rien comprendre et ne rien voir à ce qui se passait autour d'elles. Si elles n'étaient pas toujours les complices de la révolution, elles en étaient les témoins inertes. Un changement de ministres eut lieu le 30 juillet, mais le comte Mamiani resta l'âme du nouveau ministère. Cet homme et ses amis ne permirent pas au Pape de prendre une mesure qui aurait pu sauver l'ordre et la nouvelle constitution, en faisant venir à Rome les troupes suisses engagées au service du Saint-Siége et cantonnées dans les provinces. Le 8 août le comte Mamiani se retira : un autre ministère, peu homogène, parce qu'il y restait des amis de Mamiani, se forma sous la présidence du cardinal Soglia. Enfin, le 16 septembre, le même cardinal organisa encore un nouveau ministère, « dans lequel, a dit plus tard le souverain Pontife, se trouvaient réunis le talent, le zèle du bien public et privé, et le respect des lois. »

Le principal ministre était Pellegrino Rossi qui avait résolu de se consacrer entièrement à l'établissement du gouvernement constitutionnel et à la défense du Pape. Il avait dit cette parole qui honore son grand esprit : « La Papauté est la seule grandeur vivante de l'Italie ; » et celle-ci qui honore son courage : « Pour arriver jusqu'au Pape, il faudra me passer sur le corps. » Les mazziniens reconnurent qu'on ne pouvait anéantir les résolutions d'un tel ministre qu'en l'écrasant lui-même, et acceptant cette sorte de défi qu'il leur avait jeté, ils prirent le parti de passer sur son corps pour arriver jusqu'au Pape.

Le meurtrier fut désigné dans les assemblées de la secte à Rome, et tout se prépara pour l'exécution de l'infernal complot. Le crime était fixé au 15 novembre, jour de l'ouverture des Chambres, à laquelle Rossi devait présider. Le projet avait transpiré : Rome tout entière attendait dans une sorte de muet effroi. Les avertissements ne manquèrent pas à Rossi. Quand il se présenta le 15 au matin, pour prendre les ordres de son souverain et lui demander sa bénédiction, le Pape l'avertit de se tenir sur ses gardes. Comme il descendait l'escalier, un prêtre lui dit à l'oreille : « Ne sortez pas, ou vous êtes mort ! » Rossi répondit : « La cause du Pape est la cause de Dieu. » Il allait au devant du martyre. La plume d'un révolutionnaire est seule capable de peindre la froide cruauté de la scène qui allait se produire : laissons donc la parole à Rusconi, un futur ministre de la République romaine. « Dans cette matinée du 15 novembre, dit-il dans son *Histoire de la République romaine*, une voiture traînée par deux chevaux fougueux traversa rapidement les rues de Rome ; sur son passage, la foule qui remplissait les rues s'ouvrait menaçante et sombre ; elle laissait avancer la voiture et se refermait aussitôt derrière elle. Cette voiture se rendait au palais de la Chancellerie, siége du Parlement, et portait le ministre Rossi, qui devait prononcer le discours d'ouverture de l'assemblée..... Le vestibule du palais, ainsi que les rues, était rempli d'une foule compacte qui se rangea des deux côtés pour lui livrer passage. Lorsqu'il fut arrivé au premier degré, il se trouva au milieu d'un groupe qui se resserra autour de lui, et une main le saisit violemment par derrière comme pour l'insulter. Rossi tourna la tête, et jeta un regard dédaigneux sur celui qui l'importunait ainsi. En cet instant la lame d'un poignard s'enfonça dans la partie de la gorge que ce mouvement mettait à découvert. La carotide était coupée, l'infortuné s'affaissa dans une mare de sang, et le groupe qui l'avait entouré s'élargit silencieusement et se perdit dans le reste de la foule... Les députés étaient réunis dans la salle de l'assemblée, attendant le ministre, les tribunes étaient remplies de personnes accourues à l'ouverture du Parlement. On entendit tout à coup comme un sourd murmure ; une secousse électrique ébranle aussitôt l'assemblée, et l'on vit entrer le ministre Montanari, pâle, défait, autour de qui de nombreux députés se groupèrent en un instant. Il leur dit que Rossi venait d'être assassiné au pied même de l'escalier, et les visages de ses auditeurs pâlissaient comme le sien. Cette communication fut suivie d'un moment de silence effrayant, et l'assemblée essaya en vain de montrer sa fermeté, en commençant ses travaux, comme si rien n'était arrivé. »

Ce que Rusconi appelle un semblant de fermeté, le lecteur le stigmatisera certainement d'un autre nom. La conduite de la population romaine fut conforme à celle des députés. Soit complicité, soit terreur stupide, personne ne manifesta un blâme : personne n'exprima l'intention de poursuivre le coupable. Les différents quartiers de la ville offraient partout le spectacle dégoûtant du soulèvement populaire le plus hideux. Les gendarmes et les gardes nationaux, qui avaient laissé commettre impunément l'assassinat, laissaient aussi faire les démonstrations. Un domestique de Rossi put à peine trouver de l'aide pour transporter dans une chambre voisine le corps de son maître. Pendant toute la durée de la séance à l'assemblée, il ne se produisit pas la moindre allusion à l'horrible forfait qui venait d'être consommé à la porte du palais. Dans la soirée, les meurtriers et leurs adhérents, au nombre de quelques centaines, avec des flambeaux et bannières déployées, se rendirent à la caserne des carabiniers, fraternisèrent avec les troupes et parcoururent le Corso en chantant des hymnes en l'honneur du poignard. Le fer de l'assassin fut orné de fleurs, et on l'exposa dans un café à la vénération des Romains. On poussa l'insulte et la cruauté jusqu'à contraindre la veuve de Rossi d'illuminer sa maison. Les journaux se joignirent aux conspirateurs et à la populace pour glorifier le meurtre. Mais on avait beau le présenter comme une nécessité politique et comme le résultat du vœu populaire : la conscience y verra toujours la meilleure preuve de la scélératesse du but que la révolution poursuit. Mazzini le sentait bien, quand il laissa échapper ce mouvement d'impatience dans une lettre adressée plus tard à MM. de Tocqueville et de Falloux, ministres français : « Laissez de côté cet assassinat de Rossi, tant de fois hypocritement rappelé. » Dans cette soirée, où l'orage révolutionnaire faisait monter à la surface les écumes les plus immondes, l'autorité ne se montra nulle part : le directeur de la police refusa même de prendre les mesures répressives qu'on lui demandait et se retira.

Le lendemain, dès le matin, le ministère tout entier donna sa démission. Le Cercle populaire lança un programme qui demandait, entre autres choses, un changement de ministère, la réunion d'une assemblée constituante, la déclaration de la guerre contre l'Autriche. Une foule de démagogues se rendit au Quirinal pour y porter l'expression de ces vœux. Le palais n'était gardé que par une centaine de Suisses et quelques gardes-du-corps. Le corps diplomatique avait eu le temps d'accourir pour prêter au souverain Pontife son appui moral. On n'y voyait aucun personnage italien; lord Minto n'y était pas non plus : c'étaient les assemblées révolutionnaires qui avaient la faveur de ses assiduités. Parmi les diplomates étrangers qui se trouvaient à ce poste d'honneur, nous devons nommer, en première ligne, le duc d'Harcourt, ambassadeur de France; ensuite, Martinez della Rosa, pour l'Espagne; le comte de Spaur, pour la Bavière; le baron Venda-Cruz, pour le Portugal; le comte Boutenief, pour la Russie; Figuereddo pour le Brésil, et Liedckerke, pour la Hollande. Le cardinal Antonelli était aussi à côté du Pape. En voyant arriver une multitude hostile, les Suisses fermèrent la grille et les portes, et se préparèrent à la défense. Un ancien ministre, Galetti, fut admis auprès de Pie IX pour lui présenter la pétition révolutionnaire : il usa de tous les moyens, de l'insinuation, de la prière et de la menace, pour faire réussir sa mission dont il paraissait d'ailleurs sentir l'ignominie. Pie IX fut inflexible et protesta qu'il subirait le martyre plutôt que d'agir contre sa conscience.

Galetti parut sur l'escalier du Quirinal pour communiquer cette réponse à la foule. Aussitôt celle-ci se livre à tous les transports de la fureur et de la vengeance. Des menaces retentissent de tous côtés : on essaie de mettre le feu à une porte du palais; on secoue la grille comme pour la renverser. Alors les Suisses, croyant à une attaque, saisissent leurs armes; un coup de mousquet est tiré sur le peuple. C'est le signal du combat. On crie : Trahison ! Aux armes ! Vive la République ! Vive la Révolution ! Mort aux prêtres ! On parle d'incendier le Quirinal, et même la basilique de Saint-Pierre ; on se répand dans toutes les maisons pour chercher des sabres et des fusils.

Mais la populace n'était qu'un instrument et ne composait pas toutes les forces préparées pour l'émeute. A la chambre des députés, le prince de Canino avait empêché qu'on envoyât une délégation au souverain Pontife pour lui exprimer des regrets de ce qui s'était passé la veille. A peine la foule, repoussée et intimidée par la bonne contenance des Suisses, s'était-elle dispersée ou du moins avait-elle commencé sa dispersion en faisant entendre des clameurs impuissantes, que tout à coup les personnes enfermées au Quirinal virent, avec le plus grand étonnement, se ranger en bataille sur la place, la garde civique, la gendarmerie, la ligne, la légion romaine, au nombre de quelques milliers d'hommes, en uniforme, musique et tambours en tête. Et de ces rangs, comme du milieu du peuple, comme des toits des maisons et des clochers environnants, des coups de fusil étaient dirigés sur le palais. Un savant prélat, Mgr Palma, est mortellement frappé d'une balle. D'autres balles tombent dans la chambre même du Saint-Père, et il demeure certain que, malgré toutes les protestations, sa vie ne court pas moins de danger que celle de ses fidèles compagnons. Les Suisses résistaient toujours, et, de son côté, le Pape était inébranlable dans sa première détermination. On fait venir du canon, et l'on menace d'enfoncer les portes. Alors se tournant vers les membres du corps diplomatique : « Messieurs les ambassadeurs, dit Pie IX, vous ferez savoir à vos gouvernements comme on traite le souverain Pontife. » Pour éviter de grands malheurs, tout en protestant contre la violence qu'on lui faisait, il accepta un ministère où figuraient Mamiani, Sterbini, un des amnistiés de 1846, Galetti, et d'autres personnages de même valeur. On avait donné la présidence du conseil à l'abbé Rosmini, mais il refusa et fut remplacé par Mgr Muzarelli. Le Pape déclara qu'il s'en remettait aux Chambres des autres mesures qu'on prétendrait lui imposer. Le 17, les députés parlaient d'envoyer au Pape l'expression de leur reconnaissance : le prince de Canino s'opposa encore à cette motion et la fit échouer. C'était l'opinion la plus avancée et la plus violente qui l'emportait partout.

Quoique le Pape eût pris toutes ses précautions et qu'il eût même fait modifier les formules ordinaires pour ne pas laisser s'égarer l'opinion sur la contrainte qui lui avait extorqué ses derniers actes, tout le monde était d'accord avec lui que sa présence à Rome donnait encore quelque apparence d'autorité aux attentats des révolutionnaires. Il fut résolu qu'il chercherait un asile sur la terre étrangère, attendu qu'il ne pouvait plus rien contre le torrent, et que les derniers conseils qu'il avait essayé de faire entendre à son peuple sur les dangers de la voie où on l'engageait et sur les avantages que la Papauté procure à Rome, n'avaient pas été écoutés. La France, malgré les hésitations du général Cavaignac et l'influence du parti républicain, eût été heureuse d'offrir l'hospitalité au Vicaire de Jésus-Christ. Les représentants du peuple en donnèrent une preuve éclatante quand plus tard, le Chef du pouvoir exécutif ayant annoncé que Pie IX viendrait se réfugier sur le sol français, toute l'Assemblée applaudit et demanda de proroger ses séances pendant huit jours, afin de permettre à un grand nombre de ses membres d'aller au devant de l'illustre exilé. Pour le moment, le duc d'Harcourt insistait auprès de la cour romaine en vue d'obtenir à la France l'honneur de recevoir le souverain Pontife. Mais la France était en pleine révolution, et l'on ignorait si le résultat de l'élection présidentielle, au mois de décembre, n'amènerait pas le triomphe de la révolution sociale. Au nom du Pape, le cardinal Antonelli déclina les offres de l'ambassadeur. Le 22 novembre, le Pape reçut une petite boîte et une lettre dans laquelle l'évêque de Valence lui annonçait qu'étant possesseur de la petite pyxide qui servait à Pie VI pour porter la sainte Eucharistie au milieu de son exil, il osait en faire hommage à l'auguste héritier du nom, du siège, des vertus, du courage, et presque des tribulations de cet immortel Pontife. Cet envoi acheva de déterminer le Pape à s'éloigner de Rome.

Le plan d'évasion fut concerté avec le duc d'Harcourt et le comte de Spaur, ambassadeur de Bavière. Le 24, vers cinq heures du soir, le premier entra chez le Pape comme pour une audience. Aussitôt le Pape sortit par un corridor solitaire sous des vêtements de simple prêtre, et alla, dans une mauvaise carriole, rejoindre près de l'église Saint-Pierre et Saint-Marcellin le représentant bavarois qui le reçut dans sa voiture. A neuf heures du soir, ils arrivaient ensemble au bourg d'Arici; là ils montèrent dans la voiture de la comtesse de Spaur, qui a publié le récit détaillé de tous ces événements, et avant la fin de la nuit ils descendirent à Gaëte, sur les terres du royaume de Naples, où le Pape avait résolu de s'arrêter provisoirement et où se passa, par le fait, tout le temps de son exil. A un mille en avant de Gaëte, Pie IX avait reçu les hommages de deux autres fugitifs, le chevalier Arnao, secrétaire de l'ambassade d'Espagne, et le cardinal Antonelli. Le 25, dans l'après-midi, le comte de Spaur partit pour Naples, afin de prévenir le roi, tandis que Pie IX et les personnes restées avec lui se retiraient, sans se faire connaître, dans une auberge appelée le *Jardinet*. Le 26, arriva par un bâtiment à vapeur, le duc d'Harcourt, qui était parti de Rome quelques heures après le Pape. Le roi de Naples, prévenu au milieu de la nuit par le comte de Spaur, partit immédiatement avec deux frégates qui portaient deux bataillons et tout ce qui pouvait être utile au souverain Pontife. Il était accompagné de toute sa famille. Débarqué à Gaëte, le 26, au commencement de l'après-midi, il se dirigea, entouré de la foule, vers le pavillon royal, où Pie IX se rendait secrètement par un autre chemin. Au bas de l'escalier, le souverain Pontife trouva le religieux monarque, ses trois frères, son beau-frère don Sébastien d'Espagne, la reine, la famille royale, toute la cour, à genoux, versant des larmes, remerciant Dieu de voir leur vicaire sauvé et d'avoir l'honneur de lui donner un refuge. Dès ce moment et jusqu'au terme de l'exil de Pie IX, Ferdinand II se conduisit à l'égard de son hôte illustre avec le respect d'un fils, la piété d'un chrétien et la magnificence d'un roi.

Le 27, le Pape rendu à la liberté, publia une proclamation adressée à ses sujets dans laquelle il renouvelait la protestation qu'il avait faite verbalement devant le corps diplomatique, et promulguait l'établissement d'une *Commission de gouvernement* composée du cardinal Castracane, de Mgr Roberto-Roberti, du prince de Roviano, du prince Barberini, du marquis Belvilacqua de Bologne, du marquis Ricci de Macerata, et du lieutenant-général Zucchi. Cette protestation fut envoyée à tous les souverains. A Rome, le départ du Pape causa une grande consternation. Le ministère résolut de faire une tentative pour se rapprocher du souverain fugitif, mais Pie IX refusa de recevoir la députation qui était venue le trouver à Gaëte, par la raison qu'il avait nommé une commission capable de suffire à tous les besoins de ses États. Le 7 décembre, il rendit une ordonnance pour proroger la session des deux Conseils. Au lieu de se soumettre, les hommes qui prétendaient mener tout dans la capitale du monde catholique nommèrent, le 12 du même mois, une junte de gouvernement. Pie IX protesta de nouveau, et déclara immédiatement nuls, destitués de toute force et de toute valeur légale, les actes que cette junte pourrait accomplir. Et quand enfin celle-ci eut osé, le 29 décembre, convoquer une Assemblée nationale de l'État-Romain, il trouva qu'il était temps, pour sauver sa haute responsabilité, d'user de toute sa puissance, et le 1er janvier 1849, porta une sentence d'excommunication majeure contre ceux qui avaient convoqué une Assemblée constituante et contre tous ceux qui coopéreraient à sa formation ou qui participeraient aux actes contraires à la souveraineté temporelle du Pape. Par une lettre du 5 janvier, il rappela aux troupes indigènes que leur devoir était de lui garder la foi jurée et de maintenir l'ordre : en même temps il ordonnait aux Suisses de rentrer dans Rome; mais par l'infidélité du général Latour qui les commandait, cet ordre ne fut pas exécuté.

La révolution romaine ne devait mettre aucune borne à ses attentats. L'Assemblée constituante, qui comptait cent quarante-quatre députés, s'étant réunie le 7 février, s'occupa immédiatement de proclamer l'abolition de la Papauté comme puissance temporelle, et d'établir la République d'une manière définitive. Peu de jours après, elle rendit le décret suivant :

« Article premier. Le Pape est déchu de fait et de droit du gouvernement temporel de l'Etat-Romain.

» Article 2. Le Pontife romain aura toutes les garanties d'indépendance nécessaires pour l'exercice de sa puissance spirituelle.

» Article 3. La forme de gouvernement de l'Etat-Romain sera la démocratie pure, et prendra le nom glorieux de *République romaine*. »

Le masque était jeté. On voyait maintenant où les agitateurs avaient voulu entraîner Pie IX, et l'infernal dessein que dissimulaient les ovations des années précédentes. Mazzini, nommé député romain, en convint lui-même dans la séance du 6 mars, ou plutôt eut l'impudence de s'en vanter. L'article qui, par un reste de dissimulation et d'hypocrisie, promettait encore des garanties pour l'exercice du pouvoir spirituel, était absolument dérisoire. Aucun droit, aucun pouvoir n'était respecté à cette heure de violence et d'usurpation. Le 14 février, le souverain Pontife, entouré du sacré collège, protesta devant le corps diplomatique, en son nom et au nom de la majorité du peuple romain contre les entreprises subversives de la faction mazzinienne, et particulièrement contre le décret qui proclamait la déchéance de la souveraineté pontificale et l'établissement de la République à Rome. « Nous demandons en même temps, dit-il, que l'on maintienne au Saint-Siège le droit sacré du domaine temporel, dont il est depuis tant de siècles le légitime possesseur, universellement reconnu, droit qui, dans l'ordre présent de la divine Providence, est rendu nécessaire et indispensable pour le libre exercice de l'apostolat catholique de ce Saint-Siège. L'intérêt si vif qui s'est manifesté dans l'univers entier en faveur de notre cause, est une preuve éclatante qu'elle est la cause de la justice; c'est pourquoi nous n'oserions même pas douter qu'elle ne soit accueillie avec toute sympathie et une bienveillance entière par les nations dont vous êtes les représentants. »

Le pouvoir exécutif, dans la nouvelle république, avait été confié à un triumvirat composé d'Armellini, de Salicetti et de Montecchi. Pendant le court passage de ce triumvirat au gouvernement, on décréta la confiscation des biens ecclésiastiques. Le cardinal Antonelli, que le Pape avait nommé pro-secrétaire d'Etat, et qui, depuis ce moment, ne cessa plus d'occuper cette haute position, protesta contre cette nouvelle mesure, et avertit hautement ceux qui seraient tentés d'acquérir ces biens, que tout contrat à cet égard était d'avance frappé de nullité. Une note du même genre fut adressée au corps diplomatique, le 27 février, touchant le dessein manifesté par les terroristes de mettre en vente les chefs-d'œuvre conservés au Vatican. Nous n'avons pas besoin de dire quelle était, sous une semblable domination, la situation intérieure de Rome. C'était l'anarchie, le désordre, le pillage et l'assassinat. Les hommes qui étaient aux affaires se voyaient toujours poussés en avant dans cette voie fatale. La composition du triumvirat n'était jusque-là que provisoire. Le 29 mars, Mazzini prit la direction de ce gouvernement, ou plutôt de ce brigandage, avec Armellini et Aurelio Saffi. Le peuple romain était censé se gouverner lui-même, et jouir, par le suffrage universel, de tous les droits attachés à ce qu'on appelle *la souveraineté populaire*. En réalité, il était exploité et conduit par un ramas d'aventuriers et de conspirateurs, étrangers au pays, et vomis par tous les antres de la démagogie italienne.

Au milieu de ses immenses tribulations, le souverain Pontife n'oublia rien de ce qui regarde le gouvernement spirituel de l'Eglise. Dans plusieurs consistoires, soit à Rome, soit à Gaëte, il nomma des évêques pour différentes parties du monde. Il obtint du roi de Naples, au mois de mai 1848, que la direction des séminaires serait entièrement laissée aux évêques. Dans le même temps, un concordat fut conclu avec le grand-duc de Toscane, Léopold II. Cet acte était le renversement du joséphisme; il rétablissait l'autorité des évêques, et leur donnait la liberté de correspondre avec Rome. Il y était stipulé que, pour tout ce qui a rapport à la juridiction ecclésiastique, on observerait les canons, et spécialement les règles du concile de Trente. Des négociations de la même importance, comme nous l'avons vu précédemment, furent continuées ou terminées dans d'autres pays, pendant cette même année 1848. Le 9 février de l'année suivante, un bref fut adressé aux archevêques de Toscane, pour les remercier du zèle courageux avec lequel ils avaient protesté à la Chambre des députés contre les excès de la presse.

Mais ce qu'il y a de plus remarquable, c'est que ce fut à Gaëte, le 2 février 1849, que Pie XI annonça pour la première fois au monde catholique son intention de réaliser une des plus grandes œuvres de son pontificat, la définition du dogme de l'Immaculée Conception. Dans l'encyclique qui fut publiée à ce sujet, le Pape rappelle que, sous le règne de son prédécesseur comme sous le sien propre, un mouvement universel s'est produit dans la foi et dans la piété chrétiennes en faveur de cette croyance; de sorte que la manifestation complète en paraît suffisamment préparée et par la liturgie, et par les demandes formelles de nombreux évêques, et par les travaux des plus savants théologiens. Il ajoute que cette disposition générale répond parfaitement à ses propres désirs, et qu'au milieu des horribles calamités de l'Eglise, il serait grandement consolé d'acquérir un titre spécial à la protection de la Vierge toute-puissante, en ajoutant un fleuron à sa couronne. Dans cette vue, il déclare qu'il a déjà institué une commission de cardinaux, chargés d'étudier cette question, et il prie tous les évêques de l'univers de joindre leurs supplications aux siennes, pour obtenir dans cette circonstance les lumières d'en-haut, et de lui faire connaître leurs sentiments sur ce sujet. Enfin il les autorise à employer dans leurs diocèses un office particulier de la Conception de la très-sainte Vierge, qu'il venait d'accorder au clergé romain. Cette démarche solennelle du souverain Pontife était une réponse triomphante à toutes les erreurs et à toutes les attaques de l'esprit moderne. Le dogme de l'Immaculée-Conception écrase et pulvérise tous les systèmes rationalistes qui ne veulent admettre, dans la nature humaine, ni déchéance ni élévation surnaturelle. La manière dont la promulgation en était préparée, montrait que toutes les Eglises particulières tirent du Siège apostolique la lumière, le mouvement et la vie, et tendait à les rapprocher de plus en plus du centre commun. La confiance avec laquelle le Pape et tout l'univers catholique après lui, allaient placer leurs espérances et leurs craintes sous la garde d'une humble Vierge, témoignait que le monde rêverait encore une puissance morale, supérieure aux combinaisons de l'hypocrisie et de la ruse, aux ligues souterraines des mazziniens, à la force du canon et à la cruauté du poignard. Aussi l'encyclique du 2 février eut-elle l'honneur d'être accueillie avec autant de reconnaissance et de joie par les fidèles et par le clergé de l'univers entier, qu'elle suscita de colère et d'ignorantes attaques dans tous les rangs de l'hérésie et de la fausse philosophie.

Si le Pape donnait alors l'exemple de l'abnégation et du dévouement, en retour il recevait les marques de l'amour généreux de ses enfants. De toutes les contrées où le catholicisme est établi, des associations, formées avec l'approbation des autorités ecclésiastiques, envoyèrent à Gaëte les secours que réclamait l'infortune du Pontife-roi. C'était le *denier de saint Pierre*, payé avec le même enthousiasme que dans les plus beaux siècles de la foi. La pauvreté elle-même voulut y contribuer.

L'Eglise continuait partout de profiter des libertés acquises pour résister au torrent révolutionnaire déchaîné. A l'exemple des prélats de l'Allemagne, les évêques de Sardaigne tinrent un concile à Chambéry du 3 au 6 juillet 1849. A Paris, la charité catholique avait accru sa popularité pendant l'hiver de 1848 à 1849. Les évêques français ne furent pas les derniers à ordonner des prières publiques, en apprenant l'exil de Pie IX, ni à organiser l'œuvre du denier de saint Pierre. Attristée de ne pas avoir l'honneur de donner l'hospitalité au vicaire de Jésus-Christ, la France lui envoya du moins de nombreux et ardents hommages. Elle tient sa large place dans cette précieuse collection qu'on a eu l'heureuse idée d'imprimer en deux volumes sous ce titre : *L'Orbe cattolico a Pio IX pontifice massimo esulante da Roma*. Le choléra de 1849 donna encore aux sentiments religieux une occasion de se réveiller et de se manifester dans toutes les classes. Dans le même temps, Mgr Sibour, archevêque de Paris, aidé par l'approbation d'un certain nombre de ses éminents collègues dans l'épiscopat, sut conquérir la liberté des assemblées épiscopales, malgré les articles organiques. Le concile provincial de Paris était à la veille de se réunir au mois de septembre 1849, sans qu'on eût demandé aucune permission au Pouvoir, quand le ministre vint solliciter au moins une démarche qui indiquât quelque respect pour les fameux articles. Mgr Sibour répondit en démontrant que les articles organiques n'avaient aucune valeur, et le lendemain parut un décret qu'on n'avait pas demandé et qui autorisait la tenue des conciles provinciaux pour l'année 1849. Ces assemblées, à partir de ce moment, continuèrent à se réunir sans autorisation spéciale. Le souverain Pontife, consulté, avait vivement encouragé ces réunions et montré qu'il en attendait les plus heureux résultats. Depuis longtemps Mgr Sibour s'était déclaré partisan du retour à la liturgie romaine, mais à cause des difficultés particulières que rencontrait dans son diocèse l'abandon du rit parisien, le concile tenu à Paris, sous ses auspices, ne toucha pas dans ses actes la question liturgique. Seulement, tous les Pères, dans la lettre qu'ils adressèrent au Pape, exprimèrent la résolution de marcher à cet égard dans la voie ouverte par Mgr Parisis et où, généralement, on se hâtait avec une sage lenteur.

Le catholicisme usait aussi de la liberté de la presse dans l'intérêt de la religion et de l'ordre social. Si *l'Ere nouvelle*, dirigée d'abord par le P. Lacordaire, puis par M. l'abbé Maret, s'écarta de la saine doctrine par ses tendances démocratiques, elle fut combattue par les autres journaux catholiques, réprouvée par les évêques, et se montra d'ailleurs plus attachée à la foi qu'aux utopies sociales qui l'avaient séduite. *L'Ami de la religion* reçut une plus vive impulsion de son nouveau directeur, M. l'abbé Dupanloup, qui avait pour collaborateurs le P. de Ravignan, et MM. de Champagny, de Riancey et Romain-Cornut. *L'Ere nouvelle* tomba vers le milieu de 1849. Alors sa doctrine fut reprise, développée et poussée à outrance par M. l'abbé Chantôme, dans la *Revue des réformes et du progrès*. M. l'abbé Chantôme allait bien au delà des règles dans l'usage des nouvelles institutions. Il subordonnait l'Eglise à la démocratie. Esprit peu solide, il avait rêvé la fondation d'un institut religieux sous le nom de *l'ordre du Verbe divin*, et descendait jusqu'à l'illuminisme par ses plans de réforme. Il condamnait absolument l'emploi du bras séculier, le budget des cultes, les concordats, le pouvoir temporel des Papes, et demandait l'immixtion des laïques dans le gouvernement spirituel, ainsi que l'établissement d'une commission permanente, nommée par le concile général, et destinée à traiter avec le Pape toutes les affaires de l'Eglise. Il fut condamné par un bref au mois de novembre 1849, et eut le malheur de ne pas se soumettre; mais il répara ce scandale, en 1852, par une rétractation éclatante. Le P. Lacordaire s'était retiré de la scène politique, mais il semait l'Evangile par sa grande parole et par ses fondations dominicaines. A la suite d'une station qu'il prêcha pendant l'hiver de 1849, à Dijon, il reçut de quelques ecclésiastiques généreux un modeste bâtiment qui se trouvait à Flavigny, sur les ruines de l'antique abbaye, et y transporta le noviciat de Chalais. Paris même ouvrit ses portes aux enfants de saint Dominique à la fin de cette année. Mgr Sibour leur donna l'église des Carmes avec une partie du couvent.

L'Eglise, luttant pour la liberté et pour l'ordre, travaillant à ciel ouvert, prodiguant ses secours à toutes les misères physiques et morales, fortifiée par certaines injures et certaines persécutions, glorifiée par le martyre de Mgr Affre, acquit une influence considérable. La majorité du peuple français comprit qu'il fallait demander aux principes religieux les bases de la grandeur et de la prospérité du pays. On en eut la preuve au moment de l'élection présidentielle. Quatre candidats étaient en présence : Ledru-Rollin, Lamartine, Cavaignac et Louis-Napoléon Bonaparte. Le premier avait pour lui les socialistes; le second, une partie de la bourgeoisie : les deux derniers avaient seuls des chances sérieuses. Cavaignac se recommandait par les éclatants services qu'il venait de rendre depuis les journées de Juin. Bonaparte avait pour lui l'éclat de son nom ; mais il avait contre lui le souvenir de ses échauffourées et les prétentions ambitieuses qu'on était en droit de lui attribuer. On était au lendemain du départ de Pie IX, pour Gaëte ; l'élection devait se faire le 10 décembre 1848. Nous avons déjà dit l'émotion profonde qui s'était emparée de tout le pays et de ses représentants à la nouvelle des attentats commis à Rome. On sentait que la France avait là une mission à remplir, et que celui qui s'élèverait à l'intelligence de cette mission serait digne de gouverner. Cavaignac tergiversa et se contenta, en définitive, de promettre un asile à la Papauté dépouillée. Louis-Napoléon alla plus loin, et dans une lettre adressée au comte de Montalembert, l'illustre chef du parti catholique, il se déclara hautement pour le maintien de la souveraineté temporelle du Pape. Comme on cherchait à répandre des doutes sur la sincérité de cette déclaration, il publia, au dernier moment, cette lettre qu'il avait envoyée au nonce de Paris : « Monseigneur, je ne veux pas laisser accréditer auprès de vous les bruits qui tendent à me rendre complice de la conduite que tient à Rome le prince de Canino. Depuis longtemps je n'ai aucune espèce de relations avec le fils aîné de Lucien Bonaparte, et je déplore de toute mon âme qu'il n'ait point senti que le maintien de la souveraineté temporelle du Chef vénérable de l'Eglise était intimement lié à l'éclat du catholicisme comme à la liberté et à l'indépendance de l'Italie. » Ce langage trouva de l'écho dans la France catholique. Louis-Napoléon fut élu par cinq millions et demi de suffrages.

Ainsi la France possédait, au commencement de 1849, un gouvernement qui devait sa naissance à la promesse de rétablir le pouvoir temporel du Pape. L'empereur d'Autriche et le roi de Naples étaient sortis victorieux des premières et des plus terribles épreuves que leur avait suscitées la Révolution. L'Espagne, qui n'avait eu qu'une insurrection assez vite réprimée à Madrid, et le Portugal étaient tranquilles. L'Autriche avait exprimé la première, dans une note adressée aux puissances, la nécessité où se trouvaient les peuples catholiques de défendre l'indépendance et le domaine temporel du souverain Pontife. L'Espagne avait publié une circulaire dans le même sens le 21 décembre 1848 ; et toutes les puissances catholiques y adhéraient, excepté le Piémont, dont Gioberti, alors président des ministres, refusa le concours, le Piémont, hélas ! que la justice de Dieu attendait à Novare. Le Pape résolut de profiter de ces heureuses dispositions et, le 18 février 1849, le cardinal Antonelli adressa une demande d'intervention à l'Autriche, à la France, à l'Espagne et à Naples. Ce document contient l'exposé des faits qui ont précédé et suivi l'exil de Pie IX, et conclut en réclamant le secours des armes des quatre puissances pour son rétablissement. C'était solliciter la délivrance du peuple romain volé et opprimé par une horde dévastatrice. Le peuple romain, en effet, n'avait pas moins à se plaindre que le monde catholique : il était le premier à voir et à souffrir les actes lamentables des triumvirs, parodies religieuses, sacrilèges, profanation des basiliques, massacre des prêtres, expulsion des religieux, pillage des biens ecclésiastiques, spoliation des trésors, attentats despotiques, scènes continuelles de désordre. Aussi on ne peut attribuer à un sentiment d'humanité bien entendue, l'opinion de ceux qui blâmèrent le Pape d'avoir invoqué les armes des puissances catholiques en faveur de sa souveraineté et de la liberté de son peuple : c'était chez les uns, mauvaise foi ; chez d'autres, illusion généreuse, par exemple, dans Mgr Sibour, qui eût préféré, écrivait-il à Pie IX, que Sa Sainteté « s'en remît aux nations catholiques du soin d'assurer une indépendance et une souveraineté qui constituent un de leurs intérêts les plus élevés. »

L'appel du cardinal Antonelli détermina la réunion d'un congrès que l'Espagne avait proposé dans sa note diplomatique. Des conférences furent tenues à Gaëte entre les plénipotentiaires de la France, de l'Autriche, de l'Espagne et des Deux-Siciles. Au début, et sous l'empire de fausses considérations politiques, on avait résolu de n'admettre à ces conférences aucun représentant du souverain Pontife. Mais on reconnut bientôt que cette exclusion, outre qu'elle était une offense envers le Pape, constituait de plus une véritable faute et rendait les délibérations presque impossibles. Pie IX, invité à nommer un plénipotentiaire, choisit le cardinal Antonelli que la conférence élut pour président. Les négociations furent longues et difficiles. Chaque puissance cherchait dans la restauration du Pape la satisfaction de ses propres tendances. On réclamait, au nom de la France, des concessions qui auraient ruiné l'autorité pontificale. L'Autriche abondait dans le sens contraire. L'Espagne et les Deux-Siciles n'étaient pas défavorables aux projets de transaction. Le cardinal Antonelli fut assez heureux pour faire prévaloir cette opinion, que le seul droit comme le devoir des puissances catholiques, était de rétablir la souveraineté du Pape et de lui rendre toute sa liberté. Les quatre puissances formèrent donc une alliance en vue de remettre le souverain Pontife en possession de son pouvoir temporel. Ce ne fut pas sans soulever partout les murmures du parti révolutionnaire.

De violentes discussions éclatèrent en France, au sein de l'Assemblée constituante, mais le gouvernement, appuyé sur le sentiment général du pays, put passer par-dessus les réclamations de la Montagne. En demandant le secours des quatre puissances nommées dans la circulaire du cardinal Antonelli, le Saint-Siège avait surtout tenu compte, comme il était dit en propres termes, de leur position géographique qui leur permettait d'agir plus facilement dans les Etats-Romains. Le Portugal qui, l'année précédente, avait déjà offert l'hospitalité au Pape, ne tint pas moins à honneur de mettre aussi ses armes à sa disposition. Mais ce concours ne fut pas nécessaire.

Par une encyclique en date du 20 avril 1849, le Saint-Père donna au monde entier la justification de sa conduite. Il exposait d'abord, dans l'ordre chronologique, la suite des événements de son règne, et ce simple exposé suffisait pour mettre à découvert la trame ourdie par la Révolution. Il montrait ensuite que pour la liberté du pouvoir spirituel et pour la sécurité des peuples catholiques dans leurs rapports avec le Pasteur commun, la souveraineté temporelle du chef de l'Eglise était nécessaire; et par là il réfutait les hypocrites ou illusoires allégations de ceux qui prétendaient que la spoliation était un véritable service rendu à la grandeur de la Papauté. Il expliquait les raisons pour lesquelles, reconnaissant le besoin d'une intervention armée, il s'était adressé aux quatre nations catholiques qui étaient le plus à portée de ses Etats, et rendait hommage au dévouement dont elles lui avaient donné des preuves. Mais ces préoccupations politiques ne lui faisaient pas oublier les devoirs qui s'imposent au Docteur universel des âmes : il remontait donc à la source des calamités et des bouleversements de l'heure présente, et la trouvait dans les fausses doctrines qu'il signalait et flétrissait de nouveau avec énergie, en exhortant le clergé, les souverains et les peuples à protéger l'édifice social contre le débordement de l'erreur. Il protestait avec indignation contre des calomnies, déjà repoussées, qui lui attribuaient une sorte de complicité et de connivence avec les tendances des différentes sectes révolutionnaires; il niait notamment qu'il eût jamais appartenu dans sa jeunesse à la franc-maçonnerie, comme voulait le faire croire un journaliste de Rome, l'abbé Gazola. Cette encyclique est un des monuments de l'histoire de Pie IX : elle répand sur les faits une invincible lumière, et déjoue complètement tous les efforts auxquels peut se livrer l'esprit de parti pour les dénaturer. C'est elle qui, jusqu'à ce moment, nous a guidé dans notre récit.

Les puissances catholiques alliées pouvaient marcher : jamais le bon droit n'avait été plus évident ni plus digne d'être soutenu. Une flotte espagnole arriva au port de Gaëte, et les troupes débarquèrent sous le commandement du général Cordova. L'armée napolitaine s'avança du côté de Terracine, mais elle fut repoussée par des bandes que commandait le célèbre aventurier mazzinien, Joseph Garibaldi, né à Nice en 1807. Les Autrichiens marchèrent du côté de Ferrare; ils occupèrent Bologne et les Romagnes. Le rôle principal devait être rempli par l'armée française qui avait pour commandant le fils de l'un des géants des guerres de la République et de l'Empire, le général Oudinot, duc de Reggio, et se composait de sept à huit mille hommes. Le 25 avril 1849, cette armée débarquait à Civita-Vecchia, au milieu des acclamations populaires qui la saluaient comme une libératrice. Dès le 28, le général, comprenant que Civita-Vecchia était un point sans action sur les Etats-Romains, et ne voulant laisser à personne la part qui revenait à la France dans la solution de la *question romaine*, se mit en route pour Rome. Le 30, il arriva sous les murs de la ville, avec l'espoir d'y entrer sans employer la force, mais au pied des remparts, les troupes furent reçues par la mitraille, et un bataillon, devant lequel une porte s'était ouverte, ayant pénétré dans l'enceinte au milieu des cris et des joyeuses démonstrations par lesquelles on se proposait de l'attirer, fut désarmé et déclaré prisonnier de guerre. On reconnut alors la nécessité de faire un siège en règle. Cet échec donna occasion au parti révolutionnaire, dans l'Assemblée nationale, de désavouer indirectement l'expédition, et d'obtenir, par deux cent quarante-huit suffrages contre deux cent quarante et un, un vote qui blâmait toute attaque contre la République romaine. Le président sut mieux interpréter le sentiment national. « Notre honneur militaire, écrivit-il au général Oudinot, est engagé; je ne souffrirai pas qu'il reçoive aucune atteinte. Les renforts ne vous manqueront pas. Dites à vos soldats que j'apprécie leur bravoure, que je partage leurs peines, et qu'ils pourront toujours compter sur mon appui et sur ma reconnaissance. » Tout le matériel nécessaire étant arrivé, le siège régulier commença le 4 juin, et par les renforts envoyés de France, l'armée se trouva portée au chiffre de vingt-cinq mille hommes. Cependant les opérations furent retardées par des négociations que l'agent français, M. Ferdinand de Lesseps, avait entamées avec le triumvirat. A force de ruse, Mazzini voulait gagner du temps, dont Garibaldi profitait pour organiser ses bandes, et le dictateur finit par obtenir une convention qui interdisait aux troupes françaises l'entrée de la ville. Ce retard fut malheureux, parce que les révolutionnaires l'employèrent à toutes sortes de crimes, de sacrilèges et d'attentats. La convention aurait encore été plus funeste, si elle n'avait pas été désavouée comme contraire aux instructions du général en chef, à l'honneur de la France et au but de l'expédition.

Des embarras du même genre se produisaient d'un autre côté. Ainsi Mgr Valentini, ayant été nommé, par le Pape, gouverneur de Civita-Vecchia dans le moment où le général Oudinot y était encore, s'y rendit porteur d'une lettre de Pie IX et d'une autre du cardinal Antonelli; mais le général lui fit observer que la présence d'un gouverneur pontifical pourrait nuire à la liberté d'action de la France, et Mgr Valentini dut repartir pour Gaëte. Le P. Ventura, qui avait eu le malheur de donner des gages à la Révolution, vint plus tard, de la part des triumvirs, trouver le général à Palo, et en obtint une déclaration assez vague mais inquiétante pour les consciences catholiques, et qui prouvait que le gouvernement français n'avait pas renoncé à ses premières exigences ou voulait ménager les républicains. « MM. Mazzini, Armellini et Saffi, écrit le général, m'avaient chargé de me dire que la journée du 30 ne pouvait être qu'un malentendu; qu'il était peut-être encore possible de concilier les choses, si je consentais à faire une nouvelle déclaration établissant d'une manière nette et précise que la France n'imposerait aucun gouvernement aux Etats-Romains. J'ai répondu au P. Ventura que je croyais avoir suffisamment fait connaître la pensée de mon gouvernement, pensée toute libérale; qu'après ce qui avait eu lieu, j'avais, à coup sûr, le droit de me montrer sévère; que j'en usais si peu, que j'étais prêt encore à entrer à Rome en ami, comme intermédiaire entre l'anarchie et le despotisme qui menacent les populations. » Dans une lettre du 7 juin, en réponse au général Cordova qui avait, ainsi que le roi de Naples, offert son concours pour hâter le dénouement, le commandant de l'armée française, tout en refusant une coopération qu'il déclarait inutile, reconnaissait que « depuis plusieurs semaines il serait entré dans Rome, si des négociations diplomatiques n'avaient retardé l'attaque de la place. »

Une fois libre, l'armée poussa vigoureusement ses opérations. Le général du génie, Vaillant, sut par l'habileté de ses manœuvres, protéger, plus qu'on n'aurait pu l'espérer, les grands monuments de Rome. Des combats eurent lieu à Velletri et à la porte Saint-Pancrace, à la Villa-Panfili, à Quattro-Venti et au Vascello. Le 21 juin, trois brèches donnèrent accès aux assiégeants, et le 29, jour de la fête de saint Pierre et saint Paul, ils s'emparèrent du quartier du Janicule qui domine toute la ville. Le lendemain, les triumvirs demandèrent une suspension d'armes; le 2 juillet, ils renoncèrent au pouvoir qu'ils avaient usurpé et dont ils avaient fait un si criminel abus; le 3, Mazzini se déroba par la fuite au terrible compte qu'il avait à rendre; Garibaldi, entraînant à sa suite les malheureux jeunes gens que les sociétés secrètes avaient enrôlés, partit avec le dessein de porter secours à la République de Venise contre l'Autriche; mais ces bandes, qui marchaient en désordre et semaient partout sur leur passage l'épouvante et la désolation, furent bientôt dispersées. Le 4, la réunion de démagogues qui s'était parée du nom d'Assemblée constituante, fut dissoute, et l'on releva partout les armes pontificales; le château Saint-Ange, qui résistait encore, se rendit le 5. L'entrée des troupes françaises dans la ville avait été un véritable triomphe : la joie des honnêtes gens délivrés se témoignait par des acclamations au milieu desquelles les cris isolés de quelques clubistes ne parvenaient guère à se faire entendre.

A peine arrivé à Rome, le général en envoya les clés au souverain Pontife. Cette honorable mission fut confiée au colonel Niel, chef d'état-major du général Vaillant. A la nouvelle de la victoire définitive remportée sur une sanguinaire et oppressive anarchie, le visage de Pie IX rayonna de joie et se mouilla de larmes en même temps. Le Saint-Père écoutait surtout avec un intérêt profond et une vive sensibilité le récit des souffrances et des travaux de l'armée victorieuse. Enfin, tout ému, il s'exprima ainsi : « Colonel, je l'ai souvent dit en d'autres occasions, et je suis heureux de pouvoir le répéter aujourd'hui à un si grand service, c'est sur la France que j'ai toujours compté. La France ne m'a rien promis, mais je sentais qu'au moment opportun elle donnerait à l'Église ses trésors, son sang, et ce qui est plus difficile peut-être pour ses valeureux fils, ce courage contenu, cette persévérance patiente auxquels je dois qu'on ait conservé intacte ma ville de Rome, ce trésor du monde, cette cité si aimée et si éprouvée vers laquelle, dans mon exil, mon cœur, mes regards pleins d'angoisse furent toujours tournés. Dites au général en chef et à tous les généraux sous ses ordres, à tous les officiers, et je voudrais que cela pût être dit à chaque soldat, que ma reconnaissance est sans bornes. Mes prières pour la prospérité de votre patrie en seront plus ferventes. Quant à mon amour pour les Français, il deviendrait plus vif, ajouta le Pape en souriant, si cela était possible. Quant à vous, colonel, je serais heureux de pouvoir vous donner une preuve de mon estime particulière. » Le colonel répondit que ses désirs seraient comblés si Sa Sainteté daignait lui accorder pour lui-même et pour sa femme un pieux souvenir. « Voilà, dit aussitôt le Saint-Père, en présentant au colonel, avec une grâce exquise, un magnifique chapelet, voilà pour l'épouse chrétienne, et voici, ajouta-t-il en décorant le colonel de la croix de commandeur de l'ordre de Saint-Grégoire, voici pour le vaillant soldat. » Le colonel emporta aussi pour le général Oudinot une lettre autographe, dans laquelle Pie IX le remerciait et le félicitait, lui d'abord et ensuite toute l'armée placée sous ses ordres, de la victoire qu'il venait d'assurer à la cause de la justice. Le 15 juillet, une cérémonie religieuse eut lieu à Saint-Pierre, pour célébrer la restauration du pouvoir pontifical. Mgr Marini complimenta le général Oudinot à l'entrée de la basilique, et le cardinal Tosti, après le chant du *Te Deum*, prit aussi la parole. Ces deux personnages louèrent la bravoure et la discipline de l'armée française, constatèrent que toutes les dévastations, toutes les ruines que l'on voyait à Rome et aux environs, provenaient du fait des révolutionnaires, et que la population, heureuse de sa délivrance, n'attendait plus, pour combler son bonheur, que le retour du Pape. Dans la réponse du général, pleine de dignité et de modestie, on pouvait surtout remarquer cette phrase : « Le rétablissement du pouvoir temporel du Saint-Père est l'œuvre de toute la France; » et celles-ci : « Bien que l'entrée de cette ville nous fût interdite, nous savions parfaitement qu'elle se trouvait sous un joug oppresseur et étranger. Dès l'instant où vous avez été affranchis de cette tyrannie, où vous avez pu manifester vos sentiments, vous avez donné libre cours à votre respect pour le Saint-Père et pour la religion. J'ai reçu de nombreuses adresses et de chaudes manifestations qui demandent la rentrée de Sa Sainteté. » Ces discours furent suivis d'ardentes acclamations à la France, à la religion et au souverain Pontife. Deux jours après, Pie IX publia une proclamation adressée à son peuple dans laquelle il exprimait sa joie de pouvoir bientôt revenir dans sa capitale, pour appliquer les remèdes convenables aux maux dont elle souffrait, et annonçait qu'en attendant il instituerait une commission chargée du gouvernement. Nous verrons que ce provisoire, par des circonstances indépendantes de la volonté du Pape, dura quelque temps.

Pendant ce temps, Pie IX ne perdait pas de vue le désordre moral que les bouleversements politiques avaient amené à leur suite, et qui d'ailleurs fait une partie essentielle de la Révolution. Telle était la dignité calme de ce souverain exilé, que le 17 juin, pendant le siège de Rome, il avait donné des lettres apostoliques pour régler certaines conditions relatives aux chevaliers de première classe de l'ordre de Pie. Il est donc facile de comprendre qu'il ait eu assez de fermeté d'âme pour suivre la marche de l'erreur plus encore que les progrès de sa restauration, et pour aller saisir les fausses doctrines derrière les faits criminels. Si de pieux prêtres, quatorze en un seul jour, payèrent à la souveraineté pontificale le tribut du sang en tombant sous le poignard du sicaire, il y en eut malheureusement qui se laissèrent séduire. Nous avons déjà parlé de la véhémence avec laquelle le Père Gavazzi prêchait la liberté et l'indépendance : après la révolution de Rome, il devint le digne apôtre des triumvirs, et promena ensuite par le monde le scandale de la plus grossière impiété. Un autre religieux, le Père Ugo Bassi, d'un caractère plus noble mais trop facile à passionner, porta les armes dans les rangs des garibaldiens, et mérita un supplice qui pour lui fut une grâce : il se convertit avant de mourir. Mais au-dessus des âmes faibles et des forcenés, il y avait les intelligences que l'orgueil éblouit, et qui s'égarent dans leurs propres pensées. Le Père Ventura, entraîné par un faux libéralisme s'était imaginé que la résistance du Pape aux tendances révolutionnaires était la seule cause des malheurs de la Papauté et de l'Italie, et que tout aurait été sauvé, si l'on avait écouté ses conseils de lui, Père Ventura, au lieu de prêter l'oreille à ce qu'il appelait les hommes de l'obscurantisme. Il avait développé ces idées avec autant de hardiesse que de chaleur, dans un discours en l'honneur des assiégés de Vienne, prononcé le 27 novembre 1848, à Saint-André della Valle. L'abbé Rosmini soutenait des erreurs semblables dans deux ouvrages, l'un : *Des cinq plaies de la sainte Eglise*, l'autre : *La constitution selon la justice sociale, avec un appendice sur l'unité de l'Italie*. Nous avons déjà parlé du *Jésuite moderne*, par Gioberti. Tous ces ouvrages furent condamnés par un décret du 7 juin 1849. Le Père Ventura et Rosmini se soumirent, mais Gioberti s'obstina. Après avoir entraîné le Piémont au désastre de Novare, il se retira en France où il fut frappé de mort subite en 1852. Nous avons aussi parlé de son système philosophique et théologique. Les évêques des Etats pontificaux réunis en concile provincial à Imola, au mois d'octobre 1849, le déférèrent au Pape, et la congrégation de l'Index le condamna un peu plus tard. D'autres ouvrages sur la théologie et la politique étaient aussi atteints par la vigilance du souverain Pontife, et un certain nombre d'auteurs se soumirent. A l'exemple du Père Ventura et de Gioberti, d'autres ecclésiastiques, coupables d'avoir pactisé avec la révolte, cherchèrent un asile en France, et Mgr Sibour demanda au Pape la règle de conduite qu'il devrait suivre à leur égard. La réponse de Pie IX, datée de Gaëte, le 1er septembre 1849, montrait toute la bonté du père et toute la fermeté du juge. Il gémissait sur l'égarement de ceux qui avaient autrefois fait tant de bien, et réprouvait l'orgueil des hommes de talent et de savoir, cette passion de la popularité, qui font le malheur des Etats, et qui, dans les ecclésiastiques, paraissent entièrement inexcusables.

L'acte le plus mémorable et le plus important que fit alors le souverain Pontife pour guérir tous les maux causés par la révolution de l'Italie, ce fut la publication de son encyclique adressée aux évêques de ce pays, à la date du 8 décembre 1849. Elle commençait par une éloquente description du désordre où les révolutionnaires avaient plongé les provinces italiennes et en particulier la ville de Rome, et signalait cette impiété inouïe qui, dans la basilique romaine, avait fait cesser toute espèce de culte, et qui avait envoyé des prostituées auprès du lit des soldats mourants pendant le siège. Elle montrait ensuite que le catholicisme était la cause unique de la grandeur de l'Italie, loin d'être pour elle un principe de faiblesse, et que, si Rome n'était pas tombée comme les autres villes célèbres de l'antiquité, c'était parce qu'elle est devenue la ville des Papes. Elle démasquait le plan des ennemis du Saint-Siége : ils veulent arriver à l'établissement du socialisme et du communisme, et comme ils désespèrent de vaincre la résistance de l'Eglise catholique, ils s'efforcent d'y substituer les sectes protestantes : les pasteurs doivent donc repousser leurs tentatives en veillant sans cesse, en se réunissant pour concerter leurs plans, en instruisant le peuple et en le faisant participer aux sacrements ; ils doivent surtout combattre la propagation des mauvais livres, en particulier des bibles protestantes altérées et tronquées, et répandre au contraire les bons ouvrages : tous, fidèles et pasteurs, doivent se souvenir qu'ils ne trouveront la vérité et la force que dans l'union avec l'Eglise romaine et le Saint-Siége. Pie IX exposait après cela les dangers que font courir à la société les partisans du socialisme et du communisme. Ils veulent renverser toute autorité, tout pouvoir, tout ordre, et se flattent de guérir ainsi les misères de l'humanité. La religion nous apprend à leur résister en nous ordonnant d'obéir aux puissances établies par Dieu, en répandant la charité qui soulage les pauvres, en enseignant aux princes leurs devoirs envers le peuple, et en proclamant les principes de la vraie liberté et de l'égalité légitime. Enfin le souverain Pontife considérait les périls qui venaient du sein même de l'Eglise : des ecclésiastiques, quoique en petit nombre, ont passé dans le rang de l'ennemi : c'est une raison de n'imposer les mains qu'à des sujets éprouvés. Le clergé régulier, qui est appelé à rendre des services éminents, a vu de nombreuses et bien tristes défections : il faut donc que les supérieurs veillent à l'observation de la discipline, et qu'ils exécutent fidèlement les règles prescrites à l'égard des novices. Tous les clercs doivent être soigneusement instruits. La direction des écoles laïques même doit exciter l'attention des évêques, qui ne peuvent y souffrir que des maîtres honnêtes et chrétiens, des livres exempts d'erreur, et sont tenus de réclamer la direction et le contrôle de l'enseignement religieux qui s'y donne. Cette remarquable encyclique se termine par une invitation adressée à tous les princes de l'Italie de joindre leurs efforts à ceux du clergé pour combattre les ennemis de l'ordre social. Les traditions de leurs ancêtres, les devoirs de leur position les y obligent : ils doivent comprendre que les attaques contre l'autorité de l'Eglise ébranlent leurs trônes, que la spoliation de l'Eglise légitime d'avance tous les attentats contre la propriété, et qu'enfin le seul remède efficace à toutes les calamités présentes se trouve entre les mains de l'Eglise : à ce sujet l'encyclique rapporte tout au long une belle page de saint Augustin, du livre premier de son ouvrage : *De moribus Ecclesiæ catholicæ*, sur l'heureuse influence de la foi catholique dans les familles et dans la société.

Après la prise de Rome, l'Assemblée nationale vota des félicitations au général Oudinot et à l'armée qu'il commandait. Mais il y avait toujours dans son sein un parti nombreux qui blâmait l'expédition. Dans la séance du 11 juin, Ledru-Rollin avait présenté l'attaque de Rome comme une violation de la constitution. Le gouvernement, de son côté, manifestait des exigences que ne pouvait admettre le Saint-Siége. C'est ce qui détermina le Pape à demeurer à Gaëte, et conformément à la promesse qu'il avait faite dans la proclamation à son peuple, le 31 juillet, il établit une commission de trois cardinaux pour gouverner en son nom les [Etats Romains. Le général Oudinot se rendit auprès du Pape pour le supplier de révoquer cette mesure et de rentrer immédiatement à Rome. Le ministre plénipotentiaire de France, M. de Corcelles, avait déjà fait les mêmes instances. Le Pape répondit à l'un comme à l'autre que, pourvu seulement d'une puissance morale, il ne pouvait aller se mettre sous la protection d'une puissance matérielle de premier ordre, dont les exigences étaient connues, parce que ce serait, aux yeux de l'univers, abdiquer son indépendance. « Si je fais quelque chose de bon, ajoutait-il, ne faut-il pas que mes actes soient spontanés et le paraissent? Ne connaissez-vous pas mes inclinations? Ne sont-elles pas rassurantes?... Néanmoins, j'ai l'intention de me rendre sous peu de jours dans mes Etats et de m'arrêter quelque temps à Castel-Gandolfo, au milieu de l'armée française. »

On attendait l'effet de cette déclaration, lorsque le ministère français, qui avait pour président M. Odilon-Barrot, rappela le général Oudinot, et celui-ci fut remplacé, dans le commandement supérieur de l'armée d'expédition, suivant le rang d'ancienneté, par le général Rostolan. Deux jours après, le 18 août, le prince Louis-Napoléon écrivit à son aide-de-camp, le colonel Edgar Ney, une lettre qui devait être portée à Rome et communiquée au général Rostolan, chargé d'en exécuter les prescriptions : « Mon cher Ney, disait le président, la République française n'a pas envoyé une armée à Rome pour y étouffer la liberté italienne, mais au contraire pour la régler, en la préservant contre ses propres excès, et pour lui donner une base solide, en remettant sur le trône pontifical le prince qui, le premier, s'était placé hardiment à la tête de toutes les réformes utiles. J'apprends avec peine que les intentions bienveillantes du Saint-Père, comme notre propre action, restent stériles en présence de passions et d'influences hostiles. On voudrait donner comme base à la rentrée du Pape la proscription et la tyrannie. Dites de ma part au général Rostolan qu'il ne doit pas permettre qu'à l'ombre du drapeau tricolore on commette aucun acte qui puisse dénaturer le caractère de notre intervention. Je résume ainsi le rétablissement du pouvoir temporel du Pape : *Amnistie générale*, *sécularisation de l'administration*, *Code Napoléon et gouvernement libéral*. J'ai été personnellement blessé, en lisant la proclamation des trois cardinaux, de voir qu'il n'était pas même fait mention du nom de la France ni des souffrances de nos braves soldats. Toute insulte faite à notre drapeau ou à notre uniforme me va droit au cœur, et je vous prie de vouloir bien faire savoir que, si la France ne vend pas ses services, elle exige au moins qu'on lui sache gré de ses sacrifices et de son abnégation. Lorsque nos armées firent le tour de l'Europe, elles laissèrent partout, comme trace de leur passage, la destruction des abus de la féodalité et les germes de la liberté. Il ne sera pas dit qu'en 1849 une armée française ait pu agir dans un autre sens et amener d'autres résultats. Dites au général de remercier en mon nom l'armée de sa noble conduite. J'ai appris avec peine que, physiquement même, elle n'était pas traitée comme elle devrait l'être. Rien ne doit être négligé pour établir convenablement nos troupes. » Cette lettre ne pouvait être agréable qu'au parti révolutionnaire. Il convient d'y signaler d'abord une phraséologie banale sur le rôle libérateur des armées françaises, et des calculs égoïstes dans la sympathie exprimée pour les troupes de l'expédition de Rome. Quant aux allégations contre les cardinaux commissaires, elles sont purement calomnieuses, et dès lors la hauteur avec laquelle elles sont formulées devient une véritable insolence. A leur arrivée, les cardinaux avaient dans leur proclamation, parlé « des bras invincibles et glorieux des armées catholiques. » Ils ne s'étaient rendus coupables ni de proscription ni de tyrannie. Au 18 août 1849, Garibaldi et d'autres chefs avaient pu partir, l'armée de l'insurrection était encore présente à Rome, les autorités françaises délivraient encore des passeports à quiconque en demandait, les poursuites exercées par les tribunaux étaient peu nombreuses et ne portaient que sur des faits d'assassinat, les prisons ne contenaient pas plus de deux cent soixante individus dont cent vingt étaient accusés d'attentats contre les personnes ou les propriétés, et les autres de délits ordinaires. De plus, la phrase fameuse qui indiquait les conditions du rétablissement de la souveraineté pontificale soulevait les questions les plus orageuses, et pouvait amener une guerre européenne. Le général Rostolan le comprit aussi bien que les deux ambassadeurs français, M. de Rayneval et M. de Corcelles, et pour ne pas prendre part à une manifestation qu'il estimait aussi injuste qu'impolitique, il donna sa démission. Pie IX se montrait disposé à se réfugier dans les bras de l'Autriche, qui lui laissait toute sa liberté, et au besoin à se retirer en Amérique, plutôt que d'accepter aucune sujétion ou de faire des concessions funestes.

Le gouvernement français vit la faute qu'il avait commise, et en comprit, grâce aux plaintes des catholiques, toute la gravité. La malencontreuse lettre fut tantôt désavouée, tantôt patronée par le ministère Odilon Barrot : personne n'en assuma franchement la responsabilité, et en définitive, la voyant ainsi abandonnée, les catholiques se rassurèrent. D'ailleurs le Pape montra qu'il saurait prendre spontanément toutes les mesures favorables à la prospérité de ses Etats. Un *Motu proprio* du 14 septembre fit connaître la marche qu'il se proposait de suivre en assurant la réforme de la législation civile et des tribunaux, des libertés provinciales et municipales plus considérables qu'en France, et l'admission des laïques au plus grand nombre des postes de l'administration.

Cependant le nuage formé par la lettre présidentielle existait encore, lorsque l'Assemblée législative, à Paris, eut à s'occuper, au mois d'octobre, des crédits demandés pour l'expédition française. Une grande discussion s'engagea. La gauche révolutionnaire voulait imposer au Pape le programme si malheureusement annoncé, et se trouvait appuyée en cette circonstance par une partie du centre. Le rapporteur de la commission parlementaire, M. Thiers, avait conclu simplement à la nécessité de rétablir le pouvoir temporel du Pape. Cette conclusion fut soutenue dans un remarquable discours d'un diplomate expérimenté, M. Thuriot de la Rosière. Le poète romantique Victor Hugo, développa la thèse de la gauche et y mêla toutes sortes d'attaques contre l'influence du clergé. Le comte de Montalembert lui répondit avec autant de raison que d'éloquence : il démontra qu'après l'expérience généreusement tentée par Pie IX, on ne pouvait pas lui demander une constitution libérale, ni surtout des institutions parlementaires, qui n'avaient pas même pu être conservées en France, et qu'il fallait se contenter du *Motu proprio* de septembre. Il eut un sublime mouvement, quand il montra que l'on devait bien se garder de faire violence au Pape : « Quand un homme, dit-il, est condamné à lutter contre une femme, si cette femme n'est pas la dernière des créatures, elle peut le braver impunément, elle lui dit : Frappez, mais vous vous déshonorerez, et vous ne me vaincrez pas. Eh bien! l'Eglise n'est pas une femme, elle est bien plus qu'une femme, c'est une mère! » Il ne fut pas moins éloquent, dans sa péroraison, en exaltant la mission de la France à l'égard de la Papauté : « Savez-vous ce qui ternirait à jamais la gloire du drapeau français? ce serait d'opposer ce drapeau à la Croix, à la Tiare qu'il vient de délivrer, ce serait de transformer les soldats français de protecteurs du Pape en oppresseurs; ce serait d'échanger le rôle et la gloire de Charlemagne contre une pitoyable contrefaçon de Garibaldi. » Il faut dire qu'à toutes les déclarations du 14 septembre, Pie IX avait joint une nouvelle amnistie. Une imposante majorité vota dans le sens de Montalembert. Cette nouvelle, en apprenant au Pape les vrais sentiments de la nation française, lui fit prendre la détermination de retourner bientôt dans sa capitale. « Il nous répugnait, dit-il à une députation de la municipalité romaine, de retourner dans nos Etats tant que la France mettait notre indépendance en question, mais aujourd'hui qu'une heureuse solution semble devoir mettre fin à tout doute à cet égard, nous espérons pouvoir revenir sous peu dans le sein de notre Rome. »

Cet espoir se réalisa au mois d'avril 1850. Le 4, Pie IX partit de Portici, et fut reçu à Naples par le roi et la famille royale, qui l'accompagnèrent jusqu'au château de Caserte. Avant de quitter le souverain Pontife, Ferdinand II, agenouillé avec son fils, le duc de Calabre, lui demanda une dernière bénédiction : « Oh! oui, de toute mon âme, s'écria le Saint-Père attendri; oui, je vous bénis, vous, votre famille et votre royaume. Et que pourrais-je dire pour exprimer ma reconnaissance de l'hospitalité que vous m'avez donnée? — Très-Saint-Père, répondit le roi, je n'ai fait qu'accomplir mon devoir de chrétien. — Oui, reprit le Pape, dont l'émotion allait croissant; oui, et votre piété filiale a été grande et profonde; encore une fois, que Dieu vous en récompense et vous bénisse! » Puis, pressant le pieux monarque contre son cœur, il l'embrassa avec effusion. Aussitôt qu'il fut entré sur le territoire pontifical, une escorte de soldats français l'accompagna. Terracine était la première ville qui se rencontrait sur son passage : il y fut accueilli avec un enthousiasme indescriptible. Velletri ne lui témoigna pas moins d'amour et de joie. Enfin, le 12, il fit son entrée solennelle dans Rome, sous un ciel brillant, au milieu des cris de : *Vive le Pape!* qui perçaient le bruit confus et majestueux formé par le canon, les cloches et les rumeurs joyeuses d'une foule immense. Les membres du corps diplomatique, de la municipalité et du clergé, l'armée et le peuple, le saluent de leurs vivats et se prosternent pour recevoir sa bénédiction. Pie IX bénit son peuple avec l'émotion la plus profonde; puis entouré des cardinaux et des prêtres, il fait succéder la prière et l'action de grâces aux manifestations de la joie universelle.

La première période du pontificat de Pie IX se terminait par le triomphe de l'autorité et de la liberté chrétiennes. D'une part, il était invinciblement démontré que le chef de l'Eglise catholique n'était pas moins l'ennemi de la tyrannie que du faux libéranisme, et qu'en dehors des voies tracées par lui, les peuples ne pouvaient rencontrer qu'une sujétion avilissante ou qu'une honteuse et cruelle anarchie. D'autre part, la Providence avait révélé son action par le moyen des puissances catholiques, et chassé, pour le bonheur de Rome et pour la consolation du Pontife, les fauteurs du désordre et les partisans du mal. Pie IX, dans son allocution consistoriale du 20 mai 1850, célébra ce dénouement triomphal dont il rendait grâces à Dieu d'abord, puis aux gouvernements et aux armées de Naples, de l'Autriche, de la France, de l'Espagne, sans oublier les marques de sympathie et de dévouement qu'il avait reçues des autres nations et de tout le corps diplomatique. Le rôle particulier de la France était relevé dans les termes les plus flatteurs et les plus expressifs. Le Pape remerciait aussi l'épiscopat tout entier de l'aide qu'il lui avait donnée, et le Sacré-Collège du concours qu'il lui avait prêté dans ces grandes circonstances.

Si maintenant nous considérons le dénouement de cette épreuve relativement aux puissances catholiques, nous voyons que celles qui avaient pris part aux peines et aux humiliations du Saint-Siège participaient aussi à son triomphe et à ses nouvelles espérances. Nous avons déjà vu que le roi de Naples avait rétabli victorieusement l'ordre et la paix dans ses Etats et ramené la Sicile à l'obéissance. La reine Isabelle d'Espagne jouissait aussi de la tranquillité, et l'Eglise était plus respectée dans ce royaume.

L'Autriche avait soumis la Hongrie, la Bohême, dompté la révolte à Vienne, reconquis toutes ses possessions dans la Péninsule : elle ne devait pas tarder à déjouer complètement, comme nous l'avons dit, les tentatives que faisait la Prusse pour s'emparer de la prépondérance en Allemagne. François-Joseph couronna ces succès en abolissant les odieuses prescriptions de Joseph II contre la liberté de l'Eglise. Par une ordonnance du 18 avril, il déclara le clergé et les fidèles libres de correspondre avec le Pape, et permit aux évêques de publier leurs écrits sans approbation préalable, d'infliger des peines purement spirituelles, de suspendre les ecclésiastiques de leurs fonctions et de régler le culte dans leurs diocèses. Le Pape loua hautement cette ordonnance dans l'allocution que nous venons de citer.

En France, le parti de l'ordre et surtout les catholiques, qui avaient triomphé dans les débats sur la question romaine, acquéraient sur la politique intérieure une influence de plus en plus considérable et salutaire. L'influence de M. de Falloux, ministre de l'instruction publique et des cultes, se faisait heureusement sentir dans le choix des évêques et dans les libertés qu'on leur laissait. Les principaux auteurs de l'attentat du 15 mai 1848 furent jugés et sévèrement condamnés par la haute-cour réunie à Bourges. A Paris, une tentative d'émeute à l'occasion d'une interdiction des clubs fut facilement réprimée par le général Changarnier. L'Assemblée constituante, qui renfermait trop d'éléments anarchiques et révolutionnaires pour plaire à la majorité du pays, fut obligée de se dissoudre elle-même et de se retirer devant le mépris national. Dans l'Assemblée législative, les partisans de la monarchie et les républicains modérés formaient de beaucoup le plus grand nombre : Ledru-Rollin était à la tête d'une minorité de deux cents députés démocrates ou socialistes. La majorité se subdivisait en fractions dont les unes tenaient à la république, les autres à l'empire, d'autres à la branche aînée des Bourbons, et d'autres à la famille d'Orléans. Au milieu de ces partis, le Pouvoir exécutif, fidèle d'ailleurs à se montrer l'appui des principes d'ordre, de famille et de religion, surtout dans ses discours, paraissait principalement occupé d'augmenter son ascendant et sa popularité. Le 13 juin 1849, Ledru-Rollin essaya de recommencer les funestes journées de l'année précédente, mais il ne put réunir autour de lui que quelques centaines de combattants qui bientôt s'enfuirent avec lui par les portes et les fenêtres du Conservatoire des Arts-et-Métiers où il avait établi son quartier-général. A la fin de l'année 1849, le président, qui aspirait au gouvernement personnel, changea le ministère et prit des hommes disposés à accepter son initiative.

Dans cette situation, le principal avantage qu'obtint le parti catholique fut la nouvelle loi sur l'enseignement, votée le 15 mars 1850. Comme Mgr Parisis le montra dans un remarquable discours, à la séance du 15 janvier, cette loi n'atteignait pas précisément le but que les catholiques s'étaient proposé jusque-là. Ils demandaient la liberté; on leur proposait une loi de fusion, de transaction, une alliance de l'Eglise avec l'Université pour sauver la société en péril et l'Université conséquemment. Aussi Mgr Parisis déclarait-il que si la loi était présentée comme une faveur accordée aux catholiques, il la repousserait, et qu'il ne l'acceptait qu'avec certaines réserves et en quelque sorte sous bénéfice d'inventaire. Effectivement, cette loi, préparée par M. de Falloux, soutenue par son successeur au ministère de l'instruction publique, M. de Parieu, appuyée d'un côté par Montalembert, et de l'autre par MM. Thiers et Dupin, fut un objet de contradiction dans le parti catholique. Les uns la blâmaient absolument, parce qu'elle consacrait l'abandon de principes essentiels et la prédominance de l'Etat. Les autres l'exaltaient, comme la meilleure victoire que l'on pût ambitionner, et de ce nombre étaient des amis et des inspirateurs de M. de Falloux, tels que Mgr Dupanloup et le Père Lacordaire. Le Père Ravignan approchait plutôt du sentiment de Mgr Parisis. Au sein de la commission législative, l'illustre évêque de Langres avait lutté pendant onze mois pour améliorer le projet, pour éviter quelques inconvénients, pour arracher ou assurer quelques avantages. Ce qui est incontestable, c'est que la transaction proposée par des adversaires comme MM. Thiers et Dupin accusait le besoin qu'on avait de l'Eglise.

L'Université disparaissait pour faire place à l'instruction publique et à l'instruction privée ou libre se faisant concurrence. Les certificats d'études n'étaient plus nécessaires pour se présenter aux épreuves du baccalauréat : au lieu de l'autorisation préalable, il suffisait d'une simple déclaration avec des conditions d'aptitude déterminées pour ouvrir des établissements d'instruction. Les municipalités pouvaient, pour de bonnes raisons, transformer les collèges communaux en établissements libres, et pour l'instruction primaire placée sous la surveillance des recteurs d'académie, elles avaient le choix entre les instituteurs laïques et les instituteurs religieux. Mais, en définitive, l'instruction restait soumise au ministre dont l'omnipotence surveillait tout, contrôlait tout, et en quelque sorte dirigeait tout par ses agents. L'élément épiscopal figurait sans doute à ses côtés dans le conseil supérieur qui l'assistait, et aux côtés du recteur dans le conseil départemental; mais cette présence indiquait plutôt l'indifférentisme que la liberté.

Le 15 mai 1850, une lettre fut adressée aux évêques de France par le nonce apostolique pour leur faire connaître la pensée du Saint-Siége sur cette loi, et leur indiquer la conduite qu'ils avaient à tenir pour en éviter les inconvénients et en recueillir les avantages. Cette lettre, sollicitée par plusieurs prélats, était le résultat des délibérations d'une commission de cardinaux. « L'important projet de loi sur l'enseignement, présenté à l'Assemblée nationale, disait le nonce, ne pouvait pas ne pas attirer toute l'attention du Très-Saint-Père, qui a constamment suivi avec la plus vive sollicitude toutes les phases de cette longue et laborieuse discussion, depuis son commencement jusqu'à l'adoption définitive de la loi. Il a vu, avec une bien vive satisfaction, les améliorations et les modifications qui ont été apportées dans cette loi ; appréciant beaucoup les efforts et le zèle déployés par tous ceux qui s'intéressent au bien de l'Eglise et de la société. Le Saint-Père a pu remarquer, en même temps, la diversité des opinions et des appréciations qui, d'un côté, relevaient les avantages acquis surtout en présence du *statu quo*; et de l'autre, les défauts existants et les dangers à craindre de quelques dispositions de la nouvelle loi. Il a été aussi constaté au Saint-Père que, dans le vénérable corps épiscopal, existait quelque divergence d'opinion, d'autant plus que quelques prescriptions de la même loi s'éloignent de celles de l'Eglise, telles que la surveillance des petits séminaires ; que d'autres semblent peu convenables à la dignité épiscopale, telles que la participation des évêques au conseil supérieur, auquel, suivant la loi, doivent intervenir en même temps, deux ministres protestants et un rabbin. L'établissement, du moins provisoire, des écoles mixtes, inspirait aussi des inquiétudes aux consciences des familles catholiques. »

En conséquence, pour tirer tout le parti possible de la nouvelle loi et concourir au salut de la société, le Saint-Père, se rappelant que l'Eglise, sans jamais approuver rien de ce qui s'oppose à ses principes et à ses droits, sait néanmoins supporter quelque sacrifice compatible avec son existence et ses devoirs, recommandait avant tout l'union d'action dans le clergé; il autorisait les évêques appelés au conseil supérieur à s'absenter momentanément de leurs diocèses, mais il les exhortait à employer toute leur énergie, au sein de cette réunion, pour sauvegarder les droits de la vérité, et en cas d'insuccès, à informer leurs troupeaux du péril et de les instruire des matières en question. Le Saint-Père insistait sur la nécessité de donner aux enfants, dès le bas âge, une éducation religieuse, et s'élevant contre le système pernicieux de l'indifférentisme, engageait vivement les évêques à prendre tous les moyens possibles, dans les diocèses où il y avait des écoles mixtes, pour assurer aux enfants catholiques le bénéfice d'une école séparée. Heureuses la France, l'Eglise et l'Europe catholique, si, à l'exemple des évêques et du Pape, tous les catholiques et le gouvernement à leur tête avaient constamment cherché la justice qui délivre et la vérité qui sauve!

Les régions gouvernementales de la Belgique offraient alors un spectacle déplorable. Les catholiques de ce pays, si dévoués à leur foi et au Saint-Siège, gémissaient sous l'oppression et se voyaient ravir, par des intrigues parlementaires, les libertés qu'ils avaient courageusement conquises. Le clergé était odieusement attaqué; les droits les mieux établis étaient menacés. Dans son allocution du 20 mai, le Pape exprima la peine que lui causait cet état de choses et le désir qu'il avait de le voir bientôt cesser.

Il nous reste à parler d'un pays, dont Pie IX se plaint aussi dans la même allocution, et qui, loin de soutenir les droits du Père commun des fidèles, avait pactisé avec la révolution. Le Piémont fut puni de ses trahisons contre la Papauté par la défaite de Novare, et par l'humiliation de devoir en quelque sorte l'existence à la commisération de l'Autriche victorieuse. Il avait un parlement présidé par Gioberti, où dans le temps de la guerre les discoureurs se perdaient en fanfaronnades, mais les Autrichiens parurent près d'entrer à Turin, et alors, comme Montalembert le dit à la tribune française, on voyait les discoureurs prêts à sortir par la porte opposée. L'Eglise, dans le Piémont, était cruellement éprouvée, et le Pape qui avait déjà compati à ces souffrances dans l'allocution du 20 mai, en fit le récit douloureux dans celle du 1er novembre suivant. Dès le 14 septembre 1848, un commissaire du gouvernement piémontais avait proposé à la cour romaine de remplacer le concordat de 1841, entre Grégoire XVI et Charles-Albert, par des principes et des dispositions inadmissibles en elles-mêmes, et qui d'ailleurs ne renfermaient aucune obligation du Piémont à l'égard de l'Eglise.

Le représentant du gouvernement pontifical les repoussa. Les négociations furent plus tard reprises à Gaëte et de nouveau interrompues. Mais, peu de mois après, à la suite de discussions où certains orateurs attaquèrent violemment les droits du Saint-Siège en matière de concordat, les Chambres de Sardaigne adoptèrent une loi qui abolissait les immunités ecclésiastiques et attribuait au pouvoir civil la collation des bénéfices. Par ordre du Pape, le cardinal secrétaire d'Etat et le nonce de Turin firent des protestations qui restèrent inutiles. La persécution commença. L'archevêque de Sassari fut retenu prisonnier dans sa maison. Celui de Turin fut enfermé pendant quelque temps dans la forteresse de cette capitale. Un peu plus tard, ce dernier prélat ordonna de refuser les sacrements à un des auteurs de la loi dont nous venons de parler; cet homme était au lit de la mort et ne voulait pas se rétracter. L'archevêque fut de nouveau saisi par la force armée et jeté dans une forteresse; le curé de la congrégation des Servites qui avait exécuté les ordres de Mgr Fransoni fut expulsé de son couvent avec tous les religieux, et le 25 septembre, la cour d'appel de Turin prononça une sentence d'exil contre l'archevêque et mit sous le séquestre les biens de l'archevêché. Le 21 du même mois, la même peine avait été infligée à l'archevêque de Cagliari, pour avoir déclaré, sans nommer personne, que les censures ecclésiastiques avaient été encourues *ipso facto*, par ceux qui avaient osé pénétrer de force dans une partie des archives épiscopales. Le Pape avait encore à se plaindre d'une loi du 4 octobre 1848, qui enlevait aux évêques toute espèce de surveillance en matière d'enseignement, loi dont les tristes effets se faisaient sentir par la propagation des plus funestes erreurs, notamment de celle du docteur Nuytz. Aussi le gouvernement piémontais ayant envoyé un ambassadeur pour entamer une troisième fois des négociations avec le Saint-Siège, ce personnage ne put pas même être admis officiellement auprès du Pape, parce que, dans les entretiens qu'il eut, comme simple particulier, soit avec le Pape, soit avec le cardinal Antonelli, il ne cessa de rejeter la cause des divisions sur l'archevêque de Turin, sans accepter aucune plainte contre la loi sur les immunités, et aussi parce que, dans le moment même, les sentences prononcées contre Mgr Fransoni et contre son collègue de Cagliari recevaient leur entière exécution. La conduite et les dispositions de la cour de Turin rendaient donc absolument inutile la résolution où était Pie IX de faire toutes les concessions possibles et opportunes pour remédier à l'état malheureux de l'Eglise dans le Piémont.

DEUXIÈME PÉRIODE.

Pie IX pendant la trêve de l'Immaculée-Conception (1850-1859).

Après le retour du souverain Pontife à Rome, la Vierge immaculée, sous la protection de laquelle il avait placé sa personne auguste et l'Eglise tout entière pendant son douloureux exil, lui donna quelques années que l'on peut appeler paisibles et tranquilles, surtout si on les compare à la période orageuse qui les avait précédées et à celle qui les suivit. Il convenait que la famille catholique jouît de ce repos pour se livrer à la joie de déposer sur le front de sa Mère et de sa Reine une nouvelle couronne, en la proclamant exempte de la tache originelle. Ces jours de paix furent marqués par des œuvres nombreuses et fécondes. Secondé par le cardinal Antonelli, le Souverain, rendu à l'amour de ses sujets, exécutait largement le programme qu'il avait annoncé, travaillait à réparer les maux causés par la révolution, et donnait une nouvelle force et un nouveau lustre à l'autorité, à la liberté et à la prospérité publique. En même temps le Pontife universel étendait sa sollicitude sur toutes les parties du monde et consolidait partout le royaume de Jésus-Christ. Nous aurons plus tard à décrire les heureux effets de l'administration pontificale dans les Etats-Romains, quand il s'agira de répondre aux attaques d'une diplomatie hostile : ce que nous allons considérer d'abord, ce sont les faits qui ont rapport au gouvernement spirituel de l'Eglise.

Une lettre apostolique, portant la date mémorable du 24 septembre 1850, rétablit la hiérarchie ecclésiastique en Angleterre, dans cette *île des saints* où, depuis la Réforme, il n'y avait eu que des vicaires apostoliques. « Nous avons pensé, disait Pie IX, que, par le progrès du temps et des choses, il n'était plus nécessaire de faire gouverner les catholiques d'Angleterre par des vicaires apostoliques et que les progrès accomplis jusqu'à ce jour rendaient indispensable la forme ordinaire du gouvernement épiscopal. Nous avons été confirmé dans cette pensée par le désir que nous ont exprimé en commun les vicaires apostoliques de ce pays, ainsi qu'un grand nombre de membres éminents du clergé et de laïques distingués par leur vertu et leur rang. »

Par suite des nouvelles dispositions, toute l'Angleterre formait une seule province ecclésiastique. Le siège métropolitain était celui de Westminster. Il avait sous sa dépendance douze évêchés suffragants : Southwark, Hagulstald, Béverley, Liverpool, Salford, Shrop, Menewith et Newport, Clifton, Plymouth, Nottingham, Birmingham, Northampton. Les titulaires de ces différents sièges devaient désormais jouir de toutes les prérogatives, de tous les droits attachés à l'épiscopat ordinaire, sans toutefois perdre aucun des avantages qu'ils possédaient antérieurement à titre de vicaires apostoliques. Il était dit que la congrégation de la Propagande continuerait à servir d'intermédiaire entre le Saint-Siège et les nouvelles églises établies en Angleterre.

Aussitôt que cet acte de la souveraineté pontificale fut publié, la presse anglaise retentit des cris de colère et d'étonnement qu'il arrachait à l'anglicanisme. Le *Morning-Post* accusait le Pape d'usurper les droits et les prérogatives de la couronne anglaise. Le *Daily-News* s'indignait de voir les Etats de la reine Victoria démembrés et partagés par un cardinal espagnol. Le *Times*, le *Globe*, le *Standard* tenaient à peu près le même langage, exprimaient les mêmes plaintes, et sollicitaient le gouvernement de réprimer avec vigueur un attentat si audacieux. La conduite du peuple répondait à la violence de ces attaques. On vit des scènes hideuses dans la plupart des villes et des bourgs. Le Pape, les évêques, les cardinaux, les prêtres catholiques étaient représentés par des mannequins qu'on traînait dans les rues, et qu'on finissait par brûler sur la place publique ou par jeter à la mer. Il serait impossible de s'expliquer cette fureur, si l'on ne considérait le rude coup que portait la lettre apostolique du 24 septembre 1850 à l'un des établissements les plus considérables de l'hérésie en ce monde. L'anglicanisme se sentait frappé au cœur, et en était comme saisi de vertige. Les évêques anglicans de Cantorbéry, de Londres, d'York et d'ailleurs, s'étaient flattés jusque-là de continuer la chaîne dont les premiers anneaux se trouvaient dans la main des saint Augustin, des saint Wilfrid, des saint Dunstan; à ce titre, ils se prétendaient pasteurs légitimes, membres de l'Eglise catholique, tacitement reconnus par les Papes. Pie IX renversait toutes ces prétentions en constituant la hiérarchie catholique en Angleterre, en y créant une circonscription des diocèses entièrement nouvelle, et les chefs de l'Eglise anglicane ne savaient plus à quoi se prendre. Les uns se laissaient emporter à leur ressentiment; les autres, plus modérés, surtout parmi les Puséystes, reconnaissaient que l'acte de Pie IX n'était pas contraire à la loi anglaise, mais déploraient l'abolition des sièges antiques de saint Augustin, de saint Wilfrid et de saint Dunstan, et comptaient sur la piété du Pape pour lui faire abandonner cette mesure.

On avait les meilleures raisons d'espérer que cette animosité ne pénétrerait pas dans les régions du gouvernement, et que la détermination du souverain Pontife y rencontrerait, sinon la sympathie, au moins la tolérance. C'est honorer un pays que d'y supprimer la juridiction extraordinaire des vicaires apostoliques, propre aux contrées infidèles et barbares, et d'y rétablir la hiérarchie ordinaire telle que la veut l'Eglise, partout où fleurit la liberté. Ce rétablissement n'avait pas rencontré d'obstacle dans les colonies anglaises de l'Amérique. Lord Russell, qui était premier ministre en 1850, avait à deux reprises, en 1845 et en 1846, déclaré en plein parlement qu'il ne connaissait aucune raison valable d'empêcher un évêque catholique romain de prendre un titre porté par un évêque de l'église établie. Pie IX ayant communiqué son projet à lord Minto, représentant officieux de la Grande-Bretagne à Rome, en avait reçu l'assurance que cette mesure passerait sans difficulté de la part du gouvernement. En effet, les jurisconsultes de la couronne, consultés sur la lettre apostolique du 24 septembre, n'y trouvèrent aucune illégalité.

Mais l'agitation excitée par l'anglicanisme aux abois atteignit l'aristocratie. L'écho des passions populaires, soulevées dans la rue, se fit entendre à la tribune de la Chambre des pairs et de la Chambre des communes. L'embarras du gouvernement fut extrême. Les ministres donnaient leur démission sans pouvoir trouver de remplaçants. Dans le sein du ministère comme aux Chambres on se perdait en discussions interminables et confuses : on voulait trouver un moyen d'empêcher l'exécution de la lettre pontificale sans violer la loi ni la liberté : on ne savait à quoi s'arrêter. Pendant ce temps, les sièges nouvellement créés par Pie IX recevaient leurs titulaires. Mgr Wiseman avait été créé cardinal et archevêque de Westminster; il avait, au nom du Pape, mis en possession ses douze suffragants. Par un *appel au peuple anglais*, il essaya de calmer l'effervescence, et de détruire la mauvaise impression produite par une lettre à l'évêque de Durham, où lord Russell, sans accuser la légalité de la mesure pontificale, la qualifiait cependant d'usurpation de pouvoir, reprochait au clergé anglican de l'avoir préparée par un retour imprudent à diverses superstitions de l'Eglise romaine, et mettait toute sa confiance dans le mépris du peuple d'Angleterre pour toutes ces pratiques.

Le nouvel archevêque, dans son remarquable écrit, commençait par revendiquer en son propre nom et au nom de ses collègues dans l'épiscopat la responsabilité de l'acte que Pie IX venait d'accomplir. Ce n'était pas, de la part du Père commun des fidèles, une démarche hostile ni une tentation d'agression : c'était la satisfaction légitime accordée à un besoin reconnu depuis longtemps, c'était un témoignage de tendresse et de sollicitude obtenu par les prières et les vœux des catholiques de l'Angleterre. Le chapitre anglican de Westminster s'était alarmé du titre conféré à Mgr Wiseman : il s'imaginait sans doute qu'on allait le déposséder des grands revenus de cette antique et célèbre abbaye, autrefois la nourricière et la bienfaitrice d'une foule de pauvres. Mgr Wiseman répondait noblement : « Ce splendide bâtiment, ses trésors artistiques et ses riches revenus ne sont pas la partie de Westminster qui doit m'occuper. La partie qui m'intéresse forme un horrible contraste avec toute cette magnificence qu'elle touche cependant de très-près. Anciennement l'existence d'une abbaye avec un nombreux clergé et des rentes considérables suffisait dans une localité, pour créer tout à l'entour un petit paradis de bien-être, de contentement, de bonheur. Mais aujourd'hui il n'en est point ainsi. Autour de l'abbaye de Westminster s'étendent des labyrinthes de ruelles, de cours, d'allées, de bouges, hideux repaires de l'ignorance, du vice, de la dépravation et du crime, en même temps que de la maigreur, de la faim, de la misère et de la maladie. L'atmosphère de ces lieux est le typhus; leur ventilation est le choléra. Une population presque innombrable, qui est en grande partie catholique (de nom du moins), y fourmille, ce sont des cloaques d'immondices qu'aucun travail ne peut purifier; ce sont de ténébreuses cavernes où ne pénètre jamais un rayon de lumière. Voilà la seule partie de Westminster que je convoite, que je serai heureux de réclamer et de visiter comme un pâturage béni où je garderai les brebis de la sainte Eglise.... » En terminant, le cardinal, avec une éloquente fierté, met en opposition le calme, la modération du clergé catholique, et les attaques de toute nature, les calomnies, les injures, les provocations incendiaires auxquelles les anglicans s'étaient livrés contre lui. Il remercie la majorité du peuple anglais de n'avoir pas cédé à ces instigations, et les catholiques, d'avoir tout supporté avec une patience exemplaire. « Fermez la bouche à vos adversaires, leur disait-il; gagnez l'estime et la bienveillance de vos compatriotes, qui défendront en vous, comme pour eux-mêmes, vos droits constitutionnels, impliquant une liberté religieuse pleine et entière ! »

Ni ce magnifique langage ni l'admirable attitude des catholiques ne purent désarmer les ennemis de la Papauté. On débattait péniblement dans les Chambres un projet de loi qui interdit aux évêques catholiques d'Angleterre et d'Irlande la faculté de prendre les titres de leurs églises. Cette loi fut adoptée à la Chambre haute le 29 juillet 1851, et sanctionnée par la reine le 2 août de la même année. Plusieurs pairs, dont quelques-uns étaient protestants, réclamèrent au nom de la liberté religieuse, de la légalité et de la concorde : néanmoins la loi fut maintenue. Mais par une singularité peu digne d'un gouvernement sérieux et d'un grand pays, il était convenu qu'elle resterait à l'état de lettre-morte : les auteurs mêmes du projet l'avaient promis dans le cours de la discussion; tant il était manifeste pour tous que cette loi ne s'appuyait sur aucun motif raisonnable et qu'elle n'était que le résultat des passions soulevées! Elle n'empêcha pas les évêques catholiques de porter leurs titres, et de les faire aimer. Le mouvement de retour vers l'Eglise romaine continua; les églises et les fondations religieuses se multiplièrent. Lord et lady Fielding se convertirent en 1850; l'évêque anglican de Saint-Asaph réclamait une riche église que ces deux nobles personnes avaient commencée à Pantasaph, sous prétexte que, primitivement, elle était destinée à l'anglicanisme. Lord Fielding répondit qu'il était maître de changer cette destination, et que si on lui contestait le droit de revenir sur sa résolution première, lui-même serait bien mieux fondé à réclamer au nom du catholicisme les abbayes et les cathédrales que Henri VIII avait enlevées à l'Eglise romaine.

Achilli fut le digne instrument dont se servit l'hérésie pour se venger des succès de la vérité. C'était un moine apostat de l'ordre de Saint-Dominique qu'on avait emprisonné à Rome en punition de ses crimes et dont le consul d'Angleterre avait favorisé l'évasion. Il embrassa le protestantisme, et se mit à parcourir Londres et les diverses provinces de l'Angleterre en déclamant contre le catholicisme, et en annonçant des révélations toutes nouvelles sur les cruautés de l'inquisition romaine. Le cardinal Wiseman lui répondit par un article de la *Revue de Dublin* qui fut ensuite publié sous forme de brochure et qui dévoilait les vices et les crimes de l'apostat. On pouvait lui imputer les faits les plus abominables et les plus notoires, la débauche la plus affreuse mêlée au sacrilège. L'article du cardinal passa sans réplique. Il en fut de même pendant longtemps d'un écrit semblable que le P. Newman avait publié à Birmingham, au moment où Achilli était venu répéter dans cette ville ses frénétiques et calomnieuses déclamations. Mais, en 1852, à l'instigation des anglicans qui le soudoyaient, Achilli intenta au P. Newman un procès pour cause de calomnie. Toutes les allégations du P. Newman étaient parfaitement démontrées : les témoins et les preuves juridiques abondaient. *Le Times* lui-même convenait que, sur tous les chemins du monde, le scandale s'était attaché aux pas d'Achilli. Le jury ne prononça pas moins que les faits n'étaient pas prouvés à sa satisfaction, et le chef de la justice anglaise, lord Campbell, condamna le P. Newman aux frais et dépens qui s'élevaient à cinq cent mille francs. Les catholiques du monde entier formèrent des souscriptions pour payer cette somme et sauver de la ruine la maison de l'Oratoire que le P. Newman, à son retour de Rome, avait établie à Birmingham. « Nous jugeons, écrivait alors *le Times*, qu'une grave blessure vient d'être infligée à l'administration de la justice dans notre pays; et que désormais les catholiques romains n'ont que trop le droit de dire qu'il n'y a pas de justice pour eux dans le cas où les sentiments protestants des jurés et des juges sont en cause. »

Dans la même année 1852, les évêques catholiques d'Angleterre se réunirent en concile provincial à Westminster. Ils s'occupèrent principalement de régler la forme que devraient suivre les chapitres et les évêques pour recommander au Saint-Siège les sujets qu'ils croiraient les plus dignes de l'épiscopat. Le chapitre s'assemble, le mois qui suit la mort de l'évêque, sous la présidence de l'archevêque ou du prélat le plus voisin, et forme, à la majorité des voix, une liste de trois sujets qui est ensuite soumise à l'examen et à l'approbation des évêques. Ce n'est là, d'ailleurs, ni une élection, ni une proposition. Il est entendu que le Pape peut faire son choix en dehors de cette liste. Ces règlements du concile de Westminster sont en parfaite harmonie avec une instruction donnée sur le même sujet par la Propagande, le 21 avril 1852.

Pendant que le Saint-Siège travaillait à relever en Angleterre l'édifice abattu par la Réforme, Mgr Brunelli continuait à préparer en Espagne, par ses négociations, un concordat réparateur. Les conditions en furent arrêtées à Madrid le 16 mars 1851. Elles étaient aussi heureuses qu'on pouvait le désirer pour une Eglise agitée par tant de révolutions.

C'est ce que le Pape déclarait lui-même, en exprimant sa reconnaissance à la reine Isabelle II, dans son allocution consistoriale du 5 septembre 1851, et dans les lettres apostoliques par lesquelles il confirmait à la même époque la convention du mois de mars. La religion catholique demeurait le seul culte reconnu en Espagne. La doctrine catholique devait être purement et fidèlement enseignée dans toutes les Universités, collèges, séminaires, et écoles publiques ou privées : la surveillance des évêques à cet égard ne devait rencontrer nulle part aucun obstacle. Cette liberté complète était assurée à tous les membres du clergé dans les diverses fonctions de leur ministère. Les lois canoniques étaient maintenues sur tous les points que le concordat ne règle pas. Quant aux intérêts temporels des Eglises d'Espagne, les biens ecclésiastiques qui n'avaient pas encore été vendus, devaient leur être immédiatement restitués, mais comme plusieurs de ces biens auraient produit une charge plutôt qu'un avantage à cause de leur mauvais état et des difficultés de leur administration, il était convenu que tous seraient convertis, au nom de l'Eglise, en rentes du trésor public qui ne pourraient jamais être aliénées à aucun titre. D'un autre côté, les acquéreurs des biens vendus ne devaient jamais être inquiétés, et la propriété leur en était assurée. Un certain nombre d'exemptions et de privilèges étaient établis. La circonscription des diocèses était modifiée. Deux décrets royaux du 17 octobre autorisèrent la publication des lettres du 5 septembre et les confirmèrent en ce qui regardait la situation provisoire faite à certains diocèses en attendant une organisation conforme au concordat.

L'allocution consistoriale du 5 septembre 1851 annonçait aussi la conclusion d'un nouveau traité avec le grand-duc de Toscane, Léopold II. Mais ce traité n'avait, dans la pensée des hautes parties contractantes, qu'un caractère provisoire, et ne formait que les préliminaires d'une convention plus étendue par laquelle Léopold II désirait mettre la législation de ses Etats en harmonie avec les lois ecclésiastiques. Il était stipulé que les évêques jouiraient d'une pleine liberté dans l'exercice de leur ministère et d'un droit de censure à l'égard des écrits et des livres qui traitent de la religion; qu'ils pourraient librement prémunir les fidèles contre toute lecture dangereuse, soit pour la foi, soit pour les mœurs; qu'ils auraient toujours la faculté de communiquer avec le Saint-Siége, et que toutes les causes purement spirituelles et ecclésiastiques leur seraient exclusivement soumises. Ce concordat, négocié par le cardinal Antonelli, n'ajoutait guère à celui de 1848 que l'espérance, qui ne fut pas réalisée, d'arriver à des arrangements plus complets. En le notifiant aux prélats de Toscane, par sa lettre du 21 juin 1851, le Pape les exhortait à lui exposer tous les points qui auraient encore besoin d'être réglés pour l'utilité de leurs différents diocèses. Il leur rappelait en même temps la lutte qu'ils avaient à soutenir contre les efforts acharnés de l'erreur et du mal, et leur recommandait de tenir leur vigilance à la hauteur du péril : il insistait particulièrement sur la nécessité de former à la science et à la piété les candidats du sacerdoce, et de procurer au peuple une éducation chrétienne. Après la publication du concordat, le gouvernement du grand-duché prit d'abord, pour en assurer l'exécution, des mesures conformes à sa lettre et à son esprit; mais les circonstances l'obligèrent ensuite à demander quelques concessions temporaires au Saint-Siége. Deux circulaires, qui portaient la trace des modifications obtenues, excitèrent les plaintes des catholiques. Tout s'expliqua par la publication d'une lettre dans laquelle le cardinal Antonelli avait instruit les évêques toscans de ces modifications.

Après avoir parlé, dans le consistoire du 5 septembre 1851, des affaires de l'Espagne et de la Toscane, le Saint-Père annonçait qu'il était aussi occupé de la situation religieuse d'un pays lointain et qu'il espérait la régler prochainement par un concordat avantageux. Il parlait de l'Amérique centrale. Les guerres et les révolutions, à la suite desquelles les cinq Etats républicains qui la composent, avaient brisé leur confédération, laissaient bien des traces de désordre à effacer. Carrera, président de la république de Guatimala, et Mora, président de celle de Costa-Rica, accréditèrent simultanément auprès du Saint-Siége le marquis de Belmont, Ferdinand Lorenzana; et le cardinal Antonelli fut chargé de suivre les négociations au nom du gouvernement pontifical. Deux conventions presque identiques furent conclues avec les deux républiques le 7 octobre 1852; la lettre confirmative fut donnée pour Costa-Rica au mois de mai, et pour Guatimala au mois d'août de l'année suivante. Le catholicisme continuait d'être, dans ces deux pays, la religion d'Etat. Les évêques étaient investis de tout droit pour surveiller l'enseignement et l'éducation : liberté entière leur était laissée pour la censure des livres, la direction des séminaires, l'observation de la discipline ecclésiastique et le gouvernement des choses spirituelles. Ils avaient la faculté de communiquer à leur gré avec le Saint-Siége. Les dîmes étaient abolies à Costa-Rica et remplacées par une dotation du trésor. A Guatimala, on les maintenait, mais comme elles étaient insuffisantes, le gouvernement s'engageait à y ajouter aussi une dotation annuelle. Le Pape faisait en retour d'importantes concessions aux deux présidents. Il leur conférait le droit de désigner des sujets pour l'épiscopat, à la vacance des siéges, et de nommer à un certain nombre de prébendes dans les chapitres. Le jugement des causes purement ecclésiastiques était réservé à l'évêque, mais les tribunaux civils étaient autorisés à juger les clercs en matière civile, et aussi en matière criminelle, quand il s'agirait de faits contraires aux lois de la république. Le Pape, pour l'établissement de nouveaux diocèses, les évêques, pour l'érection de nouvelles paroisses, s'entendraient avec le gouvernement. Le président nommait aux cures en prenant un des trois candidats présentés par l'évêque à la suite d'un concours. Le droit de propriété était absolument garanti à l'Eglise : elle pouvait acquérir; les biens ecclésiastiques étaient soumis à l'impôt. Il était dit que les acquéreurs des biens ecclésiastiques vendus pourraient les posséder en sécurité et en paix, à condition que semblable spoliation ne se renouvellerait pas. Le gouvernement promettait la liberté aux ordres religieux, et s'engageait à fournir les secours nécessaires pour la propagation de la foi parmi les infidèles. Les ecclésiastiques étaient autorisés à prêter serment au Pouvoir, avec cette restriction que ce serment n'obligerait à rien de contraire aux lois de Dieu et de l'Eglise. Il était ordonné de réciter dans toutes les églises, après l'office divin, la prière pour la république et pour le président. On voit que, dans cette double convention, le souverain Pontife, n'avait rien négligé pour assurer, comme il le dit dans ses lettres apostoliques, la prospérité et l'extension du catholicisme.

Le Pérou, désolé aussi par les révolutions et menacé par l'invasion des doctrines rationalistes, était, à ce titre, l'objet de l'attention du vicaire de Jésus-Christ. Le sentiment religieux s'affaiblissait dans cette république. Le gouvernement venait de faire tomber la barrière qui protégeait la paix et l'orthodoxie du pays contre les efforts des protestants; il avait cru favoriser simplement la colonisation par les étrangers en substituant la liberté des cultes à l'unité religieuse. Un indigne prêtre, le docteur Vigil, essayait de pousser de plus en plus l'opinion dans cette voie fâcheuse. Les écrits sortis de sa plume n'étaient que des compilations peu littéraires de toutes les diatribes les plus violentes dues aux ennemis de l'Eglise et de la Papauté. En 1848 il publia un livre intitulé : *Défense de l'autorité des gouvernements et des évêques contre les prétentions de la cour de Rome*. Ce titre seul suffisait pour faire deviner le mauvais esprit qui infectait cet ouvrage. L'auteur niait l'autorité doctrinale de l'Eglise et prônait à la fois l'indifférentisme et le rationalisme. Il attaquait le célibat des prêtres; prétendait que le pouvoir d'établir des empêchements dirimants au mariage venait du droit civil, aussi bien que les immunités ecclésiastiques; soutenait que la maison d'un ambassadeur mérite plus d'honneur et de respect que nos églises; attribuait aux souverains temporels le droit d'instituer et de déposer les évêques; affranchissait les princes de la juridiction spirituelle; leur donnait même la supériorité sur celle-ci, et enfin accusait les Papes et les conciles d'avoir outrepassé les bornes de leur puissance, usurpé les droits de la souveraineté temporelle, et commis des erreurs dans la définition des matières dogmatiques ou morales. Pie IX condamna solennellement cette funeste élucubration, le 10 janvier 1851, et le docteur Vigil dut perdre l'orgueilleuse espérance qu'il avait caressée d'opérer une révolution dans le gouvernement de l'Eglise. Malheureusement, pendant un certain nombre d'années, le Pérou vit à la tête des affaires, et notamment au ministère de l'instruction publique, des hommes imbus d'idées non moins dangereuses que celles de Vigil. Grâce à leur position, ils étaient plus capables de faire du mal et de répandre les doctrines subversives. Les pernicieuses conséquences de cette administration commencèrent à être réparées, en 1852, par un jeune ministre de grand talent, qui plaça résolument la science de la religion à la base des études, et rouvrit les séminaires longtemps fermés.

De toutes les républiques espagnoles, la Nouvelle-Grenade était celle qui devait le plus de gratitude à la Papauté. C'était la première que Grégoire XVI eût reconnue et il s'était empressé d'y établir une nonciature. Cependant ce grand Pontife avait eu la douleur de ne pouvoir remédier aux maux que la révolution avait causés dans le pays. Depuis le mois d'avril 1845, une loi obligeait tout membre du clergé et même tout évêque contre lequel les tribunaux civils auraient admis des poursuites, à cesser immédiatement les fonctions de son ministère, avec menace, en cas de refus, de différentes pénalités, parmi lesquelles se trouvent la prison et l'exil. Pie IX aurait voulu rendre la paix religieuse à la Nouvelle-Grenade comme aux républiques voisines. Par une lettre adressée au président, en 1847, il avait exprimé la douleur que lui inspirait la funeste situation de l'Eglise dans ces parages, et réclamé contre plusieurs lois qui favorisaient l'indifférentisme et dépouillaient le clergé. Cette lettre n'arrêta pas le cours des mesures vexatoires contre la religion. En 1850, sans aucun respect de la plus vulgaire probité, on réunit violemment à un collège de l'Etat le séminaire de Bogata qui devait son existence et ses revenus, en partie aux donations des fidèles, en partie à la munificence de l'archevêque. En 1851, au milieu de délibérations où présidait l'emphase avec l'ignorance et l'absurdité, le congrès produisit une série interminable de lois qui enlevaient une à une les libertés de l'Eglise et la réduisaient à une servitude honteuse, inacceptable. On confirma l'expulsion de la Compagnie de Jésus. Il fut défendu d'établir sur le territoire de la république aucun ordre religieux professant ce qu'on appelle *l'obéissance passive*, et des encouragements furent donnés à tous ceux qui voudraient briser les liens des vœux de religion. On interdit au métropolitain la visite des couvents. Toutes les causes civiles et criminelles, qui relèvent du for ecclésiastique, furent dévolues aux magistrats de la république. Le droit de nommer les curés passa du président à des assemblées paroissiales composées des pères de famille. Le congrès se déclarait maître de fixer à son gré, d'augmenter ou de diminuer selon son bon plaisir, le traitement des curés, ainsi que toutes les dépenses relatives au culte, et défendait absolument aux pasteurs de recevoir en dehors de ce salaire aucune espèce d'émolument. La propriété ecclésiastique était violée par une foule de dispositions du même genre. La collation des canonicats fut subordonnée à l'assentiment des conseils provinciaux. Enfin les biens que les fidèles avaient donnés à l'Eglise pour un but déterminé par eux, lui furent enlevés; la plus grande partie des revenus qui avaient cette origine se composaient de rentes : les détenteurs des capitaux furent autorisés à en conserver la moitié, à condition qu'ils verseraient l'autre moitié dans les caisses du gouvernement. Evêques et prêtres, le clergé tout entier protesta d'une voix unanime contre ces iniquités et contre cette tyrannie. Le gouvernement répondit par l'oppression. Le ministère des curés fut entravé: les prédicateurs les plus influents furent jetés en prison; les ecclésiastiques de tout rang se virent réduits à l'indigence et accablés de vexations.

La plus illustre victime de ces mauvais traitements fut Mgr Mosquera, archevêque de Bogota, qui avait constamment déployé, dans ces malheureuses conjonctures, autant de prudence que de courage. Le gouvernement cherchait un prétexte pour étouffer la voix de ce redoutable adversaire.

Il trouva ce prétexte, grâce à une de ses lois les plus injustes. L'usage était d'ouvrir un concours tous les six mois pour les cures vacantes. Le gouvernement s'attribua le droit, non-seulement de convoquer les évêques pour cet examen, mais encore de forcer le métropolitain ou le prélat le plus voisin à s'y rendre, quand l'évêque du diocèse aurait omis d'accomplir ce devoir dans le temps marqué. En 1851, pendant que Mgr Mosquera était en proie à une grave maladie, il reçut l'ordre de procéder aux examens. Son vicaire général répondit pour lui, avec tous les ménagements possibles, évitant d'un côté les termes trop durs, et de l'autre tout ce qui aurait paru approuver la loi sur la nomination des curés. Mais la douceur et la sagesse ne servirent de rien : le vicaire général fut traduit devant les tribunaux, dépouillé de son titre, et condamné d'abord à deux mois de prison, puis à six autres mois et à diverses peines. Un autre ecclésiastique, le vicaire capitulaire d'Antioquia, eut alors le malheur de céder aux injonctions du Pouvoir et d'ouvrir le concours demandé. Le Pape l'en reprit sévèrement et lui ordonna de revenir sur cette coupable détermination. L'archevêque, non moins ferme, promulgua un édit pour annuler l'acte du vicaire capitulaire. Aussitôt la Chambre des députés accusa Mgr Mosquera d'avoir violé la loi : le Sénat accueillit cette accusation : ordre fut signifié à l'archevêque de renoncer à sa juridiction et de la résigner entre les mains d'un autre ecclésiastique. Le digne et courageux prélat répondit qu'il ne pouvait renoncer à une autorité qu'il tenait de Dieu et du Siège apostolique. Cette belle réponse porta au comble l'irritation de ses ennemis : les biens de son archevêché furent séquestrés, et lui-même condamné à l'exil. La maladie ne lui permettait pas de faire un long voyage : il se retira dans une maison de campagne à deux journées de Bogota. L'intervention des personnages les plus distingués ne put rien changer à la décision du gouvernement : ils obtinrent seulement que le prélat pourrait demeurer dans ce premier séjour, jusqu'à ce qu'il se trouverait en état de partir pour l'exil. Tout le clergé se montra généralement uni au pasteur persécuté. Un acte, qui exprimait cette union fut souscrit par un grand nombre de membres du clergé séculier et régulier de Bogota. « Nous donnons, disaient-ils, la coopération la plus ferme et la plus spontanée dont nous sommes capables à notre prélat, pour la défense de la religion de Jésus-Christ et de la liberté de sa sainte Eglise catholique. Nous serons réduits, s'il le faut, à la mendicité; mais nous n'abandonnerons pas pour cela le service des autels ni le soin des âmes. Oui, nous nous soumettrons à toute espèce de privations pour maintenir la religion de Notre Seigneur Jésus-Christ, pour rendre à Dieu le culte public qui lui est dû, et pour servir le peuple catholique dans l'exercice du ministère sacerdotal. »

Les suffragants de Mgr Mosquera, marchant sur ses traces, ne tardèrent pas à partager ses épreuves et sa gloire. On les vit bientôt sur tous les chemins de l'exil. On arrivait au moment où il n'y aurait plus d'évêque dans la Nouvelle-Grenade. Mais la persécution est pour l'Eglise la voie du triomphe. Les illustres proscrits rencontrèrent partout, en France, dans les Etats-Unis, en Italie, en Espagne, au Chili et dans le Pérou, un accueil plein d'admiration sympathique et de vénération enthousiaste. Le Pérou assigna une pension considérable à l'évêque de Carthagène. L'archevêque de Bogota mourut à Marseille : il allait s'embarquer pour Rome, après avoir recueilli les témoignages du respect et de l'amour de la France.

Nous avons dit que le clergé de la Nouvelle-Grenade, en général, avait noblement résisté à l'orage. On ne peut signaler que peu d'exceptions. Des ecclésiastiques, siégeant aux Chambres, prêtaient leur concours aux mesures qui affligeaient l'Église. Un moment le schisme avait recruté quelques adeptes dans le diocèse de Panama, mais bientôt ils ouvrirent les yeux et cédèrent aux remontrances de leur métropolitain. Nous avons parlé du vicaire capitulaire d'Antioquia, qui se rendit coupable d'intrusion. Du reste, ces rares défections s'expliquent aisément. Elles étaient le fait d'anciens moines qui avaient été heureux de profiter des décrets de sécularisation et qui avaient embrassé avec passion les théories de la révolution et du philosophisme. La masse du peuple se rangea du côté de ses pasteurs exilés. La persécution dirigée contre eux excitait la douleur et l'indignation universelles. Malgré l'abandon où tombèrent beaucoup de paroisses, les ministres protestants et les agents de la société biblique échouèrent dans les tentatives qu'ils firent pour profiter de cette déplorable situation et conquérir des prosélytes. La conduite des gouvernants à l'égard du clergé était d'autant plus odieuse, qu'elle était jointe à une ignorance et à une incurie désastreuses dans toutes les branches de l'administration. Ils ne savaient qu'augmenter le trouble et le désordre par des lois de plus en plus funestes : la Chambre des députés proposa la séparation de l'Eglise et de l'État, l'établissement d'emprunts forcés sur les biens des ordres réguliers et sur les legs pieux, la suppression complète des ordres religieux ; on y demanda même que l'autorité civile s'attribuât le droit d'ériger des diocèses et d'en fixer la circonscription, et que la nomination du gouvernement fût reconnue suffisante pour conférer la juridiction ecclésiastique : on s'occupa aussi de soustraire le mariage à la puissance spirituelle en le déclarant contrat purement civil. Mais ces projets furent repoussés par la majorité des députés et des sénateurs.

La voix souveraine de Pie IX s'était déjà élevée contre tous ces attentats et contre cet odieux système de tyrannie et de persécution. Le nonce apostolique n'avait pas cessé de réclamer et d'appuyer la résistance des évêques, quoiqu'on eût essayé de l'intimider en prononçant contre lui les discours les plus injurieux et en discutant à la Chambre la proposition de le congédier. Par l'ordre du Pape, le cardinal Antonelli avait aussi fait entendre au gouvernement de la Nouvelle-Grenade des plaintes incessantes, mais non moins inutiles. Enfin, dans le consistoire du 27 septembre 1852, Pie IX flétrit de sa réprobation solennelle cette série d'actes injustes et vexatoires, et décerna ses éloges aux évêques bannis, ainsi qu'au clergé et au peuple demeurés fidèles.

D'autres parties de l'Amérique offraient au souverain Pontife des motifs d'anxiété mêlés à des sujets de consolation. Le catholicisme, profitant de la liberté légale, continuait de grandir aux États-Unis malgré le défaut de ressources assurées et les mille tracasseries suscitées par le caractère intolérant du protestantisme. De nouveaux évêchés y furent érigés en 1852. Au mois de décembre de la même année, on vit arriver à Rome le docteur Ives, évêque protestant de la Caroline du Nord. Une étude sérieuse, loyale et méthodique des monuments de la sainte Écriture et de la Tradition l'avait amené à reconnaître la pure expression de la doctrine de Jésus-Christ dans l'enseignement de la foi catholique. Il venait déposer son anneau pastoral aux pieds du souverain Pontife : « Voilà, lui dit-il, Très-Saint-Père, le signe de la rébellion contre la véritable Église, que j'ai porté en ma qualité d'évêque anglican ; je le laisse à vos pieds comme le gage de la soumission que dès aujourd'hui je professe envers cette même Église, au sein de laquelle je viens de rentrer par la bonté de Dieu. » Les anciens collègues du docteur Ives, ne pouvant se dissimuler le fâcheux effet qui résulterait pour leur influence d'une conversion si éclatante, essayèrent d'abord d'expliquer cette conduite en l'attribuant à la démence. Mais un de leurs coreligionnaires, le docteur Maltby, réfuta cette imputation en écrivant à un journal protestant de New-York : « J'ai vu à Rome le docteur Ives, ancien évêque de la Caroline du Nord, et je saisirai cette occasion pour affirmer, de crainte de l'oublier plus tard, que ce personnage n'est point fou, comme certains journaux américains ont essayé de le faire croire, mais qu'il jouit aussi complètement de sa raison qu'aucun des évêques de l'Église dont il s'est séparé. » Convaincu alors de l'impossibilité d'ôter à la démarche du docteur Ives son véritable caractère, les évêques anglicans des États-Unis prononcèrent contre lui une sentence qui le déclarait déchu d'une dignité à laquelle il avait spontanément renoncé et retranché d'une société religieuse dont il s'était volontairement séparé. Cette bizarre sentence fut lue dans toutes les églises de la secte, le 29 octobre 1853.

L'île de Cuba souffrait, au point de vue moral et religieux, du contre-coup des révolutions de l'Espagne. On put espérer que cet état allait s'améliorer quand on vit le gouvernement charger la Compagnie de Jésus d'élever la jeunesse, et les Pères Franciscains d'évangéliser le peuple. Les Antilles françaises n'avaient eu pour l'administration spirituelle, jusqu'en 1850, que des préfets apostoliques, et la religion ne laissait pas que d'en souffrir. Le gouvernement consentit enfin à ce que des évêchés y fussent érigés. Deux bulles pontificales du 27 septembre 1850 établirent un siège épiscopal au Fort-de-France pour la Martinique, et à la Basse-Terre pour la Guadeloupe. Les deux nouveaux diocèses devaient faire partie de la province ecclésiastique de Bordeaux. En 1853, le siège épiscopal de Fort-de-France fut transféré à Saint-Pierre.

Une colonie française d'Afrique reçut un évêque en même temps que la Martinique et la Guadeloupe. Un siège épiscopal fut érigé à Saint-Denys pour l'île de la Réunion. Ces créations comblaient les vœux du vénérable abbé Libermann qui, en sa qualité de supérieur général des deux congrégations réunies du Saint-Cœur de Marie et du Saint-Esprit, avait la charge des missions dans les Deux-Guinées et dans toutes les colonies françaises de la terre africaine ou du Nouveau-Monde. Jacob Libermann, fils d'un rabbin de Saverne en Alsace, était l'objet de la prédilection de son père qui l'avait envoyé à l'école israélite de Metz, et qui comptait sur ses talents pour honorer la science talmudique dans laquelle lui-même était fort versé. Mais le jeune étudiant était poussé par une inquiétude vague à sortir du cercle impérieux des travaux qu'on lui imposait, pour faire des lectures et acquérir des connaissances plus propres à lui ouvrir le chemin de la vérité. Trois de ses frères avaient successivement embrassé le christianisme. Pour calmer les doutes qui le tourmentaient, il résolut d'aller à Paris et de voir le célèbre israélite converti, M. Drach. Il mit en avant un prétexte plausible, et son vieux père, en proie à de douloureux pressentiments, lui accorda la permission de faire ce voyage. Le jour de Noël 1826, il reçut le baptême et fut admis à la sainte communion. A partir de ce moment, la foi catholique s'établit solidement dans son âme, et la vocation sacerdotale lui offrit des attraits irrésistibles. Il entra au séminaire de Saint-Sulpice en 1827. Dieu le conduisit par la voie des épreuves. Déshérité et maudit en 1833 par son père mourant, il était encore retenu en 1837 à l'entrée du sanctuaire par une cruelle maladie. C'est alors que, de concert avec l'abbé Frédéric Levavasseur et l'abbé Tisserand, originaires l'un de l'île de la Réunion et l'autre de Saint-Domingue, tous les deux éprouvés d'une manière semblable, il prit la résolution de se dévouer au salut des âmes les plus délaissées en ce monde, c'est-à-dire des Nègres.

On l'appelait à Rennes pour diriger le noviciat des Eudistes. Des obstacles inattendus l'enlevèrent à cette destination. Il partit pour Rome. Après avoir vécu huit mois dans l'isolement et les privations, il reçut une lettre du cardinal-préfet de la Propagande qui, à cause de l'état de sa santé, ajournait indéfiniment l'autorisation de son projet et de celui de ses amis. Aucun d'eux ne se découragea ; effectivement ils touchaient au terme de leurs désirs. Par suite d'une inconcevable méprise, l'évêque bénédictin de l'île Maurice, Mgr Collier, prit l'abbé Levavasseur pour son diocésain. Il le vit, apprit le dessein des trois amis, et voulut les aider à l'accomplir. Il les fit admettre au collège anglais de Douai, et sollicita auprès du Pape le pouvoir de s'attacher ces auxiliaires. Libermann avait obtenu sa guérison dans un pèlerinage à Notre-Dame de Lorette. Il reçut le sous-diaconat et le diaconat à Strasbourg en 1841, ouvrit la même année le noviciat de la nouvelle congrégation sous le patronage du Saint-Cœur de Marie, à la Neuville, près d'Amiens, et fut ordonné prêtre. Deux ans après, les nouveaux missionnaires évangélisaient Saint-Domingue, l'Australie, l'île Maurice et l'île de la Réunion.

En 1840, Mgr Baron, vicaire apostolique, avait suivi sur les côtes de la Guinée les bandes de Noirs affranchis qui venaient de l'Amérique pour fonder une république sous le nom de Libéria. Il obtint pour collaborateurs sept missionnaires de la Neuville. Le climat, dont on ne connaissait pas encore la pernicieuse influence, les dévora tous, sauf un qui perdit courage, et un autre, M. Bessieux, dont on n'avait pas de nouvelles et que l'on crut mort pendant dix-huit mois. Mgr Baron avait été appelé à un autre poste. En 1845, l'abbé Schwindenhammer apprit à Rome qu'il restait encore un missionnaire en Guinée. La congrégation du Saint-Cœur de Marie fut chargée de cette mission. L'abbé Tisserand partit en qualité de préfet apostolique : il périt dans un naufrage à la hauteur de Mogador. Mgr Truffet, qui lui succéda, mourut quelques mois après son arrivée. Cependant la nouvelle congrégation grandissait. Le noviciat fut transféré dans l'intérieur d'Amiens, puis dans l'ancienne abbaye cistercienne de Notre-Dame-du-Gard. Un établissement se forma dans le diocèse de Bordeaux. Vers la fin de 1848, le Pape sanctionna l'union du nouvel institut avec la congrégation du Saint-Esprit, qui avait été fondée par un saint prêtre breton, Claude-François Poullart-Desplaces, en vue des missions étrangères, mais qui s'était dépeuplée au point de ne pouvoir plus fournir de prêtres aux colonies françaises qu'elle avait reçu la mission d'évangéliser depuis 1816. L'abbé Monnet en était alors supérieur : on l'envoya comme vicaire apostolique dans l'île de Madagascar. L'abbé Libermann fut nommé supérieur général. Mgr Bessieux, sacré en 1848, continua de diriger la mission de Guinée avec son jeune coadjuteur, Mgr Kobès. Deux prêtres du Saint-Cœur de Marie allèrent à Joal fonder une petite chrétienté qui, en 1852, comptait 150 fidèles. Une mission fut aussi établie à Sainte-Marie de Gambie. Les progrès allèrent en croissant, malgré la mort de Libermann, arrivée le 2 février 1852. Le second supérieur fut l'abbé Schwindenhammer : sous sa direction, la congrégation se développa et comprit trois branches, consacrées diversement au même objet ; il y eut des prêtres, des frères et des religieuses.

En Chine, M. Bonnard, missionnaire français, scella de son sang la prédication évangélique : il fut décapité en 1852.

Si maintenant nous reportons nos regards vers l'Europe, nous y verrons encore une grande œuvre de restauration catholique accomplie en Hollande. Depuis que Pie IX avait pu rendre la hiérarchie à l'Angleterre, il aspirait au moment d'accorder le même bienfait au pays qu'avait évangélisé autrefois saint Clément Willebrord, et qui avait été désolé à deux reprises par l'hérésie de Calvin et par celle de Jansénius. Le moment paraissait arrivé : le roi était animé de dispositions bienveillantes ; les catholiques étaient fervents ; les missionnaires et le clergé soumis aux vicaires apostoliques gagnaient continuellement du terrain sur l'hérésie. Alors Pie IX exécuta sa résolution. Des lettres apostoliques, données le 4 mars 1853, rétablirent un archevêché à Utrecht, et quatre sièges suffragants : Harlem, Bois-le-Duc, Bréda et Ruremonde. Les titulaires des nouveaux sièges devaient, comme ceux d'Angleterre, conserver les prérogatives et les droits des vicaires apostoliques et demeurer en communication avec la Propagande. Cet acte pontifical émut la Hollande hérétique. Vainement M. Thism le défendit avec toute la raison possible dans un petit livre intitulé : *L'organisation catholique de l'Église dans notre patrie*; les passions soulevées ne permirent pas de faire attention à cette invincible apologie. Les ministres, qui voulaient simplement la justice et la légalité sans mettre de différence entre les croyances religieuses, furent contraints de se retirer. Le souverain, entraîné par le torrent, se vit obligé de proposer une loi contre les catholiques. On put croire à ce moment que le grand acte de Pie IX était prématuré, et qu'il eût été plus conforme aux intérêts de l'Eglise d'attendre encore et de maintenir l'ancien état de choses. Mais l'événement se chargea de justifier pleinement la conduite du souverain Pontife. La défense des lettres apostoliques, présentée au parlement hollandais par le ministre de la justice chargé du culte catholique, fut un véritable triomphe. Battus sur la question principale, les ennemis de la Papauté se réfugièrent dans la discussion de quelque vice de forme. Ces misérables subterfuges servaient eux-mêmes à justifier le Pape, et rien ne pouvait mieux contribuer à la condamnation du protestantisme que les actes d'intolérance et de lâche tyrannie dont il était l'inspirateur. Aussi plusieurs pasteurs de différentes sectes se crurent engagés par l'honneur à désavouer les excès de leurs coreligionnaires. Les protestants de La Haye, honteux de l'attitude des autres, s'efforcèrent de réparer ce déshonneur en recueillant des aumônes pour les catholiques pauvres. Les catholiques se montrèrent dignes de la sympathie des hommes impartiaux et de la confiance de Pie IX par un redoublement de ferveur et de générosité dans la profession de leur foi.

L'Europe offrait sur quelques points un spectacle qui rappelait celui de la Nouvelle-Grenade. Malgré les solennels avertissements et les plaintes du souverain Pontife, le Piémont continuait de marcher dans une voie déplorable. Aucun des attentats que nous avons racontés n'avait reçu de réparation : on en commettait sans cesse de nouveaux, et le professeur Nuytz enseignait toutes sortes d'erreurs contre l'Eglise à la jeunesse qui fréquentait l'Université royale de Turin. Il avait exposé les principes de son pernicieux enseignement dans ses *Institutions de droit ecclésiastique*, et dans son *Traité de droit ecclésiastique universel*. Pie IX condamna hautement ces deux ouvrages dans un bref du 22 août 1851. Ce bref reprochait à Nuytz d'enseigner formellement et ouvertement : « Que l'Eglise n'a point de puissance coactive, ni aucun pouvoir temporel, soit direct, soit indirect; que le schisme qui a séparé l'Eglise orientale de l'Occident a sa cause dans les abus de pouvoir commis par les Pontifes romains; qu'outre la puissance inhérente à l'épiscopat, il en est une autre, temporelle, qui dérive des concessions expresses ou tacites de l'Etat et qui, par conséquent, peut être révoquée au gré de ce dernier; que l'Etat, quand même il serait gouverné par un infidèle, jouit d'un pouvoir indirect et négatif sur les choses sacrées, et qu'à l'aide de ce pouvoir, il a le droit de défendre ses intérêts par lui-même, si l'Eglise lui fait tort; qu'il possède légitimement le droit connu sous le nom d'*exequatur*, et que l'appel comme d'abus entre dans sa compétence; que, dans les conflits entre les deux puissances, l'Etat prévaut; que rien ne s'oppose à ce que, par un décret du concile général, ou par le fait de tous les peuples, le souverain Pontifical soit transporté de l'évêque et de la ville de Rome à un autre évêque et à une autre ville; qu'une définition émanée d'un concile national n'est point sujette à ratification et que le gouvernement civil peut établir qu'il en sera ainsi; que la doctrine de ceux qui comparent le Pontife romain à un monarque dont le pouvoir s'étend sur l'Eglise universelle est une doctrine née au moyen-âge et dont les effets durent encore; que la compatibilité du pouvoir temporel et du pouvoir spirituel est une question controversée parmi les enfants de l'Eglise chrétienne et catholique. » Touchant le mariage, Nuytz enseignait « qu'on ne peut prouver que Jésus-Christ a élevé le mariage à la dignité de sacrement; que le sacrement de mariage n'étant qu'un accessoire du contrat, peut en être séparé, et qu'il ne consiste simplement que dans la bénédiction nuptiale; que le lien matrimonial n'est pas indissoluble de droit naturel; que l'Eglise n'a pas le droit d'introduire des empêchements dirimants, mais que ce droit appartient à l'Etat, qui seul peut lever les empêchements existants; que, par leur nature, les causes matrimoniales et les fiançailles ressortissent au for civil; que l'Eglise, quand elle a commencé, dans la suite des siècles, à introduire des empêchements dirimants, n'a pas usé d'un droit qui lui fût propre, mais d'une prérogative qu'elle tenait de l'Etat; que les canons du concile de Trente qui fulminent l'anathème contre ceux qui osent dénier à l'Eglise le droit d'introduire des empêchements dirimants, ou ne sont pas dogmatiques, ou doivent être entendus de ce droit conféré par l'Etat; et même que la forme définie par le concile de Trente n'oblige point sous peine de nullité, lorsque l'Etat en prescrit une autre et veut que le mariage contracté en cette nouvelle forme soit valable; que Boniface VIII est le premier qui ait avancé que le vœu de chasteté émis dans l'ordination annulait le mariage. » Les livres de Nuytz renfermaient en outre quantité de propositions répréhensibles sur la puissance épiscopale, sur les peines infligées aux hérétiques et aux schismatiques, sur l'infaillibilité du Pontife romain et sur les conciles. « Nous réprouvons et condamnons ces livres, disait le bref, comme contenant des propositions et des doctrines respectivement fausses, téméraires, scandaleuses, erronées, injurieuses pour le Saint-Siége, contemptrices de ses droits, subversives du gouvernement de l'Eglise et de sa constitution divine, schismatiques, hérétiques, favorisant le protestantisme et la propagation de ses erreurs, conduisant à l'hérésie et au système depuis longtemps condamné comme hérétique dans Luther, Baïus, Marsile de Padoue, Janduno, Marc-Antoine de Dominis, Richer, Laborde, les docteurs de Pistoie, et autres également condamnés par l'Eglise; nous les condamnons enfin comme contraires aux canons du concile de Trente. »

Le gouvernement piémontais ne tint pas plus compte de cette condamnation que le professeur lui-même. Nuytz conserva sa chaire, et loin de rétracter aucune des propositions flétries par le bref pontifical, il les soutint obstinément, et afficha l'hérésie dans un libelle qu'il écrivit à cette occasion. Les évêques, dont le bref pontifical avait invoqué le zèle et le courage contre les fausses doctrines, ne purent voir une telle conduite sans protester. Une adresse porta au pied du trône de Victor-Emmanuel l'expression de la douleur des évêques de la province ecclésiastique de Turin et de celle de Gênes.

Ces dignes prélats gémissaient de voir, dans la pieuse capitale de la maison de Savoie, s'élever un temple protestant, circuler un journal hétérodoxe, et s'enhardir de plus en plus une presse licencieuse qui ne respectait ni la religion ni la morale. Mais ils se plaignaient surtout qu'au grand détriment de la vérité, de la bonne éducation de la jeunesse et de l'avenir social, « l'enseignement du droit canonique continuât d'être confié à un professeur dont les doctrines avaient été solennellement condamnées par le chef suprême de l'Eglise. »

Au lieu de céder aux remontrances du Pape et des évêques, le gouvernement piémontais essayait de se justifier. C'est dans ce sens que Victor-Emmanuel répondit, le 25 juillet, à une lettre du Pape. Cette réponse en provoqua une autre de Pie IX, datée de Castel-Gandolfo, le 15 septembre 1852, qui expose parfaitement les difficultés pendantes et l'impossibilité d'accéder aux prétentions des politiques sardes. « Sans entrer, dit le souverain Pontife, dans la discussion de ce que contiennent les écrits des ministres royaux que Votre Majesté nous a fait adresser, et où l'on prétend faire tout à la fois l'apologie de la loi du 9 avril 1850 et celle du projet de loi sur le mariage civil, représentant cette dernière comme une conséquence des engagements pris par la publication de la première; sans faire observer que l'on fait cette apologie au moment où se trouvent pendantes les négociations commencées pour la conciliation avec les droits de l'Eglise violés par ces lois; sans qualifier certains principes formulés dans ces écrits, et qui sont manifestement contraires à la discipline de l'Eglise, nous nous proposons seulement d'exposer, avec la brièveté qu'exigent les limites d'une lettre, quelle est sur le point en question la doctrine catholique....... C'est un dogme de foi que le mariage a été élevé par Jésus-Christ à la dignité de sacrement, et c'est un point de la doctrine de l'Eglise catholique que le sacrement n'est pas une qualité accidentelle surajoutée au contrat, mais qu'il est de l'essence même du mariage, de telle sorte que l'union conjugale entre des chrétiens n'est légitime que dans le mariage-sacrement, hors duquel il ne peut y avoir qu'un concubinage. Une loi civile qui, supposant le sacrement divisible du contrat de mariage pour des catholiques, prétend en régler la validité, contredit la doctrine de l'Eglise, usurpe ses droits inaliénables, et dans la pratique, met sur le même rang le concubinage et le sacrement de mariage, en les sanctionnant l'un et l'autre comme également légitimes. La doctrine de l'Eglise ne serait pas sauve, et les droits de l'Eglise ne seraient pas suffisamment garantis par l'adoption, à la suite de la discussion qui doit avoir lieu au sénat, des deux conditions indiquées par les ministres de Votre Majesté, savoir : 1° que la loi reconnaîtra comme valides les mariages célébrés régulièrement devant l'Eglise, et 2° que, lorsqu'un mariage dont l'Eglise ne reconnaît pas la validité aura été célébré, celle des deux parties qui voudrait plus tard se conformer aux préceptes de l'Eglise ne sera pas tenue de persévérer dans une cohabitation condamnée par la religion... La lettre de Votre Majesté nous engage encore à donner des éclaircissements sur quelques autres propositions que nous avons remarquées. Et d'abord, Votre Majesté dit avoir appris, par un canal qu'elle doit croire officiel, que nous n'avons pas regardé comme nuisible à l'Eglise la présentation de la loi susdite. Nous avons voulu nous entretenir sur ce point, avant son départ de Rome, avec le ministre de Votre Majesté, le comte Bertone. Il nous a assuré sur l'honneur qu'il s'était borné uniquement à écrire aux ministres de Votre Majesté que le Pape ne pourrait rien opposer si, tout en conservant au sacrement tous ses droits sacrés et la liberté à laquelle il a droit, on faisait des lois exclusivement relatives aux effets civils du mariage. Votre Majesté ajoute que les lois sur le mariage, qui sont en vigueur dans certains Etats limitrophes du Piémont, n'ont pas empêché le Saint-Siège de montrer de la bienveillance à ces Etats. A ceci nous répondrons que le Saint-Siège n'est jamais demeuré indifférent aux faits que l'on cite, et qu'il a toujours réclamé contre ces lois depuis le moment où leur existence lui a été connue... Cela ne l'a jamais empêché cependant et ne l'empêchera jamais d'aimer les catholiques des nations qui ont été contraintes de se soumettre aux exigences des lois susdites...... Il nous est néanmoins impossible de ne pas comprendre dans toute son étendue le devoir qui nous est imposé de prévenir le mal autant que cela dépend de nous, et nous déclarons à Votre Majesté que si le Saint-Siège a déjà réclamé en diverses occasions contre les lois de cette nature, il est aujourd'hui plus que jamais obligé de réclamer encore vis-à-vis du Piémont et de donner à ses réclamations la forme la plus solennelle, et cela précisément parce que le ministère de Votre Majesté invoque l'exemple des autres Etats, exemple dont c'est notre devoir d'empêcher l'imitation, et aussi parce que le moment choisi pour préparer l'établissement de cette loi étant celui où des négociations sont ouvertes pour le règlement d'autres affaires, cette circonstance pourrait donner lieu de supposer qu'il y a en cela quelque connivence de la part du Saint-Siège...

» Il nous reste maintenant à lever l'équivoque qui trompe Votre Majesté en ce qui touche l'administration du diocèse de Turin. Pour éviter des longueurs superflues, nous nous contenterons de prier Votre Majesté d'avoir la patience de lire les deux lettres que nous lui avons adressées sous la date du 7 septembre et du 9 novembre 1849. Le ministre de Votre Majesté à Rome, qui se trouve aujourd'hui à Turin, pourra lui rapporter à ce sujet une réflexion qu'il a entendue de notre bouche, et que nous rappellerons ici en toute simplicité. Ce ministre insistant pour la nomination d'un administrateur dans le diocèse de Turin, nous lui fîmes observer que le ministre piémontais, en prenant la responsabilité de l'incarcération et de l'exil, si dignes de réprobation, de Mgr l'archevêque de Turin, avait obtenu un résultat que probablement il ne se proposait pas, ces mesures ayant rendu ce prélat l'objet des sympathies et de la vénération d'une si grande partie de la catholicité, qui s'est plu à les manifester en tant de manières. Il s'ensuit que nous sommes aujourd'hui dans l'impossibilité de paraître nous mettre en opposition avec ce sentiment d'admiration exprimé par le monde catholique, en privant Mgr l'archevêque de Turin de l'administration de son diocèse.

» Nous terminerons en répondant à la dernière observation que nous fait Votre Majesté. On accuse une partie du clergé catholique piémontais de faire la guerre au gouvernement de Votre Majesté et de pousser ses sujets à la révolte contre elle et contre ses lois. Une telle accusation nous paraîtrait invraisemblable, si elle n'était formulée par Votre Majesté, qui assure avoir en main les documents par lesquels elle est justifiée. Nous regrettons de n'avoir aucune connaissance de ces documents et de nous trouver ainsi dans l'impossibilité de savoir quels sont les membres du clergé qui donnent les mains à la détestable entreprise d'une révolution en Piémont. Cette ignorance ne nous permet pas de les punir. Toutefois, si par les mots, *excitation à la révolte*, on voulait parler des écrits que le clergé piémontais a fait paraître pour s'opposer au projet de loi sur le mariage, nous dirons, tout en faisant abstraction de la manière dont quelques-uns auront pu s'y prendre, qu'en cela le clergé a fait son devoir. Nous écrivons à Votre Majesté que la loi n'est pas catholique. Or, si la loi n'est pas catholique, le clergé est obligé d'en prévenir les fidèles, dût-il, en le faisant, s'exposer aux plus grands dangers. Majesté, c'est au nom de Jésus-Christ, dont, malgré notre indignité, nous sommes le vicaire, que nous parlons, et nous vous disons en son nom sacré de ne pas donner votre sanction à cette loi, qui sera la source de mille désordres.

» Nous prions aussi Votre Majesté de vouloir bien ordonner qu'un frein soit mis à la presse qui vomit continuellement le blasphème et l'immoralité. Ah! de grâce, mon Dieu, que ces péchés ne retombent point sur celui qui, en ayant la puissance, ne voudrait pas mettre obstacle à la cause qui les produit! Votre Majesté se plaint du clergé; mais ce clergé a été, dans ces dernières années, persévéramment outragé, moqué, calomnié, livré à l'opprobre et à la dérision par presque tous les journaux qui s'impriment dans le Piémont; on ne saurait redire toutes les infamies, toutes les invectives haineuses répandues contre lui. Et maintenant, parce qu'il défend la pureté de la foi et les principes de la vertu, il doit encourir la disgrâce de Votre Majesté! Nous ne pouvons le croire et nous nous abandonnons de tout cœur à l'espérance de voir Votre Majesté soutenir les droits et protéger les ministres de l'Église, et délivrer son peuple du joug de ces lois qui attestent la décadence de la religion et de la moralité des États qui ont à les subir. »

Cette admirable lettre dévoile la situation religieuse du Piémont à cette époque, et montre quelle haute sagesse, quelle charité, quelle loyale fermeté le Saint-Père opposait constamment aux ruses et aux machinations du cabinet du Turin. C'est un contraste que la suite de cette histoire développera de plus en plus.

Les souverains protestants de l'Allemagne, auxquels les traités de 1815 ont soumis des populations catholiques, ne respectaient pas la liberté de l'Église. Le roi de Prusse, Frédéric-Guillaume IV, avait protesté qu'il n'inquiéterait jamais la conscience de ses sujets : mais cette promesse ne faisait pas le compte des sectaires ni des partisans du faux libéralisme. Les uns et les autres, voyant les progrès et l'influence du catholicisme, voulurent s'y opposer. Ils obtinrent du monarque deux décrets ministériels, à la date du 22 mai et du 16 juin 1852, qui défendaient à la jeunesse de recevoir son éducation dans les maisons des Jésuites et de faire ses études soit au collège Germanique soit à la Propagande de Rome. Ces décrets furent suivis de quelques actes de violences : on expulsa les Jésuites qui dirigeaient, comme simples particuliers, le séminaire de Cologne : on empêcha la fondation de nouvelles écoles. Mais cette persécution ne fit qu'animer le zèle et la ferveur des catholiques. Leurs députés parlèrent courageusement dans les Chambres, et présentèrent un mémoire au roi pour lui exposer sommairement les besoins du catholicisme en Prusse et prouver la justice de ses réclamations.

La province ecclésiastique du Haut-Rhin était le théâtre d'une persécution plus vive dont le roi de Wurtemberg, intime allié de l'empereur de Russie, passait pour être l'âme. Le 5 février 1851, les évêques de la province, et à leur tête, le métropolitain, Mgr Hermann de Vicari, archevêque de Fribourg en Brisgau, avaient soumis aux gouvernements un mémoire contre le décret de 1830 qui restreignait les droits de l'épiscopat et l'autorité de l'Église, en dépit de la parole publiquement donnée en 1821 et en 1827. Les gouvernements répondirent au mois de mars 1853, par des ordonnances qui écartaient les demandes des évêques sur tous les points essentiels. « Ces ordonnances, dit Mgr de Vicari, mettent l'Église catholique hors de tout droit, et la lettre ministérielle du 1er mars, qui les accompagne, porte littéralement : Nous ne voulons pas examiner plus attentivement ce que dispose le droit existant ; qu'il suffise de considérer ce que demande le bien de l'État et de l'Église ; et ajoute que le gouvernement peut changer, arbitrairement et quand il veut, toutes les dispositions du droit. » Il était impossible d'opposer à des plaintes dictées par la justice un langage plus despotique et plus insolent. « Nous n'avions plus, continue le courageux prélat, qu'à marcher sur les traces des saints confesseurs et martyrs, en confessant notre foi, en exerçant les droits qu'elle nous impose le devoir de maintenir, et en souffrant tout plutôt que de les abandonner. Nous nous sommes rappelé la parole du saint martyr Cyprien : Quand un évêque est rempli de crainte, c'en est fait de lui. Le droit positif d'agir ainsi, nous l'avons établi en détail dans notre mémoire du 18 juillet de cette année 1853, mémoire auquel le gouvernement ne réplique que par la menace de la force, au lieu de nous opposer des principes de droit. » Cependant les maux qui avaient excité les réclamations de Mgr de Vicari et de ses suffragants étaient arrivés à un point qui demandait un prompt remède. « On le sait, dit encore le prélat, même sous le gouvernement de quatre princes justes, les grands-ducs Charles-Frédéric, Charles, Louis et Léopold, qui tous étaient animés de droites intentions pour l'Église catholique, l'administration de l'Église par l'État s'est rendue coupable d'une telle quantité d'injustices et de torts contre l'Église de Dieu, que nulle autre époque de l'histoire ecclésiastique n'en présente un pareil exemple. Cette administration s'est rendue coupable contre le ministère d'enseignement de l'Église; elle a fait enseigner des choses hostiles à la foi. Elle s'est mêlée de choses qui regardent le culte et a porté atteinte, par sa législation, aux sacrements et aux préceptes sacramentaux de l'Eglise. Elle s'est emparée du gouvernement de l'Eglise et l'a confié aux mains des fonctionnaires laïques. Elle a privé la sainte religion de son action sur la vie politique du peuple. Elle a entravé l'influence du christianisme sur l'enseignement public, en commençant par l'Université catholique de Fribourg, à laquelle elle a tâché d'enlever le caractère catholique, qu'elle a d'après sa fondation; et en descendant jusqu'aux écoles paroissiales qu'elle a privées, sous bien des rapports, de la grâce d'une éducation chrétienne et de la foi. Nous ne parlons pas de l'administration des biens ecclésiastiques; l'Eglise, que la constitution de l'Etat reconnaît propriétaire de ces biens, en a été dépossédée. C'est ainsi que l'héritage qui nous a été transmis par nos pères, la foi et la fidélité antiques, a été perdu. Des passions se sont emparées du peuple, qui a été négligé; et à ses souffrances et à sa misère, qui vont toujours croissant, viennent se joindre la corruption et la perte éternelle des âmes. » Résolu d'agir suivant les lois canoniques, Mgr de Vicari s'adressa directement au conseil supérieur ecclésiastique qui était, dans le grand-duché, l'instrument de tous les attentats contre l'Eglise, et que l'on avait affecté de composer entièrement de catholiques, ecclésiastiques et laïques, pour en déguiser la tendance et l'action. L'archevêque requit les membres qui le formaient de réclamer du prince-régent une nouvelle organisation qui leur permît de remplir leur rôle, sans empiéter sur les droits de l'Eglise et sans violer leur conscience. Il les invitait notamment à laisser aux évêques la collation des cures et d'autres bénéfices, et l'examen des aspirants au sacerdoce. Le ministre d'Etat lui fit enjoindre de rapporter ces actes : Mgr de Vicari, appuyé par son chapitre, refusa d'obéir à cet ordre. Alors une ordonnance, publiée par le journal officiel, lui interdit le gouvernement de son diocèse, et en chargea un employé subalterne de police; il était défendu à l'archevêque de faire parvenir aux fidèles aucun acte de son ministère sans l'approbation de cet employé. On alla plus loin. Dans un pays où régnait la liberté de la presse, on s'empara de toutes les imprimeries, pour les empêcher de publier aucune protestation du prélat; on menaça les prêtres fidèles; on encouragea les prévaricateurs. A toutes ces violences, Mgr de Vicari répondit par un mandement remarquable, du langage le plus élevé et le plus apostolique, et par une sentence d'excommunication contre les membres du conseil ecclésiastique. C'est de ce grand acte pastoral que nous avons extrait les citations qu'on a trouvées plus haut. Il est daté de Fribourg, le 11 novembre 1853. Le prélat y expose, avec la plus grande clarté et avec une sainte franchise, toute sa conduite et les raisons qui la justifient. Il ordonne des prières publiques et recommande au clergé et au peuple la fermeté dans la foi; mais il les prémunit contre la tentation, bien naturelle dans une semblable circonstance, de perdre quelque chose du sentiment de respect et de soumission dû à l'autorité du souverain. « Abandonnez, leur dit-il, avec confiance à mes vieilles épaules, ce combat pour la gloire de Dieu et pour la liberté de la sainte Eglise.

Restez fidèles et obéissants au père de la patrie que Dieu vous a donné, mais en vous souvenant de votre foi et sans y laisser porter atteinte. Un pareil combat dans un Etat constitutionnel n'est dirigé que contre le ministère responsable : la couronne n'en peut pas être atteinte. » Beaucoup de passages de ce mandement rappellent les plus glorieuses pages de l'histoire des persécutions, et brilleront à jamais dans les fastes de l'Eglise. « Nous avons vieilli au service de l'Eglise... Notre cœur s'épuise et nos membres sont chargés d'années. Nous avons un pied dans le tombeau. Et pourtant nous disons courageusement avec saint Thomas : Par la miséricorde de Dieu, je ne ferai rien qui puisse être préjudiciable à l'Eglise tant que je vivrai ; j'ai choisi cette voie, je ne changerai pas de direction... L'Eglise ne doit pas être gouvernée par des moyens voilés, par la ruse, mais par la justice et la vérité, qui délivrera tous ceux qui la suivront. »

Le gouvernement voulut triompher de ce courage et de cette éloquence épiscopale à la manière des tyrans. Mgr de Vicari, âgé de quatre-vingts ans, fut menacé d'être traité comme un criminel pour avoir fait son devoir en défendant les libertés de l'Eglise. On expulsa des curés de leurs paroisses, des prêtres se virent jetés en prison, d'autres furent frappés d'amendes pécuniaires. Ce fut le moment du triomphe pour le noble archevêque de Fribourg et pour la foi de ses diocésains. Le clergé se groupa fidèlement autour de son chef, les étudiants de l'Université catholique protestèrent hautement de leur adhésion pleine et entière à tous les sentiments de leurs pasteurs persécutés. Pie IX adressa tout ensemble des louanges et des consolations à Mgr de Vicari, et les évêques de toute l'Europe s'empressèrent d'exprimer à leur collègue une admiration sympathique, et d'ouvrir, en faveur de son clergé et de son diocèse, des souscriptions où affluèrent les offrandes des fidèles.

Dans les autres parties du Haut-Rhin, la persécution aboutit à des résultats semblables. Une princesse de Nassau avait abjuré le protestantisme et embrassé la foi catholique : pour la punir, on lui enlève son fils; on inflige un châtiment à l'évêque Blum qui était coupable d'avoir eu un entretien particulier avec ces victimes de la tyrannie. Mais la voix du sang ne put, chez la femme, triompher de la puissance de la foi, et les évêques, traînés au banc des criminels, rappelèrent aux magistrats qu'il est au-dessus d'eux un Juge universel. Dans le Mecklembourg, on ne craignait pas de violer, dans la personne des prêtres, l'immunité que la loi garantissait à tous les citoyens. Le Wurtemberg, comme Bade, disputa aux évêques le droit d'examiner les élèves qui devaient être promus aux bénéfices spirituels. Des faits semblables se passaient à Cassel et dans la Hesse. Partout le beau rôle appartenait à l'Eglise, qui alors défendait la liberté, sans porter atteinte au principe d'autorité et qui, peu d'années auparavant, au milieu des orages de 1848, avait défendu l'autorité sans accepter aucune tyrannie : « Vous avez entendu souvent, dans ces dernières années, disait l'évêque de Mayence à ses diocésains, les évêques élever la voix pour exhorter les fidèles à prêter obéissance à l'autorité civile dans les choses permises; je vous ai souvent mis ce précepte dans le cœur, et vous savez quelles haines l'Eglise s'est attirées par-là. »

Le gouvernement de Bade persévérait dans ses attaques, et Mgr de Vicari dans sa noble résistance. On envoya des troupes dans l'Odenwald pour maintenir les populations catholiques qui prenaient une attitude inquiétante. Enfin l'oppression arriva au dernier excès. L'archevêque fut poursuivi comme coupable d'avoir violé la fidélité jurée au souverain et l'obéissance due aux lois. Des gendarmes le gardèrent à vue dans son palais. C'était à la fin du mois de mai 1854. Les cloches et les orgues se turent dans toutes les églises, les catholiques répandaient leurs prières dans le deuil et dans les larmes. Peu de jours après, le prélat rendu à la liberté protesta, dans une nouvelle lettre pastorale, contre l'accusation dont on l'avait chargé. Le gouvernement, tenant enfin compte d'une offre de conciliation présentée par les évêques dans leur mémoire, s'était décidé à envoyer à Rome le comte Leiningen et le conseiller Brunner. Au mois de novembre suivant, on publia des articles en vertu desquels le procès intenté à l'archevêque devait être annulé, les amendes restituées au clergé, l'administration des biens ecclésiastiques remise dans le même état qu'avant la discussion, l'archevêque laissé libre dans l'exercice des droits contestés, et des administrateurs nommés provisoirement aux cures vacantes avec les émoluments ordinaires. Des conventions analogues furent conclues entre les évêques et les gouvernements de Wurtemberg et de Hesse-Darmstadt. Nassau négocia directement avec le Pape.

En Suède, on maintenait la loi qui condamne à l'exil les personnes coupables d'avoir abjuré le protestantisme. C'est au point que le synode de l'Eglise évangélique française, écrivit, le 15 avril 1864, au chef du clergé protestant de ce pays, à l'archevêque d'Upsal, pour protester contre cette oppression des consciences.

Dans un pays catholique, en Portugal, quelques membres du parlement ayant formulé à la tribune, en 1853, des propositions peu orthodoxes et même affiché des doctrines contraires à l'autorité universelle du souverain Pontife, le clergé et le peuple, toutes les classes de la société s'unirent pour exprimer, dans un manifeste commun, appelé *manifeste de la nation*, leur réprobation unanime. « Nous sommes catholiques sincères, y est-il dit, et nous voulons vivre unis avec Rome. Nous mourrons plutôt que de nous séparer du Vicaire de Jésus-Christ, centre unique de l'Eglise chrétienne, et nous protestons contre ceux qui égarent la nation, en agissant à l'encontre de sa volonté, de ses opinions et de ses véritables intérêts. »

En 1851, Pie IX avait heureusement terminé le schisme occasionné dans l'Inde par le droit du patronage que les souverains portugais prétendaient conserver sur les églises de ce pays. La reine de Portugal rappela l'archevêque de Goa qui, contre la parole jurée, s'était fait l'instrument de ce schisme; le Pape le reçut en grâce et le nomma coadjuteur de l'archevêque de Brague, après avoir exigé de lui une lettre de soumission et lui avoir fait sentir la gravité de sa faute.

Cependant les Arméniens catholiques de la province de Constantinople, qui avaient toujours été l'objet d'une sollicitude spéciale de la part de Pie IX, et pour lesquels le zélé Pontife avait créé cinq nouveaux évêchés, l'attristaient par de fâcheuses divisions.

La dissension était devenue d'autant plus grave que, malgré les ordres du Saint-Siége, elle s'était traduite par une guerre d'écrits rendus publics. Les uns se montraient d'une excessive dureté contre les Arméniens schismatiques, et reprochaient aux moines Méchitaristes, résidant à Venise, d'être pour ces derniers d'une bienveillance suspecte; les autres voulaient faire tomber toute distinction entre les deux parties de la nation, et en particulier supprimer les rites qui avaient été introduits dans la liturgie catholique précisément pour mieux marquer l'éloignement du schisme et de l'hérésie. La congrégation de l'Index condamna plusieurs des écrits publiés à cette occasion, et le Saint-Père en réprouva hautement le ton général, comme étant contraire à la charité chrétienne. Pour mettre fin à cette discorde, Pie IX adressa, le 2 février 1854, une lettre encyclique au clergé et aux fidèles ainsi divisés. Il leur apprenait qu'il désapprouvait formellement toute controverse qui avait eu lieu; qu'il avait pris des mesures avec le concours de la Propagande pour améliorer l'éducation du clergé dans le séminaire de Constantinople et pour établir un ordre plus sévère dans les maisons religieuses de la province, et qu'enfin il avait reçu des Méchitaristes une déclaration parfaitement explicite, qui ne laissait pas subsister l'ombre d'un doute sur la pureté de leur foi et sur leur attachement au Saint-Siége. Au nom de la charité qui l'animait pour eux, et dont il s'était toujours efforcé de leur donner des preuves, il les conjurait de bannir l'esprit de division et de chercher en tout l'unité et la bonne harmonie. Il recommandait aux évêques de travailler sans relâche et de gouverner leurs ouailles avec autant de douceur que de fermeté. Aux ecclésiastiques, il rappelait le devoir d'édifier les peuples par la gravité de leurs mœurs et la sainteté de leur vie. Il exhortait les religieux à bien observer leurs règles, et tout le clergé à se sanctifier par l'étude de la science sacrée. Il conjurait les fidèles de tout ordre d'aimer la paix, et ceux à qui leur position donnait une légitime influence, de ne rien négliger pour établir partout la concorde. En terminant, il rappelait qu'ayant, dès le commencement de son pontificat, adressé un appel aux schismatiques de l'Orient, il ne pouvait approuver qu'on les rebutât par des témoignages d'antipathie et par une rigueur exclusive; mais il déclarait aussi qu'il désapprouvait ceux qui avaient la prétention de supprimer toute espèce de distinction entre les Arméniens catholiques et les Arméniens schismatiques. Il imposait un silence perpétuel et absolu sur les questions et les controverses passées.

L'attention du Saint-Père était partout. Pendant qu'il s'occupait de pacifier l'Orient, il suivait, avec non moins de sollicitude, des controverses qui s'étaient élevées en France et les apaisait de la manière la plus sage et la plus heureuse.

Nous avons déjà vu que le président de la République française, Louis-Napoléon Bonaparte, savait exploiter, au profit de sa popularité et de sa grandeur, non-seulement le prestige de son nom, mais surtout le besoin profond d'ordre et de tranquillité que la France éprouvait au milieu des commotions révolutionnaires et des terreurs qu'elles suscitaient. La majorité de la Chambre lui était hostile : les démagogues lui étaient opposés comme ils le sont à tout dépositaire du pouvoir : les républicains se méfiaient de ses vues ambitieuses : les partisans des dynasties déchues étaient éloignés de lui par leurs affections politiques. Mais il avait réussi à se faire accepter du pays. Comme les pouvoirs dont il était revêtu devaient expirer en 1852, les conseils généraux des départements demandaient, dès leur session de 1850, que la constitution fût révisée, afin de permettre la prolongation de ces pouvoirs. En même temps, le prince était l'objet d'ovations populaires dans les visites qu'il faisait aux grandes villes et à différentes provinces. Lui-même n'avait pas craint, à Cherbourg, de dire que, si l'on attendait de lui des améliorations, il fallait « lui donner le moyen de les accomplir; ce moyen, ajoutait-il, est tout entier dans votre concours à fortifier le pouvoir et à écarter les dangers de l'avenir. »

Cette popularité, ce langage et certains actes du président indisposaient l'Assemblée. Cependant des troubles qui avaient éclaté dans l'Ardèche, l'Allier, le Cher et la Nièvre, avaient rallié la majorité au projet de réviser la constitution; mais cette majorité, n'atteignant pas les trois quarts des voix, se trouva encore insuffisante. Quand l'Assemblée reprit sa session, à la fin de 1851, le conflit s'engagea de plus en plus, et le pays tremblait de voir la Montagne se frayer un passage à travers tous ces dissentiments et préparer son triomphe par la chute simultanée ou successive de la majorité conservatrice et de Louis-Napoléon. On attendait sous le poids d'une pénible anxiété.

Pendant la nuit du 2 décembre, des troupes, sur un ordre émané du président, occupèrent différentes positions de Paris, entre autres les environs du palais de l'Assemblée. Les personnages dont la résistance était à craindre furent arrêtés dans leurs maisons. M. de Morny, installé au ministère de l'intérieur, dirigeait, avec un sang-froid inaltérable, toutes les opérations de ce coup d'Etat dont il paraît avoir été le principal instrument. Quand le jour parut, la population lut sur tous les murs de la capitale une proclamation par laquelle le président annonçait la dissolution de l'Assemblée législative et faisait un appel à la nation tout entière. « Persuadé, disait-il, que les instabilités du Pouvoir, que la prépondérance d'une seule assemblée, sont les causes permanentes de trouble et de discorde, je soumets à vos suffrages les bases fondamentales suivantes d'une constitution que les Assemblées développeront plus tard : 1º Un chef responsable nommé pour dix ans; 2º des ministres dépendant du Pouvoir exécutif seul; 3º un conseil d'Etat formé des hommes les plus distingués, préparant les lois et en soutenant la discussion devant le Corps législatif; 4º un Corps législatif discutant et votant les lois, nommé par le suffrage universel, sans scrutin de liste qui fausse l'élection; 5º une seconde assemblée (on n'avait pas jugé à propos d'écrire le nom du Sénat), formée de toutes les illustrations du pays, pouvoir pondérateur, gardien du pacte fondamental et des libertés publiques. Ce système créé par le Premier-Consul au commencement du siècle a déjà donné à la France le repos et la prospérité; il les lui garantirait encore. Telle est ma conviction profonde. Si vous la partagez, déclarez-le par vos suffrages; si, au contraire, vous préférez un gouvernement sans force, monarchique ou républicain, emprunté à je ne sais quel passé ou quel avenir chimérique, répondez négativement. » Deux cent vingt représentants, réunis dans une mairie de Paris, protestèrent contre ces actes du président et proclamèrent sa déchéance. La force militaire alla s'emparer de leurs personnes. Le 3 et le 4 décembre, une insurrection naissante, qui avait élevé quelques barricades au centre de Paris et sur les boulevards, fut vigoureusement réprimée par le général Magnan. Le drapeau rouge fut aussi vaincu dans onze départements où les passions révolutionnaires se souillèrent de forfaits qui montraient à quel abîme la société pouvait descendre. Enfin, le vote du 20 et du 21 décembre donna aux actes du président la consécration de sept millions quatre cent trente-neuf mille deux cent seize suffrages contre cinq cent quarante mille sept cent trente-sept voix opposantes, et le 14 janvier 1852 vit proclamer la constitution dont l'appel au peuple du 2 décembre traçait les grandes lignes.

A ce moment, les catholiques, oubliant la fameuse lettre sur le rétablissement de la souveraineté pontificale, ne virent dans le coup d'Etat qu'un service rendu à la patrie qui l'avait demandé et qui s'en montrait reconnaissante. M. de Montalembert lui-même y adhéra, mais pour comprendre le sens de cette adhésion, il faut se rappeler ces lignes qu'écrivait M. Louis Veuillot à la date du 8 décembre 1851 : « Nous ne sommes ni vainqueurs, ni vaincus, ni mécontents. Nous n'avons rien à dire lorsque rien de ce que nous aimons par-dessus tout n'est attaqué ni menacé. »

La conduite du Prince-président autorisa d'abord les plus belles espérances. Les cardinaux rentrèrent de droit dans la composition du sénat : le culte catholique reprit possession de l'église Sainte-Geneviève, dont les révolutions avaient fait le Panthéon, consacré à la mémoire des hommes illustres : un décret donna un aumônier à la flotte ainsi qu'à tout navire portant pavillon d'officier général ou désigné pour une expédition de guerre.

Ces espérances grandirent encore quand on recueillit les paroles qui s'échangeaient entre le Prince-président et les évêques, pendant ces voyages de 1852, où les populations enthousiastes des différentes parties de la France saluaient déjà Napoléon du titre d'Empereur et proclamaient par avance le rétablissement du gouvernement impérial dans sa personne. Mgr Guibert, évêque de Viviers, et depuis archevêque de Tours et de Paris, lui disait : « La restauration morale que vous avez entreprise, est une œuvre bien difficile, et l'on peut dire surhumaine. Ayez confiance, Prince, Dieu vous viendra en aide, parce qu'il se souviendra de ce que vous avez fait pour celui qui est son représentant sur la terre, et pour la liberté de son Eglise. Nous demandons à Dieu qu'il protège Votre Altesse, et qu'il continue à répandre sur elle l'esprit de sagesse et de force qu'il ne refuse jamais aux princes qui aiment la religion et qui la font aimer de leurs peuples. » M&r l'évêque de Montauban le louait « d'avoir fait franchement et courageusement ce qu'aucun souverain dans l'Eglise catholique n'avait osé ou n'avait voulu faire depuis deux cents ans. » Pour lui, il répondait à l'évêque de Marseille : « Je suis profondément touché des remerciements que vous m'adressez au nom de la Religion et de la société qu'il m'a été donné de défendre dans des temps difficiles. La Religion est, comme vous l'avez dit, la base de toute société et de tout gouvernement qui a le sentiment de ses destinées. C'est elle qui fait ma force et qui me guide dans la voie où je marche. J'espère que vos prières appelleront les bénédictions du ciel sur l'entier accomplissement de la mission que je tiens de la confiance du peuple français. » A l'archevêque de Tours : « C'est à la Providence, aux prières de l'Eglise, au concours de ses pieux pontifes et de ses prêtres que je dois mes succès dans les grandes entreprises. » A l'évêque de Poitiers, qui lui avait rappelé la nécessité de défendre l'ordre social contre les mauvaises doctrines : « Je pense comme vous, que la mission que j'ai reçue de la Providence et du peuple n'est pas accomplie. Aussi je prie le Ciel et je demande au clergé de prier pour moi, afin que je devienne de plus en plus digne de servir ses vues. »

A Bordeaux, le prince traça le programme du futur empire : « Je veux, disait-il, conquérir à la religion, à la morale, à l'aisance, cette partie encore si nombreuse de la population, qui, au milieu d'un pays de foi et de croyance, connaît à peine les préceptes du Christ; qui, au sein de la terre la plus fertile du monde, peut à peine jouir de ses produits de première nécessité. »

Le 21 et le 22 novembre 1852, un sénatus-consulte, portant le rétablissement de l'empire, fut soumis à la ratification du peuple. Ce nouveau plébiscite réunit plus de huit millions de suffrages contre deux cent cinquante-quatre mille cinq cent un votes négatifs. Dans la soirée du 1er décembre, les trois grands corps de l'Etat allèrent à Saint-Cloud présenter au prince la couronne impériale. « Aidez-moi tous, leur dit-il, à asseoir sur cette terre bouleversée par tant de révolutions un gouvernement stable qui ait pour bases la religion, la justice, la probité, l'amour des classes souffrantes. »

Ce nouvel empire de Napoléon III fut, parmi les catholiques de France, un signe de division, et les dissentiments qui s'étaient déjà manifestés à l'occasion de la loi de 1850 sur l'enseignement se tranchèrent et s'étendirent de plus en plus. De tous les partis restés fidèles au gouvernement déchu, on comprend que les seuls légitimistes, amis de la branche aînée des Bourbons, étaient autorisés à invoquer un droit historique et traditionnel. Les autres n'auraient pu échapper le mot d'*usurpation* sans le voir aussitôt rejaillir contre eux-mêmes; ils tâchaient de se soustraire à cette difficulté en présentant le coup d'État du 2 décembre comme une injuste et cruelle conspiration, mais on pouvait leur demander comment avaient pris naissance les régimes dont ils souhaitaient le retour. Mgr de Salinis, évêque d'Amiens, résolut ce cas de conscience avec l'autorité de son savoir. Rappelant les deux doctrines sur l'origine du pouvoir politique, l'une qui le fait dériver de l'élection populaire, l'autre qui prétend que Dieu le suscite directement par un ensemble de faits providentiels et invincibles, l'éminent prélat montrait que, dans le second comme dans le premier de ces systèmes, le nouveau gouvernement était revêtu d'une consécration qui légitimait toute obéissance et devait apaiser tout scrupule. On pouvait opposer à cette argumentation que le suffrage universel, la pire de toutes les bases d'une constitution, était un produit révolutionnaire, par conséquent illégitime, et que si la Providence avait mis la force aux mains de Louis-Napoléon, ce n'était pas apparemment pour lui permettre d'ajouter une page de plus à l'histoire des usurpateurs, mais pour lui donner occasion de réparer les maux de la France en lui restituant la monarchie qui l'avait formée. On ajoutait que le caractère sceptique et les antécédents du prince empêchaient de lui accorder aucune confiance. Il adressait de belles paroles aux évêques et donnait satisfaction aux intérêts catholiques par quelques-uns de ses actes, mais cette conduite s'expliquait par le besoin qu'il avait de s'appuyer sur l'influence des croyances religieuses et sur le crédit renaissant du clergé. Plusieurs des mesures qu'il avait déjà prises portaient l'empreinte du despotisme révolutionnaire; c'est ainsi qu'il avait concentré plus fortement que jamais la hiérarchie universitaire, en décrétant que tous les hauts fonctionnaires de l'enseignement seraient nommés par le chef de l'État, et les autres par le ministre de l'instruction publique : c'est ainsi encore que les biens de la famille d'Orléans avaient été confisqués, sous prétexte que la donation faite par Louis-Philippe à ses enfants au moment de monter sur le trône était entachée d'illégalité. La lettre qui demandait des réformes à Rome restait toujours comme un gage aux mains de la Révolution. Il était à craindre que, derrière l'homme soi-disant providentiel, ne se dissimulât, prêt à reparaître au bon moment, l'insurgé de l'Ombrie, l'aventurier de Boulogne et de Strasbourg. Malgré toutes ces considérations, qui étaient bien de nature à ébranler leur confiance, la plus grande partie des catholiques et des membres du clergé saluèrent, dans la décision du peuple, un oracle providentiel, et prêtèrent au nouvel ordre de choses le concours de leur soumission et de leur sympathie. Mais en dehors de cette majorité, il resta un nombre considérable de catholiques légitimistes, de fusionnistes qui demandaient l'alliance des deux branches de la famille de Bourbon, et de parlementaires.

Ces derniers avaient pour principaux chefs l'illustre comte de Montalembert et M. de Falloux. Ils firent aux partisans de la constitution impériale, notamment à M. Louis Veuillot, rédacteur en chef de *l'Univers*, une guerre qui n'était pas sans animosité et qui attira souvent de vives représailles. M. de Montalembert voyait dans l'adhésion à l'Empire un acte de servilisme et l'abandon des garanties que le régime parlementaire fournissait à l'Eglise pour la conservation de ses libertés, et que lui seul était capable de fournir. L'Eglise, disait-il, ne doit pas demander la protection d'un césar; cette protection prétendue est en réalité une véritable oppression : cela se prouve par les faits : sous les gouvernements absolus, l'Eglise languit, enchaînée et tyrannisée : elle fleurit et prospère à l'ombre des constitutions libres. Ces idées étaient développées dans une importante revue, le Correspondant; dans plusieurs journaux, entre autres, l'Ami de la religion, et dans des opuscules de M. de Montalembert et de M. de Falloux. M. Louis Veuillot répondait que, la société civile étant obligée de prêter secours à la vérité et à la justice contre les attaques de l'erreur, il était légitime d'accepter et même de réclamer, quand les circonstances le permettaient, cette protection en faveur de l'Eglise. Toute l'Europe, et en particulier la France, savait, hélas! par expérience, que la tyrannie et la haine de l'Eglise s'accommodaient parfaitement des fictions parlementaires. « Le mécanisme de la constitution est bon, disait l'Univers dans un article du 17 janvier 1852, tout dépendra des hommes qui le feront marcher. Si les conseils, particulièrement le Conseil d'Etat et le Sénat, sont remplis des personnages qui conduisaient nos dernières assemblées, le mauvais esprit de 89 y vivra et produira les résultats qu'il a déjà produits... Un instinct patient, subtil et funeste, qui s'armera de tous les prétextes et prendra tous les déguisements, dirigera particulièrement leurs efforts contre l'Eglise. » M. Louis Veuillot et ses amis repoussaient avec énergie le reproche de servilisme : n'était-il pas possible de reconnaître l'Empire sans courber une tête avilie? Ne pouvait-on, tout en louant le bien, garder la liberté de blâmer ce qui était mal? Accorder son concours au seul gouvernement que la France acceptât et qui eût la confiance du pays, ce n'était pas s'engager à le suivre en aveugle dans tous ses errements, c'était coopérer à une œuvre de régénération, c'était aider au salut de la religion, de la famille, de la propriété. Si le gouvernement abusait de sa force pour attenter à la liberté et pour seconder les passions révolutionnaires, on saurait bien se séparer de lui, comme on se séparait du faux libéralisme, également indépendant à l'égard de l'un et de l'autre, et on laisserait alors peser sur lui seul la terrible et nécessaire responsabilité de ses actes et de la confiance populaire qu'il aurait indignement trompée. On l'appuierait pour le bien; on lui résisterait quand il voudrait le mal.

Quelque opinion que l'on adopte dans cette discussion, il est impossible de ne pas regretter que ces divisions intestines aient absorbé les heures et les forces des plus beaux talents, quand il eût été si utile de les employer contre l'ennemi commun.

Le gallicanisme, en cherchant à se défendre contre la ruine qui le menaçait de toutes parts, occasionna des controverses d'un autre genre.

Le 27 septembre 1851, un décret de l'*Index* condamna un *Manuel du droit canonique*, qui avait pour auteur M. Lequeux, vicaire général de Mgr l'archevêque de Paris, et qui était en usage dans un assez grand nombre de séminaires français. L'auteur avait eu le tort de s'inspirer habituellement des doctrines de Fleury, de Van Espen et de Gerbais. Aussitôt qu'il eut reçu avis de la condamnation de son livre, il s'empressa de faire humblement sa soumission, et en informa le public par la voie des journaux, en déclarant que, d'ailleurs, il avait toujours repoussé les idées du professeur Nuytz, dont les ouvrages figuraient dans le décret de l'*Index* à côté du sien. Il n'entra dans aucune discussion sur la sentence qui le frappait, et ne s'écarta pas un instant de la ligne de conduite que son louable esprit de soumission envers le Saint-Siége lui avait d'abord tracée.

D'autres furent moins dociles. M. l'abbé Delacouture, dont l'avis avait déterminé Mgr l'archevêque de Paris à revêtir de son approbation le *Dictionnaire* de Bouillet, condamné ensuite par l'*Index*, publia un ouvrage intitulé : *Observations sur le décret de la congrégation de l'Index du 27 septembre* 1851, *et sur les doctrines de quelques écrivains : droit d'insurrection, pouvoir du Pape sur le temporel, traditionalisme, par M. l'abbé de La Couture, ancien professeur de théologie, chanoine honoraire de Paris*. Ces quelques écrivains étaient particulièrement MM. Rohrbacher, Chantrel, rédacteur de l'*Univers*, et Bonnetty, rédacteur en chef des *Annales de philosophie chrétienne*. Tous les trois ripostèrent vigoureusement et montrèrent que la doctrine qu'ils avaient soutenue était conforme à l'orthodoxie et à la tradition catholique. Quant à l'*Index*, M. Delacouture prétendait que les décisions n'en étaient pas reçues en France.

Dans le courant de l'année 1852, un écrit anonyme fut adressé à tous les évêchés et à tous les séminaires. Il portait ce titre : *Sur la situation présente de l'Eglise gallicane, relativement au droit coutumier. Mémoire adressé à l'épiscopat*. Après avoir constaté que le nom même du gallicanisme n'inspirait plus que la méfiance, et que toutes les Eglises de France s'empressaient de renoncer à leur discipline particulière pour revenir au droit commun, l'auteur déclare qu'il ne veut pas défendre le système gallican ni porter atteinte aux prérogatives du Saint-Siége, mais tout simplement examiner la légitimité de « ces coutumes anciennes et vraiment ecclésiastiques par lesquelles la discipline générale du droit commun était assez notablement modifiée en France, dans des points qui, disait-il, n'avaient rien d'essentiel. » Suivant lui, le droit coutumier est absolument nécessaire. Le droit du Pape, le droit de l'évêque sont dans l'Eglise deux rouages qui peuvent se gêner réciproquement : il faut qu'un « élément flexible, mobile, un peu indécis même, » s'interpose, et cet élément se trouve dans la coutume qui est essentiellement conciliante. Le droit coutumier est aussi le seul moyen de mettre les lois ecclésiastiques en harmonie avec les mœurs et les besoins de l'humanité; et voilà, dit l'auteur, les idées sur lesquelles reposent nos coutumes. Il achève de poser ses principes généraux, en disant que l'abrogation des coutumes particulières ne peut résulter d'une loi générale et universelle, établie dans un sens contraire à la coutume, ni même d'une loi, d'une constitution portée directement pour une province, pour un diocèse, à moins que le législateur n'en fasse mention, parce que le souverain Pontife n'est point censé connaître les usages particuliers; il ajoutait que la clause, *non obstante quacumque consuetudine*, n'atteint pas les coutumes dites immémoriales, à moins d'une mention expresse. L'auteur vient ensuite à l'application de ses principes. Voici ses principales propositions : les lois pontificales disciplinaires ne sont obligatoires que lorsqu'elles ont été promulguées dans le diocèse. En France, on ne reconnaissait pas aux décisions des congrégations romaines un caractère légal. Les bulles qui le leur attribuaient n'ont jamais été publiées en France : cela est particulièrement vrai de la congrégation du Concile et de celle des Rites. On ne regardait pas tous les décrets de la congrégation de l'*Index* comme strictement obligatoires, et l'on préférait laisser aux évêques, juges de la foi, le soin de discerner les livres dont il fallait prohiber la lecture de ceux que les fidèles pouvaient lire. Les coutumes de l'Eglise de France ont pu subsister après le concordat. La doctrine de M. Bouix, à cet égard, dans son ouvrage *sur les principes du droit canon* est fausse. Les décisions récentes de la congrégation du Concile, prononcées à la sollicitation des évêques et docilement accueillies par eux, notamment sur les fêtes supprimées, sur les sentences *ex informata conscientia*, sur les refus d'ordination, doivent être comparées attentivement avec nos usages, si on veut bien les juger. Cette même congrégation a le droit de corriger les décrets des conciles provinciaux, mais non d'y rien ajouter, et l'on trouve matière à critique dans les additions qu'elle a fait faire aux conciles récents de Paris, de Soissons, de Lyon, de Rouen, d'Avignon et de Toulouse. L'auteur blâme encore le mouvement liturgique, et plusieurs décrets de l'*Index*, en particulier celui qui condamne l'ouvrage de M. Lequeux, et celui qui atteignait le *Dictionnaire* de Bouillet, non moins qu'un autre qui avait frappé l'*Histoire de l'Eglise de France, par M. l'abbé Guettée*. Il reproche aux journalistes religieux de chercher avant tout à complaire à la cour de Rome, et termine en conseillant aux évêques de se concerter entre eux pour obtenir de la cour pontificale des tempéraments à ses décisions.

Le cardinal-archevêque de Reims, Mgr Gousset, réfuta de point en point les idées du Mémoire anonyme dans des *Observations* qu'il publia sur ce sujet. « Ceux de NN. SS. les évêques, dit-il dans la préface, qui ont lu ce Mémoire ont compris, je n'en doute pas, comme vous paraissez l'avoir compris vous-même, que le système qu'on y défend tend à établir en France un droit canonique particulier national et indépendant de l'autorité du Pape; comme si on pouvait parmi nous restreindre l'exercice du plein pouvoir que le souverain Pontife a reçu du Sauveur du monde pour le gouvernement de l'Eglise universelle. » Ces quelques lignes renfermaient à elles seules une réfutation aussi écrasante que sommaire.

Il y eut encore des murmures et des réclamations du genre de celle que nous venons de voir quand la *Théologie* de Bailly, qui avait joui d'une grande autorité et d'une grande réputation, d'ailleurs méritées sous beaucoup de rapports, fut mise à l'index le 7 décembre 1852. Cependant tous les professeurs des séminaires où l'on enseignait encore cette théologie s'empressèrent de se soumettre. Elle n'était du reste condamnée qu'avec cette clause : *donec corrigatur*.

De tous les journaux religieux auxquels le Mémoire clandestin faisait allusion et que M. l'abbé Cognat, de son côté, poursuivait dans *l'Ami de la religion*, celui contre lequel se dirigeaient les plus vives attaques était *l'Univers*. Au mois d'août 1850, Mgr Sibour, archevêque de Paris, avait déjà fait à cette feuille l'application d'un décret du dernier concile de Paris, qui recommandait aux journalistes laïques de ne traiter des matières ecclésiastiques qu'avec une extrême réserve et une sage modération; et dans un avertissement spécial, avait fortement critiqué plusieurs articles publiés par elle sur l'enseignement, sur l'autorité des conciles provinciaux, sur le fait miraculeux arrivé à Rimini, sur l'inquisition, et enfin sur le *Dictionnaire historique* de M. Bouillet. Les rédacteurs de *l'Univers* en appelèrent à Rome. Mais l'affaire fut arrêtée dès le mois d'octobre. Mgr Sibour reçut en grâce les écrivains qu'il avait censurés, après avoir obtenu d'eux une lettre dans laquelle ils lui promettaient, tout en continuant de défendre leurs convictions religieuses, de ne pas oublier ses avertissements, d'éviter les questions inopportunes et les excès de polémique. Mais, de nouveau, il attaqua la presse laïque en général dans un mandement publié le 15 janvier 1851, *pour développer et confirmer le décret du concile de Paris relatif à l'intervention du clergé dans les affaires politiques*. Mgr l'évêque de Chartres fit une critique sévère de ce mandement dans une lettre pastorale du 12 mars, *adressée au clergé de son diocèse, et où sont présentées des observations sur le dernier Mandement de Mgr l'archevêque de Paris*. L'archevêque défèra cette lettre pastorale au futur concile provincial de 1851, et l'affaire s'apaisa encore.

En 1852, s'éleva la fameuse question des *Classiques*. M. l'abbé Gaume, déjà connu par le *Catéchisme de persévérance* et par *Les trois Rome*, et qui, plus tard, fut nommé protonotaire apostolique, venait de publier un ouvrage sur le *paganisme dans l'éducation*. Il y soutenait qu'une des sources principales de l'affaiblissement de la foi et des idées antireligieuses et antisociales se trouvait dans l'obligation imposée à la jeunesse d'étudier à peu près exclusivement les auteurs païens. Ce livre paraissait avec l'approbation de Mgr Gousset. M. de Montalembert avait adressé à l'auteur un témoignage de sympathique assentiment, qu'il parut retirer depuis. Du reste, la thèse n'était pas nouvelle. Dès 1844, Mgr Parisis avait demandé que les institutions religieuses fissent une plus large place aux auteurs chrétiens dans leur enseignement. M. Gaume proposait une bibliothèque de classiques chrétiens, propre à réaliser le désir de l'illustre prélat. La thèse était solidement prouvée par des considérations du plus haut intérêt : tout ce qu'on pouvait lui reprocher, c'était une tendance à l'exagération et peut-être quelques détails peu respectueux pour le passé des écoles catholiques. M. Louis Veuillot ouvrit les colonnes de son journal à la défense des idées de M. Gaume. On pouvait croire que tous les catholiques seraient d'accord sur le point essentiel de la question, et que s'il y avait quelques divergences sur le mode d'exécution, sur la méthode à introniser, la paix et la bonne harmonie n'en seraient pas troublées. Ces prévisions ne s'accomplirent point. *Le Correspondant* et *l'Ami de la religion* levèrent immédiatement l'étendard et se joignirent au *Siècle*, au *Journal des Débats*, au *Constitutionnel* et à d'autres feuilles moins dignes d'être nommées pour accuser *l'Univers* et M. Gaume de vouloir retourner à la barbarie et à ce qu'on appelle *les ténèbres du moyen-âge*, de renier l'exemple des plus beaux siècles de l'Eglise comme des plus brillants génies qui l'ont honorée, et de ne faire que copier Julien l'Apostat, en interdisant aux chrétiens l'étude des beaux modèles de la littérature antique. Mgr Dupanloup, évêque d'Orléans, donna aux objections soulevées contre M. Gaume toute la force et toute l'autorité qu'elles étaient susceptibles de revêtir, dans une lettre adressée aux supérieurs et professeurs de ses petits séminaires, et destinée à une très-vaste publicité.

M. Louis Veuillot crut qu'il lui était permis de répondre à cet écrit. Tout le fond de sa réplique était contenu dans ces lignes qui la terminent : « Nous sommes aujourd'hui sous le coup de ce mouvement de l'esprit humain, fils, à notre avis, de la Renaissance et de la Réforme, qui, au XVIIIe siècle, voulut écraser le Christ qu'il appelait l'*infâme*; et qui, au XIXe, veut l'écarter *en lui tirant son chapeau* (expression de M. Cousin). En théorie, sous prétexte que les peuples devenus grands n'ont plus besoin de christianisme, on élabore la formule sociale qui doit constituer l'humanité en dehors de cette divine religion. En fait, nous savons et nous voyons combien est grand le nombre de ceux qui pensent, parlent, vivent, veulent vivre comme s'il n'y avait jamais eu de christianisme, et qui datent l'âge de la lumière du jour où le christianisme a paru être éclipsé. Pour eux, toute religion est affaire de mysticisme, parfaitement indifférente à un laïque; la morale de l'Evangile est la morale d'un autre monde, une superfluité dont ils ne s'occupent qu'en amateurs et en curieux. Dans cette situation particulière à notre siècle, et qui le distingue des dix-huit siècles antérieurs, n'est-il pas souverainement dangereux d'offrir à la jeunesse des livres où elle trouve la peinture exclusive du beau côté d'un état social qui est précisément cet état social extrachrétien que rêve et prétend réaliser l'orgueil imbécile de l'époque? Voilà la question, et quand même la tradition chrétienne tout entière déposerait en faveur de l'étude des auteurs païens, c'est là qu'il faudrait innover... Nos pères ont dépensé notre fortune, il la faut reconstituer par notre travail; si nous voulons vivre en riches, nous ne vivrons pas longtemps. Nous périrons, et les lettres païennes périront avec nous, comme ces lâches et trompeuses courtisanes qui disparaissent les premières de la maison qu'elles ont ruinée. Nous n'avons plus de fonds de réserve. Cette solide base de la foi sur laquelle s'appuyaient nos pères, cette sève du moyen-âge, qui, dans les jours orageux de la Renaissance et de la Réforme, produisit encore tant de saints et tant d'œuvres saintes, tout cela que l'on croyait inébranlable et inépuisable, tout cela est ébranlé, tout cela s'épuise; le doute et l'indifférence règnent. L'étude des auteurs païens dans les collèges, si elle est plus qu'un accessoire, est-elle un danger pour la foi? sommes-nous dans un siècle où nous puissions jouer avec la foi? Il nous semble que la question est résolue. »

Monseigneur Dupanloup s'éleva hautement contre la hardiesse qu'avait eue un journaliste religieux de critiquer un écrit épiscopal. Par un mandement daté du 30 mai 1852, il se justifia du reproche de favoriser exclusivement l'étude des classiques païens, et reprocha aux partisans de M. Gaume de soutenir une thèse excessive et remplie d'erreurs : « Qu'on y prenne garde, disait-il : dans ces anathèmes aveugles lancés contre l'ordre naturel, contre la raison naturelle, contre la philosophie naturelle, contre la beauté littéraire naturelle, il y a plus de traces qu'on ne pense d'erreurs anciennes et modernes condamnées par l'Eglise, depuis les premiers gnostiques jusqu'à M. de Lamennais. » Voici les conclusions de ce mandement :

« Attendu que le journal l'*Univers* et d'autres journaux, en attaquant nommément et directement les instructions données par nous aux supérieurs, directeurs et professeurs de nos petits séminaires, ont commis un acte manifeste d'agression et d'usurpation contre notre autorité;

» Attendu que tolérer une pareille agression et usurpation, ce serait, en ce qui nous concerne, admettre et reconnaître dans l'Eglise une sorte de gouvernement en dehors du Saint-Siège et de l'épiscopat, un gouvernement laïque ou presbytérien, ce qui serait le renversement des principes les plus certains et des règles les plus incontestées de la hiérarchie;

» Attendu en particulier qu'il est de notre devoir épiscopal de préserver nos séminaires diocésains de l'influence d'un enseignement illégitime et dangereux;... avons arrêté et arrêtons ce qui suit :

» Art. 1er. Nous protestons, autant qu'il est en nous, contre les témérités, agressions et usurpations de certains journaux religieux, principalement du journal *l'Univers*, en ce qui touche les choses de la religion, les affaires de l'Eglise et l'autorité des évêques.

» Art. 2. Nous défendons à tous les supérieurs, directeurs et professeurs de nos séminaires diocésains de s'abonner au journal *l'Univers*, et leur enjoignons de cesser dès ce jour la continuation des abonnements déjà faits. »

M. Louis Veuillot se disculpa des torts que lui attribuait le mandement, par une lettre respectueuse adressée à Mgr Dupanloup. Nous en extrayons quelques passages : « Le principal reproche qui m'est fait est d'avoir attaqué un acte épiscopal. J'ignorais que vous eussiez voulu attribuer ce caractère solennel à votre circulaire du 19 avril sur l'emploi des auteurs profanes dans l'enseignement classique. Je n'y avais vu qu'une œuvre de polémique, une opinion particulière très-animée et très-agressive, sur une matière controversée... Il me serait trop pénible d'entrer en discussion contre Votre Grandeur sur la forme de mes observations. J'ai sans doute eu le malheur de l'offenser, puisqu'elle a cru devoir se plaindre. Je l'ai fait sans intention... A tout prix et de toute ma force, je proteste contre l'accusation de déloyauté et de calomnie... Sur la question de l'utilité ou du danger que peut offrir l'existence d'une presse religieuse, particulièrement l'existence de *l'Univers*, j'ai peu de chose à dire. Vous-même, Monseigneur, vous avez cru ce journal nécessaire. »

Cependant Mgr Dupanloup proposait à ses collègues dans l'épiscopat une déclaration collective portant que les actes épiscopaux n'étaient nullement justiciables des journaux, mais seulement du Saint-Siège et de l'épiscopat; que l'emploi dans les écoles secondaires des classiques anciens, convenablement choisis, soigneusement expurgés et chrétiennement expliqués, n'est ni mauvais ni dangereux, et que s'il est utile d'y joindre l'étude et l'explication des auteurs chrétiens, c'est aux évêques seuls à déterminer, chacun dans leur diocèse respectif, la mesure suivant laquelle les auteurs, soit payens, soit chrétiens, doivent être employés. Beaucoup de prélats, même de ceux qui blâmaient la thèse de M. Gaume, reçurent cette communication peu favorablement; les adhésions ne furent pas très-nombreuses : plusieurs évêques déclarèrent publiquement qu'ils refusaient de donner leur signature, et montrèrent les inconvénients de cette démarche, entre autres Mgr Parisis, Mgr de Dreux-Brézé, évêque de Moulins, Mgr l'archevêque d'Avignon, et Mgr Gousset. Mgr Doney, évêque de Montauban, examina et combattit le fond et la forme de la déclaration dans un mémoire confidentiel adressé à plusieurs évêques. Cette déclaration n'en avait pas moins été notifiée le 12 juillet à M. Louis Veuillot, par M. l'abbé Place, vicaire général de Mgr Dupanloup; un peu plus tard, ce prélat annonça que ce document ne recevrait pas une plus grande publicité. Mgr Gousset avait écrit au cardinal Antonelli pour lui exposer les faits, et demander une intervention du Saint-Siège. Par une lettre du 30 juillet, l'éminent secrétaire d'Etat fit entendre qu'il n'approuvait pas la forme de la déclaration proposée par Mgr Dupanloup. Il ajoutait qu'on avait lieu de considérer la discussion comme étant désormais assoupie, et que dès lors l'intervention de l'autorité pontificale avait cessé d'être nécessaire.

Les catholiques et les évêques demeuraient partagés entre les deux opinions contraires. Le Père Lacordaire, dom Pitra, le Père Cahors s'étaient prononcés contre M. Gaume. Au mois de septembre, le cardinal-archevêque de Bordeaux, Mgr Donnet, écrivit au rédacteur en chef de *l'Univers*, nou-seulement pour le blâmer de soulever dans l'Eglise des dissensions déplorables, mais aussi pour désapprouver les innovations que l'on proposait dans l'étude des classiques. Le cardinal de Bonald, archevêque de Lyon, joignit à cette manifestation le poids de son autorité, en défendant de rien changer dans les maisons d'éducation de son diocèse, et d'y introduire les nouveaux livres de classe indiqués par M. Gaume. Alors *l'Univers* annonça qu'il abandonnait entièrement cette polémique. « La prudence et le respect, disait M. Louis Veuillot, nous font également un devoir de nous retirer du débat. Entre S. Em. le cardinal Gousset et S. Em. le cardinal de Bonald, qui ont exprimé publiquement des sentiments contraires, nous n'avons rien à dire, rien à proposer. Si quelque chose est à décider, l'Eglise décidera. »

Cette retraite de *l'Univers* apaisa les esprits pour un temps. Bientôt la discussion se ranima, non plus sur la question des Classiques, mais uniquement sur cette question de la presse laïque qui était survenue incidemment dans la controverse précédente.

L'Espagne avait perdu depuis peu de temps un illustre serviteur de l'Eglise, le prêtre Jacques Balmès, auteur de l'*Art d'arriver au vrai*, de *La philosophie fondamentale*, et du *Protestantisme comparé au catholicisme*. Mais elle comptait encore, parmi ses enfants, une grande et forte intelligence qui, après avoir longtemps côtoyé le rationalisme, avait fini par consacrer son talent à la défense des vérités catholiques : c'était Juan Donoso Cortès, marquis de Valdegamas. Il avait brillamment servi sa patrie, comme diplomate et comme publiciste, dans le parti modéré dont il avait suivi la fortune : il s'était aussi distingué dans le haut enseignement. Comme député, en 1849, il avait prononcé, sur l'avenir d'esclavage que la révolution et le rationalisme préparaient à l'Europe, un discours qui avait eu un immense retentissement. Deux *Lettres à M. de Montalembert* qu'il écrivit à Berlin, où il était ministre plénipotentiaire, n'eurent pas moins de succès. Le 31 janvier 1850, il prononça un discours sur la situation générale de l'Europe qui souleva contre lui la haine et les colères de tous les prétendus politiques de son pays. A l'époque où nous sommes arrivé dans cette Histoire, il était ambassadeur à Paris. Il donnait des articles à *l'Univers*, et avait publié, à la prière des rédacteurs de ce journal, un ouvrage très considérable de la plus haute portée : *l'Essai sur le catholicisme, le libéralisme et le socialisme*, qui figurait avec des écrits de Joseph de Maistre et de Bonald, dans une *Bibliothèque nouvelle*, que des catholiques zélés voulaient opposer aux calomniateurs de l'Eglise.

M. l'abbé Gaduel, vicaire général d'Orléans, se mit tout à coup, au commencement de 1853, à publier, dans *l'Ami de la religion*, une série d'articles où il accusait Donoso Cortès de plusieurs hérésies, attaquait la composition de la *Bibliothèque nouvelle*, et blâmait en général les écrivains laïques, et particulièrement les rédacteurs de *l'Univers* d'usurper le rôle des théologiens en s'occupant des questions religieuses. M. Louis Veuillot répondit avec une ironie très-mordante, avec une verve incisive dont M. Gaduel, ainsi que les rédacteurs de *l'Ami de la religion* et M. Delacouture se sentirent vivement blessés. Le 10 février, M. Gaduel déféra au jugement de l'archevêque de Paris les articles qui l'avaient offensé, et quelques jours après, une sentence de Mgr Sibour, longuement motivée, prohibait la lecture de *l'Univers* dans les communautés religieuses, défendait aux prêtres du diocèse de le lire, et, sous peine de suspense, d'y écrire et de concourir en aucune manière à la rédaction. La même ordonnance menaçait d'excommunication les rédacteurs de *l'Univers* s'ils se permettaient de discuter l'acte porté contre eux.

Aussitôt que cette mesure fut publiée, les sentiments des évêques se partagèrent comme dans la première discussion. Plusieurs suivirent l'exemple de Mgr Sibour, et défendirent la lecture de *l'Univers* : d'autres exprimèrent de la bienveillance pour les journalistes condamnés. M. Louis Veuillot était à Rome : il en appela au jugement suprême du Saint-Père. Pendant qu'on examinait les pièces du procès, M. Louis Veuillot écrivit à Mgr Fioramonti, secrétaire de Sa Sainteté, pour savoir si le Pape désirait que le journal continuât de paraître et s'il demandait une modification quelconque dans les opinions qu'on y soutenait ou dans le caractère de sa polémique. Mgr Fioramonti répondit, le 9 mars, qu'en attendant l'expression des sentiments du Pape, il tenait à offrir au rédacteur de *l'Univers* des paroles de consolation et d'encouragement. Il faisait l'éloge du talent et du zèle remarquables avec lesquels M. Louis Veuillot défendait les doctrines et les prérogatives de l'Eglise romaine, et déplorait les attaques auxquelles il était en butte. Il l'exhortait néanmoins à persévérer dans sa voie, en prenant soin de bien étudier le sens des décrets apostoliques dont il entreprenait la défense, et en évitant tout ce qui pourrait blesser les personnes et porter atteinte à leur honneur ou produire de l'irritation. Il l'assurait que l'opinion exprimée dans cette lettre était celle d'un grand nombre de personnages distingués, et manifestait l'espérance de voir bientôt les adversaires eux-mêmes la partager.

Le Docteur universel avait jugé que le moment était venu de faire entendre sa voix au milieu de toutes ces divisions qui agitaient l'Eglise de France. Le 21 mars, il signa l'encyclique *Inter multiplices* adressée à tous les évêques français. Il commençait par reconnaître les sujets de consolation et de joie que lui donnaient le progrès de la religion dans ce pays et surtout les preuves de dévouement au Saint-Siège et de zèle pour le salut des âmes qu'offrait la conduite des évêques. Il louait ces derniers de leur empressement à user de la liberté reconquise pour tenir les conciles provinciaux. Il parlait ensuite de la question liturgique. Sur ce point, une consultation d'un chanoine du Mans avait occasionné, le 10 janvier 1852, une réponse de la congrégation des Rites qui déclarait absolument illicites les innovations liturgiques des deux derniers siècles, et rappelait le caractère strictement obligatoire du Bréviaire et du Missel romains, ainsi que des autres livres de liturgie revêtus de l'autorité pontificale. Le sens de cette réponse était reproduit dans le paragraphe de l'encyclique où le Pape exprimait sa joie « de voir que dans un grand nombre de diocèses, où des circonstances particulières n'y mettaient pas obstacle, la liturgie de l'Eglise romaine avait été rétablie. »

Pie IX ne pouvait cependant dissimuler la tristesse que lui avaient causée les dissensions répandues dans le clergé. Il proclamait la nécessité de rétablir la concorde pour déjouer les desseins de l'ennemi et procurer le salut des hommes. Justice était rendue aux actes louables du nouvel Empire; ainsi l'exemple de la confiance et du respect venait de Celui qui avait le plus de raisons de suspecter les intentions de Napoléon III. « Si jamais, disait-il, vous avez dû entretenir parmi vous cette concorde des esprits et des volontés, c'est aujourd'hui surtout que, par la volonté de notre très-cher Fils en Jésus-Christ, Napoléon, empereur des Français, et par les soins de son gouvernement, l'Eglise catholique jouit chez vous d'une paix, d'une tranquillité, d'une protection entière. » Le point essentiel et vraiment vital de la question des Classiques, non moins que le danger renaissant des mauvaises doctrines affichées dans les revues, dans les journaux et dans certaines chaires, est suffisamment touché : « Cet heureux état de choses dans cet Empire et la condition des temps doivent vous exciter plus vivement à vous unir dans le même esprit de conduite, dans les mêmes moyens, afin que la divine religion de Jésus-Christ, sa doctrine, la pureté des mœurs, la piété poussent partout en France de profondes racines, qu'on y procure chaque jour davantage la parfaite et pure éducation de la jeunesse, et que par là soient arrêtées et brisées ces tentatives hostiles qui déjà se manifestent, par les menées de ceux qui furent et sont encore les ennemis constants de l'Eglise de Jésus-Christ... Que les jeunes clercs puissent, sans être exposés à aucun péril d'erreur, apprendre la véritable élégance du langage et du style, la véritable éloquence soit dans les ouvrages si remplis de sagesse des saints Pères soit dans les plus célèbres auteurs païens complètement expurgés. » Le souverain Pontife insistait sur l'étroite union des évêques entre eux et avec le Saint-Siège, source de l'unité. Il appelait toute leur vigilance sur la bonne éducation des élèves du sanctuaire et demandait qu'on ne mît entre leurs mains, pour leur apprendre la science sacrée, que des livres approuvés par l'autorité apostolique.

Venait la question de la presse catholique. Pie IX déclarait cette presse nécessaire pour combattre la mauvaise, et rappelait qu'il avait déjà excité les évêques du monde entier à la fonder ou à l'encourager. « Veuillez, ajoutait-il, nous vous le demandons avec instance, favoriser de votre bienveillance et de votre prédilection les hommes qui, animés de l'esprit catholique et versés dans les lettres et dans les sciences, consacrent leurs veilles à écrire et à publier des livres et des journaux pour que la doctrine catholique soit propagée et défendue, pour que les droits et les enseignements du Saint-Siège aient toute leur force, pour que les opinions et les sentiments contraires à son autorité disparaissent, pour que les ténèbres de l'erreur soient dissipées et que les intelligences soient inondées de la véritable lumière. » En retour, les écrivains catholiques devaient reconnaître aux évêques le droit de les diriger, de les avertir et de les reprendre.

L'encyclique faisait encore ressortir cette observation que, les efforts de l'ennemi se dirigeant principalement contre la Chaire apostolique, c'était aussi à la défendre et à la glorifier que les évêques devaient surtout consacrer leur zèle. Un blâme sévère et douloureux était solennellement infligé au *Mémoire* clandestin : puis, le Pape, en terminant, recommandait avec insistance la paix et la concorde.

Tel est le résumé de cet acte mémorable par lequel Pie IX mettait fin aux hésitations, et traçait nettement la ligne que les catholiques devaient suivre pour ramasser leurs forces et assurer leur triomphe commun.

Le Mémoire anonyme, déféré à la congrégation de l'*Index*, fut condamné le 21 avril. Dès le 8 du même mois, Mgr Sibour, à qui M. Louis Veuillot avait exprimé des sentiments pleins de respect et de déférence dans une lettre du 22 mars, retira spontanément la sentence portée contre *l'Univers*. Les écrivains de ce journal rédigèrent une déclaration par laquelle ils promettaient d'éviter tout ce qui pourrait les rendre indignes des encouragements de leur évêque.

Donoso Cortès avait envoyé son livre à Rome. Les savants écrivains de la *Civiltà Cattolica* en firent le plus bel éloge. Ce ferme chrétien, qui avait autant de vertu que de génie, mourut peu de temps après, le 3 mai, dans sa quarante-quatrième année.

Plusieurs évêques de France firent des mandements pour venger l'autorité de l'*Index* des attaques dont elle avait été l'objet, et pour établir que les règles et les décrets qui en émanent ont leur caractère obligatoire en France comme ailleurs. L'un de ces mandements, qui était l'œuvre de Mgr l'évêque de Périgueux, fut confirmé, le 1er mai 1854, par un bref élogieux du Saint-Père. M. l'abbé Prompsault avait publié, en 1853, un ouvrage intitulé : *Du siège du pouvoir ecclésiastique dans l'Eglise de Jésus-Christ.* Le cardinal de Bonald en dévoila les doctrines fausses, contraires à l'autorité et aux droits du souverain Pontife et le frappa d'une condamnation solennelle. L'auteur s'empressa de désavouer les erreurs qui lui étaient signalées.

Au mois de novembre 1850, Mgr Menjaud, évêque de Nancy, avait appelé l'attention du Pape sur la secte de Vintras, dont trois ecclésiastiques de son diocèse, les frères Baillard, venaient d'embrasser. Ces nouveaux illuminés se disaient pontifes, consacrés miraculeusement pour la régénération future, et prétendaient posséder des pouvoirs supérieurs à ceux du Saint-Siège. L'aîné était pontife de l'adoration; le second, pontife de sagesse; le troisième, pontife de l'ordre. Leur sœur avait aussi été sacrée miraculeusement, et, sous le nom de madame Léopold-Marie-Thérèse du Saint-Esprit de Jésus, devait être la supérieure d'un nouvel ordre des « Dames libres et très-pieuses du miséricordieux amour du cœur divin de Jésus. » Le Saint-Père, par un bref du 10 février 1851, ratifia la condamnation que Mgr Menjaud avait prononcée contre ces extravagants sectaires. Les évêques publièrent ce bref dans tous les diocèses où le besoin s'en faisait sentir. A Tilly-sur-Seulles, dans le Calvados, où Vintras avait réuni autour de lui quelques adeptes, comme à Saxon, où les frères Baillard avaient enrôlé une quinzaine d'adeptes, filles et femmes, les plus infâmes désordres souillaient les secrètes assemblées de cette nouvelle religion, appelée l'*Œuvre de la Miséricorde*, qui osait ériger l'impureté en vertu. La police arrêta ou dispersa les sectaires en 1852.

En dehors des controverses dont nous venons de parler, la vie de l'Eglise catholique se manifestait en France avec un progrès toujours croissant. Le P. Lacordaire ne faisait plus vibrer les échos de Notre-Dame : il avait encore prêché dans la vaste métropole le carême de 1851; puis il avait dit à ses murs un éloquent adieu. La partie dogmatique de son enseignement était terminée. Il avait parlé successivement : *De l'Eglise; De la doctrine de l'Eglise en général; De sa nature et de ses sources; Des effets de la doctrine catholique sur l'esprit; Des effets de cette même doctrine sur l'âme; Des ses effets sur la société; De Jésus-Christ; De Dieu; Du commerce de l'homme avec Dieu; De la chute et de la réparation de l'homme;* et enfin *De l'économie providentielle de la réparation.* L'avénement de l'Empire, pour lequel il n'avait pas de sympathie, lui ferma cette chaire dont il avait renouvelé la gloire. Il essaya, en 1854, de reprendre à Toulouse le plan de ses conférences pour la partie morale de l'enseignement catholique : cet essai ne l'ayant pas satisfait, il y renonça. Mais ses brillantes facultés ne demeurèrent pas inactives. Il les consacra, sous une autre forme, au service de la jeunesse et à la pratique de la liberté d'enseignement. C'est dans ce but qu'il créa le tiers-ordre enseignant de Saint-Dominique et qu'il fonda l'école de Sorèze. Dans les divisions dont nous avons parlé, il s'était rangé à l'opinion de M. de Montalembert et à celle de Mgr Dupanloup. Condamné par la maladie à ne plus aborder les grandes conférences, le P. de Ravignan donnait des retraites et se livrait à la direction des âmes. De nombreuses conversions étaient le fruit de son ministère : les personnages les plus illustres, revenus à la pratique de la religion, se mettaient sous sa conduite. Londres même l'avait vu occupé à ce ministère et lui avait donné de ces consolations. Du reste, la chaire de Notre-Dame ne restait pas muette. Saisissant, comme par un trait de génie, un mot et une idée dont notre siècle se pare avec orgueil, le P. Félix, membre de la Compagnie de Jésus, y commençait une carrière oratoire qui devait se prolonger avec succès, et prouvait avec une logique et une évidence irrésistibles que le vrai progrès ne peut se réaliser en dehors de l'Eglise.

Dans les conciles provinciaux, qui se tenaient régulièrement, les prélats établissaient solidement la vraie doctrine, condamnaient et réfutaient les erreurs courantes, prenaient de sages mesures disciplinaires. En beaucoup d'endroits les congrégations religieuses rentraient en possession des bâtiments qu'elles avaient autrefois occupés et dont souvent elles avaient à relever les ruines. Les institutions catholiques se multipliaient. Plusieurs villes voyaient des solennités qui rappelaient les plus beaux âges de la piété populaire.

C'est ainsi que, dans la cathédrale d'Amiens, au mois d'octobre 1853, Mgr Pie put prononcer les paroles suivantes : « Le siècle qui a fait jaillir de terre cette incomparable basilique n'a point vu s'accomplir sous ses voûtes de solennités aussi dignes d'elle. Pour la première fois peut-être depuis six cents ans, cet édifice, aux proportions gigantesques et colossales, sous le poids desquelles tout ce qui semblait grand s'écrase et se rapetisse, s'est étonné de contempler une scène vivante plus haute encore et plus large que l'enceinte où elle se déroulait. Pour la première fois, ce cadre d'ordinaire trop vaste, s'est trouvé suffire à peine aux dimensions du tableau. Cité d'Amiens, tes aïeux ne furent que prévoyants, et, s'ils ne t'avaient légué cette merveilleuse église, tes édiles eussent dû la créer pour la fête d'hier. Je me trompe, l'église d'hier, c'était la cité d'Amiens tout entière, transformée en un temple par le zèle pieux de ses enfants. » Cette fête, dont l'éloquent évêque pouvait parler en de semblables termes, avait pour objet la translation des reliques de sainte Theodosie, née dans la ville d'Amiens, et martyrisée à Rome, du temps de Dioclétien. Mgr de Salinis avait voulu faire rentrer la sainte dans sa patrie : avec l'autorisation du souverain Pontife, il l'avait tirée des catacombes. La municipalité, la magistrature, l'armée, le peuple tout entier contribuèrent à faire de ce retour un magnifique triomphe ; et pour le rendre plus glorieux, on vit se joindre à Mgr de Salinis trois cardinaux, le nonce de Paris, cinq archevêques et dix-huit évêques : dans ce cortège les pays les plus lointains étaient représentés. Mgr l'archevêque de Bogota assistait au passage de la procession, revêtu de ses ornements pontificaux, assis, à cause de ses infirmités, sur le seuil d'une maison religieuse. Il bénit le défilé ; quand les évêques arrivèrent, il se leva, et tous, se tournant vers lui, s'inclinèrent pour saluer le confesseur de la foi.

Un pèlerinage, qui était destiné à prendre son rang parmi les plus grands centres de la piété envers la sainte Vierge, s'était formé dans le diocèse de Grenoble, au milieu des montagnes. Le 19 septembre 1846, deux enfants livrés à la garde des troupeaux, Maximin Giraud et Françoise-Mélanie Mathieu, avaient raconté que la sainte Vierge leur était apparue sur un sommet de la chaîne des Alpes, situé près du village de la Salette, et qu'elle leur avait annoncé qu'elle ne pouvait plus retenir le bras de son Fils appesanti par les péchés des hommes, surtout par la profanation du dimanche et par les blasphèmes. Par un mandement du 19 septembre 1851, Mgr de Bruillard, évêque de Grenoble, déclarait que ce récit « portait en lui-même tous les caractères de la vérité et que les fidèles étaient fondés à le croire indubitable et certain. Il autorisait en même temps le culte de Notre-Dame de la Salette. Par un autre mandement du 1er mai 1852, il établit, pour le service du pèlerinage qui n'avait encore qu'une pauvre chapelle en planches, une communauté de prêtres, qui devaient s'appeler *Missionnaires de Notre-Dame de la Salette*. Peu de temps après, il posa la première pierre d'une église digne de ce pèlerinage et de la dévotion qu'il inspirait.

Aux anciennes congrégations de femmes qui continuaient de se dévouer au soulagement de toutes les misères, à ces filles de Saint-Vincent de Paul parmi lesquelles sœur Rosalie avait à Paris, en ce temps-là, une popularité qui rappelait celle des plus grands et des plus aimables héros de la bienfaisance chrétienne, s'étaient jointes, depuis le 15 octobre 1840, les *Petites-Sœurs des Pauvres*. C'est M. l'abbé Lepailleur, vicaire de Saint-Servan, sur les côtes de la Bretagne, qui eut l'idée de fonder ce nouvel institut pour secourir les veuves des pêcheurs naufragés. Deux jeunes ouvrières furent ses premières coopératrices. Il leur donna le règlement en 1842 : elles devaient faire vœu de pauvreté, de chasteté, d'obéissance et d'hospitalité. Sœur Marie-Augustine fut la première supérieure ; ensuite, sœur Marie-Thérèse de Jésus. Quand celle-ci mourut en 1853, à peine âgée de 35 ans, elle avait vu, dit M. Louis Veuillot, une trentaine de maisons établies, environ cinq cents sœurs ou novices dans la famille, et plusieurs milliers de vieillards, hommes et femmes, abrités, nourris, consolés, ramenés à Dieu par l'œuvre dont elle avait enrichi la chrétienté. Les Petites-Sœurs se font mendiantes pour les pauvres vieillards qu'elles recueillent et qu'elles entourent des soins les plus délicats. On les voit, dans les villages et dans les grandes villes, conduire une humble charrette où elles recueillent des vêtements et des vivres, sans dédaigner des restes que leur charitable industrie sait utiliser. Elles-mêmes ne se nourrissent que des restes de leurs pauvres. Aux noms des deux premières supérieures, il faut joindre celui d'une ancienne servante Jeanne Jugan, à qui l'Académie française décerna un prix de vertu de trois mille francs dont la communauté naissante profita, et celui d'une vieille femme, Fanchon Aubert, qui fut la première bienfaitrice de l'œuvre. La nouvelle congrégation fut approuvée par un bref pontifical du 9 juillet 1854.

Depuis plusieurs années, le diocèse de Rodez et les pays environnants voyaient les religieuses *de la Sainte-Famille de Villefranche de Rouergue* se consacrer à la prière dans des maisons cloîtrées ou se livrer à l'enseignement des jeunes filles pauvres, et à toutes les œuvres de bienfaisance. Ce nouvel ordre avait pour fondatrice la Mère Émilie, qui était morte le 19 septembre 1852. Émilie Rodat, née à Rodez, en 1787, avait reçu sa première éducation de quelques religieuses, jetées dans le monde par la Révolution, et d'un prêtre savant et pieux. Elle avait essayé inutilement d'entrer dans plusieurs congrégations, quand les plaintes d'une pauvre femme malade sur l'abandon où vivaient les jeunes filles pauvres de Villefranche lui révéla sa vocation. Avec l'assistance de quatre compagnes, dénuées comme elle de toute ressource, confiante dans son désir de sauver les âmes, elle se mit à l'œuvre. Elle passa par toutes les épreuves : insultes, pauvreté, tribulations, angoisses, tentations, peines intérieures. Elle triompha de tout, et laissa en mourant cinq maisons cloîtrées, et trente-deux établissements d'instruction et de bienfaisance.

Au mois de juin 1854, le fondateur d'un nouvel ordre religieux mourut en odeur de sainteté, au monastère de la Pierre-Qui-Vire, dans le diocèse de Sens. Jean-Baptiste Muard, était né en 1809 de parents très-pauvres, éloignés de la religion. Dès son enfance, il fut pieux malgré les moqueries et les réprimandes. Au séminaire, il éprouva toutes les ardeurs d'une âme d'apôtre et s'y livra. Son archevêque lui confia la paroisse la plus redoutée du diocèse, Joux-la-Ville, qui comptait une population de treize cents âmes, disséminée en neuf ou dix hameaux sur une étendue de sept lieues. Il s'y fit aimer, il y déploya le zèle sacerdotal sous toutes les formes, et Dieu bénit ses travaux. Plusieurs fois il avait sollicité l'autorisation de partir pour les missions étrangères, quand il obtint pour réponse une nomination à la cure de Saint-Martin d'Avallon : il se résigna, et les succès de son ministère grandirent avec le progrès de ses hautes vertus. Mais l'ardeur apostolique le consumait : « Si je voyais d'un côté, disait-il, le ciel ouvert et Dieu qui m'appelle pour venir prendre une place dans cet heureux séjour, et, que, de l'autre, je reconnusse la possibilité de voler aux missions étrangères, de gagner des âmes à Jésus-Christ et ensuite de mourir martyr, je dirais à Dieu : Des âmes, Seigneur, d'abord beaucoup d'âmes, et le ciel après ! » Voyant qu'on ne lui accorderait jamais la liberté de porter l'Évangile dans les contrées infidèles, il résolut de travailler à la restauration de la foi dans son propre pays, par l'établissement des missions diocésaines. Des grâces miraculeuses qu'il reçut dans l'oraison et dans l'exercice de son ministère affermirent la détermination qu'il avait prise. Après avoir fait chez les Maristes et dans sa propre maison un rude noviciat, après avoir été chercher la bénédiction du Pape, il fonda, aidé d'un seul compagnon, la Congrégation des Pères de Saint-Edme dans les ruines du célèbre monastère de Pontigny. Bientôt de bons prêtres vinrent s'associer à son œuvre. On se fera une idée de sa vie de missionnaire en considérant qu'elle était la pratique constante de cette maxime : « Dieu ne peut résister à un missionnaire qui demande par ses larmes, et quelquefois par son sang, le salut des âmes. » Les succès obtenus dans ses missions dépassaient ordinairement les espérances qu'on avait pu concevoir.

Cependant, le 25 avril 1843, il eut comme la révélation d'une œuvre plus étendue et plus difficile que celle qu'il venait d'accomplir. « Son âme est dans un état tout passif : il ne raisonne pas, il voit, il sent, et l'imagination n'y a aucune part. Il voit une société composée de trois sortes de personnes qui doivent suivre un genre de vie à peu près semblable, pour la mortification, à celle des Trappistes ; les uns se consacreront plus particulièrement à la prière, à la vie contemplative ; les autres, à l'étude et à la prédication ; les derniers, en qualité de frères, au travail des mains. Il voit que leur vie doit être une vie de victime et d'immolation continuelle ; qu'ils devront faire pénitence pour leurs propres iniquités et pour les péchés des autres, et rappeler les hommes à la mortification et à la vertu par leurs exemples encore plus que par leurs paroles. Pour atteindre ce but, il leur faudra pratiquer la pauvreté la plus absolue, renonçant à tout ce qu'ils posséderaient dans le monde, avant de s'engager définitivement dans cette société, se contenter de l'absolu nécessaire, et suivre, sur la pauvreté, les conseils évangéliques, à peu près comme l'entendait saint François d'Assise, consacrer à de bonnes œuvres tout ce surplus du strict nécessaire. On donnera pour gardienne à la chasteté la plus exacte modestie, on observera l'obéissance la plus absolue, s'astreignant à la pratique de ces vertus par les grands vœux de religion. Il faudra s'établir dans un lieu pauvre et solitaire ; garder un silence presque absolu, ne paraître au milieu du monde que quand le bien des âmes l'exigera, et mener dans le siècle la même vie qu'au désert. Cette société dédommagera Notre Seigneur des outrages qu'il reçoit des pécheurs, et surtout des personnes qui lui sont spécialement consacrées. Elle prendra pour base la règle de saint Benoît. » Après une rude préparation de seize mois, où l'action de la grâce se fit énergiquement sentir, M. Muard arrêta définitivement sa résolution et en fit hommage à Dieu le 23 octobre 1846.

Ce fut près de deux ans après, le 22 septembre 1848, qu'il se mit en route avec deux compagnons, l'un prêtre, l'autre laïque, pour aller soumettre ses intentions au souverain Pontife. Il trouva Pie IX à Gaëte : le Saint-Père le bénit et l'encouragea. Comme il revenait, il fut attaqué du choléra et crut que son dernier moment était arrivé : l'intercession de Notre-Dame de la Salette le délivra. Le jour de la Visitation de la sainte Vierge, en 1850, il vint, avec quatre compagnons, dans un véritable désert, au diocèse de Sens, près d'un monument druidique appelé la *Pierre-Qui-Vire*, et construisit avec eux une maison de bois et de chaume qui fut leur premier monastère. Les nouveaux religieux s'appelèrent les Bénédictins-Prêcheurs. Leur vie était d'une effrayante austérité : nous n'avons pas besoin de faire connaître les détails de la règle, après avoir reproduit plus haut le plan général qui était apparu à M. Muard. En faisant profession, le saint fondateur prit le nom de P. Jean-Baptiste du Sacré-Cœur. S'immoler totalement pour le salut des âmes, ce fut sa devise jusqu'à la fin. Il était déjà malade au commencement de juin 1854 : il se fit violence, continua d'entendre les confessions et de prêcher avec son ardeur accoutumée. La maladie s'aggrava, et le conduisit en peu de jours aux portes du tombeau. Au milieu des cruelles souffrances de ses derniers instants, il conservait assez de force d'âme pour donner à ses religieux ses recommandations suprêmes et leur inspirer la confiance. Il ne voulait entendre parler que du ciel, du Cœur miséricordieux de Jésus, du Cœur immaculé de Marie. Son dernier tressaillement fut pour ces noms sacrés, et ses dernières paroles : Mon Jésus, je vous aime!

A la même époque, le P. Petétot, avec le P. Gratry et le P. de Valroger, rétablit à Paris l'Oratoire de Saint-Philippe de Néri, heureusement transformé sous le titre de l'*Immaculée-Conception*.

Pendant que Pie IX suivait la marche de l'Eglise dans tous les pays du monde, écartant les périls, condamnant les erreurs, soutenant les victimes de l'iniquité, il ne négligeait rien de ce qui pouvait contribuer au salut des âmes ni de ce qui avait rapport à l'administration des choses spirituelles. Il annonça un nouveau jubilé universel, le 21 novembre 1851. Le 25 juillet 1850, il avait autorisé l'évêque de Rimini à offrir « en son nom et avec son autorité, une couronne d'or à une image de la très-sainte Vierge honorée sous le titre de *Mère de miséricorde*, » qui, depuis deux mois, s'animait en présence du clergé et du peuple, et donnait à ses yeux les mêmes mouvements qu'une personne vivante. Le 4 avril 1851, il éleva saint Hilaire de Poitiers au rang des docteurs. La fête de la Visitation de la sainte Vierge fut déclarée double de seconde classe, le 31 mai 1850 ; et celles de saint Timothée, de saint Tite, de saint Polycarpe et de saint Ignace d'Antioche, doubles mineurs, le 18 mai 1854. Un bref du 9 février 1853 organisa le collège des protonotaires apostoliques. Les protonotaires participants, au nombre de sept, perdirent plusieurs des privilèges dont ils jouissaient : cependant ils continuèrent d'être soumis immédiatement au Saint-Siège, et gardèrent le privilège de l'autel portatif. Les autres en furent privés et retombèrent sous la juridiction ordinaire. La constitution *Militarem ordinem equitum* du 28 juillet 1854, modifia, pour les adapter à la situation actuelle, les statuts de l'ordre de Malte ou de Saint-Jean de Jérusalem. Les membres de l'ordre ne purent désormais être admis à faire des vœux simples qu'après avoir atteint leur seizième année. Un intervalle de dix ans devait s'écouler entre les premiers vœux simples, renouvelables tous les ans, et les vœux solennels.

Au milieu de ses divers travaux et de ses préoccupations incessantes, l'Eglise préparait le grand événement qui est la gloire du pontificat de Pie IX. La pensée que le Saint-Père avait émise dans l'encyclique du 2 février 1849, du fond de son exil de Gaëte, avait heureusement mûri. Evêques, prêtres et fidèles, tous étaient à peu près unanimes à désirer la proclamation solennelle du dogme de l'Immaculée-Conception de la sainte Vierge. Le moment était arrivé en 1854. Au mois d'août, comme l'Europe n'était pas moins désolée par la guerre et par le choléra, que par les ravages toujours croissants du rationalisme et de l'indifférence religieuse, le Pape annonça un jubilé universel et demanda des prières, non-seulement pour apaiser la colère de Dieu, mais aussi pour obtenir les lumières de l'Esprit-Saint en vue d'une décision sur l'Immaculée-Conception de Marie.

Depuis 1852, une commission spéciale de théologiens, sous la présidence du cardinal Fornari, avait été chargée d'examiner cette importante question sous toutes les faces. Le résumé de son travail, rédigé par le Père Passaglia, de la Compagnie de Jésus, était entièrement favorable à la définition. Un conseil particulier de vingt et un cardinaux, après un examen approfondi, se prononça dans le même sens. De tous les points de l'univers, les évêques répondaient, comme ils l'auraient fait dans un concile, à la question que leur avait posée l'encyclique. Ces réponses montèrent au chiffre de six cent trois, et furent imprimées dans un recueil qui se composait de neuf volumes. Cinq cent quarante-six évêques, parlant en leur propre nom et au nom des Églises qui leur étaient confiées, demandaient avec instance au souverain Pontife qu'il lui plût de définir prochainement, par son autorité suprême, l'Immaculée-Conception de la Mère de Dieu. Quatre ou cinq seulement étaient contraires à la définition, mais en même temps ils protestaient de leur dévotion et de celle de leur clergé et de leur peuple à l'égard de ce mystère, et se déclaraient soumis d'avance au jugement que prononcerait le Siège apostolique. D'autres hésitaient sur l'opportunité de cette même promulgation ou sur le mode qu'il conviendrait d'adopter pour exprimer sur ce point la croyance catholique. Plusieurs s'attachant surtout à considérer la disposition des esprits autour d'eux, craignaient que cette définition ne fût tout à la fois, pour les incrédules et les hérétiques, une occasion de scandale et de blasphème. Effectivement, on voyait en France, en Angleterre et ailleurs, des écrivains fort ignorants des matières théologiques prendre texte du projet annoncé pour accuser l'Église d'inventer de nouveaux dogmes et pour travestir honteusement nos plus saints mystères. La presse catholique et les évêques répondaient victorieusement; mais, en plusieurs endroits, les prélats avaient la douleur de constater que la légèreté des lecteurs donnait crédit aux absurdes imaginations des ennemis de la foi. Pour ménager les âmes faibles et chancelantes, quelques-uns ouvraient l'avis de définir le dogme d'une manière indirecte, sans infliger la note d'hérésie aux partisans de l'opinion contraire. Il y en avait un petit nombre qui s'étaient abstenus de dire leur propre sentiment : cependant, comme tous les autres, ils rendaient un pieux hommage à l'Immaculée-Conception et manifestaient une filiale soumission envers le Saint-Siège. A côté des réponses des évêques, brillaient les dépositions des grandes familles religieuses, des congrégations sacerdotales les plus illustres et de quelques fidèles. On y avait joint plusieurs dissertations composées en divers idiomes où les plus solides arguments établissaient d'une manière invincible la vérité du dogme qu'on allait proclamer.

Pie IX avait appelé à Rome les évêques de la catholicité, non pour se réunir en assemblée conciliaire, mais pour l'assister dans le dernier examen de la question et dans l'auguste cérémonie de la définition solennelle. Cent quatre-vingt-douze prélats répondirent à cet appel : tous les pays du monde étaient représentés, sauf la Russie, où l'odieux despotisme du czar Nicolas continuait d'opprimer les consciences. L'Italie comptait dans cette réunion quarante-cinq cardinaux, vingt-quatre archevêques, cinquante-quatre évêques; la France y avait vingt et un représentants; l'Angleterre, douze; l'Allemagne et l'Amérique, huit; les Missions, trois. Plusieurs de ces prélats furent adjoints à la commission qui préparait la bulle, et l'aidèrent à mettre la dernière main à son travail. Quand la rédaction de cette pièce importante fut définitivement arrêtée au sein de la commission, tous les évêques présents à Rome, accompagnés des théologiens les plus savants, s'assemblèrent, pour en discuter les termes, sous la présidence des cardinaux Brunelli, Santucci et Caterini. Cette discussion dura quatre jours, du 20 au 24 novembre. Toutes les ressources de la raison et de la critique furent employées pour vérifier les témoignages de la tradition catholique en faveur du dogme de l'Immaculée-Conception. Un autre point était aussi à examiner : on avait posé la question de savoir si la bulle devrait dire que les évêques étaient là comme juges pour prononcer la définition simultanément avec le successeur de saint Pierre, ou si le jugement suprême serait attribué à la seule parole du souverain Pontife. Les débats se terminèrent tout à coup, comme par une impulsion extraordinaire de l'Esprit-Saint. « C'était la dernière séance, dit un témoin oculaire, Mgr Audisio; midi sonnait ; toute l'assemblée se jette à genoux pour réciter l'*Angelus*. Puis chacun reprend sa place, et on avait à peine échangé quelques paroles, qu'une acclamation au Saint-Père, un cri d'éternelle adhésion au Saint-Siège, au Siége de Pierre, s'élève, se propage, éclate et sort de tous les cœurs : *Petre, doce nos; confirma fratres tuos*. Et l'enseignement qu'au nom de l'Église ces pasteurs demandaient au Pasteur suprême, c'était la définitition de la Conception-Immaculée. »

Les cardinaux n'avaient pas assisté à cette discussion. Le 1er décembre, ils se réunirent sous la présidence du Saint-Père, et la bulle fut encore soumise à leur examen. Le Pape, dans son allocution, leur rappela toute la marche que cette grande affaire avait suivie. Puis, en terminant, il leur posa cette question : « En conséquence, vous plaît-il que nous portions un décret dogmatique touchant l'Immaculée-Conception de la très-heureuse Vierge Marie ? »

Après avoir recueilli les suffrages, il ajouta : « Vénérables Frères, c'est avec le sentiment d'une vive joie que nous voyons vos suffrages répondre à nos vœux. C'est pourquoi, dès ce moment, nous désignons le huitième jour du mois de décembre, où l'Église célèbre la fête de la Conception de la très-glorieuse Vierge, pour porter et promulguer ce décret, et nous le ferons avec pompe et solennité dans notre basilique patriarcale du Vatican. » Le 4 décembre, une notification du cardinal-vicaire annonça au peuple la grande solennité : un jour de jeûne fut indiqué pour le jeudi, 7 décembre, veille du jour où la parole de Pierre devait se faire entendre; mais pour le lendemain, vendredi, les fidèles étaient dispensés du jeûne et de l'abstinence, et une indulgence était accordée à tous ceux qui, après avoir communié, assisteraient à la messe célébrée à Saint-Pierre, par le Pape. Le 7 encore, Pie IX voulut une dernière fois entendre l'avis des cardinaux. Après avoir vu l'unanimité de leurs sentiments, il laissa déborder son cœur dans une éloquente allocution : « Il est donc venu, s'écriait-il, ce jour si longtemps désiré ! »

Dès le matin du 8 décembre 1854, date mémorable entre toutes, Rome entière était en fête. Sous un ciel pur et brillant, la foule se dirigeait avec un empressement joyeux vers la grande basilique de Saint-Pierre. Bientôt on vit défiler, dans la vaste nef, le cortège formé par les prélats, revêtus des ornements les plus riches, suivis du souverain Pontife au milieu d'un brillant entourage, pendant que le chant des litanies des Saints invitait la cour céleste à se joindre à l'Eglise militante pour honorer le triomphe de sa Reine. Après la cérémonie de l'obédience, la messe pontificale commença. On remarquait dans les tribunes réservées, la princesse de Saxe, le corps diplomatique, le corps d'officiers de l'armée française d'occupation, et les membres de la *Congrégation extraordinaire de l'Immaculée-Conception*. Une immense multitude se pressait dans l'auguste enceinte. Quand l'Evangile eut été chanté successivement en grec et en latin, le cardinal Macchi, doyen du sacré collège, accompagné des doyens, des archevêques et des évêques présents, de l'archevêque du rit grec et de l'archevêque du rit arménien, se présenta au pied du trône, et pria le Saint-Père, au nom de toute l'Eglise, de procéder, par son suprême et infaillible jugement, à la définition du dogme de l'Immaculée-Conception de Marie. Le Pape répondit qu'il accueillait volontiers cette prière, et sur son invitation, toutes les voix s'unirent pour invoquer l'assistance de l'Esprit-Saint par le chant du *Veni Creator*. Ensuite, au milieu d'un silence universel et profond, avec une émotion que toute l'assemblée partageait, de cette voix grave, sonore, douce et majestueuse dont l'univers entier connaît le charme indéfinissable, Pie IX commença la lecture du nouveau décret dogmatique.

Il établissait d'abord que la sainte Vierge ayant été destinée, de toute éternité, à s'unir intimement aux trois personnes de l'adorable Trinité, par la glorieuse prérogative de la maternité divine, il était convenable qu'elle fût non-seulement comblée des dons de la grâce, mais encore préservée de la souillure originelle. Puis, il invoquait, en preuve de cette vérité, la croyance antique et universelle de l'Eglise, hautement manifestée par l'institution d'une fête spéciale en l'honneur de l'Immaculée-Conception, et par le choix des paroles que la liturgie emprunte aux divines Ecritures, pour glorifier les mystérieux commencements de Marie, les assimilant à ceux de la Sagesse incréée. Il entreprend alors de dérouler, avec ampleur et magnificence, la série des actes et des monuments qui ont exprimé, de siècle en siècle, cette croyance catholique.

Viennent, en premier lieu, les actes de l'Eglise romaine, des prédécesseurs de Pie IX, instituant, propageant la fête dont nous venons de parler; réglant son office, autorisant des confréries en l'honneur de l'Immaculée-Conception, et enrichissant cette dévotion d'indulgences, expliquant avec clarté le sens dogmatique attaché à ces actes, et défendant d'attaquer cette doctrine dans les écoles. Des passages de la constitution d'Alexandre VII, *Sollicitudo omnium ecclesiarum*, du 8 décembre 1661, sont rapportés au long. Les témoignages dus aux ordres religieux, aux écoles de théologie, aux conciles, particulièrement à celui de Trente, sont ensuite résumés. Enfin, il aborde l'exposition des textes empruntés aux ouvrages des Pères, dans l'Orient et dans l'Occident. Ces textes sont relatifs, 1° à ces paroles de la Genèse : *Je mettrai l'inimitié entre toi et la femme, entre ta postérité et la sienne*; 2° à beaucoup de figures scripturaires, symboles d'une préservation privilégiée et miraculeuse : l'arche de Noé, l'échelle de Jacob, le buisson ardent, la tour inexpugnable, le jardin fermé; 3° à la salutation angélique : *Je vous salue, pleine de grâces, vous êtes bénie entre les femmes, et le fruit de vos entrailles est béni*. Tous concluent à présenter la glorieuse Vierge comme une nouvelle Eve qui répare la défaite de la première, en ne subissant pas un seul moment l'empire du dragon infernal, comme le chef-d'œuvre de la sainteté et de la grâce, comme une fontaine toujours limpide, une terre intacte, un lis parmi les épines, une créature enfin dans la conception de laquelle la nature épouvantée a fait place à la grâce. Et de là, ils prodiguent à Marie les noms les plus capables d'exprimer la glorieuse prérogative de son Immaculée-Conception : ils l'appellent « immaculée et parfaitement immaculée, innocente et très-innocente, irréprochable et absolument irréprochable, sainte et tout à fait étrangère à toute souillure de péché. »

La bulle rappelait enfin les marques de piété que la catholicité donnait depuis longtemps à l'égard de ce mystère, et les actes récents qui, sous le pontificat de Grégoire XVI et de Pie IX, avaient heureusement préparé la définition si universellement et si ardemment souhaitée.

« En conséquence, ajoute le Saint-Père, après avoir offert sans relâche, dans l'humilité et le jeûne, nos propres prières et les prières publiques de l'Eglise à Dieu le Père par son Fils, afin qu'il daignât, par la vertu de l'Esprit-Saint, diriger et confirmer notre esprit; après avoir imploré le secours de toute la cour céleste et invoqué avec gémissements l'Esprit consolateur; et ainsi, par sa divine inspiration; en l'honneur de la sainte et indivisible Trinité, pour la gloire et l'ornement de la Vierge Mère de Dieu, pour l'exaltation de la foi catholique et l'accroissement de la religion chrétienne; par l'autorité de Notre Seigneur Jésus-Christ, des bienheureux apôtres Pierre et Paul, et par la nôtre, nous déclarons, nous prononçons et nous définissons que la doctrine qui tient que la bienheureuse Vierge Marie, dans le premier instant de sa conception, a été, par une grâce et un privilège spécial du Dieu tout-puissant, en vue des mérites de Jésus-Christ, Sauveur du genre humain, préservée et exempte de toute tache du péché originel, est révélée de Dieu, et par conséquent qu'elle doit être crue fermement et inviolablement par tous les fidèles. C'est pourquoi, si quelqu'un avait la présomption, ce qu'à Dieu ne plaise ! de penser contrairement à notre définition, qu'il apprenne et qu'il sache que, condamné par son propre jugement, il aurait fait naufrage dans la foi et cessé d'être dans l'unité de l'Eglise ; et que, de plus, il encourt par le fait même les peines de droit, s'il ose exprimer ce qu'il pense, de vive voix ou par écrit, ou de toute autre manière extérieure que ce soit. »

Pendant toute cette lecture, la physionomie du Saint-Père et sa voix avaient souvent trahi son émotion. A plusieurs reprises, il avait été obligé de s'interrompre. Quand il arriva aux paroles qu'on vient de lire, au texte même du décret, il s'arrêta pour essuyer ses larmes, puis il prononça la définition avec la voix ferme et pleine d'autorité qui convient au juge de la foi. Les prélats, qui l'entouraient, partageaient son émotion, versaient comme lui des larmes abondantes, et semblaient s'incliner devant la majesté de son enseignement. Ce fut avec une sorte d'enthousiasme qu'il lut les derniers passages de la bulle, où il exprimait sa joie d'avoir pu décerner un tel honneur à la Reine des anges et des hommes, et invitait tous les fidèles à se placer avec confiance sous le patronage de la Vierge immaculée.

Après la lecture du décret, le cardinal-doyen se présenta une seconde fois au pied du trône pour demander au souverain Pontife de publier les Lettres apostoliques contenant la définition : il y fut suivi du promoteur de la foi, Mgr Frattini, qui venait demander la rédaction du procès-verbal de cet acte solennel. Le canon du château Saint-Ange annonçait en même temps à toute la ville la promulgation du décret ; toutes les cloches de Rome sonnaient en volée ; les fenêtres et les balcons se décoraient de tapisseries et de tentures. Le chant du *Te Deum* suivit la célébration de la messe pontificale. L'émotion était universelle. Pie IX, qui venait d'ajouter un brillant fleuron au diadème que la doctrine catholique a fait à l'auguste Vierge, voulait donner un symbole matériel de cette nouvelle glorification de l'humble Marie. Porté sur la *sedia gestatoria*, il se rendit processionnellement à la chapelle de Sixte IV, et déposa sur le front d'une image de l'Immaculée-Conception une couronne d'or, enrichie de pierres précieuses. Dans la chapelle *della Pietà*, où il quitta les vêtements pontificaux, le général des Franciscains vint le remercier d'avoir défini une vérité que cet ordre avait toujours enseignée. Dans la soirée, Rome resplendissait de mille feux, depuis la plus pauvre maison qui voulait faire scintiller quelques étoiles en l'honneur de l'auguste Vierge, jusqu'aux grands monuments qui portaient dans le ciel leur sommet étincelant. Des emblèmes resplendissants figuraient le mystère proclamé en ce jour ; des orchestres jetaient aux vents leurs airs triomphants et joyeux ; et par les soins de la municipalité, dans la salle des Conservateurs se tenait une réunion académique où le cardinal Wiseman célébrait la gloire de Marie par un éloquent discours, en présence d'un nombreux concours de cardinaux, d'évêques, de prélats et d'autres personnages.

La proclamation du dogme de l'Immaculée-Conception mettait la hache à la racine des erreurs qui prévalent de nos jours. Si l'on considère les éléments qui entrent dans la notion du mystère défini, on y trouve absolument le contre-pied des théories rationalistes sur les rapports de la nature et de la grâce et sur l'existence de l'ordre surnaturel. Si l'on envisage le mode suivi dans cette définition, c'est l'affirmation de l'infaillible et suprême autorité du Vicaire de Jésus-Christ ; c'est la mort de tous les systèmes empruntés au gallicanisme et de tous ces fantômes d'Eglise nationale que l'hérésie et le despotisme aiment à évoquer. Il y avait donc un rapport intime et profond entre la grande solennité du 8 décembre 1854, et l'assemblée à laquelle le Saint-Père avait convoqué, pour le lendemain, tous les évêques présents à Rome, en vue de leur dénoncer les erreurs et les périls du moment.

L'allocution, qu'il prononça au milieu d'eux, commence par rappeler qu'étant chargé d'affermir ses frères dans la foi c'est un devoir pour lui de les animer au combat en leur indiquant les ennemis contre lesquels ils ont à soutenir une lutte courageuse et persévérante. Il leur signale les incrédules, les sociétés secrètes, les faux politiques qui, surtout dans le Piémont, prétendent régler la discipline de l'Eglise, gouverner ses ministres et s'ingérer dans l'administration des choses saintes. I arrive au rationalisme qui, la veille, avait été atteint d'un si rude coup.

« Il y a, dit-il, des hommes qui ont une si grande idée de la Raison humaine, qu'ils ont la folie de l'égaler à la Religion elle-même. Selon la vaine opinion de ces hommes, les sciences théologiques devraient être traitées de la même manière que les sciences philosophiques. » Il rappelle que cette prétention a conduit l'intelligence révoltée contre l'Eglise à toutes sortes d'erreurs, et qu'il ne pouvait en être autrement, quand on sait que cette raison affaiblie par le péché, n'est même plus suffisante pour acquérir la vérité, sans le secours de la religion et de la grâce. Il ne s'élève pas avec moins de force contre l'indifférentisme d'après lequel « on peut trouver dans toute religion la voie du salut éternel. » Le reste de l'allocution renferme des éloges adressés aux prêtres de tous les pays, aux missionnaires, aux sœurs de charité ; des plaintes sur la négligence de quelques ecclésiastiques ; un nouvel avertissement touchant la nécessité de n'admettre dans les séminaires que des livres de philosophie et de théologie approuvés par le Saint-Siége ; une exhortation à la concorde et à l'union de tous avec la Chaire apostolique ; une invocation à la sainte Vierge, victorieuse de toutes les hérésies contre le rationalisme qui tourmente l'Eglise et l'Etat ; enfin des paroles de bénédiction et de remerciement à cette réunion de prélats, venus de toutes les contrées, pour témoigner de leur foi et de leur attachement au Vicaire de Jésus-Christ.

Dans la réponse que le cardinal de Bonald fit au nom de l'Episcopat, il exprima la soumission de tous aux décisions du Saint-Siége. « Oui, s'écriat-il, ô Saint-Père! dans votre autorité nous vénérons l'autorité même de Jésus-Christ, et dans vos paroles, nous entendons la parole de la vie éternelle. »

Avant de quitter la Ville éternelle, les évêques assistèrent à la consécration de la basilique de Saint-Paul que les flammes avaient consumée en 1823, et dont la reconstruction, commencée sous Léon XII, était presque achevée ; ils entendirent encore une fois, dans cette circonstance, la grande parole de Pie IX.

La nouvelle de la définition, rapidement portée dans toutes les parties du monde catholique, y suscita le même enthousiasme qu'à Rome. Le clergé et le peuple rivalisèrent de zèle et d'ardeur pour célébrer, par les solennités les plus brillantes, le triomphe de Marie. Dans ce concert universel, les réclamations de quelques opposants furent à peine perceptibles. Les évêques, en publiant la bulle, exposèrent les preuves du dogme, en éclaircirent la notion, expliquèrent le rôle de l'Eglise dans la promulgation d'une vérité de foi; ces lettres pastorales offrent le plus haut intérêt, et plusieurs d'entre elles sont des chefs-d'œuvre. Les tentatives de la presse hérétique et incrédule furent impuissantes contre l'élan de la foi et de la piété catholique. Plus tard, les peintures de M. Podesti dans une salle du Vatican, une superbe colonne sur la place d'Espagne, une autre devant le palais de la Propagande, consacrèrent, aux yeux des Romains, le souvenir du grand fait qui venait de s'accomplir.

En publiant le jubilé au mois d'août 1854, le Pape, comme nous l'avons dit, faisait allusion à une grande guerre qui sévissait en Europe. C'était au czar, ce souverain qui n'avait pas permis aux évêques de ses Etats de venir à Rome, qu'en appartenait la responsabilité.

L'empereur Nicolas Ier suivait toujours cette ligne de conduite qui lui avait attiré autrefois les reproches indignés de Grégoire XVI. Dans le temps même que le concordat de 1848 fut conclu, il avait dressé pour le royaume de Pologne un code criminel, qui punissait de la prison ou des travaux forcés les moindres actes contraires au schisme. On y comptait cent quatre-vingt-quinze espèces de délits qui entraînaient la condamnation aux travaux forcés ou l'envoi en Sibérie avec la perte de tous les droits de famille. Les articles convenus entre l'ambassadeur de l'autocrate et le Saint-Siége ne furent pas même insérés au *Bulletin des Lois*. C'est dire qu'on ne se faisait pas scrupule de les violer impudemment. Au mois de juillet 1850, deux ordonnances, émanées du ministère de l'intérieur, changèrent le couvent des Bernardins de Kowno en collége impérial et supprimèrent vingt et un autres couvents. C'était le quart de tous les monastères qui restaient en Russie. On devait créer un nouvel évêché à Cherson, près d'Odessa, avec un suffragant ou coadjuteur résidant à Saratof, sur le Volga, pour les catholiques disséminés dans le midi de la Russie. On ne s'occupa jamais de nommer ce suffragant. L'évêque de Cherson, fort âgé, fut retenu à Saint-Pétersbourg, sous prétexte que le synode orthodoxe avait protesté contre l'érection d'un évêché latin dans cette ville de Cherson, qui était le siège du premier évêché grec institué pour la Russie. On lui défendait d'avoir dans son diocèse ni chapitre, ni séminaire, ni aucune fondation religieuse. A ses réclamations, on répondait en lui offrant pour résidence Tiraspol, misérable bourgade sur le Dniesper, dont la population était presque exclusivement schismatique. Le concordat stipulait qu'il n'y aurait plus de professeurs schismatiques dans les séminaires. Malgré les plaintes de Mgr Kelowinski, on en maintenait trois à l'Académie catholique de Saint-Pétersbourg. En 1851, l'hospice de l'Enfant-Jésus de Wilna, pour les enfants trouvés, fut envahi et livré à la direction du clergé soi-disant orthodoxe. Un ukase obligea les enfants catholiques externes à suivre les études de l'école schismatique à l'Institut de la même ville. Un autre confisqua les legs pieux, les fonds affectés à la célébration des messes pour les défunts. Beaucoup de paroisses catholiques étaient supprimées, et les fidèles demeuraient privés de l'assistance des prêtres. Ces mêmes catholiques étaient contraints de bâtir des églises, des écoles, des presbytères pour le schisme, sous peine de se voir enlever leurs édifices religieux ou de subir la confiscation de leurs propres revenus. Les hôpitaux desservis par les sœurs de Charité dans l'ancien royaume de Pologne étaient abolis, ou soumis à un conseil d'administration qui, à Varsovie, dans la maison principale de Saint-Casimir, pour ne citer que l'exemple le moins défavorable aux Russes, allouait pour chaque enfant environ vingt centimes par jour, et pour chaque sœur, environ soixante centimes par jour. Dans le diocèse grec uni de Chelm, que l'on travaillait à pervertir, deux séminaristes étaient enlevés de force pour être transportés au collége schismatique de Moscou. Pour rendre les mariages mixtes inévitables, on avait soin de placer les jeunes employés catholiques et les militaires loin de leur pays natal, et il était décrété que tout enfant né d'un mariage mixte appartenait au schisme. L'apostasie était comblée de faveurs. En 1852, le bruit avait couru que l'ancien évêque Siemaszko se repentait de sa trahison. Cette nouvelle fut démentie par une lettre officielle du czar qui élevait le nouveau Judas à la dignité de métropolitain, et lui annonçait l'envoi d'une mitre enrichie de pierres précieuses.

Ce despotisme ambitieux de Nicolas, qui écrasait les catholiques dans ses Etats, se faisait sentir dans tous les pays habités par les grecs schismatiques. C'est ainsi qu'à Jérusalem il protégeait ses coreligionnaires et les soutenait dans leurs agressions incessantes contre les Latins. Neuf sanctuaires furent enlevés violemment à ces derniers dans l'année 1851. La France, dont ils avaient invoqué l'appui, présenta des réclamations au sultan Abdul-Medjid. La Turquie ne demandait pas mieux que de faire droit aux plaintes des spoliés, quand la Russie intervint et souleva toutes sortes de questions qui traînèrent les négociations en longueur. De toutes les puissances occidentales, la France était seule à soutenir les droits des catholiques sur les lieux saints. A cause de cet isolement, elle ne s'avançait qu'avec une extrême réserve.

Bientôt l'audace de l'empereur Nicolas ne connut plus de bornes. Ses projets se démasquèrent : ils n'allaient à rien moins qu'à obtenir pour la Russie le protectorat de tous les grecs de l'empire turc, c'est-à-dire de onze millions des sujets du sultan. Grâce à la neutralité complaisante de l'Angleterre et de l'Autriche, il comptait s'attribuer bientôt la succession de cet empire que, dans un entretien diplomatique, il avait appelé l'*homme malade*. Aussi, ce fut en vain qu'Abdul-Medjid confirma de son propre mouvement et de sa pleine autorité les privilèges de l'Eglise grecque. L'ambassadeur russe Menschikoff, quitta brusquement Constantinople le 18 mai 1853, et au mois de juillet, la guerre entre les deux empires commença. Les premières hostilités firent honneur au courage des Turcs qui se sentaient appuyés secrètement par l'Angleterre et par la France dont les flottes avaient, dès le début de la lutte, franchi le détroit des Dardanelles. Si la question des Lieux-Saints n'avait pu intéresser l'Angleterre, il n'en était pas de même des aspirations de la Russie à l'héritage du sultan. Londres ne pouvait se résigner à voir le czar maître de Constantinople et de l'empire maritime dont l'art et la nature y ont placé le centre. Napoléon III, de son côté, fut blessé de la hauteur avec laquelle Nicolas Ier avait répondu à une tentative de conciliation. Au mois d'avril, les traités unissaient la France et l'Angleterre pour la défense de la Turquie. La Prusse et l'Autriche restaient neutres.

Malgré les vues particulières et intéressées qui avaient dirigé la diplomatie des puissances occidentales dans la suite des négociations, cette guerre conserva généralement, aux yeux des catholiques, le caractère religieux que lui avaient donné tout d'abord le premier objet des contestations et le juste ressentiment des âmes honnêtes contre les procédés du persécuteur russe. Cette guerre vient de Dieu, disait Mgr de Salinis, dans un remarquable mandement. Un publiciste ajoutait : « Malgré les efforts des diplomates français et anglais, le conflit sorti de la mission du prince Menschikoff a pris, aux yeux des populations chrétiennes de l'Orient, un caractère purement religieux. Le peuple musulman lui-même est un peu de cet avis. On pourrait, après tout, s'éloigner davantage de la vérité. » En mettant à part les motifs qui inspiraient la politique des cabinets européens, en ne considérant que les dispositions providentielles, telles qu'on pouvait les juger d'après les circonstances, il était permis de penser que cette guerre devait avoir pour résultat d'établir profondément l'influence du christianisme dans l'Orient et de préparer la conversion des Turcs. « L'empire ottoman, disait le même publiciste que nous venons de citer, survivra-t-il à la chute de l'empire mahométan? De saints missionnaires et de fervents catholiques désirent ce résultat et croient possible de l'obtenir. Mais avant tout il s'agit de savoir si les Turcs opteront pour la déchéance du Coran ou pour la mort. » La croix triomphant à Constantinople entre les mains de la première nation catholique du monde, c'était un immense avenir de gloire et de prospérité assuré au catholicisme; c'était la justice renversant la force brutale; c'était l'ambitieuse barbarie du Nord refoulée pour des siècles. Mgr Mazlum, patriarche romain de Constantinople, fit un mandement pour recommander aux prières des fidèles les armes du Sultan.

L'histoire dira que, dans cette guerre, les sentiments religieux de l'armée française parurent à la hauteur de son courage et de sa persévérance.

A l'une des pointes de la presqu'île de Crimée, Nicolas Ier voyait avec orgueil s'élever les fortifications du port et de la ville de Sébastopol. C'est de là qu'il se flattait de commander la mer Noire et de guetter Constantinople. Le siège de cette ville fut l'acte principal de la lutte. Le prince Menschikoff avait rendu l'entrée du port impossible, en y faisant couler la moitié de la flotte russe. Comme on ne pouvait investir toute l'enceinte, la place recevait continuellement des renforts et des munitions, et une nombreuse armée russe opérait en dehors, sous le commandement du général Liprandi. Le 20 septembre 1854, une brillante victoire, remportée au passage de l'Alma, ouvrit le chemin de Sébastopol. Les opérations commencèrent peu de temps après et se prolongèrent jusqu'au mois de septembre 1855. Les troupes eurent à supporter le choléra qui les avait assaillies à leur arrivée en Turquie, les rigueurs d'un hiver extrêmement rude, des combats incessants, des fatigues inouïes, enfin la perte de deux généraux en chef, le maréchal Saint-Arnaud enlevé par l'épidémie, et le général Canrobert qui, épuisé par les travaux de l'hiver, dut céder le commandement suprême au général Pélissier, et reprit avec une magnanime simplicité le commandement de sa division. Le 18 juin, trois mille hommes périrent dans un assaut inutile et prématuré de la tour Malakoff, qui était la principale défense de Sébastopol. On poussa les travaux du siège avec plus d'activité que jamais, et bientôt Pélissier fixa le jour d'une nouvelle attaque. « Le 8 septembre, dit-il dans son rapport, à midi, les batteries cessèrent de tonner. A la voix de leurs chefs, les divisions de Mac-Mahon, Dulac et de la Motterouge sortent des tranchées. Les tambours et les clairons battent et sonnent la charge... Ce fut un moment solennel... La largeur et la profondeur du fossé, la hauteur et l'escarpement des talus rendent l'ascension extrêmement difficile pour nos hommes; mais enfin ils parviennent sur le parapet garni de Russes qui se font tuer sur place, et qui, à défaut de fusils, se font armes de pioches, de pierres, d'écouvillons, de tout ce qu'ils trouvent sous la main. Il y eut là une lutte corps à corps, un de ces combats émouvants dans lequel l'intrépidité de nos soldats et de leurs chefs pouvait seule donner le dessus. Ils sautent aussitôt dans l'ouvrage, refoulent les Russes, qui continuent de résister, et peu d'instants après le drapeau de la France est planté sur Malakoff pour ne plus en être arraché. » Cette victoire, qui entraînait la prise de Sébastopol, coûtait à la France cinq généraux tués et sept mille hommes mis hors de combat. Les fortifications de la place furent détruites, et bientôt il ne resta plus de ce boulevard de la Russie qu'un monceau de ruines.

Or, l'armée qui accomplissait ces grandes choses était partie sur une flotte décorée des images de la sainte Vierge. Le premier général en chef, Saint-Arnaud, qui, sous la conduite du P. de Ravignan, était revenu à la pratique ferme et ardente de ses devoirs de chrétien, avait répondu à une lettre dans laquelle le saint religieux lui recommandait l'organisation de l'aumônerie dans l'armée expéditionnaire : « Comment avez-vous pu penser un instant que je négligerais d'entourer les braves soldats de l'armée d'Orient de tous les secours et de toutes les consolations de la religion ? Je m'efforce de moraliser nos soldats, de faire pénétrer dans leurs cœurs les bons sentiments. Des soldats religieux seraient les premiers soldats du monde. » Les troupes montrèrent des dispositions conformes à celles de leur chef. Au milieu des ravages de l'épidémie et des hasards de la guerre, les prêtres virent les fruits les plus heureux et les plus consolants couronner leur ministère. Les emblèmes religieux, les médailles, les scapulaires étaient fort répandus dans le camp. Le dévouement des sœurs de Charité adoucissait les souffrances des soldats et reportait leur pensée vers Dieu, en même temps qu'il frappait d'étonnement et de confusion l'Angleterre protestante. L'anglicanisme voulut rivaliser avec les filles de Saint-Vincent de Paul : il fut question d'envoyer des femmes anglaises soigner les malades en Crimée. Le ministre de la guerre, M. Sidney Herbert, répondit : « Je ne connais en Angleterre qu'une seule personne qui soit capable d'organiser et de suivre l'exécution d'un tel projet. » Nous ne parlons pas des réflexions qu'un tel spectacle était capable d'inspirer aux Musulmans. Le général Pélissier ne se montra pas moins franchement religieux que son illustre et regretté prédécesseur. C'était par un sentiment de confiance dans la sainte Vierge qu'il avait choisi la fête de sa Nativité pour l'assaut suprême : il persista dans ce choix, malgré quelques observations suggérées par le respect humain et par la crainte de mécontenter les Anglais. « Ma date dévote, dit-il, est bien et dûment choisie, l'assaut de Sébastopol aura lieu le jour de la Nativité de la sainte Vierge. »

La prise de Sébastopol ayant eu lieu, comme nous venons de le dire, au jour choisi par le général, l'intervention pacifique de l'Autriche ne tarda pas à mettre fin aux hostilités. Un congrès se réunit à Paris, le 1er février 1856. Les conditions de la paix, qui devaient garantir la Turquie et l'Europe contre la politique envahissante de la Russie, furent arrêtées et signées le 30 mars. La paix fut signée pour la Russie au nom d'Alexandre II, fils de Nicolas Ier. Le superbe czar était mort le 2 mars 1855, après avoir vu s'évanouir ses projets de grandeur et de domination universelle.

Malheureusement, pendant le cours de la guerre, il était survenu à la France un nouvel allié dont la présence, au congrès de Paris, devait être le point de départ des bouleversements et des catastrophes de l'avenir. Nous parlons du Piémont qui, au mois de mai 1855, avait envoyé un corps de troupes en Crimée sous le commandement du général La Marmora. Le gouvernement piémontais, dont le souverain Pontife s'était plaint tant de fois, continuait d'attenter aux droits de l'Eglise. Le parlement avait proposé une loi qui supprimait presque tous les ordres religieux, plaçait les biens ecclésiastiques sous la puissance de l'administration civile, et soumettait aux règlements du pouvoir laïque les familles religieuses qu'on laissait subsister.

Dans une nouvelle allocution, le 22 janvier 1855, Pie IX s'éleva plus fortement que jamais contre tant d'actes abusifs, sacrilèges, spoliateurs, qu'il accusait avec justice de favoriser les théories contraires au droit de propriété. Il rappelait les censures sous le coup desquelles se plaçaient les auteurs de ces attentats. En même temps que cette allocution se publiait, il fit distribuer aux cardinaux et adresser à tous les gouvernements chrétiens un recueil des documents qui pouvaient établir la légitimité de ses protestations. Le clergé et tous les catholiques du royaume de Sardaigne souffraient autant que le Père commun des fidèles; mais ils criaient inutilement à l'iniquité et à l'oppression, on s'obstinait à ne pas écouter leurs plaintes. Quelques promesses avaient été faites aux évêques : on ne les tint pas. Le projet de loi, stigmatisé solennellement par le Pape, subit quelques modifications dans les termes : mais on en maintint le fonds, et la loi ne tarda pas à être promulguée. Le 26 juillet, le Saint-Père la déclara nulle, comme tous les actes antérieurs du même genre, et prononça la sentence d'excommunication majeure contre tous les auteurs, partisans, complices et adhérents des mesures que le gouvernement piémontais avait prises au détriment des droits ecclésiastiques.

Le cabinet de Turin était donc l'ennemi du Saint-Siège. On savait d'ailleurs que les sociétés secrètes mettaient leur espérance dans le Piémont, et la secte ne dormait pas. Le 12 juin 1855, un révolutionnaire nommé Defelice avait commis une tentative d'assassinat sur la personne du cardinal Antonelli. Les journaux se hâtèrent de dire que c'était là un crime isolé, sans complices; mais on ne le crut pas.

Le Piémont n'avait aucun intérêt à défendre contre la Russie. Si la France et l'Angleterre lui donnaient un rôle, ce ne pouvait être qu'en vue des éventualités politiques qui se produiraient dans la Péninsule. On se rappelait qu'en 1849, avant la bataille de Novare, Napoléon III, alors président de la République, avait songé un moment à prêter aux troupes piémontaises l'appui de la France. Il n'avait pu donner suite à cette idée, mais l'alliance qu'il contractait avec le Piémont ne prouvait-elle pas que ses vues demeuraient les mêmes et qu'un jour ou l'autre il fallait s'attendre à les voir réalisées? La politique de Turin était en Italie une menace et un danger permanent pour la Papauté. Aussi la cour romaine vit-elle avec inquiétude et surprise se former des liens entre cette puissance ennemie et celle qui avait rétabli le Pape dans sa capitale. On avait d'autant plus de raison de craindre les conséquences de cette union, que l'autre alliée de la France, l'Angleterre, était entièrement favorable aux desseins de la révolution italienne.

Ces craintes furent justifiées par l'incident mémorable qui se produisit au sein du congrès de Paris. La Papauté n'avait pas de représentant à cette réunion des plénipotentiaires de la France, de l'Angleterre, de la Russie, de l'Autriche, de la Turquie et du Piémont. Elle y comptait deux ennemis systématiques et déclarés, le comte de Cavour, disciple de Gioberti, envoyé du cabinet de Turin, et lord Palmerston. C'est dans de pareilles conditions, au moment où le congrès, après avoir terminé l'œuvre pour laquelle il avait des pouvoirs, se livrait encore à l'examen de quelques questions d'un intérêt général, c'est alors que le ministre de la France, M. Walewski, introduisit tout à coup la question italienne et donna la parole au comte de Cavour. Celui-ci se mit aussitôt à prononcer un long et amer réquisitoire contre la politique de Pie IX et contre celle du roi de Naples. Lord Palmerston vint à l'appui et parla dans le même sens. Les idées de M. de Cavour sont résumées dans une note verbale qu'il présenta au congrès le 27 mars, et dont voici un extrait :

« L'empereur Napoléon III, avec ce coup d'œil juste et ferme qui le caractérise, avait parfaitement compris et nettement indiqué dans sa lettre au colonel Ney la solution du problème : Sécularisation, Code Napoléon. Mais il est évident que la cour de

Rome luttera jusqu'au dernier moment et par tous les moyens contre la réalisation de cette double combinaison. On comprend qu'elle puisse, en apparence, se plier à accepter des réformes civiles et même politiques, sauf à les rendre illusoires dans la pratique; mais elle comprend trop bien que la sécularisation et le Code Napoléon, introduits à Rome même, là où repose l'édifice de sa puissance temporelle, le mineraient à sa base et le feraient écrouler, en lui enlevant ses principaux soutiens, les priviléges cléricaux et le droit canonique. Mais si l'on ne peut pas espérer d'introduire une véritable réforme au centre même où les attributions du pouvoir temporel sont tellement confondues avec celles du pouvoir spirituel, que l'on ne pourrait pas les séparer complétement sans courir le risque de les briser, ne pourrait-on pas au moins l'obtenir dans une partie de l'Etat qui supporte avec moins de résignation le joug clérical? »

Cette partie des Etats-Romains dont parlait le comte de Cavour, c'étaient les Légations, pour lesquelles il proposait un vicaire laïque. On avait soin de ne laisser percer que le moins possible les projets d'usurpation qui se dévoilèrent plus tard.

Lord Palmerston et le comte de Cavour eurent à s'expliquer à la tribune de leur pays sur les propositions qu'ils avaient soutenues au congrès de Paris. Ce fut pour eux une occasion de renouveler leurs calomnies contre le gouvernement pontifical; mais, à Londres comme à Turin, il y eut des voix éloquentes pour protester en faveur de la vérité, de la justice et de la saine politique. Quant à la France, elle eut comme un terrible pressentiment de trahison. Elle qui avait reconquis Rome pour le Pape, en évitant de faire la moindre ruine, et qui avait étouffé le bruit de la fameuse lettre dont parlait Cavour sous les acclamations et les applaudissements décernés aux belles paroles de Montalembert, elle qui venait de manifester son génie dans tout son éclat et de ressaisir son influence sur le monde, elle qui avait donné à la guerre d'Orient un caractère si haut, et qui avait sauvé la civilisation chrétienne en immolant à son service la fleur de sa vie, elle voyait son gouvernement près de l'asservir à une diplomatie étrangère aux traditions, à la gloire, aux intérêts de la patrie, à une diplomatie qui ne connaissait pas la voix du sang français, et de confisquer tout ce qu'elle avait de force et de noblesse au profit d'une politique anglaise, révolutionnaire et protestante. C'était, au sein du triomphe, la plus amère défaite et le présage des catastrophes.

Rien n'était plus faux que les reproches adressés au gouvernement pontifical. On l'accusait de s'être immobilisé, de n'avoir tiré aucun profit de la période de tranquillité qu'on venait de parcourir, de n'avoir réalisé aucun progrès ni accompli aucune réforme. En réalité, comme les rédacteurs de la *Civiltà cattolica* le montrèrent dans un remarquable travail, l'administration était parfaitement organisée et pouvait supporter la comparaison avec tout ce qu'on voyait ailleurs. Les différentes matières de gouvernement étaient concentrées dans quatre ministères : le ministère des armes ou de la guerre; le ministère des finances; le ministère du commerce, des travaux publics, de l'agriculture, etc.; enfin le ministère de l'intérieur, qui comprend le ministère de grâce et justice, avec la police, placée sous les ordres d'un directeur général. Le conseil des ministres était quelquefois présidé par le Pape; mais ordinairement il avait pour président un cardinal, qui était pourvu du titre et des attributions de secrétaire d'Etat, et duquel dépendaient directement les nonces apostoliques et les consuls pontificaux. Il peut être considéré, sous ce rapport, comme le ministre des affaires étrangères. Les propositions de lois étaient faites par chaque ministre dans ce qui concernait son département, et soumises ensuite au conseil des ministres, puis examinées par le conseil d'Etat. La loi du 10 septembre 1850, qui fixe les attributions particulières de chaque ministre et de son département, soumit aussi à l'examen du conseil des ministres, les nominations, promotions ou destitutions de fonctionnaires publics. Des présidents que l'on peut comparer aux intendants et aux préfets des autres pays, gouvernaient les provinces. Près d'eux fonctionnait une commission de gouvernement, composée de quatre conseillers ou consulteurs laïques. Ces consulteurs étaient choisis par le souverain, deux dans la classe des conseillers provinciaux, un au chef-lieu, un autre dans une commune de la province. Au-dessous des présidents se plaçaient les gouverneurs qui réunissaient dans leurs mains l'administration de plusieurs communes. Le reste de l'organisation hiérarchique était calqué presque entièrement sur le système français, qui avait été introduit du temps de Napoléon Ier.

La consulte d'Etat a été instituée par la loi du 10 septembre 1850. Elle se compose de neuf conseillers ordinaires, a pour président le secrétaire d'Etat, et ressemble beaucoup à l'institution du même nom qui se voit en France. A la consulte de finances sont dévolues la révision des comptes et la confection des budgets. Le plus grand soin régnait dans ses travaux, et le gouvernement pontifical améliorait de plus en plus sa situation financière.

Les libertés municipales, fondées par la loi du 24 novembre 1850, pouvaient être enviées par la plupart des Etats de l'Europe. La législation était basée sur les principes du droit romain et du droit canonique, qui en valent bien d'autres. Mais c'est à tort qu'on lui reprochait une immutabilité incompatible avec le progrès moderne. Le Code de commerce se rapprochait de celui qui est en vigueur en France. Le Code civil et le Code criminel étaient conformes aux règles suivies par les peuples les plus civilisés, et répondaient parfaitement aux droits, aux besoins, et aux habitudes des populations. La rédaction de ces Codes remonte, pour le premier, à 1834; pour le second, à 1824 : cependant ils ont déjà subi une révision dans le sein du conseil d'Etat. Est-ce là une opiniâtre immutabilité? Le système des délits et des peines est d'une douceur excessive : nulle part l'accusé n'a autant de moyen de défense à sa disposition. « Les règles à suivre pour la purge des hypothèques, disait l'*Annuaire des Deux-Mondes*, pour 1854-1855, sont mieux établies et plus claires que dans le code français. Au reste, l'ensemble même du système hypothécaire romain présente des avantages incontestables sur le nôtre. En effet, cette partie de nos codes n'ayant été définitivement admise dans les

Etats pontificaux qu'après avoir été expérimentée en France, il a été facile de la perfectionner, ou du moins d'en écarter les défauts les plus graves. »

C'est après avoir observé cette situation que M. de Rayneval, ambassadeur à Rome, adressait, le 14 mai 1856, à M. Walewski, ministre des affaires étrangères, un rapport qui forme la plus complète et la plus authentique justification du gouvernement de Pie IX, et qui aurait dû éclairer le gouvernement français.

« Quels sont, dit l'honorable diplomate, les reproches graves que l'on peut adresser au gouvernement pontifical? On a prétendu que le prêtre, dont la mission est de défendre les intérêts du ciel, n'entend rien à ceux de la terre; que n'ayant pas de famille, il est indifférent à la prospérité de la patrie; que vivant en dehors de la société, il n'en peut comprendre les vrais besoins; que l'esprit de corps est plus puissant sur lui que le sentiment de la nationalité, et ainsi de suite. J'ai souvent demandé aux ardents adversaires du gouvernement romain, à combien ils évaluaient le nombre des prêtres employés dans l'administration. Il m'était répondu que cette évaluation allait à trois mille. On ne voulut pas me croire, lorsque j'avançai, preuves en main, qu'en portant le nombre au chiffre maximum, il n'atteignait pas *cent*, et que la moitié de ces prétendus prêtres n'avaient pas reçu les ordres. C'est cependant sur des données d'une telle fausseté que sont basées les charges graves qui sont acceptées par le public comme irréfutables.

» Du jour même où le pape Pie IX est monté sur le trône, il a fait, nous sommes autorisé à l'affirmer, de continuels efforts pour détruire toutes les causes légitimes de plainte contre l'administration publique des affaires. Je ne me contenterai pas de parler du commencement de son règne.

» Trahi par les hommes qu'il avait rappelés de l'exil, trompé de la manière la plus flagrante par les ministres qui l'entouraient en vertu d'un principe de complète sécularisation, et qui n'hésitaient pas à proclamer au monde que leur souverain avait donné son assentiment à des mesures qu'il avait positivement et formellement rejetées; emporté rapidement par un système de pure réforme administrative vers l'établissement d'un régime constitutionnel, alors qu'il ne s'appuyait sur aucune force réelle, et qu'il ne trouvait pas le moindre appui dans la nation, le Pape, cédant à la république, et menacé même dans l'intérieur de son palais par une insurrection armée, comprit enfin qu'il ne lui restait plus d'autre ressource, pour préserver sa liberté et son indépendance, que dans la fuite de ses États. Nous devons lui rendre la justice d'avouer que, en dépit du résultat malheureux de ses tentatives de réforme; il n'a jamais abandonné ses projets d'amélioration, et n'a jamais cessé de chercher les moyens de les mettre en pratique. »

M. de Rayneval expose, comme nous l'avons fait plus haut, le système de gouvernement et d'administration organisé par Pie IX, ainsi que les mérites de la législation romaine, puis il continue :

« Les impôts sont toujours beaucoup au-dessous du taux moyen des divers États européens. Un Romain paie annuellement à l'État vingt-deux francs, les trois millions d'habitants payant soixante-huit millions de francs. Un Français paie au gouvernement quarante-cinq francs, trente-cinq millions d'habitants payant un milliard six cents millions de francs. Ces chiffres montrent d'une façon péremptoire que les États pontificaux doivent être considérés, à cet important point de vue, comme ayant rang parmi les nations les plus favorisées. Les dépenses sont réglées sur les principes de la plus stricte économie. »

L'ambassadeur français fait l'énumération des principaux travaux d'utilité publique accomplis par Pie IX : un grand nombre de routes; des ports élargis; les marais Pontins et les marais d'Ostie assainis et fertilisés par le drainage; le télégraphe électrique établi partout; les chemins de fer achevés. Le Tibre était couvert de bateaux à vapeur, l'agriculture était efficacement protégée, une commission étudiait les moyens de drainer la campagne de Rome et de la peupler. « Si le peuple romain, ajoute-t-il, était capable de s'aider lui-même, ou même s'il était actif au travail, si son ambition ne se bornait pas à l'acquisition d'un revenu restreint, tout juste suffisant à procurer les premiers besoins de la vie, et s'il ne reculait pas devant la fatigue et l'emploi de son énergie et de ses ressources pécuniaires, pour tirer parti, comme on fait ailleurs, des facilités qui lui sont données, le pays s'élèverait à une prospérité rapide. Mais le peuple romain laisse tout échapper et abandonne aux étrangers toutes les entreprises utiles. On comprendra que le gouvernement ne peut pas, pour avancer la marche du progrès, substituer sa propre action à celle de l'industrie privée. Il existe néanmoins de nombreuses preuves d'énergie publique... La condition de la population est comparativement aisée. On la voit se réunir en foule au premier signal de plaisirs publics; son indifférence, portée à l'excès dans la vie ordinaire, disparaît alors tout à fait. L'œil le moins observateur est frappé de son air de prospérité. La gaieté la plus expansive se lit sur tous les visages. On peut se demander alors si c'est bien là le peuple dont les misères excitent à un si haut degré la commisération de l'Europe.

» D'importantes améliorations ont été introduites dans l'administration des hôpitaux et des prisons. Quelques-unes de ces prisons devraient être visitées, afin que les visiteurs pussent admirer, l'expression n'est pas trop forte, la persévérante charité du Saint-Père. Je n'étendrai pas cette énumération. Ce que j'ai dit doit suffire, pour prouver que toutes les mesures adoptées par l'administration pontificale portent le cachet de la sagesse, de la raison et du progrès; qu'elles ont déjà produit de bons résultats; en un mot, qu'il n'y a pas un seul détail, de nature à intéresser le bien-être, soit moral, soit physique, des populations, qui ait échappé à l'attention du gouvernement, ou qui n'ait pas été traité d'une manière favorable. »

M. de Rayneval convient qu'il existe des abus dans les États-Romains comme partout ailleurs; « Mais ces imperfections, dit-il, et ces faiblesses sont de la nature de celles qu'on rencontre dans tous les gouvernements, et même dans tous les hommes, à très-peu d'exceptions. » Du reste, loin d'en chercher la source dans la nature du gouvernement, il la trouve dans le caractère même du peuple : « Le gouvernement pontifical est composé de Romains agissant à la manière romaine. Il est défiant, méticuleux, hésitant ; il recule devant la responsabilité ; il a plus l'esprit d'examen que l'esprit de décision. Il aime les tergiversations et les accommodements. Il manque d'énergie, d'activité, de fermeté, semblable en cela à la nation elle-même. Je ne cesse d'interroger les personnes qui viennent me dénoncer les abus du gouvernement papal..... Mais en quoi consistent ces abus ? C'est ce que je n'ai pas encore pu découvrir. Tout au moins, les faits ainsi qualifiés sont attribuables à l'imperfection de la nature humaine, et nous ne devons pas imposer au gouvernement la responsabilité des irrégularités commises par quelques-uns de ses agents secondaires. J'ai entendu dire qu'à la douane on demande des pourboires aux voyageurs. C'est, sans doute, une coutume très-blâmable ; mais la sécularisation du gouvernement suffirait-elle pour guérir le pays d'un vice profondément enraciné dans sa nature, et pour empêcher le peuple d'être toujours prêt à tendre la main ? En tous cas, quand nous voyons ici quelqu'un s'enrichir, c'est toujours un laïque. Jamais je n'ai vu un prélat augmenter son bien par des voies illicites. »

A cet exposé de la conduite administrative de Pie IX, nous devons ajouter qu'il se montra constamment le protecteur éclairé et généreux des sciences et des beaux-arts. Il combla de ses bienfaits le grand collége romain de la Sapience ; par ses soins, les cabinets scientifiques furent considérablement enrichis. De grandes salles furent construites pour l'enseignement de la physique et de l'anatomie. L'Université romaine vit affluer à ses cours, non-seulement la jeunesse italienne, mais aussi un grand nombre d'étrangers. Un collége, à Sinigaglia, le séminaire Pie, à Rome, sont des monuments qui attestent le zèle du Pape pour les bonnes études. Nous ne parlons pas d'une quantité de fondations charitables, qu'il dotait, comme les établissements dont nous venons de parler, sur sa propre cassette, et que l'on voyait à Civita-Vecchia, à Ancône, à Pesaro, à Pérouse, etc. Par les fouilles et les grands travaux qu'il ordonna, il mérita le nom de *Vindex antiquitatis*, que les archéologues lui ont décerné. Rome lui doit la restauration de la voie Appienne. Il faut se rappeler que cet ordre fut mis dans le gouvernement, ces améliorations introduites, ces œuvres accomplies, après le chaos et la ruine où les chefs de la République romaine avaient précipité l'administration et les finances.

Aussi nous estimons que tout lecteur impartial admettra cette conclusion du rapport de M. de Rayneval : « Pour conclure, nous sommes forcé d'avouer, après examen, que le gouvernement pontifical n'a pas failli à sa tâche, qu'il a marché régulièrement dans la voie des réformes et des améliorations, et qu'il a réalisé des progrès considérables. Si l'agitation continue, il faut en chercher la cause dans le caractère même de la nation, dans ses vues ambitieuses, dirigées vers des objets hors de sa portée. Nous devons reconnaître, enfin, que le remède à cette triste situation ne peut se trouver dans une série de mesures qui, modifiant un ordre de choses sans liaison aucune avec le mal, ne feraient que rendre le mal plus grand et plus dangereux encore, en exaltant les espérances de la nation, et en réduisant un pouvoir déjà bien ébranlé au dernier degré de faiblesse et d'impuissance. »

Il faut tenir compte de ces remarquables paroles, pour apprécier à sa juste valeur un dernier reproche que l'on faisait volontiers au gouvernement du Pape. On se plaignait, hypocritement ou de bonne foi, qu'il ne pût calmer l'agitation dans ses Etats, et qu'il eût besoin, selon l'expression consacrée, de l'appui des baïonnettes étrangères. Mais qui donc était coupable d'avoir créé et d'entretenir cette agitation, sinon tous ceux qui inspiraient au peuple « des vues ambitieuses dirigées vers des objets hors de sa portée, » ou qui prétendaient imposer le renversement « d'un ordre de choses sans liaison aucune avec le mal ? » Quels étaient ces hommes, sinon les révolutionnaires des sociétés secrètes, de la tribune et du journalisme, et après eux, l'auteur de la malencontreuse Lettre sur les conditions du rétablissement du Pape, et enfin, les diplomates du Piémont et de l'Angleterre ? Ce n'était pas contre le mécontentement de ses sujets que Pie IX avait besoin de protection, c'était contre les trahisons et les agressions du dehors. L'armée française d'occupation le comprit toujours : officiers et soldats entouraient le Saint-Père de leur vénération et de leur amour, heureux et fiers d'être placés près de son trône, pour le défendre contre de vils et malhonnêtes ennemis. Du reste, le gouvernement pontifical n'oubliait pas de prendre ses mesures pour rendre inutile l'occupation étrangère, et comme le cardinal Antonelli l'a déclaré, nous verrons qu'en 1859, le Pape « put librement inviter la France et l'Autriche à retirer leurs troupes quand elles le voudraient. «

L'incident du congrès de Paris ne faisait pas naître un danger prochain ; les plénipotentiaires, manquant de pouvoirs sur la question soulevée par le comte de Cavour, n'avaient pu faire autre chose que de recueillir et de consigner des propositions. C'en était assez, toutefois, pour exciter les alarmes et l'inquiétude parmi les catholiques et à la cour de Rome. Celle-ci ne se découragea point. Elle continua de démentir tranquillement la calomnie en marchant dans la voie du véritable progrès. L'ordre le plus parfait ne cessa de régner dans le territoire pontifical. La malveillance du gouvernement français n'était pas absolument constatée. La bonne harmonie parut continuer entre l'Eglise et le nouvel empire. Le mariage de Napoléon III avec la comtesse de Téba, Marie-Eugénie de Montijo, de la grandesse d'Espagne, avait été célébré à Notre-Dame le 29 janvier 1853. Trois ans après, le 14 juin 1856, au lendemain du congrès de Paris, la même basilique vit le baptême solennel du Prince Impérial, Eugène-Louis-Jean-Joseph. Pie IX était le parrain du jeune prince : le cardinal Patrizzi, légat *à latere*, le représenta ; quatre-vingt-cinq prélats français assistèrent à cette auguste cérémonie.

On pouvait espérer que ces marques de sympathie données par l'épiscopat et par le Saint-Siége feraient comprendre à l'Empereur où se trouvaient les véritables coopérateurs de la restauration sociale dont il avait revendiqué l'honneur et la responsabilité. Les organes de la presse catholique parlaient avec assez d'autorité et de talent pour se faire écouter, malgré le concert assourdissant des journaux rationalistes et révolutionnaires. Napoléon III avait rétabli le service religieux aux Tuileries. Le Père de Ravignan y prêcha le carême en 1855 : son éminente vertu et sa parole apostolique lui conféraient un ascendant dont on avait lieu d'attendre des fruits salutaires. Les catholiques demandaient surtout la liberté d'enseignement : si l'État ne voulait pas empêcher l'Université de semer les doctrines fausses et perverses, il devait au moins permettre à l'Église de les combattre et d'affirmer la vérité ; il ne devait pas mettre les familles dans la cruelle nécessité de livrer leurs enfants à des maîtres dont elles détestaient le langage. Le prédicateur de la cour en 1856 fut le Père Ventura. Le célèbre Théatin développa, devant son impérial auditoire, les caractères et les obligations du *Pouvoir politique chrétien*. Il insista sur la nécessité d'opposer à l'Université rationaliste le libre enseignement de l'Église catholique. Un certain nombre de catholiques attendaient le don de cette liberté, comme le prix de la démarche faite par le Saint-Siège pour le baptême du Prince Impérial. Ils furent bientôt désabusés.

Le jeune empereur d'Autriche tint mieux les promesses que renfermaient ses premiers actes. Un concordat, signé le 18 août 1855 par le cardinal Viale Prela, nonce apostolique, plénipotentiaire du Saint-Siège, et par Mgr Othmar de Rauscher, archevêque de Vienne, plénipotentiaire de l'Autriche, renversa complètement le joséphisme. Cette convention avait été préparée à Vienne, et c'est là aussi qu'elle fut signée. Pour éviter tout embarras d'interprétation, on la rédigea d'abord en allemand et on la traduisit ensuite en latin. Voici les deux premiers articles, qui indiquent suffisamment l'esprit dans lequel sont conçues toutes les dispositions subséquentes :

« Art. 1er. La religion catholique, apostolique, romaine, sera toujours conservée en parfait état dans toute l'étendue de l'empire d'Autriche et dans tous les États qui le composent, avec tous les droits et toutes les prérogatives dont elle doit jouir en vertu de l'ordre établi de Dieu et des lois canoniques.

» Art. 2. Le Pontife romain ayant, de droit divin, dans toute l'étendue de l'Église, la primauté d'honneur et de juridiction, la communication mutuelle, en ce qui touche les choses spirituelles et les affaires ecclésiastiques des évêques, du clergé et du peuple avec le Saint-Siège, ne sera soumise à aucune nécessité d'obtenir le placet royal, mais elle sera entièrement libre. »

Les articles suivants établissaient la même liberté pour les communications des évêques avec leur clergé, pour la publication des actes épiscopaux, pour les ordinations, les nominations aux charges ecclésiastiques, les institutions de bénéfices ou de paroisses, le règlement du culte et pour la célébration des conciles provinciaux et des synodes. L'enseignement religieux était partout confié à la direction des évêques : ils surveillaient aussi les maîtres d'écoles élémentaires : la jeunesse catholique ne pouvait avoir que des professeurs appartenant à la même foi. L'indépendance était laissée au juge ecclésiastique pour toutes les causes qui lui appartiennent par leur caractère sacré. Cependant les tribunaux civils étaient autorisés à traiter des questions de patronage, quand il s'agirait de patronage laïque ; les clercs tombaient ainsi sous leur dépendance pour les affaires civiles et pour les délits commis contre les lois de l'Empire. Seulement, en cas de poursuite dirigée contre un ecclésiastique, il fallait que l'évêque fût immédiatement prévenu : si la peine infligée était grave, on lui donnait communication de la procédure ; les clercs ne devaient pas être mis dans la même prison que les séculiers ; pour les cas de simple délit ou de contravention, ils n'entraîneraient que la réclusion dans un monastère ou dans une autre maison ecclésiastique. L'empereur promettait de garantir contre toute violation les droits du clergé et le respect des choses saintes. L'existence des séminaires était assurée, et leur administration entièrement laissée aux évêques, avec la liberté d'y admettre les enfants et les jeunes gens qui se destineraient à n'importe quelle carrière. Le Saint-Siège pourrait, à son gré, procéder à de nouvelles circonscriptions diocésaines, sauf à s'entendre avec le gouvernement impérial. L'empereur s'engageait à prendre l'avis des évêques pour le choix des sujets en faveur desquels il aurait à demander l'institution épiscopale. Les évêques prêtent serment à la Majesté impériale. Les canonicats et les paroisses seront donnés au concours, sans tenir compte de considérations étrangères aux lois canoniques. Il sera pourvu à l'entretien des paroisses nécessiteuses. La liberté des ordres religieux est garantie. Il en est de même du droit que l'Église a naturellement de posséder, d'acquérir, et d'administrer ses biens.

Une telle convention formait un contraste absolu avec les tendances, les principes et la conduite des gouvernements plus ou moins esclaves des théories révolutionnaires. Quand on la publia, il y eut tout à la fois, parmi les ennemis de l'Église, de l'étonnement, de la colère et peut-être du mépris. On ne pouvait comprendre ni souffrir cette espèce de défi jeté, par l'héritier de Joseph II, à ce qu'on appelle l'esprit moderne.

Ce concordat fut promulgué par une ordonnance impériale du 5 novembre 1855, et le souverain Pontife le confirma, selon l'usage, par des lettres apostoliques. Il exprima la joie que lui causait cet heureux événement, dans l'allocution consistoriale du 3 novembre de la même année. Le 17 mars 1856, il adressa un bref aux évêques d'Autriche pour les exhorter à garantir leurs diocèses contre les ravages de l'indifférentisme et du rationalisme. Après avoir montré la supériorité de la foi sur la raison : « Il ne faudrait pas en conclure, ajoutait-il, qu'il n'y ait aucun progrès dans l'Église du Christ. Le progrès existe, et il est très-grand, mais c'est le vrai progrès de la foi, ce n'en est pas le changement. Il faut que l'intelligence, la science et la sagesse de tous, comme de chacun en particulier, des âges et des siècles de toute l'Église comme des individus, croisse et fasse de grands, de très-grands progrès, afin que l'on comprenne plus clairement ce qu'on croyait d'abord plus obscurément, afin que la postérité ait le bonheur de comprendre ce que l'antiquité vénérait sans l'entendre, afin que les pierres précieuses du dogme divin soient travaillées, exactement adaptées, sagement ornées et qu'elles s'enrichissent de grâce, de splendeur, de beauté, mais toujours dans le même genre, c'est-à-dire dans la

LIVRE XCII. — RÈGNE DE PIE IX. — DEUXIÈME PÉRIODE (1850-1859).

même doctrine, dans le même sens, dans la même substance, de façon qu'en se servant de termes nouveaux on ne dise pas cependant des choses nouvelles. » Le Saint-Père terminait en demandant qu'on ne s'étonnât point de le voir revenir si souvent à la charge contre les mêmes erreurs. « Puisque l'homme ennemi, disait-il, ne cesse de semer l'ivraie parmi le bon grain, nous qui, par la disposition de la divine Providence, sommes préposé à la culture du champ du Seigneur et avons été constitué à la tête de sa famille comme des serviteurs fidèles et prudents, nous ne devons pas négliger un instant de remplir ces devoirs inséparables de notre ministère apostolique. »

Malheureusement les efforts incessants de l'incrédulité et l'absence d'esprit chrétien chez la plupart des gouvernants, ruinaient presque toujours les heureux résultats du zèle de Pie IX. Le récent concordat conclu avec l'Espagne avait déjà été indignement violé. L'article qui attribuait au catholicisme les prérogatives d'une religion d'Etat, et celui qui donnait la doctrine catholique pour base à l'enseignement de la jeunesse, étaient mis de côté dans la pratique. Des lois étaient portées dans un sens tout contraire. On ordonnait la vente des biens de l'Eglise. Divers décrets défendirent aux évêques de conférer les ordres sacrés, aux religieuses de recevoir des novices dans leur propre institut et sécularisèrent complètement les chapellenies laïques ainsi que d'autres pieuses institutions. Le Saint-Siège réclama contre cette violation des engagements les plus sacrés, par l'organe du cardinal Antonelli et de son chargé d'affaires à Madrid. Le Pape menaçait le gouvernement espagnol, s'il ne retirait pas le projet de loi pour la vente des biens ecclésiastiques, de notifier solennellement aux fidèles la nullité radicale de cette vente, et même de rétracter, suivant les termes du concordat, la concession faite aux acquéreurs des biens ecclésiastiques antérieurement vendus, si l'on continuait de fouler aux pieds les autres articles de cette convention. Les évêques, le clergé, un grand nombre de laïques appuyaient, par leur attitude et par leur langage, les protestations du Saint-Père. Les fidèles étaient désolés de voir leur pays recommencer la guerre contre l'Eglise. Au lieu de faire droit au vœu populaire, les ministres essayèrent d'en étouffer l'expression par la force. Plusieurs évêques furent violemment éloignés de leurs diocèses. Alors le Pape rappela son représentant de Madrid, et dans l'allocution du 26 juillet 1855, il déclara nuls et sans aucune valeur tous les décrets et toutes les lois dont nous venons de parler.

Quelque temps après, le gouvernement de la reine Isabelle parut comprendre ses véritables intérêts et vouloir répondre aux désirs du peuple espagnol. Il se rapprocha du Saint-Siège. Ce fut avec le concours tout spécial de la reine et de son ambassadeur à Rome, M. Mon, que, le 8 septembre 1857, Pie IX inaugura sur la place d'Espagne cette magnifique colonne qui perpétue aux yeux des Romains le souvenir du 8 décembre 1854.

Le Saint-Père avait aussi à se plaindre du gouvernement de la Suisse, qui lui avait déjà causé tant de douleur : « Là, disait-il dans la même allocution du 26 juillet 1855, la puissance de l'Eglise catholique et la liberté sont opprimées, l'autorité des évêques et de ce Siège apostolique foulée aux pieds, la sainteté du mariage et du serment violée et méprisée, les séminaires des clercs, les monastères des familles religieuses ou entièrement détruits ou complètement assujettis à l'arbitraire du pouvoir civil, la collation des bénéfices et les biens ecclésiastiques usurpés, le clergé catholique poursuivi et persécuté de la manière la plus déplorable. »

Il y avait pourtant un point de la Suisse où, profitant de toutes les libertés laissées par la constitution, le clergé et le peuple catholiques obtenaient pour leur foi les plus beaux triomphes. Ce point était précisément un des boulevards de l'erreur dans le monde; c'était Genève, la *Rome protestante*. En 1799, Genève n'avait qu'une petite chapelle catholique desservie par M. l'abbé Vuarin et par M. l'abbé Neyre, supérieur du grand séminaire d'Annecy. Ces prêtres furent expulsés et la chapelle fermée en 1800. Ils revinrent quelques semaines après, et les douze mille catholiques de la ville obtinrent un terrain pour la construction d'une église. L'église Saint-Germain, qui avait été supprimée la première, fut aussi rétablie la première en 1803, par l'évêque Mgr Paget. M. Vuarin en fut établi curé, et l'administra avec beaucoup de zèle et de succès. Il eut pour successeur M. Marilley, qui devint évêque de Lausanne et de Genève et qui supporta pour l'honneur et la liberté de l'Eglise, les épreuves que l'on a vues dans le livre précédent.

En 1851, c'était M. Dunoyer, vicaire général, qui était curé de Genève. Il avait pour vicaire M. l'abbé Mermillod, né, comme lui, à Carouge. Le jeune prêtre animait le courage des catholiques par ses prédications éloquentes, et se portait le premier sur la brèche, publiant des brochures sur toutes les questions agitées, attaquant l'ennemi ou lui ripostant tous les jours par des articles victorieux dans un journal qu'il avait fondé, *l'Observateur catholique*. Au nom du principe de liberté que la Suisse venait de proclamer, M. l'abbé Mermillod obtint, en 1850, l'autorisation de construire à Genève une nouvelle église catholique : mais le grand conseil n'alloua aucun fonds à cet effet : il se contenta d'abandonner un terrain qui, par un hasard providentiel, se trouvait être l'emplacement d'une ancienne forteresse bâtie au XVIe siècle dans l'intérêt des protestants. M. Mermillod alla quêter à Paris, où son éloquence sympathique lui ouvrit le trésor des riches et le cœur des pauvres. Le 3 janvier 1851, M. Dunoyer, de son côté, était aux pieds du Saint-Père, qui lui remit une offrande de 1000 écus romains, et l'autorisation de quêter partout pour la construction de l'église de Notre-Dame de Genève. Ce bel édifice fut terminé en 1857 : le 4 octobre, jour de la consécration, dans l'immense auditoire qui remplissait la nef, on remarquait un grand nombre de protestants, entre autres, plusieurs magistrats de la ville et des membres du grand conseil. Du haut de la chaire, M. l'abbé Mermillod leur fit entendre ces paroles sublimes :

« Nous avons voulu notre part d'air et de lumière au soleil; nous avons, par nos seuls efforts, accompli un grand acte que vous saurez respecter. Si jamais le vent de la persécution soufflait un jour, si de nouvelles oppressions venaient nous spolier encore, si d'injustes agresseurs voulaient nous exclure du droit commun, si une nouvelle intolérance tentait d'enlever à ces murailles un infime fragment, de ravir à ces colonnes, ne fût-ce qu'un grain de sable, songez que ce grain de sable ne tomberait pas à terre sans rebondir jusqu'à vos fronts pour les stigmatiser, jusqu'au drapeau de la liberté pour le flétrir : c'est la gloire de Genève que vous auriez souillée, c'est sa liberté qui tomberait sous vos coups, vaincue et déshonorée !... »

M. l'abbé Mermillod prit dès lors le titre de curé de Notre-Dame, et se remit à tendre la main aux catholiques des pays étrangers, pour doter la nouvelle paroisse des institutions nécessaires. En 1853, Pie IX lui fit présent d'une petite statue de l'Immaculée-Conception, qu'il avait longtemps gardée sur sa table de travail, et qui maintenant orne l'abside de Notre-Dame, rappelant aux Génevois, catholiques ou protestants, la sollicitude du Saint-Père pour le salut de leurs âmes.

La majorité du clergé suisse n'était pas moins attachée à ses devoirs et dévouée au Saint-Siège que celui de Genève : cependant, il y avait dans certains cantons, surtout dans le Tessin, quelques exceptions, que Pie IX déplorait profondément.

Les anciennes colonies espagnoles du Nouveau-Monde continuaient de lui offrir des sujets de peine et d'inquiétude. Un représentant du Mexique, Larrainzar, négociait un concordat à Rome, quand éclata, en 1855, l'insurrection qui renversa le président Santa-Anna. Le gouvernement anarchique, qui lui succéda, commença aussitôt une guerre violente contre l'Église. On priva le clergé de tout droit électoral. Une loi du 23 novembre abolit la loi ecclésiastique sur tout le territoire de la Confédération, et pour répondre aux réclamations de l'archevêque de Mexico, les dépositaires du pouvoir déclarèrent qu'ils ne soumettraient jamais leurs actes à l'autorité du Saint-Siège. Pour punir le peuple de Puebla, qui avait désapprouvé hautement cette conduite, on livra les biens ecclésiastiques de cette ville à une administration laïque, et l'évêque ayant osé protester, fut enlevé par la force armée et envoyé en exil. Le Saint-Siège fit faire des remontrances par son délégué, à qui se joignaient l'évêque de Guadaloxara et celui de Saint-Louis de Potosi : ce fut en vain. Par un décret du 25 juin 1856, le gouvernement s'empara de tous les biens que l'Église possédait au Mexique. L'évêque de Guadaloxara qui, avec d'autres, s'était élevé contre l'injustice de ce décret, fut condamné à l'exil. Pour accomplir plus vite la spoliation, le gouvernement permit aux sociétés ecclésiastiques de partager leurs terres entre leurs membres, à peu près sans nulle autre condition, que de payer les droits de mutation. Malheureusement, il y eut parmi les religieux, et dans le clergé séculier, des hommes assez oublieux de leurs devoirs, pour user de cette faculté et participer à ce vol sacrilège. Ce furent les mêmes religieux qui s'opposèrent à la visite qui devait être faite dans leurs couvents, au nom du Saint-Siège, par l'évêque de Méchoacan. Ensuite furent publiés d'autres décrets qui devaient avoir pour résultat de supprimer entièrement la vie monastique.

L'Assemblée nationale du Mexique poussa ses attentats encore plus loin, dans un projet de nouvelle constitution qu'elle avait mission d'élaborer. Elle abolit tout privilège du for ecclésiastique; en vue d'ôter au clergé tout moyen d'existence, elle établit que personne ne pourrait jouir d'émoluments qui seraient une charge pour la société; elle interdit, à tout individu, de se lier par une obligation résultant d'un contrat, d'une promesse ou d'un vœu religieux; enfin, elle proclama le libre exercice de tous les cultes et la liberté absolue de la pensée et de la presse. Un grand nombre de catholiques blâmèrent hautement ce projet, et adressèrent des pétitions à l'Assemblée pour demander la réforme des articles que nous venons de signaler, surtout de celui qui établissait la liberté des cultes. Alors la persécution devint brutale, et il ne parut guère qu'on eût affaire à des partisans de la liberté absolue des opinions. Plusieurs laïques et plusieurs membres du clergé de Puebla, entre autres un vicaire général fort âgé, furent envoyés en exil. De Mexico, des prêtres respectables se virent déportés à la Vera-Cruz, puis jetés sur la terre étrangère. Il fut sévèrement recommandé aux gouverneurs des provinces, d'empêcher, par tous les moyens possibles, la publication des écrits épiscopaux. Si des ecclésiastiques osaient contrevenir à cet ordre, ils devaient être bannis ou envoyés à Mexico. Le monastère des Franciscains, dans cette dernière ville, fut presque entièrement détruit, les revenus confisqués, et beaucoup de religieux emprisonnés. L'évêque de Méchoacan avait subi la réclusion dans cette capitale pendant quelque temps. Le Saint-Père réprouva solennellement cette conduite du gouvernement mexicain, et proclama la nullité de ces actes, dans l'allocution consistoriale du 15 décembre 1856.

Les républiques méridionales se rendaient coupables d'attentats non moins criminels. L'autorité du Saint-Siège y était méconnue; l'administration épiscopale, entravée; l'enseignement, soustrait à l'influence religieuse; la profession religieuse, soumise à des conditions arbitraires; le clergé, les séminaires, les biens ecclésiastiques, placés sous la domination de l'État.

Vers la fin de cette même année 1856, l'attention du Saint-Siège fut attirée par une instruction pastorale des faux évêques schismatiques de la province d'Utrecht, contre le dogme de l'Immaculée-Conception. Un décret de l'Inquisition condamna cette vaine manifestation des restes expirants du jansénisme.

En 1857, les libéraux de la Belgique montrèrent le prix que l'on doit attacher aux garanties constitutionnelles. De récentes élections venaient d'envoyer à la Chambre des députés une majorité catholique. On aspirait surtout à consacrer, par une loi, la liberté de la charité, et l'existence des établissements et des instituts charitables. Après un débat de cinq semaines, la minorité hostile résolut, pour empêcher l'établissement de la loi, de recourir à la violence. Avec le secours de la mauvaise presse, elle réussit à provoquer des émeutes antireligieuses à Bruxelles et dans les principales villes de la Belgique. La majorité de la représentation nationale fut publiquement insultée : des pierres furent jetées aux fenêtres de plusieurs députés; on brisa les vitres aux bureaux des journaux catholiques : on alla insulter des couvents d'hommes et de femmes. Ce mouvement s'apaisa au commencement du mois de juin, par suite d'une retraite, assez semblable à une défaite, des catholiques dans la personne de leurs députés, et de l'autorité dans la personne du roi. Le gouvernement retira le projet de loi qu'il avait proposé et qui avait excité l'orage.

Le 21 février 1857, les plénipotentiaires du Saint-Siège et du roi de Portugal signèrent à Lisbonne un concordat, qui avait pour objet de régler l'exercice du droit de patronage, concédé à la royauté portugaise dans l'Inde et dans la Chine. On se rappelle que c'étaient les difficultés soulevées à ce sujet qui avaient donné naissance au schisme de Goa. Ce concordat ne fut approuvé par la Chambre des députés que deux ans plus tard.

D'autres concordats terminèrent également les difficultés qui s'étaient élevées entre l'Eglise et les gouvernements des provinces rhénanes. Une première convention fut signée à Rome, le 8 avril 1857, par le cardinal de Reisach, plénipotentiaire du Pape, et par le baron d'Ow, représentant du roi de Wurtemberg. Les négociations avec le grand-duché de Bade durèrent plus longtemps. Commencées au nom du Saint-Siège, par le cardinal Brunelli, elles furent aussi continuées et menées à bonne fin par le cardinal de Reisach. Le délégué badois, Brunner, étant venu à mourir, fut remplacé par le baron de Berckheim et le docteur Roszhirt. Le traité fut signé le 28 juin 1859, et confirmé par des lettres apostoliques du 19 octobre suivant. Sauf quelques points de détail, réglés par de simples notes, ces deux concordats se ressemblaient. La situation de l'évêché de Rottenbourg et de l'archevêché de Fribourg, en Brisgau, était maintenue. Le gouvernement laissait aux évêques liberté pleine et entière pour exercer leurs fonctions, communiquer avec le Saint-Siège, tenir des conciles provinciaux et des synodes, établir et diriger les séminaires, publier leurs actes, surveiller la conduite des ecclésiastiques. La Faculté de théologie était entièrement soumise à l'évêque. Il avait aussi un droit efficace de surveillance à l'égard de l'enseignement religieux dans tous les gymnases, et désignait les livres et les catéchismes dont on devait se servir pour l'étude de ces matières. Le droit de posséder et d'acquérir était reconnu à l'Eglise, et l'administration de ses biens lui était laissée ; seulement le Saint-Siège consentait à maintenir l'organisation introduite pour les fabriques des églises et les autres fondations ecclésiastiques. Il autorisait de plus la création d'une commission mixte, chargée d'administrer les revenus des bénéfices vacants, consacrés aux besoins généraux de l'Eglise. Cette commission, dans le grand-duché de Bade, était investie d'un droit de haute surveillance sur l'administration de tous les fonds ecclésiastiques. Il était convenu que les membres du clergé seraient jugés par les tribunaux laïques en matière civile, et pour les délits contraires à la loi de l'Etat. Mais les preuves de la procédure devaient être communiquées à l'évêque, chaque fois que le jugement rendu entraînerait la peine de mort ou un emprisonnement de plus de cinq ans, et même, quand la peine serait moindre, toutes les fois qu'il en exprimerait le désir. Ces concordats modifiaient notablement les dispositions contenues dans la bulle *Provida solersque* de Pie VII, et dans la bulle *Ad dominici gregis* de Léon XII.

Un prêtre du diocèse de Cologne, le docteur Antoine Günther, avait consacré ses talents et sa science théologique à une tentative d'innovation aussi malheureuse que celle d'Hermès. Sa réputation et ses ouvrages lui avaient acquis des partisans ; dans diverses parties de l'Allemagne, plusieurs professeurs puisaient dans sa méthode la règle et l'inspiration de leur enseignement. Mais on s'aperçut bientôt que la nouvelle doctrine portait atteinte à la pureté de la foi : les évêques portèrent leurs plaintes au pied du trône de Pie IX, et le 8 janvier 1857, un décret de la congrégation de l'*Index* condamna les ouvrages de Günther. Le principal défaut de la doctrine ainsi réprouvée était de prendre pour base le rationalisme, en confondant la science et la foi, et en soumettant la science théologique à la philosophie. Par suite de cette erreur capitale, Günther ne craignait pas de s'élever contre la tradition, ou du moins de se séparer d'elle : il tenait peu de compte des livres que nous ont laissés les Pères de l'Eglise, et ne respectait pas les formes consacrées dans la langue de la théologie. Il s'aventurait dans des explications scientifiques, qui ne laissaient pas subsister l'intégrité du dogme. C'est ainsi qu'il avait altéré la véritable notion du mystère de la sainte Trinité et de l'Incarnation ; il soutenait la nécessité de la création : il enseignait sur l'union de l'âme et du corps, dans la nature humaine, un système contraire à la doctrine catholique.

Averti de ces erreurs par la sentence de l'*Index*, Günther se soumit humblement. Par une lettre du 10 février, il exprima au Saint-Père les sentiments de l'obéissance la plus complète et la plus respectueuse. Ce bel exemple fut imité par un certain nombre de ses partisans. Mais quelques-uns persistèrent à enseigner sa doctrine. Ils se fondaient sur ce motif, que la condamnation des œuvres de Günther était portée dans des termes tout à fait vagues et généraux, ne spécifiant aucun point ni aucune proposition en particulier. C'était à leurs yeux une preuve que, si le système de cet auteur, dans son ensemble, était réprouvé, aucune de ses opinions, prise isolément, n'était frappée de condamnation. Au mois de juin, Pie IX écrivit au cardinal de Geissel, archevêque de Cologne, pour repousser cette singulière explication, et déclarer aux disciples opiniâtres de Günther, que le seul parti à prendre, était d'imiter, sans restriction ni subterfuge, la parfaite docilité de leur maître.

Notre siècle, tout en faisant profession de rationalisme, a vu se renouveler des scènes superstitieuses, dignes des peuples idolâtres. On comprend que nous voulons parler du *spiritisme*, qui prétend évoquer les esprits de l'autre monde et en obtenir toutes sortes de révélations sur Dieu, sur le monde, sur l'immortalité, sur la nature de l'homme, sur ses devoirs, et sur la destinée des âmes. Le spiritisme est un amas d'extravagances et d'erreurs, que l'on présente comme un système complet de religion. L'Amérique avait commencé, en 1852, à être le théâtre des opérations des spirites et des désordres qu'elles entraînent. Plusieurs personnes se réunissaient autour d'un objet mobile, le plus souvent autour d'une table, et y posaient toutes ensemble l'extrémité de leurs doigts. Cet objet ne tardait pas à se mettre en mouvement, et tantôt par des signes convenus d'avance, tantôt à l'aide d'une plume ou d'un crayon soigneusement ajusté, répondait aux questions des spectateurs. On s'informait ainsi de ce qui se passait dans les pays lointains, et même des secrets de l'avenir. Les réponses étaient attribuées à des êtres invisibles, que l'on appelait communément les *esprits frappeurs*. La manie des *tables tournantes* convenait à la légèreté et à la corruption d'un monde incrédule. Elle se propagea rapidement : quand ce n'était pas, dans l'intention de ceux qui s'y livraient, une pratique superstitieuse, c'était un amusement à la mode. Le patriarche des spirites américains, M. Home, obtint un immense succès de vogue dans toutes les contrées de l'Europe. De cet abus il résulta de grands désordres et des cas manifestes de possession diabolique. Beaucoup d'intelligences étaient perverties et beaucoup de consciences perdues, par les réponses des esprits qui mêlaient le vrai et le faux, le bien et le mal, et formaient un monstrueux assemblage, plein d'immoralité et de folie. Mgr Turgeon, archevêque de Québec, publia une Lettre pastorale très-vigoureuse contre cette dangereuse superstition, et les évêques des différents pays où elle était en honneur, se joignirent à lui pour la réprouver et l'interdire.

Ce n'est pas seulement par les tables tournantes que les spirites prétendent se mettre en communication avec les esprits, c'est surtout par l'influence du magnétisme sur des personnes qui servent d'intermédiaire entre le monde visible et le monde invisible, et que l'on appelle *mediums*. La médecine entend par le magnétisme un certain fluide qui sort des membres du magnétisant, et qui agit sur le corps du magnétisé. Ces effluves sont provoquées par des gestes et des attouchements de l'un sur l'autre, quelquefois même par la seule présence ou la volonté de celui qui agit. L'Église n'a jamais eu la pensée d'inquiéter ceux qui étudient les propriétés et les effets de ce fluide à un point de vue purement scientifique et médical. Elle s'est alarmée seulement quand on a prétendu y voir une puissance capable d'expliquer tous les phénomènes surnaturels, ou qu'elle a reconnu de nombreuses atteintes portées à la morale dans les opérations des magnétiseurs. C'est en ce sens que la sacrée Pénitencerie avait réprouvé le magnétisme, par une première décision du 23 juin 1840, et par une autre du 21 avril 1841. Mais Mgr Gousset ayant posé, en 1844, la question de savoir si, en dehors de toute circonstance criminelle (*Sepositis rei abusibus rejectoque omni cum dœmone fœdere*), l'usage du magnétisme pouvait s'accorder avec la foi et les bonnes mœurs, le cardinal Castracane répondit que cette question n'était pas encore suffisamment étudiée. Cependant la pratique s'établit parmi les confesseurs d'éloigner les fidèles de cet usage, à cause des périls qui s'y rencontraient presque toujours, et des présomptions solides déjà établies par la science. Plusieurs livres écrits dans un sens contraire furent condamnés.

Le 28 juillet 1847, l'inquisition romaine promulgua la règle suivante : « En écartant toute erreur, tout sortilège, toute invocation implicite ou explicite du démon, l'usage du magnétisme, c'est-à-dire le simple acte d'employer des moyens physiques, non interdits d'ailleurs, n'est pas moralement défendu, pourvu que ce ne soit pas dans un but illicite ou mauvais en quoi que ce soit. Quant à l'application de principes et de moyens purement physiques à des choses ou des effets vraiment surnaturels pour les expliquer physiquement, ce n'est qu'une illusion tout à fait condamnable et une pratique hérétique. »

Mais, plus tard, en présence des ravages du spiritisme, on reconnut la nécessité de substituer à cette règle des mesures plus sévères. Le 21 mai 1856, une circulaire du cardinal Macchi, enjoignit aux évêques et aux inquisiteurs de l'État pontifical, de veiller activement sur les abus de ce genre, et de procéder sommairement contre les coupables. Le 4 août suivant, parut, sur le même objet, une encyclique de l'Inquisition romaine, qui, après avoir rapporté la règle de 1847, contenait l'exposé et les conclusions qu'on va lire :

« Quoique ce décret général explique suffisamment ce qu'il y a de licite ou de défendu dans l'usage ou l'abus du magnétisme, la perversité humaine a été portée à ce point, qu'abandonnant l'étude régulière de la science, les hommes voués à la recherche de ce qui peut satisfaire la curiosité, au grand détriment du salut des âmes, et même au préjudice de la société civile, se vantent d'avoir trouvé un moyen de prédire et de deviner. De là, ces femmes au tempérament débile, qui, livrées par des gestes que n'accompagne pas toujours la pudeur, aux prestiges du *somnambulisme* et de ce que l'on appelle *la claire intuition*, prétendent voir toutes sortes de choses invisibles, et s'arrogent, dans leur audace téméraire, la faculté de parler sur la religion, d'évoquer les âmes des morts, de recevoir des réponses, de découvrir des choses inconnues ou éloignées, et de pratiquer d'autres superstitions de ce genre, pour se faire à elles-mêmes et à leurs maîtres des gains considérables par leur don de divination. Quels que soient l'art ou l'illusion qui entrent dans tous ces actes, comme on y emploie des moyens physiques pour obtenir des effets qui ne sont point naturels, il y a fourberie tout à fait condamnable, hérétique, et scandale contre la pureté des mœurs. Aussi, pour réprimer efficacement un si grand mal, souverainement funeste à la religion et à la société civile, on ne saurait trop exciter la sollicitude pastorale, la vigilance et le zèle de tous les évêques. Qu'autant donc qu'ils le pourront, avec le secours de la grâce divine, les ordinaires des lieux emploient tantôt les avertissements de leur paternelle charité, tantôt les sévérités des reproches, tantôt, enfin, toutes les voies de droit, selon qu'ils le jugeront utile devant le Seigneur, en tenant compte des circonstances de lieu, de temps et de personne; qu'ils mettent tous leurs soins à écarter ces abus du magnétisme et à les faire cesser, afin que le troupeau du Seigneur soit défendu contre les attaques de l'homme ennemi, que le dépôt de la foi soit gardé sauf et intact, et que les fidèles confiés à leur sollicitude soient préservés de la corruption des mœurs. »

Dans le même mois d'août 1856, un décret de la congrégation des Rites étendit à toute l'Eglise la fête du Saint-Cœur de Jésus, dont presque tous les diocèses célébraient déjà l'office, en vertu d'un privilége particulier. Ce décret avait été sollicité par les évêques français, à l'occasion de la présence du cardinal Patrizzi pour le baptême du Prince Impérial. En 1857, les ordres religieux reçurent une nouvelle marque de la sollicitude de Pie IX. Une circulaire, adressée par la congrégation des Evêques et des Réguliers aux supérieurs des communautés, publia les prescriptions suivantes : « Lorsque sera fini le temps d'épreuves et le noviciat, les novices âgés de seize ans accomplis, ainsi que le veut le concile de Trente, feront des vœux simples. Les laïques et les convers les feront quand ils seront arrivés à l'âge prescrit par la constitution de Clément VIII : *In supremo*. Les profès, après trois ans, à compter du jour où ils auront fait les vœux simples, seront, s'ils en sont trouvés dignes, admis aux vœux solennels, pourvu que la profession des vœux simples n'ait pas été faite, comme il a été permis dans certaines communautés, pour un temps plus long : toutefois, le supérieur général et aussi le supérieur provincial pourront, pour des motifs justes et raisonnables, retarder la profession des vœux solennels, non pas cependant au delà de vingt ans accomplis. Si, du reste, l'ordre ou la communauté n'ont pas de provinciaux, la faculté de retarder la profession des vœux solennels est donnée alors au supérieur de la maison du noviciat, avec le consentement toutefois du maître des novices et de deux religieux remplissant des charges dans la communauté. » Des doutes s'étaient élevés parmi le clergé français, relativement à l'obligation pour les curés et pour les autres prêtres ayant charge d'âmes, de célébrer la messe pour leurs ouailles les jours de fêtes supprimées. Déjà, en 1841 et 1842, les congrégations romaines avaient donné sur ce point des réponses affirmatives, mais qui ne paraissaient pas suffisantes pour lever toute incertitude. Pie IX publia, le 3 mai 1858, une encyclique adressée à tous les prélats de l'univers pour résoudre cette question. Il déclara que les pasteurs étaient tenus d'offrir le saint sacrifice pour leurs ouailles, tous les jours de fêtes indiqués dans la constitution d'Urbain VIII, quand même ces fêtes auraient cessé, en vertu d'un indult, d'être de précepte pour les fidèles, à moins pourtant que l'office n'ait été transféré avec la solennité au dimanche suivant. On remarque dans cette encyclique de belles considérations sur l'excellence et sur le prix de l'auguste sacrifice de la messe.

Depuis longtemps M. Bonnetty, rédacteur des *Annales de philosophie chrétienne*, était en butte à des attaques qui ne furent pas toujours méritées. Cependant ses théories sur l'autorité de la tradition et sur l'insuffisance de la raison, paraissaient être l'expression d'un traditionalisme déjà réprouvé par l'Eglise et contraire à l'enseignement de ses docteurs. Mgr Sibour s'en était alarmé. Une commission établie par ses soins, lui présenta un rapport qui blâmait la doctrine des *Annales*. L'archevêque, ne voulant pas se prononcer par lui-même dans une si importante question, envoya le rapport à Rome, et ne négligea rien pour obtenir une solution aussi prompte que possible. La décision de la congrégation de l'Index fut envoyée au nonce de Paris, Mgr Sacconi, par le Père Modena, le 5 juillet 1855. La congrégation se plaisait à reconnaître les bonnes intentions, le zèle de M. Bonnetty, et les grands services qu'il avait rendus à la foi et à la science sacrée. Mais elle ajoutait qu'ayant pour devoir rigoureux de repousser l'erreur partout où elle se montrait, elle était obligée de faire disparaître les causes de danger renfermées dans les tendances des *Annales*, en offrant à la signature et à l'adhésion du savant écrivain quatre propositions qui n'étaient rien autre chose que la condamnation du traditionalisme. Voici ces propositions :

« 1° Quoique la foi soit au-dessus de la raison, il ne peut jamais exister entre elles aucune opposition, aucune contradiction, puisque toutes les deux viennent de la seule et même source immuable de la vérité, de Dieu très-bon et très-grand, et qu'ainsi elles se prêtent un mutuel secours (Encyclique de Pie IX, du 9 novembre 1846).

» 2° Le raisonnement peut prouver avec certitude l'existence de Dieu, la spiritualité de l'âme, la liberté de l'homme. La foi est postérieure à la révélation; on ne peut donc convenablement l'alléguer pour prouver l'existence de Dieu contre l'athée, ni pour prouver la spiritualité et la liberté de l'âme raisonnable contre un sectateur du naturalisme et du fatalisme (Proposition souscrite par M. Bautain, le 8 septembre 1840).

» 3° L'usage de la raison précède la foi, et y conduit l'homme, par le secours de la révélation et de la grâce (Proposition souscrite par M. Bautain, le 8 septembre 1840).

» 4° La méthode dont se sont servis saint Thomas, saint Bonaventure et les autres scholastiques après eux, ne conduit point au rationalisme et n'a point été cause de ce que, dans les écoles contemporaines, la philosophie est tombée dans le rationalisme et le panthéisme. En conséquence, il n'est pas permis de faire un crime à ces docteurs et à ces maîtres de s'être servis de cette méthode, surtout en présence de l'approbation ou au moins du silence de l'Eglise (Proposition contraire à diverses propositions de M. Bonnetty). »

Le nonce était chargé d'obtenir la souscription de M. Bonnetty et de la retourner à Rome. M. Bonnetty s'empressa de la donner.

Les quatre propositions de l'Index ne renferment pas une condamnation absolue du traditionalisme, si l'on entend simplement par celui-ci un système philosophique sur l'origine de la connaissance, d'après lequel l'intelligence humaine serait incapable de produire aucune pensée sans le secours d'un fait, d'une coopération extérieure. C'est dans ces termes qu'en 1856 et dans les années suivantes, M. Bonnetty reprit la défense de ses théories contre le Père Chastel, auteur d'un ouvrage intitulé : *De la valeur de la raison humaine*, contre l'*Ami de la religion*, contre le *Correspondant* et contre des revues universitaires. Il avait pour principaux soutiens dans cette lutte, Mgr Doney, évêque de Montauban, Mgr Parisis, transféré du siège épiscopal de Langres à celui d'Arras, et le Père Ventura. Des deux côtés, on se réclamait de l'autorité de saint Thomas et de l'enseignement des écoles catholiques. Le Père Ventura donnait à ses adversaires le nom de semi-rationalistes. En 1856, il publia, relativement à cette controverse, un ouvrage considérable intitulé : *La tradition et les semi-pélagiens de la philosophie ou le semi-rationalisme dévoilé*. Le livre de Mgr Parisis : *Tradition et Raison*, publié en 1858, est à peu près dans le même sens. Les deux partis s'accusaient réciproquement de compromettre les bases de la foi surnaturelle, et de fausser la direction de l'enseignement philosophique.

L'*Univers* se voyait aussi poursuivi d'accusations continuelles. Ces accusations furent rassemblées dans un volume composé de textes tirés de ce journal, accompagnés de commentaires, qui parut en 1856 avec ce titre : *L'Univers jugé par lui-même, ou Études et documents sur le journal l'Univers, de 1845 à 1855*. L'ouvrage était anonyme, mais il obtint tout de suite une publicité et un retentissement qui en démontraient l'importance. L'auteur se proposait de prouver que *l'Univers* avait été pendant dix ans et était encore un journal « révolutionnaire, turbulent, sans respect, sans charité, plein d'injures et d'insultes, qui s'est jeté au nom de l'Eglise dans des contradictions et dans des palinodies dont la solidarité la déshonorerait. » Avant même tout examen, de tels reproches paraissaient empreints d'un caractère odieux d'exagération. Les rédacteurs du journal incriminé se tirent forts de montrer que l'ouvrage dirigé contre eux n'était qu'un tissu de textes tronqués, détournés de leur sens, trop habilement rapprochés et faussement commentés. M. Eugène Veuillot exécuta ce travail pour quelques pages du libelle. Ce n'était pas assez · les rédacteurs se mirent en mesure d'obtenir réparation par la voie des tribunaux. Alors M. l'abbé Cognat se déclara l'unique auteur de l'écrit anonyme. La cause, qui était venue à l'audience le 25 novembre, fut remise à trois semaines. Dans l'intervalle, de nombreuses et actives démarches furent faites, des négociations poursuivies, et même une convention arrêtée pour empêcher la continuation du procès. Au dernier moment, il se trouva que M. l'abbé Cognat et le journal qui l'appuyait, *l'Ami de la religion*, n'observaient pas assez strictement les stipulations réclamées au nom de *l'Univers*. Le procès suivit son cours. Depuis le commencement du mois d'août, un grand nombre d'évêques avaient opposé à la polémique dirigée contre le journal de M. Louis Veuillot, le témoignage public de leur bienveillance et de leur sympathie. La presse catholique était partagée, soit en France, soit dans les pays voisins : en Allemagne, elle était plutôt favorable à *l'Ami de la religion*; en Italie, c'était le contraire. La discussion fut très-ardente, très-retentissante, et souvent d'une vivacité regrettable.

La plaidoirie s'était engagée devant le tribunal à la fin du mois de décembre, quand tout à coup la mort tragique de Mgr Sibour, tombé sous le poignard d'un prêtre, vint consterner Paris. La cause, appelée de nouveau le 11 janvier, jour même des funérailles du prélat, fut remise à une autre audience sur la demande du défenseur de M. l'abbé Cognat. Des négociations étaient commencées pour ne pas troubler davantage la douleur des catholiques par le retentissement de cette regrettable affaire. L'avocat de *l'Univers* lut à l'audience du 13 janvier la note suivante :

« M. l'abbé Cognat et MM. les rédacteurs de *l'Univers*, prenant en considération les conseils qui leur ont été donnés, et cédant au sentiment qu'inspire l'affreuse catastrophe qui a consterné toutes les âmes chrétiennes, renoncent, M. l'abbé Cognat à réimprimer la brochure intitulée *l'Univers jugé par lui-même*, et MM. les rédacteurs de *l'Univers* aux poursuites en diffamation dirigées par eux contre l'auteur de cette brochure, ainsi qu'à l'impression des documents préparés pour la cause. »

Le défenseur de M. Cognat déclara ensuite que son client acceptait ce désistement. Depuis, en publiant dans ses *Mélanges* la relation de cette affaire, M. Louis Veuillot a exposé que, suivant les stipulations convenues entre les deux parties, cette déclaration ne devait pas avoir lieu, et qu'après la lecture de la note citée plus haut, on devait simplement dire qu'il n'y avait plus de procès et se retirer.

L'assassinat de Mgr l'archevêque de Paris avait eu lieu le 3 janvier 1857. Le pieux prélat s'était rendu à Saint-Etienne-du-Mont pour y présider à l'office du soir de la fête de sainte Geneviève. Après avoir été vénérer le tombeau de la glorieuse patronne de Paris, dans la chapelle qui lui est consacrée, il rentrait à la suite de la procession dans la grande nef, quand un homme qui venait de recevoir à genoux sa bénédiction, se relève précipitamment et lui porte un coup de poignard dans la région du cœur. Le prélat put à peine prononcer un mot inarticulé et tomba dans les bras des prêtres. Il était mort. Son tombeau fut entouré des hommages de la douleur, de la vénération et de l'amour universels. Le Saint-Père daigna exprimer l'affliction que lui causait ce crime affreux et la haute estime qu'il professait pour l'illustre défunt, dans un bref adressé aux vicaires capitulaires. Le successeur de Mgr Sibour fut Mgr Morlot, archevêque de Tours depuis 1842 et cardinal depuis 1853.

Ce qui augmenta l'effroi, la stupeur de la capitale et de toute la France, en apprenant l'odieux attentat de Saint-Etienne-du-Mont, c'est que le coup fatal était parti de la main d'un prêtre. Le coupable était un nommé Verger, deux fois frappé d'interdit dans le diocèse de Paris et dans celui de Meaux, homme d'une nature vulgaire et emportée, qui s'était révolté contre la croyance catholique au dogme de l'Immaculée-Conception. Le 17 janvier, il comparut devant la cour d'assises de la Seine. La violence et l'extravagance de ses discours obligèrent les magistrats à l'expulser de l'audience. Condamné à la peine de mort, il eut le bonheur de rentrer en lui-même et de réclamer les secours de la religion avant l'exécution de la sentence.

Peu de temps auparavant, Lamennais était mort dans l'impénitence, malgré tous les efforts qu'avait faits une de ses nièces pour introduire un prêtre auprès de lui. Depuis ses égarements, il s'était plongé dans les plus honteux délires de l'intelligence. Au point de vue du caractère, Lamartine l'avait défini *un homme toujours en colère*. Dans ses œuvres posthumes qui forment en quelque sorte son testament philosophique, on remarque ces lignes, trop fidèle peinture de son âme désespérée : « Qui ne se sent aujourd'hui troublé en soi-même? Un voile livide enveloppe toutes les vérités ; elles nous apparaissent comme le soleil pendant la tempête, à travers des vapeurs blafardes. Le cœur inquiet cherche sa foi, et il trouve je ne sais quoi d'obscur et de vacillant qui augmente ses anxiétés, une sorte de nuage aux contours vagues, aux formes indécises, qui fuit dans le vide de l'âme. Les désirs errent au hasard, comme l'amour; tout est terne, aride, sans parfum, sans vie. »

De pareilles scènes, un tel langage rappelaient à la société française que les fureurs et les perversités, issues des doctrines révolutionnaires et rationalistes, continuaient de la menacer, au milieu de l'ordre et des splendeurs matérielles dont elle jouissait. M. Victor Hugo, l'ancien poète catholique et royaliste, devenu, par l'amour d'une vaine popularité, l'apôtre des idées les plus subversives et des passions les plus sanguinaires, mêlait à de grandes beautés, dans ses vers et dans sa prose, toutes les laideurs de la pensée et du style. Il était le principal organe et le héraut le plus retentissant de ces exilés du 2 décembre qui aspiraient à rétablir leur règne, par les moyens les plus violents et les plus criminels, sur les ruines sanglantes de la religion et de la société. M. Eugène Sue, retiré dans la Savoie, près d'Annecy, publiait depuis 1849 un grand roman socialiste intitulé : *Les mystères du peuple, ou Histoire d'une famille de prolétaires à travers les âges*. Au mois de septembre 1857, le tribunal correctionnel de Paris ordonna la destruction complète de cet ouvrage, « attendu qu'on y trouvait, à chaque page, la négation ou le renversement de tous les principes sur lesquels repose la religion, la morale et la société. » M. Eugène Sue était mort pendant le cours de l'instruction. Tous les livres de ce romancier ont été mis à l'index.

Les philosophes, les savants, les littérateurs de la France, comme ceux des autres pays, ne voulaient pas ouvrir les yeux à ces sinistres lueurs qui traversaient fréquemment l'horizon. Voilà pourquoi le souverain Pontife était obligé de flétrir si souvent, dans ses allocutions, non-seulement les doctrines antisociales du communisme, mais aussi les théories antireligieuses et antiphilosophiques du rationalisme. Mais c'était en vain que la voix du Saint-Père retentissait, répétée à tous les échos par l'enseignement des évêques et des conciles provinciaux. On n'y prêtait guère l'oreille : on acceptait, sans réflexion et sans contrôle, le langage des revues, des journaux, et des écrits à la mode. Un écrivain catholique, dont la plume savante a peint habilement la décrépitude de l'empire romain et la naissance du christianisme, dans *Les Césars*, dans *Les Antonins* et dans *Rome et la Judée*, M. Franz de Champagny, était parfaitement autorisé dès lors à écrire ces lignes : « Peu philosophique et paresseux, notre siècle se pare de cinq ou six mots qu'il prend pour des idées et sur lesquels il vit. Tout ce qui y circule d'idées fausses, tout ce qu'il y a de lieux communs menteurs et pernicieux, tout cela originairement n'était que des phrases, des périodes sonores, qui sont passées en idées, quelquefois en actions. »

En 1855, Mgr Pie, évêque de Poitiers, commentant l'allocution pontificale du 9 décembre 1854, publia une première Instruction synodale sur les principales erreurs du temps présent. Cette publication excita les plus vives attaques de la part des rationalistes qui avaient pour principaux organes, dans la presse périodique, le *Journal des Débats* et la *Revue des Deux-Mondes*. Quelques catholiques même la trouvèrent inopportune. L'illustre prélat n'en publia pas moins, à la suite des synodes de 1857 et de 1858, une nouvelle Instruction pour justifier et compléter la première, par la reproduction et le commentaire des chapitres les plus importants du récent concile provincial de Périgueux. Ces deux ouvrages sont extrêmement remarquables par la solidité de la doctrine, la clarté de l'exposition, la force et l'enchaînement des preuves, la franchise et le respect envers les personnes, non moins que par les qualités du style. Les diverses manœuvres, les illusions inconcevables, et les adresses dangereuses du rationalisme contemporain y sont loyalement démasquées. Mgr Pie montre que c'est un vain subterfuge de vouloir distinguer l'homme du chrétien, le laïc du fidèle, la raison de la foi pour rendre l'un complètement indépendant de l'autre; que la distinction ici ne peut pas constituer une séparation réelle; que la raison a besoin de la foi pour se maintenir en possession de la vérité complète; que la philosophie ne peut pas être systématiquement isolée de la théologie, et qu'en définitive, malgré d'hypocrites protestations, ce n'est pas la neutralité à l'égard du christianisme, mais bien l'hostilité contre lui, qui est le caractère du rationalisme.

Le chef des écrivains que réprouvait Mgr Pie après le concile de Périgueux, et dont les idées se répandaient par l'intermédiaire de la presse, était M. Victor Cousin. Ce fondateur de l'éclectisme, ancien ministre et grand-maître de l'Université sous Louis-Philippe, avançait dans sa carrière sans donner à ses idées beaucoup plus de consistance et de précision qu'autrefois. En ce sens il pouvait se glorifier de n'avoir point varié « dans ses pensées, ses sentiments, son langage public et privé, et d'être demeuré fidèle à la doctrine développée dans tous ses cours et tous ses ouvrages. » C'est ce qu'il faisait dans une édition de ses *Premiers essais de philosophie* donnée en 1855, et dans l'avant-propos des nouvelles éditions de son livre *du Vrai, du Beau et du Bien*. Rome avait condamné ses écrits pour des propositions incompatibles avec la foi chrétienne telles que celles-ci : « La raison est le médiateur nécessaire entre Dieu et l'homme, le Λόγος de Pythagore et de Platon, ce Verbe fait chair qui sert d'interprète à Dieu et de précepteur à l'homme, homme à la fois et Dieu tout ensemble. La raison, c'est la manifestation de Dieu en esprit et en vérité, c'est le Dieu du genre humain. » On lisait dans les nouvelles éditions du livre *du Vrai, du Beau et du Bien* : « Le seul moyen qui nous soit donné de nous élever jusqu'à l'Être des êtres sans éprouver d'éblouissement ni de vertige, c'est de nous en rapprocher à l'aide du divin intermédiaire, c'est-à-dire de nous consacrer à l'étude et à l'amour de la vérité, à la contemplation et à la reproduction du beau, surtout à la pratique du bien. » On y lisait aussi : « La philosophie et la religion diffèrent sans se contredire. Un autre auditoire, d'autres formes et un autre langage. » Avec de telles idées, M. Cousin, dans la préface d'un nouveau volume : *Philosophie sensua-*

liste au XVII° siècle, ne laissait pas de prétendre qu'il prêchait « l'accord si naturel, si désirable, du christianisme et de la philosophie. »

M. Jules Simon exprimait des idées analogues à celles de M. Cousin dans ses divers ouvrages : *Du Devoir; La religion naturelle; La liberté de conscience.* Les deux premiers de ces livres renferment de belles pages, souvent imprégnées de l'esprit chrétien. Le dernier n'a rien que de vulgaire. En combattant le christianisme, M. Jules Simon laissait voir qu'il avait de ses enseignements une connaissance fort inexacte. Dans son livre de *La religion naturelle*, il suppose que « les dogmes révélés qu'il nous faut croire, peuvent avoir contre eux les lumières de la raison; » il définit l'Eucharistie « un sacrement dans lequel le catholique, en mangeant du pain, reçoit le corps même de Jésus-Christ. » Si l'on veut savoir avec quelle feinte douceur ce philosophe tentait d'éliminer ou d'abaisser la révélation chrétienne, il suffit de lire les passages suivants du même livre :

« La religion chrétienne a une réponse pour toutes les questions. Elle enseigne à l'homme son origine, sa règle et sa fin ; c'est-à-dire, tout ce qui lui est nécessaire pour la direction et la consolation de la vie. Il y a des esprits, en grand nombre, qui se reposent avec bonheur dans cette clarté, dans cette sécurité de la foi révélée, mais il en est d'autres qui ne sauraient admettre le principe de la révélation, ou qui, ne pouvant croire à toutes les vérités enseignées par l'Église, et comprenant qu'on ne fait pas la part à la parole de Dieu, et qu'il faut l'accepter ou la rejeter tout entière, se sentent obligés de renoncer à la religion positive, et se livrent sans réserve à la philosophie. Ces esprits religieux, mais qui ne reconnaissent d'autre autorité que la raison, ne trouveront-ils pas en elle ce qu'ils lui demandent?... N'y a-t-il rien en dehors de la foi révélée, qui puisse rattacher l'homme au ciel?... La religion naturelle guide la raison en la respectant, tandis que la religion positive dédaigne la raison et la remplace... La religion naturelle est ennemie de la superstition ; comme elle s'appuie toujours sur la raison, elle n'admet rien en sa croyance dont elle ne se soit pleinement rendu compte. Il n'y a rien en elle qui ne soit conforme au sens commun. Elle se rend intelligible aux esprits médiocres, et elle suffit aux besoins des esprits cultivés... Le Dieu de la religion naturelle n'est pas un Dieu humain, que nous puissions rabaisser à notre niveau et mesurer à notre petitesse... La religion naturelle nous fait suivre avec amour et respect le développement des vues de la Providence, sans nous représenter Dieu comme un ouvrier malhabile et incertain, qui change d'avis et raccommode son œuvre, ou comme un père faible, tantôt irrité, plus souvent attendri, qui s'abandonne à sa colère, en rougit, et s'efforce de la faire oublier par sa tendresse. Un tel Dieu n'est pas l'idéal qui resplendit au fond de la nature humaine et dont la science nous montre la glorieuse et féconde immutabilité. Le vrai Dieu n'a rien de l'homme... »

Il est inutile de faire ressortir tout ce que ces lignes renferment de faux, d'impie et d'injurieux à l'égard des plus saints et des plus touchants mystères. La congrégation de l'Index condamna plusieurs écrits de M. Simon et réprouva sa doctrine.

Un ancien disciple de Saint-Simon et d'Enfantin publia dans le même temps un livre ayant pour titre : *Terre et Ciel*, où, prenant pour base les données de la philosophie progressiste, il prétendait renouveler complètement la théologie. « Sous ce prétexte, dit Mgr Pie, il expose d'abord des considérations scientifiques sur la condition astronomique et sur la condition économique du globe terrestre, il en déduit des conjectures assez vagues sur la perfectibilité future de notre planète et de la race qui doit l'habiter. Développant ensuite un système particulier sur la division de l'histoire de l'univers, de la terre et du genre humain, qu'il veut qu'on partage en quatre âges et non pas en sept, il annonce pour l'humanité l'avènement déjà commencé du quatrième âge, ère majestueuse dont celle du christianisme n'a été que l'introduction, et qui se fonde sur la réhabilitation complète de la race humaine dans sa résidence terrestre. Là, entre autres choses, il affirme que c'est l'homme qui, avec les inspirations les plus erronées de son enfance, a créé la division du temps en semaines ou périodes de sept jours; il se demande pourquoi le christianisme, qui n'a reçu que sous bénéfice d'inventaire l'héritage de tant d'autres institutions du droit mosaïque, se croirait moins libre à l'égard du cycle hebdomadaire, et pourquoi les amis de Dieu et des hommes refuseraient de se réjouir, comme d'un progrès social et religieux, de la réduction du septénaire au quaternaire, lequel multiplierait davantage les jours consacrés aux choses du ciel, sans préjudice des intérêts de la terre qu'une quantité moindre de travail procurerait suffisamment, en vertu du perfectionnement progressif des rapports entre les ressources du globe et les besoins du genre humain. Abordant, après cela, la question de l'origine du premier homme, il se refuse à reconnaître dans Adam innocent les qualités surnaturelles que les Écritures et l'Église lui attribuent, de même qu'un peu plus loin il réformera tout l'enseignement révélé concernant la nature et la condition des anges. Expliquant à sa façon le phénomène de l'*embryologie primordiale*, l'histoire de la chute de l'homme et de l'introduction du mal sur la terre, enfin, posant en principe la préexistence des âmes et leur complicité active dans la faute du premier père, il ne craint pas d'affirmer la supériorité de l'état de péché sur l'état d'innocence, et il prélude ainsi aux affreux blasphèmes dont il doit remplir bientôt les deux chapitres dans lesquels il traite plus directement du ciel et de l'enfer... Le dernier mot de cet écrit, c'est la négation de l'enfer, c'est la négation du supplice éternel ; l'auteur avoue lui-même que son travail « conclut à la suppression du terme imaginaire de l'enfer, attendu qu'il ne saurait exister dans l'ordre de la Providence d'autres pénitentiaires que des purgatoires, et que la terre en est un ; par où l'ancienne trilogie : Terre, Ciel et Enfer, se trouve donc finalement réduite à la dualité druidique : *Terre et Ciel*, titre du livre. » Cette conclusion, absolument conforme aux mauvais penchants du cœur humain, fit la popularité et la fortune de cet ouvrage, malgré les ennuyeuses rêveries dont on vient de voir le résumé. C'est ce qui obligea les évêques à le condamner.

Les auteurs dont nous venons de parler pouvaient déjà passer pour les représentants d'une vieille école. Une école plus jeune et plus hardie commençait à s'élever. Elle reconnaissait pour chef un ancien élève du séminaire de Saint-Sulpice, que les leçons du savant M. Le Hir avaient initié à la connaissance de l'hébreu et qui s'était fait le disciple et le vulgarisateur de la critique allemande. M. Ernest Renan publia en 1857, sous le titre d'*Etudes d'histoire religieuse*, une série d'articles qu'il avait précédemment donnés dans un journal et qui lui avaient valu une place à l'Institut. On lui devait déjà l'*Histoire générale des langues sémitiques*. En réalité, le principal mérite du jeune philosophe se trouvait dans le charme de son style : il n'inventait rien, il ne faisait que rajeunir les arguments du philosophisme germanique et de l'éclectisme français. Le point de départ de son système, c'est que le surnaturel n'existe pas et ne peut pas exister. De là, il déduit la fausseté de toutes les religions positives, lesquelles, suivant lui, ne sont vraies et acceptables qu'en tant qu'elles correspondent aux besoins des âmes qui les adoptent, ou même qui les croient; car c'est l'humanité qui a créé Jésus-Christ et qui crée Dieu, noms populaires et sensibles de la beauté idéale que l'homme trouve en lui-même et qu'il adore. « Dieu, Providence, immortalité, autant de bons vieux mots, un peu lourds peut-être, que la philosophie interprétera dans des sens de plus en plus raffinés, mais qu'elle ne remplacera jamais avec avantage. Sous une forme ou sous une autre, Dieu sera toujours le résumé de nos besoins suprasensibles, la *catégorie de l'idéal* (c'est-à-dire la forme sous laquelle nous concevons l'idéal), comme l'espace et le temps sont les *catégories des corps* (c'est-à-dire les formes sous lesquelles nous concevons les corps)..... Dans le Christ évangélique lui-même, une partie mourra : c'est la forme locale et nationale, c'est le Juif, c'est le Galiléen, mais une part restera : c'est le grand maître de la morale, c'est le juste persécuté, c'est celui qui a dit aux hommes : Vous êtes fils d'un même Père céleste. Le thaumaturge et le prophète mourront; l'homme et le sage resteront, ou plutôt l'éternelle beauté vivra à jamais dans ce nom sublime, comme dans tous ceux que l'humanité a choisis pour se rappeler ce qu'elle est et s'enivrer de sa propre image. Voilà le Dieu vivant, voilà celui qu'il faut adorer. » Le même système de rationalisme se retrouve dans le *Livre de Job*, du jeune chef d'école. Vainement M. Renan affirmait « qu'il ne se proposait qu'un but spéculatif sans aucune application directe à l'ordre des faits contemporains; qu'il serait inconsolable s'il savait que ses écrits dussent jamais scandaliser une de ces âmes naïves qui adorent si bien en esprit. » L'épiscopat et le Saint-Siège, comprenant tout le danger d'erreurs si radicales et si poétiquement voilées, se réunirent pour les flétrir et en éloigner les fidèles.

Un des condisciples de M. Renan à l'École normale supérieure, M. Taine, essayait, dans le domaine de la philosophie proprement dite, de rafraîchir le vieux thème rationaliste à l'aide d'un certain vernis scientifique, d'ailleurs très-superficiel. M. Taine n'admettait pas d'autre procédé en philosophie que celui de la méthode par voie d'analyse et par voie de déduction. De ce point de départ, il arrive au scepticisme, au matérialisme et à l'athéisme, comme on peut le voir dans son livre : *Les philosophes français du XIXe siècle*, publié en 1857. Au fond il se bornait à recueillir l'héritage du patriarche de la philosophie positiviste, M. Auguste Comte.

Les professeurs du Collège de France qui, sous Louis-Philippe, avaient attaqué l'Eglise par tous les moyens, employaient les loisirs de l'exil à répandre sur elle leur fureur et leurs calomnies. M. Michelet, autrefois historien brillant, mais inexact, écrivait d'immondes et extravagantes rêveries. En Belgique, un comité où l'on voyait des représentants et de hauts fonctionnaires se forma en 1857, pour éditer les œuvres d'un écrivain protestant du XVIe siècle, nommé Marnix de Sainte-Aldegonde. Ce travail fut confié à M. Edgar Quinet. On connaîtra suffisamment l'esprit qui anime cet ouvrage par les lignes suivantes extraites de l'Introduction de M. Quinet : « Je crois qu'il n'est pas encore trop tard pour couronner cette fin de siècle par quelque grand et mémorable changement dont la postérité garderait la mémoire. Si le XVIe siècle a arraché la moitié de l'Europe aux chaînes de la papauté, est-ce trop exiger du XIXe siècle qu'il achève l'œuvre à moitié commencée?... Que faut-il donc faire?... Le despotisme religieux ne peut être extirpé sans que l'on sorte de la légalité: aveugle, il appelle contre soi la force aveugle... sortez de la vieille église, vous, vos femmes, vos enfants. Sortez par toutes les voies ouvertes : Sortez, et si par des événements que j'ignore, la Providence vous tend encore une fois la main, sachez la saisir. Ne donnez pas au monde le spectacle d'hommes qui, ne pouvant s'accoutumer à la défaite, ne veulent pourtant jamais profiter de la victoire. »

Voici en quels termes le fougueux éditeur caractérisait l'ouvrage qu'il offrait au public : « Marnix n'a pas voulu seulement, avec l'exemple d'autres écrivains, discuter l'Eglise de Rome comme un point littéraire. La lutte est sérieuse et à outrance. Il s'agit non-seulement de réfuter le papisme, mais de l'extirper; non-seulement de l'extirper, mais de le déshonorer; non-seulement de le déshonorer, mais, comme le voulait l'ancienne loi germaine contre l'adultère, de l'étouffer dans la boue. » Tel était le langage ordinaire de M. Quinet en parlant de l'Eglise. Un de ses livres : *De la justice dans la Révolution et dans l'Eglise*, fut condamné par la police.

Nous avons vu, dans le cours de cette Histoire, comment l'Eglise opposait à ces attaques l'éloquence de ses orateurs, la science de son clergé séculier et régulier, et surtout la voix puissante de ses œuvres. Le P. Gratry, du nouvel Oratoire de Paris, prit une place distinguée dans les rangs de la philosophie catholique par ses beaux livres : *De la connaissance de l'âme*; *De la connaissance de Dieu*. En commençant l'introduction de ce dernier, il s'écriait : « La raison est en péril. » On vient de voir qu'il en avait le droit. Ancien élève de l'Ecole polytechnique, le P. Gratry avait été aumônier de l'Ecole normale supérieure. Le chef de l'école, M. Vacherot, appartenait au camp rationaliste. L'aumônier se vit obligé de réfuter les idées que M. Vacherot exprimait, dans son *Histoire de l'Ecole d'Alexandrie*, sur les prétendus emprunts faits par les Pères de l'Eglise à la philosophie platonicienne. Il abandonna sa position, pour continuer la lutte avec plus de liberté.

Sur le terrain de l'histoire, un des plus utiles et des plus glorieux adversaires de l'incrédulité fut, à cette époque, un humble curé français, Jean-Marie-Sauveur Gorini, qui mourut, le 22 octobre 1859, dans sa paroisse de Saint-Denys, au diocèse de Belley. Au sein d'un presbytère pauvre, menant une vie obscure et austère, empruntant des livres à toutes les bibliothèques de son voisinage, Gorini rassembla durant vingt années des matériaux prodigieux destinés à venger l'Eglise contre la partialité des historiens les plus célèbres de notre temps. Le résultat de cet immense travail fut publié en quatre volumes avec ce titre : *Défense de l'Eglise contre les erreurs historiques de MM. Guizot, Augustin et Amédée Thierry, Michelet, Ampère, Quinet, Fauriel, Aimé Martin, etc.* MM. Amédée Thierry et Guizot rendirent hommage à la science et à la loyauté courtoise du courageux écrivain. M. Augustin Thierry fit mieux : il se réconcilia hautement avec l'Eglise, rétracta ses erreurs, et fit une mort édifiante.

Pendant qu'on s'efforçait de créer une civilisation moderne en dehors de l'Eglise, la France catholique, par l'un de ses mathématiciens les plus illustres, le baron Augustin-Louis Cauchy, instituait l'*Œuvre des écoles d'Orient*, pour régénérer les peuples asservis au mahométisme. Cette œuvre reçut l'approbation du Saint-Père, et fut enrichie d'indulgences. Elle a produit un grand bien et doit ses principaux développements à M. l'abbé Lavigerie, aujourd'hui archevêque d'Alger, qui en fut directeur. Au début, elle avait pour président d'honneur une des illustrations de la guerre de Crimée, le maréchal Bosquet. En 1858, Mgr Pavy, prédécesseur de Mgr Lavigerie, commença la fondation d'un pèlerinage en l'honneur de la sainte Vierge, près de sa ville épiscopale. Il adressa un appel à la générosité des catholiques pour bâtir, sur un plateau admirablement situé, l'église de *Notre-Dame d'Afrique*. Dans la même année, un pèlerinage destiné à une immense popularité se fonda dans les Hautes-Pyrénées, près de la petite ville de Lourdes. Dans une grotte placée sur le bord du Gave, la sainte Vierge était apparue, le 11 février, à une petite fille du peuple, âgée de quatorze ans, nommée Bernadette Soubirous. Les apparitions se renouvelèrent presque tous les jours pendant quelque temps. Chaque matin on voyait un millier de personnes suivre l'enfant à la grotte. La sainte Vierge se désigna sous le nom de l'Immaculée-Conception, et dit à l'enfant de lui faire bâtir une chapelle en ce lieu. Une eau miraculeuse jaillit près de là : des guérisons surnaturelles furent opérées. La police s'occupa de cette affaire avec un esprit d'incrédulité et de tracasserie; l'administration diocésaine montra une sévère prudence. L'enfant, soumise aux plus rudes épreuves, triompha de tout par sa foi naïve, et le clergé finit par prêter son concours aux foules croyantes pour l'établissement de ce pèlerinage qui, depuis, n'a fait que grandir. Aujourd'hui Bernadette Soubirous, comme la jeune fille de la Salette, est une humble religieuse. En 1859, Mgr Jordany, évêque de Fréjus, racheta au propriétaire anglais l'île de Lérins, si célèbre par son antique monastère, et en prit possession avec une grande solennité, le 9 février de cette année.

La conduite du gouvernement français était toujours mêlée d'actes favorables à l'Eglise et de tendances qui inspiraient des craintes et une désapprobation trop légitimes. Un évêché fut établi à Laval, en 1855 ; le siège épiscopal de Rennes devint archevêché en 1859, et eut pour suffragants Vannes, Saint-Brieuc et Quimper. Sur la demande de Napoléon III, la grande aumônerie fut organisée par un bref du 31 mars 1857. La révolution de 1848 n'avait pas permis d'exécuter la bulle qui rétablissait le chapitre de Saint-Denys en le soumettant à la juridiction immédiate du Saint-Siège. Ce chapitre fut effectivement rétabli sous Napoléon III, et reçut l'institution canonique par un bref en date du 31 mars 1857. On améliorait le sort des desservants ; on affectait de nombreux crédits à la réparation des églises et des séminaires. Par cette munificence, le gouvernement impérial voulait-il simplement préparer à l'Eglise des chaînes dorées ? On fut autorisé à le craindre, quand on vit, en 1857, Mgr l'évêque de Moulins déféré au conseil d'Etat et frappé d'un décret d'abus pour des actes d'administration épiscopale parfaitement légitimes.

Les sectes révolutionnaires se portèrent aux plus horribles attentats pour pousser Napoléon III dans une politique contraire aux intérêts de la France et de l'Eglise. Des tentatives avaient déjà eu lieu en 1853, à l'Hippodrome et à l'Opéra-Comique. En 1855, aux Champs-Elysées, un Italien exalté, Pianori, tira un coup de pistolet sur l'empereur. Deux ans après, on arrêta trois individus de la même nation, chargés, par les chefs de la démagogie européenne, de préparer un nouveau complot. Le 14 janvier 1858, au moment où l'empereur avec l'impératrice se rendait à l'Opéra, des bombes fulminantes, lancées sous sa voiture, tuèrent plusieurs personnes et en blessèrent un grand nombre. Cette fois encore les coupables étaient Italiens : deux furent condamnés aux travaux forcés à perpétuité, deux subirent la sentence capitale. Le plus important des quatre était Orsini, d'une noble famille. Les assassins déclarèrent qu'ils avaient voulu rappeler à l'empereur les engagements contractés par lui en faveur de l'indépendance italienne. C'était l'Angleterre qui abritait les conspirateurs et leur chef principal, Mazzini. Elle refusa de les livrer et de les expulser. Un jury anglais acquitta scandaleusement Simon Bernard, complice d'Orsini. Des journaux faisaient librement l'apologie de ces attentats en Angleterre. Pendant le procès de Simon Bernard, Mazzini eut la publier un écrit où l'insolence et les provocations contre l'empereur allaient jusqu'au dernier excès. En France, l'opinion était indignée : la publication d'une brochure assez menaçante : *Napoléon III et l'Angleterre*, fit croire un instant que l'alliance allait se briser entre les deux peuples. Mais le gouvernement se contenta de se fortifier à l'intérieur par des lois de sûreté générale.

Les catholiques s'alarmaient justement de l'effet que ces attentats pouvaient produire sur l'esprit de l'empereur. Ils eurent une autre raison de concevoir des inquiétudes sur certaines vues du Pouvoir, quand, en 1858, une circulaire ministérielle enjoignit aux préfets de provoquer et de hâter la vente des biens immeubles appartenant aux hospices, pour en convertir le prix en rentes.

Cependant ils avaient encore des motifs de se rassurer. Mgr Morlot faisait partie du *Conseil privé*, institué à la suite de l'attentat du 14 janvier. Dans le courant du mois d'août, l'empereur et l'impératrice firent un voyage en Bretagne. Le 15 août, ils se rendirent en pèlerinage à Sainte-Anne d'Auray. A Rennes, Napoléon III prononça un discours qui rappelait ses plus belles paroles de 1851 et de 1852 : « Il était dans mes sympathies, disait-il, de me trouver au milieu du peuple breton, qui est, avant tout, monarchique, catholique et soldat... La France veut un gouvernement... assez consciencieux pour déclarer qu'il protège hautement la religion catholique, tout en acceptant la liberté des cultes. »

Cette France, dont la révolution cherchait à faire son instrument et sa proie, continuait d'envoyer aux missions de nombreux ouvriers évangéliques. Un séminaire des missions africaines s'établit à Lyon. Le Saint-Siège lui assigna, pour premier théâtre de ses travaux, Sierra-Leone et la république noire de Libéria. Mgr de Marion-Brésillac, évêque de Pruse, missionnaire d'une vertu éprouvée, fut chargé de sa direction, et partit en 1858. L'Angleterre, dans ses vastes possessions de l'Inde, ne s'occupait que de son influence et de son commerce, sans s'inquiéter de l'éducation morale et religieuse des indigènes. Elle fut punie de cette politique égoïste par une grande révolte, qui éclata en 1857, et dont elle ne put triompher qu'en 1858, après de cruelles représailles. L'alliance anglaise paralysait même l'influence du nom français dans l'empire chinois. Malgré les embarras intérieurs, causés par une immense insurrection qui s'était déjà emparée de Nankin, le gouverneur de ce pays ne craignit pas de se mettre de plus graves affaires sur les bras, en violant les traités conclus avec les Européens. Une persécution s'éleva contre les chrétiens; plusieurs missionnaires furent massacrés, entre autres M. Chapdelaine. D'un autre côté, le vice-roi de Canton, Yeh, avait fait arrêter un navire qui portait pavillon anglais. Les armées alliées de la France et de la Grande-Bretagne s'emparèrent de Canton, au mois de décembre 1857, se saisirent de la personne de Yeh, détruisirent, pendant le mois de mai 1858, les forts placés sur les rives du Peï-Ho, et s'avancèrent jusqu'à Tien-Tsin, non loin de la capitale. Alors le gouvernement chinois offrit d'entrer en négociations. Un traité fut signé par lord Elgin, au nom de l'Angleterre, le 26 juin, et le lendemain, par le baron Gros, au nom de la France. Les missionnaires devaient être admis partout, le meurtrier de M. Chapdelaine puni, les lois contre le christianisme abrogées : mais les diplomates anglais avaient tenu principalement à ouvrir un débouché au commerce de leur pays : les deux nations acquéraient le droit d'avoir un ambassadeur à Pékin, et cinq nouveaux ports s'ouvraient aux marchands d'Europe. En considérant trop exclusivement ce côté de l'entreprise, les Occidentaux se préparaient d'amères et prochaines déceptions. Le traité ne devait être ratifié que dans le délai d'un an.

Le remarquable rapport du baron de Rayneval nous a montré, dans les actes et dans les résultats de l'administration pontificale, une réfutation victorieuse des calomnies piémontaises. On objectait encore que ce gouvernement était impopulaire. Pour répondre à cette autre accusation, le Saint-Père entreprit, en 1857, un voyage dans ses Etats, qui dura quatre mois, du 5 mai au 5 septembre. Ce fut un long triomphe; partout la foule s'inclinait avec foi sous la bénédiction du Pontife, et saluait le souverain avec les acclamations de l'amour et du respect. La presse européenne retentit des échos de ces fêtes populaires : les révolutionnaires n'en parurent pas moins déconcertés que les catholiques ne s'en montrèrent joyeux. Dans les Romagnes, à Bologne, dans ces Légations, enfin, dont Cavour avait prétendu exprimer les doléances et défendre les intérêts au congrès de Paris, l'enthousiasme, loin de diminuer, ne fit que s'accroître. Pie IX voyageait souvent à pied au milieu de son peuple; tous pouvaient l'aborder et lui parler librement; il entrait dans l'examen de tous les détails de l'administration; il visitait les églises, les hôpitaux, les ateliers, les usines, les travaux des ports et des routes; il voulait se rendre compte de tout par lui-même. Quelques pétitions lui furent présentées. Croit-on qu'elles demandaient des réformes, une sécularisation plus large? Elles réclamaient la restauration du gouvernement des cardinaux, comme autrefois.

Deux événements avaient prouvé que la cour romaine n'est pas moins ennemie de la superstition que de l'impunité. Le 6 février 1857, un décret de l'inquisition condamna une nommée Catherine Fanelli, jeune fille de 23 ans, qui se vantait d'avoir des révélations, se faisait passer pour sainte, et attirait un grand concours de pèlerins à sa résidence de Sezze. Le 14 janvier 1859, un autre décret condamna Marianne Mancini, de Foligno, qui s'était rendue coupable d'actes du même genre, et de plus, s'attribuait la mission extraordinaire de fonder une nouvelle congrégation d'hommes et de femmes, sous le titre de Nazarènes, destinée à réformer le clergé et le peuple.

La révolution, vaincue sur tous les points par la sagesse du gouvernement pontifical, ne pouvait néanmoins se trouver à bout d'inventions calomnieuses. Elle est fille de Satan, le père du mensonge, a dit Joseph de Maistre. On crut, en 1858, avoir trouvé une heureuse occasion d'opérer contre le Saint-Siège une immense levée de boucliers.

De la croyance catholique relativement au baptême, il résulte que l'enfant qui l'aurait reçu et qui appartiendrait à une famille juive, doit être soustrait pendant les premières années de son âge à la garde de ses parents, pour être formé aux croyances et aux pratiques de la religion chrétienne. L'Eglise a consacré cette conséquence par sa législation, mais en même temps, tel est son esprit de prudence et de douceur, pour éviter une obligation pénible, elle a défendu aux Juifs de prendre à leur service des femmes chrétiennes; elle a défendu de plus, sous des peines sévères, de baptiser un enfant juif, à moins qu'il ne soit en danger imminent de mort. Or, une famille juive de Bologne, qui portait le nom de Mortara, n'avait pas craint de violer la première de ces défenses. Elle avait pris à son service une femme chrétienne, qui, voyant un des enfants dangereusement malade, lui conféra le baptême. Le gouvernement pontifical, en exécution de la loi civile, aussi bien que de la loi religieuse, dut ordonner que cet enfant chrétien fût retiré de la maison de son père et élevé chrétiennement. Voilà, en peu de mots, cet incident qui prit le nom d'affaire Mortara, et qui eut un incroyable retentissement.

La presse révolutionnaire s'empara de ce fait, le dénatura, y trouva une mine intarissable de violentes attaques et de déclamations furibondes, pendant les derniers mois de l'année 1858. On oubliait le despotisme du czar en Pologne : on ne parlait pas de la tyrannie anglaise en Irlande : on ne s'occupait que de la tyrannie du Pape, qui faisait élever chrétiennement un enfant chrétien. Cet enfant était convenablement placé dans une maison d'éducation, et l'on se répandait sur son sort en gémissements hypocrites. Quelques catholiques même furent intimidés et crurent qu'en face des idées modernes, cet acte ne pouvait se justifier. Ce qu'il y eut de plus significatif et de plus alarmant, ce fut de voir les journaux officieux de l'Empire français se joindre, en cette circonstance, aux feuilles de l'Opposition, et les comédiens de Napoléon III s'emparer de ce thème pour en divertir la cour. Le prince Napoléon, cousin de l'empereur, ayant à présenter un rapport sur les conseils généraux de l'Algérie, demanda qu'on y accordât une large place à l'élément juif. C'était, dans un pareil moment, un blâme indirect infligé à la cour romaine.

La seconde période du pontificat de Pie IX se terminait au milieu de l'agitation et des bruits de cet orage à la fois sinistre et ridicule. C'était d'un triste augure. Cela voulait dire que le monde s'obstinait à courir à sa perte, en dépit des solennels avertissements du Vicaire de Jésus-Christ, malgré ses efforts incessants pour élever partout des digues tutélaires, le plus souvent détruites par ceux-là mêmes qu'elles devaient protéger.

TROISIÈME PÉRIODE.

Pie IX et l'unité italienne (1859-1868).

Dès le commencement de l'année 1859, l'horizon parut menaçant pour la sécurité des intérêts catholiques et pour la paix du monde. Les alarmes inspirées naguère par le fameux protocole du congrès de Paris s'étaient renouvelées dans les derniers mois de 1858, à l'occasion d'une entrevue secrète que le comte de Cavour avait eue à Plombières avec l'empereur Napoléon. Le jour du nouvel an, à Rome, le noble chef de l'armée française d'occupation, le comte de Goyon, exprimait les vrais sentiments de la France, en saluant dans la personne du Pape, « un monarque et le digne et noble successeur de saint Pierre. » Mais au même moment, Napoléon III, recevant aux Tuileries les hommages du corps diplomatique, adressait à l'ambassadeur d'Autriche ces paroles inattendues : « Je regrette que nos relations avec votre gouvernement ne soient plus aussi bonnes que par le passé ; mais, je vous prie de dire à l'empereur que mes sentiments personnels ne sont pas changés. » Cette espèce d'énigme fatidique était d'autant plus inquiétante, qu'on en vit facilement l'explication dans l'attitude des politiques piémontais et dans les phrases suivantes prononcées par le roi Victor-Emmanuel, le 10 janvier, à l'ouverture du parlement de Turin : « L'horizon au milieu duquel se lève la nouvelle année n'est pas parfaitement serein... Une telle situation n'est pas exempte de dangers, car si nous respectons les traités, d'autre part nous ne sommes pas insensibles au cri de douleur qui s'élève vers nous de tant de parties de l'Italie. » Ce royal message était la répétition des calomnies ministérielles de 1856, si bien réfutées par M. de Rayneval. Le mariage du prince Napoléon, cousin de l'empereur, avec la princesse Clotilde, fille de Victor-Emmanuel, eut lieu le 30 janvier : c'était le signe d'une alliance intime entre le cabinet des Tuileries et le cabinet de Turin : la France se trouvait avoir épousé, sans le savoir, par la volonté de son souverain, la cause du Piémont et des successeurs de Gioberti dans la Péninsule italique.

Le gouvernement français s'occupa de notifier ses vues et de les faire accepter par le pays. Une brochure anonyme parut sous ce titre : *Napoléon III et l'Italie*. On lui attribua généralement une importance officielle qui ne fut pas contestée : on pensa qu'elle avait pour auteur M. de la Guéronnière, journaliste devenu conseiller d'État et favori du Pouvoir. Cette brochure exposait sur l'Italie et sur la souveraineté temporelle du Saint-Siège des idées que les écrivains catholiques s'empressèrent de combattre, comme ouvrant la porte à tous les bouleversements. Mais elle affectait de réserver une belle place à la Papauté, en lui offrant la présidence de la confédération italienne que l'on rêvait d'organiser. Dans le discours du trône, prononcé le 3 février, à l'ouverture des chambres, l'empereur parla de ses griefs contre l'Autriche, du triste état de l'Italie et de l'alliance avec le Piémont. « L'intérêt de la France est partout où il y a une cause juste et civilisatrice à faire prévaloir, » disait-il, et après avoir exprimé l'espérance de résoudre les difficultés sans recourir aux armes, il terminait ainsi : « Lorsque, soutenu par le vœu et le sentiment populaires, on monte les degrés d'un trône, on s'élève, par la plus grave des responsabilités, au-dessus de la région infime où se débattent les intérêts vulgaires, et l'on a pour premiers mobiles comme pour derniers juges : Dieu, sa conscience et la postérité. » Il eût fallu avoir une conscience mieux éclairée sur la responsabilité d'un souverain français, et traiter avec moins de dédain ce que l'on appelle des intérêts vulgaires; car, la suite l'a montré, ce qu'on allait ébranler, c'était la paix de l'Eglise, l'équilibre de l'Europe et la grandeur de la France.

Les grandes puissances européennes s'efforcèrent de conjurer l'orage. Sur la proposition de la Russie, on convint de soumettre la question italienne à un congrès. Le 19 avril, on lut dans le *Moniteur* français : « Les cinq puissances ont jugé utile de s'entendre sur les bases des délibérations futures, et elles sont tombées d'accord sur les quatre points suivants, proposés par le gouvernement de Sa Majesté Britannique : 1º Déterminer les moyens par lesquels la paix peut être maintenue entre l'Autriche et la Sardaigne; 2º Établir comment l'évacuation des Etats-Romains par les troupes françaises et autrichiennes peut être le mieux effectuée ; 3º Examiner s'il convient d'introduire des réformes dans l'administration intérieure de ces Etats et des autres Etats de l'Italie dont l'administration offrirait des défauts qui tendraient évidemment à créer un état permanent et dangereux de trouble et de mécontentement, et quelles seraient ces réformes; 4º Substituer aux traités entre l'Autriche et les duchés une confédération des Etats de l'Italie entre eux pour leur protection mutuelle, tant intérieur qu'extérieure. » La seule rédaction de ces bases était déjà, comme on le voit, une iniquité contre l'indépendance des Etats italiens, et en particulier contre le gouvernement pontifical. Il était facile de prévoir que la guerre ne pourrait être évitée. Les efforts des puissances médiatrices échouèrent sur une question de désarmement. Le général autrichien Giulay commença les hostilités le 29 avril, en franchissant le Tessin, et le 3 mai, Napoléon III déclara que la France était en guerre avec l'Autriche.

La responsabilité des événements ne pouvait être, à aucun titre, imputée au gouvernement pontifical. Les plaintes formulées contre son administration étaient injustes. Quant à l'évacuation de ses Etats par les troupes françaises et autrichiennes, il avait proposé de l'opérer immédiatement. « L'armée, dit plus tard le cardinal Antonelli, dans une lettre au nonce de Paris, Mgr Meglia, nonobstant la condition particulière de l'Etat pontifical où elle se forme, comme chacun sait, par engagement volontaire, pouvait être dite constituée en nombre suffisant à la fin de 1858, puisqu'en 1859, quand on voulut trouver un prétexte à la guerre d'Italie, dans la permanence des armées étrangères sur le territoire pontifical, Sa Sainteté put librement inviter la France et l'Autriche à retirer leurs troupes quand elles le voudraient. » Tous les organes de la presse révolutionnaire, certains diplomates, les ministres piémontais et ceux de la Grande-Bretagne en particulier, n'en continuaient pas moins de critiquer amèrement la situation des Etats-Romains et l'incurie prétendue de son gouvernement. Un feuilletoniste attaché au *Moniteur* français, M. Edmond About, publia un pamphlet scandaleux : *La Question romaine*. Imprimé en Belgique, fort répandu en France, célébré dans tous les pays européens par les ennemis du Saint-Siège, il avait commencé à paraître en articles détachés dans le *Moniteur*. Le *Journal de Rome* l'avait frappé de cette note officielle : « Dans le feuilleton du *Moniteur universel* de Paris on lit quelques articles, sous le titre de *l'Italie contemporaine*, signés *About*. Le rapport entre ces articles et l'histoire est précisément celui qu'il y a entre l'exagération, le mensonge, la calomnie et la vérité. » Le jeune écrivain avait déjà été froissé du peu de considération qui lui avait été témoigné à Rome, dans un voyage qu'il y avait fait avec une mission du gouvernement français. La vengeance était d'une telle nature que l'on déguisa le mieux possible l'autorisation officieuse qui était donnée en France à cette publication.

En Allemagne, la révolution n'avait pas de moindres audaces et n'exprimait pas de moindres espérances. Dans une brochure publiée à ce moment : *L'Allemagne et l'Italie*, on lisait ceci : « Si l'Autriche, ce qui paraît hors de doute, a conclu le Concordat pour distinguer sa politique de celle de la France, en d'autres termes, par haine de la France et en vue de ses possessions d'Italie, si elle a conclu le Concordat dans l'espoir de trouver au sein du clergé satisfait un refuge contre la révolution, nous craignons bien qu'elle ne ressemble à l'abeille qui se donne la mort en blessant de son dard son ennemi. La blessure qu'elle fait ressemble, hélas ! à une piqûre d'épingle. Nous ne connaissons pas d'exemple que la cour romaine ait sauvé un trône, mais nombreuses sont les ruines qu'elle a accumulées. »

Emu de tant de signes fâcheux, le Saint-Père, dès le 27 avril, adressa une encyclique à tous les prélats du monde, leur demandant des prières publiques pour désarmer la colère du Ciel, détourner le fléau de la guerre, et rétablir partout le règne de la charité. Toutefois il ne disait rien des menaces dirigées spécialement contre son trône et contre l'Eglise.

Napoléon III sentit le besoin de rassurer les catholiques et les conservateurs. A l'ouverture de la session législative, il avait dit : « Les faits parlent hautement d'eux-mêmes. Depuis onze ans je soutiens à Rome le pouvoir du Saint-Siège, et le passé doit être une garantie pour l'avenir. » Avant son départ pour le théâtre de la guerre, il lança une proclamation au peuple français, datée des Tuileries, le 3 mai : « Le but de cette guerre, disait-il, est de rendre l'Italie à elle-même et non de la faire changer de maîtres, et nous aurons à nos frontières un peuple ami qui nous devra son indépendance. Nous n'allons pas en Italie pour fomenter le désordre ni pour ébranler le pouvoir du Saint-Père, que nous avons replacé sur son trône, mais pour le soustraire à cette pression étrangère qui s'appesantit sur toute la Péninsule, et contribuer à y fonder l'ordre sur les intérêts légitimes satisfaits. » M. Rouland, ministre des cultes, écrivit aux évêques : « Il importe d'éclairer le clergé sur les conséquences d'une lutte devenue inévitable... L'empereur y a songé devant Dieu, et sa sagesse, son énergie, et sa loyauté bien connues, ne feront défaut ni à la religion ni au pays. Le prince, qui a donné à la religion tant de témoignages de déférence et d'attachement, qui, après les mauvais jours de 1848, a ramené le Saint-Père au Vatican, est le plus ferme soutien de l'unité catholique, et il veut que le chef de l'Église soit respecté dans tous ses droits de souverain temporel. Le prince qui a sauvé la France de l'invasion de l'esprit démagogique ne saurait accepter ni ses doctrines ni sa domination en Italie. » Au sein du Corps législatif, dans la séance du 12 avril, le président du conseil d'État avait donné les mêmes assurances.

Ces déclarations et ces promesses péchaient plutôt par emphase que par défaut de clarté. Les catholiques se rassurèrent. L'exemple du souverain Pontife semblait les y inviter. Le 9 mai, les Autrichiens avaient mis Ancône et son territoire en état de siège. Le gouvernement pontifical protesta dès le lendemain contre cette mesure : elle fut aussitôt rapportée. Au même moment, le légat de Bologne, obéissant aux instructions du cardinal-ministre, notifiait aux délégats de la province que la neutralité du Saint-Père était reconnue et serait respectée : « Le gouvernement français, disait-il, s'est empressé d'assurer, dans les termes les plus formels, le gouvernement pontifical que, dans le cours de la présente guerre, Sa Majesté l'Empereur et son gouvernement ne permettront pas que l'on tente impunément aucune chose au détriment des égards dus à l'auguste personne du Saint-Père ou ayant pour but de ruiner sa domination temporelle... Ces assurances ont acquis une latitude et une solidité plus grandes d'après la réponse officielle que le gouvernement impérial a donnée au Saint-Siège, de vouloir reconnaître et respecter complètement la neutralité que le gouvernement pontifical annonçait vouloir constamment maintenir. »

Dans tous les diocèses de France, des prières solennelles avaient été célébrées, par l'ordre des évêques, pour appeler les bénédictions du Ciel sur les armes françaises. Les soldats, persuadés qu'ils allaient en Italie servir une cause juste et affranchir la Papauté de la domination autrichienne, montraient les mêmes dispositions religieuses qu'en Crimée. L'impératrice avait distribué des médailles de la sainte Vierge aux officiers généraux qui avaient été admis à l'honneur de la saluer avant leur départ. Plusieurs des chefs brillants de l'armée française étaient de fervents catholiques. Depuis longtemps on connaissait les attaches antireligieuses et révolutionnaires du prince Napoléon, chargé d'organiser un corps d'armée du côté de la Toscane. Mais on l'avait vu à l'œuvre en Crimée et en Algérie : on savait d'avance qu'il ne jouerait pas un grand rôle dans la guerre, et en comparant le commandement dont il était pourvu aux quatre corps placés sous les ordres de l'empereur, on l'appelait *la cinquième roue au char de la Victoire*. Victor-Emmanuel avait accepté le concours de l'aventurier Garibaldi, affublé d'un titre de général, le héros des révolutionnaires dans ce moment : pour donner satisfaction à la légitime susceptibilité des officiers français, il fut décidé que cet instrument des sociétés secrètes n'opérerait avec ses bandes qu'à une certaine distance des armées régulières.

L'armée française marcha de victoire en victoire.

Le 20 mai, deux divisions autrichiennes, sous le commandement du feld-maréchal Stadion, furent battues à Montebello par le général Forey. Deux jours après, à Palestro, les Piémontais allaient succomber malgré l'impétueux courage de Victor-Emmanuel, quand les Français vinrent à leur secours et repoussèrent l'ennemi. Le passage du Tessin fut effectué le 2 juin. La date du 4 juin fut marquée par une victoire considérable, due au général Mac-Mahon, qui reçut sur le champ de bataille le titre de maréchal de France et de duc de Magenta, du nom d'un village près duquel avait eu lieu la bataille. Le 8 juin, le maréchal Baraguay-d'Hilliers battait encore les Autrichiens à Marignan, pendant que Napoléon et Victor-Emmanuel faisaient leur entrée à Milan. Les catholiques applaudissaient à toutes ces victoires.

Cependant outre le déchaînement universel de l'esprit révolutionnaire, il s'était déjà produit des faits qui justifiaient les plus graves appréhensions. Le grand-duc de Toscane, oncle du roi Victor-Emmanuel, avait été renversé, dès le 27 avril, à la suite de conspirations qui se tramaient chez M. Buoncompagni, ambassadeur piémontais, comme M. Scarlett, représentant de la Grande-Bretagne, l'a depuis attesté dans une dépêche officielle. Le même coup s'étant renouvelé à Parme au commencement du mois de mai, la population revint presque aussitôt de sa surprise et rappela spontanément la duchesse. Naples était aussi travaillé par les agitateurs piémontais. Dans une proclamation, datée de Milan, que Napoléon III adressait aux Italiens, on remarqua des phrases qui ouvraient un champ libre aux manœuvres ambitieuses de M. de Cavour : « Je ne viens pas ici, disait l'empereur, avec un système préconçu pour déposséder les souverains ni pour vous imposer ma volonté. Mon armée ne s'occupera que de deux choses : combattre vos ennemis et maintenir l'ordre à l'intérieur; elle ne permettra aucun obstacle à la libre manifestation de vos vœux légitimes. La Providence favorise quelquefois les peuples comme les individus, en leur donnant l'occasion de grandir tout à coup; mais c'est à la condition qu'ils sauront en profiter. Profitez donc de la fortune qui s'offre à vous. »

Ceux à qui s'adressait cette invitation, s'empressèrent d'y répondre. Les Autrichiens, ayant passé le Mincio, évacuèrent les duchés de Parme et de Modène. Des émissaires firent aussitôt des manifestations et demandèrent la dictature de Victor-Emmanuel : M. de Cavour fit occuper militairement les duchés. La duchesse de Parme se retira en Suisse; le duc de Modène se rendit avec son armée dans les rangs des Autrichiens. On peut juger des alarmes de l'opinion par cette note que le *Moniteur* français crut devoir insérer le 24 juin : « On semble ne pas se rendre un compte suffisamment exact du caractère que présente la dictature offerte en Italie, au roi de Sardaigne, et on en conclut que le Piémont compte, à l'abri des armes françaises, réunir toute l'Italie en un seul État. De semblables conjectures n'ont aucun fondement. » Elles n'en avaient que trop.

Les Autrichiens s'étant aussi retirés des Légations, sans que le Saint-Siège fût prévenu, ce pays se trouva dépourvu de force publique. Le gouvernement français ne s'occupa point d'y maintenir l'ordre, quoique le prince Napoléon fût de ce côté, et qu'un navire au pavillon tricolore eût fait son entrée, vers ce temps-là, dans le port d'Ancône. Le 12 juin, les conjurés donnèrent le signal de la révolte à Bologne, se mirent à la tête de la garde urbaine et de gens sans aveu, allèrent au palais du cardinal-légat, en arrachèrent les armes pontificales. Le cardinal-légat, réduit à d'impuissantes protestations, fut contraint de s'éloigner et de se retirer à Ferrare. Les conspirateurs envoyèrent des députés à Victor-Emmanuel pour lui offrir la dictature. Mais cette fois, il n'accepta point : M. de Cavour pensa que pour dépouiller le Pape il fallait procéder avec plus d'hypocrisie. Des révoltes semblables éclatèrent les jours suivants à Ravenne et à Pérouse : l'arrivée de deux régiments pontificaux suffit pour rétablir l'ordre dans cette dernière ville. La répression avait été facile, prompte et nullement sanglante : les journaux révolutionnaires crièrent que c'était une odieuse boucherie.

En recevant les compliments du sacré collège, le 17 juin, à l'occasion de l'anniversaire de son élection, Pie IX ne put dissimuler la peine que lui causaient les événements : « Malheur, s'écria-t-il, à ceux qui les ont provoqués, que toutes les excommunications de l'Église, que toutes les malédictions du Ciel retombent sur leurs têtes ! Quant à nous, ne nous laissons pas abattre, prions... Pour moi, personnellement, je ne suis point ébranlé dans ma confiance, je suis tranquille, je me repose en Dieu : et ce matin encore, à la sainte messe, en lisant l'épître du prophète Joël, il me semblait entendre déjà la réponse à toutes nos craintes comme à tous nos vœux : *Et scietis quia in medio Israël Ego sum... et Ego Dominus..., et non confundetur populus meus in œternum.* » Le lendemain, il publia une lettre encyclique pour protester contre les actes des rebelles et demander à tous les pasteurs de l'Église de l'aider à fléchir la colère de Dieu; on y lisait :

« Les mouvements séditieux qui ont éclaté récemment en Italie contre l'autorité des princes légitimes, dans les régions voisines des États de l'Église, ont envahi quelques-unes de nos provinces comme la flamme d'un incendie. Soulevées par ce funeste exemple, excitées par les intrigues du dehors, elles se sont soustraites à notre régime paternel, et malgré leur petit nombre, les adhérents de la révolte demandent qu'elles soient soumises à celui des gouvernements italiens qui, dans ces dernières années, s'est porté l'adversaire de l'Église, de ses droits légitimes et de ses ministres sacrés. Réprouvant et déplorant les actes de rébellion par lesquels une portion seulement du peuple, dans ces provinces troublées, méconnaît avec tant d'injustice notre zèle et nos soins paternels, et déclarant publiquement que la souveraineté temporelle, que les plus perfides ennemis de l'Église de Jésus-Christ s'efforcent de lui enlever, est nécessaire à ce Saint-Siège pour qu'il puisse exercer sans nul empêchement la puissance sacrée pour le bien de la religion, nous vous adressons les présentes lettres, vénérables frères, pour chercher, au milieu d'un si grand trouble de la paix publique, quelques consolations à notre douleur... Du reste, nous le déclarons hautement, revêtu de la vertu d'en-haut, que Dieu, touché par les prières des fidèles, mettra dans notre faiblesse, nous affronterons tous les périls, nous subirons toutes les épreuves plutôt que de manquer en rien à notre devoir apostolique ou que de souffrir quoi que ce soit contre la sainteté du serment par lequel nous nous sommes lié, lorsque malgré notre indignité nous avons été élevé; Dieu le voulant ainsi, sur ce siège suprême du Prince des apôtres, citadelle et rempart de la foi catholique. »

Dans l'allocution consistoriale du 20 juin, le Saint-Père renouvela l'expression de sa douleur et retraça les événements des Légations. Il annonça que le cardinal Antonelli avait été chargé d'adresser une protestation aux représentants de toutes les puissances, protesta lui-même de nouveau, et déclara nuls, illégitimes et sacrilèges tous les actes des rebelles, rappelant l'excommunication majeure et les autres peines ecclésiastiques qu'ils avaient encourues par le fait ainsi que leurs fauteurs et leurs partisans. Il termina en exprimant l'espérance qu'il fondait sur l'appui des souverains catholiques, et particulièrement sur les déclarations de l'empereur des Français.

Après ses premiers revers, l'Autriche n'avait pas cédé au découragement. L'empereur François-Joseph vint au milieu de ses troupes, qui repassèrent le Mincio. Le 24 juin, l'armée française livra bataille à deux cent vingt mille Autrichiens retranchés sur les hauteurs de Solférino et de Cavriana, et habilement disposés sur un espace de près de cinq lieues. La lutte dura seize heures, sous les yeux des deux souverains. Les troupes françaises accomplirent des prodiges de valeur et forcèrent enfin l'armée autrichienne à céder. Un orage favorisa sa retraite. Elle alla se rallier au delà du Mincio. Cette grande victoire coûtait à la France dix-huit mille hommes : les Autrichiens en avaient perdu davantage, et laissaient entre les mains du vainqueur quatre drapeaux, trente canons et six mille prisonniers.

Le Piémont s'installait dans les duchés, et poussait ses menées dans les États de l'Église. On voyait qu'il était résolu d'accomplir cette parole que Victor-Emmanuel, à Florence, avait dite en mettant la main sur son épée, et regardant vers Rome : *Nous irons jusqu'au bout. Andremo al fondo.* Le 12 juillet, le cardinal Antonelli dévoila ces trames et protesta, au nom du souverain Pontife, dans une note adressée aux représentants des puissances étrangères. La voici :

« Au milieu des craintes et des soucis occasionnés par la déplorable guerre actuelle, il semblait au Saint-Siège qu'il pouvait être tranquille, après les nombreuses assurances qu'il avait reçues, assurances auxquelles était même venue se joindre celle que le roi de Piémont, sur le conseil de l'empereur des Français, son allié, avait refusé la dictature qui lui avait été offerte dans les provinces soulevées des États pontificaux. Mais il est douloureux de remarquer que les choses se passent tout autrement et qu'il s'accomplit, sous les yeux du Saint-Père et de son gouvernement, des faits qui rendent chaque jour plus inqualifiable la conduite du cabinet sarde envers le Saint-Siège; conduite qui démontre clairement qu'il veut enlever au Saint-Siège une partie intégrante de son domaine temporel.

» Depuis la révolte de Bologne, cette ville est le rendez-vous d'une foule d'officiers piémontais, venus de Toscane et de Modène, dans le but de préparer des logements pour les troupes piémontaises. De ces Etats étrangers, ils introduisent des milliers de fusils pour armer les révoltés et les volontaires, des canons pour accroître le trouble des provinces soulevées et rendre plus audacieux les perturbateurs de l'ordre.

» Un autre fait qui rend complètement illusoire le refus de la dictature est venu mettre le comble à cette violation flagrante de la neutralité, jointe à une active coopération pour maintenir l'émeute dans les Etats de l'Eglise. La nomination du marquis d'Azeglio en qualité de commissaire extraordinaire dans les Romagnes (ainsi qu'il résulte du décret de S. A. R. le prince Eugène de Savoie, lieutenant-général de Sa Majesté Sarde, du 28 juin, et de la lettre du comte de Cavour sous la même date), pour diriger le concours des Légations à la guerre, et sous le prétexte spécieux d'empêcher que ce mouvement n'amenât aucun désordre, est une véritable attribution de fonctions qui lèse les droits du souverain territorial.

» Les choses ont marché avec une telle rapidité, que les troupes piémontaises sont déjà entrées sur le territoire pontifical, occupant Corte, Urbano et Castelfranco, où sont arrivés des bersaglieri piémontais et une partie de la brigade Real-Navi. Tout cela dans le but d'opposer, avec les révoltés, une résistance énergique aux troupes pontificales qui sont expédiées pour revendiquer le pouvoir usurpé dans les provinces rebelles, et de créer de nouveaux obstacles à l'exécution de ce juste dessein.

» Enfin, pour compléter l'usurpation de la souveraineté légitime, deux officiers du génie, dont un piémontais, ont été envoyés à Ferrare pour miner et détruire cette forteresse.

» De si odieux attentats, dans la perpétration desquels se manifeste une flagrante violation du droit des gens à plus d'un point de vue, ne peuvent que remplir d'amertume l'âme de Sa Sainteté, et lui occasionner une vive et juste indignation, augmentée encore de la surprise de voir que, de telles énormités sont le fait d'un gouvernement catholique qui avait accepté le conseil, à lui donné par son auguste allié, de refuser la dictature qui lui était offerte.

» Toutes mesures prises pour prévenir et amoindrir cette série de maux ayant été vaines, le Saint-Père, non oublieux des devoirs qui lui incombent pour la protection de ses Etats, et pour l'intégrité du domaine temporel du Saint-Siège, essentiellement connexe avec l'indépendant et libre exercice du suprême pontificat, réclame et proteste contre les violations et les usurpations commises malgré l'acceptation de la neutralité, et veut que sa protestation soit communiquée à toutes les puissances européennes. Confiant dans la justice qui les distingue, il croit qu'elles voudront lui donner leur appui; elles ne permettront pas le succès d'une violation si ouverte du droit des gens et de la souveraineté du Saint-Père. Il espère qu'elles n'hésiteront pas à coopérer à sa revendication, et, à cet effet, il invoque leur assistance et leur protection. »

Les difficultés et les périls se multipliaient dans la voie où Napoléon III venait de se jeter et la France avec lui. L'armée française avait su triompher dans cette redoutable aventure, mais la diplomatie ne triomphait pas. La confédération germanique était restée neutre jusque-là, grâce au secret désir qu'avait la Prusse de voir l'Autriche amoindrie et humiliée. Maintenant que la Prusse voyait sa rivale abaissée, volontiers elle eût pris les armes avec les autres Etats de l'Allemagne pour acquérir la prépondérance, précisément par le secours qu'elle lui porterait. L'Angleterre ne voyait pas sans jalousie les succès militaires qui assuraient à la France catholique une immense influence en Italie. Les sectes révolutionnaires démasquaient leurs plans et se montraient pleines d'audace. Pour continuer la guerre, il fallait poursuivre l'Autriche dans le dernier refuge qu'elle possédait en Italie et qui était formidable. C'était le quadrilatère, avec les places fortes de Mantoue, de Vérone et de Peschiera, dont la conquête aurait certainement coûté des flots de sang. Par tous ces motifs et peut-être aussi parce qu'il estima que désormais le temps et la diplomatie suffiraient à l'achèvement de son œuvre encore indécise, Napoléon III proposa une entrevue à François-Joseph qui l'accepta. Le 11 juillet, les deux empereurs signèrent la paix sur les bases préliminaires suivantes : « Confédération italienne sous la présidence honoraire du Pape; — l'empereur d'Autriche cède ses droits sur la Lombardie à l'empereur des Français, qui les remet au roi de Sardaigne; — l'empereur d'Autriche conserve la Vénétie, mais elle fait partie intégrante de la confédération italienne; — amnistie générale. »

Du 16 octobre au 10 novembre, les plénipotentiaires de l'Autriche, de la France et du Piémont, réunis à Zurich, s'occupèrent de la rédaction du traité définitif. Malgré les machinations de l'Angleterre qui firent craindre une nouvelle explosion, cette nouvelle convention ne fit que confirmer les préliminaires de Villafranca. Les droits des neutres y étaient consacrés. On regrettait d'y voir reparaître l'éternel refrain des réformes à introduire dans le gouvernement pontifical. Nous en rapportons les deux articles principaux, touchant le sujet qui nous occupe :

« Art. 19. Les circonscriptions territoriales des Etats indépendants de l'Italie, qui n'étaient pas parties dans la dernière guerre, ne pouvant être changées qu'avec le concours des puissances qui ont préludé à leur formation et reconnu leur existence, les droits du grand-duc de Toscane, du duc de Modène et du duc de Parme, sont expressément réservés entre les hautes parties contractantes.

» Art. 20. Désirant voir assurés la tranquillité des Etats de l'Eglise et le pouvoir du Saint-Père, convaincus que ce but ne saurait être plus efficacement atteint que par l'adoption d'un système approprié aux besoins des populations et conforme aux généreuses intentions déjà manifestées du souverain Pontife, S. M. l'empereur des Français et S. M. l'empereur d'Autriche uniront leurs efforts pour obtenir de Sa Sainteté que la nécessité d'introduire dans l'administration de ses Etats les réformes reconnues indispensables soit prise en sérieuse considération. »

Depuis, dans la séance du 1er mars 1861, au Sénat, le prince Napoléon a prétendu que la seule chose absolument stipulée dans le traité de Villafranca et de Zurich était la cession de la Lombardie, et que les autres articles ne servaient pour ainsi dire « qu'à indiquer des *desiderata*. » Mais M. Billault, ministre d'État, fut chargé de démentir cette explication du haut de la tribune.

Les catholiques célébrèrent la paix de Villafranca par de solennelles actions de grâces. Le Saint-Père donna l'exemple en écrivant à ce sujet au cardinal-vicaire : « Nous vous chargeons, disait-il, de prévenir les fidèles de cette capitale du christianisme, pour qu'ils assistent aux solennelles actions de grâces à offrir au Seigneur, qui a daigné faire cesser le plus terrible de tous les fléaux, la guerre. Quelles que doivent être les conséquences de cette paix, nous les attendons avec calme, toujours confiant dans la protection que Dieu daignera accorder actuellement et toujours à son Vicaire, à son Eglise et au maintien de leurs droits à tous deux. » La foi et le patriotisme des évêques français leur inspirèrent en cette circonstance le plus noble langage.

L'espérance des catholiques devait bientôt se dissiper. Le Piémont avait montré d'avance le cas qu'il ferait des clauses définitivement arrêtées à Zurich. Obligé par les préliminaires de Villafranca de rappeler ses commissaires des duchés de l'Italie centrale, il encouragea secrètement les rebelles à établir des gouvernements provisoires, pour ne pas laisser revenir les souverains légitimes. La France, qui venait de donner la Lombardie aux révolutionnaires du Piémont, était l'objet de leurs insultes, non de leurs sympathies. L'Angleterre flattait les vues ambitieuses de M. de Cavour, et se préparait à recueillir le bénéfice du sang et de l'or français prodigués pendant la guerre. On vit donc comme gouverneurs provisoires, le baron Ricasoli à Florence, le docteur Farini à Modène et à Parme, M. Cipriani à Bologne. Partout les agents de M. de Cavour destituaient les fonctionnaires suspects de fidélité envers leurs princes légitimes. Ils empiétaient audacieusement sur le pouvoir ecclésiastique, et changeaient à leur guise l'administration des hôpitaux, des orphelinats et des établissements religieux. Plusieurs membres du clergé furent accablés de vexations, exilés ou emprisonnés. La presse et le théâtre semaient l'impiété et l'irréligion : les outrages étaient prodigués à la sainte Vierge et au vicaire de Jésus-Christ. Les gouverneurs provisoires s'appliquèrent au commencement de septembre à provoquer des votes populaires en faveur de l'annexion au royaume de Sardaigne. Ces votes se firent sous la pression de la terreur : ce fut une déplorable comédie. La presse était bâillonnée. Les gouverneurs faisaient ce qu'ils voulaient. En Toscane, écrivait lord Normanby, cité par Mgr Dupanloup, on n'admit au vote qu'un vingt-cinquième de la population ; et il n'en vint pas même la moitié : il en résulte que ce fut un cinquantième de la population qui vendit les Athéniens de l'Italie aux Béotiens du Piémont. A Parme, M. Farini exclut toute la population des campagnes. A Modène, malgré les exclusions, il restait encore 72,000 électeurs. Sur ce nombre combien y eut-il de votants? A peine 4,000!

Dans les Etats du Pape, dit encore Mgr Dupanloup, on n'admit que 18,000 électeurs, et sur ce nombre, pas même un tiers ne put être mené au scrutin par la force ou par la corruption. On ne réunit pas moins à Bologne, le 6 septembre, une assemblée soi-disant nationale qui, dès sa première séance, s'appuyant faussement sur le vœu populaire, déclara que les Légations ne voulaient plus être soumises au gouvernement civil de la Papauté. Le lendemain, nouvelle déclaration qui demandait l'annexion au royaume de Sardaigne.

Victor-Emmanuel ne put accepter ces prétendus votes à cause des préliminaires de Villafranca ; mais son cousin, le prince de Carignan, fut élu *régent de l'Italie centrale*, et sur son refus, M. Buoncompagni le remplaça au mois de novembre, en qualité de gouverneur général de la Ligue.

En présence de tels attentats, les évêques français élevèrent la voix pour venger la cause du Saint-Siége. Mgr Parisis, évêque d'Arras, s'était fait, dès le 18 septembre, l'éloquent interprète des inquiétudes des catholiques. Mgr Pie, évêque de Poitiers, parla le 28 du même mois, et réfuta victorieusement les calomnies dont on chargeait le gouvernement pontifical. Il demandait en même temps des prières en faveur de cette noble cause. Bientôt arriva en France une allocution consistoriale du 26 septembre, dans laquelle le Pape lui-même démasquait les intrigues piémontaises, protestait avec énergie contre les actes des conspirateurs, les déclarait nuls, et rappelait de nouveau les peines ecclésiastiques portées contre eux. Cette allocution fut aussitôt publiée. Mgr Dupanloup, évêque d'Orléans, fit paraître une vigoureuse protestation : plusieurs prélats y adhérèrent, d'autres donnèrent des mandements ou des lettres sur le même objet. Le cardinal-archevêque de Bordeaux, Mgr Donnet, ayant à recevoir l'empereur sur le seuil de sa cathédrale, le 11 octobre, lui exprima les désirs des catholiques et l'espérance qu'ils fondaient sur ses déclarations et ses promesses. La réponse de Napoléon III parut renfermer une menace.

« Je remercie Votre Eminence, disait-il, des sentiments qu'elle vient de m'exprimer. Elle rend justice à mes intentions sans méconnaître néanmoins les difficultés qui les entravent, et elle me semble bien comprendre sa haute mission en cherchant à fortifier la confiance plutôt qu'à répandre d'inutiles alarmes. Je vous remercie d'avoir rappelé mes paroles, car j'ai la ferme espoir qu'une nouvelle ère de gloire se lèvera pour l'Eglise le jour où tout le monde partagera ma conviction que le pouvoir temporel du Saint-Père n'est pas opposé à la liberté et à l'indépendance de l'Italie. Je ne puis ici entrer dans les développements qu'exigerait la grave question que vous avez touchée, et je me borne à rappeler que le gouvernement qui a ramené le Saint-Père sur son trône ne saurait lui faire entendre que des conseils inspirés par un respectueux et sincère dévouement à ses intérêts ; mais il s'inquiète avec raison du jour, qui ne saurait être éloigné, où Rome sera évacuée par nos troupes ; car l'Europe ne peut permettre que l'occupation qui dure depuis des années se prolonge indéfiniment ; et quand notre armée se retirera, que laissera-t-elle derrière elle? l'anarchie, la terreur ou la paix? Voilà des questions dont l'importance n'échappe à personne. Mais, croyez-le bien, à l'époque où nous vivons, pour les résoudre, il faut, au lieu d'en appeler aux passions ardentes, rechercher avec calme la vérité, et prier la Providence d'éclairer les peuples et les rois sur le sage exercice de leurs droits comme sur l'étendue de leurs devoirs. »

Ces paroles furent bientôt suivies d'actes alarmants. La presse incrédule et révolutionnaire jouissait de la plus entière liberté pour attaquer et calomnier l'Eglise. On défendit aux journaux de reproduire les apologies et les protestations des évêques, que la nécessité rendait tous les jours plus nombreuses. Les adresses publiques au Saint-Père furent aussi interdites, sous prétexte qu'elles avaient pour but de fomenter une agitation moins religieuse que politique. Mais le gouvernement français, qui ne parvenait pas à étouffer chez lui le cri des consciences, était tout à fait impuissant contre les manifestations des autres pays. Là, les fidèles et l'épiscopat, pouvant s'exprimer librement, témoignaient de leur dévouement au Saint-Siège et de leur indignation contre ses ennemis par la vivacité de leur langage. C'est ainsi que les catholiques de l'Irlande et de l'Angleterre, de la Hollande, de la Belgique, de l'Allemagne, de l'Espagne, opposaient l'expression de leur foi aux calomnies de l'impiété.

La France renonçant à redresser par elle-même le fait de l'invasion des Romagnes et à faire exécuter le traité de Villafranca et de Zurich, les puissances européennes s'arrêtèrent à l'idée d'un congrès chargé de régler la situation. Ce congrès où deux puissances protestantes comme l'Angleterre et la Prusse, et une puissance schismatique comme la Russie devaient figurer à côté de la France et de l'Autriche, offraient sans doute bien des sujets d'inquiétude à Pie IX. Cependant il accepta ce projet.

Les choses en étaient là quand tout à coup parut une brochure anonyme : *Le Pape et le Congrès*. L'opinion s'émut aussitôt de cette publication et lui attribua un caractère officiel, malgré les désaveux du Pouvoir. Cette brochure dictait d'avance au congrès les résolutions qu'il devrait prendre. En voici le résumé, d'après un discours de M. Billault, ministre sans portefeuille : « Elle développait d'abord cette thèse que le pouvoir temporel du Saint-Père est nécessaire à l'exercice de son pouvoir spirituel. En second lieu, elle établissait que ce pouvoir, à moins de recourir à l'intervention étrangère, ne peut s'exercer que dans des limites de peu d'étendue et dans des conditions toutes spéciales. Elle disait que toutes les puissances catholiques devaient contribuer aux dépenses du Saint-Père. Elle soutenait que les Romagnes n'étaient pas nécessaires à l'exercice de ce pouvoir; elle soutenait qu'un congrès pouvait seul quelque chose. » L'écrivain anonyme renversait donc tous les principes du droit, donnait gain de cause à la révolution, et sous prétexte de consacrer l'indépendance du Saint-Père, le soumettait en réalité aux caprices de tous les gouvernements.

Le *Journal de Rome* publia, le 30 décembre, cette note officielle : « Il a paru récemment une brochure anonyme, imprimée à Paris, chez Didot, et intitulée : *Le Pape et le Congrès*. Cette brochure est un véritable hommage rendu à la Révolution, une thèse insidieuse pour ces esprits faibles qui manquent d'un juste critérium pour bien reconnaître le poison qu'elle cache, et un sujet de douleur pour tous les bons catholiques. Les arguments que renferme cet écrit sont une reproduction des erreurs et des outrages vomis tant de fois contre le Saint-Siège et tant de fois victorieusement réfutés, quelle qu'ait pu être l'obstination des contradicteurs de la vérité à les soutenir. Si le but que s'est proposé l'auteur de la brochure était par hasard d'intimider celui que l'on menace de si grands désastres, cet auteur peut être assuré que celui qui a en sa faveur le droit, qui s'appuie entièrement sur les bases solides et inébranlables de la justice, et surtout qui est soutenu par la protection du Roi des rois, n'a certainement rien à craindre des embûches des hommes. »

Le général de Goyon étant venu, le 1ᵉʳ janvier 1860, présenter ses compliments au Saint-Père, lui adressa les paroles suivantes : « Nous venons de nouveau, et toujours avec empressement, au pied de votre double trône de Pontife et de Roi, pour porter à Votre Sainteté, à l'occasion du nouvel an, la nouvelle assurance de notre profond respect et de notre dévouement. Pendant l'année qui vient de s'écouler, de grands événements se sont succédé. Les ordres de notre valeureux empereur, témoignage éclatant de son respect religieux pour Votre Sainteté, ne nous ont pas permis de paraître au champ de l'honneur et de la gloire. Nous n'avons dû, nous n'avons pu nous en consoler qu'en nous rappelant qu'auprès de Vous, qu'auprès de Votre Sainteté, nous nous trouvons sur le champ d'honneur du catholicisme... »

Pie IX répondit : « Si, les années précédentes, les vœux et les heureux présages que vous nous exprimiez, Monsieur le Général, au nom des braves officiers et de l'armée que vous commandez si dignement étaient doux à notre cœur, cette année, ils nous sont doublement agréables à cause des événements exceptionnels qui se sont succédé, et parce que vous nous donnez l'assurance que la division française qui se trouve dans les Etats pontificaux s'y trouve pour la défense des droits de la catholicité. Que Dieu vous bénisse donc, et avec cette partie de l'armée française, l'armée entière; qu'il bénisse également toutes les classes de cette généreuse nation.

» Et maintenant, nous prosternant aux pieds de ce Dieu qui fut, qui est et qui sera éternellement, nous le prions, dans l'humilité de notre cœur, de vouloir bien faire descendre en abondance ses grâces et ses lumières sur le chef auguste de cette armée et de cette nation, afin que, par le secours de ses lumières, il puisse marcher sûrement dans sa voie difficile, et reconnaître encore la fausseté de certains principes qui ont été exprimés en ces derniers jours dans une brochure, qu'on peut définir un monument insigne d'hypocrisie et un ignoble tissu de contradictions. Nous espérons qu'avec le secours de ces lumières, nous dirons mieux, nous sommes persuadé qu'avec le secours de ces lumières, il condamnera les principes contenus dans cette brochure, et nous en sommes d'autant plus convaincu que nous possédons quelques pièces, que Sa Majesté, à une époque antérieure, eut la bonté de nous faire tenir, et qui sont une véritable condamnation des principes susdits. Et c'est avec cette conviction que nous prions Dieu de répandre ses bénédictions sur l'Empereur, sur son auguste compagne, sur le Prince Impérial et sur toute la France. »

Le *Moniteur* français, en reproduisant cette allocution, la fit précéder de l'observation suivante : « Cette allocution n'aurait peut-être pas été prononcée si Sa Sainteté eût déjà reçu la lettre que Sa Majesté l'Empereur lui a adressée à la date du 31 décembre, lettre dont nous donnons plus loin le texte. »

Voici cette lettre : « La lettre que Votre Sainteté a bien voulu m'écrire, le 2 décembre, m'a vivement touché, et je répondrai avec une entière franchise à l'appel fait à ma loyauté.

» Une de mes plus vives préoccupations, pendant comme après la guerre, a été la situation des Etats de l'Eglise, et certes, parmi les raisons puissantes qui m'ont engagé à faire si promptement la paix, il faut compter la crainte de voir la révolution prendre tous les jours de plus grandes proportions. Les faits ont une logique inexorable, et malgré mon dévouement au Saint-Siège, malgré la présence de mes troupes à Rome, je ne pouvais échapper à une certaine solidarité avec les effets du mouvement national provoqué en Italie par la lutte contre l'Autriche.

» La paix une fois conclue, je m'empressai d'écrire à Votre Sainteté pour lui soumettre les idées les plus propres, selon moi, à amener la pacification des Romagnes, et je crois encore que si, dès cette époque, Votre Sainteté eût consenti à une séparation administrative de ces provinces et à la nomination d'un gouverneur laïque, elles seraient rentrées sous son autorité. Malheureusement cela n'a pas eu lieu, et je me suis trouvé impuissant à arrêter l'établissement du nouveau régime. Mes efforts n'ont abouti qu'à empêcher l'insurrection de s'étendre, et la démission de Garibaldi a préservé les marches d'Ancône d'une invasion certaine.

» Aujourd'hui le Congrès va se réunir. Les puissances ne sauraient méconnaître les droits incontestables du Saint-Siège sur les Légations : néanmoins il est probable qu'elles seront d'avis de ne pas recourir à la violence pour les soumettre. Car, si cette soumission était obtenue à l'aide de forces étrangères, il faudrait encore occuper les Légations militairement pendant longtemps. Cette occupation entretiendrait les haines et les rancunes d'une grande portion du peuple italien, comme la jalousie des grandes puissances : ce serait donc perpétuer un état d'irritation, de malaise et de crainte.

» Que reste-t-il donc encore à faire? car enfin cette incertitude ne peut pas durer toujours. Après un examen sérieux des difficultés et des dangers que présentaient les diverses combinaisons, je le dis avec un regret sincère, et, quelque pénible que soit la solution, ce qui me paraîtrait le plus conforme aux véritables intérêts du Saint-Siège, ce serait de faire le sacrifice des provinces révoltées. Si le Saint-Père, pour le repos de l'Europe, renonçait à ces provinces qui, depuis cinquante ans, suscitent tant d'embarras à son gouvernement, et qu'en échange, il demandât aux puissances de lui garantir la possession du reste, je ne doute pas du retour immédiat de l'ordre. Alors le Saint-Père assurerait à l'Italie reconnaissante la paix pendant de longues années, et au Saint-Siège la possession paisible de l'Etat de l'Eglise.

» Votre Sainteté, j'aime à le croire, ne se méprendra pas sur les sentiments qui m'animent; Elle comprendra les difficultés de ma situation; Elle interprétera avec bienveillance la franchise de mon langage, en se souvenant de tout ce que j'ai fait pour la religion catholique et pour son auguste Chef.

» J'ai exprimé sans réserve toute ma pensée, et je l'ai cru indispensable avant le Congrès. Mais je prie Votre Sainteté, quelle que soit sa décision, de croire qu'elle ne changera en rien la ligne de conduite que j'ai toujours tenue à son égard. »

Cette lettre, datée du 31 décembre 1859, montrait que la politique de la brochure : *Le Pape et le Congrès*, était la politique vraie de Napoléon III. Les journaux hostiles à l'Eglise s'empressèrent de le constater avec une joie triomphante, en déclarant que c'était un premier pas qui serait nécessairement suivi de beaucoup d'autres.

Par une encyclique du 19 janvier, le Saint-Père donna connaissance à tout l'univers catholique de la réponse qu'il avait faite à la lettre impériale : « Sans aucun retard, disait-il, nous nous sommes hâté de répondre à l'Empereur, et dans la liberté apostolique de notre âme, nous lui avons déclaré clairement et ouvertement que nous ne pouvions en aucune manière adhérer à son conseil, parce qu'il porte avec lui d'insurmontables difficultés, vu notre dignité et celle de ce Saint-Siège, vu notre sacré caractère et les droits de ce même siège qui n'appartiennent pas à la dynastie de quelque famille royale, mais à tous les catholiques. Et, en même temps, nous avons déclaré que nous ne pouvons pas céder ce qui n'est point à nous, et que nous comprenions parfaitement que la victoire qui serait accordée aux révoltés de l'Emilie, serait un stimulant à commettre les mêmes attentats pour les perturbateurs indigènes et étrangers des autres provinces, lorsqu'ils verraient l'heureux succès des rebelles. Et, entre autres choses, nous avons fait connaître au même Empereur, que nous ne pouvions pas abdiquer notre droit de souveraineté sur les susdites provinces de notre domination pontificale, sans violer les serments solennels qui nous lient, sans exciter des plaintes et des soulèvements dans le reste de nos Etats, sans faire tort à tous les catholiques; enfin, sans affaiblir les droits, non-seulement des princes de l'Italie qui ont été dépouillés injustement de leurs domaines, mais encore de tous les princes de l'univers chrétien, qui ne pourraient voir avec indifférence l'introduction de certains principes très-pernicieux. Nous n'avons pas omis d'observer que Sa Majesté n'ignore pas par quels hommes, avec quel argent et quels secours les récents attentats de rébellion ont été excités et accomplis à Bologne, à Ravenne et dans d'autres villes, tandis que la très-grande majorité des peuples demeurait frappée de stupeur sous le coup de ces soulèvements, qu'elle n'attendait aucunement et qu'elle ne se montre nullement disposée à suivre. Et d'autant que le sérénissime Empereur pensait que notre droit de souveraineté sur ces provinces devrait être abdiqué par nous, à cause des mouvements séditieux qui y ont été excités de temps en temps, nous lui avons opportunément répondu que cet argument n'avait aucune valeur, parce qu'il prouvait trop, puisque de semblables mouvements ont eu lieu fréquemment, et dans les diverses régions de l'Europe et ailleurs; et il n'est personne qui ne voie qu'on ne peut de là tirer un légitime argument, pour diminuer les possessions d'un gouvernement civil. Nous n'avons pas omis de rappeler au même Empereur qu'il nous avait adressé une lettre très-différente de sa dernière, avant la guerre d'Italie, lettre qui nous apporta la consolation, non l'affliction. Et comme, d'après quelques mots de la lettre impériale publiée par le journal précité, nous avons cru avoir sujet de craindre que nos provinces rebelles de l'Emilie ne fussent regardées comme déjà distraites de notre domination pontificale, nous avons prié Sa Majesté, au nom de l'Eglise, qu'en considération de son propre bien et de son utilité, elle fit complètement évanouir notre appréhension. Emu de cette paternelle charité, avec laquelle nous devons veiller au salut éternel de tous, nous avons rappelé à son esprit que tous, un jour, devront rendre un compte rigoureux devant le tribunal du Christ et subir un jugement très-sévère, et qu'à cause de cela, chacun doit faire énergiquement ce qui dépend de lui pour mériter d'éprouver plutôt l'action de la miséricorde que celle de la justice. »

Après avoir ainsi rappelé les raisons qu'il avait opposées à la lettre de Napoléon, le souverain Pontife répandait dans le sein des évêques les sentiments qui remplissaient son âme, et les conjurait de s'unir à lui par leurs efforts et par leurs prières : « Telles sont les choses, entre autres, que nous avons répondues au très-grand Empereur des Français. Et nous avons cru devoir vous en donner communication, pour que vous, d'abord, et tout l'univers catholique, connaissiez de plus en plus que, moyennant l'aide de Dieu, selon le devoir de notre très-grave ministère, nous faisons sans peur tout ce qui dépend de nous et n'omettons aucun effort pour défendre courageusement la cause de la religion et de la justice, pour conserver intègre et inviolable le pouvoir civil de l'Eglise romaine avec ses possessions temporelles et ses droits qui appartiennent à l'univers catholique tout entier; enfin, pour garantir la cause juste des autres princes. Appuyé du secours de Celui qui a dit : *Vous serez opprimés dans le monde, mais ayez confiance, j'ai vaincu le monde* (Jean, XVI, 33), et : *Bienheureux ceux qui souffrent persécution pour la justice* (Matth., v, 10), nous sommes prêt à suivre les traces illustres de nos prédécesseurs, à mettre en pratique leurs exemples, à souffrir les épreuves les plus dures et les plus amères, à perdre même la vie, avant que d'abandonner en aucune sorte la cause de Dieu, de l'Eglise et de la justice. Mais vous pouvez facilement deviner, Vénérables Frères, de quelle amère douleur nous sommes accablé en voyant l'affreuse guerre qui, au grand dommage des âmes, afflige notre très-sainte religion, et quelle tourmente agite l'Eglise et ce Saint-Siége. Vous pouvez aussi facilement comprendre quelle est notre angoisse quand nous savons quel est le péril des âmes dans ces provinces troublées de notre domination, où des écrits pestilentiels ébranlent chaque jour plus déplorablement la piété, la religion, la foi et l'honnêteté des mœurs. Vous donc, Vénérables Frères, qui avez été appelés au partage de notre sollicitude et qui avez témoigné avec tant d'ardeur votre foi, votre constance et votre courage pour protéger la cause de la religion, de l'Eglise et de ce Siége apostolique, continuez à défendre cette cause avec encore plus de cœur et de zèle; enflammez chaque jour davantage les fidèles confiés à vos soins, afin que, sous votre conduite, ils ne cessent jamais d'employer tous leurs efforts, leur zèle et l'application de leur esprit à la défense de l'Eglise catholique et de ce Saint-Siége, ainsi qu'au maintien du pouvoir civil de ce même Siége et du patrimoine de saint Pierre, dont la conservation intéresse tous les catholiques. Nous vous demandons principalement et avec les plus vives instances, Vénérables Frères, de vouloir bien, en union avec nous, adresser sans relâche, ainsi que les fidèles confiés à vos soins, les prières les plus ferventes au Dieu très-bon et très-grand, pour qu'il commande aux vents et à la mer, qu'il nous assiste de son secours le plus efficace, qu'il assiste son Eglise, qu'il se lève et juge sa cause... »

Les journaux catholiques n'avaient pas attendu la publication de cette encyclique pour combattre les idées exprimées d'abord dans la brochure : *Le Pape et le Congrès*, puis dans la lettre impériale. De nombreux et illustres écrivains s'étaient joints à eux. Sur ce terrain des grands principes conservateurs, M. de Montalembert, M. de Falloux, M. Alfred Nettement, ainsi que M. de Broglie et M. de Sacy, se rencontraient avec M. Louis Veuillot. M. Thiers, M. Villemain, M. Guizot, M. Cousin tenaient le même langage que les catholiques. *L'Univers*, à qui sa courageuse attitude dans cette crise, avait attiré déjà plusieurs avertissements, osa publier l'encyclique. Aussitôt, sans ombre de jugement, il fut supprimé par un décret impérial du 29 janvier. Trois semaines après, une feuille catholique de province, *la Bretagne*, eut le même sort. Cet acte, sans précédents, révolta la conscience des vrais libéraux de tous les partis : personne n'osa l'approuver. C'était la réponse irritée du gouvernement aux réclamations qui s'élevaient de toutes parts, et en particulier aux avertissements d'un grand nombre de ses propres amis et de députés catholiques qui lui signalaient les périls de la voie dans laquelle il s'engageait. On interdit même aux principaux rédacteurs de *l'Univers* l'accès de tout journal politique. Par là, on prétendait rendre un service à l'Eglise en calmant la vivacité des débats que ces courageux publicistes étaient accusés d'exciter. Et dans le même temps, les journaux officieux se joignaient à la presse la plus avancée pour insulter l'Eglise et la calomnier tous les matins.

Nous n'avons pas besoin de dire que les évêques étaient à la tête de la défense. Il suffit de nommer Mgr Dupanloup, Mgr Pie, Mgr Parisis, Mgr de Salinis, devenu archevêque d'Auch; Mgr Gerbet, un des anciens amis de Lamennais, auteur des belles *Considérations sur le dogme générateur de la piété catholique*, évêque de Perpignan; Mgr Plantier, évêque de Nîmes; et combien d'autres encore devraient être nommés! Le Père Lacordaire, à qui l'on reprochait d'avoir approuvé hautement la guerre d'Italie et déclaré intolérable la situation de la Péninsule, protesta de ses convictions en faveur de la souveraineté temporelle du Pape. L'encyclique, publiée une première fois par *l'Univers*, fut aussi publiée par les évêques. Le comte Solar della Margarita brisa tout le système de la brochure anonyme comme une toile d'araignée : « Que Dieu, disait-il en terminant, daigne protéger l'auguste fils et successeur de mon vénéré maître Charles-Albert! Lui aussi aima l'Italie, combattit pour l'Italie, mourut, on peut le dire, victime de son amour pour l'Italie. Mais Charles-Albert, je le jure par son esprit, n'aurait jamais voulu d'un pouce de terre enlevé à l'Eglise ; tout son désir était d'étendre son royaume jusqu'aux confins des Etats-Romains, afin d'en devenir le premier défenseur et le premier champion. »

M. l'abbé Michon sut honorer son caractère en rétractant, de la façon la plus explicite, son livre : *De la rénovation de l'Eglise*, qui avait été mis à l'index, et en désavouant la restriction que l'on pouvait voir dans une lettre adressée par lui à ce sujet à *l'Indépendance belge*.

La politique adoptée par Napoléon fit complètement échouer l'idée d'un congrès européen. L'Autriche, comme on le lit dans une dépêche du comte de Rechberg au prince de Metternich, à la date du 17 février 1860, ne pouvait s'accorder avec la France sur les bases proposées par la lettre impériale, contrairement aux stipulations de Villafranca et de Zurich. Nous trouvons la même attestation dans une dépêche de l'ambassadeur d'Angleterre à Paris à lord John Russell. C'est donc en vain que M. Thouvenel, ministre des affaires étrangères en France, écrivait à M. de Persigny, ambassadeur à Londres, à la date du 30 janvier 1860 : « Il n'a pas dépendu de nous que l'Europe assemblée ne fût appelée à consacrer un arrangement définitif. » Tout se réunissait pour condamner les idées réprouvées par l'encyclique. Cependant le même M. Thouvenel entreprit, dans une dépêche du 12 février, adressée à M. de Gramont, ambassadeur à Rome, de rejeter sur le Pape la responsabilité de tous les événements accomplis en Italie. Les catholiques furent profondément attristés pour leur pays du ton injurieux qui régnait dans cette pièce, et surtout de cette phrase : « Si le Saint-Siège se décidait enfin à descendre des régions mystiques, où la question n'est pas réellement placée, pour revenir sur le terrain des intérêts temporels, seuls engagés dans le débat; si à l'intelligence de la situation, il joignait de la modération dans les procédés, peut-être apporterait-il, quoiqu'il soit bien tard, un changement favorable à sa cause. »

Pie IX, si ferme à défendre les droits de l'Eglise catholique, avait tout de suite souscrit à la proposition d'un congrès. A la fin de 1859, il avait même écrit de sa main à Victor-Emmanuel pour l'engager à se porter, au sein de cette réunion, le défenseur de la souveraineté du Saint-Siège. Le roi de Piémont répondit par des demandes semblables aux propositions de la lettre impériale. Il réclamait les Légations, qui se trouvaient, disait-il, très-heureuses, et qui devenaient très-chrétiennes depuis qu'elles n'obéissaient plus au Chef de l'Eglise. Il pensait même que, vu le bonheur éclatant de ces provinces insurgées, le Pape voudrait peut-être lui remettre encore, à un titre quelconque, les Marches et l'Ombrie, afin de leur ménager la même prospérité. En même temps, il se déclarait pénétré de ses devoirs de prince catholique et rempli de vénération et d'attachement envers la sainte Eglise et son auguste Chef. Il terminait ces « réflexions dictées par un cœur sincère et tout dévoué à la personne du Vicaire de Jésus-Christ, » en exprimant l'espérance que le Pape « voudrait bien lui accorder sa sainte bénédiction. »

A de telles dérisions, le Saint-Père répondit immédiatement : « L'idée que Votre Majesté a songé à m'exposer est une idée impudente, indigne assurément d'un roi catholique et d'un prince de la maison de Savoie... Du reste, je suis affligé, non pour moi, mais pour la malheureuse situation de l'âme de Votre Majesté; car elle est déjà sous le coup des censures et de celles qui suivront encore lorsque vous aurez consommé l'acte sacrilège que vous et les vôtres avez l'intention d'accomplir. Je prie le Seigneur du fond de mon cœur, afin qu'il vous éclaire et vous fasse la grâce de connaître et de pleurer les scandales qui ont eu lieu et les maux affreux qui ont frappé la pauvre Italie avec votre coopération. »

Cette lettre était datée du 14 février 1860. Déjà l'Angleterre, encouragée par la conduite du cabinet des Tuileries, avait substitué aux clauses de Zurich des propositions parfaitement conformes à ses vues intéressées. Nous en trouvons le résumé dans la dépêche que nous avons déjà citée de M. Thouvenel : « 1° La France et l'Autriche renonceraient à intervenir dans les affaires intérieures de l'Italie, à moins d'y être appelées par l'assentiment unanime des grandes puissances ; 2° le gouvernement de l'Empereur s'entendrait avec le Saint-Père pour évacuer les Etats pontificaux lorsque l'organisation de son armée le permettrait; 3° l'organisation de la Vénétie resterait en dehors des négociations entre les puissances ; 4° le roi de Sardaigne serait invité par les deux gouvernements à ne point envoyer de troupes dans l'Italie centrale jusqu'à ce que ces deux Etats eussent, par un nouveau vote, déclaré leurs vœux. Si ce vote est en faveur de l'annexion, la France et la Grande-Bretagne ne s'opposeraient plus à l'entrée des troupes sardes. »

Ces propositions, en consacrant avant tout l'inique et hypocrite principe de non-intervention, livraient la Papauté, comme une faible proie, à la rapacité piémontaise. Le gouvernement français, on le voit encore dans la même dépêche, accepte hautement ce principe, en déclarant qu'il avait toujours été le sien. Quant à l'évacuation de Rome, il l'accorde en principe, mais il demande à rester juge de la question d'opportunité. Il demande qu'on laisse une porte ouverte pour la question de la Vénétie. Enfin, voici comme il s'exprime sur le projet d'annexion par le vote universel : « Ces moyens se concilient parfaitement avec les principes qui forment la base de nos institutions, et nous ne serions point fondés à en contester l'efficacité dans leur application à d'autres pays. Mais, quelle que soit notre opinion, nous nous regardons comme moralement obligés à nous concerter préalablement avec l'Autriche. » L'Autriche fut obligée de subir le programme anglais, adopté par le vainqueur de Solférino.

Cependant le cabinet des Tuileries répugnait encore à servir ouvertement les projets de M. de Cavour : il cherchait toutes sortes de combinaisons et d'expédients pour dissimuler, le mieux possible, les injustes sacrifices que l'on imposait au Saint-Père et les spoliations que l'on se préparait à sanctionner. Il imagina d'abord de constituer Victor-Emmanuel vicaire laïque du Pape dans les Romagnes. Une dépêche de M. de Gramont, représentant de la France à Rome, nous apprend l'accueil que reçut cette proposition : « Le cardinal Antonelli répondit qu'aux yeux du Saint-Père, il n'existait pas de différence entre la perte complète par l'annexion et la perte tempérée par le vicariat. C'était une spoliation qui s'appuyait sur la révolte. Le Pape n'était pas libre d'abdiquer ses droits devant une cause aussi injuste, il y avait là une question de principe avec laquelle il ne transigerait jamais. » L'honorable prédécesseur de M. de Gramont, le baron de Rayneval, disait : « Si le Pape acceptait un pareil projet, il faudrait lui délivrer, à la face de l'Europe, un brevet d'incapacité radicale. D'ailleurs, l'opposition serait venue de Turin, si Rome avait accepté. C'est ce que prouve la dépêche de M. de Cavour à l'ambassadeur de Piémont à Paris, M. le chevalier Nigra, datée du 1er mars 1860 : « Je crois devoir faire remarquer, disait-il, que, si l'on présentait la proposition relative à la Romagne sous la forme qu'elle revêt dans la dépêche de M. Thouvenel, on s'exposerait à la voir rejeter presque à l'unanimité par les Romagnols. » Les tergiversations du cabinet des Tuileries et l'appui de l'Angleterre avaient donné cet aplomb au comte de Cavour.

De nouveaux votes annexionistes eurent donc lieu, au commencement de mars, dans les duchés et les Légations. Ils furent accompagnés des mêmes conditions de sincérité et d'indépendance que les précédents. Cette fois Victor-Emmanuel accepta la souveraineté que cette parodie du suffrage universel lui offrait. Le cabinet des Tuileries consentit à tout, et permit ainsi au royaume de Sardaigne, qu'il avait déjà doté de la Lombardie, de s'agrandir encore de la Toscane, des duchés de Modène, de Parme et des Légations. Toutefois, rappelant alors des conventions antérieures à la guerre, il réclama la possession de la Savoie et du comté de Nice, comme un moyen d'assurer les frontières de la France, en face du grand Etat qui se formait dans l'Italie centrale. Le cabinet de Turin était disposé à cette cession; malgré les efforts du comte de Cavour pour pervertir l'esprit de la Savoie, cette religieuse contrée était toujours une source d'embarras pour sa politique. Victor-Emmanuel eut plus de peine à sacrifier le berceau de ses ancêtres. Enfin il signa le traité, le 24 mars. Le parlement piémontais le ratifia, sous l'influence d'un discours ministériel. Quant aux populations dont le vœu devait être consulté, elles se prononcèrent pour l'annexion à la France avec un enthousiasme, que ne tardèrent pas, hélas! à refroidir l'influence laissée aux sociétés révolutionnaires et les procédés de l'administration. L'annexion fut consommée le 14 juin, malgré le mauvais vouloir de l'Angleterre, et sur la demande du ministre des cultes, les évêques firent célébrer de solennelles actions de grâces à l'occasion de cet agrandissement de la France.

Dans le courant du mois de mars, le cabinet des Tuileries mit au jour une nouvelle combinaison relative à l'évacuation des Etats pontificaux par la France et l'Autriche. Il offrait au roi de Naples, qui n'était plus Ferdinand II, mort au mois de mai de l'année précédente, mais son jeune fils François II, de remplacer la division française par ses soldats. Le Pape accepta cette idée d'une occupation napolitaine, mais seulement pour Ancône et les Marches : il se réservait de garder Rome avec ses propres troupes. Une dépêche télégraphique du 24 mars, adressée à M. Thouvenel, par M. le baron Brenier, plénipotentiaire de la France à Naples, fit connaître que François II refusait de se prêter à cet arrangement. Les motifs de ce refus n'étaient que trop légitimes : « L'insuffisance du nombre des troupes, qui se composaient pour un quart de recrues; la nécessité de se défendre avant tout sur la frontière et en Sicile; le danger d'aller au devant de la révolution, au lieu de l'attendre dans une forte position intérieure. » La dépêche ajoutait « la conviction de ne pas compromettre le Pape par un refus, attendu qu'il était certain que les troupes françaises ne quitteraient pas Rome pour livrer le Saint-Père aux entreprises du parti piémontais. »

L'usurpation accomplie dans les Romagnes, après la longue série d'attentats et de machinations que nous avons parcourue, attendait un châtiment. Le Saint-Père signa, le 26 mars, une bulle d'excommunication, qui fut affichée à Rome, le 29, aux lieux ordinaires. Pie IX rappelait dans ce document les principes sur lesquels s'appuie la souveraineté temporelle du Pape, puis les attentats dont elle avait été l'objet de la part du Piémont. Voici les termes de la sentence : « Nous déclarons que tous ceux qui ont pris part à la rébellion, à l'usurpation, à l'occupation et à l'invasion criminelle des provinces susdites de nos Etats dont nous nous sommes plaint dans nos allocutions du 20 juin et du 26 septembre de l'année dernière, de même leurs commettants, fauteurs, aides, conseillers, adhérents, ou autres quelconques ayant procuré, sous quelque prétexte et de quelque manière que ce soit, l'exécution des choses susdites, ou les ayant exécutées par eux-mêmes, ont encouru l'excommunication majeure et autres censures et peines ecclésiastiques portées par les saints canons et les constitutions apostoliques, par les décrets des conciles généraux et notamment du saint concile de Trente (Sess. XXII, chap. XI, De la réforme), et au besoin nous les excommunions et anathématisons de nouveau... »

Dès le 20 mars, le roi de Piémont, après avoir acquis les Romagnes par les moyens que nous avons vus, ne craignit pas d'écrire au souverain Pontife pour lui notifier l'annexion comme une inspiration du patriotisme le plus pur. En acceptant le vœu si légitime des peuples, disait-il, « prince catholique, je ne crois pas manquer aux principes immuables de la religion que je me fais gloire de professer avec un dévouement filial et inaltérable. » Néanmoins, dans l'intérêt de la paix, « il offrait toujours de rendre hommage à la souveraineté suprême du Saint-Siège, de diminuer ses charges et de concourir à son indépendance et à sa sécurité. » Et il priait humblement Sa Sainteté de lui accorder la bénédiction apostolique!

Le Saint-Père répondit, le 2 avril, avec l'accent de la justice et de la vérité indignées :

« Les événements qui se sont produits dans quelques provinces de l'État de l'Eglise imposaient à Votre Majesté, comme elle m'écrit, le devoir de me rendre compte de sa conduite quant à ces événements. Je pourrais me borner à combattre certaines assertions qui sont contenues dans sa lettre, et dire, par exemple, que l'occupation étrangère dans les Légations était depuis longtemps circonscrite à la ville de Bologne, laquelle n'a jamais fait partie de la Romagne. Je pourrais dire que le prétendu suffrage universel n'est imposé et ne fut pas volontaire; je m'abstiens d'ailleurs de demander l'avis de Votre Majesté sur le suffrage universel, comme aussi de dire quelle est mon opinion sur ce suffrage. Je pourrais dire que les troupes pontificales ont été empêchées de rétablir le gouvernement légitime dans les provinces soulevées, pour des motifs qui sont également connus de Votre Majesté. Je pourrais m'appesantir sur ces considérations et sur d'autres. Mais ce qui surtout m'impose le devoir de ne pas adhérer aux pensées de Votre Majesté, c'est de voir l'immoralité toujours croissante des provinces et les insultes qui y sont faites à la religion et à ses ministres. Bien plus, quand même je ne serais pas tenu par des serments solennels à maintenir intact le patrimoine de l'Eglise, serments qui me défendent de me prêter à toute tentative ayant pour but de diminuer l'étendue de ce patrimoine, je me verrais obligé de repousser tout projet fait en ce sens, afin de ne pas souiller ma conscience par une adhésion qui me conduirait à donner ma sanction et à participer indirectement à ces désordres, et à concourir à rien moins qu'à justifier une spoliation injuste et violente. Du reste, non-seulement je ne puis faire aucun accueil bienveillant aux projets de Votre Majesté, mais je proteste au contraire contre l'usurpation qui s'opère au détriment de l'État de l'Eglise, et qui laisse sur la conscience de Votre Majesté et de tout autre coopérateur à cette insigne spoliation les conséquences fatales qui en découlent. Je suis persuadé que Votre Majesté, en relisant avec un esprit plus tranquille, moins prévenu et plus instruit des faits, la lettre qu'elle m'adresse, y trouvera de nombreux motifs de repentir. Je prie Dieu de donner à Votre Majesté les grâces dont elle a surtout besoin dans les circonstances difficiles du moment. »

Cette lettre ferma la bouche à Victor-Emmanuel.

Le gouvernement français interdit avec menaces la publication de la bulle d'excommunication. Mais les commentaires odieux par lesquels la presse officieuse et la presse révolutionnaire dénaturèrent cet acte, obligèrent les évêques à élever la voix pour en rétablir le caractère et la portée. Pendant que l'Eglise, l'épiscopat, les communautés religieuses étaient en butte aux plus violentes attaques, on entendait le président du Corps législatif, les ministres, l'empereur même accuser les évêques de fomenter une funeste agitation et leur conseiller la réserve, la modération et le silence. Dans un discours prononcé au Sénat, le 5 avril, M. Dupin aîné ne craignit pas de déverser sa raillerie sur la résistance du Pape à d'injustes exigences et sur les prières que les catholiques offraient au ciel de toutes parts. Le *Constitutionnel*, journal semi-officiel, avait opposé à l'autorité de Mgr Dupanloup, dans les relations de l'Eglise avec le gouvernement et dans la question romaine, celle de Mgr Rousseau, l'un de ses prédécesseurs sous le premier Empire. Mgr Dupanloup répliqua par une brochure dans laquelle il prouvait, à l'aide de pièces tirées des archives épiscopales, et de documents publics, que si « Mgr Rousseau avait été un prêtre *respectable*, c'était dans le sens le plus abaissé du mot : d'un esprit médiocre, et d'un caractère plus médiocre encore. » Le prélat disait en s'adressant à M. Grandguillot, rédacteur en chef du *Constitutionnel* : « J'ai tort, Monsieur, de vous comparer au *Siècle*. Laissons ce journal. Vous avez de l'honneur. » Un procès en réparation fut intenté simultanément par la famille de Mgr Rousseau et par la rédaction du *Siècle*, qui se disait accusée de manquer d'honneur. Une adresse du clergé orléanais conjura Mgr Dupanloup de décliner la juridiction de la police correctionnelle. Il préféra comparaître devant elle, répondant « qu'il respectait la justice de son pays et acceptait le droit commun. » Les ennemis de l'Eglise étaient tous heureux de cet incident. On vit le prince Napoléon se glisser à l'audience parmi les spectateurs. Mais la digne attitude du prélat déçut les amateurs de scandale. Une simple et catégorique explication de la phrase incriminée fit tomber la réclamation du *Siècle*, et la famille de Mgr Rousseau fut aussi déboutée de sa plainte. Au mois de mai, Mgr Dupanloup publia un beau livre : *De la souveraineté pontificale*, qui exposait admirablement la légitimité du pouvoir temporel des Papes et réduisait à néant les objections des adversaires.

Le gouvernement français s'occupait toujours des moyens de quitter Rome. Une nouvelle proposition est ainsi résumée dans la dépêche ministérielle du 8 avril, adressée à M. de Gramont : « Organisation en dehors d'une intervention, soit française, soit autrichienne, d'un corps d'armée destiné à veiller au maintien de l'ordre de Rome; subside offert au souverain Pontife par les puissances catholiques; enfin, promulgation dans les Etats-Romains des réformes déjà approuvées par Sa Sainteté. » La cour de Vienne éleva de graves objections contre ce projet. Elle avait pressenti les raisons qui le rendaient inacceptable et qui motivaient le refus du gouvernement pontifical. On en peut juger par le résumé suivant, extrait d'une dépêche du duc de Gramont, datée de Rome le 14 avril :

« Le Saint-Siège n'adhérera à aucun protocole qui contiendrait une réserve concernant la question des Romagnes. Admettre une réserve à cet égard lui paraît une concession au fait accompli. Si les puissances catholiques se réunissent pour traiter des affaires du Saint-Siège, la première question qui doit les occuper est celle des Romagnes. Ou bien les puissances adhèrent à la spoliation, ou bien elles la désapprouvent; dans le premier cas, le Saint-Siège ne peut conférer avec elles; dans le second, il ne peut admettre que tous les Etats catholiques, formant une force aussi imposante dans le monde, en soient réduits à souffrir en silence et à cacher leur mécontentement par crainte de déplaire à la Sardaigne. Qu'ils déclarent leur volonté et leur résolution, et le spoliateur rendra à la victime de son usurpation ce qu'il lui a ravi. Le Saint-Siège regarde la question des réformes comme résolue en principe, mais il persiste à différer la publication de celles qu'il a consenties jusqu'à ce qu'il soit remis en possession des provinces annexées à la Sardaigne. Il n'acceptera jamais une garantie pour les États restés sous sa domination, parce qu'à ses yeux ce serait reconnaître une différence entre ces États et ceux qui lui ont été ravis. Sous ce rapport, sa résolution est inébranlable. Le Pape s'est déjà exprimé sur la question des subsides, il n'accepte pas le système d'une rente inscrite au grand-livre des États. Il ne se prêterait qu'à une combinaison qui aurait la forme d'une compensation des anciens droits canoniques perçus sur les bénéfices vacants, et qui, par cela même, serait très-difficile à concilier avec les institutions actuelles de la plupart des États contribuants. Quant au secours des troupes à fournir par les puissances catholiques, autres que la France et l'Autriche, le Saint-Siège préfère avoir la liberté de recruter lui-même son armée, et acceptera avec plus de reconnaissance toutes les facilités que lui donneront les gouvernements à cet effet. »

Toutes les misérables combinaisons, à l'aide desquelles on voulait abandonner Rome sans avoir l'air de livrer le Pape à ses ennemis, étaient épuisées. Pie IX, comme il venait de le déclarer, résolut de soutenir ses finances avec les dons volontaires des catholiques du monde entier, et de prendre pour soutien de son trône la jeunesse catholique de bonne volonté. Cette résolution était en parfaite harmonie avec son titre de Père commun des fidèles et avec le rôle magnanime qu'il avait pris dans ces difficiles circonstances.

Un camérier participant qui portait un des plus beaux noms de la Belgique et qui s'était distingué en Algérie en servant sous le drapeau français, Mgr de Mérode, fut chargé d'offrir au général de Lamoricière le commandement des troupes pontificales. Le héros de Constantine et des journées de Juin était libre à l'égard de son pays : le coup d'État du 2 décembre l'avait éloigné forcément des rangs de l'armée. Ses sentiments catholiques étaient connus. Le député que Rome lui envoyait l'avait rencontré dans les expéditions d'Afrique ; le général était même allié à la famille de Mérode. Cette mission fut couronnée d'un plein succès. Cependant le Saint-Père, avant de publier la nomination déjà signée, demanda, le 4 avril, l'assentiment de l'Empereur. Avant de transmettre cette demande, l'ambassadeur exigea que la nomination fût préalablement révoquée. Le Saint-Père se soumit à cette humiliation, et Napoléon III donna son consentement. Mgr de Mérode fut nommé ministre des armes. Il ne s'agissait que de pourvoir « aux besoins de la sécurité intérieure des États pontificaux. » C'est ce qui est dit en propres termes dans une dépêche de M. Thouvenel à M. de Gramont, à la date du 14 avril. Une autre dépêche, du 1er mai, porte expressément : « Il est de l'intérêt du Saint-Siège d'établir aux yeux du monde qu'il se trouve enfin en état de se passer d'un appui étranger pour maintenir l'ordre chez lui. » Pie IX demanda des volontaires à toutes les nations catholiques. Aussitôt on vit se presser à Rome, autour de Lamoricière, des jeunes gens de tous les pays et de toutes les classes, plusieurs appartenant aux plus nobles familles. Un grand nombre offraient tout à la fois au Vicaire de Jésus-Christ leur sang et leurs richesses. Ils venaient de la France, de la Belgique, de l'Allemagne, de l'Irlande, de la Suisse et même de la Savoie.

Dès les premiers temps de l'invasion piémontaise, les fidèles s'étaient empressés de suppléer par leurs offrandes aux ressources que l'usurpation enlevait au Saint-Siège, et l'œuvre du Denier de Saint-Pierre avait reparu comme en 1849. Les dons les plus généreux affluaient à Rome, avec les adresses couvertes de signatures qui apportaient à Pie IX le filial et sympathique hommage de la Belgique, de la France, de l'Espagne, de l'Angleterre, de la Hollande, de l'Allemagne et de l'Amérique. La Pologne et l'Irlande, du sein de l'oppression et de la pauvreté, surent contribuer avec magnificence. On vit une quête qui, en un seul jour, produisit à Dublin plus de deux cent mille francs. Les souscriptions étaient abondantes, non-seulement dans les provinces volées au Saint-Père, mais à Turin même, au centre du mouvement révolutionnaire. Un journal catholique, dirigé dans la capitale du Piémont, par le savant et courageux abbé Margotti, l'*Armonia*, envoyait périodiquement à Rome des dons considérables, des cassettes remplies de joyaux et d'objets précieux. Les évêques eurent à peine besoin de stimuler l'ardeur des fidèles : ils organisèrent des quêtes dans les églises pour recueillir l'obole des plus pauvres. En Belgique, on profita des libertés constitutionnelles pour établir l'œuvre sous forme d'association : au bout de trois mois, la Flandre comptait quatre cent mille associés.

Ainsi secondés par l'univers catholique, le général de Lamoricière et Mgr de Mérode déployèrent une grande activité dans l'accomplissement de leur tâche et obtinrent les meilleurs résultats. Bientôt il fut décidé que l'évacuation des États-Romains par les troupes françaises commencerait le 11 mai.

Un tel succès ne faisait pas le compte de la révolution. Le parlement piémontais ne s'écriait-il pas dans la séance du 14 avril : « Que notre glorieux roi reçoive le serment que nous faisons en ce jour heureux de ne pas nous arrêter en si beau chemin. Marchons en avant. Il faut à l'Italie des destinées nouvelles ; le moment est venu. » Et Cavour ne devait-il pas s'échapper à dire, le 26 mai, en parlant de la trop fameuse lettre de l'Empereur : « Cette lettre nous a donné plus que nous n'avons obtenu à Palestro et à San-Martino. La domination sacerdotale était pour nous plus préjudiciable même que la domination autrichienne. » Aussi de grandes difficultés ne tardèrent pas à surgir. Le 4 avril, une révolte avait éclaté en Sicile. En même temps des tentatives d'émeute eurent lieu à Rome et dans l'Italie centrale ; de sorte que le départ de l'armée française d'occupation fut contremandé. Si l'on veut se rendre compte de la part qu'avait le Piémont dans ces mouvements, il faut lire la protestation suivante, que le cabinet des Tuileries fit présenter à M. de Cavour par M. de Talleyrand, son envoyé à Turin. Elle est datée du 7 mai.

« Vers la fin de mars, j'ai été chargé de signaler à Votre Excellence les faits qui se rattachaient à l'émeute de Rome, et desquels il paraissait résulter que le gouvernement du roi avait d'urgentes mesures à prendre pour qu'il fût bien constaté qu'il repoussait toute participation à la propagande révolutionnaire italienne. J'ai eu en ce moment la satisfaction d'entendre affirmer par Votre Excellence et M. Farini, que le cabinet de Turin désavouait hautement tout ce que l'on tentait dans l'Italie centrale pour y faire naître le désordre et l'anarchie. Dès le 28 avril, j'ai prévenu Votre Excellence qu'une expédition révolutionnaire se préparait à Livourne et à Gênes, et depuis je n'ai pas manqué de lui signaler tous les faits dont j'avais été informé subséquemment et qui ne laissent aucun doute sur l'existence d'un vaste complot. Ainsi j'ai eu l'honneur de vous prévenir que les agents des compagnies des paquebots français, à Livourne, avaient dû, à plusieurs reprises, refuser le frétement de leurs bâtiments, qui leur était demandé dans une intention plus que suspecte, ainsi que l'embarquement de plusieurs bandes d'individus notoirement enrôlés pour prendre part à une entreprise révolutionnaire. Je vous ai désigné les hommes chargés de distribuer l'argent et de donner les instructions. Je vous ai aussi indiqué les noms des paquebots sardes qui avaient transporté de Livourne à Gênes les enrôlés réunis en Toscane, etc. Les renseignements ont donc abondé, je le répète, et, s'ils n'ont pas réussi à ébranler la trop grande confiance du gouvernement du roi, cela est d'autant plus regrettable, que sa perspicacité ne s'est pas trouvée en défaut lorsqu'il s'est agi d'arrêter quelques embaucheurs pontificaux. Quatorze cents hommes, recrutés ouvertement dans toutes les grandes villes du royaume, ont pu s'embarquer impunément à Gênes, dans un but hostile à un gouvernement qui n'est aujourd'hui en guerre avec aucune des puissances européennes. Ce fait n'a malheureusement pas besoin de commentaire. »

Ces dernières phrases se rapportent à la révolution qui s'accomplissait en Sicile. Mais pendant que le cabinet des Tuileries désapprouvait la conduite du gouvernement piémontais, une force occulte poussait ce dernier en avant. Nous n'en donnerons pour preuve que la lettre suivante, écrite par Mazzini au député Brofferio :

« Je suis républicain, je resterai républicain ; je conserve dans tous les cas mon droit de propagande. Partisan de l'unité italienne plus que de toute autre chose, je crois qu'il est de mon devoir de dire au roi : Si vous voulez vraiment et efficacement obtenir l'unité nationale, nous sommes prêts à vous aider ; vainquons ensemble, nous nous tairons sur le reste. Quand le pays émancipé se donnera à vous, ce dont vous ne pouvez douter, nous ne nous y opposerons pas. Cela, entendons-nous, est sérieux. Je suis trop avancé en âge et trop connaisseur d'hommes et de choses pour me faire illusion. Ma proposition part de la conviction où je suis que le Piémont et la révolution sont assez forts pour achever l'œuvre. Pour cela il faut révolutionner le Sud. Cela fait, avec l'armée actuelle napolitaine, les milices siciliennes, celles qui existent déjà en Piémont, dans le Centre et en Lombardie, celles qui sortiraient de l'immense élan que ce fait produirait en Italie, nous nous trouverons forts d'une armée de cinq cent mille hommes et d'une marine. Si la monarchie sarde n'a pas un homme qui sente par intuition, par puissance de génie révolutionnaire, cette vérité, tout contact est inutile, l'accord est impossible ; que chacun fasse alors ce qu'il peut. Que le gouvernement sarde donne à Garibaldi l'assurance, soit directement, soit par Ricasoli ou Farini, que, s'il agit au delà de la frontière actuelle, il aura les vœux et l'approbation tacite du Piémont, qu'il aura son concours, si l'Autriche ou les autres puissances voulaient intervenir entre les Italiens et leurs maîtres. A ces conditions loyalement remplies, nous promettons, sur l'honneur, l'insurrection de la Sicile, à peine les nôtres auront passé la Cattolica..., l'insurrection napolitaine, aussitôt que Garibaldi sera sur la frontière des Abruzzes, et, entre l'insurrection de la Sicile et le mouvement des provinces, l'insurrection de Naples qui devient certaine, l'offre d'annexion au roi, qu'il devra accepter purement et simplement. Si ces bases peuvent être acceptées, traitons sur-le-champ. »

A considérer la marche des événements, malgré le désaveu public et officiel que la cour de Turin infligea d'abord aux menées garibaldiennes, l'histoire est autorisée à dire que, si l'on hésita dans les commencements, par honnêteté ou par peur, à la fin on accepta les bases proposées par Mazzini. Garibaldi avait pu écrire aux étudiants de Pavie : « Il faut extirper de l'Italie le chancre de la Papauté... Il faut exterminer ces robes noires ; » et dire, dans une proclamation au peuple de Palerme : « C'est à Rome, c'est du haut du Quirinal qu'il faut proclamer le royaume italien. » On avait laissé faire tout ce qui est constaté dans la protestation de M. de Talleyrand. M. de Cavour n'eut pas moins l'impudence de désavouer Garibaldi, dans la *Gazette officielle de Turin* du 10 mai, et d'avertir le roi de Naples, par une note du 20 mai, que des vaisseaux sardes partaient pour arrêter l'aventurier. Or, il avait écrit à l'amiral Persano : « Cherchez à naviguer entre Garibaldi et les vaisseaux napolitains. J'espère que vous m'avez compris. » Et à La Farina : « Persano vous donnera autant d'appui qu'il le pourra, sans cependant compromettre notre drapeau. » Ce fut le 10 mai que, sous la protection des vaisseaux anglais, Garibaldi, avec deux mille hommes, opéra son débarquement à Marsala ; la révolution triomphante était maîtresse, au 28 juillet, de toute la Sicile, excepté de la citadelle de Messine. Il s'agissait pour Garibaldi de passer sur le continent et d'y continuer son œuvre. « M. de Cavour, raconte Bianchi, envoya le député Brottero et le député Casalis, chacun avec cinq cent mille francs, pour coopérer à ce passage. Les bâtiments sardes reçurent l'ordre de le protéger. » Vainement le jeune et loyal roi de Naples parut croire aux désaveux persistants du Piémont et lui tendit une main généreuse. Vainement implora-t-il le secours des souverains de l'Europe, et voulut-il essayer de désarmer la révolte en proclamant l'amnistie, en donnant les constitutions les plus libérales, en arborant le drapeau italien. Grâce aux intrigues de M. de Cavour, la trahison l'entourait de toutes parts. Son oncle ne craignait pas de le dénoncer à l'Italie ; ses généraux et ses ministres étaient vendus. Le 7 septembre, Garibaldi entrait à Naples sans coup férir. Alors François II se retira sur Capoue, résolu de défendre sa couronne à la tête de ses troupes demeurées fidèles. Cette détermination allait démasquer le gouvernement piémontais, en l'obligeant à prêter un secours ostensible à l'aventurier mazzinien ; mais il importait de sauver les apparences jusqu'au bout.

Napoléon III passait à Chambéry. Une entrevue eut lieu dans cette ville entre lui et les envoyés du roi de Sardaigne, M. Farini et le général Cialdini. Voici en quels termes M. Thouvenel en rendit compte aux agents diplomatiques : « Le roi de Naples, à cette époque, n'avait tenté aucune résistance ; Garibaldi allait poursuivre librement sa route à travers les Etats-Romains en soulevant les populations, et, cette dernière étape franchie, il deviendrait totalement impossible de prévenir une attaque contre la Vénétie. Le cabinet de Turin ne voyait plus qu'un moyen de conjurer une pareille éventualité ; c'était, aussitôt que l'approche de Garibaldi aurait provoqué des troubles dans les Marches et l'Ombrie, d'y entrer pour rétablir l'ordre, sans toucher à l'autorité du Pape, de livrer, s'il le fallait, une bataille à la révolution sur le territoire napolitain et de déférer immédiatement à un congrès le soin de fixer les destinées de l'Italie. Sa Majesté, tout en déplorant que la tolérance ou la faiblesse du gouvernement sarde eût laissé les choses arriver à ce point, ne désapprouva pas sa résolution d'y mettre un terme ; mais, en se plaçant dans cette hypothèse, l'Empereur supposait que la chute de la monarchie napolitaine serait complète, qu'une insurrection éclaterait dans les Etats-Romains, que la souveraineté du Saint-Père serait réservée, et que l'on remettrait à l'Europe le droit de statuer sur l'organisation définitive de la Péninsule. »

On ne conçoit pas trop l'éventualité débattue entre Napoléon III et les envoyés piémontais. Il est impossible d'admettre que Garibaldi, laissé à lui-même, aurait pu triompher des troupes napolitaines, des troupes pontificales et de la division française commandée par le général de Goyon. Les faits ont prouvé le contraire. Le général Cialdini a fait un récit tout différent de cette entrevue de Chambéry : s'il faut le croire, il y aurait reçu de Napoléon III l'autorisation d'accomplir tout ce que nous allons voir. Quoi qu'il en soit, rien ne ressemble dans les événements aux conventions exprimées dans la dépêche de M. Thouvenel. Ou la dépêche nous trompe, ou le gouvernement piémontais a foulé aux pieds ses engagements.

François II venait de remporter une première victoire sur Garibaldi. C'est le moment choisi par M. de Cavour, huit jours après l'entrevue de Chambéry, pour marcher sur le royaume de Naples, en passant par les Etats pontificaux. On feint de croire que la petite armée du Pape est une menace ou un danger pour la paix de l'Italie : M. de Cavour en demanda le licenciement, et avant même que cette demande eût été notifiée au Saint-Père, le général Cialdini, avec soixante-dix mille hommes, envahit le territoire pontifical. Le 11 septembre, Victor-Emmanuel annonça dans une proclamation qu'il n'avait « d'autre ambition que de restaurer l'ordre moral en Italie. »

Aussitôt que le nouvel attentat du Piémont fut connu, le duc de Gramont expédia de Rome au vice-consul français à Ancône cette dépêche : « L'Empereur a écrit de Marseille au roi de Sardaigne que, si les troupes piémontaises pénètrent sur le territoire pontifical, il sera forcé de s'y opposer. Des ordres sont déjà donnés pour embarquer des troupes à Toulon, et ces renforts vont arriver incessamment. Le gouvernement de l'Empereur ne tolérera pas la coupable agression du gouvernement sarde. Comme vice-consul de France vous devez régler votre conduite en conséquence. » M. de Gramont a prétendu depuis, dans une lettre adressée au cardinal Antonelli, le 25 octobre, « qu'il n'avait jamais été question de faire la guerre au Piémont. » En fait, le gouvernement français se contenta d'une protestation diplomatique ; le 13 septembre, M. Thouvenel écrivit au baron de Talleyrand : « L'Empereur a décidé que vous quittassiez immédiatement Turin, afin de témoigner ainsi sa ferme volonté de décliner toute solidarité avec des actes que ses conseils, dictés par l'intérêt de l'Italie, n'ont malheureusement pu prévenir. » Mais, en même temps, sir Hudson, chargé d'affaires d'Angleterre à Turin, écrivait à lord John Russell : « Le baron de Talleyrand a reçu de son gouvernement l'ordre de rester à Nice, et il a par conséquent chargé le comte de Rayneval, son premier secrétaire, d'agir en qualité de chargé d'affaires. » De plus, M. Thouvenel, dans une conversation avec le comte de Cowley, l'assurait qu'aucune promesse d'assistance militaire contre l'agression piémontaise n'avait été faite par le gouvernement français à l'armée papale. Il ajoutait : « Les garnisons françaises de Rome et de Civita-Vecchia, quoiqu'elles aient été considérablement augmentées, ne sont pas plus nombreuses que ne l'exige la défense de ces deux places. Leur force nominale est de onze mille hommes ; mais elles ne pourraient fournir que dix mille combattants, force trop peu considérable pour tenir la campagne. »

Grâce aux promesses piémontaises et à la dépêche de M. de Gramont, Pie IX croyait que son armée n'aurait à combattre que les bandes garibaldiennes. Les intrépides volontaires se désolaient même de penser que Victor-Emmanuel enverrait ses soldats contre ces bandes et leur ravirait ainsi l'occasion de montrer leur dévouement sur le champ de bataille. « Une personne très-suffisamment autorisée, dit le général de Lamoricière, m'écrivait de Trieste, en date du 11 : Les navires autrichiens vont croiser au midi d'Ancône pour en empêcher le blocus ; l'escadre est très-considérable et très-bien commandée. » Le général ne fut jamais rassuré complètement, si ce n'est dans les premiers jours, sur les intentions du Piémont ni sur celles de la France. Bien des choses lui restaient à faire, malgré tout ce qui était fait déjà, pour organiser la petite armée pontificale. Il n'avait pas plus de huit mille hommes à mettre en campagne : l'armement était très-imparfait. Le gouvernement pontifical, ne croyant pas à l'agression piémontaise, n'avait pas pris toutes ses mesures pour placer les troupes sur le pied de guerre. Cependant il devait arriver que le Piémont attaquerait, que la France laisserait faire, que l'Autriche n'oserait agir. Le nombre, la force et la perfidie accumulaient des montagnes pour vaincre les huit mille hommes de Lamoricière.

Dès le 11 septembre, les troupes du colonel Masi, qui venait d'être réintégré dans les cadres piémontais après avoir été mêlé aux garibaldiens, entrèrent à Orvieto. Le 14, la citadelle de Pérouse fut obligée de se rendre devant les forces supérieures amenées par le général Fanti. Le 17, la petite garnison de La Rocca de Spolète, dépourvue d'artillerie, après avoir repoussé vaillamment un assaut, dut aussi capituler.

Dans la nuit du 16 au 17, le général de Lamoricière occupa Lorète et constata la présence de l'ennemi tout près de la ville. Il avait à peine deux mille hommes d'infanterie : il attendait le général de Pimodan, qui en amenait deux mille six cents, et qui arriva le 17, un peu avant la nuit. Les partisans des Piémontais, qui ne se trompaient jamais en démentant toujours les nouvelles diplomatiques, annonçaient que le bombardement d'Ancône commencerait le lendemain. Lamoricière résolut de gagner cette ville à tout prix. La direction qu'il prit, la seule qui lui permît d'espérer avec succès, lui faisait attaquer l'extrémité de l'aile gauche ennemie. L'armée piémontaise était forte de quarante-cinq mille hommes ; elle avait de l'artillerie rayée ; ses nombreux bataillons s'échelonnaient sur les collines qui descendent du mamelon de Castelfidardo dans la plaine et s'étendent jusqu'à quatre ou cinq cents mètres du Musone. L'artillerie battait les pentes de tous côtés. Deux fermes, situées sur le versant à six cents mètres en arrière l'une de l'autre, étaient fortement occupées.

La première colonne de la petite armée, sous le commandement du général de Pimodan, partit à huit heures et demie du matin, le 18 septembre ; la seconde partit à neuf heures. On franchit le gué du Musone, et la première ferme fut courageusement enlevée. « Le moment était venu, dit Lamoricière, d'attaquer la seconde ferme. Le général de Pimodan forme une petite colonne sous les ordres du commandant de Becdelièvre, composée des franco-belges, d'un détachement de carabiniers et du 1er de chasseurs. Cette colonne déboucha résolûment, malgré un feu des plus vifs de mousqueterie, qui partait de la ferme et du bois. Elle devait ainsi parcourir cinq cents mètres à découvert ; mais, arrivée environ à cent cinquante pas du sommet de la colline, elle fut reçue par un feu de deux rangs d'une forte ligne de bataille, qui lui mit une telle quantité d'hommes hors de combat, qu'elle dut se retirer. L'ennemi la poursuivit ; mais au moment où il allait joindre les nôtres, ils firent volte-face, l'attendirent à quinze pas, le reçurent avec un feu bien dirigé, et coururent sur lui à la baïonnette. Etonné de tant d'audace et d'aplomb, et quoique supérieur en nombre, l'ennemi recula d'environ deux cents pas, ce qui permit à nos soldats de regagner la position de laquelle ils étaient partis. Le feu de notre artillerie, bien nourri et bien dirigé, protégeait ces mouvements. » Dans ce glorieux épisode de la lutte, le général de Pimodan avait été blessé au visage, il ne continua pas moins de commander. Le général de Lamoricière fit examiner tous ses bataillons, en ordonnant à la cavalerie de passer la rivière et de suivre sur le flanc droit la marche de ses colonnes. « Pendant que je prenais ces dispositions, dit-il, l'ennemi essaya de déborder la ferme des deux côtés, malgré le feu de notre artillerie, et les tirailleurs commençaient à prendre en flanc nos réserves massées derrière les bâtiments. Le major Becdelièvre réunissant ce qui lui restait de son dernier bataillon, et quelques détachements des deux autres, s'élança sur les tirailleurs et les força de se replier dans le bois d'où ils étaient sortis. » Mais la force brutale du canon et du nombre devait triompher de la bravoure. Le général de Pimodan fut mortellement blessé. Les troupes pontificales étaient en grande partie inexpérimentées. Les Suisses, qui formaient la réserve, commencèrent à s'ébranler. D'autres bataillons les suivirent et prirent la fuite. La panique gagna l'artillerie. Admirable d'intelligence et de sang-froid, Lamoricière donnait les meilleurs ordres pour diriger cette retraite précipitée ; mais de fâcheux contre-temps et des malentendus inutilisaient ses efforts. Au milieu d'un désordre inexprimable, il prit la résolution de se frayer un chemin vers Ancône, avec ses officiers d'état-major, quarante-cinq cavaliers et trois cent cinquante fantassins. Sous le feu des tirailleurs piémontais, près des trois quarts de ces derniers s'enfuirent et mirent bas les armes. A cinq heures et demie, le général avec sa petite troupe entrait dans Ancône que les Piémontais étaient en train de bombarder.

Cette place avait pour gouverneur civil le comte de Quatrebardes. Le général de Courten et le colonel Kanzler y étaient entrés le 13 et le 14 septembre avec de petites colonnes. On avait eu beaucoup de peine pour approvisionner la garnison et les habitants. Dès le 18, sans avoir déclaré le blocus, l'escadre piémontaise, arrivée la veille à Sinigaglia, avait commencé le bombardement qui faisait plus de mal à la ville qu'aux défenses de la place. Les Piémontais avaient quatre frégates et sept navires portant ensemble plus de quatre cents bouches à feu ; les canons étaient des pièces de quatre-vingts, ou des pièces rayées portant des boulets de soixante-trois kilogrammes ; les petits navires avaient des pièces rayées de vingt kilogrammes. Les batteries qui défendaient le port, n'avaient au contraire que vingt-cinq pièces de canon, d'un calibre et d'une portée très-inférieurs. Sur les remparts faisant face à la campagne, on n'avait que cent dix pièces de siège, plus quatorze pièces légères ; il en manquait vingt pour compléter ce que l'on nomme l'armement de sûreté. Malgré cette infériorité, malgré la démoralisation semée dans une partie de la population par les mauvaises nouvelles des émissaires piémontais, et par les premières difficultés de l'approvisionnement, Lamoricière sut préparer une sérieuse résistance. L'ennemi, de son côté, régularisait et serrait de plus en plus l'attaque. Le 20, on apprit la capitulation de Lorète, signée la veille. Le feu ne cessa pas depuis le 18 ; ce ne fut pourtant que le 22 que l'amiral Persano envoya un parlementaire notifier le blocus du port. Le bombardement devint très-vif le 23 ; l'armée de terre joignit son feu à celui de la marine. Il continua tous les jours, en redoublant d'intensité. Une tentative d'assaut fut repoussée. Mais les assiégeants conquéraient sans cesse de nouvelles positions. Le 28, « un des obus ennemis pénétra dans un des magasins à poudre et fit sauter les batteries. Le quai fut fortement endommagé, et les murs auxquels était attachée la chaîne ayant été renversés, toutes les défenses du port se trouvaient détruites. Une brèche de cinq cents mètres de largeur était ouverte au corps de la place ; car en arrière, l'enceinte de la ville n'offrait point d'obstacles sérieux. L'ennemi, dit Lamoricière, pouvait débarquer sur le quai et nous enlever d'assaut sans que nous puissions l'en empêcher. Je fus obligé alors d'arborer le pavillon blanc sur la citadelle; tous les forts répétèrent ce signal. J'envoyai immédiatement le major Mauri à bord du vaisseau amiral pour traiter la capitulation; il était environ quatre heures et demie du soir. »

L'armée piémontaise commit alors un de ces actes qui déshonorent le drapeau d'un peuple. Le feu avait cessé au moment de l'envoi du parlementaire. « Pendant que les conditions de la capitulation se discutaient, raconte M. de Quatrebarbes, à qui le général de Lamoricière s'en réfère pour ce fait, l'armée de terre, furieuse d'avoir été repoussée des positions qu'elle avait voulu occuper et de n'avoir en quelque sorte rien fait pour contribuer à la prise de la ville, recommença le feu sur toute la ligne. Le bombardement et la canonnade ont duré depuis neuf heures du soir le 28, jusqu'à neuf heures du matin le lendemain 29, malgré l'envoi des parlementaires, malgré les sonneries annonçant la cessation du feu, malgré l'envoi à terre d'officiers de la marine piémontaise, malgré l'ordre donné par l'amiral à ses marins, débarqués pour le service d'une batterie de terre, de revenir à bord, malgré enfin une lettre très-vive de l'amiral qui ne voulait pas tremper dans une pareille infamie. Pendant tout ce temps, pas un seul coup de canon n'a été tiré de la place. Ainsi, l'armée piémontaise a bombardé sans relâche, pendant douze heures, une ville sans défense, contrairement au droit des gens et à tout sentiment d'honneur et d'humanité. L'amiral Persano a rendu lui-même compte à Turin du refus persistant de l'armée de terre de cesser le feu. Je livre ce fait à l'indignation de tous les honnêtes gens. »

Partout l'indignation des âmes honnêtes répondit à l'appel du comte de Quatrebarbes. En dehors des partis acharnés contre l'Eglise, il n'y eut qu'une voix pour flétrir l'invasion des Marches et de l'Ombrie, le guet-apens de Castelfidardo et le bombardement d'Ancône. L'opinion générale se résuma dans ce bulletin laconique : « L'armée pontificale n'a pas été vaincue, elle a été trahie et assassinée. »

Le gouvernement français se montra plus indulgent. Le 25 septembre, pendant le bombardement d'Ancône, il présentait aux trois souverains du Nord réunis à Varsovie, un mémorandum par lequel il promettait d'abandonner le Piémont dans le cas d'une attaque contre la Vénétie, mais à deux conditions très-favorables à l'usurpateur : « Pour que cet engagement catégorique conserve jusqu'à la fin une valeur obligatoire, il est présupposé que les puissances allemandes se renferment dans une attitude d'abstention. Il est entendu que l'état de choses qui a été le motif déterminant de la dernière guerre ne saurait être rétabli. La garantie contre le retour de cette situation serait le maintien de bases convenues à Villafranca et stipulées à Zurich. La cession de la Lombardie ne pourrait par conséquent pas être mise en question. »

La voix de Pie IX s'éleva dans le consistoire du 28 septembre, pour venger les principes de la vérité, de la justice et de l'honneur. Il flétrissait, en termes énergiques, cette odieuse série d'attentats que nous venons de raconter. Il se justifiait d'avoir accepté et appelé à son service des soldats étrangers, et repoussait avec force les injures que la révolution lançait à ces nobles jeunes gens : « Qui ne serait étonné de voir notre gouvernement repris pour avoir enrôlé des étrangers dans notre armée, quand tous savent qu'on ne peut jamais refuser à un gouvernement légitime le droit d'appeler des étrangers sous ses drapeaux ? Assurément ce droit, pour notre gouvernement et pour le Saint-Siège, est fondé sur un titre spécial, puisque le Pontife romain, père commun de tous les fidèles, ne peut refuser d'accueillir de grand cœur, ceux qui, par un zèle religieux, veulent servir dans l'armée pontificale et concourir à la défense de l'Eglise. Et ne faut-il pas remarquer que ce concours de catholiques étrangers est dû principalement à la perversité de ceux qui ont attaqué le pouvoir civil du Saint-Siège... Le gouvernement piémontais pousse la malice à l'excès, et porte la calomnie au comble quand il ose flétrir nos soldats du nom de mercenaires, eux dont un grand nombre, indigènes ou étrangers, issus de noble race et revêtus d'un nom illustre, ont voulu servir dans notre armée sans solde, uniquement par amour pour la religion. Le gouvernement piémontais n'ignore pas quelle était l'incorruptible fidélité de notre armée, puisqu'il a vu échouer les perfides manœuvres employées pour corrompre nos soldats. » C'est dans un langage qui respire l'émotion la plus profonde que le Saint-Père décerne les plus beaux éloges à la bravoure du général en chef, des officiers et de toutes les troupes, et qu'il déplore le cruel trépas de tant de braves jeunes gens, enlevés à l'affection de leurs familles, mais dont le nom sera immortel dans les fastes de l'Eglise, et dont l'âme est couronnée de la gloire éternelle. Nous avons vu que le Piémont se flattait de venir dans les Etats pontificaux pour y rétablir l'ordre moral. C'est sans doute pour cela, dit le Saint-Père, qu'ils font la guerre à l'Eglise, méprisent les lois et les censures ecclésiastiques, emprisonnent les cardinaux, les évêques et les prêtres les plus recommandables, expulsent les religieux, pillent les biens de l'Eglise, ravagent le domaine temporel de la Papauté, enseignent les plus déplorables erreurs, multiplient les maisons de débauche, outragent toute morale et toute pudeur dans leurs écrits et dans leurs pièces de théâtre.

De nouveau, le Pape proteste hautement contre les actes du Piémont et les déclare nuls et sacrilèges, affirmant hautement la légitimité de son pouvoir temporel. Il gémit d'avoir vu les déclarations du gouvernement français demeurer sans effet. En présence du cercle de fer qui se resserre autour de lui et qui menace de couper ses communications avec le monde catholique, il s'élève contre le principe de non-intervention qui semble fait uniquement pour aider les criminels à accomplir impunément leurs desseins, et dont l'application, telle que l'entendait le cabinet de Turin, ouvrait la porte au communisme et créait des dangers imminents pour tous les trônes.

Les évêques français et ceux des autres pays firent célébrer, en l'honneur des victimes de Castelfidardo, des services religieux où se mêlaient la louange et les larmes, la glorification et le deuil. Mgr Dupanloup et Mgr Pie prononcèrent à cette occasion d'admirables discours. « Ils furent à la fois des héros et des martyrs, dit l'évêque d'Orléans : héros dans leur dévouement et leur prévoyance quand ils partirent; héros sur le champ de bataille quand ils tombèrent; martyrs, car ils se dévouèrent librement pour l'Eglise et pour Dieu; martyrs, car ils moururent dans la foi et la piété fervente, comme mouraient les martyrs des premières luttes de l'Eglise. Et rien n'a manqué à l'achèvement de leur gloire, pas même l'ignoble insulte des ennemis de Dieu et de son Christ. » L'évêque de Poitiers commençait par ces mots : « C'est une grande science, et c'est une science trop désapprise que de savoir mourir. C'est surtout une grâce incomparable que d'être admis à mourir pour une grande cause..... Deux considérations, disait-il, recommandent la cause à laquelle ceux que nous pleurons ont offert le sacrifice de leur vie : c'est une cause sainte et c'est une cause méconnue. » En terminant, l'éloquent prélat citait un texte de saint Hilaire : « Maintenant nous luttons contre un persécuteur qui trompe, contre un ennemi qui n'emploie d'autres armes que celles de la ruse et de la séduction... »

Après les beaux exploits de Castelfidardo et d'Ancône, Cialdini entra dans le royaume de Naples. François II tenait Garibaldi en échec sur le Volturno. Tous les masques étant jetés, l'artillerie piémontaise alla dégager ce chef des bandes mazziniennes. Le 9 octobre, Victor-Emmanuel, arrivé à Ancône, s'infligeait à lui-même un solennel démenti en s'exprimant ainsi sur l'expédition de Garibaldi : « Ils étaient Italiens; je n'ai pas pu, je n'ai pas voulu les retenir. » En ce moment les ministres respectifs de François II et du roi de Piémont étaient encore accrédités auprès des deux cours. Victor-Emmanuel alla tendre la main à Garibaldi et lui dire : Merci. On vit, dit Mgr Dupanloup, le roi faire son entrée à Naples côte à côte, dans la même voiture, avec l'aventurier en blouse. Il fallut encore une parodie du suffrage universel pour annexer le royaume de Naples. On vota sous la terreur des baïonnettes et du stylet, avec trois urnes différentes selon la signification du vote. L'état de siège était proclamé dans les provinces, et des colonnes piémontaises les parcouraient en tous sens. On punissait de mort les soldats fidèles à leur roi, les paysans attachés à leur religion et à leur pays, ceux qui n'étaient coupables que d'avoir crié : *Vive François II !* Des prêtres et des magistrats étaient emprisonnés et fusillés. Pinelli disait dans un ordre du jour : « Il faut écraser le vampire sacerdotal... Soyez inexorables comme le destin... Contre de tels ennemis là pitié est un crime. » Capoue fut bombardée et ensuite Gaëte, où le roi et la reine de Naples s'étaient enfermés avec la résolution de se défendre jusqu'à l'extrémité. Le siège dura quatre mois ; on vit les bombes s'attaquer spécialement aux maisons, aux églises, aux hôpitaux. La Grande-Bretagne voulut qu'on laissât faire. Des officiers de l'ancienne marine napolitaine ayant refusé de coopérer au bombardement, furent traduits devant les conseils de guerre piémontais. Enfin la défense héroïque de François II se prolongeant trop au gré des révolutionnaires, la trahison termina ce drame lamentable, au mois de février 1861, en faisant sauter les poudrières. François II se retira à Rome. Pie IX lui rendit courageusement l'hospitalité qu'il avait reçue de Ferdinand.

Dans le consistoire du 17 décembre, le Pape eut à déplorer la situation des Marches et de l'Ombrie, que venait de lui enlever la fourberie piémontaise. On essayait de corrompre la foi par des publications hérétiques, et les mœurs par les écrits les plus licencieux répandus à profusion. Un décret supprima presque tous les couvents, abolit les chapitres collégiaux, tous les bénéfices simples, confisqua les biens des confréries. Le cardinal-archevêque d'Urbino fut arrêté à main armée et conduit en prison. Le cardinal-évêque de Fermo fut chassé de son siège épiscopal. On établit le mariage civil. La Révolution marchait toujours en avant : Pie IX ne se lassait pas de protester et de maintenir ses droits.

La même allocution condamne une brochure d'un écrivain français, M. Cayla, qui proposait la création d'une église schismatique en France.

Une autre brochure hostile au Saint-Siége et au catholicisme parut au commencement de 1861 sous ce titre : *La France, Rome et l'Italie.* Elle avait pour auteur avoué M. de la Guéronnière, conseiller d'État, directeur de la presse au ministère de l'intérieur, que l'opinion reconnaissait pour l'auteur caché de la brochure anonyme : *Le Pape et le Congrès.* Dans ce nouvel écrit, il soutenait que l'agitation religieuse en France venait de la coalition et du soulèvement des partis politiques, et que les malheurs de la Papauté devaient être uniquement attribués à l'obstination du Pape qui n'avait voulu se prêter à aucune de ces combinaisons dont nous avons vu l'exposé. Il concluait en disant que « l'Italie et la Papauté temporelle n'avaient pas encore trouvé leurs conditions d'équilibre. » L'opinion catholique vit dans cette brochure une nouvelle menace contre le peu qui restait des possessions temporelles du Saint-Siége.

Le cardinal Antonelli démolit pièce à pièce l'exposé des faits présentés par M. de la Guéronnière, dans une lettre à Mgr Meglia, nonce à Paris.

La brochure fut aussi réfutée par des évêques et des écrivains catholiques. Citons seulement Mgr Dupanloup, Mgr Pie, Mgr Plantier, M. Louis Veuillot, dans sa brochure : *Le Pape et la Diplomatie.* La base de ces réfutations était l'exposition des faits et des événements soit militaires soit diplomatiques. Les défenseurs du Saint-Siége y ajoutaient de fortes considérations sur le fonds même du sujet, sur la place nécessaire de la Papauté dans l'harmonie du monde, et sur les principes que l'on violait en attaquant ses droits.

Le *Mandement de Mgr Pie, au sujet des accusations portées contre le souverain Pontife et contre le clergé français, dans la brochure intitulée :* La France, Rome et l'Italie, *par M. A. de la Guéronnière,* attira plus particulièrement l'attention. Il fixait nettement la portée de cette brochure : il retournait avec une incontestable autorité les reproches d'entêtement et d'ingratitude jetés à la face de Pie IX; il rendait à l'attitude des évêques et des catholiques son véritable caractère; il faisait disparaître une prétendue opposition qu'on avait voulu établir entre deux titres possédés par Napoléon III, celui de *fils aîné de l'Eglise* et celui d'*élu du peuple.* Comme la brochure parlait d'une diminution d'autorité subie par l'enseignement des évêques, Mgr Pie faisait ressortir la pernicieuse influence de cette presse opposée à l'Eglise, et surtout de ces brochures politiques qui paraissaient périodiquement pour lancer à l'avance un programme, et produire sur l'opinion un effet analogue à celui que la chirurgie moderne opère sur les sens à l'aide du chloroforme. En terminant, l'illustre prélat comparait les hésitations de la politique dans la question romaine à celles de Pilate dans le procès de Notre Seigneur Jésus-Christ. « Pilate pouvait sauver le Christ; et sans Pilate on ne pouvait mettre le Christ à mort. Le signal ne pouvait venir que de lui : *Nobis non licet interficere*, disaient les Juifs... Lave tes mains, ô Pilate; déclare-toi innocent de la mort du Christ. Pour toute réponse, nous dirons chaque jour, et la postérité la plus reculée dira encore : Je crois en Jésus-Christ, le Fils unique du Père, qui a été conçu du Saint-Esprit, qui est né de la Vierge Marie, et qui a enduré mort et passion sous Ponce-Pilate : *Qui passus est sub Pontio Pilato*. »

Ce trait final, dont tous les lecteurs firent l'application à Napoléon III, irrita le gouvernement. Le Mandement était du 22 février. Le 2 mars, M. Rouland, ministre des cultes, prévint Mgr Pie qu'il avait dû déférer cet écrit à l'Empereur, en son conseil d'Etat, pour qu'il fut statué sur les cas d'abus qu'il paraissait contenir. Dès le lendemain de la publication du Mandement, une note du *Moniteur universel* avait annoncé cette mesure; le même journal publiait une *Circulaire* (sic) de M. de Persigny, ministre de l'intérieur, au préfet de la Vienne, que le *Moniteur des Communes* porta partout : cette lettre accusait Mgr Pie d'avoir voulu « servir des passions étrangères aux intérêts de la religion. » Le décret portant condamnation comme d'abus fut signé le 30 mars. Le rapport du ministre des cultes, celui du conseiller d'Etat, chargé de cette affaire, et le décret lui-même, donnaient pour motifs de cette condamnation que l'évêque de Poitiers s'était ingéré à censurer la politique du gouvernement français, et que son Mandement contenait une offense envers la personne de l'Empereur et des rapprochements propres à alarmer les sujets catholiques de l'empire. Après avoir récusé, au nom du droit de l'Eglise, la juridiction du conseil d'Etat, uniquement basée sur les articles organiques, Mgr Pie prouva la fausseté de ces allégations dans deux lettres adressées à M. le ministre des cultes. Il montrait que son Mandement n'attaquait que M. de la Guéronnière et la politique du Piémont. Quant au trait final, il s'adressait sans doute à l'Empereur, mais comme un avertissement, non comme un blâme. Les théories du ministre et du conseiller d'Etat, ainsi que les accusations lancées contre le clergé ultramontain, donnèrent lieu au savant et courageux évêque d'agrandir la question et d'exposer la vraie doctrine sur le rôle et le pouvoir de l'Eglise en ce monde. Beaucoup de collègues de Mgr Pie lui exprimèrent leur sympathique adhésion : ses diocésains témoignèrent aussi qu'ils ne croyaient rien des odieuses accusations lancées contre lui.

L'Italie, opprimée par l'armée piémontaise, offrait à la Papauté l'expression de ses preuves de son dévouement. Une somme considérable fut envoyée au Pape par les habitants d'Imola. Deux adresses vinrent de Milan, l'une signée uniquement par les hommes, l'autre par les dames.

La France catholique eut l'occasion d'afficher et de défendre ses convictions sur les plus grands théâtres de la vie publique, au sein du Corps législatif et du Sénat. Un décret du 24 novembre 1860 avait octroyé des libertés nouvelles pour les discussions parlementaires et pour la publicité de ces discussions. Le Sénat et les députés devaient voter, tous les ans, une Adresse en réponse au discours du trône : cette Adresse devait être discutée en présence des commissaires du gouvernement, chargés de donner aux Chambres toutes les explications nécessaires sur la politique de l'Empire. Les journaux recevaient tous les soirs des comptes-rendus analytiques des séances, et les débats étaient reproduits tout au long dans le journal officiel. L'empereur désignait des ministres sans portefeuille pour soutenir les projets de loi du gouvernement, de concert avec le président et les membres du conseil d'Etat.

Ce fut à l'ouverture de la session de 1861 que l'on usa pour la première fois de ces libertés. Le projet d'Adresse du Sénat contenait ce paragraphe : « Pour l'avenir, nous continuerons à placer notre confiance dans le monarque qui couvre la Papauté du drapeau français. » Un amendement présenté par MM. le général Gémeau, l'amiral Romain-Desfossés, le vicomte de Suleau, le duc de Padoue et Le Verrier, proposait d'ajouter ceci : « Et maintient à Rome la souveraineté du Saint-Siège, sur laquelle repose l'indépendance de son autorité spirituelle. » Soixante sénateurs se prononcèrent en faveur de cet amendement contre une majorité de soixante-dix-neuf voix. Dans le courant de la discussion, le prince Napoléon prononça un discours scandaleux en faveur de la politique piémontaise. Il traita de balivernes les réponses que nous avons vu le gouvernement pontifical opposer aux combinaisons du cabinet des Tuileries. En même temps, il glorifiait les vues ambitieuses et les actes du cabinet de Turin. Des applaudissements furent concédés à la facilité et à l'assurance de son langage. Une dépêche télégraphique informa tous les préfets de ce succès oratoire, et le discours, propre à révolter toutes les âmes religieuses et honnêtes, fut affiché aux murs de toutes les mairies de France. Cependant les organes du gouvernement, en particulier le principal d'entre eux, M. Billault, affectait une modération d'idées et de langage qui restait en deçà du programme adopté par le prince.

Les débats se renouvelèrent au Corps législatif et la question y fut examinée sous tous ses aspects. On entendit d'éloquents discours de M. de Flavigny, le comte de Ségur-Lamoignon, de MM. Keller, Kolb-Bernard, Plichon, Anatole Lemercier, qui stigmatisaient la conduite du cabinet de Turin dans les Etats pontificaux et à Naples, l'abandon des conventions de Villafranca, et montraient la grandeur de la France et la paix de l'Europe profondément menacées par une politique qui autorisait tous les attentats révolutionnaires et préparait l'unité allemande en formant l'unité italienne. Un amendement qui demandait l'évacuation immédiate de Rome par les troupes françaises fut déposé par un groupe de députés républicains, que l'on désignait sous le nom des *Cinq* : MM. Jules Favre, Ernest Picard, Emile Olivier, Hénon et Darimon.

Parfaitement oublieux du droit, de la vérité historique et des soucis du patriotisme, ces représentants de la France demandaient, par la bouche de M. Jules Favre, que l'on sacrifiât les traités, le rôle providentiel du pays, toutes les considérations possibles aux désirs de M. de Cavour et à l'accomplissement de l'œuvre garibaldienne. S'il est permis de se servir de cette expression vulgaire, le gouvernement affecta de nager entre deux eaux. Pressé de questions précises, M. Billault demeura insaisissable. La seule déclaration qu'en obtinrent les catholiques, fut qu'on n'abandonnerait pas Rome immédiatement : ce n'était pas une satisfaction pour eux, c'était un refus adressé à M. Jules Favre. Au vote, les catholiques échouèrent encore, mais avec une imposante minorité de quatre-vingt-onze voix contre cent soixante et une. C'était au 22 mars. On avait pu juger tous les faits que nous avons racontés jusqu'ici. Cette double manifestation du Sénat et du Corps législatif, qui devait se renouveler tous les ans, ne contribua pas peu à retarder les derniers coups de la Révolution contre la Papauté. Ce que les quatre-vingt-onze demandaient, et réclamaient jusqu'à la fin, malgré les instances de M. Baroche, président du conseil d'Etat, c'était le retranchement des derniers mots de ce paragraphe : « Sire, les documents diplomatiques et le dernier envoi des troupes à Rome, dans une circonstance critique, ont prouvé au monde entier que vos constants efforts ont assuré à la Papauté sa sécurité et son indépendance, et ont sauvegardé la souveraineté temporelle autant que l'ont permis la force des choses *et la résistance à de sages conseils.* »

Le principal argument des ennemis de la Papauté, c'était que le Pape se plaisait à rester en opposition avec le progrès moderne, avec le libéralisme contemporain, et avec le mouvement qui emporte les générations actuelles. Pie IX répondit admirablement à ce reproche dans le consistoire du 18 mars. Caractérisant parfaitement ce faux progrès, ce libéralisme qui est contraire à la civilisation chrétienne, à la justice, à la morale, qui persécute l'Eglise, il déclara hautement qu'il lui était impossible de l'accepter, qu'il ne l'accepterait jamais. Quant à la vraie et bonne liberté, il rappela les gages qu'il lui avait donnés dès les premières années de son pontificat. On disait aussi que le Pape devait se réconcilier avec l'Italie. Pie IX prouve l'impossibilité de cette réconciliation par le court exposé de ce qui se passait en Italie. Contre de tels actes, il déclare que son rôle est de toujours protester, en demeurant, suivant une parole prononcée dans la discussion du Sénat français, *le représentant de la principale force morale dans la société humaine.* Beaucoup d'esprits faciles à illusionner se laissaient tromper par les grands discours des révolutionnaires : Pie IX leur montre l'abîme où ces théories vont conduire et dans lequel on est déjà descendu en partie. Mais, en même temps, il signale les motifs d'espérance que lui donnent les dispositions d'un grand nombre de catholiques, particulièrement dans cette Italie si tourmentée, et témoigne que son cœur n'a de haine ni de ressentiment pour aucun des coupables.

Ce faux libéralisme, ces théories du progrès, ces formes diverses du rationalisme, anathématisées si justement par le Saint-Père, constituent ce que l'évêque de Perpignan, Mgr Gerbet, condamnait sous le nom des « diverses erreurs du temps présent, des erreurs vivantes, parlantes et agissantes, » dans une belle instruction datée du 23 juillet 1860. Ce remarquable travail se terminait par le relevé de 85 propositions hétérodoxes ou dangereuses. « Les unes, disait le savant prélat, ont déjà été condamnées, les autres n'ont pas encore été l'objet d'une censure expresse, sous la forme où elles se produisent. Les unes sont évidemment opposées à des points de foi ; les autres sont à divers degrés, contraires à la saine doctrine, et quelques-unes au moins pernicieuses, surtout aujourd'hui, particulièrement à raison du but que se proposent ceux qui voudraient les faire prévaloir. » En 1862, Pie IX félicita Mgr Gerbet de ce travail ; le souverain Pontife lui-même méditait une suprême condamnation de ces différentes erreurs, et devait réaliser son dessein deux ans plus tard, comme nous le verrons.

Peu de jours après cette allocution pontificale, qui venait de proclamer et de venger les vrais principes de la civilisation honnête et chrétienne, une parole tout opposée retentissait au sein du parlement italien. Ce parlement, formé des députés de toute l'Italie, sauf la Vénétie et ce qui restait des Etats de l'Eglise, s'était réuni le 18 février. M. de Cavour y prononça, le 25 mars, un discours qui, pour le récit des événements accomplis, rappelait celui du prince Napoléon et la brochure de M. de la Guéronnière, mais dont les conclusions étaient beaucoup plus explicites : « Il est impossible, disait le ministre piémontais, disciple de Gioberti, de concevoir une Italie constituée sans Rome pour capitale. Le pouvoir temporel du Pape a fini son temps. En dehors du mouvement des siècles, il est obligé par devoir religieux de s'opposer à des réformes socialement nécessaires ; il faut donc respecter ses scrupules et le dépouiller. Le pouvoir temporel n'est pas une garantie pour son indépendance spirituelle, c'est un obstacle ; l'union du pouvoir temporel et du pouvoir spirituel est un fléau à Rome comme à Constantinople ; en délivrer le Pape, c'est l'affranchir ; pour l'en affranchir, nous devons aller à Rome, et, arrivés à Rome, nous proclamerons la séparation de l'Eglise et de l'Etat, et la liberté de l'Eglise, et nous en écrirons le principe dans le statut fondamental du royaume. » On citait aussi de M. de Cavour cette déclaration non moins catégorique que singulière dans l'expression : « Notre étoile à l'égard de Rome... c'est qu'elle devienne la splendide capitale du royaume italien. » Le 27 mars, un vote du parlement proclama *Rome capitale de l'Italie une et indivisible.*

Dans deux de ses discours, le président du cabinet de Turin avait mis en cause M. de Montalembert, en le présentant comme un des précurseurs du libéralisme catholique et en se piquant de réaliser cette formule dont l'illustre comte s'était servi en lui écrivant quelques mois auparavant : *L'Eglise libre dans l'Etat libre.* M. de Montalembert écrivit une nouvelle lettre à M. de Cavour pour repousser avec indignation cette prétendue solidarité. Il reprocha hautement à l'usurpateur d'opprimer l'Eglise, au lieu de l'affranchir, comme il le prétendait, et de vouloir imposer à la Papauté la dépendance et la dégradation. « Je serais, lui disait-il pour terminer, non pas catholique et Français, mais Anglais, Chinois, païen, qu'il me suffirait de lever mon regard vers ces principes d'éternelle justice, généreusement invoqués par Pie IX, audacieusement violés par vous, pour me sentir indigné contre vous, et invinciblement incrédule à l'endroit de vos promesses. »

Le parlement italien proclama Victor-Emmanuel II roi d'Italie. Le nouveau royaume fut d'abord reconnu par l'Angleterre : la France suivit, et après elle les autres puissances, jusqu'à l'Espagne qui vint en 1865, et l'Autriche qui arriva la dernière après ses désastres de 1866. Le Saint-Siège seul maintint la force du droit contre le droit de la force et contre la brutalité du fait accompli, devant lequel s'inclinaient les sceptres les plus puissants. Pour tous, les Etats engloutis dans l'unité italienne ont disparu de la carte géographique : pour le Pape, ils y restent.

La Révolution était triomphante; mais le propre de ses triomphes est d'amener des embarras inextricables, des angoisses, des difficultés infinies, qui prouvent que l'on est en présence d'un édifice destiné à s'écrouler sur ses fondateurs et sur ses habitants. Déjà repu de déshonneur, le nouveau royaume dut ajouter à ses hontes pour payer les frais de son établissement et de ses splendeurs naissantes, et pour essayer de sortir d'une crise financière qui, malgré les mesures les plus odieuses, menace toujours. La mort enleva soudainement le comte de Cavour, le 6 juin 1861. Eut-il le temps de se reconnaître et de demander pardon à Dieu? C'est le secret de l'éternité. Ce coup parut un châtiment du ciel. On devait voir aussi M. Thouvenel, le ministre qui avait invité le Saint-Père à descendre des régions mystiques, on devait le voir condamné à une longue et douloureuse agonie, paralysé, et ne gardant plus de vie que ce qu'il fallait pour souffrir jusqu'à l'heure fatale.

Au lieu de demander réparation des parjures dont le Piémont s'était rendu coupable envers lui, le gouvernement français ne songeait qu'à combattre les défenseurs de cette souveraineté pontificale que lui-même se piquait de soutenir. Dans le pays de Clovis, de Charlemagne et de Saint-Louis, un préfet, celui du Morbihan, put écrire une circulaire qui déclarait les volontaires de Castelfidardo déchus de leur titre de Français, pour avoir pris sans autorisation du service militaire à l'étranger. Or, en s'engageant au service du Saint-Père, Lamoricière et ses braves soldats prenaient en main la cause de la France, et de plus, ils avaient eu soin de stipuler que, dans le cas extrêmement improbable d'une guerre entre la France et Rome, ils seraient dégagés de leur serment de fidélité au gouvernement pontifical.

La presse révolutionnaire imaginait toutes sortes d'accusations et ne reculait pas devant l'absurdité, devant l'invraisemblance la plus ridicule, quand il s'agissait d'indisposer l'opinion en France contre le Saint-Siège. C'était tantôt le cardinal Antonelli, tantôt Mgr de Mérode que l'on présentait comme de véritables tyrans, menant Pie IX à leur guise. La presse officieuse alla un jour, pendant le mois d'août 1861, jusqu'à raconter que, Mgr de Mérode ayant refusé de livrer un soldat pontifical que M. de Goyon réclamait pour le juger, le général français avait dû adresser au ministre des armes des paroles très-vertes, et avait fini par lui dire textuellement : « Déposez votre soutane, je quitterai mon uniforme et nous irons sur le terrain. » La vérité était que le généreux chef de l'armée d'occupation se montrait toujours heureux d'être à un tel poste et de pouvoir témoigner quelquefois de son dévouement au Pape. Quant à Mgr de Mérode, il s'occupait activement de réorganiser l'armée pontificale : c'était sa préoccupation exclusive.

Cependant le plus affreux désordre régnait dans les diverses contrées de l'Italie annexées au Piémont. Nous avons déjà parlé de la licence d'une presse qui était au service de ces hommes, dont le but, disaient-ils, était de régénérer la Péninsule et d'y rétablir le sens moral. Il fallait de l'argent : on s'empara des biens des couvents et des richesses des églises. Des religieuses, expulsées de leur monastère, furent réduites à mendier pour vivre. Inutile de dire que toutes les lois de l'Eglise, comme ses droits, étaient foulées aux pieds. Les prêtres et les religieux étaient accablés de mauvais traitements : de nombreuses paroisses étaient privées de leurs pasteurs. Des évêques étaient chassés de leurs diocèses ou jetés en prison. L'archevêque de Naples fut banni et obligé de se réfugier à Rome. Quelle générosité attendre d'hommes tels que ce général Cialdini, qui, tout couvert du sang de Castelfidardo, menaçait de traiter comme un assassin cet héroïque commandant de la citadelle de Messine, dont la bravoure lui résistait longtemps encore après la chute de Gaëte et après l'annexion?

Le Saint-Père déplora cette situation et ces actes dans le consistoire du 30 décembre. Ce qui mettait le comble à sa douleur, c'était de voir un nombre trop considérable de religieux se laisser emporter par le souffle révolutionnaire. Il y en eut même qui se joignirent aux bandes de Garibaldi, à ces troupes ignobles qu'on appela les chemises rouges, par allusion à leur costume de sang et de brigandage. Des prêtres séculiers, plusieurs dignitaires, pactisaient avec les ennemis de l'Eglise. Nous n'hésiterons pas à nommer le Père Passaglia, célèbre par sa science théologique, qui s'était distingué comme professeur au collège Romain et comme membre de la commission chargée de préparer la bulle pour la définition du dogme de l'Immaculée-Conception. Il avait commencé par se séparer de la Compagnie de Jésus, à la suite de certaines mésintelligences en matière d'enseignement philosophique. Il ne tarda pas à tomber dans les plus regrettables égarements : en faveur de l'unité italienne et des ambitions de M. de Cavour, il publia un écrit intitulé : De causa Italica. Ad episcopos catholicos. Nous n'hésitons pas à le nommer, parce que, depuis, il s'est repenti : l'histoire, en le nommant, lui rend hommage pour cette noble réparation et pour ses anciens services.

L'inconcevable politique du gouvernement français dans la question romaine se trouvait gênée singulièrement par les diverses manifestations de l'opinion catholique. On essaya d'en empêcher le retour, en portant un coup fatal à cette belle Société de Saint-Vincent-de-Paul, dont nous avons raconté l'origine, les merveilleux développements et les immenses bienfaits. Jusque-là toutes les conférences étaient reliées entre elles par un conseil central et par un président général. Elles étaient restées si bien fidèles à l'esprit de leur origine, à leur devise de foi et de charité, que l'administration ne put citer aucun fait à leur charge, si ce n'est une invention ridicule de quelques journaux au sujet d'une réunion de quelques conférences rurales dans la petite et paisible ville de Lusignan, dans le diocèse de Poitiers, sous la présidence de Mgr l'évêque d'Angoulême. L'évêque, le curé, le maire protestèrent, mais le gouvernement favorisa la calomnie. Quoi qu'il en soit, au mois d'octobre 1861, M. de Persigny, ministre de l'intérieur, mit les conférences en demeure de recevoir du gouvernement leur président général ou de vivre isolées. Or, dans sa circulaire, le ministre était contraint d'avouer qu'on n'avait en vue aucun délit passé, mais seulement les éventualités dangereuses qui pouvaient se présenter dans l'avenir. La plupart des conférences optèrent pour la vie isolée : la Société perdit en conséquence son conseil central et son président général. Pour achever le caractère odieux de cette mesure, on nommait en même temps le maréchal Magnan grand-maître des différentes loges de la franc-maçonnerie; mais les loges du *rite écossais* se refusèrent à cette dépendance.

Cette détermination causa une émotion profonde et universelle parmi les catholiques : elle révolta les amis sincères de la liberté; elle obtint les applaudissements frénétiques des impies et des révolutionnaires qui ne cessaient de poursuivre les associations charitables et religieuses de leurs calomnieuses insultes, et dont l'une des feuilles, l'*Opinion nationale*, patronée par le prince Napoléon, avait traité les Petites-Sœurs-des-Pauvres de *vermine* à faire disparaître. Mgr Plantier se fit l'éloquent organe des catholiques et le défenseur de leurs droits. Il s'indignait surtout de voir une société de charité chrétienne mise au même rang qu'une société secrète, réprouvée et censurée par l'Eglise. M. Rouland, ministre des cultes, lui apprit, par une lettre insérée au *Moniteur*, que cette réclamation choquait la modération et les bienséances. « Si vos appréciations sont sévères, répondit l'évêque, il y a trois grands arrêts sur lesquels je compte avec une entière sécurité pour m'absoudre des rigueurs que me prodigue Votre Excellence. Il y a l'opinion publique du vrai monde catholique, qui ne tardera pas à prononcer entre la *modération* dont votre lettre est empreinte et les *violences* dont je me suis rendu coupable. Il y a l'histoire de l'Eglise, tribunal où la publicité de vos reproches vaudra sans doute à mon obscurité l'honneur de comparaître; elle dira si l'ancien clergé doit s'estimer heureux des éloges que Votre Excellence lui décerne, et si moi-même, qui relis presque tous les jours ses admirables *Mémoires*, j'ai oublié le calme et la dignité de son langage. Il y aura enfin le tribunal de Dieu, où vous apprendrez si réellement j'ai eu besoin, après m'être égaré, même loin de l'observation des bienséances, d'être ramené par Votre Excellence dans les voies de la sagesse et de la charité. » Mgr Pie écrivit à son tour au ministre des cultes pour protester contre le bruit qui se faisait autour du prétendu fait de Lusignan et pour exprimer sa sympathique adhésion au langage de Mgr Plantier. Au sein du Corps législatif, M. Billault eut besoin de toutes les habiletés de son éloquence pour obtenir un vote qui approuvât la mesure de M. de Persigny.

Mgr Pie commençait ainsi sa lettre : « Si j'ai différé jusqu'ici à vous exprimer ma douleur, à propos de la circulaire de M. le Ministre de l'intérieur concernant les conférences de Saint-Vincent-de-Paul, Votre Excellence pense bien que ce n'est point par indifférence pour un acte administratif qui constitue, à nos yeux, l'une des plus cruelles défaites de la liberté civile et religieuse en France, et l'un des plus marquants triomphes de la Révolution sur le grand parti de l'ordre... » Vers la fin, on lit ceci : « Assurément, la circulaire de votre collègue de l'intérieur est grave, très-grave, dans ce qu'elle a d'agressif contre les associations religieuses; cependant, avec du temps et de la prudence, on conçoit que le Pouvoir mieux avisé puisse réparer cette faute et tranquilliser à peu près les esprits. Mais ce qui conservera une portée infiniment plus haute, c'est le caractère approbateur et laudatif de cette même circulaire à l'endroit de la maçonnerie. Jamais, même dans les jours les plus troublés, aucun gouvernement constitué n'avait délivré un semblable certificat aux sociétés secrètes. Pour moi, après avoir lu certaines expressions de la lettre du ministre de l'Empereur, j'ai laissé tomber la feuille de mes mains; et de même que M. Thiers disait, il y a dix ans, à pareille époque : « L'Empire est fait, » je me suis écrié avec épouvante : « Est-ce que la Révolution n'est point faite? » Puissé-je me tromper dans mes appréhensions ! Puissent ceux qui me paraissent s'être faits les esclaves de la Révolution, n'en être pas désormais les acteurs, et n'en pas devenir ensuite les victimes! » Ce grave avertissement, quoique repoussé, dut être compris. La Société de Saint-Vincent-de-Paul était, par ses œuvres diverses, la barrière la plus puissante opposée aux envahissements de la Révolution et des doctrines comme des passions antisociales; et le terrain qu'on lui faisait perdre allait infailliblement être occupé par des sociétés déjà existantes ou près de naître, qui se proposeraient un tout autre but.

Au milieu des combats et des persécutions, l'Eglise poursuivait ses grands travaux, autant qu'elle pouvait. A la date du 20 septembre 1859, avait paru le bref de béatification de Benoît-Joseph Labre, le pèlerin et le mendiant : ce bref contenait la plus belle théologie sur l'amour de la croix, de la pauvreté et des souffrances. Un décret de la congrégation des Rites, du 12 mai de la même année, avait témoigné des sympathies du Saint-Siège pour la malheureuse Irlande, en élevant d'un degré le culte rendu à son premier apôtre, saint Patrice. Des lettres apostoliques du mois de juillet suivant sanctionnèrent l'établissement d'un séminaire français, fondé à Rome, pour aider les ecclésiastiques de France à obtenir les grades théologiques et canoniques.

La restauration des monuments religieux continuait en France. C'est justice de dire que le gouvernement qui avait élevé sur un des puys de l'Auvergne, avec le bronze des canons pris aux Russes dans la guerre d'Orient, une colossale statue à la sainte Vierge, sous le vocable de Notre-Dame de France, coopérait en beaucoup d'endroits à cette restauration, par exemple, à Marseille et à Paris. Un simple prêtre, M. l'abbé Haffreingue, nommé plus tard protonotaire apostolique, reconstruisait et ornait avec magnificence la cathédrale de Boulogne-sur-Mer. Le 5 juillet 1859, le Père Lacordaire avait amené une colonie de son institut dans l'antique cloître de Saint-Maximin, en Provence, et Mgr Dupanloup, avec son zèle et son éloquence accoutumés, se fit quêteur pour la restauration du pèlerinage de la Sainte-Baume en l'honneur de sainte Madeleine. L'évêque de Poitiers avait reconquis et donné à une congrégation de son diocèse, les Oblats de saint Hilaire, le monastère primitif de Ligugé, qui fut, sous la direction de saint Martin, le premier berceau de l'ordre monastique dans les Gaules. Mgr Guibert, archevêque de Tours, entreprit, en l'honneur du thaumaturge des Gaules une œuvre immense, la reconstruction de la basilique de Saint-Martin, dans sa ville archiépiscopale. Il fit un appel à la générosité de la France catholique : le Saint-Père y joignit sa haute recommandation par un bref du 24 février 1862, et tous les évêques le secondèrent. Chaque diocèse assistait à des entreprises plus ou moins considérables dictées par le même esprit de réparation.

L'activité de l'Eglise s'étendant tous les jours avec les moyens de communication, on la trouvait sous tous les climats occupée à régénérer l'humanité et arrosant les terres les plus rebelles de ses sueurs, de ses larmes et de son sang. L'industrie européenne songeait à percer le mont Cenis, et commençait, sous l'inspiration d'un Français, M. Ferdinand de Lesseps, cette fameuse entreprise du percement de l'isthme de Suez, à laquelle la jalouse Angleterre devait susciter tant d'obstacles. Un autre Français prenait l'initiative d'un semblable projet pour l'isthme de Panama. On pensait à couper la presqu'île de Malacca. Quand les distances s'abrégeaient et que de nouveaux passages s'ouvraient de tous côtés, on devait s'attendre à voir les missionnaires catholiques rivaliser d'ardeur avec les commerçants et les devancer. Dans la plupart des pays de missions, les peuples sont habitués à joindre l'idée du christianisme à celle de la France. Quand les chrétiens sont opprimés quelque part, c'est la France qu'ils invoquent. Souvent la marine et l'armée française répondirent utilement et glorieusement à cet appel, quoiqu'on ait trop négligé quelquefois d'écouter les renseignements des missionnaires ou subi trop patiemment l'influence de la politique anglaise.

Monseigneur de Marion-Brésilac à peine arrivé avec ses prêtres dans son nouveau diocèse de Sierra-Leone, fut dévoré, comme tous ses compagnons, par un climat dont on connaissait mal la pernicieuse influence. Le vicariat apostolique de Dahomé fut créé le 28 août 1860, et confié au séminaire des Missions-Africaines établi à Lyon par le regretté prélat. Le 5 janvier suivant, trois missionnaires s'embarquaient pour le Dahomé. Malgré les difficultés propres au pays, malgré un terrible incendie qui détruisit au commencement de 1864 les deux tiers de Whydah, et l'établissement que les missionnaires avaient dans cette ville, les lettres de M. Borghero, supérieur de la mission, nous apprennent que les différentes parties du diocèse ont été explorées, des arrangements pris avec les divers souverains de ce pays pour de nouveaux établissements, et des conversions opérées.

A la suite d'une expédition qui avait pour but de faire expier le martyre de Mgr Douarre, évêque d'Amata, et le massacre d'une partie de l'équipage de l'*Alcmène*, les Français avaient pris possession de la Nouvelle-Calédonie, en 1854, et y protégeaient les pénibles travaux des missionnaires. Le comte du Bouzet, gouverneur des possessions françaises en Océanie, était aussi venu, en 1854, au secours de la mission de Tonga persécutée. La persécution ouverte avait cessé à partir de ce moment, et quoique gênés encore dans l'exercice de leur ministère, les missionnaires comptaient beaucoup plus de prosélytes et purent bientôt célébrer avec pompe les solennités catholiques. La liberté religieuse était énergiquement soutenue sur les côtes d'Afrique par le colonel Faidherbe, qui étendit considérablement les possessions de la France au Sénégal, et par les gouverneurs anglais.

Cependant la Chine se préparait à duper une fois de plus les puissances européennes. Elle avait profité de l'isolement de l'Angleterre qui tenait à éloigner l'influence française de l'Asie : elle avait profité aussi de l'incurie de la France, malheureusement absorbée par les honteuses complications de la question italienne. Le Fils du Ciel avait contracté une alliance offensive et défensive avec le czar. Les Russes devaient à toute réquisition fournir aux Chinois un corps permanent de 8,000 hommes d'élite, et l'armement européen. L'Angleterre et la France ignoraient encore ce traité, si favorable aux vues ambitieuses de la Russie dans l'extrême Orient, quand vint le moment d'échanger les ratifications du traité de Tien-Tsin. Les envoyés des deux puissances s'étant présentés, le 21 juin 1859, à l'embouchure du Peï-Ho, l'entrée de la rivière leur fut refusée. La flotte anglaise s'avança pour forcer le passage, sous les ordres de l'amiral James Hope. Les forts de Ta-Kou commencèrent à tonner : une artillerie puissante coula quatre navires anglais; les autres furent contraints de se retirer. On reconnut que les forts avaient été relevés dans les règles les plus habiles de la défense des places, qu'ils étaient munis d'une artillerie supérieure par le calibre et par la portée, que la nombreuse infanterie qui les défendait était armée de carabines Minié et que le tir des artilleurs et des fusiliers était aussi juste, aussi rapide que celui des soldats européens les mieux exercés. La concession faite aux Russes des monts Karbett et des terres situées au nord de l'Amour et sur la rive droite de ce fleuve, le voyage triomphal du grand hetman des Cosaques à Pékin, la nouvelle certaine que 8,000 Russes se trouvaient parmi les trente mille défenseurs des forts de Ta-Kou, obligèrent la Grande-Bretagne à ouvrir les yeux sur les périls de cette situation et à reconnaître l'ennemi qu'elle rencontrait.

L'Angleterre et la France s'unirent pour obtenir réparation. La première envoya vingt-trois mille hommes sous les ordres du général Grant, et la seconde douze mille commandés par le général Cousin-Montauban, qui devait rapporter de cette campagne le titre de comte de Palikao. Le 20 août 1860, les armées alliées emportaient les forts de Ta-Kou et en culbutaient les soixante-dix mille défenseurs. Des négociations s'ouvrirent aussitôt; mais les Chinois ayant laissé voir leur défaut de sincérité, on marcha sur Pékin. Le général Montauban rencontra vingt-cinq mille Chinois retranchés à Palikao; il les mit en déroute, le 21 septembre. Arrivées en vue de Pékin, le 7 octobre, les troupes des deux nations occupèrent le palais d'été de l'empereur, et s'en partagèrent les richesses : les Anglais y mirent le feu pour venger leurs attachés d'ambassade que les Chinois avaient horriblement torturés après les avoir faits prisonniers dans un guet-apens. Les Chinois se soumirent pour épargner à Pékin les épreuves d'un siége. L'armée fit son entrée dans cette capitale le 13 octobre, et un *Te Deum* fut chanté dans la cathédrale catholique, qui était abandonnée depuis vingt ans. Aux articles du traité de Tien-Tsin, que l'on confirma, se joignit la convention additionnelle du 25 octobre, dont l'article six stipulait en faveur des chrétiens la restitution de tous les établissements religieux et de bienfaisance. Trois nouveaux ports furent ouverts aux Européens.

Les évêques missionnaires avaient puissamment contribué au succès des négociations. Mais quoique le prince Kong, oncle et tuteur de Chi-Siang ou Toung-Tchi, qui monta sur le trône, le 22 août 1861, à l'âge de sept ans, ait imploré l'alliance de la France et de l'Angleterre pour combattre les rebelles, on ne recueillit pas des traités de 1860 tous les résultats attendus. La faiblesse de l'administration centrale laissant une grande liberté aux mandarins, la situation des missionnaires continua de dépendre des caprices de ceux-ci. Le gouvernement faisait d'ailleurs, en secret, tout ce qu'il pouvait pour empêcher les conversions. Quelques années plus tard, pendant que Mgr Faurie recevait des honneurs publics dans le Kouy-Tchéou, la persécution sévissait dans le Su-Tchuen oriental, et M. Mabileau y subissait le martyre.

Sous le gouvernement de Tu-Duc, la Cochinchine, si fréquemment et si abondamment arrosée du sang chrétien, continuait d'être le théâtre d'une cruelle persécution. Mgr Diaz, dominicain espagnol, fut martyrisé, ainsi que Joseph Loc, prêtre indigène, et un grand nombre de chrétiens. Mgr Retord, vicaire apostolique du Tonkin occidental, fut obligé de s'enfuir dans les déserts et y mourut de misère et de maladie; ses compagnons furent dévorés par les tigres. Pour venger le meurtre de Mgr Diaz, l'Espagne s'unit à la France, dont le pavillon avait été insulté par les Annamites. Après la prise de Tourane et de Saïgon, en 1859, on suspendit les hostilités à cause de la guerre de Chine, et la persécution se ranima plus vivement que jamais. Cependant Saïgon avait été déclarée possession française. En 1861, l'amiral Charner et son successeur, le contre-amiral Bonard, remportèrent une série de victoires qui forcèrent Tu-Duc, au mois de juin 1862, à signer le traité de Saïgon. Ce traité livrait à la France les trois provinces de Saïgon, de Mytho et de Bien-Hoa, ouvrait les trois ports du Tonkin, et proclamait la liberté de la religion chrétienne dans tout l'empire d'Annam. Quelques tentatives de révolte furent comprimées, au commencement de 1863, par le contre-amiral de la Grandière. Le 11 août de la même année, le roi de Cambodge se plaça sous le protectorat de la France. Dans le consistoire du 27 décembre 1860, Pie IX rendit un solennel hommage à la constance de ces chrétientés de l'extrême Orient, si cruellement persécutées. Même après le traité de Saïgon, les chrétiens ne purent pas jouir toujours de la liberté et de la sécurité promises. En 1865, dans le Tonkin méridional, plusieurs furent mis à la cangue et emprisonnés pour avoir refusé de construire une pagode. Dans la même année, un nouveau décret de Tu-Duc procura une paix complète au Tonkin central. La famine et la peste s'ajoutèrent, en 1866, aux désolations de ce pays; les missionnaires se dévouèrent au service des victimes de ces fléaux. Cependant l'activité des ouvriers évangéliques réparait les maux causés par la persécution, et relevait les églises et les établissements incendiés.

Un des missionnaires moissonnés par la persécution dont nous venons de parler est M. Théophane Vénard. Tout jeune encore, il aspirait depuis longtemps, ses lettres en font foi, à la couronne du martyre. Il fut emprisonné dès l'année 1860, mais on le traita d'abord avec ménagement, à cause de sa jeunesse et dans l'espoir de le séduire par la douceur. En 1861, le jour de la fête de Saint-André, il fut enfermé dans une cage : le supplice de sa détention dura deux mois. « Grand mandarin, avait-il répondu à son juge, je suis venu en Annam prêcher la religion; je ne suis coupable d'aucun crime qui mérite la mort; mais si Annam me tue, je verserai mon sang avec joie pour Annam. » Ses paroles, ses lettres à sa famille, pendant les jours d'attente, sont pleines du charme de la sensibilité et de la tendresse la plus vive. Citons seulement quelques lignes qu'il écrivait à sa sœur Mélanie, le 20 janvier 1861 : « Peut-être demain je vais être conduit à la mort. Heureusement, n'est-ce pas? Mort désirée qui conduit à la vie. Selon toute probabilité, j'aurai la tête tranchée : ignominie glorieuse dont le ciel sera le prix. A cette nouvelle, chère sœur, tu pleureras, mais de bonheur. Vois donc ton frère, l'auréole des martyrs couronnant sa tête; la palme des triomphateurs se dressant dans ses mains. Encore un peu et mon âme quittera la terre, finira son exil, terminera son combat. Je monte au ciel, je touche la patrie, je remporte la victoire, je vais entrer dans le séjour des élus, voir des beautés que l'œil de l'homme n'a jamais vues, jouir de joies qu'il n'a jamais goûtées, entendre des harmonies que l'oreille n'a jamais entendues. Mais auparavant, il faut que le grain soit moulu, que la grappe de raisin soit pressée. Serai-je un pain, un vin selon le goût du père de famille? Je l'espère de la grâce du Sauveur, de la protection de sa Mère immaculée. C'est pourquoi, bien qu'encore dans l'arène, j'entonne le chant du triomphe comme si j'étais déjà vainqueur. » On a eu l'heureuse idée de mettre cette admirable lettre en opposition avec la dédicace que M. Ernest Renan plaça, quelque temps après, en tête de cette *Vie de Jésus* dont nous aurons à parler : « A l'âme pure de ma sœur Henriette, morte à Byblos, le 24 septembre 1861... Tu dors maintenant dans la terre d'Adonis, près de la sainte Byblos et des eaux sacrées où les femmes des mystères antiques venaient mêler leurs larmes. » Le courageux missionnaire eut la tête tranchée le jour de la Purification de la sainte Vierge. Le bourreau ne réussit à accomplir son œuvre qu'au sixième coup de sabre. Il avait promis à M. Vénard d'abréger sa souffrance s'il voulait lui donner ce qu'il lui demandait, le martyr répondit : Plus cela durera, mieux cela vaudra. Théophane Vénard était né dans la paroisse de Saint-Loup, au diocèse de Poitiers.

Le Japon s'était ouvert à la liberté religieuse en même temps qu'au commerce européen, en vertu des traités obtenus par les Etats-Unis en 1834, par la Hollande en 1855, par l'Angleterre et la France en 1858. Le traité hollandais stipulait l'abolition de l'affreuse coutume de *la calcation de la figure*, qui, encore en 1849, avait forcé les étrangers à fouler aux pieds le crucifix.

Le fanatisme musulman se déchaînait contre les chrétiens dans tous les pays où domine le culte de Mahomet, excepté la Turquie. Le consul de France était assassiné à Djeddah. Cinquante chrétiens étaient massacrés par les mahométans de Bornéo ; des troubles dus aux mêmes mobiles éclataient à Sumatra. Le Maroc refusait obstinément la liberté au christianisme et traitait les consuls français avec mépris, les confinant dans des quartiers séparés, et leur refusant l'entrée des villes impériales de Fez et de Méquinez.

En 1860, l'Europe apprit tout à coup, avec la plus vive indignation, que les Maronites du Liban ayant tenté de se défendre contre les Druses, le commandant turc Osman-Bey avait pris sous sa protection les habitants chrétiens des villes d'Hasbeya et de Rasbeya, soi-disant pour arriver à la pacification, puis les avait livrés à leurs ennemis, qui les avaient cruellement massacrés. Les mêmes horreurs se renouvelèrent, sans aucune répression, le 18 et le 20 juin, à Zahlé et à Déir-el-Kamar. On avait même vu le gouverneur de Beyrouth, Kourchid-Pacha, présider à la ruine de cette dernière ville et condamner à l'inertie le jeune chef maronite, Joseph Karam, qui voulait défendre la première. Le théâtre de ces cruelles scènes s'étendit. On compta bientôt quatre-vingts villages détruits, quatre mille chrétiens massacrés, vingt mille en fuite. Damas voulut rivaliser avec ces féroces exemples. Des massacres y commencèrent le 9 juillet, et durèrent six jours, laissant impassible le gouverneur Ahmed-Pacha. Six mille chrétiens furent tués. Le reste dut la vie à l'intervention d'Abd-el-Kader et de sa garde algérienne. La Porte s'était contentée de destituer les gouverneurs de Beyrouth et de Damas, et de confier le rétablissement de l'ordre à Fuad-Pacha. La Grande-Bretagne ne rougissait pas de prendre parti pour les assassins. Mais en dépit de ses jalouses oppositions, une expédition française, sous les ordres du général Beaufort-d'Hautpoul, alla châtier les coupables au mois d'août, à la suite d'une convention entre les grandes puissances et la Turquie. L'Angleterre ne se découragea point, et joignit ses efforts à ceux de l'empire ottoman pour épargner les Druses. La peine de mort infligée aux chefs fut commuée en cinq ans d'exil. Au lieu des trente millions qui étaient dus, les Maronites n'obtinrent que quinze millions d'indemnité. Il était stipulé qu'il n'y aurait plus qu'un seul Kaïmakan pour toute la Montagne : il fallut aussi convenir que ce Kaïmakan ne serait ni Druse, ni Maronite. Au lieu de Joseph Karam, on prit pour gouverneur Daoud-Pacha, dévoué à la Turquie. Aussi quoique l'occupation française se soit prolongée jusqu'au 5 juin 1861, cette expédition n'a pas rassuré complètement le pays contre les mauvaises intentions des Druses et de la Turquie. Par une lettre du 29 juillet 1860, adressée au patriarche d'Antioche et aux évêques de son patriarcat, Pie IX exprima la douleur et l'indignation que lui inspiraient les forfaits commis à Damas et dans tout le Liban. Il flétrit énergiquement les discours qui avaient été prononcés au sein du parlement anglais en faveur des coupables. « Ce qui est surtout affligeant et déplorable, disait-il, c'est que dans notre siècle on accorde plus de sympathies et même de secours aux artisans de troubles et de révolutions qu'aux peuples chrétiens qui gémissent sous le joug des Turcs et d'autres nations barbares. » Il loua la France de l'expédition qu'elle préparait, et annonça aux évêques des pays ainsi éprouvés qu'il leur envoyait des secours pris sur les offrandes du denier de Saint-Pierre. Les catholiques européens envoyèrent aussi leurs dons à leurs frères de Syrie. Le Saint-Père revint sur ce sujet dans le consistoire du 17 décembre 1860.

Le Maroc fut châtié par l'Espagne dans cette même année. On prit Tétuan qui ne fut rendu que moyennant rançon, et les Marocains durent s'engager à respecter la vie et le culte des chrétiens.

La question des lieux saints donnait toujours lieu à des difficultés. Il s'agissait de reconstruire la coupole du Saint-Sépulcre, qui doit être considérée comme la propriété commune et exclusive des puissances catholiques. Pour maintenir les vrais principes et faire cesser les différends diplomatiques, le Saint-Siège proposa de se charger seul de cette entreprise à ses propres frais. On ne tint pas compte de cette proposition. On la remplaça par une convention qui confiait cette œuvre simultanément à la France catholique, à la Russie schismatique et à la Turquie mahométane. Contrairement à tout droit, les puissances catholiques, autres que la France, ne furent pas admises à la confection de ce traité qui fut signé à Constantinople, le 5 septembre 1862. Le patriarche grec schismatique de Constantinople lui-même crut devoir protester.

Cependant les témoignages de sollicitude et de dévouement donnés aux Orientaux par Pie IX, reçurent leurs récompenses. Trois millions de Bulgares, occupant la vaste province qui s'étend du Danube au Bosphore, étaient revenus à l'Eglise catholique. Ce mouvement entravé plus tard et diminué dans ses résultats par la perfidie ou l'inconstance du patriarche bulgare, était dû au spectacle du désintéressement, de la pauvreté, du dévouement des missionnaires catholiques, qui formait un contraste frappant avec la rapacité, l'immoralité et la tyrannie du clergé schismatique. Par des lettres apostoliques du 6 janvier 1862, le Pape constitua une fraction de la Propagande sous ce titre : *Congrégation de la Propagande pour les affaires du Rite oriental.*

Le grand-duché de Bade avait mal tenu les solennelles promesses du concordat de 1859. Quoique revêtu de ratifications authentiques, ce concordat, par suite de l'opposition de la Chambre des députés, fut anéanti par un décret du grand-duc, et ses dispositions furent remplacées par une loi absolument contraire à la liberté de l'Eglise. On s'appuyait, pour légitimer cet attentat, sur cette fausse doctrine des protestants : « que l'Eglise est dans l'Etat comme une sorte de collège auquel on ne peut reconnaître d'autre droit que ceux qui lui sont dévolus par le pouvoir temporel. » Le Pape adressa des réclamations au grand-duc et en fit adresser au gouvernement par le cardinal Antonelli. Ce fut en vain. L'évêque de Fribourg et tout le clergé de Bade continuaient de montrer la même constance que dans les luttes antérieures. Pie IX les encouragea, leur traça la ligne de conduite qu'ils avaient à suivre, et fit entendre hautement ses protestations dans le consistoire du 17 décembre 1860.

La lettre à l'archevêque de Cologne n'avait pas inspiré la soumission à tous les partisans des doctrines de Günther. Elles avaient encore des adhérents, surtout à l'Université de Breslau. Un chanoine de cette ville, Jean-Baptiste Baltzer, avait essayé de prouver que l'opinion de Günther, qui établit dans l'homme un principe vital différent de l'âme raisonnable, est conforme à l'enseignement catholique. Le livre de Baltzer, déféré au Saint-Siége par l'évêque de Breslau, fut condamné. « Cette doctrine, dit Pie IX, dans une lettre du 30 avril 1860 à l'évêque, qui veut dans l'homme un seul principe vital, savoir, l'âme raisonnable de laquelle le corps reçoit à la fois et le mouvement et la vie tout entière et le sentiment, est la plus commune dans l'Eglise de Dieu, et au jugement du plus grand nombre des docteurs, et des plus autorisés, si étroitement unie au dogme de l'Eglise qu'elle en est l'interprétation légitime et seule véritable, et que, par conséquent, elle ne peut pas être niée sans erreur dans la foi. »

La théologie rationaliste était représentée à Munich par le docteur Jacques Frohschammer. Il enseignait que tous les dogmes de la religion chrétienne, même ceux qui regardent l'ordre surnaturel, sont l'objet de la science naturelle ou de la philosophie, et que la raison humaine peut s'élever à la science de tous indistinctement, pourvu qu'ils lui aient été proposés comme objet de connaissance. La seconde erreur capitale de cet auteur était de soutenir que la philosophie, sinon le philosophe, a le droit et le devoir de ne relever que d'elle-même et de ne pas se soumettre à l'autorité. Ainsi la philosophie, au sentiment de Frohschammer, pouvait établir des affirmations contraires aux enseignements de l'Eglise! Déjà la Congrégation de l'Index avait condamné un de ses livres sur l'origine des âmes. Dans de nouveaux ouvrages, il continuait de défendre la même opinion. Par une lettre du 11 décembre 1862, adressée à l'archevêque de Munich et de Frisingue, Pie IX s'éleva contre les faux principes de Frohschammer, et condamna ses principaux livres comme contenant des propositions et des doctrines fausses, injurieuses à l'Eglise, à ses droits et à son autorité. Ces livres furent mis à l'index ; c'était : *Introduction à la philosophie* (1859) ; *De la liberté de la science* (1861), *Athénæum* (1862).

A la suite de sa première condamnation, Frohschammer s'était répandu en attaques injurieuses contre la Congrégation de l'Index. Pie IX n'exhorte pas moins le prélat à faire tous ses efforts pour ramener ce prêtre égaré, et montre la plus touchante sollicitude pour cette âme qui aurait pu se distinguer au service de l'Eglise.

Dans les écoles orthodoxes, la controverse philosophique continuait. La discussion était ardente, surtout en Belgique. Les professeurs de l'Université catholique de Louvain, s'étaient faits les défenseurs de la doctrine ontologique. Le 18 septembre 1861, un décret de l'Inquisition romaine condamna les propositions suivantes, et déclara qu'on ne pouvait les enseigner sûrement : 1º La connaissance immédiate de Dieu, au moins habituelle, est essentielle à l'intellect humain, de sorte que sans elle il ne peut rien connaître : parce que c'est elle qui constitue la lumière intellectuelle. 2º Cet être, que nous concevons dans toute chose et sans lequel nous ne concevons rien, est l'être divin. 3º Les universaux considérés *à parte rei* ne sont pas réellement distincts de Dieu. 4º L'idée innée de Dieu en tant qu'être simplement dit, renferme éminemment toute autre connaissance, en sorte que, par elle, nous connaissons implicitement tout être, à tous les points de vue où il est susceptible de connaissance. 5º Toutes les autres idées ne sont que des modifications de l'idée par laquelle nous concevons Dieu en tant qu'être simplement dit. 6º Les choses créées sont en Dieu comme la partie dans un tout, non pas dans un tout formel, mais dans un tout infini, très-simple, qui, pose ce qu'on peut appeler en quelque sorte ses parties en dehors de lui, sans souffrir en lui-même ni division ni diminution. 7º La création peut être ainsi expliquée : Par l'acte spécial dont Dieu se conçoit et se veut lui-même comme distinct d'une créature déterminée, par exemple, de l'homme, il produit la créature.

M. Kersten, rédacteur du *Journal historique et littéraire de Liége*, soutint que ces propositions condamnaient l'ontologisme ; au contraire, la *Revue catholique de Louvain*, dirigée par M. l'abbé Ubaghs, professeur de philosophie à l'Université de cette ville, prétendit que ces propositions, loin d'atteindre ce système, ne se rapportaient qu'au panthéisme. Les mêmes explications avaient cours en France. Précédemment, l'Université de Louvain avait été inquiétée au sujet du traditionalisme. A Rome, le cardinal d'Andréa, préfet de l'Index, défendait l'enseignement de Louvain, de concert avec le P. Passaglia. Il avait contre lui Mgr Malou, évêque de Bruges, et le P. Perrone. La discussion s'était échauffée au point qu'au mois de juillet, le cardinal d'Andréa avait notifié au cardinal Antonelli qu'il se démettait de ses fonctions de préfet de l'Index.

Le 19 décembre 1851, Pie IX écrivait au cardinal Sterkx, archevêque de Malines, pour apaiser tous ces déplorables différends. Le Pape déclarait ne vouloir porter aucune espèce de décision dans cette controverse, mais il défendait aux partisans de l'une ou l'autre doctrine de la présenter comme l'unique, la vraie, la seule admissible, propre à l'Université catholique. Ces discussions avaient de l'écho jusqu'aux Etats-Unis, dans la revue publiée par M. Brownson. Les professeurs de Louvain, qui étaient en même temps directeurs de la *Revue catholique*, firent acte d'adhésion à la lettre pontificale. M. Kersten leur reprocha d'avoir dans leurs chaires de professeurs un enseignement contraire à celui de leur revue, et ramena la dispute sous une autre forme. Il fallut une nouvelle lettre de Pie IX au cardinal Sterkx pour produire le silence.

Depuis 1843, la Congrégation de l'Index avait indiqué des corrections nécessaires dans la Logique et dans la Théodicée de M. l'abbé Ubaghs. L'auteur ne s'était pas rendu à ces observations. Par une lettre du 11 octobre 1864, le cardinal Patrizzi annonça aux évêques de Belgique que l'usage de ces livres et l'enseignement de la doctrine qu'ils contenaient étaient interdits jusqu'à révision. Les censures de l'Index tombaient sur des propositions entachées de fidéisme, et dans le même temps l'auteur s'occupait d'élever un système ontologique.

L'usurpation piémontaise tenait toujours Pie IX enfermé dans un faible reste de son territoire; mais de là, le souverain Pontife commandait l'admiration du monde par sa fermeté à maintenir le droit, et l'univers catholique s'unissait à lui par des liens de plus en plus étroits. Aux grands attentats de la force brutale, la papauté opposait les grandes manifestations de la vérité et de la justice. Le peuple de Rome comprenait cette noble attitude de son souverain, et le récompensait par son amour et par sa fidélité enthousiaste. Souvent les sorties de Pie IX dans les rues de Rome étaient l'occasion de démonstrations populaires en faveur de sa royauté. Tous les voyageurs étaient unanimes à reconnaître la chaleur des *Evviva* qui saluaient le Pape dans sa capitale. Les acclamations revenaient toujours à celle-ci : Nous voulons garder notre souverain !

On préparait à Rome la canonisation de vingt-six bienheureux, martyrisés au Japon. Une circulaire du préfet de la Congrégation du Concile, datée du 18 janvier 1862, invita tous les évêques catholiques à cette solennité, qui devait avoir lieu le 8 juin, jour de la Pentecôte.

Avant l'Ascension, Rome se vit peuplée d'une foule innombrable accourue de tous les points du monde. Près de trois cents évêques, quatre mille prêtres dont deux mille Français, cent mille laïques étaient venus se ranger autour du Père commun des fidèles. De l'Ascension à la Pentecôte, il y eut une série de fêtes magnifiques. Le Saint-Père, chaque fois qu'il paraissait dans les rues, était l'objet d'ovations. On remarqua surtout celle qui lui fut faite la veille de la Pentecôte par le clergé et les artilleurs français. Plusieurs évêques prononcèrent des discours en présence d'un immense auditoire. Mgr Bertaud, évêque de Tulle, parla à Saint-Louis-des-Français et au Colysée. Mgr Dupanloup se fit entendre aux zouaves pontificaux, à Marino, à Saint-André della Valle. L'éloquence de ces prélats captivait la foule et remuait même les incrédules et les protestants.

Nous ne pouvons mieux faire connaître la physionomie de la capitale du monde catholique à ce moment, qu'en reproduisant un article publié le 6 juin par le *Journal de Rome* :

« La prochaine solennité extraordinaire dans laquelle Sa Sainteté notre seigneur le pape Pie IX se dispose à canoniser 26 martyrs et un confesseur qui ont illustré l'Eglise militante en scellant de leur sang et en prouvant par l'héroïsme de leurs œuvres l'excellence des vertus religieuses qu'ils possédaient, appelle en cette ville, siège et centre du catholicisme, des fidèles de toutes les tribus, de tous les peuples et de toutes les nations. C'est qu'ils sentent le besoin d'y accourir pour affermir en eux la foi, nourrir l'espérance et enflammer la charité, en se prosternant sur le tombeau de l'apôtre Pierre, à côté duquel sera son successeur dans l'apostolat universel, pour prononcer le grand décret. Rome, à qui un mystérieux conseil de la Providence a fait donner le nom d'*Eternelle*, et qui est devenue la dominatrice du monde, d'abord par la force des armes, et ensuite par celle de l'autorité, apparaît aujourd'hui vraiment dans la plénitude de la majesté souveraine de capitale de l'univers, qui lui appartient. En butte aux attaques de l'iniquité ouvertement impie ou couverte du masque de l'hypocrisie, ainsi qu'à celle des factions violentes, menacée de perdre cette existence spéciale et caractéristique qui en fait une ville sacrée et inviolable, elle ouvre ses portes à tous les fils qui lui viennent des quatre points cardinaux, et, sans inquiétude comme sans crainte, elle les réunit tous autour de la Confession du pêcheur de Galilée ; et, tandis que l'angoisse de tristes pressentiments fait palpiter la société rebelle aux lois qu'elle promulgue, elle, sûre de ses destinées, se réjouit de voir ses fils se serrer autour du trône du vicaire de ce Dieu, qui, lorsqu'il vécut sur la terre, se plut surtout à porter et à recevoir le doux nom de *Roi pacifique*.

» Et cette multitude innombrable venue des régions les plus lointaines, nous la voyons parcourir la Cité sainte et se transporter sur ses sept collines, pour visiter non ces débris de grandeurs qui attestent un passé dont la folie humaine rêve le retour en ce temps présent, que le premier n'a servi qu'à préparer, mais bien plutôt ces merveilleuses basiliques, création étonnante de nos pères, qui en ont légué la garde jalouse à la religion de leurs descendants. Nous les y voyons plongés dans la contemplation de souvenirs qui rattachent le présent au passé et à l'avenir ; et quand ils sont prosternés sur les tombeaux des martyrs, nous entendons sortir de leur poitrine de ces mots courts, mais expressifs, qui prouvent qu'ils ont puisé une nouvelle vigueur de vertu devant les témoignages de miséricorde et de toute-puissance que le Seigneur a gravés sur ces saints et vénérés monuments. Nous les admirons, ces étrangers par la langue et non par la foi, et tout émerveillés du zèle qui les a entraînés dans la cité des Pontifes, nous ne leur serrons pas la main pour les saluer comme des pèlerins, mais nous les étreignons de l'embrassement cordial du citoyen. Ces vénérables pasteurs de l'Occident et de l'Orient, qui, unis dans la communion de Pierre, guident leurs troupeaux aux pâturages du salut éternel ; ces curés, qui rappellent à l'imagination la simplicité des habitants de mille et mille villages ; ces missionnaires brunis par le soleil et usés par les travaux, qu'on se représente devant la hutte du sauvage auquel ils portent la bonne nouvelle du salut et de la paix ; ces gentilshommes, dans les veines desquels coule le sang généreux des preux leurs ancêtres ; ces membres de la bourgeoisie, tout fiers de leur influence et de leur opulence récentes; et ces hommes du peuple, forts de leur conviction et de l'énergie de leur foi; tous accourus aujourd'hui de toutes parts dans la cité de Pierre, forment un tel assemblage de grandeurs et de merveilles, qu'elles élèvent Rome à un idéal auquel prétendrait en vain atteindre ici-bas un autre lieu que celui que Dieu a prédestiné à être le siége de son règne sur la terre.

» Mais ce qui rehausse davantage la magnificence de ce spectacle, c'est la foi qui resserre cette foule de peuples différents par les mœurs et par le langage autour du vicaire de Jésus-Christ, de l'infaillible dépositaire de la vérité et de la morale de l'Évangile; c'est le zèle avec lequel ils viennent à son secours dans les embarras dont il est assiégé; c'est le dévouement avec lequel ils procurent à son cœur déchiré par les œuvres iniques des méchants, les consolations qui adoucissent ses amertumes. Elles sont certainement belles et touchantes, les pages de l'histoire ecclésiastique qui racontent les prodiges opérés par la générosité chrétienne envers la Chaire de Pierre, à ces époques où les factions impies fomentaient tous les désordres et enlevaient à celui qui y était assis les ressources nécessaires pour le gouvernement de l'Église. C'est alors que se signalèrent les Saxons, et les Angles, et les Merciens, et les Polonais, et les Irlandais, et les Francs, et tant d'autres peuples qui brillaient par leurs richesses et par leurs puissances, en aidant de leurs deniers et par des dons de toute espèce ces pontifes dépouillés. Mais quand les mêmes besoins se sont fait sentir, peut-être les mêmes sentiments ne se sont-ils pas réveillés chez leurs descendants? peut-être, tout en sachant ce qu'ont fait leurs pères, les fils ont-ils failli à un si grand devoir? Au contraire, on a entendu la voix intérieure du cœur qui conseillait le tribut, non-seulement dans les États de l'Europe moderne, qui sont sortis de ces anciens peuples, mais encore dans ceux qui occupent l'hémisphère opposé, et de toute part les secours ont été prompts. Ainsi, à l'Angleterre, à l'Irlande, à l'Écosse, à l'Espagne, au Portugal, à la France, à la Belgique, à la Hollande, à la Pologne, à la Prusse et aux autres parties de l'Allemagne, à la Hongrie, à la Dalmatie, à notre Italie, et à l'Asie et à l'Afrique, se sont jointes les Amériques et l'Océanie. Ainsi, autant on a vu d'habitants de ces pays aborder aux plages romaines, autant en a-t-on vu prosternés devant le trône du SOUVERAIN PONTIFE, déposer à ses pieds ce tribut qui a fait remettre en vigueur l'ancienne offrande du *denier de saint Pierre*. Et le Saint-Père, ému de tant de manifestations significatives d'affection religieuse, bénit avec effusion de cœur tous ces fils, ceux qui viennent de loin comme ceux qui viennent de près, et il s'affermit avec bonheur dans la confiance que le Seigneur, qui montre par tant de prodiges qu'il n'a pas retiré sa main de son héritage, daignera faire surabonder les richesses de sa miséricorde et accorder à l'Église et à la société cette paix et cette joie qu'il hâte par ses prières et par ses vœux. »

Pour mieux témoigner de leur adhésion et de leur sympathie en faveur de la conduite du Pontife-Roi dans la question romaine, les évêques, les prêtres et les catholiques de tout rang se plaisaient à visiter et à entourer de leurs hommages ceux qu'une certaine presse accusait sans relâche d'être les tyrans du Pape plus encore que ses inspirateurs et qui, en réalité, n'étaient que ses ministres dévoués et soumis : le cardinal Antonelli, et après lui, Mgr de Mérode.

Est-il nécessaire de faire ressortir l'opportunité et la signification sublime de la canonisation qui se préparait dans un pareil moment ? Le promoteur de la foi, les évêques, les écrivains catholiques ont tout dit à l'heure même sur ce sujet. Les bienheureux que l'Église allait honorer d'un culte solennel et définitif étaient le missionnaire Pierre-Baptiste, et ses vingt-deux compagnons, de l'ordre des frères Mineurs de Saint-François; Paul Méki et ses deux compagnons, de la Compagnie de Jésus, tous crucifiés à Nangazaki, le 5 février 1597, et Michel de Sanctis, confesseur, prêtre profès de la Réforme des Trinitaires déchaussés de la Rédemption des captifs. Le Pape opprimé et abandonné se retournait vers le ciel et proclamait à la face du monde l'éternel triomphe du droit sur l'iniquité, même dans la mort.

Empruntons encore quelques extraits du *Journal de Rome*, cités par M. Chantrel dans son *Histoire populaire de Pie IX*, pour décrire la magnifique solennité du 8 juin, jour de la Pentecôte. Nous retranchons ce qui regarde le cérémonial obligatoire de la canonisation :

« L'aube éclairait à peine un splendide horizon, saluée par l'artillerie du château Saint-Ange et par les oriflammes de l'Église arborées sur les tours, que le peuple descendait des sept collines, à travers les milliers de voitures qui entravaient sa marche et roulant ses flots comme une mer agitée, vers la basilique Vaticane, dont il allait remplir et l'enceinte et la place.

» La basilique était décorée avec une magnificence digne de l'auguste cérémonie qui devait y avoir lieu, et on avait ajouté aux trophées de Pierre ceux des héros que son successeur allait couronner de toute la plénitude de gloire promise aux membres de l'Église militante qui ont suivi les voies du Sauveur.

» La façade de la basilique était ornée de l'effigie de ces glorieux athlètes qui méprisèrent la vie pour l'offrir en holocauste au Seigneur. On les voyait, représentés dans une large bannière appendue à la grande loge, assis sur des nues, planant déjà sur ce bas monde et transportés vers le ciel pour *s'y enivrer dans l'abondance de la maison de Dieu, et s'abreuver au torrent des célestes voluptés.*

» Cette bannière ouvrait une série de tableaux peints avec art, représentant toute une épopée d'actions héroïques pour lesquelles le spectateur ne peut s'empêcher de rendre gloire au Dieu qui a exalté si haut ces vingt-sept élus. On y voyait que ni *les tribulations*, ni *les angoisses*, ni *la faim*, ni *la nudité*, ni *le péril*, ni *la persécution*, ni *l'épée* n'ont pu séparer ces âmes d'élection de la *charité du Christ*; et comment leur grandeur éclate *non dans les dehors séduisants de la sagesse humaine, mais dans la manifestation de l'esprit et de la vertu.*

» Voici attachés sur la croix, au-dessus de la porte principale du temple, les vingt-trois enfants du pauvre d'Assise; en vain chercheriez-vous sur leurs corps cloués à ce bois d'angoisse une seule contorsion de douleur : ils prêchent encore à la foule étonnée ce Jésus qui, en mourant sur une croix, a converti en honneur l'ignominie de la croix. A droite, sur la porte suivante, sont les trois disciples de Loyola, eux aussi crucifiés et couronnés de la gloire de la foi, au milieu des humiliations du monde ; à leurs pieds sont prosternés le vénérable évêque du Japon, le roi d'Arima, le seigneur d'Omura avec leurs courtisans, tous suppliant les martyrs de se souvenir d'eux dans le séjour de délices où ils vont avoir le bonheur d'entrer. A gauche, au-dessus de la troisième porte, le fidèle contemple Jésus-Christ mettant avec une bonté infinie son divin cœur dans le sein de son pieux serviteur, Michel de Sanctis. De courtes inscriptions latines, disposées entre les portes de l'atrium, donnent la raison de cette solennité et des dispositions avec lesquelles le fidèle doit y assister. »

Le magnifique cortége qui accompagnait le Saint-Père entra dans la basilique de Saint-Pierre un peu après sept heures du matin. La cérémonie de l'obédience une fois terminée, tous les évêques présents s'étant rangés autour du souverain Pontife, la cérémonie de la canonisation eut lieu dans les formes ordinaires. Voici les termes du décret prononcé par Pie IX :

« En l'honneur de la sainte et indivisible Trinité,
» pour l'exaltation de la foi catholique et pour l'ac-
» croissement de la religion chrétienne, par l'auto-
» rité de Notre Seigneur Jésus-Christ, des bienheu-
» reux apôtres Pierre et Paul, et la nôtre, après
» une mûre délibération, et ayant souvent imploré
» le secours divin, de l'avis de nos vénérables frè-
» res les cardinaux de la sainte Eglise romaine, les
» patriarches, archevêques et évêques présents
» dans la ville, nous décrétons et définissons saints,
» et nous inscrivons au catalogue des saints : les
» bienheureux Pierre-Baptiste, Martin de l'Ascen-
» sion, François Blanco, prêtres ; Paul Miki, Jean
» Soan, Philippe de Jésus, clercs ; Didace-Jacques
» Kisaï, catéchiste ; François de Saint-Michel, Gon-
» zalez Garcia, Paul Suzuqui, Gabriel de Duisco,
» Jean Quizuya, Thomas Danchi, François, Tho-
» mas Kozakim, Joachi Sakijor, Bonaventure, Léon
» Carasumaro, Mathias, Antoine, Louis Ibarchi,
» Paul Yuaniki Ibarchi, Michel Kozaki, Pierre Se-
» quezein, Cosme Raquisa, François Fahelante,
» laïques, tous martyrs, et Michel de Sanctis, con-
» fesseur ; — statuant que leur mémoire devra être
» rappelée tous les ans avec une pieuse dévotion
» dans l'Eglise universelle, savoir : celle de Pierre-
» Baptiste et de ses compagnons, le 5 février, jour
» où ils ont souffert pour le Christ, parmi les saints
» martyrs ; et celle de Michel, le 5 juillet, parmi
» les saints confesseurs non pontifes. Au nom du
» Père, et du Fils, et du Saint-Esprit. Amen. »

« Ce grand acte accompli, Sa Sainteté s'est levée, a déposé la mitre et entonné le *Te Deum*. Quarante mille voix ont poursuivi le chant pour donner un libre cours à l'émotion qui faisait battre tous les cœurs, et pour rendre grâce à Dieu, qui venait de se glorifier dans ses saints. Les cloches de la basilique communiquaient l'allégresse de l'assistance aux fidèles qui n'avaient pu en faire partie ; les canons du château Saint-Ange annonçaient le grand événement à la Ville éternelle, et les cloches de toutes les églises conviaient tous les fidèles à réciter les prières prescrites pour gagner les indulgences. Les cœurs étaient pénétrés d'une sainte allégresse, de l'allégresse du Seigneur.

» Après le *Te Deum*, le premier des cardinaux-diacres assistants a récité à haute voix le verset *Orate pro nobis, Petre Baptista, Paule, vestrique socii et Michael. Alleluia!* (Priez pour nous, Pierre-Baptiste, Paul et vos compagnons, et Michel. Alléluia!) Le peuple y ayant répondu, Sa Sainteté a récité l'oraison propre des nouveaux saints :

« Seigneur Jésus-Christ, qui vous êtes dédié les prémices de la foi chez les peuples du Japon dans le sang des martyrs, *Pierre-Baptiste, Paul et leurs compagnons*, morts du supplice de la croix à votre exemple, et qui avez fait brûler dans le cœur de *saint Michel*, votre confesseur, le feu de la charité : accordez-nous, nous vous en supplions, d'être excités par les exemples de ceux dont nous célébrons aujourd'hui la fête solennelle, ô vous qui régnez dans les siècles des siècles. »

» L'*Amen* répondu par le peuple a mis fin à l'acte de la canonisation.

» Le Saint-Père, montant alors sur le trône de tierce, a pris les ornements pontificaux pour la messe qu'il allait célébrer. Outre les prélats désignés plus haut comme assistants au trône, l'Eminentissime Mattei assistait Sa Sainteté en qualité de cardinal-évêque, l'Eminentissime Antonelli, en qualité de diacre ministrant, et Mgr Nardi, auditeur de rote, en qualité de sous-diacre apostolique. L'oraison des nouveaux saints a été unie à celle du jour, sous la même formule finale, et, après le chant de l'évangile en grec et en latin, Sa Sainteté a prononcé une docte et émouvante homélie en l'honneur des vingt-sept confesseurs de la foi. Ensuite le cardinal-diacre ministrant a récité le *Confiteor* en ajoutant aux mots : « Pierre et Paul, » *Petro Baptistæ, Paulo, eorum sociis, et Michaëli*. Le sous-diacre apostolique s'avançant alors, la croix papale en main, vers le trône, a promulgué l'Indulgence *plénière* pour tous les fidèles présents à la cérémonie, et *partielle* pour quiconque visitera les tombeaux des saints le jour consacré à leur fête. En donnant la bénédiction apostolique, le Saint-Père a inséré leurs noms dans la formule : *Sanctorum Petri Baptistæ, Pauli, eorum sociorum, et Michaëlis*...

» L'affluence de fidèles de toutes les conditions et de toutes nations accourus dans la basilique pour partager les émotions de cette solennité a été extraordinaire au delà de toute attente. On remarquait dans les tribunes séparées LL. MM. le roi et la reine des Deux-Siciles, S. M. la reine veuve de Naples, LL. AA. RR. le prince et les princesses ses enfants, LL. AA. RR. le comte et la comtesse de Trani, le comte et la comtesse de Trapani, ainsi que S. A. R. dona Isabelle-Marie, infante de Portugal. Le corps diplomatique et tout ce qu'il y avait à Rome de notabilités romaines ou de l'étranger avait également pris place dans les tribunes. On remarquait la présence de M. de Lavalette, ambassadeur de France.

» La cérémonie a fini à une heure de l'après-midi : la foule a passé le reste de cette grande journée dans l'allégresse et dans le recueillement. Le soir, les églises des Franciscains, des Jésuites et des Trinitaires ont été brillamment illuminées, ainsi que d'autres lieux encore, et notamment le pont Saint-Ange, dont les piles étaient couvertes de torches et de lampions se réfléchissant dans les eaux du Tibre. »

Le lendemain de ce grand jour fut marqué par des faits non moins importants. Pie IX réunit autour de lui, dans un consistoire, tous les évêques présents à Rome, et, comme le 9 décembre 1854, il les entretint de ces grandes erreurs qui font le tourment de la société présente, et qui ont leur racine dans la négation de l'ordre surnaturel et dans les empiétements du pouvoir civil sur l'autorité divine confiée à l'Eglise. Le Saint-Père stigmatisa de nouveau les pernicieux enseignements que nous lui avons déjà entendu dénoncer. Il insista particulièrement sur cette forme nouvelle du rationalisme, empruntée à la Germanie, qui dénaturait complètement le caractère de nos livres saints, et dont nous avons vu que M. Ernest Renan était en France le principal interprète :

« Ils n'hésitent pas, dans leur extrême impudence, à affirmer que non-seulement la révélation divine ne sert à rien, mais qu'elle nuit à la perfection de l'homme, qu'elle est elle-même imparfaite et par conséquent soumise à un progrès *continu et indéfini;* qui doit répondre au développement progressif de la raison humaine.

» Aussi osent-ils prétendre que les prophéties et les miracles exposés et racontés dans les livres sacrés sont des fables de poëtes; que les saints mystères de notre foi sont le résultat d'investigations philosophiques; que les livres divins de l'Ancien et du Nouveau Testament ne contiennent que des mythes, et que, chose horrible à dire! Notre Seigneur Jésus-Christ n'est qu'un mythe et une fiction.

» En conséquence, ces turbulents adeptes de dogmes pervers soutiennent que les lois morales n'ont pas besoin de sanction divine; qu'il n'est point nécessaire que les lois humaines se conforment au droit naturel ou reçoivent de Dieu la force obligatoire, et ils affirment que la loi divine n'existe pas.

» Bien plus, ils osent nier toute action de Dieu sur le monde et sur les hommes, et ils avancent témérairement que la raison humaine, sans aucun respect de Dieu, est l'unique arbitre du vrai et du faux, du bien et du mal; qu'elle est à elle-même sa loi, et qu'elle suffit par ses forces naturelles pour procurer le bien des hommes et celui des peuples.

» Tandis qu'ils font malicieusement dériver toutes les vérités de la religion de la force native de la raison humaine, ils accordent à chaque homme une sorte de droit primordial par lequel il peut librement penser et parler de religion, et rendre à Dieu l'honneur et le culte qu'il juge le meilleur à son gré.

» Et ils en viennent à cet excès d'impiété et d'audace, qu'ils attaquent le ciel et s'efforcent d'en chasser Dieu lui-même. En effet, avec une perversité qui n'a d'égale que leur folie, ils ne craignent pas d'affirmer que la Divinité suprême, pleine de sagesse et de providence, n'est pas distincte de l'universalité des choses; que Dieu est la même chose que la nature, sujet comme elle aux changements; que Dieu se confond avec l'homme et le monde, que tout est Dieu; que Dieu est une même substance, une même chose que le monde; et par suite qu'il n'y a point de différence entre l'esprit et la matière, la nécessité et la liberté, le vrai et le faux, le bien et le mal, le juste et l'injuste. Certes, rien de plus insensé, rien de plus impie, rien de plus répugnant même pour la raison ne saurait être imaginé.

» Ils font dérision de l'autorité et du droit avec tant de témérité, qu'ils ont l'impudence de dire que l'autorité n'est rien, si ce n'est celle du nombre et de la force matérielle; que le droit consiste dans le fait; que les devoirs des hommes sont un vain mot, et que tous les faits humains ont force de droit.

» Ajoutant ensuite les mensonges aux mensonges, les délires aux délires, foulant aux pieds toute autorité légitime, tout droit légitime, toute obligation, tout devoir, ils n'hésitent pas à substituer à la place du droit véritable et légitime le droit faux et menteur de la force, et à subordonner l'ordre moral à l'ordre matériel. Ils ne reconnaissent d'autre force que celle qui réside dans la matière. Ils mettent toute la morale et l'honneur à accumuler la richesse par quelque moyen que ce soit, et à assouvir toutes les passions dépravées.

» Par ces principes abominables, ils favorisent la rébellion de la chair contre l'esprit; ils l'entretiennent et l'exaltent, et ils lui accordent ces droits et ces dons naturels qu'ils prétendent méconnus par la doctrine catholique, méprisant ainsi l'avertissement de l'Apôtre, qui s'écrie : Si vous vivez selon la chair, vous mourrez; si vous mortifiez la chair par l'esprit, vous vivrez (Ad Rom., ch. XLI, v. 13). » Ils s'efforcent d'envahir et d'anéantir les droits de toute propriété légitime, ils imaginent, par la perversité de leur esprit, une sorte de droit *affranchi de toute limite,* dont, selon eux, jouirait l'Etat, dans lequel ils prétendent témérairement voir la source et l'origine de tous les droits....

» Mais pendant que votre présence si désirée nous cause, disait encore Pie IX aux évêques, une allégresse singulière, vous êtes témoins vous-mêmes de la liberté qu'ont aujourd'hui en Italie nos vénérables frères dans l'épiscopat, qui, combattant avec courage et persévérance les combats du Seigneur, ont été, à notre profonde douleur, empêchés de venir vers nous et de se trouver avec vous ; d'assister à cette assemblée, ce qu'ils désiraient si vivement, ainsi que les archevêques et les évêques de la malheureuse Italie nous l'ont fait savoir par leurs lettres, toutes remplies envers nous et envers ce Saint-Siége d'amour et de dévouement.....

» Vous ne voyez non plus ici aucun des prélats du Portugal, et nous sommes vivement affligé en considérant la nature des difficultés qui se sont opposées à ce qu'ils prissent le chemin de Rome...

» Nous ne disons rien de cette conspiration impie, de ces manœuvres coupables et fallacieuses, par lesquelles on veut renverser et détruire la souveraineté temporelle du Saint-Siége.

» Il nous est plus doux de rappeler cette admirable unanimité avec laquelle vous-mêmes, unis à tous les vénérables prélats de l'univers catholique, vous n'avez jamais cessé, et par vos lettres adressées à nous, et par des instructions pastorales adressées aux fidèles, de dévoiler et de réfuter ces perfidies, enseignant en même temps que cette souveraineté temporelle du Saint-Siége a été donnée au Pontife romain par un dessein particulier de la divine Providence, et qu'elle est nécessaire, afin que ce Pontife romain, n'étant sujet d'aucun prince ou d'aucun pouvoir civil, exerce dans toute l'Eglise, avec la plénitude de sa liberté, la suprême puissance et l'autorité dont il a été divinement investi par Notre Seigneur Jésus-Christ lui-même, pour conduire et gouverner le troupeau entier du Seigneur, et qu'il puisse pourvoir au plus grand bien de l'Eglise, aux besoins et aux avantages des fidèles qui la composent.

» Les sujets lamentables dont nous vous avons jusqu'ici entretenus, vénérables Frères, forment sans doute un douloureux spectacle. Qui ne voit, en effet, que tant de doctrines impies, que tant de machinations et de folies dépravées, corrompent chaque jour plus misérablement le peuple chrétien, le poussent à la ruine, attaquent l'Eglise catholique, sa doctrine salutaire, ses droits et ses lois vénérables, ses ministres sacrés, propagent les vices et les crimes et bouleversent la société civile elle-même?

» Aussi, quant à nous, nous souvenant de notre charge apostolique, et plein de sollicitude pour le salut spirituel de tous les peuples qui nous ont été divinement confiés, comme, pour nous servir du mot de saint Léon, notre prédécesseur, « comme nous ne pouvons autrement gouverner ceux qui nous sont confiés, qu'en poursuivant avec le zèle de la foi du Seigneur ceux qui pervertissent et sont pervertis, et en arrachant avec toute la sévérité possible ce venin des âmes saines, afin qu'il ne s'étende pas plus loin (Epis. VII, *ad Episcop. per Ital.* CII) ; » élevant notre voix apostolique en votre illustre assemblée, nous réprouvons, proscrivons et condamnons les erreurs ci-dessus énoncées, non-seulement comme contraires à la foi et à la doctrine catholiques, aux lois divines et ecclésiastiques, mais même à la loi et à la justice naturelle et éternelle, et à la droite raison.

» Pour vous, vénérables Frères, qui êtes le sel de la terre, les gardiens et les pasteurs du troupeau du Seigneur, nous vous exhortons et vous conjurons de plus en plus de continuer avec votre admirable piété et votre zèle épiscopal, ainsi que vous l'avez fait, au souverain honneur de votre Ordre, d'éloigner avec un soin et une vigilance extrêmes les fidèles qui vous sont confiés de ces pâturages empoisonnés, de combattre et de réfuter la perversité monstrueuse de ces opinions, tant par la parole que par les écrits.

» Vous savez, en effet, qu'il s'agit d'intérêts suprêmes, puisqu'il s'agit de la cause de notre très-sainte foi, de l'Eglise catholique, de sa doctrine, du salut des peuples, de la paix et la tranquillité de la société humaine. C'est pourquoi, autant qu'il est en vous, ne cessez jamais d'éloigner des fidèles la contagion du fléau, c'est-à-dire de détourner de leurs yeux et de leurs mains les livres et les journaux pernicieux ; d'instruire les fidèles des saints préceptes de notre auguste religion ; de les exhorter, de les avertir de fuir ces docteurs d'iniquité comme on fuit la rencontre d'un serpent.

» Portez tous vos soins et toutes vos sollicitudes particulières à ce que le clergé soit saintement et savamment instruit, et qu'il brille de toutes les vertus ; que la jeunesse des deux sexes soit formée à l'honnêteté du cœur, à la piété et à toutes les vertus ; que l'ordre des études soit salutaire. Veillez avec une extrême diligence à ce que, dans les lettres et dans les hautes études, rien ne se glisse qui soit contraire à la foi, à la religion et aux bonnes mœurs.

» Courage, vénérables Frères, et dans cette grande perturbation des temps, ne laissez pas abattre votre constance ; mais, appuyés sur le secours divin, prenant le bouclier inexpugnable de la justice et de la foi, saisissant le glaive spirituel, qui est la parole de Dieu, ne cessez pas de vous opposer aux efforts de tous les ennemis de l'Eglise catholique et de ce Siège apostolique, de briser leurs traits et de rompre leurs assauts.

» Et cependant, les yeux élevés jour et nuit vers le ciel, ne cessons pas, vénérables Frères, d'implorer dans l'humilité de notre cœur, et par nos plus ferventes prières, le Père des miséricordes et le Dieu de toute consolation qui fait luire la lumière dans les ténèbres, qui des pierres même peut faire sortir des enfants d'Abraham, et de le conjurer par les mérites de Jésus-Christ Notre Seigneur, son Fils unique, de tendre une main secourable à la société chrétienne et civile ; de dissiper toutes les erreurs et les impiétés ; d'éclairer des clartés de sa grâce les intelligences de ceux qui s'égarent, de les convertir et de les rappeler à lui ; d'assurer à sa sainte Eglise la paix désirée, afin qu'elle obtienne par toute la terre de plus grands accroissements, et qu'elle y fleurisse et y prospère...... »

A ces graves paroles du souverain Pontife, répondit, par l'organe du cardinal Mattei, doyen du sacré collège, la voix de l'épiscopat dans une déclaration qui exprimait le respect et la soumission des évêques envers Pie IX, leur admiration pour ses vertus, et la joie qu'ils éprouvaient de se voir en si grand nombre réunis autour de lui. Cette déclaration affirmait deux grands points : d'abord l'infaillible et suprême autorité doctrinale du souverain Pontife :

« Vous êtes pour nous le maître de la saine doctrine, vous êtes le centre de l'unité, vous êtes pour les peuples la lumière indéfectible préparée par la Sagesse divine, vous êtes la pierre, vous êtes le fondement de l'Eglise elle-même, contre laquelle les portes de l'enfer ne prévaudront jamais. Quand vous parlez, c'est Pierre que nous entendons ; quand vous décrétez, c'est à Jésus-Christ que nous obéissons. Nous vous admirons au milieu de tant d'épreuves et de tempêtes, le front serein, le cœur imperturbable, accomplissant votre ministère sacré, invincible et debout. »

Puis la souveraineté temporelle du Saint-Siége :

« Nous reconnaissons que la souveraineté temporelle du Saint-Siége est une nécessité, et qu'elle a été établie par un dessein manifeste de la Providence divine ; nous n'hésitons pas à déclarer que, dans l'état présent des choses humaines, cette souveraineté temporelle est absolument requise pour le bien de l'Eglise et pour le libre gouvernement des âmes. Il fallait assurément que le Pontife romain, chef de toute l'Eglise, ne fût ni le sujet ni même l'hôte d'aucun prince; mais qu'assis sur son trône, et maître dans son domaine et son propre royaume, il ne reconnût de droit que le sien, et pût, dans une noble, paisible et douce liberté, protéger la foi catholique, défendre, régir et gouverner toute la république chrétienne.

» Qui donc pourrait nier que dans le conflit des choses, des opinions et des institutions humaines, il faille au centre de l'Europe un lieu sacré, placé entre les trois continents du vieux monde, un siège auguste d'où s'élève tour à tour, pour les peuples et pour les princes, une voix grande et puissante, la voix de la justice et de la liberté, impartiale et sans préférence, libre de toute influence arbitraire, et qui ne puisse ni être comprimée par la terreur, ni circonvenue par les artifices?

» Comment donc, et de quelle manière aurait-il pu se faire que les prélats de l'Eglise, venant de tous les points de l'univers, représentant tous les peuples et toutes les contrées, arrivassent ici en sécurité pour conférer avec Votre Sainteté des plus graves intérêts, s'ils y eussent trouvé un prince quelconque dominant sur ces bords, qui eût en suspicion leurs propres princes ou qui eût été suspecté par eux, à cause de son hostilité? Il y a, en effet, les devoirs du chrétien, et il y a les devoirs du citoyen, devoirs qui ne sont nullement contraires, mais qui sont différents. Comment les évêques pourraient-ils les accomplir, s'il ne dominait pas à Rome une souveraineté temporelle telle que la souveraineté pontificale, exempte de tout droit d'autrui, et centre de la concorde universelle, n'aspirant à aucune ambition humaine, ne préparant rien pour la domination terrestre?

» Nous sommes venus libres vers le Pontife-Roi libre, pasteurs dans les choses de l'Eglise, citoyens dévoués au bien et aux intérêts de la patrie, et ne manquant ni à nos devoirs de pasteurs ni à nos devoirs de citoyens.

» Puisqu'il en est ainsi, qui donc oserait attaquer cette souveraineté si ancienne, fondée sur une telle autorité, sur une telle force des choses? quelle autre puissance lui pourrait être comparée, si l'on considère même ce droit humain sur lequel reposent la sécurité des princes et la liberté des peuples? quelle puissance est aussi vénérable et sainte? quelle monarchie ou quelle république peut se glorifier, dans les siècles passés ou modernes, de droits si augustes, si anciens, si inviolables? Ces droits, si une fois et pour ce Saint-Siège ils étaient méprisés et foulés aux pieds, quel prince serait assuré de garder son royaume, quelle république son territoire? Aussi, Très-Saint-Père, c'est pour la religion sans doute, mais c'est aussi pour la justice et pour le droit, qui sont parmi les nations le fondements des choses humaines, que vous luttez et que vous combattez... »

Dans la suite de cette pièce remarquable, on voit les prélats s'associer étroitement à tous les jugements portés par le souverain Pontife, contre les attentats de la révolution et contre les débordements de l'erreur. L'adhésion est pleine, entière, ardente. Les prières, les vœux de l'épiscopat pour le triomphe du bien et pour la paix du monde se joignent à ceux du Saint-Père, et les prélats, qui entourent à cette heure le trône de Pie IX, se font forts de parler au nom de leurs frères absents, de leur clergé et des fidèles de leurs diocèses :

« Cette protestation, dont nous demandons l'inscription dans les fastes publics de l'Eglise, nous la proférons en toute sincérité au nom de nos frères qui sont absents ; soit de ceux qui, au milieu de tant d'angoisses, retenus par la force dans leurs maisons, pleurent aujourd'hui et se taisent; soit de ceux qui, empêchés par de graves affaires ou par leur mauvaise santé, n'ont pu se joindre à nous aujourd'hui. Nous ajoutons à nous notre clergé et le peuple fidèle, qui, animés comme nous d'une pieuse vénération et d'un profond amour, ont prouvé leur affection pour vous, tant par leurs prières assidues et sans relâche que par les offrandes du denier de Saint-Pierre, multipliées avec une généreuse largesse, sachant bien que leurs sacrifices doivent procurer à la fois et le soulagement des besoins du Pasteur suprême et la garde de sa liberté.

» Plût à Dieu que tous les peuples s'entendissent pour mettre en sécurité cette cause sacrée de l'univers chrétien et de l'ordre social !... »

Cette Adresse mémorable portait la signature de tous les évêques présents à Rome. Les évêques d'Italie s'empressèrent d'y adhérer et de protester contre le despotisme qui les avait empêchés, au nom de *la liberté*, de se rendre à Rome. D'autres adhésions arrivèrent de tous les points du globe. Ce fut comme l'acclamation unanime du monde catholique.

La presse antireligieuse ne manqua pas de blâmer cette manifestation de l'épiscopat et chercha même à la ridiculiser. On prétendit que les évêques étaient seuls de leur sentiment, qu'ils avaient eu tort de se déclarer les interprètes de leurs diocésains, et qu'ils avaient pu tout au plus parler *au nom de quelques sacristains et de quelques vieilles dévotes*. Les populations donnèrent à ces dires de la presse un éclatant démenti. On les vit acclamer les évêques à leur retour, les entourer, leur faire de véritables triomphes, les porter en quelque sorte dans la chaire de leurs cathédrales, pour écouter le récit de ce qui venait de se passer à Rome. Les plus grandes villes furent témoins de ce spectacle : Toulouse, Avignon, Aix, Toulon, Nîmes, Auch, Montauban, Bordeaux, Marseille, Angers, Rennes, Strasbourg, Besançon, Belley, etc.

Après la scène imposante et majestueuse du consistoire, le 9 juin en avait vu une autre plus touchante, plus simple, non moins belle et grandiose que la première. Dans une des salles de la bibliothèque Vaticane, Pie IX partagea un modeste repas avec tous ses frères dans l'épiscopat. Ce fut un tableau digne des premiers siècles, où la foi, le respect et l'amour donnaient à tout un charme auguste et inexprimable. Descendu ensuite dans les jardins du Vatican, le Pape écouta des requêtes, accorda des grâces, et reçut ces marques de tendresse et de dévouement qu'un père seul a le droit d'attendre quand il est au milieu de ses fils.

La révolution rugissait de voir ces glorieuses et triomphantes démonstrations de la vitalité catholique, sans pouvoir les empêcher. Un de ses agents, Garibaldi, résolut d'attaquer avec ses bandes la Papauté dans son dernier asile. Il s'avança en poussant ce cri : *Rome ou la mort*; mais la politique jugea que le moment n'était pas encore venu : les troupes piémontaises se mirent en marche pour arrêter l'invasion qui menaçait le patrimoine de Saint-Pierre. Les bandes garibaldiennes furent facilement mises en déroute à Aspromonte, le 29 août 1862, et leur chef, atteint d'une balle au pied, alla se faire soigner dans l'île de Caprera qui resta sa retraite favorite.

En France, le gouvernement évitait avec un soin affecté tout ce qui aurait pu ressembler tant soit peu à une persécution ouverte. Mais les doctrines et les passions hostiles au catholicisme jouissaient d'une faveur manifeste dans la presse, au théâtre, et dans les hautes régions de l'enseignement comme de l'administration. Les tracasseries ne manquaient pas aux évêques qui avaient déplu au gouvernement par leurs réclamations en faveur des droits et des libertés de l'Eglise. A la session de 1862, le Corps législatif trouva dans le *Livre jaune* des documents relatifs à des plaintes contre Mgr Pie; et M. Billault, dans la discussion de l'Adresse, accusa hautement ce prélat d'avoir manqué gravement de respect envers le Pouvoir. Il s'agissait d'une simple homélie qu'il avait prononcée dans sa cathédrale, le jour de la fête de saint Pierre, et l'on ne négligea rien pour se procurer un motif de l'assigner, s'il avait été possible, en police correctionnelle. Le cabinet des Tuileries envoya même une dépêche à Rome à ce sujet; mais on ne trouva pas moyen de donner suite à cette plainte. On revenait aussi sur l'affaire des conférences de Saint-Vincent-de-Paul à Lusignan, à propos d'un scandale donné par un de ses anciens membres. On critiquait même le mode dont la fête de l'Empereur était annoncée dans le diocèse de Poitiers. Le 11 novembre 1862, *l'Indépendance belge* publia une lettre de M. de Persigny à Mgr Donnet, qui datait d'un an, et qui reproduisait tous les griefs articulés contre le clergé et notamment contre l'évêque de Poitiers et contre celui de Nîmes dans la question romaine ou à propos de la société de Saint-Vincent-de-Paul. La découverte de plusieurs reliquaires anciens et très précieux, dans un mur de l'ancienne abbaye de Charroux, actuellement habitée par les Ursulines de Jésus, donna lieu aux courtisans de Napoléon III et aux journaux de France et d'Angleterre de s'exercer, le mieux qu'ils purent, à la plaisanterie voltairienne sur le compte du pieux et savant évêque de Poitiers.

De temps à autre paraissaient des ouvrages impies et scandaleux pour lesquels semblaient réservées la vogue et la popularité dans les sphères administratives et officielles. On avait eu une comédie de M. Emile Augier, *Le Fils de Giboyer*, qui eut le privilège d'être soutenue par la police sur les théâtres de province et qui s'appliquait à jeter le ridicule et l'odieux sur les hommes et sur les œuvres du catholicisme. En 1863, on eut une œuvre attendue et annoncée depuis quelque temps, la *Vie de Jésus*, par M. Ernest Renan. Ce fut en France le même scandale qu'avait occasionné en Allemagne l'ouvrage de Strauss. Se parant d'un léger vernis de science, se jouant dans un style élégant, ondoyant et léger, empruntant un peu d'érudition à l'Allemagne, l'auteur attaquait l'authenticité des Evangiles, opposait les trois synoptiques à saint Jean, niait le miracle et le surnaturel, et faisait de Jésus-Christ l'histoire et le portrait à la fois les plus contradic-

toires et les plus froidement injurieux qui se puissent imaginer. Qu'on juge par les extraits suivants :

Jésus-Christ est ici « un grand homme, un étonnant génie, un penseur sublime, dont on ne peut assez exalter la sagesse, la sainteté, un homme à proportions colossales, le créateur de la religion éternelle, de l'humanité, le grand consolateur de la vie, auquel chacun de nous doit ce qu'il a de meilleur. » Ailleurs c'est « un jeune villageois qui a vu le monde à travers le prisme de sa naïveté, un juif éphémère, un jeune démocrate, ne sachant ni l'hébreu, ni le grec, n'ayant aucun élément de culture hellénique, aucune connaissance de l'état général du monde; un jeune enthousiaste qui n'a pas la moindre notion d'une âme séparée du corps, pas la moindre idée d'un ordre naturel réglé par les lois, pas même une notion bien arrêtée de ce qui fait l'individualité, un halluciné qui s'est figuré qu'il est le fils de Dieu, et dans la vie duquel des traits de folie ont tenu une grande place. »

C'est « un moraliste exalté, d'un tempérament excessivement passionné, dont les exigences n'avaient pas de bornes, qui méprisait les saines limites de la nature de l'homme, qui dépassait toute mesure, pour qui la famille, l'amitié, la patrie, n'avaient aucun sens, dont l'œuvre était si peu un œuvre de raison, qu'on eût dit, parfois, que sa raison se troublait; un homme rude et bizarre, qui se laissait donner avec plaisir des titres qu'il n'osait prendre lui-même, affectant de savoir ce qu'au fond il ne savait pas; qui ne résistait pas beaucoup à sa réputation de thaumaturge, bien qu'il sentît la vanité de l'opinion à cet égard, qui ne se montrait pas sévère pour les charlatans, qui aimait les honneurs, parce que les honneurs servaient à son but; un extravagant assez impie pour se faire passer pour un Dieu : un homme à chimères, à idées fausses, froides, impossibles, acceptant les utopies de son temps et de sa race; un révolutionnaire transcendant, dont la soumission aux pouvoirs établis était dérisoire; au fond, un communiste qui interdisait la propriété et soulevait les pauvres contre les riches; dont il est probable que beaucoup de fautes ont été dissimulées. »

Ailleurs encore le même Jésus-Christ est celui qui « a changé l'univers, posant le point de départ de la loi future de l'humanité; qui est devenu la pierre angulaire de l'humanité, à tel point qu'arracher son nom de ce monde serait l'ébranler dans ses fondements; qui préside encore actuellement aux destins du monde; qu'il est permis d'appeler une personne divine, parce qu'il a fait faire à son espèce le plus grand pas vers le divin... la plus haute de ces colonnes qui montent vers le ciel, et qui montrent à l'homme d'où il vient et où il doit tendre, le plus grand des enfants des hommes, que jamais personne ne surpassera, dont la divinité est fondée... »

Ces blasphèmes (que le lecteur nous pardonne de les avoir mis sous ses yeux) obtinrent au livre un succès de retentissement; mais ce bruit ne dura guère, et se serait éteint encore plus vite, sans l'indignation générale des âmes chrétiennes et honnêtes. M. Ernest Renan fut mis à l'écart de la société, dans une ville d'eaux où il se trouvait. Ayant porté ses idées antichrétiennes dans la chaire d'hébreu, au collège de France, le soulèvement de l'opinion obligea le gouvernement à l'empêcher d'y remonter. Ce fut en vain que, pour répandre ses théories, le nouvel exégète fît une édition populaire de son livre : elle ne fut populaire que dans l'intention de l'auteur.

Les esprits droits étaient justement choqués de voir.M. Renan traiter les plus graves questions avec des conjectures, des probabilités, quand on pouvait lui opposer des monuments incontestables. Les expressions : *à peu près, ce me semble, il paraît,* etc., étaient si nombreuses dans l'ouvrage qu'un critique en fit le relevé. La critique rationaliste allemande, dans les rangs de laquelle M. Renan avait l'ambition de briller, prit en pitié le misérable roman déguisé en livre d'exégèse. « L'ouvrage, tel qu'il est fait, dit le docteur Ewald, professeur à l'Université de Goettingue, fait peu d'honneur au pays qui l'a produit, et il ne pouvait guère sortir autre chose de l'ignorance du milieu où il a été conçu. » Voici le jugement de M. Keim : « Le livre de M. Renan est, avant tout, un livre parisien, un produit superficiel. Il est nul pour le savant qui ne saurait y rien trouver à son usage. »

La *Vie de Jésus* fut mise à l'index par un décret du 24 août 1863. Plusieurs évêques en prononcèrent aussi la condamnation. Le *discours synodal* donné le 25 août 1863, par Mgr Pie, caractérise parfaitement l'impiété et la fragilité du système de M. Renan. Mgr Plantier publia une réfutation complète du même ouvrage dans deux Instructions pastorales fort étendues, et répondit, par une troisième lettre, à M. Ernest Havet qui, dans un article de la *Revue des Deux-Mondes*, avait soutenu et poussé encore plus loin les conclusions de l'autre Ernest, son collègue au collège de France. A ces noms, il faut joindre ceux de M. l'abbé Freppel, depuis évêque d'Angers; de M. l'abbé Meignan, depuis évêque de Châlons; de Mgr Parisis, de Mgr Gerbet, de M. Louis Veuillot, du Père Félix, etc. On pouvait d'ailleurs opposer à l'exégèse rationaliste les remarquables travaux du Père de Valroger, de l'abbé Chassay, de M. Le Hir, auxquels sont venues s'ajouter les savantes études sur les *Origines du Christianisme*, par M. l'abbé Thomas, vicaire général de Verdun. Assurément M. Ernest Renan ne méritait pas que tant d'éloquence et de savoir se réunit pour le confondre. Sa critique consistait uniquement à répudier les règles du bon sens et de la vraie critique pour les remplacer par je ne sais quel sens du beau, de l'idéal, par une sorte d'intuition qui échappe à tout contrôle : son argumentation se réduisait à ne pas ajouter foi aux récits de miracles, parce que ce sont des légendes, et à prendre ces récits pour des légendes, parce qu'ils racontent des miracles. Néanmoins les âmes fidèles étaient heureuses de voir les nombreux et magnifiques hommages rendus par les plus belles intelligences à la divinité du Christ. Jusqu'au sein du Sénat français, une solennelle protestation sortit de la bouche d'un savant, M. Dumas.

Mais l'exégèse de M. Renan avait un côté par lequel elle gagnait la sympathie de tous les ennemis de la religion, et, plus bas, de tous les ennemis de l'ordre.

A plusieurs reprises, M. Renan glorifiait, dans ses livres, le défaut de sincérité et la justification des moyens par la fin. Il faisait l'apologie de Judas. Il professait, à l'endroit de toutes choses, un scepticisme agréable et commode. Dans les hautes régions sociales, on vit se lier avec lui des personnages qui, probablement, ne se doutaient pas de l'écho que de pareilles doctrines éveillent dans les bas-fonds révolutionnaires. On trouva plus tard, en 1865, des traces sensibles du scepticisme historique de la *Vie de Jésus* dans la *Vie de César*, par Napoléon III. M. Duruy, inspecteur général de l'Université, avait aidé l'Empereur dans la rédaction de ce dernier ouvrage, et l'on reprochait à cet écrivain, dans un Cours d'histoire dû à sa plume, de nombreux témoignages de sa partialité révolutionnaire. A l'étonnement universel, M. Duruy devint ministre de l'Instruction publique en 1863. Le plus abject positivisme était professé par M. Littré, dans ses *Paroles de philosophie positive*, ainsi que par M. Taine. M. Littré ne put se faire admettre à l'Académie française, où il sollicitait un fauteuil. Cette sollicitation fut l'occasion d'une brochure très-spirituelle du P. Félix, intitulé : *L'Athéisme aux portes de l'Académie*. Mgr Dupanloup écrivit dans le même temps son *Avertissement aux pères de famille et à la jeunesse*, qui avait le même objet.

Le spiritisme continuait de recruter des adeptes, et de prétendre de plus en plus au titre de Société religieuse. L'Index condamna, au mois de mai 1864, plusieurs ouvrages spirites de M. Allan Kardek.

Le progrès du rétablissement de la liturgie romaine avait laissé peu de diocèses en dehors du droit commun. Mgr de Bonald, cardinal-archevêque de Lyon, voulut y amener le sien. Des discussions s'élevèrent du sein du clergé qui tenait au rit en usage. Des livres publiés à ce sujet furent aussi mis à l'index.

Le suffrage universel était appelé, en 1863, à renouveler le Corps législatif en France. Le gouvernement prit à tâche d'évincer les catholiques qui, depuis 1860, lui reprochaient sa politique en Italie. Il réussit à en faire échouer quelques-uns. Ce fut d'autant moins un succès pour l'Empire qu'on vit arriver au banc des députés, un assez grand nombre de notabilités républicaines, légitimistes et orléanistes. Plus que jamais, le monde officiel, à la suite de M. de Persigny, ministre de l'intérieur, qui perdit son portefeuille dans cette bataille électorale, prétendit que toutes les protestations en faveur du pouvoir temporel du Pape, n'étaient que le résultat de la coalition des anciens partis. M. Berryer, le célèbre orateur légitimiste et catholique, et M. Thiers étaient élus. A l'occasion de ces élections, parut, au mois de juin 1863, un document qui était signé par les archevêques de Cambrai, de Tours et de Rennes, et par les évêques d'Orléans, de Metz, de Nantes et de Chartres, et qui était intitulé : *Réponse de plusieurs évêques aux consultations qui leur ont été adressées relativement aux élections prochaines.* Les prélats n'étaient sortis de leurs attributions et n'avaient nullement compromis leur caractère. Ils indiquaient simplement aux électeurs ce que la conscience leur ordonnait de faire par leur vote, en faveur du Saint-Siège. On ne les déféra pas moins au conseil d'État. Sur le rapport de M. Suin, cette assemblée assimila ce qu'on appelait la *Lettre des* sept évêques à la décision d'un concile réuni sans autorisation, et la sentence d'abus fut prononcée.

Peu de temps après les élections de 1863, qui amenaient au Corps législatif une forte opposition contre le gouvernement, M. Billault mourut subitement. Il fut remplacé dans son rôle de ministre de la parole, comme on disait, par M. Rouher, avocat de l'Auvergne, qui avait commencé ses liaisons avec l'Empereur sur les bancs de l'Assemblée nationale, pendant la république de 1848. M. de Morny, qui était président de la Chambre des députés, succomba aussi à une maladie d'épuisement, en 1865.

C'était la question romaine qui avait donné le plus d'intérêt au mouvement du suffrage universel, dans ces élections françaises. M. Thiers avait dû beaucoup de voix à ses opinions bien connues et déjà éprouvées en faveur de la souveraineté pontificale; mais cette même année 1863, rivalisant dignement avec la précédente, prouva la vie du catholicisme par d'autres manifestations. La ville de Trente vit accourir dans son sein un grand nombre d'évêques et de docteurs de la chrétienté pour célébrer le trois centième anniversaire du concile œcuménique qui, au XVIe siècle, foudroya les erreurs du protestantisme. Malines vit s'ouvrir une nouvelle ère pour le développement des congrès catholiques. En 1862, s'était tenue la quatorzième session annuelle de l'assemblée générale des catholiques allemands, dont nous avons raconté l'origine, et qui depuis, toujours fidèle à son inspiration et à ses œuvres, avait successivement demandé l'hospitalité aux principales villes de la Confédération. La Suisse catholique avait aussi établi, en 1857, une association générale sous le nom de *Piusverein*, et s'était mise en rapport avec l'association allemande. Le *Piusverein* suisse avait pour président le comte Scherer. A l'assemblée allemande d'Aix-la-Chapelle, en 1862, plusieurs catholiques belges conçurent la pensée de fonder une association générale des catholiques de tous les pays du monde, dont la première assemblée se tiendrait en Belgique, pays neutre, pays central, parfaitement placé entre l'Angleterre, la France et l'Allemagne, et où, grâce aux institutions politiques, une assemblée de cette nature pouvait se réunir plus facilement qu'ailleurs. Pour réaliser ce projet, un comité d'hommes éminents se forma sous les auspices du cardinal Sterkx, archevêque de Malines, et sous la présidence du baron de Gerlache.

Le congrès catholique s'ouvrit à Malines, le 18 août 1863, et dura jusqu'au 22 du même mois. On y vit des évêques, des prêtres ou des fidèles de tous les pays du monde catholique. Le souverain Pontife envoya un bref portant des félicitations et sa bénédiction. Toutes les grandes questions religieuses furent étudiées; toutes les grandes causes religieuses éloquemment défendues. On parla surtout de la question romaine et du dévouement au Saint-Siège : l'Irlande, la Pologne, le Denier de Saint-Pierre, les arts catholiques, les Lieux-Saints, les missions, la presse religieuse, rien ne fut oublié. On entendit d'éloquents discours, mais on regretta que dans une longue harangue, prononcée en deux fois, M. de Montalembert eût émis des idées et des tendances peu conformes à l'enseignement orthodoxe contre le faux libéralisme.

Le congrès de Malines se tint encore les années suivantes, et devint de plus en plus brillant. Mais s'il jetait, comme manifestation, le plus grand éclat, on ne peut pas dire qu'il ait produit des résultats positifs bien considérables. C'est que l'action de ses membres, une fois dispersés dans leurs pays, n'était plus réunie par aucun lien particulier.

Pour faire connaître les progrès du catholicisme en Angleterre et la situation religieuse de ce pays, nous empruntons au livre de M. Chantrel : *Malines, Fêtes et Congrès*, quelques fragments du discours prononcé à la première assemblée de Malines, par le cardinal Wiseman :

« Le recensement de 1831 portait la population de l'Angleterre à 13 millions d'habitants; en 1841, on comptait 15 millions; en 1851, 17 millions, en 1861, 20 millions. Pendant le même intervalle de temps, le nombre des prêtres s'est développé dans les proportions suivantes : de 1831 à 1841, la population croît dans la proportion de 14 p. 100; le nombre de nos prêtres de 25 p. 100; — dans la période décennale suivante, la population augmente de 13 p. 100; nos prêtres de 45 p. 100; enfin, de 1851 à 1861, la population croît de 12 p. 100, et le nombre des prêtres de 36 à 37 p. 100. Ainsi, notre clergé s'est développé dans une proportion beaucoup plus forte que le progrès de la population. En 1830, on comptait en Angleterre 434 prêtres; cette année nous en avons 1,242; il y avait 410 églises catholiques, il y en a maintenant 872; le nombre des couvents de religieuses est monté de 16 à 162. Jadis on ne trouvait pas de couvents d'hommes en Angleterre; en 1850, il y en avait 11, aujourd'hui 55.

» A Londres, les progrès du catholicisme rencontrent plus d'obstacles que partout ailleurs. Non-seulement cette vaste capitale est le centre de toute l'organisation protestante, le siège de toutes les grandes sociétés qui ont pour but avoué d'abattre le christianisme, le siège de la cour, de la noblesse, d'une forte presse conjurée contre notre religion... mais, en outre, on y rencontre les difficultés matérielles auxquelles on ne songe pas assez : le terrain nécessaire à la construction d'une église, d'une école, s'y vend à des prix énormes : récemment, à la Chambre des communes, on a cité le fait de la vente d'un terrain situé dans le quartier de Saint-Paul, qui n'est pas le quartier aristocratique, mais celui du commerce : ce terrain s'était vendu 18,000 liv. sterl., c'est-à-dire 4,500,000 fr. l'acre (trois quarts d'hectare).

» Ce n'est donc pas à Londres qu'il faut chercher les belles églises catholiques, les beaux collèges, il faut aller plus loin, dans d'autres diocèses.

» Dans la ville d'York s'élève une cathédrale, la plus magnifique de l'Angleterre, vraiment digne des siècles de foi. Eh bien ! à côté de cette église, aujourd'hui entre les mains du protestantisme, Mgr l'évêque de Beverley, ici présent, a bâti une jolie église : il a eu le courage de venir se fixer là, à l'ombre de la grande cathédrale protestante. Le président des assises du comté a voulu voir récemment cette église, et il a dit : On voit bien que l'ancienne église a poussé ses racines sous la terre; elle reparaît dans celle-ci qui est le premier rejeton...

» L'allégorie est vraie de tout point : 'l'arbre de l'Eglise reprend ses forces, sa vigueur; ses branches commencent à verdir, à refleurir, à porter des fruits...

» Pour ne rien vous dissimuler, nous avons aussi nos afflictions : c'est l'éducation des enfants. Nous ne pouvons satisfaire d'immenses besoins, par suite de notre détresse. Je voudrais conduire ceux d'entre vous qui s'occupent des classes pauvres, dans un des quartiers de Londres habités par la classe indigente, lieux fétides où ne circule pas même l'air, où l'agent de police ose à peine pénétrer. J'y ai été visiter dernièrement une communauté de dignes sœurs belges qui, sous la direction d'un prêtre belge, ont eu le courage d'aller s'ensevelir au milieu de ces pauvres sauvages, de fonder une école pour leurs enfants qui croupissent dans le vice et dont l'ignorance est si profonde qu'ils ne connaissent pas même leur propre nom. Chaque année de mon épiscopat, j'ai eu la consolation d'ajouter mille enfants à ceux qui fréquentaient ces écoles, et, nonobstant, il en reste 17,000 qui ne vont à aucune école ou ne fréquentent que des écoles protestantes.

» Et nonobstant ces circonstances douloureuses, nous sommes en progrès, même à Londres; voici quelques chiffres qui le prouvent. Nous possédons à Londres :

» En 1829 : 48 prêtres, 29 églises, 1 couvent de femmes, 4 orphelinats, etc.

» En 1851 : 113 prêtres, 46 églises, 9 couvents de femmes, 2 couvents d'hommes.

» En 1863 : 194 prêtres, 102 églises, 25 couvents de femmes, 15 couvents d'hommes et 34 hôpitaux, orphelinats, etc. »

Après avoir rappelé la construction récente de deux églises, l'une pour les Allemands, l'autre pour les Italiens, desservies par des prêtres de leur nation, le cardinal exprime l'espoir de pouvoir ouvrir bientôt une nouvelle église où le service divin se fera par des prêtres français et à laquelle sera attaché aussi un prêtre flamand. Il continue :

« On parle moins, il est vrai, qu'il y a dix ans, de conversions au catholicisme; mais la raison en est que la publicité irréfléchie donnée par la presse à ces conversions, a entraîné parfois des difficultés sérieuses pour les familles. Non, le mouvement des conversions ne se ralentit point; elles sont toujours nombreuses, non-seulement dans l'aristocratie, mais encore dans les classes moyennes, parmi les négociants, hommes de loi, étudiants, etc... A Londres, nous possédons un hôpital desservi par 24 sœurs : un converti a fondé tout cela. Dans un autre diocèse, un converti, présent à cette réunion, a bâti une église assez grande pour être la cathédrale du diocèse; elle est desservie par l'ordre des Bénédictins. Les églises et presbytères bâtis par des convertis s'élèvent à 42.

» En Angleterre, bâtir une église, c'est en même temps fonder une nouvelle paroisse. Je vous ai dit que le Saint-Siège a doublé en 1850 le nombre des évêques. Les nouveaux sièges épiscopaux ont été établis d'après des considérations géographiques. L'un des nouveaux sièges ne comptait, au moment de sa fondation, qu'*un seul* prêtre : eh bien ! on y trouve aujourd'hui une cathédrale. Le terrain, qui était alors en friche, est aujourd'hui cultivé, et produit déjà des fruits abondants. Dans le pays de Galles, nous comptons 9 missions, 2 collèges, 8 couvents, dans un rayon très-restreint.

» Depuis le rétablissement de la hiérarchie en 1850, nous avons déjà célébré trois conciles provinciaux; nous avons des chapitres avec droit de présentation à l'épiscopat; nous avons aussi les germes du système paroissial... Enfin tous les évêques se sont engagés à ériger dans un bref délai des grands séminaires.

» Et tout cela, l'Eglise catholique l'a conquis en Angleterre par ses seules forces ! »

En Italie, la situation ne faisait que s'aggraver tous les jours. En proie à toutes sortes de difficultés, assiégé de menaces et de dangers, impuissant à réprimer les troubles révolutionnaires dont il s'était fait le fauteur et le complice, le gouvernement n'avait de force que contre l'Eglise. Le débordement des mauvaises doctrines et de l'immoralité allait croissant. Des catholiques étaient assez faibles pour « adopter la croyance que les personnes vivant dans les erreurs et en dehors de la vraie foi et de l'unité catholique, peuvent arriver à la vie éternelle. » On affectait de faire croire que les soins temporels et les fonctions sociales étaient incompatibles avec la pratique du catholicisme, et l'on cherchait à propager les idées de rénovation ou d'innovation religieuse mises au jour par Gioberti; cette tentative avait pour complices de mauvais prêtres qui publiaient des livres dans ce sens, et qui, bravant toutes les censures ecclésiastiques, formèrent, pour marcher à leur but, des sociétés dites clérico-libérales, de secours mutuels, émancipatrices du clergé italien. Cependant la grande majorité des prêtres demeurait fidèle, ainsi que les religieuses chassées de leurs couvents et réduites à la mendicité. Dans une encyclique du 10 août 1863, adressée aux évêques d'Italie, le Saint-Père rendit un solennel hommage à cette noble attitude des victimes de la persécution révolutionnaire, et condamna hautement les prévaricateurs. Après avoir dépeint les ravages de l'erreur et de la corruption dans la Péninsule, Pie IX montrait l'insigne fausseté des théories nouvelles, inventées par les partisans de la révolution, et recommandait aux évêques de soutenir toujours le combat avec courage et fermeté. Pour les affermir, il leur proposait l'exemple de ces nombreux chrétiens dont la constance avait assuré de nouveaux triomphes à la foi chrétienne dans la Cochinchine et le Tonkin.

Au mois de septembre 1863, peu de temps après l'assemblée de Malines, quelques théologiens et savants catholiques de l'Allemagne se réunirent en congrès, à Munich, pour s'occuper de diverses questions théologiques et philosophiques. Dès que le projet de cette réunion fut connu, on remarqua, non sans étonnement et sans crainte, que ses auteurs n'avaient pas pris soin de demander l'approbation et la direction de l'autorité ecclésiastique. On avait des motifs sérieux et pressants de s'alarmer. L'indépendance de la raison, nous l'avons déjà vu, comptait des partisans dans ce pays. Dans le monde savant, on se piquait volontiers de s'affranchir des décisions des Congrégations romaines. On y traitait souvent avec mépris la théologie scholastique. Pie IX fit avertir l'archevêque de Munich de veiller sur ce péril. Les membres du congrès s'empressèrent de montrer leur esprit de soumission et d'attachement à l'autorité de l'Eglise. Ils ne s'assemblèrent qu'après avoir reçu l'autorisation de l'archevêque; ce prélat inaugura la séance par la célébration de la messe; on consulta les hommes compétents pour tracer aux délibérations une voie sûre et conforme aux doctrines catholiques. L'archevêque de Munich rendit compte de ces actes à Pie IX, et lui demanda en même temps la bénédiction apostolique, au nom du congrès : le Pape accéda volontiers à cette demande. Une seconde lettre du prélat apprit au souverain Pontife que rien ne s'était passé au congrès qui ne fût entièrement favorable à la saine doctrine, et que tous les membres de cette assemblée avaient proclamé la nécessité d'une adhésion intime à la vérité catholique pour assurer le progrès des sciences et lutter contre l'erreur. Dans sa réponse, en date du 21 décembre, Pie IX insista sur les craintes qu'il avait eues et rappela qu'on devait se soumettre non-seulement aux décrets des conciles généraux et des Pontifes romains, mais encore aux décisions des Congrégations pontificales et au sentiment commun des théologiens.

La Nouvelle-Grenade continuait d'affliger le cœur de Pie IX. En 1861, à la suite d'une révolution politique, les usurpateurs du pouvoir défendirent aux évêques d'exercer leur autorité ecclésiastique sans la permission du gouvernement, chassèrent les Jésuites, et forcèrent le légat du Saint-Siége à se retirer dans un délai de trois jours. Des mesures non moins iniques succédèrent sans interruption à celles-là. Tous les biens ecclésiastiques furent confisqués ou vendus, le droit de posséder enlevé à l'Eglise, la liberté des cultes proclamée, toutes les congrégations religieuses supprimées, la promulgation de tout écrit pontifical interdite sous peine d'exil pour les ecclésiastiques et d'emprisonnement pour les laïques, la peine de l'exil aussi prononcée contre tout ecclésiastique qui refuserait de se conformer aux lois par lesquelles l'Eglise était dépouillée et contre ceux qui ne prêteraient pas serment à la constitution et aux lois que nous venons de voir.

A tous ces attentats se joignirent d'indignes violences contre les personnes. Les évêques furent enchaînés ou exilés sous des climats meurtriers. Les ecclésiastiques, les novices fidèles subirent les mêmes peines. Quelques pieuses familles osèrent donner l'abri aux religieuses expulsées : le gouvernement menaça de les poursuivre dans cet asile. Le culte n'existait plus. Après avoir pillé et déshonoré les églises et les couvents, on les changeait en casernes. Par une encyclique du 17 septembre 1863, adressée à l'archevêque de Bogota et à ses suffragants, Pie IX leur exprima la part qu'il prenait à leurs cruelles épreuves, les félicita, ainsi que leurs ouailles, de leur inébranlable constance, blâma la connivence de certains prêtres avec les persécuteurs, et encouragea ceux qui résistaient aux attaques de la tyrannie; en même temps, il protesta contre les actes que nous venons de rapporter et les déclara nuls.

Le Mexique, livré aux agitations des partis, n'était pas plus heureux que la Nouvelle-Grenade. Depuis longtemps les démocrates, partisans de la république fédérale, demandaient la confiscation ou la sécularisation des biens du clergé. Ce parti, sous la direction de Comonfort, ayant triomphé en 1856, un congrès réuni à Mexico avait réalisé ce désir. Le clergé entra ouvertement en lutte avec le congrès : on annonça que l'absolution serait refusée à quiconque aurait juré d'observer la constitution. Le gouverneur de Mexico s'étant présenté à la cathédrale de Mexico, la porte fut fermée devant lui. En même temps des insurrections éclataient, et de grands attentats étaient commis contre les étrangers, Anglais ou Espagnols. Le pouvoir étant revenu aux conservateurs en 1858, avec la présidence de Zuloaga, puis de Miramon, la vente des biens ecclésiastiques fut arrêtée et le clergé rétabli dans ses droits. Mais un démocrate radical, indien d'origine, Benito Juarez, qui, parti des plus bas rangs du peuple, s'était élevé par le travail et l'instruction, et qui avait été vice-président sous le gouvernement de Comonfort, soutint la lutte contre Miramon, et le força, par une suite de victoires, à quitter le Mexique à la fin de décembre 1860. Juarez fit du pouvoir un abus tyrannique et scandaleux. Les biens du clergé furent de nouveau confisqués et le nonce du Pape expulsé. Dans l'allocution consistoriale du 30 septembre 1861, Pie IX déplora la triste situation de ce pays où la profanation des autels se joignait au pillage des biens ecclésiastiques, où le clergé séculier et régulier était persécuté, les religieuses chassées, les évêques outragés et bannis.

Les partisans de Juarez ne se contentèrent pas d'attaquer l'Eglise. La conduite des agitateurs et les mesures du congrès à l'égard des puissances européennes et des étrangers résidant au Mexique, occasionnèrent une expédition concertée entre la France, l'Angleterre et l'Espagne. Dès le mois de février 1862, ces deux dernières puissances se retirèrent satisfaites des réparations promises par Juarez. Mais Napoléon III laissa voir aussitôt d'autres desseins. Il voulait soumettre entièrement le Mexique et lui imposer un gouvernement stable. Malgré le déplaisir qu'éprouvait la France de se voir lancée dans cette stérile et lointaine aventure, malgré l'opposition acerbe, mais souvent légitime, que les vues impériales rencontrèrent au Corps législatif, le sang et les ressources militaires de la France furent prodigués jusqu'en 1867 pour soutenir cette inconcevable entreprise, qui rappelait la guerre d'Espagne sous le premier Empire.

La première expédition ne se composait que de cinq mille hommes : elle échoua, le 4 mai 1862, dans un assaut tenté à Puebla. Le général de Lorencez avait obtenu des prodiges de bravoure de sa petite armée, et en cédant à la supériorité du nombre, il sut faire respecter son mouvement de retraite et assurer ses positions. Mais l'effectif ayant été porté à vingt-trois mille hommes, Puebla fut prise le 17 mai de l'année suivante, et Juarez s'enfuit de Mexico. Il était encore temps de terminer l'aventure au profit de la civilisation et de l'influence française en assurant la prépondérance au parti conservateur et catholique. C'est ce qu'on parut faire d'abord. Le général Forey, commandant des troupes françaises, investit du pouvoir exécutif un comité formé des généraux conservateurs Almonte et Salas et de l'archevêque de Mexico. L'assemblée des notables demanda, le 8 juillet, l'établissement du gouvernement monarchique. Le 3 octobre suivant, la couronne et le titre d'empereur furent offerts par une députation mexicaine à l'archiduc Maximilien, frère de l'empereur d'Autriche, désigné au choix de la nation par les désirs connus de Napoléon III. Il accepta et prit le nom de Maximilien Ier.

L'œuvre de régénération et de pacification dont il assumait la responsabilité était immense. On conçut bon espoir dans le monde catholique quand on vit le nouvel empereur et sa femme, la princesse Charlotte de Belgique, se rendre à Rome pour demander la bénédiction et les avis du Saint-Père. Ces espérances ne furent pas confirmées. On ne sait quelle influence jeta Maximilien hors du parti des conservateurs et des catholiques. Il prépara un projet de concordat qui établissait la liberté des cultes, séparait l'état civil de l'état religieux, imposait au clergé la renonciation à ses biens, et lui donnait en retour un traitement de l'Etat. Ces dispositions ne furent pas ratifiées par la cour de Rome. D'un autre côté, la France se fatiguait de plus en plus de fournir des hommes et de l'argent pour soutenir la lutte contre les bandes de Juarez, dans de vastes provinces mal peuplées et accoutumées à l'indépendance; les Etats-Unis, qui étaient en paix, et dont la puissance militaire venait de se manifester dans une longue guerre civile, se déclaraient favorables à Juarez, en vertu de cette maxime d'un de leurs anciens présidents, Monroë, que *l'Amérique est aux Américains*; une mésintelligence avait surgi entre Maximilien et le maréchal Bazaine, successeur du maréchal Forey, à qui l'on attribuait des visées ambitieuses, et qui venait d'épouser la plus riche héritière du Mexique. Il fut décidé que l'évacuation du Mexique, par les troupes françaises, se terminerait dans les premiers mois de l'année 1867. L'impératrice Charlotte vint à Paris et fit d'inutiles efforts pour obtenir de Napoléon qu'il continuât de prêter l'appui de son armée au trône encore peu solide de Maximilien. L'insuccès de cette démarche et les émotions terribles éprouvées par l'infortunée souveraine, altérèrent sa raison. Maximilien se retourna vers les conservateurs et défendit courageusement sa couronne, mais la trahison ouvrit à Juarez les portes de Queretaro où l'empereur était enfermé. Le vainqueur fut impitoyable : on fusilla Maximilien. Une ère de persécution religieuse et d'anarchie s'ouvrit de nouveau pour le Mexique.

Il y avait de longues années que la France et l'Angleterre se disputaient l'influence à Madagascar et dans les petites îles madécasses. On sait que la France a des titres à la possession de Madagascar. La société des missions de Londres y faisait voyager le révérend William Ellis. On avait souvent à regretter que le gouvernement français ne déployât pas assez de fermeté ou d'habileté pour assurer la sécurité aux missionnaires catholiques et se faire lui-même respecter. Le peuple de la grande île était extrêmement malheureux sous le long et terrible règne de Ranavalo. Deux grands commerçants français établis à Madagascar, M. Laborde et M. Lambert, employèrent tous leurs efforts pour obtenir une intervention du gouvernement français en vue d'améliorer la situation du pays; mais leurs tentatives furent toujours déjouées ou par le caractère cruel et perfide de la reine Ranavalo, ou par les intrigues britanniques de M. Ellis, ou par les complications et les embarras de la politique européenne. Enfin, Ranavalo mourut dans la nuit du 14 au 15 août 1861.

Son fils, le prince Rakoto, ayant triomphé des partis qui le menaçaient, fut proclamé roi sous le nom de Radama II. C'était l'ami de MM. Laborde et Lambert. Il adoucit les lois et promulgua la liberté religieuse en faveur des chrétiens. La France et l'Angleterre lui envoyèrent des représentants. Le gouvernement français le reconnut, non pas seulement comme roi des Hovas, mais comme roi de l'île de Madagascar, toutefois sous la réserve des droits de la France. M. Laborde fut nommé consul. Après l'exemple du gouvernement impérial, toutes les puissances reconnurent Radama II.

Malgré les déloyales manœuvres de M. Ellis et de ses méthodistes, M. Laborde réussit à tirer bon parti de son influence en faveur des Français et des missionnaires catholiques, et le 12 septembre 1862, Radama signa un traité d'amitié et de commerce dont le projet avait été apporté par le commandant Dupré, plénipotentiaire français. Nous citons l'article 3, relatif à la liberté religieuse :

« Les sujets français jouiront de la faculté de pratiquer ouvertement leur religion. Les missionnaires pourront librement prêcher, enseigner, construire des églises, séminaires, écoles, hôpitaux et autres édifices pieux où ils le jugeront convenable, en se conformant aux lois du pays; ils jouiront de droit de tous les privilèges, immunités, grâces ou faveurs accordées à des missionnaires de nations ou de sectes différentes. Nul Malgache ne pourra être inquiété au sujet de la religion qu'il professera, en se conformant aux lois du pays. »

Le couronnement de Radama eut lieu le 23 septembre : le nouveau roi portait au cou un médaillon en mosaïque que Pie IX lui avait envoyé. Sur l'origine et les progrès de la mission catholique, pendant les commencements de ce règne, M. Octave Sachot, dans son livre : *Madagascar et les Madécasses*, cite les notes du P. Jouen, préfet apostolique de la grande île :

« Il y a à peine un an, écrivait ce religieux, lorsque les missionnaires catholiques sont venus s'installer au centre de la capitale, ils n'étaient que deux : ils ne possédaient ni terrain, ni logement, ni église. M. Laborde, pauvre lui-même, puisque l'exil et la proscription lui avaient tout enlevé, s'empressa de leur offrir l'hospitalité du pauvre. Ils trouvèrent chez lui un cœur d'ami avec une case de huit pieds carrés, qui leur servait tout à la fois de parloir, de chambre à coucher, de cabinet de travail, de salle à manger et de chapelle pour les dimanches. M. Laborde et sa famille étaient à peu près les seuls catholiques de la province d'Émirne. C'est grâce à leur généreuse hospitalité que nous avons pu jeter les fondements de cette nouvelle et importante mission. »

Le P. Jouen raconte ensuite comment, la foule grossissant, il fallut songer à se procurer un local plus spacieux. Le roi intervint personnellement pour aider nos missionnaires à acheter une case située au centre de la ville. La case fut divisée en deux parties, l'une destinée au service du culte, l'autre au logement des missionnaires.

« Tels ont été les commencements de notre apostolat avoué au sein de la capitale de la grande île africaine. Il n'était guère possible de débuter plus humblement; aussi faisions-nous plus pitié qu'envie, et les élèves des hérétiques nous appelaient par dérision : « les priants d'une seule case, » par contraste avec les lecteurs de la Bible, qui comptaient déjà de nombreux centres de réunion.

» Pendant que nous disputions ainsi pied à pied le terrain nécessaire à notre installation, à Tamatave le canon retentissait pour saluer le débarquement des ministres méthodistes, tandis que le gouverneur refusait de recevoir nos Pères et nos Sœurs, et même jusqu'aux envoyés de la France. Radama était loin de ratifier tout cela; il subissait une pression qu'il devait se résigner à supporter temporairement. »

Peu à peu cependant on rendit justice aux missionnaires catholiques. « En nous étudiant de plus près on s'est dit : Ces hommes-là ne sont pas comme les autres; l'intérêt politique et humain n'est pour rien dans leurs actions..... Ces résultats, auxquels la grâce divine a infiniment plus de part que nous, ont fait tomber bien des préjugés. » La présence du roi et de la reine au service divin dans la petite chapelle catholique, le jour de l'Assomption; les marques de bienveillance répétées qu'ils donnèrent aux missionnaires français; l'empressement de la reine à leur confier ses enfants adoptifs; toutes ces circonstances contribuèrent à dissiper les préventions et à créer des adhérents à la doctrine nouvelle.

« Notre modeste chapelle, poursuit le digne missionnaire, ne suffit plus à la foule qui s'y presse chaque dimanche pour assister à la messe, pour entendre les instructions ou le catéchisme. Il nous faudrait aujourd'hui une église capable de contenir deux ou trois mille personnes au moins; encore ne tarderait-on pas à s'y trouver à l'étroit. C'est ce qui nous fait songer sérieusement à nous créer d'autres centres d'action sur différents points de la ville.

» Tel est le progrès de la religion catholique au sein de cette capitale, qu'elle compte aujourd'hui deux résidences, l'une à Andohalo, l'autre à Ambohimitsimbina; six missionnaires-prêtres, cinq frères coadjuteurs; trois sœurs de Saint-Joseph; deux écoles, l'une de filles, l'autre de garçons, contenant chacune près de quatre cents élèves. Déjà plusieurs milliers d'indigènes suivent les offices, fréquentent les catéchismes et se préparent au baptême.

» Tel est à peu près le résultat des travaux d'un an pour la seule capitale! Que sera-ce dans quarante ans, si Dieu daigne continuer à nous bénir!... Toute l'espérance de l'avenir est dans les écoles; aussi cherchons-nous à leur donner le plus grand développement possible. Nous ne saurions assez remercier Dieu des abondantes bénédictions qu'il daigne répandre sur ces moyens d'action. »

En dehors de la capitale, point le plus important, deux autres missions catholiques ont été fondées qui ne donnaient pas moins d'espérances. La première a été installée à Tamatave; pour l'autre, qui ne date que de septembre 1862, on a choisi Mahèla, village situé également sur la côte Est, à six lieues plus au Sud.

Les hommes instruits du caractère des Hovas et de Radama comptaient peu sur l'avenir et voyaient avec peine que le gouvernement français eût fait des concessions si larges. Leurs appréhensions ne furent pas trompées. Vers le milieu de mars 1863, on vit des convulsionnaires, que l'on appelait *Ramenanzanas*, et qui, sous prétexte de maladie et de folie, débitaient librement et publiquement toutes les accusations que les prêtres des idoles leur soufflaient contre les missionnaires catholiques et contre les amis de la France. Une révolution éclata au mois de mai. On avait commencé par demander à Radama la tête d'un grand nombre de ses favoris et de ses ministres. On finit par l'assassiner lui-même et par proclamer la reine Rabodo, sa femme, sous le nom de *Rasohérina*, avec une constitution qui maintenait la liberté religieuse. M. Ellis et les journaux anglais se firent les apologistes des meurtriers, et rejetèrent la responsabilité de la chute de Radama sur les Français de Madagascar. Au mois de novembre, on apprit en France qu'à l'instigation de M. Ellis, Rasohérina avait définitivement refusé de ratifier le traité de commerce conclu par Radama. Là encore, le gouvernement impérial se laissait vaincre ou duper par la politique anglaise. Cependant les missionnaires purent continuer leurs travaux dans les petites îles Malgaches et dans la grande île. La nouvelle reine leur montra des dispositions bienveillantes.

L'avènement d'Alexandre II au trône de Russie avait fait espérer un régime plus doux et plus libéral que par le passé pour les catholiques polonais. On vit ces espérances s'évanouir aussitôt après le congrès de Paris, qui s'était beaucoup plus occupé de préparer la révolution italienne et universelle que de soulager la malheureuse Pologne. Le czar avait prononcé une amnistie au mois de mai 1856; dès le mois de juin de la même année, trois évêques polonais et deux prêtres subirent une sentence de confiscation pour des faits antérieurs à l'amnistie. La même iniquité se renouvela, au mois d'octobre, contre cinq évêques, et atteignit bientôt plus de vingt-cinq émigrés. Au lieu de rétablir les universités, comme on le demandait, le gouvernement se contenta de fonder à Varsovie une Faculté de médecine. La noblesse polonaise ayant présenté une pétition en vue d'obtenir le droit de parler polonais dans les tribunaux et dans les écoles, le czar qualifia cet acte d'impardonnable insolence et de crime de lèse-majesté. Cependant, lors de son passage à Wilna, il permit de consacrer, dans les écoles polonaises, une leçon d'une heure par semaine à l'enseignement du polonais, à titre de langue étrangère. Les vexations exercées dans les paroisses pour y introduire le schisme étaient aussi criantes que jamais. A Dzierzanowicze, en 1858, le zèle des popes et des agents impériaux eut recours à des violences et à des outrages qui indignèrent toute l'Europe, quand on les connut. Seulement on eut lieu de remarquer que les feuilles révolutionnaires n'avaient que de l'indulgence pour le czar quand il s'agissait de persécutions religieuses. Ce qu'elles voulaient, c'était enchaîner la Pologne au char de la révolution. D'instinct, elles devinaient que la foi toujours vivante de cet illustre et malheureux pays y était le plus sérieux obstacle.

L'état d'ébranlement et d'inquiétude produit en Europe, par les événements d'Italie, eurent leur contre-coup en Pologne dès 1860. Le 25 novembre, des commencements d'agitation se manifestèrent à Varsovie à l'occasion de l'anniversaire de la révolution polonaise. L'empereur ayant envoyé son frère, le grand-duc Constantin, à Varsovie, pour arriver à la pacification, celui-ci eut recours aux conseils du marquis polonais Wielopolski, habile et influent personnage. Le marquis, désespérant de la liberté de son pays, crut qu'il fallait l'unir étroitement à la Russie, renoncer à l'appui des puissances étrangères, se préparer plutôt à écraser un jour l'Occident par les forces de la Russie et de la Pologne réunies, en un mot, constituer le panslavisme, en assurer le triomphe et le rendre définitif dans l'avenir. Les Polonais surent résister avec leur foi et leur bon sens aux séductions de ce plan. On doit dire aussi que la masse de ce grand peuple obéit, dans les soulèvements que nous allons voir, à l'impulsion de ses croyances religieuses et nationales, plutôt qu'aux excitations des sectes révolutionnaires.

Au mois de février 1861, des mouvements populaires se produisirent à Varsovie et à Lublin. Le 27, à Varsovie, un comité de bourgeois réprima les agitateurs. Aux funérailles des victimes, qui eurent lieu le 2 mars, on vit assister cent mille personnes en deuil, sans armes. De nombreuses pétitions se signaient en Lithuanie et en Pologne pour réclamer du czar la constitution de 1815 et l'autonomie. Le czar répondit par des actes qui avaient pour objet de mettre les paysans polonais en antagonisme avec la noblesse. Ce calcul fut déjoué. Une démonstration immense eut lieu devant le château de Varsovie. Les soldats tuèrent ou blessèrent cent dix-sept personnes, et l'on opéra de nombreuses arrestations. L'agitation n'était guère moins vive à Kalish et à Lublin. L'armée russe de Pologne, qui ne comptait que quarante mille hommes, fut doublée, et Varsovie fut obligée à contribuer à l'entretien des troupes. Le 12 août, à la suite de manifestations qui eurent lieu dans les églises, à Varsovie, à Lublin, à Cracovie, à Kowno, à Wilna, pour célébrer l'anniversaire de la réunion de la Lithuanie à la Pologne, des arrestations furent opérées, des collisions s'engagèrent dans la dernière de ces villes, l'état de siège fut proclamé dans toute la Lithuanie. On comprima, le 12 septembre, de nouvelles tentatives de démonstrations populaires faites en souvenir de la délivrance de Vienne par Sobieski. Des mesures rigoureuses entravaient le libre exercice du culte catholique. Les évêques polonais présentèrent, le 25 septembre, une requête commune contre cette oppression. De nouvelles manifestations qui se firent dans les églises, le 14 octobre, jour de la naissance de Kosciusko, furent punies par l'arrestation de mille six cent soixante-dix-huit personnes de tout âge, que l'on jeta dans les forteresses ou que l'on envoya en Sibérie. Toute la nation prit le deuil : on décréta l'état de siège dans la Volhynie, l'Ukraine et la Podolie. La presse française prodiguait ses encouragements à l'insurrection naissante : le *Moniteur* désavoua ce langage des divers journaux et fit évanouir l'espérance qu'il pouvait faire naître. N'avait-on pas à s'occuper de l'unité italienne!

La conduite de la Russie pendant l'année 1862, suppléa aux excitations et aux encouragements du dehors en exaspérant les Polonais. Saint-Pétersbourg ayant été ravagé par de nombreux incendies, on ne craignit pas d'en accuser cette nation asservie. On la froissa dans ses sentiments les plus vifs et les plus délicats, en proclamant l'égalité civile des Juifs, dont l'avarice et les pratiques usuraires étaient une des plaies du pays. Il est constaté par des documents officiels que du 1er janvier au 19 juillet, les arrestations avaient décimé la population de Varsovie : quatorze mille huit cent cinquante-trois personnes avaient perdu la liberté. Cependant la noblesse de Podolie, réunie à Kaminiek, et celle de Lithuanie, réunie à Minsk, avaient envoyé une adresse au czar pour lui demander, conformément aux traités de 1815, la réunion administrative à la Pologne. Au mois de janvier 1863, le sénat de Saint-Pétersbourg se chargea de répondre en condamnant les signataires de la Podolie à un an de prison.

L'horizon se chargeait de tous côtés : un dernier attentat, qui indiquait à quel point on était résolu de poursuivre l'asservissement de la Pologne, fit éclater l'orage.

Wielopolski voyant ses projets se briser contre le ferme patriotisme de ses concitoyens, inaugura une proscription générale de toute la jeunesse polonaise, sous la forme d'un recrutement militaire. On devait enlever arbitrairement, la nuit, dans les villes, tous ceux que la police désignait pour être soldats, ou plutôt, condamnait à un service militaire qui équivaut aux travaux forcés à perpétuité. La première exécution de cette mesure, dans le courant du mois de janvier 1863, donna le signal de l'insurrection. La jeunesse de Varsovie prit les armes pendant la nuit, égorgea les Russes gardiens des prisons et quitta la ville. Le comité d'insurrection nationale lança une proclamation. On vit les Polonais, répondant à cet appel, se réunir par bandes de deux à trois cent hommes, munis de faux, et commencer, sous le nom de *Faucheurs de la mort*, dans le cercle de Varsovie, dans les palatinats de Sendomir, de Kalish, etc., une guerre de partisans. Le général Berg leur résistait, à la tête d'une armée de quatre-vingt mille hommes.

Le mouvement insurrectionnel était dirigé par un gouvernement provisoire occulte. La plus admirable entente protégeait les défenseurs de la Pologne contre les investigations de la police russe. Les comités de Varsovie, de Cracovie et de Posen, déjouant toute surveillance, correspondaient entre eux et avec les insurgés. La nation était unanime : paysans, noblesse, clergé, tous voulaient l'indépendance de la patrie. Mgr Felinski, archevêque de Varsovie, arrivait de Saint-Pétersbourg avec des pensées de conciliation, mais il reçut des preuves si évidentes de la mauvaise foi des Russes qu'il brisa publiquement avec eux en donnant sa démission de membre du conseil d'Etat de Varsovie. Les oppresseurs ne savaient attirer dans leurs rangs que les quelques prêtres chez lesquels ils étaient parvenus à détruire l'esprit sacerdotal. C'était en vain que les catholiques russes engageaient leurs amis de Pologne à se réconcilier avec la Russie et à chercher le rétablissement de l'autonomie de leur pays dans la conquête pacifique et patiente d'une constitution libérale. La voix impitoyable des faits attestait que l'on ne pouvait rien attendre du gouvernement des czars ni pour la liberté ni pour la religion catholique.

Le 23 février, une troupe de Polonais, commandée par Mierolawski, fut dispersée à Radziejewo. Par une convention entre la Russie et la Prusse, cette dernière puissance s'était engagée à permettre aux Russes de venir chercher un refuge, en cas de défaite, sur son territoire, et à y poursuivre les insurgés. L'Angleterre refusa de s'associer aux réclamations diplomatiques présentées par la France contre cette convention.

Pour donner plus d'unité et plus de force au mouvement, malgré les protestations de Mierolawski, Langiewicz se déclara dictateur et organisa un gouvernement; mais il fut vaincu à son tour, et obligé de se réfugier sur le territoire autrichien où il fut interné. Dans la discussion de l'Adresse au Sénat et au Corps législatif, le gouvernement français avait montré que la Pologne ne devait pas attendre de sa part un secours efficace. M. Billault avait déclaré « que l'autonomie de la Pologne aurait plus à attendre des sentiments généreux et libéraux de l'empereur de Russie que d'une tentative insurrectionnelle, dont les efforts ne pouvaient appeler que de nouveaux désastres sur ce malheureux pays. » Au même moment on vit le Sénat passer à l'ordre du jour sur des pétitions en faveur de la grande victime des czars. A ce propos, Mgr Dupanloup s'écriait dans un remarquable discours : « La politique a beau passer à l'ordre du jour sur cette magnanime et douloureuse question : la justice l'y retient. »

Un ukase du mois d'avril offrit aux héroïques soldats de l'indépendance et de la foi une amnistie insolente et dérisoire, à condition qu'ils poseraient les armes avant le 1er mai. Ils répondirent en se préparant à soutenir la lutte avec plus d'ensemble et d'acharnement, pendant que les puissances européennes, honteuses de ne rien faire du tout, envoyaient au gouvernement russe des notes isolées en faveur de la Pologne. Le comité occulte put rassembler des armes et des munitions. Les réfugiés arrivèrent de France et d'Italie. Dans les provinces de Mohilew, de Witepsk, dans la Volhynie, dans l'Ukraine, dans la Podolie, tous se levèrent à la fois, nobles, propriétaires, prêtres, bourgeois, étudiants. Pour triompher de ce mouvement sublime, la Russie eut recours aux deux grandes forces des tyrans, la perfidie et la cruauté. Elle essaya de tourner les paysans contre les insurgés, en leur promettant le partage des terres confisquées. Le général Berg en Pologne, Mourawief en Lithuanie, se firent un renom impérissable en versant des flots de sang et en peuplant la Sibérie d'exilés. Mais le sang des victimes suscitait de nouveaux défenseurs à leur noble cause. Malheureusement l'Occident ne sut rien faire pour les soutenir. De nouvelles notes, présentées par les cabinets de Londres, de Paris et de Vienne, demandaient l'armistice et une conférence destinée à opérer de grandes réformes en Pologne. Le cabinet de Saint-Pétersbourg admit seulement en principe la possibilité d'une transaction entre les puissances qui s'étaient partagé les lambeaux de ce malheureux pays, mais en différant l'exécution de ce projet jusqu'à l'entier rétablissement de l'ordre.

Le gouvernement occulte des Polonais poussait la lutte avec vigueur, il décréta un emprunt de vingt et un millions de florins, et déclara propriétés nationales les biens confisqués par Nicolas Ier et par Alexandre II. Celui-ci persistait dans la voie des mesures oppressives et violentes. Il ordonna une levée de dix hommes par mille, séquestra en Lithuanie les biens des familles insurgées ou seulement suspectes, soumit en Pologne les autorités urbaines à l'administration militaire, défendit aux femmes de porter des insignes de deuil, et commanda des arrestations et des exécutions nombreuses.

Une telle situation pesait lourdement sur la conscience de l'Europe. La France était profondément émue. Napoléon III, dont la politique en Italie avait suscité partout des embarras et creusé des abîmes, se hasarda, le 5 novembre, à proposer aux puissances un congrès européen. L'Angleterre, qui avait bénéficié des fautes du cabinet des Tuileries et qui était heureuse de le voir entouré de difficultés et d'obstacles, déclina cette invitation avec une dédaigneuse ironie. Quant au czar, il affecta de traiter comme un attentat à ses droits l'idée d'une intervention étrangère dans la question polonaise.

L'opinion prenait en pitié et voyait avec honte ces démonstrations douteuses et impuissantes de gouvernements asservis à la révolution et à la doctrine des faits accomplis, c'est-à-dire de la force brutale. Mais au milieu de cette Europe indignée de sa propre inertie en tant que des actes de la tyrannie russe, une voix s'était élevée incessamment en faveur de la Pologne, et toutes les âmes avaient été consolées en entendant cette protestation courageuse qui venait du sein de la faiblesse opprimée pour défendre une autre faiblesse martyrisée.

La Pologne aimait Pie IX. Elle ne se lassait pas, malgré sa propre pauvreté, de lui envoyer des offrandes avec ses hommages. Alexandre Jelowicki, prêtre de la Résurrection, supérieur de la mission polonaise à Paris, adressait encore au Saint-Père, le 21 avril 1864, une somme de trois mille francs, et lui disait : « Cette fois peut-être plus que jamais cette obole est bien le denier de la veuve, de cette Pologne délaissée, qui n'a d'autre soutien ni d'autre espérance que sa fidélité à la sainte Église. » C'est que Pie IX se montra toujours le consolateur et l'appui de cette grande infortune.

« Lui seul, dit Mgr Plantier, a réclamé mille fois contre les atrocités commises par les césars du Nord. Ses premiers cris de douleur, entremêlés de quelques accents d'espérance, éclatent le 3 juillet 1848 au sein d'un consistoire. Le 16 mars 1863, il renouvelle ses gémissements sur le triste état de la Pologne en présence du sacré collège. Un mois plus tard, le 22 avril, il s'adresse directement au successeur de Nicolas II, et dans une lettre italienne où la vigueur et le respect s'unissent dans un admirable mélange, il rappelle au czar les traités conclus entre ses prédécesseurs et le Saint-Siège et toujours violés par les empereurs, les promesses qu'ils avaient faites et dont ils se sont moqués, les biens du clergé qu'ils ont envahis, l'éducation des clercs sur laquelle ils ont injustement pesé, la correspondance qu'ils ont rendue impossible soit entre les religieux et leurs supérieurs généraux, soit entre les évêques et Rome, tout autant de vexations qu'il avaient juré solennellement de ne plus exercer. Le 30 juillet 1864, c'est le tour des archevêques et évêques catholiques de Pologne et de Russie. Il leur écrit pour déclarer qu'il déplore les dernières insurrections de leur pays, parce qu'elles n'amèneront qu'un surcroît de tyrannie du côté du gouvernement russe; mais en même temps il retrace avec une vigueur incomparable les souffrances de cette malheureuse Eglise, les apostasies forcées par lesquelles on lui arrache une foule de ses enfants, les exils effroyables où l'on envoie ceux qui restent fidèles, les confiscations odieuses par lesquelles on les dépouille, les incarcérations monstrueuses auxquelles on les condamne sans égard comme sans pitié; barbaries dignes des anciens césars, et dont les souverains des autres Etats devraient s'émouvoir et tâcher d'arrêter le cours. Enfin Pie IX ne se contente pas de parler et d'écrire, il agit. Il agit en faisant partir pour Moscou un ambassadeur extraordinaire chargé d'aller féliciter Alexandre II à l'occasion de son couronnement, et en même temps de faire appel à la loyauté, à la justice, à la clémence du nouvel empereur en faveur des catholiques de ses Etats. Il agit en portant sur les autels les bienheureux Bobola et Josaphat, tous deux martyrs de l'intolérance moscovite et de sa haine contre l'unité. Il agit lorsqu'il y a peu d'années encore il ordonne à Rome des prières publiques pour que Dieu daigne venir au secours de cette grande Eglise si indignement torturée; appel qui, noblement entendu par la population de la Ville éternelle, fit affluer dans la basilique Libérienne plus de cent cinquante mille âmes, se pressant en longue chaîne à la suite de Pie IX, et, comme lui, conjurant Marie de faire rendre la paix et la liberté aux enfants opprimés de saint Casimir et de Sobieski.

Il est des témoignages de ce dévouement mutuel de la Pologne à Pie IX et de Pie IX à la Pologne, que l'on sera heureux, nous n'en doutons pas, de trouver dans ces pages.

Voici ce que contient une lettre du 27 avril 1864, adressée de Rome à un journal français :

« Un fait d'une extrême gravité, d'une incalculable portée, et auquel, à tort sans doute, on ne s'attendait pas en ce moment, vient de se produire : le Saint-Père, dans l'allocution italienne qu'il a prononcée au collège de la Propagande en répondant aux actions de grâces des postulateurs de la cause de la bienheureuse Françoise des Cinq-Plaies de Jésus, à la canonisation de laquelle il permet de procéder, et de celle de la vénérable Marie Alacoque, dont il constate et approuve les mérites; le Saint-Père, dis-je, a fulminé contre les iniquités du gouvernement russe en Pologne et contre le czar lui-même une des plus énergiques et des plus véhémentes protestations qui se soient encore trouvées dans la bouche du Pape. Pie IX, en ce moment-là, était sublime à voir; sa magnifique voix avait atteint un diapason formidable : elle tonnait. Se soulevant sur son trône, il semblait, de son bras étendu, lancer la foudre invisible; la sainte colère qui le remplissait avait empourpré son front sous sa couronne de cheveux blancs et transfiguré ses traits.

» Ce vieillard désarmé était là, seul debout au milieu de l'Europe dégénérée et prosternée devant la Russie, seul en face de la prétendue sainte-alliance que le czar voudrait reconstituer à son propre service, et, au moment où la diplomatie européenne s'épuise en ménagements et en adulations pour le potentat moscovite, seul il lui demandait compte du sang de la Pologne. Les auditeurs, au nombre desquels se trouvaient quatorze cardinaux et un archiduc d'Autriche, frère de l'empereur François-Joseph, étaient stupéfiés de ce courage surhumain, de ce profond mépris pour les calculs de la politique en présence du devoir, de cette majesté presque divine de l'homme qui est le suprême interprète de la vérité elle-même.

» A l'étonnement, au frisson involontaire qui circula dans l'assemblée, succéda bientôt un enthousiasme sans bornes, enthousiasme qui fut au moment d'éclater en ardentes acclamations et que le respect seul rendit muet.

» Voici ce passage désormais historique de l'allocution, tel que je l'ai recueilli de la bouche du Saint-Père. Je crois en reproduire fidèlement le sens, sinon toutes les paroles et l'ordre de toutes les phrases :

« Non, je ne veux pas être forcé, s'est écrié le
» Pape, de m'écrier un jour, en présence du Juge
» éternel : *Væ mihi, quia tacui!...* La fête d'aujourd'hui me rappelle que, de nos jours aussi, il
» est des martyrs qui souffrent et meurent pour la
» foi. Je me sens inspiré de condamner un potentat
» dont je ne tais le nom en ce moment que pour le
» nommer dans un autre discours, et dont l'immense
» empire s'étend jusqu'aux régions hyperboréennes.
» Ce potentat qui s'appelle faussement catholique
» d'Orient et n'est qu'un schismatique rejeté du
» sein de la véritable Eglise, ce potentat, dis-je,
» opprime et tue ses sujets catholiques, qu'il a
» poussés par ses rigueurs à l'insurrection. Sous
» prétexte de réprimer cette insurrection, il extirpe
» le catholicisme, il déporte des populations entières
» dans les contrées les plus septentrionales, où
» elles se voient privées de tout secours religieux,
» et les remplace par des aventuriers schismatiques.
» Il persécute et massacre les prêtres, il relègue
» les évêques au fond de son empire, et, tout hétérodoxe et schismatique qu'il est, il ose encore
» dépouiller de sa juridiction un évêque légalement
» institué par moi. Insensé (*stolto*)! il ignore qu'un
» évêque catholique, sur son siège ou dans les catacombes, est toujours le même, et que son caractère est indélébile.

» Et que personne ne dise qu'en m'élevant contre
» le potentat du Nord je fomente la révolution européenne; je sais bien distinguer la révolution
» socialiste du droit et de la liberté raisonnables,
» et si je proteste contre lui, c'est pour soulager
» ma conscience.

» Prions donc le Tout-Puissant d'éclairer le persécuteur du catholicisme et de ne pas abandonner
» les victimes qui, condamnées par lui, périssent
» au milieu des déserts glacés sans avoir le moyen
» de se réconcilier avec Dieu. »

On lit dans une autre correspondance du 2 juillet 1854, adressée à la *Gazette du Midi* :

« La présentation au Pape des prêtres polonais réfugiés à Rome est une de ces scènes que l'on ne peut voir que dans la capitale du monde chrétien. Pie IX, à l'occasion de la fête de saint Pierre, venait de visiter la basilique de Saint-Paul et d'admirer ce bel édifice, sorti de ses cendres comme l'antique phénix. De ce temple si admirablement reconstruit, il entra dans le couvent voisin; c'est là que furent introduits en sa présence les malheureux prêtres, débris du clergé de Pologne, que le Saint-Père a bien voulu accueillir à Rome et loger à l'hospice de la Trinité des Pèlerins, où ils sont nourris et entretenus à ses frais.

» Les ecclésiastiques polonais étaient émus jusqu'aux larmes. La foi ardente des pays persécutés, la dignité du sacerdoce, qui, dans ces régions-là, est synonyme de sainteté et de martyre, s'unissaient sur leur visage bruni par le soleil des camps à je ne sais quoi de martial, d'héroïque, qui révélait les compatriotes de Sobieski et de Kosciuszko. Plusieurs d'entre eux étaient mutilés, car la plupart avaient été chapelains militaires et s'étaient rendus coupables du crime que les Berg et les Mouravieff punissent par la fusillade et la corde, du crime d'avoir, jusque dans le feu et la poussière des combats, administré les derniers sacrements et montré le Dieu crucifié aux insurgés mourant pour la foi et la patrie. Ils ressemblaient aux restes d'un bataillon qui s'est fait hacher autour de son drapeau. Ils se trouvaient enfin en présence de ce Pontife dont le nom est maudit par leurs oppresseurs, dont il est défendu en Pologne de publier les brefs, les bulles, les discours, les actes, et dont les mères enseignent tout bas le nom à leurs enfants, de peur d'être entendues du czar, pontife de l'*orthodoxie*. Ils se souvenaient d'avoir relu, il y a six mois, dans les bivouacs des forêts et sur les champs de bataille, à leurs compagnons agenouillés, ces paroles de l'*Invito sacro* qu'il écrivit de sa main et que toute la nation sait par cœur. Aussi, dominés par la vénération, la reconnaissance, la tendresse, l'élan traditionnel qui, à un geste du Vicaire de Jésus-Christ, faisait voler Jean III au secours de Vienne, ils s'étaient tous prosternés devant lui en sanglotant. L'assemblée les regardait avec étonnement et admiration : c'était comme une apparition de la Pologne religieuse et guerrière. Pie IX, en les voyant entrer, n'a pu s'empêcher de s'écrier : *Bravi Polacchi* (braves Polonais); puis, se tournant vers l'infante de Portugal, il a ajouté : « Voici les malheureux » prêtres polonais persécutés et opprimés par les » Russes et que l'Autriche a repoussés. » Alors le recteur des ecclésiastiques réfugiés s'est avancé vers le trône et a fait entendre à Sa Sainteté une adresse rédigée en latin, et dont voici la traduction :

« Très-Saint-Père,

» Nous, fils et naguère ministres de l'Eglise de Pologne, maintenant exilés loin de nos églises et privés de notre patrie, mais accueillis par votre bienveillante hospitalité, nous nous prosternons aux pieds de Votre Sainteté avec un mélange de douleur et de satisfaction, pleurant notre ruine, mais heureux de votre présence et de vos bienfaits; car, en recevant avec tant de bonté les prêtres de cette Eglise affligée et les fils de cette infortunée nation, c'est la nation même et l'Eglise de Pologne que vous avez abritées dans votre sein. Aussi sommes-nous soutenus par la confiance que le jour viendra où, sous vos auspices, le deuil fera place à la joie, et une grande ruine sera changée en une délivrance plus grande encore, puisqu'il est écrit que les choses liées par vous sur la terre le seront aussi dans le ciel, et que tout ce que vous aurez délié sur la terre le sera également plus haut.

» Si vous êtes pour nous, qui sera contre nous? Et si vous bénissez la Pologne, qui osera la maudire et méditer sa ruine?

» Recevez donc, ô Très-Saint-Père, les actions de grâces immortelles que nous vous rendons, d'abord pour le bienfait que nous vous devons, et pour celui bien plus précieux encore par lequel vous relevez et sauvez nous tous et notre cause. Agréez surtout l'inexprimable reconnaissance de notre peuple fidèle, agréez ses vœux et ses larmes, dont nous fûmes nous-mêmes témoins lorsque, avec lui, nous nous félicitions de votre sollicitude et de votre bonté pour nous; agréez la foi de cette nation qui vous vénère religieusement comme son pasteur; agréez son espérance, qui ne repose plus qu'en vous seul sur la terre; agréez l'amour avec lequel elle vous embrasse du fond de son âme, Père si affectueux.

» Oui, agréez tout cela, Très-Saint-Père, et réjouissez-vous à juste titre du bien que vous avez fait; vous avez sauvé des âmes, vous avez racheté des fils, et vous avez resserré avec notre malheureuse Eglise, avec notre nation, des nœuds contre lesquels les portes de l'enfer ne prévaudront pas plus que contre vous-même. »

« Le Pape, extrêmement ému, a répondu :

« Les paroles par lesquelles vous m'exprimez les » sentiments de la nation tout entière à laquelle » vous appartenez, me sont une véritable consola- » tion de cet immense péril dans lequel est jeté le » peuple polonais. Persévérez dans ces sentiments, » et priez afin que cesse la tempête. Vous surtout, » ecclésiastiques, priez le Dieu tout-puissant afin » qu'il vous donne la vertu de la patience et de la » constance; priez en croyant à l'éternelle bonté de » Dieu, afin qu'il détourne de vous les calamités » dans lesquelles vous êtes plongés. Ayez confiance » en Dieu, et Dieu ne vous abandonnera pas. Je » vous bénis, vous et toute la nation polonaise. »

Ces magnanimes sentiments exprimés par le Pape se répandaient dans tout le monde catholique et gagnaient à la Pologne la sympathie universelle. C'est ce que prouve cette remarquable conclusion du mandement que Mgr Przyluski, archevêque de Gnésen et de Posen, adressait à ses diocésains, à l'occasion du cinquantième anniversaire de son entrée dans les ordres :

« Fortifions-nous de l'exemple et de la parole du Vicaire du Christ sur la terre; ayons confiance en Dieu et le ferme espoir qu'il nous défendra et nous protégera dans les malheurs dont nos cœurs s'effrayaient. Ne craignez pas pour l'Eglise d'un pays voisin, quoique de nos jours Dieu l'éprouve fortement, au point qu'on peut lui appliquer ces paroles de l'Ecriture sainte : « Ils veulent renverser vos » promesses, exterminer votre héritage, fermer la » bouche de ceux qui vous louent et éteindre la » gloire de votre temple et de votre autel (*livre » d'Esther*, XIV, 9). »

» Ne vous laissez donc pas abattre, et cherchez

dans la prière un secours et un salut assurés. Notre Père Pie IX a déjà prié pour nous dans une procession solennelle, en conduisant tout le peuple de Rome devant l'image miraculeuse du Sauveur. Les évêques de France ont aussi, par des paroles élogieuses, invité leurs troupeaux à unir leurs prières à celles du Saint-Père. Nos frères dans la foi, en France, en Belgique, en Allemagne, ont suivi l'exemple de leurs pères et de leurs chefs, en invitant tous les fidèles à la prière par des résolutions solennelles dans leur congrès de Malines et de Francfort-sur-Mein. Ayons par conséquent cette confiance certaine que Dieu, dans sa miséricorde, acceptera les prières de son Église sur la terre. »

La Pologne continua jusque vers la fin de 1864 la lutte héroïque et inégale dans laquelle son courage l'avait engagée. Le 8 septembre, le gouvernement national de Varsovie annonçait encore, dans une proclamation au peuple, qu'il était décidé à continuer, contre le Moscovite, la guerre à la vie et à la mort. Mais l'insurrection était épuisée. La Russie victorieuse s'acharna sur sa proie. On employa tous les moyens pour abolir la nationalité polonaise. Il fut ordonné aux fonctionnaires de parler la langue russe; on ferma la bibliothèque polonaise; on supprima un grand nombre de couvents; on défendit de construire des églises catholiques. Le 10 février 1865, le gouvernement russe publiait à Varsovie un plan d'organisation qui, sous le rapport administratif au moins, faisait entrer la Pologne comme partie intégrante dans l'empire russe. L'iniquité a continuellement progressé depuis ce temps. Après avoir essayé d'asservir les évêques, on les a fait disparaître successivement par la persécution et par l'exil, jusqu'à Mgr Lubienski, qui avait montré les intentions les plus conciliantes, et qui, pour n'avoir pas consenti à des mesures schismatiques, fut arraché malade de sa demeure, et mourut sur le chemin de l'exil. Tous les couvents ont été supprimés.

Les catholiques de Genève, plus heureux pendant cette période que d'autres opprimés par les gouvernements, jouissaient de plus en plus des avantages des libertés constitutionnelles, grâce surtout aux vertus apostoliques de M. l'abbé Mermillod. Il venait de prêcher le carême à Vienne en Autriche; en 1864, quand il fut appelé à Rome par le Saint-Père, qui le préconisa évêque d'Hébron, auxiliaire de Genève. Pie IX voulut consacrer lui-même le nouvel évêque, et lui adressa ces belles paroles : « Allez, mon fils, et maintenant, mon frère, montez sur le siège de saint François de Sales! Allez vers cette Genève qui n'a pas craint de s'appeler la Rome protestante : portez-lui le trésor de mon amour et convertissez-la. Partez en mon nom, au nom de Jésus-Christ. » Mgr Mermillod sut faire agréer son caractère et son costume d'évêque dans la Rome réformée. La ville de Genève, dit un biographe, est fière de son évêque; on lui témoigne un respect inaltérable, on apprécie ses talents, on vante ses vertus. Quand il prêche, les étudiants remplissent la nef de Notre-Dame; souvent on a vu les ministres de l'Église réformée accourir pour l'entendre. Si quelques parpaillots rétifs le boudent encore et l'appellent Sous-Pape, il ne l'ignore pas et répond avec un sourire : Soupape

de sûreté, oui! Puissent-ils, dans ce sens, accepter le secours que je tiens pour eux en réserve, et ne pas rendre inutiles mes efforts!

Dans le grand-duché de Bade, le gouvernement ayant proposé, malgré les protestations de l'archevêque de Fribourg, des règlements qui plaçaient l'instruction populaire en dehors de l'influence religieuse, Pie IX écrivit au prélat, le 14 juillet 1864, pour le féliciter, lui et son clergé, de soutenir avec constance les vrais principes catholiques en cette importante matière. Cette lettre expose parfaitement l'importance sociale et religieuse de l'éducation, et les efforts acharnés des ennemis de l'Église pour la soustraire à sa direction.

Contre les attaques qui avaient pour objet la souveraineté dont il était personnellement le dépositaire et le gardien, Pie IX montrait toujours la même fermeté à supporter toutes les épreuves et à flétrir toutes les manœuvres de la révolution. Au mois de juin 1864, la veille de l'anniversaire de son couronnement, le sacré collège était venu lui offrir ses hommages, et par la bouche du cardinal Mattei, l'assurer de son intime adhésion et de son dévouement. Voici le sens et presque les termes de sa réponse :

« La couronne que le Seigneur a daigné placer
» sur le front du plus humble de ses serviteurs est
» devenue l'objet des trames et des embûches des
» ennemis du Saint-Siège. Une partie de ces enne-
» mis n'a jamais appartenu à l'Église à laquelle elle
» fait une guerre sanglante et implacable; une autre
» partie, après avoir eu le bonheur de naître dans
» son giron, a eu le malheur de l'abandonner pour
» faire cause commune avec les premiers. Pour les
» uns comme pour les autres, tous les moyens d'at-
» taques sont bons : persécutions, violences, arti-
» fices, mensonges, calomnies. Comme Absalon aux
» portes de Jérusalem, ils ne cessent pas de répéter
» que si cette couronne dont ils veulent dépouiller
» le Vicaire de Jésus-Christ reposait sur une autre
» tête, la justice serait mieux distribuée, le peuple
» deviendrait plus libre et plus heureux, et l'âge
» d'or, dans les temps de nos contrées,
» reviendrait y fleurir pour tous. Je n'ai pas besoin
» de vous démontrer les grossières erreurs dont
» abondent de pareils raisonnements. Puissent ceux
» qui les font avoir le cœur percé non de la lance
» qui traversa celui d'Absalon, mais d'un rayon de
» la grâce divine qui leur fasse connaître l'iniquité
» de leurs actions et la vanité de leurs discours, et
» leur montre, dans une miséricordieuse lumière,
» l'abîme de l'éternité dont ils approchent, aveugles
» et sourds, sans en apercevoir le bord!

» Et vous qui m'assistez fidèlement soit dans l'ad-
» ministration du lambeau d'État qu'on m'a laissé,
» soit dans celle beaucoup plus onéreuse et plus
» difficile de l'Église universelle, continuez à me
» venir en aide par votre fidélité, votre constance,
» votre dévouement à toute épreuve. Je ne m'arroge
» pas le don de prophétie; mais bien que je ne voie
» à l'horizon aucune lueur d'espérance, aucune pro-
» babilité de secours humain, je crois cependant
» pouvoir affirmer que nos souffrances, notre rési-
» gnation et nos prières finiront par nous mériter
» de Dieu les miséricordes qu'il tarde quelquefois
» à accorder, mais qu'il ne refuse jamais à ceux
» qui le servent avec crainte et amour. »

Mgr de Ghilardi, évêque de Mondovi, avait combattu, dans deux opuscules, des projets de loi par esquels le gouvernement du Piémont voulait abolir les ordres religieux et soumettre les jeunes ecclésiastiques au service militaire. Pie IX félicita et remercia cet évêque, par une lettre du 29 septembre 1864, et loua en même temps l'attitude du clergé de ce diocèse.

Cependant le cabinet des Tuileries et le cabinet de Turin, de concert, venaient d'inaugurer une nouvelle phase dans la question romaine. La France catholique avait conçu quelque espoir en voyant le portefeuille des affaires étrangères passer des mains de M. Thouvenel à celles de M. Drouyn de Lhuys. Tout à coup, au mois de septembre 1864, cette confiance fut ébranlée et une profonde inquiétude se répandit. On apprenait vaguement qu'une convention venait d'être conclue entre Napoléon III et Victor-Emmanuel, et que le traité était emporté par M. Nigra et M. Pepoli, deux disciples de Cavour, plénipotentiaires du Piémont. Des clauses de ce traité on ne savait rien de certain ni de précis, mais l'impression générale était que la France abandonnait Rome et la livrait aux envahisseurs.

On sut enfin les termes de cette convention du 15 septembre 1864. Elle avait pour but de constituer définitivement l'Italie en laissant Rome au Pape avec des garanties de sécurité. Pour cela l'Italie s'engageait à ne commettre aucun acte d'agression contre Rome, à se contenter pour y arriver, s'il y avait lieu, *des moyens moraux, des progrès de la civilisation.* Elle s'engageait de plus à transférer sa capitale de Turin à Florence. Le gouvernement français promettait en retour, de quitter Rome dans le délai de deux ans, à partir du jour de la convention. Les deux gouvernements se réservaient leur liberté d'action pour le cas où une révolution, dans les Etats pontificaux, surviendrait après la fin de l'occupation. Il était dit, de plus, que le Piémont devrait respecter et même garder les frontières pontificales, et qu'il demanderait, avec l'intervention de la France, un arrangement pour prendre à sa charge une partie de la dette romaine, proportionnée à l'importance des provinces usurpées sur le Saint-Siège. Comme on devait s'y attendre, le Pape refusa de donner les mains à un arrangement de ce genre, à moins d'y mettre des conditions telles que l'on ne pût y voir l'approbation des attentats piémontais.

La connaissance de ce traité confirma les appréhensions du monde catholique. Le cabinet des Tuileries en donnait des interprétations favorables et rassurantes, mais on pouvait d'autant moins s'y fier que les Piémontais n'hésitaient pas à regarder Florence comme une étape sur le chemin de Rome. Et l'on savait que, pour prendre Rome, une fois les Français partis, les moyens révolutionnaires ne manqueraient pas aux agents du Piémont. Les journaux officiels, les négociateurs du traité, les ministres, les députés, tout le monde à Turin représentait Florence comme une capitale provisoire, et la convention comme un pas vers la capitale définitive, c'est-à-dire vers Rome. Il y eut une émeute à Turin, qui se voyait ainsi abandonné; et le sang coula dans les rues.

Pie IX, livré à ses ennemis, ne se laissa pas ébranler. Avec la même fermeté qui lui fit repousser toute espèce de compromis financier que les spoliateurs auraient immédiatement présenté comme une transaction politique, il suivait attentivement le progrès des diverses erreurs qui minent la société contemporaine et se préparait à les frapper d'une condamnation solennelle.

Le 8 décembre 1864, parut la célèbre encyclique *Quanta cura*, qui rappelait et reproduisait sommairement les condamnations antérieures dont nous avons parlé et que Pie IX avait déjà prononcées contre les doctrines fausses et perverses. Dans cette mémorable lettre, le Pape rattachait toutes les principales formes de l'hérésie, en notre temps, au *Naturalisme*. Il représentait cette erreur rongeant l'humanité dans l'ordre social comme dans l'ordre religieux. C'est elle qui fait dériver l'autorité politique de la seule volonté du peuple et qui l'affranchit de tout frein, excepté de l'opinion populaire; qui veut des gouvernements indifférents ou athées, nullement tenus de réprimer par des peines légales la violation des lois religieuses. C'est elle qui proclame que « la liberté de conscience et des cultes est un droit propre à chaque homme, qui doit être inscrit dans la loi et assuré dans tout Etat bien constitué; et que les citoyens ont droit à la pleine liberté de manifester hautement et publiquement leurs opinions, quelles qu'elles soient, par la parole, par l'impression ou autrement, sans que l'autorité ecclésiastique ou civile puisse les limiter. C'est elle encore qui prétend « que la volonté du peuple manifestée par ce qu'on appelle l'opinion publique, ou d'une autre manière, constitue la loi suprême, indépendante de tout droit divin et humain; et que dans l'ordre politique, les faits accomplis, par cela même qu'ils sont accomplis, ont force de droit. » Une société régie par de telles doctrines ne peut aspirer qu'à des richesses matérielles : aussi on proscrit les ordres religieux, on interdit la liberté de pratiquer publiquement les conseils évangéliques. Les partisans de ces doctrines erronées vont plus loin, dit l'encyclique, « et dans leur impiété ils déclarent qu'il faut ôter aux fidèles et à l'Eglise la faculté de faire publiquement des aumônes au nom de la charité chrétienne, et abolir la loi qui, à certains jours, défend les œuvres serviles pour vaquer au culte divin, et cela sous le très-faux prétexte que cette faculté et cette loi sont en opposition avec les principes de la bonne économie politique. »

L'encyclique signale ensuite les ravages du naturalisme dans la famille, en matière d'éducation. C'est sur ce point surtout que les ennemis de la religion portent leurs efforts, persuadés qu'il leur sera facile de tout bouleverser, une fois qu'ils auront gagné et perverti la jeunesse. « Ils affirment que la société domestique ou la famille emprunte toute sa raison d'être au droit purement civil, et en conséquence, que de la loi civile découlent et dépendent tous les droits des parents sur les enfants, et avant tout le droit d'instruction et d'éducation... Ils disent que le clergé étant ennemi des lumières, de la civilisation et du progrès, il faut lui ôter l'instruction et l'éducation de la jeunesse. »

Sur les rapports de l'Eglise et de l'Etat, Pie IX flétrit particulièrement ceux qui « ne rougissent pas d'affirmer que les lois de l'Eglise n'obligent pas en conscience, à moins qu'elles ne soient promulguées par le pouvoir civil; — que les actes et décrets des Pontifes romains relatifs à la religion et à l'Eglise ont besoin de la sanction et de l'approbation, ou tout au moins de l'assentiment du pouvoir civil; — que les constitutions apostoliques, portant condamnation des sociétés secrètes, soit qu'on y exige ou non le serment de garder le secret, et frappant d'anathèmes leurs adeptes et leurs fauteurs, n'ont aucune force dans les pays où le gouvernement civil tolère ces sortes d'associations; — que l'excommunication portée par le concile de Trente et par les Pontifes romains contre les envahisseurs et les usurpateurs des droits et des possessions de l'Eglise repose sur une confusion de l'ordre spirituel et de l'ordre civil et politique, et n'a pour but qu'un intérêt terrestre; — que l'Eglise ne doit rien décréter qui puisse lier la conscience des fidèles relativement à l'usage des biens temporels; — que l'Eglise n'a pas le droit de réprimer par des peines temporelles les violateurs de ses lois; — qu'il est conforme aux principes de la théologie et du droit public de conférer et de maintenir au gouvernement civil la propriété des biens possédés par l'Eglise, par les congrégations religieuses et par les autres établissements pieux... Ils répètent que la puissance ecclésiastique n'est pas, de droit divin, distincte et indépendante de la puissance civile; et que cette distinction et cette indépendance ne peut exister sans que l'Eglise envahisse et usurpe les droits essentiels de la puissance civile... Ils prétendent, quant aux jugements du Siége apostolique, et à ses décrets ayant pour objet évident le bien général, les droits et la discipline de l'Eglise, que, dès qu'ils ne touchent pas à la foi ni aux mœurs, on peut, sans pécher et sans perdre en rien de sa qualité de catholique, refuser de s'y conformer et de s'y soumettre. »

« Outre cela, disait Pie IX, vous savez très-bien, Vénérables Frères, qu'aujourd'hui les adversaires de toute vérité et de toute justice et les ennemis acharnés de notre sainte religion, au moyen de livres empoisonnés, de brochures et de journaux répandus aux quatre coins du monde, trompent les peuples, mentent sciemment et disséminent toute espèce de doctrines impies. Vous n'ignorez pas non plus qu'à notre époque, il en est qui, poussés et excités par l'esprit de Satan, en sont venus à ce degré d'iniquité de nier Notre Seigneur et Maître Jésus-Christ, et d'attaquer avec la plus criminelle impudence sa divinité. Ici nous ne pouvons nous empêcher de vous donner, Vénérables Frères, des louanges très-grandes et méritées, pour le zèle avec lequel vous avez eu soin d'élever votre voix épiscopale contre une si grande iniquité. » Le Pape recommandait ensuite aux évêques de continuer à lutter avec le plus grand courage contre le débordement universel de l'erreur.

A l'encyclique était joint un *Syllabus* ou *recueil des principales erreurs de notre temps.* Les propositions censurées se trouvent comprises sous les titres suivants : Panthéisme, Naturalisme et Rationalisme absolu; — Rationalisme modéré; — Indifférentisme, Latitudinarisme; — Socialisme, Communisme, Sociétés secrètes, Sociétés bibliques, Sociétés cléricaux-libérales; — Erreurs relatives à l'Eglise et à ses droits; — Erreurs relatives à la société civile, considérée soit en elle-même, soit dans ses rapports avec l'Eglise; — Erreurs concernant la morale naturelle et chrétienne; — Erreurs concernant le mariage chrétien; — Erreurs sur le principat civil du Pontife romain; — Erreurs qui se rapportent au libéralisme contemporain.

Ni l'encyclique ni le *Syllabus* ne contenaient, à proprement parler, l'indication d'erreurs nouvelles ou de nouvelles condamnations. On y trouvait, rappelés sommairement, tous les enseignements renfermés dans les encycliques, allocutions consistoriales, lettres apostoliques, dont nous avons parlé dans le courant de cette Histoire et qui avaient marqué chacune des années du laborieux pontificat de Pie IX. Certains actes de ses derniers prédécesseurs y étaient également cités et confirmés, au moins par allusion : c'étaient les encycliques de Clément XII et de Benoît XIV sur la franc-maçonnerie; le bref de Pie VI au cardinal de La Rochefoucauld sur la constitution civile du clergé; l'encyclique de Pie VII, à l'occasion de son exaltation, où il est traité du même sujet et des malheurs de l'Eglise de France, pendant la première révolution; une autre encyclique du même Pape sur le carbonarisme; la lettre apostolique de Léon XII sur les sociétés secrètes, et enfin l'encyclique *Mirari vos* de Grégoire XVI.

L'encyclique et le *Syllabus* du 8 décembre 1864 réjouirent les catholiques en venant fixer leurs sentiments sur les grandes questions doctrinales. Mais on avait décliné depuis 1854, et contrairement à ce qui était arrivé à l'époque de la promulgation du dogme de l'Immaculée-Conception, il y avait pour la vérité plus de luttes que de triomphes. La presse révolutionnaire et la presse gouvernementale se déchaînèrent contre ces actes de Pie IX. On accusait l'auguste Pontife de briser violemment avec la société moderne : on présentait la résolution qu'il venait d'exécuter comme une témérité insigne, comme une véritable folie. On insistait particulièrement sur les condamnations qui atteignaient le libéralisme. Les journaux affectaient de répéter que ces coups étaient dirigés contre cette fraction du parti catholique à la tête de laquelle se trouvait M. de Montalembert et qui, dans la question romaine, avait pris chaudement la défense de la Papauté.

On a mieux vu depuis que certains enseignements de cette école n'étaient pas en accord avec les doctrines de l'encyclique. Il est certain que l'intention de Pie IX n'était pas d'imposer comme un devoir, dans la situation actuelle du monde, la suppression de la liberté des cultes et de la liberté de la presse; mais il est certain aussi qu'en principe il condamnait ces libertés comme contraires aux droits incontestables de Dieu et de la vérité. Quoi qu'il en soit, d'illustres prélats qui avaient le droit de parler au nom du libéralisme catholique, Mgr Dupanloup, Mgr de Ginouilhac, évêque de Grenoble, Mgr de Ketteler, évêque de Mayence, s'efforcèrent de combattre sur ce point les accusations du libéralisme révolutionnaire. Il serait fastidieux d'indiquer les preuves de l'aveuglement passionné et de l'ignorance que les organes de la presse antichrétienne montrèrent dans cette circonstance. Qu'il nous suffise de citer un détail, d'après la brochure de Mgr Dupanloup intitulée : *La Convention du 15 septembre et l'Encyclique du 8 décembre* : « J'ai compté, dit l'illustre prélat, dans la traduction donnée par le *Journal des Débats* de l'encyclique et du *Syllabus*, plus de soixante-dix contre-sens. Si le *Journal des Débats* a été jusque-là, que n'aura pas fait *le Siècle*? Qu'on me permette d'en citer quelques exemples : — On fait condamner au Pape l'immutabilité divine, en traduisant par *immuable* l'expression latine *immutationibus obnoxium*, qui signifie précisément le contraire. — On lui fait stigmatiser comme une erreur cette élémentaire et évidente vérité que Dieu est partout, dans toutes les créatures, en traduisant : « Dieu est dans l'homme et dans le monde, » là où le Pape signalant et frappant la monstrueuse erreur panthéistique, le *perpétuel devenir* de M. Renan et autres, condamne ceux qui disent : *Deus fit in homine et in mundo* : Dieu se fait dans l'homme et dans le monde. »

Il fut aisé aux apologistes que nous venons de nommer, et à d'autres, comme Mgr Plantier et Mgr Pie, les rédacteurs de la *Civilta cattolica* et ceux des journaux catholiques de toute l'Europe, de montrer combien il était injuste et calomnieux de travestir le grand acte pontifical en une démonstration hostile contre la liberté, la civilisation et le progrès, et de l'accuser d'être contraire aux traditions de la Papauté. Pie IX, en refusant de condescendre à des erreurs qui ébranlaient tous les principes et qui brouillaient les notions essentielles de la religion et de la morale, avait puissamment servi la cause de la vraie liberté, de la vraie civilisation, du vrai progrès, et par là, il avait dignement continué les grandes traditions du siége apostolique.

Malheureusement, les passions et les préjugés, appuyés par l'opinion régnante, ne permettent guère à l'esprit de se laisser persuader par la raison ni même de l'écouter. On laissa dire les apologistes de Pie IX, et l'on continua de dénaturer, sciemment ou non, l'encyclique et le *Syllabus*. Le gouvernement français affecta de venir au secours des principes de la société moderne. Peut-être songeait-il à prendre une revanche pour le refus qu'avait fait le Saint-Siége d'accéder à la convention du 15 septembre. Toujours est-il qu'une circulaire du garde-des-sceaux, en date du 1er janvier 1865, défendit aux évêques de publier l'encyclique et le *Syllabus*. Cette détermination était d'autant plus étrange que l'on avait laissé, et qu'on laissait encore, une liberté entière aux ennemis de l'Eglise pour dénaturer et calomnier ces actes, et qu'il eût été au moins convenable de laisser la défense se produire en face de ces attaques acharnées et déloyales.

Alors l'épiscopat français offrit un spectacle digne du dévouement et du zèle dont il avait fait preuve jusque-là pour le Saint-Père. Les protestations contre la circulaire du garde-des-sceaux se succédèrent rapidement. La victoire resta évidemment au principe de la liberté de l'Eglise et de la soumission au Saint-Siége, en dépit des articles organiques. Les prélats évitèrent seulement de faire imprimer l'encyclique pour la publier : c'eût été compromettre inutilement les imprimeurs, car les organes de la publicité avaient déjà répandu partout le texte de cette solennelle condamnation des erreurs contemporaines. Plusieurs évêques déclarèrent l'encyclique suffisamment promulguée dans leurs diocèses : c'était la pensée de tous. Mgr Pie monta dans la chaire de sa cathédrale, le jour de l'Epiphanie, pour réprouver hautement les interprétations et les assertions émises au sujet de l'acte pontifical « dans plusieurs journaux, notamment dans *la France*, le *Constitutionnel*, *la Patrie*, *le Pays*, *les Débats*, *le Siècle*, *l'Opinion nationale*. » En même temps, il déclara qu'il adhérait comme juge de la foi aux condamnations portées par Pie IX.

Ces événements furent l'objet des plus vifs débats à la Chambre des députés et au Sénat, dans la session de 1865. Les ultramontains et les Jésuites servirent de plastrons aux adversaires de l'Eglise et de ses doctrines. Un moment on crut que le gouvernement allait être entraîné dans un système de persécution contre les ordres religieux. Ces craintes étaient motivées par des discours violents, que tenaient au Sénat M. Rouland, ancien ministre des cultes, M. Bonjean, et d'autres. Un discours fort habile de Mgr Darboy, qui avait succédé à Mgr Morlot sur le siège de Paris et sur les bancs du Sénat, termina pacifiquement cette orageuse discussion. On regretta que l'éminent prélat eût fait des concessions excessives sur les articles organiques et qu'il se fût écarté des doctrines romaines sur plusieurs points de discipline. Cet esprit de conciliation outré inspira aussi la lettre pastorale publiée par Mgr Darboy à l'occasion du carême. Ce qu'on remarqua le plus, c'était un passage où, sous forme de supplication, l'archevêque paraissait adresser des conseils au Pape. Le 26 octobre 1865, le Pape écrivit à Mgr Darboy, pour lui rappeler les vrais principes touchant les points où il s'en était écarté. Il s'agissait surtout de la juridiction immédiate du Saint-Siége sur les monastères exempts. Cette lettre rappelait de plus un fait regrettable qui s'était produit aux funérailles du maréchal Magnan, grand-maître de l'ordre des francs-maçons. Les insignes maçonniques étaient placés sur le catafalque : pendant l'absoute, les membres de la secte, avec leurs décorations, étaient rangés alentour, et l'archevêque avait assisté aux funérailles et donné lui-même l'absoute solennelle. Dans une lettre du 1er août, il avait affirmé au Pape qu'il ne lui ni son coopérateur n'avait vu ces décorations et ces insignes. Le Pape lui répondait : « Vous saviez que le défunt, pendant sa vie, avait eu le malheur de remplir la charge de cette secte proscrite, vulgairement appelée du nom de *Grand-Orient*; par conséquent, vous deviez facilement prévoir que les membres de cette secte assisteraient à ses funérailles et qu'ils auraient soin d'y faire parade de leurs insignes. C'est pourquoi vous deviez, dans votre religion, peser mûrement ces considérations et vous tenir en garde sur ces obsèques, afin de ne pas causer, par votre présence et votre coopération, l'étonnement et la douleur profonde qu'en ont ressentie, avec raison, tous les vrais catholiques. »

Les autres prélats et les écrivains catholiques qui essayèrent de mettre le catholicisme libéral en dehors des condamnations de l'encyclique et du syllabus, parurent aussi à quelques-uns avoir dépassé les bornes d'une complaisance légitime en faveur de cette école. Le bref pontifical adressé à Mgr Dupanloup à l'occasion de la brochure dont nous avons parlé, n'était pas sans quelques réserves à cet endroit. Voici en quels termes l'évêque de Poitiers s'exprimait à ce sujet dans le synode diocésain, au mois de juillet 1865 :

« L'acte du 8 décembre a une portée considérable. Il est dirigé contre les adversaires, contre ceux du dehors, c'est vrai, mais il s'adresse encore plus, s'il est possible, à ceux de la maison. Par voie d'affirmation plutôt que de condamnation, il tend à mettre fin à des divisions domestiques, à régler la croyance et le langage de catholiques qui s'éloignaient de la doctrine et de l'esprit de l'Eglise. Le naturalisme politique, érigé en dogme des temps modernes par une école sincèrement croyante, mais qui se met en cela d'accord avec la société déchristianisée au sein de laquelle elle vit : voilà l'erreur capitale que le Saint-Siége a voulu signaler, et à laquelle il a voulu opposer les vrais principes de la croyance catholique.

» Cette déclaration de principes, dit-on, n'était pas opportune.

» C'est d'abord une singulière prétention pour des chrétiens, quel que soit leur rang dans la société, que de vouloir faire la leçon au chef de l'Eglise sur le choix de l'heure où il doit agir et parler. Si quelqu'un sur la terre a la connaissance des temps et des moments que le Père céleste a décrétés pour les choses de l'ordre spirituel, il semble que ce doit être le vicaire de Jésus-Christ. Pour nous, nous nous rendons parfaitement compte de cette opportunité si contestée. Les sociétés, les pouvoirs, les dynasties, rien ne tient, rien ne dure depuis un siècle. De nouvelles et plus effroyables crises sont imminentes. Dans cet état de choses, le Saint-Siège proclame la vérité sur le droit de Dieu, sur le devoir des nations et de ceux qui les régissent. Entendue, sa voix peut sauver les sociétés, les pouvoirs, les dynasties; méprisée, elle expliquera et justifiera leur chute, leur ruine. Dans tous les cas, l'Eglise aura rempli sa mission, le Pasteur suprême aura délivré son âme.

» Mais, ajoute-t-on, pourquoi n'avoir pas attendu des temps meilleurs? Pourquoi dire à l'heure du danger, ce qui ne devait se dire qu'à l'heure du triomphe de l'Eglise?

» D'abord, ne serait-ce pas à cette déclaration de la vérité, à cet hommage rendu à ses droits souverains, que Dieu aurait attaché le triomphe de l'Eglise? Ne serait-ce pas là pour la société la meilleure chance de recouvrer des conditions plus favorables? Croit-on par hasard que le moyen de ramener l'ordre et la paix dans le monde, c'est d'abandonner le monde à ses dérèglements et à ses erreurs?

» Mais supposons, par impossible, ces temps meilleurs venus d'eux-mêmes. Je vous le demande : trouverait-on généreux alors le langage que vient de tenir la Papauté? Voyez, dirait-on, tant que l'Eglise a eu besoin de s'abriter sous la doctrine du droit commun, de la liberté égale de toutes les religions et de toutes les opinions, elle a fait un pacte, au moins secret, avec le libéralisme, avec la révolution. Puis, après s'être tus devant l'erreur triomphante et dominante, les Papes ont le singulier courage de la frapper lorsqu'elle est à terre ! C'est-à-dire qu'ils ont gardé le silence quand il y avait du mérite à parler, et qu'ils n'élèvent la voix que quand ils peuvent le faire sans péril.

» L'Eglise de Jésus-Christ ne pouvait accepter un tel rôle, ni mériter un tel reproche. La grandeur de l'acte du 8 décembre, c'est précisément que la vérité ait été dite sur les doctrines de la révolution en face de la révolution toute-puissante. Et si jamais une restauration sociale se fait en Europe, ce sera la gloire de l'Eglise d'avoir posé d'avance, au milieu de la tempête et de la nuit, le programme du gouvernement chrétien tel qu'il est encore possible sur la terre, ce programme en dehors duquel il n'y a de salut pour personne : *Non est in alio aliquo salus.* »

Les plus illustres représentants du libéralisme catholique, ceux que nous avons nommés et que la presse révolutionnaire désignait comme les premières victimes des foudres lancées par la prétendue ingratitude de Pie IX, persistèrent peut-être à penser qu'il eût mieux valu attendre, et que l'Eglise aurait dû condescendre aux aspirations de la société moderne. Ils gardèrent peut-être ce que M. Louis Veuillot a nommé, dans le titre d'une brochure, *l'Illusion libérale*. Mais ils continuèrent, sous beaucoup de rapports, à se montrer dignes du respect et de la sympathie des catholiques. Nous ne voulons pas seulement parler ici de leur talent, de la droiture et de la noblesse de leurs intentions, de leur perspicacité politique, de leur influence incontestée et souvent salutaire : nous considérons surtout l'attachement et le dévouement dont ils donnèrent des marques nombreuses à la Papauté, et dont la Papauté ne manqua jamais de témoigner sa reconnaissance. Leur plus grand tort fut d'avoir donné aux doctrines de l'encyclique un sens amoindri.

Au-dessous de ces personnages considérables, il en était d'autres qui ne semblent pas mériter la même estime ni avoir les mêmes excuses. Tel est l'auteur caché, mais probablement ecclésiastique, d'une brochure intitulée : *L'Encyclique et la Liberté, Adresse aux évêques.* On remarquait dans cet écrit des propositions comme celles-ci : « Les catholiques dits *libéraux* ont été condamnés par la dernière Encyclique du Saint-Siège avant d'avoir été préalablement entendus, comme il le fallait, par leur juge; d'où il suit qu'ils sont en droit d'appeler de cette sentence et de demander une nouvelle instruction de la cause... Le pouvoir public n'a ni devoir ni droit en dehors de l'ordre purement naturel : de telle sorte que, si le prince professe politiquement et civilement le christianisme, s'il sanctionne les lois de l'Eglise, s'il exerce sur les hérétiques, comme tels, une coërcition quelconque, ou leur inflige un châtiment, il pèche, il viole le droit naturel, il nuit à la religion; et loin de mériter les louanges et *les flatteries* du Saint-Siège, il devrait être repris par l'Eglise. » Ce langage fut réprouvé et condamné, comme il le méritait, par les évêques et par les fidèles.

L'encyclique n'invitait pas seulement les prélats à surveiller la marche de l'erreur : elle leur recommandait de prier, et annonçait un jubilé universel pour l'année 1865. Ce jubilé fut célébré et produisit les fruits de lumière et de grâce qu'on devait en attendre. S'il fallait prouver que c'était là encore une heureuse inspiration du zèle de Pie IX, il suffirait de dire qu'elle fut spécialement le point de mire des attaques et des railleries de l'incrédulité et de la révolution.

Une lettre du cardinal Altieri, préfet de la congrégation de l'Index, vint encore stimuler la sollicitude des évêques en leur rappelant un *mandatum* de Léon XII, qui leur enjoint de seconder les efforts du Saint-Siège, en surveillant et en proscrivant les mauvais livres dans leurs diocèses.

Au solennel jugement porté par Pie IX contre le naturalisme contemporain, se joignaient de nombreux actes pontificaux propres à développer la vie surnaturelle dans les âmes. Le décret de la béatification de Marguerite-Marie Alacoque avait été rendu le 19 août 1864. Dans l'oraison de la messe concédée par ce décret, on rend grâces à Jésus-Christ, « qui a révélé miraculeusement à la bienheureuse vierge Marguerite-Marie les richesses incompréhensibles de son cœur. » D'autres décrets de béatification furent successivement rendus en l'honneur de l'illustre Pierre Casinius et de Jean Berchmans, de la compagnie de Jésus; de Françoise d'Amboise, d'Archangela Girlani et de Marie des Anges, religieuses du Carmel.

Cette société contemporaine, vouée au naturalisme, n'était pas seulement obligée d'entendre le surnaturel s'affirmer par la bouche de Pie IX. Elle le voyait vivre et se manifester par les signes éclatants qui, dans tous les siècles, ont fait l'honneur de l'Eglise.

Le tombeau d'un simple curé, dans une petite paroisse du diocèse de Belley, était le centre d'un pèlerinage considérable. Ce curé était mort au mois d'août 1859. Tous les jours des miracles étaient obtenus par son intercession. Une commission diocésaine, nommée par Mgr de Langalerie, évêque du diocèse, s'occupait de les examiner, et les informations canoniques pour la cause de la béatification étaient déjà très-avancées.

L'objet de cette vénération de la terre et de ces faveurs du ciel était M. Jean-Baptiste-Marie Vianney, curé d'Ars. Il était né de parents simples, charitables et pieux, à Dardilly, non loin de Lyon, le 8 mai 1786. La modeste maison de cultivateurs qui garda son berceau était l'asile ordinaire des pauvres sans logement : un inconnu âgé de vingt ans, couvert de haillons, allant en Italie, y avait reçu l'hospitalité au mois de juillet 1770 : c'était Benoît-Joseph Labre. Dès son enfance, Jean-Marie montra une vive piété, une simplicité aimable, une douceur charmante, un grand fonds de gravité chrétienne. Il aimait surtout à prier et à seconder ses parents dans l'exercice de la charité envers les pauvres. En gardant le petit troupeau de la famille, il faisait des prédications aux enfants de son âge, et les réunissait pour prier autour d'une petite statue de la sainte Vierge qui ne le quittait jamais. Il fit sa première communion dans la paroisse d'Ecully, qui cachait quelques bons prêtres non assermentés et où deux religieuses de Saint-Charles instruisaient l'enfance. A la restauration du culte, un saint prêtre qui avait glorieusement traversé les épreuves de la révolution, M. Charles Balley fut nommé à la cure d'Ecully. Il découvrit la vocation sacerdotale de Jean-Marie et lui donna les premières leçons. Jean-Marie avait mis cette grande entreprise sous la protection de saint François Régis en faisant à pied un pèlerinage à la Louvesc, pour vénérer le tombeau de l'apôtre du Vivarais. Cette vocation, dont le pieux jeune homme sentait plus que personne la grandeur, fut rudement éprouvée. Quand il dut subir la conscription, M. Balley avait été le faire inscrire à Lyon parmi les aspirants au sacerdoce. Cette inscription fut omise par oubli, et trois ans après, Jean-Marie, malade, fut emmené par des agents de l'autorité militaire à l'Hôtel-Dieu de Lyon. Il eut beaucoup à souffrir et physiquement et moralement pendant les quelques mois qu'il passa au corps : on l'avait transféré à Roanne. Au commencement de 1810, il reçut une feuille de route à la destination de l'Espagne. A peine avait-il commencé la route, que sous l'impression d'une profonde tristesse, il prit une détermination qui ne peut se justifier que par l'ignorance et par l'état de l'opinion en ce moment au sujet des entreprises de Napoléon Ier. Il déserta, et alla se réfugier aux Noës, village situé sur les limites des départements de la Loire et de l'Allier. Là, sous la garde du maire et de toute la population, il vécut paisiblement, exerçant les fonctions de maître d'école en hiver, travaillant aux champs pendant la belle saison, rendant service à tous, et les édifiant par ses vertus. Au bout de quatorze mois, il put enfin rentrer sous le toit paternel avec une position régulière. Son frère, François Vianney, qui appartenait à la classe de 1810, s'était fait agréer comme son remplaçant en devançant l'appel de la réserve. Il continua ses études et suivit le cours de philosophie au petit séminaire de Verrières, puis revint à Ecully commencer la théologie. Sa vertu grandissait; à Verrières il avait paru comme un modèle de piété, mais sans être aussi dépourvu de talents naturels qu'il se plaisait à le dire plus tard, il était moins favorisé du côté de la science qu'il n'était riche des dons de la grâce. Il échoua par timidité dans un premier examen, mais une nouvelle épreuve détermina son admission au séminaire de Lyon, et après des hésitations que termina la décision de M. Courbon, vicaire général, le conseil du séminaire l'admit aux ordres sacrés. Il reçut l'ordination sacerdotale des mains de Mgr Simon, évêque de Grenoble, en l'absence du cardinal Fesch, le 9 août 1815.

On le donna pour vicaire à M. Balley. Il y eut comme une sainte rivalité entre le pasteur et son digne auxiliaire, pour la pratique du dévouement, de la charité, de l'abnégation et de la pénitence. Ils vivaient de rien et donnaient tout aux pauvres.

Après la mort de son premier maître, M. Vianney fut nommé curé d'Ars, petite et paisible localité de l'arrondissement de Trévoux, et il prit possession de cette paroisse, le 9 février 1818. Il y avait dans ce terrain de quoi travailler. La jeunesse y était avide de plaisirs : les danses et les cabarets étaient fort fréquentés tous les dimanches : à certains jours, on y venait des environs et même de Villefranche et de Trévoux. M. Vianney élut pour son domicile de tout le jour l'église : c'était là qu'il passait ses journées, tantôt en prière, tantôt occupé à préparer ses instructions auxquelles il apportait le plus grand soin. Il était secondé dans les bonnes œuvres par l'héroïque charité de mademoiselle d'Ars. Il parvint à établir l'adoration perpétuelle du Saint-Sacrement, la pratique de la fréquente communion, la prière du soir en public et la confrérie du Rosaire. Bientôt la paroisse fut transformée ; il n'y eut plus de danses ni de cabarets : l'église était remplie tous les dimanches et presque pendant tout le jour d'une population recueillie. Dès lors, par l'austérité de sa vie et par son zèle apostolique, M. Vianney avait acquis la réputation d'un saint. Différentes missions qu'il prêcha, ou dans lesquelles il exerça le ministère de confesseur, celle de Trévoux entre autres, eurent un succès prodigieux.

En 1820, il sacrifia tout ce qu'il possédait de l'héritage paternel pour fonder une *Providence* ou asile d'orphelines, qui fut le modèle de nombreux établissements du même genre. Dieu bénit cette maison, pour la direction de laquelle M. Vianney avait choisi et formé deux jeunes filles de sa paroisse, Catherine Lassagne et Benoîte Lardet. Le vénérable curé y avait mis son bien et ses sueurs. La Providence fit le reste par des secours inespérés, venus on ne sait comment. Plusieurs fois, dans des moments de détresse, on vit des prodiges qui rappelaient la multiplication des pains et le miracle de Cana. Mais surtout les âmes, cultivées par M. Vianney, se formaient là sur le modèle de la sienne, et développaient en elles toutes les vertus. Toutefois, en 1847, le saint curé dut faire le sacrifice de son orphelinat, dont on critiquait l'organisation ; il se soumit et la maison fut transformée en une simple école paroissiale pour les filles, sous la direction des sœurs de Saint-Joseph de Bourg.

Pour se sanctifier et sanctifier les autres, M. Vianney se livrait à tous les actes de la mortification et de l'ascétisme dans un degré héroïque. Il ne vivait que pour Dieu ; pour les âmes et pour les pauvres. Il se méprisait profondément, et savait se tenir également en paix, qu'il reçût les plus grands hommages ou qu'on lui montrât peu d'estime. Pour rendre plus dure la paillasse sur laquelle il couchait, il y avait mis une planche, et trouvant encore cela trop doux, il finit par aller coucher dans le grenier de son pauvre presbytère avec une pierre pour oreiller. Il passa souvent plusieurs jours sans prendre aucune nourriture. Jamais le foyer de sa cuisine ne vit le feu. Ses délices étaient de se nourrir du pain noir et déjà moisi qu'il achetait aux mendiants. Il ne buvait que de l'eau. Il portait une forte chaîne de fer et se donnait de rudes disciplines. De telles macérations jointes à des fatigues continuelles avaient exténué son corps, mais la vie intérieure transfigurait sa physionomie.

Cette rare sainteté reçut la consécration des épreuves. Longtemps et souvent M. Vianney fut en butte aux critiques et aux contradictions : elles venaient principalement de ses confrères dans le sacerdoce qui ne comprirent pas d'abord le merveilleux secret de cette vie angélique. Le démon le fit passer par des tribulations qui rappellent à notre siècle incrédule les histoires de la Thébaïde et les pages les plus extraordinaires de la Vie des Saints. L'ange de ténèbres venait troubler son sommeil, cherchait à l'effrayer par des bruits terribles et formait devant lui les scènes les plus étranges. M. Vianney puisait son courage en Dieu et soutenait vaillamment la lutte contre celui que, dans son naïf langage, il appelait le *grappin*. A toutes ces peines vinrent se joindre les tourments intérieurs d'une âme qui avait le sentiment profond des justices de Dieu et qui aspirait à la solitude pour se préparer plus sûrement à paraître devant le souverain Juge.

M. Vianney avait bâti autour de son église de petites chapelles : deux sont particulièrement célèbres, celle de Saint-Jean-Baptiste, dont la fondation se rattache, d'après des paroles assez vagues du vénérable curé, à un fait miraculeux, et celle de Sainte-Philomène, dont le nom récemment trouvé dans les catacombes de Rome avec son corps était déjà honoré en France, et que M. Vianney semblait avoir mise de moitié dans les œuvres prodigieuses de sa vie, en lui laissant tout l'honneur de tant de merveilles. Dès 1825, on commença de voir un véritable pèlerinage s'établir dans la modeste église qui contenait ces deux chapelles. On venait voir, entendre, consulter M. Vianney et surtout se confesser à lui. La foule des étrangers remplissait l'église et la place. C'était à minuit que les confessions commençaient : elles n'étaient interrompues que par la célébration de la messe et par le catéchisme que le saint curé faisait avant midi. Elles recommençaient encore et continuaient dans la seconde partie de la journée. Souvent il pouvait à peine se traîner en sortant du confessionnal. On venait de tous les pays du monde, et les personnages les plus éminents, les évêques, les savants, comme les simples ouvriers. Tous étaient assurés de trouver la lumière et la paix. On compte, parmi les pèlerins d'Ars, le Père Lacordaire, Mgr Dupanloup, Mgr de Bonald, Mgr de Ségur, et combien d'autres qui ne sont pas connus ! Avec une grande pénétration naturelle, M. Vianney possédait le don surnaturel de l'intuition des âmes. Ses conseils étaient lumineux, précis, d'une incontestable sagesse. Ses prières étaient d'une merveilleuse efficacité. Les conversions qu'il a opérées sont innombrables. Il touchait souvent ceux qui étaient venus avec des dispositions frivoles : jamais il n'eut la moindre complaisance pour ceux qui ne lui demandaient que la satisfaction d'une vaine curiosité.

Il serait impossible de dire le bien dont la source se trouvait dans cette humble paroisse des Dombes, qui était devenue comme un grand centre pour la distribution des grâces divines. Un service particulier de voitures avait été établi pour y amener les pèlerins de Lyon et des villes environnantes. M. Vianney eut pour auxiliaire dans ses immenses travaux M. l'abbé Raymond, d'abord curé d'une paroisse voisine, puis des missionnaires diocésains, dont la création lui est due. Il établit aussi dans sa paroisse les frères de la Sainte-Famille. Les évêques qui se succédèrent à Belley, depuis le rétablissement de ce siège, Mgr Devie, Mgr Chalandon, Mgr Géraud de Langalerie, entourèrent le saint curé de leur affectueuse vénération. Mgr Chalandon le nomma chanoine honoraire. De leur côté, les administrateurs du département demandèrent pour lui la décoration de la Légion d'honneur. M. Vianney reçut ces distinctions à la manière des saints.

Dans ses catéchismes, dans ses homélies, le vénérable curé avait une éloquence irrésistible qui venait du foyer d'amour allumé dans son cœur, et qui se répandait dans son langage naïf, simple et charmant, dans son geste, dans ses yeux enflammés, sur toute sa physionomie expressive et mobile. Il pleurait, il riait, il frissonnait, et tout son auditoire se laissait subjuguer par les mêmes émotions.

Nous prenons, pour l'utilité et le plaisir du lecteur, quelques-unes de ses pensées dans le beau livre de M. Monnin : *Le Curé d'Ars* :

« L'homme a été créé par amour : c'est pourquoi il est si porté à aimer. D'un autre côté, il est si grand que rien ne peut le contenter sur la terre. Il n'y a que lorsqu'il se tourne du côté de Dieu qu'il est content... Tirez un poisson hors de l'eau, il ne vivra pas. Eh bien ! voilà l'homme sans Dieu.

» La terre est un pont pour passer l'eau ; elle ne sert qu'à soutenir nos pieds... Notre langue ne devrait être employée qu'à prier, notre cœur qu'à aimer, nos yeux qu'à pleurer.

» Comprendre que nous soyons l'ouvrage d'un Dieu, c'est facile ; mais que le crucifiement d'un Dieu soit notre ouvrage, voilà qui est incompréhensible... L'enfer prend sa source dans la bonté de Dieu. Les damnés diront : « Oh ! si du moins Dieu ne nous avait pas tant aimés, nous souffririons moins ! l'enfer serait supportable ! » Mais avoir tant été aimés ! quelle douleur !

» Comme une belle colombe blanche, qui sort du milieu des eaux et vient secouer ses ailes sur la terre, l'Esprit-Saint sort de l'océan infini des perfections divines et vient battre des ailes sur les âmes pures, pour distiller en elles le baume de l'amour... Le Saint-Esprit repose dans une âme pure comme sur un lit de roses... Il sort d'une âme où réside le Saint-Esprit une bonne odeur comme celle de la vigne, quand elle est en fleur... Quand on a conservé son innocence, on se sent porté en haut par l'amour comme un oiseau est porté par ses ailes...

» Une fois j'allais voir un malade, c'était au printemps ; les buissons étaient remplis de petits oiseaux qui se tourmentaient la tête à chanter. Je prenais plaisir à les écouter et je me disais : Pauvres petits oiseaux, vous ne savez pas ce que vous dites ! que c'est dommage ! Vous chantez les louanges de Dieu... »

Ars avait failli perdre son curé une fois, parce que ses supérieurs l'appelaient à un autre poste ; deux autres fois parce qu'il voulait se retirer dans la solitude ; et une fois encore, en 1843, par suite d'une maladie qui le conduisit aux portes du tombeau et dont il ne guérit que par l'intercession de sainte Philomène. Le moment de la séparation redoutée arriva en 1859. M. Vianney avait pressenti sa fin prochaine ; il était au bout de lui-même ; deux ou trois jours avant sa mort il cessa de paraître au confessionnal. Il s'endormit dans le Seigneur sans secousse, sans agonie. Ses funérailles furent un deuil public : pour sa mémoire ce fut un triomphe. En terminant le discours funèbre, Mgr de Langalerie invoquait le vénérable défunt : « Char et guide d'Israël, lui disait-il, laissez-nous votre double esprit de dévouement au service de Dieu et de crainte tempérée, dominée par la confiance et l'amour..... Laissez-le à l'évêque, si triste et si heureux en ce moment de parler de vous. Et sachez bien que le jour le plus beau, le plus désiré de son épiscopat serait celui où la voix infaillible de l'Eglise lui permettrait d'acclamer solennellement et de chanter en votre honneur : *Euge ! serve bone et fidelis, intra in gaudium Domini tui !* »

Pendant que le pèlerinage d'Ars offre à la France et au monde une démonstration sensible du surnaturel, les missionnaires en donnent, de leur côté, une autre démonstration et perpétuent sur toutes les plages les merveilles de l'apostolat chrétien.

Le vicariat apostolique de la Corée, en 1861, donnait de belles espérances. Si les puissances européennes avaient voulu profiter du prestige donné à leurs armes par la prise de Pékin, elles auraient pu rendre un immense service. « Si nous avions la liberté religieuse, disait Mgr Berneux, j'ose avancer que nous ne tarderions pas à enregistrer annuellement plus de dix mille conversions. » On ne l'eut pas, et néanmoins, au milieu des difficultés et des vexations, le travail des missionnaires portait ses fruits. Des conversions s'opéraient dans toutes les classes de la société. En 1862, le nombre des baptêmes d'adultes atteignit le chiffre de 684 ; en 1863, on en compta 829 ; en 1864, 805 ; en 1865, 907. Quatre missionnaires, après trois ans de tentatives infructueuses, étaient parvenus à entrer en Corée : deux d'entre eux, MM. Joanno et Landre, moururent en 1863 ; mais quatre nouveaux apôtres étaient arrivés en 1865 : ils arrivaient pour le martyre.

Au moment où Mgr Berneux, et son coadjuteur, Mgr Daveluy, voyaient la moisson mûre, une cruelle persécution éclata. Nous en trouvons le récit dans une lettre de M. Ridel, missionnaire apostolique, datée de Posengi, district de Hong-Tsiou, le 25 avril 1866.

« La main de Dieu s'est appesantie sur notre mission désolée..... Nos chrétiens sont pris, battus, mis à mort ; Mgr Berneux, Mgr Daveluy et sept de nos confrères ont remporté la palme du martyre. J'ignore ce que sont devenus MM. Féron et Calais. Pour moi, condamné à mort depuis trois mois, je suis caché entre deux murs, dans une maison chrétienne. Mon signalement a été donné dans chaque village avec ordre de m'arrêter, et je m'attends d'heure en heure à tomber au pouvoir des satellites qui me cherchent. Ce n'est pas sans une protection toute spéciale de la Providence que j'ai pu échapper aux mille dangers qui m'environnent.

» Il me semble vous avoir dit dans une précédente lettre que nous avions à la cour des ennemis puissants. Plus d'une fois ils avaient, mais inutilement, demandé notre mort. Ils attendaient une occasion favorable, elle s'est présentée ; ils l'ont saisie, ils ont triomphé.

» Des navires russes, s'étant approchés des côtes septentrionales, sollicitèrent une concession de terrain pour y établir un comptoir de commerce. Grande fut la terreur du gouvernement. Le prince régent, qui est le père du jeune roi, fils adoptif de la reine Tso, fait aussitôt demander les évêques qu'il sait fort bien être dans le royaume, afin de les consulter sur les moyens à prendre pour renvoyer honnêtement ces navires et éviter la guerre. Mgr Berneux se trouvait dans les provinces du Nord, où, en quelques mois seulement, il a conféré le baptême à 800 adultes. Appelé au nom du roi, il se rend, quoique à regret, à la capitale (Hang-Yang ou Seoul), laissant son administration inachevée.

» Une ambassade coréenne était partie pour Péking, au mois de décembre 1865. Il paraît que cette ambassade aurait envoyé une lettre où il était dit que les Chinois mettaient à mort les Européens répandus dans l'empire. La lettre arriva au mois de janvier, c'est-à-dire au moment même où le régent mandait Mgr Berneux. Il n'en fallait pas davantage pour exciter la persécution. Les quatre ministres désapprouvèrent hautement la démarche du régent. « Haine aux Européens! s'écrient-ils. Pas d'alliance avec eux, ou c'en est fait du royaume! »

» Sur ces entrefaites, les navires s'étaient retirés. La frayeur du régent s'évanouit ; mais il n'en fut pas moins faible pour céder aux ministres, ni moins cruel pour s'associer à leur dessein.

» — A mort tous les Européens qui sont dans le royaume! A mort tous les chrétiens!

» — Mais, objecta le régent, les navires européens viendront les venger.

» — Je réponds de tout, répond le premier ministre. N'avons-nous pas tué déjà plusieurs de ces Européens? qui a jamais cherché à venger leur mort? quel dommage en avons-nous éprouvé?

» Il faisait sans doute allusion à la mort de Mgr Imbert et de ses deux vénérables compagnons, MM. Mauban et Chastan, martyrisés en 1839 ; et peut-être aussi à quelques naufragés qui, à diverses époques, ont été massacrés sur les côtes inhospitalières du royaume coréen.

» Le régent signa notre arrêt de mort.

» Cependant Mgr Berneux rentrait paisiblement dans sa résidence vers la fin du mois de janvier. Mais, quinze jours après, il voit sa maison investie par des satellites au nom du régent, et il est lui-même arrêté et jeté dans la prison des criminels.

» Le lendemain, comparution devant le régent assisté de deux ministres. « La contenance du prélat fut calme, ferme, pleine de dignité, m'écrivait Mgr Daveluy. Sans doute Mgr Berneux dut protester contre la trahison dont il était l'objet : appelé au nom du roi pour le bien du royaume, il est jeté en prison ; appelé comme ami, il est traité en ennemi. Mais le régent, qui n'avait plus peur, était devenu cruel.

» Quelques jours plus tard, j'apprenais que Mgr Berneux, MM. de Bretenières, Dorie et Beaulieu avaient eu la tête tranchée le jeudi 8 mars. Quel beau, quel émouvant spectacle devait offrir ce saint évêque, chargé de vingt-six années d'apostolat, marchant au martyre, accompagné de jeunes missionnaires qui semblaient n'être venus ici que pour mourir!

» Trois jours après, MM. Petitnicolas et Pourthié, arrêtés au collège de Paisoúc, dépendant de la ville de Tiaitchen, avaient le même bonheur. Leur tête est tombée sous le fer du tyran, et leur âme s'est envolée au ciel, le dimanche 11 mars. Les chrétiens ont pu recueillir les restes de ces saintes victimes.

» Ce sont des faits que je ne puis qu'indiquer ; je n'ai vu aucun chrétien de la capitale, je n'ai reçu aucun détail sur des événements si précieux pour l'Eglise coréenne. Occupé moi-même à fuir, ou blotti dans ma cachette, je communique avec deux personnes seulement ; je ne sais à qui me fier : c'est un apostat qui nous a tous dénoncés en indiquant nos résidences. Mais si, par la grâce de Dieu, la paix se rétablit un jour, je rechercherai les restes de nos martyrs avec les détails de leurs derniers moments.

» Tous les chrétiens sont en fuite ; ils abandonnent leurs maisons, leurs champs, leurs biens, et vont se cacher dans les villages païens ou sur les montagnes. Beaucoup d'entre eux sont mis à mort ; d'autres malheureusement apostasient.

» Quelques mandarins pourtant se sont conduits avec humanité. Celui du district où je me trouve n'a fait encore arrêter aucun de nos chrétiens ; d'autres se contentent de les faire fustiger ; d'autres enfin exigent, mais pour la forme, un simulacre d'apostasie. Quant aux satellites, ils n'ont pas d'autre souci que le vol et le pillage. La crainte d'une insurrection a obligé le gouvernement à rappeler pour un temps les satellites des provinces. — De ces faits et autres semblables, il résulte qu'un grand nombre de mandarins et de gens haut placés n'approuvent pas la conduite du régent, déjà détesté pour ses vexations. Ici tout le monde s'attend à voir arriver les Européens, qui ne manqueront pas, assure-t-on, de s'emparer du royaume pour venger la mort de leurs compatriotes et rétablir toutes choses. Le jour de Pâques, en effet, on signala des navires européens. J'adresssai deux lettres qui ne parvinrent point ; les navires avaient pris le large.

» Il me reste à vous parler de Mgr Daveluy. Après l'arrestation du vicaire apostolique, son coadjuteur était très-inquiet, mais loin de prévoir ce qui allait arriver. C'est à Kesoù, district de Hang-Tsiou, que Mgr Daveluy a été arrêté avec M. Huin. Conduits à la capitale, ils en redescendirent avec M. Aumaître, et eurent la tête tranchée près du même district, sur les bords de la mer, le 30 mars. Voici la raison de cette particularité : le mariage du jeune roi étant fixé à la deuxième lune, jusqu'à cette époque on ne pouvait faire couler le sang étranger dans la capitale ; autrement elle eût été souillée. Admirable coïncidence! c'est à midi, le vendredi-saint, 30 mars, jour où Notre Seigneur Jésus-Christ a racheté le monde par sa mort, que nos généreux confrères ont eu le bonheur de verser leur sang pour lui!

» Avec eux furent exécutés plusieurs chrétiens ; presque tous les servants ou maîtres de maison des missionnaires ont eu le même sort. J'ai recommandé aux chrétiens de prendre soin des trois corps de nos confrères, et de les mettre en lieu sûr, dès qu'ils le pourraient sans trop de danger.

» Quelle mort digne d'envie ! J'ai encore de l'espoir ; je m'y prépare dans ma retraite, et m'applique à faire pénitence de mes fautes, qui sans doute m'ont empêché de partager le bonheur de nos bien-aimés confrères.

» La mission a absolument tout perdu. Nos maisons ont été pillées, nos effets sont devenus la proie du régent, qui s'est tout approprié, jusqu'à nos chasubles ; les livres de religion ont été brûlés, les imprimeries détruites. La rumeur publique dit qu'on a établi, comme autrefois au Japon, un système de surveillance pour extirper le christianisme. Je ne sais pas ce que sont devenus les enfants du collège. On m'a dit que deux ou trois s'embarquaient pour aller trouver des navires européens, ou passer en Chine. »

M. Ridel parvint à quitter la Corée, à l'aide d'une

petite barque montée par onze chrétiens, et put aborder en Chine, à Tche-Fou, le 7 juillet, après sept jours de navigation. Il se rendit aussitôt à Tien-Tsin, pour raconter les événements à M. le contre-amiral Roze, commandant la station navale des mers de Chine. Cet officier se disposait à porter secours aux deux missionnaires français encore exposés à la mort, MM. Féron et Calais, quand la nouvelle d'une révolte en Basse-Cochinchine le força de prendre une autre direction. L'expédition ne fut que retardée. Le 16 octobre, on s'empara de Kang-Hoa et l'on notifia aux consuls des puissances européennes en Chine le blocus du fleuve de Seoûl, qui est la principale voie du commerce de la capitale. Dès le 19, le roi de Corée entra en négociations; mais ces ouvertures n'eurent pas de suite. L'hiver approchait, le contre-amiral se retira emportant des caisses de lingots d'argent et des archives saisies à Kang-Hoa. MM. Féron et Calais avaient pu le rejoindre. La dépêche du commandant, datée du 17 novembre, se terminait ainsi : « La destruction de Kang-Hoa, place de guerre importante, des poudrières et des établissements publics que cette ville renfermait, a dû prouver au gouvernement coréen que le meurtre des missionnaires français ne demeurerait pas impuni. » Il eût mieux valu sans doute obtenir la liberté de l'apostolat pour les missionnaires survivants. Mais ceux-ci ne se laissent pas décourager par les barrières que la Corée oppose à leur passage.

Dès l'année 1864, le Thibet avait vu des scènes sanglantes qui préludaient à la destruction de Bonga et à l'expulsion des missionnaires. Dix prisonniers chrétiens furent emmenés à Men-Kong, capitale du petit royaume de Tsa-Rong, lequel relève directement de H'Lassa. Un d'entre eux succomba aux blessures qu'il avait reçues. Deux autres eurent la tête tranchée. Les sept survivants furent ensuite dirigés, par le lama Aton, sur un village thibétain, nommé Kerta ou Serka, à sept ou huit journées de Kiang-Ka. On apprit par une lettre de M. Goutelle, missionnaire, datée du 10 mars 1865, que deux d'entre eux étaient morts dans les supplices. Une lettre de Mgr Chauveau, vicaire apostolique du Thibet, de Ta-Tsien-Lou, le 26 mai 1866, raconte ainsi le martyre de deux autres :

» Quant à Seunamdoguié, le plus fidèle serviteur que nous ayons jamais eu, et à Yong-drong, le chef des lamas convertis, ils viennent de consommer leur sacrifice.

» Au commencement du mois d'octobre 1865, ces deux vaillants athlètes de Jésus-Christ, que l'on surveillait nuit et jour, furent surpris récitant leurs prières dans la prison. On pousse les hauts cris, on s'ameute, on les accable d'outrages ; ils sont tirés de prison, et interrogés sur le motif qui leur fait continuer la récitation des prières, contrairement aux ordres du talé-lama. On leur répète à peu près mot pour mot les paroles que les Juifs adressaient autrefois aux Apôtres : *Ne vous avions-nous pas expressément défendu d'enseigner en ce nom-là* (Actes des Apôtres, 5, 28)?

» Nos deux pauvres enfants trouvèrent, sans le savoir, une réponse identique à celle des Apôtres.

» — Nous devons, dirent-ils, obéir à Dieu plutôt qu'à vous.

» Alors le petit sanhédrin thibétain, moins tolérant que celui de Jérusalem, leur ordonne d'apostasier, s'ils ne veulent pas être décapités immédiatement.

» — Quand nous serions assez lâches pour apostasier, répondent-ils, le cœur protesterait contre la bouche. Vous pouvez donc nous tuer, mais nous faire renoncer au Dieu des chrétiens, jamais. Nous sommes prêts à mourir.

» Les lamas se saisissent des deux chrétiens, les garrottent, excitent contre eux la fureur de la multitude, et *les trainent hors de la ville* (Acte des Apôtres, 7, 57).

» Quelques minutes après, les têtes des martyrs étaient exposées aux regards d'une foule avide de ce sanglant spectacle. Le soldat thibétain Tsé-ring-ouang-ngiué a parfaitement reconnu le visage de Seunamdoguié ; il s'est retiré la tristesse dans l'âme, il perdait un ami. Nos sentiments, à nous, étaient d'une nature bien différente : nous venions de gagner un nouveau protecteur au ciel. »

Dans le même temps, la colonie de Bonga se préparait, elle aussi, au martyre. C'est à l'intrépide fermeté de deux missionnaires, MM. Desgodins et Biet, qu'elle dut d'avoir la vie sauve et d'être seulement condamnée à l'exil. Ces deux courageux apôtres, qui se voyaient repoussés du Thibet après avoir déployé une persévérance admirable pour y pénétrer, surent intimider leurs persécuteurs et leurs juges, en faisant valoir le prestige du nom français. C'est avec la même fierté que saint Paul s'était écrié : Je suis citoyen romain.

L'île de Ceylan forme deux vicariats, celui de Colombo, dans la partie méridionale, et celui de Jaffna, au nord.

Le tableau statistique du vicariat de Colombo, dressé le 31 janvier 1866 par Mgr Sillani, présente les chiffres suivants :

« Catholiques, 98,914 ; — hérétiques, 15,000 ; — infidèles (idolâtres et musulmans), 1,077,497. Baptêmes d'adultes en 1865, 901 (idolâtres, 505 ; protestants, 396) ; — communions pascales, 37,596 ; — confirmations, 1,398. — Missionnaires, 26 ; — églises, 145 ; — séminaires, 1. — Les écoles sont fréquentées par 2,018 garçons et 530 filles. Ces écoles, au nombre de 63 (53 pour les garçons, 10 pour les filles), se répartissent de la manière suivante : 5 écoles anglaises, 45 indigènes et 2 mixtes, à l'usage des garçons ; — 2 écoles anglaises et 8 indigènes, à l'usage des filles. »

Le tableau statistique du vicariat de Jaffna est ainsi présenté en 1865, dans une lettre de Mgr Semeria :

« Catholiques, 57,874 ; — hérétiques, 1,590, — infidèles, 553,368. — Baptêmes d'adultes, 171 ; — baptêmes d'enfants de païens, *in articulo mortis*, 229 ; — confessions, 35,317 ; — communions, 32,317 ; — viatiques, 361 ; — extrêmes-onctions, 555 ; — mariages, 606. — Missionnaires européens, 24 ; — prêtres indigènes, 2. — Eglises ou chapelles, 130. »

Dans ces mêmes années l'Hindoustan était désolé par une cruelle famine : les missionnaires avaient l'âme navrée de ne pouvoir secourir, comme ils l'auraient voulu, tant de malheureux qui imploraient leur assistance.

Un bref pontifical, du 27 mars 1863, détacha du vicariat de l'Océanie centrale le grand archipel de Viti, pour en former une préfecture apostolique, sous la juridiction du Père Bréhéret, de la Société de Marie. Un coadjuteur fut donné en 1864 à Mgr Bataillon, vicaire apostolique de l'Océanie centrale, que vingt-trois années de travaux et de privations avaient épuisé. Les *Annales de la propagation de la Foi* disaient en 1867 : « Le vicariat de l'Océanie centrale a dix-huit stations, non compris le collège de Clydesdale. Outre le vicaire apostolique et son coadjuteur, on compte dans la mission : 24 prêtres de la Société de Marie, 1 prêtre indigène, 7 frères Maristes, et 4 religieuses de Notre-Dame-des-Missions. Le nombre des catholiques est de 12 à 13,000, sur une population totale d'environ 70,000 habitants. »

Le même recueil, si précieux et si consolant pour les âmes chrétiennes, nous donnait aussi, au commencement de 1867, les renseignements qu'on va lire sur la préfecture apostolique de Zanguebar :

« De la côte d'Ajan à la capitainerie de Mozambique, entre le 5° de latitude Nord et le 11° de latitude Sud, s'étend une vaste contrée désignée sous le nom de Zanguebar ou pays des Zangs. Le Zanguebar est partagé en six États soumis à des chefs qui prennent le titre de sultan : le Quiloa, le Zanzibar, le Mombaza, le Mélinde, le Beroua et le Magadoxo.

« Le mahométisme et l'idolâtrie, depuis de longs siècles, régnaient sur ces plages, lorsque, en 1859, M. Fava, vicaire général de Saint-Denis (Ile Bourbon), encouragé par son évêque, résolut de se dévouer pour y porter l'Évangile. L'île de Zanzibar fut choisie comme le point le plus accessible. Vers la fin de 1860, M. Fava, nommé vice-préfet, partit donc de Saint-Denis, emmenant à Zanzibar deux prêtres de la colonie, MM. Jégo et Schimpff, six religieuses de la congrégation des Filles de Marie (la congrégation des Filles de Marie a été fondée à l'île Bourbon, en 1845, par le Père Le Vavasseur), et un chirurgien de la marine française, M. Abel Sémanne. Les habitants de Bourbon montrèrent l'intérêt qu'ils portaient à cette entreprise, en la soutenant de leurs aumônes, tandis que le gouvernement colonial votait quinze mille francs pour aider aux premiers frais d'établissement.

» Afin de gagner la confiance des indigènes, les missionnaires tout d'abord ouvrirent dans leur maison un hospice pour les malades, une salle de pansement, une pharmacie, et des ateliers pour l'apprentissage de quelques métiers. Plus tard, ils établirent des écoles.

» Dès cette époque, l'évêque de Saint-Denis, sous la juridiction duquel la Propagande avait placé la nouvelle préfecture apostolique, songeait à assurer la perpétuité et le développement de la mission, en la confiant à une corporation religieuse. Cette pensée put bientôt se réaliser. Avec l'assentiment du Saint-Siège, Mgr Maupoint remit, en 1862, la mission de Zanguebar à la congrégation du Saint-Esprit et de l'Immaculé-Cœur de Marie, congrégation spécialement vouée à l'évangélisation de la race noire. Le R. P. Horner, nommé supérieur de la mission, arriva à Zanzibar le 16 juin 1863, et reçut du sultan un très-bon accueil.

» La mission ne possède encore qu'un seul établissement, celui de Zanzibar. Il est question d'en fonder un autre à Bagamoyo, sur la terre ferme, dès que les ressources le permettront. Ce point, exploré une première fois, au mois de mai 1862, par MM. Fava, Jégo et Sémanne, le fut l'année suivante par le R. P. Horner.

» Jusqu'à présent, la mission de Zanzibar était desservie par trois prêtres, cinq frères coadjuteurs, tous membres de la congrégation du Saint-Esprit et de l'Immaculé-Cœur de Marie, et par neuf religieuses de la congrégation des Filles de Marie. Ce personnel vient d'être augmenté par l'arrivée de deux nouveaux missionnaires.

« On ne connaît pas le chiffre de la population dispersée dans toute l'étendue de la préfecture apostolique de Zanguebar ; c'est un pays inexploré. La ville seule de Zanzibar a de 50 à 60,000 âmes, et l'île tout entière 380,000. Si la mission ne compte encore que 150 catholiques, les heureuses dispositions des indigènes et la liberté illimitée dont jouissent les missionnaires, promettent du moins pour l'avenir des résultats plus considérables : déjà l'année 1865 a donné quatre-vingts baptêmes d'adultes. »

La prospérité matérielle des États-Unis de l'Amérique septentrionale avait toujours été en croissant depuis 1789, lorsqu'une horrible guerre civile vint les désoler et apprendre au monde le cas qu'il faut faire d'une civilisation étrangère à l'idée religieuse. La cause ostensible de cette guerre fut la question de l'esclavage, que les États du Sud voulaient maintenir, et dont le Nord réclamait l'abolition. Mais il faut remarquer que derrière cette question se cachaient des intérêts et des passions politiques. On venait, en 1860, d'élire un président, Abraham Lincoln, que l'on connaissait pour un partisan énergique de l'abolition. Dix États du Sud se séparèrent immédiatement de l'Union et formèrent une confédération indépendante sous la présidence de Jefferson Davis. La guerre commença en 1861, pour ne se terminer qu'au printemps 1865. Pendant une première période, le succès couronna les efforts du Sud, qui suppléait au nombre et à l'étendue des ressources par l'intelligence, la vivacité et la bravoure. Mais à la fin il fut écrasé par le déploiement des forces prodigieuses de son adversaire. L'Angleterre et la France étaient intéressées à protéger l'indépendance du Sud ; elles gardèrent néanmoins la neutralité. Le résultat de cette grande guerre fut l'affranchissement des esclaves, mais aussi l'affermissement de l'Union, c'est-à-dire d'une puissance colossale dans le Nouveau-Monde. D'un côté, elle aboutissait à une proclamation de liberté ; de l'autre, à la consécration d'un lien despotique qui enserre également le Nord et le Sud.

Cette lutte ne fut pas moins remarquable par l'acharnement et par les immenses efforts des deux partis que par sa longue durée. L'Europe assistait à ce spectacle avec une sorte d'étonnement et de curiosité. Mais bientôt elle ressentit dans son commerce et dans son industrie le contre-coup de la guerre. Le coton n'arrivant plus aux manufactures, de nombreuses populations ouvrières eurent besoin d'être secourues par la bienfaisance publique. Les évêques ordonnèrent des quêtes en leur faveur : comme toujours, en cette circonstance, la charité catholique parut au premier rang.

Au sein même du pays que cette affreuse guerre couvrait de sang et de ruines, le catholicisme déploya sa vitalité et son heureuse influence. Au milieu des désastres et du désordre universel, il sut continuer ses travaux, pour les reprendre avec plus d'activité encore quand la paix fut rétablie.

Du diocèse de Vincennes, dans l'Indiana, le Père Bède O'Connor, bénédictin, écrivait en octobre 1865 :

« Il faut reconnaître que la guerre a été jusqu'à présent le principal obstacle à la construction des églises. Nous nous efforçons, en attendant, de faire fructifier dans les âmes la semence spirituelle de l'Evangile, et de préparer les pierres vivantes pour la construction du temple de Dieu.

» Quand nous prêchons, il est rare que notre auditoire se compose exclusivement de catholiques ; des protestants s'y mêlent à peu près toujours, et il arrive même qu'à notre passage dans les stations, ils nous prient de leur expliquer la doctrine catholique. Les Américains aiment beaucoup à entendre disserter, et, si ce qu'on expose les intéresse, ils passeront volontiers des heures entières à écouter. Nous mettons ces dispositions à profit en les instruisant une heure et demie, deux heures, sur les points de controverse. Ces discours ne sont pas inutiles à nos catholiques, ils fortifient leur foi, en même temps qu'ils servent à diminuer les préjugés des protestants. On reconnaît maintenant que les prêtres papistes n'enseignent point l'idolâtrie, et de plus que ce sont des hommes raisonnables. Les conversions annuelles nous prouvent avec évidence que notre peine n'est pas perdue, et que la grâce de Dieu agit dans les âmes. A l'issue du sermon, les protestants viennent souvent serrer de bon cœur la main du missionnaire, ce qui signifie chez les Américains qu'ils ont envie de faire connaissance avec lui. Ce dernier trouve alors l'occasion de diriger vers un but sérieux la conversation commencée sur un thème banal. C'est par là que beaucoup de protestants sont devenus nos amis ; cette bienveillance personnelle les prépare et les amène peu à peu à la pleine connaissance de la vérité.

» Tout autres seraient nos succès dans ce genre d'apostolat, si nous n'avions à lutter contre l'influence des sociétés secrètes qui intimident les protestants et qui trompent sur leurs intérêts les plus chers. A cette première cause s'en joint une seconde : c'est l'ardeur du lucre, ardeur qui est comme le caractère dominant des Américains. Leur esprit est tellement absorbé par les préoccupations matérielles, qu'ils semblent n'avoir ni goût ni loisir pour songer à autre chose.

» Indépendamment du service des stations établies dans les deux districts de Saint-Meinrad et de Terre-Haute, nous avons encore la charge des missions extraordinaires à donner dans les différentes paroisses du diocèse de Vincennes confiées à des prêtres séculiers. Nous répondons avec tout l'empressement possible à ces appels, car nous savons par expérience avec quelle abondance Dieu répand ses grâces dans les temps de missions. C'est le moment favorable pour la conversion des pécheurs, des hérétiques et des infidèles ; c'est aussi l'époque d'un renouvellement général de ferveur chez nos chrétiens.

» La population catholique des deux districts réunis est d'environ 8,000 âmes, dont 6,000 pour Saint-Meinrad et 2,000 pour Terre-Haute. Huit prêtres sont attachés au service du premier district, et quatre à celui du second.

» Tel est le tableau résumé des missions bénédictines dans l'Etat d'Indiana. »

A l'est des Montagnes-Rocheuses, chez les Potowatomies et les Osages, un premier vicariat avait été fondé en 1851. Mgr Miége, de la compagnie de Jésus, s'établit dans la petite ville de Leavenworth-City. En 1858, ne pouvant plus suffire à la tâche, il confia trois de ses missions aux Bénédictins, et l'année suivante, il obtint que toute la partie septentrionale de son diocèse fût distraite de Leavenworth pour former le vicariat apostolique de Nebraska. « Aujourd'hui, disaient les *Annales* au commencement de 1867, le vicariat de Leavenworth-City compte 15,000 catholiques, 28 églises ou chapelles, 15 écoles et 1 collège. Il est desservi par 24 missionnaires, dont un est né dans le pays. Le nombre des communions pascales, en 1865, a été de 10,000, et celui des conversions de 150. Il y a dans toute l'étendue du vicariat 25,000 hérétiques et 75,000 infidèles. »

M. Defourni, vicaire général de Leavenworth, écrivait au mois d'avril 1866 :

« Dans cet immense vicariat apostolique du Kansas, nous sommes vingt-quatre prêtres qui travaillons sous la conduite de notre vénérable évêque. Ces prêtres, tant séculiers que réguliers, sont Français, Allemands, Irlandais, Belges, Italiens, Américains et Suisses ; presque autant de nationalités que d'individus. Et pourtant l'amour le plus fraternel ne cesse d'animer les rapports journaliers d'hommes si différents de caractères et d'habitudes, mais unis entre eux par un lien solide, le désir de sauver des âmes.

» La prédication de la parole de Dieu, la visite de nos catholiques, l'administration des sacrements aux malades, les derniers devoirs à rendre à ceux qui sont morts, exigent des courses fort longues. Elles se font à cheval, par le soleil et par la pluie, par la neige et par le froid, sous un climat extrême, qui réunit ensemble les frimas du Nord et les ardeurs des tropiques. »

Une autre lettre du même missionnaire nous montre quelle importance il faut attribuer au rôle de la foi dans l'éducation, et comment l'apostolat catholique comprend son devoir sur ce point :

« Notre principe, écrit M. Defourni, c'est que, là où s'élève une église, là doit s'ouvrir une école. Et, en effet, que pourrions-nous faire sans cela ? Comment parviendrions-nous à civiliser ces peuples encore sauvages pour la plupart ? Nous avons un certain nombre d'écoles ; quelques-unes sont florissantes, d'autres commencent à peine, toutes ont besoin de secours.

» Il existe au Kansas des écoles publiques entretenues à grands frais par les communes. La Constitution de l'Etat, qui proclame l'égalité des citoyens devant la loi, n'exclut pas les catholiques de ces établissements, que d'ailleurs, comme citoyens, nous soutenons de nos propres deniers. Mais devons-nous y envoyer nos enfants ? Pouvons-nous même en conscience les y envoyer ?

» En reconnaissant toutes les religions, et en admettant toutes les classes de citoyens dans les écoles publiques, la loi bannit expressément de ces dernières toute espèce d'instruction religieuse. Voilà donc des enfants qui seront élevés dans l'ignorance de Dieu, de leurs devoirs, de tout ce qu'il leur importe le plus de savoir ! Et comment réparer un tel malheur, quand nous pouvons à peine voir ces enfants une fois ou deux par mois ?

» L'indifférence religieuse n'est cependant que le moindre danger des écoles publiques; il en est un autre plus grave. Malgré la défense faite aux instituteurs de s'occuper de religion, bon nombre d'entre eux se conduisent en ennemis de la foi catholique. En quelques endroits, où les parents, attristés de voir leurs enfants grandir dans l'ignorance, les envoient aux écoles, ces enfants sont en butte aux railleries et aux insultes des maîtres et des élèves protestants. Leur religion est dénigrée, leur Eglise moquée, leur morale traitée d'abomination. Comment la foi de ces pauvres enfants résisterait-elle à de pareils assauts ?

» Enfin le mélange de tous les enfants, garçons et filles, dans les mêmes salles d'étude, mesure générale imposée par la loi, est une cause d'abus auxquels des parents chrétiens ne sauraient se résigner.

» Ainsi, la foi et la moralité des enfants s'opposent également à la fréquentation des écoles publiques. Il y a là un besoin urgent auquel il nous faut pourvoir. Mais les ressources dont nous disposons sont bien insuffisantes. Nos catholiques paient déjà, de par la loi, des sommes énormes pour bâtir et entretenir des établissements dont, en conscience, ils ne peuvent profiter; les voilà encore dans la nécessité de bâtir et d'entretenir à leurs frais d'autres établissements pour leurs enfants! Pourront-ils le faire, si vous ne leur venez en aide ?

» Malgré ces difficultés, nous avons fondé un assez grand nombre d'écoles. Permettez-moi de vous parler seulement de celles de Leavenworth-City.

» Les religieux Carmes ont trois écoles qui comptent ensemble deux cent cinquante élèves. — Les Sœurs de Charité possèdent aussi trois établissements d'éducation : 1º Un pensionnat composé de soixante-dix jeunes filles. Sur ce nombre, douze seulement sont catholiques, les autres sont protestantes ; néanmoins les exercices spirituels se font là comme si toutes les élèves professaient la religion catholique. Chaque année, plusieurs de ces jeunes filles se convertissent, et les autres perdent leurs préjugés contre l'Eglise. 2º Un externat où les élèves donnent une légère rétribution. 3º Un externat gratuit très-fréquenté. En tout, ce sont plus de trois cents enfants qui reçoivent l'éducation chrétienne. Ces mêmes Sœurs prennent soin aussi d'un hôpital de vingt-cinq lits, et d'un orphelinat de quarante enfants. — Les Allemands ont leurs écoles. — Les pauvres nègres n'ont pas été oubliés; comme l'opinion publique les éloigne de la compagnie des autres enfants, il a fallu leur ouvrir une école spéciale. — Notre séminaire, destiné à fournir des prêtres à ce vaste diocèse, complète le tableau de nos établissements de Leavenworth-City. »

L'hérésie ne recule pas devant les moyens les plus odieux pour anéantir les salutaires effets que l'Eglise a le droit d'attendre des soins donnés à l'enfance par ses généreux apôtres. Au Kansas, d'après le témoignage de M. Defourni, le protestantisme ne craint pas de recourir aux pratiques les plus infâmes : il enlève les enfants, afin de pouvoir pervertir ces jeunes âmes :

« ... La manière de procéder à ces enlèvements est toujours à peu près la même. Une personne *charitable* se rend dans quelque rue des quartiers pauvres de la ville, invite des enfants à la suivre, leur distribue des bonbons, des gâteaux, des fruits, etc., leur recommande de partager ces friandises avec leurs petits frères et leurs petites sœurs, et les engage à revenir. L'enfant s'en va tout joyeux, mais à peine est-il dans la rue, qu'il est arrêté par les agents de la police, sous la prévention du délit de mendicité et de vagabondage. Un procès à huis clos est aussitôt commencé; la personne *charitable*, appelée comme témoin, dépose contre l'enfant, et l'enfant est condamné. Malgré ses supplications et ses larmes, il est emmené et jeté dans une maison de refuge. Là, on lui enlève jusqu'à son nom, pour effacer les souvenirs de famille et lui faire oublier qu'il a été catholique. La mort dans le cœur, la pauvre mère cherche partout son enfant, le redemande de porte en porte; personne ne l'a vu. A tout hasard, elle se présente enfin à la maison de correction; mais là non plus *on n'a pas vu l'enfant*.... Elle gémira désormais sans consolation comme sans espoir, tandis que son enfant est élevé loin d'elle dans une religion qui n'est point la sienne. »

Les évêques des Etats-Unis se réunirent en concile national, au mois d'octobre 1866, sous la présidence de Mgr Spalding, archevêque de Baltimore, délégué apostolique. Dans une lettre adressée par les membres du concile aux conseils centraux de l'œuvre de la Propagation de la foi, nous trouvons l'indication des principaux besoins du pays, à la suite de la guerre, et l'exposé sommaire des projets pour lesquels les prélats venaient de se concerter :

« Une population de quatre à cinq millions de nègres a passé tout d'un coup de la condition des esclaves à celle des affranchis. Presque tous sont ensevelis dans les ténèbres de l'idolâtrie, de l'hérésie ou de l'ignorance. Plaise à Dieu que nous puissions les tirer de cet esclavage spirituel, pire encore que l'autre! Sans doute, ils peuvent assister à nos instructions; mais c'est à nous de les attirer en fondant pour eux des églises, des écoles, des orphelinats. Les pays où ces établissements doivent être formés ont été ruinés par la guerre. Voilà un titre bien puissant à votre charité. C'est pourquoi nous vous proposons ces œuvres pour les pauvres noirs si délaissés, si méprisés. — Nous vous recommandons aussi les nouveaux vicariats apostoliques qui vont être érigés dans les immenses contrées voisines des Montagnes-Rocheuses. Trop longtemps ces régions sont restées inaccessibles à l'Evangile; nous voulons en prendre possession, de manière à relier les deux Océans par un réseau non interrompu d'institutions catholiques. »

Le vœu que le concile de Baltimore avait exprimé au Saint-Père de voir ériger de nouveaux sièges épiscopaux fut pris en considération. Dans les consistoires des 13 et 16 mars 1868, Pie IX créa huit diocèses et quatre vicariats apostoliques pour les Etats

Unis et leur donna des titulaires. C'était dans la province ecclésiastique de Cincinnatti, l'évêché de Colombas; dans la province de Baltimore, c'était Wilmington, Soranton, Harrisbourg; dans la province de Saint-Louis, c'était Green-Bay, La Crosse, Saint-Joseph, et enfin dans la province de New-York, l'évêché de Rochester. Les nouveaux vicariats apostoliques étaient ceux de la Caroline du Nord, du territoire d'Idaho, des territoires de Colorado et de l'Utah, et du territoire de Montana.

En Orient, le Saint-Siège avait recommandé à Mgr Raphaël Popow de faire la visite des populations bulgares-unies, dont il était l'administrateur. Le Père Galabert, religieux augustin de l'Assomption, désigné pour accompagner le prélat, adressait, au mois de mai 1866, le rapport suivant à Mgr Brunoni, vicaire apostolique latin de Constantinople :

« Mgr Raphaël vient de faire la visite pastorale de trois villages bulgares : Pokrovan, Ibrium et Jéni-Kiol.

» Partis d'Andrinople le vendredi 11 mai, nous arrivions sur les cinq heures du soir à Orta-Kiol, où nous fîmes halte chez un catholique, le seul de cette ville; il nous a servi de guide jusqu'à Pokrovan.

» Nos catholiques, prévenus de l'arrivée de leur évêque, l'attendaient à une demi-heure du village. On nous installa dans la chambre du pope. Cette chambre a servi tour à tour de salon de réception, de salle à manger, de dortoir et de chapelle. Pokrovan est un village de 110 à 120 maisons, dont une vingtaine seulement sont occupées par les Turcs. Le recensement fait par Mgr Raphaël a donné 48 maisons catholiques, soit à peu près 200 âmes. Les schismatiques ont été ébranlés par l'arrivée de l'évêque, et, sans l'opposition de deux ou trois personnes influentes, ils se seraient tous fait inscrire comme catholiques. Deux de leurs chefs ont déclaré à Monseigneur que, s'il pouvait entrer en possession de l'église, ils se déclareraient en sa faveur. A Pokrovan, il n'y a pas de pope *orthodoxe* (grec schismatique) à résidence; il en vient un d'Orta-Kiol une ou deux fois par mois.

» Quant aux catholiques, ils ont déjà acheté un terrain pour la construction d'une église, d'un presbytère et d'une école; ils ont réuni les bois de charpente et les pierres, ils travailleront eux-mêmes avec leurs femmes et leurs enfants; ils demandent seulement un secours de deux mille piastres pour acheter les planches du plafond, et pour payer le maître-ouvrier qui dirigera les travaux. Ces braves gens sont d'un caractère résolu, ils se déclarent franchement catholiques et soumis au Pape; ils ont bien accueilli les quelques paroles que Mgr Raphaël leur a adressées au sujet de la suprématie du Saint-Siège. Ils entretiennent eux-mêmes leur pope.

» Dimanche 13 mai, Monseigneur a célébré la messe dans la misérable cabane qui sert actuellement d'église. Après la messe, on s'est rendu en procession sur l'emplacement de la future église, où Monseigneur a béni l'eau, et a dit qu'il espérait pouvoir consacrer l'église l'année prochaine. Les travaux commenceront dès que le firman aura été obtenu.

» Dans l'après-midi, il est arrivé un des chefs du village d'Ibrium. « Il était envoyé, disait-il, par ses compatriotes pour prier Mgr Raphaël de célébrer la sainte messe dans leur église nouvellement construite sur une hauteur que l'on aperçoit de Pokrovan. » Après quelque hésitation, Monseigneur s'est rendu à ce désir. Nous voilà en route à travers des chemins impraticables; heureusement une douzaine de nos catholiques nous accompagnaient, soutenant notre *talika* (voiture) dans les endroits les plus périlleux, ce qui n'a pas empêché une culbute au retour. A Ibrium, Monseigneur est descendu chez le *ciorbadji* (notable) Glava, qui était venu le chercher, et il a reçu la visite de tous les chefs du village. On a parlé de célébrer la messe dans l'église. Monseigneur Raphaël leur a déclaré qu'il était seulement venu pour voir leur village, et qu'il ne pourrait célébrer la messe dans leur église sans le consentement de tous les habitants. Les chefs se sont retirés, et, une heure après, l'un d'eux est venu dire qu'il y avait quelques opposants. Le lendemain, la messe a donc été célébrée tentement dans la plus grande chambre de la maison. Cinquante personnes au moins y ont assisté, et avant le départ pour Pokrovan, qui a eu lieu vers les onze heures du matin, trente à quarante chefs de famille se déclarèrent uniates et donnèrent leurs noms à l'évêque.

» Ibrium est un bourg de plus de 200 maisons toutes chrétiennes; les habitants ne parlent que le bulgare ou le turc; leur pope ne sait pas un mot de bulgare, et balbutie à peine le turc.

» Nous avons quitté Pokrovan le mardi 15 mai, et le soir nous étions à Démotica, ville de huit à dix mille âmes. La population est mixte; elle se compose de Turcs, de Juifs, d'Arméniens, de Grecs et de Bulgares grécisés.

» Après une visite au *mudir*, qui a sous sa juridiction les villages que nous venions de voir, Mgr Raphaël s'est dirigé, dans la soirée du mercredi, sur Jéni-Kiol, bourg chrétien de 100 maisons. Dans les premiers temps de l'Union, les Bulgares-unis conservèrent la possession de l'église, et, à l'exception de cinq à six personnes, tout le monde se disait catholique. Mais, au bout de deux ans, le patriarche grec ayant obtenu de Fuad-Pacha l'ordre de restituer l'église à ses coreligionnaires, il y a eu de nombreuses défections, et cinquante familles à peine sont demeurées fidèles à l'Union.

» Le jour de l'Ascension (chez les Orientaux), Monseigneur a célébré la messe dans une pauvre grange. Comme ceux de Pokrovan, les catholiques de Jéni-Kiol ont acheté un terrain pour y construire église, presbytère et école; ils n'attendent plus que le firman pour mettre la main à l'œuvre... »

L'Europe septentrionale voyait aussi des prêtres zélés se livrer à des labeurs incessants pour délivrer les âmes que l'hérésie du XVIe siècle a couvertes de ses chaînes :

« Les missions danoises, écrit M. Lichtlé, méritent un intérêt tout spécial, parce qu'au Danemark, qui est la clé de la Scandinavie, la liberté religieuse est complète. D'autre part, la division des esprits au sujet des vérités les plus fondamentales, facilite l'action du missionnaire catholique.

» A Odensé, ville de seize mille âmes, et capitale de l'île de Fionie, on rencontre encore de précieux vestiges des anciennes croyances. Odensé était le siège d'un évêché. C'est dans cette ville que le roi saint Canut fut martyrisé (1086). On montre à la curiosité profane des visiteurs le corps du martyr conservé dans la belle cathédrale qui porte son nom. Avant l'invasion du protestantisme, Odensé comptait dix églises et huit chapelles. Outre la cathédrale de Saint-Canut, il reste de nos jours deux églises ogivales et une chapelle. L'une de ces églises dédiée « à Notre-Dame, » était desservie par des religieux bénédictins surnommés *Maristes*, parce que la paroisse était placée sous le vocable de Marie. Cette église a été élevée sur l'emplacement d'une plus ancienne, construite en bois et contemporaine de l'introduction du christianisme en Fionie. Ainsi c'est à la Mère de Dieu que fut dédiée la première église d'Odensé; c'est à elle aussi que nous nous proposons de dédier la première église catholique qu'il nous sera donné de rétablir. »

Au commencement de 1867, le gouvernement français prit une mesure des plus heureuses pour l'avenir de l'Algérie. L'évêché d'Alger fut érigé en métropole, et l'on institua les diocèses d'Oran et de Constantine.

Des événements qui se passaient au Japon attirèrent de nouveau l'attention du monde catholique et des puissances européennes sur l'extrême Orient. Nous avons vu que différents traités avaient ouvert le Japon aux Européens. Après le traité du 9 octobre 1858, M. Girard, provicaire de ce pays, originaire du diocèse de Bourges, accompagna le consul général de France, et fut présenté aux autorités japonaises comme interprète du consulat et comme prêtre catholique. Il alla se fixer à Yokohama, où, assisté de M. Mounicou, son confrère, il inaugura, le 12 janvier 1861, la première chapelle catholique qui ait été ouverte au Japon depuis la proscription du christianisme au XVIIe siècle.

Les martyrs japonais dont Rome célébra la canonisation avec tant de solennité en 1862 obtinrent de nouvelles grâces pour la terre qui avait vu leur supplice. Les nouveaux missionnaires découvrirent des chrétientés qui avaient survécu à la ruine deux fois séculaire des florissantes Églises du Japon. En même temps, au mois d'août 1867, recommença une persécution qui ne fut pas sanglante, il est vrai, grâce à l'intervention officieuse des puissances européennes, mais qui ne laissa pas d'honorer la constance des chrétiens.

Tandis que le gouvernement japonais se glorifiait d'envoyer des ambassades en Europe pour étudier cette civilisation dont le christianisme est l'inspirateur, il emprisonnait, dans les territoires soumis à sa domination, ceux qui en embrassaient les croyances chrétiennes. Le ministre de France, à Yédo, avait obtenu la promesse de la délivrance prochaine des prisonniers. Au lieu de les mettre en liberté et de tenir parole, on les fit comparaître, vers la fin du mois d'août 1867, devant les gouverneurs et les représentants des gouverneurs. Tout en reconnaissant que la religion chrétienne était bonne, on voulait obliger les captifs à la renier, parce qu'il était contraire aux lois de l'empire de suivre un autre culte que celui qui était pratiqué par les bonzes et qui avait été enseigné par les ancêtres du micado. Encore mal affermis ou mal éclairés, quelques-uns d'entre eux montrèrent d'abord de l'hésitation et de la faiblesse, mais presque tous surent résister ou se relever après une première chute et portèrent dignement le titre de confesseurs de la foi.

Voici des faits touchants dont nous empruntons le récit aux *Annales de la Propagation de la Foi :*

« Un enfant âgé de onze ans, avait été recueilli par des parents païens, après l'incarcération de son père.

» — Si tu veux demeurer ici, lui disait-on, il faut cesser d'être chrétien.

» — Je ne cesserai point, répondit l'enfant.

» Sur la demande d'un chrétien qui s'effrayait de ces assauts réitérés, la famille accepta volontiers la proposition qui lui fut faite de confier l'enfant au vicaire apostolique.

» Quelques jours après, cet enfant reçut la visite de son oncle et de son frère, et il fut l'objet des mêmes obsessions. Mais il ne varia pas dans sa réponse.

» — Non, répéta-t-il, je ne cesserai pas d'être chrétien.

» — Eh bien! tu n'auras plus ni habits ni argent, lui répliqua-t-on.

» L'enfant alla tout en larmes dire aux missionnaires que son oncle avait voulu le faire *tomber*.

» — Et qu'as-tu répondu?

» — Que je ne cesserai pas d'être chrétien. » Et alors ils m'ont dit que je n'aurai plus d'habits.

» — On t'en donnera.

» — Que je serai sans famille.

» — Tu auras pour famille Monseigneur et les Pères.

» Et l'enfant consolé rejoignit ses camarades. On l'a surnommé *Jamen*, c'est-à-dire : *Je ne cesse point*.

» Au milieu des inquiétudes et des périls de la persécution, les chrétiens japonais avaient senti le besoin de tourner leurs regards et leurs cœurs vers le centre toujours vivant d'où leur était venue cette foi qu'on prétendait leur arracher. Ils adressèrent des lettres au souverain Pontife pour se recommander à eux, les derniers venus de la grande famille chrétienne, au Père commun des fidèles, et trouver dans ses prières et ses encouragements la force de soutenir la lutte. De jeunes enfants voulurent écrire, de leur côté, au souverain Pontife. Nous reproduisons une de ces lettres qui, dans sa touchante simplicité, résume toutes les autres.

« A Vous, un enfant de quatorze ans, du nom de Dominique, élève et présente une lettre. L'enfant qui, grâce à Vous, à l'Évêque et aux Pères, l'an dernier, le trentième jour de la douzième lune, a reçu le baptême, la confirmation et l'eucharistie, Vous adresse une prière au sujet des chrétiens du Japon qui ont été saisis dans le village d'Ourakami.

» Par votre protection, ces chrétiens se sont multipliés; c'est pourquoi daignez demander à Dieu qu'ils se multiplient encore. Ceux qui ont été emprisonnés sont au nombre de soixante-sept, et dans ce nombre il y a quatorze femmes. Parce que l'inquiétude s'accroît peu à peu, j'ai recours à Vous. »

C'était le 27 août que le *goyo*, c'est-à-dire la comparution des chrétiens devant les juges, avait commencé à Ourakami et dans la ville de Nagasaki. On avait vu les prisonniers, chargés de chaînes, conduits à travers les rues de la ville jusqu'au palais du gouverneur, pour y subir un interrogatoire :

« Depuis lors, écrivait M. Cousin, missionnaire, ce spectacle a été donné presque tous les jours aux habitants de Nagasaki : « Voici les noirs! voici les noirs! » Et chacun d'accourir pour contempler ceux qu'on désigne sous le nom de *couro* (noir), soit par mépris, soit par allusion à la soutane des missionnaires.

» Ce sont les chrétiens qui ont montré le plus de zèle et de fermeté avant les arrestations qui comparaissent le plus fréquemment. Ils font l'admiration des païens, qui s'étonnent de voir le contentement éclater sur leur visage et dans leur démarche. Ils ne savent pas que bienheureux sont ceux qui souffrent persécution pour la justice.

» Il en est un surtout qui a conquis la sympathie des officiers par ses nobles manières et ses belles réponses. Dans un des interrogatoires, le gouverneur cherchait à l'attendrir en lui disant de songer à son père, comme lui prisonnier, à sa mère, à sa femme, à ses enfants : « Je ne suis pas chrétien pour ma famille, répondit-il; j'ai une âme à sauver, moi seul en suis responsable. » Une autre fois, il dut passer en revue toute la doctrine chrétienne pour répondre aux questions qu'on lui adressait. Un jour qu'il revenait du prétoire, il rencontra son fils Jean, âgé de cinq ans, qu'on avait amené à dessein. Il le salue d'un sourire. Mais l'enfant ayant éclaté en sanglots, le pauvre père se sentit défaillir; il laissa tomber sa tête sur sa poitrine, et n'eut pas le courage de se retourner pour voir l'enfant une dernière fois. Depuis, il a fait prier sa famille de lui épargner de semblables émotions.

» Les femmes ont été appelées à leur tour. Si coupable que puisse être une femme, il n'entre pas dans les habitudes japonaises de la présenter enchaînée aux regards de la populace : ses bras sont croisés sur la poitrine, et une longue robe recouvre tous ses liens. Mais pour les chrétiennes, rien ne saurait être trop ignominieux; elles ont donc paru enchaînées comme les hommes, et comme eux les mains liées derrière le dos.

» Les arrestations continuent, mais sans bruit, à mesure que la mort d'un des nôtres vient mettre le chef de famille dans l'alternative d'appeler le bonze ou d'aller en prison. Vous voyez qu'au lieu de finir, la persécution recommence toujours. D'un côté, des chrétiens tremblants; de l'autre, des prisonniers; et nous, qui, tout en paraissant libres, sommes en réalité plus captifs que les uns, plus inquiets que les autres, et souffrons plus qu'eux tous de ne pouvoir ni les consoler ni partager leurs chaînes. Priez pour eux, priez pour nous. »

Pour éluder les promesses faites aux ministres européens, les gouverneurs donnaient ce prétexte que de tels engagements avaient besoin d'être ratifiés par le *taïcoun*, qu'ils représentaient comme le souverain temporel de tout le Japon, tandis que le *micado* en était le souverain spirituel. Or le taïcoun, sans être personnellement hostile au christianisme, subissait, disait-on, la pression des *daïmios* (princes féodataires), traînant eux-mêmes à leur suite une armée de quatre cent mille bonzes, qui, nous l'accusaient déjà de violer ses serments et de livrer le Japon aux étrangers. Cependant on apprit tout à coup, dans les premiers jours du mois d'octobre, que, sur la demande du ministre de France, les prisonniers de Nagasaki allaient être élargis sans condition. Avant d'exécuter cet ordre, les officiers firent une dernière tentative qui eut un déplorable succès. Dix chefs des chrétiens soumis à la torture eurent le malheur de céder. Cet exemple entraîna tous les autres. Des bandits furent aussitôt envoyés à Ourakami pour détruire les chapelles des villages dont les habitants venaient de renier la foi.

Un seul eut le courage de résister. C'était un homme timide, que l'on avait jugé incapable de rendre compte de sa foi. Devant les juges, il eut d'admirables réponses. Son exemple et ses prières eurent les plus beaux résultats. Les apostats ne tardèrent pas à confesser de nouveau les croyances qu'ils avaient trahies.

« Des rétractations ont eu lieu, écrivait M. Cousin, le 19 octobre, au nombre de cinquante environ. Dès le soir de leur délivrance, trente-huit de ceux qui avaient apostasié, n'écoutant que leurs remords, se sont rendus chez le gouverneur. « Nous n'avons, lui ont-ils dit, apostasié que de bouche, par crainte de la torture. Pour réparer notre crime, nous sommes prêts à reprendre nos chaînes, prêts à souffrir et à mourir. » — Peu de jours après, dix autres voulaient suivre cet exemple; mais l'officier du quartier refusa de les conduire au gouverneur. Quant à ceux qui avaient fait leur rétractation, ils sont placés sous une surveillance rigoureuse; mais cela ne les effraie pas. »

Un changement manifeste se produisit bientôt dans les dispositions et dans la conduite des magistrats. Il y avait à Nagasaki un nouveau gouverneur qui tenait à se concilier l'affection des chrétiens. Les ministres et les vaisseaux des puissances chrétiennes étaient réunis à Osaka. La surveillance qui pesait sur les fidèles d'Ourakami s'adoucit peu à peu et cessa tout à fait à partir du 2 décembre. Les comparutions furent ajournées.

Mais la persécution ne s'était pas renfermée dans le territoire de Nagasaki : elle continuait de sévir dans les deux provinces d'Omoura et de Hidjen. Cent dix confesseurs de la foi avaient été jetés dans les prisons d'Omoura. « Ils n'étaient pas trop maltraités, disent les *Annales*, mais ils souffraient de la faim, et la prison, faite de planches mal jointes, les laissait exposés aux injures du vent et du froid. Leur constance ne se démentit pas. Quatre d'entre eux moururent, joyeux d'avoir été emprisonnés pour Jésus-Christ. Les chrétiens d'Ourakami n'oubliaient pas leurs frères d'Omoura. Un de ceux qui avaient eu le malheur d'apostasier voulut, pour expier sa faute, se consacrer à leur service. Accompagné d'un autre chrétien, il allait de temps en temps leur porter des secours et des encouragements. Les officiers s'en étant aperçus, les visites durent cesser. Plus tard, les chrétiens d'Ourakami trouvèrent dans leur pauvreté le moyen de procurer aux captifs des vêtements pour une somme d'environ huit cents francs.....

» La province de Hidjen a fourni ses confesseurs. Pour n'avoir pas souffert que les bonzes vinssent dans sa maison haranguer les chrétiens, un habitant de Courosaki fut arrêté au mois d'octobre et mis en prison à Foucahori, sous-préfecture située à trois lieues de Nagasaki. Les officiers se rendaient d'abord de temps en temps à Chits, où ils faisaient fustiger les chrétiens qui refusaient de se présenter dans les pagodes. Plus tard, ils en firent arrêter quatre-vingt-dix-sept sur différents points du territoire de Hidjen. On conduisit ces prisonniers à Tacadjima, petite île qui se trouve à l'entrée de la rade, et on les condamna à travailler dans des mines de charbon. Au mois de décembre, quelques-uns d'entre eux furent appliqués à la torture, et neuf incarcérés à Foucahori. De nouvelles arrestations vinrent grossir le nombre des confesseurs. Parmi ces derniers était le baptiseur de Courosaki. Arrêté une première fois à Ourakami, il avait apostasié dans la pensée que, n'étant point sur son territoire, il n'y avait pas pour lui obligation de se dire chrétien, et que sa présence était nécessaire à Courosaki pour enseigner aux autres à bien baptiser, et aussi pour les exhorter, en sa qualité de chef, à se montrer chrétiens fidèles. Triste raisonnement, mais où il mettait sans doute beaucoup de bonne foi, puisqu'il prêcha ensuite d'exemple et ne recula pas devant la prison. »

Les chrétiens japonais furent éprouvés au mois de décembre par la mort de M. Girard, provicaire. Mgr Petitjean, vicaire apostolique, était alors en Europe pour les intérêts de sa mission. Au mois de janvier 1868, une crise politique éclata dans le pays. Le taïcoun, dont le rôle devait se borner, en dehors de son gouvernement particulier, à servir d'intermédiaire avec les étrangers, s'était élevé insensiblement au-dessus de tous les autres princes, et avait fini par s'arroger tout le pouvoir temporel en ne laissant au micado que la suprématie religieuse. On l'accusait de despotisme à l'intérieur et de faiblesse avec les étrangers. Trois des daïmios levèrent l'étendard de la révolte, à l'occasion de l'ouverture officielle des ports de Hiago et d'Osaka au commerce des différentes nations. Les troupes du taïcoun furent battues; Osaka fut brûlé : le taïcoun lui-même fut obligé de se réfugier à Yédo sur son dernier territoire.

Au milieu des troubles de cette révolution, les vainqueurs affectèrent de respecter partout la vie des Européens. Mais les prisonniers chrétiens n'étaient pas délivrés, et l'on ne savait ce qu'il fallait attendre du nouvel ordre de choses pour la liberté religieuse. On eut bientôt la preuve qu'il ne fallait pas compter sur les dispositions des gouvernants. Le 8 février, le micado avait informé les agents des puissances européennes qu'en reprenant l'administration de l'empire, il s'engageait à maintenir l'exécution de tous les traités. Cette parole ne fut guère confirmée par les événements. Dès le 8 mars, dix matelots français, composant l'équipage d'une chaloupe du *Dupleix*, à Sakaï, furent assassinés, sans provocation aucune, par une bande de Japonais.

Dans le même temps, le gouverneur envoyé par le micado à Nagasaki, appelait vingt-deux chrétiens devant son tribunal.

« Tous, dit M. Laucaigne, missionnaire, avaient reçu ordre d'apporter leur sceau. « — Si c'est pour attester que nous sommes chrétiens, avait répondu le catéchiste, le sceau est inutile, tout le monde sait que nous le sommes. Si c'est un acte d'apostasie que l'on prétend nous faire sceller, il est plus inutile encore, puisque nous voulons à tout prix demeurer chrétiens. »

« Les confesseurs se sont mis en marche suivis d'une foule immense qui priait avec eux, et plus de trois cents personnes sont descendues pour attendre, près du palais du gouverneur, le résultat de l'interrogatoire. A l'entrée de la ville, l'officier qui les conduisait leur a offert de prendre un bateau, afin qu'ils n'eussent pas la confusion de défiler à pied sous les regards des payens.

» — Non! non! ont-ils répondu. Il n'y a pas de honte à être donné en spectacle à la foule, parce qu'on est chrétien.

» Pendant toute la route on les entendait murmurer des prières. Arrivés au palais, où quelques-uns d'entre eux avaient déjà subi plus d'un interrogatoire, ils furent conduits tous ensemble à la salle des audiences.

» — Est-il vrai, leur demanda-t-on, que vous pratiquez la religion de Jésus, la religion des Français?

» Le nom de Jésus, prononcé à la manière chinoise ne fut pas compris de nos chrétiens. Le catéchiste répondit :

» — Nous pratiquons le vrai christianisme.

» Cette réponse fut accueillie par un long discours plein d'invectives contre Notre Seigneur Jésus-Christ. L'argumentation se réduisait à ceci : Le christianisme est la religion des Français seuls, les autres nations de l'Europe ne la pratiquent point; donc elle est mauvaise. Ce sont les ancêtres du micado qui ont tout fait; est-il raisonnable de mépriser les ancêtres, pour suivre une doctrine étrangère dont les docteurs n'ont d'autre but que de gagner peu à peu toute la nation, afin de la livrer à leurs compatriotes? D'ailleurs, quoi de plus insensé que d'adorer un crucifié?

» Les blasphèmes proférés alors par l'officier furent tels, que le catéchiste se crut obligé de reprendre la parole, et d'exposer le mystère d'un Dieu se substituant volontairement à l'homme coupable pour le racheter et lui ouvrir le ciel. Mais il fut aussitôt interrompu.

» — Qui es-tu pour oser élever la voix en face de tes maîtres?... Il faut abandonner cette religion ou te résigner à la mort. Choisis.

» — Je ne puis cesser d'être chrétien.

» — Pensez-vous tous ainsi?

» — Oui, tous, ont-ils répondu en s'inclinant jusqu'à terre.

» La même question leur a été adressée trois fois et à de courts intervalles, que l'on ménageait pour leur donner le temps de réfléchir; trois fois les confesseurs ont fait la même réponse.

» — Vous êtes venus ici les oreilles fermées, et décidés à ne pas nous entendre. Si dans vos familles, les enfants et les femmes refusaient d'obéir au chef, qu'arriverait-il? Tout irait mal, et, pour rétablir l'ordre, il faudrait employer les châtiments. Eh bien! au Japon il y a un chef de l'empire; tous lui doivent obéissance.

» — Nous lui sommes soumis. Qu'on nous permette seulement d'être chrétiens, et le gouvernement n'aura pas de serviteurs plus fidèles que nous.

» — Vous désobéissez dès lors que vous suivez une religion étrangère. Ne voyez-vous pas que vous serez mis à mort, et que vos familles seront poursuivies? Retirez-vous. Consultez vos femmes, vos enfants, vos amis; peut-être seront-ils plus sages que vous. Allez!

» La séance fut levée. Nos chrétiens qui avaient vu en entrant au palais, une dizaine de bourreaux placés là sans doute pour les intimider et donner plus d'éclat à l'audience, s'étonnèrent d'en être quittes à si bon marché. Il est vrai que tout n'est pas fini. Le gouverneur fera part en haut lieu du résultat de son enquête; tout dépendra des dispositions de ceux qui sont présentement au pouvoir, et ces dispositions dépendront beaucoup elles-mêmes de l'attitude de la France dans l'affaire de Sakaï. Le prince de Satsouma, auteur principal de la révolution actuelle, est, dit-on, moins contraire au christianisme que l'ancien taïcoun.

» Nous sommes sans nouvelles des chrétiens d'Omoura. Trois d'entre eux, qui craignaient de perdre courage, ayant réussi à s'évader, les gardes ont redoublé de vigilance, et il devient désormais impossible de pénétrer jusqu'à nos chers prisonniers. »

Le ministre de France obtint les réparations qu'il demandait pour le meurtre de Sakaï. Vingt des principaux assassins furent condamnés à mort. Le micado fit présenter des excuses et l'expression de ses regrets. Une indemnité de 150,000 piastres fut promise aux familles des victimes. Mais rien ne fut stipulé quant au libre exercice de la religion chrétienne.

Pendant que l'Eglise déployait partout sa vitalité surnaturelle, pendant que des femmes, des enfants, des ignorants triomphaient des menaces, de la séduction et de l'habileté, une commotion profonde, présage de bouleversements inouïs, avertissait l'Europe des dangers de cette politique révolutionnaire, hostile au christianisme, que Napoléon III avait inaugurée ouvertement depuis la guerre d'Italie.

En terminant le récit de la première période du pontificat de Pie IX, nous avions à constater l'heureuse situation des puissances catholiques, unies dans un sentiment commun d'affection et de dévouement envers le Saint-Siège. En se jetant dans les aventures mazziniennes et garibaldiennes, en favorisant plus ou moins franchement les théories et les visées de M. de Cavour, Napoléon III avait rompu ce faisceau, ruiné cette force, causé un ébranlement qui devait amener les plus grands désastres. Aussi dans les derniers événements que nous avons racontés, avons-nous vu l'Angleterre ironique et dédaigneuse, la Russie insolente, tandis que la France paraissait sur tous les points, inquiète, indécise, hésitante, c'est-à-dire faible.

Mais c'était en Allemagne que la grande politique conservatrice avait reçu le choc le plus terrible. Dans les journaux, dans les brochures, dans les discussions du Sénat et du Corps législatif, les catholiques n'avaient pas cessé d'attirer l'attention du gouvernement français sur les dangers que l'affaiblissement de l'Autriche créait pour l'équilibre européen et pour la grandeur de la France. Nos intérêts se confondaient avec ceux de l'Autriche, et nous n'avions rien à craindre d'elle. Au contraire, la Prusse était pour nous une ennemie et pouvait devenir une rivale redoutable, si, comme il était à craindre, on laissait l'unité italienne se constituer et produire l'unité allemande. Les ennemis de la France et de Napoléon III se joignaient à leurs amis pour avertir l'Empereur. M. Lassalle, le chef des socialistes d'outre-Rhin, avait publié en 1859 une brochure où il représentait Napoléon III marchant fatalement à la consécration de cette unité germanique, qui un jour ne manquerait pas de l'écraser. Le gouvernement français resta sourd et aveugle.

A Berlin on était aussi actif que clairvoyant, et l'on s'occupait sérieusement de profiter du mouvement unitaire qui avait été suspendu depuis 1848. Les libéraux de tous les pays étaient sympathiques à la Prusse, non par amour de la liberté, car Frédéric-Guillaume IV, qui avait prêté serment à la charte, ne se faisait pas faute de restreindre continuellement les franchises octroyées; mais par haine de l'Autriche et du catholicisme. Le premier pas vers l'accomplissement des projets prussiens avait été fait par l'institution du *Zollverein*, union douanière de l'Allemagne sous la présidence de la Prusse. Ce lien subsistait après le triomphe de l'Autriche en 1850. Le prince Guillaume, frère du roi, se montrait ouvertement décidé à seconder les aspirations nationales. Il se concilia les sympathies de tous les révolutionnaires en acceptant, en 1854, la présidence de toutes les loges de la franc-maçonnerie prussienne. En 1858, le roi était tombé en enfance; Guillaume exerça le pouvoir souverain sous le titre de régent, en attendant que la mort de son frère, au mois de janvier 1861, lui permît de monter sur le trône. Une réunion de libéraux se tint à Eisenach le 17 juillet 1859 et fonda la société nationale, la *Nationalverein*, qui, pour atteindre à l'unité, demandait l'établissement d'un pouvoir central assisté d'un parlement germanique, et proposait que la Prusse fût chargée provisoirement de la direction militaire et diplomatique de l'Allemagne. C'était la réalisation des idées émises par Lassalle dans la brochure dont nous venons de parler. Mais la Prusse, tout en ouvrant la route à ces plans révolutionnaires, était dirigée par des hommes qui entendaient commander le mouvement et non le suivre. Berlin approuva les tendances unitaires du programme d'Eisenach, et trouva qu'il était trop tôt pour essayer de jeter l'Autriche hors de la Confédération en acceptant l'hégémonie.

Le régent avait d'ailleurs compris parfaitement combien l'aventure de Napoléon III en Italie servait ses vues ambitieuses. Aussi s'efforça-t-il de contenir l'émotion des petits Etats qui voulaient prêter secours à l'Autriche dès le commencement de la guerre; lui ne consentit à la mobilisation des troupes fédérales qu'après la bataille de Solférino, quand il était certain que l'Autriche sortirait de la lutte affaiblie et humiliée. Napoléon III recula devant la Prusse et conclut la paix à Villafranca. L'empereur François-Joseph rentrait à Vienne avec l'amer sentiment de l'abandon dans lequel l'Allemagne l'avait laissé, et de l'isolement que le prince Guillaume, à l'aide des préventions soi-disant libérales, était parvenu à créer autour de lui. Il se crut obligé de faire au libéralisme et aux tendances particulières de ses divers Etats des concessions qui ne plurent guère à la majorité du peuple et qui, loin de fortifier sa position, ne firent que le jeter dans des embarras et des perplexités sans fin. Le concordat de 1856 fut maintenu, mais les confessions religieuses séparées obtinrent des avantages qu'elles réclamaient. Diverses patentes concoururent à former une constitution qui créait deux grandes divisions dans l'empire, mettant la Hongrie à part, et reliait les deux parties de la monarchie au moyen du Reichsrath, du conseil des ministres et de la souveraineté impériale. La presse recevait aussi une plus grande liberté. L'année 1860 ne s'écoula pas sans amener un changement de ministère. M. de Schmerling ramena une centralisation politique plus forte. L'empereur rétablit complètement le régime constitutionnel. Mais la Hongrie, la Croatie, la Transylvanie et le Tyrol italien refusaient d'envoyer leurs députés au Reichsrath et de se rallier à la nouvelle constitution. L'empereur la suspendit au mois de septembre 1865.

Ainsi affaiblie à l'intérieur, l'Autriche était peu à craindre pour la Prusse. Guillaume flatta l'empereur Napoléon et se prépara un allié au delà des Alpes en reconnaissant le royaume d'Italie à la date du 21 juillet 1862. Au mois d'août de la même année, il obtint du gouvernement français un traité de commerce, dont les stipulations s'appliquaient aux différents Etats du Zollverein, sans que ces Etats eussent été appelés à prendre part aux négociations ni à donner leur signature. C'était attribuer à la Prusse une véritable souveraineté sur ces pays : les ministres français refusèrent d'écouter les réclamations des gouvernements dont l'indépendance était méconnue à ce point. Quant au cabinet de Berlin, il menaça, si l'on insistait, de rompre l'union douanière. On voyait que déjà il se sentait bien fort. Néanmoins l'Autriche eut encore assez d'influence pour empêcher l'exécution de ce traité.

Tout en évitant de rien risquer, Guillaume se préparait pour l'exécution de ses desseins. Au mois de septembre 1862, il confia la présidence du conseil des ministres au comte de Bismark-Schœnhausen, partisan déclaré de l'unité allemande, intelligence élevée et ferme, volonté indomptable, homme résolu à tout, énergique et prévoyant, laissant de côté les principes et ne voyant que son but, adroit, connaissant le cœur humain, sachant faire jouer les ressorts des passions, et qui avait acquis, comme ambassadeur auprès de différentes cours, notamment à Saint-Pétersbourg et à Paris, une profonde connaissance des hommes d'Etat et de la situation politique de l'Europe. A partir de ce moment, c'était le comte de Bismark qui allait conduire la Prusse à ses destinées. Pour exécuter les plans du grand ministre, il fallait un grand militaire, non moins dévoué à l'agrandissement de son pays. Guillaume le possédait dans la personne du baron de Moltke, travailleur infatigable, disciple de Frédéric II et de Napoléon Ier, qui avait déjà dressé, en 1859, comme chef de l'état-major prussien, le plan d'une expédition contre la France.

L'antagonisme entre la Prusse et l'Autriche se déclarait de plus en plus. Au mois d'août 1863, François-Joseph convoqua tous les souverains de la confédération germanique à Francfort pour élaborer une nouvelle constitution de la confédération : le roi de Prusse refusa d'assister au congrès, et par là même en rendit les travaux impossibles. Le gouvernement prussien n'était pas moins inflexible à l'intérieur. Pendant que le cabinet de Vienne tournait au vent de l'opinion, M. de Bismark menait les députés de son pays avec une verge de fer. Il leur déniait carrément le droit de voter aucune réduction dans les dépenses militaires, passait les années 1862 et 1863 sans budgets régulièrement établis, donnait la main à la Russie contre la Pologne malgré l'opinion, suspendait ou restreignait les libertés constitutionnelles, et ne tenait nul compte des manifestations de la chambre ou des électeurs.

Ce fut dans l'affaire des duchés danois que ce gouvernement commença de déployer, en face de l'Europe, son double caractère de violence et de ruse. Le roi de Danemark, Frédéric VII, en faveur de qui le traité de Londres, en 1852, avait réglé la question des duchés, mourut à la fin de 1863. Son successeur, Christian IX, s'empressa d'incorporer le Sleswig à la monarchie danoise, comme c'était son droit, et de resserrer la dépendance du Holstein tout en lui laissant son administration locale. Aussitôt, soutenu par la confédération germanique et par le Nationalverein, le duc d'Augustenbourg revendiqua les droits auxquels il avait solennellement renoncé en 1852, et le Holstein est occupé sans coup férir par les troupes saxonnes et hanovriennes. Ce n'était pas le compte de la Prusse, qui convoitait les duchés et surtout le port de Kiel. Elle se résout à substituer ouvertement son action à celle de la confédération qui ne voulait s'occuper que du Holstein, et l'Autriche, craignant de voir sa rivale profiter de cette occasion pour acquérir la prépondérance de l'influence et de la gloire, se décide, de son côté, par un calcul politique aussi faux que déshonorant, à marcher avec elle. Cette fois l'intérêt de l'Angleterre était du côté de l'humanité et de la justice. Mais le gouvernement français était déjà lié à la politique de Bismark : au lieu d'appuyer les protestations du cabinet de Saint-James, comme le demandaient une saine politique et le respect des traditions et des traités, le cabinet des Tuileries se montra disposé à laisser agir la force brutale. La Grande-Bretagne, ne se piquant pas de courage, se tût à son tour. Les Danois furent héroïques : pendant plus d'un mois ils surent arrêter devant les retranchements de Duppel des forces quatre fois supérieures, appuyées d'une artillerie considérable. A la fin ils furent écrasés. Abandonné de tous les signataires du traité de Londres, délaissé honteusement par ces gouvernements de l'Europe qui dépouillaient le Pape, assistaient impassibles au martyre de la Pologne et de l'Irlande, et se courbaient devant le czar, Christian IX, n'ayant pour lui et pour son peuple que la justice, l'honneur, la bonne foi et la gloire du courage, dut signer, le 30 octobre 1864, la paix de Vienne, par laquelle il cédait à l'Autriche et à la Prusse les duchés de Holstein et de Sleswig, le Lauenbourg et l'île d'Alsen.

La Prusse avait expulsé, sans plus de ménagement, l'armée fédérale du Holstein, et l'avait remplacée par ses propres troupes, malgré les protestations impuissantes de la confédération. On apprenait à s'aplatir sous le talon éperonné de la Prusse. Chose dérisoire et grotesque ! Ces duchés, que la force brutale venait de confisquer par le traité de Vienne, furent l'objet, au mois d'août

1865, d'une solennelle décision des jurisconsultes prussiens. Bismark disait aussi à sa manière : Nous avons des juges à Berlin. Cette décision établissait trois points : 1° la maison de Augustenbourg n'a aucun droit à la possession totale ou partielle des duchés; 2° le grand-duc d'Oldenbourg, dont les prétentions avaient d'abord été mises en avant par la Russie, n'a de droit éventuel que sur l'héritage de la maison Gettorp; 3° en vertu de la loi de succession du 31 juillet 1853, il n'y a de légalement valables que les droits de Christian IX, qui ont été cédés à la Prusse et à l'Autriche par les traités de Vienne du 30 octobre 1864.

Ainsi tous les prétendants étaient joués et tous les droits escamotés. Le roi de Prusse avait encore à jouer l'empereur d'Autriche : c'est à cela que servit la convention de Gastein. Les deux souverains se partagèrent leur conquête. L'Autriche eut l'administration du Holstein, et la Prusse celle du Sleswig. Mais cette dernière puissance avait eu soin de stipuler des conditions qui constituaient en sa faveur de grands avantages, surtout en vue des éventualités de l'avenir. Elle devait être chargée des fortifications de Kiel, devenue port fédéral; elle se réservait la possession de deux routes militaires de Hambourg à Rendsbourg, et de Lubeck à Kiel : elle était autorisée à construire un canal joignant la mer du Nord à la mer Baltique; elle prenait possession du Lauenbourg sur lequel l'Autriche lui cédait ses droits moyennant une indemnité pécuniaire; les duchés entraient dans le Zollverein.

Le gouvernement français avait tout laissé faire. Quand la convention de Gastein fut connue, elle souleva l'indignation de tous les honnêtes gens, les alarmes du patriotisme français et les inquiétudes légitimes de tout le parti conservateur en Europe. M. Drouyn de Lhuys, ministre des affaires étrangères en France, écrivit avec indignation contre cette consécration scandaleuse de la conquête la plus inique et la plus violente qu'on ait jamais vue, et ce fut tout. Au fond, la conduite de la Prusse était-elle autre chose que la répétition de ce qu'on avait vu et approuvé en Italie? Puis on ne pouvait pas perdre de vue l'achèvement de l'unité italienne.

Après avoir mis le pied sur les duchés danois, avec la coopération de l'Autriche, Bismark s'occupa immédiatement de pousser sa politique contre l'Autriche même et de commencer ouvertement l'œuvre de l'agglomération allemande. Ses intrigues et ses préparatifs étaient notoires pour toute l'Europe. Le gouvernement français continua de garder la même attitude équivoque qui pouvait être qualifiée également d'inertie, d'aveuglement, de faiblesse ou de complicité. M. le comte Benedetti, ambassadeur de France à Berlin, a publié pour sa justification un livre intitulé : *Ma mission en Prusse*. Il résulte de cet ouvrage que l'ambassadeur, chargé uniquement de renseigner son gouvernement, ne savait rien ni des projets de Napoléon III ni de ceux de Bismark, et qu'il ne parvenait à rien pénétrer de ce qui se combinait autour de lui. Bismark eut l'habileté d'intéresser l'empereur des Français à son entreprise, en lui faisant entrevoir la conquête possible de la Vénétie par le Piémont dans le cas où celui-ci prendrait part à la guerre contre l'Autriche.

Le royaume d'Italie, autorisé par son premier fondateur et bienfaiteur, conclut donc une alliance offensive et défensive avec la Prusse, l'éternelle ennemie de la France. Napoléon III et Bismark avaient eu une entrevue à Biarritz : on devait apprendre bientôt par les événements que cet entretien était le digne pendant et la conséquence fatale de ceux de Plombières et de Chambéry.

En 1866, la Prusse qui, malgré les puissances, venait, par des machinations aussi habiles qu'effrontées, de donner le gouvernement des principautés danubiennes à un simple chef d'escadron prussien, le prince Charles de Hohenzollern-Sigmaringen, prétendit obtenir de l'Autriche l'administration exclusive des duchés danois; elle s'était énergiquement préparée à la guerre, où devait conduire cette demande. En répondant par un refus, l'Autriche dut prendre à son tour quelques mesures de précaution. M. de Bismark prit alors le rôle de victime, et cria bien haut que, pour ne pas être écrasée, il fallait que la Prusse se mît en état de se défendre. Pour la satisfaire et lui donner complètement tort, l'Autriche consentit au désarmement : le cabinet de Berlin prétendit que ce désarmement s'effectuait mal et d'une manière dérisoire.

Cependant toute l'Europe était émue, et surtout la France. A la Chambre des députés, M. Thiers prouva, dans une mémorable harangue, qu'il était urgent d'arrêter la Prusse : « Vous n'avez plus qu'une faute à commettre, » criait-il au gouvernement. Avec M. Thiers étaient tous les catholiques, les conservateurs éclairés, la masse du pays, et même des hommes du Centre, ces amis de l'empereur et des ministres à qui l'on reprochait de suivre aveuglément la direction du maître. Malheureusement on n'avait pas été assez frappé de la gravité de la situation : on ne se rendait pas bien compte de la position et de la marche de la Prusse. Les sinistres clartés qu'avait fait luire M. Thiers furent écartées par M. Rouher. Celui-ci effraya la paisible majorité par la perspective d'un vote favorable à l'opposition dynastique. Il était d'ailleurs appuyé, en cette circonstance, par tous les sophistes révolutionnaires de la Chambre et des journaux, par tous ces amis de l'unité italienne, les Jules Favre, les Emile Ollivier et autres, qui ne voyaient dans l'extension de la Prusse que l'avantage du faux libéralisme, l'abaissement du catholicisme et le bouleversement de l'ordre ancien. Le même spectacle se produisait dans toute l'Europe. En Allemagne, en Autriche même, en Espagne, en Italie, la Prusse voyait à son service toutes les forces soi-disant libérales : protestants, francs-maçons, juifs, incrédules, révolutionnaires de toutes nuances. Le gouvernement français et l'opposition révolutionnaire s'unirent donc à la Chambre des députés pour compléter solennellement cette trahison de la patrie, qui avait déjà déshonoré les noms de Plombières, de Chambéry et de Biarritz. Effrayée des orages qui s'amoncelaient, des abîmes qui se creusaient de toutes parts, redoutant d'affaiblir encore le gouvernement, la majorité crut devoir céder aux supplications de M. Rouher qui lui demandait un vote de confiance : elle le donna non sans un sentiment de confusion et de tristesse que le pays partagea. Fatale détermination qui permettait à Napoléon III de laisser écraser l'Autriche et d'ouvrir le champ à la Prusse !

La Prusse leva le masque. Elle déclara dissoute la diète qui refusait de prendre parti pour elle, et envahit le Holstein. Attaquée en même temps par l'Italie, l'Autriche fut obligée de diviser ses forces. Le 20 juin, la flotte italienne fut battue par le vice-amiral Tegethoff, et le 24 juin l'archiduc Albert mit l'armée de terre en déroute à Custozza. Mais l'armée prussienne, conduite par Moltke, s'emparait du Hanovre, coupable d'avoir voulu rester neutre, de la Hesse-Cassel, de la Saxe, dont le roi s'était retiré près de l'empereur d'Autriche, envahissait la Bohème, et après plusieurs victoires remportées au pas de course, écrasait le 3 juillet, à Sadowa, entre Josephstadt et Kœniggraëtz, l'armée autrichienne commandée par le général Bénédek. Tel est le résumé que M. Chantrel fait de cette rapide campagne.

Pour expliquer ces foudroyants succès, il faut les attribuer à deux causes différentes : d'abord à l'organisation puissante de l'armée prussienne et à la perfection de son armement, puis à la trahison libérale et maçonnique qui avait jeté le désarroi en Autriche. Ce coup de tonnerre frappa l'Europe de stupeur. Les bourgeois libéraux de Vienne demandèrent que cette capitale fût déclarée ville ouverte. Ainsi pressé de se rendre, au lieu de faire appel aux énergiques populations catholiques de ses Etats, François-Joseph s'en remit, dès le 5 juillet, à l'arbitrage de l'empereur des Français. C'est ce qui amena les préliminaires de paix conclus à Nicolsbourg le 26 juillet, et le traité définitif signé à Prague le 23 août.

Comme on l'avait prévu, l'un des résultats de la guerre fut d'ajouter quelque chose aux proies que le Piémont avait déjà dévorées. Le nouveau royaume d'Italie fut reconnu par l'Autriche. François-Joseph céda la Vénétie à Napoléon, qui la remit à Victor-Emmanuel, en récompense des honteuses défaites essuyées à Custozza et à Lissa, par les assassins de Castelfidardo et d'Ancône. Jamais l'impur trafic des peuples ne s'était fait aussi impudemment qu'en ce siècle de vœux populaires, de suffrage universel et de principes libéraux.

La confédération germanique était brisée, la diète définitivement dissoute, l'Autriche bannie du concert des puissances allemandes. La Prusse s'incorpora le duché de Lauenbourg, le Hanovre, la Hesse-Electorale, le territoire de Francfort et de Nassau, et les duchés de Holstein et de Sleswig. Les malheureux habitants de plusieurs de ces pays, principalement du Hanovre, aimèrent mieux émigrer que de subir la tyrannie prussienne. Mais la Prusse était forte. De dix-neuf millions d'habitants elle s'était élevée à vingt-trois millions. La nouvelle confédération qu'elle avait reçu l'autorisation de créer et de constituer en s'en réservant la direction, comprenait les six millions d'habitants de la Saxe et de tous les Etats situés au nord du Mein, ce qui portait à trente millions la population que le roi de Prusse tenait sous son autorité. L'article 5 du traité de Prague portait que « les duchés de l'Elbe seraient réunis à la Prusse, sauf les districts du nord du Sleswig, dont les populations, librement consultées, désireraient être rétrocédées au Dane-

mark. » M. de Bismark prit tout le Sleswig et trouva d'impudents sophismes pour repousser les réclamations du Danemark et de la France; il fit même, en vue d'une absorption complète de la monarchie danoise, des tentatives que le patriotisme seul des habitants sut déjouer par leur attitude aux élections. Par l'article 4 du même traité, le roi de Prusse déclarait « consentir à ce que les Etats situés au Sud de la ligne du Mein forment une association dont l'union nationale avec la confédération du Nord demeurait réservée à un arrangement ultérieur, et qui aurait une existence internationale et indépendante. » Dès le mois d'août, cet article fut violé, sinon dans sa lettre, au moins dans son esprit, par des traités secrets conclus avec les quatre Etats du Sud : le Wurtemberg, Bade, la Bavière, la Hesse-Darmstadt. Tous ces traités contenaient une alliance offensive et défensive. « Les hautes parties contractantes se garantissaient mutuellement l'intégrité de leur territoire, et s'engageaient à mettre, en cas de guerre, à la disposition de l'une ou de l'autre, toutes les forces militaires possibles. Le commandement en chef du contingent fourni dans cette éventualité était transmis au roi de Prusse. » Ces traités ne furent connus qu'au mois de mars 1867. La Prusse alla plus loin. Elle obtint que des officiers prussiens fussent chargés, dans la Hesse et dans le grand-duché de Bade, de l'instruction des soldats, et elle ne cessa de travailler à introduire dans le Sud le système militaire prussien.

Ces mesures étaient spécialement dirigées contre la France. Après Sadowa, le peuple français, avec cet admirable instinct de patriotisme qui ne trompe guère les masses, avait compris qu'il avait été indignement trahi. Pour le coup, l'éloquence de M. Rouher ne pouvait plus suffire à le désabuser. Cependant ce ministre et ses collègues essayèrent de justifier philosophiquement les agrandissements de la Prusse, par une raison semblable à celle que Voltaire proposait à Frédéric II pour sanctionner le démembrement de la Pologne : « En philosophie, la figure ronde est la plus parfaite. » M. Rouher dit que jusque-là le territoire prussien s'était composé que de trois tronçons séparés, et qu'il était juste de le voir s'arrondir. C'était le cynisme de Voltaire affectant une solennité qui lui donnait un caractère parfaitement hideux et grotesque. Plus tard, le même orateur fut contraint d'avouer, devant la Chambre, « les angoisses patriotiques » qui avaient saisi le gouvernement après la bataille de Sadowa. Effectivement ces angoisses s'étaient trahies, et le peuple ne s'y était pas trompé. Des changements de ministres, surtout au département de la guerre, indiquaient qu'on s'était préoccupé de la situation des forces militaires de la France, et qu'on l'avait trouvée peu satisfaisante. C'était en vain que Napoléon III faisait afficher triomphalement les dépêches qui annonçaient son arbitrage et la cession de la Vénétie entre ses mains : personne ne prenait le change. Il était évident que l'élévation soudaine de la première puissance protestante de l'Allemagne avait porté un coup fatal à la puissance française et demeurait pour l'avenir une menace incessante. On a su depuis que Bismark avait laissé espérer à Napoléon, en récompense de sa complaisante neutralité, une rectification de frontières sur les bords du Rhin. C'était une duperie. Quand même cette promesse eût été accomplie, elle n'aurait servi qu'à créer de plus grands embarras pour la France en excitant l'inquiétude en Allemagne. Après la victoire, Guillaume refusa de rien céder, disant qu'il ne pouvait rien sacrifier du territoire allemand. Le cabinet des Tuileries insista et se montra menaçant. Bismark, racontant ces faits au parlement germanique, a dit que ces déclarations menaçantes avaient été arrachées à l'empereur Napoléon pendant une maladie, et que le gouvernement français, en les retirant, avait donné ce motif d'excuses. L'histoire n'a rien à ajouter pour infliger aux complices français de Bismark le châtiment qu'ils méritent. A l'ouverture des Chambres, en 1867, l'empereur, pour faire l'apologie de sa politique, eut besoin de recourir sur les agglomérations qui arrivent fatalement à des théories aussi malheureuses que celle de M. Rouher. L'empereur annonçait en même temps que le pays devait augmenter ses forces défensives. C'était avouer implicitement, quoiqu'il refusât d'en convenir, que la grandeur du pays avait subi une atteinte. On se hâtait en même temps de fabriquer de nouveaux fusils, égaux ou supérieurs au fusil prussien dit à aiguille, qui avait contribué à l'écrasement de l'armée autrichienne. Ayant abandonné tout principe, on ne pouvait plus compter que sur la force, et l'abandon des principes avait fait passer la force en d'autres mains. N'ayant pu obtenir les bords du Rhin, le cabinet des Tuileries voulut au moins acquérir le Luxembourg. Le roi de Hollande y consentait, et les populations du grand-duché auraient voté l'annexion à la France avec la même ardeur que les duchés danois mettaient à repousser la domination prussienne. M. de Bismark se fit interpeller à ce sujet par soixante-dix députés du Reichstag ou parlement du Nord : le 1er avril 1867, il répondit que les Etats confédérés étaient décidés à sauvegarder les droits incontestables d'Etats allemands et de peuples allemands. A une telle déclaration il n'était possible de répondre que par les armes. Toute la France le sentit, mais la France n'était pas prête pour la guerre, et le gouvernement dissimula. Voilà où les conséquences de la politique de lord Palmerston et de Cavour, adoptée par Napoléon III, avaient conduit, en quelques années, la grandeur de notre pays, l'équilibre européen et le droit public. Cependant, une conférence qui se réunit à Londres, le 7 mai, termina cette affaire en arrêtant que la garnison prussienne évacuerait la forteresse du Luxembourg, qui serait rasée, que le grand-duché resterait indépendant sous le sceptre du roi de Hollande, et que le Limbourg hollandais serait affranchi de toute espèce de lien avec la Prusse et l'Allemagne. On remarqua que la démolition de la forteresse de Luxembourg ne s'était exécutée que très-imparfaitement. Il n'y avait plus de sécurité ni de calme, l'état dans lequel on vivait s'appelait la *paix armée*, le sol tremblait, on attendait tous les jours la guerre et les catastrophes. Telle était cette société qui reprochait à Pie IX d'avoir hautement condamné les principes qu'elle professait.

Pie IX, appuyé sur la Justice et la Vérité, dominait cette agitation universelle, et lui, le plus faible et le plus délaissé, paraissait seul calme dans l'ébranlement de toutes choses. Le jour de Noël 1865, après avoir reçu les vœux des cardinaux, il leur avait répondu :

« On est à cette heure en présence des hérétiques et des philosophes, qui se ruent sur l'Eglise pour la détruire de fond en comble. C'est de tous les points à la fois; la lutte est universelle, formidable : c'est la reproduction de la tempête qui assaillait la barque sur le lac de Génésareth, cette tempête pendant laquelle le Seigneur dormait. Jésus semble dormir aujourd'hui. Nos prières, nos souffrances n'ont pu le réveiller. Nos fautes peut-être, et peut-être aussi les desseins insondables de sa providence prolongent-ils le sommeil......

» Le sommeil du Christ sera passager, et le jour viendra où le Christ, se levant, commandera aux vents et à la mer, et il se fera un grand calme, *tranquillitas magna.* »

Au mois de février 1866, il donna une nouvelle preuve de sa sollicitude en faveur de cette Angleterre dont les gouvernants avaient si puissamment contribué à le dépouiller de ses Etats. Il fit solennellement la bénédiction et la pose de la première pierre d'une église qui allait s'élever, en l'honneur de saint Thomas de Cantorbéry, près du collège anglais de Rome. Il prononça une homélie à cette occasion. Après avoir célébré les louanges du martyr de la liberté ecclésiastique, le Pape jetait les yeux sur l'Angleterre et retraçait les ravages de la réforme :

« Dieu, s'écriait-il, semblait avoir oublié ses enfants. Mais non; une mère oublierait plutôt son premier-né que Dieu ne nous oublie.

» Et voilà qu'en Angleterre les églises se multiplient. Des couvents, des missions, des écoles, des hôpitaux, des établissements pieux s'élèvent de toutes parts; et nombre d'âmes privilégiées, de ces âmes que les vertus naturelles avaient ornées, se convertissent à la vraie foi.

» Ces âmes rentrent dans l'unité; elles reconnaissent l'autorité. Et, je le dis, l'autorité est ici; c'est ici qu'il faut la chercher.

» Je te salue, sainte Eglise catholique, apostolique et romaine, dont je suis l'indigne Vicaire et le Chef, et je me réjouis de voir tes fils répandus sur tous les points du monde, malgré les puissances ennemies.

» O Eglise sainte, que sous ton ombre accourent ceux qui ne te connaissent pas.

» Et toi, Christ, fais que ton Esprit les unisse les uns aux autres.

» Vous devez être comme les pierres de ce sanctuaire que nous allons élever, pierres spirituelles destinées à former ensemble dans la foi et dans la charité l'Eglise de Jésus-Christ.

» Estimez-vous heureux d'être les pierres de l'Eglise militante, afin de servir à la construction de l'Eglise triomphante, et supportez patiemment les mortifications, ces coups de marteau de l'Artiste divin, qui sait dans sa miséricorde quelles formes, quel poli doivent être donnés aux pierres spirituelles avant qu'elles soient mises en place.

» Je confirme ces vérités, et je prie Dieu de vous bénir en vos âmes et dans vos familles. Qu'il augmente en vous la force et l'esprit catholiques; qu'il vous assiste dans la vie, et qu'à la dernière heure il renouvelle l'abondance de ses bénédictions, afin que vous montiez à lui en prononçant son saint nom. »

Cette magnanime figure du Vicaire de Jésus-Christ commandait le respect, inspirait l'admiration, à ceux-là mêmes dont les hérésies faisaient les adversaires de son autorité religieuse. Témoin ces paroles du représentant des États-Unis à Rome, dans une fête donnée à ses compatriotes, à l'occasion d'un anniversaire national, dans le courant du mois de mars 1866 :

« Tranquille, austère, sublime et plein de confiance quand autour de lui tout est confusion, le Saint-Père va son droit chemin. Avec peu d'argent et quelques hommes armés, il maintient le grand dépôt qui lui a été confié. *S'appuyant sur son Dieu, il reste ferme et croyant; advienne que pourra.*

» Nous avons tous lu dans notre jeunesse ce que l'on rapporte de ces nobles sénateurs de la vieille Rome qui, lorsque les Barbares eurent donné l'assaut à la Ville éternelle, restèrent assis avec une dignité calme sur leurs chaises curules, au milieu du forum, prêts à faire le sacrifice de leur vie, si besoin était, mais non pas à abandonner leur poste.

» Non moins sublime nous semble l'attitude du saint vieillard qui occupe actuellement le siège pontifical, et qui, ne prenant conseil que de son devoir et de sa foi, demeure ferme et sans trouble au milieu de la tempête grondant autour de lui. Quelles que soient les différences d'opinion, il est impossible de ne pas admirer la grandeur de ce caractère, fidèle au devoir et à la conscience. »

Au 17 juin suivant, anniversaire de l'élection du souverain Pontife, le sacré collège venait de lui offrir ses vœux et ses félicitations. Il répondit par une allocution qui impressionna vivement toute l'assemblée et dont voici à peu près les termes :

« Je reçois avec un sentiment de vive satisfaction et d'intime consolation les témoignages si affectueusement exprimés que m'adresse le sacré collège. Je lis dans vos cœurs. Oui, nous avons confiance dans le Seigneur au milieu de nos terribles épreuves. Des hommes qui, pour tant de motifs, devraient être attachés au Saint-Siège, en offensent et foulent aux pieds les droits de la façon la plus criminelle; ils martyrisent les ministres du sanctuaire, qu'ils devraient protéger; ils chassent ces vénérables évêques (ici le Pape désigne de la main plusieurs prélats exilés qui sont dans l'assemblée; quelques-uns ont perdu jusqu'aux insignes de leur ordre épiscopal); ils emprisonnent prêtres et laïques, uniquement en haine de la religion; ils dépouillent les églises, les lieux pieux, suppriment les ordres religieux, parmi lesquels quelques-uns peut-être n'étaient pas à l'abri de tout reproche, mais qui, en masse, étaient l'honneur, l'ornement et la force de l'Église, resplendissante de leur belle et bienfaisante variété. De tels hommes attirent sur leurs têtes les foudres de la colère céleste et les anathèmes de l'Église, anathèmes qu'ici je renouvelle solennellement.

» Devons-nous invoquer contre eux le châtiment prononcé par Pierre contre Ananie et Saphire, bien moins coupables pourtant? Non. Prions Dieu plutôt de leur inspirer la componction dont fut saisi le bon larron mourant à côté de Jésus-Christ, et qui mérita d'entendre cette parole : *Mecum eris*. Ah! prions et espérons qu'un jour, repentants de tant d'injustices et d'iniquités, ils entendront cette même parole : *Mecum eris*. Cependant, jusqu'à ce que ce jour arrive, nous avons, nous, un devoir à remplir, celui de résister fortement à leur volonté impie. Quand ils commandent l'injustice, nous n'avons qu'à répéter la réponse des apôtres : *Obedire oportet Deo magis quam hominibus*. La volonté perverse des hommes ne saurait jamais l'emporter sur celle de Dieu, comme cherchent pernicieusement à l'insinuer des hommes qui, coupables en partie des calamités présentes, mêlent l'erreur à la vérité, affaiblissent l'idée antique et indestructible de l'autorité, et se figurent follement pouvoir ainsi vaincre le monde. Mais on ne peut vaincre le monde que par la confiance en Dieu, par l'observation de sa loi, par la prière assidue et fervente. Voilà ce qui nous obtiendra la bénédiction de Dieu, que j'appelle sur le sacré collège, sur l'épiscopat, sur les prélats, sur le clergé, sur le peuple et ses représentants. Là et là seulement est le salut : *Domini est salus et super populum tuum benedictio tua.* »

Après avoir obtenu la Vénétie au prix de la double défaite de Custozza et de Lissa, les Piémontais n'avaient plus que Rome à convoiter. Fidèle à observer la convention du 15 septembre 1864, le gouvernement français retira ses troupes au mois de décembre 1866. Ce n'était plus le général de Goyon qui en avait le commandement : on l'avait antérieurement rappelé, et l'opinion avait attribué ce changement de poste à l'attachement que ce général avait toujours montré au Saint-Père. Mais, quoi que fît la révolution, elle ne parvenait pas à gagner la faveur des généraux français, ni de la majorité des officiers et des soldats. Leur âme généreuse et loyale se tournait naturellement du côté du droit, de la noblesse et de la faiblesse opprimée.

Cependant la France n'avait pu abandonner complètement son rôle : elle continuait de couvrir Rome de sa protection morale; une légion composée de volontaires français, sortis de l'armée, sous le commandement d'un chef désigné par le gouvernement, se formait à Antibes, et devait aller, sous le nom de *légion romaine*, veiller auprès du Pape. Lamoricière était mort à la fin de 1865, dans cette retraite de l'Anjou à laquelle l'avaient condamné les exploits de Cialdini. Ses derniers jours et sa tombe furent illuminés de cet éclat glorieux et plein d'espérance qui entoure les défenseurs de la foi. Le monde catholique pleura sa perte, la France changea ses funérailles en triomphe, et Pie IX imprima un caractère sacré à tous ces hommages en y ajoutant le sien.

Les zouaves pontificaux, et toute la petite armée pontificale, se reformaient sous les ordres et la direction du général Kanzler, qui fut ministre des armes après Mgr de Mérode. Avec les Français, on y voyait des Belges, des Hollandais, des Anglais, des Suisses, etc. Pie IX pouvait d'ailleurs compter sur les sentiments de l'armée romaine proprement dite. Le peuple de Rome, comme nous l'avons déjà vu, tenait à son souverain. Il n'était pas besoin de forces considérables pour maintenir l'ordre à l'intérieur, supposé qu'une nouvelle agression ne vint pas du dehors. Aussi les premiers temps qui suivirent le départ des troupes françaises furent-ils parfaitement calmes, trop calmes au gré des révolutionnaires du Piémont, qui reconnurent l'impossibilité de prendre Rome par ce qu'ils avaient appelé les *moyens moraux*.

Une circulaire, datée du 8 décembre 1866, avait convoqué de nouveau les évêques à Rome pour le mois de juin 1867. Le principal motif de cette réunion était de resserrer de plus en plus les liens qui unissaient l'épiscopat au Saint-Siège et de fortifier l'Église pour les épreuves qui la menaçaient. Du reste, deux grandes solennités devaient être célébrées : le dix-huit centième anniversaire du martyre des saints apôtres Pierre et Paul, et la canonisation de vingt-cinq bienheureux.

Pour répondre à l'appel du vicaire de Jésus-Christ, en 1867 comme en 1862, le concours fut immense et empressé. Les menaces et les tracasseries des Piémontais ne purent comprimer l'élan catholique : Rome vit accourir dans ses murs cinq cent douze évêques, plus de vingt mille prêtres, près de cent quarante mille fidèles. Avec l'hommage de leur foi et de leur piété, les catholiques de tous les points du monde apportaient de magnifiques offrandes pour le denier de Saint-Pierre : et souvent ces offrandes représentaient le fruit de longues économies ou les seuls objets de quelque prix possédés par le donateur. Un évêque du Nouveau-Monde s'astreignit à voyager sur le pont des bateaux et dans les wagons de troisième classe pour ne pas diminuer le petit trésor qu'il venait déposer aux pieds du Saint-Père.

Plusieurs belles manifestations préludèrent aux grandes solennités qui étaient annoncées par la lettre de convocation. Le 20 juin, la procession du *Corpus Christi*, toujours si imposante à Rome, fut rehaussée par le spectacle de la moitié de l'épiscopat entourant le souverain Pontife. Le lendemain, en célébrant le vingt et unième anniversaire du couronnement de Pie IX, on se réjouissait de le voir si robuste et si ferme dans son auguste vieillesse chargée de tant de tribulations et de travaux, et on se livrait joyeusement à l'espérance, qui ne devait pas être déçue, de le posséder au delà des années de Pierre. Le 25 juin, les prêtres l'entouraient dans la chapelle Sixtine et recueillaient de ses lèvres des paroles pleines de fortifiantes exhortations et de paternels encouragements.

Le 26 juin fut peut-être la plus mémorable de toutes ces journées, sinon la plus pompeuse, parce que le souverain Pontife y exprima la résolution qu'on n'avait fait jusque-là que pressentir et qui devait couronner glorieusement les grands actes de son pontificat. Pie IX était au sein d'un consistoire solennel, auquel assistait non-seulement le sacré collège mais encore la moitié de l'épiscopat du monde entier. Dans son allocution il commença par manifester sa joie du beau spectacle d'unité, de dévouement mutuel, de charité et de force, que l'Église présentait en ce moment au milieu des attaques les plus forcenées. « Nous n'avons jamais douté, s'écriait-il, vénérables Frères, que de ce sépulcre même, où reposent les cendres du bienheureux Pierre, objet de la vénération éternelle de l'univers, ne sorte une certaine puissance cachée, une vertu salutaire, qui inspire aux pasteurs du troupeau du Seigneur, les fortes entreprises, les grands desseins, les sentiments magnanimes : *Fortes ausus, ingentes spiritus, magnanimos sensus*; et grâce à laquelle leurs forces renouvelées infligent à nos ennemis, dont l'audace impudente ne peut atteindre à la vertu et à la puissance de l'unité catholique, une défaite et une ruine certaine dans ce combat inégal. » Ensuite venait la grande nouvelle, qui, dans la situation du monde, étonnait même la foi, déconcertait les ennemis de l'Église et prouvait l'intrépide courage de Pie IX : le Saint-Père, réduit au territoire de Rome, menacé de tous côtés par la révolution, annonçait la célébration prochaine d'un concile œcuménique destiné à offrir le remède aux maux de la religion et de la société : « Espérons, disait-il, que l'Église, comme une armée rangée en bataille, confondra ses nombreux ennemis, et propagera le règne triomphant du Christ sur la terre. » Cette annonce était comme une protestation invincible de foi et d'espérance au milieu des ténèbres et des écroulements de l'heure présente.

« Avant d'aborder le récit des fêtes des 28 et 29 juin, qui avaient spécialement pour objet l'anniversaire du martyre de saint Pierre et la canonisation de vingt-cinq bienheureux, nous mentionnerons, dit M. Charles de Franqueville, la consécration de l'église de *Sainte-Marie des Anges*, cet admirable monument élevé sur les ruines ou plutôt dans les salles mêmes des thermes de Dioclétien. Il est enfin terminé ce magnifique sanctuaire commencé par Michel-Ange, et qui demeurera l'une des merveilles de cette Rome chrétienne qui en renferme un si grand nombre !

» Les grandes fêtes commencèrent le vendredi 28 juin, par l'office des premières vêpres, qui eut lieu à six heures du soir. La plupart des évêques présents à Rome y assistèrent, et le Saint-Père lui-même y prit part ; le soir il y eut illumination de la coupole de Saint-Pierre et des maisons particulières de la ville. Mais la véritable solennité eut lieu le samedi 29.

» L'église de Saint-Pierre avait été décorée avec le plus grand luxe. Chacune des immenses arcades qui relient les piliers intérieurs était tendue d'étoffes rouges brodées d'or ; au centre pendait une vaste bannière ornée d'un dessin représentant la vie de l'un des saints canonisés, et des lustres de cristal placés à hauteurs inégales dessinaient la forme même de la voûte. Les pilastres étaient garnis de larges bandes d'or, et des statues en grisaille avaient été placées dans les niches supérieures qui sont vides d'ordinaire. D'immenses candélabres étaient disposés dans les angles des quatre grands piliers qui supportent la coupole. Le fond du chœur avait été caché par une cloison devant laquelle était le trône pontifical, et douze bancs avaient été mis entre l'autel et le trône pour les cardinaux, les archevêques et les évêques. La Confession de Saint-Pierre était toute couverte de fleurs, et des milliers de cierges placés de toutes parts répandaient dans l'église une lumière éblouissante. Enfin, au milieu de la nef pendaient les armes du Saint-Siège et la croix renversée de saint Pierre, figurées en cristal et brillamment illuminées.

» Cependant, dès avant huit heures, le cortège avait quitté la chapelle Sixtine, et s'était mis en marche vers Saint-Pierre, en descendant par l'escalier et la colonnade de droite pour traverser la place, remonter par la colonnade du côté opposé, et entrer enfin dans l'église par la porte centrale. Le coup d'œil était imposant au plus haut degré. On voyait plus de cinq cents prélats en mitre portant d'une main un cierge allumé, de l'autre un livre de prières, descendre lentement au son des hymnes, tandis que le Saint-Père porté sur la *sedia gestatoria*, terminait cet immense cortège. Jamais peut-être Rome n'avait vu une telle réunion de prélats : la France y était largement représentée par soixante-dix-huit cardinaux, archevêques ou évêques.

» En tête de la procession, s'avançaient, sous leur bannière respective, les religieux des ordres mendiants et monastiques, et les chanoines réguliers, suivis de la croix du clergé séculier, des élèves du séminaire romain, des curés, des chanoines et des prêtres des basiliques mineures et patriarcales, ces derniers précédés des pavillons et des clochettes.

» A la suite du clergé venaient les membres de la congrégation des Rites, les consulteurs appartenant aux ordres religieux et au clergé séculier, les prélats, les procureurs et les avocats des causes des bienheureux et des saints.

» Puis les sept bannières des bienheureux qui allaient être canonisés. »

Voici les noms et les titres de ces personnages : Les martyrs Josaphat Kuncewiez, archevêque de Polotsk, en Pologne, du rit Ruthène; Pierre d'Arbués, qui avait dirigé l'inquisition à ses débuts, quand elle venait d'être fondée par Ferdinand et Isabelle; Nicolas Pichi et ses dix-huit compagnons, martyrisés par les hérétiques à Gorcum, en Hollande, le 7 juillet 1572. De ces dix-neuf martyrs, onze appartenaient à l'ordre des Mineurs-Franciscains de l'Observance, deux à l'ordre des Prémontrés, fondé par saint Norbert; un à l'ordre des Frères-Prêcheurs de saint Dominique; un aux chanoines réguliers de saint Augustin et quatre au clergé séculier;

Les confesseurs Paul de la Croix, fondateur de la congrégation des Clercs déchaussés de la Très-Sainte-Croix, et Léonard de Port-Maurice, missionnaire apostolique de l'ordre des Mineurs de Saint-François de l'étroite Observance;

Les deux vierges Marie-Françoise des cinq plaies de Notre Seigneur Jésus-Christ, tertiaire professe de l'ordre des Mineurs déchaussés de Saint-Pierre d'Alcantara, et Germaine Cousin, bergère du village de Pibrac, dans le diocèse de Toulouse, morte en 1601 à l'âge de vingt-deux ans.

Ces noms protestaient d'eux-mêmes contre l'oppression des peuples par la violence et par la ruse, contre l'indifférentisme religieux, contre l'amour immodéré des richesses, des honneurs et des plaisirs, c'est-à-dire contre toutes les plaies, tous les désordres et toutes les grandes iniquités de l'époque contemporaine.

Nous n'avons pas à raconter la suite de cette cérémonie : elle eut les mêmes splendeurs et suscita le même enthousiasme que celle de 1862.

Les évêques ne voulurent pas quitter Rome sans offrir solennellement au Pape leurs hommages, leurs remerciments pour sa royale et paternelle hospitalité, et sans lui exprimer de nouveau leur entière adhésion à tous ses enseignements et à tous ses actes. « Convaincus, disaient-il dans l'adresse présentée le 1er juillet, que Pierre a parlé par la bouche de Pie, tout ce que vous avez dit, confirmé, publié, pour maintenir l'intégrité du dépôt divin, nous le disons, nous le confirmons, nous le publions; et nos voix comme nos esprits sont en même temps unanimes pour rejeter tout ce que vous avez jugé devoir être réprouvé et répudié comme contraire à la foi révélée, au salut des âmes et au bien des sociétés humaines. »

Le dernier acte des grandes fêtes religieuses et populaires de 1867 fut la béatification de deux cent vingt-cinq martyrs Japonais, qui eut lieu le 7 juillet.

Pendant que Rome voyait se dérouler ces scènes sublimes et si consolantes pour tout ce qui est bon dans l'humanité, le monde séparé de l'Eglise par l'incrédulité et la révolution donnait des spectacles bien différents et bien capables de prouver à quel point l'Eglise est nécessaire pour donner à ce monde la liberté, le bonheur et la dignité. Nous n'hésitons pas à désigner ainsi l'Exposition universelle des Arts et de l'Industrie, qui fut ouverte à Paris, le 1er avril 1867, et qui se prolongea jusqu'au mois de novembre. Assurément les arts et l'industrie sont appelés par la Providence à remplir chez les peuples civilisés un rôle salutaire que l'Eglise exalte et bénit; mais quand ces instruments de la civilisation deviennent les serviteurs du luxe et de la volupté, quand ils offrent des excitations et des plaisirs à la partie infâme de la nature humaine et qu'ils contribuent à étouffer les sublimes aspirations de l'âme, ainsi déchus de leur vraie mission, ils précipitent le mouvement de décadence qui entraîne les peuples vers le scepticisme, la corruption et la mort. Leurs œuvres ne forment plus alors, aux yeux du catholique et du sage, qu'un spectacle alarmant et triste. Malgré ses splendeurs jusque-là sans égales, à cause même de ses splendeurs et de ses richesses, l'Exposition de 1867 avait éminemment ce caractère abaissé et sinistre. Au lieu qu'à Rome on portait les cœurs vers le ciel, l'immense foule qui se pressait au Champ-de-Mars à Paris, pour contempler les merveilles de l'industrie contemporaine, était invitée à se courber sur la matière. Dans le plan des organisateurs, cette exposition devait offrir le tableau sensible et vivant du genre humain tout entier uni dans la paix et dans la fraternité du travail. Et cependant malgré une tranquillité apparente, malgré la conférence de Londres et la conclusion pacifique de l'affaire du Luxembourg, le sens populaire ne se méprenait pas sur la situation. De vagues et invincibles appréhensions tenaient toutes les âmes sous le poids de la terreur. Les principes éternels ayant disparu du gouvernement des sociétés, est-ce que la force brutale ne viendrait pas briser ce frêle et gracieux édifice de la civilisation du XIXe siècle? Les peuples catholiques ayant méconnu et trahi la fraternité de leur foi, est-ce qu'ils n'allaient pas être la proie de l'hérésie et de la révolution? Toute légère et dissipée qu'on pouvait la croire, la foule qui remplissait Paris portait au fond d'elle-même ces craintes et ces pressentiments. On le vit bien quand, après être restée morne et silencieuse sur le passage du roi de Prusse et de Bismark, elle courut saluer avec enthousiasme ce jeune et malheureux souverain de l'Autriche, vaincu à Solférino et à Sadowa. Belle fraternité, qui, en face des dentelles, des élégantes toilettes, des meubles ouvrés de l'Autriche et de la France, plaçait les canons Krupp, échantillons de l'artillerie prussienne, et dressait la statue équestre de Guillaume Ier en équipage de guerre? Touchante concorde qui mêlait les enfants du Brandebourg à ceux de Paris pour leur faire échanger des menaces et des fanfaronnades belliqueuses! Ce coup de pistolet, tiré sur le czar au moment où il traversait Paris en voiture, à côté de Napoléon III, ce coup de pistolet prouvait sans doute que, quand l'industrie est arrivée à un si merveilleux développement, il s'ensuit nécessairement que tous les peuples sont libres et ne connaissent pas d'autre domination que celle de la vérité et de la justice! Outre l'empereur d'Autriche, le czar de Russie et le roi de Prusse, l'Exposition de 1867 fut visitée par le roi des Belges, le roi de Bavière, le roi de Portugal, le roi de Suède, le sultan de Constantinople et la plupart des princes de l'Europe. Comme au palais improvisé, dont les différentes galeries contenaient les produits de l'industrie et des beaux-arts, on voyait juxta-posées une immense quantité d'œuvres diverses sans que de là jaillît une idée supérieure, de même ces divers héritiers du sceptre et de l'épée des grands monarques chrétiens purent se réunir sans que l'on vît éclater rien de royal. Le peuple eut le scandale de les voir courir aux divertissements les plus vulgaires, et demander à d'impures et niaises féeries quelques heures de distraction. Le bal Mabille et d'autres lieux mal hantés furent témoins des prouesses de l'héritier présomptif de Victor-Emmanuel qui travaillait à la régénération morale de l'Italie. Voilà le contraste que Paris opposait à Rome.

Dans le même temps, Genève opposait un autre contraste tout ensemble à Rome et à Paris, mais avec cette circonstance que les scènes de Genève pouvaient être considérées comme des conséquences fatales de celles de Paris, et qu'à Rome on s'occupait de protester contre les unes et les autres et de les corriger.

Les princes révolutionnaires n'étaient que les agents dociles de Mazzini et des sociétés secrètes que l'avocat génois dirigeait. Nous avons cité des pièces qui le prouvent suffisamment. Ces sociétés, devenues fortes par les progrès de la révolution en Italie, conçurent le dessein d'envelopper l'univers entier dans le réseau d'une étroite et formidable association. Mazzini donna la première idée de cette entreprise, en 1863, au congrès des ouvriers italiens rassemblés à Palerme. Une commission fut instituée pour rédiger les statuts. L'association prenait le nom d'*Internationale*. En 1864, elle était formée : le 28 septembre de cette année, les principaux chefs, Mazzini, Ledru-Rollin et les délégués de Paris, se réunirent à Londres. Le comité central se fixa dans la capitale de l'Angleterre, il y eut un comité central correspondant à Paris. Au mois de janvier 1865, un bureau s'installait dans cette dernière ville : les cartes se délivraient moyennant le versement de la faible somme de 1 fr. 25. Le programme se résumait dans ces mots : « Concours mutuel, complet affranchissement de la société ouvrière. »

L'association devait élire le comité central, dont Londres resterait le siège, et qui se composerait d'ouvriers des diverses nations où l'affiliation était essayée. Ce comité central, investi d'un pouvoir dictatorial, nommerait lui-même les présidents, secrétaires, trésoriers et autres dignitaires des comités particuliers qu'il jugerait à propos d'instituer en différents pays.

En 1866, l'*Internationale* empêcha les ouvriers tailleurs de répondre aux demandes des patrons anglais, et les cordonniers d'aller à Genève. Au mois de septembre de la même année, un congrès se tint dans cette dernière ville. Les questions soumises aux délibérations de l'assemblée étaient celles-ci : 1° Organisation définitive de l'association internationale; 2° Combinaison des efforts pour la lutte du travail contre le capital; 3° Réduction des heures de travail; 4° Travail des femmes et des enfants; 5° Sociétés ouvrières; leur avenir; 6° Travail coopératif; 7° Impôts directs et indirects; 8° Institution internationale de crédit; 9° Nécessité d'anéantir l'influence russe en Europe par l'application du droit des peuples de disposer d'eux-mêmes : constitution d'une Pologne démocratique et sociale; 10° Les armées permanentes dans leurs rapports avec la production; 11° Influence des idées religieuses sur le mouvement social, politique et intellectuel; 12° Etablissement des sociétés de secours mutuels : appui moral et matériel accordé aux orphelins de l'association. Il suffit d'indiquer ces questions pour rappeler que la plupart d'entre elles avaient déjà reçu la solution convenable au sein du catholicisme, et qu'elles n'auraient pas pu servir de prétexte aux ennemis de tout ordre social, si on avait voulu accepter la réponse du christianisme à ces difficultés. La société de Saint-Vincent de Paul, les œuvres de la charité catholique auraient rendu impossible la naissance de l'*Internationale*, si les puissances de ce monde l'avaient permis, de même que les grands principes du christianisme appliqués à l'économie sociale réduisent au silence les fauteurs des théories subversives du socialisme. Mais les gouvernements avaient répudié les principes, pour ne s'appuyer que sur la matière; ils avaient glorifié exclusivement les splendeurs matérielles, comme dans l'Exposition de Paris, et les révolutionnaires, agitant leur drapeau devant les classes déshéritées de la fortune et des jouissances de la vie, les enrôlaient en bataillons innombrables et serrés pour les mener à la conquête ou à la ruine de ces splendeurs. Les deux classes extrêmes de cette société avilie entraient en guerre l'une contre l'autre, en poussant le même cri : Jouissons!

Dans ce même congrès de Genève, des membres venus de l'Angleterre et de la France proposèrent d'établir un lien intime entre les comités des différents pays. Comme but on indiquait la suppression totale du salariat. Nous devons signaler quelques actes importants de l'association dans la première partie de l'année 1867. Au mois de janvier, elle manifesta son opposition à la nouvelle loi militaire qui avait pour objet d'augmenter les forces de la France; au mois d'avril, elle se montra défavorable aux idées de guerre contre la Prusse. Serait-ce que l'*Internationale* aurait vu dans la France l'ennemie naturelle de la révolution et la gardienne de ces grands principes catholiques de fraternité et de dévouement qui suffisent seuls à la solution de tous les problèmes sociaux? Ou bien, l'*Internationale* suivait-elle simplement le mot d'ordre du cabinet de Berlin et de ces Français, traîtres à leur patrie, qui ne demandaient pas mieux que d'établir leurs théories sophistiques et leur propre domination sur les ruines de la France? Tout porte à croire que l'un et l'autre sont vrais. Au mois de juillet, des dissentiments éclatèrent dans l'association : Mazzini et Félix Pyat, un réfugié français de Londres, voulaient qu'on agît immédiatement; ce fut l'avis contraire qui prévalut.

L'assemblée, qui forma littéralement contraste avec la réunion des évêques à Rome et avec l'Exposition universelle de Paris, s'ouvrit à Genève, le 24 août 1867. On y entendit Garibaldi. Le 8 septembre, de la maison Fazy, le grossier instrument de Mazzini adressait au peuple ces paroles : « Ici vos ancêtres ont eu le courage d'attaquer cette pestilentielle institution qu'on appelle la Papauté... A vous, citoyens de cette cité devenue si magnifique, qui avez porté les premiers coups à la Rome papale, ce n'est pas aujourd'hui l'initiative que je vous demande; je vous demande de compléter l'œuvre de vos ancêtres, lorsque nous donnerons les derniers coups au monstre. » Au sein du congrès, Garibaldi formula audacieusement son programme. En voici deux articles : « La Papauté est déclarée déchue. — La religion de Dieu est adoptée par le congrès, et chacun des membres s'oblige à la propager sur la surface du monde. — De quel Dieu parlez-vous? demande quelqu'un. — Par la religion de Dieu, répond Garibaldi, j'entends la religion de la vérité, la religion de la raison. » Le cynique forban avait été maladroit : Genève n'était pas prête à voir ainsi démasquer les plans de la révolution. Au lieu du triomphe que les sectaires lui avaient préparé, le prétendu libérateur de l'Italie ne recueillit que la honte, et le succès même du congrès en fut compromis. Garibaldi fut obligé de s'enfuir, et son départ fut salué par les huées et les sifflets des spectateurs. Le mois suivant, un nouveau congrès se tint à Lausanne. On y exposa sur l'ordre religieux et social les principes du radicalisme le plus subversif et le plus éhonté. On affermit l'organisation de l'*Internationale*; et l'on fit serment de se soutenir dans toutes les insurrections qui auraient à éclater sur n'importe quel point du globe. Molle et sceptique, enivrée de ses jouissances matérielles, éblouie de ses splendeurs, la société ne vit pas que, manquant de principes et de vérité, elle n'avait aucune défense réelle contre ces doctrines, et après avoir assisté curieusement à ce spectacle, refusa de croire qu'il y eût là un danger sérieux ou du moins ne voulut pas sonder toute la profondeur du mal ni en chercher le véritable remède.

Le remède était à Rome. Dans la double manifestation du monde, à Paris et à Genève, on avait vu caducité et faiblesse dans la force, chaos dans les ténèbres, défiance, antagonisme, haine. Dans la solennelle manifestation de l'Eglise, on avait vu stabilité et force dans la faiblesse, unité dans la lumière, charité, touchante fraternité. C'est un contraste que Mgr Plantier développait éloquemment, et Mgr Dupanloup, de son côté, s'écriait :

« L'année 1867 aura vu et jugé, d'après leur conduite et leur langage, à Paris les rois, à Rome les évêques, à Genève les démagogues. »

Ce n'était pas seulement à Genève que Garibaldi vociférait des paroles de guerre contre la Papauté. « Si l'Italie n'a pas la place qu'elle doit occuper dans le monde, elle le doit à la race noire. Allons donc à Rome dénicher cette couvée de vipères.... A bas les prêtres ! Mort aux prêtres ! A bas la religion catholique ! L'Evangile est un mensonge ! Pie IX est une plaie, une peste, un monstre ! » Voilà le langage que le triste héros de Caprera tenait dans ses lettres, dans ses proclamations, dans ses discours. Le monde en était agité et préoccupé. Le Pape demeurait calme dans le sentiment de son droit : son peuple l'entourait de vénération, de confiance et d'amour. Auprès de lui et sous son inspiration, les cardinaux, le clergé, les zouaves pontificaux donnaient l'exemple de la dignité et de toutes les vertus. Une épidémie cholérique ayant éclaté à Rome pendant l'été de 1867, les révolutionnaires, les amis du Piémont se cachèrent prudemment. Les défenseurs de Pie IX prodiguèrent leur dévouement et leurs soins aux malades et aux classes pauvres. Le cardinal Altieri, évêque d'Albano, paya de la vie son héroïque charité.

C'était sans doute le spectacle de ces vertus qui importunait la révolution, car, si elle voulait aller à Rome, c'était pour y tuer le principe même de la charité et de la foi, en exterminant ce qu'elle appelait *le chancre de la Papauté*. « L'unité italienne, lisait-on dans l'*Avenir national*, n'est qu'un prétexte; c'est le bélier dont se servent les ennemis du Saint-Siège. Réduite à ses véritables termes et ramenée à sa véritable signification, la question romaine, c'est la lutte entre l'Eglise et la révolution. »

Le gouvernement de Victor-Emmanuel s'efforçait de paraître étranger et même contraire au mouvement dont Garibaldi se faisait le chef. Il envoyait à ce sujet, au cabinet des Tuileries, protestations sur protestations. Personne n'y était trompé. On voyait fort bien qu'il ne s'agissait que d'une tentative de conspirateurs criminels, qu'il n'y avait rien là qui pût ressembler à l'élan irrésistible d'un peuple, et que, par conséquent, un ordre du cabinet de Florence aurait suffi pour arrêter tout. Au lieu d'être contrarié dans son entreprise, Garibaldi avait la plus grande liberté, et disposait de ressources considérables. Dans le temps même des fêtes du mois de juin, il avait profité de l'affluence des pèlerins pour tromper la police romaine, et pour faire entrer dans Rome, avec des bandes de sicaires, des munitions, des armes de toute espèce, des bombes Orsini, etc. L'Angleterre lui fournissait des moyens d'action. Aussitôt après le départ des évêques, il put ouvrir publiquement, en Italie, des souscriptions d'argent et des enrôlements de soldats. Les maisons où siégeaient les comités étaient connues. On voyait partir des troupes de jeunes gens par les différents chemins qui menaient à Rome : ils étaient munis de feuilles de route en règle. Avant le départ, chaque volontaire recevait cinquante francs avec un revolver et des cartouches. Les journaux officieux encourageaient cette propagande. Par délibération publique, les municipalités votaient des subsides aux agitateurs. Les magasins du gouvernement avaient fourni une partie des armes et des vêtements nécessaires aux garibaldiens. « Les soldats de l'armée italienne, dit M. Rivaux, dans le troisième volume de son *Cours d'histoire ecclésiastique*, fournissaient des éléments de recrutement aux bandes garibaldiennes. La preuve en est donnée par les livrets trouvés sur un grand nombre de soldats morts ou blessés dans les combats contre les troupes pontificales. » Un publiciste français, non suspect, constata sur place que, parmi les chefs des bandes, il y avait une énorme quantité de fonctionnaires et d'officiers piémontais, et que beaucoup d'entre eux ne se donnaient pas la peine de cacher leurs pantalons d'uniforme ni leurs armes d'ordonnance. Garibaldi osait écrire au ministre Crispi, son ami : « Il faut envahir Rome avec l'armée italienne, et tout de suite. Que le gouvernement soit bien convaincu que quelques jours d'énergie suffiront pour tout arranger. » Il fut permis au triste héros de haranguer le peuple à Florence, et dans cette même ville, un train exprès fut mis à sa disposition pour lui-même et pour ses bandes. Après leur défaite les enrôlés disaient hautement que Victor-Emmanuel avait promis de les soutenir, et ils reçurent de ce prince une somme de cinquante mille francs.

Quand même le gouvernement de Florence n'aurait gardé qu'une attitude purement passive en présence des actes de Garibaldi, on aurait été en droit de lui reprocher la violation de l'article 1er de la convention du 15 septembre 1864. Des signes manifestes de complicité étaient bien plus graves. Aussi on cherchait à leurrer l'opinion et à jouer la France. C'étaient des scènes de comédie. Quelquefois on arrêtait Garibaldi, on l'enfermait dans l'île de Caprera, puis, quand un mouvement était préparé, il parvenait à s'échapper à travers les vaisseaux qui le gardaient. « Nous sommes là manifestement, dit Mgr l'évêque d'Orléans, en face d'un gouvernement à part, ayant des procédés à part, un langage à part, des mensonges à part, des armes à part. Rien ne s'explique ici, d'après les lois ordinaires de la logique et du droit. La raison comme la conscience demeure confondue. On voit là la tromperie organisée comme on ne l'a jamais vu; tout ce qu'on peut imaginer d'incroyable et d'impossible, d'insolence et d'audace révolutionnaires : c'est l'oubli de l'honneur, la violation de la foi jurée, l'insulte à tout ce qui est sacré parmi les hommes. »

Le 17 octobre, le souverain Pontife exprima sa pensée dans une encyclique sur les événements qui le menaçaient : « On marchait, disait-il, sous l'étendard de Satan, sur le front duquel est écrit : Mensonge! ».

On s'imagine facilement ce que pouvaient être les bandes enrôlées par Garibaldi au service d'une pareille politique. C'était une tourbe d'aventuriers et de scélérats venus de tous les pays du monde. Les feuilles les moins suspectes l'ont avoué. On le voyait bien à la conduite de ces misérables. Ils profanaient et volaient les églises, pillaient les maisons, assassinaient des personnes inoffensives et se souillaient des attentats les plus hideux et les plus féroces. Ce fut au point que, dans un ordre du jour du 28 octobre, Garibaldi se plaignit de leurs honteux excès, et qu'il fut obligé de procéder à des épurations successives dont l'effet ne parut guère. Un des meilleurs journaux d'Italie, l'*Armonia*, donnait les indications suivantes sur le plan que ces bandits devaient exécuter : « Du premier coup, et tandis que les troupes de pillards se rueraient sur les palais de Rome, pour y mettre tout à sac et à sang, les chefs s'empareraient de la personne de Pie IX, des cardinaux et des personnages qui jouissaient le plus spécialement de l'estime et de la bienveillance du Saint-Père. Cela fait, il fallait imposer au Pape une renonciation absolue au pouvoir temporel, et s'il résistait, décapiter l'un après l'autre les cardinaux et les autres personnages de la cour pontificale, en planter la tête sur une pique et la porter sous les yeux du Saint-Père, et lui répéter l'intimation jusqu'à ce qu'il eût cédé. Dans le cas où le Pape ne céderait pas, il fallait se débarrasser de sa personne et promener sa tête sur une pique dans les rues de Rome. »

Quand les bandes qui avaient de tels desseins se mirent en marche sur la capitale du monde catholique, le gouvernement de Florence envoya quarante mille hommes auprès des frontières pontificales, soi-disant pour les garder; mais on avait soin de laisser passer les garibaldiens entre les différents postes, et quand ils étaient battus par les troupes pontificales, c'était derrière les rangs de l'armée piémontaise qu'ils venaient chercher un abri et du repos. Ce cas arrivait fréquemment. Encouragés par les sympathies du monde catholique tout entier qui témoignait de son dévouement à la souveraineté pontificale par ses protestations, ses prières, l'envoi de volontaires et les souscriptions les plus généreuses, soutenues par la fidélité des sujets de Pie IX, les défenseurs du territoire laissé à la Papauté combattaient avec ardeur. Malheureusement leur petit nombre était débordé par la multitude des bandits qui pénétraient de tous côtés. Battues dans toutes les rencontres, les hordes garibaldiennes avançaient toujours. La terreur était déjà dans Rome. Les sicaires de la Révolution parlaient de faire sauter les édifices : ces projets sataniques avaient eu un commencement d'exécution dans les casernes des zouaves pontificaux. Il n'y avait plus de sécurité dans les rues. Le gouvernement français ouvrit enfin les yeux : il ne pouvait se faire le complice de semblables forfaits ni se fier davantage aux assurances de Victor-Emmanuel. Ce souverain n'était pas venu à Paris pour l'Exposition universelle : il n'y avait pas eu d'entrevue dans le genre de celle de Chambéry; la France et l'Europe n'eurent pas à déplorer un nouveau Castelfidardo, plus hideux encore que le premier. Des troupes étaient prêtes à Marseille. Un ordre du maréchal Niel, ministre de la guerre, les fit embarquer sous le commandement du général de Failly. Elles arrivèrent à Rome dans les derniers jours du mois d'octobre. Il était temps : s'épuisant par ses victoires mêmes, l'armée pontificale ne pouvait soutenir indéfiniment la lutte contre des bandes qui se recrutaient sans cesse aux sources que nous avons indiquées. Le 26, les soldats de la légion romaine qui étaient en garnison à Monte-Rotondo, furent attaqués par des forces dix fois supérieures : la résistance fut héroïque, mais enfin il fallut céder; les munitions étaient épuisées; la garnison se retira. Toutes les correspondances du moment, si favorables qu'elles soient d'ailleurs à la cause révolutionnaire, attestent que pour trouver dans l'histoire des scènes comparables à la conduite des vainqueurs, il faut se reporter à l'invasion des Barbares.

De Monte-Rotondo, les garibaldiens menaçaient Rome. Le général Kanzler envoya trois mille pontificaux, commandés par le comte de Courten, pour reprendre cette position. Ils étaient appuyés par deux mille Français à la tête desquels se trouvait le général de Polhès. La rencontre eut lieu le 3 novembre : Garibaldi avait plus de dix mille hommes, dont un certain nombre sortait de l'armée régulière. « Les pontificaux, dit M. Chantrel, dans son *Histoire contemporaine*, commencèrent l'attaque avec un entrain extraordinaire et soutinrent seuls les efforts du combat pendant plusieurs heures ; mais la supériorité du nombre et de la position du côté de l'ennemi était telle que le comte de Courten se vit obligé de demander l'appui du général de Polhès. Les Français, qui avaient pu admirer le courage des soldats du Pape, s'élancèrent avec leur *furia* ordinaire à leur secours, et bientôt les garibaldiens battirent en retraite. La bataille était gagnée ; le nom de Mentana (l'ancienne *Nomentum*), village où l'action avait été le plus vivement engagée, devenait un nom historique, et brillait à côté de celui de Lépante, car il allait rappeler, comme celui-ci, une grande victoire remportée par des soldats chrétiens sur les ennemis de l'Eglise et de la civilisation. Garibaldi, qui, avec ses fils, assistait au combat de Mentana, ne se montra jamais au premier rang, et lorsqu'il vit les siens ployer en désordre sur tous les points devant la valeur de nos soldats, il se hâta de se mettre en sûreté à Monte-Rotondo. De là, le soir même, avec sa famille, il repassa la frontière, changeant ainsi son cri de guerre impie : *Rome ou la mort !* en celui de : *Sauve qui peut !* »

Ce dénouement de l'invasion garibaldienne déjoua complètement les projets du cabinet de Florence, obligé de désavouer ceux qu'il avait lancés en avant, il retint Garibaldi prisonnier pendant quelques jours, désarma les bandes garibaldiennes, et rappela ses troupes des points de la frontière pontificale qu'elles occupaient. Les provinces qui restaient au Pape furent entièrement évacuées.

Les péripéties de ce drame avaient profondément ému le parti catholique et conservateur en France. Deux choses avaient frappé les esprits attentifs : d'abord la connexion des attentats de Garibaldi contre Rome avec les attentats que rêvaient les membres de l'*Internationale* : puis la complicité lâche, mais certaine, de Victor-Emmanuel et de ses ministres. Les longues hésitations du cabinet des Tuileries, le retard excessif qui avait failli empêcher nos troupes d'arriver à temps, inspiraient aussi des inquiétudes. On résolut d'interpeller le gouvernement à la Chambre des députés pour lui faire déclarer franchement ses intentions et le mettre dans la nécessité de prendre un engagement public. La demande d'interpellation revêtue d'un grand nombre de signatures, fut éloquemment développée par M. Thiers, dans la séance du 4 décembre. Il prouva, de la manière la plus évidente, que l'on ne devait nullement compter sur les promesses et les assurances du gouvernement de Victor-Emmanuel. « La maison de Savoie, disait-il, chasse au faucon avec le général Garibaldi. S'il échoue, on le conduit à Caprera ; s'il réussit et prend un royaume, on lui dit : Vous êtes, vous, la révolution ; votre proie n'est pas à vous. » Une interpellation en sens contraire fut appuyée par M. Jules Favre qui trouvait, sans doute, que l'Europe et la France n'étaient pas encore assez chargées de crainte et d'ignominie. Mais les sentiments chrétiens et patriotiques de la majorité repoussaient énergiquement les sophismes de l'avocat révolutionnaire. Le gouvernement ne put reculer. M. Rouher, ministre d'Etat, après un long discours dans lequel il défendit la politique de Napoléon III contre les deux demandes d'interpellation, déclara que jamais la France ne permettrait à l'Italie de prendre Rome. Cette déclaration fut saluée par de chaleureux applaudissements. Au milieu de l'émotion générale, un glorieux vétéran de l'éloquence parlementaire, M. Berryer, parut à la tribune et demanda que le gouvernement spécifiât si, par Rome, il désignait tout le territoire actuellement possédé par le Pape. M. Rouher répondit affirmativement. Cette déclaration réjouit les âmes de l'Eglise et de la France. Elle irrita la révolution italienne dont les organes ne surent pas dissimuler leur colère. Les soldats français restèrent à Rome pour protéger le trône du Saint-Père.

Une fois rassurée contre les violentes agressions de l'Italie et des bandes mazziniennes, la capitale du monde catholique continua de vivre heureuse et tranquille sous cette domination pontificale qu'elle aimait. Les fidèles redoublaient de générosité pour venir en aide au trésor du souverain Pontife. Les volontaires arrivaient de tous les points du monde, pour défendre les droits du catholicisme. Au mois de mars 1868, 146 jeunes Canadiens vinrent demander de servir à leurs frais ; au mois d'avril, ils étaient suivis de 150 autres. Mgr Simon, primat de Hongrie, et les évêques hongrois, fournirent trois escadrons de hussards, tout montés, équipés et entretenus à leurs frais. Les évêques et la noblesse de Galicie envoyèrent des lanciers. Dans tous les pays catholiques, on organisait des souscriptions pour équiper ou entretenir un certain nombre de volontaires. Les contrées les plus ravagées par les doctrines révolutionnaires, telles que le Portugal, par exemple, ne laissaient pas de contribuer à cette œuvre.

Mais ces protestations et ces actes de la foi catholique ne rétablissaient pas le règne des principes dans un monde que les théories révolutionnaires minaient de plus en plus. Mentana et le *jamais* de M. Rouher n'étaient, après tout, que des incidents qui ne pouvaient être considérés comme une restauration du droit : à s'en tenir là, on ne pouvait espérer qu'un peu de retard pour la catastrophe finale. Partout la situation était déplorable.

L'Autriche, étourdie par ses malheurs, se confiait au premier ministre, M. de Beust, qui croyait la sauver en divisant la partie hongroise d'avec le reste de l'empire, en se jetant dans la voie des mesures soi-disant libérales, et en violant, malgré les protestations des évêques, le concordat de 1856. Qu'il le voulût ou non, M. de Beust était le complice de M. de Bismark, comme lui agréable aux Juifs et aux francs-maçons.

En France, le gouvernement était profondément ébranlé. L'Opposition avait de nombreux griefs à exploiter. Les expéditions militaires, les dépenses de luxe à Paris et dans les provinces, la multiplicité et le cumul des gros traitements avaient mis les finances dans un état déplorable. Un traité de commerce, qui établissait le libre-échange, et dont l'Angleterre eut le principal profit, avait compromis beaucoup d'établissements industriels. La politique étrangère, les sympathies accordées au Piémont, les vexations contre le clergé et les catholiques avaient enhardi le parti révolutionnaire. Un groupe assez considérable de conservateurs, fatigué de voir le gouvernement abuser d'un pouvoir sans contrôle pour gaspiller les ressources et compromettre l'honneur et la sécurité du pays, se joignit aux libéraux et aux amis déclarés de la révolution pour demander les garanties du régime parlementaire. Les événements de 1866, en Allemagne, accélérèrent le mouvement. Quand le maréchal Niel vint au Corps législatif soutenir un projet de loi qui portait le service militaire à neuf ans au lieu de sept, et qui établissait en dehors du contingent annuel une garde nationale mobile composée de tous les hommes valides, de longs débats s'ouvrirent dans lesquels les plus dures vérités se firent entendre. D'un autre côté, cette discussion donna lieu à l'opposition révolutionnaire de montrer combien ses théories sont contraires au bons sens et au patriotisme. L'illustre maréchal fut obligé d'épuiser ses forces, si précieuses à l'État, pour répondre à des discours, où des avocats et des écrivains, tels que MM. Jules Favre, Emile Ollivier, Jules Simon, etc., se posaient en savants militaires, et prétendaient que le meilleur moyen de vaincre le militarisme prussien, c'était le désarmement; ou bien que, sans faire personne soldat, en supprimant les armées permanentes, il fallait armer tous les citoyens. La loi fut votée, mais on l'avait rendue tellement odieuse et impopulaire qu'elle ne put produire aucun bien. Nous n'avons pas à examiner si elle était bonne.

Le gouvernement, qui ne s'appuyait que sur les faits et sur l'opinion, dut nécessairement promettre et accomplir quelques-unes des concessions libérales que l'opinion réclamait. Beaucoup d'esprits illusionnés s'imaginaient que c'était le moyen infaillible de sortir des embarras dans lesquels on s'était jeté en abandonnant les principes et la tradition. Les libéraux catholiques étaient de ce nombre. Nous avons vu d'ailleurs que l'empereur avait commencé une évolution en ce sens par le décret du 24 novembre 1860. On allait voir se faire peu à peu la transformation, comme on disait, de l'Empire autoritaire en Empire libéral. Le principal champion de l'empire autoritaire était M. Rouher, que l'on avait surnommé le *vice-empereur*, et qui paraissait tenir beaucoup à tous les moyens d'action que le gouvernement possédait sur le suffrage universel et sur la presse. Le champion et le représentant de la transformation libérale était M. Emile Ollivier, à qui l'on reprochait sa versatilité politique et son ambition, mais qui avait déjà pris quelque influence sur Napoléon III, et qui devait bientôt passer pour l'homme nécessaire. M. de Morny lui avait témoigné de l'estime pour sa personne et pour ses idées : le prince Napoléon le traitait depuis longtemps en ami. C'était, comme M. Rouher, un avocat; de plus, fils et frère de républicain, il avait été commissaire de la République à Marseille et à Chaumont en 1848; son père avait été condamné à l'exil après le coup d'État du 2 Décembre. M. Emile Ollivier avait un beau talent de parole : on pouvait le croire sincère et impartial dans son amour de la liberté; il marchait au grand jour, on avait foi dans ses mœurs et dans son caractère. Mais, en définitive, c'était un sophiste, imbu des idées révolutionnaires : la République, pour lui, c'était la révolution, et l'empire libéral n'était à ses yeux qu'une forme de la république. Il prenait beaucoup de ses principes dans Machiavel et son idéal dans Cavour, comme l'a prouvé le livre qui renferme ses confessions politiques et qui est intitulé : *Le 19 janvier*. Ignorant des matières religieuses jusqu'à espérer de remplacer le concordat de 1801 par une sorte d'église presbytérienne; esprit faux jusqu'à nommer Béranger, le chansonnier que l'on connaît, *un saint Vincent de Paul de la démocratie*. Il était partisan de l'unité italienne et de l'unité allemande; uniquement ami de ce qu'on appelle *le droit nouveau*, parfaitement oublieux des grandes traditions de la France. Nommé député en 1858, par l'opposition républicaine de Paris, il se rapprocha du gouvernement dans plusieurs questions, et la majorité lui donna une marque de confiance en le nommant rapporteur d'une loi sur les coalitions, dont le résultat a été de produire des grèves d'ouvriers également nuisibles aux ouvriers et aux patrons. Voilà l'homme auquel Napoléon III adressa, le 19 janvier 1867, une lettre qui est restée fameuse, et qui renfermait la promesse *du couronnement de l'édifice*, c'est-à-dire des institutions libérales. La discussion de l'adresse fut supprimée, et le droit d'interpellation accordé aux Chambres dans une certaine mesure. La promesse d'élargir la liberté de la presse et le droit de réunion produisit, en 1868, deux lois dont le principal objet était de supprimer l'autorisation préalable pour la fondation des journaux et pour les réunions publiques non politiques.

A la faveur de ces libertés restreintes, dont la vérité et le bien profitèrent peu, on aperçut mieux la profondeur du mal moral qui rongeait la société. Il est vrai que quelques journaux catholiques purent se fonder ou s'étendre, et que *l'Univers* reparut avec M. Louis Veuillot à sa tête, à côté du *Monde* qui en avait noblement continué les traditions. Mais c'était le mal qui avait la puissance : les défenseurs de l'Eglise étaient suspectés et entravés. Plus licencieuse que jamais, la presse produisit une foule d'ignobles écrits qui jetaient la boue sur tout ce qui est respectable et sacré. Le gouvernement se défendait quelquefois, il ne défendait pas la religion. Le positivisme était la seule philosophie régnante. Il s'était formé en Belgique une association dite *des Solidaires*, dont les membres s'engageaient à repousser de leur lit de mort et de leurs funérailles toute assistance et toute cérémonie religieuse. Les ferments de désordre se manifestaient dans des attroupements et des cris séditieux, qui ressemblaient à des commencements d'émeute. Le matérialisme était professé à la Faculté de médecine : les professeurs spiritualistes étaient hués. Un célèbre critique, membre de l'Académie française, sénateur de l'Empire, donnait scandaleusement, le vendredi saint, un dîner gras auquel le prince Napoléon prenait part avec M. Ernest Renan. La société s'enfonçait dans un ignoble chaos.

L'enseignement spiritualiste avait sans doute des représentants. On aurait dit qu'ils étaient condamnés à l'impuissance, et, en dehors de l'inspiration catholique, leur réserve allait souvent jusqu'à la timidité. M. Littré, M. Ernest Renan qui avait écrit *les Actes des Apôtres* dans le même genre que la *Vie de Jésus*, M. Taine, tenaient le haut du pavé. Contre les ravages des mauvaises doctrines, il n'y avait qu'une barrière efficace : les croyances et les pratiques du catholicisme. Quelques sages le comprenaient, entre autres M. de Margerie, professeur de philosophie à la Faculté de Nancy, et M. Charaux, professeur de philosophie au lycée de Bar-le-Duc (1). Mais c'étaient là des exceptions. Le ministre de l'instruction publique, M. Duruy, semblait avoir pris à tâche de ruiner l'enseignement religieux. Il essayait de substituer l'Etat aux familles et à l'Eglise en se montrant partisan de l'instruction gratuite et obligatoire. On faisait la guerre dans les journaux aux Jésuites et aux congrégations enseignantes. Pour affaiblir l'influence de la religion sur la femme, M. Duruy institua des *cours publics* consacrés à l'enseignement supérieur pour les jeunes filles. Mgr Dupanloup critiqua ce projet avec une vive indignation et une verve piquante. Tous les évêques s'associèrent à cette protestation. Ces cours publics furent essayés en quelques endroits : ils ne furent guère suivis que par les familles qui portaient l'attache officielle et n'eurent pas plus de vogue qu'on ne devait s'y attendre. M. Duruy avait des complices et des aides. La *Ligue de l'enseignement* se formait et travaillait activement à séparer l'éducation de toute idée religieuse.

En faisant l'apologie de sa politique sur les grandes agglomérations nationales, ce qui ne l'empêchait pas de demander un surcroît de forces militaires pour tenir la France à la hauteur de la Prusse, Napoléon III avait dit : « L'influence d'une nation dépend du nombre d'hommes qu'elle peut mettre sous les armes. » L'Europe en était là : ne croyant plus à la force de la vérité et de la justice, elle n'admettait que la force matérielle et brutale. Partout on armait avec frénésie : on inventait des fusils, des canons, des mitrailleuses : on remplissait les arsenaux : de tous les citoyens on faisait des soldats.

La révolution essayait de changer en crimes et en violences les héroïques protestations de l'Irlande opprimée, comme elle l'avait fait pour la Pologne : ces instigations produisirent les complots et les tentatives des *fénians*, qui furent hautement désapprouvés par les évêques catholiques de l'Irlande et de l'Angleterre.

L'horizon était sombre et menaçant, l'atmosphère étouffante et sinistre. Tout semblait miné et près de faire explosion. Ne fallait-il pas que Pie IX élevât sans cesse la voix pour protester contre cette dégradation, et aussi contre l'aveuglement qui créait de tels périls ? Seul au milieu de ce désordre, de cette ignominie, de ces écroulements et de cet orgueil insensé, il maintenait la puissance morale de la vérité, les droits de Dieu et les immortelles espérances de l'humanité. Après avoir fortifié l'Eglise et proclamé les principes sauveurs par les grands actes de son pontificat, il lui restait de consacrer d'une façon plus expresse que jamais le lien d'unité qui est la force de l'Eglise, et de donner à la condamnation des erreurs contemporaines son expression la plus solennelle et la plus saisissante. L'heure du concile était sonnée.

QUATRIÈME PÉRIODE.

Pie IX et le Concile du Vatican (1868-1870).

Quand le Saint-Père annonça, le 26 juin 1867, la détermination qu'il avait prise d'assembler un concile général, cette nouvelle fut accueillie avec enthousiasme par l'épiscopat. Il exprima toute l'espérance que ce grand acte lui inspirait. En même temps il émit le vœu que la réunion conciliaire fût spécialement placée sous la protection de la Vierge Immaculée, et que l'ouverture en eût lieu au jour anniversaire de la définition du dogme de l'Immaculée-Conception. Pie IX répondit que ce vœu, qui répondait à ses intimes désirs, serait satisfait.

Ce fut le 29 juin 1868, jour de la fête des bienheureux apôtres Pierre et Paul, que la bulle de convocation fut publiée à Rome pour être envoyée le lendemain à tous ceux qui étaient appelés au concile. Elle expose, dans un langage plein d'élévation et de majesté, les raisons qui, dans tous les temps, ont motivé la réunion du corps épiscopal et retrace les besoins particuliers et pressants qui la rendent nécessaire dans la situation présente du monde. Nous reproduisons la traduction de ce document mémorable, comme nous ferons pour les autres, d'après l'*Univers* et les publications les plus autorisées :

« Dans l'excès de l'amour dont il nous a aimés, et pour délivrer, dans la plénitude des temps, tout

(1) Aujourd'hui professeur à la Faculté de Grenoble.

le genre humain du joug du péché, de la captivité du démon et des ténèbres des erreurs, dont le poids, par la faute de son premier père, l'opprimait si misérablement et depuis si longtemps, le Fils unique du Père Eternel, descendant du Siége céleste sans sortir de la gloire du Père, et ayant pris de l'immaculée et très-sainte Vierge Marie la nature mortelle, a révélé une doctrine et une règle de vie apportées du ciel; il l'a rendue incontestable par des œuvres merveilleuses sans nombre, et il s'est lui-même livré pour nous, s'offrant volontairement en victime d'agréable odeur à Dieu. Mais, la mort vaincue, avant de monter triomphant dans le ciel, à la droite du Père, il envoya ses apôtres dans tout l'univers prêcher l'Evangile à toute créature; il leur donna le pouvoir de régir l'Eglise acquise par son sang, et constituée par lui, qui est *la colonne et le soutien inébranlable de la vérité;* qui, enrichie des trésors célestes, montre à tous les peuples le chemin assuré du salut et la lumière de la vraie doctrine, *voyageant comme un navire sur la haute mer de ce siècle, afin de garder sains et saufs tous ceux qu'elle reçoit, pendant que le monde périt.*

» Et pour que le gouvernement de cette même Eglise agît toujours en toute rectitude et selon l'ordre, pour que tout le peuple chrétien persévérât toujours dans l'unité de la foi, de la doctrine, de la charité et d'une même communion, il a promis que lui-même serait perpétuellement avec elle jusqu'à la consommation des siècles, et il a choisi entre tous le seul Pierre, le constituant prince des apôtres, son Vicaire sur la terre, chef, fondement et centre de l'Eglise, afin que, dans cette élévation de rang et d'honneur, et par la plénitude de l'autorité, de la puissance et de la juridiction souveraine, il pût paître les agneaux et les brebis, confirmer ses frères, gouverner toute l'Eglise, être *gardien des portes du ciel et l'arbitre de ce qui doit être lié ou délié, dont la semence demeurera dans toute sa force, même dans le ciel.* Et parce que l'unité et l'intégrité de l'Eglise et son gouvernement institué par le Christ lui-même doivent demeurer stables perpétuellement, le même pouvoir suprême de Pierre sur toute l'Eglise, sa juridiction, sa primauté, persévèrent et demeurent en vigueur absolument et dans toute leur plénitude dans la personne des Pontifes romains, ses successeurs, placés après lui sur cette chaire romaine qui est sa chaire.

» C'est pourquoi, usant avec sollicitude de la puissance de paître tout le troupeau du Seigneur, dont le Christ lui-même leur a divinement confié la charge dans la personne du bienheureux Pierre, les Pontifes romains n'ont jamais cessé de s'imposer les plus grands travaux, de prendre toutes les mesures possibles, pour que, du lever du soleil à son couchant, les peuples, les races, les nations puissent tous connaître la doctrine évangélique, et, marchant dans les voies de la vérité et de la justice, atteindre la vie éternelle. Tout le monde sait avec quel zèle et quels soins incessants les mêmes Pontifes romains ont veillé à maintenir hors de toute atteinte le dépôt de la foi, la discipline du clergé, la sainteté et la science dans l'enseignement qui lui est donné, la sainteté et la dignité du mariage; à développer chaque jour de plus en plus l'éducation chrétienne de la jeunesse, de l'un et l'autre sexe, à accroître au sein des peuples la religion, la piété, l'honnêteté des mœurs, et à contribuer par tous les moyens à assurer la tranquillité, l'ordre et la prospérité de la société civile elle-même.

» Lorsqu'ils l'ont jugé opportun, et surtout dans les temps de grandes perturbations, quand notre très-sainte religion et la société civile sont en proie aux calamités, les mêmes Pontifes n'ont pas négligé de convoquer les Conciles généraux, afin que, concertant leurs conseils et unissant leurs forces avec les Evêques de tout l'univers catholique, *que le Saint-Esprit a établis pour régir l'Eglise de Dieu,* leur prévoyance et leur sagesse pût prendre les moyens les plus propres à procurer principalement la définition des dogmes de la foi, la destruction des erreurs généralement répandues, la défense, la mise en lumière, le développement de la doctrine catholique, le maintien et le rétablissement de la discipline ecclésiastique et la correction des mœurs chez les peuples qu'envahit la corruption.

» Or, depuis longtemps, tout le monde sait et constate quelle horrible tempête subit aujourd'hui l'Eglise, et de quels maux immenses souffre la société civile elle-même. L'Eglise catholique et sa doctrine salutaire, sa puissance vénérable et la suprême autorité de ce Siége apostolique sont attaquées et foulées aux pieds par des ennemis acharnés de Dieu et des hommes; toutes les choses sacrées sont vouées au mépris, et les biens ecclésiastiques dilapidés; les Pontifes, les hommes les plus vénérables consacrés au divin ministère, les personnages éminents par leurs sentiments catholiques sont tourmentés de toutes manières; on anéantit les communautés religieuses; des livres impies de toute espèce et des journaux pestilentiels sont répandus de toutes parts; les sectes les plus pernicieuses se multiplient partout et sous toutes les formes; l'enseignement de la malheureuse jeunesse est presque partout retiré au clergé, et, ce qui est encore pis, confié, en beaucoup de lieux, à des maîtres d'erreurs et d'iniquité. Par suite de tous ces faits, pour notre désolation et pour la désolation de tous les gens de bien, pour la perte des âmes, qu'on ne pourra jamais assez pleurer, l'impiété, la corruption des mœurs, la licence sans frein, la contagion des opinions perverses de tout genre, de tous les vices et de tous les crimes, la violation des lois divines et humaines, se sont partout propagées à ce point que, non-seulement notre très-sainte religion, mais encore la société humaine sont misérablement dans le trouble et la confusion.

» Dans un tel concours de calamités, dont le poids accable notre cœur, le suprême ministère pastoral, à nous confié *divinement*, nous impose le devoir de mettre en action de plus en plus toutes nos forces pour réparer les ruines de l'Eglise, pour procurer le salut de tout le troupeau du Seigneur, pour arrêter les efforts, pour repousser la furie dévastatrice de ceux qui ramassent toutes leurs forces pour détruire jusque dans ses fondements l'Eglise elle-même, si jamais cela pouvait se faire, et la *société civile*. Pour Nous, par le secours de Dieu, à partir des premiers jours de Notre souverain pontificat, comme Nous y obligeait Notre charge pesante, Nous n'avons jamais cessé, par nos Allocutions consistoriales et nos Lettres apostoliques multipliées, d'élever notre voix, de défendre constamment, de toutes nos forces, la cause de Dieu et de sa sainte Eglise à Nous confiée par le Christ Notre Seigneur, de combattre pour le maintien des droits de ce Siége apostolique, de la justice et de la vérité, de signaler les piéges tendus par les hommes ennemis, de condamner les erreurs et les fausses doctrines, de proscrire les sectes de l'impiété, de veiller avec le plus grand soin et de pourvoir, par toutes les mesures possibles, au salut de tout le troupeau du Seigneur.

» Maintenant, suivant les traces glorieuses de Nos prédécesseurs, nous avons jugé opportun, pour toutes les raisons que Nous venons d'exposer, de réunir en Concile général, comme Nous le désirions depuis longtemps, tous Nos vénérables Frères les Evèques de tout l'univers catholique, qui ont été appelés à entrer en partage de Notre sollicitude. Enflammés d'un ardent amour pour l'Eglise catholique, remplis pour ce Siége apostolique, d'une piété et d'un dévouement connus de tous, pleins de sollicitude pour le salut des âmes, illustres par leur sagesse, leur doctrine et leur science, et déplorant avec Nous le triste état de la religion et de la société civile, ces Vénérables Frères désirent par-dessus tout délibérer et pouvoir se consulter avec Nous pour appliquer à tant de maux des remèdes efficaces.

» Ce Concile œcuménique aura donc à examiner avec le plus grand soin et à déterminer ce qu'il convient le mieux de faire, en ces temps si difficiles et si durs, pour la plus grande gloire de Dieu, pour l'intégrité de la foi, pour la beauté du culte divin, pour le salut éternel des hommes, pour la discipline du clergé régulier et séculier et son instruction salutaire et solide, pour l'observance des lois ecclésiastiques, pour la réformation des mœurs, pour l'éducation chrétienne de la jeunesse, pour la paix commune et la concorde universelle. Il faudra aussi travailler de toutes nos forces, avec l'aide de Dieu, à éloigner tout mal de l'Eglise et de la société civile; à ramener dans le droit sentier de la vérité, de la justice et du salut, les malheureux qui se sont égarés; à réprimer les vices et à repousser les erreurs, afin que notre auguste religion et sa doctrine salutaire acquièrent une vigueur nouvelle dans le monde entier, qu'elle se propage chaque jour de plus en plus, qu'elle reprenne l'empire, et qu'ainsi la piété, l'honnêteté, la justice, la charité et toutes les vertus chrétiennes se fortifient et fleurissent pour le plus grand bien de l'humanité.

» Car l'influence de l'Eglise catholique et de sa doctrine s'exerce non-seulement pour le salut éternel des hommes, mais encore, et personne ne pourra jamais prouver le contraire, elle contribue au bien temporel des peuples, à leur véritable prospérité, au maintien de l'ordre et de la tranquillité, au progrès même et à la solidité des sciences humaines, ainsi que les faits les plus éclatants de l'histoire sacrée et de l'histoire profane le montrent clairement et le prouvent constamment de la manière la plus évidente. Et comme le Christ Notre Seigneur nous réconforte, nous ravive et nous console par ces paroles : *Là où deux ou trois sont rassemblés en mon nom, là je suis avec eux*, nous ne pouvons pas douter qu'il ne veuille bien lui-même nous assister dans ce Concile par l'abondance de sa grâce divine, afin que nous puissions régler toutes choses de manière à procurer le plus grand bien de sa sainte Eglise. C'est pourquoi, après avoir répandu nuit et jour, dans toute l'humilité de notre cœur, nos plus ferventes prières devant Dieu, Père des lumières, Nous avons pensé qu'il était nécessaire de réunir ce concile.

» Nous fondant et nous appuyant sur l'autorité de Dieu même, Père tout-puissant, Fils et Saint-Esprit, et des bienheureux apôtres Pierre et Paul, autorité que Nous aussi Nous exerçons sur la terre, de l'avis et avec l'assentiment de Nos vénérables Frères les Cardinaux de la sainte Eglise romaine, nous indiquons par la présente lettre, convoquons et décrétons qu'un Concile œcuménique et général devra se tenir l'année prochaine 1869, dans notre illustre ville de Rome et dans la basilique Vaticane, qu'il s'ouvrira le 8 décembre, jour de la fête de l'Immaculée-Conception de la Vierge Marie Mère de Dieu, pour être continué et terminé avec l'aide du Seigneur, à la gloire de Dieu et pour le salut de tout le peuple chrétien.

» En conséquence, Nous voulons et ordonnons que, de toutes leurs résidences, Nos vénérables Frères les patriarches, les archevêques, les évêques, ainsi que Nos chers fils les abbés et tous autres appelés par droit ou par privilége à siéger et à donner leur avis dans les conciles généraux, viennent à ce Concile œcuménique convoqué par Nous, les requérant, exhortant et avertissant d'être présents et d'assister au Concile, en vertu du serment qu'ils ont prêté à Nous et à ce Saint-Siége et de la sainte obéissance, et sous les peines portées par le droit ou la coutume contre ceux qui ne se rendent pas aux conciles; Nous leur ordonnons et leur enjoignons rigoureusement de venir en personne, à moins qu'ils ne soient retenus par quelque juste empêchement, ce qu'ils auront d'ailleurs à prouver au concile par de légitimes fondés de pouvoirs. »

Après tout ce que nous avons vu des théories gouvernementales adoptées par les souverains catholiques de notre temps, il était impossible de suivre à leur égard l'usage des conciles antérieurs et de les appeler à la réunion des évêques. Ils faisaient profession de gouverner en dehors des principes et des règles de la foi. L'Eglise ne pouvait les inviter à prendre part au grand travail de restauration doctrinale et sociale qu'elle allait accomplir en vertu de sa divine mission. Voici le seul passage de la bulle qui les concerne; il se trouve immédiatement à la suite de ce qu'on vient de lire :

« Nous avons l'espoir que Dieu, qui tient le cœur des hommes en sa main, écoutera favorablement nos vœux et fera, par son ineffable miséricorde et sa grâce, que reconnaissant de mieux en mieux quels grands biens découlent en abondance de l'Eglise catholique sur la société humaine, et que cette Eglise est le plus solide fondement des empires et des royaumes, les souverains et les chefs de tous les peuples, particulièrement les princes catholiques, non-seulement n'empêcheront pas Nos vénérables Frères les Evêques et les autres personnes ci-dessus mentionnées, de venir au Concile, mais au contraire se plairont à les favoriser, à les aider et à les assister de leur coopération avec le plus grand zèle, comme il convient à des princes catholiques, en tout ce qui peut contribuer à la plus grande gloire de Dieu et au bien de ce Concile. »

Quelques mois après, cet acte fut complété par deux Lettres apostoliques, qui témoignaient de la grandeur des vues de Pie IX et de sa sollicitude pour tous les membres séparés de l'Église. La première, datée du 8 septembre, est adressée à tous les évêques des églises du rite oriental qui ne sont pas en communion avec le Siége apostolique. La seconde portait la date du 13 septembre, et s'adressait aux protestants et autres hérétiques. Aux uns et aux autres, le Saint-Père faisait entendre les paroles les plus capables de les toucher et de les éclairer. Il y avait néanmoins cette différence qu'il invitait les schismatiques de l'Orient à se rendre au Concile, et que, pour les protestants, il les exhortait à saisir cette occasion de se réconcilier avec l'Eglise véritable.

Voici la lettre aux Orientaux séparés :

« Placé par les impénétrables desseins de la divine Providence, et sans aucun mérite de Notre part, sur ce Siége sublime, comme héritier du bienheureux Prince des Apôtres, qui, « en vertu de la pré-
» rogative que Dieu lui a accordée, est la pierre
» ferme et inébranlable sur laquelle le Sauveur a
» bâti son Eglise, » et pressé par la sollicitude de la charge qui Nous est imposée, Nous désirons ardemment et Nous nous efforçons d'étendre Nos soins à tous ceux qui, sur tous les points du globe, portent le nom de chrétiens, et de les unir tous dans les embrasements de Notre amour paternel. Ce ne serait pas sans un grand péril pour Notre âme que Nous pourrions négliger aucune partie de ce peuple chrétien, qui, racheté par le sang si précieux de Notre Sauveur, et admis au bercail du Seigneur, par les eaux sacrées du baptême, a droit de compter sur toute notre vigilance. Obligé donc de vouer sans cesse Nos pensées et tous Nos soins à pourvoir au salut de tous ceux qui reconnaissent et adorent Jésus-Christ, Nous avons les yeux et le cœur tournés vers ces Eglises, qui, attachées autrefois au Siége apostolique par le lien de l'unité, étaient si florissantes par le mérite de la sainteté et de la science divine, produisaient des fruits si abondants pour la gloire de Dieu et le salut des âmes, et qui aujourd'hui, par les ruses et les machinations infernales de celui qui a opéré dans le ciel même le premier schisme, se trouvent, à Notre grande douleur, éloignées et séparées de la communion de cette sainte Eglise romaine qui est répandue par tout l'univers.

» C'est pour cette raison que, dès le commencement de Notre suprême pontificat, Nous vous avons adressé dans toute l'effusion de Notre cœur, des paroles de paix et de charité. Et quoique ces paroles n'aient aucunement eu le succès que Nous désirions si ardemment, Nous n'avons cependant jamais perdu l'espoir que Nos humbles et ferventes prières seraient un jour favorablement accueillies et exaucées par l'infinie clémence et bonté de l'Auteur du salut et de la paix, « qui a apporté le salut à la terre, et
» qui, en venant du ciel, a témoigné combien la
» paix lui est agréable et doit l'être à tous, puisqu'il
» l'a dès sa naissance annoncée aux hommes de
» bonne volonté par le ministère des anges, qu'en
» vivant avec ces mêmes hommes il la leur a enseignée par ses paroles et la leur a prêchée par ses
» exemples. »

» Or, comme tout récemment, de l'avis de Nos vénérables Frères les Cardinaux de la sainte Eglise romaine, Nous avons indiqué et convoqué un *Concile œcuménique* qui doit se tenir à Rome l'année prochaine et s'ouvrir le 8 décembre, jour de la fête de l'Immaculée-Conception de la Bienheureuse Vierge Marie, Mère de Dieu; Nous vous adressons de nouveau Nos paroles et Nous vous conjurons, avertissons et supplions, avec toute l'ardeur que Nous pouvons y mettre, de vous rendre à cette même Assemblée générale, comme vos ancêtres se sont rendus au 2º *Concile de Lyon*, tenu sous le bienheureux Grégoire X, Notre prédécesseur de vénérable mémoire, et au *Concile de Florence*, célébré par Eugène IV, également Notre prédécesseur d'heureuse mémoire, afin que, renouvelant les lois de l'ancienne charité, et remettant en vigueur la paix de Nos pères, ce présent céleste et salutaire de Jésus-Christ, dont le temps nous a fait perdre les fruits, Nous voyions enfin, après une longue et triste époque de douleur où ont régné les ténèbres de la division, Nous voyions se lever l'aurore brillante et pure de cette union qui est dans Nos vœux.

» Que ce soit là l'heureux fruit des bénédictions dont Jésus-Christ notre commun Seigneur et Rédempteur console, en ces temps malheureux, sa chère et immaculée Epouse, l'Eglise catholique; qu'il adoucisse ainsi sa douleur et qu'il essuie ses larmes, afin que, toute division ayant cessé, les voix auparavant discordantes s'unissent dans une parfaite unanimité d'esprit pour louer le Dieu qui ne veut pas de schisme parmi nous, mais qui, par la voix de l'Apôtre, nous a prescrit de n'avoir « qu'un même langage et une même pensée. » Que d'immortelles actions de grâces soient rendues sans cesse au Père des miséricordes par tous les Saints, mais surtout par ces grandes illustrations des Eglises d'Orient, les anciens Pères et Docteurs, lorsque, du haut du ciel, ils verront restaurée et rétablie l'union avec ce Siége apostolique, qui est le centre de la vérité catholique et de l'unité, union qu'eux-mêmes, pendant leur vie terrestre, se sont efforcés de soutenir de tous leurs soins et de l'activité de leur zèle, et d'affermir chaque jour davantage par leurs enseignements et par leurs exemples, parce que le Saint-Esprit avait rempli leurs cœurs de la charité de Celui qui a renversé le mur de séparation, qui a tout réconcilié et pacifié par son sang, qui a voulu que le signe caractéristique de ses disciples fût l'unité, et qui adressait à son Père cette prière : *Que tous ne fassent qu'un, comme nous ne sommes qu'un.*

» Vous savez déjà tous, qu'élevé à cette Chaire de Pierre, malgré Notre peu de mérite, et préposé par là au gouvernement suprême de toute l'Eglise catholique, et à la charge que Notre-Seigneur Jésus-Christ lui-même Nous a divinement confiée, Nous avons jugé opportun d'appeler près de Nous tous Nos vénérables Frères les Evêques du monde entier et de les réunir en un Concile œcuménique qui doit se célébrer l'année prochaine, afin qu'avec ces vénérables Frères, appelés à partager Notre sollicitude, Nous puissions prendre toutes les mosures qui peuvent être les plus opportunes et nécessaires, soit pour dissiper les ténèbres de tant de mortelles erreurs qui chaque jour s'élèvent et étendent partout leurs ravages, au grand détriment des âmes, soit pour affermir de plus en plus et propager chez les peuples chrétiens confiés à Notre vigilance le règne de la vraie foi, de la justice et de la véritable paix qui vient de Dieu. Et plein de confiance dans ce lien d'union si étroite et si affectueuse qui rattache d'une manière admirable à Notre personne et à Notre Siége apostolique ces vénérables Frères qui n'ont jamais cessé, pendant tout le temps de Notre Pontificat, de donner les plus éclatants témoignages de fidélité, d'amour et de déférence pour Nous et pour le Saint-Siége, Nous avons la ferme espérance qu'avec l'impulsion de la grâce divine, ce Concile œcuménique, convoqué par Nous, produira pour notre époque, ainsi que l'ont fait, dans les siècles passés, les autres Conciles généraux, les fruits les plus heureux et les plus abondants pour la plus grande gloire de Dieu et pour le salut éternel des hommes.

» Animé de cette espérance, engagé et pressé par la charité de Notre Seigneur Jésus-Christ, qui a donné sa vie pour le salut du genre humain tout entier, Nous ne pouvons nous dispenser d'adresser à l'occasion du prochain Concile Nos paroles apostoliques et paternelles à tous ceux qui, tout en reconnaissant Jésus-Christ pour leur Rédempteur et se glorifiant du nom de chrétiens, ne professent pas la véritable foi de Jésus-Christ et ne sont pas en communion avec l'Eglise catholique. C'est ce que Nous faisons en les avertissant, les exhortant et les conjurant, avec tout le zèle et l'amour dont Nous sommes capable, de vouloir bien considérer et examiner sérieusement s'ils suivent la voie que leur a prescrite Notre Seigneur Jésus-Christ pour arriver au salut éternel.

» Et, en effet, personne ne peut nier ou douter que Jésus-Christ lui-même, pour appliquer à toutes les générations humaines les fruits de la Rédemption, a établi ici-bas sur la personne de Pierre une seule et unique Eglise, qui est une, sainte, catholique, apostolique, et qu'il lui a donné tout le pouvoir nécessaire pour que le dépôt de la foi fût conservé entier et intact, que cette même foi fût communiquée à tous les peuples et à toutes les nations, que par le baptême tous les hommes fussent agrégés à son corps mystique, que cette nouvelle vie de la grâce, sans laquelle personne ne peut jamais mériter et obtenir la vie éternelle, fût toujours conservée et accrue en eux, et que cette même Eglise qui constitue son corps mystique demeurât toujours stable et immuable dans sa propre nature, pleine de vigueur jusqu'à la consommation des siècles, procurant à tous ses enfants tous les secours nécessaires au salut.

» Et certes, celui qui considérera avec attention et voudra étudier la situation où se trouvent les sociétés religieuses, si diverses et si divisées entre elles et séparées de l'Eglise catholique, qui, depuis Notre Seigneur Jésus-Christ et ses Apôtres, a toujours et sans interruption exercé par ses légitimes pasteurs et exerce encore aujourd'hui la divine puissance que le Seigneur lui-même lui a donnée, celui-là se persuadera facilement qu'aucune autre société particulière, ni toutes ensemble réunies, ne constituent et ne sont en aucune manière cette Eglise une et universelle que le Christ Notre Seigneur a établie, constituée, dont il a voulu l'existence, et qu'aucune ne peut être regardée comme membre ou partie de cette même Eglise, puisqu'elles sont visiblement séparées de l'unité catholique.

» Car, d'un côté, ces sociétés manquent de cette autorité vivante et divinement constituée, qui enseigne avant tout aux hommes les choses de la foi et la règle des mœurs, qui les dirige et les conduit en tout ce qui tient au salut éternel, et, d'autre part, ces sociétés ont constamment varié dans leurs doctrines, et cette mobilité, cette instabilité est toujours chez elles la même. Chacun comprend sans peine et voit clairement que tout cela est loin de ressembler à l'Eglise instituée par Notre Seigneur Jésus-Christ, dans laquelle la vérité est toujours la même, sans jamais être exposée à aucun changement, comme un dépôt confié à cette même Eglise pour être gardé parfaitement intact, et pour la garde duquel la présence et le secours du Saint-Esprit ont été promis à jamais à l'Eglise. Et personne n'ignore que ces dissidences de doctrines et d'opinions enfantent des divisions sociales; que de là naissent ces innombrables communautés et sectes qui se propagent de jour en jour, au grand détriment de la société religieuse et civile.

» En effet, quiconque reconnaît la religion comme le fondement de la société humaine, ne saurait s'empêcher de reconnaître également et d'avouer quelle action exercent sur la société civile la désunion et l'antagonisme de ces principes et des sociétés religieuses en lutte réciproque, et avec quelle violence la négation de l'autorité constituée par Dieu a excité, développé et entretenu, dans l'influence qui s'exerce sur l'intelligence humaine et dans la direction des actions des hommes, tant dans la vie privée que dans la vie sociale, ces déplorables soulèvements et ces désordres dans les faits et dans les temps, qui agitent et affligent misérablement presque tous les peuples.

» Que tous ceux donc qui ne possèdent point *l'unité et la vérité de l'Eglise catholique*, saisissant l'occasion de ce Concile, par lequel l'Eglise catholique, dont leurs ancêtres faisaient partie, présente au monde une nouvelle preuve de son unité intime et de sa puissance vitale et inexpugnable, et qu'obéissant eux-mêmes aux besoins de leur cœur, ils s'efforcent de s'arracher à cet état dans lequel ils ne peuvent être assurés de leur propre salut. Et qu'ils ne cessent point d'adresser de ferventes prières au Dieu des miséricordes, afin qu'il renverse le mur de séparation, qu'il dissipe les ténèbres de l'erreur, et qu'il les ramène dans le sein de la sainte Mère Eglise, dans laquelle leurs ancêtres ont trouvé les aliments salutaires de la vie, et dans laquelle seule la doctrine de Jésus-Christ est conservée et transmise intacte, et sont dispensés les mystères de la grâce divine.

» Et Nous qui, en vertu du devoir de Notre ministère suprême et apostolique, à Nous confié par Jésus-Christ lui-même Notre Seigneur, devons accomplir avec le plus grand zèle tous les actes d'un bon pasteur, et étendre Notre charité paternelle à tous les hommes du monde entier, et les embrasser dans la même charité, Nous adressons aujourd'hui à tous les chrétiens séparés de Nous ces lettres, où Nous les exhortons instamment et les conjurons de se hâter de revenir à l'unique bercail de Jésus-Christ. En effet, Nous désirons de cœur et ardemment leur salut en Jésus-Christ, et Nous craignons que Celui qui sera notre Juge ne Nous demande compte un jour, si Nous ne leur avons pas, autant qu'il est en Nous, montré et préparé la voie pour atteindre ce salut éternel. En vérité, dans toutes Nos prières, dans Nos supplications et actions de grâces, Nous ne cessons jamais, le jour et la nuit, d'implorer en leur faveur avec humilité et avec instance, auprès du Pasteur éternel des âmes, l'abondance des lumières et des grâces célestes. Et ainsi que Nous, quoique indigne, occupons la place de son Vicaire sur la terre, Nous espérons avec la plus vive ardeur et les mains étendues vers le ciel le retour des fils errants à l'Eglise catholique, afin que Nous puissions les accueillir avec amour dans la maison du Père céleste et les enrichir de ses inépuisables trésors. En effet, de ce retour si désiré à la vérité et à la communion avec l'Eglise catholique dépend principalement non-seulement le salut de chacun en particulier, mais encore celui de la société chrétienne tout entière; et l'univers entier ne peut être en possession de la véritable paix, s'il n'existe point un seul bercail et un seul pasteur. »

A ces actes solennels s'en joignaient d'autres qui avaient pour objet de préparer la tâche immense réservée au concile. Dès le principe, et pour ses travaux préparatoires, le Saint-Père voulut recueillir les avis des évêques. On leur envoya un *Syllabus* rédigé par le cardinal Caterini, contenant un certain nombre de questions sur lesquelles ils étaient priés de dire leur sentiment. Les réponses arrivèrent bientôt et formèrent la base du travail des différentes commissions.

Ces commissions ou congrégations renfermaient dans leur sein les plus célèbres représentants de la science sacrée dans toutes les parties de la catholicité. Au-dessus d'elles se trouvait la *Commission centrale* ou *Congrégation cardinalice dirigeante*, dont le titre indique suffisamment les attributions. Elle avait pour président le cardinal Patrizzi. Ses membres étaient : les cardinaux Bilio, Reisach, Caterini, Bizzarri, Barnabo, Panebianco, Capalti et de Luca, préfet de la sacrée congrégation de l'Index. Mgr Gianelli, archevêque de Sardes *in partibus*, était chargé des fonctions de secrétaire. Les autres congrégations, pourvues des consulteurs les plus éclairés venus de l'Italie, de l'Espagne, de l'Allemagne, de la France, etc., avaient aussi un cardinal à leur tête. C'était le cardinal Reisach, pour la commission *politico-religieuse*; le cardinal Caterini, pour la commission de la *discipline ecclésiastique*; le cardinal Bilio, pour la *théologie dogmatique*. Le cardinal Barnabo présidait la commission pour l'*Orient*, le cardinal Bizzarri, la commission pour les *Réguliers*, et le cardinal Patrizzi, la commission des *Rites et Cérémonies*.

Ainsi s'est organisé le concile, ainsi ont été préparés ses travaux.

L'effet premier produit parmi les schismatiques, par la lettre de Pie IX, fut l'indécision : quelques-uns s'avouèrent les intentions paternelles de l'auguste Pontife; mais le schisme avait jeté de trop profondes racines dans leurs cœurs, et ils ne purent se résoudre aux sacrifices généreux que commande la recherche de la vérité. Par ordre du patriarche catholique de Constantinople, quatre prêtres attachés à son église, portèrent la lettre d'invitation au patriarche grec. Celui-ci refusa de la recevoir. Voici sa réponse :

« Si, dit le patriarche, le journal de Rome n'avait pas publié la lettre par laquelle Sa Sainteté nous convoque au concile de Rome que vous appelez œcuménique, et qu'en conséquence nous ignorions le but et le contenu de cette lettre, ainsi que les principes de Sa Sainteté, c'est avec le plus grand plaisir que nous aurions accepté une lettre du patriarche de l'ancienne Rome, dans l'espoir d'y trouver quelque idée nouvelle. Mais puisque cette lettre de convocation, publiée déjà par les journaux, a fait connaître les principes de Sa Sainteté, principes diamétralement opposés à ceux de l'Eglise orthodoxe d'Orient, c'est avec douleur et en même temps avec sincérité que nous vous déclarons, Révérends Pères, ne pouvoir accueillir une semblable invitation, ni une telle lettre, qui ne fait que répéter les mêmes principes, contraires à l'esprit de l'Evangile et aux doctrines des conciles œcuméniques et des saints Pères.

» Sa Sainteté a déjà fait la même démarche en l'année 1848, et elle a provoqué alors une encyclique de l'Eglise d'Orient, qui, en démontrant avec autant de simplicité que de clarté le désaccord entre ses principes traditionnels et apostoliques et les principes de Rome, a beaucoup affligé Sa Sainteté, et sa réplique l'a suffisamment prouvé. Comme d'ailleurs Sa Sainteté ne semble pas s'écarter de ses principes, et que de notre côté nous ne sommes point, grâce à Dieu, éloigné des nôtres, nous désirons aussi peu lui causer en vain de nouvelles douleurs que rouvrir d'anciennes plaies. Nous ne voulons pas non plus ranimer des haines assoupies, au moyen de controverses qui n'aboutissent que trop souvent à des dissensions et à des inimitiés, tandis que nous avons plus que jamais les uns et les autres besoin de l'amour évangélique, pour nous prémunir contre les périls de tout genre qui entourent l'Eglise du Christ.

» Du reste, nous pensons que la meilleure solution de ces questions doit être demandée à l'histoire. Ainsi, il y a dix siècles, il y avait une Eglise professant les mêmes dogmes aussi bien en Orient qu'en Occident, dans l'ancienne et la nouvelle Rome. Remontons donc à cette époque et voyons qui a ajouté et qui a retranché. Supprimons les innovations, s'il y en a, et alors nous nous trouverons tous insensiblement au même point de l'orthodoxie catholique dont, en s'éloignant de plus en plus, la Rome des premiers siècles se plaît à élargir les principes divergents qui nous séparent par des dogmes toujours nouveaux, et des décrets qui s'écartent de la tradition sacrée. »

Comme explication de sa pensée, le patriarche déclara que cette lettre de convocation contenant, sur la primauté de l'évêque de Rome, des principes diamétralement opposés à ceux de l'Eglise d'Orient, il ne pouvait accueillir ni une semblable invitation, ni une semblable lettre.

« Telle est, dit Mgr Plantier, dans son beau livre qui a pour titre : *Les conciles généraux*, telle est la situation réciproque de Rome et des Eglises grecques schismatiques d'Orient : le Saint-Père les a pressées de venir recevoir au Vatican l'embrassement de la paix au milieu des évêques du monde entier réunis; elles, au contraire, par une obstination sans convenance comme sans motifs, se sont dédaigneusement abstenues même de lire cette paternelle invitation qui leur était adressée.

» Les laïques ont été plus délicats que leurs pasteurs. Grand nombre d'entre eux ont blâmé le patriarche schismatique et les évêques dissidents qui l'ont imité, soit d'avoir répudié les lettres apostoliques, soit d'avoir pris le parti de ne pas aller au concile. La raison par laquelle on explique cette résolution des prélats réfractaires est loin de leur faire honneur. « Notre épiscopat, dit-on, en refu-
» sant d'intervenir au concile général, donne à
» penser qu'il se sent incapable de soutenir la dis-
» cussion contre le clergé latin. »

» Ce malheureux patriarche de Constantinople essaie bien de se débattre pour relever l'opinion des siens qui le condamne. Il a résolu, dans une inspiration désespérée, d'opposer *concile œcuménique à concile œcuménique*. Rome voudrait ramener Constantinople à l'union, Constantinople ne le veut pas; elle se propose, au contraire, de foudroyer Rome. Tonnerre impuissant comme celui de Salmonée; mais le patriarche ne veut pas se résigner à le croire; il fera voir au successeur de Pierre ce que c'est que le successeur de Photius. Malheureusement pour lui, les dispositions qu'il rencontre dans le gouvernement turc sont moins bienveillantes que celles des césars du Bas-Empire pour ses prédécesseurs. Fuad-Pacha lui a fait savoir, il y a quelque temps, que l'Eglise bulgare serait séparée de son obédience. La perspective de ce démembrement est peu faite pour l'encourager à se montrer arrogant vis-à-vis du Saint-Siège. Mais n'importe, il tient ferme; il ne lui suffit pas de s'être donné l'honneur d'opposer aux avances du Pape un refus insolent, il veut encore obstinément faire éclater contre lui des fureurs ridicules. Quel triste spectacle que celui de ce patriarche, d'un côté se traînant en esclave aux pieds du sultan, de l'autre s'efforçant avec frénésie d'ébranler cette pierre immuable sur laquelle le Christ a bâti son Eglise! A quel degré d'aveuglement et d'abjection le schisme fait descendre! »

Disons cependant que tous les membres du clergé soi-disant orthodoxe n'ont pas mis, dans leur réponse, la même rigueur, la même susceptibilité. Le patriarche arménien non uni, pour ne citer que lui, répondit qu'il se rendrait au concile. Il y a tout lieu de croire, pour expliquer une telle différence de conduite, que le patriarche grec a été poussé à rejeter l'invitation de Pie IX, par l'archimandrite Cléobule, demi-philosophe qui a fait ses études en partie dans les Universités allemandes, et en a rapporté, avec beaucoup de rationalisme, la haine de Rome et de tout ce qui en vient ou y ramène.

« Quant à l'autre patriarche des Arméniens dissidents, continue Mgr Plantier, celui d'Ecsmiasin, Kévork IV, il apprit, avec un courroux mêlé de terreur, et l'apparition de la lettre pontificale, et l'accueil poli qu'elle avait reçu de son collègue de Constantinople. Il regarda l'existence de son siége patriarcal comme menacée par ce double fait qui lui semblait le signe d'une tempête; et des hauteurs d'Erivan, cité près de laquelle il habite, il se hâta d'envoyer à Constantinople un délégué, chargé de lui ménager un abri contre le péril dans les faveurs et l'appui de la Sublime-Porte. Safvet-Pacha, alors ministre intérimaire des affaires extérieures, lui fit rapporter une réponse qui le laissa sans espoir. Et maintenant, au lieu d'imiter l'exemple de saint Grégoire l'*Illuminateur*, dont il prétend, à tort, être l'héritier légitime; au lieu d'aller déposer l'hommage de son retour aux pieds de Pie IX, comme le grand apôtre de l'Arménie était allé se remettre lui-même et tout son peuple entre les mains de saint Sylvestre Ier, il reste plus enfoncé que jamais dans le schisme, sans savoir si ce débris de fausse grandeur, qu'il est si jaloux de retenir, ne lui sera point arraché par quelque brusque orage.

» Traduite en arménien par les soins du patriarche catholique de Cilicie, la lettre de Pie IX est maintenant devenue populaire. Elle a fait sur ceux qui l'ont pu lire une impression profonde par les grands souvenirs qu'elle évoque, les hautes considérations qu'elle expose, et l'onction de tendresse et de douceur dont elle est embaumée. Un certain nombre d'évêques schismatiques, appartenant au cercle patriarcal de Constantinople, inclinent fortement vers le retour à l'unité; quantité de fidèles sont travaillés du même désir, et la colère qu'en témoignent les évêques opiniâtrement rebelles ne fait que donner aux aspirations qui se jettent du côté de Rome une intensité plus ardente.

» Voilà donc une seconde branche du schisme oriental glorifiant, sous deux formes opposées, l'invitation qu'elle a reçue de Pie IX : les uns l'honorent par la grossière inconvenance avec laquelle ils la repoussent, les autres par les dispositions de sympathie et de respect qu'elle leur inspire et dont ils font preuve pour le Saint-Siège comme centre de l'unité. »

Si maintenant nous voulons connaître l'accueil fait à la lettre pontificale par les protestants, écoutons encore le savant évêque de Nîmes :

« Il était impossible, dit-il, que Pie IX, après avoir fait appel aux schismatiques des Eglises orientales, ne se retournât pas vers les hérétiques de l'Occident, pour les convier à leur tour au concile œcuménique. Le 13 septembre 1868, il l'a fait par une lettre adressée à tous les protestants et autres non-catholiques. Quiconque a lu ce document sait combien en y affirmant et la divine autorité de l'Eglise, et les droits sacrés et certains du Saint-Siège, et les variations éternelles des sectes privées de ces deux ancres pour les fixer sur les flots toujours changeants des opinions humaines, le Saint-Père est attentif à ne rien dire de blessant pour les brebis égarées loin du bercail, et qu'il désire, de tous ses vœux, y ramener par le concile général.

» L'hérésie n'a voulu reconnaître sa voix, ni pour celle d'un maître, ni pour celle d'un père. Presque toutes les grandes fractions du protestantisme ont déclaré qu'elles ne se rendraient pas à l'invitation de Pie IX. Et Dieu sait pour quelles raisons piloyables ! A quoi servirait de toucher à celles qui rentrent dans les vieilles objections de la Réforme, pulvérisée depuis trois siècles ? Il suffira de signaler les prétextes les plus nouveaux ; ils sont dignes des autres.

» Voici d'abord une réponse adressée, sans doute par des ministres de l'Eglise anglicane, à la lettre de convocation. « Dans ces lettres apostoliques, dit-on, le pontife Pie IX proclame qu'il a convoqué tous les évêques de l'univers pour le concile œcuménique qui doit se célébrer à Rome, l'année prochaine. Puisqu'il assure qu'il a convoqué *tous* les évêques, il déclare, par-là même, qu'il ne regarde point comme évêques ceux qu'il n'a pas convoqués. C'est là le jugement qu'il porte sur les nôtres ; mais avec quelle bienveillance, avec quelle douceur, avec quelle équité, c'est ce qu'il ferait bien de nous dire. » — Reproche singulier ! La bienveillance ? Mais elle n'obligeait pas, que je sache, Pie IX à parler contre ses convictions et contre la vérité. — La douceur ? mais par quelle expression la lettre apostolique lui porte-t-elle atteinte ? — L'équité ? Mais elle ne consiste pas à mentir à l'histoire. — Voilà ce que la réponse anglicane aurait dû comprendre.

» Elle poursuit : « Mais vous êtes hérétiques, nous dit le Pontife de Rome, vous êtes schismatiques, soit ; mais lui, s'il est véritablement apostolique, il aurait dû confondre l'hérésie par la vérité, et remédier au schisme par la charité. » C'est précisément ce qu'il veut faire par le concile ; dans cette assemblée sainte, si vous aviez le courage de vous y rendre, la vérité vous convaincrait d'hérésie, et la charité tenterait de cicatriser la blessure de la séparation, tandis que votre abstention vous privera de ce double bienfait. — « Le grand Athanase et le grand Augustin, ces évêques vraiment apostoliques pensèrent, le premier que les évêques des ariens qui étaient hérétiques, le second que les évêques des donatistes qui étaient schismatiques, devaient être appelés au Concile. Noble et sage opinion ! Et pourquoi ? Parce qu'elle avait pour but de mettre, Dieu aidant, un terme au schisme et à l'hérésie ; et, en effet, le Dieu de vérité et de paix daigna remplir leurs vœux. Mais notre très-saint seigneur le pape Pie IX, car il se donne ce titre magnifique et presque divin, marche par une voie toute différente. » C'est vrai, la conduite paraît différente, mais elle n'est pas opposée. Si, au quatrième siècle, les prélats ariens, donatistes et novatiens étaient appelés et admis dans les conciles, c'est qu'ils étaient réellement évêques ; ils en avaient reçu la consécration certaine et le caractère authentique, avant ou après leur rébellion. Et de là venait que, lorsqu'ils s'étaient réconciliés avec l'Eglise et avaient fait sérieusement pénitence, on les replaçait quelquefois, sans leur imposer de nouveau les mains, à la tête d'un diocèse à gouverner. Avec des hommes pareils, Pie IX aurait la même manière d'agir. Ne vient-il pas d'inviter les évêques schismatiques de l'Orient, précisément parce qu'il suppose qu'au sein même du schisme ils ont gardé la succession perpétuelle du caractère épiscopal ? S'il n'a pas convoqué les évêques réformés d'Angleterre comme évêques, mais tout simplement comme protestants, c'est qu'il les considère comme n'ayant pas été validement sacrés. A ses yeux, la chaîne apostolique est rompue pour leur ordination comme pour leur ministère. Cette question ne date pas d'hier pour le Saint-Siège ; voici des siècles qu'il l'étudie avec autant de conscience que de savoir ; à mesure qu'il l'approfondit davantage, il se démontre avec une certitude plus invincible que la sève et l'autorité de l'épiscopat sont taries dans le royaume de Henri VIII et d'Elisabeth, et quoi qu'en puissent dire les auteurs de la *Réponse*, les chefs religieux de l'Eglise établie peuvent être d'opulents dignitaires, ils ne sont pas de légitimes pasteurs. — Vaine excuse donc que celle de l'anglicanisme ; c'est celle d'une injuste susceptibilité qui se fâche, ce n'est pas celle d'un droit méconnu qui se plaint.

» Genève n'est pas plus heureusement inspirée que Londres. Dans cette Rome du calvinisme, la Compagnie des pasteurs a cru devoir prendre la parole à l'occasion de l'encyclique du 13 septembre. « La forme de cet écrit lui paraît modérée, charitable ; » elle lui sait gré de ne pas « rappeler les anathèmes dont Rome a tant de fois chargé » les protestants. « Malheureusement les anathèmes subsistent. Ils n'ont jamais été révoqués. » C'est assez du maintien de ce jugement pour que les membres de la vénérable Compagnie se dispensent de paraître à Rome et de se présenter au concile. Pauvre raison pourtant ! Si les protestants ont été condamnés autrefois, ce n'est ni sans examen ni sans appel à la défense. Le concile de Trente les convia, les pressa, de venir expliquer et, s'ils le pouvaient, justifier leur doctrine ; on leur garantit pour le faire la plus entière sécurité. S'ils refusèrent, ce ne fut pas la faute de l'Eglise. On instruisit et l'on débattit la cause ; ils furent frappés et comme le dit la Compagnie des pasteurs, les anathèmes subsistent encore, parce qu'un tribunal infaillible ne peut jamais révoquer les anathèmes lancés contre l'hérésie ; il ne peut pas non plus retirer ceux dont il a frappé, avec l'hérésie, les révoltés qui la soutiennent, tant qu'ils n'ont pas rétracté leurs nouveautés impies. Que les pasteurs de Genève essayent de faire purger leur contumace ; qu'ils aillent demander au concile du Vatican la permission de prouver qu'ils furent excommuniés à tort ; et cette révision de leur procès leur fera voir, avec une évidence qui les accablera, que leur condamnation ne fut que trop motivée, et que s'ils veulent rentrer dans la voie du salut et la région de la lumière, ils doivent se hâter de fuir la terre du calvinisme et de l'apostasie.

» Il fallait bien que Berlin parlât à son tour. Et voici que, le 4 octobre 1868, le Conseil ecclésiastique supérieur de cette ville adressait à tous ses fidèles une encyclique portant réponse à celle du Saint-Père. On n'a pas de peine à deviner que c'est une protestation contre l'acte pontifical. « Comme dans cet écrit, dit-on, le chef d'une autre église adresse en même temps aux membres de la nôtre, — et cela comme ayant autorité sur eux, comme étant également leur Pasteur suprême, — l'exhortation d'abandonner leur chère foi, fondée sur la parole inaltérable de Dieu et scellée de leur sang, de renoncer à la vérité que la bénie réforme a regagnée pour l'Eglise, et à la liberté évangélique : vu que, d'autre part, nul rapprochement sur le terrain de la vérité n'est prévu, nous repoussons énergiquement un tel procédé comme étant un empiétement injuste; et en cela nous savons que tous les Evangéliques sont d'accord avec nous. » Empiétement? Et pourquoi? Si vous vous placez au point de vue catholique, l'empiétement n'existe pas, puisque le Pape est et reste le pasteur des chrétiens baptisés errant en dehors du bercail. Si vous partez du principe protestant, l'empiétement n'existe pas davantage; en vertu de la liberté d'examen, le Pape a, pour s'adresser aux évangéliques, les mêmes droits que les pasteurs de Berlin; il est maître d'appeler les protestants au concile autant que leurs ministres sont maîtres de les en dissuader; et quand ceux-ci défendent à leurs ouailles d'écouter la voix du Saint-Père, ils font un acte d'inconséquente tyrannie.

» C'est ainsi que, dans ses trois grandes capitales, Londres, Genève et Berlin, le protestantisme n'a su trouver que des procédés inconvenants et de pitoyables excuses pour repousser le moyen de pacification que la charité de Pie IX avait daigné lui offrir. Pauvres aveugles! ces ministres ne comprennent pas qu'en les conviant à l'unité, le Pontife de Rome les rappelle à la lumière de la foi qu'ils ont perdue, à la notion de la vraie morale dont ils sont dépossédés, à l'indépendance du ministère qu'ils ont abdiquée, à la dignité du caractère et de la vie dont ils n'ont plus même le soupçon, tant ils sont loin d'en avoir l'honneur. Partout livrés à la double tyrannie des pouvoirs humains, si peu respectueux pour la conscience, et de l'opinion, si changeante dans ses idées et ses caprices, ils ont fini par se façonner à ce joug bien différent de celui de Jésus-Christ, et telle est la puissance de l'illusion qu'ils s'imaginent être libres, tandis qu'ils sont tout simplement les plus complaisants et les plus humiliés des esclaves. Moins maltraités peut-être que le schisme grec de Constantinople et de Moscou, ils ne sont guère plus maîtres de leur enseignement ni plus jaloux de leur royauté d'hommes et de chrétiens; et tandis que l'Eglise romaine, après son concile, pourra marcher vers l'avenir avec un surcroît de majesté noblement acquis par le concile lui-même, eux qui auront refusé d'y venir chercher le bienfait et la gloire de l'affranchissement, continueront à traîner la lourde chaîne que leur impose le despotisme des princes, substitué à l'auguste et douce autorité du Saint-Siège. »

En finissant, Mgr Plantier indique des signes d'espérance :

« On ne peut en disconvenir : Pie IX a reçu du ciel et de sa propre vertu je ne sais quelle puissance d'attraction, dont le charme se fait sentir jusque dans les profondeurs les plus lointaines du schisme et de l'hérésie. Un souffle mystérieux de vie agite, depuis son règne, ces membres détachés du tronc, et leur inspire un désir inquiet, quoique encore vague, de retrouver une tête. Leurs yeux involontairement se reportent vers celui qui règne au Vatican, et dont la figure leur apparaît si douce à travers l'auréole d'incomparable grandeur qui l'entoure. C'est l'attitude prise depuis quelque temps par l'Arménien schismatique; déjà peut-être les Bulgares auraient consommé leur retour, si la Russie ne s'était jetée entre eux et Rome comme une insurmontable barrière. L'ébranlement a gagné les jansénistes de la Hollande; nous en avons eu la preuve dans les documents publiés naguère par le *Tijd*, cette courageuse feuille de Mgr Smits et de M. l'abbé Brouwers. Il n'est pas jusqu'au protestantisme lui-même qui ne se soit senti remué par l'appel de Pie IX. Qui ne connaît m'a remarqué entre mille autres, l'admirable écrit de M. Baumstark, dévoré avec tant d'avidité en Allemagne non-seulement par les catholiques, mais par les protestants eux-mêmes? Nous ne pouvons résister au désir d'en citer quelques passages. « Que faut-il penser, se demande ce magistrat, de l'état actuel des choses, de l'invitation du Pape à la réunion avec l'Eglise romaine? Il sera inutile de prouver que cette invitation a été mûrement pesée; il n'est pas dans les habitudes de Rome de lancer dans le monde des documents de cette nature sans y bien réfléchir. Il est certain aussi que la convocation d'un concile général, le premier depuis trois cents ans, donnait lieu à une pareille invitation et que le chef de l'Eglise catholique était non-seulement bien autorisé à profiter de cette occasion, mais que même il ne pouvait guère l'éluder. » — Et un peu plus loin, frappé par la grandeur de cette initiative, l'auteur ajoute : « Lorsque de nous, qui vivons aujourd'hui, il ne restera même plus les tombes, lorsque toutes les questions politiques qui maintenant divisent en camps ennemis notre zone et notre hémisphère, n'appartiendront plus qu'au jugement de l'histoire, on se souviendra des paroles que, dans le courant de cette année, un vieillard persécuté, opprimé et outragé, a adressées aux chrétiens séparés de lui, ses frères en Jésus-Christ. » L'Angleterre n'est pas moins travaillée que l'Allemagne, depuis l'annonce du concile. On y voit les conversions se multiplier plus que jamais, et cette sorte d'ivresse avec laquelle, à la voix d'un grand homme d'Etat, elle s'est prise à réclamer la destruction de l'Eglise établie et l'émancipation de l'Eglise catholique en Irlande, n'est-elle pas un fait aussi plein d'espérance que de grandeur? Ne nous promet-il pas que le Christ finira peut-être bientôt par reprendre entièrement possession de la Grande-Bretagne? Oui, à quelque point de l'horizon que nos regards s'attachent, on voit le ciel même le plus obscur, blanchir comme aux lueurs d'une aube nouvelle; ce n'est pas un astre qui naît, c'est un soleil qui revient. Puisse-t-il, dans la lutte qu'il engage contre la nuit, triompher des ténèbres qui l'ont si longtemps obscurci lui-même, et rendre la vie à ceux que l'erreur a tenus si longtemps à l'ombre de la mort! Voilà notre vœu : le retour des dissidents à l'unité, déterminé par le concile. »

Demandons enfin à l'éloquence de Mgr Plantier de nous dire l'impression générale produite dans le monde par la bulle de convocation :

« A ces accents, répétés en quelques heures par des milliers et des milliers d'échos, tous les vrais chrétiens ont tressailli d'un bonheur unanime; et pendant que les politiques s'inquiètent et que les libres-penseurs se moquent ou s'irritent, la majorité des nations éprouve un secret et involontaire sentiment de repos et de confiance. L'attitude générale des gouvernements l'effraie; les discussions des parlements, quels qu'ils soient, aggravent de jour en jour le chaos de ses idées; les débauches de la presse la consternent; les rugissements contenus, mais significatifs, de la démagogie l'épouvantent. Mais quand son œil se retourne vers Rome, quand elle songe à l'auguste assemblée qui doit bientôt s'y réunir après une interruption de plus de trois siècles, elle se persuade, comme malgré elle, que cet événement, s'il ne prévient pas l'explosion des maux qui nous menacent, contribuera du moins puissamment à cicatriser les blessures qu'ils nous auront faites, et qu'il rendra la paix en nous rendant la lumière.

» Comment expliquer ce que cet espoir a d'universel et de profond ? Jamais peut-être et la presse impie et l'incrédulité des pouvoirs humains ne proclamèrent plus haut l'impuissante caducité de l'Eglise, jamais ils ne l'accusèrent avec plus de hardiesse et plus d'ensemble de ne rien comprendre aux besoins des Etats modernes, et de ne pouvoir leur être d'aucune utilité. Et malgré cela, les peuples s'acharnent à considérer le concile futur comme le fait le plus solennel et le plus éminemment social de notre époque. C'est de lui surtout qu'ils attendent le salut de nos sociétés, si toutefois nos sociétés peuvent encore être sauvées du naufrage D'où leur vient donc cette idée que tant d'hostilités haineuses travaillent à rendre impossible ?

» Ce qui la leur suggère, c'est sans aucun doute le souvenir traditionnel des influences salutaires exercées autrefois par les conciles généraux. Personne n'ignore que cette civilisation dont nous sommes si fiers est en grande partie leur ouvrage. On sait qu'ils en furent le bouclier comme ils en furent la source, qu'ils en réparèrent les désastres après toutes les époques de bouleversement et de ruine; et de ce qu'ils rendirent ainsi d'éclatants services au passé, tout naturellement on conclut que l'auguste assemblée, qui s'ouvrira bientôt, ne pourra pas être elle-même sans avantage et sans vertu pour l'avenir de l'Europe et du monde. »

C'est ainsi que l'épiscopat glorifiait l'idée du concile et la défendait contre les attaques de la presse irréligieuse. L'esprit du mal armait ses adeptes du sarcasme et de l'injure, l'Esprit de vérité anime d'un zèle éloquent et d'une charité à toute épreuve, les princes de son Eglise.

Dans sa *Lettre sur le futur concile*, Mgr Dupanloup rappelle ce que sont les conciles œcuméniques; les motifs qui, inspirés d'en-haut, ont décidé le Saint-Père à cet acte, le plus extraordinaire, le plus considérable, du gouvernement pontifical. Il examine s'il y a quelque fondement aux alarmes que l'annonce d'un tel fait a provoquées dans quelques esprits malveillants ou mal éclairés; il énumère les espérances que doit justifier le concile.

Mgr Manning, archevêque de Westminster, et successeur du regretté cardinal Wiseman, est, on le sait, un ex-anglican devenu l'une des plus grandes gloires du catholicisme. Son instruction pastorale a pour titre : *Le centenaire de saint Pierre et le concile général*. Il y a deux parties. La première est une glorification du pontificat de Pie IX, réunissant trois fois autour de lui, les évêques du monde entier. Dans la seconde partie, l'éminent écrivain s'occupe surtout d'établir, par des preuves historiques, l'infaillibilité de la direction pontificale par les conciles.

Une des œuvres qui ont eu le plus de retentissement, est sans contredit le traité publié par l'illustre archevêque de Malines, Mgr Dechamps, sous ce titre : *L'infaillibilité et le concile général*. Il examine l'infaillibilité en elle-même; infaillibilité naturelle ou la certitude, infaillibilité religieuse ou surnaturelle, l'objet précis de cette infaillibilité dans l'Eglise, son sujet et son organe, et l'infaillibilité du Saint-Siège ou du Pape, enseignant *ex cathedrâ*. Après l'exposé de la doctrine sacrée sur ces questions fondamentales, le vénérable auteur montre « l'infaillibilité vérifiée. »

Ce fut, du reste, partout le même concert généreux, mais principalement en France, en Belgique, en Angleterre : chaque évêque se montra digne de son divin mandat; chaque diocèse eut son instruction pastorale.

De leur côté, les évêques d'Allemagne réunis à Fulda, pour leur assemblée annuelle, adressèrent à leurs fidèles une lettre collective pour les prémunir contre les craintes que le concile pourrait soulever. Cette lettre, qui porte la signature de dix-huit évêques, contient cette phrase significative : « Ce n'est pas une vaine prétention, mais une agréable et publique vérité, que tous les évêques de l'univers catholique sont liés entre eux et avec le siège apostolique, dans la plus parfaite unité, et que le clergé et le peuple s'accordent de la même manière avec leurs évêques. »

Pendant que l'Eglise se préparait à affirmer au monde son éternelle jeunesse, sa vitalité persévérante, l'Espagne subissait un nouveau bouleversement. Quel que fût le droit de la reine Isabelle, son gouvernement porta toujours le stigmate de la révolution. Le parti qui l'avait portée au pouvoir, sut triompher toujours de ses meilleures résolutions : jamais elle ne put constituer un ministère vraiment catholique et monarchique. Et c'est le jour où elle s'est le plus rapprochée de ce but, que la révolution, se tournant définitivement contre elle, a livré l'Espagne aux Prim et aux Serrano.

La tempête se préparait, tandis qu'Isabelle essayait de donner suite à certains projets de visite à Napoléon III.

Mais le grand coup de tonnerre se faisait entendre le 17, au point du jour, à Cadix, et son écho en arrivait à la reine, à Saint-Sébastien, dans la matinée du même jour.

On doutait encore; il est si dur pour un souverain de se faire à l'idée d'une révolution qui peut l'emporter !

Cependant le doute ne fut bientôt plus possible. Voici ce qui s'était passé à Cadix :

Ce port de mer avait été désigné comme point de rendez-vous entre Prim et les généraux unionistes Serrano, Dulce. Ces derniers devaient partir des Canaries de façon à arriver du 17 au 20 septembre à Cadix.

Prim, accompagné du général Milanz del Bosch et de ses aides-de-camp Pavila, Hidalgo..., après avoir quitté Londres le 7 et avoir débarqué à Gibraltar, devait s'arranger de façon à rejoindre ses collègues à la date indiquée.

Un amiral distingué et aimé de toute la marine d'Espagne, M. Topete, était depuis deux mois déjà engagé dans les rangs de l'insurrection. C'est lui qui commandait l'escadre cuirassée à San Fernando, arsenal de Cadix, et qui forme l'avant-port.

Le programme du complot était facile à faire. Les chefs, à peine arrivés à Cadix, iraient s'installer à bord de l'escadre, et de là, mèches allumées, sommeraient le gouverneur de se rendre et de livrer la ville.

C'est exactement ce qui a été fait le 17 à la pointe du jour.

Ce mouvement révolutionnaire, semblable à celui de 1854, tout d'abord parut ne devoir pas réussir. La reine eut, dit-on, la pensée courageuse de rentrer dans sa capitale, le 21 septembre : mais les rois ne connaissent jamais l'esprit de leurs peuples, et Isabelle croyait peut-être que des torrents de sang espagnol allaient couler pour la maintenir sur le trône, à cette heure même où les modérés fuyant vers l'étranger, préféraient la honte de la sécurité aux périls du devoir. Il y eut cependant quelques nobles dévouements, mais ils furent inutiles, et bientôt Isabelle se vit réduite à demander l'hospitalité à la France.

Les promoteurs du mouvement révolutionnaire furent tout naturellement appelés à constituer le gouvernement provisoire du pays : Serrano, Prim, Topete, devenus ainsi les arbitres des destinées de l'Espagne, voulurent aussitôt donner des gages à la révolution, mais ne réussirent qu'à faire preuve d'arbitraire. Les catholiques, au nom de la liberté, se virent privés de toutes les libertés, les Jésuites furent chassés d'Espagne ; on vit des religieuses forcées de quitter leurs couvents, des églises démolies, la société de Saint-Vincent-de-Paul dissoute, les biens ecclésiastiques mis au pillage, les trésors des cathédrales confisqués. Au nom de la liberté des cultes, on opprima le culte catholique ; au nom de la liberté de la presse, on emprisonna les journalistes catholiques ; au nom de la liberté d'association, on supprima les sociétés de bienfaisance ; au nom de la liberté d'enseignement, on chercha à détruire l'enseignement religieux.

Aussi, dans la séance du 23 février, devant les Cortès constituantes, prêtes à voter des remerciements au gouvernement provisoire, et à proroger les pouvoirs du maréchal Serrano, un député catholique, M. Vinader, put-il faire cette courageuse protestation : « Il y a eu, s'est-il écrié, quelque chose de providentiel dans la chute du trône de dona Isabelle de Bourbon..... Je ne dis pas cela pour insulter une majesté tombée ; je la salue respectueusement dans son infortune..... mais en bénissant la main de la Providence, je ne me crois pas obligé de témoigner de la reconnaissance aux instruments dont elle s'est servie, je ne crois pas que nous devions, je ne crois pas que la nation doive donner le vote de remerciement qu'on nous demande. »

Après ces énergiques paroles, M. Vinader indique les raisons qui l'empêchent de donner ce vote. Le gouvernement provisoire se glorifie d'avoir proclamé la liberté religieuse ; mais qui en profite ? Il n'y a parmi les Espagnols ni musulmans, ni juifs, ni protestants ; aucun Espagnol ne pouvait donc en profiter ; mais ce qui est arrivé, c'est que, grâce à cette liberté, le saint Viatique ne peut plus être porté publiquement aux mourants, c'est que les biens de l'Eglise sont confisqués, c'est que les religieux sont chassés de leurs couvents, c'est qu'on refuse au clergé la subvention qui n'est pas pour lui un privilége, mais une très-faible compensation de ce qui a été pris à l'Eglise. « Nous avons, dit M. Vinader, moins de liberté que si le gouvernement provisoire n'avait pas existé, et que si l'on avait laissé la nation sans gouvernement et abandonnée à l'anarchie. »

M. Vinader rappela ensuite que le peuple de Madrid avait, en effet, respecté la religion et les temples dans les premières journées de la révolution, et que les attaques à la religion n'ont commencé qu'après l'installation du gouvernement provisoire.

« Le peuple est chrétien, continua-t-il, et je le salue, je salue le peuple espagnol. Si on le laissait à ses propres et nobles instincts, je lui confierais non-seulement ma personne et ma vie, mais encore la cause de mon Dieu et de mon pays. A ce peuple je dois un vote de remerciement, un vote de confiance ; mais au gouvernement, non, parce qu'il a voulu humilier et profaner ce que le peuple exalte et respecte. Il a renversé les temples devant lesquels le peuple se découvrait religieusement ; il a détruit des monuments précieux de l'art qui avaient triomphé de l'inclémence des siècles. Des édifices superbes, orgueil de notre pays, ont été démolis avec joie, avec plaisir, sans aucune raison, sur les ordres ou avec le consentement du gouvernement provisoire, au scandale du monde entier, à la douleur des catholiques, au désespoir de tous ceux qui aiment le beau. A Madrid, à Barcelone, à Séville, à Saragosse et à Valence, on ne respire plus que la poussière des ruines sacrées. Attila fut moins barbare, Attila est vaincu ! »

Mais ces paroles éloquentes ne trouvèrent point le chemin des cœurs : les Cortès votèrent les remerciements par 180 voix contre 62, et les mêmes voix, si satisfaites du passé, votèrent la confiance dans l'avenir, en chargeant le maréchal Serrano de composer le ministère.

Le catholicisme, opprimé en Espagne sous la loi du plus fort, était pris à partie, dans notre France, par ses ennemis-nés, les impies et les matérialistes. Des réunions publiques furent autorisées légalement, à condition qu'on n'y traiterait ni de politique, ni de religion, ni d'économie politique. Le Pouvoir commit une grande faute et ne vit pas toute la profondeur du mal qu'il permettait. L'opinion publique, plus ou moins charitable, il est vrai, accusa donc le gouvernement d'avoir toléré ces réunions violentes quand elles étaient inutiles, pour se procurer un motif d'interdire les réunions modérées quand elles seraient nécessaires.

Dans une de ces réunions libres de la salle du Pré-aux-Clercs, le thème de discussion choisi était *le divorce* : « Nous ne prétendons point, dit le marquis F. de Roys, nous ne prétendons point faire autre chose que raconter en peu de mots nos impressions sur la manière dont cette question, au XIX⁰ siècle, a été traitée publiquement en France par des Français ; c'est-à-dire dans le pays chevaleresque par excellence, à une époque qui a vu la solennelle réhabilitation de la femme, consacrée par l'Eglise et donnée en exemple au monde entier, lors de la proclamation du dogme de l'Immaculée-Conception.

» Le divorce! grosse affaire! Qu'est-ce que le divorce? est-il possible? est-il désirable? quelles sont ou plutôt quelles seraient ses conditions dans l'état actuel de la société et des mœurs? quelles précautions exigerait-il? quelles garanties seraient offertes aux enfants? etc., etc., etc. Vous voyez d'ici surgir une foule de questions, et il suffit de les considérer un instant pour s'apercevoir qu'il est bien plus aisé de les poser que de les résoudre; et c'est bien en effet ce qui est arrivé.

» Nous, naïf, tâchant — malgré certain sens intime qui nous criait de nous mêler de ce bon mouvement — tâchant de nous figurer que la lumière peut, après tout, jaillir de la discussion, nous étions venu d'abord à ces discussions avec l'ambition de nous instruire, d'entendre ce qui se dirait, pour ou contre, plus encore qu'avec le désir de jouir du spectacle produit par le désarroi d'intelligences qui ont rompu avec toute tradition religieuse, de leur ignorance profonde, de leurs clameurs insensées. Il nous a fallu, comme on dit, reconnaître que nous nous trompions du tout au tout. Quelque pénible qu'en soit l'aveu, il est sincère; nous avons été trompé: jamais nous n'aurions pu supposer l'homme, cet être qui se dit intelligent et libre, descendu à un tel degré d'abaissement moral, de grossier sensualisme, d'aveuglement impie, capable d'exposer des lambeaux de théories aussi incohérents qu'injustes, avec autant de suffisance, d'audace et de grossièreté. Ce n'est pas par ouï-dire que nous en parlons; c'est après avoir suivi assidûment les séances du Pré-aux-Clercs que nous disons, dans le calme et loin de l'émotion du moment, que jamais plus triste spectacle n'a rempli notre âme d'un plus profond dégoût.

» Deux camps n'ont pas tardé à s'établir parmi les membres de ces réunions incroyables, et cela moins par une entente préalable, soit entre ceux qui professent la même foi religieuse ou sociale, soit entre ceux qui n'en professent absolument aucune, que par la force même des choses. Il est impossible, en effet, d'une impossibilité radicale, de traiter la question du *divorce* sans faire intervenir la question religieuse; en sorte que, par une pente naturelle, on rentrait de côté et obliquement dans un ordre d'idées qu'il était interdit d'aborder de front. Et, dès le premier moment, tout a été replacé sur ce terrain.

» Les partisans du divorce ont d'abord prétendu que le divorce était indispensable à la moralisation de la famille (et par suite de la société entière), qu'il était la condition nécessaire de l'indépendance et de la dignité de la femme, et immédiatement, au lieu d'une preuve quelconque, preuve que l'on était en droit d'exiger, et que les lois les plus vulgaires d'une discussion sincère et philosophique faisaient un devoir de donner ou du moins de chercher loyalement, les orateurs se sont tournés contre le catholicisme, et lui ont brutalement reproché d'abêtir l'homme, de le flétrir, par les préceptes et l'exemple d'une monstrueuse immoralité, d'avoir maintenu la femme dans un état d'esclavage qui serait à faire envier le régime des sauvages du Dahomey. Dès lors, l'étude de la question du divorce est devenue une série d'attaques violentes, passionnées, inqualifiables, de mensonges et d'aberrations contre l'Eglise catholique et généralement toute espèce de croyances religieuses. Voici tantôt deux mois que cela dure, et on en est toujours au même point; que dis-je? on ne parle presque plus de divorce, et les cris mille fois répétés à chaque séance: *A la question!* n'ont que trop de raison de se faire entendre; jusqu'ici on n'a dit que cela d'à peu près conforme au programme.

» On pense bien que l'Eglise n'a pas été aussi injustement, aussi violemment attaquée, — aussi sottement parfois, — sans trouver des défenseurs. Des jeunes gens se sont levés pleins de courage et de convictions, — et il en fallait pour affronter de tels orages, — ils sont montés à la tribune, soutenus par de généreux sentiments, préparés par de sérieuses études: ils ont voulu parler, eux aussi, faire entendre quelques mots de vérité historique ou philosophique à un auditoire en délire, grisé par ses blasphèmes et son orgueil. A peine, dès le commencement, a-t-on daigné les écouter, en leur faisant payer cette faveur (qui n'est qu'un droit strict pourtant), de toutes les huées, de toutes les vociférations de la haine. Les démocrates, les révolutionnaires, comme ils s'appellent fastueusement eux-mêmes, ont montré là comment ils entendent la *liberté*.

» Car tous les orateurs qui sont parvenus à se faire écouter, sauf deux ou trois, n'ont pas manqué, en commençant leurs discours, de faire, au milieu des bravos de leurs compères, leur profession de foi démocratique, de déclarer que pour eux *révolutionnaires*, les catholiques et tous les individus professant un culte, une religion quelconque étaient, *ipso facto*, des adversaires, adversaires qui avaient fait leur temps, c'est vrai, puisqu'on sait bien que la Divinité est un nom sans réalité et le catholicisme une opinion morte à jamais; adversaires dont il faut toutefois se garantir, se débarrasser définitivement si l'on peut, et ce sera bientôt, mais avec lesquels, pour un moment du moins, il faut encore compter quelque peu — sur quoi, exposé par ces messieurs, de l'histoire de l'Eglise — à leur manière, bien entendu. Pour nous, nous n'aurions jamais cru qu'il fût possible à des hommes venant soi-disant défendre une opinion quelconque, de traiter avec cette inqualifiable ignorance des institutions et des faits, et avec cette incroyable violence une opinion, contraire à la leur, il est vrai, mais qui s'appuie sur des preuves et des témoignages de poids et de mérite.

» Les réticences enfiellées des Renan de haut et de bas étage ont été ici dépassées et de plusieurs longueurs. Proudhon lui-même a été distancé et de beaucoup: il n'est plus à la hauteur. Il n'est même plus dans le mouvement! Passons sur les accusations de barbarie, de ténèbres, d'asservissement, jetées au moyen-âge; cela est tellement devenu banal qu'on pouvait même honorablement s'en dispenser le débit. Commérages ridicules cent fois répétés, cent fois réfutés, cent fois émoussés et que peuvent goûter seuls des esprits mal faits. Mais prétendre que Moïse s'est inspiré de Jésus-Christ (*sic*), que la loi des Douze-Tables a été modifiée par Solon (*sic*), que les populations de l'Extrême-Orient qui jouissent du divorce (en admettant que ce soit vrai) sont dans un état social moral infiniment au-dessus du nôtre; que la religion n'a jamais pu élever la femme à la dignité de mère de famille parce qu'elle ne lui offre qu'un type de monstrueuse et infâme pureté dans la personne de la prétendue mère d'un soi-disant Dieu (sic); c'est, on en conviendra, le comble de l'inepte et du grotesque. Arrivé à ce degré, le dévergondage de l'impiété ne révolte même plus, il soulève le cœur et les épaules... Tout cela cependant et bien d'autres choses encore aussi fortes et non moins plates, aussi fausses et non moins spirituelles, tout cela a passé aux grands applaudissements des béats. — C'est à croire, en vérité, qu'ils ne sont point coupables, tant l'ignorance — leur seule excuse — leur est légère et facile.

» Mais avec cela il y a une impiété monstrueuse, et le bout de l'oreille passe toujours : *Ecrasons l'infâme!* Ceux qui sont venus soutenir la dignité et les droits de l'homme (qu'ils appellent élégamment la *molécule sociale*) en criant : *la messe c'est le mal* (sic), et *je ne connais pas Dieu* (sic), ceux qui se sont faits les défenseurs de la dignité et des droits de la femme en proclamant la légitimité des unions libres, ceux-là ont été écoutés, ceux-là ont été applaudis ; — mais leurs *adversaires*, comme ils disent, qui, après les avoir entendus, ont réclamé la liberté pour tous, même pour eux, qui ont voulu leur montrer au nom même de leurs principes démocratiques et égalitaires que le divorce abaissait la femme en la livrant au caprice de l'homme, qu'il ruinait l'avenir des enfants, que la liberté, après tout, même la plus large, a au moins pour limite la foi jurée, et que, une fois le serment conjugal prêté, tout homme d'honneur doit en rester esclave.

« Ceux qui ont voulu remettre Moïse et Solon à leur place chronologique, qui ont prétendu, l'histoire à la main, qu'au moyen-âge l'Eglise, qu'on accuse de tant d'iniquités, d'ignorance et de barbarie, a sauvé les lettres par ses écoles, a arraché le sol national aux mains barbares en le défrichant par la main de ses moines, a protégé partout et toujours le plus faible et le plus petit contre le plus fort, a organisé une société et une politique supérieures à celles de la Grèce ou de Rome, parce qu'elle a su créer des institutions dignes de ce nom, comme fondées sur l'équilibre des droits et des devoirs, a provoqué par ses évêques l'affranchissement des communes, a été la première fondatrice des corporations libres douées de leurs garanties particulières, de leurs franchises, de leur vie propre, etc... Ceux qui ont voulu parler de vraie justice et de vraie liberté, ceux-là ont été sifflés, leurs paroles couvertes par les clameurs éhontées de nos prétendus libéraux, se livrant à d'incohérentes et ridicules interruptions plutôt que d'accorder honnêtement à ceux qui s'abritent sous un autre drapeau que le leur les mêmes droits qu'ils réclament si impérieusement pour eux-mêmes et d'une façon si fatigante.....

» Un ministre protestant qui a eu le courage de venir dire à la tribune : « Je suis chrétien, » a été presque jeté à bas, et un autre sifflé et persiflé pour avoir réclamé la liberté de conscience et flétri la démocratie autoritaire.

» Tel est l'aspect de ces réunions prétentieuses !

Les amis de la tolérance peuvent se féliciter! La tolérance est grande, bien grande pour ceux qui insultent et calomnient la religion de la majorité des Français, ainsi que le disent toutes nos constitutions. C'est bien le cas de s'écrier :

» Signes du temps! bien tristes signes! que sortira-t-il de là? et quels présages en tirer pour l'avenir?....

» Tout cela est navrant. Nous n'aurions jamais cru, nous le répétons en finissant, parce que c'est chez nous une profonde conviction en même temps qu'une amère désillusion, nous n'aurions jamais cru à un pareil spectacle, à de semblables scènes, à une impiété aussi radicale, à des discours aussi insensés, aussi violents. Quant aux théories sociales ou philosophiques, point n'avons-nous à les signaler : on ne parle pas des absents. »

Au *Vieux-Chêne*, ils ont accusé les Jésuites de s'être opposés à l'affranchissement des communes, tandis que ces mêmes religieux n'ont commencé à exister que quatre siècles après ce grand mouvement féodal dû à l'initiative de Louis le Gros, et la théologie n'était pas mieux traitée que l'histoire. Du reste, « au *Vieux-Chêne*, orateurs et auditeurs ne sont même pas assez forts pour être résolument impies ou athées. C'est tout simplement l'idiotisme à son paroxysme. Et s'il vous plaît, qu'on ne nous accuse pas d'exagération ni de violence : la preuve de ce que nous avançons a été libéralement fournie par les uns et par les autres. Il faut l'avoir vu pour y croire et jamais nous n'avons mieux compris la triste profondeur, la vérité effrayante de ces mots si souvent répétés : PEUPLE, ON TE TROMPE...

» Oui, tu es indignement, lâchement trompé, perverti jusqu'à la moelle par des journaux, des pamphlets, des livres où de faux savants, truffés d'immoralité et de haine, exploitent sans vergogne comme sans merci, non-seulement tes passions, mais encore ce qu'il peut y avoir, ce qu'il y a de généreux dans ta nature et dans ton cœur. L'hypocrisie, a-t-on dit, et avec raison, est un hommage que le vice rend à la vertu. Certes, il en est de même de la calomnie. On a donc fait appel, et depuis combien de temps et par quels moyens, c'est ce que Lucifer seul pourrait discerner avec précision, au besoin de tout homme d'apprendre et de s'instruire, et on a dit : les Jésuites, c'est l'ignorance. — On a fait appel à la dignité de la conscience humaine, et on a dit : les Jésuites, c'est l'asservissement de la liberté. — On a fait appel à la bonté naturelle du cœur des pères et des mères, et on a dit : les Jésuites, c'est la cruauté. — On a fait appel à la Patrie, et on a dit : les Jésuites, c'est la trahison. — On a fait appel à la moralité publique, et on a dit : les Jésuites, c'est la putréfaction morale la plus éhontée, et ici ce qu'on laissait, ce qu'on faisait supposer était plus odieux encore que ce qu'on disait, tant les réticences étaient diaboliquement ménagées.

Dans les réunions du *Vaux-Hall*, comme dans celles de la place du Trône ou de Belleville, ce sont toujours les mêmes doctrines qui s'étalent dans leur honteuse nudité, et montrent à quelle ignominie la société était descendue en se séparant de l'Eglise.

L'esprit du mal, vers la même époque, employait d'autres armes pour combattre la Vérité : Le sang chrétien venait de couler dans le Su-tchuen oriental, où M. Mabileau fut si cruellement mis à mort, le 29 août 1865. Un missionnaire français, M. Jean-François Rigaud, prêtre du diocèse de Besançon, et membre de la congrégation des Missions étrangères, deux séminaristes indigènes et une cinquantaine de chrétiens furent massacrés en haine de la foi, dans la ville de Yéou-yang-tchéou, le 2 janvier 1869.

La persécution avait commencé dans ce district, avec la mission elle-même.

Le provicaire du Su-tchuen oriental, M. L. Blettery, écrivait aux conseils centraux, le 21 octobre 1868 :

« Le district de Yéou-yang, qui comprend plusieurs villes et un vaste territoire, est habité par des peuples aborigènes soumis aux Chinois depuis une époque assez récente. Il n'y a que cinq ou six ans qu'on a commencé de travailler à leur conversion. L'œuvre de Dieu allait à grands pas ; on comptait déjà plus de dix mille néophytes, lorsque éclata tout à coup un premier orage. Dès qu'il parut calmé, Mgr Desflèches crut devoir envoyer à Yéou-yang M. Mabileau, son provicaire, pour réparer les désastres. Vous savez ce qui advint : trois mois après son arrivée, le missionnaire succombait sous les coups des persécuteurs.

» Tout près de la maison de Uchang, auteur de la mort de M. Mabileau, se trouve la plus intéressante, mais aussi la plus éprouvée de nos nouvelles chrétientés. Il y a là environ deux mille chrétiens. Depuis quatre ans ils n'ont pas cessé d'être poursuivis à outrance. Leurs maisons n'existent plus pour la plupart ; les femmes ont fui avec leurs enfants, et deux ou trois cents hommes se sont retranchés dans une mauvaise enceinte murée, où ils se défendent.

» Sans ressources d'aucune sorte, mais animés par l'imminence même du péril, ils ont tenu tête, durant plusieurs mois, l'année dernière, à une armée de 3,000 hommes que Tchang était allé recruter dans le Kouy-tchéou. Nous les croyions tous perdus, lorsque nous apprîmes leur triomphe ; un païen puissant, sensible à la justice de leur cause, leur avait prêté main-forte, et les ennemis avaient dû se retirer. Cette année-ci au printemps, l'attaque s'est renouvelée sans plus de résultat. Au moment où je vous écris, nos chrétiens sont encore assiégés par ces mêmes bandes de rebelles venus du Kouy-tchéou, à l'appel de notre irréconciliable ennemi. Tout dernièrement je recevais la nouvelle que leur cause triomphait et que les païens du pays se joignaient à eux, car les païens ne sont pas non plus à l'abri des violences des rebelles. Ces bandes pillent tout sur leur passage. On dit que plus de cent familles païennes ont eu leurs demeures incendiées.

» Quant aux mandarins, ils se tiennent à l'écart et laissent faire. Leurs sentiments sont connus : ils voudraient voir les chrétiens anéantis ; et, comme il ne leur est pas permis de les persécuter ouvertement, ils sont heureux que d'autres le fassent. Ce Tchang, qui introduit les rebelles dans le Su-tchuen, devrait, d'après les lois de l'empire, être puni du dernier supplice. Mais cette fois les rôles sont intervertis : Tchang est l'ami du bien public ; les chrétiens sont des rebelles qui troublent l'ordre et menacent la sécurité de l'Etat. »

Le 23 octobre, M. Rigaud écrivait de sa résidence de Yéou-yang à M. L. Guerrin, directeur au séminaire des Missions étrangères :

« Nos inquiétudes se sont dissipées et le calme est revenu dans le district. Le temps des examens, si redouté par nos chrétiens et par ceux des païens qui se disposent à embrasser la foi, est passé depuis une vingtaine de jours, sans avoir fait éclater aucun complot. Rendons grâces à Dieu, qui paraît avoir des vues de miséricorde sur cette population. Le retour prochain des prêtres indigènes, obligés de quitter momentanément le poste, sera, je n'en doute pas, le signal de nombreuses conversions.

» La maison que j'avais fait acheter à Siou-chan a été détruite avec une fureur vraiment diabolique. Les païens font ce qu'ils peuvent pour nous empêcher de rester en ce pays.

» Vous savez la guerre cruelle déclarée à nos chrétiens de Ho-ché-ià, une des stations du district de Yéou-yang. Il y a peu de temps, les persécuteurs, après avoir recruté les mauvais sujets du voisinage qu'ils payèrent grassement, ont brûlé les maisons et pillé les moissons de presque tous nos chrétiens. Les païens qui nous témoignaient quelque intérêt en eut beaucoup à souffrir. Le seul fait de vendre aux chrétiens les choses nécessaires à la vie, et surtout le fait de leur donner asile, étaient des crimes irrémissibles. Toutefois les mandarins, voyant que ces vexations dégénéraient en révolte, ont fini par s'en préoccuper. Le mandarin militaire est parti à la tête de deux cents soldats pour rétablir l'ordre. Nous ne savons s'il y parviendra. Les chrétiens, sans maisons, sans ressources, sans vivres, sont venus en foule auprès de moi. Comment subvenir à de si grandes misères ? Et parmi ceux qui sont restés dans ce pays, combien habitent les grottes, les antres des montagnes, manquant de vivres et de vêtements ? L'avenir ne fait qu'accroître nos inquiétudes. La famine est proche ; de quoi vont se nourrir tant de malheureux ? »

Enfin, le 21 décembre 1868, M. Rigaud écrivait les lignes suivantes, les dernières qu'il adressa à MM. les directeurs du séminaire des Missions étrangères :

« La persécution continue à Ho-ché-ià ; elle vient de se rallumer furieuse à neuf lieues d'ici, dans les chrétientés de Soukia-ho et de Mao-pu-tchang, où l'on avait massacré trois chrétiens, enchaîné une dizaine d'autres néophytes dont on a pillé les biens, brûlé les maisons. Des nouvelles analogues nous arrivent de plusieurs autres chrétientés. Ces cruels ennemis sont des rebelles qui, après avoir ruiné nos néophytes, s'attaquent assez volontiers aux païens eux-mêmes. Nous voici donc de nouveau menacés d'une persécution qui pourrait prendre d'assez larges proportions. — Daignez prier pour nous et pour ce malheureux pays. »

On va voir comment allaient se vérifier, dix jours plus tard, les douloureux pressentiments du missionnaire.

Tandis que la persécution sévissait sur divers points du district, les chrétiens du chef-lieu n'étaient point inquiétés. M. Rigaud lui-même écrivait le 30 décembre, c'est-à-dire trois jours seulement avant son martyre, pour demander au provicaire de nouvelles maîtresses d'école destinées à instruire les néophytes de la ville de Yéou-yang-tchéou. Mais en Chine la tranquillité est toujours essentiellement précaire : une effroyable tempête succéda tout à coup à ce calme apparent.

Le 17 janvier 1869, Mgr Desflèches, vicaire apostolique du Su-tchuen oriental, adressait la lettre suivante à MM. les directeurs du séminaire des Missions étrangères :

« Nos malheurs à Yéou-yang n'ont pas de terme. Nous venons d'y éprouver de nouvelles calamités plus désastreuses que toutes les précédentes. Que la sainte volonté de Dieu soit faite! Nous avons dans ce vaste pays des ennemis acharnés et puissants, qui ont juré d'employer tous les moyens, même la force ouverte, pour empêcher la propagation de la religion chrétienne. Malheureusement ces projets ont été favorisés par la connivence des mandarins, ou du moins par leur négligence à nous rendre justice. Nos chrétiens étaient partout sur le qui-vive, excepté à la ville où l'on croyait n'avoir rien à craindre, à cause de la présence des mandarins civils et militaires, lesquels avaient plusieurs fois donné à M. Rigaud l'assurance qu'il pouvait être sans inquiétude.

» Et voilà qu'au moment où l'on y pensait le moins, dans la matinée du 2 janvier, une bande armée entre dans la ville, attaque l'enceinte murée qui entoure notre église et nos autres établissements (1). Les mandarins laissent faire. Le préfet empêche même les chrétiens de se défendre en leur criant que, s'ils se tiennent tranquilles, il répond de les sauver. C'était une perfidie; l'attaque continua. Comme la porte solidement barrée ne cédait pas, on la fit sauter avec la poudre, et alors commença le massacre de nos pauvres chrétiens.

» M. Rigaud était à genoux devant l'autel avec ses deux élèves, sortis de notre grand séminaire, Pierre Lieou et Paul Tsin. Au moment où les meurtriers portent la main sur lui, il se lève, et retombe frappé de deux coups de poignard. Il était déjà mort lorsqu'on lui trancha la tête.

» Ainsi a glorieusement succombé notre confrère, dans la même ville où, trois ans auparavant, avait aussi succombé M. Mabileau, et pour la même cause : ils ont été l'un et l'autre mis à mort en haine de la religion. Qu'au ciel ils deviennent les protecteurs de ce pays de Yéou-yang, aujourd'hui si furieusement persécuté! »

» On porte à quarante ou cinquante le nombre des chrétiens égorgés avec M. Rigaud, écrit à M. Delpech, supérieur du séminaire des Missions étrangères, M. Blettery, à la date du 20 janvier. Après ce massacre, les meurtriers réduisirent en cendres l'établissement de la mission. Le corps de notre cher confrère a été carbonisé par ordre du mandarin, qui a ensuite affirmé dans son rapport que M. Rigaud avait péri victime d'un incendie fortuit. On n'a pu retrouver que le tronc du martyr.

» Avant d'aller à Yéou-yang, M. Rigaud visitait les chrétiens de Pen-choui. Le mandarin de cette dernière ville, charmé de sa manière d'agir et de sa droiture, eut l'occasion de parler de lui avec éloge au mandarin de Yéou-yang. Celui-ci, désireux de l'avoir, pria son supérieur de le demander à l'évêque. Mgr Desflèches fut heureux d'acquiescer aux désirs des mandarins, espérant que M. Rigaud pourrait mieux que tout autre missionnaire rétablir la paix dans ces pays depuis si longtemps troublés. C'est ce même mandarin, dont le prétoire se trouve en face de notre pharmacie, qui a froidement laissé massacrer celui qu'il avait demandé. Pendant ces scènes de meurtre et d'incendie, il avait fait fermer les portes du prétoire. Nul doute que les assassins ne fussent d'avance assurés de l'impunité.

» Que se passe-t-il en ce moment dans la ville et dans la campagne de Yéou-yang ? Les persécuteurs promènent le poignard et la flamme partout où ils savent qu'il y a des chrétiens. On ne connaît pas encore le nombre des victimes. Le mal fut grand à la mort de M. Mabileau, et lors de la première persécution sous M. Eyraud; cette fois le désastre est bien plus considérable, et il sera plus difficile à réparer. On voudrait anéantir le nom chrétien dans cette préfecture, dont le territoire égale en étendue au moins deux départements de France. Nos néophytes, qui savent qu'il n'y a pas à capituler avec de tels ennemis, cherchent leur salut dans la fuite. Tous les jours il arrive à Tchong-king-fou de nouveaux fugitifs. La demeure de Monseigneur en est remplie; ils arrivent dans le dénûment le plus complet. On se consolerait si l'on pouvait prévoir la fin de ces maux, et espérer que ces pauvres chrétiens pourront bientôt relever leurs ruines; mais cette consolation ne nous est pas donnée.

» Nos craintes sont d'autant mieux fondées que la persécution ne semble pas vouloir se limiter au district de Yéou-yang. Ainsi, les gens mal intentionnés de Pen-choui ont commencé à lever la tête et à préparer un coup de main. Le mandarin s'est déclaré impuissant à les arrêter ; il a conseillé à M. Eyraud de céder à l'orage et de se retirer pour un temps dans un lieu plus sûr. M. Eyraud a suivi ce conseil, ainsi que M. Gojon qui travaillait avec lui à Pen-choui. On ne sait pas encore ce qu'est devenu M. Hue. Lui aussi résidait à Yéou-yang; mais, depuis quelques jours, il était sorti de la ville pour visiter les chrétiens de la campagne. Apprenant ce qui se passait, et que les persécuteurs étaient à sa recherche, il voulut se mettre en sûreté. Il fut bientôt découvert et arrêté. On dit qu'il a obtenu sa liberté moyennant la somme de 150 taëls (1,200 fr.), et qu'il s'est dirigé vers Han-kéou (Hou-pé).

» Parmi les maîtresses d'école se trouvait la sœur de l'économe de notre grand séminaire. Elle était arrivée depuis deux mois à peine. En cherchant à fuir, elle s'est précipitée du haut d'un mur et s'est cassé les deux jambes. Une autre, jeune encore, a été emmenée par ces bandits, puis rachetée au prix de 28 ligatures (168 fr.) par un païen chez qui elle se trouve en ce moment. »

A la date du 24 janvier, la persécution sévissait encore, comme le mandait Mgr Desflèches à MM. les directeurs du séminaire des Missions étrangères :

« La persécution continue dans le district de

---

(1) Cet établissement comprenait notamment une école de petites filles et une école d'adultes récemment formée pour instruire une cinquantaine de nouvelles chrétiennes, réfugiées à Yéou-yang pendant que leurs époux et leurs frères, après avoir tout perdu et vu leurs maisons incendiées déjà plusieurs fois, se défendaient contre les bandes du général Tchang.

Yéou-yang; jamais nous ne l'avions vue si furieuse. Pen-choui est fort menacé. Cependant rien ne porte encore à croire que la persécution doive sortir de ce département et se répandre ailleurs. Priez Dieu de nous aider à triompher de tant d'ennemis.

» Les mandarins m'engagent à renoncer au pays de Yéou-yang, et à ne plus envoyer de prêtres dans ce département. Je ne puis suivre ce conseil : nous avons là vingt mille néophytes et un espoir fondé de plus nombreuses conversions. Comment pourrions-nous, pour quelques coups de tonnerre, nous laisser effrayer et abandonner un pays qui promet tant? La tempête est terrible, mais elle ne peut qu'éclaircir le ciel et nous amener de beaux jours.

» Je vous en conjure, ne nous oubliez pas. Nous avons besoin d'un nouvel envoi de confrères nombreux. Je vous le demande au nom de nos très-chers martyrs, Mabileau et Rigaud. »

Plus tard Mgr Desflèches écrivant de nouveau à MM. les directeurs du séminaire des Missions étrangères, exprima l'espérance de relever les ruines amoncelées par la persécution et d'étendre dans ces parages le règne de Jésus-Christ (*Annales des missions*, 1869).

Le 16 mars 1869, le souverain Pontife adressa à tout l'univers catholique, cette belle encyclique dictée par son cœur :

« PIE IX PAPE

» *A tous les fidèles du Christ qui prendront connaissance de cette lettre, salut et bénédiction apostolique.*

» Au sein de nos si grandes et si cruelles sollicitudes, Nous pouvions difficilement espérer que le Très-Haut Nous accordât une vie assez longue pour qu'il Nous fût donné de célébrer solennellement le cinquantième anniversaire du jour où Nous avons reçu le sacerdoce; si telle est la volonté de Dieu, cela arrivera le 11 avril prochain. Cette grâce, qui remplit notre âme d'une grande joie, a offert aux fidèles une nouvelle occasion de manifester leur piété et de Nous témoigner leur amour. Nous adressant avec un empressement inouï leurs félicitations d'un si heureux événement, ils y ont ajouté humblement l'instante prière de faire concourir la joie de ce jour à leur bien spirituel, et de daigner ouvrir en leur faveur les trésors célestes de l'Eglise dont Dieu Nous a confié la dispensation. Voulant de grand cœur répondre à ces pieux désirs du monde catholique, sûr de la miséricorde de Dieu tout-puissant et de l'autorité des bienheureux Pierre et Paul ses apôtres, Nous accordons miséricordieusement dans le Seigneur, indulgence plénière et rémission de tous leurs péchés à tous les fidèles de l'un et de l'autre sexe qui, le 11 avril de cette année, assistant au saint sacrifice de la messe, dans quelque Eglise ou oratoire que ce soit, vraiment pénitents, s'étant confessés et ayant reçu la sainte communion, adresseront à Dieu de pieuses prières pour la conversion des pécheurs, la propagation de la foi catholique, la paix et le triomphe de l'Eglise romaine. Cette indulgence sera applicable par voie de suffrage aux âmes des fidèles qui ont quitté ce monde unies à Dieu dans la charité. Nous voulons que les copies ou exemplaires même imprimés de la présente

lettre, signés de la main d'un notaire public et munis du sceau d'une personne constituée en dignité ecclésiastique, fassent foi tout comme si l'original était produit et montré.

» Donné à Rome, près Saint-Pierre, sous l'anneau du pêcheur, le 16 mars 1869, de notre pontificat l'an 23e.

« N. Card. PARACCIANI CLARELLI. »

Cette lettre est l'annonce de la grande solennité qui se prépare. Dans quelques jours, l'Eglise entière s'associant à la joie de son vénérable chef, célébrera partout le cinquantième anniversaire de l'entrée de Pie IX dans le sacerdoce. Un demi-siècle s'est écoulé depuis le jour béni où Jean-Mastaï Ferretti, entouré de pauvres orphelins qui formaient sa vraie famille, consommait pour la première fois le sacrifice auguste dans l'humble chapelle de Sainte-Anne-des-Menuisiers.

Ainsi que l'a dit un illustre évêque, depuis quelques années, les enfants de la grande famille catholique avaient eu plus souvent à partager les tristesses que la joie de leur Père; aujourd'hui, saluant le rayon qui perce le nuage, ils sont heureux de se grouper autour de lui, et de voir, dans la consolation qui lui est accordée, le gage de l'invisible protection qui maintient, à travers tant d'épreuves, la plus faible et la plus attaquée de toutes les royautés !

Le 11 avril, ce fut comme une explosion d'amour dans le monde catholique. A Rome, durant trois jours, l'allégresse publique se manifesta avec un éclat incomparable.

En France, les grandes cités rivalisèrent entre elles, pour fêter les *Noces d'or* de Pie IX. Paris, Marseille, Tours, Versailles, Bourges, Nîmes, Poitiers, Rennes, Montpellier, se crurent revenues aux jours bénis du moyen-âge.

En Allemagne, la fête fut splendide, grandiose, surtout à Cologne, à Aix-la-Chapelle, à Paderborn, à Münster, à Bonn, à Limbourg-sur-Lahn, à Coblentz. Sur les bords du Rhin et dans les contrées montagneuses de l'Eifel, des Sept-Montagnes, du Hundsrück, d'Osnabrück, les feux de joie portaient au loin l'expression de l'amour filial des catholiques envers le Père de leurs âmes. Jamais peut-être l'Allemagne catholique ne s'est montrée plus unie, plus enthousiaste que dans cet élan d'amour pour Pie IX.

L'association catholique d'Espagne envoya au Saint-Père une Adresse où sont admirablement exprimés les sentiments d'amour et de dévouement de cette malheureuse nation à la sainte Eglise et au vicaire de Jésus-Christ.

En Angleterre, l'archevêque de Westminster, prononça à l'occasion de ce jubilé du Saint-Père, un de ses plus éloquents discours.

Tous les souverains de l'Europe firent présenter leurs lettres autographes ou leurs témoignages de respect par leurs représentants ou leurs envoyés auprès du Saint-Père.

Et alors, comme pour répondre par un bienfait à cette acclamation filiale des peuples et des rois, le saint Pontife ouvrit de nouveau le trésor des indulgences. Voici, datée du jour même de ses Noces d'or, la Lettre apostolique par laquelle il accorde à tous les fidèles du Christ, l'indulgence plénière en forme de jubilé, à l'occasion du concile œcuménique (1) :

« LE PAPE PIE IX

» *A tous les fidèles du Christ qui verront cette Lettre*
» *Salut et bénédiction apostolique!*

» Personne, assurément, ne peut ignorer que Nous avons décrété l'ouverture d'un concile œcuménique dans notre basilique Vaticane pour le 8 décembre prochain, jour consacré à l'Immaculée-Conception de la très-sainte Vierge mère de Dieu. Depuis lors, Nous n'avons pas cessé, dans l'humilité de Notre cœur, de prier avec ferveur et de supplier le Père très-clément des lumières et des miséricordes, de qui descend tout vrai bien et tout don parfait (S. Jac., I, v. 17), de nous envoyer du ciel la sagesse assise à ses côtés sur son trône : *Da mihi sedium tuarum assistricem sapientiam* (Sap. IX, 4), afin qu'elle demeure avec Nous, qu'elle travaille avec Nous, et que nous sachions ce qui lui est agréable. Pour obtenir plus aisément de Dieu qu'il daigne exaucer Nos vœux et incliner son oreille à nos supplications, Nous avons résolu d'exciter la religion et la piété de tous les fidèles, afin que, par l'union de leurs prières aux nôtres, nous obtenions le secours de son bras tout-puissant et la lumière céleste, et que par elle Nous puissions établir dans ce concile tout ce qui peut contribuer au salut commun et à l'utilité de tout le peuple chrétien, à la plus grande gloire, au bonheur et à la paix de l'Eglise catholique. Et comme il est évident que les prières sont plus agréables à Dieu lorsqu'elles montent vers lui d'un cœur pur, c'est-à-dire d'une âme purifiée de toute faute, Nous voulons en cette occasion ouvrir, avec la libéralité apostolique, les trésors célestes des indulgences dont la dispensation Nous est confiée, afin que excités par là à une pénitence véritable et purifiés par le sacrement de pénitence de toute tache de péché, les fidèles s'approchent avec plus de confiance du trône de Dieu et obtiennent par un secours opportun sa miséricorde et sa grâce.

» Dans ce dessein, Nous annonçons à tout l'univers catholique l'indulgence en forme de jubilé. Au nom de la miséricorde de Dieu tout-puissant, appuyé sur l'autorité de ses bienheureux Apôtres Pierre et Paul, en vertu de ce pouvoir de lier et de délier dont le Seigneur Nous a investi, quoique indigne, par la teneur des présentes, Nous accordons l'indulgence plénière et la rémission de tous leurs péchés, comme elle est accordée dans l'année du Jubilé, à tous les fidèles de l'un et de l'autre sexe, habitant notre chère ville de Rome ou venus dans ses murs, qui, à partir du 1er juin prochain, jusqu'au jour de la clôture du concile œcuménique ouvert par Nous, visiteront les basiliques de Saint-Jean de Latran, du Prince des Apôtres et de Sainte-Marie-Majeure, ou bien deux fois l'une d'elles, et y prieront dévotement quelque temps pour la con-

version de tous ceux qui sont misérablement égarés, pour la propagation de la très-sainte foi, pour la paix, la tranquillité et le triomphe de l'Eglise catholique; qui, outre le jeûne accoutumé des Quatre-Temps, jeûneront pendant trois jours, même non consécutifs, c'est-à-dire le mercredi, le vendredi et le samedi, et qui, dans le cours du temps déterminé, s'étant confessés de leurs péchés, recevront avec révérence le très-saint sacrement de l'Eucharistie, et feront aux pauvres quelque aumône, selon que sa propre dévotion l'inspirera à chacun. Quant à ceux qui demeurent ailleurs qu'à Rome; Nous leur accordons de même l'indulgence plénière et la rémission de tous leurs péchés, à la condition de visiter dans le cours du temps ci-dessus déterminé, soit les églises que leur désigneront les Ordinaires des lieux, ou leurs vicaires et officiers, ou ceux qu'ils auront commis pour cela, ou ceux qui, en leur absence, auront en ces lieux la charge des âmes, soit deux fois l'une de ces églises, et d'y accomplir les œuvres marquées plus haut. Cette indulgence est applicable, par voie de suffrage, aux âmes qui ont quitté cette vie unies à Dieu dans la charité.....

» Donné à Rome, près Saint-Pierre, sous l'anneau du pêcheur, le 11 mai 1868. De Notre Pontificat, l'an 23e.

» N. Card. Paracciani Clarelli. »

Cependant un désir et une prévision s'étaient répandus dans le monde catholique, à l'égard des actes du futur Concile. On attendait la définition de l'infaillibilité du souverain Pontife. Cette espérance peut-être trop chaudement et prématurément exprimée par certains organes de la publicité, devint l'objet d'une vaste controverse et le point de mire de nombreuses attaques. Les ennemis de l'Eglise s'en prévalurent. Nous ne parlerons pas de la presse indifférente et incrédule. Mais nous devons signaler en Allemagne le pamphlet intitulé *Janus*, qui était anonyme et dont l'auteur fut dévoilé plus tard. M. Dœllinger, prévôt de la cathédrale de Munich, dont l'érudition avait rendu des services, était à la tête du mouvement. C'est dans le même sens que les libéraux de Bonn et de Coblentz envoyèrent à leur évêque une adresse qui ne fut pas plus écoutée qu'elle ne méritait.

On faisait grand bruit des mesures que devaient prendre les évêques allemands prêts à se rassembler à Fulda. Ces évêques ne montrèrent que des sentiments très-orthodoxes, et une modération digne d'éloges.

Une circulaire du prince de Hohenlohe, ministre bavarois, aux différentes cours, pour appeler l'attention des gouvernements sur les projets attribués au futur Concile, eut un insuccès complet. Parmi les sincères amis de l'Eglise, dévoués à la Papauté, les uns croyaient à l'opportunité de la définition, les autres la niaient; mais tous affirmaient la croyance générale, tous voulaient le bien des âmes et se montraient prêts à se soumettre à la décision conciliaire. L'élan était immense et se manifestait par des écrits, par des adresses, par des souscriptions. Nous rapporterons successivement les principaux faits et les pièces les plus importantes de la discussion.

---

(1) Le lecteur a pu s'apercevoir, depuis le commencement de cette quatrième période, que nous nous attachons surtout à citer les documents et que nous donnons peu de place au simple récit. Chacun comprendra les raisons de cette méthode et nous saura gré de l'avoir suivie.

Les doctrines oppressives et schismatiques du gouvernement bavarois tendaient à se produire dans les faits. On avait à déplorer la même chose en Hongrie et en Autriche. Nous ne parlons pas de la Russie, où l'autocrate, comme nous l'avons dit, était en train d'achever son œuvre de spoliation et de destruction.

L'attitude du gouvernement français était neutre : il avait d'autres embarras. Les élections devaient avoir lieu le 23 mai. Trois partis se trouvaient en présence, tous trois doués d'énergie et de persévérance dans la personne de leurs représentants : les candidats officiels plus ou moins déguisés, les radicaux ou révolutionnaires de toutes les nuances, et le parti catholique se rangeant sous deux bannières, celle de l'*Union libérale*, et celle que l'*Univers* avait arborée.

L'*Univers* ne voulait pas admettre de candidats sans avoir obtenu d'eux la promesse qu'ils défendraient la souveraineté temporelle du Saint-Siège et la liberté de l'Eglise.

L'*Union libérale* formée par les catholiques libéraux et par de nombreux organes de la presse modérée, admettait tout candidat favorable à la transformation libérale de l'empire. Pour les uns, il fallait être catholique avant tout ; pour les autres, il suffisait d'être ami des libertés constitutionnelles et parlementaires.

Le programme de l'*Univers* eut un heureux résultat, c'est qu'il y eut peu de circonscriptions électorales où il ne se soit présenté, jusqu'au dernier jour, des candidats adhérant au programme catholique. On peut donc dire que ces élections montraient de plus en plus clairement au gouvernement de Paris, qu'une politique qui abandonnerait la royauté pontificale à la voracité des sectes italiennes, serait contraire à la volonté explicite de la nation.

A côté du triomphe des idées catholiques, en certaines localités, il y eut des scènes tristes et alarmantes. Les réunions électorales virent reparaître les énergumènes des clubs de l'hiver précédent. Des violences inouïes y furent commises pour étouffer la voix des amis de l'ordre. Les partis révolutionnaires et le gouvernement, qui était réduit à soutenir la candidature de ses ennemis, se livrèrent des luttes où toutes les armes semblaient bonnes aux combattants. A Paris et dans toutes les grandes villes, le succès fut acquis avec une grande majorité aux révolutionnaires les plus avancés et les moins capables. On vit siéger à la Chambre d'anciens réfugiés politiques, des socialistes notoires ; un avocat comme Gambetta, qui récemment encore était inconnu et allait devenir une puissance ; un vil pamphlétaire qui avait insulté tout ce qui est respectable, et qui avait changé son nom, Henri Rochefort de Luçay, en celui de Rochefort.

Des troubles et des manifestations menaçantes accompagnèrent et suivirent les élections en plusieurs endroits. La vérification des pouvoirs fut d'une longueur interminable et pleine aussi d'orages et de scandales.

Poursuivi de toutes parts, lassé et découragé, le gouvernement se jeta dans les bras des libéraux modérés. Le ministère d'Etat fut supprimé. M. Rouher vint lire à la tribune un message qui concédait le régime parlementaire. M. Duruy dut aussi donner sa démission. Un nouveau ministère fut pris dans les rangs du Centre gauche. Les difficultés ne firent que s'accroître ; l'inquiétude universelle augmenta ; le mouvement révolutionnaire redoubla de violence.

En ces jours mêmes, Pie IX donnait à la catholicité un nouvel exemple de sa paternelle sollicitude. Un décret de la Sacrée Congrégation de la Propagande, confirmé par le souverain Pontife le 2 mai 1869, et promulgué le 17 août, délimitait comme il suit les missions du nord de l'Europe :

1º Le décret du 30 juin 1868, prononçant le partage du vicariat apostolique de Suède et de Norwège en deux missions distinctes, est maintenu. La Norwège est érigée en préfecture apostolique, comprenant toutes les régions norwégiennes, même celles qui faisaient partie de la préfecture du Pôle Nord, laquelle est supprimée. Mgr Bernard, ancien préfet du Pôle Nord, est nommé préfet apostolique de Norwège ;

2º La Suède continue de former un vicariat apostolique, sous la direction de Mgr L. Studach ;

3º Le Danemark forme une préfecture comprenant aussi les îles Féroë, l'Islande et le Groënland c'est-à-dire les possessions danoises qui faisaient précédemment partie de la préfecture du Pôle Nord. Elle est placée sous la dépendance de Mgr Beckmann, évêque d'Osnabrück (Hanovre), et provicaire apostolique des missions du nord de l'Allemagne ;

4º Les duchés de Sleswig et de Holstein sont érigés en préfectures, sous la dépendance de Mgr le provicaire apostolique des missions du nord de l'Allemagne ;

5º Les contrées septentrionales de l'Ecosse, savoir : le comté de Caithness (cap. Wick), les îles Orcades et Shetland, précédemment comprises dans la préfecture du Pôle Nord, sont érigées en préfecture, sous la dépendance de Mgr le vicaire apostolique du district septentrional de l'Ecosse ;

6º L'Amérique polaire (îles des Esquimaux, Nouveau-Cumberland, etc.), qui appartenait à la préfecture du Pôle Nord, est rattachée au Canada supérieur.

La lettre suivante, adressée de Porto-Novo le 26 août 1869, par M. Courdioux à M. Planque, supérieur de la Société des missions africaines, présentait aussi un tableau intéressant des trois grandes stations du vicariat apostolique du Dahomé :

«..... A Porto-Novo, l'internat des sœurs va très-bien. Malheureusement, faute d'argent, nous sommes obligés de refuser de nouvelles élèves. Cependant c'est par l'éducation, surtout par l'instruction religieuse des filles, que nous arriverons le plus sûrement et le plus vite à faire pénétrer les lumières de la foi parmi les ténèbres épaisses du fétichisme.

» Vous savez que notre résidence de Porto-Novo est adossée à un bois sacré, et que le féticheur qui habite ce bois nous étourdit, une grande partie de l'année, par ses cris et ceux de ses dévots. Ce sont des saturnales qui recommencent chaque soir et durent toute la nuit.

» Depuis quelque temps, le féticheur a réuni dans le bois une vingtaine de petites filles qu'il initie aux mystères d'Onichango (dieu de la foudre). Je ne sais à quoi elles sont occupées tout le long du jour ; mais trois fois dans la journée, à peu près aux heures de l'*Angelus*, elles poussent de grands cris suivis de longs hou-hou-hou. Ces pauvres enfants sont gardées ainsi jusqu'à l'âge de quinze à dix-huit ans. Une ou deux fois par mois, elles vont toutes ensemble quêter au marché. Ces jours-là, elles prennent un bain, se teignent les cheveux sur une moitié de la tête, tantôt en rouge, tantôt en brun, se couvrent le cou et la poitrine d'une poudre jaunâtre faite de plantes aromatiques. Elles ont pour vêtements deux pagnes, l'un rouge, l'autre blanc, qui descendent jusqu'aux genoux. Un collier de cauries blancs au cou et des bracelets de même matière aux jambes complètent leur toilette.

» Elles sortent du bois sacré, les plus jeunes les premières; elles s'avancent une à une, dans les étroits sentiers qui sont les rues de nos villages noirs, l'index de la main droite posé sur les lèvres, et la main gauche appuyée sur la hanche, et se dandinent en chantant. Une vieille féticheuse, le corps couvert de tatouages mystérieux et les yeux injectés de sang, les suit et les ramène à la case fétiche. Enfin, lorsque ces jeunes filles arrivent à l'âge de l'initiation définitive, elles sont tatouées, surtout aux épaules, et c'est à quoi l'on reconnaît de quel fétiche elles sont les prêtresses.

» Voilà nos voisins. N'est-il pas pénible d'entendre tous les jours les cris de ces enfants qu'on forme au culte du démon, et de ne pouvoir, faute de ressources suffisantes, recueillir à la mission un plus grand nombre d'entre elles?

» Je reçois de Lagos et de Whydah les nouvelles les plus consolantes.

» Les missionnaires de Lagos m'écrivent que les enfants arrivent par troupes à leur école. On ne sait plus où les loger. Parmi ces élèves, soixante-douze viennent des écoles protestantes nombreuses dans la colonie. On me demande donc un bâtiment pour les classes, et aussi une chapelle, car la chapelle provisoire en bambou ne suffit déjà plus. Plusieurs de ces chrétiens, si longtemps abandonnés, commencent à s'approcher des sacrements. Il nous faudrait une chapelle et plus vaste et mieux appropriée au culte; nos cérémonies, le chant, la musique, exercent une influence irrésistible sur l'esprit des noirs. Mais comment faire? Je gémis aussi de voir tant de jeunes filles envoyées aux écoles protestantes par leurs parents catholiques, uniquement parce qu'ils manquent d'école et surtout de maîtresses catholiques.

» A Whydah, notre école a atteint le chiffre de soixante-cinq élèves, dont trente internes à l'orphelinat. Dans cette localité encore nous n'avons pas de religieuses, et l'éducation des filles y est entièrement négligée. Nous possédons un terrain très-bien situé, où il n'y a plus qu'à préparer le logement des sœurs; mais c'est une entreprise à différer jusqu'à ce que nous ayons plus de ressources pécuniaires. »

Le 14 septembre 1869, Mgr Maret, évêque de Sura, faisait paraître, à Paris, un ouvrage intitulé : *Du concile général et de la paix religieuse.* Ce livre fit grand bruit dès son apparition à cause du caractère de l'auteur et des doctrines qu'il soutenait. Nous croyons devoir résumer ce livre, en empruntant la critique si judicieuse de M. Laurentie, de l'*Union*.

« Monseigneur Maret a repris de vieilles thèses sur la constitution et sur le gouvernement de l'Eglise. Ces thèses pouvaient se déduire d'un état de société où l'Eglise avait sa grande part d'action effective sur l'organisation des Etats et où le clergé catholique était constitué comme ordre politique avec des droits et des obligations analogues à ceux des autres corps publics. Il résultait en effet de cette situation, des rapports complexes, où le droit pur de l'Eglise dut être exposé à s'altérer au contact des autres pouvoirs; de là des thèses contradictoires, et finalement des formules de déclarations, source de division dans les écoles théologiques, et surtout cause de dommage pour la liberté de l'Eglise.

» C'est, en deux mots, toute la raison des conflits qui se perpétuèrent dans l'ancien état politique de la France, et que la logique toute seule devait faire évanouir dans un état politique tout à fait différent.

» C'est aussi pour cela qu'un docte écrivain qui s'en vient renouveler ces questions, lorsqu'elles sont sans application possible aux temps nouveaux, fait une œuvre inopportune, et, par cela même, sans profit pour les intérêts qu'il croit avoir à défendre.

» Comment Mgr Maret, dont la foi est manifeste et dont l'intention est droite, n'a-t-il pas senti la contradiction de son travail? C'est une autre pensée, une pensée de peur, qui le préoccupe tout entier : il tremble qu'une école extrême ne veuille et ne puisse faire porter à l'excès la théorie de la souveraineté absolue du Pape dans les choses de l'Eglise; et, dominé par cette terreur, il ravive des controverses épuisées sur l'autorité des Conciles et sur celle des Papes, ne remarquant pas que prononcer la prééminence doctrinale de l'une ou de l'autre, c'est rompre l'unité de puissance qui préside divinement au gouvernement et à la perpétuité de l'Eglise.

» Non, certes, je ne m'avise pas de discuter le livre de Mgr Maret. J'indique seulement l'inutilité et l'inapplication de ce grand amas de recherches historiques et d'opinions doctrinales. Je dois penser que le vénérable écrivain ne voudrait point diminuer le respect dû à la Papauté; ses déclarations à cet égard sont cent fois répétées; il sent donc ce qu'il y a dans cette institution du pontificat suprême de fondamental et de divin.

» Mais ne voit-il pas aussi que la diminuer dans sa souveraineté doctrinale, c'est l'altérer dans son essence même?

» Que, professeur théoricien, il examine sous quelles formes s'exerce la plénitude de cette souveraineté, je l'entendrai, moi qui ne suis pas docteur de Sorbonne, parce qu'alors, en dépit d'opinions d'écoles, se découvrira toute l'importance et toute la majesté des conciles, puisque les conciles sont l'expression vivante de toute l'Eglise. Mais alors aussi devront s'évanouir les subtilités doctorales ayant pour objet d'établir que l'infaillibilité n'a pas son expression dans le Pape, mais dans le concile, car elles impliqueraient que, dans l'absence du concile, l'Eglise est régie par une autorité dogmatique dont la condition propre serait la possibilité permanente de l'erreur : ce qui serait l'abolition dans l'Eglise de l'idée même d'infaillibilité.

» Monseigneur Maret s'efforce, dans tout son

livre, de faire la distinction de l'infaillibilité de l'Eglise et de l'infaillibilité *séparée*, comme il l'appelle, du souverain Pontife; et c'est encore fausser l'idée de l'infaillibilité vue dans la puissance propre du Pape, et en faire un privilège d'*absolutisme* personnel. Or, par malheur, ce mot d'*absolutisme*, emprunté à nos langues odieuses de politique, revient souvent dans le livre, et cela tout seul indique une préoccupation d'esprit qui altère la dignité d'une thèse où rien d'humain ne devrait apparaître, puisque tout s'y rapporte à Dieu et à l'autorité, non pas *séparée*, mais *souveraine*, qu'il a instituée pour la conduite de son Eglise.

» Je n'ajoute qu'un mot.

» Evidemment Mgr Maret croit donner à la doctrine catholique sur l'Eglise un tempérament de nature à flatter les passions ennemies de la Papauté. Aveuglement et méprise! Papauté ou concile, tout est égal à la haine athée. Et quelle lumière faudra-t-il pour éclairer les chercheurs de popularité libérale?

» Est-ce bien le moment de croire à la conquête des âmes par un prosélytisme d'opinions ambiguës? Il y a dans la politique des partis, dans celle qui ne remue que des intérêts transformables, des heures de transaction qui sont une préparation de paix générale. Mais la *paix religieuse*, puisque la *paix* est l'objet du livre, ne s'acquiert pas à ce prix : elle tient à des conditions immuables d'ordre et de vérité, qui ne sauraient fléchir jamais sous des calculs d'habileté humaine et des artifices de vaine gloire. Non! qu'il n'y ait point d'illusion. Le monde présent est coupé en deux parts : d'un côté l'Eglise, avec sa constitution divine, de l'autre la Révolution avec son anarchie intellectuelle déclarée. Altérer l'Eglise pour la rendre accessible à la Révolution, c'est ne rien savoir de l'une ni de l'autre. Telle n'est pas, certes, l'ignorance du docte évêque de Sura, mais s'il aspire à la paix religieuse, qu'il n'espère pas l'établir en caressant des opinions qui impliquent la séparation, l'anarchie et la guerre. »

Des voix plus autorisées que celles de la presse, devaient répondre à cette publication. Ce fut pour Dom Guéranger, l'illustre abbé de Solesmes, l'occasion de composer un livre digne de son grand talent et de sa science profonde : *De la monarchie pontificale, à propos du livre de Mgr l'évêque de Sura*. Citons seulement une remarquable allocution de Mgr Pie à son clergé, pour le 20e anniversaire de sa consécration épiscopale.

« En tête des avertissements que le consécrateur donne à l'évêque élu, se trouve celui-ci : *Episcopum oportet judicare*. S'il est donc quelque chose d'avéré et d'établi, c'est que l'évêque est constitué juge dans l'ordre spirituel, par conséquent juge des choses et de la foi et de la morale chrétienne. Ceci est placé en dehors et au-dessus de toute controverse.

» Mais le même prélat consécrateur, avant de procéder à la fonction auguste dont il est chargé, a exigé de l'élu un serment; et, dans ce serment, celui-ci s'est engagé à recevoir, à respecter et à observer les constitutions et les décrets du siège apostolique.

» Or, c'est la compatibilité entre l'observation de ce serment, et l'exercice de la judicature, que ceux du dehors nous objectent comme impossible, et que quelques-uns des nôtres croient ne pouvoir établir qu'en subordonnant les décisions doctrinales des Papes au libre jugement des évêques.

» Est-il donc besoin de suer sur plus de deux fois cinq cents pages pour parvenir à accorder ces deux choses? Et l'évêque est-il dans l'alternative ou de quitter son siège de juge, ou de traduire à son tribunal le juge suprême? . . . .

» Et qu'on n'incidente pas sur les mots de *sanction*, d'*approbation*, de *confirmation*, dont les conciles se sont parfois servis par rapport aux définitions pontificales. Ceux-là mêmes qui pressent et qui exagèrent la portée de ces expressions quand elles sont appliquées aux décrets des Papes par les conciles, sont les premiers à en mitiger le sens quand il s'agit de l'approbation et de la confirmation données par les conciles subséquents aux conciles antérieurs.

» Enfin, qu'on ne se retranche pas à nous dire que les définitions pontificales, sujettes par elles-mêmes à l'erreur, obtiennent cependant la prérogative de l'infaillibilité à l'aide de l'assentiment au moins tacite des évêques dispersés.

» O Pierre, toujours siégeant sur la chaire apostolique, toujours vivant dans vos successeurs; ô vous, sur le fondement de qui a été bâtie l'Eglise, avec l'assurance que les puissances de l'enfer ne prévaudraient jamais contre elle; ô vous à qui ont été données les clefs du royaume des cieux; ô vous à qui il a été déclaré que toutes vos sentences rendues sur la terre seraient ratifiées dans les cieux; ô vous pour qui Jésus a prié afin que votre foi ne défaille pas et que vous confirmiez celle de vos frères : jamais, non, jamais je ne ferai ni à la promesse de Jésus, ni à l'assistance de l'Esprit-Saint, ni à ma raison et à mon bon sens, cet outrage de croire que, quand vos lèvres rendent un oracle doctrinal, c'est de mon silence et du silence de mes frères que cet oracle va recevoir une valeur d'infaillibilité qu'il ne tiendrait pas de la promesse et de l'assistance divines . . . .

» Qui donc, autant que le Siège apostolique, attend, examine, réfléchit, écoute, prie avant d'élever la voix? Que de fois notre impatience française ne lui a-t-elle pas reproché ses prudentes lenteurs?

» Après cela, est-il délicat, et, sans contester le mérite de la bonne foi et la pureté de l'intention, est-il équitable d'emprunter au triste vocabulaire de ce temps des expressions envenimées par les réactions politiques, et d'accumuler, à propos du pouvoir le plus grave, le plus mesuré, le plus entouré de conseils humains en même temps que le plus assisté de la protection d'en-haut, les mots cent fois répétés de pouvoir personnel, de pouvoir séparé, de pouvoir arbitraire et despotique : suppositions accusatrices, que repousse l'expérience de dix-huit siècles d'exercice de cette autorité pontificale, toujours amie de la modération et des tempéraments, encore qu'elle n'ait jamais douté de son pouvoir suprême? Enfin est-il opportun, est-il convenable, est-il juste et sensé de s'autoriser de périls chimériques, pour toucher à l'économie du gouvernement ecclésiastique, dont on ne paraît pas connaître la vraie nature, et pour proposer un prétendu perfectionnement de la constitution séculaire de l'Eglise?

» Ah! c'est à nous bien plutôt, à nous qui ne sommes pas protégés contre l'erreur par les promesses et les assurances qui ont été données à Pierre et à ses successeurs; c'est à nous, soit comme écrivains privés, soit comme membres d'une Eglise particulière, qu'il sied de profiter de la leçon de saint Paul, et de nous garantir, par une humble docilité, contre les dangers de l'entêtement personnel, de la confiance trop absolue dans nos propres doctrines, dans nos préjugés de nation, dans nos systèmes d'école : *Servum Dei oportet esse docibilem.* C'est à nous de veiller à ne point nous faire docteurs, là où il nous sied d'être disciples; et à nous souvenir que, comme Cyprien, même alors qu'il s'appuyait du sentiment des Eglises d'Afrique, si nous sommes suffisamment doctes pour enseigner certaines choses, nous avons besoin d'apprendre avant d'en enseigner quelques autres. . . . .

»Mais la recommandation que fait l'Apôtre au serviteur de Dieu ne regarde-t-elle donc que les évêques? Ne s'adresse-t-elle pas aussi à tous les hommes du sanctuaire, chargés d'instruire leurs frères? Et, parmi les simples fidèles, ne s'adresse-t-elle pas spécialement à ceux qui ont l'honneur de mettre leur parole et leur plume au service de la cause divine? *Servum Dei oportet esse docibilem.* Ah ! qu'y aurait-il de plus lamentable, de plus funeste, que l'indiscipline doctrinale, que l'indocilité d'esprit d'un ministre de la vérité, d'un serviteur de la cause sacrée ? La langue latine, comme la langue française, presque toujours pleine de raison et de philosophie, appelle « docile » celui qui se laisse volontiers enseigner : *docilis* ou *docibilis*, c'est tout un. Or, la tentation d'indocilité intellectuelle, n'est-ce pas la tentation contagieuse de notre époque ?

» Que de fois notre sollicitude pastorale envers vos âmes, aussi bien que notre titre de gardien du dépôt sacré, nous ont fait un devoir de vous signaler des symptômes mauvais, des indices alarmants ! Comment le dissimuler plus longtemps ? Oui, ils tendent à former parmi nous toute une école séparée du véritable esprit et des véritables doctrines du christianisme, ces catholiques de nom et de volonté qui, sacrifiant à l'idole de l'esprit moderne, finissent par placer leur raison au-dessus de l'autorité de l'Eglise contemporaine, et par s'adjuger personnellement l'infaillibilité qu'ils refusent à la Chaire apostolique. *Multi sunt quos sæpe dicebam vobis, nunc autem et flens dico* : « Ce que je vous » ai dit souvent, je vous le dis aujourd'hui les lar-» mes aux yeux... »

» Mais brisons sur un sujet si douloureux... Moi aussi, ô Seigneur Jésus, ému jusqu'au fond des entrailles, j'en appelle à votre tribunal : *Ad tuum, Domine Jesu, tribunal appello.* »

Ces dernières paroles de Mgr de Poitiers sont une allusion touchante à un fait douloureux pour l'Eglise.

Le Père Hyacinthe, définiteur de l'ordre des Carmes, bien connu comme orateur chrétien et comme ayant une situation prépondérante parmi les catholiques libéraux, était aussi membre de l'Association ou Ligue internationale pour la paix.

Déjà, dans les conférences qu'il donnait à Notre-Dame de Paris, pendant l'Avent, et qui avaient touché bien des âmes, mais surtout acquis de chaudes sympathies au prédicateur, on avait regretté des phrases trop romantiques et des tableaux peu dignes de la gravité de la chaire. Dans une réunion de *la Ligue pour la paix*, il prononça une phrase qui semblait mettre sur un pied de parfaite égalité, le christianisme intégral, sa préparation qui est le Judaïsme et le Protestantisme qui en est le renversement funeste. La presse fit grand bruit à cette occasion, et le préposé général des Carmes dut ordonner formellement au P. Hyacinthe de ne plus intervenir pour y prendre la parole, dans aucune réunion qui n'aurait pas un but exclusivement catholique et religieux.

Celui qui avait enseigné l'obéissance, ne la sut point pratiquer. Le P. Hyacinthe écouta les suggestions de l'esprit d'orgueil et annonça bientôt dans un long cri de révolte, sous forme de lettre, qu'il rompait avec le parti dominant à Rome, avec les doctrines qui se nomment *romaines sans être chrétiennes*, avec son ordre monastique, pour en appeler, comme les réformateurs d'une autre époque, au tribunal de Jésus-Christ.

Naturellement, la lettre du P. Hyacinthe fut une grande joie pour les incrédules, comme aussi une grande douleur pour les fidèles. On ne voit jamais sans serrement de cœur, dans ce dernier camp, un astre pâlir et chanceler. Le P. Hyacinthe ayant quitté son couvent et l'habit du Carmel, sans permission régulière, demeure sous le coup des censures établies par le droit commun et par les constitutions de son ordre.

L'agitation anti-infaillibiliste, dont nous avons signalé le foyer en Bavière, continuait. Les brochures se succédaient sous le pseudonyme de *Janus*. Malgré les déceptions que leur avaient fait éprouver la déclaration des évêques assemblés à Fulda et celle de la vingtième réunion du *Piusverein* à Mayence, les ennemis de la papauté persistaient à se prévaloir des prétendues sympathies du clergé et des catholiques éclairés. M. Dœllinger, dont tout le monde soupçonnait la présence derrière le masque de *Janus*, se dévoila dans une brochure qu'il fit paraître sous le titre de *Considérations proposées aux évêques du concile*, sur la *question de l'infaillibilité du Pape*. Voici tout le système qu'on y trouve exposé : La règle de la foi est la tradition ; pour rendre témoignage de la tradition, toutes les églises sont d'une égale autorité. Quand une question s'élève, il n'y a donc qu'un moyen de la résoudre : la délibération commune de toutes les Eglises. Pendant mille ans et plus, on n'a pas eu d'autre loi. Aucun privilège, aucune autorité supérieure n'était reconnue à l'Eglise romaine. Mais peu à peu la soif de la domination gagna cette église, et dès le VIe siècle elle commença à préparer les moyens à l'aide desquels elle devait un jour usurper l'autorité souveraine. Sciemment, systématiquement, elle travailla pendant six cents ans à se créer des titres faux ; et au XIIIe siècle, elle put recueillir enfin le fruit de son œuvre d'iniquité et de mensonge.

M. Dœllinger ne pouvait être comparé aux catholiques libéraux et encore moins à ceux qui, profondément dévoués au Saint-Siège, croyaient qu'il était sage de différer la définition de l'infaillibilité pontificale. Un ministre ennemi de l'Eglise, le prévôt de Munich était ouvertement schismatique. Le gouvernement qui le faisait écrire, essaya de faire parler encore d'autres voix en faveur de ses tendances et de profiter des malentendus et des illusions dans lesquels, comme nous l'avons dit, plusieurs catholiques trop amis du libéralisme, étaient tombés au sujet de l'interprétation du *Syllabus* de 1864. Cinq questions furent posées aux facultés de théologie. Elles avaient rapport tout à la fois au Concile et aux doctrines du *Syllabus*. Les réponses ne furent pas entièrement rassurantes pour le catholicisme; mais elles ne satisfirent pas non plus le gouvernement ni les partisans de Dœllinger: elles avaient un caractère évasif.

Les Anglicans soulevèrent une question spéciale à propos de l'invitation qui leur avait été adressée pour le prochain Concile. Le docteur Cumming, de l'Eglise d'Ecosse, fit demander à Mgr Manning, si les non-catholiques seraient admis à présenter devant le Concile les arguments qu'ils croyaient pouvoir être allégués à l'appui de leurs opinions.

Evidemment c'eût été remettre tout en question : il eût fallu refaire à neuf le procès du protestantisme, et par là même infirmer en les rajeunissant, les décisions des conciles antérieurs.

L'archevêque de Westminster en référa au Pape, qui lui répondit par le bref suivant :

« *A notre vénérable frère, Henry Edouard, archevêque de Westminster.*

» Vénérable Frère, salut et bénédiction apostolique.

» Nous avons vu, d'après les feuilles publiques, que le docteur Cumming, d'Ecosse, s'est informé de vous si, dans le Concile qui approche, il serait permis à ceux qui sont en dissidence avec l'Eglise catholique de présenter les arguments qu'ils croient pouvoir être allégués à l'appui de leurs propres opinions; Nous avons vu également, d'après la réponse par vous donnée, que c'est là une question dont la solution appartient au Saint-Siège, il Nous a écrit à ce sujet.

» Or, si le demandeur sait quelle est la croyance des catholiques par rapport à l'autorité enseignante qui a été donnée par notre divin Sauveur à son Eglise, et, en conséquence, par rapport à l'infaillibilité de cette Eglise dans la décision des questions qui sont relatives aux dogmes ou à la morale, il doit savoir que l'Eglise ne peut permettre de ramener en discussion des erreurs qu'elle a soigneusement examinées, jugées et condamnées.

» C'est là, d'ailleurs, ce que Nous avons déjà fait connaître par Nos lettres (lettres apostoliques du 13 septembre 1868 adressées à tous les protestants et à tous les autres non-catholiques); car, lorsque Nous avons dit : « Il ne saurait être nié ou mis en doute que Jésus-Christ lui-même, dans le but de pouvoir appliquer à toutes les générations des hommes les fruits de sa rédemption, ait construit ici-bas sur Pierre son Eglise unique, c'est-à-dire l'Eglise une, sainte, catholique et apostolique, et lui ait donné toute la puissance nécessaire pour conserver dans son intégrité et dans son inviolabilité le dépôt de la foi, et pour dispenser cette même foi à tous les peuples, à toutes les tribus et à toutes les nations. » En parlant ainsi, Nous avons voulu dire que la suprématie à la fois d'honneur et de juridiction qui a été conférée à Pierre et à ses successeurs par le fondateur de l'Eglise, est placée en dehors des hasards de la discussion.

» C'est là, certes, le pivot sur lequel tourne toute la question entre les catholiques et ceux qui sont en dissidence avec eux; et c'est de cette dissidence que découlent, ainsi que d'une source, toutes les erreurs des non-catholiques. « Car, ces réunions d'individus étant dépourvues de cette autorité vivante et d'institution divine, qui enseigne au genre humain tout spécialement les choses de la foi et la règle de la morale, et qui le dirige et le gouverne aussi dans tout ce qui a rapport au salut éternel, ces mêmes réunions d'individus ont toujours varié dans leur enseignement, et leur état de changement et d'instabilité ne cesse jamais. » Si, par conséquent, le demandeur en question veut bien considérer, soit l'opinion que maintient l'Eglise par rapport à l'infaillibilité de son propre jugement dans la définition de tout ce qui appartient à la foi ou à la morale, ou bien encore ce que Nous-même Nous avons écrit touchant la primauté et l'autorité enseignante de Pierre, il s'apercevra tout d'abord que l'on ne saurait donner place dans le Concile à la défense d'erreurs qui ont été déjà condamnées; et que Nous ne pouvions inviter les non-catholiques à une discussion, mais que Nous les avons simplement pressés « de profiter de l'opportunité qui leur était offerte par ce Concile, dans lequel l'Eglise catholique, à laquelle appartenaient leurs ancêtres, donne une nouvelle preuve de son étroite unité et de son invincible vitalité, et Nous les pressions ainsi de satisfaire aux besoins de leurs âmes en les retirant d'un état dans lequel ils ne peuvent être sûrs de leur salut.

» Si, par l'inspiration de la grâce divine, ils aperçoivent leur propre danger, et s'ils cherchent Dieu de tout leur cœur, ils se dépouilleront facilement de toute opinion adverse et préconçue; et, mettant de côté tout désir de discussion, ils reviendront au Père loin duquel ils se sont malheureusement égarés pendant longtemps. Quant à Nous, de Notre côté, Nous Nous précipiterons joyeusement à leur rencontre, et, les embrassant avec l'amour d'un père, Nous Nous réjouirons, et l'Eglise se réjouira avec Nous, de ce que Nos enfants qui étaient morts sont ressuscités, et de ce que ceux qui étaient perdus sont retrouvés. Oui, c'est là ce que Nous demandons instamment à Dieu; et Nous vous recommandons, Vénérable Frère, de joindre vos prières aux Nôtres.

» En attendant, comme gage de la faveur divine et de Notre bienveillance toute particulière, Nous vous donnons en toute affection, à vous et à votre diocèse, Notre bénédiction apostolique.

» Donné à Rome, à Saint-Pierre, ce 4e jour de septembre 1869, dans la 24e année de Notre pontificat. »

Quelque temps après, à la demande de Mgr Manning, les journaux enregistrèrent, sur cette même question, le nouveau bref suivant :

« PIE IX PAPE,

» *A notre vénérable frère Henry Edouard, archevêque de Westminster.*

» Vénérable Frère, Salut et bénédiction apostolique.

» Dans la lettre que Nous vous avons adressée, le 4 septembre dernier, Vénérable Frère, Nous vous disions que les matières déjà examinées et décidées par un Concile œcuménique, ne peuvent plus être mises en question, que par conséquent on ne peut donner place, dans le prochain Concile, à aucune apologie des erreurs déjà condamnées, et que, pour cette raison, Nous n'avions pu inviter les non-catholiques à une discussion. Nous apprenons maintenant que quelques dissidents ont compris ces paroles de manière à croire qu'il ne leur reste aucun moyen de faire connaître les difficultés qui les tiennent séparés de l'Eglise catholique et que tout accès auprès de Nous leur est fermé.

» Nous qui sommes sur la terre, malgré notre indignité, le Vicaire de Celui qui est venu pour sauver ce qui était perdu, Nous sommes si loin de les repousser en aucune manière, que Nous allons même à leur rencontre et que nous ne recherchons rien avec un plus vif désir que de pouvoir tendre les bras, avec un amour tout paternel, à quiconque revient vers Nous. Jamais, certes, Nous n'avons voulu imposer silence à ceux qui, égarés par leur éducation et croyant à la vérité de leurs opinions, pensent que leur dissidence avec Nous repose sur des arguments puissants qu'ils voudraient, à cause de cela, faire sérieusement examiner par des hommes sages et prudents. Bien que cela ne puisse se faire dans le sein du Concile, il ne manquera point de savants théologiens désignés par Nous, auxquels ils pourront ouvrir leur âme, et exposer avec confiance les motifs de leurs propres sentiments, de telle sorte que, du choc d'une discussion entreprise seulement dans le désir de découvrir la vérité, ils puissent recevoir une lumière plus abondante qui les guide vers elle.

» Puisse-t-il y en avoir un grand nombre qui prennent cette ligne de conduite, et qui la suivent avec bonne foi! Car cela ne saurait se faire sans qu'il en ressorte de grands avantages et pour eux-mêmes et pour les autres : pour eux-mêmes d'abord, parce que Dieu montrera sa face à ceux qui le cherchent de tout leur cœur, et leur donnera ce à quoi ils aspirent; ensuite, pour les autres, parce que non-seulement l'exemple d'hommes éminents ne saurait manquer d'avoir son efficacité, mais encore parce que plus ceux-ci auront travaillé avec ardeur à obtenir le bienfait de la liberté, plus ils auront ensuite de zèle pour s'efforcer de communiquer aux autres ce même avantage.

» Priant instamment le Dieu de miséricorde d'amener cet heureux résultat, Nous vous donnons, Vénérable Frère, la bénédiction apostolique, comme signe de la faveur d'En-Haut et comme gage de Notre affection toute spéciale pour vous et pour tout votre diocèse.

» Donné à Rome, près Saint-Pierre, le 30 octobre 1869, la 24ᵉ année de Notre pontificat. »

Avant de partir pour Rome, Mgr Dupanloup, le grand évêque, l'illustre écrivain, donna une preuve convaincante de la liberté entière, du droit parfait de discussion dont allait jouir chacun des Pères du Concile. On avait dit, on avait écrit, que les évêques n'auraient qu'à apposer leur signature à des décrets rédigés d'avance, mais les *Observations sur la controverse soulevée relativement à la définition de l'Infaillibilité au prochain Concile*, firent tomber ces insinuations mensongères. Mgr d'Orléans s'y posait en adversaire résolu de la définition de l'*Infaillibilité*, attaquant surtout l'opportunité de cette décision. Ses *Observations* eurent un long retentissement, suscitèrent bien des inquiétudes, provoquèrent de vives répliques : mais la même plume qui écrivit les *Observations* avait écrit aussi pour une autre circonstance..... « Je vais au Concile, appelé par le chef suprême de l'Eglise. J'y vais comme juge et témoin de la foi. J'y serai, je l'espère, avec l'aide de Notre Seigneur, un juge libre, attentif et ferme, sans aucun respect humain, un témoin vigilant et fidèle. Et le Concile achevé, quelles qu'aient été ses décisions, conformes ou contraires à mes vœux et à mes volontés, je reviendrai, soumis à tout, sans le moindre effort, soumis de bouche, d'esprit et de cœur, docile comme la plus humble brebis du troupeau. »

Voici, dans son ensemble, le résumé des *Observations* qui sont comme une réponse à Mgr Manning et à Mgr Dechamps :

« Ce que je commencerai par vous faire remarquer, Messieurs, c'est qu'une telle question regardait le Concile, et n'aurait dû être traitée que par lui.

» Malheureusement, des journalistes intempérants n'ont pas réservé ce soin à la future assemblée de l'Eglise. Forçant les portes du Concile, avant même, et longtemps avant qu'il pût être réuni, ils se sont hâtés d'ouvrir le débat sur un des sujets théologiques les plus délicats, et d'annoncer à l'avance en quel sens le Concile déciderait et devait décider. C'était un effort pour créer dans l'opinion un courant favorable à leurs désirs, et pour peser, de tout le poids de cette opinion préjudicielle, sur les évêques assemblés.....

» Deux journaux surtout, la *Civilta cattolica* et l'*Univers*, ont pris la plus étonnante des initiatives. Tandis que le Saint-Père imposait un prudent et rigoureux silence aux consulteurs des congrégations romaines chargés des travaux préparatoires au Concile, ils n'ont pas craint de livrer au public les questions qui, selon eux, doivent être agitées et résolues par la future assemblée. Ils ont annoncé, en particulier, que la question de l'infaillibilité personnelle du Pape y serait définie : bien plus, qu'elle serait définie par acclamation.....

» C'est ce qu'ils disent, et avec de tels outrages pour ceux qui ne pensent pas comme eux, qu'en vérité il n'y a plus de limites, et le débat s'envenime étrangement.

» Cependant tout le monde ignore absolument ce que jugera bon de faire ou de ne pas faire sur ce point le Concile, qui n'existe pas encore.....

» Je n'ai, certes, aucun goût à me jeter dans une mêlée si violente. Je gémis de la controverse qui s'agite devant le public, et si j'écris, ce n'est pas pour l'irriter, mais plutôt pour la calmer, et même, s'il se pouvait, la supprimer; car, pour moi, je la crois très-inopportune, très-regrettable pour le Saint-Siége lui-même, et les querelles qui viennent d'avoir lieu n'ont fait qu'ajouter à ma conviction, déjà ancienne, sur cette inopportunité.

» Ce sont ces difficultés que, — sans toucher au

fond même de la question théologique, — je voudrais exposer simplement dans cet écrit.

» Je ne discute pas l'infaillibilité, mais l'opportunité. Et, du reste, les vues que je présenterai ici ne me sont pas personnelles. Je m'en suis entretenu souvent avec un grand nombre de mes vénérés collègues de France et d'ailleurs, et ces raisons nous ont paru si graves, à eux comme à moi, qu'à tout le moins sont-elles de nature à faire réfléchir la presse religieuse, et à lui persuader enfin de réserver aux évêques de si délicates discussions.....

» Quand le pape Pie IX annonça, dans deux allocutions célèbres, aux évêques assemblés à Rome en 1867, son projet de convoquer un Concile œcuménique, il ne dit pas un mot de la nécessité ou de l'utilité de faire ériger en dogme de foi, par la future assemblée, son infaillibilité personnelle.

» Et les cinq cents évêques réunis alors à Rome, dans leur adresse au Saint-Père, en réponse à cette communication, ne dirent pas non plus un seul mot de cette question.

» Enfin, dans la bulle d'indiction, où le Saint-Père a tracé si largement, et avec un si grand langage, le programme du futur Concile, il ne fut de même nullement parlé de son infaillibilité personnelle.

» Non, nulle part, dans aucun des actes du Saint-Père, cette préoccupation de grandir son *autorité au moyen du Concile et à la faveur de ce respect dont le monde entoure ses vertus et ses malheurs*, n'apparaît un seul instant.....

» ... J'entends dire qu'il s'agit ici d'un principe.

» D'un principe? Eh quoi! répondrai-je à mon tour, ce principe, si c'en est un, il est donc nécessaire à la vie de l'Eglise qu'il devienne dogme de foi? Comment alors expliquez-vous que l'Eglise ait vécu dix-huit siècles, sans que ce principe essentiel à sa vie ait été défini? Comment expliquez-vous qu'elle ait formulé toute sa doctrine, produit tous ses docteurs, condamné toutes les hérésies, sans cette définition? De nécessité, il n'y en a évidemment aucune ici, et la solution de cette question n'est pas plus indispensable qu'elle n'était réclamée.

» La raison, d'ailleurs, en est simple. L'Eglise est infaillible, et l'infaillibilité de l'Eglise suffit à tout jusqu'à cette heure. Craignez-vous qu'à l'avenir elle devienne insuffisante? et vous flatterez-vous que ceux qui ne voudront pas croire à l'infaillibilité de l'Eglise unie au Pape, croiront plus facilement à l'infaillibilité personnelle et séparée, du Pape?.....

» Après dix-huit cent soixante-dix années d'enseignement, il faut qu'on en vienne à se demander, dans un Concile, qui a le droit d'enseigner infailliblement! Et cela à la face du monde incrédule et protestant qui nous regarde! Non, laissons là ces questions que rien n'appelle. Que des publicistes téméraires n'aillent pas, avant l'heure, étonner et désorienter le bon sens des fidèles par des controverses violentes, qui semblent vouloir imposer d'avance ces questions aux évêques.

» Pour moi, Messieurs, ma pensée, en la soumettant à mes vénérés collègues, est formelle sur ce point.

» Quand le chêne est vingt fois séculaire, creuser, pour chercher le gland originaire sous ses racines, c'est vouloir ébranler l'arbre entier..... »

Monseigneur d'Orléans rappelle ensuite que cette question de l'infaillibilité a déjà été proposée, puis retirée comme dangereuse, au Concile de Trente; il ajoute que c'est rendre impossible la conversion des schismatiques, séparés déjà parce qu'ils refusent de reconnaître la primauté de Rome.

« Quelle impression, se demande ensuite Mgr Dupanloup, cette définition produira-t-elle sur les gouvernements?.....

» Sur les cinq grandes puissances européennes, trois ne sont pas catholiques : la Russie, la Prusse et l'Angleterre. Je ne parle pas ici de l'Amérique et des Etats-Unis. Et parmi les Etats secondaires de l'Europe, un grand nombre aussi appartiennent au schisme et à l'hérésie : la Saxe, la Suède, le Danemark, la Suisse, la Hollande, la Grèce. Qui ne sait quels ombrages tous ces gouvernements nourrissent encore contre l'Eglise? Or, je pose simplement la très-grave question que voici : Croit-on qu'une définition de l'infaillibilité personnelle du Pape soit de nature à dissiper ces ombrages? Quand, par un préjugé invétéré, qu'on ne détruira pas en l'aggravant, ces gouvernements regardent le Pape comme un souverain étranger, croit-on, de bonne foi, que déclarer le Pape infaillible, ce sera rendre meilleure la position des catholiques dans tous ces pays? Croit-on que la Russie, que la Suède, que le Danemark, en deviendront plus doux pour leurs sujets catholiques? Leurs haines contre Rome en seront-elles apaisées, et le rapprochement rendu plus facile?..... »

En même temps qu'il publiait ses *Observations*, Mgr Dupanloup lança un *Avertissement* aux rédacteurs de *l'Univers*, dans lequel il leur reprochait, surtout à M. Louis Veuillot, des opinions excessives, passionnées et dangereuses. Le grand objet des préoccupations générales n'était pas là. Cet écrit, qui paraissait une reproduction plus vive et plus retentissante des attaques du même genre dont nous avons eu à parler précédemment, tomba vite dans l'oubli.

Dans une de ses livraisons, *le Correspondant* publia un long manifeste consacré à soutenir la même cause. Les réfutations ne se firent pas attendre. On doit remarquer entre toutes la lettre de Mgr Dechamps à Mgr Dupanloup. Le savant archevêque de Malines, dans un style vigoureux, anéantit les difficultés théologiques soulevées contre le projet de définition :

« Voici, Monseigneur, pourquoi je suis profondément triste : c'est parce qu'en prétendant ne toucher qu'à la question de l'opportunité de la définition de l'infaillibilité du Saint-Siège, vous avez incontestablement touché à la question du fond, et vous avez répandu sur elle des nuages qui dérobent aux yeux des gens du monde la splendeur d'une vérité certaine, d'une vérité confessée par les plus grands noms de la théologie dans tous les siècles. Vos craintes, Monseigneur, ont troublé votre regard : *Illic trepidaverunt timore ubi non erat timor*; et ce sont elles qui vous ont fait voir dans les choses ce qui n'était qu'en vous-même. Que n'ai-je la puissance de dissiper ces nuages et de faire arriver ma voix partout où la vôtre a retenti!

» C'est un nuage, Monseigneur, que le terme de *dogme nouveau*, et l'explication que vous en donnez ne le dissipe pas entièrement. L'Eglise, vous le dites très-bien, ne fait pas les dogmes, elle les constate ou les définit; mais elle ne les définit que lorsqu'ils sont niés par l'hérésie ou contestés par la bonne foi, et avant d'être définis, ils ont toujours fait l'objet de la croyance de l'Eglise. C'est ce que vous ne dites pas, Monseigneur, et vous semblez même indiquer le contraire, au sujet de l'infaillibilité de Pierre et de ses successeurs en matière de foi; car vous dites que l'Eglise a vécu dix-huit siècles sans éprouver le besoin de définir cette vérité, comme si elle avait vécu dix-huit siècles sans croire à cette vérité ! Or l'Eglise a *toujours* vécu de la foi à cette vérité, et elle en a vécu *partout*, même là où elle a été contestée par la bonne foi ; car une école française ne l'a contestée que bien tard en théorie, pour la confesser toujours en pratique avec une fidélité vraiment digne du clergé français. C'est ce qui explique la longanimité du Saint-Siège à l'égard de l'école dite gallicane. Mais s'il est un temps de se taire, il est aussi un temps de parler, et il est difficile de douter que ce temps soit venu, quand une doctrine jusque-là bien modeste, et qui s'était toujours donnée comme une simple opinion, change d'allures et se proclame certaine, comme si les plus grandes lumières et les plus illustres docteurs du christianisme, les saint Bernard, par exemple, les saint Thomas d'Aquin, les saint Bonaventure, ces génies supérieurs et ces fidèles échos de la Tradition et des Pères, n'avaient rien compris à la constitution de l'Eglise.

» C'est un nuage encore, Monseigneur, que les termes d'infaillibilité *personnelle* et *séparée*, du souverain Pontife. Quand le Chef de l'Eglise constate ou définit la foi, il constate la vérité divinement révélée, et il la constate par l'Ecriture et la Tradition. Et comment constate-t-il la Tradition ? Quelquefois en consultant les évêques, comme il l'a fait avant de définir l'Immaculée-Conception; quelquefois en réunissant des Conciles, comme il l'a fait souvent, et comme il va le faire encore; quelquefois en ne faisant ni l'un ni l'autre, lorsque la Tradition est indubitable et qu'elle éclate à tous les yeux, comme les souverains Pontifes l'ont fait voir dans les actes relatifs au Jansénisme et au Fébronianisme, dans les constitutions *Cum occasione* et *Unigenitus*, et dans la bulle *Auctorem fidei*. Que parle-t-on par conséquent d'infaillibilité *séparée*, comme si la foi du successeur de Pierre pouvait être *exclusivement personnelle*, et se séparer, malgré la promesse formelle de Jésus-Christ, de la foi de tous les siècles ? Comme Chef de l'Eglise, le successeur de Pierre est divinement constitué l'organe suprême de la Tradition : *Ego oravi pro te, ut non deficiat fides tua.* Si, par le terme d'infaillibilité séparée, on veut dire que, pour constater la Tradition, le Pape n'a pas toujours besoin de rassembler des conciles, ni même de consulter les évêques, on veut dire ce qui est vrai, mais on le dit bien mal. L'Eglise, en effet, est un corps vivant, et pour que l'infaillibilité de la tête pût être séparée, il faudrait que la tête elle-même pût être séparée du corps; que l'Eglise par conséquent pût être détruite; que ces paroles du Christ eussent été dites en vain : *Tu es Pierre, et sur cette pierre je bâtirai mon Eglise, et les portes de l'enfer ne prévaudront pas contre elle.* Toutes les obscurités naissent ici de ce qu'on perd de vue l'objet et la nature de l'infaillibilité. Elle n'a pour objet que de conserver le dépôt de la foi et d'en constater au besoin le contenu, et ce n'est ni par de nouvelles révélations, ni par des inspirations proprement dites, que la suprême autorité doctrinale conserve la foi et la constate, mais par la fidélité divinement promise à l'emploi des moyens nécessaires pour la conserver et la constater. C'est en cela qu'elle consiste, et ses divers actes le prouvent, comme nous l'indiquions tout à l'heure. Il faudrait donc renoncer, à propos de l'infaillibilité, ou de la fidélité à garder le dépôt de la révélation, il faudrait renoncer au langage politique, aux termes de monarchie pure et absolue, de pouvoir personnel et arbitraire, qui n'ont véritablement ici pas de sens.

» Le terme d'infaillibilité personnelle est encore louche sous un autre rapport. En promettant l'infaillibilité à Pierre, afin qu'il « confirmât ses frères dans la foi, » le Christ a-t-il rendu *la personne même* du Chef de l'Eglise *absolument infaillible ?* Mais s'il en était ainsi, l'infaillibilité serait indivisible comme la personne, et le souverain Pontife serait infaillible en tout et toujours. Ce n'est donc pas à la personne, comme le remarque Muzzarelli, que l'infaillibilité est promise, mais à *l'autorité dont elle est revêtue;* en d'autres termes, ce n'est pas à la personne privée, mais à la personne publique que l'infaillibilité est promise, et *uniquement pour l'exercice de sa charge suprême, la conservation et la définition de la foi.*

» La foi est la racine et le fondement de la vie de l'Eglise, *radix et fundamentum omnis justificationis*, selon les expressions du Concile de Trente; et c'est parce que la promesse de l'infaillibilité en matière de foi, *ut non deficiat fides tua*, a été faite à l'autorité suprême de l'Eglise, que cette autorité reste elle-même la pierre fondamentale de tout l'édifice : *Super hanc petram ædificabo Ecclesiam meam.* L'infaillibilité n'a été promise qu'en cette matière, et il est facile de comprendre pourquoi. Si la vie de l'Eglise sort tout entière de la racine de la foi, il suffit que cette divine racine soit préservée pour qu'elle communique la vie à tout le reste. De là cette force qui n'a jamais manqué à l'Eglise pour réparer les fautes et pour réformer les abus, ceux-ci ne manquant jamais là où il y a des hommes.

» C'est ici, Monseigneur, qu'il eût fallu faire retentir votre grande voix pour éclairer l'ignorance publique et pour dissiper, chez les gens du monde, l'incroyable confusion d'idées qui les fait crier au miracle en présence de ce qui faisait dire à un apologiste célèbre : « Je ne sais vraiment pas comment » le Pape ferait pour se tromper ! » Il ne s'agit pas, en effet, de découvrir la vérité révélée, mais de la garder et de la constater, telle que tous les siècles l'ont crue, *et il ne s'agit pas d'autre chose.* Il ne s'agit ni de l'infaillibilité dans la conduite ou de l'impeccabilité, ni de l'infaillibilité dans le gouvernement de l'Eglise, ni de l'infaillibilité dans les choses qui ne touchent pas à la foi, ni de l'infaillibilité dans les actes qui ne sont pas des définitions de foi, ou qui n'imposent pas l'obligation de croire à l'Eglise universelle. Combien d'hommes d'Etat, de robe et d'épée, combien d'orateurs et d'écrivains célèbres, sont aujourd'hui pleins d'ignorance à ce sujet! J'en ai entendu qui me disaient : Clément XIV a supprimé la Compagnie de Jésus, et Pie VII l'a rétablie; donc les Papes ne sont pas infaillibles! J'en ai entendu d'autres qui raisonnaient ainsi : Pie IX a donné une constitution aux Etats de l'Eglise en 1848, et il s'est bien gardé de la rétablir après que la révolution l'eût mise au néant; donc le Pape n'est pas infaillible! Vous en avez rencontré comme moi, et sans doute plus que moi, Monseigneur, de pareilles preuves d'ignorance chez les gens du monde. Que j'eusse voulu vous voir saisir cette occasion de la dissiper! Que j'eusse voulu vous la voir saisir aussi, non pour accumuler, mais pour faire disparaître les difficultés que j'appelle des nuages, et que des doctrines trop peu autorisées allèguent contre l'infaillibilité du Saint-Siége, à propos de certains actes des Papes où il n'y a jamais eu l'ombre de définitions de foi!

» Comment Votre Grandeur a-t-elle eu le courage de rappeler encore les questions jugées de Libère, de Vigile et d'Honorius? Pour moi, je ne me sens pas celui de prouver de nouveau ici ce qui est tout à fait évident, que Libère n'a jamais rien souscrit de contraire à la foi, et que s'il a péché, c'est en souscrivant une formule de foi incomplète; que Vigile, en croyant la lettre attribuée à Ibas approuvée par le Concile de Chalcédoine, s'est uniquement trompé sur une question de fait, et de fait nullement dogmatique pour lui, puisqu'il a réprouvé de la manière la plus explicite les erreurs contenues dans ce document; qu'Honorius, loin d'enseigner le monothélisme dans ses lettres à Sergius, y a formellement enseigné le contraire, et que, loin d'avoir rien défini contre la foi, sa faute a précisément consisté à ne vouloir *rien définir*, comme il le dit lui-même, contre une nouveauté dont l'astucieux patriarche de Constantinople lui avait caché le venin. J'ai là tous les textes sous les yeux, Monseigneur; mais vous les connaissez, et je vous en fais grâce, comme des magnifiques paroles de Léon II à l'empereur Constantin et aux évêques d'Espagne, paroles qui suivirent de si près toute cette controverse, et qui font voir avec évidence que jamais le sixième Concile œcuménique n'a songé à condamner Honorius comme personnellement coupable d'hérésie, mais uniquement comme coupable de négligence.

» Mais il est d'autres nuages, je veux dire d'autres difficultés rangées par Votre Grandeur parmi les difficultés théologiques, et qui ne doivent pas lui paraître aussi inextricables qu'aiment à le dire des auteurs toujours un peu portés à grossir les forces de l'ennemi pour mieux jouir de leur victoire.

» La première difficulté serait de déterminer les conditions d'une définition *ex cathedrâ*, les théologiens ne s'accordant pas à ce sujet. Mais ce désaccord, Monseigneur, est ici plus apparent que réel. En effet, plusieurs écrivains plus canonistes que théologiens ont plutôt traité cette question au point de vue canonique, et ils se sont attachés à rappeler les diverses formes des définitions dogmatiques et la manière plus ou moins différente dont les Papes ont procédé pour les donner, tandis que les vrais théologiens se sont attachés à constater les conditions essentielles de ces définitions.

» Or, à ce point de vue, qui est le véritable dans la question qui nous occupe, les maîtres de la théologie sont d'accord. Tous disent que le mot *ex cathedrâ* est un terme plus ou moins nouveau, mais parfaitement bien choisi pour exprimer une chose aussi ancienne que le christianisme, c'est-à-dire l'enseignement donné par le Chef de l'Eglise lorsque celui-ci ne parle pas comme personne privée, mais *comme autorité suprême*, et qu'il propose à l'Eglise comme dogme de foi une vérité contenue dans le dépôt de la révélation. Toutes les définitions *ex cathedrâ* ont ce triple caractère : elles viennent du Pape comme Pape; elles sont adressées à l'Eglise universelle; elles lui proposent à croire, comme dogme de foi, une vérité contenue dans le dépôt de la révélation. Les documents pontificaux qui n'ont pas ce triple caractère ne sont pas des définitions *ex cathedrâ*, et il n'y a donc pas ici deux dogmes à définir, comme Votre Grandeur l'a supposé. En fait, la chose a toujours été claire, et chaque fois que le Pape a défini dogmatiquement, jamais l'Eglise n'en a douté. Quand le Vicaire de Jésus-Christ promulgue un décret dogmatique, il promulgue une loi, et il lui donne par conséquent la clarté d'une loi; car vous le savez, Monseigneur, une loi douteuse n'oblige pas : *Lex dubia non obligat*. Si après cela certains théologiens veulent voir des définitions dogmatiques partout, dans chaque rescrit, dans chaque lettre latine, dans chaque bref, dans chacun des actes ou dans chacune des paroles du Saint-Père, il faut les laisser dire et ne pas s'en mettre en peine.

» Mais parmi les théologiens que cite Votre Grandeur, il en est toutefois d'incapables d'avoir dit ce que vous citez d'eux, Monseigneur, dans le sens où vous le comprenez. Vous le reconnaîtrez, je l'espère, en comparant ce qu'ils ont écrit avec ces paroles de Bellarmin et de Maur Capellari, depuis Grégoire XVI : « Celui qui a promis la fin (l'infaillibilité dans la foi) a promis sans aucun doute les moyens de l'atteindre; et il ne nous servirait de rien de savoir que le souverain Pontife est infaillible *quand il définit sans témérité*, si nous ne savions qu'en vertu de la promesse divine elle-même, jamais la Providence ne peut permettre que le souverain Pontife définisse témérairement. »

» De même donc que nous sommes certains *à priori*, dit Grégoire XVI, que Dieu ne permettra jamais que son Eglise, dépositaire et gardienne des vérités révélées, propose aux fidèles, par un jugement définitif et sans appel, une doctrine hérétique, et que par conséquent elle ne prononcera jamais une décision solennelle et dogmatique dans un Concile général avant d'avoir employé les moyens *nécessaires* pour ne pas *tenter Dieu*; ainsi est-il certain et indubitable *à priori* que Jésus-Christ, qui a promis à saint Pierre et à ses successeurs la foi dans laquelle ils doivent paître ses brebis ne manquera jamais, ne permettra pas non plus que les Papes négligent les moyens *nécessaires* pour ne pas le tenter, avant de *juger* avec la *plénitude de leur autorité*.

» Cette comparaison si juste entre les conditions des définitions conciliaires et celles des définitions pontificales m'amène à vous prier d'observer, Monseigneur, que si les difficultés *de fait* que vous signalez contre l'infaillibilité des décisions *ex cathedrâ* étaient réelles, ces difficultés ne seraient pas moins fortes contre l'infaillibilité des définitions des Conciles. Vous rappelez que, dans les décrets dogmatiques des Papes, tout n'est pas également dogmatique, et vous insinuez qu'il est bien difficile de discerner ce qui est dogmatique de ce qui ne l'est pas. Mais si cela était vrai des déclarations dogmatiques des Papes, cela ne serait pas moins vrai des déclarations dogmatiques des Conciles. Faudrait-il en conclure que les Conciles généraux ne sont pas infaillibles en matière de foi?

» Il y a, dites-vous, Monseigneur, une autre question de fait encore, qui n'est pas aussi simple qu'on pourrait le croire et que voici :

« Ne peut-il pas se rencontrer, dans la suite des siècles, tel Pape de la liberté duquel on puisse légitimement douter? »

» Mais ne peut-il pas se rencontrer aussi, dans la suite des siècles, tel Concile de la liberté duquel on puisse légitimement douter? »

» En conclurez-vous, Monseigneur, qu'il y aura, dans ces deux cas, des difficultés inextricables? L'histoire dit tout le contraire. Quand les Papes ou les Conciles ont été dans les chaînes, toute l'Eglise l'a su, et de science certaine.

» Mais voici une autre difficulté ou un autre nuage : « Si un Pape, même déclaré infaillible, pouvait encore, même dans un acte *ex cathedrâ*, errer sous le coup de l'intimidation ou de la crainte, ne le pourra-t-il jamais par entraînement, par passion, par imprudence? » Que répondriez-vous, Monseigneur, à qui vous dirait : Si un Concile général doit être libre pour être un vrai Concile, et s'il pouvait errer sous le coup de l'intimidation ou de la crainte, ne le pourra-t-il jamais par entraînement, par acclamation passionnée et par imprudence?

» Vous répondriez qu'on ne peut comparer la parole d'un Concile extorquée par la *violence extérieure* avec la parole d'un Concile laissé *à lui-même*; qu'un Concile général représente l'Eglise universelle, et que les promesses faites à l'Eglise par Jésus-Christ ne peuvent jamais être inefficaces. Eh bien! nous dirons, vous et moi, que la parole d'un Pape extorquée par la *violence extérieure* ne peut être comparée avec la parole d'un Pape laissé *à lui-même*; que, dans le premier cas, ce n'est pas lui qui parle, mais un autre, et que, dans le second cas, c'est lui-même; que le Pape est le Vicaire de Jésus-Christ, la pierre sur laquelle Jésus-Christ a fondé son Eglise, et que les promesses faites au successeur de Pierre ne peuvent jamais être inefficaces. C'est du reste ce qui est vérifié par une expérience de près de vingt siècles.

» Je voudrais bien connaître, Monseigneur, la constitution pontificale qui a proposé un dogme à la foi de l'Eglise, ou qui a condamné une erreur contraire à la foi et qui a eu besoin d'être réformée.

» Quant au Pape considéré comme personne privée, Votre Grandeur traite de *romanisme insensé* le sentiment de ceux qui regardent comme irréalisable l'hypothèse d'un Pape obstiné dans l'hérésie. Je ne vois pas cependant ce qu'il y a d'insensé à ne pas croire réalisable ce qui, d'un côté, pendant une longue suite de siècles, ne s'est jamais réalisé, et ce qui, d'un autre côté, se concilierait moins avec les promesses divines faites à l'autorité dont la personne du Pape est revêtue. Vous n'en dites pas moins, Monseigneur, en affirmant qu'un Pape peut s'opiniâtrer dans l'hérésie, que c'est l'*opinion générale*. Je vous prierais de m'en fournir les preuves, Monseigneur, si cette question n'était pas secondaire. Il est certain que l'infaillibilité est divinement promise à l'*autorité* que le Christ a donnée pour base à son Eglise; l'Ecriture, la Tradition, les Conciles, la pratique universelle de l'Eglise le prouvent, cela suffit. La Providence a su toujours écarter les obstacles opposés par les infirmités humaines à l'accomplissement de sa promesse, et ce qu'elle a fait, elle le fera toujours. Comme elle sait communiquer la vie aux âmes, dans les sacrements, par des mains quelquefois profanées, elle sait aussi faire passer l'éternelle vérité par des lèvres quelquefois impures.

» Mais nous ne sommes pas au bout des difficultés : vous semblez croire, comme Mgr Maret, que les évêques ne peuvent être de vrais juges de la foi, s'ils ne peuvent au besoin réformer les jugements dogmatiques des Pâpes.

» Les évêques sont juges de la foi, mais ils ne jugent pas définitivement. Quand les Papes, avant de juger, consultent les évêques ou *requièrent leur jugement* dans un concile, c'est un véritable jugement qu'ils requièrent, quoique ce jugement ne puisse devenir définitif que par l'assentiment ou la confirmation du Pape.

» Mais le jugement du Pape ne devient lui-même définitif, dit Mgr Maret, que par l'assentiment des évêques. La preuve qu'il en donne, c'est que les Papes ont consenti à ce que leurs jugements fussent examinés par les Conciles; que les évêques, dans les Conciles, n'ont jugé comme les Papes qu'après examen, et qu'ils se sont cru par conséquent le droit de réformer au besoin les jugements des Papes.

» Je réponds : Les évêques, dans les Conciles, par exemple au Concile général de Florence, ont examiné les jugements dogmatiques d'autres Conciles généraux, par exemple du second Concile de Lyon, et ils les ont jugés conformes à l'Ecriture et à la Tradition. Les ont-ils crus pour cela réformables? Les Conciles ont fait cela et pour les jugements des Conciles et pour les jugements des Papes. Or, voulez-vous la preuve décisive qu'ils ont examiné de nouveau ces jugements, *non pour les remettre en question, mais pour mieux convaincre d'erreur ceux qui les attaquaient?* Cette preuve, la voici : c'est que les grands Pontifes dont les décrets ont été jugés conformes à la foi par les Conciles généraux que cite Mgr de Sura, ont formellement dénié à ces Conciles le droit de remettre ces jugements en question, et que, loin de protester contre cette prétention qui, dans le système de Mgr Maret, n'eût été qu'une prétention sacrilège et destructive de la constitution de l'Eglise, les Conciles n'y ont pas même songé. La thèse de Muzzarelli revient donc ici, et voici, de nouveau, cette thèse irréfutable : « Celui-là veut et doit être tenu pour personnellement infaillible, qui prononce des décisions dogmatiques absolues, les publie et les adresse à tous les fidèles et à tout l'épiscopat catholique, sans requérir le consentement direct ou indirect, exprès ou tacite des évêques, mais en leur commandant de publier et d'exécuter ses décisions, et en leur défendant de les enfreindre ou de s'y opposer témérairement, sous peine d'excommunication encourue par le fait même, réprimant les évêques qui prétendaient discuter et juger ses décisions, et protestant qu'il n'attend pas leurs suffrages, mais qu'il leur enjoint l'obéissance, comme l'ont fait ses prédécesseurs sur le Saint-Siége pendant une longue suite de siècles, non-seulement sans que l'Eglise ait réclamé, mais avec l'assentiment de l'Eglise universelle, toujours soumise à l'autorité suprême du Saint-Siége, tandis que le petit nombre d'évêques qui firent le contraire ne restèrent dans le sein de l'Eglise qu'en expiant leurs murmures ou leurs résistances par leurs excuses et leurs regrets.

» Or c'est là ce que le souverain Pontife a fait, de son côté, dans ses constitutions dogmatiques pendant des siècles, et c'est là ce que l'Eglise a fait aussi, de son côté, pendant des siècles.

» Donc le souverain Pontife *veut et doit être* tenu pour infaillible ; car s'il ne l'était pas, ses constitutions dogmatiques contiendraient une usurpation tyrannique des droits de l'épiscopat, une présomption téméraire contre l'Esprit-Saint, une erreur intolérable et destructive de la foi de l'Eglise universelle : ce que Dieu ne pourrait permettre sans manquer à l'assistance qu'il a promise à son Eglise, et ce que l'Eglise elle-même ne pourrait approuver ni par ses paroles, ni par son obéissance, *comme elle l'a fait*, l'Eglise n'approuvant jamais, ni par ses actes, ni même par son silence, ce qui est contraire à la foi et aux mœurs. »

» En présence de la chaîne de faits que Muzzarelli cite à l'appui de cette thèse, ou plutôt de ce grand fait qui domine la question, toutes les ombres se dissipent, tous les nuages disparaissent. Il est clair, en effet, que d'autres faits dont la portée est diversement appréciée doivent être entendus de manière à s'harmoniser avec celui-ci. Lorsque saint Augustin, par exemple, dit, à propos des rebaptisants, que saint Cyprien eût cédé si la vérité eût été élucidée et affirmie par un *Concile plénier*, que prouve-t-il en parlant ainsi, sinon qu'en donnant ses ordres, le pape saint Etienne ne les avait pas donnés comme un jugement définitif, et qu'on ne pouvait encore leur appliquer cette parole, qui appartient à saint Augustin lui-même : *Roma locuta est, causa finita est*. Quand on dispute sur le sens d'un mot, ceux-là n'ont-ils pas incontestablement raison qui l'entendent de façon à ne pas mettre celui qui l'a prononcé en contradiction avec sa propre doctrine? Du reste, les ordres du Pape obligent les évêques, et saint Augustin se garde bien de cacher la faute de saint Cyprien ; mais il ajoute que le saint évêque de Carthage a expié cette faute par le martyre. C'est en souffrant quelque chose aussi que nous, qui ne sommes pas saints, nous expierons nos fautes à notre tour.

» Mais si le Concile définit l'infaillibilité *ex cathedrâ*, ne sera-ce pas, de sa part, une sorte d'*abdication* et un obstacle sérieux à la réunion si désirable des Conciles généraux?

» Pourquoi ?

» Parce que, dit-on, si le Pape est infaillible, les Conciles deviennent superflus.

» Mais que prouve-t-on lorsqu'on parle ainsi? que l'on oublie, encore une fois, la nature de l'infaillibilité.

« L'infaillibilité qu'on attribue au Pape, dit le cardinal du Perron, comme au *tribunal souverain* de l'Eglise, ne veut pas dire qu'il soit assisté de l'Esprit de Dieu, pour avoir *directement* sa lumière nécessaire à décider toutes les questions ; mais son infaillibilité consiste en ce que toutes les questions auxquelles il ne se sent pas assisté d'assez de lumières pour les juger, il les remet au Concile. » Oui, il les remet au Concile, non comme à un tribunal supérieur, mais pour être éclairé par le jugement des évêques, et pour confirmer le jugement de ces vrais juges, s'il le trouve convenable, par son jugement suprême.

» Il est vraiment étonnant que l'on réveille cette objection au moment même où le Pape a proclamé un Concile nécessaire. Nécessaire, c'est l'expression même de Pierre parlant par la bouche de Pie IX.

» Pierre ne meurt pas : *Modicæ fidei, quare dubitasti ?*

» Je crois avoir rencontré toutes les difficultés. Mais non, il en reste une dernière qui plane sur toutes les autres. »

La question d'opportunité, au point de vue de l'intérêt suprême des âmes, n'est pas traitée avec moins de précision et de vigueur dans cet admirable écrit :

« Voilà qui est bien pour les théologiens, dit-on encore, mais qu'y comprendront les fidèles ?

» L'Eglise, à la lumière des Ecritures, a-t-elle hésité à définir la *consubstantialité* du Verbe, la *transsubstantiation* eucharistique, les profondes questions de la *grâce*, parce que les fidèles n'y pouvaient rien comprendre ?

» Les fidèles jouissent de la lumière dont l'œil de l'Eglise sait fixer directement l'éclat et sonder les profondeurs. L'infaillibilité de Pierre et de ses successeurs ne manque pas de profondeurs, sans doute, et l'Eglise les sonde avec amour ; mais la lumière de cette vérité n'en est pas moins douce aux yeux des plus simples. Sans comprendre la transsubstantiation, qui faisait tressaillir d'admiration le génie de Leibnitz, les fidèles savent jouir de cette parole : *Je suis le pain vivant descendu des cieux ;* et sans comprendre la solution des difficultés opposées à l'infaillibilité, les fidèles savent jouir aussi de ces paroles : *Il n'y a qu'un troupeau et un pasteur suprême. Tu es Pierre, et sur cette pierre je bâtirai mon Eglise. C'est à* Toi *que je donnerai les clés de mon royaume. J'ai prié pour* Toi, *afin que ta foi soit infaillible*, ut non deficiat fides tua, *et ce sera à* Toi *d'y affermir tes frères.*

» C'est bien pour les fidèles, mais les autres ? mais les schismatiques et les hérétiques? N'allons-nous pas opposer de nouveaux obstacles à leur retour ?

» Il y a de nos jours deux grands courants de pensées chez les nations séparées de l'unité chrétienne : l'un descend avec une rapidité effrayante vers le gouffre de l'incrédulité ; l'autre remonte vers la foi primitive et universelle. Ce n'est pas l'infaillibilité qui précipitera le mouvement de l'infidélité moderne, du vieux paganisme qui veut renaître. Il ne veut plus de Jésus-Christ : comment se préoccuperait-il des promesses faites par le Christ à son Vicaire? Ce n'est pas non plus la déclaration de l'infaillibilité qui arrêtera les âmes qui croient dans leur mouvement d'ascension vers la cité bâtie au sommet des monts, *in vertice montium*, et qui repose sur le rocher de saint Pierre. Non, ce sera tout le contraire. Demandez-le aux évêques de l'ancien et du nouveau monde, qui vivent au milieu des sectes de toutes sortes, et ils vous diront que ce qui attire à cette heure à l'unité catholique les âmes fatiguées des divisions et des variations des sectes, de la servitude et des ignominies du schisme, ce ne sont pas les concessions, le silence et les petites mesures de la prudence humaine, mais la pleine affirmation de la vérité révélée et des caractères surnaturels de l'Eglise.

» Pour moi, j'ai rencontré bien des âmes qui recherchaient cette mère, et c'est en ne leur cachant rien de ses traits divins que je les lui ai rendues plus vite.

» N'est-il pas vrai que Jésus-Christ n'a rien affirmé avec plus d'amour et de richesse d'expression dans l'Evangile que les deux dogmes qu'on peut appeler le cœur et la tête de son Eglise, le dogme de l'Eucharistie et le dogme de la *souveraine* puissance, et ainsi de l'infaillibilité de Pierre ? N'est-il pas vrai que dans l'Eglise comme dans l'Evangile, dans l'œuvre vivante comme dans l'œuvre écrite, rien ne brille d'un éclat plus divin que le *Tu es* et l'*Ego sum panis vivus qui de cœlo descendi*? Pour ramener nos frères à l'unité, je ne puis m'empêcher de le redire, ayons donc plus de confiance dans l'attrait supérieur des choses divines.

» Mais les gouvernements ? Quand ils sauront ce que nous croyons de l'infaillibilité, ne vont-ils pas se défier de nous ? Ils se fient à leurs évêques, mais à l'Evêque des évêques, à l'Evêque plus catholique que national?

» Par la définition de l'infaillibilité de la suprême autorité doctrinale dans l'Eglise, il n'y aura rien de changé, Monseigneur, dans les rapports de l'Eglise et des Etats. Les gouvernements ignorent-ils, à l'heure qu'il est, la foi de l'Eglise sur la suprême autorité de Pierre? Les gouvernements ne savent-ils pas que tous les évêques du monde obéissent *d'esprit et de cœur* aux constitutions dogmatiques des Papes, *soit que l'épiscopat ait exprimé son consentement, soit qu'il ait omis de le faire, parce que Jésus-Christ a fondé son Eglise sur Pierre, en lui donnant les clés de son royaume avec l'infaillibilité de la foi*, selon les déclarations du clergé de France?

» Les gouvernements auraient-ils oublié déjà que la grande vérité confessée dans l'Eglise universelle depuis son origine, nous l'avons confessée de nouveau avec un éclat inaccoutumé en 1867, lorsque, réunis à plus de cinq cents autour de la Chaire de Pierre, nous avons dit à Pie IX d'une voix unanime :

« *Quod enim Petrus olim dixerat :* Non possumus quæ vidimus et audivimus non loqui. *Tu pariter sanctum et solemne habuisti, ac nunquam non habere luculenter demonstras. Non enim unquam obticuit os Tuum. Tu æternas veritates annuntiare, tu sæculi errores, naturalem supernaturalemque rerum ordinem atque ipsa ecclesiasticæ civilisque potestatis fundamenta sublertere ministantes, apostolici eloquii gladio configere. Tu caliginem novarum doctrinarum pravitate mentibus offusam dispellere, Tu quæ necessaria ac salutaria sunt tum singulis hominibus, tum christianæ familiæ, tum civili societati intrepide effari, suadere, commendare, supremi Tui ministerii es arbitratus ; ut tandem cuncti assequantur, quid hominem catholicum tenere, servare ac profiteri oporteat. Pro qua eximia cura maximas Sanctitati Tuæ gratias agimus, habituri sumus sempiternas ; Petrumque per os Pii locutum fuisse* CREDENTES, *quæ ad custodiendum depositum a Te dicta, confirmata, prolata sunt, nos quoque dicimus, confirmamus, annuntiamus, unoque ore atque animo rejicimus omnia, quæ divinæ fidei, saluti animarum, ipsi societatis humanæ bono adversa, Tu ipse reprobanda ac rejicienda indicasti. Firmum enim menti nostræ est, alteque defixum, quod Patres Florentini in decreto unionis unanimes definiverunt : Romanum Pontificem* Christi vicarium, totiusquæ ecclesiæ caput, et omnium Christianorum Patrem ac Doctorem existere, et ipsi in beato Petro pascendi, regendi ac gubernandi universalem Ecclesiam a Domino Nostro Jesu Christo plenam potestatem traditam esse. »

Vous reconnaissez ces paroles, Monseigneur, car vous étiez de ceux qui les ont formulées pour les faire approuver de nous tous..... »

La grandeur et l'importance de ces discussions, la force et toutes les grandes qualités qui brillaient des deux côtés, formaient une démonstration sensible de tout ce que la vie de l'Eglise a de noble, de fécond et de majestueux.

Les adieux des évêques au moment du départ étaient pour chacun d'eux l'occasion de révéler leurs pensées sur le Concile dans un éloquent langage.

Mgr de Bonnechose, cardinal, archevêque de Rouen, et Mgr de Dreux-Brézé, évêque de Moulins, inaugurèrent ces émouvantes cérémonies dont chaque basilique devait être témoin. Mgr de Nîmes protesta que si l'infaillibilité du Pape était proposée comme dogme de foi, il se lèverait pour l'acclamer au nom de tout son diocèse.

Mgr de Laval montra le danger du libéralisme, au nom duquel « on a débité en chaire et dans les congrès de la paix des idées aussi fausses que dangereuses ; déchiré le cœur du Saint-Père par de coupables réticences, et donné au monde l'affreux scandale de l'apostasie. »

Les évêques d'Arras et du Mans se déclarèrent hautement partisans de la définition de l'infaillibilité.

Selon la pensée de Mgr de Rodez, l'opportunité de cette décision est la seule question à résoudre.

Et de toutes les parties de la France, de Cambrai, Quimper, Séez, Autun, Langres, Carcassonne, Beauvais, Digne, la voix des évêques s'éleva majestueuse et inspirée, pour redire aux fidèles les espérances de leurs cœurs de pontifes.

Mgr Darboy, à qui son titre d'archevêque de Paris devait mériter bientôt la gloire du martyre, proclama, dans sa lettre pastorale, la sagesse prudente qui marquerait chacun des actes du Concile : « Si les évêques, dit-il, proposent au Concile des vérités à croire, c'est qu'elles existent déjà dans la tradition et les enseignements de la théologie, et qu'ainsi elles ne sont pas une nouveauté ! »

Nous empruntons à la *Semaine religieuse* de Poitiers un résumé de l'allocution de Mgr Pie. C'est à la fois un éloquent exposé de la situation du monde et une plainte vraiment épiscopale contre les illusions des catholiques libéraux du *Correspondant* et contre les idées de Mgr Maret. Le prélat développa le texte de ce cantique de Zacharie qu'on venait de chanter : « *Tu, puer, propheta Altissimi vocaberis, præibis enim ante faciem Domini parare vias ejus*; Prêtres et évêques, dit-il, nous ne sommes devant Dieu que des enfants. Mais présentement nous voici mis en demeure de devenir des prophètes. Pour nous, comme pour les prophètes d'autrefois, il s'agit de rendre témoignage à la vérité et de marcher devant la face de Dieu et de lui préparer la voie, car il viendra lui-même après ceux qu'il députe, et il confirmera le jugement de ceux qui auront parlé en son nom. *Ad dandam scientiam salutis plebi ejus*: il s'agit aujourd'hui de ce dont il s'agit ici-bas depuis le commencement du monde, c'est-à-dire de donner au peuple de Dieu la grande science, la seule nécessaire, *la science du salut*.

» Hélas ! le peuple de Dieu n'est déjà plus son peuple. Il y a des individus chrétiens, il y en a partout; il y en a un grand nombre; mais il n'y a plus de société chrétienne : on ne veut plus même qu'il y en ait, et l'on s'obstine à dire que Jésus-Christ, gardant peut-être l'empire des âmes et des consciences, doit du moins abdiquer son droit sur les nations : comme si la même loi qui gouverne les unes n'obligeait pas les autres; comme si ce qui tue infailliblement les particuliers pouvait devenir la condition essentielle de la vie et de la prospérité des peuples; comme si le Christ n'était pas Roi suprême et universel, ayant reçu toute puissance au ciel et sur la terre; comme si le Christ n'était pas Dieu !

» Les temps sont difficiles, et l'œuvre du Concile n'aboutira point sans labeur. Les attaques qui viennent du dehors sont prévues et inévitables; ce n'est point de celles-là que nous devons être effrayés. Les plus redoutables embarras, comme aussi les plus tristes, sont ceux qu'amènent en dedans les erreurs et les ténacités de plusieurs. »

« Dans les conjonctures où nous sommes, continua-t-il, quel besoin nous avons de penser et de recourir à ces entrailles de la miséricorde d'où est sorti Jésus-Christ, la vraie lumière, le grand don de Dieu, l'unique Sauveur et Rédempteur du monde et la source de ces pardons que les péchés des hommes rendent plus que jamais nécessaires ! *In remissionem peccatorum, per viscera misericordiæ in quibus visitavit nos, oriens ex alto*. Le pardon des péchés c'est là une de ces nécessités rigoureuses que le siècle ne veut point entendre : cependant elle prime toutes les autres; et plaise à Dieu que, le Concile éclairant les esprits, la grâce rende les cœurs assez humbles pour en tirer ce repentir sans lequel Dieu, tout clément qu'il est, ne remet aucune faute ! De grandes fautes ont été commises. Hier encore, nous avions à gémir sur un immense scandale, sur une chute, hélas ! trop prévue, car elle était la suite logique, sinon inévitable, des erreurs où l'on s'obstinait. Je parle d'obstination, et c'est la vérité qu'un trop grand nombre, particulièrement parmi les nôtres, « siègent maintenant dans les ténèbres : *In tenebris sedent*. »

» Qu'ils y fussent, ce serait déjà un mal, et pour eux un sort digne de pitié; mais le comble, c'est qu'ils s'y plaisent, qu'ils y prennent séjour et paraissent vouloir s'y fixer. Nous en avions encore la preuve, ces derniers jours, dans le manifeste éclatant d'un parti qu'une revue, d'ailleurs catholique, a publié à propos du Concile, et où l'on parle exactement, opiniâtrement des questions les plus actuelles et les plus importantes, comme si depuis soixante-dix ans les Papes n'avaient rien dit, ou comme si leurs constitutions dogmatiques n'obligeaient point les intelligences. Certes, celui qui est tombé a été en fait plus loin qu'eux : cependant comment ne pas voir que lui seul a été logique et que, comme le dit le saint Cantique, les ténèbres ne sont qu'un acheminement à la mort? *Illuminare his qui in tenebris et in umbra mortis sedent*. Fasse la bonté de Notre Seigneur et la vertu du prochain Concile que ces hommes soient enfin éclairés et reviennent à résipiscence.

» Nous vous quittons, Messieurs, et Dieu sait avec quel déchirement de cœur ! Ah ! la principale conclusion du livre dont je vous parlais tout à l'heure, c'est qu'il faut désormais des conciles périodiques et que tous les dix ans l'Eglise entière devra tenir ses assises solennelles. Je ne dis pas seulement que c'est là une pure nouveauté ; je ne dis pas seulement que la mesure est impraticable ; je dis (et ici les larmes étouffaient la voix du Pontife), je dis qu'il faut être évêque *in partibus infidelium* pour penser que notre mère la sainte Eglise imposera tous les dix ans à chaque pasteur un sacrifice pareil à celui qui nous est demandé aujourd'hui. »

Les documents que nous avons vus jusqu'ici nous ont appris l'impression produite par l'approche du Concile au sein des multitudes populaires et des sectes séparées comme dans le monde religieux et politique. Nous n'avons encore rien dit des dipositions de la philosophie contemporaine à l'égard des grandes assises que l'Eglise catholique allait tenir à Rome. C'est un point de vue qui demandait à être considéré. Les récits antérieurs nous ont montré que la philosophie avait une part immense de responsabilité dans les révolutions et dans les désordres de tous genres qui réclamaient un remède énergique, et plus que toute chose au monde, la philosophie, tombée au dernier degré de l'impuissance et de la dégradation, avait besoin d'être guérie et régénérée.

Comme nous l'avons vu, le spiritualisme n'opposait qu'une protestation faible et indécise aux négations audacieuses, effrontées, du positivisme et du matérialisme le plus abject. C'était l'Eglise qui, partout, gardait les nobles traditions de la philosophie éternelle, représentée en Italie par le Père Liberatore; en France, par d'autres noms sur lesquels nous laisserons la parole à M. Charaux.

« Aujourd'hui même, dit-il dans sa deuxième lettre sur *la Philosophie et le Concile*, et pour ne parler que de la France, ne voyons-nous pas, sur ce sol bouleversé par les révolutions, s'épanouir et fleurir à l'ombre de l'Eglise des écoles philosophiques unies dans le but, séparées dans le travail, unies dans les principes, séparées dans les opinions? Scolastiques, ontologistes, néo-scolastiques, disciples de Platon, d'Aristote ou de Leibnitz, tous exposent et défendent librement leurs théories et leurs découvertes. Qui n'admirerait de voir, non pas dans l'ombre et la poussière des écoles, mais au sommet même de la hiérarchie, dans le corps de l'épiscopat, les chefs ou les représentants des écoles les plus opposées? Et si le nom de Mgr Gerbet réveille à la fois notre admiration et notre douleur (1), s'il rappelle le peu qui restera d'une philosophie qui devait finir si tristement et si loin de son berceau, Mgr Hugonin n'a-t-il pas été, sous nos yeux, le chef d'une école qu'un penseur catholique pouvait seul renouveler et contenir, vivifier et gouverner? Mgr Maret est-il moins honoré parce qu'il a suivi une autre voie et embrassé d'autres opinions philosophiques? Son érudition a-t-elle fait tort à sa foi? et parce qu'il est docteur dans l'Eglise en est-il moins fils soumis de l'Eglise, qu'il a défendue si souvent, et avec tant de succès, contre d'injustes attaques et des reproches immérités? Le clergé séculier et régulier, l'Oratoire renaissant, tant d'ordres anciens et toujours dignes de leur renommée, l'Université, elle-même plus chrétienne qu'elle ne semble à plusieurs, tous ces grands corps ne renferment-ils pas un nombre considérable de philosophes chrétiens suivant chacun, en toute liberté, la direction qu'ils ont choisie; soutenus et non comprimés, dirigés et non pas enchaînés? J'irai plus loin, et j'affirme qu'ils connaissent leurs adversaires beaucoup mieux que leurs adversaires ne les connaissent, qu'ils ont pris la peine d'étudier une à une, avec la conscience la plus scrupuleuse, leurs théories, leurs moindres opinions, sans que ni leur foi ni leur raison aient été noyées sous ce flot redoutable, sans que leurs principes aient fléchi un seul instant devant ces assauts répétés. Peu d'érudits possèdent de nos jours, comme M. de Margerie, la Philosophie chrétienne, les Pères, et surtout les Scolastiques. Le même philosophe n'en a pas moins exposé avec un soin et une clarté incomparables, réfuté avec une logique rigoureuse, toutes les grandes erreurs contemporaines.

» Vit-on jamais, et dans le camp même des purs rationalistes, penseur plus sincère, plus libre, on pourrait dire plus indépendant, que le Père Gratry, dont les œuvres se multiplient avec les attaques de ses adversaires? Pour moi je l'opposerais seul et sans crainte à ceux qui accusent l'Eglise d'enchaîner la pensée et la liberté humaine. S'il a ravi à la science, pour en faire hommage à la philosophie et à la foi, une conception originale, s'il l'a défendue avec vigueur contre les savants et les philosophes, il n'en a pas moins agité toutes les questions, développé des théories souvent profondes, soulevé ou soutenu toutes les polémiques, et s'il n'est pas devenu, malgré l'éclat qu'il a jeté sur la philosophie chrétienne, le chef d'une école nombreuse, la faute n'en est pas à lui, mais au temps où il a vécu..... »

M. l'abbé Thomas, vicaire général de Verdun,

(1) L'auteur fait allusion à la mort de Mgr Gerbet, arrivée le 8 août 1864.

déployait les principes de la vraie philosophie en même temps que les ressources de la saine critique dans ses travaux sur les *Origines du Christianisme*, et il avait donné à la *Revue du monde catholique* des articles qui renfermaient une appréciation aussi calme que profonde des principaux systèmes sur l'origine de la connaissance.

M. Charaux lui-même venait de se montrer digne du beau titre de philosophe chrétien, et M. Ravaisson, membre de l'Institut, avait dû lui donner une place dans son *Tableau de la philosophie française au XIXe siècle*, en faisant l'analyse d'une thèse soutenue devant la Faculté des Lettres de Nancy, et dont l'objet est suffisamment indiqué par ce titre : *La Méthode morale, ou de l'Amour et de la Vertu comme éléments nécessaires de toute vraie philosophie*. Plus tard, M. Charaux définit sa méthode avec plus de précision; c'est le procédé de Socrate, du Sage des temps antiques, dans la recherche de la vérité.

« Ce qui m'a fait socratique, dit-il, en me laissant chrétien, j'ajoute même en accroissant et en affermissant ma foi, c'est d'abord mon tempérament et mon caractère, deux éléments qu'on a tort de négliger ou d'oublier dans l'étude et l'histoire des idées philosophiques. Les théories nuageuses, les germes malsains dont l'Allemagne est pour nous trop prodigue, n'ont pas été sans influence sur le choix de ma méthode et la direction de mes pensées. Ce n'est pas l'érudition et le raisonnement, c'est le simple bon sens qu'il faut opposer à ce renversement de la raison et des principes. Les réflexions que j'ai faites sur l'état présent d'une société de plus en plus démocratique, et dont il faut savoir l'esprit pour le diriger, m'ont affermi dans ma première résolution. Mais ce qui m'a déterminé, et je crois sans retour, c'est l'attitude de la science à l'égard de la philosophie et du christianisme : ce sont ses progrès, ses découvertes, ses prétentions exagérées. »

M. Charaux fait espérer que de nouveaux écrits développeront de plus en plus le sens et les applications de la belle méthode qu'il rend encore plus attrayante par les charmes de son style. En attendant, Mgr Mermillod lui avait demandé de faire connaître sa pensée sur les rapports du Concile avec la philosophie moderne. Avant l'ouverture de la grande assemblée, cinq lettres également remarquables avaient répondu à cette question. C'est là que nous allons puiser des renseignements qui intéresseront nos lecteurs et leur feront comprendre la nécessité des grandes affirmations conciliaires sur les vérités fondamentales de la raison.

Touchant l'état philosophique de l'Italie, M. Charaux cite ces paroles d'un professeur italien, M. Louis Ferri : « L'Italie, qui, vers 1830, se sentant à l'étroit dans les méthodes du sensualisme et de l'empirisme, prêtait volontiers l'oreille aux doctrines de Rosmini et de Gioberti, semble aujourd'hui rassasiée des systèmes et fatiguée de déductions *à priori*. Participant par les travaux de quelques savants d'élite, aux aspirations de sa jeunesse studieuse, au mouvement des sciences qui se rattachent, par leurs objets, aux origines et aux lois de l'humanité, elle attend évidemment de leur action le progrès de la philosophie. »

Puis il continue: « Jamais peut-être, et à aucune époque de l'histoire, on ne vit un dégoût aussi profond, aussi universel pour les spéculations métaphysiques. En France, en Italie, en Angleterre, en Allemagne, une réaction violente s'est produite et dure encore contre les excès de la pensée pure, et surtout contre l'idéalisme germanique. Le positivisme, inauguré en France par A. Comte, développé et précisé par M. Littré et ses nombreux adhérents, se refuse d'une manière absolue à traiter les grandes questions discutées depuis tant de siècles; mais on sait ce qu'il en pense, et son silence n'a trompé personne. Les positivistes anglais ont parlé plus clairement et plus hardiment. Ils n'ont pu, disent-ils, constater aucune différence entre les faits purement physiques et ceux qu'on appelle à tort psychiques ou spirituels; et en conséquence ils les ont expliqués d'après les mêmes lois d'attraction ou de répulsion, de composition ou de décomposition chimique. Telle est du moins la manière de voir nettement déclarée de MM. Spencer et Stuart Mill; M. Bain ne pense point différemment.

» Quant à l'Allemagne, c'est bien pis encore, et dans ce pays qui semblait voué depuis un demi-siècle à tous les excès de la spéculation, on a vu naître et grandir rapidement le matérialisme le plus déclaré, on pourrait dire le plus violent, le plus provoquant. Fichte, Schelling, Hégel, n'ont trouvé nulle part des adversaires aussi acharnés que dans leur patrie, et au sein même de ces universités où leur parole avait été accueillie avec plus de respect que la Grèce n'en accordait aux oracles de ses sibylles et de ses dieux. Si M. Lotze, matérialiste quand il s'agit de la nature, réserve encore une place, si petite qu'elle soit, pour les faits de l'esprit, Max Stirner et Vogt rougiraient de faire une telle concession. Mais elle ferait reculer d'horreur le fameux docteur Büchner, dont le livre *Force et Matière*, répandu en quelques années dans toute l'Europe, prouve à quel point le matérialisme, dont il est devenu l'arsenal et le code, préoccupe aujourd'hui les esprits mêmes qu'il n'a point gâtés. »

Dès le début de ces lettres, après avoir constaté que les diverses écoles de philosophie en France n'avaient pas même songé encore à ce que le Concile devait être pour elles, M. Charaux avait décrit ces écoles dans des pages qui, à tous les titres, doivent être reproduites ici:

« Une chose, dit-il, m'étonne et m'afflige quand, portant mes regards autour de moi, j'envisage l'état de la philosophie: c'est, Monseigneur, le nombre infini des opinions, c'est l'indécision des esprits, c'est l'absence de principes certains, fortement et rigoureusement enchaînés. Ce n'est point l'érudition qui manque aux philosophes français; ils n'en ont jamais eu autant et d'aussi bonne qualité. Ce n'est pas non plus l'intelligence et le talent: vit-on jamais pléiade aussi brillante de penseurs éminents, d'esprits distingués, d'écrivains diserts ou éloquents, tous dignes du premier rang, et dont pas un pourtant n'a fait école et ne laissera dans la doctrine, je le crains du moins, une trace profonde et ineffaçable?

» Bien des causes se sont réunies pour produire cette situation étrange et inquiétante. En premier lieu, la philosophie a trop souvent, depuis un demi-siècle, renoncé à son calme profond, à son indépendance, pour se mêler à la politique, à la direction des affaires humaines, pour s'enchaîner à des opinions mobiles, pour partager les passions et les préventions d'une classe ou d'un parti. Elle s'est faite libérale ou conservatrice, quand elle devait être seulement libre et respectueuse. Elle a désiré et recherché les applaudissements des hommes qu'elle devait éclairer et rendre meilleurs sans s'inquiéter de leurs suffrages ou de leurs censures. Elle a puisé aux sources chrétiennes, en méconnaissant ou en dénigrant la religion dont elle dérobait les dogmes, les traditions, les démonstrations. Elle a eu pour le christianisme des ingratitudes coupables, trop souvent des respects hypocrites; elle n'a su vivre ni avec lui ni sans lui, ni le confesser ni s'en passer.

» L'école éclectique que vous reconnaissez, Monseigneur, à ces marques de sa faiblesse et de sa mobilité, l'école éclectique, maîtresse absolue durant de longues années du sol le plus riche et le mieux cultivé, n'a su le couvrir que de fleurs brillantes, aussitôt fanées qu'écloses, et dont nous ne savons plus déjà ni la couleur ni le parfum. Bien loin qu'elle ait eu une doctrine, elle a successivement adopté toutes les opinions; elle a été tour à tour écossaise, hégélienne, platonicienne, panthéiste, cartésienne, rationaliste, voire même un peu chrétienne; elle n'a pas été elle-même un seul instant. Qui le sait mieux que vous, Monseigneur, vous qui avez vu fréquemment M. Cousin, à ses derniers jours, et qui le définissiez devant moi un *philosophe de frontières*. Oui, assurément, et de toutes les frontières, car il a touché à tous les continents, à toutes les îles, aux moindres rochers; il a abordé à tous les rivages, et visité les régions les plus lointaines. Lui et les siens avaient recueilli, accumulé tout ce qu'on peut connaître d'opinions philosophiques vraies, fausses ou douteuses; ils savaient tout ce que l'esprit de l'homme a pensé, conçu, imaginé; ils n'ont jamais su ce qu'il faut croire, ce qui fait la force du caractère, la noblesse de la vie, la fermeté du jugement, ce qui fonde une doctrine et la perpétue. Ils n'ont rien créé, rien laissé après eux, pour protéger leur nom et leur mémoire, que des pages brillantes, des analyses commencées, des travaux entrepris, des essais inachevés, fort peu du cœur, rien de l'âme entière, beaucoup de l'esprit, mais de l'esprit seul. De là vient leur radicale impuissance, et chez Victor Cousin lui-même ce beau langage qui charme et n'entraîne point, qui éblouit et ne persuade point. L'accent de l'âme est autrement fort et pénétrant; ce bien dire vient de la surface, non de la source du cœur.

» La Philosophie, gonflée d'opinions, vide de doctrine, doutait encore de sa méthode, cherchait sa voie, posait ses problèmes, quand soudain parut la Science, laquelle déclara ne point s'accommoder de ces lenteurs interminables, de ces discussions sans fin, de ces analyses quintessenciées, et proclama qu'elle prenait la direction de l'esprit humain que la philosophie ne guidait plus, et livrait sa carrière aux caprices de tous les vents et au péril de tous les écueils. Qu'est-ce que la Science, Monseigneur? nous ne le savons guère, et le sait-elle bien? Quelques-uns disent que c'est un nom nouveau de la philosophie; il fallait changer l'ancien, usé, vieilli, décrié. Au fond, mêmes questions, mêmes problèmes, mêmes formalités, même impuissance de satisfaire la raison et de lui dire le dernier mot d'elle-même et de l'univers. Toujours, à la fin de toutes les recherches, des notions irréductibles, rebelles à l'analyse, des termes abstraits dont on use et dont on abuse, sans pouvoir les définir et les faire entendre; tout ce domaine enfin, — dirai-je des plus hautes abstractions ou des plus hautes réalités? — domaine que la philosophie remplissait d'*idées*, de *catégories*, de *concepts* : que la science remplit de *forces*, d'*attractions*, de *sélections*, d'*affinités*. A chacun le droit d'unir ou de choisir; pour moi, s'il ne s'agit que de noms, je préfère les anciens. Les nouveaux d'ailleurs les ont-ils remplacés? A-t-on changé quelque chose à la nature de l'homme ou à la nature de l'univers? Non pas, que je sache. Seulement la science a maintenant ses hautes abstractions, comme la philosophie avait les siennes depuis nombre de siècles; l'une arrive où l'autre était parvenue : c'est là toute la différence. La philosophie a trouvé une compagne, plus tard sans doute une auxiliaire quand on s'entendra mieux : elle n'est ni effacée ni remplacée.

» Je dirais, Monseigneur, que la philosophie spiritualiste est tout entière occupée à combattre ces prétentions de la science, ou à discuter avec elle des compromis et des trêves, s'il y avait en France à l'heure présente, et dans toute la rigueur du terme, une philosophie, c'est-à-dire une doctrine spiritualiste. L'éclectisme n'en avait pas, tant s'en faut, préparé les éléments. Sa pente naturelle était au scepticisme, conséquence fatale d'une érudition sans principes, d'une enquête sans fin et sans conclusion. Victor Cousin y échappa, comme il l'a dit souvent de ses adversaires, par une heureuse inconséquence. Mais le germe était déposé; il s'est développé, il a grandi, et le doute, je suis contraint de l'avouer, le doute sur les solutions les plus importantes, sur les questions capitales, est entré de nos jours dans les meilleurs esprits; il les diminue, il les paralyse.

» Oui, Monseigneur, c'est surtout de scepticisme que cette génération est atteinte; non pas du scepticisme absolu, insolent, railleur, mais du scepticisme qui souffre de son doute et craint d'en sonder la profondeur; du scepticisme qui retient tout ce qu'il peut des anciennes vérités et ne les abandonne une à une qu'avec des regrets infinis et d'amères douleurs. Mais telle est la loi, loi inflexible et redoutable, qu'on ne sépare point la vérité de la vérité, qu'on ne peut faire la part du doute comme on fait celle du feu, qu'il faut tout perdre ou tout conserver. Placés entre le christianisme, sur lequel ils rougiraient de s'appuyer, bien qu'il ait porté et qu'il porte encore dans son sein fécond les germes de toutes les vérités métaphysiques et morales, bien qu'il ait inspiré les premiers et les plus illustres philosophes spiritualistes, placés, dis-je entre le christianisme dont ils ne veulent pas et la science qui ne veut ni d'eux, ni de leurs flottantes opinions, ni de leurs fragiles démonstrations, les rationalistes contemporains, les penseurs séparés, comme les appelle souvent un philosophe chrétien, sont en proie à l'isolement, à la division, et, sous une apparence de calme, aux plus cruelles perplexités. Ils vont au hasard, jugeant, puis s'informant à nouveau, empruntant ici des faits dont ils n'ont que faire, là des procédés dont la place est ailleurs, dérobant à la science, dérobant à la foi, se heurtant à l'orgueil de l'une, à l'immobilité de l'autre, touchant à toutes les sciences, effleurant toutes les vérités, incapables de savoir pour eux-mêmes et d'enseigner aux autres la vraie science et la vraie vérité. Ni assez savants, ni assez chrétiens, bien qu'ils flattent la science et se taisent du christianisme, ils ont peu d'alliés, beaucoup d'adversaires. Ne possédant ni places fortes, ni base d'opérations, s'ils avancent, c'est pour reculer; quelques-uns même ont poussé si loin leur pointe dans la science qu'ils y sont restés : transfuges ou vaincus, qui le sait et pourrait le dire avec assurance? On aime leurs personnes; on rend justice à leur talent, à leur sincérité; on honore leurs travaux, leur constance, leur caractère; d'où vient qu'ils n'ont que peu de crédit et d'autorité? D'où vient que les vrais savants sourient de leur science incomplète et improvisée, que les théologiens s'étonnent de leur ignorance, que les enfants oublient si facilement, quand ils deviennent des hommes, leurs livres et leurs leçons? D'où vient qu'ils sont, ou à peu près, d'accord entre eux pour enseigner Dieu, la liberté, l'âme, la vie future, et ne s'entendent plus du tout quand il en faut venir aux exactitudes et aux précisions, les uns inclinant au Dieu personnel, les autres au Dieu nominal du panthéisme; ceux-ci affirmant et invoquant la Providence, ceux-là reléguant leur Dieu dans une éternité muette et immobile, et remplaçant par des lois qui ne sont rien sans lui, cette action universelle et éternelle qu'ils peuvent déguiser mais non supprimer? Je ne parle ni de la vie à venir, qui pour plusieurs n'est qu'une vague espérance ou l'objet des plus creuses hypothèses, ni de la liberté que les uns voient partout et dans les moindres actions, que les autres réduisent à un point, à un moment : point si étroit, moment si court et si fugitif, qu'autant vaut la pure et simple fatalité; ni de l'âme enfin, qu'on fait tantôt matérielle et tantôt divine, un degré supérieur de l'instinct ou une partie de Dieu, sinon Dieu lui-même, prenant dans l'homme conscience et possession de sa vraie nature et de ses plus nobles attributs!

» Voilà, Monseigneur, à quel morcellement, à quelle impuissance en est venu, non pas l'éclectisme, il n'existe plus, mais ce demi-spiritualisme dont l'Eglise n'a jamais bien su s'il était son allié ou son adversaire, cette philosophie de transition qui n'a ni nom, ni chef, ni doctrine. Elle laissera, soyez-en sûr, les ennemis déclarés de l'Eglise attaquer le Concile, et, à propos du Concile, tous les dogmes chrétiens. Loin de se mêler à la lutte, c'est à peine si elle aura le temps de la regarder. Elle dépense tout ce qui lui reste de force et d'ardeur à défendre contre les envahissements de la science son domaine tous les jours plus étroit. Vains efforts! A ce corps imposant des faits qui grandit chaque jour, qui s'ordonne chaque jour avec plus d'ensemble et de majesté, il fallait opposer le contrepoids d'une doctrine qui n'eût ni moins de suite, ni moins de grandeur, ni moins d'unité. Cette doctrino, je la cherche partout et ne la trouve nulle part, sinon dans l'Eglise, seule capable aujourd'hui, parce que seule elle a des dogmes, de compléter la science et de la couronner.

» Mais aussi pourquoi la philosophie ne sait-elle, depuis un demi-siècle, que fouiller dans le passé, pour ajuster à la mode du temps des théories oubliées ou abandonnées : tantôt les atomes d'Epicure et tantôt les monades de Leibnitz, tantôt le mécanisme et tantôt la force, tantôt les catégories et tantôt les concepts; hier Platon, aujourd'hui Kant et demain Aristote? Quelle confiance pourraient inspirer aux savants ces fluctuations, ces transformations continuelles; et quelle tentation pour eux de railler la chimère de ce monde invisible dont on donne des descriptions les plus opposées, dont on dit les choses les plus contradictoires? Se tourneront-ils, Monseigneur, dans cette éclipse ou cette abdication de la philosophie, vers la seule doctrine qui subsiste debout au milieu de tant de ruines amoncelées? Chercheront-ils, à l'école de l'Eglise et du Concile, la vérité que la sagesse humaine n'est plus aujourd'hui en état de leur offrir? Ce serait s'abuser étrangement que de le croire et de nourrir une pareille espérance. La science est trop jeune encore, trop éprise d'elle-même, trop enivrée de ses triomphes, pour songer seulement que son domaine puisse avoir des bornes et sa force des défaillances. Avant qu'elle se convertisse à la foi, la philosophie aura repris, avec sa liberté, son vol vers les hauteurs, et scellé de nouveau avec le christianisme cette alliance aussi conforme à sa vraie nature qu'à la nature et aux traditions de l'esprit français. L'heure n'est pas éloignée de ce réveil et de ce rapprochement, si j'en crois certain murmure qui monte et grandit, si j'écoute dans la Sorbonne retrempée et rajeunie, une polémique vigoureuse et de savantes leçons que n'auraient pas désavouées les plus illustres docteurs du XVIIᵉ siècle ; ou dans une école célèbre, un enseignement plus discret, mais redit à la France entière par des échos intelligents : si j'ouvre enfin un livre récent (1) mais déjà fameux, où, suivant l'expression d'un philosophe impartial (2), il y a pour le christianisme plus que du respect, où la métaphysique redevient chrétienne en se faisant de nouveau simple et profonde, et retrouve, sans en être troublée, les sources de la foi, où elle cherchait seulement les sources de la sagesse et de la science. Ce que l'auteur a dit de la philosophie du XIXᵉ siècle : *spiritus intus alit*, est surtout vrai de son livre, vrai de la philosophie dont ce livre pronostique la naissance; oui, une âme l'anime, aujourd'hui sincère et libre, demain chrétienne..... »

A la suite de cet exposé historique, viennent les considérations les plus élevées. L'auteur nous présente l'unité et la perpétuité de la doctrine catholique comme la base nécessaire de la morale, et comme le soutien naturel de cette philosophie éternelle, *perennis quœdam philosophia*, dont parle Leibnitz. En dehors de cette doctrine, la philosophie est condamnée à une mortelle impuissance, à toutes les hontes, et quand elle est descendue aux dernières ignominies, pour combattre le matérialisme qui l'étouffe, il faut qu'elle se retourne vers l'Eglise catholique. C'est au catholicisme, en effet, que les peuples de l'Europe sont redevables de leur doctrine spiritualiste et de leur civilisation supérieure. Le centre de cette doctrine, c'est la personnalité divine de Jésus-Christ qui, placée au sommet des siècles, s'impose à l'attention de toutes les intelligences et dont la connaissance totale produit la sagesse complète et la suprême vertu, de même que sa connaissance amoindrie suppose une diminution de toutes les vérités morales et un abaissement des caractères.

La conclusion qui s'échappe, vive et lumineuse, de toutes ces pages, c'est celle que le philosophe socratique et chrétien exprime avec un enthousiasme d'autant plus communicatif qu'il est plus contenu, dans ces lignes finales :

« Et maintenant, Monseigneur, je sais ce que nous apportent des contrées les plus lointaines, des royaumes et des républiques, des continents et des îles, de Soleure et de Baltimore, de Smyrne et de Melbourne, ces vieillards et ces sages, ces pasteurs des âmes, honorés ou proscrits, vénérés ou dédaignés; je devine ce qu'ils vont dire dans cette auguste assemblée où les convie leur chef et leur père; ce que diront avec eux du fond des déserts glacés, sur les routes de l'exil, leurs frères qui rendent à la vérité l'éloquent témoignage de la souffrance et du sang. Tous ensemble ils apportent, non pas l'avis passager d'une majorité passagère, non pas l'opinion d'un jour et d'un lieu, mais la longue et invariable tradition de la vertu et de l'enseignement chrétiens, dans les diocèses qu'ils dirigent et qu'ils édifient, dans toutes les contrées de l'univers. Et de toutes ces traditions exposées, entendues, comparées, il se formera comme une seule et même tradition, comme une voix divine enseignant ou rappelant aux hommes de bonne volonté les vérités qu'il faut croire, les vertus qu'il faut pratiquer.

» Je ne sais rien et ne veux rien savoir de ce que décrétera l'Eglise; je laisse à de plus habiles ou à de plus téméraires le soin de pénétrer et d'interpréter ses desseins. Tout ce que je sais c'est que le Vrai et le Bien sont inséparables, et que la sagesse ne contredit point la sagesse. Tout ce que j'affirme, comme socratique et comme chrétien, c'est qu'il y aura dans le monde, quand l'Eglise aura parlé, plus de lumière, plus de justice, et plus de charité. »

Le 8 décembre, jour de l'ouverture du Concile, près de sept cents évêques accourus de tous les points du globe, à la voix de Pie IX, donnèrent la preuve éclatante de cette *unité* qui fait la base de l'édifice catholique. Nous empruntons, au *Journal officiel* de Rome, le récit de cette imposante cérémonie :

« Le Concile œcuménique annoncé par le Saint-Père dès le 30 juin 1867, lorsque, répondant par son allocution *Perjucunda* aux évêques venus de toutes les parties du monde pour solenniser le XVIIIᵉ Centenaire du martyre du prince des Apôtres, il déclara qu'il agréait les vœux de l'épiscopat en faveur de la tenue de cette assemblée; convoqué

---

(1) Le livre de M. Ravaisson, *Tableau de la philosophie française au XIXᵉ siècle*.

(2) M. E. Beaussire dont la critique élevée et intelligente, au lieu d'aggraver les oppositions, recherche et fait ressortir dans les philosophes et dans leurs systèmes, les analogies, les ressemblances, les points de contact et de conciliation (Voir *Revue des cours littéraires*).

et intimé le 27 juin 1868 par la Lettre apostolique *Æterni Patris Unigenitus Filius*, a été ouvert, à Saint-Pierre, le 8 décembre courant, jour choisi à dessein, parce qu'il est consacré à la mémoire du privilége de l'exemption de toute tache originelle accordé par le Tout-Puissant à la Vierge Marie, et déclaré dogme par Pie IX, il y a quinze ans, à pareil jour et dans la même basilique, ce qui a inspiré, comme on le voit dans les documents précités, l'idée de placer l'assemblée sacrée *sous le patronage de Celle qui écrasa la tête du serpent dès l'origine de toutes choses, et qui, plus tard, écrasera à elle seule toutes les hérésies.*

» Mardi, veille de la fête, depuis midi jusqu'à une heure, les cloches de toutes les églises avaient annoncé l'approche du grand événement, et prédisposé les esprits à la sainte joie provoquée par l'attente des bienfaits que la société bouleversée retirera de cette réunion épiscopale dirigée et conservée par l'assistance divine. Le peuple fidèle s'était empressé d'invoquer cette assistance par des prières solennelles et des pratiques pieuses qui ont eu lieu dans un grand nombre d'églises pendant la neuvaine préparatoire à la fête; telles que : prédications, visites aux reliques et aux principales images, quelquefois processionnellement, par des corporations religieuses et des confréries, jeûnes la vigile; affluence considérable et recueillie à l'exercice religieux qui précède la solennité de l'Immaculée-Conception.

» La veille, dans l'après-midi, le Saint-Père avait assisté, selon l'usage, à la clôture de la neuvaine dans l'église des Saints-Apôtres, où les Frères Mineurs Conventuels ont coutume de célébrer la neuvaine avec une grande solennité. Reçu à la porte du couvent par S. Em. le cardinal Clarelli, protecteur des Conventuels, par les dignitaires de l'ordre et les religieux de la maison, et à la sacristie par S. Em. le cardinal Panebianco, titulaire de l'église, Sa Sainteté, s'étant revêtue des ornements pontificaux, était entrée dans le lieu saint, richement orné et illuminé et rempli de fidèles, avait assisté aux diverses prières et au chant des litanies de Lorette, puis avait entonné le *Te Deum*, et donné la bénédiction du Saint-Sacrement. Sur la place des Saints-Apôtres et sur le passage du cortège, un peuple immense se pressait pour recevoir la bénédiction apostolique et l'implorait dans les langues les plus diverses, avec des acclamations exprimant son respect, son affection et ses souhaits de prospérité et de paix.

» Les cérémonies de la veille préludaient dignement au spectacle extraordinaire que devait présenter le jour suivant. Ce jour fut salué, dès l'aube, par les canons du château Saint-Ange, sur les bastions duquel était arboré l'étendard du Saint-Siège et celui du Saint-Père.

» Les Pères du Concile et les autres personnages qui devaient prendre part à la cérémonie étaient convoqués pour huit heures et demie du matin. Bien avant cette heure-là, tout l'espace compris entre l'atrium dit de Constantin et l'autel de la Confession était encombré de gens de toute condition. A partir du pied de l'escalier royal jusqu'à la statue de bronze de saint Pierre, étaient rangés sur deux ailes les élèves de l'hospice apostolique et de celui des orphelins, des députations des ordres mendiants et monastiques, des chanoines réguliers, du séminaire romain, des curés, des chapitres et clergés des églises collégiales, des basiliques patriarcales de Sainte-Marie-Majeure et de Saint-Jean-de-Latran, et tout le chapitre de Saint-Pierre.

» A neuf heures, le canon du château Saint-Ange et les cloches de la ville se sont fait entendre de nouveau. C'était le signal que la grande cérémonie commençait, et ce signal invitait les habitants à s'associer en esprit à l'invocation des lumières célestes que le souverain Pontife venait de commencer en entonnant le *Veni Creator* dans l'atrium supérieur de Saint-Pierre, converti en chapelle. De l'atrium, tous les personnages ayant rang à la cérémonie descendaient processionnellement à Saint-Pierre en répétant les versets de l'hymne, par la salle royale, le grand escalier, le vestibule de la basilique, et se dirigeaient vers l'autel de la Confession.

» A cette procession, dont voici l'ordre, ne figuraient, en fait de personnages de la cour pontificale, que ceux qui devaient prendre part au Concile ou assister le Pape : la croix pontificale, portée par le sous-diacre apostolique, Mgr Isoard, auditeur de la Rote, entre deux acolytes; les abbés généraux, les abbés *nullius*, les évêques, les archevêques, les primats, les patriarches latins, arméniens, bulgares, chaldéens, coptes, maronites, melchites, roumains, ruthènes, syriens, les cardinaux-diacres, prêtres, entre autres S. Em. le cardinal De Angelis, désigné pour la charge de prêtre assistant, et évêques; le sénateur et les conservateurs de Rome, le vice-camerlingue et le prince assistant au trône, gardien du Concile; S. Em. le cardinal Borroméo, diacre pour le chant de l'Evangile, entre LL. EEm. les cardinaux Antonelli et Grasellini, diacres assistants; enfin le souverain Pontife porté sur la *sedia gestatoria*, sous le dais et entre les *flabelli*, et suivi d'un chœur de chapelains-chantres, de l'auditeur et du trésorier de la chambre, du majordome et du ministre de l'intérieur, des protonotaires apostoliques participants et du maître de chambre, des généraux et vicaires généraux des ordres réguliers, et enfin d'autres officiers du Concile n'ayant pas place dans les catégories précédentes, et des sténographes.

» En entrant dans la basilique, tous se découvraient, le Saint-Sacrement étant exposé sur l'autel de la Confession, au milieu d'une brillante illumination. Sa Sainteté s'est rendue à pied jusqu'au prie-Dieu qui lui avait été préparé et où, le *Veni Creator* achevé, Elle a récité les prières prescrites.

» Cependant, les patriarches, primats, archevêques, évêques, abbés, généraux et vicaires généraux des congrégations régulières et monastiques et des ordres mendiants, ont pris leurs places respectives dans la salle conciliaire, c'est-à-dire dans le bras droit du transsept, approprié à cette destination et richement orné, et dont l'entrée était gardée par les chevaliers de Malte et par les gardes-nobles. Le Pape à peine entré à son tour, avec les cardinaux, S. Em. le cardinal Patrizzi, sous-doyen du Sacré-Collége, est monté à l'autel dressé au milieu de la salle et y a célébré la messe solennelle du jour, en y ajoutant l'oraison du Saint-Esprit.

» La messe achevée et avant la bénédiction, Mgr Fessler, évêque de Saint-Pœlten, secrétaire du Concile, a déposé le livre des Evangiles, en présence de tous les Pères debout, sur un petit trône dont l'autel était surmonté. Sur ce, Mgr Puecher-Passavalli, archevêque d'Iconium, nommé pour adresser la parole à l'assemblée, est venu baiser le genou du Pape et demander les indulgences, et a prononcé, de l'ambon, le discours latin d'ouverture, après quoi le Pape a donné la bénédiction et Mgr Passavalli a publié l'indulgence plénière.

» Alors, le Saint-Père s'est revêtu des ornements qu'il prend pour célébrer pontificalement la messe, et a reçu l'obédience des cardinaux et des Pères; après quoi, sur l'invitation du premier des cardinaux-diacres, les assistants, agenouillés, ont commencé les supplications : Sa Sainteté a lu les oraisons prescrites, et les chapelains-chantres ont chanté l'antienne appropriée. Le cardinal deuxième diacre ayant invité l'assistance à se lever, les litanies ont été entonnées. A la prière pour le saint synode et pour la hiérarchie, le Saint-Père s'est levé et a prié le Seigneur de les bénir, de les soutenir et de les conserver, et, ce disant, il a fait six fois avec la main droite le signe de la croix sur la vénérable assemblée. Les litanies achevées, le Saint-Père a récité l'oraison. Après cela, S. Em. le cardinal Borromeo a chanté l'Evangile, extrait du chapitre X de saint Luc, où est racontée la mission donnée par Jésus-Christ aux apôtres et exposé la manière de remplir le ministère de la prédication. Le Pape a alors adressé aux Pères une allocution, puis il a entonné le *Veni Creator Spiritus*, que les Pères et les chantres pontificaux ont achevé en alternant les versets. Aussitôt après Mgr Fessler et Mgr Valenzini, évêque de Fabriano, se sont avancés devant le trône. Le premier a remis au Saint-Père le décret d'ouverture du Concile, et le Saint-Père l'a remis à son tour au second, qui a été le lire à haute et intelligible voix sur l'ambon; les Pères ont approuvé ce décret par le mot *Placet*, et Sa Sainteté l'a sanctionné par son autorité suprême. L'autre décret, fixant la prochaine session générale au jour de l'Epiphanie, 6 janvier 1870, a été soumis aux mêmes formalités. Après quoi les deux promoteurs du Concile, avocats consistoriaux Ralli et De Dominicis-Tosti, s'étant approchés du trône, ont invité les protonotaires apostoliques à rédiger le procès-verbal de la cérémonie, à quoi le doyen de ce collège prélatice a répondu qu'il le ferait, en appelant à témoigner Mgr le majordome et Mgr le maître de chambre.

» Alors le Saint-Père a entonné le *Te Deum*, que les Pères et les chapelains-chantres ont achevé en alternant les versets, et la première session conciliaire a été close. Sa Sainteté, s'étant dépouillée des ornements pontificaux, est rentrée dans ses appartements, et l'assemblée s'est séparée. Il était trois heures de l'après-midi.

» A cette auguste cérémonie, ont assisté, des tribunes latérales, S. M. le roi de Naples, S. M. la reine de Wurtemberg, LL. AA. RR. le duc et la duchesse de Parme, S. A. I. et R. le grand-duc Léopold de Toscane, et la grande-duchesse son épouse, et LL. AA. RR. le comte et la comtesse de Girgenti, le comte et la comtesse de Caserte, le comte et la comtesse de Trapani, LL. EExc. les ambassadeurs, ministres et autres diplomates accrédités près le Saint-Siége, LL. EExc. les généraux Kanzler, ministre des armes, et Dumont, commandant en chef des troupes françaises, et d'autres généraux pontificaux et français. Les galeries supérieures étaient occupées par les théologiens et les canonistes pontificaux du Concile.

» Le temps, qui était pluvieux depuis la nuit précédente, n'a pas empêché la basilique d'être remplie, durant toute la cérémonie, de gens de Rome ou venus des contrées les plus éloignées. Le soir il y a eu illumination. »

Voici l'allocution du Saint-Père :

« Vénérables Frères,

» Ce qui était l'objet de tous nos vœux et de toutes nos prières auprès de Dieu, la célébration du Concile œcuménique convoqué par Nous, Nous est accordé à notre grande joie par une singulière et insigne grâce du même Dieu. Aussi Notre cœur se réjouit dans le Seigneur et il est rempli d'une indicible consolation, à cause du bonheur que Nous avons de vous contempler en plus grand nombre encore que jamais, et de jouir de votre présence en ce jour placé sous les auspices de l'Immaculée-Conception de la Vierge Marie, mère de Dieu, dans cette forteresse de la religion catholique, vous qui avez été appelés à partager Notre sollicitude.

» Vous êtes ici maintenant réunis au nom du Christ, Vénérables Frères, pour rendre avec Nous témoignage au Verbe de Dieu, le témoignage de Jésus-Christ, pour enseigner avec Nous la voie de Dieu dans la vérité, à tous les hommes, et pour juger avec Nous, sous la conduite de l'Esprit-Saint, les oppositions qui se couvrent du faux nom de science.

» Plus que jamais, dans ce temps surtout où la terre gémit et s'abîme à cause des vices de ses habitants, le zèle de la gloire divine et le salut du troupeau du Seigneur Nous demandent d'entourer Sion de notre amour, de l'embrasser, de raconter ce qui se passe dans ses murailles et de revêtir Nos cœurs de sa puissance.

» Vous voyez, en effet, Vénérables Frères, avec quelle impétuosité l'antique ennemi du genre humain a donné l'assaut et le donne encore à la maison de Dieu, où doit se trouver la sainteté. C'est lui l'instigateur de cette vaste conjuration des impies qui, redoutable par son union, forte par ses richesses, puissante par ses institutions couvrant leur malice du masque de la liberté, ne cesse de faire une guerre acharnée et scélérate à la sainte Eglise du Christ. Vous n'ignorez pas de quel genre est cette guerre, quels en sont la force, les armes, les progrès, les desseins. Vous avez continuellement devant les yeux la perversion et la confusion des saines doctrines sur lesquelles reposent les affaires humaines, dans quelque ordre que ce soit, le bouleversement lamentable de tout droit, les artifices multipliés de la corruption et des audacieux mensonges employés pour briser les liens salutaires de la justice, de l'honnêteté et de l'autorité, pour fomenter les passions les plus détestables, arracher du fond des âmes les racines de la foi chrétienne.

L'attaque est poussée à un tel point qu'il y aurait lieu de redouter pour notre époque la destruction de l'Eglise de Dieu, s'il était au pouvoir des machinations des hommes de l'anéantir. Mais rien n'est plus puissant que l'Eglise, disait saint Jean Chrysostome ; l'Église est plus forte que le ciel même. *Le ciel et la terre passeront, mais mes paroles ne passeront pas.* Quelles paroles ? *Tu es Pierre, et sur cette pierre je bâtirai mon Eglise, et les portes de l'enfer ne prévaudront pas contre elle.*

» Bien que la vertu du Seigneur des vertus, la cité de Notre Dieu repose sur un fondement inébranlable, comme Nous connaissons et comme Nous déplorons du fond du cœur la multitude des maux et la ruine des âmes, affreux fléau que Nous serions prêt à conjurer au prix de Notre sang, Nous qui remplissons sur la terre le rôle de vicaire du Pasteur éternel, devons être dévoré plus que les autres du zèle de la maison de Dieu, Nous sommes entré résolûment dans la voie qui Nous paraissait la plus utile et la plus propre à réparer les pertes de l'Église.

» Nous avons souvent pensé à ce mot d'Isaïe : « Prends conseil, réunis une assemblée ; » Nous Nous sommes rappelé que ce remède a été employé avec succès par Nos prédécesseurs dans les conjonctures les plus graves où s'est trouvée la chrétienté, et après avoir prié longtemps, après avoir pris conseil auprès de nos Vénérables Frères les cardinaux de la sainte Eglise romaine, après avoir aussi sollicité l'avis de plusieurs évêques, Nous avons jugé à propos de vous convoquer près de cette Chaire de Pierre, vous, Vénérables Frères, qui êtes le sel de la terre, les gardiens et les pasteurs du troupeau du Seigneur ; et aujourd'hui, grâce à la bonté divine, qui a dissipé tant d'obstacles, Nous célébrons, selon les usages solennels de Nos ancêtres, l'ouverture de cette sainte assemblée. Les sentiments d'amour remplissent Notre cœur avec tant d'abondance, qu'il Nous est impossible, Vénérables Frères, d'en arrêter l'effusion.

» Car il Nous semble voir présente en vous tous, Nos très-chers fils, la famille tout entière du monde catholique : Nous pensons à tant de témoignages d'amour, à tant d'œuvres d'un zèle ardent, par lesquels ils ont prouvé et continuent de prouver admirablement, sous votre impulsion, sous votre direction et à votre exemple, leur piété et leur respect envers Nous et ce Saint-Siège apostolique ; et, à cette pensée, Nous ne pouvons pas, en manifestant solennellement et publiquement devant votre vaste assemblée Nos sentiments de gratitude pour tous ces enfants, ne pas demander instamment à Dieu que cette preuve de leur foi, beaucoup plus précieuse que l'or, trouve louange, gloire et honneur à l'avénement glorieux de Jésus-Christ. Nous pensons aussi à la misérable condition de tant d'hommes trompés, qui errent loin du chemin de la vérité et de la justice, et par conséquent du vrai bonheur, et nous désirons profondément venir à leur aide pour leur salut, Nous rappelant Notre divin Rédempteur et Maître, Jésus-Christ, qui est venu chercher et sauver ce qui avait péri. Nous jetons en outre les yeux sur ce trophée du Prince des Apôtres, auprès duquel Nous siégeons, sur cette noble ville de Rome qui, grâce à la faveur divine, n'est pas devenue la proie des dévastateurs, sur ce peuple romain qui Nous est si cher et qui Nous entoure de son amour constant, de sa fidélité, de son obéissance, et Nous Nous sentons pressé d'exalter la bonté de Dieu, qui a voulu faire agrandir de plus en plus et confirmer en Nous dans ces temps l'espérance de son divin secours. Nous vous embrassons particulièrement dans Notre pensée, vous, Vénérables Frères, à la sollicitude, au zèle, à la concorde desquels, Nous le comprenons, est aujourd'hui confié le soin de procurer la gloire de Dieu ; Nous connaissons le zèle ardent que vous avez apporté à accomplir votre devoir, et surtout votre remarquable et étroite union avec Nous et ce Siége apostolique, union qui Nous a toujours été dans Nos plus grandes tribulations, et qui Nous est particulièrement aujourd'hui par-dessus tout agréable autant qu'utile à l'Eglise ; et Nous Nous réjouissons grandement dans le Seigneur de vous voir si bien disposés, que Nous sommes porté à concevoir la ferme et certaine espérance que de votre réunion synodale sortiront des fruits abondants et surtout désirables. Comme jamais peut-être guerre plus acharnée et plus féconde en ruses ne s'est élevée contre la royauté du Christ, de même en aucun temps ne fut plus nécessaire l'union des prêtres du Seigneur avec le Pasteur suprême du troupeau, union d'où ressort une admirable force dans l'Eglise ; et cette union, par une grâce particulière de la divine Providence, et par votre vertu éprouvée, s'est manifestée par un tel éclat, qu'elle est et sera de plus en plus, Nous en avons la confiance, admirée du monde des anges et des hommes.

» Courage donc, Vénérables Frères, affermissez-vous dans le Seigneur : alors, sanctifiés dans la vérité, revêtus des armes de la lumière, enseignez avec Nous la voie, la vérité et la vie vers lesquelles le genre humain, agité par tant de calamités, ne peut pas ne pas soupirer ; donnez avec Nous vos soins pour que la paix puisse être rendue aux royaumes, la foi aux barbares, la tranquillité aux monastères, l'ordre à l'Eglise, la discipline au clergé, et que le peuple devienne agréable à Dieu. Dieu se tient dans son sanctuaire, il assiste à Nos conseils et à Nos actes, il Nous a choisis comme ministres et auxiliaires dans cette œuvre excellente de sa miséricorde, et il faut que Nous Nous appliquions à ce ministère, de telle sorte que Nous lui consacrions exclusivement, en ce temps, Nos esprits, Nos cœurs et Nos forces.

» Mais ayant conscience de Notre infirmité, Nous défiant de Nos forces, Nous élevons avec confiance Nos regards vers vous, et Nous vous adressons Nos prières, Esprit-Saint, vous qui êtes la source de la lumière véritable et de la sagesse divine, versez la lumière de votre grâce en Nos esprits, afin que Nous voyions ce qui est juste, ce qui est salutaire, ce qui est le meilleur. Dirigez, échauffez, inspirez Nos cœurs, afin que les actes du concile soient régulièrement commencés, heureusement poursuivis et salutairement terminés.

» Pour vous, Mère du pur amour, de l'intelligence, de la sainte espérance, Reine et Protectrice de l'Eglise, prenez nos délibérations, nos travaux, sous votre tutelle et votre sollicitude maternelle, et obtenez de Dieu par vos prières que nous demeurions toujours dans un seul esprit et dans un même cœur.

» Vous aussi, donnez votre assistance à nos vœux, anges et archanges, et vous, bienheureux Pierre, prince des Apôtres, et vous, son collègue dans l'apostolat, Paul, docteur des nations, qui avez prêché la vérité dans tout l'univers, et vous tous, saints habitants des cieux, surtout ceux dont Nous vénérons ici les reliques, obtenez par vos prières toutes-puissantes que tous, remplissant fidèlement Notre ministère, Nous obtenions en ce temple la miséricorde de Dieu, à qui l'honneur et la gloire appartiennent dans tous les siècles des siècles. »

Pour compléter le récit de cette solennité, nous reproduisons encore le discours d'ouverture prononcé par Mgr Passavalli, archevêque d'Iconium.

« Très-Saint-Père,

» Choisi pour inaugurer la plus sainte et la plus grande des choses qui puisse être au monde, me sentant impuissant à remplir une telle charge, dans mon découragement, je l'avoue, je n'aurais rien eu de plus pressé que de m'en exempter, si la voix de celui qui, avec l'imposant éclat de la pleine majesté sacerdotale, préside notre assemblée, ne m'eût réconforté et relevé. Quoique inférieur en âge, en esprit, en autorité et en mérites à mes collègues de l'épiscopat, néanmoins j'ai accepté plus volontiers ma charge, par la confiance que me donne cette parole de l'Esprit-Saint : *L'homme obéissant racontera ses victoires* (Prov. xvi, 28).

» Une autre raison n'a pas peu contribué à me décider. Né dans la ville où l'Eglise catholique a tenu son dernier Concile, tant et si justement loué et regardé par tous comme un événement miraculeux, j'ai pensé que la divine Providence, qui se plaît souvent, nous le savons, à se jouer des choses humaines, m'avait suscité, par les soins du Vicaire suprême de Jésus-Christ, de préférence à tous les autres, afin de vous rappeler au moins, par mon indignité, les grâces étonnantes qu'elle répandit alors dans le monde chrétien par ce Concile, et dont le souvenir doit inspirer à vos âmes le très-sûr espoir qu'elle sera aussi avec vous, et dans ses mystérieux desseins disposera toutes choses pour le bien de l'Eglise.

» Hautement ranimé par toutes ces considérations, je reprends courage, et le devoir que l'obéissance, non moins que le dessein providentiel de Dieu, m'a imposé, je le remplis avec confiance, et j'inaugure cette assemblée de l'Eglise universelle par les paroles de David : « Ils s'en allaient pleurant, jetant leurs semences; ils reviennent joyeux, portant leurs moissons (Ps. cxxv, 7, 8). » Ces mots en effet, me semblent bien peindre et figurer à nos yeux le lamentable état du présent et le sort joyeux de l'avenir.

» Personne de vous, Vénérables Pères, n'ignore assurément que les paroles que je viens de rappeler ont été spécialement et justement appliquées, par l'Eglise elle-même, aux Apôtres et à leur divine mission. Car vous savez, conformément à la promesse que Jésus-Christ leur a faites : *Je vous enverrai celui que mon Père vous a promis; mais vous demeurerez dans la ville, jusqu'à ce que vous soyez revêtus de la force d'en-haut* (Luc, xxiv, 49), » de quelle manière les Apôtres, ayant été tous remplis et comme nourris de l'Esprit divin, se mirent à prêcher la doctrine évangélique sur toute la terre. Vous savez de quelle manière, abondamment approvisionnés par le Verbe lui-même, de la divine semence de la doctrine céleste, ils la jetèrent à pleines mains, partout où leurs pieds les portaient, sur cette terre, maudite au commencement pour les fautes de l'homme, et devenue, en quarante siècles, comme le dit Léon le Grand de Rome, une forêt remplie de bêtes furieuses, un océan d'une profondeur tempétueuse.

» Vous savez, il me semble même que vous le voyez ici de vos yeux, comment ces pauvres pêcheurs, privés de tous les secours qui sont l'appui de la confiance humaine, ont traversé seuls de vastes mers, pénétré sans armes dans des terres entourées de déserts ou rendues inaccessibles par les montagnes, parcouru sans bâton et sans besace des royaumes et des provinces immenses, séparés par des distances extrêmes, et tout cela, (quel homme l'eût pu croire)? uniquement pour délivrer d'un honteux esclavage et mettre sous la domination de la croix du Seigneur des nations, les unes barbares et corrompues par leurs mœurs et leurs usages, les autres enorgueillies par les lettres et les sciences, mais abruties comme celles-là par des vices et des turpitudes de tout genre.

» Dans une telle entreprise, on sait quels maux ils eurent à souffrir, quelles rigueurs à endurer, quelles injustices et quelles persécutions à supporter. Le jour s'achèverait, si je voulais vous retracer toutes ces choses par la parole : car elles sont innombrables et presque indicibles. Que dire, s'écriait Chrysostome lui-même, à qui une méditation continuelle avait cependant tout appris et tout révélé; que dire? *Ou comment parler de vos afflictions après les avoir contemplées, je l'ignore :* de ces prisons que vous avez sanctifiées, de ces chaînes que vous avez honorées, de ces tourments que vous avez supportés, de ces malédictions que vous avez endurées, de Jésus-Christ que vous avez porté, des églises que vous avez réjouies par votre prédication?

» En vérité, oui, en vérité, je le dis, c'est des Apôtres que chantait le Prophète royal : *Ils s'en allaient dans les larmes, jetant leurs semences.* Mais voyez, Vénérables Pères, l'admirable effet de ces larmes apostoliques! Telle la rosée nocturne dans les temps de sécheresse tombe goutte à goutte sur le sol aride, l'herbe pousse, les feuilles verdoient, les fleurs languissantes relèvent la tête, ouvrant leur calice fermé et répandant dans les airs mille parfums odorants. Ainsi la semence de vérité, répandue sur ces champs infertiles, après qu'ils eurent été arrosés par les larmes des Apôtres, porta des fruits si abondants que là où il n'y avait auparavant qu'une affreuse stérilité, apparut une admirable fécondité, et qu'à la place des ronces et des épines, d'opulentes moissons présentèrent à la main des moissonneurs des épis jaunissants, bons à être mis en gerbes et portés dans les greniers du Seigneur.

» Tels furent certainement, vous le savez, les succès qu'obtinrent les innombrables travaux des

Apôtres. En effet, à la vue de l'abondance de la moisson, leurs pleurs se changèrent en allégresse, leur joie chassa la tristesse, et leur esprit dut être inondé d'une consolation d'autant plus grande, que plus profonde avait été l'amertume dans laquelle ils avaient été plongés, et que plus grande fut la récompense qu'ils espéraient obtenir de ces fruits eux-mêmes, lorsqu'ils s'en présenteraient chargés devant le maître de la vigne : *Ils viendront avec allégresse en portant leurs gerbes dans leurs mains.*

» S'il en est ainsi, je ne doute point, Vénérables Pères, que dépeignant la condition des Apôtres, je n'aie dépeint la vôtre en ces jours. Je vois, en effet, que vous êtes accourus joyeux des contrées les plus lointaines à cette auguste assemblée, mais en même temps je vois vos fronts soucieux, vos têtes courbées sous le poids des sollicitudes, vos esprits accablés de douleur à cause de l'effroyable perte des âmes que l'antique ennemi du genre humain a déjà causée et des maux plus grands encore qu'il prépare pour l'avenir. Je vois, dis-je, que vous êtes venus dans ce cénacle mystique, afin que, mettant en commun vos forces et vos résolutions, vous emportiez une semence plus abondante de vérité et de justice. Et certes, votre attente ne sera pas vaine, comme le montre ouvertement la gravité même des affaires qui doivent être traitées dans ce synode.

» Et qu'on ne me prête pas le dessein de deviner vos très-sages délibérations, si, m'attachant aux lignes lumineuses si largement tracées par notre auguste Pontife, j'ose affirmer que toute facilité vous est donnée pour recueillir de ce synode la plus riche abondance de cette céleste semence. On s'occupera, en effet, de rechercher les meilleurs moyens de ramener à ces eaux limpides et inépuisables du Sauveur, le peuple chrétien qui s'abreuve aujourd'hui aux sources empoisonnées et corrompues de l'erreur; comment on pourra rendre plus vigoureuse la bienfaisante action de l'Église, soit en lui donnant de nouvelles formes, soit en la fortifiant de nouvelles armes, afin que, selon la fin pour laquelle elle a été instituée, elle s'engager de la sorte dans des routes qui n'ont pas encore été tentées, et s'ouvrir peu à peu de nouvelles bouches, par le moyen desquelles la vertu et la grâce du Paraclet puissent plus sûrement et plus efficacement se répandre dans chacun des membres du corps mystique du Christ. Nous verrons aussi comment les forces vives des fidèles pourront s'unir de telle sorte qu'elles soient capables de résister aux furieux efforts de l'athéisme, de l'hypocrisie et de l'impiété, les rendre vains et même les briser et les anéantir; comment, en un mot, l'on pourra ranimer l'esprit et la vie des chrétiens, de manière à les faire resplendir de cette même lumière divine dont ils brillaient tout d'abord sur la terre, lorsque notre religion, cette magnifique et bien-aimée fille de Dieu, purifiée par le sacrement de l'eau et du sang qui avaient coulé du côté du Sauveur, s'élança du Calvaire pour s'emparer du monde qu'elle avait reçu en héritage.

» Telle est l'idée que l'on doit prendre de cette grande assemblée. On n'en saurait parler autrement, car qui pourrait comprendre suffisamment la nature et la grandeur de la charité pastorale qui doit en sortir comme d'un autre cénacle? Quelle puissante source de sagesse n'en jaillirait-il pas, lorsque, réunissant pour le bien commun non-seulement les pensées de vos esprits, mais encore les affections de vos cœurs, vous agiterez avec le plus grand soin et vous examinerez profondément les besoins si grands de l'humanité tout entière! Il n'en faut point douter : lorsque vous aurez terminé ce grand œuvre, et que vous quitterez Rome, cette nouvelle Jérusalem, pour rentrer dans vos diocèses, vous retournerez enrichis d'un immense trésor de doctrines et de vertus. Les royaumes de l'Europe, les extrémités de l'Asie et les îles de l'Océan, les contrées de l'Afrique et de l'Amérique vous accueilleront de nouveau et vous verront tout enflammés du feu de l'Esprit-Saint, et devenus comme d'habiles agriculteurs, défrichant les terrains incultes jusqu'ici, ensemençant les champs, fouillant les vignes, afin qu'elles produisent de nouveaux fruits ou qu'elles en donnent en plus grande abondance.

» Mais alors, Vénérables Pères, commencera le labeur; alors viendront les jours d'amertume, alors les douleurs sans nombre, et c'est alors que commenceront de s'accomplir en vous ces paroles de David : « Ils allaient, et en marchant ils jetaient leurs semences et pleuraient; » car c'est quand il faudra mettre la main à l'œuvre que vous verrez contre quels puissants adversaires vous aurez à combattre. D'un côté, les philosophes et les hommes politiques, comme ils disent; de l'autre, les princes, les rois et les peuples eux-mêmes feront un vaste complot, afin de faire avorter les desseins de votre piété et les bienfaits de votre zèle. Et, d'autre part, les hommes impies se réuniront, et tantôt par la profession ouverte de l'athéisme, tantôt sous les dehors d'une répugnante hypocrisie, ils secoueront toutes les pierres, afin de ruiner jusqu'à ses fondements la religion catholique elle-même, si cela était possible.

» Hélas! quel combat j'entrevois à la suite, quel combat prolongé! Hélas! quels ennemis nous aurons à vaincre, obstinés et implacables! Ajoutez-y cette plaie, peut-être la plus grande de toutes, cette indifférence du grand nombre qui opprime l'Église du Christ, et qui fait que les pays les plus cultivés et les plus riches de la vie spirituelle deviennent en peu de temps stériles et se changent en une affreuse solitude, où règnent au loin l'aridité et la mort.

» C'est sur ces flots orageux, je le dis bien haut, c'est à travers ces dangereux écueils qu'il vous faudra marcher, Vénérables Pères; il faudra affronter ces tempêtes qui sont proches, et vous y tenir comme sur un roc inébranlable. C'est là qu'il faut mener votre vaisseau, là qu'il faut faire effort avec les rames, là enfin qu'il faut appliquer vos esprits tout entiers, afin de rendre intact au Père de famille ce vaisseau qu'il vous a confié.

» Et l'on ne doit point s'étonner qu'il en soit ainsi, Vénérables Pères, puisque vous êtes ses témoins. Or, vous savez, du moins en partie, par expérience et non pas seulement par l'exemple d'autrui, qu'il est impossible qu'un si grand œuvre, je ne dis pas soit mené à la perfection, mais même puisse être entamé sans que l'on soit obligé d'affronter un vaste océan de peines et de difficultés. Et en vérité il faudrait, ou bien n'avoir jamais appris ce que signifie la mission du Christ et à quoi s'applique la charge sublime de l'épiscopat, ou bien, ce qui serait une honte, ignorer tout à fait de quels épouvantables maux le genre humain est accablé, pour ne point voir, du premier coup d'œil, à quels périls et à quelles contradictions est en butte celui qui est revêtu d'une telle charge, et pour ne point en redouter l'issue si l'on n'est préparé à pouvoir dire comme le docteur des Gentils : « Je livre ma chair pour accomplir ce qui manque à la Passion du Christ, dans son corps qui est l'Eglise.

» Mais, ô illustres Pères, faites que votre âme soit grande et forte, car si c'est le secret dessein de Dieu que la semence mystique de la doctrine évangélique ne puisse germer et croître et produire un beau feuillage et des fleurs joyeuses, que trempée et arrosée chaque jour par les larmes et le sang des hommes apostoliques versés pour la justice et la vérité, n'aurons-nous point en abondance les pieuses et saintes consolations du ciel, puisqu'il est écrit : *Heureux ceux qui pleurent, car ils seront consolés* (Matth., v)! N'oublions pas que, s'il est dit des disciples de Jésus-Christ et des autres hérauts de l'Evangile : *Ils allaient, et en marchant ils jetaient leur semence et ils pleuraient*, il est dit aussi qu'*ils viendront avec allégresse portant leurs gerbes dans leurs mains.* N'oublions pas que cette autre parole prophétique a eu son plein effet depuis le commencement de l'Eglise, de façon que l'Apôtre pouvait écrire : *De même qu'abondent en nous les souffrances du Christ, de même abonde notre consolation,* cet effet aussi vous attend, pourvu qu'animés du même esprit que vos prédécesseurs, vous suiviez intrépidement leurs traces, *sachant que, compagnons des souffrances, vous le serez aussi des consolations (Id.,* v, 7).

» Ne trouvons-nous pas, du reste, dans la facilité vraiment merveilleuse avec laquelle a pu se rassembler ce Concile des Pères de toute la chrétienté, ne trouvons-nous pas un gage certain de la grande récompense que nous recueillerons de nos travaux, dès cette vie, et de celle que Dieu nous prépare dans le ciel? Qui ne voit que par cet acte, si heureusement commencé, malgré les difficultés de toutes sortes, Dieu a voulu nous présager certainement tout ce que nous sommes en droit d'espérer pour l'avenir, si nous ne faisons pas obstacle à ce fleuve de vérité et de justice qui bientôt s'élancera de la roche vaticane! Et ici, qu'il me soit permis de rappeler avec tristesse les profondes douleurs du Père et des enfants.

» Retirés comme en un refuge à l'ombre sacrée du Vatican, nous considérions, stupéfaits, les ruines immenses que Satan amassait rapidement au loin et au large, autour de nous; nous considérions avec épouvante ces flots toujours plus turbulents de l'impiété, grossissant tous les jours, et menaçant même cet asile de la paix; tremblants, poussant des gémissements et pâles d'épouvante, nous nous attendions à répéter, assis sur les fondements ébranlés du temple, près de notre dernière heure, ces lamentations de celui qui pleurait sur ses frères : *Comment la ville qui était remplie de peuples est-elle déserte aujourd'hui : la reine des nations est devenue comme une veuve, la voilà soumise au tribut, elle qui était la tête des provinces.*

» Tout à coup un rayon de la plus pure lumière a percé ces épaisses ténèbres, et relève de nouveau notre espoir presque détruit. Dans l'esprit de notre Chef suprême qui dirige le gouvernail du navire, une pensée avait surgi. Il voulait convoquer les anciens du nouvel Israël, ceux qui jugent avec lui dans la foi, afin que d'un consentement unanime on pourvût à la défense du saint tabernacle de Dieu, attaqué jusqu'au plus profond de ses retraites par un nombre immense d'ennemis redoutables.

» C'était tout d'abord comme une nébuleuse qui apparaît au matin et s'évanouit après un instant, pareille à l'éclair qui traverse les cieux. Mais le Paraclet, cet esprit qui procède du Père et du Fils, et qui couvre à jamais cette Chaire auguste de sa protection, féconde cette pensée des éclats de sa lumière, et aussitôt, chose admirable! cette pensée, semblable au grain de sénevé *qui, selon l'Evangile, est d'abord la plus petite des graines, mais qui grandit, s'élève au-dessus de toutes les plantes et devient un arbre, de façon que les oiseaux du ciel viennent dans ses branches* (Matth., XIII, 32), cette pensée, dis-je, par la vertu souverainement efficace, soudain s'élance, elle croît et en un instant elle devient un géant.

» Et voici que, par un miracle de l'esprit chrétien, nous sommes tous réunis, de toutes les régions de la terre, dans cette immense basilique. Nous voici au tombeau du Prince des Apôtres, d'où sort éternellement le souffle vigoureux des vertus épiscopales : nous voici au tombeau des Léon, de deux Grégoire et de Chrysostome, d'où l'on dirait que s'élance encore, après tant de siècles, un fleuve nouveau d'éloquence, pour arroser le champ de l'Eglise catholique. Mais ce qui doit nous consoler davantage et émouvoir nos esprits, voici que nous sommes près de la personne même de Pierre, qui, présent toujours et vivant dans ses légitimes successeurs, semble crier encore avec le même impétueux amour et la même foi : *Vous êtes le Christ, Fils du Dieu vivant*, et nous faire entendre cette réponse sublime du Rédempteur, siégeant au ciel, à la droite du Père : *Et moi, je te dis que tu es Pierre, et sur cette pierre je bâtirai mon Eglise, et les portes de l'enfer ne prévaudront point contre elle.*

» Toutes ces choses, Vénérables Pères, j'ai voulu les rappeler à votre mémoire, afin que notre confiance en prenne un nouvel élan et une nouvelle ardeur, afin que nos esprits s'enflamment de plus en plus et s'appliquent avec joie à terminer cette œuvre, c'est-à-dire ce saint Synode, vers lequel sont tournées les yeux des peuples et l'espérance de toute la terre. Peut-être ce Concile sera-t-il pour vous l'occasion de nombreuses et grandes afflictions et des plus terribles angoisses endurées pour la justice; mais, d'autre part, de combien de délicieuses consolations ne sera-t-il pas la source, et quels joyeux triomphes ne se prépare-t-il pas à amasser sur votre route!

» Pour le moment, il faut se mettre à l'œuvre dans la douleur et dans les larmes; mais ensuite le temps viendra, nous en avons pour témoin le Fils de Dieu lui-même, où la joie remplacera nos douleurs, car il est écrit : *En vérité, en vérité, je vous le dis, vous pleurerez et vous serez dans les larmes; pendant que le monde se réjouira, vous serez contristés, mais votre tristesse se changera en joie* (Jo., XVI, 20).

» Cette attente ne nous fera pas défaut, si nous appliquons fermement nos esprits vers le but de ce Concile œcuménique, qui est tout entier dans le soin de la gloire divine et du salut éternel des âmes, si nous nous efforçons de faire resplendir ce Concile comme la pierre la plus précieuse parmi celles qui ornent le front du vénérable et magnanime Pie IX, enfin si les fastes de l'Église peuvent porter en lettres d'or à la postérité, ce témoignage que la paix des esprits, la concorde des idées, la modération des entreprises, la dignité des discussions, l'équité des jugements et la sagesse de toutes les délibérations ont inspiré le cœur et l'esprit des Vénérables Pères. De telle sorte qu'au jour où ces portes, maintenant refermées sur nous, se rouvriront pour faire entendre ces paroles au monde entier : *Visum est Spiritui Sancto et nobis* (Act., xv, 28), la terre elle-même ressente l'impulsion du Saint-Esprit, et reconnaisse qu'elle est pleinement renouvelée, selon cette parole : *Envoyez votre Esprit, et toutes choses seront créées, et vous renouvellerez la face de la terre* (Ps. cɪɪɪ, 30).

» Puissions-nous, par l'intercession de la bienheureuse et glorieuse Marie toujours Vierge, dont l'univers entier célèbre joyeusement aujourd'hui l'Immaculée-Conception, obtenir cette grâce de Jésus-Christ, Notre Seigneur et notre Rédempteur, Fils éternel de Dieu, qui vit et règne avec le Père et le Saint-Esprit dans l'éternité. *Amen.* »

A la première congrégation générale, tenue le 10 décembre, dans la salle conciliaire, les Pères reçurent communication de la constitution relative à l'élection du Pontife romain. Il est d'usage de pourvoir ainsi aux éventualités, dès les premiers jours des réunions conciliaires.

« PIE, ÉVÊQUE,
» SERVITEUR DES SERVITEURS DE DIEU.
» *Ad perpetuam rei memoriam.*

» Comme la pleine puissance de paître, de régir et de gouverner toute l'Église a été donnée par Notre-Seigneur Jésus-Christ aux Pontifes romains dans la personne du bienheureux Pierre, prince des Apôtres, la paix et l'unité de cette Église seraient facilement et gravement compromises, si, en cas de vacance du Siége Apostolique l'élection du nouveau Pontife s'opérait dans des conditions qui pussent la rendre douteuse et incertaine.

» Pour détourner un péril si funeste, plusieurs Pontifes romains, Nos prédécesseurs, et notamment Alexandre III, d'heureuse mémoire, dans le IIIᵉ Concile général de Latran, le bienheureux Grégoire X, dans le IIᵉ Concile général de Lyon, Clément V, Grégoire XV, Urbain VIII et Clément XII, ont publié des Constitutions qui, entre de nombreuses prescriptions tendant à assurer l'exécution droite et régulière d'une affaire de cette importance, attribuent généralement et sans aucune exception l'élection du souverain Pontife, uniquement et exclusivement au collège des cardinaux de la sainte Église romaine.

» En Nous rappelant ces choses, Nous avons cru, puisque le Concile général et œcuménique du Vatican, que Nous avons convoqué par Nos lettres apostoliques du 3 des calendes de juillet de l'année 1868, commençant par ces mots : *Æterni patris*, est actuellement ouvert avec solennité, que c'était un devoir de Notre charge apostolique de prévenir et d'empêcher toute occasion de discorde et de conflit concernant l'élection du souverain Pontife, qui pourrait survenir s'il plaisait au Souverain Maître de Nous faire quitter cette vie mortelle pendant la durée de ce même Concile.

» C'est pourquoi, touché par l'exemple de Jules II, d'heureuse mémoire, Notre prédécesseur, lequel, comme l'histoire Nous l'apprend, étant atteint d'une maladie mortelle pendant le Vᵉ Concile général de Latran, convoqua les cardinaux en sa présence, et, se sentant inquiet au sujet de la légitime élection de son successeur, décida en leur présence que cette élection devrait se faire non par le susdit Concile, mais uniquement par leur collège, ce qui eut lieu en effet après la mort de Jules II; touché encore par l'exemple de Nos autres prédécesseurs Paul III et Pie IV, d'heureuse mémoire, dont le premier, par ses Lettres apostoliques du 3 des calendes de décembre 1544, le second par de semblables lettres du 10 des calendes d'octobre 1561, prévoyant que leur mort pourrait arriver pendant la tenue du Concile de Trente, décrétèrent qu'en cette occurrence l'élection du nouveau Pontife ne devrait être faite que par les cardinaux de la S. E. R. à l'exclusion de toute participation du susdit Concile; après en avoir conféré mûrement avec quelques-uns de Nos VV. FF. les cardinaux de la S. E. R. et avoir examiné cette affaire avec soin, de Notre science certaine, de Notre mouvement propre et en vertu de la plénitude de Notre pouvoir apostolique, Nous décrétons et Nous ordonnons que s'il plaît à Dieu de mettre fin à Notre pèlerinage en ce monde pendant la durée du Concile du Vatican, en quelque état et à quelque époque de ses travaux que se trouve le Concile, l'élection du souverain Pontife ne se fasse que par les cardinaux de la S. E. R. et nullement par le Concile lui-même, et que l'on exclue absolument de toute participation à l'élection toute autre personne qui serait députée par quelque autorité que ce fût, même par celle du Concile, à l'exception des cardinaux précités.

» Bien plus, pour que les cardinaux susnommés puissent procéder plus librement et avec de facilité à l'élection, en dehors de tout empêchement et en enlevant toute occasion de trouble et de dissentiment, en vertu de la même science et de la plénitude de Notre autorité apostolique, Nous décrétons et Nous ordonnons que, si Nous venons à mourir pendant la durée de ce Concile du Vatican, ce Concile, à quelque état et à quelque époque de ses travaux qu'il se trouve, soit considéré comme immédiatement et sur-le-champ suspendu et ajourné, de même que Nous avons l'intention, par ces présentes Lettres, de le suspendre et de l'ajourner à ce moment et pour le temps qui sera ci-dessus fixé, de telle sorte que, sans aucun délai, il doive interrompre aussitôt toute espèce de réunion, de congrégation et de session, arrêter la confection de tout canon et décret, et ne puisse, pour aucune cause que ce soit, si grave et si digne d'une attention particulière qu'elle paraisse, poursuivre ses travaux, jusqu'à ce que le nouveau Pape, canoniquement élu par le sacré collège des cardinaux, ait jugé à propos, en vertu de son autorité suprême, d'ordonner la reprise et la continuation du Concile.

» Considérant comme opportun que les mesures prises par Nous à l'occasion de ce Concile du Vatican, tant pour l'élection du souverain Pontife que pour la suspension du Concile, Nous fournissent une règle certaine et stable, qu'il doive désormais toujours observer dans une conjoncture analogue, en vertu de Notre même science et de Notre autorité, Nous décrétons et ordonnons que dans l'avenir, si un pontife romain vient à mourir pendant la célébration d'un Concile œcuménique tenu soit à Rome, soit en quelque autre lieu du monde, l'élection du nouveau Pape devra toujours être faite de la manière ci-dessus indiquée; exclusivement par le seul collège des cardinaux de la S. E. R., et le Concile lui-même, suivant la règle ci-dessus prescrite, devra aussitôt après avoir reçu la nouvelle certaine de la mort du Pape, être considéré comme suspendu de plein droit, jusqu'à ce que le nouveau Pape, canoniquement élu, ait ordonné la reprise et la continuation de ses travaux.

» Que les présentes Lettres soient à présent et toujours valides, en vigueur, et efficaces; qu'elles obtiennent et produisent leur plein et entier effet, et qu'en aucun temps, sur aucun chef, pour aucune cause, pour aucun vice de surprise, de violence ou de nullité, pour aucune insuffisance d'intention de Notre part, pour aucun autre défaut substantiel, imprévu ou impossible à prévoir, et requérant une mention spéciale et particulière, en vertu d'aucune décision, d'aucun droit établi, sous quelque prétexte, raison ou cause que ce soit, qui devrait être nécessairement exprimé pour l'effet de la validité des choses susdites; qu'elles ne puissent être relevées, attaquées, réfutées, validées, rétractées, légalement révoquées ou mises en discussion; qu'elles ne tombent sous le coup d'aucune révocation, limitation, modification, dérogation, de quelque teneur et sous quelque forme qu'elles soient déjà rendues ou concédées ou devant être concédées ou rendues pour l'avenir, quand bien même il s'y trouverait des clauses ou décrets dans lesquels il serait fait mention spéciale de ces lettres et de leur teneur, mais pour toujours et en tous temps.

» Annulant en ce point, autant qu'il en est besoin, la constitution apostolique d'Alexandre III, Notre prédécesseur d'heureuse mémoire, portée dans le Concile de Latran et qui commence par ces mots : *Licet de vitanda*, ainsi que toutes autres constitutions apostoliques, spéciales ou générales, même portées dans des Conciles généraux, encore qu'elles soient incluses dans le *Corpus juris*, quelles qu'en soient la teneur et la forme, et quelques clauses dérogatoires aux dérogations, efficaces et insolites qu'elles renferment, nonobstant tous décrets d'invalidation ou autres généraux ou particuliers portés soit *motu proprio*, soit en consistoire, lesquels tous et chacun d'eux, autant qu'il en est besoin et dans la teneur de tous, comme si elles étaient reproduites et exprimées littéralement, Nous tenons pour insérées et exprimées, dans la seule partie qui est contraire aux présentes, lesdites constitutions subsistant d'ailleurs en leur force, pour l'effet le plus énergique de tous et de chacun des points exprimés ci-dessus. Pour cette fois uniquement nous y dérogeons dans le sens le plus large, le plus complet et le plus suffisant, non moins que spécialement et expressément, et dans leur série successive, ainsi qu'à toutes autres quelconques qui seraient contraires.

» Qu'il ne soit donc permis à nulle personne au monde d'infirmer cette page de Notre déclaration, disposition, statut, décret, dérogation et volonté, et de les enfreindre par une audace téméraire. Si quelqu'un osait se porter à cet attentat, qu'il sache qu'il encourra l'indignation du Dieu tout-puissant et des bienheureux Apôtres.

» Donné à Rome, près Saint-Pierre, l'an de l'Incarnation de Notre Seigneur 1869, la veille des nones de décembre, de Notre pontificat le 24e. »

Le Saint-Père, après avoir désigné les cinq cardinaux qui devaient présider aux Congrégations générales, nomma lui-même les vingt-sept membres de la commission des *Postulata*.

Les cinq membres des deux commissions dites des *Judices excusationum* et des *Judices querelarum*, furent choisis à la majorité des suffrages.

Le 14 décembre, les Pères réunis en deuxième congrégation générale, entendirent la lecture d'une Constitution pontificale très-importante relativement aux censures *latæ sententiæ*. Voici la traduction de cette bulle :

« Il convient à la modération du Siége apostolique de retenir les règles salutaires établies par l'autorité des anciens canons, de telle sorte que si le changement des circonstances et des temps fournissait des motifs d'y apporter des tempéraments avec une prudente réserve, ce même Siége apostolique trouvât dans sa puissance suprême et sa sollicitude les remèdes convenables. C'est pourquoi depuis longtemps Nous observions que les censures ecclésiastiques, qui ont été édictées et promulguées à diverses époques, et sont encourues de plein droit *per modum latæ sententiæ* pour assurer le maintien et la protection de la discipline de l'Eglise, et pour corriger et réprimer la licence effrénée des méchants, se sont élevées peu à peu à un nombre considérable; que quelques-unes, les temps et les mœurs ayant changé, ne répondent plus au but et aux causes pour lesquelles elles ont été rendues, et n'ont plus leur utilité et leur opportunité d'autrefois; que pour cette raison, des doutes, des angoisses, des inquiétudes de conscience naissent souvent, soit chez ceux auxquels le soin des âmes est confié, soit chez les fidèles eux-mêmes. Voulant remédier à ces inconvénients, Nous avons donné ordre que l'on fît et que l'on Nous proposât une révision complète de ces censures, afin que Nous pussions statuer, après un soigneux examen, sur celles qu'il faut conserver et maintenir, et sur celles qu'il convient de modérer ou d'abroger. Cette révision terminée, et Nos vénérables Frères les cardinaux de la sainte Eglise romaine, institués inquisiteurs généraux des choses de la foi dans toute la république chrétienne, ayant été consultés, et la chose ayant été longuement et mûrement pesée, de Notre propre mouvement, de Notre science certaine, de Notre délibération réfléchie, de la plénitude de Notre puissance apostolique, Nous décrétons, par cette Constitution qui sera perpétuellement en vigueur, que de toutes les censures d'excommunication, de suspense, d'interdit qui ont été imposées jusqu'ici et pour être encourues, *ipso facto*, *per modum latæ sententiæ*, celles-là seulement auront effet que Nous insérons dans cette Constitution et de la manière dont elles y sont insérées. Et Nous déclarons en même temps qu'elles devront avoir leur force, non-seulement en vertu de l'autorité des anciens canons, en tant qu'ils s'accordent avec cette Constitution, mais encore en vertu de cette même Constitution, comme si elles avaient été pour la première fois par elle édictées.

» *Tombent sous l'excommunication* latæ sententiæ *spécialement réservée au souverain Pontife* :

» 1° Tous les apostats et les hérétiques, quel que soit leur nom, et à quelque secte qu'ils appartiennent, leurs fidèles, leurs fauteurs, ceux qui leur donnent asile, et généralement tous leurs défenseurs.

» 2° Tous ceux qui lisent sciemment, sans autorisation du Saint-Siège, les livres des apostats et des hérétiques favorables à l'hérésie, les livres des auteurs prohibés, ceux qui les impriment, les retiennent ou les défendent de quelque manière que ce soit.

» 3° Les schismatiques et ceux qui s'obstinent à se soustraire à l'obéissance du souverain Pontife régnant *pro tempore*, ou qui s'éloignent de cette obéissance.

» 4° Tous ceux, quels que soient leur état, leur grade, leur position, qui appellent des ordres et des décisions des Pontifes romains, régnant *pro tempore*, à un futur Concile universel, aussi bien que ceux qui les soutiennent, les conseillent et les favorisent dans cet appel.

» 5° Tous ceux qui tuent, blessent, frappent, arrêtent, emprisonnent, retiennent ou persécutent avec hostilité les cardinaux de la sainte Eglise, les patriarches, les archevêques, les évêques, les légats et les nonces du Siége apostolique; ceux qui les chassent de leur diocèse, de leur territoire et de leur domaine; ceux qui ordonnent ces mesures, les ratifient ou leur prêtent l'appui de leur conseil ou de leur faveur.

» 6° Ceux qui empêchent directement ou indirectement l'exercice de la juridiction ecclésiastique, soit au for intérieur, soit au for extérieur, et qui recourent pour cela au for civil; ceux qui donnent des ordres pour cela, ou les publient, ou les aident par conseil ou faveur.

» 7° Ceux qui forcent directement ou indirectement les juges laïques à traîner devant leur tribunal les ecclésiastiques, contrairement aux dispositions du droit canon, et ceux qui font des lois ou des décrets contre la liberté ou les droits de l'Eglise.

» 8° Ceux qui recourent au pouvoir laïque pour arrêter les lettres ou tout autre acte du Saint-Siége ou de ses légats et délégats : ceux qui en empêchent directement ou indirectement la promulgation et l'exécution, et ceux qui, à l'occasion de ces lettres, persécutent et menacent le Saint-Siége, ses délégats ou tous autres.

» 9° Tous les falsificateurs des lettres apostoliques rendues en forme de brefs ou de suppliques concernant grâce et justice signées du Pontife romain ou des vice-chanceliers de la sainte Cour romaine ou de ceux qui tiennent leur place, ou par mandement du même souverain Pontife; comme aussi ceux qui publient, en les falsifiant, les lettres apostoliques en forme de brefs, ou ceux qui signent faussement de telles suppliques des noms du souverain Pontife, ou du vice-chancelier, ou de celui qui le remplace.

» 10° Ceux qui absolvent le complice du péché honteux, même à l'article de la mort, quand un autre prêtre, même non approuvé pour les confessions, pouvait entendre la confession du mourant, sans qu'il s'ensuivît une grave infamie ou un grand scandale.

» 11° Ceux qui usurpent ou retiennent la juridiction, les biens et les rentes qui, du chef de leurs églises, appartiennent aux ecclésiastiques.

» 12° Ceux qui envahissent, détruisent, retiennent eux-mêmes, ou par autrui, les villes, les terres, les lieux et les droits qui appartiennent à l'Eglise romaine; ceux qui y usurpent, y troublent et y retiennent la suprême juridiction, aussi bien que ceux qui leur prêtent aide, conseil ou faveur.

» Nous déclarons que l'absolution de toutes les excommunications ci-dessus énumérées, a été réservée spécialement au souverain Pontife *pro tempore*, et que pour cette absolution une permission générale d'absoudre tous les cas de censure ou d'excommunication réservés au Pontife romain ne suffit pas.

» En outre, Nous révoquons tout indult, à ce relatif, sous quelque forme qu'il ait été donné et à quelque personne que ce soit, régulier de n'importe quel Ordre, Congrégation, Société ou Institut, ou personne, de quelque dignité qu'elle soit revêtue, et quelque digne qu'elle soit d'être pour ce mentionnée spécialement.

» Et ceux qui, sans la permission requise, se permettraient sous quelque prétexte que ce soit, d'absoudre ces cas, qu'ils sachent qu'ils seront liés par les liens de l'excommunication réservée au souverain Pontife, pourvu qu'il ne s'agisse pas du péril de mort, auquel cas on maintient pour les absous l'obligation de se soumettre aux prescriptions de l'Eglise, lorsqu'ils seront revenus à la santé.

» *Sont soumis à l'excommunication* latæ sententiæ *simplement réservée au Saint-Siége* :

» 1° Ceux qui enseignent ou défendent, en public ou en particulier, les propositions condamnées par le Siége apostolique sous peine d'excommunication *latæ sententiæ*; ceux qui enseignent ou défendent comme permise la pratique de demander au pénitent le nom de son complice, pratique condamnée par Benoît XIV dans les constitutions *Suprema* (7 juillet 1745), *Ubi primum* (2 juin 1746) et *Ad eradicandum* (28 septembre 1746).

» 2° Ceux qui, sous l'inspiration du diable, portent la main sur les clercs ou sur les religieux de l'un ou de l'autre sexe. Sont exceptés de la réserve les cas et les personnes qu'un évêque ou tout autre peut absoudre par droit ou privilége.

» 3° Ceux qui se battent en duel, ou même simplement ceux qui provoquent au duel. Ceux qui l'acceptent, les complices et ceux qui se prêtent à le favoriser, les témoins et ceux qui le permettent ou ne l'empêchent pas dans la mesure de leurs forces, quelle que soit leur dignité, fussent-ils rois ou empereurs.

» 4° Ceux qui ont donné leur nom à la secte maçonnique, à celle des *carbonari* ou à toutes les autres sectes du même genre, qui travaillent ouvertement ou secrètement contre l'Église ou ses pouvoirs légitimes, ceux qui favorisent ces sectes de quelque manière que ce soit, et enfin ceux qui ne dénoncent pas leurs coryphées occultes et leurs chefs, aussi longtemps qu'ils ne les auront pas dénoncés.

» 5° Ceux qui ordonnent de violer l'immunité de l'asile ecclésiastique ou qui le violent par une audace téméraire.

» 6° Ceux qui en entrant dans les monastères sans une permission légitime, violent la clôture des religieuses, quels que soient leur famille, leur condition, leur sexe et leur âge ; ceux qui introduisent ou admettent les violateurs, aussi bien que les religieuses qui sortent de la clôture en dehors des cas et des règles prescrites par saint Pie V, dans sa constitution *Decori*.

» 7° Les femmes qui violent la clôture des réguliers, aussi bien que les supérieurs ou tous autres par qui elles sont admises.

» 8° Tous ceux qui se rendent coupables de simonie réelle, dans n'importe quel bénéfice, aussi bien que leurs complices.

» 9° Tous ceux qui se rendent coupables de simonie confidentielle, quelle que soit leur dignité.

» 10° Tous ceux qui se rendent coupables de simonie réelle pour l'entrée en religion.

» 11° Ceux qui, faisant marché des indulgences et des autres grâces spirituelles, tombent sous le coup de l'excommunication prononcée par la constitution *Quam plenum* de saint Pie V (2 janvier 1554).

» 12° Ceux qui reçoivent des aumônes d'un trop grand prix pour dire des messes, et qui en tirent profit en faisant célébrer ces messes dans des endroits où le prix des messes est ordinairement moins élevé.

» 13° Tous ceux qui tombent sous l'excommunication prononcée par les Constitutions, qui regardent l'aliénation et l'inféodation des villes et des lieux appartenant à la sainte Église, et qui sont : Constitution *Admonet nos* de saint Pie V (4 des calendes d'avril 1567), *Quæ ab hac sede* d'Innocent IX (veille des nones de novembre 1591), *Ad Romani Pontificis curam* de Clément VIII (26 juin 1592), *Inter cæteras* d'Alexandre VII (9 des calendes de novembre 1660).

» 14° Les religieux qui, en dehors du cas de nécessité, administrent aux clercs et aux laïques, sans la permission du curé, le sacrement de l'Extrême-Onction ou de l'Eucharistie en viatique.

» 15° Ceux qui, sans autorisation légitime, enlèvent les reliques des cimetières sacrés ou des catacombes de la ville de Rome et de son territoire, aussi bien que ceux qui les aident ou les favorisent.

» 16° Ceux qui conservent des rapports avec celui qui a été nommément excommunié par le Pape pour ses crimes (l'expression latine *in crimine criminoso* ne peut être ici rendue dans toute sa force), ceux qui l'aident et le favorisent.

» 17° Les clercs qui sciemment et spontanément font participer aux divins mystères les personnes nominativement excommuniées par le souverain Pontife ou qui les admettent aux fonctions sacrées.

» *Sont soumis à l'excommunication* latæ sententiæ, *réservée aux évêques ou ordinaires :*

» 1° Les clercs revêtus des ordres sacrés ; les religieux et les religieuses qui, après avoir fait vœu solennel de chasteté, ne craignent pas de contracter mariage ; aussi bien que ceux qui ne craignent pas de contracter mariage avec quelqu'une des personnes susdites.

» 2° Ceux qui pratiquent un avortement suivi d'effet.

» 3° Ceux qui se servent sciemment de lettres apostoliques fausses ou qui coopèrent au crime en cette matière.

» *Sont soumis à l'excommunication qui n'est réservée à personne :*

» 1° Ceux qui ordonnent aux prêtres et les contraignent de donner la sépulture ecclésiastique aux hérétiques notoires, et à tous ceux qui sont excommuniés nominativement et aux interdits.

» 2° Ceux qui persécutent et cherchent à effrayer les inquisiteurs, les dénonciateurs, les témoins et les autres ministres du Saint-Office ; ceux qui lacèrent ou brûlent les écritures de ce saint tribunal ; ceux qui fournissent pour ces actes leur aide, leurs conseils et leur faveur.

» 3° Ceux qui aliènent et osent recueillir les biens ecclésiastiques sans le bon plaisir apostolique donné en la forme de l'extravagante *Ambitiosæ* de Reb. Ecc. non alienandis.

» 4° . . . .

» En outre des cas d'excommunication énumérés ci-dessus, Nous déclarons encore une fois excommuniés tous ceux qu'a excommuniés le saint Concile de Trente, soit avec réserve de l'absolution au souverain Pontife ou aux Ordinaires, soit sans réserve. Est exceptée la peine de l'anathème portée dans le décret de la session IV, *De editione et usu sacrorum librorum*, à laquelle Nous voulons que ceux-là seulement soient soumis qui impriment ou font imprimer, sans l'approbation de l'Ordinaire, des livres traitant des choses saintes.

» SUSPENSES *latæ sententiæ* RÉSERVÉES AU SOUVERAIN PONTIFE.

» 1° Sont suspendus *ipso facto* de la perception de leurs bénéfices, selon le bon plaisir du Saint-Siège, les chapitres des églises, les congrégations des monastères et tous ceux qui admettent au gouvernement et à l'administration de ces églises et de ces monastères les évêques et les autres prélats qui se sont pourvus près du Saint-Siège, avant qu'ils aient montré les lettres apostoliques concernant leur promotion.

» 2° Sont suspendus *ipso jure*, pour trois ans, de la faculté de conférer les ordres, ceux qui ordonnent un sujet dépourvu de titre, de bénéfice ou de patrimoine, sous la condition qu'une fois ordonné, il ne demandera pas de ressources pour son entretien.

» 3° Sont suspendus *ipso jure*, pour un an, de

la faculté d'administrer les ordres, ceux qui ordonnent un sujet étranger sans lettres démissoires de son évêque, même sous prétexte de bénéfice à lui conférer ou déjà conféré, mais tout à fait insuffisant ; ceux mêmes qui ordonnent leur propre sujet, mais après qu'il a fait ailleurs un si long séjour, qu'il a pu contracter où il était un empêchement canonique, et lorsqu'il ne présente pas les lettres testimoniales requises de l'évêque de l'endroit où il était.

» 4° Est suspendu *ipso jure*, pour un an, de la collation des ordres, celui qui, hors du cas de privilége intime, aura conféré les ordres sacrés, soit à un clerc de quelque congrégation où l'on ne fait point de vœu solennel et qui n'a ni patrimoine ni titre de bénéfice, soit même à un religieux qui n'est pas encore profès.

» 5° Sont suspendus *ipso jure* pour toujours de l'exercice des ordres, les religieux élus qui vivent hors de leur couvent.

» 6° Sont suspendus *ipso jure* de l'ordre qu'ils ont reçu tous ceux qui ont osé recevoir cet ordre de quiconque a été excommunié, suspendu ou nominativement interdit, d'un hérétique ou d'un schismatique notoire : quant à celui qui a été ordonné de bonne foi par l'une des personnes susdites, Nous déclarons qu'il n'aura pas l'exercice de l'ordre reçu de la sorte, jusqu'à ce qu'il ait reçu dispense.

» 7° Sont suspendus *ipso jure*, selon le bon plaisir du Saint-Siège, des ordres qu'ils auront reçus, les clercs séculiers étrangers à Rome et qui vivent à Rome depuis plus de quatre mois et qui auront été ordonnés par un autre que leur Ordinaire, sans la permission du cardinal-vicaire ou sans examen préparatoire passé devant lui ; ceux mêmes qui auront été ordonnés par leur Ordinaire, mais après avoir été refusés à l'examen dont nous venons de parler ; les clercs qui appartiennent à l'un des six diocèses suburbains et qui auront été ordonnés hors de leur diocèse, si les lettres dimissoires de leur Ordinaire ont été envoyées à un autre qu'au cardinal-vicaire, ou bien s'ils n'ont pas fait précéder la réception de l'Ordre d'exercices spirituels accomplis pendant dix jours dans la maison que les prêtres dits de la Mission ont à Rome. Quant aux évêques qui les auront ordonnés, ils seront suspendus pendant un an de l'usage des droits pontificaux.

» INTERDITS *latæ sententiæ* RÉSERVÉS.

» 1° Sont soumis *ipso jure* à l'interdit spécialement réservé au souverain Pontife, les universités, colléges et chapitres quel que soit leur nom, qui en appellent des ordres ou mandements du souverain Pontife régnant *pro tempore*, au futur Concile.

» 2° Ceux qui célèbrent sciemment ou font célébrer les saints mystères dans des lieux interdits par un Ordinaire ou par un juge délégué ou de droit, aussi bien que ceux qui admettent aux divins offices ou aux sacrements ecclésiastiques ou à la sépulture chrétienne ceux qui sont excommuniés nominativement, tous ceux-là sont soumis *ipso jure* à l'interdiction d'entrer dans l'église jusqu'à ce qu'ils aient fait une amende suffisante au jugement de celui dont ils ont méprisé la sentence.

» Enfin, Nous voulons et déclarons également que tous ceux que le saint Concile de Trente a décrétés suspens ou interdits *ipso jure*, encourent la suspense ou l'interdit.

» Quant aux censures soit d'excommunication, soit de suspense, soit d'interdit, qui ont été portées par Nos constitutions ou par celles de Nos prédécesseurs, ou par les sacrés canons, outre celles que Nous avons révisées et qui ont été jusqu'ici en vigueur, soit pour l'élection du Pontife romain, soit pour le régime intérieur des ordres et des instituts de réguliers, ou des colléges, congrégations, réunions et lieux pieux de quelque nom et de quelque espèce que ce soit, Nous voulons et déclarons que toutes soient confirmées et restent en vigueur.

» Au surplus, Nous décrétons que, dans les nouvelles concessions et nouveaux priviléges, quels qu'ils soient, qui pourront être accordés par le Siège apostolique, on ne devra ni ne pourra d'aucune façon, ni par aucun motif, comprendre la faculté d'absoudre des cas et des censures réservés au Pontife romain, à moins qu'il ne soit fait une mention formelle, explicite et individuelle de ces cas et censures. Quant aux priviléges et aux facultés qui ont été concédés depuis n'importe quelle époque jusqu'aujourd'hui, soit par Nos prédécesseurs, soit même par Nous aux réunions, ordres, congrégations, sociétés et instituts, même réguliers, de quelque espèce que ce soit, même pourvus d'un titre particulier, et même dignes d'une mention spéciale ; Nous voulons que tous ces priviléges et toutes ces facultés soient révoquées, supprimés et abolis, comme effectivement nous les révoquons, supprimons et abolissons, nonobstant tous priviléges, même spéciaux, compris ou non dans le *Corpus juris* ou dans les constitutions apostoliques, toute confirmation apostolique, ou même toute coutume immémoriale, ou toutes clauses quelconques dérogatoires, et d'autres plus efficaces et insolites, auxquelles toutes Nous entendons déroger et dérogeons autant qu'il est besoin.

» Cependant, Nous voulons que soit conservée la faculté d'absoudre, concédée aux évêques par le Concile de Trente, sess. XXIV, cap. VI, *De reform.*, pour toutes les censures réservées au Siège apostolique par la présente constitution, à l'exception seulement de celles que Nous avons déclaré, d'une manière spéciale, être réservées à ce même Siège apostolique.

» Nous proclamons que ces Lettres, que toutes et chacune des choses y constituées et décrétées, et que toutes et chacune des mutations et dérogations qui y sont faites par les Constitutions antérieures de Nos prédécesseurs et même les Nôtres, ou par les autres sacrés canons, même des Conciles généraux et du Concile de Trente lui-même, sont ratifiées et confirmées, et doivent être respectivement ratifiées et confirmées, et obtiennent leur plein et entier effet ; proclamons qu'elles doivent être ainsi jugées et définies par les juges ordinaires et les délégués, aussi bien que par les auditeurs des causes du palais apostolique et par les cardinaux de la sainte Église romaine, même légats *a latere*, et par les nonces du Siège apostolique, et tous autres personnages jouissant ou devant jouir d'une prééminence ou d'un pouvoir quelconque, déclarant qu'à tous et à chacun d'eux est enlevée la faculté et l'autorité de juger et d'interpréter autrement; Nous proclamons vain et inutile pour le présent et pour l'avenir tout ce qui serait attenté contre elles, sciemment ou non, par n'importe quelle autorité, même sous le prétexte de quelque privilége ou de quelque coutume établie maintenant ou dans la suite, et que Nous déclarons être un abus.

» Nonobstant les prémisses et toutes autres dispositions quelconques, constitutions, priviléges, même dignes d'une mention spéciale et individuelle, ainsi que toute coutume quelconque, même de temps immémorial, et toutes autres choses contraires quelles qu'elles soient.

» Qu'il ne soit donc permis à personne de rompre cette page de notre constitution, disposition, limitation, suppression, dérogation et volonté, ou de s'y opposer par une audace téméraire. Si quelqu'un a la présomption de le tenter, qu'il sache qu'il encourra l'indignation de Dieu tout-puissant et des bienheureux Pierre et Paul, ses apôtres.

» Donné à Rome, près Saint-Pierre, l'an de l'Incarnation de Notre-Seigneur 1869, le 4 des ides d'octobre, et de Notre pontificat le 24e. »

Les vingt-quatre membres des commissions dites *de Fide* et *de Disciplina*, furent élus dans la deuxième congrégation générale; ceux de la commission *de Rebus ordinum regularium* furent nommés dans la troisième.

Le 6 janvier, jour de l'Epiphanie, dans une deuxième séance publique des Pères du Concile, eut lieu une cérémonie imposante et pleine d'enseignements. Debout au milieu de l'assemblée inclinée, le Pape récita la belle prière *Adsumus* qui ouvre toutes les délibérations du Concile :

« Nous voici, Seigneur, Esprit-Saint, nous voici, quoique dans l'entrave du péché, rassemblés portant en votre nom. Venez à nous, soyez avec nous, et daignez vous répandre dans nos cœurs. Enseignez-nous ce qu'il faut faire, montrez-nous voies et nos œuvres, et qu'aidés par vous nous puissions en toutes choses nous rendre agréables à Vous.

» Soyez seul l'inspirateur et l'auteur de nos jugements, vous qui seul, avec Dieu le Père et son Fils, possédez un nom glorieux. Ne souffrez pas que nous soyons les perturbateurs de la justice, vous qui aimez la souveraine équité, ni que l'ignorance nous fasse gauchir, ni la faveur faiblir, ni que la considération des présents ou des personnes nous corrompe. Par le don de votre grâce seule, liez-nous à vous de telle sorte que nous soyons un seul en vous, et que rien ne vous fasse dévier du vrai, mais qu'en votre nom réunis nous gardions de tout point exactement la miséricorde et la justice, qu'ici-bas notre jugement ne diffère en rien du vôtre, et que plus tard, ayant fait bien, nous en obtenions la récompense éternelle. *Amen.* »

Cette prière fut suivie du chant des litanies et du *Veni Creator;* puis le Pape, de son trône, lut d'une voix forte mais émue, la profession de foi de Pie IV.

Chaque prélat vint ensuite redire le même serment qui fut ainsi répété au pied du trône pontifical, dans chacune des langues de l'univers catholique : la cérémonie se termina par le chant du *Te Deum.*

Ce fut le 8 janvier, que dans la huitième congrégation générale on distribua les cahiers concernant les matières ayant rapport à la discipline ecclésiastique : les membres de la commission *de Rebus ritus orientalis* furent élus le 10 janvier, et dans la séance du 14 s'ouvrit la discussion sur les *schemata* concernant la discipline...

On vit alors se produire deux *postulata* de tendances tout à fait opposées. Dans le premier, les signataires, au nombre de quarante, demandaient très-humblement et avec instance, au saint Synode œcuménique du Vatican, de vouloir bien affirmer, par un décret, en termes formels, et excluant toute possibilité de douter, que l'autorité du Pontife est souveraine, et par suite exempte d'erreur, lorsqu'il prononce sur les choses de la foi et des mœurs, et qu'il enseigne ce qui doit être cru et tenu, ce qui doit être rejeté et condamné par tous les fidèles de Jésus-Christ. Puis les signataires développaient les raisons de l'opportunité et de la nécessité de la proposition. En même temps un autre *postulatum* était remis à chaque évêque et rappelait 1° qu'il fallait modérer et réprimer certains journaux catholiques; 2° les précautions à prendre pour que le Concile ne fût pas troublé par l'imprudence des journaux publics indisciplinés; 3° qu'il ne fallait pas faire de nouvelles définitions de foi, sinon pour une cause d'absolue nécessité. Les diverses dispositions des augustes membres du Concile devaient produire successivement un certain nombre de *postulata* et de manifestations semblables. A la suite d'une de ces demandes, le règlement intérieur du Concile subit quelques modifications. Le 14 janvier, un *monitum* des cardinaux présidents rappela en termes assez sévères l'obligation de garder strictement le secret sur tout ce qui se passait dans l'enceinte conciliaire.

Les congrégations générales qui suivirent, jusqu'à la quatorzième inclusivement, furent remplies par la discussion sur les matières de la discipline ecclésiastique, pendant que le Père Gratry publiait plusieurs lettres sous ce titre : *Monseigneur d'Orléans et Monseigneur de Malines*. On fut généralement étonné de voir ce grand et aimable esprit quitter les hauteurs de la philosophie pour se mêler à la discussion ardente soulevée sur différents points d'érudition et d'histoire à propos de l'infaillibilité pontificale. Il prétendait que le pape Honorius avait failli, et que l'on avait frauduleusement fait disparaître du bréviaire romain une allusion à cette chute d'un pape dans l'hérésie; il disait encore que les plus grands théologiens, saint Thomas d'Aquin, Melchior Cano, Bellarmin, saint Liguori, tous défenseurs de l'infaillibilité pontificale, ont cité, pour soutenir leur sentiment, une multitude de textes faux, tirés des fausses décrétales et d'autres collections arrangées par des faussaires. La vérité ne pouvant s'appuyer sur le faux, l'infaillibilité pontificale, suivant le Père Gratry, n'existait donc pas.

Ces allégations étaient réfutées d'avance. La controverse ne s'engagea pas moins avec une nouvelle vivacité. Mgr Dechamps et Dom Guéranger répondirent aux opuscules publiés successivement par le Père Gratry. Mgr Rœss, évêque de Strasbourg, dont le diocèse avait donné naissance au philosophe égaré dans les arides sentiers de l'histoire et de l'érudition liturgique, donna une condamnation solennelle de ses écrits qui renfermaient bien des propositions fausses et téméraires. Un grand nombre d'évêques adhérèrent hautement à cette sentence. Très-peu prirent la défense du Père Gratry.

M. de Montalembert avait donné son approbation aux libéraux du *Correspondant* et au Père Gratry. Il l'avait même exprimée en termes amers et peu respectueux pour le Pape comme pour les évêques partisans de la définition. La mort, encore inattendue malgré une cruelle maladie qui le faisait souffrir depuis longtemps, vint l'enlever quelques semaines après à l'affection de tous les catholiques. On l'entendit pousser ce cri suprême : « Pardon, mon Dieu!!! » Et ces paroles, le grand et ferme chrétien les répéta deux fois, avec un inimitable accent d'humilité et de tendresse; puis il inclina la tête vers le crucifix placé entre ses mains, et tomba dans l'assoupissement avant-coureur de l'éternité. Par l'ordre du souverain Pontife, un service solennel fut célébré à Rome en l'honneur de l'illustre défenseur des libertés de l'Eglise. Dans ses dernières années, M. de Montalembert avait composé une remarquable *Histoire des moines d'Occident*.

Parmi les nombreuses répliques que provoquèrent les écrits du Père Gratry, nous devons signaler les Lettres de M. Amédée de Margerie, le philosophe chrétien. Le religieux de l'Oratoire après avoir forcé un texte de Fénelon, lui faisait dire : « Je redoute les ultramontains plus que les hérétiques; » et dans sa pensée vraie, l'archevêque de Cambrai disait : Je redoute les gallicans plus que les hérétiques. « En cette circonstance, dit M. de Margerie, la falsification, quelle que soit sa forme extérieure, est à son maximum; et il faut croire à un excès au moins momentané, d'irréflexion, pour ne pas croire à une intention de fraude. »

« Et maintenant, continue-t-il, je dirai comme vous :

« Ne craignez rien, âmes chrétiennes. » Ne craignez rien dans votre amour pour « la sainte Eglise nôtre mère, » parce qu'il n'est pas vrai, comme on vous l'a dit, que sa politique soit une politique de mensonge, et que le vaisseau qui vous porte soit un vase d'argile que la première tempête briserait en mille pièces. Ne craignez rien dans votre foi, parce qu'il n'est pas vrai que celui à qui Jésus-Christ a remis le soin de confirmer ses frères puisse enseigner solennellement l'erreur de ses lèvres d'où la vérité doit solennellement descendre.

» Le vase d'argile, c'est votre chair mortelle; ce sont vos fautes; ce sont les fautes des hommes, les fautes des Papes qui ne sont point impeccables, les fautes et les erreurs possibles des saints eux-mêmes qui, sur la terre, ne sont ni impeccables ni infaillibles. Mais la foi de Pierre, mais l'assurance de ne point dissiper quand vous recueillez avec lui, mais cette promesse que le rocher qui vous soutient ne sera point ébranlé, mais cette sécurité divine de sentir votre main dans la main d'un guide qui sait la route et qui ne vous jettera pas dans les ténèbres quand vous voulez monter vers la lumière, cela, ce n'est point la vase d'argile qui porte le trésor, c'est une partie du trésor et la garantie du trésor tout entier. Donc prenez confiance et ne craignez rien; vous êtes avec celui à qui le Sauveur Jésus a donné les paroles de la vie éternelle. »

Outre les travaux du Concile et les soins que leur donnait la discussion du dehors, les évêques voulurent édifier la Ville éternelle, pendant l'octave de l'Epiphanie, par des prédications où les uns paraissaient comme orateurs et où les autres formaient un auditoire d'élite. L'église Saint-André *della Valle* gardera le souvenir des accents que firent entendre dans ses murs, sur les plus grands problèmes de l'heure présente, les voix éloquentes de l'épiscopat français.

D'un autre côté, Pie IX, dont l'âme n'est fermée à nulle inspiration heureuse, avait voulu que Rome et le Concile eussent leur exposition artistique et industrielle. Pendant plusieurs mois, des chefs-d'œuvre destinés au culte divin et à la décoration des sanctuaires, s'offrirent à l'admiration des étrangers qui remplissaient la capitale du monde catholique. Ainsi Rome présentait le spectacle réuni de tout ce qui glorifie Dieu, ennoblit l'âme et la conduit au ciel.

Dans la vingt-quatrième congrégation générale, les Pères du Concile ouvraient la discussion sur le *schema de Parvo catechismo*. La question, très-importante en elle-même, puisqu'il s'agissait de décider s'il y aurait, pour tous les diocèses, un petit catéchisme unique, occupa laborieusement six congrégations.

Le jour de la fête de saint Thomas d'Aquin, les *cursores* déposaient au domicile des Pères, sous enveloppe scellée, le schema de l'infaillibilité, composé d'un chapitre assez court, mais clair, complet et destiné à prendre place comme chapitre douzième dans le schema de l'Eglise.

Nous devons constater ici, d'après *l'Univers*, la nouvelle attitude que prit tout à coup le gouvernement français, au moment où la rumeur publique annonçait la prochaine définition du dogme de l'infaillibilité personnelle.

La politique de neutralité bienveillante, adoptée par le ministère Rouher, avait été continuée par le prince de la Tour-d'Auvergne, sous le ministère de M. Forcade; ce fut un vrai succès pour le nouveau ministre des affaires étrangères, M. le comte Daru, au Sénat, dans la presse et dans l'opinion, quand il déclara qu'il suivrait, à l'égard du Concile, la loyale et sage politique de son prédécesseur. Mais il ne demeura point fidèle à ses engagements. Bientôt plusieurs démarches, plusieurs écrits de sa part excitèrent l'inquiétude et les plaintes des catholiques. Le 20 février, il expédia, au marquis de Banneville, ambassadeur à Rome, une dépêche dans laquelle il se faisait l'interprète des adversaires de la définition de l'infaillibilité. Il commençait par expliquer qu'en promettant une neutralité favorable à la liberté du Concile, le gouvernement français avait supposé que l'auguste assemblée ne sortirait pas du domaine de la foi pour soulever des questions politiques. Il prétendait que les projets de constitution sur l'Eglise et sur la primauté du Pape, récemment publiés par la *Gazette d'Augsbourg*, dérogeaient à cette condition. Le cardinal Antonelli, dans une lettre adressée au nonce de Paris, réfuta ces allégations avec toute la solidité et toute la modération qui caractérisent son esprit. Il montra qu'on n'empiétait pas sur le terrain de la politique en proclamant les divines prérogatives, l'autorité et l'indépendance de l'Eglise. Il prouvait que la définition de l'infaillibilité ne pouvait pas avoir les inconvénients qu'on lui attribuait, et en particulier qu'elle n'entraînait, de la part des évêques, aucune espèce de renonciation à leur propre pouvoir ni à l'exercice de leur autorité. Le comte Daru avait conclu, en demandant en vertu du Concordat, que les projets conciliaires fussent communiqués à son gouvernement. Le cardinal répondait qu'il avait établi l'inutilité de cette communication, et que le Concordat n'avait rien dit sur ce point : puis il rappelait les motifs qui avaient empêché le souverain Pontife d'inviter les princes catholiques au Concile. Cette lettre était datée du 19 mars.

Dans le même temps, le ministre des finances, M. Buffet, refusait aux monnaies pontificales le droit de circulation légale, laissant comprendre et surtout laissant répéter, que ces monnaies avaient une valeur intrinsèque inférieure à leur titre; cette conduite du pouvoir parlementaire succédant en France aux influences du pouvoir personnel de Napoléon III, valut au Pape, dans le peuple, plus d'outrages et de malédictions qu'il ne s'en était débité contre lui, depuis dix-huit ans, dans la presse révolutionnaire. Peu de temps après, M. Buffet et M. Daru quittèrent leurs portefeuilles, et l'attitude du gouvernement parut redevenir ce qu'elle était auparavant.

Mais si les bruits du dehors ne venaient pas tous mourir au seuil du Vatican, ils n'interrompaient pas du moins les travaux du Concile. Le 18 mars, dans la trentième congrégation, s'ouvrirent les discussions générales sur le schema de la Foi; elle furent closes seulement le 12 avril, dans la 45ᵉ congrégation, par les votes de tous les Pères, au nombre de 595.

Il n'y avait pas eu de session publique depuis celle du 6 janvier, consacrée à la Profession de foi des évêques.

Les ennemis de l'Eglise escomptant l'impatience légitime des populations catholiques, disaient bien haut que de ce Concile, annoncé avec tant de bruit, sortirait seulement la preuve éclatante de l'impuissance définitive de l'Eglise.

Ces prédictions intéressées reçurent un démenti formel le dimanche de Quasimodo. Nous suivons le compte-rendu du *Journal officiel* de Rome :

« La troisième session du Concile œcuménique du Vatican s'est tenue dans la matinée du dimanche *in Albis*, dans la basilique patriarcale dédiée à saint Pierre, le prince des Apôtres.

» Vers neuf heures du matin, les cardinaux, patriarches, primats, archevêques, évêques, abbés *nullius*, abbés généraux, après avoir adoré le Saint-Sacrement et avoir revêtu les ornements rouges, ainsi que les généraux et vicaires généraux des congrégations régulières et monastiques des ordres mendiants, se sont rendus à leurs places respectives dans la grande salle du Concile, dont l'entrée était gardée par les chevaliers de Saint-Jean de Jérusalem (chevaliers de Malte) et par les gardes-nobles de Sa Sainteté; et ils ont assisté à la messe du Saint-Esprit qui a été chantée par Son Em. le cardinal Bilio.

» Cependant le Saint-Père, ayant pris les ornements pontificaux dans la chapelle Grégorienne, s'est rendu dans la salle, entouré de sa cour, de Mgʳ le vice-camerlingue de la sainte Eglise romaine, du prince assistant au trône, gardien du Concile, de Mgʳ l'auditeur de la Chambre apostolique, du sénateur et des conservateurs de Rome. Près du trône de Sa Sainteté se tenaient Son Em. le cardinal de Angelis, en qualité de prêtre assistant, et LL. Em. les cardinaux Antonelli et Grassellini, en qualité de diacres. Mgʳ Isoard, auditeur de Rote, remplissait les fonctions de sous-diacre apostolique.

» Lorsque le Saint-Père se fût assis sur son trône, Mgʳ Fessler, évêque de Saint-Hippolyte et secrétaire du Concile, alla placer, sur le petit trône préparé sur l'autel, le livre des saints Evangiles.

» Alors commencèrent les supplications secrètes, après lesquelles le Saint-Père récita les oraisons prescrites, les chapelains-chantres chantaient l'antienne voulue. Suivirent les litanies, et Sa Sainteté, arrivée aux invocations pour que le Tout-Puissant daigne bénir, diriger et conserver le synode et la hiérarchie ecclésiastique, se leva et répéta ses invocations en faisant, six fois avec la main droite, le signe de la croix sur la vénérable assemblée. Après les litanies, Sa Sainteté dit les oraisons.

» Ensuite, Son Em. le cardinal Borroméo chanta solennellement l'Evangile tiré des derniers versets du chapitre vingt-huit de saint Matthieu, où on lit ces paroles : « Jésus, s'approchant, leur parla (aux
» onze disciples), disant : Toute puissance m'a été
» donnée dans le ciel et sur la terre. Allez donc,
» enseignez toutes les nations, les baptisant au nom
» du Père, et du Fils, et du Saint-Esprit; leur ensei-
» gnant à garder toutes les choses que je vous ai
» confiées. Et voilà que je suis avec vous tous les
» jours jusqu'à la consommation des siècles. »

» La lecture de l'Evangile fut suivie du chant de l'hymne *Veni Creator Spiritus*, qui fut entonnée par le Saint-Père, et que chantèrent alternativement les Pères et les chapelains-chantres; Sa Sainteté dit l'oraison.

» A ce moment, selon le cérémonial, on aurait dû fermer les portes de la salle, après en avoir fait sortir tous ceux qui n'ont pas le droit d'assister au Concile. Mais le Saint-Père donna ordre de laisser dans la salle tous ceux qui s'y trouvaient, et de permettre aux fidèles accourus à Saint-Pierre de voir la cérémonie en enlevant les cloisons, comme on l'avait fait pour les deux sessions publiques précédentes.

» Mgʳ Fessler, secrétaire du Concile, et Mgʳ Valenziani, évêque de Fabriano et Matelica, se présentèrent alors devant le trône pontifical, et le premier remit au Saint-Père, qui la remit aussitôt au second, la Constitution qui devait être promulguée.

» Mgʳ Valenziani, étant monté sur l'ambon, lut à haute voix la Constitution dogmatique *de Fide catholica*, et, après en avoir terminé la lecture, adressa cette demande aux Pères :

» *Reverendissimi Patres, placentne Vobis decreta et canones, qui in hac Constitutione continentur?* Révérendissimes Pères, les décrets et canons contenus dans cette Constitution vous plaisent-ils?

» Sur ce, on fit l'appel nominal des Pères, chacun d'eux devant répondre *placet* ou *non placet*.

» Les Pères présents étaient au nombre de 667. Tous ont approuvé. Les voix étaient recueillies par les scrutateurs et les protonotaires, aidés des notaires adjoints.

» Ces prélats, accompagnés par le secrétaire du Concile, en présentèrent le dépouillement au Pape, et Sa Sainteté, dans son autorité suprême, sanctionna les décrets et canons en prononçant solennellement cette formule : « *Decreta et canones, qui in Constitutione modo lecta continentur, placuerunt omnibus Patribus*, NEMINE DISSENTIENTE, *Nosque, sacro approbante Concilio, illa et illos, ita ut lecta sunt, definimus, et Apostolica Auctoritate confirmamus*. Les décrets et les canons, contenus dans la Constitution qui vient d'être lue, ont plu à tous les Pères *sans exception*, et nous, le saint Concile approuvant, Nous définissons et Nous confirmons par Notre autorité apostolique les uns et les autres, tels qu'ils ont été lus. »

» Puis elle adressa aux Pères cette courte allocution latine, que nous reproduisons en la traduisant :

« Tous les Pères du Concile ayant, sans exception aucune, répondu *placet* aux décrets et aux canons que l'on vient de lire, Nous-mêmes, Nous définissons dans le même sens les vérités contenues dans ces décrets et canons, que nous confirmons de Notre autorité apostolique.

» Vous voyez, très-chers Frères, combien il est bon et doux de marcher d'accord dans la maison du Seigneur, de marcher dans la paix. Marchez toujours ainsi. Et parce que, à pareil jour, Notre-Seigneur Jésus-Christ donna la paix à ses Apôtres, moi aussi, qui suis son Vicaire indigne, en son nom, je vous donne la paix.

» Cette paix, vous le savez, chasse la crainte. Cette paix, vous le savez encore, fait fermer les oreilles aux discours du dehors. Oh! que cette paix vous accompagne tous les jours de votre vie! Qu'elle soit votre consolation! Qu'elle soit votre force au moment de la mort! Qu'elle soit votre joie éternelle dans les cieux! »

» Et tous les Pères répondirent *Amen!* »

» Cet acte achevé, les promoteurs du Concile se sont présentés devant le trône et ont prié les prélats protonotaires apostoliques de rédiger le procès-verbal de ce qui venait de se passer; à quoi le doyen de ces prélats a répondu qu'il le ferait, en prenant pour témoins Mgr le majordome et Mgr le maître de chambre de Sa Sainteté.

» Enfin, le Saint-Père a entonné le *Te Deum*, qu'ont achevé alternativement les chantres et les Pères, unis au peuple assemblé dans la basilique. Sa Sainteté dit ensuite l'oraison et donna la bénédiction apostolique, et le cardinal-prêtre assistant publia l'indulgence plénière.

» Ainsi se termina la troisième session du Concile. Ayant quitté ses ornements pontificaux, le Saint-Père rentra dans ses appartements et l'assemblée se sépara vers une heure un quart de l'après-midi.

» A cette cérémonie assistaient dans les galeries LL. AA. RR. le duc et la duchesse de Modène, le duc et la duchesse de Parme, le comte et la comtesse de Caserte, la comtesse de Girgenti, Dona Isabelle de Portugal, le duc de Nemours, le duc et la duchesse d'Alençon et le grand-duc de Mecklembourg-Schwérin, ainsi que les membres du corps diplomatique accrédité près le Saint-Siège, et d'autres personnages romains et étrangers. Les galeries supérieures étaient occupées par les théologiens et les canonistes du Concile. Le concours du peuple était immense. »

Voici le texte de la *Constitution dogmatique sur la foi catholique*, votée dans cette séance solennelle du 24 avril.

« PIE, ÉVÊQUE,
» SERVITEUR DES SERVITEURS DE DIEU,
» *Sacro approbante Concilio ad perpetuam rei memoriam.*

» Le Fils de Dieu et le Rédempteur du genre humain, Notre Seigneur Jésus-Christ, sur le point de retourner à son Père céleste, promit d'être avec son Eglise militante sur la terre tous les jours, jusqu'à la consommation des siècles. C'est pourquoi, en aucun temps, il n'a cessé d'être avec son épouse bien-aimée, de l'assister dans son enseignement, de bénir ses œuvres et de la secourir dans ses périls. Or, cette Providence salutaire, qui a constamment éclaté par beaucoup d'autres bienfaits innombrables, s'est manifestée principalement par les fruits abondants que l'univers chrétien a retirés des Conciles, et nommément du Concile de Trente, bien qu'il ait été célébré en des temps mauvais. En effet, grâce à eux, on a vu les dogmes très-saints de la religion définis avec plus de précision et exposés avec plus de développement, les erreurs condamnées et arrêtées, la discipline ecclésiastique rétablie et raffermie avec plus de vigueur, le clergé excité à l'amour de la science et de la piété, des collèges établis pour préparer les adolescents à la sainte milice, enfin les mœurs du peuple chrétien restaurées par un enseignement plus attentif des fidèles et par un plus fréquent usage des sacrements. En outre, on a vu, grâce aux Conciles, la communion rendue plus étroite entre les membres et la tête visible du corps mystique de Jésus-Christ, qui en recevait une plus grande vigueur; les familles religieuses se multiplier ainsi que les autres institutions de la piété chrétienne; et se maintenir constamment le zèle poussé jusqu'à l'effusion du sang, pour propager au loin, dans tout l'univers, le règne de Jésus-Christ.

» Toutefois, en rappelant dans la joie de notre âme ces bienfaits et d'autres encore, que la divine Providence a accordés à l'Eglise, surtout par le dernier Concile, nous ne pouvons retenir l'expression de notre grande douleur à cause de maux très-graves survenus principalement parce que, chez un grand nombre, on a méprisé l'autorité de ce saint Synode et négligé ses sages décrets.

» En effet, personne n'ignore qu'après avoir rejeté le divin magistère de l'Eglise, et les choses de la religion étant laissées ainsi au jugement de chacun, les hérésies, proscrites par les Pères, se sont divisées peu à peu en sectes multiples éparses et se combattant entre elles, de telle sorte qu'un grand nombre ont perdu toute foi en Jésus-Christ. Elles en sont venues à ne plus tenir pour divine la sainte Bible elle-même, qu'elles affirmaient autrefois être la source unique et le seul juge de la doctrine chrétienne, et même à l'assimiler aux fables mystiques.

» C'est alors qu'a pris naissance et que s'est répandue au loin dans le monde cette doctrine du rationalisme ou du naturalisme qui, s'attaquant par tous les moyens à la religion chrétienne parce qu'elle est une institution surnaturelle, s'efforce avec une grande ardeur d'établir le règne de ce qu'on appelle la raison pure et la nature, après avoir arraché le Christ, notre seul Seigneur et Sauveur, de l'âme humaine, de la vie et des mœurs des peuples. Or, après qu'on eût nié Dieu et son Christ, l'esprit d'un grand nombre s'est jeté dans l'abîme du panthéisme, du matérialisme et de l'athéisme, à ce point que niant la nature rationnelle elle-même et toute règle du droit et du juste, ils s'efforcent de détruire les premiers fondements de la société humaine.

» Il est donc arrivé que cette impiété, s'étant accrue de toutes parts, plusieurs des fils de l'Eglise catholique eux-mêmes s'écartaient du chemin de la vraie piété, et qu'en eux le sens catholique s'était amoindri par l'amoindrissement insensible des vérités. Car, entraînés par les diverses doctrines étrangères, et confondant malicieusement la nature et la grâce, la science humaine et la foi divine, ils s'efforcent de détourner de leur science propre les dogmes que tient et enseigne la sainte Eglise notre mère, et de mettre en péril l'intégrité et la sincérité de la foi.

» Au spectacle de toutes ces calamités, comment se pourrait-il faire que l'Eglise ne fût émue jusqu'au fond de ses entrailles? Car, de même que Dieu veut le salut de tous les hommes et qu'ils arrivent à la reconnaissance de la vérité, de même que Jésus-Christ est venu afin de sauver ce qui était perdu et de rassembler dans l'unité les fils de Dieu qui étaient dispersés; de même l'Eglise, établie par Dieu mère et maîtresse des peuples, sait qu'elle se doit à tous, et elle est toujours disposée et préparée à relever ceux qui sont tombés, à soutenir les défaillants, à embrasser ceux qui reviennent à elle, à confirmer les bons et à les pousser vers la perfection. C'est pourquoi elle ne peut s'abstenir en aucun temps d'attester et de prêcher la vérité de Dieu qui guérit toutes choses, car elle n'ignore pas qu'il lui a été dit : « Mon esprit qui est en moi et mes paroles que j'ai posées sur tes lèvres, ne s'éloigneront jamais de tes lèvres, maintenant et pour l'éternité (Is. LIV, 21). »

» C'est pourquoi, Nous attachant aux traces de Nos prédécesseurs, et selon les devoirs de Notre charge apostolique, Nous n'avons jamais cessé d'enseigner et de défendre la vérité catholique et de réprouver les doctrines perverses. Mais à présent, au milieu des évêques du monde entier siégeant avec Nous et jugeant, réunis dans le Saint-Esprit par Notre autorité en ce saint Synode, et appuyés sur la parole de Dieu écrite ou transmise par la tradition telle que Nous l'avons reçue saintement conservée et fidèlement exposée par l'Eglise catholique, Nous avons résolu de professer et de déclarer du haut de cette chaire de Pierre, en face de tous, la doctrine salutaire de Jésus-Christ, en proscrivant et condamnant les erreurs contraires, au nom de l'autorité qui Nous a été confiée par Dieu.

» CHAPITRE I.

» DE DIEU, CRÉATEUR DE TOUTES CHOSES.

» La sainte Eglise catholique, apostolique, romaine, croit et confesse qu'il y a un Dieu vrai et vivant, Créateur et Seigneur du ciel et de la terre, tout-puissant, éternel, immense, incompréhensible, infini par l'intelligence et la volonté, et par toute perfection; qui étant une substance spirituelle, unique, absolument simple et immuable, doit être prêché comme réellement et par essence distinct du monde, très-heureux en soi et de soi, et indiciblement élevé au-dessus de tout ce qui est et peut se concevoir en dehors de lui.

» Ce seul vrai Dieu, par sa bonté et sa vertu toute-puissante, non pas pour augmenter son bonheur ou l'acquérir, mais pour manifester sa perfection par les biens qu'il distribue aux créatures, et par sa volonté pleinement libre, a créé de rien, dès le commencement du temps, l'une et l'autre créature, la spirituelle et la corporelle; l'angélique et la mondaine, et ensuite la créature humaine formée comme étant pour ainsi dire commune, d'un esprit et d'un corps (Concile de Latran, IV, c. 1, *Firmiter*).

» Or, Dieu protège et gouverne par sa Providence tout ce qu'il a créé, atteignant avec force le monde d'un bout à l'autre et disposant toutes choses avec suavité (Sagesse, VIII, 1), car toutes choses sont nues et ouvertes devant ses yeux (Cf. Hébr., IV, 13), et même ce qui doit arriver par l'action libre des créatures.

» CHAPITRE II.

» DE LA RÉVÉLATION.

» La même sainte Eglise, notre mère, tient et enseigne que Dieu, principe et fin de toutes choses, peut être certainement connu par les lumières naturelles de la raison humaine, au moyen des choses créées (Rom., I, 20). Cependant, il a plu à la sagesse et à la bonté de Dieu de se révéler lui-même à nous et de nous révéler les décrets de sa volonté par une autre voie, qui est la voie surnaturelle, selon ce que dit l'Apôtre : « Dieu, qui a parlé à nos pères par les prophètes de plusieurs manières, nous a parlé en ces derniers temps et de nos jours par son Fils. (Hébr., I, 1-2).

» C'est à cette révélation divine que tous les hommes doivent de pouvoir, même dans l'état présent du genre humain, promptement connaître, d'une absolue certitude et sans aucun mélange d'erreur, celles des choses divines qui ne sont pas de soi inaccessibles à la raison humaine. Ce n'est pas à dire que la révélation soit pour cela absolument nécessaire, mais c'est que Dieu, dans sa bonté infinie, a ordonné l'homme pour une fin surnaturelle, c'est-à-dire pour participer aux biens divins qui surpassent absolument l'intelligence de l'homme, car l'œil de l'homme n'a point vu, son oreille n'a point entendu, son cœur n'a pu s'élever à comprendre ce que Dieu a préparé pour ceux qui l'aiment (1. Cor., II, 9).

» Or, cette révélation surnaturelle, selon la foi de l'Eglise universelle qui a été proclamée par le saint Concile de Trente, est contenue dans les livres écrits et dans les traditions non écrites qui, reçues de la bouche de Jésus-Christ même par les Apôtres, ou transmises comme par les mains des Apôtres sous l'inspiration du Saint-Esprit, sont venues jusqu'à nous (Concile de Trente, session IV, Décret de *Can. Script.*). Et ces livres de l'Ancien et du Nouveau Testament doivent être tenus pour saints et canoniques en entier dans toutes leurs parties, tels qu'ils sont énumérés dans le décret du Concile de Trente et dans la vieille édition latine de la Vulgate. Ces livres, l'Eglise les tient pour saints et canoniques, non point parce que, composés par la seule habileté humaine, ils ont été ensuite approuvés par l'autorité de l'Eglise, non-seulement parce qu'ils contiennent la révélation sans erreur, mais parce que, écrits sous l'inspiration de l'Esprit-Saint, ils ont Dieu pour auteur et ont été livrés comme tels à l'Eglise elle-même.

» Mais parce que quelques hommes jugent mal ce que le saint Concile de Trente a décrété salutairement touchant l'interprétation de la divine Ecriture, afin de maîtriser les esprits en révolte, Nous, renouvelant le même décret, Nous déclarons que l'esprit de ce décret est que, sur les choses de la foi et des mœurs qui concernent l'édifice de la doctrine chrétienne, il faut tenir pour le vrai sens de la sainte Ecriture celui qu'a toujours tenu et que tient notre sainte mère l'Eglise, à qui il appartient de déterminer le vrai sens et l'interprétation des saintes Ecritures; en sorte qu'il n'est permis à personne d'interpréter l'Ecriture contrairement à ce sens, ou même contrairement au sentiment unanime des Pères.

» CHAPITRE III.

» DE LA FOI.

» Puisque l'homme dépend tout entier de Dieu comme de son Créateur et de son Seigneur, puisque la raison créée est absolument soumise à la vérité incréée, nous sommes tenus de fournir à Dieu, par la foi, l'hommage complet de notre intelligence et de notre volonté. Or, cette foi, qui est le commencement du salut de l'homme, l'Eglise catholique professe que c'est une vertu surnaturelle, par laquelle, avec l'inspiration et la grâce de Dieu, nous croyons vraies les choses qu'il nous a révélées, non pas à cause de la vérité intrinsèque des choses perçues par les lumières de la raison, mais à cause de l'autorité de Dieu lui-même, qui nous les révèle et qui ne peut être ni trompé ni tromper. Car la foi, selon le témoignage de l'Apôtre, c'est la substance des choses qui font l'objet de l'espérance, la raison des choses qui ne paraissent pas (Héb., XI, 1).

» Néanmoins, afin que l'hommage de notre foi fût en accord avec la raison, Dieu a voulu ajouter aux secours intérieurs de l'Esprit-Saint les preuves extérieures de sa révélation, à savoir les faits divins et surtout les miracles et les prophéties, lesquels en montrant abondamment la toute-puissance et la science infinie de Dieu, sont des signes très-certains de la révélation divine et appropriés à l'intelligence de tous. C'est pour cela que Moïse et les Prophètes, et surtout Notre Seigneur Jésus-Christ ont fait tant de miracles et de prophéties d'un si grand éclat; c'est pour cela qu'il a dit des Apôtres : « Pour eux, s'en étant allés, ils prêchèrent partout avec la coopération du Seigneur, qui confirmait leurs paroles par les miracles qui suivaient (Marc, XVI, 20). » Et encore : « Nous avons une parole prophétique certaine, à laquelle vous faites bien de prendre garde comme à une lumière qui luit dans un endroit ténébreux (Petr., I, 19). »

» Car, bien que l'assentiment de la foi ne soit pas un aveugle mouvement de l'esprit, personne cependant ne peut adhérer à la révélation évangélique, comme il le faut pour obtenir le salut, sans une illumination et une inspiration de l'Esprit-Saint qui donne à tous la suavité du consentement et de la croyance à la vérité (Syn. Araus., II, can. 7). C'est pourquoi la foi en elle-même, alors même qu'elle n'opère pas par la charité, est un don de Dieu, et son acte est une œuvre qui se rapporte au salut, acte par lequel l'homme offre à Dieu lui-même une libre obéissance, en concourant et en coopérant à sa grâce à laquelle il pourrait résister.

» Or, on doit croire d'une foi divine et catholique tout ce qui est contenu dans les saintes Ecritures et dans la Tradition, et tout ce qui est proposé par l'Eglise comme vérité divinement révélée, soit en vertu d'un jugement solennel, soit dans l'exercice de son magistère ordinaire et universel.

» Mais parce qu'il est impossible sans la foi de plaire à Dieu et d'entrer en partage avec ses enfants, personne ne se trouve justifié sans elle, et ne parvient à la vie éternelle s'il n'y a persévéré jusqu'à la fin. Et pour que nous puissions satisfaire au devoir d'embrasser la vraie foi et d'y demeurer constamment, Dieu, par son Fils unique, a institué l'Eglise et l'a pourvue de marques visibles de son institution, afin qu'elle puisse être reconnue de tous comme la gardienne et la maîtresse de la parole révélée. Car à l'Eglise catholique seule appartiennent ces caractères si nombreux et si admirables établis par Dieu pour rendre évidente la crédibilité de la foi chrétienne. Bien plus, l'Eglise par elle-même, avec son admirable propagation, sa sainteté éminente et son inépuisable fécondité pour tout bien, avec son unité catholique et son immuable stabilité, est d'un grand et perpétuel argument de crédibilité, un témoignage irréfragable de sa mission divine.

» Et par là, comme un signe dressé au milieu des nations (Is., XI, XII), elle attire à elle ceux qui n'ont pas encore cru, et elle apprend à ses enfants que la foi qu'ils professent repose sur un très-solide fondement.

» A ce témoignage, j'ajoute le secours efficace de la vertu d'en-haut. Car le Seigneur très-miséricordieux excite et aide par sa grâce les errants, afin qu'ils puissent arriver à la connaissance de la vérité, et ceux qu'il a tirés des ténèbres à son admirable lumière, il les confirme par sa grâce, qui ne manque que lorsqu'on y manque, afin qu'ils demeurent dans cette même lumière. Aussi tout autre est la condition de ceux qui ont adhéré à la vérité catholique par le don divin de la foi, et de ceux qui, conduits par les opinions humaines, suivent une fausse religion; car ceux qui ont embrassé la foi sous le gouvernement de l'Eglise ne peuvent jamais avoir aucun juste motif de l'abandonner et de révoquer en doute cette foi. C'est pourquoi, rendant grâces à Dieu le Père qui nous a faits dignes de participer au sort des saints dans la lumière, ne négligeons pas un si grand avantage; mais plutôt, les yeux attachés sur Jésus, l'auteur et le consommateur de la foi, gardons le témoignage inébranlable de notre espérance.

» CHAPITRE IV.

» DE LA FOI ET DE LA RAISON.

» L'Eglise catholique a toujours tenu aussi et tient d'un consentement perpétuel qu'il existe un ordre double de connaissance, distinct non-seulement en principe mais dans son objet : en principe, parce que dans l'un nous connaissons par la raison naturelle, dans l'autre par la foi divine; objectivement, parce qu'en dehors des choses auxquelles la raison naturelle peut atteindre, il y a des mystères cachés en Dieu proposés à notre croyance, que nous ne pouvons connaître que par la révélation divine. C'est pourquoi l'Apôtre, qui atteste que Dieu est connu aux nations par les choses créées, dit cependant, à propos de la grâce et de la vérité qui a été faite par Jésus-Christ (Joan., I, 17) : Nous parlons de la sagesse de Dieu en mystère, sagesse cachée que Dieu a prédestinée pour notre gloire avant les siècles, qu'aucun des princes de ce siècle n'a connue, mais Dieu nous l'a révélée par son esprit; car l'esprit scrute toutes choses, les profondeurs mêmes de Dieu (1. Cor., II, 7, 9). — Et le Fils unique lui-même rend témoignage au Père, de ce qu'il a caché ces choses aux sages et aux prudents et les a révélées aux petits (Matth., XI, 25).

» Lorsque la raison, de son côté, éclairée par la foi, cherche soigneusement, pieusement et prudemment, elle trouve, par le don de Dieu, quelque intelligence très-fructueuse des mystères, tant par l'analogie des choses qu'elle connaît naturellement, que par le rapport des mystères qui existent entre eux et avec la fin dernière de l'homme, sans toutefois être jamais apte à les percevoir comme les vérités qui constituent son objet propre. Car les mystères divins surpassent tellement par leur nature l'intellect créé, que, bien que transmis par la révélation et reçus par la foi, ils demeurent encore couverts du voile de la foi elle-même, et comme enveloppés d'une sorte de brouillards tant que nous voyageons en étrangers dans cette vie mortelle, hors de Dieu; car nous marchons guidés par la foi et non par la vue (2. Cor., V, 7).

» Mais quoique la foi soit au-dessus de la raison, il ne peut jamais y avoir de véritable désaccord entre la foi et la raison; car c'est le même Dieu qui révèle les mystères et communique la foi, qui a répandu dans l'esprit humain la lumière de la raison et Dieu ne peut se nier lui-même ni le vrai contredire jamais au vrai. Cette apparence imaginaire de contradiction vient principalement ou de ce que les dogmes de la foi n'ont pas été compris et exposés suivant l'esprit de l'Eglise, ou de ce que les erreurs des opinions sont prises pour les jugements de la raison. Nous déclarons donc toute proposition contraire à une vérité attestée par la foi, absolument fausse (Concile de Latran, V. Bulle *Apostolici regiminis*). Or, l'Eglise qui a reçu avec la mission apostolique d'enseigner, le mandat de garder le dépôt de la foi, tient aussi de Dieu le droit et la charge de proscrire la fausse science, afin que nul ne soit trompé par la philosophie et la vaine sophistique (Coloss., II, 8). C'est pourquoi tous les chrétiens fidèles, non-seulement ne doivent pas défendre comme des conclusions certaines de la science, les opinions qu'on sait être contraires à la doctrine de la foi, surtout lorsqu'elles ont été réprouvées par l'Eglise; mais encore ils sont tenus de les tenir bien plutôt pour des erreurs qui se couvrent de l'apparence trompeuse de la vérité.

» Et non-seulement la foi et la raison ne peuvent jamais être en désaccord, mais elles se prêtent un mutuel secours; la droite raison démontre les fondements de la foi, et éclairée par sa lumière, développe la science des choses divines; la foi délivre et prémunit la raison des erreurs, et l'enrichit d'une connaissance multipliée. Bien loin donc que l'Eglise soit opposée à l'étude des arts et des sciences humaines, elle la favorise et la propage de mille manières. Car elle n'ignore ni ne méprise les avantages qui en résultent pour la vie des hommes; bien plus, elle reconnaît que les sciences et les arts venus de Dieu, le maître des sciences, s'ils sont dirigés convenablement, doivent de même conduire à Dieu, avec l'aide de sa grâce; et elle ne défend pas assurément que chacune de ces sciences, dans sa sphère, ne se serve de ses propres principes et de sa méthode particulière; mais tout en reconnaissant cette juste liberté, elle veille avec soin pour les empêcher de se mettre en opposition avec la doctrine divine, en admettant des erreurs ou en dépassant leurs limites respectives pour envahir et troubler ce qui est du domaine de la foi.

» Car la doctrine de la foi que Dieu a révélée n'a pas été livrée comme une invention philosophique aux perfectionnements du génie humain, mais elle a été transmise comme un dépôt divin à l'Epouse du Christ pour être fidèlement gardée et infailliblement enseignée. Aussi doit-on toujours retenir le sens des dogmes sacrés que la sainte Mère l'Eglise a déterminé une fois pour toutes, et ne jamais s'en écarter sous prétexte et au nom d'une intelligence de ces dogmes.

» Croissent donc et se multiplient abondamment, dans chacun comme dans tous, chez tout homme aussi bien que dans toute l'Eglise, durant le cours des âges et des siècles, l'intelligence, la science et la sagesse; mais seulement dans l'ordre qui leur convient, c'est-à-dire dans l'unité de dogme, de sens et d'opinion (1).

» CANONS.

» I.

» *De Dieu créateur de toutes choses.*

» 1. Si quelqu'un nie un seul vrai Dieu créateur et maître des choses visibles et invisibles; qu'il soit anathème.

» 2. Si quelqu'un ne rougit pas d'affirmer qu'en dehors de la matière il n'y a rien; qu'il soit anathème.

» 3. Si quelqu'un dit qu'il n'y a qu'une seule et même substance ou essence de Dieu et de toutes choses; qu'il soit anathème.

(1) Vincent de Lérins, Common., n° 28.

» 4. Si quelqu'un dit que les choses finies soit corporelles, soit spirituelles, ou du moins les spirituelles, sont émanées de la substance divine;

» Ou que la divine essence par la manifestation ou l'évolution d'elle-même devient toutes choses;

» Ou enfin que Dieu est l'Être universel et indéfini qui, en se déterminant lui-même, constitue l'universalité des choses en genres, espèces et individus; qu'il soit anathème.

» 5. Si quelqu'un ne confesse pas que le monde et que toutes les choses qui y sont contenues, soit spirituelles, soit matérielles, ont été quant à toute leur substance, produites du néant par Dieu;

» Ou dit que Dieu a créé, non par sa volonté libre de toute nécessité, mais aussi nécessairement qu'il s'aime lui-même;

» Ou nie que le monde ait été fait pour la gloire de Dieu; qu'il soit anathème.

» II.
» De la révélation.

» 1. Si quelqu'un dit que le Dieu unique et véritable, notre créateur et maître, ne peut pas être connu avec certitude, par la lumière naturelle de la raison humaine, au moyen des choses qui ont été créées; qu'il soit anathème.

» 2. Si quelqu'un dit qu'il ne peut pas se faire, ou qu'il ne convient pas que l'homme soit instruit par la révélation divine de Dieu et du culte qui doit lui être rendu; qu'il soit anathème.

» 3. Si quelqu'un dit que l'homme ne peut pas être divinement élevé à une connaissance et à une perfection qui dépasse sa nature, mais qu'il peut et doit arriver de lui-même à la possession de toute vérité et de tout bien par un progrès continu; qu'il soit anathème.

» 4. Si quelqu'un ne reçoit pas dans leur intégrité, avec toutes leurs parties, comme sacrés et canoniques, les livres de l'Écriture, comme le saint Concile de Trente les a énumérés, ou nie qu'ils soient divinement inspirés; qu'il soit anathème.

» III.
» De la Foi.

» 1. Si quelqu'un dit que la raison humaine est indépendante, de telle sorte que la foi ne peut pas lui être commandée par Dieu, qu'il soit anathème.

» 2. Si quelqu'un dit que la foi divine ne se distingue pas de la science naturelle de Dieu et des choses morales, et que par conséquent il n'est pas requis pour la foi divine, que la vérité révélée soit crue à cause de l'autorité de Dieu, qui en fait la révélation; qu'il soit anathème.

» 3. Si quelqu'un dit que la révélation divine ne peut devenir croyable par des signes extérieurs, et que par conséquent les hommes ne doivent être amenés à la foi que par la seule expérience intérieure de chacun d'eux, ou par l'inspiration privée; qu'il soit anathème.

» 4. Si quelqu'un dit qu'il ne peut y avoir de miracles, et par conséquent, que tous les récits de miracles, même ceux que contient l'Écriture sacrée, doivent être relégués parmi les fables ou les mythes; ou que les miracles ne peuvent jamais être connus avec certitude et que l'origine divine de la religion chrétienne n'est pas valablement prouvée par eux; qu'il soit anathème.

» 5. Si quelqu'un dit que l'assentiment de la foi chrétienne n'est pas libre, mais qu'il est produit nécessairement par les arguments de la raison humaine; ou que la grâce de Dieu n'est nécessaire que pour la foi vivante qui opère par la charité; qu'il soit anathème.

» 6. Si quelqu'un dit que les fidèles et ceux qui ne sont pas encore parvenus à la foi seule véritable sont dans une même situation, de telle sorte que les catholiques peuvent avoir de justes motifs de mettre en doute la foi qu'ils ont reçue sous le magistère de l'Église, en suspendant leur assentiment jusqu'à ce qu'ils aient obtenu la démonstration scientifique de la crédibilité et de la vérité de leur foi; qu'il soit anathème.

» IV.
» De la Foi et de la Raison.

» 1. Si quelqu'un dit que dans la révélation divine il n'y a aucun vrai mystère proprement dit, mais que tous les dogmes de la foi peuvent être compris et démontrés par la raison convenablement cultivée au moyen des principes naturels; qu'il soit anathème.

» 2. Si quelqu'un dit que les sciences humaines doivent être traitées avec une telle liberté que l'on puisse tenir pour vraies leurs assertions, quand même elles seraient contraires à la doctrine révélée ou que l'Église ne peut les proscrire; qu'il soit anathème.

» 3. Si quelqu'un dit qu'il peut se faire qu'on doive quelquefois, selon le progrès des sciences, donner aux dogmes proposés par l'Église un autre sens que celui qu'a entendu et qu'entend l'Église; qu'il soit anathème.

» C'est pourquoi, remplissant le devoir de Notre suprême charge pastorale, Nous conjurons par les entrailles de Jésus-Christ, et par l'autorité de ce même Dieu, notre Sauveur, Nous ordonnons à tous les fidèles du Christ, et surtout à ceux qui sont à leur tête ou qui sont chargés de la mission d'enseigner, qu'ils apportent tout leur zèle et tous leurs soins à écarter et à éliminer ces erreurs de la sainte Église, et à propager la très-pure lumière de la foi.

» Mais, parce que ce n'est pas assez d'éviter le péché d'hérésie, si on ne fuit aussi diligemment les erreurs qui s'en rapprochent plus ou moins, Nous avertissons tous les chrétiens qu'ils ont le devoir d'observer les constitutions et les décrets par lesquels le Saint-Siège a proscrit et condamné les opinions perverses de ce genre, qui ne sont pas énumérées ici tout au long.

» Donné à Rome, en la séance publique solennellement célébrée dans la basilique Vaticane, l'an de l'Incarnation de Notre Seigneur 1870, le 24 avril. De Notre pontificat l'an 24e. »

Les mêmes soupçons qui planèrent sur certaines démarches de M. le comte Daru, relativement au Concile, furent aussi exprimés au sujet de ses instructions et de la conduite de M. Bourée, représentant de la France à Constantinople, dans une triste affaire occasionnée par les dissensions intestines des Arméniens-unis. Nous avons dit que cette discorde avait déjà provoqué l'attention et les sages mesures de Pie IX. Ces mesures aussi indulgentes que possible avaient été confirmées et renouvelées par la constitution *Reversurus*, du 4 juillet 1867. La paix fut de nouveau troublée, au commencement de 1870, par quelques laïcs unis à des prêtres et à des religieux qui reniaient ouvertement l'autorité de Mgr Hassoun, patriarche arménien, et de son vicaire, Mgr Joseph Arakial, et qui ne craignaient pas d'en appeler hypocritement à l'autorité du Pape d'une autorité instituée, consacrée, et maintenue par lui. Le principal ministre du sultan, Aali-Pacha, se montrait favorable à Mgr Hassoun; mais le représentant du Piémont, M. Barbolani, soutenait les rebelles, et l'opinion accusait M. Bourée d'en faire autant.

Le souverain Pontife envoya Mgr Pluym, en qualité de délégat apostolique à Constantinople, pour remédier à cette fâcheuse situation. Avant son départ de Rome, il lui adressa une lettre dans laquelle rappelant tout ce qui avait été précédemment réglé, au sujet de l'Eglise arménienne, il repoussait l'appel et confirmait spécialement les dispositions relatives aux religieux du rit arménien. La mission conciliatrice de Mgr Pluym échoua. L'opiniâtreté des rebelles, perfidement encouragés dans leur désobéissance, ne permit pas à l'indulgence de jouer son rôle. Par une circulaire du 30 mars 1870, le représentant du Saint-Siège avertit les catholiques du rit arménien que les moteurs et les partisans de la révolte étaient frappés des censures ecclésiastiques.

Cette révolte et ces intrigues trouvaient leur reproduction à Rome même, au couvent des Antoniens Arméniens. Ces religieux avaient refusé la visite apostolique. Leur abbé général, Mgr *Casangian*, ne craignit même pas d'invoquer l'appui diplomatique de Rustem-Bey, ambassadeur ottoman à Florence. Là encore il fallut recourir à la sévérité, et retrancher le mal par les peines ecclésiastiques.

Le 23 avril, un grand nombre d'évêques présentèrent à Pie IX un *postulatum* conçu en ces termes :

« Très-Saint-Père, on propage chaque jour, avec un zèle de plus en plus ardent, des écrits par lesquels la tradition catholique est attaquée, la dignité du Concile affaiblie, les esprits des fidèles troublés, les divisions des évêques eux-mêmes accrues, et enfin la paix et l'unité de l'Eglise plus gravement blessées. D'un autre côté, le temps approche où il sera peut-être nécessaire de suspendre les réunions du Concile : le péril de voir la question qui agite les esprits demeurer sans solution, est donc imminent.

» Pour ne pas laisser plus longtemps les âmes des chrétiens emportées par tout vent de doctrine, le Concile œcuménique et l'Eglise catholique exposés aux injures des hérétiques et des incrédules; et le mal qui a déjà pris tant de gravité devenir irrémédiable,

» Les Pères soussignés supplient humblement et instamment Votre Sainteté, Très-Bienheureux Père, de daigner, remplissant la charge qui lui a été confiée par le Christ Notre Seigneur, de paître les brebis et les agneaux, et le devoir qui lui a été imposé de confirmer ses frères, appliquer à de si grands maux le seul remède efficace, en ordonnant que le *schema* sur l'infaillibilité du Souverain Pontife soit sans aucun retard proposé aux délibérations du Concile. »

Dans la séance du 29, le cardinal de Angelis annonça au Concile que le Saint-Père, prenant en considération les nombreuses et instantes demandes des évêques, avait ordonné que le chapitre de *Primatu* et celui de *Infaillibilitate* seraient mis en délibération avant tout le reste du *schema* de l'Eglise. Cette annonce qui coupait court à toute hésitation ultérieure, produisit un effet immense parmi les Pères du Concile. Dans les quatre congrégations suivantes, la question du petit catéchisme reçut une solution complète, et pendant trente-quatre congrégations, les prélats purent à loisir exposer leur sentiment sur la question capitale de l'infaillibilité. Le 13 juin, tous les travaux préparatoires de discussion furent terminés, et cinquante orateurs renoncèrent à la parole : on fit l'appel nominal : 601 prélats y répondirent et le vote sur l'ensemble du *schema* donna les résultats suivants : 451 *placet*: 88 *non placet* : 62 *placet juxtà modum*. Il n'y avait plus dès lors qu'à faire la promulgation solennelle de cette décision depuis longtemps prévue. Nous donnons le récit du journal *le Catholique*.

« Le lundi 18 juillet, le Concile a tenu à la basilique Vaticane, dans la salle conciliaire, près du tombeau du prince des Apôtres, la quatrième session publique pour la promulgation de la première constitution dogmatique *De Ecclesia Christi*.

» Les Pères se sont rendus entre huit et neuf heures du matin, à la basilique de Saint-Pierre, se sont revêtus, dans les chapelles à ce destinées, des ornements pontificaux (chape et mitre), et, après avoir adoré le Saint-Sacrement, se sont rendus individuellement, au fur et à mesure de leur arrivée, à la salle conciliaire où ils ont pris chacun leur place habituelle.

» A neuf heures et quelques minutes, la messe du Saint-Esprit a été célébrée, suivant le cérémonial ordinaire, par S. Em. le cardinal Barilli. Dans les sessions précédentes, il y avait eu grand'messe ; dans celle-ci il n'y a eu qu'une messe basse.

» Vers la fin de la messe, le souverain Pontife, après s'être revêtu des ornements pontificaux, a fait son entrée solennelle dans la salle du Concile par la porte donnant dans la chapelle Grégorienne, accompagné de sa noble antichambre et des principaux personnages de sa cour.

» Le Pape était assisté du plus ancien des cardinaux-prêtres, le cardinal de Angelis, et de deux cardinaux-diacres, le cardinal Grassellini et le cardinal Mertel.

» S. Em. le cardinal Capalti a rempli les fonctions de diacre pour l'Evangile, et Mgr Martin de Avila, auditeur de Rote, celles de sous-diacre apostolique.

» Le Pape ayant pris place sur son trône, le secrétaire du Concile, Mgr Fessler, évêque de Saint-Hippolyte, prenant entre ses mains le livre des saints Evangiles, fut le porter respectueusement à l'autel et le déposa sur le petit trône de velours que venaient de dresser les clercs de chapelle.

» Alors le Pape, tous les Pères étant à genoux, commença par la belle et touchante prière *Adsumus, Domine, Sancte Spiritus*, cette longue et admirable série d'hymnes, de litanies, d'oraisons, de supplications de toutes sortes qui n'a pas duré moins de trois quarts-d'heure à une heure.

» Aux litanies des saints, après l'invocation : *Ut Domnum apostolicum, et omnes ecclesiasticos ordines in sancta religione conservare digneris… Te rogamus.*

» Le Pape s'est levé debout : puis la mitre en tête, et tenant dans la main gauche la croix au lieu du bâton pastoral, il a béni par six fois le Concile en disant :

» *Ut hanc sanctam Synodum, et omnes gradus ecclesiasticos benedicere digneris.*

» *Ut hanc sanctam Synodum, et omnes gradus ecclesiasticos benedicere, et regere digneris.*

» *Ut hanc sanctam Synodum, et omnes gradus ecclesiasticos benedicere, regere et conservare digneris.*

» *Te rogamus, audi nos,* a répondu le peuple des fidèles unissant sa voix à celle de tous les évêques et les Pères du Concile.

» Les litanies terminées, le cardinal Annibal Capalti a chanté, suivant le cérémonial ordinaire, l'Evangile tiré du chapitre XVI, vers. 13 et suivants de saint Matthieu.

» Arrivé à la fin des prières prescrites, le maître des cérémonies pontificales se disposait à prononcer le : *Exeant omnes locum non habentes in Concilio,* et à faire fermer les portes de la salle conciliaire; mais sur un ordre du Pape, la session est demeurée entièrement publique jusqu'au bout, comme dans les trois autres sessions précédentes.

» Mgr Fessler, secrétaire du Concile, accompagné de Mgr Valenziani, évêque de Fabriano, s'est rendu au pied du trône pontifical, a baisé le genou de Sa Sainteté et a reçu de ses mains le texte de la Constitution *De Ecclesia Christi.* L'ayant transmis à Mgr Valenziani, celui-ci est monté en chaire et a donné lecture de la Constitution dogmatique tout entière. Il a lu le titre de la Constitution debout et la tête découverte; puis, s'étant assis et couvert, il a poursuivi sa lecture. Celle-ci achevée, il s'est levé de nouveau et a interpellé les Pères du Concile en leur disant : *Reverendissimi Patres, placentne vobis decreta et canones qui in hac Constitutione continentur?…*

» On procéda alors à l'appel nominal des Pères, en commençant par les cardinaux et les patriarches, suivant l'ordre hiérarchique et l'ancienneté. Les Pères, à l'appel de leur nom, ont répondu par les mots *placet* ou *non placet.*

» Le nombre des Pères présents à la session publique était de 540.

» Tous les membres qui avaient donné un *non placet* dans la dernière Congrégation, se sont abstenus de se rendre au Concile. Un grand nombre d'entre eux avaient quitté Rome dès la veille. Les archevêques de Reims, d'Avignon, de Sens, l'évêque de Viviers, appartenant à la minorité, se sont réunis à la majorité et ont donné un *placet.*

» Les suffrages ont été recueillis et inscrits par les prélats scrutateurs et protonotaires du Concile au fur et à mesure qu'ils étaient donnés.

» Le recensement terminé, les scrutateurs, les protonotaires et le secrétaire du Concile se sont présentés au trône pontifical et ont rendu à Sa Sainteté compte du résultat suivant :

» Votants, 540; — *placet*, 538; — *non placet*, 2. Les deux Pères qui ont donné un *non* dans cette circonstance solennelle, sont : Mgr Louis Riccio, évêque de Casazzo (royaume de Naples), et Mgr Edouard Fitz Gérald, évêque de Petricola ou Little-Rock, aux Etats-Unis.

» Après avoir pris connaissance du résultat de ces suffrages, le souverain Pontife, debout, la mitre en tête, proclama et sanctionna, de son autorité suprême, les décrets et les canons de la première Constitution dogmatique *De Ecclesia Christi*, en prononçant solennellement les paroles suivantes : *Decreta et canones, qui in Constitutione modo lecta continentur, placuerunt fere omnibus Patribus. Nosque sacro approbante Concilio, illa et illos, ut lecta sunt, definimus, et Apostolica auctoritate confirmamus.*

» Le Pape voulut, dit-on, prendre la parole aussitôt après le vote, mais à ce moment il se fit un tel mouvement dans l'assemblée, une telle explosion de cris « Vive Pie IX ! Vive le Pape infaillible ! » que le Saint-Père dut attendre. Quand il put parler, ce fut d'une voix solennelle qu'il prononça ces paroles :

» L'autorité du souverain Pontife est grande, mais elle ne détruit pas, elle édifie. Elle n'opprime pas, elle soutient et très-souvent elle défend les droits de nos frères, c'est-à-dire les droits des évêques. Que si quelques-uns n'ont pas bien voté avec nous, qu'ils sachent qu'ils ont voté dans le trouble, et qu'ils se rappellent que le Seigneur n'est pas dans le trouble. Qu'ils se souviennent aussi qu'il y a peu d'années ils abondaient dans notre sens et dans le sens de cette vaste assemblée. Quoi donc? Ont-ils deux consciences et deux volontés sur le même point? A Dieu ne plaise. Nous prions donc le Dieu qui seul fait les grandes merveilles, d'illuminer leur esprit et leurs cœurs, afin qu'ils reviennent au sein de leur Père, c'est-à-dire du souverain Pontife, Vicaire indigne de Jésus-Christ, afin qu'il les embrasse et qu'ils travaillent avec nous contre les ennemis de l'Eglise de Dieu. Fasse, oh! fasse Dieu qu'ils puissent dire avec Augustin : « Mon Dieu vous nous avez donné votre admirable lumière, et voici que je vois. — Ah! oui, que tous voient! Que Dieu répande sur vous ses bénédictions.

» Les promoteurs du Concile, le commandeur de Domenicis-Torli, et Mgr Philippe Ralli, tous les deux avocats consistoriaux, conduisant avec eux les protonotaires du Concile, se sont approchés du trône pontifical et les ont interpellés, leur demandant de vouloir bien dresser procès-verbal de tout ce qu'ils avaient vu et entendu. Les protonotaires répondirent par la formule ordinaire : *Conficiemus vobis testibus*, en désignant le majordome et le maître de chambre de Sa Sainteté.

» Le Pape, sans mitre, entonna le *Te Deum*, qui fut continué par les évêques, et les chantres de la chapelle Sixtine et le peuple.

» Après l'*Oremus*, le Saint-Père donna la bénédiction au peuple, puis il est descendu de son trône, a traversé la salle, la mitre d'or en tête, a béni de nouveau les Pères et est sorti par la porte qui conduit à la chapelle Grégorienne, où il a laissé les ornements pontificaux. Il est remonté ensuite au palais du Vatican.

Tome XII. — 30

» Les évêques, de leur côté, ont quitté la salle et se sont retirés. Il était à peu près midi un quart.

» Tel est le bien pâle récit de ce qui s'est passé dans cette immortelle matinée du 18 juillet 1870. Le souvenir en sera ineffaçable pour ceux qui ont eu le bonheur d'assister à cette belle cérémonie religieuse. Un fait tout particulier et remarquable nous est signalé par un correspondant. Au moment même de la proclamation du dogme de l'infaillibilité, un orage qui grondait dès le matin sur Rome, a éclaté tout à coup dans de terribles et extraordinaires coups de tonnerre, de sorte que la situation rappelait tout à fait celle du mont Sinaï, et que le peuple recevait le dogme si impatiemment attendu au milieu de la foudre et des éclairs. Ce spectacle n'était que plus grand et plus sublime. »

Voici la traduction de la Constitution *De Ecclesia Christi*, votée dans cette dernière session :

« PIE, ÉVÊQUE,

» SERVITEUR DES SERVITEURS DE DIEU,

» *Sacro approbante Concilio, ad perpetuam rei memoriam.*

» Le Pasteur éternel et l'évêque de nos âmes, afin de rendre perpétuelle l'œuvre salutaire de sa rédemption, résolut d'édifier la sainte Église en laquelle, comme dans la maison du Dieu vivant, tous les fidèles sont unis par le lien d'une même foi et d'une même charité. C'est pourquoi, avant qu'il ne fût glorifié, il pria son Père, non-seulement pour les Apôtres, mais aussi pour ceux qui, par leur parole, devaient croire en lui, afin que tous fussent un comme le Fils lui-même et le Père sont un (S. Jean, chap. XVII, l. 20 et suiv.). De même donc qu'il a envoyé les Apôtres qu'il s'était choisis dans le monde, comme lui-même avait été envoyé par son Père, de même il a voulu des pasteurs et des docteurs dans son Église jusqu'à la consommation des siècles. Mais, pour que l'épiscopat fût mis à l'abri des divisions, pour que la multitude de tous les croyants fût conservée dans l'unité de foi et de communion par des prêtres unis entre eux, plaçant le bienheureux Pierre au-dessus des autres apôtres, il a institué en lui le principe perpétuel et le fondement visible de cette double unité, afin que sur sa solidité fut bâti le temple éternel, et que sur la fermeté de sa foi s'élevât l'édifice sublime de l'Église qui doit être porté jusqu'au ciel (S. Léon le Grand, serm. IV (al. III), chap. 2). Et comme les portes de l'enfer s'élèvent de toutes parts, avec une haine chaque jour croissante, contre le fondement divinement établi de l'Église, afin de la renverser, si c'était possible, Nous jugeons, *sacro approbante Concilio*, qu'il est nécessaire, pour la sauvegarde, le salut et l'accroissement du troupeau catholique, de proposer pour être crue et tenue par tous les fidèles, conformément à l'ancienne et constante foi de l'Église universelle, la doctrine sur l'institution, la perpétuité et la nature de la sainte primauté apostolique, dans laquelle consistent la force et la solidité de toute l'Église, et de proscrire, et de condamner les erreurs qui lui sont contraires, erreurs si préjudiciables au troupeau du Seigneur.

» CHAPITRE I.

» DE L'INSTITUTION DE LA PRIMAUTÉ APOSTOLIQUE DANS LA PERSONNE DU BIENHEUREUX PIERRE.

» Nous enseignons donc et Nous déclarons, conformément aux témoignages de l'Évangile, que la primauté de juridiction sur toute l'Église de Dieu a été immédiatement et directement promise et conférée par Notre Seigneur Jésus-Christ au bienheureux apôtre Pierre. C'est, en effet, au seul Simon à qui il avait dit : « Tu seras appelé Céphas (Saint Jean, I, 42), » après qu'il eût fait cette confession : « Tu es le Christ, fils du Dieu vivant ; » c'est à Simon seul que le Seigneur a adressé ces paroles : « Tu es bienheureux, Simon, fils de Jean, parce que ce n'est ni la chair ni le sang qui te l'a révélé, mais mon Père, qui est aux cieux ; et moi je te dis que tu es Pierre, et sur cette pierre je bâtirai mon Église, et les portes de l'enfer ne prévaudront pas contre elle ; et je te donnerai les clés du royaume des cieux, et tout ce que tu lieras sur la terre sera aussi lié dans le ciel, et tout ce que tu auras délié sur la terre, sera aussi délié dans le ciel (S. Matth., XVI, 16-19). » C'est aussi au seul Simon Pierre que Jésus, après sa résurrection, a conféré la juridiction de Pasteur suprême et de guide sur tout son troupeau, en lui disant : « Pais mes agneaux, pais mes brebis (S. Jean, XXI, 15-17). » A cette doctrine si manifeste des saintes Écritures, telle qu'elle a toujours été comprise par l'Église catholique, sont ouvertement contraires les opinions de ceux qui, renversant la forme de gouvernement établie dans son Église par le Christ Notre Seigneur, nient que Pierre seul ait été investi par le Christ d'une véritable et propre primauté de juridiction au-dessus des autres Apôtres, soit séparés, soit tous réunis ; ou qui affirment que cette même primauté n'a pas été immédiatement ou directement conférée au bienheureux Pierre, mais à l'Église, et que c'est par celle-ci qu'elle lui est transmise comme ministre de cette même Église.

» Si donc quelqu'un dit que le bienheureux Apôtre Pierre n'a pas été constitué par le Christ Notre Seigneur le prince des Apôtres et le Chef visible de toute l'Église militante ; ou que le même Pierre n'a reçu directement du Christ Notre Seigneur qu'une primauté d'honneur, et non de véritable et propre juridiction, qu'il soit anathème.

» CHAPITRE II.

» DE LA PERPÉTUITÉ DE LA PRIMAUTÉ DE PIERRE DANS LES PONTIFES ROMAINS.

» Il est nécessaire que ce que le Prince des Pasteurs et le Pasteur suprême des brebis, Notre Seigneur Jésus-Christ, a établi dans la personne du bienheureux Pierre pour le salut perpétuel et le bien permanent de l'Église, subsiste constamment par lui aussi dans l'Église qui, fondée sur la pierre, demeurera stable jusqu'à la fin des siècles. Il n'est douteux pour personne, loin de là, c'est un fait notoire dans tous les siècles que, jusqu'à notre temps et toujours, le saint et bienheureux Pierre, prince et chef des Apôtres, colonne de la foi et fondement de l'Église catholique, qui a reçu de Notre Seigneur

Jésus-Christ, Sauveur et Rédempteur du genre humain, les clés du royaume, vit, règne et juge en ses successeurs les évêques du Saint-Siège romain, établi par lui et consacré par son sang (Concile de Trente). C'est pourquoi chacun des successeurs de Pierre dans cette chaire possède, en vertu de l'institution de Jésus-Christ lui-même, la primauté de Pierre sur l'Eglise universelle. L'économie de la vérité demeure donc, et le bienheureux Pierre gardant toujours la solidité de la pierre, qu'il a reçue, n'a pas quitté la charge du gouvernement de l'Eglise (Concile d'Ephèse, act. III. — Saint Pierre Chrysologue, *ép. au prêtre Eutychès*). Pour cette raison, il a toujours été nécessaire que toute l'Eglise, c'est-à-dire l'universalité des fidèles, répandus en tous lieux, fût en union avec l'Eglise romaine, afin que, unis, comme les membres à leur chef, en ce siège d'où émanent sur tous les droits de la vénérable communauté, ils ne formassent qu'un seul et même corps (Saint Léon le Grand, serm. III (al. II), c. 3).

Si donc quelqu'un dit que ce n'est pas par l'institution de Jésus-Christ ou du droit divin, que le bienheureux Pierre a des successeurs perpétuels dans la primauté sur toute l'Eglise; ou que le Pontife romain n'est pas le successeur du bienheureux Pierre dans la même primauté, qu'il soit anathème (S. Irénée. Concile d'Aquilée. Pie VI, Bref *Super soliditate*).

» CHAPITRE III.

» DE LA NATURE ET DU CARACTÈRE DE LA PRIMAUTÉ DE PONTIFE ROMAIN.

» C'est pourquoi, appuyé sur les témoignages des saintes Ecritures et fermement attaché aux décrets formels et certains de tant de Nos Prédécesseurs, les Pontifes romains, que des Conciles généraux, nous renouvelons la définition œcuménique de Florence, en vertu de laquelle tous les fidèles du Christ sont obligés de croire que le Saint-Siège apostolique et le Pontife romain a la primauté sur le monde entier, que le même Pontife romain est le successeur du bienheureux Pierre, prince des Apôtres, le vrai vicaire de Jésus-Christ, le chef de toute l'Eglise, le père et le docteur de tous les chrétiens, et qu'à lui a été confié par Notre Seigneur Jésus-Christ, en la personne du bienheureux Pierre, le plein pouvoir de paître, de régir et de gouverner l'Eglise universelle, ainsi qu'il est contenu dans les actes des Conciles œcuméniques et les saints canons.

» Nous enseignons donc et Nous déclarons que l'Eglise romaine, par une disposition divine, a la principauté de pouvoir ordinaire sur toutes les autres Eglises, et que ce pouvoir de juridiction du Pontife romain, vraiment épiscopal, est immédiat; que les pasteurs et les fidèles, chacun en tous, quels que soient leur rite et leur rang, lui sont assujétis par le devoir de la subordination hiérarchique et d'une vraie obéissance, non-seulement dans les choses qui concernent la foi et les mœurs, mais aussi dans celles qui appartiennent à la discipline et au gouvernement de l'Eglise répandue dans tout l'univers, de sorte que, gardant l'unité soit de communion soit de profession d'une même foi avec le Pontife romain, l'Eglise du Christ est un seul troupeau sous un seul Pasteur suprême. Telle est la doctrine de la vérité catholique, dont nul ne peut dévier sans perdre la foi et le salut.

» Mais loin que ce pouvoir du souverain Pontife nuise à ce pouvoir ordinaire et immédiat de juridiction épiscopale, par lequel les évêques qui, établis par le Saint-Esprit, ont succédé aux apôtres (Concile de Trente), paissent et régissent; comme vrais pasteurs, chacun le troupeau particulier confié à sa garde, ce dernier pouvoir est proclamé, confirmé et corroboré par le suprême et universel Pasteur, selon la parole de saint Grégoire le Grand : « Mon honneur est l'honneur de l'Eglise universelle. Mon honneur est la force solide de mes frères. Je suis vraiment honoré, lorsque l'honneur dû à chacun ne lui est pas refusé (Epître xxx). »

» De ce pouvoir suprême du Pontife romain de gouverner l'Eglise universelle, résulte pour lui le droit de communiquer librement dans l'exercice de sa charge avec les pasteurs et les troupeaux de l'Eglise, afin qu'ils puissent être instruits et dirigés par lui dans la voie du salut. C'est pourquoi Nous condamnons et réprouvons les maximes de ceux qui disent que cette communication du Chef suprême avec les pasteurs et les troupeaux peut être légitimement empêchée, ou qui la font dépendre du pouvoir séculier, prétendant que les choses établies par le Siège apostolique ou en vertu de son autorité n'ont de force et d'autorité que si elles sont confirmées par l'agrément et la puissance séculière.

» Et comme le Pontife romain, par le droit divin de la primauté apostolique, est préposé à l'Eglise universelle, Nous enseignons de même et Nous déclarons qu'il est le juge suprême des fidèles (Pie VI, bref *Super soliditate*) et qu'on peut recourir à son jugement dans toutes les causes qui sont de la compétence ecclésiastique (Sec. Conc. œcum. de Lyon); qu'au contraire le jugement du Siège apostolique, au-dessus duquel il n'y a point d'autorité, ne peut être réformé par personne et qu'il n'est permis à personne de réformer son jugement (Let. de Nicolas Ier à l'emp. Michel). Ceux-là donc dévient du droit chemin de la vérité, qui affirment qu'il est permis d'appeler des jugements des souverains Pontifes au Concile œcuménique comme à une autorité supérieure au Pontife romain.

» Si donc quelqu'un dit que le Pontife romain n'a que la charge d'inspection et de direction, et non le plein et suprême pouvoir de juridiction sur l'Eglise universelle, non-seulement dans les choses qui concernent la foi et les mœurs, mais aussi dans celles qui appartiennent à la discipline et au gouvernement de l'Eglise répandue dans tout l'univers; ou qu'il a seulement la principale part et non toute la plénitude de ce pouvoir suprême; ou que ce pouvoir qui lui appartient n'est pas ordinaire et immédiat soit sur toutes les Eglises et sur chacune d'elles, soit sur tous les pasteurs et sur tous les fidèles et sur chacun d'eux, qu'il soit anathème.

» CHAPITRE IV.

» DU MAGISTÈRE INFAILLIBLE DU SOUVERAIN PONTIFE.

» Le Saint-Siège a toujours tenu, l'usage permanent de l'Eglise le prouve, et les Conciles œcuméniques eux-mêmes, ceux-là surtout où l'Orient se réunissait à l'Occident dans l'union de la foi et de la charité, ont déclaré que le pouvoir suprême du Magistère est compris dans la primauté apostolique que le Pontife romain possède sur l'Eglise universelle en sa qualité de successeur de Pierre, prince des Apôtres. C'est ainsi que les Pères du quatrième Concile de Constantinople, marchant sur les traces de leurs prédécesseurs, ont émis cette solennelle profession de foi : « Le salut est avant tout de garder la règle de la vraie foi. Et comme la parole de Notre Seigneur Jésus-Christ disant : « Tu es Pierre, et sur cette pierre je bâtirai mon Eglise (S. Matth., XVI, 18), » ne peut être vaine, elle a été vérifiée par les faits; car, dans le Siége apostolique, la religion a toujours été conservée immaculée et la sainte doctrine toujours enseignée. Désirant donc ne nous séparer en rien de sa foi et de sa doctrine, nous espérons mériter d'être dans l'unique communion que prêche le Siége apostolique, en qui se trouve l'entière et vraie solidité de la religion chrétienne (1). » Avec l'approbation du deuxième Concile de Lyon, les Grecs ont professé : « Que la sainte Eglise romaine a la souveraine et pleine primauté et principauté sur l'Eglise catholique universelle, principauté qu'elle reconnaît en toute vérité et humilité avoir reçue, avec la plénitude de la puissance, du Seigneur lui-même dans la personne du bienheureux Pierre, prince ou chef des Apôtres, dont le Pontife romain est le successeur : de même qu'elle est tenue plus que toutes les autres de défendre la vérité de la foi, de même, lorsque s'élèvent des questions relativement à la foi, ces questions doivent être définies par son jugement. » Enfin, le Concile de Florence a défini : Que « le Pontife romain est le vrai Vicaire du Christ, la tête de toute l'Eglise, et le père et docteur de tous les chrétiens, et qu'à lui, dans la personne du bienheureux Pierre, a été remis, par Notre Seigneur Jésus-Christ, le plein pouvoir de paître, de conduire et de gouverner l'Eglise universelle (Joan., XXI, 15-17).

» Pour remplir les devoirs de cette charge pastorale, Nos prédécesseurs ont toujours ardemment travaillé à propager la doctrine salutaire du Christ parmi les peuples de la terre, et ont veillé avec une égale sollicitude à la conserver pure et sans altération partout où elle a été reçue. C'est pourquoi les évêques de tout l'univers, tantôt dispersés, tantôt assemblés en synode, selon la longue coutume des Eglises (2), et la forme de l'antique règle (3), ont toujours eu soin de signaler à ce Siége apostolique les dangers qui se présentaient surtout dans les choses de foi, afin que les dommages portés à la foi trouvassent leur souverain remède là où la foi ne peut éprouver de défaillance (4). De leur côté, les Pontifes romains, selon que le leur conseillait la condition des temps et des choses, tantôt en convoquant des Conciles œcuméniques, tantôt en consultant l'Eglise dispersée dans l'univers, tantôt par des Synodes particuliers, tantôt par d'autres moyens

(1) De la Formule du pape saint Hormisdas, telle qu'elle a été proposée par Adrien II et souscrite par les Pères du huitième Concile œcuménique, quatrième de Constantinople.
(2) Voyez S. Cyrille d'Alexandrie au pape S. Célestin.
(3) S. Innocent Ier aux Conciles de Carthage et de Milène.
(4) Voyez S. Bernard, épître CXC.

que la Providence leur fournissait, ont défini qu'il fallait tenir tout ce que, avec l'aide de Dieu, ils avaient reconnu conforme aux saintes Ecritures et aux traditions apostoliques. Le Saint-Esprit n'a pas, en effet, été promis aux successeurs de Pierre pour qu'ils publiassent, d'après ces révélations, une doctrine nouvelle, mais pour que, avec son assistance, ils gardassent saintement, et exposassent fidèlement les révélations transmises par les Apôtres, c'est-à-dire le dépôt de la foi. Tous les vénérables Pères ont embrassé, et tous les saints docteurs orthodoxes ont vénéré et suivi leur doctrine apostolique, sachant parfaitement que ce Siége de Pierre reste toujours exempt de toute erreur, selon cette divine promesse du Seigneur notre Sauveur, faite au Prince de ses disciples : « J'ai prié pour toi, afin que ta foi ne défaille pas, et toi, lorsque tu seras converti, confirme tes frères (1). »

Ce don de la vérité et de la foi qui ne faillit pas, a donc été divinement accordé à Pierre et à ses successeurs dans cette chaire, afin qu'ils s'acquittassent de leur charge éminente pour le salut de tous; afin que tout le troupeau du Christ, éloigné par eux du pâturage empoisonné de l'erreur, fût nourri de la céleste doctrine; afin que, toute cause de schisme étant enlevée, l'Eglise fût conservée tout entière dans l'unité, et qu'appuyée sur son fondement, elle se maintînt inébranlable contre les portes de l'enfer. Or, à cette époque, où l'on a besoin plus que jamais de la salutaire efficacité de la charge apostolique, et où l'on trouve tant d'hommes qui cherchent à rabaisser son autorité, Nous pensons qu'il est tout à fait nécessaire d'affirmer solennellement la prérogative que le Fils unique de Dieu a daigné joindre au suprême office pastoral.

C'est pourquoi, Nous attachant fidèlement à la tradition qui remonte au commencement de la foi chrétienne, pour la gloire de Dieu notre Sauveur, pour l'exaltation de la religion catholique et le salut des peuples chrétiens, Nous enseignons et définissons, *sacro approbante Concilio*, que c'est un dogme divinement révélé : que le Pontife romain, lorsqu'il parle *ex cathedrâ*, c'est-à-dire lorsque, remplissant la charge de Pasteur et Docteur de tous les chrétiens, en vertu de sa suprême autorité apostolique, il définit qu'une doctrine sur la foi ou les mœurs doit être tenue par l'Eglise universelle, jouit pleinement, par l'assistance divine qui lui a été promise dans la personne du bienheureux Pierre, de cette infaillibilité dont le divin Rédempteur a voulu que son Eglise fût pourvue en définissant sa doctrine touchant la foi ou les mœurs; et, par conséquent, que de telles définitions du Pontife romain sont irréformables par elles-mêmes, et non en vertu du consentement de l'Eglise.

» Que si quelqu'un, ce qu'à Dieu ne plaise, avait la témérité de contredire notre définition, qu'il soit anathème.

» Donné à Rome, en la session publique solennellement célébrée dans la basilique Vaticane, l'an de l'Incarnation de Notre Seigneur 1870, le 18 juillet, de Notre pontificat l'an 25°. »

Cependant la Révolution continuait en Espagne. Par un décret rendu dans le mois de mars, le Pou-

(1) Voyez S. Agathon, épître à l'empereur, approuvée par le sixième Concile œcuménique.

voir imposa le serment politique aux évêques et à tous les prêtres, en Espagne et dans les colonies lointaines. C'était vouloir que l'Eglise d'Espagne sanctionnât elle-même sa propre spoliation, son propre anéantissement. Après avoir consulté le Pape, les évêques espagnols adressèrent au régent une noble déclaration dans laquelle ils représentaient ce serment comme une grave injure faite à leur conscience et à leur dignité : ils ne pouvaient concilier ce serment « devant Dieu et sur les saints Evangiles » avec une constitution qui, également, ne reconnaissait ni les Evangiles ni Dieu. Du reste, citoyens espagnols, ils respectaient les pouvoirs constitués, et sans qu'il y eût nécessité de leur imposer des serments, ils savaient garder la fidélité et l'obéissance dues aux lois, non par crainte mais par conscience.

A cette protestation si digne et si ferme, le gouvernement répondit par des mesures violentes et tracassières, ajoutant ainsi de nouveaux conflits intérieurs à ses embarras du dehors. Fatigués eux-mêmes de ce provisoire qu'ils avaient imposé à l'Espagne, obligés de respecter le vote solennel des Cortès qui, en tête de la nouvelle constitution avaient inscrit la monarchie, les chefs du gouvernement offrirent à des princes étrangers la couronne d'Isabelle la Catholique, et par trois fois, comme le maréchal Prim le déclara lui-même aux Cortès, le 11 juin, les princes refusèrent de s'asseoir sur un trône si fréquemment renversé par la Révolution.

Un prince de Bourbon, don Enrique, était tombé sous l'épée du duc de Montpensier, son cousin; Isabelle, la reine déchue, venait de se décider à abdiquer en faveur de son fils le prince Alphonse, sans réussir à lui créer des sympathies efficaces; et ces événements n'avaient fait que jeter l'indécision et le trouble au sein des partis.

En France, le gouvernement impérial, que l'on avait vu si puissant et si ferme, n'était pas mieux assis que le provisoire espagnol. Le socialisme cosmopolite, qui organisait son armée et affichait ses doctrines et ses programmes dans de scandaleux congrès, travaillait activement à la dissolution de notre pays au sein des clubs, des réunions électorales, et par de nombreux journaux. La presse licencieuse outrageait avec une audace toujours croissante les institutions et les principes les plus sacrés. Les hommes du pouvoir, la dynastie, le souverain, étaient l'objet d'ignobles insultes. Une maladie de l'empereur donna lieu à des journalistes de bas étage, de publier des articles dégoûtants. La situation était plus sombre qu'à la veille de 1848, et d'affreux symptômes éclataient de temps à autre. Pendant des mois, ce grand pays de France avait cherché une distraction à ses angoisses, en s'occupant du crime horrible d'un nommé Troppmann, qui avait cherché la fortune dans l'assassinat froidement prémédité et longuement préparé d'une famille tout entière. Au mois de janvier 1870, Pierre Bonaparte, cousin de Napoléon III, tuait d'un coup de révolver, dans son salon, un obscur employé du journal de Rochefort, Victor Noir, qui venait insolemment le provoquer en duel, en compagnie d'un ardent démagogue, Ulric de Fonvielle. La haute-cour réunie à Tours, reconnut que le prince avait eu à repousser des voies de fait, et le condamna seulement à une réparation pécuniaire. Mais le pays, Paris surtout, était profondément agité. Les manifestations, les commencements d'émeute se multipliaient; la répression ne faisait que retarder le jour de la catastrophe. Pour les hommes sérieux, l'indice le plus fatal se trouvait dans le débordement du luxe, dans l'invasion universelle du sensualisme pratique, dans une cupidité qui admettait les combinaisons financières les moins avouables, et qui avait déjà produit de grands scandales; enfin, et surtout, dans un oubli et dans un mépris de Dieu et des choses religieuses, qui descendaient des hautes sphères sociales pour pénétrer jusqu'au sein des masses populaires. Le dîner gras du Vendredi saint, dont le sénateur Sainte-Beuve avait donné l'exemple en compagnie du prince Napoléon et de M. Renan, était devenu, pour certains matérialistes de la capitale et des environs, une cérémonie annuelle, où se réunissaient de nombreux convives. Sainte-Beuve alla jusqu'au bout : frappé par la mort au printemps de 1870, après avoir tenu loin de sa couche mortuaire le représentant de la religion, il fut, conformément à ses dernières volontés, enterré sans aucune assistance du prêtre. Sur tout ce qui se passait au sommet de la hiérarchie gouvernementale et dans ses régions les plus élevées, il se disait des choses non moins capables d'inspirer les plus grandes craintes pour un prochain avenir. Dès lors il était naturel que des germes de désordre et de désorganisation se répandissent dans tout le corps social. Des voix que l'on ne pouvait accuser de légèreté ou d'exagération, se croyaient obligées, pour définir une telle situation, d'évoquer les souvenirs dégradants du Bas-Empire et des plus mauvais jours du règne de Louis XV.

Poursuivi par les ennemis de tout ordre social, le gouvernement se voyait pressé en même temps par les exigences du parti libéral qui, souvent, semblait tenir au régime parlementaire beaucoup plus qu'à la dynastie impériale, et qui, d'ailleurs, avait le tort d'attacher une efficacité trop grande aux combinaisons politiques. Le premier ministère pris dans le centre gauche, avait fait place à un ministère plus franchement libéral, à la tête duquel se trouvait M. Emile Ollivier. La Révolution marchait toujours : on discourait, on pérorait à la Chambre, et l'on ne remédiait à rien.

L'empereur résolut de poser le couronnement de l'édifice, et de consacrer définitivement ce qu'on appelait l'Empire libéral. Un sénatus-consulte modifia en ce sens la constitution de 1852. Ces modifications ne satisfirent guère que ceux qui en étaient les auteurs. Quand Napoléon III voulut les faire sanctionner par un plébiscite, mille voix s'élevèrent pour crier que c'était un moyen de revenir au despotisme ; c'est alors que M. Daru et M. Buffet donnèrent leur démission. Cependant la majorité de la nation, voyant la nécessité de conserver un ordre quelconque en face des progrès de la démagogie, répondit à l'appel du souverain par un vote favorable. Mais les partis et le gouvernement avaient également travaillé à remuer l'opinion : il y avait eu de nouveaux désordres, une agitation universelle et une nouvelle explosion des doctrines anarchiques et antisociales.

Le parti libéral, les révolutionnaires modérés,

accusaient l'Empire de favoriser ces excès et d'effrayer le pays à l'aide du spectre rouge, pour se rendre nécessaire et se faire acclamer. On eût dit plus vrai, peut-être, en reprochant à ce malheureux gouvernement d'être frappé de vertige ou d'être atteint d'une incurable faiblesse. Ce qui est certain, c'est que la Prusse se préparait à profiter de cette situation déplorable, pour consommer l'œuvre commencée en 1866. Le comte de Goltz, ambassadeur à Paris, passait pour avoir fait de son hôtel le centre d'un vaste et honteux espionnage. L'habileté de M. de Bismark, et les fautes diplomatiques de l'Empire, avaient créé l'isolement autour de la France, dans le moment même que l'anarchie la dévorait à l'intérieur. L'armée ayant dû prendre part au vote du plébiscite, on sut que son effectif se réduisait à un chiffre misérable. Du reste, la propagande électorale introduite dans les casernes avait amené à sa suite l'indiscipline et l'insubordination. D'un autre côté, la crainte de fournir une armée à l'émeute, jointe à l'incurie dont les signes se montraient partout, avait empêché de réunir et d'exercer la garde nationale mobile, comme les orateurs de l'opposition ne manquaient pas de s'en plaindre.

Ce fut dans ces circonstances que le grand politique de Berlin voulut pousser la France à la guerre et sut attirer le gouvernement impérial dans ses pièges. Une première fois, le pays s'était alarmé à propos de la construction d'un chemin de fer, qui, traversant le Saint-Gothard, devait amener la Prusse aux portes de notre pays en la faisant passer sur la Suisse. Mais on avait eu la sagesse de dissimuler. Tout à coup on apprit que Prim, l'instigateur des révolutions, muni de pleins pouvoirs, offrait la couronne d'Espagne au prince de Hohenzollern-Sigmaringen, parent éloigné du roi de Prusse. Usant de sa libre action pour préparer la solution monarchique nécessaire, Prim s'était entendu directement avec le prince Léopold, pensant que son honneur ne lui permettait pas de transiger avec la moindre influence d'un cabinet étranger. On conçoit l'émotion générale et surtout celle du cabinet des Tuileries en apprenant cette intrigue ourdie sous l'influence hostile de la Prusse, pour isoler la France et déroger aux conditions essentielles de l'équilibre européen. Des dépêches furent échangées, et le roi de Prusse, affectant de ne pas vouloir de guerre avec la France, répondit en se mettant tout à fait en dehors des débats : la solution vint d'où on ne l'attendait pas. L'ambassadeur d'Espagne remit officiellement l'acte de désistement du prince Léopold, acte authentique signé par le père même du prince.

Tout paraissait terminé; en réalité, la difficulté allait se nouer. Le cabinet des Tuileries adressa à son ambassadeur à Ems, résidence actuelle du roi de Prusse, une dépêche se terminant par cette phrase : « Pour que la renonciation du prince de Hohenzollern produise son effet, il est nécessaire que le roi s'y associe et donne l'assurance qu'il n'autorisera pas de nouveau la candidature. » Le roi de Prusse ne voulut point se soumettre à cette exigence et refusa dès lors de recevoir l'ambassadeur de France. Cette résolution, notifiée par un aide-de-camp, fut officiellement communiquée par la Prusse à toutes les puissances de l'Europe; le roi Guillaume donnait par là un caractère public à cette insulte.

Pendant que de terribles événements se préparaient ainsi en Europe, deux dépêches parties de Tien-tsin annonçaient que les Chinois venaient d'ajouter une page affreuse à l'histoire de leurs autres attentats. Nous en tirons le récit d'une lettre adressée, le 6 juillet, à MM. les directeurs du séminaire des Missions étrangères (de Paris), par M. Lemonnier, procureur des Missions à Shang-haï. Nous le compléterons par des extraits des journaux anglais publiés en Chine.

« Les dépêches télégraphiques et les journaux emportés par la malle anglaise du 1er juillet, écrit M. Lemonnier, vous auront déjà mis au courant des événements de Tien-tsin. Des relations récentes et détaillées nous apprennent qu'ils sont aussi douloureux, aussi révoltants que les premières nouvelles l'avaient fait pressentir.

» Il est donc vrai que, le 21 juin en plein jour, de neuf heures du matin à cinq heures du soir, tous les résidents français de Tien-tsin, hommes et femmes, à l'exception d'un ou deux peut-être, ont été massacrés. Au nombre des victimes, sont : M. Fontanier, consul de France, et son interprète, M. Simon ; M. Thomassin, chancelier de légation, qui, revenant de France à Péking, s'était arrêté avec sa jeune femme à Tien-tsin, pour voir le consul son ami ; M. l'abbé Chevrier, procureur des Lazaristes, et un prêtre chinois de la même congrégation ; dix sœurs de Saint-Vincent de Paul ; M. et Mme de Chalmaison, marchands à Tien-tsin. De plus, trois résidents russes, pris pour des Français, ont été massacrés par la populace. Ajoutez à cette liste tous les domestiques du consulat français et de la procure des Lazaristes, toutes les jeunes employées dans les établissements de la Sainte-Enfance, plus de cent orphelins brûlés vifs dans la maison des sœurs, et enfin un nombre encore indéterminé, mais considérable, de chrétiens ; et vous n'aurez cependant qu'une idée incomplète de l'horrible massacre de Tien-tsin.

» Plus horribles encore sont les détails. Le consul de France a eu la tête et le visage littéralement labourés de blessures, et la poitrine transpercée à coups de lance ; M. Simon a été mutilé au point d'être méconnaissable ; M. Thomassin, affreusement entaillé à la tête, au visage et par tout le corps, a eu le ventre ouvert ; sa femme a été assommée à coups de massue ; M. l'abbé Chevrier a eu le crâne fracassé, la poitrine et le ventre ouverts. Les sœurs de Saint-Vincent de Paul ont été mises à mort de la manière la plus barbare qu'il soit possible d'imaginer : vivantes, on leur a arraché les yeux, on leur a coupé les seins, on leur a fait subir les derniers outrages.

» Et cette boucherie épouvantable s'est accomplie régulièrement, au son du tam-tam, qui en avait donné le signal. Quand il n'y a plus eu de Français à massacrer, on a sonné la retraite, et les exécuteurs se sont retirés en bon ordre dans leurs foyers. Les mandarins et leurs satellites, témoins de cette sanglante tragédie, ne paraissaient être là que pour veiller à l'exécution des ordres donnés. Cela est de notoriété publique ; toutes les correspondances de

Tien-tsin l'attestent. Inutile d'ajouter que le consulat français, la cathédrale, tous les établissements de la Sainte-Enfance ont été livrés aux flammes et ne sont plus qu'un amas de ruines.

» L'opinion générale est que les événements de Tien-tsin ne sont que le premier acte d'un vaste drame que les mandarins se préparent à jouer par tout l'empire, dans le dessein de se débarrasser des *barbares*. Les agitations locales, les mouvements partiels qui se produisent, depuis un mois, dans les différentes villes échelonnées le long du fleuve Bleu et habitées par les Européens, ne laissent guère de doute sur le vrai but de l'attaque commencée dans le Nord. Aussi, ne suis-je pas sans inquiétude sur nos confrères de l'intérieur. Quelles précautions peuvent-ils prendre dans ces contrées lointaines, abandonnés qu'ils sont, sans nul moyen humain de défense, à la merci de mandarins hostiles et d'une populace aveugle, toujours prête pour le pillage?

» Voici les noms des dix sœurs de Charité : Elisabeth Marquet, supérieure, belge; Joséphine Adam, id.; Victoire Adreoni, italienne; Marie Clavelin, française; Thérèse Lenu, id. (de Paris); Vincent Legras, id. (id.).; Aurélie Letellier, id.; Eugénie Pavillon, id.; Louise Viollet, id. (de Tours); Louise O'Sullivan, irlandaise. — Les neufs premières furent massacrées l'une après l'autre, de la manière qu'il a été dit. Le *North-China Daily News* ajoute qu'on leur arracha le cœur, qu'on le coupa en morceaux pour les distribuer aux assistants. La dixième, Louise O'Sullivan, s'il faut en croire le *New-York Freeman's Journal*, avait pu, au moment du massacre, se réfugier chez un riche marchand de la ville. Quatre heures après, étant sortie pour se rendre à l'établissement de la mission, elle fut reconnue à ses souliers européens, et arrêtée. Elle souffrit les mêmes tortures et subit les mêmes outrages que ses compagnes. Son corps fut trouvé, deux jours après, dans la rivière.

» M. Chevrier était en prière, avec un prêtre chinois, M. Vincent Hu, dans l'église de Notre-Dame-des-Victoires, se préparant l'un et l'autre à la mort, lorsque les meurtriers de M. Fontanier et des Français réfugiés au consulat se précipitèrent sur eux. Traînés hors de l'église, ils furent massacrés comme il a été dit. On jeta le corps de M. Chevrier dans la rivière, où il fut retrouvé le lendemain. »

Les détails qui suivent, empruntés au *Shanghaï Evening Courier*, du 4 juillet, ont été fournis à ce journal par un de ses correspondants de Tien-tsin. On pourra juger jusqu'à quel point les autorités chinoises se trouvent compromises dans cette attaque depuis longtemps préparée.

« 22 *juin*. — Ce qui prouve une préméditation de la part des Chinois, c'est que mes travailleurs, qui se trouvent à plus de deux milles du théâtre du massacre, m'ont dit, en voyant le feu de l'incendie : « Les Anglais n'ont rien à craindre; on n'en veut qu'aux Français. » Cependant, ce matin même, on a trouvé, dans la tour du temple protestant, un Chinois qui avait sur lui des bombes, sans doute pour incendier l'édifice. Dans le courant de la journée, on a surpris un autre Chinois ayant un révolver dans la manche de son habit.

» 23 *juin*. — Les noms des Russes massacrés étaient Protopopoff et Bazoff. M. Protopopoff venait de célébrer son mariage avec de grandes réjouissances. La jeune mariée n'avait que seize ans.

» Les corps de plusieurs des victimes avaient été jetés dans la rivière. On a reconnu celui du consul français aux initiales de ses vêtements H. F.

» En bien des endroits de l'empire, à l'intérieur, on a affiché des placards où l'on signale au peuple ce qu'on appelle « les mauvaises pratiques » des catholiques.

» 24 *juin*. — On a trouvé dans la rivière le corps d'une femme chinoise; ses ornements l'ont fait reconnaître pour catholique, et l'on présume qu'elle donnait des leçons dans l'établissement de la Sainte-Enfance. Son cadavre était criblé de coups.

» 27 *juin*. — Une autre preuve que les Chinois étaient avertis de ce qui allait avoir lieu, c'est que, depuis plusieurs jours, les parents étaient venus réclamer leurs enfants. Sur 450, il n'en restait guère que 200. D'un autre côté, les marchands du voisinage, par crainte de ce qui allait arriver, avaient abandonné leurs maisons.

» Le tché-fou (préfet), premier magistrat de la ville, avait lancé une proclamation tendant à soulever le peuple contre les étrangers. Le 18 juin, trois jours avant le massacre, le consul de France appela l'attention du tsoung-heou (gouverneur) sur cette proclamation, comme occasionnant de grands troubles dans la ville; le 20 et le 21, il fit deux autres réclamations, mais elles restèrent sans réponse.

» Aucun protestant n'a été tué. Cependant plusieurs ont été frappés, et l'on a pillé quelques-unes de leurs maisons; mais ensuite les Chinois ont offert de leur rendre ce qu'on leur avait enlevé. Des soldats, au nombre de 500, se trouvaient sur les lieux du désordre; on dit même qu'ils y ont pris part; toujours est-il qu'ils n'ont rien empêché. »

Un autre journal, le *North-China Daily News*, raconte comme il suit la mort du consul français.

« M. Fontanier, étant lui-même menacé et ses vitres ayant été brisées à coups de pierres, sortit de sa maison en uniforme. Il se fit accompagner d'un petit mandarin (qui avait charge de suivre le mouvement sans y mettre obstacle) au tribunal du tsoung-heou. Il demanda que l'on protégeât le consulat, les personnes qui s'y trouvaient, ainsi que sa propre personne. Le consul pria aussi le gouverneur de protéger les Sœurs de Charité et leur hospice; car il avait entendu dire qu'il y avait du danger pour elles. Le tsoung-heou répondit qu'il n'était en son pouvoir de protéger aucune des personnes qui venaient de lui être désignées. Le consul insista; et, comme il avait entre les mains un révolver, le tsoung-heou, saisi de frayeur, sortit brusquement.

» Alors le consul français s'adressa à un autre mandarin, et ce magistrat répondit qu'il ne pouvait lui être d'aucun secours. Ce refus fut suivi d'une dispute, pendant laquelle un des soldats du tribunal porta un coup de lance au consul français, et le blessa à la cuisse. Quand il se sentit ainsi blessé, et qu'il vit son sang couler à travers ses habits, M. Fontanier gagna la porte du tribunal et demanda qu'on le laissât sortir. Les soldats et la foule parurent éprouver de la crainte; mais ce ne fut que passager. Ils tombèrent bientôt sur l'infortuné consul, qu'ils frappèrent à coups de lance et de sabre; puis, après l'avoir horriblement mutilé, ils jetèrent son corps dans la rivière. »

Voici d'autres détails tirés du même journal :

« M. de Chalmaison, apprenant que l'on attaquait les sœurs de Charité, s'empressa d'accourir vers leur hospice pour les défendre; mais il fut arrêté dans la rue et mis en pièces. A cette nouvelle, sa femme se réfugia dans la maison d'une Chinoise chrétienne et y resta cachée jusqu'à la nuit. Alors, s'étant déguisée en chinoise, elle se hasarda à sortir, afin de retrouver le corps de son mari. Après d'inutiles recherches, elle voulut se réfugier de nouveau chez la femme chrétienne; mais les carabiniers du tsoung-heou la reconnurent et la massacrèrent dans la rue.

» Durant les mêmes troubles, on a massacré aussi cinquante Chinois de Canton soupçonnés d'être d'accord avec les Européens.

» Il n'y avait pas à Tien-tsin une force suffisante pour la défense des personnes et des propriétés. Pendant plusieurs jours de suite, le tsoung-heou a été requis de prendre les mesures nécessaires ; mais il n'a pas même daigné répondre. La responsabilité de cette insurrection si meurtrière retombe entièrement sur lui, et, il faut l'espérer, il aura à subir le châtiment qu'il a mérité par sa connivence avec les égorgeurs.

» Il n'est pas douteux que la manière dont s'est terminée, en 1866, l'expédition française de Corée, et l'impunité où l'on a laissé le gouvernement de ce pays, après le massacre de deux évêques et de sept prêtres, n'aient porté un grand préjudice à l'influence française en Chine. Voyant que les Coréens ont pu massacrer plusieurs sujets français sans qu'on leur en ait ensuite demandé raison, les Chinois ont présumé que probablement la France supporterait de même d'autres humiliations et de nouvelles insultes. »

Peu de jours avant le massacre de Tien-tsin, un mouvement contre les chrétiens se produisait à Nanking, capitale du Kiang-nan.

« Au milieu de mai, raconte le R. P. Pfister, dans une lettre adressée, le 16 juin, à Mgr Languillat, on trouva dans une des rues de Nanking, le cadavre d'un jeune homme; les jours suivants, plusieurs enfants avaient disparu. Grande émotion parmi le peuple. On fait des recherches, on emprisonne plusieurs individus soupçonnés d'être voleurs d'enfants. Dans l'interrogatoire, les prévenus mettent en avant le nom du Tien-tchou-tang (résidence des missionnaires). On leur demande s'ils ont des relations avec les chrétiens — Oui, répondent-ils ; ce sont les Européens qui nous ont envoyés, nous avons des livres de religion, nous connaissons des personnes du Tien-tchou-tang. » Aussitôt la procédure est arrêtée, et les meneurs d'exciter le peuple. Cela dura plusieurs jours. Les esprits s'échauffaient, le peuple irrité voyait en nous des voleurs d'enfants, et des voleurs qu'on laissait impunis. Les mandarins n'étaient pas trop fâchés de nous voir dans l'embarras, probablement même contribuaient-ils à nous y mettre.

» Sur ces entrefaites, le tao-tai nous fait une visite; il nous instruit confidentiellement des rumeurs qui circulent contre nous et des menaces qui les accompagnent, il nous parle des accusations des prisonniers, etc. Nous répondons : « — Puisque les détenus nous accusent nommément, nous demandons d'être confrontés avec eux; nous les sommons de désigner ceux d'entre nous qu'ils connaissent, de dire quand ils sont venus au Tien-tchou-tang, etc. Si, parmi les prévenus, il se rencontre quelque chrétien coupable, nous ne nous opposons nullement à ce qu'il soit puni comme les autres, suivant la loi. » D'où était venu ce changement subit dans les dispositions des mandarins à notre égard? Voici ce que je crois avoir deviné. Ils ont eu vent d'un projet de révolte dans la ville. Il y a ici, en effet, beaucoup d'étrangers riches, affiliés à des sociétés secrètes, et qui n'aiment pas les mandarins. Les mandarins ont eu peur que ces gens-là, saisissant le moment où le peuple excité se jetterait sur nous, n'essayassent de les renverser.

» Cependant des croix sont plantées dans toutes les rues de la ville, et des hommes apostés pour examiner ceux qui évitent de les fouler aux pieds. Des billets anonymes, portés à domicile, avertissent le peuple de ce qu'il faut faire. Des bruits sinistres nous reviennent de toutes parts : « Ce soir, on viendra vous brûler. J'ai entendu dans les rues qu'on doit vous tuer cette nuit. » — Sur une affiche on lit : « Il faut en finir une bonne fois avec ces Européens voleurs d'enfants, etc. » — Nous avons su depuis que les menaces étaient sérieuses, et qu'on en serait venu à l'exécution le 10 ou le 11 de ce mois, si les mandarins, comme je l'ai dit, n'avaient eu peur pour eux-mêmes, et si nous n'avions, par deux visites au tao-tai et au kiang-nin-fou, vigoureusement agi pour faire enlever les croix. Néanmoins nos chrétiens des alentours n'osaient venir à la ville, menacés d'être arrêtés ou tués. Un catéchumène, coupable d'avoir défendu les chrétiens, a été rudement battu et condamné à quatre jours de cangue.

» L'excitation allait croissant. Ma-tche-tai se décide à mettre la ville comme en état de siège ; des postes de soldats sont établis dans toutes les rues, plusieurs exécutions ont lieu, des têtes sont exposées au-dessus des portes. Deux proclamations du vice-roi paraissent pour calmer le peuple. Le kiang-nin-fou en affiche une autre, où il ajoute que les missionnaires et les chrétiens sont complètement innocents de toute espèce de crime. Il réprouve aussi les croix placées dans les rues.

» Le lendemain de cette publication, le tche-fou, les deux tche-hien, le tao-tai, deux autres mandarins, cinq ou six des principaux notables viennent, sur notre invitation, visiter notre maison, de la cave au grenier ; ils peuvent se convaincre qu'elle ne renferme rien de suspect. Un goûter à l'européenne leur avait été préparé ; ils y firent honneur. Pendant ce temps-là, je gardais la porte, et j'empêchais la foule émue de battre notre portier et un de nos domestiques, mais non de briser une porte près de la chapelle. Quoique les mesures militaires et les proclamations eussent ramené un peu d'ordre, l'effervescence n'était pas encore passée. — « Les mandarins, disait-on, ont peur des Européens. Ils ont reçu d'eux de l'argent pour les défendre. »

» Maintenant le calme reparaît dans la ville, au moins à la surface, grâce aux postes militaires établis dans les rues. Cette tranquillité apparente me donne plus d'inquiétude que les menaces des jours précédents. Nous sommes, me semble-t-il, au premier acte d'un grand drame dont Dieu seul connaît le dénouement final. Je suis porté à croire qu'il existe un complot, et que nos ennemis voudraient se débarrasser de nous, en excitant le peuple à nous chasser. Déjà nous sommes avertis que c'est à recommencer, à la septième lune, puis à la huitième, c'est-à-dire au mois d'août et de septembre. »

Dans la même province de Kiang-nan, au Nganhoei, la sous-préfecture de Kien-tee avait été précédemment le théâtre d'une persécution plus grave.

« Les lettrés de tout le Kien-tee-hien répandirent le bruit que le gouverneur de Ngan-king (capitale du Ngan-hoei) faisait des armements pour l'expulsion des Européens et des chrétiens. Nos ennemis aussitôt de préparer leurs armes, de déterminer le mode et de fixer le jour de la mise à exécution de leur complot. Ils voulurent cependant faire une dernière tentative auprès de nos catéchumènes : ils allèrent trouver chaque famille en particulier, employant les promesses et les menaces pour les ramener au culte des idoles. Partout ils éprouvèrent le même refus.

» C'était le 8 décembre, fête de l'Immaculée-Conception, jour d'immortel souvenir, où tous les évêques du monde catholique, réunis à Rome, ouvraient, sous la présidence de Pie IX, les grandes assises du Vatican. Dans la matinée, on entendit soudain retentir au fond des vallées et au sommet des montagnes du pays de Kien-tee, les coups redoublés du tam-tam mêlés à des cris tumultueux et à des décharges de mousquets. Bientôt on vit surgir de toutes parts des bandes armées, agitant des drapeaux et s'avançant sous la conduite de chefs à cheval. En un clin d'œil, s'élevèrent de toutes les directions des tourbillons de fumée.

» L'œuvre d'extermination commençait. On pillait et on tuait nos néophytes, on détruisait et on incendiait leurs maisons. Les chiffres suivants indiqueront les résultats de cette attaque sauvage : 10 familles incendiées ; — 22 personnes (de jeunes femmes pour la plupart) emmenées on ne sait où ; — 2 catéchumènes blessés ; — six autres battus et garrottés inhumainement au tsé-dam (manoir) de la famille des persécuteurs ; — 200 personnes expulsées du pays dans un dénûment absolu ; — 1 chrétien et 2 enfants brûlés vifs ; — 2 autres enfants tués. — Quelques mots en l'honneur de ces dernières victimes trouveront naturellement leur place ici.

» Le néophyte Yu-yen-hon était un zélé propagateur de la foi. A peine les récoltes achevées, il était venu à Ngan-king, communier chez nous, et solliciter la faveur de nous conduire dans son pays natal pour aider les païens à se convertir. Après l'avoir saisi, on voulut exiger de lui qu'il foulât aux pieds une image du Sauveur. Pour toute réponse, il tomba à genoux devant l'image, protestant qu'il mourrait plutôt que de la profaner. Quelques minutes après, il était attaché à un pieu dans sa propre maison, et entouré de paille à laquelle on mit le feu. Tandis qu'on le liait, le courageux confesseur laissait éclater sa joie devant tout le monde ; tandis qu'on le brûlait, il invoquait les saints noms de Jésus et de Marie. A l'instant où il cessa de vivre, un tourbillon de flammes s'éleva bien haut dans les airs, à l'admiration de tous les païens qui s'écriaient : « Voilà qu'il monte au ciel ! » et qui faisaient l'apologie de notre religion et de ses martyrs.

» Je tiens ces détails de plusieurs témoins oculaires.

» Un des deux enfants brûlés vifs était une petite fille de sept ans. Comme elle essayait de franchir la ligne formée par les émeutiers autour de la maison paternelle embrasée, elle fut saisie et jetée au milieu des flammes, pieds et mains liés.

» L'autre victime était un petit garçon âgé de deux mois seulement. Le père était absent ; la mère, occupée à cueillir des légumes dans un champ voisin, aperçoit les malfaiteurs ; d'un bond elle s'élance vers son enfant, qui dormait paisiblement devant la maison. Mais eux se jettent sur elle, et, tandis qu'ils l'entraînent, retirent l'enfant de son berceau et le précipitent dans les flammes.

» Le lendemain, poursuivant le cours de leurs exploits, ces misérables écrasèrent un enfant de quatre ans sur le seuil de la maison de son père.

» Un autre, âgé de cinq ans, fut frappé si cruellement, qu'on le crut mort ; il revint à lui, et n'expira qu'après trois jours d'agonie.

» Ces scènes de carnage continuèrent jusqu'à ce que l'on fût certain qu'il ne restait plus de chrétiens dans le quartier. Afin d'empêcher leur retour, on établit des portes sur les principales routes, et des barricades aux gorges des montagnes. Soldats et paysans avaient ordre de tuer tous ceux qu'ils reconnaîtraient pour chrétiens, et des primes étaient promises à quiconque apporterait une tête de chrétien. C'est ainsi que, le 21 décembre, un des gardes ayant trouvé un chapelet sur un passant qu'il visitait, ce dernier fut impitoyablement mis à mort.

» Le produit du butin était en partie employé à défrayer les orgies quotidiennes de nos persécuteurs exaltés par l'ivresse du triomphe.

» Informés qu'il y avait un autre centre de catéchumènes, à 35 lys de là, dans la direction de l'Est, ils y envoyèrent leurs bandes. Un bachelier païen, le notable le plus important du district, que nous avions, l'an passé, gagné à notre cause par quelques prévenances, fit une levée de ses paysans, et somma les bandits de rebrousser chemin. L'avis était sérieux ; il fut suivi. Les bandits retournèrent à Kam-tom-po, leur quartier général, et se contentèrent de faire la garde dans leur pays, sur un rayon de 40 lys (23 kilom.).

» M. le comte de Rochechouart, chargé d'affaires de France, venait d'arriver à Nan-king, lorsque trois chrétiens venus de Kien-tee se présentèrent à lui pour dénoncer les faits précédents. M. le chargé d'affaires en référa au vice-roi Ma, lequel, après avoir commis au grand-juge du Kiang-sou le soin d'entendre la déposition de nos courriers, fit des promesses qui adoucirent un instant nos amertumes.

« ..... J'ai ordonné, mandait-il à M. de Rochechouart, que les coupables soient recherchés, pris et jugés. S'ils ont tué, ils donneront, suivant les lois du pays, vie pour vie. Le tche-hien aura ordre d'avoir une commisération toute spéciale pour les victimes, et de les protéger, afin que la concorde soit raffermie.

» Le vice-roi promettait ensuite de faire afficher, dans toutes les villes de sa juridiction, un édit où il rappelait la liberté de professer la religion chrétienne, la considération due aux missionnaires et les peines qu'encouraient les délinquants.

» Pendant ce temps-là, que se passait-il à Kien-tee?

» Nos six catéchumènes, enchaînés dans le manoir de la famille Wan, inauguraient leur longue captivité par une privation absolue de nourriture qui dura cinq jours. On les dirigea alors sur la prison du tche-hien, distante de 140 lys (79 kilom.): ils durent faire le trajet tout d'une haleine. Les gens de l'escorte se relayaient et tenaient continuellement le fouet levé sur ceux qui ne pouvaient plus marcher. On accusa les prisonniers d'avoir mis eux-mêmes le feu à leurs maisons. Ainsi jadis Néron accusait les chrétiens d'avoir incendié Rome; encore ne dit-on pas que les chrétiens d'alors aient été accusés d'avoir brûlé leurs propres maisons, leurs frères et leurs enfants.

» Revenons à Kan-tom-po. Les bandes des féroces Wan, peu satisfaites de leurs rétributions quotidiennes, se mettent à rôder dans le voisinage, et poussent leurs incursions jusque dans le Kiang-si. Nos exilés s'étaient retirés sur les limites du Nganhoei et du Kiang-si, attendant avec anxiété les secours promis par le gouverneur Yu. Ils sont pourchassés par les bandits, et, comme ils trouvaient chez les chrétiens du Kiang-si asile et protection, ceux-ci, à leur tour, sont menacés des mêmes traitements et les subissent en effet.

» Le 13 janvier, différents postes du Kien-tee sont prévenus qu'un chrétien a trompé leur vigilance. C'était vrai. Un catéchumène, du nom de Tchen-cheu-sou, pressé par la faim, était parvenu à s'échapper et à gagner la maison d'un de ses parents. Le lendemain, il dormait, caché dans le grenier, lorsque vers minuit des cris de mort se font entendre. Au même instant, des forcenés enfoncent la porte, frappent et garrottent les habitants de la maison. Une paire de sandales mouillées, placée à côté d'une natte étendue, indique la présence du fugitif. On l'arrache du coin où il est blotti, et Wan-kè-ta, le terrible Wan-kè-ta, toujours armé de deux coutelas, massacre sa victime.

» Encouragé plus que jamais, il fait une levée d'autres bandits, et les dirige nuitamment sur le village de Wan-cha-kan. Là, ils mettent à mort Tsou-teien-yn, ses deux fils et ses deux domestiques, puis un autre chrétien, pour avoir refusé de livrer Yu-ven-pin, frère de notre martyr Yu-ven-hon.

» Des païens du Kiang-si s'étant empressés de se joindre à ces bourreaux, quatre-vingts familles du Kiang-si se sont trouvées réduites au même sort que les nôtres.

» En retournant à leur quartier général, les bandits surprirent plusieurs catéchumènes; ils leur tranchèrent la tête.

» Dans cette reprise de la persécution, il y eut, au Ngan-hoei, onze nouvelles victimes, qui, jointes aux six du Kiang-si et aux six précédentes, portent à vingt-trois le nombre des chrétiens morts pour la foi pendant cette persécution. Nous apprîmes plus tard qu'une mère de famille, épuisée de fatigue et mourante, eut la douleur de voir expirer son enfant sur son sein desséché. On dit aussi que la femme de Tchen-cheu-sou est tombée entre les mains des meurtriers de son mari, et que sa petite fille, âgée de trois ans, est morte abandonnée.

» ... Au mois de février, les détenus furent transférés à Ngan-king, où ils eurent beaucoup à souffrir. Les plaies, résultant des tourments endurés dans le manoir des Wan, s'envenimaient; la ration de riz, déjà si faible, avait été diminuée; enfin l'exiguité du local où étaient renfermés les vingt prisonniers achevait de rendre la position insupportable. Trois tombèrent malades.

» Au bout de quelques jours, l'un d'eux donna des inquiétudes si vives, que nous lui accordâmes la grâce du baptême. Depuis lors, il ne cessa d'offrir sa vie à Dieu et de le remercier de l'insigne faveur qu'il lui faisait de mourir pour la foi. Ce chrétien se nommait Ou-tsé-kon. Le 11 avril, il était à toute extrémité. Les gardiens de la prison ayant fait leur rapport au tao-tai, celui-ci le fit transporter chez le ti-po. Le 12, nos catéchistes s'adressèrent au ti-po pour voir le malade; ils furent renvoyés brutalement. Nous demandâmes alors au tao-tai le droit de visiter Ou-tsé-kon. Le commissionnaire ne revint que le soir. La lettre du tao-tai portait que le chrétien était mort, mais qu'il avait reçu tous les soins possibles. Nos informations personnelles nous apprennent qu'un des employés du tao-tai, étant allé voir Ou-tsé-kon, avait dit devant les autres prisonniers : « S'il meurt, c'est un chrétien de moins; si vous mourriez tous, ce serait au mieux. » Les geôliers, par suite de leurs idées superstitieuses, demandèrent qu'on ne laissât pas le moribond expirer dans la prison même. Le ti-po reçut ordre de le transporter ailleurs. Il le jeta dans la cour d'entrée de la pagode Chen-wian-miao, où le confesseur mourut pendant la nuit. Il laisse une veuve, trois enfants, et son vieux père, âgé de soixante-douze ans.

» Après quatre mois de courageuse captivité, où les chrétiens eurent à défendre leur foi contre les pièges de l'apostasie, après quatre mois de persévérantes démarches du R. P. Seckinger, justice fut enfin rendue, justice tardive et incomplète.

» Le 6 mai, dit le R. P. Seckinger, le tao-tai nous fit savoir que la mise en liberté de nos prisonniers allait être prononcée. Nous nous rendîmes au tribunal. Sou-kon déclara la complète innocence des chrétiens accusés, prononça l'élargissement des prisonniers; et chargea le tche-hien (sous-préfet) de préparer tout ce qui était nécessaire pour le retour des chrétiens à Kien-tee et la restitution entière de leurs biens.

» La leçon avait profité. Dieu en soit béni ! Les chrétiens, éclatant de joie, nous présentent nos prisonniers, défigurés par les privations et par les souffrances, mais transfigurés à nos regards par leurs glorieuses blessures. Leur joie nous rappelait celle des premiers chrétiens et des apôtres : *Et illi quidem ibant gaudentes a conspectu concilii, quoniam digni habiti sunt pro nomine Jesu contumeliam pati.*

» Le samedi 14 mai, les mandarins envoyaient sous escorte à Kien-tee le principal coupable, pour qu'il hâtât lui-même les préparatifs de la réinstallation des chrétiens. Il fit fournir les barques qui ramenèrent à Kien-tee les chrétiens triomphants. Ces barques étaient pavoisées de drapeaux tricolores où se dessinait une croix. Ils proclamaient sur leur passage les victoires de la France et de la foi sur le paganisme. »

Quant aux attentats plus récents, l'Eglise et la France allaient être condamnées à les déplorer pendant de longs mois, sans pouvoir rétablir la situation. On était à la veille de voir se produire des préoccupations plus terribles et de plus lamentables catastrophes, résultats, inutilement annoncés par les catholiques, des fautes, des erreurs et des crimes de l'Europe contemporaine.

A la suite de la définition solennelle de l'infaillibilité du souverain Pontife, le Concile fut prorogé jusqu'au 11 novembre. Auparavant, dans la congrégation générale du 16 juillet, « après, dit Mgr Manning, dans sa dernière lettre pastorale sur le Concile (1), après que les derniers votes eurent été donnés et que la première constitution de *Ecclesia Christi* eut été définitivement approuvée, alors, pour la première fois, il porta son attention sur les tentatives faites contre son autorité. Deux libelles calomnieux sur le Concile avaient paru, l'un intitulé : *Ce qui se passe au Concile*, l'autre, *La dernière heure du Concile*; dans les deux, on niait la liberté du Concile du Vatican, dans l'intention d'en nier l'autorité. La congrégation générale, à une immense majorité, adopta la protestation suivante et condamna ces deux scandaleux pamphlets en ajoutant à la condamnation une affirmation spontanée de l'absolue liberté du Concile :

« Révérendissimes Pères,

» Dès le moment où avec l'aide de Dieu, le saint Concile du Vatican s'est assemblé, une guerre très-vive s'est allumée contre lui, et dans le but de diminuer sa vénérable autorité auprès du peuple fidèle, de la détruire même tout à fait, s'il était possible, plusieurs écrivains se sont mis à parler de lui injurieusement et à l'attaquer à l'envi par les plus indignes calomnies. Ces écrivains ne se trouvent pas seulement parmi les hétérodoxes et les ennemis déclarés de la croix de Jésus-Christ; il y en a parmi eux qui se disent les enfants de l'Eglise catholique, et, ce qui est souverainement déplorable, parmi les ministres mêmes de la religion.

» On sait trop, pour qu'il nous soit nécessaire de les rapporter en particulier, les mensonges honteux qui sont amassés dans des journaux de toute langue et dans des libelles sans nom d'auteur, imprimés en différents lieux, et distribués clandestinement... Mais, parmi les libelles anonymes de cette espèce, il en est deux surtout, écrits en français et intitulés : *Ce qui se passe au Concile*, — *La dernière heure du Concile*, qui semblent avoir obtenu la palme sur tous les autres par l'art avec lequel ils distillent la calomnie et par la licence avec laquelle ils répandent le mensonge. Dans ces libelles, en effet, ce n'est pas seulement la dignité de ce Concile et sa pleine liberté qui sont attaquées par les plus honteux mensonges, en même temps que sont renversés les droits du Siége apostolique; c'est l'auguste personne elle-même de Notre Très-Saint-Père le Pape qui est poursuivie des plus graves injures.

(1) Traduction de M. Chantrel, publiée sous ce titre : *Histoire du Concile œcuménique du Vatican*, par Mgr Manning.

» C'est pourquoi, nous souvenant des devoirs de notre charge, afin d'empêcher notre silence, s'il se prolongeait plus longtemps, d'être mal interprété par la malveillance, nous nous voyons forcés d'élever la voix contre de pareilles calomnies, et de protester, de déclarer devant vous tous, Révérendissimes Pères : Qu'il n'y a que mensonge et calomnie dans tout ce que disent et racontent ces journaux et ces libelles, soit pour jeter le mépris et l'injure sur le Saint-Père et sur le Siége apostolique, soit pour déshonorer ce saint Concile, soit pour établir qu'il manque de la liberté légitime qui lui convient.

» Dans la salle du Concile du Vatican, le 16 juillet 1870.

» PHILIPPE, cardinal DE ANGELIS, *président*.
» ANTONIN, cardinal DE LUCA, *président*.
» ANDRÉ, cardinal BIZZARI, *président*.
» LOUIS, cardinal BILIO, *président*.
» ANNIBAL, cardinal CAPALTI, *président*. »

Cet acte était une digne réponse aux libelles calomnieux et prouvait aux fidèles que les délibérations et les votes conciliaires étaient demeurés parfaitement libres et devaient, aux yeux des catholiques, avoir une pleine autorité. Ceux d'entre les prélats qui avaient combattu l'opportunité d'une définition de l'infaillibilité pontificale y ajoutèrent une réponse plus mémorable encore et une preuve plus convaincante. Ils furent les premiers à offrir l'hommage de leur foi et de leur union au souverain Pontife, vicaire infaillible du Christ. Aussitôt après le vote de la session publique, Mgr de Cajazzo, qui avait émis un des deux *non placet*, se jeta aux pieds de Pie IX et donna son adhésion. Le lendemain, le cardinal Rauscher, archevêque de Vienne; le cardinal de Schwarzemberg, archevêque de Prague; le cardinal prince de Hohenlohe; le cardinal Mathieu, archevêque de Besançon, parlant au nom de quatre autres prélats français, se rendirent près du Saint-Père et firent entre ses mains adhésion pleine et entière à la constitution promulguée. Et ce fut, partout où il était nécessaire, le même acte de généreuse obéissance.

En Allemagne, on ne vit que M. Dœllinger pour persister dans sa rébellion. En France, la voix de l'ancien Père Hyacinthe s'éleva pour en appeler à un autre concile vraiment œcuménique et vraiment libre; mais cette protestation, ou plutôt ce cri d'une âme troublée fut amplement couvert par l'adhésion si chrétienne de Mgr d'Orléans, de Mgr de Sura et de l'archevêque de Paris.

Ainsi, au milieu des bruits de guerre et des bouleversements qui approchaient, les évêques dispersés allaient représenter, plus hautement que jamais, sur tous les points du monde, en face de tous les orages et de tous les combats, l'indéfectible unité de l'Eglise, les principes de l'immuable vérité, la force du droit, la liberté, l'honneur et la charité.

En effet, au moment où les prélats rentraient dans leurs diocèses, le signal des grandes catastrophes était déjà donné. La brusque décision du roi de Prusse à l'égard de l'ambassadeur français avait été notifiée au Sénat par M. le duc de Gramont, et au Corps législatif, par M. Emile Ollivier, le 15 juillet. Le gouvernement annonçait sa résolution de répliquer par la guerre à l'insolent procédé de Guillaume. Le Sénat répondit par des acclamations unanimes. Au Corps législatif, M. Thiers, qui s'était montré vraiment conservateur dans toutes les phases de la question italienne et de la question allemande, proclama éloquemment la nécessité de retarder cette guerre d'ailleurs indispensable, à cause des conditions fâcheuses dans lesquelles la France se trouvait pour la déclarer. En cette circonstance, M. Thiers fut appuyé par le parti qui l'avait combattu à la veille de Sadowa : mais ce concours des anciens partisans de la Prusse et de toutes les unités écrasantes et despotiques, ce concours, disons-nous, des théoriciens révolutionnaires habitués à repousser toutes les propositions du gouvernement et à chercher l'accomplissement de leurs rêves politiques plutôt que l'intérêt du pays, ôtait de l'autorité à la voix de M. Thiers plutôt qu'elle ne la fortifiait. On sentait qu'au fond, entre le gouvernement et cette opposition, c'était la question de vie ou de mort pour la dynastie qui primait toutes les autres, même les plus grandes. Napoléon III pouvait considérer la lutte contre la Prusse comme un moyen de sortir des inextricables embarras dans lesquels s'agitaient son administration et sa politique. Il n'en fallait pas davantage pour que le parti qui marchait à la suite de Jules Favre et de Gambetta essayât de lui fermer cette honorable issue.

Le langage arrogant et présomptueux des ministres formait le digne pendant des vues factieuses, mesquines, de l'opposition révolutionnaire. M. Emile Ollivier, cet homme qui avait défendu l'unité italienne, et qui avait, comme Jules Favre, aidé à la naissance de l'unité germanique, vint déclarer à la tribune que, malgré le caractère formidable de la lutte prochaine, il signerait la déclaration de guerre *d'un cœur léger*. M. de Gramont s'écriait qu'il ne resterait pas cinq minutes de plus ministre des affaires étrangères, s'il se trouvait dans son pays une Chambre capable de supporter un tel affront à l'Empereur et à la France. Le maréchal Le Bœuf attesta sur l'honneur que tout était prêt pour la lutte. En réalité tout était prêt pour les désastres.

Le vrai peuple français, cette multitude qui aime vraiment la patrie et qui attache un plus haut prix à ses destinées qu'aux intérêts des gouvernants et qu'au succès d'une opposition quelconque, n'était pas non plus sans crainte sur le résultat. Elle avait vu commettre tant de fautes depuis de longues années! Cependant, sans entrer dans les vues particulières de la cour, elle acceptait la guerre. Elle l'acceptait avec bonheur, parce que, malgré les sophismes des Jules Favre et des Rouher, elle voyait le pays près d'être étouffé entre ces deux créations de l'injustice et de la fraude, l'unité italienne et l'unité allemande. Elle l'acceptait avec confiance, parce qu'elle comptait sur d'habiles généraux, sur de vaillants soldats et sur la fortune de la France. Il est juste de reconnaître que les députés répondirent au vœu du pays en approuvant la résolution du gouvernement.

La déclaration de guerre, datée du 19 juillet, fut donc saluée avec enthousiasme. On acclamait chaleureusement, on fêtait les troupes qui se rendaient à la frontière. Dans l'armée, malgré les ravages produits par l'oisiveté des casernes et par la propagande révolutionnaire, on voyait des signes de foi, de piété et de patriotisme religieux, qui rappelaient les souvenirs de Crimée et d'Italie. L'épiscopat était d'accord avec le pays; il proclamait hautement la justice d'une guerre dont l'objet réel et légitime était d'arrêter les progrès d'une rivale menaçante et l'extension du césarisme prussien, et il appelait sur les drapeaux français toutes les bénédictions du ciel. On ne peut dire que, par cette conduite, les conservateurs et les catholiques français aient assumé une part quelconque de responsabilité dans les énormes fautes du gouvernement : il était impossible de savoir que la France fût si mal préparée, plus impossible encore de s'attendre à l'incroyable désordre qui allait se manifester.

Ce serait d'ailleurs à tort que l'Empereur revendiquerait, comme une excuse, ces démonstrations du pays. De même qu'il avait préparé ces graves événements en s'enchaînant au char de la révolution, de même il allait les rendre plus terribles en favorisant à l'occasion de la guerre les principes révolutionnaires plutôt que les sentiments patriotiques et catholiques. Dans sa proclamation, il fit profession d'aller en Allemagne défendre les idées de 89 : il faisait jouer par la musique de sa garde l'air de la *Marseillaise*, qui retentissait aussi sur tous les théâtres de Paris, pendant que des bandes, habituées au tumulte et au désordre, remplissaient les rues de la capitale de ces vociférations : *A Berlin! Vive la guerre!* Ce n'était pas avec le vrai peuple de France que marchait Napoléon III.

Il le montra bien en retirant, avant le commencement des hostilités, les quelques bataillons français qui restaient à Civita-Vecchia sous le commandement du général Dumont. Depuis longtemps on redoutait ce rappel, et des députés catholiques avaient fait des démarches auprès de M. Emile Ollivier pour obtenir la promesse que le *jamais* de M. Rouher serait fidèlement maintenu. M. Ollivier avait donné une réponse satisfaisante. Mais l'Empereur prétendit, au moment de la guerre, qu'il avait besoin de toutes ses forces, et qu'il était nécessaire d'éviter des complications du côté de l'Italie. C'était déjà un châtiment que d'éprouver une telle nécessité. L'Empereur le comprit-il ainsi? Ne vit-il là qu'une heureuse occasion d'achever son œuvre au-delà des Alpes? Ce qui est certain, c'est qu'il y avait une humiliation considérable à être obligé d'abandonner le poste d'honneur de la France, la clé de l'Italie, et à subir la nécessité d'acheter ainsi la neutralité piémontaise. C'était là plus une faute nouvelle et suprême qui allait attirer sur la dynastie et sur le pays de suprêmes malheurs.

Car la longue série des attentats et des trahisons envers la Rome des Papes était, avant tout, le péché capital de l'Empire, mais par la connivence ou les instigations des uns, par la déplorable neutralité des autres, c'était aussi le péché national de la France, comme Mgr Pie le rappelait naguère dans un éloquent et mémorable discours (1).

Dès le départ des troupes pour les frontières, les observateurs remarquèrent de fâcheux indices. L'in-

---

(1) Éloge funèbre des zouaves pontificaux et des mobiles tués au combat de Loigny, prononcé le 2 décembre 1871, jour anniversaire de ce combat.

discipline et l'insubordination, une surexcitation folle, régnaient dans la plupart des régiments : l'effectif était misérable. A la frontière, il se trouva que rien n'était prêt : l'intendance était en défaut; les réserves n'arrivaient pas. Du côté des alliances, la situation était encore plus précaire. Napoléon III essayait inutilement de s'attacher des puissances que sa politique avait froissées, livrées à la révolution ou affaiblies. On ne pouvait pas plus s'appuyer sur le Piémont que sur l'Autriche.

L'Empereur avait pris le commandement en chef; le major général était le maréchal Le Bœuf. Arrivé à Metz le 28 juillet, Napoléon III passa dans l'inaction et dans l'hésitation de longs jours pendant lesquels la Prusse réunissait ses drapeaux les forces militaires de toute l'Allemagne et mettait en marche son matériel et sa formidable artillerie. Enfin le 2 août, une première affaire eut lieu; le général Bataille, sous les yeux de l'Empereur et du Prince Impérial, s'empara des hauteurs qui dominent Saarbrück. Mais le 4 août, les Prussiens prirent l'offensive sur un autre point. A Wissembourg, après une lutte colossale, dix mille Français furent écrasés par quarante mille Allemands. Ce jour-là même les derniers soldats de la France quittaient le territoire pontifical. L'illustre maréchal Mac-Mahon voulut venger la surprise et la défaite de Wissembourg, mais il n'avait que trente-cinq mille hommes qui étonnèrent l'ennemi par leur prodigieux courage et soutinrent la lutte pendant plus de cinq heures, le 6 août, contre cent quarante-cinq mille hommes munis de canons supérieurs et en grand nombre. A la fin, ces forces matérielles l'emportèrent sur le courage. L'armée de Mac-Mahon fut mise en déroute. Le même jour, le corps du général Frossard avait le même sort à Forbach.

Avec la nouvelle de ces désastres, la consternation se répandit dans toute la France. L'impératrice, qui était restée à Paris avec la qualité de régente, fit au patriotisme du peuple un appel qui dévoilait toute l'horreur de la situation, et qui, en recommandant le calme, augmentait les angoisses. Il faut en dire autant des déclarations de M. Ollivier, dont on était obligé de protéger l'hôtel contre la fureur des Parisiens. Le ministère fut remplacé par des hommes choisis dans les rangs du parti dynastique. A leur tête se trouvait le vainqueur de Palikao, le général Cousin-Montauban, qui déploya une grande énergie et un rare esprit d'organisation; mais les embarras naissaient de toutes parts. La révolution n'était pas moins pressante que l'invasion prussienne. La nécessité de pourvoir à la fois au salut du trône et au salut de la patrie poussa tous les deux jusqu'au fond de l'abîme.

Les corps français composèrent deux armées : l'une, à Châlons, était commandée par le glorieux vaincu de Reischoffen; l'autre était aux environs de Metz sous le commandement de Bazaine. Après avoir perdu, en hésitations et en vains projets, un temps précieux, l'Empereur, dépouillé en apparence de tout commandement, se rendit à l'armée de Mac-Mahon. A la suite des sanglantes et gigantesques batailles de Borny, de Gravelotte et de Saint-Privat, où la valeur française fit des prodiges, les armées allemandes, grâce à leur supériorité numérique et peut-être à l'indécision de Bazaine, parvinrent à investir Metz et l'armée qui l'entourait. A partir de ce moment, Bazaine se contenta de quelques tentatives de sortie, de quelques expéditions sans résultat positif : son armée ne comptait plus, et l'on put prévoir la nécessité, que la famine imposerait un jour ou l'autre, de livrer à l'envahisseur Metz *la Pucelle*.

Pendant que les partis s'agitaient pour profiter des malheurs de la France, le pays se levait. S'il s'était trouvé une autorité capable de le conduire, il déployait assez de résolution pour que l'on pût espérer la revanche immédiate. Strasbourg, Metz, Verdun, Toul, toutes les places fortes assiégées par les Allemands, étaient le théâtre des plus beaux efforts du patriotisme. Le clergé encourageait ces nobles sentiments : il donnait l'exemple du dévouement et de la constance. Des journaux, peu favorables à la religion, ont rendu justice à l'attitude des évêques de Strasbourg, de Metz et de Verdun.

Cependant l'Empereur avec l'armée de Mac-Mahon n'avait pas osé se porter vers Paris : il revenait par la frontière du Nord-Est, dans la vallée de la Meuse, avec la pensée de joindre Bazaine et d'écraser l'invasion. Le 1er septembre, au matin, à la suite des batailles livrées la veille et l'avant-veille, à Beaumont et à Mouzon, l'armée française, composée de 90,000 hommes, accablée de fatigue, épuisée par la faim, était obligée de combattre 240,000 ennemis bien nourris et reposés. « Laissez-moi, disait l'intrépide Mac-Mahon à ses aides-de-camp, laissez-moi montrer à ces rois, à ces princes qui se cachent derrière leurs masses d'hommes, comment un maréchal de France sait combattre et mourir quand il ne peut plus vaincre ! » Le maréchal, dès le début, fut blessé grièvement et mis hors de combat. Par la volonté de l'Empereur, le commandement passa aux mains du général de Wimpfen. Bazaine ne pouvait venir renforcer cette armée de Mac-Mahon, privée de son général, composée en grande partie de recrues et de volontaires inexpérimentés. Au contraire, les armées allemandes s'étaient réunies : grâce à leur nombre, elles formaient un demi-cercle autour des Français. A midi, elles fermèrent le cercle en s'emparant des hauteurs de Givonne, et de toutes parts firent tonner leur formidable artillerie. A cinq heures, la déroute fut complète : quelques milliers d'hommes se réfugièrent sur le territoire belge; d'autres se cachèrent dans les bois : la masse alla se jeter en désordre dans Sedan, où les obus, les boulets et les bombes pleuvaient. L'Empereur fit arborer le drapeau blanc. Après des négociations, où le roi de Prusse prit le comte de Bismark et le comte de Moltke pour intermédiaires, la capitulation fut signée. L'Empereur se rendait prisonnier de guerre avec plus de 80,000 hommes et livrait un matériel énorme. Le Prince Impérial était en Belgique.

Paris, qui avait inauguré, le 14 août, une statue de Voltaire, l'ami des Prussiens, apprit cette catastrophe dans la soirée du 3 septembre. Là, comme dans le reste de la France, il y avait un immense patriotisme, mais il y avait aussi une plèbe émeutière, une bourgeoisie facile à tromper, et des factieux toujours occupés de leurs ambitions et de leurs rêves. Dans une séance de nuit, M. Jules

Favre demanda la déchéance de la dynastie et la formation d'un gouvernement provisoire. Les désordres d'une révolution allaient compléter les malheurs de la France. Les hommes qui, en détestant l'Empire, l'avaient néanmoins aidé à désorganiser la France, à créer l'unité italienne, à préparer l'unité allemande, se chargeaient d'achever l'œuvre de ruine commencée par Napoléon III. L'Hôtel-de-Ville servit de théâtre à l'installation d'un pouvoir nouveau. La Chambre fut dissoute. Le gouvernement provisoire se composa de MM. Emmanuel Arago, Crémieux, Jules Favre, Jules Ferry, Gambetta, Garnier-Pagès, Glais-Bizoin, Eugène Pelletau, Ernest Picard, Henri Rochefort, Jules Simon, tous représentants de Paris. Dans tous ces hommes, il y avait uniquement ce qui était nécessaire pour plaire à la plèbe émeutière et aux badauds de Paris. Le général Trochu, dont les talents inspiraient la confiance et dont les sentiments catholiques étaient connus, accepta la présidence du gouvernement et fut chargé des pleins pouvoirs militaires. L'Impératrice s'enfuit et gagna l'Angleterre.

L'armée prussienne approchait de Paris et se disposait à en commencer l'investissement qui fut complet à partir du 18 septembre. Le quartier-général était à Ferrières. Là M. Jules Favre eut une entrevue avec Bismark dans le désir d'obtenir un armistice qui aurait pu aboutir à la conclusion de la paix. Mais déjà la Prusse demandait une portion de notre territoire. L'accorder, c'était enterrer la République qui venait de naître. L'armistice ne fut pas conclu, et M. Jules Favre, dans une proclamation emphatique, annonça au pays que le roi Guillaume ayant prouvé qu'il faisait la guerre à la France et non pas seulement aux Bonaparte, la France allait lui résister jusqu'au dernier de ses hommes.

Le pays n'avait pas besoin que M. Jules Favre, qui avait aidé le gouvernement impérial à permettre Sadowa, vînt lui apprendre cette nouvelle ni exalter son patriotisme et sa bravoure. Il avait pressenti d'avance les desseins de la Prusse et s'était résolu à les combattre. Dans une proclamation datée de Saarbrück, le 11 août, Guillaume disait : « L'empereur Napoléon III ayant attaqué par terre et par mer la nation allemande, qui désirait et désire encore vivre en paix avec le peuple français, j'ai pris le commandement des armées allemandes... Je fais la guerre aux soldats et non aux citoyens français... » Ce langage n'avait trompé que les révolutionnaires qui étaient depuis longtemps les amis de la Prusse et qui désiraient par-dessus tout voir s'ouvrir la succession de Napoléon III. Mais ces paroles n'étaient-elles pas démenties par les actes des généraux, des officiers et des soldats enrôlés sous les drapeaux de la Prusse, et par ce système de guerre impitoyable, qui, en dépit des fastueuses maximes de la civilisation moderne, ruinait dans les villes assiégées les églises, les hôpitaux et les maisons particulières, incendiait les villages coupables d'avoir été le théâtre de quelque résistance à l'invasion, fusillait à tout propos des vieillards et des hommes inoffensifs, pillait pour piller, détruisait pour détruire, refusait aux francs-tireurs la qualité de belligérants, n'épargnait rien de ce que les Barbares ont quelquefois respecté, et se montrait aussi avide des larmes des femmes que du sang des guerriers. Le pays se leva tout entier, dans un transport généreux, prêt à donner ses dernières ressources. Le sentiment religieux secondait le patriotisme. Le clergé fournissait des aumôniers, se dévouait dans les ambulances, courait à côté des mourants sur les champs de bataille, protestait contre les attentats du vainqueur, et prenait partout la défense des innocents et des faibles. Mais la France était coupable, tout en gardant le fond de ses traditions, d'avoir eu des complaisances pour les principes révolutionnaires, de les avoir arborés, propagés. Elle devait être punie en voyant les hommes de la révolution inutiliser ses suprêmes efforts et la pousser dans une résistance désespérée qui ne pouvait plus servir qu'à l'épuiser davantage. A l'étranger, M. Thiers, chargé par le gouvernement provisoire d'une mission diplomatique, ne put obtenir de secours ni à Saint-Pétersbourg, où l'on était ami de la Prusse, ni à Vienne, où M. de Beust était le favori de Bismark, ni à Londres, dont nous avions tant de fois assuré les intérêts et qui insultait grossièrement à nos misères, ni à Florence, où régnaient les complices de la trahison de Plombières et de Chambéry. A Paris, le général Trochu représentait, par son indécision, la faiblesse à laquelle les catholiques s'étaient laissé réduire dans tout le pays : la capitale investie était en proie à tous les désordres et à toutes les impiétés, et de nouvelles administrations municipales y chassaient l'idée religieuse de l'école, pendant que d'ignobles feuilles et des caricatures plus ignobles encore étalaient l'obscénité et le blasphème. La province était entièrement dirigée par une délégation qui siégeait à Tours, et qui se composait de MM. Crémieux, Glais-Bizoin et Fourichon : à partir du 7 octobre, on eut la dictature de Gambetta, envoyé de Paris en ballon. Cet avocat, avec le mot de *défense nationale*, obtint ce qu'il voulut. Il eut des armées sur la Loire, dans le Nord, dans l'Ouest. Les régiments improvisés marchaient sans organisation, sans provisions; Gambetta faisait et défaisait les généraux, donnait des plans qu'il fallait suivre. Il semblait qu'on aurait dû consulter le suffrage universel pour savoir s'il approuvait la révolution du 4 septembre, mais ce n'était pas le compte des hommes parvenus au pouvoir.

Telle était la situation politique, militaire et morale de la France au mois d'octobre, avec Paris et Metz complètement investis.

Les deux extrémités de cette situation peuvent être figurées, d'un côté, par les zouaves pontificaux, qui, sous le commandement de M. de Charette, en compagnie des mobiles bretons et d'autres, s'immortalisèrent dans bien des combats héroïques; de l'autre côté, par Garibaldi, qui ayant fait agréer ses services à la délégation de Tours, venait répandre dans tous les pays occupés par ses bandes infâmes, le pillage, le désordre et la terreur, et dont le dernier acte fut de favoriser le passage des Allemands pour envelopper notre dernière armée au mois de janvier 1871 et l'obliger à se retirer en Suisse.

Ce n'étaient pas seulement les malheurs de la France qui avaient amené les zouaves pontificaux pour la défendre et les garibaldiens pour achever de la perdre. Pour les uns et pour les autres il n'y avait plus rien à faire à Rome. Victor-Emmanuel avait consommé l'œuvre de Garibaldi, son ancien associé de Naples.

Dans les dernières années, le gouvernement piémontais avait continué ses attentats contre l'Église, soumettant les ecclésiastiques à la conscription, supprimant des fêtes religieuses, opprimant le clergé. Sa faiblesse, ses antécédents, le mauvais état des finances, le mécontentement du peuple contre des impôts excessifs, lui faisaient désirer les aventures. Rome était son objectif. Il s'efforçait d'y arriver par des intrigues et des complots. La guerre lui donna l'occasion de s'y installer. Mais tant que son alliée de Sadowa n'eut pas écrasé la France et terrifié l'Europe, il fallut prendre des ménagements et garder d'hypocrites précautions.

Le 20 août, le ministre Lanza répondait à une interpellation des membres les plus avancés de la Chambre, en invoquant la prudence qui défendait de s'occuper, à la face de l'Europe, sans raison plausible, d'un État voisin.

Le même jour, M. Visconti-Venosta, ministre des affaires étrangères, adressait aux représentants du roi à l'étranger la circulaire suivante (1) :

« Les événements actuels ont pour la question romaine des rapports sur lesquels plusieurs gouvernements ont cherché à connaître nos vues. Ils reconnaissent les difficultés inhérentes à la situation anormale de la Papauté ; ils prévoient les éventualités qui peuvent s'ensuivre, et ils désirent connaître les idées adoptées à ce sujet dans le pays qui est appelé à régler avec le monde catholique les conditions de la transformation du pouvoir pontifical, conséquence inévitable du progrès des temps et des changements politiques accomplis dans la Péninsule.

» Le gouvernement du Roi n'a aucune difficulté de s'expliquer sans réticence à cet égard. Nous le faisons d'autant plus volontiers que la question romaine, personne n'en est plus convaincu que nous, n'est pas de celles que l'on peut supprimer en les entourant d'un silence factice ; le respect même professé par tous les gouvernements et par tous les esprits vraiment religieux et libéraux pour les grands intérêts qui y sont engagés, doit faire sentir à chacun qu'il est du devoir commun de ne pas en abandonner le sort à une aveugle fatalité.

» L'Italie n'a jamais cessé de maintenir la question romaine dans la sphère qui lui appartient, au-dessus de tout autre intérêt plus particulier et plus variable. Elle s'est toujours montrée disposée à y reconnaître deux éléments qu'il faut concilier, sans sacrifier l'un à l'autre : d'une part, les aspirations nationales de l'Italie, le droit du peuple romain de régler les conditions de son gouvernement, — de l'autre, la nécessité d'assurer l'indépendance, la liberté, l'autorité religieuse du pontife. Notre but constant, depuis que la question romaine est posée, a été de rassurer le monde catholique sur les garanties de sécurité et de dignité que l'Italie, plus que tout autre État, est en mesure d'assurer au Saint-Siège. Aujourd'hui, comme toujours, l'Italie cherche à sauvegarder la question romaine vis-à-vis des passions des partis politiques, et à lui donner une solution qui tranquillise les consciences en donnant satisfaction aux vœux légitimes du pays, et écarte le danger toujours renaissant des violences auxquelles l'état actuel du territoire pontifical semble inviter; tour à tour, chacun des partis extrêmes.

» Si le côté religieux de la question, qui devrait être le seul important, est désormais résolu dans la conscience des catholiques les plus éclairés, les plus graves difficultés subsistent encore malheureusement soulevées par des intérêts d'un autre ordre qui s'y sont artificiellement mêlés, et auxquels se trouve ainsi subordonné ce qu'il y a d'essentiel dans les affaires de Rome.

» La convention du 15 septembre 1864 a eu précisément pour objet d'écarter le principal de ces obstacles de fait qui ne proviennent pas du fond même de la question romaine : je veux parler de l'intervention de la force étrangère. Cet acte visait à réaliser une situation dégagée de toute complication extérieure, et dans laquelle les intérêts du Saint-Siège et ceux des Romains et de l'Italie se trouveraient placés en face les uns des autres, en sorte qu'une conciliation entre eux pût s'effectuer. En acceptant les obligations de la convention, l'Italie restait fidèle au devoir de ne pas abandonner cette question d'ordre moral et religieux aux surprises de la violence ; quelle que fût, du reste, la marche des événements, une application régulière de la convention devait garantir que ni l'emploi de la force, ni les accidents politiques du dehors ne reviendraient troubler le cours paisible et normal d'une transformation inévitable de la situation respective des Romains et du Saint-Siège.

» Les accords du 15 septembre 1864 n'étaient donc pas la solution de la question romaine. Ils posaient seulement cette question dans des conditions telles qu'elle pût aboutir sans secousse à son dénoûment.

» Par une conséquence de la situation troublée, qui existe en Europe depuis 1866, la convention n'a pas suffi à écarter les causes extérieures qui empêchent la solution naturelle de la question romaine.

» Encouragé par les incertitudes de l'avenir et par le retour de l'intervention étrangère, et obéissant à des tendances qui, du reste, sont les conséquences inévitables de son système, le gouvernement pontifical continua à appliquer à ses sujets ces mêmes principes de gouvernement dont la simple énonciation a soulevé les protestations de tous les États catholiques. Dans ses rapports avec l'Italie, la cour de Rome a cru devoir se refuser même aux tempéraments les plus transitoires et de simple administration. Elle a pris l'attitude d'un gouvernement ennemi établi au centre de la Péninsule, cherchant dans les complications européennes la possibilité d'amener de nouvelles interventions militaires, enrôlant des forces étrangères et leur donnant, contrairement à l'esprit de la convention, non pas la simple mission de la conservation de l'ordre intérieur, mais le caractère d'une armée de la réaction, d'un moyen pour une prétendue croisade. Les provinces romaines sont ainsi devenues pour nous le centre d'action du parti qui spécule sur des inter-

---

(1) Nous extrayons ces documents de la courageuse brochure publiée pendant la guerre même par M. Vagner, rédacteur de *l'Espérance*, à Nancy, dont un des fils, Charles-Marie, zouave pontifical, fut tué au combat de Loigny.

ventions pour restaurer un autre état de choses dans la Péninsule, et en même temps un terrain tout préparé pour servir à une propagande anarchique contre l'Italie.

» Les conséquences d'une pareille situation, en présence de la guerre actuellement engagée et des complications qui pourraient encore s'ensuivre, sont graves pour nous.

» Il n'est de l'intérêt d'aucune puissance que l'Italie, Etat catholique, et neutre dans le conflit actuel, demeure exposée à ce que sa tranquillité et ses rapports extérieurs puissent dépendre du parti que tireront des affaires romaines les manœuvres de la réaction ou de la révolution. Le sentiment national froissé, notre politique conciliante en Europe en butte aux soupçons, notre action au dehors paralysée ou sollicitée par des pressions factices, l'ordre dans la Péninsule rendu précaire, tels sont les effets d'une situation pareille.

» C'est la force des choses qui, à chaque phase nouvelle des affaires de l'Europe, fait sentir plus impérieusement la nécessité de résoudre la question romaine. Nous croyons que c'est faire acte de prévoyance et de sagesse que d'écarter les considérations transitoires qui ont fait suspendre jusqu'ici une solution, et d'aborder pratiquement, dans ces conditions essentielles, un problème qui touche aux destinées d'un peuple et à la grandeur du catholicisme.

» A ce point de vue, il sera plus facile de déterminer les bases d'un accord, et de réaliser cette adhésion morale des gouvernements catholiques où l'Italie a toujours vu le gage le plus efficace d'une bonne solution.

» Nous n'apportons aucune vue arbitraire dans le choix des moyens d'assurer à la Papauté une situation indépendante, sûre et digne. Depuis dix ans, dans le cours des négociations souvent reprises et toujours interrompues par les événements politiques, les bases possibles d'une solution définitive de la question romaine ont été confidentiellement reconnues, en principe, et subordonnées seulement à des considérations d'opportunité et de convenance politique, par la France aussi bien que par d'autres puissances.

» Lorsque cette solution sera réalisée, les heureux effets s'en étendront bien au delà de nos frontières; car ce n'est pas seulement en Italie que l'antagonisme entre le sentiment religieux et l'esprit de civilisation et de liberté trouble les consciences et jette le désordre moral parmi les populations. »

Après Sedan, on change d'attitude et de langage, et l'on entame décidément la question dans une nouvelle circulaire, datée du 7 septembre :

« Le gouvernement du roi n'a eu que trop d'occasions de signaler, dans ces dernières années, les dangers de l'antagonisme qui existe entre le gouvernement pontifical et l'Italie. Ces dangers, qui ont été reconnus souvent par les puissances, n'avaient cependant pas alors le caractère de gravité décisive qu'ils prennent aujourd'hui, et dont je vous ai prévenu par ma circulaire du 20 août dernier.

» S'il est une maxime reconnue par toutes les autorités en droit positif, c'est que chaque gouvernement a le droit et le devoir de pourvoir à sa propre sécurité, et de s'opposer à ce qui peut constituer pour lui un péril et un empêchement à la protection qu'il doit aux intérêts essentiels de ses nationaux. Aussi, la convention de septembre a-t-elle laissé au gouvernement du roi sa liberté d'action pour les cas prévus ou non dans lesquels l'état de choses existant sur le territoire pontifical constituerait un danger ou une menace contre la tranquillité ou la sûreté de l'Italie.

» Or, si en septembre 1864, lorsque rien n'autorisait à prévoir que l'épreuve de la conciliation des intérêts des Romains avec ceux du Saint-Siége ne s'accomplirait pas en pleine paix, une réserve de ce genre a été jugée conforme à la justice, il semble superflu de remarquer combien l'application en est légitime en ce moment.

» L'Italie, en effet, obligée, comme les pays voisins des deux nations belligérantes, de ne rien négliger pour sauvegarder sa sécurité, en est empêchée par l'état de choses que maintient dans une enclave de la Péninsule un gouvernement théocratique en hostilité déclarée contre l'Italie, ne pouvant, de son propre aveu, subsister que par des interventions étrangères, et dont le territoire offre une base d'opérations à tous les éléments de désordre.

» Aujourd'hui que la guerre entre la France et l'Allemagne a pris un caractère extrême, et jette une grande incertitude dans les relations internationales, il ne s'agit plus seulement pour nous, dans la question romaine, d'une revendication légitime de nos droits et de nos intérêts, mais de la nécessité de remplir les devoirs impérieux qui sont la raison d'être des gouvernements.

» Sa Majesté le Roi, gardien et dépositaire de l'intégrité et de l'inviolabilité du sol national, intéressé comme souverain d'une nation catholique à n'abandonner à aucun accident le sort du Chef de l'Eglise, prend comme il le doit avec confiance, en face de l'Europe et de la catholicité, la responsabilité du maintien de l'ordre dans la Péninsule et de la sauvegarde du Saint-Siége.

» Le gouvernement de Sa Majesté se réserve de ne pas attendre, pour prendre des résolutions en conséquence, que l'agitation signalée sur le territoire pontifical, suite naturelle des événements du dehors, aboutisse à des effusions de sang entre les Romains et les forces étrangères. Ce serait sacrifier nos devoirs à un trop facile allégement de responsabilité, que de laisser s'exposer aux risques de déplorables conflits le Saint-Père, inébranlable dans sa résistance, les Romains qui nous déclarent s'apprêter à revendiquer leurs droits, la sûreté, enfin, des personnes et des propriétés dans les provinces. Nous occuperons donc, quand nos informations nous le ferons juger opportun, les points nécessaires pour la sécurité commune, en laissant aux populations le soin de leur propre administration.

» Le gouvernement du roi, en maintenant expressément en principe le droit national, se renfermera toutefois dans les limites d'une action conservatrice et tutélaire à l'égard du droit qu'ont les Romains de disposer de leurs destinées, et des intérêts qui reposent pour chaque Etat ayant des sujets catholiques sur les garanties d'indépendance souveraine qui doivent être assurées à la Papauté.

Quant à ce dernier objet, l'Italie, je le répète, est prête à prendre des arrangements avec les puissances sur les conditions à déterminer d'un commun accord pour assurer l'indépendance spirituelle du Pontife. »

Le lendemain, 8 septembre, le comte Ponza di San Martino recevait la lettre que voici :

« Dans ce moment solennel où le gouvernement du roi est appelé par les intérêts de l'Italie et du Saint-Siége à prendre les mesures nécessaires à la sûreté du territoire national, vous êtes chargé de vous rendre à Rome avec une lettre de S. M. le Roi au souverain Pontife.

» Gardien et garant des destinées italiennes, hautement intéressé, comme catholique, à ne pas abandonner le sort du Saint-Siége et celui de l'Italie aux dangers que le courage du Saint-Père serait trop disposé à affronter, S. M. le Roi sent le devoir de prendre, vis-à-vis de l'Europe et de la catholicité, la responsabilité du maintien de l'ordre dans la Péninsule et de la sûreté du Saint-Siége.

» Le gouvernement du roi manquerait à cette tâche, s'il attendait pour prendre une résolution, que l'agitation ait amené de graves désordres et l'effusion du sang.

» Nous nous réservons donc de faire entrer nos troupes sur le territoire romain quand les circonstances nous l'auront démontré nécessaire, laissant aux populations le soin de pourvoir à leur propre administration.

» Le gouvernement du roi et ses forces se bornent absolument à une action conservatrice et tutélaire des droits imprescriptibles des Romains et des intérêts qu'a le monde catholique à l'entière indépendance du souverain Pontife. Laissant en dehors toute question politique qui peut être soulevée par les manifestations libres et pacifiques du peuple romain, le gouvernement du roi est fermement résolu à assurer les garanties nécessaires à l'indépendance spirituelle du Saint-Siége et à en faire également l'objet des négociations futures entre l'Italie et les puissances intéressées.

» Vous chercherez à faire comprendre au Saint-Père combien est solennel le moment actuel pour l'avenir de l'Eglise et de la Papauté. Le Chef de la catholicité trouvera dans les populations italiennes un profond dévouement, et il conservera, sur les rives du Tibre, un siége honoré et indépendant de toute souveraineté humaine.

» Sa Majesté s'adresse au Pontife avec l'affection d'un fils, avec la foi d'un catholique, avec les sentiments d'un roi et d'un Italien. Sa Sainteté ne repoussera pas, en ces temps où les institutions les plus vénérées et la paix des peuples sont menacées, la main qui lui est loyalement tendue au nom de la religion et de l'Italie. »

Arrivé à Rome, M. Ponza di San Martino fit sa première visite au cardinal Antonelli qui lui devait ménager l'audience papale.

La *Liberta cattolica*, de Naples, a donné de cette entrevue un récit digne de foi.

« Le cardinal secrétaire d'Etat accueillit l'envoyé piémontais avec son calme et sa politesse habituels et, après les compliments d'usage, il s'engagea entre les deux hommes d'Etat la conversation suivante, qui, pour n'être ici que résumée, n'en est pas moins exactement reproduite.

» SAN MARTINO. Je viens à vous, Eminence, porteur d'une lettre du Roi adressée au Saint-Père, et je suis heureux d'accomplir une mission bienveillante, destinée à assurer, de la part du gouvernement italien, l'indépendance du Saint-Siége et la splendeur de la religion.

» LE CARDINAL ANTONELLI. Votre gouvernement, M. le comte, reconnaît donc l'absolue nécessité de son indépendance pour le Chef d'une religion qui a des intérêts dans tous les Etats du monde?

» SAN MARTINO. Oui, Eminence, il est même convaincu de cette nécessité.

» LE CARDINAL ANTONELLI. Cette affirmation me rassure, M. le comte; je me félicite que cette vérité ait été comprise.

» SAN MARTINO. J'entends l'indépendance spirituelle, Eminence.

» LE CARDINAL ANTONELLI. Oui; l'indépendance spirituelle : car le Saint-Siége a besoin de cette indépendance pour accomplir sa mission sur la *terre*.

» SAN MARTINO (*souriant*). Je me réjouis donc, Eminence, de pouvoir porter au Roi et au gouvernement l'heureuse nouvelle de la conclusion d'une entente pacifique si ardemment désirée.

» LE CARDINAL ANTONELLI. Nous devrons examiner les conditions de cette entente, M. le comte, pour voir si elles garantissent suffisamment l'indépendance du Pape, qui fait l'objet de la sollicitude si légitime de votre gouvernement.

» Arrivé à ce point de la conversation, le comte Ponza mit en œuvre toutes les ressources de son esprit pour expliquer les intentions du gouvernement italien : le plus grand prestige donné à l'autorité pontificale, respect illimité pour le Chef de la religion, pour la cour romaine et pour ses dignitaires; ressources pécuniaires, institutions catholiques garanties et protégées; tout cela fut promis en termes éloquents et avec l'accent de la conviction la plus entière.

» LE CARDINAL ANTONELLI. Fort bien, M. le comte, je veux croire à votre loyauté et à celle de votre gouvernement. Mais au nom de qui Votre Seigneurie promet-elle toutes ces choses?

» SAN MARTINO. Au nom du gouvernement du Roi.

» LE CARDINAL ANTONELLI. M. le comte me permettra de lui rappeler que le gouvernement italien est constitutionnel et que par conséquent le Ministère peut être changé dès demain. D'ailleurs le Parlement voudra user du droit de réviser les promesses que vous avez été chargé de faire au Saint-Père. Pourriez-vous me donner la garantie que, quel que soit le Ministère qui puisse succéder au Ministère actuel, le Parlement sanctionnera les termes de notre convention?

» SAN MARTINO (*déconcerté*). Je l'espère; le bon sens des Italiens m'en donne la confiance.

» LE CARDINAL ANTONELLI. Je prie Votre Excellence de s'expliquer plus clairement sur ce point; votre gouvernement reconnaît l'indispensable nécessité de l'indépendance du Saint-Siége : il est donc dans son intention de donner des *garanties* pour le maintien de cette indépendance. Peut-il donner ces *garanties*?

» SAN MARTINO (*plus déconcerté*). Je l'espère,

Eminence, mais il faut cependant tenir compte de la condition des temps et de la forme du gouvernement.

» LE CARDINAL ANTONELLI. Croyez-vous donc, M. le comte, que le Saint-Siége puisse accepter vos promesses bénévoles, et exposer sa propre indépendance aux chances du hasard? Dites-le vous-même, M. le comte, le Chef de la religion, responsable de son indépendance devant Dieu, devant les puissances, devant les peuples, peut-il se contenter des assertions d'un gouvernement dont l'existence est incertaine, et dont les précédents n'attestent pas d'un fidèle accomplissement de ses promesses? Peut-on ainsi volontairement exposer les intérêts vitaux de la religion au jugement d'un Parlement, où les catholiques ne comptent qu'un fort petit nombre de représentants, jamais écoutés?

» SAN MARTINO. Ne craignez rien, Eminence, on changera de voie, la Chambre sera dissoute et l'on inaugurera une nouvelle ère de paix et de conciliation.

» LE CARDINAL ANTONELLI. Mais le gouvernement pourra-t-il accepter la condamnation de celles de ses lois qui sont hostiles à l'Église, et pourra-t-il les révoquer? Est-il certain de réussir aux nouvelles élections pour le Parlement? Vous m'avez parlé, M. le comte, de temps difficiles, de tendances anarchiques; le gouvernement est-il certain de pouvoir surmonter les difficultés des temps?

» SAN MARTINO (*fort déconcerté*). Je l'espère, après qu'on aura satisfait aux vœux du pays par rapport à Rome.

» LE CARDINAL ANTONELLI. Laissons là les vœux du pays; nous savons ici ce qu'il faut penser de ces vœux; parlons franchement, M. le comte. Vous n'ignorez pas pourquoi le parti de l'anarchie veut s'emparer de Rome. Il espère pouvoir y ensevelir la Papauté avec la monarchie. Vous-même, vous dites que la démocratie frémit d'impatience. Elle est audacieuse et entreprenante parce qu'elle se croit soutenue. Voyez donc, M. le comte, si les temps sont propices à de semblables propositions!

» SAN MARTINO. Le gouvernement espère par ce moyen pouvoir se tirer de la difficile situation où il se trouve.

» LE CARDINAL ANTONELLI. Je vous ferai remarquer, comme vous devez en être persuadé, je pense, qu'en agissant ainsi vous vous engagez dans une situation plus difficile encore. Du reste, qu'on fasse tout ce que l'on voudra, le gouvernement du Saint-Siége ne peut adhérer à vos propositions.

» Cette conversation dura une heure et demie.

» Le comte San Martino sortit du cabinet du ministre d'Etat, le visage enflammé; ses jambes le soutenaient à peine; il semblait tomber des nues. »

L'ambassadeur italien fut reçu le 10 septembre avant midi, remit sa lettre en tremblant et exposa l'objet de sa mission. Quand il eut fini de parler, Pie IX se mit à lire la missive royale à haute voix, s'arrêtant presque à chaque phrase pour intercaler ses réponses, et reprochant sévèrement au roi son hypocrisie et ses injustices.

Voici la lettre de Victor-Emmanuel :

« Très-Saint-Père,

» Avec une affection de fils, avec une foi de catholique, avec une loyauté de roi, avec un sentiment d'Italien, je m'adresse encore, comme j'eus à le faire autrefois, au cœur de Votre Sainteté.

» Un orage plein de périls menace l'Europe. A la faveur de la guerre qui désole le centre du continent, le parti de la Révolution cosmopolite augmente de hardiesse et d'audace, et prépare, spécialement en Italie et dans les provinces gouvernées par Votre Sainteté, les derniers coups à la monarchie et à la Papauté.

» Je sais, Très-Saint-Père, que la grandeur de votre âme ne le céderait jamais à la grandeur des événements; mais moi, roi catholique et roi italien, et, comme tel, gardien et garant, par la disposition de la divine Providence et par la volonté de la nation, des destinées de tous les Italiens, je sens le devoir de prendre, en face de l'Europe et de la catholicité, la responsabilité du maintien de l'ordre dans la Péninsule et de la sécurité du Saint-Siége.

» Or, Très-Saint-Père, l'état d'esprit des populations gouvernées par Votre Sainteté et la présence parmi elles de troupes étrangères, venues de lieux divers avec des intentions diverses, sont un foyer d'agitations et de périls évidents pour tous. Le hasard et l'effervescence des passions peuvent conduire à des violences et à une effusion de sang qu'il est de mon devoir et du vôtre, Très-Saint-Père, d'éviter et d'empêcher.

» Je vois l'inéluctable nécessité, pour la sécurité de l'Italie et du Saint-Siége, que mes troupes, déjà préposées à la garde des frontières, s'avancent et occupent les positions qui seront indispensables à la sécurité de Votre Sainteté et au maintien de l'ordre.

» Votre Sainteté ne voudra pas voir un acte hostile dans cette mesure de précaution. Mon gouvernement et mes forces se restreindront absolument à une action conservatrice et tutélaire des droits facilement conciliables des populations romaines avec l'inviolabilité du souverain Pontife, et de son autorité spirituelle avec l'indépendance du Saint-Siége.

» Si Votre Sainteté, comme je n'en doute pas, et comme son caractère sacré et la bonté de son âme me donnent le droit de l'espérer, est inspirée d'un désir, égal au mien, d'éviter tout conflit et d'échapper au péril d'une violence, elle pourra prendre avec le comte Ponza di San Martino, qui lui remettra cette lettre et qui est muni des instructions opportunes par mon gouvernement, les accords qui paraîtront mieux devoir conduire au but désiré.

» Que Votre Sainteté me permette d'espérer encore que le moment actuel, aussi solennel pour l'Italie que pour l'Eglise et pour la Papauté, rendra efficace l'esprit de bienveillance, qui n'a jamais pu s'éteindre dans votre cœur, envers cette terre qui est aussi votre patrie, et les sentiments de conciliation que je me suis toujours étudié, avec une persévérance infatigable, à traduire en actes, afin que, tout en satisfaisant aux aspirations nationales, le Chef de la catholicité, entouré du dévouement des populations italiennes, conservât sur les rives du Tibre un siège glorieux et indépendant de toute souveraineté humaine.

» Votre Sainteté, en délivrant Rome des troupes

étrangères, en l'enlevant au péril continuel d'être le champ de bataille des partis subversifs, aura accompli une œuvre merveilleuse, rendu la paix à l'Eglise et montré à l'Europe épouvantée, par les horreurs de la guerre comment on peut gagner de grandes batailles et remporter des victoires immortelles par un acte de justice et par un seul mot d'affection.

» Je prie Votre Sainteté de vouloir bien m'accorder sa bénédiction apostolique, et je renouvelle à Votre Sainteté l'expression des sentiments de mon profond respect. »

A un moment, l'ambassadeur voulut objecter que le roi était contraint par le vœu de 24 millions d'Italiens.

« Vous mentez, Monsieur, s'écria Pie IX, vous mentez et vous calomniez les peuples d'Italie! Sur ces vingt-quatre millions, vingt-trois me sont dévoués, m'aiment, me respectent et veulent l'intégrité de mon pouvoir spirituel et temporel. Il y a un million de malheureux que vous avez empoisonnés, corrompus et jetés dans les voies de l'iniquité. Ce sont là les amis de votre roi qu'ils précipiteront demain. » Et du geste, il congédia Ponza, lequel, oppressé, couvert de sueur, cachant son visage, sortit, traversa les salles du Vatican et se jeta dans sa voiture en blasphémant.

Le lendemain de l'audience accordée à M. Ponza, Pie IX daignait faire à son persécuteur un dernier honneur, en lui adressant la réponse suivante :

« Majesté,

» Le comte Ponza di San Martino m'a remis une lettre qu'il a plu à Votre Majesté de m'adresser, mais elle n'est pas digne d'un fils affectueux qui se fait gloire de professer la foi catholique et s'honore d'une loyauté royale. Je n'entre pas dans les détails de la lettre même, pour ne pas renouveler la douleur qu'une première lecture m'a causée. Je bénis Dieu, qui a souffert que Votre Majesté comblât d'amertume la dernière période de ma vie. Au reste, je ne puis admettre les demandes exprimées dans votre lettre, ni me rallier aux principes qu'elle renferme. J'invoque de nouveau Dieu, et je remets entre ses mains ma propre cause, qui est entièrement la sienne. Je le prie d'accorder des grâces abondantes à Votre Majesté, de la délivrer de tout péril, et de lui faire part des miséricordes dont elle a besoin.

» Du Vatican, le 11 septembre 1870. »

Le jour même que Pie IX écrivait cette lettre, Victor-Emmanuel donnait à ses troupes l'ordre d'entrer sur le territoire pontifical. Le 11, ce territoire était envahi sur trois points : au Nord par Acquapendente; à l'Est par Orte et Corese, au Midi par Ceprano. Les troupes romaines avaient reçu l'ordre de se replier sur Rome, ce qui ne les empêcha pas en plusieurs endroits d'illustrer leur retraite par de vaillants exploits; l'état de siège avait été déclaré le 13 au matin par une proclamation du ministre des armes.

« Romains! On veut tenter d'accomplir le plus horrible méfait. Le souverain Pontife est menacé, sans aucune raison, par les troupes d'un roi catholique, dans la pacifique possession de sa capitale et des quelques provinces laissées en son pouvoir par l'usurpation.

» Pour ce motif et avec l'autorisation supérieure, Rome est déclarée en état de siège. Les citoyens paisibles et honnêtes sont invités à rester tranquillement chez eux, afin que la troupe puisse veiller sur le peu d'hommes malintentionnés qui chercheraient à troubler l'ordre et à attenter à la sécurité publique. »

Au même moment la Révolution adressait cet appel aux soldats indigènes pontificaux :

« Soldats romains,

» La valeureuse armée italienne marche sur Rome pour vous délivrer des mercenaires étrangers qui, depuis dix ans, vous oppriment et vous déshonorent. Vous unirez-vous avec le zouave pour la repousser en obéissant aux ordres d'un chef répudié par sa patrie? Tournerez-vous vos fusils contre vos frères d'armes qui viennent vous délivrer d'un ignominieux esclavage? Non, pour Dieu! vous êtes honorés et valeureux. Vous imiterez l'exemple des soldats espagnols, français et napolitains, qui, pour le bien de la patrie, ont préféré briser leur épée que de servir le tyran. Vous ne serez pas fratricides, mais de libres et valeureux soldats d'Italie. Dans les patriotiques batailles de 1848-49, sous le drapeau de la liberté à Vicence, Bologne, Velletri et Saint-Pancrace, vous avez été les vrais fils de la Rome antique, et l'histoire vous a écrit ses plus glorieuses pages. Voudrez-vous les renier aujourd'hui?

» Vivent les soldats romains! Vive Rome capitale d'Italie! Vive, vive Victor-Emmanuel, roi au Capitole! »

Ces tentatives de corruption avaient déjà fait quelques victimes, mais elles étaient toujours demeurées impuissantes sur le corps des zouaves.

Le Saint-Père voyait avec douleur que le sang allait couler : tout en rendant un hommage public à la valeur de ses troupes, il traça de sa main les limites de la résistance, dans sa lettre du 15 au général Kanzler.

« Maintenant, disait le Saint-Père, qu'on va consommer un grand sacrilége et la plus énorme injustice, maintenant que les troupes d'un roi catholique, sans provocation, sans même l'apparence d'un motif, assiégent la capitale du monde catholique, je sens tout d'abord le besoin de vous remercier, vous, Monsieur le général, et toutes nos troupes, de la conduite généreuse que vous avez montrée jusqu'à présent, de l'affection dont vous avez donné des preuves au Saint-Siége et de votre volonté de vous consacrer entièrement à la défense de cette métropole.

» Que ces lignes restent comme un document solennel pour certifier la discipline, la loyauté et la valeur des troupes qui ont été au service de notre Saint-Siége. Quant à la durée de la défense, il est de mon devoir d'ordonner qu'elle consiste uniquement en une protestation constatant la violence, et rien de plus, c'est-à-dire qu'on entamera, dès que la brèche sera ouverte, des négociations pour la reddition de la ville.

» Dans un moment où l'Europe entière déplore,

les très-nombreuses victimes d'une guerre entre deux puissantes nations, on ne pourra jamais dire que le Vicaire de Jésus-Christ, quoique assailli, ait consenti à une grande effusion de sang. Notre cause est celle de Dieu et nous mettons en lui toute notre confiance.

» Je vous bénis de cœur, vous, Monsieur le général, et toutes nos troupes. »

Le 20 septembre, les troupes italiennes arrivaient au nombre de 60,000 hommes, aux portes de Rome. Pendant quatre heures de bombardement, le canon des Pontificaux répondit vigoureusement au feu des assiégeants. La porte Pia fut alors forcée et la brèche ouverte. Au moment où les zouaves allaient se faire massacrer tous, le drapeau blanc apparut sur le fort Saint-Ange et sur la coupole de Saint-Pierre. Le magnanime Pie IX voulait préserver Rome des horreurs du pillage et n'acceptait pas le sacrifice de ses loyaux défenseurs.

Voici les conditions imposées par le vainqueur et signées, le 20 septembre, à la Villa Albani, par les commandants généraux des deux armées.

I.

« La ville de Rome, sauf la partie limitée au sud par les bastions San Spirito, comprenant le pont Vatican et le château Saint-Ange et qui constitue la Cité Léonine; son armement complet, drapeaux, armes, magasins de poudre, tous les objets appartenant au gouvernement, seront remis aux troupes de S. M. le roi d'Italie.

II.

» Toute la garnison de la place sortira avec les honneurs de la guerre, emportant ses drapeaux, armes et bagages. Les honneurs militaires une fois rendus, elle déposera les drapeaux, les armes, à l'exception des officiers, qui garderont leur épée, leurs chevaux et tout ce qui leur appartient. Les troupes étrangères sortiront les premières, les autres viendront ensuite, selon leur ordre de bataille, avec la gauche en tête. La sortie de la garnison aura lieu demain matin à sept heures.

III.

» Toutes les troupes étrangères seront dissoutes et les soldats renvoyés immédiatement dans leurs foyers par les soins du gouvernement italien qui les dirigera dès demain par le chemin de fer vers la frontière de leur pays. Le gouvernement a la faculté de prendre ou non en considération les droits de pension que les troupes pourraient avoir régulièrement stipulés avec le gouvernement pontifical.

IV.

» Les troupes indigènes seront constituées en dépôt sans armes avec les allocations qu'elles ont actuellement. Le gouvernement du roi se réserve de statuer sur leur position future.

V.

» Elles seront envoyées à Civita-Vecchia dans la journée de demain.

VI.

» Les deux parties nommeront une commission composée d'un officier d'artillerie, d'un officier du génie et d'un fonctionnaire d'intendance pour la remise dont il est question à l'article premier. »

Deux jours après, M. Senard, plénipotentiaire français, adressait à Victor-Emmanuel ces lignes de félicitations au nom du gouvernement de la Défense nationale : « La convention de septembre cesse virtuellement d'exister avec la proclamation de la République française. Je félicite le roi en mon nom personnel et au nom du gouvernement français, pour la délivrance de Rome et la consécration définitive de l'unité italienne. » Ce langage était digne de ceux qui achevaient de perdre la France.

La capitulation était signée, les défenseurs quittèrent leurs postes, et aussitôt commença le règne de la populace venue du dehors à la suite des vainqueurs. Les prisons furent ouvertes aux plus grands scélérats; les prêtres et les religieux n'osèrent plus se montrer dans les rues; il y eut des scènes de pillage; l'incendie se joignit au meurtre; des zouaves furent traîtreusement assassinés; le palais même du Vatican fut sur le point d'être envahi, et le général en chef des Italiens, Cadorna, prêtre défroqué, chanoine de Milan avant 1848, profita de cette occasion pour établir ses troupes sur la place Saint-Pierre.

Au désordre matériel succéda le désordre administratif; tout fut annexé, confisqué, les musées, les archives, les bibliothèques, les collèges. Il n'y eut plus de liberté que pour les journaux immondes. On s'empara du Quirinal, propriété du Saint-Siège. Puis au dehors on essaya de faire croire que Pie IX, prisonnier au Vatican, voulait transiger avec ses geôliers : les deux protestations suivantes firent justice de ces calomnies.

Dès le 20 septembre, le cardinal Antonelli, par une circulaire datée du Vatican, s'adressait en ces termes aux membres du corps diplomatique accrédités près le Saint-Siège.

« Votre Excellence connaît parfaitement les usurpations violentes de la plus grande partie des États de l'Église accomplies en juin 1859 et en septembre de l'année suivante par le gouvernement qui s'est installé à Florence. On connaît également les solennelles réclamations et protestations faites par Sa Sainteté contre cette sacrilège spoliation, soit par les allocutions prononcées en consistoire et publiées dans la suite, soit par les notes adressées en son nom souverain par le soussigné cardinal secrétaire d'État au corps diplomatique accrédité auprès du Saint-Siège.

» Le gouvernement envahissant n'aurait certainement pas manqué de consommer la spoliation sacrilège si le gouvernement français, instruit de ses ambitieux projets, ne l'avait arrêté en prenant sous sa protection la ville de Rome et son territoire déjà restreint, et en y maintenant une garnison.

» Mais, à la suite d'accords conclus entre le gouvernement français et celui de Florence, accords par lesquels on croyait assurer la conservation et la tranquillité des États restés au Saint-Siège, les troupes françaises se retirèrent. Ces conventions, toutefois, ne furent point respectées; et, en septembre 1867, quelques hordes, poussées par des impulsions occultes, se jetèrent sur le territoire pontifical avec le dessein pervers de surprendre et d'occuper Rome. C'est alors que revinrent les troupes françaises, et, prêtant main-forte à nos fidèles soldats qui luttaient déjà victorieusement contre l'invasion, elles achevèrent dans les plaines de Mentana de réprimer l'audace des envahisseurs, et firent complètement échouer leurs iniques desseins.

» Cependant, le gouvernement français, ayant retiré ses troupes à l'occasion de la guerre déclarée à la Prusse, ne négligea point de rappeler au gouvernement de Florence les engagements qu'il avait contractés par les conventions signalées ci-dessus, et de se faire donner les assurances les plus formelles au sujet de leur observation. Mais le sort des armes ayant été défavorable à la France, le gouvernement de Florence, profitant de ces revers au mépris des accords conclus, prit la déloyale résolution d'envoyer une forte armée pour consommer la spoliation des domaines du Saint-Siége, tandis que, malgré les plus puissantes instigations venues du dehors, la plus parfaite tranquillité régnait partout, et qu'il se produisait de toutes parts, et particulièrement ici, à Rome, des démonstrations spontanées et incessantes de fidélité, d'attachement et de filial amour envers la personne auguste du Saint-Père.

» Avant de perpétrer ce dernier acte de la plus affreuse injustice, on envoya à Rome le comte Ponza di San Martino, porteur d'une lettre écrite au Saint-Père par le roi Victor-Emmanuel : cette lettre portait que le gouvernement de Florence, ne pouvant contenir l'ardeur des aspirations nationales, ni l'agitation du parti de l'action, comme on l'appelle, se voyait forcé d'occuper Rome et le territoire qui lui reste. Votre Excellence peut aisément s'imaginer la profonde douleur et la vive indignation dont fut saisi le cœur du Saint-Père par suite d'une déclaration aussi étrange. Toutefois, inébranlable dans l'accomplissement de ses devoirs sacrés, et se confiant pleinement en la divine Providence, il repoussa résolûment toute proposition, attendu qu'il doit conserver intacte sa souveraineté, telle qu'elle lui a été transmise par ses prédécesseurs.

» En présence de ce fait, qui s'est accompli sous les yeux de toute l'Europe et par lequel sont foulés aux pieds les principes sacrés de tout droit, et spécialement du droit des gens, Sa Sainteté a ordonné au soussigné, cardinal secrétaire d'État, de réclamer et de protester hautement, comme en effet il réclame et proteste en son auguste nom, contre l'indigne et sacrilége spoliation des domaines du Saint-Siége qui vient d'être accomplie, déclarant en même temps le roi et son gouvernement responsables de tous les dommages qui résultent, pour le Saint-Siége et pour les sujets pontificaux, de cette violente et sacrilége usurpation. Sa Sainteté a ordonné en outre de déclarer, comme en effet le soussigné déclare en son auguste nom, que cette usurpation est privée de tout effet, nulle et sans valeur aucune, et qu'elle ne peut jamais porter aucun préjudice aux droits incontestables et légitimes de domaine et de possession, soit du Saint-Père, soit de ses successeurs à perpétuité, et, si la force empêche l'exercice de ces droits, Sa Sainteté entend et veut les conserver intacts, pour en reprendre en son temps la possession réelle.

» En informant Votre Excellence, par ordre exprès du Saint-Père, de l'inqualifiable événement qui vient de se produire, et des protestations et réclamations qui en sont la suite, afin qu'elle puisse porter le tout à la connaissance de son gouvernement, le cardinal soussigné nourrit la confiance que ce gouvernement voudra bien prendre à cœur l'intérêt dû au Chef suprême de l'Église catholique, placé désormais dans des conditions telles, qu'il ne peut plus exercer son autorité spirituelle avec cette pleine liberté et cette entière indépendance qui lui sont indispensables.

» Après avoir ainsi exécuté la volonté suprême du Saint-Père, il ne reste plus au soussigné qu'à vous donner l'assurance, etc. »

Quelques jours après, Pie IX disait sa pensée lui-même aux cardinaux de la sainte Église romaine.

« Notre Seigneur Jésus-Christ, qui exalte et qui humilie, qui conduit aux portes de la mort et qui rend la vie, qui frappe et qui pardonne, vient de permettre que la ville de Rome, siége du suprême Pontificat, tombât aux mains de ses ennemis, en même temps que cette partie du domaine de l'Église que ces mêmes ennemis avaient cru devoir laisser, pour quelque temps encore, à l'abri de l'usurpation.

» Mû par les sentiments de charité paternelle que Nous éprouvons pour nos chers fils les cardinaux de la sainte Église romaine, et les considérant comme les coopérateurs de Notre suprême Apostolat, Nous avons décidé aujourd'hui, en proie à la douleur et aux larmes qui nous oppressent, de leur faire connaître, comme c'est Notre devoir et comme Nous l'impose la voix de Notre conscience, les sentiments intimes de Notre âme avec lesquels Nous détestons et Nous condamnons ouvertement et publiquement l'état des choses actuel.

» Nous nous sentons obligé de faire la présente protestation, parce que Nous avons aujourd'hui la preuve que Nous sommes privé de cette liberté qui Nous est absolument nécessaire pour gouverner l'Église de Dieu et soutenir ses droits, Nous qui, bien qu'indigne et sans aucun mérite de Notre part, exerçons sur la terre les pouvoirs de Vicaire de Jésus-Christ Notre Seigneur et qui sommes le Pasteur de l'Église universelle. Et cette protestation, Nous voulons aussi la publier par la voie de la presse, afin qu'elle soit connue, comme il convient, par tout l'univers catholique.

» Il est impossible à Nos ennemis de prétendre que Nos plaintes et Nos protestations ne sont pas fondées, lorsque Nous disons qu'on Nous a enlevé et confisqué Notre liberté. Dès l'instant qu'on nous enlève cette libre et suprême autorité dont Nous jouissions, en vertu de Notre pouvoir civil, pour la direction des postes et par là même pour l'expédition de Nos lettres; et attendu que Nous ne pouvons avoir aucune confiance dans le gouvernement qui s'est emparé de Notre autorité, il n'y a aucun esprit sensé qui puisse nier que, dès ce moment, Nous nous trouvons complètement dépourvu des moyens nécessaires pour traiter et expédier les affaires que le Vicaire de Jésus-Christ, le Père commun des fidèles, est appelé à traiter à la demande de ses enfants qui, de toutes les parties du monde, s'adressent à Lui.

» Les observations qui précèdent sont confirmées plus explicitement encore par un fait qui s'est passé il y a peu de jours. Des personnes qui venaient de quitter Notre résidence du Vatican, en avaient à peine franchi le seuil, qu'elles furent arrêtées par les soldats du gouvernement nouveau et complétement fouillées, pour voir si elles n'avaient rien de caché sous leurs vêtements. Sur les réclamations qui furent faites contre ces attentats, il fut répondu que la chose avait eu lieu par suite d'une méprise. Mais personne n'ignore que ces méprises peuvent se renouveler à chaque instant et qu'une foule d'autres méprises du même genre peuvent se produire.

» Un autre malheur, excessivement grave pour cette grande cité, c'est la situation de l'instruction publique. En effet, on doit reprendre sous peu de jours le cours des études de l'Université romaine. Cette Université, devenue illustre par l'immense concours de près de douze cents élèves et par les exemples de calme et d'amour de l'ordre qu'elle a donnés jusqu'ici, cette Université devenue l'unique espoir de tant de pères de famille honnêtes et chrétiens, qui lui confient l'instruction de leurs fils, sans périls pour leur moralité, cette Université, ainsi qu'il est facile de le prévoir, tombera dans une situation bien différente de la situation ancienne, soit par la faute des professeurs qui seront chargés d'y donner l'enseignement, soit par les doctrines fausses et erronées qui y seront enseignées.

» En outre, il avait été déclaré que les lois en vigueur à Rome, même après l'occupation, auraient été maintenues dans leur intégrité; et, néanmoins, au mépris de ces déclarations, on s'empare de force des registres paroissiaux de cette ville, et on se met à les compulser, dans le but évident de s'en servir pour la formation des listes destinées à établir la conscription militaire, et pour d'autres fins qu'il est facile de deviner.

» Joignez à cela que l'impunité est assurée aux injures, aux outrages et aux actes de vengeance des sectaires et que cette même impunité est accordée, à la grande douleur de tous les honnêtes gens, aux individus qui dirigent les plus grossières et les plus indignes attaques contre Nos fidèles soldats, qui ont si bien mérité de la religion et de la société.

» Enfin les décrets et les lois récemment publiés relativement aux biens de l'Eglise, montrent assez ouvertement où tendent les projets des usurpateurs.

» Contre tous ces actes déjà perpétrés et contre tous autres, plus graves encore, qui Nous menacent, et de Notre suprême autorité, Nous voulons protester, comme en effet Nous protestons par les présentes lettres, par lesquelles Nous vous faisons connaître, à vous, ô Nos chers fils, et à chacun des cardinaux de la sainte Eglise romaine, l'exposé succinct des faits, Nous réservant d'en parler plus longuement dans une autre circonstance.

» Adressons-nous, par de ferventes et continuelles prières, au Dieu tout-puissant, afin qu'Il éclaire l'intelligence de Nos ennemis et pour que ceux-ci cessent de se lier, comme ils le font chaque jour davantage, par les liens des censures ecclésiastiques, et qu'ils cessent d'attirer sur eux la colère terrible du Dieu vivant, qui a l'œil ouvert partout et à qui personne ne peut échapper.

» Quant à Nous, Nous supplions humblement et ardemment la Majesté divine, et Nous l'invoquons, par l'intercession de la Mère de Dieu Immaculée, et des bienheureux apôtres Pierre et Paul; et Nous le faisons avec la ferme confiance d'obtenir ce que Nous demandons; parce que Dieu est près de ceux qui souffrent la persécution, et qu'Il vient au secours de ceux qui l'invoquent.

» En attendant, Nous vous souhaitons, très-chers fils, la joie et la paix de Notre Seigneur Jésus-Christ, et Nous vous donnons, du plus profond de Notre cœur, la bénédiction apostolique.

» Donné à Rome, près Saint-Pierre, le 29 septembre, fête de l'archange saint Michel, la vingt-cinquième année de Notre pontificat. »

Pour donner une apparence de légalité à l'occupation de Rome, l'usurpation feignit de consulter les vœux du peuple conquis, dans un vote solennel; le 2 octobre 40,000 *oui* contre 46 *non* prouvèrent au monde que dans la ville des Papes toutes les sympathies étaient acquises au gouvernement de Victor-Emmanuel.

C'était trop beau, pour être possible, après les démonstrations populaires qui n'avaient pas cessé dans les temps les moins éloignés, d'honorer Pie IX, Pontife et Roi. Il n'y avait à Rome, ni listes, ni contrôle, ni appel nominal, pour le scrutin. Tout ce que l'on put constater, c'est que les 40,000 *oui* furent trouvés dans l'urne du vote. Les journaux italianissimes eux-mêmes nommèrent tout simplement cette parodie : *Une comédie plus sotte encore qu'infâme!*

Et pourtant le cabinet de Florence prenait acte de ce vote dans un acte officiel daté du même jour, dont nous rapportons les principaux articles :

« Article 1er. Rome et les provinces romaines font partie intégrante du royaume d'Italie.

» Article 2. Le souverain Pontife conserve la dignité, l'inviolabilité et toutes les prérogatives personnelles du souverain.

» Article 3. Une loi spéciale sanctionnera les conditions propres à garantir, même par des franchises territoriales, l'indépendance du souverain Pontife et le libre exercice de l'autorité spirituelle du Saint-Siège. »

On savait depuis longtemps que Victor-Emmanuel ne pouvait donner au Pape que des afflictions et des chaînes. Etait-il autre chose que l'instrument de l'impiété et de la révolution?

Le 1er novembre, Pie IX adressa une encyclique à tous les prélats en communion avec le Saint-Siège; il fallut que le texte de cette encyclique fût envoyé à Genève et imprimé dans cette ville, pour échapper à la police piémontaise. Les journaux romains qui reproduisirent cette encyclique furent tous saisis.

Voici ce document solennel :

« En présence des manœuvres auxquelles, depuis des années, le gouvernement subalpin se livre sans relâche pour renverser le principat civil accordé par une providence particulière de Dieu à ce Siége apostolique, afin de donner aux successeurs de saint Pierre la sécurité et la pleine liberté qui leur est nécessaire dans l'exercice de leur juridiction spirituelle, il nous est impossible, Vénérables Frères, de contenir l'intime douleur de Notre cœur dans une si vaste conspiration contre l'Eglise de Dieu et contre ce Saint-Siége; et dans ces jours funestes où ce même gouvernement, suivant les conseils des sectes de perdition, vient, contre tout droit, d'accomplir par la violence et les armes, l'invasion sacrilége, qu'il méditait depuis longtemps, de Notre capitale et des autres villes qui Nous restaient depuis la précédente usurpation, Nous devons, tout en vénérant humblement aux pieds de Dieu les secrets conseils de sa Providence, emprunter au Prophète ces paroles : « Je pleure et mon œil verse des larmes, parce que le consolateur qui relèverait mon âme s'est éloigné : mes fils ont été perdus parce que l'ennemi s'est emporté (Jérémie, thr. 1, 16). »

» L'histoire de cette guerre infâme a été assez exposée par Nous, Vénérables Frères, elle est mise depuis longtemps sous les yeux du monde catholique, grâce à plusieurs allocutions, encycliques et brefs, donnés par Nous à diverses époques : le 1er novembre 1850; le 22 janvier et le 26 juin 1855; le 18, le 28 juin et le 26 septembre 1859; le 19 janvier 1860; grâce à Nos lettres apostoliques du 26 mars 1860, et enfin à Nos allocutions du 28 septembre 1860, du 18 mars et du 30 septembre 1861, du 20 septembre, du 17 octobre et du 14 novembre 1867. Cette série de documents démontre et expose les graves injures que le gouvernement subalpin, même avant d'entreprendre, dans ces dernières années, l'occupation du domaine de l'Eglise, a infligées à Notre suprême autorité et à celle de ce Saint-Siége, soit en proposant des lois contraires au droit naturel, divin et ecclésiastique, soit en soumettant à d'indignes vexations les ministres sacrés, les ordres religieux et les évêques eux-mêmes, soit en manquant à la foi jurée à des contrats solennels passés avec le Siége apostolique, et en niant audacieusement leur force inviolable, au moment même où il se déclarait prêt à ouvrir avec Nous de nouvelles négociations. Ces mêmes documents, Vénérables Frères, mettent en pleine lumière et feront voir à toute la postérité, les ruses, les habiles et indignes manœuvres qui ont aidé ce gouvernement à écraser la justice; ils établiront aussi la sainteté des devoirs de ce Siége apostolique, et en même temps les peines que Nous avons prises pour briser autant qu'il était en Nous une ambition chaque jour plus audacieuse, et pour défendre la cause de l'Eglise. Vous savez comment, en 1859, cette puissance subalpine excita à la révolte les principales villes de l'Emilie, et en y envoyant des écrits, des conspirateurs, des armes et de l'argent; et bientôt après, convoquant les comices populaires, fabriqua un plébiscite de votes achetés, pour enlever, par ce titre mensonger et malgré l'opposition des bons, nos provinces dans cette contrée à Notre pouvoir paternel. On sait également que, l'année suivante, ce même gouvernement, pour s'emparer d'autres provinces du Saint-Siége dans les Marches, l'Ombrie et le Patrimoine, lança à l'improviste et sous de faux prétextes, une nombreuse armée contre Nos soldats et contre une poignée de jeunes volontaires catholiques qui, poussés par leur esprit religieux et leur amour pour le Père commun, étaient accourus du monde entier pour Nous défendre; et qui, ne s'attendant pas à cette subite irruption, furent, malgré leur intrépidité, immolés pour leur religion dans cette lutte sanglante.

» Personne n'ignore la singulière impudence et l'hypocrisie avec laquelle ce même gouvernement, pour diminuer l'odieux de cette sacrilége usurpation, n'hésita pas à se vanter d'avoir envahi ces provinces pour y rétablir les principes de l'ordre moral, tandis qu'en réalité il répandait et consacrait partout toutes les fausses doctrines, lâchait partout la bride aux passions et à l'impiété, frappait même de peines injustes les prélats et les ecclésiastiques de tout grade, qu'il jeta en prison ou permit d'insulter publiquement, alors que les persécuteurs et ceux qui n'épargnaient pas même la dignité du Pontificat suprême dans la personne de Notre humilité, jouissaient de l'impunité. On sait encore que, toujours suivant le devoir de Notre office, Nous Nous sommes opposé aux conseils réitérés et aux demandes qui nous furent présentées, dans le but de Nous faire trahir honteusement Nos obligations, soit en abandonnant et trahissant les droits et les possessions de l'Eglise, soit en opérant une honteuse réconciliation avec les usurpateurs. Bien plus, à ces efforts iniques et à ces forfaits contraires à tout droit divin et humain, Nous avons opposé de solennelles protestations devant Dieu et les hommes, et Nous avons déclaré que leurs auteurs et fauteurs étaient atteints par les censures ecclésiastiques, et, pour autant qu'il le fallait, Nous avons renouvelé contre eux ces censures.

» Enfin, le susdit gouvernement persévéra dans son opposition et dans ses manœuvres, et chercha sans relâche à soulever les provinces qui Nous restaient, et surtout la ville de Rome, en y envoyant des perturbateurs et par des artifices de tout genre. Mais comme ces efforts n'aboutissaient pas, grâce à l'inviolable fidélité de Nos soldats et à l'amour et au dévouement si particulièrement et si constamment témoignés par Nos peuples, en 1867 s'éleva enfin contre Nous cette tempête violente, qui, à l'automne, versa sur nos frontières et contre cette ville des cohortes de scélérats que le crime et la fureur enflammaient, qu'aidaient les subsides du même gouvernement, et dont plusieurs même étaient depuis longtemps cachés à Rome. Leur violence, leur cruauté et leurs armes autorisaient évidemment des craintes terribles et sanglantes pour Nous et Nos sujets bien-aimés, si Dieu, plein de miséricorde, n'avait anéanti leurs efforts, et, par la valeur de Nos troupes et par le puissant secours des légions que l'illustre nation française Nous envoya.

» Au milieu de tant de luttes, dans cette longue suite de périls, d'inquiétudes et d'amertumes, la divine Providence Nous ménageait une grande consolation, grâce à l'éminente piété et au dévouement que Vous, Vénérables Frères, et Vos fidèles avez constamment montrés pour Nous et pour ce Siége apostolique par des témoignages éclatants et par les œuvres de la charité chrétienne. Et, bien que ces graves dangers Nous laissassent à peine quelque trêve, Nous n'avons pourtant rien relâché, grâce au secours divin, des soins que demandait la prospérité temporelle de Nos sujets; et toutes les nations purent apprécier quelles étaient parmi nous la tranquillité et la sécurité publique, quels soins on donnait aux beaux-arts et à toutes les études, quels étaient la fidélité et l'attachement de Nos peuples envers Nous; car de nombreux étrangers affluèrent plusieurs fois dans cette ville à l'occasion des fêtes et des saintes solennités que Nous avons plusieurs fois célébrées.

» Sur ces entrefaites, tandis que les peuples jouissaient d'une paix profonde, le roi de Piémont et son gouvernement, saisissant l'occasion de la grande guerre qui divise deux puissantes nations de l'Europe, à l'une desquelles ils avaient promis de respecter l'Etat actuel du domaine ecclésiastique, d'en interdire la violation aux factieux, résolurent tout à coup d'envahir les restes de ce domaine et jusqu'à Notre Siège, et de les réduire sous leur puissance. Mais pourquoi cette invasion hostile, et quelles causes y assigner? On connaît aujourd'hui en tout lieu la lettre que, le 8 septembre dernier, le roi Nous écrivit et Nous fit remettre par son envoyé auprès de Nous, dans laquelle, par une série longue et mensongère de mots et de phrases, et tout en affichant les noms de fils dévoué et de catholique, sous le prétexte de maintenir l'ordre et de sauver le Pontificat et Notre personne, on Nous demandait de ne point considérer comme un acte d'hostilité le renversement de Notre pouvoir temporel, et de renoncer volontairement à ce pouvoir, en Nous fiant aux vaines promesses qu'on Nous étaient faites, afin de concilier ce qu'on appelait le vœu des Italiens avec le droit suprême et la liberté de l'autorité spirituelle du Pontife romain. Nous dûmes, sans doute, trouver fort étrange ce procédé destiné à couvrir et à déguiser la violence qu'on allait bientôt Nous faire, et plaindre du fond du cœur ce roi qui, poussé par d'injustes conseils, inflige chaque jour de nouvelles blessures à l'Eglise, et, tenant plus compte des hommes que de Dieu, ne songe pas qu'il est au ciel un Roi des rois, Seigneur des seigneurs, sans faveur pour aucune personnalité, sans crainte pour aucune grandeur, parce qu'il a fait également le petit et le grand, et qu'il réserve aux puissants des châtiments proportionnés à leur puissance. *Non subtrahet personam cujusquam, nec verebitur magnitudinem cujusquam, quoniam pusillum et magnum ipse fecit, fortioribus autem fortior instat cruciatio* (Sap. VI, 8 et 9).

» Quant aux demandes qu'on Nous adressait, Nous n'avions point à hésiter, et, obéissant aux lois du devoir et de la conscience, Nous suivîmes les exemples de Nos prédécesseurs, et particulièrement de Pie VII, d'heureuse mémoire, dont Nous voulons rappeler ici et emprunter les courageuses paroles, prononcées dans des circonstances toutes semblables : « Nous nous rappelions comme saint
» Ambroise *que le saint homme Naboth, posses-*
» *seur d'une vigne, fut sollicité, au nom du roi,*
» *d'abandonner sa propriété, pour que le roi y pût*
» *remplacer les vignes par de vils légumes et qu'il*
» *répondit : Loin de moi la pensée de livrer l'hé-*
» *ritage de mes pères.* Bien moins encore Nous
» croyons-Nous permis de livrer cet héritage si
» antique et si sacré. Ce pouvoir temporel du Saint-
» Siège qu'un dessein si évident de la Providence
» divine a conservé pendant tant de siècles aux
» Pontifes romains, Nos prédécesseurs; de consen-
» tir, même tacitement, à ce qu'un autre possède
» la capitale du monde catholique, pour y troubler
» et détruire la sainte forme de gouvernement que
» Jésus-Christ a laissée à sa sainte Eglise et que les
» saints canons portés par l'Esprit de Dieu ont
» organisée, pour y substituer un code contraire et
» opposé aux saints canons et aux préceptes évan-
» géliques, et introduire, suivant l'usage, un nou-
» vel ordre de choses tendant manifestement à faire
» associer et confondre les sectes et toutes les su-
» perstitions avec l'Eglise catholique.

» *Naboth défendit ses vignes au prix de son sang.*
» Pouvions-Nous, quoi qu'il dût arriver, ne pas
» défendre les droits et les possessions de la sainte
» Eglise romaine, à la défense desquels, dans les
» limites du possible, Nous Nous sommes engagé
» par un serment solennel ? Pouvions-Nous ne pas
» revendiquer la liberté du Siège apostolique à la-
» quelle est si intimement unie la liberté et l'unité
» de l'Eglise universelle ?

» Quant à la grande convenance et à la nécessité
» de ce pouvoir temporel pour assurer au Chef su-
» prême de l'Eglise le sûr et libre exercice du pou-
» voir spirituel qu'il a reçu de Dieu sur tout l'uni-
» vers, les événements présents, à défaut d'autres
» preuves, suffiraient amplement à les démontrer. »
(Lett. Apost., 10 juin 1809).

» Fidèle à ces sentiments que Nous avons constamment professés dans plusieurs allocutions, Nous avons, dans Notre réponse au roi, réprouvé ses injustes demandes, tout en lui découvrant à la fois et Notre amère douleur et Notre amour paternel qui ne peut refuser sa sollicitude même à des enfants imitateurs du rebelle Absalom. Cette lettre n'était pas encore remise au roi, que son armée s'était déjà emparée de villes tranquilles et intactes jusqu'alors dans Notre domaine pontifical, après avoir aisément dispersé les garnisons qui avaient essayé de résister. Et bientôt après se leva ce funeste jour du 20 septembre, où nous vîmes cette ville de Rome, siège du Prince des Apôtres, centre de la religion catholique et refuge de toutes les nations, assiégée par des milliers de soldats, livrée aux armes et à la violence, avec une brèche ouverte en ses murs et sous la terreur d'un bombardement, par ordre de celui qui venait de Nous attester solennellement son affection filiale envers Nous et sa fidélité envers la religion. Fut-il jamais, pour Nous et pour tous les bons, rien de plus triste que ce jour, où Nous avons vu troubler et renverser tout l'ordre public, insulter d'une voix impie dans la personne de Notre humilité la dignité et la sainteté du suprême pontifical, abreuver d'opprobres Nos fidèles cohortes, et introniser la licence effrénée et l'émeute, là où naguère on n'apercevait que les sentiments de fils dévoués qui cherchaient à consoler les douleurs du Père commun ? Depuis ce jour s'accomplissent sous nos yeux des choses qu'on ne peut mentionner sans soulever la juste indignation de tous les bons : des livres infâmes remplis de mensonges, de turpitude, d'impiété, exposés en vente à bas prix et répandus partout, de nombreux journaux publiés chaque jour pour corrompre les esprits et les mœurs, pour vilipender et calomnier la religion, pour enflammer l'opinion publique contre Nous et contre ce Siège apostolique; d'impures et indignes images et autres œuvres du même genre, publiées pour exposer à l'insulte et au ridicule les choses et les personnes sacrées; des honneurs et des monuments accordés à ceux que la justice et les lois ont punis pour leurs crimes; les ministres de l'Eglise, contre qui on soulève les passions, insultés pour la plupart; quelques-uns même frappés et blessés traîtreusement; plusieurs maisons religieuses soumises à d'injustes perquisitions; Notre palais du Quirinal violé, un cardinal de la sainte Eglise romaine violemment chassé des appartements qu'il y occupait; d'autres ecclésiastiques appartenant à Notre maison, exclus de cette demeure et accablés de vexations; des lois et des décrets portés, qui blessent manifestement et suppriment la liberté, l'immunité de la propriété et les droits de l'Eglise de Dieu; et tous ces maux déjà si graves, si Dieu n'y met obstacle, s'aggraveront encore, Nous le craignons. Et cependant Notre condition présente Nous empêche d'y apporter aucun remède, et Nous avertit ainsi de la captivité où nous sommes et de l'absence de cette pleine liberté, que le gouvernement intrus, dans ses mensongers rapports, dit au monde qu'il nous laisse dans l'exercice de Notre ministère apostolique qu'il prétend entourer des garanties nécessaires.

» Nous ne pouvons ici passer sous silence un crime audacieux que vous connaissez sans doute, Vénérables Frères. Comme si les possessions et les droits du Siège apostolique, sacrés et inviolables à tant de titres, toujours respectés pendant tant de siècles, pouvaient être aujourd'hui controversés et disputés, comme si les graves censures qui frappent *ipso facto* et sans nouvelle déclaration les violateurs de ces droits et possessions pouvaient perdre leur force par la rebellion et par l'audace populaire, pour couvrir la spoliation sacrilège que Nous avons soufferte, au mépris du droit commun de la nature et des gens, on eut recours à l'appareil et à la comédie d'un plébiscite, déjà employée autrefois dans les autres provinces usurpées; et ceux qui se réjouissent dans le mal ne rougirent pas d'étaler, en cette occasion, comme en triomphe, dans des villes italiennes, la rebellion et le mépris des censures ecclésiastiques, insultant ainsi les vrais sentiments de la très-grande majorité des Italiens, dont la religion et la fidélité envers Nous et la sainte Eglise, comprimée de toute manière, ne peut librement se produire.

» Quant à nous, chargé par Dieu de régir et de gouverner toute la maison d'Israël, et établi défenseur suprême de la religion, de la justice et des droits de l'Eglise, pour qu'on ne Nous reproche pas, devant Dieu et devant l'Eglise, de Nous être tû et d'avoir par Notre silence consenti à cette injuste révolution, renouvelant et confirmant ce que Nous avons déjà déclaré dans les allocutions, encycliques et brefs, rappelés plus haut, et tout récemment dans la protestation que, par Notre ordre et en Notre nom, le cardinal secrétaire d'Etat communiqua le 20 septembre aux ambassadeurs, ministres et chargés d'affaires des nations étrangères accrédités près de Nous et de ce Saint-Siège, Nous déclarons de nouveau devant vous, Vénérables Frères, avec toute la solennité possible, que Notre intention, résolution et volonté est de retenir dans leur intégrité, intacts et inviolables tous les domaines et les droits de ce Saint-Siège, et de les transmettre à Nos successeurs; que toute usurpation de ces droits, récente ou ancienne, est injuste, violente, nulle et sans valeur; et que tous les actes des rebelles et des envahisseurs, accomplis déjà ou à accomplir pour confirmer d'une manière quelconque cette usurpation, sont par Nous, dès à présent, condamnés, annulés, cassés et abrogés. Nous déclarons en outre et Nous protestons devant Dieu et devant l'univers catholique, que nous subissons une captivité telle qu'il Nous est tout à fait impossible d'exercer Notre autorité pastorale avec sécurité, facilité et liberté. Enfin, suivant l'avis de saint Paul : « Quelle participation y a-t-il entre la justice et l'iniquité? Ou quelle société entre la lumière et les ténèbres? Quel contrat entre le Christ et Bélial? *Quæ participatio justitiæ cum iniquitate? aut quæ societas luci ad tenebras? Quæ autem conventio Christi ad Belial?* (2. Cor. VI, 14 et 15). » Nous énonçons et déclarons publiquement et ouvertement que, fidèle à Notre office et au serment solennel qui Nous lie, Nous ne consentons ou ne consentirons à aucune conciliation qui, d'une manière quelconque, détruise ou diminue Nos droits qui sont les droits de Dieu et du Saint-Siège : et Nous professons de même que, prêt, grâce au secours divin et malgré Notre grand âge, à boire jusqu'à la lie pour l'Eglise de Jésus-Christ, le calice qu'il a bu le premier pour elle, Nous ne ferons jamais la faute de céder ou d'acquiescer aux injustes demandes qui Nous sont adressées. Car, comme le disait Notre prédécesseur Pie VII : « Faire violence à cet empire
» souverain du Siège apostolique, séparer son pou-
» voir temporel du spirituel, disjoindre les offices
» de Pasteur et de Prince, arracher, enlever, n'est
» autre chose que de vouloir détruire et perdre
» l'œuvre de Dieu, que de travailler à la plus
» grande perte de la religion, que de la priver d'un
» boulevard très-efficace afin que son suprême Recteur, Pasteur et Vicaire de Dieu ne puisse donner
» aux catholiques qui, répandus sur toute la terre,
» lui demandent aide et secours, l'assistance qu'ils
» réclament de sa puissance spirituelle et que nul
» ne peut empêcher. »

» Mais puisque nos avertissements, demandes et protestations ont été sans effet, par l'autorité de Dieu tout-puissant, des saints apôtres Pierre et Paul, et par la Nôtre, Nous déclarons à Vous, Vénérables Frères, et par vous à toute l'Eglise, que tous ceux qui ont perpétré l'invasion, l'usurpation, l'occupation de provinces quelconques de Notre domaine, ou une partie de ces actes, de quelque dignité qu'ils soient revêtus, et quand même il faudrait en faire une mention toute spéciale; et de même tous leurs mandants, fauteurs, aides, conseillers, adhérents et tous autres procurant l'exécution de ces choses sous un prétexte et d'une manière quelconque, ou les exécutant par eux-mêmes, ont encouru, suivant la forme et la teneur de Nos lettres apostoliques et prérappelées du 26 mars 1860, l'excommunication majeure et les autres censures et peines ecclésiastiques édictées par les saints canons, les constitutions apostoliques et les décrets des conciles généraux et particulièrement du concile de Trente (*Sess.* 22, c. 11 *de Reform.*).

» Mais, Nous rappelant que Nous tenons sur la terre la place de Celui qui est venu chercher et sauver ce qui était perdu, Nous ne désirons rien tant que d'embrasser dans un paternel amour les fils égarés qui reviennent à Nous; c'est pourquoi, levant les mains au ciel dans l'humilité de Notre cœur, remettant et recommandant à Dieu la plus juste des causes, qui est la sienne encore plus que la Nôtre, Nous le conjurons et le supplions par les entrailles de sa miséricorde, de Nous assister de ses secours, d'assister son Eglise et de faire, par sa clémence et sa piété, que les ennemis de l'Eglise, songeant à la perte éternelle qu'ils se préparent, s'efforcent, avant le jour de la vengeance, d'apaiser sa formidable justice, et consolent par leur conversion les gémissements de leur Mère la sainte Eglise, et Notre propre douleur.

» Pour obtenir de la divine clémence des bienfaits aussi signalés, Nous vous exhortons avec instance, Vénérables Frères, à joindre à nos vœux vos ferventes prières et celles des fidèles confiés à vos soins; et, nous rendant tous ensemble au pied du trône de grâce et de miséricorde, employons l'intercession de l'Immaculée Vierge Marie, mère de Dieu, et des bienheureux apôtres Pierre et Paul.

« L'Eglise de Dieu depuis son origine jusqu'à nos jours a souvent été troublée, souvent elle a été délivrée. C'est elle qui s'écrie : *Souvent ils m'ont attaquée depuis ma jeunesse, car ils n'ont rien pu contre moi. Les pécheurs ont travaillé contre moi, ils ont prolongé leur iniquité.* Aujourd'hui encore le Seigneur ne permettra pas au sceptre des pécheurs de régler le sort des justes. Le bras du Seigneur n'est pas raccourci, ni incapable de sauver. Il délivrera sans doute son épouse cette fois encore, lui qui l'a rachetée de son sang, l'a dotée de son esprit, l'a ornée des dons célestes, et l'a, en outre, enrichie des dons de la terre. (S. Bern., *Ep.* 244). »

» En attendant, nous demandons à Dieu du fond du cœur les trésors abondants des grâces célestes pour vous, Vénérables Frères, et pour tous les clercs et laïques confiés à la vigilance de chacun de vous, et comme gage de Notre amour singulier envers vous, Nous vous accordons affectueusement et du fond du cœur la bénédiction apostolique, à vous et à tous ces fidèles Nos fils bien-aimés. »

Le 8 novembre, le cardinal Antonelli faisait parvenir aux représentants du Saint-Siége près des cours étrangères, une circulaire qui révèle la triste situation de Rome :

« La circulaire du 18 octobre, par laquelle M. Visconti-Venosta prétend justifier l'usurpation des domaines du Saint-Siége et l'acceptation du plébiscite romain par Victor-Emmanuel, n'aura certainement pas échappé à Votre Seigneurie Illustrissime. Une phraséologie trop bien connue, dénuée de sens et en contradiction avec la réalité des faits qui se sont produits aux yeux de tous, voilà la base et l'essence de ce document diplomatique.

» Monsieur le ministre débute par exalter la liberté et la spontanéité du vote d'adhésion à la monarchie italienne, émis le 2 octobre par le peuple de Rome. Comme si l'Europe qui a vu crouler le trône d'un puissant monarque, quatre mois à peine après une démonstration analogue et plus solennelle, n'était pas désormais édifiée sur l'importance qu'il convient d'attacher à des manifestations de ce genre et sur la valeur de l'argument qu'on en tire ! Il est étrange en vérité, de voir M. le ministre recourir à de telles considérations. Personne mieux que lui ne devrait être intimement persuadé que l'Europe, instruite de tous les événements survenus en Italie durant ces dix dernières années, instruite aussi des moyens moraux et des artifices habituellement mis en œuvre par le gouvernement italien pour arriver à ses fins et qui a su apprécier avec justesse la conduite de ce même gouvernement, que l'Europe, dis-je, se résoudra difficilement à admettre la valeur de cette argumentation et se persuadera plus difficilement encore que les choses se soient passées comme il les représente. Alors même qu'on ne tiendrait pas compte des événements antérieurs à 1867 et de ceux qui se sont produits à cette époque, il suffit de signaler que les Romains ont donné un témoignage plus éclatant et plus assuré de leur véritable esprit et de leurs sentiments réels, lorsque le territoire pontifical s'est trouvé tout récemment cerné par plus de 60,000 Italiens. Des émissaires avaient répandu l'argent, distribué des armes, multiplié les promesses, les manifestes, les articles de journaux pour pousser à la révolte contre le gouvernement légitime. Non-seulement les Romains restèrent impassibles en présence de ces excitations; mais ils se réunirent en très-grand nombre, ils offrirent spontanément leur vie et s'armèrent pour défendre contre toute attaque leur bien-aimé Souverain. Après cela, on est bien en droit de demander à M. le ministre s'il croit que pareille attitude se serait produite chez les habitants de toute autre partie de l'Italie, soumise au gouvernement de Florence, en présence d'une armée ennemie paraissant sur la frontière avec un dessein prémédité d'agression, et sous le coup de la pression que devait nécessairement produire sur les Romains et sur les autres habitants des provinces du Saint-Père, la présence des troupes italiennes le long des confins pontificaux et sous les murs mêmes de la capitale.

» Il est vrai, toutefois, qu'un mouvement s'est produit à Rome après l'entrée des troupes royales; mais tout le monde sait qu'il fut la conséquence inévitable de l'attitude prise, non par notre peuple, mais par cette bande immense d'émigrés et de gens de toute espèce et de tout pays qui accompagnait l'armée. Il serait à désirer qu'on pût à tout jamais effacer la mémoire de ce mouvement : l'impartiale histoire n'aurait pas alors à consigner dans ses annales le but des perturbateurs, les outrages prodigués aux personnages les plus considérables de la ville et aux citoyens honnêtes et pacifiques, les vengeances sanglantes dont furent victimes les soldats du Saint-Père dispersés dans les rues, le pillage, prolongé pendant deux jours, des casernes et de certains établissements publics, sous les yeux d'une armée, spectatrice impassible de ces désordres.

» Quant aux garanties de sincérité et de publicité dont, selon M. le ministre, le vote a été entouré, j'en appellerai volontiers à la bonne foi de tous ceux qui se trouvaient présents à Rome, le jour du 2 octobre. Je m'en référerai surtout au témoignage si honorable de Messieurs les représentants des puissances étrangères auprès du Saint-Siége. Ils savent comment les opérations ont été conduites, ils ont assisté au vote, ils ont pu constater de leurs yeux la classe et la condition sociale de la grande majorité des votants. Leur loyauté bien connue les aura engagés à s'enquérir de certains faits de notoriété publique, et ils se seront sans aucun doute fait un devoir de rapporter fidèlement à leurs gouvernements respectifs ce qui s'est passé ce jour-là, faisant ainsi ressortir la fausseté d'une appréciation basée sur un vote de cette nature. Il est donc superflu de m'arrêter sur ce sujet; j'ai d'ailleurs lieu de croire que le cabinet de N..., auprès duquel Votre Seigneurie Illustrissime est accréditée, possède déjà, comme tous les autres, les éléments nécessaires pour se former sur ce fait un jugement juste et complet.

» Je m'occuperai plutôt d'examiner si les conséquences de ce *grand fait*, comme l'appelle M. Visconti Venosta, loin d'être, comme il le prétend, favorables au catholicisme, ne peuvent et ne doivent pas en causer la ruine dans cette pauvre Italie. *Pour ne pas sortir des limites de la Péninsule*, j'en appelle ici à tous ceux à qui la passion politique n'a pas fait perdre tout sentiment catholique et je leur demande si les lois hostiles à l'Eglise déjà publiées dans le royaume, si le renversement de tout principe de moralité publique, renversement formellement sanctionné par la loi, si la suppression de tous les ordres religieux, si l'incamération des biens ecclésiastiques, si les entraves imposées à l'épiscopat, si l'enrôlement des jeunes clercs, si l'emprisonnement des ministres du sanctuaire refusant d'obéir à des lois condamnées par leur conscience, si les obstacles apportés à l'exercice du culte, si la diffusion des doctrines les plus impies dans les chaires universitaires, où l'on va jusqu'à soutenir l'origine simienne de l'homme et l'essence phosphorique de l'âme, je demande si l'ensemble de ces faits, si cette situation est propre à maintenir dans sa vigueur le sentiment religieux et à procurer le progrès de la société catholique. Je voudrais demander aussi si tout ce qui se passe dans cette capitale depuis l'entrée des troupes italiennes, si l'immoralité qu'on cherche à répandre dans le peuple, si le mépris déversé sur le Chef auguste de l'Eglise par des gravures, des lithographies, des photographies; si la diffusion des livres obscènes et impies favorisée par un débit à vil prix, si la guerre quotidienne et acharnée livrée par le journalisme à tout ce qu'il y a de plus respectable et de plus sacré sur la terre, si les insultes prodiguées aux prêtres, aux dignitaires ecclésiastiques, au Saint-Père lui-même; si les décrets déjà rendus et entravant la libre possession des biens et des revenus appartenant aux communautés religieuses, aux institutions pieuses, aux chapitres; si l'extension donnée dans les domaines du Saint-Siége aux lois anticanoniques en vigueur dans le reste de l'Italie, je voudrais demander, dis-je, si tous ces faits sont bien de nature, comme le pense M. le ministre, à convaincre les catholiques que leur sentiment religieux sera pleinement respecté et que l'idée du droit dans son développement le plus large et le plus élevé, les rapports de l'Eglise et de l'Etat peuvent trouver sur de telles bases une application véritablement catholique.

» La nécessité pour le Chef auguste de la religion d'avoir un domaine temporel pour exercer avec une pleine indépendance son pouvoir spirituel, ressort à l'évidence de ce que nous venons de dire. Tel est d'ailleurs sur cette nécessité le jugement universel : elle est si évidente qu'il est superflu de recourir à de nombreux arguments pour l'établir. Il m'est agréable de voir que M. Visconti Venosta en est lui-même tellement persuadé que, pour rassurer le monde catholique, il se prend à parler de souveraineté, d'exterritorialité, de prérogatives princières qu'il faut accorder au souverain Pontife, parce que, d'après M. le ministre, elles lui sont jugées indispensables. Après cela, comment comprendre qu'il ait eu recours, en traitant de l'histoire de la papauté, à mille subtilités, excusables dans la bouche d'un hétérodoxe, mais qui, répétées par le ministre d'un gouvernement catholique, inspirent la douleur et l'effroi ?

» Les limites imposées à une dépêche, ne comportant pas une discussion historique, je m'abstiens de faire ressortir que l'institution du pouvoir temporel du Saint-Siége est bien antérieure au moyen-âge et que s'il fut un temps où la force morale de la Papauté ait été plus grande que jamais, ce fut précisément à cette époque. Mais je parlerai des garanties qu'après l'avoir dépouillé de tout domaine temporel, on veut accorder au souverain Pontife dans le but d'apaiser les consciences et afin que le monde catholique ne se croie nullement menacé dans sa foi religieuse par l'achèvement de l'unité italienne.

« Quel degré de confiance mérite une promesse du gouvernement italien, lors même qu'elle est entourée de la plus grande solennité et sanctionnée par des conventions internationales, des décrets, des lois, des votes du Parlement? C'est ce qu'attestent à l'évidence la violation des traités de Zurich et de Villafranca, les usurpations commises au détriment de tous les princes d'Italie, la manière dont a été exécutée la convention du 14 septembre relative au rappel des troupes françaises et aux obligations contractées de ce chef par le gouvernement de Florence; c'est ce que démontrent encore les assurances prodiguées du haut de la tribune, et dernièrement encore la promesse donnée d'observer fidèlement l'esprit et la lettre de ladite convention; c'est enfin ce que permettent d'apprécier la correspondance échangée sur les affaires d'Italie entre les cabinets de Paris et de Florence et le démenti éclatant donné à ces engagements et à ces protestations, aussitôt que la puissance militaire de la France eut été abaissée. M. le Ministre lui-même fait à cet égard un précieux aveu dans sa circulaire lorsqu'il déclare que la grande œuvre de l'unification, commencée par le roi Charles-Albert, a été poursuivie et finalement achevée par le roi Victor-Emmanuel, grâce à sa constante persévérance.

» J'ai donc lieu de croire que le monde catholique et tous les honnêtes gens accorderaient difficilement leur confiance à un tel gouvernement, et qu'ils le voudront bien moins encore lorsqu'ils auront connaissance des prétextes par lesquels on veut colorer une œuvre de honte et de sang. Lorsqu'avec une indifférence sans pareille on foule aux pieds la foi jurée, et qu'avec un cynisme sans exemple, on fait litière des principes d'honnêteté et de justice, on perd tout droit d'être cru sur parole. Je pourrais donc me dispenser de parler des deux sortes de garantie dont il est question dans la dépêche de M. Visconti Venosta. Elles se résument dans la libre et constante communication du souverain Pontife avec les fidèles, dans le maintien des représentants des puissances auprès du Saint-Siège et des nonces de celui-ci auprès des cours étrangères, dans la séparation de l'Eglise et de l'Etat, dans une liberté complète accordée à l'Eglise, si bien qu'on ne puisse soupçonner le Pouvoir d'exercer une pression quelconque sur les décisions du Saint-Siège, en cherchant à faire de la religion un instrument de gouvernement.

» Cependant sans m'engager dans une discussion superflue, je me borne à poser simplement les questions suivantes : Est-ce que ces garanties contribueront à protéger efficacement l'indépendance du souverain Pontife? Est-ce qu'elles écarteront le soupçon qu'on veuille le rendre esclave? Fermeront-elles la voie à l'arbitraire du pouvoir séculier? Préviendront-elles les conflits qui, dans maintes circonstances, seront inévitables entre les deux autorités? Empêcheront-elles enfin que le Chef de l'Eglise ne devienne, d'un jour à l'autre, à la suite d'un dissentiment, le prisonnier politique de l'Etat où il réside? Et comment alors rassurer le monde au sujet des décisions pontificales, comment, en un mot, réaliser cette indépendance complète et réelle qui donne à l'univers catholique la certitude du libre exercice du pouvoir spirituel?

» Un pouvoir qui vit et qui s'exerce en vertu d'une concession, un pouvoir dont l'existence dépend, par conséquent, du bon vouloir et du caprice de l'auteur de cette concession, n'a pas de vie autonome et ne peut étendre son influence au delà des limites qui lui sont imposées et assignées par sa position intérieure et extérieure. Or, tout le monde sait que le Chef de l'Eglise a besoin d'une autorité propre et permanente, afin que l'exercice de son pouvoir spirituel ne vienne pas à être entravé par une cause quelconque ou interrompu en quelque temps que ce soit. Il résulte de là que toute garantie qu'on voudra lui donner sera toujours illusoire au fond, aussi longtemps qu'il devra demeurer assujéti à un souverain ou à un pouvoir laïque.

» Quel que soit, du reste, le parti définitif que prenne à cet égard le gouvernement italien, quelque violence qu'il exerce pour faire accepter ses vues, quelques moyens qu'il emploie pour amener les cabinets européens à les ratifier (ce qui paraît impossible), le Saint-Père, se souvenant de ses devoirs, de ses promesses, de ses serments, n'obéissant qu'à sa conscience, s'y opposera constamment et par tous les moyens en son pouvoir, se déclarant dès maintenant tout disposé à subir une prison plus dure et même la mort plutôt que de manquer à ses devoirs, d'une manière quelconque, ne fût-ce qu'indirectement et en apparence.

» J'autorise Votre Seigneurie Illustrissime à faire usage de cette ferme déclaration et des considérations présentées ci-dessus pour convaincre de plus en plus M. le ministre des affaires étrangères de N..... que l'action de l'Italie s'étendant jusqu'à Rome, est une œuvre de démolition pour le catholicisme, qu'elle est la négation de l'autorité suprême du souverain Pontife et de la liberté de l'Eglise et qu'elle rend radicalement impossible toute conciliation dans le sens admis et proposé par le gouvernement de Florence. »

Malgré ces protestations et ces avertissements, malgré les démonstrations des catholiques de toute l'Europe, non-seulement les gouvernements ne firent rien en faveur du Pape, mais ils laissèrent leurs ambassadeurs auprès de Victor-Emmanuel. C'est ce qui obligea Pie IX à suspendre le Concile par le bref suivant.

« PIE IX, PAPE;

» Lorsque, par la grâce de Dieu, il Nous fut donné, l'année dernière, de commencer la célébration du Concile œcuménique du Vatican, Nous reconnûmes que, par la sagesse, la vertu et la sollicitude des Pères qui, de tous les points de la terre, y étaient venus en grand nombre, cette œuvre grave et sainte procédait de façon à Nous donner l'espoir certain qu'elle produirait les heureux fruits que Nous désirons ardemment pour le bien de la religion et l'avantage de l'Eglise et de la société humaine. Et, en effet, dans les quatre sessions publiques et solennelles qui se sont tenues, Nous avons déjà publié et promulgué, avec l'approbation de ce sacré Concile, de salutaires et opportunes constitutions touchant la foi; et d'autres questions regardant soit la foi, soit la discipline ecclésiastique, ont été examinées par les Pères; elles pouvaient être bientôt sanctionnées et promulguées par la suprême autorité de l'Eglise enseignante. Nous espérions que ces travaux, grâce au zèle commun des Pères, pourraient être conduits heureusement et facilement au but désiré.

» Mais tout à coup la sacrilège invasion de cette chère cité, de Notre Siége et des autres provinces de Notre domaine temporel, invasion par laquelle, contre toute loi et avec une perfidie et une audace incroyables, ont été violés les droits imprescriptibles de Notre principauté et du Siége apostolique, Nous a réduit à une telle condition, que, Dieu le permettant dans ses desseins impénétrables, Nous Nous trouvons sous une domination et une puissance ennemies.

» Dans cette douloureuse condition, le libre et rapide exercice de l'autorité suprême que Dieu Nous a conférée Nous étant enlevé; sachant bien d'ailleurs que les Pères du Concile du Vatican ne pourraient avoir en cette chère cité, tant que durera le présent état de choses, la liberté nécessaire, la sécurité et la tranquillité pour traiter dignement avec Nous les affaires de l'Eglise; d'autre part, les besoins des fidèles s'opposant à ce que, au milieu de tant de tristes calamités et mouvements en Europe, les pasteurs s'éloignent de leurs églises; voyant avec une profonde douleur l'impossibilité pour le Concile du Vatican de suivre son cours en de pareils temps; après mûre délibération, de Notre propre mouvement, avec Notre autorité apostolique, par la teneur des présentes, Nous suspendons et annonçons être suspendue la célébration du Concile œcuménique du Vatican jusqu'à des temps plus opportuns et plus propices qu'indiquera le Saint-Siége, et Nous prions Dieu, auteur et vengeur de son Eglise, d'écarter enfin tous les obstacles et de rendre le plus tôt la liberté et la paix à son Eglise.

» Et puisque d'autant plus grands et plus graves sont les périls et les maux qui travaillent l'Eglise, plus grand aussi est le besoin d'insister nuit et jour, par des supplications et des prières, auprès de Dieu, Père de Notre Seigneur Jésus-Christ, Père des miséricordes et Dieu de toute consolation, Nous voulons et commandons que les dispositions contenues dans Nos lettres apostoliques du 11 avril de l'année dernière, lettres par lesquelles Nous accordâmes à tous les fidèles chrétiens indulgence plénière en forme de jubilé à l'occasion du Concile œcuménique, subsistent dans toute leur force, fermeté et vigueur selon le mode ou le rite prescrits dans ces mêmes lettres, et comme si la célébration du Concile continuait.

» C'est ce que Nous établissons, annonçons, voulons, commandons, nonobstant toute chose contraire, et Nous déclarons vain et nul tout ce qui serait attenté contre, par qui que ce soit et par quelque autorité que ce soit, sciemment ou par ignorance.

» Qu'il ne soit donc licite à personne de lacérer cette page par laquelle Nous annonçons Notre volonté, le commandement et décret de suspension, ou de la contester témérairement.

» Si quelqu'un se rendait coupable de cet attentat, qu'il sache qu'il encourt l'indignation du Dieu tout-puissant et des bienheureux apôtres Pierre et Paul.

» Et afin que les présentes lettres soient connues de tous ceux qu'elles intéressent, Nous voulons que ces lettres, ou à leur défaut, des copies soient publiées et affichées aux portes de l'église de Latran et de la basilique du Prince des Apôtres, ainsi qu'à celles de Sainte-Marie-Majeure de la ville, et que ces lettres ainsi publiées et affichées, obligent par là même tous ceux qu'elles concernent, chacun en particulier, comme si elles étaient notifiées à chacun d'eux nominalement et personnellement.

» Donné à Rome, à Saint-Pierre, sous l'anneau du Pêcheur, le 20 octobre 1870, la vingt-cinquième année de Notre pontificat. »

Cet acte terminera notre récit. Il achève la quatrième période du grand pontificat de Pie IX en notifiant au monde cette triste victoire du génie révolutionnaire qui prive l'humanité, peut-être pour longtemps, des lumières et des secours dont elle aurait si grand besoin.

Après les événements que nous avons eu à raconter, les désastres de la France forment un dénouement dont il n'était que trop possible d'avoir la douloureuse prévision. Comme l'ont proclamé les sages, comme les évêques l'ont répété, c'est le bras de Dieu qui s'est appesanti sur nous.

« Quand Dieu, disait Mgr Hacquard, évêque de Verdun, dans un Mandement de 1871, ne peut plus se faire entendre par l'organe méconnu de ses ministres, ni émouvoir les cœurs par les douces invitations de sa grâce, il les arrête dans le sentier de l'iniquité par l'aiguillon de la douleur et la verge du châtiment. Aussi la foudre n'a-t-elle jamais retenti avec plus d'éclat et sur les puissants de ce monde et sur ces esprits orgueilleux qui prétendaient exiler Dieu du gouvernement de la terre « et revendiquer pour eux seuls l'honneur de nos apparentes prospérités. » *Manus nostra excelsa et non Dominus fecit hæc omnia.*

» Qu'il leur ait manqué cette mesure de vigilance, de désintéressement, de sincérité, dont la raison et la conscience font un sérieux devoir à ceux qui gouvernent, nous ne le contestons pas. Mais quand des hommes intelligents, des défenseurs obligés de l'honneur national, des adorateurs de la fortune et du bien-être, n'ont su prévoir ni prévenir nos lamentables catastrophes, pour expliquer un tel aveuglement, il ne suffit pas de reconnaître que le Ciel s'est plu à confondre des calculs ambitieux et égoïstes; quand tous sont frappés, sujets et gouvernants, c'est que tous, ou presque tous, ont bu à la coupe empoisonnée du péché. Oui, la cause première des fléaux déchaînés sur la France, c'est le déluge de nos iniquités; c'est l'audacieuse négation de Dieu et de son domaine souverain; c'est le mépris de l'Evangile, c'est le dédain des vérités qu'il enseigne et des devoirs qu'il impose; c'est la poursuite effrénée du bien-être et des plaisirs, non plus honteuse d'elle-même et cherchant l'ombre, mais s'affichant au grand jour, aspirant à la considération et soldant une armée de sophistes pour justifier des excès qu'on abrite sous le drapeau de la morale indépendante. »

Sur les ruines amoncelées, le génie du mal ne s'est pas lassé. Il continue, il poursuit avec acharnement la destruction radicale de toute vérité et de tout bien. L'univers est menacé de ne connaître bientôt plus, en dehors de l'Eglise faible et persécutée, que l'empire de la force matérielle. La Russie donne la main à la Prusse, qui menace, comme elle, d'opprimer les consciences et de faire une guerre ouverte et savante au catholicisme. Les Etats-Unis progressent également au nom de la conquête brutale. La vieille Europe voit tout ce qui lui reste d'énergie passer dans les rangs de l'*Internationale*, et grâce à l'absence générale de convictions, la révolution cosmopolite peut se promettre des triomphes pareils à ceux qu'elle a déjà obtenus et plus terribles encore. L'erreur devient de plus en plus radicale, le mal de plus en plus éhonté et délétère.

Cependant l'espérance apportée au monde par le Christ y demeure. La vie intérieure de l'Eglise s'est développée au milieu des bouleversements et des épreuves. Si l'on nous permet de répéter une comparaison fréquemment employée, nous pouvons dire que l'assistance divine parut plus visiblement sur Noé quand, au-dessus des débris parmi lesquels se trouvaient ceux de sa maison submergée, il voguait dans l'arche : de même le Pontife suprême, qui a vu sombrer sa souveraineté temporelle dans la tempête révolutionnaire et dans le cataclysme européen, paraît d'autant plus grand, quand, debout sur les ruines, il affirme le droit et proclame la vérité. Plus que jamais l'épiscopat et les fidèles du monde entier applaudissent et se soumettent à sa parole infaillible. L'unité est étroite, manifeste, indissoluble. Les dernières difficultés derrière lesquelles certaines hésitations ou certaines révoltes pouvaient se retrancher ont disparu. C'est de concert avec Pie IX que, partout, dans l'Allemagne écrasée sous le talon de la Prusse, comme dans la France en proie à toutes les anarchies, dans l'ancien comme dans le nouveau monde, l'Eglise dispersée défend la vérité et la justice, et maintient le seul refuge où l'humanité, après tant de démolitions et de renversements, pourra retrouver la paix, l'honneur et le salut.

ÉPILOGUE.

Le Pape captif au Vatican.

Après dix ans, nous reprenons la plume pour tracer le rapide tableau de ces années pendant lesquelles Pie IX, dépossédé par la Révolution, mais non abaissé, préférant la captivité à des compromis pleins de honte et de périls, concentre plus que jamais l'attention du monde. Les liens que consent à porter le représentant de la vérité sont pour elle le gage de la liberté. Il est captif parce qu'il ne veut pas trahir le droit. Cette ferme attitude est la consolation de l'Eglise. L'erreur et l'iniquité révolutionnaires emploient, pour établir définitivement leur règne, toutes les ressources de la force et de la ruse; les hommes attachés à l'ordre social par des vues purement humaines montrent une indécision d'esprit, une faiblesse de volonté, qui feraient présager des désastres. Seule l'Eglise, véritable objet de toutes les attaques, affirme la vérité sans diminution, défend l'intégrité du droit, et poursuit avec confiance sa bienfaisante carrière.

Parmi les propositions émises durant le concile, celle de déclarer saint Joseph patron de l'Eglise universelle recevait des circonstances une plus saisissante actualité. Pie IX la ratifia par un décret qui porte la date remarquable du 8 décembre 1870. Les Romains, pour témoigner de leur affection envers le souverain dépouillé, avaient voulu donner à cette occasion des marques extraordinaires de piété. Les envahisseurs y opposèrent des scènes tumultueuses qui se prolongèrent pendant trois jours. On assaillit les fidèles livrés aux exercices de la dévotion envers Marie; on attaqua surtout les gardes du Vatican, car le dessein des meneurs était d'effrayer Pie IX et de le réduire à quitter Rome, où sa présence paraissait un anathème vivant contre les spoliateurs. Les francs-maçons et les juifs dominaient; toutes les affaires dépendaient d'eux. Ils imaginèrent de publier une sorte de parodie du catéchisme chrétien en l'honneur de l'invasion. L'usurpateur piémontais, avec son fils Humbert et leur soi-disant esprit de liberté, y prenait la place de la sainte Trinité, et tous les autres mystères du christianisme étaient défigurés de cette façon sacrilège. Le carnaval de 1871 donna lieu à des scènes qui rappelaient les lupercales du paganisme; la profanation des choses saintes s'y mêla aux insultes contre les drapeaux des puissances catholiques, dont les âmes chrétiennes espéraient encore l'intervention. Une société s'établit pour la destruction de ces madones qu'un pieux usage des Romains fait rencontrer à chaque instant dans la ville éternelle. Comme dans toutes les révolutions, les jésuites eurent l'honneur d'une persécution plus acharnée. Leurs offices, qui attiraient une multitude de fidèles dans la célèbre église du Gesù, importunaient la secte. Le 10 mars, trois mille bandits s'y portèrent. Non contents de maltraiter les fidèles aux abords du sanctuaire, ils pénètrent jusqu'à l'intérieur, attaquent l'assistance en prière, changent la maison de Dieu en théâtre bruyant de cris, d'insultes et d'agressions. La police, sous prétexte d'intervenir et de rétablir l'ordre, avait augmenté le scandale par son attitude irrévérencieuse. Elle laissa les agresseurs en liberté, et arrêta les victimes, entre autres le prêtre chapelain du Gesù, qui, au moment du tumulte, célébrait le saint sacrifice. Interpellé au parlement de Florence sur ces honteux événements, le ministre Lanza en rejeta la responsabilité sur les catholiques.

Avec le calme d'une trompeuse légalité, le gouvernement piémontais accomplissait des actes qui, pour être la conséquence naturelle de son entrée à Rome, n'aggravaient pas moins le caractère odieux de son usurpation. Le 29 janvier, les œuvres pies, pour employer son langage, furent « incamérées », c'est-à-dire confisquées. Les cardinaux suburbicaires protestèrent inutilement, au nom de la justice, car ces fondations avaient leur origine soit dans la charité des papes soit dans les libéralités des fidèles, et au nom des droits de l'Eglise, car « certaines de ces œuvres, disaient-ils, sont tellement liées au culte et au service de Dieu, qu'on ne peut porter la main sur elles sans s'ingérer dans les choses de la religion et sans enlever au clergé ce qui par sa nature ne regarde que lui. » Le 4 mars, un décret royal supprima, pour la cause commode d'utilité publique, huit couvents justement célèbres, fondés et conservés, on peut le dire, par la piété des catholiques de tout pays. C'étaient les maisons des dominicains à Sainte-Marie de la Minerve, des mineurs conventuels à l'église des Saints-Apôtres, des théatins à Saint-André della Valle, des religieuses augustines à Sainte-Marie delle Virgini, des religieuses de Sainte-Claire à Saint-Sylvestre *in Capite*, de la Mission à Saint-Sylvestre du Quirinal, des augustins à l'église Saint-Augustin, de l'Oratoire de Saint-Philippe-de-Néri à Sainte-Marie in Vallicella. La nouvelle municipalité ne respecta pas davantage les propriétés particulières. On manquait de logements pour les fonctionnaires de l'usurpation. Un arrêté autorisa les agents à pénétrer dans les habitations pour examiner les appartements libres et en disposer, même contre le gré des propriétaires. Les propriétaires qui, passé un certain délai, n'auraient pas fait connaître les logements inoccupés, devaient voir leurs noms publiés dans les journaux. C'était offrir une catégorie de victimes à la populace révolutionnaire.

Mais ce n'était rien de s'emparer de choses matérielles. La Révolution, qui est satanique, cherche les âmes pour les perdre. Dans une lettre du 30 juin au cardinal Patrizzi, Pie IX fait le douloureux tableau du travail de corruption qui avait commencé aussitôt après l'entrée des Piémontais : « Le but de ces grands ouvriers de révolution, dit-il, n'était pas seulement d'occuper une ville comme Rome; leur but était et il est encore de détruire le centre du catholicisme et le catholicisme même. Pour cette ruine d'une œuvre indestructible, tous les impies, tous les libres penseurs, tous les sectaires du monde, ont donné leur concours en apportant chacun leur part de contingent dans cette métropole. Tous ces petits bataillons se sont réunis en un seul corps, et leur but est d'insulter et de briser les images de la très sainte Vierge et des saints, de vilipender et de pourchasser les ministres du sanctuaire, de profaner les églises et les jours de fête, de multiplier les maisons de prostitution, d'assourdir les oreilles de leurs clameurs sacrilèges, et d'infuser dans les cœurs et les esprits, surtout parmi la jeunesse, le venin de l'impiété par la lecture de certains journaux souverainement impudents, hypocrites, menteurs et irréligieux (1). » Pie IX observe que la jeunesse est spécialement visée par la Révolution. Elle ne pouvait manquer de confisquer à son profit l'enseignement et l'éducation, dont les papes s'étaient toujours occupés avec tant de sollicitude. Les jésuites, expulsés du Collège romain, durent bientôt céder la place à l'université de l'Etat usurpateur et au lycée. On s'occupa de substituer à l'enseignement chrétien l'enseignement laïque, c'est-à-dire sans religion. Dans les écoles de Rome, le gouvernement pontifical avait eu soin de séparer les enfants juifs des enfants chrétiens : c'était en même temps une préservation de la foi et un respect de la liberté de conscience. On réunit les uns et les autres, et l'on ne craignit pas de livrer des petites filles à des institutrices juives.

Cependant le gouvernement de Victor-Emmanuel n'oubliait pas les cauteleuses déclarations qu'il avait faites aux puissances ni la promesse contenue dans le décret d'annexion. Sur sa proposition, le parlement avait discuté cette loi des garanties qui devait assurer au saint-siège plus de paix, de prospérité et d'indépendance que la souveraineté dont il se voyait dépouillé. C'était à cette loi qu'il appartenait de réaliser la devise du comte de Cavour : « L'Eglise libre dans l'Etat libre. » Elle fut promulguée au mois de mai, et comprend deux titres. Le premier regarde les prérogatives du souverain pontife et du saint-siège. La personne du souverain pontife est sacrée et inviolable. L'attentat contre sa personne et la provocation à le commettre sont punis des peines établies pour les mêmes crimes contre la personne du roi. Les offenses et les injures publiques commises directement contre la personne du souverain pontife par des discours, des actes, ou par la voie de la presse, sont poursuivies par le ministère public et déférées à la cour d'assises. Mais on a soin d'ajouter que la discussion sur les matières religieuses est pleinement libre. Avec une faculté aussi large, quel écrivain un peu habile ne pourra injurier le pape, sous prétexte de discuter l'institution, sans encourir le reproche d'avoir atteint directement la personne ? Le gouvernement italien accorde au souverain pontife, sur le territoire du royaume, les honneurs souverains et la prééminence d'honneur qui lui est reconnue par les souverains catholiques. C'est-à-dire qu'après l'avoir dépouillé de la souveraineté réelle, on croit se justifier en l'entourant d'un vain éclat. On lui permet ensuite de conserver le nombre accoutumé de gardes attachés à sa personne et à ses palais, sans préjudice pour ces gardes du devoir de respecter toujours les lois de l'Etat : cette restriction autorisait d'avance toutes les attaques et toutes les vexations pareilles à celles que nous avons déjà vues; il était certain qu'en cas de tumulte ou de conflit, les gardes pontificaux seraient considérés comme agresseurs. Une dotation de 3,225,000 livres est établie sous forme de rente perpétuelle et inaliénable pour le traitement du souverain pontife, les frais de l'administration ecclésiastique, l'entretien des palais pontificaux et de leurs dépendances, les salaires, gratifications et traitements des gardes, employés, attachés de toute catégorie. Cette dotation ne pourra jamais subir d'impôt ni être diminuée sous aucun prétexte. Les palais apostoliques qu'on entend laisser au pape, sont ceux du Vatican et de Latran, et la villa de Castel-Gandolfo. On y comprend les musées, les bibliothèques, les collections d'art et d'archéologie qu'ils contiennent, ainsi que leurs jardins et en général toutes leurs dépendances. Le tout est déclaré inaliénable, exempt d'impôt et à l'abri d'expropriation pour cause d'utilité publique.

Durant la vacance du saint-siège, aucune autorité judiciaire ou politique ne pourra, pour quelque cause que ce soit, apporter ni empêchement ni restriction à la liberté personnelle des cardinaux. Le gouvernement assure protection aux assemblées du con-

---

(1) On trouvera cet extrait et beaucoup d'autres documents sur l'usurpation piémontaise dans : *La Captivité de Pie IX*, par Alex. de Saint-Albin.

clave ou du concile œcuménique contre toute violence extérieure. Aucun représentant de l'autorité civile, aucun agent de la force publique ne peut s'y introduire, pour accomplir des actes de son office, non plus que dans la résidence habituelle ou temporaire du souverain pontife, sans l'autorisation du souverain pontife lui-même, du conclave ou du concile. Il est interdit de procéder à des visites, perquisitions ou séquestres de papiers, documents, livres ou registres, dans les congrégations ou les offices investis d'attributions purement spirituelles. Le souverain pontife est pleinement libre de remplir toutes les fonctions de son ministère spirituel et de faire afficher tous les actes de ce ministère à la porte des basiliques et églises de Rome; mais on ne dit pas qui empêchera le gouvernement d'éluder cette disposition et la suivante en s'attribuant le discernement des actes purement spirituels et de ceux qui ne le sont pas. Les ecclésiastiques qui, par leurs fonctions, participent, à Rome, aux actes de l'autorité spirituelle du saint-siège, ne sont soumis, en raison de ces actes, à aucune recherche, investigation ni poursuite de la part de l'autorité publique. Tout étranger investi, à Rome, d'une fonction ecclésiastique, jouit des garanties personnelles appartenant aux citoyens italiens en vertu des lois du royaume. De même, les envoyés des gouvernements étrangers près de Sa Sainteté jouissent de toutes les prérogatives et immunités accordées aux agents diplomatiques d'après le droit international; les offenses commises contre eux sont punies de la même manière que si elles s'adressaient aux envoyés des puissances étrangères près du gouvernement italien. Les envoyés de Sa Sainteté près des gouvernements étrangers sont assurés, dans tout le royaume, des prérogatives et immunités d'usage, tant pour se rendre au lieu de leur mission que pour en revenir.

Le souverain pontife correspond librement avec l'épiscopat et avec tout le monde catholique, sans aucune ingérence du gouvernement italien. A cette fin, faculté lui est donnée d'établir au Vatican ou dans ses autres résidences des bureaux de poste et de télégraphe servis par des employés de son choix et pouvant, sans aucune taxe ni redevance envers l'État, remettre leurs correspondances aux bureaux italiens ou correspondre directement avec les bureaux de poste d'échange des administrations étrangères. Sur ce point on pousse jusqu'au détail ce que l'on regarde sans doute comme d'insignes faveurs envers le roi qu'on a dépossédé. Les courriers expédiés au nom du souverain pontife seront assimilés dans le royaume aux courriers de cabinet des gouvernements étrangers. Le bureau télégraphique pontifical sera relié avec le réseau télégraphique du royaume aux frais de l'État. Les télégrammes transmis par ce bureau avec la mention de services pontificaux, seront reçus et expédiés comme les télégrammes d'État et sans aucune taxe. Les mêmes avantages sont assurés aux télégrammes du souverain pontife ou envoyés par son ordre quand, munis du timbre du saint-siège, ils seront présentés à quelque bureau télégraphique que ce soit dans le royaume. Les télégrammes adressés au souverain pontife seront exempts des taxes mises à la charge des destinataires.

L'article qui termine ce premier titre porte que dans la ville de Rome et dans les six sièges suburbains, les séminaires, les académies, les collèges et les autres institutions catholiques fondées pour l'éducation et la formation des ecclésiastiques continueront de dépendre uniquement du saint-siège, sans aucune ingérence des autorités scolaires du royaume.

Le second titre détermine les relations de l'État avec l'Église. Est abolie toute restriction spéciale à l'exercice du droit de réunion des membres du clergé catholique : nous n'avons pas besoin de remarquer combien il est aisé à une police tracassière d'y appliquer les entraves de droit commun, sous des prétextes toujours faciles à inventer. Le gouvernement renonce au droit de légation apostolique en Sicile et dans tout le royaume, ainsi qu'au droit de nomination et de proposition aux bénéfices majeurs. Cette renonciation, comme bien d'autres qu'on ne faisait pas, était de rigueur, puisque, dans toute l'étendue de la Péninsule, on abandonnait les concordats : reniant les charges ou retirant les concessions, il était juste qu'on ne prétendît pas user des privilèges. Cependant une disposition va suivre, qui rendra cette renonciation illusoire, et il en faut dire autant de la disposition qui exempte les évêques de prêter serment au roi. Les bénéfices majeurs ou mineurs ne peuvent être confiés qu'à des citoyens du royaume, excepté dans la ville de Rome et dans les sièges suburbains : ici l'ingérence de l'État ne se dissimule pas. Il n'est rien innové pour la collation des bénéfices de patronage royal. Sont abolis l'*exequatur* et le *placet* royal et toute autre forme d'autorisation gouvernementale pour la publication et l'exécution des actes ecclésiastiques. Cependant, jusqu'à ce qu'il soit pourvu, par une loi postérieure, à la réorganisation, conservation et administration des propriétés ecclésiastiques dans le royaume, demeurent soumis à l'*exequatur* et au *placet* royal les actes des autorités ecclésiastiques qui ont pour but de disposer des biens de l'Église et de pourvoir aux bénéfices majeurs ou mineurs, excepté ceux de la ville de Rome et des sièges suburbains. Ainsi la mise en possession des évêques, curés et autres bénéficiers, dépendait du roi dans l'Église libre. Il n'est pas dérogé aux dispositions des lois civiles relatives à la création et au mode d'existence des corporations ecclésiastiques et à l'aliénation de leurs biens : elles continuaient donc d'être soumises au bon plaisir du nouveau gouvernement.

En matière spirituelle et disciplinaire, il n'est admis ni réclamation ni appel contre les actes des autorités ecclésiastiques, et il ne leur est accordé ni reconnu aucune exécution par force publique. La connaissance des effets juridiques, tant de ceux-ci que de tout autre acte de ces autorités, appartient à la juridiction civile. Cependant ces actes sont dépourvus d'effet, s'ils sont contraires aux lois de l'État et à l'ordre public, ou lèsent les droits des particuliers, et ils sont soumis aux lois pénales s'ils constituent des délits. Grâce à cette clause, on voit que la prétendue suppression du droit de réclamation ou d'appel n'affranchit l'Église qu'en apparence et l'asservit en réalité.

Indépendamment des injustices sanctionnées par

plusieurs articles de cette loi, et des pièges contenus dans certains autres, elle était frappée tout entière d'un vice radical. C'était la confirmation d'une usurpation sacrilège ; l'accepter de quelque manière que ce fût, Pie IX ne le pouvait sans donner les mains à l'iniquité, et Victor-Emmanuel ne devait pas obtenir plus de succès que Napoléon Ier. Déjà, par une lettre publique au cardinal-vicaire, le pape avait réprouvé ces garanties, avant qu'elles lui fussent offertes. La loi ayant été publiée, il la flétrit en termes indignés dans son encyclique du 15 mai : « Nous déclarons, dit-il après avoir rappelé ses protestations précédentes, que nous n'admettrons et n'accepterons jamais, parce que cela nous est absolument impossible, les immunités ou garanties imaginées par le gouvernement subalpin, quelle que soit leur teneur, ni aucunes autres de ce genre, de quelque sanction qu'elles soient revêtues ; en un mot, que nous n'admettrons, que nous n'accepterons jamais aucune immunité ou garantie, quelle qu'elle puisse être, qui, sous prétexte de protéger notre puissance sacrée et notre liberté, nous serait offerte en échange et pour tenir lieu de cette souveraineté temporelle dont la divine Providence a voulu que le saint-siège apostolique fût pourvu et muni, et qui nous est assurée par des titres légitimes et inattaquables et par une possession de plus de onze siècles. » Le gouvernement piémontais voulut néanmoins pousser jusqu'au bout ses témoignages hypocrites de mansuétude et d'esprit de conciliation : il envoya présenter au Vatican le mandat mensuel de la dotation ; ses messagers furent éconduits. Pie IX préféra se condamner à une claustration rigoureuse plutôt que d'accepter, sous la protection de ses spoliateurs, une apparence de liberté. « La concession même des garanties dont nous parlons, disait-il dans son encyclique, n'est-elle pas une preuve éclatante qu'on prétend nous imposer des lois, à nous qui avons reçu de Dieu le pouvoir de porter les lois relatives à l'ordre moral et religieux, à nous qui avons été établi interprète du droit naturel et divin dans toute l'étendue de l'univers, et que ces lois auxquelles on veut nous soumettre, bien qu'elles touchent au gouvernement de l'Église universelle, ne peuvent être maintenues et exécutées que suivant la volonté de la puissance laïque ? Quant à ce qui regarde les rapports entre l'Église et la société civile, nous avons reçu directement de Dieu, dans la personne du bienheureux Pierre, toutes les prérogatives et tous les droits d'autorité nécessaires pour le gouvernement de l'Église universelle; ces prérogatives et ces droits, comme la liberté même de l'Église, sont le fruit et la conquête du sang de Jésus-Christ, et doivent être estimés au prix infini de ce sang. Nous ferions donc outrage au sang divin de notre Rédempteur, si nous pouvions consentir à recevoir des princes de la terre ces droits qui sont les nôtres, surtout tels qu'on voudrait nous les remettre en ce moment, diminués et avilis. » Ces grandes paroles suffisaient à justifier l'attitude prise par la victime héroïque de la Révolution. La questure ou police italienne la justifiait fréquemment d'une autre manière. Au mois de juin elle ne craignit pas de violer tous les droits de l'Église et de la conscience sur la personne d'une jeune israélite, âgée de seize ans. Ayant embrassé le christianisme, elle habitait depuis un an la maison des catéchumènes ; la police brisa les portes de cet établissement pour enlever la néophyte. Dans le même temps, la franc-maçonnerie se déclarait maîtresse de Rome en y établissant son grand-maître.

Malgré les entraînements de la politique, Victor-Emmanuel n'était pas capable d'une semblable audace. Chez lui un certain sentiment d'honneur chevaleresque conspirait avec la foi toujours vivante pour l'empêcher de venir, à quelques pas du Vatican, se parer des dépouilles de la papauté et braver les effets de l'excommunication. Les hommes qui dirigeaient le mouvement révolutionnaire, avaient tenu cependant à lui faire prendre possession de sa conquête par une entrée triomphale. La date en avait été fixée au 10 janvier 1871 ; la nouvelle municipalité avait affecté un million aux préparatifs. Mais au milieu de ces idées de réjouissance un débordement du Tibre fit apparaître la terreur et la désolation. L'inondation couvrit la partie basse de la ville dans les derniers jours de décembre ; un grand nombre de familles du peuple se trouvèrent plongées dans l'affliction et la misère. Cette calamité obligea Victor-Emmanuel d'accourir. Pendant la nuit du 31 décembre, il se montra quelques heures à la lueur des torches et repartit le lendemain pour Florence. La solennité du 10 janvier n'eut pas lieu. A la place du roi, ce fut le prince royal Humbert, accompagné de sa femme, la princesse Marguerite, fille de l'ancien duc de Gênes, qui vint, le 23, s'installer au Quirinal. Cette date fut marquée par une horrible tempête et par un nouveau débordement du Tibre. Le zèle de la municipalité et des juifs ne parvint pas à suppléer l'enthousiasme ni même à dissimuler la tristesse et la froideur de la véritable population romaine. C'est ce que constate le cardinal Antonelli dans la protestation qu'il écrivit dès le lendemain : « Hier, à quatre heures de l'après-midi, le prince Humbert de Savoie et son épouse ont fait leur entrée solennelle à Rome et se sont installés dans l'appartement du saint-père au Quirinal, complètement transformé et approprié au nouvel usage qu'on se propose d'en faire. Pour que le peuple accourût en foule et que les princes fussent l'objet d'une démonstration de joie, les avis de la municipalité, les articles des journaux, les proclamations des cercles, avaient convié la population à se porter en grand nombre sur leur passage. Néanmoins l'accueil n'a guère présenté un caractère de fête ; et, si l'on excepte une partie de la populace, qui, ramassée dans les rues, au son de la tompette, entourait le cortège et applaudissait les nouveaux venus, tous les autres curieux qui ont coutume de s'assembler partout et pour un motif quelconque, se tenaient dans un silence plein de dignité. Lorsque les deux voyageurs furent montés au quartier destiné à devenir leur habitation, ceux qui, pendant le trajet, avaient crié et applaudi, se mirent à réclamer l'apparition des princes sur le balcon principal du palais. Ce désir fut aussitôt exaucé qu'exprimé. On garnit d'un tapis de soie rouge cette même loge d'où l'on avait coutume d'annoncer au monde catholique l'élection du pontife, suzerain de Rome et chef auguste de l'Église, et le prince et la princesse se montrèrent au peuple. Le soir, on voulait que les maisons fussent illuminées ; mais les habitants ne se mirent pas en peine de répondre à cette exigence, de telle sorte que la ville resta plongée complètement dans les ténèbres. Cependant on entendait gronder le canon des forts, et les cloches du Capitole, sonnées comme pour un jour de fête, annonçaient à la capitale du monde chrétien l'arrivée du fils aîné de Victor-Emmanuel. Je m'abstiens de présenter ici des commentaires et de parler des impressions qui durent nécessairement se produire à la suite de ce nouvel outrage fait aux droits souverains du saint-père et à la dignité du pontife. Si tous les gens de bien restèrent profondément affligés, il est facile de s'imaginer que le cœur de Sa Sainteté dut être bien plus douloureusement affecté par chaque coup de canon et de cloche, qui lui rappelait sa complète spoliation et plus encore les maux extrêmement graves qui en résultent pour la religion et pour l'Eglise. »

Les nouveaux habitants du Quirinal ne se laissèrent pas déconcerter par l'accueil des Romains. Tandis que le prince s'emparait de la chambre occupée précédemment par Pie VII et par Pie IX, la princesse faisait placer dans celle qu'elle se réservait un lit provenant des dépouilles de la duchesse de Parme. Les plaisirs mondains, les danses s'installèrent dans ce palais apostolique. La principale chapelle fut transformée en théâtre. On sentait le poids de l'anathème pontifical sur cette maison : des personnes de la suite de la princesse ne purent se résoudre à y demeurer. On n'y voyait que des créatures ou des agents de la Révolution, et à leur tête, l'ambassadeur prussien, comte d'Arnim, se montrait le plus assidu ; c'était pour lui aussi qu'on prodiguait les attentions et les marques d'honneur. Par une inconséquence que peuvent expliquer les habitudes italiennes, le couple princier avait tenu à étaler des pratiques religieuses. Un aumônier l'accompagnait, et celui-ci demanda la permission de dire la messe au Quirinal. Le cardinal-vicaire la refusa, rappelant en outre que, nulle part, le saint sacrifice ne doit être célébré en présence de personnes tombées notoirement sous le coup de l'excommunication. Malgré cet avis, l'aumônier crut pouvoir dire la messe deux fois, dans les églises de Rome, en présence de ses maîtres ; mais ensuite, redoutant de participer à leur faute et à leur condamnation, il s'éloigna de Rome précipitamment.

Ce n'était pas encore assez d'attentats. Victor-Emmanuel avait proclamé Rome capitale de l'Italie ; il y avait envoyé son fils. Il fallait qu'il y installât lui-même la royauté et le parlement, afin qu'elle fût capitale effective, et non pas seulement nominale. Le 25 juin, la municipalité romaine reçut l'avis que, le 2 juillet, le roi viendrait célébrer le transfert de la capitale de Florence à Rome. De nouveaux préparatifs de fête commencèrent, à l'aide d'un crédit illimité. Outre une population exotique de 20,000 révolutionnaires, 12,000 gardes nationaux et 6,000 juifs, la municipalité s'occupa de recruter, à force d'argent, des manifestants de la province. Craignant de ne pas trouver de Romaines pour son bal du Capitole, elle donna passage gratuit sur les chemins de fer aux femmes d'employés du Piémont et de la Lombardie. Si habituée que soit la société contemporaine aux excès d'un luxe matériel et grossier, les profusions gastronomiques du bal et du banquet royal réussirent à étonner les organes de la publicité. On voulait simuler une joie universelle : malgré les propriétaires, en l'absence même de ceux qui avaient quitté Rome par haine de l'usurpateur, on pavoisa les maisons, on les illumina, on les couvrit de portraits de Victor-Emmanuel ; le comte Kalnoki, ambassadeur d'Autriche, excita les insultes de la populace pour avoir fait éteindre les flammes aux trois couleurs que l'on avait allumées sans son consentement dans les candélabres de la façade de son hôtel.

Victor-Emmanuel, arrivé à Rome, gagna le Quirinal au milieu des cris de ces manifestants soudoyés, et entendit le nom de Garibaldi mêlé au sien parmi les acclamations. Deux fois il dut paraître au balcon pour saluer la foule bruyante. Un témoin oculaire rapporte ainsi cette scène : « Quand Victor-Emmanuel fut arrivé au Quirinal, les mêmes cris de la foule l'appelèrent au balcon. Le roi se fit attendre, comme si une crainte superstitieuse l'arrêtait à cette dernière limite de l'impudence et de la forfaiture. La populace redoubla de cris. Un domestique vint jeter une tenture sur la balustrade. Enfin, le roi, ému, presque tremblant, s'avança lentement vers un balcon et salua cette foule, de cette même place où le nouveau pape élu a coutume de bénir le peuple après sa préconisation (1). » De nombreuses députations lui furent présentées. Il laissa percer dans ses réponses le besoin de se justifier à lui-même son usurpation sacrilège. Aux représentants de l'Université : « J'en ai toujours usé gracieusement (2), dit-il, avec le pape, n'oubliant jamais les égards dus à sa dignité, lui faisant toutes les avances imaginables ; mais il m'a repoussé avec ingratitude... Je ne puis consentir au dogme de l'infaillibilité, qui a contre lui l'opposition de tous les laïques exempts de préjugés. » Sans doute ces tentatives d'apologie personnelle ne le satisfirent pas, car il ne passa qu'une nuit à Rome ; encore alla-t-il prendre son repos au palais Doria. La seconde nuit, en sortant du bal, il se rendit immédiatement au chemin de fer. Avant de partir, il rencontra une députation provinciale. Nouvelle et dernière harangue à laquelle il fallut faire la même réponse qu'il avait déjà répétée bien des fois : « L'unité italienne est accomplie avec Rome capitale, mais ce n'a pas été sans de grands obstacles ; maintenant nous y sommes, nous y resterons. Pour le moment, il n'y a rien à craindre ; mais si dans l'avenir il s'élevait quelque nuage, nous serons assez forts pour repousser toutes les attaques. » Il ajouta des paroles laudatives sur Rome. Certains membres de la députation s'empressèrent d'y opposer des critiques qui visaient le gouvernement pontifical : « C'est l'effet de l'ombre de la coupole de Saint-Pierre, » dirent-ils. — « C'est une grande ombre ! » repartit Victor-Emmanuel.

Ainsi supplantée par la force brutale, quel secours la souveraineté pontificale pouvait-elle attendre des puissances ? Nous avons vu les félicitations adressées à Victor-Emmanuel par M. Senart, au nom du gouvernement français, après l'entrée des Piémontais à Rome. Ce gouvernement, issu de la révolution

(1) Voir *Lettres de Rome*, dans *l'Univers* du 9 juillet 1871.
(2) *Gentilmente.*

du 4 Septembre, maintint cependant à la disposition de Pie IX, pour l'hypothèse d'une fuite nécessaire, la frégate *l'Orénoque*, que le gouvernement impérial avait envoyée dans les eaux de Civita-Vecchia, à la fin du mois d'août. M. Jules Favre, ministre des affaires étrangères, se montra même plus réservé que le ministre plénipotentiaire de Florence. « Il est bien entendu, déclarait-il à M. Nigra, que la France ne vous donne aucun consentement, et que vous accomplissez cette entreprise sous votre propre et unique responsabilité (1). » Le lien qui unissait la cause de la nation vaincue à celle de la papauté, était visible. La politique italienne s'appuyait sur les victoires de la Prusse. Au contraire, l'âme de Pie IX s'était émue à la pensée des flots de sang que l'ambition du monarque prussien allait faire couler et des malheurs que l'aveuglement de Napoléon III avait préparés à la fille aînée de l'Église. Dès le début de l'orage, il avait essayé inutilement d'interposer sa médiation pacifique. La malheureuse situation de la France alla s'aggravant; le gouvernement piémontais s'en applaudit, loin d'apporter le secours que le gouvernement de la Défense nationale s'était flatté d'obtenir en se désintéressant des affaires d'Italie. Après avoir héroïquement subi les horreurs d'un bombardement dirigé spécialement contre la population et qui ne respecta ni la cathédrale ni la bibliothèque, Strasbourg fut réduit à capituler, faute de vivres, le 17 septembre. Un mois après, le maréchal Bazaine rendait Metz avec un matériel énorme et cent mille hommes. Alors Pie IX voulut intervenir de nouveau. D'un côté, il tenta de provoquer chez le roi de Prusse des sentiments de modération et de générosité; de l'autre, par l'intermédiaire de Mgr Guibert, archevêque de Tours, il fit parvenir aux membres du gouvernement français le conseil de chercher la paix. Efforts inutiles! De nouvelles scènes sanglantes allaient se dérouler. Après d'heureux débuts, la vaillante armée de la Loire, commandée par le général d'Aurelle de Paladines, fut attaquée par les forces supérieures que la capitulation de Metz avait rendues disponibles. Coupée en deux, à la suite d'une série de combats où les zouaves pontificaux, sous la bannière du Sacré-Cœur, firent admirer leur héroïsme, elle donna naissance à deux armées : l'une, sur la rive droite de la Loire, fut confiée au général Chanzy; l'autre se reconstituait à Bourges. Mais M. Gambetta envoya le général Bourbaki avec elle refouler celles des armées prussiennes qui s'avançait dans l'Est, et s'établir sur les communications de l'ennemi. Laissé à lui-même, Chanzy, malgré sa ténacité et ses habiles manœuvres, ne put obtenir de ses jeunes troupes une constance à la hauteur des obstacles qu'il fallait vaincre. Le 11 janvier, il s'était battu toute la journée dans les positions du Mans; il en restait maître, lorsque la démoralisation, la panique se répandit dans l'armée, et le lendemain il dut commencer une retraite qui se changea en déroute. A la tête de l'armée du Nord, le général Faidherbe avait obtenu quelques succès, quand la bataille de Saint-Quentin, le 19 janvier, anéantit tout espoir de ce côté. Dans sa marche vers Belfort, le général Bourbaki fut vainqueur, le 8 janvier, au combat de Villersexel; mais le 15, après trois jours de lutte acharnée et sanglante, n'ayant pas réussi à emporter les retranchements prussiens à Héricourt, il dut battre en retraite. Or une nouvelle armée prussienne était accourue, et, trompant le grotesque général Garibaldi qui avait mission de l'arrêter, coupait les communications avec Lyon, tandis que la première rejetait Bourbaki dans le Jura. Bientôt les troupes françaises, concentrées autour de Pontarlier, renouvelèrent, sous les coups d'un hiver rigoureux, les tristes souvenirs de la campagne de Russie.

A Paris, le gouvernement de la Défense nationale s'était soi-disant retrempé dans le suffrage universel après une insurrection qui avait failli le renverser, le 31 octobre. Mais les éléments insurrectionnels demeuraient, et les chefs de l'Internationale avaient soin de les tenir dans une continuelle fermentation. C'est sans contredit ce qui contribua le plus à paralyser la défense. Le général Trochu était parvenu à créer une armée avec les cent mille mobiles qu'on avait appelés à Paris, les quarante mille soldats qui restaient et les compagnies de marche formées des plus jeunes hommes de la garde nationale. Néanmoins plusieurs tentatives pour empêcher la formation des lignes d'investissement ou pour les rompre avaient échoué. Le général avait réussi, le 18 octobre, à s'emparer du Bourget; mais, après y être resté un jour, il en avait été chassé par des forces supérieures. Ce nouvel échec, joint à la nouvelle de la capitulation de Metz, servit de prétexte aux émeutiers du 31 octobre. Après des préparatifs de plusieurs semaines, le général Ducrot passa la Marne le 30 novembre, s'empara de Champigny, de Bry-sur-Marne, de Villiers, et s'avança sur Chelles. Mais le 2 décembre, les Allemands, renforcés de troupes fraîches, refoulèrent l'armée française; et quoique, dans la seconde partie de la journée, celle-ci eût repris ses positions, le lendemain elle battit en retraite et vint se cantonner sous le canon des forts. Le 21 décembre, cédant à la pression de l'opinion, le général Trochu dirigea lui-même un mouvement contre tout le cercle d'investissement. La lutte fut très vive sur plusieurs points à l'est de Paris, sans amener aucun résultat. Le plateau d'Avron, fortement occupé et armé depuis la sortie du général Ducrot, commença ensuite à être battu par l'artillerie à longue portée : il fallut l'abandonner. Cette continuité d'insuccès exaspérait la population parisienne sans l'abattre ni lui faire admettre la possibilité d'une capitulation. Si l'impiété et l'ambition révolutionnaires donnaient de tristes spectacles, les cœurs se relevaient à la vue du dévouement de nombreux jeunes gens devenus en quelques semaines des soldats intrépides. Quelquefois repoussés par la malveillance des chefs, les prêtres ne se rebutaient pas, et, comme aumôniers volontaires, exerçaient leur ministère dans les ambulances, accompagnaient les troupes au milieu du danger. M. l'abbé Gros, vicaire de Saint-Ambroise, fut tué par un obus sur le plateau d'Avron. Les frères des Écoles chrétiennes acquirent, comme « brancardiers », un nouveau genre de popularité, en allant recueillir les blessés sous le feu de l'ennemi. On ne songeait pas à demander la fin d'une résistance qui exaltait les courages; et cependant la faim se faisait sentir;

---

(1) Voir *Rome et la République française*, par M. Jules Favre, ouvrage qui a suscité de vives polémiques.

les vivres avaient atteint un prix exorbitant, et l'heure allait venir où ils manqueraient ; on fit la guerre aux rats des égouts. Les distributions des boucheries et des boulangeries furent rationnées ; on tua les chevaux, les ânes, les chiens et les animaux du Jardin des Plantes ; on inventa des aliments de toute sorte ; on imagina une apparence de pain, nauséabonde et repoussante, où il n'entrait pas de farine. Les souffrances et les privations, minant les tempéraments, préparaient d'innombrables victimes pour une mort prochaine ou du moins prématurée. Les Prussiens commencèrent à bombarder la ville le 6 janvier. Quoique ce bombardement n'ait pas causé de grands dégâts, à cause de l'étendue de la circonférence à embrasser, il ne laissait pas de jeter dans les cœurs de noirs pressentiments : c'était comme le glas funèbre annonçant la chute définitive. Le rationnement du grossier pain de détritus auquel on était réduit, fut décidé le 18 janvier, dans l'assemblée des maires présidée par M. Jules Ferry, en qualité de délégué du gouvernement à la mairie centrale. Le lendemain, avec cent mille hommes, dont une moitié environ appartenait à la garde nationale, le général Trochu tenta une dernière sortie. Après s'être avancé à la faveur d'un épais brouillard, on s'empara de la redoute de Montretout et du château de Buzenval ; mais l'état du terrain détrempé par les pluies ne permettait pas de monter l'artillerie sur les positions conquises : on se replia le soir même. Cette vaine démonstration avait coûté des milliers d'hommes. La dépêche du général Trochu annonçant l'insuccès définitif de l'opération et portant qu'un armistice serait nécessaire pour enlever les blessés, acheva d'irriter l'opinion. Les émeutiers en profitèrent. Excités par eux, quelques bataillons de marche envahirent par surprise l'Hôtel de ville le 22 janvier. Les membres du gouvernement se crurent perdus, et plusieurs cherchèrent une cachette jusque dans les caves ; mais l'énergie des mobiles bretons les délivra.

Le 8 janvier, le général Trochu avait proclamé que « le gouverneur de Paris ne capitulerait pas. » Cette parole devenait impossible à tenir. Le malheureux général signa un décret qui supprimait les fonctions de gouverneur, et céda le commandement militaire au général Vinoy, tout en gardant la présidence du gouvernement. Ce fut donc le général Vinoy qui accepta la charge douloureuse de signer, le 28 janvier, une capitulation déguisée sous le nom d'armistice. Après sa longue résistance, la capitale se voyait obligée de payer une forte contribution de guerre et de livrer ses forts aux Allemands avec 1,500 pièces de canon. L'armée de ligne, la garde mobile, les marins, en tout près de 150,000 hommes, constitués prisonniers de guerre, devaient être désarmés. M. Jules Favre, qui avait négocié l'armistice comme ministre des affaires étrangères, commit l'imprudence que depuis il a regrettée amèrement, de stipuler que la garde nationale conserverait ses armes. Ainsi que l'événement l'a montré, c'était fournir une armée aux sociétés secrètes, et cela quand il ne restait pour défendre l'ordre qu'une division de 12,000 hommes sous le commandement du général Vinoy, plus la gendarmerie et les services municipaux, dont le total ne devait pas excéder 3,500 hommes. Cependant les fauteurs de troubles étaient si redoutables, que le général Vinoy n'avait pas cru pouvoir signer la capitulation avant d'avoir obtenu la fermeture des clubs et la suppression des journaux le Réveil et le Combat. M. Jules Favre commit une autre faute. L'armistice s'étendait à toutes les armées de province. Le vainqueur y mit des conditions dont la dureté et la perfidie ne pouvaient pas toujours être senties du négociateur français, à cause de son ignorance des situations stratégiques. M. de Bismark tint particulièrement à excepter de l'armistice l'armée de l'Est. M. Jules Favre dut y consentir, et il omit d'en avertir la délégation du gouvernement en province. Victime d'une fausse sécurité, le général Bourbaki suspendit son mouvement de retraite, tandis que les Prussiens, mieux informés, continuaient leurs marches pour l'enfermer dans un cercle sans issue. Quand il s'aperçut du désastre qui le menaçait, le général eut un moment d'égarement : il voulut se tuer, et se blessa grièvement. Le général Clinchant prit le commandement, et trouva assez d'énergie pour continuer la retraite au prix de combats acharnés, dans la neige, avec des troupes jeunes, mal vêtues, mal chaussées, succombant au froid, à la fatigue, à la faim, obligées d'abandonner les blessés et les malades. La Suisse recueillit les débris de cette malheureuse armée et de son matériel.

Le désastre était consommé : l'histoire ne parle pas de plus terribles leçons données par la Providence aux peuples et à ceux qui les gouvernent. Cependant la faction qui s'était emparée du gouvernement de la France ne sembla pas comprendre ni sentir. Beaucoup des hommes élevés par M. Gambetta aux emplois civils ou militaires ne songeaient qu'à exploiter la misère du pays, à combattre les institutions catholiques, à éterniser les défiances et les haines révolutionnaires. Plusieurs grandes villes avaient été le théâtre de scènes désolantes et scandaleuses. On avait vu des catholiques et des royalistes, d'un mérite et d'un courage connus, mis dans l'impossibilité d'organiser des corps francs qui auraient pu rendre des services signalés, tandis que toutes les faveurs étaient prodiguées à des bandes qui ne savaient qu'insulter à la religion, menacer les honnêtes gens, piller le pays, se couvrir de noms prétentieux et se livrer à des parades ridicules. En plus d'un endroit, le parti de la Révolution qui détenait l'autorité eut à réprimer de sanglantes émeutes, suscitées par le parti qui était encore réduit à y aspirer ; mais il se méfiait bien davantage de tout ce qui aurait pu favoriser une restauration monarchique ou le réveil de la pensée chrétienne. Les princes d'Orléans n'avaient pu s'engager dans les armées de la Défense nationale que sous le voile du pseudonyme. Comme pour mieux marquer que l'incrédulité formerait la base de la république de ses rêves, M. Gambetta trouva le temps de nommer M. Littré professeur à l'Ecole polytechnique. A la nouvelle de l'armistice, il se mit en opposition avec le gouvernement de Paris et entra dans une voie que M. Thiers a qualifiée énergiquement en la nommant une *politique de fou furieux*. De Tours, les échecs de l'armée de la Loire lui avaient fait transférer le siège de son administration à Bordeaux. Les balcons de cette ville lui servaient de tribune

ÉPILOGUE.

pour agiter la multitude par son éloquence creuse et emphatique. Après avoir épuisé les dernières forces du pays, il voulait encore lui faire repousser le remède cruel mais nécessaire de la paix; il le conviait à la *guerre à outrance*. Bien plus, il ne craignait pas de le diviser contre lui-même. Pour conclure la paix, le vainqueur avait permis de former une assemblée nationale dont les membres devaient être élus au scrutin de liste. De sa propre autorité, M. Gambetta modifia le décret qui convoquait les électeurs, et frappa d'inéligibilité, par un autre décret, des catégories de citoyens ayant à divers titres servi l'empire. Il persista dans ses prétentions dictatoriales jusqu'à l'arrivée de M. Jules Simon, chargé par le gouvernement de la Défense nationale de maintenir les termes primitifs du décret de convocation. Alors M. Gambetta se démit de tous les pouvoirs qu'il avait réunis entre ses mains depuis plusieurs mois.

Le suffrage universel prononça, au jour des élections, un éclatant verdict, non seulement contre les partisans de l'anarchie, mais aussi contre les révolutionnaires modérés qui, en se succédant au pouvoir, avaient préparé les malheurs de la France. Il fit entrer à l'Assemblée nationale une majorité conservatrice, monarchique et religieuse. Mgr Dupanloup avait été élu dans son diocèse. Malheureusement cette majorité portait dans son sein de nombreux germes de division. Elle était loin d'être d'accord sur les personnes, et même, grâce aux illusions du faux libéralisme, sur la manière d'entendre les principes. Personne ne se présentait pour se mettre à sa tête. N'ayant pas de programme arrêté, il lui manquait en outre l'unité et la puissance de direction pour prendre en main l'œuvre si nécessaire de la restauration nationale. Cependant, à côté d'elle, la minorité offrait, partagée en divers groupes, les personnalités les plus connues et les plus agissantes du parti révolutionnaire, depuis les nuances modérées jusqu'aux opinions extrêmes et extravagantes. De nombreuses candidatures radicales avaient triomphé à Paris et dans les grandes villes. C'est ainsi que, parmi les représentants de cette France conduite à l'abime par les mauvaises doctrines, on voyait siéger Louis Blanc, Victor Hugo, Edgar Quinet, le journaliste et dramaturge et surtout conspirateur socialiste Félix Pyat, Henri Rochefort, son faible imitateur Simon dit Lockroy, le journaliste Delescluze, qui avait excité l'insurrection du 31 octobre contre Rochefort et Pyat. Le positivisme de Littré fit réussir sa candidature à Paris. Mais l'humiliation la plus amère fut de voir Garibaldi élu à Paris et dans trois départements, quoique le service qu'il avait rendu à l'armée de Bourbaki ne parût guère propre à lui mériter le titre de citoyen français : il est vrai que l'attitude indignée de la majorité l'obligea de se retirer. Le succès des hommes du 4 septembre était fort inégal. M. Jules Favre avait obtenu les suffrages de Paris et de cinq départements, tandis que M. Jules Simon échouait à Paris et ne passait que le cinquième sur huit dans le département de la Marne. Le triomphe de M. Ernest Picard ne fut pas moins modeste dans les deux départements qui l'élurent; il succomba aussi à Paris. La candidature de M. Gambetta réussit dans dix départements. Au milieu de cette confusion, il y eut néanmoins un homme que la confiance générale parut spécialement désigner, et qui recueillit ainsi, malgré les souvenirs révolutionnaires de sa vie, le prix des combats mémorables qu'il avait livrés à la politique désastreuse et antinationale de l'empire : outre Paris, M. Thiers était élu dans vingt-cinq départements.

L'Assemblée nationale se réunit à Bordeaux, le 13 février. Elle sentit tout de suite, en face des ruines de la patrie, son propre défaut de cohésion. Incapable de produire un gouvernement qui eût un nom défini, elle se contenta, en faisant appel au dévouement de M. Thiers, de le nommer chef du pouvoir exécutif, avec mission de choisir les ministres et de les présider. Pour former son premier cabinet, M. Thiers tint assez peu de compte du caractère significatif des élections : car il affecta de mettre sur un pied d'égalité les divers partis qu'il voulait concilier, et même on peut dire que le gouvernement révolutionnaire du 4 Septembre gardait la prépondérance, avec M. Jules Favre aux affaires étrangères, M. Ernest Picard à l'intérieur, et M. Jules Simon à l'instruction publique. M. Thiers alla ensuite à Versailles, accompagné de M. Jules Favre, pour négocier les préliminaires de paix.

La situation du pays était déplorable; ses ressources militaires épuisées. La seule place forte qui eût résisté victorieusement jusqu'au bout contre les attaques de l'ennemi, Belfort, s'était rendue le 15 février, sur un ordre du gouvernement donné en vertu des conditions de l'armistice. Les troupes allemandes occupaient plus de quarante départements. Le patriotisme de M. Thiers lutta vainement contre la dureté du vainqueur. Il fallut accepter ses exigences, c'est-à-dire promettre l'énorme rançon de cinq milliards et subir la perte de deux belles provinces, l'Alsace avec Strasbourg, la Lorraine dite allemande avec Metz. Le payement de la rançon devait être garanti par l'occupation d'une partie du département de la Seine et de plusieurs départements tout entiers. Malgré sa belle défense, Belfort ne put être conservé que moyennant une clause additionnelle de la capitulation de Paris, qui permit aux Prussiens d'entrer un moment dans un quartier de la capitale, au nombre maximum de 30,000. Tels étaient les préliminaires de paix auxquels souscrivait M. Jules Favre, lui qui avait jeté à tous les échos, peu après le 4 septembre, cette phrase dont la fierté emphatique contrastait péniblement avec le désarroi de la situation : « Ni un pouce de notre territoire ni une pierre de nos forteresses! » Le 1er mars, pendant que les Prussiens faisaient leur courte apparition dans Paris, M. Thiers, dans un discours saisissant et souvent interrompu par ses larmes, fit sentir à l'Assemblée hésitante, anxieuse, la cruelle nécessité qui pesait sur ses délibérations; elle ratifia les préliminaires imposés par M. de Bismark. M. Jules Favre et M. Pouyer-Quertier se rendirent ensuite à Francfort-sur-le-Mein pour régler tous les moyens d'éxécution, de concert avec le puissant ministre. Ils y signèrent, le 10 mai, le traité définitif, et l'Assemblée, qui s'était transportée à Versailles, le revêtit de sa ratification. Chose qui devait inviter à la réflexion les esprits les plus infatués des fausses doctrines : les promesses de la Révolution, ses entreprises au dehors, ses agitations au dedans, avaient conduit la France à voir le gaspillage de ses richesses, de ses ressources, de son sang le plus pur, et ses frontières étaient ramenées en deçà des limites de 1681, date de la réunion de Strasbourg; de 1648, date de la réunion de l'Alsace; de 1552, date de la réunion des Trois-Évêchés. Dans la même séance où furent ratifiés les préliminaires de paix, l'Assemblée nationale, confirmant la déchéance de Napoléon III et de sa dynastie, « le déclara responsable de la ruine, de l'invasion et du démembrement de la France. » Dès lors et depuis, les partis se sont renvoyé l'un à l'autre ces accusations, qu'il ne nous convient pas de discuter. Mais, en s'élevant plus haut, il est facile de voir, dans ces catastrophes inouïes, à la fois le châtiment providentiel et le résultat logique de ce mépris du droit chrétien qui avait créé l'unité italienne au détriment de la papauté, de cette impiété révolutionnaire qui bafouait l'autorité de l'Eglise et ne reconnaissait dans l'autorité civile que la souveraineté du nombre, de ces mœurs sensuelles qui rappelaient le paganisme des siècles de décadence et n'admettaient d'autre culte que celui de l'argent et du plaisir, de ces prétentions orgueilleuses qui sacrifiaient tout, même le patriotisme, à des querelles de partis et aux chimères d'une raison égarée (1).

La coupe des vengeances divines n'était pas épuisée. Paris, bloqué par l'étranger, avait vu les passions séditieuses fermenter inutilement; il lui restait d'en devenir la proie. Les électeurs de la capitale ne venaient-ils pas, par leurs choix les plus nombreux, de manifester leurs préférences sur la révolution modérée elle-même, en faveur de la révolution radicale? L'Internationale sentait que M. Jules Favre lui avait réservé là une armée, en présence de laquelle l'état de siège et les mesures d'ordre prises par le général Vinoy demeureraient sans force. Les sections parisiennes de cette association étaient dépassées en ardeur et en projets de destruction par d'autres membres, dont l'esprit semblait fermé à toute idée raisonnable, et par des révolutionnaires de tous pays, qui s'étaient donné rendez-vous au milieu d'une population surexcitée, sans boussole et sans guide, pour préparer les orgies de la révolution cosmopolite. L'Assemblée nationale, se rendant compte des périls de la situation et ne voulant pas livrer les destinées de la France, n'avait pu se déterminer à prendre Paris pour lieu de ses réunions. Plusieurs représentants avaient même demandé qu'on se fixât dans une ville beaucoup moins rapprochée que Versailles. M. Thiers et les fonctionnaires du gouvernement étaient néanmoins rentrés dans la capitale. En prenant cette décision, ils n'obéissaient pas seulement à des nécessités ou à des convenances d'installation; ils espéraient faire prévaloir les pensées de modération et de sagesse. Bientôt ils durent reconnaître que leur influence était annulée par une autre. Les meneurs agitaient l'opinion et faisaient peser sur elle une sorte de terreur. Un comité occulte dirigeait la garde nationale, profitait de la surexcitation produite par les souffrances du siège, reprochait aux propriétaires, notamment à l'occasion des loyers

(1) Le P. Caussette, *Dieu et les Malheurs de la France*; Louis Veuillot, *Paris pendant les deux sièges*.

qui avaient couru pendant la guerre, de continuer à s'enrichir au milieu de la misère générale, traitait le gouvernement de bourgeoisie égoïste, accusait l'Assemblée de vouloir renverser la République. Cette agitation était d'autant plus redoutable, qu'à l'occasion de l'entrée des Prussiens à Paris, les gardes nationaux, poussés par de secrètes instigations, avaient enlevé un parc d'artillerie abandonné sur la place Wagram, et, sous prétexte de le soustraire à l'ennemi, l'avaient transporté sur les hauteurs de Montmartre et de Belleville. Là, grâce aux soupçons excités contre les projets de restauration monarchique, le parc fut disposé en batteries menaçant toute la ville. Un grand nombre de bataillons de la garde nationale, entièrement dévoués aux insurgés du 31 octobre, se montrèrent résolus à garder ces canons, malgré le gouvernement, et à ne pas déposer les armes. L'inquiétude croissait toujours, l'explosion devenait imminente. Pour la prévenir, le gouvernement donna ordre au général Vinoy de faire enlever les batteries de Montmartre. Dans la nuit du 17 au 18 mars, on afficha sur les murs une proclamation annonçant que, le jour même, cet ordre serait exécuté, et que les simulacres de fortifications qui gênaient la circulation allaient disparaître. Au point du jour, plusieurs régiments commandés par le général Lecomte s'emparèrent de la butte, après une faible résistance des gardes nationaux. Les canons furent tirés des embrasures et les soldats s'y attelèrent avec des cordes pour les emmener. Ce moment avait été prévu par les conspirateurs, qui depuis longtemps ne travaillaient pas moins à répandre dans l'armée l'esprit d'insciscipline qu'à exciter la défiance au sein de la population. Le 88e régiment de marche, logeant chez les habitants, fréquentant les cabarets avec eux, avait particulièrement subi l'influence des opinions les plus subversives, et c'était lui qui procédait à l'enlèvement des canons. Une troupe de femmes, d'enfants, de filles perdues, vint l'entourer. Ces étranges auxiliaires de l'émeute se jetaient sur les canons, les embrassaient, voulaient se faire écraser sous les roues. D'autres s'adressaient aux soldats, leur reprochaient d'attaquer des frères. Les soldats se laissèrent désarmer ou levèrent en l'air la crosse de leurs fusils, et, refusant d'obéir à leurs officiers, s'en allèrent fraterniser avec les gardes nationaux chez les marchands de vin. Quelques compagnies demeurées fidèles durent s'ouvrir un passage à la baïonnette.

Aussitôt l'émeute étala son triomphe et ses menaces dans tout ce côté de Paris, tandis que l'autre partie de la ville continuait de présenter son aspect ordinaire. Le palais de la Bourse ferma ses portes. Des groupes de gardes nationaux et de soldats erraient en poussant les cris : Vive la République démocratique et sociale! Vive la Commune! et en célébrant la victoire du peuple. Dans le quartier de Montmartre, tout hérissé de barricades, de batteries et de défenses de toute nature, des sentinelles gardaient l'entrée de chaque rue, et les soldats de l'émeute donnaient le spectacle d'une dégoûtante ivrognerie. Les généraux Lecomte et Clément Thomas — ce dernier, républicain de vieille date et commandant des gardes nationales de la Seine jusqu'au 15 février — étaient tombés entre les mains des insurgés. Sans aucune forme de jugement, en l'absence du comité occulte, dont tous les membres étaient introuvables, une troupe hideuse, composée de femmes ignobles, de soldats déserteurs et de gardes nationaux ivres, les fusilla ou plutôt les massacra à coups de balles, vers la chute du jour (1). Le comité occulte avait pris ses mesures : le lendemain matin, il siégeait à l'Hôtel de ville avec ses gardes et son artillerie. Des estafettes à costumes étranges, plumes rouges au vent, sabre au poing, parcouraient la ville, semant partout les proclamations et les décrets du nouveau gouvernement. La proclamation du comité central présentait le mouvement comme pacifique et inoffensif : « Le peuple de Paris a secoué le joug qu'on essayait de lui imposer. Calme, impassible dans sa force, il a attendu sans crainte comme sans provocation les fous éhontés qui voulaient toucher à la République. Cette fois, nos frères de l'armée n'ont pas voulu porter la main sur l'arche sainte de nos libertés : merci à tous !... L'état de siège est levé. Le peuple de Paris est convoqué dans ses sections pour faire ses élections communales. La sûreté de tous les citoyens est assurée par le concours de la garde nationale. » En résumé, l'insurrection déclarait n'avoir d'autre but que de préserver, contre les tentatives de restauration monarchique, la forme de gouvernement établie depuis le 4 septembre, et de réclamer pour Paris des franchises communales. Mais les souvenirs de 93 donnaient une signification à ce nom de Commune qui était acclamé. Celui de *fédérés*, que prenaient les gardes nationaux insurgés, n'était pas moins significatif, car il rappelait le programme des sections les plus ardentes de l'Internationale : dissolution des nationalités, autonomie des groupes communaux ou fédératifs, groupement par fédération. Le ton même de la proclamation ne convenait qu'à des hommes qui prétendaient fonder un nouveau gouvernement sur les ruines de l'ancien, ce qu'ils appelaient la vraie République à la place d'une République trompeuse et traîtresse, et bientôt ils allaient le dire nettement dans d'autres manifestes plus explicites, inspirés par la certitude de la victoire. Les dix ou douze signataires de la proclamation étaient presque tous inconnus ; on se rappelait qu'au milieu des débuts de l'Internationale, dans ses congrès et dans les grèves fomentées par elle, plusieurs d'entre eux s'étaient distingués et signalés aux sévérités de la justice, non seulement par l'exaltation de leurs idées, mais aussi par l'activité et l'audace de leur initiative. Autour du comité central s'étaient formés vingt comités inconnus les uns des autres, tous décorés de noms prétentieux qui faisaient appel aux plus tristes souvenirs des révolutions antérieures, et remplis d'un pêle-mêle hideux de Français, de Polonais, d'Italiens, de Grecs, d'Américains, de journalistes, d'avocats, de repris de justice, de cordonniers, de tailleurs, de porte-faix, de voleurs notoires. Ces comités, en vertu des pouvoirs qu'ils s'étaient donnés à eux-mêmes, expédiaient sans cesse des ordres de tous côtés. C'étaient comme des bandes d'oiseaux de proie qui s'abattaient sur tous les centres du gouvernement et de l'administration. Dans la cour de la préfecture de police, une troupe de citoyens débraillés et de femmes dignes d'eux avaient allumé un feu de joie avec les dossiers dont plusieurs intéressaient les meneurs de la révolution ; ils dansaient autour du feu en chantant ou plutôt en hurlant le *Ça ira*. Autour de l'Hôtel de ville et dans tous les quartiers avoisinants, s'entassaient ou paradaient les défenseurs de la Commune : multitude sans nom, composée des gardes nationaux de Montmartre et de Belleville, de soldats déserteurs, de gamins, de femmes perdues, de voleurs et de vagabonds tirés des prisons de Mazas et de la Roquette. Ces hordes grouillantes, indisciplinées, où les scènes d'ivrognerie ne manquaient pas, portaient des armes de toute espèce, achetées à vil prix, ramassées dans les casernes, volées dans les musées. Elles avaient arboré le drapeau rouge, coiffé d'un bonnet phrygien. A leur tête, des généraux improvisés se croyaient capables de tout pourfendre, parce qu'ils étaient ceinturés et cravatés de rouge, avec grand sabre, grands plumets et larges galons. Sur la place du Panthéon, des artilleurs, après avoir livré leurs pièces, se mêlaient joyeusement aux gardes nationaux ; le drapeau rouge flottait au sommet de la coupole, et un garde national sciait la croix dont elle est surmontée. Malgré les éclatants services qu'il avait rendus pendant la guerre, le général Chanzy s'était vu arrêter, par ordre du comité central, dans le wagon qui l'amenait à Paris ; il paraissait menacé du même sort que les généraux Lecomte et Clément Thomas.

M. Thiers, se sentant incapable de résister à l'insurrection, s'était enfui à Versailles le 18 mars dans l'après-midi, avec tous les fonctionnaires du gouvernement. La partie de l'armée qui demeurait fidèle à la cause de l'ordre, l'y suivit. Tout ce qu'il y avait de conservateurs dans la population et dans la garde nationale se trouva livré à ses propres inspirations, si ce n'est que l'amiral Saisset, nommé commandant provisoire de la garde nationale en remplacement du général d'Aurelle de Paladines, à qui l'on reprochait son royalisme, se présentait avec la double résolution de grouper les éléments de résistance et de tenter tous les moyens de conciliation. « Il était fermement résolu, disait-il dans une proclamation, à donner sa vie pour la défense de l'ordre, le respect des personnes et de la propriété, comme son fils unique avait donné la sienne pour la défense de la patrie. » L'hôtel qu'il occupait, devint le point de ralliement des hommes disposés à se défendre contre le comité central : il y avait ainsi la garde nationale de l'ordre et celle du désordre. Les conservateurs les plus résolus firent une manifestation le 21 mars. Partis à trois heures, au nombre de trois cents, de la place du nouvel Opéra, les mots : Vive l'ordre ! écrits en grands caractères sur le drapeau qui les précédait, firent bientôt grossir ce faible groupe. On était plus de trois mille quand on arriva sur la place Vendôme, centre de l'insurrection, et celle-ci n'osa disputer le passage. La manifestation continua, malgré les tentatives isolées de quelques énergumènes, de se dérouler à travers de nombreuses rues pour revenir à son point de départ. Enthousiasmés de leur premier succès, les conservateurs se donnèrent rendez-

---

(1) Dans un jardin attenant à la maison n° 6 de la rue des Rosiers.

vous pour le renouveler le lendemain, avec la participation de l'amiral Saisset.

Leur troupe s'y trouva plus nombreuse ; elle s'avançait sans armes, joyeuse et confiante, entre les rangées de maisons pavoisées aux couleurs nationales. Mais les insurgés avaient eu le temps de méditer leur revanche, et la résolution ne pouvait leur manquer contre des gens désarmés. Vers deux heures, au moment où la procession pacifique débouchait dans la rue de la Paix, en face de la colonne Vendôme, les gardes nationaux campés sur la place firent feu, et de nombreuses victimes tombèrent. Les manifestants durent rebrousser chemin et se disperser. Tous les quartiers de la capitale qu'un espoir de délivrance avait commencé à ramener, furent envahis par la terreur et la consternation. Cependant l'amiral Saisset n'abandonna pas encore son poste, et demeura en communication avec les maires d'arrondissement et les députés radicaux de Paris, qui se flattaient d'amener la conciliation. L'un d'eux, M. Clémenceau, maire de l'arrondissement où avait eu lieu l'assassinat des deux généraux, avait présenté à l'Assemblée nationale, dans la séance du 20 mars, un projet de loi autorisant l'élection d'un conseil municipal de la ville de Paris, composé de quatre-vingts membres. Lui-même et ses amis ne se contentèrent pas de cette démarche déjà trop significative. Le comité central avait fixé au 26 mars les élections qui devaient constituer à la place du gouvernement en fuite celui de la Commune. MM. Clémenceau, Lockroy, Tolain, Greppo, Floquet, Tirard, Mottu, etc., signèrent une proclamation par laquelle, en qualité de députés ou de maires de Paris, ils engageaient les citoyens à concourir au vote. Ce n'était plus de la conciliation, c'était ou du servilisme ou de la complicité. D'autre part, les bataillons conservateurs de la garde nationale ne montraient pas une consistance suffisante pour arrêter le désarroi universel. Le comité central vit sa force, et repoussa les propositions de l'amiral Saisset, qui n'obtint qu'à grand'peine la mise en liberté du général Chanzy, sous la condition de ne pas porter les armes contre la ville insurgée. L'amiral, ayant perdu tout espoir, licencia la garde nationale le 25 mars, et se rendit à Versailles, où il donna sa démission. Les élections parisiennes se firent au jour indiqué par le comité central. Des maires et députés de Paris que nous nommions plus haut, et dont quelques-uns se virent arrêtés peu après comme complices de l'insurrection, aucun ne fut élu, excepté M. Tirard, qui du reste s'empressa de se retirer et de rejoindre à l'Assemblée de Versailles ses collègues de l'extrême gauche. Le prétendu gouvernement de la Commune se trouva composé des hommes les plus exaltés et les plus violents, gens d'intelligence médiocre, d'imagination égarée, de conscience pervertie ; anciens conspirateurs, échappés des prisons ou des maisons de santé, folliculaires cyniques et faméliques, ouvriers plus assidus au club qu'à l'atelier, adeptes de l'Internationale, révolutionnaires cosmopolites, jeunes gens plus avides de jouissances et de domination que de travail régulier. Plusieurs de ces élus de la population insurgée n'étaient pas suffisamment pourvus de l'instruction la plus élémentaire; tous cependant prirent des places dans les diverses administrations et dans les commissions créées pour répondre aux projets de refonte sociale.

A Versailles, le gouvernement et l'Assemblée avaient suivi avec anxiété les phases de la tentative de résistance et de conciliation dirigée par l'amiral Saisset. Dans la séance du 26 mars, on écarta une proposition de M. Louis Blanc, qui voulait faire décréter des félicitations à l'adresse des maires de Paris, et l'on vota, sur l'initiative du général Trochu, en expiation du premier crime de la Commune, un deuil national, un service religieux, un monument, l'adoption par l'État de la famille du général Lecomte. Au reste, le spectacle de Versailles en regard de celui de Paris faisait encore ressortir davantage l'état malheureux de la France. La majorité conservatrice de l'Assemblée manquait de cohésion; elle ne se ralliait pas autour d'un principe supérieur, unanimement accueilli, capable de provoquer tous les dévouements. Par suite de ce défaut d'unité, elle était incapable de donner une direction au pays et d'imposer cette direction au gouvernement. M. Thiers le lui faisait sentir. Malgré le nombre inférieur du parti républicain, il affectait de ménager également toutes les opinions et de se placer au-dessus d'elles, dans un rôle équivoque de temporisateur et de neutre. En outre, l'insuffisance des forces matérielles ne permettait pas de délivrer Paris immédiatement. Il fallait attendre l'arrivée des troupes de province et des prisonniers d'Allemagne pour reconstituer, moyennant la permission des vainqueurs, une armée de 80,000 hommes.

Les insurgés de la Commune avaient trop d'outrecuidance pour songer uniquement à se défendre. Ils avaient improvisé un général dans la personne de Bergeret, ancien sous-officier, puis typographe, commis en librairie, et finalement garçon d'écurie. Quelques jours après le 18 mars, on l'avait chargé de tous les services militaires de Paris. C'était lui qui avait commandé de faire feu sur la manifestation pacifique du 22 mars. Élu membre de la Commune, il prit place simultanément dans la commission exécutive et dans la commission militaire. Dès le 2 avril, il fit avancer 2,000 fédérés, sans artillerie, par la route de Neuilly. Les troupes de Versailles ne furent pas longtemps à jeter le désordre dans leurs rangs et à les ramener jusqu'à la ligne des fortifications. Il y eut très peu de victimes des deux côtés et quelques prisonniers du côté de l'insurrection. Ce résultat néanmoins eut l'immense avantage de commencer à ranimer le moral des soldats. La commission exécutive voulut parer le coup. Dès l'après-midi, elle affichait cette dépêche légendaire de son état-major : « Bergeret *lui-même* est à Neuilly. D'après rapport, le feu de l'ennemi a cessé. Esprit des troupes excellent. Soldats de ligne arrivent tous, et déclarent que, sauf les officiers supérieurs, personne ne veut se battre. Colonel de gendarmerie qui attaquait, tué. » Cette autre affiche inaugurait le système d'odieuses inventions, de calomnies sanguinaires : « Une pension de jeunes filles, qui sortait de l'église de Neuilly, a été littéralement hachée par la mitraille des soldats de MM. Favre et Thiers. » Puis on cherchait à persuader à la garde nationale qu'elle défendait la République contre le parti légitimiste : « Les conspirateurs royalistes ont attaqué. Malgré la modération de notre attitude, ils ont attaqué. Ne pouvant plus compter sur l'armée française, ils ont attaqué avec les zouaves pontificaux et la police impériale. » En même temps, on donnait l'exemple de la décision et de l'énergie: Deux décrets étaient publiés. L'un mettait en accusation M. Thiers et les ministres, et ordonnait la saisie de leurs biens. L'autre prononçait la séparation de l'Eglise et de l'Etat, supprimait le budget des cultes, confisquait tous les biens des congrégations religieuses, et statuait qu'une enquête serait ouverte « pour en constater la nature et les mettre à la disposition de la nation ».

La Commune possédait, contre un très faible noyau d'armée en voie d'organisation, l'avantage du nombre; elle disposait d'un matériel considérable; dans la surprise du 18 mars, elle avait mis la main sur les forts qui occupent la rive gauche de la Seine, sauf le plus important, le Mont-Valérien, que des troupes fidèles avaient heureusement gardé. La rive droite, forts et campagne, était occupée par les Prussiens. De ce côté, la Commune non seulement n'avait pas à se défendre, mais elle était assurée de trouver des communications libres et de pouvoir se procurer des vivres. Dès le 3 avril, de grand matin, 30,000 fédérés se portèrent par Courbevoie et Nanterre sur Rueil, avec quelques pièces d'artillerie. Le feu du Mont-Valérien les chassa de la plaine. Ils se retranchèrent au-dessus de Rueil et de Bougival. A cinq heures, les troupes les avaient dispersés et détruit leurs barricades. Quelques heures après, une autre colonne fut également battue et dispersée à Meudon. Le lendemain, l'armée régulière s'empara du plateau de Châtillon, malgré le feu meurtrier des forts de Vanves et d'Issy. 1,500 gardes nationaux se rendirent sans condition, avec neuf canons. Le jour même, Cluseret, reçut les fonctions de délégué à la guerre. Aussitôt il fit afficher une nouvelle proclamation au peuple de Paris : « Les Vendéens de Charette, disait-il, les agents de Piétri fusillent les prisonniers, égorgent les blessés, tirent sur les ambulances. » Il n'était pas même exact que les anciens zouaves pontificaux eussent rejoint à Versailles les défenseurs de l'ordre. Dans le premier moment, Cathelineau, à Compiègne, et Charette, à Nantes, furent invités à reconstituer leurs légions de volontaires. Mais cet appel n'eut pas de suite, à cause de la rapide réorganisation de l'armée. Cluseret prit les dispositions les plus dures pour assurer des forces à l'insurrection. Mais beaucoup des jeunes gens et des hommes qui ne voulaient à aucun prix se voir enrôlés dans les troupes de la Commune, réussirent à s'évader, soit en profitant d'une nuit obscure pour se faire glisser le bas du mur d'enceinte au moyen d'une corde, soit en déroutant par quelque ruse les soupçons des sentinelles. La Commune retint grand nombre de malheureux ouvriers par ses accusations mensongères contre la bourgeoisie et l'Assemblée nationale, par la solde qu'elle fit distribuer aux gardes nationaux et à leur famille, et par les pensions promises aux veuves ou orphelins de ses défenseurs. Par décret du 6 avril, le titre de général fut supprimé, et l'aventurier polonais Dombrowski reçut le commandement militaire de Paris, en remplacement de Bergeret.

Animée d'un esprit tout différent, l'armée régulière fut définitivement organisée par un décret du 7 avril. Le 8, elle porta ses avant-postes à Sceaux et à Bourg-la-Reine. Le 10, le général Ladmirault s'empara d'Asnières. Le 12, le maréchal de Mac-Mahon prit possession du commandement général.

L'Internationale n'était pas seule à patronner cette insurrection, qui était son œuvre, et que, dans la suite, elle devait tour à tour renier et combler d'éloges. Dès le commencement, grand nombre de loges maçonniques de province avaient adressé des pétitions menaçantes à l'Assemblée, pour lui demander la conciliation, la proclamation des franchises communales et de la République. Plusieurs grandes villes du Midi ressentirent le contre-coup de l'insurrection parisienne. A Saint-Etienne, le préfet, M. de l'Espée, fut assassiné. A Toulouse, Lyon, Marseille, l'ordre fut sérieusement troublé. Ces manifestations étaient d'autant plus significatives et alarmantes, qu'à la suite de la révolution du 4 septembre, une association spéciale s'était formée dans ces départements sous le nom de *Ligue du Midi*. Elle s'était donné pour but hautement proclamé d'organiser des troupes et de marcher au secours de Paris. Elle avouait aussi des dispositions hostiles contre la religion, sous prétexte qu'il y avait dans ces provinces une puissante réaction cléricale à combattre. Mais elle laissa également percer des projets séparatistes, des vues d'organisation indépendante, fort analogues à celles que la Commune de Paris devait afficher plus tard. Les hommes mêmes du gouvernement la tinrent en suspicion. Après avoir été encouragée par certains des nouveaux préfets, combattue par d'autres, favorisée, puis délaissée par la délégation de Tours, elle avait fini par s'éteindre à peu près d'elle-même au commencement de novembre 1870. Il y avait lieu de craindre qu'elle ne se ranimât, au moment où M. Thiers venait de quitter la capitale insurgée. Toutefois l'autorité parvint à comprimer les premiers mouvements. Pour apaiser les populations, que l'on effrayait en prêtant à l'Assemblée nationale des idées de réaction tyrannique et subversive, les municipalités des grandes villes du Midi envoyèrent des délégués s'entendre avec M. Thiers. Pour prix de leur abstention entre la Commune et le gouvernement, ils rapportèrent l'engagement formel, pris par celui-ci, de maintenir et de consolider la République. A Paris même, dès les premières hostilités, un certain nombre de révolutionnaires très avancés formèrent la *Ligue de l'union républicaine des droits de Paris*. On remarquait parmi eux MM. Corbon, Charles Floquet, Laurent Pichat, Clémenceau. Ils dressèrent un programme des vœux de la population et s'offrirent comme médiateurs. M. Thiers promit de maintenir la République, et de laisser à Paris des franchises municipales semblables à celles dont jouiraient les autres villes. Mais il exigeait le désarmement des gardes nationaux, leur assurant du reste la vie, la liberté, et, jusqu'à la reprise du travail, la continuation de leur solde. En outre, les franchises municipales ne pouvaient être votées que par l'Assemblée, et M. Thiers s'en remettait à elle du soin de régler leur étendue. Si l'on veut savoir l'accueil fait par la Commune à ces propositions, voici ce qu'en écrivait Rochefort dans son journal :

« Il est évident que, depuis son installation à Versailles, M. Thiers, pour s'étourdir, se livre à la boisson... Ses réponses aux membres de la *Ligue des droits de Paris* sont incontestablement d'un abruti ou d'un amant de liqueurs fortes. » Alors les membres de la Ligue provoquèrent l'intervention des conseils municipaux des principales villes de France. C'est ce qui fit naître à Bordeaux, au commencement de mai, un comité dit de la *Ligue patriotique*. Ce comité décida que chaque ville républicaine choisirait dans son conseil municipal un délégué par 20,000 habitants, et que les délégués réunis auraient mission de faire cesser la lutte entre le gouvernement et la Commune de Paris. Le danger d'une pareille association n'était pas seulement d'encourager la révolte, mais encore de l'étendre, et d'ébranler l'unité de la patrie. Le gouvernement se hâta de la dissoudre avant qu'elle eût pu fonctionner. Cependant la Commune s'était adressée au dehors avec de bien autres prétentions. Elle n'aspirait pas à une transaction, mais au triomphe complet. La circulaire adressée par son délégué, Paschal Grousset, aux puissances étrangères, demeura sans réponse. S'il y eut des ennemis de la France assez aveuglés par la haine pour favoriser de quelque manière une pareille insurrection, ce ne pouvait être que dans l'ombre. Non moins infructueux fut l'appel adressé aux départements.

Les déclarations de la Commune ne pouvaient tromper personne : ses actes la faisaient trop connaître. Le 6 avril, un bataillon de la garde nationale avait brisé et brûlé la guillotine, aux applaudissements de la foule : c'est que les chefs et les soldats de l'insurrection voulaient des moyens d'assassinat plus nouveaux et plus expéditifs. A la même date parut le fameux décret sur les otages : toute personne prévenue de complicité avec le gouvernement de Versailles devait être immédiatement décrétée d'accusation et incarcérée ; un jury d'accusation spécial était appelé à statuer dans les quarante-huit heures, et les accusés retenus par suite de son verdict devenaient les otages du peuple de Paris ; tout prisonnier devait être immédiatement traduit devant le jury d'accusation ; l'exécution d'un partisan de la Commune entraînait l'exécution de trois otages. Après l'échec de la *Ligue des droits de Paris*, les arrestations se multiplièrent, mais elles avaient commencé auparavant. Comme on devait s'y attendre, le clergé fournit un grand nombre d'otages. On compta environ cent vingt prêtres emprisonnés. Il y avait des curés, des vicaires, des jésuites, des sulpiciens, des picpussiens, des vicaires généraux ; à leur tête, l'archevêque de Paris, dont la sœur même, Mlle Darboy, fut aussi détenue pendant quelque temps. Sur les faux récits et d'après le désir de certains membres de la Commune, Mgr Darboy écrivit à M. Thiers pour lui signaler les excès que l'on reprochait à l'armée contre les prisonniers et les blessés ; aux conseils de modération dans la lutte, il ajoutait des paroles de conciliation et de paix. La réponse de M. Thiers lui démontra en même temps l'impossibilité d'espérer un dénouement pacifique et la fausseté des reproches adressés par la Commune à l'armée régulière. La Commune eut ensuite l'idée d'échanger le prélat contre Auguste Blanqui, le vieux révolutionnaire impie, que son élection comme membre du gouvernement insurrectionnel avait trouvé dans le Midi, où il fomentait l'agitation, et que M. Thiers avait fait arrêter et emprisonner. Cédant aux prières d'un ami de Blanqui, l'archevêque appuya encore ce projet dans une lettre à M. Thiers. Il le fit avec d'autant plus de dignité, que l'échange devait rendre à la liberté, non seulement lui-même, mais sa sœur ; M. Bonjean, l'ancien sénateur ; M. Deguerry, curé de la Madeleine ; M. Lagarde, vicaire général, et qu'il y voyait un moyen de ramener peut-être des cœurs aigris. Malgré le bon vouloir de M. Washburne, ministre des États-Unis, cette nouvelle tentative échoua par l'impossibilité où se déclara M. Thiers de nouer des négociations qui auraient paru mettre le gouvernement de la Commune sur un pied d'égalité avec celui de Versailles. Il se produisit ensuite des médiations particulières pour arracher à la captivité Mgr Darboy et plusieurs de ses compagnons de souffrances. On ne put obtenir la liberté du prélat ; sa sœur ne fut délivrée que le 27 avril, grâce aux courageuses démarches de M. Plou, jurisconsulte. La Commune laissa aussi échapper quelques autres de ses victimes, mais en petit nombre ; c'étaient des gages de sûreté et en même temps des objets de vengeance : double raison d'être implacable. Les prisonniers remplissaient la Roquette, Mazas, Sainte-Pélagie, la Conciergerie, la Santé ; on en gardait dans les églises, dans les secteurs, etc. Avec les ecclésiastiques et les religieux, se trouvaient des soldats, des hommes de la police, des gendarmes, des magistrats. Le défaut d'air, l'insalubrité, le manque d'exercice, la nourriture mauvaise et insuffisante, l'absence de linge et de vêtements de rechange, l'incertitude de ce qui se passait au dehors ou plutôt la certitude des crimes révolutionnaires et des horreurs de la guerre civile, ne suffiraient pas à donner l'idée du supplice continuel des prisonniers. Il faut y ajouter le langage cynique et les outrages des gardiens. La foi néanmoins inonda ces tristes demeures de ses consolantes et fortifiantes lumières. Quelques correspondances, dignes des âges des martyrs, purent quelquefois s'établir avec le dehors. Jointes aux souvenirs des survivants et aux notes laissées par les victimes, elles nous révèlent la vie résignée, calme, saintement occupée par l'oraison et les pieuses lectures, que menaient les prêtres arrêtés, comme s'ils avaient été enfermés uniquement pour avoir le loisir de se livrer aux exercices d'une retraite spirituelle. Ainsi achevaient de mûrir pour le ciel bien des âmes de martyrs. Nouveau trait de ressemblance avec les prisons des premiers chrétiens : des personnes dévouées, ayant trouvé le moyen de communiquer avec les captifs, purent faire arriver jusqu'à eux de petites boîtes renfermant des hosties consacrées, qu'ils se partagèrent, quand ils se rencontrèrent plusieurs ensemble, comme un suprême et fraternel viatique. Au spectacle de ces vertus et de cette piété, plus d'un laïc emprisonné vit s'évanouir son indifférence ou ses préjugés irréligieux : par là cet emprisonnement, et la mort qui suivit pour beaucoup, devinrent des grâces privilégiées.

Aussi bien que le décret des otages, on appliqua celui qui séparait l'Église de l'État, supprimait le budget des cultes et confisquait les biens des corporations religieuses. En allant arrêter les religieux, on ne se faisait pas faute de piller leurs maisons. Environ vingt-six églises furent fermées. Dans d'autres, des prêtres courageux, soutenus par les sympathies du voisinage, continuèrent l'exercice du culte et de la prédication; mais, par suite d'arrestations ou de poursuites, le nombre en alla toujours diminuant. Jusqu'au 17 mai, veille de l'Ascension, les offices accoutumés furent célébrés avec solennité dans l'église célèbre et chère à la piété catholique de Notre-Dame-des-Victoires. Les fidèles affluaient. On ne craignait pas de recommander publiquement à leurs prières la France, le saint-père, l'archevêque et les prêtres prisonniers. Le 17 mai, les fédérés vinrent arrêter M. l'abbé Amodru, vicaire de la paroisse. Le sanctuaire fut envahi, pillé, affreusement souillé. On trouva dans les sacristies la châsse d'une petite sainte des catacombes de Rome, donnée à Notre-Dame-des-Victoires par Pie IX. Les gens de la Commune dirent que c'était le cadavre de la victime de quelque libertinage sacrilège. La haine et l'impiété étaient assez furieuses pour se permettre toutes les inventions, et dans l'immense et singulière population de Paris, il y a assez d'esprits complètement ignorants des choses religieuses et habitués à prêter une oreille crédule à tous les bruits, pour que ces inventions n'aient pas manqué absolument de crédit. Cette rage de frapper le clergé séculier et régulier, non seulement dans sa liberté, mais dans son honneur, poursuivit spécialement la double congrégation des Sacrés-Cœurs, dite de Picpus, qui avait pris naissance en 1794 et était venue s'établir en 1814 près du lieu des exécutions révolutionnaires, pour réparer les crimes dont la Commune se proposait l'imitation. La Commune vengea dignement la Terreur de cette institution expiatrice. Elle envahit d'abord le couvent des religieux, qui furent tous emprisonnés, prêtres et frères; un frère infirme se vit retenu pendant deux jours dans un cachot. Les fédérés mirent le revolver sur la poitrine d'un autre, et le sommèrent de jurer qu'il n'y a pas de Dieu. Le frère répondit tranquillement : « Eh bien! je jure qu'il y a un Dieu! Ils déclarèrent cependant qu'ils ne l'avaient pas tué, « pour ne pas faire un martyr. » Dans l'église de ce couvent, ils mutilèrent une statue de la sainte Vierge, fusillèrent une statue de saint Pierre et une statue de saint Joseph; brisèrent les tabernacles, enlevèrent les vases sacrés. Dans les cellules, ils coupèrent les bras des crucifix, décapitèrent les images pieuses, brûlèrent les papiers et les livres. Les religieuses de la même congrégation ne furent pas moins maltraitées. La Commune avait imaginé de tirer de la maison d'arrêt et de correction de Saint-Lazare les personnes de mauvaise vie qui y sont ordinairement détenues. C'était pour les substituer, comme maîtresses d'école et infirmières, aux sœurs de Charité, que l'on persécutait et chassait de leurs postes de dévouement. Saint-Lazare se trouvant vide, on y mit les religieuses de Picpus, après avoir pillé et dévasté leur couvent. Ce n'était pas assez d'outrages : deux folliculaires de la Commune, MM. Rochefort et Jules Vallès, accablèrent d'odieuses calomnies ces faibles victimes. S'appuyant sur les dires des gardes nationaux, ils racontaient qu'on avait trouvé chez les religieuses de pauvres sœurs tyranniquement cloîtrées, des instruments de torture, des cachots, des souterrains pour aller de l'un à l'autre couvent, des ossements d'enfants, un traité des avortements. Un collaborateur de M. Rochefort, envoyé aux enquêtes, avoua qu'il n'avait pas vu toutes ces horreurs; mais du moins il pouvait attester, comme s'en étant rendu compte par lui-même, l'existence des instruments de torture, d'une pauvre vieille sœur séquestrée malgré elle et rendue folle par les mauvais traitements, et d'un très petit berceau. La prétendue victime de la séquestration était une religieuse de cinquante ans, bien portante, mais l'esprit affaibli, que ses compagnes avaient charitablement gardée plutôt que de l'enfermer dans une maison de santé; les instruments de torture étaient de vieux lits orthopédiques; le berceau servait à faire une représentation de Jésus dans la crèche. Mais la calomnie ne devait pas moins exciter contre le clergé d'aveugles et sanglantes colères. Aussi celui-ci fut pas seulement en qualité d'otages qu'on arrêta les prêtres. Un décret avait ordonné de leur courir sus, « attendu qu'ils sont des bandits, et que les églises sont des repaires, où ils ont assassiné moralement le peuple. »

Les biens et les édifices sacrés n'étaient pas mieux traités, on a déjà pu le voir, que les personnes. Les vases précieux s'entassaient à la Monnaie pour être convertis en pièces d'or ou d'argent; les ornements étaient jetés pêle-mêle; on affectait de les traiter avec plus de mépris que de vils haillons. Outre les orgies et les scènes de pillage, les églises virent des réunions publiques telles qu'on les peut imaginer. Au milieu d'un tumulte infernal, des orateurs de clubs vociféraient des blasphèmes inouïs, ou prononçaient des motions dont l'impiété et la cruauté sauvages ne permettaient pas de remarquer la bouffonnerie. « Je voudrais poignarder Dieu! » s'écriait l'un d'eux, « Faudrait un ballon, » — répliquait un gamin. A Saint-Sulpice, les fidèles réunis le soir pour les exercices du mois de Marie disputèrent, trois jours durant, leur église à la populace des clubs. Le chant des cantiques religieux et de la *Marseillaise* se mêlaient dans une hideuse cacophonie. Pour mettre fin à ces scènes de violence et de tumulte, le vénérable curé, M. Hamon, abandonna l'église le soir aux fédérés et réunit les fidèles dans l'après-midi. Deux jours avant la profanation du sanctuaire de Notre-Dame-des-Victoires, l'inspection de sépultures antérieures à la Révolution, situées dans les substructions de l'église Saint-Laurent, provoqua, de la part des rédacteurs du *Journal officiel* de la Commune, de venimeuses insinuations dépourvues de toute ombre de vraisemblance, mais facilement accueillies par des imaginations criminelles.

Avec la religion, la Commune traînait dans la boue tout ce qui est respectable, tous les droits, toutes les libertés. Le drapeau tricolore, sacré tour à tour par la victoire et par la défaite de nos armes, elle le renversa et lui substitua le drapeau rouge. La patrie n'est rien pour de tels hommes. Le 12 avril, ils décrétèrent la démolition de la colonne de la place Vendôme, qui, formée du bronze des canons pris sur l'ennemi par Napoléon Ier, rappelle les pages glorieuses de nos annales militaires. Cet inepte décret fut exécuté le 16 mai; et, si la colonne ne fut pas détruite, mais seulement *déboulonnée*, c'est que ce procédé parut plus sûr qu'un autre. Les réunions publiques qui paraissaient opposées à tant d'excès, furent interdites. La Commune ne traitait pas avec plus de façon l'opinion des électeurs. Au 26 mars, il y avait eu plusieurs élections doubles; une vingtaine d'élus, ne voulant pas suivre le mouvement, donnèrent leur démission. Les élections complémentaires, annoncées d'abord pour le 2 avril, puis ajournées au 10, n'eurent lieu que le 16. Le peu de sympathie de la population parisienne était si bien connu, qu'il fut décidé que la majorité absolue des voix suffirait pour être élu. Malgré cette précaution, plusieurs arrondissements n'élurent personne. Beaucoup de candidats ne durent leur élection qu'à un nombre minime de votants. La Commune ne se donnait pas moins comme représentant les droits et les aspirations de Paris. Les journaux religieux, monarchiques, révolutionnaires modérés, étaient restés à leur poste. Un gouvernement qui se prétendait le défenseur de toutes les libertés, devait respecter en eux la liberté de la presse. Des arrêtés successifs les supprimèrent presque tous à peu d'intervalle. M. Chaudey, rédacteur du *Siècle*, adjoint du maire de Paris sous le gouvernement du 4 septembre, ayant encouru l'inimitié personnelle de Raoul Rigault, fut emprisonné avec les otages et plus tard fusillé. La propriété fut méconnue avec non moins d'aveuglement. Nous l'avons dit pour ce qui regarde les biens d'église. Les fédérés pillaient partout, et souvent pour leur propre compte. Il n'était pas possible pour l'industrie et le commerce de se relever. La Commune acheva de les tuer en décrétant à tort et à travers des mesures aussi absurdes qu'iniques, inspirées par les plus brutales théories du socialisme. Elle ne se contenta pas de réglementer le travail, d'interdire, par exemple, le travail de nuit, sur une prétendue réclamation des garçons boulangers; elle s'empara de tout le travail, et se chargea elle-même de la direction et de l'exploitation des usines et ateliers. La misère pesait sur la capitale ainsi opprimée, tandis que les chefs de la Commune vivaient dans une perpétuelle orgie, étalaient un luxe charlatanesque, gaspillaient les équipements et les munitions de guerre, faisaient des dépenses folles pour construire des machines ridicules, derrière lesquelles des régiments entiers devaient s'abriter, et qui, essayées plus tard, ne purent résister au premier boulet. Malgré de pressants appels, les contributions ne se payaient pas. Après le pillage des caisses de l'État, on exigea de lourdes sommes de la Banque de France et des grandes compagnies financières, on réquisitionna et l'on confisqua chez les particuliers. De courageux fonctionnaires avaient gardé leur poste, et veillèrent aux intérêts qu'ils connaissaient mieux que personne; c'est à eux seuls que l'on doit d'avoir évité une confusion et des désastres financiers irréparables. A l'instigation de Rochefort, l'hôtel de M. Thiers fut démoli, et son mobilier, riche surtout de collections artistiques, fut confisqué. On avait également décrété la destruction de la chapelle expiatoire élevée en 1820, à la mémoire de Louis XVI, de Marie-Antoinette et des autres victimes de la Révolution. Un homme intelligent et dévoué, M. Libmann, parvint à la sauver.

Malgré tant d'excès, la franc-maçonnerie ne craignit pas de donner à la Commune des preuves éclatantes de sympathie. Le 26 avril, les francs-maçons de tous les rites se réunirent en grande assemblée au Châtelet, et conclurent par la déclaration suivante : « Ayant épuisé tous les moyens de conciliation avec le gouvernement de Versailles, la franc-maçonnerie est résolue à planter ses bannières sur les remparts de Paris, et si une seule balle les touchait, les FF∴ MM∴ marcheraient d'un même élan contre l'ennemi commun. » L'assemblée prit ensuite le chemin de l'Hôtel de Ville et grossit à chaque pas. Les frères se trouvèrent plus de dix mille, tous revêtus de leurs insignes, pour saluer le gouvernement de la Commune : « La Commune, s'écria leur orateur, est la plus grande révolution qu'il ait été donné au monde de contempler; c'est le nouveau temple de Salomon, que les francs-maçons ont le devoir de défendre. » Le citoyen Lefrançais répondit au nom de la Commune, en se félicitant d'avoir été admis depuis longtemps dans une loge écossaise, et déclarant que, suivant sa conviction, le but de la franc-maçonnerie était le même que celui de la Commune : la régénération sociale. La Commune chargea des délégués d'accompagner la députation maçonnique jusqu'au temple de la secte. Le 29, avec un appareil grotesque mais rendu odieux par la gravité des circonstances, les francs-maçons exécutèrent leur résolution du 26. Ils allèrent planter leurs bannières sur les remparts, pour les opposer aux défenseurs de l'ordre et se déclarer médiateurs entre le gouvernement régulier et l'insurrection. En conséquence, une délégation se forma pour porter à Versailles des propositions d'accommodement. Le groupe principal des délégués, au nombre de quarante environ, franchit les travaux de la porte Maillot, et s'avança, bannières en tête, par la grande avenue de Neuilly, vers la barricade versaillaise du pont de Courbevoie. Les délégués ne s'étaient pas trompés, paraît-il, en mettant leur sécurité dans le déploiement de leurs insignes maçonniques. Les canons de Versailles suspendirent leur feu. Arrivés au pont, trois délégués seulement, les yeux bandés, eurent la permission de passer les lignes et de se présenter au général qui dirigeait les opérations sur ce point. D'accord avec lui, on décida d'envoyer deux délégués à Versailles auprès de M. Thiers. Le feu ne devait reprendre qu'après leur retour. M. Thiers consentit à les recevoir, mais refusa de prendre aucun engagement. Irrités de cet échec, les frères ne gardèrent plus aucune mesure. Voici le manifeste que la *Fédération des francs-maçons et des compagnons de Paris* publiait le 5 mai : « Frères en maçonnerie et frères compagnons, nous n'avons plus à prendre d'autre résolution que celle de combattre et de couvrir de notre égide sacrée la cause du droit. Armons-nous pour la défense ! sauvons Paris ! sauvons la France ! sauvons l'humanité! Paris, à la tête du progrès humain, dans une crise suprême, fait son appel à la Maçonnerie universelle, aux compagnons de toutes les corporations; il crie : *A moi les enfants de la veuve !* Cet appel sera entendu par tous les francs-maçons et compagnons; tous s'uniront pour l'action commune, en protestant contre la guerre civile, que fomentent les souteneurs de la monarchie... » Ce langage provoqua une telle indignation, que plusieurs membres du Grand-Orient et du suprême conseil de la secte protestèrent contre tous ces témoignages de sympathie donnés à la Commune; mais ils fondèrent leurs protestations équivoques sur cet unique motif, que la franc-maçonnerie ne s'occupe pas de politique.

Cependant la Commune se ruinait elle-même par des rivalités et des divisions que les insuccès militaires et la diminution progressive des forces et des ressources rendirent plus vives.

Sous le despotisme de la terreur, la préfecture de police est le premier poste du gouvernement. Raoul Rigault, jeune homme de vingt-quatre ans, que l'agitation révolutionnaire des derniers temps de l'empire avait détourné de ses études et des habitudes régulières, s'était spécialement préparé à remplir ce poste. Il y apportait une froide cruauté et l'absolutisme le plus dédaigneux de toute règle. Il multiplia tellement les arrestations arbitraires et les abus d'autorité, il montra une férocité si révoltante, se jouant de toute formalité, condamnant pour s'amuser et assaisonnant d'ironie ses sentences, que la Commune même s'en émut à la fin. Dans la séance du 25 avril, après une vive discussion, elle supprima le secret, voile commode pour tant d'excès, et autorisa chacun de ses membres à visiter les prisons et les établissements publics et militaires. Raoul Rigault donna aussitôt sa démission : deux jours après, par dédommagement, il fut nommé procureur de la Commune. On avait créé, le 22 avril, un jury d'accusation : il en devint président. Ces nouvelles fonctions ne lui convenaient pas moins que les précédentes. Au reste, la préfecture de police, remplie de ses créatures, demeurait sous son influence. Cournet, son successeur, qui affectait de suivre la légalité, ne put tenir au delà du 4 mai. Il eut pour remplaçant Ferré, admirateur fanatique et imitateur de Rigault.

La Commune de 1871 copiait servilement les terroristes de 1793. Dès le début, elle avait créé une commission de sûreté générale. Quand la situation devint plus pressante, elle pensa tout sauver en créant un comité de salut public. Félix Pyat en eut la présidence. Mais ce comité même ne dura guère. Une première commission exécutive avait été renversée par une seconde, le 21 avril; de même le premier comité de salut public ne dura que du 4 au 9 mai. A cette date, on accusait Félix Pyat d'être cause, par son incurie, que les troupes de Versailles se fussent emparées du fort d'Issy. Un nouveau comité de salut public fut constitué. Delescluze y prit la place de Félix Pyat, et s'efforça d'y faire prévaloir, comme il disait, « l'alliance des moyens révolutionnaires avec le respect de la forme, de la loi et de l'opinion publique. »

La direction militaire de la défense de Paris ne subit pas moins de compétitions et de changements que l'administration politique. Cluseret ne garda les fonctions de délégué à la guerre que jusqu'au 1er mai. On ne supportait pas ses allures hautaines et dédaigneuses, on l'accusa de négligence et de trahison : on le mit à Mazas. Il fut remplacé par Rossel, officier du génie, âgé de vingt-sept ans.

Sous sa direction, la résistance de Paris prit un nouveau caractère de barbare énergie. Toutefois l'indiscipline des fédérés neutralisait ses efforts, et ne lui permettait pas de réaliser ses plans. La prise du fort d'Issy, que les dispositions de ses troupes le rendaient absolument impuissant à défendre, acheva de le perdre. Il alla au-devant de sa condamnation. Non content d'afficher la nouvelle de sa propre défaite, il écrivit à la Commune une lettre, ou plutôt un réquisitoire net et précis, quoique d'un ton emphatique, lui reprochant l'une après l'autre toutes ses fautes, toutes ses sottises. Il terminait en demandant « une cellule à Mazas ». On le fit arrêter et on le laissa sous la garde de son ami Charles Gérardin, membre de la Commune. Ils s'évadèrent ensemble et se cachèrent.

La prise du fort d'Issy ouvrit la dernière période de la Commune. Ce fut alors le paroxysme de cette fièvre satanique dont les accès s'étaient déjà manifestés par tant de folies et de crimes. Delescluze quitta le comité de salut public pour exercer les fonctions de délégué civil à la guerre. Son plan était de continuer la guerre sur les remparts et d'y concentrer tous les moyens de défense, au lieu de lutter dans Paris même derrière des barricades. Mais il fut trop mal secondé pour réaliser ce plan. L'armée régulière prenait tous les jours de nouvelles positions. Le dimanche 21 mai, les fédérés durent abandonner les fortifications de la porte de Saint-Cloud. Un piqueur des ponts et chaussées, Ducatel, sortit au péril de sa vie, et appela les officiers versaillais les plus rapprochés. C'est ainsi que les premiers défenseurs de l'ordre pénétrèrent dans la malheureuse ville. Ce même jour, le pouvoir exécutif promulguait un décret de l'Assemblée ordonnant des prières publiques pour le dimanche suivant. La guerre des rues et des barricades devait durer toute cette semaine.

Delescluze et ses complices avaient pris, en vue de cette situation extrême, d'horribles résolutions. Jules Vallès avait dit, dans *le Cri du peuple*, que les Versaillais pourraient s'emparer de toutes les fortifications, que néanmoins pas un soldat n'entrerait dans Paris, que les pavés se soulèveraient pour les écraser : « Si M. Thiers est chimiste, ajoutait-il, il nous comprendra. » Millière, chargé de la défense du 5e arrondissement, fit miner les fondations du Panthéon; s'il avait pu réaliser son dessein, toute cette partie de Paris aurait sauté. On avait réquisitionné tout le pétrole, toutes les matières incendiaires qui se trouvaient à Paris. Des femmes perdues, depuis l'adolescence jusqu'à la vieillesse, avaient été embrigadées pour l'œuvre de destruction. L'histoire en gardera le souvenir sous le nom de *pétroleuses*. Elles étaient chargées d'enduire les édifices et d'y mettre le feu. Plusieurs d'entre elles portaient des armes, et s'en servirent comme les fédérés ou tuèrent traîtreusement les soldats qui s'approchaient sans défiance.

Dès le 21 mai, Delescluze et Billioray, un des membres du comité de salut public, signèrent l'ordre de mettre à mort les otages. Comme on avait adopté depuis quelque temps, entre autres pastiches de la grande révolution, le calendrier républicain, cet ordre fut daté du 2 prairial an 79. Raoul Rigault et Régère de Montmore étaient chargés de l'exécution. Rigault commanda lui-même le peloton qui fusilla M. Chaudey à Sainte-Pélagie, le 23 mai. Les plus nombreux massacres eurent lieu à la Roquette, où les progrès continuels de l'armée régulière avaient fait transférer les prisonniers de Mazas. Le 24 mai, dans le chemin de ronde de la prison, les fédérés fusillèrent Mgr Darboy; M. Deguerry, curé de la Madeleine; les PP. Clerc et Ducoudray, jésuites, M. Allard, prêtre. M. Bonjean, l'ancien sénateur, imbu d'idées gallicanes et parlementaires, mourut avec eux dans une heureuse communauté de foi et de sentiments religieux. Le 26 mai, les bourreaux emmenèrent de la Roquette au secteur de Belleville et fusillèrent les PP. Olivaint, de Bengy et Caubert, jésuites; M. Planchat, prêtre, qui s'était dévoué toute sa vie pour les pauvres et les ouvriers; les PP. Tuffier, Rouchouze, Radigue, Tardieu, picpussiens; Paul Seigneret, séminariste de Saint-Sulpice. Le 27 mai, les issues de la prison s'étant trouvées libres au milieu de la confusion produite par la bataille de la rue, plusieurs détenus sortirent. C'était une témérité, car on s'exposait à tomber à chaque pas entre les mains des gens de la Commune. Mgr Surat, archidiacre; M. Bécourt, curé de N.-D. de Bonne-Nouvelle; M. Houillon, missionnaire, périrent dans cette tentative de fuite. Le 25 mai, dans l'avenue d'Italie, le P. Captier, supérieur de l'école du tiers-ordre dominicain d'Arcueil, fut exécuté avec les PP. Bourard, Cotrault, Châtegneret, Delhorme, du même ordre. Des maîtres auxiliaires et des serviteurs de l'école moururent avec eux. Tous avaient été arrêtés au dernier moment. Soixante-deux autres victimes, prêtres et gendarmes, furent conduites à Belleville, rue Haxo, et immolées dans une cour, devant la dernière lie de la populace, avec des raffinements sauvages.

Le 22 mai, refoulé dans l'intérieur de Paris, Delescluze signa le décret des incendies. Les pétroleuses se mirent à l'œuvre. De vastes incendies s'allumèrent de toutes parts. Paris offrit le spectacle d'un embrasement pareil à celui des antiques cités maudites par les prophètes. Devant ce fléau inattendu, les plus sceptiques se troublèrent. Les Tuileries, l'Hôtel-de-Ville, la bibliothèque du Louvre, le ministère des finances; des palais, de grands bâtiments publics, des portions considérables de rues, furent dévorés par les flammes. Le temps manqua pour anéantir la vieille et magnifique cathédrale; le feu avait été mis à l'intérieur à des monceaux de chaises, mais le péril put être heureusement conjuré. Au milieu de l'incendie du palais de justice, la Sainte-Chapelle fut préservée comme par miracle. Des flots de sang avaient coulé dans tous les quartiers. Partout la lutte fut acharnée. Delescluze s'était fait tuer derrière une barricade. Dombrowski, chargé de défendre Montmartre, avait été atteint mortellement d'un coup de feu. Millière, pris les armes à la main auprès des barricades qui protégeaient les abords du Panthéon, fut presque immédiatement fusillé. Raoul Rigault subit le même sort au moment où, après avoir présidé à des incendies, il espérait s'échapper sous un déguisement. Repoussée de quartier en quartier, l'insurrection fut enfin réduite à se concentrer dans le cimetière du Père-Lachaise. Les convulsions de cette suprême agonie dépassèrent toutes les horreurs des guerres civiles précédentes. C'était le dimanche 28 mai, fête de la Pentecôte. Les prières publiques se célébraient à Versailles, en présence du gouvernement et de l'Assemblée. A Paris, la lutte fratricide cessa, et le maréchal de Mac-Mahon annonça aux habitants la victoire définitive de l'ordre et du patriotisme. 30,000 prisonniers furent jugés par des conseils de guerre, et quelques-uns des chefs condamnés à mort. Rossel et Ferré furent passés par les armes. On déporta la plupart des fédérés, des fonctionnaires de la Commune, des *pétroleuses*, à la Nouvelle-Calédonie. Félix Pyat et plusieurs autres meneurs s'étaient enfuis prudemment, à l'approche de l'armée, et gagnèrent l'Angleterre. Rochefort, moins heureux, fut arrêté à Meaux et condamné à la déportation. A côté de grands coupables, il y avait eu bien des esprits plutôt trompés que pervers, bien des volontés plutôt timides que criminelles, et même des auxiliaires forcés. L'Assemblée voulut donc que la clémence fit le discernement des divers degrés de culpabilité. Elle offrit à M. Thiers le droit de grâce, mais celui-ci le déclina, et on le remit entre les mains d'une commission de quinze membres (1).

La Commune ne manqua pas plus de défenseurs après sa chute que pendant sa durée. Les partis révolutionnaires avancés, les diverses sociétés de même couleur ne se prononcèrent pas toujours d'une manière nette ni soutenue; cependant on peut dire que généralement ils justifièrent les mobiles et les principes de l'insurrection, tout en en blâmant les excès. Quelques-uns même trouvèrent dans les circonstances des excuses à tant de forfaits. Nous ne parlons pas des forcenés qui, dans leurs malédictions contre la bourgeoisie, mêlaient déjà l'annonce d'une terrible revanche. A Genève et ailleurs, les réfugiés possédaient des organes périodiques de leurs doctrines et de leurs passions. Il fut aisé d'apitoyer l'opinion sur le sort d'un grand nombre de condamnés, en les représentant comme victimes de condamnations précipitées ou disproportionnées à leur faute; on prétendit même que beaucoup d'innocents avaient été confondus avec les coupables. On alla jusqu'à dire que la déportation de tant d'ouvriers habiles appauvrissait l'industrie française. On jeta l'odieux sur la commission des grâces, que l'on accusa d'être une commission de bourreaux. Enfin on réclama l'amnistie. Après de longues résistances, un premier pas fut fait dans cette voie, au mois de novembre 1876, par le vote d'une loi qui arrêtait les poursuites commencées et concédait le bénéfice de la prescription, sauf les cas d'assassinat, de meurtre, d'incendie ou de vol, aux individus qui n'avaient pas encore été poursuivis. Une amnistie partielle fut proclamée le 22 février 1879, et l'amnistie totale, le 10 juillet suivant.

La chute de la Commune produisit la dislocation momentanée de l'Internationale. M. Jules Favre, par une circulaire qui fut le dernier acte considé-

---

(1) Sur la Commune, voy. *Enquête parlementaire sur l'insurrection du 18 mars; les Francs-maçons et la Commune de Paris*, par un francmaçon M., Dentu, 1871; *les Convulsions de Paris*, par M. Maxime du Camp, de l'Académie française; *la Guerre civile et la Commune de Paris en 1871*, par J. d'Arsac; *Actes de la captivité et de la mort des RR. PP. Olivaint*, etc., par le P. Armand de Ponlevoy; *les Martyrs de Picpus*, par le P. Perdereau; *les Martyrs d'Arcueil*, par le P. Lécuyer, etc

rable de sa vie politique, provoqua l'action concertée des puissances contre cette dangereuse association. Le 14 mars 1872, une loi française frappa d'emprisonnement et d'amende tout acte d'affiliation ou de participation à l'Internationale. Presque tous les gouvernements imitèrent la France; l'Angleterre fit exception. L'association ne tarda pas à réunir ses restes épars et à former de nouveaux congrès. En 1872, une scission s'opéra. Le russe Bakounine se mit à la tête d'un groupe important qui, sous le nom moins odieux de *collectivisme*, professait le communisme le plus abject. Karl Marx, fidèle au premier programme, transporta le siège du conseil suprême à New-York, et vit bientôt les partisans de Bakounine revenir vers lui. Bakounine mourut en 1877. La même année, au congrès de Gand, la réconciliation se fit entre les deux camps. Le socialisme, qui en Russie prend le nom significatif de *nihilisme*, se trouva constitué en parti puissant et actif dans toutes les parties de l'Europe, où il avait déjà manifesté son influence par une propagande incessante, de nombreux congrès d'ouvriers et des succès électoraux. Il ne devait pas tarder à produire en Allemagne, en Russie, en Espagne, en Italie, des attentats régicides dont le czar Alexandre II, après plusieurs préservations merveilleuses, finit par être victime en 1881.

Nous avons vu les sympathies de la franc-maçonnerie pour la Commune. Elle continue néanmoins de laisser à l'Internationale les moyens violents, immédiats, et les projets de bouleversement total. Pour elle, c'est de l'aide de moyens politiques, légaux, par sa prépondérance dans les conseils des gouvernements et dans les assemblées parlementaires, qu'elle poursuit son but. Ce qu'elle veut partout, c'est le triomphe du radicalisme en politique et de l'athéisme en religion. Elle combat directement l'action de l'Eglise, cherchant à lui ôter tous ses droits, tous ses moyens d'existence, à la rendre impopulaire et impuissante, à la bannir de l'enseignement à tous les degrés, de l'assistance publique, de toute participation à la vie sociale. Un convent universel se tint à Lucarno, dans les premiers jours de novembre 1872, pour tracer un programme destiné à toutes les loges. En 1877, le Grand-Orient de France, rejetant le manteau usé d'un déisme hypocrite, effaça de ses statuts le nom de Dieu et l'immortalité de l'âme. Les loges d'Angleterre et des Etats-Unis furent seules à protester. L'année précédente, une des loges les plus importantes de Paris avait admis M. Littré et le russe Wyrouboff, comme représentants du positivisme.

Nous ne pouvions terminer l'histoire de la Commune sans indiquer la perverse puissance des sociétés révolutionnaires. Il est facile maintenant de résumer la situation faite au monde civilisé par le progrès de la Révolution : la papauté sujette et captive, au milieu de l'Europe un empire qui proclame que la force prime le droit, tous les Etats agités par des doctrines subversives et minés par des conspirations permanentes, la vérité enchaînée, les puissances du mal audacieuses et savamment organisées, la France humiliée, affaiblie et divisée contre elle-même.

Cet état de la France enlevait au saint-siège son principal secours. Depuis le mois d'août 1870, l'intervention de la fille aînée de l'Eglise en faveur de la papauté se traduisait uniquement par la présence, dans les eaux de Civita-Vecchia, de la frégate l'*Orénoque*. Au moment du transfert de la capitale à Rome, des évêques et des laïques adressèrent de nombreuses pétitions à l'Assemblée nationale. Avec la réserve commandée par les circonstances, on lui demandait simplement « de préparer à la question romaine, si elle le pouvait, une solution légitime, catholique et française. » Ces pétitions furent discutées dans la séance du 22 juillet. M. Thiers déclara que, fidèle aux convictions de toute sa vie, il reconnaissait à la France l'obligation de protéger « l'indépendance religieuse » du saint-siège, et que c'était à l'expérience de montrer si la loi italienne des garanties remplirait suffisamment son but. Sous le bénéfice de ces déclarations et pour éviter un conflit diplomatique, il demandait que les pétitions fussent écartées des débats par un renvoi au ministre des affaires étrangères, M. Jules Favre. Au nom du parti radical, M. Gambetta se rallia aux conclusions du gouvernement. Mgr Dupanloup, au nom des catholiques, essaya inutilement de les interpréter dans le sens des luttes soutenues par M. Thiers, sous la république de 1848 et sous l'empire, en faveur de la souveraineté pontificale.

Les catholiques allemands avaient compté sur l'intervention de la Prusse. Mgr Ledochowski, archevêque de Posen, était même venu la réclamer au quartier-général de Versailles, pendant le mois de décembre 1870. Loin de confirmer ces espérances, le nouvel empire ne tarda pas à se faire persécuteur, sous l'éternel prétexte de protéger l'Etat contre les empiètements de l'Eglise et l'Eglise même contre les prétentions absorbantes de la papauté.

Le signal de cette persécution partit de la Bavière. Dœllinger, qui avait essayé d'empêcher la définition de l'infaillibilité, refusa de se soumettre à l'autorité du concile et déclara qu'il demeurait attaché à la « vieille Eglise. » Il se posa ainsi en fondateur de la secte des *vieux-catholiques*. Le concile du Vatican n'était pour lui qu'une reproduction du *latrocinium* d'Ephèse. Naguère il avait rangé l'infaillibilité parmi les questions de l'ordre purement spirituel ; maintenant il affectait d'y voir la consécration des bulles *Unam sanctam*, *Cum ex apostolatus officio*, du *Syllabus*, et de quantité d'autres pièces émanées de l'autorité pontificale, dont il signalait la doctrine comme incompatible avec la constitution des Etats européens et menaçante pour le nouvel empire allemand. Au mois d'avril 1871, un comité d'action fut institué à Munich; des comités affiliés se formèrent dans la province rhénane, dans l'Autriche-Hongrie et en Suisse. Dœllinger avait essayé de gagner l'épiscopat; mais les évêques étaient unanimes dans leur soumission au concile. Ceux de Bavière publièrent le décret de l'infaillibilité, sans tenir compte des défenses du ministre Lutz. Au mois de mai, les évêques allemands donnèrent une instruction collective, destinée à dissiper les doutes et les malentendus. De nombreuses condamnations épiscopales s'ajoutèrent à la sentence d'excommunication prononcée par l'archevêque de Munich contre Dœllinger, le docteur Friedrich et leurs adhérents. Le comité dœllingériste, par une adresse en date du 12 mai au roi de Bavière, le pria de prendre des mesures énergiques contre les empiètements de Rome, c'est-à-dire en faveur de la secte. Repoussée par l'épiscopat, elle était obligée de se constituer à part et cherchait l'appui du bras séculier. Une assemblée générale se tint au mois de juin. On y remarqua les professeurs Schulte, de Prague, Reinkens, de Breslau, Knoodt, de Bonn, Stumpf, de Coblentz, Michelis, de Braunsberg. On adopta un exposé de principes dressé par Dœllinger ; ce n'était pas seulement un tissu de griefs contre le concile, c'était un plan de constitution d'Eglises nationales. Le trop célèbre Frohschammer y adhéra. Le gouvernement bavarois, dirigé par le ministre Lutz, s'empressa de mettre le clergé et les groupes de vieux catholiques sur le même rang que les curés et les paroisses orthodoxes. Le conseil municipal de Munich décida même de ne plus admettre que des opposants à l'infaillibilité comme professeurs de religion. Cependant les sympathies ministérielles ne se traduisirent guère autrement que par des circulaires et des discours.

La réputation de Dœllinger était la principale force de la secte. L'université de Munich le nomma recteur par 54 voix sur 63. Il parvint à réunir 500 adhérents dans le congrès qui s'ouvrit en cette ville, le 22 septembre : assemblée bizarre et confuse, où l'on voyait une vingtaine d'ecclésiastiques suspens, et à leur tête, M. Loyson, l'ancien père Hyacinthe, perdus dans une tourbe de jansénistes, de francs-maçons, de libres-penseurs. Aussi, malgré le soin que prenait Dœllinger de se tenir dans le cercle des définitions antérieures au concile du Vatican, on vit se produire, sous une forme plus ou moins dissimulée et indécise, des tendances à l'introduction du laïcisme dans le gouvernement ecclésiastique, à l'abolition du célibat des prêtres, à la suppression de la confession et des images. D'ailleurs on ne craignit pas de contracter une parenté avec une hérésie notoirement condamnée par l'Eglise universelle, en faisant donner la consécration épiscopale au professeur Reinkens par l'évêque janséniste de Deventer. Reinkens, comme évêque des vieux-catholiques, prit sa résidence à Bonn. Les congrès tenus, dans les années suivantes, à Cologne et à Constance, furent plus hardis que celui de Munich. L'abbé Michaud, ancien vicaire de la Madeleine, à Paris, y proposa un symbole commun à toutes les sectes chrétiennes. Dœllinger lui-même se rendit l'interprète de cette idée, en 1875, au congrès de Bonn, où l'on vit des représentants des sectes anglo-américaines et du schisme oriental. A un autre synode de Bonn, en 1878, la majorité vota l'abolition du célibat ecclésiastique. Le gouvernement prussien seconda les vieux catholiques beaucoup plus énergiquement que le ministère bavarois. Il les imposa partout en qualité d'aumôniers et de professeurs de religion. En septembre 1873, il reconnut Reinkens comme évêque catholique d'Allemagne. Par une loi du 4 juillet 1875, il partagea la jouissance des biens d'Eglise entre les orthodoxes et les schismatiques, dans les localités où le schisme avait pénétré. Vains efforts : les peuples restèrent fidèles aux légitimes pasteurs. Il n'y eut pour être sympathiques aux intrus que les ennemis de oute religion ; ainsi leur ministère n'eut pas d'objet.

Si M. de Bismark essaya de donner un souffle de vie au schisme, c'est qu'il en espérait du secours dans ce fameux *Culturkampf*, cette prétendue lutte pour la civilisation qu'il poursuivit, avec sa volonté de fer, en Prusse par ses lois, et dans les autres pays de l'Europe par les influences diplomatiques aidées de la franc-maçonnerie, mais que les catholiques allemands acceptèrent vaillamment comme une lutte pour l'existence, et qui, semblable à toutes les persécutions religieuses, ne servit que la cause révolutionnaire.

Dans l'intérieur du nouvel empire, la politique de M. de Bismark, soutenue par le parti libéral-national, tendait à la centralisation absolue et voulait tout soumettre, même la religion et la conscience, à l'omnipotence de l'Etat. Au sein du premier Reichstag ou parlement de l'empire, il rencontra l'opposition du parti catholique dit du centre, dont le comité directeur se composait de MM. Savigny, Windthorst, Mallinckrodt, Probst, Reichensperger, Freitag et du prince Charles de Lœvenstein. Mgr de Ketteler, évêque de Mayence, qui siégea quelque temps au Reichstag, puis donna sa démission, fut aussi le champion éloquent et courageux de la liberté religieuse (1). Les votes du Reichstag firent triompher la politique de M. de Bismark. Les lois du parlement de l'empire furent mises au-dessus des lois particulières de chaque Etat. Les critiques du centre ne purent effacer, de la réponse au discours du trône, un passage où, par une allusion évidente aux événements de Rome, on disait que l'Allemagne laissait à chaque nation les voies libres pour arriver à l'unité. Néanmoins M. de Bismark ne voyait pas sans inquiétude la fermeté de ce parti. Il essaya de se servir de l'autorité même du saint-siège pour le discréditer, affectant de rappeler la lettre de félicitation par laquelle Pie IX avait répondu à la notification du rétablissement de l'empire, et répandant même le bruit que le cardinal Antonelli avait formellement désapprouvé la conduite du centre, tandis qu'il avait seulement reconnu l'inopportunité d'une demande d'intervention en faveur de la souveraineté pontificale. Cette ruse ayant manqué son effet, M. de Bismark résolut de sortir ouvertement des voies libérales tracées par la constitution même de la Prusse et d'employer contre les catholiques toutes les tracasseries légales. A l'imitation du ministre bavarois, il se mit à protéger les vieux-catholiques contre les évêques, et comme il n'obtenait pas un concours assez aveugle du ministre des cultes, M. Muhler, ni de la division spéciale des affaires catholiques, il supprima cette dernière, le 8 juillet 1871, et au mois de janvier 1872, il remplaça M. Muhler par le docteur Falk, qui devait attacher son nom au système législatif du Culturkampf.

Les lois votées et promulguées par le gouvernement prussien, dans le courant de l'année 1872, menacent de la détention dans une prison ou dans une forteresse les prêtres dont les enseignements déplairont à l'Etat, livrent l'inspection des écoles aux seuls délégués du pouvoir civil, bannissent des écoles élémentaires publiques les maîtres congréganistes et même les élèves faisant partie des con-

---

(1) Voy. divers écrits de ce prélat réunis et traduits en français sous ce titre : *Le Culturkampf ou la liberté religieuse en Allemagne*, et *La lutte religieuse en Allemagne*, par L. F. Paris.

tion de Marie, enfin ordonnent la dissolution et la dispersion de la compagnie de Jésus et des sociétés similaires, malgré les nombreuses réclamations qui s'étaient produites de toutes parts en leur faveur. Les jésuites quittèrent leurs vingt-deux établissements. On assimila aux jésuites les rédemptoristes, les lazaristes, les frères et les sœurs des écoles chrétiennes. En présence de tels actes, l'opposition légale se forma autour du parti du centre. De courageux et habiles écrivains, à la tête de trois cents journaux, bravèrent l'amende et la prison pour soutenir les droits de la conscience. M. de Bismark s'indignait de sentir la puissance morale de la papauté peser sur lui : « Soyez sans crainte, s'écriait-il du haut de la tribune, nous n'allons à Canossa ni de corps ni d'esprit. » Il affectait d'ailleurs de négliger les disputes dogmatiques. Son œuvre, prétendait-il, n'était autre chose que la résistance à une domination étrangère dont le culte affaiblissait le sentiment national dans le clergé allemand. Pie IX la désigna par son vrai nom, en l'appelant une persécution, et pour montrer qu'il n'y donnerait jamais les mains, refusa d'accepter comme ambassadeur près de lui le cardinal de Hohenlohe, suspect de connivence avec le gouvernement prussien.

Le printemps de 1873 vit éclore les fameuses *lois de mai*. Elles sont au nombre de quatre. La première est conçue de manière à mettre entre les mains de l'État l'éducation des aspirants au sacerdoce et la nomination aux emplois ecclésiastiques. La seconde et la troisième ont pour objet les pénalités ecclésiastiques; elles les limitent, soit qu'il s'agisse du clergé ou des laïques, et en soumettent l'application au jugement des magistrats séculiers; elles proscrivent spécialement toute peine qui serait attachée à un acte ou à une omission commandée par la loi civile, à l'exercice en tel ou tel sens ou au non-exercice du droit public d'élection ou de vote. La quatrième vise les ressources financières : elle détermine certaines formalités moyennant lesquelles on peut, en abandonnant une Église ou une paroisse, se décharger des prestations pécuniaires que ses membres lui doivent. Comme ces lois avaient été présentées dès la fin de 1872, les évêques allemands n'en attendirent pas le vote définitif pour protester. Ils publièrent à ce sujet un mémoire collectif au mois de janvier 1873. Les évêques de France et de Belgique, les associations catholiques de divers pays leur adressèrent des témoignages de sympathie et des encouragements. Le 7 août, Pie IX, qui songeait beaucoup moins à ses propres épreuves qu'aux tribulations de l'Église, se plaignit des nouvelles lois en termes touchants et courtois, quoique fermes, dans une lettre à l'empereur Guillaume. L'empereur répondit avec hauteur et ironie qu'il y avait bien d'autres pays que la Prusse pour offrir le spectacle de la lutte de l'État contre l'Église, et que la foi évangélique ne lui permettait pas d'admettre, entre Dieu et lui, d'autre médiateur que Jésus-Christ. Il ajoutait d'injurieuses accusations contre le centre, lui reprochant d'obéir à des mobiles tout autres que ceux de la religion (1). Pie IX vit qu'on ne devait compter ni sur la patience ni sur les moyens de conciliation. Le moment était venu de condamner cette restauration du césarisme païen, cette confiscation des droits de l'Église, dont l'exemple partait de l'Allemagne et que les partisans de la Révolution et de la franc-maçonnerie étendaient partout. C'est ce qu'il fit par la célèbre encyclique du 21 novembre 1873.

Ce grand acte causa une émotion universelle et profonde. Les catholiques s'affermirent, les ennemis du catholicisme s'irritèrent. M. de Bismark se vengea en complétant et en aggravant les lois de mai par des nouvelles lois, édictées également au mois de mai, 1874, ainsi que par des arrêtés ministériels et en exigeant des évêques un serment d'obéissance littérale et absolue aux lois de l'État. La situation des partis en Allemagne lui donna bientôt d'autres sujets d'humeur. Depuis deux ans, l'opinion s'était soulevée en Bavière contre les tendances du ministre Lutz, et le roi Louis II avait dû former, sous la présidence de M. Gasser, un nouveau ministère favorable aux catholiques et hostile à l'hégémonie prussienne. Les élections faites au commencement de 1874 envoyèrent au Reichstag environ cent membres du parti du centre. Les catholiques obtinrent la majorité en Bavière et dans les provinces rhénanes. Les conservateurs protestants blâmaient aussi vivement que les catholiques le caractère tyrannique des lois du Culturkampf. Les révolutionnaires avancés et les socialistes ne voulaient pas non plus d'un système qui ne ruinait l'autorité de l'Église que pour fortifier la centralisation civile et le despotisme de l'État. Ainsi l'opposition compta près d'un tiers des voix au Reichstag. Le groupe le plus intéressant qu'on pût y voir était celui des députés de l'Alsace-Lorraine. On avait formé, des pays ravis à la France, cette nouvelle province. Par l'autorité du saint-siège, on avait rectifié, conformément au nouveau tracé des frontières, la circonscription des deux diocèses qu'elle renferme, Metz et Strasbourg. Là, chacune des mesures dictées par l'esprit du Culturkampf, l'expulsion des congrégations enseignantes ayant leur supérieur en France, la suppression des écoles libres, l'obligation de fréquenter, dans certaines villes où elles étaient établies, les écoles mixtes, l'assujettissement des jeunes ecclésiastiques au service militaire et les vexations exercées contre les séminaires, envenimèrent cruellement les blessures dont souffraient déjà la foi et le patriotisme. Appelés à nommer pour la première fois des députés au Reichstag, les Alsaciens-Lorrains y envoyèrent des catholiques déclarés, leurs deux évêques, plusieurs prêtres, pas un député acceptant la séparation d'avec la France.

Loin de céder à ces manifestations de l'opinion, M. de Bismark se montra résolu à continuer l'attaque avec plus d'énergie, et les évêques de Prusse, au mois de février 1874, publièrent une lettre collective pour prémunir le clergé et les fidèles contre de nouvelles épreuves. En effet, pendant cette année, on vit le mariage civil imposé, l'état civil sécularisé partout comme il l'était déjà dans les provinces rhénanes, les gouvernements autorisés à expulser du territoire de l'empire tout évêque ou prêtre qui, après sa destitution, exercerait encore son ministère, enfin de nouvelles dispositions cal-

(1) *Voy. Revue du monde catholique*, octobre 1873.

culées pour mettre entièrement aux mains de l'Etat la collation des charges ecclésiastiques. On avait les lois, on en vint aux actes. Mgr Ledochowski, archevêque de Posen et Gnesen, fut destitué et emprisonné; le chanoine Korowski, soupçonné d'être administrateur secret pendant l'absence de l'archevêque, aussi jeté en prison. Mgr Martin, évêque de Paderborn, fut destitué et incarcéré à deux reprises, et les évêques de Cologne, de Kulm, d'Ermeland, de Breslau, d'Hildesheim, d'Osnabruck, de Munster, de Trèves, de Fulda, frappés d'amendes. Les catholiques restèrent inébranlables dans leur attachement au clergé persécuté. M. de Bismark ne se contenta pas de punir rigoureusement les démonstrations de sympathie en faveur des victimes du Culturkampf; il tenta de déshonorer le catholicisme en attribuant à des prêtres et à des laïques de prétendus complots contre sa vie et en imaginant que la guerre de 1870 avait été concertée entre Napoléon III et Pie IX. Le souverain Pontife ne se laissa pas troubler par cette calomnie. Ne songeant qu'à son devoir de pasteur et de juge universel, il encouragea les catholiques allemands, flétrit la nouvelle législation et condamna l'intrusion des créatures du gouvernement par l'encyclique du 5 février 1875 (1). Le 15 mars, il éleva au cardinalat Mgr Ledochowski, et celui-ci, en sortant de prison, vint se réfugier à Rome.

A cette date de 1875, M. de Bismark commença à modifier ses arguments contre le catholicisme, en empruntant les considérations de Dœllinger sur les conséquences de la définition de l'infaillibilité. C'est ainsi qu'il motiva un projet de loi en vertu duquel aucun ecclésiastique ne pourrait participer aux allocations budgétaires, à moins de jurer obéissance absolue aux lois de l'Etat. Les évêques réunis à Fulda écrivirent une requête à l'empereur pour empêcher cette violation criante du concordat de 1821 (2). Elle s'accomplit néanmoins. Vinrent ensuite d'autres lois qui livraient aux séculiers l'administration des biens ecclésiastiques, supprimaient les ordres religieux des deux sexes, sauf les communautés hospitalières, et confisquaient leurs biens, moyennant la promesse de servir une pension à leurs membres dispersés, enfin abolissaient les libertés religieuses proclamées par la constitution. Les Petites-Sœurs des Pauvres furent expulsées, comme avait leur supérieure générale en France. Les poursuites se multiplièrent tellement contre les évêques et les prêtres qu'il ne resta plus que trois sièges épiscopaux occupés et que la plupart des paroisses se trouvèrent sans pasteurs. Pas un évêque ne faiblit. Parmi des milliers de prêtres, on n'obtint que vingt quatre défections. Les fidèles pleuraient leurs pasteurs légitimes exilés ou emprisonnés, évitaient toute communication avec les intrus, et n'acceptaient que les secours des prêtres courageux qui parvenaient à tromper la surveillance de la police.

Les procédés du Culturkampf ne furent nulle part imités plus servilement qu'en Suisse. Là aussi on tenait à centraliser, afin de pouvoir plus facilement supprimer les libertés religieuses. C'est dans ce but que, dès 1871, les prétendus libéraux proposèrent de reviser la constitution. Ce projet ayant été soumis au vote populaire, le 22 mai 1872, fut repoussé par treize cantons contre neuf; mais les élections du 27 octobre suivant envoyèrent une majorité revisionniste au conseil national, et lors du nouveau vote populaire, le 19 avril 1874, il ne se trouva plus que sept cantons et demi, ceux du Sonderbund, pour soutenir la cause de la liberté. En même temps, la persécution religieuse s'était développée dans le canton de Genève et dans le Jura bernois. Le gouvernement de Genève, dirigé par M. Carteret, avait d'abord expulsé les sœurs de charité et les frères des écoles chrétiennes. Il déclara ensuite qu'il cessait de reconnaître Mgr Mermillod comme curé de Genève, à cause de son titre d'évêque, et le priva de son traitement. Les catholiques y suppléèrent par des souscriptions. Le gouvernement ne se prêta pas aux négociations nécessaires pour assurer « l'état de choses régulier » que lui-même réclamait. Alors Pie IX, usant de son autorité, détacha le canton de Genève du diocèse de Lausanne et en forma un vicariat apostolique, dont Mgr Mermillod devint titulaire. Le conseil d'Etat priva de traitement tous les curés du canton pour avoir publié le bref pontifical, daté du 16 janvier 1873. Le conseil fédéral ordonna l'expulsion du vicaire apostolique, et Mgr Mermillod fut conduit entre deux gendarmes, le 17 février, à la frontière française. Le grand conseil de Genève, poursuivant son œuvre, établit le mariage civil, et décréta une constitution civile du clergé avec nomination des curés par le vote populaire, consistoire, serment, etc. Le gouvernement de Berne établit la même organisation, après avoir fermé le grand séminaire de Soleure, confié les chaires de l'université à des vieux-catholiques, destitué et chassé de son palais Mgr Lachat, interdit toute fonction ecclésiastique aux prêtres du canton, enfin expulsé du territoire évêque et prêtres. Quoique cette dernière mesure parût tout à fait exorbitante et fût cruellement exécutée, le conseil fédéral approuva les gouvernements de Genève et de Berne. L'encyclique du 21 novembre ayant au contraire flétri les nouvelles lois et frappé d'excommunication les ecclésiastiques qui prêteraient le serment, les relations diplomatiques cessèrent avec le Saint-Siège. Le suffrage populaire avait aussi été gagné. Il confirma, le 23 mai 1875, la loi qui sécularise l'état civil et celle qui étend à toute la Suisse l'institution du mariage civil. Aux élections du 31 octobre, il nomma une majorité radicale.

Les catholiques ne voulurent pactiser en nulle manière avec le schisme. Ils ne prirent aucune part à l'élection des nouveaux pasteurs, qui furent uniquement les élus des protestants, des libres-penseurs et des francs-maçons. Les catholiques de Genève avaient encore leurs prêtres, à qui toutefois le port de l'habit ecclésiastique, ainsi que toute cérémonie religieuse, était interdit sur la voie publique. On s'était, contre toute justice et malgré leurs protestations, emparé de leurs églises et de leurs presbytères; ils se réfugièrent, pour célébrer les divins offices, dans des granges et des hangars. Moins heureux, ceux du Jura bernois étaient obligés de passer la frontière pour aller entendre la messe, et

---

(1) V. le texte de cette encyclique dans l'*Univers* du 22 février 1875.
(2) V. sur le projet de loi et sur la réclamation des évêques, la *Revue du monde catholique*, mars et avril 1875.

encore la police défendit-elle, sous des peines sévères, de s'y rendre en groupes. On aggravait les mesures les plus exorbitantes par les rigueurs de l'exécution. Ce fut au point que le conseil fédéral lui-même réclama, et au commencement de 1876, les prêtres exilés rentrèrent dans leurs paroisses, avec l'espérance de pouvoir bientôt y exercer leurs fonctions. Pie IX encouragea ces dispositions du clergé et des catholiques suisses par une encyclique du 23 mars 1875, qui a pour objet principal de condamner les attentats des vieux-catholiques (1). Rien de plus misérable que cette secte qui volait au catholicisme ses sanctuaires, ses propriétés et jusqu'à son nom. Pour recruter son clergé, à Berne aussi bien qu'à Genève, elle dut accepter de partout des prêtres vains, égarés par l'orgueil, ou déjà perdus de réputation et frappés de censures. M. Loyson, après avoir cherché le bruit par des conférences données à Rome, en France, en Belgique, puis par l'annonce retentissante de son mariage, pensa se fixer à Genève comme curé. Mais il y éprouva toutes les amertumes de la part des gouvernants et de ses complices. Outre la négation de l'infaillibilité pontificale, il enseignait le mariage des prêtres, la confession facultative, l'usage de la langue vulgaire dans la liturgie. La secte ne s'accordait pas avec lui. Elle ne savait même quel nom se donner, car elle s'appela tour à tour catholique-libérale, catholique-chrétienne, catholique-nationale. M. Loyson donna sa démission de curé au mois d'août 1874 et quitta Genève en 1877.

Quoique l'Autriche n'ait pas suivi la Prusse dans la voie de la persécution, elle n'a pas laissé de l'imiter en beaucoup de points par le développement de la législation que nous avons vu M. de Beust inaugurer après Sadowa. C'était sans doute pour préparer ce développement que M. de Beust affecta de s'effrayer des définitions du concile, tout en permettant de les publier. Toutefois ce ne fut pas lui qui l'accomplit. Au milieu de l'année 1871, il fut remplacé par le comte Andrassy. Pendant les négociations diplomatiques qui accompagnèrent les commencements de la guerre de France, il s'était prononcé pour l'abandon de Rome par les Français. Les « lois confessionnelles » de l'Autriche furent votées et sanctionnées par l'empereur en 1875. La première abolit le concordat. La seconde subordonne l'existence des ordres religieux au bon plaisir du pouvoir civil. La troisième frappe d'un impôt tous les bénéfices ecclésiastiques. La quatrième accorde une égale tolérance à tous les cultes qui n'auront rien de contraire aux lois et à la morale. Ni le souverain Pontife, par une encyclique publiée après la présentation de ces lois, ni les évêques, par leurs protestations au sein de la chambre des seigneurs, ne purent les empêcher. Une note diplomatique, accompagnée d'une lettre personnelle de l'empereur, reprocha au pape d'avoir envahi, dans son encyclique, « le domaine législatif de l'État. »

Depuis les troubles de 1857, le parti libéral s'était maintenu au pouvoir en Belgique. Le roi Léopold II, monté sur le trône en 1865, n'avait rien changé. En 1870, le ministère Frère-Orban, formé depuis

(1) V. cette encyclique dans l'*Univers* du 31 mars 1875.

deux ans, fut renversé, et M. d'Anethan, l'un des principaux représentants du catholicisme libéral, devint le président du nouveau cabinet, qui, à la fin de novembre 1871, céda la place à un ministère plus franchement catholique où l'on remarquait M. Malou et M. d'Aspremont-Linden et dont M. de Theux garda la présidence sans portefeuille jusqu'à sa mort, en 1874. Après le transfert de la capitale de l'Italie à Rome, le ministère d'Anethan avait adressé à Victor-Emmanuel des félicitations mêlées de quelques réserves. Les réclamations des catholiques ne furent pas plus fructueuses qu'en France. Cependant, malgré les dissentiments occasionnés par la controverse du libéralisme, et qui attirèrent plus d'une fois l'attention de Pie IX, le parti catholique continua de se montrer compact et de triompher dans les élections. Le parti libéral ne rougit pas de se venger en plusieurs circonstances par des scènes tumultueuses et des agressions brutales. En 1874, le gouvernement invoqua les nécessités constitutionnelles pour se dispenser d'adopter les lois du Culturkampf. M. de Bismark, mécontent, parut vouloir employer la force en 1875, et envoya une note menaçante à propos des manifestations de sympathie envers les catholiques allemands et d'un prétendu complot contre sa vie, attribué à un ouvrier belge et demeuré impuni. Le gouvernement anglais prit la défense de la Belgique, et le ton de M. de Bismark s'adoucit. Néanmoins, les libéraux ne rougirent pas de prendre en main la cause du chancelier prussien. Pressé par eux, le ministère accepta un ordre du jour de la chambre impliquant le désaveu des lettres écrites par les évêques contre le Culturkampf et fit voter de nouvelles dispositions pénales relatives à l'hypothèse d'un complot tel que celui dont se plaignait M. de Bismark. On voit que les libéraux et les francs-maçons belges usaient de tous les moyens pour opprimer les catholiques et ne se contentaient pas d'élaborer dans l'ombre des projets de lois en vue de leur avènement futur au pouvoir (1). Quand Mgr Dechamps, archevêque de Malines, fut élevé au cardinalat, ils suscitèrent de mesquines tracasseries sur le traitement et les honneurs qui lui étaient dus à ce titre. Le nouveau cardinal n'accepta pas de traitement spécial. En 1875, les mêmes hommes provoquèrent des troubles à l'occasion des processions du jubilé à Liège, et ce fut pour le bourgmestre un motif de les interdire. Les processions de la Fête-Dieu à Bruxelles et à Gand furent attristées par les mêmes scènes. Les congrès socialistes et les grèves menaçantes des ouvriers mineurs du Hainaut montraient cependant que le péril social ne venait pas du catholicisme. Une manifestation surnaturelle de la divine miséricorde consolait, au milieu de ces luttes, les catholiques, et en même temps en occasionnait d'un autre genre avec la science incrédule : à Bois-d'Haine, Louise Lateau éprouvait des extases et portait les stigmates sanglants de la Passion (2).

La Prusse n'ayant pas maintenu la candidature du prince de Hohenzollern au trône d'Espagne, Prim en chercha une autre; mais il ne vit pas l'achève-

(1) V. *Les sociétés secrètes et la société*, par A. Deschamps, liv. II, chap. XIII.
(2) Voy. *Louise Lateau. Sa vie, ses extases, ses stigmates*, par le Dr Lefebvre, professeur à l'université de Louvain.

ment de son œuvre. Il fut assassiné quelques jours avant le 4 janvier 1871, date de l'intronisation d'Amédée, second fils de Victor-Emmanuel, par le maréchal Serrano. Don Carlos, en vertu des droits de la ligne masculine de la maison royale de Bourbon déjà revendiqués inutilement par son père et son aïeul, tenta une nouvelle prise d'armes. La guerre civile ainsi allumée ne se termina qu'au commencement de 1876, par la dispersion des dernières troupes carlistes. Des mesures qui caractérisent le règne éphémère d'Amédée de Savoie, nous en signalerons deux : l'une supprime la dotation budgétaire du clergé ; l'autre déclare illégitimes les enfants nés d'un mariage purement religieux. Objet d'une indifférence méprisante, abandonné de Serrano, tombé aux mains d'un ministère républicain, Amédée prit le parti de regagner le Piémont. La république fut proclamée le 11 février 1873. Elle ne tarda pas à être ébranlée par le conflit des ambitions personnelles et déshonorée par des scènes d'anarchie, d'impiété, de communisme. Le général Primo de Rivera fit un pronunciamiento, le 30 décembre 1874, et rétablit la royauté dans la personne du jeune fils de la reine Isabelle, qui prit le nom d'Alphonse XII. Le nouveau gouvernement ne restitua les droits de l'Eglise que d'une manière imparfaite. Du produit des spoliations, il garda les édifices auxquels on avait donné une destination publique, et tous les objets d'art, livres, manuscrits, qui avaient été placés dans les collections de l'Etat. On ne rendit presque rien au clergé de l'arriéré de sa dotation. On maintint le mariage civil, tout en reconnaissant la légalité du mariage religieux. Malgré les réclamations du peuple, des évêques et de Pie IX, l'unité religieuse ne fut pas rétablie dans la constitution.

La définition de l'infaillibilité avait jeté quelques germes de dissension parmi les catholiques anglais. Grâce aux instructions de Mgr Manning et à la soumission exemplaire du P. Newman, ils ne tardèrent pas à disparaître. L'élévation de Mgr Manning au cardinalat, contre laquelle murmurèrent vainement quelques anglicans fanatiques, fut pour les catholiques un encouragement et une joie, au milieu des luttes qu'ils eurent à soutenir en faveur des écoles libres et confessionnelles. C'était M. Gladstone qui avait donné le signal de l'attaque contre elles. Il tomba en février 1874, et céda la place à un ministère tory dont le principal personnage était M. Disraëli. Ce ministère réalisa malheureusement les idées de M. Gladstone. L'instruction primaire obligatoire fut établie en 1875, et une loi de 1878 acheva de la séparer de tout enseignement religieux (1). Rendu aux loisirs de la vie privée, M. Gladstone entreprit une campagne contre les décrets du concile. Il soutint, dans des revues et des brochures, que ces décrets changeaient entièrement les rapports de l'Eglise et de l'Etat, et que les catholiques ne pouvaient y adhérer sans abjurer l'obéissance aux lois civiles et le dévouement à la patrie. Les réfutations de Mgr Manning, d'autres membres du clergé et de journalistes, dissipèrent ces fantômes. L'*Union catholique de la Grande-Bretagne*, au nom des laïques anglais, désavoua les témoignages de sympathie donnés à M. Gladstone par quelques catholiques de noble famille. Le parlement même dédaigna tout ce bruit, et se contenta de prendre des mesures, peu efficaces, contre le mouvement qui rapproche de plus en plus les *ritualistes* de l'Eglise romaine.

L'apostolat continuait son œuvre en Ecosse comme en Angleterre. Ses progrès furent assez considérables pour que Pie IX ait pu préparer le rétablissement de la hiérarchie dans le pays. Cet acte a été réalisé par son successeur.

Le czar Alexandre II continuait cette politique qui a pour but d'effacer tout vestige de nationalité et de catholicisme en Pologne. Le 6 avril 1873, l'usage de la langue russe dans les tribunaux fut rendu obligatoire. Pour annexer au schisme le diocèse de Chelm, on y envoya comme administrateur un professeur de Lemberg, Marcel Popiel, qui devait effacer de la liturgie toute trace de l'union avec Rome. On imposa ensuite l'obligation d'embrasser cette prétendue réforme, et le commencement de l'année 1874 fut indiqué comme terme de rigueur. A cette date, les soldats se répandirent dans les paroisses récalcitrantes et tuèrent un grand nombre de paysans. On en jeta encore davantage dans les fers. Le supplice des verges fut infligé à des femmes et même à des enfants. Pie IX glorifia les victimes et flétrit les bourreaux, en même temps qu'il démasquait les vues perfides des schismatiques, dans son encyclique du 13 mai. Popiel ne se laissa point émouvoir. Le 2 mars 1875, au milieu d'un clergé digne de lui, il prononça solennellement la réunion du diocèse de Chelm à l'Eglise russe. Le saint-synode, par un décret du 13 mai suivant, promulgua le consentement de l'empereur à cette réunion et incorpora le diocèse de Chelm à celui de Varsovie, en lui donnant un administrateur sous le titre d'évêque de Lublin. Le gouvernement russe employait ainsi la force à écraser d'innocentes victimes, et cependant le nihilisme faisait de formidables progrès (1), et l'Eglise officielle, si avide de tout s'incorporer, se voyait obligée de convier à la fusion les diverses sectes du *Rascol*, qui était devenu une puissance dans l'Etat, comptant onze millions d'adhérents et possédant une caisse de cent millions.

Passons dans le Nouveau-Monde : nous y verrons encore l'Eglise tourmentée par les puissances ennemies. En 1872, Lerdo de Tejeda, l'un des conseillers de Juarez, lui succéda comme président de la république. L'année suivante, il fit voter la séparation complète de l'Eglise et de l'Etat, l'incapacité pour les corporations religieuses de posséder des immeubles, l'abolition des vœux et du serment, la sécularisation complète du mariage. On y ajouta ensuite l'expulsion des jésuites. L'influence de la franc-maçonnerie causa une persécution au Brésil, en 1874. Mgr Oliveira, évêque de Pernambuco, fut emprisonné pour avoir combattu la secte et dénoncé la perfidie et l'audace avec lesquelles elle savait s'établir dans les rangs du clergé et des confréries. Mgr Macédo, évêque du Para, se vit condamné à quatre ans de travaux forcés, pour avoir publié le bref d'éloges et de consolations adressé par Pie IX

---

(1) Pour tout ce qui regarde la laïcisation de l'enseignement en divers pays, voir *La ligue de l'enseignement*, par J. de Moussac.

(1) V. *Le socialisme contemporain*, par M. l'abbé Winterer, et *Le nihilisme en Russie*, par Schedo-Ferroti (baron Fiiks).

à son collègue de Pernambuco. Le courage du clergé et des laïques fidèles dompta cette tempête. Mgr Oliveira put reprendre, dans ce malheureux pays, son travail de régénération.

Garcia Moreno, président de la république de l'Equateur, avait été le seul chef d'Etat pour élever une protestation contre l'établissement des Piémontais à Rome. Il faisait prospérer cette petite république, en la gouvernant suivant les principes chrétiens, franchement proclamés. Il tomba, le 6 août 1875, assassiné par les ordres de la franc-maçonnerie. Le peuple indigné lui donna pour successeur Borrero, que l'on savait animé des mêmes sentiments, mais celui-ci fut renversé, au mois d'octobre 1876, par le général Ventimilla. Guzman Blanco, à la tête du gouvernement de Venezuela, était l'homme de la franc-maçonnerie. Irrité de l'opposition de l'archevêque, il le jeta en prison. Un arrangement pacifique intervint en 1876 : l'archevêque donna sa démission et le pape nomma son secrétaire pour lui succéder. Sous les auspices du gouvernement de la République Argentine, les jésuites avaient pu rentrer à Buenos-Ayres et y fonder un grand collège. Les francs-maçons les attaquèrent d'abord par la presse; puis, l'archevêque ayant répondu à ces calomnies dans un mandement et dénoncé la franc-maçonnerie à son tour, la secte excita une émeute. La populace saccagea l'archevêché et incendia le collège. Depuis cet événement, qui remonte à 1875, le gouvernement a su maintenir l'ordre.

Au milieu de la tempête universelle soulevée par la doctrine de l'Etat sans Dieu, Pie IX disait que la mort lui semblait préférable à la vie. Sa peine la plus sensible lui venait du triste état de l'Italie. L'impiété et la corruption se répandaient par tous les moyens, surtout par la presse et par le théâtre. L'Evangile n'était pas défiguré d'une manière moins infâme que l'histoire des papes et de Pie IX en particulier. Il se trouvait à point nommé des bandes audacieuses pour troubler la piété des fidèles dans ses plus touchantes manifestations et vociférer des blasphèmes inouïs. On vit d'ignobles mascarades travestir publiquement les plus augustes cérémonies du catholicisme. Une perversité toute particulière se manifestait dans certaines associations. Les membres de la société Alfieri s'obligeaient par serment, en cas de guerre avec l'étranger, à incendier le Vatican et toutes les églises. A Lorette se forma un cercle d'enfants de douze à quatorze ans qui s'engageaient à vivre et à mourir sans prêtres, et il s'y commit de tels excès d'immoralité que le gouvernement dut l'interdire. La misère était grande. Elle engendra dans les campagnes une triste maladie connue sous le nom de *pellagre*, qui devint l'un des caractères du nouveau royaume. Les crimes se multiplièrent avec une progression étonnante (1). L'Internationale trouva ainsi des éléments tout préparés après la défaite de la Commune, et elle se recruta d'autant plus facilement en Italie que Garibaldi la soutenait, et que, tout en la condamnant par un sentiment de rivalité personnelle, Mazzini provoquait des congrès ouvriers où il répandait les idées les plus subversives.

Hâtons-nous de dire qu'à côté de la multitude gangrenée par la révolution, se trouva le peuple fidèle à ses traditions, toujours édifiant par sa pureté de mœurs et sa piété, aussi bien que par son respect des droits de Pie IX. Le pape dépouillé de ses Etats recommandait à ses sujets de s'abstenir de toute participation aux élections politiques ordonnées par le gouvernement piémontais. Cette recommandation fut fidèlement suivie. Par contre, les mêmes raisons ne commandant pas l'abstention dans les élections municipales et provinciales, les catholiques y affirmaient leur nombre et faisaient triompher leurs candidats. Avec les pèlerins du monde entier, les Romains célébrèrent le 3 juin 1877, le cinquantième anniversaire de la consécration épiscopale de Pie IX, et le gouvernement ne réussit pas à leur donner le change en mettant à la même date la fête du statut constitutionnel de Charles-Albert (1). Les associations catholiques se distinguaient par leur nombre toujours croissant et par un zèle proportionné aux besoins de la situation. Elles formèrent le congrès catholique de Bologne pour se fortifier par une entente mutuelle. A la troisième réunion du congrès, en octobre 1876, les révolutionnaires suscitèrent une émeute, qui fut un motif d'interdiction. Le comité de permanence n'en continua pas moins de servir de lien entre toutes les sections. Le congrès, ainsi que les comités régionaux, diocésains et paroissiaux, avait reçu l'approbation et les bénédictions de Pie IX. La fidélité du clergé fut à peu près unanime. Il y eut quelques défections qui formèrent, particulièrement à Naples et à Mantoue, des groupes schismatiques favorisés par le gouvernement ; mais beaucoup de ces malheureux égarés ne tardèrent pas à se repentir. Dom Bosco, prêtre piémontais, fait un bien immense par ses œuvres de zèle, dont la principale est l'œuvre de saint François de Sales pour la jeunesse pauvre et abandonnée (2). Les prodiges du surnaturel divin éclatent auprès de scandales sataniques. On vit à Oria, ville de l'ancien royaume de Naples, une pieuse femme, nommée Palma, recevoir les dons les plus éminents et porter les stigmates de la Passion du Sauveur (3). En 1872, le peuple avait honoré les funérailles de Mgr Romano, évêque d'Ischia, comme celles d'un saint : contraste spontané avec les triomphes païens ordonnés par la franc-maçonnerie en l'honneur de ses adeptes les plus fameux.

Le gouvernement italien est loin de voir dans les catholiques ses adversaires les plus dangereux. Mazzini mourut à Pise, le 11 mars 1872. Le parti républicain et socialiste ne fut pas pour cela décapité. Il lui resta des chefs puissants, dont le plus populaire est Garibaldi. En 1874, l'explosion d'un grand complot socialiste ne fut prévenue que par l'arrestation d'Aurelio Saffi et d'autres meneurs. Depuis, le parti a plus d'une fois montré sa force, agitant le nom, tantôt de l'idée républicaine, tantôt par celle de l'*Italia irredenta*, c'est-à-dire des pays de population italienne qui sont encore soumis à diverses puissances étrangères. Obligée de résister

---

(1) Voy. Louis Teste, *Léon XIII et le Vatican*, ouvrage dont toutes les vues ne méritent pas une égale approbation, mais qui fournit de curieux renseignements.

(1) Voy. *La cinquantaine épiscopale de Pie IX*, par M. A. Roussel.
(2) Voy. *Dom Bosco*, par le Dr Charles d'Espiney.
(3) Voy. le second volume des *Stigmatisées*, par le docteur A. Imbert-Gourbeyre, professeur à l'école de médecine de Clermont-Ferrand.

à des impulsions qui seraient la cause de sa ruine, la monarchie piémontaise se trouve ballottée entre les modérés ou conservateurs, les libéraux et les radicaux. Les gages de bonne entente qu'elle trouve le plus commode de livrer à la révolution, ce sont les droits et les libertés de l'Eglise.

Le ministère Lanza usa largement du *placet* et de l'*exequatur* pour vexer les nouveaux titulaires les plus dignes des évêchés et des cures. Non content des mille moyens administratifs à l'aide desquels il avait déjà fermé quantité de monastères et d'établissements religieux, il proposa une loi d'interdiction contre toutes les associations religieuses. Les protestations des gouvernements étrangers et des catholiques de tous les pays ne servirent de rien. La seule exception que le ministère eût stipulée en faveur des maisons généralices, propriété du monde catholique tout entier, fut emportée dans les débats parlementaires. Victor-Emmanuel sanctionna la loi ainsi complétée. Pie IX, dans son allocution consistoriale du 25 juillet 1873, rappela les censures sous lesquelles tombent les auteurs de pareils attentats, et publia une indulgence plénière pour engager les âmes fidèles à détourner les maux de l'Eglise par la prière et la pénitence (1). Le ministère Lanza fut renversé au moment où il se préparait à exécuter cette loi. M. Minghetti, président du nouveau cabinet, passait pour favorable aux institutions catholiques. Néanmoins il s'empressa d'accomplir la tâche qui lui était laissée par son prédécesseur. Il continua aussi l'abus vexatoire du *placet* et de l'*exequatur*, et lorsque, au mois de mai 1875, il fit voter la loi du service militaire obligatoire, aucune immunité ne fut accordée aux jeunes ecclésiastiques. Les élections suivantes renversèrent M. Minghetti, qui fit place à un ministère principalement dirigé par MM. Depretis et Nicotera. Ce dernier, trop ardent au gré de la majorité du parlement, donna sa démission en 1877. Cette nouvelle administration s'ingénia par tous les moyens à combattre l'Eglise. Elle prodigua les encouragements et les faveurs pécuniaires aux schismatiques de Naples et de Mantoue. Elle inventa des règlements pour ruiner ou détourner de leur objet les œuvres pies, les fondations de dots à distribuer aux jeunes filles pauvres, les legs de messes. Les processions furent interdites. On défendit aux religieux de se réunir par groupes dans des maisons particulières. On encouragea les journaux et les spectacles impies, on favorisa la diffusion du culte protestant. Jusque-là, en dépit des sollicitations de M. de Bismark jointes à celles du parti révolutionnaire avancé, le gouvernement avait tenu à ne pas se dépouiller du précieux manteau de la loi des garanties. A la fin de 1876, M. Mancini, ministre de la justice, présenta un projet de loi qui, sans l'attaquer directement, en aurait détruit tous les effets. C'était un ensemble de mesures habilement calculées pour mettre entièrement à la discrétion des magistrats la liberté de toute parole sacerdotale et, par conséquent, la publication de tout acte pontifical. L'émotion fut grande chez tous les catholiques. Pie IX protesta énergiquement, dans le consistoire du 18 mars 1877, et fit le tableau éloquent du progrès de la persécution religieuse en Italie, (1). Cette allocution eut un retentissement si puissant que M. Mancini ordonna de punir sévèrement les journaux qui oseraient y donner leur adhésion. Le cardinal Siméoni, qui remplaçait le cardinal Antonelli, mort le 6 novembre 1876, porta l'expression des plaintes de Pie IX dans toutes les cours, par une circulaire aux nonces. Au milieu des manifestations diverses de l'opinion, un sentiment de foi, toujours vivant chez Victor-Emmanuel, lui fit désapprouver le projet de M. Mancini, et quoique la chambre des députés l'eût déjà voté, il fut rejeté par le sénat.

En France, l'Assemblée, quoique sujette à de fréquents désaccords avec M. Thiers, lui décerna, le 31 août 1871, le titre de Président de la République et lui continua ses pouvoirs pour tout le temps qu'elle-même durerait. La veille, elle s'était déclarée constituante. Outre les mesures que nous avons vues précédemment pour la répression de la Commune et de l'Internationale, nous devons signaler tout de suite une loi qui rendit les délits de presse au jury, la dissolution des gardes nationales, la résolution de maintenir l'Assemblée à Versailles. M. Thiers déploya toute son activité et le pays d'incroyables ressources pour la réparation de tant de désastres. A l'aide de deux emprunts qui eurent un succès prodigieux et de nouveaux impôts sagement établis, l'ordre fut remis dans les finances, la réorganisation militaire préparée, l'indemnité de guerre payée, le territoire entièrement évacué par les Prussiens, dès le mois de septembre 1872, bien avant la date prévue d'abord. M. Thiers reçut de l'opinion publique le titre de *libérateur du territoire*; mais il ne mérite guère celui de sauveur de la patrie que des flatteurs et les meneurs du parti républicain voulaient y ajouter. La loi du service militaire obligatoire, qui, présentée seulement à demi, avait suscité une si violente opposition sous l'empire, fut acceptée cette fois du pays dans toute son intégrité : le progrès du militarisme prussien en avait rendu la nécessité trop évidente dans tous les pays du continent. Malheureusement les divisions, résultat des révolutions antérieures, continuèrent d'agiter et d'affaiblir la France. Il y avait trois partis monarchiques ; les légitimistes, qui revendiquaient les droits de la branche aînée des Bourbons ; dans la personne du comte de Chambord, fils posthume de l'infortuné duc de Berry ; les orléanistes, qui mettaient leurs espérances dans la monarchie de juillet, représentée par le comte de Paris, fils du duc d'Orléans, et par les autres fils et petits-fils de Louis-Philippe ; les bonapartistes, qui rêvèrent d'abord une répétition du retour de l'île d'Elbe en faveur de Napoléon III, retiré depuis la paix à Chislehurst, en Angleterre, et après la mort de ce prince, arrivée le 9 janvier 1873, s'occupèrent de préparer l'avènement de son jeune fils, destiné à périr, avant la réalisation de ces desseins, sous l'uniforme d'officier anglais, dans une expédition au Zululand (2). L'Assemblée ayant voté

---

(1) Voy. le texte de cette allocution, dans la *Revue du monde catholique*, nouvelle série, tome XVII, n° 90.

(1) Voir cette allocution aux *Pièces justificatives* de *La captivité de Pie IX*.
(2) Le 1er juin 1879.

ÉPILOGUE. 519

l'abrogation des lois d'exil portées contre les deux branches des Bourbons, le comte de Chambord fit une courte apparition en France. Les princes d'Orléans, à qui on restitua leurs biens confisqués par Napoléon III, revinrent se fixer sur la terre de la patrie, et acceptèrent même des fonctions publiques. Le duc d'Aumale et le prince de Joinville siégèrent à l'Assemblée. La réconciliation ou, comme on dit, la *fusion* des deux branches s'étant accomplie à la suite d'une démarche du comte de Paris auprès du comte de Chambord, le royal exilé fut sur le point d'être appelé par l'Assemblée, au mois d'octobre 1873 Les négociations entreprises à ce sujet furent soudainement rompues par la publication d'une lettre dans laquelle le prince refusait nettement certaines concessions qui lui étaient demandées de la part de certains parlementaires et orléanistes, et particulièrement l'abandon du drapeau blanc, symbole de son principe et de son droit. Parmi les républicains, on distinguait une grande variété de nuances. La république conservatrice et modérée était patronnée non seulement par ses anciens partisans, tels que M. Jules Simon, mais par beaucoup de monarchistes qui ne croyaient pas à la possibilité de relever un trône. M. Dufaure, M. Thiers surtout, étaient à la tête de ces nouveaux et singuliers partisans de la république conservatrice. M. Thiers l'appelait la *république sans les républicains*. C'était celle qui lui permettait de régner à la place du roi légitime que ses intrigues avaient contribué à écarter. Les radicaux et les diverses sectes socialistes avaient aussi leur idéal très différent de celui-là. Les radicaux, beaucoup plus puissants et plus unis que les socialistes, se subdivisaient néanmoins : les uns voulaient, suivant une expression de M. Gambetta, leur chef et leur oracle, marcher au but *lentement mais sûrement*; on les appela *opportunistes*; les autres réclamaient des mesures immédiates et violentes, spécialement en ce qui regarde la séparation de l'Eglise et de l'Etat ou plutôt l'entière abolition de l'idée religieuse ; on les nomme *intransigeants*; leur principal chef est M. Clémenceau. Les embarras produits par cette multiplicité de partis étaient encore aggravés par l'action des sociétés secrètes et par l'influence jalouse et oppressive de la diplomatie prussienne. Ce fut une amère humiliation de voir invoquer, dans ces questions intérieures, les préférences d'un ennemi implacable.

Dès le 13 novembre 1872, les élections partielles ayant constamment tourné à l'avantage du parti républicain, M. Thiers proclama, dans son message de rentrée, la nécessité de modifier le pacte de Bordeaux et de fonder définitivement la république. La majorité répondit en demandant d'opposer aux progrès de l'esprit révolutionnaire « un gouvernement de combat. » Cependant la rupture ne se consomma pas encore entre M. Thiers et l'Assemblée. Mais de nouveaux succès obtenus par les radicaux déterminèrent la formation d'une coalition conservatrice. Le 24 mai, 360 voix contre 344 votèrent un blâme à l'adresse du gouvernement. Dans la soirée, M. Thiers donna sa démission, l'Assemblée, qui l'avait déjà refusée plusieurs fois, se hâta de l'accepter. Le maréchal de Mac-Mahon, élu par elle président de la République, prit pour programme le rétablissement de « l'ordre moral » et plaça M. de Broglie à la tête du ministère. Ce nouveau gouvernement essaya de réprimer la licence de la presse, surveilla les sociétés secrètes et empêcha les enterrements civils des solidaires de s'étaler scandaleusement. Le 20 novembre, à la suite de l'échec de la restauration monarchique, l'Assemblée prorogea pour sept ans les pouvoirs du maréchal, ce qu'on a nommé le *septennat*, et M. Decazes, fils du ministre de Louis XVIII, reçut le portefeuille des affaires étrangères qu'il garda dans toutes les combinaisons ministérielles jusqu'à la fin de 1877. M. de Broglie, auparavant détenteur de ce portefeuille, devint ministre de l'intérieur. On avait dit que le septennat était la *trêve des partis*; la lutte fut aussi ardente que jamais. Le ministère tomba le 12 mai 1874. Après un intérim, un cabinet à peu près semblable se reconstitua sous la présidence du général de Cissey. Enfin, non sans de nouvelles difficultés entre le ministère et l'Assemblée sur la préparation des lois constitutionnelles, deux lois importantes furent votées le 25 février 1875. L'une organise les pouvoirs publics. Elle institue deux assemblées législatives : le sénat et la chambre des députés. Celle-ci est élue par le suffrage universel. Le titre de président de la république est maintenu. Le président est nommé pour sept ans par les deux chambres réunies en congrès, il est rééligible. Les ministres sont responsables, le président ne l'est que pour les faits de haute trahison. La constitution est revisable. La seconde loi regarde l'institution du sénat. Elle statue que 75 sénateurs, élus par l'Assemblée au scrutin de liste, seront inamovibles, et, dans l'avenir, remplacés par le choix même du sénat. Les 225 autres sénateurs sont élus par un collège réuni au chef-lieu de chaque département ou colonie et composé des députés, des conseillers généraux, des conseillers d'arrondissement, des délégués des conseils municipaux. Le 10 mars, un ministère se forma sous la présidence de M. Buffet, qui fit appel aux hommes modérés de tous les partis pour lutter contre les passions révolutionnaires. Cet appel fut si peu efficace que la discorde continua de se manifester même au sein du ministère, et cependant la Prusse, qui ne se lassait pas de chercher une occasion d'écraser définitivement la France, osa se montrer prête à lui faire la guerre uniquement pour l'empêcher de se relever et ne fut retenue, dit-on, que par l'opposition de la Russie. La session de 1875 se termina par l'élection des 75 sénateurs inamovibles et par la confection des lois qui devaient présider à la période électorale. Pour l'élection des sénateurs, un groupe de légitimistes de l'Assemblée s'unit au parti républicain afin d'empêcher le succès des orléanistes; il n'y eut que 20 monarchistes élus contre 55 républicains. Les princes d'Orléans déclarèrent qu'ils voulaient se tenir en dehors des discussions politiques et refusèrent toute candidature de sénateur ou de député. Le scrutin uninominal fut établi pour l'élection des députés. On maintint la loi, votée sous le ministère de M. de Broglie, qui attribuait au pouvoir central la nomination des maires. Une nouvelle loi sur la presse rétablit la juridiction des tribunaux correctionnels pour les délits les plus ordinaires et conserva l'état de siège, jusqu'au 1er mai 1876, dans les départements de la Seine, de Seine-et-Oise, du Rhône, des Bouches-du-Rhône et dans la ville d'Alger.

Dans la proclamation par laquelle il ouvrit la période électorale, Mac-Mahon convia le pays à l'*essai loyal* des nouvelles institutions. Les partis répondirent par leurs divers programmes. Les élections du 30 janvier 1876 donnèrent aux conservateurs, dans le sénat, une majorité de 16 voix. Par contre, celles du 20 février et du 5 mars assurèrent aux radicaux, dans la chambre des députés, une prépondérance complète. Le 8 mars, s'accomplit la transmission des pouvoirs de l'Assemblée aux deux chambres. Un nouveau ministère se forma sous la présidence de M. Dufaure. Maître de la chambre des députés et prenant les questions par le côté financier, M. Gambetta se fit porter à la présidence de la commission du budget qu'il garda les années suivantes. La vérification des pouvoirs fut longue et laborieuse. La majorité invalida l'élection des adversaires dont elle redoutait le talent et qu'elle espérait remplacer par des amis. Un jeune et brillant orateur catholique, M. Albert de Mun, ainsi renvoyé devant les électeurs de l'arrondissement de Pontivy, fut de nouveau élu. La majorité conservatrice du sénat donna des sièges inamovibles à d'autres victimes moins heureuses de l'invalidation ou même à des hommes que les partis opposés avaient réussi à faire échouer dès les premières élections. Ainsi le sénat recueillit successivement MM. Buffet, Chesnelong, Lucien Brun, de Larcy, etc. Les radicaux tenaient, pour employer leur langage, à épurer l'administration, la magistrature, les grands commandements militaires, la diplomatie, les finances. Le ministre de l'intérieur, M. Ricard, était le seul qui les satisfît sous ce rapport. Il mourut soudainement dans la nuit du 12 mai : son successeur, M. de Marcère, suivit la même voie. La levée de l'état de siège avait été avancée au 5 avril. La nomination des maires, autres que ceux des chefs-lieux de département, d'arrondissement et de canton, fut rendue aux conseils municipaux. Le 2 décembre, le ministère donna sa démission à la suite d'un ordre du jour de la chambre qui promettait les honneurs officiels aux enterrements civils : M. de Marcère avait accepté cet ordre du jour, auquel l'opinion de ses collègues était contraire. On ne parvint que le 12 décembre à constituer un nouveau cabinet sous la présidence de M. Jules Simon, qui termina la grosse difficulté du moment : le conflit budgétaire entre les deux chambres. Quoique M. Jules Simon se fût déclaré « profondément libéral et profondément conservateur, » le maréchal de Mac-Mahon jugea qu'il ne montrait pas une fermeté suffisante contre les menées radicales et lui reprocha par une lettre publique, le 16 mai 1877. Tout le ministère donna sa démission. M. de Broglie fut immédiatement chargé d'en former un autre, et les chambres prorogées jusqu'au 16 juin. Le 22 de ce mois, le sénat, à la demande du maréchal, vota la dissolution de la chambre des députés. Les élections eurent lieu le 14 octobre et furent complétées le 28. Elles envoyèrent à la chambre 318 radicaux contre 208 conservateurs. M. Thiers, qui avait pris parti pour les premiers, était mort subitement, le 3 septembre. Le maréchal de Mac-Mahon voulut d'abord se passer du concours de la chambre et appela un ministère d'affaires sous la présidence du général Rochebouet ; mais les difficultés étaient menaçantes ; il céda, et le 14 décembre, M. Dufaure constitua un ministère parlementaire où rentrèrent ses anciens collègues, MM. de Marcère, Léon Say et Waddington.

Quelle situation ces vicissitudes de la politique firent-elles à l'Eglise? L'Assemblée nationale parut vouloir lui donner la liberté et les moyens de remplir sa bienfaisante mission. Le 24 juillet 1873, à la demande de Mgr Guibert, ancien archevêque de Tours, successeur de Mgr Darboy, elle déclara l'utilité publique d'une église dédiée au Sacré-Cœur, comme monument d'un vœu national, sur la colline de Montmartre (1). Le 29 décembre, elle augmenta de cent francs le traitement de 500 desservants, âgés de 50 à 60 ans, à désigner par chaque évêque. Une loi, longuement discutée et qui porte la date des 19 juillet 1873, 27 janvier et 20 mai 1874, établit des aumôniers de garnison, titulaires ou auxiliaires suivant le nombre des soldats. M. le baron Chaurand, ayant proposé de remettre en vigueur et de compléter la loi de 1814 sur la sanctification du dimanche, ne fut pas secondé par une majorité suffisante, mais de nombreuses pétitions déterminèrent l'Assemblée à émettre le vœu que l'État ne fît pas travailler le dimanche. Le 7 juillet 1875, M. de Belcastel fit insérer dans les lois constitutionnelles un article prescrivant des prières publiques tous les ans, à la rentrée des chambres. Une loi du 19 juillet avait augmenté le traitement des instituteurs et des institutrices ; M. de Valfons proposa, le 22 novembre, une semblable augmentation en faveur des desservants de tout âge; mais cette proposition fut écartée par des considérations budgétaires.

A propos de la loi sur le service militaire, M. Jules Simon, alors ministre, se montra sincèrement libéral ; il fit augmenter plutôt qu'amoindrir l'immunité ecclésiastique. Il se trouva au contraire en opposition avec la liberté par son projet de loi sur l'instruction primaire obligatoire, que Mgr Dupanloup, nommé rapporteur, combattit et qui ne fut pas voté. M. Jules Simon éprouva la même résistance et le même échec pour un autre projet de loi, sur le conseil supérieur de l'instruction publique, tendant à ce qu'on appelle la laïcisation de l'enseignement. Les théories inexactes du libéralisme relativement à l'organisation du clergé l'engagèrent à proposer aux évêques, par une circulaire, la création d'un plus grand nombre de cures inamovibles. Les évêques répondirent que l'initiative d'un pareil changement dans l'état du clergé français ne pouvait partir que du Saint-Siège. L'œuvre principale de l'Assemblée nationale fut la loi sur la liberté de l'enseignement supérieur. M. Jules Simon était favorable à cette liberté, quoiqu'il revendiquât absolument la collation des grades pour l'Etat. La discussion, ouverte en novembre 1874, sur un rapport favorable de M. Laboulaye, un des plus éminents publicistes de l'école libérale, fit particulièrement honneur à Mgr Dupanloup, M. Ches-

(1) Voy. sur cette entreprise le *Bulletin du Vœu national*, publication périodique.

Belong et M. Lucien Brun. M. Paris introduisit l'amendement qui établissait un jury mixte spécial pour l'examen des élèves des Facultés libres. Le vote définitif eut lieu le 12 juillet 1875.

Plusieurs fois, les incidents de la question romaine furent portés devant l'Assemblée. Le 22 mars 1872, quelques députés tentèrent de faire mettre à l'ordre du jour la discussion des pétitions en faveur des droits du Saint-Siège. M. Thiers, au nom des périls de la situation et de la confiance que devait inspirer son passé, réclama l'ajournement indéfini qui fut prononcé par un vote presque unanime. A la même date, l'ambassadeur français près du roi d'Italie allait prendre résidence à Rome. Cet ambassadeur était M. Fournier, à qui la rumeur publique ne tarda pas à prêter une attitude et des discours inconvenants envers le christianisme. En outre, à l'occasion du nouvel an 1873, les officiers de l'*Orénoque* reçurent du gouvernement français l'ordre d'aller saluer Victor-Emmanuel. Ils s'y refusèrent; M. Briot, capitaine de la frégate, et M. de Bourgoing, ambassadeur près du Vatican, donnèrent même leur démission. L'ordre fut retiré, mais à condition que les officiers ne se présenteraient pas plus devant le pape que devant le roi. M. de Belcastel posa une question sur ces faits dans la séance du 15 janvier. M. Dufaure répondit que le gouvernement avait pensé satisfaire les catholiques en donnant M. de Corcelles pour successeur à M. de Bourgoing, qu'il ne tolérerait pas les faits reprochés à M. Fournier, s'ils étaient réels, et qu'il voulait protéger, par tous les moyens possibles, la sécurité et l'indépendance du Saint-Siège. Plus tard, la main de la Prusse se montra dans ces questions. Les mandements d'évêques portant publication de l'encyclique du 21 novembre irritaient M. de Bismarck, tout prêt à recommencer la guerre contre un ennemi désarmé. Le 17 janvier 1874, le journal l'*Univers* fut suspendu pour deux mois, « parce que les articles et les documents qu'il publiait étaient de nature à créer des complications diplomatiques. » Le général du Temple ayant annoncé une interpellation sur la nomination de M. de Noailles en remplacement de M. Fournier, M. Decazes la prévint par une déclaration analogue à celles de M. Thiers. Pendant les vacances parlementaires de la même année, il fallut subir d'autres humiliations. Tandis que le gouvernement, contraint par la Prusse, reconnaissait la dictature du maréchal Serrano en Espagne, et qu'une note espagnole réclamait impérieusement l'intervention des autorités et des troupes de la frontière contre les carlistes, l'*Orénoque* quitta les eaux de Civita-Vecchia et ne fut remplacé que pour quelque temps et d'une manière évidemment insuffisante par le *Kléber*, stationné dans les eaux de la Corse.

Après les élections de 1876, la chambre des députés inaugura un système de tracasseries contre le clergé catholique. La commission d'enquête chargée d'examiner l'élection de M. Albert de Mun commença par interroger le gouvernement sur les mesures qu'il comptait prendre pour réprimer les doctrines ultramontaines. M. Paul Bert et M. Barodet proposèrent sur l'enseignement des projets de loi tellement exclusifs et tyranniques qu'ils n'obtinrent alors aucun succès. Mais le ministre de l'instruction publique fit voter par la chambre la suppression du jury mixte pour la collation des grades. Le Sénat ne ratifia pas cette suppression. Sa résistance fut moins heureuse touchant les suppressions et réductions immédiates ou futures introduites au budget, dans différents points qui intéressent les services ecclésiastiques, tels que l'augmentation promise du traitement des desservants, la création de succursales ou de vicariats, le chapitre de Saint-Denis, l'Ecole des hautes études ecclésiastiques dite des Carmes, les chapelains de Sainte-Geneviève, les bourses des séminaires, la solde et l'indemnité pour frais de culte accordées aux aumôniers de garnison. Le Sénat finit par céder à peu près sur tous ces points. On affectait en même temps d'augmenter le traitement des ministres protestants, et l'on exigeait des curés, sous peine de ne pouvoir toucher le leur, un certificat de résidence délivré par le maire. Tels étaient les préliminaires de cette application stricte du concordat que M. Gambetta préférait à son abrogation, réclamée par les intransigeants. Au mois de mars 1877, le retentissement du projet de loi Mancini provoqua un nouveau mouvement de pétitions catholiques. M. Jules Simon essaya d'entraver l'action des évêques à ce sujet, et, le 4 mai, les radicaux ayant déposé une interpellation contre ce qu'ils appelaient les menées cléricales, il osa traiter de mensongères les plaintes de Pie IX et déclara qu'il acceptait l'ordre du jour des auteurs de l'interpellation. Le discours que M. Gambetta prononça dans cette discussion se termine par ce cri de guerre : « Le cléricalisme, voilà l'ennemi. » Ce mot fut commenté d'une manière si passionnée et si calomnieuse pendant la période électorale de juin à octobre, on excita si vivement la haine et la défiance à l'égard du clergé, que le gouvernement, de son côté, se crut obligé de déclarer qu'il voulait le prêtre libre à l'église mais étranger aux affaires de l'Etat.

L'affaiblissement et la décadence ne se montraient pas moins dans les mœurs, dans les lettres, dans la science, que sur le terrain politique. A peine la situation matérielle avait-elle paru se rétablir que la cupidité, le luxe, le sensualisme reprenaient ouvertement leur empire. Non contente de se nourrir de fantaisie ou d'idées et de sentiments faux, la littérature descendait aux derniers bas-fonds du réalisme. Les portes de l'Académie française s'ouvrirent au positivisme représenté par M. Littré, malgré la résistance, impuissante cette fois, de Mgr Dupanloup qui protesta en donnant sa démission et ne reparaissant plus aux séances. M. Littré fut également appelé au sénat : heureux cependant d'avoir à la fin brisé tous ces liens pour s'unir à Dieu avant de mourir ! Grâce surtout à l'influence des théories du naturaliste anglais Darwin sur la formation des espèces par l'évolution et la sélection, le matérialisme dominait la science. Ce fut une amère déception pour les amis de cette science athée de voir M. Claude Bernard, le premier des physiologistes français, refuser tout pacte avec elle et ne pas quitter la vie sans avoir professé la foi chrétienne. Dans le domaine de l'histoire et de la critique, on voyait les premières places occupées par des hommes tels que M. Renan, qui achevait, sans grand bruit, il est vrai, son tableau mensonger et blasphématoire des origines du christianisme, ou M. Eugène Burnouf, qui assimilait nos mystères aux supersitions hindoues. Dans les régions plus vulgaires de la passion et de l'action, la haine et le mépris du prêtre, des religieux, des institutions chrétiennes, étaient sans cesse alimentés par les petits journaux, les brochures populaires, les congrès d'ouvriers, les associations de tout genre. Ce n'était pas le rationalisme, même modéré, qui pouvait arrêter la société sur cette pente. Le fameux historien et écrivain fantaisiste Michelet ayant été enterré, le 18 mai 1876, sans aucune cérémonie religieuse, le spiritualisme universitaire n'eut que des éloges à répandre sur cette tombe scandaleuse. Le protestantisme se voyait atteint d'une dissolution non moins profonde. Un synode général de France fut convoqué en 1872 pour remédier au mal. Il en résulta seulement la constatation de ce fait, que les protestants libéraux, c'est-à-dire ceux qui traitent d'opinions libres la divinité de Jésus-Christ et l'inspiration des Écritures, étaient dès lors aussi nombreux et puissants que les orthodoxes.

Au milieu de ce désordre universel, le catholicisme en France montrait une vitalité qui est sans nul doute une des causes de la fureur de ses ennemis. Il y eut bien encore quelques dissentiments occasionnés par le catholicisme libéral, et Pie IX dut élever la voix à plusieurs reprises, soit pour rappeler l'intégrité des principes, soit pour recommander la modération et la charité dans la dispute (1). Mais ces légères ombres disparaissaient devant les grandes préoccupations communes. Tous ceux qui avaient combattu la définition de l'infaillibilité, se soumirent au décret du concile. Mgr Maret, en y donnant son adhésion, le 15 octobre 1870, rétracta son livre et la *défense* qu'il y avait ajoutée. Le P. Gratry, atteint d'une maladie mortelle, envoya pareilles adhésion et rétractation à l'archevêque de Paris. Mgr Darboy avait lui-même envoyé la sienne au souverain Pontife, le 2 mars 1871, et Mgr Dupanloup, le mois précédent. MM. Loyson et Michaud, en essayant d'entamer cette puissante unité du clergé et des catholiques, n'éprouvèrent qu'un piteux échec. Le mouvement de retour à la liturgie se termina, au commencement du carême de 1874, par l'introduction de ce rit dans les offices publics du diocèse de Paris. De cette unité sortit une activité féconde. Les évêques publièrent sur les décrets du concile et sur les besoins de la société contemporaine des instructions qui forment un trésor de lumière et de doctrine. La prédication ne s'affaiblit pas. Le P. Monsabré, dominicain, succéda au P. Félix dans la chaire de Notre-Dame et commença une magnifique exposition du dogme catholique. Tous les instituts religieux rivalisèrent de zèle. La population de Paris, par son attitude aux funérailles du frère Philippe, supérieur général des écoles chrétiennes, mort en odeur de sainteté en 1874, montra qu'elle comprenait ce dévouement. On vit se multiplier les associations pour la prière. Les pèlerinages à Paray-le-Monial, source de la dévotion au Sacré-Cœur, à Lourdes, à la Salette, à Pontmain, où la sainte Vierge donna un nouveau témoignage sensible de son amour pour la France,

le 17 janvier 1871, à Notre-Dame du Sacré-Cœur à Issoudun, etc., grâce à l'affluence venue de toutes parts et à la présence des notabilités de tout ordre, revêtirent le caractère d'actes nationaux de supplication et de pénitence. Comme autrefois à la piscine probatique, de nombreux malades trouvèrent une guérison miraculeuse à la grotte de Lourdes. Nous ne pouvons nommer toutes les œuvres dévouées à la diffusion de la vérité et du bien. M. de Cissey établit l'œuvre fondamentale de la sanctification du dimanche et s'en fit l'apôtre. M. Albert de Mun fonda les cercles catholiques d'ouvriers. La question ouvrière fut non seulement étudiée, mais résolue conformément aux principes de l'Évangile, par de grands industriels chrétiens. Ces œuvres s'organisèrent, formèrent des comités. On se réunit dans des congrès, dans des assemblées générales, où le dévouement et l'éloquence de M. Chesnelong et d'autres orateurs illustres de la tribune rendirent d'éminents services (1). Quand on eut obtenu la liberté de l'enseignement supérieur, toutes les ressources s'unirent pour la mettre à profit, et bientôt la science incrédule et la politique radicale eurent à compter avec des institutions existantes et agissantes. On eut les universités de Paris, Lyon, Lille, Angers, Toulouse, et la faculté de théologie créée par Mgr Pie dans son grand séminaire (2).

Une des manifestations les plus chères à la piété des catholiques français fut le pèlerinage de Rome, la visite du glorieux et bien-aimé captif du Vatican. C'était, du reste, la consolation de Pie IX de voir la dévotion unanime du monde catholique envers la papauté. Çà et là quelques opposants à la définition de l'infaillibilité avaient d'abord objecté que la clôture du concile et la souscription des évêques manquaient à la validité du décret. Mais le cardinal Antonelli, dans une lettre du 11 août 1870 au nonce de Bruxelles, montra que c'étaient là de pures formalités accessoires. Il n'y eut plus de difficultés. Le 16 juin 1871, les députations de divers pays se joignirent aux Romains pour célébrer la 25e année de son pontificat. Ce terme n'avait pas été atteint depuis saint Pierre. Pie IX remercia de tous ces témoignages d'amour par l'encyclique du 5 août. Le 23 août suivant, il compléta les années de Pierre, qui a siégé à Rome 25 ans, 2 mois et 7 jours. Le triduum célébré à cette occasion par les Romains irrita les révolutionnaires ; ils provoquèrent des émeutes à l'entrée des basiliques, et Pie IX dut interdire pour l'avenir la célébration de prières publiques extraordinaires. Nous avons déjà parlé du 50e anniversaire de sa consécration épiscopale. Au milieu de ces démonstrations de la foi et de la piété, le saint pontife s'oubliait lui-même, sa parole, qui avait partout flétri le Culturkampf, répandait les encouragements et les conseils les mieux appropriés à la situation de chaque pays et de chaque Église (3).

Les offrandes de tous les diocèses de l'univers

---

(1) Voy. *revue politique*, par M. Eugène Veuillot, dans la *Revue du monde catholique*, nouvelle série, tome XIV, n° 75.

(1) Pour connaître tout ce mouvement, il faut lire les comptes rendus des congrès et assemblées, ainsi que les revues spéciales.
(2) Sur les Universités libres, voy. le *Bulletin de l'enseignement supérieur*, dans la *Revue du monde catholique*, à partir de la liv. 115, tome XXIV. En 1877, il a été publié à part sous le titre de *Courrier des Universités catholiques*.
(3) Voy. *Actes et paroles de Pie IX, captif au Vatican*, par M. Auguste Roussel.

ÉPILOGUE.

venaient secourir sa noble pauvreté. C'était pour lui le moyen de remédier à bien des maux produits par la révolution et de subvenir aux nécessités du gouvernement universel de l'Eglise. On avait voulu « ériger à Pie IX le Grand un trône d'or au nom de l'univers catholique. » Il déclina le titre de grand, et consacra l'argent destiné pour l'acquisition du trône au rachat des jeunes ecclésiastiques appelés dans les rangs de l'armée. Grâce aux mêmes secours et à la même magnanimité, les congrégations romaines continuèrent leurs fonctions, et, malgré toutes les spoliations accomplies, d'éminents professeurs du clergé régulier et séculier maintinrent à sa hauteur l'enseignement théologique qui est une des gloires de la ville du pape.

Parmi les actes de cette période de son pontificat, nous devons rappeler ici le décret du 8 septembre 1870, qui proclame saint Joseph patron de l'Eglise catholique; celui du 23 mars 1871, confirmé par un bref du 7 juillet, qui déclare saint Alphonse de Liguori, docteur de l'Eglise (cette décision occasionna une controverse, éteinte aujourd'hui, sur plusieurs points de la *Théologie morale* de saint Alphonse, principalement sur son système de la probabilité en morale).(1); diverses lettres par lesquelles Pie IX recommanda la méthode et l'enseignement philosophique de saint Thomas, tout en déclarant que, sur le point particulier de la composition essentielle des corps, la controverse demeurait libre (2).

Dans les pays de mission, l'heureux mouvement que nous avons décrit continuait, non toutefois sans difficultés ni sacrifices. Par un bref du 5 septembre 1876, l'Eglise bulgare-unie fut confiée à Mgr Nil Isvoroff, ancien évêque bulgare non-uni, converti au mois de janvier 1874. Le gouvernement ottoman le reconnut comme chef des Bulgares-unis. En vertu aussi d'un bref pontifical, les évêques d'Albanie tinrent un concile au mois d'octobre 1871. C'était le premier depuis 1703. L'église patriarcale de Jérusalem, fut consacrée le 11 février 1872 (3). Le schisme arménien affligea Pie IX jusqu'à la fin. Mgr Hassoun fut expulsé de Constantinople au mois de mai 1872, et remplacé par l'intrus Kupelian, qui ne fit sa soumission au successeur de Pie IX que le 18 avril 1879. Mgr Audu, patriarche de Chaldée, se laissa entraîner par cet exemple de rébellion. Il osa même sacrer plusieurs évêques de son chef, et en désigner un pour le Malabar, sous prétexte que ce pays avait relevé autrefois de son patriarcat. La fermeté que déploya le souverain Pontife contre ces attentats ramena Mgr Audu, qui à son tour eut à souffrir persécution de la part des dissidents (4).

Les massacres commis en Chine pendant l'année 1870 demeurèrent impunis, à cause des événements qui bouleversaient l'Europe. Les puissances eurent même la faiblesse d'accueillir un memorandum du gouvernement chinois contre les missionnaires. C'étaient les mandarins du Su-Tchuen qui en avaient préparé le tissu calomnieux, bientôt brisé par les réfutations de Mgr Desflèches. La persécution continua dans ce pays, même après que la légation de France eut obtenu amende honorable pour l'assassinat de M. Hue, missionnaire, et de Michel Tay, prêtre indigène, immolés à Kien-Kiang, au Su-Tchuen oriental, dans la nuit du 4 au 5 septembre 1873. Un simple lieutenant, M. Francis Garnier, parvint à dompter la cruauté de Tu-Duc, qui ne se lassait pas d'ensanglanter la Cochinchine. On lui doit ainsi qu'à Mgr Sohier, vicaire apostolique de la Cochinchine septentrionale le traité du 15 mars 1874, qui assure toute liberté à la prédication de l'Evangile, à la profession du christianisme, aux divers établissements religieux ou charitables, et promet la restitution des biens confisqués. Ce traité ne fut publié qu'au mois d'octobre 1875. Cette même année, le contre-amiral Dupré, gouverneur au Cambodge depuis 1871, obtint aussi la liberté la plus complète pour les missionnaires et les chrétiens. La Corée demeure fermée à son nouveau vicaire apostolique, Mgr Ridel, le missionnaire échappé au massacre de 1866 (1). Au Japon, les puissances européennes durent intervenir en 1873, pour protéger la liberté des chrétiens indigènes. En 1876, Pie IX institua un nouveau vicariat apostolique, dit du Japon septentrional (2).

Le zèle de Mgr Lavigerie, archevêque d'Alger, ouvrait une carrière féconde à ses deux instituts : les missionnaires d'Alger et les Sœurs des Missions d'Afrique. Les missionnaires comme les voyageurs, allaient attaquer l'Afrique centrale de tous les côtés. Jusque là, les religieux qui s'étaient succédé sous ce climat meurtrier n'avaient pas tardé à succomber. Depuis 1857, Mgr Comboni travaillait, à Vérone, à la formation d'un institut spécial qui préparât des hommes suffisamment aguerris. En 1872, cet institut fut chargé des missions de la Nigritie, et Mgr Comboni reçut le titre de provicaire (3). A la suite de la mort du fameux Théodoros, l'Abyssinie fut cruellement éprouvée par des dissensions civiles, puis par la guerre avec l'Egypte. La mission de ce pays eut à souffrir non seulement de la misère générale, mais encore de la persécution. En Amérique, nous devons signaler le diocèse de Saint-Albert, érigé, le 22 septembre 1871, pour les territoires si vastes et si déshérités du Nord-Ouest, qui, depuis 1870, font partie de la confédération du Canada (4). Le 31 mars 1874, a été établie une seconde province ecclésiastique d'Australie, ayant son siège à Melbourne. Les missions lointaines sont une des gloires les plus éclatantes du règne de Pie IX : à sa mort, il avait créé trente-trois vicariats et quinze préfectures apostoliques.

Dans les derniers mois de 1877, des symptômes alarmants annoncèrent le terme prochain de ce pontificat si tourmenté et si fécond. Depuis longtemps, les ennemis de l'Eglise attendaient ce moment critique. M. de Bismark s'était entendu avec

---

(1) Voy. sur cette controverse *Acta doctoratus, Vindiciæ Alphonsianæ, Vindiciæ Batteriuianæ, Vindiciarum Alphonsinianarum præfatio apologetica*, etc.
(2) V. *Analecta juris pontificii*, XVIe série, liv. 142, 144 et 145.
(3) Voy. *Annales de la Propagation de la Foi*, Mai 1872, n° 262.
(4) Voy. *Analecta juris pontificii*, XVIe série, livr. 139 ; XVIIIe série, livr. 159 et 161.

(1) Voy. *Histoire de l'Église de Corée*, par l'abbé Dallet. Paris, Palm, 1874. 2 vol. in-8.
(2) Voy. *Rapport de Mgr Osouf, premier vicaire apostolique; Annales de la Propagation de la Foi*, Mai 1878, n° 298.
(3) Voy. *Notice par Mgr Comboni, Annales*, etc., janvier 1878, n° 296, et mai 1878, n° 298.
(4) Voy. *Lettre de Mgr Grandin, des Oblats de Marie-Immaculée, évêque de Saint-Albert, Annales*, etc., 1881, n° 5.

les ministres italiens, et ceux-ci avec quelques ministres français, pour exercer une pression sur le conclave et en faire sortir un pape anti-infaillibiliste. Victor-Emmanuel étant venu à Rome, à la fin de décembre, ses ministres lui firent signer un décret ordonnant des funérailles royales en l'honneur de Pie IX et réglant les mesures nécessaires pour s'emparer du Vatican, aussitôt après sa mort. Deux incidents déconcertèrent ce plan. Le premier fut la mort de Victor-Emmanuel qui, retenu à Rome plus longtemps qu'il n'aurait voulu, tomba malade le 6 janvier et mourut le 9. A la suite des démarches faites, peu de temps auparavant, auprès de Pie IX, le souverain Pontife envoya, pour l'assister dans ses derniers moments, son propre sacriste, Mgr Marinelli. C'était encore trop tôt, au gré des ministres révolutionnaires. Mgr Marinelli fut éconduit. A la fin seulement, pour ne pas heurter les sentiments religieux du peuple, on introduisit le chapelain du roi. Malgré les dires de la presse impie, il fut établi que Victor-Emmanuel n'avait reçu le saint-viatique qu'après avoir fait les rétractations nécessaires. Aussi Pie IX permit-il au clergé de prendre part à la cérémonie des funérailles, qui furent célébrées, le 17 janvier, à Sainte-Marie-des-Martyrs, ancien Panthéon d'Agrippa, tandis que le gouvernement aurait voulu les célébrer dans une grande basilique. On se hâta de proclamer l'avènement du prince Humbert. Les francs-maçons et les garibaldiens vinrent figurer avec leurs bannières dans le cortège des funérailles. Le prince royal de Prusse prodigua les marques d'affection au jeune roi et à sa famille. Mais toutes ces démonstrations ne faisaient que trahir d'une manière plus sensible les craintes qu'occasionnait cette première transmission de la royauté usurpée. La plus grande préoccupation était manifestement d'épargner toute secousse à un trône mal consolidé et placé sur un sol mouvant. De son côté, le Saint-Siège ne manquait pas de renouveler l'affirmation de ses droits, en protestant, par une lettre aux rédacteurs de l'*Osservatore romano*, contre « des conciliations absurdes et impossibles, » dont certains esprits avaient voulu voir le gage dans le pardon suprême accordé à Victor-Emmanuel, et par une note du cardinal Siméoni aux ambassadeurs, contre la continuation de l'usurpation dans la personne du roi Humbert.

Le second incident fut le succès remporté par les Russes contre la Turquie. Dès le mois de mars 1871, la Russie avait provoqué une conférence à Londres sur la question d'Orient et obtenu l'abolition des clauses du traité de Paris qui entravaient sa puissance dans la mer Noire. En décembre 1877, une autre conférence se tint à Constantinople même. Elle était motivée par l'affreux désordre intérieur de la Turquie et par les sanglantes et iniques représailles que les musulmans exercèrent contre des populations chrétiennes inoffensives, après avoir vaincu la Serbie et le Monténégro, lancés secrètement par la Russie. Abdul-Aziz avait été assassiné en 1876; son neveu, l'incapable Mourad V, ne fit que passer sur le trône. Le nouveau sultan était le frère de ce dernier, Abdul-Hamid. Il refusa d'accéder aux propositions des puissances. La Russie lui déclara la guerre au commencement de 1877; après une lutte opiniâtre et des succès chèrement achetés en Europe et en Asie, les armées du czar marchaient sur Constantinople, au mois de février 1878. L'attention de toutes les puissances occidentales, et particulièrement de l'empire allemand, se tourna de ce côté.

Cependant Pie IX, s'éteignant peu à peu, était retenu sur son lit. Il en descendit pour la dernière fois, le 2 février. C'était le 75e anniversaire de sa première communion. Il voulut s'unir, en célébrant le saint-sacrifice, aux prières offertes pour lui dans l'univers catholique. Ensuite il distribua les cierges et fit une touchante allocution, exprimant sa gratitude pour tant de témoignages d'amour et recommandant l'espérance. Le 6, de graves accidents se déclarèrent, et le vénéré pontife mourut le lendemain, vers le soir, après avoir reçu les derniers sacrements dans la matinée.

L'impression profonde que ressentirent, à cette nouvelle, les amis et les ennemis de l'Eglise, prouva qu'au sentiment de tous, c'était la figure la plus imposante de l'histoire contemporaine qui venait de disparaître. Par sa grandeur d'âme, par la justesse et l'élévation de ses vues, Pie IX s'était toujours montré à la hauteur des circonstances. Aucun péril n'avait effrayé son courage, aucune épreuve n'avait lassé sa patience. Son éloquence subjuguait les âmes, son affabilité les gagnait et les captivait. Jamais pape avant lui ne fut aussi connu, aussi aimé, aussi respecté, à cause de son titre même et de ses qualités personnelles, dans toute l'étendue de la catholicité.

Les députations venues de toutes parts formèrent un concours immense à ses funérailles. Le 18 février, grâce aux circonstances, le conclave s'ouvrit, en toute liberté, au Vatican. On y comptait 61 cardinaux sur 64. Le 20, 44 suffrages se portèrent sur le cardinal camerlingue Joachim Pecci, ancien nonce de Bruxelles, évêque de Pérouse, qui prit le nom de Léon XIII. Il fut couronné le 3 mars, et continuant les nobles protestations de Pie IX, se renferma dans la même captivité laborieuse, qui est le prix dont la papauté paye en ce moment l'honneur de sauvegarder le dépôt intégral de la vérité et de la justice.

FIN DU TOME DOUZIÈME ET DERNIER.

TABLE DES MATIÈRES DU TOME DOUZIÈME.

LIVRE QUATRE-VINGT-ONZIÈME.

Ensemble et dénouement de l'histoire humaine.

De l'an 1802 à l'an 1848.

Ensemble et dénouement de l'histoire humaine, figurés par la statue prophétique de Nabuchodonosor et expliqués par Daniel, page 1.
Accomplissement de cette prophétie dans la succession des quatre grands empires, faisant place à l'empire du Christ, 2.
Accomplissement de cette prophétie et d'autres sur l'empire romain et sur la dizaine de royaumes formés de ses débris, 2.
Accomplissement des prophéties sur l'empire mahométan, 3.
Accomplissement de ces prophéties sur la dizaine de royaumes issus de l'empire romain, 3.
Succession de Pontifes romains et de souverains temporels, de 1802 à 1848, 3.
Projets de Napoléon après le concordat avec Pie VII, 4.
Un émissaire corse du gouvernement anglais vient solliciter Napoléon de se déclarer chef de la religion en France, comme font chez eux les rois d'Angleterre et de Prusse, et l'empereur de Russie, 4.
Le gouvernement anglais n'ayant pu persuader à Napoléon de se faire pape gallican, pour rompre l'unité et la force de la France, entreprend de le faire assassiner par certains royalistes de Bretagne, 5.
Vues de Napoléon. Il se fait élire empereur par le peuple français, et sacrer par le pape Pie VII, 5.
Réception du Pape en France de la part des populations. Ce qui lui arrive à Châlon-sur-Saône, 6.
Napoléon se fait couronner roi d'Italie à Milan, et transforme des républiques en royaumes, 6.
Situation de l'Allemagne politique, 6.
Réveil patriotique de l'Allemagne littéraire. Chants et écrits patriotiques de Klopstock, Stolberg, Goethe, Salzmann, 6.
Enthousiasme de l'Allemagne littéraire pour la révolution américaine, et même pour la révolution française, dont les seules énormités tournèrent son affection ailleurs, 7.
Tendance révolutionnaire de l'Allemagne princière et gouvernementale, 7.
Le gouvernement anglais coalise l'Allemagne et la Russie contre Napoléon, qui fait sa campagne d'Austerlitz. L'empereur François de Lorraine quitte le titre d'empereur romain, pour prendre celui d'empereur d'Allemagne. Napoléon métamorphose en rois les électeurs de Wurtemberg et de Bavière, nomme son frère Louis roi de la Hollande, son frère Joseph roi de Naples, son beau-frère Murat grand-duc de Berg, 8.
Sur une notification d'un envoyé de Napoléon, l'empire germanique se dissout pour faire place à la confédération napoléonienne du Rhin. L'empereur François ne prend plus que le titre d'empereur d'Autriche. Les princes napoléonistes deviennent pires que jamais envers leurs populations, 8.
Le roi de Prusse, n'ayant pas voulu ratifier un premier traité avec Napoléon, est obligé d'en subir un autre beaucoup plus dur, 9.
Le roi de Prusse, soutenu de la Russie, déclare la guerre en 1806 à Napoléon, qui remporte les victoires d'Iéna, d'Eylau, de Friedland, et fait la paix à Tilsitt, ôte au roi de Prusse la moitié de ses Etats pour former un royaume de Westphalie à son frère Jérôme, crée roi l'électeur de Saxe avec le duché de Varsovie pour cadeau. Naissance pécuniaire d'une dynastie juive, pour régner financièrement sur l'Europe en dissolution, 9.
Napoléon et Alexandre de Russie se partagent éventuellement le monde, 9.
L'empereur de Russie et le roi de Prusse pressent Napoléon de se déclarer pape dans ses Etats, comme eux dans les leurs. Napoléon s'y refuse, mais se promet de se servir du Pape même pour arriver encore mieux à ses fins, 9.
Comment un de ces rois allemands, par la grâce de l'empereur des Français, gouvernait ses peuples, en particulier les nobles, jusqu'alors ses égaux, 10.
L'Autriche déclare la guerre à Napoléon, occupé en Espagne, d'où il revient pour battre les Autrichiens à Eckmuhl et à Wagram, et pour forcer leur empereur à lui donner en mariage une de ses filles, qu'il épouse, après avoir fait déclarer la nullité de son mariage avec la veuve Beauharnais, 10.
Napoléon, mécontent de son frère Louis, supprime le royaume de Hollande, envoie son frère Joseph être roi d'Espagne, son beau-frère Murat, de Naples, et invente le sucre de betterave, 11.
Comment les Bourbons de Naples et d'Espagne, qui avaient trompé Pie VI pour le dépouiller de ses domaines, ont été récompensés par la Providence; et d'abord ceux de Naples, 11.
Comment les Bourbons d'Espagne, dominés par le favori nommé Godoï, facilitèrent à Napoléon l'invasion de leur royaume, 11.
Conduite plus noble du peuple espagnol, notamment du peuple et de la garnison de Sarragosse, 13.
Un homme dont la conduite est plus noble encore, c'est le pape Pie VII, 14.
Plan de conduite raisonnée de Napoléon vis-à-vis de l'Eglise et du Pape, 14.
Exécution initiale de ce plan dans les *Articles organiques*, 14.
Négociations pour amener Pie VII à venir sacrer Napoléon en France, 14.
A Florence, d'après le conseil d'un agent anglais, on supplie le Pape de ne pas aller plus loin : Pie VII s'y refuse, 14.
Réflexions du cardinal Pacca sur le choix des cardinaux qui accompagnèrent Pie VI à Vienne et Pie VII à Paris, 15.
Arrivée du Pape à Fontainebleau, 15.
Discours que lui adresse François de Neufchâteau, président du sénat, 15.
Discours de Fontanes, président du Corps législatif, 15.
Discours de Fabre (de l'Aude), président du Tribunat, 16.
Observation sur un passage de ce dernier discours, 17.
Conduite très respectueuse de quatre évêques constitutionnels, particulièrement de Lecoz de Besançon, 17.
Pie VII oblige Napoléon à se marier ecclésiastiquement avec la veuve Beauharnais, 17.
Cérémonies du couronnement. Manière dont en parle le journal officiel, 17.
Visites de Pie VII aux églises de Paris, 18.
Consistoire du Pape à Paris, où il institue plusieurs évêques, 18.
Comment on eut à Rome des nouvelles du couronnement à Paris, 19.
Inondation du Tibre : belle conduite du cardinal Consalvi, 19.
Efforts du Pape pour remédier aux maux de l'Eglise universelle. Ses ménagements délicats pour le ministre Portalis, 19.
Il obtient le rétablissement des Lazaristes, du séminaire des *Missions étrangères*, et de celui du *Saint-Esprit*, 20.
Mémoire demandé au Pape sur les charges de l'Eglise romaine. Réponse mémorable qu'y fait Napoléon, 20.
Pourquoi Pie VII ne partait pas de France. Réponse sublime qu'il fait à certaines insinuations, 20.

Son retour à Rome, 21.

Lettre bien remarquable de Pie VII à Napoléon, sur la demande en nullité du mariage de son frère Jérôme, 22.

Pie VII donne le chapeau de cardinal à un frère de l'empereur d'Autriche, 24.

Le cardinal Fesch, ambassadeur de France à Rome, où le Pape favorisait son neveu Lucien Bonaparte, se montre peu conciliant envers le cardinal Consalvi, principal ministre de Pie VII, 24.

Napoléon fait occuper despotiquement le port d'Ancône. Lettre que lui écrit à ce sujet Pie VII. Réponse inconvenante de Napoléon. Réplique digne du Pontife, 24.

Lettre impertinente de Napoléon au Pape, qui lui répond avec dignité, calme et affection, 25.

Présomption incroyable de Napoléon, qui regrette de ne pouvoir se dire fils de Jupiter, comme Alexandre de Macédoine, 26.

Napoléon remplace le cardinal-oncle Fesch, dans l'ambassade de Rome, par le protestant et régicide Alquier. Remontrance assez téméraire du cardinal-oncle au Pape, 27.

Napoléon enlève au Pape les principautés de Bénévent et de Ponte-Corvo, pour des raisons fort curieuses, et les donne à un évêque marié et à un général protestant, 27.

Napoléon, pour réduire le Pape à quelque concession honteuse ou le peuple à la révolte, fait occuper militairement plusieurs villes et provinces des États-Romains ; à quoi Pie VII répond avec un calme et une confiance qui étonnent l'ambassadeur protestant et régicide, 28.

Pie VII canonise cinq bienheureux : François Caracciolo, Benoît de Saint-Philadelphe, Angèle Mérici, Colette Boilet, Hyacinthe Mariescotti, 28.

Vers la fin de 1807, Napoléon rend plusieurs décrets favorables au clergé et aux congrégations religieuses, 28.

Plaintes menaçantes de Napoléon contre le Pape, 29.

Lettre violente de Napoléon à son beau-fils Beauharnais contre le Pape. On y lit ces paroles prophétiques : « Que veut faire Pie VII en me dénonçant à la chrétienté ! Mettre mon trône en interdit, m'excommunier ? Pense-t-il alors que les armes tomberont des mains de mes soldats ! » 29.

Le bon pape Pie VII, lorsque Beauharnais envoie cette lettre, ne la communique point aux cardinaux, tant elle lui paraît faire peu d'honneur à Napoléon, 29.

Conduite chrétiennement peu prévoyante de certains cardinaux. De toutes les violences et menaces de Napoléon, Pie VII en appela au jugement de Dieu, 30.

Prudence avec laquelle Pie VII évite le piège qui lui est tendu, lors du second mariage de Jérôme Bonaparte, 30.

Paroles de Bossuet, sur la nécessité où se trouve l'Église romaine de conserver sa neutralité et l'indépendance de son domaine temporel, 30.

Le 2 février 1808, les troupes de Napoléon entrent dans Rome sous le commandement du général Miollis. Notification et protestation du Pape, 30.

Pie VII se considère dès lors comme prisonnier, 31.

Violences du général français, qui expulse de Rome la plupart des cardinaux, entre autres, le préfet Cavalchini, gouverneur de Rome. Lettre admirable de celui-ci au Pape, 31.

Napoléon enlève au Pape trois provinces, sous des prétextes qu'on ne devinerait guère, 32.

Pie VII érige l'évêché de Baltimore en métropole, et crée quatre évêchés suffragants dans les États-Unis d'Amérique. État de cette lointaine Église jusqu'en 1815, 32.

Décret de la congrégation des Rites, qui déclare *vénérable* Marie-Clotilde de France, reine de Sardaigne, et sœur de Louis XVI, 32.

Le général français se permet des violences jusque dans le palais du Pape. Présent que font à Pie VII les pêcheurs transtévérins, 33.

Premier siège de Sarragosse. Les députés espagnols viennent féliciter le Pape sur sa résistance. Une frégate anglaise s'offre à le transporter en Sicile, 33.

Le général français envoie prendre, dans le palais pontifical, Pacca, ministre du Pape. Pie VII s'y oppose de sa propre personne, 33.

Le 17 mai 1809, par un décret daté de Vienne, Napoléon vole au Pape la ville de Rome et la déclare ville impériale, 33.

Le 10 juin, le général Miollis publie à Rome ce décret de spoliation. Le lendemain, on trouve affichée dans tous les lieux ordinaires la bulle pontificale de Pie VII, excommuniant tous les auteurs et fauteurs des spoliations qu'avait éprouvées le Saint-Siège, 34.

Dans la nuit du 5 au 6 juillet, le général Radet, ayant pour principal guide un voleur, enfonce la demeure du Pape, pour le conduire, disait-il, chez le général Miollis avec le cardinal Pacca, mais dans le fait pour les traîner en exil, 35.

Dénûment où se trouvent le Pape et le cardinal captifs, 36.

Réflexions du cardinal Pacca sur cet événement, 86.

Divers incidents de cette déportation de Pie VII. Dévotion des populations italiennes pour sa personne, 37.

Arrivée du Pontife prisonnier à la Chartreuse de Florence. Conduite d'une sœur de Napoléon envers le captif, 38.

Relation mensongère du général Miollis à Napoléon, 38.

Suite de la déportation du Pape. La dévotion, l'enthousiasme du peuple augmentent à mesure qu'il approche de la France. A l'entrée de Grenoble, il trouve agenouillée sur la route et bénit avec effusion, la garnison prisonnière de Sarragosse, 39.

Le cardinal Pacca est emprisonné pendant trois ans et demi à Fénestrelle, dans les Alpes, 40.

Le Pape, à travers les populations accourues et agenouillées sur son passage, est déporté, par Valence, Avignon, Aix, Nice, à Savone, où le préfet Chabrol se fait son geôlier, 40.

Déportation de la plupart des cardinaux à Paris, 41.

Entretien de Napoléon, à Fontainebleau, avec l'abbé Emery, supérieur de Saint-Sulpice, sur les affaires de l'Église, 41.

Napoléon assemble une commission ecclésiastique, pour lui aider à se passer du Pape dans l'institution des évêques, 42.

Notice sur le cardinal Maury, 42.

— sur M. de Barral, archevêque de Tours, 42.

— sur M. Duvoisin, évêque de Nantes, 43.

Position difficile du Pape, privé de ses conseillers, et exposé aux tromperies de certains prélats courtisans, 43.

Réponse ferme du Pape prisonnier au cardinal Caprara et à d'autres prélats, 43.

Commission de prélats français : ses réponses de courtisans plus que d'évêques aux questions de Napoléon. Jugement de ces réponses par le cardinal Pacca et l'historien Picot, 44.

Conduite peu épiscopale des mêmes évêques dans l'affaire du divorce de Napoléon, 45.

Mariage de Napoléon avec l'archiduchesse Marie-Louise d'Autriche. Exil des plus dignes cardinaux, 45.

Notice sur le cardinal Mattéi, 45.

— sur le cardinal Litta. Ses *Lettres sur les quatre articles du clergé de France*, 46.

Napoléon entreprend de faire donner à ses évêques nommés, les pouvoirs de vicaires capitulaires, contrairement au discours concile œcuménique de Lyon, qui défend et annule des pouvoirs ainsi donnés, 47.

Lettre de Pie VII au cardinal Maury, qui avait accepté les pouvoirs de vicaire capitulaire de Paris. Lettres semblables à l'abbé d'Astros, véritable vicaire capitulaire de Paris, et à l'archidiacre de Florence, où Monseigneur d'Osmond, évêque de Nancy, avait été nommé, 47.

Colère de Napoléon en voyant cette fermeté du Pape. Persécution contre les prélats les plus fidèles. Lettre ignoble et outrageuse du préfet Chabrol au Pape captif, 48.

Adresse mensongère du chapitre de Paris, qui sert à en provoquer de semblables en France et en Italie, 48.

Réponses peu honorables de la commission ecclésiastique à Napoléon, à qui elle conseille d'amener doucement les peuples à ses innovations contre le Pape, 49.

Napoléon, dans une audience solennelle à ses évêques de cour, déclame contre le Pape. Un vieux prêtre s'y rencontre, qui apprend le catéchisme aux évêques et à Napoléon, lequel se montre très-content, non pas des évêques, mais du vieux prêtre, qui meurt peu après, 49.

Ce que le cardinal Pacca conclut de là, 51.

Napoléon envoie au Pape une députation de trois évêques français ; qui rappellent les deux Eusèbe de l'arianisme, et qui conseillent à Napoléon d'amener le Pape par lassitude à ce qu'on voudra, 51.

Instructions impériales aux trois évêques. Leur rôle de tentateurs pour circonvenir le Pontife prisonnier, et l'amener à quelque concession déshonorante, 51.

Concile impérial de 1811. Évêques qui y sont appelés par Napoléon. Évêques qui y manquent, 52.

Loi et condition essentielles de tout concile légitime, proclamées dans le IVe siècle par le pape saint Jules et par les historiens grecs Socrate et Sozomène, 52.

Ce que, dans un cas semblable à celui de 1811, saint Avit de Vienne déclara, au nom de tous les évêques des Gaules, au commencement du VIe siècle, 53.

Première et unique session du concile de 1811. Présidence du cardinal-oncle. Discours de l'évêque de Troyes. Serment d'obéissance au Pape, 53.

Prétention du ministre civil des cultes à dominer l'assemblée, à quoi le cardinal-oncle prête les deux mains, 54.

Manifeste déclamatoire de Napoléon contre le Pape. Ce que firent, dans un cas semblable, les évêques de France et d'Italie en l'année 880, 54.

Seconde et troisième congrégations générales, 55.

Quatrième congrégation. Discussion sur l'adresse à Napoléon. Les évêques italiens se plaignent qu'on y parle des quatre articles

TABLE DES MATIÈRES.

de 1682. L'évêque de Chambéry, Dessôles, propose d'aller tous ensemble demander à Napoléon la liberté du Saint-Père, 55.

Dans la cinquième congrégation, l'évêque de Nantes lit l'adresse, en ajoutant qu'elle avait l'approbation de l'empereur. L'assemblée y ayant fait toutefois des changements, Napoléon n'en veut plus, 55.

Congrégation particulière où l'on traite des concessions arrachées au Pape par la députation à Savone, ainsi que des moyens de se passer de son autorité pour avoir des évêques, 55.

La majorité vote contre la compétence du concile à décider ces questions, et ne trouve point les concessions de Savone dans les formes, 56.

Napoléon, irrité, dissout le concile, et emprisonne au donjon de Vincennes les évêques de Gand, de Tournay et de Troyes, 56.

Parallèle entre le concile de Paris, sous Napoléon, et celui de Rimini, sous l'empereur Constance, 57.

Disposition d'esprit de Napoléon. Après avoir dissous le concile dans un accès de colère, il prend les évêques un à un, et leur persuade d'approuver une série d'articles qui doivent être soumis au Pape par une députation, 57.

Avec la députation d'évêques de cour, on envoie au Pape cinq cardinaux, peu fidèles ou peu capables, pour le circonvenir, 58.

Notice sur le cardinal Roverella, qui trompe la confiance de Pie VII, et lui arrache des concessions préjudiciables à l'Église, 58.

Napoléon refuse d'accepter les concessions obtenues, et en demande d'autres, que le Pape refuse à son tour. Cause de cette variation de Napoléon, 59.

Le 9 mai 1812, il sort de son palais pour marcher contre la Russie, et fait déporter Pie VII de Savone à Fontainebleau, 59.

Orage épouvantable qui assaille l'armée française sur la frontière de Russie, et en convainc des lors les revers, 60.

On remarque avec étonnement que Napoléon n'a plus la même vigueur de tête ni de corps, 60.

Bataille manquée de Smolensk. Bataille terrible de la Moscowa, où l'on ne reconnaît plus le génie de Napoléon. La cause secrète est un mal de bas étage, 60.

Les Français entrent à Moscou, et les Russes y mettent le feu, 61.

Les Français sortent de Moscou le 19 octobre 1812. Difficulté de leur retraite au milieu des tempêtes de neige et de froid. Imprévoyance inexplicable des chefs. Les armes tombent des mains engourdies du soldat, 61.

Passage de la Bérésina, 62.

Un mot sur un commandant de la garde, Vaudeville, et sur le général Drouot, qui se trouvèrent à ce passage, 93.

Horreurs que les débris de l'armée française ont à souffrir, en particulier des Juifs de Vilna, 63.

Souffrances de Pie VII dans sa déportation de Savone à Fontainebleau, où il est obsédé par les cardinaux et les évêques de cour, 64.

Napoléon, revenu de Moscou à Paris, renoue les négociations avec Pie VII et finit par lui arracher un concordat provisoire, qu'il fait ensuite publier comme sa parole, 65.

Sentiments et conduite peu honorables de plusieurs évêques de France et d'Italie envers le Pape, 66.

Le cardinal Pacca, venu de Fénestrelle à Fontainebleau, trouve Pie VII dans un état d'affliction alarmante, à cause de la concession funeste où on lui a arrachée sous le nom de concordat de Fontainebleau, 67.

Les cardinaux les plus dévoués au Saint-Père tombent d'accord que, pour sauver son honneur et les intérêts de l'Église, il doit adresser à Napoléon une rétractation nette et franche des concessions qu'on lui a arrachées par surprise. Pie VII le fait courageusement, et récupère aussitôt la sérénité de son âme et la santé de son corps, 68.

Malgré son dépit, Napoléon dissimule. Il exile quelques cardinaux, déclare le concordat loi de l'empire, obligatoire pour tous les évêchés de France et d'Italie, 69.

Pie VII rédige une protestation contre l'un et l'autre décret, ainsi qu'une bulle pour la vacance éventuelle du Saint-Siège, 70.

Dernière campagne de Napoléon en Allemagne. Charité des prêtres et des fidèles envers les soldats qui en revenaient malades et mourants, 70.

Tentatives de Napoléon pour se rapprocher du Pape. Divers personnages employés à cette fin, 70.

Situation des évêques de Troyes, de Gand et de Tournay, ainsi que de leurs diocèses, 71.

Le 22 janvier 1814, par ordre de Napoléon, Pie VII part de Fontainebleau vers le midi de la France, et les cardinaux sont emmenés en différentes villes, 72.

Le 4 avril, après sa campagne de France, Napoléon est contraint d'abdiquer à Fontainebleau, pour être confiné dans l'île d'Elbe, 73.

Voyage triomphal de Pie VII à travers la France, 73.

Conduite sublime de Pie VII avec Joachim Murat, roi de Naples, 73.

Lettre affectueuse de Lucien Bonaparte à Pie VII sur son retour, 74.

Entrée de Pie VII à Ancône. Ses attentions bienveillantes pour la mère de Napoléon et le cardinal Fesch, 74.

Entrée de Pie VII à Rome. Sa bonté envers des personnages coupables, 74.

Voyage bien différent de Napoléon, de Fontainebleau à l'île d'Elbe, 74.

Son retour en France, 74.

Faiblesse, aveuglement et négligence des ministres de Louis XVIII, 75.

Règne trimestriel de Napoléon. Il perd la bataille de Waterloo, est déporté à l'île Sainte-Hélène, et y meurt réconcilié avec Dieu et les hommes, 75.

Conduite de Pie VII pendant les Cent-Jours. Fin du roi Murat, 75.

Congrès de Vienne pour la réorganisation politique de l'Europe. Coalition des grandes puissances contre N poléon revenu de l'île d'Elbe. Offres secrètes de l'Autriche à Napoléon, 75.

Restitution au Saint-Siège de ses possessions territoriales. Préséance accordée à ses nonces parmi les ambassadeurs, 76.

Distribution de l'Allemagne et de l'Italie entre les princes, 76.

A quelles conditions, de la part des alliés, Louis XVIII rentre à Paris. Il amnistie les royalistes qui l'avaient suivi à Gand. Ce que les souverains alliés font payer à la France, 76.

Comment les petits princes ecclésiastiques et séculiers, ainsi que les peuples et les villes libres d'Allemagne, sont traités par la confédération de trente-huit princes plus puissants, 77.

Réflexions du cardinal Pacca sur le résultat de ces spoliations, par rapport au catholicisme en Allemagne et par rapport au protestantisme, 77.

Le protestant Menzel observe que toutes ces révolutions tournèrent vers l'Église catholique les meilleurs esprits de l'Allemagne protestante, 78.

Parallèle entre le protestantisme et le catholicisme, par un écrivain protestant, Ardenberg dit Novalis, 78.

Remarque sur le nombre de catholiques qu'il peut y avoir parmi les protestants, 78.

Retour de plusieurs princes allemands à la religion catholique, 79.

Le prince Adolphe de Mecklenbourg-Schwérin, 79.

Le prince Frédéric de Hesse-Darmstadt et le duc d'Anhalt-Cœthen, 79.

La comtesse Frédérique de Solms-Bareuth, 79.

La princesse Charlotte de Danemarck, 80.

Le comte de Stolberg. Ses ouvrages, 80.

Conversion du littérateur-poète Zacharie Werner, qui se fait prêtre et religieux, 83.

Jean-Auguste Stark. Son *Banquet de Théodule* et son *Triomphe de la philosophie*, 83.

Conversion de Frédéric de Schlégel. Son génie. Ses nombreux ouvrages, 83.

Beaucoup d'autres conversions sont à lire dans un recueil à part, 86.

Charles-Louis de Haller, patricien de Berne. Ses écrits, 86.

Esselinger, de Zurich, ministre protestant, devient prêtre catholique. Ses travaux littéraires, 88.

Vie, travaux et conversion de Frédéric Hurter, président du consistoire de Schaffhouse, 89.

État du protestantisme à Genève. Les momiers, 91.

État du catholicisme à Genève, 91.

Conversion de Pierre de Joux, ancien pasteur de Genève, puis président du consistoire protestant de Nantes. Ses *Lettres sur l'Italie*, 91.

Comment la Providence s'est servie de la révolution française pour réveiller le catholicisme en France et l'étendre ailleurs, notamment en Angleterre, 92.

Préventions incroyables de certains Anglais contre les catholiques, 92.

Nombre des catholiques dans la Grande-Bretagne, 92.

Causes de leur accroissement. Difficulté entre les catholiques, touchant leurs relations avec le gouvernement anglais, 93.

Différentes motions dans le parlement pour l'émancipation des catholiques qui enfin leur est accordée en 1829, 93.

Substance du bill d'émancipation, qui est dû principalement aux efforts indomptables de l'Irlandais Daniel O'Connell, 93.

Physionomie des catholiques anglais pendant leur oppression; elle devient toute différente depuis l'émancipation, 94.

Constructions d'églises, sociétés de bonnes œuvres, association de prières pour la conversion de l'Angleterre, fondée par un fils de lord Spenser, devenu prêtre catholique de ministre anglican, 94.

Institut catholique de la Grande-Bretagne pour la propagation des vérités catholiques par toute la terre, 95.

TABLE DES MATIÈRES.

Collèges catholiques d'Angleterre, dont les élèves peuvent prendre leurs grades à l'Université de Londres, 95.

Le gouvernement anglais trouve les ouvriers catholiques plus laborieux et mieux disciplinés, 95.

Société de tempérance ou d'abstinence, fondée et propagée par le Père Mathew, Capucin. Ses succès prodigieux en Irlande et en Angleterre, 96.

Hiérarchie de l'Angleterre catholique. L'évêque Wiseman, 97.

Nombre de missionnaires, de collèges, de monastères, etc., en 1843, 97.

La congrégation des Passionnistes, fondée en Italie par Paul de la Croix, pour la conversion de l'Angleterre, 97.

L'ordre des *Frères de la Charité*, fondé à Rome par l'abbé Rosmini, se dévoue de même à la conversion de la nation anglaise, 98.

Les universités exclusivement protestantes d'Oxford et de Cambridge commencent elles-mêmes à fournir à l'Eglise catholique des néophytes, des prêtres et des missionnaires, en particulier le docteur Newman, 98.

Le gouvernement d'Angleterre plus libéral et plus confiant envers le catholicisme, que les gouvernements de France, 99.

L'évêque Wiseman reconnaît, comme une chose évidente, que ce mouvement religieux de l'Angleterre ne vient pas des hommes, mais de Dieu seul, 99.

Autant peut-on dire du bien qui s'opère en France : tel que *Association pour la propagation de la foi*, œuvre de la Sainte-Enfance, archiconfrérie en l'honneur du Cœur de Marie, dévotion du mois de Marie, 99.

Foi plus vive en Dieu et à son Eglise, parmi les fidèles de France. Ce qui a pu y contribuer, 99.

Tradition de l'Eglise sur l'institution des évêques, par les deux frères de Lamennais. Résumé de cet ouvrage, 100.

Notice sur les deux frères, 101.

Congrégation de Frères d'école, fondé par l'abbé Jean de Lamennais, 102.

Ensemble de bonnes œuvres en Bretagne, pour l'éducation et l'édification chrétiennes, 102.

Grands services rendus à l'Eglise catholique par le comte Joseph de Maistre. Résumé de son ouvrage *Du Pape*, 102.

Résumé de son ouvrage *De l'Eglise gallicane*, 105.

Son observation sur l'*Histoire de Bossuet*, par M. de Bausset, 106.

Ouvrages de M. de la Luzerne, évêque de Langres, peu sûrs pour la doctrine, 106.

Absence d'idées nettes et orthodoxes sur la grâce et la nature, dans les écrits apologétiques de M. de la Luzerne, et dans les *Conférences* de l'abbé Frayssinous. Inconvénients de cette absence, ainsi que d'autres ouvrages des mêmes auteurs, 107.

Influence fâcheuse des opinions antiromaines sur la marche du gouvernement des Bourbons vis-à-vis de l'Eglise et de son chef, 108.

Bonnes réflexions de Monseigneur d'Aviau, archevêque de Bordeaux, sur ce sujet, 108.

Lettre bien différente d'un autre prélat plus courtisan qu'évêque, 109.

Les évêques de cour ayant refusé au Pape la démission de leurs sièges, il en naît un commencement de schisme sous le nom de *Petite église*, 109.

Nouveau concordat du 25 août 1816, à l'occasion duquel Louis XVIII demande leur démission, non pas aux prélats anticoncordataires, mais aux évêques qui gouvernaient les diocèses en vertu du concordat de 1801 : motif pourquoi, 109.

Conduite diverse des évêques en cette occasion. Lettre vraiment épiscopale de l'archevêque de Bordeaux à Louis XVIII, 110.

Les évêques de cour, non démissionnaires, écrivent enfin au Pape pour l'assurer de leur obéissance et s'excuser de leur résistance passée, 110.

Le concordat de 1816 n'est point exécuté. L'avocat Lainé, ministre de l'intérieur, s'érigeant en pape civil, ordonne aux professeurs de théologie la croyance des quatre articles de 1682. Lettre que lui écrit à ce sujet l'archevêque de Bordeaux, 110.

Le 11 juin 1817, autre concordat, qui rétablit celui de Léon X et de François Ier, lequel augmente la confusion dans les affaires ecclésiastiques de France, par l'impéritie du roi et de ses ministres, 111.

Remède provisoire que Pie VII apporte à ces incohérences du gouvernement français, 111.

L'abbé Frayssinous publie ses *Vrais principes de l'Eglise gallicane*. Lettre remarquable que lui écrit à ce sujet l'archevêque de Bordeaux, 111.

Lettre du même archevêque à M. Duclaux, supérieur de Saint-Sulpice, sur l'injonction civile aux professeurs d'enseigner les quatre articles, 112.

Lettre analogue du même archevêque à l'avocat Corbière, devenu ministre de l'intérieur, 113.

Notice biographique sur ce digne archevêque de Bordeaux, 114.

Apparition d'une croix à Migné, diocèse de Poitiers, à la fin d'une mission catholique. Enquête et procès-verbaux touchant le fait. Conséquences, 114.

De la religion considérée dans ses rapports avec l'ordre politique et civil, par l'abbé F. de Lamennais. Résumé de cet ouvrage, 115.

Il est déféré par l'avocat Corbière au tribunal de police correctionnelle, qui déclare *correctionnellement*, en 1826, que la Déclaration de 1682 est une loi de l'Etat, malgré la charte, qui reconnaissait la liberté de tous les cultes, 116.

Le même ouvrage est déféré par l'abbé Frayssinous à quatorze évêques de cour, qui adressent leur déclaration doctrinale, non pas au Pape, mais au roi Charles X, 116.

Quel est, d'après l'interprétation de Bossuet et des quatorze évêques, le fond du premier article de la Déclaration gallicane; et comment il sert à justifier le meurtre de Louis XVI, celui du duc d'Enghien et enfin l'expulsion de Charles X en 1830, 116.

Assertion aventureuse des quatorze évêques, relevée par un laïque, M. Henrion, 117.

Autre méprise de leur part, 117.

Le ministre du roi demande aux évêques des provinces de souscrire à la Déclaration de 1826. Grande diversité dans les réponses, que le journal officiel donne toutes pour des adhésions complètes. Réflexions d'un évêque à ce sujet, 117.

M. Frayssinous s'élève à la tribune parlementaire contre la propagation des doctrines ultramontaines. A quoi il parut deux réponses : *Lettre d'un anglican à un gallican; lettres d'un membre du jeune clergé à Monseigneur l'évêque de Chartres*, 117.

M. Frayssinous essaie de créer une nouvelle Sorbonne *pour être la gardienne des maximes françaises*. Son projet avorte. La France n'a pas une seule faculté canonique de théologie, 117.

L'évêque Feutrier de Beauvais, ministre de Charles X, en 1828, aux évêques de France, la liberté de confier l'enseignement des écoles ecclésiastiques aux hommes qu'ils jugeraient le plus à propos, 118.

Les évêques de France protestent contre cette persécution de leur collègue, mais finissent presque tous par ployer sous sa main impérieuse, 118.

Etrange superstition de légitimisme à cette époque, 119.

L'armée de Charles X fait la conquête d'Alger et de l'Afrique Charles X est expulsé de Paris et de la France, 119.

Le clergé et les fidèles de France consultent le Pape sur la conduite à tenir dans cette révolution soudaine, et s'en tiennent à sa décision, 119.

Passage de la famille d'Orléans sur le trône de saint Louis, 119.

Notice sur la princesse Marie d'Orléans, notamment sur sa mort édifiante, 119.

Notice sur le duc d'Orléans, et sa mort tragique, 120.

Dernier entretien du roi Louis-Philippe avec l'archevêque de Paris, Denys Affre, 121.

En février 1848, la famille d'Orléans, au comble de la prospérité, est expulsée de Paris et de la France, sans la préméditation de personne; tous les rois et les peuples de l'Europe en sont ébranlés : la seule Eglise de Dieu apparaît tranquille et confiante, 121.

Circonstances providentielles qui ont amené l'auteur de cette Histoire à la concevoir et à l'écrire. Ses lectures et études à la maison, au collège et au séminaire, 122.

Idées qui lui vinrent au séminaire pour concilier la bonté de Dieu avec l'éternité des peines, 122.

Hommes qui lui furent particulièrement des conseillers et des amis, 123.

Ses occupations à Insming et à Lunéville. Ce qui lui manquait pour ses études, 123.

Apparition du premier volume de l'*Essai sur l'indifférence en matière de religion*, et enthousiasme qu'il excite, 123.

Apparition du second volume : doutes qu'il soulève. L'auteur de cette Histoire expose à M. F. de Lamennais comment il comprend le fond de son livre. M. de Lamennais lui répond qu'il l'a parfaitement compris, 123.

Autres observations sur le deuxième volume de l'*Essai*, 124.

Pour bien s'entendre, il manquait de part et d'autre une connaissance précise des vrais sentiments d'Aristote et de Descartes, qui au fond sont les mêmes, 124.

A quelle occasion fut rédigé le *Catéchisme du sens commun*, 125.

L'auteur est appelé à prêcher des missions dans le diocèse, 125.

Sa correspondance avec M. de Haller, au sujet de sa *Restauration de la science politique*, 125.

Avec le consentement de son évêque, il se réunit à M. l'abbé F. de Lamennais, alors persécuté pour la cause de l'Eglise romaine, 126.

En s'occupant de quelques petits écrits, il aperçoit le but précis et final de ses études, et s'y applique sans relâche, 126.

TABLE DES MATIÈRES.

En 1828, il refuse, et pourquoi, d'adopter et même d'écrire un plan combiné de philosophie et de théologie, dicté par M. F. de Lamennais, et se propose d'en combattre formellement la tendance, 126.

A quelle occasion et dans quel but fut composé l'ouvrage *Des rapports naturels entre les deux puissances d'après la tradition universelle*, 127.

Observations et anecdotes sur l'*Essai de philosophie catholique*, par M. F. de Lamennais, 127.

Occasion et but de l'opuscule *De la grâce et de la nature*, 127.

Quelle part l'auteur prit à la rédaction de l'*Avenir*, 127.

M. F. de Lamennais adopte en 1832 ses idées sur la grâce et la nature, 127.

Ce que M. F. de Lamennais eut à souffrir de la part de certains amis de circonstances, 127.

Observations sur une censure de treize évêques, 128.

Occasion et but de *La Religion méditée*, 129.

Lettre de 1835 à M. F. de Lamennais sur ses *Paroles d'un Croyant* et ses *Troisièmes mélanges*, 129.

Anecdote sur la publication des *Paroles d'un Croyant*, 131.

Les deux encycliques de Grégoire XVI sur ces matières. Lettre explicative du cardinal Pacca à M. F. de Lamennais, 131.

Tous les anciens amis de M. F. de Lamennais se soumirent aux encycliques de Grégoire XVI, en particulier l'auteur de cette Histoire, 132.

Insoumission de M. F. de Lamennais à la seconde encyclique. Son caractère et causes de ses égarements, d'après l'*Ami de la religion*, 133.

Vie et ouvrages de Louis de Bonald. Il lui manquait une connaissance plus exacte de la doctrine de l'Eglise sur la nature et la grâce, 133.

Méprise assez commune sur le sens de ces paroles de l'apôtre : *Rationabile obsequium vestrum*, 137.

Rapports de M. de Bonald avec Napoléon et son frère Louis, roi de Hollande. Ses dernières années, 137.

La Philosophie séparée de la foi. Hégel, 140.

Jugement de M. Charaux sur Fichte, Schelling et Hégel, 140.

L'hermésianisme, 140.

Le fidéisme de M. Bautain, 141.

L'exégèse protestante et rationaliste en Allemagne. Paulus, 141.

Strauss, sa *Vie de Jésus*, 141.

Bauer et Feuerbach, 142.

La philosophie : matérialistes : Cabanis, Broussais, Lavater et Gall, 142 et 143.

Incrédules : Destutt de Tracy, Dupuis et Volney, 143.

La philosophie écossaise : Thomas Reid et Dugald-Stewart, 143, Royer-Collard et les doctrinaires, 143.

La philosophie éclectique : Cousin, Jouffroy, 144 et 145.

L'école progressiste : Saint-Simon (Claude-Henri de), Fourier, Pierre Leroux, Hippolyte Carnot, Buchez, etc., 145 et 146.

Sectes religieuses : Châtel, Vintras, Pierre Michel, 147.

Le monopole de l'Université en France et l'agitation catholique, 147.

L'Italie depuis 1815 jusqu'en 1846, 147.

Succession des Papes, 148.

Tentatives révolutionnaires comprimées par l'Autriche, 148.

Louis-Napoléon Bonaparte et Monseigneur Antonelli, 148.

Le *Memorandum* de 1831, 148.

Réformes accomplies par Grégoire XVI, 148.

L'Encyclique Mirari, 148.

Guerres de succession en Espagne, 148.

Révolution de 1830 dans les Pays-Bas ; séparation de la Belgique d'avec la Hollande, occasionnée par la conduite déloyale et despotique de Guillaume de Nassau envers les catholiques belges, qui forment enfin un royaume à part, 149.

Institution des Béguines, particulière à la Flandre et aux pays voisins, 150.

Les Hollandais ne sont pas fâchés de leur séparation d'avec les Belges. Catholiques de Hollande plus nombreux qu'on ne pense. Leur gouvernement ecclésiastique, 150.

Etat du catholicisme dans le royaume de Hanovre, 152.

Les rois de Prusse seront punis par la Providence de leur conduite peu loyale envers l'Eglise catholique. Concordat longuement négocié, puis mal exécuté, 152.

Frédéric-Guillaume III et son fils, ayant épousé des femmes catholiques, les contraignent à l'apostasie. Ils employent des moyens semblables pour pervertir les catholiques des provinces, et persécutent les protestants qui reviennent au catholicisme, 153.

Réponse du pape Pie VIII aux évêques de Prusse sur les mariages mixtes, 153.

Au lieu de communiquer aux évêques la réponse du Pape, le gouvernement prussien, de concert avec l'archevêque Spiegel de Cologne, lui substitue une instruction anticatholique, que les évêques signent aveuglément, 154.

Grégoire XVI s'étant plaint de cette convention clandestine, le gouvernement prussien et son ambassadeur soutiennent, par les plus impudents mensonges, que cette convention n'existait pas, 154.

L'évêque de Trèves, sur son lit de mort, ayant dévoilé au Pape toute cette trame d'iniquité, l'ambassadeur prussien soutient que le nouvel archevêque de Cologne suivait cependant l'instruction désavouée par l'évêque de Trèves : ce qui était encore un gros mensonge, 155.

Le nouvel archevêque de Cologne, Auguste de Droste-Vischering, n'ayant pas voulu exécuter la convention clandestine contrairement au bref du Pape, est persécuté, enlevé de son diocèse et emprisonné dans une forteresse, aussi bien que l'archevêque de Gnésen, 155.

Conduite peu honorable des hermésiens dans ces circonstances, 155.

La persécution contre les deux archevêques fidèles devient le salut de l'Eglise catholique en Allemagne. Ecrits de Gœrres. Allocution de Grégoire XVI, 155.

Le nouveau roi de Prusse est obligé de cesser la persécution, 155.

Ses vains efforts pour réunir entre eux les protestants de Prusse, 155.

Il se voit menacé sur son trône par la révolution protestante de 1830, 156.

Le protestantisme se dissolvant lui-même, par un docteur protestant. Résumé de cet ouvrage. Parallèle entre le catholicisme et le protestantisme, 156.

La secte de Rouge et de Czerski, 158.

Bulle de Pie VII pour organiser la province ecclésiastique du Rhin. Conduite peu loyale des princes. Etat déplorable du clergé de la province, notamment du Wurtemberg et de Bade. Commencements de régénération, 158.

Etat religieux de la Suisse, 159.

Lucerne et les articles de Baden, Uri, Schwitz, Underwald et Zug, 159.

Glaris, Fribourg et Soleure, 160.

Bâle, Schaffhouse, Appenzell, les Grisons, Saint-Gall, 160.

Argovie, Thurgovie, Tessin, Vaud, Valais, 161.

Neufchâtel, Genève, Zurich, 162.

Berne. Persécution contre les catholiques du Jura, 163.

Causes des malheurs de la Suisse : 1° de la part des catholiques, 2° de la part des protestants, 164.

Annonce d'une ère de régénération pour la Suisse catholique, par la persécution suscitée contre l'évêque de Lausanne et Genève, monseigneur Marilley, 165.

Série des événements qui ont amené cette crise, 165.

Conduite et tentatives outrageuses du gouvernement révolutionnaire de Fribourg envers l'évêque de Genève, 166.

Digne réponse du prélat, 166.

Le gouvernement révolutionnaire fait emprisonner l'évêque, 170.

Etat du catholicisme dans le royaume de Saxe, 171.

Concordat de la Bavière. Il est exécuté d'une manière assez loyale par le roi, qui finit par ternir sa belle renommée, 171.

Situation religieuse de l'Autriche, 172.

Révolution politique dans toute l'Allemagne. Tendance à l'unité. Réveil parmi les catholiques, 173.

De tous les pays du monde, le plus à plaindre, quant à son état religieux et moral, c'est la Russie, dont les quatre cinquièmes sont esclaves, 173.

Commencement du christianisme chez les Slaves ou Esclavons, par la prédication des saints Cyrille et Méthode, établis évêques par le pape Jean VIII, 173.

Primauté du pontife romain reconnue par les Grecs au temps de Photius et de saint Ignace de Constantinople, 173.

Cette même primauté reconnue et proclamée par les Russes, 173.

Témoignages de l'église russe, cités en 1841 par l'archevêque Ruthène-Uni de Léopol et de Halicz, 173.

L'antique métropole de Kiow persévère dans l'unité catholique, 175.

La métropole de Moscou, après avoir acheté d'un patriarche intérimaire de Constantinople la dignité patriarcale, en est dépouillée par Pierre Romanow, qui fonde l'église schismatique et la papauté russe, 175.

Histoire curieuse, sinon édifiante, des premiers papes et papesses russes, 176.

Valeur morale du clergé schismatique de Russie, 177.

Etat de dégradation des popes russes. Ses causes, 177.

Proclamations théâtrales du gouvernement russe sur l'instruction du clergé et du peuple, 178.

Etat religieux de la Pologne, lorsqu'elle fut partagée entre la Prusse, l'Autriche et la Russie, 179.

Les souverains de Russie garantissent à leur portion de la Po-

logne catholique ses droits religieux. Comment ces souverains tiennent leur parole, notamment Catherine II, 179.
État du catholicisme dans la Pologne Russe, sous Paul Ier et son fils Alexandre. Bulle de Pie VI pour en réorganiser les églises, 180.
État religieux de la Pologne proprement dite, sous son dernier roi Stanislas Poniatowski, 180.
Quelle fut, depuis cette même époque, la situation de l'église ruthénienne-unie en Pologne, 180.
Sort des diocèses du rite latin enlevés à la Pologne par le dernier partage. Bulle de Pie VI pour en régulariser le gouvernement, 181.
Funeste influence de Stanislas Bohusz, archevêque de Mohilow, moins pasteur du troupeau que loup ravisseur, 181.
Nouvelle organisation ecclésiastique, par Pie VII, du nouveau royaume de Pologne, en 1818, sous l'empereur Alexandre, 182.
Particularité sur la mort de ce prince et de sa femme, 182.
Bouleversements révolutionnaires de l'empereur Nicolas dans les églises catholiques de Russie et de Pologne, dont il organise la persécution dès son avénement au trône, 182.
En 1830, les Polonais prennent les armes pour maintenir leur antique nationalité; mais, délaissés de l'Europe, ils succombent, 182.
Manifeste du pape Grégoire XVI sur le système de perversion de l'empereur Nicolas vis-à-vis des Polonais et des Russes catholiques, 182.
Observations sur un bref aux évêques de Pologne, 183.
Exposé que fait le Pape des maux que l'Église catholique souffrait en Russie, 183.
Le czar, secondé par trois évêques apostats, persécute les populations catholiques avec plus de violence et d'astuce. Constance héroïque de plusieurs de ces populations, 184.
Long martyre des religieuses basiliennes de Minsk et d'ailleurs, sous la conduite de l'abbesse Macrine, 186.
Évasion de quatre d'entre elles, en particulier de l'abbesse, qui vient à Paris et à Rome dévoiler les mystères de la persécution moscovite, 191.
Disposition des Grecs de Constantinople, 192.
Nombre de catholiques parmi les Grecs de Syrie, de Palestine et d'Egypte, 192.
État religieux des Arméniens. Héroïsme des Arméniens catholiques de Constantinople en 1829, 192.
L'archevêque arménien de Van se convertit de l'hérésie au catholicisme, et attire par son exemple un grand nombre de ses compatriotes, 192.
Les deux sortes de Syriens catholiques, 193.
La nation chrétienne des Maronites, 193.
Origine et religion mystérieuse des Druses, 193.
État religieux des Chaldéens. Grand nombre de conversions parmi eux, 194.
Renseignements sur plusieurs chrétientés éparses en Orient, 196.
Inclination et tendance de bien des Mahométans de Turquie et de Perse vers le catholicisme, 198.
Persuasion commune des Turcs que la fin de leur empire est proche, et que c'est aux catholiques à en recueillir les débris.
Progrès du catholicisme à Constantinople et à Smyrne, 199.
Ce que le brahmisme et le bouddhisme de l'Inde ont de commun, 201.
Ce que le brahmisme a de particulier, 201.
En quoi le bouddhisme diffère du brahmisme. Emprunts qu'il a faits à l'Eglise catholique dans les siècles passés, et facilités à le faire, 201.
Evêchés catholiques dans le Tibet, l'Indoustan, le Bengale et l'île de Ceylan, 202.
Grand nombre de martyrs dans le Tong-King et la Cochinchine, pendant la persécution de Minh-Menh et de son fils, 202.
État religieux et martyrs de la Corée, 204.
Martyrs de la Chine. État du catholicisme en ce pays, 205.
L'Angleterre fait la guerre à la Chine pour lui vendre du jus de pavots, 206.
Facilités plus grandes pour la prédication de l'Evangile, 206.
Le catholicisme dans les îles du grand Océan. — Dans l'Australie, 207.
Dans l'Océanie occidentale, 207.
Dans la Nouvelle-Zélande, 208.
Dans l'île de Wallis ou d'Ouvéa, 209.
Dans l'île de Futuna, 211.
Dans l'île d'Opoulou, 211.
Dans l'Océanie orientale, notamment dans les îles Gambier, 212.
Dans les îles Marquises, Taïti et Sandwich, 214.
État du catholicisme dans l'Amérique civilisée, 215.
Quelques Iroquois catholiques occasionnent des missions et des conversions sans nombre parmi les sauvages des Montagnes-Rocheuses et jusque sur les bords de l'Océan pacifique, où le Pape établit plusieurs évêchés nouveaux diocèses, 216.

Evêque catholique dans les Antilles anglaises et danoises. Dévotion des nègres affranchis pour bâtir des églises, 217.
État du catholicisme en Afrique, 218.
Nouvelle mission de la Guinée. Excellentes qualités et dispositions des Noirs d'Afrique. Ils ne demandent qu'à se convertir, 219.
État du catholicisme au cap de Bonne-Espérance, à l'île Maurice, et à l'île Bourbon, 221.
État religieux de l'Éthiopie; ses tendances au catholicisme. Plusieurs peuplades chrétiennes découvertes par deux voyageurs français, les frères d'Abbadie, 221.
État du catholicisme en Egypte, à Tunis et à Tripoli, 222.
État religieux des Juifs. Principes homicides de leur Talmud. Assassinat du Père Thomas, Capucin, et de son domestique, par les principaux Juifs de Damas, 223.
Conduite des Juifs d'Europe à cette occasion, 223.
Evêque luthéro-calviniste à Jérusalem: ce qui provoque l'envoi d'un patriarche catholique, 224.
État du catholicisme dans les îles de la Méditerranée et dans les provinces illyriennes, 224.
État du catholicisme dans le royaume de Grèce, 224.
Coup d'œil des prophètes sur la conversion des nations infidèles et sur l'endurcissement des Juifs, 224.
Quartier des Juifs à Rome. Conversion d'Alphonse Ratisbonne, 225.
Le collége de la Propagande. La fête des langues, 225.
Rome, centre vivant de l'unité catholique, 226.
L'Espagne et le Portugal s'y réconcilient, 226.
La Russie même vient de conclure avec Pie IX un concordat qui donne de meilleures espérances, 226.
L'Angleterre travaille à s'entendre de mieux en mieux avec Rome. Daniel O'Connell meurt en y allant en pèlerinage au nom de l'Irlande, 228.
Napoléon, qui résume tous les conquérants et tous les potentats du siècle, meurt les yeux tournés vers Rome. Détails édifiants sur sa mort, 229.
Toutes les sociétés humaines sont mourantes. Partout on travaille à renverser ce qui existe, 229.
Et tout cela est l'effet naturel et immanquable de la philosophie moderne, comme l'avouent ses chefs, et même de l'enseignement officiel des gouvernements, qui accomplissent, sans y penser, ce que Daniel leur a prédit à Babylone, 230.
Et, au milieu de ces révolutions, l'Eglise de Dieu vit tranquille, plus pure et plus fervente que jamais, particulièrement en France, 230.
Et l'Allemagne catholique ne reste pas en arrière, 230.
Et les persécutions contre les plus fidèles enfants de l'Eglise, et même contre son digne chef, ne sont point un malheur pour ceux qui les souffrent, mais pour ceux qui s'en rendent coupables, 231.
Et il est facile aux riches et aux souverains de changer les murmures populaires en bénédictions, 231.

LIVRE QUATRE-VINGT-DOUZIÈME.

PREMIÈRE PÉRIODE.

Pie IX et la Révolution italienne (1846-1850).

Caractère du règne de Pie IX, 232.
Histoire de Pie IX jusqu'à son élévation au pontificat, situation de l'Italie. Gioberti, Mazzini, 233.
Le sacré collége. Le cardinal Mezzofanti, 235.
Le cardinal Angelo Maï. Inauguration des réformes administratives, 236.
Décret d'amnistie. Les manifestations populaires, 237.
Le cardinal Gizzi, secrétaire d'Etat. Projet d'écoles pour la classe ouvrière. Encycliques du 9 et du 22 novembre 1846, 238.
Consistoire du 21 décembre. Tentatives d'émeute à Rome, 239.
Continuation des réformes. Opinion d'un journal hostile à l'Eglise, 240.
Edit du 15 mars sur la presse, 241.
Circulaire du 19 avril pour la formation d'un comité consultatif en matière d'administration, 242.
Amour du Pape pour les sciences et les arts. Ecoles pour la classe ouvrière. Consistoire du 11 juin. Institution d'un conseil des ministres, 242.
Anniversaire de l'élection de Pie IX. Institution de l'ordre chevaleresque de Pie IX. Notification du secrétaire d'Etat contre les tendances et les menées révolutionnaires, 243.
Faux bruits et nouvelles menées. Les troubles du 17 juillet et la garde civique, 244.

TABLE DES MATIÈRES.

Le Père Ventura, 245.
Occupation de Ferrare par les Autrichiens. Négociations, 246
Mouvements dans toute l'Italie. Un représentant anglais à Rome, 247.
Les Autrichiens se retirent de Ferrare. Les tendances révolutionnaires à Rome et les protestations du Pape. Réunion de la consulte d'Etat. Contre-coup des révolutions de l'Italie, 248.
Jugement de Lamartine, de M. de Montalembert et de M. Guizot sur la politique de Pie IX, 250.
Gouvernement spirituel. Les ordres religieux. Les missions, 251.
Les Lazaristes en Orient. La Syrie. L'ambassadeur du sultan à Rome. Un patriarche catholique à Jérusalem, 252.
L'envoyé du Saint-Siége à Constantinople. Lettre apostolique aux Orientaux, 253.
Les missions de la Chine, 254.
Affaire de Monseigneur Groof, vicaire apostolique des Indes orientales. Les îles de Banka et de Billiton. La Nouvelle-Calédonie; l'Océanie centrale, 255.
L'évêché d'Alger. Les Etats-Unis, l'Orégon, le Canada. La Pologne et la Russie : Concordat. La Suède, 256.
En Prusse, dissolution du protestantisme, énergie des catholiques, 256.
Dans les autres Etats de l'Allemagne, même situation. Affaire de l'évêché de Rottenbourg, 257.
Négociations avec l'Espagne. La Belgique et la Hollande. Situation en Angleterre : la question de l'ambassade. Misère de l'Irlande : encyclique du Pape, 258.
Affaire de l'évêché de Saint-Gall. Mission de Monseigneur Luquet en Suisse, 259.
Triomphe du rationalisme et progrès du communisme en France, 259.
Etudes du clergé, 260.
Les conférences de Notre-Dame et le Père Lacordaire : rétablissement de l'ordre des Dominicains en France, 260.
Le Père de Ravignan, 261.
Frédéric Ozanam et les conférences de Saint-Vincent de Paul : les œuvres charitables, 262.
Revendication de la liberté d'enseignement, 261.
Retour à la liturgie romaine : Monseigneur Parisis, et le Père dom Guéranger, 262.
Abandon du gallicanisme : affaire du chapitre de Saint-Denys : condamnation de deux écrits gallicans, 263.
Symptômes précurseurs de la révolution de 1848, 263.
L'Opposition parlementaire et les banquets réformistes, 264.
Révolution de Février, 265.
Sentiments religieux du peuple. Attitude des évêques. Folies révolutionnaires et communistes, 266.
Ledru-Rollin et ses commissaires, 267.
Le 16 et le 17 mars. Désordres dans la province, 268.
La formation de l'Assemblée constituante : ses premiers actes, 269.
Conduite sage et patriotique du clergé au milieu de ces événements, 269.
Attentats contre la liberté de l'Eglise : M. Emmanuel Arago et M. Carnot : protestations des évêques, 269.
Vaines tentatives pour séduire le clergé inférieur, 270.
Bref pontifical du 18 mars, sur les rapports de l'Eglise avec l'Etat, en France, 270.
Le clergé dans les comices électoraux et à l'Assemblée constituante, 271.
Tendances inquiétantes de M. Carnot contre la liberté d'enseignement, 271.
L'émeute du 15 mai : violation de l'Assemblée nationale : retraite de Lacordaire, 271.
Elections réactionnaires, 272.
Démission du prince Louis-Napoléon Bonaparte, 272.
Les amis et les ennemis de la liberté religieuse. Dissolution des ateliers nationaux, 272.
Journées de Juin. Dévouement de l'archevêque de Paris. Le général Cavaignac, chef du pouvoir exécutif, 273.
Monseigneur Sibour et le peuple de Paris, 274.
Constitution de la République française, 274.
Contre-coup de la révolution de Février en Angleterre, en Hollande, en Belgique, en Autriche, dans les petits Etats de l'Allemagne, en Prusse, 274.
Vaines tentatives en faveur de l'unification de l'Allemagne sous la domination de la Prusse : triomphe de l'Autriche, 275.
Le *Pius Verein*, ou Association de Pie IX, 276.
Conciles provinciaux et assemblées des évêques en Allemagne, 276.
Attentats du Piémont contre la liberté religieuse, 276.
Soulèvement de la Lombardie : guerre de Charles-Albert contre l'Autriche, 276.
Agitation à Rome et dans toute l'Italie : prudence et sages conseils de Pie IX, 277.

La politique intérieure à Rome : mouvements révolutionnaires, 278.
Pellegrino Rossi et la constitution donnée par le Pape, 278.
Projets des révolutionnaires en Italie, 279.
Allocution du 29 avril : justification de la conduite du Pape : refus de déclarer la guerre à l'Autriche : condamnation des plans révolutionnaires, 279.
Nouveaux troubles : changement de ministère : fermeté de Pie IX, 280.
Efforts du Pape pour rétablir la paix : lettre à l'empereur d'Autriche, 280.
Revers de Charles-Albert : bataille de Novare : rétablissement de la domination autrichienne en Italie, 281.
Etat des esprits à Rome : ouverture des chambres : ministère Mamiani, 282.
Changement de ministère : assassinat de Rossi, 282.
Journée du 16 novembre, 283.
Le Pape se retire à Gaëte, 284.
Protestations contre les actes du gouvernement révolutionnaire de Rome et contre l'établissement de la République romaine, 284.
Malheureuse situation de Rome, 285.
Le Pape, dans l'exil, continue de s'occuper du gouvernement de toutes les Eglises, 285.
Encyclique du 2 février 1849, touchant le dogme de l'Immaculée-Conception, 285.
Denier de Saint-Pierre, 286.
Conciles provinciaux dans le royaume de Sardaigne et en France, 286.
Les journaux catholiques français et le libéralisme : condamnation de l'abbé Chantôme, 286.
Le P. Lacordaire et les Dominicains, 286.
Louis-Napoléon Bonaparte, président de la République française, 287.
Situation des puissances catholiques, 287.
Circulaire du 18 février 1849, demandant l'intervention armée de ces puissances pour le rétablissement du pouvoir temporel du Pape, 287.
Congrès de Gaëte, 287.
Encyclique du 20 avril 1849, contenant l'histoire et la justification des actes du pontificat de Pie IX comme souverain temporel, 287.
Siége de Rome par les Français : fâcheuse tendance de leur gouvernement : prise de Rome, 288.
Reconnaissance du Pape envers les Français : le colonel Niel, 289.
Reconnaissance de Rome et du sacré collége : cérémonies religieuses, 289.
Condamnation de plusieurs prêtres, du P. Ventura, de Rosmini, de Gioberti, 290.
Encyclique du 8 décembre 1849, aux évêques d'Italie, 290.
Exigences inadmissibles du gouvernement français : lettre malheureuse du Président, 291.
Motu proprio du 14 septembre, 291.
Heureux résultat de la discussion du mois d'octobre à l'Assemblée des représentants en France, 291.
Rentrée du Pape à Rome, 292.
Allocution du 20 mai 1850, 292.
Triomphe de la Papauté, 292.
Heureuse situation de l'Autriche, 292.
Influence des catholiques en France : loi du 15 mars 1850 sur l'enseignement, 293.
Lettre du nonce aux évêques de France sur l'application de cette loi, 293.
Tyrannie des libéraux en Belgique, 294.
Nouveaux attentats du Piémont contre les droits de l'Eglise, 294.

Deuxième Période.

Pie IX pendant la trêve de l'Immaculée-Conception (1850-1859).

Caractère de cette période, 295.
Rétablissement de la hiérarchie catholique en Angleterre, 295.
Appel au peuple anglais par le cardinal Wiseman, 296.
Bill contre les évêques catholiques, 296.
Procès d'Achilli contre le P. Newman, 297.
Concile provincial de Westminster, 297.
Concordat avec l'Espagne, 297.
Concordat avec la Toscane, 297.
Concordat avec la république de Guatimala et avec celle de Costa-Rica, 298.
Le Pérou : condamnation du docteur Vigil, 298.

Attentats du gouvernement de la Nouvelle-Grenade contre l'Eglise : exil de Mgr Mosquera, archevêque de Bogota : admirable conduite du clergé et des fidèles : protestation du Pape, 299.
Les Etats-Unis : conversion du docteur Ives, évêque protestant de la Caroline du Nord, 300.
L'île de Cuba, 300.
Evêchés institués dans les colonies françaises d'Amérique et d'Afrique, 300.
Le P. Libermann : la congrégation du Saint-Cœur de Marie et du Saint-Esprit, 301.
Martyre de M. Bonnard, 301.
Rétablissement de la hiérarchie catholique en Hollande, 301.
Erreurs du professeur piémontais Nuytz, 302.
Lettre du Pape à Victor-Emmanuel sur les affaires religieuses dans le Piémont, 303.
Décrets contre la liberté d'enseignement en Prusse, 304.
Les droits de l'Eglise violés dans le Haut-Rhin : Mgr de Vicari, 304.
Intolérance protestante en Suède, 306.
Manifeste catholique en Portugal, 306.
Le schisme de Goa, 306.
Lettre du Pape sur les dissensions des Arméniens catholiques, 306.
Situation politique de la France, 306.
Coup d'Etat du 2 décembre, 307.
Espérances des catholiques, 307.
Rétablissement de l'Empire, 308.
Division parmi les catholiques de France touchant le nouvel empire, 308.
Condamnation du *Manuel du droit canonique*, de M. l'abbé Lequeux, 309.
Observations de M. Delacouture, 309.
Mémoire anonyme *sur la situation de l'Eglise gallicane*, 309.
Condamnation de la *Théologie* de Bailly, 310.
L'*Univers* censuré par Mgr Sibour, 310.
Question des Classiques : Mgr Gaume, M. Louis Veuillot, Mgr Dupanloup, 310.
Question de la presse laïque : Donoso Cortès, M. Louis Veuillot, 312.
Encyclique du Pape sur les divisions des catholiques en France : apaisement, 313.
Triste fin de la secte de Vintras, 314.
Le P. Lacordaire ; le P. de Ravignan ; le P. Félix, 314.
Conciles provinciaux ; grandes solennités religieuses : sainte Theudosie à Amiens, 314.
Le pèlerinage de la Salette, 315.
Les Petites-Sœurs des pauvres, 315.
Les religieuses de la Sainte-Famille de Villefranche de Rouergue, 315.
Le P. Muard et les Bénédictins-Prêcheurs, 315.
Le nouvel Oratoire, 316.
Sollicitude de Pie IX pour le salut des âmes et l'administration des choses spirituelles, 316.
Divers décrets du Pape touchant la liturgie et la discipline, 316.
Jubilé de l'Immaculée-Conception, 316.
Commission de théologiens pour la définition du dogme de l'Immaculée-Conception, 317.
Sentiment des fidèles, des évêques et des cardinaux, 317.
Cérémonie de la promulgation, 318.
Allocution pontificale sur les erreurs et les dangers du temps présent, 319.
Joie des catholiques, 320.
Le concordat de 1848 violé et les catholiques opprimés en Russie, 320.
Question des Lieux-Saints, 320.
Guerre entre la Turquie et la Russie, 321.
Caractère religieux de la guerre d'Orient, 321.
Siége et prise de Sébastopol par les armées alliées de la France et de l'Angleterre, 321.
Sentiments religieux de l'armée française, 321.
Congrès de Paris : le Piémont : hostilité de son gouvernement contre l'Eglise : son rôle en Italie, 322.
Note du comte de Cavour sur le gouvernement pontifical : lord Palmerston, 322.
Alarmes de la France, 323.
Justification du gouvernement pontifical : organisation de l'administration : libertés municipales : législation, 323.
Rapport de M. de Rayneval, ambassadeur français, sur les améliorations introduites par Pie IX, 324.
Pie IX protège les sciences et les arts, 325.
Les véritables causes de l'agitation dans les Etats-Romains, 325.
Baptême du Prince Impérial, fils de Napoléon III, 325.
Les prédicateurs du carême aux Tuileries : le P. de Ravignan, le P. Ventura, 326.
Concordat avec l'Autriche, 326.

Bref pontifical aux évêques d'Autriche : le progrès de la foi, 326.
Le concordat violé en Espagne, 327.
Réconciliation du gouvernement espagnol avec le Saint-Siége, 327.
Situation religieuse de la Suisse, 327.
L'abbé Mermillod et Notre-Dame de Genève, 327.
L'Eglise persécutée au Mexique, 328.
Mauvaise situation des républiques méridionales du Nouveau-Monde, 328.
Les évêques jansénistes de Hollande, 328.
Intolérance des libéraux belges, 328.
Concordat avec le Portugal, 329.
Concordat avec le Wurtemberg et avec le grand-duché de Bade, 329.
Condamnation et soumission de Günther, 329.
Condamnation des partisans opiniâtres de Günther, 329.
Le spiritisme : décision de la Pénitencerie et de l'Inquisition, 329.
Divers décrets sur la liturgie et la profession religieuse, 331.
Les quatre propositions opposées au traditionalisme et M. Bonnetty, 331.
Affaire de *l'Univers jugé par lui-même*, 332.
Assassinat de Mgr Sibour, 332.
Les dernières années et la mort de Lamennais, 332.
Les écrivains révolutionnaires, 333.
Caractère philosophique et littéraire de cette époque.
Deux instructions de Mgr Pie sur les principales erreurs du temps présent, 333.
M. Cousin, 333.
M. Jules Simon, 333.
Terre et Ciel, par M. J. Reynaud, 334.
M. Ernest Renan, 335.
M. Taine, 335.
M. Michelet ; M. Edgar Quinet, 335.
Les philosophes catholiques : le P. Gratry, 335, et M. l'abbé Gorini, 336.
Œuvre des écoles d'Orient, 336.
Notre-Dame d'Afrique, 336.
Notre-Dame de Lourdes, 336.
Erection de l'évêché de Laval et d'un archevêché à Rennes ; institution du chapitre de Saint-Denys, 336.
Mgr de Moulins déféré au conseil d'Etat, 336.
Attentats des révolutionnaires contre la vie de Napoléon III : Mazzini et l'Angleterre, 336.
Vente des biens hospitaliers, 337.
Voyage de Napoléon III en Bretagne, 337.
Missions de l'Afrique : l'Angleterre dans les Indes ; persécution en Chine, guerre et traité de paix, 337.
Voyage de Pie IX dans ses Etats, 337.
Condamnation de deux visionnaires, 337.
Affaire Mortara, 338.

TROISIÈME PÉRIODE.

Pie IX et l'unité italienne (1859-1868).

Présages de guerre et de révolution, 338.
Propositions de la Grande-Bretagne : déclaration de la guerre entre la France et l'Autriche, 339.
Le Saint-Siége n'a aucune part dans les causes de la guerre, 339.
Déchaînement des ennemis de l'Eglise : la *Question romaine*, par M. About ; brochure *L'Allemagne et l'Italie*, 339.
Encyclique du 27 avril, 339.
Déclarations rassurantes de Napoléon III et de ses ministres, 339.
Sécurité du gouvernement pontifical, 340.
Esprit de l'armée française, 440.
Victoires de la France en Italie, 340.
Premières usurpations du Piémont dans les duchés de l'Italie centrale, 340.
Conspirations et révoltes dans les Légations, 341.
Allocution du 17 juin au sacré collège, 341.
Encyclique du 18 juin, 341.
Allocution consistoriale du 20 juin, 341.
Bataille de Solférino, 341.
Nouveaux attentats du Piémont : note du cardinal Antonelli aux représentants des puissances étrangères, 341.
Situation difficile de Napoléon III, 342.
Paix de Villafranca : traité de Zurich, 342.
Actions de grâces célébrées par le Pape et par les évêques, 343.
Le Piémont cherche à éluder les conventions de Villafranca :

manœuvres révolutionnaires dans les duchés et dans les Légations, 343.
Protestations du Pape et des évêques français, 343.
Réponse de Napoléon III au cardinal Donnet, 343.
La situation : projet d'un congrès. Brochure : *Le Pape et le Congrès*; note du *Journal de Rome*, 344.
Réponse du Pape au général de Goyon, 344.
Lettre antérieure de Napoléon III , 345.
Encyclique du 19 janvier 1860, 345.
Opinion des conservateurs, des catholiques, des évêques; suppression de *l'Univers*, 346.
Abandon du projet de congrès : dépêche injurieuse de M. Thouvenel, 347.
Lettre de Victor-Emmanuel au Pape et réponse de Pie IX, 347.
Propositions anglaises acceptées par le gouvernement impérial; principe de non-intervention, 347.
Projet du vicariat de Victor-Emmanuel dans les Romagnes rejeté par Rome et par Turin, 348.
Annexions, 348.
Projet de confier l'occupation des Etats-Romains au roi de Naples : nouvel insuccès, 348.
Bulle d'excommunication, 348.
Nouvelle lettre de Victor-Emmanuel au Pape; réponse de Pie IX, 348.
Attaques contre le clergé en France, 349.
Procès de la famille de Mgr Rousseau et du *Siècle* contre Mgr Dupanloup : livre de ce prélat sur la *Souveraineté pontificale*, 349.
Projet d'une armée fournie au Pape par les puissances autres que la France et l'Autriche et d'un subside des Etats catholiques : refus du gouvernement pontifical, 349.
Résolution du Pape : M. de Lamoricière, Mgr de Mérode, les volontaires pontificaux et le denier de saint Pierre, 350.
Déclaration du parlement piémontais et de M. de Cavour, 350.
Mouvements révolutionnaires dans la Sicile et dans l'Italie centrale : protestation du cabinet des Tuileries, 351.
Lettre de Mazzini, 351.
Duplicité du cabinet de Turin, 351.
Premiers succès de Garibaldi en Sicile et dans le royaume de Naples, 351.
Entrevue de Napoléon III et des envoyés piémontais à Chambéry, 352.
Invasion du territoire pontifical par les Piémontais, 352.
Vaine protestation et faiblesse ou duplicité du cabinet des Tuileries, 352.
Fausse sécurité du gouvernement pontifical et de son armée, 352.
Marche des Piémontais et préliminaires de la bataille, 352.
Bataille de Castelfidardo, 353.
Siège et reddition d'Ancône : indigne conduite de l'armée piémontaise, 353.
Entrevue de Varsovie : memorandum français, 354.
Allocution consistoriale du 28 septembre. Hommages rendus aux victimes de Castelfidardo, 354.
Les Piémontais s'emparent du royaume de Naples : Pie IX donne l'hospitalité à François II , 355.
Triste situation des Marches et de l'Ombrie, 355.
Brochures : celle de M. Cayla; celle de M. de la Guéronnière : réfutations diverses, 355.
Un mandement de l'évêque de Poitiers attaqué par le ministre de l'intérieur et déféré au conseil d'Etat , 355.
Démonstration de l'Italie en faveur de la Papauté, 356.
Discussion de la question romaine en France au Sénat et au Corps législatif, 356.
Allocution consistoriale du 18 mars sur la fausse civilisation et sur la situation de l'Italie, 357.
Instruction de Mgr Gerbet sur les diverses erreurs du temps présent, 357.
Le parlement italien : discours de M. de Cavour ; vote qui déclare Rome capitale de l'Italie, 357.
Lettre de M. de Montalembert à M. de Cavour, 357.
Le royaume d'Italie proclamé et reconnu par toutes les puissances, excepté par le Pape, 358.
Embarras du nouveau royaume : mort de M. de Cavour; maladie de M. Thouvenel, 358.
Les volontaires français de Castelfidardo attaqués par l'administration française, 358.
Invention des journaux contre Mgr de Mérode, 358.
Déplorable situation de l'Italie : allocution consistoriale du 30 décembre, 358.
Attaques contre la société de Saint-Vincent-de-Paul et faveurs accordées aux sociétés secrètes par le gouvernement français : protestations des évêques, 358.
Divers actes de la Papauté , 359.
Restauration des monuments religieux en France, 359.
Influence du progrès des voies de communication sur les missions : rôle de la France, 360.

Le Dahomé ; Nouvelle-Calédonie ; Tonga ; Sénégal , 360.
Nouvelle guerre de Chine : traités de 1860, 360.
Persécution et guerre de Cochinchine : martyre de M. Théophane Vénard , 361.
Le Japon , 362.
Le fanatisme musulman, 362.
Massacre des Maronites du Liban : expédition française de Syrie entravée par l'Angleterre, 362.
Guerre de l'Espagne contre le Maroc, 362.
Reconstruction de la coupole du Saint-Sépulcre, 362.
Sollicitude de Pie IX pour les chrétiens d'Orient : réunion des Bulgares à l'Eglise romaine, 362.
Violation du concordat dans le grand-duché de Bade, 363.
Condamnation de Baltzer, 363.
Condamnation de Frohschammer, 363.
L'ontologisme et les sept propositions de l'Inquisition romaine, 363.
L'ontologisme, le traditionalisme et l'université de Louvain, 363.
Amour des Romains pour le Pontife-Roi , 364.
Canonisation des martyrs du Japon , 364.
Allocution consistoriale du 9 juin, 367.
Déclaration des évêques, 368.
Manifestations populaires au retour des évêques, 369.
Equipée de Garibaldi : Aspromonte, 369.
Le gouvernement français tracasse les évêques et favorise les ennemis de la religion, 370.
Vie de Jésus, par M. Ernest Renan, 370.
Le positivisme : M. Littré, 371.
Le spiritisme : M. Allan Kardeck , 371.
La liturgie lyonnaise, 371.
Les élections de 1863 en France, 371.
Congrès de Malines, 372.
Situation du catholicisme en Angleterre, 372.
Déplorable situation de l'Italie : encyclique du 10 août 1863, 373.
Congrès de Munich , 373.
Persécution dans la Nouvelle-Grenade, 374.
Evénements du Mexique depuis 1856 jusqu'en 1867, 374.
Le gouvernement français, les missionnaires catholiques, les méthodistes et les partis à Madagascar, 375.
Evénements de Pologne depuis 1856 jusqu'en 1868 : protestations du Pape en faveur de ce pays, et dévouement des Polonais pour le Pape, 376.
Mgr Mermillod, évêque auxiliaire de Genève, 381.
Loi irréligieuse sur l'instruction populaire dans le grand-duché de Bade, 381.
Protestation du Pape contre les spoliateurs, 381.
Pie IX félicite l'évêque de Mondovi de combattre les lois iniques du Piémont, 382.
Convention du 15 septembre, 382.
L'encyclique *Quanta cura* et le *Syllabus*, 382.
Le libéralisme catholique et l'encyclique , 383.
Le jubilé de 1865, 385.
Décrets de béatification , 386.
Le pèlerinage d'Ars : Vie du vénérable curé d'Ars, 386.
Persécution et martyrs en Corée, 388.
Persécution et martyrs au Thibet, 390.
Missions de l'île de Ceylan , 390.
Missions de l'Océanie centrale, 390.
Préfecture apostolique de Zanguebar, 391.
Missions des Etats-Unis d'Amérique , 392.
L'intolérance protestante aux Etats-Unis : enlèvement des enfants, 393.
Erection de l'évêché d'Alger en archevêché, 395.
Persécution et confesseurs de la foi au Japon, 395.
Funestes effets de la politique révolutionnaire en Europe, 398.
La Prusse et l'unité allemande : Napoléon III, l'Italie, l'Autriche, Bismark, 398.
Guerre de l'Autriche et de la Prusse contre le Danemarck, 399.
Guerre de la Prusse contre l'Autriche, 400.
Résultats de cette guerre en Allemagne, 401.
Conduite de la Prusse à l'égard de la France après la guerre, 401.
Puissance morale de Pie IX , 402.
Evacuation de Rome par les troupes françaises : situation à Rome, 403.
Fêtes de juin 1867 pour le centenaire de saint Pierre et la canonisation de vingt-cinq bienheureux : annonce du Concile, 404.
Exposition universelle des arts et de l'industrie, en 1867, à Paris, 405.
L'Internationale et le congrès de Genève, 406.
Garibaldi et le gouvernement italien, 408.
Encyclique du 17 octobre , 408.
Bataille de Mentana, 409.
Séance du 4 décembre à la Chambre des députés, à Paris : MM. Thiers, Jules Favre, Rouher et Berryer, 409.

Vote de la loi sur la garde nationale mobile, 410.
Association des *Solitaires* en Belgique, 410.
M. Duruy et les cours publics pour l'enseignement supérieur des jeunes filles en France, 411.

QUATRIÈME PÉRIODE.
Pie IX et le Concile du Vatican (1868-1870).

Bulle de convocation du Concile, 411.
Lettres de Pie IX aux Orientaux et aux schismatiques, 412.
Formation des commissions du Concile, 416.
Refus du patriarche grec de recevoir la lettre de convocation et réponse qu'il y fit, 416.
Mgr Plantier, évêque de Nîmes, réfute le patriarche grec dans son livre : *Les Conciles généraux*, 417.
Accueil fait par les protestants à la lettre du Saint-Père, 417.
Impression générale produite dans le monde par la bulle de convocation, 419.
Mgr Dupanloup, dans sa *Lettre sur le futur Concile*, rappelle ce que sont les conciles œcuméniques, 420.
Mgr Manning publie son *Instruction pastorale sur le Centenaire de saint Pierre et le Concile général*, 420.
Mgr Dechamps et son traité sur *l'Infaillibilité et le Concile général*, 420.
Les évêques de l'Allemagne, réunis à Fulda, par une lettre collective, prémunissent les fidèles contre les craintes que le concile pourrait soulever, 420.
Révolution en Espagne : déchéance de la reine Isabelle, 420.
Oppression du catholicisme dans ce pays, 421.
Les clubs en France : réunions libres de la salle du *Pré-aux-Clercs*, 421; — du *Vieux-Chêne* et du *Vaux-Hall*, 423.
Nouvelle persécution contre les chrétiens en Chine : martyre de M. Mabileau, 424.
Massacre de plusieurs chrétiens dans le district de Yéou-yang, 425.
Encyclique du 16 mars 1869, pour la célébration des *Noces d'or* de Pie IX, 426.
Lettre apostolique du Saint-Père, par laquelle il accorde à tous les fidèles du Christ l'indulgence plénière en forme de jubilé, à l'occasion du Concile œcuménique, 427.
Attitude des gouvernements en présence du futur Concile, 427.
Les élections de mai 1869 en France, 428.
Réformes introduites : concession du régime parlementaire, 428.
Décret de la Sacrée Congrégation de la Propagande, délimitant les missions du nord de l'Europe, 428.
Missions africaines : lettre de M. Courdioux, supérieur, présentant le tableau des trois grandes stations du vicariat apostolique de Dahomé, 428.
Mgr Maret, évêque de Sura, et son livre : *Du Concile et de la paix religieuse*, jugés par M. Laurentie, 429.
Dom Guéranger et Mgr Pie combattent les doctrines de Mgr l'évêque de Sura, 430.
Chute du Père Hyacinthe et du chanoine Dœllinger, 431.
Brefs du Saint-Père à Mgr Manning, à propos de la question : Si les non-catholiques seraient admis à présenter devant le Concile les arguments qu'ils croyaient pouvoir être allégués à l'appui de leurs opinions, 432.
Mgr Dupanloup et ses *Observations sur la controverse soulevée*, etc. : résumé de cet ouvrage, 433.
Avertissement de Mgr Dupanloup aux rédacteurs du journal *l'Univers*, 434.
Lettre de Mgr Dechamps, à Mgr l'évêque d'Orléans, anéantissant les difficultés théologiques soulevées contre le projet de définition, 434.
Les adieux des évêques de France, à leur clergé, au moment du départ pour le Concile, 439.
Dispositions de la philosophie contemporaine à l'égard du futur Concile, 440.
Les philosophes français : M. Charaux : ses lettres à Mgr Mermillod sur *la Philosophie et le Concile*, 441.
M. l'abbé Thomas, vicaire général de Verdun : ses *Origines du christianisme*, 441.
Ouverture du Concile, le 8 décembre 1868, 445.
Allocution du Saint-Père dans cette solennité, 446.
Discours d'ouverture prononcé par Mgr Passavalli, archevêque d'Iconium *in partibus*, et vicaire de la basilique du Vatican, 448.
Première congrégation générale : Constitution relative à l'élection du Pontife romain, 450.
Deuxième congrégation générale : Constitution relative aux censures *latæ sententiæ*, 452.
Election des membres des commissions dites *de Fide* et *de Disciplina*, et de celle *de Rebus ordinum regularium*, 456.
Deuxième séance publique du Concile, 456.
Election des membres de la Commission *de Rebus Orientalis*, 456.
Polémique du Père Gratry, à propos de l'infaillibilité pontificale, 456.
Il est réfuté par M. Amédée de Margerie, 457.
Exposition artistique et industrielle à Rome, 457.
Nouvelle attitude du gouvernement français au moment où la rumeur publique annonçait la prochaine définition du dogme de l'infaillibilité personnelle, 457.
Troisième session solennelle du Concile : détail sur cette cérémonie, 458.
Constitution dogmatique *sur la foi catholique*, 459.
Mgr Pluym est envoyé, en qualité de délégat apostolique, à Constantinople, pour arranger l'affaire occasionnée par les dissensions intestines des Arméniens-unis, 464.
Postulatum présenté au Saint-Père par un grand nombre d'évêques, 464.
Récit de la solennité pour la promulgation solennelle du chapitre *Infaillibilitate*, 465.
Traduction du texte de la constitution *De Ecclesia Christi*, 466.
En Espagne, le Pouvoir, sorti de la Révolution triomphante, veut imposer le serment politique aux évêques et à tous les prêtres; protestation de l'épiscopat; les princes étrangers refusent de s'asseoir sur le trône d'Isabelle la Catholique; Don Enrique de Bourbon tombe sous l'épée de son cousin, le duc de Montpensier, 469.
En France, décadence du gouvernement impérial; affaire Troppmann; affaire de Pierre Bonaparte, cousin de Napoléon III, avec Victor Noir; les dîners gras du Vendredi saint et l'académicien Sainte-Beuve; sénatus-consulte modifiant la constitution de 1852, 469.
Dissensions de la France avec la Prusse à propos du prince Léopold de Hohenzollern-Sigmaringen, auquel Prim avait offert le trône d'Espagne. Notification du refus du roi de Prusse de recevoir l'ambassadeur français, 470.
Nouveau massacre des Français à Tien-tsin (Chine), 470.
Prorogation du Concile du Vatican jusqu'au 11 novembre, 475.
Condamnation de libelles calomnieux contre le Concile, 475.
Adhésion unanime de l'épiscopat à la définition de l'infaillibilité, 475.
La guerre entre la Prusse et la France; désastre de la France; chute de l'Empire, gouvernement de la Défense nationale, 476.
Les zouaves pontificaux et les Garibaldiens, 478.
Attentats du Piémont contre la liberté ecclésiastique, 479.
Circulaire du 20 août aux ambassadeurs piémontais, 479.
Nouvelle circulaire du 7 septembre, 480.
Mission du comte Ponza di San Martino, 481.
Sa visite au cardinal Antonelli, 481.
La lettre de Victor-Emmanuel et l'entrevue des ambassadeurs avec Pie IX, 482.
Lettre de Pie IX à Victor-Emmanuel, 483.
Invasion du territoire pontifical et attaque de Rome par les Piémontais, 483.
Capitulation de Rome, 484.
Attitude du gouvernement français et de la Défense nationale, 484.
Déplorable état des choses à Rome, 484.
Protestation du cardinal Antonelli aux membres du corps diplomatique, 485.
Lettre du Pape aux cardinaux, 485.
La comédie du plébiscite à Rome et le décret royal qui suivit, 486.
Encyclique du 1er novembre adressée aux évêques, 486.
Circulaire du 8 novembre par laquelle le cardinal Antonelli dément les récits du ministre italien sur les affaires de Rome, 490.
Démonstration des catholiques et inertie des gouvernements, 492.
Bref pontifical qui suspend le Concile du Vatican, 492.
Conclusion, 493.

FIN DE LA TABLE DES MATIÈRES DU TOME DOUZIÈME ET DERNIER.

NOTES RECTIFICATIVES ET COMPLÉMENTAIRES

LA PROPHÉTIE DE DANIEL ET LE MAHOMÉTISME
(p. 3, col. 1).

Rohrbacher revient ici pour la seconde fois sur la prophétie de Daniel dont il applique la dernière partie à l'empire de Mahomet. Son interprétation concorde avec celle de plusieurs graves auteurs, notamment avec celle du bienheureux Holzhauser (1), qui regardent l'islamisme comme la puissance d'où sortira l'empire de l'Antechrist. Voici notamment ce qu'en dit le P. Dechamp (depuis cardinal) :

« Dans cette prophétie combinée avec celle de saint Jean, les interprètes trouvent trois choses : l'empire romain ou le dernier empire idolâtre ; la division de cet empire en puissances qui combattent d'abord l'Eglise et finissent par s'y soumettre ; la naissance d'une puissance nouvelle, c'est-à-dire de l'islamisme dont les commencements sont faibles, qui grandit ensuite, s'assujettit successivement trois autres puissances, sert finalement d'instrument à la lutte de la fin des temps contre l'Eglise et Jésus-Christ. »

On est d'accord que la quatrième bête aux dix cornes qui fut montrée à Daniel et deux fois à saint Jean représente l'empire romain idolâtre et que les dix cornes sont dix rois qui doivent s'élever sur les ruines de l'empire païen par cette bête (2).

« Mais après ces dix rois, dit la Bible de Vence, il doit s'en élever encore un autre représenté par cette petite corne qui s'élève après les dix premières. *Et alius consurget post eos* (Dan. VII, 24). En effet, à peine les barbares ont-ils achevé de démembrer les provinces de l'empire romain ; à peine ont-ils achevé de réduire Rome même à la plus extrême désolation, que Mahomet jette les premiers fondements de sa puissance qui réunit dès lors la plupart des caractères de cette petite corne dont parle Daniel (3). »

« En effet, ajoute le P. Dechamp, cette corne avait des yeux : *Habebat oculos, et os loquens grandia*. Rien ne pouvait mieux caractériser un fondateur d'empire qui devait avoir le titre de *Voyant*. L'on sait, d'ailleurs, que chez les Hébreux, le nom de *Voyant*, signifiait un prophète (I. Reg. 9, 9,)

---
(1) *Interprétation de l'Apocalypse*, (trad.) Paris, 1857, t. I.
(2) Cfr. *Bible de Vence*. — *Dissertation sur les quatre Empires*, t. XVI.
(3) *Loc cit.*

et que tel est précisément le titre que Mahomet s'attribue en s'annonçant comme envoyé de Dieu.

« *Et il s'imaginera qu'il pourra changer les temps et les lois*, ou, selon l'expression du texte original : *cogitabit ad mutandum tempora et leges*. Mahomet n'a-t-il pas prétendu changer les temps, non seulement en donnant naissance à une ère nouvelle (l'ère de l'hégire), mais en transférant surtout la sanctification du septième jour, ne voulant ni du sabbat des Juifs, ni du dimanche des chrétiens, mais le vendredi d'islam ? Et n'a-t-il pas substitué à la loi primitive, mosaïque et chrétienne, la loi nouvelle du Coran ?

« Sa puissance d'abord faible s'étendit d'une manière étonnante. Après avoir subjugué l'Arabie, la Syrie, la Phénicie, l'Egypte, la Judée, la Mésopotamie, Omar pénétra dans la Perse et la subjugua. Plus tard l'empire d'orient tomba sous les coups de l'islamisme lorsque Mahomet II s'empara de Constantinople. L'empire antichrétien de l'islam a donc conquis successivement l'ancien empire des Babyloniens et des Perses et l'empire des Grecs. *Tres reges humiliabit*.

« La succession immédiate du mahométisme à l'invasion des barbares, dit l'abbé de la Chétardie, sert d'interprétation à la doctrine comme prophétique des saints Pères qui, par une espèce d'inspiration, sont assez unanimement convenus, fondés sur la parole de saint Paul pris au sens littéral, qu'à la fin de l'empire romain paraîtrait l'empire antichrétien ; ce qui suffit pour les justifier et pour faire voir qu'ils ne se sont pas trompés en cela. En effet, de même que l'Apôtre, voyant dès le temps de Néron, premier persécuteur des fidèles, l'esprit de révolte s'élever dans les provinces et dans les armées, et l'esprit de séduction paraître dans l'Eglise disait, présageant les choses de loin, que le mystère d'iniquité commençait déjà à s'opérer, quoique cet empire avancé ne dut tomber tout à fait que plusieurs siècles après, ni parconséquent, la grande apostasie venir de longtemps ; de même les saints Pères, voyant la chute de cet empire se faire de leur temps ont avancé, sans erreur, quoiqu'ils ne connaissaient pas bien comment, que l'Antechrist approchait, encore qu'il ne dût paraître, du moins en personne, que plusieurs siècles après cette chute, parce que l'empire qui devait l'enfanter commençait à paraître sur la terre.

« Un passage de saint Jérôme peut encore beaucoup éclairer ceci. Il est pris de son commentaire sur le chapitre VII de Daniel. « Disons donc, ce que tous les écrivains ecclésiastiques nous ont transmis, qu'à la fin du monde, lorsque l'empire romain sera près d'être détruit, il y aura dix rois qui partageront entre eux cet empire et qu'il s'en élèvera un onzième figuré par cette petite corne dont parle Daniel.

« Or, ils sont venus ces dix rois et on les voit paraître au chapitre XVII (de l'Apocalypse) ; ils ont démembré et partagé l'empire romain. Il faut donc, si l'on veut entrer dans l'esprit et la tradition de tous les premiers écrivains qui ont écrit sur cette matière reconnaître que l'empire antichrétien, ou celui d'où doit sortir l'Antechrist, a paru dans cette conjoncture, c'est-à-dire dès le commencement du VII° siècle, lorsque peu de temps après la dernière ruine des Romains par les Lombards, commence à paraître Mahomet qui, comme une petite corne, *cornu parvulum*, s'est élevé du milieu des dix rois destructeurs de l'empire romain et a porté ses conquêtes et ses blasphèmes au-dessus de tous les autres, selon la prédiction de Daniel. » (Bible de Vence, *loc. cit.*)

Mahomet n'aurait pas été seulement l'un des précurseurs de l'Antéchrist, mais le fondateur même de la puissance ou de l'empire à la tête duquel paraîtra le dernier fondateur d'un faux culte, le dernier persécuteur de l'Eglise.

« Après ce que nous venons d'entendre du sentiment général des premiers siècles, observe le P. Dechamp, et ce que nous avons vu des caractères de l'islamisme où se vérifient d'une manière si frappante ceux qu'avait attribués Daniel au futur empire antichrétien, est-il étonnant que le grand pape Innocent III, dans la bulle qu'il donna en 1213 pour la sixième croisade, ait dit de la puissance du mahométisme, qu'elle est la bête de l'Apocalypse dont le nombre est 666 ? Il faut avouer qu'outre les raisons qui appuient ce sentiment et que nous venons de rappeler, il existe en sa faveur un argument singulier, mais qui n'en est pas moins remarquable. C'est que, d'un côté, il est certain que l'Apocalypse fut écrite en grec, et que d'un autre côté, il n'est pas moins certain que le nombre du nom de la bête (666) se trouve précisément dans le nom grec de Mahomet, Μαόμετις.

$$\begin{array}{rl} M = & 40 \\ A = & 1 \\ O = & 70 \\ M = & 40 \\ E = & 5 \\ T = & 300 \\ I = & 10 \\ \Sigma = & 200 \\ \hline & 666 \end{array}$$

Ces conjectures paraîtront moins fondées aujourd'hui que l'empire turc ne vit plus que par la tolérance ou la jalousie des puissances européennes; mais il ne faut pas oublier que le mahométisme n'est pas restreint à cet empire. Celui-ci n'est qu'un des membres du corps de l'islamisme qui comprend aussi les Indes, la Perse, l'Asie centrale, une grande partie de l'Afrique. Le fanatisme mahométan est capable de recommencer la lutte contre le monde chrétien, et on ne saurait affirmer que jamais rien ne sortira de là contre l'Occident divisé et affaibli par le refroidissement de la foi. La puissance qui s'est emparée de la seconde Rome (Constantinople) peut donc un jour s'emparer aussi de la première et y reconstituer l'empire antichrétien, selon ces paroles de saint Ambroise rapportées par Nicolas de Lyre ; *Non prius veniet Dominus quam Romani imperii* (spiritualis juxta S. Thomam) *defectio fiat, et appareat Antichristus qui interficiet sanctos, reddita Romanis libertate suo tamen nomine* (Cfr. S. Thom. *De adv. antich.*) Liège 1842, p. note. 25.

« D'après ce sentiment, le faux prophète de l'antéchrist qui affectera la *ressemblance de l'Agneau*, mais parlera comme la *bête* et comme le *dragon*, serait quelque puissance chrétienne tombée dans l'apostasie, quelque roi pontife, quelque anti-pape sorti de l'un des grands schismes de la chrétienté, et qui livrerait Saint-Pierre de Rome au naturalisme rationaliste et théurgique, comme le mahométisme a livré Sainte-Sophie de la seconde Rome au naturalisme du Coran.

« D'autres sont plutôt portés à penser que la reconstitution même de l'empire antichrétien se fera par une puissance moderne et que celle-ci gagnera l'Orient par son alliance avec l'islamisme qui deviendrait là le faux prophète de la grande unité de la négation personnifiée dans l'antéchrist.

Dans les deux cas, les deux Rome seraient alliées contre Jésus-Christ et contre son Eglise persécutée tout entière avec son chef. L'apostasie, en effet, n'aura pas détruit la catholicité, et la foi rendue auparavant à une grande partie des Juifs, sera glorifiée par d'innombrables martyrs de toutes les nations (1). »

LE CONCORDAT ET LES ARTICLES ORGANIQUES
(p. 14, col. 1).

En cet endroit comme à la fin du précédent volume, Rohrbacher se borne à dire quelques mots des articles organiques qui caractérisent la politique de Napoléon dans le Concordat. Ce sujet important méritait une place plus étendue.

Le cardinal Consalvi dans ses *Mémoires*, M. Thiers dans l'*Histoire du Consulat et de l'Empire*, Artaud de Montor dans l'*Histoire du Pape Pie VII*, M. d'Haussonville dans l'*Eglise romaine et le premier Empire* (2), et en premier lieu M. Boulay de la Meurthe, dans la *Négociation du Concordat* (3), ont retracé les incidents relatifs aux conférences qui précédèrent la conclusion du Concordat. Les récits de ces historiens, en nous faisant assister à la lutte entre le pouvoir temporel et le pouvoir spirituel engagée sur le terrain diplomatique, nous révèlent la pensée intime de Napoléon et de ses conseillers. D'un côté ce sont les hommes de la Révolution,

---

(1) Dechamp, *Le Christ et les antechrists*. Paris et Tournai, 1858. Appendice, p. 587 et suiv. Cf. *L'antéchrist d'après l'Ecriture et la Tradition*, par un docteur en théologie. Paris et Tournai, 1880, 2e édit. p. 55 et 129 ; *La fin de l'empire ottoman d'après les prophéties*. Lyon, 1877 ; Pierre Pradié, *le Monde nouveau*. Paris, 1863, p. 407 ; l'abbé Rougeyron, *les Soirées de Chazeron*, t. II, p. 207.

(2) Corrigé, comme nous l'avons indiqué dans le précédent volume, par Dom Guéranger.

(3) Paris, 1882.

amenés par le sentiment public à renouer les relations avec le pouvoir spirituel, mais luttant afin de retenir le plus possible de la Constitution civile du clergé. Ils avaient en main la force matérielle; ils en usaient peu loyalement pour extorquer du Saint-Siège des concessions impossibles. De l'autre côté se tenaient les défenseurs de l'ancienne foi, désarmés mais forts de leur droit, et travaillant à reconquérir les légitimes libertés de l'Eglise et la publicité du culte catholique. Aux questions purement spirituelles venaient se mêler les intérêts temporels et pécuniaires, sur lesquels l'Eglise avait le droit de faire de nombreuses revendications; mais le Saint-Siège sut faire d'immenses sacrifices; son ambition se bornait à obtenir dans la plus large mesure l'abrogation des lois révolutionnaires et l'entière liberté pour travailler efficacement à sauver les âmes.

Le gouvernement de la République voulait bien accorder à l'Eglise liberté et publicité du culte; c'était l'objet du premier article, mais il introduisait dès le début même du Concordat une restriction qui réduisait à néant cette concession. Il stipulait que le culte serait exercé selon les lois canoniques, mais il ajoutait la condition de se conformer *aux règlements de police*. Ces mots cachaient un piège : Napoléon voulait, et la suite le prouva, se réserver à l'aide de cette formule le droit ou le prétexte de régler à son gré la discipline de l'Eglise. C'était le gouvernement spirituel livré à la discrétion du pouvoir civil. L'ancienne monarchie, même dans les plus mauvais jours du gallicanisme, n'avait pas poussé si loin ce que les légistes appelaient les droits de la couronne. Le cardinal Consalvi rejeta cette clause. Il réclamait purement et simplement pour l'Eglise la liberté et la publicité du culte; mais ses efforts échouèrent contre l'obstination du Premier Consul. N'espérant pas vaincre ces résistances, il demanda que la clause du gouvernement français fut modifiée et restreinte aux seuls règlements de police *jugés nécessaires par le gouvernement pour maintenir la tranquillité publique*. La nouvelle rédaction ne livrait pas à l'arbitraire du pouvoir séculier la publicité et la liberté du culte catholique ; elle limitait son intervention au cas où la tranquillité publique serait en cause ; ce qui n'autorisait pas un gouvernement honnête à s'attribuer la toute-puissance sur le culte extérieur. Consalvi ne se dissimulait pas sans doute l'abus qu'un despote pourrait encore faire de cette restriction; mais du moins il ne rendait pas le Saint-Siège complice des empiètements dont pourrait se rendre coupable le prince temporel.

Ce fut à la faveur de cette clause que le gouvernement français, par une fraude indigne d'un pouvoir honnête, introduisit les articles organiques à la suite du Concordat et les promulgua en même temps que celui-ci, le 18 germinal an X (8 avril 1802) sous le titre général de *Lois relatives à l'organisation des cultes*, titre sous lequel le Corps législatif avait tout voté.

Les articles organiques marquent le dernier terme des envahissements du pouvoir temporel sur le spirituel en deçà du schisme. C'est tout un code de discipline imposé par l'Etat à l'Eglise et à ses ministres.

Beaucoup d'auteurs en ont discuté la validité. Nous nous bornerons à citer parmi les plus récents M. l'abbé André, dans son *Cours de législation civile ecclésiastique* (1), M. l'abbé Hébrard, dans un livre spécial intitulé *Les articles organiques devant l'histoire, le droit et la discipline ecclésiastique* (2), le P. Desjardins, dans les *Articles organiques au point de vue du droit des gens, du droit canonique et du droit civil* (3). Ces auteurs montrent avec beaucoup de raison que les articles organiques rapprochés du Concordat sont nuls à tous les points de vue et qu'ils ne peuvent valoir comme règlement de police extérieure du culte qu'en tant qu'ils ne contredisent pas aux principes du Concordat. Il nous suffira d'y renvoyer le lecteur.

PIE VII A SAVONE (p. 48, col. 2).

Rohrbacher ne donne qu'une idée incomplète des rigueurs exercées contre Pie VII à Savone. M. d'Haussonville a publié beaucoup d'autres détails odieux (4). On aurait peine à croire aux faits rapportés par cet écrivain, s'ils ne reposaient sur des preuves authentiques et sur des documents émanés de Napoléon lui-même. Ce sont, en particulier, des lettres à Bigot de Préameneu, qu'on ne trouve pas dans la *Correspondance* officiellement publiée, mais qui ont une valeur considérable pour l'histoire. Il faut les lire pour se rendre compte de la manière dont le tout puissant despote se plaisait à torturer le doux et saint pontife dont il s'était fait le geôlier. « Il est inutile que le pape écrive. Moins il fera de besogne et mieux cela vaudra... En général, moins ce qu'il écrit parviendra et mieux cela vaudra... Le pape ne doit se mêler de rien... Il est fâcheux pour la chrétienté et l'Eglise d'avoir un tel pape aussi ignorant de ce qu'on doit aux souverains... Vous écrirez au préfet de Montenotte qu'il ait à prendre toutes les mesures nécessaires pour que le pape ne puisse communiquer avec personne, pour que les auberges de Savone et les voyageurs soient surveillés et enfin pour ne rien laisser passer. » On alla jusqu'à exiger du pape la remise de son anneau; mais Pie VII le brisa avant de l'abandonner au capitaine de gendarmerie chargé de le lui prendre.

LA PERSÉCUTION IMPÉRIALE EN 1811 (p. 56).

L'incarcération des évêques de Gand, de Tournai et de Troyes et les autres mesures violentes mentionnées par Rohrbacher à l'occasion du Concile de Paris ne furent pas les seuls actes de persécution de ce temps là. D'autres, en plus grand nombre, sont à signaler. M. J. Destrem vient de publier des *Documents sur les déportations des prêtres pendant le premier Empire* (5). Le fait était à peu près inconnu. Ces déportations eurent

---

(1) Lyon, 1868.
(2) Paris, 1874.
(3) Grenoble, 1881.
(4) *Le pape à Savone* dans *Revue des deux Mondes*, du 1ᵉʳ août 1868.
(5) Voir *Revue historique*, liv. de nov.-décembre 1879.

lieu à l'occasion du conflit qui s'éleva, en 1811, entre le pape Pie VII et Napoléon, et les pièces qui les concernent font connaître un épisode important de la lutte du clergé romain et toscan contre l'empereur. Elles établissent que la proscription s'étendit à plusieurs centaines de prêtres qui furent internés en Corse, et qu'elle ne subit aucune interruption depuis janvier 1811 jusqu'à l'entrée des alliés à Paris en 1814.

NAPOLÉON A SAINTE HÉLÈNE (p. 75).

D'autres éditions de Rohrbacher donnent à cet endroit divers extraits de discours religieux qui auraient été prononcés par Napoléon à sainte Hélène. Malheureusement pour la légende, une publication récente est venue détruire l'authenticité de ces beaux discours et montrer par un exemple grave le peu de foi qu'il convient d'ajouter, en général, à tous les récits de Sainte-Hélène, à moins qu'ils ne concordent avec d'autres témoignages historiques(1).

L'auteur de la *Vie de M. Amédée Thayer*, sénateur, a trouvé dans les papiers de famille du gendre du général Bertrand, le plus fidèle compagnon d'exil de Napoléon, sept documents inédits qu'il a joints à son livre; l'appendice contient également sur le même sujet, deux lettres publiées précédemment par Mme Thayer, la fille du grand-maréchal. Tous ces papiers se rapportent à l'opuscule de M. de Beauterne, qui contribua beaucoup à accréditer les récits de Sainte-Hélène (2). Le général Bertrand y est transformé en fanfaron d'incrédulité et sert de prétexte à ces grands sermons de l'empereur sur l'existance de Dieu et la divinité de Jésus-Christ. C'est contre ce rôle, indigne de lui, que le général voulait protester en préparant une réfutation du libelle.

Il s'ensuivit une correspondance entre lui et ses anciens compagnons de Longwood, Saint-Denis et Marchand, et autres personnes. Ces divers documents contiennent le démenti le plus formel aux inventions de M. de Beauterne. La réfutation que le général avait entreprise est restée à l'état de notes qui ont été publiées par l'auteur de sa vie. Il faut donc tenir ces fameux discours pour l'œuvre d'un habile faussaire.

Mais de ces mêmes documents, il résulte que Napoléon conserva toujours, au fond de l'âme, la foi de ses premières années, qu'il professa durant sa vie des sentiments religieux, et qu'il mourut dans des dispositions chrétiennes.

MOUVEMENT CATHOLIQUE EN FRANCE AU COMMENCEMENT DU XIX° SIÈCLE (p. 139).

On rattache ordinairement à Châteaubriand le réveil intellectuel et moral qui s'est produit en France au sortir de la Révolution. Mais d'abord il y a eu autre chose qu'un réveil de l'esprit dans la renaissance qui a suivi cette triste période, la religion y eut même la principale part. En second lieu, si Châteaubriand doit être considéré comme son principal initiateur, il n'en est pas uniquement l'auteur.

Comme le fait observer très justement l'abbé de Ladoue(1) « le mouvement de renaissance qui a marqué la première moitié du XIX° siècle n'a pas été jusqu'ici exposé sous son véritable jour. La plupart des historiens en ont dénaturé le sens, n'en ont pas signalé les véritables origines. D'après eux, la renaissance contemporaine n'aurait été, dans son principe, qu'un réveil spontané de l'esprit français, trop longtemps comprimé; son développement serait dû, dans l'ordre philosophique, au spiritualisme éclectique; dans l'ordre littéraire, au romantisme; dans l'ordre politique, au libéralisme doctrinaire; dans l'ordre social, à l'économisme.

« La vérité est que le mouvement de renaissance contemporaine a ses racines dans le catholicisme et que c'est au catholicisme qu'il faut rapporter, dans tous les ordres, les plus belles et les plus remarquables manifestations de l'esprit moderne.

« La vérité est aussi que l'action régénératrice de l'Église fut contrariée dès le début et détournée de sa voie par une puissance rivale qui ne négligea rien pour se substituer à elle et lui ravir les honneurs et les bénéfices de la victoire.

« Dans toutes les sphères du monde intellectuel, l'impulsion est venue du catholicisme; les vrais initiateurs philosophiques, littéraires, politiques du siècle ont agi sous l'impulsion du sentiment catholique, qui se réveillait puissant dans les masses, ce qui explique comment au sortir des orgies révolutionnaires, ils purent exercer une action efficace, entraîner même un instant la société tout entière dans les voies lumineuses d'une restauration catholique.

« Comment ce mouvement fut-il entravé?

« La principale responsabilité pèse sur l'école éclectique qui formula le principe antisocial et anticatholique de la séparation absolue de l'ordre naturel et de l'ordre surnaturel; principe qui fut appliqué par l'école doctrinaire et qui est devenu aujourd'hui, sous une forme ou sous l'autre, l'arche sainte du libéralisme.

« L'école menaisienne lutta avec énergie, sinon avec succès, contre des doctrines dont elle signalait les pernicieuses conséquences. Malheureusement, elle ne sut pas se maintenir sur le terrain exclusivement catholique; après avoir exagéré le principe d'autorité, elle se laissa glisser sur le terrain du libéralisme et mérita ainsi les censures de l'Église.

« L'école catholique releva le drapeau d'une main ferme et qui semblait ne devoir plus fléchir aux concessions. Unie, compacte, elle obtint des victoires dont la moindre ne fut pas de dégager l'Église de toute alliance compromettante. Que ne persévéra-t-elle dans cette voie! Un désir mal conçu de conciliation entraîna quelques-uns des membres les plus marquants de l'école et renouvela la funeste

---

(1) Paris, 1869.
(2) *Pensées inédites recueillies à Sainte-Hélène par M. le comte de Montholon et publiées par le chevalier de Beauterne*, Paris, 1841.

(1) *Vie de Monseigneur Gerbet*. Paris, 1870, 3 vol. Ce livre est l'un des plus intéressants et des plus utiles que l'on puisse lire pour apprécier les hommes et les événements de l'histoire de l'Église en France dans la première moitié du XIX° siècle.

expérience de l'*Avenir*. La désunion pénétra ainsi dans ses rangs (1). »

La renaissance qui marqua les commencements du xixᵉ siècle fut donc surtout un mouvement de régénération sociale, sous l'influence du catholicisme. « Incontestablement, dit encore M. de Ladoue, Châteaubriand fut l'initiateur du monde nouveau ; il offrit à tous les naufragés échappés de la Révolution le christianisme comme la seule planche de salut qui leur restait et il faut dire qu'ils le saisirent avec avidité. Le premier pas était fait, le Christ n'était plus l'*infâme*. Une nouvelle impulsion fut donnée aux esprits par deux hommes dont la gloire, comme celle de Châteaubriand, ira grandissant dans l'avenir : de Maistre et de Bonald. Le premier, dans ses immortelles *Considérations sur la France*, dévoilait la cause de tous les maux qui avaient accablé la société, et signalait le remède et prophétisait la guérison. Elargissant le point de vue, afin de rendre la démonstration plus saisissante, de Bonald remontait jusqu'aux lois imposées par Dieu à la société humaine et il montrait que la sanction apposée par le législateur souverain à cette législation primitive était le bonheur ou le malheur temporel.

« A côté et parallèlement, s'était formée une école purement philosophique qui battait en brèche, au nom de la raison, les erreurs que les catholiques combattaient au nom des éternels principes. Dans cette première période, l'école spiritualiste représentée par Royer-Collard et Cousin rendit un incontestable service.

« Toutefois ni les uns ni les autres n'eurent par le fait et ne pouvaient avoir sur la société cette influence décisive qui la retourne en quelque sorte sur elle-même pour la faire rentrer dans la voie du salut. Pour assurer ce résultat, il fallait faire avouer à la société qu'elle s'était égarée, lui faire toucher du doigt son erreur, et l'entraîner loin des sentiers de perdition dans les routes de la vie.

« Ce fut là le rôle de l'abbé de Lamennais et de son école.

« D'un coup d'œil, qui est celui du génie, l'abbé de Lamennais, dans son premier volume de l'*Essai sur l'indifférence*, dont l'immense retentissement ne s'expliquerait pas sans cette circonstance, signala la cause principale, unique du désordre social, dans la négation du *principe d'autorité*; négation de l'autorité divine de l'Eglise dans l'ordre surnaturel ; négation de l'autorité de la révélation dans l'ordre philosophique et scientifique ; négation de la loi divine interprétée par l'Eglise dans l'ordre politique ; négation de la loi de charité dans l'ordre social.

« Le mal connu, le remède est facile.

« Il consistait dans la restauration du principe d'autorité.

« Restauration du principe surnaturel par la soumission de tous les dissidents qui, en présence des ruines accumulées par leurs principes, doivent comprendre qu'il n'y a de salut pour eux que dans le bercail.

« Restauration du principe d'autorité dans la philosophie par la reconnaissance des droits qui appartiennent à l'Eglise, dépositaire et interprète de la révélation divine, de diriger et de préserver la raison humaine.

« Restauration du principe d'autorité dans la société politique par la reconnaissance des droits qui appartiennent à l'Eglise d'interpréter la loi morale et de résoudre les cas de conscience politiques comme les cas de conscience individuels.

« Restauration du principe d'autorité dans l'ordre social, en reconnaissance du droit de l'Eglise de continuer à exercer son action charitable en servant d'intermédiaire entre les diverses classes sociales. »

« Tel était le programme que l'école nouvelle présentait à la société. »

Ce programme ne fut pas accepté sans résistances et d'ailleurs l'école menaisienne ne sut pas le remplir entièrement. Il y eut de l'opposition d'un côté, des fautes de l'autre.

Dans la vie de Mᵍʳ Gerbet, qui fut le disciple le plus illustre et le plus influent de Lamennais et qui mérite une grande place dans l'histoire de la renaissance religieuse du xixᵉ siècle, M. de Ladoue, retrace les différentes luttes que l'école nouvelle soutint, en religion, contre le protestantisme et le gallicanisme, en philosophie, contre le rationalisme et le cartésianisme, en politique, contre le régalisme. C'est dans cette dernière controverse que l'école menaisienne, dont Rohrbacher a trop suivi quelquefois les inspirations, excéda, surtout en favorisant le libéralisme aux dépens du vrai principe politique du pouvoir et de la légitimité.

Quant au système philosophique de Lamennais fondé sur l'autorité du sens commun, l'histoire de Mᵍʳ Gerbet montre très bien ce qu'il avait de vrai, ce qu'il avait de faux, ses services et ses torts.

Le cartésianisme régnait à peu près en maître dans les écoles, même catholiques, dans les séminaires, lorsque Lamennais et ses disciples entreprirent de le combattre.

« Démontrer que le système philosophique de Descartes, repose sur un fondement ruineux, qu'il ne peut rendre compte des problèmes de la raison, qu'il doit fatalement conduire au doute absolu n'était pas chose difficile. Sur tous ces points la victoire resta incontestablement aux assaillants. Ils établirent aussi avec évidence que l'introduction du système cartésien avait eu des conséquences funestes sur l'enseignement de la théologie, sur la controverse et même sur la prédication. Mais à leurs yeux, ce n'était pas assez de montrer les vices et les inconvénients du système, il fallait, afin de prévenir le retour de semblables écarts, remonter jusqu'à la source du mal.

« Or, pourquoi le cartésianisme avait-il produit tous ces mauvais effets? Parce qu'il avait voulu affranchir la science du joug salutaire de la révélation. Et cette expérience de la raison moderne n'était pas la première. En suivant, à travers les siècles, le développement philosophique, soit dans les temps antérieurs à Jésus-Christ, soit dans les temps qui suivirent sa venue, on reconnaît sans peine que les seuls systèmes qui aient une vraie valeur sont ceux qui plongent leurs racines dans les données traditionnelles, tandis que ceux qui s'en séparent vont, par une pente naturelle, au scepticisme.

(1) p. xv-xvi.

« Si l'école menaisienne se fût contentée de donner à la raison humaine cette salutaire leçon, elle n'eût fait que sanctionner l'expérience : la raison humaine, dans l'état de déchéance, ne peut, seule, arriver à l'explication complète de tous les problèmes de la nature. Mais l'esprit de système est absolu ; il pousse presque aux limites extrêmes.

« La raison humaine s'égare toutes les fois qu'elle marche seule : pour l'empêcher de recommencer ces expériences funestes, il faut la soumettre à une autorité dont elle ne puisse pas s'affranchir et qui prévienne ses écarts. Cette autorité où est-elle? Si l'abbé de Lamennais eût répondu : Cette autorité est dans l'Eglise catholique qui, depuis dix-huit siècles, même au point de vue philosophique, sert de garde-fou à l'esprit humain en l'empêchant de tomber à droite ou à gauche, il n'eût encore dit que la vérité. Mais l'Eglise, c'est le pape, c'est la hiérarchie, c'est tout ce que repousse la raison ! N'y aurait-il pas une autorité qu'aucun être intelligent ne pourrait récuser, à moins d'être repoussé de la société des intelligences? Oui, cette autorité existe. Quand on a pu dire à quelqu'un : Tu n'as pas le *sens commun*, la discussion est close. La grande, l'universelle autorité, c'est donc le sens commun. Le sens commun! voilà la règle de l'esprit humain dans l'ordre philosophique. »

C'est à cette conclusion outrée et fausse qu'arriva Lamennais, après être parti d'un point de départ vrai (1). Néanmoins la polémique philosophique engagée par l'école menaisienne a amené un changement notable dans l'enseignement de la philosophie et dans le système d'apologie. Aujourd'hui l'on reconnaît parmi les catholiques que tout système de philosophie séparée est nécessairement incomplet, insuffisant et dangereux; que l'enseignement révélé dont l'Eglise est la dépositaire et l'interprète est une sauvegarde et une lumière pour la raison ; que le doute, même méthodique, ne présente aucun avantage ni pour le philosophe, ni pour l'apologiste, qui trouvent l'un et l'autre une base bien plus solide dans les faits publics, apparents, qui constituent le patrimoine de l'intelligence humaine, le sens commun de tous les peuples.

LE RATIONALISME MODERNE (p. 141, col. 2).

La marche du rationalisme biblique en Allemagne et en France, dont Rohrbacher retrace ici les principales étapes, n'a été nulle part mieux décrite que dans le savant ouvrage de M. l'abbé Vigouroux, *La Bible et les découvertes modernes*. Nulle part non plus l'erreur propre du scepticisme critique n'a mieux été signalée. L'auteur montre très bien comment, de négations en négations, l'incrédulité une fois lancée sur la pente fatale du doute est descendue jusqu'au nihilisme professé dans *L'ancienne et la nouvelle Loi*. Rohrbacher n'a pas connu cette dernière phase du septicisme de Strauss, mort le 8 février 1874. Nous indiquerons avec M. Vigouroux pour compléter notre auteur, l'état actuel du rationalisme biblique en Allemagne.

« Strauss est mort, dit le savant professeur, mais son esprit vivra peut-être longtemps encore. Ses idées ont été exagérées par les uns, adoucies et atténuées par le plus grand nombre des libres penseurs. Personne n'a admis tel quel son système mythique. La plupart ont adopté une sorte d'opinion mixte et se sont conduits en éclectiques. On a adopté, en les combinant à doses diverses, les idées des partisans de l'explication naturelle des miracles, celles de Strauss, celles de l'école de Tubingue. C'est bien le cas, d'ailleurs, d'appliquer l'adage latin: *Quot capita, tot sensus*. N'ayant d'autre règle, en dernière analyse, que les caprices de leur imagination, les critiques ne peuvent point s'entendre entre eux ni avec eux-mêmes. Tels le baron de Bunsen, MM. Hitzig, Noldeke, Schenkel et une multitude d'autres. Ils sont d'accord pour admettre ce qu'ils appellent « les droits de la science » et pour considérer les livres saints comme une œuvre humaine. « Voilà longtemps qu'on est habitué à considérer l'Ancien Testament comme une œuvre purement humaine, dit M. Noldeke. Quant au Nouveau Testament, Strauss et l'école de Tubingue ont fini par faire triompher là aussi les droits de la science (1). » Ces droits de la science ne sont souvent que les caprices de l'imagination. Henri Ewald peut-être considéré comme le type de cette classe de théologiens allemands (2). Doué d'un incontestable talent, d'une fécondité merveilleuse, d'une pénétration profonde, il ne se rattache à aucune école et se livre à des écarts qu'on peut concevoir à peine. Dogmatique, tranchant, il ne s'inquiète même pas de donner une preuve, bonne ou mauvaise, de ses assertions les plus aventureuses. Il ne peut souffrir que les autres le contredisent, mais il ne se fait point faute de se contredire lui-même. Gare à qui le touche! il est aussitôt mis plus bas que terre dans un pamphlet sanglant. Les démarches les plus extravagantes lui paraissent naturelles : à l'époque de la convocation du Concile du Vatican, il a écrit à Pie IX une lettre publique pour lui prouver que le pape devait se faire protestant.

Voilà l'exégète allemand contemporain : incrédule, plein de suffisance, souvent de science, hardi, téméraire, se laissant entraîner à tous les caprices de son imagination dans le domaine de la pensée, réunissant en sa personne les éléments les plus contradictoires et manquant de cette qualité maîtresse que nous appelons en français le bon sens.

Pendant un demi-siècle, le docteur Ewald n'a cessé de publier des travaux sur les Écritures. Il a publié sur toutes les parties de la Bible des livres remplis de vues remarquables et de grossières erreurs. Son plus grand ouvrage, celui qui résume ses qualités et ses défauts et qui est comme le miroir où se réflète le mieux l'esprit libre-penseur de l'Allemagne contemporaine, c'est sa grande *Histoire du peuple d'Israël* qui a beaucoup contribué à faire prévaloir au delà du Rhin cette sorte d'é-

---

(1) Cf. Ricard, *Lamennais et son école*, Paris, 1881.

(1) Th. Nœldeke, *Histoire littéraire de l'Ancien Testament*, trad. par MM. Hartwig Derenbourg et Jules Soury, Paris, 1873, p. III.
(2) Henry Ewald est né à Gœttingue le 5 novembre 1803. Il y est mort le 5 mai 1875.

clectisme critique qui est le caractère actuel de l'exégèse rationaliste dans ce pays. L'auteur cherche à tenir une sorte de milieu entre les naturalistes qui, suivant la Bible pas à pas, en soumettent tous les mots à une espèce d'analyse chimique pour n'en dégager que des éléments naturels; — entre les sceptiques qui ne veulent voir que des mythes dans les livres saints; — entre les supranaturalistes qui entendent les Écritures dans leur sens obvie et naturel. Pour lui, l'Ancien Testament est un recueil de documents de bonne foi, fruits, non pas de l'inspiration divine, mais des souvenirs traditionnels de la race juive, qu'il faut interpréter en tenant compte du milieu dans lequel ils ont été écrits, de l'état de civilisation et du caractère propre des enfants d'Israël. L'ancien professeur de Gœttingue a cela de personnel qu'il ne discute jamais; il donne toujours le résultat de ses investigations ou de ses intuitions, il ne nous apprend jamais par quelle voie il est arrivé à ses conclusions. On peut deviner seulement, en suivant sa marche, quels sont les principes qui le dirigent. Mais ces principes sont si flottants ou si complaisants que les conséquences qu'il en tire sont très variables. Ainsi, à chacune des trois éditions de son *Histoire du peuple d'Israël*, il a multiplié le nombre des rédacteurs du Pentateuque et il a interverti l'ordre chronologique des rédactions. Pourquoi? *Magister dixit*.

Son but principal, c'est, selon la prétention de tous les critiques et allemands d'aujourd'hui, de dégager des livres hébreux le noyau historique autour duquel s'est formée la végétation légendaire ou mythique qui l'a enveloppé. Dans tous les écrits historiques de l'Ancien Testament, il y a un élément de vérité. Ainsi, par exemple, la sortie d'Israël d'Égypte est un fait réel. Mais elle ne peut s'être passée de la façon que la raconte l'Exode : une partie des événements qui l'accompagnèrent, événements tout naturels, ont été peints plus tard avec des couleurs surnaturelles, comme le passage de la mer Rouge qui s'accomplit sans aucun miracle, à la marée basse, et celui du Jourdain qui s'effectua bien simplement au moyen d'un pont, dont le souvenir s'est conservé dans la légende des douze pierres dressées au milieu du fleuve (1). D'autres événements sont des mythes. Ainsi la verge d'Aaron qui fleurit n'est sans doute qu'un symbole poétique. Ce qui reste, le noyau historique, le voici : Moïse était un homme d'une haute intelligence et d'une rare grandeur morale. Par ses talents, son caractère, son énergie, et, si l'on veut, par la disposition de la Providence, il enflamma son peuple d'un soudain enthousiasme. Il sut tirer un parti merveilleux des phénomènes naturels qui sont connus sous le nom de plaies d'Égypte et il entraîna les Israélites à sa suite sur le chemin de la terre promise.

M. Ewald, par antipathie personnelle contre Strauss, a évité le plus possible de recourir, explicitement du moins, au mythe. De là, des lacunes considérables dans son histoire. Il passe bien des faits sous silence ou s'exprime à leur sujet d'une manière si vague qu'il est difficile de savoir quelle est exactement sa pensée. Les autres exégètes libres-penseurs ne sont pas aussi réservés et ne redoutent point le nom du mythe; ils donnent généralement moins à l'explication naturelle et davantage au mythe. La tradition, disent-ils, par exemple, avait conservé seulement les grands traits, le squelette des faits ; le mythe a comblé les vides laissés dans le récit des événements et infusé une vie factice à ces ossements desséchés. Ainsi le nom de Moïse s'était perpétué à travers les âges, de même que le souvenir du séjour en Égypte, de l'Exode, de la législation mosaïque, etc. L'imagination populaire ne pouvait se contenter de ces faits vagues et décharnés, qui ne la saisissaient pas assez vivement. Le mythe, avec ses inventions fécondes, venait la satisfaire et lui répondre que de si grands événements dans son histoire ne pouvaient avoir que des causes merveilleuses ; de là, les circonstances du passage de la mer Rouge, la colonne de nuée miraculeuse. Le peuple, qui mange et qui boit, et qui se préoccupe considérablement de ces premières nécessités de la vie, se demandait encore : Comment nos pères ont-ils pu vivre dans le désert sans provisions, sans vivres? L'inépuisable mythe lui répondait de nouveau : La manne tombait du ciel pour les nourrir, les cailles pleuvaient pour les rassasier, le rocher lui-même offrait ses flancs pour étancher leur soif. C'est ainsi que s'expliquent tous les faits surnaturels de l'Ancien Testament, en combinant l'explication naturelle avec le mythe. Le mythe a donné un corps à la tradition : celle-ci a fourni le canevas, celui-là a ajouté les broderies. L'écrivain qui a tenu la plume a rapporté simplement ce qu'il entendait dire : il n'a été que le secrétaire de l'imagination populaire.

Quelquefois les libres-penseurs vont plus loin dans leurs rêveries. Ainsi M. Schenkel ne saurait admettre qu'Adam soit un personnage historique : c'est une pure invention mythique, qui a pour but d'expliquer l'origine de l'homme d'une manière conforme au sentiment religieux (1). M. A. Bernstein, un juif, dans ses *Origines des légendes sur Abraham, Isaac et Jacob*, ne voit dans l'histoire des patriarches qu'une « pasquinade pleine de fiel et de venin contre David, » composée après le schisme des dix tribus par un partisan de Jéroboam. Pour lui, la femme de Juda, la fille de Sué *Bath-Sua*, c'est Bethsabée, *Bathseba;* Séba, le plus jeune fils de Juda, c'est Salomon; Onan, c'est Amnon, etc. (1). Ces exagérations du système mythique ont, du moins, l'avantage d'en faire toucher du doigt la fausseté.

Le point sur lequel les libres penseurs allemands sont le plus unanimes, c'est sur la négation de l'authenticité de la plupart des livres de l'Ancien Testament et, en particulier, du Pentateuque; mais, d'accord pour le fond, ils sont on ne peut plus divisés pour le détail ; chacun a son avis et ils se réfutent mutuellement les uns les autres, comme nous avons eu déjà plusieurs fois occasion de le remarquer.

Pour le Nouveau Testament, presque personne

---

(1) M. Ewald se sent du reste mal à l'aise dans l'explication de ces grands faits. Il la relègue dans des notes et s'exprime fréquemment d'une manière évasive.

(1) Schenkel, *Bibel-Lexicon*, 1er fascicule, 1868, pp. 46-49.
(1) A Bernstein, *Ursprung der Sagen von Abraham, Isaak und Jacob; kritische Untersuchung*. Berlini 1871.

ne va aussi loin que Strauss. Le docteur Ewald peut encore être considéré ici comme représentant la moyenne des opinions. Voici comment Strauss résume et juge son *Histoire du Christ*. « On voit ici cette demi-philosophie et ce demi-courage, ce pêle-mêle de sainte critique et de caprice de dilettante, qui caractérisent toute la manière d'Ewald et qui ne laissent à son travail sur les Evangiles qu'un simple intérêt de curiosité (1)..... Sa conception de la personne de Jésus et des guérisons miraculeuses tient le milieu entre Schleiermacher et Paulus. Pour les autres miracles, il se rallie, quoiqu'il ne le dise pas, à la conception mythique. Quant à la résurrection, sa longue et prétentieuse discussion n'ajoute absolument rien à ce que j'exposais dans la section correspondante de mon livre, avec bien moins d'onction sans doute, mais aussi avec bien moins de galimatias. Le cliquetis de mots, le tapage de phrases qu'Ewald soulève autour de ces questions me semble marquer l'extrémité où est réduit ce genre de théologie qui veut être en partie conservatrice, en partie critique. Les ombres artificielles d'une rhétorique ampoulée peuvent seules encore voiler ce qui est évident, cacher ce qui est inévitable : dès que les nuages se retirent devant la clarté d'idées nettes et précises, les résultats de la critique se dégagent et frappent tous les yeux (2). »

LE RÈGLEMENT ECCLÉSIASTIQUE DE PIERRE LE GRAND. (p. 175, col. 2.).

Pierre le Grand se vantait d'avoir été supérieur à Louis XIV en un point. « J'ai forcé, disait-il, mon clergé à l'obéissance et à la paix, et Louis XIV s'est laissé dominer par le sien (3). » C'est pour obtenir cette supériorité sur le souverain français qu'il avait fait rédiger le « règlement, » et l'avait imposé de force aux dignitaires de son Eglise. Jusqu'à son avènement au trône, l'Eglise russe n'avait pas encore abdiqué son indépendance ; en principe, du moins, elle ne reconnaissait pas au tsar le don de la gouverner. C'est dans les pays protestants, en Hollande et en Allemagne, que Pierre apprit la théorie de la double puissance des souverains sur les corps et sur les âmes, théorie païenne remise en honneur par le protestantisme.

Pierre fut, du reste, favorisé par les circonstances. Et d'abord divers événements avaient déjà préparé la Russie à subir son autocratie religieuse. Un peu plus d'un siècle avant Pierre, les puissants tsars de Moscovie avaient obtenu des quatre patriarches de Constantinople, d'Alexandrie, d'Antioche et de Jérusalem, l'érection d'un cinquième patriarcat à Moscou, en la personne de l'évêque Job avec les mêmes droits que les autres. Par l'érection du patriarcat moscovite, l'Eglise russe devint nationale et indépendante de celle de Constantinople ; mais aussi il fut dès lors plus facile aux tsars de lui imposer leurs volontés. La seule garantie d'indépendance qui restât à l'Eglise russe se trouva nécessairement réduite à la fermeté de ses pasteurs, surtout de son premier pasteur, le patriarche de Moscou.

Parmi les patriarches de Moscou il s'en trouva un, en effet, d'une âme vraiment épiscopale ; ce fut Nicon, qui occupa le siège patriarcal du temps du tsar Alexis Mikhaïlovitch, père de Pierre I. L'histoire de l'Eglise russe, sous le patriarche Nicon, c'est l'histoire de la lutte suprême soutenue par ce prélat pour soutenir l'indépendance du pouvoir spirituel. Il ne fut pas secondé et un jour, il se trouva presque seul à lutter contre le Tsar. Par un travail habilement dirigé, les autres évêques avaient été gagnés au parti du tsar. Nicon, condamné par ses frères de l'épiscopat (1666-67) succomba, mais il succomba en martyr.

Le concile de Moscou qui condamna Nicon marque le commencement de l'agonie de l'Eglise russe ; elle se prolongea jusqu'à l'an 1700, époque où mourut le dixième patriarche de Moscou, Adrien. Pierre venait de rentrer en Russie après son premier voyage à l'étranger ; le moment était favorable pour achever l'œuvre de réforme religieuse commencée par son père.

Au lieu de nommer un successeur à Adrien, il remit l'administration des affaires du patriarcat à un exarque ou vice gérant. Enfin, il déclara, dans une assemblée composée de dignitaires du clergé, qu'il pensait qu'un patriarche n'était pas nécessaire à l'administration de l'Eglise et ne convenait pas au bien de l'Etat et qu'il avait, en conséquence, décidé de donner une autre forme au gouvernement de l'Eglise. Cette forme garderait le milieu entre le pouvoir d'un seul et celui des conciles généraux. Le nouveau système était un concile permanent ou synode (1).

Le patriarcat de Moscou était aboli par le seul fait que le synode était annoncé. Le 25 janvier 1721 parut l'ukase qui promulguait les statuts du synode ou règlement ecclésiastique.

Avec la supériorité de l'instruction, Pierre le Grand se présentait aussi avec le prestige du conquérant, du souverain qui avait su élever la Russie au même rang que les autres Etats de l'Europe. Ce fut encore une circonstance favorable pour son œuvre. Enfin, les divisions de l'Eglise russe y aidèrent. Le même concile de Moscou qui en 1666-67 avait condamné Nicon, avait approuvé, comme de droit, la revision des livres liturgiques entreprise et accomplie par Nicon. Le peuple qui, dans cette revision, avait cru voir une atteinte à la foi, s'était soulevé contre cette innovation. C'est ainsi que prirent naissance les Rascolniques, qui se subdivisèrent ensuite en un grand nombre de sectes. L'Eglise russe se trouvait par là divisée en trois camps : celui du tsar, celui de Nicon, celui de Rascolniques.

L'auteur du « Règlement ecclésiastique » est l'évêque Théophane Prokopovitch, qui le rédigea, en quelque sorte, sous la dictée du tsar.

Ce règlement a une triple importance religieuse, historique et littéraire que fait très amplement ressortir le P. Tondini. Nous renvoyons, pour les deve-

---

(1) Cette première partie du jugement est appliquée directement à Weiss par Strauss, mais il déclare qu'elle convient aussi à M. Ewald.
(2) Strauss, *Nouvelle vie de Jésus*, t. I, p. 42.
(3) Voltaire, *Histoire de Pierre le Grand*, II° partie, ch. XIV.

(1) *Mémoire inédit sur la réforme de l'Eglise russe, envoyé par Catherine II à Voltaire.* Leipzig, 1863.

loppements sur ce sujet à son ouvrage, où l'on trouve également le texte du « règlement » traduit et annoté (1). Le court résumé qu'en a donné Rohrbacher suffit pour en faire connaître l'esprit général et l'économie, quant à la nouvelle organisation de l'Eglise russe; mais il était nécessaire d'y ajouter les détails précédents et pour plus ample connaissance de la matière il faudra recourir à l'important document publié par le P. Tondini.

LES RELATIONS ENTRE LE SAINT-SIÈGE ET LA RUSSIE
(p. 176).

Nous apprécions dans la note précédente le caractère du règlement ecclésiastique établi par Pierre le Grand. Mais il y a un fait curieux, peu connu, qui mérite d'être relevé à ce sujet. Le tzar se tourna un instant vers Rome avec l'idée d'y chercher le principe de la réforme religieuse qu'il voulait introduire dans ses Etats.

C'est ce fait que le P. Pierling met en lumière dans son ouvrage intitulé : *La Sorbonne et la Russie* (2). Le même auteur a montré ailleurs un autre aspect de la question, en rappelant les efforts tentés par le Saint-Siège dans les trois derniers siècles pour ramener au centre de l'unité, ou tout au moins pour rendre plus équitable envers les catholiques le plus puissant de ces peuples slaves évangélisés au neuvième siècle par les missionnaires romains saint Cyrille et saint Méthode. Ainsi, au seizième siècle, en présence des dangers immenses dont les Turcs menaçaient l'Europe chrétienne, Pie V songea à faire appel au tzar Ivan le Terrible pour l'enrôler dans une ligue qui eût réuni tous les peuples chrétiens contre l'ennemi commun. Il correspond à ce sujet avec le nonce de Pologne et ne s'arrête que devant les renseignements qui lui révèlent le véritable caractère du Néron slave. Le P. Pierling donne à ce sujet de curieux détails (3). Au siècle suivant, sous le règne de ce personnage mystérieux qui se donnait pour Démétrius, le fils d'Ivan le Terrible et qui, après tout, l'était peut-être, bien qu'on le qualifie d'ordinaire du nom de « faux Démétrius », des relations suivies s'engagent entre Rome et la Moscovie. Des écrivains russes font même de cet épisode de leurs chroniques nationales un de leurs principaux griefs historiques contre le Saint-Siège.

Ils ont même été jusqu'à prétendre que Démétrius avait été soudoyé par le nonce de Pologne, Claude Rangoni, et par les Jésuites, pour les assister dans l'exécution d'un plan machiavélique, tendant à asservir la Russie au « latinisme ». Citer à l'appui de cette accusation un seul document, donner la moindre preuve qui supporte la critique, c'est ce qui n'a jamais été fait, et le P. Pierling le montre dans son livre sur *Rome et Démétrius*. Rome et les Jésuites ne se mirent en relation avec Démétrius qu'à une époque où déjà la cour de Pologne, à tort ou à raison, le reconnaissait comme l'héritier légitime d'Ivan IV, échappé au fer des assassins. Du reste, dans ces relations, il n'est absolument rien que de parfaitement avouable. Et d'abord, quant à la conversion de Démétrius au catholicisme, — conversion dans laquelle, hélas! l'ardeur du néophyte est bientôt refroidie par la raison d'Etat et enfin étouffée par les passions et l'ivresse du pouvoir, — tous ceux qui y prirent part se sont réglés sur les principes de la saine théologie et de la charité. Dans ses rapports ultérieurs avec le souverain de la Russie, Rome n'a cherché que le bonheur de cette nation, qu'elle voulait éclairer de la lumière de la vérité et faire entrer dans la ligue européenne de la civilisation chrétienne contre les Turcs. Les Jésuites sont restés dans les limites de leur vocation, exerçant leur ministère sacerdotal et se montrant prêts à accepter des collèges pour l'instruction de la jeunesse. Enfin, quand Démétrius faisait des promesses tout à fait libres et spontanées en faveur de la religion catholique, le Pape ne pouvait ni ne devait les repousser. Telles sont, en quelques mots, les conclusions auxquelles arrive le P. Pierling, en s'appuyant sur des documents authentiques, parfois confidentiels et inédits.

Pour en revenir à Pierre le Grand, voici comment M. Em. Cosquin résume les recherches du P. Pierling qui jettent un jour important sur un des principaux épisodes de l'histoire religieuse de la Russie et qui complètent plusieurs lacunes dans Rohrbacher,

« Placé à la tête d'un peuple dont la foi dégénérait souvent en superstition, Pierre le Grand avait trop de génie pour se dissimuler l'importance de l'élément religieux. Des principes erronés l'amenèrent à bouleverser l'ancienne hiérarchie de l'Eglise russe pour lui substituer un synode avec un procureur laïque, maître en réalité de tout; mais, auparavant, il semble avoir roulé dans son esprit des projets moins violents. Il est certain que, pendant de longues années, Pierre a sérieusement médité la réforme de l'Eglise russe. Il sentait notamment la nécessité d'élever le niveau intellectuel du clergé, dont l'instruction ne laissait en effet que trop à désirer. « En présence de cet état de choses qui désormais ne devait plus être toléré, il était naturel, dit le P. Pierling, que le génie imitateur de Pierre se tournât vers l'Occident pour y chercher des lumières et des modèles. Le vif éclat que jetaient alors les puissances catholiques ne pouvait pas ne pas fixer son attention sur l'Eglise romaine. La France de Louis XIV et la Pologne de Sobieski s'étaient récemment couvertes de gloire sur les champs de bataille; l'Empire et l'Espagne conservaient encore un reflet de leur antique prestige; Venise, la reine des mers, promenait au loin sur les rivages le pavillon de Saint-Marc; les chevaliers de Malte se vantaient à bon droit d'être la terreur des Turcs. L'unité de croyance qui rattachait tous ces Etats à Rome devait frapper un esprit observateur et sérieux. » S'il faut en croire Saint-Simon, dont le récit s'appuie sur les confidences du prince Kourakine, il y eut, en effet, un moment où la réforme ecclésiastique se présenta à l'esprit du tzar comme liée à un rapprochement avec l'Eglise romaine. Ainsi que le P. Pierling le fait remarquer,

---

(1) *Règlement ecclésiastique de Pierre le Grand.* Paris, 1874, in-8.
(2) *La Sorbonne et la Russie,* (1717-1747). Paris 1882, in-18.
(3) *Revue des Questions historiques,* Avril 1882.

ce projet n'était pas si désintéressé qu'il pouvait le paraître. « C'était un des plus ardents désirs du tzar d'arracher les Romanoff à leur isolement et de les unir par des liens de parenté aux familles souveraines de l'Europe, surtout à celles de France et d'Autriche. S'entendre avec Rome, c'était faciliter la conclusion de ces alliances, en écartant l'obstacle de la disparité des cultes. Ne fût-ce que pour ce seul avantage, la question méritait d'être mise à l'étude. » Un gentilhomme russe, — nous suivons le récit de Saint-Simon, — fut envoyé à Rome à cet effet. Quelque peu satisfaisants que fussent les rapports adressés par lui à son souverain, Pierre ne se laissa pas décourager, et, avec sa ténacité habituelle, il résolut de confier la même mission à un autre diplomate. Son choix s'arrêta sur Boris-Kourakine, celui-là même de qui Saint-Simon dit tenir ses renseignements. Les salons des princes, les cabinets des ministres s'ouvrirent devant l'envoyé moscovite. Il put se rendre exactement compte des idées romaines et juger jusqu'à quel point elles étaient compatibles avec les prétentions russes. Après un séjour de trois ans à Rome, Kourakine fit son rapport au tzar, qui, l'ayant écouté, « poussa, dit Saint-Simon, un soupir, en disant qu'il voulait être maître chez lui et n'y pas mettre un plus grand que soi, et oncques ne songea à se faire catholique. »

Saint-Simon va peut-être un peu loin en croyant que Pierre ait eu la velléité d'abjurer personnellement le schisme. La foi, dit le P. Pierling, n'a jamais exercé assez d'empire sur cette nature indomptable pour la soumettre aux exigences de la morale; elle n'était donc chez lui qu'à l'état de souvenir importun ou de conviction languissante. Mais il y avait chez cet homme, en apparence tout d'une pièce, un singulier dualisme; l'individu était souvent en complet désaccord avec l'homme d'Etat. A l'endroit de la tolérance religieuse, ce contraste est peut-être plus frappant qu'ailleurs. Le cynique débauché qui organise un « concile des ivrognes » présidé par son « princi-pape », le plus fort buveur, et dresse de sa propre main les actes de ces révoltantes orgies où le Pape et le patriarche schismatique sont également outragés, semble n'avoir rien de commun avec le souverain dont nous allons voir la conduite extérieure à l'égard des catholiques. Les documents que le P. Pierling étudie et rapproche, correspondances diplomatiques publiées par Tourguenieff et Theiner, pièces extraites des archives de Moscou par le comte Tolstoï, révèlent à ce sujet la pensée de Pierre. Dès les premières années de son règne jusqu'à la fin, le principe vers lequel il incline et qui lui est d'ailleurs imposé par de puissants motifs, c'est celui de la liberté religieuse pour les catholiques de ses Etats. Un certain nombre d'étrangers à son service, parmi lesquels se distinguent le général Gordon et l'amiral Zmaïévitch, des Polonais disséminés dans le pays par les hasards de la guerre, des indigènes concentrés dans quelques provinces, appartiennent à l'Eglise catholique, dont les intérêts et les droits sont constamment recommandés par les diplomates autrichiens et polonais; s'attacher ceux de ses serviteurs et de ses sujets qui lui étaient nécessaires en mettant à l'aise leur conscience, se prévaloir auprès des puissances étrangères de l'octroi de ces libertés pour les faire entrer dans ses vues, telle fut, en général, la politique officielle que le *tzar* prétendait maintenir, mais que l'*homme* a parfois cruellement trahie. A n'en croire que les documents officiels, cités par le P. Pierling, la liberté de l'Eglise catholique en Russie était un fait accompli. L'envoyé près du Pape, le prince Kourakine, dont nous parlions tout à l'heure, tient à Clément XI un langage qui s'inspire de ces mêmes idées.

Si la politique de Pierre était habile, celle des Papes était marquée au coin de la plus haute sagesse. Naguère ils pressaient les tzars d'entrer dans la ligue européenne contre les Turcs; sous le règne de Pierre, leur constante préoccupation est d'obtenir un diplôme qui donne aux catholiques une situation légale en Russie et mettre leur liberté sous la sauvegarde d'un engagement solennel vis-à-vis du Saint-Siège. On peut se demander pourquoi ce concordat, au sujet duquel il semble que l'on ait été d'accord en principe, n'a jamais été signé. La faute en est au tzar. Il cherchait à retarder l'exécution de ses promesses maintes fois réitérées pour exploiter plus longtemps les avantages de sa position et s'assurer le concours du Pape, surtout dans les affaires polonaises. L'entente allait enfin s'établir, lorsque survint la mort de Clément XI. Innocent XIII, son successeur, ne se hâta pas de reprendre les négociations interrompues; le gouvernement russe ne demandait pas mieux que de tergiverser; ainsi s'évanouit le projet d'un accord qui, fidèlement observé, aurait, dit le P. Pierling, épargné à la Russie bien des larmes et bien du sang. Plus tard, Pierre fit recueillir des renseignements sur les cardinaux « protecteurs » de différentes nations et sur les conditions à remplir pour en donner un aux Russes; mais ces recherches n'eurent pas de suite.

Les docteurs jansénistes de Sorbonne qui se mirent en relations avec Pierre lors du voyage de celui-ci à Paris, en 1717, ne surent pas garder la sage réserve des pontifes romains. Dans leurs illusions, ils se crurent en état de ramener l'Eglise russe à l'unité catholique ou, pour mieux dire, à l'unité entendue à la manière des révoltés contre la bulle *Unigenitus*. Cette entreprise, poursuivie même après la mort de Pierre le Grand, ne pouvait qu'échouer; on en trouvera le curieux exposé dans l'ouvrage du P. Pierling.

LE POUVOIR TEMPOREL DES PAPES DEPUIS LE XV° SIÈCLE (p. 419).

Le *Memorandum* que le gouvernement révolutionnaire adressa, lors des derniers troubles d'Italie, aux cabinets d'Europe, disait entre autres que « pendant tout le moyen âge les papes n'ont point exercé de souveraineté sur la Romagne, qui existait comme le reste de l'Italie, divisée en républiques et en principautés jusqu'au xv° siècle, où César Borgia, fils d'Alexandre VI, renversa les seigneurs de Rimini, Forli, Imola et Faënza, qui devinrent la propriété de l'Eglise par des conventions purement humaines. Bologne fut conquise par

Jules II sur la famille Bentivoglio et Ferrare par Clément VIII, au siècle suivant, sur la maison d'Este, qui avait régné pendant quatre siècles. » Des journaux français allèrent plus loin encore, et osèrent même affirmer qu'avant 1815, les quatre légations n'avaient jamais appartenu au Saint-Siège. Mais l'histoire donne un démenti à ces assertions et elle appelle usurpateurs ou tyrans ceux que le *Memorandum* honore du nom de victimes et de spoliés.

« C'est une chose extrêmement remarquable, observe M. de Maistre, mais nullement ou pas assez remarquée, que jamais les papes ne se sont servis de l'immense pouvoir dont ils sont en possession pour agrandir leur Etat. » Si cette observation est vraie pour le moyen âge, où la puissance des papes était incontestée, elle est surtout vraie pour les temps modernes, époque de tribulations pour le Saint-Siège.

La ville de Ferrare, qui avait fait partie de la donation de Charlemagne, fut réunie au domaine pontifical par Clément VIII (1597), après la mort d'Alphonse d'Este, qui ne laissa pas de postérité légitime. Le duché d'Urbino, qu'on trouve déjà dans la charte de Pépin le Bref, fut cédé en 1626 à Urbain VIII, par le duc François de la Rovère, qui voulait finir ses jours dans la condition privée.

Jusqu'aux guerres de la Révolution française, les papes régnèrent assez paisiblement sur leurs domaines. En 1791, la ville d'Avignon et le comtat Venaissin furent enlevés aux Etats pontificaux et réunis à la France, après quelques mois d'une sanglante anarchie, que les Jacobins y avaient excitée et entretenue. En 1799, Pie VI, attaqué par les Français, trahi par l'Espagne et par Naples, fut forcé de conclure le traité de Tolentino, qui le dépouillait de la Romagne et des légations de Ferrare et de Bologne. On sait que ces deux royaumes catholiques expièrent cruellement plus tard leur perfidie envers le Saint-Siège. Cette même année, le général Duphot fut massacré à Rome, dans une sédition, et mourut victime de la liberté dont il avait voulu gratifier un peuple peu reconnaissant. Cette mort amena les Français à Rome, d'où le pape Pie VI fut arraché pour être traîné en exil. En 1807, le pape Pie VII, qui avait refusé de sacrifier les intérêts de ses sujets et du catholicisme aux plans ambitieux de Napoléon Iᵉʳ, vit ses provinces d'Ancône, d'Urbino, de Macerata et de Camerino, détachées de ses domaines et réunies au royaume d'Italie ; et comme il persista dans son indépendance temporelle et spirituelle contre celui qui voyait toutes les couronnes s'incliner devant lui, il fut emmené de Rome et conduit dans sa prison de Savonne. Ses Etats furent incorporés à l'empire français, une administration française les bouleversa pour y introduire le régime des lois françaises, que les populations avaient le tort de ne pas aimer et le mauvais goût de comparer au gouvernement des Papes, comme s'il avait pu s'y trouver quelque chose qu'il fût possible de regretter. On peut lire dans Artaud (1) combien ce gouvernement se rendit odieux aux Romains ; ce fut au point que le souverain Pontife dut plus tard donner d'autres noms aux institutions françaises qu'il voulait conserver.

Les traités de 1815 rendirent au Saint-Père tous ses Etats, à l'exception d'Avignon et du comtat Venaissin, qui restèrent à la France. Pie VII ne songea plus dès lors qu'à raffermir l'édifice ébranlé de l'ordre social. On voit dans Artaud avec quelle prudence le pape réprima les abus et fit revivre plusieurs utiles établissements supprimés par les Français. Mais sans vouloir renverser la nouvelle organisation, il était trop sage pour suivre les errements de la Révolution, il se contenta d'y changer certaines dispositions, ou même parfois des noms particulièrement odieux aux Italiens, et d'en retrancher tout ce qui était contraire à la loi de l'Eglise. En 1816, il donna le fameux *motu proprio*, qui partageait l'Etat en 18 délégations, 44 districts, 726 municipalités, et qui réglait toute l'administration publique. Le code financier et hypothécaire fut calqué sur celui de France ; il en fut de même de la justice tant civile que criminelle, et de la cour des comptes. En un mot, dit le chevalier Artaud, sans qu'il y eut aucune contrainte, le gouvernement pontifical conservait ou introduisait dans ses Etats beaucoup d'institutions françaises.

En résumé, le Saint-Siège, doté de ses domaines par la piété de quelques souverains, dont la haute sagesse avait compris combien l'indépendance temporelle du Saint-Père importe à tout l'univers catholique, fut souvent spolié et jamais spoliateur. Loin de s'agrandir par des conquêtes, il a été au contraire dépouillé de ses légitimes possessions, et, il faut le dire, cela n'a jamais porté bonheur à personne. Tout dévoué au bien-être de ses peuples, il a toujours travaillé à leur bonheur et n'a même pas repoussé les expériences politiques et administratives de ses ennemis, quand elles pouvaient le conduire à son but.

Gibbon convient que « si l'on calcule de sang-froid les avantages et les défauts du gouvernement ecclésiastique, on peut le louer dans son état actuel, comme une administration douce, décente et paisible, qui n'a pas à craindre les dangers d'une minorité, ni la fougue d'un jeune prince, qui n'est pas mené par le luxe et qui est affranchi des malheurs de la guerre (2). » Addisson (3), remarque que le pape est ordinairement un homme de grand savoir et de grande vertu, parvenu à la maturité de l'âge et de l'expérience ; qui a rarement ou vanité ou plaisir à satisfaire aux dépens du peuple, et n'est embarrassé ni de femmes, ni d'enfants, ni de favorites. » Tels sont les jugements de deux anglais médiocrement amis des papes.

(1) *Vie de Pie VII*.
(2) *Décad.*, t. XIII, ch. LIX.
(3) *Suppl. aux Voyages de Misson*, p. 126.

FIN DU TOME DOUZIÈME ET DERNIER

TABLE DE L'ÉPILOGUE

Le Pape captif au Vatican.

Scandales et tumultes suscités contre le culte divin à Rome, 494.

« Incamération » des œuvres pies, suppression de huit couvents, attentats contre la propriété privée, 494-495.

Lettre de Pie IX sur la corruption révolutionnaire, 495.

L'enseignement laïque à Rome, 495.

La loi des garanties, 495.

Protestation de Pie IX contre la loi des garanties, 497.

Attentat de la police italienne contre la maison des Catéchumènes, 497.

La franc-maçonnerie à Rome, 497.

Apparition rapide de Victor-Emmanuel à Rome, 497.

Installation du prince Humbert au Quirinal, protestation du cardinal Antonelli, 497.

La nouvelle cour au Quirinal, 498.

Défense de célébrer le saint-sacrifice au Quirinal, ou en présence des usurpateurs, 498.

Transfert de la capitale à Rome, paroles de Victor-Emmanuel, 498.

Défaite de toutes les armées de France, siège et capitulation de Paris, 499.

La tyrannie révolutionnaire en France, 500.

Caractères des élections à l'Assemblée nationale, 501.

Gouvernement de M. Thiers, 501.

Traités de Versailles et de Francfort, 501.

Déchéance de la dynastie napoléonienne, cause des malheurs de la France, 502.

Complots de l'Internationale, insurrection du 18 mars, établissement de la Commune de Paris, 502.

Retraite de l'Assemblée à Versailles, manifestations des conservateurs, échec des tentatives pacifiques de l'amiral Saisset, élections du 26 mars pour la Commune, 503.

Situation de l'Assemblée et du gouvernement à Versailles, 504.

Premiers actes militaires et politiques de la Commune, 504.

Les auxiliaires de la Commune en province, à Paris et à l'étranger, 505.

Arrestation et emprisonnement des ôtages, 506.

Pillage des églises et des couvents, calomnies contre le clergé, scènes révolutionnaires dans les églises, 507.

Attentats de la Commune contre le patriotisme, les diverses libertés et le droit de propriété, 507.

Manifestation de la franc-maçonnerie en faveur de la Commune, 508.

Divisions parmi les chefs de la Commune, entrée des troupes à Paris, bataille de huit jours dans les rues, les *pétroleuses*, 509.

Exécution des ôtages, incendie des édifices, fin de la bataille, 509.

Châtiment et amnistie, 510.

L'Internationale, la franc-maçonnerie et la situation de l'Europe après la chute de la Commune, 510.

Pétitions inutiles des catholiques français en faveur de la souveraineté pontificale, vain espoir des catholiques allemands dans l'intervention de la Russie, 511.

Doellinger et la secte des *vieux catholiques*, 511.

M. de Bismark et le *Culturkampf*, 512.

La persécution religieuse et les vieux catholiques en Suisse, 514.

Abolition du concordat et lois confessionnelles en Autriche, 515.

Résistance de la Belgique à M. de Bismark, troubles suscités par les libéraux belges, congrès socialistes et grèves, Louise Lateau la stigmatisée, 515.

Succession de plusieurs gouvernements en Espagne, incomplète réparation des maux faits à l'Église, 515.

Polémique de M. Gladstone contre le dogme de l'infaillibilité, laïcisation de l'enseignement en Angleterre, union des catholiques anglais, 516.

Rétablissement de la hiérarchie en Écosse, 516.

Violente annexion du diocèse de Chelm au schisme russe, le *nihilisme* et le *Rascol*, 516.

L'Église, la révolution et la franc-maçonnerie dans le Nouveau-Monde, 516.

La misère, l'impiété et la corruption en Italie, 517.

Fidélité des Romains au pape, associations catholiques italiennes manifestation de la vie surnaturelle, 517.

Le gouvernement de Victor-Emmanuel, attaqué par les partisans de la république, du socialisme et de l'*Italia irredente*, 517.

Suppression de tous les monastères, service militaire imposé aux ecclésiastiques, projet de loi Mancini, allocution consistoriale du 18 mars 1879 et protestation du cardinal Siméoni, 518.

Lutte des partis en France, le maréchal Mac-Mahon et le *septennat*, constitution de 1875, le ministère du 16 mai et les élections du 14 octobre 1877, 518.

Lois religieuses votées par l'Assemblée nationale, liberté de l'enseignement supérieur, 520.

Incidents relatifs à la question romaine, 521.

Le radicalisme à la chambre des députés et à la commission du budget; le cléricalisme, voilà l'ennemi, 521.

Le sensualisme dans les mœurs et dans la littérature, le positivisme et le matérialisme dans les sciences, le scepticisme en critique, faiblesse du spiritualisme universitaire, le synode protestant de 1872, 521.

Unité et vitalité du catholicisme en France; œuvres de prière, d'expiation et de régénération; l'enseignement supérieur catholique, 522.

Soumission universelle au concile du Vatican, 522.

La 25e année du pontificat de Pie IX, et autres anniversaires, 522.

Offrandes de l'univers à Pie IX appauvri, généreux emploi qu'il en fait, 523.

Divers actes pontificaux de cette période, 523.

Église bulgare-unie, concile d'Albanie, schisme arménien et chaldéen, 523.

Mission de l'Extrême-Orient, 523.

Mission d'Afrique, d'Amérique et d'Océanie, 523.

Symptômes de la mort prochaine de Pie IX, projets et préparatifs des gouvernements révolutionnaires, 523.

Mort de Victor-Emmanuel, ses funérailles, protestation du Saint-Siège contre l'usurpation continuée par le roi Humbert, 524.

Événements d'Orient, marche des Russes sur Constantinople, 524.

75e anniversaire de la première communion de Pie IX, sa mort impression universelle qu'elle produit, 524.

Funérailles de Pie IX, élection de Léon XIII, 524.

www.ingramcontent.com/pod-product-compliance
Lightning Source LLC
Chambersburg PA
CBHW071401230426
43669CB00010B/1407